MAGYAR–ANGOL KÉZISZÓTÁR

A CONCISE HUNGARIAN–ENGLISH DICTIONARY

T. MAGAY — L. ORSZÁGH

A CONCISE HUNGARIAN-ENGLISH DICTIONARY

Contributing Editor

P.A. Sherwood

(School of Slavonic and East European Studies, University of London)

THIRD EDITION, WITH MINOR CORRECTIONS

AKADÉMIAI KIADÓ, BUDAPEST 1991

MAGAY TAMÁS — ORSZÁGH LÁSZLÓ

MAGYAR-ANGOL KÉZISZÓTÁR

Lektorálta

P.A. Sherwood

(School of Slavonic and East European Studies, University of London)

HARMADIK, ÁTNÉZETT KIADÁS

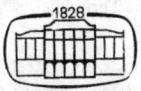

AKADÉMIAI KIADÓ, BUDAPEST 1991

Munkatársak — Editorial Staff

Berka Andrásné   Brückner Hubáné
Kiss László   Pálffy Éva

Drozdics Ágnes   Kulcsár Barbara

ISBN 963 05 6047 X

Kiadja az Akadémiai Kiadó, Budapest

Első kiadás: 1990.

© Magay Tamás, Országh László örököse, 1990

A kiadásért felelős az Akadémiai Kiadó és Nyomda Vállalat igazgatója
A szerkesztésért felelős: Zigány Judit
Műszaki szerkesztő: Szakács Sándorné
A fedélterv Németh Zsuzsa munkája
Terjedelem: 72 (A/5) ív

A számítógépes szerkesztést a CODEX GMK végezte
Felelős vezető: Dr. Vas Zoltán
A nyomást és a kötést az Akadémiai Kiadó és Nyomda Vállalat készítette
Felelős vezető: Zöld Ferenc

TARTALOM

CONTENTS

ELŐSZÓ

Alapjaiban új, de az Országh-szótárak hagyományát követő szótárt adunk a használó kezébe. Sajnos már csak *hagyományról* beszélhetünk, mert Országh László kezéből e szótár szerkesztésének a kezdetén — 1984-ben — kihullott a toll. Egy csekély számú, de annál odaadóbb csapat folytatta és fejezte be a munkát a jelen sorok írójának a vezetésével.

A szótár utolsó (1959-es) kiadása óta nagy változások mentek végbe társadalmunk életében, és ezt a nyelv is tükrözi. Számos új tudományág keletkezett, megannyi új szóval és kifejezéssel gazdagítva nyelvünket. Egy új generáció nőtt fel azóta, új életszemlélettel és új igényekkel, s ez a sok *új* nem kis feladatot rótt a szótár szerkesztőire, ha lépést akartak tartani a korral.

A korábbi kiadás minden egyes szavát és adatát gondosan ellenőriztük, és mérlegeltük használhatóságukat. A legtöbb esetben hozzá kellett nyúlni az angol fordításokhoz, ekvivalensekhez. Míg a korábbi kiadás 51.000 címszót és 24.000 kifejezést tartalmazott, a jelenlegi szótár több mint 30.000 új adattal bővült. Ez a bővülés címszavakból vagy meglevő címszavak új jelentéseiből, s megannyi új többszavas kifejezésből, valamint szóhasználati példából áll. Szép számmal közlünk amerikai-angol kifejezéseket is, egyáltalán, nagy súlyt fektettünk az amerikai-angol szóhasználatra.

Új vonása továbbá a szótárnak az egyes szójelentéseket és azok angol ekvivalenseit, szinonimáit megkülönböztető irányítószavak, megjegyzések bőséges alkalmazása, valamint a magyar igevonzatok angol megfelelőinek gazdag és sokrétű ábrázolása, az angol elöljárós-igekötős igék minden eddiginél bőségesebb szótározása útján. Minden igyekezetünk a mai angol szóhasználat mennél részletesebb és árnyaltabb regisztrálása volt, és ebben felbecsülhetetlen segítséget nyújtott nekünk anyanyelvi lektorunk, **Peter A. Sherwood** (School of Slavonic and East European Studies, University of London), aki a szótár minden adatát a legnagyobb igényességgel és lelkiismeretességgel ellenőrizte, és őrködött azon, hogy az angol ekvivalensek ezrei igazi, eredeti, mai élő angolságot közvetítsenek. E helyt is köszönetet mondunk neki érte.

A jelentésbeli, nyelvtani és stiláris információ részletesebb magyarázatát a következő lapokon adjuk közre. A *Függelékben* pedig közöljük az angol rendhagyó igéket és főneveket, valamint a gyakoribb mértékegységek magyar-angol táblázatát.

Végül még egy újdonságot kell megemlítenünk. A magyarországi szótárírás történetében ez az első általános kétnyelvű szótár, amely számítógép segítségével készült. Ezúton mondunk köszönetet a JATE Kalmár László Kibernetikai Laboratórium munkatársainak, akik a programot kifejlesztették, és munkánkat végigkísérték.

Budapest, 1989. október 19.

Magay Tamás

PREFACE

This is an entirely new edition in the Országh tradition — for it is our sad duty to record that László Országh himself was able to check only the first few letters of the alphabet before his death in 1984. It fell to the present editor, and a tiny but devoted team, to carry the work of editing through to completion.

The years that have passed since the last edition in 1959 have wrought many changes in our daily lives, changes that have been reflected in both languages. New fields of knowledge have spawned many new terms which, along with new words and expressions representing new lifestyles and the fresh needs of a new generation, have rapidly filtered through into both languages, and posed the lexicographer the enormous challenge of duly recording all but the most ephemeral items in the dictionary.

The text of the 1959 edition has therefore been completely revised and considerably expanded. While that edition contained some 51,000 headwords and a further 24,000 phrases and idioms, the present work has been enlarged by more than 30,000 new items. Older and obsolescent words have been replaced by new ones and by new meanings of existing words, including a substantial number of expressions current in American English. Idiomatic expressions and illustrative sentences have been carefully chosen to help Hungarian users express themselves in good, idiomatic English.

Other new features include greater delicacy in the discrimination of meanings, and differentiation between equivalents and synonyms by means of a generous selection of guide words, explanatory glosses and context words. Contrastive linguistic research has been used to improve the treatment of Hungarian verbs with 'prefixes' and of English verbs with prepositions and/or particles, which have not been treated in such depth in Hungarian-English dictionaries of the past. Finally, it is hoped that more consistency has been achieved in the use of regional and stylistic labels.

More detailed information on meaning, grammar and style is given in the pages that follow, while in the Appendix the user will find a list of English irregular verbs and plural nouns, and conversion tables for weights and measures.

We are greatly indebted to **Peter A. Sherwood** (School of Slavonic and East European Studies, University of London) who checked every item of the dictionary supplying new words and meanings and — most of all — fresh and genuine English equivalents, a prominent feature of this dictionary.

Last but not least, another innovation must be mentioned: the aid of the computer. The present work is the first general bilingual dictionary in Hungary to be produced with the aid of the computer, and thus marks a new era in Hungarian lexicography. The assistance of the programmers at the University of Szeged's L. Kalmár Cybernetic Laboratory is hereby gratefully acknowledged.

Budapest, 19 October 1989

T. Magay

A SZÓTÁR HASZNÁLATÁRÓL

USING THE DICTIONARY

1. A *címszó* után a szófajjelölő rövidítés áll. (l. a Rövidítésjegyzéket, 15. o.). Az azonos írású, de eltérő eredetű szavakat (az ún. *homonimákat*) felső indexszámokkal külön címszóként kezeltük.

1. The *headword* is followed by an abbreviation describing the part of speech (see list of abbreviations, p. 15). Words that have the same spelling but are derived from different sources etymologically (i.e. homographs) are entered separately with superior numbers.

> **kép** *n* **1.** *ált* picture ...
> **sejt**[1] *vt* vmt suspect sg ...
> **sejt**[2] *n* **1.** *biol* cell ...
> **tétlenül** *adv* idly ...

2. A római számok az egyes *szófajokat* különítik el, úm. főnév, ige, melléknév stb.

2. Roman numerals distinguish different *parts of speech* such as nouns, verbs, adjectives etc.

> **csempész I.** *vt* sm*u*ggle; **II.** *n* sm*u*ggler

3. Igei szócikkekben a *tárgyas és tárgyatlan használatot* félkövér arab számokkal különbözteti meg a szótár.

3. Verb entries are often subdivided by Arabic numerals distinguishing *transitive and intransitive usage*.

> **ráz 1.** *vt* shake ... **2.** *vi (jármű)* jolt **3.** *vi (áram, vezeték)* shock, be* live

4. A címszavak különböző *jelentéseit* ugyancsak félkövér arab számokkal tagoljuk. *Szóhasználati* tájékoztatást, fogalomkörszűkítő irányítószavakat — dőlt szedéssel, zárójelben — közvetlenül az arab jelentésszámok után, ill. az angol egyenértékesek előtt talál a használó.

4. The various *meanings* of the headword are subdivided by means of bold Arabic numerals. Information on *usage* and guide words are printed in italics after the Arabic numerals and before the equivalents (translations) or their synonyms.

> **kép** *n* **1.** *ált* picture; *(arckép)* portrait, picture; *(fénykép)* photo(graph), sn*a*p(shot); *(papírkép)* print; *(tévé)* picture, image **2.** *biz (arc)* face ... **3.** *(látvány)* picture, sight, view ... **4.** *(fogalom)* idea, notion ...

5. A többszavas lexikai egységeket (úm. idiomatikus kifejezéseket és példamondatokat) az egyes jelentésszámok alá sorolja be a szótár, a szójelentések után. Ha egy-egy ilyen

5. *Multi-word lexical units* (i.e. set phrases and examples of usage) are entered under the various numbered senses following the translations of the headword, in bold type.

egységnek több jelentése is van, ezeket zárójelbe tett arab számok különítik el. Ha egy magyar címszónak vagy kifejezésnek nincs angol egyenértékese, csak *magyarázata,* azt ⟨ ⟩-be teszi a szótár.

Bracketed Arabic numerals are used for different meanings of these boldface units. When no equivalents are available, *explanations* are given in pointed brackets ⟨ ⟩.

> **kép** ... **2.** *biz (arc)* face, visage; **nem tetszik nekem a** ~**e** I don't like the look of him; **van** ~**e hozzá** have* the nerve/cheek/face to do sg
> **rend** ... ~**be hoz** (1) *ált vmt* put*/set* sg/things to rights, sort sg out (2) *(szobát)* ⟹
> **rendbe tesz** (3) *(megjavít)* repair/mend sg
> **érettségi** ... ~ **bizonyítvány** ⟨Hungarian secondary school-leaving certificate⟩, Matura

6. A *nyelvtani (mondattani) információ* különféle formában jelentkezik: Mindenütt, ahol szükséges és lehetséges, megadjuk a *vonzatokat,* különös tekintettel az angol igék *elöljárós-határozós használatára.* A *rendhagyó igéket* csillag *, a *rendhagyó főneveket* kis karika ° jelzi, utalva a rendhagyó igék és főnevek függelékben adott jegyzékére. A főnevek után álló *pl* azt jelzi, hogy többes számú igei szerkezettel kell fordítani. Mellékneveknél az *ut.* pedig arra figyelmeztet, hogy nem jelzőként, hanem *utótételként* használható a — rendszerint — többszavas jelzős szerkezet.

6. *Syntactical information* is given to help the non-native speaker use the word correctly. This is given in various forms: *prepositional usage* following the translations; the * (asterisk) marking *irregular verbs* (get*); the ° (superior circle) indicating *irregular plural* forms of nouns (man°); *pl* is used to indicate the plural use of the target-language verb when the headword is an uncountable noun; *ut.* refers to adjective translations of more than one word to be used postpositionally.

> **alkalmatlan** *a vmre* unfit (for), unsuited (to/for) *ut.*
> **beszáll** *v* **1.** *(vonatba, buszba)* get* *on*(to)/*in*(to) [the train/bus], get* in/on; *(repgépbe)* get* on/*on*to [the plane], board [the plane]
> **cselszövény** *n* intrigue, plot, machinations *pl*
> **csuromvizes** *n* wet through *ut.,* soaked to the skin *ut., soa*king (wet)
> **kisgyerek** *n* little child°
> **találkoz|ik 1.** *ált vkk* meet* *(vkvel* sy); *(véletlenül)* run* *in*to sy, *US* meet* with sy ...
> **2.** ~**ik vmvel** *(tapasztal)* meet* with sg, run* *in*to sg, experience sg

7. A *végmássalhangzójukat kettőző* angol igékben betűvastagítás jelzi a kettőzést; az ezzel ellentétes amerikai használatot a példában adott módon tünteti fel a szótár.

7. Verbs *doubling* their final *consonants* are indicated typographically (get*, drop); the reverse, i.e. non-doubling of some verbs in American English, is also shown.

> **lemond** ... **5.** *(előadást, jegyet stb.)* cancel *(US* -l)

8. A magyar címszavak angol egyenértékeseit (ekvivalenseit) igen gyakran [ ]-be tett *szövegkörnyezeti* szavak egészítik ki, amelyek szintén a helyes szó-, ill. nyelvhasználatot segítik elő.

8. Translations of the headword are often supplemented by English *context words* in square brackets [ ].

benyújt *v (kérelmet)* put* in, *US* file [an application]; *(doktori értekezést)* submit [a thesis for the PhD degree] **megtart** ... **3.** *(ígéretet)* keep* [one's promise/word]; *(határidőt)* keep*/observe [the time limit]; *(szabályt, törvényt)* keep* to [the rules], observe [the law], comply with [the rules/regulations]

9. *Regionális, szaknyelvi*, ill. *stílusértéket jelző* rövidítések általában az arab jelentésszámok után, ill. az angol ekvivalensek előtt állnak.

9. Regional, field, and style *labels* usually follow the Arabic numerals (marking different senses), and normally precede the translation equivalents.

belügyminisztérium *n* Ministry of the Interior, *GB* Home Office, *US* Department of the Interior
benyakal *v biz* guzzle, swill/gulp down
beszállásol *v* quarter, *kat* billet [soldiers]
defekt *n (gumié)* puncture, flat tyre (*US* tire), *US így is:* flat
halmaz ... *mat* set

10. A szótárban alkalmazott különféle *helynyerő megoldások:*
( )-ben a szavaknak, szókapcsolatoknak elhagyható, ill. vagylagos elemei találhatók. Ugyancsak ( )-be kerültek a vonzatok.
/ a virgula a vagylagosság jele;
~ a tilde a címszót helyettesíti;
| a cezúra az ikes igéknél jelzi, hogy a szócikkben a tilde (~) csak az **-ik** nélküli részt pótolja.

10. Various *space-saving devices* are employed:
( ) round brackets within English translation equivalents meaning that words or parts of words put in parentheses are optional; (optional) prepositional uses are also bracketed;
/ the oblique stroke separates alternatives;
~ the tilde represents the headword;
| the vertical stroke in verb headwords ending in -ik means that the verb without -ik is replaced by tilde within the article.

bemász|ik *v* climb in/into; ~**ik az ágy alá** creep* under the bed
bemázol *v (festékkel)* daub [the wall] (with paint), daub paint [on the wall], paint (over)
bemondás 3. *biz (szellemeskedő)* quip, (wise)crack
darabol *v* cut*/chop/parcel (*US* -l-) up
édestestvér *n* (full) brother/sister
kép ... ~**et alkot magának vmről** form an opinion (v. get* an idea) of sg

11. Háromféle *utalás* található a szótárban:
= ugyanaz, mint
→ lásd még ...
⇨ **lásd ott (utalás az egész előtte álló szócikktől, nem pedig annak egyik jelentésétől csupán).**

11. *Cross references* are used in the following instances:
= meaning "same as"
→ meaning "see under"
⇨ **always at the end of an article meaning "see also" or "see under"**

rádiós II. *n* **1.** = **rádiókezelő**
rosszul ... ~ **esik vm vknek** → **esik 8.**
ráz ... **3.** *vi áram* shock, be* live ⇨ **hideg,**
rongy

12. Az angol szavak *hangsúlyát* a hangsúlyos szótag magánhangzójának, ill. -hangzóinak dőlt szedésével fejezi ki a szótár.
L. az 1—11-ben adott példákat.

12. *Stress* in English words is indicated by printing the vowel(s) of the stressed syllable in italics.
See sample entries from 1 to 11

PRONUNCIATION
KIEJTÉS

Phonetic Chart of Hungarian Speech Sounds

In the left column the letters of the Hungarian alphabet are given followed by the phonetic symbols representing the Hungarian vowels and consonants. This is followed by examples, first English or foreign words with approximate sound correspondences, and finally Hungarian examples in which the respective sounds occur.

Note that the **stress** of Hungarian words falls always on the first syllable.

Vowels*

a	[ɑ]	as in *card*, but darker and shorter	**kar** arm, **ablak** window
á	[a:]	as in *baa*, but more open; German *Haar*	**tál** dish, **hálás** thankful
e	[ɛ]	as in *get, pen*	**ember** man
é	[e:]	as in *cake;* French *thé*, German *See*	**kép** picture
i	[i]	as in *lip*, only somewhat tenser	**kit** whom
í	[i:]	as in *tea*	**híd** bridge
o	[o]	as in *not* in Scottish pronunciation; French *pomme, mot*	**toll** pen
ó	[o:]	as in *all, short;* French *beau*, German *Boot*	**tó** lake
ö	[ø]	as in French *le*, German *Löffel*	**öröm** joy
ő	[ø:]	as in French *deux*, German *schön, Öl*	**nő** woman
u	[u]	as in *put*, but more rounded	**ugrik** jump
ú	[u:]	as in *too, boot*	**húz** pull
ü	[y]	as in French *tu*, German *dünn*	**ül** sit
ű	[y:]	as in French *sûr, rue*, German *früh*	**tű** needle

*There are no diphthongs in Hungarian, except *au* [aʊ] in some words of foreign origin, as in **autó, augusztus** etc.

Consonants

a) *Represented by single letters of the Hungarian alphabet*

Consonants for which the phonetic symbol is the same as the letter itself, and which therefore cause no pronunciation difficulties, are as follow:

b, d, f, k, l, m, n, p, t, v, and **z.**

As for the rest:

c	[ts]	as in *tsetse, hats*	**ceruza** pencil
g	[g]	as in *get, give*	**gazdag** rich
h	[h]	as in *hip, he*	**ház** house
		Finally, however, and within a word preceding a consonant, it is mute	**méh** [me:] bee
j	[j]	as in *yet, you*	**jó** good
r	[r]	always rolled as in Scottish *rule, Burns*	**óra** watch, class
s	[ʃ]	as in *ship, shoe*	**só** salt, **és** and

b) *Double letters*, such as **bb, cc, dd** etc. represent consonants which are always pronounced *long*, as in *unnatural*.

c) *Digraphs*
   i.e. the combination of two—or in one case three—letters which represent a single speech sound, as *gh* in English *tough*.

cs	[tʃ]	as in *church*	**csúcs** summit
dz	[dz]	short, as in *roads, bids*	**fogódznak** they cling on
		long, between two vowels	**edző** [ˈɛddzøː] coach
dzs	[dʒ]	short as in *page*	**lándzsa** [ˈlaːndʒa] lance
		long, in a few foreign words	**bridzs** [briddʒ] bridge
gy	[dj]	as in *due, during;* French *adieu*	**magyar** Hungarian
ly	[j]	as in *yet, you*	**gólya** stork
ny	[nj] or [ŋ]	as in new; French *cognac, vigne*	**nyak** neck
sz	[s]	as in *see, slow*	**szép** nice
ty	[tj]	as in *student;* French *Étienne*	**tyúk** hen
zs	[ʒ]	as in *measure, usual;* French *jour*	**zseb** pocket

Rövidítések és jelek
Abbreviations and Signs

a	adjective	melléknév
adv	adverb	határozószó
áll	állattan	zoology
ált	általában	generally
átv	átvitt értelemben	figuratively
(átv is)	átvitt értelemben is használatos	figuratively also
bány	bányászat	mining
bec	becéző forma	hypocoristic form
bibl	biblia	Bible
biol	biológia	biology
biz	bizalmas, kötetlen szóhasználat	colloquial/informal usage
conj	conjunction	kötőszó
csill	csillagászat	astronomy
el	elektronika, távközlés, villamosság	electronics, communications, electricity
elít	elítélő/rosszalló értelemben	pejoratively, derogatory expression
épít	építészet	architecture
ért.	értelemben	in a ... sense
etc.	and so on	s a többi, stb.
fényk	fényképészet	photography
fil	filozófia	philosophy
film	filmművészet	cinematic art, motion pictures
fiz	fizika, atomfizika	physics, nuclear physics
földr	földrajz	geography
GB	British usage	brit szóhasználat
geol	geológia	geology
hajó	hajózás	nautical term
hiv	hivatalos nyelven	in official usage, formal
int	interjection	indulatszó
ir	irodalmi, választékos	literary; refined
iron	ironikus, gúnyos	ironical
isk	iskolai élet nyelvében	schools, school slang
(jelzőként)	jelzőként használt főnév	attributively, as a modifier
jog	jogtudomány	law, legal term
kat	katonai (szó)	military (term)
kb.	körülbelül	approximately
ker	kereskedelem	commerce, commercial term
kif	az angolban ilyen kifejezéssel v. szerkezettel	in English expressed with the phrase..., construed as ...
konkr	konkrétan	literally
közg	közgazdaságtudomány	economics
mat	matematika és geometria	mathematics and geometry
mezőg	mezőgazdaság(tan)	agriculture
műsz	műszaki (szakszó)	technology
műv	művészet	art
n	noun	főnév
nép	népnyelvben	in folk-speech
növ	növénytan	botany

num	numeral	számnév
nyelvt	nyelvtudomány	linguistics, philology
nyomd	nyomdászat	printing
orv	orvostudomány	medicine, medical term
összet	összetételben	in compounds
pénz	pénzügy, bankszakma	banking, finance
pl.	például	for example, e.g.
pl	plural	többes szám(ú ige áll utána)
pol	politika	politics
post	postposition	névutó
pref	prefix	előképző; előtag; igekötő
pron	névmás	pronoun
pszich	pszichológia	psychology
rendsz	rendszerint	usually, chiefly
rep	repülés	aviation, flying
röv	rövidítés	abbreviation
sg	something	valami, vm
sing.	singular	egyes szám(ú ige áll utána)
sk	skót	Scottish
sp	sport	sports
stb.	s a többi	and so on, etc.
suff	rag; utótag	suffix
swhere	somewhere	valahol, vhol; valahova, vhova
sy	somebody	valaki, vk
szính	színház	theatre, drama
szt	számítástechnika	computers
tex	textil	textile
tört	történelem	history, historical
tréf	tréfásan	humorously, jocularly
tud	tudományos (neve, nyelvben)	science, scientific term
tv	televízió	television
ua.	ugyanaz (mint)	the same (as)
US	American usage	amerikai szóhasználat
ut.	csak utótételben használatos	appositively, in apposition only
v.	vagy	or
v	verb	ige
vall	vallás; egyház	religion; church
vasút	vasúti technika	railways
vegy	vegyészet	chemistry
vhol	valahol	somewhere, swhere
vhova	valahova	somewhere, swhere
vi	intransitive verb	tárgyatlan ige
vk	valaki	somebody, sy
vm	valami	something, sg
vt	transitive verb	tárgyas ige
vulg	durva, bántóan közönséges, illetlen	vulgar (usage)
zene	zene(tudomány)	music(ology)
†	elavult; kiveszőben levő; régies	obsolete, obsolescent, archaic
□	argó, szleng	slang
~	a címszót pótolja	stands for the headword
→	lásd még	see also, see under
⇨	lásd ott (utalás az egész szócikktől)	see also, see under
=	ugyanaz, mint	same as
*	rendhagyó ige, lásd a függelékben	irregular verb, see Appendix
°	rendhagyó főnév, lásd a függelékben	irregular noun, see Appendix

A, Á

A, a¹ *n (betű)* (the letter) A/a
a² *definite article (határozott névelő)* the
a³ *n zene* A, a; **A-dúr** A major; ~**-moll** A minor
A = *amper* ampere, A
a. = *alatt* under
Á, á¹ *n* (the letter) Á/á; ~**tól zéig/cettig** from a to z, from beginning to end
á² *int* oh, ah
à *(darabonként)* at; **4 db szék** ~ **400 Ft** four chairs at 400 forints each
abajgat *vt* pester
abba *pron* into that, there; ~ **nem megyek bele** I won't consent to that; count me out
abbahagy *v* stop (doing sg), cease, break*/leave* off; *(végleg)* give* up; **munkát** ~ leave* off work; *US* quit* work(ing), quit* one's job; *(ideiglenesen)* put* aside work; **nem hagy abba vmt** *(= kitartó)* keep* at it, keep* going; **ha nem hagyod abba** if you go on like this; **hagyd már abba!** stop it!, □ chuck it (will you)!; **most már nem lehet** ~**ni** we've got to go through/on with it, we must see it through (to the end)
abbamarad *v* cease, be* broken off, be* interrupted; **a dolog** ~**t** the matter was dropped
abban *pron* in that; ~ **maradtunk, hogy** we agreed to; ~ **az esetben** in that case; ~ **az esetben, ha eljönne** supposing he came, should he come, were he to come; ~ **a helyzetben vagyok, hogy** I am in a position to
abbeli *a* relating to *ut.*, concerning *ut.*; **kifejezte** ~ **szándékát, hogy** he indicated/expressed his intention to
abból *pron* from/of that, out of that; ~ **semmi sem lesz** nothing will come of that; ~ **indul ki** he sets*/starts out from the premise (that); ~**, amit lát** from what he can see; ~ **a városból** from that town
ABC-áruház *n* supermarket
ábécé *n* alphabet, ABC
ábécérend *n* alphabetical order
ábécéskönyv *n* spelling-book, primer
abesszin *a/n* Abyssinian, Ethiopian
Abesszínia *n* Abyssinia; *(ma)* Ethiopia

ablak *n* **1.** window; *(toló)* sash-window; *(szárnyas)* casement-window; *(földig érő)* French window; **az** ~ **az utcára nyílik** the window looks/opens onto the street; **kinéz az** ~**on** look out of the window; ~**ot kinyit** open the window; ~**ot becsuk** close/shut* the window; ~**ot betör/kitör** smash/break* the window **2.** *(jegypénztáré)* (ticket) counter **3.** *(útlevélben)* exit permit ⇨ **kiszór**
ablakbélés *n* window-lining
ablakdeszka *n* window-sill/ledge
ablakfülke *n* window-niche
ablakkeret *n* window/sash-frame
ablakmélyedés *n* bay of a window
ablaknyílás *n* window opening
ablakos I. *a* windowed, provided with windows *ut.*; ~ **boríték** window envelope **II.** *n* glazier
ablakpárkány *n* window-sill/ledge
ablakrács *n* window grille
ablakredőny *n* rolling shutter, shutter(-blind); *(reluxa)* Venetian blind
ablakrózsa *n épít* rose window
ablakszárny *n* casement; *(tolóablaké)* sash
ablakszem *n* pane of glass
ablaktábla *n* window-pane
ablaktok *n* window-frame
ablaktörlő *n (járműn)* windscreen-wiper
ablaküveg *n* **1.** window-glass, sheet-glass **2.** = **ablaktábla**
ablakvasalás *n* window-fittings *pl*
ablativus *n* ablative
abnorm(ál)is *a* abnormal
abnormitás *n* abnormality
abortál *v* miscarry, have* a miscarriage
abortusz *n* abortion, miscarriage
ábra *n* illustration, picture; *(szövegközi)* figure; *(vázlatos)* diagram; *(mértani)* figure; **amint a 4. sz.** ~**n látható** as can be seen in Fig. 4; **tudja, mi az** ~ *biz* know the score
abrak *n* fodder, forage
abrakol *v* fodder, feed*
abrakostarisznya *n* nose/fodder-bag
ábránd *n* fancy, fantasy, daydream; *(üres)* illusion; ~**okat kerget** chase after rainbows

ábrándkép *n* daydream, vision
ábrándos *a* dreamy, fanciful
ábrándozás *n* daydream(ing), reverie
ábrándoz|ik *v* dream* (of sg), indulge in wishful thinking, be* daydreaming
ábrándvilág *n* dream world
ábrázat *n* visage, countenance, face
ábrázol 1. *v (rajzol)* represent, delineate; *(személyt)* portray **2.** *(leír)* describe; *(kép vkt/vmt)* depict; **regénye a polgárságot ~ja** his novel depicts the middle classes
ábrázolás *n* **1.** *(rajzban)* delineation, portrayal, representation **2.** *(írásban)* description; **az ~ módja, ~i mód** rendering, depiction
ábrázoló *a* descriptive; *(rajzzal)* graphic; **~ geometria** descriptive geometry; **~ művészet** representational art
ábrázolótehetség *n* descriptive power/gift
abroncs *n* **1.** *(hordón)* (barrel) hoop **2.** *(keréken)* tyre, *US* tire
abroncsos *a* **1.** *(hordó)* hooped **2.** *(kerék)* tyred, *US* tired
abroncsoz *v* **1.** *(hordót)* hoop **2.** *(kereket)* rim, (put* on a) tyre/tire
abroncsvas *n* strip/strap-iron
abrosz *n* table-cloth
abszcissza *n mat* abscissa
abszolút *a* absolute; **~ érték** absolute value; **~ hallás** absolute pitch; **~ többség** absolute majority
abszolúte *adv* absolutely, entirely
abszolutizmus *n* absolutism
abszolvál *vt (befejez)* complete
abszorbeál *vt* absorb
abszorpció *n* absorption
absztinencia *n* abstinence; *(csak alkoholtól)* teetotalism
absztinens I. *a* abstinent; *(csak alkoholtól)* teetotal **II.** *n* teetotaller (*US* -taler), (total) abstainer
absztrahál *v* abstract
absztrakció *n* abstraction
absztrakt I. *a* abstract; *(művészet így is)* nonfigurative, nonobjective, nonrepresentational **II.** *n (tud. cikk stb. rezüméje)* abstract
abszurd *a* absurd, preposterous
abszurdum *n* absurdity; **~!** nonsense!
accusativus *n* accusative (case)
acél *n* steel
acéláru *n* steel goods *pl*; *(kés)* cutlery; *(egyéb)* steelware
acélcső *n* steel tube
acélhengermű *n* steel mill
acélhuzal *n* steel wire
acélipar *n* steel industry

acélkék *a* steel blue
acélkohó *n* steel furnace
acéllemez *n* steel-plate/sheet
acélmű(vek) *n (gyár)* steel-works *pl v. sing.*
acélos *a* steely, hard as steel *ut.*; *csak átv* firm; **~ búza** durum/red wheat; **~ izmok** muscles of steel
acélosod|ik *v* get* steeled/hardened
acéloz 1. *v (vasat)* temper **2.** *(megerősít v. átv)* steel, harden
acélozott *a* tempered, hardened
acélöntvény *n* steel cast
acélpenge *n* steel blade
acélrugó *n* steel spring
acélszerkezet *n* steel structure
acélszürke *a* steel-grey
acéltermelés *n* steel production
acéltoll *n* steel pen/nib
acélváz *n* steel frame(work)/skeleton
acetilén *n* acetylene
aceton *n* acetone
achát *n* agate
Achilles-sarok *n vké átv* Achilles' heel, (sy's) weak side/part/spot
ács *n* carpenter; **~ kisiparos** self-employed carpenter, (master) carpenter
acsarkod|ik *v* have* a grudge *(vkre* against sy)
acsarkodó *a* spiteful, rancorous
ácsbárd *n* (carpenter's) broad axe, hatchet
ácsceruza *n* carpenter's pencil
ácsi *int* stop!, silence!
ácskapocs *n* cramp (iron), clamp
ácsmester *n* master carpenter
ácsmesterség *n* carpentry, carpentering; craft/trade of a carpenter
ácsmunka *n* carpentry; **(el)végzi az ~t** *(házon)* do* (the) carpentry in a house
ácsműhely *n* carpenter's shop
ácsol *v* carpenter, do* the woodwork; *(állványt)* scaffold
ácsolás *n* carpentering, timbering
ácsolat *n* timber-work, scaffolding
ácsorgás *n* standing about, lounging
ácsorog *v* stand* about; *(tétlenül)* lounge, loaf; **az ott ácsorgók** the bystanders
ad 1. *v ált* give*, present; *(adományoz)* grant, donate; **~ vknek vmt** give* sg to sy, give* sy sg; **~om X urat** *(telefonon)* I'll put you through to Mr. X; **majd ~ok én neked!** I'll give you what for!; **angolórákat ~** give* English lessons **2. bérbe ~, férjhez ~** *stb.* → *a főnév alatt* **3.** *(rádió, tévé)* broadcast*, transmit **4.** *(vizet bojler)* deliver **5.** *(színházban stb. játsszák)* be* on; **a Lear királyt ~ják** King Lear is on (at the

theatre); **színdarabot** ~ present a play, perform a drama; **már egy hónapja** ~**ják a darabot** it has been running/on for a month; **most mit** ~**nak?** what's on just now?; **új filmet** ~**nak a moziban** there's a new film on at the cinema **6.** *(árut)* give*, sell* *(vmennyiért* for); **ezt hogy/mennyiért** ~**ja?** what is the price of this?, how much is this? **7. sokat** ~ vmre lay* great stress on sg; **semmit se** ~**ok rá, nem** ~**ok rá semmit** *(vmre)* I don't care a rap/fig for it, *(vkre)* I have no great opinion of him/her **8.** ~**ja az okost** pretend to be a wise man° **9. vmre** ~**ja magát** *(tanulmányokra)* devote oneself to, go* in for sg; *(politikára)* go* into [politics], engage [in politics]; **ivásra** ~**ja magát** take* to drink ⇨ **bank, fej, szó**

ad acta *adv* ~ **tesz** shelve, pigeonhole, close the file (on sg)

adag *n* **1.** *(orvosság)* dose; *(élelmiszer)* ration, portion; *(étkezésnél)* helping; **szűkös** ~**okkal** on short rations **2.** *biz* **jó** ~ **munka** a good piece of work

adagol 1. *v ált* portion/measure out; *(gyógyszert)* dose; *(élelmiszert)* ration **2.** *(gépbe)* feed* [machine]

adagolás *n* portioning, dosing, rationing

adagoló I. *a* feeding **II.** *n (készülék)* feeder, distributor

adakozás *n* **1.** *(tett)* contribution **2.** *(adomány)* donation; *(szegényeknek)* alms *sing. v. pl*; *(templomban)* offerings *pl*

adakoz|ik *v* give*, donate

adakozó I. *a* generous, charitable; ~ **kedv(é)ben van** be* in a giving mood, have* a fit of generosity **II.** *n* giver, donor, contributor

adalék *n* **1.** *(cikk)* contribution (to sg) **2.** *(adat)* data *pl* **3.** *(~anyag)* additive, admixture

adalékanyag *n* = **adalék 3.**

Ádám *n* Adam

ádámcsutka *n* Adam's apple

ádámkosztüm *n* birthday suit; ~**ben** stark naked

adandó *a* ~ **alkalommal** when opportunity offers/arises

adás *n* **1.** *ált* giving (to), bestowal (on), rendering (to) **2.** *(rádió, tévé)* broadcast(ing), transmission; ~**ban van** *(rádió)* be* on the air; ~**unk véget ért, jó éjszakát minden kedves hallgatónknak/nézőnknek** we are now closing down; that's all and a very good night to you

adáshiba = **adásszünet 2.**

adásszünet *n* **1.** *(rádióban, tévében tervszerű)* intermission **2.** *(üzemzavar)* break (in transmission)

adásvétel *n* buying and selling (of sg), sale and purchase, trading

adásvételi *a* ~ **szerződés** contract/bill of sale; ~ **ügylet** business transaction

adat[1] *v vknek vmt* have* sg given to sy; **tudtára** ~ **vknek vmt** inform sy of sg *(v. that)*

adat[2] *n* **1.** ~**(ok)** data *(pl, de ma már többnyire sing.)*; *(tények)* fact(s); *(perben)* exhibits; **személyi** ~**ok** sy's particulars; **részletes** ~**ok** details; ~**okat beszerez** obtain information/particulars; ~**okat szolgáltat** provide/give* information **2.** *(feljegyzés)* entry; *(tétel)* item

adatbank *n* data bank

adatbázis *n* data base

adatfeldolgozás *n (gépi)* data processing

adatgyűjtés *n* collection of facts/data, data collection/acquisition, fact-finding; **kérdőíves** ~ *(getting information by means of)* questionnaire

adathalmaz *n* mass of facts

adathordozó *n* data carrier

adatközlés *n* publication of data

adatközlő *n (nyelvi stb.)* informant

adatlap *n* data sheet

adatrögzítés *n* data recording; *(beírás számítógépbe)* keying in

adatszolgáltatás *n* information

ádáz *a* ferocious, fierce

addig *adv* **1.** *(hely)* as far as that **2.** *(idő)* till, until, up to that time; ~ **is** meanwhile, in the meantime; ~, **amíg** until, till

addigi *a* till then *ut.*

addigra *adv* by that time

adekvát *a* adequate, suitable, proper

adjonisten I. *int* good day/morning/afternoon **II.** *n* **amilyen az** ~, **olyan a fogadjisten** give as good as one gets

adjunktus *n kb.* **GB** senior lecturer, **US** assistant/associate professor, lecturer

adminisztráció *n* administration, management; **rossz** ~ mismanagement, maladministration

adminisztrációs *a* administrative

adminisztrál *v* administer, manage

adminisztratív *a* administrative, executive; ~ **dolgozók** clerical/office workers

adminisztrátor *n* administrator, executive, office worker

admirális *n* admiral

adó[1] *n (állami)* tax; *(községi)* rate(s); ~ **alá esik** be* taxable, be liable/subject to tax *(v. to pay taxes)*; ~ **alá eső** taxable, subject to

tax *ut.*; **egyenes** ~ *di*rect tax; **kivetett** ~ *ind*irect/assessed tax; ~**t behajt** col-lect/*levy* taxes; ~**ból levonható** tax-de-ductible [*expenses* etc.]; ~**t csökkentő kedvezmények** all*o*wances from ta*x*able *i*ncome; ~**t előír** ass*e*ss ta*x*es; ~**t fizet** pay* tax (*vm után* on sg); ~**t kivet vkre/vmre** tax sy/sg, levy a tax on sy/sg; ~**t vetnek ki vmre** sg is taxed, tax is l*e*vied/assessed on sg
adó² *n* **1.** = **adóállomás 2.** = **adókészü-lék**
adóalany *n* taxpayer, ratepayer
adóalap *n* basis of assessment, rateable value; taxable income
adóállomás *n* radio station
adóbehajtás *n* collection of taxes
adóbélyeg *n* revenue stamp
adóberendezés *n* transmitting appar-*a*tus/equipment
adóbevallás *n* tax return
adóbevétel *n* revenue
adócsalás *n* tax fraud/evasion
adócső *n* transmitting tube/valve
adód|ik 1. *v vm* happen, present itself, offer, come* about; **ha alkalom** ~**ik** if an op-portunity arises (*v.* presents itself *v.* should offer); **ha úgy** ~**nék** if by any chance . . . , should it happen that **2.** *vmből* issue (from), deriv*e* (from)
adóelengedés *n* tax-relief
adóellenőr *n* tax controller/inspector
adóeltitkolás *n* tax evasion
adófizetés *n* payment of taxes/rates; ~**i meghagyás** tax/rate demand
adófizető *n* taxpayer; (*községi*) ratepayer
adogat *v* **1.** give* (repeatedly); (*kézbe*) hand over (to sy) **2.** (*teniszben*) serve; **Taróczy** ~ And it's Taróczy's service (next).
adogatás *n* **1.** *á*lt repeated giving of sg; (*kéz-be*) handing on/over **2.** (*teniszben*) service
adogató *n* **1.** (*teniszben*) server; **előny az** ~**nál** advantage server **2.** (*puskában*) ma-gazine spring; *mű*sz feeder
adóhátralék *n* back taxes *pl*, tax arrears *pl*; ~**ban van** be * in arrears with one's taxes
adóhivatal *n* tax/revenue office; ~**i tiszt-viselő** revenue officer
adóintés *n* tax/revenue demand
adóív *n* **1.** (*értesítés*) tax notice **2.** (*űrlap*) tax return form
adójövedelem *n* public/inland revenue
adókedvezmény *n* tax allowance
adókészülék *n* (radio/television) transmitter
adókivetés *n* imposition of taxes, taxation, assessment

adókönyv *n* register of taxpayers, tax-book
adóköteles *a* taxable, subject to taxation *ut.*, liable to tax *ut.*; **nem** ~ tax-exempt; not subject to taxation *ut.*
adókulcs *n* rate of tax
adóleszállítás *n* reduction of taxes/rates, tax/rate rebate
adoma *n* anecdote
adomány *n* **1.** (*ajándék*) gift, donation **2.** † (*tehetség*) gift, talent
adománylevél *n* deed of gift
adományos *n* donee, beneficiary
adományoz 1. *v* give*, present, grant, do-nate **2.** (*kitüntetést*) award
adományozás *n* grant (of sg), donation
adományozó *n* giver, donor
adomáz|ik *v* tell*/relate anecdotes
adómentes *a* tax-free, exempted from tax *ut.*, US *így is:* tax-exempt
adómentesség *n* exemption from tax, tax exemption; ~**et élvez** be* exempt from paying tax
adónem *n* tax category/code
adóösszeírás *n* assessment (of taxes)
adópénztár *n* tax (collector's) office
adópótlék *n* surtax
adóprés *n* pressure of taxation
adoptál *v* adopt
adórendszer *n* (system of) taxation, tax system
adós I. *a* in debt *ut.*, owing *ut.*; ~ **vknek vmvel** owe sy sg; ~ **marad a válasszal** make* no reply **II.** *n* debtor; ~ **marad vknek** remain sy's debtor (*v.* in sy's debt)
adóslevél *n* (*személyre szóló*) bond; *biz* IOU (= I owe you); (*vállati*) debenture
adósság *n* debt, liability; ~**ba veri magát** run*/get* into debt; **fülig ül az** ~**ban** be* up to the eyes in debt, be* heavily in debt; ~**ot behajt** recover/collect a debt; ~**ot kifizet/kiegyenlít** pay* a/one's debt; ~**ot csinál** contract a debt
adószedő *n* tax-collector; (*községi*) rate-collector
adótárgy *n* ratable/assessable property
adótartozás *n* unpaid tax(es)
adóteher *n* **1.** (*nagyobb adók*) burden of tax(ation) **2.** (*kötelezettség*) liability to tax(ation)
adótiszt *n* † revenue officer
adótorony *n* transmission tower
adott *a* given; ~ **eset** a given case; **az** ~ **esetben** in this (particular) case; ~ **szó** word of honour (*US* -or), given word
adottság *n* **1.** (*alapok*) fundamentals *pl*, basis (*pl* bases); (*körülmények*) circum

stances, condi*t*ions; **a helyi** ~**ok** the local condi*t*ions **2.** *(vké)* makings of sy *pl; (tehetség)* natural endowments of sy *pl; (hajlam)* bent; *(képesség)* capa*c*ity, ab*i*lity, *a*ptitude; **vezetői** ~**okkal rendelkezik** (s)he has the makings of a le*a*der

adóügy *n* fis*c*al aff*a*irs, tax*a*tion

adóvégrehajtó *n* b*a*iliff

adó-vevő (készülék) *n* transce*i*ver, walkie-t*a*lkie

adózás *n* tax*a*tion

adóz|ik 1. *v (adót fizet)* pay* t*a*x(es)/rates *(vm után* on) **2. elismeréssel** ~**ik vknek** pay (a) tr*i*bute to sy

adózó *a* = **adófizető**

adóztat *v* tax sy/sg, imp*o*se tax on sy/sg

Adria *n* the Adri*a*tic

adriai *a* Adri*a*tic

Adriai-tenger *n* the Adri*a*tic Sea, the Adri*a*tic

adriai-tengeri *a* Adri*a*tic

adta teremtette *int* by Jove/J*i*ngo!

A-dúr *n* A m*a*jor

adu(tt) *n* **1.** trump; **kőr az** ~ hearts are trumps **2.** *átv* trump card

advent *n* A*d*vent

adverbium *n* a*d*verb

ad-vesz *v* trade, buy* and sell*

aerobic *n* aerobics *sing.*

aerodinamika *n* aerody*n*amics *sing.*

aeroszolos doboz *n* a*e*rosol (spray)

Aesopus *n* A*e*sop

aesopusi *a* Aes*o*pian, Aes*o*pic

ÁFA *n* VAT

afelé *adv* in the dire*c*tion of ⇨ **felé**

afelett *adv* concerning ⇨ **felett**

afelől *adv* **1.** *(vm felől)* ~ **érdeklődött, hogy** he inqu*i*red ab*o*ut/whether ... **2.** *(amiatt)* ~ **biztos lehetsz** you may be sure of that; ~ **nyugodt lehetsz, hogy** you may rest ass*u*red that ⇨ **felől**

affektál *v* pose, affect poses, attit*u*dinize

affektálás *n* affect*a*tion, affectedness, aff*e*cted m*a*nners *pl*, attit*u*dinizing

affektált *a* affected, st*i*lted

afféle *pron* of that sort *ut.*, a sort of

afféleképpen *adv* in that m*a*nner

affér *n (kellemetlen)* qu*a*rrel, disp*u*te

affrikáta *n* a*ff*ricate

afgán *a/n* A*f*ghan

Afganisztán *n* Afgh*a*nistan

afganisztáni *a* Afgh*a*nistan

áfonya *n* cr*a*nberry; **fekete** ~ wh*o*rtleberry, b*i*lberry; *US* h*u*ckleberry, bl*u*eberry

aforisztikus *a* aphor*i*stic

aforizma *n* a*p*horism, m*a*xim

afrik *n* v*e*getable h*o*rsehair

Afrika *n* A*f*rica

afrikaans *n* *n*yel*v*t Afrik*a*ans

afrikai *a/n* A*f*rican

afrikanista *n* A*f*ricanist

afro- *pref* Afro-; *pl.* **afroázsiai** Afro-Asian/Asi*a*tic

ág *n* **1.** *(fáé)* branch; *(nagyobb)* bough; *(gally)* twig; ~**at hajt** branch (out), put* forth br*a*nches **2.** *(folyóé)* branch, arm **3.** *(családé)* line (of descent), branch (of family) **3.** *(tudományé, szakmáé)* branch

ágál 1. *v (hadonászik)* gesti*c*ulate **2.** *(henceg)* swagger, brag, show* off

agancs *n* *a*ntlers *pl*

agancsos *a* *a*ntlered

agár *n* gr*e*yhound; **sovány, mint az** ~ as thin as a rake; **hátrább az agarakkal** not so fast!

agarászat *n* h*u*nt(ing) with gr*e*yhounds

agárverseny *n* gr*e*yhound-racing

ágas I. *a* br*a*nched, br*a*nching, f*o*rked **II.** *n* **1.** *(szárnyasoknak)* perch **2.** *(edényeknek)* dr*a*ining rack

ágas-bogas *a (tárgy)* br*a*nchy, r*a*mose

ágaskod|ik *v* **1.** *(ló)* rear, prance **2.** *(ember)* stand* on t*i*p-toe

ágazat *n* **1.** *(fáé)* br*a*nches *pl* **2.** *(egyéb)* section, se*c*tor; **gazdasági** ~**ok** sectors of the e*c*onomy; **a tudomány különféle** ~**ai** the v*a*rious br*a*nches of le*a*rning

ágazati *a* se*c*toral; departm*e*ntal; ~ **kapcsolatok** inter-br*a*nch (*v.* intersect*o*ral) rel*a*tions

ágaz|ik *v* ramify, branch out, fork

ág-bog *n* **1.** *(fáé)* interlaced/intertwined branches/twigs *pl* **2.** *átv* **ismeri a dolog minden ága-bogát** know* the ins and outs of the m*a*tter

ágens *n* **1.** *(ügynök)* agent **2.** *(kém)* secret agent

ágfűrész *n* pr*u*ning saw

agg I. *a* very old, aged; *elit* senile **II.** *n* old man°

aggály *n* **1.** *(kétely)* misgiving; *(lelkiismereti)* scr*u*ple **2.** *(aggodalom)* anxiety, anguish, worry

aggályos *a* *(ember)* over-scr*u*pulous, anxious, worried

aggályoskod|ik *v* be* anxious/worried (about doing sg), worry (ab*o*ut), feel* un*ea*sy (ab*o*ut)

aggastyán *n* very old man°

aggaszt *v* worry, tr*o*uble, make* sy un*easy*/anxious (ab*o*ut), alarm; ~**ja vm** be* worried ab*o*ut sg

aggasztó *a* alarming, disquieting; **állapota** ~ his condition is giving cause for alarm
aggat *v* hang* (up)
aggkor *n* (extreme) old age
aggkori *a* ~ **gyengeség** senile debility/decay
agglegény *n* (elderly) bachelor
agglomeráció *n* conurbation
aggodalmas *a* anxious, worried, uneasy
aggodalmaskod|ik *v* = **aggályoskodik**
aggodalmaskodó *a* anxious, apprehensive
aggodalom *n* anxiety, concern, fear, uneasiness, worry; ~**ba ejt** worry, trouble; ~**ra van ok** there is room for uneasiness (at); **aggodalmat kelt** cause anxiety
aggodalomkeltő *a* disquieting
aggódás *n* anxiety, apprehension, worry
aggód|ik *v* (vmért, vkért, vm/vk miatt) be* anxious (for/about sg/sy), worry (about sg/sy), feel* uneasy (about sg); **ne** ~**j!** don't worry!
aggódó *a* worried, troubled, alarmed (mind: about)
aggófű *n* növ groundsel
aggregátor *n* (small) generator
agilis *a* tireless, energetic, active
agilitás *n* vigour (US -or), briskness, energy
agitáció *n* pol canvassing; propaganda; (választási) electioneering
agitációs *a* ~ **felelős** canvassing organizer; ~ **munka** canvassing
agitál *v* pol canvass, agitate (vm mellett for, ellen against)
agitátor *n* canvasser, propagandist, agitator
Ágnes *n* Agnes
agnoszkál *v* identify
agnoszticizmus *n* agnosticism
agnosztikus *a* agnostic
ágnyeső olló *n* secateurs pl
agónia *n* death agony, death throes pl
agonizál *v* be* dying, be* at death's door
Ágota *n* Agatha
agrár *a* agrarian, agricultural
agrárállam *n* agricultural/agrarian country
agráregyetem *n* agricultural college
agrár-ipari *a* agricultural-industrial, agro-industrial
agrárkérdés *n* the land question
agrármérnök *n* agricultural engineer
agrárország *n* agricultural country
agrárpolitika *n* agricultural policy
agrárszocialista *a* agrarian socialist
agrártudomány *n* agricultural science
agrártudományi *a* ~ **egyetem** agricultural university
agresszió *n* (act of) aggression, attack

agressziós *a* aggressive, provocative, of aggression ut.
agresszív *a* aggressive, provocative
agresszivitás *n* aggressiveness
agresszor *n* aggressor
agrobiológia *n* agrobiology, agricultural biology
agrokémia *n* agrochemistry
ágrólszakadt *a* shabby-looking, down-and-out
agronómia *n* agronomy
agronómus *n* agronomist, agriculturist
agrotechnika *n* agricultural engineering
ágseprű *n* besom
-ágú *suff* -branched, -forked; **öt**~ **csillag** five-pointed star
agy *n* **1.** (koponyában) brain; tud cerebrum (pl -s v. cerebra) **2.** átv brains pl; **az** ~**ára megy vm** it is driving him mad **3.** (puskáé) butt(-end), stock; (keréké) hub
ágy *n* **1.** (fekhely) bed; **lefekszik az** ~**ba** go* to bed; ~**ban fekszik** lie*/be* in bed; (betegen) be* laid up; ~**ban fekvő** (beteg) bedridden, confined to bed ut.; ~**ban marad** stay in bed; (betegen) keep*/take* to one's bed; **ma** ~**ban maradok** I('ll) have a lie-in today; **felkel az** ~**ból** get* up, get* out of bed; **vknek az** ~**ánál** at sy's bedside; ~**at (meg)vet** make* the bed; ~**at bevet** turn down the bed **2.** = **ágyás 3.** (folyóé, gépé) bed
agyafúrt *a* crafty, cunning, shrewd, artful; ~ **kópé** artful dodger
agyag *n* clay, potter's earth, loam; **égetett** ~ baked clay, terracotta; ~**ból való** earthen, made of (baked) clay ut.
agyagáru *n* earthenware, pottery
agyagbánya *n* clay/loam-pit
agyagedény *n* earthen pot/vessel, earthenware
agyaggalamb *n* clay-pigeon
agyaggalamb-lövészet *n* clay-pigeon shooting, skeet
agyagipar *n* ceramics sing., pottery, ceramic/earthenware industry
agyagminta *n* clay mould (US mold)
agyagos *a* clayey, loamy
agyagpala *n* clay slate
agyalágyult *a* soft-headed, idiotic
agyar *n* tusk; (erős szemfog) fang
ágyas I. *a* **egy**~ **szoba** single bedroom **II.** *n* † concubine
ágyás *n* (kertben) (flower)bed
ágyaz *v* (fekhelyet) make* the bed(s)
ágyazás *n* (fekhelyé) making the bed(s), bed-making

ágyazat *n* under-bedding; *(lövegnél)* platform; *műsz* bedding, framework
agyba-főbe *adv* ~ **ver** thrash sy within an inch of his life; ~ **dicsér** heap praises on sy, praise/laud (sy) to the skies
ágybeli *a* mental; ~ **képesség** mental capacity
ágybeli *n* bedding, bed-clothes *pl*
ágybetét *n* (spring) mattress
ágybontás *n* = **ágyazás 1.**
agyburok *n* = **agyhártya**
agydaganat *n* brain-tumour (*US* -or)
ágydeszka *n* bed-board
ágyék *n* loins *pl*
ágyékcsigolya *n* lumbar vertebra *pl*
ágyéki *a* lumbar
ágyékkendő *n* loin-cloth
ágyékkötő *n* = **ágyékkendő**
ágyéksérv *n* lumbar hernia
ágyéktáji *a* lumbar, in the lumbar region *ut.*
ágyékzsába *n* lumbago
ágyelő *n* bedside rug, bed-mat
agyér-elmeszesedés *n* cerebral arteriosclerosis
agyhártya *n* cerebral membrane, meninx
agyhártyagyulladás *n* meningitis; *nép* brain-fever
ágyhuzat *n* bed linen
agyi *a* cerebral
agyideg *n* cerebral nerve
ágykabát *n* bed-jacket
agykéreg *n* cortex
agykoponya *n* brain-pan, skull
ágyláb *n* bed-post
agylágyulás *n* softening of the brain
agylékelés *n* trepanation, trepanning
ágymelegítő *n* hot-water bottle; *(elektromos)* electric blanket
agymosás *n* brainwashing
agymunka *n* brain-work
agyműködés *n* cerebral activity/function
ágynemű *n* bedding, bed-clothes *pl*, bed linen
ágyneműtartó *n* drawer for bed linen; ~ **nélkül** [divan] without storage
ágyneműtartós *a* ~ **heverő** storage divan [with drawers]
agyonáz|ik *v* be* soaked/drenched to the skin
agyonbeszél *v* **1.** *(időt)* talk away the time **2.** *vkt* talk sy into his grave (*v.* the ground)
agyoncsap *v* = **agyonüt**
agyoncsépelt *a* hackneyed
agyoncsigáz *v* weary/tire sy to death
agyoncsigázott *a* dead-tired
agyondicsér *v* praise sy to the skies

agyondolgoztat *v* work sy to death, overwork sy
agyondolgozza magát *v* overwork, work oneself to death
agyonfáraszt *v* tire/weary to death
agyongázol *v* = **halálra gázol** → **gázol**
agyonhajszol *v* *(munkával)* work sy to death, over-fatigue; ~**t** tired/fagged out *ut.*
agyonhallgat *v* hush up sg, pass over sg in silence
agyonkínoz *v* torment/torture to death
agyonlő *v* shoot* sy dead; **agyonlövi magát** shoot* oneself
agyonlövet *v* have* sy shot
agyonnyom *v* crush/squash sg/sy to death
agyonrúg *v* kick sy to death
agyonsújt *v* *(ütéssel)* strike* sy dead; *(áram/villám)* electrocute
agyonszúr *v* *(embert)* stab sy to death
agyontapos *v* trample/tread* sy/sg down
agyontipor *v* = **agyontapos**
agyonüt *v* **1.** strike* sy dead; **ha** ~**nek, se tudom** I don't know it for the life of me **2.** ~**i az időt** kill time
agyonvág *v* = **agyonüt**
agyonver *v* beat* sy to death
agyonzúz *v* smash/crush sy/sg to death; ~**za magát** be* crushed to death
ágyrajáró *n* night-lodger
agyrázkódás *n* concussion (of the brain)
agyrém *n* phantasm, nightmare
agyröntgenfelvétel *n* encephalogram
agysebészet *n* brain surgery
agysérülés *n* cerebral lesion
agyszélhűdés *n* cerebral apoplexy
agyszülemény *n* product of the imagination, phantasm
ágytakaró *n* = **ágyterítő**
ágytál *n* bedpan
ágytárs *n* bedfellow
agytekervény *n* cerebral convolution
ágyterítő *n* bedspread
agytorna *n* mental exercise, brain-teaser
agytröszt *n* brains trust, *US* brain trust
ágyú *n* cannon, (large) gun; ~**t elsüt** fire a cannon/gun; ~**val lő verebekre** break* a butterfly on a/the wheel, use a sledgehammer to crack a nut
ágyúállás *n* gun-emplacement
ágyúcső *n* gun-barrel
ágyúdörgés *n* roar/boom of cannon
ágyúgolyó *n* cannon-shot/ball, shell
ágyúlövés *n* cannon-shot, gunshot
ágyúnaszád *n* gun-boat
ágyús *n* gunner, artilleryman°
ágyúszó *n* sound of cannon

ágyútaliga *n* límber
ágyútalp *n* gun carriage
ágyútöltelék *n* cannon fodder
ágyútűz *n* gunfire, shell-fire, cannonade; ~ alá vesz shell, strafe
ágyúüteg *n* battery
ágyúz *v* bombard, cannonade, shell
ágyúzás *n* cannonade, shelling, gunfire
agyvelő *n* brain, cerebrum
agyvelőgyulladás *n* cerebritis, encephalitis
agyvérszegénység *n* cerebral an(a)emia
agyvérzés *n* cerebral h(a)emorrhage, apoplexy, stroke; ~t kap have* a stroke
ah! *int* ah!
ahá! *int* I see!
ahány *pron* as many; ~at csak akarsz as many as you wish; ~, annyiféle not two alike
ahányféle *pron* ~ csak van, mind megtalálható volt a gyűjteményben all the kinds/sorts/brands there are were represented in the collection
ahányszor *adv* as often as, as many times as, whenever
ahelyett *adv* instead of [doing sg he did sg else]
ahhoz *adv* 1. *(oda)* to that 2. *(azon célból)* for that; ~ idő kell that takes time; ~ képest in comparison; ~ képest, hogy considering (that)
áhít *v* → áhítozik
áhítat *n* 1. *(összejövetel)* devotions *pl* 2. *(ima)* prayers *pl*
áhítatos *a* = ájtatos
áhított *a* régen ~ long desired
áhítoz|ik *v* vmre, vm után desire (sg); long, yearn, crave *(mind: for sg)*
ahogy *adv* 1. *(mód)* as; ~ akarod/tetszik as you like/wish; ~ a dolgok most állnak as things stand/are now; úgy, ~ mondom exactly, precisely; ~ tudom as far as I know 2. *(amint)* as soon as
ahogyan *adv* = ahogy 1.
ahol *adv* where; a város, ~ élünk the town where we live; ~ csak wherever
ahonnan *adv* from where, whence, wherefrom; a ház, ~ kilépett the house he came out of; ~ csak from wherever
ahonnét *adv* = ahonnan
ahova *v.* ahová *adv* where, ir whither; ~ megyek the place I am going to; (that's) where I'm going; az iskola, ~ jár the school (s)he attends *(v.* (s)he goes to); ~ csak wherever
aisz *n* A sharp
aj *int* oh!

ajaj! *int biz (sopánkodva)* oh dear!; *US* (that's) too bad!; *(de még mennyire!)* *GB* rather!; *US* you bet!
ajak *n* lip; ajkába harap, ajkát harapdálja bite* one's lips; ajkát biggyeszti purse one's lips, pout; a nép ajkán él is preserved on the lips of the people
ajakhang *n* labial
ajakkerekítés *n* lip-rounding
ajakos *a növ* labiate
ajakrúzs *n* lipstick
ajándék *n* gift, present; ~ba kap receive as a present; ~ot ad vknek give* sy a present, present a gift to sy; ~ lónak ne nézd a fogát don't look a gift-horse in the mouth
ajándékbolt *n* gift/souvenir shop, *(felirat)* Souvenirs *pl*
ajándékcsomag *n* gift-parcel
ajándékkönyv *n* gift-book
ajándékműsor *n (rádióban stb.)* listener's choice, request programme
ajándékoz *v* give* (sg to sy); *(ünnepélyesen)* present (sy with sg)
ajándékozás *n* presentation, donation, gift
ajándékozó *n* giver, donor
ajándéktárgy *n* gift, souvenir
ajándékutalvány *n* gift voucher/token
ajánl *v* 1. *vmt vknek* recommend (sg to sy *v.* sy sg); *(javasol)* suggest (that), advise (sy that ... *v.* sy to ...); make* a suggestion; *(árut)* offer [sg for sale]; azt ~om, hogy I suggest that ...; *vknek* I advise you to ...; vkt megválasztásra ~ recommend/propose sy for sg, nominate sy for [president etc.]; 100 Ft-ot ~ érte he offers 100 fts for it, he's offering to buy it for 100 fts 2. *(könyvet vknek)* dedicate [a book] to sy 3. ~va ad fel levelet register a letter, have* a letter registered ⇨ figyelem
ajánlás *n* 1. *ált* recommendation; *(jelölté)* nomination; vknek ~ára on sy's recommendation 2. *(könyvé)* dedication 3. ~i díj *(levélé)* registration fee
ajánlat *n* ált offer; *(indítvány)* move, proposition; *(árverésen)* bid(ding); *(árlejtésen)* tender; ~ot tesz make* an offer for sg; *(vállalkozó)* tender for [a piece of work], make* a tender for sg
ajánlatos *a (célszerű)* advisable, expedient; nem ~ unadvisable, not to be recommended
ajánlattétel *n* offer, proposal, proposition
ajánlattevő *n* offerer; *(árverésen)* bidder
ajánlkozás *n* offer of service
ajánlkoz|ik *v* vmre offer to do sg, volunteer to do sg *(v.* for sg)

ajánló I. *a* recommendatory; ~ **sorok** *(vk érdekében)* (letter of) recommendation **II.** *n (állásba stb.)* reference

ajánlólevél *n* (letter of) recommendation; *(bizonyítványszerű)* testimonial, references *pl*

ajánlott *a* **1.** recommended; ~ **irodalom** suggested/further reading; ~ **útvonal** recommended route **2.** ~ **levél** registered letter

ajkú I. *a* -lipped; **II.** *a/n* **magyar** ~ Hungarian-speaking; **magyar** ~**ak** native speakers of Hungarian, Hungarian-speakers; **idegen** ~ non-Hungarian-speaking; **idegen** ~**ak** non-Hungarian-speakers

ajnároz *v* fondle, pet, caress

ajóka(gyűrű) *n* anchovy (ring)

ájtatos *a* devout, pious

ájtatoskod|ik *v* say* one's prayers, be at one's devotions

ájtatosság *n* **1.** *(ténykedés)* adoration, worship **2.** *(ima)* prayer

ajtó *n* door; ~**n belép** enter by/through the door; **kopogtat az** ~**n** knock at the door; ~**t betesz** close/shut* the door; ~**t bezár** lock the door; ~**t kinyit** open the door; ~**t mutat vknek** show* sy the door

ajtóbélés *n* door-casing/case

ajtócsengő *n* doorbell

ajtófélfa *n* door-post/jamb

ajtókeret *n* door-case/frame

ajtókilincs *n* door-handle; *(gomb alakú)* doorknob

ajtókopogtató *n* (door-)knocker

ajtókulcs *n* door/latch-key

ajtómélyedés *n* door-bay

ajtónálló *n* doorman°, doorkeeper, porter

ajtónyílás *n* **1.** *(ajtó kinyílása)* opening of the door **2.** *(falban)* doorway

ajtósarok *n* door-hinge

ajtószám *n* door-number

ajtószárfa *n* = **ajtófélfa**

ajtószárny *n* door-leaf°

ajtótok *n* door-case/frame

ajtóvédő *n* *(kilincsnél)* finger-plate

ajtózár *n* door-lock

ajtózseb *n* *(autóban)* map pocket

ájul *v* faint, swoon

ájulás *n* swoon, faint(ing fit), collapse; ~ **környékezi** be* on the point of fainting, feel* faint; ~**ba esik** faint

ájult *a* in a faint *ut.*, unconscious

akác *n* **(fehér)** ~ robinia, locust(-tree), false acacia

akácfa *n* **1.** = **akác 2.** *(fája)* locust (wood)

akácméz *n* acacia-honey

akácos *n* acacia grove

akad *v* **1.** *vmben, vmn* get* stuck/caught (in/on); **kezébe** ~ fall*/get* into the hands of sy **2.** *(előadódik)* occur, is* to be found, turn up; ~ **még pár forintom** I happen to have a few forints; ~ **munka bőven** there's no shortage of work **3. vmre** ~ chance/happen/light (up)on sg, come* across sg, stumble across/(up)on sg; **vkre** ~ happen (up)on sy, come* across sy ⇨ **nyom²**

akad. = *akadémia(i)* academic *(röv* acad.)

akadály *n* **1.** *(tárgy)* obstacle; *(úton)* obstruction; **forgalmi** ~ traffic jam **2.** *(gátló körülmény, nehézség)* obstacle, hindrance, impediment, difficulty; **nincs** ~**a annak, hogy elmenj** there is nothing to stop you *(v.* prevent you from) going, there is no objection to your leaving; **a pénz nem** ~ money is no object; ~**ba ütközik** meet* with difficulties; ~**okat gördít vk/vm elé** *(v.* **az útjába)** put* obstacles in sy's way, make* difficulties (over sg); ~**(oka)t legyőz** surmount/overcome* difficulties/obstacles **3.** *sp (futóé)* obstacles; *(lóversenyen)* jump; *(sövény)* fence; ~**t ugrat lóval** put* a horse over the jumps

akadályfutás *n* steeplechase

akadályhajtás *n* obstacle driving/competition

akadálylovaglás *n* steeplechase

akadályoz *v* hinder *(vmt sg, vkt vmben* sy in sg), hamper (sy in sg); ~ **vkt vmben** prevent sy (from) doing sg; **semmi sem fog** ~**ni abban, hogy ...** nothing will prevent my/me ...ing; ~**za a forgalmat** is obstructing the traffic

akadályoztatás *n* being prevented (by sg), hindrance; ~ **esetén** if unable to come/attend

akadálytalan *a* unhindered, unimpeded; ~**ul** without mishap

akadályverseny *n* obstacle-race; *(lovas)* steeplechase

akadékoskod|ik *v* cavil *(US* -l), make* difficulties, find* faults

akadékoskodó *n* fault-finder; *(szőrszálhasogató)* hair-splitter

akadémia *n* **1.** *(tudományos)* academy; **Magyar Tudományos A**~ the Hungarian Academy of Sciences; **az A**~ **tagja** member of the Academy, academician **2.** *(főiskola)* college

akadémiai *a* of the Academy *ut.*; ~ **értesítő** Transactions/Bulletin of the Academy; ~ **ülés** sitting/meeting of the Academy

akadémikus I. *a* academic **II.** *n* academician, member of the Academy; **Ujfalussy (József)** ~ Academician (J.) Ujfalussy

akadémista *n* student (of an academy), undergraduate

akadémizmus *n* academicism

akadozás *n* **1.** *(beszédben)* stuttering **2.** *(gépé)* stalling

akadoz|ik *v (gép)* work irregularly, keep* stalling

akar *v* **1.** *(kíván)* want (sg *v.* to do sg), wish (sg to happen *v.* for sg); *(vmt birtokolni)* want (to have) sg; **mit ~sz?** what do you want?; *biz* what is it?; **ahogy ~od** as you like; **tégy, ahogy ~sz** do as you wish/please; **ha ~ja** if you like; **nem ~ vmt tenni** be* unwilling to do sg, refuse to do sg; **akár ~(ja), akár nem** whether he wants to or not; **el ~ menni** he wants to leave; **mennyit ~ érte?** how much do you want for it?; **... vagy inkább kávét ~?** or would you rather have coffee? **2.** *(szándékozik)* intend to, be* about to, be* going to; *(nyomatékkal)* mean* (to); **~ vmt tenni** want/intend/mean to do sg; **~tam írni, de elfelejtettem** I meant to write but forgot (to); **éppen írni ~tam** I was just going to write; **éppen ezt ~tam mondani** that is just what I was about to say; **mit ~sz ezzel mondani?** what do you mean (by that)? **3.** **nem ~ indulni** *(motor)* [the engine] will not start ⇨ **akarva**

akár I. *adv (megengedés)* ~ **el se gyere** you might as well stay away; **miattam ~ el is mehet** he can go for all I care; ~ **most mindjárt** at once if you like **II.** *conj (hasonlítás)* just/quite like; **olyan, ~ az anyja** he is just like his mother **3.** ~ ... ~ ... whether ... or ...; ~ **igen, ~ nem** whether or no; ~ **tetszik, ~ nem** whether you like it or not; ~ **hiszi, ~ nem** believe it or not; ~ **így, ~ úgy** in one/some way or (an)other, either way

akarás *n* willing(ness), volition, will

akarat *n* will, wish; **szabad ~** free will; **tudtomon és ~omon kívül** without my knowledge and against my will; **legyen ~a szerint** let him have his way; **~om ellenére** against my wishes; **~ból, ~tal** on purpose, intentionally, deliberately; **keresztülviszi az ~át** have*/get* one's way

akaraterő *n* will-power, strength of will

akaratgyengeség *n* weak will

akarathiány *n* lack of will-power

akarati *a* volitional, voluntary

akaratlan *a* unintentional, involuntary; *(véletlen)* accidental; *(önkéntelen)* spontaneous; ~**ul** involuntarily, unintentionally

akaratnyilvánítás *n* act of will, manifestation of one's will

akaratos *a* self-willed, wilful *(US* willful), obstinate, stubborn

akaratoskod|ik *v* be* obstinate/stubborn, determined to have one's way

akaratszabadság *n* free(dom of the) will

akarattalan *a* **1.** = **akaratlan 2.** *(akarat nélküli)* without a will of one's own *ut.*

akárcsak *conj* just like, (the) same as ...; **olyan, ~ az apja** he is* the same as his father, he takes* after his father

akárhány *pron* **1.** = **akármennyi 2.** *(sok)* plenty of, any number of

akárhányadik *pron* whichever

akárhányszor *pron (minden alkalommal)* every time, as often as, whenever

akárhogy(an) *adv* **1.** *(bármennyire)* however, whatever/whichever way; ~ **is** no matter how; ~ **van is** however it may be, in any case **2.** *(jól-rosszul)* anyhow, no matter how

akárhol *adv* **1.** *(ahol éppen)* wherever **2.** *(bárhol)* anywhere, no matter where

akárhonnan *adv* **1.** *(mindegy honnan)* from wherever **2.** *(bárhonnan)* from anywhere

akárhonnét *adv* = **akárhonnan**

akárhova *adv* **1.** *(ahova csak)* no matter where, wherever **2.** *(mindegy hova)* anywhere

akárki *pron* **1.** *(aki csak)* whoever **2.** *(bárki)* no matter who, anyone; ~ **megmondhatja** anyone can/will tell (you); ~ **más** anyone else; ~ **(is) jó lesz** anyone will do

akármeddig *adv* **1.** *(hely)* however far, as far as he likes **2.** *(idő)* however long, any length of time, indefinitely

akármekkora *pron* irrespective of size, no matter how large/small/great/little

akármelyik *pron* any, whichever, no matter which; *(csak ha két dologról van szó)* either; ~ **napon** any day; ~ **üzletben** in any shop; ~ **jó lesz, ~ megteszi** any one *(v.* either of them) will do

akármennyi *pron* however much/many, no matter how much/many; **Mennyit adjak? A~t** How much/many do you want? Any amount will do

akármennyien *pron* however many

akármennyire *adv* however much, no matter how; ~ **szeretem is** much as I love him *(v.* like it); ~ **jó is** good as it is

akármennyiszer *pron* however often, however many times

akármerre *adv* wherever, in whatever direction, no matter where

akármerről *adv* from whatever/whichever direction, from wherever/anywhere

akármi *pron* **1.** *(mellékmondat elején)* whatever, whatsoever; ~ **legyen is a helyzet** be as it may; ~ **történjék is** come what may, in any event **2.** *(főmondatban és mellékmondat elején)* anything; ~ **közbejöhet** anything may happen in the meantime; ~ **más** anything else; ~ **megfelel** anything will do

akármiféle *pron* = **akármilyen 1.**

akármikor *adv* **1.** *(bármely időben)* (at) any time, no matter when, whenever you wish/like **2.** *(valahányszor)* whenever, every time **3.** ~ **nem állíthatsz be oda!** *(ti. akármilyen alkalmatlan időben)* biz you can't **just turn up there (at)** any odd time

akármilyen *pron* **1.** = **bármilyen 2. nem** ~ **ember az!** he's not just anybody

akarnok *n* man°/woman° of unscrupulous ambition, careerist, climber

akaródz|ik *v* **nem** ~**ik dolgozni** I don't feel like working; **nem** ~**ik odamenni** be* (very) reluctant to go (there)

akarva *adv* ~, **nem** ~, ~**-akaratlan** willy-nilly

akaszkod|ik *v* fasten on to, cling* to

akaszt *v* **1.** *(embert)* hang *(múlt ideje:* hanged) **2.** *(tárgyat vmre)* hang* (up) *(múlt ideje:* hung) (sg on sg), suspend (sg from swhere); **pert** ~ **vk nyakába** drag sy through the courts

akasztás *n* **1.** *(emberé)* hanging **2.** *(tárgyé)* hanging up, suspension

akasztó *n* **1.** *(vállfa)* hanger **2.** *(kabátra varrott)* loop

akasztófa *n* gallows *sing. v. pl,* gallows tree

akasztófahumor *n* gallows humour (*US* -or)

akasztófáravaló *n* rascal, gallows-bird

akasztófavirág *n* gallows/jail-bird

akasztóhorog *n* hook

akasztós szekrény *n* wardrobe

akcentus *n* accent; **idegen(es)** ~**sal beszél** speak* with (*v.* have*) a foreign accent

akceptál *v* accept (sg), agree to (sg)

akció *n* *(cselekmény)* action, activity; *(vállalkozás, sajtó)* campaign; *(vásár)* sale; ~**ba lép** go* into action, take* action/steps

akcióbizottság *n* action committee

akciófilm *n* action film

akcióképes *a* able to act *ut.,* efficient

akcióképeség *n* efficiency

akciórádiusz *n* (effective) range

aki *pron* who; ~ **csak** whoever; ~**k** who; **azok,** ~**k** (the) people who, who; **az,** ~ the person/one who ...; **ismered azokat,** ~**k itt laknak?** do you know the people who/that live here?; ~**é** whose; ~**ért** for whom; ~**hez** to whom; ~**nek** to whom; ~**nél** (1) *(hely)* with whom, at whose place (2) *(hasonlítás)* than who; **ő az,** ~**re gondolok** he is the person/one I'm thinking of; ~**ről** about/of whom; ~**t,** ~**ket** whom; **ő az,** ~**t láttam** he is the man (whom) I saw; ~**től** from/of whom; ~**vel** with whom

akként *adv* = **akképp(en)**

akképp(en) *adv* in that way, in such a way, so, in such a manner

akklimatizáció *n* acclimatization

akklimatizálód|ik *v* become*/get* acclimatized (to), acclimatize oneself (to) ⇨ **alkalmazkodik 2.**

akkor *adv* then, at the/that time; **már** ~ even then, as early as ...; **az** ~ **volt** that was a long time ago; ~ **jött, amikor elmentem** he came when I left

akkora *pron* so large/great, of such a size *ut.;* such a ...; ~ **zaj volt** there was such a noise; ~**t kiáltott** he gave such a shout

akkorában *adv* at that time, then

akkorára *adv* **1.** *(idő)* by that time, by then **2.** *(nagyság)* as big as

akkord *n* **1.** *(zenei)* chord **2.** = **akkordmunka**

akkordbér *n* piece-wages *pl*

akkordmunka *n* *(vállalkozóé)* contract work; *(munkásé)* job-work

akkordrendszer *n* job-work (system)

akkori *a* of that/the time *ut.,* then

akkoriban *adv* in those days, at that time

akkoron *adv* = **akkoriban**

akkorra *adv* by then, by that time

akkortájban *adv* about that time

akkortájt *adv* = **akkortájban**

akku *n biz* = **akkumulátor**

akkumuláció *n* accumulation

akkumulál *v* accumulate

akkumulátor *n* battery, accumulator; **lemerült/kimerült az** ~ the battery is flat/dead; **ellenőrzi az** ~**t** check the battery level; ~**t tölt** recharge a battery

akkutöltő *n* battery charger

akna *n* **1.** *bány* (mine) shaft; *(lifté)* (lift) shaft; *(szellőző)* air-shaft, ventilating shaft; *(fúrt lyuk)* well; *(ellenőrző* ~, *utcán)* manhole; *(autójavításhoz)* pit **2.** *(robbanó)* mine; ~**ra fut** strike* a mine; ~**t rak** lay* mines; ~**t szed** *(hajó)* sweep* (for) mines; ~**t felrobbant** touch off a mine

aknakutató *n (tengeren)* mine-sweeper; *(földön)* mine-detector
aknamező *n* minefield
aknamunka *n* intrigues *pl*, machinations *pl*
aknarakó *n* mine-layer
aknarobbantás *n* **1.** *ált* touching off a mine **2.** *(bányában)* blasting a shaft
aknásít *v* mine
aknász *n* **1.** *bány* miner **2.** *kat* biz sapper
aknaszedő hajó *n* mine-sweeper
aknaszén *n* unsorted/pit/running coal
aknatorony *n* head-frame, pit-head frame
aknatölcsér *n (bombakráter)* shell-hole
aknatűz *n* shell-fire
aknavető *n (löveg)* mortar
aknáz *v* mine
aknazár *n* mine barrage/blockade
akó *n* ⟨an old measure of capacity: about 12 gallons⟩
akol *n* sheep-fold, pen
ákombákom *n* scrawl, scribble
akós *a* ⟨containing a certain number of "akó"⟩ *ut.*
akörül *adv* about sg/that; ~ **folyik a vita, hogy** ... the debate concerns (*v.* is about) ... ⇨ **körül**
aközben *adv* meanwhile, (in the) meantime
aközött *adv* ~ **kell választanom, hogy** ... I have* to choose between ...ing and ...ing ⇨ **között**
akrobata *n* acrobat
akrobatamutatvány *n* acrobatic feat/stunt/trick; ~**ok** acrobatics *pl*
akrobatika *n* acrobatics *sing.*
akrobatikus *a* acrobatic
akromatikus *a* achromatic
akrosztichon *n* acrostic
akt *n* nude; ~**ot fest** paint nudes; *(modellről)* paint from the nude
akta *n* document, paper, file; **a Kovács--ügy** ~**i** the file on Kovács, the Kovács file
aktacsomó *n* file (of documents), dossier
aktatáska *n* briefcase
aktatologatás *n* red tape
aktáz *v* file, put* on file
aktív *a* **1.** active; ~ **szókincs** active/working vocabulary; ~ **választójog** right to vote, suffrage **2.** *kat* = **tényleges**
aktíva *n* **1.** *ker* ~**k és passzívák** assets and liabilities **2.** *(szerv)* action committee **3.** *(ember)* activist, political/party worker
aktívaértekezlet *n* action committee meeting
aktivista *n* = **aktíva 3.**
aktivitás *n* activity; ~**t fejt ki** be active (in sg)

aktivizál *v* activate
aktkép *n* nude
aktrajz *n* drawing of a nude
aktuális *a* timely, topical, current; ~ **események** current events; ~ **kérdések** = **időszerű kérdések; már nem** ~ be* out of date; ~**sá válik** become* timely
aktualitás *n* topicality, timeliness, up-to-dateness
aktualizálód|ik *v* become* timely
aktus *n* act; *(ünnepi)* ceremony; **nemi** ~ sexual act
akusztika *n tud* acoustics *sing.*; *(teremé)* acoustics *pl*
akusztikai *a* acoustic
akusztikus I. *a* acoustic **II.** *n* acoustician, specialist in acoustics
akut *a* acute
akvarell *n (festés, kép)* watercolour (*US* -or)
akvarellfesték *n* watercolours (*US* -ors) *pl*
akvarellfestő *n* watercolour (*US* -or) painter
akvarellista *n* = **akvarellfestő**
akvárium *n* aquarium (*pl* -s *v.* -ria)
al- *pref* vice-, under-, sub-
ál- *pref* false, sham, imitation, pseudo-
alá I. *post* under, underneath, below, beneath; **a villamos** ~ **került** he fell under the tram; **a fa** ~ **húzódtak** they sheltered under/beneath the tree; **a hőmérséklet fagypont** ~ **szállt** the temperature fell below zero; **adó** ~ **esik** be* subject/liable to taxation; **vk befolyása** ~ **kerül** fall* under sy's influence **II.** *adv* **fel s** ~ up and down **III.** *pref* under ⇨ **alája**
aláaknáz *v* **1.** *konkr* mine **2.** *átv* = **aláás**
aláás *v átv* undermine, subvert; *(egészséget)* ruin
alabamai *a/n* Alabaman
alabárd *n* halberd
alabárdos *n* halberdier
alabástrom *n* alabaster
alább *adv* **1.** *(hol)* lower down, below; **lásd** ~ see below; **az** ~ **említett** the undermentioned; **az** ~ **idézett fejezet** the passage (quoted) below; **az** ~ **ismertetett** described below *ut.* **2.** *(hová)* lower/farther down, down under **3.** *(olcsóbban)* cheaper, at a lower figure; ~ **adja** *átv* come* down a peg (or two), climb down
alábbhagy *v* diminish, lessen, relax; *(fájdalom, hideg)* abate
alábbi *a* undermentioned, following; **az** ~**akban** in what follows; **az** ~ **tények** the following facts, the facts (referred to) below; **az** ~ **fejezet** the passage (quoted) below

alábbszáll *v* **1.** *(ár)* sink*, fall* **2.** *(hőmérséklet)* fall* **3.** *(egyéb)* come* down, descend

alábbvaló *a* of lower rank/quality *ut.*, inferior

alábecsül *v* underrate, undervalue

aláboltoz *v* reinforce by vaulting

alábuk|ik *v* dive, submerge; **a nap** ~**ik** the sun sinks* below the horizon

alábuktat *v* duck, plunge

alacsony *a* **1.** *ált* low; *(ember)* short, small; ~ **asztalka** coffee table; ~ **termetű** of small stature *ut.*, small, short **2.** *(érték, mérték)* low; ~ **ár** low price; **a leg**~**abb bér** the minimum wage **3.** *(szegény, lenézett)* lowly, humble; ~ **származású** of humble origin/birth; base, mean, vile

alacsonyan *adv* low; ~ **fekvő** low-lying; ~ **repül** fly* low

alacsonyít *v* lower, reduce

alacsonyrendű *a* inferior, lower

alacsonyság *n* lowness; *(emberé)* shortness, smallness; *(helyé)* low altitude (of a place)

aládúcol *v* underpin, shore up, buttress

aláereszked|ik *v* descend

aláértékel *v* undervalue, underrate

aláfest *v* **1.** *(festménynek)* prime, groundcoat **2.** *(zeneileg)* compose background music (to) **3.** *átv* underscore, underline

aláfestés *n* **1.** *(festménynek)* laying on of first coat of paint **2.** zenei ~ background music **3.** *átv* emphasis, stress

aláfirkant *v vmt* scribble one's signature (on sg)

aláfolyik *v* flow down

aláfut *v* run* under

aláfűt *v biz vknek* make* it hot for sy

alagcső *n* drain(-pipe)

alagcsövez *v* (sub)drain

alagcsövezés *n* drainage, draining

alagsor *n* basement

alagút *n* tunnel

alágyújt *v* light* a fire under sg

alágyújtós *n* matchwood, kindling, fire-lighter

aláhanyatl|ik *v* = **lehanyatlik 2.**

aláhull *v* fall*, drop

aláhúz *v* **1.** *(írást)* underline, underscore **2.** *átv* stress, emphasize, underline

aláhúzás *n* underlining, scoring

aláír *v* sign; *(tanúként)* witness; ~**om** *átv* I agree with it; **ezt nem írom alá** I don't subscribe to that (view)

aláírás *n* **1.** *(cselekvés)* signing (one's name) **2.** *(aláírt név)* signature; ~**ával ellát** sign sg, set* one's hand to sg

aláíratlan *a* unsigned

aláíró *n/a* signer; *(okmányé)* signatory *(vmé* to); **a szerződést** ~ **felek** the signatories to the treaty

alája *adv* below, under (it); **alám** under me

alak *n* **1.** *ált* form, shape; *(emberé)* figure, stature, build; **jó** ~**ja van** she has* a good/fine figure; ~**ot ad** form, shape; ~**ot ölt** take* shape **2.** *biz (személyről)* fellow, chap, character; **jó** ~**!** a smooth type/character; **furcsa egy** ~ a strange chap/figure **3.** *(ir. műben)* character; *(képen)* figure **4.** *nyelvt* form

alakfa *n* wall-tree

alakhű *a* true to form *ut.*

alaki *a* formal, relating to form *ut.*; ~ **hiba** formal defect, flaw; ~ **jog** law of procedure; ~ **kellékek** formal requisites; ~ **nehézség** technical difficulty

alákínál *v ker* underquote (sy)

alakiság *n* formalities *pl*

alakít *v* **1.** *ált* form, shape; *(ruhát)* alter **2.** *(jellemet stb.)* shape, form, mould *(US* mold) **3.** *(szerepet)* act, play [a part] **4.** *(alapít)* found; *(kormányt)* form [a government]; *(bizottságot)* set* up, establish [a committee]

alakítás *n* **1.** *ált* formation, forming, shaping; *(ruháé)* altering **2.** *(színészi)* interpretation, rendering, performance

alakítható *a* **1.** *(tárgy, főleg fém)* ductile, malleable **2.** *(jellem)* pliable

alakíthatóság *n* plasticity, pliability

alakító I. *a* forming, shaping, formative **II.** *n ált* shaper, former

alakmás *n* counterpart, sy's double

alakoskodás *n* dissimulation, hypocrisy

alakoskod|ik *v* dissimulate, dissemble

alakoskodó I. *a* dissembling, hypocritical **II.** *n* dissembler, hypocrite

alakpár *n* doublets *pl*, duplicates *pl*

alakrajz *n* figure drawing/sketching

alakszerű *a* formal, regular

alakszerűség *n* formality

alaktalan *a* formless, shapeless, amorphous; *(ember)* deformed

alaktan *n tud* morphology

alaktani *a tud* morphological

alakú *suff* -shaped, -formed, -like; **jó** ~ well-shaped/proportioned, shapely; **szép** ~ **nő** woman° with a fine figure, a fine figure of a woman°

alakul *v* **1.** *(alakot ölt)* take* shape, assume a form, be* formed; **úgy** ~**t, hogy** it so happened that; **a helyzet úgy** ~**t, hogy ...** things worked out (*v.* developed) in such a way that **2.** *vmvé* become*, turn *i*nto sg, form *i*nto sg **3.** *(létrejön)* come* *i*nto be*i*ng, be* formed; *(társulat)* be* founded; *(bizottság)* be* set up

alakulás *n* form*a*tion; **az árak ~a** ch*a*nges/variations in price(s) *pl*

alakulat *n* **1.** *ált* configuration, *geol* formation **2.** *kat* formation; corps *(pl* ua.), *u*nit

alakuló *a* **~ közgyűlés** in*a*ugural meeting; *(konferencia keretében)* founding conference; **~ban/~félben van** be* ab*o*ut to be formed, be* in (the course/pr*o*cess of) formation

alakváltozás *n* metam*o*rphosis *(pl* -ses), change of form

alakváltozat *n* variant

alakvas *n* prof*i*le/section *i*ron

alakzat *n* form(*a*tion), f*i*gure, configur*a*tion

álamatőr *n* sh*a*m-amateur, *biz* shamateur

álámerít *v* immerse (in sg)

álamerül *v* submerge, dive; *(süllyedő hajó)* sink*

alamizsna *n* alms *pl*

alamizsnálkod|ik *v* give* alms

álámos *v (folyó)* wash away, h*o*llow out, underm*i*ne

alamuszi *a* **1.** *(sunyi)* sh*i*fty, sly **2.** *(lusta)* lazy, sluggish

alánéz *v* **1.** *vmnek* look *u*nder/ben*e*ath sg **2.** *(magasból)* look down

alant *adv* below, down there

alantas **I.** *a* **1.** *(alárendelt)* subordinate, inferior **2.** *(aljas)* base, v*u*lgar; **~ ösztönök** base/low/mean *i*nstincts; **~ származású** low/base-born **II.** *n* subordinate, inferior

alanti *a* **az ~ fejezetben** *stb.* hereunder, in the p*a*ssage bel*o*w

alany *n* **1.** *nyelvt* s*u*bject; **általános ~** impersonal subject, an indef*i*nite/unspecified person (e.g. "one", "you") **2.** *mezőg* stock

alanyeset *n* n*o*minative (case)

alanyi *a* subjective; **~ igeragozás** subject*i*ve conjug*a*tion; **~ mellékmondat** s*u*bject clause

alap *n* **1.** *konkr* base; *(házé)* found*a*tion; *(nem anyagi)* basis *(pl* b*a*ses), *(érveké, gyanúé stb.)* ground; *(társadalomé)* basis; **nincs semmi ~ja** have* nothing to support it, have* no found*a*tion; **~jában véve** basically, fundamentally, essentially; *(nagyjából)* on the whole; **~jában téves** fundamentally false/wrong; **vmnek ~ján** on the basis/strength of sg, on (the) grounds of, by reason of sg; **az iratok ~ján** on the evidence of the d*o*cuments; **a törvény 2. szakasza ~ján** under Sec. 2 of the Act; **azon**

az ~on, hogy ... on the grounds that/of ...; **ugyanilyen** (*v.* **ugyanezen az)** **~on** by the same t*o*ken; **milyen ~on (gyanúsítod)?** on what grounds (do you suspect him)?; **vmlyen ~ra helyezkedik** take* a stand on sg; **vmnek ~ját alkotja** (*v.* **~jául szolgál)** be*/form the b*a*sis of sg, underl*ie** sg; **~ul szolgál** serve as a basis; **~ul vesz vmt** take* sg as a/one's basis **2.** *(pénz)* funds *pl; (pl. képzőművészeti)* foundation; *(kártyában)* kitty **3.** *(háttér)* background

alapadag *n* basic ration

alapalak *n* basic form; *nyelvt* base (form)

alapállás *n* normal position

alapanyag *n* **1.** basic (raw) material, base **2.** *vegy* elementary s*u*bstance

alapár *n* basic price

alapárok *n* ép*í*t foundation (ditch)

alapbér *n (munkásé)* basic wage

alapdíj *n* m*i*nimum charge

alapegység *n* (fundamental) *u*nit, standard

alapelem *n* **1.** *(vmnek része)* essential element/component **2.** **~ek** *(tudományé)* rudiments, elements, basics (of sg)

alapelv *n* (fundamental/basic) pr*i*nciple; **~ül elfogad** accept as a pr*i*nciple

alapeszme *n* fundamental/governing/basic idea, theme

alapfal *n* found*a*tion/b*a*sement wall

alapfeltétel *n* pr*i*mary condition

alapfizetés *n* basic wage/salary

alapfogalom *n* fundamental conception/idea; **alapfogalmak** r*u*diments

alapfok *n* *nyelvt* positive (degree)

alapfokú *a* lower/first grade; *(pl. nyelvoktatás)* beg*i*nner's; **~ nyelvtanfolyam** a course for beg*i*nners

alapgondolat *n* = **alapeszme**

alaphang *n* keynote, p*i*tch-note

alaphelyzet *n* *műsz* zero-setting

alapigazság *n* fundamental truth, axiom

alápincéz *v* make* a cellar (under a house)

alapismeretek *n* fundamentals, r*u*diments (of sg), elements

alapít *v* **1.** *(intézményt stb.)* found, est*a*blish; **családot ~** found/start a family; **~tatott 1907-ben** founded/established in 1907 **2.** *átv vmre* base [one's *a*rgument/opinion etc.] on sg; **gyanúját arra ~ja, hogy** ... his susp*i*cion is based on the fact that ...; **mire ~od a véleményedet?** what is the b*a*sis of/for your op*i*nion?

alapítás *n* found*a*tion, establishment

alapító **I.** *a* **~ okirat** deed of found*a*tion; **~ tag** founder member **II.** *n* founder

alapítvány n foundation, endowment, fund; **~t tesz/létesít** *(vmely célra)* endow (sg), found (sg)

alapjelentés n *nyelvt* primary/basic/core meaning

alapkérdés n fundamental question

alapkiképzés n basic training

alapkő n foundation-stone

alapkőletétel n laying of the foundation--stone

alapkutatás n basic research

alaplap n *mat* base

alapmű n standard work

alapművelet n **a négy ~** the (first) four rules of arithmetic

alapokmány n charter

alapos a *(ember)* thorough(-going), efficient, competent; *(ok)* sound; *(tudás)* thorough, profound, deep; *(változás)* thorough-going; **~ gyanú** well-founded/grounded *(v.* strong) suspicion; **az angol nyelv ~ ismerete** mastery of the English language, a (very) good command of the English language *(v.* of English); **~ ismerője vmnek** be* thoroughly acquainted with sg, be* an expert in sg; **~ munka** solid/painstaking (piece of) work

alaposan adv thoroughly, exhaustively, soundly; *biz* **~ eldönget vkt** give* sy a sound drubbing; **~ rászolgált** he richly deserved it

alaposság n thoroughness, soundness

alapoz v **1.** *(házat)* lay* the foundations (of) **2.** *átv* = **alapít** 2.; **3.** *(festő)* prime, ground

alapozás n **1.** *(háze)* (laying the) foundations *pl*, groundwork **2.** *(festésnél)* priming

alapozófesték, -réteg n ground coat, *GB* undercoat, primer

alapozókrém n foundation cream

alapötlet n theme

alappéldány n master-copy

alappont n point of reference

alaprajz n ground-plan, sketch

alapréteg n lowest layer, substratum *(pl* substrata)

alapszabály n **1.** *ált* fundamental rule **2. ~ok** constitution, statutes *pl*, charter; *(tud. társaságé)* constitution; **az ~ok szerint/értelmében** under the articles, according to the constitution/charter; **az ~oknak megfelelően** in accordance with the statutes/constitution

alapszabály-ellenes a contrary to the statutes *ut.*

alapszabály-tervezet n draft constitution

alapszám n radix *(pl* radices), base

alapszerv n = **alapszervezet**

alapszervezet n basic/local organization [of a party], primary party unit

alapszervi a ⟨of a/the basic (party) organization⟩ *ut.*

alapsz|ik v = **alapul**

alapszín n **1.** *fiz* primary colour *(US* -or) **2.** *(falé stb.)* (back)ground

alapszó n base, root (word)

alapszókincs n basic vocabulary

alaptalan a *(vád)* baseless, unfounded; *(gyanú)* groundless; **~ hírek** false rumours *(US* -ors)

alaptermészet n fundamental/basic quality (of sy), true nature (of sy)

alapterület n (basic) area

alaptétel n principle

alaptőke n capital

alaptörvény n fundamental law/statute

alapul v be* founded/based (up)on sg; **tényeken ~** is* founded on facts; **tévedésen ~** is* due to *(v.* caused by) a mistake

alapvető a fundamental, essential, basic; **~ fontosságú, ~en fontos** of vital/primary importance *ut.*; **~ mű** standard work [on a subject]; **~en** basically

alapvonal n *mat* base; *(rajz)* ground-line; *műsz* base-line; *(futball)* goal(-)line; *(tenisz)* baseline

alapvonás n characteristic feature

alapzat n *(házé)* foundation, groundwork; *(nehéz gépé)* bed-plate; *(szoboré)* pedestal, plinth; *(oszlopé)* base, plinth

álarc n mask; *átv* disguise; **~ot levet** throw* off the mask, show* one's true colours *(US* -ors); **~ot ölt** mask oneself; *átv* assume a/the mask of sg

álarcos a masked; **~ játék/felvonulás** masquerade; **3 fegyveres ~ férfi** 3 armed and masked men

álarcosbál n masked ball, fancy-dress ball

alárendel v *vknek, vmnek* subordinate (to), place under (sy); **~i magát vknek/vmnek** submit oneself to sy/sg; **alá van rendelve vmnek** be* subordinate(d) to sg

alárendelés n subordination (to)

alárendelő a subordinating

alárendelt I. a **1.** *vknek, vmnek* subordinate, inferior (to), dependant (on); **~ helyzetben van vkvel szemben** *biz* play second fiddle to sy; **~ szerepe van vmben** play a less important part in sg; **~ mellékmondat** subordinate clause; **~ útvonal** *(v.* non-priority) road; **útkereszteződés ~ útvonallal** intersection with non-priority road **II.** n subordinate, inferior; **~je vknek**

inferior to sy; ~**jei szeretik** he is* pcpular with his staff
alárendeltség n subordination
alarmíroz v raise/sound the alarm, alarm
alászáll v descend
alászánt v plough (US plow) under/in
Alaszka n Alaska
alaszkai a/n Alaskan
alászolgája! int † your humble servant!; (búcsúzáskor) good-bye!
alátámaszt v (átv is) prop/shore up; support; (csak átv) back up; **adatokkal/ténnyekkel támasztotta alá érveit** (s)he supported (v. backed up) his/her arguments with a battery of statistics
alátámasztás n **1.** propping up, shoring; buttressing **2.** átv support(ing)
alátesz v put* sg under sg
alátét n pad, support, underlay; (csavarhoz) washer; **(asztali)** ~ (table-)mat; (pohár alá) coaster
alátétgyűrű, -karika n washer
alátétlemez n washer, bolster plate
alátol v vmt vmnek push sg under sg
alatt post **1.** (hely) under, below, underneath, beneath; **az ablak** ~ under the window; **ez** ~ under/below/beneath this; **a 20. szám** ~ under/at number 20; **fagypont** ~ below zero; **lásd ...** ~ see under ... **2.** (idő) in, during; in the course of; **öt nap** ~ (with)in five days; **rövid idő** ~ within a short time; **percek** ~ in a matter of minutes; **ez** ~ **az idő** ~ during this time; **építés** ~ in the course of construction **3.** azon feltétel ~ on condition (that) **4.** vk vezetése ~ under sy's leadership/guidance
alatta adv **1.** ~ **áll** stand* underneath; ~ **fekvő** subjacent; **alattunk laknak** they live* on the floor below us; ~**m járt iskolába** he was [x years] below me at school **2.** ~ **marad** átv fall* short of sg
alatti a to be found under/at ut.; **a Balaton utca 12.** ~ **lakásán** at/in his flat in Balaton utca 12; **a C** ~ **tétel** the entry under C; **a kép** ~ **szöveg** caption
alattomban adv by stealth, on the sly
alattomos a sneaking, sly, treacherous
alattomosság n slyness, (act of) treachery
alattvaló n subject
alávaló a rascally, base, vile, villainous
alávalóság n villainy, baseness
alávet v vkt vmnek submit/subject sy to sg; vmt vmnek subject sg to sg; ~**i magát** vmnek submit (oneself) to sg; ~**i magát egy műtétnek** undergo* an operation; **alá van vetve** vmnek be* subject(ed) to sg

alávetett a subject to, obliged to (mind: ut.)
aláz v = **megaláz**
alázat n humility, humbleness; ~**tal** humbly
alázatos a humble, submissive, meek; (szolgaian) servile, subservient; † ~ **szolgája** (levél végén) your obedient servant; ~**an** humbly
alázatoskod|ik v cringe, humble oneself
alázuhan v fall* down; (zajjal) crash down
albán a/n Albanian; **A**~ **Népköztársaság** Albanian People's Republic
Albánia n Albania
albániai a Albanian, of Abania ut.
albérlet n **1.** (bérlemény) GB sublease; US sublease **2.** = **albérleti szoba** ; ~**ben lakik** live in lodgings (v. GB digs), (átmenetileg) stay in lodgings; (vkvel együtt) rent a room with sy, US room with sy; ~**be megy/költözik** rent a room/flat, biz move into digs
albérleti a ~ **szoba** (furnished) room, lodgings pl, GB biz digs pl
albérlő n lodger; US roomer; ~**k háza** lodging house, US rooming house
Albert n Albert
albizottság n subcommittee
albölcsesség n sophism, sophistry
album n album
álca n **1.** (rovar) larva (pl larvae), grub **2.** † (álarc) mask
álcáz v mask, disguise, (kat is) camouflage
álcázás n disguising; (kat is) camouflage
alcím n (a mű címét kiegészítő) subtitle; (cikk egy-egy szakaszáé) subheading
alcsalád n áll subfamily
alcsoport n subdivision, sub-group
áld v bless; **Isten** ~**jon!** goodbye!, farewell!
áldás n **1.** (papi) blessing, benediction; (asztali) grace; ~**t oszt** bless, give* blessings; **(asztali)** ~**t mond** ask a blessing, say grace **2.** átv (haszon) boon, blessing; **a televízió nagy** ~ **a mozgásképtelenekeknek** television is a great boon to the disabled **3.** átv, biz (jóváhagyás) blessing; ~**át adja vmre** give* one's blessing to sg
áldásos a blessed, beneficent
áldatlan a unfortunate, unblessed; ~ **állapotok** evil conditions
áldó n az ~**ját!** blast!, good(ness) gracious!
áldomás n drink, toast (to sy); ~**t iszik vmre** have* a drink (to celebrate sg), drink* to (the success of) sg
áldott a **1.** ált blessed; ~ **emlékezetű** of blessed memory ut.; **minden** ~ **nap** every blessed/single day **2.** ~ **állapot** pregnancy; ~ **állapotban van** be* pregnant

áldoz v **1.** *(Istennek)* sacrifice, offer (sg to God) **2.** *átv* devote [time etc.] to, sacrifice sg to sg; ~ **vmre** *(= költ)* make* a sacrifice for sg, spend* [a lot of money] on sg ⇨ **áldozik**

áldozás n *vall* Holy Communion

áldozat n **1.** *vall (aktus)* sacrifice, offering **2.** *(lemondással járó)* sacrifice; ~ **ot hoz vkért/vmért** make sacrifices for sy/sg **3.** *(vm rosszé)* victim (of); **baleset** ~ **a lett** be* killed in an accident; **a halálos** ~ **ok száma** death toll *(a közutakon* on the roads); ~ **ul esik** fall* victim/prey (to)

áldozati a sacrificial

áldozatkész a willing to make sacrifices *ut.*

áldozatkészség n generosity

áldozatos a self-sacrificing

áldoz|ik v *vall* receive the sacrament, receive (Holy) Communion, communicate

áldozó n **első** ~ first communicant

áldozócsütörtök n Ascension Day

áldozópap n (mass-)priest

áldoztat v administer the sacrament (to)

Al-Duna n the Lower Danube

alelnök n vice-president

alélt a *(ájult)* unconscious; *(ernyedt)* faint, languid

aléltság n *(emberi)* faint, swoon; *átv* lethargy, torpor

alépítmény n substructure

alexponált a under-exposed

alez. = **alezredes**

alezredes n lieutenant-colonel *(röv* Lt-Col.)

alfa n alpha

alfabetikus a alphabetical

alfaj n *áll, növ* subspecies *(pl* ua.)

alfanumerikus a *szt* alphanumeric

alfa-részecske n alpha particle

alfa-sugárzás n alpha ray

alfejezet n subdivision; ~ **ekre oszt** subdivide

alfél n *(vké, tréf)* behind, backside

alföld n lowland, (the) lowlands *pl*, plain; **az A** ~ the Great Hungarian Plain

alföldi I. a of/from the lowland(s) *ut.*, lowland(-), of the Great Hungarian Plain *ut.* **II.** n lowlander

alga n alga *(pl* algae)

algebra n algebra

algebrai a algebraic(al); ~ **lag** algebraically

Algéria n Algeria

algériai a/n Algerian

Algír n Algiers

algíri a/n Algerine

algoritmikus a algorithmic

algoritmus n algorithm

alhadnagy n *(GB és US hadseregben)* 2nd lieutenant; *(tengerészetben)* sub-lieutenant, *US* master-sergeant

alhas n abdomen

alhatnék n ~ **om van** I feel* sleepy

álhazafiság n jingoism, flag-wagging

alhdgy. = **alhadnagy**

álhír n false report/rumour *(US* -or)

alibi n alibi; ~ **t igazol** produce/establish an alibi

alig adv **1.** *(éppen hogy)* hardly, scarcely, barely; ~ **hallom** I can only just hear it; ~ **hogy elég** [it is] barely enough; ~ **ismerem** I hardly know him; ~ **valami** barely/scarcely any; ~ **maradt vm pénzünk** we've hardly/scarcely/barely any money left; ~ **ettél vmt** you've hardly eaten anything **2.** *(nehezen)* hardly; **már** ~ **várom** I can hardly wait (to do sg) ⇨ **alighogy, vár²** **3.**

alig-alig adv barely, hardly, just

aligátor n alligator

aligazgató n *(vállalati stb.)* sub-manager; *(iskolai)* vice-principal, deputy-headmaster

aligha adv scarcely, hardly; **ő már** ~ **jön meg** he is not likely to arrive

alighanem adv (most) probably, in all probability, very likely

alighogy adv *(mihelyt)* hardly, scarcely, no sooner (than); ~ **megérkezett, máris panaszkodni kezdett** hardly/scarcely/barely had she arrived when she started complaining; ~ **elindultunk, elkezdett esni** we had hardly started *(v.* hardly had we started) when it started raining, no sooner had we started than it started raining ⇨ **alig**

alispán n *tört kb.* deputy-lieutenant

alj n *(szoknya)* skirt ⇨ **alja**

alja n **1.** *(alsó rész)* bottom, lower part, foot; *(hegyé)* foot (of the hill); **a lap** ~ **n** at the foot of the page **2.** *(üledék)* dregs *pl*, sediment; **a kávé** ~ coffee grounds *pl* **3.** *(silány rész)* refuse, waste; **a társadalom** *(v. az emberiség)* ~ the dregs of society *pl*, the scum of the earth

aljas a base, mean, vile; ~ **gazember** dirty rascal/dog; ~ **módon,** ~ **ul** basely, foully, nastily

aljasod|ik v = **lealjasodik; odáig** ~ **ott, hogy** he stooped to (. . .ing)

aljasság n baseness, meanness, vileness

aljaz v = **almoz**

aljazat n *ép* foundations *pl*; *(oszlopé stb.)* socle

aljegyző n deputy clerk

aljlemez *n* base-plate
aljnövényzet *n* undergrowth
aljzat *n* **1.** = **alap(zat) 2.** *el* (wall) socket, (power) point
alkálifémek *n* alkali metals
alkalikus *a* alkaline
alkalmas *a* **1.** *vmre* (be*) suitable, fit, right *(mind:* for sg), be* suited to (sg); **katonai szolgálatra** ~ (be*) fit for (military) service; ~**nak érzi magát vmre** feel* capable of (doing) sg; **nem** ~ **vmre vk** be* not cut out for sg **2.** *(illő)* appropriate (for); ~ **időben** at a convenient time
alkalmasint *adv* probably, in all probability, very likely
alkalmasság *n* **1.** *(megfelelés)* fitness, suitability, aptitude, aptness **2.** *(illő volta)* appropriateness
alkalmassági vizsgálat *n* aptitude test
alkalmatlan *a* **1.** *(vmre személy)* unfit(ted)/unsuitable for *ut.*, unsuited to *ut.*; *(állásra)* unqualified for *ut.*; *(tárgy vmre)* unfit/unsuitable for *ut.*; ~**ná tesz vkt vmre** unfit sy for sg **2.** *(kellemetlen)* inconvenient; *(rosszkor történő)* inopportune; ~ **idő** an inconvenient time; **ha nem** ~ **önnek** if it is not inconvenient for you
alkalmatlankodás *n* importunity; **bocsássa meg** ~**omat** excuse my troubling/bothering you
alkalmatlankod|ik *v* vknek molest/bother/pester sy, be* a trouble to sy; **folytonosan** ~**ik** he is a nuisance; **nem akarok** ~**ni** I don't want to intrude (on you)
alkalmatlankodó I. *a* importunate, troublesome **II.** *n* intruder, nuisance
alkalmatlanság *n* **1.** *(személyé)* unfitness (for), inaptitude (to, for); *(dologé)* unsuitability (for); *(időbeli)* inopportunity **2.** *(kellemetlenség)* inconvenience, bother, nuisance; **sok** ~**ot okoz vknek** give*/cause sy a lot of trouble
alkalmatosság *n* *(jármű)* conveyance; *(egyéb eszköz)* convenience
alkalmaz *v* **1.** *vmt vmre* apply (to), employ (for, to), use (for); *(eljárást, módszert)* adopt; **gyakorlatban** ~ put* into practice; **a törvényt** ~**za** bring*/put* the law into operation, enforce the law **2.** *(filmre, rádióra, színpadra v. színre, televízióra)* adapt (sg) [for the screen/stage *v.* for radio/television] **3.** *vkt* employ, engage
alkalmazás *n* **1.** *vmé* application, employing, employment, use; *(eljárásé)* adoption **2.** *(színre, rádióra stb.)* adaptation [of a play

for the stage, for radio etc.] **3.** *vké* employment; ~**ban van** have* a job, be* employed, be* in employment
alkalmazhatatlan *a (módszer stb.)* inapplicable
alkalmazható *a* **1.** *vm* be* applicable (to), can* be applied (to); **ez a szabály nem** ~ this rule cannot be applied (to sg) **2.** *vk* employable, suitable
alkalmazkodás *n* **1.** *vkhez* fitting in with sy **2.** *vmhez* adjustment to sg
alkalmazkod|ik *v* **1.** *vkhez* fit in with sy; ~**ik vknek az életmódjához** fit in with sy's way of life **2.** *vmhez* adjust (oneself) to sg, adapt (oneself) to [different conditions, new environment, changes etc.]; **jól/könnyen tudott** ~**ni** (s)he adapted (very) well
alkalmazkodó *a* adaptable, flexible
alkalmazkodóképesség *n* adaptability, flexibility
alkalmazott I. *a* applied; ~ **matematika** applied mathematics **II.** *n* employee; **az** ~**ak** staff, personnel
alkalmaztatás *n* employment
alkalmi *a* **1.** *ált* occasional, incidental; *(véletlen)* casual; chance; *(zsűri stb.)* ad hoc; ~ **munka** casual work, odd jobs *pl;* ~ **munkát vállal** (under)take* odd jobs; ~ **munkás** casual worker **2.** *ker* ~ **ár** special/bargain price; ~ **áruk boltja** *kb.* reject shop; ~ **áruk osztálya** bargain basement/counter; ~ **vétel** (special) bargain
alkalmilag *adv* occasionally, now and again/then
alkaloid *n* alkaloid
alkaloida *n* = **alkaloid**
alkalom *n* occasion; *(lehetőség)* opportunity, chance; *(kínálkozó)* opening; ~ **adódik/nyílik** an opportunity offers/presents (itself); **vmnek alkalmából** on the occasion of; ~**hoz illő** appropriate, expedient; **az** ~**hoz illően öltözött** (be*) properly dressed; **alkalmat ad/nyújt** give* an opportunity to, give* sy a chance; **ez** ~**mal** this time, on this occasion; **minden** ~**mal** every time, on every occasion ⇨ **megragad**
alkalomadtán *adv* when opportunity/occasion offers/arises, on occasion
alkalomszerű *a* **1.** *(aktuális)* timely, opportune, well-timed **2.** = **alkalmi**
alkar *n* forearm
alkat *n* *ált* structure, build, construction; *(emberé)* constitution, build; *(testi)* physique; ~**ánál fogva** constitutionally
alkati *a* *orv* constitutional; ~ **hiba** malformation

alkatrész *n* **1.** *(gépé stb.)* part, piece, component (part), constituent (part); ~ **ek** *(gépé, motoré)* parts, components **2.** *(pót~)* spare part(s), spares *pl*
alkímia *n* alchemy
alkimista *n* alchemist
alkirály *n* viceroy
alkohol *n* **1.** *vegy* alcohol, spirit; **tiszta** ~ pure alcohol **2.** *(szeszes ital)* alcoholic drinks *pl*, alcohol; *(röviditalok)* spirits *pl*
alkoholellenes *a* anti-alcoholist
alkoholista *a/n* alcoholic, habitual/hard drinker
alkoholizmus *n* alcoholism
alkoholmentes *a* ~ **ital** nonalcoholic/soft drink; ~ **étterem** *GB* café, unlicensed restaurant
alkoholmérgezés *n* (alcoholic) intoxication, alcohol poisoning
alkoholos *a* alcoholic; ~ **befolyásoltság állapotában** in an intoxicated state
alkoholpróba *n* breath test; ~ **nak vet alá** *GB* breathalyse (sy)
alkoholszonda *n* breathalyser, *US* drunkometer
alkoholtilalom *n* prohibition
alkony *n* twilight, nightfall, dusk, sunset; *átv* decline; **leszáll az** ~ night falls*; **élete** ~ **án** in the evening of one's life, in one's declining years
alkonyat *n* = alkony
alkonyati, alkonyi *a* twilight, evening-
alkonycsillag *n* evening star
alkonyod|ik *v* night is* falling
alkonypír *n* evening glow
alkot *v* **1.** *(teremt)* create, call into being **2.** *vmből* make* (of sg), construct (out of *v.* from); *(képez)* form, make* up; **fogalmat** ~ **magának vmről** form an idea of sg; **ez a három tanulmány ~ja a könyvet** these three studies make up the whole book **3.** *(szellemi művet)* compose, write*, produce; **új szót** ~ coin a new word
alkotás *n* **1.** *(folyamat)* creation, formation, creating; *(tárgyé)* making, construction **2.** *(mű)* work, product
alkotmány *n* **1.** *(országé)* constitution **2.** *(építmény)* structure, construction
alkotmánybíróság constitutional court
alkotmányellenes *a* anti-constitutional
alkotmányjog *n* constitutional law
alkotmánylevél *n* constitutional charter
alkotmányos *a* constitutional; ~ **úton** by constitutional means
alkotmányosság *n* constitutionalism
alkotmányozó *a* constituent

alkotmányreform *n* constitutional reform, reform of the constitution
alkotó I. *a* creative, constructive; ~ **játék** creative toy; ~ **sebészet** plastic surgery **II.** *n (műalkotásé)* creator, maker; *(zenei)* composer; *(irodalmi)* writer; **a film** ~ **i** the Credits, credit list
alkotóelem *n* = **alkotórész**
alkotóerő *n* creative force/power
alkotókedv *n* creative instinct/urge
alkotómunka *n* creative work
alkotórész *n* ~ **ek** constituent/component parts, components
alkotószabadság *n* study leave, *kb.* sabbatical (leave/year)
alkóv *n* alcove, recess
alközpont *n (telefon)* satellite exchange
alku *n* **1.** *(eredménye)* bargain, deal; ~ **t köt** drive*/conclude/strike* a bargain; **áll az** ~! it's a bargain/deal! **2.** *(folyamata)* negotiation, bargaining; ~ **ba bocsátkozik vkvel** enter into (*v.* open) negotiations with sy
alkudozás *n* bargaining, bartering; *pol* negotiation
alkudoz|ik *v (vkvel vmről/vmn)* haggle (with sy over sg) ⇨ **alkuszik**
alkulcs *n* skeleton/master key
alkusz *n* broker, factor
alkuszdíj *n* brokerage, commission
alkusz|ik *v* bargain *(vkvel vmre* with sy for sg)
áll[1] *n* **1.** *vi* **1.** *vhol* stand*, be* on one's feet; ~ **j!** halt!, stop!; ~ **j! ki vagy?** halt! who goes there?; **Á** ~ **j! Elsőbbségadás kötelező!** Stop (and give way) **2.** *(gép, munka)* be* at a standstill; *(vonat)* stop; **meddig** ~ **unk?** *(állomáson, vonaton)* (for) how long does the train stop here?; **az óra** ~ the clock has stopped **3.** *(vhová)* place oneself swhere, go* swhere; **munkába** ~ begin* work, take* a job **4.** **hogy** ~ **a dolog?** how do matters/things stand; **a dolog így** ~ things are like this; **ha így** ~ **a dolog** if that's how things stand/are; **bárhogy** ~ **jon is (ez) a dolog** be that as it may; in any case; anyway; anyhow; **hogy** ~ **sz vele?** (1) *(dologgal)* how far have you got with it? (2) *(vkvel)* how do you stand with him/her?; **hogy** ~ **sz?** *(isk tanulásban)* how are you doing?; **jóra** ~ **matematikából** he is doing well at/in mathematics; **hogy** ~ **tok?** *(játékban)* what is the score?; **2:1-re** ~ **nak** the score stands at 2—1; **jól** ~ be* doing well; **rosszul** ~ be* down on one's luck, be* badly off **5.** *(ruha stb.)* become*/fit/suit sy; **ez a ruha jól** ~ **neki** this dress suits her; **rosszul** ~ **a ruha** this dress is a bad fit,

this suit fits badly; **nem ~ jól neki** it does not suit her/him; **nem ~ jól neki a rövid haj** it doesn't suit her to have her hair cut short; **ehhez jól ~na egy barna kalap** a brown hat would go well with this **6.** *(igaz)* be* true (of sy); hold* (good); **ez nem ~** that's not true, that's untrue; **ugyanez ~ a fiára is** the same holds good/true of his son **7.** *(olvasható)* read*; **az ~ rajta, hogy** it says/reads ... **8.** *(vmből)* consist of sg, be* composed of sg, be* made up of sg; *(vmben)* consist in sg **9.** *átv (vkn, vmn)* depend on (sy, sg); it rests with (sy, sg); **vmn ~, vagy bukik** stand or fall; **csak rajtam ~** it is* up to no-one but me, it depends on me alone **10. esőre ~ az idő** it looks like rain **11.** *nyelvt* **vmlyen szerkezettel ~** be* construed with ... **II.** *vt* **1.** *(vk)* **~ja a hideget** he can take the cold **2. ~ja az ígéretét** *(v. a* **szavát)** keep* one's word/promise; **amit mondtam, (azt) ~om** I stand* by what I said, I keep* my word **3. nem ~hatom** I can't endure/stand him/her ⇨ **feljebb, mellé**

áll² *n* chin; **~ig felfegyverkezve/fegyverben** armed to the teeth; **majd leesett az ~a** *(a csodálkozástól)* he stood gaping, he stared open-mouthed

áll. = *állami* State

állag *n* **1.** *(anyag)* substance **2.** *(állapot)* condition

állagmegóvás *n* conservation

állam *n* state; **~ elleni bűncselekmények** crimes against the state

államadósság *n* public/national debt

államalapítás *n* foundation of a/the state

államapparátus *n* apparatus of the state

állambiztonsági *a* state security; **~ szervek** (state) security organs/police

államcsíny *n* coup (d'état) *(pl* coups d'état)

államcsínykísérlet *n* coup attempt

államcsőd *n* national/state bankruptcy

államegyház *n* established church; *GB* Church of England

államellenes *a* anti-state; **~ cselekedet** subversive/seditious act

államelnök *n* president (of the state)

államérdek *n* interest of the state, national/public interest

államférfi(ú) *n* statesman°

államférfiúi *a* statesmanlike, statesman's; **~ bölcsesség** high statesmanship

államforma *n* form of state

államfő *n* head of state; *(király)* sovereign, monarch

államgazdaság *n* = **államháztartás**

államgazdaságtan *n* public economy

államhatalom *n* state/government authority

államháztartás *n* (state) budget, state/public finances *pl*

állami *a* state, public; *US* governmental; *(~ tulajdonban levő)* state(-owned); **~ adóbevétel** inland *(v. US* internal) revenue; **~ áruház** state stores *pl;* **~ bevétel** public revenue; **~ díj** State Prize; **~ ellenőrzés/felügyelet** state supervision/control; **~ gazdaság** state farm; **~ gondozott** child° in care; **~ hivatal** government/state office; **~ hivatalnok** = **~ tisztviselő** ; **~ intézmény** state institution; **~ iskola** state school; *US* public school; **~ kézben/kezelésben levő** state-run; **~ kezelésbe vesz** nationalize; **Á~** Pincegazdaság State Wine Cellars *pl;* **~ rend** public order; **~ szektor** public sector; **~ szerv** state/government institution/organization, (public) authority; **~ szolgálatban áll** be* a civil servant; **~ tisztviselő** government/state official, civil servant; **~ törvény** statute law; **~ tulajdon** state/national property; **~ tulajdonba kerül** come* under public ownership, be* nationalized; **~ tulajdonba vesz** = **államosít** ; **~ tulajdonba vétel** = **államosítás** ; **~ tulajdonban levő** state-owned; **~ vállalat** state enterprise, state-owned firm/company ⇨ **nyelvvizsga**

államigazgatás *n* public administration

államiság *n* statehood

államjog *n* constitutional law

államkapitalizmus *n* state capitalism

államkincstár *n* the (state) Treasury; *(GB néha)* the Exchequer

államkölcsön *n* government loan

államköltségen *adv* at public expense

államkötvény(ek) *n* government securities/bonds *pl; GB* consols *pl*

államközi *a* between countries *ut.; US* interstate; **~ szerződés** a treaty [with Austria etc.]; an agreement between [2 states]

államminiszter *n* Minister of State

államnyelv *n* official language [of the state]

államosít *v* nationalize, take* sg into public ownership

államosítás *n* nationalization, taking into public ownership, takeover; *(egyházi javaké)* secularization

államosított *a* nationalized

állampapír(ok) *n* government securities *pl; US* government bonds *pl*

állampénztár n = államkincstár
állampolgár n subject, US citizen; **angol** ~ British subject; **amerikai** ~ American citizen; **idegen** ~ alien; **magyar** ~ Hungarian subject
állampolgári a civic; ~ **hűség** allegiance
állampolgárság n nationality, US citizenship; ~ **megszerzése** naturalization; ~**ot** ad naturalize sy; **felveszi a magyar** ~**ot** assume Hungarian citizenship, be* naturalized in Hungary
államrend n *(szervezet)* political/social system; *(nyugalom)* public order; **demokratikus** ~ democratic state
államrendőrség n state police
államrendszer n organization of the state
államsegély n state aid, government grant/ subsidy, subvention
államsorsjáték n state lottery
államszámvitel n public accountancy
államszervezet n state organization
államszerződés n (political) treaty
államszocializmus n state socialism
államszövetség n confederation
államtanács n cabinet council; *GB* Privy Council
államterület n territory of state
államtitkár n under-secretary (of state)
államtitok n state secret
államtudomány n political science
államügy n affair of state, state/public affair
államügyész n public prosecutor; *US* district attorney; **legfőbb** ~ *GB* Attorney General
államügyészség n **1.** *(hivatal)* public prosecutor's office(s) **2.** *(állás)* public prosecutorship
államvagyon n public/state property
államvallás n state/established religion
államvasút n **Magyar Államvasutak (MÁV)** Hungarian State Railways; **Brit Államvasutak** British Rail (BR)
államvédelem n state security
államvédelmi a state security; ~ **hatóság** state security authorities pl; ~ **szervek** security organs
államvizsga n state examination
államvizsgáz|ik v sit*/take* the state examination
állandó I. a *(tartós)* permanent, lasting, constant, stable, steady; *(rendszeres, ismétlődő)* regular; *(szakadatlan)* continuous, perpetual; *(változatlan)* unchanging, unvaried, unbroken, uniform; *(rögzített)* fixed, stationary; *(örökös, élit)* continual, perpetual; ~ **alkalmazás** permanent/steady employ-

ment/job; ~ **alkalmazottak** regular/permanent staff; ~ **figyelemmel kísér** pay* close attention to sg, watch sg closely; ~ **hadsereg** standing/regular army; ~ **használatban van** be* in constant use; ~ **fizetés** fixed salary; ~ **kereslet vmben** a steady demand for sg; ~ **lak(ó)hely** permanent address/residence; ~ **lakos** resident; ~ **megbízott** permanent delegate; ~ **összeköttetésben van** vkvel be* in constant touch with sy; ~ **vevő** regular customer; **nem** ~ not permanent, temporary, unsteady, variable **II.** n mat constant
állandóan adv constantly, permanently, steadily, continually; **az árak** ~ **emelkednek** prices are rising steadily; ~ **leveleznek** they are constantly corresponding; ~ **elkésik** be* habitually late
állandóság n permanence, steadiness
állandósít v make* permanent, fix, stabilize; *(bajt)* perpetuate
állandósítás n stabilization, fixing
állandósul v become* stable/steady, settle
állandósulás n stabilization, consolidation, settling
állapot n state (of affairs), condition, status; *(társadalmi)* standing; **egészségi** ~**a (vknek)** the state of sy's health; ~**a javul** is (getting) better, his health is improving; ~**a súlyos** his condition is grave *(v. is giving cause for concern)*; **jó** ~**ban/karban van** be* in good condition/repair; *(épület)* be* in a good state of preservation; **rossz** ~**ban van** *(tárgy)* be* in bad condition/repair, be* in disrepair; *(ember)* be* in bad shape
állapotos a pregnant; ~ **asszony** expectant mother
állás n **1.** *(nem ülés)* stand(ing), upright position **2.** *(nem működés)* standstill **3.** *(helyzet)* state, condition, situation, position; **a dolgok** ~**a** the state of things, the circumstances pl; **a tudomány mai** ~**a** the present state of knowledge; **a munka** ~**a** *(pl. könyvé stb.)* the state of the art; **a játék** ~**a** the score (of the game); ~**t foglal vm ügyben** take* a stand on sg; *(vitában)* take* sides; ~**t foglal vk mellett** take* sides with sy, be* on sy's side; ~**t foglal vk ellen** take* sides against sy; **nem foglal** ~**t** (s)he is non-committal, (s)he does not take sides **4.** *(alkalmazás)* job, employment; *(hivatal)* position; *(társadalmi)* rank, status; **tanári** ~ employment as a teacher, teaching; **jó** ~**a van** have* a good job; **a legjobb/legzsírosabb** ~**ok** biz the

plums, plum jobs; **nincs** ~**a** be* out of employment, have* no job, be* unemployed; **magas** ~**ban** in a high pos*i*tion; ~**t kap** get* a job/pos*i*tion; ~**t keres** seek* employment, look for a job; *(apróhirdetésben)* "Situa*t*ions Wanted"; ~**t kínál** *(hirdetésben)* "Situations vacant" **5.** *(csillagoké)* constella*t*ion **6.** *(ruháé)* fit, hang **7.** *(megerősített fedezék)* dug-out, trench, entrenchment **8.** *(építőállvány)* scaffolding **9.** *(istállóban)* stall **10.** *(buszoké)* bay

állásdeszka *n* scaffolding plank

állásfoglalás *n* attitude, stand(point), posi*t*ion t*a*ken up [in a case]; ~**ra késztető** challenging

állásháború *n* trench war(fare)

álláshalmozás *n* pluralism

álláskeresés *n* looking for a job

álláskínálat *n* [employment] opportu*n*ity, opening, vacancy

állásközvetítő *a* ~ **iroda/hivatal** employment bur*e*au/agency; *(állami)* employment/labour *(US -or)* exchange

állásnélküli *a* = **állástalan**

álláspont *n* point of view, v*i*ewpoint, stand-(point); **mi az** ~**od/**~**ja ebben a kérdésben?** what's your pos*i*tion on this *i*ssue?; *vm* ~**ot elfoglal/kialakít** ad*o*pt a point of view, take* a stand on sg, ad*o*pt a policy; **kifejti az** ~**ját** *a*rgue/state one's case, put* one's point of view; **értem az** ~**odat** I see your point; **elfogadja vk** ~**ját** agr*e*e with sy's point of view

állástalan I. *a* jobless, h*a*ving no job *ut.*, unemployed **II.** *n* **az** ~**ok** the unemployed

állásváltoztatás *n* change of job

állásvesztés *n* dism*i*ssal, disch*a*rge

állat *n* ált *a*nimal; *ir (főleg emlős)* beast; *(házi)* domestic/farm *a*nimal

állatállomány *n (házi)* livestock

állatbetegség *n* animal dis*e*ase

állatbőr *n* *a*nimal skin/hide

állatcsalád *n* family (of *a*nimals)

állategészségügy *n* veterinary hygiene, *a*nimal health protection; ~**i bizonylat** veterinary (health) cert*i*ficate

állatfaj *n* species (of *a*nimals) *(pl* species), breed

állatfestő *n* *a*nimal-painter

állatföldrajz *n* zoogeography

állatgondozó *n* ke*e*per

állatgyógyászat *n* veterinary sc*i*ence

állati *a* **1.** *(állatvilághoz tartozó) a*nimal **2.** = **állatias;** ~ **kegyetlenség** b*e*astly cru*e*lty **3.** □ ~ **jó** sm*a*shing, r*e*ally great

állatias *a* b*e*astly, br*u*tal, brute

állatidomítás *n* t*a*ming/tra*i*ning of *a*nimals

állatka *n (mikroszkopikus)* anim*a*lcule

állatkereskedés *n* pet-shop

állatkert *n* zoological gardens *pl,* zoo; ~**ben született** (be*) c*a*ptive born

állatkínzás *n* cru*e*lty to *a*nimals

állatkitömő *n* taxidermist

állatkör *n* zodiac

állatlélektan *n* *a*nimal psychology

állatmese *n* *a*nimal f*a*ble/story

állatnem *n* genus (of *a*nimals) *(pl* genera)

állatorvos *n* veterinary s*u*rgeon; *biz* vet; *US* veterin*a*rian

állatorvosi *a* veterin*a*rian

állatorvostan *n* veterinary sc*i*ence/s*u*rgery

állatorvostudományi *a* ~ **egyetem** veterinary college/school

állatöv *n* zodiac

állatregény *n* animal st*o*ry

állatsereglet *n* menagerie

állatszelidítés *n* t*a*ming of *a*nimals

állatszelidítő *n* *a*nimal-tamer

állattan *n* zoology

állattani *a* zoo*l*ogical

állattartás *n* *a*nimal k*e*eping

állattartó *n* k*e*eper of *a*nimals

állattenyésztés *n* *a*nimal h*u*sbandry, live-stock-f*a*rming/br*e*eding/r*a*ising

állattenyésztő *n* stock-breeder

állatvágás *n* sl*a*ughtering (of *a*nimals)

állatvásár *n* l*i*ve-stock m*a*rket, cattle m*a*rket

állatvédelem *n* protection of *a*nimals

állatvédő egyesület *n* soc*i*ety for the prevention of cru*e*lty to *a*nimals

állatvész *n* animal dis*e*ase, epizo*o*tic

állatvilág *n* animal world, f*a*una

állcsont *n* jaw-bone, mandible

álldogál *v* stand* ab*o*ut, lo*i*ter, loaf ar*o*und

allegória *n* allegory

allegorikus *a* alleg*o*rical

alleluja *int* hallel*u*jah

allergia *n* allergy

allergiás *a* allergic *(vmre* to)

állhatatlan *a* f*i*ckle, flighty, inc*o*nstant

állhatatlanság *n* f*i*ckleness, changeab*i*lity

állhatatos *a* steady, stead*fast* *(vmben* in); *(igével)* pers*i*st/persev*e*re in sg

állhatatosság *n* stead*fastness*

állít *v* **1.** *(vmt vhová)* place, put*, stand* (sg swhere); „**nem** ~**ani"** *(ládajelzés)* this side up; **a fal mellé** ~**ja a kerékpárt** he puts the b*i*cycle ag*a*inst the wall; **sarokba** ~**ja a gyereket** stand* the ch*i*ld in the corner **2. munkába** ~ **vkt** set* sy to work, empl*o*y sy; **nagy feladat elé** ~ **vkt** set* sy a big task; **bíróság elé** ~ **vkt** bring* sy

to court/trial **3. szobrot** ~ **put*** up a
statue *(vknek* to sy) **4.** *(készüléket, szerkeze-
tet stb., vi is)* set*, adjust; **hidegre** ~**ja a
fűtést** turn the heating down **5.** *(mondva)*
assert, declare, allege, state, maintain, claim;
azt ~**ja, hogy** he claims/argues that . . .
állítás *n* **1.** *(vhová)* placing, putting, setting
2. *(kijelentés)* assertion, statement; **saját**
~**a szerint** by his own account
állításköteles *a* = **sorköteles**
alliteráció *n* alliteration
alliterál *v* alliterate
állítható *a (szabályozható)* adjustable; ~
támlájú ülés reclining seat
állítmány *n* predicate
állítmányi *a* predicative
állítmánykiegészítő *a* (predicative) com-
plement, predicative adjunct
állító *a (igenlő)* affirmative, assertive,
positive
állítócsavar *n* regulating/adjusting screw,
setscrew
állítólag *adv* supposedly, allegedly; ~ **nőt-
len** he is supposed to be unmarried; **ő** ~
. . . (s)he is said/reputed to be (*v.* as) . . .; ~
gazdag he is said/reputed to be rich, he is re-
putedly rich; ~ **jön** he is said to be coming;
~ **ő a gyilkos** he is the alleged murderer;
~ **vasárnap érkezik** he is supposed to
arrive (*v.* to be arriving) on Sunday
állítólagos *a* alleged, so-called
állkapocs *n* jaw; **alsó** ~ lower jaw; **felső**
~ upper jaw
állkapocsficam *n* sprained jaw
álló *a* **1.** *(vhol)* standing **2.** *(nem mozgó)* sta-
tionary, fixed; *(nem működő)* out of action
ut. **3.** *(függőleges)* vertical, upright; ~
helyzetben van stand* **4.** *(vmből)* con-
sisting/composed of sg *ut.;* **5. egy** ~ **esz-
tendeig** (for) a whole year **6. a vezetése
alatt** ~ **sereg** the army under his com-
mand; **több részből** ~ consisting of sev-
eral/many parts *ut.,* complex **7.** *nyelvt*
vmlyen szerkezettel ~ construed with
ut.; **dativusszal** ~ construed with the
dative *ut.*
-álló *suff (vmnek ellenálló)* -proof, (-)resist-
ant
állóalap *n* fixed funds/assets *pl*
állóbüfé *n* snack bar
állócsillag *n* fixed star
állóeszköz(ök) *n* fixed assets *pl*
állóháború *n* = **állásháború**
állóhely *n* standing room; **80** ~ standing
room for 80 persons/passengers, 80 standing
állóhelyes *a (utas stb.)* standee

állóka *n* = **járóka**
állókép *n fényk* still
állóképes *a* ~ **ember** stayer
állóképesség *n* staying power, stamina, en-
durance
állólámpa *n* standard (*v. US* floor) lamp
állólétra *n* stepladder
állomány *n* **1.** *(személyi)* staff; ~**ba (föl)-
vesz** engage, employ; ~**ba kerül** become*
member of the permanent staff; ~**ban van,**
~**beli** be* on the (permanent) staff **2.** *kat*
effective force **3.** *(készlet)* stock; ~**ba vesz**
(könyveket) catalogue (*US* -log)
állomás *n* **1.** *ált* station; **az** ~**on** at the sta-
tion **2.** *kat* = **állomáshely 3.** = **adóállo-
más 4.** *(fok)* stage, phase
állomásépület *n* station(-building)
állomásfőnök *n* stationmaster
állomásfőnökség *n* stationmaster's office
állomáshely *n kat* garrison, station; *(diplo-
máciai)* post
állomásoz|ik *v kat* be* stationed/garrisoned
állomásparancsnok *n kat* garrison com-
mander
állomásparancsnokság *n kat* garrison
headquarters
állónaptár *n* desk/block calendar
állóóra *n (nagy)* grandfather-clock; *(ki-
sebb)* clock
állórajt *n* standing start
állórész *n (villanymotorban)* stator; *(más
gépben)* pedestal, stand
állótőke *n* fixed capital, fixed/capital assets
pl
állott *a (ital, étel)* stale; *(más)* flat, vapid;
(üzletben) shop-worn
állóvíz *n* standing/stagnant water; *(ártér-
ben)* back-water, dead-water
állszíj *n* chin-strap/string
allűr *n* affectation, mannerism; **furcsa** ~**jei
vannak** he is very affected
állva *adv* on foot; ~ **marad** remain
standing, stand* still
állvány *n ált* stand; *(fából)* wooden frame;
(épülethez) scaffolding; *(festőé)* easel; *(gép
alatt)* mount(ing), bed-plate; *(könyvnek,
iratnak)* shelf°; *(műszeré)* tripod
állványoz *v* put* up (*v.* erect) scaffolding
állványozó *n (munkás)* scaffolder
állványzat *n épít* scaffolding; *bány* bridging
alma *n* apple; **az** ~ **nem esik messze a
fájától** like father like son
almabor *n* cider
almacsutka *n* apple-core
almafa *n* apple-tree
almahéj *n* apple-peel

almaíz *n* apple-jam
almakompót *n* stewed apple
almalé *n* apple-juice
almanach *n* almanac, year-book
almapüré *n* apple puree
almás *a* ~ **lepény/pite** apple-cake/tart/
pie; ~ **rétes** apple-turnover
almásderes, almásszürke *a* apple-grey
álmatag *a* dreamy
almatermés *n* apple yield
álmatlan *a* sleepless, wakeful
álmatlanság *n* sleeplessness, insomnia
almavirág *n* apple-blossom
almazöld *a* apple-green
álmélkodás *n* amazement, wonder
álmélkod|ik *v (vmn)* wonder (at sg), be*
amazed (to see sg)
álmod|ik *v* dream* *(vkről, vmről* of/about),
have* a dream; **azt** ~**tam, hogy ...** I
dreamt that; **arról ne is** ~**j!** it's out of the
question!; **nem is** ~**tam, hogy** I little
dreamed/dreamt that; ~**ni sem mertem
volna** I shouldn't have dared to dream of it,
it's beyond my wildest dreams
álmodozás *n* reverie, day-dream(ing), pipe
dream, *(fantasztikus)* wild fancy
álmodoz|ik *v* indulge in day-dreams, day-
-dream*
álmodozó I. *a* dreamy, dreaming; *elít* moony
II. *n (ember)* day-dreamer; *(idealista)* star-
-gazer
álmos *a* sleepy, drowsy
álmosít *v* make* sleepy/drowsy
álmoskönyv *n* dream-book
álmosság *n* sleepiness, drowsiness
almoz *v* bed down
alnem *n* subspecies *(pl* ua.)
alnémet *a/n* Low German
álnév *n* pseudonym; *(írói)* pen-name, nom-
-de-plume
álnok *a (hitszegő)* treacherous, perfidious;
(csaló) false, deceitful; *(kétszínű)* double-
-dealing
álnokság *n* perfidy, treachery
aloé *n* aloe
álokoskodás *n* sophism, false reasoning
alól *post* from beneath/under/below; **az asz-
tal** ~ from under the table; **ez** ~ **a fa** ~
from under this tree; **vm** ~ **mentesít**
exempt from sg
alom *n* **1.** *(fekvőhely)* litter, bedding **2.**
(kölykök) litter
álom *n* **1.** *(amit álmodunk)* dream; **szép ál-
mokat!** sweet dreams!; **rossz** ~ night-
mare; **álmai teljesültek** his/her dreams
came true; **álmomban sem jutna e-**

szembe ilyet tenni I wouldn't dream of
doing such a thing; **álmot lát** have*/
dream* a dream **2.** *(alvás)* sleep, slumber;
elnyomta az ~ sleep overcame him;
mély ~ deep/sound sleep; **nem jön** ~
szemére sleep eludes him; **téli** ~ winter
sleep; ~**ba merül** fall* asleep; ~**ba rin-
gat** rock/lull/send* to sleep; ~**ban** asleep;
álmában beszél talk in one's sleep; **az
igazak álmát alussza** sleep* the sleep of
the just; **örök álmát alussza** sleep* in
God; **ki mint veti ágyát, úgy alussza
álmát** as you make your bed, so you must lie
on it ⇨ **hajt²**
álomfejtés *n* interpretation of dreams; *tud*
oneiromancy
álomfejtő *n* interpreter of dreams; *tud*
oneirocritic
álomhozó *a ir* sleep-inducing/bringing
álomittas *a ir* heavy with sleep *ut.,* drowsy
álomkép *n* dream; *átv* vision, phantasm
álomkór *n* sleeping-sickness
álomkóros *a* suffering from sleeping-sick-
ness *ut.; átv* lethargic
álomország *n* dreamland
alomszalma *n* straw for bedding
álomszép *a* wonderful; *kif* it is a perfect
dream
álomszerű *a* dreamlike
álomszuszék *a/n* lie/slug-a-bed
áloműző *a* disturbing
álomvilág *n* dreamland; ~**ban él** live in a
dream world
alorvos *n* junior doctor; *GB* houseman°; *US*
intern
alosztály *n* subdivision; *áll* subclass
álöltözet *n* disguise
alpakka *a* German/nickel silver
alpári *a* vulgar, rude
álpátosz *n* affected/false pathos
alperes *n* defendant; *(válóperben)* respon-
dent
Alpesek *n pl* (the) Alps
alpesi *a* alpine; ~ **hegylánc** the Alpine
range; ~ **számok** *sp* Alpine/Nordic events
alpinista *n* mountaineer
alpinizmus *n* mountaineering
Alpok *n pl az* ~ the Alps
alpolgármester *n* deputy mayor
álprobléma *n* pseudo-problem
álpróféta *n* false prophet
alrend *n* áll suborder
álromantika *n* false/sham romanticism
álruha *n* disguise; ~**t ölt** disguise oneself,
put* on a disguise
álruhás *a* disguised

alsó I. *a* lower, under, bottom; ~ **ajak** lower lip; ~ **bíróság** lower court; ~ **fogás** (1) *(birkózásban)* under-grip (2) *(nyújtón)* reverse grasp; ~ **fokú** lower-grade; *(ítélet)* of the first instance *ut*.; ~ **fokú oktatás** primary education; ~ **folyás** the lower reaches *pl* of [a river]; **a Duna** ~ **folyása** the Lower Danube; **vmnek az** ~ **része** the lower part of sg, the bottom of sg; ~ **tagozat** *isk kb*. primary *(US* elementary) school; junior school; *(nem hiv)* the lower school **II.** *n* **1.** *(ruha)* underclothes *pl*, underclothing, underwear **2.** *(kártya)* knave, jack

Alsó-Ausztria *n* Lower Austria

alsóbb *a* ~ **fokú** lower-grade; ~ **(nép)rétegek** the lower classes

alsóbbrendű *a (vmnél)* inferior (to sg), subordinate (to sg); ~ **út** minor road

alsóéves *n* first/second-year student

alsóház *n (parlamenti)* Lower House; *GB* House of Commons; *US* House of Representatives; **az (angol)** ~ **tagja** Member of Parliament *(röv* M.P.)

alsóing *n GB* vest; *US* undershirt

alsókar *n* forearm, lower arm

alsónadrág *n (férfi)* (under)pants, briefs, *US* shorts *(mind: pl)*

alsónemű *n* underwear, underclothes *pl; (női) biz* undies *pl*

alsórendű *a* low(er)

alsóruha *n* = **alsónemű**

alsós *n* **1.** *isk* student in the junior/lower school, junior **2.** ⟨a kind of card-game⟩

alsószoknya *n* (waist) slip, petticoat

álszakáll *n* false beard

álszemérem *n* prudery, prudishness

álszemérmes *a* prudish ⇨ **prűd**

álszent I. *a* hypocritical, pharisaic(al) **II.** *n* hypocrite, pharisee

álszenteskedés *n* hypocrisy, pharisaism, cant

álszenteskedǀik *v* be* hypocritical, cant

álszerénység *n* mock/false modesty

alszǀik *v* sleep*, be* asleep; **mélyen** ~**ik** be* fast/sound asleep; ~**ik, mint a bunda** sleep* like a top/log; ~**ik rá egyet** sleep* on it, think* it over; **nem** ~**ik otthon** sleep* out; **nyugtalanul** ~**ik** have* a restless night; **sokáig** ~**ik** sleep* all the morning, sleep* in, oversleep*; **aludni megy** go* to bed; **jól aludtam** I had a good night('s rest), I slept well

alt *a/n* **1.** ~ **(hang)** *(férfi) (női)* contralto; ~ **(szólam)** contralto part; ~**ot énekel** sing (contr)alto **2.** *(énekes; férfi, fiú)* alto; *(nő)* contralto

ált. = *általános* general, gen.

altábornagy *n* lieutenant-general

altaji *a* Altaic

által I. *post* by, by means of, by way of, by the aid of, through, per; **az előadó** ~ **említett kérdés** the problem mentioned by the lecturer; **ez** ~ **a hiba** ~ because of this error/mistake **II.** *adv* ~**a** by/through him/her; ~**am** by/through me

általában *adv* in general, generally (speaking), usually, commonly, as a rule; ~ **véve** as a (general) rule, on the whole

altalaj *n* subsoil, substratum

általános *a* general; *(mindenkire/mindenre kiterjedő)* universal, common, overall; *(közkeletű)* everyday; *(igével)* be* current; ~ **érvényű** of universal validity *ut*., generally valid; ~ **használatban van** be* in current/general use; ~ **iskola** *kb*. primary school, *(US így is:)* grade school; ~ **iskola alsó tagozata** *kb*. primary school [for 6-10-year-olds], junior school, the junior classes *pl;* ~ **iskola feső tagozata** *kb*. lower school [for 11-14-year-olds]; *US* junior high school; ~ **mérnök** civil engineer; ~ **mérnöki munka/tudományok/szak** civil engineering; ~ **műveltség** general culture, (broad) general education, *US* liberal education; ~ **nézet/vélemény** widely/generally held view, current/general opinion; **az** ~ **nézet/vélemény az, hogy** ... it is generally held that ..., the consensus is that; ~ **nyelvészet** general linguistics *sing*; ~ **szabály** general rule; ~ **tankötelezettség** universal compul-sory education ~**sá válik** become* general/universal

általánosan *adv* generally, universally; ~ **elterjedt** *(szokás)* wide-spread; *(szó)* widely used

általánosít *v* generalize, make* general

általánosítás *n* generalization

általánosság *n* generality, universality; ~**ban** in general, generally; **nagy** ~**ban** largely, on the whole; ~**ban szólva** generally speaking, speaking in general terms

általvető *n (nyergen)* saddlebags *pl*

altat *v (gyereket)* lull (sy) to sleep; *orv* anaesthetize *(US* anes-)

áltat *v* delude, mislead*, deceive; ~**ja magát** delude/kid oneself

altatás *n orv* (general) anaesthesia *(US* anes-)

áltatás *n* delusion

altató I. *a (hatású)* sleep-inducing, soporific **II.** *n (szer)* sleeping draught/pill; *(erősebb)* opiate, narcotic

altatódal *n* lullaby, cradle-song
altatóorvos anaesthetist; *US* anesthesiologist
altatószer *n* = **altató II.**
altbgy. *n* = *altábornagy* lieutenant-general *(röv* Lt-Gen.)
altemplom *n* crypt
altengernagy *n* vice-admiral
alteregó *n* double, spitting image
alternatív *a* alternative; ~ **katonai szolgálat** alternative military service; ~ **szervezetek** alternative organizations, alternatives
alternatíva *n* alternative, choice, option
altest *n* lower trunk, lower parts (of the body) *pl, a*bdomen
altesti *a* abdominal, *(végbéltáji)* rectal
altétel *n (logikában)* minor premise
altiszt *n* † **1.** *kat* = **tiszthelyettes 2.** *(hivatali)* office boy/messenger; *(bírósági)* usher
áltört *n* improper fraction
altruista I. *a* altruistic **II.** *n* altruist
altruizmus *n* altruism, unselfishness
áltudomány *n* pseudo-science
aludttej *n* curdled/sour milk, *US* clabber
alufólia *n* (tin)foil, aluminium *(US* aluminum) foil
alul I. *adv (hol)* (down) below, underneath, at the bottom; *(házban)* downstairs **II.** *post* **áron** ~ **ad** *átv* sell* below cost (price), sell* below (its) value; **normán** ~ **teljesít** fail to fulfil the norm; **formáján** ~ **játszott** he was in bad form *(v.* out of form)
alulcsapó *a (kerék)* undershot [wheel]
aluli *a* **1. térden** ~ **szoknya** midi(skirt), calf-length skirt; **kritikán** ~ beneath all criticism *ut.* **2. 18 éven** ~ *(korban)* under (the age of) 18 *ut.*; **10 éven** ~ **gyermek** child° under ten (years); **a tíz éven** ~**ak** children under ten, the under-tens
alulírott *a/n* undersigned; ~ **Kiss Pál ...** The undersigned, P.K. ...; **mi,** ~**ak** we, the undersigned
aluljáró *n (autóknak)* underpass; *(gyalogosoknak)* subway
alulmarad *v* lose*, be* beaten, succumb; *(mennyiségileg)* fall* short of sg
alulnézet *n* bottom-view; *átv* worm's-eye view
alulról *adv* from below/beneath; ~ **jövő** coming from below *ut.*; ~ **felfelé** (upwards) from below
alultáplált *a* underfed
alumínium *n* aluminium; *US* aluminum
alumíniumfólia *n* = **alufólia**

alumíniumipar *n* aluminium *(US* aluminum) industry
alumíniumötvözet *n* aluminium *(US* aluminum) alloy
aluszékony *a* sleepy, drowsy
aluszékonyság *n* sleepiness
alusz|ik *v* = **alszik**
alvad *v* congeal; *(vér)* clot; *(tej)* curdle
alvadt *a (vér)* clotted [blood]
alvajárás *n* sleep-walking, somnambulism
alvajáró *n* sleep-walker, somnambulist
alvállalkozó *n* subcontractor
alvás *n* sleep; *ir* slumber; ~ **közben** in/during one's sleep
alvaszt *v* congeal, coagulate, curdle
alváz *n* frame; *(autóé)* chassis; *(vagoné)* underframe; *(forgó*~*)* bogie
alvázvédelem *n* underseal; *US* undercoat
alvég *n* lower end (of a village)
alveoláris *a* alveolar
alvezér *n* second in command
alvilág *n* **1.** *(ókori)* the nether world *(v.* regions *pl)* **2.** *(bűnözőké)* underworld; *(US* így is:*)* gangland
alvilági *a* **1.** *(ókori)* infernal **2.** *(bűnöző)* of the underworld *ut.*; ~ **élet** life of the underworld, low life
alvó *a* sleeping, slumbering
alvóbaba *n* sleeping-doll
alvóhely *n* = **hálóhely**
alvószoba *n* † bedroom
alzat *n* stand, pedestal
a. m. = *annyi mint* that is (to say), i.e.
ám I. *adv/int (nyomatékként)* well, then, really; **igen** ~**, de** that's all very well but; ~ **legyen!** so be it!, all right!, my blessings; **de nem** ~! oh no, by no means; **megcsináltad? de meg** ~! have you done it? I sure/certainly have; **az** ~! (1) *(most jut eszembe)* that reminds me!, by the way! (2) *(még mi nem jutna eszedbe?)* what next; **Hideg van. Az** ~! It's cold. It sure/certainly is! **II.** *conj (azonban)* yet, though; again; ~ **van eset, amikor** yet/again *(v.* but then) there are cases when
ama *pron* = **amaz**
amabba *pron* into that (one)
amabban *pron* in that (one)
amalgám *n* amalgam
amalgámoz *v* amalgamate
amalgámtömés *n* amalgam filling
amarra *adv* **1.** *(rá)* onto that one **2.** *(felé)* in that direction, that way
amarról *adv* **1.** *(róla)* thereof **2.** *(felől)* from that direction, from yonder, from *(over)* there

amatőr *a/n* amateur; ~ **(fény)kép** amateur photo(graph), snap(shot); ~ **játékos** amateur (player)

amatőrbajnokság *n* amateur championship

amatőrcsapat *n* amateur team

amatőrköd|ik *v* dabble in (sg), do* (sg) as/for a hobby, tinker at/with sg

amatőrség *n* amateurism, amateur status

amavval *adv* with that (one)

amaz *pron* that (one), yonder

amazon *n* amazon

amazzal *pron* = amavval

ámbár *conj* (al)though, albeit

ámbátor † *conj* = ámbár

ambíció *n* ambition, spirit, energy, urge

ambicionál *v* be* eager to do sg, aspire to sg, seek* sg

ambiciózus *a* ambitious

ambivalens *a* ambivalent

ámbra *n* ambergris

ámbraillat *n* scent of ambergris

ámbraillatú *a* amber-scented

ambulancia *n* **1.** *(hely)* outpatient department, outpatients *pl* **2.** *(járóbeteg-rendelés)* outpatient/ambulant treatment

ambuláns *a* ~ **beteg** outpatient

ámde *conj* yet, however, nevertheless

ameddig *adv* **1.** *(hely)* as far as, to **2.** *(idő)* as/so long as, till; *(mialatt)* while; ~ **élek** as long as I live

amekkora *pron* as large/great as

amellett *adv* **1.** *(azonkívül)* yet, besides, in addition; **okos, s** ~ **csinos is** she's both clever and pretty; ~, **hogy** apart from the fact that **2.** ~ **vagyok, hogy menjünk** I am in favour (*US* -or) of going; **ez** ~ **szól, hogy ...** this would suggest that ⇨ **mellett**

amely *pron* which, that; ~**ek közül** from among which; ~**(ek)ből** from/of which; ~**nek a teteje** the top of which; **a vizsga,** ~**re készül** the examination he is preparing for; **a könyv,** ~**ről szó van** the book in question; **a nyilatkozat,** ~**et tett** the declaration he made; **az autó, amellyel jöttem** the car I came in

amelyik *pron* which, that; **a könyv,** ~**ben megtalálod** the book you'll find it in; ~**et legjobban szeretsz** the one you like best; ~**et akarod** whichever you choose/prefer/like; ~**ünk előbb ér oda, az ...** whoever gets there first

ámen *n/int* amen

amennyi *pron* as much as; ~ **tetszik,** ~**t csak akarsz** as much as you want/like; ~, **annyi** no matter how much/many

amennyiben *conj* **1.** *(amely mértékben)* in so far as, inasmuch as **2.** *(ha)* if; ~ **eljön** if he comes, should he come

amennyire *adv* **1.** *(térbelileg)* as far/much as **2.** *(mérték, fok)* as/so far as; **annyira, ...** ~ **... as/so ... as;** ~ **emlékszem** as far as I can remember/recall; ~ **tőlem telt** as best I could, I did my best, I did what I could; ~ **én tudom** as far as I know

amennyiszer *adv* as often as, as many times as

Amerika *n* America

Amerika-ellenes *a* anti-American

amerikai *a/n* American; **A~ Egyesült Államok** United States of America *(röv* U.S.A. *v.* USA), *biz* the States; ~ **angol (nyelv)** American English; ~ **mogyoró** peanut, groundnut; ~ **nagybácsi** rich uncle; **az** ~**ak** the Americans

amerikaias *a* American (in manner and looks)

amerikáner *n* műsz breast-drill

amerikanista *n* Americanist

amerikanisztika *n* American studies *pl*

amerikanizál *v* Americanize

amerikanizálód|ik *v* become* American(ized)

amerikanizmus *n* Americanism

amerikás *a* ~ **magyar** ⟨Hungarian returned from America *(after long stay there)*⟩

amerikázás *n biz GB* go-slow; *US* slow-down (strike)

amerikáz|ik *v biz* **1.** *(lassítja a munkát)* go* slow **2.** *(tétlenkedik)* be* workshy

amerre *adv* where; ~ **csak** wherever; **megy,** ~ **lát** go* whither/where he can

amerről *adv* from where; ~ **csak** from whatever direction

ametiszt *n* amethyst

amfiteátrum *n* amphitheatre

ami[1] *pron* that, which; **az(t),** ~**(t)** what; ~ **engem illet** as for myself, as far as I am concerned; ~ **azt illeti** as a matter of fact; ~ **által** whereby; ~ **kevés megmaradt** the little that *(v.* such as) was left

ami[2] *n biz* American, Yankee, Yank

amiatt *adv* **1.** *(vm miatt)* on account of, because *(of),* owing to; **elkeseredett** ~, **hogy haza kellett mennie** the thought that he had to go home depressed him *(v.* made him despondent) **2.** = **afelől 1.**

amiért *adv* on account of, because *(of)*

amíg *adv* **1.** *(vmely idő alatt)* as long as, while; ~ **csak él** while (s)he lives **2.** *(időpontig)* **(addig,)** ~ till, until; **addig várj,**

~ **vissza nem jövök** wait until I return (v. get back); ~ **csak** ... until finally ... **3.** = **míg 2.**

amiképpen adv as

amikor adv when; ~ **csak** whenever; every time; **már** ~! it depends; ~**ra** by the time ...

amilyen pron such as; as; ~ **korán csak lehet** as early as possible

aminő † pron = **amilyen**

amint I. conj (mihelyt) as soon as, no sooner than; (amíg) while, when; ~ **lehet** as soon as possible **II.** adv as; ~ **a 4. sz. ábrán látható** as can be seen (v. as shown) in Fig. 4

aminthogy conj as; ~ **igaz is** true as it is; ~ **el is ment** and go he did

amióta adv (ever) since; ~ **csak** ever since

amire I. conj **1.** (amikorra) by the time ... **2.** (és erre) (and) then, thereupon **II.** adv **1.** (hely) on which **2. ez az,** ~ **gondolok** that's what I am thinking of, that's what I mean

ámít v delude, deceive; biz lead* (sy) up the garden path

ámítás n delusion, deception

ammónia n ammonia

ammónium n ammonium

amnesztia n amnesty, general pardon; ~**t ad** grant pardon/amnesty

amnesztiarendelet n decree of amnesty

amoda adv over there, that way, yonder

ámokfutás n running amok/amuck; ~**t rendez** run* amok/amuck

ámokfutó a/n [person] running amok/amuck

a-moll n A minor

amolyan pron **1. ilyen vagy** ~ **módon** one way or another **2. ez** ~ **kabátféle** it's a sort of coat

amondó vagyok, hogy ... I am of the opinion that

amonnan adv from (over) there

Ámor n Cupid, Eros, the God of Love

amorális a amoral

amorf a amorphous, formless

amortizáció n amortization; ~**s kölcsön** sinking loan

amortizálód|ik v be* amortized

amott(an) adv (over) there, yonder

amőba n amoeba; ~ **okozta** amoebic

amögött adv **van vm** ~, **amit mondtál** there is sg in what you say ⇨ **mögött**

amper n ampere (röv amp); **öt** ~ **erősségű** five-amp

ampermérő n ammeter

amplitúdó n amplitude

ampulla n ampoule, US ampule

amputáció n = **amputálás**

amputál v amputate, cut* off [a limb]

amputálás n amputation, cutting off (of limb)

amúgy adv **1.** in that way/manner **2.** (egyébként) otherwise; ~ **is** ... anyway, in any case; ~ **sem tudnék eljönni** I couldn't come anyway **3. leitta magát** ~ **istenigazában** he got drunk right and proper

ámul v marvel (US -l), wonder, be* amazed

ámulat n amazement; ~**ba ejt** amaze; **egyik** ~**ból a másikba esik** be*/grow* more and more astonished/amazed

ámul-bámul v stand* agape

ámuldoz|ik v = **ámul**

amulett n amulet, charm, mascot

-án suff **huszadikán, 20-án** on the 20th, on 20(th) May/etc.

anagramma n anagram

anakronisztikus a anachronistic

anakronizmus n anachronism

analfabéta a/n illiterate

analfabetizmus n illiteracy

analitika n analytics sing.

analitikai a analytic(al); ~ **kémia** analytical chemistry; ~ **mérleg** analytical balance

analitikus I. a analytic(al); ~ **geometria** analytical geometry; ~ **módszer** analytic method; ~ **nyelv** isolating language **II.** n analyst

analizál v analyse (US -yze)

analizátor n (személy) analyst

analízis n analysis (pl -ses)

analóg a **1.** vmvel analogous (to/with) **2.** számítógép analogue computer

analógia n analogy; ~ **alapján** by analogy, analogically; **vmnek az** ~**jára** on the analogy of sg

anamnézis n case history

ananász n pineapple

ananászeper n (large) garden strawberry

anapesztus n anapaest (US -pest)

anapesztusi a anapaestic (US -pestic)

anarchia n anarchy

anarchikus a anarchic(al)

anarchista n anarchist

anarchizmus n anarchism, anarchy

anatómia n anatomy

anatómiai a anatomical

anatómus n anatomist

andalgó a dreamy

andalító a lulling, soothing; ~ **zene** enchanting music

andalog v go* about dreamily

andezit n andesite

Andok, Andesek n pl the Andes
andokbeli, andesekbeli a/n Andean
András n Andrew
Andrea n Andrea
anekdota n anecdote
anekdotáz|ik v tell*/relate anecdotes
anélkül adv ~, hogy without so much as ..., without ...ing; ~, **hogy egy szót is szólt volna** without uttering a (single) word ▷ **nélkül**
anesztézia n anaesthesia (US anes-)
aneszteziológus n anaesthetist (US anes-), US anesthesiologist
Anglia n England; (tágabb értelemben) Great Britain, the United Kingdom (röv U.K. v. UK)
angliai a English, of England ut.; (tágabb ért.) British, of Great Britain ut.
anglicizmus n 1. (idegen nyelvben) anglicism 2. (angolban) English idiom
anglikán a Anglican, Church of England, of the Church of England ut. **az** ~ **egyház** the Church of England
anglisztika n English studies pl
anglománia n Anglomania
angol I. a English; (tágabb értelemben) British; ~ **ajkú/anyanyelvű** English-speaking; (főnévvel) a native speaker of English; ~ **ajkúak/anyanyelvűek** native speakers of English; ~ **gyártmány** British product; "Made in Britain/England"; **az** ~ **nyelv** the English language, English; ~ **nyelvű** English, (written) in English ut. → ~ **ajkú**; ~ **nyelvtudás** (one's) English; ~ **szakos tanár** = **angoltanár**; ~ **származású/ születésű** of English birth/descent ut., English-born; ~ **tanszék** Department of English, English Department **II.** n 1. (ember) Englishman°; (nő) Englishwoman°; (tágabb értelemben) a native of Britain, British subject, ir Briton; US Britisher; **az** ~ **ok** the English, (tágabb ért.) the British 2. (nyelv) the English language, English; ~ **ból fordít** translate from English; ~ **ra fordít** translate/render into English
angolbarát a/n Anglophile, pro-English/ British
angolellenes a/n anti-English/British
angol—francia a (kapcsolatok stb.) Anglo--French [relations]; (szótár) English-French [dictionary]
angolgyűlölet n Anglophobia
angolkisasszonyok n pl Mary Ward's nuns
angolkór n rickets sing v. pl, rachitis
angolkóros a rickety, rachitic
angolkürt n cor anglais, US English horn

angol—magyar a (kapcsolatok stb.) Anglo-Hungarian [relations]; (szótár) English-Hungarian [dictionary]
angolna n eel
angolóra n English lesson/class; **az** ~ **n** in the English class, during class
angolos a English, English-like; ~ **kifeje-zés/nyelvsajátság** English idiom; ~ **an távozik** take* French leave; ~ **an kérem** (húst) I want it rare/underdone
angolpark n amusement park, funfair
angolság n **helyes** ~ good English, the King's/Queen's English, standard English; **jó** ~ **gal beszél** speak* good/idiomatic English
angolszalonna n bacon; (szeletelt) sliced bacon
angolszász a Anglo-Saxon; **az** ~ **világ** the English-speaking world
angoltanár n teacher of English, English teacher/master
angoltapasz n court plaster, sticking plaster
angolul adv (in) English; **hogy van** ~? what is the English for...?, how do you say it/that in English?; ~ **beszél** speak* English; ~ **beszélő** English-speaking; ~ **beszélők** (native) speakers of English; ~ **tanul** learn* English; **tud(sz)** ~? can you speak* English?; ~ **van írva** (v. szól) is (written) in English
angóra n = **angórafonal, -gyapjú, -nyúl, -szövet**
angórafonal n mohair/angora yarn
angóragyapjú n mohair, angora wool
angórakecske n Angora goat
angóramacska n Angora cat
angóranyúl n Angora rabbit
angóraszövet n angora, mohair
ángy n nép sister-in-law (pl sisters-in-law)
angyal n angel; **földre szállt** ~! she's an angel!; **az** ~ **át!** the devil!
angyalarcú a angel-faced
angyalbögyörő n biz ⟨vermicelli made of potato-pasta⟩
angyalbőr n tréf (military) uniform, khaki
angyalhaj n tinsel
angyali a angelic, angel-like; ~ **türelem** angelic patience, the patience of Job; ~ **üd-vözlet** Angelus
anilin n aniline
anilinfesték n aniline colour(s) v. US -or(s), aniline dye(s)
animáció n animation
animációs film n (animated) cartoon
animál v animate, encourage
ánizs n anise; (ízesítő) aniseed

Anjou-ház *n tört* House of Anjou, Angevin house

ankét *n* conference, public inquiry; ~**ot hív össze** call a conference

Anna *n* Ann

annak *pron* **1.** *(birtokos)* of that; ~ **az embernek a háza** the house of that man°, that man's house; ~ **bizonyságául** in proof of ...; ~ **ellenére, hogy** in spite of, notwithstanding; ~ **idején** → **idő 1.**; ~ **okáért** therefore, for that reason **2.** *(részeshatározó)* to/for that; ~ **adom, aki I give*** it to the person/one who; ~ **köszönhető** it is due to that, that is why; ~ **előtte** formerly, previously; ~ **utána** thereafter, after that

annál *adv* **1.** *(hely)* at/with that; ~ **a háznál** at that house **2.** *(középfok mellett)* all the, so much the; ~ **inkább/jobban** all the more; ~ **is inkább, mert** (all) the more so since; **mennél gyorsabb,** ~ **jobb** the quicker the better; ~ **jobb** so much the better, all the better; ~ **kevésbé** all the less, let alone; ~ **rosszabb** so much the worse, worse than that

annálfogva *conj* † for that reason, consequently

annektál *v* annex, take* possession of

annexió *n* annexation

anno *adv* † ~ **1848** in the year 1848, back in 1848

annotáció *n* annotation

annotál *v* annotate

annotált *a* annotated

anód *n* anode, *US főleg:* plate

anódáram *n* anode current

anódfeszültség *n* anode voltage/potential

anomália *n* anomaly

anorák *n* anorak, shower coat

anorganikus *a* inorganic

antagonisztikus *a* antagonistic

antagonizmus *n* antagonism

Antal *n* Anthony

antantszíj *n biz* Sam Browne belt

antarktikus *a* Antartic

Antarktisz *n* the Antarctic

antarktiszi *a* Antarctic

antedatál *v* antedate, pre-date

antenna *n* aerial, antenna; **televíziós** ~ TV antenna/aerial

antennahuzal *n* aerial/antenna wire

antennarúd *n* aerial/antenna mast

antennatorony *n* antenna tower

antialkoholista I. *a* teetotal **II.** *n* total abstainer, teetotaller (*US* -totaler)

antibiotikum *n* antibiotic

anticipál *v* anticipate

antidemokratikus *a* undemocratic, antidemocratic

antifasiszta *a/n* antifascist, anti-nazi

antifeudális *a* antifeudal

antigén *n* antigen

antiimperialista *a* anti-imperialist

antik *a* **1.** *(ókori)* antique, ancient **2.** *(bútor stb.)* period, antique; ~ **tárgy** antique

antikapitalista *a* anticapitalist(ic)

antiklerikális *a* anticlerical

antikva *a/n* ~ **(betűk)** *nyomd* roman (letters/type)

antikvár *a* second-hand

antikvárium *n* second-hand bookshop

antikvárius *n* second-hand (*v.* antiquarian) bookseller

antikvitás *n* **1.** *(kor)* antiquity **2.** *(műtárgyak)* antiquities *pl*

Antillák *n pl* the Antilles

antilop *n* antelope

antimarxista *a/n* anti-Marxist

antimilitarista *a/n* antimilitarist, pacifist

antimon *n* antimony

antipátia *n* antipathy (to/towards/against), aversion (to), repugnance (to)

antipatikus *a* antipathetic, repugnant

antiszemita I. *a* anti-Semitic **II.** *n* anti-Semite

antiszemitizmus *n* anti-Semitism

antiszepszis *n* antisepsis

antiszeptikus *a* antiseptic

antiszociális *a* antisocial, unsocial

antitalentum *n biz (igével)* be* a duffer at, be* hopeless at [music/games/etc.]

antitest *n* antibody

antitézis *n* antithesis (*pl* -ses)

antitoxin *n* antitoxin

antológia *n* anthology

antracén *n* anthracene

antracit *n* anthracite, hard coal

antropológia *n* anthropology

antropológus *n* anthropologist

antropomorf *a* anthropomorphous

Antwerpen *n* Antwerp

anya *n* mother; ~**m!** *(megszólításként)* Mother!; **anyja lánya** she is like her mother; **anyja neve** *(űrlapon)* mother's maiden name; **Anyák napja** Mothering Sunday, *US* Mother's Day; **az** ~**d!** damn you! ⇨ **családanya**

anyaállat *n* dam

anyacsavar *n* nut

anyácska *n* Mammy; *(megszólításban)* Mother dear!

anyadisznó *n* sow

anyaföld *n* mother earth
anyag *n* **1.** *fil* matter; *(különféle)* material, substance; *tex* material, cloth, fabric; *biz* stuff; *(készítményé)* ingredient(s); **szerves** ~ organic substance **2.** *(gyűjtemény)* material; **a múzeum** ~**a** the museum's collection (of ...), the material in the museum **3.** *(írásműé)* subject-matter, material, theme; *(vitáé)* topic; **a per** ~**a** the grounds *pl* (*v.* cause) for litigation; **a konferencia (írásos)** ~**a** *(előzetes)* working papers *pl*, documents *pl*; *(egyes előadásokhoz szétosztva)* handout; *(ami megjelenik)* proceedings [of the ...] *pl*, papers read/presented at the ... *pl*
anyagbeszerzés *n* buying, purchasing
anyagbeszerző *n* buyer
anyagcsata *n* battle of attrition
anyagcsere *n* metabolism
anyagellátás *n* supply of material(s)
anyagelvű *a* materialistic
anyagfelhasználás *n* material consumption
anyaggazdálkodás *n* control of materials
anyaggyűjtés *n* collection of material, data-collection
anyaghiány *n* shortage of materials
anyaghiba *n* blemish, fault, defect
anyagi *I. a* **1.** *(anyaggal kapcsolatos)* material; ~ **világ** material world **2.** *(pénzügyi)* pecuniary, financial, economic; ~ **alap** financial basis; funds *pl,* fund; ~ **érdek** pecuniary/material interest; ~ **érdekeltség** monetary/pecuniary interest, money incentive; **meghaladja** ~ **erőmet** (sg) is beyond my means/purse; ~ **eszközök** financial means; ~ **felelősség** financial responsibility; ~ **helyzet** financial situation, finances *pl*; **rossz** ~ **helyzetben van** be* badly off, *biz* be* hard up; ~ **javak** material goods/assets; ~ **jólét** material well-being; ~ **körülmények** circumstances; **jó** ~ **körülmények között él** be* comfortably off; **rosszak az** ~ **körülményei** be* badly off/situated, *biz* be* hard up; **szűkös** ~ **körülmények között élnek, amióta elveszítette állását** they have been living in reduced circumstances since he lost his job; ~ **okokból** for financial reasons; ~ **ösztönök** material/money incentives; ~ **viszonyok** financial circumstances **II.** *n* ~**ak** material resources, pecuniary means; **előteremti a szükséges** ~**akat** raise the necessary funds
anyagias *a* (grossly) materialistic, having an eye to the main chance *ut.*, money-grubbing

anyagiasság *n* (gross) materialism, money-grubbing
anyagigénylés *n* application for material
anyagilag *adv* materially, financially
anyagismeret *n* **1.** *(tantárgy)* knowledge of materials **2.** *átv* knowledge of a special (*v.* in a particular) field
anyagmegtakarítás *n* saving of material(s)
anyagminta *n* sample
anyagmozgatás *n* conveyance of materials
anyagmozgató *n* **1.** *(gép)* material conveyor **2.** *(munkás)* navvy
anyagnév *n* concrete/mass noun
anyagpazarlás *n* waste of material(s)
anyagpocsékolás *n* = **anyagpazarlás**
anyagraktár *n* store, warehouse
anyagszerű *a* material
anyagtakarékosság *n* economy (in the use of raw materials), saving of materials
anyagtalan *a* immaterial, incorporeal
anyagveszteség *n* loss of material
anyagvizsgálat *n* testing of materials
anyagvizsgáló *n* *(készülék)* tester, material testing apparatus
anyagyilkos *n* matricide
anyagyilkosság *n* matricide
anyahajó *n* mother ship, aircraft-carrier
anyai *a* maternal; *(érzelmi)* motherly; ~ **ágon/részről** on my/your/his/her mother's side; ~ **örömöknek néz elébe** be* expecting a baby; ~ **szeretet** maternal love/affection, a mother's love; ~ **szív** mother's heart
anyaintézet *n* head office, parent company
anyajegy *n* birthmark
anyajogú *a* matriarchal; ~ **társadalom** matriarchal society, matriarchy
anyajuh *n* ewe
anyakanca *n* brood/stud mare
anyakirályné *n* queen mother; *(özvegy* ~*)* queen dowager
anyakönyv *n* register of births, marriages and deaths; *(iskolai)* roll/register of students
anyakönyvez *v* register [a birth etc.], enter [sg in the register]
anyakönyvezés *n* registration [of birth etc.]
anyakönyvi *a* ~ **hivatal** register/registry office; **születési/házassági/halotti** ~ **kivonat** birth/marriage/death certificate; ~ **lap** personal details *pl*
anyakönyvvezető *n* registrar
anyakönyvvezetőség *n* register/registry office
anyakőzet *n* mother/native rock, matrix *(pl* matrices *v.* -xes)
anyalúg *n* mother lye

anyámasszony *n* † mother dear; *tréf* ~ **katonája** m*i*lksop, m*o*llycoddle

anyaméh *n (szerv)* womb, *u*terus (*pl u*teri)

anyanyelv *n* m*o*ther tongue, n*a*tive language, vern*a*cular; ~**én olvasta föl a verset, (magyarul)** he read the p*o*em in his n*a*tive language (*v.* in his n*a*tive Hung*a*rian)

anyanyelvi *a* in one's m*o*ther tongue *ut.*, in the vern*a*cular *ut.*, vern*a*cular; ~ **adatközlő** n*a*tive-speaking informant; ~ **oktatás** instr*u*ction in the m*o*ther-tongue; ~ **szinten beszél egy nyelvet** (s)he has a n*a*tive-like comm*a*nd of [a f*o*reign l*a*nguage]

anyanyelvű *a* magyar ~ *(melléknévvel)* Hung*a*rian-speaking; *(főnévvel)* a n*a*tive sp*e*aker of Hung*a*rian, Hung*a*rian n*a*tive sp*e*aker; **a magyar** ~**ek** n*a*tive sp*e*akers of Hung*a*rian, Hung*a*rian-speakers

anyányi *a* m*a*rriageable

anyanyúl *n* f*e*male hare, doe (of hare)

anyaország *n* m*o*ther-country, n*a*tive c*o*untry, h*o*meland, m*o*therland

anyarozs *n* ergot

anyás *a* **1.** att*a*ched to (*v.* dependent on) the m*o*ther *ut.* **2.** ~ **csavar** (nut and) bolt

anyaság *n* m*o*therhood, mat*e*rnity

anyasági segély *n GB* mat*e*rnity grant

anyasejt *n* p*a*rent/m*o*ther cell

anyáskod|ik *v vkvel* mother (sy)

anyaszív *n* m*o*ther's heart

anyaszült meztelen *a* stark n*a*ked, stripped to the skin *ut.*

anyatej *n* m*o*ther's milk; ~**en nevel** br*e*ast-feed*; **az** ~**jel szívta magába** has imb*i*bed it from *i*nfancy

anyátlan *a* m*o*therless

anyátlanság *n* m*o*therlessness

annyi *pron* **1.** so much/m*a*ny, as much/m*a*ny; ~ **könyvem van, mint neki** I've got as m*a*ny books as he (has); ~ **... amennyi** as m*a*ny/much as; ~ **felől** from so m*a*ny dir*e*ctions/sides; **még egyszer** ~ as much/m*a*ny ag*a*in; **még kétszer** ~ twice as much/m*a*ny ag*a*in; **2 meg 4 az** ~, **mint 6** 2 and 4 make 6; ~ **mint** *(röv* a. m.) that is (to say), i.e. **2.** ~ **bizonyos, hogy ...** this much (*v.* one thing) is certain that **3.** *(oly sok)* so m*a*ny/much, such a ...; ~ **szépet hallottam rólad** I have heard such a lot (of good things) ab*ou*t you

annyi-amennyi *pron* no m*a*tter how much/m*a*ny; a little; some ⇨ **annyi**

annyian *adv* so m*a*ny, in such great n*u*mber; ~ **vannak, hogy be sem lehet férni** it's so cr*o*wded that you can't get in

annyiban *adv* so much, so far as; ~ **hagy** leave* at that, let* al*o*ne; ~ **marad** be* left unf*i*nished, be* left at that

annyifajta *pron* so m*a*ny kinds of; **ahány,** ~ no two al*i*ke; ~**t vásárolt, hogy alig győzte hazahozni** he bought so m*a*ny (d*i*fferent) things that he could h*a*rdly get them home

annyifelé *adv* in so m*a*ny directions

annyiféle *pron* = **annyifajta**

annyira *adv* **1.** *(távolság)* as far as **2.** *(fok)* so, so much (that), to such a degr*e*e (*v.* an extent), that much; ~ **még nem vagyunk** we have not come to that yet; ~ **elfoglalt, hogy ...** he is so b*u*sy that; **azért** ~ **hideg** it isn't all that cold; **már nem fáj** ~ it doesn't hurt so much now; **hát** ~ **azért nem bízom benne** I have not that c*o*nfidence in him

annyira-amennyire *adv* more or less, s*o*mehow (or *o*ther)

annyiszor *adv* so m*a*ny times, so *o*ften

annyit *pron* so much/m*a*ny; **csak** ~ **mondott ...** all he said was ...; **ez** ~ **jelent, hogy ...** what this/it am*ou*nts to is that ...; ~ **végy, ahányat tudsz** take as much/m*a*ny as you can; **ahány ember,** ~ **akar** so m*a*ny men, so m*a*ny minds

annyival *adv* ~ **is inkább** all the more so (as/since)

anyó(ka) *n* † l*i*ttle old woman°, gr*a*nny

anyós *n* m*o*ther-in-law (*pl* m*o*thers-in-law)

anyu(ka) *n GB* M*u*m(my), Ma, *US* M*o*m(my)

aorta *n* a*o*rta

apa *n* f*a*ther; ~**m!** F*a*ther!, *biz* Dad!; ~**ink** our f*o*refathers/for(e)b*e*ars; **apjára ütött** he takes* *a*fter his f*a*ther; ~**ról fiúra** from f*a*ther to son; **apja fia** (he is) a chip of(f) the old block

apaállat *n* sire, male

apáca *n* nun

apáca-fejedelemasszony, apácafőnöknő *n* M*o*ther Superior, *a*bbess

apácarend *n* *o*rder of n*u*ns, s*i*sterhood

apácazárda *n* c*o*nvent, n*u*nnery

apacs *n* † r*u*ffian, g*a*ngster

apacsing *n* open-necked shirt

apad *v* **1.** *(tenger)* ebb, be* on the ebb; *(folyó)* fall*; *(ár)* subs*i*de; **a Duna** ~ **the** D*a*nube is f*a*lling **2.** ~**nak a készletek** suppl*i*es are dwindling (*v.* r*u*nning low); ~ **az érdeklődés** *i*nterest is w*a*ning (*v.* at a low ebb)

apadás *n (tengeré)* ebb; *(folyóé)* fall(ing); *(áré)* subs*i*ding

apafej *n* □ *kb.* old man/fruit
apagyilkos *n* patricide
apagyilkosság *n* patricide
apai *a* paternal; *(érzelmi)* fatherly; ~ **ágon/részről** on my/your/his/her father's side; ~ **örökség** patrimony, paternal inheritance; ~**t-anyait belead vmbe** (go* at it) hammer and tongs, (go* at it) full blast
apajogú *a* patriarchal; ~ **társadalom** patriarchal society, patriarchy
apály *n* ebb(-tide), ebbing, low tide; ~ **és dagály** ebb and flow; ~ **van** the tide is on the ebb
apamén *n* stallion, stud-horse
apámuram *n* † (dear) father
apanázs *n* † monthly allowance
apartheid *n* apartheid
apartheidellenes *a* antiapartheid
apaság *n* paternity, fatherhood; ~ **megállapítása** affiliation proceedings *pl, US* paternity suit
apaszt *v* reduce, diminish, decrease
apát *n* abbot
apátia *n* apathy, listlessness
apatikus *a* apathetic, listless
apátlan *a* fatherless; ~**-anyátlan árva** orphan, parentless child°
apátnő *n* abbess
apátplébános *n* *kb.* titular abbot, abbé
apátság *n* **1.** *(hivatal)* abbacy **2.** *(épület)* abbey
apellál *v* vkhez appeal to sy; vmre refer to sg
apelláta *n* **ez ellen nincs** ~ *kb.* take it or leave it
aperitif *n* aperitif
áperte *adv* openly, roundly, flat
apó *n* old man°, granddad; **János** ~ old John
apokaliptikus *a* apocalyptic
apokrif *a* apocryphal; ~ **könyvek** the Apocrypha
ápol *v* **1.** *(beteget)* nurse, tend, attend on **2.** *(barátságot)* cultivate; *(érzést)* entertain, cherish [a feeling/sentiment]; *(kultúrát)* foster, promote; ~**ja a barátságot** cultivate sy's friendship, keep* up friendly relations with sy **3.** *(gondoz)* take* care of, look after, attend to; *(kertet)* cultivate; ~**ja a fogát** take* care of one's teeth, clean one's teeth regularly **4.** *(lovat)* groom, curry
ápolás *n* **1.** *(gondozás)* care (of), nursing (of), tending (of), attendance (on); ~**t igényel** *vk* need/require nursing **2.** *átv (barátságé)* cultivation; *(kultúráé)* fostering
ápolatlan *a* *(külső)* unkempt, neglected, ill-groomed

apolitikus *a* **1.** *(politikailag közömbös)* apolitical **2.** *(meggondolatlan)* non-political
ápoló I. *a* **1.** *(beteget)* nursing, tending **2.** *(kultúrát)* cultivating *ut.,* fostering *ut.* II. *n* *(férfi)* (male) nurse; *kat* medical orderly; *(állatkerti)* keeper
apologetika *n* apologetics *sing.*
apológia *n* apology
ápolói *a* ~ **hivatás** nursing profession
ápolónő *n* (hospital) nurse; ~**nek megy** take* up nursing
ápolószemélyzet *n* nursing staff, hospital nurses *pl*
ápolt I. *a* *(külső)* well-groomed, spruce, trim, neat; *(kéz)* manicured II. *n* *(beteg)* (in-)patient; *(elmegyógyintézeti)* mental patient
áporod|ik *v* decay, turn stale
áporodott *a* *(étel, ital)* stale, off; *(levegő)* stuffy; *(szag)* musty, fusty, stale; ~ **a levegő** it's very stuffy in here
após *n* father-in-law *(pl* fathers-in-law)
apostol *n* **1.** *vall* apostle; **Az** ~**ok cselekedetei** *(Bibliában)* the Acts of the Apostles; **az** ~**ok lován megy** *GB biz* go* on shanks's mare/pony **2.** *átv* **a béke** ~**a** advocate of peace
apostoli *a* apostolic(al); **A**~ **hitvallás** the Apostles' Creed
aposztata *n* apostata
aposztróf *n* apostrophe
aposztrofál *v* *(megszólít)* apostrophise, address; *(vmnek nevez)* name
apoteózis *n* apotheosis *(pl* -ses)
apparátus *n* **1.** *(gépi)* apparatus, outfit **2.** **kritikai** ~ apparatus criticus **3.** *átv* apparatus; **állami** ~ state machinery/apparatus, the machinery of government
Appenninek *n pl* the Apennines
Appennini-félsziget *n* the Apennine peninsula
appercepció *n* perception
appercipiál *v* perceive
apprehendál *v* *(vkre)* bear* (sy) a grudge *(vmért* for sg)
appretúra *n* **1.** *(szöveté)* finish, dressing; *(papíré)* mill-finish(ing) **2.** *(folyamat)* (process of) dressing, finishing
ápr. *n* = *április* April, Apr.
apraja-nagyja *n* **a falu** ~ the whole village, young and old *(alike)*
apránként *adv* little by little, gradually, bit by bit
április *n* April; ~ **5-én** on 5th April, on April 5th *(kimondva:* on the fifth of April); ~**ban,** ~ **folyamán/havában** in (the course/month of) April; ~

bolondja *A*pril fool; ~ **elseje** All/*A*pril Fool's Day; ~**t járat vkvel** make* an *A*pril fool of sy
áprilisi *a A*pril, of/in *A*pril *ut.*; ~ **eső** *A*pril shower; ~ **napok** *A*pril days; **egy** ~ **napon** on a day in *A*pril; ~ **tréfa** All Fool's Day hoax/joke
aprít *v* chop (up), cut* (up) (*v.* break*) *i*nto small p*i*eces; *(fát)* chop, cut* up; **van mit a tejbe** ~**ania** he is well off
aprítás *n* ch*o*pping (up), bre*a*king *i*nto small p*i*eces, c*u*tting up
aprítógép *n* cr*u*sher, ch*i*pper, chopper
aprított *a* ~ **fa** chopped wood, f*i*rewood
apró I. *a* small, l*i*ttle, t*i*ny, p*u*ny, min*u*te; ~ **betű** small letters *pl*; ~ **kiadások** petties *pl*; ~ **munkák** odd jobs → **aprómunka**; ~**kat lép** take* short steps; ~ **szemű** (1) *(élőlény)* small-eyed (2) *(szemcséjű)* f*i*ne/small-grain(ed) (3) *(háló)* narrow--meshed **II.** *n* = **aprópénz**; **az** ~**t tartsa meg** keep the change; ~**t kérek** do you have *a*nything sm*a*ller (*v.* *a*ny (small) change)?
apró-cseprő *a* tr*i*vial, tr*i*fling, insign*i*ficant; ~ **holmik** odds and ends, tr*i*fles; ~ **munkák** odd jobs
apród *n* page
apródfrizura *n* page boy (cut)
apródonként *adv* = **apránként**
aprófa *n* f*i*rewood, k*i*ndling, m*a*tchwood
apróhirdetés *n* classified ad(vertisement), small ad; ~**t tesz közzé** insert an advertisement [in a newspaper]; *(állás- v. lakáskeresőé)* want ad
aprójószág *n* p*o*ultry *pl*
aprólék *n (szárnyasé)* g*i*blets *pl*
aprólékos *a* **1.** *(részlet)* min*u*te [part*i*cular], circumst*a*ntial, m*i*nor [detail] **2.** *(ember)* met*i*culous; el*í*t f*u*ssy
aprólékosan *adv* min*u*tely; ~ **kidolgoz** work out sg in great d*e*tail, do* sg with met*i*culous care; ~ **megvizsgál/átfésül vmt** go* *o*ver sg with a fine/small-tooth comb
aprólékoskodás *n* met*i*culousness; el*í*t f*u*ssiness, pedantry, h*a*ir-splitting
aprólékoskod|ik *v* be fast*i*dious/met*i*culous; el*í*t be* ped*a*ntic/f*u*ssy, fuss; *(kifogásolva)* split* hairs
aprólékoskodó *a* met*i*culous, f*u*ssy; ~ **ember** h*a*ir-splitter; *biz* f*u*sspot; *US* f*u*ssbudget
aprólékosság *n* met*i*culousness; el*í*t f*u*ssiness
aprómarha *n* poultry *pl*

aprómunka *n* **1.** *(háztartási)* chores *pl* **2. az** ~**t tanítványai végezték** m*i*nor details were looked *a*fter by his st*u*dents
aprópénz *n* (small) change, (loose) cash; **mennyi** ~**e(d) van?** how much have you got in change?; ~**re vált** *(bankjegyet)* give* small change [for b*a*nknote]; ~**re váltja képességeit** explo*i*t one's t*a*lent for petty ends; ~**zel kifizet** *átv* put* off with fine words ⇨ **apró II.**
apropó *int* by the way/bye!, that rem*i*nds me!
apróra *adv* **1.** *(finomra)* *i*nto small p*i*eces, f*i*nely; ~ **tör** break* *i*nto small p*i*eces; *(még apróbbra)* cr*u*mble; *(porít)* p*u*lverize; ~ **vág/vagdal** chop [meat] fine, chip [potatoes] **2.** *(részletesen)* ~ **elbeszél** rel*a*te in detail
apróság *n* **1.** *(dolog)* tr*i*fle, bagat*e*lle **2.** *(gyerek)* t*i*ny tot; ~**ok** (1) *(gyerekek)* the l*i*ttle *o*nes (2) *(dolgok)* oddments, odds and ends
aprósütemény *n* = **teasütemény**
aprószemcsés *a* f*i*ne-grain(ed)
aprószén *n* small coal, slack
aprószentek *n pl* ~ **(napja)** the Holy Innocents *pl* (day), Ch*i*ldermas
apróvad *n* small game
apróz *v* **1.** = **aprít 2.** ~**za a lépést** take* short steps
apu *n biz* D*a*d(dy), Papa, Pop
apuci, apuka, apus *n biz* = **apu**
ár¹ *n (árué)* price, cost; **mi az** ~**a?** what is the price (of it)?; **10 forint az** ~**a** it costs 10 forints; ~**(a): 5 Ft** price 5 fts; **milyen** ~**on?** at what price?, for how much?; **bármely** ~**on** at *a*ny cost, at all costs, whatever the cost may be; **magas** ~**on** at a (high) price; ~**on alul ad el** sell* at a s*a*crifice, sell* below cost (price); **vmnek az** ~**án**, **azon az** ~**on (hogy)** at the exp*e*nse of; **nagy** ~**a van** it comm*a*nds a high price; **ennek nagy** ~**a lesz** we shall have to pay dearly for that; ~**at leszállít** red*u*ce/cut* the price; **jó** ~**at ér el** fetch a good price; ~**at közöl** quote a price
ár² *n (áradás)* inund*a*tion, flood; *(folyón)* current; *(tengeré)* tide; ~ **és apály** ebb and flow; **úszik az** ~**ral** go*/swim* with the tide, go* with the stream; ~ **ellen úszik** go* ag*ai*nst the stream; **beszéd** ~**ja** stream/flow/spate of words
ár³ *n (cipészé)* awl; *(fűző)* b*o*dkin
ara *n* † fianc*é*e
arab I. *a* Ar*a*bian, *A*rab(ic); **az** ~ **államok** the *A*rab states; ~ **ló** *A*rab (horse); ~

nyelvész/specialista *a*rabist; ~ számok *A*rabic nu*m*erals **II.** *n (ember) A*rab; *(nyelv) A*rabic
arabeszk *n* arabesque
Arábia *n A*rabia
arábiai *a A*rabian
arabs *a †* = arab **I.**
arabusul *adv* aki nem tud ~, ne beszéljen ~ *kb.* if you can't mend it, leave it as it is
árad *v* **1.** *(folyó)* rise*, swell*, flood, grow*; a Duna ~ the *D*anube is rising **2.** *(vmből* ömlik *folyadék)* flow, stream **3.** kellemes illat ~ belőle it gives* off a plea*s*ant smell/scent; ~ belőle a szó he keeps* (on) spouting
áradás *n* **1.** *ált* rise, swelling, growth **2.** *(ár*víz*é)* inundation, flood, deluge; tavaszi ~ok spring floods
áradat *n* delu*g*e, tide, torrent; táviratok ~a *a*valanche of telegrams ⇨ emberáradat
áradmány *n* allu*v*ium *(pl* -s *v.* allu*v*ia)
áradmányos *a* allu*v*ial
áradozás *n* effu*s*ions *pl,* outpourings *pl; (di*cs*érő)* extravagant praise
áradoz|ik *v* vkr*ő*l/vmr*ő*l praise sy/sg exu*b*erantly, go* *i*nto raptures o*v*er sy/sg
áradozó *a* exu*b*erant, effusive; el*it* gushing
árajánlat *n* quot*a*tion; ~ot kér invite tenders (for), call for bids (for); ~ot tesz *(áru*ra*)* quote (sy) a price (for); *(árverésen)* make* a bid (for), bid* (for); *(versenytár*gyaláson*)* make* a tender (for), tender (for)
áralakulás *n* price trend
áram *n* **(villamos)** ~ (electric) current, power; ~ alatti live; nincs ~ the current/power/electricity is off; ~ot bekapcsol switch on (the current); ~ot kikapcsol switch off (the current); ~ot bevezet install electricity (swhere); *(házba)* wire [a house]
áramellátás *n* power/current supply
áramerősség *n* current strength; ~-mérő *a*mmeter
áramfejlesztő *n* **1.** *(gép)* generator **2.** *(te*lep*)* generating plant/station
áramfogyasztás *n* current consumption
áramforrás *n* source of current, supply source
áramhálózat *n* (public) mains *pl,* the grid
áramhiány *n* power failure, blackout, power cut
áramkorlátozás *n* power supply restrictions *pl,* power cut
áramkör *n* (electric) circuit

áramlás *n* stream, flow; *átv* flood
áramlat *n* **1.** *(vízé)* current **2.** *átv* trend, tendency
áraml|ik *v* stream, flow
árammegszakító *n* circuit breaker; *(autó*ban*)* contact breaker
árammérő *n* **1.** ammeter **2.** = áramszámláló
áramszaggató *n* make-and-break (device), vibrator, interrupter
áramszámláló *n* electricity meter
áramszedő *n* *(dinamón kefe)* brush; *(villa*mos *járműé)* current collector; *(görgős)* trolley; *(vonaton)* pantograph
áramszolgáltatás *n* current/power supply
áramszünet *n* power cut
áramtalanít *v* cut* off the current
áramütés *n* electric shock; *(halálos)* electrocution; halálos ~ érte (s)he was electrocuted
áramvonal *n* streamline
áramvonalas *a* streamlined, aerodynamic; ~sá tesz streamline
aranka *n növ* dodder, devil's guts
arany **I.** *a* **1.** *(aranyból való)* gold; ~ ékszer gold jewel(lery) *(US* jewelry); ~ középút the golden mean **2.** = aranyozott **II.** *n* **1.** gold; *(mint pénzdarab)* gold coin/ piece; nem mind ~, ami fénylik all that glitters is not gold; ~at ér *vk* is worth his weight in gold; *(ötlet)* is worth gold; ~at mos pa*n* gold **2.** „piros ~" *(= tubusos paprika)* paprika paste
arány *n* proportion, ratio, rate, scale, relation; *(méret)* dimension; számtani/mértani ~ arithmetical/geometric proportion; százalékos ~ percentage; ~ban áll vmvel be* in proportion/relation to sg, be* proportional/proportionate to sg; egyenes ~ban áll/van vmvel *mat* be* in direct proportion/ratio to sg; *ált, átv* be* in direct relation/proportion to; fordított ~ban van/áll vmvel *főleg mat* be* in inverse ratio/proportion to sg; *ált, átv* be* in inverse relation/proportion to sg, be* inversely proportional/proportion to sg; vmvel ~ban in proportion to sg, proportionally to sg, commensurate with sg; nem áll ~ban vmvel be* out of (all) proportion to sg; **2:1** ~ban győztek they won 2-1 *(kimondva:* two-one)
aranyalap *n* gold standard
aranyalma *n (regebeli)* golden apple
aranyásó *n* gold digger
aranybánya *n (átv is)* goldmine; bonanza; ez valóságos ~ it's a veritable goldmine
aranybetű *n* golden letter

aranyborjú *n* Golden Calf
aranybrokát *n* (gold) brocade
aranybulla *n* the Golden Bull [of Hungary, 1222]
aranycsinálás *n* alchemy
aranycsináló *n* alchemist
aranydarab *n (természetes)* (gold) nugget; *(kidolgozott)* piece of gold
aranyélete van *kif* live like a lord
aranyember *n* 1. *(jó)* good soul 2. *(gazdag)* wealthy man°, man° with the golden/Midas touch
aranyér[1] *n (földben)* vein/reef of gold
aranyér[2] *n orv* piles *pl*, haemorrhoids (*US* hem-) *pl*
aranyérc *n* gold ore
aranyérem *n* gold medal
aranyeres[1] *a (kőzet)* gold-bearing
aranyeres[2] *a (beteg)* haemorrhoidal (patient) (*US* hem-)
aranyérmes *n* gold medallist (*US* -l-)
aranyérték *n* gold value/worth
arányérzék *n* sense of proportion
aranyeső *n növ* laburnum
aranyfácán *n* golden pheasant
aranyfedezet *n* gold reserve/cover
aranyfényű *a* golden
aranyfinomság *n* fineness (of gold)
aranyfog *n* gold tooth°
aranyfoglalatú *a* set in gold *ut.*
aranyfüst *n* gold leaf/foil; *átv* tinsel
aranygaluska *n* ⟨sweet gnocchi with custard and grated walnut⟩
aranygyapjas *a* ~ **lovag** Knight of the Golden Fleece
aranygyűrű *n* gold ring
aranyhajú *a* golden haired
aranyhal *n* goldfish (*pl* goldfish)
aranyhegy *n átv* a fortune
aranyhímzés *n* gold embroidery
aranyifjú *n* young man° about town; *kb.* playboy
aranyigazság *n* an eternal truth
aranyjelzés *n* hallmark
aranykeret *n (képé)* gilt/gold(en) frame; *(szegély)* gilt edge
aranykeretes *a* in a gilt/gold(en) frame *ut.*
aranykészlet *n* gold reserve
aranykor *n* golden age
aranykorona *n* gold crown
aranyköpés *n* wisecrack, witticism
aránylag *adv* relatively, comparatively; ~ **jól** fairly well
aranylakodalom *n* golden wedding
aranylánc *n* gold chain
aranyláz *n* gold rush/fever

aranylemez *n* 1. gold leaf°; *(ruhán)* tinsel 2. *(hanglemez)* golden disc
arányl|ik *v* be* in proportion to; 2 **úgy** ~**ik a 4-hez, mint 6 a 12-höz** 2 is to 4 as 6 is to 12
aranyló *a* shining/glittering like gold *ut.*
aranymálinkó *n* golden oriole
aranymérleg *n* gold balance
aranymetszés *n (könyvkötészet)* gilt edge; ~ **ű** gilt edge(d)
aranymező *n* gold-field, placer
aranymise *n* jubilee mass
aranymondás *n* wise/golden saying
aranymosás *n* gold-washing, panning-out
aranymosó *n* gold-washer
aranyműves *n* goldsmith
aranyművesség *n* goldsmith's craft/work
aranynyomás *n (könyvkötészet)* gold tooling
aranyóra *n* gold watch
aranyos *a* 1. *(arannyal kapcsolatos)* golden, gilt, gilded 2. *átv* charming, dear, sweet, darling, lovely
arányos *a* proportional, proportionate, symmetrical; **egyenesen** ~ **vmvel** (be*) in direct proportion/ratio to sg, (be*) directly proportional to sg; **fordítottan/fordítva** ~ **vmvel** (be*) in inverse relation/proportion/ratio to sg, (be*) inversely proportional to sg; **nem** ~ lack proportion, be* ill-proportioned
arányosan *adv* proportionally, proportionately; ~ **csökkent** scale down; **vmvel** in proportion to sg, proportionally to sg
arányosít *v* make* sg proportionate with sg, proportion (*vmt vmhez* sg to sg)
arányosság *n* proportion(ateness), proportionality, symmetry
aranyoz *v* gild*
aranyozás *v* 1. *(művelet)* gilding, gold-plating 2. *(bevonat)* gilding, gilt; *(könyvkötőé)* gold tooling; *(lapoké oldalt)* gilt edge
aranyozott *a* gilt, gilded; ~ **ékszer** plate(d) jewellery (*US* jewelry)
aranyötvözet *n* gold alloy
aránypár *n* proportion
aranyparitás *n* gold parity
Aranypart *n* Gold Coast
aranypénz *n* gold piece/coin
aranypor *n* gold dust
aranypróba *n* 1. gold test 2. *(jelzés)* hallmark
aranyranett *n* golden rennet
aranyrojt *n* gold-lace, gold fringe/tassel
aranyrög *n* (gold) nugget
aranyrúd *n* gold bar/ingot

aranysárga *a* golden yellow
aránysor *n* progression
aranyszabadság *n* **vége az** ~**nak!** alas (the) holidays are over!, (Oh well,) back to work!
aranyszabály *n* golden rule
aranyszájú *a* silver-tongued
arányszám *n* proportion(al number); *(statisztikai)* rate; **a születések** ~**a** birth-rate
Aranyszarv *n* Golden Horn
aranyszegélyű *a* gilt-edged
aranyszínű *a* gold(en), gold-coloured *(US* -or-)
aranyszívű *a* with/having a heart of gold *ut.*
aranyszőke *a* gold-blond(e)
aránytalan *a* disproportionate, not proportionate (with) *ut.*, ill-proportioned; ~**ul** *(méretben)* out of all proportion; ~**ul** **nagy** disproportionately large/big
aránytalanság *n* disproportion(ateness), lack of symmetry, inequality
aranytárgy *n* gold article
aranytartalék *n* gold reserve
aranytartalmú *a* containing gold *ut.*
aranytartalom *n* gold content
aranyvaluta *n* gold standard/currency
aranyvasárnap *n* the Sunday before Christmas
aranyvessző *n* *növ* goldenrod
aranyzsinór *n* gold braid, spun gold
árapály *n* ebb and flow, flux and reflux
arasz *n* span (of hand), a hand's span; **két** ~ **széles** 18 inches wide *ut.;* **egy arasszal rövidebb (mint)** a (hand's) span shorter (than)
arasznyi *a* the length of a span *ut.*, a span long/wide; *átv* very short, brief
araszol *v* loop
araszoló *a* ~ **hernyó** inchworm, measuring-worm, looper
araszos *a* a span long/wide
áraszt *v* *(fényt)* shed*, diffuse, emit, send* forth; *(hőt)* give* off/out, radiate; *(folyadékot)* flood, inundate (with); *(illatot)* exude, breathe; **vmnek a levegőjét** ~**ja** *átv* breathe (sg to sy)
arat *v* **1.** *(termést)* reap, harvest; *(betakarít)* gather in [the crops] **2. győzelmet** ~ gain a victory; **általános tetszést** ~ be* generally approved; **sikert** ~ have* a success, meet* with success
aratás *n* harvest(ing), reaping
arató *n* reaper, harvester, harvest-hand
arató-cséplő gép *n* combine (harvester)
aratógép *n* harvester, reaping/harvesting machine

aratókoszorú *n* corn dolly/baby
aratómunkás *n* (hired) harvester, harvest-hand
aratórész *n* share (earned by reaper)
aratóünnep *n* harvest home/festival
áraz *v* price [an article]
árboc *n* mast
árboccsúcs *n* masthead
árbocdaru *n* derrick
árbockosár *n* crow's nest
árbockötél *n* shroud
árbockötélzet *n* rigging
árboclámpa *n* mast/top-light
árbocos *a* -masted
árbocozat *n* mast and yards [of a ship], rigging
árbocvitorla *n* mainsail
arborétum *n* arboretum *(pl* -ta *is)*
arc *n* face; *(orca)* cheek; **vknek az** ~**a** *(= a róla alkotott kép)* sy's image; **piros (lett) az** ~**a** her cheeks are/went red; **vknek vmt az** ~**ába vág** cast* sg in sy's teeth; ~**ába nevet vknek** laugh sy in the face; ~**ába szökött a vér** the blood rushed to his face; **az** ~**án látom** I can see it from/in his face; **jó** ~**ot kell vágni hozzá** one must put a good face on it; ~ **okat vág** pull faces; **megmutatja igazi** ~**át** show* one's (true) colours *(US* -ors); ~**ul üt slap** sy in the face *(v.* on the cheek); ~**cal vm felé** facing sg, confronting sg; *átv* concentrating all one's energies on sg
arcápolás *n* beauty treatment (for the face), facial
arcápoló *a* ~ **szerek** beauty products, cosmetics
arcátlan *a* insolent, impudent, impertinent; *biz* cheeky; ~**ul viselkedik vkvel szemben** be* rude/impertinent to sy
arcátlankod|ik *v* behave impudently/insolently/impertinently
arcátlanság *n* impudence, impertinence, effrontery, insolence; *biz* cheek
arcbőr *n* skin of the face, complexion
arccsont *n* cheek-bone
árcédula *n* price-tag
arcél *n* profile
arcfátyol *n* veil
arcfesték *n* face-paint, make-up, rouge
arcfestés *n* making-up, make-up
arcfintor *n* grimace, grin
arcgödröcske *n* dimple
archaikus *a* archaic
archaizál *v* archaize
archaizmus *n* archaism
archeológia *n* archaeology *(US* archeol-)

archeológus *n* archaeologist (*US* archeol-)
archimedesi *a* ~ csavar Archimedean screw; ~ törvény Archimedes' principle
archivális *a* archival
archívum *n* archives *pl*
arcideg *n* facial nerve
arcidegzsába *n* (facial) neuralgia, face-ache
arcizomn facial muscle; (egyetlen) arcizma se(m) rándult meg (*v.* rezdült) *biz* (s)he didn't bat an eye(lid)
arcjáték *n* play of features
arckenőcs *n* = arckrém
arckép *n* portrait, likeness (of sy)
arcképcsarnok *n* portrait gallery
arcképes igazolvány *n* identity/registration card
arcképfestés *n* portrait-painting, portraiture
arcképfestő *n* portrait-painter, portraitist
arckezelés *n* facial (treatment)
arckifejezés *n* (facial) expression, look, aspect, mien, air, countenance
arckrém *n* face-cream, cold cream
arcmás *n* portrait, likeness, image
arcmemória *n* memory for faces
arcpakolás *n* face-pack
arcpirító *a* embarrassing, making one blush *ut.*
arcpirosító *n* rouge
arcpirulás *n* blush(ing), flush(ing)
arcszín *n* complexion, colour(ing) (*US* -or-); élénk ~ high colour (*US* -or)
arcszög *n* facial/frontal angle
arctörlő *n* (*textil*) (face) flannel, facecloth; *US* washcloth; (*papír*) face/facial tissue(s)
arcú *suff* -faced, -featured; szép ~ (*nő*) pretty; (*férfi*) handsome; sötét ~ swarthy; *átv* sombre-looking
arculat *n* 1. (*arc*) face, physiognomy 2. *átv* aspect
arculcsapás *n* 1. (*pofon*) slap in the face 2. *átv* humiliation, snub; az igazság ~a a flagrant miscarriage of justice
arculütés *n* slap in the face
arcvíz *n* lotion
arcvonal *n* front (line), battle-front; az ~ban in the front/firing line; az ~ mögött behind the lines, in the rear
arcvonalszolgálat *n* front-line (*v.* combat) service
arcvonaltámadás *n* frontal attack
arcvonás|ok *n pl* features (of face), lineaments; szépek az ~ai she has fine features
arczsába *n* = arcidegzsába
árcsökkenés *n* a fall/drop in prices

árcsökkentés *n* cut in prices, price cut/reduction; 20%-os ~ prices reduced/down/ cut by 20 %
árdrágítás *n* profiteering, evasion of price control(s), □ rip-off
árdrágító *n* profiteer, shark
árellenőrzés *n* price control
áremelés *n* raising/rise of prices
áremelkedés *n* rise in prices, price rise/increase
aréna *n* arena; (*bikaviadalé*) bullring
arénáz|ik *v* □ *kb.* kick up a fuss/row, create
árenda *n* † 1. (*bérlemény*) farming lease, tenancy 2. (*bér*) rent
árendás *n* † leaseholder, lessee
árengedmény *n* discount, rebate, (price) reduction; vknek ~t nyújt allow sy a discount; árengedménnyel árusít sell* at a discount; 30%-os árengedménnyel at a discount of 30 pc
árengedményes *a* cut-price, discount price; ~ vásár sale
áresés *n* = árcsökkenés
árfelhajtás *n* (*tőzsdén*) forcing prices up
árfluktuáció *n* = árhullámzás
árfolyam *n* 1. (*tőzsdei*) (current) price(s), quotation(s) 2. (*devizáé*) rate of exchange, (exchange) rate; ~ok rates; hivatalos ~ official rate; napi ~ current rate
árfolyamcsökkenés *n* falling/bear market
árfolyam-emelkedés *n* rising/bull market, rise in prices
árfolyamesés *n* fall/drop/decline in prices, falling/bear market
árfolyam-ingadozás *n* fluctuations of exchange (rate) *pl* (*v.* of the market)
árfolyamjegyzék *n* (*tőzsdei*) Stock Exchange list of quotations; (*árué*) price-list/ current
árfolyampolitika *n* currency rate policy
argentin *a* Argentine, Argentinian; A~ Köztársaság Argentine Republic, Republic of Argentina, the Argentine
Argentína *n* Argentina, the Argentine
argentínai *a/n* Argentine, Argentinian, Argentinean
argó *n* 1. (*tolvajnyelv*) argot, thieves' cant 2. (*zsargon*) jargon, slang 3. (*főleg ifjúsági nyelv*) slang
argumentál *v* argue
argumentum *n* argument
árgus szemmel figyel *v* watch (sg/sy) like a hawk/lynx
árgyélusát *int* az ~! (1) (*elismerően*) my goodness/word! (2) (*szitkozódva*) blast/ damn (it)!

árhivatal n price control board; GB Price Commission
árhullám n flood wave
árhullámzás n fluctuation of prices, price fluctuation
ária n aria; ~ - és dalest aria and song recital
árindex n price index (number)
áringadozás n = árhullámzás
áristom n † jail, clink
arisztokrácia n aristocracy; GB peerage; az új ~ tréf kb. priviligentsia
arisztokrata I. a aristocratic II. n aristocrat
arisztokratikus a aristocratic, courtly
arisztokratizmus n aristocratism
Arisztotelész n Aristotle
arisztotelészi a Aristotelian
aritmetika n arithmetic
arizonai a/n Arizonan, Arizonian
árja a/n Aryan, Indo-European
árjegyzék n price-list, catalogue; ~i ár list/catalogue price
árjelzés n price mark; ~sel ellát mark
árkád(sor) n arcade
arkangyal n archangel
arkansasi a/n Arkansan
árkász n † sapper, pioneer
árkedvezmény n (price) reductcion ⇨ árengedmény
árképzés n pricing, price formation
árkol v dig* a ditch/trench
árkolás n digging (a trench)
árkon-bokron adv ~ át/túl over hedge and ditch
árkülönbözet n difference in price(s)
árlap n price-list; vendéglői ~ menu, bill of fare
árlejtés n (public) tender
árleszállítás n cut/reduction in price(s), price reduction/cut
ármány n † intrigue, machination, cabal
ármánykod|ik v † scheme, plot, intrigue
armatúra n 1. ált fittings pl 2. vill armature
ármegállapítás n fixing/calculation of prices, price fixing
ármegjelölés n marking/indication of price(s), prices pl
ármentesítés n protection against floods, embanking, flood control
ármérséklés n reduction in price(s)
árny n 1. (árnyék) shade 2. (kísértet) ghost, shadow, shade
árnyal v shade, tint; (átv is) tinge ⇨ árnyékol
árnyalás n shading

árnyalat n shade of colour (US -or), nuance, tint; átv minute difference; egy ~tal jobb a shade better; ~nyi... a thought/shade...; ~nyi különbség a slight difference
árnyalatos, árnyalt a full of delicate nuances ut., nuanced, subtle; igen árnyaltan with great subtlety
árnyas a shady, shaded
árnyék n (ahová a nap nem süt) shade; (amit vm/vk vet) shadow; ~ba borít throw* a shadow on/over (sg); vmnek az ~ában in the shadow/shade of sg; ~ot vet cast* a/one's/it's shadow (on/over sy/sg), throw* a shadow over sy/sg; átv vkre put* sy in the shade, eclipse sy; ~ot adó shady; vm előreveti az ~át foreshadow sg, loom (ahead); nem ijed meg a maga ~ától be* not afraid of one's own shadow, be* not easily scared
árnyékbokszolás n shadow-boxing
árnyékkép n silhouette
árnyékkormány n shadow cabinet/government
árnyékol v 1. (árnyékot vet) shade, overshadow 2. (rajzot) shade; (vonalkázással) hatch, hachure, line 3. vill screen, shield
árnyékolás n 1. (rajzban) shading, shadowing; (térképen) hachures pl, hatching 2. vill shield(ing), screen(ing) 3. = árnyékbokszolás
árnyékos a shaded, shady
árnyékszék n privy, latrine
árnyéktalan a shadeless, without shade ut.
árnyékvilág n vale of tears; elköltözik az ~ból depart this life
árnyjáték n shadow play/show/pantomime
árnykép n silhouette
árnyoldal n the dark/seamy/shady/unfavourable side of sg, drawback
árnyrajz n silhouette
árok n ditch; (ásott) trench; (váré) moat, fosse; (vízelvezető) drainage ditch, dyke; (zenekari) (orchestra) pit
árokpart n bank/side of ditch, dyke
aroma n aroma, flavour (US -or); GB savour (US -or)
aromás a aromatic; (illat) fragrant
aromás v aromatic; (illat) fragrant
árpa n 1. növ barley 2. (szemen) sty(e)
árpacukor n barley sugar
Árpád n ⟨Hungarian masculine given name⟩
árpadara n coarse barley-meal, grist
Árpád-ház n tört the House of Árpád
Árpád-házi a ~ királyok tört rulers/kings of the House of Árpád

Árpád-kor *n tört* the age of the Árpáds; ~**i** of the age of the Árpáds *ut.*

árpagyöngy *n* pearl barley

árpakása *n* crushed barley (pottage)

árpakávé *n* ⟨coffee-susbstitute made of roast barley⟩

árpaszem *n* barleycorn

árpolitika *n* price/pricing policy, policy of price-control

arra *adv* **1.** *(abban az irányban)* in that direction, that way, † thither; **én is ~ megyek** I am going that way myself too; ~ **nézz!** look that way!; ~ **járó/menő** passing (there); **erre is,** ~ **is** (both) this way and that → **arrafelé; 2.** ~ **a fára** *on*(to) that tree **3. az ~ szogál(, hogy)** this serves (to), this has the purpose (of); ~ **kér engem** he asks me to; ~ **nézve pedig** as regards, as to/for; ~ **való** fit/suited for that *ut.*, be* (made) for the purpose; **ez ~ való** that's what this/it is for; **ez ~ való, hogy megegyék** this is for eating → **arravaló 4.** ~ **(fel)** *(időben)* thereupon; ~ **fogta magát és elment** *biz* (thereupon) he upped and left

arrább *adv* further/farther on, further/farther that way

arrafelé *adv* **1.** *(irány)* in that direction, that way **2.** *(hely)* thereabouts; **milyen az élet** ~**?** what is life like in those parts?

arravaló *a* ~ **ember** just the man° (for the job), the very man°

arrébb *adv* = **arrább**

árrendezés *n* price adjustment

árrendszer *n* price system

arrogáns *a* arrogant, overbearing

arról I. *adv* **1.** *(abból az irányból)* from that direction, from there **2.** *(vmről le)* from/off that; ~ **a fáról esett le** it fell from that tree **II.** *pron* of/about/from that, thereof; ~ **van szó, hogy** the question/point is that, the matter at issue is that, the matter in question is that; ~ **nem tehet** that's/it's not his fault, he can't help it

árrögzítés *n* price fixing/freeze/pegging

árskála *n* range of prices, price range

árszabályozás *n* price regulation/control

árszabás *n* **1.** = **árrögzítés 2.** = **árjegyzék**

árszámítás *n* calculation of prices

árszint *n* price level

árt *v* **1.** *(vknek/vmnek)* harm (sy), hurt* (sy), do* (sy) harm, damage (sy/sg); injure (sy/sg); *átv* be* harmful/injurious (to sy/sg); *(vknek étel, klíma stb.)* disagree with (sy), [food] doesn't agree with (sy); **a dohányzás** ~ **az egészségnek** smoking is injuri-ous/detrimental to health; **a légynek sem** ~ he wouldn't hurt a fly; **nekem nem** ~**hat** it/he can do me no harm; **nem fog** ~**ani** it won't hurt (you to . . .), it will do you good; **nem** ~**(ott) neki** *(mert megérdemelte)* it serves him right, he richly deserves/deserved it; **a fagy sokat** ~**ott a gyümölcsösnek** the frost did a lot of damage in the orchard **2. vmbe** ~**ja magát** interfere/meddle in sg

ártáblázat *n* list of prices, price list

ártalmas *a* injurious, harmful, detrimental *(mind:* to); bad for *ut.*; ~ **szer** harmful drug; **egészségre** ~ unhealthy; ~ **az egészségre** (sg) is harmful to (one's) health

ártalmasság *n* injuriousness, harm(fulness)

ártalmatlan *a* **1.** *(méreg)* innocuous **2.** *(ember/tréfa)* harmless, inoffensive; ~**ná tesz** render harmless

ártalmatlanság *n* **1.** *(méregé)* innocuousness **2.** *(emberé)* harmlessness

ártalom *n* harm, hurt, injury, damage; **vknek ártalmára van** damage/hurt* sy; **foglalkozási** ~ occupational disease

ártámogatás *n* price support

ártány *n* (castrated) hog

ártatlan *a* **1.** *(erkölcsileg)* innocent; *(romlatlan)* unspoiled, unspoilt; *(szórakozás, tréfa stb.)* harmless; *(szűz)* pure, intact; ~ **vmben** (be*) innocent of sg; ~ **hazugság** white lie; ~ **arcot vág** put* on an innocent air; **adja az** ~**t** play the innocent, look as if butter wouldn't melt in his mouth **2.** *jog* innocent, not guilty; ~**nak mondja magát** plead not guilty; ~ **egy bűncselekményben** be* innocent of a crime; ~**ul vádolják** be* unjustly accused (of sg)

ártatlanság *n* innocence, guiltlessness; ~**át bebizonyítja** prove one's innocence

ártér *n* flood/inundation/catchment area

artéria *n* artery

artériás *a* arterial

árterület *n* = **ártér**

artézi kút *n* artesian well

artikuláció *n* articulation, utterance

artikulál *v* articulate

artikulá(la)tlan *a* inarticulate

artikulált *a* articulate

artista *n* artiste, acrobat

artistamutatvány(ok) *n (pl)* acrobatics *pl*

artisztikus *a* artistic

ártó *a* harmful, mischievous

Artúr *n* Arthur

áru *n* goods *pl*, merchandise *(pl* ua.); commodity, wares *pl*, article; **sok ~ van a boltokban** there is a lot of merchandise in

the shops; ~**ba bocsát** *offer* (*v.* put* up) for sale, put* on -the market; ~**ba bocsátás** sale; ~**t átvesz** rece*ive* goods, accept delivery (of goods)
árú *a* priced; **elfogadható** ~ **szállás** re*a*sonably priced accommod*a*tion
áruállomány *n* stock/goods on hand
áruárfolyam *n* offer/selling price
áruátvétel *n* rece*i*pt of goods
áruátvevő *n* ⟨who takes/accepts del*i*very of goods⟩, rece*i*ver (of goods)
árubehozatal *n* import*a*tion/importing of goods, *i*mports *pl*
árubeszerző *n* b*u*yer
árubőség *n* prof*u*sion of wares/commodities, ab*u*ndance of goods
árucikk *n a*rticle, commo*d*ity, goods *pl*
árucsere *n* barter, exch*a*nge of goods
árucsere-egyezmény *n* barter agreement
árucsere-forgalom *n* exch*a*nge of goods
áruda *n* † retail shop
árudíjszabás *n* goods tariff
áruellátás *n* supply of goods
áruérték *n* goods value
árufajta *n* kind/sort/type of goods, brand (of goods), line (in goods)
árufeladás *n* disp*a*tch(ing)/forwarding of goods/parcels
árufelhalmozás *n* stocking; *el*ít hoarding
árufelvonó *n* goods lift; *US* goods elevator
áruforgalom *n* **1.** *ker* trade; *(vasúti)* goods traffic **2.** *(egy üzleté)* t*u*rnover
árugazdálkodás *n* **1.** = **árutermelés 2.** *(árukészletekkel való g.)* stock control/management
áruhalmozás *n* hoarding
áruhalmozó *n* hoarder
áruház *n* (department) store
áruházi *a* ~ **felügyelő** shopwalker; *US* floorwalker
áruházlánc *n* chain of department stores
áruhiány *n* shortage/lack of goods/commodities
áruhitel *n* commercial/commodity credit, trade loan
áruisme *n* = **áruismeret**
áruismeret *n* knowledge of wares
árujegy *n* label, del*i*very slip
árujegyzék *n* list of goods; *(számlát helyettesítő)* *i*nvoice; *(hajózásnál)* shipping bill
árukapcsolás *n* t*i*e-in/up (sale)
árukészlet *n* stock (in/on hand), goods in/on stock *pl*
árukiadás *n* disp*a*tch, goods del*i*very (office); *(mint felirat így is)* goods here
árukiadó *n* disp*a*tch/del*i*very department

árukihordó *n* c*a*rrier, del*i*very man°; ~ **(teher)autó** del*i*very van (*v. US* tr*u*ck)
árukínálat *n* suppl*y* of goods
árukivitel *n* export/export*a*tion (of goods), (merchandise) exports *pl*
árukölcsön *n* commo*d*ity loan, credit
áruküldemény *n* cons*i*gnment/sh*i*pment (of goods)
árul *v* sell*, offer sg for sale; *(kicsiben)* retail, sell* sg by retail; *(utcán)* vend, hawk
árulás *n* **1.** *(árué)* selling, sale **2.** *(elárulás)* betr*a*yal, betr*a*ying; *pol, kat* tre*a*chery, tre*a*son; ~**t követ el** comm*i*t tre*a*son; ~**sal** by tre*a*son
árulista *n* list of goods
árulkodás *n* inf*o*rming, tale-telling/bearing; *(iskolában)* pe*a*ching
árulkod|ik *v* **1.** *vkre* inform on/against sy; *isk* pe*a*ch/tell* on sy **2.** *vmről* reveal sg
árulkodó I. *n* informer, t*a*le-bearer/teller, telltale **II.** *a* revealing
áruló I. *a* **1.** *pol* tra*i*torous, tre*a*cherous, tre*a*sonable **2.** *(nyom stb.)* telltale, telling; ~ **jel** telltale sign, giveaway, clue **II.** *n* traitor; ~**vá válik/lesz** turn tra*i*tor
áruminta *n* s*a*mple(s)
árumintavásár *n* (international) ind*u*strial/sample/trade fair
árunem *n* class/kind/type/brand of goods
áruosztály *n* commercial/goods dep*a*rtment
árupiac *n* (commo*d*ity) m*a*rket
árupróba I. *n* *(minta)* sample **2.** *(eljárás)* qu*a*lity control
áruraktár *n* warehouse, store(house)
árurejtegetés *n* hoarding (of commodities)
árurejtegető *n* hoarder
árurendelés *n* order; **postai** ~ ma*i*l order
árus *n* seller, retailer; *(piaci)* st*a*llholder; *(utcai)* vendor, h*u*ckster
árusít *v* sell*, market; *(utcán)* vend, hawk; **kicsi(ny)ben** ~ sell* by retail, retail
árusítás *n* selling, sale
árusító *n* **1.** = **árus 2.** = **eladó II., elárusító**
árusítóhely *n* stand, stall, pitch
áruszállítás *n* tr*a*nsport (of goods); *(hajón és US vasúton, repgépen is)* sh*i*pment
áruszállítmány *n* cons*i*gnment/sh*i*pment of goods
áruszállító *n* = **szállító**
áruszámla I. *n* *i*nvoice
áruterítés *n* distrib*u*tion of goods
árutermék *n* commercial pr*o*duct, merchandise (*pl* ua.)
árutermelés *n* commo*d*ity prod*u*ction, prod*u*ction for the m*a*rket

árutermelő I. *a* productional **II.** *n* producer for the market

árutétel *n* **1.** *(összesség)* lot, parcel **2.** *(egy)* item

árutőzsde *n* merchandise exhange, commodity market

áruügylet, -üzlet *n* transaction (in goods), commercial deal

árva I. *a* orphaned; ~ **gyermek** orphan; **egy** ~ **lélek sem** not a (blessed) soul; **egy** ~ **szót sem szólt** he did not utter a syllable, he did not say a word; ~**nak érzi magát** *átv* feel* lonely **II.** *n* orphan

árvacsalán *n* blind/dead-nettle

árvácska *n* pansy

árvaház *n* orphanage, home for orphans

árvalányhaj *n* feather grass, needlegrass

árváltozás *n* change in price(s)

árvaság *n* orphanage, orphanhood; ~**ra jut** be* orphaned, become* an orphan

árvaszék *n* † orphans' court; ~**i ülnök** assessor to the orphans' court

árvédelem *n* = **árvízvédelem**

árverés *n* *(nyilvános)* (sale by) auction, sale (by auction); *US* sale (at auction), public sale; ~**en** (*v.* ~ **útján**) **ad el** sell* by (*US* at) auction, auction (off); ~**re bocsát** put* up for sale/auction; ~**re kerül** come* under the hammer, be* put up for sale/auction; ~**t megtart** hold* an auction

árverési csarnok/terem *n* sales-room, auction room

árverez *v* sell* by (*US* at) auction, auction (off)

árverező *n* **1.** *(eladó)* auctioneer **2.** *(ajánlattevő)* bidder

árvetés *n* calculation, costing

árviszonyok *n pl* price conditions/relations

árvíz *n* (high) flood, floods *pl*, inundation

árvízjelző szolgálat *n* flood-warning service

árvízkár *n* damage caused by flood; flood damage

árvízkárosult *n* flood victim

árvízkatasztrófa *n* flood-disaster

árvízsújtotta *a* ~ **terület/ország** country under water

árvízvédelem *n* flood prevention/control

árvízveszély *n* flood danger/warning/alert

arzén *n* arsenic

arzenál *n* arsenal

arzénmérgezés *n* arsenic poisoning

árzuhanás *n* slump (in prices)

ás *v* dig* (out/up)

ásás *n* digging

ásatag *a* fossil; *átv* fossilized, antiquated

ásatás *n* *(régészeti)* excavation; ~**okat végez** make* excavations, excavate (for sg), excavate a site (*v.* at a site)

ásít *v* **1.** *(ember, állat)* yawn **2.** *(tátong)* gape

ásítás *n* yawn

ásítoz|ik *v* keep* yawning

áskálódás *n* intriguing, machinations *pl*

áskálód|ik *v* intrigue, plot, scheme (*vk ellen* against sy)

áskálódó I. *a* intriguing, scheming **II.** *n* intriguer, schemer, plotter

ásó *n* spade; ~**-kapa válasszon el bennünket** only death can part us

ásókapa *n* hoe

ásónyél *n* spade-handle

ásónyom *n* **két** ~**nyira leás** dig* (the ground) two spits deep

aspektus *n* aspect

aspiráció *n* aspiration (*vmre* for/after)

aspirál *v* aspire (*vmre* to/after)

aspiráns *n* **1.** *(pályázó)* candidate (for) **2.** ⟨post-graduate student doing research work for a higher degree⟩

aspirantúra *n* ⟨post-graduate state scholarship⟩

áspiskígyó *n* † asp, viper

ásvány *n* mineral

ásványgyűjtemény *n* collection of minerals

ásványi *a* mineral; ~ **anyag** mineral substance; ~ **kincsek** mineral resources

ásványolaj *n* mineral oil

ásványtan *n* mineralogy

ásványtani *a* mineralogical

ásványtár *n* collection of minerals

ásványvilág *n* mineral kingdom

ásványvíz *n* mineral water

asz *n zene* A flat; **A**~**-dúr** A flat major; ~**-moll** A flat minor

ász *n* ace (in cards); **pikk** ~ the ace of spades; ~**t hív** lead*/play an ace

aszal *v* dry, dehydrate, desiccate

aszalás *n* drying, dehydration, desiccation

aszaló *n* drying-room, kiln

aszalód|ik *v* go* dry, wither, shrivel

aszalt *a* dried, desiccated; ~ **szilva (levében)** (stewed) prunes *pl*

aszály *n* drought; *US* drouth

aszálykár *n* drought damage

aszályos *a* droughty, drought-stricken; ~ **búza** drought-damaged wheat; ~ **év** year of drought

aszályverte *a* drought-stricken

aszeptikus *a* aseptic

aszerint *adv* ~**, hogy/amint** accordingly, according as, according to ⇨ **szerint**

aszfalt *n* **1.** asphalt; ~ **útburkolat** asphalt road (surface) **2.** *átv* city streets *pl*
aszfaltbetyár *n* elít kerb-crawler
aszfaltburkolat *n* asphalt road surface
aszfaltkoptató *n* biz loafer, idler
aszfaltoz *v* cover with asphalt, asphalt
aszfaltozás *n* asphalting, covering with asphalt
aszfaltozó *n* (munkás) asphalter; (gép) (asphalt) distributor
asz|ik *v* (föld) go* dry; (növény) wither, wilt
aszimmetria *n* asymmetry
aszimmetrikus *a* asymmetrical, unsymmetrical
ászka *n* woodlouse°; *US* sow bug
aszkéta *n* ascetic
aszketikus *a* ascetic(al)
aszkézis *n* asceticism, ascesis
aszkorbinsav *n* ascorbic acid
aszociális *a* unsocial, unsociable
ászok(fa) *n* gantry (for supporting barrels)
ászokgerenda *n* transom, longitudinal beam
aszott *a* **1.** (föld) arid, parched **2.** (növény) withered **3.** (arc) wasted
aszpik *n* aspic(-jelly); **fogas** ~ **ban** jellied fogash, fogash in aspic
aszpirin *n* aspirin
asszimiláció *n* assimilation (to)
asszimilál *v* vmhez assimilate to
asszimilálód|ik *v* **1.** (táplálék) assimilate, be assimilated; **2.** vk assimilate; vmhez assimilate (v. be* assimilated) into [a country, the new community etc.]; adapt oneself to sg
asszír *a/n* Assyrian
Asszíria *n* Assyria
asszisztál *v* vknek vmhez help/assist sy in sg
asszisztencia *n* the assistants *pl*, hospital staff
asszisztens *n* ált assistant; (filmgyári) assistant; (csak nő) continuity girl; (műtőben) instrument/surgical nurse; (orvosi rendelőben) (doctor's) assistant; (magánorvosi rendelőben) receptionist
asszisztensnő *n* → **asszisztens**
asszó *n* (fencing-)bout
asszociáció *n* association
asszociál *v* associate (sg with sg)
asszony *n* (married) woman°; ~ **om** Madam; **a ház** ~ **a** the lady of the house; **az** ~ **az úr a háznál** she wears the trousers (v. *US* pants) (in the house)
asszonybarát *n* ladies' man°
asszonyi *a* womanly, woman's, feminine, female

asszonyka *n* young woman°
asszonyos *a* womanlike, womanly
asszonyság *n* (megszólítás) my good woman; **Kovácsné** ~ Mrs. Kovács
asztag *n* stack (of corn)
asztal *n* table; ~ **hoz ül** sit* down to table; (étkezni) sit* down to dinner; ~ **nál ül** sit*/be* at the table; (étkezéskor) sit* at dinner/lunch; ~ **t bont, felkel az** ~ **tól** rise* (first) from the table, leave* the table; **nem az én** ~ **om** biz it's not my funeral/baby, it's not up my street
asztaldísz *n* centre-piece, table decoration
asztalfiók *n* table-drawer
asztalfő *n* head of table; **az** ~ **n ül** sit* at the head of the table
asztalfutó *n* table-runner
asztali *a* of the table ut.; (összet) table-; ~ **beszélgetés** table-talk; ~ **bor** table wine; (olcsóbb) biz plonk; ~ **edények** tableware sing., the dishes; ~ **lámpa** reading lamp ⇨ **áldás**
asztalitenisz *n* table-tennis
asztalka *n* small/occasional table
asztalkendő *n* ir table-napkin, serviette
asztalláb *n* table-leg
asztalnemű *n* table-linen
asztalos *n* joiner; (műbútor~) cabinet-maker; ~ **kisiparos** self-employed joiner
asztalosipar *n* joiner's trade, joinery
asztalosmester *n* (self-employed) joiner, master joiner
asztalosmesterség *n* joinery, cabinet-making
asztalosmunka *n* joiner's work, joinery; (finomabb) cabinet-work
asztalosműhely *n* joiner's workshop
asztalossegéd *n* journeyman° joiner
asztaltáncoltatás *n* table-turning/lifting
asztaltárs *n* table companion, fellow diner
asztaltársaság *n* table society
asztalterítő *n* tablecloth; (napközben) table-cover
asztalvég *n* end/bottom of the table
asztma *n* asthma
asztmás *a* asthmatic, suffering from asthma ut.
asztrahán *a/n* astrakhan
asztrofizika *n* astrophysics sing.
asztrológia *n* astrology
asztrológus *n* astrologer, star-gazer
asztronauta *n* astronaut
asztronautika *n* astronautics sing.
asztronómia *n* astronomy
asztronómus *n* astronomer
aszú *n* = **aszúbor; tokaji** ~ (old) Tokay

aszúbor *n* ⟨wine made from selected noble rot grapes⟩

át I. *pref* **1.** *(vmnek felszínén)* across; *(vm felett)* over; *(keresztül)* through, across, along; *(útiránynál)* via, by way of **2.** *(időben)* throughout, during; **napokon** ~ for days (on end) **II.** *adv* ~ **meg** ~ thoroughly, altogether, throughout, wholly, entirely **III.** *pref* ⟨*többnyire:* ige + through/across/over/along⟩ **Átjöttök?** — **Át.** Do you come over/round (to see us)? — Yes, we do.

átad *v* **1.** *vmt vknek* hand sg over to sy; hand/give* sg to sy; *(közelből, továbbadásra)* pass sg to sy; *(kényszernek engedve)* hand sg over to sy; ~**ja a labdát** pass the ball to sy; ~**ja ülőhelyét vknek** give* up one's/the seat to sy **2.** *(új intézményt)* (officially) open, *(ünnepélyesen)* inaugurate; ~**ták a forgalomnak az M3-as autópálya legújabb szakaszát** another section of the M3 was opened to traffic (yesterday) **3.** ~**ja magát vmnek** abandon oneself to sg, give* oneself up to sg **4.** ~ **vkt a hatóságnak** hand sy over to the authorities **5.** = **átenged 1.** **6.** *(hőt stb.)* transmit

átadás *n* **1.** *vmé vknek* handing over; *(közelből továbbadásra)* passing; *sp* pass **2.** *(pl. új útszakaszé)* opening; *(új épületé)* handing over; *(ünnepélyesen)* inauguration **3.** *(kényszerből)* surrender(ing)

átadó I. *a* **1.** *(kapható)* transferable; **van két** ~ **jegyem** I have* two spare tickets; ~ **lakás** flat with vacant possession **2.** *(átadási)* of delivery *ut.*; ~ **állomás** station of delivery; ~ **nyelv** language of origin, source language **II.** *n* **e sorok** ~**ja** the bearer of this letter

átalakít *v* **1.** *(épületet)* rebuild*, reconstruct; convert (into); *(helyiséget vm célra)* fit up/out for sg; *(ruhát)* alter, do* up sg again; *US* make* sg over; *(kormányt)* reorganize, reshuffle; *(törtet)* convert **2.** *vmvé* transform sg into sg, convert sg to/into sg; *(korszerűvé vmt)* refashion sg, reshape sg; *(embert)* change sy into sy; *(kisebbre vmt)* reduce sg to sg

átalakítás *n* ált transformation, conversion, change, changing; *(korszerűvé)* refashioning, reshaping; *(ruháé)* alteration; **törtnek tizedestörtté való** ~**a** conversion of a vulgar/simple fraction into a decimal

átalakítható *a* transformable, convertible

átalakíttat *v* have* sg altered/refashioned/remade/rebuilt

átalakul *v* be* transformed (into), be* metamorphosed, change into (sg), be* changed

(into), alter, turn into (sg); *fiz* ~ **gőzzé** be* converted (in)to vapour (*US* -or), vaporize

átalakulás *n* transformation, metamorphosis *(pl* -ses), change, changing into; ~ **on megy át** undergo* a change/transformation, be* changed/transformed (into)

átalány *n* lump/global sum; **úti** ~ travel(ling) allowance; ~**ban** in a/one lump (sum)

átalánydíjas *a* ~ **javítószolgálat** fixed price service contract/agreement

átalánydíjszabás *n* flat-rate tariff

átalányoz *v* *(fizet)* pay* a lump sum

átalányösszeg *n* = **átalány**

átall *v* be* loath to do sg, hate to do sg, shrink* from doing sg; **nem** ~**ja** ...**ni** have* the face/cheek to; *(vm alantast)* stoop to sg

átáll *v* **1.** *vhová* go* over to the other side, change sides **2.** *(más módszerre/rendre)* switch/change over (from sg) to sg

átállás *n* *(vknek az oldalára)* changing sides; siding (with sy) **2.** *vmre* switch(ing)/changing over to sg, changeover, switchover

átállít *v* **1.** *(tárgyat)* put* sg in another place, shift **2.** *(kapcsolót)* switch over (to); **váltót** ~ *GB* switch the points **3.** *(vmt más funkcióra)* convert (to); *(intézményt)* reorganize; *(más termelésre üzemet)* retool; rejtg; **közvetlen kapcsolásúra** *(v. közvetlenül hívhatóra)* **állítja át a telefont** convert the telephone to direct dialling; ~ **a haditermelésre** switch over to war production

átállítás *n* *(intézményé)* reorganization; *(más funkcióra)* conversion (to), changeover; *(más termelésre)* retooling

átalusz|ik *v* sleep* through; **az éjszakát átalussza** sleep* the whole night

atavisztikus *a* atavistic

atavizmus *n* atavism

átáz|ik *v* *(ember)* be*/get* drenched (to the skin); *(tárgy)* get* soaked/wet through; **teljesen** ~**ik** become*/get* soaking wet

átáztat *v* soak thoroughly, drench

átbeszél *v* **1.** *(időt)* talk *(vmeddig* for) [a length of time] **2.** *(megvitat)* discuss (in detail), talk over

átbillen *v* **1.** *(felborul)* topple over, overturn **2.** *átv* swing* over

átbillent *v* make* (sg) tip/topple over

átbocsát *v* **1.** *(anyagot)* let* through; *(fényt)* transmit **2.** = **átenged 2.**

átbocsátó *a* permeable; **át nem bocsátó** impermeable

átbocsátóképesség *n* permeability

átbök *v* pierce, stab

átböngész v go*/browse through [a book etc.], search through [papers]

átbúj|ik v *(nehezen)* creep*/wriggle through sg; *(könnyen)* slip through sg

átbújtat v *(karját vmn)* work (one's arm) through sg; *(könnyen)* slip through

átbukfencez|ik v somersault

átbuk|ik v vm *fölött* fall* over sg

átcikáz|ik v flash through/across; **villám cikázott át az égen** there was a flash of lightning in the sky; ~**ott az agyán egy gondolat** a thought flashed through his mind

átcímez v re-address

átcsábít v **1.** *(területen)* lure across **2.** *átv* lure over, win* over (with promises); *(munkahelyre)* tempt (sy) (by the offer of a better job)

átcsal v = átcsábít

átcsap v **1.** vmn sweep* through/across **2.** vhová **más irányba csap át** turn off suddenly **3.** vmbe go*/change over into; **az ellenkezőjébe csap át** change/turn (v. pass over) into its opposite; **más tárgyra csap át** jump to another subject, change the subject; **a mennyiség minőségbe csap át** quantity is transformed into quality

átcsapás n **1.** *(más tárgyra)* jump(ing) (to another subject), abrupt switch **2. a menynyiség** ~**a minőségbe** passing/conversion/transition of quantity into quality

átcsempész v smuggle through/over/across

átcserél v = becserél, kicserél

átcserélés n = becserélés, kicserélés

átcsomagol v repack, pack/wrap up again

átcsomagolás n repacking

átcsoportosít v regroup, rearrange, redistribute; *kat* redeploy

átcsoportosítás n regrouping, rearranging, redistribution; *kat* redeployment

átcsúsz|ik v **1.** *ált* slip/slide* through; **a kocsi** ~**ott az úttest másik oldalára** the car/van slid across the carriageway **2.** *(vizsgán)* scrape/get* through (an examination)

átdob v **1.** vhová throw*/hurl across to; vm *fölött* throw*/hurl over sg **2.** *(határon)* drop behind **2.** *(kat alakulat)* transfer to

átdolgoz v *(ir v. zeneművet)* rewrite*, recast*, revise; *(tervet)* redraft, rework; *(ir művet)* adapt [a novel/play etc.]; **színpadra** ~ dramatize (sg), arrange (sg) for the stage; **televízióra** ~ **vmt** adapt [a novel etc.] for television; ~**ott kiadás** revised edition; **folyamatosan** ~**ott** *(pl. szótár)* regularly updated

átdolgozás n revision, rewriting; *(ir műé)* adaptation; *(színpadra)* dramatization; *(tervé)* redraft

átdorbézol v ~**ja az éjszakát** spend* the whole night carousing; *biz* have* a night out on the tiles

átdöf v pierce (through with sg), stab; *(szarvval)* gore; *(karddal)* run* sy through with a/one's sword

átdörzsöl v give* sg a rub; *(szitán)* rub through

átdug v pass sg through (a hole/etc.)

átég v burn* through

átéget v burn* (sg) through

ateista I. a atheist, atheistic **II.** n atheist

ateizmus n atheism

átejt v □ do* sy, lead* sy up the garden path; *US* pull a fast one; ~**ettek** you've been done!

átél v **1.** *(időben)* live/go*/pass through **2.** *átv* experience, see*, undergo*; **nehéz időket éltünk át** we have lived through (some) hard times **3.** *(újra)* relive, live over again **4.** *(színész szerepét)* live (one's/the part)

átélés n **1.** *(eseményé)* experience **2.** *(művészi)* feeling (for); ~**sel szaval** recite (sg) with great feeling

átellenben conj/post opposite, over against, facing (sg)

átellenes a opposite, facing sg ut.

átemel v lift over/across

átenged v **1.** vknek vmt give* up, yield, surrender, make* over *(mind: to)*; **jogot** ~ **vknek** cede a right to sy; ~**i a helyét vknek** give* up one's place/seat to sy; ~**i a teret vknek** make* way for sy; **használatra** ~ let* sy have sg for use, lend* sg to sy **2.** vhol let* sy (pass) through to; *(vizsgán)* let* sy through, pass sy (in an examination)

átépít v **1.** rebuild*, reconstruct **2.** *átv* reorganize

átépítés n **1.** rebuilding, reconstruction **2.** *átv* reorganization

átépül v be* rebuilt

átér 1. vi vmeddig reach across, span [distance] sg **2.** vi *(átjut)* get* to, reach; ~**t a határon** he got across the frontier **3.** vt *(átfog)* span; *(körülér)* go* round sg, encircle

áteresz n *(víznek)* culvert, gutter

átereszt v = átbocsát, átenged

áteresztő a permeable; **át nem eresztő** impermeable

áteresztőképesség n **1.** *(folyadéké stb.)* permeability **2.** *szt* throughput

átérez v **1.** vmt *(tudatában)* be* conscious/ aware of sg, feel* the significance of sg; ~**te felelősségét** he felt the full weight of his responsibility **2.** *(érzelmileg)* feel* for (sy), feel (great) empathy with (sy)
átért v comprehend sg (fully), understand* sg thoroughly
átértékel v **1.** *(pénzt)* revalue, revalorize **2.** vkt revise one's ideas about sy
átértékelés n revaluation
átérzés n feeling, empathy; **mély** ~**sel énekel** she sings* with deep feeling
átes|ik v **1.** *(tárgy fölött)* fall* over; *(tárgyon át)* fall* through; ~**ik a ló másik olda- lára** swing* to the other extreme, go* too far the other way **2.** *(túljut vmn)* get* over sg; ~**ik a vizsgán** pass the examination; *(nagy nehezen)* squeeze through the/one's exam; **ezen át kell esni** this is* inevit- able/unavoidable; **essünk át rajta** let's get it over (and done) with; **betegségen** ~**ik get*** over an illness; **alapos kivizsgálá- son esett át (a kórházban)** (s)he under- went a thorough examination (at the hos- pital); ~**tünk rajta** it is all over, we have come through
átevez v vmn row over/across; ~ **a túlsó partra** row (over) to the far/other side
átevickél v vmn flounder over sg
átfagy v **1.** freeze* through **2.** = **átfázik**
átfárad v take* the trouble of going over/ round (to some place); **legyen szíves** ~**ni ide** would you kindly come over here
átfáz|ik v freeze* *(v.* be* chilled) to the bone/marrow, get* chilled through; *(meg- hűl)* catch* a (severe) cold; **nagyon** ~**tunk** we felt frozen to the marrow
átfed v overlap; ~**ik egymást** overlap one another
átfedés n (over)lap, overlapping
átfektet v *(tárgyakat vmn)* lay*/place across
átfér v *(élőlény)* can get through; *(tárgy)* will go through
átfest v paint over, repaint
átfésül v **1.** *(hajat)* comb (out) (one's hair), run* a comb through one's hair **2.** *(írást)* touch up, put* the finishing touches to **3.** *(rendőrség területet)* rake [a district for sg], comb
átfésülés n **1.** *(hajé)* combing (out) **2.** *(írá- sé)* touching up **3.** *(területé)* combing
átfog v **1.** *(kezével)* grasp, seize, grip; ~ **egy oktávot** he can span an octave **3.** átv span, comprehend
átfogalmaz v *(okmányt)* redraft, reword; *(ir művet)* rewrite*

átfogó I. a overall, comprehensive, all-em- bracing; *(elme)* keen, sharp [mind]; **az egész nemzetet** ~ nationwide; ~ **kép** overall picture **II.** n *(háromszögé)* hypot- enuse
átfoly|ik v flow/run* through/across; **a Duna** ~**ik Magyarországon** the Dan- ube flows through Hungary
átfordít v **1.** *(tárgyat)* turn over; *(lapot)* turn (over) **2.** *(beszélgetést)* change the subject; *(más nyelven folytatja)* switch (to another language) **3.** *(más nyelvre fordít)* translate/render into
átfordul v turn over, turn on to the other side
átformál v = **átalakít**
átforrósod|ik v **1.** become* (gradually) very hot; *(motor)* run* hot; *(csapágy)* heat up **2.** átv become* heated/enthusiastic
átfúr v bore through, pierce, perforate
átfurakod|ik v *(tömegen)* make*/thread/ elbow/push/squeeze one's way through [a crowd]
átfúródás n orv perforation
átfúród|ik v be* perforated
átfut 1. vi vhová run* over/across to; vmn run*/hurry through sg, pass through sg **2.** vi **hideg futott át rajta** he had *(v.* sg gave him) the shivers; ~ **vm az agyán** sg cross- es one's mind **3.** vt/vi vmt/vmn *(futólag át- olvas)* take* a quick look at sg, skim through [a book]; *(számokon)* run* through
átfutási idő n nyomd time for getting through the press
átfutó a → **átmenő**
átfűl|ik v warm up, get* warm
átfűrészel v saw through
átfűt v heat up
átfűz v thread
átgázol v **1.** *(folyón)* wade through/across **2.** vkn ride* roughshod over, trample on/over
átgondol v give* sg (one's) careful consid- eration, consider; *(tervet)* think* over; *(helyzetet)* examine carefully; *(újra)* re- think*; **jól** ~**va a dolgot** on mature *(v.* after careful) consideration, on reflection
átgondolt a jól ~ well/carefully thought- -out; ~ **terv** a well thought-out plan; **nem kellően** ~ ill-advised, unadvised
átgurít v roll (sg) over
átgurul v roll over
átgyúr v **1.** konkr knead thoroughly **2.** vkt make* sy alter his views and/or his behaviour *(US* -or), remould *(US* -mold), remodel; *(po- litikailag)* brainwash **3.** *(írásművet)* re- write*; biz revamp

áthág v *(törvényt stb.)* break*, transgress, infringe [the law], break*, disobey [the rules]; *(parancsot)* disobey [a command]

áthágás n infringement, transgression, violation, breach

áthághatatlan a *(nehézség)* insuperable, insurmountable

áthajít v = **átdob**

áthajl|ik v *(vm fölé/fölött)* lean* across, bend* over

áthajlít v bend*/twist over sg

áthajol v vmn lean* over

áthajóz|ik v sail across/through, cross (sg); ~**ik Angliába** cross (the Channel) to England

áthajt 1. vt vmt vhová drive* over to **2.** vi *(a városon)* drive* through (the town); ~ **a hídon** drive* across the bridge

áthalad v *(vonat állomáson, út vhol)* pass through; *(vk úttesten)* cross [the road]

áthaladás n *(állomáson)* passing through; *(úttesten)* crossing

áthaladási elsőbbség n right of way, priority ⇨ **elsőbbség**

áthallás n *(telefonban, rádióban)* cross talk, interference; *(telefonban így is)* crossed line

áthallatsz|ik v *(közegen)* can be heard (through sg); *(rádióban)* break* through

áthangol v **1.** *(hangszert)* tune to another pitch **2.** *(közvéleményt)* bring* (public opinion) slowly round (to sg)

átháraml|ik v vkre fall* to sy('s lot) to, devolve (up)on, pass to

átharap v bite* through

átharapódz|ik v vmre spread* over

áthárít v ~**ja a felelősséget vkre** shift the responsibility on to sy; *(kellemetlen dologért)* lay*/put* the blame on sy

áthárul v = **átháramlik**

áthasonít v assimilate *(vmhez to)*

áthasonítás n assimilation

áthasonul v vmvé assimilate/adapt oneself to sg ⇨ **asszimilálódik**

áthasonulás n assimilation

áthat v **1.** *(anyag vmt)* permeate/pervade sg **2.** vk **át van hatva vmtől, vmtől** ~**ott** be* inspired/imbued with sg

áthatlan a = **áthatolhatatlan**

átható a ált penetrating, pervasive, (all) pervading; *(hang)* piercing, penetrating; *(hideg)* piercing, biting [cold]; *(pillantás)* searching, penetrating [glance]; *(szag)* pervasive, penetrating [smell]

áthatol v **1.** vmn make* one's way through sg, penetrate/permeate/pervade sg **2.** *(erővel)* break*/plough (US plow) through sg

áthatolhatatlan a impenetrable, impermeable, impervious to ut.

áthelyez v **1.** vhová move sg/sy swhere, remove sg, transfer sg **2.** *(vkt más állásba)* move, transfer, post sy to (swhere); ~**ték a központba** he was transferred/moved to the head office **3.** *(időpontot)* put* off (till v. until), postpone (till v. until)

áthelyezés n **1.** vmé transfer, change of place, removal **2.** *(személyé)* transfer; ~**ét kérte** he applied for a transfer

Athén n Athens

athéni a Athenian

áthevít v **1.** vmt heat through/up **2.** átv heat up *(vmvel with)*

áthevül v **1.** vm get* very warm/hot, heat; *(motor)* run* hot **2.** átv become* heated up

áthidal v **1.** *(híddal)* bridge (over); épít span **2.** *(nehézséget)* surmount, smooth out/over, iron out [difficulties]

áthidalás n **1.** *(művelet)* bridging **2.** *(műtárgy folyón)* bridge; *(völgyön)* viaduct; épít span(ning) **3.** átv surmounting [of difficulties]

áthidalhatatlan a **1.** *(folyó)* unbridgeable **2.** átv insuperable, irreconcilable

áthidaló a ~ **megoldás** compromise

áthív v vkt call sy over/across, ask sy (to come) over

áthívat v have* sy called over (to a place), send* for sy

áthord v vhová carry over (piecemeal) to

áthoz v **1.** *(tárgyat)* bring* over; *(magával)* bring* along, fetch **2.** *(könyvelésben)* bring*/carry forward

áthozat I. v. have* sg brought over, have* sg fetched **II.** n [amount/sum] brought forward, carry-forward *(röv B/F, b/f)*

áthurcolkod|ik v = **átköltözködik**

áthúz v **1.** vhová pull through (to), draw* over **2.** vmn pull/draw*/drag across sg **3.** *(ágyat)* put* on fresh bed linen, change the bedclothes; *(bútort)* re-cover [furniture] **4.** *(szöveget)* delete, cross/strike* out; ~**ott rész** deletion **5.** ~**ta terveimet** he frustrated my designs **6.** *(beteget krízisen)* pull through

áthúzás n *(szövegé)* cancellation, crossing out, deletion

áthúzód|ik v pass through; vk vhová move slowly over (to); vm vhová spread* across to

áthűl v **1.** vm chill **2.** = **átfázik**

áthűt v chill through

átigazol v *(játékost)* transfer

átigazolás n transfer

Atilla v. **Attila** n ⟨Hungarian masculine given name⟩

atilla a † ⟨braided military/gala coat⟩

átír 1. vt (hibás szöveget) rewrite* 2. vt (másféle írással) transliterate; (fonetikusan) transcribe 3. vt (verset) rewrite*, recast*, reshape; (prózába) paraphrase; (zeneművet) arrange/transcribe for (piano etc.) 4. vt (vkre v. vk nevére ingatlant) transfer/convey [property] to sy by deed, make* over [property] to sy; US deed 5. vi (hatóság vhova) write* (to), send* a note (to)

átirányít v (vhová) direct (to), redirect (to); (légi v. földi közlekedésben) re-route

átírás n 1. (szövegé) copy, rewriting 2. (betű szerinti) transliteration; (fonetikus) (phonetic) transcription; (egyéb) transcript 3. (átruházás) transfer, assignment; (telekkönyvi) registration of transfer of property in the cadastre

átírási a ~ illeték transfer duty/fee

átirat n 1. (zenei) transcription, arrangement 2. (hatósági) official communication

átirat n (ingatlan stb.) make* over (to), have* (sg) transferred to sy by deed

átíratás n transferring, conveyance

átírókönyv n duplicate book

átírópapír n carbon (paper)

átismétel v revise, go* through/over [a lesson] again

átitat v vmt vmvel soak, saturate, impregnate (mind: sg with sg) 2. átv imbue with

átível v span

átivód|ik v become* saturated/soaked (vmvel with)

átizzad 1. vi (ember) drip with sweat; (ruha) become* wet from sweat 2. vt sweat* through [one's clothes]

átjár 1. vi vhová go* frequently over to 2. vi vmn go*, pass, walk (belsején through sg, felületén across sg) 3. vt vmt permeate

átjárás n 1. (cselekvés) passing/going through, passage 2. (út) way through, thoroughfare; az ~ tilos! no thoroughfare

átjáró n (út) passage(-way), lane, crosswalk, way through; (szính stb. sorok között) gangway; főleg US aisle; (szintbeni) vasúti ~ level crossing; US: grade crossing

átjáróház n ⟨house with a passage-way (v. lane) leading through it⟩, kb. arcades pl

átjátsz|ik v ~ik vmt vknek a kezére pass/manoeuvre sg into sy's hands

átjátszóadó, -állomás n relay station

átjavít v (írásművet) revise, correct

átjön v come* over; (látogatóba) come*/call (a)round (to see sy)

átjut v 1. (túljut) (manage to) get* across; (nehézségen) get* over [difficulties] 2. (vhová átkerül) get* over to [some place]

átjuttat v get* sy/sg over/across sg

atka n (itch-)mite, acarus (pl acari)

átkapcsol v 1. (áramot) switch over (vmre to); ~ középhullámra switch over to (the) medium wave; másik csatornára kapcsol át switch over to another channel 2. (telefonon) connect sy (with another line); ~om Smith úrhoz I'm putting (v. trying to put) you through to Mr. Smith 3. ~ a harmadik sebességbe change (US shift) into third (gear)

átkarol v 1. vkt embrace, put* an/one's arm (v. one's arms) (a)round sy 2. kat surround, encircle

átkarolás n 1. (átölelés) embrace, embracing 2. kat encircling (movement)

átkaroló a ~ hadművelet/mozdulat enveloping/encircling movement

átkel v vmn cross sg, get* across sg; ~ a zúgón shoot* the rapids

átkelés n crossing; (óceánon) passage; az ~ viharos volt we had a rough crossing/passage

átkelőhajó n ferry(boat)

átkelőhely n 1. (gyalogosoké) (pedestrian) crossing; US crosswalk; közlekedési lámpával ellátott (gyalogos-) ~ pedestrian crossing controlled by traffic lights 2. (folyón) crossing(-place/point) ⇨ határátkelőhely

átképez v retrain

átképzés n retraining

átképzős n adult trainee

átképző tanfolyam n training scheme/programme, course of training

átkeresztel v rename; biz rechristen, dub

átkerget v drive*/chase across/over (to)

átkerül v be* transferred to

átkiabál, átkiált v shout across/over

átkínlód|ik v struggle through (sg)

átkísér v escort/see* (sy) across

átkocsiz|ik v 1. vhol drive* through [a place] 2. vhová drive* over/across to

átkos a cursed, accursed, damned; (végzetes) fatal

átkoz v curse, call down curses on (sy), swear at (sy), damn

átkozódás n 1. (cselekedet) cursing, damning, swearing 2. (kifejezés) curse, swearword(s), malediction

átkozód|ik v curse, swear*, damn

átkozott a damned, (ac)cursed; ~(ul) hideg volt it was awfully/damned cold; ez

az ~ **időjárás** 'such/this dreadful/rotten weather
átkölt v rewrite* [a poem], adapt
átköltés n rewriting [of a poem], adaptation
átköltözés n *(költözködés)* removal, moving
átköltöz(köd)|ik v move house; (re)move *(vhonnan* from, *vhová* to)
átköltöztet v move/transfer sy (to)
átkönyvel v transfer (sg) to another account/book
átköt v **1.** *(spárgával)* bind*/tie (round); *(csomagot)* tie up (with a string) **2.** *(harisnyát, pulóvert)* re-knit*
átkötés n *(harisnyáé, pulóveré)* re-knitting
átkötöz v tie/bind* up
átkúsz|ik v *(vm felületén)* creep* across; *(vhonnan máshová)* creep* over (to)
átkutat v search through, examine thoroughly/closely, scrutinize; *(terepet kat)* reconnoitre *(US* -ter); *(zsebeket)* go* through [one's pockets]
átkutatás n search, thorough examination, scrutiny
átküld v send* over to, remit; *vkt vmért* send* sy (over) for sg *(v.* to fetch sg); *vkért* send* for sy
átlag I. n average; *(számításban)* mean; ~**on felül(i)** better than average, above (the) average *ut.;* ~**on alul(i),** ~ **alatti** below (the) average *ut.;* below(-)average; ~ **alatti a jövedelme** he has a below-average income; *(igével)* he earns below the average; ~ **át kiszámítja vmnek** average sg **II.** *adv* = **átlagosan; havonta** ~ **2000 Ft-ot tesz félre** he can* save *(v.* put* away/aside) on average 2000 fts a month; **hetente** ~ **10 levelet kap** his mail averages 10 letters a week
átlagár n average price
átlagbér n average wage
átlagember n average/common man°, man° in the street
átlageredmény n average result/output
átlagérték n average/mean value
átlagjövedelem n average income
átlagkereset n *havi* ~ average monthly earnings *pl (v.* wage)
átlagol v average (out)
átlagos a average, mean; ordinary, common; *(közepes)* middling, run-of-the-mill; ~ **képességű** of middling ability *ut.;* ~ **napi** *(termelés stb.)* daily average
átlagosan adv on average; ~ **kitesz** average out (at sg), average [so much]
átlagsebesség n average speed

átlagszámítás n (rules for finding) averages *pl*
átlagteljesítmény n *(embereké)* average *(v.* per capita) output; *(üzemé, gépé)* average (productive) capacity, average output
átlagterjedelem n average size/volume
átlagtermelés n average output/production/yield
atlanti a Atlantic
Atlanti-óceán n *az* ~ the Atlantic (Ocean)
atlanti-óceáni a Atlantic
átlapol v *(ács)* rabbet; *(asztalos)* overlap
átlapoz 1. vt *(könyvet)* turn (over) the pages of a book, leaf through [a book]; *biz* flick/riffle through **2.** vi *(másik oldalra)* turn the page
atlasz¹ n *(térképes)* atlas
atlasz² n *(kelme)* satin, atlas
átlát 1. vi *vhová* see* across, see* over to **2.** vi *átv vmn* see* through sg; *vkn* see* through sy; ~ **vk szándékain** read* sy's intentions **3.** vt *vmt* † comprehend, realize ⇨ **szita**
átlátszatlan a opaque, not transparent
átlátsz|ik v show* through
átlátszó a transparent; ~ **kifogás** hollow pretext, lame excuse; ~ **hazugság** transparent lie
átlendül v *(tárgyon)* swing*/jump over (to)
átlényegül v transform itself (into); *vall* transubstantiate
átlényegülés n transubstantiation
átlép 1. vi *vmn* step over/across, cross **2.** vi *vhová* go* over to **3.** vt *vmt* cross **4.** vt *(mértéket)* exceed; ~**i a határt** *átv* go* beyond the bounds of sg, go* too far; ~**i a (hitel)keretet** overspend* [an allotted amount]; overdraw* [one's account]; *biz* go* into the red; ~**i a megengedett sebességet** break* the speed-limit; ~ **egy szabályt** break* a rule
átlépés n **1.** *vmn* crossing (over), passing across, stepping over **2.** *(szabályé)* infringement
atléta n athlete, sportsman°
atlétatermet n athletic build/body
atlétatermetű a powerfully built, of athletic build *ut.,* athletic
atlétatrikó n vest, singlet; *US* undershirt
atlétika n athletics *sing.*
atlétikai a athletic, athletics; ~ **verseny(ek)** athletic competitions, athletics meeting, track and field events
atletizál v practise *(v.* go* in for) athletics
átló n diagonal (line)
átlóirány n diagonal direction; ~**ban** diagonally

átlós *a* diagonal, transverse, transversal; ~**an**, ~ **irányban** diagonally
átlő 1. *vt vmt* shoot* through **2.** *vi/vt vhová* shoot*/fire *over*/across; *(labdát)* shoot*/ kick (the ball) *over* (to)
átlyuggat *v* perforate, make* holes in sg; *(lövésekkel)* riddle
átlyukaszt *v* prick, make* a hole in sg, perforate; *(tőr)* pierce; *(jegyet)* punch
átmásol *v (rajzot)* trace; *(szöveget, szalagot stb.)* copy
átmász|ik *v* climb *over*
átmázol *v* paint *over*, redaub
átmegy *v* **1.** *vhol* go* through/over/across, pass (through), walk through/across; ~ **a hídon** cross the bridge; *(kocsival)* drive* across the bridge; ~ **a kapun** go* through the gate; ~ **az úton** cross the road **2.** *vhová* go* *over*/across to; cross; ~ **a másik szobába** go* *into* the *other*/adjoining room; ~ **a szomszédba** go* next door (*v.* round to the neighbour's); ~ **egy másik iskolába** change schools, transfer to another school; **a franciából átment az angol nyelvbe** passed from French *into* English **3.** *vmbe* turn *into*; *(szín másikba)* shade *into*; **támadásba megy át** take* the offensive **4.** *(bajokon, megpróbáltatáson stb.)* undergo* (sg); **betegségen megy át** go* through a disease (*v.* an *i*llness); **sok betegségen ment át** he has been through a lot of *i*llnesses lately, he has had one *i*llness after the *o*ther (*v.* another); he has been in and out of hospital; **sok szenvedésen megy át** undergo* much suffering; **átment (a vizsgán)** (s)he passed (the examination), (s)he got through the exam; **változáson megy át** undergo* a change; **átment a vámon** *(poggyász)* [the luggage] cleared/passed (*v.* was cleared by) the customs **5.** *vmn (tanulmányozva)* go*/work through sg, go* over sg
⇨ **köztudat**
átmeleged|ik *v* get* thoroughly warm, warm up; *(csapágy)* heat (up)
átmelegít *v* make* (sg) thoroughly warm; *vkt* warm sy up
átmelegsz|ik *v* = **átmelegedik**
átmenet *n* transition (from ... to); ~ **nélkül** suddenly, abruptly
átmeneti *a* transition(al); *(ideiglenes)* temporary, provisional, *i*nterim, makeshift; ~ **időre** ad *i*nterim, pro tem.; ~ **idő(szak)** a period of transition, transition (period); ~ **intézkedés** *i*nterim/temporary measure; ~ **kabát** between-season coat, spring and autumn coat; ~ **megoldás** temporary/in-

terim arrangement, stopgap/makeshift arrangement/solution
átmenetileg *adv* temporarily, for the time being, provisionally
átmenő *a* transit, passing (through); ~ **forgalom** (1) *(közlekedésben)* through traffic; *(kiegészítő tábla szövege)* except for access (2) *ker* transit trade
átment *v vmt* preserve for posterity
átmérő *n* diameter; *(csőé)* bore, diameter; ~ **je 30 cm** is* one foot in diameter
átmetsz *v* cut* through
átminősít *v vkt* regrade
átminősítés *n* regrading
átmos *v* **1.** *(jól megmos)* wash thoroughly **2.** *(újra)* wash again
atmoszféra *n* **1.** *a*tmosphere; **öt** ~ **nyomás** pressure of five *a*tmospheres; **van benne néhány** ~ *biz* he's had a few **2.** *átv a*tmosphere, climate
atmoszféranyomás *n* atmospheric pressure
atmoszferikus *a* atmospheric(al)
átmulat *v* ~ **egy éjszakát** *biz* whoop it up all night
átnedvesed|ik *v* become* damp, get* wet
átnedvesít *v* wet through/thoroughly, soak (through), *i*mpregnate
átnevel *v* re-educate; *pol* elít brainwash
átnevelés *n* re-education, brainwashing
átnéz 1. *vi (nyíláson)* look/peer/peep through, look across; *(vm fölött)* look *over*/ across **2.** *vi (szomszédba)* *biz* drop in (on sy), look in (on sy) **3.** *vt (írást)* look/go* through/over; *(futólag)* glance/run*/skim through; *(átjavítva)* revise; *(kefelevonatot)* read* [proofs]; **a következő folyóiratokat néztem át** I've checked (*v.* I've been through) the following periodicals
átnézés *n* **1.** *vmn* looking through **2.** *(írásé)* revision
átnő *v vmbe* grow*/develop *into* sg
átnyergel 1. *vt (lovat)* change the saddle **2.** *vi átv* change one's opinions/profession/ party
átnyom *v* press/put* through; *(szitán)* rub through [a sieve]
átnyújt *v vknek vmt* hand (over) sg to sy, hand sy sg; *(ünnepélyesen)* present sg to sy (*v.* sy with sg)
átnyúl *v* reach across (with the hand)
átnyúl|ik *v (térben)* extend *over*, stretch/ spread* across/over; *(időben)* extend *into* [October etc.]
átok *n* curse, malediction; ~ **reád!** a curse upon you(r head)!, damn you!; **a környék**

átka the plague of the neighbourhood; **átkokat szór rá** call down curses upon sy, swear* at sy ⇨ **egyházi**

átolvas v 1. *(szöveget)* read* through; *(futólag)* look over, skim* through 2. *(pénzt)* count over

atom n atom; *(összet.)* atomic, nuclear

atombiztos a nuclear-proof

atombomba n atomic/atom bomb, A-bomb

atomcsapadék n fallout

atomcsendegyezmény n (nuclear) test ban, test-ban treaty, A-bomb ban

atomdiplomácia n nuclear diplomacy

atomellenőrzés n atomic control

atomelmélet n atomic/nuclear theory

atomenergia n atomic/nuclear energy/power

atomenergia-bizottság n Atomic Energy Commission

atomerőmű n nuclear/atomic power station

atomfegyver n atomic/nuclear weapon; **az ~ek (használatának) betiltása** ban on (the use of) nuclear/atomic weapons

atomfegyver-kísérlet n nuclear/atomic weapon test

atomfegyvermentes övezet n nuclear--free zone

atomfelhő n atomic cloud

atomfizika n nuclear/atomic physics *sing.*

atomfizikus n nuclear/atomic physicist

atomháború n nuclear/atomic war(fare)

atomhajtású a nuclear-powered

atomhalál n atomic death

atomhatalom n nuclear power/nation; **atomhatalmak** the nuclear/atomic powers

atomhő n atomic heat

atomhulladék n atomic/nuclear waste

atomizál v atomize, reduce to atoms

atomkísérlet n atomic/nuclear test, A-test

atomkorszak n nuclear/atomic age

atomkutatás n nuclear/atomic research

atomkutató n nuclear/atomic scientist

atomlövedék n atomic missile

atommag n nucleus

atommaghasadás n nuclear fission

atommagkutatás n nuclear research

atommáglya n atomic pile, (nuclear) reactor

atommeghajtású a = **atomhajtású**

atomrakéta n nuclear-powered rocket, nuclear missile

atomreaktor n (nuclear) reactor

atomrobbantás n atomic blast; **~i kísérlet** nuclear (weapon) test

atomsorompó-egyezmény/szerződés n nonproliferation agreement/treaty

atomsúly n *vegy* atomic weight

atomszám n atomic number

atomszerkezet n nuclear/atomic structure

atomtan n *fil* atomism

atom-tengeralattjáró n A-submarine; nuclear(-powered) submarine

atomtöltet n nuclear warhead

atomtudós n nuclear scientist

atomvédelem n nuclear defence

atomvédelmi a antiatomic

atonális a atonal

átölel v embrace, clasp in one's arms

átöltöz(köd)és n changing, change (of one's clothes)

átöltöz(köd)|ik v get* changed, change (one's clothes)

átöltöztet v change the clothes of sy, put* other clothes on sy

átöml|ik v flow, pour (into)

átönt v pour over (into)

átörökít v transmit (by heredity); bequeath

átöröklés n heredity, inheritance

átöröklőd|ik v 1. *vkre* pass to, be* transmitted to 2. *(családban)* be* hereditary

átörököl v inherit sg from sy; **~t vagyon** inherited wealth

átörökölhető a inheritable

átpártol v change sides; *(máshoz, ellenséghez)* go* over to the other side (v. to the enemy)

átpártolás n changing sides

átpasszíroz v rub through [a sieve], strain

átpasszol v *(labdát)* pass [the ball] (over) to

átpofoz v *biz* knock sg into shape

átpolitizál v *vmt* give* sg a political slant, interpret sg in political terms, politicize

átprogramoz v *szt* reprogram

átrág v 1. *vmt* gnaw* through 2. **~ja magát** *(könyvön)* plough/wade through [a book]

átragad v *(betegség vkre)* be* infected with [disease]; **~t rá a félelem** he was gripped by fear

átrajzol v 1. *(másol)* trace 2. *(újra)* redraw*, retouch

átrak v 1. *(árut)* transfer, transship 2. *(kályhát)* rebuild*

átrakás n 1. *(árué)* transfer, transshipment 2. *(kályháé)* rebuilding

átrakodás n = **átrakás**

átrakod|ik v transship [goods/cargo]

átrándul v *vhova* make* a short trip (to), make* an excursion (to)

átráz v □ *(becsap)* do* (sy), have* sy on; *US* put* (sy) on; **te ~ol!** you are having me on!; *US* you're just putting me on!; **~ták** he was had, □ he was ripped off

átrendez v *(átcsoportosít)* rearrange, regroup; *(szobát, lakást)* rearrange [the furniture/room]; ~**i a csapatokat** regroup/redeploy the troops

átrepül 1. vi *(vm fölött)* fly* over/across **2.** vi *vhová* fly* to **3.** vt vmt fly* (across); ~**i az óceánt** fly* across/over the sea

átrepülés n flight (over sg), overflight

átrobog v rattle/rush through

atrocitás n atrocity, atrocious act

átrohan v **1.** vmn, vhol rush/dash through/over, shoot*/tear* across (mind: sg) **2.** vhova run*/rush/dash through/over to

átrostál v *(lisztet)* sift; *(gabonát, kavicsot)* riddle

átruccan v = **átrándul**

átruház v *(vkre értéket)* transfer, convey, assign, make* over, US deed (mind: sg to sy); *(hatáskört)* delegate; *(jogot)* grant (to); *(hatalmat)* transfer (to)

átruházás n *(értéké)* transfer(ence), conveyance, assignment; *(anyagi)* grant; *(hatalomé, hatásköré)* delegation; transfer(ence); *(jogé)* grant; **tulajdon** ~**a** transfer of ownership; ~**i okirat** grant, deed (of assignment/conveyance), the deeds pl

átruházható a transferable, assignable; **másra át nem ruházható** not transferable

átsegít v *(átkelőhelyen)* help sy cross the road (v. cross over); *(bajon)* help (sy) through (sg), tide (sy) over (sg)

átsétál v walk/stroll (over/across) (vhova to)

átsiet v hurry over/across (to)

átsikl|ik v **1.** *(hibán)* pass/skate over sg, overlook (sg); **könnyen** ~**ik rajta az ember** it is apt/liable to be overlooked, it is easy to miss **2.** *(tényeken)* disregard **3.** *(résen)* glide/slip through

átstilizál v go* over [one's lecture etc.] to polish up the style, edit [a text, an article, a book etc.]

átsugárz|ik v shine* through

átsuhan v **1.** vmn glide over/across sg **2. mosoly suhant át az arcán** a smile flickered/flitted across his face

átsül v *(hús)* roast through, be* done (to a turn); *(tészta)* bake through; **jól** ~**t** be* well-done

átsüt 1. vt roast thoroughly; **nincs jól** ~**ve** be* underdone, be* (done) rare; **jól át van sütve** be* well-done **2.** vi *(nap vmn)* shine* through

átszab v refashion

átszakad v break* through, burst*

átszakít v burst*, break*

átszalad v **1.** vhol run* through/across/over **2.** vhova dash/run*/pop over to

átszáll v **1.** vm fölött fly* over; vmn át fly* across/through **2.** *(vasúton)* change (trains), transfer; *(villamoson)* change; *(más repülőgépre)* change (planes); *(hajóról hajóra)* change (boats); **át kell szállni vonatról buszra** have* to change/transfer from the train to a bus; **Debrecenben kell** ~**ni Mátészalka felé** you have* to change trains at D. for M.; **hol kell** ~**ni ... felé?** *(villamoson, buszon)* where do I change for ...?; ~ **a 7-es buszra** change to the number seven bus **3.** *(vagyon)* devolve to, pass to

átszállás n **1.** *(közlekedési)* change, changing trains/boats **2.** *(vagyoné)* devolution

átszállít v vhova transport to; vmn convey over/across

átszálló n = **átszállójegy**

átszállóhely n change-stop; *(vasúti)* junction

átszállójegy n US transfer

átszámít v convert (into)

átszámítás n conversion (into)

átszámítási a ~ **árfolyam** rate of exchange, exchange rate; ~ **táblázat** conversion table/chart

átszámol v *(újra)* count over, re-count; *(ellenőriz)* verify

átszámoz v renumber

átszármaz|ik v **1.** = **elszármazik 2.** vkre devolve on/to sy

átszel v *(vág)* cut* through/across, intersect

átszellemül v arca ~**t a boldogságtól** her face was transfigured with joy

átszenved v endure, suffer, go* through

átszerel v vmt máshova fit sg on/up elsewhere; *(újra)* refit, readjust; *(gépet)* reset*

átszervez v *(intézményt)* reorganize

átszervezés n reorganization

átszitál v sift, pass (sg) through a sieve

átszivárog v **1.** *(folyadék)* ooze/seep through; *(csöpögve)* trickle through; *(szag, gáz)* come*/filter through **2.** átv filter through

átszól v call over to sy; ~ **vkért** = **áthív vkt**; **telefonon** ~ **vknek** telephone sy, ring* through to sy

átsző v vmvel interweave* sg with sg; *(átv is)* lace sg with sg

átszök|ik v vhová flee* to; *(ellenséghez)* go*/run* over to; *(határon)* flee* across [the frontier]

átszőtt a interwoven/laced (with)

átszúr v pierce, stab; *(karddal)* run* (sy) through

átszűr v strain, filter

átszüreml|ik v = **átszűrődik**

átszűrődés n filtering/oozing through

átszűrőd|ik v *(folyadék)* seep/ooze through; *(hang)* filter/come* through; *(fény)* glimmer/filter through

áttanulmányoz v examine, study

attasé n attaché

áttekercsel v rewind*

áttekint 1. vi vhová look across/over to **2.** vt vmt survey, look over; ~**ették a helyzetet** they surveyed/discussed the situation

áttekintés n **1.** *(szemle)* survey, view **2.** *(tárgyköré)* summary; *(könyvcímben)* outlines pl; *(eseményeké)* review; **(rövid)** ~**t ad vmről** offer a (brief) survey of sg; **a cikk jó** ~**t ad a külpolitikai helyzetről** the article gives a good survey (v. US overview) of the political situation abroad (v. of foreign affairs)

áttekinthetetlen a **1.** *(túl nagy)* vast, immense **2.** *(zavaros)* confused, puzzling

áttekinthető a easy to survey ut.; *(jól elrendezett)* clearly/lucidly/well arranged, perspicuous

áttelefonál v phone (over) (to), ring* through (to sy)

áttelel v spend* the winter, live through the winter; *(alvó állat)* hibernate

áttelelés n hibernation

áttelepedik v settle elsewhere, (re)move to [another place]

áttelepít v **1.** *(embert)* resettle, transfer/remove to [a place] **2.** *(növényt)* transplant

áttelepítés n **1.** *(emberé)* resettlement, transfer **2.** *(növényé)* transplantation

áttelepül v = **áttelepedik**

áttelepülés n removal, resettlement

áttér v **1.** *(másik útra/oldalra)* cross (over) (to) **2.** *(más témára)* pass over/on to [another subject]; *(más módszerre/termelésre)* switch over to, turn to; **más témára tér át** change the subject; **más foglalkozásra tér át** change jobs, try one's hand at another occupation, turn to another occupation; ~ **a nagyüzemi termelésre** switch/change over to mass-production **3.** *(más hitre)* be* converted (v. US convert) to [another belief/faith]

átterel v ~**i a forgalmat** divert the traffic

áttérés n **1.** *(más témára)* passing on (to); *(más módszerre/termelésre)* change-over, switch-over; ~ **tömegtermelésre** change-over to mass production; **az** ~ **idő**-**szaka** change-over period **2.** *(vallási)* conversion (to)

áttérít v *(más vallásra, nézetre)* convert (to); *(maga meggyőződésére)* bring* sy over to [one's opinion]

átterjed v spread* (over) *(vhová* to)

áttesz v **1.** vmt máshová put*/shift over to, transfer to **2.** *(székhelyét)* transfer [one's seat] to another place; *(vkt áthelyez)* move, transfer; *(ügyet hatósághoz)* pass [a matter] to; *(vmt más/későbbi időpontra)* rearrange, put* back (until v. till v. to); **a mérkőzést áttették a jövő/következő hétre** the match has been put back until next week (v. to the following week) **3.** *(más nyelvre)* translate (into); *(gyorsírást)* extend [shorthand]; **tedd át múlt időbe** put it into the past tense

áttétel n **1.** *(áthelyezés)* transfer, removal **2.** *(gear)* transmission **3.** *orv* metastasis *(pl -ses)*

áttételes a **1.** *műsz* ~ **hajtás** gear drive **2.** *orv* metastatic **3.** ~**en** *(= közvetett módon)* indirectly

áttetsz|ik v show* through, be* translucent, be* semi-transparent

áttetsző a semi-transparent, translucent

Attila n → **Atilla**

attól I. *pron* from that; ~ **az embertől** from that man°; ~ **félek, hogy** I am afraid that; **ez** ~ **van, hogy** this is due to **II.** *adv* **1.** ~ **fogva** from that time, since then, ever since; **2. esik az eső, de** ~ **még jöhetsz** it's raining but that's no reason for you not to come

áttol v vhová push over/across; *vmn keresztül* push through

áttölt v *(folyadékot)* pour (sg) into another [container]; *(lefejt)* decant

áttör 1. vt vmt break* through; ~**i a védőgátat** burst* the dyke (v. US dike) **2.** vi vmn break* through, force one's way through; ~ **a tömegen** force one's way through the crowd, squeeze through the crowd; ~ **a kordonon** *(tömeg)* surge over (v. overflow) the barriers; **a napfény** ~ **a felhőkön** the sun breaks* through the clouds **3.** vt *(ételt szitán)* rub through [a sieve], mash

áttörés n *(átv is)* breakthrough; ~**i kísérlet** attempted breakthrough

attrakció n attraction, feat

áttüzesed|ik v become* red-hot

átugrat v lovával ~ **egy sövényen/akadályon** make* one's horse jump a hedge/fence, jump/put* one's horse over

a/the hedge/fence; ~ja az árkot, ~ az árkon jump one's horse over a ditch
átugr|ik 1. vi/vt vmn jump/clear sg, leap*/spring* over sg; a ló könnyen ~otta az akadályt the horse easily cleared the fence; egyik témáról ~ik a másikra jump from one subject to another 2. vt (kihagy) skip, leave* out, bypass 3. vi biz vhova, vkhez nip across/round to sy, pop over to sy
átúsz|ik v (folyót) swim* [a river]
átúsztat v film dissolve/fade [a scene etc.] into [another]
átúsztatás n film (lap) dissolve
átutal v 1. (pénzt) remit, transfer; szíveskedjék csekken ~ni kindly remit by cheque (v. send* a cheque [for]); a részvételidíjat (a köv. címre) kérjük ~ni participation fee should be paid by bank transfer to ... 2. (máshová utasít) refer to
átutalás n (pénzé) remittance; (államtól) transfer payment
átutalási a ~ betétszámla kb. current account; US checking account
átutazás n journey/travelling/passage through [a country], transit
átutaz|ik v vmn pass through (sg), travel (US -l) (in transit) through/across
átutazó I. a passing, transit, transient; ~ vendég temporary guest; US transient II. n 1. through/transit passenger, transient, traveller (US -l-) in transit 2. ~ban passing through, on one's way through; ~ban van vhol be* on one's way through, passing through (swhere)
átutazóvízum n transit visa
átül v vhova take* (v. move to) another seat
átültet v 1. növ transplant, replant; (más cserépbe) repot 2. orv (bőrt) graft; (szervet) transplant 3. vkt máshová reseat, seat elsewhere 4. (szöveget) translate (from ... into), render (into)
átültetés n 1. növ transplantation 2. orv (szervé) transplant, transplanting an organ 3. (fordítás) translation
átüt 1. vi vm vmn penetrate, show* through 2. vt strike*/break* through
átütemez v reschedule; ~ték az adósságokat the debts have been rescheduled
átütemezés n rescheduling, reschedule
átütés n penetration, piercing
átütő a 1. ~ erő penetrating force 2. ~ siker resounding success, éclat
átütőpapír n flimsy, typing paper
átüzen v send* word (to), send* a message (to)

átvág 1. vi (mezőkön) take* a short cut [across the fields], make* a beeline for 2. vt vmt cut* through; (kétfelé) cut* in two/half
átvágás n 1. cutting through 2. (út) short cut
átvállal v take* sg upon oneself, undertake*; tartozást ~ assume a debt
átvált 1. vt (pénzt) exchange (vmre for), convert into 2. vt el switch over, commute; (másik csatornára, tévét) switch over [to another channel]; (kapcsolószerkezetet) throw*; (vasúti váltót) throw* over (the points) 3. vi műsz switch over (automatically), change over, shift 4. vi vmre, vmbe change into sg; Ja, maga angol? — kérdezte franciául, majd ~ott angolra Oh, are you English? — she asked in French, and changed gear into English
átváltási a ~ árfolyam rate of exchange, exchange rate
átváltható a (valuta) convertible (into); (igével) convert into, can be converted (into); át nem váltható, nem ~ inconvertible, non-convertible
átváltozás n transformation, conversion, metamorphosis (pl -ses)
átváltoz|ik v = átalakul
átváltoztat v 1. vkt transform, convert, change; vmt transmute 2. (büntetést) commute [sentence]; büntetését ~ták his sentence was commuted [from death to life imprisonment]
átvándorol v vhová migrate to, move to
átvarr v (keresztül) sew* through; (máshova) sew* over; (gombot megerősít) reinforce
átvasal v iron (over) again
átvedl|ik v vmé turn/change into sg
átver v = átráz; ~nek (boltban) you'll be ripped off
átvereszi magát, átvergőd|ik v vmn struggle/plough (US plow) through, fight* one's way through; (nehézségeken) muddle through
átvérz|ik v (seb) bleed* through; (kötés) blood seeps/shows* through; ~ett kötés bloodstained bandage
átvesz v 1. vktől vmt take* over sg from sy, receive; (árut) take* over, take* delivery of, receive [goods]; (pénzt) receive [money]; (örökséget) enter (up)/on [one's inheritance]; (hivatalát) take* over [one's duties]; köszönettel átvettem received with thanks; ~i a kitüntetést receive the decoration/award; ~i az üzenetet take* a message 2. (korábbi hibákat) inherit; (rossz szokást) adopt [a bad habit] 3. (szót más nyelvből)

borrow, adópt [a word] **4.** = **átismétel;** ~**i a nyelvtant** go* through the grammar; **holnapra** ~**em a történelmet** I shall revise history for tomorrow ⇨ **hatalom**
átvészel *v (megpróbáltatást)* go*/live through, (manage to) survive; *(betegséget)* pull through [a crisis], get* over [an illness]
átvet *v vmn* hurl/fling* over sg; *(vmt vállán)* fling* sg over (one's shoulder)
átvétel *n* **1.** *ált* taking over; *(árué, pénzé)* receipt (of); **a hatalom** ~**e** takeover (of power), coming (in)to power; ~**kor fizetve** cash on delivery; ~**t elismeri** acknowledge receipt **2.** *(nyelvi)* borrowing, loan (word)
átvételi *a* ~ **elismervény** (acknowledgement of) receipt, acceptance certificate
átvett *a* **1. az** ~ **pénz** the money received; **az át nem vett levél** (1) *(meg nem kapott)* letter returned to sender, undeliverable letter (2) *(elutasított)* the letter refused (by sy) **2.** ~ **szó** borrowing, loan word
átvevő I. *a* ~ **nyelv** borrowing/adopting language **II.** *n* receiver, recipient; *(küldeményé)* addressee
átvezet 1. *vi (út vmn)* lead*/pass through; *(híd)* pass over **2.** *vt (vkt úttesten)* see* (sy) across/over, help sy cross the road (*v.* cross over) **3.** *vt (más lapra)* bring* forward, carry over; *(főkönyvbe)* post up
átvilágít *v* **1.** *ált* shine*/pass/send* light through **2.** *(röntgennel)* x-ray
átvilágítás *n (röntgen)* x-ray(ing)
átvillan *v* flash across/through; ~**t az agyamon** it flashed across/through my mind
átvirraszt *v* ~**ja az éjszakát** (1) *(álmatlanságból)* not sleep* a wink (all night) (2) *(szándékkal)* sit*/be* up all (through the) night
átvisz *v* **1.** *vmt vhol* take*/carry/convey (sg) over/across (sg); *vkt vhol* help sy cross over **2.** *(tételt)* carry/bring* forward, carry over **3. az elméletet** ~**i a gyakorlatba** translate theory into practice **4.** *sp biz (lécet)* clear [the bar]
átvitel *n* **1.** *(szállítás)* transport, conveyance, transfer; *vmn át* carrying over/across **2.** *(erőé)* transmission **3.** *(könyvelésben)* carried/brought forward *(röv B/F, b/f)*
átvitt *a* figurative; ~ **értelem** figurative sense/use; ~ **értelemben** figuratively, in a figurative sense, metaphorically
átvizsgál *v ált* examine, check, scrutinize; *(ker könyveket, számlát)* check, examine, audit; *(szöveget)* revise, go* through (sg); *(gépet)* service; *(terepet)* comb, search

átvizsgálás *n* examination, checking; scrutiny; *(szövegé)* revision; *(autóé)* service; ~**ra viszi a kocsit** take* the car in for a service
átvonul *v vmn, vhol* pass through; *kat* march through/across
átvonulás *n* passing through, march across
atya *n* father; ~**ink** our (fore)fathers/ancestors
atyafi *n* **1.** *(rokon)* relation, relative, kinsman° **2.** *elit, tréf* yokel; (country) bumpkin
atyafiság *n (viszony)* kinship; *(rokonok)* kinsfolk *pl*, relations *pl*; ~**ban vagyok vele** we are relatives
atyai *a* fatherly, paternal; ~ **ház** paternal roof
atyámfia *n (egyházilag)* brother°; **kedves** ~**i** (dearly) beloved → **atyafi**
atyáskod|ik *v* be* paternal; *iron* be* patronizing (towards sy)
atyáskodó *a* solicitous, fatherly; *iron* patronizing
au *int* ~, **de megütöttem a lábam!** ouch! I've hurt my foot!
audiencia *n* audience, hearing
audiovizuális *a* audiovisual, AV [aids]
auditórium *n* auditorium, lecture room/theatre
aug. *n* = **augusztus** August, Aug.
augusztus *n* August; ~**ban,** ~ **folyamán** in (the course/month of) August; ~ **5-én** on 5th August, on August 5th *(kimondva:* on the fifth of August, on August the fifth); **A**~ **20-a** the Twentieth of August (= public holiday); ~ **hóban/havában** in the month of August
augusztusi *a* August, in/of August *ut.*; ~ **napok** August days; **egy** ~ **napon** on a day in August, on a certain August day, one day in August
aukció *n* auction, sale (by auction); ~**n elad** sell* by auction
aukciós *a* ~ **terem/csarnok** auction room
aula *n* assembly/great hall
au pair *a/n (diáklány)* au pair (girl); ~ **alapon dolgozik** work (as an) au pair
ausztrál *a/n* Australian
Ausztrália *n* Australia
ausztráliai *a/n* Australian
Ausztria *n* Austria
ausztriai *a/n* Austrian
autentikus *a* authentic, genuine
auto- *pref* auto-
autó *n* (motor)car; *US* automobile, *biz* auto; **beszáll az** ~**ba** get* into the car; ~**n megy** go*/travel *(US* -l) by car; *vkt* ~**n**

visz drive* sy, take* sy in one's car; ~**t tart** own/run* a car; ~**t vezet** drive* a car; ~**val** *(megy)* [go*/travel *(US* -l)] by car, *(de: egy bizonyos autóval)* in [my/Peter's v.' the big yellow etc.] car ⇨ **gépkocsi(-)**

autóalkatrészek *n pl* spare parts; *GB* (car)-spares

autóantenna *n* car aerial

autóatlasz *n* road-atlas

autóbaleset *n* car accident; *(halálos)* fatal accident

autóbusz *n* bus; *(emeletes)* double-decker; *(távolsági)* coach; **a 12-es** ~ (1) *(viszonylat)* the bus-line number twelve (2) *(a kocsi)* the/a number twelve bus, bus number twelve; **autóbusszal** by bus; *(távolságival)* by coach

autóbuszjárat *n* bus line/service

autóbuszjegy *n* bus ticket

autóbuszkalauz *n* bus conductor

autóbusz-közlekedés *n* bus service; *(távolsági)* coach service

autóbuszmegálló *n* bus-stop; *(távolsági)* coach-stop

autóbuszöböl *n* bus bay

autóbusz-pályaudvar *n* coach station

autóbuszsofőr *n* = **autóbuszvezető**

autóbuszváróhely *n* bus shelter

autóbuszvezető *n* bus-driver; *GB* busman°

autódaru *n* breakdown crane

autodidakta I. *a* self-taught/educated **II.** *n* autodidact, a self-taught person

autóduda *n* (car) horn

autóemelő *n* jack

autóforgalom *n* motor traffic

autófuvar *n* car/road transport, transport by car/lorry; *US* transportation by truck

autófuvarozás *n* road transport, lorry transport(ation); *US* trucking

autógarázs *n* garage

autogejzír *n* gas water-heater; *GB* geyser

autogénhegesztés *n* oxyacetylene/autogenous welding

autogénhegesztő *n* **1.** = **autogénpisztoly 2.** *(munkás)* oxyacetylene welder

autogénpisztoly, autogénvágó (pisztoly) *n* oxyacetylene (welding) blowpipe, welding torch

autogram *n* autograph, signature

autogramgyűjtemény *n* autograph album/collection

autógumi *n* tyre, *US* tire

autógyár *n* motor works *sing.*, car factory

autóipar *n* motor/car industry; *US* automotive industry

autójavító (műhely) *n* (car) repair shop

autókarambol *n* (motor)car accident/collision/crash

autókáz|ik *v* go* for a drive/ride, have* a run in the car

autókerék *n* (car) wheel

autókirándulás *n* drive, car excursion, motor tour

autóklub *n* automobile/motoring club; *GB* Automobile Association, Royal Automobile Club

autóközlekedés *n* motor traffic

autokrácia *n* autocracy

autokrata I. *a* autocratic **II.** *n* autocrat

autókürt *n* (car) horn

automata I. *a* ~ **büfé** *GB* food and drink dispensers *pl*; *US* automat; ~ **fegyver** automatic (weapon/firearm); ~ **sebváltó** automatic transmission; ~ **sebváltós kocsi** automatic **II.** *n* *(pénzbedobós, cigaretta stb.)* automat, slot machine, coin-operated machine; *US (cigaretta, büféáru stb.)* vending machine; → **játékautomata**; **bélyegárusító** ~ stamp machine; **kávéárusító** ~ coffee machine

automataérme *n* slot coin

automatika *n* automation

automatikus *a* automatic; ~**an** automatically

automatizál *v* automate, make* automatic; ~**t** automated

automatizálás *n* automation

autómentő *a/n* ~ **(kocsi)** breakdown van; *US* tow truck, wrecker; ~ **szolgálat** recovery/breakdown service

automosó *n (hely)* carwash

autonóm *a* autonomous, self-governing

autonómia *n* autonomy, self-government

autópálya *n* motorway; *US* expressway, freeway; **fizető** ~ *US* turnpike; **az M7-es** ~ the M7 motorway

autópályadíj *n* toll

autóparkoló *n* car park; *US* parking lot

autórádió *n* car radio

autós *n* motorist

autóscsárda *n* roadhouse

autósiskola *n* driving school

autósport *n* motoring

autóstop *n* ~**pal utazik** hitchhike, thumb a lift, thumb; ~**ot kér** hitch a ride, thumb a lift/ride; ~**pal utazó** hitchhiker, thumber

autóstoppos *n* hitchhiker, thumber; ~**t elvisz/felvesz** give* sy a lift

autósvonat *n* Motorail (train); *(csatlakozás)* Motorail link

autószemüveg *n* goggles *pl*

autószerelő *n* car/motor mechanic
autószerencsétlenség *n* car accident/ crash; *(tömeges)* pile-up
autószerviz *n* service station
autoszifon *n* (soda) siphon
autótaxi *n* taxi(-cab), (mini-)cab
autótérkép *n* road map
autótípus *n* type of car, model
autótúra *n* motor tour, motoring
autóút *n* **1.** *(úttest)* motor road **2.** *(megtett út)* motor tour, drive; **ötórás** ~ it's a five--hour drive, it's five hour's drive
autóverseny *n* motor/car race, car rally
autóversenypálya *n* motor racing track, motoring (race) course
autóversenyző *n* car racer, rally/racing driver
autóvezetés *n* (car) driving, motoring
autóvezető *n* (car) driver
autózás *n* motoring, touring; *(rövid)* drive, ride
autóz|ik *v* go* for a drive/ride; *biz* go* for a spin
avagy *conj* or (else)
avantgárd *n/a* avant-garde
avanzsál *v* advance, be* promoted
avar *n* ⟨dry fallen leaves and parched grass⟩
avas *a* rancid, rank; ~ **szaga van** smell* rancid, be* off
avasod|ik *v* become*/grow* rancid
avat *v* **1.** *vkt vmbe* initiate sy into sg **2. doktorrá** ~ **vkt** confer the degree of doctor on sy; **tisztté** ~ make*/create officer **3.** *(emlékművet)* dedicate; *(épületet)* inaugurate, open **4.** *(szövetet)* (pre)shrink*
avatás *n* **1.** *vmbe* initiation **2.** *(tiszti)* passing out; *(egyetemi)* graduation **3.** *(emlékműé)* dedication; *(épületé)* inauguration, opening **4.** *(szöveté)* (pre)shrinking
avatatlan *a* **1.** *(titokba)* uninitiated **2.** *(illetéktelen)* *(főnévvel)* outsider; ~ul without knowing the first thing about sg
avatkoz|ik *v* interfere with/in, meddle with/in; **más dolgába** ~**ik** interfere in *(v.* mind) other people's business, poke one's nose into sy's affairs
avatóbeszéd *n* **1.** *(személyekről)* initiation speech **2.** *(intézmény avatásakor)* inauguration address
avatóünnepély *n* *(személyé)* initiation ceremony; *(épülete stb.)* inauguration/opening ceremony
avatott *a* *(szakértő)* expert; ~ **ismerője vmnek** (great) authority on sg
avégből *adv* = **avégett**

avégett *adv* ~, **hogy** for the purpose of ...ing, in order to ..., with a view to ...; ~ **jött, hogy** he came (in order) to
avégre *adv* = **avégett**
aviatika *n* aviation, flying
avizál *v* inform, advise, notify *(vkt vmről* sy of sg)
avul *v* become* obsolete, be* obsolescent
avult *a* out of date *ut.*, obsolete
avval *pron/adv* = **azzal**
axióma *n* axiom
az[1] *definite article (határozott névelő)* the
az[2] *pron (névmás)* that *(pl* those); ~ **a fiú** that boy (over there); ~, **aki** (he) who; ~, **ami** what, that which; **ez** ~ that's it, here it is; **ez nem** ~ that's not the one (I meant), that's not the right one, that's the wrong one; **ki** ~? who is that/it?; **Ki** ~? **(Az) János** Who's that? It's John; **én vagyok** ~ it's me; ~ **beszél** *(telefonon válaszolva)* speaking!; **Te vagy** ~, **Jancsi? A**~ **vagyok** Is that you, Johnny? Yes, it's me; **János volt az, aki megmondta nekem** it was John who told me; **mi** ~? what's that?, what's the matter?; ~ **már igaz** that's right/so/correct and no mistake, sure enough, certainly; **ő** ~**ok között volt** he was one of those who; ~**ok az emberek, akik** (those) people who; ~**ok után** → **után;** *l.* ragos alakokat **(abba, annak, azt** *stb.) a maguk ábécérendi helyén*
azalatt *adv* meanwhile, in the meantime; **míg te olvasol,** ~ **én írok** I'll do some writing while you read *(v.* are reading); **adolog** ~ **történt, mialatt te távol voltál** it happened while you were away ⇨ **alatt**
azáltal *adv* in that way, thereby, by that means; ~, **amit mondott** by what he said; ~, **hogy nem adta vissza** by not returning it; ~ **ért el ilyen eredményt, hogy új módszert alkalmazott** it was by applying new techniques that he achieved such (good) results
ázás *n* soaking, getting wet, drenching
azaz *conj* that is (to say), namely *(röv* i.e.); *jog* to wit; **50,** ~ **ötven forint** 50 say fifty for-ints
azbeszt *n* asbestos
azbesztlap *n* asbestos sheet
azelőtt *adv* **1.** *(vm előtt)* before, earlier; **egy hónappal** ~ a month earlier; ~, **hogy/mielőtt ...** before ... **2.** *(régebben)* previously, formerly, in former times; **mint** ~ as in the past; **úgy, mint** ~ just as before; ~ **én is szerettem** I, too, used to like it; **itt**

~ **egy ház állt** there used to be a house here **3.** *(névben)* formerly ⇨ **előtt**
azelőtti *a* former, old, previous, original
azért *adv/pron* **1.** *(azon okból)* therefore, for that reason, on account of that, that is why *v.* that's why; **ez** ~ **van, mert** the reason for this is that; ~ **vagyok itt** that's why I am here **2.** ~, **hogy** *(azzal a céllal)* in order that/to **3.** *(amiatt, cél)* for; ~ **a könyvért jöttem** I have come for that book **4.** ~ **is!** for all that!, still ...; ~ **se(m) megyek el!** I won't go, so there; I just won't go; ~ **se(m) csinálom meg!** I just won't do it(, so there); ~ **se(m) írok neki!** I just won't write to him/her and that's that; **de** ~ **mégis** nevertheless, yet, and yet, still; **hozzám** ~ **eljött** (still,) he did come to me; **de** ~ **csak menjünk** we should go all the same
áz|ik *v* **1.** *(lében)* soak, steep; ~**ni hagy** *vmt* leave sg in soak *(v.* to steep) **2.** *(esőben)* get* wet; **bőrig** ~**ik** get* wet through, be*/get* soaked to the skin; **bőrig** ~**ott** soaking (wet), *(igével)* (s)he got soaked to the skin
azimut *n csill* azimuth
aziránt *adv* ~ **érdeklődöm, hogy** I'm inquiring about; **nincs kétségem** ~, **hogy** I have* no doubt that
aznap *adv* that day; *(ugyanazon a napon)* the same day; ~ **reggel** that morning
aznapi *a* of the same day *ut.*, that day's; **az** ~ **hírek** the/that day's news
azon[1] *adv/pron vmn* on that; ~ **az asztalon** on that table; ~ **az áron** at that price; ~ **belül** (well)) within it/sg; ~ **túl** *(hely)* beyond that → **azontúl;** ~ **tűnődöm, hogy** I wonder whether; ~ **azt értjük, hogy** that means ..., what we mean* by that is that ... **2.** ~ **vagyok/leszek, hogy** I'm anxious to see that [everything is in order etc.]; I shall do my best to ...
azon[2] **I.** *pron (az a ...)* that *(pl* those); ~ **emberek** those people; ~ **kérdést** that/ the question **II.** *adv* ~ **melegében** at once, forthwith; ~ **módon** in the (very) same way; ~ **nyomban** there and then, immediately, on the spot
azonban *conj* but, however; **ő** ~ **tévedett** he, however, was wrong
azonfelül *adv* besides, moreover, furthermore; **hasznos,** ~ **kellemes is** it is useful, and pleasant to boot
azonképpen † *adv* similarly, in the same way, likewise
azonkívül *adv* besides, as well, moreover; **vegyél kenyeret, cukrot,** ~ **gyufát**

buy some bread, sugar, and some matches as well
azonközben *adv* meanwhile, in the meantime
azonmód *adv* at once, immediately, there and then, forthwith
azonnal *adv* immediately, instantly, at once, straight/right away, forthwith; ~ **megtesz** *vmt* lose* no time in doing sg; **most** ~ right away; ~ **jövök!** just a minute!, shall be back in a minute
azonnali *a* immediate, instant, instantaneous, prompt; ~ **hatállyal** with immediate effect, effective immediately
azonos *a* **1.** *vmvel/vkvel* identical with sg/sy, the same as sg/sy *ut.*; ~ **értékű** equivalent, of the same value *ut.*; ~ **mennyiség** identical quantity; ~ **mértékben** to the same extent, in equal measure **2.** *(változatlan)* unchanged, constant
azonosít *v* identify (with); ~**ja magát vkvel/vmvel** identify (oneself) with sy/sg; ~**ják az aláírásokat** they check the signatures; **nem** ~**om magam vele** *vmvel* I do not subscribe to it, I do not agree with it
azonosítás *n* identification, identifying
azonosítható *a* identifiable; **nem** ~ unidentifiable
azonosság *n* identity, sameness; ~**ot megállapít** establish the identity, identify; ~**ot vállal vmel** identify oneself with sg
azonossági *a* ~ **jegy** identity disc
azonosul *v vmvel* identify (oneself) with sy/sg
azontúl *adv (idő)* after that, thereafter, from that time on
azóta *adv* since then, since that time, ever since; ~, **hogy** since; **két év telt el** ~ two years have passed since; ~ **vár rá** she has been waiting for him ever since
ázott *a* **1.** soaked, drenched **2.** **kissé** ~**an** *átv biz* slightly inebriated/elevated ⇨ **ázik**
azt *pron (tárgy)* that; *vkt* him, her; ~, **aki** him who; ~ **mondják, hogy** it is said that, they say (that); ~ **a könyvet** that book (over there); ~ **kérem** that one, please; ~ **már nem!** that won't do!
aztán *adv* **1.** *(azután)* then, afterwards, after that; **és** ~ **mit csinálsz?** what will you do* next/afterwards? **2.** *(nyomatékosan)* **hát** ~?, **na és** ~? so what; well, what of/about it?; **de** ~ **ott légy!** don't (you) forget to (*v.* you'd better) be there!; **ez** ~ **munka!** that's what I call hard/good work
áztat *v* soak, wet; *(vegyszeres folyadékban)* steep; **könnyekkel** ~ bathe in tears
azúr *n* azure

azúrkék *a a*zure (blue)

azután *adv/conj* afterwards, after that, then, next; **rövidesen** ~ soon/shortly after; **évekkel** ~ years after; **2 nappal** ~, **hogy megérkezett** two days after he arrived ⇨ **után**

azzal *pron/adv* **1.** *vmvel* with that; ~ **csak azt éri el** all he will get (done) this way is; ~ **a feltétellel, hogy** on condition that; ~ **a kéréssel fordult hozzám** he requested me to ..., he requested that (I should ...), he asked if I would ...; ~ **vádolják, hogy megölte a feleségét** he is accused of having murdered (*v.* murdering) his wife **2.** *(időben)* ~ **már el is szaladt** having said this he ran away; ~ **már meg is csinálta** *kif* no sooner said than done

Ázsia *n A*sia

ázsiai *a/n A*sian, Asiatic

ázsió *n* **nagy az** ~**ja** be* in great demand, be* at a premium

azsúr[1] *n (kézimunka)* hem-stitch, openwork

azsúr[2] *adv* ~**ban van (munkájával)** have* no arrears, be* up to date (*v.* not behind) with [one's work]

azsúroz *v* hem-stitch

B

B, b[1] *n (betű)* (the letter) B/b

b[2] *n zene* B flat

b. *n* **1.** = *bal* left **2.** = *becses* esteemed

-ba, be *suff* **1.** *(helyhatározó)* **a)** to; **Angliába megy** go* to England/Britain; **bemegy a városba** go* (up) to town; **városba megy** go* to the town; **Debrecenbe megy** go* to Debrecen; **iskolába jár/ megy** go* to school; **az Operába megy** go* to the Opera; **színházba megy** go* to the theatre; **b)** in, into; **bemegy a házba** go* in(to) the house; **gyere a kertbe** come into the garden; **víz ment a cipőmbe** water was getting into my shoes; **bebújik ruhájába** slip into one's clothes; **c)** *(különféle elöljáróval)* **elutazott Sopronba** (s)he left for Sopron; **bejut a döntőbe** qualify for the final; **d)** *(elöljáró nélkül)* **útba igazít** direct sy, show* sy the way; *átv* give* sy information (about sg); **a szobába lép** enter the room; **fejébe szállt a dicsőség** success has turned his head **2.** *(időhatározó)* **sok időmbe került/telt** it took me a long time; **5 órába(m) ba került** it took me five hours (to . . .); **éjszakába nyúlik** reach (far) into the night **3.** *(állapothatározó, különféle elöljáróval v. elöljáró nélkül)* **képzeld magad az én helyembe** put yourself in my position; **bajba kerül/jut** get* into trouble, get* into hot water; **dühbe gurul** fly* into a rage; **kétségbe esik** give* way to despair, lose* heart; **belefog/belekezd (vmlyen) munkába** get* down to work, start working; **figyelmébe ajánl vknek vmt** recommend sg to sy; **feledésbe megy** fall* /sink* into oblivion, be* forgotten; **beleszól a beszélgetésbe** break* in on the conversation, interrupt the conversation; **beleavatkozik vmbe** meddle/interfere in sg; **beleavatkozik vk hatáskörébe** encroach on sy's authority; **rendbe hoz vmt** put*/set* sg in order **4.** *(véghatározó)* **a)** into, in; **belemegy a játékba/tréfába** enter into a/the game; **részletekbe bocsátkozik** enter into the particulars; **bevezet ismeretekbe** initiate into sg, instruct in sg; **b)** to; **beleszokik vmbe** get* accustomed to sg, accustom/adapt oneself to sg;

belenyugszik vmbe resign/reconcile oneself to sg, submit to sg **5.** *(vmként)* as; **ajándékba kap vmt** receive/get* sg as a present **6.** *(okhatározó)* of, with; **belefárad vmbe** get* tired of sg; *biz* be(come)* fed up with sg; **belehal sérüléseibe** die of one's injuries; **beleun vmbe** get* sick of sg, get* fed up with sg **7.** *(csereérték, viszontszolgáltatás, elöljáró nélkül)* **5 forintba került** it cost (sy) 5 fts, we paid 5 fts for it; **sokba kerül** cost* a lot, cost* much, be* expensive; **csak egy szavadba kerül** you need only say a word

bá' *n* uncle → **bácsi**

bab *n* **1.** *növ* bean; *(gyűjtőnévként)* beans *pl*; **nem ~ra megy a játék** there is* a great deal at stake **2.** *(petty)* spot, polka dot

báb *n* **1.** *(játékbaba)* doll **2.** *(bábjátékhoz, kézre húzható)* (glove) puppet; *(zsinórral mozgatott)* marionette; *átv* (mere) puppet, plaything; **gyenge ~** putty in sy's hands, weakling **3.** → **próbababa 4.** *(sakk)* chessman°, piece; *(teke)* (nine)pin **5.** *(rovaré)* pupa *(pl* -as *v.* -ae); *(lepkéé)* chrysalis

baba *n* **1.** *(játék)* doll, dolly **2.** *(csecsemő)* baby, *ir* babe

bába *n* midwife°

babaarc *n* baby face, doll's face

bababútor *n* doll's house furniture

babacipő *n (kötött)* bootee

babakelengye *n* layette

bábaképző *n* (school of) midwifery

babakocsi *n (játékbabáé)* doll's pram **2.** = **gyermekkocsi**

babapiskóta *n* sponge fingers *pl*

babaruha *n* **1.** *(csecsemőé)* baby's clothes *pl* **2.** *(játékbabáé)* doll's clothes *pl*

bábáskod|ik *v* **1.** act as a midwife **2.** *átv* be* in at the birth of sg

babaszoba *n* doll's house *(pl* dolls' houses)

babáz|ik *v* play with a doll

bábeli zűrzavar *n* a veritable Babel, pandemonium

babér *n* **1.** *(növény)* laurel, bay **2.** *átv* laurels *pl*, glory; **pihen a ~jain** rest on one's laurels/oars; **nem terem neki ~** he hasn't got much going for him

babérfa *n* bay tree
babérkoszorú *n* laurel wreath
babérlevél *n (konyhai)* bay leaf°; *(koszorúban)* laurel leaf°
bábfilm *n* puppet film
babfőzelék *n* dish of (boiled) beans, beans Hungarian Style *pl*
babgulyás *n* Hungarian bean goulash
Babilon *n* Babylon
bábjáték *n* puppet-show
bábjátékos *n* puppeteer
babkávé *n* **1.** *(szemes)* coffee beans *pl* **2.** *(ital)* (pure) coffee
bábkormány *n* puppet government
bableves *n* bean soup; ~ **csülökkel** bean soup with smoked knuckle (of ham)
babona *n* superstition
babonás *a* superstitious
babos *a* = **pettyes 2.**
bábos *n* = **bábjátékos**
babrál *v* **1.** *(zavarában)* fiddle with, finger **2.** *(javító szándékkal, de ügyetlenül)* tinker with
babramunka *n* fiddly job
babszem *n* (a) bean
Babszem Jankó *n* Tom Thumb
bábszínház *n* puppet theatre; *(bábjáték)* puppet-show
bábu *n* = **báb 1., 2., 4.**
babusgat *v* fondle, dandle, caress
bacchanália *n* bacchanalia *pl*, orgy
bacilus *n* germ, bacterium (*pl* -ria), bacillus (*pl* -cilli)
bacilusfészek *n* a hotbed of disease
bacilusgazda *n* (disease/germ-)carrier
bacilusháború *n* = **baktériumháború**
bacilustenyészet *n* microbe culture
bácsi *n* uncle; **János** ~ Uncle John
badacsonyi *a* ~ **bor** Badacsony wine
badar *a* stupid, silly, nonsensical
badarság *n* nonsense, drivel, rubbish
bádog *n* sheet metal, tin (plate)
bádogáru *n* tinware
bádogdoboz *n* tin, *US* can
bádogedény *n* tin pot, canister
bádoglemez *n* tin plate
bádogos *n* tinsmith, tinman°
bádogosműhely *n* tin-shop
bádogoz *v* cover with tin (*v.* sheet-metal)
bagaria *(bőr)* *n* Russia/Muscovy leather
bagatell *n* **1.** *(jelzőként)* ~ **ügy** trifling matter, a mere bagatelle, triviality **2.** *zene* bagatelle
bagatellizál *v* play down (sg), make* light of; *elít* trivialize
Bagdad *n* Baghdad

bagó *n* quid; *tréf (dohány)* baccy; *átv* ~ **ért dolgozik** work for peanuts (*v.* a song)
bagoly *n* owl; ~ **mondja verébnek, nagyfejű** it's (a case of) the pot calling the kettle black
bagolyfészek *n* owl's nest, owlery
bagóz|ik *v* **1.** chew tobacco **2.** *átv* smoke like a chimney **3.** *biz* **rá/oda se** ~**ik** not take* the blindest (*v.* a blind) bit of notice (of sy/sg)
bágyadt *a* weak, weary, run down, tired, languid
bágyadtság *n* weariness, lassitude, languor; ~**ot érez** *biz* feel* like a wet rag, feel* washed out
bágyasztó *a* enervating, wearying, exhausting, tiring; ~ **hőség** oppressive heat
Bahama-szigetek *n* Bahama Islands, the Bahamas
baj *n* **1.** *ált* trouble; *(súlyos)* misery, grief, misfortune; *(enyhébb)* bother; **ez/az (már)** ~ that's too bad; **nem/semmi** ~! it does not matter!, no matter!; never mind!; **annyi** ~ **legyen!** never mind!; **mi (a)** ~?, **mi** ~ **van?** what's the matter?, what is it?, what's wrong?; *biz* what's up?; **az a** ~, **hogy** the trouble is that; **mi a** ~**a?** vknek what's the matter with him/her?; *vmnek* what's the matter (*v.* what's wrong) with it?; **nincs semmi** ~**a** there's nothing (*v.* nothing's) the matter with him/her; **vm** ~ **van vele?** is there anything the matter with him?; ~**e lesz belőle** *biz* he is in for it, there'll be the devil (*v.* hell) to pay; **ez az ő** ~**a** that's his problem; *biz* that's his funeral; **a** ~ **nem jár egyedül** misfortunes never come alone/single; ~**ba hoz** *(lányt)* get* [a girl] into trouble; ~**ba jut/keveredik/kerül** get* into trouble; *kif* get* into hot water; ~**ba sodor** vkt get* sy into trouble; ~**ban van** have* trouble, be* in trouble; *kif* be* in hot water; ~**t okoz** cause harm/trouble; **sok** ~**jal jár** present/involve difficulties/troubles **2.** *(betegség)* trouble, complaint, ailment, sickness ⇨ **ellát**[1] **3.**
báj *n* charm, grace(fulness)
bájcseveg *v* make* small talk
bájcsevegés *n* small talk
bájdús *a* charming, ravishing, delightful
bájgúnár *n* biz kb. fop
bájital *n* magic potion; **szerelmi** ~ love-potion
bajkeverő *n* trouble/mischief-maker, wrongdoer
bajlódás *n* drudgery, toil, bother
bajlód|ik *v* vmvel take* trouble/pains with/over sg, bother about/with sg; **sokat** ~**ik a**

gyomrával his stomach gives* him a lot of trouble
bajnok n 1. sp champion 2. *(hős)* hero, fighter (for sg); **az igazság** ~a the champion of justice
bajnokcsapat n champion team
bajnoki a champion(ship); ~ **cím** title, championship; **a** ~ **cím birtokosa/védője** titleholder, defender; ~ **mérkőzés** league match, tie
bajnoknő n (lady/woman°) champion
bajnokság n 1. *(versenysorozat)* championship 2. *(cím)* championship, title
bajonett n bayonet
bajonettfoglalat n bayonet-socket/holder
bajonettzár n bayonet (fitting); ~**as fej** *(izzóé)* bayonet cap
bajor a/n Bavarian
Bajorország n Bavaria
bajos a 1. *(nehéz)* difficult, troublesome 2. *(kényes)* delicate, awkward
bájos a charming, delightful, lovely
bajtárs n kat comrade, fellow-soldier, mate; *(megszólításban)* comrade
bajtársias a comradely
bajtársiatlan a lacking in the spirit of comradeship ut., uncooperative
bajusz n moustache (*US* mus-); *(macskáé)* whiskers pl; ~**a alatt mosolyog** smile under one's nose
bajuszos a moustachioed, with a moustache ut. (*US* mus-)
bajusztalan a without (a) moustache ut. (*US* mus-); clean-shaven
bajvívás n tört tournament
bajvívó n champion
bak n 1. *(őz, nyúl, antilop stb.)* buck; *(hím állat)* male ~**ot lő** blunder, make* a blunder, put* one's foot in it, drop a brick 2. *(állvány)* trestle; *(favágóé)* sawhorse, *US* buck 3. *(tornaszer)* (vaulting) horse ~**ot ugrik** vault 4. *(kocsi)* (coach-)box, driver's seat
baka n biz 1. *(gyalogos)* foot-soldier, infantryman° 2. = **közkatona**
bakafántoskod|ik v biz nitpick, find* fault(s), carp, bicker
bakancs n (hobnail/heavy) boots pl, brogue
bakancsszeg n hobnail
bakelit n bakelite
bakfis n young miss, girl in her teens, teenage girl, *US* bobby-soxer
baki n biz slip (of the tongue), slip-up
bakiz|ik v biz make* a slip/mistake, slip up
bakkecske n he/billy-goat
baklövés n blunder; *(vizsgán)* howler; ~**t követ el** = **bakot lő**

bakó n executioner, hangman°
baksis n biz tip, gratuity; *(Keleten)* baksheesh
baktat v trudge; *(ló)* amble
bakter n 1. *(éjjeli)* night-watchman° 2. *(vasúti)* track-watchman°
bakterház n watch-box [on railway-line]
bakteriológia n bacteriology
bakteriológus n bacteriologist
Baktérítő n Tropic of Capricorn
baktérium n bacterium (pl -ria); ~ **okozta** bacterial
baktériumháború n biological/germ warfare
baktériumtenyészet n bacterium culture
bakugrás n leapfrog
bal a/n left; ~ **lábbal kel fel** get* out of the bed on the wrong side; ~ **oldal** the left, the left-hand side; left side; *(hajóé)* the port side, port, larboard → **baloldal**; **a** ~ **oldalon** on the left(-hand side); **az út** ~ **oldalán** on the left-hand side of the road; ~ **parti** of the left bank ut., left-bank; ~**ra**, ~ **felé** (to the) left; ~**ra át!** left turn!; ~**ra igazodj!** dress left!; ~**ra hajt(s)** keep* (to the) left; ~**ra kanyarodik** turn left; ~**ra kanyarodni tilos!** no left turn; ~**ra nézz!** eye's left!; ~**ra tolódik**, veer/drift left(wards) (v. to/towards the left); ~**ról**, ~ **felől** from the left; ~**ról jobbra** *(képen)* from left to right; ~**ul üt ki** turn out badly
bál n ball, dance; **első** ~ coming-out ball; **áll a** ~ be* in full swing
bála n bale
Balaton n Lake Balaton; **a** ~**on nyaral** have* a holiday by Lake Balaton, holiday by L.B.; **a** ~**nál** by/at Lake Balaton; **a** ~**ra megy** go* (down) to Lake Balaton
balatoni a of Lake Balaton ut.; ~ **nyaraló** a summer house by Lake Balaton; ~ **bor** wine from the lake/Balaton region
báláz v bale
balegyenes n *(bokszban)* straight left
balek n biz dupe; mug; sucker; pushover; **ne nézz engem** ~**nak!** I wasn't born yesterday
balerina n ballerina, ballet-dancer
baleset n accident; **halálos** ~ a fatal accident; ~**et szenved** have* (v. meet* with) an accident; ~ **érte** (s)he had an accident; **volt egy kis** ~**em munkába menet ma reggel** I had a slight accident on the way to work this morning; ~ **következtében** owing to an accident; ~ **következtében meghalt** (s)he was killed in an accident

baleset-biztosítás *n* accident insurance
baleset-elhárítás *n* prevention of accidents; accident protection
baleseti *a* ~ **osztály** casualty ward/department, *US* emergency; ~ **sebészet** accident surgery; ~ **töréskár (elleni biztosítás)** collision insurance
balett *n* ballet
balettcipő *n* ballet shoes *pl*
balettez|ik *v* = **balettozik**
balettiskola *n* ballet-school
balettkar *n* corps de ballet, the ballet
balettmester *n* ballet-master
balettoz|ik *v* **1.** *(balettot táncol)* perform (in) a ballet **2.** *(tanul)* study ballet
balettszoknya *n* tutu
balett-táncos *n* ballet-dancer
balett-táncosnő *n* ballet-dancer, ballerina; *(karban)* chorus-girl
balett-trikó *n* leotard
balfácán *n biz GB* silly bugger
balfedezet *n sp* left half *(pl* halves *v.* halfs), halfback
balfogás *n* blunder, error, faux pas
balga *a* silly, stupid, foolish
balgaság *n (viselkedés)* silliness, foolishness; *(kijelentés)* nonsense, absurdity
balgatag *a* = **balga**
balhátvéd *n sp* left back
balhé *n* □ row, shindy, fuss; **elviszi a ~t vmért** carry the can
balhéz|ik *v* □ kick up a fuss/shindy/row, *GB* create
balhiedelem *n* misconception, delusion
balhit *n* = **balhiedelem**
báli *a* of the ball *ut.*; ~ **ruha** dress clothes *pl*, ball-gown
Bálint *n* Valentine
baljós(latú) *a* ominous, ill-omened/starred, sinister, baleful; ~ **jel** ill omen; ~ **tekintet** sinister look
Balkán *n* the Balkans *pl*, the Balkan States *pl*
Balkán-félsziget *n* the Balkan Peninsula
balkáni *a* Balkan
balkezes *a* **1.** *(személy, tárgy)* left-handed; ~ **ember** left-handed person, left-hander; ~ **ütés** left-hand stroke, left-hander **2.** *(ügyetlen)* (s)he is all thumbs
balkézről való gyerek *n biz* child° born on the wrong side of the blanket
bálkirálynő *n* the belle of the ball
balkon *n* balcony, *US* gallery
balközép *n* left centre (*US* center)
ballábas *a* ~ **cipő** left foot shoe
ballada *n* ballad, lay
ballag *v* walk slowly, jog along, trudge

ballagás *n* **1.** slow walk, jogging along **2.** *isk* ⟨graduating students' ceremonial farewell to their alma mater⟩
ballaszt *n* ballast; *átv* dead weight
ballépés *n átv* blunder; ~**t követ el** commit a faux pas *(v.* a blunder)
ballisztika *n* ballistics *sing.*
ballisztikus *a* ballistic; ~ **rakéta** ballistic missile
ballon *n* balloon
ballonkabát *n* raincoat, mackintosh
balmenetes *a* left-hand [screw, thread etc.]
bálna *n* whale
bálnavadász *n* whaler, whaleman°
bálnavadászat *n* hunting of whales, whaling
balneológia *n* balneology
baloldal *n pol* the Left, left wing
baloldali *pol* **I.** *a* left(-wing), progressive, leftist **II.** *n* left-winger, leftist ⇨ **elhajlás**
baloldaliság *n* leftist attitude
balos *a* **1.** *műsz* closing/opening to the left *ut.*, left [screw etc.] **2.** *pol biz* leftist
báloz|ik *v* attend/frequent balls
balösszekötő *n sp* inside left
balpárt *n* the Left [in Parliament]
balraát *n* ~**ot csinál** execute a left turn
balratolódás *n pol* swing to the left
balsejtelem *n* misgiving, foreboding
balsiker *n* failure, setback
balsikerű *a* unsuccessful, out of luck *ut.*
balsors *n* bad/ill/hard luck, misfortune
balszárny *n pol* left wing
balszélső *n sp* outside left, left-winger
balszerencse *n* bad/hard luck, misfortune
balszerencsés *a* **1.** *vk* ill-starred/fated → **peches 2.** = **balsikerű**
balta *n* hatchet, ax(e)
baltacim *n* sainfoin, Burgundy hay ·
bálterem *n* ballroom
balti *a* Baltic; **a ~ államok** the Baltic States
Balti-tenger *n* the Baltic (Sea)
baluzstrád *n* balustrade
bálvány *n (átv is)* idol
bálványimádás *n* idolatry, idol-worship
bálványimádó I. *a* idolatrous **II.** *n* idolater
bálványoz *v* idolize
bálványozás *n* idolatry, idolization
balzsam *n* **1.** *(olaj)* balsam, balm **2.** *átv* balm, consolation
balzsamos *a* balmy, balsamic
balzsamoz *v (holttestet)* embalm
bamba *a* foolish, simple, stupid
bambusz *n* bamboo
bambuszbot *n* bamboo-cane, Indian cane
bambusznád *n* bamboo-cane

bámész *a* gaping, staring, gazing; ~ **tekintettel** in *o*pen-mouthed wonder, dumbfounded

bámészkodás *n* gaping, staring

bámészkod|ik *v* gawk/gape/stare at sg; **az ott** ~ **ók** the bystanders

bámul 1. *vi (elképedve vmn)* wonder at, be* astounded at; *vkre* stare/gaze at sy; **megdöbbenten** ~ **vkre** stare at sy in astonishment **2.** *vt vmt* gaze at, stare at **3.** *vt (csodál)* admire (sy, sg); ~ **om a türelmét** I admire (*v.* marvel at) his patience

bámulat *n* **1.** *(csodálat)* admiration (for) **2.** ~ **ba ejt,** ~ **tal tölt el** *vkt* fill* sy with wonder, astonish/astound/amaze sy

bámulatos *a* surprising, amazing, wonderful; ~ **an szép** stunning(ly beautiful)

-ban, -ben *suff* **1.** *(helyhatározó)* **a)** in; **a dobozban van** be* in a/the box; **a házban van** be* in the house; **az ablakban áll (vm)** stand* in the window; **a kocsiban ül** be* sitting in the car; **kezében van a ceruza** he has the pencil in his hand; **eben az országban** in this country; **a szabadban** in the open air; **ez a szék utamban van** this chair is in my way; **a városban van** be* in town; **Angliában** in England; *(tágabb ért.)* in (Great) Britain; **Londonban** in London; *de:* **a gép leszállt Londonban** our plane stopped at London (airport) (*v.* at Heathrow); **b)** at; **a buszmegállóban** at the bus-stop; **egy kisvárosban** at a small town; **Marcaliban** at Marcali; **kastélyában** at his mansion house; **kiköt New Yorkban** land at New York; **leszáll Londonban** stop at London (airport) (*v.* at Heathrow); **iskolában van** be* at school; **hivatalában** at his office; **Paliék otthonában/lakásában** at Paul's (home); **kisebb szállodában száll meg** stay at a (small) hotel; **c)** *(különféle elöljáróval v. elöljáró nélkül)*; **már többször járt Angliában** (s)he has been to Britain several times; **még nem volt Angliában** (s)he hasn't been to Britain; **minden könyvkereskedésben kapható** be* obtainable/available in every bookshop, of all booksellers; **útban van vhova** be* on the way to, be* en route to; **útban Budapest felé** on the way to Budapest; **ágyban marad** stay in bed; *(betegen)* keep* to one's bed **2.** *(időhatározó)* **a)** in; **júniusban** in June; **július első hetében** in the first week of July; **1959-ben** in 1959; **még 1968-ban** back in 1968; **egész életemben** (in) all my life; **idejében** *(= já-*

kor) in (good) time; **b)** at; **ebben a pillanatban** *(= ekkor)* at this moment, *(de: jelenleg)* for the moment; **ugyanabban a pillanatban** at the same moment; **e(bben a) percben** at this minute; **ebben az órában** at this hour; **30 éves korában** megnősült he married at (the age of) thirty; **délben** at noon, at twelve o'clock; **kezdetben** at the beginning, at the (very) outset; **c)** *(elöljáró nélkül)*; **ebben az évben** this year; **ebben a hónapban** this month; **múlt évben** last year; **a jövő hónapban/évben** next month/year; **fiatalember koromban** when I was a young man; **napjában kétszer** twice a day; **három ízben** three times **3.** *(állapothatározó)* **a)** in; **jó állapotban van** be* in good condition/repair; **bajban van** be* in trouble; **divatban van** be* in vogue/fashion; **jó egészségben van** be* in good health; **(jó) formában van** be* in (good) form; **gyönyörködik vmben** take* pleasure/delight in sg; **vmben jártas** be* well up/versed in sg, be* at home in sg; **örömét leli vmben** take*/find* pleasure in sg, take* delight (*v.* delight) in sg; **vmlyen minőség(é)ben** in sg's capacity as, in the quality of; **b)** at; **békében él** live at peace; **zavarban van** be* at a loss; **jó vmben** *(vmlyen tevékenységben)* be* good at sg; **a fordításban (igen) jó** be* (very) good at translation; **kardban első** (be*) first at sabre; **c)** on; **jó barátságban/viszonyban van vkvel** be* on friendly terms with sy; **beszélő viszonyban van vkvel** be* on speaking terms with sy; **d)** *(elöljáró nélkül v. különféle elöljáróval)*; **rendben van** that's all right; **szokásban van** it is customary, it is the custom; **mi járatban van?** what are you doing here?; **jólétben él** be* well/comfortably off; **magában áll** stand*/be* alone, stand* by itself; **rossz hangulatban van** be* out of sorts; **ellentétben van/áll vmvel** contrast with sg; be*/run* counter to sg, be* at variance with sg, be* inconsistent with sg; **munkában van** (1) *vm* be* in hand, be* in the making (2) *vk* be* at work; **hatalmában van/áll** be* within one's power **4.** *(módhatározó; különféle elöljáróval v. elöljáró nélkül)*; **megírta levélben** he wrote it by letter; **nagyban ad el** sell* wholesale; **túlnyomó részben** for the most part, almost entirely; **készpénzben fizet** pay* (in) cash; **különbözik vmtől vmben** differ from sg in sg; **(meg)akadályoz vkt vmben** prevent sy (from) doing sg; **összhangban vmvel** in keeping with sg; **vetélkedik vkvel vmben** compete with sy in (doing) sg; **ártatlan vmben** be* innocent of sg; **szorgalmas vmben** be* keen on sg, be* diligent/industrious (v. hard-working) in sg; *(tanulásban)* work/study hard; **pontban ötkor** at five/5 (o'clock) sharp **5.** *(okhatározó, különféle elöljáróval)*; **sír örömében** she is crying for/with joy; **vmnek hiányában** for want/lack of sg; **vmlyen betegségben szenved** suffer from a disease; **ijedtében** in his alarm, seized by fear; **se hall, se lát dühében** be* blinded with passion **6.** *(részesülés, különféle elöljáróval)*; **részesül vmben** participate in sg, take* a share in sg; **bővelkedik vmben** have* plenty of sg, abound with/in sg; **szűkölködik vmben** be* in need of sg

bán[1] *v* regret, be* sorry for; ~**ja, hogy** (vmt tett) regret doing sg, regret having done sg; **nem** ~**om** I don't care/mind; ~**om is én!** I don't care, for all I care, what do I care, I couldn't care less; **mit** ~**ja!**, ~**ja is ő!** a fat lot he cares

bán[2] *n* ban; **horvát** ~ governor/viceroy of Croatia; **Bánk** ~ Ban Bánk

banális *a* banal, trite, commonplace

banalitás *n* banality

banán *n* banana; *biz* **unja a** ~**t** be* fed up

banándugó *n* split plug, banana pin/plug

banánhéj *n* banana skin/peel; **elcsúszik egy** ~**on** slip on a banana skin

bánásmód *n* treatment; **jó** ~**ban van része** be* well treated, receive good treatment; **rossz** ~**ban részesít** ill-treat, maltreat

bánat *n* **1.** *(szomorúság)* sorrow; grief, distress; **nagy** ~ a deep sorrow; ~**ot okoz vknek** grieve sy, distress sy, cause distress to sy **2.** = **megbánás; késő** ~ **ebgondolat** *(előzetes figyelmeztetésként)* look before you leap; *(utólag)* it is no use crying over spilt milk

bánatos *a* sorrowful, sad, mournful, grief-stricken

banda *n* ált band; *(bűnöző)* gang

bandavezér *n* ringleader, gang-leader

bandázs *n* bandage

bandita *n* bandit, brigand, gangster

bandukol *v* = **ballag**

bandzsa *a* = **kancsal**

bandzsít *v* = **kancsalít**

bandzsítás *n* = **kancsalság**

Banglades *a* Bangladesh

bán|ik *v* **1.** *vkvel* treat/handle sy, deal* with sy, use sy; **rosszul** ~**ik vkvel** ill-treat sy,

treat sy badly; **jól** ~**ik vkvel** treat sy well; **durván** ~**ik vkvel** handle sy roughly; **tud** ~**ni az emberekkel** know* how to deal with people **2.** *vmvel* handle/manage sg; **nem tud** ~**ni a pénzzel** money just runs through his fingers; **ügyesen** ~**ik a fegyverrel** be* a good/crack shot

bank *n* **1.** bank; ~**ba teszi a pénzét** deposit one's money in a bank; **melyik** ~**ban tartod a pénzed?** which bank do you use?, where do you bank?; **a Midland** ~**ban tartja a pénzét** (s)he banks with the Midland Bank **2.** *(szerencsejátékban)* bank; ~**ot ad** keep*/hold* the bank; *biz* **adja a** ~**ot** give* oneself airs, put* on airs, boast, swagger

bankár *n* banker

bankátutalás *n* bank transfer

bankbetét *n* bank deposit

bankett *n* banquet, (public) dinner; ~**et ad** *(vk tiszteletére)* arrange/give* a banquet (for sy), give* a dinner (for sy)

bankettez|ik *v* take* part in a banquet, banquet

bankfiók *n* branch (of a bank)

bankhitel *n* bank credit

bankigazgató *n* bank manager

bankjegy *n* banknote, note, *US* (bank-)bill

bankjegyforgalom *n* circulation (of banknotes), currency circulation

bankjegykibocsátás *n* issue of banknotes

bankjegyköteg *n* wad, roll of banknotes, *US* bankroll

bankkamatláb *n* bank rate

bankkölcsön (bank) loan

bankó *n* = **bankjegy**

bánkódás *n* grief, sorrow (for), pining (after)

bánkód|ik *v* *(vm miatt, vk után)* sorrow (about/over sg v. for sg), grieve (for sy/sg)

bankrabló *n* bank robber

bankszakma *n* banking

bankszámla *n* bank(ing) account; ~**t nyittat egy banknál** open an account with a bank

bankszerű *a* bankable, negotiable

banktisztviselő *n* bank-clerk; *(igével)* (s)he works in a bank

bankügylet *n* banking business/transaction

bánt *v* **1.** *(testileg)* hurt*, harm, trouble; ~**ja az ember szemét** irritate, hurt* the eye, be* an eye-sore **2.** *(bosszant)* annoy, vex, irritate; *(mást lelkileg)* hurt* sy's feelings; *(állandóan)* plague, worry **3.** *(hozzányúl)* touch; **ne** ~**sd!** leave it alone!, hands off!

bántalmaz *v* hurt*, injure, assault; *(lelkileg)* insult

bántalmazás n mistreatment (of sy), injury, violence (done to sy)
bántalom n 1. *(betegség)* ailment, disease, complaint 2. *(sértés)* insult, affront; *(lelki)* indignity
bántatlanul adv unharmed, unhurt, uninjured
bántó a 1. *(sértő)* offensive, insulting; ~ **megjegyzés** (a) sarcastic comment/remark 2. *(bosszantó)* annoying
bántódás n insult; **nem lesz** ~**a** he will not be harmed, he will come to no harm
banya n hag, harridan, witch
bánya n mine; *(kő*~*)* quarry; *(szén*~*)* coal-mine, colliery, pit
bányafa n pit-prop, mine timber
bányafelvonó n cage, mine-hoist
bányagép n mining machine
bányaipar n mining industry; ~**i dolgozó** mineworker, miner
bányajog n laws relating to mining pl
bányakutatás n prospecting
bányalég n fire/choke-damp
bányalégrobbanás n fire-damp explosion
bányamérnök n mining engineer
bányamester n master miner
bányamunkás n = **bányász**
bányaművelés n working/exploitation of a mine/pit
bányaomlás n crumbling *(v.* falling in) of a mine
bányász n miner, mineworker; *(szénbányában)* collier, pitman°
bányászat n mining
bányászati a mining, relating to mining ut.; ~ **kutatóintézet** Institute of Mining
bányászcsákány n miner's pick(axe)
bányaszerencsétlenség n mining accident; *(nagyobb)* mine disaster
bányász|ik v mine
bányászkalapács n (knapping) hammer
bányászlámpa n miner's/safety/Davy lamp
bányászszakszervezet n mineworkers' union
bányatelep n mining site, mine-head/camp
bányaügy n mining
bányaüzem n mining works *sing.*
bányaváros n mining town
bányavasút n mine tramway, miner's tram
bányavidék n mining district/region/area
bányavíz n mine inflow
baptista a/n Baptist
bár[1] **I.** conj *(habár)* (al)though; albeit, notwithstanding; ~ **nem egyszer megmondtam** although I have told you several times **II.** adv *(óhajban)* if only; ~ **igaz vol-**

na! if only it were true; ~ **tudnám a címét** I wish I knew his address; ~ **gyakrabban jönne!** I wish he would come more often, if he would only come more often; ~ **sohase láttam volna** I wish I had never seen him/it ⇨ **bárcsak**
bár[2] n nightclub; *(szállodáé)* (hotel) bar
barack n 1. *(sárga/kajszi)* apricot; *(őszi)* peach 2. *(fejre)* rap on the head
barackfa n *(sárga)* apricot-tree; *(őszi)* peach-tree
barackíz, baracklekvár n apricot jam
barackmag n apricot/peach stone, *US* apricot/peach pit
barackpálinka n apricot brandy
barackvirág n apricot/peach blossom
barakk n ált hut, barracks *sing. v. pl; kat* hutment, barracks *sing. v. pl; GB* Nissen hut, *US* Quonset hut
barakklakás(ok) n quarters pl
barakktábor n barracks *sing. v. pl*
barangol v ramble, roam, wander, rove *(mind:* about)
barangolás n ramble, roaming (about)
bárány n *(hús is)* lamb; *(kicsi)* lambkin; **ártatlan, mint a ma született** ~ (as) innocent as a newborn lamb/babe
báránybőr n lambskin, sheepskin; ~ **be bújt farkas** wolf in sheep's clothing
bárránycomb n leg of lamb
bárányfelhő n fleecy/cirrus cloud; ~**s ég** mackerel sky
bárányhimlő n chicken-pox
bárányka n lambkin, little lamb
barát n 1. *(jó barát)* friend; *(nőé)* (boy) friend; *US biz* buddy; **gyermekkori** ~ childhood friend; **igen jó** ~**ok** they are* great friends; **a** ~**om** a friend of mine; *(nőé)* my boyfriend; **egy jó** ~**om** a good/great friend of mine; **Kedves B**~**om!** *(levélben)* Dear John (stb.); ~**okat szerez** make* friends 2. *(vmnek a híve)* **nem vagyok** ~**ja az autós kirándulásoknak** I'm not keen on day-trips by car 3. *(szerzetes)* monk, friar
barátfüle n kb. jam pockets pl
baráti a friendly, amicable; *(segítően)* brotherly; ~ **államok/országok** friendly countries; ~ **kör** friends pl; ~ **körben** among (intimate) friends; ~ **látogatás** goodwill visit; ~ **nemzetek** friendly nations; ~ **összejövetel** friendly gathering, get-together; *(szűk körű)* a small party for close friends; ~ **szívesség** a friendly turn, favour *(US* -or); ~ **viszonyban van vkvel** be* on friendly terms with sy

barátilag *adv* as a friend; ~ **figyelmeztet vkt** give* sy a friendly warning
barátka *n (madár)* blackcap
barátkeselyű *n* black vulture
barátkozás *n* friendship, making friends
barátkoz|ik *v* make* friends *(vkvel* with), mix *(vkvel* with); **könnyen** ~**ik** make* friends very easily; **nehezen** *(v.* **nem könnyen)** ~**ik** (s)he doesn't mix easily/ well, (s)he finds* it difficult to make friends; **azokkal** ~**ik, akik** he cultivates people who...
barátkozó *a* ~ **természetű** sociable, friendly; *(főnévvel)* a good mixer; *(igével)* make* friends (very) easily; **nehezen** ~ unsociable
barátnő *n* girlfriend; *(idősebb)* lady-friend
barátság *n* friendship, friendly relations *pl*; **szoros/bizalmas** ~ close friendship, intimacy; **jó** ~**ban van vkvel** be* on friendly terms with sy; ~**ból** out of friendship/ kindness; ~**ból tette** he did it as a favour *(US* -or) for a friend; ~**ot köt vkvel** make* friends with sy; **tartja a** ~**ot vkvel** be* on friendly terms with sy; **azokkal tartja a** ~**ot, akik...** he cultivates people who...; ~**gal üdvözöl** *(levélben)* Yours ever, As ever
barátsági *a* ~ **és együttműködési szerződés** agreement of friendship and cooperation
barátságos *a* 1. *(szívélyes)* friendly, amicable, sociable; ~**an** in a friendly manner 2. ~ **szoba** cosy *(US* cozy) room 3. ~ **mérkőzés** friendly match
barátságtalan *a (modor)* unfriendly; *(időjárás)* inclement, dull, cheerless [weather]; *(nem otthonos)* cheerless; ~**ul** in an unfriendly manner
barázda *n* 1. *(földben)* furrow 2. *(arcon)* wrinkle, furrow 3. *(hanglemezen)* (sound-) groove
barázdabillegető *n* (white) wagtail
barázdál *v* furrow, make* furrows (in sg), ridge
barázdált *a* 1. *(arc)* lined, wrinkled, furrowed 2. *(tárgy)* grooved
barázdás *a* 1. *(föld)* furrowed 2. = **barázdált**
barbár I. *a* 1. *(műveletlen, vad)* barbarous, barbaric 2. *tört* barbaric II. *n* 1. *(ember)* barbarian 2. *tört* a ~**ok** the Barbarians
barbárság *n* barbarism, vandalism; **micsoda** ~! what an outrage!
bárca *n (ragasztott)* label; *(odakötött)* tag; *(ruhatári)* check

bárcsak *adv* = **bár**[1] II. ~ **minél előbb jönne** I wish he would come as soon as possible; ~ **velünk jönne** I wish he was coming with us; ~ **velünk jöhetnél** I wish you could come with us, if only you could come with us; ~ **tudnál vezetni** I wish you could drive
bárd[1] *n* hatchet; *(húsvágó)* (butcher's) cleaver ⇨ **csatabárd, harci**
bárd[2] *n (dalnok)* bard
bárdolatlan *a (ember)* uncouth; *(stílus)* rough, unrefined; *(beszéd)* blunt
barett *n* beret
bárgyú *a* idiotic, imbecile, stupid
bárgyúság *n* idiocy, imbecility, stupidity
barhent *n* thick cotton flannel, moleskin
bárhogy(an) *adv* = **akárhogy**; ~ **(álljon) is (a dolog)** in any case, anyway, anyhow
bárhol *adv* = **akárhol**
bárhonnan *adv* from anywhere
bárhova *adv* = **akárhova**
bari(ka) *n* lambkin, little lamb
barikád *n* barricade
barikádharc *n* fighting on the barricades
bariton *n* baritone (voice)
baritonista *n* baritone (singer)
bárium *n* barium
báriumkása *n* barium meal
barka *n* catkin; *(fűzfáé)* pussy willow
bárka *n* boat; **Noé** ~**ja** Noah's Ark
barkács- *pref* do-it-yourself
barkácsbolt *n* do-it-yourself shop
barkácsfelszerelés *n* do-it-yourself kit
barkácsol *v* 1. do* a bit of carpentry/ carpentering, do* woodwork; **szeret** ~**ni** he is very interested in do-it-yourself, he's a great do-it-yourselfer 2. *vmt* make*; *biz* knock together
barkácsolás *n* do-it-yourself, DIY
bárki *pron* = **akárki** 1.-2.
barkó *n* side-whiskers *pl*
barkochba *n kb.* Twenty Questions, "Animal, vegetable or mineral"
barkochbáz|ik *v* play Twenty Questions
barlang *n* cave, cavern; *(állaté)* den, lair
barlangi *a* ~ **medve** cave-bear
barlangkutatás *n* caving, *GB* potholing, *tud* spel(a)eology
barlangkutató *n GB* potholer, *tud* spel(a)eologist
barlanglakás *n* cave-dwelling
barlanglakó I. *a* cave-dwelling II. *n* cave--man°/dweller
bármeddig *adv* 1. *(helyben)* however far 2. *(időben)* however long

bármekkora *pron* whatever size/dimension, however large; ~ **jó lesz** any size will do
bármely *pron* = **bármelyik**; ~ **időben** (at) any time, no matter when, whenever you wish/like
bármelyik *pron* = **akármelyik**; ~ **napon** any day; ~ **üzletben** in any shop; ~ **(a kettő közül)** *either*
bármennyi *pron* = **akármennyi**; *(e kérdésre: mennyit adjak?)* ~**t** any quantity will do; ~**en** however many *(people)*
bármennyire *adv* = **akármennyire**
bármennyiszer *adv* = **akármennyiszer**
bármerre *adv* = **akármerre**
bármerről *adv* = **akármerről**
bármi *pron* = **akármi**
bármiféle *pron* → **akármilyen**
bármiként *adv* = **bárhogy**
bármikor *adv* = **akármikor**
bármilyen I. *pron* whatever, any (kind of); ~ **áron** at all costs, at whatever price **II.** *adv* *(bármennyire)* however; ~ **jó legyen is** be it ever so good; ~ **kevés (legyen is)** be it ever so little; ~ **különösnek tűnik is** strange though it may appear; ~ **nagy (legyen is)** however large (it is)
bárminemű, bárminő *pron* = **bármilyen**
barna I. *a* brown; ~ **arcbőr/arcszín** dark complexion/skin; *(naptól)* suntan; ~ **bőrű** *(született)* swarthy, dark(-coloured); *(lesült)* (sun)tanned; ~ **kenyér** wholemeal (*US* whole-wheat) bread; ~ **nő** brunette; ~ **sör** porter; ~ **szemű** brown-eyed **II.** *n* brown (colour); ~**ra fest** (1) *ált* paint sg brown (2) *text* dye/stain sg brown; ~**ra sül** get* (sun)tanned/bronzed
barnáll|ik *v* appear brown, take* a brown colour
barnamedve *n* brown bear
barnás *a* brownish; *(arcszín)* swarthy
barnaság *n* brownness, brown/dark colour (*US* -or); *(naptól)* suntan
barnaszén *n* brown coal, lignite
barnít *v* (make*) brown; *(nap)* bronze, tan
barnul *v* brown, turn/become*/get* brown; *(naptól)* get*(sun)tanned/bronzed
báró *n* baron
bárói *a* baronial; ~ **cím/rang/birtok** barony
barokk *a/n* Baroque; ~ **stílus** Baroque (style), the Baroque; ~ **stílusú** Baroque, in Baroque style *ut.*; ~ **zene** Baroque music
barom *n* **1.** *(állat)* cattle *pl*, livestock *pl* **2.** *(szidás)* brute, ass, idiot
barométer *n* barometer

baromfi *n* poultry *pl* (mint hús: *sing.*); *(főleg csirke)* chicken(s), fowl(s); ~**t tart** keep* chickens, *US* raise chickens
baromfiállomány *n* poultry stock
baromfifarm, baromfigazdaság *n* poultry-farm
baromfitenyésztés *n* poultry-farming
baromfitenyésztő I. *n* poultry-breeder/farmer **II.** *a* ~ **telep** poultry-farm
baromfiudvar *n* fowl/poultry-run, *US* chicken-yard
baromfivész *n* chicken cholera, fowl pest
baromi *a* *átv* beastly, bestial, brutish; ~ **ereje van** he is* strong as a horse; ~ **munkát végez** do* back-breaking work, work like a Trojan; ~ **jó volt** it was jet good
baromság *n* *(kijelentés)* (utter) nonsense, rubbish
báróné *n* baroness
bárónő *n* baroness (in her own right)
bárpult *n* bar counter
„barrister" *n jog* barrister; ~**nek készül** read for the Bar
bársony *n* velvet
bársonyos *a* velvety, velvet-like, (as) soft as velvet *ut.*; ~ **bőr** velvety/delicate skin; ~ **hang** smooth/soft voice; ~ **tapintású** having a velvety touch *ut.*, velvety
bársonypuha *a* soft as velvet *ut.*, velvety
bársonyszalag *n* velvet ribbon
bársonyszék *n* *(parlamentben)* (minister's) plush seat [in Parliament], *GB* Government front bench
bársonyvirág *n* (French) marigold
bárszék *n* bar stool
bárszekrény *n* cocktail cabinet
basa *n* pasha
basáskodás *n* tyranny, despotism; *átv* bullying
basáskod|ik *v* play the tyrant/despot; ~ **vk fölött** bully sy
bástya *n* **1.** *(váré)* bastion, battlements *pl*; *átv* bulwark **2.** *(sakkfigura)* rook, castle
bástyafal *n* rampart
bástyasétány *n* ⟨a walk along the ramparts *(v.* the castle walls)⟩
basz|ik *v vulg* fuck; **b. . . meg!** fuck (it)!
baszk *a/n* Basque; ~ **sapka** beret
basszbariton *n* basso profundo
basszista *n* bass (singer)
basszus *n* bass (voice)
basszuskulcs *n* bass clef, F-clef
batár *n* **1.** *(hintó)* state coach **2.** *(régi rozoga biz)* boneshaker, shandrydan
batiszt *a/n* cambric, batiste, lawn

bátor *a* **1.** courageous, fearless, brave, valiant; ~ **ember/fickó** man of mettle; *kif* have* guts, have* the guts to (do sg); **bátraké a szerencse** nothing venture, nothing gain **2.** ~ **vagyok (vmt tenni), vagyok olyan** ~ I take* the liberty (of ..ing), I venture to
bátorít *v* encourage, embolden, hearten
bátorítás *n* encouragement
bátorkod|ik *v* take* the liberty (of ...ing), make* bold to
bátorság *n* courage, bravery, *(főleg harcban)* valour *(US* -or); **megvan a** ~**a vmhez** have* the courage to; **nincs (meg a)** ~**a** be* lacking in courage; ~**ot merít** take* courage (from); ~**ot önt vkbe** put* (fresh) courage into sy, encourage/hearten sy
bátortalan *a* timid, timorous, faint/half--hearted, lacking in courage *ut.*; ~**ul** timidly, half-heartedly
bátran *adv* **1.** courageously, boldly, bravely, without fear; ~ **nekivág** *(veszélyes vállalkozásnak)* grasp the nettle, start boldly on sg **2.** *(nyugodtan)* safely, without fear; **csak** ~**!, rajta** ~**!** go ahead!; ~ **beszélhet** you may speak with complete confidence *(v.* safely)
bátya *n* **1.** *(idősebb fivér)* elder brother **2.** *(megszólítás)* uncle; **Laci** ~**m** Uncle Laci, dear old Laci
batyu *n* bundle, pack
batyubál *n* = **piknik**
bauxit *n* bauxite
bauxitbánya *n* bauxite mine
bauxitbányászat *n* bauxite mining
bauxitbeton *n* bauxite/aluminate concrete
bazalt *n* basalt
bazár *n* *(európai üzlet)* (cheap) fancy goods shop, bazaar; *(keleti)* bazaar
bazáráru *n* fancy-goods *pl*, (cheap) miscellaneous goods *pl*
bazedov(kór) *n* exophthalmic goitre *(US* goiter), Graves' disease
Bázel *n* Basel
bazilika *n* basilica, cathedral
bázis *n* base, basis *(pl* bases); **biztos** ~ (1) firm base (2) *(csak átv)* sound basis
bazsalikom *n* (sweet) basil
bazsarózsa *n* peony
B-dúr *n* B-flat major
be *adv* **1.** into, in; **most azután se** ~**, se ki** now we have come to a deadlock **2.** *(műszeren)* in
be- *pref* **1.** ⟨többnyire: ige+in⟩ **2.** *(feleletként)* **Bejössz? B**~**.** Do/Will you come in? Yes, I do/will

-be *suff* → **-ba**
bé *n* [the note] B-flat; *(zenei módosító jel)* flat
bead 1. *vt* ált vmt give*/hand in; *(ruhatárba)* check [one's coat]; leave* [one's coat etc. in the cloakroom]; *(orvosságot vknek)* administer [medicine to sy]; *(injekciót)* give* [sy an injection]; *(kérelmet)* present, hand in, *US* file [an application]; *(dolgoztatot, lemondást, javaslatot stb.)* submit; *(pályázatot)* hand in, submit; ~**ja a fiút intézetbe** put*/send* the boy to a boarding-school; ~**ja a labdát középre** centre *(US* center) the ball **2.** *vt átv* ~ **vknek vmt** (try to) make* sy swallow sg (whole) **3.** *vi átv biz* **neki ugyan** ~**tak** he has had it; **ez (jól)** ~**ott neki** that (really) cooked his goose; ⇨ **derék²**, **kulcs**
beadás *n* **1.** giving/handing in; *(orvosságé)* administration (of); *(kérelemé)* presentation, filing, handing in **2.** *sp* centring (the ball)
beadási *a* ~ **határidő** deadline; ~ **határidő: június 1.** to be handed in *(v.* delivered) by June 1
beadvány *n* *(hatósághoz, kérelem)* application, petition, request; *(javaslat)* submission, proposal, suggestion; **beadvánnyal fordul vhova/vkhez** make*/address/present a petition to sy, petition sy [v. Parliament *v.* the government etc.] (for sg *v.* to do sg)
beágaz|ik *v* vmbe run* into
beágyaz 1. *vt* vmt vmbe (em)bed (sg in sg), encase (in) **2.** *vi (ágyat bevet)* make* one's/the bed
beajánl *v* vkt introduce sy to sy, (re)commend sy (warmly) (to sy)
beajánlás *n* (warm) recommendation
beakad *v* vmbe get* caught in sg
beakaszt *v* *(szekrénybe)* hang* up [in a wardrobe]
bealkonyod|ik *v* night is* falling
beáll *v* **1.** vhová enter swhere, come*/stand* in; ~ **a sorba** join the queue; ~ **kocsijával (parkolóhelyre)** get*/manoeuvre *(US* maneuver) the/one's car into [a parking space] **2.** ~ **katonának** join the army/services, become* a soldier, join up **3.** *(beköszönt)* set* in; **fordulat állt be** the tide has turned; ~**t a tél** winter has set in **4.** *(folyó befagy)* freeze* over **5. nem áll be a szája** *biz* his tongue is* always wagging/going
beállít 1. *vt* vmt vmbe/vhova put* sg in(to); vkt vhova place/send* sy in(to) **2.** *vt (beigazít)* set*, adjust; **az órát** ~**ja a pontos**

időre set* the watch (right); *(előre)* preset*; ~**ja a rádiót** tune in the radio (to a station); **nincs jól** ~**va** *(szerkezet; gép)* it's not set right (*v.* adjusted properly); *(rádió, tévé)* it's not on the station **3.** *vt (munkást)* employ, engage, put*/set* sy to work; *(vonatot menetrendbe)* put* on [a train] **4.** *vt* **úgy állítja be a dolgot, hogy** present an affair in such a way as, give* the matter an appearance as if **5.** *vt* **vmre** ~**ja magát** adjust to sg **6.** *vt sp (csúcsot)* equal [the record] **7.** *vi (bejön)* turn up, drop in **8.** *vi (berúg)* get* drunk/tipsy
beállítás *n* **1.** *vmé vmbe/vhova* putting in, setting in **2.** *(munkásoké)* employment, engagement **3.** *(beigazítás)* adjustment, setting; *(rádióé)* tuning in **4.** *átv (feltüntetés)* presentation, approach; **hamis** ~ misrepresentation, false interpretation
beállítható *a* adjustable (to)
beállítócsavar *n* adjusting screw
beállítottság *n* turn/frame/cast of mind, (mental) attitude (to sg), disposition; **hasonló** ~**ú** congenial, having a similar disposition *ut.*; **hasonló** ~**úak** *biz* the likes of us/them; **nem azonos** ~**ú** uncongenial; **jobboldali** ~**ú** with a right-wing bias *ut.*
beálló *a* **1.** ~ **autóbusz** depot/garage bus **2.** *nyelvt* ~ **cselekvés** immediate future action
beállta *n* **a sötétség** ~ **előtt** before nightfall
beállványoz *v (házat)* surround [a house/building] with scaffolding
beárad *v* stream/flow in
beáramlás *n* inflow, influx; *(lassú)* infiltration
beáraml|ik *v* flow/rush/pour in(to)
bearanyoz *v* **1.** *(tárgyat)* gild* **2.** *(vm az életét)* brighten, light* up
beáraz *v* **1.** calculate the price of sg, price **2.** *(ráírva)* mark the price of sg
beárnyékol *v* shade, overshadow
beárul *v* *vkt* denounce sy, inform on/against sy, accuse sy
beás *v* dig* in; ~**sa magát** *(kat fedezékbe)* dig* (oneself) in, entrench oneself
beatnemzedék *n* Beat Generation
beatzene *n* beat (music), heavy rock (music)
beavat *v* **1.** *vkt vmbe* initiate/let* sy into sg; **be van avatva** he is* in the know, be* in on sg **2.** *tex* preshrink*; **nincs** ~**va** be* not preshrunk
beavatatlan **I.** *a* uninitiated **II.** *n* outsider
beavatkozás *n* intervention, interference; *(jogot csorbító)* encroachment (on); **(más**

ország) belügyeibe való ~ intervention/interference in the internal affairs of (another country); **katonai** ~ military intervention; **be nem avatkozás** nonintervention
beavatkoz|ik *v* *vmbe* intervene in (sg); *(kéretlenül)* meddle/interfere in sg; ~**ik vk hatáskörébe** encroach on sy's authority; ~**ik más ország belügyeibe** intervene in the internal affairs of another country ⇨ **beleavatkozik**
beavatkozó *a* intervening, interfering
beavatott **I.** *a* **1.** initiated; ~ **körök** well-informed circles; **be nem avatott** uninitiated **2.** *tex* preshrunk **II.** *n* outsider
beázás *n (tetőn)* leak
beáz|ik *v* leak; **a tető** ~**ik** the roof leaks
beáztat *v* steep, soak
bebábozód|ik *v* become*/form a chrysalis, (spin* a) cocoon
bebalzsamoz *v* embalm, mummify
bebarangol *v* *(vidéket)* roam (over), ramble/wander over [the countryside]
bebeszél *v* vknek vmt talk sy into (believing) sg; ~ **vmt magának** take*/get* into one's head, persuade himself (that)
bébi *n* baby
bébiétel *n (konzerv)* (tinned) baby food
bebifláz *v* = **bemagol**
bébiruházat *n* layette
bebizonyít *v* prove, demonstrate; ~**ja vmnek a helytelenségét** refute sg, prove sg to be wrong/mistaken; ~**ott** proven, proved
bebizonyítható *a* provable, that can be proved *ut.*, demonstrable; **be nem bizonyítható** not provable *ut.*, unprovable, undemonstrable
bebizonyosod|ik *v* prove true, be* proved; *jog* be* proven, sg proves to be the case; *(hír)* be* confirmed
bebiztosít *v* insure; **házát** ~**otta** his house is insured, he (has) insured his house; ~**ja magát** *átv* make* oneself firm/secure; *(életbiztosítást köt)* take* out life insurance
bebocsát *v* let* in, admit
bebocsátás *n* admission, admittance; ~**t kér** request (*v.* ask for) admittance
bebolyong *v* = **bebarangol**
beborít *v* **1.** *(betakar)* cover **2.** *(vmnek tartalmát vmbe)* pour (sg) into (sg)
beboronál *v* harrow
beboroz|ik *v* get* drunk; *biz* have* a drop too much
beborul *v (ég)* cloud over, become* overcast, get* cloudy, lour *(US* lower)

bebóvliz v. palm off junk on sy, fob sg off on sy, sell* sy a pup; **jól** ~**tak!** you've been done/had!

bebőrösöd|ik v *(tej)* skin (over)

bebörtönöz v imprison, put* in prison, throw* into jail, jail → **börtön**

bebörtönzés n imprisonment, confinement

bebugyolál v *(tárgyat)* wrap* up in; *(embert)* swaddle sy in (sg), swathe (in blankets/rugs), muffle up; ~**ja a gyereket** tuck the child in/up; ~**ja magát** = **beburkolódzik**

bebúj|ik v *(vhova könnyen)* slip in; *(nehezen)* creep*/wriggle in; *(ruhába)* slip into/on [a dressing-gown, a sweater etc.]; ~**ik az ágyba** go* to bed; *biz* nip into bed; *tréf* **bújj be!** come on in!

bebújós a *(blúz, ruha stb.)* slip-on, slipover

beburkol v wrap*, cover, envelop

beburkolódz|ik v wrap* oneself up (in sg); *(pokrócba)* roll up in a blanket

bebútoroz v furnish

bebüdösít v make* [a place/room] stink; *biz* stink* the place/room out

becenév n pet name; *(tréfás)* nickname

becéz v 1. *(névvel)* call by a pet name 2. *(simogatva)* (molly)coddle

becézés n 1. *(névvel)* petting 2. *(simogatva)* fondling

becézget v 1. *(névvel)* pet 2. *(simogatva)* fondle

becikkelyez v *(törvényt)* enact; *(nemzetközi szerződést)* ratify

becipel v carry in; *(nehezet)* drag/heave*/haul in

becitál v summon sy (to a place)

becő n pod, husk, hull

becs n value, worth, esteem; **(nagy)** ~**ben tart** esteem, cherish, value highly

Bécs n Vienna

becsal v entice/inveigle in(to), lure in(to)

becsap 1. vt ~**ja az ajtót** slam the door 2. vt vmt vhová throw* in, toss in; *(zálogba)* put* sg in hock 3. vt *(rászed)* swindle, cheat, dupe, take* in, make* a fool of sy; *US biz* így is: gyp; ~**ták** he's been done/had; **2 Ft-tal** ~**tak** I've been cheated out of two forints 4. vi *(villám)* strike*; ~**ott a villám a házba** the house was struck by lightning; ~ **a víz a csónakba** the boat is shipping water

becsapás n 1. *(ajtóé)* slam(ming), bang(ing) 2. *vké* swindle, take-in, hoax 3. *(villámé)* strike

becsapódás n *(bombáé)* hit, impact

becsapód|ik v 1. *(bomba)* hit*, make* a hit; ~**ott az ajtó** the door blew/slammed/

swung shut 2. *(ember)* be* cheated/swindled, be* taken in

becsatol v 1. *(iratot)* enclose with, append 2. *(csatot)* clasp, buckle (up); *(biztonsági övet)* fasten

becsattan v slam/snap/click shut

becsavar v 1. *(csavart)* screw in 2. *(begöngyöl vmbe)* roll up (in sg); *(lazán vmbe)* wrap* up in; *(vitorlát)* take* in [sail]

becsavarod|ik v □ go* off one's nut/rocker

becsavaroz v = **becsavar** 1.

becsempész v smuggle in; *átv* introduce stealthily

becsenget v 1. *vhova* ring* (for admission) 2. *isk* ~**tek** the bell has gone

becsengetés n 1. *vhova* ringing (for admission) 2. *isk* class-bell

becsepegtet v let* sg drip in; ~**tél már?** have you had your eyedrops yet?

becseppen v 1. *(folyadék)* drop in 2. *(társaságba)* drop in (unexpectedly)

becseppent v = **becsepegtet**

becserél v (ex)change (sg for sg); *biz* swap; *(vm újra, árbeszámítással)* trade in; *(cserekereskedelemben)* trade/barter sg for sg

becserélés n exchange, trading-in, trade-in; *(újra, árbeszámítással)* part exchange

becsérték n assessed value

becses a 1. *(értékes)* precious, valuable 2. *(ker levelezésben)* okt. 25-i ~ **levelét megkaptam** I have received your (esteemed) letter of October 25th

bécsi a/n Viennese, (of) Vienna; ~ **szelet** breaded veal cutlet, Wiener/Vienna schnitzel; **a** ~ **udvar** the Imperial Court of Vienna

becsiccsent vi get* a bit squiffy/tight

becsinál v *(nadrágba)* soil *(v.* make* a mess in) one's trousers *(US* pants)

becsinált a/n fricassee; ~ **csirke, csirke~** *kb.* chicken stew/ragout, chicken fricassee, fricasseed chicken

becsíp 1. vt pinch/catch* in; ~**te az ujját az ajtóba** he caught his finger *(v.* got his finger trapped) in the door 2. vi *(berúg)* get* a bit squiffy/tight; *(erősen)* get* tipsy

becsípett a a bit squiffy/tight ut.; *(erősen)* tipsy

becslés n estimate; *(értékelés)* estimation; ~**em szerint** by my reckoning, in my estimation

becsmérel v disparage; *(nyilvánosan)* decry

becsmérlés n disparagement, abuse, denigration

becsmérlő I. a disparaging, abusive; ~ **szavak** insulting/abusive words/language;

~ **szavakkal illet vkt** abuse sy **II.** *n* decrier, disparager

becsomagol *v* **1.** *(árut)* pack, wrap* (up); *(ládába)* case, crate **2.** *(úti holmit)* pack (one's bags); ~**tál már?** have*/are you packed yet?

becsoszog *v* shuffle in, come* shuffling in

becsődít *v* draw* a crowd [into a place]; *(furfanggal)* lure in [many people]

becsődül *v* throng to [a place], come* crowding in

becsszó *n biz* = **becsületszó**

becstelen *a* dishonest, dishonourable (*US* -or-), infamous

becstelenség *n* infamy, ignominy, dishonesty; ~**et követ el** behave in a dishonourable (*US* -or-) way

becsuk 1. *vt (ajtót, könyvet)* shut*, close; *(ernyőt)* put* down; *(fedelet)* shut* down, close; *vmbe* close/shut* up (in) **2.** *vt (vkt bezár)* lock in; *(börtönbe)* lock up **3.** *vt (üzemet)* close/shut* (down); *(boltot végleg)* close down; *(ideiglenesen)* shut* up **4.** *vi (bolt végleg)* close down, put* up the shutters; *(ideiglenesen)* shut* up shop

becsukás *n* **1.** closing, shutting; *(bezárás)* locking **2.** *(börtönbe)* imprisonment

becsukód|ik *v* close, shut* (of itself)

becsúsz|ik *v* **1.** *(tárgy)* slip in **2.** *(élőlény)* sneak/creep* in **3.** *(hiba)* creep* into, slip in; **hiba csúszott be** a mistake crept in(to the text); **hiba csúszott be a számításába** *átv* an error has crept into the figures (*v.* one's calculations)

becsúszó szerelés *n sp* sliding tackle

becsúsztat *v* let* sg slip in/into

becsül *v* **1.** *(mennyiséget)* estimate; *(értéket)* value; **2000 Ft-ra** ~**ik a képet** the picture is valued at 2,000 forints; **a kárt 5000 Ft-ra** ~**ték** the damage was estimated at 5,000 forints **2.** *vkt* esteem, value, think* well/highly of sy; *(vmt értékel)* appreciate, value (sg); think* highly of (sg); **nagyra** ~ → **nagy II.**; **ezt igen** ~**öm benne** I respect him (very highly) for that

becsülés *n* esteem, regard, estimation

becsület *n* **1.** *(tisztesség)* honour (*US* -or-); *(becsületesség)* honesty; *(hírnév)* reputation; ~**(é)be vág** sg reflects (up)on his/her honour; ~**be vágó** affecting one's honour *ut.*; ~**e forog kockán** his honour is* at stake; **vm sérti a** ~**ét** sg reflects (up)on his/her honour **2.** *(érdem)* credit, honour (*US* -or); **nagy** ~**e van** be* greatly esteemed; ~**ére válik vm** sg is* to sy's credit, it does* one credit, sg reflects credit

(up)on sy; ~**ére válik az iskolának** (s)he is a credit to the school

becsületbeli *n* ~ **adósság** debt of honour (*US* -or); ~ **kérdés** point of honour; ~ **kötelességének érzi** feel* honour/duty-bound (to do sg); ~ **ügy** affair of honour

becsületbíróság *n* † court of honour (*US* -or)

becsületes *a (ember)* honest, honourable (*US* -or-), upright, respectable, decent; *(játékban/üzletileg)* fair; ~ **ember** an honest man, man of integrity; **nem** ~ dishonest, not fair; *(játék)* foul [play]; ~**en viselkedik** behave decently/properly (towards sy), play fair

becsületesség *n* honesty, uprightness, integrity, fairness

becsületrend *n (francia)* the Legion of Honour (*US* -or); **a** ~ **lovagja** chevalier of the Legion of Honour

becsületrontás *n* defamation, slander, libel

becsületsértés *n* slander, defamation (of sy's character); ~**t követ el** use insulting language to sy

becsületsértő *a* defamatory, slanderous, libellous; ~ **kifejezés** insulting words *pl*

becsületszó *n* word of honour (*US* -or); **becsületszavamra** on my word (of honour), honestly!; *biz* honest!; **becsületszavát adja** give*/pledge one's word

becsüs *n* **1.** *(árverési)* valuer **2.** *(biztosítási kármegállapító)* insurance assessor, (loss) adjuster

becsvágy *n* ambition

becsvágyó *a* ambitious

bedagad *v* swell* (up); ~**t a torka** his throat swelled up

bedagaszt *v* knead

bedeszkáz *v* board up, plank

bediktál *v* ~**ja a nevét** give* one's name

bediliz|ik *v biz* go* crazy, go* off one's head/rocker, go* round the bend

bedíszletez *v* ~ **egy jelenetet** set* a scene

bedob *v* **1.** *ált* throw*/cast* in/into; *(postaládába)* drop [a letter in the letter-box] **2.** □ *(ételt)* demolish [2 big platefuls of …] **3.** *átv* ~ **egy ötletet** float an idea; ~**ja a köztudatba** make* sg public

bedobál *v* throw* in, keep throwing (in)

bedobás *n* throwing in/into; *(levélé)* posting, dropping; *sp* throw-in

bedolgoz *v* **1.** *(anyagot vmbe)* work sg into sg **2.** = **beledolgoz 2.**

bedolgoz|ik *v (mint bedolgozó)* be* an outworker [for a firm], work at home [for a firm]

bedolgozó *n* outworker, home worker; ~**munka** outwork

bedögl|ik *v* fail, miscarry; *(motor)* stall; *biz* conk out

bedől *v* **1.** *(fal)* fall* in, collapse **2.** *(jármű kanyarban)* bank **3.** *biz vknek* be* taken in (by), be* fooled (by), fall* for

bedönt *v* **1.** *(falat)* cause to collapse **2.** *(járművet kanyarban)* bank

bedörzsöl *v* rub in

bedug *v* **1.** *vmt vmbe* put*/thrust*/push/ shove in; *(boríték leragasztható részét)* tuck [flap] in; ~**ja a fejét az ajtón** look in, put* one's head round the door **2.** *(betöm)* stop, fill up, block, plug [a hole]

bedugaszol *v (hordót)* bung [a barrel]; *(palackot)* cork, stop

bedugul *v* get* stopped/choked up

beduin *a/n* Bedouin

bedurrant *v* ~ **a kályhába** make* a great fire in the stove

beecsetel *v* paint; ~ **jóddal** paint with iodine; ~**i a torkát** (s)he is coating his/her throat with sg

beéget *v (jelet)* brand, burn*/stamp in (with hot iron)

beékel *v* **1.** *(tárgyat)* wedge/drive* in, insert (sg in sg) **2.** *(szövegbe)* interpolate

beékelőd|ik *v* **1.** *(tárgy)* get* wedged in, be* inserted in **2.** *(szövegbe)* be* interpolated in

beemel *v* lift/hoist in/into; *nyomd* place [the form] into the press

beenged *v* let* in, admit; **nem engedik be** be* refused admittance/admission

beengedés *n* admittance

beenyvez *v* glue over

beépít *v* **1.** *(területet)* build* up; ~**i a telkét** build* on one's land/plot **2.** *(bútort)* build* in; *(beszerel)* mount (in) **3.** *(nyílást befalaz)* wall up **4.** *(vkt szervezetbe titokban)* plant (in); **kémet** ~ plant a spy

beépítés *n* **1.** *(területé)* building up **2.** *vmé vmbe* building in **3.** *vké vhová* planting, infiltration

beépítési *a* ~ **terv** development plan

beépítetlen *a* unbuilt

beépített *a* **1.** *(terület)* built-up [area] **2.** ~ **bútor** built-in *(v. fitted)* furniture, fitment; ~ **konyha(bútorok)** built-in kitchen units *pl*, fitted kitchen; ~ **szekrény** built-in wardrobe; *(fali)* built-in *(v. fitted)* cupboard, cupboard unit; *US* closet **3.** ~ **ember** *biz* mole

beépül *v* **1.** *(terület)* be* built up/over, be* covered by new buildings **2.** *(szervezetbe)* infiltrate, work one's way in(to)

beépülés *n (szervezetbe)* infiltration

beér 1. *vi vhova* arrive (at/in), reach sg; **nyolcra** ~**ünk** we shall be in by eight **2.** *vi* ~**i vmvel** be*/rest content/satisfied with sg, settle for sg, make* do with; *(pénzzel)* manage on; **kevéssel** ~**i** it takes* little to satisfy him; *(kevesebbel)* he'll make do with *(v. settle for)* less **3.** *vt* = **utolér**

beerdősít *v* afforest; **újra** ~ reafforest, reforest

beérés *n* ripening, becoming ripe

beereszt *v* **1.** *vkt* admit, let* in **2.** *(festékkel)* ground; *(padlót)* beeswax, wax-polish [floor]

beeresztő *n (padlónak)* floor-polish

beér|ik *v* ripen, become* ripe

beérkezés *n* arrival; *ker* receipt

beérkezett *a* **1.** ~ **áruk** the goods received; **a tegnap** ~ **levelek** the letters/ mail received yesterday **2.** *átv* ~ **ember** a made man°; ~ **író** an established writer, an author who has made his name/mark

beérkez|ik *v* **1.** come* in, arrive; *(hajó)* put* in; *(vonat)* draw*/pull in, arrive **2.** *vk átv* make* one's name

beérkező *a* incoming

beerőltet *v* force/cram in

beerősít *v* fix/fasten to/in, plug

beesési *a* ~ **szög** angle of incidence

beesett *a* ~ **arc** haggard face, hollow/ sunken cheeks *pl*

bees|ik *v* fall* in; *(eső)* rain in; ~**ik az eső a szobába** it is* raining in(to the room)

beeső *a* ~ **sugár** incident ray

beesteled|ik *v* it is* growing dark, night is* falling

beesz|ik *v* **jól** ~**ik** eat* heartily

beeszi magát *v* vmbe eat* itself in

beetet *v* bait

beevez *v* **1.** *(vízi járművel)* row/put*/pull in; **jól** ~ *(a tó közepére)* row far out into the lake **2.** ~ **a házasság révébe** be* home and dry, settle down and marry

befagy *v* **1.** *(folyó)* freeze* in/over; ~**ott a tó** the lake has frozen over/up; ~**ott a hajó** *(jégbe)* the ship is/was icebound; ~**ott az ablak** the windows are frosted/iced over; **a vízvezeték** ~**ott** the water-pipes have frozen up/solid **2.** *átv* fall* through, peter out

befagyás *n* freezing (over)

befagyaszt *v (pénzügyileg is)* freeze*; ~**ott követelések** frozen assets

befagyasztás *n (pénzügyileg)* freeze

befagyott *a (tó)* frozen (over)

befal *v* wolf down, devour, gobble up

befalaz *v* wall up; *(ajtót)* brick/block up; *(embert)* wall in, immure

befárad *v* **tessék** ~**ni** please come/step/ walk in; **hiába fáradt be a városba** he went to town in vain

befásít *v* plant with trees

befásliz *v* bandage, strap up, bind* (up)

befecskendez *v (belsejébe)* squirt (sg) into (sg); *(orv bőr alá)* inject into

befecskendezés *n orv* injection

befed *v* cover (over); *(tetővel)* roof over/in, top

befedez *v (nőstényt)* cover

befejel *v (labdát)* head (the ball) into the goal/net

befejez *v (feladatot)* accomplish, finish; *(gyűlést)* bring* to an end, close; *(beszédet)* conclude, wind* up; **az ügy be van fejezve** the matter is settled; **lassan** ~**em** *(előadásomat)* I will wind up ...

befejezés *n* finish(ing), conclusion, end(ing), closing, close; *(munkáé)* completion; **az ügy** ~**e** settlement of the question; ~**ül**, ~**képpen** finally, in conclusion

befejezetlen *a* unfinished, uncompleted, incomplete

befejezett *a* finished, complete, accomplished; **ez** ~ **dolog** that's settled; ~ **jelen** *(idő)* present perfect (tense); ~ **múlt** *(idő)* past perfect (tense); ~ **tény** an accomplished fact

befejező *a* concluding, final

befejeződ|ik *v* end, come* to an end, be* completed/finished

befejeztével *adv* at the end/termination/ conclusion of

befeketít *v* **1.** *vmt* blacken sg, make*/paint sg black **2.** *vkt* denigrate sy, malign sy *(v. sy's character)*

befeksz|ik *v* **1.** *(ágyba)* go*/take* to bed **2.** ~**ik a kórházba** enter *(v.* go* *into)* hospital

befektet *v* **1.** *(ágyba)* put* to bed; *(másba)* lay* in, put*/place into **2.** *(pénzt vmbe)* invest [money in sg]; ~**ett tőke** invested capital

befektetés *n* investment

befelé *adv* inward(s), towards the inside/interior; **az ajtó** ~ **nyílik** the door opens inwards

befelhősöd|ik *v* cloud over

befellegz|ik *v* **ennek ugyan** ~**ett** it's all up with it, the game is up; **neki ugyan** ~**ett** he is done for, he has had it; **azt sem mondta, hogy** ~**ett** he took French leave

befér *v vm* will/can go in, there is room (enough) for sg swhere; *vk* can get in; **nem fér be** it won't go in

beférkőz|ik *v* work/worm one's way in; ~**ik vk kegyeibe** ingratiate oneself with sy, curry favour *(US* -or) with sy

befest *v* paint; *(hajat, szövetet)* dye; ~ **barnára** paint sg brown

befészkeli magát *v* entrench oneself (in sg), ensconce oneself swhere

befizet *v (bankba stb.)* pay* in [a sum], pay* [a sum] into one's (bank) account; *(tagdíjat)* pay* up [one's annual subscription]; **szíveskedjék az összeget csekken** ~**ni** kindly remit/pay by cheque; ~ **egy társasutazásra** book a tour; ~**te a tagdíjat** be* a paid-up member

befizetés *n* paying in, (in)payment; ~**t eszközöl** effect/make* payment

befog *v* **1.** *(szemet/fület/szájat)* stop, cover, hold*; ~**ja a száját** *(sajátját)* hold* one's peace/tongue; **fogd be a szád!** shut up!, keep your trap shut!; ~**ja a fület** *átv* refuse to hear (sg) **2.** *(lovat)* harness, put* (the horses) to a carriage **3.** *(vkt munkára)* make* sy work; *(vmt használatba)* put* in use; **erősen be van fogva** have* one's nose to the grindstone, be* very busy **4.** *(satuba)* grip, clamp; **satuba** ~ **munkadarabot** grip sg in a vice

befogad *v* **1.** *vkt vhova* receive into; *(házába)* house, lodge **2.** *(tömeget terem)* hold*, accommodate, admit; **a terem 200 főt képes** ~**ni** the hall seats 200 people

befogadás *n* **1.** *vké vhova* reception **2.** *(tömegé terembe)* accommodation; **a szálloda 500 személy** ~**ára alkalmas** the hotel can accommodate (v. has room for) 500 guests

befogadóképesség *n (térbeli)* capacity, accommodation, seating-room; **a terem** ~**e 500 személy** the hall holds*/seats 500 people, *GB* a hall which/that seats 500, a 500--seat hall

befogat *v (lovakat)* have* horses put to carriage

befoglal *v (keretbe)* (en)frame; *(drágakövet)* set*, mount ⇨ **belefoglal**

befogó *n (derékszögű háromszögé)* side [of a right-angled triangle]

befogópofa *n (satué)* jaws *pl*

befoltoz *v* = **megfoltoz**

befolyás *n (hatás)* influence (on); **vk** ~**a alatt van** be* under the influence of sy; **vk** ~**a alá kerül** come*/fall* under sy's influence; ~**t gyakorol** *(v.* ~**sal van)**

vmre/vkre influence sg/sy, exert/exercise influence on/over sg/sy
befolyási övezet *n* sphere of influence
befolyásol *v vkt, vmt* influence sy/sg, exert/ exercise influence over/on sy/sg, have* an effect on sy/sg
befolyásolható *a* susceptible to influence *ut.*, impressionable; **könnyen** ~ easily swayed/influenced
befolyásos *a* influential
befoly|ik *v* **1.** *(folyó)* flow, empty, pour *(amibe:* into) **2.** *(pénz)* come* in **3.** = **belefolyik 2.**
befon *v* **1.** *vmt* entwine; *(hajat)* plait, braid **2.** *biz vkt* ensnare/enmesh sy
befordít *v* turn in
befordul *v* **1.** *(ágyban fal felé)* turn in; *(utcába)* turn into [a street]; ~ **a sarkon** turn the corner; *(jövet)* come* round the corner; *(menet)* go* round the corner **2.** *(árokba)* fall* into **3.** ~**tam ötvenegyedik évembe** I have (just) turned fifty
beforr *v* = **összeforr 1.**
beforraszt *v* **1.** *(fémet)* solder (up) **2.** *(sebet)* heal [wound]
beföd *v* = **befed**
befőtt *n (üvegben)* bottled fruit; *(fémdobozban)* tinned/canned fruit
befőttesüveg *n* (fruit-)jar, preserving jar, Kilner jar
befőz *v* **1.** *(eltesz)* bottle, preserve; *(lekvárnak)* make* jam of **2.** *(oldatot)* boil down
befőzés *n* bottling, preservation
befröcsköl *v (belocsol)* sprinkle; **sárral** ~ bespatter
befú(j) **1.** *vi (szél vhová)* blow* in/into **2.** *vt (szél vmt vhová)* blow* in **3.** *vt vmt vmvel* spray; ~**ta az utat a hó** the road is covered/blocked with snow(drifts); **festékkel** ~ spray paint on [a wall]
befullad *v (motor)* stall
befúr *v vmbe* bore into, pierce sg
befurakod|ik *v* **1.** *vk vhova* force/make* one's way in **2.** *(ellenséges szándékkal vmlyen szervezetbe)* infiltrate into, worm one's way into; ~**ik** *vk* **kegyeibe** insinuate oneself into sy's good graces
befúród|ik *v* penetrate (sg); *(golyó)* embed (itself) in (sg)
befut 1. *vi (vonat)* enter (the station), arrive (at); *(hajó)* put*/sail into [port]; ~**ott a vonat** the train has arrived, the train is in **2.** *vi (futó)* run*/come* in; ~ **a célba** run* home; **másodiknak futott be** he came in second **3.** *vi átv biz* be* a success; **ő** ~**ott,** ~**ott ember** he has arrived *(v.* made it)

4. *vt (pályát)* run* [a course]; **a hír** ~**otta a várost** the rumour *(US* -or) *(v.* the news/ story) spread all over the town **5.** *vt (növény)* overgrow*; *(rozsda)* cover; *(pára üveget)* mist up
befutó I. *a* arriving, coming/running in *ut.* **II.** *n* **1.** *sp* arrivals *pl* **2.** *(filmszalag stb.)* leader
befutószalag *n (magnó)* leader (tape)
befuttat *v* **1.** *(fémmel)* plate (with); **aranynyal** ~ plate with gold, gild* **2.** *(növénnyel)* cause (sg) to overgrow (sg)
befülled *v (szénaboglya)* heat
befüstöl *v* fill with smoke
befűt 1. *vi* ~ **a kályhába** make* a fire in the stove; **fűts be** get a fire going, heat up the room **2.** *vi* ~ **vknek** *biz* give* sy hell
befütyül *v* **1.** *vhová* come* whistling in **2.** *átv biz* **terveiknek** ~**tek** their plans fell through
befüvesít *v* grass/turf over
befűz *v* **1.** *(tűt)* thread [a needle]; *(cipőt)* lace (up) [one's shoes]; *(írógépszalagot)* put* in [a new ribbon]; *(filmet gépbe)* thread [a film] **2.** ~**i magát** *(nő)* put* on a corset, lace oneself up **3.** *(becsap)* take* sy in, sell* sy down the river
bég *n* bey, Turkish governor
begerjed *v* **1.** *el* build* up **2.** *biz vk (indulatba jön)* get* hot under the collar
béget *v* bleat, baa
bégetés *n* bleat(ing)
begipszel *v* = **gipszbe tesz**
begittel *v* putty
begombol *v* button (up), do* up
begombolkoz|ik *v* **1.** button (up) one's coat **2.** *átv* be* buttoned up
begónia *n* begonia, *US* elephant's ear
begöngyöl *v* roll up; *(becsomagol)* wrap*/ pack up
begörbít *v* bend*/curve in/inwards
begörcsöl *v* have* an attack of cramp
begördít *v* roll in
begördül *v* **1.** roll in **2.** *(vonat)* draw* into the station
begubó(d)z|ik *v* **1.** *(lárva)* pupate **2.** *átv* shut* oneself up and see* nobody, withdraw*, retire into one's shell
begurít *v* roll/trundle in
begurul *v* **1.** roll in **2.** *átv biz* lose* one's cool
begy *n* **1.** *(madáré)* crop, craw **2.** *átv* stomach; **a** ~**ében van** *(neheztel vmért)* resent sg, sulk *(v.* be* sulky) about sg; *(neheztel vkre)* bear* sy a grudge; **megmondja, ami a** ~**ében van** speak* one's mind (bluntly), give* sy a piece of one's mind

begyakorol *v ált* practise (*US* -tice) (sg); *kif* get* the hang of sg; **be kell gyakorolni** it takes* practice; it needs a lot of practice

begyakoroltat *v* train (sy in sg *v.* in doing sg)

begyepesedett *a* 1. grass-grown 2. ~ **fejű** stuffy; ~ **(fejű) ember** *(konzervatív)* old fog(e)y, stick-in-the-mud, old fuddy--duddy; *(buta)* blockhead, thickhead

begyepesed|ik *v* 1. *(föld)* become* overgrown with grass 2. *átv* fossilize (mentally)

begyes *a* 1. *(telt keblű)* full-bosomed 2. *átv* prim, haughty

begyógyít *v* heal [a wound]

begyógyul *v* heal (up)

begyökeresedett *a* deep-rooted, ingrained

begyökere(d)z|ik *v (átv is)* become* (deeply) rooted

begyömöszöl *v* stuff, cram, jam, squeeze, pile *(amibe* in/into)

begyújt *v* 1. *(kályhába)* light*/make* a fire 2. *(motort)* start

begyullad *v* 1. *(motor)* start 2. *biz (ember)* get* scared, get* into a flap/stew, get* cold feet; **be van gyulladva** get*/have* cold feet, be* in a funk

begyűjt *v* gather (in)

begyűjtés *n* gathering, harvest(ing)

begyűjt|ik *v (emberek)* assemble, collect; *(pénz)* come* in, be* taken/collected

begyűr *v (takarót ágyba, inget nadrágba)* tuck in; *(vmt zsebébe)* stuff in(to one's pocket)

begyűrűz|ik *v* spread* [over an area], affect [more and more an area]

behabar *v* thicken (with flour and cream)

behabzsol *v* gobble up, wolf (down)

behajigál *v* = **bedobál**

behajlás *n* curving/bending inwards; *(súly alatt)* sag(ging)

behajl|ik *v* bend*/lean*/curve inwards; *(súly alatt)* sag

behajlít *v* bend* in

behajol *v* bend*/lean* in

behajóz *v (hajóra száll)* embark *(vhol* at)

behajózás *n* embarkation

behajóz|ik *v (hajó vhova)* put* in

behajt[1] *vt* 1. *(ajtót)* half-close [door], put* [the door] ajar 2. *(sarkot)* turn down/in, fold over; *(könyvet)* close, shut*

behajt[2] 1. *vt (állatot, kocsit)* drive* in 2. *vt (követelést)* collect [money, a debt], recover [a debt, damages etc.]; **be nem hajtott** *(követelés)* uncollected, outstanding 3. *vi (kocsival)* drive* in; ~**ani tilos!** no entry

behajthatatlan *a* irrecoverable, bad [debt]

behajtható *a* 1. *(vmnek a sarka)* that may be turned in/down *ut.* 2. *(követelés)* collectable, recoverable

behajtós *a (mozi stb.)* drive-in [movie etc.]

behallatsz|ik *v* can be heard inside, be* audible within/inside

behálóz *v átv* ensnare, enmesh

behantol *v (sírt)* fill up/in [grave] (with earth)

behány *v* = **bedobál**

beharangoz 1. *vi* ring* in 2. *vt átv* announce sg in advance

behasad *v (ruha)* rip, tear*; *(köröm)* split*

behasít *v (hosszában)* cleave*; *(textilt)* tear*, split*

behatárol *v* define, delimit

behatás *n* influence, effect, impact

beható *a* intensive, profound, exhaustive; ~ **vizsgálat alá vesz** submit to a searching examination, investigate sg thoroughly

behatóan *adv* intens(iv)ely, profoundly, thoroughly; ~ **foglalkozik egy kérdéssel** go* (deeply) into a question, study a problem closely, make* a careful/close study of sg

behatol *v (erőszakkal)* penetrate (into); *(betörő)* (break* in and) enter, break* into [a building], burgle; *(bejut)* make* one's way into sg; *(alattomban)* creep* in; *(víz)* enter; *kat* invade

behavaz *v* snow up; ~**ott hegyek** snow-covered mountains

beházasod|ik *v (férfi)* marry (into a family)

beheged *v* heal up, skin over

behelyettesít *v* substitute (sg for sg), replace (sg by sg)

behelyettesítés *n* substitution, replacement *(aki/ami által:* by)

behelyez *v* 1. *vmt* put*/place/insert in 2. *(vkt állásba)* put* sy into [a job], install [sy in an office]

behemót *a* ~ **ember** big hulking fellow

behint *v* 1. *(porfélével)* dust/powder with 2. *(sóval, vízzel)* sprinkle [salt, water] on sg 3. *(virággal)* (be)strew* with [flowers]

behív *v* 1. *(szobába)* call in, invite/ask (sy) in 2. *kat* call up [for military service], *US* draft; ~**ták katonának** be* called up, *US* be* drafted 3. *(vkt tanúnak)* summon

behívás *n* 1. *vhova* invitation to enter 2. *kat (folyamata)* calling up; *(ténye)* call-up

behívat *v* ask/order/call sy in

behívó *n kat* call-up papers *pl, US* call-up, draft

behízelgi magát *v* ingratiate oneself with

behízelgő *a (modor)* winning, engaging

behódol *v. vknek, vmnek* submit (*v.* give* in) to sy/sg
behódolás *n* submission, giving in, yielding (*vknek/vmnek mind:* to)
behord *v* **1.** *vk vmt* bring*/carry in **2.** *(termést)* gather in [the crops]
behordás *n* **1.** *vmé* bringing/carrying in **2.** *(termésé)* gathering in
behorpad *v (tárgy)* be*/get* dented; *(föld)* sink* in, cave in
behorpaszt *v* (in)dent
behoz *v* **1.** *vmt* bring*/carry in **2.** *(árut külföldről)* import; *(egyéni utas vmt külföldről)* bring* in; ~**ott áruk** *ker* imports, imported goods **3.** *(divatot)* introduce; *(betegséget, járványt)* bring* in **4.** *(elmaradást, késést)* make* up for, catch* up with; ~**za a késést** make* up for lost time **5.** *fényk vmt* zoom in on sg
behozatal *n* **1.** *ált* importation, import **2.** *(behozott áru)* imports *pl*, imported goods *pl*
behozatali *a* ~ **cikk** imports *pl*; ~ **engedély** import licence; ~ **vám** customs/import duty
behuny *v* ~**ja a szemét** close/shut* one's eyes; ~**ja a szemét vm előtt** overlook sg, close/shut* one's eyes to sg
behunyt szemmel *adv* with (one's) eyes closed/shut
behurcol *v* **1.** *(terhet)* drag/lug/heave* in **2.** *(betegséget)* introduce, bring* in [a disease]
behurcolkod|ik *v* move in; *(házba)* move into [a house etc.]
behúz 1. *vt* pull/draw* in; ~**za maga után az ajtót** close the door behind one(self); ~**za a függönyt** draw* the curtain; ~**za a hasát** draw* in the stomach; ~**za a farkát** (= *meghunyászkodik),* ~**ott farokkal** *(távozik)* [go* off] with one's tail between one's legs; ~**za a kézi féket** put* the handbrake on; **be van húzva a kézifék** the handbrake is on **2.** *vt (bútort)* upholster **3.** *vt biz vkt vmbe* inveigle (*v.* □ con) sy into doing sg **4.** *vi/vt* □ ~ **vknek (egyet)** give* sy a clip (on the ear), get* a blow in, *GB* clock sy one
behúzód|ik *v* **1.** *vhova* withdraw* to **2.** *(vm elől)* shelter from; ~**ik az eresz alá** withdraw* (*v.* take* cover) under the eaves
behűt *v (ételt)* refrigerate; *(italt)* put* on ice, chill, cool
beidegez *v* habituate (sy to sg)
beidegzés *n* conditioning
beidegzettség, beidegződés *n* automatic response, habit; *(mint folyamat)* conditioning

beidegződ|ik *v* become* a habit
beidéz *v* summon (sy) to appear [before the court]; *(tanúnak)* summon sy to appear (*v.* subpoena sy) [as a witness]; ~**ik tanúnak** be* summoned, be* subpoenaed [as a witness]
beidézés *n* = **idézés** ⇨ **tanú**
beigazít *v* put*/set* (sg) right; correct; *vmhez* adjust to; ~**ja az órát ötre** set* one's watch for five o'clock
beigazol *v* prove, verify, bear* out; **feltevést** ~ warrant an inference
beigazolód|ik *v* prove true, be* proved
beígér *v* **1.** promise (for certain) **2.** *(árat)* offer
beijed *v* get* scared/frightened; ~**t** scared (stiff), jittery
beiktat *v* **1.** *(vkt állásba)* install [sy in an office *v.* as sg]; *(elnököt stb. ceremóniával)* inaugurate [sy into office] **2.** *(beadványt)* file [a document]; enter/record [sg in a book *v.* sy's name on a list]; *(jegyzékbe)* enter [one's name etc. in a register] **3.** *(szövegbe)* insert [sg into the text]
beiktatás *n* **1.** *(állásba)* installation; *(magasabb tisztségbe, ceremóniával)* inauguration **2.** *(iraté)* filing, entering, registering
beillatosít *v* scent
beilleszkedés *n* finding one's feet, adapting oneself (to)
beilleszked|ik *v* **1.** *vm* fit in, suit **2.** *(új környezetbe)* adapt (oneself) to [new surroundings etc.], become* used to [new surroundings], *kif* find* one's feet
beilleszt *v* **1.** *(tárgyat)* fit/set* in **2.** *átv* insert in; ~**i programjába** include/incorporate in one's programme
beill|ik *v* **1.** *(alkalmas vmnek)* be* suitable/suited for; *vk* be* qualified for; ~**enék vmnek** would make a good sg; **(olyan erős, hogy)** ~**ik/~enék birkózónak** he would make a good wrestler **2.** = **beleillik**
beindít *v* **1.** *(motort)* start (up) [the engine/car] **2.** *(tervet, tevékenységet stb.)* launch, get* sg afloat (*v.* under way)
beindul *v (motor)* start; *átv vm* be* launched, get* under way
beint 1. *vt vkt* beckon in **2.** *vi/vt (karmester)* give* the cue, cue in
beír *v* **1.** *vmt vmbe* write* sg in/down; *(nevet, tételt stb. vmbe)* enter/record sg [in a book *v.* sy's name on a list]; *(számítógépbe)* key in; ~ **egy szót a szövegbe** insert a word into the text; ~**ja nevét vhova** enter one's name [on a list], put* one's name down

swhere; **kérjük írja be a nevét** *(űrlap kipontozott részére)* fill in your name please; ~**ta nevét a történelembe** he has inscribed his name upon the pages of history **2.** *isk* enrol *(US* enroll), register
beirányít *v* set, adjust
beírás *n* **1.** writing in, entering **2.** = **beíratás 3.** *(beírt szöveg)* inscription
beírat *v* **1.** *vmt* have* sg entered/noted/listed **2.** *(vkt iskolába stb.)* have* sy enrolled/registered; enrol *(US* enroll) [a child° in the swimming class etc.]
beíratás *n* registration
beiratkozás *n* registration; ~**i díj** registration fee
beiratkoz|ik *v* *(iskolába, egyetemre)* register (at), enrol *(US* enroll) [at a university; in evening classes etc.]; *(tanfolyamra, könyvtárba)* enrol *(US* enroll) [for/on a course]; join [a course/library], register with; ~**ott egy esti iskola történelemtanfolyamára** (s)he enrolled in the history course at an evening school
beiskoláz *v* organize the schooling (of)
beiskolázás *n* schooling
beismer *v* confess, admit, acknowledge; ~**i tévedését/hibáját** acknowledge/admit one's mistake; **mindent** ~ make* a full confession
beismerés *n* confession, admission
beismerő *a* ~ **vallomás** confession; ~ **vallomást tesz** confess one's crime, make* a full confession
beisz|ik 1. *vt* *(magába szív)* drink* (in), absorb; **beissza magát vmbe** be* absorbed/imbibed, sink*/soak into **2.** *vt átv* *(hatást)* drink* in; **beitta az előadónak minden szavát** he drank in the speaker's every word **3.** *vi átv* drink* too much; **jól beivott** he had a glass too much, he had one over the eight
beivód|ik *v* **1.** *(folyadék)* be* absorbed/imbibed, sink* into **2.** *(tulajdonság)* be(come)* ingrained (in)
bejár 1. *vi ált* (come* and) go* (in) regularly; ~ **a gyárba/üzletbe dolgozni** go* to work in a factory/shop every day; **vonattal jár be naponta** he commutes [from ... to ...] every day **2.** *vt* *(területet gyalog)* walk/wander all over; *(kalandozva)* rove/ramble over [a place]; *(országot)* tour; ~**juk Olaszországot** we're touring (round) Italy; ~**ja a boltokat** go* into the shops; *(eredménytelenül)* traipse round the shops **3.** *vi* *(vonat)* draw* into [the station], enter [the station], pull in

bejárás *n* **1.** *(cselekedet)* going in; ~ **a városba** going up/in the town; ~**a van vkhez** have* (free) access to sy **2.** *(ajtó)* entrance, way in **3.** *(területé)* tour, wandering/ranging over **4.** *(műszaki)* inspection
bejárat[1] *vt* *(gépkocsit)* run* [one's new car] in *v.* run* in [one's new car]
bejárat[2] *n* entrance, entry, way in; *(kapu)* gate, door(way)
bejáratás *n* running in [of one's new car]
bejáratos *a* *vknél* be* a frequent visitor at sy's (house)
bejáratós *a* *(gépkocsiról, mint felirat)* running in; *(mondatban)* the car is* (still) being run in
bejáró *a/n* ~ **beteg** outpatient; ~ **(tanuló)** day-pupil
bejárónő *n* charwoman°, cleaning woman°, daily (help); *biz* char
bejátszás *n* *film* insert; a short excerpt (from)
bejátsz|ik *v* **be kell játszani** *(pl. zárat)* you have to play it
bejegyez *v* *ált* make* a note (of), set*/put* down; *(hivatalosan)* register, record; *(névsorba)* enter [sg in a book *v.* sy's name on a list]; **céget** ~ register a company/firm; **ideiglenesen** ~**tem** I've pencilled *(US* -l-) [it/sg] in
bejegyeztet *v* ~ **céget** register a company/firm, have* a company/firm registered; ~ **szabadalmat** patent an invention; ~ **védjegyet** register a trademark
bejegyzés *n* *ált* note; *(hivatalosan)* registration
bejegyzett *a* registered; incorporated; ~ **cég** registered/incorporated company/firm; ~ **név** *(árué)* proprietary name
bejelent *v* **1.** *(vendéget)* announce; *(vmt ált)* make* sg known; **kit jelenthetek be?** who shall I say?; **előzetesen** ~**i magát vknél** make* an appointment with sy; **du. 2-re vagyok** ~**ve X-nél** I have an appointment with X at 2 p.m.; ~**i magát** *(szállodában)* register at [a hotel], check in (at); ~**i a rossz hírt** break* the bad news (to sy) **2.** *(hivatalosan)* report (to); ~**i magát a rendőrségen** register (oneself) with the police; ~**i a balesetet a rendőrségnek** report the accident to the police; ~**i az újszülöttet** register the birth of a baby; **kártérítési igényt jelent be** put* in a claim for damages, claim damages; ~**i tiltakozását** lodge a protest (with)
bejelentés *n* **1.** announcement, notice. **2.** *(rendőrségen)* registration; **(állandó) la-**

kóhely ∼**e** registration of (permanent) place of residence **3.** *(információ rendőrségnek) US* □ squeal
bejelentési *a* ∼ **kötelezettség** *(rendőrségen)* duty of registration (with the police)
bejelentetlen *a* unannounced, unreported, unregistered
bejelentkezés *n (rendőrségen)* registration [on arrival]; *(szállodában, reptéren)* check-in
bejelentkez|ik *v (rendőrségen)* register with, report (one's arrival) to; *(szállodában, reptéren)* check in [at the airport]; register *v.* check in [at a/the hotel]
bejelentőlap *n* registration form
bejelöl *v* mark (in), mark sg on sg
bejgli *n* = **mákos** *v.* **diós tekercs**
bejódoz *v* paint with iodine
bejön *v* **1.** come* in, enter [the/a room etc.]; *(a városba)* come* up/to (town) **2.** *(választáson)* be* elected/returned **3.** = **befolyik 2.**
bejövet *adv* on the way in, coming in
bejövetel *n* entrance, entry, coming in; **a magyarok** ∼**e** the Hungarian conquest
bejut *v vhová* get* in (to), manage to get in; *(vkhez is)* gain admittance (to) ⇨ **döntő**
bejuttat *v* **1.** *(testbe vmt)* introduce **2.** *(vkt állásba)* place sy in a job
béka *n* frog ⇨ **lenyel**
békacomb *n* frog's leg
béka-egér harc *n átv* storm in a teacup
békaember *n* frog-man°
bekakál *v (becsinál)* make* a mess in one's trousers/bed (*v. US* pants)
békalencse *n* duckweed
bekalkulál *v* allow for (sg), take* (sg) into account
békanyál *n* duckweed
bekanyarod|ik *v (utcába)* turn into [a street]; ∼**ik a sarkon** turn/round the corner
bekap *v (ételt)* bolt, eat*· hurriedly, gulp down; **állva kapta be ebédjét** he snatched a quick lunch without even sitting down; ∼**ta a legyet** *átv* he swallowed the bait
bekapcsol *v* **1.** *(ruhát)* fasten, clasp; **kérem, kapcsolják be a biztonsági öveket** please fasten your seat belts **2.** *(elektromos készüléket, rádiót stb.)* switch/turn on; **be van kapcsolva** ... is on, it's on, it's plugged in **3.** *(vkt mozgalomba)* bring* sy into sg, connect sy with sg
bekapcsolód|ik *v* **1.** *(szerkezet)* come* into gear, engage **2.** *(vk mozgalomba)* join (in); ∼**ik a beszélgetésbe** join in the conversation

békaperspektíva *n* worm's-eye-view
bekarikáz *v (számot)* (mark with a) circle, ring
bekattan *v (kapocs, zár)* snap/click shut; ∼**t** *biz (= leesett a tantusz)* it has clicked for me
bekattant *v* snap/click shut
béke *n* **1.** *pol* peace; *(békekötés)* (conclusion of) peace; **a** ∼ **híveinek világmozgalma** world peace movement; **a** ∼ **ügye** the cause of peace; *tört* **a szatmári** ∼ the Peace of Szatmár; ∼**t kér** sue for peace; ∼**t köt** make*/conclude/sign a peace; ∼**t kötöttek** a peace was signed between [2 countries] **2.** *(nyugalom)* peace, calmness, quiet(ude), tranquillity; **szent a** ∼ peace is hallowed/holy; ∼ **poraira** peace to his ashes/remains; **nyugodjék** ∼**ben** may (s)he rest in peace; ∼**ben él vkvel** be* at (*v.* live in) peace with sy, live a peaceful life with sy; ∼**n/**∼**ben hagy vkt/vmt** let*/leave* sy/sg alone; **hagyj** ∼**n!** leave me alone!
békeakarat *n* will/desire for peace
békeállomány *n* peace establishment
békeangyal *n átv* peacemaker, mediator
békebarát *n* peace-lover; ∼ **politika** policy based on the desire for peace, peace policy
bekebelez *v* **1.** *(tartományt)* annex [a territory] **2.** *(jogot)* register **3.** *biz (ételt)* demolish
békebeli *a* peacetime, pre-war
békebíró *n tört GB* magistrate, Justice of the Peace
békebizottság *n* peace committee
békebontó **I.** *a* anti-peace **II.** *n* disturber of the peace; *(állam)* aggressor
bekecs *n* (fur-lined) short overcoat, car coat; *US* mackinaw (coat)
békedíj *n* → **Nobel-békedíj**
békedíjas *a (Nobel-díjas)* Nobel Peace Prize winner, winner of Nobel Peace Prize
békeegyezmény *n* peace pact
békeértekezlet *n* peace-conference
békefelhívás *n* appeal for peace
békefeltételek *n pl* conditions/terms of peace
békefront *n* Peace Front
békegalamb *n* dove of peace
békegazdaság *n* peace(time) economy
békegyűlés *n* peace-meeting/rally/demonstration
békeharc *n* struggle/fight for peace
békeharcos *n* fighter/partisan for peace, peace-fighter, peace activist
békeidő *n* time of peace, peacetime

békejavaslat *n* peace proposal
békejobb *n* ~ot nyújt vknek offer peace to sy
békekiáltvány *n* peace appeal
békekonferencia *n* = **békeértekezlet**
békekongresszus *n* peace congress
békekölcsön *n* † Peace Loan; *(a kötvény)* Peace-Loan bond
békekötés *n* conclusion of peace
békekövet *n* truce bearer, negotiator, messenger of peace
békeközvetítés *n* mediating, arbitrating
békeküldöttség *n* peace delegation
békelétszám *n* peace establishment, standing army, peace(-time) footing
békéltet *v (közvetít)* (endeavour to) reconcile; *(ellenfelet)* appease, conciliate
békéltető I. *a* conciliatory; ~ **tárgyalás** *(válóperes felek kibékítésére)* (re)conciliatory meeting; *(sikeres)* reconciliation **II.** *n* mediator, arbitrator, conciliator, peacemaker
békemenet *n* peace-march
békemozgalom *n* peace movement
beken *v* **1.** *ált* spread* sg over sg, smear with; ~**i az arcát krémmel** put* cream on one's face **2.** *(mocsokkal, sárral)* (be)daub, smudge; *(ruhát piszokkal)* soil, dirty **3.** *(géprészt zsiradékkal)* grease, lubricate
békényszerít *v vmbe* force/coerce into, compel to enter, push/thrust* in
békeoffenzíva *n* peace offensive
békepárt *n tört* peace-party; ~**i** partisan of peace
békepipa *n* peace pipe, pipe of peace; **elszívja a** ~**t** smoke the peace pipe
békepolitika *n* peace policy
beképzel *v* ~**i magának, hogy beteg** imagine/fancy oneself sick
beképzelt *a* conceited, self-important, swollen-headed, overweening; *(igével)* have* an exaggerated opinion of oneself
beképzeltség *n* self-conceit
bekér *v vkt* ask sy (to come) in, call sy in; *vmt* send* for sg, ask for sg to be sent in
bekéredzked|ik *v* ask to be allowed/let in
bekéret *v vkt* have* sy called in, ask sy in
bekeretez *v* frame
bekerget *v* drive* in, chase in/into
bekerít *v* **1.** *(kerítéssel)* fence in, enclose **2.** *kat* surround, encircle; *(megkerülve)* outflank
bekerítés *n* **1.** fencing in, enclosure **2.** *kat* encirclement, outflanking
bekerül *v* get* in/into
bekerülés *n* *(~i ár)* cost (price)

békés *a* peaceful; ~ **egymás mellett élés** peaceful coexistence; ~ **együttműködés** peaceful cooperation; ~ **építés** peaceful construction; ~ **megegyezés,** ~ **rendezés** *(vitás kérdéseké)* peaceful/amicable settlement (of disputes); ~ **természetű** peaceable, accommodating
békesség *n* peace(fulness); *(nyugalom, csendesség)* tranquillity, quiet; ~**ben él** live in peace/harmony
békeszegés *n* breach of the peace
békeszeretet *n* love of peace, peaceableness
békeszerető *a* peace-loving, peaceable; ~ **emberek milliói** millions of peace-loving people, the peace-loving masses
békeszerződés *n* peace-treaty; **a** ~ **pontjai** articles of a/the peace-treaty
békeszózat *n* message of peace
béketábor *n* peace camp
béketalálkozó *n* peace rally/meeting
béketanács *n* peace council; **Országos B** ~ National Peace Council
béketárgyalás *n* peace-negotiations *pl*
békétlen *a* restless, turbulent
békétlenked|ik *v* be* quarrelsome/restless, display/foment unrest
békétlenség *n* unrest, restlessness, turbulence
béketörekvés *n* efforts to establish/conclude peace *pl*
béketüntetés *n* peace demonstration
béketűrés *n* forbearance, endurance, patience; **kijön a** ~**ből** lose* one's temper
béketűrő *a* forbearing, tolerant, patient
békevágy *n* desire/yearning for peace
bekever *v (konyhában)* stir in
békevilág *n* peace-time, the days before the war *pl*, pre-war times *pl*
béke-világkongresszus *n* World Peace Congress *(röv* W.P.C.)
Békevilágtanács *n* World Peace Council
bekezdés *n (írásban)* paragraph; **új** ~! new paragraph; ~**sel ír/szed** indent [a line]
bekiabál *v* = **bekiált**
bekiált *v* cry in, shout in
bekísér *v ált vkt vhova* see* sy in, go* in with sy; *(vkt rendőr)* take* sy into custody
békít *v* appease, conciliate
békítés *n* appeasing, appeasment, (re)conciliation
bekívánkoz|ik *v* wish/want to go/get/come in
béklyó *n (lónak)* hobble; *(embernek)* shackle, fetter; ~**ba ver** *(lovat)* hobble; **vmnek a** ~**iban** *átv* in the fetters of sg

béklyóz v *(lovat)* hobble; *(embert)* fetter, shackle
bekocsikáz|ik v *vhova* drive* to/in
bekódol v encode
bekonferál v announce, introduce, GB compere, US emcee
bekopogtat v knock (on the door/window)
bekormoz v cover with soot; *(arcot)* begrime
bekormozód|ik v get*/become* sooty; *(a gyertya a motorban)* get* dirty, soot up
bekoszol v = **bepiszkít**
bekoszolód|ik v = **bepiszkolódik**
beköltözés n *(lakásba)* moving in(to a house/flat)
beköltözhető a azonnal ~ **lakás** (flat/ house with) vacant/immediate possession
beköltöz|ik v move in; *(házba, lakásba)* move into [a house/flat)
beköltöztet v move sy in
bekönyvel v enter (up) sg in one's books
beköp v 1. *vhova* spit* in 2. ~**te a légy** it is flyblown 3. □ *(besúg)* grass/squeal on (sy)
beköpés n 1. *(légy által)* flyblow 2. □ *(besúgás)* grassing 3. *(szellemeskedő)* witticism, quip, wisecrack
beköszön v greet from outside; **csak éppen** ~**t és már futott is tovább** he just dropped in to say good morning/evening and ran on
beköszönt v *(idő)* set* in
beköszöntő a 1. *(beszéd)* inaugural/opening speech/address 2. *(új folyóiratban)* opening/policy announcement; introduction
beköt v 1. ált bind*/tie/do* up 2. *(sebet)* dress [a wound], bandage (up) 3. *(könyvet)* bind* [a book] 4. *(lovat istállóba)* tie/halter a horse [in the stall] 5. *(víz-, gázvezetéket fővezetékbe, villanyvezetéket hálózatba)* connect up (sg to)
bekötetlen a unbound
bekötőcső n connecting pipe
bekötött a ~ **könyv** bound book
bekötőút n approach/access road, GB slip-road
bekötöz v 1. *(összekötöz)* tie* up/in, bind* up 2. *(sebet)* = **beköt** 5.
bekötteti v *(könyvet)* have* [a book] bound
bekövetkez|ik v ensue, result, follow; **feltétlenül be fog következni** it is bound to happen; **fordulat következett be** events took an unexpected turn (v. a turn for the worse/better)
bekrepál v □ = **kinyiffan**
bekukkant v 1. *vmbe* peep in(to) 2. *vkhez* pop in (to see sy), drop in (on sy)

bekukucskál v *vmbe* peep/peer in, peep into; ~ **a kulcslyukon** peep (in) through the keyhole
bekurbliz v crank up [engine, car]
békül v **nehezen** ~ be* slow to make it up (with sy) ⇨ **kibékül, megbékél**
beküld v *(pályázatot stb.)* send* in; *(egyéb fontos iratot)* dispatch; *(pénzt)* remit
beküldés n sending in, dispatch; ~**i határidő** (the) closing date [for entries]
beküldött a sent in *ut.*; **a** ~ **mű pályadíjat nyert** the work entered won (v. was awarded) a prize
békülékeny a conciliatory, appeasable
békülékenység n conciliatory spirit
bekvártélyoz v = **beszállásol**
bel- pref internal, interior, domestic
bél n 1. *(emberé)* intestines pl, bowels pl 2. *(lámpáé, gyertyáé)* wick; *(dióé)* kernel [of nut]; *(fáé)* pith; *(gyümölcsé)* flesh 3. *(ceruzába)* lead; *(golyóstollba)* refill
Béla n ⟨Hungarian masculine given name⟩ IV. ~ Béla IV
belakatol v padlock, lock (up)
belak|ik v biz gorge oneself (on sg), stuff oneself (with sg)
belakkoz v lacquer; *(képet, bútort)* varnish; *(bőrt, vasat)* japan
belakoltat v *vkt vkhez* billet sy on sy, quarter/lodge sy in sy else's flat/house; *kat* billet sy on sy
belapul v be*/get* dented
belát 1. vi ~ *(benéz)* **az ablakon** see* in through the window 2. vi *vmbe átv* have* an insight into 3. vt *(területet)* survey, look over 4. vt *(megért)* see*, realize; *(elismer)* admit, acknowledge; **be kell látnod, lásd be** you must realize; **nem látom be, miért I** can't see why, I see no reason why [+ conditional]; **hibát** ~ admit a fault
belátás n 1. *(mások iránti)* consideration, understanding; ~**sal van vk iránt** have* consideration for sy, be* considerate towards sy; **légy** ~**sal!** (do) be considerate/ reasonable! 2. *(megítélés)* discretion; **(legjobb)** ~**a szerint, saját** ~**a szerint** at one's discretion; **cselekedj legjobb** ~**od szerint** I leave it to your discretion, deal with it (v. do) as you think fit
beláthatatlan a 1. *(végeláthatatlan)* boundless, vast 2. átv incalculable
belátható a 1. *(megérthető)* conceivable; **könnyen** ~, **hogy** it is easy to see that 2. ~ **időn belül** in the foreseeable future, within a reasonable time 3. **be nem látható útkanyarulat** blind turning

belátó a *(elnéző)* considerate
belázasod|ik v run* a temperature, develop fever
bélbaj, -bántalom n intestinal trouble; disorder(s) of the bowels
belbecs n † intrinsic value, true worth
bélbolyh n villus *(pl villi)*
bélcsavarodás n nép knotted bowels pl; orv volvulus
bélcsikarás n = colic
bele adv into, inwards; **pont** ~ right/smack into the middle (of it)
bele- pref **1.** ⟨többnyire: ige + in(to)⟩ **2.** *(feleletként)* **Beletegyem? B~.** Shall I put it in? Yes, please (do it).
belead v ~**ja minden erejét** put* all one's strength into it, give* it everything one has; **minden tudását** ~**ta** he put into it everything he knew ⇨ apai-anyai
beleakad v vmbe catch* *(v.* get* caught) on, get* entangled in
beleakaszt v = beakaszt
beleáll v **1.** *(vízbe)* (go* and) stand* in [the water] **2.** ~ a fájás begin* to ache/hurt
beleállít v vmbe stand*/place sg/sy in sg
beleártja magát v *(mások ügyeibe)* meddle/interfere in *(other* people's affairs)
beleavatkoz|ik v *(vk dolgaiba)* interfere/meddle in (sy's affairs) ⇨ beavatkozik
belebeszél v **1.** *(telefonba)* speak* into [the receiver] **2.** *(közbeszól)* interrupt, break* into [a conversation] **3.** ~ más dolgába poke one's nose into other people's affairs
belebetegsz|ik v become* ill from sg
belebocsátkoz|ik v embark on sg
belebolondul v **1.** vmbe sg is driving sy mad/crazy **2.** *(beleszeret vkbe)* fall* head over heels in love with sy
belebonyolód|ik v vmbe get* entangled *(v.* tangled up v. involved v. embroiled) in (sg)
belebotl|ik v **1.** vmbe stumble upon **2.** vkbe bump into
belebúj|ik v **1.** *(lyukba)* creep*/steal*/slink* into **2.** *(ruhába)* get*/slip into one's clothes **3.** az ördög bújjék bele the devil take him
belebuk|ik v átv fall*, go* bankrupt
belecsap v ~**ott a villám a fába** (the) lightning struck the tree
belecsavar v = becsavar
belecseppen v **1.** vm drop in **2.** *(vk véletlenül vhová)* happen to find oneself swhere
belecsimpaszkod|ik v cling* to, clutch at
belediktál v vkbe vmt force sy to eat/drink/swallow sg
beledob v throw* in(to)

beledolgoz v **1.** = **bedolgoz 1. 2.** ~**za magát vmbe** become* an expert in/on sg, master sg
beledöf v *(kést)* stab; *(kardot)* run* sy through with [a/one's sword]
beledögl|ik v vmbe die/perish of sg
beledől v fall*/overturn into; ~**t a karosszékbe** sank* into the/an armchair
beledug v = **bedug 1.**
beleegyezés n consent, assent, approval, agreement; *(engedély)* permission; **szülői** ~ parental consent; **tudta és** ~**e nélkül** without his knowledge and/or approval; **vk** ~**ével** with sy's consent, with the consent of sy
beleegyez|ik v vmbe consent/agree/assent to, approve of, give* one's consent/agreement/approval to sg; ~**em abba, hogy I** agree that; **szülei nem egyeztek bele** his parents refused their consent
beleejt v drop (sg) into (sg), let* (sg) fall into (sg)
beleél v ~**i magát vk helyzetébe** try to realize sy's position/situation; ~**i magát szerepébe** enter (fully) into the spirit of his role; ~**i magát vk gondolatvilágába** enter into sy's world; ~**i magát vk lelkivilágába** enter into another person's feelings; ~**i magát vmbe** enter into the spirit of sg
beleélés n empathy
beleér v vmbe reach down into sg
beleerőltet v force sg into sg
beleért v **1.** *(gondolatot)* imply **2.** *(összeget)* comprise, include; ~**ve** including…; … included; inclusive of…; **költségeimet is** ~**ve** including my charges/expenses, inclusive of my charges/expenses; **mindenki(t), magamat is** ~**ve** … all of us, myself included, …
beleérzés n empathy
belees|ik v **1.** vmbe fall*/tumble into **2.** átv ~**ik abba a hibába (hogy)** commit the error of (…ing) **3.** biz vkbe fall* for sy, have* a crush on sy; **bele van esve vkbe** have* a crush on sy, be* gone on sy, be* crazy/mad about sy
belefájdul v ~ **a fejem I** get* a headache from it, it is* giving me a headache
belefárad v get* tired of (sg), tire of (sg)
belefeksz|ik v **1.** = **befekszik 1. 2.** ~**ik a munkába** put* one's heart and soul into one's work
belefektet v = befektet
belefelejtkez|ik v *(könyvbe, vk szemeibe)* be* spellbound by sg, be* lost in sg

belefér v = **befér**
belefog v vmbe start/beg*in**/commence sg, set*/go* ab*o*ut sg; ~ **a munkába** get*/ b*u*ckle down to work, start working
belefoglal v incl*u*de, compr*i*se; ~**va** includ*i*ng (sg), incl*u*sive of
belefogódz|ik v vmbe take* hold of sg, hold* on to sg, gri*p* sg
belefojt v **1**. *(vkt vízbe)* drown **2**. *átv* ~**ja a szót vkbe** s*i*lence sy, make* sy bite his lip
belefoly|ik v **1**. = **beleömlik, befolyik 1. 2**. vk vmbe have* a say in sg
belefordul v = **befordul 2**.
belefúj v **1**. ~**ja az orrát a zsebkendőbe** blow* one's nose *i*nto one's h*a*ndkerchief **2**. ~ **a kürtbe** blow*/sound the horn
belefullad v *(vízbe)* be*/get* drowned in, drown in
belefúr v vmbe drill/bore *i*nto sg; **fejét** ~**ja a párnába** b*u*ry one's head in the p*i*llow
belefúród|ik v pierce/p*e*netrate sg
belefut v = **beleszalad**
belég n *(bizonylat)* v*o*ucher; *(elismervény)* rece*i*pt
belegabalyod|ik v **1**. = **belebonyolódik 2**. = **belebolondul 2**.
belegázol v **1**. ~ **a vízbe** wade *i*nto the w*a*ter; ~ **a virágokba** tr*a*mple the flowers down (v. down the fl*o*wers) **2**. ~ **vk becsületébe** sl*a*nder sy
belegebed v majd ~ **a munkába** work ones*e*lf *i*nto the ground
belegondol v ha jól ~**unk a dologba, be kell látnunk, hogy...** on refl*e*ction, we have to adm*i*t that...
belégzés n breathing in, inhal*a*tion
belegyökerez|ik v = **begyökerezik**
belegyömöszöl v = **begyömöszöl**
belehabarod|ik v = **belebolondul 2**.
belehajszol v vkt vmbe force/hound sy *i*nto sg (v. d*o*ing sg)
belehajt v *(kocsival)* run*/crash *i*nto, ram [sy's car]
belehal v *(betegségbe)* die of [c*a*ncer etc.]; ~**t sérüléseibe/sebeibe/sebesülésébe** he died from his wounds [v. the wounds that he rece*i*ved in the road *a*ccident etc.]; **majd** ~**tam** it ne*a*rly killed me, I ne*a*rly died
beleharap v bite* *i*nto, put* one's teeth *i*nto
belehasít v **a fájdalom** ~**ott a lábába** sh*o*oting pains racked his legs
belehel v inh*a*le, breathe in
belehelyez v put* (sg) *i*nto (sg)
beleilleszked|ik v = **beilleszkedik, beleillik**

beleilleszt v = **beilleszt**
beleill|ik v **1**. vmbe fit; **a kulcs** ~**ik a zárba** the key fits the lock **2**. vk be* su*i*table for, be* su*i*ted to/for
beleír v = **beír 1**.
beleisz|ik v ~**ik másnak a poharába** drink* from sy *e*lse's glass
beleivód|ik v vmbe permeate sg, perv*a*de sg, ooze/soak *i*nto sg
beleizzad v **1**. vmbe sg makes one sweat; ~ **a munkába** sweat *o*ver a job **2**. *(ruhába)* sweat through [one's clothes]
belejátsz|ik v contr*i*bute to sg; **döntésébe** ~**ott az (a körülmény) is, hogy** his dec*i*sion was *a*lso *i*nfluenced by [the fact that]
belejavít v make* corr*e*ctions in
belejön v *(vmbe beletanul)* get* the hang of, get* *i*nto, get* one's hand in
belekalkulál v reckon in, all*o*w for
belekap v **1**. vk vmbe snatch at sg; *(kutya vk lábába)* sna*p* at [sy's heels] **2**. *átv* vmbe try one's hand at sg, d*a*bble in sg; **mindenbe** ~ put* one's hand to *e*verything
belekapaszkod|ik v **1**. vmbe cling* (on) to sg, clutch sg; vkbe/vmbe hang*/f*a*sten on to sy/sg; **kapaszkodjon belém** hold/hang on to me **2**. *átv* vmbe find* fault with sg
belekapcsolód|ik v = **bekapcsolódik 2**.
belekarol v vkbe take* sy's arm
belekényszerít v *(vkt vmbe, vm megtevésébe)* browbeat* sy *i*nto sg (v. d*o*ing sg) ➪ **bekényszerít**
beleképzel v ~**i magát vk helyzetébe** im*a*gine ones*e*lf in sy *e*lse's place
belekerül v **1**. *(pénzbe)* cost*, come* to **2**. *(időbe)* = **beletelik 3**. *(nem kívánatos helyre/helyzetbe)* get* involved in, find* ones*e*lf in a(n) unple*a*sant) pos*i*tion/situ*a*tion
belekever v **1**. *(anyagot)* mix with, add to **2**. vkt vmbe involve sy in sg
belekevered|ik v vk vmbe get*/be* mixed up in sg, get* ent*a*ngled/inv*o*lved in sg
belekezd v vmbe start (...ing); *(nagyobb dologba)* emb*a*rk (up)*o*n (sg), undert*a*ke* (sg)
belekiabál, -kiált v **1**. vmbe shout *i*nto **2**. *(vk beszédébe)* heckle (sy), interr*u*pt (sy with shouts)
belekontárkod|ik v vmbe meddle/t*a*mper with sg
belekóstol v **1**. vmbe taste sg **2**. *átv* have* a taste of sg
belekotyog v vmbe chime in with [s*i*lly rem*a*rks], put* in, *US* put* in one's two cents' worth

beleköp v vmbe spit* into; ~ **vknek a le-
vesébe** put* a spoke in sy's wheel
beleköt 1. vt vmt vmbe bind*/wrap* up in
2. vi vkbe pick a quarrel with sy, pick on sy
3. mindenbe ~ he's always finding faults
bélel v **1.** (ruhát) line **2.** műsz case
belelapoz v könyvbe dip into [a book]
belelát v **1.** vmbe see* into/through sg **2.** átv
get* an insight into; ~ **vk terveibe** penet-
rate sy's plans
belélegez v breathe in, inhale
belélegzés n inhalation, breathing in
belelép v **1.** vmbe step into sg **2.** biz ~ **a
gázba** step on it, put* one's foot down, US
step on the gas
béleletlen a unlined
belelóg v = **belóg 1.**
beleloval v vkt vmbe fire sy with enthusiasm
to do sg; ~**ja magát vmbe** work oneself
up into a frenzy about sg
belelő v shoot*/fire into
bélelt a lined; **selyemmel** ~ **kabát** coat
lined with silk; ~ **erszény** well-lined purse
bélelzáródás n obstruction/stoppage of the
bowels
belemagyaráz v give* sg a different inter-
pretation, read* sg into sg; elít give* sg a
fanciful interpretation
belemagyarázás n distortion of meaning;
elít fanciful interpretation
belemar v bite* into, take* a bite at
belemarkol v **1.** (kiragad belőle) grab/take*
a handful of **2.** (megszorít) grab at
belemárt v vmbe dip/plunge in, immerse (in)
belemász|ik v **1.** vmbe climb/get* into
2. (egy dologba) get* entangled in [a bad
business], get into [a mess/fix]
belemegy v **1.** vk/vm vmbe go*/get* into;
vm belement a szemembe sg got* into
my eye **2.** átv vk vmbe consent to, fall* in
with; (kockázatos dologba) go* into sg with
one's eyes open; ~ **a játékba/tréfába**
enter into the game, enter into the spirit of sg
belemelegsz|ik v átv warm to sg; ~**ik a
táncba** get* heated with dancing
belemélyed v vmbe become* (profoundly)
absorbed in sg, be* deep/lost in sg
belemerít v plunge/dip into
belemerül v **1.** (elmerül) sink* into **2.** átv ~
a munkába be* wrapped up in one's work
beléndek n henbane
belenevel v vkbe vmt instil (US instill) sg
in(to) sy, bring* sy up to (do sg)
belenéz v (have*) a look into; **bele se néz
a könyvbe** he gives* his books a wide
berth

belenő v **1.** vk/vm vmbe grow* into **2.** átv
develop into
belenövés n **1.** vmbe growing (up) into **2.** átv
gradual development (into)
belenyilall|ik v (fájdalom) shoot* into;
get* a twinge of [pain etc.]
belenyom v vmt vmbe force/squeeze/cram sg
into sg
belenyomód|ik v vmbe be* impressed/im-
printed (up)on sg
belenyugsz|ik v vmbe acquiesce in, resign/
reconcile oneself to sg, be* resigned to sg
belenyugvás n acquiescence (in), resigna-
tion, submission (to)
belenyúl v **1.** (kézzel) reach into, dip the
hand into **2.** átv ~ **a dolgokba** step in, in-
tervene (in), take* a hand in things; átv ~ **a
zsebébe/pénztárcájába** dip into one's
pocket/purse
belenyúl|ik v reach as far as; ~**ik az éj-
szakába** go* on (far) into the night, go* on
until/into the small hours
beleolt v átv imbue with, saturate with
beleolvad v **1.** vmbe fade/melt into sg **2.**
(szín más színbe) shade into (one another)
beleolvas 1. vt (vm értelmezést) read* (sg)
into **2.** vi (könyvbe) dip into [a book]
beleöl v **1.** (vízbe) drown in **2.** (pénzt) sink*
[money] in, pour [money] into
beleöml|ik v flow/pour into, join, meet*,
feed* [another river]
beleönt v pour/empty into
beleőrül v = **belebolondul 1.**
beleőszül v vmbe sg turns one's hair grey (US
gray)
belep v ~**i a por** it is covered with/in dusk;
~**i a hó** be* covered with snow
belép v **1.** (helyiségbe) go*/come* in, step in-
(side), enter [a room], walk in/into; **tessék**
~**ni!** please walk/step in!; **amikor** ~**ett**
on entering; ~**ni tilos!** no admittance/en-
trance/entry, "private" → **idegen II. 2.**
átv ~ **az egyesületbe** join the society; ~
egy pártba join a party; **szolgálatba** ~
enter (into) service
belépés n entry, entrance; ~ **csak hivata-
los ügyben** no entry for private callers; no
unauthorized person may enter this area; **a**
~ **díjtalan** admission free
belépési a ~ **díj** entrance fee; ~ **enge-
dély** admission, admittance; ~ **nyilatko-
zat** application for membership
belepillant v give* sg a quick look/glance
belepirul v flush, blush, sg makes* one
flush/blush
belepottyan v fall*/tumble/drop into

belépő I. *n* **1.** *(helyiség)* entrance, vestibule **2.** *(ember)* entrant **3.** = **belépőjegy 4.** *(köpeny)* wrap **5.** *(dal)* entrance song **II.** *a* **1.** *vk* entering, coming/stepping in *ut.* **2.** *(áram)* incoming

belépődíj *n* entrance/entry fee, (price of) admission

belépőjegy *n* (admission) ticket; admission card; **a ~ ára** price of admission

beleprésel *v* squeeze in, cram/stuff into

beléptet *v vkt* make* sy join an organization, introduce sy to

belépti díj *n* = **belépődíj**

belepusztul *v* perish from, die of

beleragad *v* get* stuck in, stick* in/to; *(sárba)* get* bogged down [in the mud]

beleragaszt *v* = **beragaszt 1.**

belerajzol *v* = **berajzol**

belerak *v* = **berak 1., 2.**

beleránt *v átv vkt vmbe* involve sy in sg, draw* sy into sg, get* sy mixed up in sg

beleráz *v* shake* sg (into its place)

belerohan *v* rush/run*/dash into; *(autóval)* run*/crash/bump into; ram [a car]

belerozsdásod|ik *v* get* rusted in/up

belerúg *v vmbe, vkbe* kick sg/sy, give* sg/sy a kick

beles *v* spy/pry into, peep into

béles *n kb.* turnover-pie

bélés *n (ruháé)* lining

bélésanyag *n* lining

belesápad *v* grow*/turn pale from/with, sg makes* sy turn pale

béléscső *n* casing (pipe)

belesodor *v* **1.** engulf in, suck in, swallow up **2.** *átv* = **beleránt**

belesodród|ik *v vmbe* get* mixed up in, become* entangled/implicated in

bélésű *a* lined with silk etc. *ut.*

belesül *v (beszédbe stb.)* biz dry up

belesüllyed, -süpped *v* sink* (into)

bélésvászon *n* scrim, lining (linen)

beleszagol *v* **1.** *vk vmbe* sniff/smell* sg **2.** *átv biz* dabble in (sg)

beleszakad *v* **1.** *(gyökér)* break* **2.** = **belegebed**

beleszalad *v* **1.** *(utcán vkbe)* bump into sy, run* into/across sy **2.** *vm vmbe* = **belerohan**

beleszámít *v* reckon in, include; **a lakbérbe a fűtés is ~** the rent is inclusive of heating; **~va** including..., ...included, inclusive of ⇨ **beleért**

beleszédül *v* tumble/fall* (giddily) into

beleszeret *v vkbe* fall* in love with sy

beleszivattyúz *v* pump in(to sg)

beleszok|ik *v vmbe* get* accustomed/used (to sg), accustom/adapt oneself to

beleszól *v* **1.** *(beszélgetésbe)* interrupt (the conversation), break* in [on the conversation]; *(vitába)* take* part in [the discussion] **2.** *(ügybe)* intervene (in); *(kellemetlenül)* interfere (in)

beleszólás *n átv* voice, say; *(beavatkozás)* intervention, interference; **ebbe nincs ~od** you have* no say in this (matter); **van ~a** have* a say in the matter

beleszór *v* pour/throw*/hurl in/into

beleszorít *v* squeeze in(to)

beleszorul *v vmbe* get* caught/stuck in sg

beleszövő *v* weave* in, work in

beleszövőd|ik *v* be* interwoven with

beleszúr *v* **1.** *(tűt)* stick*/run* into **2.** **~t az oldalamba** *(a fájás)* I have* a stitch in my side

beletalál 1. *vi (célba)* hit* [the mark] **2.** *vt* **~ja magát** *vmbe* find* one's feet, become* accustomed to sg

beletanul *v vmbe* master/learn* sg

beletapos *v vmbe* trample on sg; **~ a gázba/fékbe** step on it

beletartoz|ik *v* belong (in)to, fit into; *(hatáskörébe)* come* within [one's competence]

beletekint *v vmbe* look into, have* a look at, glance over

beletel|ik *v* **két hét is ~ik abba, amíg** it will be/take a good 2 weeks before; **három évbe (is) ~t** it took three years (to ...)

beletemet *v* **~te az arcát kezeibe** he buried his face in his hands

beletemetkez|ik *v* bury oneself in sg; **~ik a könyvébe** he is* lost in his book

beletesz *v* put* sg in/into sg; *(újságba)* insert [sg in the paper] ⇨ **betesz**

beletorkoll|ik *v (folyó)* flow/fall*/discharge into; *(utca)* lead* (in)to, converge on

beletöm *v* force/cram/stuff into

beletör|ik *v* **1. ~ik a foga vmbe** (1) break* one's tooth on sg (2) *átv* come* a cropper **2. a kulcs ~ött a zárba** the key broke in the lock

beletörődés *n* = **belenyugvás**

beletörőd|ik *v* = **belenyugszik**

beletöröl *v vmt vmbe* wipe sg on sg

beleugrat *v vkt vmbe* = **beugrat 2.**

beleugr|ik *v* leap*/jump in/into

beleun *v vmbe* tire/weary of sg *(v. of ...ing)*, get* fed up with sg; **~t vmbe** be* tired/weary of sg

beleül 1. *vt (szeget)* strike*/drive* [a nail] into sg; *(fejét vmbe)* knock/run*/bump [one's head] against sg; *(lábát kőbe)* stub [one's toe] against/on (a stone) **2.** *vt átv* ~**i vmbe az orrát** poke one's nose *i*nto sg **3.** *vi* **mi ütött beléje?** what's wrong with him?, what's got *i*nto him?

beleütköz|ik *v vmbe* knock/run* *i*nto/ against sg, collide with sg, bump *i*nto sg

belevág 1. *vi (vmbe késsel)* cut* *i*nto; ~**tam az ujjamba** I cut* my finger **2.** *vi (villám)* ⇨ **belecsap 3.** *vi (vk szavába)* interrupt sy, cut* sy short **4.** *vi (vállalkozásba)* take* on, undertake* (sg); **vágj bele!** go ahead! **5.** *vt (belehajít)* throw*/hurl *i*nto

belevakul *v vmbe* go*/become* blind (from/ with sg)

belevaló *a biz* ~ **fickó!** that's my boy!

belevegyít *v vmbe* mix with/*i*nto, add to

belever *v* **1.** *vmt vmbe* knock/hammer *i*nto; → **beleüt 2. vmt vk fejébe** ~ hammer/ drum sg *i*nto sy *(v.* sy's head); **beléjük verjük, hogy** we hammer home them that...

belevés *v* = **bevés**

belevesz *v* include (in), comprise ⇨ **bevesz**

belevet *v* **1.** = **bedob 2.** ~**i magát vmbe** throw* oneself *i*nto sg

belevisz *v vkt vmbe* draw*/drag sy *i*nto sg

belevon *v* draw* *i*nto, invite to join

belevörösöd|ik *v* **egészen** ~**ött** his face went* red (when), his face flushed with

belezavar *v (mondókába)* get* sy (all) confused/flustered

belezavarod|ik *v* get* muddled/confused; ~**tam** I got* all mixed up

belezökken *v* ~ **a rendes kerékvágásba** shake*/settle down to a routine (again)

bélféreg *n* intestinal worm/parasite

bélflóra *n* intestinal flora

bélfodor *n* mesentery

belforgalom *n* inland/internal trade/traffic

belföld *n* inland; ~**ön** at home

belföldi I. *a* native, home, domestic, inland, internal; ~ **áru** home-manufactured/made goods *pl*; ~ **forgalom** inland traffic; ~ **levél** inland letter; ~ **piac** home market; ~ **termék** home product **II.** *n* native

belga *a/n* Belgian

Belgium *n* Belgium

belgiumi *a/n* Belgian

bélgörcs *n* colic, the gripes *pl*

Belgrád *n* Belgrade, Beograd

belgyógyász *n* physician; *GB* internist, specialist in internal medicine

belgyógyászat *n* **1.** *(ág)* internal medicine **2.** *(kórházi osztály)* medical ward

belgyógyászati *a* medical, internal; ~ **klinika** department of medicine, medical department .

belháború *n* † civil war

belharc *n (ökölvívásban)* infighting

bélhurut *n* enteritis

-beli *suff* **1.** *(hely)* of, belonging/pertaining to *ut.*; **Nemzeti Színház-**~ of/from the National Theatre *ut.*; **NDK-**~ from the GDR *ut* **2.** *(idő)* dating from *ut.*; **XV. század**~ dating from the 15th century *ut.*

bélista *n* redundancy list

bélistáz *v* dismiss, put* on the redundancy list, make* redundant; ~**ták** *biz* he got the ax(e)

beljebb *adv* further in; **kerüljön** ~ (please) walk in, *US* come right in

belkereskedelem *n* internal/home trade, *US* domestic trade

belkereskedelmi *a* of internal/home trade *ut.*

belklinika *n* = **belgyógyászati klinika**

bélmozgás *n* peristalsis, peristaltic movement

bélműködés *n* bowel movement; **rendben van-e a** ~**e?** are your bowels regular?

bélnedv *n* gastric juices *pl*

belocsol *v* sprinkle sg with water, wet

belóg *v* **1.** *(tárgy vmbe)* hang* down *i*nto (sg) **2.** *(huzal)* hang* loose **3.** *biz (jegy nélkül vhova)* get*/sneak in (without a ticket)

belop *v* smuggle in; ~**ja magát vhova** steal* *i*nto, worm oneself *i*nto; ~**ta magát a szívébe** he stole his way *i*nto her heart

belopódz|ik *v* steal*/slink* in

belosztály *n* medical ward

belovagol 1. *vt (lovat)* break* in [a horse] **2.** *vt (területet)* ride* over/through **3.** *vt vhova* ride* in/into

belő 1. *vi vhova* fire (a shot) *i*nto **2.** *vt (golyót)* discharge [a shot] *i*nto **3.** *vt* **belövi a labdát a kapuba** score/kick a goal **4.** *vt* **belövi magát** *(lövész)* find* the range, zero in

belök *v* **1.** *(ajtót)* push/thrust* open **2.** *vkt vhova* throw*/shove in

belőle *adv* out of it, from it/him; **kivesz** ~ **vmt** take* sg out (of it); **nem kérek** ~ *(ételből)* I don't want any(, thank you); **látom** ~ **(, hogy)** I can see from it (that); **semmi sem lesz** ~ (1) *(dologból)* it will come to nothing (2) *(emberből)* he will never amount to anything; ~**m** from me, out of me

belőtt *a nyomd* ~ **példány** interleaved copy

belövell *v vmbe* inject *i*nto, squirt *i*n(to)

belövés n **1.** *(folyamat)* ranging, bracketing **2.** *(nyoma)* bullet-mark(s)/hole(s); **a ház tele van ~ekkel** the house is* riddled with shots (v. bullet-holes)
bélpanaszok n pl intestinal complaints
bélpangás n enteric stagnation
bélpoklos I. a leprous II. n leper
bélpoklosság n leprosy
belpolitika n internal politics/affairs pl
belpolitikai a ~ **helyzet** internal situation
bélrák n cancer of the intestine
bélrenyheség n sluggishness of the bowels
bélsár n excrement; *tud* faeces *(US* feces)
belseje n → **belső** I.
belső I. a **1.** *(belül levő)* inside, internal, inner; ~ **biztonság** internal security; ~ **égésű motor** internal-combustion engine; ~ **ellenség** enemy within (v. at home), fifth column; ~ **elválasztású mirigyek** endocrine glands; ~ **érték** intrinsic value; ~ **felvétel** *(film)* interior shot; ~ **gumi** *(autón stb.)* inner tube; ~ **kényszer** urge, compulsion; ~ **méret** inside measurements pl; ~ **összefüggés** inherent/logical connection; ~ **részek** *(emberé)* viscera, bowels; *biz* innards; → **belsőség 2.**; ~ **sérülés** internal injury/lesion; ~ **szög** internal angle; ~ **tag** *(aránypárban)* mean (proportional); ~ **vérzés** (internal) haemorrhage *(US* hem-) **2.** *(bizalmas)* intimate, confidential; ~ **munkatárs** member of the permanent staff II. n **1.** **vmnek a belseje** the interior/inside/core/heart of sg; **a ház belseje** the interior of the house; **az ország belseje** the heart/interior of the country, the heartland; **vmnek a belsejében** inside sg **2.** *(futballé)* bladder; *(kerékgumié)* inner tube
Belső-Afrika n Central Africa
Belső-Ázsia n Central Asia
belsőépítész n interior decorator/designer
belsőépítezet n interior decoration/design
belsőleg adv internally, inwardly; *orv* for internal application/use
belsőség n **1.** *(ház körül)* grounds pl **2.** *(baromfié)* giblets pl; *(egyéb)* offal, pluck
bélszín n sirloin; **angolos** ~ sirloin of beef
bélszínjava n tenderloin
bélszínszelet n sirloin (steak), fillet 'of sirloin; ~**ek** sirloin steaks, tournedos pl, fillets of sirloin
beltag n *(cégben)* full partner
beltenger n inland/landlocked sea
beltenyésztés n inbreeding, endogamy
belterjes a intensive; ~ **gazdálkodás** intensive farming

belterület n *(városé)* GB inner city; inner--city area; the centre of the city; US downtown
belterületi a in/from the (inner) city ut.; central(ly located); US downtown; ~ **vásárlóutca** pedestrian/shopping precinct; US the downtown shopping mall
belúgoz v soak/steep in lye
belügy n **1.** *(országé)* home affairs pl **2.** biz = **belügyminisztérium 3.** biz **a család ~e** a family affair/matter
belügyi a ~ **dolgozó** employee of the Ministry of the Interior; *(igével)* work for the Ministry of the Interior (v. GB Home Office)
belügyminiszter n (the) Minister of the Interior, (the) Minister for Home Affairs; GB Home Secretary; US Secretary of Interior
belügyminisztérium n Ministry of the Interior; GB Home Office; US Department of the Interior
belül adv **1.** *(terület)* within, inside; **a korláton** ~ inside the railings; **Londonon** ~ inside/within London; **városon** ~ **levő** within the town/city ut. **2.** *(idő)* within, in; US így is: inside (of); **egy órán** ~ within (v. US inside v. inside of) an hour; **3 napon** ~ within 3 days, US így is: inside (of) 3 days
belüli a inside/within [the building etc.] ut.; **az országon** ~ **események** events inside/within the country; **párton** ~ **demokrácia** democracy inside/within the party
belülről adv from within, from inside
belváros n the centre of (a/the) town/city, town/city centre; *(Londonban)* the City; US downtown; **a** ~**ban** in town; GB in the City; *főleg* US downtown; **Glasgow** ~**ában** in the centre of Glasgow, in downtown Glasgow; **bemegy a** ~**ba** go* downtown [to buy...]
belvárosi a central ⇨ **belterületi**
belvilág n **1.** *(lelki)* inner/spiritual world **2.** *műsz* inside measurements pl
belvillongás, -viszály n civil strife/discord
belvíz n inland waters pl
bélyeg n **1.** *(levélen)* (postage) stamp; ~**et ragaszt vmre** put* a stamp on, stamp [a letter]; ~**et gyűjt** collect stamps **2.** *(jel)* mark; *(beégetett)* brand; ~**et éget/süt vmbe** brand sg **3.** *átv* mark, seal, stamp; **magán hordja a gyávaság** ~**ét** bear* the stamp/marks of cowardice ⇨ **rányom**
bélyegalbum n stamp-album
bélyegautomata n stamp-machine
bélyeges a *(bélyeggel ellátott)* stamped

bélyegez 1. *vt/vi (bélyegzővel levelet stb.)* cancel (*US* -l-), postmark **2.** *vt (állatot és átv vkt)* brand; **gyávának** ~**te** he branded him a coward **3.** *vi (munkahelyen érkezéskor)* clock in; *(távozáskor)* clock out

bélyeggyűjtemény *n* stamp-collection

bélyeggyűjtés *n* stamp-collecting, philately

bélyeggyűjtő *n* stamp-collector, philatelist

bélyegilleték *n* stamp-duty

bélyegköltség *n (levelezésnél)* postage; *(perben)* stamp-charges *pl*

bélyegköteles *a (ügyirat)* liable to stamp--duty *ut.*

bélyegmentes *a (ügyirat)* exempt from stamp-duty *ut.*; *(postán)* postfree

bélyegsorozat *n* series (of stamps)

bélyegzés *n* **1.** *(postai keletbélyegzővel)* cancelling (*US* -l-), cancellation (*US* -l-), postmark; **alkalmi** ~ special cancellation/ postmark **2.** *(állaté)* branding

bélyegző *n (gumi)* (rubber-)stamp; *(postai)* postmark, cancelling (*US* -l-) stamp; *(hivatali)* stamp

bélyegzőkártya *n* time card/sheet

bélyegzőóra *n* time clock, clocking-in clock

bélyegzőpárna *n* stamp/ink(ing) pad

bélyegzővas *n* marking/brand(ing)-iron

belyukad *v* get* holed/perforated

belyukaszt *v* perforate, punch sg, punch a hole in sg

bemagol *v* learn* (sg) parrot-fashion, learn* sg by heart/rote, memorize; *biz* mug/swot up

bemarat *v* etch (into)

bemárt *v* **1.** *(folyadékba)* = **belemárt 2.** *biz vkt vknél* malign sy, blacken sy's character/name

bemaszatol *v* = **bepiszkít 1.**

bemász|ik *v* climb in/into; ~**ik az ágy alá** creep* under the bed

bemázol *v* **1.** *(festékkel)* daub [the wall] (with paint), daub paint [on the wall], paint (over) **2.** *(piszokkal)* bedaub, smudge

bemegy *v* **1.** *vk* go*/step/walk in, enter; ~ **a házba** go* indoors/inside; ~ **a kórházba** go* into hospital; ~ **a városba** go* (up) to (*v.* into) town **2.** *(víz)* penetrate; **a víz** ~ **a cipőmbe** water is* getting into my shoes **3.** = **befér**

bemelegedés *n* warm-up (time)

bemeleged|ik *v* = **bemelegsz|ik**

bemelegít *v* **1.** *vt (helyiséget)* warm/heat up **2.** *vt (motort)* warm up **3.** *vi (sportoló)* warm/limber up

bemelegítés *n sp* warming up, warming-up exercises *pl*, warm-up, practice

bemelegsz|ik *v* warm up, grow*/get* warm; *(motor)* heat up

bemélyed *v vm* sink* in

bemélyedés *n* **1.** *(üreg)* hollow, dip, dent **2.** *(falban)* niche, recess

bemélyít *v* lower, dent

bemenet I. *n* **1.** entrance, entry **2.** *el* input; **tilos a** ~ no admittance **II.** *adv* on entering, while going in

bemenetel *n* march in

bemeneti *a el* input

bemér *v (távolságot)* find* the range of; *(mérőműszerrel)* locate

bemerészked|ik *v* venture in

bemerít *v* immerse (in), dip in

bemerítkezés *n vall* immersion

bemerítkez|ik *v vall* immerse

bemerül *v* sink* into, become* immersed

bemesél *v vknek vmt* spin* sy a yarn; **ne akard nekem ezt** ~**ni!** tell it/that to the marines!

bemeszel *v* whitewash, paint (sg) white

bemetsz *v* notch, incise, indent; *(fametsző)* engrave; *(rézmetsző)* etch; *(faszobrász)* carve

bemocskol *v* = **bepiszkít;** ~**ja vknek a becsületét** stain sy's honour (*US* -or)

bemond *v* **1.** *(rádióban)* announce **2.** ~**ja nevét (és személyi adatait)** give* one's name (and particulars) **3.** *(kártyában)* bid*, call

bemondás *n* **1.** *(bejelentés)* announcement **2.** *(kártyában)* bid, call; *(bridzsben)* declaration, contract **3.** *biz (szellemeskedő)* quip, (wise)crack; *(színpadon)* gag

bemondó *n* announcer

bemosakodás *n (orvosé)* washup

bemosakod|ik *v* have* a thorough wash [before operation], scrub up

bemosás *n (hajé)* colour (*US* -or) rinse

bemószerol *v* □ = **bemárt 2.**

bemutat *v* **1.** *vkt* present/introduce sy (to sy); ~**om X urat** this is Mr X, *US* meet Mr X **2.** *(okmányt)* produce, present; ~**ja jegyét** show* one's ticket; ~**ja útlevelét** produce one's passport **3.** *(színművet)* produce; *(filmet)* present, show*; *(kísérletet)* demonstrate; *(kiállításon)* exhibit, show*, display; **szemléltetően** ~ demonstrate; ~**ja a gyakorlatot** perform **4.** *(áldozatot)* offer (up)

bemutatás *n* **1.** *(személyé)* introduction **2.** *(okmányé, színműé)* production, showing; *(árué)* display, exhibit; *(kísérleté)* demonstration **3.** *(áldozaté)* offering **4.** *(fogathajtó versenyen)* presentation

benzolgyűrű

bemutatkozás *n* 1. vké introduction, introducing (oneself) 2. *(színésző)* first appearance, debut *(US* debut)
bemutatkoz|ik *v* 1. *vk vknek* introduce/present oneself to sy 2. *(színész)* make* one's debut, make* one's first appearance
bemutató I. *n* 1. *szính* first night, première, opening night; *(filmé)* first run 2. *(csekké)* bearer; ~**ra szóló csekk** a cheque payable to bearer (on demand) II. *a* ~ **előadás** = **bemutató** I. 1.; ~ **tanítás** demonstration lesson/teaching
bemutatómozi first-run cinema/house
bemutatóterem *n* showroom, exhibition room
-ben *suff* → **-ban**
béna *a* 1. *(végtag)* paralysed, crippled; *(csak láb)* lame; ~ **ember** paralytic, cripple; ~ **a lába** is lame, has a crippled leg 2. *átv* □ sílly
bénaság *n* lameness, paralysis
bencés *a/n* Benedictine
bendő *n (kérődzőé)* rumen; *(emberé, tréf)* belly, paunch
bendzsó *n* banjo, ukulele
benedvesít *v* wet, moisten
Benelux államok *n pl* the Benelux States
be nem avatkozás *n* → **beavatkozás**
benemavatkozási *a* ~ **egyezmény** nonintervention pact ⇨ **beavatkozás**
be nem avatott *a* → **beavatott**
benépesed|ik *v (terem stb.)* fill up with people
benépesít *v (emberekkel)* fill with people, people; *(állatokkal)* stock, plant
benevez 1. *vi (versenyre)* enter for [a competition] 2. *vt vkt* enter sy [in/for a competition]
benevezés *n* entry
benéz *v* 1. = **belenéz** 2. *biz (látogat)* look in (on sy); *biz* drop in (on sy)
bengáli *a* Bengali; ~ **fény** Bengal light
Bengália *n* Bengal
bénít *v* paralyse, lame, cripple
benn *adv* inside, within; ~ **lakik** live in; ~ **marad** *vk* stay/remain in; *vm* be*/get* stuck, stick* fast; ~ **tart** keep* in, retain; ~ **van** *(= nincs házon kívül)* (s)he is in
benne *adv* in it, inside (it), within (it); ~ **van a fiókban** it's in the drawer; **nem vagyok** ~ **I** am* out of it; ~ **vagyok!** agreed; I am* all for it; count me in; I am game/on; I am with you; ~ **van** *(számításban)* it is* included; **hányan voltak** ~? *(vm ügyben, verekedésben stb.)* how many were involved?; **van** ~ **vm** *(igaz lehet)* there is* sg

in it; ~**m** in me; **bennük** in them; **benneteket** you; **bennünket** us
bennég *v* perish in the flames (*v.* in the burning building)
bennfentes *a* intimate, familiar; *átv* well-informed, initiated (in)
bennlakás *n* residence [at boarding school], living in
bennlakásos *a* ~ **(közép)iskola** boarding school; *(GB előkelő, zártkörű, magán)* public school; ~ **rendszer** boarding school system
bennlakó I. *a* resident; ~ **orvos** *(kórházban)* resident physician II. *n* resident; *isk* boarder
bennragad *v* stick*, be*/get* stuck (in)
bennszülött I. *a* native, aboriginal II. *n* native, aborigine
benő *v* overgrow*; ~**tte a fű** be* overgrown with grass
benősül *v* = **beházasodik**
benőtt *a* 1. **fűvel** ~ overgrown with grass *ut.*, grass-covered/grown 2. *(köröm)* ingrown [toenail]
benövés *n* 1. *(eredménye)* ingrowth 2. *(folyamat)* ingrowing
benső *a* inner, internal; ~ **barát** intimate/close friend; ~ **barátság** close friendship
bensőleg *adv* inwardly, internally
bensőség *n* intimacy, warmth
bensőséges *a* intimate, close
bent *adv* = **benn**; ~**ről** from within
benti *a* inside
bentlakás *n* = **bennlakás**
bénul *v* be(come)* paralysed/lamed
bénulás *n* paralysis
bénult *a* paralytic, lame
bénultság *n* lameness, paralysed state
benzin *n* petrol, *US* gas(oline); **kár a** ~**ért** it is* not worth the trouble/candle
benzingőz *n* petrol vapour *(US* -or)
benzinkút *n* filling/petrol station, *US* gas station; *(szervizzel)* service station; *(önkiszolgáló)* self-service station
benzinkutas, benzinkútkezelő *n* petrol *(v. US* gas) station attendant
benzinmotor *n* petrol engine
benzinmotoros *a* ~ **fűnyíró** petrol mower
benzinszag *n* smell of petrol *(US* gas)
benzintartály *n* petrol/fuel tank, *US* gas tank
benzinutalvány *n* petrol coupon
benzoesav *n* benzoic acid
benzol *n* benzol, benzene
benzolgyűrű *n* benzene ring

benyakal *biz* **1.** *vt* gulp down, swallow, drink* **2.** *vi* get* drunk/tight/blotto

benyal *v biz* ~**ja magát vkhez** suck up to sy

benyálaz *v* beslaver

benyargal *v* gallop *in*(to)

benyit *v* enter, go*/come*/step in

benyom *v* **1.** *vmt* press/squeeze in; *(ajtót)* force/push/break* in; **a kalapot** ~**ja a fejébe** cram one's hat on one's head **2.** ~ **vkt vhová** *(állásba)* get* sy into [a job] **3.** *(jelzést vmbe)* impress on, stamp sg

benyomás *n átv* impression; **az volt a** ~**om, hogy** it's my impression that, I got the impression that; **jó** ~**t hagy maga után** leave* a good impression; **rossz** ~**t tesz** give*/create a bad impression

benyomul *v* invade sg, force/make* one's way in, enter (swhere) by force

benyomulás *n* invasion

benyújt *v* hand/send* in, present, file; *(kérelmet)* put* in, *US* file [an application]; *(doktori értekezést)* submit [a thesis for the PhD degree]; **hova kell** ~**ani a kérelmet?** where do I apply?; ~**ja a költségvetést** lodge the estimate; ~**ja lemondását** tender/offer one's resignation; **törvényjavaslatot nyújt be** bring* in a bill

benyúl *v vmbe* reach/dip *into* sg; ~**t a zsebébe** he reached/dived *into* his pocket

benyúl|ik *v* reach/stretch/extend as far as, protrude *into*

beolajoz *v* oil, lubricate

beolt *v* **1.** *vkt* inoculate; *(himlő ellen)* vaccinate **2.** *mezőg (fát)* make* a graft onto [a tree], (en)graft [a bud/scion] onto sg **3.** *átv vmt vkbe* infuse/implant/instil sg in sy

beoltás *n* **1.** *vké* inoculation, vaccination **2.** *(fáé)* grafting

beolvad *v* **1.** *(tárgy)* melt *into*, dissolve in/*into*; *(körvonal)* blend, fade *into*; *(szín)* merge *into* **2.** *(nép)* assimilate; be* assimilated *into* [a community etc.] **3.** *(intézmény)* merge with

beolvas 1. *vt (rádióba)* read* (*into* the microphone), announce, broadcast*; ~**sa a híreket** read* the news; ~ **egy közleményt** read* (out) an announcement **2.** *vi* **jól** ~ **vknek** *biz* tell* sy a few home truths, tell* sy off; give* sy a bit/piece of one's mind

beolvaszt *v* **1.** *(fémet)* melt down **2.** *(intézményt)* merge sg with sg, incorporate sg (into sg); *(népet)* assimilate, absorb

beolvasztás *n* **1.** *(fémé)* melting (down) **2.** *(intézményé)* merger, amalgamation

beomlás *n* falling/caving in, giving way

beoml|ik *v* fall*/cave/topple in, collapse, give* way, crumble

beoson *v* steal*/slink*/slip in

beoszt *v* **1.** *vkt vmt* arrange, apportion; *(több részre)* divide *into*; *(fokokra)* graduate, calibrate **2.** *(fizetést)* spread* out; *(takarékosan)* economize; **jól** ~**ja a fizetését** he is good at managing on his salary; **az idejét jól osztja be** dispose of one's time well **3.** *(vkt hivatalhoz)* assign to, attach (for service) to

beosztás *n* **1.** *(folyamat)* arrangement, apportioning **2.** **jó a lakás** ~**a** it is a well--arranged flat **3.** *(hivatali)* assignment, duty; **új** ~**t kapott** he obtained a new appointment, he was assigned to a new post **4.** ~**sal él** manage to make* (both) ends meet, economize, manage [on very little money]

beosztott *a/n* subordinate; **a** ~**jai szeretik** he is liked by his staff

beöltöz|ik *v* dress up as

beöml|ik *v* pour/rush/stream in ⇨ **beleömlik**

beönt *v* pour/empty *into*

beöntés *n* **1.** *orv* rectal injection, enema **2.** *(folyadéké)* pouring in/out

beözönl|ik *v (embertömeg)* crowd *in*(to a place), come* streaming *in*(to a place)

bepácol *v (húst)* cure, pickle; *(főleg halat)* marinade

bepakol *v* = **becsomagol**

bepaliz *v biz* con (sy *into* sg)

bepanaszol *v vkt* complain about; *(írásban)* lodge a complaint against (sy)

bepárásod|ik *v (üveg)* mist up/over, fog (up), get* fogged (up); ~**ott** *(ablak, üveg stb.)* be* misted over/up, be* fogged up; ~**ott az ablak** the window has steamed/misted up

bepárol *v* evaporate (down), condense, boil down

beperel *v* sue sy/sg, take* sy/sg to court, take* legal action against sy

bepiál *v* ☐ get* stoned/smashed

bepillant *v* **1.** *(benéz)* cast* a) glance into **2.** *átv* obtain an insight (into)

bepillantás *n* **1.** *(benézés)* glimpse (of), glance (into) **2.** *átv* insight (into) ⇨ **betekintés**

bepisil *v biz* wet one's pants (*v.* the bed), piss (in) one's trousers (*US* pants), wet oneself

bepiszkít *v (bemocskol)* make* (sg) dirty, dirty, make* (sg) filthy, stain; ~**ja magát** get* soiled/dirty **2.** *(erkölcsileg)* taint, sully, defile

bepiszkol *v.* = **bepiszkít**
bepiszkolód|ik *v* get*/become* soiled/
filthy/dirty
bepólyáz *v* **1.** *(csecsemőt)* swaddle **2.**
(végtagot) swathe, bandage, bind* up
beporosod|ik *v* get*/become* dusty
beporoz *v növ* pollinate
beporzás *n növ* pollination
bepótol *v* make* up for [lost time etc.]; ~**ja**
a mulasztottakat make* up for what one
has* missed, fill (in) the gaps
bepottyan *v* = **belepottyan**
beprésel *v* force/stuff *in*(to)
beprogramoz *v* programme; *US* és *szt*
program
beprotezsál *v* pull strings [to get sy a job]
bepucol *v* = **bevakol**
bepúderez *v* powder
bér *n* **1.** *(munkásé)* wage(s), pay; **mi a heti**
~**e?** what is your weekly wage?; ~**ből és**
fizetésből élők wage- and salary-earners
2. *(bérleté)* rent; ~**be ad** *(házat)* let*, *US*
rent [a house]; *(szobát, helyiséget)* let* (out),
US rent [a room]; *(ált vmt rövidebb időre)*
hire (sg) out, *US* rent (sg) out; *(hosszabb idő-
re)* rent (sg); *(földet)* let*, rent [a land etc.]
(vknek mind: to sy); ~**be van adva** *(szo-
ba)* [this room] is let (out) [to sy]; ~**be**
adott telek/föld/veteményeskert *GB*
allotment; ~**be adta a házat havi**
10000 Ft-ért he let the house at (a rent of)
10,000 fts; ~**be vesz** *(ált vmt hosszabb idő-
re)* rent; *(házat)* rent, lease; *(rövidebbre, pl.*
szobát, autót) rent; *(földet)* lease [a land],
take* [a/the land] on lease; **mennyi** ~**t fi-**
zet érte? what is* it rented at?, what is* the
rent?
beragad *v* stick* in/fast, be*/get* stuck/
jammed
beragaszt *v* **1.** *vmbe* paste/stick* in **2.** *(lyu-*
kat) paste over *(v.* fill up) [a hole]
berágód|ik *v műsz* seize up
beragyog 1. *vt vmt* illumine, illuminate,
light* up **2.** *vi vhová* shine* *into*
berajzol *v* draw* in, inscribe
berak *v* **1.** *(behelyez)* put*/place in/*into*
2. *(árut kocsiba)* load [goods] (in, on to)
3. *(szoknyát)* pleat **4.** ~**ja a haját** set*
one's hair
berakás *n* **1.** *(behelyezés)* putting/placing in
2. *(árué kocsiba)* loading; *(hajóba)* shipping
3. *(szoknyáé)* pleating **4.** *(hajé)* set; **mosás**
és ~ shampoo and set **5.** = **intarzia**
berakásos *a* inlaid
berakod|ik *v* load (up)
beraktároz *v* store, warehouse

béralap *n* wages fund, wage-fund
berámáz *v* frame [a picture]
beránt[1] *v* **1.** *vmt* jerk in, drag into **2.** *vkt vmbe*
= **beleránt**
beránt[2] *v* *(levest stb.)* thicken (with fried
flour)
bérautó *n* hire car; ~ **vezető nélkül** self-
drive car
bérbeadás *n* *(házé)* letting; *(földé)* leasing,
lease; *(rövidebb időre)* renting, hiring ➪
bér 2.
bérbeadó *n* lessor
bérbefagyasztás *n* wage-freeze
berber *a/n* Berber
bérc *n* crag, peak
bércsalás *n* wage-fraud
bércsaló *n* wage defrauder
bércsökkentés *n* wage reduction/cut
berek *n* **1.** *ir* grove **2.** *(vízjárta rét)* marshy
pasture **3.** **irodalmi berkekben** in the
world of letters; **tudományos berkek-**
ben in the groves of Académe
bereked *v* *(ember)* get*/become* hoarse;
(kiabálástól) shout oneself hoarse
berekeszt *v* *(ülést)* close [proceedings],
wind* up
bérel *v* *(ált vmt rövidebb időre)* hire, *US* rent;
(hosszabb időre) rent; *(autót)* hire, *US* rent
[a car]; *(hajót, repülőt)* charter; *(páholyt)*
subscribe for [a box in theatre]; *(földet)* lease
[a land], take*, lease [a/the land/farm etc.] on lease
bérelszámolás *n* wage accounting, pay-roll
accounting
bérelszámoló *n* wages clerk, *US* pay-roll
clerk
bérelt *a* ~ **gépkocsi** car rental/hire; ~ **re-**
pülőgép *(kedvezményes árú)* chartered
plane/aircraft
béremelés *n* rise/increase in wages, wage-in-
crease; ~**t kér** ask for a rise (*US* raise)
bérenc *n* hireling, paid agent; *(politikai)*
henchman°
berendel *v* order in, send* for (sy)
berendez *v* **1.** *(szobát)* furnish; *(üzemet)* fit
out/up, equip **2.** *(átv életet)* arrange, order
[one's life]
berendezés *n* **1.** *(folyamat)* furnishing, fit-
ting out **2.** *(tárgyak)* furniture; *(üzemben)*
equipment, fittings *pl* **3.** *műsz (készülék stb.)*
apparatus, set
berendezési *a* ~**tárgyak** furnishings; *(bú-*
torok) furniture *pl,* pieces of furniture; *(be-*
épített) fixtures
berendezett *a* ~ **lakás** furnished flat; **szé-**
pen ~ **lakás** beautifully/nicely furnished
flat

berendezkedés n **1.** *(lakásban)* furnishing, fitting out **2.** *(előkészület)* arrangements *pl*, preparations *pl* **3.** *(rendszer)* system
berendezked|ik v **1.** furnish one's house; *átv* settle down **2.** *(elhelyezkedik)* take* up one's quarters/abode **3.** *(felkészül)* make* arrangements/preparations for
bereped v crack, split*; *(szövet)* rend*, tear*; *(emberi bőr)* chap; **ajka** ∼**t** his lips were chapped
beripedés n **1.** *(ált folyamat)* cracking, splitting; *(szöveten)* rending **2.** *(eredmény)* crack, split; *(szöveten)* rent, tear; *(bőrön)* chap
berepül v fly* in
berepülés n *(ellenséges)* raid, air-raid; ∼**t hajt végre** invade sy's air-space
berepülőpilóta n test-pilot
béres n † farmhand
béreslegény n † young farmhand
bereteszel v bolt, secure [the door]
berezel v *biz* get* cold feet
bérezés n **1.** *(∼i rendszer)* wage-system **2.** = **bérmegállapítás**
bérfeszültség n wage differential/spread
bérfizetés n wage-payment; ∼**kor** on pay-day
bérfizetési a ∼ **jegyzék** payroll; ∼ **nap** payday
bérgyilkos n hired assassin, *US* killer
bérharc n wage dispute/fight
bérház n *(nagyobb)* block of flats, *US* apartment house/block/building
bérhizlalás n ⟨fattening of pigs on a contract basis⟩
bérjegyzék n payroll
bérjellegű a wage-like
bérkaszárnya n tenement (house), barrack
bérkategória n wage category, (wage) bracket
berkenye n **1.** *(fa)* sorb tree **2.** *(gyümölcs)* sorb/service-apple
bérnfizetés n paying of wages
bérkocsi n hackney carriage, cab
bérköveteles n wage-demand
bérlakás n flat
bérlemény n rented/leased property
bérlet n **1.** *(birtok)* lease; *(lakásé)* rent **2.** *(színház, hangverseny)* subscription; *(a jegy)* subscription/season ticket; *(vasúti, busz stb.)* season(-ticket), pass; *(heti, havi, Londonban buszra, metróra)* travelcard; *(US vasúti)* commutation ticket
bérletárak, -díjak n pl *(közlekedésben)* (zonal) fares
bérletdíjhatárok n pl fare zones

bérleti a ∼ **díj** (1) *(földé, házé stb.)* rent (2) *(autóé, televízióé stb.)* rental (3) *(bérletjegyé)* szính subscription; *(vasút, busz)* cost/price of a season-ticket (v. pass); **a havi** ∼ **díj 1200 Ft** the monthly rental is 1,200 fts; ∼ **előadás** subscription performance; ∼ **hangversenyek** subscription concerts; ∼ **szerződés** lease/tenancy agreement/contract, lease (contract); ∼ **viszony** tenancy, tenantship
bérletjegy n *(idényre)* season(-ticket); *(havi)* monthly ticket/pass ⇨ **bérlet 2.**
bérletszünet n *kif* subscription-tickets (will) not (be) accepted/honoured at this performance
Berlin n Berlin
berlini I. a Berlin, of Berlin *ut.* **II.** n Berliner
bérlista n = **bérjegyzék**
bérlő n **1.** *(földé)* lessee, tenant; *(lakásé)* renter, tenant **2.** *szính* subscriber
bérmál v confirm
bérmálás n confirmation
bérmaszülők n sponsors/godparents of confirmee
bérmegállapítás n establishment/calculation of wages
bérmentes a post-free/paid, carriage-free/paid
bérmentesít v pay* the postage of; *(bérmentesítő géppel)* frank; **készpénzzel** ∼**ve** postage paid
bérmentesítés n paying the postage
bérmentesítő gép n franking machine
bérmentve adv post-free/paid, carriage-free/paid; franked; **ingyen és** ∼ free of charge
bérminimum n minimum/living wage
bérmunka n paid work, wage labour (*US* -or)
bérmunkás n wage labourer (*US* -or-), hired hand
Bernadett n Bernadette
bernáthegyi n *(kutya)* St. Bernard (dog)
berni I. a in/of Bern *ut.* **II.** n Bernese
berobog v speed* in; *(vonat)* steam in(to)
berohan v rush/dash/burst* in/into
beront v *(szobába)* rush/dash/burst* in/into; *(ellenség országba)* invade [the country], make* inroads into; **ajtóstól ront be** burst* into [the room etc.]
beroskad v = **beomlik, beszakad 1.**
bérosztály n = **bérkategória**
berozsdásod|ik v get* rusty
bérösszeg n *(bérményé)* rent
bérpalota n large block of (luxury) flats, *US* apartment house/block

berreg v *(hangosan)* buzz; *(motor)* throb, purr, hum, whirr; *(géppuska)* sputter; *(repülőgép)* hum, buzz
berregés n buzz, hum, purr, whirr
berregő I. a buzzing, throbbing, humming, whirring **II.** n *(ajtón)* buzzer
bérrendezés n revision of wages
bérrendszer n wage-system
bérrögzítés n fixing of wages, wage-freeze
bérskála n wage scale, scale of wages; **mozgó** ~ sliding scale (of wages); **mozgó** ~ **-rendszer** sliding wage scale system
bérszámfejtés n = **bérelszámolás**
bérszámfejtő n = **bérelszámoló**
bérszint n = **bérszínvonal**
bérszínvonal n wage-level
berúg 1. vt *(ajtót)* kick in; ~**ja az ajtót** kick open/in the door ~**ja a motort** kick-start [the motorbike] **2.** vt ~**ja a gólt** score (a goal) **3.** vi biz *(italtól)* get* drunk/ tipsy/tight
berúgó n *(motoron)* kick-starter
beruház v invest
beruházás n ált investment; *(nagyméretű)* project; **állami** ~**ok** state investments
beruházási a ~ **bank** investment/development bank; ~ **javak** investment/capital goods; ~ **költségek** costs of investment; ~ **munkák** capital expenditure *sing.*
berúzsoz v *(ajkát festi)* put* on lipstick
bérviszony n **1.** *(munkáltató és munkaadó között)* employment **2.** ~**ok** wage conditions
berzenked|ik v bristle up; ~**ik vm ellen** sg gets* sy's hackles up
besántikál v limp in(to)
besároz v (make*) muddy
besározód|ik v get* muddy, get* covered in mud
besavanyít v pickle
besavanyod|ik v vk become* soured/ embittered
besegít 1. vt *(vkt kocsiba)* help sy in(to) **2.** vt *(beajánl)* help sy get [a job] **3.** vi biz vmbe help sy out (with sg)
besenyő a/n Petcheneg
beseper v = **besöpör**
besétál v walk/stroll in; **tessék** ~**ni!** please walk in, US come* right in
besiet v hurry/hasten in/into, come*/go* hurrying into
besilóz v ensile, store (sg) in a silo
beskatulyáz v átv label *(US -l)* sy/sg (as) sg, pigeonhole sy
besomfordál v slink*/slip in
besompolyog v = **besomfordál**

besorol 1. vt vkt vhova include, put* (sy) on a list, list, class, classify **2.** vi *(kocsival sávba)* get* into [lane], filter (to the) left/right
besorolás n **1.** listing, classing **2.** *(kocsival)* getting into lane
besoroz v kat declare fit for military service, enlist (sy) [in the army/navy etc.], conscript (sy) [into the army etc.], US induct
besóz v ált salt down; *(heringet)* pickle; *(halat)* marinate, souse; *(marhahúst)* corn; átv vk **be van sózva** be* like a cat on hot bricks, US like a cat on a hot tin roof
besöpör v sweep* in; *(pénzt)* rake in; **mindent** ~ *(kártyás)* sweep* the board
besöröz v jól ~**ött** biz he really went to town on the beer
besötétedés n nightfall, darkness, dusk; ~ **után** after nightfall/dusk
besötéted|ik v grow* dark; ~**ett** darkness fell, it grew dark
besötétít v make* dark, black out
besötétítés n darkening
bestia n **1.** *(vadállat)* beast **2.** *(nő)* vamp, harpy
bestiális a beastly, bestial, brutal
bestoppol v darn, mend
besúg v *(felettesének, hatóságnak, rendőrségnek stb.)* inform against/on sy, denounce sy
besugároz v orv irradiate
besugárzás n orv irradiation
besúgás n informing, denunciation
besúgó n talebearer; *(rendőrségi)* spy, informer; *(beépített ember)* mole
besulykol v *(tudnivalót)* ram in/into, hammer in; *(felfogást stb.)* indoctrinate
besurran v slip/sneak/dart in/into
besurranó a ~ **tolvaj** sneak-thief°
besuszterol v biz vmt vhová manage to get/ squeeze/force (sg) into (sg)
besüllyed v sink* in, subside
besüllyeszt v sink*; *(csavarfejet)* countersink*
besüpped v = **besüllyed**
besűrít v thicken, condense, boil down, evaporate
besűrűsöd|ik v become* thick, thicken
besüt 1. vi *(nap vhová)* shine* into **2.** vt *(jelet)* burn* into, brand [cattle etc.] (with sg)
besüvölt v **a szél** ~ **az ablakon** the wind whistles (v. blows* in) through the window
beszabályoz v *(műszert, gépet)* adjust, regulate, set*
beszabályozás n adjustment
beszáguld v rush/dash into
beszajkóz v learn* sg parrot fashion

beszakad v 1. break* in; *(jég)* give* way *(under sy)* 2. *(szövet)* tear*, rend*; *(köröm)* break*, split*
beszakít v 1. break* (in/down/through) 2. *(szövetet)* tear*, rend*; *(élő bőrt)* lacerate; *(körmöt)* break*, split*
beszalad v run* in/into
beszáll v 1. *(vonatba, buszba)* get* on(to)/ in(to) [the train/bus], get* in/on; get* on board [the train], board [the train]; *(repülőgépbe)* get* on/onto [the plane], board [the plane]; *(hajóba)* get* on (board) [the ship/ boat], go* on board [the ship], embark; *(autóba, taxiba)* get* in/into [a car/taxi]; **tessék ~ni!** please take your seats!, *(csak hajóba)* all aboard! 2. *(vm ügybe)* be* in (on sg), join in (sg)
beszállás n getting in, taking one's seat [in train]; *(csak hajóba)* embarkation; *(repülőbe)* boarding; **~!** take your seats!, *(csak hajóba)* all aboard!
beszállásol v quarter; *kat* billet [soldiers] on sy
beszállásolás n *kat* billeting
beszállingóz|ik v drift in
beszállít v transport (to), deliver (to); take* in [for repairs]; *(kórházba vkt)* take* to [hospital]
beszállókártya n boarding pass/card
beszámít 1. vt *(költségeket)* include 2. vt *(szolgálati időt)* take* into account; *(körülményt)* make* allowance (for); **a katonaságnál töltött éveket ~ják a szolgálati időbe** the period spent in the army is counted in the years of service 3. vi **vmbe ~ be*** included in sg; **az étkezési idő ~ a fizetett munkaidőbe** the lunch hour is included in the time paid for
beszámítás n 1. *(költségeké)* inclusion 2. *(időé)* taking into account
beszámíthatatlan a not accountable *ut.*; **~ állapotban** non compos mentis, not responsible for (one's actions)
beszámítható a 1. *(költség)* that may be included *ut.*; **~ évek** *(pl. nyugdíjba)* reckonable years, years that may be counted 2. *(személy)* compos mentis; **nem ~** non compos mentis
beszámol v *vmről* give* an account of sg, relate sg; *(hírlap)* cover; **~ a külföldi útjáról** give* an account of his trip abroad; **~ tapasztalatairól** relate his experiences (in/of sg); **~ a miniszter beszédéről** report (on) the Minister's speech; **...ról/ ről a televízió (is) ~ ...** will be covered by television

beszámoló n (a detailed) account, report; **a KB ~ja** the report of the Central Committee; **~t tart** give* an account (of)
beszánt v plough *(US* plow) in/under
beszappanoz v *(ruhát)* soap; *(borotválkozó)* lather
beszárad v dry up, become*/go* dry
beszar|ik v *vulg* 1. *(becsinál)* make* a mess in one's trousers/pants 2. *(fél)* be* in a blue funk
beszed 1. vt *(összeszed)* collect; *(pénzt)* collect, take* in; **tagdíjat ~** collect membership dues 2. vt *(orvosságot)* take* 3. vi *isk biz (egyest kap)* get* a bad mark
beszéd n 1. *(képesség)* speech; *(módja)* speaking; *(beszélés)* talk(ing); *(beszélgetés)* conversation, talk; **ez már ~!** that's the way to talk!, now you're talking!; **rajta a ~ sora** it is* his turn to speak; **se szó, se ~** without much/further ado; **~em van veled** I have sg to say to you; *(fenyegetően)* I have a bone to pick with you; **~be elegyedik vkvel** get* talking to/with sy 2. *(szónoklat)* speech, address; **~et mond/tart** make*/deliver a speech, give* an address; **~et mond a gyűlésen** address the meeting
beszedés n 1. *(pénzé)* collection, encashment 2. *orv* taking [of medicine]
beszédes a talkative, voluble; *biz* chatty; **~ pillantás** expressive/soulful glance
beszédgyakorlat n *(idegennyelvi)* conversation (class), oral drill/practice
beszédhang n speech sound
beszédhiba n speech defect/impediment
beszédhibás I. a [person] with a speech defect/impediment *ut.*; handicapped by speech disorders *ut.* II. n speech defective; **a ~ok** the speech defective
beszédírás n advanced shorthand
beszédjavítás n speech therapy
beszédkészség n fluency (in speech)
beszédmegértés n *(idegen nyelven)* comprehension
beszédmód n manner/way of speaking
beszédmodor n = **beszédmód**
beszédművelés n speech culture, elocution; *(mint óra)* elocution class
beszedő n collector
beszédszerv n organ of speech, speech organ
beszédtechnika n 1. *(beszédkészség)* articulation 2. *(a helyes beszéd tanítása)* elocution
beszédtéma n topic, subject/topic of conversation

beszédzavar *n* speech disorder

beszeg *v* edge, border, fringe, hem, seam

beszegez *v* nail up/down

beszél *v* **1.** speak*; **vkvel/vkhez** ~ speak*/talk to sy; ~ **nem kell vele** I must have a word with him; ~ **vmről** speak*/talk about sg; *(telefonban)* **ki** ~? who is* speaking?; **az** ~ speaking!; this is (s)he; **itt John Bull** ~ this is (Mr.) John Bull speaking; *(csodálkozva)* **ne** ~ **j(en)!** you don't say!; **magában** ~ talk to oneself; **magyarul** ~ speak* Hungarian; ~ **ön angolul?** do you speak English?; **folyékonyan** ~ **angolul** speak* fluent English, speak* English fluently, be* fluent in English; **maga könnyen** ~ it is* easy (*v.* all very well) for you to talk; ~ **jünk másról** let's drop/change the subject; **jobb erről nem** ~ **ni** the least said the better; **arról nem is** ~ **ve, hogy** to say nothing of; ~ **nek róla** *(szó van róla)* it is* in the wind/air; **róla** ~ **az egész iskola** he is the talk of the school; **azt** ~ **ik, hogy** it is* said that; **azt** ~ **ték nekem, hogy** I was* told that **2.** *(beszédet mond)* speak*; ~ **a gyűlésen** address the meeting

beszélget *v* talk, converse; *(vkvel)* have* a talk/chat (with sy); *(felvételre jelentkezővel)* have* an interview with sy, interview sy

beszélgetés *n* **1.** *ált* conversation, chat, talk; *(felvételizővel, álláskeresővel)* interview; **a** ~ **megakadt** the conversation stopped, the conversation came* to a standstill; ~ **be elegyedik vkvel** enter into conversation with sy **2.** *(telefonbeszélgetés)* call; **belföldi** ~ national call; **helyi** ~ local call; **nemzetközi** ~ international call

beszélgetőtárs *n* conversationalist

beszélő I. *a* talking, speaking; **nem vagyunk** ~ **viszonyban** we are* not on speaking terms **II.** *n* **1.** talker, speaker; *(sportmérkőzésen)* commentator; *(narrátor)* narrator **2.** *(börtönben)* visiting hours *pl*

beszélőszerv *n* organ of speech, speech organ

beszélt *a* spoken; **a** ~ **nyelv** the spoken language

beszéltet *v* make* sy speak/talk

beszemtelenked|ik *v* have* the impertinence/cheek/impudence to enter, gatecrash

beszentel *v* consecrate

beszentelés *n* consecration

beszennyez *v* **1.** *(bepiszkít)* soil, dirty, stain **2.** *átv* sully, defile, besmirch

beszennyeződ|ik *v* become*/get* dirty/filthy/soiled

beszerel *v* install, mount, fit, build* in

beszerelés *n* fitting, mounting, building in, installation

beszereltet *v* have* sg installed

beszerez *v* get*, obtain, procure, secure (sy sg); *(adatokat)* collect; *(értesüléseket)* pick up [news/rumours]

beszerezhetetlen *a* unobtainable; *kif* is* not to be had

beszerezhető *a* obtainable, available; *kif* to be had; **nehezen** ~ *(igével)* be* in short supply; be* hard to get

beszervez *v* vmbe recruit sy (into sg)

beszerzés *n* **1.** *(árucikkeké)* procuring, purchase; *(adatoké, okmányoké)* collection; **adatok** ~ **e** gathering/collection of data **2.** *(szerzemény)* acquisition; **új** ~ **ek** *(könyvtári)* new accessions

beszerzési *a* ~ **ár** purchase price; ~ **áron** at purchase price

beszerző *n* buyer

beszeszel *v* biz have* a drop too much

beszív *v* **1.** *(légneműt)* inhale, draw* in **2.** *(folyadékot)* suck in, absorb; *(talaj az esőt)* drink* in, imbibe; *biz* **jól** ~ **ott** get* pickled/soaked

beszivárog *v* **1.** *(folyadék)* seep/filter/ooze in **2.** *átv* filter into, penetrate (into)

beszól *v* **1.** *(bekiabál)* call from outside; *(telefonon)* phone in **2.** *(látogatóba)* call (on sy), look in (on sy)

beszolgáltat *v* **1.** *(fegyvert)* surrender **2.** † *(terményt)* ⟨deliver a quota of one's agricultural produce and livestock to state organs at fixed prices⟩

beszolgáltatás *n* **1.** *(fegyvert)* surrender **2.** † ⟨produce delivered to the state⟩; ~ **i kötelezettség** delivery obligation

beszólít *v* call sy in, summon (sy to swhere)

beszór *v* = **behint**

beszorít *v* vmt press/squeeze in; *vkt vhová* drive*/force into

beszoroz *v* multiply by/with

beszorul *v* **1.** *vm* get* stuck/jammed (in sg), be* sandwiched (between); ~ **t a keze az ajtóba** his hand was* caught in the door; **a kulcs** ~ **t a zárba** the key (was) jammed in the lock **2.** *vk* be* forced/driven into; **az ellenség** ~ **t az erdőbe** the enemy was driven/pushed back into the wood

besző *v* = **belesző**

beszögellés *n* **1.** *(úté)* sharp bend **2.** *(földterület)* spit

beszögell|ik *v* bend*, project

beszögez *v* nail in

beszökik *v* = **beoson**

beszúr *v* **1.** *vmbe vmt* stick* sg *into* sg **2.** *(szövegbe)* insert, interpolate

beszúrás *n* **1.** *(szegé)* sticking/driving in **2.** *(szövegbe)* interpolation, insertion

beszűkít *v (ruhafélét)* take* [a dress] in

beszüntet *v* stop, cease, put* a stop to; **munkát** ~ stop work, walk out

beszűrődés *n orv is* infiltration

beszűrőd|ik *v* ooze/trickle in; *(fény)* filter in

betábláz *v* mortgage; *biz* **be vagyok táblázva** I am booked up

betájol *v* orient(ate)

betakar *v* cover up/over, wrap up; *(ágyban)* tuck in; *(vmt védve)* shield

betakarít *v (termést)* harvest [the crop], get* [the crops/harvest] in, get* in [the crops/harvest], gather in [the crops]

betakarítás *n* gathering (in) [of the crop], harvest(ing), getting in [of the crop]; ~**kor** when the harvest is (*v.* the crops are) gathered in

betakaródz|ik *v* cover/wrap/muffle oneself up; *(ágyban)* tuck oneself in

betálal *v* dish/serve up, bring* in

betámolyog *v* totter/stagger in

betanít *v vkt vmre* teach* sy sg *v.* sg to sy, coach sy (in sg)

betanított *a* ~ **munkás** semi-skilled worker

betántorog *v* = **betámolyog**

betanul *v* learn* (sg by heart), memorize; *(szerepet)* get* up, study [a part] ⇨ **beletanul**

betanulás *n* studying; **új** ~**ban játsszák** perform a new production of sg

betapaszt *v* stop/block up; *(lyukat)* fill in [a hole]; ~**ja vk száját** stop sy's mouth

betáplál *v (adatokat számítógépbe)* feed* [data/information] into [the/a computer]; ~**t információ/adat** input

betársul *v* become* a partner [in an enterprise], join [in partnership]

betart 1. *vt (szabályt)* keep*, observe, comply with; **megállapodást** ~ keep* an appointment; **ígéretét** ~**otta** he kept* his promise/word, he was as good as his word **2.** *vi sp biz* ~ **vknek** trip sy up

betaszít *v* push/thrust* in/into

beteg I. *a* **1.** *vk* ill, *(főleg US)* sick; *(testrész)* diseased; *(igével)* be* ill *(csak US* sick), be* in ill- *v.* bad health; *(enyhébben)* be* unwell; ~ **gyer(m)ek** a sick child°; ~ **lesz** fall* ill; ~**en fekszik** ~ **fekszik 1.**; ~**nek érzi magát** feel* sick/ill/unwell; ~**gé tesz** make* sy ill **2.** *biz* ~ **dolog** hopeless affair **II.** *n* invalid, sick person; *(páciens)* patient;

ágyban fekvő ~ (person) laid up in bed; ~**et jelent** report (that one is) sick

betegágy *n* sick-bed; **vknek a** ~**ánál** at sy's bedside

betegállomány *n* sick-list; ~**ba vesz** place/put* on the sick-list; ~**ban van** be* on the sick-list, be* off sick; *(hosszabb időre)* be* on sick leave

betegápolás *n* (sick-)nursing

betegápoló *n* nurse; *(férfi)* male nurse

betegápolónő *n* nurse

betegbiztosítás *n* health insurance

betegellátás *n* medical attendance, provision for the sick

beteges *a* **1.** *(ember)* sickly, ailing, in poor health *ut* **2.** *(jelenség)* pathological, unhealthy

betegeskedés *n* sickliness, ill-health

betegesked|ik *v* be* sickly/ailing/unwell, be* in poor health

betegfelvétel *n (kórházban)* reception [of patients]; *(feliratként)* admissions

beteghordozó *n (kórházi)* (hospital) orderly/porter

betegkoszt *n* diet, regimen

beteglap *n* case sheet/card

beteglátogatás *n* visiting (of a patient); *(otthon)* home visit; ~**i idő** *(kórházban)* visiting hours *pl*

beteglátogató *n* visitor; *(hivatalos)* health visitor

betegnyilvántartás *n* **1.** registration of patients **2.** *(kórházban, könyv)* (hospital) directory

betegpénz *n* sick-pay; *hiv* sickness benefit

betegség *n (állapot)* illness, sickness; *(kór)* disease; **sok** ~ **volt a családban mostanában** there has been a lot of illness/sickness in the family recently; ~**ben szenved** suffer from a disease; ~**éből felgyógyul** recover from his/her illness

betegszabadság *n* sick leave

betegszállító I. *a* ~ **kocsi** ambulance **II.** *n* (hospital) orderly/porter

betegszoba *n* sick-room; *GB (kollégiumban)* sanatorium

beteker *v* bundle/wind*/roll up; *(zászlót)* furl

betekint *v* **1.** *(ablakon)* look in, peep in **2.** *(iratokba stb.)* obtain/gain access to [a document] ⇨ **beletekint**

betekintés *n (iratokba)* inspection, examination; ~ **végett** for examination; ~**t enged vmbe** allow sy to inspect [a document]; ~**t nyer vmbe** (be* allowed to) inspect/examine [a document]

betelefonál v *(pl. munkahelyére)* phone (in), ring* up

beteleped|ik v **1.** = **letelepedik 2.** *vmbe* settle (in sg)

betelepít v **1.** *(embereket)* settle [people swhere] **2.** *(országrészt)* people **3.** ~**i szőlővel a kertet** plant the garden with (grape)vines

betelepül v *(vidék)* become* inhabited

betel|ik v **1.** ~**t a mérték/pohár** that's *(v.* that was) the last straw; ~**t a létszám** the list is closed, we are full up **2.** *vmvel* have* enough of sg; *(étellel)* gorge oneself with/on sg, have*/eat* one's fill; **nem tud** ~**ni nézésével** he can't take his eyes off her/him

beteljesedés n fulfilment

beteljesed|ik v be* fulfilled/accomplished/ realized, come* true; **kívánsága** ~**ett** his wish has* been fulfilled

beteljesül v = **beteljesedik**

beteljesülés n = **beteljesedés**

betemet v bury, cover over; *(árkot)* fill up/in (with earth)

betér v *vkhez* drop in (on sy)

beterel v drive* in [livestock]

beterít v = **betakar**

beterjeszt v lay* sg before sy; *(törvényjavaslatot)* introduce [a bill]; *(költségvetést)* present [a/the budget]

beterjesztés n laying before; *(törvényjavaslaté)* introduction [of a bill]; *(költségvetésé)* presentation [of a/the budget]

betervez v put* (sg) in the plan

betessékel v lead*/show*/usher in

betesz v **1.** *(fiókba)* put*/place/set* in/into; *(bedug)* introduce into; ~**i a lábát vhová** set* foot in → **láb 5. 2.** *(bankba)* deposit, put*/pay* [money] in(to); ~ **egy összeget a bankba** deposit [money] in a savings account, put* [a sum] in a/the bank, pay* [a sum of money] into a bank/savings account **3.** *(ajtót, ablakot)* close, shut* ⇨ **ruhatár**

betét n **1.** *(bankban)* deposit [in bank]; **bankban** ~**ként elhelyez** deposit [money] with/in a bank **2.** *(üvegért)* deposit **3.** *(golyóstollban)* refill **4.** = **lúdtalpbetét 5.** egészségügyi/intim ~ sanitary pad, hygienic pad(s) **6.** *(írásműben)* insertion, inset

betétállomány n sum-total of deposits

betetéz v crown, top (off), complete; ~**te bajait azzal, hogy ...** to make matters worse he ...

betetézés n crowning, topping; **mindennek** ~**éül** to top/cap/crown it all, on top of all this

betéti a ~ **kamatláb** deposit rate; ~ **társaság** deposit company

betétkönyv n bank-book, passbook

betétlap n **1.** *(cserélhető)* loose leaf°, insert **2. elvették a** ~**ját** kb. have* one's licence endorsed

betetőz v = **betetéz**

betetőzés n = **betetézés**

betétszámla n deposit account

betéve adv **1.** *(ajtó)* closed, shut **2.** *(könyv nélkül)* by heart; ~ **tudja a szerepét** be* word-perfect, *US* be* letter-perfect

betéved v stray/go* in (by mistake); **rossz helyre tévedt be** be* in the wrong box

betevő I. a nincs ~ **falatja** have* nothing *(v.* not a scrap) to eat **II.** n *(bankba)* depositor

betilt v ban, suppress, prohibit, forbid*; ~**ja a lapot** suppress a/the newspaper

betiltás n ban(ning), suppression, prohibition

betlehem n *(karácsonykor felállított)* crib; *US* crèche

betlehemes I. a ~ **játék** Nativity play **II.** n ~ **ek** kb. Christmas carol singers

betódul v = **beözönlik**

betokosod|ik v **1.** biol become* encapsulated **2.** *(szellemileg)* fossilize

betokozód|ik v biol = **betokosodik 1.**

betol 1. vt push/shove in; *(erőszakkal)* press/squeeze in **2.** vi = **betolat**

betolakod|ik v **1.** barge in, intrude **2.** *(hívatlanul)* gatecrash

betolat v *(vonat)* shunt, pull up to [a platform]

betold v insert (sg into sg); *(szövetet)* let* in/into; *(szót)* interpolate

betoldás n insertion; *(szöveté)* letting in; *(szóé)* interpolation

beton n concrete

betonkeverő n concrete/cement mixer

betonkifutó n runway, tarmac

betonmunka n concreting, concrete work

betonmunkás n concrete/cement worker

betonoz v concrete; ~**zák a pincét** the cellar is being concreted

betonpálya n tarmac; *(reptéren még így is)* runway

betonút n concrete road

betoppan v drop/pop in unexpectedly

betorkoll|ik v = **beletorkollik**; ~**ó út** feeder road

betölt v **1.** *(megtölt)* fill; *(folyadékot)* pour into; **filmet** ~ **fényképezőgépbe** load a camera **2.** *(hiányt)* fill (in) [a gap]; *(hivatását)* perform, fulfil *(US* fulfill) [a duty]; *(sze-*

repet) fill [a part]; **állást** ~ be* in office, occupy a post/job; **üres állást** ~ fill a vacancy; ~**i hivatását/szerepét** *(dolog)* serve its purpose, fulfil *(US* fulfill) its function *(v.* the function of ...ing) **3.** ~**ötte 20. életévét** he has turned 20
betöltés *n* **1.** filling (in/up), pouring in **2.** *(üresedésé)* filling up **3.** *fényk* loading
betöltetlen *a (állás)* vacant, unfilled
betöltött *a* **minden** ~ **öt év után** for/ after every five years of service
betöm *v* **1.** *(lyukat)* stop (up); *(fogat)* fill ⇨ **fog**³ **2.** *(eltöm)* stop, seal **3.** *(vk száját)* gag
betömés *n* stopping (up), filling (in), plugging
betömőd|ik *v* fill, get* filled up; *(szennyel)* get* obstructed/blocked
betör 1. *vt (ablakot)* break* in, smash; *(ajtót)* break* down, burst* open; ~**te a fejét** he smashed his head **2.** *vi (ellenség)* invade, overrun* [a country]; **hideg légtömegek törtek be az országba** a cold front has entered the country **3.** *vt (lovat)* break* in **4.** *vi (betörő)* break* in(to a house); *(éjjel)* burgle; *(US így is)* burglarize; **nálam** ~**tek** I have* been burgled
betördel *v nyomd* make* up, set* (sg) to pages
betörés *n* **1.** *(ablaké)* breaking in/open, smashing **2.** *(ellenséges)* invasion **3.** *(főleg nappal)* break-in; *(éjjeli)* burglary
betöréses lopás *n* burglary
betörésjelző (készülék) *n* burglar-alarm
betör|ik *v* break*, be* broken in, crack; ~**ött az ablak** the window is broken
betörő *n* burglar, housebreaker
betud *v* **1.** *(összeget vmbe)* charge to, include **2.** *(vknek vmt tulajdonít)* attribute/ascribe/ impute to; **annak (a ténynek) tudom be, hogy** I put it down to the fact that; ~**ható vmnek** can* be attributed/ascribed to sg ⇨ **beszámít**
betuszkol *v* push sy in, force sy to enter, (pl. *kocsiba)* bundle into
betű *n* letter [of the alphabet]; *(írott)* script; *(nyomtatott)* character, type; **dőlt** ~ italics *pl*; ~ **szerint** literally; ~ **szerinti** literal, verbal; ~ **szerinti átírás** literal transcription, transliteration; ~**ről** ~**re** letter by letter, point by point; ~**vel kiír egy számot** write* [a number/figure] out in full
betűanya *n* matrix *(pl* matrices)
betűcsalád *n* type family
betűejtés *n* spelling pronunciation
betűfajta *n* (letter) type

betűfém *n* type-metal
betűhiba *n* misprint, printer's error
betűhű *a* literal, letter-by-letter; **betűhíven** to the letter
betűkar *n (írógépen)* type-bar
betűkép *n* type face
betűköz *n* space
betűközbillentyű *(írógépen)* space-bar
betűmetszés *n* letter-cutting
betűnagyság *n* size of type, type-size
betűöntés *n* type-founding/casting
betűöntő *n* type-founder/caster
betűöntöde *n* type-foundry
betűr *v* tuck in
betűrágó I. *a* pedantic **II.** *n* pedant
betűrejtvény *n* logogriph, word puzzle, rebus
betüremlés *n* fold, crease, infolding; *(orv, bélről)* intussusception
betüreml|ik *v* fold up/back, double up, bend* back
betűrend *n* alphabet, alphabetical order; ~**ben** in alphabetical order
betűrendes *a* alphabetical; ~ **mutató** (alphabetical) index *(pl* indexes)
betűrím *n* alliteration, stave-rhyme
betűs *a* **1. dőlt** ~ italicized, in italics *ut.*; **nagy** ~ in capital letters *ut.* **2.** ~ **lakat/ zár** combination lock
betűsor *n* **1.** = **betűrend 2.** *(betűk egymásutánja)* sequence of letters
betűszedés *n* type-setting, composition
betűszedő *n* (type-)setter, compositor
betűszekrény *n* (type/letter-)case
betűszó *n* acronym
betűtípus *n* (class/kind/style of) type, typeface
betűvetés *n* **1.** *(képesség)* penmanship **2.** *(kézírás)* handwriting
betűz¹ *v (betűket)* spell*
betűz² **1.** *vt (tűvel)* pin in/up **2.** *vi (nap vhová)* shine* in
betűzés¹ *n (betűké)* spelling
betűzés² *n (tűvel)* pinning in
betyár I. *n* **1.** *(egykor)* highwayman°, outlaw; ~**ból lesz a legjobb pandúr** *kb.* set a thief to catch a thief **2.** *elít* rogue **3.** *tréf* **te kis** ~ you little rascal **II.** *a* ~ **egy ...** beastly, awful
betyárbecsület *n* honour *(US* -or) among thieves
betyárvilág *n* **tört** the age of the highwayman
beugrás *n* **1.** *(vízbe)* jumping/diving in **2.** *(szerepbe)* replacing sy (*v.* stepping in) at a moment's notice

beugrat *v átv* take* sy in, deceive (sy); *vkt vmbe* trick sy into sg
beugratás *n átv* take-in, hoax
beugrató kérdés *n* tricky/loaded question
beugr|ik *v* **1.** *vk vhová* jump/spring* in; *(vízbe fejest)* dive into **2.** *biz (tréfának)* be* taken in, be* had **jól** ~**ottál** you've been had **3.** *(szerepbe)* step in, take* over a part at a moment's notice **4.** *vkhez* look/drop in (on sy)
beugró *n* **1.** *(fali)* niche, recess **2.** *biz (belépődíj)* entrance fee, admission
beutal *v (kórházba)* refer, send* [sy to hospital]
beutalás *n (kórházi)* referral [to a hospital]
beutaló *n (kórházi)* referral; *(üdülési)* holiday voucher
beutazás *n* **1.** *(országjárás)* tour (of) **2.** *vhová* entry (into)
beutazási *a* ~ **engedély** entry permit/visa, *hiv* entry clearance
beutaz|ik 1. *vt (országot)* tour [a country], travel (all over) [the country, Europe etc.]; **szabadságunk alatt** ~**zuk Olaszországot** we're touring (round) Italy (v. going on a tour round Italy) for our holidays **2.** *vi (országba)* enter [a country]; *(városba)* go* up to [town]
beutazóvízum *n* entry visa
beül *v* **1.** *(karosszékbe)* sit* down in, take* one's/a seat in **2.** *(járműbe)* get* in(to) [a car etc.]; *(vonatba)* find* a seat; ~ **egy taxiba** take* a taxi **3.** *(presszóba)* (go* and) sit* down in
beültet *v* **1.** *(kocsiba)* seat sy in **2.** *vmvel* plant with; *(földbe)* plant/set* in; *(cserépbe)* pot; ~**i fával a telket** plant the plot with trees **3.** *orv* implant [a pacemaker etc.]
beüt 1. *vt (szeget stb.)* drive*/knock/hit* sg in/into **2.** *vt* ~**i a fejét vmbe** knock/ bang/bump one's head against sg; ~**i a lábát vmbe** stub one's toe against a stone **3.** *vi biz* **jól** ~**ött neki** he made a killing
beütemez *v* schedule; *(nagyobb munkát)* plan; *(egyénileg programba)* fit in
beütés *n* **1.** *(vmlyen családi vonás)* a strain [of . . . in the family]; **néger** ~ **elít** a touch of the tar-brush **2.** *nyomd* break
beüvegez *v* glaze (in), glass in; ~**ett** glassed-in
beüzen *v* send* word to, send* a message in (to); *vkért* send* for sy
bevádol *v* accuse, bring* a charge/accusation against sy, denounce; *jog* indict
bevág *v* **1.** *(vágást csinál)* cut* **2.** ~**ja az ajtót** slam/bang the door **3.** ~**ja a fejét**

vmbe knock/bang/bump one's head against sg **4.** ~**ja a labdát a kapuba** smash the ball home **5.** *biz (leckét)* learn* (sg) by heart/rote, get* (sg) off by heart
bevágás *n (vágóeszközzel)* cut; *orv* incision
bevágód|ik *v* **1.** *(ajtó)* slam, bang; ~**ott az ajtó/ablak** the door/window slammed (shut) **2.** *biz vk vknél* worm oneself (v. one's way) into sy's confidence
bevagoníroz *v (árut)* load into a goodswagon (v. US freightcar); *(csapatokat)* entrain
bevakol *v* plaster (over), face
beválaszt *v* elect (to), vote sy in; ~ **vkt az elnökségbe** elect sy president, vote sy into the presidency; ~**ották a bizottságba** he has been elected to (v. voted onto) the committee
bevál|ik *v* **1.** *vm* prove (to be) good, work (well); ~**t az új robotgép** the new food-processor proved to be invaluable; **nem vált be** it did* not work **2.** *(remény, jóslat)* come* true, be* fulfilled **3.** ~**t a sorozáson** he was* declared fit for military service
bevall *v* **1.** *(bűnt)* confess, admit; *(őszintén megmond)* confess, must admit; ~**om, ezt elfelejtettem** I must admit I forgot it **2.** *hiv (adatokat stb.)* declare, make* a declaration of; *(jövedelmet)* return [one's income]
bevallás *n* confession; **saját** ~**a szerint** by his own account/admission
bevallottan *adv* admittedly
bevált[1] *v* **1.** *(pénzt)* (ex)change [vmre for]; *(csekket)* cash [a cheque]; *(utalványt)* exchange [a voucher for sg]; **hol válthatok be angol fontot dollárra?** where can I change my English money for dollars? **2.** *(ígéretét)* keep* [one's promise] **3.** *(reményeket)* fulfil (v. US fulfill) [hopes]
bevált[2] *a* tested; *(jól)* well-tried
beváltás *n* **1.** *(pénzé)* changing; **a váltó** ~**a** acceptance of a bill **2.** *(ígéreté)* keeping
beváltási árfolyam *n* rate of exchange, exchange rate
beváltható *a (pénz)* convertible; *(ajándékutalvány)* can be exchanged, be* exchangeable *(vmre* for); *(csekk)* can* be cashed
bevándorlás *n* immigration
bevándorló *n* immigrant
bevándorol *v* immigrate (into)
bevár *v vkt* wait for sy, wait until sy arrives
bevarr *v ált* sew*/stitch up; *vmbe* sew* in; *(sebet)* sew* [a wound]
bevasal *v* **1.** *(fehérneműt)* iron all the laundry **2.** *biz* **pénzt** ~ **vkn** make* sy cough up what he owes

bevásárlás *n* shopping
bevásárlókocsi *n (áruházi)* (shopping) trolley
bevásárlókosár *n* shopping basket
bevásárlóközpont *n* shopping centre/precinct; *(igen nagy)* hypermarket
bevásárlónegyed *n* shopping area/precinct
bevásárlószatyor *n* shopping bag, carrier (-bag); *(necc)* string bag, shopping net
bevásárlótáska *n* shopping bag
bevásárlóturizmus *n* shopping tourism
bevásárol *v* **1.** do* one's/the shopping; *(kisebbet)* do* some shopping; ~**ni megy** go* shopping **2.** *átv biz* **jól** ~**t vmvel** (s)he made a bad bargain with sg
bevégez *v* bring* (sg) to an end, end, finish; *(feladatot)* complete, accomplish
bevehetetlen *a (vár)* impregnable [fortress], invincible, unconquerable
bever 1. *vt (szeget)* drive*/hammer in, hammer (sg) into (sg); *(karót stb.)* drive* in **2.** *vt (ablakot)* smash, break* in; ~**ték a fejét** he had his head beaten in **3.** *vi* ~**az eső (az ablakon)** the rain keeps* driving in (at the window)
bevérez *v* stain/cover with blood
bevert tojás *n* poached egg(s)
bevérzés *n* (internal) haemorrhage (*US* hem-)
bevérz|ik *v* (suffer/have* an internal) haemorrhage (*US* hem-)
bevés *v* **1.** *(fémbe)* engrave in/on **2.** *(elmébe)* imprint/stamp (sg) on the mind; ~ **vmt az emlékezetébe** commit sg to (one's) memory
bevésés *n* **1.** *(fémbe)* engraving, imprinting **2.** *(tanításnál)* hammering/drilling in
bevésőd|ik *v átv* be* etched/embedded in one's memory
bevesz *v* **1.** *(kívülről)* take* in (from outside) **2.** *(egyesületbe vkt)* admit sy [as member]; *(vmt szerződésbe)* insert; *(szövegbe)* include **3.** *(várost, erődítményt)* take*, capture **4.** *(vi is) (ruhából)* take* in **5.** *(orvosságot)* take* [medicine] **6.** *biz* **mindent** ~ he swallows everything you tell* him (whole); **ezt nem veszem be!** I'm not going to buy it/that; **ezt nem veszi be a gyomrom** it sticks in my throat/gullet, I can't stomach it
bevet *v* **1.** *(földet vmvel)* crop/sow*/plant [a field] with [wheat, potatoes etc.] **2.** ~**i az ágyat** = **beágyaz 2. 3.** *kat* put* into action
bevétel *n* **1.** *(jövedelem)* income; *(üzleti)* returns *pl; (előadásé)* receipts *pl*, proceeds *pl*; **napi** ~ daily takings/receipts *pl* **2.** *(váré)* taking, capture, capturing

bevételez *v* take* in [money]; *(könyvben)* enter (receipts)
bevételi *a* ~ **forrás** source of income
bevetés *n* **1.** *(maggal)* sowing (with seed) **2.** *kat* action; *rep* sortie; ~ **re kész** ready for immediate action *ut.*
bevetett *a* ~ **terület** land sown (with corn etc.); **búzával** ~ **föld** field under wheat/corn
bevett *a* accepted, received; ~ **szokás** generally established/accepted custom
bevezet *v* **1.** *(helyiségbe)* lead*/show*/usher in/into; *(társaságba is)* introduce into; *(vi út vhová)* lead* to **2.** *(ismeretekbe)* initiate (into) **3.** *(villanyt)* install [electricity] **4.** *(könyvbe tételt)* enter **5.** *(módszert, reformokat)* introduce, initiate
bevezetés *n* **1.** *vké vhová* leading/showing in **2.** *(ismeretekbe)* initiation **3.** *(könyvben)* introduction; ~**képpen** by way of introduction **4.** *(villanyé)* installation **5.** *(mint könyv)* introduction; ~ **a fonetikába** an introduction to phonetics **6.** *ker* entering, entry **7.** *(meghonosítás)* establishment; introduction; **az általános tankötelezettség** ~**e** introduction of compulsory education for all
bevezető I. *a* introductory; *(szavak)* prefatory, opening; ~ **rész** introduction, introductory part; *(vhova)* ~ **út** approach (road), access road; ~ **fénysor** *(reptéren)* landing lights *pl* **II.** *n* = **bevezetés 3.**; ~**ben** by way of introduction
bevilágít 1. *vt* light* up, shine* on **2.** *vi vhová* shine* into; **(zseb)lámpával** ~ **vmbe/vhová** shine* a torch into sg (*v.* on sg) **3.** *vt (térséget fénnyel eláraszt)* illuminate, flood (sg) with light
bevisz 1. *vt vkt/vmt vhová* take* in; *(csomagot)* carry in; *(járművel)* drive* in/into; ~ **vkt a városba (kocsival)** drive* sy up to town **2.** *vt (vkt rendőr)* run* in, take* into custody; **bevitték a rendőrségre** he was taken (down) to the police station **3.** *vt biz* ~ **egy ütést vknek** land a blow on [a part of the body], land sy one **4.** *vi (út vhová)* lead* to **5.** *vt (számítógépbe)* feed* [data] into [a/the computer]; *(beír)* key in [the new data]
bevizel *v (ágyba)* wet the bed; *(nadrágba)* wet one's trousers (*v. US* pants)
bevizez *v (akaratlanul)* make* sg wet; *(szándékosan)* wet, moisten, dampen
bevon *v* **1.** *(forgalomból)* withdraw*; ~**ták a jogosítványát** his driving licence was withdrawn **2.** *(vitorlát)* reef (in), furl; *(zász-*

lót) haul down **4.** *vmvel ált* cover (with); *(fémmel)* plate (with); *(arannyal)* gild*, plate (with gold); *(cukormázzal)* top (with *i*cing)
bevonalkáz *v (térképet)* hachure, hatch
bevonás *n* **1.** *(forgalomból)* withdrawal **2.** *(vitorláé)* reefing in; *(zászlóé)* hauling down **3.** *vké vmbe* initiation (*i*nto) **4.** *(fémmel)* coating, covering, plating
bevonat *n coat*(ing), plating, cover
bevonód|ik *v* get* covered with
bevonszol *v* drag in/*i*nto
bevontat *v (gépjárművet)* tow to [the nearest garage]; *(csak hajót)* tug/tow in
bevonul *v* **1.** *(pompával)* enter, march in **2.** *(katonai szolgálatra)* join one's unit/ regiment, join up; **a** ~**tak** the conscripts
bevonulás *n* **1.** *(pompával)* entry **2.** *kat* joining up
bevonulási *a* ~ **központ** call-up centre; *US* introduction center
bezabál *v vulg* stuff (oneself), gorge; *(sokat)* tuck/pack/put* away [a lot of food etc.]; **jól** ~**t** he has stuffed himself
bezár *v* **1.** *(ajtót stb.)* close, shut*; *(kulcs-csal)* lock (up) **2.** *(helyiségbe)* confine, lock in **3.** *(vi is) (intézmény stb.)* close; *(végleg)* close down; *(üzlet, üzletet nap végén)* close, shut* up [the shop]; ~**ja a kaput** *(iskola)* break* up; **a színházakat nyáron** ~**ják** theatres (*US* theaters) are* closed during the summer **4.** *(ülést)* adjourn, close; *(vitát)* close, end, wind* up
bezárás *n* **1.** *(ajtóé stb.)* closing, shutting, locking **2.** *(intézményé)* closing, closure **3.** *(ülésé)* adjourment, closing; *(vitáé)* closure, ending, winding up
bezárkóz|ik *v* lock/shut* oneself in/up/away
bezáród|ik *v* close, shut*
bezárólag *adv* **szept. 1-ig** ~ by September 1st inclusive, up to and including September 1st; **hétfőtől csütörtökig** ~ Monday to Thursday inclusive; *US* Monday through Thursday
bezárul *v* **1.** = **bezáródik 2.** *átv* come* to an end, close
bezománcoz *v* enamel (*US* -l)
bezörget *v (ajtón)* knock at/on, rap on (the door)
bezúdul *v* = **beözönlik**
bezuhan *v* plunge/tumble/fall* *i*nto
bezúz *v* **1.** smash/bash in; ~**ta a fejét** he broke* his head **2.** *(könyveket)* pulp
bezzeg *adv* truly, to be sure; **nem tanult, most** ~ **fél a bizonyítványtól** he didn't

work and now, sure en*ough*, he is dreading his report
bezsebel *v* pocket, bag, net
bezsíroz *v* **1.** *(géprészt)* lubricate; *(serpe-nyőt)* grease, lard **2.** *(ruhát)* grease-stain
bezsúfol *v* cram/crush/squeeze *i*nto, pen (up)
biankó *a* blank; ~ **csekk** blank cheque (*US* check)
biatlon *n* = **sílövészet**
bibe *n növ* stigma
bíbelőd|ik *v* take* great pains over sg, struggle with sg
bibeszál *n növ* style
bibi *n biz* **1.** *(kisebb seb)* sore **2. itt van a dolog** ~**je** here is* the rub; **a dolog** ~**jé-re tapint** (s)he touches a sore point
bíbic *n* lapwing, pe*(e)*wit
bibircsók *n* wart
bibircsókos *a* warty; ~ **orr** p*i*mply nose
bibis *a biz* hurt, sore
biblia *n* B*i*ble, the Scriptures *pl*; **felolvasott rész a** ~**ból** reading(s) from the B*i*ble, a B*i*ble reading; ~**t olvas** read* the/one's B*i*ble
bibliafordítás *n* translation of the B*i*ble, B*i*ble translation
bibliai *a* b*i*blical, scriptural, B*i*ble-
bibliamagyarázat *n* (b*i*blical) exegesis
biblianyomó papír *n* India-paper
bibliaóra *n* B*i*ble study/class
bibliofil *a/n (személy)* book-lover, b*i*blio-phile; ~ **kiadás** de luxe ed*i*tion
bibliográfia *n* bibliography; *(cikk végén általában)* references *pl*
bibliográfiai *a* bibliographical; ~ **adat/ tétel** t*i*tle, *i*tem; *(katalógusban)* t*i*tle entry
bibliográfus *n* bibliographer
bíbor *n* purple, scarlet
bíborfesték *n* purple/crimson dye/colour (*US* -or)
bíborhere *n* crimson clover
bíboros *n* cardinal
bíborpalást *n* purple cloak/mantle
bíborpiros *a* purple, scarlet, crimson
bíborszínű *a* = **bíborpiros**
bíborvörös *a* = **bíborpiros**
biccent *v* nod
biccentés *n* nod, inclination of head
biceg *v* limp, hobble
bicepsz *n* biceps
bicikli *n* bicycle, bike, cycle
biciklipumpa *n* bicycle pump
biciklista *n* cyclist, cycler
bicikliz|ik *v* ride* a bicycle, cycle, pedal (*US* -l-); *US* wheel

bicsakl|ik v = **megbicsaklik**
bicska n pocket/jack/clasp-knife°;
 beletörik a ~ja vmbe fail, come* a
 cropper
bicskás l. a armed with a knife° ut. **II.** n
 tough, ruffian
bicskázás n knifing
biennále n biennial festival/conference etc.
bifláz v cram, swot, mug [for exam]
biflázás n cramming, swotting
bifokális a bifocal
bifsztek n beefsteak
bigámia n bigamy
bigott a bigoted
biggyeszt v **1.** → **ajak 2.** vmre/vmhez place/
 hang* casually swhere, tack on/onto
bika n bull
bikaborjú n bull-calf°
bikacsök n bull's pizzle (whip)
bikanyakú a bull-necked
bikarbóna n sodium bicarbonate
bikaviadal n bullfight
bikini n bikini
bikonkáv a biconcave, double-concave
bikonvex a biconvex, double-convex
bilaterális a bilateral, two-sided; **~ szer-**
 ződés bilateral treaty
bili n biz pot(ty)
biliárd n billiards pl
biliárdasztal n billiard-table
biliárdgolyó n billiard-ball
biliárdoz|ik v play billiards
bilincs n **1.** shackles pl, irons pl; (kézre)
 handcuffs pl; **~be ver vkt** shackle, hand-
 cuff; **~eit leveszi** unfetter sy; **lerázza**
 ~eit shake* off one's shackles/fetters
 2. műsz clamp
bilincsel v handcuff, put* in irons
bilingvis a bilingual
biliztet v **~i a gyereket** pot the baby
billeg v seesaw, be* loose, rock
billeget v **1.** (farkat) wag, waggle; (mást)
 shake **2.** (hangszerbillentyűt) play, finger
 [piano, flute etc.]
billen v tilt, tip over, topple
billenés n tilt, tipping over, toppling
billenőkapcsoló n tumbler/rocker switch
billenőkocsi n dump(er) truck, tip(per)
 truck/lorry
billenőszerkezet n tip-up device, tipper
billent v tilt, tip over; **javára ~i a mérle-**
 get turn* the scales in sy's favour
billentés n **1.** (zongoristáé) touch* **2.** (csil-
 léé) tilting, tipping over
billentyű n **1.** (zongorán, orgonán, fúvós
 hangszeren) key **2.** műsz (flap/clack/stop-)
 -valve **3.** (szívé) valve

billentyűs a (hangszer) provided with keys
 ut.; műsz valvular; **~ trombita** key
 trumpet
billentyűzet n (zongorán, írógépen) key-
 board; (orgonán) manual
billikom n goblet
billió n GB billion; US trillion
biluxoz|ik v flash the/one's headlights
bim-bam n ding-dong
bimbamcsengő n Friedland chime
bimbó n **1.** (virágé) bud **2.** (mell) nipple,
 teat
bimbós a budding, budded
bimbóskel n Brussels sprouts pl
bimbóz|ik v bud, burgeon
bimbózó a budding
bináris, biner a binary; **bináris (szám)-**
 rendszer, biner rendszer binary system
binomiális a binomial; **~ tétel** binomial
 theorem
biofizika n biophysics sing.
biogenetika n biogenetics sing.
biográfia n biography
biográfus n biographer
biokémia n biochemistry
biokémiai a biochemical
biokémikus n biochemist
biológia n biology
biológiai a biological; **~ hadviselés** bio-
 logical/germ warfare; **~ óra** biological/in-
 ternal clock
biológus n biologist
biometria n biometry
bioszféra n biosphere
biotechnika n bioengineering
biotechnológia n biotechnology
bír 1. vt (fizikailag) be* able to (v. can*)
 carry; **nem ~ja a csomagot** he can't
 manage the parcel; **nem ~om** I can't carry
 it, it's too heavy for me; **alig ~om a lába-**
 mat I can scarcely lift my feet **2.** vt (elvisel)
 (be* able to) bear*; **jól ~ja magát** he
 bears* himself well; **tovább már nem**
 ~ta he could bear it no longer; **~ja az**
 italt he can carry/hold his liquor (well);
 nem ~ja az italt he cannot take alcohol;
 ~ja a hideget he can take the cold **3.** vt
 (képes) **nem ~om megcsinálni** I am
 unable to do it; **nem ~ felállni** he can't
 get up, he is unable to stand up; **fut, ahogy**
 a lába ~ja he runs for dear life, he runs as
 fast as he can; **nem ~om nézni** I can't
 bear to see it; **nem ~ja elviselni** he can't
 bear it; **aki ~ja, marja** everybody for him-
 self and the devil take the hindmost **4.** vt □
 (szeret, kedvel) take* a shine to (sy) **5.** † vt/vi

vmt v. vmvel possess, own **6.** *vt* ~ **vmely nyelvet** know*/speak* a language **7.** *vi (rábír)* **vmre** ~ **vkt** persu*a*de/bring*/ ind*u*ce sy to do sg; **vallomásra** ~ **vkt** get* sy to confess **8.** *vi vkvel* equal *(US* -l) sy, be* a match for sy; **nem** ~**ok vele** he is too much (of a h*a*ndful) for me; **nem** ~ **magával (jókedvében)** be* bes*i*de himself (with joy)

bírál *v* judge; *(könyvet)* review; *(elítélően)* cr*i*ticize

bírálat *n* ált j*u*dgement, sentence; *(könyvről)* review; *(hosszabb, tudományos)* critique; *.(szóban)* criticism

bíráló I. *a* cr*i*tical **II.** *n* critic, reviewer; **hivatalos** ~ = **opponens**

bírálóbizottság *n* j*u*ry

bíráskodás *n* j*u*dging; *jog* jurisd*i*ction

bíráskod|ik *v* (act as) judge; ~ **vk fölött** sit* in j*u*dgement on sy

birizgál *v (piszkál)* pick at, fiddle with; *(fogdos)* paw, f*i*nger

birka *n* **1.** *(állat)* sheep° **2.** *(hús)* lamb

birkabőr *n* sheepskin

birkacomb *n* leg of lamb/m*u*tton

birkagulyás *n* lamb/m*u*tton-stew, lamb/ m*u*tton g*o*ulash

birkahús *n* lamb, *ritk* m*u*tton

birkalegelő *n* sheep-run

birkanyáj *n* a flock of sheep

birkanyírás *n* sheep-shearing

birkapásztor *n* = **juhász**

birkatenyésztés *n* sheep-farming

birkatürelem *n* patience of Job

birkózás *n* wrestling; **szabadfogású** ~ freestyle *(v.* all-in) wrestling; **kötöttfogású** ~ Graeco-R*o*man wrestling

birkóz|ik *v* wrestle; *átv* struggle/grapple with

birkózó *n* wrestler; **az 1965-ös angliai szabadfogású** ~**-világbajnokság** the 1965 world freestyle championships *pl* in England

bíró *n* **1.** *(bíróságon)* judge, justice; *(alsó fokú)* magistrate **2.** *sp (krikett, röplabda, asztalitenisz, tenisz, tollaslabda)* umpire; *(birkózás, hoki, kosárlabda, labdarúgás, ökölvívás, rögbi)* referee; *biz* ref **3.** † *falusi* ~ v*i*llage m*a*yor

birodalmi *a* imperial, of the empire *ut.*

birodalom *n* empire; **a brit** ~ the Br*i*tish Empire

bírói *a* jud*i*cial, judiciary, jur*i*dical; ~ **idézés** s*u*mmons *(pl* summonses); ~ **ítélet** judg(e)ment; *(döntés)* decision; ~ **kar** the j*u*dges *pl,* judiciary; ~ **útra terel** take* legal m*e*asures/steps

birokra kel *v* measure one's strength, come* to grips *(akivel* with)

bíróság *n* **1.** *(hatóság)* court (of law); *(speciális ügyekkel foglalkozó)* trib*u*nal; **a** ~ the court; **elsőfokú** ~ court of the first *i*nstance; ~ **elé állít** bring* to tr*i*al/j*u*stice; ~ **elé kerül** come* up/on for tr*i*al; **a** ~**on** in court **2.** *(épület)* law-courts *pl,* court

bírósági *a* jud*i*cial, jud*i*ciary; ~ **tárgyalás** hearing, trial, proceedings *pl;* ~ **úton** leg*a*lly, by law; ~ **ügy** court case

birs *n* qu*i*nce

bírság *n* fine, penalty; ~**ot fizet** pay* a penalty (of); **a** ~ **10 font** penalty £10 ⇨ **bírságcédula**

bírságcédula *n (szabálytalan parkolásért) GB* parking t*i*cket

bírságol *v* fine, impose a fine/penalty on; **500 Ft-ra** ~**ták** he was* fined (to the tune of) 500 f*o*rints

bírságolás *n* **helyszíni** ~**(i cédula)** *(szabálytalan parkolásért)* a parking t*i*cket/fine

birsalma *n* quince(-apple)

birsalmasajt *n* qu*i*nce jelly

birskörte *n* qu*i*nce(-pear)

birtok *n* **1.** *(tulajdon)* possession, holding; ~**ába jut/lép vmnek** enter *i*nto possession of sg, take*/get* possession of sg; ~**ba vesz vmt** take*/get* possession of sg; ~**ában van vmnek** be* in possession of sg, possess/hold* sg; ~**on belül van** be* in (actual) possession **2.** *(földbirtok)* estate, l*a*nded property, land **3.** *nyelvt* possession

birtokbavétel *n* t*a*king possession (of), occup*a*tion

birtokháborítás *n* trespass

birtokjog *n* right of possession/occupation

birtoklás *n* possession

birtokol *v* have*, possess, hold* possession of, *o*ccupy, hold*

birtokos I. *a* **1.** pr*o*pertied **2.** ~ **eset** *nyelvt* genitive (case); ~ **névmás** possessive pronoun; ~ **személyrag** possessive *e*nding/ suffix **II.** *n* **1.** *(vagyoné)* *o*wner, possessor **2.** *nyelvt* possessor

birtokper *n* action for possession

birtokrag *n* possessive *e*nding/suffix

birtokrendezés *n* redistribution of (l*a*nded) property

birtokvágy *n* greed(iness), c*o*vetousness, rap*a*city

birtokviszony *n nyelvt* genitive rel*a*tion

bisztró *n* snack bar, bistro; *US így is:* coffee shop

bisztrókocsi *n* b*u*ffet car

bit *n szt* bit

bitang *a/n* ~ **(gazember)** rascal, villain
bitangol *v* stray, wander away/off
bitó *n* = **bitófa**
bitófa *n* gallows *sing. v. pl,* gallows tree
bitorlás *n* usurpation
bitorló I. *a* usurping **II.** *n* usurper
bitorol *v* usurp
bitumen *n* bitumen, asphalt
bivaly *n* buffalo
bivalyborjú *n* young buffalo
bivalybőr *n (nyers)* buffalo skin; *(kidolgozott)* buff-leather/hide
bivalyerejű *a* strong as a horse (*v.* as an ox) *ut.*
bíz *v vkre vmt* trust sy with sg, entrust sg to sy; **vkre titkot** ~ trust sy with a secret; **ezt** ~**d csak rám!** leave that to me; **vkre** ~**za magát** rely on sy
bizakodás *n* confidence
bizakod|ik *v* have* confidence in the future; *vkben/vmben* place trust in sy/sg, trust in sy/sg
bizakodó *a* hopeful, trustful, optimistic; ~ **hangulat** optimism
bizalmas I. *a (közlés)* confidential, off-the-record, private, secret [information, remark etc.]; ~ **beszélgetés** heart-to-heart talk; ~ **értesülés** inside information; *US biz* lowdown (on sg); ~ **(hangulatú)** *nyelvt* informal, colloquial, familiar; ~ **közlés** confidential (*v.* off-the-record) communication/information, confidence; ~ **(természetű) levél** personal letter; ~ **viszony** intimacy; ~ **viszonyban vannak** they are on intimate/familiar terms (*vkvel* with sy); ~**an közöl vmt** tell* sg in (all) confidence, tell* sy sg on the quiet (*v.* on the q.t.), tell* sg off-the-record **II.** *n* **vknek a** ~**a** sy's intimate, sy's confidant (*nő:* confidante); *(igével)* enjoy sy's confidence ⇨ **szigorúan** *bizalmas*
bizalmaskodás *n* undue familiarity (towards sy), familiarities *pl*
bizalmaskod|ik *v* elít be* too familiar with sy, take* liberties with sy
bizalmaskodó *a* elít over-familiar
bizalmasság *n* intimacy, familiarity
bizalmatlan *a* distrustful, mistrustful (*vkvel v. vk iránt* of sy); ~**ul fogadták** was received with suspicion
bizalmatlankod|ik *v* be* distrustful/mistrustful (of), show* lack of confidence (in)
bizalmatlanság *n* distrust, mistrust
bizalmatlansági *a* ~ **indítvány** motion of no confidence; ~ **szavazat** vote of no confidence

bizalmi I. *a* confidential; ~ **állás** position of trust; ~ **ember** confidential clerk/secretary; *biz* right-hand man°; **felveti a** ~ **kérdést** ask for a vote of confidence; ~ **szavazás/szavazat** vote of confidence **II.** *n* **szakszervezeti** ~ shopsteward
bizalom *n* confidence, trust, faith, belief (*mind:* in); **bizalmába férkőzik vknek** worm oneself into sy's confidence; **bizalmat kelt** inspire confidence; **bizalmat szavaz vknek** give* sy a vote of confidence; ~**mal van vk iránt** have* confidence in sy, trust sy
bizalomgerjesztő *a* = **bizalomkeltő**
bizalomkeltő *a* inspiring confidence/trust *ut.,* reassuring; **nem vm** ~ uninviting; *(igével)* it doesn't exactly inspire confidence
bizalomteljes *a* trustful, trusting
Bizánc *n* Byzantium
bizánci *a/n* Byzantine
bizarr *a* bizarre, whimsical, odd
bíz|ik *v vkben/vmben* trust sy/sg, trust in sy/sg, place trust in (sy/sg), have* confidence in; **nem** ~**ik vkben** distrust sy, mistrust sy; ~**hatsz benne** (you may) depend (up)on it; **vakon** ~**ik vkben** have* absolute/blind faith in sy; **nem** ~**om ítéletében** I don't trust his judgment
bizisten *int biz* upon my word!
bizomány *n* commission; *(eladásra)* consignment; ~**ba ad** give (sg) on consignment
bizományi *a* ~ **áruház/bolt** commission shop, second-hand shop ⟨selling goods on consignment⟩
bizományos *a* commission merchant
bizony *adv* certainly, really, to be sure, surely; **Isten** ~! so help me (God)!; **nem** ~! certainly not; **hát** ~ uh-huh
bizonyára *adv* no doubt, without (a) doubt, in all certainty/probability, surely, to be sure; ~ **lekésett a vonatról** he must have missed the train; **Ön** ~ **hallott erről** you have doubtless heard about this
bizonygat *v* assert (repeatedly), affirm, prove repeatedly; **azt** ~**ja, hogy** he argues that
bizonyít *v* ált prove; *(okmánnyal)* certify; *(adattal)* document, verify; *(elméletet, igazságot)* establish the truth of, prove; **ami azt** ~**ja, hogy** which all goes* to show that
bizonyítás *n* proof; *(okmánnyal)* certifying; *(adattal)* verification; **okiratilag/okmánnyal való** ~ documentary evidence; **aligha szorul** ~**ra** it hardly needs proof, that is* self-evident, that is* obvious; ~**t elrendel** order evidence to be taken

bizonyítási eljárás *n* (production of) evidence

bizonyíték *n* proof; *(főleg jog)* evidence; *(írásos)* document; **nincs rá semmi** ~ there is* not a shred of evidence; **tárgyi** ~ material proof; **a** ~**ok súlya (alatt)** *(under)* the weight of (the) evidence; ~ **hiányában** in the absence of evidence; ~**ot szolgáltat/produkál** *(v.* **hoz fel)** produce/furnish evidence; **vmnek** ~**ául** in proof thereof, as proof of sg

bizonyíthatatlan *a* undemonstrable, unprovable, not provable *ut.*

bizonyítható *a* demonstrable, provable

bizonyító *a* proving, demonstrating; ~ **erejű** conclusive

bizonyítvány *n* **1.** *(hivatali)* certificate, testimonial; **szolgálati** ~ reference, testimonial; ~**t kiállít** grant a certificate **2.** **(iskolai)** ~ school report; *(év végi)* annual school report; *tréf* **megmagyarázza a** ~**át** explain away one's report/mistakes

bizonylat *n* certificate, testimonial; *(szakértői)* expert opinion; *(könyvelésben)* voucher; **minőségi** ~ certificate of quality

bizonnyal *adv* **minden** ~ in all probability, by all means

bizonyos *a* **1.** *(biztos)* certain, sure; *(kétségtelen)* undeniable, indubitable, undoubted; **annyi** ~, **hogy** one thing is certain (namely), this much is certain: that; ~ **vagyok benne** I am* sure of it **2. egy** ~ **a** certain, some; **egy** ~ **fokig/mértékben** to some extent; **egy** ~ **Smith úr szeretne beszélni Önnel** a Mr. Smith wishes to speak to you; ~ **ideig** for a period (of time); ~ **feltételek mellett** under certain conditions; ~ **tekintetben** in a way

bizonyosan *adv* no doubt, without (a) doubt, in all certainty/probability; ~ **(el)jön** he is sure to come; ~ **sokat szenvedett** he must have suffered a great deal ⇨ **bizonyára**

bizonyosság *n* certainty, certitude; ~**ot szerez vm felől** make* sure/certain of sg, ascertain sg

bizonyság *n* proof, evidence, token; ~**át adja vmnek** give* proof/evidence of sg, evidence sg; ~**ot tesz vmről** (1) *ált* testify to, give* evidence of, bear* witness to (2) *vall* witness [for Christ etc.]; **aminek** ~ **ául** in proof thereof, as proof of sg

bizonyságtétel *n* testimony, evidence; *vall* witness

bizonytalan *a* **1.** *(dolog)* uncertain, vague, dubious; *(kimenetelű)* doubtful; *(alapokon*

álló) unstable, shaky; ~ **időjárás** unsettled/changeable weather; ~ **időre elhalaszt** postpone indefinitely; ~ **léptekkel** with faltering steps; ~ **a megélhetése** make* a precarious living **2.** *(ember)* irresolute, indecisive, wavering

bizonytalankod|ik *v* hesitate, dither, shilly-shally, dilly-dally

bizonytalanság *n* uncertainty, doubt(fulness), vagueness; *(tárgyé)* shakiness, unsteadiness; *(határozatlanság)* hesitation; *(ismeretlenség)* uncertainty; ~**ban hagy vkt** hold* sy in a state of uncertainty

bizonytalansági tényező *n* element of uncertainty/doubt

bizonyul *v* **vmnek/vmlyennek** prove (to be ...), turn out sg *(v.* to be ...); *(vk vmnek/vmlyennek)* prove (oneself) to be ...; **gyávának** ~**t** he proved (himself) to be a coward; **hamisnak** ~**t** it proved (to be) false; **használhatatlannak/hasznavehetetlennek** ~**t** it/he proved (to be) useless; **igaznak** ~**t** it/sg proved to be true, it/sg has been confirmed

bizottmány *n* † = **bizottság**

bizottság *n* ált committee; *(magasabb szintű testület)* board; *(kiküldött)* commission, delegation; **ellenőrző** ~ board of inquiry, control commission; **Központi B**~ Central Committee; **üzemi** ~ shop committee; *(nagyobb)* works committee; **végrehajtó** ~ executive committee; **a** ~ **tagja, benne van a** ~**ban** be* on the committee, be* a member of the committee

bizottsági *a* of *(v.* belonging to) a board/committee *ut.*; ~ **tag** committee member, member of the committee/board, board member; ~ **ülés** committee/board meeting

biztat 1. *vt* vmre encourage, stimulate; ~**ja csapatát** cheer on *(v. US így is:* root for) one's team **2.** *vt (vigasztalva)* reassure, comfort **3.** *vi/vt* vmvel allure, entice (with) ⇨ **biztató**

biztatás *n* **1.** vmre encouragement, stimulation **2.** *(vigasztalva)* reassurance, comfort(ing)

biztató *a* encouraging, promising; *(igével)* promise well; *(jövőre nézve vm)* bid* fair (for the future); augur well; ~ **(elő)jel** hopeful sign; ~ **szavak** words of encouragement

bizton *adv* **1.** *(biztosan)* surely, certainly, for certain **2.** = **biztonságban**

biztonság *n* safety, security; **a** ~ **kedvéért** for safety's sake, to be on the safe side; ~**ban érzi magát** feel* secure; ~**ban van** be* in a safe place; *vmtől* be* secure/safe from sg; **teljes** ~**gal állíthatom** there is no doubt in my mind (that)

biztonságérzet *n* **1.** *ált* sense/feeling of security **2.** *(fellépésben)* (self-)assurance, (self-)-confidence

biztonsági *a* safety; ~ **előírások/intézkedések/rendszabályok** safety regulations/measures, precautionary measures, safety precautions; *(vállalati stb.)* security controls/regulations; **szigorú** ~ **intézkedések voltak életben** tight security was in force [during X's visit]; **a** ~ **intézkedések jónak/kielégítőnek bizonyultak** security was (*v.* security precautions were) very good; ~ **lánc** *(ajtón)* lock and chain; ~ **okokból** for security reasons; ~ **öv** seat/safety belt; *(automata)* inertia-reel seat belt; ~ **övet használ** use/wear a seat belt; ~ **szelep** safety valve; **B** ~ **Tanács** Security Council; ~ **zár** safety lock/catch

biztonságos *a* safe, secure; ~ **hely** safe place, shelter; **nem** ~ unsafe, insecure

biztos[1] *a* **1.** *(kétségtelen, bizonyos)* sure; certain; ~ **dolog** certainty, sure thing; *GB* □ **a** (dead) cert; ~ **hír/értesülés** definite news (of sg/sy); **vmnek a** ~ **jele** a sure sign of sg; ~ **kézzel** with a firm/steady hand; **ez** ~ that is so, (that's a) sure thing (*v.* □ **a** cert); **egyáltalán nem** ~ it's by no means certain; ~ **vmben** (*v.* vm felől) be* sure of sg; ~ **vagyok benne/abban/afelől, hogy** *(meggyőződésem)* I'm sure he/she...; *(tény)* I'm certain he...; **nem vagyok benne** ~, **hogy** I'm not sure/certain (where/how *stb.*); ~ **lehetsz benne, hogy** you can rest assured that; **ami** ~, ~ better be on the safe side, better (to be) safe than sorry; ~ **ra vesz vmt** take* sg for certain/granted **2.** = **biztonságos**; ~ **állás/megélhetés** secure job

biztos[2] *n* **1.** *(miniszteri)* commissioner **2.** *(rendőr)* † **B** ~ **úr!** Officer!

-biztos[3] *suff* -proof; **tűz** ~ fireproof

biztosan *adv* surely, certainly; *(kétségtelenül)* no doubt, undoubtedly; **egészen** ~ with absolute certainty; ~ **eljön** he is* sure/certain to come; **holnap** ~ **esni fog** it is bound to rain tomorrow; ~! certainly; *(főleg US)* sure (I will etc.)

biztosít *v* **1.** *(biztonságossá tesz)* make* certain/sure; *(erősít)* make* safe, secure (from, against); *(rendet)* protect; *kat* cover; *(fegyvert)* uncock; **vkt vmről** ~ assure sy of sg; ~**hatlak róla** I (can) assure you that **2.** *(vmt vknek nyújt)* provide sg for sy, ensure sy sg (*v.* that sy gets sg); **évi 200 fontot** ~

vknek allow sy £200 a year; **megélhetést** ~ **vknek** ensure that sy has enough to live on; **hitelt** ~ give* credit **3.** *(biztosítást köt vmre)* insure (sg against sg); ~**ja magát** insure oneself (*v.* one's life), take* out life insurance

biztosítás *n* **1.** *ker* insurance; ~**t köt** take* out insurance **2.** *átv* safeguarding, assuring

biztosítási *a* insurance; ~ **díj/összeg** insurance (premium); ~ **kárbecslő** loss/claim adjuster; ~ **kötvény** insurance (policy); ~ **ügynök** insurance broker

biztosíték *n* **1.** *(pénz)* security, deposit; *(erkölcsi)* guarantee; ~**ul** by way of security **2.** *el* fuse; **kiégett a** ~ the fuse went*/blew* (*v.* has blown)

biztosító I. *a* műsz safety **II.** *n* **1.** *(társaság)* insurer, insurance company; **Állami B** ~ State Insurance Company **2.** *el* = **biztosíték 2.**

biztosítóberendezés *n* safety equipment/device

biztosítószelep *n* safety-valve

biztosítótársaság *n* insurance company

biztosított *a/n ker* insured; **a** ~ **(személy)** the insured, policy-holder

biztosítótű *n* safety-pin

bízvást *adv* certainly, confidently

bizsereg *v* itch, prickle, tingle

bizsergés *n* itching, tingle, prickle; *(zsibbadás után)* pins and needles *pl*

bizsu *n* fashion/costume-jewellery

blabla *n biz* blather

blamál *v vkt* compromise sy; ~**ja magát** make* a fool of oneself

blamázs *n* shame, ignominy

blanketta *n* = **űrlap**

blattol *v* sight-read*

blazírt *a* blasé

blende *n* = **fényrekesz**

bliccel *v biz* **1.** *(járművön)* dodge paying the fare, bilk (the fare) **2.** *(iskolában)* play truant; *(egy órát)* cut* a class **3.** *kat* malinger

bliccelő *n biz (járművön)* fare-dodger

blokád *n* blockade

blokk *n* **1.** *(jegyzettömb)* (writing) pad **2.** *(üzletben)* bill **3.** *(háztömb)* block (of houses) **4.** *(bélyeg)* block

blokkház *n* log cabin/house

blokkol *v (üzemi bélyegzőórán, érkezéskor)* clock in; *(távozáskor)* clock out

blokkolóóra *n* = **bélyegzőóra**

blöff *n* bluff, humbug, boast

blöfföl *v* bluff, humbug, boast

blúz *n* blouse; *kat* tunic, shirt

BM = belügyminisztérium
b-moll n B-flat minor
BNV = *Budapesti Nemzetközi Vásár* Budapest International Fair
boa n boa
bob n bobsleigh; *főleg US* bobsled
bóbiskol v nod, doze, take* a nap
bóbita n *(madáré)* tuft, crest ⇨ **fityula**
bóbitás a tufted, crested
boci n little calf°; *biz* moo-cow
bocs[1] n bear-cub
bocs[2] *biz* = **bocsánat!**
bocsánat n pardon, forgiveness; ~ot kér beg sy's pardon, apologize *(vmért* for); ~ot kérek!, ~! pardon/excuse me!, I beg your pardon!, (I'm) sorry!
bocsánatkérés n apology
bocsánatos bűn n venial sin
bocsát v *(enged)* let* go, admit to ⇨ **áru, szabadon, szavazás, út, víz, vizsga**
bocsátkoz|ik v enter into, engage in ⇨ **részlet**
bocskor n *kb.* sandal
bocskoros a sandalled; ~ **nemes** squireen
bódé n *(piaci, vásári)* stall, booth, stand; *(újságos)* newsstand; *GB* kiosk; *(kat őrszemé)* sentry-box; *(más őré)* cabin, shelter
bódít v daze, overpower
bódító a *(illat)* overpowering
bodnár n cooper
bodorod|ik v *(haj)* curl
bodros a *(haj)* curly, frizzy
bodrosod|ik v get*/go* curly, curl
bódul v become* dazed; *(ütéstől)* become* stunned
bódulat n stupor, daze
bódult a dazed, overpowered
bodza n elder
bodzabél n elderpith
bodzafa n elder(tree)
bodzatea n elderblossom tea
bog n knot, bend; ~ot köt vmre tie/make* a knot in sg
bogáncs n thistle
bogár n 1. *(rovar)* insect, beetle; *US* bug 2. a szem bogara pupil (of the eye) 3. *biz (szeszély)* whim, fad; **vmlyen bogara van** have* a bee in one's bonnet ⇨ **bolha**
bogaras a crotchety, cranky
bogarászás n 1. *(rovargyűjtés)* entomology, insect-collecting, bug-hunting 2. *átv* rummaging (among books etc.)
bogarász|ik v 1. *(rovarokra)* collect insects/beetles 2. *átv biz* hunt after [curios, data, etc.], rummage [for data in books]

bogárszemű a dark-eyed
bogas a ~ **virágzat** cymose inflorescence, cyme
bogernyő n umbel, corymb
boglárka n buttercup
boglya n stack, rick; ~**ba rak** stack, cock [hay]
boglyakemence n *nép* ⟨large earthenware oven/store shaped like a rick⟩
boglyas a ~ **hajú** tousled, shock-headed
bognár n wheelwright, cartwright
bognárműhely n wheelwright's/cartwright's workshop
bogos a knotty, gnarled
bogoz v *(csomóz)* tie knots in ⇨ **összebogoz**
bogrács n stew-pot, kettle
bográcsgulyás n ⟨goulash cooked in a stew-pot on an open fire⟩, *kb.* Hungarian kettle goulash
bogyó n berry
bogyós a berried
bogyótermés n berry, bacciform fruit
bohém a/n bohemian
bohó a 1. *(csacsi)* silly 2. *(vidám)* merry, frolicsome, playful
bohóc n clown; *átv* buffoon, fool; *biz* ~ot csinál magából make* oneself a laughing stock, play the fool
bohóckodás n (piece of) clownery/buffoonery, antics *pl*
bohóckod|ik v clown, play the buffoon/clown
bohócság n clownery, clownishness
bohócsipka n fool's cap, cap and bells *pl*
bohókás a facetious, droll, farcical
bohóság n buffoonery, drollery
bohózat n farce, burlesque, piece of slapstick
bója n buoy; **világító** ~ buoy and beacon; ~**kkal kijelöl** buoy (out)
bojkott n boycott
bojkottál v boycott
bojler n *(gáz)* (gas) heater; *(villany)* immersion heater
bojt n tassel; *(gömbölyű)* pompon, bobble
bojtár n young herdsman°, shepherd boy
bojtorján n 1. *(növény)* burdock, burweed 2. *(termése)* bur(r)
bojtos a tasselled *(US* -l-), tufted
bók n 1. *(szóbeli)* compliment; ~ot mond vknek compliment sy; ~okra vadászik be* fishing for compliments 2. *(meghajlással)* bow; *(térdhajlítással)* curts(e)y
boka n ankle; **összeüti a** ~**ját** click one's heels; **(még) megüti a** ~**ját** *kb.* (may) have*/get* one's fingers burnt

bokacsizma *n* ankle boot
bokacsont *n* ankle-bone
bokaficam *n* sprained/twisted ankle
bokafix, -zokni *n* short/ankle socks; *US* bobby socks *pl*
bokapánt *n (cipőn)* ankle-strap
bokarándulás *n* a sprained ankle
bokasüllyedés *n* ~ e van have* flat feet (*v.* fallen arches)
bokaszíj *n* ankle-strap
bokavédő *n* spats *pl*
bokáz|ik *v* click one's heels
bokkol *v (ló)* balk
bókol *v* **1.** *(vknek derékhajlítással)* bow (to); *(térdhajlítással)* curts(e)y (to) **2.** *(szóval vknek)* pay* sy a compliment, compliment sy
bókolás *n* **1.** *(meghajlással)* bow; *(térdhajtással)* curts(e)y **2.** *(szóban)* compliment
bokor *n* bush, shrub; **nem terem minden** ~ **ban** does not grow on trees
bokorbab *n* dwarf beans *pl*
bokorrózsa *n* bush rose
bokréta *n* bunch of flowers, bouquet
bokrétaünnep *n* topping-out (ceremony)
bokros *a* **1.** *(bozótos)* bushy, shrubby **2.** *átv* very many, manifold; ~ **teendők** a lot of things to do
bokrosod|ik *v (bokor)* grow* into a bush; *(növény)* grow* thick; *(káposzta)* head
boksa *n* charcoal kiln
boksz[1] *n* **1.** *(cipőkenőcs)* shoe-polish **2.** *(bőr)* box-calf°
boksz[2] *n (ökölvívás)* boxing
boksz[3] *n (rekesz)* box; *(autóversenypályán)* pit
bokszer *n* **1.** *(verekedéshez)* knuckle-duster; *US* brass knuckles *pl* **2.** *(kutya)* boxer
bokszmérkőzés *n* boxing-match/contest
bokszol *v* box, fight*
bokszolás *n* boxing
bokszoló *n* boxer; *(profi)* prizefighter
-ból, -ből *suff* **1.** *(helyhatározó)* **a)** from; **a Debrecenből érkező vonat** the train from Debrecen; **megszökik a börtönből** escape from prison; **nem mozdul helyéből** do* not stir from one's place; **egy (** = **ugyanazon) pohárból iszik** drink* from the same glass; **távolból** from a/the distance; **a városból** from town, from the city; **b)** out of; **felkel az ágyból** get* out of bed; **kijön a házból** come* out of the house; **c)** *(elöljáró nélkül)* **elutazik Angliából vhova** leave* Britain for swhere; **helyből ugrás** standing jump **2.** *(állapothatározó)* **a)** from; **betegségből meggyógyul** recover from an illness; **megme-**

nekül vmből escape from sg, make* one's escape from sg; **b)** out of; **álmából ébred** come* out of one's sleep; **a legsúlyosabb helyzetből is megmenekül** he wriggles out of the tightest corners; **kiment a divatból** be* out of fashion; **c)** of; **áll vmből** consist of sg; **három fő részből áll** it consists of three main/principal parts **3.** *(eredethatározó)* **a)** *(főleg)* from; **ered vmből** *átv* issue from sg, originate from/in sg, come* from sg; *(időben)* date from; **a kézirat a X. századból való** the manuscript dates from the 10th century; **Somogyból való** he is from Somogy; **Ausztriából származik** he comes/hails from Austria; **vmből származik** *(mint következmény)* rise* from, originate from/in, come* from, result from; **idézet Shakespeare-ből** quotation from Shakespeare; **Shakespeare-ből idéz** quote from Shakespeare; **vmből következik** result from; **abból, amit hallok** from what I hear; **nyilvánvaló abból, amit mond** (it is) apparent from what he says; **kitűnik vmből** appear from sg, be* evident from sg; **b)** *(főleg)* of, out of; **készült/van vmből** be* (made) of sg; *(gyártva)* be* manufactured from sg, be* made from/of sg; **bőrből van/készült** sg is made of leather; **fából készült/való** (be*) made of wood *ut.*; **munkáscsaládból származik** come* of a working-class family **4.** *(eszközhatározó; különféle elöljáróval)* **él vmből** live on/by sg, earn/make* one's living by sg; **nyugdíjból él** live on a pension **5.** *(okhatározó)* **a)** for; **mi okból?** for what reason?; **ebből az okból** for this reason; **b)** from, out of; **féltékenységből** from (*v.* out of) jealousy; **jószántából, saját akaratából** of his own free will; **kíváncsiságból** from (*v.* out of) curiosity; **szükségből** from/of necessity; **nagylelkűségből** out of generosity; **szokásból** out of habit; **tudatlanságból** from ignorance **6.** *(célhatározó; különféle elöljáróval)* **e(bből a) célból** for this/that purpose, with this end in view, to this end; **abból a célból, hogy...** in order to/that, with a view to, so as to **7.** *(módhatározó; különféle elöljáróval)* **ebből a szempontból** from this point of view, in this respect; **tapasztalatból beszél** speak* from experience; **tréfából** in/for fun, for a joke, in sport; **látásból ismer vkt** know* sy by sight
boldog *a* happy; *(igével)* feel*/be* glad; *vmvel* be* delighted with; **B ~ új évet (kí-**

vánok) (I wish you a) Happy New Year!; ~ **ünnepeket kívánok/kívánunk** the season's greetings; ~**gá tesz vkt** make* sy happy

boldog-boldogtalan *a biz* rich and poor, everybody, one and all

boldogít *v* 1. make* (sy) happy; **a pénz nem** ~ money cannot buy happiness 2. *iron* vkt vmvel bestow sg on sy; **meddig** ~**asz még?** you still here?

boldogság *n* happiness, joy, gladness, bliss; úszik a ~**ban** be* blissfully happy

boldogtalan *a* unhappy, miserable, wretched, unfortunate

boldogtalanság *n* unhappiness, misery

boldogul *v* 1. *(életben)* get* on, prosper, succeed; *kif* make* the grade 2. vmvel get* on with sg, manage sg; ~**sz vele?** (are) you managing?, can you manage it?; **nem** ~**ok vele** I can't manage it

boldogulás *n* prosperity, prosperousness, success, thriving

boldogult *a* the late, lamented, deceased; ~ **édesanyád** your late (lamented) mother

bólé *n kb.* (fruit) punch

bolgár *a/n* Bulgarian; **B**~ **Köztársaság** Bulgarian Republic

bolgárkertész *n* market gardener; *US* truck farmer

bolgárkertészet *n* market garden; *US* truck farm

bolgárul *adv* (in) Bulgarian; ~ **beszél** speak* Bulgarian; ~ **van (írva)** it is written in Bulgarian

bolha *n* flea; ~**t/bogarat tesz vk fülébe** put* thoughts in sy's head, awaken sy's suspicions

bolhacsípés *n* flea-bite

bolhafű *n* flea-bane

bolhás *a* full of fleas *ut.*, flea-bitten

bolhászkod|ik *v* be* cleaning oneself of fleas, look for fleas

bolház *v* 1. look for fleas *(vmben* in) 2. *átv* examine very closely

bólingat *v* nod repeatedly

bólint *v* nod; **igenlően** ~ nod one's assent

bólintás *n* nod, nodding

Bolívia *n* Bolivia

bolíviai *a/n* Bolivian

bólogat *v* = **bólingat**

bolognai *a/n* Bolognan, Bolognese

bolond I. *a* 1. *(őrült)* mad, insane, crazy 2. *(beszéd, viselkedés)* foolish, silly, stupid, absurd; ~ **beszéd** nonsense; **majd** ~ **leszek!** I am* not such a fool (as to), not me!
II. *n* 1. *(elmebajos)* madman°, lunatic 2. *(bo-*

londokat csináló) fool, idiot, simpleton; ~**nak nézel?** do you take me for a fool?; ~**dá tesz vkt** fool/dupe sy, make* a fool of sy, play a trick on sy; **a** ~**ját járja** act the fool 3. *(udvari)* jester 4. ~**ja vmnek** be* crazy about sg

bolondéria *n* fad, fancy

bolondgomba *n* toadstool; **nem ettem** ~**t** I'm not crazy, I wasn't born yesterday

bolondít *v* make* a fool of, fool, take* sy in; *(hitegetve) biz* string* sy along; **magába** ~**otta a lányt** he has quite turned her head

bolondítás *n* mockery, fooling, bluff

bolondokháza *n biz* lunatic asylum, madhouse, loony bin; *átv* bedlam; **kész** ~ it's a regular bedlam

bolondóra *n* rájött a ~ he is off again

bolondos *a* 1. *(hibbant)* mad, crazy, foolish 2. *(vidám)* ludicrous, silly, droll, clownish

bolondozás *n* buffoonery, (tom)foolery

bolondoz|ik *v* play the fool, clown; vkvel make* fun with; **ne** ~**zon!** enough of jokes

bolondság *n* 1. *(beszéd, tett)* nonsense, absurdity 2. *(hóbort)* (piece of) folly, silliness, stupidity

bolondul[1] *v* vkért/vmért be* crazy about sy/sg

bolondul[2] *adv* madly, foolishly

bolsevik *a/n* Bolshevik; ~ **párt** Bolshevik Party

bolsevista *a* Bolshevik

bolsevizmus *n* Bolshevism

bolt[1] *n* 1. *(üzlet)* shop; *US* store 2. *biz (üzletkötés)* deal, bargain

bolt[2] *n (ív)* vault, arch

boltgyám *n* vault support

bolthajtás *n* vault, arch(ing)

bolthajtásos *a* vaulted, arched

bolthelyiség *n* premises (of a shop) *pl*, shop; *US* store

bolti *a* ~ **ár** selling/retail price; ~ **eladó** shop assistant, salesman°; *(nő)* salesgirl, saleswoman°

boltív *n* arch(way), vault(ing)

boltíves *a* vaulted, arched

boltkő *n* roof-brick, voussoir

boltos *n* shopkeeper; *US* storekeeper, merchant

boltoz *v* vault, arch

boltozat *n* vault(ing), arch

boltozatos *a* vaulted, arched; ~ **homlok** domed forehead

boltváll *n* springer, springing (block)

boltvezető *n* (shop) manager, shopkeeper; *US* store manager

boly *n* **1.** *(hangyáké)* anthill **2.** *sp (kerékpá-rosoké stb.)* bunch
bolygat *v* disturb, unsettle, stir up, agitate; **nem** ~ **vmt** leave* sg alone
bolygó I. *a* wandering, roving, roaming, errant; ~ **hollandi** the Flying Dutchman **II.** *n* planet; **a** ~**k járása** planetary motion; **mesterséges** ~ (artificial) satellite
bolygócsillag *n* planet
bolygóközi *a* interplanetary; ~ **állomás** interplanetary space station
bolygórendszer *n* planetary system
bolyh *n* **1.** *(szöveté)* nap [of cloth], pile **2.** *(bélben)* villus *(pl* villi)
bolyhos *a (szövet)* napped, woolly, fuzzy
bolyhoz *v* nap, teasel *(US* -l), tease
bolyong *v* roam, rove, wander (about)
bolyongás *n* wandering(s), ramble(s)
bomba I. *n* bomb; **autóban elhelyezett** ~ car bomb; ~**t (le)dob** drop a bomb; *biz* ~**ként hatott** it came as *(v.* was) a bombshell **II.** *a* □ ~ **jó** smashing, first-rate, super, crazy, bang-up; ~ **nő** a real stunner
bombabiztos *a* bomb/shell-proof
bombadobás *n* bombing, bomb throwing
bombakárosult *a* [person] who has suffered bomb damage
bombamerénylet *n* bomb attack
bombariadó *n* bomb scare/alert/warning
bombasérült *a vm* bomb-damaged
bombasiker *n biz* overwhelming success, winner, smash(-hit), blockbuster
bombaszilánk *n* bomb-splinter/fragment
bombaszt *n* bombast, rant, fustian
bombasztikus *a* bombastic, turgid
bombatalálat *n* bomb hit; ~ **érte** was destroyed by a bomb
bombatámadás *n* bomb attack/raid; ~**t hajt végre vm ellen** bomb sg
bombatölcsér *n* shell-hole, crater, bomb-crater
bombavető *n (repgép)* bomber
bombáz *v* **1.** *(repülő)* bomb, drop bombs on **2.** *átv és fiz* bombard
bombázás *n* **1.** *(repülőről)* bombing **2.** *átv és fiz* bombardment
bombázó(gép) *n* bomber
bomladoz|ik *v* disintegrate, fall* to pieces
bomlás *n* decay, disintegration; *vegy* decay, decomposition; *(fegyelemé)* relaxation; *(erkölcsé)* depravation; ~**nak indul** begin* to disintegrate
bomlási *a* ~ **folyamat** (process of) decomposition, decay(ing)
bomlaszt *v* **1.** *átv* dissolve, disintegrate, disrupt; *vegy* decompose **2.** *átv* subvert; *(hadse-*

regben) incite to disaffection; ~**ja a fegyelmet** undermine discipline/order
bomlasztás *n* disintegration
bomlasztó *a* disintegrating, disruptive; *(csak átv)* subversive; ~ **hatás** disruptive effect; ~ **tevékenység** subversive activity
boml|ik *v* **1.** *(alkotórészeire)* disintegrate, fall* apart, go* to pieces, decay; *vegy* dissolve, decay **2.** *(közösség)* break* up **3.** *biz* vkért be* madly in love with sy
bomlott *a* ~ **agy** deranged/unhinged mind
bomlottság *n (szellemi)* derangement
bon *n (áruról)* voucher; *(pénzről)* IOU
bonbon *n* bonbon, sweet; *US* candy
boncasztal *n* dissection-table
bonckés *n* dissecting knife°, scalpel
boncnok *n* anatomist, dissector
boncol *v* **1.** *orv* dissect; *(halálok megállapítására)* carry out a postmortem (examination) *(v.* an autopsy) **2.** *(kérdést)* analyse
boncolás *n* dissection; *(halálok megállapítására)* postmortem (examination), autopsy; ~**i jegyzőkönyv** report on a postmortem examination
boncolgat *v* analyse, dissect
boncolókés *n* = **bonckés**
bonctan *n* anatomy
bonctani *a* anatomic(al); ~ **intézet** institute of anatomy
boncterem *n* dissecting room
bong *v* ring*, clang
bont *v* **1.** *ált* take*/pull to pieces, take* apart; *(alkotóelemeire)* dismantle, take* apart; *vegy* decompose; *(atomot)* split* [the atom]; **részekre** ~ break* sg down into its component parts **2.** *(dobozt)* open, undo* **3.** *(épületet)* pull down **4.** *(telefonbeszélgetést)* disconnect ➪ **asztal, zászló**
bontakoz|ik *v* unfold, display/reveal itself, burgeon
bontás *n* **1.** taking to pieces; *(épületé)* demolition; *vegy* decomposition **2.** *(statisztikában)* breakdown; **évi** ~**ban** broken down into yearly figures
bontási *a* ~ **anyagok** remains of a demolished building; ~ **munka** demolition work; ~ **vállalkozó** breaker, scrap merchant, *GB* knacker
bontócsákány *n* mattock
bontogat *v* open one after the other, keep* opening; ~**ja szárnyait** try its/one's wings
bontóper *n* divorce suit/case
bontóvas *n* crow-bar
bonviván *n* ⟨hero of an operetta⟩
bonyodalmas *a* complicated, involved, intricate

bonyodalom *n* complication; *(drámában)* knot, intrigue; ~**ba keveredik** get* into a(n) embarrassing/delicate situation
bonyolít *v* **1.** complicate [matters] **2.** *ker (ügyletet)* handle, manage, transact, effect
bonyolító *n* assistant executive
bonyolód|ik *v* **1.** *(ügy)* become* complicated **2.** *vmbe* get* entangled/involved (*v.* mixed up) in
bonyolult *a* complicated, intricate; *(gép, szerkezet, technológia stb.)* sophisticated; ~ **feladat** complicated task; ~ **szerkezet** complex mechanism; ~ **ügy** a complicated business/matter
bor *n* wine; **asztali** ~ table wine; **egy pohár** ~ a glass of wine; ~**ba fojtja bánatát** drown one's sorrow(s) in wine ⇨ **cégér**
bór *n* vegy boron
bóra *n* bora
borárjegyzék *n* wine list
borász *n* wine-grower, oenologist (*US* enol-)
borászat *n* wine-growing, oenology (*US* enol-)
bórax *n* vegy borax, sodium borate
borbély *n* barber, hairdresser
borbélyműhely *n* barber's (shop), hairdresser's
borbélyszék *n* barber's chair
borbélyüzlet *n* = **borbélyműhely**
borcégér *n* bush [as a tavern sign]
borcsömör *n* = **másnapos** *érzés*
borda *n* **1.** *(emberi)* rib; *(borjú, ürü)* cutlet; *(sertés)* pork chop; **rántott** ~ fried chop **2.** *(hajóé)* rib, frame; *épít* rib; *(merevítő)* truss
bordal *n* drinking song
bordás *a* ribbed
bordásfal *n* wall-bars *pl*
bordaszelet *n* cutlet; *(sertés)* chop
bordatörés *n* fracture of a rib, broken rib
bordáz *v* rib
bordázás *n* ribbing
bordázat *n* ribbing; *(hajóé)* framework
bordélyház *n* brothel
bordélyos *n* brothel-keeper
bordó *a* claret(-coloured), wine-red
bordói *a* ~ **bor** Bordeaux; ~ **lé** Bordeaux mixture
borecet *n* wine/French vinegar
borfejtés *n* drawing of wine
borfiú *n* wine-waiter, wine-steward
borgisz *n* nyomd nine-point type, bourgeois
borgőzös *a* ~ **állapot** bibulous state, alcoholic haze
borharapó *n* wine bar
borissza *n* wine-bibber, tippler, toper

borít *v* **1.** *(vmvel fed)* cover (with), overlay*, cast*/spread* over; **hó** ~**ja a földet** the earth is* carpeted/covered with snow; **felhők** ~**ják az eget** the sky is overcast **2.** *(feldönt)* overturn, dump, throw* (into), plunge; **árokba** ~**ja a kocsit** drive* the car into the ditch ⇨ **fátyol, láng**
borítás *n* **1.** *(cselekvés)* covering; *(fémmel)* plating; *(fával, vassal)* encasing; *(lambériával)* panelling (*US* -l-), wainscoting **2.** *(a réteg)* cover(ing); *(fémből)* plating; *(fából)* panelling (*US* -l-); *(vasból)* casing
boríték *n* *(levélé)* envelope; *(a bérrel)* pay/wage packet
borítékol, borítékoz *v* put* in an envelope
borító I. *a* covering **II.** *n* *(könyvé)* (dust) jacket, (dust-)wrapper, dust cover
borítódeszka *n* facing board, boarding
borítólap *n* **1.** = **borító II.** **2.** = **borítólemez**
borítólemez *n* *(furnér)* veneer
borítópapír *n* backing/wrapping paper
borítóvászon *n* *(könyvkötőé)* binding cloth
borivó *n* wine-drinker/bibber, tippler
borízű *a* vinous; *(savanykás, pl. alma)* sourish, tartish, sour-sweet; ~ **hang** husky/thick (*v.* drink-sodden) voice
borjas tehén *n* cow with calf
borjazás *n* calving
borjaz|ik *v* calve
borjú *n* calf°
borjúbecsinált *n* blanquette de veau, *kb.* veal stew/ragout
borjúboksz *n* box-calf°
borjúbőr *n* *(kikészített)* calfskin; *(boksz)* box-calf°; *(pergamen)* vellum
borjúcomb *n* leg/round of veal
borjúfóka *n* common seal, sea-calf°
borjúhús *n* veal
borjújava *n* veal steak
borjúláb *n* calf's foot°
borjúmáj *n* calf's liver
borjúmirigy *n* sweetbread
borjúpaprikás *n* ⟨fricassee of veal served with sour cream and seasoned with red pepper⟩; ~ **galuskával** *kb.* Hungarian paprika veal with gnocchi
borjúpörkölt *n* ⟨thick fricassee of veal seasoned with red pepper⟩, *kb.* Hungarian veal stew (with gnocchi)
borjúsült *n* roast veal
borjúszegy *n* breast of veal
borjúszelet *n* veal cutlet/fillet
borjúvesés *n* loin of veal
borkedvelő *n* wine fancier; *US főleg* wine buff

borkereskedő n wine-merchant, vintner
borkészítés n wine-making
borkimérés n (hely) wine shop/bar
borkorcsolya n ⟨savoury snack which makes one relish wine⟩
borkóstoló n 1. (ember) wine-taster 2. (alkalom) wine-tasting/sampling
borkő n tartar, argol
borkősav n vegy tartaric acid
borközi a ~ állapotban half-seas-over
borlap n wine list/card
borleves n wine-soup
bornemissza n teetotaller (US -taler)
bornírt a narrow-minded, strait-laced
borogat v (hideggel) put* on a (cold) compress; (meleggel) put* on a poultice
borogatás n (hideg) (cold) compress; (meleg) (lenmaglisztes stb.) poultice, (sima) stupe
boróka n juniper
borókafenyő n juniper tree
borókapálinka n gin, Hollands sing.
borona n harrow
boronál v harrow
boronálás n harrowing
borong v 1. (ember) brood, be* melancholy/gloomy/sorrowful 2. (ég) cloud over, be* overcast, lour
borongás n 1. vké brooding, melancholy, gloom 2. (égé) cloudiness, louring
borongós a melancholic, melancholy, gloomy; (idő) cloudy, dull, loury, grey
boros a 1. (emberről) tipsy, fuddled 2. (tartalmára) vinous
boroshordó n wine-cask/butt
borospalack n wine-bottle
borospince n wine-vault/cellar
borospohár n wine-glass
borostás a (áll) bristly, stubbly, unshaven
borostyán n ivy
borostyánkoszorú n laurel wreath
borostyánkő n amber
borosüveg n = borospalack
borotva n razor; (ön~) safety razor; (villany~) (electric) shaver, electric razor; úgy vág az esze, mint a ~ he is* sharp/ready-witted, he has* a keen/sharp mind
borotvaecset n shaving brush
borotvaél n razor-edge; ~en táncol/jár be* on a razor-edge
borotvaéles a (kés, ész) sharp as a razor ut., razor-sharp
borotvahajvágás n razor cut
borotvakészlet n shaving kit
borotvakrém n shaving cream
borotvál v shave; simára ~ shave close

borotválás n shave, shaving
borotválatlan a unshaven
borotválkozás n shave; ~ utáni arcvíz aftershave (lotion)
borotválkoz|ik v shave, get*/have* a shave
borotvált a shaven; frissen ~, ~ képű clean shaven; simára ~ close shaven
borotvapamacs n shaving brush
borotvapenge n razor blade
borotvaszappan n shaving stick/soap
borozgat v drink* wine; vkvel crack a bottle (of wine) with sy
borozó n wine bar, tavern
borpárlat n brandy; cognac
borpince n 1. = borospince 2. wine bottling plant
borravaló n tip; gratuity; ~t ad vknek tip sy, give* sy a tip
borravalórendszer n tipping
bors n pepper; ~ot tör vk orra alá play a trick (v. tricks) on sy
bórsav n vegy boric acid
borsdaráló n pepper-mill
borseprő n lees pl, sediment [in wine]
borsó n pea; (tömegben) peas pl; (sárga~) split/dry peas pl; (zöld~) green/sugar peas pl; ~t fejt shell peas; falra ~t hány waste one's breath; falra hányt ~ it falls on deaf ears; biz it's like talking to a brick wall
borsodó n kb. syllabub v. sillabub
borsódz|ik n ~ a háta vmtől it makes* one's flesh creep
borsófőzelék n a dish of peas, peas pl
borsópüré n purée of peas
borsos a 1. peppered, peppery, pepper; ~ tokány kb. pepper stew 2. biz ~ ár stiff/steep price; ~ történet broad/racy/risqué story
borsószem n a pea
borsoz v season with pepper, pepper
borsszem n peppercorn; B~ Jankó kb. Tom Thumb
borsszóró n pepper-castor/box/pot
borstörő n pepper-mill
borszakértő n wine-taster/expert
borszesz n ethyl alcohol
borszeszégő n spirit-lamp
borszőlő n wine-grape
bortermelés n wine-growing/production
bortermelő I. a wine-growing II. n wine-grower
bortermés n vintage; jó ~ű év vintage year
bortermő a (ország) wine-growing; (talaj) wine-producing

ború *n* **1.** *(égen)* clouds *pl*, cloudiness **2.** *átv* gloom, melancholy; ~**ra derű** *after rain/ storm comes* sunshine, *every cloud has* a silver lining

borul *v* **1.** *(ég)* cloud over, become* overcast **2.** *(beleborul vmbe)* overturn *(into* sg), fall*; **árokba** ~ fall* *into* a ditch **3.** *(ráborul)* fall* on; throw* oneself on; **földre** ~ throw* oneself to the ground; *(vk előtt)* prostrate oneself (before sy) **4.** **lángba** ~ burst* *into* flames; **vérbe** ~ *(szem dühtől)* become* bloodshot ⇨ **nyak, virág**

borulás *n* clouding over, louring sky

borúlátás *n* pessimism

borúlátó I. *a* pessimistic **II.** *n* pessimist

borult *a* = **borús 1.**

borús *a* **1.** *(idő)* dull, gloomy [weather]; ~ **ég** overcast/cloudy sky **2.** *(tekintet)* gloomy, dismal, melancholy [face, looks]; *(hangulat)* gloomy, low [spirits]

bórvazelin *n* boric vaseline

borvidék *n* wine-growing area/region

borvirág *n (boron)* wine mould *(US* mold)

borvirágos *a* ~ **orr** copper/bottle nose

bórvíz *n* boron water

borvörös *a* wine-coloured, claret(-coloured) *(US* -or-)

borz *n* badger

borzad *v* shudder (with horror) *(vmtől* at), ' be* horrified/shocked *(vmtől* at); **még a gondolatától is** ~ shudder at the very thought of it

borzadály *n tréf* = **borzadás, borzalom**

borzadás *n* shudder(ing), shiver(s)

borzalmas *a* horrible, terrible, awful, dreadful

borzalom *n* **1.** horror, dread, terror **2.** a **háború borzalmai** the horrors of war

borzas *a* tousled, dishevelled, unkempt

borzaskata *n* **1.** *(borzas hajú lány)* slattern, unkempt girl **2.** *(sütemény)* ⟨kind of vanilla-filled dumpling⟩

borzaszt *v* horrify, make* sy shudder

borzasztó I. *a* = **borzalmas II.** *adv (borzasztóan)* awfully, horribly; ~ **sok** an awful lot

borzeb *n* basset (hound), dachshund

borzol *v* **1.** *(hajat, szőrt, tollat szél)* ruffle, tousle **2.** *vm* ~**ja az idegeit** sg grates/jars on sy's nerves

borzong *v* shiver [with cold/fear], feel* shivery

borzongás *n* shiver, tremble

borzongat *v* make* one shiver/tremble

bosnyák *a/n* Bosnian

bostoni *a/n* Bostonese, Bostonian

Bosznia *n* Bosnia

boszorkány *n* witch, sorceress

boszorkányégetés *n* burning of witches

boszorkánykonyha *n* witches'/devil's kitchen; *(búvészé)* magician's shop

boszorkányos *a* witch-like, magic(al); ~ **ügyesség** magic(al) skill

boszorkányper *n* witch(craft) trial

boszorkányság *n* witchcraft, sorcery, black magic

Boszporusz *n* the Bosp(h)orus

bosszankodás *n* annoyance, vexation

bosszankod|ik *v* be* annoyed/angry, fret, fume; *vm miatt* be* annoyed at sg, be* vexed with sg; *vk miatt* be* angry/furious with sy; **ne** ~**j!** don't fret!; *biz* keep your shirt on

bosszant *v* **1.** *vk vkt* annoy, vex, plague; **ne** ~**s!** don't provoke/rile me! **2.** *vm vkt* annoy, vex, irritate; ~ **a viselkedése** I'm quite upset by his conduct; **az** ~, **hogy** what annoys me is that

bosszantás *n* irritation, vexation, annoyance

bosszantó *a* annoying, vexing, irritating, infuriating

bosszú *n* revenge; *(megtorlás)* . vengeance; ~**ból** in revenge; ~**ra éhes** thirsting for revenge *ut.*; ~**t áll** *vkn* revenge oneself on sy; *vmért* take* vengeance (up)on sy for sg; *(régi sérelemért)* pay* off old scores; ~**t esküszik** *vk* **ellen** swear* vengeance against sy; ~**t forral** harbour *(US* -or) revenge; **kitölti** ~**ját** *vkn* have* one's revenge on sy, vent one's rage/fury on sy

bosszúállás *n* revenge, vengeance

bosszúálló I. *a* avenging, revenging **II.** *n* revenger, avenger

bosszulatlan *a* unrevenged

bosszús *a* annoyed, vexed, angry, irritated

bosszúság *n* annoyance, vexation, anger; *(ami bosszant)* (cause of) irritation; ~ **ér** *vkt* be* disappointed

bosszúszomj *n* thirst for revenge/vengeance, (re)vengefulness

bosszúvágy *n* = **bosszúszomj**

bosszúvágyó *a* vengeful, thirsting for revenge/vengeance *ut.*

bot *n* stick, staff; *(hoki* ~*)* (hockey) stick; *(séta* ~*)* (walking-)stick, cane; *(horgász* ~*)* (fishing-)rod; *(marsallé)* baton; **a füle** ~**ját sem mozgatja** will not take the slightest notice of sg, not stir an eyelid; ~**tal ütheti a nyomát** *(vmét)* he can whistle for it, *(vkét, aki eltűnt)* the bird has flown

botanika *n* botany

botanikai *a* botanical

botanikus I. *a* ~ **kert** botanical garden **II.** *n* botanist
botanizál *v* botanize, go* botanizing
botbüntetés *n* tört flogging
botcsinálta *a* ~ **doktor** physician in spite of himself
botfülű *a* unmusical, tone-deaf
botkormány *n* control stick/column; *biz* joystick
botladoz|ik *v* stumble (frequently), falter, stagger
botlás *n* **1.** *konkr* stumbling, stumble **2.** *átv* blunder, slip(-up); *(erkölcsi)* indiscretion, slip(-up)
botl|ik *v* **1.** *vmbe* stumble (on), slip **2.** *átv* stumble, blunder; ~**ik a nyelve** (make*) a slip of the tongue
botorkál *v* **1.** *(fáradtan)* stagger/stumble along, totter **2.** *(sötétben)* grope/feel* one's way
botoz *v* † beat* with a stick, flog; *isk* cane
botozás *n* † beating, flogging; *isk* caning
botránkoz|ik *v* = **megbotránkozik**
botránkoztat *v* = **megbotránkoztat**
botrány *n* scandal; ~**ba keveredik** get*/ become* involved (*v.* mixed up) in a scandal; **ez** ~! this is scandalous (*v.* a disgrace)!; ~**t csap/csinál/rendez** make* a scene; *biz* make* the fur fly, kick up dust
botrányhős *n* scandal-maker
botránykő *n* stumbling-block
botránykrónika *n* scandalous gossip column
botrányos *a* scandalous, disgraceful, shocking; ~ **viselkedés** scandalous/disgraceful conduct/behaviour (*US* -or)
bóvli I. *n* low/inferior quality goods *pl*, junk, trash **II.** *a* catchpenny
boy *n* *(szállodai)* page (boy); *biz* buttons *pl*; bellboy, *US* bellhop
bozontos *a* hairy, bushy, brushy; *(állat, szakáll)* shaggy, bushy; ~ **szemöldök** beetle brows *pl*, bushy eyebrows *pl*
bozót *n* thicket, brushwood, scrub
bozótos *a* bushy, brushy, scrubby
bő *a* **1.** *(tág)* roomy, loose; *(ruha)* (too) wide, full, loose(-fitting); **derékban** ~ wide at the waist **2.** *(bőséges)* full, rich, plentiful, copious, abundant, ample; ~ **nedvű** juicy; ~ **termés** heavy/bumper crop
bőbeszédű *a* talkative, loquacious
bőbeszédűség *n* talkativeness, loquacity
bödön *n* tub [of lard]
bődületes *a* *(szamárság)* colossal [stupidity]; *(tévedés)* egregious [blunder]; *(hazugság)* thumping big [lie]

böffen(t) *v* belch, bring* up wind
böfög *v* belch, □ burp
bőg *v* **1.** *(sír)* cry; *(csecsemő)* whimper, cry **2.** *(ordít)* bawl, bellow, roar, howl **3.** *(tehén)* low, moo; *(szarvas)* troat
bőgés *n* **1.** *(sírás)* crying, howling; *(csecsemőé)* whimpering **2.** *(ordítás)* bellow(ing), cry(ing), howl(ing), roar(ing) **3.** *(tehéné)* low(ing), moo(ing); **helyes a** ~ **(oroszlán)** well roared lion
bőgő I. *a* *(síró)* howling; *(ordító)* bellowing, roaring **II.** *n* *(nagy~)* double-bass, contrabass
bögöly *n* horse-fly, gadfly
bőgőmajom *n* howler (monkey)
bőgőmasina *n* tréf cry-baby
bőgős *n* bass-player, bassist
bőgőz|ik *v* play the (double-)bass
bögre *n* mug, jug
bögy *n* → **begy**
böjt *n* fast(ing); *(nagy~)* Lent; ~**öt tart** observe Lent, fast; **ennek is meglesz a** ~**je** the reckoning is* still to come
böjti *a* fasting, Lenten, Lent; ~ **étel** Lenten fare, meatless dish; ~ **időszak** Lent; ~ **szelek** March winds
böjtnap *n* fast day
böjtöl *v* fast, keep* fast
böjtölés *n* fast(ing)
bök *v* *(szarvval)* butt; *(ujjal)* poke; *vk felé* stab at sy
bökdös *v* butt/poke repeatedly (*v.* again and again)
bőkezű *a* generous, liberal, bountiful; ~**en ad** give* generously
bőkezűség *n* generosity, generousness, liberality
bökkenő *n* snag, hitch, difficulty; **ez itt a** ~! there's the rub
bökvers *n* satirical epigram
-ből *suff* → **-ból**
bölcs I. *a* wise, sage; ~ **mondás** wise saying **II.** *n* wise man°, sage; **a** ~**ek köve** the philosopher's stone ⇨ **napkeleti**
bölcselet *n* † philosophy
bölcselked|ik *v* philosophize; *elít* play the philosopher
bölcselő *n* † philosopher
bölcsen *adv* wisely; ~ **hallgat** keep* his own counsel
bölcsesség *n* wisdom, prudence, sagacity
bölcsességfog *n* wisdom-tooth°
bölcsész *n* **1.** † *(filozófus)* philosopher **2.** = **bölcsészhallgató**
bölcsészdoktor *n kb.* an arts doctor; *GB kb.* Master of Arts, MA; *US* Doctor of Arts,

D.A.; *(igével)* kb. (s)he has an arts doctorate, (s)he is a(n arts) doctor, *kb.* (s)he has an MA (degr*ee*), (s)he is an MA **bölcsészdoktorátus** *n* an arts doctorate, *kb.* the/an MA degree, an MA [in lingu*i*stics etc.]
bölcsészet *n* **1.** † *(filozófia)* philosophy **2.** *(bölcsészettudomány)* arts *pl* **3.** = **bölcsészkar**
bölcsészeti *a* ~ **kar** = **bölcsészkar**; ~ **tárgyak** *a*rts s*u*bjects
bölcsészettudomány *n* (the) arts *pl*; ~**i kar** = **bölcsészkar**
bölcsészhallgató *n* st*u*dent in the f*a*culty of arts, *a*rts st*u*dent
bölcsészkar *n* f*a*culty of arts, *a*rts department
bölcsészkari *a* ~ **tárgyak/tudományágak** *a*rts s*u*bjects
bölcső *n* *(átv is)* cradle
bölcsődal *n* lullaby
bölcsőde *n* GB crèche; US d*a*y n*u*rsery
bölény *n* bison; US *így is:* buffalo
böllér *n* (p*i*g-)sticker
bölömbika *n* b*i*ttern, b*u*ll-of-the-bog
bömböl *v* **1.** *(állat, vihar)* bellow, roar, howl, thunder; ~**nek az ágyúk** the guns are* roaring **2.** *(csecsemő)* howl, squall
böngész → **böngészik**
böngészde *n* second-hand bookshop
böngészés *n* **1.** *(tarlón, szőlőben)* gleaning **2.** *(könyvben, könyvtárban)* browsing, browse
böngész(ik) *v* **1.** *(tarlón, szőlőben)* glean **2.** *(könyvben)* search, browse; **könyvek között** ~**ik** browse among books, browse in a bookshop; **a könyvtárban** ~**ik (egész nap)** spend* the whole day reading in the l*i*brary
bőnye *n* fascia (*pl* fasciae *is*)
bőr *n* **1.** *(élő, ált)* skin; *(csak állaté)* hide, coat; ~ **alatti** subcut*a*neous; **még a** ~**e alatt is pénz van** be* rolling in money; *biz* be* loaded; **nincs** ~ **a képén** be* lost to all sense of shame; **rossz** ~**ben van** be* in bad shape, be* in a bad way; **nem szeretnék a** ~**ében lenni** I should not like to be in his shoes; **majd kibújik/kiugrik a** ~**éből** be* beside himself [with joy/grief/*a*nger stb.], (s)he can't cont*a*in herself/himself (for joy); ~**ig ázott** drenched to the skin *ut.*, wet through *ut.*; **menti a** ~**ét** save one's skin **2.** *(kikészített)* leather; ~**be köt** bind* in leather **3.** *(tejen)* skin, film; *(gyümölcsé)* peel, skin; *(szalonnán, sajton)* rind **4.** *(futball-labda) biz* p*i*gskin, pill **5.** □ **jó**

~ *(nőről)* a piece of cr*u*mpet ⇨ **félt, megúszik**
bőralma *n* r*u*sset (*a*pple), rennet
bőrápolás *n* sk*i*n care/treatment
bőrápoló *a* ~ **szer** cosmetic; ~ **krém** h*a*nd-cream, beauty cream, sk*i*n-food
bőráru *n* leather goods/products *pl*
bőratka *n* bl*a*ckhead; *orv* comedo
bőrátültetés *n* *(folyamat)* skin-grafting; *(eredmény)* skin-graft
bőrbaj *n* skin-dis*e*ase, dermat*o*sis
bőrbajos *a* s*u*ffering from skin-dis*e*ase *ut.*
bőrbántalom *n* skin-affection/dis*e*ase
bőrbetegség *n* = **bőrbaj, bőrbántalom**
bőrcserzés *n* tanning
bőrdíszműáru *n* (fancy-)leather goods *pl*
bőrdíszműves *n* f*a*ncy-leather goods m*a*ker
bőregér *n* = **denevér**
bőrfarkas *n* *orv* l*u*pus
bőrfesték *n* **1.** *(bőrben)* pigment **2.** *(bőr festésére)* dye
bőrfotel *n* le*a*ther armchair
bőrgarnitúra *n* leather-upholstered furniture, leather suite
bőrgyár *n* tannery, c*u*rriery, leather factory
bőrgyári *a* ~ **munkás** worker in a tannery, tanner
bőrgyártás *n* leather manuf*a*cturing
bőrgyógyász *n* dermatologist
bőrgyógyászat *n* dermatology; *(kórházi osztály)* dermatological department/ward, dermatology
bőrgyulladás *n* dermat*i*tis
bőripar *n* leather and sk*i*n ind*u*stry/trade; ~**i dolgozó** le*a*ther-worker
bőrkabát *n* *(zakó)* leather j*a*cket; *(felöltő)* leather coat
bőrke *n* bacon-rind
bőrkeményedés *n* callus, callosity; *(tyúkszem)* corn
bőrkereskedés *n* le*a*ther-merchant
bőrkereskedő *n* le*a*ther-merchant
bőrkesztyű *n* leather gloves *pl*
bőrkiütés *n* (cut*a*neous) er*u*ption
bőrkötény *n* leather *a*pron
bőrkötés *n* leather b*i*nding
bőrlégzés *n* cut*a*neous respiration
bőrlélegzés *n* = **bőrlégzés**
bőrmirigy *n* cut*a*neous/sebaceous gland
bőrmunkás *n* le*a*ther-worker, t*a*nner
bőrnadrág *n* leather tro*u*sers *pl*; *(rövid)* leather shorts *pl*, lederhosen
bőrnemű *a* *(élő)* skinlike; *(kikészített)* leather-like, leathery
bőrosztály *n* *(kórházi)* dermatological department/ward

bőrönd *n (kézi)* suitcase, bag; *(nagy)* trunk; *(szekrény alakú)* portmanteau *(pl* -teaus *v.* -teaux),* wardrobe trunk
bőröndös *n* trunk-maker; *(feliratként)* travel goods *pl*
bőrös I. *a* covered with skin *ut.* II. *n =* **bőrkereskedő, bőrmunkás**
bőrösöd|ik *v* skin over
bőröv *n* leather belt
bőröz *v* 1. *(bútort)* upholster (sg) in leather 2. *(szelepet)* (re)place leather washer [in valve/tap *v.* US faucet]
bőrözés *n (csapban)* leather washer
bőrrák *n* skin cancer
bőrszín *n (emberi)* flesh colour *(US* -or)
bőrtalp *n* leather sole
bőrtápláló *a ~* **krém** skin-food
bőrtárca *n* wallet, letter-case
bőrtok *n* leather case/holder
börtön *n* 1. *(hely)* prison, gaol, jail *(GB hiv* gaol, *GB ált* és *US* jail); *US* penitentiary; **adósok** *~***e** debtor's prison; *~***be juttat** have* sy imprisoned; *~***be zár** imprison, put*/throw* sy in prison; *~***ben ül/van** be* in prison 2. = **börtönbüntetés**
börtönbüntetés *n* imprisonment; *~***ét (ki)tölti** serve/complete one's term
börtöncella *n* prison cell
börtönigazgató *n* governor
börtönőr *n* gaoler, jailer (➪ **börtön**); (prison) guard, warder
börtöntöltelék *n* gaolbird; jailbird, □ lag
börtönviselt *a* having served a term of imprisonment *ut.*; *~* **ember** ex-convict; □ old lag
bőrviszketegség *n* itch, itching/irritation of the skin
börze *n =* **tőzsde**
bőség *n ált* abundance, plenty; *(vagyoni)* wealth, affluence; *~***ben él** live in affluence; *~***ben van** *vm* be* plentiful, there is plenty of sg 3. *(ruhának stb. bő volta)* wideness, fullness, looseness; **be kell venni a** *~***ből** [the dress] needs taking in
bőséges *a* abundant, plentiful, ample, copious; *~* **ellátás** plenty to eat; *~* **étkezés** rich/substantial meal; *~* **termés** rich/bumper crop; *~***en** abundantly, copiously
bős-nagymarosi *a ~* **vízlépcső** the Bős--Nagymaros (water) barrage (system) *(v.* dam)
bősz *a* 1. *(ember)* furious, enraged; *(állat)* ferocious 2. *tréf (lelkes)* hot on sg; *~* **sakkozó** keen chess-player; *US* chess buff; *~* **tévéző** a TV-fan, TV crazy, *US* TV buff
bőszít *v* make* furious, enrage

bőtermő *a (növény)* producing a rich harvest of sg *ut.,* high-yielding; *~* **fa** a good bearer
bővebb *a ~* **felvilágosítás** further *(v.* more detailed) information; *~***et** ... further details/information ....; *~* **magyarázat** further explanation
bővebben *adv* more (fully), in more/greater detail
bővében van *v vmnek* have* plenty of sg, have* no lack of sg, abound in/with sg
bővelked|ik *v =* **bővében van**
bővelkedő *a vmben* rich (in), abounding (with/in) *(mind: ut.)*
bőven *adv* plentifully, abundantly, amply; *~* **van neki** *(anyaga, pénze)* he has* plenty to be going on with; *~* **elég** plenty, more than enough; *~* **termő** = **bőtermő** → **bővében**
bővérű *a* full-blooded
bővít *v* enlarge, amplify, widen; *(ruhát)* make* larger; *(kiegészít)* complete, supplement; *~***i ismereteit** broaden one's horizons, extend one's knowledge *(v.* range of interests); *~***ett kiadás** enlarged edition; *~***ett mondat** complex sentence
bővítés *n* enlarging, enlargement; *(magyarázaté)* amplification; *(ruháé)* making larger
bővítmény *n nyelvt* complement
bővízű *a* abounding in water *ut.*
bővül *v (szélességben)* widen; *(mennyiségben)* increase, grow*
Bp. = **Budapest**
bp.-i *a* = **budapesti**
br. = **bruttó** gross *(röv* gr.)
brácsa *n* viola
brácsás *n* viola player
brácsáz|ik *v* play the viola
brancs *n* 1. *(szakma biz)* (brans *is*) line (of work/business) 2. *(banda, elit)* band, gang, set
brandy *n* brandy
bratyiz|ik *v vkvel biz* hobnob with, fraternize with
bravó *int* bravo!, good!, well done!; □ *US* attaboy
bravúr *n (merész)* feat of daring; *(ügyes)* virtuosity, act of bravura
bravúros *a (merész)* daring; *(teljesítmény)* brilliantly executed, virtuoso
Brazília *n* Brazil
brazíliai *a/n* Brazilian
brekeg *v* croak
brekegés *n* croak(ing)
brekegő *a* croaky, croaking

Bretagne *n* Br*i*ttany
breton *a/n* Breton
breviárium *n* **1.** *vall* breviary **2.** *ir* **Shaw-**~
a Shaw reader/anthology
bricsesz *n* **1.** *(lovagló)* jodhpurs *pl* **2.** *(térd-nadrág)* (knee-)breeches *pl*, plus-f*ou*rs *pl*
bridzs *n* bridge
bridzsez|ik *v* play bridge
bridzsjátékos *n* bri*d*ge-player
bridzskártya *n* pack of bridge cards
bridzsparti *n* *(játszma)* a game of bridge; *(összejövetel)* bridge party
bridzsverseny *n* bridge-tournament/drive
brigád *n* brig*a*de, team
brigadéros *n* † brigad*i*er(-general)
brigádmunka *n* teamwork, brig*a*de work
brigádtag *n* brig*a*de/team-member
brigádvezető *n* leader of a brig*a*de
briganti *n* br*i*gand, bandit
brikett *n* briqu*e*t(te), c*oa*l/f*ue*l-cake
briliáns *a/n* br*i*lliant
briliánsgyűrű *n* d*i*amond ring
brillantin *n* br*i*lliantine, pom*a*de
brillíroz *v* shine*, sparkle
bringa *n* *biz* bike
bringáz|ik *v* *biz* cycle, pedal (*US* -l)
briós *n* bri*o*che
brit I. *a* Br*i*tish; **B~ Nemzetközösség** British Commonwealth (of N*a*tions); ~ **szigetek** British Isles **II.** *n* *US* Br*i*tisher; † Br*i*ton; **a** ~**ek** the Br*i*tish
Britannia *n* Br*i*tain
brojler(csirke) *n* bro*i*ler
brokát *n* broc*a*de
brokkoli *n* *növ* *(spárgakel)* br*o*ccoli
bróm *n* **1.** *(elem)* bromine **2.** *orv* bromide
brómezüst *n* s*i*lver bromide
bronchitis *n* bronch*i*tis
bronz *n* bronze; ~ **fokozat** third class (of medal/decoration)
bronzérem *n* bronze medal
bronzkór *n* Addison's dis*e*ase
bronzkorszak *n* Bronze Age
bronzszínű *a* bronzed; *(naptól)* sunburt, tanned; *(haj)* copper-coloured (*US* -or-) [hair]
brooklyni *a* Br*oo*klynite
bross *n* brooch
brosúra *n* p*a*mphlet, br*o*chure
brr! *int* **1.** *(fázás)* brr! **2.** *(irtózás)* ugh!
brummog *v* growl, hum
brutális *a* br*u*tal, br*u*tish, s*a*vage
brutalitás *n* brut*a*lity, savagery
bruttó *a* gross; ~ **100 kg** it weighs 100 k*i*lograms (in the) gross; ~ **ár** gross price; ~ **bevétel** gross ret*u*rns/rec*e*ipts *pl*; ~ **jöve-**

delem gross/total *i*ncome; ~ **nemzeti termék** gross national product (GNP); ~ **súly** gross weight
bruttósít *v* gross up [wages]
bruttósítás *n* grossing up of wages
Brüsszel *n* Bru*s*sels
brüsszeli *a* ~ **csipke** Brussels lace
BT = *Biztonsági Tanács* Security Council
Btk. = *Büntető Törvénykönyv* Penal Code
bú *n* sorrow, grief, distress; ~**nak adja a fejét** give* way to grief, ab*a*ndon oneself to grief
búb *n* **1.** vk feje ~**ja** the crown of one's/the head; **feje** ~**jáig** up to his ears **2.** *(madár fején)* crest, tuft
búbánat *n* sorrow, grief, distress
búbánatos *a* sad, sorrowful, mo*u*rnful, grieved, distressed
bubi *n* *(kártya)* knave, jack
bubifrizura *n* sh*i*ngle, bob
buborék *n* bubble; *(öntvényben)* bl*i*ster, air-hole
buborékol *v* bubble
búbos *a* crested, t*u*fted; ~ **banka** hoopoe; ~ **cinege** crested tit; ~ **kemence** = **boglyakemence**
buci *n* small loaf° (of bread), roll
bucka *n* s*a*ndhill, dune
buckás *a* full of s*a*ndhills/dunes *ut.*
búcsú *n* **1.** *(távozáskor)* farewell, leave-(-taking), parting, (saying) goodb*y*e; ~**t int** wave sy goodb*y*e; ~**t vesz vktől,** ~**t mond vknek** take* leave of sy, say* goodb*y*e to sy, say farewell to sy **2.** *(templomi)* patronal/dedication festival; *GB* wake; *(mulatság)* *GB* church-ale, *US* kermis **3.** *(bűnbocsánat)* indulgence
búcsúbeszéd *n* farewell speech, valed*i*ction
búcsúcsók *n* parting kiss
búcsúelőadás *n* farewell performance, last appearance
búcsúest *n* **1.** farewell/goodbye party **2.** = **búcsúelőadás**
búcsúfellépés *n* = **búcsúelőadás**
búcsújárás *n* *vall* p*i*lgrimage, procession
búcsújáró *n* p*i*lgrim
búcsújáróhely *n* place of p*i*lgrimage; *(kegyhely)* shrine
búcsúkihallgatás *n* formal leave, f*i*nal audience
búcsúlátogatás *n* farewell visit
búcsúlevél *n* farewell letter; *(öngyilkosé)* suicide note
búcsúpohár *n* parting/st*i*rrup cup; *biz* one for the road
búcsús *n* p*i*lgrim, processioner

búcsúszó *n* farewell, ad*ieu*, goodb*ye*; **vk búcsúszavai** parting words
búcsúvacsora *n* farewell party
búcsúzás *n* = **búcsú 1.**
búcsúz|ik *v* = **búcsúzkodik**
búcsúzkodás *n* = **búcsú 1.**
búcsúzkod|ik *v vktől* take* leave (of sy), say* goodb*ye* (to sy), say farewells (to sy)
búcsúzó *a* parting, departing
búcsúztat *v* bid* farewell to; *(állomáson stb.)* see* sy off; *(szónoklattal)* deliver a farewell speech; *(halottat)* give* the address (at sy's funeral)
búcsúztatás *n* **1.** seeing sy off; *(estély/bankett)* farewell party/dinner **2.** *(beszéd)* farewell speech/address, valediction, valedictory (speech/oration) **3.** *(halottat)* last honours *pl*, paying one's last respects to sy
búcsúztató *n* farewell speech, valedictory (address)
Buda *n* Buda; *~*n lakik be* an inhabitant of Buda, live in Buda
budai *a* of Buda *ut.*, Buda; ~ **lakos** inhabitant of Buda *ut.*; **a** ~ **vár** the Buda Castle
Budapest *n* Budapest; ~en lakik live in Budapest, be* an inhabitant of Budapest
budapesti *a* of Budapest *ut.*, Budapest; ~ **lakos** inhabitant of Budapest; **a** ~ **brit nagykövet** the British ambassador in Budapest
Budavár *n* the Buda Castle
buddhista *a/n* Buddhist
buddhizmus *n* Buddhism
budi *n biz* backhouse, latrine
B.ú.é.k. = *Boldog új évet kíván(ok)/kívánunk* (I/We wish you a) Happy New Year!
búfelejtő n egy kis ~ a little drop of comfort
búg *v (motor)* hum, purr; *(repgép)* drone; *(sziréna)* wail; *(galamb)* coo
buga *n* **1.** *(virágzat)* cluster; *növ* panicle **2.** *műsz* pig, block, ingot
búgás *n (motoré)* hum(ming), purr(ing); *(repgépé)* drone; *(sirénáé)* wail(ing); *(galambé)* coo(ing); *(rádióban)* buzzing, hum
búgat *v* **1.** *(csigát)* make* a top hum **2.** *(disznót)* mate, pair
búgó *a (motor)* humming, buzzing; *(repgép)* droning; ~ **hang** *(telefonban)* dialling (*v.* US dial) tone; ~ **vadgalambok** cooing turtle-doves
búgócsiga *n* (humming) top
bugris I. *a* churlish, loutish, boorish **II.** *n* churl, lout, boor; *(falusi)* bumpkin
bugyborékol *v* bubble

buggyan *v (folyadék)* well/bubble/flow/stream out, well/bubble up
buggyant *v* **1.** make* well/bubble out **2.** ~ott tojás poached egg
buggyos *a* baggy; ~ **nadrág** knickerbockers *pl*
bugyi *n biz* briefs, panties, knickers *(mind: pl)*; *(kis méretű)* minikini; **meleg** ~ thermal brief(s)
bugylibicska *n* jack/clasp-knife°
bugyog *v* stream/flow/bubble (out), come* welling up/out
bugyogó *n nép* = **bugyi**
bugyolál *v* = **bebugyolál**
bugyor *n* = **batyu**
buja *a* **1.** *(ember)* sensual, lecherous, voluptuous **2.** *(növényzet)* lush, luxuriant
bujálkod|ik *v* be* promiscuous, fornicate
bujaság *n* **1.** *(emberi)* sensuality, lechery, licentiousness **2.** *(növényzeté)* luxuriance, lushness
bujdokol *v* = **bujdosik, bujkál**
bujdosás *n (rejtőzve)* hiding; *(kószálva)* wandering; *(külföldön)* emigration, exile; ~**ra adja a fejét** go* into exile
bujdos|ik *v* go* into hiding, hide*, wander; *(mint bujdosó)* live in exile
bujdosó *n* exile
búj|ik *v* **1.** **az asztal alá** ~ik hide* under the table; **ágyba** ~ik slip into bed **2.** *(vm elől)* hide* (from), conceal oneself (from); *vmbe* slip into
bujkál *v* hide*, lie* in hiding, lurk, be*/lie* low; *(vk elől)* shun/avoid sy; *biz* keep* out of sy's way
bújócska *n* hide-and-seek, *US így is:* hide-and-go-seek
bújócskáz|ik *v* play (at) hide-and-seek, *US így is:* hide-and-go-seek
bujt *v növ* layer [a stem], propagate by layers
bujtás *n* **1.** *(művelet)* layering **2.** *(ág)* layer, shoot
bújtat *v* **1.** *(rejt)* hide*, conceal **2.** *vmt vmbe* put*/slip sg into sg
bujtóág *n* layer, cutting, slip
bujtogat *v vkt vmre* incite/instigate/stir sy to (do) sg
bujtogatás *n* incitement, stirring up
bujtogató *n vmre* instigator (of), inciter (to)
bujtvány *n* = **bujtás 2.**
Bukarest *n* Bucharest
bukás *n* **1.** *(esés)* fall, tumble **2.** *(kormányé)* fall, downfall, defeat; *(üzleti)* collapse, failure, bankruptcy **3.** *(vizsgán)* failure; ~**ra áll** be* heading for failure **4.** *szính* complete failure; *biz* flop **5.** *(erkölcsi)* ruin

bukdácsol v **1.** (vk járva) stumble, trip **2.** (hajó) pitch and toss **3.** (vizsgákon) keep* failing [at examinations]
bukfenc n somersault, tumble; (műrepülésben hátra) looping the loop; ~et hány/vet = **bukfencezik 1.**
bukfencez|ik v **1.** turn a somersault, somersault **2.** (autó) roll over
buk|ik v **1.** (esik) fall*, tumble; (lóról) be* thrown/unseated; kif biz come* a purler; (víz alá) dive, plunge **2.** isk = **megbukik 1. 3. fölfelé** ~**ik** biz be* kicked upstairs **4.** □ ~**ik vkre/vmre** fall* for sy/sg **5.** biz (csecsemő) bring* up [food]
bukjelszoknya n † hobble-skirt, peg-top skirt
bukkan v vmre strike* upon, come* across sg; **olajra** ~ strike* oil
bukkanó n hill
buklé n tex bouclé
bukméker n bookmaker, bookie
bukógát n (waste-)weir, overfall (weir)
bukósisak n crash-helmet, safety helmet
bukott a fallen, defeated; ~ **kereskedő** bankrupt trader; ~ **miniszter** defeated minister; ~ **tanuló** student who failed in sg, a failure
buksi a biz nob, noddle
buksza n purse
bukszus n box(wood)
bukta n ⟨jam-filled sweet roll⟩
buktat v **1.** (vizsgán) fail, reject; biz plough **2.** (víz alá) duck, give* a ducking to **3. felfelé** ~ nudge sy upstairs [to the post of . . .]
buktatás n **1.** (vizsgán, biz) ploughing **2.** (birkózásban) tipping
buktató n **1.** ~**(szerkezet)** tipper, tipping apparatus **2.** átv pitfall; **sok** ~**t rejt magában** it has many pitfalls, it is beset with pitfalls
buktatócsille n tipping tub
Bulgária n Bulgaria
bulgáriai a/n Bulgarian, of Bulgaria ut.
buli n **1.** □ **jó** ~ (kedvező vállalkozás) a nice little racket; **benne van a** ~**ban** be* in on it; **kiszáll a** ~**ból** quit* it **2.** biz (házibuli) party; biz bash, thrash
bulla n bull, edict
bulldog n bull-dog
bulldózer n bulldozer
bulvár n boulevard
bulvárlap n tabloid; biz rag
bum n sp (vitorláson) boom; (szörfön) wishbone boom
bumeráng n boomerang

bumfordi a clod-hopping, oafish; lumbering; ~ **alak** clod-hopper
bumli n (vonat) crawler, slow local train; US dinky-line
bumliz|ik v travel (US -l-) by slow train, trundle along
bumm int bang!, boom!
bunda n **1.** (kabát) fur-coat **2.** (állaté) fur, coat, hair; **alszik, mint a** ~ sleep* like a top/log **3.** sp biz fix, cross, set-up; rigged match, rig
bundabélés n fur lining
bundabugyi n thermal briefs pl
bundacipő n fur-lined boots pl
bundanadrág n kb. warm/fleecy knickers pl, thermal briefs pl
bundapálinka n rot-gut
bundás a **1.** (ember) wearing a fur(-coat) ut., fur-coated **2.** (állat) long-haired; (kutya) shaggy **3.** ~ **kenyér** fried (slices pl of) bread, gypsy toast
bundáz|ik v biz throw*/rig [a game/match/fight etc.], □ take* a dive
bungaló n bungalow, chalet
bunker n **1.** kat bunker; (kiserőd) pillbox **2.** (légó) air-raid shelter
bunkó n **1.** knob, butt **2.** elít vk boor
bunkóság n elít boorishness
bunkósbot n club, cudgel
bunkóz v club, cudgel (US -l), bludgeon
bunyó n □ scrap
bunyóz|ik v □ get* into a scrap, scrap
búr a/n Boer; **a** ~ **háború** the Boer War
bura n **1.** (üveg) bell-jar/glass **2.** (lámpáé) lampshade **3.** (hajszárító) hair-dryer
burgonya n potato (pl -oes); **főtt/sós** ~ boiled potatoes pl; **sült** ~ fried potatoes
burgonyabogár n Colorado/potato beetle
burgonyacukor n dextrose, glucose, starch sugar
burgonyaforgács n chips pl, chipped potatoes pl
burgonyaföld n potato field
burgonyafőzelék n ⟨vegetable dish made of potatoes⟩, kb. potatoes in white sauce pl
burgonyakeményítő n potato-starch
burgonyaleves n potato-soup
burgonyapehely n potato flakes pl
burgonyapüré n mashed potatoes pl, potato purée
burgonyás a (prepared) with potatoes ut.; ~ **tészta** ⟨vermicelli made of potato-pasta/dough⟩, kb. potato vermicelli pl
burgonyasaláta n potato salad
burgonyaszirom n (potato) crisps pl; US (potato) chips pl

burgonyatermés *n* potato yield/crop
burgundi *a* ~ bor/vörös red Burgundy
burjánzás *n* rank growth
burjánz|ik *v* grow* apace/wild, run* wild/ riot
burkol *v* 1. *vmbe* cover with, wrap* (up) (in), envelop (in) 2. *(utat)* pave, surface; *(falat csempével, padlót kőlapokkal stb.)* tile 3. *(eszik)* □ nosh, tuck in
burkolás *n* 1. ált covering *(vmvel* with), wrapping (up) *(vmvel* with/in), enveloping *(vmvel* in) 2. *(úté)* paving 3. *(vmbe befoglalás)* casing
burkolat *n* 1. ált cover, wrapper, envelope 2. *(úté)* road surface, pavement 3. *(tok)* casing; *(motoré)* housing
burkolatkő *n (utcai)* paving-stone/block, cobble/flag(-stone)
burkolatsúly *n* tare weight
burkoló I. *a* covering, wrapping, packing II. *n* 1. *(útburkoló)* paver, paviour *(US* -or); *(lakások burkolómunkáját végző)* tiler 2. = borító II.
burkoló(d)z|ik *v* wrap*/bundle oneself up in; hallgatásba ~ik observe silence; retire into one's shell *(v.* into oneself); kendőbe ~ik wrap*/tuck oneself up in a shawl
burkolókő *n* facing-stone, cladding
burkolótégla *n* ashlar/facing brick
burkolóz|ik *v* → burkolódzik
burkolt *a* 1. *(borított)* covered 2. *átv* hidden, disguised; ~an beszél speak* in riddles ⇨ célzás
burleszk *n* burlesque
Burma *n* Burma
burmai *a/n* Burmese, Burman
burnót *n* † snuff; ~ot szív take* snuff
burnótszelence *n* † snuff-box
burnusz *n* burnous(e)
burok *n* 1. *(dióé)* shell 2. *(magzaté)* caul; ~ban született *átv* born with a silver spoon in one's mouth
burzsoá *a/n* bourgeois *(pl* ua.)
burzsoázia *n* bourgeoisie, the middle classes
bús *a* sad, sorrowful, woeful, gloomy, melancholy, dejected
busás *a* abundant, plentiful; ~ ár high/stiff price; ~ haszon handsome profit; ~an megfizet repay* with interest
búsít *v* sadden, grieve, distress
búskomor *a* melancholic, melancholy, depressed; ~ lesz become* melancholic
búskomorság *n* melancholy, gloominess
búslakodás *n* sorrow(ing), affliction, grief
búslakod|ik *v* grieve, sorrow, be* sorrowful, mope; ~ vm miatt be* grieved at/about sg

búsul *v* = búslakodik; ne ~j! cheer/chin up!, don't worry!, never mind!
busz *n (helyi)* bus; *(távolsági)* coach; ~ra száll take* a bus (to); beszáll a ~ba get* on (to) the bus; felszáll a 2-es ~ra take* a No. 2 *(kimondva:* number two) bus; leszáll a ~ról get* off the bus; busszal megy go* by bus ⇨ autóbusz
buszjegy *n* bus ticket/fare
buszmegálló *n* bus-stop; *(fedett)* bus shelter; *(távolsági)* coach-stop
buta *a* stupid, dull, silly, foolish; *US így is:* dumb; ~ beszéd (stuff and) nonsense!, rubbish!
butácska I. *a* a little weak in the head *ut.* II. *n* silly(-billy); *(nő)* a little goose°
bután(gáz) *n* butane
butaság *n* stupidity, silliness, foolishness, folly; *(beszéd)* rubbish, (stuff and) nonsense; ~okat mond say* silly things, talk through one's hat
butik *n* boutique
butít *v* render/make* stupid, stupefy; az alkohol ~ drink dulls the mind/senses
bútor *n (egy darab)* (a) piece of furniture; *(bútorok együttese)* furniture *(pl* ua.); ~ok furniture; szép ~aik vannak they have some fine furniture
bútorasztalos *n* cabinet-maker
bútordarab *n* piece of furniture
bútorgörgő *n* castor
bútorgyár *n* furniture factory
bútorhuzat *n* 1. furniture cover, covering; *(kárpitozás)* upholstery; *(védő)* loose cover, dust sheet/cover; *US* slipcover
bútorkereskedés *n* furniture-store/showroom
bútorkereskedő *n* furniture-dealer
bútorkocsi *n* = bútorszállító kocsi
bútoroz *v* furnish
bútorozatlan *a* unfurnished
bútorozott *a* furnished; ~ szoba lodgings *pl; GB* rooms *pl;* ~ lakás furnished flat
bútorraktár *n* furniture warehouse
bútorszállító *a/n* 1. *(munkás)* moving man°; *(vállalat)* (furniture-)remover; *US* mover 2. ~ kocsi removal van; *US* moving van
bútorszövet *n* ⟨material used for furniture covers, e.g. chintz, cotton damask⟩, furnishing fabrics *pl*
bútorzat *n* furniture; *(beépített)* built-in furniture
butul *v* grow*/become* stupid/dull
butus *a* = butácska
butykos *n* ⟨pitcher/bottle with a narrow neck⟩

búvár *n* diver
búvárharang *n* diving bell
búvárkodás *n* research (into, on), researches *pl* (into), inquiry (into)
búvárkod|ik *v vmben* investigate (sg), research in/into sg, do* (some) research on sg, research [a subject]
búvármadár *n* loon, dipper, diver
búvárruha *n* diving suit
búvársisak *n* diver's helmet
búvárúszás *n* underwater swimming
búv|ik *v* = **bújik**
búvóhely *n* hiding-place, bolt-hole; *(vadé)* lair
búvólyuk *n (hajón)* hatchway; *bány* shelter; *(állaté)* lair
búvónyílás *n (csatornába)* man-hole
búza *n* wheat; ~**val bevet** put* [a field] under wheat
búzaaratás *n* wheat harvest
búzacsíra *n* wheat germ
búzadara *n* semolina, wheat-meal, grits *pl*
búzafej *n* ear of wheat
búzaföld *n* field of wheat, wheat-field
búzakalász *n* ear of wheat
búzakenyér *n* wheaten bread
búzakereszt *n* shock/stook of wheat
búzakéve *n* wheat-sheaf°
búzakorpa *n* (wheat) bran
búzaliszt *n* wheat(en) flour
búzamag *n* wheat grain
búzamező *n* = **búzatábla**
búzaszál *n* wheat-stalk
búzaszem *n* wheat grain
búzaszentelő *n (szertartás)* rogation; *(napja)* Rogation Day
búzatábla *n* wheat-field, field of wheat
búzatermés *n* wheat-crop
búzatermesztés *n* wheat-growing/production
búzatermő *a* wheat-growing/producing; *(föld)* wheat-bearing
búzavetés *n* **1.** *(folyamat)* sowing of wheat **2.** *(kikelt)* young wheat-crop
búzavirág *n* cornflower
búzavirágkék *a* cornflower blue
buzdít *v* encourage, animate, stimulate, urge; *(beszéddel)* exhort *(amire mind*: to do sg); **harcra** ~ incite to fight
buzdítás *n* encouragement, stimulation; *(beszéddel)* exhortation
buzdul *v* be* fired/roused
buzgalom *n* zeal, fervour *(US* -or), ardour *(US* -or)
buzgó *a* zealous, ardent, keen, enthusiastic, eager; *(vallásilag)* devout, zealous, keen

buzgólkod|ik *v* be* zealous/ardent/fervent; **vk érdekében** ~**ik** work/canvass for sy; **vk körül** ~**ik** dance attendance on sy
buzgóság *n* = **buzgalom**
buzi *a/n* **1.** biz gay, queer; *US* fag **2.** *átv biz (főleg US) összet* (-)buff; **TV-**~ a TV buff
buzog *v* **1.** konkr bubble, well, spout; *(forró víz)* boil up **2.** biz elít be* over-zealous, effervesce
buzogány *n* mace, (war) club; *(tornához)* Indian club
bűbáj *n* charm, spell
bűbájos *a* **1.** *(varázsló hatású)* magic(al) **2.** *átv* ravishing, enchanting, charming
bűbájosság *n* **1.** *átv* charm, enchantment **2.** *(boszorkányé)* witchcraft
büdös *a* **1.** stinking, smelly, foul-smelling; *(igével)* smell* (bad/foul), stink*; **itt** ~ **van** it stinks* in here **2.** biz ~ **neki a munka** be* work-shy **3.** biz **átszaladt az úttesten az a** ~ **kölyök** the stupid little bugger ran across the road (right in front of me); **egy** ~ **szót sem tudtam** I couldn't say a bloody word
büdösít 1. *vt vmvel* make* sg smell of/with sg *(v.* stink of sg) **2.** *vi* make* a smell, smell*, stink*
büdöske *n (virág)* marigold
büdösöd|ik *v* begin* to stink/smell, go* off, get* putrid; **fejétől** ~**ik a hal** corruption begins* at the top
büdösség *n* stink, stench, foul/offensive smell
büdzsé *n* budget
büfé *n (önálló)* snack-bar; *(színházban, pályaudvaron stb.)* buffet; *(felirat)* "refreshments" *pl*; *(üzemben)* canteen; *(múzeumban stb.)* coffee shop
büfékenyér *n* ⟨small white loaf⟩
büfékocsi *n* buffet/refreshment car
büfés *n* **1.** *(büfé tulajdonosa/bérlője)* manager **2.** *(alkalmazottja)* buffet attendant
büfiztet *v (csecsemőt)* burp [the baby]
bükk *n* **1.** *(élő)* beech (tree) **2.** *(fája)* beech (-wood)
bükkerdő *n* beech wood, beeches *pl*
bükkfa *n* **1.** *(élő)* beech (tree) **2.** *(feldolgozott)* beech wood
bükkmakk *n* beech nut
bükköny *n* vetch
bükkös *n* = **bükkerdő**
bűn *n* **1.** *(jogilag)* crime, offence; ~**t követ el** commit a crime, be* guilty of a crime; ~**éül ró fel vknek vmt** set* down sg against sy as a crime **2.** vall sin; ~**t követ el** commit (a) sin, sin *(vk ellen* against);

~**be esik** fall* *into* sin **3.** *átv (helytelen cselekedet)* sin, crime; ~ **a szobában lenni ilyen szép napon** it's a sin/crime to stay indoors on such a fine day

bűnbak *n* scapegoat; **őt tették meg** ~**nak** he was made the scapegoat (for sg); ~**ot keres** look for sy to blame, look for a scapegoat

bűnbánat *n* repentance, remorse, penitence

bűnbánó *a* penitent, repentant, remorseful, contrite; ~ **képet vág** look remorseful/contrite

bűnbarlang *n* den of vice, haunt of sin

bűnbeesés *n (bibliai)* the Fall

bűnbocsánat *n* forgiveness (of wrongdoings); *vall* the remission of sins, absolution

bűncselekmény *n* crime, criminal act; ~**t követ el** commit a crime

bűnelkövető *n jog* perpetrator [of a crime] ⇨ **bűnöző**

bűneset *n* criminal case

bűnhalmazat *n* perpetration of several crimes by the same person

bűnhődés *n* punishment, expiation; **bűn és** ~ crime and punishment

bűnhőd|ik *v vmért* suffer for [one's sins], expiate sg

bűnjel *n* corpus delicti; *(tárgyaláson)* exhibit, evidence

bűnlajstrom, bűnlista *n* catalogue (*US* -log) of sy's crimes

bűnös I. *a* **1.** *jog* guilty; ~ **vmben** be* (found) guilty of [a crime]; *(hibás)* be* responsible for sg, it is his fault that . . .; **gyilkosságban** ~ be* guilty of murder; ~**nek talál/nyilvánít (***v.* **mond ki) vkt** find* sy guilty; ~**nek találják/nyilvánítják vmben** be* found guilty of sg, be* convicted of sg; ~**nek vallja magát** plead guilty; **nem érzi magát** ~**nek** plead not guilty **2.** *átv* evil, wicked, vicious; *vall* sinful; ~ **ember** *vall* sinner; ~ **módon** sinfully, criminally, feloniously **II.** *n* **1.** *jog* criminal; *(enyhébb)* offender; *(súlyos)* felon **2.** *vall* sinner

bűnösség *n* **1.** *jog* guilt, guiltiness; ~**ét beismeri** plead guilty; **tagadja** ~**ét** plead not guilty; **megállapítja vknek a** ~**ét** establish sy's guilt **2.** *vall* sinfulness

bűnözés *n* crime; **fiatalkorú** ~ juvenile delinquency

bűnöz|ik *v* commit crimes; *átv és vall* sin, commit (a) sin

bűnöző I. *a* ~ **hajlam** criminal tendency **II.** *n* criminal; *(enyhébb)* delinquent, offender; **fiatalkorú** ~ juvenile delinquent; **visszaeső** ~ recidivist

bűnpártolás *n* complicity, aiding and abetting, abetment

bűnpártoló *n* accessory after the fact

bűnper *n* criminal case, criminal proceedings *pl,* (criminal) trial

bűnrészes *n* accomplice, accessory (to a crime), abetter

bűnrészesség *n* complicity, abetment (in crime)

bűnsegéd *n* accomplice, accessory before the fact

bűnsegédi *a* ~ **bűnrészesség** complicity

bűnszövetkezet *n* gang (of criminals)

bűnszövetség *n* confederacy, conspiracy to commit unlawful acts

bűntanya *n* haunt/den of criminals

bűntárs *n* accessory, accomplice, confederate, party to a crime; ~**ak** partners in crime

bűntelen *a* innocent, guiltless

bűntelenség *n* innocence, guiltlessness

bűntény *n* crime, criminal act, *(súlyos)* felony

büntet *v* **1.** *ált* punish; *(gyereket szigorúan)* chastise **2.** *(a törvény vmért)* punish (for); *(pénzzel)* fine (sy); **ötévi börtönnel** ~**ték** he was given (*v.* sentenced to) five years' imprisonment; **500 Ft-ra** ~**ték** he was fined 500 fts

büntetendő *a (kihágás)* punishable, culpable [offence]; *(bűntény)* criminal [act]; ~ **cselekmény** indictable/penal offence; **pénzbüntetéssel vagy szabadságvesztéssel** ~ [he is] liable to a fine or imprisonment

büntetés *n* punishment; *jog* penalty; *(pénz)* fine; ~ **kiszabása** sentencing (sy), passing sentence (on sy); ~ **terhe alatt/mellett** under/on pain of punishment; ~**t elenged** remit a punishment/sentence/penalty; ~**ét (ki)tölti** serve one's term/sentence; ~**t szab ki vkre** inflict a punishment on sy, sentence sy; ~**t végrehajt** enforce (*v.* carry out) a punishment

büntetéspénz *n* penalty, fine

büntetés-végrehajtás *n* enforcement of the law, law enforcement

büntetés-végrehajtó intézet *n* penal institution, prison

büntetett *a* ~ **előéletű** previously convicted *ut.,* with/having a (criminal) record *ut.; (főnév, US* □) an old lag

büntetlen *a* unpunished; ~ **előéletű** with/having a clean record; *(igével)* he has a clean record, he has no record; *(bűnelkövető, főnévvel)* first offender

büntetlenség *n* impunity

büntetlenül *adv* with impunity; **ezt nem lehet ~ hagyni** this cannot go unpunished; **~ nem lehet éjszakákon át dolgozni** there will be a price to pay for all these late nights (spent) working

büntető I. *a* **1.** *(büntetőügyekkel kapcsolatos)* criminal; **~ intézkedés** punitive sanction; **~ perrendtartás** code of criminal procedure; **~ törvénykönyv** penal code **2.** *(megtorló)* punitive II. *n* = **büntetődobás, büntetőrúgás**

büntetőbíróság *n* criminal court

büntetődobás *n (kosárlabda)* free throw; *(vízilabda)* penalty throw

büntetőeljárás *n* criminal procedure

büntetőintézet *n* prison

büntetőjog *n* criminal law

büntetőjogi *a* criminal, penal; **~ felelősségem tudatában kijelentem, hogy** I declare the above to be a full and true statement, and understand that false statements can result in prosecution

büntetőper *n* = **bűnper**

büntetőpont *n sp* penalty point

büntetőrúgás *n (futball)* penalty kick

büntetőszázad *n* company of refractory soldiers

büntetőterület *n sp* penalty area

büntetőtörvény criminal law

büntetőügy *n* criminal case

bűntett *n* = **bűncselekmény**

bűntettes *n* criminal, felon, offender

bűntudat *n* (guilty) conscience, compunction, (sense/feeling) of guilt

bűnügy *n* crime, criminal case

bűnügyi *a* criminal; **~ eljárás** = **bűnvádi eljárás**; **~ film** crime/detective film, (crime) thriller; *(sorozat)* crime series; **~ regény** crime fiction, detective novel/story; *biz* whodunit

bűnvádi *a* criminal; **~ eljárás** criminal procedure/action, criminal proceedings *pl*

bürokrácia *n* bureaucracy, officialdom; *biz* red-tape

bürokrata *a/n* bureaucrat

bürokratikus *a* bureaucratic

bürokratizmus *n* bureaucratism

bürök *n* hemlock

büszke *a* **1.** *vk* proud *(vmre* of); **~ vmre/vkre** be* proud of sg/sy; **~k lehettek**

magatokra you can be proud of yourselves; **~ arra, hogy egy ilyen nagyszerű brigádba/csapatba tartozik** be proud to belong to such a fine team **2.** *elit* haughty, arrogant **3.** *vm* proud, stately, magnificent

büszkélked|ik *v* flaunt, swagger; **~ik vmvel** take* pride in sg, be* proud of sg; *(hencegve)* boast of, brag of, vaunt, parade

büszkeség *n* pride, self-respect/esteem; *elit* haughtiness; **jogos ~** proper pride; **irodalmunk ~e** the pride of our literature; **iskolánk ~e** the pride of our school

bütü *n* butt-edge/end

bütyköl *v* **1.** *(csinál/javít vmt)* tinker with *(v.* away at) sg, mess about (with sg); **2.** *(piszkálja)* tamper with (sg)

bütykös *a* knotty, gnarled; **~ ujj** gnarled finger; **~ láb** foot° having a bunion; **~ tengely** cam-shaft

bütyök *n* **1.** *(fában)* knot, gnarl; *műsz* cam, nipple **2.** *orv (dudor)* lump; *(lábon)* bunion

bűvész *n* **1.** *(mutatványos)* conjurer *v.* conjuror, magician **2.** *(varázsló)* magician, sorcerer

bűvészet *n* **1.** *(mesterség)* conjuring **2.** *(mutatvány)* conjuring tricks *pl*

bűvészinas *n* magician's/sorcerer's apprentice

bűvészkedés *n* conjuring

bűvészked|ik *v* conjure, perform conjuring tricks

bűvészmutatvány *n* conjuring trick; *átv* tour de force

bűvkör *n* magic circle; **vk ~ébe jut** fall*/ come* under sy's (magic) spell

bűvöl *v* bewitch → **elbűvöl**

bűvölet *n* charm, spell; **mint vm ~ alatt** as if spell-bound; **vmnek a ~ében** under the spell of sg

bűvös *a* magic(al), charming, bewitching, fascinating; **~ kocka** Rubik's Cube, magic cube

bűz *n* stink, stench, foul smell

bűzbomba *n* stink-bomb

bűzelzáró *n* (P-/S-)trap, water seal

bűzl|ik *v* **1.** stink*, smell* (bad) **2.** *átv biz* **ez kissé ~ik** there's sg fishy about it

bűzös *a* stinking, putrid, smelly, fetid

B-vitamin *n* vitamin B

C

C, c¹ *n* **1.** *(betű)* (the letter) C/c **2. a c) pont** point/item c); **a II. c. osztály** class II/c; **a c-be jár** be* in class C
c² *n zene* (the note) C; → **C-dúr, c-moll**
c.³ 1. = *cikk(ely)* article, art.; paragraph, par. **2.** = *című* → **címú 3.** = *címzetes* titular, tit.; honorary, hon.
°C → **Celsius-fok**
cafat *n* **1.** *(rongy)* rag, tatter, shred; ~**okra tép** tear* (in)to shreds, tear* to pieces **2.** *elít (nő)* slut, slattern
cáfol *a* refute, disprove; *(tagad)* deny; ~**ja a hírt** deny the report/allegation
cáfolat *n* denial (of sg), refutation, disclaimer, confutation
cáfolhatatlan *a* irrefutable, undeniable, indisputable, incontrovertible
cáfoló *a* ~ **nyilatkozat** disclaimer
cafrang *n* **1.** *(rojt)* fringe, tassel **2.** *(cifraság, sallang)* frippery
cafrangos *a* **1.** *(rojtos)* fringed, tasselled **2.** *(stílus)* flowery, inflated, bombastic
cakk *n* scallop
cakkos *a* scalloped, jagged, notched
cakkoz *v* scallop, notch
cak(om)pakk I. *n biz* = **cókmók II.** *adv* bag and baggage
camera-ready *a* ~ **kézirat** camera-ready copy
cammog *v* trudge along, plod (along)
camping *n* = **kemping**
cápa *n* shark
cár *n* tsar, czar
cári *a* tsarist *v.* czarist; **a** ~ **Oroszország** Tsarist Russia; ~ **uralom** tsarism, czarism, tsardom, czardom
cárizmus *n* tsarism *v.* czarism
cárnő *n* tsarina *v.* czarina
cascobiztosítás *n* (fully) comprehensive insurance, comprehensive policy
CD-lemez *n* compact disc, CD
CD-lemezjátszó *n* compact disc player
C-dúr *n* C major
cecelégy *n* tsetse fly
cech *n biz* bill, *US* check; **mennyi a** ~**?** what's the damage?; **én fizetem a** ~**et** it's on me

cécó *n* **1.** *biz (mulatozás)* merrymaking, revelry; *biz* shindig **2.** *(hűhó)* fuss, ado
céda I. *a ir* loose, fast, wanton **II.** *n (nő)* wanton, whore
cédrus(fa) *n* **1.** *növ* cedar (tree) **2.** *(faanyag)* cedar (wood)
cédrusolaj *n* cedar oil, oil of cedar
cédula *n* ált slip; *(írott)* slip; *(katalógusé is)* (index-)card; *(nyelvészé stb.)* slip
cédulakatalógus *n* card-index, card catalogue *(US* -log)
céduláz *v* make* excerpts, card
cefre *n* mash, crushed grapes *pl*
cég *n* firm, company, (commercial) house, business (house), establishment; ~**et bejegyez** register/incorporate a company; **jó** ~ **iron** a smooth character
cégbejegyzés *n* registration, incorporation [of a company/firm]
cégbélyegző *n* company/firm stamp
cégér *n* signboard, (painted) sign; **jó bornak nem kell** ~ good wine needs no bush
cégéres *a (hírhedt)* notorious, infamous; ~ **gazember** an arrant rogue/scoundrel
cégjegyzék *n* register of companies/firms/ businesses
cégjegyzés *n* signature of the firm; ~**re jogosult** (be*) authorized to sign (for)
cégjelzés *n (levélpapíron)* letterhead; ~**es levélpapír** headed notepaper
cégszerű aláírás *n* authorized signature
cégtábla *n* name-board, sign(board)
cégtárs *n* partner (in the firm)
cégtulajdonos *n* proprietor, principal
cégvezető *n* manager
céh *n* g(u)ild, corporation; *(Londonban)* livery company
céhbeli *a/n (tag)* g(u)ildsman°
céhlevél *n* charter of incorporation
céhmester *n* g(u)ild-master
céhrendszer *n* g(u)ild system
cekker *n biz* shopping/carrier bag
cékla *n* **1.** *(gyökér)* beetroot, *US* (red) beet **2.** *(saláta)* beetroot salad, *US* (red) beet salad
céklavörös *a* beetroot-red, as red as a beetroot *ut.*

cél *n* **1.** *(szándék)* aim, object, end, purpose, intention; *(végcél)* goal; **a ~ érdekében** for the sake of the cause; **mi a ~ja annak, hogy..?** what's the point of [. . .ing]; **~ja van vkvel/vmvel** have* designs on sy/sg, have* sg in mind for sy; **~ nélküli** aimless, purposeless; **vmnek a ~jából** with a view to sg, in order to, with the object/purpose/aim of . . . . .ing sg; **a(zon) ~ból, hogy** in order to/that, with a view to, so as to; **e ~ból** for that/this purpose, with this end in view, to this end; **a ~nak megfelel** answer/serve the purpose; **bizonyos ~ra** for a special purpose; **vmely ~ra felhasznál vmt** use sg for/as sg; make* use of sg for/as sg; **kulturális ~okra fordított összeg** the arts budget; **~ul tűz ki** aim at, set* (sg) as an aim, strive* after; **azt tűztem ki ~ul, hogy** I've set myself (the task) to. . .; **azzal a ~lal, hogy** with the aim of [doing sg], with the set purpose, merely for the purpose of **2.** *(végpont)* end, destination; **utazásának ~ja** the purpose of sy's journey/trip, sy's destination; *sp* **befut a ~ba** run* home; **elsőnek ér a ~ba** be* first home, breast the tape; **~t ér, eléri a ~t** achieve one's purpose, attain one's object/goal **3.** *(célpont, céltábla)* mark, target; **~ba lő** shoot* at a target; **~ba lövés** target practice; **~ba talál** (1) hit* the mark/target (2) *átv* strike* home; **~ba vesz** aim at, take* aim/sight at; *átv* set* one's sights on (sg) ⇨ **téveszt**

célállomás *n* destination
célbíró *n sp* judge (at the finish)
célbombázás *n* pinpoint bombing
celebrál *v* celebrate
célegyenes *n* home straight/stretch
célfekete *n* bull's eye
célforgalom *n* = **célfuvar**
célfotó *n* photo-finish
célfuvar *n (mint KRESZ-fogalom)* except for access
célgömb *n* (fore)sight (of rifle), bead
célhatározó *n* adverbial modifier of purpose
célhatározói *a* final; **~ mellékmondat** final clause
célhitel *n* earmarked credit
célirányos *a* expedient, serviceable, suitable, appropriate
célkitűzés *n* object, aim, programme; **helyes ~** desirable goal
célkorong *n* (round) target
cella *n* **1.** *(zárda, börtön)* cell; *(őrülteké)* padded cell **2.** *el* cell
céllövés *n* = **céllövészet**

céllövészet *n* target/rifle practice; *(mint sportág)* shooting
céllövő *n* marksman°, sharpshooter; **kitűnő ~** he is* a crack/dead shot
céllövölde *n (vásáron stb.)* shooting gallery
celluloid *n* celluloid
cellulóz *n* cellulose, wood pulp
cellux *n* Sellotape, *US* Scotch tape
célnyelv *n* target language
celofán *n* cellophane
céloz **1.** *vi (fegyverrel)* (take*) aim at **2.** *vi (beszédben)* hint at, allude at; **vkre ~** refer/allude to sy; **mire ~ (ezzel)?** what do* you mean by that?, what are* you driving at?; **érted, mire célzok?** you know what I mean? **3.** *vt átv* have* (sg) in view, strive* after
célozgat *v* **1.** *ált* aim at sg repeatedly **2.** *átv* hint at
célpont *n* **1.** *ált* target, mark; **katonai ~ok** military objectives/targets **2.** *átv* aim, goal; *(viccelődése)* butt; **a gúny ~ja** an object of ridicule
célprémium *n* special bonus, incentive bonus/payment
célratörő *a* determined, resolute
célravezető *a* expedient, useful, suitable, effective
Celsius-fok, °C *n* **37 °C** 37 °C [kimondva: 37 degrees centigrade]; **20 °C-on** at 20 °C [kimondva: at 20 degrees centigrade]
célszalag *n* tape; **elszakítja a ~ot** breast the tape
célszerű *a* expedient, serviceable, suitable, practical; **~nek találta** he thought it appropriate; **nem ~** inexpedient
célszerűség *n* expediency, practicability, appropriateness
célszerűtlen *a* inexpedient, impractical
célszerűtlenség *n* inexpediency, impracticability
céltábla *n* target
céltalan *a (tett)* aimless, purposeless
céltalanság *n* aimlessness
céltárgy *n* target, mark, object (of aim)
céltévesztett *a* unsuccessful, wide of the mark *ut.*
céltudatos *a* **1.** *vk* conscious of one's purpose *ut.* **2.** *(cselekvés stb.)* purposive, purposeful, resolute
céltudatosság *n* resoluteness, purposiveness, sense of purpose
célvagyon *n* trust; **~ kezelője** trustee
célzás *n* **1.** *(fegyverrel)* aiming, taking aim **2.** *átv* hint, allusion; **burkolt ~** veiled refer-

ence, hint, allusion; *(sértő)* innuendo, insinuation; ~**t tesz vmre** hint at sg → **elért**[1]
célzat *n (irány)* tendency; *(szándék)* object, purpose
célzatos *a* tendentious, intentional
cement *n* cement
cementez *v* cement
cementgyár *n* cement-works *sing. v. pl,* cement-plant
cementhabarcs *n* cement mortar; *(belső)* cement plaster
cementlap *n* concrete/cement tile
cent *n* cent
centenárium *n* hundredth anniversary, centenary, *US így is:* centennial
centenáriumi *a* centenary, centennial
centi *n* → **centiméter**
centigramm *n* centigram(me)
centiliter *n* centilitre *(US* -liter)
centiméter *n* **1.** centimetre *(US* -meter) **2.** *(mérőszalag)* tape measure
centrálé *n* power station, *US így is:* power plant
centrális *a* central
centralizáció *n* centralization
centralizál *v* centralize
centralizálás *n* centralization
centralizmus *n* centralism
centrifuga *n (háztartási)* spin-dryer
centrifugális *a* centrifugal; ~ **erő** centrifugal/radial force
centrifugáz *v (mosott ruhát)* spin-dry
centripetális *a* centripetal; ~ **erő** centripetal force
centrum *n (középpont)* centre *(US* -ter); *(városközpont)* city centre; **Budapest** ~**ában** in the centre of Budapest, in central Budapest
cenzor *n (hírlapi)* censor
cenzúra *n* censorship; ~**ra bocsát** submit to the censor
cenzúráz *v* censor, blue-pencil; ~**zák be*** censored
cenzus *n* quota (of taxes payable)
ceremónia *n* ceremony, formality
cérna *n* thread, (cotton) yarn
cérnagomb *n* thread-button
cérnakesztyű *n* cotton gloves *pl*
cérnametélt *n* vermicelli
cérnaorsó *n* cotton reel
cérnaszál *n* thread
cérnavékony *a* ~ **hang** thin piping voice
cérnáz *v* twist [yarn], twine [thread]
cérnázó **I.** *a* twisting **II.** *n (munkás)* doubler; *(gép)* twister

ceruza *n* pencil; ~ **hegye** point of a/the pencil; ~**t hegyez** sharpen a pencil; ~**val ír** write* in pencil; ~**val beírtam** I've pencilled (it/you) *(US* -l-) in; **írd be** ~**val, s majd később véglegesítjük** pencil it in and we shall confirm it later
ceruzabél *n* lead
ceruzaelem *n* penlight battery
ceruzahegy *n* point of a pencil; *(csavaros ceruzába)* refill
ceruzahegyező *n* pencil sharpener
ceruzarajz *n* pencil drawing
ceruzavédő *n* point protector
cesz *n* C flat
cet(hal) *n* whale; → **bálna**
cetli *n biz* slip (of paper), chit
Ceylon *n* Ceylon *(ma:* **Sri Lanka**)
ceyloni *adv* Ceylonese, Sinhalese
cézár *n* Caesar, emperor
cézári *a* Caesarean, Caesarian *(US* Ces-)
cezarománia *n* megalomania, delusions of grandeur *pl*
cezúra *n* caesura *(pl* -ras *v.* -rae) *(jele:* ||); vertical stroke *(jele:* |)
charta *n* charter
Chicago *n* Chicago
chicagói *a* Chicago, of Chicago *ut.*
Chile *n* Chile
chilei *a/n* Chilean
chinoplast *n* (sticking) plaster, *GB* Elastoplast, *US* Band-Aid
chip *n el* chip
cián *n* cyanide
ciángáz *n* cyanogen
ciánkáli *n* potassium cyanide
ciánoz *v* fumigate, disinfect (with cyanide)
cibál *v* tug at, pull, lug; *vmt* tug at, pull (at); *vkt* pull, drag, haul
cibetmacska *n* civet
cic! *int* puss-puss; here, puss(y)!
cica *n* puss(y)
cicababa *n biz* sex-kitten
cicáz|ik *v* **1.** *(évődik)* play about with sy **2.** *(cicajátékot játszik)* play tag
ciceró *n nyomd* pica
cici *n tréf* boobs *pl*
cickány *n* shrew(-mouse°)
cicoma *n* (superfluous) adornment, (useless) finery, frippery
cicomás *a* over-adorned, ornamented
cicomáz *v* (over-)adorn, dress up; ~**za magát** prink (oneself), trick oneself out, □ tart oneself up
cicus *n* **1.** *(cica)* puss(y) **2.** *(vk bec.)* darling
cidri *n biz* **1.** *(fázás)* shivers *pl* **2.** *(félelem)* jitters *pl*, creeps *pl*

cidriz|ik *v. biz* **1.** *(fázik)* shiver with cold **2.** *(fél)* sg gives* one the jitters/creeps, have* the jitters (about)

cifra *a* **1.** *(díszes)* fancy, ornamented, adorned; *elit* flashy, showy, too fancy, gaudy; ~ **nyomorúság** genteel poverty **2.** *(különös)* strange, odd; ~ **eset** a fine state of affairs, a pretty kettle of fish

cifrálkod|ik *v* trick oneself out, dress flashily

cifraság *n* **1.** *(művészi)* ornament, adornment **2.** *(tulajdonság)* flashiness, showy character of

cifráz *v* trim, adorn, ornament

cifrázat *n* ornament, decoration

cigány *a/n* **1.** *(ember, nép)* gipsy, US *rendsz.* gypsy; **a** ~**ok, a** ~ **nép** the Gipsies, the Gipsy people; ~ **nyelv** Romany, the language of the Gipsies; ~**ul beszél** speak* Romany, speak* the language of the Gipsies; **magyar** ~ Tzigane, Hungarian gipsy **2.** *elit* gipsy-like, roguish **3.** = **cigányzenész**

cigányasszony *n* gipsy woman°

cigánybanda *n nép* gipsy-band [of musicians]

cigányélet *n* gipsy/wandering life

cigánygyerek *n* gipsy child°/boy; **még ha** ~**ek potyognak is az égből** come hell or high water

cigánykaraván *n* gipsy caravan

cigányképű *a* swarthy

cigánykereket hány *kif* turn cartwheels

cigánykod|ik *v* **1.** *(hízeleg)* flatter, blarney **2.** *(alkudozik)* haggle; *(kunyerál)* cadge

cigányl(e)ány *n* gipsy girl

cigánylegény *n* gipsy lad

cigánynóta *n* gipsy tune

cigányos *a* gipsy-like

cigányoz|ik *v* ⟨amuse oneself to the accompaniment of gipsy music⟩

cigánypecsenye *n* ⟨fried or spit-roasted pork cutlets⟩

cigányprímás *n* leader (of a gipsy-band)

cigánypurdé *n* gipsy child°

cigányputri *n* (gipsy) hovel/shanty

cigányrajkó *n* gipsy boy

cigányság *n* **1.** *ált* the Gipsies *pl* **2.** *(viselkedés)* gipsy way of life

cigánysor *n* gipsy row ⟨street of hovels at village-end⟩

cigányútra ment/tévedt *kif (a falat)* [food, esp. a crumb] went the wrong way

cigányvajda *n* gipsy-chief, king of the gipsies

cigányzene *n* gipsy/tzigane music

cigányzenekar *n* gipsy-band/orchestra

cigányzenész *n* gipsy musician, tzigane

cigaretta *n* cigarette; ~**ra gyújt** light* a cigarette; **egyik** ~**áról a másikra gyújt be*** a chain-smoker, chain-smoke; **hány** ~**t szívsz el egy nap?** how much (*v.* how many cigarettes) do you smoke a day?; ~**t sodor** roll a cigarette

cigarettacsikk *n* (cigarette) stub, butt; *biz* fag end

cigarettadoboz *n* cigarette-case/box

cigarettapapír *n* cigarette paper

cigarettaszünet *n* a break for a smoke, a smoke

cigarettatárca *n* cigarette-case

cigarettatöltő *n* cigarette roller

cigarettavég *n* → **cigarettacsikk**

cigarettáz|ik *v* smoke a cigarette, smoke (cigarettes)

cigi *n biz* cig(gy), smoke, *GB* ☐ fag

ciha *n* pillow-case

cihelőd|ik *v* ⟨gather one's things together and dress slowly⟩, prepare to leave

cikáz|ik *v (villám)* flash, zigzag

cikcakk *n* zigzag

cikcakkos *a* zigzag(ging), zigzagged

ciki *a/n biz* dicey/ticklish situation, a (real) fix

cikk *n* **1.** *(újságban)* article, contribution; ~**et ír** write* an article; *(hírlapba rendszeresen)* contribute to [a newspaper/magazine] **2.** *(áru)* article, goods *pl*, wares *pl* **3.** *(szerződésnek stb. része)* section, part; *(törvény)* Act of Parliament; *(cikkely)* article/clause/paragraph (of a law)

cikkely *n* paragraph, clause (of a law)

cikkez|ik *v* write* articles, contribute to newspapers/magazines etc.; *(cikksorozatot közöl)* write* a series of articles (about sg)

cikkíró *n* author; *(rendszeres)* contributor

cikksorozat *n* **1.** series *(pl* ua.) of articles [in a newspaper] **2.** *(állandó rovat)* column

ciklámen *n* cyclamen

ciklikus *a* cyclic(al)

ciklon *n* cyclone

ciklotron *n* cyclotron

ciklus *n* **1.** *ált* cycle **2.** *(előadás)* series; *(vers)* cycle; **Shakespeare-**~ Shakespeare-cycle

ciklusos *a* cyclic(al), recurring in cycles *ut.*

cikornya *n (stílusban)* bombast; *(épületen)* arabesque; *(zenében)* flourish

cikornyás *a* bombastic, full of flourishes *ut.*

cikornyátlan *a* unadorned, plain, simple

cilinder *n* **1.** *(kalap)* top/silk hat; *biz* stovepipe hat **2.** *(lámpáé)* glass/lamp chimney **3.** *(motorhenger)* cylinder

cilinderes *a* **1.** *(férfi)* tophatted, wearing/in a top hat *ut.* **2.** = **hengeres**

cím *n* **1.** *(lakásé)* address; **megváltozott a ~e** he has changed his address; **szíves tudomására hozom, hogy megváltozott a ~em** Please note I have changed address; **Budavári úr ~én** c/o Mr. B. *(kimondva:* care of...) **2.** *(állásé)* title; *(rang)* rank; title; **tudományos ~** academic title/rank **3.** *(könyvé, színdarabé stb.)* title; *(újságcikké)* headline, heading; *(egyéb cikké)* title [of the article]; **a könyv ~e "Bűn és bűnhődés"** the title of the book is *(v.* the book is entitled) "Crime And Punishment" **4.** *(jogcím)* title; **milyen ~en** by what right?; **vmlyen ~en** by right of; *(ürügyén)* under/on the pretext of [...ing]

cimbalmos *n* cimbalom player

cimbalmoz *v* play (on) the cimbalom

cimbalom *n* cimbalom

cimbalomütő *n* cimbalom stick/beater

címbetű *n* title letter

címbitorlás *n* usurpation of a title

cimbora *n* fellow, companion; *(bűnözőé)* accomplice, partner in crime

cimborál *v* fraternize (with), associate (with)

cimboraság *n* companionship, comradeship

címer *n (nemesi; városé, egyetemé stb.)* coat of arms, shield; **családi ~** family crest *(v.* coat-of-arms); **nemzeti ~** the arms of [a nation] *pl*

címeres *a* escutcheoned; **~ gazember** thoroughgoing *(v.* out-and-out) villain/rogue

címerpajzs *n* shield (with coat of arms), armorial bearings, escutcheon

címertan *n* heraldry

cimet *n †* *(fahéj)* cinnamon

címez *v* **1.** vmt vknek address/direct [a letter etc.] to sy **2.** vkt vmnek style/title sy sg, address sy as sg

címezetlen *n* unaddressed

címfej *n (újságban, könyvben)* headline

címfelirat *n (újságé)* headline

címfestő *n* sign-writer/painter

címhajhászás *n* mania for titles, title-hunting, snobbery

címjegyzék *n* directory; *(akik rendszeresen kapnak árjegyzéket stb.)* mailing list; **központi ~** *(könyvtári)* union catalogue *(US* -log)

címke *n* label, tag, sticker; *(poggyászon)* luggage label; *(árun)* tag, docket; **~vel ellát** label *(US* -l) sg → **címkéz**

címkép *n* cover picture/photograph

címkéz *v* label *(US* -l) (sg), attach a label to sg, put*/tie a label *(v.* labels) on sg

címkóros *a* title-hunting, snobbish

címkórság *n* mania for titles, snobbery

címlap *n (könyvé)* title page; *(újságé, folyóiraté)* front-page

címlet *n* denomination; **100 Ft-os ~ekben** in 100 forint notes; **milyen ~ekben kéri?** how would you like the money?, what notes would you like?

címoldal *n* title page

cimpa *n →* **fülcimpa, orrcimpa**

címszalag *n* (newspaper) wrapper

címszerep *n* title role

címszereplő *n* (actor playing the) title role

címszó *n (szótári)* headword

címtábla *n* sign(board), nameplate

címtár *n* directory

című *a* ... **~** (röv c.) **könyv** a book entitled ...; **a "Szemantika" c. könyvben** in the book entitled "Semantics" *(v.* with the title "Semantics")

címváltozás *n* change of address

címzés **1.** *(levélen)* address **2.** *(folyamat)* addressing

címzetes *n* titular; **~ egyetemi tanár** titular/honorary professor

címzett **I.** *n (levélé)* addressee **II.** *a* **a hozzám ~ levél** the letter addressed to me; **az "Arany Bikához" ~ szálloda** the hotel 'Arany Bika'

cin *n* tin

cincér *n* capricorn beetle

cincog *v* **1.** *(egér)* squeak; **(ha) nincs otthon a macska, ~nak az egerek** when the cat's away, the mice will play **2.** *(hegedűn)* scrape, rasp on [his violin]

cincogás *n* **1.** *(egéré)* squeak(ing) **2.** *(hegedűn)* scraping, rasping

cinege **I.** *n* titmouse°, tit, *GB* tomtit **II.** *a =* **cingár ⇨ fenyves-, kék-, széncinege**

cinegelábú *a* vk thin/sparrow-legged

cinez *v* tinplate, tin, coat with tin

cingár *a* slight, lean, thin

cingulus *n* surcingle, (priest's) girdle

cinikus **I.** *a* cynical **II.** *n* cynic

cinizmus *n* cynicism

cink *n* zinc

cinke *n =* **cinege I.**

cinkel *v □ (kártyát)* mark, nick [playing cards for cheating]; *(játékkockát)* load [dice]

cinkérc *n* zinc ore, ore of zinc

cinkkenőcs *n* zinc ointment

cinkográfia *n* zincography

cinkográfus *n* zincographer

cinkos **I.** *n* accomplice, accessory **II.** *a* conspiratorial [smile etc.]

cinkostárs *n =* **cinkos I.**

cinóber(piros/-vörös) *n/a* vermílion, cinnabar
cintányér *n zene* cymbal(s)
cinterem *n* † churchyard
cionista *a/n* Zionist
cionizmus *n* Zionism
cipeked|ik *v* carry/haul heavy loads, drag, lug
cipel *v* carry; *(nehezet)* drug, lug; *biz* tote; magával ~ lug along
cipellő *n* (little) shoe, slipper
cipész *n* shoemaker, bootmaker, cobbler
cipészet *n* shoemaking
cipészinas *n* shoemaker's apprentice
cipészmesterség *n* shoemaker's trade, shoemaking
cipészműhely *n* shoemaker's shop
cipó *n* loaf° (of bread)
cipő *n (fél)* shoes; *(fűzős)* lace-up boots/shoes; *(magas)* boots *(mind: pl)*; a ~ töri a lábát the shoes rub one's feet; ~t húz put* on (one's) shoes/boots; ~t levet take* off (one's) shoes/boots; vettem egy ~t I've bought a pair of shoes (*v.* a shoe)
cipőbolt *n* shoe/boot shop (*US* store); *(kiírás)* shoes
cipőbőr *n* shoe-leather
cipőfelsőrész *n* upper(s), vamp
cipőfűző *n* shoelace, bootlace, *US* shoestring
cipőgyár *n* boot and shoe factory
cipőhúzó ~ 1. *(kanál)* shoe-horn 2. *(fül)* pull-on strap [of boots], tab, *US* bootstrap
cipőjavítás *n* shoe repair(s)
cipőjavító *n* shoe repairer; *(üzlet)* shoe repair(s)
cipőkanál *n* shoe-horn
cipőkefe *n* shoe/boot brush
cipőkrém *n* shoe/boot cream/polish; *(fekete)* blacking
cipőméret *n* 8-as ~ shoe size 8
cipőosztály *n (áruházban kiírás)* shoes; footwear
cipőpaszta *n* = cipőkrém
cipősarok *n* shoe/boot heel
cipőtalp *n* sole
cipőtalpalás *n* shoe-soling, soling
cipőtisztítás *n* shoeshine
cipőtisztító *n* shoeblack, bootblack
cipőüzlet *n* shoe/boot shop (*v. US* store)
cipőzsinór *n* = cipőfűző
ciprus *n* cypress
Ciprus *n* Cyprus
ciprusi *a/n* Cyprian; *(ember)* Cypriot
cipzár *n* zip (fastener), *US* zipper; ~ját kinyitja vmnek unzip sg
ciráda *n* ornament, adornment

cirádás *a* decorated, ornamental
cirbolyafenyő *n* cembra pine
cirill *a* Cyrillic; ~ (betűs) írás, ~ ábécé Cyrillic alphabet/script
ciripel *v* 1. *(tücsök)* chirr, chirp 2. *vk* chirp
cirka *adv biz* about, approximately, roughly
cirkál *v (hajó)* cruise; a rendőrség ~ a városban the police are* patrolling the town
cirkálás *n (hajóé)* cruising, cruise; *(rendőrségé)* patrol(ling)
cirkáló I. *a* cruising; ~ rakéta cruise missile II. *n (hajó)* cruiser
cirkogejzír *n* gas-fired boiler [for central heating]
cirkuláció *n* circulation, circuit
cirkulál *v* circulate
cirkusz *n* 1. circus 2. *átv biz* a fuss/scene; ne csinálj ~t! don't make (such) a fuss/scene! ⇨ kész
cirkuszi *a* of circus *ut.*, circus; ~ mutatvány(ok) stunts *pl*, acrobatics *pl*; ~ sátor big top
cirkuszoz|ik *v biz* make* a fuss, be* making scenes
cirmos I. *a (csíkos)* streaked, striped; ~ cica tabby-cat II. *n* tabby(-cat)
cirógat *v vkt* fondle, pet, caress; *(állatot)* stroke, fondle
cirok *n* broomcorn, sorghum
cirokseprű *n* broom
cirpel *v* = ciripel
cisz *n zene* C sharp; C~-dúr C sharp major; ~-moll C sharp minor
ciszta *n orv* cyst
cisztercita *a/n* Cistercian
ciszterna *n* cistern
citadella *n* citadel, fort(ress)
citál *v* 1. *(szövegrészt)* quote, cite, adduce 2. *vhova* summon to
citátum *n* quotation, citation
citera *n* zither
citeráz|ik *v* 1. *(hangszeren)* play (on) the zither 2. *biz (remeg)* quake, tremble [with fear]
citrom *n* lemon ⇨ kifacsart
citromfa *n* lemon (tree)
citromhéj *n* lemon peel
citromlé *n* lemon juice
citromnyomó *n* lemon squeezer (*v. US* juicer)
citromos *a* ~ tea lemon tea
citromsárga *a* lemon (yellow)
citromsármány *n* yellowhammer
citromsav *n* citric acid
citromszelet *n* slice of lemon

civakodás *n* wrangling, bickering, quarrel
civakod|ik *v* wrangle, bicker, quarrel (*US* -l)
civil I. *a* civilian [life, profession, clothes] **II.** *n*
1. *(személy)* civilian **2.** ~**ben** (1) *(~ ruhában)* in civilian clothes (2) *átv (magánéletben)* in civilian life
civilizáció *n* civilization
civilizációs *a* ~ **betegség/ártalmak** the ills/evils of civilization
civilizál *v* civilize
civilizálód|ik *v* become*/get* civilized
civilizált *a* civilized, refined
civilruha *n* civilian clothes *pl*
civódás *n* = **civakodás**
civód|ik *v* = **civakodik**
cizellál *v* **1.** *(fémet)* chase [surface of metal] **2.** *(stílust)* polish [style]
cl = *centiliter* centilitre (*US* -litre), cl
clevelandi *n* Clevelander
cm= *centiméter* centimetre (*US* -meter), cm
cm²= *négyzetcentiméter* square centimetre (*US* -ter), sq cm
cm³= *köbcentiméter* cubic centimetre (*US* -ter), c. cm
c-moll *n* C-minor
coboly *n* sable
coca *n biz* grunter, piggy(-wiggy)
coki! *int nép* (get) out!
cókmók *n* (one's) stuff, (one's) things *pl*, one's bits and pieces *pl*, one's goods and chattels *pl*; ~**jával együtt** bag and baggage
col *n* inch
coloradói *a/n* Colorad(o)an
colstok *n* folding/zigzag rule
columbiai *a/n* Columbian
comb *n* **1.** thigh **2.** *(állaté, mint táplálék)* leg [of pork/veal/beef/mutton etc.]; *(sertés)* ham; *(borjú, szárnyas, birka)* leg
combcsont *n* femur (*pl* femora is), thighbone
combizom *n* femoral muscle
combnyaktörés *n* fracture of the femoral neck
Cook-szigetek *n* Cook Islands
copf *n* plait, pigtail, *US* braid
copfos *a* pigtailed, having a plait/braid *ut.*
corvina *n* ⟨codex (*pl* codices) from the library of King Matthias of Hungary in the 15th century⟩, Corvina [of King Matthias]
Corvina *n tört (Mátyás király könyvtára)* Bibliotheca Corvina ⟨the library of King Matthias⟩
cos = **koszinusz**
Costa Rica-i *a/n* Costa Rican
cölibátus *n* celibacy

cölöp *n* stake, pile, post, pale, pole; ~**öt ver** drive* (in) piles
cölöpépítmény, -ház *n* pile-dwelling, house on stilts, lake-dwelling
cölöphíd *n* pile bridge
cölöpöz *v* → **cölöpöt ver**
cölöpverő *n* pile-driver
cövek *n* peg, spike, pin, plug
cövekel *v* peg, pin, fasten with pegs
ctg = **kotangens**
cucc *n biz* (one's) stuff, (one's) things ⇨ **cókmók**
cucli *n* dummy, *US* pacifier; *(üvegen)* teat; *US főleg* nipple
cuclisüveg *n* feeding bottle
cucliz|ik *v (cuclit szopogat)* suck (on) a dummy; *(cuclisüvegből szop)* suck (on) a feeding bottle
cudar *a vk* rascally, villainous, wicked; beastly; *(dolog)* dreadful, appalling
cúg *n* **1.** *(huzat)* draught (of air) **2.** *(ivásnál)* draught, drink; **jó** ~**ja van** *biz* he can really knock it back; **egy** ~**ra kiitta** downed it in one (go)
cúgos *a* **1.** ~ **cipő** elastic-sided boots **2.** = **huzatos**
cuki *a biz (nő)* cute
cukkol *v biz* banter; rub sy up the wrong way
cukor *n* **1.** sugar; ~**ral behint/beszór** sprinkle/dust with sugar; **nem vagyok** ~**ból** I shan't melt **2.** *(kockacukor)* lump (of sugar); **hány** ~**ral iszod a kávét?** how many lumps do you take in your coffee?
cukorbaj *n* diabetes
cukorbajos *a/n* = **cukorbeteg**
cukorbeteg *a/n* diabetic
cukorbevonat *n* icing, frosting; ~**ú** sugar-coated
cukorborsó *n* sugar-pea
cukordinnye *n* musk-melon; cantaloup (*US* -loupe); honeydew melon
cukorfinomítás *n* sugar refining
cukorfogó *n* sugar tongs *pl*
cukorgyár *n* sugar works *sing. v. pl*, sugar factory
cukorjegy *n* sugar rations *pl*
cukorka *n* sweet, sweets *pl*, *US* candy
cukormáz *n* icing; *főleg US:* frosting; ~**zal bevont torta** cake topped with icing
cukornád *n* sugar-cane
cukorrépa *n* sugar-beet
cukorsüveg *n* sugar-loaf°
cukorszóró *n* sugar-dredger/castor
cukortartalmú *a* containing sugar *ut.*
cukortartó *n* sugar-basin, sugar-bowl
cukrász *n* confectioner

cukrászat *n* **1.** *(szakma)* confectioner's trade/business **2.** *(üzlet)* confectioner's (shop)

cukrászda *n* confectioner's (shop), *US* candy store/shop

cukrászsütemény(ek) *n* pastry, pastries *pl*, (fancy) cakes *pl*, confectionery

cukros I. *a (cukrozott)* sweetened, sugared, sweet; *biz* ~ **bácsi** ⟨a paedophiliac attracted esp. by young girls⟩ **II.** *n biz* = **cukorbeteg**

cukroz *v* sugar, sweeten

cukrozott *a* sugared, sweetened; *(gyümölcs)* candied; ~ **gyümölcs** candied/glacé fruit

cumi *n* = **cucli**

cumisüveg *n* = **cuclisüveg**

cumiz|ik *v biz* = **cuclizik**

cuppan *v (csók)* smack → **cuppant**

cuppanós *a* ~ **puszi** smack, *biz* smacker

cuppant, cuppog *v (cuppanó hangot ad)* make* a smacking/sucking sound; *(sár)* squelch; **cuppant a szájával** smack one's lips

cuppogós *a (sár)* squelchy, squelching

curukk! *int* back up!

curukkol *v (ló)* back up ⇨ **hátrál**

cvikker *n* pince-nez

C-vitamin *n* vitamin C, ascorbic acid

Cs

Cs, cs *n (betű)* (the letter) Cs/cs
Csaba *n* ⟨Hungarian masculine given name⟩
csábít *v* (al)lure, attract, entice; **bűnre ~** tempt to evil/sin; **vkt vhova ~** persuade sy to go swhere
csábítás *n* allurement, temptation; seduction
csábító I. *a* alluring, tempting, attractive, seductive; **~ ajánlat** tempting offer **II.** *n (férfi)* seducer; *(nő)* temptress, seductress, vamp
csacsi I. *a* silly, foolish **II.** *n* **1.** *(szamár)* donkey, young ass **2.** *átv* little ass/fool; **ne légy ~** don't be silly
csacsiság *n* foolishness; **(nagy) ~ volt** *(amit tett)* it was a stupid thing to do; **~ot mond** say sg silly
csacsiskod|ik *v* be* silly, do*/say* silly things; **ne ~!** don't be silly!
csacska *a* chattering, prattling
csacskaság *n* **~okat mond** talk nonsense
csacsog *v* prate, prattle, chatter
csacsogás *n* prate, prattle, chatter(ing)
csahol *v* bark, bay, yelp
csaholás *n* bark(ing), bay(ing), yelp(ing)
csahos *a* **~ kutya** a good barker
csaj *n* □ woman°, girl, lass; **ügyes kis ~** *(főleg US)* cutie
csajka *n kat* mess-tin, canteen
csak *adv* **1.** *(csupán)* only, merely; alone; **már ~ ennyi van** *(pl. szalámiból)* this is all that's left [of salami]; **~ annyit mondtam, hogy** all I said was that; **~ én vagyok itthon** I am the only one at home *(v. in)*; **~ hárman vagyunk** there are only (the) three of us; **~ ő beszélt** *(az egész idő alatt)* he did all the talking; **~ egy hétre jön** he's only coming for *(v. staying)* a week; **~ egyedül jött?** did he come alone?; **nem lehet ~ kenyéren élni** you can't live on bread alone; **~ akkor jövök/megyek, ha hívtok** I'll only come/go if I'm invited; **nem megyek, ~ ha velem jössz** I won't go unless you come with me; **hiszen ~ tegnap** (it was) only yesterday; **mintha ~ tegnap történt volna** (it seems) as if it (had) happened only yesterday; **már ~ azért is/sem** for the very reason, if only because **2.** *(nyomósítás)* just, only;

éppen ~ *(= alig)* hardly; **éppen ~ hogy elég** only just enough; **~ úgy özönlött a nép...** the people just came streaming in; **~ úgy szakadt az eső** it was pouring with rain **3.** *(óhajtás)* if only; **~ jönne már!** if he would only come!; **~ itt lenne már!** I wish he were here; **majd ~ lesz valahogy** we'll manage somehow **4.** *(ellenkezés, tagadás)* **~ semmi izgalom!** take it easy!; **~ kell itt vm hibának lennie** there must surely be some mistake here; **~ azért is!** for all that, notwithstanding; **még ~ az kellene!** what next?, that's all we need!; **azért ~ eljött** he did come to me, and come he did **5.** *(csodálkozás, meglepetés)* **ezt ~ tudod?** surely you know that?; **~ nem akarsz elmenni?** you are not going yet, are you?; **~ nem?** *(= csakugyan?)* really?; **hogy is volt ~?** let me see(, now,) **6.** *(bátorítás)* **~ előre!** forward!, go/carry on!; on you go!; **~ menjen ~!** you just go (away); **olvasd ~ el** (you) just read it **7.** *("miért"-re adott dacos válasz)* **~!** (just) because! **8.** *(vonatkozó névmás, határozószó után)* **aki ~** whoever; **ami(t) ~** whatever; **ahol ~** wherever; **nem felejti, amíg ~ él** he won't forget it/him as long as he lives
csákány *n* pickaxe, US pickax
csákánykapa *n* mattock
csákányos *a* **~ (sí)lift** T-bar lift
csákányoz *v* pick(axe)
csak-csak *adv* so-so, middling
csakhamar *adv* soon, before long
csakhogy I. *conj (ellenkezés)* however, but (then); **ez igaz, ~ nem fogják elhinni** this is true but they (just) won't believe it; **ez igen nehéz** but this is* very difficult **II.** *adv (végre)* at last!, thank Heaven!; **~ hazaérkeztünk!** (at) home at last! ⇨ **csak**
csakis *adv* **1.** *(csupán)* only, alone, merely, none but; **ez ~ neki köszönhető** it's thanks to him and him alone (that); **~ abban az esetben** only if **2.** *(hogyne)* surely, certainly
csakliz *v biz (csen)* filch, pinch
csáklya *n* grappling hook/iron; *(hajósé)* boat-hook, barge-pole

csáklyás *n* pickman°; *GB* navvy; **öreg** ~ old diehard
csáklyáz *v* grapple
csaknem *adv* almost, nearly
csákó *n* shako (*pl* shakos *v.* shakoes)
csákós *a* shakoed, wearing a shako *ut.*
csakúgy *adv (ugyanúgy)* in the same way; ~ mint just as (much as) ⇨ **csak**
csakugyan *adv* **1.** *(erősítés)* really, indeed; ~ **eljössz?** will you really come?; ~ **elment** he has really gone, he has indeed gone; ~ **ez lesz a legjobb megoldás** this is indeed the best solution **2.** *(kételkedő kérdés)* is that so?; **Megérkezett.** — ~? He's arrived. — You don't say. (*v.* Really? *v.* He has, has he?)
csal 1. *vi* cheat, swindle, humbug; **játékban/kártyában** ~ swindle/cheat in play; **ha az emlékezetem nem** ~ unless I am (very much) mistaken **2.** *vt* ~**ja a feleségét** is* unfaithful to his wife, is* cheating on his wife **3.** *vt vkt vhova* lure sy swhere
család *n* ált family; *(uralkodói)* dynasty; **(a)** ~**om** my family *(sing. ha az egészre, pl ha tagjaira gondolunk)*; *biz* my people *pl*, *US* my folks *pl*; ~**om (minden tagja) korán kelő** my family are all early risers; **a férjem/feleségem** ~**ja** my parents-in-law; *biz* my in-laws; **megesik/előfordul a legjobb** ~**ban is** it may happen/occur in the best (regulated) families; ~**ot alapít** start/establish a family **2.** *nép (gyermek)* child°; **van** ~**od?** have* you any family/children? **három** ~**om** I have got three children **3.** *növ, áll* family ⇨ **családvédelem**
családalapítás *n* founding (of) a family, starting a family
családalapító *n* founder of a/the family
családanya *n* mother of a/the family; **háromgyermekes** ~ mother of three
családapa *n* father of a/the family; **sokgyermekes** ~ a family man°
családfa *n* family tree, pedigree
családfenntartó *n* breadwinner
családfő *n* head of a/the family
családi *a* family, home, domestic; ~ **állapot(a)** marital status; ~ **bútor** heirloom; ~ **élet** family/home life; ~ **ház** house, home; *(nagyobb)* (family) residence; ~ **kirándulás** family trip; ~ **kör** family/domestic circle; ~ **név** surname, family name; ~ **ok miatt** for family reasons; *(átv pl. betegség) kif* ~ **örökség** it runs in the family, it's a familial disease; ~ **pótlék** family allowance; child benefit; ~ **tűzhely** home,

hearth; ~ **ügy** family affair; ~ **vonás (nála)** a family trait; *kif* it runs in the family
családias *a* familiar, homely; ~ **légkör** atmosphere of intimacy, family atmosphere; ~**an** without ceremony
családjog *n* family law
családlátogatás *n* home visit
családnév *n* surname, family name
családos *a* having/with a family *ut*; ~ **ember** family man°
családregény *n* saga
családtag *n* member of a/the family; ~**nak számít** (s)he is one of the family
családtalan *a* single
családtervezés *n* family planning
családtörténet *n* genealogy
családvédelem *n* protection of families, family protection; **Család- és Nővédelmi Tanácsadó** Family and Woman Protection Advisory Office
csalafinta *a* crafty, sly, cunning, artful
csalafintaság *n* craftiness, wile, cunning, deceit, guile
csalamádé *n* **1.** *növ* (leaves *pl* of) green maize **2.** *(savanyúság) kb.* mixed pickles *pl*
csalán *n* (stinging-)nettle
csaláncsípés *n* nettle sting
csalánkiütés *n* nettle-rash
csalárd *a* false, deceitful, fraudulent; ~ **módon** fraudulently
csalárdság *n* fraudulence, deceit
csalás *n* **1.** *(cselekvés)* cheating, deceiving; *(esete)* deceit, deception, fraud; *(játékban)* swindle **2.** *jog* fraud, swindle; ~**t követ el** commit a fraud; ~**sal** by fraud, by fraudulent means
csalatkoz|ik *v* = **csalódik**
csalékony *a* = **csalóka**
csalétek *n* **1.** lure; *(halnak)* bait; **bekapja a csalétket** swallow (*v.* rise* to) the bait **2.** *átv* decoy
csalfa *a* false, deceitful, perfidious
csalfaság *n* deceitfulness, perfidy, falseness
csalhatatlan *a* infallible; ~ **tekintély** unquestionable authority
csalhatatlanság *n* infallibility
csali *n (halnak)* bait
csalihal *n* live-bait
csalimadár *n* decoy
csalit *n* thicket, copse, coppice
csalitos I. *a* shrubby, bushy **II.** *n* thicket, copse, coppice
csaló I. *a* **1.** *(érzékelésben)* deceptive, illusory **2.** *(erkölcsileg)* deceitful, fraudulent **II.** *n* deceiver, cheat, fraud, swindler; *(játékban)* trickster, sharper

csalódás *n* **1.** *(érzelmi)* disappointment (in/with); ~ **volt számunkra** *vk* he has been a disappointment to us; ~ **volt számunkra, amikor hallottuk, hogy nem jöhet** we were disappointed to hear that he could not come; **sok** ~ **érte** (s)he suffered many disappointments (in sg); ~ **t okoz vknek** be* a disappointment to sy, disappoint sy **2.** *(érzéki)* delusion, illusion

csalód|ik *v* **1.** be* disappointed *(vkben* in/with sy, *vmben* at/in sg); ~ **tam, amikor nem találtam otthon Pétert** I was disappointed at not finding *(v.* not to find) Peter at home; ~ **tam benned** I'm disappointed with you; **kellemesen** ~ **ik** be* pleasantly surprised **2.** *(téved vmben)* be* mistaken in sg, be* deluded with/by sg; **ha nem** ~ **om** unless I am* (very much) mistaken

csalódott *a* disappointed *(vm miatt* about sg; *vmben* in/at sg; *vkben* with sy); *(kiábrándult)* disillusioned

csalódottság *n* disappointment

csalogány *n* nightingale

csalogat *v vmvel* entice, (al)lure, tempt

csalogató *a* (al)luring, enticing, tempting

csalóka *a* deceptive, delusive, illusory

csámcsog *v* champ, munch (away at sg), eat* noisily; **vmn** ~ *átv* revel in

csámcsogás *n* noisy chewing/munching

csámpás *a* knock-kneed, club-footed; *átv* clumsy

csángó *n* ⟨Hungarian-speaking native of Moldavia⟩

csánk *n* hock

csap¹ *v* **1.** *(üt)* strike*, hit*, slap, swipe; **az asztalra** ~ bang/hit* the table; **a homlokára** ~ **ott** he struck his forehead; **a lángok felfelé** ~ **tak** the flames shot upwards/heavenwards; **a villám a házba** ~ **ott** the house was struck by lightning **2.** *(dob)* throw*, fling*, hurl, cast* **3.** □ *(csen)* pinch, nick ⇨ **botrány, lakoma, szél**¹

csap² *n* **1.** *(folyadéknak)* tap, *US* faucet; *(hordóé)* spigot; ~ **ra üt/ver** *(hordót)* broach, tap [a barrel]; ~ **ot kinyit** turn on the tap; ~ **ot elzár** turn off the tap; **otthagyott** ~ **ot, papot** he dropped everything and disappeared **2.** *(fakötés)* peg, pin, tenon, spigot

csáp *n* *(rovaré)* feeler; **kinyújtja a** ~ **jait vm/vk felé** *átv* ⟨try to obtain sg/sy by underhand means⟩

csapa *n* *(állaté)* trail, track

csapadék *n* **1.** *(eső)* rainfall; **az évi** ~ ... **mm** the mean yearly rainfall is ... mm; ~ **ban gazdag** with heavy rainfall *ut.*, rainy **2.** *vegy* precipitate, precipitation

csapadékeloszlás *n* distribution of rainfall

csapadékmérő *n* rain-gauge *(US* -gage)

csapadékos *a* wet, rainy

csapadékszegény *a* rainless, meagre/scanty in rainfall *ut.*

csapágy *n* bearing

csapágyfém *n* bearing/Babbit metal

csapás¹ *n* **1.** *(ütés)* stroke, blow, hit, slap; **egy** ~ **ra/** ~ **sal** at a/one stroke, at one blow **2.** *kat* strike; **súlyos** ~ **t mér az ellenségre** deal* the enemy a heavy blow **3.** *(természeti)* calamity, misfortune; *(embert érő)* blow; **egyik** ~ **a másik után érte** he suffered blow after blow; **nagy** ~ **volt számára** it was a great blow to him/her

csapás² *n* *(ösvény)* path, track, trail

csapat *n* **1.** *ált* troop, band; *kat* troop; *(úttörő)* group; *(cserkész)* troop; **a** ~ **élén** in the van(guard) **2.** *sp* team; *(futball így is:)* eleven; ~ **ot állít össze** field a team **3.** *(kutatóké stb.)* team

csapatbajnokság *n* team championship(s)

csapatgyűlés *n* *(úttörő)* group meeting

csapatjáték *n* team game; *(mint elv)* teamwork

csapatkapitány *n* captain (of the team), skipper

csapatmunka *n* teamwork

csapatnem *n* branch/arm of service

csapatosan *adv* *(emberek)* in troops/bands/gangs; *(állatok)* in flocks/herds; **járnak** go* around in gangs

csapatösszeállítás *n* *(eljárás)* forming/picking a team; *(alakulat)* arrangement; *(futball)* lineup

csapatösszevonás *n* concentration of troops

csapatparancsnok *n* commander of the troop, troop commander; *(úttörő)* group leader

csapatszállítás *n* transport (of troops)

csapatszállító *a* ~ **hajó/repülőgép** troop carrier

csapatszellem *n* team spirit

csapatszemle *n* review/parade/muster of troops; ~ **t tart** review troops, hold* a review

csapattest *n* unit, corps, body of troops

csapattiszt *n* company officer

csapatverseny *n* team competition

csapatvezető *n* *(úttörő)* group leader

csapatzászló *n* company/team flag

csapáz *v* *(állatot)* track, trail (by footprints); *(kutya)* follow the trail of sg, scent

csapda *n* trap, snare; *(csak átv)* pitfall; ~ **t állít** lay*/set* a trap/snare; **beleesik a**

~ba fall* into a trap; ~val fog trap, snare, catch* sg in a trap
csapdos *v* lash, beat* about; eső ~sa az ablaktáblákat rain lashes the window-panes; → csapkod
csapkod *v* beat*, lash, flap; *(ajtót)* slam, bang; *(szárnyával)* flutter
csapkodás *n* beating (about), lashing
csaplyuk *n (vésett)* mortise, pin-hole
csapnivaló *a* execrable, atrocious; ~an rossz appallingly bad
csapó *film* clapper(board)
csapóajtó *n* 1. *(pince fölött)* trap-door 2. *(lengő)* swing door
csapóasztal *n (vasúti kocsiban)* folding/foldaway table
csapodár *a* fickle, inconstant
csapodárság *n* fickleness, inconstancy
csapód|ik *v (ajtó)* close, slam, shut* with a bang; *(tárgy vmnek)* bang into/on/against sg; *(lövedék a falba)* smash into
csapóhíd *n* drawbridge
csapol *v* 1. *(folyadékot, hordót)* tap; *(sört, bort és orv)* draw* off 2. *(kohászatban)* draw* off [the metal]
csapolás *n* 1. *(folyadéké)* tapping, drawing (off) 2. *(kohászat)* discharge 3. *orv* drawing off
csapólétra *n* folding/jointed ladder
csapolt *a* ~ sör draught beer, beer on draught; frissen ~ new-drawn
csapong *v* 1. *(röpköd)* flit, flutter about; *(kószál)* rove 2. *(beszédben)* ramble, wander; képzelete szabadon ~ his fancy wanders/rambles freely
csapongás *n (beszédben)* digression; *(képzeleté)* flight of fancy
csapórács *n (várkapun)* portcullis
csapos I. *n* bartender, barman° II. *a* 1. furnished with tap/peg/plug *ut.* 2. ~ kötés pin/dowel joint, mortising
csaposlegény *n* bartender, potboy
csapószék *n (moziban)* tip-up seat, folding seat
csapott *a* ~ célgömb medium sight; egy ~ kanállal a level spoonful; ~ szárnyú *(repgép)* delta-wing(ed); ~ váll sloping shoulders *pl*; ~ vállú round-shouldered, with drooping shoulders
csapóvas *n (csapda)* (iron) trap
csapoz *v* tenon, mortise
csappan *v* decrease, fall* off
csappantyú *n* 1. *(szelep)* clack-valve 2. *(lövedékben)* percussion/firing-cap, capsule
csapszeg *n* bolt, pin
csapszék *n* tavern, inn

csaptelep *n* tap, bibcock
csapzott *a (haj)* matted
csárda *n* (wayside/village) inn, (country) tavern; ki a legény a ~ban? who is* the man° of greatest mettle?
csárdás *n (tánc)* csardas, czardas
csarnok *n* 1. ált hall; *(vásár~:)* market--hall; 2. vasút gyorsvonat Miskolcra indul a ~ ötödik vágányról the fast train for Miskolc will depart from platform 5
császár *n* 1. emperor 2. *biz (császármetszés)* Caesarean (US Ces-); ~ral született was born by Caesarean (section/operation)
császárhús *n* lean bacon
császári *a* imperial; tört ~ és királyi *(röv* cs. és kir.) Imperial and Royal; ő ~ felsége His/Her Imperial Majesty
császárkori *a* in the period of the Roman empire *ut.*
császárkörte *n* white butter pear
császármadár *n* hazel-grouse
császármetszés *n* Caesarean section (US Ces-)
császármorzsa *n* Kaiserschmarren
császárné, császárnő *n* empress
császárság *n* 1. *(ország)* empire 2. *(uralom)* II. József ~a idején in/during the reign of Emperor Joseph II
császárszakáll *n* side-whiskers
császárszalonna *n* szeletelt ~ streaky bacon
császárváros *n* the imperial capital ⟨Vienna in the days of the Hapsburgs⟩
császárzsemlye *n* ⟨a kind of roll⟩
császkál *v vhol* saunter, rove, loaf
csat *n* 1. *(öv, cipő stb.)* clasp, buckle 2. = hajcsat
csata *n* 1. kat battle; tört a rigómezei ~ the Battle of Rigómező; ~t vív fight* a battle; ~t veszít lose* a battle 2. átv fight(ing), struggle; parlamenti ~k parliamentary battles
csatabárd *n* battle/pole-axe; elássa a ~ot bury the hatchet
csatadal *n* war/battle-song
csatafestő *n* painter of battle-pieces/scenes
csatahajó *n* battleship
csatajelenet *n* battle-scene
csatak *n* mud, slush
csatakép *n* battle piece/scene
csatakiáltás *n* battle-cry, war-cry/whoop
csatakos *a* muddy, mudstained
csataló *n* 1. warhorse, charger 2. *(iron)* vén ~ (1) (old) warhorse (2) *(nőről)* old battleax; *(durvább)* old hag
csatamező *n* battlefield

csatangol v *vhol* hang*/loaf ab*out*/around
csatár n **1.** *kat* soldier, warrior **2.** *(futball)* forward; ~**ok** (the) forwards
csatarend n order of battle, battle array; ~**be állít** array; ~**be álltak** [the soldiers] were drawn up; ~**ben** in battle array
csatárlánc n extended order (in battle)
csatározás n skirmish(ing)
csatároz|ik v *vkvel* skirmish (with)
csatársor n *(futball)* the forwards *pl*
csatasor n **1.** *kat* line of battle, battle line **2.** *átv* ~**ba áll** take* up the cudgels (for *v.* on behalf of sy)
csatatér n battlefield *(átv is)*; **elesik a** ~**en** be* killed in action, be* killed on the battlefield
csatavesztés n defeat, rout
csatazaj n din/tumult of battle
csatáz|ik v *vkvel* fight*/battle (against/with sy), engage in battle (with sy)
csatlakozás n **1.** *vké vkhez* joining (sy), joining forces with **2.** *(vasúti)* connection; **mikor lesz** ~**unk Budapest felé?** when will there be a connection for B.?; **lekési/ elkési a** ~**t** miss the/one's connection/ train; *átv* miss the bus **3.** *el* terminal, connection; **dugós** ~ plug connection
csatlakoz|ik v **1.** *vkhez* join sy, join forces with sy, attach oneself to sy; *(társasághoz)* join in **2.** *vmhez* join sg; *(mozgalomhoz)* support; *(párthoz)* join [a party]; *(indítványhoz)* second, adopt [a motion], support; ~**om az előttem szólóhoz** I agree with the previous speaker **3.** *(vonat, repülőjárat)* connect (with); **a járat Prágában** ~**ik a varsóihoz** this flight connects with the flight for Warsaw at Prague (*v.* has a connection at P. for W.) **4.** *műsz ab*u*t* on, be* connected (to, with); *el (hálózathoz)* join [the mains]
csatlakozó I. a connecting, joining; ~ **járat** connecting service, *(légi)* connecting flight; ~ **vonat** connecting train **II.** n el plug
csatlakozóaljzat n socket
csatlós n **1.** *(kísérő, szolga)* henchman°, shield-bearer **2.** *átv* satellite, follower; ~ **állam** satellite state
csatol v **1.** *(csattal)* buckle (up) sg, clasp sg; *(derekára kardot)* buckle on [a sword]; *(vmhez hozzáerősít)* fasten/bind* to **2.** *(területet másikhoz)* annex [a territory] to [another] **3.** *(iratot mellékletként)* enclose, attach
csatolás n **1.** *(kardé)* buckling on **2.** *(területé)* annexation **3.** *(iraté)* enclosing **4.** *(kocsié)* coupling

csatolt a enclosed, attached; ~**an megküldjük** enclosed please find
csatolva adv = **csatolt**
csatorna n **1.** *(természetes)* channel; *(mesterséges)* canal; *(öntözéshez)* canal, ditch; *(szennyvízlevezető)* drain, sewer; *(eresz)* (eaves) gutter; *(útszéli, utcai)* gutter **2.** *tv* channel
csatornacső n *ép* drainpipe, downpipe, *US* downspout
csatornaépítés n **1.** *(öntöző, hajózási)* canal-building, canalization **2.** *(szennyvíz levezetésére)* drainage, sewerage
csatornahálózat n = **csatornarendszer**
csatornanyílás n *(utcai akna javításra/elzárásra)* manhole; *(utcán esővíz levezetésére)* gully
Csatornaövezet n Canal Zone
csatornarendszer n **1.** *(szennyvízé)* sewerage system **2.** *(hajózásra)* system/network of canals
csatornás a **12** ~ **tévékészülék** 12--channel TV set
csatornatisztító n sew(er)age man°
csatornaváltó n channel selector
csatornavíz n *(szennyvíz)* sewage
csatornáz v canalize
csatornázás n canalization
csatos a buckled; ~ **üveg** clip-top bottle
csattan v clap; *(ostor)* crack
csattanás n clap; *(ostoré)* crack
csattanó I. a crackling, clapping **II.** n point, punch line
csattanós a resounding, crackling; ~ **befejezés** ending with a bang; ~ **válasz** a snappy retort, caustic reply
csattant v click; *(ostorral)* crack [a whip]; *(ujjaival)* snap [one's fingers] ⇨ **csettint**
csattog v **1.** *ált* crack, clack, clap, clatter; *(szárny)* flap **2.** *(fülemüle)* warble
csattogás n **1.** *ált* crack, clap; *(szárnyé)* flapping; *(kardoké)* clash, clang(ing) **2.** *(fülemüléé)* warbling
csattogtat v crack, clap; *(szárnyat)* flap [wings]; *(ostort)* crack, flick [whip]; *(fogait)* snap
csáva n tan pickle, tanner's ooze; **benne van a** ~**ban** be* in a fix/pickle
csavar I. v **1.** *(elfordít)* twist, turn; *(vm köré)* wind* around; ~**ja a labdát** give* the ball a spin; **az ujja köré** ~**hatja** you can twist him round your little finger **2.** *(csavart)* screw (sg) in, drive* [a screw] into sg **II.** n *(facsavar)* screw; *(vascsavar)* bolt; *(anyával)* (nut and) bolt; ~**t hajt vmbe** drive* in a screw; **meghúza a** ~**t** tighten a screw

csavaralátét *n* washer
csavaranya *n* nut
csavarás *n* turn, twist, screwing, turning
csavarfej *n* screw-head
csavarfúró *n* (wheel) brace, breast/hand drill
csavargás *n* tramping, vagrancy; *biz* bumming around
csavargat *v* screw/twist/turn repeatedly
csavargó I. *a* tramping, strolling; ~ **életmód** *biz* bumming around **II.** *n* loafer, tramp, vagabond, bum
csavarhúzó *n* screwdriver
csavarirón *n* propelling pencil, screwtop pencil
csavarkerék *n* worm wheel
csavarkulcs *n* spanner, *US* wrench
csavarmenet *n* (screw-)thread; ~ **et vág vmre** cut* an external thread on sg; *vmbe* cut an internal thread in sg
csavarmenetvágó *n* (belső) screw tap; (külső) screw die
csavaró *n* = **hajcsavaró**
csavarodás *n* turning, winding, torsion
csavarod|ik *v* **1.** *vmre* wind* itself, twist (itself) (mind: onto/round) **2.** **őszbe** ~**ik** be* turning grey
csavarog *v* vhol loaf, wander, tramp (mind: around); ~ **a nagyvilágban** knock about (in) the world
csavarorsó *n* (male) screw
csavaros *a* **1.** (csavarral ellátott) screwed; (üveg) screw-topped **2.** (csavarmenetes) threaded, screwed **3.** *biz* ~ **eszű** wily, cunning, devious
csavaroz *v* screw on, bolt on (v. sg to) sg
csavart *a* **1.** twisted, screwed **2.** ~ **labda** twister, spinning ball, spinner
csavarulat *n* = **csavarodás**
csavarvonal *n* spiral
csáváz *v* **1.** (bőrt) tan, steep, soak **2.** *mezőg* treat, disinfect; (porral) dust
csávázás *n* **1.** (bőrt) tanning, steeping **2.** *mezőg* (vegyszeres, nedves) disinfection, wet chemical treatment; (porral) dry disinfection
csávázószer *n* caustics *pl*, disinfectant
cseber *n* bucket, pail; ~**ből vederbe** out of the frying-pan into the fire
csecs *n* breast; *vulg* tit
csecsbimbó *n* nipple, pap
csecse *a* pretty, darling
csecsebecse *n* knick-knack, trinket
csecsemő *n* infant, baby
csecsemőgondozás *n* (intézményes) infant care/welfare
csecsemőgondozó *n* child health clinic

csecsemőhalálozás, -halandóság *n* infant mortality
csecsemőkelengye *n* baby clothes *pl*, layette
csecsemőkor *n* infancy, (early) babyhood
csecsemőmérleg *n* baby-scales *pl*
csecsemőmirigy *n* thymus (pl -ses v. thymi)
csecsemőotthon *n* children's home
csecsemőtej *n* humanized/sterilized milk
csecsemővédelem *n* infant care/welfare
csecserész *v* vulg = **csöcsörész**
csecsszopó *n* = **csecsemő**
cseh *a/n* (ember, nyelv) Czech; **Cs~ és Szlovák Szövetségi Köztársaság** Czech and Slovakian Federal Republic; ~ **nyelven** = **csehül**
csehó *n* □ dive, joint
Csehország *n* tört Bohemia
csehországi *a* tört Bohemian
csehszlovák *a/n* Czechoslovak, Czechoslovakian
Csehszlovákia *n* Czechoslovakia
csehszlovákiai *a* Czechoslovakian, of Czechoslovakia ut.
csehül *adv* **1.** (nyelv) (in) Czech; ~ **beszél** speak* Czech; ~ **mond vmt** say sg in Czech; ~ **tanul** learn* Czech; ~ **van** (írva) it is (written) in Czech **2.** *biz* ~ **állunk** we are* in a mess (v. in a bad way)
csekély *a* trifling, small, petty; ~ **2000 forintomba került** it cost me a mere 2,000 forints; **nem** ~ considerable, no little; **a leg~ebb mértékben** in the least/smallest measure possible
csekélyke *a* very little, tiny; ~ **tudás** biz a smattering of knowledge
csekélység *n* **1.** (vmnek csekély volta) trifling character of sg, smallness **2.** (apróság) bagatelle, trifle; trivial/small matter; (szerény ajándék) a little something; **fogadja el ezt a ~et** please accept this small token (of appreciation etc.); ~**!** (gúnyos felkiáltás) is that all?; ~**em** your humble servant, yours truly
csekk *n* cheque, *US* check; ~**en küldi a pénzt** send* a cheque/check for [the amount]; ~**et kiállít** write* out a cheque; ~**et bevált** cash a cheque/check; ~**el fizet** pay* by cheque/check
csekkbefizetés *n GB* payment by giro; (kiírás postán) postal and money orders
csekkfüzet, csekk-könyv *n* chequebook, *US* checkbook
csekklap *n* cheque, *US* check
csekkszámla *n* bank/current account
csel *n* ruse, trick, wile; (ravaszság) contrivance, device; (futballban) dribble; (boksz)

feint; ~hez folyamodik have* recourse to a stratagem; ~t sző hatch a plot, intrigue, scheme (mind: against sy); ~lel rávesz vkt vmre trick sy into (doing) sg

csélcsap a fickle, inconstant

cseléd n † 1. (női) (maid)servant, maid, domestic (servant) 2. (uradalmi) agricultural labourer (US -or-), agricultural worker

cselédbér n † servant's wages pl

cselédkönyves orvos n † → szigorló orvos

cselédlány n † servant girl, maid(servant)

cselédség n † servants pl, domestics pl, domestic staff

cselédsor n † servanthood; ~ban in a menial position, in service

cselédszoba n † servant's/(house)maid's room

cselekedet n action, act; jó ~ good deed; rossz ~ bad action, misdeed

cselekmény n 1. jog act, action 2. (regénye, darabé stb.) plot

cseleksz|ik v vhogyan act; vmt do*; jót ~ik do* good (vkvel unto sy); mit cselekedtél? what have you done?; rosszul ~el, ha you would be wrong if

cselekvés n act, action

cselekvő I. a 1. active; ~en actively 2. ~ (ige)alak the active (voice) II. n doer

cselekvőképes a able/fit to act ut.

cselekvőképesség n disposing power/capacity, power of disposal

cselekvőképtelen a incapable

cselekvőképtelenség n incapacity of action, legal incapacity

cseles a biz wily, tricky, crafty

cselez v (futball) dribble; (boksz) feint

cselezés n (futball) dribbling; (boksz) feinting

cselfogás n trick, ruse, dodge

cselgáncs n judo

cselgáncsoz|ik v practise judo

cselgáncsozó n judoist

cselleng v loaf around/about, hang* around

csellista n cello player, cellist

cselló n (violon)cello

csellóművész n = csellista

csellószonáta n cello sonata

csellóverseny n (violon)cello concerto

csellóz|ik v play (on) the (violon)cello

cselszövény n intrigue, plot, trick, machinations pl

cselszövés n plot(ting), scheme, intrigue, machination

cselszövő n schemer, intriguer, plotter

cselvágás n (vívás) feint

cselvetés n † machination, ambush

csembaló n harpsichord

csemege n 1. (ínyencfalat) delicacy, dainty, titbit 2. átv (esemény) treat; (botrány) juicy bit

csemegeáru n delicatessen pl (de elfogadott a delicatessens pl is), delicacies pl

csemegebolt n delicatessen (shop)

csemegebor n dessert wine

csemegekukorica n sweet corn

csemegepaprika n (piros, fűszer) paprika, sweet red pepper ⇨ paprika, zöldpaprika

csemegeszalámi n Hungarian salami

csemegeszőlő n (dessert) grapes pl

csemegeuborka n pickled gherkin

csemegeüzlet n = csemegebolt

csemegevaj n (best) butter

csemete n 1. (fa) sapling, seedling 2. (gyermek) child°; iron scion, offspring

csempe n tile

csempeburkolat n tiles pl, tiling

csempész I. vt smuggle II. n smuggler

csempészáru n smuggled goods pl, contraband

csempészés n smuggling

csempészet n smuggling, contraband, trafficking

csempéz v tile, cover (sg) with tiles

csen v filch, pilfer, lift

csend n silence, stillness; (nyugalom) calm; ~ legyen! be/keep quiet!; (erélyesen) hush!, silence!; (durván) shut up!; néma ~ dead silence; ~ben in silence; ~ben marad keep* quiet/still

csendélet n still life (pl lifes)

csendes a still, quiet, peaceful; (élet) tranquil; (ember) quiet, silent; (idő) calm; (zavartalan) undisturbed; ~ eső soft rain; ~ nap(ok) vall retreat; ~ őrült harmless lunatic; ~ szavú soft-spoken

csendesed|ik v become* calm, calm down; (szél) drop; (vihar) abate

csendesen adv (ember) quietly; (hang) softly

csendesít v calm, still, silence; (haragot) pacify; (lovat) quieten, soothe

Csendes-óceán n Pacific Ocean, the Pacific

csendes-óceáni a Pacific

csendestárs n sleeping partner

csendháborítás n breach of the peace

csendháborító n disturber of the peace, rioter

csendőr n gendarme

csendőrőrs n kb. gendarme post

csendőrség n gendarmerie, GB the constabulary

csendrendelet *n* noise abatement/restriction order

csendül *v* (re)sound, ring* (out), tinkle

csendzavarás *n* = **csendháborítás**

csenevész *a (ember)* puny, sickly; *(bokor)* stunted

cseng *v* **1.** *(hang)* ring* (out), tinkle; *(üveg, fém)* clink **2.** *(telefon)* ring* **3.** ~ **a fülem** my ears are* buzzing/ringing; *(mert emlegetnek)* my ears are* burning

cseng-bong *v* ring* (out), resound, peal

csengés *n* **1.** *(hangé)* ring(ing), tinkle, tinkling; *(üvegé, fémé)* clink, chink **2.** *(telefoné)* ringing

csenget *v* ring*; *(csengővel)* ring* the bell; ~ **vknek** ring* for sy; ~**tek** there's a ring at the door, there's the bell, the bell rang

csengetés *n* ring (at the door); ~**re ajtót nyit** answer the doorbell

csengettyű *n* hand-bell, small bell

csengettyűszó *n* sound of (hand-)bells

csengettyűvirág *n* harebell, campanula

csengő I. *a* ringing, tinkling; ~ **hangon** in a tuneful/sonorous voice **II.** *n* **1.** bell; **a** ~ **szól** the bell rings*; **megnyomja a** ~**t** ring*/press/push the bell **2.** *(kézi)* hand-bell

csengő-bongó *a* resonant, tuneful, melodious

csengőgomb *n* bell-button

csengős *a* having/with a bell *ut.*

csengőzsinór *n* bell-wire/cord/pull

csepeg *v* drip, dribble; ~ **az orra** his nose is* running

csepegő I. *a* dripping **II.** *n (ereszé)* gutter(ing)

csepegtet *v* **1.** *(folyadékot vmbe)* drip, pour (sg) in drops **2.** *átv vmbe* instil sg into sy, imbue sy with sg; **bátorságot** ~ **bele** instil courage in(to) sy, encourage sy

csepegtető *n* = **cseppentő**

csépel *v* **1.** *(gabonát)* thresh **2.** *vkt* thrash, beat*, drub; **unalomig** ~ **egy témát** ride* an idea to death

csépeletlen *a* unthreshed

csepered|ik *v* grow* up

csepereg *v* drip, dribble; *(eső)* drizzle

csepergés *n* drip, dribble; *(esőé)* drizzle

cséplés *n* threshing

cseplesz *n orv* omentum *(pl -ta)*

cséplő I. *a* threshing **II.** *n* thresher

cséplőgép *n* threshing-machine, thresher

cséplőmunkás *n* thresher

cséplőrész *n* ⟨threshing wages in kind⟩

csepp *n* **1.** drop; ~**ekben** *(adagol)* [dispense] in drops, [to be taken] drop by drop; **egy** ~ **a tengerben** a drop in the bucket/ocean; **az utolsó** ~**ig** to the last drop; **utolsó** ~ **véréig** to the last ditch, to one's

last breath **2.** *(jelzőként)* **egy** ~ **vm** a drop of sg; *(nagyon kevés)* tiny, a dash of sg, a (little) bit of sg; *biz* ~ **gyerek** a tiny tot, little boy/girl; **egy** ~ **esze sincs** he hasn't an ounce of sense; *átv* **egy** ~**et** a little/tiny bit, (just) a little/bit; **(egy)** ~**et sem** not a bit, not in the least

cseppecske *n* droplet ⇨ **csepp 2.**

cseppen *v* **1.** drop, drip **2.** *biz* **hát te hogyan** ~**tél ide?** and where (on earth) did you spring* from?

cseppenként *adv* drop by drop, in drops

cseppent *v* drop, drip

cseppentő *n* dropper; *(üveggel együtt)* dropper bottle

cseppentős *a* ~ **orvosság** drops *pl*; ~ **üveg** dropper bottle

cseppfertőzés *n* infection spread by coughs and sneezes

cseppfolyós *a* fluid, liquid; ~ **állapot** liquid state; ~ **állapotban** *átv* in a state of flux

cseppfolyósít *v* **1.** *(szilárdat)* liquefy, melt **2.** *(gázneműt)* condense

cseppfolyósítás *n* **1.** *(szilárd anyagé)* liquefaction **2.** *(gázneműé)* condensation

cseppkő *n* dripstone; *(csüngő)* stalactite; *(álló)* stalagmite

cseppkőbarlang *n* limestone/stalactite/stalagmite cave

cseppnyi *a/n* **1.** a drop of **2.** *(nagyon kevés)* a dash of, a little bit of, tiny; **egy** ~ **jóérzés** an ounce of goodwill ⇨ **egy csepp**

csepül *v* **1.** *(ver)* thrash, drub **2.** *(ócsárol)* abuse, run* (sy) down

cser *n* **1.** *növ* Turkey oak **2.** *(kérge)* tan (bark)

cserbenhagy *v* leave* sy in the lurch; **emlékezete** ~**ta** his memory failed him

cserbenhagyásos *a* ~ **baleset/gázolás** a hit-and-run (accident); ~ **gázoló** a hit-and-run driver/motorist

cserdít *v* **közibük** ~ sort them out

csere *n* **1.** change; *(áru)* exchange [of goods], barter, trading, trade; ~**be** ad *vmért* in exchange/return for sg; ~**be ad vmt vmért** exchange sg for sg, give* sg in return/exchange for sg; *biz* swap sg for sg **2.** *sp* substitution; ~**t hajt végre** (bring* on a) substitute

csere- *pref (látogatás, előadó stb.)* exchange

csereakció *n* exchange scheme; *(a régi készülék beszámításával)* part exchange

cserebere *n biz* swapping

csereberél *v biz* swap

cserebogár *n* cockchafer, may-bug/beetle

cserediák *n* exchange student

csereelőadó *n* exchange lecturer

csereérték *n* exchange (*v.* trade-in) value
csereeszköz *n* medium (*pl* media) (*v.* means) of exchange
csereforgalom *n (áruké)* barter, exchange of goods
cserejátékos *n* substitute; *(rögbiben)* replacement
cserekereskedelem *n* barter(ing); **csere-kereskedelmet folytat** barter
cserél *v* change; *(árut)* (ex)change, barter; *biz* swap *(vmt vmért/vmre mind:* sg for sg else); **lakást** ~ change flats, move flat(s); **kereket** ~ change tyres (*US* tires)
cserelakás *n* flat/apartment given in exchange
cserelátogatás *n isk* exchange visit; *biz* swap-visit
cserélés *n* = csere
cserélget *v* exchange continually, keep* (ex)changing
cserélhető *a (alkatrész)* interchangeable [parts, lenses etc.]; ~ **lapokból álló** loose-leaf [book]
cseremisz *a/n* Cheremis(s)
cserény *n* wattle enclosure, corral
cserenyaralás *n* exchange holiday (scheme)
csereösztöndíj *n* exchange scholarship
cserép *n* 1. *(tetőn)* tile; ~**pel fed** tile 2. *(virág)* (flower) pot; ~**be ültet** pot; **egy** ~ **ciklámen** a potted cyclamen 3. *(törmelék, törött tárgy)* crock, shard, potsherd; **cserepekre törik** break* into shivers, shatter
cserépedény *n* earthen vessel, crock; *(gyűjtőnév)* earthenware, crockery
cserepéldány *n* exchange copy
cserepes I. *a* 1. *(tető)* tiled 2. ~ **növény** pot plant 3. *(bőr)* chapped II. *n* tiler
cserepesed|ik *v (ajak, kéz)* get* chapped; *(talaj)* cake, crack
cserepez *v (tetőt)* tile, cover (sg) with tiles
cserepező *n (ember)* tiler
cserépfazék *n* earthenware pot
cserépfedél *n* tiled roof
cserépkályha *n* (glazed) tile stove
cseréppipa *n* clay-pipe
csereprofesszor *n* exchange professor
csereprogram *n* **a brit-magyar kormányközi** ~ **keretében** under the British-Hungarian exchange programme
cseréptál *n* earthenware dish
cseréptégla *n* tile
cseréptető *n* tiled roof
cseresznye *n* cherry ⇨ cseresznyefa
cseresznyefa *n* 1. *növ* cherry(-tree) 2. *(anyaga)* cherry(-wood)

cseresznyepálinka *n* Hungarian kirsch
cseresznyepaprika *n* chilli, *főleg US:* chili; hot pepper
cseresznyepiros *a* cherry-coloured, cerise
cseresznyés I. *a* abounding in cherries *ut.* II. *n* cherry orchard
cseresznyeszár *n* cherry-stalk
cseresznyéz|ik *v* eat* cherries
cseretanár *n* exchange teacher; *(professzor)* exchange professor; *(tágabb értelemben)* visiting professor
cseretárgy *n* object of exchange/barter
csereutazás *n* exchange trip
csereügylet *n* barter
csereviszony *n* bartering relations *pl*
cserez *v* tan [leather]
cserfa *n* 1. = cser 1. 2. *(anyag)* oak-wood
cserfes *a* chattery; *(nyelves)* gossipy
cserje *n* shrub
cserjés *a* shrubs *pl*
cserkesz *a* Circassian
cserkész *n* (boy) scout; *(leány) GB* girl guide, *US* girl scout
cserkészcsapat *n* scout troop, a troop of (boy) scouts; **a 23-as birminghami** ~ the 23rd Birmingham Scouts
cserkészés *n* (deer-)stalking
cserkészet *n* Scouting; *(a mozgalom)* the Scout(ing) movement
cserkész|ik *v (vadász)* stalk, track
cserkészkalap *n* scout hat
cserkészparancsnok *n* scoutmaster
cserkészruha *n* (boy-)scout uniform
cserkészszövetség *n* the Scout Association
cserkésztábor *n* (boy-)scout camp
cserkésztiszt *n* scoutmaster
cserkész-világtalálkozó *n (dzsembori)* jamboree
csermely *n* brook, rivulet, rill
csersav *n* tannic acid, tannin
cserzés *n* tanning
cserzett *a* 1. tanned 2. *(arcbőrű)* weather-beaten
cserző I. *a* tanning II. *n (munkás)* tanner
cserzőanyag *n* tannin, tanning agent
cserzőkád *n* tanner's tub, tanning vat
cserzőlé *n* tan pickle
cserzővarga *n* tanner, skin-dresser
cs. és kir. → császári
csésze *n* 1. *(ivó)* cup; **egy** ~ **tea** a cup of tea 2. *(mosdó)* washbasin; *(vécé)* pan, *(toilet)* bowl 3. *(virágé)* calyx (*pl* calyces *is*)
csészealj *n* saucer
csészelevél *n* sepal, calyx-leaf°
csetepaté *n biz* 1. *kat* skirmish 2. *(veszekedés)* barney

csetepatéz v biz **1.** kat skirmish **2.** (veszekszik) row, have* a barney
csetl|ik-botl|ik v stumble about, totter
csetten v click, snap
csettint v (nyelvével) click (one's tongue), smack one's lips
csettintés n click
cséve n tex bobbin, spool
cseveg v chat, talk away, converse
csevegés n chat, (small) talk
csevegő I. a talkative, chatty **II.** n talker, chatterbox
csévél v wind*, reel
csévélő(gép) n winder
csibe n chick(en)
csibész n urchin; **te kis ~ !** you little rascal
csibészked|ik v act the (young) rascal
csibésznyelv n (thieves') cant; (tágabban) argot, slang
csibuk n chibouk, Turkish pipe
csibukoz|ik v smoke a chibouk
csicsereg v twitter, chirp, chirrup
csicsergés n twitter, chirp, chirrup
csicskás a † orderly, batman°
csicsóka n Jerusalem artichoke
csiga n **1.** snail; **~ alakú** spiral, helical; **éti ~** edible snail; **tengeri ~** sea snail **2.** (gép) pulley; (álló) hoist **3.** (játék) (whip/whipping/spinning) top **4.** (hajban) curl **5.** (fülben) cochlea (pl cochleas v. cochleae) **6.** (oszlopon) volute
csigabiga n snail
csigafúró n spiral/twist drill
csigaház n (snail) shell
csigakerék n worm gear/wheel
csigalassúsággal adv at a snail's pace
csigalépcső n spiral staircase, spiral stairs pl
csigamenet n worm-cut
csigasor n pulley, block and tackle
csigatészta n shell(-shaped) pasta
csigavér! int don't get excited!, take it easy!, keep your shirt on!; **~ ű** biz cool as a cucumber
csigavonal n spiral (line), helix (pl helices v. -xes); (oszlopon) volute
csigáz v → **elcsigáz, felcsigáz**
csigolya n vertebra (pl vertebrae)
csihipuhi n biz (verekedés) dingdong, brawl
csihol n **tüzet ~** strike* a light, strike* fire
csík[1] n (sáv, anyag) stripe, band; (szín) streak; (ütéstől testen) welt, weal; biz **(el)húzza a ~ot** cut* and run*, make* oneself scarce, GB scarper; biz **elhúzom a ~ot** I make myself scarce, I must be making tracks
csík[2] n (hal) mudfish, loach

csikar v pinch, twist, gripe; **vm ~ja a hasát** have* the gripes, have* colic
csikarás n orv colic, gripes pl
csíkbogár n water beetle
csikk n (cigarette-)stub, butt, fag-end
csikland|ik v feel* tickled
csiklandós a **1.** (személy) ticklish **2.** átv delicate; **~ helyzet** ticklish situation; **~ történet** dirty/spicy story
csiklandoz v **1.** vk vkt tickle **2.** átv titillate
csikló n clitoris
csikó n foal; (elválasztva) colt; (kanca) filly
csikóbőrös kulacs n ⟨wooden flask covered with pony-skin⟩
csikófog n milk-tooth°, nipper [of young horse]; **elhullatta már a ~t** iron he is past his prime, she is no chicken
csikordul v creak, grate, grind*
csikorgás n creaking, grating
csikorgat v (make* sg) creak, grate, grind*; **fogát ~ja** gnash/grind* one's teeth
csikorgó a **1.** creaking, grating; **~ hang** grating/grinding sound **2.** **~ hideg van** it is* biting/bitterly cold
csikorog v grate, grit, creak, scroop; (fog) gnash; **~va megáll** grind* to a halt
csikós n horseherd, US cowboy
csíkos a striped, streaked
csíkósbojtár n young horseherd
csíkoz v streak, stripe
csíkozás n streaks pl; pattern of streaks
csíkózás n foaling
csikóz|ik v foal
csilingel v ring*, tinkle, jingle
csilingelés n tinkle, jingle
Csilla n ⟨Hungarian feminine given name⟩
csillag n **1.** (égitest) star; **ötágú ~** five-pointed star; **~ok állása** constellation; **~okat lát** (a fájdalomtól) see* stars **2.** (tiszti) star, pip **3.** (ló homlokán nagy) blaze; (kicsi) star **4.** nyomd asterisk
csillagász n astronomer
csillagászat n astronomy
csillagászati a **1.** astronomical, sidereal, astral; **~ év** sidereal year **2.** biz ,,~'' ár sky-high price; ,,~'' számok astronomical figures/sums pl
csillagfényes a starlit, starlight
csillagfürt n (white) lupin (v. US lupine)
csillagháború n (~s program) Star Wars (program); (hiv. nevén) Strategic Defense Initiative, röv SDI
csillaghullás n star/meteor shower
csillagjós n astrologer
csillagjóslás n astrology
csillagkép n constellation

csillagkulcs *n* ri̇́ng spa̱nner, *US* long-box wrench
csillagos *a* **1.** *(ég)* starry, starlit **2.** *US* ~ - -sávos **lobogó** the Stars and Stripes, the Star-Spangled Banner **3.** *isk* ~ **ötös** (an) excellent (mark)
csillagszóró *n (karácsonyfán)* sparkler
csillagtalan *a* starless
csillagtúra *n* rally
csillagvizsgáló *n (intézet)* observatory
csillagzat *n* constellation; **rossz** ~ **alatt született** be* born u̱nder an unlu̱cky star, be* star-crossed, be* ill-starred/fated; **szerencsés** ~ **alatt született** be* born under a lu̱cky star, bear* a charmed life
csillám *n (ásvány)* mica
csillámlemez *n* sheet of mi̱ca
csilláml|ik *v* sci̱ntillate, gli̱tter; *(homályosan)* twi̱nkle, gli̱mmer
csillámló *a* gli̱ttering, sci̱ntillating
csillámpala *n* mica slate/schist
csillan *v* flash, gleam; *(drágakő)* sparkle
csillangó *n* ci̱lium *(pl* ci̱lia)
csillapít *v* **1.** *(éhséget)* appea̱se; *(szomjúságot)* quench; *(fájdalmat)* relie̱ve, allevia̱te, ease; *(vérzést)* arrest [a haemorrhage] **2.** *(indulatot)* allay, calm; *(mérget)* pacify, quell ⇨ **csitít, nyugtat**
csillapítás *n* **1.** *(éhségé)* appeasing; *(szomjúságé)* quenching; *(fájdalomé)* alleviation, relief **2.** *(indulaté)* suppression; *(méregé)* pacification
csillapíthatatlan *a (éhség)* unappeasable; *(szomjúság)* unquenchable
csillapító I. *a* calming, soothing **II.** *n (szer)* sedative, tranquillizer; *(erősebb)* barbi̱turate
csillapított rezgés *n* műsz damped oscillation
csillapod|ik *v* beco̱me* qui̱et/calm, calm down; *(fájdalom)* abate, dimi̱nish; *(düh)* calm down; *(szél)* drop, die down
csillapul *v* = **csillapodik**
csillár *n* chandelier
csille *n (bányában)* mine car, mi̱ner's truck; *(kötélpályán)* car, cabin
csillés *n* trammer, hau̱l(i)er, hau̱lageman°
csilléz *v* transport in a tub/truck/tram
csillog *v* shine*, gli̱tter, sparkle, gleam; **szeme** ~**ott az örömtől** her eyes were* shi̱ning/sparkling with joy
csillogás *n* gli̱tter, shine, sparkle
csillogó *a* gli̱stening, glea̱ming, gli̱ttering, sparkling
csillogtat *v* **1.** *(tárgyat)* make* sg shine/gli̱tter **2.** *átv* exhi̱bit, display; ~**ja tudását** show* off one's knowledge

csillog-villog *v* sparkle and gli̱tter
csillószőr *n* ci̱lium *(pl* ci̱lia)
csimbók *n* knot; *(hajban)* top-knot
csimborasszó *n* **a szemtelenség** ~**ja** the ne plus u̱ltra of i̱nsolence
csimpánz *n* chimpanze̱e
csimpaszkod|ik *v* vmbe cling* to sg, hang* onto sg (for dear life); *vkbe* cling* to sy
csín *n* nea̱tness, tri̱mness
csinál *v* **1.** *(készít)* make*; **vmt vmből** ~ make*/form sg out of sg; **rántottát** ~ make* scra̱mbled eggs; **nagy dolgot** ~**t belőle** he made* much of it; **vasból** ~**ták** was* made of i̱ron; ,,~**d magad"** do(-)it(-) yourself **2.** *(tesz)* do*; **mit** ~**sz?** (1) *(most)* what are* you doing? (2) *(mi a foglalkozásod?)* what do you do (for a li̱ving?) **most aztán mit** ~**junk?** what's to be done now?; **rosszul** ~**ja** he is* going abou̱t it (in) the wrong way; *biz* **jól** ~**ja** *(művész)* play/perform/do* sg well; **utat** ~ **magának** work/carve/make* one's way **3.** *(színlel)* **úgy** ~, **mintha** feign that…, pretend to/that…
csinált *a* **1.** made, prepared; ~ **bor** watered-down wine **2.** *átv* artifi̱cial, unna̱tural, affected; ~ **szó** ma̱de-up word
csináltat *v* have* sg made; ~ **egy öltönyt** order a suit, have* a (new) suit made
csincsilla *n* chinchi̱lla
csingilingi *n* ti̱ng-a-ling
csini *a biz (nő)* pretty
csinibaba *n biz* dolly bird
csínja-bínja *n* **ismeri minden** ~**t-**~**t** know* the ins and outs of it/sg
csínján *adv* ~ **bánik** vmvel handle sg gently/cau̱tiously, handle sg with care; *vkvel* treat sy with kid gloves
csinnadrattáz|ik *v átv* make* a great hullabaloo
csinos *a* **1.** *(nő)* pretty, good-looking; *(öltözködését/megjelenését tekintve)* smart; *(férfi)* handsome, good-looking **2.** *(rendes, kellemes)* neat, trim **3.** *(meglehetős)* pretty; ~ **kis összeg** a ti̱dy sum, a pretty penny
csinosan *adv* ~ **jár/öltözködik** she dresses well; ~ **néz ki** look smart
csinosít *v* make* prettier; ~**ja magát** sma̱rten oneself up, make* oneself smart/pretty
csinosod|ik *v* improve in looks, beco̱me* better-looking
csinosság *n (nő, férfi)* good looks *pl*; *(nő)* pre̱ttiness; *(férfi)* handsomeness; *(rendesség)* nea̱tness
csinoz *v tex* fi̱nish, dress [fabrics]; *(bőrt)* polish, dress
csintalan *a* nau̱ghty, mi̱schievous

csintalankod|ik *v* be* naughty, be* mischievous, play the imp
csintalanság *n* *(viselkedés)* naughtiness; *(tett)* mischief
csíny *n* trick, prank; ~**t követ el** play a trick (on sy), play pranks (on sy)
csínytevés *n* = **csíny**
csínytevő *n* joker, wag, prankster
csíp 1. *vt (ujjal, fogóval)* pinch, nip; **vkbe** ~ pinch sy **2.** *vt/vi (csalán, méh, füst a szemet)* sting*; *(szúnyog, bolha, poloska)* bite*; *(fagy)* nip; ~ **ez a paprika** this paprika is rather hot; **a paprika** ~**i a számat** paprika burns my lips; *átv* ~ **vkn** get* at sy **3.** *vt vmből* break* off a bit of sg **4.** ☐ ~ **vmt** be* (very) keen on sg; ~**ed?** *(= tetszik neked?)* (do) you fancy him? ➪ **nyak**
csipa *n* gum, rheum
csipás *a* rheumy, gummy; ~ **a szemed** you have gum in your eyes; ~ **szemű** rheumy eyed
csip-csup *a* petty, trivial; ~ **dolgok** trifles, odds and ends
csipdes *v* = **csipeget**
csipeget *v (madár magot)* pick/scratch about (for food); ~ **az ételből** pick at one's food
csiperkegomba *n* mushroom, champignon
csípés *n* **1.** *(ujjal, fogóval)* pinch(ing), nip(ping) **2.** *(élősdié)* bite; **tele van** ~**ekkel** be* covered with/in insect bites
csipesz *n* ált tweezers *pl*; *(köröm)* nail clippers *pl*; *(ruhaszárító)* clothes peg
csipet(nyi) *n* **egy** ~ a pinch of sg; *(fűszerből)* a dash of sg; *átv* a grain of [truth, common sense etc.]
csipisz *n* ~ **az orrodra** *biz* a fig for you!
csipke *n* lace
csipkebogyó *n* (rose)hip
csipkebokor *n* = **vadrózsa**
csipked *v* **1.** *(ujjal, csőrrel)* pick, pinch, nip **2.** *átv vkt* twit/taunt sy, gibe/sneer at sy
csipkedíszítés *n* lace-work
csipkelődés *n* *(jóindulatú)* banter, teasing; *(barátságtalan)* taunt, sneer, gibing
csipkelőd|ik *v* *(jóindulatúan)* banter with sy, tease sy; *(barátságtalanul)* taunt sy
csipkerózsa *n* dog-rose
csipkés *a* **1.** *(ruha)* adorned with lace *ut.*, lacy, lace- **2.** *átv* (in)dented, toothed, jagged
csipkeszörp *n* rosehip syrup
csipketea *n* hip-tea
csipkeverés *n* bone-lace making
csipkeverő *n* lace-maker/worker
csipkéz *v* **1.** *(csipkével díszít)* trim with lace **2.** *(vmnek szélét)* indent, scallop

csipkézett *a* *(fogazott)* toothed, indented, scalloped
csípmentes *a* mild [paprika]
csipog *v* cheep, chirp, chirrup
csipogás *n* cheep(ing), chirp(ing), chirrup(ing)
csípő *n* hip; ~**ből tüzel/lő** be* firing from the hip; ~**re tett kézzel** with arm(s) akimbo
csípőcsont *n* hip-bone
csípőficam *n* dislocation of the hip
csípőficamos *a* hipshot
csípőfogó *n* pliers, pincers, nippers *(mind: pl)*
csípőízület *n* hip-joint
csípős *a* **1.** *(fűszer)* hot; ~ **paprika** *(apró)* hot pepper **2.** *(hideg)* biting, severe; ~ **szél** **fúj** there's a biting wind **3.** *(hang)* acrimonious; *(megjegyzés)* sharp, caustic; *(nyelv)* snappish; ~ **megjegyzés** cutting/biting remark; ~ **nyelvű** snappish, evil-tongued; ~**en** pointedly, venomously, caustically
csípősség *n* **1.** *(íze)* sharpness **2.** *átv* snappishness, pointedness
csípőszorító *n* girdle, roll-on belt
csíptet *v* pinch, nip
csíptető *n* **1.** = **csipesz, fogó 2.** *(cvikker)* pince-nez *(pl* ula.)
csíra *n* **1.** *ált* germ, seed-bud; *biol* ovum *(pl* ova)*, ovule; *(betegségé)* seeds *pl* **2.** *átv* nucleus, bud; ~**jában elfojt** *vmt* nip sg in the bud
csíraképes *a* germinative, capable of germinating *ut.*
csíralevél *n* cotyledon, seed-leaf°
csíramentes *a* sterile
csírátlan *a* **1.** sterile **2.** *(csírátlanított)* ~ **tej** sterilized *(v. GB* attested) milk
csírázás *n növ* germination, sprouting
csíráz|ik *v növ* germinate, sprout
csiricsáré *a* tawdry, flashy, trumpery
csiripel *v* chirp, twitter; **ezt már a verebek is** ~**ik** it is* an open secret, it is* all over (the) town
csiriz *n* flour-paste, size
csirizel *v* smear (sg) with size
csirizes *a* sticky
csirke *n* chicken; **rántani való** ~ broiler, spring chicken; *iron* **már nem mai** ~ she is* no chicken
csirkebecsinált *n* → **becsinált**
csirkecomb *n* leg of chicken, chicken leg
csirkefogó *n biz* rascal; *elít* layabout
csirkehús *n* chicken
csirkeól *n* hen-coop, chicken pen
csirkepaprikás *n* paprika chicken

csiszol v 1. *(tárgyat)* polish, burnish, rub; *(köszörül)* grind*; *(üveget)* grind*; gyémántot ~ cut* a diamond 2. *(stílust)* chisel, polish [style]
csiszolás n 1. *(tárgyé)* polishing, burnishing, rubbing; *(gyémánté)* cutting; *(üvegé)* grinding 2. *(stílusé)* polishing
csiszolatlan a 1. *(tárgy)* unpolished; *(drágakő)* uncut 2. átv crude, rude, rough; *(személy)* unrefined, boorish; *(modor)* boorish, oafish; *(stílus)* unpolished
csiszolatlankő-korszak n pal(a)eolithic period
csiszoló n *(személy)* polisher, rubber
csiszolóanyag n abrasive (material)
csiszolód|ik v 1. *(tárgy, dolog)* become* polished/smooth(ed) 2. *(személy)* átv improve in manners, become* refined
csiszológép n abrasive/grinding machine, grinder, polisher
csiszolókorong n grinding wheel
csiszolópapír n emery/sand/abrasive paper
csiszolópor n emery powder
csiszolóvászon n emery cloth
csiszolt a 1. *(tárgy)* polished, burnished, smooth; *(gyémánt)* cut; *(üveg)* ground 2. átv refined, polished, cultivated; ~ stílus elegant *(v. carefullly-polished)* style
csiszoltkő-korszak n neolithic period
csiszoltság n átv polish
csitít v silence, hush, still
csitítgat v hush, quiet
csitri n slip of a girl
csitt! int hush!, shush!, (s)sh!
csitul v = csillapodik
csivitel v twitter, chirp
csíz n siskin
csízió n biz érti a ~t he knows* the ropes, he knows what's what
csizma n (top-)boots pl, riding-boots pl
csizmadia n † boot-maker
csizmahúzó n 1. *(faeszköz)* bootjack 2. *(fül)* tab
csizmanadrág n *(riding)* breeches pl
csizmás a booted, in/wearing boots ut.;
  Csizmás Kandúr Puss-in-Boots
csizmaszár n boot-leg, boot-uppers pl
csobban v (s)plash, plop
csobbanás n (s)plash(ing)
csobog v plash, splash, gurgle
csobogás n plash(ing), splashing, gurgling; patak ~a purl/babble of (a/the) brook
csobogó a plashing, splashing, gurgling
csoda n 1. vall miracle; minden ~ három napig tart it's a nine-days' wonder; hisz a ~kban believe in miracles; ~t tesz work a

miracle *(v. miracles)* 2. *(rendkívüli dolog)* marvel, wonder; ~, hogy it is* a wonder...; nem ~, hogy/ha no/little wonder (that/if); ~k ~ja for/what a wonder!, marvel of marvels!; a természet ~i the marvels/wonders of nature; a technika ~i the marvels of modern science; hol a ~ban lehet? where on earth can it/he be?; ki a ~? who on earth?; ~(ka)t művel work/do* wonders/marvels, work/perform miracles; ~val határos módon miraculously
csodabogár n *(ember)* queer fish, crank
csodadoktor n elit quack
csodafegyver n wonder weapon
csodagyer(m)ek n child°/infant prodigy
csodál v 1. vk vmt admire (sg); vkt admire (sy), look up to (sy) 2. *(meglepődik vmn)* wonder at; ~om! I am* surprised
csodálat n 1. *(vm/vk iránt)* admiration (for sg/sy); ~ot kelt excite/arouse admiration; ~tal néz vmt admire sg, gaze at sg in wonder/admiration 2. *(csodálkozás, meglepetés)* wonder, surprise, amazement; ~ba ejt astonish, amaze; ~ot kelt *(meglep)* cause surprise
csodálatos a 1. *(remek)* wonderful, marvellous *(US -l-)*; ~ ember he is a most extraordinary man, he is a phenomenon; ~ dolog a marvellous/fantastic *(v. US -l-)* thing, a phenomenon 2. *(különös)* strange, surprising; ~ módon, ~képpen *(különös módon)* surprisingly (enough), astonishingly (enough), strangely enough; *(csodával határos módon)* miraculously
csodálatosan adv wonderfully, marvellously *(US -l-)*, admirably; ~ játszott *(pl. zongorista)* (s)he played wonderfully; ~ szép extremely beautiful
csodálkozás n astonishment, amazement, wonder; legnagyobb ~omra to my utter amazement
csodálkoz|ik v 1. vmn wonder at, marvel at (sg) 2. *(meglepődik)* be* surprised/astonished at; ~om, hogy I find* it strange that, I am very surprised that; ezek után nem lehet ~ni azon, hogy after this you won't be surprised if *(v. to learn that)*
csodálkozó a wondering, admiring
csodáló I. a admiring, surprised II. n admirer
csodaország n wonderland
csodás a marvellous *(US -l-)*, magic
csodaszarvas n ⟨mythical stag of Hungarian legend⟩
csodaszép a exquisite, very beautiful; ~ nő she is* a beauty

csodaszer *n* cure-all, panacea
csodatett *n* miracle, wonder
csodatevő I. *a* wonder-working, miraculous
II. *n* wonder-worker
csodavilág *n* world of wonders
csók *n* **1.** *ált* kiss **2.** *(mogyorós, diós)* macaroon
csóka *n* (jack)daw
csókálló *a* ~ **rúzs** kissproof lipstick
csoki *n biz* chocolate, *GB* chocs *pl*
csókol *v* kiss, give* sy a kiss; **kezet** ~ kiss sy's hand; **kezét** ~ **om!** *(az angolban pontos megfelelője nincs, helyette ez mondható)* good morning/afternoon/evening Madam/Sir; *biz* ~ **om!** *(sajnálatosan terjed a magyarban, megfelelője kb.)* hello; **sokszor** ~ *(levél végén)* Love (from) (*v.* All my love) *(és keresztnév)*
csokoládé *n* chocolate
csokoládébarna *a* chocolate brown
csokoládégyár *n* chocolate factory
csokoládélikőr *n* chocolate liqueur
csokoládémáz *n* chocolate coating
csokoládépor *n* powdered chocolate
csokoládés *a* with chocolate *ut.*
csokoládétorta *n* chocolate cake
csókolgat *v* shower with kisses, kiss repeatedly
csókolódzás *n* kissing
csókolódz|ik *v* kiss one another (repeatedly), *biz* be* billing and cooing
csókoltat *v* send* one's love to sy
csokor *n* **1.** *(virág)* bunch, bouquet (of flowers) **2.** *(szalagból)* bow, rosette, knot
csokornyakkendő *n* bow-tie
csomag *n* **1.** *ált* package; *(postai)* parcel; *(kicsi)* packet; *(ajándék~)* gift-parcel; *(poggyász)* luggage *(pl* ua.); *US főleg:* baggage *(pl* ua.); **sok** ~**ja van** have* a lot of luggage/baggage; **5** ~**ja van** *(poggyásza)* (s)he has five pieces of luggage/baggage; **kevés** ~**gal utazik** travel *(US* -l-) light; **még egy** ~**om van** I have another piece of luggage; ~**ot felad** *(postán)* post a parcel, send* a parcel by post; *(vonaton)* register one's luggage, *US* check one's baggage **2. egy** ~ **cigaretta** a packet *(US* pack) of cigarettes; **egy** ~ **kártya** a pack of cards **3.** *(politikai, oktatási stb.)* package
csomagfeladás *n* posting of parcels; *(helye, postán)* parcels counter; *(vasúti)* luggage *(US* baggage) office
csomagfelvétel *n (helye)* → **csomagfeladás**
csomaghálő *n* (luggage) rack
csomagkézbesítés *n* parcel-post delivery

csomagkiadás *n (postán)* parcels office ⇨ **poggyászkiadás**
csomagkihordás *n (postai)* parcel-post delivery
csomagkihordó *n (postás)* parcel postman°; ~ **autó** parcels van
csomagküldő *a* ~ **áruház** mail-order firm/house
csomagmegőrző *n* = **poggyászmegőrző**
csomagol *v* **1.** *(árut)* pack (up), make* into a parcel, package; *(papírba stb.)* wrap (up) **2.** *(utazásra kofferba)* pack (up) **3.** *átv vhogyan* present
csomagolás *n* **1.** *(mint folyamat, áruról)* pack(ag)ing; *(papírba stb.)* wrapping, packaging; **tízdekás** ~**ban** in 1/4 lb packs/packets **2.** *(utazásra kofferba)* packing (up) **elkezdted a** ~**t?** have you started your packing? ~ **3.** *(burkolat)* cover, wrapper **4.** *átv* presentation
csomagolásmód *n* **1.** *ált* packing **2.** *átv* presentation
csomagolatlan *a* unwrapped; ~ **áru** bulk goods *pl*
csomagoló I. *a* packing **II.** *n* **1.** *(személy)* packer **2.** *(helyiség)* packing-room
csomagolópapír *n* brown/wrapping/packing paper
csomagolt *a* pack(ag)ed; *(előre)* prepack(ag)ed; ~ **ebéd** packed lunch
csomagposta *n* parcel-post
csomagszállítás *n* carriage of parcels, parcel delivery
csomagtartó *n* **1.** *(vasúti fülkében)* luggage rack **2.** *(autóban)* boot; *US* trunk; *(tetőn)* roof rack
csomagterv *n* package deal
csomagtúra *n* package tour
csomó *n* **1.** *(bog)* knot; ~**ra köt vmt** knot sg; ~**t köt** tie/make* a knot (in sg); ~**t köt a zsebkendőjére** tie a knot in one's handkerchief **2.** *(fában)* knot; gnarl; *(testrészen)* lump, knot, node, nodule **3.** *hajó (1853 m/óra)* knot; **x** ~ **sebességgel halad** is doing x knots a day **4. egy** ~ ... *(sok)* a lot of...; **egy** ~ **ember** a number/lot/bunch of people; **jó** ~ **pénz** a lot of money, a packet
csomópont *n* **1.** *(közlekedési)* junction; *(különszintű)* interchange; **vasúti** ~ railway junction **2.** *(mat, fiz)* node, intersection, knot
csomós *a* **1.** *(amiben csomó van)* knotty, tangled **2.** *(összecsomósodott)* lumpy
csomósod|ik *v* become* knotty/knotted, get* tangled up

csomóz *v* knot (sg), tie/make* a knot in sg
csomózás *n* **1.** *(folyamat)* knotting **2.** *(eredménye)* knot
csónak *n* boat; *(evezős)* rowing boat; *főleg US:* rowboat
csónakázás *n* boating
csónakáz|ik *v* boat; ~ni megy go* boating
csónakázó *n* (weekend) rower
csónakház *n* boathouse
csónakmester *n* boat-keeper, boatman°
csónakmotor *n* *(külső)* outboard motor
csónakos *n* *(hivatásos)* boatman°, waterman°, bargee
csónakverseny *n* boat-race
csonk *n* stump, stub; *(cigarettáé)* stub, *biz* fag end; *(szivaré)* butt; *(fogé)* stump
csonka *a* **1.** *(törött, csonkított)* mangled, broken; *(kéz, láb)* maimed; *(ember)* mutilated; *(szobor)* broken **2.** *(mű)* incomplete; ~ gúla frustum *(pl* -s *v.* frusta) of pyramid; ~ kúp frustum of cone; ~ példány defective copy
csonkít *v* *(átv is)* mutilate, truncate; *(végtagot)* maim ⇨ **csonkol**
csonkítás *n* *(átv is)* mutilation
csonkol *v orv* amputate
csonkolás *n orv* amputation
csonkolt *a* amputated
csont *n* bone; **(csupa)** ~ **és bőr** nothing but *(v.* all/only) skin and bone, skin and bone(s); ~ja velejéig *(áthűlt)* (be* chilled) to the marrow (of one's bones); ~ nélküli boneless, off the bone *ut.;* a ~jaimban érzem I feel* it in my bones
csontátültetés *n* bone grafting, osteoplasty
csontfaragás *n* bone carving
csontgomb *n* horn button(s)
csonthártya *n* periosteum
csonthártyagyulladás *n* periostitis
csonthéjas gyümölcs *n* stone-fruit, *tud* drupe
csontkemény *a* stone/rock-hard
csontképző *n* ossiferous, bone-building
csontképződés *n* bone formation, ossification
csontkeretes *a* ~ szemüveg horn-rimmed glasses/spectacles *pl*
csontkinövés *n* bony growth, exostosis
csontkollekció *n biz* a bag of bones
csontlágyulás *n* softening of the bones, osteomalacia
csontleves *n* bone soup, stock broth
csontnyelű *a* with a horn handle *ut.*
csontos *a* bony, osseous

csontosodás *n* ossification, becoming bony
csontosod|ik *v vm* ossify, become* bony, harden
csontozat *n* skeletal/bony system
csontrák *n* bone cancer
csontrepedés *n* splitting/cracking of the bone
csontritkulás *n* osteoporosis
csontszilánk *n* splinter of bone
csontszínű *a* ivory
csontszövet *n* bone-tissue, bony tissues *pl*
csonttan *n* osteology
csonttörés *n* fracture (of bone)
csonttuberkulózis *n* tuberculosis of the bone(s)
csontváz *n* skeleton
csontvelő *n* (bone) marrow, medulla
csontvelő-átültetés *n* bone-marrow transplant
csontvelőgyulladás *n* osteomyelitis
csoport *n* group; *kat* troop, detachment; *(munkás)* gang, team, shift; *(értelmiségi munka~)* team; ~okba verődnek form (themselves into) groups; ~okra oszt separate/divide into groups
csoportbeosztás *n* division (into groups)
csoportelső *n* (person) coming top/first in his/her group
csoportérdek(eltség) *n* group interest
csoportértekezlet *n* group meeting/conference
csoportkép *n* tableau *(pl.* -eaux *v.* -eaus), group photograph
csoportmunka *n* teamwork
csoportnyelv *n* jargon
csoportos *a* collective, in groups *ut.;* group; ~ tanulás team studying; ~ turistavízum group tourist visa; ~ utazás group/party travel; ~ útlevél collective/group passport
csoportosít *v* group; *(adatokat)* classify, arrange; *(érveket)* marshal *(US* -l-)
csoportosítás *n* grouping; *(adatoké, eredményeké)* classification, arrangement
csoportosul *v* form a group, gather, assemble in a group *(v.* in groups); band (together)
csoportosulás *n* grouping, gathering; **a** ~ **tilos** public assembly is forbidden
csoportterápia *n* group therapy
csoportvezető *n* group leader/chief; *(munkásoknál)* gang boss; *(vállalati)* head of section; *(társasutazásé)* tour leader/manager; *(US, főleg turnézó rockzenészeké)* road manager, *biz* roadie

csór *v biz* filch, nick, pinch
csorba I. *a defective; (eszköz)* nicked; *(porcelán)* chipped **II.** *n* **1.** *(vágószerszámon)* notch, nick; *(poháron, csészén)* chip, crack **2.** *átv* ~ **esik vmn** suffer damage, be* damaged; *(becsületén)* there was a slur on his reputation; ~**t ejt vmn** damage, injure, harm; *kif* cast* a slur on [sy's reputation etc.]; **kiköszörüli a** ~**t** make* amends for [a fault]
csorbít *v* **1.** *(kést)* nick; *(poharat)* chip **2.** *átv* impair, damage; ~**ja vknek a jogait** violate/infringe sy's rights
csorbítatlan *a* **1.** *(hírnév, becsület)* unimpaired, undamaged; *jog* unaffected, uncurtailed **2.** ~**ul** *(hiánytalanul)* **megvan** be* intact/untouched
csorbul *v* **1.** *(vágószerszám)* get* nicked; *(pohár)* get* chipped **2.** *átv* suffer damage/injury
csorda *n* herd
csordás *n* herdsman°; *US* cowboy
csordogál *v* flow slowly, trickle
csordul *v* spill*, overflow, brim *(over)*
csordultig *adv* to the brim; ~ **(tele) vmvel** brimful(l) of sg *ut.*; ~ **a pohár** the cup is* full (to overflowing)
csorgás *n* running (of water), flow
csorgat *v* pour (out) slowly
csorgó I. *a* running, flowing **II.** *n (ereszen)* gutter, spout
csorog *v* run*, flow; ~ **a nyála** (1) he dribbles (2) *(átv, vm után)* sg makes* his mouth water
csoroszlya *n* **1.** *(eke alkatrésze)* coulter, furrow splitter **2.** *iron vén* ~ old hag
csoszog *v* shuffle (along), slouch, drag one's feet
csoszogás *n* shuffle, shuffling
csoszogós *a* shuffling, slouching
csótány *n* cockroach, black-beetle
csóva *n* **1.** *(tűz)* (fire-)brand **2.** *(üstökösé)* tail [of comet]
csóvál *n* **1. fejét** ~**ja** shake* one's head **2. farkát** ~**ja** wag its tail, wigwag
cső *n* **1.** *ált* tube, pipe; *(vízvezetéké)* conduit; *(gumi* ~ *)* rubber tube, hose(pipe); □ **behúz vkt a** ~**be** sell* sy down the river, pull a fast one on sy **2.** *(lőfegyveré)* barrel [of gun] **3.** *(rádió* ~ *)* valve; *főleg US:* tube **4.** *(kukorica* ~ *)* (corn)cob; **két** ~ **kukorica** two ears/cobs of maize/corn *pl*
csőáteresz *n* culvert
csöbör *n* = **cseber**
csőbútor *n* tubular metal furniture
csöcs *n nép* = **csecs**

csőcselék *n* mob, rabble
csőcsonk *n* pipe-end/stub
csöcsörész *n vulg* paw/fondle a woman's breast
csőd *n (átv is)* bankruptcy, (complete/utter) failure; ~**be jut** become* bankrupt, fail; ~**be jutott** bankrupt; ~**öt bejelent** declare oneself bankrupt; ~**öt mond** fail, prove a fiasco
csődeljárás *n* bankruptcy proceedings *pl*
csődör *n* stallion
csődtömeg *n* bankrupt's assets *pl*
csődtömeggondnok *n* receiver
csődül *v vhova* throng/flock to
csődület *n* throng, crowd, tumult
csőfogó *n* pipe wrench
csőfurat *n* bore
csőhálózat *n (gépé)* piping, pipe-network; *(vízvezetéké)* network of water-pipes
csőidom *n* sectional pipe
csőkarima *n* pipe flange/socket
csökevény *n pol* remnants *pl*, vestiges *pl*
csökevényes *a* vestigial
csökken *v ált* decrease, diminish, lessen; *(láz)* fall*; *(sebesség)* slow down; *(hideg, meleg)* decrease; ~ **az értéke** fall* in value, depreciate
csökkenés *n* decrease, reduction, fall; *(súly, érték)* loss
csökkenő *a* waning, decreasing, falling, diminishing; **nem** ~ unabating; ~ **irányzat/tendencia** downward tendency/trend
csökkent¹ *vt* reduce, diminish, lessen; *(árakat, béreket)* reduce, cut*; *(kiadást)* curtail, retrench, trim, cut* (down); *(létszámot)* reduce; *(termelést)* decrease [the output], cut* back (on) [(industrial) production]; *(feszültséget)* ease [the tension]; **az idén** ~**eni kell a kiadásainkat** we must retrench this year, we must cut down (our) expenses this year
csökkent² *a* reduced, diminished; ~ **munkaképességű** *(személy)* partially disabled/incapacitated (person)
csökkentés *n* reduction, decrease; *(fizetésé stb.)* cut; *(kiadásoké)* retrenchment, cutting; **az önköltség** ~**e** lowering first costs; **a selejt** ~**e** reduction of waste; **állami költségvetés** ~**e** cut in public expenditure
csökkentett *a* reduced, diminished; ~ **árak** reduced prices; ~ **fejadagot kap** be* on short rations
csökkentlátó *a/n* visually handicapped [person]

csökönyös *a* obstinate, stubborn; *(gondolkodásban)* obstinate, stubborn, mulish, hidebound; ~ **mint egy szamár** as stubborn/obstinate as a mule

csökönyösköd|ik *v* be* obstinate/stubborn, behave obstinately/stubbornly, ba(u)lk

csökönyösség *n* obstinacy, stubbornness

csőkulcs *n* socket wrench

csőlakó *n* = **csöves II.**

csömör *n* **1.** *(hányinger, undor)* nausea; *(étel iránt)* a surfeit of; *(részegség utáni)* hangover **2.** *átv* disgust; ~**e van vmtől** *biz* be* fed up with sg, be* sick (and tired *v.* to death) of sg

csőnadrág *n* drainpipe trousers *pl*

csőnyílás *n* mouth, nipple [of a pipe/tube]

csőposta *n* pneumatic post/dispatch

csöpög *v* = **csepeg**

csöpp *n* = **csepp**

csöppség *n* little child°, tiny tot

csőr *n* **1.** *(madáré)* bill; *(nagyobb)* beak **2.** *(kannáé)* spout **3.** *tréf* **fogd be a ~ödet** hold your tongue

csördít *v* = **cserdít**

csördül *v (lánc)* rattle; *(tányér, üveg)* clink

csörege(fánk) *n kb.* fritter

csőrepedés *n* burst pipe, pipe burst

csörgedez|ik *v* gurgle; *(patak)* babble, purl

csörgés *n* rattle, clatter

csörget *v* clatter, clang; *(pénzt)* jingle, chink; *(láncot)* rattle

csörgő I. *a* rattling, jingling **II.** *n (játék)* rattle

csörgőkígyó *n* rattlesnake

csörgősipka *n* fool's/jester's cap, cap and bells *pl*

csörlő *n* winch; *(motoros)* motor winch; *(hajón, függőleges tengelyű)* capstan

csörlőautó *n* winch vehicle

csörlődob *n* winding drum

csörlőindítás, csörlős felszállás *n* winched launch

csörög *v* **1.** jangle, clang, clatter, clink; *(pénz)* chink **2.** □ *(táncol)* foot it; shake* a leg; go* to the local/school/etc. hop

csöröge(fánk) *n kb.* fritter

csörömpöl *v* rattle, make* a rattling noise, clatter; *(pohár)* jingle

csörömpölés *n* rattle, clatter

csőrös *a* beaked, billed, having a beak/bill *ut.*; ~ **csésze** *(betegnek)* feeding-cup; *vegy* beaker

csőröz *n* □ *(csókolódzik)* bill and coo, peck, spoon

csörren *v* clink, clang, clash

csörte *n (vívásban)* bout

csörtet *v* **1.** hova ~**(sz)?** where's the fire? **2.** ~**i a kardját** *(átv is)* he is sabre-rattling

csőstül *adv* thick and fast; ~ **jön az áldás** *(v.* **a baj)** misfortunes never come* single, it never rains but it pours

csősz *n (közkertben)* park-keeper; *(mezőn)* field-guard

csőszkunyhó *n* field-guard's shelter/hut

csőtészta *n* macaroni

csőtorkolat *n (fegyveré)* muzzle

csővázas *a* tubular

csövecske *n* small tube/pipe; *biol* tubule

csővég *n* mouthpiece, nozzle

csöves I. *a* **1.** *(cső alakú)* tubular **2.** *(csővel ellátott)* provided with a tube/pipe *ut.*, piped **3.** *el* -valve; **12** ~ **készülék** 12-valve set **4.** ~ **kukorica** corn on the cob **5.** ~ **nadrág** = **csőnadrág II.** *n* □ *(csőlakó) GB* dosser; *US* bum

csövesed|ik *v* ear

csővez *v* □ sleep* rough; *GB* doss (down)

csővezeték *n (gáz, víz)* pipe; *(rendszer)* piping; *(nagy távolságra)* pipeline

csúcs *n* **1.** *(hegyes vég)* point, tip; *(hegyé)* peak, top; *(legmagasabb)* summit; *(fáé)* top, crown; *(toronyé)* pinnacle, spire **2.** *(háromszögé)* vertex; *(kúpé)* apex **3.** *(tetőpont)* height, peak, summit, top; **pályája ~án** at the peak/apex of his career, at the top of his profession, at his peak; **sikerei ~án visszavonul** retire at the top **4.** *biz (teljesítmény)* an all-time high **5.** *pol* summit (meeting) **6.** *sp* record; **olimpiai** ~ Olympic record; ~**ot felállít** set* up a record; **megdönti a ~ot,** ~**ot javít** break*/beat* a/the record **7.** = **csúcsérték, csúcsforgalom, csúcstalálkozó** ⇨ **beállít, csúcsteljesítmény**

csúcsbeállítás *n* equalling the record

csúcseredmény *n* record

csúcsérték *n* maximum (value), peak (value)

csúcsértekezlet *n* = **csúcstalálkozó**

csúcseszterga *n* centre lathe

csúcsfogyasztás *n* peak consumption

csúcsforgalom, csúcsforgalmi idő/órák *n* peak period, the rush hour(s), rush-hour traffic

csúcsforma *n sp* record-breaking form

csúcsidő *n* **1.** *(csúcsforgalomé)* the rush hour **2.** *(csúcsterhelésé)* peak period **3.** *sp* record(-breaking) time

csúcsív *n* pointed/broken arch, ogive

csúcsíves *a* pointed, ogival; ~ **stílus** Gothic (style)

csúcsjavítás *n sp* breaking a/the record

csucsorít *n* ajkát/száját ~ja purse one's lips

csúcsos *a* pointed, peaked; ~ **zárójel** angle/pointed brackets *pl*

csúcsosod|ik *v* **1.** *(csúcsban végződik)* taper, come to (*v.* end in) a point **2.** *átv* culminate

csúcspont *n* **1.** *(hegyé)* summit **2.** *(folyamaté)* culmination; *(életpályáé, hírnévé)* zenith; *(vk életében kiemelkedő esemény)* high point

csúcssebesség *n* top speed

csúcsszervezet *n* top organization

csúcsszög *n* vertex/opposite angles *pl*

csúcstalálkozó *n* summit meeting/conference, summit talks *pl*

csúcstartó *n sp* record-holder

csúcstechnológia *n* high technology, high tech

csúcsteljesítmény *n ált* maximum output, record; *biz* all-time high

csúcsterhelés *n* maximum load; *el* peak (load)

csúcstermelés *n* peak production/output

csuda *n* = **csoda**

csúf I. *a (külsőleg)* ugly, hideous, unsightly; *(idő)* foul, rotten **II.** *n* ~ot űz vkből make* fun of sy, poke fun at sy; ~fá tesz vkt make* sy an object of derision, deride sy; *vmt* deface/disfigure sg

csúfít *v* disfigure, deface

csúfnév *n* nickname

csúfol *v* mock, ridicule, make* fun of sy/sg

csúfolás *n* mocking, mockery

csúfolódás *n* mocking, jeering

csúfolód|ik *v* mock, make* fun of (sy)

csúfolódó *a* mocking, derisive

csúfondáros *a* = **csúfolódó**

csúfos *a* shameful, disgraceful, ignominious; ~ kudarcot vall, ~an leszerepel be* badly beaten/defeated, fail ignominiously

csúfság *n* **1.** *(szégyen)* disgrace, ignominy, shame **2.** *(csúnyaság)* ugliness, hideousness **3.** *(csúf személy)* ugly person

csúful *adv* disgracefully; ~ bánik vkvel treat sy disgracefully; ~ cserbenhagy *biz* leave* (sy) in the lurch

csuha *n* monk's habit/cowl; *(iron, reverenda)* soutane

csuhaj! *int* whoopee

csuhás *a/n iron* shaveling

csuk 1. *vt (ablakot, ajtót)* close, shut* **2.** *vi/vt biz (üzlet)* close; **hatkor** ~ják a boltot (*v.* ~ a bolt) the shop closes at six

csuka *n* **1.** *áll* pike **2.** □ *(cipő)* creepers *pl*

csukamájolaj *n* cod-liver oil

csukás *n (művelet)* closing, shutting

csukaszürke *a* pike-grey (*US* -gray)

csuklás *n* hiccup, hiccough

csukl|ik *v* hiccup, hiccough

csukló *n* **1.** *(kézé)* wrist **2.** *műsz* joint, link

csuklócsont *n* wrist-bone

csuklógyakorlat *n* drill, physical training

csuklópánt *n* hinge

csuklós *a műsz* hinged; ~ autóbusz articulated bus

csuklya *n* hood; *(szerzetesé)* cowl

csuklyás *a* **1.** hooded, with a hood *ut.*; ~ kabát/bekecs anorak, parka, cagoule *v.* kagoule **2.** *(csuklyát viselő)* wearing a hood *ut.; (szerzetes)* cowled; ~ barát Capuchin friar

csukódás *n* closing, shutting

csukód|ik *v* close, shut*

csukott *a* closed, shut; ~ szemmel with one's eyes shut/closed

csukva *adv* closed, shut

csúnya I. *a (külsőleg)* ugly, hideous, unsightly; *(idő)* foul, rotten; ~ baklövés a serious blunder; ~ eljárás unfair treatment; ~ história a nasty story/business **II.** *n* ~kat mond use bad language

csúnyán *adv biz (nagyon)* badly; ~ becsapták he has been taken for a ride, he has really been had; ~ elbántak vele he has been hard done by, he has had a raw deal; ~ viselkedett he behaved very badly

csúnyaság *n* **1.** *(emberé)* ugliness, hideousness **2.** *átv* ignominy, nastiness

csúnyít *v vkt* make* sy ugly

csúnyul *v* grow* ugly, lose* one's good looks

csupa *adv* all, mere, pure, bare; ~ élet be* full of life/go; ~ fül vagyok I am* all ears; ~ szív (ember) have* a heart of gold, be* full of feeling ~ víz = csuromvíz ⇨ szem

csupán *adv* merely, only, purely; ~ azt mondtam I said simply and solely (that) ⇨ csak 1.

csupáncsak *adv* merely, solely

csupasz *a (ember)* naked, nude; *(szőrtelen)* hairless, beardless; *(madár)* unfeathered; *(fal)* bare; *(fák, mező)* naked, bare ⇨ puszta I. 3.

csupor *n* mug, pot

csurgat, csurgó *v/a* = **csorgat, csorgó**

csurog *v* = **csorog**; lefelé ~ a folyón drift down the river

csuromvíz *a* be* wet through, be* wet to the skin

csuromvizes *a (ember)* wet through *ut.*, soaked/drenched to the skin *ut.*, soaking

(wet); *(ruha, stb.)* wringing wet; ~**en jött meg** he arrived soaking wet
csurran *v* spill*, pour out, drip
csurran-csöppen *v* **vm** ~ **neki** a little comes his way (now and then)
csuszamlás *n (földtömegé)* land-slide
csuszaml|ik *v* slide*, slip, slither
csúszás *n* slip(ping), slide, sliding
csúszásgátló *n (gumiabroncs)* nonskid (tyre) (*US* tire)
csúszda *n* **1.** *műsz stb.* slipway, slide, chute; *(szálfáknak)* timber-slide **2.** *(gyermekeknek)* slide
csúsz|ik *v* **1.** slide*, glide; *(siklik)* slip, slide*; ~**ik a lejtőn** slide* downhill **2.** *(csúszós)* be* slippery; ~**ik az úttest** the road(-surface) is (wet and) slippery; **hiba** ~**ott a számításba** an error has* crept into the calculations
csúsz|ik-mász|ik *v* **1.** *(földön)* creep*, crawl **2.** *átv* truckle to, cringe before/to (sy), crawl, grovel
csúszkál *v* be* sliding/slithering (about)
csúszkálás *n* sliding/slipping about
csúszó *a* sliding, gliding, slipping
csúszógyűrű *n* slip-ring
csúszó-mászó *a (állat)* creeping, crawling; *(ember)* cringing, grovelling (*US* -l-), sneaking
csúszómászó *n* **1.** *(hüllő)* reptile; *(féreg)* creeping/crawling insect; *biz* creepy-crawly **2.** *(ember)* toady, flatterer, groveller (*US* -l-)
csúszópénz *n* sweetener, inducement, bribe; *US* soap; *(bizonyos kellemetlen helyzetből való kimentésért)* *US* smart money; *(állami tisztviselők korrumpálására félretett, főleg US)* slush fund; ~**t ad vknek** grease/oil sy's palm
csúszós *a* slippery
csuszpájz *n biz* (thick) vegetable dish
csúsztat *v* **1.** *vmt* slip (*vmbe* into), push along/down, slide* along **2.** *(üzemben)* put* in extra time at work ⟨in return for time off later⟩; ~**ja a kuplungot** slip the clutch, let* the clutch slip
csúsztató *n* = csúszda
csutak *n* wisp/handful of straw/hay
csutakol *v* rub down [a horse]
csutka *n (almáé)* apple core; *(kukoricáé)* (corn-)cob
csúz *n* † rheumatism
csúzli *n* (toy) catapult; *US* slingshot
csúzos *a* † rheumatic(ky)
csüccs! *int biz* down you sit; *GB* take* a pew

csücsök *n (kendőé)* point; *(sarok)* corner; *(szájé, szemé)* corner
csücsörít *v* purse one's lips
csücsül *v biz* sit* (down) (on), be* perching (on)
csüd *n (lóé)* pastern; *(madáré)* foot° (of a bird)
csüdfű *n* milk vetch
csügg *v* = csüng
csügged *v* despair, lose* heart; *(kishitű)* show* lack of spirit, be* downhearted; **ne** ~**j!** cheer/chin/bear up!; **sohase** ~**j!** never say die!
csüggedés *n* dejection, despair, dismay
csüggedt *a* discouraged, downhearted, down in the mouth; *(tekintet)* listless, depressed
csülök *n* **1.** hoof (*pl* hooves) **2.** *(étel)* knuckle of ham, hand of pork; **füstölt** ~ smoked knuckle (of ham)
csüng *v* **1.** *vmn* hang* **2.** *átv vkn, vmn* cling* to, be* attached to, depend on; **szeretettel** ~ **rajta** be* very much attached to him/it; ~ **vknek a beszédén** hang* on(to)/upon sy's every word
csűr[1] *n* barn
csűr[2] *v* = csűr-csavar
csűr-csavar *v* beat* about (*US* around) the bush; **csűri-csavarja a szót** quibble, equivocate, twist sy's words
csűrés-csavarás *n* pettifogging, pettifoggery, beating about (*US* around) the bush
csűrhe *n átv* rabble; **micsoda** ~! what a dirty lot (you are)!
csűrőlap *n* aileron
csüt. = csütörtök Thursday, Thur(s).
csütörtök *n* **1.** *(a hét napja)* Thursday; ~**ön** on Thursday; **jövő** ~**ön** next Thursday; **múlt** ~**ön** last Thursday; **minden** ~**ön** on Thursdays, every Thursday; ~**(ön) este** Thursday evening/night; ~**(ön) reggel** Thursday morning; ~**re** by Thursday **2.** ~**öt mond** (1) *(puska)* hang* fire, misfire, fail to go off (2) *(terv)* fail, miscarry
csütörtöki *a* Thursday, of Thursday *ut.*, Thursday's; **a** ~ **nap folyamán** in the course of Thursday, on Thursday; **egy** ~ **napon** on a Thursday; **a múlt** ~ **napon** last Thursday; **a múlt** ~ **hangverseny** last Thursday's concert; **a jövő** ~ **óra** next Thursday's class/lesson
csütörtökönként *adv* every Thursday, on Thursdays

D

D, d¹ *n (betű)* (the letter) D/d
D² = *dél* south, S
dac *n* spite; *(makacsság)* obstinacy; *biz* cussedness; ~**ból** out of (sheer) spite
dacára *adv* despite, in spite of; ~ **annak, hogy** although
dacol *v vkvel, vmvel* defy sy/sg; shrug off sg; ~ **vk haragjával** brave sy's anger; ~ **a viharral** brave the storm
dacos *a* **1.** *(makacs)* defiant, obstinate; *(akaratos)* wilful, headstrong **2.** *(sértődött)* sulky, sullen
dacoskodás *n (aktív)* defiance; *(passzív)* sulking
dada *n* nurse, nanny
dadog *v* stammer, stutter, falter
dadogás *n* stutter(ing), stammer(ing)
dadogó I. *a* stuttering, stammering, faltering **II.** *n* stutterer, stammerer
dag → **dkg**
dagad *v* **1.** *(testrész)* swell* (up); ~ **a lába** his leg is swelling up **2.** *(folyó, ár)* swell*, rise*, surge **3.** *(vitorla)* fill/belly (out) **4.** ~ **a keble** his heart swells [with pride etc.] ⇨ **kidagad**
dagadó I. *a* swelling; *(széltől)* inflated; *(kidagadó)* bulging; ~ **mellel** *átv* swelling with pride **II.** *n (disznóé)* thin flank
dagadt *a* **1.** *orv* swollen *(vmtől* with); *(puffadt)* bloated, puffy **2.** *(kövér)* fat
dagály *n (tengeri)* flood/incoming tide; *(a* ~ *csúcspontja)* high tide; ~ **van** the tide is in/rising; **jön a** ~ the tide is coming in ⇨ **apály**
dagályos *a (stílus)* high-flown, bombastic; *(beszéd)* grandiloquent
dagályosság *n* bombast, pompous rhetoric
daganat *n (külső)* swelling; *(fejen ütéstől)* bump, lump; *(belső)* tumour *(US* -or); *tud* neoplasm; **a gyomor/csont/stb. rossz- indulatú** ~**a** malignant neoplasm of stomach/bone/etc., malignant gastric/bone/etc. tumour; **a méh/stb. jóindulatú** ~**a** benign neoplasm of uterus/etc., benign uterine tumour
daganatos *a* ~ **megbetegedések** malignant tumours *(US* -ors)

dagaszt *v* **1.** *(kenyeret, tésztát)* knead; *(agyagot)* mould *(US* mold) **2. szél** ~**ja a vitorlákat** wind fills the sails
dagasztás *n (kenyéré)* kneading
dagi *n biz* fatty
dajka *n* nurse ⇨ **dada**
dajkál *v (átv is)* nurse
dajkamese *n* **1.** *(gyermeknek)* nursery tale **2.** *elít* fairy tale, cock-and-bull story
dajkaság *n (intézmény)* nursing; ~ **ba ad gyermeket** put* (out) a child° to nurse
dákó *n* [billiard] cue
dakszli *n* dachshund; *biz* sausage dog
daktiloszkópia *n* dactyloscopy, fingerprint identification
daktilus *n* dactyl
dal *n* song; *(szerelmi)* love-song
dalai láma *n* Dalai Lama
dalárda *n* choral society, glee club
dalbetét *n (prózai darabban)* lyric
dalciklus *n* cycle of songs, (song-)cycle
dalénekes *n* singer
dalest *n (song)* recital
dalgyűjtemény *n* collection of songs
dalia *n* valiant knight, hero
dália *n* dahlia
daliás *a* **1.** *(külső)* strapping, well-built; ~ **termet(ű ember)** a fine figure of a man **2.** *(hősies)* heroic, chivalrous, gallant
daljáték *n (vidám)* musical drama/comedy, "Singspiel"
dalkincs *n* repertoire of songs, songs *pl*
dalköltészet *n* lyric poetry
dalköltő *n* lyric poet
dallam *n* melody, tune; **vmnek a** ~**ára to** the tune/melody of sg
dallamcsengő *n* Friedland chime
dallamos *a* melodious, tuneful, sweet
dallamosság *n* melodiousness, tunefulness
dallamtalan *a* unmelodious, tuneless
dallamvonal *n* melodic line
Dalmácia *n* Dalmatia
dalmát *a* Dalmatian; ~ **eb** Dalmatian
dalmű *n* opera
dalnok *n* singer; *(középkorban)* minstrel; *(Walesben)* bard
dalol *v* sing*; *(madár)* warble, sing*

dalolgat *v* be* humming little tunes, be* singing

dalos I. *a* singing; ~ **kedvében van** feel* like singing **II.** *n* singer

daloskönyv *n* song-book

dalszerző *n* song-writer, lyricist

dalszöveg *n* lyrics, words [of a song] *pl*

dáma *n* 1. *(hölgy)* lady 2. *(játék)* draughts *sing.*, *US* checkers *sing.* 3. *(kártya)* queen

dámajáték *n* = **dáma 2.**

damaszt *a/n* damask

dámáz|ik *v* play draughts, *US* play checkers

damil *n* ⟨nylon fishing line⟩

dámvad *n* fallow-deer *(pl ua.)*

dán I. *a* Danish; ~ **nyelv** Danish (language); ~ **nyelven** = **dánul**; ~ **dog** Great Dane **II.** *n* 1. *(ember)* Dane 2. *(nyelv)* Danish (language)

dandár *n* 1. *kat* brigade 2. **a munka** ~**ja** the bulk of the work

dandárparancsnok *n* brigadier

Dánia *n* Denmark

dániai *a* Danish, of Denmark *ut.*

Dániel *n* Daniel

dánul *adv* (in) Danish; **beszél/tud** ~ speak* Danish; **tanul** learn* Danish; ~ **van (írva)** it is (written) in Danish

dara *n* 1. *ált* coarse (ground) meal; *(búza)* semolina 2. *(csapadék)* sleet; ~ **esik** it is* sleeting

darab I. *n* 1. piece; *(kis)* bit; *(alaktalan)* lump; *(rész)* part; *(töredék)* fragment; *(étel)* bite; ~**ja három forint** three forints each (*v.* a/per piece); **egy** ~**ban** in one piece; ~**okban** in pieces; ~**okra tör** break* in(to) pieces 2. **a gyűjtemény legszebb** ~**ja** the gem of the collection; **ritka** ~ rarity 3. *(idő, terület)* piece, stretch; **egy** ~**ig/**~**on elkísérlek** I shall go with you a little way; **egy** ~**ig** *(időben)* for a (little) while 4. *(színdarab)* play, piece, drama; **a** ~ **megbukott** the play was* a (complete) failure/flop; **a** ~ **tomboló sikert aratott** the play was* a smash hit **II.** *a* **egy** ~ **cukor** a lump of sugar; **egy** ~ **szappan** a cake/piece of soap; **húsz** ~ **marha** twenty head of cattle

darabár *n* price per piece

darabáru *n* 1. *(üzletben)* goods sold by the piece *pl* 2. *(vasúti)* piece goods *pl*

darabbér *n* ~**ben dolgozik** be* on piece-work, be* on piece rate

darabbérrendszer *n* piecework system

darabka *n* little piece, bit, morsel

darabmunka *n* piecework

darabol *v* cut*/chop/parcel (*US* -l-) up; *(sültet)* carve

darabonként *adv* piecemeal, piece by piece

darabont *n* tört guardsman°

darabos *a* 1. *(anyag)* lumpy, coarse; ~ **szén** lump/round coal 2. *(ember)* rough, lumpish, awkward; *(stílus)* laboured, jerky

darabszám I. *adv* by the piece/job **II.** *n* number of pieces

daraeső *n* sleet

daragaluska *n* semolina noodles *pl*

daragombóc *n* semolina dumplings *pl*

darakása *n* *(búzából)* semolina pudding

darál *v* 1. *(őröl)* grind*; *(finomra)* mill; *(kávét)* grind* [coffee]; *(húst)* mince [meat] 2. *átv* reel/rattle off; ~**ja a mondanivalóját** rattle it off

daráló I. *a* grinding, milling **II.** *n* grinder, rough-grinding mill

darált *a* *(kávé)* ground [coffee]; ~ **hús** *ált* minced meat, mince; *(marhahús)* minced/ ground beef, *US* hamburger

darás *a* ~ **metélt** ⟨vermicelli with semolina⟩

daraszén *n* slack

darázs *n* wasp

darázscsípés *n* wasp's sting

darázsderék *n* wasp waist

darázsderekú *a* wasp-waisted

darázsfészek *n* wasps' nest; ~**be nyúl** stir up a hornet's nest

dárda *n* spear, lance, pike

dárdahegy *n* spear-head

dárdahordozó *n* tört lance-bearer

Dardanellák *n* the Dardanelles

dárdavetés *n* tört spear-throwing

dáridó *n* carousal, junketings *pl*

dáridózás *n* carousal, revelry, merrymaking

dáridóz|ik *v* carouse, revel, make merry

daróc *n* frieze; *(ruha)* frieze clothes *pl*

daru *n* 1. *(madár)* crane 2. *(gép)* crane; ~ **val emel** raise/lift by a crane, hoist with a crane; ~**val kell áttenni** it will have to be moved by crane

darucsapat *n* flock of cranes

daruhíd *n* crane-bridge/girder

darukezelő, darus *n* crane operator

darutoll *n* crane-feather

darutollas *a* crane-feathered

darwini *a* Darwinian

darwinista *a* Darwinist

darwinizmus *n* Darwinism

datál *v* 1. = **keltez** 2. *vmtől* date (sg) from

datálód|ik *v* *vmtől* date from, date back to

dativus *n* dative (case)
datolya *n* date
datolyapálma *n* date-palm/tree
dátum *n* date; ~**mal ellát** date (sg), write*
the date (on sg); **február 8-i** ~**mal** dated
(the) 8th of February (*írva:* 8 February *v.*
US February 8th)
dauer *n* perm(anent wave)
dauerol *v biz* perm; ~**tat** have* a perm,
have one's hair permed
Dávid *n* David
db. = *darab* piece, pc
de I. *conj (szembeállítás, kapcsolás)* but;
still; however; **nem olcsó,** ~ **nagyon jó**
it's not cheap, but it's very good; **csak**
semmi ~**!** (but me) no buts!; **furcsa fiú,**
~ **nagyon intelligens** he is a strange
boy; he is, however, very intelligent **furcsa**
lány, ~ **azért mégis lehet szeretni**
she's a strange girl, but/still (*v.* and yet) you
can't help liking her **II.** *int (nyomósítás)* ~
bizony!, ~ **igen!** yes indeed!, why, cer-
tainly!, to be sure, of course; ~ **hát nem**
sikerült but it just didn't work out; ~ **hi-**
szen but, well, after all, why; **ugye nem**
mégy el? ~ **(bizony) elmegyek!** you
won't go, will you? certainly (*v.* of course) I
will!; **nem látod?** ~**!** can't you see it/him/
her? (Oh) yes, I can; ~ **még mennyire!**
biz and how!, I should say so!; ~ **szép!**
how beautiful!
de. ⇨ **délelőtt;** ~ **10-kor** at 10 a.m.
deákos *a* ~ **műveltség** classical education
debella *n biz* big/hefty wench
debreceni I. *a* Debrecen, of Debrecen *ut.* **II.**
n (kolbász) kb. spicy Hungarian frankfurter
debütál *v* debut, make* one's debut
debütálás *n* debut
dec. = *december* December, Dec.
december *n* December; ~**ben,** ~ **folya-**
mán in/during December; ~ **hóban/ha-**
vában in the month of December
decemberi *a* December, in/of December *ut.*;
egy ~ **napon** one day in December, on a
(certain) December day; ~ **időjárás** De-
cember weather
decentralizáció *n* decentralization, devolu-
tion
decentralizál *v* decentralize
deci *n* decilitre (*US* -liter)
decibel *n* decibel
decigramm *n* decigram(me)
deciliter *n* decilitre (*US* -liter)
decimális *a* decimal; ~ **osztályozás** deci-
mal classification, Dewey decimal system
deciméter *n* decimetre (*US* -meter)

decis *a* **két és fél** ~ **üveg** *kb.* a half-pint
bottle; **két** ~ two decilitre (*US* -liter)
deck *n (lemezjátszó)* (record-player) deck;
(magnó) (tape *v.* tape-recorder) deck
dédanya *n* great-grandmother
dédapa *n* great-grandfather
dédelget *v* **1.** *(cirógat)* fondle, caress, pet **2.**
(kényeztet) pamper **3.** *(melenget tervet stb.)*
cherish
dedikáció *n* dedication, inscription
dedikál *v* ~ **vknek egy könyvet** dedicate
a book to sy; sign (a copy of a book) for sy; ~**t**
példány signed/autographed/inscribed copy
dédnagyanya *n* great-great-grandmother
dédnagyapa *n* great-great-grandfather
dedó *n nép* nursery/infant school; **ez nem**
~**!** it's not a kindergarten
dédszülő *n* great-grandparent
deduktív *a* deductive
dédunoka *n* great-grandchild°; *(fiú)* great-
grandson; *(leány)* great-granddaughter
defekt *n (gumié)* puncture, flat tyre (*US* tire),
US így is: flat; ~**et kap** *(gumi)* have* a
puncture (*v.* a flat tyre); *(szerkezeti)* have* a
breakdown
defenzív *a* defensive
defenzíva *n* defensive; ~**ba megy át** go
on(to) the defensive; ~**ban van** be* on the
defensive
deferál *v* **vkvel szemben** yield/bow to; give*
way (under pressure)
defetista *a* defeatist
defetizmus *n* defeatism
deficit *n* deficit, loss
deficites *a* loss-making, showing a deficit/
loss *ut.*
definiál *v* define, give* definition (of sg)
definíció *n* definition
defláció *n* deflation
deformál *v* deform, distort
degenerált *a* degenerate; ~ **ember** throw-
back
degradál *v* degrade
dehogy *int* oh no!, by no means, not at all
dehogyis *int* certainly not, by no means
dehogy(is)nem *int* why not?, of course I
am (*v.* you are etc.); **Nem voltál ott. D**~**!**
You weren't there. Yes (*v.* Of course) I was.;
US így is: Sure I was, I sure was; **Ugye nem**
kérsz? D~**!** You don't want any, do you?
Yes/Certainly I do; *US így is:* Sure I do, I
sure do; ~ **láttad** you certainly did see it
dehonesztáló *n* discreditable, degrading
deka *n* decagram(me); **10** ~ a/one hundred
gram(me)s, *GB kb.* a quarter (pound);
~**nként mér** measure in decagram(me)s

dekád *n* ten days *pl*
dekadencia *n* decadence, decline, decay
dekadens *a* decadent, declining, decaying
dekagramm *n* = **deka**
dékán *n* dean [of a university faculty]
dékáni *a* dean's; ~ **engedély** permission of/from the dean; ~ **engedéllyel** by permission of the dean; ~ **hivatal** dean's office
dekáz|ik *v* fuss, waste time over trifles; **nem sokat** ~ **ott** he didn't waste much time (in doing sg)
dekkol *v biz* lie* doggo/low, keep* one's head down, couch/shelter/huddle swhere
deklamál *v* declaim; *elít* rant, spout
deklaráció *n* declaration, proclamation
deklarál *v* declare, proclaim
deklasszálód|ik *v* become* déclassé/declassed, lose* caste
deklasszált *a* declassed, déclassé
deklináció *n* **1.** *nyelvt* declension **2.** *csill* declination
deklinál *v (névszót)* decline
dekódol *v* decode
dekoltált *a (ruha)* décolleté
dekoltázs *n* décolletage
dekonjunktúra *n* recession
dekontamináció *n* (radioactive) decontamination
dekoráció *n* **1.** *(díszítés)* decoration, ornamentation **2.** *(kitüntetés)* decoration, medal
dekorál *v* **1.** *(díszít)* decorate, ornament **2.** *(kitüntetéssel)* decorate (with a medal)
dekoratív *a* decorative, ornamental
dekrétum *n* decree, edict
dél *n* **1.** *(napszak)* noon, midday; ~ **ben** at noon/midday; **élete delén** in the prime of life **2.** *(égtáj)* south, (the) South; ~ **en** in the south; ~ **felé**, ~ **re** southward(s), to (the) south; ~ **en levő/fekvő** southerly, (lying) in the south *ut.*; **vmtől** ~ **re (fekszik)** (lie*) south of sg; **a ház** ~ **re néz** the house faces south; ~ **felől**, ~ **ről** from the south; ~ **ről fúj a szél** the wind is* in the south
Dél-Afrika *n* South Africa
dél-afrikai *a/n* South African; **D** ~ **Köztársaság** Republic of South Africa
Dél-Amerika *n* South America
dél-amerikai *a/n* South American
délceg *a* = **daliás**
dél-délkelet *n* south-south-east
dél-délnyugat *n* south-south-west
delegáció *n* delegation, body of delegates
delegál *v* delegate, depute
delegátus *n* delegate
delejes *a* † magnetic

delel *v* **1.** *(pihen)* take* a midday break **2.** *csill* culminate
delelő I. *a* resting **II.** *n* **1.** *csill* meridian **2.** *(pihenő)* midday break **3.** *(vk életéé)* zenith; **életpályájának** ~ **jén** at the zenith of his career
délelőtt I. *adv (röv* **de.**) in the morning; ~ **tízkor** at ten (o'clock) in the morning, at 10 a.m.; **ma** ~ this morning; **egész** ~ all morning, the whole morning **II.** *n* morning; **szabad** ~ morning off
délelőtti *a* morning, in/of the morning *ut.*; **a** ~ **órákban** in the late morning (hours), before noon
délelőttös *a/n* (sy) on/doing a/the morning shift *ut.*, morning-shift worker; **jövő héten** ~ **vagyok** next week I am on/doing the/a morning shift
Dél-Európa *n* Southern Europe
dél-európai *a/n* South(ern) European
delfin *n* dolphin
deli *a* = **daliás**
déli I. *a* **1.** *(napszak)* noon, midday; **a** ~ **órákban** around/about noon; ~ **pihenőt tart** take* a midday break; ~ **szünet** midday recess/pause; *(ebédszünet)* lunch break; ~ **vonat** midday train **2.** *(égtáj)* south(ern), southerly; ~ **fekvésű ház** house facing south; ~ **irányban** southward(s), towards the south; ~ **népek** *(földközi-tengeri)* the Mediterranean peoples; **D** ~ **pályaudvar** → **II.**; ~ **szél fúj** there is a southerly wind; ~ **vérmérséklet** southern temperament **II.** *n* **1.** *(ember)* southerner **2.** **a D** ~ *(pályaudvar)* the Déli Station [in Budapest], Budapest South
délibáb *n* **1.** mirage, Fata Morgana **2.** *átv* castles in the air *pl*, chimeras *pl*; ~ **ot kerget** chase rainbows
délibábos *a* **1.** mirage-haunted; ~ **róna(ság)** mirage-haunted plain **2.** *átv* illusory, chimerical, dilettante
délidő *n* midday, noonday, noontime; **előadás/hangverseny** *stb.* ~ **ben** lunch-hour lecture/concert/etc.
déligyümölcs *n* southern/tropical fruits *pl*
Déli-Jeges-tenger *n* Antarctic Ocean
delikvens *n* culprit, sinner
delírium *n* delirium
Déli-sark *n* the South Pole, the Antarctic
déli-sarki *a* Antarctic
Déli-sarkvidék *n* the Antarctic
délkelet *n* south-east
délkeleti *a* south-east(erly), south-eastern; ~ **fekvésű** south-easterly; ~ **szél** south-east wind, south-easter

délkör n meridian
Dél-Magyarország n Southern Hungary
délnémet a South German
délnyugat n south-west
délnyugati a south-western, south-westerly; ~ **szél** south-wester(ly wind), sou'wester
délsarki a antarctic
délszaki a southern, tropical; ~ **növény** tropical plant
délszláv a South(ern) Slav
delta n **1.** (betű) delta **2.** (folyóé) delta; a **Nílus** ~ja the Nile Delta
déltájban adv about midday, around noon
deltás a biz beefy
deltaszárnyú a delta-wing, swept-wing
délután I. adv (röv **du.**) in the afternoon; **ma** ~ this afternoon; ~ **3-kor** at three (o'clock) in the afternoon, at three/3 p.m.; **ma** ~ **6-kor** at 6 this evening; **kedden** ~ (on) Tuesday afternoon; **minden** ~ every afternoon; **késő** ~ late in the afternoon **II.** n afternoon
délutáni a afternoon; ~ **előadás** matinée
délutános a/n afternoon-shift worker; **jövő héten** ~ **vagyok** next week I am* on/ doing the/an afternoon-shift
délvidék n the South, the southern countries pl
délvidéki a southern; ~ **ember** southerner
demagóg I. a demagogic **II.** n demagogue
demagógia n demagogy
demarkációs vonal n cease-fire line, line of demarcation
demilitarizál v demilitarize
demizson n demijohn
demobilizál v demobilize, disarm
demográfia n demography
demográfiai a ~ **hullám** population bulge; ~ **robbanás** population explosion
demokrácia n democracy
demokráciaellenes a anti-democratic
demokrata I. a democratic; ~ **párt** democratic party; **Magyar D** ~ **Fórum** Hungarian Democratic Forum **II.** n democrat; (a demokrata párt tagja) Democrat
demokratikus a democratic; ~ **centralizmus** democratic centralism
demokratikusan democratically
demokratizál v democratize
demokratizálód|ik v become* democratized
demokratizmus n democratism
démon n **1.** (gonosz szellem) demon, fiend **2.** (nő) vamp, siren
demonstráció n **1.** (tüntetés) demonstration **2.** (bizonyítás) proof; (szemléltetés) display, demonstration

demonstrációs a ~ **műtő** operating-theatre
demonstrál 1. vi (tüntet) demonstrate **2.** vt (bizonyít) prove, show*; (szemléltet) display
demonstrátor n (egyetemen) demonstrator, professor's (undergraduate) assistant
demoralizál v demoralize
dénár n (római) denarius; (régi angol) penny
denaturált szesz n methylated spirits pl
Dénes n Den(n)is
denevér n bat
denevérujj n batwing sleeves pl; dolman sleeves pl
dentális a dental
denunciálás n denunciation
denveri n Denverite
depó n store, repository, depot
deponál v (értéket) deposit, lodge
deportál v **1.** (pol üldözöttet) deport **2.** (bűnöst, tört) transport; (ma) deport
deportálás n **1.** (pol üldözötté) deportation **2.** (bűnöse, tört) transportation; (ma) deportation
deportált I. a deported **II.** n **1.** (pol üldözött) deported person, deportee; a ~ak the deportees **2.** (bűnös) transported convict
depresszió n **1.** (légköri) depression **2.** (hangulati) nervous depression **3.** (gazdasági) slump, depression; (ma:) recession
deprimál v depress (sy), sg weighs on sy's mind
deprimált a depressed, disheartened
deputáció n deputation, delegation
dér n hoarfrost, frost, rime; **jön még kutyára** ~! (be sure) your sin will find you out!
derbi n GB Derby
dércsípte a frostbitten
dereglye a lighter, barge, hoy
derék¹ a **1.** (jellem) honest, straight, brave; **ez egy** ~ **fickó** he is a fine fellow **2.** (termet) well-built, stalwart, fine **3.** (tett) excellent, admirable; **ez** ~ **dolog** well done
derék² n **1.** (emberé) waist, hip, back, trunk; **fáj a derekam** my back aches; ~**ig érő** to the waist ut., waist-deep; **beadja a derekát** surrender, give* in/up; biz cave in **2.** (ruháé) waist; **karcsú a** ~**a** have* a slim waist; ~**ban bevesz** take* in at the waist, take* in the waist of [a dress]; ~**ban szűk** tight at the waist **3.** (fáé) trunk, bole; ~**ba törik** break*/split* in two; **átv** be* cut short, be* ruined **4.** (közép) middle, central; a **nyár derekán** in the middle of (v. at the

height of) summer; **túl van élete dere-kán** be* past middle age, be* no longer in (*v.* past) one's prime

derékalj *n* feather-bed

derekas *a* thorough-going, good; ~ **munkát végzett** he did a good day's work; ~**an megállta helyét** he stood his ground bravely

derékbőség *n* waistline, waist-measurement; ~**e 70 cm** waist: 70 cm; she measures 70 cm round the waist

derékfájás *n* backache

derékmagasság *n* ~**ig érő** waist-high

derékszíj *n* (leather) belt, waist-belt

derékszög *n* right angle; ~**ben vmvel** at right angles to ..., at a right angle to...; **nincs** ~**ben** it is out of square, it isn't square [on the wall]

derékszögű *a* rectangular, right-angled, square; ~ **háromszög** right-angled triangle; *US* right triangle; ~ **vonalzó** square rule, set square; *US* triangle

deréktáji *a* lumbar

derelye *n* = **barátfüle**

dereng *v* **1.** *(hajnalban)* dawn, day breaks* **2.** *átv* begin* to appear, loom; **kezd már** ~**eni előttem** it's beginning to dawn on me, I am* beginning to see/realize it

derengés *n* dawn(ing), break of day

deres I. *a* **1.** *(színű)* grey; ~ **haj** hoary hair **2.** *(dértől)* frosty, frosted **II.** *n* tört whipping post/bench

deresed|ik *v* *(haj)* turn grey

derít *v* **1.** *(fényt vmre, átv is)* throw*/cast*/ shed* light on sg **2.** *(jókedvre vkt)* cheer sy up **3.** *(folyadékot)* clarify, fine (down), purify **4.** *fényk* brighten

derítőszer *n* clarifier

derivál *v* *mat* derive

derivált *a* *mat* = **differenciálhányados**

derivátum *n* derivative

derr̃ed *v* **1.** *(vk hidegtől)* grow* numb **2.** *(anyag)* stiffen, grow* stiff, solidify; **jéggé** ~ **(a hid͜egt͜ől)** be* frozen stiff (with cold)

dermedt *a* numb, benumbed with cold *ut.,* stiff; **félelemtől** ~**en** paralysed with fear, scared stiff

dermedtség *n* numbness, stiffness

dermeszt *v* (be)numb, stiffen

dermesztő *a* (be)numbing, stiffening; ~ **hideg van** it is* piercingly/bitterly cold; ~ **látvány** stunning/numbing sight

derogál *v* ~ **neki** it is* beneath his dignity, he finds* it infra dig, it's infra dig for him/her

dérrel-dúrral *adv* **nagy** ~ with much noise/ado/clatter

derű *n* **1.** *(idő)* bright weather, clear sky **2.** *átv* serenity; ~**t áraszt maga körül** radiate optimism, radiate good spirits **3.** = **derültség** ⇨ **ború**

derül *v* **1.** *(idő, ég)* clear up **2.** *(kedély)* cheer/brighten up; **jókedvre** ~ cheer up; ~**tek rajta** they were amused at/by it **3. fény** ~ **az ügyre** light is* thrown on the matter

derűlátás *n* optimism

derűlátó I. *a* optimistic; *kif* see* the bright side of things **II.** *n* optimist

derült *a* **1.** *(ég)* clear, cloudless, bright; ~ **idő** clear/fine weather; **átmeneti** ~ **idő** bright intervals *pl* **2.** *(kedély)* cheerful; *(arc)* smiling, happy ⇨ **villámcsapás**

derültség *n* hilarity; **általános** ~**et kelt** cause general laughter

derűre-borúra *adv* continuously

derűs *a* *(vk hangulata)* cheerful; *(arc)* smiling, happy; ~ **hangulat** *(emberé)* cheerful mood, high spirits *pl;* ~ **színben lát vmt** see* the bright side of things; ~**sé tesz** (1) *(szobát)* brighten up; (2) *(társaságot)* amuse

despota *n* despot, tyrant

despotizmus *n* despotism, tyranny

destruál *v* corrupt, deprave

destruálás *n* corruption, depravation

destrukció *n* corruption (of morality), depravation

destruktív *a* corrupting, depraving

desz *n* D flat

deszka *n* **1.** board, plank; **a világot jelentő** ~**kra lép** go* on the stage **2.** *biz iron (lapos mellű nő)* flat-chested woman°

deszkaállvány *n* (wooden) scaffolding

deszkabélés *n* timber/wood(en) frame

deszkafal *n* *(épületben)* partition; *(plakátoknak)* hoarding

deszkakerítés *n* board fence, palings *pl*

deszkalap *n* board, plank

deszkapadló *n* plank floor, planking

deszkapalánk *n* = **deszkakerítés**

deszkáz *v* board, plank

desszert *n* dessert

desztillál *v* distil (*US* distill); ~**t víz** distilled water

detektív *n* detective, *US* investigator; *US biz* sleuth

detektívfelügyelő *n* (detective-)inspector

detektívregény *n* detective novel/story, crime fiction/story; *biz* whodunit

detektor *n* el detector

determinál *v* determine, fix

determináns *n* determinant

determinizmus *n* determinism
detonáció *n* detonation
detroiti *n* Detroiter
detronizál *v* dethrone
detronizálás *n* dethronement
dettó *n* ditto, *röv* do.
dévaj *a* playful, mischievous
dévajkod|ik *v* be* playful; *vkvel* play around (with sy)
devalváció *n* devaluation, depreciation
devalvál *v* devalue, depreciate
devalválód|ik *v* be* devalued, depreciate
deviáns *a/n* deviant
deviza *n* foreign exchange
devizaárfolyam *n* exchange rate, rate of exchange
devizabűncselekmény *n* (= *devizagazdálkodást sértő bűncselekmény*) an offence against the currency/exchange (control) regulations
devizaengedély *n* exchange permit
devizagazdálkodás *n* exchange control, currency/exchange (control) regulations *pl*
devizakeret *n* foreign exchange quota
devizakészlet *n* (foreign) exchange reserves *pl*
devizakorlátozások *n* exchange controls, currency restrictions
devizanem *n* currency
devizarendelkezések *n* exchange control regulations
devizaszámla *n* (foreign) exchange account, account in foreign currency; **saját ~ja terhére** to the debit of one's (foreign) exchange account, on one's exchange account
dezavuál *v* disavow, repudiate
dezertál *v* desert
dezertőr *n* deserter
dezinficiál *v* disinfect; *(mérges gázoktól)* decontaminate
dezodor *n* deodorant
dezorganizál *v* disorganize, undermine
dézsa *n* tub, butt; **úgy esik, mintha ~ból öntenék** it is raining cats and dogs; *biz* it's bucketing down, the rain is coming down in buckets
dézsma *n* *tört* tithe, tenth; **~t kiró** tithe sy, exact a tithe from sy
dézsmál *v* **1.** *(dézsmát kiró)* tithe **2.** = **megdézsmál**
dia *n* slide, transparency
diadal *n* triumph, victory; **~ra visz** lead* to victory; **~t arat** *vkn/vmn* gain a victory (over sy/sg), triumph (over sy/sg)
diadalérzés *n* triumphal feeling, triumph

diadalittas *a* flushed with victory *ut.*, exultant; **~an** exultantly
diadalív, -kapu *n* triumphal arch
diadalmámor *n* exultation; **~ban úszik** be* flushed with victory, be* exultant
diadalmas *a* victorious, triumphant; **~an** with flying colours (*US* -ors)
diadalmaskod|ik *v* *vk/vm felett, vkn/vmn* triumph (over), be* victorious (over sy/sg)
diadalmenet *n* triumphal procession/march
diadalmi *a* triumphal
diadalordítás *n* jubilant shout/cry
diadaloszlop *n* triumphal column
diadalút *n* triumphal march/procession
diadalünnep *n* celebration of (a) victory/triumph
diadém *n* diadem, coronet
diafilm *n* film strip, slidefilm
diafragma *n* diaphragm
diagnoszta *a* diagnostician
diagnosztizál *v* diagnose
diagnózis *n* diagnosis (*pl* diagnoses); **~t megállapít** diagnose sg
diagonális *a* diagonal (line)
diagram *n* diagram; chart, graph
diák *n* *(általános iskolás)* child° at the primary scho)l; *(középiskolás)* grammar/secondary school boy/girl; *US* high school boy/girl; *(főiskolás)* student; **~ok** (iskolások) (school) pupils/children, (school)boys and (school)girls, *(főiskolások, egyetemisták)* students; **jó előmenetelű ~** pupil m.aking normal/good progress
diákcsere *n* student exchange
diákcsíny *n* student prank
diákélet *n* student/undergraduate/college life
diakeret *n* (slide) frame
diákévek *n pl* schooldays; **diákévei alatt** while he was at school, in his schooldays
diákfiú *n* schoolboy
diákgyerek *n* schoolboy
diákigazolvány *n* student card
diákjegy *n* student('s) ticket
diákjóléti *a* **~ intézmények** student welfare organizations
diákkor *n* = **diákévek**
diáklány *n* schoolgirl
diáknyelv *n* school slang
diakónia *n* *vall* (church) welfare work
diakonissza *n* deaconess
diakónus *n* deacon
diákos *a* schoolboyish, student-like
diákotthon *n* (students') hostel, (students') hall (of residence); *US* dormitory; *biz* dorm

diakritikus jel *n* diacritic(al mark)
diakronikus *a nyelvt* diachronic
diákság *n* **1.** *(diákok, főisk. v. egyet.)* students *pl* **2.** = diákévek
diákszálló *n* = diákotthon
diákszerelem *n* puppy/calf/young love
diákszövetség *n* student(s') union
diáktárs *n* fellow-student, schoolmate
dialektika *n* the dialectic, dialectics *sing v. pl*
dialektikus *a* dialectical; ~ materializmus dialectical materialism
dialektus *n* dialect; ~ban beszél speak* a/in dialect
dialógus *n* dialogue
dianéző *n* slide viewer
diapozitív *n* slide, transparency
diaré *n* diarrhoea
diatermia *n* diathermy
diavetítő *n* slide projector
dibdáb *a* ~ ember a man of no account
dicseked|ik *v vmvel* boast (of/about sg), brag (of/about)
dicseksz|ik *v* = dicsekedik
dicsekvés *n* boasting, bragging, braggadocio
dicsér *v* **1.** *vkt/vmt vmért* praise sy/sg for sg, speak* highly of sy/sg **2.** *vm vkt* sg reflects credit on sy, sg does sy credit
dicséret *n* **1.** *vké* praise, commendation; ~re méltó praiseworthy, laudable **2.** *(protestáns egyházi)* hymn
dicséretes *a* praiseworthy, laudable; ~ buzgalom commendable zeal
dicsérő *a* commendatory; ~ szó words of praise *pl*; ~en nyilatkozik vkről praise sy
dicsértessék! *int* praised be our Lord Jesus Christ!
dicsfény *n* halo, nimbus, glory
dicshimnusz *n* panegyric, eulogy; ~okat zeng vkről sing* the praises of sy
dicső *a* glorious, illustrious; ~ tett heroic deed
dicsőít *v* glorify, praise
dicsőítés *n* glorification, praise
dicsőség *n* glory, honour *(US* -or); nagy ~ére válik do* sy honour, do* sy great credit
dicsőséges *a* glorious, illustrious; ~en gloriously, triumphantly, with flying colours *(US* -ors)
dicsőségvágy *n* = dicsvágy
dicstelen *a* inglorious, ignominious; ~ véget ér come* to an ignominious end
dicsvágy *n* ambition, desire for glory
dicsvágyó *a* ambitious

didaktika *n* didactics, teaching methods *pl*
didaktikus *a* didactic
didereg *v* shiver (with cold)
didergés *n* shiver(ing)
Diesel → dízel
diéta *n* **1.** *(étkezésben)* diet; ~t rendel vknek, ~ra fog vkt put* sy on diet; (szigorú) ~t tart be* on *(v.* observe) a strict diet **2.** *tört (országgyűlés)* Diet, legislative assembly
diétás *a* dietary, dietetic; ~ beteg dieter; ~ koszt special diet, dietary regimen; ~ konyha dietetic kitchen; ~ nővér dietitian, dietician
diétáz|ik *v* be* on a diet, follow a dietary regimen
dietétika *n* dietetics *sing.*
dietetikus *n* dietitian, dietician
diffamáló *a* slanderous, defamatory
differencia *n* difference
differenciál *n* **1.** *(gép)* differential (gear) **2.** *mat* differential (calculus)
differenciálegyenlet *n* differential equation
differenciálhányados *n* differential coefficient, (first) derivative
differenciálmű *n* differential gear
differenciálódás *n* differentiation
differenciálód|ik *v* become* differentiated (from)
differenciálszámítás *n* differential calculus
diftéria *n* diphtheria
diftériás *a* diphterial, diphteritic
diftongus *a* diphthong
digitális *a* digital; ~ felvétel digital recording; ~ óra digital clock/watch; ~ számítógép digital computer
díj *n* **1.** *(kitűzött)* prize; ~at (el)nyer win* a/the prize; ~at kitűz offer a prize; vkt ~jal kitüntet award a prize (to sy) **2.** *(honorárium)* fee; *(munkáé)* pay, wages *pl* **3.** *(szolgáltatásért)* fee, charge; *(illeték)* tax, dues *pl*; bérleti ~ *stb. l. a melléknévnél*
díjátalányozva *adv* postage paid
díjaz *v* **1.** *(fizet)* pay*, recompense **2.** *(jutalmaz)* award a prize, reward **3.** *biz (méltányol)* appreciate
díjazás *n* remuneration, fee; ~ért for a fee
díjazatlan *a* **1.** *(személy)* unpaid, unsalaried **2.** *(munka)* unpaid
díjbeszedő *n* collector
díjbirkózó *n* professional wrestler, prizefighter
díjelőleges *a* postage paid

díjhajtás *n* dressage
díjkedvezmény *n* reduced rates *pl*; *(utazási)* fare reduction
díjkiosztás *n* prize-giving, distribution of prizes
díjköteles *a* subject to dues/fees *ut.*; ~ **autópálya** toll road; *US* turnpike
díjlovaglás *n* dressage test
díjmentes(en) *a/adv* free (of charge) *ut.*
díjmentesít *v* = **bérmentesít**
díjnok *n* † clerk paid by the day
díjnyertes I. *a* prize-winning **II.** *n* prize-winner
díjszabás *n* tariff, scale of charges; ~ **szerint** as per tariff
díjszabási *a* ~ **övezet** charge band
díjtáblázat *n* scale of charges, schedule of fees
díjtalan *a (ingyenes)* free of charge *ut.*, gratis *ut.*; **a belépés** ~ admission free; **a ruhatár** ~ cloakroom free; ~**ul** free of charge, gratis
díjtétel *n* tariff, charge; *(közlekedésben)* fare
díjugratás *n* show-jumping
diktál *v (szöveget, feltételt)* dictate (sg) (to sy); **gépbe** ~ dictate (sg) to [typist]; ~**ja az iramot** set* the pace; **a józan ész azt** ~**ja, hogy** common sense demands that
diktálás *n* dictation; ~**ra ír** write* sg at sy's dictation, take* dictation
diktátor *n* dictator
diktátori *a* dictatorial
diktatórikus *a* dictatorial
diktátum *n pol* dictate
diktatúra *n* dictatorship
dilemma *n* dilemma, quandary; ~**ban van** be* in a dilemma/quandary
dilettáns I. *a* amateurish, dilettante **II.** *n* dilettante *(pl* dilettanti), amateur
dilettantizmus *n* dilettantism, amateurishness
diliház *n biz* loony bin; *átv* bedlam
dilis *a* liz crazy, cracked; *kif* mad as a hatter
dimbes-dombos *a* hilly
dimenzió *n* dimension
din *n fiz* dyne
dinamika *n* **1.** *(tudományág)* dynamics *sing.* **2.** *zene, nyelvt (és lendület)* dynamics *pl*
dinamikus *a (átv is)* dynamic
dinamit *n* dynamite
dinamó *n* dynamo
dínár *n* dinar
dinasztia *n* dynasty
dinasztikus *a* dynastic
dínomdánom *n* merry-making, revel(ry)
dinsztel *v* = **párol**
dinnye *n* melon; *(görög)* water-melon; *(sárga)* honeydew melon, musk-melon

dinnyeföld *n* melon bed
dinnyehéj *n* melon rind
dinnyetermés *n* melon-crop
dió *n* nut, walnut; **kemény** ~ *átv* hard/tough nut to crack
dióbarna *a* nutbrown; *(haj)* auburn
dióbél *n* shelled walnuts *pl*, walnut (kernel)
diódaráló *n* walnut-grinder
diófa *n* **1.** *(élő)* walnut (tree) **2.** *(anyag)* walnut (wood)
dióhéj *n* nutshell; ~**ban** *átv* in a nutshell
dióolaj *n* walnut oil
diópálinka *n* walnut brandy
dioptria *n* dioptre *(US* -er)
dioptriás *a* **két**~ **szemüveg** glasses with two dioptre *(US* -er) lens
dioráma *n* diorama
diós *a* made of walnut *ut.*; ~ **metélt/tészta** ⟨vermicelli dusted with ground walnuts and sugar⟩
diósbejgli *n* nut roll
diószén *n* nut coal, trebles *pl*
diótörő *n* nutcracker
dióverés *n* nutting
diploma *n isk* ált diploma (in sg); *(főleg egyetemi v. főiskolai)* degree (in sg); *(egyéb)* certificate; **tanítói/tanári** ~**ja van** have* a diploma in education; *(vmlyen)* ~**t szerez** take* a/one's diploma (in sg); *(egyetemen)* obtain/take* a/one's degree (in sg); graduate in sg [pl. engineering, education etc.]; **mérnöki** ~**t szerez** graduate *(v.* take* a degree) in engineering
diplomácia *n* diplomacy
diplomáciai *a* diplomatic; ~ **érzék** tact; ~ **jegyzék** (diplomatic) note; ~ **kapcsolatok** diplomatic relations/links; ~ **kapcsolatok megszakítása** breaking off of diplomatic relations; ~ **kar/testület** diplomatic corps/body; ~ **(ki)küldetésben** on a diplomatic mission, on an embassy; ~ **pálya** diplomatic career; ~ **pályára lép** enter/join the diplomatic service; ~ **szolgálat** diplomatic service; ~ **úton** through diplomatic channels
diplomamunka *n* diploma work/piece; *GB* dissertation [submitted for a first degree or diploma]
diplomaosztó ünnepély *n GB* degree day; *US kb.* commencement
diplomás *a (egyetemi/főiskolai diplomát szerzett személy)* professional; graduate; qualified; **a** ~**ok** the professional classes ⇨ **okleveles**
diplomata *n* diplomat

diplomatikus *a* diplomatic; ~**an** diplomatically; **nem** ~ undiplomatic

diplomáz|ik *v* take* a degree in...

direkt I. *a* direct, straight; ~ **módszer** direct method II. *adv* directly, straight, on purpose; **ezt** ~ **csinálta** he did it on purpose

direktíva *n* directive, guidelines *pl*

direktor *n* director, manager; *isk* headmaster

direktórium *n* tört (a Tanácsköztársaságban) directorate; (a francia forradalomban) directory

diri *n* biz head(master)

diribdarab *n* bits, scraps (mind: pl); ~**ra tép** tear* to shreds

dirigál *v* 1. (irányít) direct; (parancsolgatva) boss [people] about 2. zene conduct

dirigens *n* zene conductor

diskurál *v* biz chat, confab

diskurzus *n* biz chat(ting), confab

disputa *n* dispute, debate, controversy

disz *n* D-sharp

dísz *n* 1. (díszítés) decoration, ornament; **a család** ~**e** the pride of the family; **az iskola** ~**e** (s)he is a credit to the/one's school; **a gyűjtemény** ~**e** the gem of the collection; ~**ére válik** *vm* sg is to sy's credit, it does one credit 2. (pompa) pomp, splendour (US -or), parade; **teljes** ~**ben** in full dress/fig

díszbemutató *n* gala premiere/night

diszciplína *n* (tudomány) branch of knowledge, discipline

díszcserje *n* ornamental shrubbery

díszdoktor *n* doctor honoris causa

díszebéd *n* banquet

díszegyenruha *n* (full) dress uniform

díszeleg *v vk* parade, make* a fine show; elit show* off; biz swank (about)

díszelgés *n* parade, show

díszelnök *n* honorary president

díszelőadás *n* gala performance/night

díszemelvény *n* dais, grandstand

díszes *a* 1. ornamental, decorative; (pompás) splendid; ~ **fogadtatás** state/grand reception 2. biz ~ **egy alak** a sorry figure

díszfa *n* ornamental/garden tree

díszfelvonulás *n* festive/ceremonial procession, parade

diszharmónia *n* 1. (hangoké) dissonance 2. (egyenetlenség) disharmony; (véleményeké) difference of opinion

díszhely *n* place of honour (US -or)

díszít *v* decorate, adorn, ornament

díszítés, díszítmény *n* decoration, ornament(s), adornment

díszítőelem *n* decorative element/motif

díszítőművészet *n* = ornamentika 2.

díszkapu *n* triumphal arch

díszkard *n* ceremonial sword

díszkert *n* pleasure/ornamental garden

díszkiadás *n* de luxe edition

díszkíséret *n* escort, guard of honour (US -or)

diszkó *n* disco; **ma este** ~ **van a klubban** our club's got a disco on tonight

diszkólemez *n* disco record

diszkosz *n* discus

diszkoszvetés *n* throwing the discus

diszkoszvető *n* discus thrower

díszkötés *n* (könyvé) de luxe binding

díszközgyűlés *n* festive general assembly

diszkréció *n* discretion; (titoktartás) secrecy; **szigorú** ~**val** in absolute secrecy

diszkrecionális *a* discretionary; ~ **jog** discretionary powers *pl* [to act]

diszkreditál *v* discredit

diszkrét *a* discreet, careful; (tapintatos) tactful; (csendes) quiet, unobtrusive

diszkvalifikál *v* disqualify; ~**ják be*** disqualified

díszlépés *n* kat march/parade step, goose step

díszlet *n* scenery, set

díszletez *v* arrange the scenery

díszletezőmunkás *n* sceneshifter, stagehand

díszletfestő *n* scene(ry)-painter

díszlettervező *n* stage-designer

díszl|ik *v* flourish; (virág) bloom

díszlövés *n* salvo, salute of guns; ~**t lead** fire a [21-gun] salute

díszmagyar *n* † ⟨Hungarian gala-dress⟩

díszmenet *n* kat slow parade march; ~**ben elvonul** march past, parade before

díszműáru *n* fancy-goods/articles *pl*

disznó *n* 1. pig; ~**t hizlal** fatten pigs; ~**t öl** kill/stick* a pig 2. (emberről) swine, dirty pig; ~ **beszéd** bad language, dirty talk; ~ **vicceket mond** tell* dirty stories 3. (kártya) ace

disznóbőr *n* pigskin

disznóhizlalás *n* fattening of pigs

disznóhizlalda *n* pig farm, piggery

disznóhús *n* pork

disznólkod|ik *v* behave* like a swine; (beszédben) use filthy language, talk dirty

disznóól *n* pigsty; US pigpen

disznóölés *n* pig-killing, pigsticking

disznópásztor *n* swineherd

disznóság *n* 1. ált scandal, a shame; ~! (what a) shame! 2. (beszéd) dirty/filthy talk; (tett) dirty/lousy trick

disznósajt n brawn, pork/pig cheese; US headcheese

disznótor n ⟨dinner on pig-killing day⟩

disznótoros n kb. pork sausages and chitterlings pl

disznózsír n lard, hog's fat

dísznövény n ornamental plant

díszoklevél n honorary diploma

díszöltözet n = **díszruha**

díszőrség n guard of honour (US -or)

díszpáholy n box of honour (US -or); (elnöki) presidential box [in theatre]; GB royal box

díszpárna n (ornamental) cushion

diszpécser n dispatcher; GB charge hand

díszpéldány n te ∼! elít you are a fine one

díszpolgár n freeman° [of a town/city]; **Kecskemét** ∼**ává választották** ... was given the freedom of Kecskemét; **K.** ∼**a** freeman° of K.

diszponál v vm fölött dispose of sg

diszpozíció n **1.** (rendelkezés) disposition **2.** (kedély) frame of mind, mood

díszruha n robes of state pl, ceremonial/full/ gala dress

díszsírhely n ⟨grave granted at public expense⟩, honorary grave

díszszázad n guard of honour (US -or)

díszszemle n (dress) parade, march past

disszertáció n thesis (pl theses); (nem tud. fokozatért) dissertation; **doktori** ∼ Ph.D. (v. PhD) thesis; **megvédi a** ∼**ját** defend one's thesis

disszertál v write* a thesis (on sg)

disszidál v **1.** (külföldre) defect; (menekülve) flee* [the country] **2.** † (elpártol) go* into opposition, defect

disszidens n **1.** (külföldre távozó) defector **2.** tört dissenter **3.** pol (másként gondolkodó) dissident

disszonancia n dissonance

disszonáns a dissonant, discordant; ∼**an hangzik** it jars, it sounds discordant

dísztag n honorary member

dísztárgy n (árucikk) fancy goods pl; (lakásban) bric-a-brac, ornament; (apróbb) trinket

dísztávirat n congratulatory telegram

dísztelen a undecorated, unadorned, plain, simple

dísztelenked|ik v = **éktelenkedik**

díszterem n ceremonial/banqueting hall; (iskolában) hall; (székházban) assembly meeting hall

disztichon n distich

disztingvál v distinguish, make*/draw* a distinction (v. disctictions) (between)

disztingvált a distinguished

díszünnepély n gala (night)

díszvacsora n gala/ceremonial dinner, (state) banquet

ditirambikus a dithyrambic

ditirambus n dithyramb

dívány n divan; (támlával, karfával) couch, sofa

díványpárna n cushion, bolster, squab

divat n fashion, mode, style; (szokás) vogue, custom; **a legutolsó/legújabb** (v. az utolsó) ∼ the latest fashion, the last word (in); **most/ma ez a** ∼ biz it's the in thing; ∼**ba jön** come* into fashion/vogue, become* fashionable; ∼**ban van** be* in vogue/ fashion, be* fashionable; **kimegy a** ∼**ból** go* out of fashion, become* unfashionable; ∼**ját múlta** = **divatjamúlt** ; **halad a** ∼**tal** follow the (latest) fashion, keep* up with fashion

divatáru n (férfi) men's wear; (női) ladies' wear ⇨ **divatcikk**

divatbemutató n fashion-show

divatcikk n article of fashion, accessories pl

divatékszer n dress/costume jewellery

divathóbort n **1.** (ruházkodási) craze, rage **2.** (nem ruházkodási) fad

divathölgy n lady of fashion

divatjamúlt a unfashionable, old-fashioned, dated; out ut.

divatlap n fashion journal/magazine

divatos a fashionable, stylish, modish, smart, fashion-conscious; (szokásos) current; (felkapott) in vogue ut.; **nem** ∼ unfashionable; (igével) be* out of fashion; ∼ **író** popular/fashionable author, author of the day; ∼ **kifejezés/szó** fashionable expression, vogue/buzz-word

divatosan adv fashionably; ∼ **öltözködik** dress fashionably/fashion-consciously, wear* the latest fashion(s)

divatoz|ik v GB be* trendy, wear* way-out clothes

divatszalon n dressmaker's showroom

divatszín n fashionable colour (US -or)

divatszó n vogue/buzz-word

divattervező n (fashion/dress) designer

divatújdonság n latest fashion, novelty

diverzáns a/n saboteur, subversive; ∼ **csoport** group of subversives; ∼ **elemek** subversive elements, subversives

diverziós a subversive; ∼ **tevékenység** subversive activities pl

dív|ik *v* be* in fashion/vogue
dízelesít *v* dieselize
dízelesítés *n* dieselization
dízelmotor *n* diesel engine
dízelmozdony *n* diesel(-electric) locomotive
dízelolaj *n* diesel oil/fuel
dízelvillamos *a* diesel-electric [locomotive, train etc.]
dizőz *n* † chanteuse, music-hall singer
DK = *délkelet* south-east, SE
dkg *v* **dag**= *dekagramm* ⇨ **deka**
dl = *deciliter* decilitre (*US* -ter), dl
dm= *deciméter* decimetre (*US* -ter), dm
DNS = *dezoxiribonukleinsav* DNA
DNy = *délnyugat* south-west, SW
dob[1] **1.** *vt* throw*; *(nagy erővel)* hurl **2.** □ *(vkn túlad)* throw* sy over/overboard, dump sy
dob[2] *n* **1.** drum; ~**ra kerül** come* under the hammer; ~**ra üt/ver** *(elárverez)* put* sg up for auction; *(elhíresztel)* trumpet abroad, proclaim (sg) from the housetops; **veri a** ~**ot** beat* the drum, drum **2.** *músz* drum, cylinder, barrel; *(cséplőgépben)* threshing cylinder; *(mosógépben)* drum
dobál *v* **1.** *vmt vhova* keep* sg throwing; *vkt vmvel* pelt sy with sg **2.** *(hajigál)* scatter **3.** hullámok ~**ják a csónakot** waves* are tossing the boat; **ide-oda** ~**ta az élet** he was tossed about in life
dobálódz|ik *v* be*/keep* throwing about; **nagy szavakkal** ~**ik** talk big
dobás *n* **1.** *(cselekvés)* throw(ing) **2.** *(eredménye)* throw; **16 m-es** ~ a throw of 16 metres (*US* -ers)
dobban *v* *(szív)* throb, beat*; **nagyot** ~**t a szívem** my heart gave* a leap
dobbanás *n* throb, beat(ing)
dobbant *v* **1.** *(lábbal)* stamp (one's foot/feet) **2.** *(ugró)* take*/jump off **3.** *biz (disszidál)* defect, □ split*
dobbantódeszka *n* springboard
dobhártya *n* eardrum; **megreped a** ~**ja** he burst* his eardrums; *orv* he has a perforated eardrum
dobkályha *n* (round) iron stove
dobó *n* thrower
dobó- és ugrószámok *n pl* field events
dobog *v* **1.** *(szív)* throb, palpitate, beat* **2.** *(lábbal)* stamp (one's foot/feet)
dobogás *n* **1.** *(szívé)* beating, throbbing; *(beteg szívé)* palpitation **2.** *(lábé)* stamping
dobogó I. *a* beating, throbbing **II.** *n* *(előadóé)* platform; *isk kb.* teacher's desk; *szính* stage, podium; *(szónoki, karmesteri)* rostrum
dobókocka *n* dice (*pl* ua.)

dobol *v* drum, beat*/play a/the drum
dobolás *n* drum(ming)
dobos *n* drummer
dobostorta *n* ⟨round layered chocolate cake with hard caramel top⟩
dobószám *n sp* ~**ok** throwing contests (i.e. discus, hammer, javelin and shot put) ⇨ **dobó- és ugrószámok**
doboz *n* **1.** box; *(karton)* cardboard box, carton; *(bádog)* tin, *US* can; *(nagyobb, rendsz. fa)* case; **egy** ~ **cigaretta** a packet (*US* pack) of cigarettes **2.** *(rádió, tv stb.)* cabinet
dobozol *v* box, pack in boxes
dobozos *a* boxed, canned; ~ **sajt** cheese in cartons; ~ **sör** canned beer
dobpergés *n* roll of drums, drumbeat
dobszó *n* drumming, drumbeat
dobverő *n* drumstick
docens *n kb.* *GB* reader; *US* associate professor
docentúra *n kb.* *GB* readership; *US* associate professorship
dog *n* mastiff ⇨ **dán**
dogma *n* dogma
dogmatika *n* dogmatics
dogmatikus *a* dogmatic
dogmatizmus *n* dogmatism
doh *n* mustiness, musty/mouldy (*US* moldy) smell
dohány *n* **1.** *növ* tobacco **2.** □ *(pénz)* dough, bread
dohányáru *n* tobacconist's wares/goods
dohányárus *n* tobacconist
dohánybolt *n* tobacconist's (shop), tobacconist
dohányfüstös *a* smoky; ~ **szoba** smoke-filled room
dohánygyár *n* tobacco factory
dohánylevél *n* tobacco leaf°
dohányos *n* smoker; **erős/nagy** ~ heavy smoker
dohánytermelő I. *a* tobacco-growing **II.** *n* tobacco-grower
dohányültetvény *n* tobacco plantation/field
dohányzacskó *n* tobacco-pouch
dohányzás *n* smoking; **tilos a** ~**!** no smoking, smoking (is) prohibited
dohányz|ik *v* smoke; **megengedi, hogy dohányozzam?** do you mind if I smoke?
dohányzó I. *a* smoking; ~ **szakasz** smoking compartment, smoker **II.** *n* **1.** *(személy)* smoker **2.** *(helyiség)* lounge; *(vasúti kocsi)* smoker
dohog *v* **1.** *(személy)* grumble, mutter, mumble **2.** *(gőzgép)* puff

dohos *a* musty, fusty; *(levegő)* stale, stuffy
dohosod|ik *v* go*/turn mouldy *(US* moldy)
dohosság *n* mustiness, fustiness
dohszag *n* musty smell
doki *n biz* doc
dokk *n* dock(yard)
dokkmunkás *n* docker, dock worker; *US így is:* longshoreman°
dokkol *v* dock
doktor *n* **1.** *(egyetemi)* doctor *(röv* Dr); **a tudományok** ~**a** Doctor of Science, D.Sc. *v.* DSc (Doctor Scientiarum); **akadémiai** ~ *GB, US kb.* Doctor of Philosophy, Ph.D. *v.* PhD; **jogi** ~ *kb.* Doctor of Laws *(röv GB* LL.D. *v.* LLD); ~**rá avat** confer a doctorate (up)on sy **2.** *(orvos)* physician, doctor; ~ **úr, kérem** ... Doctor, ...
doktorál *v* take* one's doctorate *(vmből* in/on sg)
doktorátus *n* doctorate; ~**t tesz** take* one's doctorate
doktori *a* doctoral; ~ **cím/fokozat** doctorate, title of doctor; ~ **diploma/oklevél** doctorate; ~ **értekezés** doctoral dissertation, Ph.D. *(v.* PhD) thesis *(pl* theses); ~ **értekezést benyújt** submit a thesis for the PhD degree
doktornő *n* woman-doctor; lady-doctor; ~**, kérem** ... Doctor, ...
doktrína *n* doctrine, tenet
doktriner *a* doctrinaire
dokumentáció *n* documentation
dokumentációs *a* documentary; ~ **központ** documentation centre *(US* -er)
dokumentál *v* prove, certify, document
dokumentátor *n* documentalist
dokumentum *n* document
dokumentumfilm *n* documentary (film)
dokumentumjáték *n* (drama) documentary, docu-drama, faction
dolgavégezetlen(ül) *adv* having achieved nothing; ~ **távozik** go* away empty-handed
dolgos *a* industrious, hard-working; ~ **élet** busy life
dolgozat *n* **1.** *isk* paper, essay; *(vizsga*~*)* examination paper; **magyar** ~ Hungarian essay; ~**ot ír** *(vmből)* write* an essay on sg; ~**ot írat történelemből** set* (sy) a history paper/essay **2.** *(tudományos)* paper, dissertation
dolgozatfüzet *n* exercise-book
dolgozatírás *n* written test; *(fogalmazási)* set essay
dolgozatjavítás *n* correction of papers/compositions/essays

dolgozgat *v* go* on working slowly, work* at a leisurely pace; **a kertben** ~ he is working away in the garden
dolgoz|ik *v* **1.** *ált* work; *(munkaviszonyban)* work [in a job], be* employed (at); **hol** ~**ik**/~**ol?** where do you work?; **mit** ~**ik?** what do you do (for a living)?; **vmn** ~**ik** work on sg; **vknek** ~**ik** work for sy; **együtt** ~**ik vkvel** collaborate with sy; **keményen** ~**ik** work hard; **aki nem** ~**ik, ne is egyék** "he that will not work, shall not eat" **2.** *(átv vm célból)* endeavour *(US* -or) (to), strive (to); **az idő nekünk** ~**ik** time is* on our side **3.** *(gép)* run*, work, function **4.** *(nyers fa)* warp, shrink*
dolgozó I. *a* working, labouring *(US* -or-); ~ **nép** the working people; **(a)** ~ **nő** (the) working woman°; **a** ~ **tömegek** the toiling masses **II.** *n* **1.** *ált* worker, working man°/woman°; *(fizikai)* manual worker; *(szakmában)* workman°; **fizikai** ~ *ált* manual worker; *(gyári stb.)* blue-collar worker; *(építkezésnél, főleg segédmunkás)* labourer; **értelmiségi/szellemi** ~ white-collar worker; **irodai** ~ office worker; **a** ~**k** *ált* the working people; *(vállalat stb.* ~*i)* the work force [of a plant etc.], the employees; ~**k iskolája** workers'/night school **2.** *(méh)* worker (bee)
dolgozóasztal *n* desk, writing table
dolgozóméh *n* worker bee
dolgozószoba *n* study; *biz* den
dolgozótárs *n* fellow-worker/labourer *(US* -or-)
dolgoztat *v* **1.** *ált* make* sy work; *(alkalmazottat)* employ, engage; **tíz munkással** ~ employ ten workers **2.** **kinél** ~**?** who is* his [tailor etc.]?
dollár *n* dollar; ~ **elszámolású piac** convertible currency area/export
dollárkölcsön *n* dollar loan
dolmány *n* dolman, pelisse
dolog *n* **1.** *(munka)* work, job, task; **sok a dolgom** I have* a lot to do, I am* very busy; **meglehetősen nehéz** ~ **volt** it was quite a job (to do); **az a dolga, hogy...** her/his job is to...; **biztos a dolgában** be* sure of himself/herself; ~**hoz lát** set* to work; **teszi a dolgát** he does his share/work **2.** *(ügy)* matter, business, affair; **micsoda** ~ **ez?** what are* you up to?, what does this mean?; **szép** ~**!** a fine affair!; **jelentéktelen** ~ petty affair; **az/ez nagy** ~ that's a great thing, it's no trifling matter; **nem nagy** ~ it isn't so dif-

ficult [to do]; **a dolgok állása** the state of affairs; **ez az én dolgom** that's my business; **nem az én dolgom** it's none of my business; **az ő dolga, hogy** it's up to him to, he is* supposed to; **dolga van vkvel** have* business with sy, deal* with sy; **hogy megy a dolgod?** how are* you getting on?; **hogy mennek a dolgok?** how are things?, how goes it?; **becsület dolga** a matter of honour (US -or); **ez ízlés dolga** it's a matter/question of taste; **jó dolga van, jól megy a dolga** have* a good time of it; *(anyagilag)* be* doing well, be* well off; **rossz dolga van** have* a bad time of it, have* a hard time; *(anyagilag)* be* badly off; **elment a jó dolgod?** have you taken leave of your senses?; **pénz dolgában** as regards money, financially; **vknek a dolgában** in/on sy's behalf; **vallás dolgában** in matters of religion; **nem tartozik a ~hoz** it is irrelevant; **ne ártsd magad mások dolgába** mind your own business; **hagyjuk a dolgot ennyiben** let's leave it at that; **nem kell nagy dolgot csinálni belőle** there's no need to make such a fuss about it **3.** *(tárgy)* thing, matter, stuff, object; **rendben tartja a dolgait** he keeps* his things/affairs in order **4. dolgát végzi** *(illemhelyen)* relieve oneself; **(el)végzi a dolgát** *(kutya)* do* its/her/his job ⇨ **áll**[1]
dologház n † workhouse
dologi a ~ **jog** law of property; ~ **kiadások** material expenditures
dologkerülő I. a work-shy, idle, lazy **II.** n shirker, idler
dologtalan a idle, lazy
dolomit n dolomite
dóm n cathedral
domb n hill; *(kisebb)* hillock, hummock
dombhát n ridge of a hill
domboldal n hillside; *(skót)* brae
domborít v throw* into relief, emboss
dombormű n relief; *(magas)* high relief; *(fél)* bas-relief
dombornyomás n **1.** *(folyamat)* relief printing, embossing **2.** *(tárgy)* embossed work, relief print
domborod|ik v swell* out, bulge, rise*
domború a convex, bulging, curved, round; ~ **lencse** convex lens
domborulat n **1.** *(domborúság)* convexity, bulge **2.** *(kis domb)* hillock, knoll
domborzat n (features pl of) the terrain
domborzati a ~ **térkép** relief map; ~ **viszonyok** configuration of the terrain

dombos a hilly, humpy; ~ **terület** hilly/rolling country
dombság n = **dombvidék**
dombsor n range of hills
dombtető n crest/ridge of a hill
dombvidék n hilly/rolling country
dominál v prevail (over sg), dominate (sg)
domináns I. a dominating, dominant **II.** n zene dominant
Dominica n Dominica
dominikai a/n Dominican
dominikánus a/n vall Dominican, Black Friar
domínium n dominion
dominó n domino (pl dominoes); *(játék)* dominoes sing.
dominóz|ik v play dominoes
Domo(n)kos n Dominic
domonkos a = **dominikánus**
dong v buzz, hum
donga n stave
dongaboltozat n barrel-vault
dongaláb n club-foot°
dongó n bumble-bee
dongólégy n bluebottle, blowfly
donor n donor
dopping n = **doppingszer**
doppingol v **1.** *(lovat, versenyzőt)* dope; *(csak vkt)* give* sy a stimulant **2.** vkt átv fire sy with passion, stimulate sy
doppingszer n dope, stimulant, drug
doppingvizsgálat n sp dope test
dór a **1.** *(oszlop)* Doric [pillar] **2.** zene ~ **hangnem** Dorian mode
dorbézol v carouse
dorgál v chide*, reprove, rebuke *(vmért mind: for)*
dorgálás n reprimand, rebuke, admonition; ~ **ban részesít** reprimand, rebuke
dorombol v purr
dorong n log, thick stick
Dorottya n Dorothy
dosszié n file, dossier
dotáció n *(egyéné)* fees pl; *(intézményé)* funds pl, subsidy
dotál v **1.** *(intézményt)* endow, finance, fund, subsidize; ~ **t** subsidized **2.** *(alkalmazottat)* pay*, remunerate
dózis n dose
döbben v **tudatára** ~ suddenly realize (with dismay)
döbbenet n consternation, dismay
döbbenetes a horrifying, stupefying
döccen v jolt, jerk
döccenés n jolt, jerk

döcög v *(kocsi)* jolt, jog (along); *(vonat)* trundle along, keep* stopping and starting; *(ember)* waddle/hobble (along)
döcögés n jolting, slow advance
döcögős a **1.** *(út)* jolty, bumpy **2.** *(stílus)* halting, jerky
döf v **1.** *(kést)* run* a knife° into sy/sg; *(tőrrel)* stab, thrust*; *(oldalba könyökkel)* poke, push **2.** *(szarvval)* butt
döfés n thrust, stab, poke, push, butt
dög n **1.** carrion, carcass, carcase **2.** *vulg* **lusta** ~ lazy bugger/sod **3.** *biz* ~**ivel van pénze** he has oodles of money
dögcédula n *biz* dog-tag [of soldiers]
dögevő n carrion-eating
dögfáradt a *biz* dog/dead-tired; *GB* jiggered, done in, knackered
döghalál n † plague, pestilence
döghús n carrion
dögkeselyű n (Egyptian) vulture
döglégy n green botfly, greenbottle
dögletes a pestilent, pestilential, noxious
dögl|ik v **1.** *(állat)* die, perish **2. egész nap az ágyon** ~**ik** be* lazing on the bed all day long ⇨ **légy²**
döglőd|ik v die a slow death
döglött a dead [animal]
dögönyöz v **1.** *(ver)* punch, pound **2.** *(masszíroz)* massage
dögrováson van v be* on one's last legs
dögszag n putrid smell
dögtemető n carrion pit, knacker's yard
dögvész n † **1.** *(járvány)* pestilence, plague **2.** *(pestis)* Black Death
dől v **1.** *(hajlik)* lean* (to one side); *vmnek* lean* against; *(oldalt)* tilt **2.** *(esik, bukik)* fall*, topple/tip over, tumble down; ~ **a fa!** timber!; **ágynak** ~ take* to one's bed **3.** *(eső)* pour; *(folyadék, vér)* gush (out/forth from); ~ **róla a veríték** sweat pours from his brow; ~**t b löle a vér** (the) blood gushed from his wound; **a füst** ~ **a kéményből** smoke is belching from the chimney; ~**t belőle a pálinka(szag)** he reeked of brandy
dőlés n leaning, tilt(ing), inclination
dőlt a *(ferde)* slanting, oblique; ~ **betű/szedés** italics *pl*; ~ **betűvel szed** italicize; ~ **betűvel szedett,** ~ **betűs** printed in italics *ut.*, italicized
dölyf n arrogance, haughtiness
dölyfös a arrogant, haughty
dölyfösség n = **dölyf**
dömper n dumper (truck), dump truck
dömping n dumping
dömpingáru n dumped/dumping goods *pl*

döng v **1. ált** (re)sound **2.** *(méh)* buzz, hum
dönget v bang, batter, rag; **nyitott/tárt kapukat** ~ try to force an open door
döngicsél v buzz/hum around
döngöl v ram, pound, beat*; *(keményre)* tamp
döngölő n rammer, pounder, beater
döngölt a stamped, rammed, beaten; ~ **padló** rammed/dirt floor
dönt **1.** *vt* *(felfordít)* upset*, overturn, turn over, throw* down, knock over; *(fát)* fell, uproot; *(féloldalra)* tilt **2.** *vt* *(rekordot)* break*/beat* [the record] **3.** *vi* *(elhatároz)* decide, make*/take* a decision, come* to a decision; *(bíróság)* rule, decree, adjudge; **úgy** ~**ött, hogy** he decided to; *(a bíróság)* [the court] ruled that; **a bíróság az én javamra** ~**ött** the court has* decided in my favour (v. found for me); ~ **vk sorsáról** decide sy's fate
döntés n **1.** *(feldöntés)* upsetting, overthrow, turning/knocking over, tilting; *(fáé)* felling **2.** *(elhatározás, mint cselekvés)* decision making; *(annak eredménye)* resolution, decision; *(bírósági)* ruling, judg(e)ment; *(esküdtszéké)* verdict; **bírósági** ~ court ruling, judg(e)ment of the court; ~**t hoz** decide, make* a decision; *(bíróság)* pass/give* judg(e)ment (on); hand down a decision; ~ **született,** ~**t hoztak (arról, hogy)** it was decided (that/to), a decision was taken (on/about)
döntetlen a/n *(mérkőzés)* a drawn game, a draw/tie; *(sakkban)* a draw; ~**re állnak** they are all square (at), the score/match is level; **a mérkőzés** ~**ül végződött,** ~**re játszottak** the match was* (v. ended in) a draw
döntnök n judge, umpire
döntő **I.** a decisive, deciding; ~ **bizonyíték** conclusive proof; ~ **fontosságú** of crucial/critical/decisive importance; *ut.;* ~ **mozzanat/pont** crucial point; ~ **pillanat** critical/crucial moment; **a** ~ **pillanatban** at the crucial moment; ~ **szavazat** casting vote; ~ **szó** decisive word **II.** n *sp* final(s); **világbajnoki** ~ *(labdarúgás)* World Cup Final; **bejut a** ~**be** qualify for the finals, reach the finals
döntőbíró n arbitrator, arbiter
döntőbíróság n (court of) arbitration; ~**i ítélet** arbitrament, arbitral decision
döntően adv decisively; ~ **fontos** of crucial importance
döntvény n † *jog* leading case
döntvénytár n Law Reports *pl*

dőre *a (tett)* absurd; *(ember)* misguided, silly

dörej *n* detonation; *(puskáé)* report

dőreség *n* folly, futility, absurdity

dörgedelem *n biz* tongue-lashing

dörgedelmes *a* fulminating, thunderous

dörgés *n* **1.** *(égé)* thunder; *(ágyúé)* roar, boom(ing); ~ **és villámlás** thunder and lightning **2. ismeri a** ~**t** *biz* know* the ropes, know* what's what

dörgő *a (hang)* roaring

dörgöl *v* rub

dörgölő(d)z|ik *v* **1.** *vmhez* rub (itself) against sg **2.** *biz vkhez* fawn on sy

dörmög *v* **1.** *(medve)* growl, grunt **2.** *(ember)* mutter, mumble; *(bosszankodva)* grumble

dörmögés *n* **1.** *(medvéé)* growl(ing), grunt(ing) **2.** *(emberé)* muttering; *(bosszankodva)* grumbling

dörög *v* **1.** ~ **(az ég)** it is* thundering **2.** *(ágyú)* boom, thunder, roar

dörömböl *v* ~ **az ajtón** hammer/bang at/ on the door

dörren *v* give* a thundering/rumbling sound

dörrenés *n* thunder, crack, detonation

dörzsfék *n* friction brake

dörzsöl *v* rub; *(masszírozva)* rub down; **a ruha** ~**i a nyakát** the dress chafes/rubs her neck

dörzsölőd|ik *v vm vmhez* rub against sg, scrape (against) sg

dörzsölt *a* □ ~ **fickó** a slippery customer, a sly old fox, *US* a tough/clever cookie

dörzspapír *n* emery paper, sandpaper

dörzstörülköző *n* bath/Turkish towel

dőzsöl *v* carouse, go* on a spree, go* out on the tiles

dőzsölés *n* revelry, carousing, carousal

Dr. = *doktor* doctor, Dr

drága *a* **1.** *(költséges)* expensive, dear, costly; **nem is olyan** ~ not all that dear **2.** *(értékes)* precious, valuable **3.** *átv* dear; ~**m** my dear, dearest, darling

drágakő *n* precious stone, jewel; *(csiszolt)* gem

drágalátos *a* **1.** † *(szeretett)* beloved **2.** *iron* precious

drágáll *v* find*/consider/think* sg too expensive/dear

drágán *adv* expensively, dear(ly); ' ~ **vesz** buy* at a high price. ⇨ **megfizet**

drágaság *n* **1.** *(költségesség)* dearness, costliness, expensiveness (of sg); ált high prices *pl*; **nagy a** ~ prices are* high **2.** *(kincs)* treasure **3.** *biz* ~**om** my dear, dearest

drágasági pótlék *n* cost-of-living allowance/bonus, weighting

drágít *v* put* up the price of (sg), raise prices

dragonyos *a* tört dragoon

drágul *v* go* up, grow* dearer, get*/become* more expensive; ~**t az élet** life has become so expensive

drágulás *n* rise in prices, increase (in the cost of living)

drákói *a* Draconian; ~ **szigor** Draconian severity

dráma *n* **1.** *(színmű)* drama **2. családi** ~ domestic/family drama/tragedy

drámai *a (átv is)* dramatic; ~ **hős** hero; ~ **költemény** poème d'humanité, dramatic poem; ~ **színész** dramatic/tragic actor

drámaírás *n* play-writing

drámaíró *n* dramatist, playwright

drámairodalom *n* the drama; **a magyar** ~ (the) Hungarian drama

drámaiság *n* drama, dramatic character (of sg)

dramatizál *v (átv is)* dramatize

dramatizálás *n* dramatization, staging

dramaturg *n szính* literary/dramatic advisor; *film* script consultant, scenario editor

dramaturgia *n* theory of dramatic art, dramaturgy

drapéria *n* drapery, hangings *pl;* ~**val díszít** drape sg with sg, be draped with/in

drapp *a* beige

drasztikus *a* ~ **eszköz** drastic means *sing;* ~ **gyógymód** drastic cure; *(igével)* (it will) kill or cure; ~ **gyógyszer** desperate remedy; ~ **kifejezés** coarse expression

Dráva *n* Drava

drazsé *n* chocolate drop, dragée

dressz *n* = **mez**

dresszíroz *v* train

drog *n* drug

drogéria *n* = **illatszerbolt**

dromedár *n* **1.** *(állat)* dromedary **2.** *átv* big hulking/lumbering fellow

drót *n* **1.** *(huzal)* wire; **vkt** ~**on rángat** have* sy on a string **2.** □ **leadja a** ~**ot** pass the dope; ~**ot kap vmről** get* wind of sg

drótakadály *n* barbed-wire entanglement

drótféreg *n* wireworm

drótfonat *n* wire mesh/netting

dróthálo *n* wire netting

dróthúzás *n* wire-drawing

dróthúzógép *n* wire-drawing machine

drótkefe *n* wire brush

drótkerítés *n* wire-fencing; *(szöges)* barbed-wire fence; ~**sel elkerít** wire off

drótkötél *n* cable(-rope), wire-rope/cable

drótkötélpálya *n (bányában, gyárban)* ropeway; *(hegyoldalon)* cable railway; *(sikló)* funicular railway ⇨ **libegő**

drótoz *v* bind* with wire, wire
drótsövény *n* = **drótakadály, drótkerítés**
drótszeg *n* (wire-)tack
drótszita *n* wire sieve
drótszőrű *a* wire-haired, rough-coated; ~ **foxi** wire-haired terrier
drótszövet *n* wire fabric/cloth; *(finom)* wire-gauze
drótüveg *n* wire glass
drótvágó *n (olló)* wire-cutters *pl*
drótvezeték *n* cable
drukk *n biz* funk, cold sweat
drukker *n* = **szurkoló**
drukkol *v* **1.** *(fél)* be* in a (blue) funk; ~ **a vizsgáktól** he's scared stiff of the exams **2.** *vknek* keep* one's fingers crossed (for sy); *(csapatnak)* ⇨ **szurkol**
drusza *n* namesake
du.⇨ **délután;** ~ **3-kor** at 3 p.m.
dualizmus *n* dualism
dublé *a/n* ~ **(arany)** rolled gold
dublini *n* Dubliner
dubló *n (csónak)* double scull
dublőr, dublőz *n* double, stand-in ⇨ **kaszkadőr**
dúc *n* **1.** *(támasztó)* prop, stay, strut **2.** *nyomd* (printing) block
dúcol *v* prop (up), shore up, support
duda *n* **1.** *(hangszer)* bagpipes *pl* **2.** *(autón)* horn, *GB* hooter; *(gyárban)* hooter
dudál *v* **1.** *(hangszeren)* play the bagpipe(s) **2.** *(autós)* honk, hoot, toot/sound one's/the horn; *(gyár)* sound the hooter ⇨ **kesztyű**
dudás *n* piper
dudaszó *n* bagpipe music, the sound of the bagpipes
dúdol *v* hum [a tune]; *(halkan)* croon
dúdolás *n* sing-song, hum
dúdolgat *v* keep* humming (a tune)
dudor *n* **1.** *(testen)* swelling, protuberance, bump; *(ütéstől)* lump **2.** *(tárgyon)* boss, knob, protuberance; *(fán)* gnarl, knot
dudorodás *n* = **dudor**
dudorod|ik *v* bulge, protrude
dudva *n* weed
dudvás *a* weedy
duett *n* duet
dug *v* **1.** *vmt vmbe* stick*, put*, insert *(mind:* sg into sg); **hüvelyébe** ~**ja a kardot** sheathe the sword; **zsebre** ~**ta a pénzt** he pocketed the money; **ágyba** ~**ja a gyereket** pack the child off to bed **2.** *(rejt)* hide*, conceal; *(fiókba stb.)* put*/stow sg away in sg; ~**va** secretly, stealthily **3.** □ stuff/screw [a woman], screw (with sy)

dugába dől *v* fail, miscarry, fall* through
dugáru *n* **1.** = **csempészáru 2.** *(hiánycikk)* ⟨goods sold under the counter⟩
dugasz *n* **1.** = **dugó 2.** **van egy kis pénze** ~**ban** *biz* he's got a bit salted away
dugaszol *v (palackot)* cork; *(lyukat)* stop (up); *(hordót)* bung
dugaszoló *n el* plug; ~**aljzat** socket, *US* outlet
dugattyú *n* piston
dugattyúgyűrű *n* piston ring
dugattyúlöket *n* piston stroke
dugattyúrúd *n* piston rod
dugdos *v* **1.** *vhová* stick*/put*/thrust* sg into sg **2.** *(vk elől)* try to hide/conceal sg/sy from sy
dughagyma *n* seed onion
dugi pénz *n biz kb.* nest egg → **dugasz 2.**
dugig *adv* full up; *biz* crammed (with), chock-full
dugó *n* **1.** *(parafa, műanyag)* cork; *(üveg)* stopper; *(gumi, fa, nagyobb)* bung; ~**t kihúz, kiszedi a** ~**t** uncork [a bottle], unstop (sg) **2.** *el* plug **3.** *(forgalmi)* *(traffic)* jam; *(autósor)* tailback
dugóhúzó *n* **1.** *(eszköz)* corkscrew **2.** *rep* spin(ning dive)
dugós *a* stoppered, provided with a cork/stopper *ut.*; ~ **csatlakozó** plug and socket *(US* outlet)
dugpénz *n* **1.** *(félretett) kb.* nest egg **2.** = **dugsegély**
dugsegély *n* under-the-counter benefit payments *(v.* hand-outs) *pl*
dugul *v* = **eldugul**
dugulás *n* **1.** *(csőben)* blockage, obstruction **2.** = **székrekedés**
dugvány *n* cutting, slip, scion
dugványoz *v* propagate [plants] by cuttings
duhaj I. *a* dissolute, riotous, debauched **II.** *n* reveller *(US* -l-), debauchee
duhajkodás *n* revelry, revels *pl*
duhajkod|ik *v* revel *(US* -l), have* a high old time, go* on a spree
dukál *v* **ez nekem** ~ *biz* that's my due
dúl 1. *vt (pusztít)* ravage, lay* waste **2.** *vi (vihar, háború)* rage; *(érzés vkben)* agitate/up-set* sy
dulakodás *n* scrimmage, scuffle, brawl
dulakod|ik *v vkvel* grapple/wrestle (with sy)
dúl-fúl *v* fume with rage
dúlt *a* ~ **arc** drawn *(v.* care-worn) face
duma *n* □ chatter, gossip, hot air, gas, spiel; **elég a** ~**ból** cut the cackle
dumál *v* □ chatter, gossip, natter (away/on), yak, spiel

Duna *n* Danube; ~ **menti** (lying) along the Danube *ut.*, beside/by the Danube *ut.* ⇨ **lefolyik, víz**

dunai *a* Danubian; **D**~ **Vasmű** Danube *I*ron Works *pl v. sing.*

Dunakanyar *n* the Danube bend

Duna-medence *n* the Danube basin

Dunántúl *n* Transdanubia

dunántúli *a*/*n* Transdanubian

Duna-part *n* *(kiépített)* Danube embankment; *(kiépítetlen)* bank(s) of the Danube

Duna-parti *a* on the bank(s) of the Danube *ut.*

dundi *a* chubby, plump

dunna *n* = **dunyha**

dunnalúd *n* eider(duck)

dunsztol *v (befőttet)* steam

dunyha *n* eiderdown, duvet, continental quilt

dunyhahuzat *n* eiderdown cover

dupla I. *a* double, twofold; ~ **n** doubly; ~ **vagy semmi** double or quits **II.** *n (kávé)* espresso, coffee

duplaszéles *a* double-width

duplikátum *n* duplicate (copy)

duplum *n* duplicate

dúr *a*/*n* major; ~ **hangnem** major key; ~ **hangsor/skála** major scale; **C-~** C-major

duránci *a* clingstone; ~ **barack** clingstone peach

durcás *a* sulky, peevish, petulant

durcáskod|ik *v* sulk, be* in the sulks

durr! *int* bang!

durran *v (robbanószer)* explode, detonate; *(puska)* go* off (with a bang); *(más, pl. pezsgősüveg)* go* bang/pop

durranás *n* explosion, detonation; *(fegyveré stb.)* bang

durranó *a* exploding, detonating

durranógáz *n* oxyhydrogen (gas)

durrant *v* bang, detonate

durrdefekt *n* burst tyre (*US* tire), blowout, flat (tyre)

durrog *v* explode/bang repeatedly

durrogás *n* (repeated) bursts of gunfire *pl*

duruzsol *v (ember)* murmur, mutter; *(főzet)* simmer; **vk fülébe** ~ whisper/purr/murmur *i*n(to) sy's ear; ~ **a kályha** you can hear the fire drawing

durva *a* **1.** *(ember, modor, viselkedés)* rough, coarse, loutish, boorish, uncouth; ~ **beszéd** coarse words *pl*, rough/bad language; ~ **hiba** gross error, glaring blunder; ~ **lelk(ület)ű** unfeeling, callous; ~ **tréfa** practical joke **2.** *(anyag)* coarse, rough; *(elnagyolt)* clumsy, coarse; ~ **arcvonások** hard/coarse features; ~ **felületű** *(terméskő)* rough-hewn

durvahengermű *n* roughing-mill

durván *adv* **1.** ~ **őrölt** *(liszt)* coarse ground [flour] **2.** *(modorban)* roughly, rudely; ~ **bánik vkvel** handle/treat sy roughly, ill-treat sy; ~ **megsért vkt** offend sy greatly, outrage sy **3.** ~ **megmunkál** rough down **4.** ~ **(számítva)** roughly

durvaság *n* **1.** *(lelki)* roughness, rudeness, loutishness **2.** *(anyagi)* coarseness, grossness **3.** *sp* rough play

durváskod|ik *v* behave* rudely/roughly *(vkvel* towards sy), bully *(vkvel* sy); *sp* play rough

durvaszemcsés *a* coarse/rough-grained

durvít *v* coarsen, roughen

durvul *v* **1.** coarsen, roughen; **2.** *sp* play rough

dús *a* **1.** ~ **haj** thick hair, a fine head of hair; ~ **kebel** full *(v.* well-developed) bosom; ~ **keblű** bosomy; ~ **növényzet** rich/luxuriant vegetation **2.** *(bőséges)* rich (in sg); plentiful; **vitamin** ~ rich in vitamins *ut.*

dúsgazdag *a* immensely rich; *biz* rolling in money *ut.*; ~ **ember** moneyed man°, Croesus, man° of means; *biz* moneybags *sing.*

dúskál *v* *vm*ben have* sg in abundance; ~ **a pénzben** be* rolling in money

dutyi *n* *tréf, biz* lockup, ☐ clink; ~ **ban** inside, doing time

dúvad *n* beast of prey

duzzad *v* swell*; *(izom)* bulge (out); *(daganat)* swell* (up); ~ **a lába** his leg is swelling up; ~ **az egészségtől** be* bursting with health

duzzadás *n* swelling; *orv* tumescence

duzzadó *a* swelling *(vmtől* with); *(izom)* bulging; **életerőtől** ~ lusty

duzzadt *a* swollen *(vmtől* with); *(szem)* puffy

duzzaszt *v* swell*, inflate

duzzasztás *n* swelling up (the water)

duzzasztómű *n* weir, barrage

duzzog *v* sulk, be* in a huff *(v.* in high dudgeon)

duzzogás *n* resentment, sulking, pouting

dübörgés *n* rumbling noise, rattle, clatter

dübörög *v* rumble, rattle, clatter

düftin *n* duvetyn

düh *n* fury, rage; ~ **be hoz** infuriate, enrage, make* (sy) angry/furious; ~ **be hozott** it/(s)he made me angry/furious; ~ **be gurul/jön** lose* one's temper, become* enraged, fly* into a rage/fury; ~ **ében se lát se hall** become* blinded with passion

dühít *v* **1.** vkt enrage, infuriate (sy), make* (sy) mad **2.** ~ , **hogy elfelejtettem** I am annoyed/angry (with myself) that I've forgotten (it)

dühítő *a* maddening
dühkitörés *n* = **dühroham**
dühödt *a* furious, enraged, mad with rage
ut.
dühöng *v* rage, fume (*vm/vk miatt* at/against
sg/sy); foam with rage; *(dúl-fúl)* fume,
storm; ~ **vm miatt** sg has made him blow
his top; **szélvihar** ~ the storm is raging
dühöngés *n* frenzy, (towering) rage, fury,
raving
dühöngő *a* raging, raving
dühös *a* furious, (very) angry, livid (*vkre* at/
with sy; *vm miatt* about sg); *kif* one's blood is
up; *(nagyon)* be* at the boiling point; **olyan**
~ **vagyok, hogy majd szétrobbanok**
I am livid/bursting with rage
dühösít *v* enrage, infuriate
dühroham *n* burst/access/fit of anger/rage

dűl *v* = **dől**
düledez|ik *v (ház)* be* on the verge of col-
lapse, be* on its last legs
düledező *a (ház)* ramshackle, tumble-down
dülledt *a* ~ **szem** protruding/bulging eyes
pl; ~ **szemű** goggle-eyed
dűlő I. *n* **1.** *(területrész) kb.* field **2.** = **dűlő-
út 3.** ~**re jut vkvel** come* to an under-
standing with sy; ~**re viszi a dolgot**
bring* matters to a head, get* the matter/
problem sorted out **II.** *a* leaning
dülöng(él) *v* reel, stagger, totter
dűlőút *n* path across the fields, track
dűlt *a* = **dőlt**
dűne *n* (sand) dune
dünnyög *v* mumble
dürgés *n* → **dörgés 2.**
D-vitamin *n* vitamin D

Dzs

Dzs, dzs *(betű)* (the letter) Dzs/dzs
dzseki *n* jacket
dzsem *n* jam; *(narancs)* marmalade
dzsentri *n* (Hungarian) gentry
dzsessz *n* jazz
dzsesszdobos *n* jazz-band drummer
dzsesszzenekar *n* jazzband
dzsida *n* † lance

dzsidás *a tört* lancer, uhlan
dzsinn *n* jinn, djinn
dzsip *n* jeep
dzsóker *n* the Jolly Joker, joker
dzsörzé *n* jersey
dzsúdó *n* = **cselgáncs**
dzsungel *n* jungle
dzsúsz *n* juice

E, É

E, e¹ *n (betű)* (the letter) E/e
e² *pron (ez)* this; ~ **célból** for that purpose, to that end, with this end in view; ~ **héten** this week; ~ **kérdésben** in this matter/question; ~ **tekintetben** in this respect
-e³ *adv (vajon)* whether; **hogy elment-e?** whether he is gone; **szereted-e?** do* you like it?, do you like...?
É¹, **é** *n (betű)* (the letter) É/é
É² = *észak* north, N
eb *n* dog; **egyik kutya, másik** ~ six of one and half dozen of the other; ~**en gubát cserél** out of the frying-pan into the fire; **köti az** ~**et a karóhoz** make* boasting promises; ~**ek harmincadjára jut** go* to the dogs; ~**ül jött,** ~**ül ment** ill got ill spent, easy come easy go
ebadó *n* dog-tax; *(a díj)* dog fee; *(az engedély)* dog licence *(US* -nse)
ebadta *a* damned, confounded; ~ **kölyke** little rascal/scamp
ebbe *pron* in/into this; ~ **nem megyek bele** I won't agree to this, count me out
ebbeli *a* relating to this, of that sort; referring to this (mind: *ut.*)
ebben *pron* in this, here(in); ~ **maradunk!** it's settled!; ~ **az esetben** in this case
ebből *pron* from/of this, out of this; ~ **következik, hogy** it follows (from this) (that)
ebcsont *n* ~ **beforr** it takes* more than that to kill him
ebéd *n* lunch(eon), midday meal; *(este)* dinner; **gyors** ~ a quick lunch, a light (quick) meal, snack; ~ **után** after lunch/dinner; ~ **előtt** before lunch; ~ **utáni** after-lunch/dinner; **mi lesz** ~**re?** what's for lunch/dinner?; ~**et főz** cook lunch/dinner
ebédel *v* lunch, take*/have*/eat* lunch, be* at lunch; *(este)* dine, have*/eat* dinner; **X bent van?** — ... **Is Mr X in?** — He is at lunch
ebédeltet *v* give* lunch/dinner (to), dine
ebédhordó *n* = **ételhordó**
ebédidő *n* lunch-time/hour, dinner-time
ebédjegy *n* luncheon voucher
ebédlő *n* dining-room; *isk* dining hall; *(kollégiumi ebédlő, menza)* refectory
ebédlőasztal *n* dining-table

ebédszünet *n* lunch-break; **egy óra** ~ an hour's break ➪ **ebédidő**
ében(fa) *n* ebony
ébenfekete *a* (black as) ebony
éber *a* **1.** *átv* watchful, vigilant **2.** *(nem alvó)* wakeful, unsleeping, awake *ut.*
éberen *adv* ~ **alszik** sleep* light(ly), be* a light sleeper
éberség *n* watchfulness, vigilance, wakefulness; *pol* vigilance
ebgondolat *n* késő bánat ~ → **bánat 2.**
ebhitű *a/n* tört giaour
ebihal *n* tadpole
ébred *v* wake* (up), awake*; **arra** ~**t, hogy** he awoke to (the fact that); *(csak átv)* he suddenly realized (that); → **(ön)tudat**
ébredés *n* awak(en)ing, waking (up)
ébredez|ik *v* begin* to awake, be* stirring
ébren *adv* **1.** ~ **van** be* awake/up; → **ébren 2.** ~ **tart** *(érdeklődést)* keep* alive
ébreszt *v* **1.** wake* (up) **2.** *(érzést)* (a)rouse, awaken, stir (up); **reményt** ~ raise hope; **vágyat** ~ create/inflame desire
ébresztés *n (telefonszolgálat)* (early-)morning call (service)
ébresztget *v* try to wake*/rouse
ébresztő *n kat* reveille ➪ **fúj**
ébresztőóra *n* alarm-clock
ebszőlő *n* black nightshade
ebzárlat *n* muzzling order
éca *n* □ idea
ecet *n* vinegar
ecetes *a* vinegary, vinegarish; ~ **bor** sour wine; ~ **lé** pickle; ~ **uborka** pickled cucumber/gherkin; ~**en készít vmt** prepare/season sg with vinegar
ecetesed|ik *v* become*/turn sour
ecetfa *n* sumac(h)
ecet-olajtartó *n* cruet(-stand)
ecetsav *n* acetic/acetous acid
Ecuador *n* Ecuador
ecuadori *a/n* Ecuador(i)an
ecset *n* brush
ecsetel *v* **1.** *orv* paint (with) **2.** *(leír)* describe
ecsetelés *n* **1.** *(leírás)* description **2.** *orv* painting (with)
ecsetkezelés *n* brushwork

ecsetvonás *n* stroke (of the brush); **az utolsó ~okat végzi** put* the finishing touches to sg
eddig *adv* **1.** *(hely)* up to this point, as far as here **2.** *(idő)* till now, up to the present, so far, hitherto; **~ még** as yet; **~ még nem** not (as) yet; **~ vagyok vele!** *biz* I'm fed up with it/her/him
eddigi I. *a* (up) till now *ut.*; **az ~ legnagyobb** the greatest ... yet **II.** *n az* **~ek** the foregoing
Ede *n* Ed(ward)
édeni *a* paradisiac, heavenly
éden(kert) *n* (Garden of) Eden
edény *n* **1.** vessel, pot, bowl, (cooking/kitchen/household) utensil **2.** *biol, növ* vessel
edényáru *n (fém)* pots and pans *pl; (kő, agyag)* crockery, earthenware; *(porcelán)* china(ware)
edényes *a* **~ növények** vascular plants
edényrendszer *n biol* vascular system
edényszárító *n (rács)* dish-rack
édes I. *a* **1.** *(íz)* sweet; **jó ~** nice and sweet; **~ ízű** sweet-tasting **2.** *(átv, dologról:)* delightful, delicious **3.** *(személyről)* dear; **~ fiam** my dear son/boy; **~ szívem!** = **~em II.** *n* **~em!** (my) dear(est), darling, my sweet
édesanya *n* mother; **~m!** Mother, Mum(my); *US* Mom, Ma; *(megszólításként)* Mother dear
édesapa *n* father; **~m!** Father; *biz* Dad(dy); *(megszólításként)* Father dear
édesbús *a* sweetly plaintive
édesdeden *adv* **~ alszik** be* in a sweet slumber
édesed|ik *v* = hozzáédesedik
édesen *adv* **~ szereti** he likes it sweet
édesget *n* **magához ~** *átv* win* over
édesgyökér *n* liquorice, sweet-root
édesipar *n* confectionery/sweets industry
édesít *v (átv is)* sweeten, sugar
édesítőszer *n* sweetener
édeskés *a* **1.** *(íz)* sugary, sweetish **2.** *átv* saccharine, syrupy, sugary, cloying
édeskevés *num* precious little
édes-nemes paprika *n* sweet paprika
édesség *n* **1.** *(tulajdonság)* sweetness; *átv* charm **2.** *(ennivaló)* sweet(s); *(cukrászati)* confectionery; *US* candy; *(mint fogás)* sweet, dessert
édességbolt *n* sweet-shop; *US* candy store
édesszájú *a (igével)* have* a sweet tooth
édestestvér *n* full brother/sister
édesvíz *n* fresh water
édesvízi *a* fresh-water

Edit *n* Edith
Edvárd *n* Edward
edz 1. *vt (acélt)* temper, harden; *(vasat)* steel **2.** *vt átv* harden, steel; *sp* coach, train; **~i magát** keep* fit, exercise, work out **3.** *vi sp* train, be* in training, have* a work-out
edzés *n* **1.** *(acélé)* hardening **2.** *átv* hardening, strengthening, steeling **3.** *sp* training, work-out; **~re jár** be* (in) training (for sg)
edzett *a (test, ember)* fit, tough, hardy, steeled
edző *n sp* trainer, coach; **~(ként működik)** coach
edzőcipő *n* trainer/training shoe(s), trainers *pl, US* sneaker
edződ|ik *v átv* harden
edzőfürdő *n műsz* tempering/quenching bath
edzőmérkőzés *n* practice match
edzőtábor *n* fitness/training camp
efelé *adv* towards this, in this direction
efelől *adv* on this/that account, about that; **~ nyugodt lehetsz** you need have* no worries on that score, don't (you) worry about that (*v.* on that score)
effajta *a* = efféle
effektív *a* real, actual, effective
effektus *n* effect
efféle *a* such, suchlike, of this kind/sort *ut.*; **vm ~** sg of that sort
efféleképpen *adv* in such a manner/way
ég¹ *v* **1.** *(tűz)* burn*, be* on fire, be* burning; *(lánggal)* flame, be* in flames, blaze; **~ni kezd** *(tűz)* kindle, take* fire; *(lánggal)* blaze (up) **2.** *(gáz, villany)* be* on; **~ a lámpa** the light is on **3.** *átv* **~ az arca** his face is flushed; *(szégyentől)* blush with shame, flush; **~ a gyomra** have* heartburn; **~ a szemem** my eyes are stinging/smarting **4.** **~ a talpa alatt a föld** the place is getting too hot for him; **~ a kezében a munka** he's a demon for work; **~ a vágytól** be* inflamed with desire, be* anxious/eager (to); **~ek a kíváncsiságtól** I am burning with curiosity **5.** □ *(kudarcot vall)* come* a cropper, do* badly, fail; *sp* be* losing
ég² *n* **1.** *(égbolt)* sky, heavens *pl;* **a szabad ~ alatt** in the open air, out of doors; **az ~ alja** skyline, horizon; **~ és föld között** between heaven and earth, in mid-air; **~ig érő, ~be nyúló** sky-high; **egekig magasztal** praise to the skies; **eget verő** *(dolog)* colossal, enormous; *(zaj)* prodigious, infernal **2.** *(menny)* Heaven; **az ~ szerel-**

mére! for Heaven's/goodness' sake!; ~ **és föld különbség** as different as chalk and cheese; ~**ből pottyant** heaven-sent; *kif* be* a godsend

egalizál *v* equalize, adjust, even up

égbekiáltó *a ált* flagrant, atrocious, blatant; *(hiba, viselkedés)* crass, atrocious; ~ **igazságtalanság** gross/glaring/howling injustice

égbolt *n* sky, firmament

Égei-tenger *n* the Aegean (Sea)

egér *n* mouse°; **szegény, mint a templom egere** poor as a church mouse; **itatja az egereket** turn on the waterworks

éger *n* alder (tree)

egerész *n* mouse-catcher

egerész|ik *v* catch* mice

egerészölyv *n* buzzard

égerfa *n* **1.** = **éger 2.** *(anyag)* alder

egérfogó *n* mousetrap

egérkár *n* damage done by mice

egérlyuk *n* mouse-hole

egérrágta *a* nibbled by mice *ut.*

egérutat nyer *v biz* manage to escape, slip away

égés *n* **1.** *(folyamat)* burning, combustion; *vegy* oxidation **2.** *(seb)* burn; *(érzés)* burning (sensation)

égésfolt *n* burn, brand

égési *a* ~ **seb** burn, scald; ~ **termék, égéstermék** combustion product

egész I. *a* whole, entire, unbroken, complete, all; ~ **éjjel** the whole night, throughout the night; ~ **életében** all his life; **ez** ~ **embert igényel** it takes* a man (to); ~ **éven át** all (the) year round, throughout the year; ~ **hangjegy** semibreve; *US* whole note; **az** ~ **házban** throughout the house; ~ **héten** all the week, the whole week; ~ **idő alatt** all the time/while; ~ **nap** all day (long); ~ **napos** all-day; *(állás)* full-time; ~ **szám** whole number, integer; **az** ~ **világ** the whole world, all the world; *átv* everybody **II.** *adv* = **egészen;** ~ **kicsi** quite small **III.** *n* **1.** *(az egész)* the whole, totality; **kerek** ~ rounded whole; ~**(é)ben véve** on the whole, all in all; **a maga** ~**ében, teljes** ~**ében** in its entirety, in full, completely **2. ennyi az** ~**?** is that all?; **ez/ennyi az** ~ that's all

egészbőr kötésben *adv* (bound) in full calf

egészen *adv* entirely, wholly, quite, completely, altogether; ~ **Debrecenig** as far as D.; ~ **hajnali kettőig** until two a.m. (*v.* two in the morning); ~ **olyan, mint** just like; **ez a gyerek** ~ **az apja** the child is

the very/spitting image of his father; **nem** ~ not quite

egészség *n* **1.** (good) health; **hogy szolgál az** ~**e?** how are you (keeping)?; **jó** ~**nek örvend** enjoy (*v.* be* in) good health; ~**re ártalmas/káros** unhealthy, injurious; harmful to health *ut.* **2.** ~**ére!** *(kívánságban)* (1) *(iváskor)* your (good) health!, here's to you!, cheers!; *biz* bottoms up!; *US* here's mud in your eye! (2) *(tüsszentéskor)* (God) bless you!; **vk** ~**ére iszik** drink* sy's health; **a házigazda** ~**ére!** I give* you our host!

egészséges *a* **1.** *(ember)* healthy; *(igével)* enjoy good health, be* in good health; **nem** ~ (1) be* not in good health, be* unwell (2) *(étel, küllem)* unhealthy, unwholesome; ~**en** healthily, in good health; ~ **élelmiszerek boltja** health-food shop **2.** *(étel)* wholesome, healthy [food] **3.** *(gondolat)* sound [idea]

egészségház *n* health/welfare centre (*US* -ter)

egészségi *a* sanitary, relating to health *ut.*; ~ **állapot** state of health; ~ **viszonyok** sanitary conditions

egészségtan *n* hygiene, hygienics *sing.*; *(isk óra)* hygiene class/lesson

egészségtelen *a* unhealthy, unwholesome, injurious to health *ut.*

egészségügy *n* hygiene, public health, sanitation

egészségügyi *a* hygienic, sanitary; health; ~ **bizonylat/bizonyítvány** health/sanitary certificate; *(hajóhoz)* (clean) bill of health; ~ **dolgozó** (public) health worker/officer; ~ **főiskola** (training) college for health workers/officers; **a Tanács** ~ **(fő-)osztályának vezetője** chief medical/health officer; ~ **intézkedések** sanitary measures/regulations; ~ **katona** medical orderly, medic; ~ **miniszter** health minister; **E**~ **Minisztérium** Ministry of (Public) Health; ~ **papír** toilet paper/roll; ~ **séta** constitutional; ~ **szolgálat** medical/health service; *kat* medical corps; ~ **tampon** sanitary pad

egészségvédelem *n* sanitary regulations *pl*; public health

egészvászon kötés *n* cloth-binding; full cloth; ~**ben** in (full) cloth

éget 1. *vt* ált burn*; *(jelet tüzes vassal)* mark/brand [sg with hot iron]; *(meszet)* burn* [lime]; *(nap)* scorch; *(téglát)* burn*, bake [bricks, tiles]; **egész nap** ~**i a villanyt** leave* the light on all day **2.** *vi/vt* *(csalán)* sting*; *(fűszer)* bite*, have* a sharp taste; *(gyomrot étel)* cause heartburn; **~i a nyelvét** *(forró dolog)* burn* one's tongue

égetés *n* burning

égetett *a* burnt; *US* burned *(is)*; **~ cukor** caramel; **~ mész** burnt/caustic lime; **~ szeszes ital(ok)** spirits *pl*

égető *a* **1.** burning **2.** **~ kérdés** burning question, vital topic; **~ szükség** urgent necessity/need; **~en fontos** of utmost importance *ut.*

égetőkemence *n* (combustion) furnace, kiln

égett *a* burnt; **~ íz** burnt taste

éggömb *n* (celestial) globe

éghajlat *n* climate; **nem bírom az ~ot** the climate disagrees with me

éghajlati *a* climatic; **~ viszonyok** climatic conditions

éghajlattan *n* climatology

éghetetlen *a* incombustible, non-flammable; **~ film** safety film

éghető *a* inflammable; *US* flammable

égi I. *a* heavenly, celestial **II.** *n* **az ~ek** the powers above

égiháború *n* thunderstorm

égimeszelő *n* spindle-shanks/legs *sing.*

égisz *n* **vknek/vmnek az ~e alatt** under the auspices/aegis of sy/sg

égitest *n* heavenly/celestial body

EGK = **Európai** *Gazdasági Közösség*

egocentrikus *a* self-centred (*US* -ter-), egocentric

egoista *a* ego(t)ist, self-centred (*US* -ter-), selfish (person)

egoizmus *n* ego(t)ism, selfishness

égő I. *a* burning, flaming, afire *ut.*, glowing; **~ arccal** with a glowing/flushed face; **~ cigaretta** lighted cigarette; **~ gyertya** lighted candle **II.** *n* **1.** *(villany)* (light) bulb; *(gáztűzhelyen)* (gas) burner **2.** = **égőfej**

égőfej *n* burner

égöv *n* zone; **forró ~** torrid zone, the tropics *pl*; **hideg ~** frigid zone(s); **mérsékelt ~** temperate zone(s)

egres *n* gooseberry

egri *a* from/of Eger *ut.*; **~ bikavér** ⟨a strong red wine from Eger⟩

égszínkék *a/n* sky-blue, azure

égtáj *n* point of the compass; **a négy ~** the four cardinal points

egzakt *a* exact

egzaltált *a (természet)* high(ly)-strung, hysterical

egzisztál *v* exist, make* a living

egzisztencia *n* **1.** *(megélhetés)* living, livelihood, existence **2.** *(egyén)* **kétes ~** shady character

egzisztenciális *a* → **anyagi, létfenntartási, megélhetési**

egzotikus *a* exotic

egy¹ *num* **1.** one; **~ kettő!** one-two!; **~ null(a)** one-nil *(írva:* 1-0); **~ alkalommal/ízben** on one occasion, once, in one case; **nem ~** *(= több)* numerous, a number of [cases etc.]; **~ és más** one thing and another; **~nél több szó** more than one word; **még ~et** one more, another; **igyunk ~et** let's have a drink; **sétálok ~et** I am going for a walk; **~től ~ig** to a man, all *(utána: pl)*; every (single) one of them **2.** **~ és ugyanaz** one and the same; **~ házban lakunk** we live in the same house; **ebben ~ek vagyunk** we are agreed on this **3.** *(időpont)* **~ órakor, ~kor** at one o'clock **4.** *(helyiség-megjelölés)* Number One, No. 1; **földszint ~** (flat, room) No. 1 *(szóban:* number one) on the ground floor ⇨ **egyre**

egy² *indefinite article (határozatlan névelő)* a; *(magánhangzó előtt)* an; **~ bizonyos Jones úr** a certain Mr. Jones; **~ ismerősöm** an acquaintance, someone I know

egyágyas *a* **~ szoba** single (bed)room

egyáltalában *adv* = **egyáltalán**

egyáltalán *adv* at all; **~ nem** not at all, not in the least, not a bit; **~ nem ugyanaz** by no means the same (thing); **figyelsz ~?** are you paying attention?

egyaránt *adv* alike, equally, both; **apa és fiú ~** both father and son, father and son alike; **~ felelős** *(vmért)* equally responsible (for)

egyárbocos *a* single-masted

egyazon *a* (one and) the same

egybe(-) *pref* together → **össze-**

egybeépít *v* build* together

egybeesés *n* coincidence

egybees|ik *v (vmvel)* coincide (with sg)

egybeforr *v* = **összeforr 1.**

egybegyűjt *v* collect, gather together, assemble

egybegyűl|ik *v* **1.** *(emberek)* assemble, gather (together) **2.** *(tárgy)* be* collected

egybehangol *v* = **összehangol**

egybehangzás *n* **1.** *(hangoké)* harmony **2.** *(vallomásoké)* agreement (with)

egybehangz|ik *v* **1.** *(hang)* harmonize **2.** *(vallomás)* correspond *(vmvel* to/with), bear* out; **vallomásuk ~ik** their statements agree/tally

egybehangzó *a* concordant, consonant, harmonious; ~ **tanúvallomások** identical statements; ~ **vélemény** unanimous opinion; ~**an** unanimously
egybehív *v* call together, convoke
egybeilleszt *v* = összeilleszt
egybeír *v* write* as one word
egybeírás *n* writing together (*v.* as one word)
egybekel *v* wed, marry (*vkvel* sy)
egybekelés *n* wedding, marriage
egybeköt *v* **1.** *(könyveket)* bind* in one (*v.* together) **2.** **vmvel** ~**ött** *(program)* ... coupled with [sight-seeing, wine tasting etc.] *ut.*
egyben *adv* **1.** *(egyúttal)* at the same time, simultaneously **2.** *(egy darabban)* in one piece/block; *ker* as a whole
egybenyíló *a* *(szobák)* (inter)communicating (rooms)
egybeolvad *v* ált unite, merge, fuse (with); *(intézmények)* amalgamate, merge; *(színek)* blend
egybeolvadás *n* union, fusion; *(intézmények)* amalgamation, merger; *(ízeké, színeké)* combination, blend(ing)
egybeolvaszt *v* ált blend, fuse, merge; *(intézményeket)* amalgamate, merge
egybeseregl|ik *v* flock together
egybeszab *v* cut in one piece
egybeszabott *a* *(ruha)* one-piece
egybevág *v* *(vmvel)* coincide, agree, tally (*vmvel mind:* with), be* in agreement; **az adatok** ~**nak** the figures tally/agree; **ez** ~ **terveinkkel** this fits in well with our plans
egybevágó *a* concordant, agreeing, congruent; *(mért)* coincident; **nem** ~ incongruous, disagreeing
egybevet *v* = összevet
egyből *adv* *(azonnal)* forthwith, on the spot, straightaway, at once; ~ **sikerült** it worked first time
egycsövű *a* single-barrelled (*US* -l-)
egyéb *pron* other, else; **nincs** ~ **dolga (mint)** he has nothing (else/better) to do* (but/than); **egyebek között** among others, among other things; **és (még) minden** ~ and all the rest; **nem** ~, **mint** nothing less than, nothing else but; **nem tehettem egyebet** ... I could not do* other than ...
egyébiránt *adv* = egyébként **2.**
egyébként *adv* **1.** *(különben)* otherwise **2.** *(máskor, általában)* ordinarily, on other occasions, normally **3.** *(új mondanivaló bevezetésére)* by the way

egyébkor *adv* on another occasion, at another time
egyebütt *adv* elsewhere, somewhere else
egyed *n* individual, entity
egyedárus *n* = egyedárusító
egyedáruság *n* monopoly, sole agency (of sg)
egyedárusítás *n* = egyedáruság
egyedárusítási *a* ~ **joga van** enjoy exclusive rights, have* sole agency
egyedárusító *n* sole agent
egyedi *a* *(személyre)* individual; *(gyártás)* non-series, one-off; ~ **tervezésű/kivitelezésű** custom-designed/built
egyeduralkodó *n* autocrat, monarch
egyeduralmi *a* autocratic, monarchical; ~ **rendszer** autocracy, monarchism
egyeduralom *n* autocracy, monarchy
egyedül *adv* **1.** *(magában)* alone, by oneself; *(segítség nélkül)* single-handed; ~ **él** (s)he lives (all) by herself/himself, (s)he lives (all) alone; ~ **áll** stand* alone; ~ **álló** *(fa, épület stb.)* lone, solitary, isolated; **gyermekét** ~ **nevelő anya** lone mother with a young child → **egyedülálló 2.** *(csak)* solely, only, merely, exclusively
egyedülálló *a* **1.** *(személy)* unmarried, single **2.** *(példátlan)* unique, unparalleled, singular ⇨ **egyedül 1.**
egyedüli *a* sole, only, single
egyedüllét *n* solitude, loneliness
egy-egy *num* **1.** **adott nekik** ~ **forintot** gave them a forint each, gave one forint to each (of them); **mindenkinek egyet-egyet** one to each **2.** **néha jön** ~ **látogató** a visitor drops in now and then
egyel *v* mezőg thin out
egyelőre *adv* for the time being, temporarily; *(ezidáig)* so far
egyemeletes *a* two-storey(ed), *US* two-story/storied
egyén *n* individual, person; **polgári** ~ civilian
egyenáram *n* direct current (*röv* D.C.)
egyenáramú *a* direct current, D.C.
egyenérték *n* equivalent; *ker* exchange value, par (value)
egyenértékes *a* *(szó)* equivalent
egyenértékű *a* *(vmvel)* equivalent (to sg)
egyenértékűség *n* equivalence
egyenes **I.** *a* **1.** *(vonal, út)* straight, direct [line]; *(tartás)* erect, upright [gait]; **nem** ~ not straight, curved, crooked, oblique; ~ **irányú** rectilinear; ~ **növésű** well-grown, erect; ~ **tartású** upright; ~ **vonalban** in a straight line; ~ **vonalú** rectilinear **2.**

(közvetlen) direct; ~ **adás** live broadcast; ~ **adásban közvetítik** is being broadcast/televised live (from); ~ **adó** direct tax; ~ **ág** *(családi)* direct line; ~ **beszéd** *(nyelvt)* direct speech; *átv* plain talk **3.** *(becsületes)* straightforward, downright, honest, open; ~ **eljárás** square/honest deal; ~ **lelkű** upright, honest, straightforward; ~ **válasz** straight answer; **nem** ~ false, deceitful, crooked **4.** *(határozott)* express; ~ **kívánságára** at his express wish **II.** *n (vonal)* straight (line); *mat* (straight) line; *(versenypályán)* straight; ~**be kerül** get*oneself straightened out, get* back on(to) the rails; *(pénzügyileg)* get* out of the red ⇨ **arány**
egyenesen *adv* **1.** *(egyenes vonalban)* straight, in a straight line; ~ **áll** stand* erect/upright; ~ **előre** straight on (to); ~ **tartja magát** hold* oneself upright; ~ **tovább** straight on (to) **2.** *(közvetlenül)* straight, directly; ~ **hozzám fordult** he turned directly to me; ~ **a tárgyra tért** he came straight to the point **3.** *átv* honestly; ~ **járt el** he behaved honestly, it was a square deal **4.** *(fokozó értelemben)* expressly; **hát ez** ~ **borzalmas!** well, that really is terrible/dreadful!, that is nothing short of dreadful!; **ez** ~ **nevetséges** that's perfectly/absolutely ridiculous
egyenesség *n* **1.** *(vonalé)* straightness; *(irányé)* directness **2.** *(becsületesség)* uprightness, honesty
egyenesszárnyúak *n pl áll* Orthoptera
egyenesszög *n* straight angle
egyenest *adv* = **egyenesen 2.**
egyenetlen *a* **1.** *(felület)* uneven, rough **2.** *átv* uneven
egyenetlenkedés *n* dissension, discord
egyenetlenked|ik *v (vkvel)* disagree (with sy)
egyenetlenség *n* **1.** *(felületé)* unevenness, roughness **2.** *átv* dissension; ~**et szít** sow* discord
egyenget *v* level, make* even; **vknek/vmnek az útját** ~**i** make* things smooth for sy/sg, pave the way for sy/sg, smooth sy's path
egyéni I. *a* individual, personal, particular, private; ~ **érdek(eltség)** personal interest(edness); ~ **felelősség** individual responsibility; ~ **gazdálkodás** private management, individual farming; ~ **kezdeményezés(ére)** (on) one's own initiative; ~ **tanulás** individual/private study; ~ **természet** temper, character, disposition; ~

verseny individual competition **II.** *n sp* = ~ **verseny**
egyénileg *adv* individually, personally; ~ **gazdálkodó paraszt** smallholder ⟨farmer outside the cooperative system⟩
egyenirányító *n* rectifier
egyéniség *n* **1.** individuality, personality, character; ~**éhez illő** congenial **2.** **érdekes** ~ quite a character
egyénít *v* individualize
egyenjogú *a* having/enjoying equal rights *ut.*; *(kivívott)* emancipated
egyenjogúság *n* equality of rights, emancipation; **a nők** ~**a, női** ~ equal rights for women, the emancipation of women; *biz* women's lib; **női** ~ **híve** feminist; **teljes faji** ~ racial integration
egyenjogúsít *v* emancipate
egyenjogúsítás *n* emancipation; **a nők** ~**a** the emancipation of women, Women's Lib(eration), women's rights movement
egyenként *adv* one by one, one after the other; *(egyszerre csak egyet)* one at a time; **a jegyek ára** ~ **3 font** the tickets are £3 each
egyenleg *n* balance; **mi az (új)** ~**em?** what is my balance, please?; ~**e tegnap estig** your balance as of last night
egyenlegátvitel *n* balance (brought/carried) forward
egyenlet *n* equation; **kétismeretlenes** ~ equation with two unknown quantities *(v.* unknowns); **elsőfokú** ~ simple/linear equation, first-degree equation; **másodfokú** ~ quadratic equation; **harmadfokú** ~ cubic equation; ~**et felállít** set* up an equation; ~**et megold** solve an equation; ~**et rendez** reduce an equation
egyenletes *a* **1.** *(felületű)* even, smooth **2.** *(arányú)* equal, uniform; ~ **gyorsulás** uniform/constant acceleration; ~ **mozgás** uniform motion; ~ **sebesség** uniform/constant speed/velocity
egyenletesen *adv* uniformly, evenly; smoothly
egyenletrendszer *n* system of equations
egyenlít *v sp* equalize
egyenlítő I. *a* ~ **gól** (the) equalizer **II.** *n* **az E**~ the equator
egyenlítői *a* equatorial
Egyenlítői Guinea *n* Equatorial Guinea
egyenlő *a (vmvel)* equal (to), same (as); *átv* equivalent (of); **a** ~ **b-vel** a equals (v. is equal to) b; **nem** ~ unequal; **a nem** ~ **b-vel** a is not equal to b; ~ **feltételek mellett** under the same conditions; ~ **mér-**

tékben in an equal proportion/measure; ~
munkáért ~ **bért** equal pay for equal
work; ~ **nagyságú** of the same size *ut.*; ~
súlyú of equal weight *ut.*; ~ **szögű** equi-
angular; ~ **távolságra levő** equidistant
(from); ~**vé tesz** equalize (with), make
equal (with), level (*US* -l) with; **a földdel
tesz** ~**vé** make* even with the ground ⇨
háromszög

egyenlően *adv* equally, alike
egyenlősdi *n* egalitarianism
egyenlőség *n* equality
egyenlőségjel *n* equals/equality sign
egyenlőtlen *a* unequal; *átv* uneven, irregu-
lar; ~ **alakú** unlike, dissimilar, different; ~
oldalú háromszög scalene triangle; ~
küzdelem unequal struggle/battle
egyenlőtlenség *n* inequality, disparity; dis-
proportion (*között* between)
egyenrangú *a* of equal rank *ut.*, equal; **a
vele** ~**ak** his equals/peers, people of his
own kind; ~**ként kezel vkt** treat sy as an
equal
egyenruha *n* uniform
egyenruhás *a* uniformed, in uniform *ut.*
egyensapka *n* uniform cap
egyensúly *n* balance, equilibrium; ~**ban
van** be* balanced, be* in (a state of) equilib-
rium; ~**ban tart** (counter-)balance
egyensúlyérzék *n* sense of equilibrium/
balance
egyensúlyoz *v* **1.** (counter-)balance, (count-
er-)poise **2.** = **ellensúlyoz 2.**
egyensúlyozás *n* **1.** balancing **2.** = **ellen-
súlyozás**
egyensúly-politika *n* policy of maintaining
the balance of power
egyensúlyzavar *n* equilibrium disturbance
egyértékű *a vegy* univalent, monovalent
egyértelmű *a* **1.** *(félreérthetetlen)* unam-
biguous; ~ **válasz** an unequivocal answer
2. *(egyhangú)* unanimous **3.** ~ **vmvel** be
synonymous with sg, be tantamount to sg;
ez ~ **azzal(, hogy)** that amounts to
saying (that)
egyértelműség *n* unanimity, agreement
egyes I. *a* **1. az** ~ **szám** number one; ~
számú szoba room No.1 [*kiolvasva*: room
(number) one]; ~ **autóbusz** a No.1 (bus)
[*kiolvasva*: number one] **2.** *(külön)* single, in-
dividual; ~ **kötetek** single/odd volumes;
~ **szám ára** price per copy **3.** *(bizonyos)*
certain, some; ~ **esetekben** in certain
cases **4.** *nyelvt* ~ **szám** singular; ~ **szám
első személy** first person singular **5.** ~
osztályzat → **II.2. II.** *n* **1.** *(szám)* (number)

one; **az** ~**ek** *(tízes rendszerben)* the units **2.**
(osztályzat) very poor (marks *pl*), a fail;
~**re felelt** he got very poor marks, he
failed; *(vizsgán)* his results were unsatis-
factory, he was given an unsatisfactory
report **3.** ~**ek** certain people, some (people)
4. *(busz)* → **I. 1. 5.** *sp (csónak)* scull **6.**
(verseny) singles *pl*; **férfi** ~ men's singles
pl; **női** ~ women's singles *pl*
egyes-egyedül *adv* **1.** *(magában)* quite/all
alone **2.** *(csak)* only, exclusively
egyesével *adv* one by one; *(sorban)* in single
file; *(egyszerre csak egyet)* one at a time
egyesít *v* unite, join, combine; *(vállalatokat)*
amalgamate, affiliate, merge; ~**ik erőiket**
make a united effort, join forces (with sy)
egyesítés *n* union, combination
egyesített *a* united, combined; ~ **énekkar**
massed choirs *pl*; ~ **zenekar** mass band
egyesül *v* ált unite, join, combine, fuse;
(egyesületbe) associate; *(intézmények)*
merge, amalgamate; *(seregek)* join
egyesülés *n* **1.** *(folyamat)* joining, union,
uniting; *(intézményeké)* amalgamation;
(pártoké) coalition **2.** *(eredmény)* union;
(vállalat) syndicate
egyesülési *a* ~ **és gyülekezési jog** the
rights of association and assembly *pl*
egyesület *n* society, association; *sp* club;
~**be belép** become* a member of a society,
join an association; ~**ben evez** row for a
club; ~**ben sportol** be* a member of a
club (*v.* of the ... club)
egyesült *a* united; *(vállalat, társaság)* amal-
gamated; ~ **erővel** with united strength/
forces; **E**~ **Államok** the United States (of
America) *(röv* U.S. *v.* U.S.A.); **E**~ **Király-
ság** the United Kingdom (*röv* U.K.); *(a tel-
jesebb név)* **Nagy-Britannia és Észak-
-Írország Egyesült Királysága** United
Kingdom of Great Britain and Northern
Ireland; **E**~ **Nemzetek (Szervezete)**
United Nations (Organization) (*röv* U.N.O.
v. U.N.)
egyetem *n* university; **az** ~ **területe** the
(university) campus; *(így is:)* the Birming-
ham/Exeter etc. campus; ~**en tanul** =
~**re jár**; ~**re beiratkozik** matriculate
(at a university), register for a degree; ~**re
felvesz** admit to the university; ~**re
megy** he is going (up) to university; ~**re
jár**, ~**et végez** attend (courses/lectures at)
a/the university, study at a/the university;
be* a student at Pécs/Exeter etc. University;
~**et végzett ember** a man° with a univer-
sity degree, graduate

egyetemben *adv (vkvel, vmvel)* together/along with

egyetemes *a* **1.** universal, general; ~ **történelem** universal/world history **2.** *műsz* universal, all-purpose

egyetemesség *n* universality

egyetemi *a* university; academic; ~ **előadás(ok)** university lecture(s); class(es); ~ **előadó** (university) lecturer; ~ **hallgató** university student, undergraduate; *US* college boy/girl; ~ **ifjúság** (the) undergraduates *pl,* university students *pl;* ~ **oktató** staff member, academic, *(igével)* be* on the teaching staff; ~ **színpad** *kb.* collegiate theatre; ~ **tanár** (university) professor; *US* full professor; ~ **tanév** academic year; ~ **tanulmányok** university studies; ~ **terület** campus; ~ **végzettség** university degree; ~ **végzettségű** graduate (of a university)

egyetemista *n* = **egyetemi** *hallgató*

egyetemleges *a* joint, collective

egyetemlegesség *n* joint liability

egyetért *v (vkvel vmben)* agree (with sy about/on sg); **ebben** ~**ek veled** I agree with you there, I go along with that; **messzemenően** ~**ek** I couldn't agree less; ~**enek** they are in agreement; **ebben nem értek veled egyet** I can't agree with you on that point

egyetértés *n* agreement, concord, harmony; **kölcsönös** ~ mutual understanding; ~**ben vkvel** in agreement with sy

egyetlen *a* only, sole, single; *(példány)* only extant, unique (copy); ~ **gyermek** an only child; ~**em!** my darling

egyetlenegy *num* a single, only one; ~ **sem** not a/one single; ~**szer** only once; ~**szer sem** not once

egyet-mást *pron* a few things *pl,* this and that; **tud** ~ he knows a thing or two

egyéves *a (kor)* one-year-old, one year old *ut.; (igével)* be* one year old; *(időtartam)* of one year *ut,* one year's; ~ **tanfolyam** one--year course

egyevezős *a* one-oared → **egypárevezős**

egyévi *a* for one year *ut.,* lasting one year *ut.; (fizetés)* annual

egyezés *n* **1.** *(vmvel)* agreement **2.** *(ige-időké)* sequence; *(ragozási/nemi)* concord

egyez|ik *v (vmvel)* agree/correspond with, be* in agreement (with); *nyelvt* agree (with); **elveimmel nem** ~**ik** it is against my principles

egyezkedés *n* negotiations *pl; (üzleti)* bargaining

egyezked|ik *v* negotiate; *(alkudozik)* bargain, haggle

egyezmény *n* agreement, pact; ~**t köt** sign an agreement (with)

egyezményes *a* by agreement *ut.; (pl. jelek)* conventional, agreed

egyező *a (azonos vmvel)* identical (with), same (as); **az eredetivel** ~ corresponding to the original *ut.;* **nem** ~ discordant, dissimilar, not identical *ut.*

egyezség *n* **1.** *(megegyezés)* agreement, unity **2.** *(kiegyezés)* compromise; *(bírói)* conciliation; ~**et köt** *(v.* ~**re lép)** **vkvel** come* to an arrangement with sy

egyeztet *v* **1.** *(ellenfeleket)* (try to) reconcile (the parties) **2.** *(szövegezést)* harmonize; *(ellenőrizve)* check [text] against (another) **3.** *nyelvt* make* sg agree with sg

egyeztetés *n* **1.** *(ellenfeleké)* reconciliation **2.** *(szövegezésé)* harmonizing **3.** *(ellenőrizve)* checking

egyeztető *a* ~ **bizottság** conciliation committee, board of arbitration; ~ **eljárás** arbitration

egyfajta *a* **1.** *(azonos)* of the same kind *ut.* **2.** *(vmféle)* of a certain/special sort/kind *ut.;* certain

egyfázisú *a műsz* single-phase

egyfelé *adv* in the same direction

egyféle *a* **1.** *(azonos)* of the same kind *ut.* **2.** = **egyfajta** **2.**

egyféleképpen *adv* in one way only, in the same way

egyfelől *adv* **1.** *(azonos irányból)* from the same direction **2.** ~... **másfelől** on the one hand...on the other (hand)

egyfelvonásos **I.** *a (színmű)* one-act [play] **II.** *n* one-act play

egyfogatú *a* one-horse (cab)

egyfolytában *adv* uninterruptedly, continuously, without a break; **két hétig** ~ *(for)* fourteen days running; ~ **aludt egész éjjel** he slept through the night; **tíz órát aludt** ~ he slept for ten solid hours

egyforintos **I.** *a* one-forint **II.** *n* one-forint piece/coin

egyforma *a* of the same form/shape/size *ut.,* alike *ut.,* uniform, the same; ~ **a ruhájuk** they are wearing the same dress, their clothes are identical; **nem** ~**k** they are not alike; **teljesen** ~**k** they are alike

egyformán *adv* alike, equally, in the same way/manner

egyhamar *adv* **nem** ~ none too soon; ~ **nem látod** it will be long before you see him (again)

egyhangú *a* 1. *(unalmas)* monotonous, dull, tedious, uneventful 2. *(szavazat)* unanimous

egyhangúlag *adv* unanimously

egyhangúság *n* 1. *(unalmas)* monotony, dullness 2. *(szavazati)* unanimity

egyharmad *num* a/one third

egyhasábos *a* one-column

egyhavi *a (egy hónapig tartó)* one month's, of one month *ut.*; ~ fizetés a month's *(v. monthly)* pay/salary

egyház *n (intézmény)* the Church; *(egyházközség)* (local) church, parish church

egyházatya *n* Father of the (Christian) Church

egyházellenes *a* anticlerical; antichurch

egyházellenesség *n* anticlericalism

egyházfejedelem *n* Prince of the Church, prelate

egyházfi *n* sexton, sacristan

egyházfő *n* Head of the Church

egyházi *a* church, ecclesiastical; ~ adó church-rate; ~ átok anathema, excommunication; ~ méltóság *(személy)* dignitary of the church, church dignitary, prelate; *(állás)* prelacy; ~ rend holy order(s), ordination; ~ tilalommal sújt place under an interdict; ~ zene sacred/church music

egyházias *a* clerical, ecclesiastical; *elít* churchy

egyházjog *n* canon law

egyházjogász *n* canonist

egyházjogi *a* canonical, canonistic

egyházkerület *n* church district

egyházközség *n* (local) church; parish church; *(gyülekezet)* congregation

egyházlátogatás *n* (canonical) visitation

egyházmegye *n* diocese

egyházszakadás *n* schism

egyháztanács *n* consistory; *(protestáns)* presbytery

egyháztörténet *n* ecclesiastical/church history

egyházzenei *a* ~ hangverseny concert of sacred/ecclesiastical/church music

egyhetes *a (időtartam)* one week's, of one week *ut.*; *(kor)* a/one week old *ut.*; *(jelzőként)* a week-old

egyheti *a* one week's, of one week *ut.*

egyhónapi *a* one month's, of one month *ut.*

egyhónapos *a (időtartam)* one month's, one-month, of one month *ut.*; *(kor)* a/one month old

egyhuzamban *adv* = egyfolytában

egyidejű *a* simultaneous *(vmvel* with)

egyidejűleg *adv* at the same time, simultaneously

egyidejűség *n* simultaneity

egyidős *a* (of) the same age *ut.*; ~ velem he is my age, he is the same age as me

egyik *pron* 1. one (of); ~ barátom a friend of mine, one of my friends; ~ éjszaka one night; ~ a másik után one after the other, in turn; ~ sem neither; ~ a kettő közül one or other of the two, either; ~ olyan, mint a másik one is like the other, they are all the same 2. ~e a legjobbaknak one of the best; ~ünk one of us; ~őtök one of you; ~ük one of them

egyik-másik *pron* some, one or another

Egyiptom *n* Egypt

egyiptomi *a* Egyptian

egyirányú *a* one-way; ~ forgalom/közlekedés one-way traffic; ~ utca one-way street

egyistenhit *n* monotheism

egyistenhívő *n/a* monotheist

egyívású *a* (of) the same age *ut.*

egyjegyű szám *n* one-figure number, a single digit

egykarú *a* one-armed

egyke *n* 1. *(gyermek)* only child (in a family) 2. *(rendszer)* only-childism

egykedvű *a* indifferent, apathetic

egykerendszer *n* only-childism

egy-két *num* one or two, a few; ~ napon belül in a day or two

egyketted *num* one half

egy-kettő I. *num* one or two, a few II. *int* ~ láss a dologhoz! (come on,) get to work!, go to it!

egykettőre *adv biz* in a second, very fast

egykor *adv* 1. *(régen)* at one time, formerly, once (upon a time) 2. ~ (majd) some time in the future 3. *(órakor)* at one (o'clock)

egykori *a* former, one-time, sometime

egykorú *a* 1. = egyidős 2. *(egyidőben élt)* contemporary

egykönnyen *adv* nem ~ not so easily

egykutya *a/int biz* all the same

egylábú *a* one-legged

egylaki *a* monoecious

egylet *n* society, association, club

egylovas *a* one-horse; ~ kocsi hansom (cab)

egymaga *pron* alone, in itself; *(ember)* (all) by himself/herself; ~ csinálta *biz* he did it on his own *(v.* all by himself); ~ban (véve) in itself

egymás *pron* 1. ~ ellen vannak they are at cross-purposes; jól ismerjük ~ gon-

dolatait we know each other's minds very well; ~ **otthonában/lakásán** in one another's homes; ~ **közt** between/among ourselves/yourselves/themselves; ~ **mellé/mellett** side by side, next/close to each other; ~ **után** one after the other, one after another, successively → **egymásután**; **három nap** ~ **után** three days running, three days in succession **2.** *(raggal)* ~**éi leszünk** we will have one another; ~**ba illeszt** fit, join; ~**ba olvad** fuse; merge *(into each other)*; ~**ba rohan/szalad** *(két jármű frontálisan)* collide; *(egyébként)* crash into each other; *(több jármű)* pile up; ~**ért** for one another, for each other; ~**hoz** to one another, together; **illenek** ~**hoz** they are*/make* a good match, go* well together; ~**hoz illeszt** fit together; ~**hoz tartoznak** belong together; ~**nak** (to) one another; **csak** ~**nak élnek** live for each other; **segítenek** ~**on** help each other, help one another; **haragusznak** ~**ra** they are angry with each other; ~**ra következő** consecutive, successive; ~**ra rak** put* one on top of the other; ~**ról** about each other; ~**t** each other, one another; ~**t éri** touch each other; **szeretik** ~**t** *(szerelemmel)* are* in love; **két** ~**t követő napon** on two consecutive/successive days, two days running; ~**tól** from one another; ~**sal** with one another, together; *(ketten)* with each other; ~**sal szemben** facing one another, opposite each other
egymásrautaltság *n* interdependence
egymásután *n* succession; **gyors** ~**ban** in quick/rapid succession ⇨ **egymás**
egymillió *num* a/one million
egynapi *a* **1.** *(egy napig tartó)* one/a day's, one-day, of one day *ut.*; ~ **út** a day's journey/walk *(v. kocsival:* run) **2.** *(egy napra szóló)* ~ **élelem** one day's food
egynapos *a* **1.** one-day-old **2.** ~ **kirándulás/út** a day trip; ~ **kirándulójegy** *(oda- -vissza)* one-day return ticket
egynegyed *num* a quarter (of)
egynéhány *pron* some, a few, several, one or two; **harminc-**~ thirty-odd; **jó** ~ quite a few
egynejűség *n* monogamy
egynemű *a* **1.** *(vmivel)* homogeneous, of the same sort/kind (as) *ut.* **2.** *biol növ* unisexual
egynyelvű *a* monolingual
egyoldali *a* = **féloldali**
egyoldalú *a* **1.** *(ember, felfogás)* one-sided/- track, bias(s)ed **2.** ~ **szerelem** unrequited love **3.** *ker pol* unilateral

egyórai *a* **1.** *(egy óra hosszat tartó)* = **egyórás 2. az** ~ **vonat** the one-o'clock train
egyórás *a* of an hour *ut.,* an hour's, lasting one hour *ut.;* ~ **előadás** a lecture lasting an hour, a sixty minute lecture
egyöntetű *a* uniform, similar
egyöntetűen *adv* uniformly; unanimously, in unison
egyöntetűség *n* uniformity; *(egységesség, pl. egy műben)* consistency
egypár *num* one or two, a couple (of), a few, some; **voltunk** ~**an** there were two or three *(v.* a few) of us there
egypárevezős *a (hajó)* scull
egypárszor *adv* several *(v.* a few) times
egypártrendszer *n* one-party system
egypetéjű ikrek *n pl* identical twins
egypúpú teve *n* dromedary, Arabian camel
egyre *adv* **1.** *(egy dologra)* **csak** ~ **kérem** all I ask is (this); ~ **megy** it is all the same **2.** *(egy órára)* ~ **itthon leszek** I shall be back/home by one (o'clock) **3.** *(mindig)* continually, uninterruptedly, on and on, ever; *(mindinkább)* more and more, increasingly; ~ **csak azt hajtogatja** he keeps repeating; *(unalomig)* he keeps harping on the same string; ~ **inkább** more and more, increasingly; ~ **jobban** better and better, increasingly; ~ **nehezebb (lesz)** it is* getting more and more difficult; ~ **nyilvánvalóbb** increasingly apparent; ~ **rosszabbul** worse and worse; ~ **több(et)** more and more
egyre-másra *adv* one after the other, continuously
egyrészes *a* ~ **fürdőruha** one-piece costume
egyrészről *adv* = **egyrészt 2.**
egyrészt *adv* **1.** *(bizonyos tekintetben)* in one respect **2.** ~**..., másrészt** partly... partly, both... and, on the one hand ... on the other (hand); ~ **fiatal, másrészt csinos** she is both young and pretty
egyről-másról *adv* of this and that
egység *n* **1.** *(mat, kat stb.)* unit **2.** *(egységesség)* unity; *(szövetség)* union; ~**ben az erő** in union there is strength
egységár *n* flat/uniform price/cost/rate; ~**on** at a flat rate (of)
egységbontó *a* disruptive, subversive
egységes *a* uniform; unified; *(pl. szerkesztés)* consistent; ~ **állásfoglalás** united stand; ~ **díjszabás** flat rate; ~ **egész** integral whole
egységesen *adv* uniformly, on the basis of the same principle; ~ **járnak el** act in concert

egységesít v **1.** *ált* unify, integrate, unite, consolidate **2.** *(minőségileg)* standardize
egységesítés n **1.** *ált* unification **2.** *(minőségileg)* standardization
egységesség n *(szerkesztésben)* consistency
egységfront n united/common front
egységnyi a unit
egységszervezet n overall organization
egysejtű a one/single-celled, unicellular
egysíkú a **1.** two-dimensional **2.** *átv* unsophisticated; shallow
egysoros a **1.** *(zakó)* single-breasted **2.** *(levél, vers)* one-line
egyszakaszos a ~ **törvény** single article bill/act
egyszakos a one-subject
egyszámla n single account
egyszámlaszám n single account number
egyszárnyú a ~ **repülőgép** monoplane
egyszarvú n unicorn
egyszemélyes a one-man
egyszemélyi a one-man; ~ **felelősség** individual responsibility
egyszer adv **1.** *(egy alkalommal)* once; ~ csak suddenly, all of a sudden, all at once; ~ **eszik napjában** he eats but/only once a day; ~ **használatos** *(injekciós tű, fecskendő stb.)* disposable [hypodermic needle, syringe etc.]; ~ **négy az négy** once four is four; **ez** ~ this/for once; **ha már** ~ **megteszed** once you do* it; ~ **sem** not once; **még** ~ once more/again, over again; **most az** ~ for the nonce, just this once, this time; **nem** ~ more than once, several times **2.** *(múltban)* once, one day, at one time; *(jövőben)* some day; ~ **volt(, hol nem volt) egy ember** once upon a time there was a man; **ha** ~ **megtalálom** if I ever find* it, should I find* it; ~ **s mindenkorra** once and for all, for good
egyszeregy n **1.** *menny* elements of arithmetic *pl* **2.** *(táblázat)* multiplication table; **nem tudja az** ~**et** (s)he doesn't know his/her tables (v. multiplication table)
egyszer-egyszer adv once in a while, every now and then
egyszeres a simple, single
egyszeri a **1.** *(egyszer történő)* happening once *ut.*, single; ~ **átutazás** single transit; ~ **étkezés** one/single meal; ~ **út/utazás** single journey; ~ **utazásra szóló jegy** single (ticket); *US* one-way ticket **2.** *(régi)* one-time, of yore *ut.*; **az** ~ **ember** the man° in the tale
egyszeribe(n) adv at once, immediately

egyszer-kétszer adv once or twice, now and again/then, occasionally
egyszer-másszor adv once in a blue moon
egyszerre adv **1.** *(hirtelen)* all at once, suddenly, all of a sudden; ~ **csak** suddenly **2.** = **egyidejűleg**; ~ **csak egyet** one at a time; ~ **lép** walk in step **3.** *(egy alkalomra)* for one occasion; *(egy kortyra)* at one gulp
egyszersmind adv at the same time
egyszerű a simple, plain; *(viselkedés)* modest, unaffected; ~ **dolog (ez)** it is a simple matter; **az** ~ **emberek** simple folk; ~ **származású** of humble origin/birth *ut.*; **ez nem olyan** ~ it's not so/that simple; **mi sem** ~**bb** nothing could be simpler
egyszerűen adv **1.** simply; ~ **öltözködik** go* plainly dressed **2. (csak úgy) (egész)** ~ quite simply; **egész** ~ **lustaság** laziness pure and simple; **ez** ~ **nevetséges** it's simply ridiculous; ~ **azért (, hogy)** for the simple reason (that)
egyszerűség n simplicity, plainness; *(lelki)* simple-mindedness; *(viselkedésé, öltözködésé)* modesty
egyszerűsít v **1.** *ált* simplify **2.** *mat* reduce [a fraction]
egyszerűsítés n **1.** *ált* simplification **2.** *mat* reduction
egyszerűsödik v become* simple(r)
egyszikű *növ* **I.** a monocotyledonous **II.** n monocotyledon; ~**ek** monocotyledons, Monocotyledonae
egyszínű a **1.** *(egyetlen színű)* single-coloured (*US* -colored), self-coloured **2.** *(azonos)* of the same colour (*US* -or) *ut.*
egyszoba-konyhás a = **szoba-konyhás**
egyszobás a ~ **lakás** one/single-room flat/apartment; *GB* bed-sitter, bed-sit; *US* studio apartment
egyszólamú a unison, unisonous, one-part; ~ **ének** plainsong
egyszótagú a monosyllabic
egyszóval adv in short/brief, in a word
egytagú a **1.** *nyelvt* monosyllabic **2.** ~ **kifejezés** *menny* monomial (term), single term
egytálétel n one-course meal/dish
egyugyanazon pron (the) selfsame, identical, the very same
egyujjas a ~ **kesztyű** mitten(s)
egyúttal adv at the same time
együgyű a simple(-minded), naive; *elit* foolish, silly; ~ **ember** simpleton
együgyűség n simplicity, simple-mindedness, naiveté; *elit* foolishness, silliness
együléses a single-seater; ~ **csónak** scull

együtt I. *adv* together; *(vkvel)* with, in the company of; ~ **dolgozik** co-operate, collaborate; ~ **él** *(vkvel és átv vmvel)* live with; ~ **érez vkvel** sympathize with sy, feel* (compassion/sympathy) for sy; *biz* ~ **jár vkvel** be* going out with sy, be* going steady, be* dating (sy); ~ **jár (vm) vmvel** [they] go* together; go* with sg; accompany sg; ent*ai*l sg; **a két dolog gyakran** ~ **jár** the two [things] often go together; **a pilóta életével** ~ **járó kockázat(ok)** the risks *in*cident to the life of a p*i*lot; ~ **laknak** they live together; **mind** ~ **voltak** they were all there together; **sokáig** ~ **maradtak** they were a long time together; II. *post* (together) with, including, inclusive of; **borravalóval** ~ **tip** incl*u*ded; **feketekávéval** ~ **20 frank** 20 francs including coffee
együttélés *n* 1. *ált* l*i*ving together; *átv* coexistence 2. *biol* symbiosis 3. *(házas- v. élettársi)* cohabitation
együttérzés *n* sympathy, compassion
együttérző *a* sympathizing, sympathetic
együttes I. *a* joint, common, collective; ~ **felelősség** joint responsib*i*lity; ~ **fellépés** concerted action; ~ **tulajdon** co-ownership, joint property; ~**en** j*oi*ntly II. *n zene (főleg kamara)* ensemble; *(zenekar)* orchestra; *(rock stb.)* group; **nagy** ~ t*u*tti; **pop/rock** ~ pop/rock group
együttható *n* co-efficient, factor
együttlakás *n* l*i*ving together
együttlét *n* being together; **kellemes volt az** ~ we had a good time together; **bizalmas** ~ tête-à-tête
együttműködés *n* cooperation; *(betegé orvossal)* compl*i*ance
együttműködési *a* ~ **megállapodás** co-operation agreement
együttműköd|ik *v* cooperate *(vkvel* with); collaborate (with); **ha Johnnal jól együtt tudunk működni** if John and I can cooperate; ~**ve vkvel** in cooperation with sg
együttműködő I. *a* cooperating, collaborating II. *n* collaborator
együttnevelés *n* coeducation
együttvévve *adv* (taken) all together, all in all
együvé *adv* together; ~ **tartozik** belong together; belong to the same company/set
egyvágányú *a* s*i*ngle/one-track; ~ **vasút** s*i*ngle-track ra*i*lway, monorail
egyvégben *adv* **egyfolytában**
egyvégtében *adv* = **egyfolytában**
egyveleg *n* m*i*xture, miscellany; *(zenei)* potp*ou*rri, medley

éhbér *n* starvation-wage(s), p*i*ttance; ~**ért dolgozik** work for a mere p*i*ttance
ehelyett *adv* instead; ~ **inkább tanulna** (s)he ought to study instead
éhen hal *v* die of h*u*nger, starve to death
éhenhalás *n* death by starvation
éhenkórász *n* starveling
éhes *a* h*u*ngry; ~ **marad** go* h*u*ngry; ~, **mint a farkas** be* ravenous(ly h*u*ngry); ~ **ember nem válogat** beggars can't be choosers
ehetetlen *a (pl. mérges)* inedible; *(étel)* un*ea*table
ehetnékem van *v* I am /feel* h*u*ngry
ehető *a (étel)* *ea*table, fit to eat *ut.*; *(vadon termő növény)* edible
éhezés *n* starvation, h*u*nger, famine
éhez|ik *v* 1. *konkr* h*u*nger, starve, famish 2. *átv (vmre)* long (for), have* a craving for sg
éhező I. *a* h*u*ngry, starving II. *n* starveling; **az** ~**k** the h*u*ngry
éheztet *v* starve, famish
éheztetés *n* starving, starvation
éhgyomorra *adv* on an empty stomach; ~ **veendő** be to be taken before meals
éhhalál *n* death from starvation
ehhez *pron* to this; **mit szólsz** ~? what do you think of this?, what do you say to this?; ~ **képest** compared with/to this, in/by comparison (with this); ~ **képest fogunk eljárni** we shall proceed accordingly; ~ **sok bátorság kell** it/this needs great courage; ~ **idő kell** this will take time
éhínség *n* famine, starvation
éhség *n* h*u*nger; ~**ét csillapítja** app*ea*se one's h*u*nger
éhségsztrájk *n* h*u*nger-strike
eisz *n* E sharp
ej! *int* oh!, ah!; ~ **de szép!** (oh) how beautiful/lovely!; ~ **de szeretnék elmenni!** how I should love to go (away/there)!
éj *n* night; **jó** ~**t!** good night!; ~**t nappallá téve dolgozik** work day and night
éjente *adv* nightly, every night
éjfél *n* m*i*dnight; ~**kor** at m*i*dnight
éjféli *a* m*i*dnight
éjféltájban *adv* about m*i*dnight, in the middle of the night
ejha! *int* bless me!, well, well!, wow!, whew!; *US* gee(-whiz)!
éji *a* n*i*ghtly, noct*u*rnal
éjjel I. *n* night; **se** ~**e, se nappala** have* not a moment's rest/peace II. *adv* at night, during the night; by night; **(el)múlt/tegnap** ~ last night; **egész** ~ all night (long), the whole night; **az előtte való** ~ the

night be/ore; **késő** ~ late at night; **ma** ~ ton*i*ght; ~ **dolgozik** work at night; ~ **felkelt** (s)he got up in/du*ring* the night
éjjelenként *adv* n*i*ghtly, night *a*fter night, *e*very night, at night
éjjeles *a* = **éjszakás**
éjjelez *v* = **éjszakázik**
éjjelezés *n* = **éjszakázás**
éjjeli I. *a* night, n*i*ghtly, noct*u*rnal; ~ **díjszabás** night rate(s); ~ **lámpa** bedside lamp; ~ **menedékhely** n*i*ght r*e*fuge; ~ **műszak** n*i*ght-shift; ~ **műszakban dolgozik** be*/work on the n*i*ght-shift; ~ **szolgálatban van** be* on n*i*ght d*u*ty; ~ **ügyelet** n*i*ght d*u*ty; ~ **vonat** night train, n*i*ght r*i*der **II.** *n (edény)* ch*a*mber-pot ⇨ **éjszakai**
éjjeliedény *n* = **éjjeli II.**
éjjeliőr *n* n*i*ght-watchman°
éjjeliszekrény *n* bedside/night t*a*ble
éjjelizene *n* seren*a*de; ~**t ad vknek** seren*a*de sy
éjjel-nappal *adv* day and night, night and day, round the clock
ejnye! *int* **1.** *(korholva)* ~**,** ~ **kisfiam!** now, now; now then **2.** *(haragosan)* gosh!, hey!; *(erősebb)* blast!
éjszaka I. *n* night; ~**ra ott marad** stay for the night, stay overn*i*ght; **jó** ~**t!** good night! **II.** *adv* = **éjjel II.**
éjszakai *a (éjszaka történő)* overn*i*ght; ~ **élet** night life; ~ **portás** n*i*ght-porter ⇨ **éjjeli I.**
éjszakánként *adv* = **éjjelenként**
éjszakás *a* **1.** *(éjszakai műszakban dolgozó)* n*i*ght(-shift) worker; *(igével)* be* on the n*i*ght-shift, work (on) the n*i*ght-shift **2.** *(ügyeletes)* (sy) on n*i*ght d*u*ty *ut.*; *(igével)* be* on night d*u*ty
éjszakázás *n* **1.** *(fennmaradás)* staying up, being up all night **2.** *(mulatás)* night revel
éjszakáz|ik *v* **1.** *(fenn marad)* stay up (the whole night), keep* late hours, be* up all night **2.** *(mulat)* make* a night of it, see* the night through **3.** *(dolgozva)* work all night, be* on the night shift, *(ügyeletes)* be* on n*i*ght d*u*ty → **éjszakás**
ejt *v* **1.** *ált* drop, let* (sg) fall; **foglyul** ~ take* pr*i*soner, c*a*pture; **hibát** ~ comm*i*t an *e*rror, make* a mist*a*ke; **módját/szerét** ~**i vmnek** see*/find* a way (to do sg) **2.** *(hangot, szót)* pron*o*unce
ejtés *n* **1.** *(szóé)* pronunci*a*tion **2.** *(tárgyé)* dr*o*pping
ejtőernyő *n* parachute; ~**vel kiugrik** bale out, p*a*rachute

ejtőernyős I. *a* a*i*rborne; ~ **alakulat** par*a*troops, a*i*rborne troops **II.** *n* par*a*trooper, p*a*rachutist
ék¹ *n* wedge; ~**et ver vkk közé** set* (them) at v*a*riance, drive* (them) ap*a*rt
ék² *n* = **ékesség**
ÉK = *északkelet* north-east, NE
ekcéma *n* eczema
ékcsont *n* sphenoid (bone)
eke *n* plough, *US* plow
ekegerendely *n* pl*o*ugh-beam (*US* plow-)
ékel *v* wedge (in)
ékes *a* orn*a*te, *o*rnamented; ~ **bizonyíték** *e*loquent testimony
ékesít *v o*rnament, ad*o*rn, d*e*corate; *átv* be* an *o*rnament to sg
ékesked|ik *v* → **toll**
ékesség *n o*rnament, ad*o*rnment, decor*a*tion
ékesszólás *n* eloquence, elocu*t*ion, rh*e*toric
ékesszóló *n* eloquent; ~**an** *e*loquently
ekeszarv *n* pl*o*ugh-handle (*US* plow-)
eketalp *n* sole of a plough (*US* plow)
ekevas *n* pl*o*ughshare (*US* plow-)
ékezet *n* diacr*i*tic(al mark), *a*ccent (mark); **kiteszi az** ~**eket** put* on the diacr*i*tics (*v.* diacr*i*tical marks *v.* *a*ccents *v.* *a*ccent marks)
EKG *n* ECG *v.* E.C.G. (*a készülék:* electrocardiograph; *a lelet:* electroc*a*rdiogram); ~**ra küldött az orvos** the d*o*ctor *o*rdered an ECG
ekhós szekér *n* c*o*vered wagon; *US kb.* pr*a*irie sch*o*oner
ékírás *n* c*u*neiform (wr*i*ting)
ékírásos *a* c*u*neiform
ékítmény *n* decor*a*tion, ornament
ekként *adv* = **ekképpen**
ekképp(en) *adv* thus, so, (in) this m*a*nner/way
ekkor *adv* then, at this time/m*o*ment
ekkora *pron* as large as this/that *ut.*, this size/big *ut.*
ekkorára *adv* **1.** *(idő)* till then, by this time **2.** *(méret)* to that height/size
ekkoriban *adv* at ab*o*ut that/this time
ekkorra *adv* by this/that time
ékkő *n* precious stone, gem
eklatáns *a* ~ **példa** t*y*pical/sh*i*ning *i*nstance
eklekticizmus *n* eclecticism
eklektikus *a* eclectic
eklézsia *n nép* congreg*a*tion
ekloga *n* eclogue
ekörül *adv (idő)* ab*o*ut this/that time ⇨ **körül**
eközben *adv* m*e*anwhile, in the m*e*antime
ekrazit *n* l*y*ddite

ékszer *n* jewel, piece of jewellery (*US* jewelry); *(apróbb) bijou (pl -joux)*
ékszerbolt *n* jeweller's (*v. US -l-) (shop)*
ékszerdoboz *n* jewellery (*v. US -l-) box
ékszerész *n* jeweller (*US -l-*)
ékszerkereskedés *n* = **ékszerbolt**
ékszíj *n* V-belt, *fan-belt
eksztatikus *a* ecstatic
eksztázis *n* ecstasy; ~**ba jön** go* *into ecstasies/raptures (over sg), be* ecstatic (about sg)
éktelen *a* **1.** *(lárma)* infernal; ~ **haragra gerjed** fly *into a violent rage; ~ **ordításba tör ki** utter a dreadful howl **2.** ~(**ül csúnya**) ugly, misshapen, ungainly
éktelenked|ik *v (vm vmn)* mar/spoil the beauty of sg, be* an eyesore; **ronda épületek** ~**nek az utcában** the street is disfigured by ugly buildings
ekvivalens *a/n* equivalent
el *adv* away, off; ~ **innen!** be off!, get out/ away!; ~ **vele!** away with him/it!; *(színpadi utasítás)* exit; *(többen) exeunt
el- *pref* away, off; **Elolvastad a könyvet?** — **E**~. Have you read/finished the book? — I have.
él¹ 1. *vi* live, be* alive, exist; ~**jen!** long live...! hurray for ...!; **nehezen** ~ have*/lead* a hard life°; **jól** ~**nek** (1) *(házastársak)* they get* on well together (2) *(anyagilag)* they live well; **rosszul** ~**nek** *biz* they lead* a cat and dog life; ~ **vmből** live on/off (sg), support oneself by, earn/ make* one's living by; **keze munkájából** ~ live by the sweat of one's brow; **tanításból** ~ he earns his living by teaching; **hivatásának** ~ devote oneself to one's profession/calling **2.** *vi (vhol)* live, dwell*, reside; **falun/vidéken** ~ live/reside in the country **3.** *vt* ~**t 50 évet** lived 50 years; *(sírkőn)* aged fifty; **a reformok korát** ~**jük** we live in the age of reforms **4.** *vi (vmvel)* **nem** ~**ek sörrel** I do not drink* beer; ~ **az alkalommal** make* the best of an opportunity; **hogy Shakespeare szavával** ~**jek** to quote Shakespeare's words, in Shakespeare's words **5.** *vi biz* **a vonal (még) él** *(telefon)* there's a hot line
él² ** *n* **1. *(kése)* edge; *(nadrágé)* crease **2. vmnek az** ~**én áll** head sg, be* at the head of sg; ~**re kerül** come* to the fore, take* the lead **3.** ~**ére állít** *vmt* push/ carry things to extremes, (wish to) force an issue; **elveszi a dolog** ~**ét** take* the sting out of sg ⇨ **rak**
elaborátum *n* memorandum *(pl -randa is)*

elábrándoz|ik *v* muse, day-dream *(vmről about)*; *vmről* be*lost in reveries of/about sg
elad *v* sell*; **kicsinyben ad el** sell* retail; **nagyban ad el** sell* wholesale; ~**ja magát/becsületét** sell* one's honour *(US -or)*
eladás *n* sale, selling (of); ~ **kicsinyben** retail; ~ **nagyban** wholesale
eladási *a* selling; ~ **ár** selling price; ~ **árfolyam** selling rates *pl*; ~ **feltételek** terms/conditions of sale
eladatlan *a* unsold
eladhatatlan *a* unsal(e)able, unmarketable; ~ **áru** *biz* a drug on the market
eladható *a* sal(e)able
eladhatóság *n* sal(e)ability
eladó I. *a* **1.** *(magánszemély részéről)* for sale; *(üzletben stb.)* on sale *(mind: ut.)*; **ez a ház** ~ this house is (up) for sale **2.** ~ **lány** marriageable girl/daughter **II.** *n* **1.** seller **2.** *(üzleti)* shop assistant, salesman° *(US így is:* salesclerk); *(nő)* salesgirl, saleswoman°
eladogat *v* sell* (off) one by one
eladólány *n* salesgirl
eladósodás *n* running into debt
eladósod|ik *v* get*/run* into debt
elágazás *n* **1.** *ált* ramification **2.** *(az ág)* arm, offshoot, branch **3.** *(közúti)* fork (in the road), turn-off; *(nagyobb)* junction; *(vasúti)* junction; **az** ~**nál forduljon jobbra** fork right [for Oxford etc.]
elágaz|ik *v* **1.** *(fa stb.)* ramify, branch out **2.** *(út)* branch (off) [to the left/right etc.], fork
elaggott *a* aged, grown (very) old *ut.*
elagyabugyál *v* thrash, beat* soundly
elajándékoz *v* give* away (sg to sy), make* sy a present of sg
elájul *v* faint
elakad *v (beszédben)* come* to a sudden stop, falter; *(jármű)* be*/get* stuck; *(motorhiba stb. miatt)* break* down; *(munka)* stop; ~ **a szava** the words stick* in his throat; ~**t a lélegzete** sg took his breath away, he couldn't get his breath; ~**t a forgalom** there was a traffic jam, the traffic (was) snarled up
elakadásjelző (háromszög) *n* warning triangle
elaknásít *v (terepet)* mine; *(folyót)* lay* mines (in river)
elalél *v* = **elájul**
eláll 1. *vi (tárgy)* stand*/stick* out; ~ **a füle** his ears stick* out **2.** *vi (étel)* keep* **3.** *vi (megszűnik)* cease, stop; **az eső** ~**t** it (has) stopped raining; ~**t a lélegzete** *vmtől* sg took his/her breath away, (s)he caught his/

her breath, sg made him/her catch his/her breath; ~t a szava a meglepetéstől he was struck dumb; ~t a szél the wind has dropped/abated **4.** *vi átv (vmtől)* give* up, desist (from); ~ a keresettől withdraw* an *action*; ~t követelésétől has waived one's claims, has waived all claim [to the money]; **nem áll el véleményétől** stick* to one's opinion/guns **5.** *vt* block, stop; ~ja **az utat** block the way, obstruct the road

elállatiasod|ik *v* become* bestial/brutish

elálldogál *v* stand* about for a long time

elállít *v* **1.** *(vmt félre)* put* away/aside **2.** *(vérzést)* stop [bleeding] **3.** → **leállít, megállít**

elálló *a* ~ **fülű** jug-eared, with ears standing/sticking out *ut.*

elálmélkod|ik *v* be* amazed, be* lost in astonishment

elálmodoz|ik *v* = **elábrándozik**

elálmosít *v* make* drowsy/sleepy

elálmosod|ik *v* become*/get* sleepy

elalsz|ik 1. *vi (személy)* go* to sleep, fall* asleep **2.** *vi* **hagyja elaludni az ügyet** let* the affair fizzle out **3.** *vt* oversleep* and (so) miss sg

elaltat *v* **1.** *(vkt)* put*/send* to sleep; ~ja **vk éberségét** lull sy's vigilance **2.** *orv* anaesthetize *(US* anes-)

elaltatás *n* **1.** *ált* putting to sleep **2.** *orv* anaesthesia *(US* anes-)

elaludni → **elalszik**

elalvás *n (vké)* falling asleep, going to sleep

elamerikaiasod|ik *v* become* Americanized

elámít *v* perplex, amaze

elámul *v* gape in astonishment, be* amazed

elandalít *v* put* in a reverie, set* a-dreaming

elandalod|ik *v* fall* into a reverie

elangolosod|ik *v* become* English/Anglicized

elanyátlanod|ik *v* lose* heart/courage

elannyira *adv* so much (so), to such an extent

elapad *v* cease flowing, become*/go* dry, dry up

elapaszt *v* dry up, drain

elapróz *v (időt, tehetséget)* fritter away

elaprózód|ik *v* **1.** *(tárgy)* be* broken up into little bits **2.** *(idő, energia)* be* frittered away

eláraszt *v* **1.** *(vízzel)* inundate, flood, overflow; **fénnyel** ~ flood with light **2.** *átv* swamp, overwhelm, shower sg upon sy; **az idegenek** ~ják **az országot** the country is overrun with foreigners; **dicséretekkel** ~ heap/shower praises on/upon, overwhelm

with praises; **meghívásokkal** ~ shower invitations on sy; ~ják **kérésekkel** be* inundated with requests

elárasztás *n (átv is)* inundation

elárul *v* **1.** *(vmt ált, ügyet, hazáját, terveket stb.)* betray [one's country, the plans to enemy agents etc.]; *(titkot)* reveal, disclose, divulge; *(önmagát)* give* (oneself) away **2.** *vkt* betray, denounce, give* (sy) away **3.** *(jellemvonás vmt)* denote, proclaim, reveal

elárulás *n* **1.** *(titoké)* divulgence, disclosure **2.** *vké* betrayal

elárusít *v* sell*

elárusító *n* = **eladó II.**

elárusítónő *n* saleswoman° → **eladó II.**

elárverez *v* sell* (sg) by *(US* at) auction, auction off; **mindenét** ~ték he was sold up, all his goods came under the hammer

elárverezés *n* selling by *(US* at) auction

elárvul *v* **1.** become* an orphan, be* left an orphan **2.** *átv* be* abandoned

elárvult *a* **1.** orphaned **2.** *átv* abandoned

elás *v* bury

elasz|ik *v* **1.** *(elszárad)* wither **2.** *(ember)* waste away

elasztikus *a* elastic, springy, flexible

elátkoz *v* curse, damn

elátkozott *a* cursed, damned

elavul *v* become* obsolete/antiquated; ~ó-**ban van** be* obsolescent

elavulás *n* obsolescence

elavult *a* out of date, obsolete, old-fashioned, archaic

eláz|ik *v* **1.** *(esőben)* get* drenched, get* sopping wet, get* soaked **2.** *biz (részeg lesz)* get* drunk/intoxicated; **alaposan** ~ott he got dead drunk

elázott *a* **1.** soaked, drenched **2.** *biz (részeg)* sozzled

eláztat *v* **1.** *(eső)* soak through, drench **2.** *(vkt bemárt)* backbite* (sy); *biz* peach on (sy), get* (sy) into bad odour *(US* -or)

elbabrál *v* vmvel fiddle (with sg)

elbágyad *v* grow* tired/languid, languish, droop

elbágyaszt *v* make* sy tired/languid, enervate

elbajlód|ik *v* labour *(US* -or) away (at/over sg)

elbájol *v* charm, enchant, bewitch; *(lenyűgöz)* fascinate

elbájoló *a* charming, enchanting, bewitching, captivating, attractive

elballag *v* **1.** *(vhonnan)* saunter/wander off **2.** *(vhova)* walk slowly to, stroll (over) to

elbámészkod|ik *v* go*/stand* gaping about

elbánás *n* treatment; **komisz** ~ *biz* a raw/rough/dirty deal; **egyenlő** ~**ban része-sül** rece*i*ve the same treatment (as sy), be* treated in the same way (as sy)

elbán|ik *v vkvel* treat sy (scurvily), deal* roughly with sy; **majd én** ~**ok vele** I'll teach him (to behave)

elbarikádoz *v* barricade, block

elbasz|ik *v vulg* fuck (sg) up

elbátortalanod|ik *v* lose* courage/heart

elbeszél *v* tell*, relate, narrate

elbeszélés *n* **1.** *(folyamat)* narration, telling, relating **2.** *(novella)* (short) story

elbeszélget 1. *vi vkvel* have* a long (and friendly) conversation with sy; *(jelentkező-vel, jelölttel vezető, professzor stb.)* have* an *i*nterview with sy, *i*nterview sy; ~**nek vkvel** (s)he's being *i*nterviewed [for the job]; **hajnalig** ~**tek** they talked away *i*nto the small hours **2.** *vt (időt)* pass time in conversation; **jól** ~**tük az időt** we have talked away the time

elbeszélő I. *a* narrative, epic; ~ **költészet** epic poetry; ~ **költemény** epic (poem) **II.** *n* narrator

elbír *v* **1.** *(súlyt)* be* able to carry/support **2.** *átv* bear*, stand*, endure, take*; **sokat** ~ he can take*/stand* a lot **3.** *(pénzügyileg)* can afford

elbírál *v* judge, pass judg(e)ment (on sg/sy)

elbírálás *n* judg(e)ment; **egyenlő** ~ **alá esik** be* judged by the same criteria; **más** ~ **alá esik** it should be judged from another standpoint/angle; **ez súlyosabb** ~ **alá esik** this comes* under a less favourable category

elbitangol *v (állat)* stray (away) (from)

elbizakodás *n* (self-)conce*i*t, presumption

elbizakod|ik *v* = **elbízza magát**

elbizakodott *a* (self-)conce*i*ted

elbizakodottság *n* = **elbizakodás**

elbízza magát *v* think* too much of oneself, be* conce*i*ted, be* full of oneself

elbliccel *v biz* give* (sg) a miss; ~ **egy órát** cut*/skip a class

elbóbiskol *v* doze/nod off, take* a nap

elbocsát *v* **1.** *(alkalmazottat)* dismiss (from), discharge (from), give* sy the sack, sack (sy), *biz* fire; *(munkást időlegesen)* lay* off **2.** *(foglyot, rabszolgát)* set* free, liberate, release; *(kórházból beteget)* discharge

elbocsátás *n* **1.** *(alkalmazotté)* dismissal, discharge **2.** *(foglyé)* release, liberation, discharge

elbocsátó *a* ~ **levél** discharge(-paper)

elbódít, elbódul *v* = **elkábít, elkábul**

elboldogul *v* (be* able to) manage (somehow)

elbolondít *v* **1.** *(becsap)* fool (sy), make* a fool of **2.** *(vhova)* send* sy on a fool's errand (to a place)

elboml|ik *v vegy* dissolve

elbont *v* **1.** *(épületet)* = **lebont 2.** *(varrást)* undo*, unst*i*tch

elborít *v* cover, envelop, overrun*; *(víz)* *i*nundate, flood, swamp; **a sírt** ~**ják a vi-rágok** the grave is covered with flowers; **ar-cát** ~**otta a pír** she flushed/blushed

elboronál *v átv* smooth over

elborozgat *v* have* a glass or two (of wine)

elborul *v* **1.** *(vk tekintete)* = **elkomorodik 2. elméje** ~ fall* *i*nto a state of dementia, be(come)* deranged; *vmtől* sg makes* sy mentally unbalanced; **elméje** ~**t** (s)he's totally deranged

elborzad *v* be* horrified, shudder *(vmtől* at sg)

elborzaszt *v* horrify, make* sy shudder

elbotl|ik *v vmben* slip (up) (on sg), trip over (sg), stumble (on sg)

elbődül *v* give* a bellow/howl/roar

elbőgi magát *v* **1.** = **elbődül 2.** *(sírva)* burst* out crying *(v. i*nto tears)

elbúcsúz|ik *v vktől* take* leave (of), say* goodbye (to); ~**tak és távoztak** they said their goodbyes and left

elbúcsúztat *v* **1.** *(eltávozót)* bid*/say* farewell (to), take* leave (from); *(utazót)* bid* sy godspeed **2.** *(halottat)* deliver a speech at the funeral (of sy)

elbujdos|ik *v* go* *i*nto exile/h*i*ding

elbúj|ik *v* hide* (away), conceal oneself; *(vk elől)* hide* (from sy)

elbújtat *v* hide* away, conceal

elbuk|ik *v* **1.** *(elesik)* fall*, tumble (over) **2.** *átv* fail; *(küzdelemben)* go* under; *(vizs-gán)* fail [the/an examination]

elbuktat *n* **1.** ~ **vkt** *(vizsgán)* fail sy, fail the candidate [in a subject, in several subjects]; *biz* flunk **2.** *(gáncscsal)* trip up

elburjánz|ik *v (kertben a gyom)* get*/become* weedy

elbutít *v* make* stupid/silly, stupefy

elbutul *v* grow* stupid/dull/silly

elbutulás *n* [reaching the state of] mental dullness, hebetude

elbürokratizálód|ik *v* become* bureaucratic, develop a bureaucratic attitude, lose* the personal touch

elbűvöl *v* charm, enchant; **el van bűvölve (vktől/vmtől)** he is* fascinated/charmed/enchanted (by sy/sg)

elbűvölő

elbűvölő *a* charming, enchanting, fascinating; ~ **teremtés** she's an enchanting creature

élc *n* jest, joke, (funny) story

élcelődés *n* joking, raillery, banter

élcelőd|ik *v* joke, tease (sy); *vkvel* joke with sy, banter sy, chaff sy

elcipel *v* **1.** carry off, drag away **2.** *biz vkt vhova* drag sy along; *biz* lug away

elcsábít *v* **1.** *(nőt)* seduce; ~ **otta vk** (s)he was seduced by sy **2.** *biz vkt vhova* entice away (to)

elcsábul *v* let* oneself be enticed/seduced, fall into (*v.* yield to) temptation

elcsakliz *v biz* pinch, nick

elcsal *v* **1.** *vkt vhonnan* (al)lure, entice away **2.** *vktől vmt* wheedle sg out of sy

elcsap *v* **1.** *biz vkt* discharge, dismiss **2. vm** ~ **ta a hasát** sg gave* (*v.* has given) him diarrhoea (*US* diarrhea), *biz* sg has given him the runs

élcsapat *n* van(guard), spearhead

elcsatol *v (területet)* disannex, detach

elcsattan *v* go* off, crack; ~ **t egy csók** there was the smack of a kiss; ~ **t egy pofon** sy got a resounding slap (on/across) the face

elcsavar *v* **1.** *ált* twist; *(fedelet)* twist off [lid, cap] **2.** *(vízcsapot, gázt)* turn off **3.** *átv* twist, distort; ~ **ja vk fejét** turn sy's head

elcsavarod|ik *v* turn round, twist

elcsavarog *v* loiter about, loaf (about); ~ **az iskolából** play truant, *US* play hook(e)y

elcsen *v biz* filch, pilfer, walk off with (sg)

elcsendesed|ik *v* **1.** *ált GB* quieten, *US* quiet, quiet(en)/calm down **2.** *(vihar)* abate; *(szél)* calm down, die away/down

elcsendesít *v* still, quieten (*US* quiet), quiet(en) down, silence, soothe

elcsendesül *v* = **elcsendesedik**

elcsenevészed|ik *v* become* stunted/ scraggy (*v. US* scraggly)

elcsépel *v* **1.** *(gabonát)* thresh **2.** *biz vkt* thrash (soundly), drub **3.** *biz (unalomig)* overwork, make* hackneyed/tedious by repetition

elcsépelt *a átv* trite, hackneyed

elcserél *v* **1.** *vmt vmért* exchange (sg for sg); *biz* swap, swop **2.** *(tévedésből vmt)* mistake* sg for sg, muddle up

elcseveg *v* = **elbeszélget**

elcsigáz *v* tire/wear* out, overwork

elcsigázott *a* tired out, weary, exhausted, jaded

elcsinál *v vulg* ~ **egy gyereket** get* rid of a baby, do* away with a baby

elcsíp *v* **1.** *(vmből darabot)* pinch/nip off **2.** *biz vkt* collar, catch*; *vmt* get* hold of, catch*; ~ **i a buszt** catch* the bus

elcsitít *v* = **elcsendesít**

elcsitul *v* = **elcsendesedik**

elcsodálkoz|ik *v vmn* be* astonished/ amazed (at sg)

elcsomagol *v* pack (away)

elcsór *v biz* = **elcsen**

elcsorog *v* flow away/off

elcsoszog *v* shuffle off, shamble away

elcsökevényesed|ik *v* atrophy; *átv* wither away

elcsúfít *v* disfigure, deform, spoil*, mar

elcsuk *v* lock up/away

elcsukl|ik *v* ~ **ik a hangja** his voice falters, his voice fails him; *(zokogástól)* her voice is* choked (with sobbing); ~ **ó hangon** in a faltering voice

elcsúnyul *v* = **megcsúnyul**

elcsúszás *n* slip, slipping

elcsúsz|ik *v* **1.** *vk* slip (up) (on sg); **ezen az apróságon csúszott el** this little thing/ matter was his undoing **2.** *biz vm* pass unnoticed; **(még)** ~ **ik (valahogy)** it will just about get* by

elcsügged *v* lose* heart/courage, despair

elcsüggeszt *v* dishearten, discourage, dispirit

eldalol *v* sing*

eldarabol *v* cut* into pieces, cut*/chop up

éldegél *v (csendesen)* lead* a quiet (*v.* an uneventful) life

eldicseksz|ik *v vmvel* boast of/about (sg)

eldob *v* throw* away/off, cast* away

eldobál *v* throw* away (one by one)

eldobható *a (injekciós tű, papírpelenka stb.)* disposable

eldolgoz *v (elvarr)* sew* up, finish

eldolgozgat *v* work at a leisurely pace

eldorbézol *v* squander

eldöcög *v* **1.** *(személy)* hobble away/along **2.** *(kocsi)* bump along

eldől *v* **1.** *(tárgy)* fall* down, tumble over **2.** *(ügy)* be* decided, be* brought to an issue; **még nem dőlt el** it remains to be seen, it is still in the balance

eldönget *v* thrash (soundly), give sy a (sound/good) hiding, beat*

eldönt *v* **1.** *(tárgyat)* upset*, knock over/ down **2.** *átv* decide, settle, bring* to an issue; ~ **öttünk, hogy...** we've decided that...; **ez** ~ **i a kérdést** that settles it; ~ **endő** → **kérdés; még nincs** ~ **ve** no decision has yet been taken (about/on/concerning sg)

eldöntetlen *a* **1.** undecided, open; ~ **kérdés** open question; ~ **marad** remain undecided/unsettled, remain to be decided/settled **2.** *sp* = **döntetlen**

eldördül *v (puska, ágyú)* go* off (with a bang)

eldörzsöl *v (foltot)* smudge

eldúdol *v* hum [tune, song]

eldug *v* hide*, conceal

eldugaszol *v* stop up, choke (up); *(üveget)* cork

eldugott *a* hidden, concealed [spot]; **egy** ~ **falu** a village in the back of beyond; ~ **helyen** *biz* (out) in the sticks

eldugul *v* **1.** *(cső stb.)* get* stopped/clogged up, be*/get* blocked **2.** ~**t orr** stuffy nose

eldugulás *n* stoppage, blockage

eldurran *v* go* off, explode, detonate

eldurvul *v* grow* coarse, coarsen, roughen

elé *post* **vk** ~ **áll** *(sorban)* (go* and) stand* in front of sy; **lába** ~ **borul** throw* oneself at the feet of sy; **szeme** ~ **kerül** come* in sight of, catch* sight of; **vm** ~ **néz** have* sg to look forward to; *(rossznak)* (have* to) face sg; *(jónak)* be* looking forward to sg *(v. to doing sg)*; **vk** ~ **tesz vmt** put*/set*/lay* sg before *(v. in front of)* sy; ~**m** before me

elébe *adv* before, in front of; ~ **ad** put*/set* sg before sy; *(ételt)* serve, dish up; *átv* submit to; ~ **áll** *(sorrendben)* stand* in front of sy; *(feltartóztatva)* stand*/get* in sy's way; **állok** ~ (well,) I can take it!, here I am; ~ **dob** throw*/fling* before; ~ **helyez** (1) *vknek vmt* put*/set*/place sg before sy (2) *átv vknek/vmnek vkt/vmt* prefer sy/sg to sy/sg, like sy/sg better than sy/sg; ~ **jön** *vk vknek* come* to meet sy; ~ **megy** *vk vknek* go* to meet sy; ~ **néz** → **elé**; **szép jövőnek néz** ~ show* great promise, have* a fine future ahead of one; ~ **tart** *vmt/vknek* hold* sg before sy; ~ **tesz** = **elébe helyez** (1); ~ **vág** (1) *vknek* overtake* (and cut* in on) sy (2) *vmnek* forestall, anticipate; **az események** ~ **vág** anticipate events

éled *v* revive, come* to life again

eleddig *adv* so far, up till now, hitherto

eledel *n* food, provisions *pl*; *(állaté)* fodder

éledez|ik *v* begin* to revive, recover gradually

elefánt *n* **1.** *(állat)* elephant **2.** *átv GB biz* gooseberry

elefántagyar *n* tusk (of an elephant)

elefántcsont *n* ivory

Elefántcsontpart *n* Ivory Coast

elefántcsontparti *n* Ivory Coaster, Ivorian

elefántcsonttorony *n* ivory tower

elég[1] *vi* burn* (away/up); *vegy* oxidize, be* consumed

elég[2] **I.** *a* enough, sufficient, ample; **nincs** ~ **vmből** be* short of sg; **mára** ~ **lesz!** that will do for today!; *(munka)* let's call it a day; **sokáig** ~ **lesz** it will go a long way, it will last (for) quite a while; **nekem ebből** ~ **volt** I've had enough of this; ~ **ideje van** he has plenty of time; ~ **volt!** enough!, stop it!; **parancsol még (levest)? köszönöm,** ~**!** (some) more (soup)? no more(,) thank you; **szólj, ha** ~ *(ital töltésekor)* say when; **20 forint** ~ **lesz** twenty forints will be sufficient; ~ **az hozzá...** in a word, to cut a long story short, suffice it to say (that); ~ **baj!** what a pity!, that's too bad! **II.** *n* nincs vmből **elege** be* short of sg; **elege van vmből** *biz* be* fed up with sg, have* one's fill of sg/sy; **eleget tesz vmnek** *(ígéretnek)* keep* [one's word], fulfil *(US* fulfill*)* [a promise]; *(óhajnak)* meet*, satisfy [sy's wish]; *(kérésnek)* fulfil [a request]; **eleget tesz fizetési kötelezettségeinek** meet* one's debt obligations; **eleget alszik** get* enough sleep **III.** *adv* fairly, rather, quite, tolerably, passably; ~ **gyakran** quite often; ~ **jól** fairly well, well enough; ~ **soká időzik vhol** spend* quite a long time swhere

elegancia *n* elegance

elegáns *a (vk)* elegant, fashionable; *(ruha)* stylish, smart; *(hely)* fashionable, smart

elégedetlen I. *a* discontented (with sg), dissatisfied (with sg), displeased (at sg, with sy) **II.** *n* **az** ~**ek** the malcontents

elégedetlenked|ik *v (vm miatt, vmvel)* be* dissatisfied/discontented (with), grumble (at, about, over)

elégedetlenség *n* discontent; *vmvel* dissatisfaction

elégedett *a* content(ed); *vmvel* satisfied (with sg); ~**en** content(edly), with satisfaction

elégedettség *n* contentment, satisfaction

elegen *adv* enough (people), in sufficient numbers

elegendő *a* sufficient, enough; *(igével)* suffice *(vknek* sy; *vmre* for, to)

eléget *v* **1.** burn* (up), incinerate; *(tetemet)* cremate **2.** *(ételt)* burn*, scorch

eléggé *adv* sufficiently, fairly, pretty; **nem** ~ insufficiently ⇨ **elég**[2] **III.**

elégia *n* elegy

elégikus *a* elegiac

elégséges I. *a* sufficient, enough, satisfactory; *(igével)* suffice *(vknek* sy; *vmre* for, to); ~ **osztályzat** = ~ **II. II.** *n (osztályzat)* satisfactory (mark), a pass

elégszer *adv* often enough, quite often, enough times

elégtelen I. *a* insufficient, inadequate, not enough; *(minőségileg)* unsatisfactory; ~**nek bizonyul** prove insufficient, fall* short; ~ **osztályzat** = ~ **II. II.** *n (osztályzat)* unsatisfactory (mark)

elégtelenség *n* insufficiency, inadequacy, shortage; *(erőfeszítésben)* shortcoming

elégtétel *n* satisfaction, amends *pl*; ~**t kér** demand satisfaction (from sy for sg); ~**t ad** *vknek vmért* give* satisfaction (to sy for sg), make* amends (to sy for sg); ~**t vesz magának** get* even with sy, revenge oneself; ~**ül szolgál vknek vm** sg satisfies sy

elegy *n* mixture

elegyed|ik *v* mix, mingle, blend *(mind:* with); **beszédbe/szóba** ~**ik vkvel** engage sy in conversation, strike* up a conversation with sy, *biz (ismerkedés céljából férfi nővel)* chat sy up

elegyenget *v* **1.** ált make* even; *(földet)* level *(US* -l) **2.** *átv* adjust, settle [matters]

elegyes *a* mixed

elegyít *v* mix, mingle, blend

elegysúly *n* gross-weight

eleink *n pl* our for(e)bears/forefathers

eleinte *adv* at first, in the beginning, to begin* with, initially

eleje *n vmnek* ált fore-part; *(állatnak)* forequarters; *(könyvnek)* first chapters *pl,* early parts *pl; (időnek)* beginning; **a nyár** ~**n** in early summer; **1982** ~**n** *(jelenik meg)* [it will be published] early in 1982; ~**t veszi** *(bajnak)* prevent, ward off, guard against, forestall (sg); ~**től végig** *(időben)* from beginning to end, from first to last; *(elolvas stb.)* from cover to cover

eléje *adv* = **elébe**

elejt *v* **1.** *(esni hagy)* drop, let* drop/fall **2.** *(vadat)* kill, bring* down **3.** *(indítványt)* abandon; *(tervet)* give* up; *(vádat)* withdraw*; *(célzást)* drop [a hint]; *(szót)* let* drop

elejtett *a* **1.** ~ **vad** kill, bag **2.** ~ **megjegyzés** chance remark

elektro- *pref* electro-

elektród *n* electrode

elektrodinamika *n* electrodynamics *sing.*

elektrofizika *n* electrophysics *sing.*

elektrokardiográf *n* electrocardiograph, ECG *v.* E.C.G.

elektrokardiogram *n* electrocardiogram, ECG *v.* E.C.G.

elektromágnes *n* electromagnet

elektromérnök *n* electrical engineer

elektromos *a* electric(al); ~ **áram** electric current ⇨ **villamos I.,** villany-

elektromosság *n* electricity

elektromotor *n* electric motor

elektron *n* electron; *összet* electron, electronic

elektroncső *n* valve, vacuum/electron tube, *US* tube

elektronika *n* electronics *sing.*

elektronikus *a* electronic; ~ **számítógép** electronic computer

elektronmikroszkóp *n* electron microscope

elektrotechnika *n* electrical engineering

elél *v* **1.** *(egy ideig)* live for a time, survive, remain, last **2.** = **eléldegél**

eléldegél *v* manage to rub along, scrape/scratch a living

élelem *n* food, foodstuff(s), provisions *pl*; ~**mel ellát** supply with food/provisions, provision, cater for

élelmes *a* practical, resourceful

élelmesség *n* resourcefulness

élelmez *v* supply/provide with food, feed*, cater for

élelmezés *n* supplying with food, feeding, catering, provisioning

élelmezési *a* ~ **költségek** cost of provisions; ~ **szolgálat** (1) *kat* commissariat (department) (2) ált, nem kat catering service; ~ **tiszt** commissariat officer

élelmi *a* food-; ~ **cikk** foodstuff, food-product

élelmiszer *n* ~**(ek)** foodstuffs, food-products, foods, *(szupermarketben)* groceries; *(útra)* provisions *(mind: pl);* ~**rel ellát** provision, cater for, provide/supply with food; ~**t halmoz** hoard food(stuffs)

élelmiszeradag *n* (food) ration

élelmiszeráru *n* groceries *pl*

élelmiszer-áruház *n* food-store, supermarket

élelmiszerbolt *n* grocer's, grocery, *US* grocery store, food shop *(v. US* store)

élelmiszer-ellátás *n* food-supply

élelmiszerhiány *n* food shortage(s)

élelmiszeripar *n* food industry

élelmiszerjegy *n* ration card

élelmiszerkészlet *n* stock of provisions

élelmiszer-korlátozás *n* food-rationing

élelmiszerosztály *n (áruházban)* food department

élelmiszerüzlet n = **élelmiszerbolt**
elem n **1.** *ált és átv* element; ~**eire bont**
vmt resolve *into* its elements, *a*nalyse;
~**ében van** be* in one's element; *pol elít*
felelőtlen ~**ek** irresponsible elements
2. az ~**ek** *(vihar stb.)* the elements **3.**
vmnek az ~**ei** *(alapismeretek)* the elements/*ru*diments/ABC of sg **4.** *vegy* element
5. *el* battery; *fiz* cell **6.** *épít un*it, piece, (prefabricated) part ⇨ **épületelem**
élemedett a *(korú)* ag(e)ing, aged, elderly
elémegy v = **elébe megy**
elemel v **1.** *konkr* remove, take* away, carry
off **2.** *biz* = **elcsen**
Elemér n ⟨Hungarian masculine given
name⟩
elemes a **1.** *el (elemmel működő)* battery(-
-operated) **2.** ~ **bútor** *u*nit furniture;
(konyha) kitchen *u*nit
elemészt v cons*u*me, kill; ~**i magát** take*
one's own life
elemez v **1.** *ált* analyse **2.** *nyelvt* parse
elemi I. a **1.** *ált* elementary; *jog* basic, fundamental; † ~ **iskola** primary school; *US*
grade school; *fiz* ~ **részecske** elementary
p*a*rticle **2.** *(természeti erők okozta)* elemental; ~ **csapás** act of God; ~ **erővel**
with an overwhelming force; ~ **kár** heavy
loss, heavy damages *pl* II. n = **elemi iskola**
elemista n † schoolboy; schoolgirl; *(több)*
schoolchildren *(is)*
elemlámpa n = **zseblámpa**
elemzés n **1.** *(műsz v. ált)* analysis **2.** *nyelvt*
parsing
elemző I. a analytical II. n analyst
elénekel v sing*
elenged v **1.** *(kezéből)* let* go/drop; *(akaratlanul)* lose* one's hold (of sg) **2.** *(szabadon enged)* let* go, set* free; *(állatot)* let*
loose **3.** *(vkt vhova menni)* let* sy go to [a
place]; ~ **maga mellett** let* by **4.** *(vkt*
szolgálatból, munkaviszonyból) allow (sy) to
leave **5.** *(tartozást)* rem*i*t, cancel *(US* -l)
[debt]; *(büntetést)* let* off, remi*t* [punishment]; ~**i a formaságokat** dispense with
(the) formalities; **ezt a látogatást szívesen** ~**ném** that is a visit I could do without
(v. would gladly forego) **6.** ~**i magát** let*
one*self* go
elengedés n **1.** *(szabadon)* letting go, release, liber*a*tion **2.** *(büntetésé)* remission, re-
mi*t*ting **3.** *(tartozásé)* cancelling (*US* -l-), re-
mi*t*ting, remission
elengedhetetlen a indispensable, essential
élenjáró a leading, in the van of progress *ut.*,
(the most) adv*a*nced

élénk a lively; *(fürge)* agile, brisk; *(fantázia,*
stílus) vivid; *(szem)* bright; *(szín)* vivid,
fresh; ~ **érdeklődés** keen/*a*ctive interest
in sg; ~ **forgalom** lively/b*u*stling traffic;
~ **színű** bright(ly-coloured); ~ **színekkel ecsetel** paint in vivid colours (*US* -ors),
descr*i*be sg graphically; ~ **tevékenységet**
fejt ki take* an energetic/active part in sg;
~**en tiltakozik** protest vehemently
élénkít v *a*nimate, qu*i*cken, br*i*ghten, stimulate
élénkpiros a bright red, verm*i*lion
élénkség n liveliness, anim*a*tion, vivacity,
br*i*skness
élénkül v become* lively, br*i*ghten up; *(szél)*
freshen
élénkzöld a bright green
elenyész|ik v **1.** disappe*a*r, vanish; *(fokoza-*
tosan) dwindle/t*a*per/fade away; *(hang)* die
away **2.** → **eltörpül**
elenyésző a *(csekély)* insign*i*ficant, t*i*ny,
slight; ~ **kisebbség** insign*i*ficant minority
eleped v **1.** ~ **vkért** pine/yearn for sy **2.** ~
a szomjúságtól be* almost dying of thirst
elér 1. *vt (kézzel)* reach, be* able to reach **2.**
vt (vkt üldözve) ca*t*ch* up (with sy), overtake* **3.** *vt vkt átv* reach, get* in touch with
(sy), contact (sy) **4.** *vt (buszt stb.)* (m*a*nage
to) catch*; ~**i a vonatot** make* the train
5. *vt vmt átv* reach, att*a*in, achi*e*ve; ~**i a**
célt achi*e*ve one's aim/p*u*rpose/object; *átv*
hit* the t*a*rget; **eredményeket ér el**
achi*e*ve/obt*a*in/get*/gain res*u*lts; **vmt el**
akar érni *átv* be* *a*fter sg, strive* for/*a*fter;
ezzel nem érsz el semmit this won't get
you *a*nywhere; **magas kort ér el** live to a
great *(v.* ripe old) age; **jó árat ér el** make*
a price **6.** *vi vhova* reach, make*, arr*i*ve (at);
~**tünk New Yorkba** we reached/made
New York
elered v beg*i*n* to flow/run; ~**t az eső** it
began to rain; ~**t az orra vére** his nose
began to bleed
elérés n **1.** *(kézzel vhova)* reaching **2.** *(célt)*
obt*a*ining, att*a*inment, achi*e*vement
ereszt v **1.** *(kézéből)* let* go/drop **2.** *(szabadon bocsát)* let* go, set* free; *(állatot)*
let*/turn loose **3.** *(vkt vhova menni)* let* sy
go (to a place) **4.** **nincs valami jól** ~**ve**
be* none too well off ⇨ **elenged**
elérhetetlen a **1.** *(fizikailag)* out of reach
ut.; *(ember)* inaccessible; *(igével)* be* impossible to get hold of (him) **2.** *átv* unatt*a*inable, inaccessible
elérhető a **1.** *(kézzel)* within reach *ut.*, accessible **2.** *átv* att*a*inable, av*a*ilable

elérkez|ik *v* **1.** *vhova* arrive (at), come* (to), reach (swhere) **2.** *(idő)* come*; **még nem érkezett el az idő** the time has not yet come (*v.* is not yet ripe) (for doing sg)
elernyed *v* **1.** *(feszültség megszűnik)* relax, slacken, go* limp **2.** *(elfárad)* grow* weary, tire
elernyeszt *v* relax, weary, enervate
elerőtlened|ik *v* lose* one's strength, become* weak/feeble
elerőtlenít *v* enfeeble, weaken, enervate
elért[1] *v* ~**i a tréfát** can see the joke; ~**i a célzást** take* a hint
elért[2] *a (cél)* attained *ut.*; **az eddig ~ eredmények** the results (obtained) so far
elértéktelenedés *n* (complete) loss of value
elértéktelened|ik *v* lose* (its) value, become* valueless/worthless
elérzékenyül *v* be* (deeply) touched/affected/moved (by)
éles *a (kés)* sharp; *(arcvonások)* marked, pronounced, clear-cut [features]; *(ész)* sharp, keen, quick, hair-trigger [mind]; *(fájdalom)* sharp, shooting; *(fény)* strong, keen, piercing; *(fül, hallás)* sharp, keen, good [ear, hearing]; *(hang)* shrill, harsh; *(kanyar)* sharp [turn, corner]; *(megjegyzés)* cutting, biting [remark]; *(szem)* keen [sight, eyes]; *(töltés)* live [cartridge, ammunition]; ~ **hangon** shrilly; *(metszően)* sharply, in a biting tone; ~ **elme** (1) *(képesség)* acumen, brilliance, perspicacity, shrewdness (2) *(személy)* genius; ~ **elméjű/eszű** keen/sharp/quick-witted, clear-sighted, discerning; ~ **körvonalú** clear-cut; ~ **látású/szemű** *(átv is)* sharp-eyed, keen/sharp-sighted, clear-sighted; *(csak átv)* perspicacious; ~ **(a kép)** be* in focus, be* sharp; **nem ~ (a kép)** be* out of focus; ~**en** sharply, keenly, acutely; ~**en bírál** vkt criticize (sy for [doing] sg); ~**re állít** *(lencsét)* (bring* into) focus; ~**re tölt** load with ammunition
élés *n* **1.** *(vhol)* living **2.** *(vmvel)* use
élesed|ik *v* **1.** *ált* sharpen **2.** *(helyzet)* worsen, grow* worse; *(vita)* grow* (more) embittered
eleség *n* **1.** *(állaté)* provender, fodder; *(baromfinak)* (hen) feed **2.** = **élelem**
éleselméjűség *n* discernment, shrewdness
elesett I. *a* **1.** *(egészségileg)* be* in poor health **2.** ~ **ember** *átv* a wreck, a down-and-out **II.** *n (háborúban)* **az** ~**ek** those killed in action, the fallen
elesettség *n* **1.** *(egészségileg)* poor health **2.** *(nyomor)* affliction, distress

eles|ik *v* **1.** *(menés közben)* have* a fall, fall* (down) **2.** *(háborúban)* be* killed [in the war] **3.** *(vár, város)* fall* **4.** *(vk vmtől)* lose* (sg), be* deprived of (sg) **5.** *(nem számítható be)* be* omitted/dropped, be* left out of account
élesít *v* **1.** *(tárgyat)* sharpen, make* sharp, grind*, whet, *(kövön)* hone **2.** *(elmét)* sharpen [wits]
éléskamra *n* larder, pantry
éleslátás *n* átv perspicacity, discernment, insight, clear vision
éleslátású *a* → **éles**
éleslövészet *n* live fire manoeuvre *(US* maneuvre)
élesség *n* **1.** *(késé)* sharpness, keenness **2.** *(elméé)* subtlety, quickness, discernment **3.** *(fényképé)* clearness
éléstár *n* = **éléskamra**
eleste *n* **1.** *(emberé)* death **2.** *(váré, városé)* fall, capitulation, surrender
elesz|ik *v* ~**ik** vmt vk elől eat*/hog sy else's share of sg, hog all the food
éleszt *v* **1.** *(embert)* revive, bring* to life **2.** *(tüzet)* stir, poke [fire]
élesztget *v* try to revive
élesztő *n* yeast, *(kovász)* leaven
élesztőgomba *n* saccharomyces
élesztős *a* ~ **tészta** yeast-cake
élet *n* **1.** life°; ~ **be lép** come* into force; *US* become* effective/operative; ~ **be léptet** put* into force; *(törvényt)* enact; ~ **be léptetés** introduction; *(törvényé)* enactment; ~**ben marad** survive; **az** ~**ben maradtak** the survivors; ~**ben van** be* alive/living, be* above ground; **egyszer az** ~**ben** once in a lifetime; **egy** ~**en át tartó** lifelong; ~**re kel** come* to life (again); *(újra)* revive; *(új)* ~**re kelt** revive, restore (to life), resuscitate; ~**et ad** *(gyermeknek)* give* birth [to a child]; **léha** ~**et él** lead*/live a life of dissipation; ~**et önt vkbe** infuse life into sy; ~**ét veszti** *(balesetben)* be* killed **2.** *(megélhetés)* living, existence; **az** ~ **drága külföldön** life/living is dear/expensive abroad, the cost of living is higher abroad **3.** *(lendület)* life, vigour *(US* -or), go; **(ez a fiú) csupa** ~ (this boy) is bubbling over with vitality; ~**tel teli** full of life/go *ut.*, lively ⇨ **kerül**
életadó *a* life-giving
életbelépés *n* coming into force/operation
életbevágó *a* vital; ~ **dolog** a matter of life and death; ~**an fontos** of vital importance *ut.*
életbiztonság *n* personal safety

életbiztosítás *n* life assurance/insurance; ~**t köt** take* out life insurance (*v.* a life insurance policy)
életbölcsesség *n* wordly wisdom
életcél *n* object in life, sg to live for
életelem *n* (*vké*) (sy's) (natural) element
életerő *n* vital force, vitality, vigour (*US* -or)
életerős *a* vigorous, full of vitality *ut.*
életeszmény *n* ideal in life
életév *n* 20. ~**ében** in his twentieth year
életfelfogás *n* view of life, attitude towards life
életfeltétel *n* = **létfeltétel**
életfenntartás *n* = **létfenntartás**
életfogytig *adv* for life; ~ **tartó** (*v.* **életfogytiglani**) **szabadságvesztés/börtön** life imprisonment
életfolyamat *n* vital process
életforma *n* way of life
élethalálharc *n* life-and-death struggle, fight to death; ~**ot vív** fight* for one's life
élet-halál ura *n* (*igével*) have* the power of life and death (*over* sy)
élethivatás *n* calling, mission (in life)
élethosszíglan *adv* for life
élethű *a* lifelike, true to life *ut.*; ~**en ábrázolva** drawn to the life
életigenlés *n* will to live
életírás *n* = **életrajz**
életjáradék *n* life-annuity
életjel *n* sign of life; ~**t ad magáról** let* (sy) know that one is alive (and well)
életjelenség *n* symptom of life
életkedv *n* enjoyment/joy of life, interest in life, zest for life
életkép *n* (*festmény*) conversation piece, genre-painting
életképes *a* capable of living *ut.*, fit for life *ut.*; (*csecsemő és átv*) viable
életképtelen *a* incapable of living, not viable *ut.*
életkérdés *n* question of vital importance
életkor *n* age, time of life
életkörülmények *n pl* circumstances of life
életközösség *n* 1. (*házastársi*) matrimony, married life; **az** ~ **megszüntetése** judicial/legal separation 2. *biol* symbiosis
életlehetőség *n* 1. means/possibilities of earning a livelihood/living *pl* 2. (*mint állás*) opening
életlen *a* blunt, dull; (*fény*) fuzzy, out of focus
életmegnyilvánulás *n* manifestation of life
életmentés *n* life-saving
életmentő **I.** *a* life-saving **II.** *n* (*személy*) life-saver

életmód *n* way of life, life style; (**vmlyen**) ~**ot folytat** pursue a way of life
életmű *n* life-work, life's work, oeuvre
életműködés *n* vital functions *pl*
életművész *n* ⟨he who knows how to get/ make the most (out) of life, a master of the art of living⟩
életnagyságú *a* life-size(d), full length
életnedv *n* sap, vital juice
életösztön *n* instinct for life
életpálya *n* career, profession
életrajz *n* biography, life°
életrajzi *a* biographical
életrajzíró *n* biographer
életre-halálra *adv* ~ **megy** it is a life-and--death struggle, it is a matter of life and death
életrevaló *a* (*ember*) resourceful, capable of getting on *ut.*; (*ötlet*) clever, bright
életszemlélet *n* view of life, outlook on life
életszínvonal *n* standard of living, living standard(s); **az** ~ **emelkedik** the standard of living is going up (*v.* is rising); **csökken az** ~ there is a fall in (real) living standards
életszükséglet *n* necessities of life *pl*
élettan *n* physiology
élettani *a* physiological; ~ **intézet** institute of physiology
élettapasztalat *n* practical experience; an experience of life; **van** ~**a** he is a man° of the world; ~**ot szerez** see* life, see* the world
élettárs *n* 1. (*házastárs*) partner in life/matrimony 2. *jog* common-law wife/husband
élettársi *a* ~ **viszony** *jog* common-law marriage
élettartam *n* lifetime, life span
élettelen *a* 1. (*holt*) lifeless, dead 2. *átv* inanimate, inert; (*tekintet*) glassy; ~ **anyag** dead/inert matter
életteli *a* full of live/go/vitality *ut.*
élettevékenység *n* vital functions *pl*
élettörténet *n* biography, life story
élettudomány(ok) *n* life science(s)
életunt *a* tired/weary of life *ut.*
életút *n* path/course of life
életvágy *n* desire/will to live
életveszély *n* mortal danger, great peril; ~**ben forog** be* in danger of one's life; **túl van az** ~**en** he is out of danger; (*beteg*) he is off the danger list
életveszélyes *a* perilous, endangering one's life *ut.*; (*állapot, balesetnél*) critical; **a vezeték érintése** ~ **danger!** high voltage!; ~**en megsebesült** seriously/desperately wounded; ~**en megsérült** be* seriously injured
életvidám *a* brimming with life *ut.*

életviszonyok *n pl* living conditions
életvitel *n* life style
elevátor *n* elevator
eleve *adv (előre)* from the first, in advance;
~ **elrendelés** predestination
eleven I. *a* **1.** *(élő)* live, living, alive *ut.*; ~**en**
eltemet bury alive **2.** *(élénk)* lively, vivid,
brisk **II.** *n* **1.** ~**ek és holtak** the quick and
the dead **2. az** ~**ébe vág vknek** cut*/
touch sy to the quick; ~**ére tapint vknek**
touch sy on the raw, touch a sore point,
wound sy's feelings
elevenség *n* liveliness, vivacity
elevenszülő I. *a* viviparous **II.** *n* **az** ~**k**
vivipara
elevez *v vhonnan* row/pull away, push off/
out; *vm mellett* row by
elévül *v* be(come)* out of date, be(come)*
(out)dated/obsolete, date; *jog* lapse
elévülés *n* becoming obsolete/outdated, ob-
solescence; *jog* lapse
elévülési *a* ~ **határidő** term of limitation
elévülhetetlen *a* undying, imperishable
elévült *a* (out)dated, obsolete
élez *v* = **élesít**
éleződés *n* intensification, sharpening
éleződ|ik *v (helyzet)* deteriorate, worsen ⇨
kiélesedik
elfacsarod|ik *v* ~**ik a szíve** eat* one's
heart out (for); ~**ott a szíve érte** she was
eating her heart for him
elfagy *v (testrész)* be* frostbitten; *(termés)*
be* destroyed/killed/damaged/blighted by
frost
elfagyott *a* frozen; *(testrész)* frostbitten;
(termés) destroyed/killed/damaged by frost
ut., frost-damaged
elfajul *v* degenerate, deteriorate
elfajulás *n* degeneration, degeneracy
elfakul *v* fade, lose* (its) colour *(US* -or)
elfalaz *v* wall off
elfárad *v* **1.** *vmtől, vmben* tire (of), get*/
grow* tired (of); ~**tam** I am tired/exhaust-
ed **2.** *vhova* take* the trouble to go (swhere)
elfáraszt *v* tire (out), fatigue, exhaust
elfásul *v* become* indifferent/insensible *(vm
iránt* to); ~**t** indifferent, insensible *(vm iránt*
to)
elfecseg *v* **1.** *(titkot)* = **kifecseg 2.** ~**i az**
időt gossip/chatter away the time, spend*
(all) one's time chatt(er)ing
elfecsérel *v (idejét)* waste [one's time];
(pénzt) squander, fritter/trifle away [one's
money]
elfed *v* cover up, conceal, obscure, paper over
elfehéred|ik *v* turn/go* white/pale, whiten

elfeketed|ik *v* turn/go* black, blacken
elfeketéz *v* sell* on the black market
elfeksz|ik *v* **1.** *(vk)* lie* for a time **2.** *(irat)*
be* hidden/shelved (swhere)
elfektet *v (ügyet)* shelve, let* sg drag on
elfekvő I. *a* **1.** ~ **kórház** hospital/ward for
incurables; *(szanatórium jellegű, GB, US
magán)* nursing home **2.** ~ **(áru)készlet**
dead stock **II.** *n* → ~ **I. 1.**
elfelejt *v* forget*, cease to think of, slip one's
memory, omit [to do* sg]; **el ne felejtsd!**
don't forget!, mind you [do* sg]; **ne fe-
lejts(en) el írni!** be sure to write!; **hogy
el ne felejtsem!** by the way; **felejtsük
el!** *(múltbeli sérelmet)* let* bygones be*
bygones; *(kisebb káresetet)* forget it!
elfelejtet *v (vkvel)* make* sy forget* sg
elfelejtkez|ik *v vmről* forget* sg, overlook
sg; **ne felejtkezzél el rólam** remember
me
elfelejtőd|ik *v* be* forgotten, be* lost to
memory
elfelhősöd|ik *v* cloud up/over
elfenekel *v* give* sy a (good) hiding/thrash-
ing; *(gyereket)* spank
elfér *v* find*/have* room, (can) hold*; **még
kettő is** ~ there is room for two more; **a
kocsiban nyolcan is** ~**nek** the car has
room for eight people
elferdít *v* **1.** *(hajlít)* bend*, twist sg out of
shape **2.** *átv* distort; ~**i vk szavait** twist
sy's words; ~**i a tényeket** distort/misrep-
resent the facts
elferdítés *n* **1.** *(dologé)* bending, twisting
2. *átv* distortion
elferdül *v* **1.** twist, get* out of shape, bend*
2. = **eltorzul**
elfintorít *v* ~**ja az orrát** screw up one's
face/mouth, wrinkle one's nose (at sg)
elfog *v* **1.** *vkt/vmt* catch*, capture, lay* hold
of; *(rendőrség)* catch*; *(letartóztat)* arrest,
detain; *(levelet)* intercept **2.** ~**ja a kilá-
tást** block/obstruct the/sy's view; *(érzés)*
overcome*, be* seized (with); ~**ta a düh**
he was seized with a fit of rage; ~**ta a féle-
lem** he was gripped by fear
elfogad *v* **1.** *(pénzt, ajándékot)* accept, re-
ceive, take*; **nem fogadja el** refuse, de-
cline, reject **2.** *(ajánlatot)* accept [offer,
tender]; *(feltételeket)* acquiesce in [con-
ditions]; *(javaslatot)* carry, adopt [a motion],
consent to, agree to, approve; *(törvényt,
költségvetést)* pass [bill, budget]; **a javasla-
tot egyhangúlag** ~**ták** the motion is/
was carried *nem. con.* **3.** *(váltót)* accept,
honour *(US* -or) [bill, draft]

elfogadás *n* **1.** *ált* acceptance; **el nem fogadás** non-acceptance, refusal, rejection; *(váltóé)* dishonour *(US* -or) **2.** *(törvényé)* passing
elfogadhatatlan *a* unacceptable, not acceptable *ut.*; *(viselkedés, bizonyíték)* inadmissible
elfogadható *a* acceptable; *(kifogás, kérés)* admissible; *(ár)* reasonable; ~ **áron** at (quite) a reasonable price; **minden** ~ **ok nélkül** without (any) reasonable cause, without good reason; **el nem fogadható** unacceptable
elfogadó *n (váltóé)* acceptor
elfogadott *a* accepted, received; **általánosan** ~ **szokás** the accepted custom (as regards sg); **általánosan** ~ **tény, hogy...** it is generally admitted that...; ~**nak tekint vmt** take* sg for granted *(v.* as read)
elfogadtat *v* have* sg accepted; **törvényjavaslatot** ~ **get*** a bill *(v.* new law) through (Parliament); ~**ja véleményét** win acceptance for one's views
elfogat *v* have* sy caught/arrested
elfogatóparancs *n* warrant for (sy's) arrest
elfoglal *v* **1.** *kat* take*, take* possession of, occupy **2.** *(helyet vk)* take* [a/one's seat], occupy a seat; ~**ta a helyét** he took his seat; **ez a hely el van foglalva** this seat is taken **3.** *(helyet/teret vm)* take* up, occupy; **sok helyet foglal el** take* up a lot of space; **túl sok helyet foglal el** it takes up too much room **4.** *(állást)* take* up [post, station] **5.** *(vkt munka)* (sg) keeps* sy busy; **el van foglalva** be* busy/engaged; **el van foglalva vmvel** be* busy doing sg, be* busy with (sg), be* occupied in doing sg; **minden időmet** ~**ja (vm)** (sg) takes up all my time; ~**ja magát** occupy oneself in/ with sg **6.** *(álláspontot)* take* up [a position]
elfoglalás *n* **1.** *(helyé)* taking up, occupying, occupation **2.** *kat* taking possession of
elfoglalt *a* **1.** *(tartomány)* occupied **2.** *(hely)* engaged, taken *ut.* **3.** *(ember)* busy; **ma igen** ~ **vagyok** I am very busy today
elfoglaltság *n* occupation, engagement, employment, activity
elfogód|ik *v* be* (deeply) moved
elfogódott *a* deeply moved *ut.*
elfogulatlan *a* unbias(s)ed, unprejudiced, impartial, objective; ~**ul** impartially, without bias
elfogulatlanság *n* impartiality
elfogult *a* prejudiced, bias(s)ed, partial; ~ **vkvel szemben** bias(s)ed against sy; ~

vknek a javára be* predisposed in sy's favour *(US* -or); ~**tá tesz vk/vm javára** prepossess sy in favour of sy/sg
elfogultság *n (részrehajlás)* prejudice, partiality, bias
elfogy *v* **1.** *ált* give* out, be* used up, come* to an end; *(vknek vmje)* run*/be* out of sg, run*/be* short of sg; *(készlet)* become* exhausted; *(áru)* be* sold out; *(pénz)* be* spent, run* out; *(könyv)* be*/go* out of print; ~**ott** *(áru, könyv stb.)* (be*) out of stock; *(könyv kiadónál)* out of print; *(színházjegy stb.)* be* sold out; *(étel)* be* off **2.** ~ **a türelme** lose* one's patience
elfogyaszt *v* **1.** *ált* use up, get* through sg **2.** *(ételt)* eat*, consume; *(italt)* drink*, consume
elfojt *v* **1.** *(tüzet)* extinguish, put* out **2.** *(érzelmet, indulatot)* stifle, suppress, keep* [one's feelings] under control; *(haragot)* subdue; *(könnyeket)* choke/gulp back; *(ásítást)* stifle; *(nevetést, tüsszentést)* suppress; *(kiáltást)* strangle **3.** *(lázadást)* put* down
elfojtás *n* **1.** *(tűzé)* extinguishing, putting out **2.** *(érzelemé)* suppression, stifling **3.** *(lázadásé)* suppression, putting down
elfojtott *a* suppressed, repressed, strangled
elfoly|ik *v* **1.** *vm mellett* flow/run* past **2.** *vmből* flow/drain away **3.** *átv (pénz)* drain away; *(idő)* pass; ~**ik a keze között a pénz** money (just) slips through his fingers, money burns a hole in his pocket
elfonnyad *v* fade/wither away
elfordít *v* **1.** turn away; ~**ja a fejét** look the other way; ~**ja tekintetét** *(szándékosan)* avert one's eyes/gaze (from sg) **2.** *(figyelmet)* divert [attention] **3.** *(lapot)* turn over [page]
elfordul *v* **1.** *ált* turn away/aside; *(hajó)* sheer away/off **2.** *(érzelmileg vktől)* become* alienated/estranged (from); *vmtől* abandon (sg), turn one's back on/to sg
elforgácsol *v (erőt)* fritter away; *(időt)* trifle away; *(tehetséget)* waste
elforgácsolód|ik *v (erő, tehetség)* be* frittered away (on sg)
elforgat *v* **1.** *ált* turn away/off/round; *(könyvben lapot)* turn over (a page) **2.** = **elfordít 2.**
elforr, elfő *v* boil away
elföldel *v (elás)* inter, bury
elfúj *v* **1.** *(szél)* blow*/carry away; ~**ta a szél** (it is) gone with the wind **2.** *(gyertyát)* blow* out **3.** *(leckét)* rattle off; *(nótát)* sing*

elfúl, elfullad *v.* **1.** choke, suffocate; ~ **a lélegzete** get* out of breath, be* winded **2.** *(gép, motor)* seize up, jam, get* blocked
elfuserál *v* make* a mess/botch of, bungle, botch, mess/botch up
elfut 1. *vi* run* away/off; *(menekülve)* escape from, make* off; *(biz kif)* show* a clean pair of heels **2.** *vt* ~**ja a méreg** fly* into a rage, lose* one's temper; **arcát** ~**otta a pír** (s)he blushed (deeply)
elfuvaroz *v* cart/haul away/off
elfuvarozás *n* haulage
elfüggönyöz *v* curtain off
elfűrészel *v* **1.** *(fát)* saw* in two, saw* up **2.** *biz vkt* put* a spoke in sy's wheel
elfüstöl *v* **1.** *(füsttel elűz)* smoke out **2.** *biz (dohányra elkölt)* blow [money] on tobacco
elfütyül *v (dallamot)* whistle [a tune]
elgaloppozza magát *v biz* overplay one's hand
elgáncsol *v* **1.** *(futball)* trip sy (up), bring* down **2.** *átv* cross/thwart sy's plans
élgárda *n* vanguard; *átv* elite
elgázol *v (jármű)* run* down/over; ~**ta egy autó** he was run/knocked down (*v.* run over) by a car
elgázosít *v (folyadékot)* gasify; *(karburál)* carburet (*US* carburet)
elgazosodik *v* be* overgrown/overrun with weeds, become* rank with weeds
elgémbered|ik *v* grow* numb/stiff
elgennyed *v* get* full of pus, go*/turn/ become* septic, suppurate
elgennyesed|ik *v* = **elgennyed**
elgépesít *v* mechanize
elgereblyéz *v* level (*US* -l) with a rake, rake (over/smooth)
elgondol *v* **1.** *(elképzel)* imagine, fancy, picture to oneself **2.** *(megfontol)* consider, think* (over)
elgondolás *n* **1.** *(eszme)* idea, concept, conception **2.** *(terv)* plan
elgondolható *a* conceivable, imaginable, thinkable
elgondolkod|ik *v* reflect (on), meditate (on), ponder (on, over), be* lost in thought
elgondolkoztató *a* thought-provoking, giving food for thought *ut.*
elgörbít *v* bend*, make* crooked
elgörbül *v* bend*, become*/get* crooked/ bent, twist
elgördít *v* **1.** *(sziklát)* roll away **2.** *(akadályt)* remove [obstacle]
elgőzölög *v* evaporate
elgurít *v* roll away/off
elgurul *v* roll away/off

elgyalogol *v vhova* go* on foot (to), walk (to *v.* swhere)
elgyengít *v* weaken, enfeeble
elgyengül *v* weaken, become*/grow* weak(er), lose* one's strength
elgyomosod|ik *v* = **elgazosodik**
elgyötör *v* torment, torture, plague; *(lelkileg)* worry, pester
elgyötört *a* harrowed, distressed in mind *ut.*; *(arc)* haggard
elhadar *v* rattle/reel off
elhagy *v* **1.** *(vk vkt)* leave*, abandon, forsake*; *(iskolát)* leave* [school], go* down [from university]; ~**ta a férje** her husband (has) left her **2.** *(vonat állomást)* leave* [the station etc.]; ~**ja a szobát** leave* the room; *(szállodában)* vacate the room; ~**ja a pályát** *sp (lovas)* x is riding out of the ring **3.** *(abbahagy, felad pl. szokást)* leave* off, give* up; **hagyd el!** stop it!, give it a rest! **4.** *(mellőz, pl. szót, szöveget)* leave* out, omit, drop **5.** *(elveszít)* lose* (sg); ~**tam az ernyőmet** I have lost my umbrella **6.** ~**ja magát** (1) *(elcsügged)* lose* heart, give* up (2) *(elhanyagolja magát)* neglect oneself, let* oneself go **7.** ~**ta az ereje** his strength forsook/failed him (*v.* ebbed away)
elhagyás *n* leaving; *(mellőzés)* omission
elhagyatott *a* **1.** *(vk)* deserted, abandoned; *(magányos)* lonely, solitary **2.** *(hely, vidék)* desolate, uninhabited
elhagyatottság *n* loneliness
elhagyatva *adv* forsaken (by), lonely
elhagyott *a* **1.** ~ **javak** abandoned property *sing.* **2.** uncared-for; ~ **gyermek** waif, child° left uncared-for **3.** = **elhagyatott**
elhájasodás *n* obesity, fattyness
elhájasod|ik *v* grow* too fat, become* obese
elhajít *v* **1.** *(mint feleslegest)* = **eldob 2.** *(gerelyt stb.)* throw*, hurl
elhajlás *n* **1.** *(vonalé)* bend, curve; **mágneses** ~ (magnetic) declination, magnetic variation **2.** *pol* deviation(ism); **baloldali** ~ leftist (*v.* left-wing) deviation(ism); **jobboldali** ~ rightist (*v.* right-wing) deviation(ism)
elhajl|ik *v* **1.** *ált* deviate, diverge, be* deflected; *(vonal)* bend*, curve; *(iránytű)* dip **2.** *pol* be* out of line, deviate
elhajlít *v* bend*, turn aside, deflect
elhajló *a pol* deviationist, deviator
elhajol *v* = **elhajlik**
elhajóz|ik *v* **1.** *vhonnan* put* off/out, sail away **2.** *vhová* sail to, set* sail for **3.** *vm mellett* sail past

elhajt 1. *vt (elterel)* drive* away/off; *(más marháját)* steal* **2.** *vt* **magzatot** ~ procure an abortion, get* rid of [baby] **3.** *vi (kocsiban)* drive* off/away; *vm mellett* drive* past

elhajtás *n ált* driving away/off/past; *(más marhájáé)* cattle-lifting; *US* cattle-rustling

elhal *v* **1.** *(vk)* die, decease **2.** *(sejt, testrész stb.)* necrose, necrotize; *(testrész elzsibbad)* be* benumbed; *(növény)* wither, decay **3.** *(zaj)* die down/away, subside

elhál *v (házasságot)* consummate [marriage]

él-hal *v* ~ **vmért** be* very keen on sg; be* extremely fond of sg; ~ **a kertészkedésért** be* very keen on gardening, he is a keen gardener; ~ **vkért** be* infatuated with sy

elhalad *v vm/vk mellett* pass (by), go* past

elhalálozás *n* death, decease

elhaláloz|ik *v* die, decease

elhalás *n* **1.** *(emberé)* death, decease **2.** *(sejté, testrészé)* necrosis

elhalász|ik *v* snatch away, grab (sg)

elhalaszt *v* put* off, postpone, delay; *(tárgyalást, ülést)* adjourn; **egy hétre** ~**ották** [the meeting/etc.] was adjourned for a week

elhalasztás *n* putting off, postponement, delay; *(ülésé)* adjournment

elhalkul *v* grow* faint(er), die away/down, fade

elhallatszik *v (vk hangja)* carry (as far as...), reach to; *(zaj)* (can*) be* heard as far as...

elhallgat 1. *vi* stop speaking/talking, leave* off speaking/talking; *(hirtelen)* break* off; *(zaj)* stop **2.** *vt (vmt vk elől)* keep* back, suppress, conceal, withhold* (sg from sy) **3.** *vt (vmt szívesen)* listen (to); ~**nám órák hosszat** I could listen to him/it for hours

elhallgattat *v* silence, reduce sy to silence, gag; *(letorkol)* shut* sy up

elhall|ik *v* = **elhallatszik**

elhalmoz *v vkt vmvel* shower sy with sg; *(dicséretekkel)* heap [praises on/upon sy]; *(kedveskedéssel)* heap [kindness on sy]; *(munkával)* overburden (sy with work), overwork (sy); ~**zák rendelésekkel** *biz* be* snowed under with orders; **el van halmozva munkával** be* up to the ears in work, be* snowed under with work

elhaló hangon *adv* in a faint voice

elhalványod|ik, elhalványyul *v* **1.** *(fény és emlék stb.)* grow* dim, dim, fade **2.** *(arc)* blanch, turn pale **3.** *(hírnév stb.)* become* eclipsed

elhamarkod|ik *v* be* rash/overhasty, do* sg in too great a hurry, skimp (sg)

elhamarkodott *a (döntés)* rash, hasty, precipitate; *(cselekedet)* hurried, thoughtless, done in the heat of the moment *ut.*; ~ **következtetéseket von le,** ~**an dönt** rush to conclusions

elhamvad *v* burn* *(v.* be* reduced) to ashes

elhamvaszt *v* **1.** burn*/reduce to ashes, incinerate **2.** *(halottat)* cremate

elhangol *v (hangszert)* put* out of tune; ~**t** untuned, out of tune

elhangz|ik *v* **1.** *vhova* be* heard/audible in **2.** *(előadás)* be* delivered; *(parancs)* be* given/issued **3.** ~**ott...** *(rádióban)* you have been listening to...

elhantol *v* bury, inter

elhantolás *n* burial, interment

elhány *v* **1.** *(eldobál)* throw* away; *(havat, földet)* shovel *(US* -l) away **2.** *(ismeretlen helyre)* mislay*

elhanyagol *v* **1.** neglect, be* neglectful of; *(ügyeket)* biz let* sg slide; ~**ja a leckéit** neglect one's homework; ~**ja magát** be* careless of one's appearance; **el van hanyagolva** *(épület)* be* in bad repair **2.** *(nem vesz figyelembe)* disregard, ignore

elhanyagolható *a* negligible

elhanyagolt *a* neglected, uncared-for; ~ **(külsejű)** slovenly, untidy, scruffy; *(igével)* be* down at heel

elhányód|ik *v (elvész)* be*/get* mislaid/lost

elhappol *v biz* seize, snatch (sg from sy); *(pl. iskola a legjobb tanulókat)* skim off [the best students]

elharácsol *v* snatch/wrest sg from sy

elharangoz *v* ~**ták a delet** the midday angelus has been *(v.* was) rung

elharap *v* **1.** = **kettéharap 2.** ~**ja a szavakat** clip (the ends off) one's words

elharapó(d)z|ik *v* spread*, gain ground

elhárít *v (akadályt)* clear away, move out of the way, remove; *(balesetet)* avert, prevent; *(betegséget)* prevent; *(felelősséget)* decline, disclaim, refuse to accept [responsibility]; *(gyanút)* avert [suspicion]; *(támadást)* beat* off, repel [attack]; *(ütést)* parry, deflect; *(veszélyt)* avert [danger]

elhárítás *n (akadályé)* averting, removal; *(betegségé, baleseté)* prevention; *(ütésé)* parry(ing); *vm* ~**áról gondoskodik** provide against

elháríthatatlan *a* inevitable, unavoidable

elhárul *v* be* averted; **gyanú** ~ **vkről** be* cleared of suspicion

elhasad *v* rend*, tear*, split*, crack

elhasal v 1. *(hasra esik)* fall* flat on one's stomach/face 2. *biz (vizsgán)* be* ploughed
elhasznál v use up, exhaust; *(élelmiszert)* consume; *(ruhát)* wear* out
elhasználás n using up, exhaustion; *(élelmiszeré)* consumption
elhasználható a that may be used up *ut.*
elhasználód|ik v be* used up, be* depleted, be* consumed; *(elkopik)* wear* out
elhasznált a used up, depleted; *(ruha)* worn-out, shabby; ~ **levegő** stale air
elhat v *vmeddig* reach (as far as)
elhatalmasod|ik v 1. *(elterjed)* spread* 2. *vkn vm* sg overcomes* sy
elhatárol v 1. *(területet)* delimit, mark/rail off; ~**ja magát vktől/vmtől** distance oneself from sy/sg 2. *(hatáskört)* circumscribe, define
elhatároz v *vmt* decide (to v. that), resolve (to v. on ...ing); ~**ta, hogy...** (s)he decided to (v. that), (s)he resolved/determined to; ~**za magát** make* up one's mind (to), resolve to
elhatározás n decision, resolution, determination; **arra az** ~**ra jutott, hogy...** he decided/resolved to, he made up his mind to; **megváltoztatta** ~**át** he changed his mind
elhatározó a decisive; ~ **lépés** decisive step
elhatározott a decided, settled, determined, resolved
elhegedül v *(eljátszik)* play (sg) on the violin
elhelyez v 1. *vmt vhol/vhova* place, put*, plant sg swhere; *vmt vknél* leave* sg with sy; *(épületet)* site, place; *(iratokat)* file (away); *(gépkocsit)* park; *(garázsban)* put* into a/the garage, garage 2. *(elszállásol)* accommodate (sy swhere), have* sy put up swhere; *(alakulatot)* station; *(vkt menhelyen)* place; **kórházban** ~ hospitalize, put* into hospital 3. *(állásba)* find* a job (v. employment) for sy, find* sy a job (v. employment); ~**ték az építőiparban** he (was) found a job in the building trade/industry 4. *(áthelyez vkt)* move from ... to, transfer from ... to; ~**ték Szegedről** he was transferred from Szeged 5. *(írásművet)* place 6. *(árut)* place, sell* 7. *(pénzt bankban, értékmegőrzőben)* deposit; *(befektet)* invest
elhelyezés n 1. *(folyamat)* placing 2. *(elszállásolás)* accommodation 3. *(állásba)* finding employment (v. a job/situation/position) for sy; *(áthelyezés)* transfer
elhelyezkedés n *(állásban)* finding a job,

finding employment; **jó** ~ a good job
elhelyezkedési a ~ **lehetőség** opening, vacancy; ~ **problémák** employment problems
elhelyezked|ik v 1. *(állásban)* find* employment, find* a job 2. *(leül)* take* a seat, seat oneself; **kényelmesen** ~**ik** make* oneself comfortable
elhengerít v roll away/off
elherdál v squander, dissipate, waste
elhervad v fade (away), wither
elhervaszt v fade, wither (up)
elhesseget v 1. *(állatot)* drive* away; *biz* shoo away/off 2. *(gondokat, gondolatot)* brush aside, banish [care etc. from one's mind]; **próbálta** ~**ni a gondolatot** he tried to banish the thought
élhetetlen a unpractical, shiftless, helpless
elhibáz v 1. *ált* make* a mistake in (sg) ~**ta a számítást** (s)he (has) got the sum wrong 2. *(lövést)* miss
elhibázott a unsuccessful; ~ **dolog** abortive attempt; *kif* it is/was doomed to failure; ~ **élet** wasted life°; ~ **lépés** blunder, false step
elhidegül v *vktől* become* estranged/alienated from sy, grow* cool/cold towards sy
elhidegülés n estrangement, alienation
elhint v scatter (about), strew*; ~**i vmnek a magvát** *átv* sow* the seeds of sg; ~**i a viszály magvát** sow* discord (between...)
elhíresztel v 1. *(hírt stb.)* bruit abroad/about 2. *vkt vmnek* spread* slanderous stories about sy
elhisz v believe [sg to be true], give* credence (to sg), credit (sg); *(alap nélkül)* take* sg for granted; ~ **vknek vmt** believe sy; **hidd el, jobb így** believe me, it's better this way
elhitet v *vkvel vmt* make* sy believe sg
elhív v 1. *vkt vhova* call sy swhere, ask sy to come/go swhere 2. = **elhívat**
elhívat v send* for sy
elhivatottság n calling; vocation
elhízás n obesity, corpulence, fatness
elhíz|ik v grow* fat/corpulent/stout
elhízott a fat, corpulent, overweight
elhódít v 1. win* over; *(nőt vktől)* steal* sy's girl(friend) 2. *(területet tenger)* encroach (up)on (the land)
elhomályosít v 1. *(homályossá tesz)* dim, obscure; *(köd, pára)* mist (up/over), blur, cloud 2. *(vmnek értelmét)* obscure [the meaning of sg]; *(dicsőséget, hírnevet)* outshine*, overshadow, eclipse

elhomályosod|ik v. = **elhomályosul**
elhomályosul v **1.** *(dolog)* ált become*
dim/obscure, darken, blur; *(üveg)* tarnish,
become* dull **2.** *(vm jelentősége)* sink* into
insignificance **3.** *(látás)* grow* dim **4.** *(elme)* cloud over
elhord v **1.** *(elvisz)* carry away/off, bear*
away **2.** *(ruhát)* wear* out [clothes] **3.** ~ja
magát move/make* off, clear out; **hordd
el magad!** get out/lost!
elhoz v *(magával)* bring*/carry along (with
one); *vhonnan* fetch from swhere; *(csomagot)* collect
elhozat v have* sg brought/fetched, send*
for (sg)
elhull v **1.** *(lehull)* fall* (off/down), drop
2. *(állat)* die (off), perish
elhullat v **1.** *(útközben)* let* sg fall, drop
(one by one) **2.** *(falevelet, szőrt)* shed*
elhuny v die, pass away, decease
elhunyt I. a dead, deceased **II.** n **vknek az**
~**a** sy's death/demise; **az** ~ the deceased
elhurcol v **1.** *(tárgyat)* drag away/off
2. *(vkt börtönbe)* carry off
elhurcolás n **1.** *(tárgyé)* dragging away/off
2. *vké* carrying off
elhurcolkod|ik v move away
elhúz 1. vt vmt vhonnan draw*/drag away/
off; ~**za a függönyt** *(egyrészest)* draw*
the curtain; *(kétrészest)* draw* the curtains
(apart) **2.** vt *(nótát hegedűn)* fiddle, play **3.** vt
(időt, tárgyalást) drag/spin* out, prolong
4. vt biz *(vizsgán)* fail (sy), US biz flunk (sy);
~**ták (a vizsgán)** (s)he was ploughed (v.
US flunked), (s)he came a cropper **5.** vi *(vk
mellett)* (overtake* and) pass sy; *vktől sp*
draw* away from (sy) ⇨ **csík**[1]
elhúzat v ~ja a nótáját have* one's favourite tune played
elhúzód|ik v **1.** *(tárgyalás, ügy)* drag on;
késő éjjeli órákig ~**ott** it lasted well into
the night **2.** *vktől* draw* away from sy **3.** **a
vihar** ~**ott** the storm passed **4.** *(fal, út vm
mellett)* run* along, run* parallel (with)
elhűl v **1.** *(étel)* cool **2.** átv be* amazed/
dumbfounded/aghast; ~**t a vér az ereiben** it made one's blood run cold; **egészen**
~**tem** I was struck dumb (with surprise/
horror)
elhülyül v grow* stupid/dull
elibe adv = **elébe**
eliddogál v have* a few drinks, linger over a
drink or two, have* a glass or two (of wine)
elidegenedés n estrangement, alienation
elidegened|ik v *vktől* become* estranged/
alienated from sy, grow* cold towards sy

elidegenít v **1.** *(tárgyat)* alienate [property]
2. *(érzelmileg)* estrange, alienate (from)
elidegenítés n **1.** *(tárgyé)* alienation **2.** *(érzelmileg)* alienation, estrangement
elidegeníthetetlen a inalienable
elidőz|ik v *vmnél* linger over sg; *vhol* tarry
swhere; *(tárgynál)* dwell* on
eligazít v **1.** vmt arrange, adjust, settle **2.** vkt
direct; *főleg kat* brief
eligazítás n **1.** vmé arrangement **2.** vké
orientation, directing; *főleg kat* briefing; ~**t
ad** brief
eligazodás n orientation
eligazod|ik v find* one's way, know* one's
way around; **jól** ~**ik rajta** he's familiar
with it, he knows* its ins and outs; **nem lehet rajta** ~**ni** *vkn* you cannot make out
what he is up to, you cannot make him out;
vmn one cannot make head or tail of it; **jól**
~**ik a politikában** be* well up in politics
eligér v = **odaígér**
elígérkez|ik v promise to go (swhere); **már
el vagyok ígérkezve** I am already engaged (to go swhere); **mivel korábban
már** ~**ett** owing to a prior engagement
elijed v *vmtől* take* fright at sg
elijeszt v frighten away/off, discourage
elillan v **1.** *(folyadék)* evaporate, vaporize;
(gáz) escape **2.** biz vk slip/steal* away,
make* off, skedaddle
elimádkoz|ik n ~**ik egy imát** say* a
prayer
eliminál v eliminate
elinal v = **elillan 2.**
elindít v **1.** ált start, set* (sg) off; *(gépet)*
get* going, set* in motion; *(küldeményt)*
dispatch, send* off; *(üzleti vállalkozást)*
get* (sg) afloat **2.** vkt send* sy on his/her way
3. *(támadást)* launch [attack]
elindul v vk start, depart, set* off/out; vk
vhová start/set* out for; *(kocsival)* drive*
off, pull away; *(útra)* set* out/off, start [on
one's journey]; *(jármű)* start; ~**t az orra
vére** his nose started bleeding
elindulás n start, departure
elintéz v **1.** *(ügyet)* settle, arrange, see* to
(sg); fix sg up; *(bonyolult ügyet)* put*
[things] straight; straighten out; *(adósságot)*
square [one's accounts], settle up; ~**tem, el
van intézve** it is all fixed up; ~ **vknek
vmt** fix sy up with sg; ~**tem, hogy felvegyék** I secured his admission, I fixed him up
with a job; **az ügy el van intézve** the
matter is settled, it's all right/arranged; **kérvényt/kérést kedvezően** ~ comply
with a request; **majd én** ~**em** I'll see to/

about it; **valahogy majd csak** ~**em** I shall manage it somehow; ~**tem az igazgatóval** I've fixed it up with the headmaster **2.** *(gúnnyal)* settle accounts with sy; **van egy kis** ~**ni valója vkvel** have* an account to settle with sy; **majd én** ~**lek!** I'll sort you out!, I'll give you what for! **3.** □ *(megöl)* finish (sy) off, do* (sy) in

elintézés *n* arrangement, settling, settlement; *(ügyeké)* dispatch [of business]; ~ **alatt áll** be* in hand; ~**re vár** be* pending, await decision/settlement

elintézetlen *a* not yet settled *ut.*, pending *ut.*

elintézett *a* settled; **ez egy** ~ **ügy** it's a settled affair/matter

elintéződ|ik *v* take* care of itself, be* settled somehow, work (itself) out

elír *v* miswrite*, misspell*; *(gépen)* mistype

eliramod|ik *v* shoot* off, bolt

elírás *n* clerical error, slip of the pen

elírja magát *v* miswrite*, misspell*; *(gépen)* mistype

elismer *v* **1.** *(elfogad, beismer)* admit, acknowledge; *(hibáját)* admit [mistake]; **ezt** ~**em** I admit/concede/accept that; **ezt el kell ismerni** that must be acknowledged/admitted **2.** *(igazol)* recognize; *(diplomát)* recognize, accredit; *(követelést)* admit; **nem ismer el** refuse to recognize/acknowledge **3.** *(értékel)* acknowledge, recognize; appreciate; **vkt vmnek** ~ recognize/acknowledge sy as sg

elismerés *n* acknowledgement; *(adósságé)* admission; *(érdemeké)* appreciation, recognition; *(hibáé)* admission; *(kormányé)* recognition; **az átvétel** ~**e** acknowledgement of receipt; **magas** ~**ben részesül** receive the highest honours (*US* -ors) (for one's services); ~**re méltó** laudable, praiseworthy; **nagy** ~**sel van vk iránt** have* the highest regard for sy; **szolgálatainak** ~**éül** for services rendered, in appreciation/recognition of (his) services ⇨ **adózik**

elismerésképpen *adv* in acknowledgement/recognition of

elismerő *a* appreciatory, appreciative; ~ **oklevél** honourable (*US* -or-) mention, diploma of merit; ~ **szavak** words of appreciation/acknowledgement

elismert *a* recognized, acknowledged, well-known; ~ **szaktekintély vmben** be* a recognized authority on sg; **általánosan** ~ **tény, hogy...** it is generally admitted that...

elismertet *v* secure recognition for sy/sg

elismervény *n* receipt; *(adósságról)* IOU; *(átvételi)* acknowledgement (of receipt)

elismétel *v* repeat

elismétlés *n* repeating, repetition

eliszaposod|ik *v* silt up

eliszkol *v biz* skedaddle

eliszogat *v* = **eliddogál**

eliszonyod|ik *v* = **elszörnyed**

elissza *v* ~ **az eszét** drink* oneself stupid, befuddle oneself with drink; ~ **a pénzét** squander one's money on drink

elit *a/n* élite *v.* elite

elitél *v* **1.** *ált* condemn; *vmre* sentence to; *(bíróság vkt vm miatt)* convict (sy of sg); **el van ítélve** be* under sentence (of); ~**ték 5 évre** (*v.* **5 évi börtönre**) he was sentenced to 5 years in prison **2.** *(erkölcsileg, vmt)* condemn (sg), denounce (sg); *(vkt)* disapprove of (sy), censure (sy)

elítélendő *a* condemnable, blameworthy

elítélés *n* **1.** *(bírói)* conviction, sentence **2.** *(erkölcsi)* condemnation, disapproval, disapprobation

elítélő *a* condemnatory; ~ **értelemben**, ~**en** in a pejorative/derogatory sense, pejoratively; ~**en nyilatkozik** speak* unfavourably/disapprovingly (of)

elítélt I. *a* condemned **II.** *n* convict, the condemned

eljár 1. *vi (vhova)* go* frequently/repeatedly/regularly to, frequent [a place] **2.** *vi (idő)* pass; **hogy** ~ **az idő!** how time flies!, how the years pass! **3.** *vi* ~ **a szája** be* indiscreet; *biz* shoot* one's mouth off, let* the cat out of the bag **4.** *vi (ügyben)* proceed, act, take* steps/measures, deal* with sg, see* to sg; **vk ügyében/érdekében** ~ intervene on sy's behalf; **becsületesen járt el** he played fair, he dealt fair and square with sy **5.** *vt* **táncot** ~ (perform a) dance

eljárás *n* **1.** *(hivatalos, ált)* (course of) action, procedure; *(bírósági)* proceedings *pl*; ~ **folyik vk ellen** he is being tried for (*v.* on a charge of) sg, be prosecuted for sg; *(hivatalos)* ~**ra bocsátják** go* through the official/proper channels; ~**t indít** *vk ellen* bring* an action, start/take* (legal) proceedings *(mind:* against sy), file a suit; ~**t megszüntet** stay proceedings **2.** *(viselkedés)* behaviour (*US* -or); **tisztességes** ~ square deal, fair play; **ez nem** ~**!** that won't do!, it's not fair! **3.** *műsz* process, treatment, procedure, method

eljárási *a* ~ **költség** costs *pl*

eljárásmód *n* method, procedure; *(elvi)* policy

eljátszás *n* **1.** *(darabé)* playing, performance **2.** *(pénzé)* gambling away
eljátsz|ik 1. *vt (darabot, zeneművet)* play, perform **2.** *vt (becsületét)* forfeit [one's honour] **3.** *vt (pénzt)* gamble away **4.** *vi (egy ideig)* play (about), go* on playing
eljegesed|ik *v* freeze* (over), be* covered with ice
eljegyez *v* **Mária el van jegyezve Péterrel, M.** ~**te magát P.-rel** P. and M. are/were engaged, Mary is engaged to Peter; ~**ték egymást** they are/were engaged
eljegyzés *n* engagement; ~**t felbont** break* off one's engagement (to sy)
éljen! *int* (hip, hip,) hurray/hurrah!, three cheers for X!
éljenez 1. *vt vkt* cheer sy, applaud **2.** *vi* cheer
éljenzés *n* cheers *pl*, cheering, applause, ovation
eljön *v* **1.** *vhonnan* come*, come*/get* away from **2.** *vkért/vmért* come* for, (come* to) fetch/collect *v.* pick up sy/sg **3. eljössz holnap?** are you coming tomorrow?; **gyere el hozzám (meglátogatni)** come round and see me **4. majd ha** ~ **az ideje** in due time/course; ~ **egyszer az idő, amikor** the time will come when
eljövendő *a* to come *ut.*
eljövetel *n* coming, arrival; *(várt dologé)* advent
eljut *v* **1.** *vhová* get* to, come* to, reach (sg *v.* a place), get* through to **2.** *vmre átv* attain sg
eljuttat *v vmt vkhez* get* sg to sy, send* sg over/along to sy, forward sg to sy
elkábít *v* **1.** *(ütés)* stun, daze; *(szag)* overpower; *orv* narcotize, anaesthetize *(US* anes-), drug **2.** *átv* stupefy, intoxicate, drug
elkábul *v* be* overpowered, get* stunned, become* stupefied/dazed
elkacagja magát *v* burst* out laughing, burst* into a laugh
elkalandozás *n (tárgytól)* digression, divagation; *biz* excursion
elkalandoz|ik *v* **1.** wander, stray (from); **messzire** ~**ik** go* (too) far afield **2.** *(tárgytól)* digress (from), stray from [the subject], divagate, ramble (on); ~**ik a tárgytól** stray from the subject
elkalauzol *v* guide sy (to a place)
elkallód|ik *v* get* lost, be* mislaid/missing; *(tehetség)* run* to waste
elkallódott *a* missing, lost; *(tehetség)* wasted [talent]
elkámpicsorod|ik *v* be* down in the mouth
elkanász(os)od|ik *v* go* to the bad

elkanyarod|ik *v* **1.** turn/veer (to the right/ left), turn off; *(út)* bend*, veer **2.** *átv (tárgytól)* digress, go* off the point
elkap *v* **1.** *vmt ált* catch*; *(vk elől)* snatch away; ~**ja a kezét vhonnan** snatch one's hand back/away; ~**ja vk tekintetét** catch* sy's eyes **2.** *vkt* catch*; *biz* collar, nab; ~**ták** he was nabbed/collared **3.** *biz (buszt stb.)* catch* [the bus etc.] **4.** *(betegséget)* catch* [disease]
elkaparint *v* snatch away, snap up
elkapat *v* spoil*, make* conceited; **a siker** ~**ta** success has turned his head
elkapatott *a* conceited; *biz* stuck-up
elkapkod *v* **1.** *(eleséget)* snap up **2.** *(árut)* snap/buy* up, scramble for; **egy-kettőre** ~**ták** it sold like hot cakes
elkápráztat *v* **1.** *(fény)* dazzle **2.** *átv* dazzle, make* sy gape
elkárhoz|ik *v vall* be* damned, suffer eternal damnation
elkárhozott *a* damned
elkáromkodja magát *v* break* out in curses, begin* to swear
elkártyáz *v (pénzt)* gamble away, lose* [one's money] at cards
elkedvetlened|ik *v* become* downhearted/ discouraged, lose* heart
elkedvetlenít *v* discourage, damp sy's spirits, get* (sy) down
elkékül *v* become*/turn blue; *(arc)* turn black (in the face)
elkel *v* **1.** *(áru)* find* a (ready) sale/market, sell*, be* sold; **2500 Ft-ért kelt el** it went for 2,500 fts; **jól** ~**t** it had a ready market, it fetched a good price; **minden jegy** ~**t** all seats are sold/booked; *(kiírás)* "sold out", "House Full" **2.** *(szükséges)* be* necessary, be* needed; ~**ne már egy jó eső** we could do with some rain
elken *v* **1.** *(akaratlanul)* smear; *(kenhetőt vmn)* spread* (over, on) **2.** *biz (ügyet)* hush up, gloss over, play down
elkendőz *v* = **elleplez**
elkenés *n* **1.** *(kenőcsé)* smearing **2.** *biz (ügyé)* glossing over
elkenőd|ik *v* **1.** *(nyomtatás)* smear, smudge **2.** *biz* = **elkedvetlenedik; el van kenődve** feel* blue/low, be* out of sorts
elkényelmesed|ik *v* grow* more and more *(v.* very) fond of one's creature comforts, grow* lazy
elkényezed|ik *v* become* spoilt/pampered/ fussy (v.*US* picky)
elkényeztet *v (lelkileg)* spoil*, pamper; *(testileg)* (molly)coddle

elképed v. be* stupefied/dumbfounded, be* taken aback; **elképedve hallottam** I was amazed/stunned to hear/learn; *biz* I was flabbergasted to hear
elképeszt v stupefy, strike* sy dumb, astound, take* sy aback
elképesztő a stunning, amazing, fantastic, astounding, staggering
elképzel v imagine, fancy, conceive, picture to oneself; **el tudom képzelni** I can imagine; **el nem tudom képzelni, miért** I can't imagine/conceive why; **képzeld (csak) el!** (just) imagine!
elképzelés n idea, notion, conception
elképzelhetetlen a unimaginable, inconceivable, unthinkable
elképzelhető a imaginable, conceivable
elkér v **1.** vktől vmt ask sy for sg; *(kölcsön)* borrow sg from sy **2.** *(áruért)* demand/ask [price] for sg; **5000 forintot is ~nek ezért a festményért** they are asking as much as 5000 forints for this painting
elkéredzked|ik v ask to be* excused, ask to be* allowed to go* swhere
elkerget v chase/drive* away, expel, turn out (of doors)
elkerít v *(területet)* fence in/off; **~ett terület** enclosure
elkerül 1. vt *(forgalmas helyet)* bypass [the town etc.] **2.** vt vkt *(szándékosan)* avoid, shun, steer/keep* clear (of), keep* away (from); *(büntetést, bajt)* evade, escape; *(problémát)* bypass [a/the problem]; **egy hajszálon múlt, hogy ~te a bajt** he had a narrow escape, he had (v. it was) a (very) close shave; **vkt messziről** (v. **nagy ívben) ~** *biz* give* sy a wide berth **3.** vt *(véletlenül)* miss; **~ték egymást** they missed each other; **~i vk figyelmét** escape one's attention **4.** vi vhova (happen to) get* swhere, come* to; *(vhonnan)* move away from, leave*
elkerülhetetlen a unavoidable, inescapable, inevitable; *(igével)* it is bound to happen
elkerülhető a avoidable
elkeseredés n despair, exasperation, bitterness; **~ében** in his despair
elkeseredett a bitter, embittered, desperate; **~en** desperately
elkesered|ik v despair, become* embittered/exasperated (vm miatt about/over); **ne keseredj el!** don't despair!, don't lose hope!; *biz* (keep your) chin up!
elkeserít v embitter, exasperate
elkeserítő a exasperating

elkésés n being/coming late, lateness
elkésett v late, out of time ut, tardy
elkés|ik v be* late (for sg), come* too late; **10 perccel ~ett** he was ten minutes late; *vmről* he missed it by ten minutes; **~ik a vonatról** miss the train, not make* the train
elkeskenyedik v (grow) narrow
elkésve adv late, US tardily
elkészít v ált *(munkát)* do*, achieve, finish (off), carry out, execute; *(készre csinál)* finish, complete, make*/get* ready; *(ételt)* prepare, cook, make*; *(gyógyszert)* make* up, dispense; *(leckét)* prepare, do* [homework]; *(ruhát)* make* up; *(számlát)* make* out; *(tervezetet)* draw* up, draft; **~i a reggelit** get* the breakfast ready; **a hús kitűnően volt ~ve** *biz* the meat was done to a turn
elkészítés n ált *(munkáé)* finishing; *(ételé)* preparation, cooking; *(gyógyszeré)* making up, dispensing; *(leckéé)* preparation; *(tervezeté)* drawing up, drafting
elkészül v **1.** ~ (t) vm be* finished, be* ready, be* done; *(munka teljesen)* be* complete(d) **2.** vk vmvel be* ready with sg, finish sg, get* sg done; **~tél a munkáddal?** have you done/finished your work?, are you through with your work?; **mennyi idő alatt készülsz el vele?** how long will it take you (to do it)? **3.** vmre get* ready (for sg), make* preparations (for sg), prepare (oneself for sg); **~ni, vigyázz, rajt!** on your mark, get set, go!; **el van készülve vmre** *(rosszra)* be prepared for sg, be resigned to sg; **el van készülve a legrosszabbra** be* prepared for the worst; **erre el lehettünk készülve** this could be expected; **erre nem voltam ~ve** I was not prepared for this, I did not expect this **4.** vhonnan be* about to leave/depart
elkever v mix, mingle, blend
elkevered|ik v **1.** vmbe, vmvel mix, (inter-)mingle, get* mixed up (with/in) **2.** *(tömegben)* mingle with, get* lost in
elkezd v begin*, start, commence; **~ esni** it is beginning to rain, it starts raining; **~ett sírni** she burst out crying
elkezdőd|ik v begin*, start, commence
elkezel v **1.** *(sikkaszt)* embezzle **2.** *(beteget)* give* the wrong treatment to
elkiabál v vmt speak* too soon; **nem szabad a dolgot ~ni** kb. touch wood
elkiált v **~ja magát** cry out, shout
elkínlód|ik v **1.** *(fájdalommal)* suffer agonies **2.** = **eltengődik 3.** átv take* great pains (with/over sg)

elkísér *v vkt* go*/walk with, accompany, escort, see* sy to [a place]; ~ **vkt hazáig** see* sy home
elkívánkoz|ik *v vhonnan* wish to go/get*/be* away (from)
elkóborol *v* roam/wander/rove about
elkoboz *v* confiscate, seize
elkobozható *a* confiscable
elkobzás *n* confiscation
elkobzási *a* confiscatory
elkomolyod|ik *v* turn serious/grave
elkomorod|ik *v* become* gloomy/grave; ~**ott** his brow darkened
elkomorul *v* = **elkomorodik**
elkop|ik *v ált* wear* out/away; *(cipő)* wear* out; *(ruha)* become* threadbare; *(dörzsölődéssel)* rub away/off
elkopott *a* worn(-out), threadbare
elkoptat *v* **1.** *ált (tárgyat)* wear* out/away; *(cipőt)* wear* down/out **2.** *átv* hackney, do* to death
elkorcsosod|ik *v* degenerate, deteriorate
elkorcsosul *v* = **elkorcsosodik**
elkorhad *v* moulder, decay, rot* (away)
elkorhadt *a* rotten, rotted
elkormányoz *v* **1.** *(államot)* govern **2.** *(hajót)* steer
elkotród|ik *v vhonnan* move off, clear off/out, take* (oneself) off
elkótyavetyél *v (értéken alul elad)* sell* at any price, sell* at a loss
elködösít *v* **1.** *kat* lay* down a smoke-screen **2.** *átv* obscure [the facts, the issue]
elkölt *v* **1.** *(pénzt)* spend* *(vmre* on); *(könnyelműen)* waste, squander *(vmre* on), get*/go* through (sg) **2.** *(ételt)* consume, eat*, take*, have* [meal]
elköltöz|ik *v* **1.** *(lakásból)* move (house), move away; *(országból)* emigrate; ~**ött** *(postai küldeményre írva)* gone away **2.** ~**ik** **az élők sorából** depart this life
elköltözköd|ik *v* = **elköltözik** **1.**
elkönyvel *v* **1.** *ker* put* [amount] down to, enter [in one's books]; ~ **vk számlájára** pass/enter to sy's account **2.** *átv biz (vk javára ír)* credit sy with sg **3.** *átv vkt vmnek* put* (sy) down as/for (sg)
elköp *v* □ *(kifecseg)* spill the beans, blab
elköszön *v vktől* take* leave (of), say* goodbye (to), say* farewell (to); **elment és még csak el sem** ~**t** he went away without so much as saying goodbye
elköt *v* **1.** *(eret)* tie **2.** *(lovat stb.)* steal*, lift
elkötelezett *a* committed; **el nem kötelezett** uncommitted; **el nem kötelezett országok** non-aligned countries

elkötelezettség *n* commitment; *pol* alignment; **el nem kötelezettség politikája** policy of non-alignment
elkötelezi magát *v vmre* pledge oneself to (do) sg, commit oneself to (doing) sg
elkövet *v* **1.** *(rosszat)* commit [fault, crime], perpetrate [crime, murder etc.]; **hibát követ el** make* a mistake; **igazságtalanságot követ el vkvel szemben** do* sy an injustice, wrong sy; ~**tem azt a szamárságot, hogy** I was foolish enough to; **te követted el ezt a borzalmas verset?** did you perpetrate this terrible poem? **2.** *(megtesz)* do*; **mindent** ~ leave* no stone unturned, do* one's best/utmost ⇨
emberölés
elkövetés *n (bűné)* perpetration [of a crime]
elkövetkez|ik *v* → **elérkezik, eljön**
elkövetkező *a* (forth)coming, to come *ut.*, future
elkövető *n jog* perpetrator [of a crime]
elkunyerál *v vmt vktől* wheedle/get* sg out of sy
elkurjantja magát *v* (cry) whoop, give* *(v.* let* out) a whoop (of joy)
elküld *v* **1.** *vmt* send* (off), dispatch; *(árut)* forward, consign; *(házhoz)* deliver; *(levelet)* post; *(pénzt)* remit **2.** *vkt vhonnan* send* away; *(alkalmazottat elbocsát)* discharge, dismiss **3.** *vkt vhová* send* sy to; ~ **vkt vkért/vmért** send* sy for sy/sg, send* sy to fetch sy/sg
elküldés *n* **1.** *vmé* sending (off), dispatch, forwarding **2.** *vké* sending away, discharge, dismissal
elkülönít *v* **1.** *(elszigetel)* separate, isolate; *(orvos fertőző beteget)* isolate; *(társadalmilag)* segregate; ~**i magát** keep* oneself to oneself, keep*/hold* (oneself) aloof (from others) **2.** *(szétválaszt)* sunder, dissociate
elkülönítés *n* separation; **faji** ~ segregation, apartheid
elkülönítő *a (részleg)* isolation ward; *(kórház)* isolation hospital
elkülönül *v* separate, be* isolated, detach oneself *(vmtől mind:* from); *(családjától)* break* with
elkülönülés *n* separation, detachment
Ella *n* Ella
ellágyít *v* soften, make* soft
ellágyul *v* **1.** *(anyag)* be* softened **2.** *(szíve)* be* moved/touched
ellankad *v* languish, grow* languid, droop
ellankaszt *v* enfeeble, make* languid
ellanyhul *v (erőfeszítés)* abate, slacken; *(erő)* flag, weaken

ellapátol *v* shovel (*US* -l) away
ellapít *v* flatten, make* flat
ellaposod|ik *v* 1. *(vonal)* level (*US* -l) out, flatten out 2. *átv* go* stale/flat/insipid, become* uninteresting
ellát[1] *vt* 1. *(anyaggal, áruval)* supply/provide/furnish with; *(felszereléssel)* equip with, fit out with; *(készlettel)* stock with; *(pénzzel)* provide (with); **6 gyermeket és feleségét kell** ~**nia** he has a wife and 6 children to provide for (*v.* to support); **(élelemmel)** ~ **(vkt)** provision (sy), supply (sy) with food; **jó tanácsokkal** ~ give* sy (some) sound/good advice 2. *(vkt, beteget)* look after (sy); *(munkát stb.)* carry out (*v.* perform *v.* fulfil) one's [job, duties]; *(sebet)* dress [a wound]; **jól** ~**ja munkakörét** he does a good job 3. ~**ja baját** give* sy what for, sort sy out; **majd** ~**om a baját!** I'll give him what for!, I'll fix him!
ellát[2] *vi (vmeddig lát)* see* (as far as); **ameddig a szem** ~ as far as the eye can reach/see
ellátás *n* 1. *vmvel* supply, provision, furnishing 2. *(étkezés)* board; **teljes** ~ full board; **lakás és** ~, **lakás teljes** ~**sal** board and lodging
ellátatlan *a* unprovided for *ut.*; *(eltartott)* dependent on *ut.*; ~ **családtag** dependant
ellátmány *n* appropriation; *(kisebb, személyi)* allowance
ellátogat *v vkhez* go* to visit (sy), call on (sy), pay* a visit (to sy); **gyakran** ~ be* a frequent visitor; **látogasson el Magyarországra!** come to Hungary!
ellátott *a* provided (with) *ut.*, supplied (with) *ut.*
ellátsz|ik *v* **messzire** ~**ik** can* be seen from (a)far (*v.* from far away)
ellehet *v* = **elvan**
ellen *post* against; **ember ember** ~ **küzdött** they fought man to/against man; **egymás** ~ against each other; **tízet egy** ~, **hogy)** ten to one (that); **2:0 arányban győzött az Újpest** ~ beat* U. 2-0 (two-nil); **holnap Anglia Franciaország** ~ **játszik** England are playing France (at football) tomorrow; **mit szedsz fejfájás** ~**?** what do you take for a headache?
ellen- *pref* counter-; anti-
ellenajánlat *n* counter-bid/offer/proposal
ellenakció *n* counteraction, countermeasure
ellenáll *v vmnek* resist (sg), offer resistance (to sg), put* up resistance (to sg), withstand* (sg); ~ **a hőnek** be* resistant to heat, be*

heat-resistant (*v.* heatproof); **kísértésnek** ~ resist temptation
ellenállás *n (fiz, el is)* resistance; **a legkisebb** ~ **irányában halad** follow/take* the line of least resistance; ~ **nélkül** without the least resistance; ~**t fejt ki** resist, put* up resistance
ellenállási mozgalom *n* resistance movement, the Resistance
ellenállhatatlan *a* irresistible
ellenálló I. *a* 1. *összet* -resisting, -resistant, -proof; **nem** ~ unresisting, unresistant 2. *(hatóságnak)* insubordinate, rebellious [person] **II.** *n pol* resistance fighter
ellenállóképes *a* resistant
ellenállóképesség *n* capacity/ability to resist, resistance
ellenanyag *n biol* antibody; *fiz* antimatter
ellenanyagképző *n* antigen
ellenben *conj* on the other hand, but
ellenbizonyíték *n* counter-evidence
ellendarab *n* counterpart, complement
ellene *adv* against, in opposition to; ~ **van** *vmnek* be* against sg, be* opposed/averse to sg, object to sg; **nem vagyok** ~ **egy pohár bornak** I wouldn't mind (*v.* won't/wouldn't say no to) a glass of wine; ~ **dolgozik** work against, counteract sg; **ki van mellette?** those for the motion?; **ki van** ~**?** those against?; **ki tartózkodik?** abstentions?; **kétszázan szavaztak mellette és csak tízen** ~ there was a majority of 200 for it, with only 10 voting against; **hatan támadtak** ~ he was set upon by six men; ~**m** against me
ellenében *adv (fejében)* against, in return/exchange for; **nyugta** ~ against a receipt; **5 forint lefizetése** ~ on payment of 5 fts
ellenére *adv* in spite of, despite, notwithstanding; **annak** ~**(, hogy)** in spite of the fact (that), all the same, nevertheless, nonetheless; **akaratom** ~ against my will, involuntarily; **nincs ellenemre** I don't mind (it), I've nothing against it; **a törvény** ~ in defiance of the law
ellenérték *n* equivalent, value, worth
ellenérv *n* counter-argument
ellenérzés *n* antipathy (to, against), aversion (to)
-ellenes *suff* **alkotmány**~ unconstitutional; **szovjet**~ anti-Soviet
ellenez *v* be* against sg, be* opposed to (sg), oppose (sg), object to (sg); *(nem egyezik bele)* disapprove of (sg); **határozottan** ~ **vmt** be* dead against sg; **nem ellenzem** I don't mind

ellenfél *n* opponent, adversary, rival; *sp* opponent; *(csapat)* opposition; *(futballban így is)* the other side
ellenfény *n fény* backlight
ellenforradalmár *n* counter-revolutionary
ellenforradalmi *a* counter-revolutionary
ellenforradalom *n* counter-revolution
ellengőz *n* reversed steam, back-steam
ellenhatás *n* reaction; ~t **vált ki** produce a reaction
elleni *a* anti-; **tüdővész** ~ **védekezés** campaign/protection against tuberculosis; **fogfájás** ~ **szer** antiodontalgic, analgesic; **az olaszok** ~ **mérkőzés** the game/match with the Italian team
ellenindítvány *n* countermotion
ellenintézkedés *n* countermeasure(s), preventive measure(s); ~**eket tesz** take* steps to prevent sg, guard against sg
ellenirány *n* opposite/contrary direction
ellenjavallat *n orv* contraindication
ellenjavaslat *n* counter-proposal
ellenjegyez *v* countersign; *(helyeslően)* endorse
ellenjegyzés *n* countersignature
ellenjelölt *n* opponent, opposing candidate
ellenkezés *n* **1.** *(ellenállás)* opposition, resistance **2.** *(eltérés)* disagreement
ellenkez|ik *v* **1.** *(szembeszáll)* resist, offer *(v.* put* up) resistance to; **ne** ~**z(él) vele!** don't contradict him, let him have his way **2.** *vmvel* conflict with, be* inconsistent with; ~**ik a józan ésszel** be* inconsistent with common sense, be* contrary to right and reason; ~**ik a tényekkel** disagree with the facts
ellenkező I. *a* **1.** *(ellentétes)* contrary, opposing, opposite; ~ **értelmű szó** antonym; ~ **esetben** (or) else, otherwise, failing which; ~ **irányban** in the opposite direction; ~ **oldal** opposite side; *(könyvben)* opposite page; ~ **végletbe csap át** go* to the other/opposite extreme; ~ **véleményen van** think* just the opposite **2.** *(ellenálló)* resisting; *(makacsul)* recalcitrant, refractory, insubordinate **II.** *n* the opposite/reverse/contrary (of sg); **az** ~**je** just the (very) opposite; **az** ~**jét állítja** assert the contrary ⇨ **átcsap**
ellenkezőleg *adv* on the contrary; **Sokat esett a nyáron?** E~, **szinte semmi eső nem volt** Did it rain a lot last summer? On the contrary, there was practically no rain; **Ő nem bánja.** E~, **nagyon örül** He doesn't mind. In fact, he's very pleased
ellenkormány *n* rebel/rival government

ellenlábas *n* opposite, adversary
ellenlépés *n (sakk)* counter move
ellenméreg *n* **1.** *(szervezetben termelt)* antitoxin **2.** *(gyógyszer)* antidote
ellennyomás *n* counterpressure, negative pressure
ellennyugta *n* counter-receipt
ellenőr *n* controller, supervisor, inspector; *(vasúti)* ticket inspector
ellenőriz *v ált* check, verify, keep* a check on sg; *(munkát)* supervise, superintend, oversee*; *(mennyiséget, adatokat)* check; *(kísérlet eredményeit)* control; *(útlevelet)* examine; **szigorúan** ~ **vmt** keep* sg under strict control/supervision; ~**ze kérem...** please check...
ellenőrizhetetlen *a* difficult/impossible to verify/supervise *ut.*; *(kormányozhatatlan)* uncontrollable; ~**né válik** *(elszabadul)* go*/get* out of control
ellenőrizhető *a* controllable, verifiable
ellenőrzés *n* check(ing), control(ling); *(munkáé)* supervision; *(táskáé, biztonsági okokból)* security bag search; **állami** ~ **alatt** under government control; **minőségi** ~ quality control; **személyi és gépkocsi-** ~, **az iratok** ~**e** identity check; **szigorú** ~ tight control; ~**(e) alatt tart** supervise, keep* a check on (sg); **állandó** ~ **alatt tart** keep* (sg) under constant surveillance
ellenőrző I. *a* ~ **bizottság** board of inquiry, control commission; ~ **készülék** control device; ~ **könyv** *isk kb.* (student's) file/record; ~ **körút** tour of inspection; ~ **szelvény** counterfoil, stub **II.** *n isk* = ~ **könyv**
ellenpár *n* counterpart, tally
ellenpárt *n* opposing party, opposite side
ellenpólus *n földr, átv* counterpole
ellenpont *n* counterpoint
ellenpróba *n* ~t **kérek** *(miután az elnök megkérdezte:* "Those for the motion?") Those against?
ellenpropaganda *n* counter-propaganda
ellenrakéta *n* anti-missile
ellenreformáció *n* Counter-Reformation
ellenrendszabály *n* countermeasures *pl*
ellenség *n* enemy; *(ellenfél)* adversary, opponent; **halálos** ~**em** my mortal enemy; ~ **kezébe kerül** fall* into enemy hands; ~**e minden faji megkülönböztetésnek** he is against racial discrimination of any kind; **a haladás** ~**e** enemy of progress; ~**et szerez magának** make* an enemy of sy

ellenséges *a* hostile, enemy, inimical; ~ **cselekedet** hostile act; ~ **érzület** animosity; ~ **magatartást tanúsít vkvel szemben** be* hostile/antagonistic towards sy; ~ **ország** an enemy country; ~ **terület** enemy (*v.* the enemy's) territory; ~ **viszonyban van vkvel** be* on bad terms with sy, be* at daggers drawn (with sy)

ellenségeskedés *n* **1.** *(személyi, családi)* hostility, enmity, quarrel, feud **2.** *(nemzeteké)* hostilities *pl*

ellenségesked|ik *v vkvel* be* at enmity with sy, be* (always) at loggerheads with sy

ellensúly *n konkr* counterweight, counterbalance

ellensúlyoz *v vmt vmvel* offset* sg, compensate sg for sg

ellensúlyozás *n átv* compensation

ellenszámla *n* check account

ellenszavazat *n* (a vote of) no, a vote against (the motion)

ellenszegül *v vknek, vmnek* resist sy/sg, set* oneself against, fly* in the face of sg/sy, refuse to obey

ellenszegülés *n* resistance, refusal (to obey); *sp (díjugratásban, lóé)* refusal

ellenszegülő *n* refractory, rebellious, recalcitrant

ellenszél *n* headwind

ellenszenv *n (vk ellen/iránt)* antipathy (to, towards, against); *(vm iránt)* repugnance (to), aversion (to), dislike (of); ~ **et érez vk iránt** feel* antipathy towards sy, dislike sy, not like sy, take* a dislike to sy

ellenszenves *a (ember)* antipathetic, repulsive(-looking), unpleasant; *vm* repugnant, offensive; *(viselkedés)* unpleasant, obnoxious; ~ **alak** disreputable-looking person

ellenszer *n* **1.** *(méreg ellen)* antidote **2.** *átv* remedy (for)

ellenszolgáltatás *n (anyagi)* ~ **fejében** in recompense for, as a recompense for; ~ **képpen** in return (for); ~ **nélkül** without compensation; without getting anything for one's pains/efforts

ellentábor *n ált* the opposing party/camp

ellentámadás *n* **1.** *kat* counter-attack/offensive; **csapataink** ~ **ba mentek át** our troops started a counter-attack **2.** *(vitában)* counterblast

ellentengernagy *n* rear-admiral

ellentest *n* antibody

ellentét *n* **1.** *(vm ellenkezője)* opposite, contrast, contrary; ~ **e a bátyjának** he is the opposite of his brother; ~ **be állít vmt**

vmvel contrast (sg) with sg, set* sg against sg, bring* (sg) into contrast with sg; ~ **ben áll/van vmvel** contrast with sg, be*/run* counter to sg; be* inconsistent with sg, conflict with sg; ~ **ben vkvel** (as) contrasted with sy, in contrast to sy, by contrast; ~ **ben vmvel** in contrast with/to sg, as opposed to sg **2.** *(nézeteltérés)* antagonism, conflict, difference, divergence; *(súlyos)* hostility; ~ **be kerül vmvel/vkvel** come* up against sg/sy, come* into conflict with sy; **az** ~ **ek kiélesednek** differences become* more pronounced/acute

ellentétel *n* **1.** *fil* antithesis (*pl* antitheses) **2.** *ker* contra(-entry), credit(-entry)

ellentétes *a* **1.** *(ellenkező)* opposite, opposing, opposed *ut.*, contrasted, contrasting, contrary; ~ **álláspontra helyezkedik** take* the opposite course/line; ~ **irányba(n)** in the opposite direction; ~ **vélemény** opposite view **2.** *(ellenséges)* antagonistic, conflicting

ellentmond *v* **1.** *vknek* contradict (sy), oppose (sy); ~ **önmagának** contradict oneself **2.** *vmnek* be* inconsistent with (sg), contradict (sg), clash with (sg)

ellentmondás *n* contradiction, opposition; conflict; ~ **ba kerül vmvel** come* into conflict with sg; ~ **ban van vmvel** be* inconsistent with sg; conflict with sg; ~ **(ok)ba keveredik** contradict oneself; ~ **t nem tűrő hangon** in a(n) authoritative/peremptory manner/tone; ~ **nélküli** uncontradicted, straightforward

ellentmondásos *a* contradictory, full of contradictions *ut.*; *(vitás)* controversial

ellentmondó *a* contradictory; **egymásnak** ~ conflicting

ellentüntetés *n* counter-demonstration

ellentüntető *n* counter-demonstrator

ellenvád *n* counter-accusation/charge

ellenvélemény *n* contrary opinion; ~ **t jelent be** voice one's objection (to sg)

ellenvet *v* **azt veti ellen, hogy** he objects that

ellenvetés *n* objection (to), protest (against); ~ **t tesz** protest against, object to; ~ **nélkül** without (a word of) protest, unopposed

ellenvonat *n* ⟨train going in the opposite direction⟩

ellenzék *n* opposition; **az** ~ the Opposition *sing. v. pl*; ~ **be megy** go* into opposition

ellenzéki I. *a* of the opposition *ut.*, opposition; ~ **képviselő** member of the opposi-

tion; ~ **pártok** the opposition parties **II.** *n*
született ~ a born dissenter/objector
ellenzés *n* opposition (to), disapproval (of)
ellenző I. *a* opposing **II.** *n* **1.** *(aki ellenez)* opposer, opponent **2.** *(szemen)* eyeshade; *(ló szemén)* blinkers *pl*; *(sapkán)* peak, visor **3.** *(lámpán)* lampshade; *(kályha előtt)* screen, fender
ellenzős *a* ~ **sapka** peaked cap
ellep *v* cover; *(víz)* flood; *(növényzet)* overgrow*; *(rovarok)* infest; *(ellenség)* invade; *(tömeg)* swarm in/on to
ellép *v* **1.** *(vk előtt)* march past/by; ~ **a díszszázad előtt** inspect the guard of honour **2.** *biz* = **meglóg**
elleplez *v* cover up, conceal; *(elhallgat)* hush up
elles *v* *(vktől vmt)* learn* by close observation, get*/learn* by watching
ellés *n* *(tehén)* calving; *(juh, kecske)* yeaning
ellesz *v* → **elvan**
ell|ik *v* **ált** bring* forth, throw* [young]; *(juh)* yean; *(kutya)* have* puppies; *(ló)* foal; *(macska)* have* kittens; *(rőtvad)* fawn; *(tehén)* calve
ellipszis *n* ellipse
elliptikus *a* elliptic(al), ellipsoidal
ellobban *v* **1.** *(láng)* flicker/burn*/snuff out **2.** *(szenvedély)* *biz* blow* over
ellóg *biz* **1.** *vi* = **meglóg**; ~ **az óráról** cut* a class, play truant **2.** *vt* ~**ja az időt** loaf about; *US* goof off/around
ellop *v* steal* (from); ~**ták az órámat** my watch has been (*v.* was) stolen
ellopás *n* stealing, theft
ellovagol *v* vhonnan ride* away/off; *(vm mellett)* ride* by/past
ellovas *n* top team/player
ellő *v* **1.** *(végtagot)* shoot* off **2.** *(töltényeit)* shoot* away [one's cartriges], use up [one's ammunition] **3.** *biz* ~**tted a dolgot** you have bungled it, you have made a (right) mess of it, you have messed it up
ellök *v* thrust*/push away/off; *vkt* shove away
ellövöldöz *v* = **ellő 2.**
ellustít *v* make* lazy
ellustul *v* grow*/become* lazy
elmagyaráz *v* explain (at length), give* a detailed explanation (of sg)
elmagyarosít *v* Magyarize
elmagyarosod|ik *v* become* Magyarized
elmállaszt *v* (cause to) crumble
elmáll|ik *v* crumble (away), weather; *(rétegesen)* peel off; ~**ott kőzetek** weather-beaten rocks, crumbling/decomposed rocks

elmar *v* **1.** *(állat)* drive* away by biting **2.** *biz* vkt vhonnan hound sy out (of sg), oust (sy from)
elmarad *v* **1.** *(nem történik meg)* not happen/occur, not come* about, fail to come about, not take* place; *(előadás)* be* cancelled *(US* -l-); *(vessző, ékezet)* be* omitted, be* left out; **ez** ~**hatott volna** we could have been spared that, we could have done without that; **a hangverseny** ~ the concert is off, the concert is *(v.* has been) cancelled **2.** *(hátramarad)* lag/fall*/be* behind *(vmvel* with sg); **el van maradva** *(fizetéssel)* be* in arrears with [one's payment/rent etc.], be* behind in/with [one's payments, the rent etc.]; ~ *(v.* **el van maradva) munkájával** be* behind with one's work/studies etc. **3. nem akar** ~**ni másoktól** keep* up with sy; ~ **a világtól** fall*/be* behind the times **4.** *(vhol sokáig)* be* long absent, stay out late, be* late; **ne maradj el sokáig!** don't be long! **5.** *(látogató)* stay/keep* away, discontinue visits **6.** *(növésben)* be* undergrown*, be* stunted (in growth); *(fejlődésben, gyermek)* be* backward
elmaradás *n* **1.** *(előadásé)* postponement, cancellation **2.** *(vké vhonnan)* absence, non-arrival; *(tárgyalásról)* default; ~**át igazolja** *(kimenti magát)* apologize for one's absence; *(tanuló)* produce a note, have* a (good) excuse **3.** *(hátramaradás)* lag; *(fejlődésben)* backwardness
elmaradhatatlan *a* inevitable, bound to happen *ut.*, certain
elmaradott *a* **1.** *(szellemileg, gazdaságilag)* backward, underdeveloped; ~ **ember** *biz* a slow-coach; *(igévei)* he is behind his/the times **2.** *(hátramaradó)* straggling behind *ut.*
elmaradottság *n* *átv* backwardness
elmaradoz|ik *v* **1.** *(haladásban)* drop/fall* back/behind **2.** *(otthonról)* stay/stop out repeatedly; *(látogató)* stay/keep* away; **a hallgatók** ~**nak** the students are falling* away/off
elmaradt *a* = **elmaradott; fejlődésben** ~ **ország** underdeveloped country
elmarasztal *v* **1.** *jog* find* guilty; **költségekben** ~ order sy to pay (the) costs **2.** *(erkölcsileg)* condemn
elmaszatol *v* smudge, smear
elme *n* mind, intellect, intelligence, wit; *(néha)* brain; **nagy** ~ great brain; ~**jében forgat** turn over in one's mind, meditate on; **vésd jól** ~**dbe** keep that well in mind; **vmt vknek az** ~**jébe vés** impress on sy [the importance of sg]

elmeállapot *n* mental state, state of mind
elmebaj *n* mental disorder/illness, psychosis, insanity
elmebajos I. *a* insane, psychotic, (mentally) deranged *ut.* **II.** *n* lunatic, insane person; *(kórházban)* mental patient/case
elmebeli *a* mental; ~ **állapot** mental state; ~ **fogyatékosság** mental deficiency/handicap
elmebeteg *a/n* = **elmebajos**
elmebetegség *n* = **elmebaj**
elmefuttatás *n* flight of wit, cerebration; *(írásmű)* short essay
elmegy *v* **1.** *vhonnan* go* away/off, leave*, depart, get* off; *(gyalog)* walk away; *(autón)* drive* off/away; *(kerékpáron, villamoson, lóháton)* ride* away/off; ~ **hazulról** leave* home; **element** he is gone, he has left; *(nincs itthon)* he is out; **elmehet(sz)** you can/may go; ~ **az esze** lose* one's wits, go*/be* out of one's mind **2.** *vhova* go* to, leave* for; *(gyalog)* walk to; *(autón)* drive* to; *(kerékpáron, villamoson, lóháton)* ride* to; ~ **vmeddig** *(átv is)* go* as far as; ~ **vkért/vmért** go* for sy/sg, (go and) fetch sy/sg **3.** ~ **katonának** enlist, join up, join the army **4.** *biz (elfogadható vmnek)* pass as/for; **itt még csak** ~ **színésznek** he may pass as an actor here (but he wouldn't in Budapest); **ez még valahogy** ~ it will pass somehow, it will just about do
elmegyenge *a* mentally deficient
elmegyengeség *n* mental deficiency
elmegyógyász *n* = **elmeorvos**
elmegyógyászat *n* psychiatry
elmegyógyintézet *n* mental hospital/home, lunatic asylum
elmekórtan *n* psychopathology
elméláz *v* muse (on sg), think* dreamily of sg, be* (deeply) lost in thought
elmélet *n* theory; ~ **ben** in theory, theoretically; *(papíron)* on paper; ~ **et felállít** put* forward a theory
elméleti *a* theoretical, speculative, hypothetical; ~ **fizika** theoretical physics *sing.*; **tisztára** ~ **kérdés** a purely academic/hypothetical question; ~ **ember** theorist, theoretician
elméletileg *adv* in theory, theoretically
elmélkedés *n* meditation, reflection, contemplation
elmélked|ik *v (vmn)* meditate (on), reflect (on), ponder (sg *v.* on/over sg)
elmélkedő *a* meditative, contemplative
elmellőz *v* pass over, ignore, leave* out of account

elmélyed *v (vmbe)* become* absorbed/immersed/engrossed in (sg), be* taken up with (sg); ~ **gondolataiba** be* lost/rapt in thought; **teljesen** ~ **vmben** give* oneself up entirely to sg, be* wrapped up in sg
elmélyedés *n* immersion (in), profound study (of)
elmélyít *v* **1.** *(dolgot, átv is)* deepen **2.** *(csak átv)* intensify; *(kapcsolatokat)* strengthen [links]; *(tanulmányokat)* go* deeply *(v.* delve) into; ~ **i tudását** extend one's knowledge (of sg); ~ **i a nemzetközi jóviszonyt** promote goodwill between nations
elmélyítés *n* **1.** *(dologé, átv is)* deepening **2.** *átv (tanulmányoké)* profound study; *(kapcsolatoké)* intensification, promotion, strengthening
elmélyül *v* **1.** *(konkrétan, mély lesz)* deepen **2.** *vk vmbe* become* absorbed/immersed in (sg), be* taken up with (sg) **3.** *(válság)* become* more serious, deepen, take* a turn for the worse
elmenekül *v* get*/break* away, make* one's escape, escape; *(börtönből)* break* out; *(vk elől)* fly*/flee from sy; *(országból)* flee* the country
elmenekülés *n* escape, running away, getaway
elmenés *n* = **elmenetel**
elmenet *adv* = **elmenőben**
elmenetel *n* going away, departure, leaving
elmenőben *adv* on one's/the way out, on leaving
element *v szt* save
élmény *n* (interesting personal) experience; *(kaland)* adventure
élménybeszámoló *n* account of one's experiences (swhere); *(utazásról)* travelogue *(US* -log); ~ **t tart** give* an account of one's experiences *(v.* of one's travel(s) etc.), give* lecture on one's travel(s)
elmeorvos *n* psychiatrist, mental specialist
elmeosztály *n* mental/psychopathic ward
elmér *v* **1.** *(rosszul)* make* a mistake in weighing/measuring sg out, measure sg out wrong **2.** = **kimér** 2.
elmereng *v* = **elábrándozik**
elmereved|ik *v* go*/become* stiff, stiffen (up)
elmérgesedés *n (sebé)* purulence, suppuration
elmérgesed|ik *v* **1.** *(seb)* go*/turn/become* septic, suppurate; ~ **ett seb** suppurated/poisoned wound **2.** *(helyzet)* worsen, get* worse, become* aggravated; ~ **ett kapcsolat/viszonyok** munkáltatók **és**

munkások között exacerbated/soured relations between employers and workers

elmérgesít v aggravate, embitter, sour; *(betegséget, indulatot)* exacerbate

elmerít v vmbe immerse/submerge/dip in

elmerül v 1. *ált* sink*, be* submerged; *(hajó)* go* under/down, founder; *(fuldokló)* drown 2. *átv* vmben be* immersed/absorbed/lost in sg

elmés *a* witty, smart, ingenious; ~ mondás witticism; ~ szerkezet clever/ingenious contraption/device

elmesél v tell* [a story], narrate, relate

elmésség *n* wit, wittiness; *(mondás)* witticism; *biz* wisecrack

elmeszakértő *n* törvényszéki ~ court/police psychiatrist; *US* alienist

elmeszesedés *n orv (mészlerakódás)* calcification

elmeszesed|ik v calcify

elmetsz v cut* (off), sever

elmezavar *n* ,insanity, mental disturbance/disorder; pillanatnyi ~ momentary mental aberration

élmezőny *n* leading group/bunch, leaders *pl*, the front runners *pl*

elmond v 1. *(elbeszél)* tell*, narrate, relate [a story etc.]; *(véleményt)* give* [one's opinion]; nem mond el vmt leave* sg untold, refuse to tell; el ne mondd senkinek you must not tell anybody, keep* it to yourself; *biz* mum's the word; róla ~ható, hogy it can be said of him that 2. mindennek ~ták they called him names 3. *(beszédet)* deliver, make*, give* [speech]; *(verset)* recite [poem]

elmondás *n* 1. *(elbeszélés)* telling, narration 2. *(beszédé)* delivery; *(versé)* recital

elmondat v make* sy tell/relate sg, get* sy to tell sg

elmondhatatlan *a* unspeakable, unutterable, inexpressible

elmorzsálód|ik v crumble away

elmos v 1. *(edényt)* wash up 2. *(partot)* wash away; *(fát/épületet árvíz)* sweep*/carry away; *(írást, emléket)* efface, dim, blur 3. a kerti ünnepélyt ~ta az eső the garden-party was rained off (*US* out)

elmosód|ik v 1. *(vonal)* become*/grow* blurred/indistinct/dim 2. *(emlék)* fade away, become* effaced/obscure

elmosódott *a* 1. *(vonal)* indistinct, blurred, dim 2. *(emlék)* obscure, faded

elmosogat v wash up, wash the dishes; (már) ~ott she has done the washing-up

elmosolyod|ik v break* into a smile

elmozdít v 1. *(vmt helyéről)* remove, move (sg out of the way) 2. *(vkt állásából)* remove, discharge, relieve sy (of)

elmozdítás *n (vmé, vké)* removal

elmozdíthatatlan *a* 1. *(vm)* immovable 2. *(vk)* irremovable

elmozdítható *a* 1. *(tárgy)* mobile; *(alkatrész)* detachable 2. *(vk)* removable

elmozdul v move; *(csak ember)* stir, budge; nem mozdul el stand* fast; el sem mozdul hazulról *biz* be* a stay-at-home

elmúlás *n* 1. *(időé)* passing 2. *(halál)* death, mortality

elmulaszt v 1. *(vmt megtenni)* fail, omit (to do sg); *(alkalmat)* miss, let* slip; *(kötelességet)* neglect [duty]; leave* sg undone; *(pénzügyi kötelezettséget, bírósági megjelenést)* default, jump bail, fail to appear; *(órát)* cut*, skip [class]; ~otta a vizsgát he failed to take/sit the examination; ~ott alkalom missed opportunity 2. *(betegséget orvosság)* cure; *(fájdalmat)* stop, check

elmulasztás *n (kötelességé)* omission, neglect (of); kötelesség ~a breach/neglect of duty

elmulat 1. *vt (pénzt, időt)* spend* [money, time] in amusement 2. *vi (magában)* amuse oneself, while away the time

elmúl|ik v 1. *(idő)* pass, elapse; *(év)* go* by, come* to an end; 5 óra ~t it is past five (o'clock), *US* gone 5; ~t 50 éves he is over fifty, he has turned fifty; ~tak az évek the years have gone by; ami ~t, ~t *kb.* let bygones be bygones 2. *(eső, betegség)* be* (all) over; *(fájdalom)* stop, cease; a veszély ~t the danger is over/past; a vihar/botrány ~t the storm has blown over

elmúlt *a* past, bygone, gone; az ~ évben last year; az ~ években in the years past; az ~ napokban the other day, (quite) recently, a few days ago

élmunkás *n* ace-worker, outstanding worker

elnadrágol v *biz* whack, thrash, give* sy a (good) hiding

elnagyol v *(munkát)* do* sg superficially/sketchily, do* sg in a rough-and-ready way

elnapol v adjourn, put* off, postpone; a gyűlést egy hétre ~ták the meeting was adjourned for a week

elnapolás *n* adjournment

elnáspángol v = elnadrágol

elnehezed|ik v grow*/become* too heavy

elnémetesed|ik v become* Germanized

elnémetesít v Germanize

elnémít v 1. *(elhallgattat)* silence, reduce to silence 2. *(vkt meglepetés)* dumbfound

elnémul v 1. *(vk meglepetéstől)* be* dumbfounded 2. *(vm)* become* silent/quiet, be* silenced

elnéptelenedés n depopulation

elnéptelenedett a depopulated, deserted

elnéptelened|ik v become*/be* depopulated/deserted; *(tájék)* lose* its population

elnéptelenít v depopulate

elnevel v *(gyereket)* spoil*

elneveti magát v burst* out laughing, break* into laughter

elnevez v call (sy, sg), name (sy, sg), give* a name to sg; **vmnek ~ vkt** call/name sy sg, give* sy the name...; **vmnek ~ vmt** call/name/term sg sg; **vkt vkről ~** name sy after sy, US name sy for sy

elnevezés n 1. *(folyamat)* naming 2. *(név)* name

elnéz 1. vt *(vkt/vmt hosszan)* look at, watch, contemplate 2. vt *(vknek hibát)* overlook (sg), shut*/close one's eyes to (sg) 3. vt *(vmt tévedésből)* overlook, miss; **~tem** it escaped my notice 4. vi *(félrenéz)* look away, look another way 5. vi ~ **vk feje felett** pretend not to see sy; *biz* cut* sy (dead), give* sy the go-by 6. vi biz *(vkhez látogatóba)* pop in/along/round (to sy), drop in on sy

elnézés n 1. *(türelem)* lenience, leniency, forbearance; **~t kér** *(vktől vmért)* apologize (to sy for sg); **~t (kérek)!** (1) *(kérdezni akarok valamit)* excuse me... (2) *(bocsánatkérően)* sorry!, I beg your pardon!, pardon me!, US excuse me!; **~t kérek, amiért megvárakoztattam** sorry to have kept you waiting; **~t kérek a zavarásért** (I'm) sorry to trouble you 2. *(tévedés)* mistake, error; **~ból** by mistake

elnéző a indulgent, lenient, forbearing; *(igével)* shut* one's eyes to sy's faults

elnézően adv indulgently, leniently

élni v ~ **és ~ hagyni** live and let live; ~ **akarás** will to live

elnőiesed|ik v ~**ik a tanári pálya** the teaching profession is (increasingly) becoming a female preserve

elnök n *(államé stb.)* president; *(gyűlésen, konferencián, bizottsági)* chairman°; *(nő)* chairwoman°; *(semleges)* chairperson; *(GB képviselőházi)* The Speaker; **E~ Úr!** Mr. President!; *(gyűlésen)* Mr. Chairman!; *(GB képviselőházban)* Mr. Speaker; **X.Y., az országgyűlés ~e** Speaker of Parliament YX

elnökhelyettes n deputy/acting president; *(gyűlésen stb.)* deputy-chairman

elnöki a presidential, of the president *ut.*; *(gyűlésen stb.)* of the chairman *ut.*; ~ **emelvény** *(szabadban)* presidential stand; *(helyiségben)* the platform; **elfoglalja az ~ széket** assume the presidency of sg; *(gyűlésen)* take* the chair; ~ **tanács** presidential council, presidium; **az ~ tanács elnöke** President of the Presidential Council *(v. Presidium)*; ~ **tisztség** presidency; *(gyűlésen, bizottságban stb.)* chairmanship

elnöklés n presidency; *(gyűlésen)* chairmanship; **átveszi az ~t** take* the chair

elnöklet n = elnöklés; **X úr ~e alatt** *(gyűlésen stb.)* under the chairmanship of Mr. X, with Mr. X in the chair

elnöklő a presiding

elnöknő n lady president, *(gyűlésen stb.)* chairwoman°, chairperson; *(megszólítva ülésen)* Madam Chairman

elnököl v preside at/over sg; *(ülésen)* chair [a meeting], be* in the chair; *(bizottságban)* head the committee; **az ülésen X ~t** the meeting was chaired by X

elnökség n 1. *(tisztség)* presidency; *(gyűlésen, bizottságban stb.)* chairmanship; **X ~e alatt** during/under X's presidency/chairmanship 2. *(helyiség)* office of president/chairman° 3. *(testület)* presidency, presidium; *(vállalaté)* board of directors, the management

elnökválasztás n presidential election

elnyargal v gallop off/away

elnyel v 1. swallow (up); *(ételt)* devour; **úgy eltűnt, mintha a föld nyelte volna el** he disappeared as though/if the earth had swallowed him up 2. **majd ~te a szemével** átv he devoured her with his eyes 3. *tud* absorb

elnyelés n 1. swallowing 2. *tud* absorption

elnyer v 1. *vktől vmt* win* (sg from sy); **~te az első díjat** he won (the) first prize; **~te a barátja minden pénzét** he took all his friend's money off him [at cards etc.] 2. átv *(elér, megszerez)* win*, gain, obtain; ~ **egy állást** obtain a position/post/job; **~i jutalmát** reap one's reward

elnyíl|ik v *(virág)* lose*/shed* (its) petals

elnyom v 1. *(népet, nemzetiséget)* oppress, crush, tyrannize; *(forradalmat)* put* down, suppress 2. *(érzelmet)* repress, stifle 3. *(cigarettát)* put*/stub out 4. **~ta a(z) álom/buzgóság** he was overcome with sleep, he dozed off

elnyomás n 1. *(népé)* oppression; *(forradalomé)* suppression 2. *(érzelmé)* repression, suppression

elnyomó I. *a* oppressive, tyrannical; ~ **rendszer** an/the oppressive system **II.** *n* *(népet)* oppressor, tyrant
elnyomorít *v* cripple
elnyomorod|ik *v* **1.** become* crippled/disabled/lame **2.** *átv* become* a pauper
elnyomorog *v* scrape a living
elnyomott *a* oppressed, downtrodden; ~ **nép(osztály)** oppressed people/class, the underprivileged
elnyújt *v* **1.** *konkr* stretch/draw*/pull out **2.** *átv* drag/spin* out; extend; ~**ja a beszédét** spin*/draw* out one's speech
elnyújtóz(kod)|ik *v* stretch (oneself) out at full length
elnyúl|ik *v* **1.** *(fekve)* stretch oneself out **2.** *(vmeddig ér)* reach (as far as *v.* to *v.* down to), extend (to) **3.** *(ülés)* drag on; **hosszan** ~**ó beszéd** a long-drawn-out speech
elnyű *v* wear* (out/away); *(ruhát)* wear* to threads; ~**tte nadrágját** his trousers are wearing thin
elnyűhetetlen *a* hard-wearing; *kif* it/that will never wear out
elnyűtt *a* worn-out, threadbare
elodáz *v* put* off, let* sg lie over, delay
elodázás *n* putting off
elodázhatatlan *a* not to be (*v.* cannot be) delayed/deferred *ut.*; *(sürgős)* urgent, imperative
elold *v* untie, unfasten, unbind*, undo*
eloldalog *v* slink* away/off
eloldód|ik *v (kötél vége)* work itself loose, come* undone
elolt *v (cigarettát)* put*/stub out; *(gázt)* turn off; *(gyertyát)* blow* out; *(lámpát, villanyt)* turn out, switch off [the light]; *(tüzet)* extinguish, put* out [fire]; **oltsd el a villanyt** *(mindenhol)!* please switch off all lights, turn out all the lights, turn the light out
elolvad *v* melt, liquefy; *(csak hó)* thaw
elolvas *v* read* (through/over)
elolvasás *n* reading
elolvaszt *v* melt, liquefy, thaw out
elordítja magát *v* cry out, give* a yell; *(állat)* give* a howl, roar out
eloroz *v* = **ellop**
elorzás *n* = **ellopás**
eloson *v* steal* away, slide*/sneak away
eloszlás *n* **1.** *(embertömegé)* breaking up, dispersion, dispersal **2.** *(szét-, megoszlás)* distribution
eloszlat *v* **1.** *(embertömeget)* disperse, scatter **2.** *(félelmet)* dissipate, dispel, relieve sy of [his fears], put* sy's mind at ease (about/

over sg); *(félreértést)* clear up; *(gyanút, kétséget)* dispel
eloszl|ik *v* **1.** *(kétség)* be* resolved/dispelled/removed **2.** *(tömeg)* disperse, break* up, scatter; **a köd** ~**ik** the fog is* lifting **3.** *(vm szétoszlik)* be* distributed/divided; **egyenletesen** ~**ik** be* spread evenly
eloszt *v* **1.** *(egészet részekre)* divide (into); *(munkát, földet)* parcel (*US* -l) out **2.** *(több dolgot vkk között)* distribute (among), divide, apportion (between, among); **egymás között** ~**ották a hasznot** they shared/split the profits **3.** *mat* divide *(vmennyivel* by)
elosztás *n* **1.** *(egészet részekre)* division, parcelling (*US* -l-) out **2.** *(több dolgot)* distribution
elosztó I. *a* distributive, distributing **II.** *n* *(gépkocsiban)* distributor; *(konnektorhoz)* adapter
elosztó(fej) *n (autóban)* distributor
elosztogat *v* distribute
elosztótábla *n* switchboard
elő[1] *n* fore (part) ⇨ **eleje**
elő[2] I. *adv* ~ **a pénzzel!** out with your money!, hand over the money! **II.** *pref* **Előfizettel az újságra?** E~. Have you subscribed to the paper? I have
élő I. *a* living, live, alive; ~ **adás** *(rádió, tévé)* live broadcast; ~ **állat** livestock; ~ **nyelvek** modern languages **II.** *n* **1.** living person; **az** ~**k** the living → **sor 2.** ~**ben közvetítik** is being broadcast/televised live (from) ⇨ **szó**
előad 1. *vt (előVesz, felmutat)* produce, show*, exhibit **2.** *vt (kifejt)* |expound, set* forth; *(bizonyítékokat)* present, produce, adduce [proof]; *(kérést)* come* forward with [a request], submit; *(keresetet, jog)* set* out [the cause of action]; *(tényállást)* set* forth [facts], state [one's case]; ~**ja panaszát** complain to sy about/of sy/sg **3.** *vt (eseményeket)* narrate, relate, describe; *(színdarabot)* perform, act, produce; *(történetet)* tell*; *(verset)* recite; *(zeneművet)* play **4.** *vt* ~**ja magát** happen, occur, take* place **5.** *vi/vt (egyetemen stb.)* lecture *(amit/amiről* on); **történelmet ad elő** lecture on history, *(státusban)* be* a lecturer in history
előadás *n* **1.** *(színházi)* performance; *(a könnyebb műfajban így is)* show, presentation [of a musical etc.]; *(zeneműé)* performance; **délutáni** ~ matinée, afternoon performance; ~**ra kerül** (will) be* performed/played **2.** *(egyetemen stb.)* lecture; *(konferencián stb.)* paper; presentation; *(rádió-

ban) talk; **X** ~**a Burnsről** a lecture on Burns by X; ~**t tart vmről** give*/deliver a lecture on sg, lecture on sg; *(konferencián)* read*/give*/present a paper on sg; ~**okra jár** attend a course (of lectures) on sg, attend lectures (on sg); **az** ~**ok szünetelnek** there are no lectures (today) **3.** *(közlés)* relation, narration, report(ing), presentation

előadásmód *n* **1.** *(előadóé)* manner of lecturing, presentation; *(szónoké)* delivery **2.** *(színészi)* interpretation, performance; *(zenészé)* rendering, interpretation

előadássorozat *n* series of lectures, course (of lectures)

előadásvázlat *n* *(konferenciára stb.)* abstract

előadó I. *a* **1.** performing **2.** ~ **körút** *(tudományos)* lecture tour **II.** *n* **1.** *(egyetemen)* lecturer; *(konferencián)* speaker; **jó** ~ he is a good lecturer, he has a good delivery **2.** *(hangversenyen)* performer **3.** *(referens)* executive (officer), official in charge of (sg); **lakásügyi** ~ housing officer

előadód|ik *v* happen, occur, take* place

előadóest *n* *(verseké)* poetry evening

előadóművész *n* artist, performer; *(szavaló)* reciter, elocutionist

előadóművészet *n* performing arts *pl*

előadóterem *n* lecture room/hall, auditorium *(pl* -ums *v.* -ria); *(emelkedő padsorú)* lecture theatre, *US* theater

előáll *v* **1.** *(előlép)* step forward, stand* forth, appear **2.** *vmvel* come* forward with; **újabb követelésekkel áll elő** come* forward with (*v.* make*) further demands **3. a kocsi** ~**t** the carriage is at the door **4.** *(keletkezik)* come* into being, come* about, arise*

előállat-állomány *n* livestock *pl*

előállít *v* **1.** *(készít)* produce, make*, turn out; *(iparcikket)* manufacture **2.** *(rendőrségen)* arrest, take* (down) to the police-station

előállítás *n* **1.** *(készítés)* making, production, manufacture **2.** *(rendőri)* arrest

előállítási *a* ~ **ár** cost price, prime cost; ~ **költség** cost of production, production costs *pl*

előállító *n* maker, manufacturer

előárboc *n* foremast

Elő-Ázsia *n* Asia Minor

előbb *adv* **1.** *(korábban)* sooner, before, previously, earlier; **egy nappal** ~ (on) the day before, (on) the previous day; **minél** ~ as soon as possible, at the earliest opportunity; *(vktől várva vmt)* at your earliest con-

venience; **mennél** ~**, annál jobb** the sooner the better; ~ **vagy utóbb** sooner or later; ~ **említett** above/afore-mentioned **2.** *(mielőtt vmt tesz)* first; ~ **eszem vmt** I shall have something (*v.* a bite) to eat first **3. az** ~ *(= imént)* just now, a short while ago

előbbi I. *a* preceding, earlier, former, previous **II.** *n* former; **az** ~**ek** the former; **az** ~**ekben** in the foregoing

előbbre *adv* nearer, more foreward; **2 héttel** ~ **van idejénél** be* a fortnight ahead of schedule; ~ **helyez** *(jobban kedvel)* prefer sg/sy (to sg/sy); ~ **hoz** *(időpontot)* bring* forward; ~ **jut** get* more foreward, go* further/forward, advance; **így nem jutunk** ~ we won't get anywhere this way, this is not getting us (*v.* won't get us) anywhere; ~ **való** more important; *(igével)* come* before sg; **ez mindennél** ~ **való** this comes first; ~ **visz** further, advance

előbb-utóbb *adv* sooner or later

előbeszéd *n* spoken language

előbőr *n* *(fityma)* foreskin, prepuce

előbúj|ik *v* creep* out, come* forward

előbukkan *v* appear (suddenly), emerge, come* into sight/view, crop up

előcsarnok *n* (entrance) hall; *(szállodáé)* (hotel) lobby, foyer; *(színházé)* foyer, lounge; *(középületé)* vestibule

előcsatározás *n* skirmish

előd *n* **1.** *(hivatali)* predecessor **2.** *(ős)* ancestor, forefather; ~**eink** our fathers/forebears

elődöntő *n* semifinals *pl*; *(vívásban)* quarterfinal; ~**be jut** qualify for (*v.* reach) the semifinals

elődöntős *n* semifinalist

előélet *n* antecedents *pl*, past; *(rendőri szempontból)* police record; **büntetlen** ~ **a** clean record ⇨ **büntetett**

előénekes *n* *(énekkari)* choir-leader

előérzet *n* presentiment, premonition, intuition, feeling, *US* hunch; **rossz** ~**e van** have* misgivings

előesés *n orv* prolapse

előeste *n* eve; **vmnek az** ~**jén** on the eve of

előétel *n* hors-d'oeuvre, first course; *biz* starter

élőfej *n* *(szótárban)* catchword

előfeltétel *n* prerequisite, precondition, prior condition; **vmnek az** ~**e... sg** is a prerequisite for...

előfelvétel(i) *n* *(egyetemre)* deferred admission [to a university etc.]

előfelvételis *n* ⟨student guaranteed admission (to university) for the year after that of application⟩
előfizet *v vmre* subscribe to [a paper/periodical], take* out a subscription (to); *(járat)* take* [a journal]
előfizetés *n* subscription
előfizetéses étkeztetés *n kb.* prepaid meals *pl*
előfizetési díj *n (újságra stb.)* subscription; *(tévére)* TV licence fee, television rental
előfizető *n (lapra, telefonra)* subscriber; *(tévére)* licence holder; ~**k jegyzéke** list of subscribers
előfordul *v* **1.** *(történik)* happen, occur, take* place; **az ilyesmi** ~ it is just one of those things, that can quite easily happen; **ez többet elő ne forduljon!** this must not happen again! **2.** *(található, felbukkan)* (to) be found, appear, figure; ~**-e ez a szó a szövegben?** does this word occur in the text? **3.** *(állat, növény)* be* found
előfordulás *n* occurrence; *(növényé)* presence; *(betegségé)* incidence
előfordulási hely *n áll, növ* (natural) habitat
előforduló *a* happening, occurring; *(növény stb.)* found *(mind: ut.)*; **ritkán** ~ rare, *(igével)* be* scarce
előfutam *n* (qualifying) heat
előfutár *n* forerunner, precursor
előgyakorlat *n* previous practice, training
előgyártás *n* = **előregyártás**
előgyújtás *n* advanced ignition
előhad *n* vanguard, advance-guard
előhalad *v* = **előrehalad**
élőhalott *a/n (tetszhalott)* seemingly dead; *(súlyos beteg)* living corpse
előhang *n* prologue *(US* prolog)
előharcos *n* skirmisher; *átv* pioneer
előhegység *n* foothills *pl*
előhírnök *n* harbinger, herald
előhív *v* **1.** *vkt* call out/forth **2.** *fényk* develop
előhívás *n fényk* developing
előhívó *n fényk* developer
előhívótál developing dish
előhívótank developing tank
előhoz *v* **1.** *(tárgyat)* bring* up/out, fetch **2.** *(szóban)* bring* up, mention, make* mention of
előhozakod|ik *v vmvel* bring* up sg, plead; *(témával)* broach [a subject]
előhúz *v* draw* forth; *(zsebéből)* produce
előidejű *a nyelvt* antecedent
előidejűség *n nyelvt* antecedence
előidény *n kb.* early season, pre-season

előidéz *v* cause, bring* about/on/forth, give* rise to sg, make*, create; *(állapotot)* induce; **mi idézte elő a bajt?** what seems to have been/caused the trouble/problem
előír *v ált* prescribe; *(rendelet)* ordain; *(hatóság)* order; *ker* specify; *orv* prescribe, order; **a törvény** ~**ja, hogy** the law states that; **gyógymódot ír elő** prescribe a cure/treatment
előirányoz *v* schedule, estimate; *(összeget)* set* aside, earmark *(mind: vmre* for); *(költségvetésben)* allocate, appropriate (for) **kutatási célra ... összeget irányoztak elő** a sum of ... has been earmarked for research
előirányzat *n* **1.** *(összeg)* provision **2.** *(költségtervezet)* statement of costs, budget; **állami költségvetési** ~ the (government) Budget *(GB)*
előirányzott *a* set aside, allocated *(mind: ut., vmre* for); ~ **összeg** earmarked sum
előírás *n* **1.** *ált* prescription; *ker* specification; *orv* prescription **2.** *(használathoz)* instructions *pl,* directions *pl* **3.** *(szabály)* regulation, rule
előírásos *a* **1.** *ált* prescribed, stipulated; *ker* specified **2.** *(szabályos)* regular, formal; ~**an** formally; **nem** ~ informal
előírásszerű *a* = **előírásos**
előírásszerűen *adv* in due form
előírt *a* prescribed, stipulated; *ker* specified; **törvény által** ~ as prescribed by law *ut.*; ~ **étrend** prescribed diet
előismeret *n* preliminary knowledge; *(tudományé)* rudiments *pl*
előítélet *n* prejudice, bias, preconception; **megszabadul** ~**eitől** get* rid of *(v.* slough off) one's prejudices; ~**tel van/viseltetik vk/vm iránt** have* a prejudice/bias against sy/sg, be* prejudiced against sy/sg; *(vk iránt)* be* biased against sy
előítélet-mentes *a* unprejudiced, unbiased, impartial
előjáték *n* prelude; *(zeneműhöz)* overture; *(színdarabhoz)* curtain-raiser
előjegyez *v* **1.** *(feljegyez)* make* a note of (sg) **2.** *(vmt vm célra)* earmark (for), mark/put* down (for) **3.** *(jegyet, szállodai szobát)* book (in advance), reserve
előjegyeztet *v (jegyet, szobát)* book [a ticket/room] in advance
előjegyzés *n* **1.** *(feljegyzés)* note **2.** *(vm célra)* earmark; ~**be vesz vkt** put* sy down for (sg) **3.** *(színházjegyé, szobáé)* (advance) booking **4.** *zene* key signature; ~ **nélküli** *(hang)* natural

előjegyzési naptár/napló *n* engagement calendar/book, appointments/engagement diary
előjel *n* **1.** *(jövőre nézve)* sign, omen; **jó** ~ good omen; *(igével)* augur well; **baljós/ rossz** ~ ill omen; *(igével)* augur/bode ill **2.** *mat* sign; **negatív** ~ minus/negative sign; **pozitív** ~ plus/positive sign
előjelű *a* **negatív** ~ negative, with negative sign *ut.*; **pozitív** ~ positive, with positive sign *ut.*
előjog *n* privilege, prerogative
előjön *v* **1.** *vhonnan* come* out (from), emerge (from) **2.** *(szóba kerül)* crop up **3.** *(előhozakodik vmvel)* come* forward (with) **4.** = **előfordul**
előkalkuláció *n* estimate
előkap *v* produce (*v*. pull out) suddenly; *(revolvert)* whip out
előke *n* *(gyermeké)* bib
előkelő I. *a* distinguished, illustrious, aristocratic; ~ **étterem** expensive/smart restaurant; ~ **gondolkodású** high/noble-minded; ~ **körökben** in high places; ~ **külső/megjelenés** distinguished appearance; ~ **származású** high-born; ~ **személy(iség)** person of (high) rank, notable; ~ **társaság/világ** fashionable society/world **II.** *n* **az** ~**k** persons of high rank, notables, dignitaries, people of distinction
előkelőség *n* **1.** *(személy)* notability, man° of rank/position; ~**ek** people of distinction/fashion; **a város** ~**ei** notables of the town **2.** *(tulajdonság)* distinction, nobility, refinement
előkelősködés *n* affected refinement
előkelősköd|ik *v* put* on airs, give* oneself airs
élőkép *n* tableau (vivant), living picture
előképzés *n* preliminary/previous training
előképzettség *n* grounding, preliminary training; **alapos** ~**gel rendelkezik** have* a good grounding, have* plenty of previous experience
előképző I. *a* ~ **tanfolyam** preparatory/preliminary course **II.** *n* **1.** = ~ **tanfolyam 2.** *nyelvt* prefix
előkeres *v* look up; *(hosszasan)* hunt out, try to find
előkerít *v* **1.** *vhonnan* bring* forth, produce (from swhere); *(elveszett dolgot)* hunt up; *vkt* get* hold of (sy), find* (sy) **2. honnan fogom (ehhez) a pénzt** ~**eni?** where am I going to find the wherewithal (for this)?
előkert *n* front garden
előkerül *v* turn up, come* to light, be* found

előkészít *v* **1.** *ált vmt vmre* prepare (sg for sg), get*/make* ready (for), arrange (for), *US* ready (for) **2.** *(ügyet)* take* the preliminary steps (in sg); ~**i az utazást** make* arrangements for the journey **3.** *ált vkt vmre* prepare (sy for sg); *(versenyre)* coach, train; *(vizsgára)* coach, prepare *(mind:* for)
előkészítés *n* **1.** *ált* preparation, making/getting ready, arrangement **2.** *(tanulóé)* coaching, preparing [for exams]; *(versenyzőé)* coaching, training
előkészítő *a/n* preparatory, of preparation *ut.*; ~ **(tanfolyam)** *(főiskolára, egyetemre)* (college-)preparatory curriculum
előkészül *v* *vmre* get* ready (for sg), prepare for (sg), make* preparations/arrangements (for sg)
előkészület *n* preparations *pl*, arrangements *pl*; ~**ben (van)** *(pl. könyv)* (be*) in preparation; **megteszi az** ~**eket** make* arrangements/preparations for sg
előkotor *v* **1.** dig*/rake out **2.** *(pénzt)* fork out/up
elöl[1] *vt* kill off
elöl[2] *adv* *vhol* ahead, in front; ~ **megy** lead* the way; *(menet élén)* head the procession; **jó példával jár** ~ set* a good example
elől *post* **1.** *(vhonnan)* from before, away from; **takarodj a szemem** ~**!** (get) out of my sight!; **szem** ~ **téveszt** lose* sight of **2.** ~**em** from before me
előleg *n* *(banktól)* advance (payment), payment in advance *(vmre* on); *(vásárláskor)* deposit, down payment; *(konferenciára jelentkezéskor)* deposit; ~**et fizet** pay* a deposit (to), make* a down payment; **100 forint** ~**et kér** ask for a(n) advance/deposit of a hundred forints; ~**et vesz föl** receive/accept an advance [of X forints]
előlegez *v* make* an advance *(amennyit* of), pay* in advance, advance [money to sy]; ~**ett bizalom** confidence placed in sy
előlegképpen *adv* as an advance (on sg), in advance
élőlény *n* living being, creature
előlép *v* **1.** *(előáll)* step/come* forward; *(tömegből, ismeretlenségből)* emerge (from) **2.** *(rangban)* rise*, be* promoted, advance [in rank]
előlépés *n* *(rangban)* promotion, rise, advancement
előléptet *v* *(rangban)* promote (sy to sg), advance (sy to sg); ~**ik** be* promoted; *biz* get one's step
előléptetés *n* promotion, advancement
elöl-hátul *adv* before and behind

elöljáró *n* **1.** *(hivatali)* superior, principal, chief; *biz* boss **2.** *nyelvt* preposition **3.** ~**ban** by way of introduction
elöljáróság *n* *(testület)* GB borough council
elölnézet *n* front-view/elevation
elölről *adv* **1.** *(nézve)* from the front **2.** *(kezdve)* from the beginning; *(újra)* afresh, anew, once more; ~ **kezdi** begin*/start again, start afresh, *US* start over
előmelegít *v* pre-heat
előmenetel *n* progress, advance; **jó** ~**t tanúsít** show* proficiency, make* (good) progress (in sg), do* well (at); **jó** ~**ű diák** child° making normal/good progress, child° doing well (in sg) [at school]
előmérkőzés *n* match preceding the main match
előml|ik *v vmn* spread*/run* over, overflow
előmozdít *v* further, promote, advance
előmozdítás *n* furtherance, promotion
élőmunka *n* *(emberi munka)* living/live labour (*US* -or)
előmunkálat *n* preparatory work, preparations *pl*
előmunkás *n* foreman°
előmutat *v* show*, produce
előnév *n* → **nemesi**
elönt *v* **1.** *(folyadék)* inundate, flood, overflow **2.** ~ **a düh** it makes my blood boil, it makes me furious ⇨ **pulykaméreg**
előny *n* **1.** advantage, benefit; *(haszon)* profit; ~**ben részesít** vkt vkvel szemben give* preference to sy (*v.* over others), prefer sy (to/over sy else), favour (*US* -or) sy; ~**ben van vkvel szemben** have* an advantage over sy; **ennek az az** ~**e, hogy** the (great) advantage of this is (that), this has the (great) advantage of (...ing); ~**ére van** it is to his advantage; ~**ére változik** improve (with age/time) **2.** *sp* advantage, *(vezetés)* lead; ~ **az adogatónál** advantage server; ~ **a fogadónál** advantage receiver; **behozza** vk ~**ét** overtake* sy, catch* up (with) sy, catch* sy up; ~**t ad** vknek give* sy a start
élőnyelv *n* spoken language → **élő**
előnyomás *n* *(hímzéshez minta)* stencilled (*US* -l-) pattern
előnyös *a* advantageous; *(feltétel)* favourable (*US* -or-); *(anyagilag)* profitable; ~ **helyzet** advantageous position; **nem** ~ = **előnytelen**; ~ **oldaláról mutatkozik** show* oneself at one's best, show* one's best side; ~ **vétel** a bargain; ~**ebb helyzetben van vknél** have* the advantage over

sy; **be*** at an advantage compared with/to sy; ~**en** to/with advantage, advantageously; ~**en álló** *(ruha)* dressy, elegant
előnyösség *n* advantage
előnyszabály *n sp* advantage rule
előnytelen *a* **1.** *(hátrányos)* disadvantageous; ~ **színben tüntet fel** show* to a disadvantage **2.** *(nem csinos)* unbecoming
előnyverseny *n* handicap (race)
előőrs *n* advance guard/party, outpost
előrag *n nyelvt* prefix
előrajzol *v* **1.** *(mintát)* sketch, trace [a pattern] **2.** = **felvázol**
előráncigál *v* **1.** drag out **2.** hajánál fogva ~**t érv** ridiculous argument
előránt *v* pull/take* out suddenly; *(kardot, pisztolyt)* whip out, draw*
előre **I.** *adv* **1.** *(térben)* forward(s), onward(s), ahead **2.** *(időben)* in advance, beforehand, in anticipation, first; **jó** ~ **well** in advance; ~ **beállít** preset*; ~ **csomagolt** prepacked; ~ **figyelmeztet** = **előzetesen figyelmeztet**; ~ **fizet** pay* in advance; ~ **gyárt** prefabricate; ~ **gyártott** prefabricated; ~ **gyártott elemek** prefabricated parts; ~ **gyártott elemekből készült ház/épület** prefabricated house/building, prefab; ~ **hoz** *(határidőt)* advance, bring* forward; ~ **jelez** forecast*; ~ **is hálásan köszönöm** thank you in advance/anticipation; ~ **lát** foresee*, forecast*, anticipate; ~ **látott** foreseen, anticipated, expected; **ezt** ~ **lehetett látni** it could be foreseen/expected; ~ **nem látható** unforeseeable; ~ **nem látott** unforeseen; ~ **megbeszél** vmt prearrange sg; ~ **megmondtam** I told you so; ~ **megfontolt** premeditated, deliberate; ~ **megvált jegyet** book a seat (in advance); ~ **váltott jegy** pre-booked ticket **II.** *int* ~! forward!, (go) on!
előálló *a* protruding, jutting out *ut.*; ~ **áll** underhung jaw
előrebocsát *v* **1.** vkt allow sy to go (on) ahead/forward **2.** *(beszédben)* mention sg at the outset; ~**om azt, hogy** I would like to start by saying that
előredől *v* lean* forward
előreenged *v* = **előrebocsát 1.**
előreesés *n orv* prolapse
előresik *v* fall* head first
előregedett *a* aged, decrepit, grown old *ut.*
előreged|ik *v* grow* old
előregyártás *n* prefabrication
előregyártott *a* prefabricated
előrehajol *v* lean*/bend* forward

előrehalad v 1. *(térben)* make* progress, progress 2. *(fejlődésben, munkában stb.)* progress, get* on; make* headway 3. *(építkezés stb.)* advance

előrehaladás n progress, advance(ment) ⇨ **előmenetel**

előrehaladott a advanced; ~ **állapotban** at an advanced stage; ~ **korban van** be* well on in years, be* advanced in years

előre-hátra adv backwards and forwards, back and forth

előreigazít v *(órát)* put* [the clock/watch] forward/on; **egy órával** ~**ja az órákat** put* the clocks forward/on one hour

előreigazítás n *(óráé)* putting (the clock) forward

előrejelzés n forecast; *(időjárási)* weather forecast

előrejön v come/step forward

előrejut v get* on/ahead, make* headway

előrekeltez v antedate

előreküld v vkt, vmt send* sy/sg ahead (v. in advance), send* sy/sg on ahead

előrelátás n foresight; *(óvatos)* caution, prudence, circumspection; ~ **hiánya** want/lack of foresight

előreláthatatlan a unforeseen, unforeseeable

előrelátható a presumable, predictable, foreseeable, to be expected ut.; **ez** ~ **volt** this was to be expected; **előre nem látható** unforeseeable ⇨ **előre**

előreláthatólag adv in all probability/likelihood, in the foreseeable future

előrelátó a farsighted, farseeing, provident; *(óvatos)* prudent, circumspect; **nem** ~ improvident

előrelép v step/come* forward, advance

előrelépés n **(nagy)** ~ a (great) leap forward

előremegy v go* ahead/forward

előremutat v point ahead/forward

előrenéz v 1. look ahead, look in front 2. *átv* look ahead (to the future), cast* a glance into the future

előrenyomul v press/push forward/on, advance, march forward

előrenyomulás n advance, pressing/pushing forward

előrerohan v rush/dash forward/ahead

előresiet v hurry forward/along/ahead

előrész n front (part), forepart

előreszalad v 1. run* forward/ahead 2. *(elhamarkodva)* be* precipitate

előreszegez v *(tekintetet)* look straight ahead

előretaszít v push/shove/thrust* forward

előretekint v look ahead; ~**ve** looking ahead to the future

előretol v push/move forward; **egy órával** ~**ja az óra mutatóját** put* the clock forward one hour

előretolakodik v press forward, push oneself forward

előretolt hadállás n advanced post

előretör v forge ahead, elbow/force one's way forward (v. to the front)

előretörés n · forging ahead, pushing forward; kat sudden advance

előreugrik v 1. vk leap* ahead, start forward, rush to the front 2. vm project, protrude, stick*/jut out

előreugró a = **előreálló**

előrevet v → **árnyék**

előrevisz v 1. *(szállít)* carry forward/ahead 2. = **előmozdít**

előrohan, előront v rush/dash forward

előrukkol v ~ **egy kéréssel** biz spring* a request (on sy), come* out with a request

élősdi I. a parasitic(al) II. n *(áll, növ és ember)* parasite; *(csak ember)* hanger-on *(pl* hangers-on), sponger

elősegít v help (on), further, promote, advance, be* conducive to (sg); **a kellemes helyszín** ~**ette a konferencia sikerét** the nice venue was conducive to the success of the conference

élősködik v biz vkn sponge/live/batten on sy, be* a sponger on sy

élősködő n = **élősdi**

elősorol v enumerate, recount

élősövény n *(főleg út mentén)* hedgerow; *(ház körül stb.)* hedge; *(galagonya)* quickset hedge

élősúly n live weight; ~**ban** on the hoof

előszámla n pro forma invoice

előszed v = **elővesz**

előszele n vmnek a straw in the wind, premonitory signs pl

előszeretet n predilection (for), partiality (for), preference (for); ~**tel van vm iránt** show a preference for, be* especially fond of; **amit** ~**tel ...nek/nak hívunk/hívnak** which we call lovingly

előszerkeszt v sub-edit

előszezon n = **előidény**

előszó n *(ha a szerző írja)* preface; *(ha más)* foreword

élőszó n ~**val,** ~**ban** by word of mouth, orally

előszoba n vestibule; *(angol házban)* hall; *(hivatalé)* anteroom

előszobafal *n* hat-and-coat-rack/stand
előszobáz|ik *v* cool one's heels in *a*nterooms
előszólít *v* call out/forth
először *adv* **1.** *(első ízben)* (for) the first time, first **2.** *(sorrendben)* at first, f*i*rst(ly), in the first place; **ő volt itt** ~ he was here first; ~ **is** *(mindenekelőtt)* first of all, to beg*i*n with; *(felsorolásban)* for one thing; ~, **másodszor, senki többet, harmadszor** go*i*ng, go*i*ng, gone! **3.** *(eleinte)* (at) first, at the *o*utset ⇨ **legelőször**
előszöri *a* (the) first, pr*i*mary
előszörre *adv* at one go, at the first attempt; *(első látásra)* at first sight
előtag *n* *n*yelvt prefix, comb*i*ning form
előtáncos *n* leading d*a*ncer
előtanulmány *n* prel*i*minary st*u*dy
előtér *n* **1.** *(terület)* foreground **2.** *(lakásban)* entrance-hall, p*a*ssage; *(színpadon)* forestage, proscenium **3.** ~**be kerül/lép** come* to the front, come* *i*nto the l*i*melight; ~**be állít** *átv* emphasize, lay* stress upon; ~**be tolja magát** assert oneself, push oneself forward
előteremt *v* **1.** *vm*t proc*u*re, prod*u*ce; **pénzt** ~ raise m*o*ney/funds (for), find* the m*o*ney **2.** *v*kt hunt out/up, find*
előterjeszt *v* subm*i*t (sg to sy), lay* before (sy); *(ügyet)* report, state; *(v*kt *kitüntetésre)* recomm*e*nd (sy for sg); **javaslatot** ~ make*/subm*i*t a req*u*est; **szeretném azt** ~**eni, hogy az ülést ebéd után folytassuk** I move that the m*e*eting (should) be cont*i*nued *a*fter lunch
előterjesztés *n* **1.** *(folyamat)* subm*i*tting, subm*i*ssion **2.** *(irat)* report; *(javaslat)* proposal, propos*i*tion, suggest*i*on; ~**t tesz vmre,** ~**sel él** make*/move a m*o*tion, move (that), propose; ~**t teszek** *(v.* szeretnék tenni**) arra, hogy** I move/ propose that ..., I prop*o*se the m*o*tion that [the m*e*eting (should) be adj*o*urned etc.]
előtétlencse *n* front/supplementary lens
előtoppan *v* p*o*p up
előtör *v* **1.** break* forth/through **2.** *(víz)* gush out/forth (from), well out
előtt *post* **1.** *(időben)* before; *(megelőzően)* pr*i*or to; **hétfő** ~ **(nem)** (not) before Monday; **három hét** ~ ' three weeks ago; **jóval ...** ~ long before...; **befejezés** ~ **áll** be* n*e*aring completion; **vizsgák** ~ **áll** be* ab*o*ut to take his examin*a*tions/ex*a*ms **2.** *(térben)* in front of; **a ház** ~ in front of the house; **ez** ~ **a kép** ~ in front of this p*i*cture; **szemünk** ~ before our very eyes

3. *(vk jelenlétében)* in the presence of; **a bíróság** ~ in court, before the court
előtte *adv* **1.** in front of *(v.* before) him/her/it; **az** ~ **való napon** the day before; **még** ~ **áll vmnek** have* it still before one **2.** ~**d** before you, in front of you; ~**m** before me, in front of me; *(jelenlétemben)* in my presence; **mindig** ~**m van** I can n*e*ver forget her/him/it; **előttünk (mint tanúk előtt)** in our presence (as w*i*tnesses)
előttemez *v* notarize, w*i*tness
előtti *a (időben)* *a*nte, pre-; before *ut.*; *(térben)* in front of *ut.*; **a ház** ~ **kert** the g*a*rden at the front (of the house), the front garde*n*; **a palota** ~ **tér** the square before *(v.* in front of) the p*a*lace; **a háború** ~ **évek** the pre-war years; **történelem** ~ prehistoric
előtűn|ik *v* appe*a*r, come* *i*nto sight
előugr|ik *v* *v*honnan spring* forward/forth
elővarázsol *v* c*o*njure up
előváros *n* **1.** = külváros **2.** = peremváros
elővárosi *a* sub*u*rban
elővásárlási jog *n* = elővételi jog
elővéd *n* adv*a*nce(d) guard
elővesz *v* **1.** *(vhonnan, zsebből)* take*/bring* out (of), prod*u*ce **2.** **minden ékesszólását** ~**i** s*u*mmon up all one's *e*loquence (to...); **elővette a jobbik eszét** he thought b*e*tter of it **3.** **elővette a félelem** he was overc*o*me/gripped by fear **4.** *(betegség)* exh*a*ust, take* it out of one **5.** *(pirongat)* take* to task, upbr*a*id
elővétel *n* *(jegyé)* adv*a*nce b*o*oking; **a jegyek** ~**ben elkeltek** the performance is sold out; ~**ben megvált** book [a t*i*cket, seats on a plane etc.] (in adv*a*nce); ~**ben (meg)váltható** *(színházjegy stb.)* bookable
elővételi *a* **1.** ~ **pénztár** adv*a*nce booking-office, *(színházi stb.)* box office **2.** ~ **jog** (right of) pre-emption, pre-emptive right, first ref*u*sal
elővezet *v* lead* forward, bring* forth; *(foglyot)* bring* in; *(lovat)* trot/lead* out
elővezetési parancs *n* h*a*beas corpus
elővigyázat *n* prec*a*ution, care; ~**tal** with care
elővigyázatlan *a* rash, c*a*reless; *kif* be* off one's guard
elővigyázatlanság *n* r*a*shness, carelessness
elővigyázatos *a* c*a*utious, c*a*reful
elővigyázatosság *n* prec*a*ution, care; **kellő** ~**gal** with due/every prec*a*ution; ~**i rendszabályok** prec*a*utionary m*e*asures;

minden ~i intézkedést megtesz take* all necessary precautions (against sg)

élővilág n living world, animal kingdom, zoology; *(vadvilág)* wildlife

előz v overtake*, *US* pass; **balról** ~ overtake* on the left; ~ni tilos! no overtaking!, *US* no passing!

előzékeny a vk iránt obliging, attentive, courteous, civil *(mind:* to); *(udvarias)* polite; *kif* show* sy attention, be* considerate towards sy

előzékenység n obligingness, consideration, courtesy, civility; ~ből out of courtesy, as a matter of kindness/courtesy

előzéklap n flyleaf°, endpaper

előzés n overtaking, *US* passing

előzetes I. a previous, preliminary; ~ bejelentés/értesítés nélkül without notice (given), without prior notice; ~ beleegyezés previous consent, ~en in advance, beforehand; *(korábban)* previously; ~en értesít vkt let* sy know (beforehand), inform sy beforehand; ~en figyelmeztet warn sy beforehand, give* sy advance notice/warning (of sg), forewarn; ~en megbeszél vmt prearrange sg II. n *(film)* trailer

előzmény n antecedents pl, precedents pl, preliminaries pl; *(kiadói, nyomdai)* copy; ~ nélkül áll be* unprecedented; **az ügy** ~ei the antecedents (of the case); **az** ~ekből következik it follows from the foregoing

előző I. a previous, preceding, former; **az** ~ **hét** the previous week, the week before II. n **az** ~kben in what has gone before, in the foregoing

előzőleg adv previously, before(hand), first; ~ **értesít** vkt inform sy (beforehand), let* sy know (beforehand)

elözönöl v 1. *(folyadék)* overflow 2. *(tömeg)* overrun*; *kat* invade

elpackáz v biz bungle, mess up, botch

elpáhol v thrash, give* sy a (good) drubbing, □ wallop

elpalástol v = **elleplez**

elpályáz|ik v decamp, make* off

elpanaszol v vknek tell* one's troubles (to sy)

elparentál v vkt give* the address (at a funeral/memorial service)

elparlagiasod|ik v become* boorish/rude

elpárolgás n evaporation, vaporization

elpárolog v 1. *(gőz)* evaporate, vaporize 2. átv vk vanish into thin air, make* oneself scarce 3. *(bátorság)* ooze away

elpárologtat v evaporate, vaporize

elpártol v vktől turn away (from), desert (sy), forsake* (sy); ~t tőle a szerencse his luck has run out

elpasszol v biz miss

elpatkol v biz kick the bucket

elpattan v *(húr)* snap, break*; *(üveg)* crack

elpazarol v waste, squander, dissipate

elperel v obtain [sy's property] by litigation

elpihen v rest; *(ember)* retire to rest

elpilled v get* tired, grow* languid

elpirul v blush, turn red/crimson/scarlet

elpiszkol v make* (sg) dirty, dirty, stain, soil

elpiszkolód|ik v get*/become* dirty/soiled

elpiszmog v potter around/about/away

elpityered|ik v start crying, *kif* turn on the waterworks

elpocsékol v waste, squander, dissipate

elpolgáriasod|ik v become* middle-class

elporlad v crumble/fall* to dust, moulder *(US* molder)

elporlaszt v 1. reduce to dust, powder 2. *(benzint)* carburet *(US* -t)

elporl|ik v = **elporlad**

elposványosod|ik v become* marshy

elpotyogtat v keep dropping

elprédál v squander (away), waste

elpucol □ 1. vi vk vhonnan make* off, skedaddle 2. vt *(pénzt)* get* through, squander (money)

elpufogtat v *(minden töltényt)* use up [all one's powder/ammunition]

elpuhít v make* soft/effeminate, soften

elpuhul v become* effeminate/soft

elpuhult a soft, enervate, effeminate

elpuhultság n effeminacy, softness

elpukkan v burst*

elpuskáz v biz make* a mess of sg, bungle

elpusztít v 1. *(tárgyat, várost)* destroy, demolish, ruin; *(megsemmisít)* annihilate; *(országot, területet)* lay* waste, devastate 2. *(embert, állatot)* kill; *(kiirt)* exterminate, extirpate

elpusztíthatatlan a indestructible, imperishable

elpusztul v 1. *(ált, tárgy)* be* destroyed; *(ország)* be* laid waste 2. *(élőlény)* perish *(vm miatt* for/through), die, be* killed

elpusztulás n 1. *(ált tárgyé)* destruction, ruin 2. *(élőlényé)* death

elrablás n carrying off, robbing; *(emberé)* kidnapping; *(nőé)* abduction

elrabol v 1. rob *(vktől vmt* sy of sg); *(embert)* kidnap, *(nőt és gyereket így is)* abduct; *(repülőt, járművet)* hijack; ~ták az autómat I have been robbed of my car 2. ~ja

vk idejét *vk* trespass on sy's time; **sok időmet** ~**ta** *vm* it took up a lot of my time
elrág *v* chew (up); *(hosszasan)* gnaw away at sg
elragad *v* **1.** *vktől vmt* snatch, take* away (from); *(erőszakkal)* tear* away; **az árvíz** ~**ta a hidat** the flood swept/washed away the bridge; **a járvány** ~**ta** the epidemic carried him off **2.** *(vkt indulat)* overcome*, carry/sweep* away
elragadó *a* delightful, charming, bewitching, enchanting, captivating
elragadtat *v* **1.** ~**ja magát** (1) *(dühében)* lose* one's temper, fly*/get* into a rage (2) *(szenvedélytől)* be*/get* carried away **2.** *(gyönyörűséggel)* enrapture; **egészen el van ragadtatva** be* in (*v.* go* into) raptures (at, over), be* delighted (by, with); **el voltam tőle ragadtatva** I was delighted/enchanted with him/her/it
elragadtatás *n* rapture, ecstasy, enthusiasm; ~**sal beszél vmről** go* into ecstasies/raptures over sg; *biz* enthuse about/over sg
elragadtatott *a* ecstatic, rapturous
elrágcsál *v* nibble away (at sg)
elrágód|ik *v* *átv vmn* brood/ruminate over (sg)
elragoz *v* *(igét)* conjugate; *(névszót)* decline
elrak *v* **1.** *vmt* put* away; *(útból félre)* clear away, put* out of the way; **2. (gondosan)** ~ *vmt* *(későbbre)* stow sg away **3.** *(élelmiszert)* = **eltesz 2. 4.** *biz vkt* give* sy a good hiding
elrákosod|ik *v* become* cancerous
elraktároz *v* store
elránt *v* tear*/snatch/pull away
elrebeg *v* falter out (sg); *(imát)* whisper/mumble [a prayer]
élregiszter *n* thumb-index
elrejt *v* **1.** *(szem elől)* conceal, hide* **2.** *(érzelmet)* conceal [one's feelings]; *(hibát)* disguise, keep* (sg) secret
elrejtőz|ik *v* hide* away; ~**ik vk elől** hide* from sy
elreked *v* **1.** *(jármű)* get* stuck **2.** = **eldugul**
elrekeszt *v* **1.** *(elkülönít)* partition/box/fence off **2.** *(elzár)* shut* off; *(utat)* block [the way/road]
elrémít *v* terrify, scare, horrify
elrémítő *a* frightful, terrifying
elrémül *v* *vmtől* be* scared (of), be* frightened/horrified (at/by)
elrendel *v* order; *(rendelettel)* decree; *(bíróság)* rule

elrendez *v* **1.** *(rendbe tesz)* arrange, put* in order; *(szobát)* tidy (up) **2.** *(csoportosít)* arrange, marshal, classify, sort **3.** *(vitás ügyet, ellentétet)* settle, straighten out; *(problémát)* sort out [a problem *v.* difficulties], get* [one's problem(s)] sorted out; **majd** ~**em valahogy** I'll fix it up somehow, I'll see to it, I'll sort it/things out, it'll be sorted out
elrendezés *n* **1.** *(eredmény)* arrangement, order; *(folyamat)* arranging, setting in order, ordering, sorting **2.** *(szobáé)* tidying **3.** *(ügyé)* settlement, settling
elrendeződ|ik *v* *(dolog)* straighten out, be*/get* settled/sorted out
elreped *v* crack; *(ruha)* tear*, rend*
elrepeszt *v* crack; *(ruhát)* tear*, rend*
elrepít *v* fling* away; *(nyilat)* shoot*
elrepül *v* **1.** *vk vm* fly* away/off; *(repgép)* take* off; *vhova* fly* to **2.** *(idő)* fly*; ~**t az idő** the time just flew by
elrestelli magát *v* feel* ashamed
elreteszel *v* *(tolózárral)* bolt
elrettent *v* deter (sy from doing sg)
elrettentés *n* *pol* deterrence
elrettentő *a* deterrent; ~ **eszköz** deterrent; ~ **példa** warning (example), deterrent
elriad *v* start/draw*/shrink* back
elriaszt *v* scare/frighten away/off; *átv* discourage, deter
elringat *v* lull/rock to sleep
elrobog *v* **1.** *(járművön)* drive* away (at full speed), speed* away; *(zajjal)* roar off; *(vm mellett)* dash/rattle/drive*/roar past; ~**ott a vonat** the train flew past **2.** = **elrohan**
elrohan *v* rush away/off, dash off; *vhova* hurry (away) to; ~**t az orvosért** he ran for the doctor
elroml|ik *v* **1.** *ált* go* bad/wrong, deteriorate; *(étel)* spoil*, go* bad/off; ~**ott az idő(járás)** the weather has/broken **2.** *(gép, készülék)* break* down, be* out of order, fail; *biz* conk out; ~**ott a motor** the engine failed **3.** *(erkölcsileg)* become* corrupt(ed)/debauched
elrongyolód|ik *v* become* ragged/shabby/frazzled, wear* out
elront *v* **1.** *(szerkezetet)* put* out of order; *(kárt téve)* damage **2.** *(szemet)* ruin; ~**ja a gyomrát** have* an upset stomach, have* a stomach upset; *(vmtől)* sg upset sy's stomach; ~**ottam a gyomrom,** I have an upset stomach, my stomach is upset **3.** *(gyereket)* spoil*; *(embert erkölcsileg)* corrupt, debauch, deprave **4.** ~**ja vk örömét** spoil*/mar sy's pleasure/happiness, be* a

killjoy **5.** *(munkát)* bungle; *biz* make* a botch of (sg) **6.** *(tervet)* spoil*; *(dolgozatot)* make* a botch of

elrothad *v* rot, decompose, putrefy

elrozsdásod|ik *v* become* rusty, rust

elröppen *v* fly* away/off

elrúg *v (labdát)* kick away [ball]

elrútít *v* disfigure, make* ugly, deface

elsajátít *v* **1.** *(tudást)* acquire, attain, make* oneself master of; *(nyelvet)* master **2.** = **eltulajdonít**

elsajátítás *n* **1.** *(tudásé)* acquisition, attaining, attainment; *(nyelvé)* mastery **2.** = **eltulajdonítás**

elsáncol *v* entrench, barricade; *(sakkban)* castle

elsántikál *v* hobble away

elsápad *v* pale, turn/grow* pale

elsápaszt *v* make* pale

elsárgul *v* turn/become* yellow

elsatnyul *v* become* stunted; *(szerv)* atrophy

elsatnyult *a* stunted, dwarfed

elseje *n* the first (day of the month); ~**n fizetnek** I am/get paid on the first of the month

elsekélyesed|ik *v* **1.** *(víz)* become* shallow, shallow **2.** *átv* become* shallow/trivial

elsekélyesít *v átv* trivialize

elsenyved *v* waste (away), wither

elsétál *v* walk away/off *(vhová* to, as far as)

elsiet 1. *vi* hurry off/away (from); *(vk mellett)* rush past **2.** *vt* = **elhamarkodik; ne siesd el a dolgot** take* your time

elsietett *a* = **elhamarkodott**

elsikkad *v* get* lost; ~**t a lényeg** the essentials got lost (swhere *v.* on the way)

elsikkaszt *v* embezzle, misappropriate; *(közpénzt)* peculate [public moneys]

elsikl|ik *v* ~**ik vm felett** *átv* (1) *(felületességből)* skate over sg (2) *(szándékosan nem vesz észre)* turn a blind eye to sg, gloss over sg

elsikoltja magát *v* cry out, give*/let* out a scream

elsimít *v* **1.** smooth away/out, make* even/level, flatten **2.** *átv* smooth over; *(nézeteltérést)* settle, arrange [differences]

elsimul *v* **1.** become*/get* smooth/even/level **2.** *(nehézség)* disappear, vanish; *(ügy)* be* smoothed over, blow* over

elsinkófál *v biz* pinch, □ sneak

elsír *v* **1.** ~**ja bánatát** sob out one's grief **2.** ~**ja magát** burst* into tears, begin* to cry

elsirat *v* mourn (for) sy

elsodor *v* sweep* away

elsomfordál *v* slink*/sneak away/off

elsompolyog *v* = **elsomfordál**

elsorol *v* enumerate, recount

elsorvad *v* waste/pine away; *(szerv)* atrophy

elsorvaszt *v* waste; *(szervet)* atrophy

elsóz *v* **1.** *konkr* put* too much salt (in sg); **sok szakács** ~**za a levest** too many cooks spoil the broth **2.** *átv* fob/foist/palm off *(vmt vknek* sg on sy)

első I. *num/a* **1.** *(sorrendben)* first *(számmal:* 1st); *(időben)* earliest, primary; ~ **dolga volt (hogy)**... the first thing he did was to...; **holnap** ~ **dolgom lesz**... (I'll do it) first thing tomorrow; ~ **emelet** first floor, *US* second floor; ~ **fejezet** chapter one; **I. Henrik** Henry I *(szóban:* the first); ~ **fokú égési seb/sérülés** first-degree burn; **az** ~ **időben** at first, initially; ~ **ízben** (for) the first time, at first; ~ **kerék** front wheel; ~ **kézből** at first hand, firsthand; *kif* straight from the horse's mouth; ~ **látásra** at first sight, on sight; ~ **sebesség** first/bottom/low gear; ~ **sor** *(ülések/székek sorában)* front row; ~ **számú** No. 1 *(szóban:* number one); ~ **személy** first person; ~ **(fokú) unokatestvér** first cousin; ~ **ülés** front seat **2.** *(rangsorban)* first, foremost, principal, most important, supreme, leading; ~ **díj** first prize; ~ **hegedű** first violin; ~ **hegedűs** first violinist; **a miniszter** ~ **helyettese** the first deputy minister; ~ **osztály** first class; ~ **osztályon utazik** travel first class; ~ **osztályos** pupil in the first form, first-form pupil/boy/girl; ~ **osztályú** first-class/rate; ~ **osztályú szálloda** a first-class hotel; *(Magyarországon)* class A1 hotel; **ő az** ~ **sebész Budapesten** he is the top/leading/best surgeon in Budapest **II.** *n* **1.** **számára** ~ **a kötelesség** he always puts (his) duty first; ~**nek érkezett** he arrived first, he was (the) first to arrive; ~**nek érkezik a célba** he is first home, come* in first **2.** ~**n utazik** travel *(US* -l) first class; ~**be jár** be* in the first form; ~**re** *(= az első próbálkozásra)* **letette a vizsgát** he passed the test first go ⇨ **elseje, legelső, utolsó**

elsőbbség *n* priority, precedence; *jog* prior right/claim; **(áthaladási)** ~ *(közlekedésben)* right of way, priority; **enyém volt az** ~ it was my right of way, *biz* it was my road; ~**et ad, megadja az** ~**et** *(vknek)* give* way (to), *US* yield (to); ~**gel bír,** ~**e van (vkvel szemben)** have*/take* priority/precedence (over sy)

elsőbbségadás *n* ~ **kötelező!** give way, US yield; **állj!** ~ **kötelező** stop! and give way
elsődleges *a* primary
elsőéves *a/n* first-year; ~ **(egyetemi/fő-iskolai hallgató)** first-year student, fresh-man°, fresher
elsőfokú *a* ~ **bíróság** court of first *in-stance* ⇨ **egyenlet, első**
elsőkerék-meghajtás *n* front-wheel drive
elsöpör *v* sweep* away; *átv* overthrow*, do* away with
elsöprő *a* ~ **győzelem** a clean sweep; ~ **sikere van** carry all before one; *biz* be* devastating; ~ **többség** overwhelming majority
elsőrangú *a* first-rate/class, of the first rank *ut.*; *biz* A1 *v.* A-1; ~ **minőség** highest quality
elsőrendű *a* = **elsőrangú**; ~ **fontossá-gú,** ~**en fontos** of vital/especial import-ance *ut.*; ~ **út** trunk-road, main road; ~ **vádlott** principal defendant
elsős *a/n* ~ **(tanuló)** first-form pupil/boy/girl
elsőség *n* = **elsőbbség**
elsősegély *n* first aid; **vkt** ~**ben része-sít, vknek** ~**t nyújt** give* sy first aid
elsősegélyhely *n* first-aid station
elsősegélynyújtás *n* first aid
elsősorban *adv* in the first place, first (of all), above all
elsőszülött *a/n* firstborn
elsőszülöttség(i jog) (right of) primogen-iture
elsötéted|ik *v* 1. *(ég)* become/get*/grow* dark, darken; *(terem)* become* dark 2. *átv* become* gloomy; **arca** ~**ett** his face darkened *(v. clouded over)*; ~**ett előttem a világ** everything went black
elsötétít *v* 1. darken, make* dark 2. *(légó)* black out [the windows]
elsötétítés *n (légó)* black-out
elsötétül *v* = **elsötétedik**
élsportoló *n* leading/top sportsman°/sports-woman°
elsuhan *v* glide; *vm mellett* fly*/glide/flit past (sg)*
elsurran *v (mellette)* scurry/scamper past
elsül *v* 1. *(puska)* go* off, fire; **nem sül el** misfire, fail to fire 2. *(sikerül biz)* come* off, succeed; **rosszul sült el a dolog** the plan failed, it fell through; **a dolog visszafelé sült el** it had the opposite effect, it mis fired, *(vk számára)* he was caught in his own trap

elsüllyed *v* 1. *(elmerül)* sink*, go* down/under, submerge, *.*founder 2. majd ~ **szé-gyenében** he is covered in shame; **itt süllyedjek el, ha...** I'll be blowed!
elsüllyeszt *v* 1. *ált* sink*; *(hajót megfúrás-sal)* scuttle 2. *(zsebében, fiókban)* bury, hide*; *(aktát)* pigeonhole, shelve
elsüpped *v* get* bogged down, sink* *(into)*
elsüt *v* 1. *(puskát)* fire (off), discharge 2. *(elsóz biz)* palm off, get* rid of; ~**i a lá-nyát** marry off his daughter 3. *biz* ~ **egy viccet** make*/crack a joke
elszab *v (rosszul szab)* cut* badly
elszabadul *v (ember, rab)* get*/break* away/out, (make* one's) escape; *(állat)* break* loose, run* away; *(csónak)* slip/break* its moorings; *(jármű, fékezhetetlenné válik)* go*/get* out of control; ~**t a pokol** hell broke loose
elszabotál *v* sabotage
elszaggat *v* tear* (to pieces)
elszáguld *v* run*/rush away/off; *(vk/vm mellett)* rush/shoot* past (sy/sg)
elszakad *v* 1. *(kötél)* break*; *(ruha)* tear*, be*/get* torn; ~**t a szoknyám** I've torn my skirt 2. *vktől* detach oneself (from), seperate (from); *(tartomány országtól)* secede (from), declare itself independent; *(családtól)* break* away (from); ~ **a tö-megektől** lose* touch with the masses; ~**tunk egymástól** *(utazás során)* we lost touch
elszakadás *n* 1. *(kötélé)* breaking; *(ruháé)* tearing 2. *vktől* separation; *(államtól)* secession; *(szervezettől)* breaking away (from)
elszakadó *a* ~ **hadműveletek** evasive manoeuvres (US maneuvers)
elszakít *v* 1. *(kötelet)* break*, snap; *(ruhát)* tear*, rip, rend* 2. *vmt vmtől* detach (from), sever, break* off; *vkt vktől* separate, alienate, estrange (from)
elszakíthatatlan *a* 1. *(ruha)* everlasting 2. *(kötelék, kapcsolat)* strong, unbreakable
elszalad *v* run* away/off, make* off
elszalaszt *v* 1. *vkt vhová* send* sy (running) to; *vmért, vkért* send* sy (out) for *(v. to fetch)* sg/sy 2. *(alkalmat)* miss, let* slip, US pass up; ~**ja az alkalmat** let* the opportunity slip; *biz* miss the bus/boat
elszáll *v (madár, gép)* fly* away/off; *(füst)* rise*; *(gáz)* escape
elszállásol *v* put* (sy) up, lodge, accom-modate; *kat* billet/quarter *(vhol* swhere *v.* on sy)
elszállingóz|ik *v* drift away one by one

elszállít *v* *vhová* convey, transport, carry; *(árut hajón)* ship *(mind:* to)

elszállítás *n* *vhová* transport, transportation, conveyance, forwarding, shipping

elszámítja magát *v* miscalculate, make* a miscalculation; **elszámítottam magam** I am/was out in my calculations/accounts

elszállíttat *v* have* sg forwarded/shipped *(v.* taken away)

elszámlál *v* enumerate, recount

elszámol 1. *vi* *vmről,* *vmvel* account for, render/give* an account of **2.** *vi* *vkvel* settle up with (sy) **3.** *vt* *biz* ~ja magát = elszámítja magát

elszámolás *n* **1.** *(eljárás)* settling/settlement of accounts **2.** *(írásos)* accounts *pl;* ~ (szerint) (as per) account rendered; ~ra *(v.* utólagos ~sal) egyenlít *vmt* have sg charged *(v.* charge sg) to one's account

elszánja magát *v* *vmre* make* up one's mind (to do sg), resolve on sg *(v.* doing sg *v.* to do sg)

elszánt[1] *v* *(más földjéből)* plough *(US* plow) off (another's land)

elszánt[2] *a* determined, resolute, desperate, decided; **mindenre ~ fickó** a desperate fellow; *kif* I wouldn't put anything past him

elszántság *n* resolution, resoluteness, determination

elszaporít *v* multiply, breed*

elszaporodás *n* (rapid) growth, increase, multiplication

elszaporod|ik *v* multiply, increase (in number), pullulate

elszárad *v* wither, dry, shrivel *(US* -l) (up)

elszáradás *n* withering, drying (up), shrivelling *(US* -l-)

elszárít *v* wither, dry, shrivel *(US* -l) (up)

elszármaz|ik *v* emigrate (from)

elszaval *v* recite

elszed *v* *vktől* *vmt* take* away (sg from sy); *(elkoboz)* seize (sg), confiscate (sg from sy); *(jegyeket)* collect

elszédít *v* **1.** *konkr* make* (sy) giddy/dizzy **2.** *átv* turn sy's head, dazzle (sy)

elszédül *v* become* (suddenly) dizzy; ~tem tőle it made me (feel) dizzy/giddy, it made my head spin

elszegényedés *n* impoverishment; *(általános)* pauperization

elszegényed|ik *v* grow* poor, be* reduced to poverty

elszegényít *v* impoverish, make* [people] poor

elszegődés *n* going into service

elszegőd|ik *v* enter service, go* into service

elszegődtet *v* get* a place for sy, place sy swhere (in a job)

elszégyelli magát *v* feel* ashamed

elszéled *v* disperse, scatter

elszelel *v* = elinal

elszemtelened|ik *v* become* insolent/impertinent/impudent

elszendered|ik *v* = elszenderül

elszenderül *v* fall* into a slumber, drop off to sleep, doze off; **örökre ~t** he passed away

elszenesed|ik *v* char, be* charred, carbonize, be* reduced to carbon

elszenesít *v* char, carbonize

elszenved *v* endure, suffer, bear*

elszeret *v* seduce, entice away; ~i *vk* feleségét steal* sy's wife

elszerződ|ik *v* = elszegődik

elszí *v* = elszív

elszigetel *v* isolate (from), cut* off (from)

elszigetelés *n* isolation

elszigetelődési *a* ~ politika isolationism

elszigetelőd|ik *v* become* isolated

elszigetelt *a* isolated; ~ jelenség isolated phenomenon *(pl.* -mena); ~en él live in isolation, lead* a lonely/retired life

elszigeteltség *n* isolation, loneliness, solitude

elszíneződ|ik *v* discolour *(US* -or), fade

elszíntelenedés *n* discolo(u)ration

elszíntelened|ik *v* lose* (its) colour *(US* -or)

elszív *v* ~egy cigarettát smoke a cigarette, have* a smoke

elszivárog *v* leak, ooze (away), escape

elszível *v* endure, suffer; **nem tudom ~ni** I cannot suffer/stand sy/sg

elszívó(készülék) *n* *(bűzt, párát)* extractor (fan)

elszlávosít *v* slavicize

elszlávosod|ik *v* become* assimilated to Slav(onic) culture, become* slavicized

elszok|ik *v* **1.** *vmtől* grow*/get*/become* unused to sg, get* out of the habit (of doing sg) **2.** *(képességet elfelejt)* forget* how to

elszoktat *v* *vkt* *vmtől* wean sy from sg, get* sy to give up sg *(v.* doing sg)

elszól *v* ~ja magát *kb.* let* the cat out of the bag, give* the game/show away; *(ostobán)* put* one's foot in it

elszólás *n* slip (of the tongue), tell-tale sentence/word, blunder

elszólít *v* call away/off, summon to

elszomorít *v* make* (sy) sad, sadden

elszomorító *a* saddening

elszomorod|ik *v* grow*/become* sad, sadden

elszontyolod|ik v. lose* heart, fall* *i*nto despondency; ~**ott** disheartened, crestfallen, low(-sp*i*rited)
elszór v sc*a*tter (ab*ou*t), strew*, spread*
elszórakoz|ik v vmvel am*u*se oneself with; *(vhol jól)* have* a good time
elszórakoztat v entert*ai*n, am*u*se, div*e*rt
elszóród|ik v be* sc*a*ttered ab*ou*t, disp*e*rse, be* disp*e*rsed
elszórt a sc*a*ttered; *átv* sparse, spor*a*dic
elszórtan adv spor*a*dically, here and there, sc*a*ttered
elszorul v **1.** *konkr* get* stuck **2.** ~**t a szíve** his heart sank
elszökés n flight, esc*a*pe
elszök|ik v run* away, esc*a*pe (from); *(bűnöző, állat stb.)* get*/break* away; *(vk országból)* flee*/fly* [the c*ou*ntry]; *(vk ülésről)* slip/get* away
elszöktet v *(leányt)* el*o*pe with, abd*u*ct
elszörnyed v be* h*o*rrified/shocked *(vmn at/by)*
elszörnyedés n h*o*rror, consternation
elszundít v doze off, have* a doze
elszunnyad v = **elszenderül**
elszunyókál v = **elszundít**
elszúr v *vulg* vmt b*u*ngle [a task/job v. sg], botch up (sg), make* a mess of (sg)
elszürkül v **1.** *(színe)* turn/become* grey, grey **2.** *átv* become* mon*o*tonous/dull
eltagad v **1.** *(tettet)* den*y*, disav*o*w **2.** *(amije van)* keep* back, conce*a*l
eltájol v *biz* **el van tájolva** be* off the beam
eltakar v c*o*ver (up); *(elrejt)* hide*, conce*a*l
eltakarít v cle*a*r away, rem*o*ve
eltakarod|ik v cle*a*r/pack/move off, cle*a*r out; *(útból)* get* out of the way; **azonnal** ~**j innen!** get* out of here!, cle*a*r off!
eltalál 1. *vt (fegyverrel)* hit* (the t*a*rget/mark); **nem találta el** he missed it; ~**ta egy golyó** was hit (by a b*u*llet) **2.** *vt (kitalál)* hit* up*o*n, guess (right); **nem találta el** he guessed wrong; ~**tad!** you got it right!, you have hit/got it! **3.** *vt (hasonlóságot, biz)* hit* sy off; **nem találta el a hangot** he didn't strike the right note **4.** *vi* vh*o*vá find* the way (to)
eltanácsol v adv*i*se sy to leave; *(iskoklából)* exp*e*l; *(egyetemről)* send* down
eltáncol v *(táncot)* dance, perf*o*rm [a dance]
eltángál v thrash (s*ou*ndly), dr*u*b
eltántorít v div*e*rt/swerve sy from his purpose, det*e*r sy; **nem hagyja magát** ~**ani** he sticks* to his point, he won't be swayed, he is *a*damant/det*e*rmined

eltántoríthatatlan a unsw*e*rving
eltántorod|ik v sw*e*rve (fr*o*m one's purpose), f*a*lter
eltanul v learn* sg from sy
eltapos v tr*a*mple down/on, crush
eltart 1. *vt* v*k*t keep*, supp*o*rt, maint*ai*n, prov*i*de for; **ebből nem lehet egy családot** ~**ani** that's not en*ou*gh to supp*o*rt/maint*ai*n a f*a*mily; **6 gyereket és egy feleséget kell** ~**ania** he has a wife and 6 ch*i*ldren to prov*i*de for (v. to support); **nem tudja magát** ~**ani** he does not earn en*ou*gh to live on; **magam tartom el magam** I keep* mys*e*lf, I pay* my way **2.** *vt (magától el)* keep* *a*way (from) **3.** *vi (vmennyi ideig)* last, go* on, cont*i*nue; **estig** ~ *(munka)* it'll take us all day (to do it) **4.** *vi (étel)* keep* **5.** *vi (ruha, cipő)* wear*, last **6.** *vi (elég)* be* en*ou*gh, be* suff*i*cient (for)
eltartás n supp*o*rt; *jog* m*ai*ntenance
eltartási a ~ **kötelezettség** oblig*a*tion to pay m*ai*ntence/supp*o*rt; ~ **szerződés** ⟨c*o*ntract rel*a*ting to supp*o*rt for life in ret*u*rn for accommod*a*tion⟩
eltartó n br*ea*dwinner
éltartó a *(nadrág)* p*e*rmanent cre*a*se
eltartott n depend*a*.t; **vknek az** ~**ja** be* d*e*pendent on sy
eltaszít v **1.** *(tárgyat)* push off **2.** *(magától)* cast* off/as*i*de, turn away, turn one's back (up)*o*n (sy)
eltát v ~**j**ə **a száját** gape (with ast*o*nishment), ope.i one's mouth wide
eltávolít v **1.** *vkt* rem*o*ve, send* off/away **2.** *vmt* rem*o*ve, cle*a*r away; *(foltot)* rem*o*ve; *(vmt késsel)* cut* out; *(műtéttel)* rem*o*ve; *(végtagot)* *a*mputate; **vmt** ~**tat** have sg out
eltávolítás n rem*o*val
eltávolodás n *átv* estr*a*ngement, withdr*a*wal, ret*i*rement
eltávolod|ik v **1.** *(térben)* move/go* away/off; *(hajó)* stand* away, cle*a*r off **2.** *átv* ret*i*re, withdr*a*w*; *(lélekben)* become* estr*a*nged/ali*e*nated
eltávozás n **1.** *(folyamat)* going away, dep*a*rture, le*a*ving **2.** *kat* (short) le*a*ve
eltávoz|ik v go* away, le*a*ve*, dep*a*rt, be* off
eltekint v vm*t*ől disreg*a*rd (sg), take* no n*o*tice (of); *(nem követel meg)* disp*e*nse (with), forb*ea*r* (from d*o*ing sg); **ettől** ~**ve** ap*a*rt from this, disreg*a*rding this, this ap*a*rt *(csak mondat elején)*
eltékozol v = **elpazarol**
eltel|ik v **1.** vmvel fill up (with), get* full (of); *(érzéssel)* fill (with), be* filled with;

önmagával ~t ember a man who is (always) full of himself, an egoist 2. (idő) pass; évek fognak addig ~ni it will take years eltelte n (időé) passing; (határidőé) expiration; két év ~vel when two years have/had passed

eltelve adv full of, filled with

eltemet v bury; átv hide*

eltemetkez|ik v 1. = beletemetkezik 2. (világtól elvonul) live a retired life

eltengőd|ik v manage to keep body and soul together, subsist [on 3,000 fts a month], just about manage to make ends meet, scratch along

eltép v tear* (to pieces), tear* up

eltér v 1. (iránytól) deviate from, turn aside/away from 2. (elvtől) swerve, deviate from [principle]; (szabálytól) depart from [law, rules] 3. (vélemény) differ, diverge, vary; ebben ~ a véleményem I beg to differ, I disagree with you there 4. ~ a tárgytól digress from the subject, go* off at a tangent; nem tér el a tárgytól keep* to the subject

elterel v 1. (állatot) drive* off/away 2. (forgalmat) divert; ~ik a forgalmat the traffic is (being) diverted, there is a (traffic) diversion 3. (figyelmet) divert, distract; ~i a beszélgetést change/turn the conversation, change the subject

elterelés n 1. (figyelemé) distraction 2. (forgalomé) diversion, diverted traffic; US detour

eltérés n 1. (iránytól) deviation; (tárgytól) digression; (irányvonaltól, céltól) departure 2. (különbség) difference, divergence; ~ek vannak a szövegben the texts differ 3. (természettud.) deviation, aberration

elterít v spread*, lay* out

eltérít v 1. (irányától) divert [from its/his course]; (repgépet) hijack; ~i útjából take* sy (v. make* sy go) out of his way 2. (figyelmet, vkt vmtől) divert, distract; ~i vk figyelmét divert/distract sy's attention (from sg); ~i szándékától dissuade/divert from his intention; ~ vkt a tárgytól take* sy far from the topic

eltérítés n (repgépé) hijack(ing)

eltérítő n (repgépé) hijacker

elterjed v spread*; (hír) spread*, get* about/(a)round, gain currency; (szó) come* into general use; (szokás) become* general; (vélemény) be* gaining ground; igen el van terjedve be* current, be* in current use, be* quite widespread, be* widely used

elterjedés n spread(ing), (general) use

elterjedt a (szokás stb.) wide-spread, general, universal; (szó) in current/general use ut., current, widely used

elterjeszt v (hírt) spread* (abroad), propagate; (szokást) bring* into vogue/fashion, make* general; (betegséget) spread*, pass on

elterjesztés n spreading, propagation

eltérő a different (from), dissimilar (to), unlike ut., divergent (from); (rendestől) abnormal, irregular; a szokásostól ~ out of the ordinary, unusual; ~ vélemény difference of opinion, dissent; US dissenting opinion

eltérően adv vmtől differently (from), contrary (to), in contrast (to)

elterül v 1. (terület) lie*, be* situated 2. (vk a földön) fall* on the ground; (ütéstől) fall* flat on the floor

eltervez v plan, be* planning

éltes a ir elderly, aged, oldish, old

eltesz v 1. (helyére) put* sg in its place; (máshová) lay* aside; (félre) put* away, set* aside; tedd el a ruhádat/holmidat put* your things in their place 2. (élelmiszert) preserve, conserve; (savanyúságot) pickle 3. biz ~ láb alól do* away with, kill, put* sy out of the way

éltet v 1. (életben tart) keep* sy alive; Isten éltesse(n)! (születésnapon) many happy returns! 2. (éljenez) cheer

éltető a life-giving, animating, enlivening; vknek az ~ eleme lifeblood of sy

eltéved v lose* one's way, get* lost

eltévedés n losing one's way

eltévelyedés n slip, fault, lapse, error

eltévelyed|ik v átv go* off the rails

eltévés n 1. (félre) putting away/aside 2. (élelmiszeré) preserving, conserving

eltéveszt v (célt) miss [one's aim/shot]; (két dolgot) confuse, muddle up; számolást ~ lose* count; ~i az utat lose* one's way; nem lehet ~eni you cannot miss it

eltévesztés n (célé, úté) missing (sg); (össze) mistaking sg (for sg), confusion, muddling up

eltikkad v swelter; (hőségtől) be* overcome, grow* faint [with heat]; (szomjúságtól) be* parched

eltikkaszt v (hő, szomjúság) make* faint [with thirst/heat]

eltilt v vkt vmtől forbid* (sy to do sg); ~ották a bortól he is/was not allowed to have any wine, wine has been forbidden him

eltipor v 1. (lábbal) trample down/on, crush 2. (népet zsarnok) oppress, crush

eltisztáz v *(varrást)* neaten [a seam]
eltitkol v keep* (sg) secret, keep* sg from sy; *(érzést)* hide*, conceal
eltol v 1. *(térben)* move/push away, shift 2. *(időben)* shift; *(későbbre)* put* off, postpone 3. □ *(elhibáz)* bungle, make* a botch of (sg), botch/mess up (sg)
eltolás n 1. *(térben)* moving away, shift 2. *(időben)* putting off, postponement
eltolható a (re)movable, mobile; *(csúsztatva)* sliding
eltolódás n 1. *(térben)* displacement, shift; **az erőviszonyok** ~a a shift in the balance of power 2. *(időben)* postponement
eltolód|ik v 1. *(térben)* shift, be* moved away, be* shifted 2. *(időben)* be* postponed, be* put off
eltoloncol v deport, transport
eltompít v 1. blunt, turn the edge (of sg) 2. átv dull
eltompul v 1. konkr become* blunt 2. átv become* dull
eltompulás n 1. konkr blunting 2. átv becoming dull
eltompult a átv dull
eltompultság n dullness
eltorlaszol v block (up/off); *(barikáddal)* barricade
eltorzít v deform, disfigure; *(arcvonásokat)* contort, distort; vmt átv misrepresent; *(értelmet)* distort [sy's argument v. what one has said etc.], twist [sy's words] (around)
eltorzul v become* deformed/disfigured; *(arc)* be* contorted/distorted; *(értelem)* be* distorted/twisted; *(forma)* get* out of shape
eltorzulás n deformation, disfiguration; *(arcvonásoké)* contortion, distortion; *(értelemé)* distortion
eltökél v decide (upon), resolve (on ...ing v. to ...), determine; ~i magát make* up one's mind, resolve; ~te, hogy... he resolved on ...ing, he resolved to ...
eltökélt a 1. *(ember)* resolved, resolute, determined 2. ~ szándékom I am firmly resolved (to), it is my fixed/firm intention (to do sg)
eltökéltség n determination, resolve, resolution
eltölt v 1. vmvel átv fill; *(bátorsággal)* inspire [with courage]; *(szánalommal)* touch [with pity]; *(gyűlölettel)* imbue [with hatred]; **szívemet szomorúság tölti el** my heart is full of sadness 2. *(étel)* fill up; ~ **a sok édesség** I am surfeited with candy 3. *(időt)* pass [the time]; while away [the time]; spend* [one's time doing sg]; **igen kellemesen**

töltöttük el időnket we had a very good time
eltöm v stop/fill up, choke, block (up)
eltömőd|ik v become*/get* plugged/filled/choked, be* blocked (up)
eltöpreng v vmn brood on/over (sg), speculate over sg
eltör v break*, shatter, smash; ~te a lábát he broke/fractured his leg
eltördel v break* bit by bit
eltöredez|ik v break* into pieces gradually
eltörhetetlen a unbreakable
eltör|ik v break* (into pieces), be* broken; ~t a karja (s)he broke his/her arm
eltörlés n *(törvényé)* repeal, abrogation; *(intézményé)* abolition
eltörlőd|ik v *(írás)* become* blurred
eltöröl v 1. *(vm nyomait)* efface; ~ **a föld színéről** wipe out 2. *(edényt)* dry 3. *(törvényt)* repeal, abrogate; *(intézményt)* abolish
eltörpül v *(vm mellett)* look small beside sg, be* dwarfed by sg, be* put/cast in(to) the shade
eltréfál v vkvel joke (with sy)
eltulajdonít v (mis)appropriate
eltulajdonítás n (mis)appropriation
eltúloz v exaggerate; *(nyilatkozatban)* overstate; ~ta a kár mértékét he overstated the extent of the damage
eltunyul v become* lazy/slothful/idle
eltussol v hush/cover up
eltűnés n disappearance
eltűn|ik v disappear, vanish; *(távolban)* fade away; ~t a szemem elől I lost sight of him/her/it; ~t hazulról (s)he is missing (from home); ~t az órám biz my watch is gone; **tűnjön el!** make yourself scarce!, get lost!
eltűnőd|ik v vmn meditate (up)on (sg), brood over/on (sg), reflect on (sg)
eltűnt a vanished; *(kat is)* missing; ~ személy missing person
eltüntet v make* sy/sg disappear; *(elrejt)* hide*, conceal; *(foltot)* remove, clean off; a **nyomokat** ~i cover up one's tracks, obliterate the traces
eltűr v endure, tolerate, suffer, bear*; **ezt nem vagyok hajlandó** ~ni I won't put up with that, I won't swallow that
eltüzel v burn* (up), put* on the fire
elugrás n jumping off; *(ugródeszkáról)* take-off
elugr|ik v 1. vhonnan jump/leap* off 2. **ugorj csak el érte a patikába** (do) run along to the chemist's for it

elújságol v. tell*
elun v vmt get*/be*/become* bored with doing sg, be* bored by sg, weary of sg; ~**ja magát** be* bored; ~**ta a várakozást** he got tired of waiting
elúsz|ik v 1. *(úszó)* swim* off/away; *(tárgy)* be* carried/borne away (downstream) 2. *(pénz)* be* lost [in the/an enterprise etc.] 3. *biz (munkával)* fall* behind schedule
elutasít v 1. vmt refuse, reject, decline; *(ajánlatot)* reject, turn down; *(fellebbezést)* dismiss; *(kérést)* refuse; *(vádat)* deny, repudiate; **indítványt/javaslatot** ~ *(gyűlés)* throw* out a motion; **kérésüket/kérvényüket/pályázatukat** ~**ották** their applications have been turned down 2. vkt turn away/down; ~**ottak** I've been turned down [for the job]
elutasítás n 1. vmé refusal, rejection; *(ajánlaté)* rejection, turning down; *(fellebbezésé)* dismissal; *(vádé)* repudiation 2. vké turning away/down
elutasító a ~ **válasz** negative answer, refusal
elutazás n departure, leaving
elutaz|ik v leave* *(ahonnan* swhere, *ahová* for); **jövő héten utazunk el Budapestről** we are leaving Bp. next week; ~**ott Sopronba** he has left for Sopron; **egy hétre** ~**ott** he has gone *(v.* went) for a week, he will be away for a week
elügyetlenked|ik v make* a mess of, bungle; *biz* foozle
elül[1] v 1. *(zaj)* die down, grow* quiet; ~**t a szél** the wind has dropped; ~**t a vihar** the storm is spent, the storm had blown itself out 2. *(baromfi)* go* to roost, perch 3. *(máshová)* sit* elsewhere
elül[2] adv = **elöl**[2]
elüldögél v sit* about for some time
elüldöz v drive* away, expel
elül-hátul adv = **elöl-hátul**
elülnézet n = **elölnézet**
elülső a front(-), fore-; ~ **rész** front part
elültet v 1. *(növényt)* plant, bed 2. *(vkt máshová)* seat elsewhere
elültetés n 1. *(növényé)* planting 2. vké seating elsewhere
elüt 1. vt *(labdát)* hit*, strike* off 2. vt *(kártya)* trump, beat* 3. vt *(autó vkt)* hit*, knock/run* down, run* over; ~**ötték** he was hit 4. vt *(óra)* strike* 5. vt vkt vmtől snatch away (from/before sy); ~**ötte a lányt a kezemről** he cut me out with my girl 6. vt ~**i az időt** while away the time, kill time; **tréfával üti el a dolgot** pass sg

off with a joke 7. vi vm vmtől differ (from), clash (with)
elütő a different, dissimilar, contrasting
elűz v drive* away, expel; *(gondot)* banish, dispel
élüzem n top/outstanding factory/works
elv n principle; ~**ben** in principle; **ha** ~**ben egyetért(esz)** if you agree in principle; ~**ből** on principle; ~**ből nem megyek el/oda** I refuse to go there, on principle; **vm** ~**et vall** advocate a principle
elvadít v make* wild; vkt make* sy shy of sg, alienate (from sg)
elvadul v 1. become* wild/savage; *(emberektől)* be* alienated (from); ~**t a játék** the game turned into a free-for-all 2. *(növény)* grow*/run* wild
elvág v 1. cut*, cut* in two; *(darabokra)* cut* up; ~**tam az ujjam** I have cut my finger 2. átv *(összeköttetést)* break* off, cut*, sever; ~**ja a visszavonulás útját** cut* off sy's retreat 3. *biz* ~**ták a vizsgán** he was ploughed *(v. US* flunked); ~**ták történelemből** (s)he was failed in history; *főleg US:* (s)he was flunked in history
elvágás n 1. konkr cutting (in two) 2. *(összeköttetésé)* severance, breakoff
elvágód|ik v 1. *(földön)* fall* flat (on the ground/floor), fall* headlong 2. *(vizsgán)* be* ploughed *(v. US* flunked), fail
elvágtat v gallop/dash/rush off/away
elvágy(ód)|ik v vhonnan wish to get away, wish one were/was somewhere else
elvakít v 1. *(fény)* blind, dazzle 2. átv delude, dupe, turn sy's head
elvakkantja magát v give* a bark/yelp
elvakul v be* blinded/dazzled (by sg)
elvakult a blinded (by sg) *ut.,* dazzled (by) *ut.;* ~ **vk hibáival szemben** be* blind to his/her faults/imperfections; ~**tá tesz vkt vmvel szemben** blind sy to sg
elvakultság n infatuation, blindness
elválás n 1. *(búcsú)* parting 2. *(házassági, bíróilag)* divorce; *(különélés)* separation
elválaszt v 1. ált part, separate, set* apart; *(erőszakkal)* force/tear* asunder; *(összetartozót)* disconnect, divide; *(szót)* divide; *(hajat, verekedőket)* part 2. *(házasfeleket)* separate; *(bíróilag)* divorce 3. *(csecsemőt)* wean 4. *(vi is) (mirigy)* secrete
elválasztás n 1. ált parting, separation; *(erőszakkal)* tearing asunder; *(összetartozó dolgoké)* disconnection; *(szóé)* (word-)division; *(sor végi)* end-of-line division 2. *(házasfeleké)* divorce 3. *(csecsemőé)* weaning 4. *biol* secretion

elválaszthatatlan *a* inseparable

elválasztható *a* separable

elválasztó *n* separating; ~ **fal** partition (wall); **(középső)** ~ **sáv** *(autópályán)* central reservation, *US* median strip; ~ **vonal** dividing line

elválasztójel *n* hyphen

elvál|ik *v* **1.** *(ketté, külön)* part, separate, divide; *(részek)* come* apart, break* up; *(igekötő az igétől)* be separated (from the verb); *(háttértől)* stand* out against **2.** *(vktől egy időre)* take* leave of (sy), part from (sy); *(végleg)* part company (with sy), break* with (sy); **útjaink** ~ **nak** here we must part; **úgy váljunk el, mint barátok** let us part (as) friends **3.** *(házastárstól)* divorce (sy), get*/obtain a divorce (from sy); be* divorced (from sy); ~ **tak** they (are/have) separated; they (have) got a divorce, they (have) got divorced **4. majd** ~ **ik!** we'll (have to wait and) see (whether...), time will show/tell

elvállal *v* undertake*, take* (on); *(megbízást)* accept

elvált *a* divorced, divorcee; ~ **asszony** divorced woman, divorcée; ~ **férfi** divorced man°, divorcé

elváltozás *n* change, alteration

elváltoz|ik *v* change, alter, become* different

elváltoztat *v* change, alter; *(hangot, írást)* disguise

elvámol *v* levy duty on (sg); *(árut)* clear [goods] (through the customs); **már** ~ **ták a holminkat** our things have cleared customs

elvámolatlanul *adv (számlában)* duty unpaid

elvámolnivaló *n* **van** ~ **juk?** have you anything to declare?

elvámolva *adv (számlában)* duty paid

elvan *v* ~ **vm nélkül** do* without sg, manage without sg; ~ **egyedül is** he/she doesn't mind being on his/her own; **jól** ~ **nak egymással** they get* on well; **addig ellehet nálatok** (1) *vk* he can stay with you till then (2) *vm* you may keep it till then

elvándorol *v* migrate (from, to), wander away (from)

elvár 1. *vt vktől vmt* expect (sy to do sg); ~ **ják tőle(, hogy)** he is expected/supposed (to); ~ **om, hogy pontos légy** I expect you to be on time **2.** *vi (egy ideig)* wait (for a time)

elvárások *n pl* expectations, demands

elvarázsol *v vmt, vkt* cast* a spell over sg/sy, charm, enchant; *más vmvé* change into

elvarázsolt *a vm, vk* enchanted; *más vmvé* changed into (sg) *ut.*

elvárosiasodás *n* urbanization

elvárosiasod|ik *v* become* urbanized

elvarr *v* sew* up, finish, neaten

elvásárol *v* spend* [money] by buying [things]

elvás|ik *v* **1.** *vm* ált wear* out/away **2.** ~ **ik tőle az ember foga** it sets* one's teeth on edge

elvbarát *n* comrade

élve *adv* alive, living; ~ **vagy halva** dead or alive

élveboncolás *n* vivisection

elvégez *v* **1.** *(befejez)* finish, bring* to an end, complete, accomplish, achieve; ~ **ted?** are you through with it?, have you done it? **2.** *(megtesz)* do*, perform; **elvégzi kötelességét** do*/fulfil *(US* -fill) one's duty; **elvégzi a dolgát** *(illemhelyen)* relieve nature/oneself **3.** *(tanulmányokat)* finish [one's studies], complete [a/the course]; *(egyetemet)* graduate from [a university], take* one's degree; ~ **te az egyetemet** (s)he holds/has a (university) degree, (s)he is a graduate [of a university]

elvégeztet *v vmt vkvel* get* sy to do sg

elvégre *adv (hiszen)* after all

elvégzés *n* **1.** *(befejezés)* finishing, completion, accomplishment **2.** *(teljesítés)* performance **3.** *(tanulmányoké)* completion

elvégzetlen *a* unfinished, incomplete

elvegyít *v* mix, mingle, blend

elvegyül *v* **1.** *(vegyileg)* mingle (with) **2.** ~ **a tömegben** mingle with the crowd(s)

elvékonyod|ik *v* become*/grow* (very) thin, taper (off)

elver *v* **1.** *vkt* thrash, beat* soundly; **jól** ~ **vkt** give* sy a good thrashing **2.** *(vagyont)* squander, fritter away → **pénz 3. a jég** ~ **te a vetést** the hail has destroyed the corn/crops

elvergőd|ik *v vhová* reach [a place] with much effort

elvermel *v* cover with earth, store in a pit

elvérzés *n* bleeding to death

elvérz|ik *v* **1.** *orv* bleed* to death **2.** *átv biz* fail

elvesz[1] *v* **1.** ált take* sg away/off from sy; *(erőszakkal)* seize, lay* hold of; *(hatóság)* confiscate; **sok időt** ~ takes up a lot of time **2.** ~ **i a kedvét** spoil* sy's humour; ~ **i a kilátást** obstruct the view **3.** *(feleségül)* marry

elvesz[2], **elvész** *v* **1.** *(tárgy)* be*/get* lost; **elveszett az órám** I have lost my watch **2.** *(kárba vész)* be* wasted; **rossz pénz nem vész el** a bad penny always comes back **3.** *(eltűnik)* slip out of one's hands; *(levél)* be* lost in the post **4.** *(elpusztul)* perish

elveszett *a* lost, missing; ~ **ember** a lost man°; **nem** ~ **ember** *(igével)* there's no need to worry about him/her; ~ **nek tekint vkt** give* sy up for lost

elveszít *v* = **elveszt**

elveszt *v* lose*; ~**i az egyensúlyát** lose* one's balance; ~**i a fejét** lose* one's head, get* flurried; ~ **vkt a szeme elől** lose* sight of sy; ~**i az eszméletét** lose* consciousness, faint ⇨ **per**

elveszteget *v* **1.** *(időt)* dawdle/idle away (one's time) **2.** *(pénzt)* waste, squander **3.** *(árut olcsón)* sell* ridiculously cheap

elvesztés *n* loss

élveszülés *n* live birth

elvet *v* **1.** *(magot)* sow **2.** *(eldob)* throw*/cast* away/off, fling* away **3.** *(elutasít)* reject, refuse; *(kifogást)* dismiss, rule out; *(tervet)* scrap; ~**i a gondját vmnek** get* sg off one's mind ⇨ **sulyok**

elvét *v* = **eltéveszt**

élveteg *a ir* sensual, voluptuous

elvetél *v* miscarry, abort; *(állat)* abort

elvétel *n* taking away; *(erőszakosan)* seizure, confiscation

elvetemült *a* depraved, infamous, wicked

elvetemültség *n* depravity, infamy, (utter) wickedness

elvetendő *a* **1.** *(visszautasítandó)* rejectable, to be rejected *ut.*, unacceptable **2.** *(kifogásolható)* reprehensible, objectionable

elvetet *v* **1.** *vmt* have* sy take (sg) away **2.** *(feleségül)* force [a man] to marry [a woman] **3.** ~**i a gyereket** have* the baby aborted

elvetőd|ik *v* **1.** *vhova* happen to get* swhere, find* oneself swhere **2.** *(kapus labdáért)* dive [for the ball]

elvétve *adv* occasionally, now and then

élvez *v* **1.** *vt vmt* enjoy, find*/take* pleasure (in), take* delight in (doing) sg **2.** *vt (jogot)* enjoy; *(előnyöket)* benefit from [privileges]; *(jövedelmet)* be* in possession of, have*; *(ösztöndíjat)* be* the recipient of [a scholarship] **3.** *vi biz (orgazmussal)* come*

élvezés *n* enjoyment

elvezet **1.** *vt vhonnan* lead*/walk away/off; *vhová* lead*/conduct/guide to; *(rabot)* march off **2.** *vt (járművet)* drive*; *(hajót)* navigate **3.** *vt (üzemet)* run*, direct, manage **4.** *vt (áramot)* conduct [current]; *(folyót)*

divert **5.** *vi* **az út** ~ **a ház előtt** the road goes past the house

élvezet *n* pleasure, enjoyment, delight, joy; ~**et talál vmben** love (doing) sg, find* pleasure in (doing) sg

élvezetes *a* enjoyable, delightful, delicious

élvezeti *a* ~ **cikkek** consumer goods

élvezhetetlen *a* unenjoyable; *(étel)* unfit to eat *ut.*, uneatable; *(ital)* undrinkable; *(könyv)* unreadable

élvezhető *a* enjoyable, delightful; *(étel)* eatable, tasty; *(ital)* drinkable; *(könyv)* readable

élvező *n* user; *(jövedelemé)* recipient; *(vagyoné)* usufructuary

élvhajhászás *n* pleasure-hunting

élvhajhászó I. *a* pleasure-seeking/loving **II.** *n* pleasure-seeker, libertine, free-liver

elvhű *a* true to (one's) principles *ut.*, consistent

elvhűség *n* consistency of principle

elvi *a* of principle *ut.*; ~ **alap(ok)** underlying principles; ~ **alapon** on principle; on a matter of principle; ~ **alapon nem szótározunk olyan szavakat** we don't include ... as a matter of policy; ~ **jelentőségű** of fundamental importance *ut.*; ~ **jellegű** discipline-based; ~ **kérdést csinál vmből** make* it a matter of principle (to...), make* a point of (...ing)

elvigyorod|ik *v* grin, smirk

elviharz|ik *v* **1.** *átv* blow*/be* over **2.** *vk vhonnan* dash away

elvileg *adv* in principle, theoretically

elvirágz|ik *v* **1.** *(virág)* cease flowering; *(fa)* shed* its blossoms **2.** *átv* fade

elvirít *v* = **elvirágzik**

elvirul *v* = **elvirágzik**

elvisel *v* **1.** *(elnyű)* wear* out **2.** *(eltűr)* endure, tolerate, suffer, bear*

elviselhetetlen *a* unbearable; ~ **látvány számomra** I cannot bear to see it

elviselhető *a* tolerable, endurable, bearable

elvisz 1. *vt (tárgyat)* carry away/off, take* away; *(elszállít)* transport; *(magával vmt)* take* (sg) with one, take* along; *(víz vmt)* wash/sweep* away; **ezt nem viszed el szárazon** *biz* you won't get away with it this time; **mikor viszik el a leveleket?** when is the next collection? **2.** *vt (vkt magával)* take* along; *(járművel)* drive* sy to [a place], give* sy a lift; ~**em hazáig** *(autóval)* I'll drive you home, I'll drop you at your door; **a rendőrség elvitte** he was taken into custody, he was arrested; **elvitték** *(pl. koncentrációs táborba)* (s)he was taken off [to a con-

centration camp] **3.** *vt (díjat)* win*, carry off; *(ütést kártyában)* take* [a trick] **4.** *vi (fegyver vmeddig)* carry [to a distance] **5.** *vi (út vm mellett)* pass by/near
elvitat *v.* contest, dispute (sy's right to sg); **azt nem lehet ~ni** it has to be admitted, it cannot be denied
elvitathatatlan *a* indisputable, undeniable
elvitel *n* carrying away/off, removal; **ebéd/vacsora ~re** *(kiírás)* takeaway meals/lunch
elvitet *v* have* sy/sg carried/taken away, have* sg removed; **~i magát vkvel** ask sy for (*v.* get*) a lift
elvitorláz|ik *v vhonnan* sail (away/off)
elvon *v* **1.** *(elhúz)* draw* away/off **2.** *(csapatokat)* withdraw* **3.** *vktől vmt* deprive sy of sg **4.** **~ja a figyelmet** distract/divert attention (from); **~ vkt a munkától** take* sy away from his work **5.** *(fogalmat)* abstract
élvonal *n* forefront; *átv* vanguard
élvonalbeli *a* in the forefront *ut.*, leading; **~ sportoló** top/outstanding sportsman°/sportswoman°
elvonás *n* **1.** *(elhúzás)* drawing away/off **2.** *(megvonás)* deprivation, withdrawal **3.** *(figyelemé)* diverting (of attention) **4.** *(fogalomé)* abstraction; *(szóképzésnél)* back-formation
elvonatkoz|ik *v vmtől* disregard sg
elvonatkoztat *v* treat/consider sg in isolation
elvonókúra *n (alkoholtól)* detoxication cure
elvonszol *v* drag/lug/tug away/along; *vkt* trundle sy away/along
elvont *a* abstract; **~ fogalom** abstraction; **~an** in the abstract
elvontat *v* tow/haul away
elvonul *v* **1.** *(vihar)* pass, pass/blow* over **2.** *(sokaság vhonnan)* withdraw*; *(kat, vhonnan)* march away/off; *(díszmenetben)* march past **3.** *(szobájába)* withdraw*, retire
elvonulás *n* **1.** *(viharé)* passing **2.** *kat* withdrawal; *(díszmenetben)* (ceremonial) march-past; **szabad ~t enged** grant free (and honourable) withdrawal **3.** *(szobájába)* withdrawal, retirement
elvonultan *adv* **~ él** live in seclusion
elvonultság *n* seclusion, retirement
elvörösöd|ik *v* blush, flush
elvtárs *n* comrade; **Kiss ~** Comrade Kiss
elvtársi *a* comradely; **~ segítség** comradely/fraternal help; **~ üdvözlet** fraternal greetings
elvtársias *a* comradely, fraternal

elvtársiasság *n* (spirit of true) comradeship
elvtársnő *n (megszólítás)* comrade
elvtelen *a* without principles *ut.*, unprincipled
elvtelenség *n* want/lack of principles
elzálogosít *v* put* in pawn, pawn
elzálogosítás *v* pawning
elzár *v* **1.** *vmt vhová* lock/shut* up/in; **gyermekek elől ~va tartandó** keep out of the reach of children **2.** *(utat)* close, block; **az út ~va** road closed **3.** *(nyílást)* stop (up), close; *(csapot)* turn [the tap] off; *(gázt, vizet)* turn [the gas/water] off; *(készüléket)* switch off; *(villanyt)* turn/switch/put* off [the lights]; **zárd el!** *(gázt stb.)* turn it off; *(rádiót stb.)* switch/turn it off; *(zajos zenét stb.)* shut it off; **el van zárva a gáz** the gas is (turned) off **4.** *(vkt hatóság)* lock up, confine
elzarándokol *v* go* on (*v.* make*) a pilgrimage (to)
elzárás *v* **1.** *vhová* locking (up), shutting (up) **2.** *(úté)* closing, blocking **3.** *(nyílásé)* stopping; *(vízé, gázé, áramé)* shutting/turning off; *(rádióé stb.)* switching off **4.** *jog* custody; **kétheti ~ra ítélték** he was sentenced to a fortnight's imprisonment
elzárkózás *n* **1.** *átv* reserve, isolation **2.** *vm elől* refusal (to consider sg)
elzárkóz|ik *v* **1.** *vhová* shut*/lock oneself in **2.** *átv* be* reserved, hold*/keep* aloof from **3.** *(kérés elől)* turn a deaf ear to; **nem zárkózik el vm elől** be* not averse to (doing sg)
elzárócsap *n* stopcock
elzárt *a* closed
elzártság *n átv* isolation
elzászi *a* Alsatian
Elzász-Lotaringia *n* Alsace-Lorraine
elzavar *v* = elkerget
elzokog *v* = elsír
elzúg *v* **1.** *(vm mellett/előtt)* roar past **2.** *(vizsgán)* be* ploughed, *US* be* flunked
elzüllés *n* moral decay, corruption
elzülleszt *v* corrupt, deprave
elzüll|ik *v* sink*/fall* into depravity
elzsebel *v* pocket, pinch
elzsibbad *v* go* numb; *(végtag)* go* to sleep; **~tam** I've got pins and needles
elzsibbaszt *v* (be)numb, deaden
elzsírosod|ik *v* become* greasy/fatty
em. = *emelet* floor, fl., storey (*US* story)
emancipáció *n* emancipation
emancipál *v* emancipate
embargó *n* embargo, ban (on); **~val sújt (egy országot)** put*/lay* an [oil etc.]

embargo on [a country], embargo (-oe-) [a country]

ember *n* **1.** man°; *(szemben az állattal)* human (being); *(néha)* person, *biz* fellow; ~ **alakú** of human shape *ut.*, manlike; ~ **ek** people, *US* folks; **az** ~ **ek többsége** most people; **mit szólnak majd az** ~ **ek?** what will people say?; **magyar** ~ a Hungarian; **mint egy** ~ as one man, unanimously; **száz** ~ a hundred people/men; ~ ~ **ellen harcol** engage in (*v.* there is) hand-to-hand fighting; ~ ~ **hátán** *(tolong)* there is* a dreadful crush/squash, (they are) packed like sardines; ~ **legyen (a talpán) aki ezt megteszi** it takes a man to do that; **nehéz** ~ tough customer; **ő jó** ~ **em** he is a friend; ~ **ére akadt/talált** he met his match; *kif* [it was] diamond cut diamond [when they met] **2. az** ~ *(mint általános alany)* one, people *pl*, we, you; **az** ~ **sohasem tudja** one never knows, you never know, you never can tell **3. vknek az** ~ **ei** *(alkalmazottak)* sy's men

emberábrázolás *v* portrayal; *(irodalmi műben)* characterization

emberalak *n* human form/figure

emberáldozat *n* **1.** *vall* human sacrifice **2. nagy** ~ **ot követelt** it cost many lives, the number of casualties was very great

emberanyag *n* manpower (resources *pl*)

emberáradat *n* steam of people, milling/ surging crowd(s), crowd

emberbarát *n* philanthropist, altruist; humanitarian

emberbaráti *a* philanthropic(al), altruistic; humanitarian

embercsempészés *n* smuggling people (out/in)

emberélet *n* **1.** *ált* human life **2.** ~ **ben nem esett kár** there are/were no casualties; ~ **et is követelt a vonatszerencsétlenség** the train crash cost [10 etc.] casualties, [10 etc.] people were killed in the train crash

emberemlékezet óta *adv* from time immemorial

emberevés *n* cannibalism

emberevő I. *a* man-eating; *(ember)* cannibal, cannibalistic **II.** *n* man-eater, cannibal

emberfaj *n* human race, man(kind)

emberfajta *n tud* race

emberfej *n* human head

emberfia *n* **egy** ~ **sem** not a soul

emberfő *n* **kiművelt** ~ educated/cultured person, highly trained intellect

emberföldrajz *n* human geography

emberfölötti *a* superhuman; ~ **erőfeszítés** superhuman effort

embergyűlölő *a/n* misanthrope, man-hater

emberi *a* human; *(emberies)* humane; ~ **alak** human shape/form, human figure; ~ **bánásmód** humane treatment, treating sy humanely; **tévedni** ~ **dolog** to err is human; ~ **erővel** by main force, with human effort; ~ **érzés** human/better feeling; ~ **ész** human understanding; ~ **jogok/jogi** human rights; ~ **kéz műve,** ~ **mű** work of man; ~ **közösség** the community, society; ~ **módon** humanely, decently; ~ **nem** human race, humanity, man; ~ **sors** man(kind)'s/human destiny; ~ **számítás szerint** as far as we can tell the future **az** ~ **természet** human nature; ~ **test** human body

emberies *a* humane, benevolent

emberiesség *n* humanity, benevolence

emberietlen *a* = **embertelen**

emberileg *adv* humanly; from a human viewpoint; **amennyire** ~ **lehetséges** as far as possible, as is humanly possible

emberiség *n* humanity, (hu)mankind

emberismeret *n* knowledge of mankind, insight into (sy's) character

emberismerő *a* (keen) observer/judge of human nature; **jó** ~ a good judge of character

emberke *n* **1.** *(gyerek)* little fellow **2.** *(kis növésű ember)* little wisp of a man

emberkerülés *n* misanthropy

emberkerülő I. *a* unsociable, misanthropic(al) **II.** *n* unsociable person, misanthrope

emberkínzás *n* torture, torment; **ez valóságos** ~ this is beyond endurance

emberlakta *a* inhabited by man *ut.*

embermagasságú *a* of a man's height *ut.*

embernyi *a* grown-up; ~ **ember** full-grown man°

embernyúzás *n* sweated labour (*US* -or), exploitation (of man by man)

embernyúzó I. *a* sweating, exploiting; ~ **főnök** a real tyrant of an employer **II.** *n* tormentor, tyrant; *(munkást)* exploiter, bloodsucker

emberölés *n* *(előre kitervelt módon elkövetett)* (wilful/premeditated) murder, homicide, *US* willful (*v.* first-degree) murder; **(szándékos)** ~ *(pl. erős felindulásban elkövetett)* manslaughter

emberöltő *n* generation

emberpalánta *n* little fellow/one/chap

emberpár *n* **az első** ~ the first (human) couple

emberrablás n kidnapping; ~t **követ el** kidnap

emberrabló n kidnapper

emberség n **1.** = **emberiesség 2.** *(tisztesség)* honesty, integrity, decency **3.** **a maga** ~**éből** spontaneously, by his own efforts

emberséges a **1.** *(humánus)* humane **2.** *(tisztességes)* honest, decent, fair

emberségesen adv humanely

embersorba lép v come* of age, become* a man

emberszabású a ~ **majom** anthropoid ape

emberszámba megy v count as a grown--up man

emberszeretet n philanthropy, charity

emberszerető a humane, charitable

embertan n anthropology

embertani a anthropological

embertárs n fellow-creature/man°/being, fellow human being

embertelen a inhuman, barbarous, monstrous, cruel, brutal

embertelenség n inhumanity, cruelty

embertömeg n multitude/mass of people, a huge crowd

emberül adv manfully, like a man, in a manly manner; ~ **megállta a helyét** he stood his ground (bravely)

embervadászat n man-hunt

embléma n emblem, symbol; *(kiadói)* imprint; *(egyéb, rövid szöveg)* logo

embólia n embolism

embrió n embryo

embrionális a embryonic; ~ **állapotban** *(vannak a tervek)* átv [the plans etc. are still] in embryo

eme pron this → **emez**

emel 1. vt ált lift, hoist **2.** vt *(épületet)* build*, put* up, erect, set* up; *(szobrot)* erect, raise, set* up **3.** vt *(árat, fizetést, magasságot, színvonalat stb.)* raise, US boost; **a munka termelékenységét** ~**i** increase the productivity of work, step up (v. US boost) production **4.** vi *(kártyában)* cut*; **ki** ~**?** whose cut is it? ⇨ **hatvány, kéz, szó, vád**

emelés n **1.** ált lifting (up), hoisting **2.** *(épületé)* erection, building; *(kártyában)* cutting **3.** *(növelés, pl. béré)* rise* (US raise), increase [in wages]

emelet n storey (US story), floor; **az első** ~**en** on the first floor, US on the second floor; **felmegy az** ~**re** go* upstairs (to); ~**et ráépít** add a storey [to a house], put* on another storey

emeletes a **1.** (-)storeyed, -storey, ·US (-)storied; **egy**~ **ház** two-storey(ed) (v. US two-story/storied) house; **három**~ **ház** a house of/having four storeys/stories, a four--storey(ed) (v. US -story/storied) house (v. block of flats); ~ **autóbusz** double-decker **2.** ~ **tört** compound (v. complex) fraction

emeleti a **1.** ~ **lakás** (the) upstairs flat; **második** ~ **lakás** flat/apartment on the second floor (v. US on the third floor), second-floor (US third-floor) flat **2.** ~ **erkély** → **erkély 2.**; **első** ~ **páholy** first tier box

emeletráépítés n adding a storey (to a house) → **emelet**

emelget v **1.** ált try to lift (sg), keep* on lifting, lift repeatedly **2.** *(súlyát megbecsülve)* heft

emelkedés n **1.** ált rise; *(értéké)* increase [of value]; *(áraké)* rise [in prices]; **az életszínvonal** ~**e** rise in living standards, rise/improvement in the standard of living **2.** *(lejtőé)* ascent; *(talajé)* high/hilly/rising ground **3.** *(rangban)* rise [in rank]

emelkedett a *(gondolat)* lofty, sublime; *(stílus)* grand, high-flown; ~ **hangulat** elation, high spirits pl

emelked|ik v **1.** ált rise*; *(repgép)* climb; **a levegőbe** ~**ik** *(repgép)* take* off **2.** *(út)* climb, ascend; *(vm fölé)* tower over (sg); **az út végig** ~**ik** the road is uphill all the way; **házsorok** ~**nek** rows of houses have risen (on the site) **3.** *(érték, költségek, hőmérséklet stb.)* rise*, increase, go* up *(vmre, mind:* to); **a Duna** ~**ik** the Danube is rising; **az árak** ~**tek** prices have risen, prices have gone up **4.** *(vmlyen rangra, tisztségre)* rise* to, attain [the rank of...]

emelkedő I. a rising, ascending; ~ **irányzat** upward tendency, uptrend **II.** n **1.** *(úté)* rise, incline, ramp, *(upward)* slope, hill; *(pályatesté)* gradient, US grade **2.** ~ **ben van** be* on the rise, be* in the ascendant

emellett adv *(ezenkívül)* besides, in addition, moreover ⇨ **mellett**

emelő 1. a raising, elevating **II.** n *(egyszerű gép)* lever; *(kocsin)* jack; *(felvonó, pl. építkezésnél)* hoist

emelőbak n sheers, shearlegs, sheerlegs *(mind: sing., ritk. pl)*

emelődaru v crane

emelőgép n lever; hoist

emelőkar n lever arm

emelőrúd n crow-bar, lever

emelővas n crow-bar, iron lever

emelővillás targonca n forklift (truck)

emelt *a* ~ **fővel** with head erect (*v.* held
high); ~ **hangon** in a loud voice

emelvény *n* platform, stand; *(szónoki)*
rostrum, (speaker's) platform

émelyeg *v* be* seized with nausea, feel* sick

émelygés *n* nausea, sickness

émelygős *a* **1.** queasy **2.** *átv* = **émelyítő 2.**

émelyít *v* **1.** *konkr* sicken, nauseate, turn/
upset* one's stomach **2.** *átv* nauseate, disgust

émelyítő *a* **1.** nauseous, nauseating, sicken-
ing **2.** *átv* mawkish, disgusting

ementáli *a* *(újabban:* "Pannónia") *kb.*
Gruyère (cheese)

emerre *adv* this way, in this direction

emészt *v* **1.** *(ételt)* digest **2.** **vkt vm** ~ sg is
preying on sy's mind; ~**i a bánat** grief is
gnawing at his heart; ~**i magát** worry
(about)

emésztés *n* digestion; **jó az** ~**e** has a good
digestion; **rossz** ~ dyspepsia, indigestion

emésztési *a* digestive, peptic; ~ **zavar** in-
digestion, dyspepsia

emésztetlen *a* undigested

emészthetetlen *a* indigestible

emészthető *a* digestible; **könnyen** ~ easy
to digest *ut.*, easily digested; **nehezen** ~
étel food that does not digest easily, heavy
food/meal

emésztő *a* **1.** *biol* digesting, digestive **2.** *átv*
consuming, wasting; ~ **gond** worry

emésztőcsatorna *n* alimentary canal

emésztőd|ik *v vmn átv* sg is* preying on
sy's/one's mind, worry (about)

emésztőgödör *n* cesspit, cesspool

emésztőnedv *n* gastric juices *pl*

emésztőrendszer *n* digestive tract

emésztőszervek *n pl* digestive organs, di-
gestive tract *sing.*

emez *pron* ~ **szebb, mint az** this one here
is prettier than that one; ~ **a ruha** this
suit/dress here

emiatt *adv* **1.** *(ok)* this is why, for this
reason, because of this **2.** *(efelől)* on this/
that account, about that; ~ **ne aggódj**
don't (you) worry about that (*v.* on that
account); ~ **még eljöhetsz** you may
come for all that

emide *adv* here, to this place

emigráció *n* **1.** *(kivándorlás)* emigration **2.**
(száműzetés) exile

emigrál *v* **1.** *(kivándorol)* emigrate **2.** *(szám-
űzetésbe megy)* go* into exile, be* forced to
emigrate

emigráns *n* **1.** *(nem politikai)* emigrant **2.**
(politikai) (political) exile, émigré

emígy *adv* in this way

eminens *a* ~ **tanuló** prize pupil

emitt *adv* (just) here

emleget *v* mention repeatedly, speak* often
of sy/sg, be* always talking about; ~**nek**
(csukláskor) are your ears burning?

emlék *n* **1.** *(tárgy)* souvenir (*US* sou-), keep-
sake, memento; *(régi becses)* relic; ~**be
kaptam** I received it as a keepsake, I got it as
a souvenir **2.** *(emlékezet)* memory, remem-
berance; **kellemes** ~**eim vannak arról
az évről** I have pleasant/happy memories
of that year; **vk** ~**ei** sy's reminiscences/
recollections; ~**eiről beszél** reminisce, re-
call the past; **vk** ~**e** sy's memory; **vk/vm**
~**ére** in memory of, to the memory of; *(sír-
kövön)* in memoriam X.Y.; **első találko-
zásunk** ~**ére kaptam** I got it as a
memento of our first meeting **3.** *(mű)*
memorial; ~**et állít vknek** erect/raise a
monument to the memory of sy ⇨ **em-
lékül**

emlékbélyeg *n* memorial stamp

emlékbeszéd *n* memorial speech

emlékérem *n* (commemorative) medal,
medallion

emlékest *n* memorial evening

emlékezés *n* remembrance, recollection, re-
miniscence

emlékezet *n* **1.** *(képesség)* memory, recol-
lection; **legjobb** ~**em szerint** to the best
of my memory, as far as I can recall/remem-
ber; **vknek az** ~**ébe idéz vmt** call sg to
sy's mind, remind sy of sg; ~**ébe vés,** ~**é-
ben rögzít** commit (sg) to one's memory;
~**(é)ben tart** remember (sy/sg), keep*/
bear* (sg/sy) in mind; ~**ből** by heart
2. *(emlék)* memory (of sg), remembrance (of
sg); **X. Y.** ~**ére** to the memory of X.Y.

emlékezetes *a* memorable, remarkable

emlékezetkiesés *n* amnesia; *(pillanatnyi)*
black-out

emlékez|ik *v vmre* remember, recollect, re-
call *(mind: sg)*; **ha jól** ~**em** as far as I can
remember, unless I am very much mistaken;
nem ~**em** I can't/don't remember, I forget,
it escapes me; **ő már nem** ~**ett** he could
not recall it any more

emlékezőtehetség *n* (power of) memory;
jó ~ good/retentive memory; **kitűnő** ~**e
van** (s)he has total recall, (s)he has got a
good memory; **gyenge** ~ poor memory

emlékeztet *v* **1.** *(vkt figyelmeztet vmre)*
remind (sy that... *v.* sy to do sg *v.* sy of sg);
**emlékeztess kérlek, hogy írjak Pé-
ternek** (please) remind me to write to Peter
2. *(vkben felidéz vmt/vkt)* remind sy of sg/sy,

be* remini*scent* of sg; ~ **apámra** he reminds me of my father
emlékeztető l. *a vmre* remini*scent* of sg *ut.;*
ll. *n* remi*nder*, memento; ~**ül** as a remembrance (of)
emlékhely *n* (national) memorial
emlékirat *n* **1.** *(hivatalos)* memorandum *(pl* memoranda) **2.** *(magán)* memoirs *pl*
emlékiratíró *n* diarist
emlékkép *n* *(lélektani)* (memory-)trace, engram
emlékkiállítás *n* commemorative exhibition, retrospective
emlékkönyv *n* **1.** *(kéziratos)* (keepsake) album **2.** *(tudósnak)* Festschrift, [book, essays etc. published] in honour *(US* -or) of X
emléklap *n* certificate of merit/commendation
emlékmű *n* monument, memorial; **hősi** ~ war memorial; *(Londonban a két világháborúé)* the Cenotaph
emlékoszlop *n* monument, obelisk
emlékpénz *n* commemorative coin
emléksorok *n pl* **1.** *(emlékkönyvben)* lines in sy's album **2.** *vkről* lines in memory of sy
emléksz|ik *v* = **emlékezik**
emléktábla *n* memorial/commemorative plaque/tablet
emléktárgy *n* souvenir, memento
emlékül *adv* as a souvenir; *(könyvajánlásban)* as a token of affection/friendship; ~ **ad vmt** give sg as a souvenir
emlékünnep(ély) *n* festival of remembrance, commemoration (festival); *(istentisztelettel)* memorial service; *(évfordulón)* anniversary
emlékvers *n* memorial poem
említ *v* mention, make* mention of, refer to; *(futólag)* touch upon; **mint már** ~**ettük** as mentioned above/earlier; **nem** ~ pass over, leave* unmentioned; **nem is** ~**ve** to say nothing of; **nem lehet őket egy napon** ~**eni** they are not to be mentioned in the same breath
említés *n* mention(ing), reference (to); ~**re méltó** noteworthy, remarkable; ~**t tesz vmről** mention sg
említett *a* mentioned, referred to *ut.;* **az előbb** ~ just mentioned *ut.,* above-mentioned, referred to above *ut.;* hiv aforesaid, aforementioned
emlő *n* *(nőé)* breast; tud mamma *(pl* mammae); *(állaté)* udder
emlőbimbó *n* nipple, teat
emlőgyulladás *n* mastitis

emlős(állat) *n* mammal; **emlősök** mammals, tud Mammalia
emóció *n* emotion, feeling
emocionális *a* emotional
e-moll *n* E minor
empirikus *a* empirical; ~**an,** ~ **módszerrel** empirically
emse *n* sow
emulzió *n* emulsion
-en *suff* → **-on**
én l. *pron* **1.** *(személyes névmás)* I, biz me; ~ **vagyok** it is I, biz it's me; ~ **magam** I (...) myself; ~**belőlem** from me, out of me; ~**bennem** in me; ~**értem** for me, for my sake; ~**felőlem** for all I care; ~**hozzám** to me, to my place; ~**mellém** to my side; ~**nálam** (1) *(hely)* with me, at my place; (2) ~**nálam csak egy tízes van** I've got only a ten forint note on me; (3) **senki** ~**nálam jobban nem méltányolja** there is no one who will appreciate it more than I do; ~**nekem** (to) me; ~**rajtam** (1) *(konkrétan)* (up)on me; (2) ~**rajtam már nem lehet segíteni** I am past help; ~**r(e)ám** (1) *(konkrétan)* on me; (2) ~**r(e)ám nem gyakorolt különösebb hatást/benyomást** I was not particularly impressed by it/her/him; ~**r(e)ám számíthat** you may depend upon me; ~**rólam** (1) *(rólam)* from me; (2) *átv* of/about me; ~**tőlem** (1) *(tőlem)* of/from me; (2) *átv* as far as I am concerned, for all I care; ~**velem** (together) with me **2.** *(birt. jelzőként)* my; **az** ~ **anyám** my mother **ll.** *n* *(vk énje)* self°, ego; **a második** ~**em** my other self **-én** *suff* ötödikén, **5-én** on the fifth/5th; **május 5-én** on 5(th) May
encián *n* gentian
enciklika *n* encyclical
enciklopédia *n* encyclop(a)edia
enciklopédikus *a* encyclop(a)edic
endokrin mirigyek *n pl* orv endocrine glands
Endre *n* Andrew
ének *n* **1.** *(dal)* song; *(egyházi)* hymn **2.** *(éneklés)* singing; *(madáré)* (bird) song, warble, warbling **3.** *(eposzé)* canto, book **4.** *isk* = **énekóra**
énekbetét *n* song, aria
énekegyüttes *n* chorus, choir; *(kisebb)* singers *pl*
énekel *v* sing*; *(madár)* warble; ~**ni kezd** begin* to sing, burst* into song
énekelhető *a* easy to sing *ut.,* singable
énekes l. *a* singing; ~ **bohózat** musical comedy, vaudeville **ll.** *n* singer; *(könnyűze-*

nei) vocalist; *(templomi énekkarban)* chorister
énekeskönyv n songbook; *(egyházi)* hymn--book, hymnal
énekesmadár n songbird
énekesnő n (female) singer → **énekes II.**
énekhang n singing voice; jó ~ja van (s)he has a good (singing) voice
énekkar n chorus, choir → **énekegyüttes**
énekkari a choral; ~ **tag** member of a choir
éneklés n singing
éneklő a singing; ~ **hangon olvas** read* in a sing-song voice
énekmondó n *(középkori)* minstrel, scop
énekművészet n the art of singing
énekóra n singing lesson
énekpróba n **1.** *(felvételi)* hearing, audition **2.** *(kari)* singing practice, rehearsal for singers/chorus
énekszám n song, number
énekszó n singing; ~**val** singing, with songs
énekszólam n vocal score
énektanár n singing-master/teacher
énektanárnő n singing-mistress
énektanítás n instruction in singing
enemű a of that kind/sort ut.
energetika n energetics *sing.*
energetikus n energetics expert
energia n **1.** *műsz* energy, power; **az ~ megmaradásának elve** principle of the conservation of energy; **az ~ felhasználása** utilization of energy **2.** *(emberi)* vigour (*US* -or), drive, stamina; **sok ~t fordít** vmre devote (all) one's energies to sg
energiaátalakítás n conversion/transformation of energy, energy conversion/transformation
energiaátalakulás n = **energiaátalakítás**
energiaellátás n energy/power-supply
energiafogyasztás n energy/power consumption
energiaforrás n source of energy/power, energy source
energiagazdálkodás n (planned) utilization/conservation of energy/power (resources), energy planning
energiahordozó n energy source/carrier
energiaszükséglet n energy-needs/requirements *pl*
energiatakarékos(sági) a energy-saving [measures etc.]
energiatermelés n generation of energy/power, power generation *pl*
energiaveszteség n loss of energy/power

energikus a energetic, forceful, vigorous; ~ **ember** a man° full of energy
enervált a enervated
enged 1. *vt vmt* allow/permit (sy to do sg), let* (sy do sg); **nem ~ vmt vknek** refuse to allow sy (to do) sg, refuse sy sg; **nem ~ett leülni** he would not let me sit down; **apja nem ~i egyedül a moziba** her father won't let her go to the cinema alone; **nem ~ szóhoz jutni** monopolize the conversation **2.** *vt* **vizet ~ a kádba** run* a bath (for sy) **3.** *vi (nem áll ellen)* yield, give* way (to), submit to give* in; ~ **az erőszaknak** yield to force; **vk kérésének ~** comply with sy's request; **az okosabb ~** discretion is the better part of valour; **nem ~ hold*/keep*** one's ground **4.** *vi (vmből)* ~ **az árából** reduce the price (of) *vt* ~ **öt forintot ~ az árából** take* five forints off the price; *biz* knock 5 fts off; **nem ~ a negyvennyolcból, nem ~ elveiből** stick* to one's guns, stand* firm **5.** *vi (megfeszített dolog, feszültség)* yield, give* way (under pressure), ease, slacken **6.** *vi (idő, hideg)* grow* milder, become* less severe; **a fagy ~** the frost is breaking ⇨ **szabad II.**
engedékeny a yielding, (com)pliant, indulgent, permissive
engedékenység n compliance, indulgence
engedelem n † permission, leave; **szíves engedelmével** with your (kind) permission; **engedelmet kérek** you will excuse me (but), I beg your pardon
engedelmes a obedient
engedelmesked|ik v vknek obey (sy), be* obedient (to sy); **nem ~ disobey (sy)
engedelmesség n obedience (to); **az ~et megtagadja** refuse to obey sy
engedély n **1.** ált permission; *(írott)* permit; *(hivatalos)* authorization; ~**t kér** vmre ask for permission to do sg; ~**t ad** vmre permit sg, give*/grant permission (to do sg) **2.** *(ipari)* licence; ~**t kap** vmre be* licensed for sg (v. to sell sg)
engedélyez v **1.** ált allow, permit; vknek vmt give*/grant (sy) permission (to do sg); *(hatóság)* authorize; ~**ték a felvonulást/tüntetést** permission to hold the march/demonstration was granted/given; *(ipart)* grant a licence (for), license sg; ~**nek vknek vmt** be* licensed [to sell sg]
engedélyezés n **1.** *(folyamat)* grant(ing), authorization, licensing **2.** *(irat)* permission, permit, licence
engedélyezett italmérés n hatóságilag ~ licensed house

engedetlen *a* disobedient, unruly
engedetlenked|ik *v* be* disobedient, disobey
engedetlenség *n* disobedience
engedmény *n* **1.** *(vitában)* concession, yielding (of a point) **2.** *ker* discount, reduction (in price); **X %-os ~t ad vknek vmre let*** sy have sg at a discount of X per cent; **fizetési engedménnyel** on easy terms; **10 %-os ~t ad** allow a discount of 10% *(v.* a 10% discount); 10% off **3.** *jog* cession, transfer
engedményes I. *a* ~ **ár** sale price; ~ **vásár** sale **II.** *n jog* transferee, assignee
engedményez *v* assign, transfer
engedményező *n* transferor, assignor
engem *pron* me; **ami** ~ **illet** as for myself
engesztel *v* appease, conciliate
engesztelés *n* appeasement, conciliation; ~**ül** by way of appeasement, in propitiation
engesztelhetetlen *a* implacable, unforgiving, relentless; ~ **gyűlölet** undying hatred
engesztelő *a* propitiatory, expiatory; ~ **szentmise(áldozat)** Mass for the Dead
engesztelődés *n* (re)conciliation, appeasement
engesztelőd|ik *v* become* reconciled
Enikő *n* ⟨Hungarian feminine given name⟩
énmiattam *adv (miattam)* because of me; *(értem)* for my sake
ennek *pron* **1.** *(birtokos)* of this; ~ **az embernek a háza** the house of this man, this man's house; ~ **ki az oka?** who is responsible for it/this? **2.** *(részeshatározó)* to/for this; ~ **a fiúnak add oda** give it to this boy; ~ **köszönhető, hogy** it is thanks/due to this that, this is why
ennél *pron* **1.** *(hely)* at this/that; ~ **a pontnál** at this point **2.** *(középfok mellett)* than this/that; **nincs** ~ **jobb** there is none/nothing better; *biz* nothing can beat it
ennélfogva *adv* consequently, hence, for this reason, thus
enni *v* → **eszik**
ennivaló I. *n* food; **egy kis** ~ something to eat; *(bisztróban stb.)* snack **II.** *a biz (csinos)* charming; *(aranyos)* lovely, delicious, sweet
ENSZ = *Egyesült Nemzetek Szervezete* The United Nations (Organization), UNO, UN
enzim *n* enzyme
ÉNY *n* = *északnyugat* north-west, NW
enyeleg *v* dally, wanton, trifle; *(nővel)* flirt
enyelgés *n* dalliance, trifling; *(nővel)* flirting, flirtation
enyém *pron* mine; **ez a könyv az** ~ this book is mine, this book belongs to me; **ezek**

az enyéim these are mine, these belong to me; **az enyéim** *(= családom)* my family/children/folks
enyészet *n ir* death, decay, annihilation
enyh *n †* ~**et ad** give* relief, soothe, ease
enyhe *a (idő, tél)* mild; *(éghajlat)* genial, mild; *(szél)* light; *(fájdalom)* slight; *(büntetés)* light, mild, lenient [punishment]; ~ **büntetéssel megússza** get* off light; ~ **túlzás** *biz* slight exaggeration; ~**n szólva** to put it mildly, not to put too fine a point on it
enyheség *n (időé)* mildness; *(ítéleté)* lightness, lenience; *(fájdalomé)* slightness
enyhít *v (bánatot, fájdalmat)* ease, mitigate, assuage, alleviate, soothe, lessen; *(éhséget)* appease; *(feszültséget)* ease; *(gondot)* lighten; *(ítéletet)* reduce; *(szomjúságot)* quench
enyhítés *n (fájdalomé, bánaté)* easing, mitigation, alleviation; *(éhségé)* appeasing; *(feszültségé)* easing; *(ítéleté)* reduction; *(szomjúságé)* quenching
enyhítő *a* mitigating, alleviating; ~ **körülmény** mitigating circumstances *pl*
enyhül *v (fájdalom)* subside, abate, lessen; *(feszültség)* ease, slacken, *US* let* up; *(idő)* turn/grow* milder
enyhülés *n* **1.** *(fájdalomé)* abatement, subsidence, mitigation, softening **2.** *(fagy után)* thaw **3.** *pol* détente
ennyi *pron (súly, terjedelem)* so much; *(számban)* so many; ~ **az egész** that's all (there is to it); **hol voltál** ~ **ideig** where have you been all this time?; ~**be kerül** that/this is how much it costs; ~**ben marad(t)unk** that is settled (then); ~**en** so many (of us/them); ~**ért nem adom!** I can't let you have it for that; ~**re** (1) *(eddig)* so far as that, thus (far); (2) *(ilyen mértékben)* so (very) much, as much as that, that much; **azért nincs** ~**re hideg** it isn't all that cold; ~**szer** so many times, so often
enyv *n* glue; **hideg** ~ woodworking glue
enyves *a* gluey; ~ **hátú** adhesive; ~ **festék** distemper
enyveskezű *a* light-fingered
enyvez *v* glue
ép *a* **1.** *(egész)* whole, intact, unbroken, unhurt, unharmed; **fogai** ~**ek** he has good teeth **2.** *(egészséges)* healthy, sound; ~ **bőrrel megmenekült/megúszta** (s)he escaped unscathed/unharmed → **megúszik;** ~ **ésszel senki** ... no one in his right senses would ...; ~ **testben** ~ **lélek** a sound mind in a sound body

epe *n* bile; **elönti az** ~ lose* one's temper, (it) makes sy's blood boil
epebaj *n* bilious complaint
epebajos *a* bilious [patient]
epebántalom *n* gall-bladder disease
epebeteg *n* bilious patient
eped *v* languish; *(vmért, vm/vk után)* long, yearn, pine *(mind*: for); ~**ve vár vkt** long for sy's arrival
epeda *n* spring mattress
epegörcs *n* bilious attack, biliary colic
epehólyag *n* gall-bladder
epeked|ik *v* = **eped**
epekő *n* gallstone; **epeköve van** he has (got) gallstones; ~**vel operálták** was operated on for gallstones
epekőműtét *n* ~**et végez vkn** operate on sy for gallstones
épelméjű *a* of sound mind *ut.*, sane
épen *adv* **1.** *(tárgy)* in perfect condition, unbroken, (completely) undamaged, safe (and sound) **2.** *(személy)* safe and sound, unhurt; ~ **hazaértünk** we got home safely ⇨ **megúszik**
epeömlés *n* bilious attack
eper *n* *(földi~)* strawberry; *(fa~)* mulberry ⇨ **szamóca**
eperdzsem *n* strawberry jam
eperfa *n* mulberry tree
eperszezon *n* **most van az** ~ strawberries are in (season)
epés I. *a* **1.** *biz* = **epebajos 2.** ~ **megjegyzés** malicious/sarcastic/caustic remark **II.** *n* = **epebeteg**
epeszt *v* **bánat** ~**i** be* grief-stricken
épeszű *a* of sound mind *ut.*, normal, sane; ~ **ember nem ...** no one in his right senses would ...
epevezeték *n* bile-duct
epicentrum *n* epicentre *(US* -ter)
epigon *n* decadent/inferior successor, epigone
epigramma *n* epigram
epigrammatikus *a* epigrammatic
epika *n* epic poetry
epikai *a* epic
epikus *a* epic; ~ **költemény** epic (poem); ~ **költő** epic poet
epilepszia *n* epilepsy
epilepsziás I. *a* epileptic; ~ **roham** fit of epilepsy, epileptic fit **II.** *n* epileptic
epileptikus *a* = **epilepsziás**
epilógus *n* epilogue *(US* epilog)
épít *v* **1.** *ált* build*, construct; **hajót** ~ build* a ship; **hidat** ~ build* a bridge, throw* a bridge (across a river); **utat** ~

make* a road; **vasutat** ~ lay* down *(v.* construct) a railway *(US* railroad) **2.** *átv vmre* build* (up)on, rely/depend on (sg); **nem lehet a szavára** ~**eni** there is no relying on him
építés *n* *ált* building; *(gépé)* construction; ~ **alatt** under construction
építési *a* building, construction; ~ **előirányzat** estimates for building *pl,* estimated cost of building; ~ **engedély** building permit; ~ **költség** building cost(s); ~ **terület** building site; ~ **vállalkozó** building contractor, builder
építésügy *n kb.* housing and construction
építésvezető *n* (building) site architect/manager/foreman°, clerk of the works
építész *n* **1.** *(építési vállalkozó)* (general) builder, building contractor **2.** = **építésvezető 3.** *biz* = **építészmérnök**
építészet *n* architecture
építészeti *a* architectural
építészmérnök *n* (qualified) architect, building engineer
építkezés *n* building; *(nagyobb)* construction
építkezési *a* constructional, building; ~ **terület** building site
építkez|ik *v* build*, have* a house built
építmény *n* building, structure
építő I. *a* **1.** *konkr* (for) building **2.** *átv* ~ **(szándékú)** constructive, positive; ~ **kritika** constructive criticism **II.** *n* builder
építőanyag *n* building material
építőanyag-ipar *n* building materials industry
építőipar *n* the building industry/trade, the construction industry
építőipari *a* ~ **munkás** building/construction worker; ~ **szakközépiskola** technical school for the building trade; ~ **vállalat** construction/building company
építőkocka *n* *(játék)* building blocks/bricks *pl*
építőkő *n* building stone; *(nagyméretű)* block
építőmérnök *n* civil engineer
építőmérnöki *a* ~ **munka/szak/tudományok** civil engineering
építőmester *n* (master) builder
építőmunkás *n* construction/building worker, builder
építőművész *n* architect
építőművészet *n* architectural art
építtet *v* have* sg built/constructed
epizód *n* episode, incident
epizodista *n* = **epizódszínész**

epizódszerep *n* supporting part/role; *(rendsz. néma)* walk-on part
epizódszínész *n* supporting actor
épkézláb *a (ember)* sound, healthy; *(gondolat)* sound; *(ötlet)* [an idea] that will work; *(elképzelés)* workable, practicable
eposz *n* epic *(poem)*
épp *adv* = **éppen**
éppen *adv* just, exactly, precisely; ~ **akkor** just then; ~ **akkor, amikor** just when; **akkor** ~ **távol voltam** I happened to be away at the time; ~ **akkora** just as big (as), just the same size (as); ~ **annyi/ennyi** just as many/much; ~ **egy kiló** just/exactly one kilogram; ~ **az, amire szükségem van** just the thing, the very thing; ~ **azért/ezért** for that very reason, that's why; ~ **ezen a helyen** in this very place; ~ **hogy (elég)** only just (enough); ~ **csak,** ~ **hogy (csak)** barely, just; ~ **csak hogy olvasni tud** he can barely read; ~ **csak hogy nem késtem le a vonatot** I was just in time for the train, I only just caught the train; ~ **csak hogy elindultunk, Péter elesett** we had hardly started *(v.* hardly had we started) when Peter fell; ~ **elkészültem a leckével, amikor belépett a szobába** I had just finished my homework when he came into the room; ~ **itt** just here, in this very place, on this very spot, right here; ~ **jókor** just in time, in the nick of time; ~ **ma reggel** this very morning; ~ **most** just (now), *US* right now; ~ **nem** by no means, not by any means, not at all, not a bit; **Hallom, szereted az új állásodat. Nem** ~. **Elég unalmasnak találom.** I hear you like your new job. On the contrary, I find it rather dull; ~ **olyan** (exactly)) the same; *(mint)* the same (as); ~ **úgy** in the same way (as), just as; ~ **úgy megtörténhetik vele is** it can just as well happen to him
éppenséggel *adv* exactly, absolutely; ~ **nem** not at all, by no means; **én** ~ **nem bánom** it's all right as far as I am concerned; **hát ezt** ~ **nem kellett volna megtenned** you really shouldn't have done that
épphogy *adv* → **éppen;** ~ **elérte** he only just caught it *(v.* the train etc.)
éppígy *adv* = **ugyanígy**
éppily(en) *a* = **ugyanilyen**
éppoda *adv* = **ugyanoda**
éppoly(an) *a* = **ugyanolyan**
éppúgy *adv* = **ugyanúgy**
eprész|ik *v* gather/pick strawberries

épség *n* wholeness, soundness, completeness; **átv** safety; ~**ben** *(megmarad vm)* intact; *(megérkezik pl. csomag)* safe; *(ember)* safe (and sound); safely; ~**ben hazaértek** they got home safely; ~**ben találtuk a gyerekeket** we found the children safe and sound; ~**ben átvészelte az utat** *(törékeny tárgy)* [the fragile china] survived the journey safe and sound
épül *v* **1.** *vm* be* built/erected/constructed; *(most)* be* being built; be* under construction **2.** *vmn, vmre* be* founded/based on, rest on **3.** *(okul vmből)* be* edified by
épülés *n (okulás)* edification; ~**ére szolgál vknek** be* edifying to sy, do* sy good, be* of benefit to sy
épület *n* building; ~**et emel** put* up a building, erect a building
épületasztalos *n* building joiner, (builder's) carpenter
épületelem *n* prefabricated part, building panel/unit
épületelemgyár *n* building panel factory
épületes *a átv* edifying
épületfa *n* timber, *US* lumber
épületgépészet *n* building energineering
épületkár *n* damage to buildings, structural damages *pl*
épület-karbantartás *n* maintenance
épületlakatos *n* fitter
épületrész *n* part/wing of building
épületszárny *n* (side-)wing, annexe *(US* annex)
épülettömb *n* block (of houses)
épületvas *n* structural iron
épülő *a* ~ **ház** the house in building
épülőfélben van *v* be* under construction, be* being built
ér[1] **1.** *vi vhova* get* to, arrive at, reach [a place], come* to; **egy faluhoz** ~**tek** they came to a village **2.** *vi vmeddig* reach to, extend/stretch as far as; **térdig** ~ **a víz** the water is knee-deep, the water comes up to the knees **3.** *vi vmhez* touch sg **4.** *vt (értéket)* be* worth (sg); **nem sokat** ~ it is not worth much, it is not much use; **mennyit** ~? what is it worth?, how much is it worth?, what is the value of it? **5.** *vi (vmre megy vele)* be* of use (to sy); **nem sokat** ~**sz vele** it is not *(v.* will not be) (of) much use to you **6.** *vt vm vkt* hit*, befall*, overtake*, happen to; **baleset** ~**te** he had an accident, he met with an accident; **nagy szerencse** ~**t bennünket** we were *(v.* have been) very lucky, we (have) had a windfall *(v.* a stroke of luck) **7.** *vt vkt vmn* catch* [sy in the act of

doing sg]; **hazugságon** ~ catch* sy telling a lie; **tetten** ~ catch* sy in the (very) act of [doing sg], catch* sy red-handed **8.** *vi* **nem** ~! *(játékban)* it doesn't count!; **nem** ~ a **nevem! GB** fains I!

ér² *n* **1.** *(testben)* blood-vessel; *(gyűjtőér)* vein; *(verőér)* artery; **eret vág vkn** bleed*sy, draw*/let* blood from sy; **felvágta ereit** he opened his veins **2.** *bány* vein, lode **3.** *(falevélen)* rib, vein **4.** *(vízi)* brook(let), rill **5.** *(kábelé)* heart, core wire

éra *n* era, age, epoch, period

érc *n* *(nyers)* ore; *(fém)* metal; *(bronz)* bronze; ~**ben gazdag** rich in ore *ut.*; ~**ben szegény** poor in ore *ut.*; yielding little ore *ut.*

ércbánya *n* ore mine

ércelőkészítés *n* ore-dressing

érces *a* **1.** *bány* metallic, ore **2.** *(hang)* sonorous, brazen

ércfedezet *n* metallic reserve/cover

ércmosás *n* washing of ore, ore washing

ércmosó *n* *(berendezés)* ore-washer

ércolvasztó, ércöntöde *n* smelting furnace

ércpénz *n* coin(age)

ércszobor *n* bronze statue

érctartalmú *a* metal-bearing, ore-bearing

érctelér *n* vein of ore

ércsomó *n* *orv* varix *(pl* varices)

erdei *a* wood-, forest-; ~ **út** forest-path

erdeifenyő *n* Scotch/Scots fir/pine

érdek *n* interest; **a lakosság** ~**e azt kívánja** the welfare of the population requires it; **vknek az** ~**ében** on sy's behalf, on behalf of sy, in the interests of sy; ~**e fűződik vmhez,** ~**ében áll vm** be* in sy's interest, have* an interest *(v.* interests) in sg; **saját** ~**ében** in his/your own interest, for his/your own good; ~**edben áll** it is in your own interest; **eljár vk** ~**ében** act on sy's behalf; **vmnek az** ~**ében** in the interest of sg, for the sake of sg; **az ügy** ~**ében** for the sake of the cause

érdekcsoport *n* lobby

érdekel *v* **1.** **vkt** ~ **vm** sg interest sy, sy is interested in sg, sy finds* sg of interest *(v.* interesting); **nagyon érdekli vm** take* great interest in sg, be* greatly/very interested in sg; **érdekli a zene** be* interested in music; **szeretném, ha jobban** ~**ne a munkád** I wish you'd take a bit more interest in your work; **ez a lány érdekli** he is interested in this girl; ~**, hogy mi történt** I wonder what happened; **(ez) nem** ~ I don't care for it; it/that doesn't appeal to

me; **nem** ~**, ki vagy** I don't care who you are; **nem érdekli vm** be* not interested in sg, have* no interest in sg; **nem tudom, mit szól hozzá, de nem (is)** ~ I don't know what (s)he says, but I don't care; **téged ez ne** ~**jen** it is none of your business **2.** *(kihat vkre)* affect, touch, concern *(mind:* sy), be* of importance to (sy); ~**ve van vmben** have* an interest *(v.* interests) in sg; *(többnyire kellemetlen dologban)* be* involved in sg

érdekellentét *n* clash/conflict of interests

érdekelt I. *a* interested, concerned; **az** ~ **felek** the interested parties, the persons/parties concerned; ~ **vmben** have* a(n) share/stake/interest in sg; ~**té tesz** interest sy (in sg) **II.** *n* **az** ~**ek** those concerned/involved/affected

érdekeltség *n* **1.** *(állapot)* interest, concern, involvement; *(pénzügyi)* interest, stake, share **2.** *(cég)* concern

érdekes *a* interesting; **nem** ~ not (very) interesting; *(nem számít)* it's of no importance, it doesn't matter, uninteresting; **igen/nagyon** ~ very interesting, fascinating; ~ **módon** interestingly enough; ~**en** in an interesting way/manner

érdekesség *n* **1.** interest; *(érdekes mozzanat)* point of interest, piquancy; **a dolognak az az** ~**e (hogy)** the odd thing about it is, the funny thing is **2.** *(tárgy)* thing of interest, curiosity

érdekfeszítő *a* exciting, deeply interesting, thrilling

érdekházasság *n* marriage of convenience; ~**ot köt** marry (for) money

érdekképviselet *n* representation of interests

érdekkör *n* sphere of interest(s)/influence

érdekközösség *n* community of interests, joint interest

érdeklődés *n* **1.** *(figyelem)* interest (shown); **felkelti vk** ~**ét** arouse sy's interest; ~**t tanúsít vm iránt** show* (an) interest in sg, take* an interest in sg; **erős** ~**t mutat vm iránt** be* keenly interested in sg; **nagy** ~**sel hallgat vkt** hang* upon sy's lips/words **2.** *(tudakozódás)* inquiry; ~**emre megtudtam, hogy** on inquiry I learnt that...

érdeklődési *a* ~ **kör** sphere/range of interests; *(speciális)* special subject, one's domain/field; ~ **körén kívül van, nem tartozik** ~ **körébe** it's beyond one's range of intersts, it's not in his domain, that is outside his field

érdeklőd|ik *v* **1.** *(vm iránt)* show*/take* interest (in sg), be* interested (in sg); *(vm foglalkozás iránt)* go* in for sg; ~**ik a nyelvek iránt** be* keen on languages **2.** *(tudakozódik)* inquire *v*. enquire, ask for information, make* inquiries *(vm felől mind*: about); **tessék bent** ~**ni** inquire within; ~**ik vm iránt** inquire/enquire about sg; ~**ni szeretnék** I should like to inquire about ...; **hirdetésünkre 400-an érdeklődtek** we had 400 enquiries about our advertisement; ~**ik vk** *(v.* **vk egészségi állapota) iránt/felől** inquire/enquire/ask after sy('s health)

érdeklődő I. *a* inquiring **II.** *n* inquirer; **az** ~**k** those interested; ~**ket szívesen látunk** visitors are welcome, a cordial welcome is extended to all

érdekszféra *n* = **érdekkör**

érdekszövetkezet *n* association for the protection of common interests; *ker* pool, trust

érdektelen *a* **1.** *(nem érdekes)* uninteresting; **nem** ~ be* of some interest **2.** *(nem érdekelt)* disinterested, unconcerned

érdekterület *n* = **érdekkör**

érdekvédelem *n* protection/safeguarding of interests

Erdély *n* Transylvania

erdélyi I. *a* Transylvanian; ~ **fejedelem** Prince of Transylvania; **az** ~ **magyar kisebbség** the Hungarian minority in Transylvania **II.** *n* Transylvanian

érdem *n* **1.** *vké* merit; **ez az ő** ~**e** this is due to him, it is his work/achievement; ~**e szerint** according to his deserts, duly, as he deserves; ~**einek elismeréséül** for services rendered; ~**eket szerez** gain distinction, distinguish oneself **2.** *(ügyé)* the essentials/merits (of a case) *pl*, main point/issue; ~**ben** on its merits, in all detail, in effect/ reality, fully; ~**ben tárgyal vmt** *(bíró)* judge sg on its merits

érdembeli *a* = **érdemi**

érdemel *v* deserve, merit, be* worthy of; **jutalmat** ~ he deserves (*v.* is deserving of) a reward; **szót sem** ~ it's not worth mentioning; *(köszönetét elhárítva)* don't mention it!, not at all!

érdemes *a* **1.** *(ember)* worthy, excellent, brave; ~ **művész** Merited Artist (of the Hungarian People's Republic) **2.** *vmre* worthy of ... *ut.*; *(igével)* deserve (sg); *(vmt tenni)* be* worth ...ing; be* worth it; be* worth one's while (to do sg); ~**?** is it worth while?, is it worth it?; **nem** ~ (it is) not

worth (one's) while; ~ **elolvasni** it's worth reading; **nem** ~ **várni rá** it isn't worth waiting for him; ~ **lesz elmenni** it will be worth going; ~ **megpróbálni** it's worth trying ⇨ **szó**

érdemesít *v vmre* consider/make* worthy of (sg); **válaszra sem** ~**ett** he did not deign to answer

érdemi *a* on/concerning the merits (of a case) *ut.*; ~ **elintézés** decision on the merits of a case, a real/genuine solution

érdemileg *adv* = **érdemben** → **érdem 2.**

érdemjegy *n isk* mark

érdemjel *n* decoration, honours (*US* -ors) *pl*

érdemleges *a* *(döntés)* definitive, final [answer, decision]; **nem adott** ~ **választ** he evaded the main issue in his reply

érdemlő *a vmt* deserving (sg) *ut.*, worthy (of sg) *ut.*; **figyelmet** ~ noteworthy; **hitelt** ~ credible

érdemrend *n* decoration, order

érdemtelen *a* **1.** *(ember)* undeserving, unworthy; ~**né válik vmre** become* unworthy of sg **2.** *(meg nem érdemelt)* undeserved, unmerited; ~**ül** undeservedly

érdes *a* rough, rugged; *(felület)* uneven; *(hang)* rasping, harsh

érdesség *n* roughness, ruggedness

erdész *n* **1.** *(szakember)* forester, forest--ranger, woodsman **2.** *biz* = **erdőmérnök(-hallgató)**

erdészet *n* forestry, silviculture

erdészeti *a* (of) forestry; ~ **főiskola** forestry college; ~ **hivatal** *GB* Forestry Commission

erdészház *n* forester's lodge

erdészlak *n* = **erdészház**

erdő *n* *(nagy)* forest; *(kisebb)* wood(s); **az** ~ **sűrűje/mélye** heart of the woods ⇨ **fa**

erdőgazdálkodás *n* silviculture

erdőgazdaság *n* forestry, management of a (public) forest

erdőipar *n* forest industry

erdőirtás *n* **1.** *(folyamat)* deforestation **2.** *(irtvány)* (forest) clearing

erdőkerülő *n* (forest-)ranger, forest guard; *(vadőr)* gamekeeper

erdőkitermelés *n* woodfelling, *US* lumbering

erdőmérnök *n* forestry engineer/officer

erdőmérnök-hallgató *n* forestry student

erdőmérnöki *a* ~ **kar** Department of Forestry

erdőmunkás *n* forest worker, forester

erdőművelés *n* forestry, silviculture

erdőőr *n* = **erdőkerülő**

erdőrészlet n *(képen)* forest scene
erdős a wooded, woody; ~ **vidék** wooded country, woodland
erdősáv n forest belt
erdőség n forests pl, woodland
erdősít v afforest, plant with trees; **újra** ~ reafforest
erdősítés n (af)forestation; **újra** ~ reafforestation
erdőszél n skirts of the forest pl, fringe of the forest
erdőtelepítés n forest plantation, afforestation
erdőterület n woodland
erdőtörvény n forest laws pl
erdőtűz n forest-fire
erdővágás n *(irtvány)* clearing
erdővédelem n protection of forests
erdőzúgás n forest murmurs pl
erecske n 1. *(vér)* veinlet; *(víz)* rill, rivulet
ered v 1. *(folyó vhol)* have* its source (in), rise* (in), spring* (from); **hol** ~ **a Duna? Németországban** where does the river Danube rise? It rises in Germany 2. *átv* issue, derive, be* derived, originate, arise* *(vmből mind:* from); **innen** ~ **a mondás** hence the saying; **az angol „coach" szó a magyar „kocsi"-ból** ~ the English word "coach" derives/comes from Hungarian "kocsi"; **a baj onnan** ~, **hogy ...** the cause of *(v.* reason for) all the trouble is ... 3. *(időből)* date from, date back to 4. **futásnak** ~ take* (to) flight; *biz* take* to one's heels; **útnak** ~ **set*** out, start off; **~j innen!** (be) off with you!, get/go away!
eredendő a ~ **bűn** original sin; ~ **hiba** inherent defect
eredet n 1. *átv* origin, genesis; *(szóé)* derivation, origin [of a word]; **~e ...-re nyúlik vissza** *(időben)* it dates back to ...; **az angol 'fish' szó ~e az óangol 'fisc' szóra vezethető vissza** the origin/etymology of the word 'fish' can be traced back to Old English 'fisc' 2. *(folyóé)* source
eredeti I. a 1. *(első)* original; *(igazi)* genuine; ~ **példány** the original (copy) 2. *(különös)* original, odd, peculiar; ~ **ember** a character, an original/eccentric II. n *(példány, mű)* (the) original; **~ben olvassa Shakespeare-t** read* Sh. in the original; **német ~ből fordít** translate from the German original
eredetiesked|ik v affect originality, play the eccentric
eredetileg adv originally

eredetiség n originality; *(igazi volta vmnek)* genuineness
eredetű a of [a certain] origin *ut.*; **latin** ~ **szó** word of Latin origin
eredmény n result, issue, outgrowth, effect; *(cselekedeté)* outcome, consequence; *(számtani)* result, answer; **jó** ~ success, happy issue, favourable result; **~ek** *(pl. gazdasági életben)* achievements; **tudományos ~ek** scientific *(v. humán tárgyakban:* scholarly) achievements; ~ **nélkül** without success, in vain; **mi az ~?** *sp* what's the score?; *(meccs után)* what was the final score?; **az** ~ **2:0** the score is 2-0, *(kimondva)* two-nil; [x won by] two goals to nil → **végeredmény; ~eképpen** as a result of sg; **vmlyen ~re vezet** result in sg, come* to sg; **a tárgyalások nem vezettek ~re** the negotiations were unsuccessful; **jó eredménnyel jár** succeed, *biz* come* off well; **jeles eredménnyel végzett** he left school with a very good record; **~t ér el** do* (very) well
eredményes a successful, fruitful, effective; **~en** with good results, successfully
eredményez v result in, be* productive of, yield (sg)
eredményhirdetés n publication/announcement of the results
eredményhirdető/-jelző tábla n scoreboard
eredménytelen a unsuccessful, vain, fruitless; **~ül** unsuccessfully, to no avail
eredménytelenség n lack of success, failure
eredő I. a *vmből* resulting, springing, proceeding, arising *(mind:* from *és ut.);* **gondatlanságból** ~ **kár** damage arising out of negligence; ~ **erő** resultant force II. n *(erő)* resultant (force)
ereget v let* off/go; **füstkarikákat** ~ blow* rings of smoke
erejéig adv → **erő** 1.
erekció n biol erection
ereklye n relic; **családi** ~ family heirloom
érelmeszesedés n arteriosclerosis, hardening of the arteries; **~es beteg** arteriosclerotic
erély n energy, force, firmness
erélyes a energetic(al), forceful, firm; ~ **föllépés** commanding presence; ~ **hangon** in a firm/commanding voice
erélyesen adv energetically; ~ **lép fel** take* firm measures *(v.* a firm stand)
erélyesség n = **erély**
erélytelen a lacking (in) energy *ut.;* weak

érem *n* medal; *(nagyobb)* medallion; **az** ~ **másik oldala** the other/reverse side of the coin

éremgyűjtemény *n* collection of medals (and coins), medal cabinet

éremgyűjtő *n* collector of medals, numismatist

éremtan *n* numismatics *sing.*

erény *n* virtue

erénycsősz *n* dragon of virtue; *biz* Mrs. Grundy

erényes *a* virtuous

erényesség *n* virtuousness, virtue

eres *a* **1.** *(érrel kapcsolatos)* veined, veiny, venous **2.** *összet el* core; **három** ~ **kábel** three-core cable

érés *n* ripening; maturing

eresz *n* eaves *pl*; ~ **alá áll** (take*) shelter under the eaves

ereszcsatorna *n* (eaves) gutter

ereszkedés *n* descent; *(lejtő)* slope

ereszked|ik *v* **1.** *(alá)* descend; *(lejtő)* slope, slant; *(repgép)* lose* height; **térdre** ~**ik** kneel* (down) **2. beszédbe** ~**ik** engage in *(v.* enter into) conversation

ereszkedő I. *a (alá)* descending; *(lejtő)* sloping, slanting; *(hanglejtés)* falling **II.** *n (lejtő)* slope

ereszt 1. *vt (vhová, vhonnan)* let* go/pass; **nem** ~**ettek** they would not let me go, I could not get away **2.** *vt vmt átv* **gyökeret** ~ strike* root; **levet** ~ give* off juice; **vizet** ~ **(a csapból)** turn on the tap; *(kádba)* run* a bath (for sy) **3.** *vi (kötélék lazul)* slacken, become* loose, give* **4.** *vi (hordó stb.)* run*; ~ **az első kerék** one of the front tyres is flat; *(hajó)* spring* a leak, leak **5.** *(textilfesték)* run* **6.** *vt biz* ~ **egyet** *(= szellent)* fart, break* wind ⇨ **enged**

ereszték *n* joint, juncture; *(gerendán)* mortise; *(deszkán)* dovetail

éretlen *a* **1.** *(gyümölcs)* unripe, green [fruit] **2.** *átv* immature, raw; *(tréfa)* silly; *(ifjú)* callow, childish

éretlenség *n* **1.** *(gyümölcsé)* unripeness **2.** *átv* immaturity, childishness

eretnek I. *a* heretical **II.** *n* heretic

eretnekség *n* heresy

érett *a* **1.** *(gyümölcs)* ripe; *(bor, sajt)* mellow **2.** *átv* mature; ~ **kor** mature/ripe age, maturity **3.** *(érettségin)* passed the final examination *ut.*; **jelesen** ~ passed with honours/distinction *ut.*

érettség *n* **1.** *ált* ripeness **2.** *átv* maturity

érettségi I. *a* ~ **bankett** *kb.* school--leavers' party, *US* graduation ball; ~ **bi-** **zonyítvány** ⟨certificate of final examination in a Hungarian secondary school⟩; ~ **találkozó** class reunion, *US kb.* class day; ~ **tárgy(ak)** ⟨a subject taken at "érettségi"⟩, *kb.* school-leaving examination subject(s); ~ **tételek** school-leaving examination topics; ~ **vizsgálat/vizsga** = **érettségi II. II.** *n* school-leaving *(v.* final) examination/exam [at a Hungarian secondary school]; ~**t tesz** sit*/take*/do* the/one's final *(v.* one's school-leaving) examination [at a secondary school]

érettségizett *n* ⟨one who has taken his/her final *(v.* school-leaving) examination at a secondary school⟩; *GB kb.* boy/girl with a GCSE; *US kb.* a high school graduate

érettségiz|ik *v* = **érettségit tesz**

érettségiző *a/n* ⟨candidate for final *(v.* school-leaving) examination at a secondary school⟩, school-leaver, *GB* sixth-former; ~ **osztály** final-year class, school-leavers *pl*, *GB* sixth form

erez *v* vein, streak; *(fát)* grain

érez 1. *vt (érzékel)* feel*, be* sensible/conscious of (sg); perceive, sense, experience; *(szagot)* smell*; **nem** ~ **szagot** he can smell nothing; **érzi a hideget** feel* the cold; **érzem a karomat** I can feel my arm, I have a pain in my arm; **minden tagomat érzem** I am aching/stiff all over **2.** *vt/vi (átv és érzelmileg)* feel*; **valami bajt érzek** something is wrong; *biz* there is something in the wind; **hatását** ~**ni fogják** the effect will be felt; **vmt** ~ **vk iránt** feel* sg towards sy; **előre** ~ **vmt** have* a presentiment/foreboding of sg; **úgy érzem, hogy/mintha** ... I feel that *(v.* as if) ...; **kötelességemnek érzem** .... I feel it my duty to...; **együtt** ~ **vkvel** sympathize with sy, feel* for sy **3.** *vt* **érzi magát** feel*; **hogy érzi magát?** *(beteg-től)* how are you feeling?; *(máskor)* how are you (getting on)?; **jól érzem magam** I feel* quite well, I am* all right; **nem érzi jól magát** feel*/be* unwell, be* under the weather; **jobban/könnyebben érzi magát** *(beteg)* feel* better, feel*/be* comfortable; **rosszul érzem magam** *(egészségileg)* I feel unwell; **kutyául érzem magam** I am under the weather; ~**d jól magad!** have* a good time, have* fun, enjoy yourself; **kitűnően** ~**tük magunkat** we had a (very) good time, *US* we had a big time; **rosszul** ~**tem ma-gam** *(vhol)* I had a bad time, I felt uncomfortable

erezet n *(levélen)* veins *pl,* venation; *(fáé)* graining; *(márványban)* veining
erezett a nervate, veined
érezhető a **1.** *(felfogható)* palpable, perceptible, sensible; *(igével)* to be felt; ~**en hűvösebb van (**v. **lehűlt)** it is noticeably cooler **2.** *(érzik vm vmn)* smack of, be* redolent of; *vm vkn* be* written all over sy
éreztet v *vkvel vmt* make* sy feel sg, make* sy conscious of sg
érgörcs n vascular spasm
érhálózat n vascular/venous system
érhártya n *(szemben)* choroid (membrane)
ér|ik v ripen, become*/grow* ripe; *(bor, sajt)* mature, mellow
erika n *(hanga)* heather
érint v **1.** *konkr* touch; *(könnyedén)* touch lightly **2.** *(témát)* touch, touch (up)on, refer to, allude to, hint at **3.** *(érzelmileg, vonatkozik)* concern, affect, touch; **ez engem közelről** ~ it concerns/affects me closely; **kellemetlenül** ~**ett** it touched me on a sore spot; **ez nem** ~**i jogait** this does not affect his/her rights
érintés n touching, touch; **a vezeték** ~**e életveszélyes!** danger! high voltage!; **a kiállított tárgy** ~**e tilos!** do not touch!; ~**re** at a touch
érintésvédelem n protection against electric shock
érintetlen a **1.** *(nem érintett)* untouched; **vmt** ~**ül hagy** leave* sg untouched **2.** *(egész)* whole, intact, uninjured **3.** *(leány)* chaste, virgin
érintetlenség n **1.** *(vm egész volta)* integrity **2.** *(nőé)* virginity, chastity
érintett a *(kérdés)* concerned *ut.,* referred to *ut.*; *(szerv)* affected
érintkezés n **1.** *(emberi)* contact, relations *pl,* connection, communication; **nemi** ~ sexual intercourse; ~**be lép vkvel get*** in touch with sy, contact sy; ~**ben van vkvel** be* in touch/contact with sy **2.** *(tárgyaké)* contact, touching, communication; *el* contact
érintkezési a ~ **pont** point of contact
érintkez|ik v **1.** *(ember vkvel)* communicate, be* in contact *(vkvel mind:* with); **nem** ~**ik senkivel** he keeps* to himself **2.** *(tárgyak)* touch; *(vezetékek)* be* in contact
érintő I. a *átv* touching, concerning, affecting, involving *(mind: ut.)*; **sokunkat** ~ **kérdés** a matter that affects many of us, a matter of concern to many of us; **500 családot** ~ **terv** a project involving 500 families **II.** n *mért* tangent

érintőleges a tangential
erjed v ferment, work
erjedés n fermentation, ferment *(átv is)*; ~**ben van** (1) ferment, be* fermenting; (2) *átv* be* in a state of ferment, ferment
erjeszt v ferment, set* in fermentation
erjesztés n fermentation
erjesztőgomba n yeast(-plant); *orv* Saccharomyces
erjesztőkád n fermenting tub/vat
érk. = *érkezik* arrives, arr.
erkély n **1.** *(házé)* balcony **2.** *szính* circle, balcony; **első emeleti** ~ dress circle, *US* balcony; **második emeleti** ~ balcony, upper circle; **harmadik emeleti** ~ gallery
erkélyülés n dress circle, dress-circle seat
érkezés n **1.** *vhová* arrival, coming; ~ *(kiírás reptéren)* arrivals; ~**(e)kor** on (sy's) arrival **2. nincs rá** ~**em** *nép* I have* no time (for it)
érkezési a ~ **oldal** arrival platform/side; ~ **sorrendben** in (the) order of arrival; *(ha jó helyről van szó)* on a first come, first served basis; ~ **vágány** arrival platform
érkez|ik v *vhova* arrive (at, in), come* (to), get* to, reach (sg); *(vonat állomásra, ahonnan továbbmegy)* call at; **mikor** ~**ik a gép Londonba?** what time does the plane arrive in London?, **éppen most** ~**ett** he has just arrived
érkező I. a arriving; ~ **vonatok** *(felirat)* arrivals **II.** n arrival, person arriving
erkölcs n morals *pl,* morality, ethic
erkölcsbíró n censor (of morals), moralist
erkölcscsősz n = **erénycsősz**
erkölcsi a moral, ethical; ~ **bizonyítvány** character reference; **szigorú** ~ **felfogás** strict morals *pl;* ~ **támogatás** moral support; ~ **tanulság** the moral [of a story]
erkölcsileg adv morally
erkölcsiség n moral character, ethos
erkölcsös a moral, virtuous, ethical; *(nemileg)* chaste; ~**en él** lead* a moral life
erkölcsösség n morality, virtuousness
erkölcsprédikáció n sermon on morality
erkölcsrendészet n the Vice Squad
erkölcsromboló n demoralizing
erkölcsrontó a = **erkölcsromboló**
erkölcstan n ethics *sing.,* moral philosophy
erkölcstani a ethical
erkölcstelen a immoral; *(feslett)* lewd, loose; ~ **életet él** lead* an immoral life
erkölcstelenség n immorality
erkölcsű a jó ~ moral, of good morals *ut.*; **laza** ~ **nő** a woman° of loose morals; **rossz**

~ **immoral**, morally bad *ut.*; **szigorú** ~ of strict morals *ut.*

érlel *v* ripen, make* ripe; *(bort)* mellow

érlelőd|ik *v* ripen, mature

érlökés *n* pulse

érme *n* coin; *(tantusz)* counter, token

érmelegítő *n* woollen wristlet(s)

Ernő *n* Ernest

ernyed *v* **1.** *(ember)* tire, lose* vitality; *(izom)* relax **2.** *(erőfeszítés)* slacken, relax

ernyedés *n* **1.** *(emberé)* tiring **2.** *(erőfeszítésé)* slackening, relaxing

ernyedetlen *a* = **lankadatlan**

ernyedt *a* *(ember, test)* tired, weary, spent; *(izom)* slack, flabby; *átv* loose, enervated, enervate

ernyedtség *n* *(emberé, testé)* weariness; *(izomé)* flabbiness; *átv* enervation

ernyő *n* **1.** *(eső)* umbrella; *(lámpa)* shade; *(nap)* parasol, sunshade; ~t **kinyit** put* up the umbrella; ~t **összecsuk** put*/ take* down the umbrella **2.** *műsz* screen **3.** *(virágé)* (compound) umbel

ernyős *a* *(virágzat)* umbelliferous; ~ **virágzat** umbel

ernyősvirág(zat)úak *n pl* umbelliferous plants, Umbelliferae

erogén *a* erogenous

erotika *n* eroticism

erotikus *a* erotic

erózió *n* erosion

erő *n* power, strength, might, vigour (*US* -or); *(hangé)* intensity; *(fiz, jog, kat)* force; **jó** ~ **ben van** be* in good condition, be* in fine fettle; **teljes** ~ **ből** with all one's might; **a maga erejéből** unaided, through/by one's own efforts; **erejéhez mérten/képest** to the best of one's power/ ability; **200 forint erejéig** up to 200 fts; ~ **nek erejével** forcibly, at all costs; **erejének teljében** in the prime of life, in his prime; **erejénél fogva** by force of, by dint of; ~ **re kap** regain/gather strength, rally, recover one's strength; ~t **ad neki** strengthen, fortify; ~t **gyűjt** gather strength; ~t **merít vmből** draw* strength from sg; ~t **vesz magán** restrain oneself; ~t **vesz vkn** overcome*, get* the better of; ~t **vett rajtam (vm)** *(félelem)* I was seized with [fear]; *(fáradtság)* I was overcome by/with [fatigue]; **összeszedte minden erejét** he gathered all his strength, he made a great effort; **minden erejével** with all one's might; **minden erejével azon lesz, hogy** he will do his best/utmost to; *biz* he will go* all out for (sg); ~ **től duzzadó**

bursting with health/strength/energy *ut.*; **teljes** ~ **vel nekifog** *biz* go* at it hammer and tongs; **teljes** ~ **vel üt** strike*/hit* with all one's might **2. fiatal** ~ **ket alkalmaz** recruit fresh/new blood

érő[1] *a* **sokat** ~ valuable, of great value *ut.*; **száz forintot** ~ worth a hundred forints *ut.*

érő[2] *a* **földig** ~ reaching to the ground *ut.*; **térdig** ~ reaching to the knees *ut.*; *(víz)* knee-deep

érő[3] *a* *(gyümölcs)* ripening; **korán** ~ early (ripening)

erőátvitel *n* power transmission

erőbedobás *n* special effort, exertion; **teljes** ~ all-out effort; **teljes** ~ **sal** all out

erőd *n* fortress; *átv* stronghold

erődít *v* fortify

erődítés, erődítmény *n* fortification(s)

erődöv, erődvonal *n* fortified line, line of fortifications

erőegyensúly *n* balance of strength

erőfeszítés *n* effort, exertion, endeavour (*US* -or); **(nagy)** ~ **(eke)t tesz** make* strenuous efforts (to do sg), use every effort (to)

erőforrás *n* source of energy/power, resources *pl*

erőgép *n* engine

erőgyűjtés *n* concentration of energies, gathering of strength

erőhatás *n* action/application of force

erőkar *n* lever(age), arm

erőkifejtés *n* display of strength, effort

erőleves *n* clear soup, consommé; ~ **csészében** consommé in cup

erőködés *n* strain, effort, exertion

erőköd|ik *v* exert oneself (to), make* every effort (to do sg); *vmvel* struggle, toil, try hard (to do sg)

erőltet *v* **1.** vmt vkre ~ force sg on sy **2.** *(vmnek elvégzését)* insist on (sg), urge (sg); **nem lehet a dolgot** ~ **ni** there's no forcing the matter (*v.* it); ~ **i a témát** he won't let the matter/subject drop **3.** *(vmely szervét)* strain

erőltetés *n* **1.** *(kényszerítés)* forcing, compulsion, constraint **2.** *(ragaszkodás vmhez)* insistence (on sg)

erőltetett *a* **1.** *(kényszerített)* forced; ~ **menet** forced march **2.** *(mesterkélt)* forced, (con)strained, unnatural, artificial; ~ **mosoly** forced/pained smile

erőmérő *n* dynamometer

erőmű *n* power station/plant

erőművész *n* strongman°

erőnlét *n* (physical) cond*i*tion, form; jó ~ st*a*ying power, st*a*mina; a játékosok ~e kitűnő the pl*a*yers are in *e*xcellent form
erőpár *n* co*u*ple of forces, force co*u*ple
erőpazarlás *n* waste of *e*nergy/*e*ffort
erőpolitika *n* power politics *sing.*
erőpróba *n* tr*i*al/test of strength, showdown
erős *a* 1. *ált* strong, powerful, v*i*gorous; *(iz-mos)* m*u*scular, br*a*wny, robust; ~ és egészséges hale and he*a*rty; (mellben) ~ *(nőről)* buxom, *biz* bosomy; ~ testalkatú ember a man of powerful/s*o*lid build; jóval ~ebb nálam *(ellenfél)* he is much stronger than me; ~ kézzel fog vkt keep* a firm hand *o*ver sy 2. *(akarat)* strong [will]; *(jellem)* firm, resolute [ch*a*racter]; *(meggyőződés)* firm [conv*i*ction]; légy ~! brace yourself! 3. *(szavak, kifejezés)* strong, coarse [words]; ezt kissé ~nek érzem that's a bit much; ~nek találom *(a tréfát)* I think that is going (a bit) too far 4. *(bor)* strong, he*a*dy [wine]; *(fény)* strong, intense [light]; *(fűszer)* hot [spice]; *(nátha)* heavy, bad [cold]; *(szag)* penetrating, strong [smell]; *(szél)* high [wind]; ~ kávé strong coffee; ~ szemüveg powerful spectacles *pl* 5. ~ dohányos he*a*vy sm*o*ker; ez az ő ~ oldala that is his strong point (*v.* his forte); *(igével)* he is good at...
erősáram *n* heavy/power current
erősáramú *a* a heavy-current, power(-current) [engineering etc.]; ~ elektronika power electronics *sing.*
erősen *adv* 1. *ált* strongly; *(dolgozik)* hard; *(ellenáll)* st*u*rdily 2. *(nagyon)* very (much), cons*i*derably; ~ becsavar egy csavart screw a nut up tight, t*i*ghten a screw; ~ fagy freeze* hard; ~ fűszerezett h*i*ghly se*a*soned, very sp*i*cy; ~ keresik *(árut)* be* much in dem*a*nd; ~ megbírál cr*i*ticize se*v*erely, flay
erősít *v* 1. *ált* strengthen, make* str*o*nger, re*i*nforce, fortify 2. *(beteget)* tone up, brace [patient]; *(lelkileg)* fortify, steel, steady, nerve 3. *(várost) kat* fortify [town] 4. *vmt vhová* fix (to), fasten (to), aff*i*x (to) 5. *el* amplify, step up; *(rádió hangját)* increase [volume]
erősítés *n* 1. *ált* strengthening, re*i*nforcing, bracing, fortif*i*cation 2. *kat* fortif*i*cation, re*i*nforcement 3. *vmhez* f*a*stening (to) 4. *el* amplif*i*cation
erősítget *v* 1. *(erőssé tesz)* strengthen 2. *(állítva)* keep* asserting/repeating
erősítő I. *a* 1. *ált* strengthen, fortifying, re*i*nforcing 2. *(beteget)* bracing, invigorat-

ing 3. *el* *a*mplifying; ~ berendezés *a*mplifier II. *n* 1. *(szer)* tonic, (cor)roborant 2. *el* *a*mplifier
erősköd|ik *v vm mellett* ins*i*st on
erősöd|ik *v* 1. *ált* get*/become* str*o*nger, be* g*a*ining strength; *(beteg)* improve in health, pick up; *(gyerek)* grow*; *(szél)* rise*, freshen; egyre ~ik be* getting str*o*nger 2. *(mozgalom)* spread*
erősség *n* 1. *(erő)* strength, power, force; 9-es ~ű szél gale force 9 2. *(erőd)* fort(ific*a*-tion)
erőszak *n* force, violence, brute force; *(nemi)* rape; *(hatósági közeg elleni)* ass*a*ult; ~hoz folyamodik res*o*rt to force/viol*e*nce; enged az ~nak yield to force; ~ot alkalmaz res*o*rt to force, use force, coerce (sy to do sg); ~ot követ el vkn do* viol*e*nce to sy; *(nőn)* rape [a w*o*man]; ~kal by (main) force, with v*i*olence
erőszakol *v* force [m*a*tters], press [things], ins*i*st on (sg); nem kell (a dolgot) ~ni (m*a*tters) should not be forced; *biz* don't force the pace; vkre ~ vmt force/press sg on sy
erőszakolt *a* forced, unn*a*tural
erőszakos *a* v*i*olent, f*o*rcible, aggressive, ins*i*stent, import*u*nate; ~ behatolás f*o*rcible entry *(into)*; ~ eljárás *a*rbitrary *a*ction; ~ ember/fráter p*u*shy/aggressive person, bully; ~ halál v*i*olent death; ~ nemi közösülés rape
erőszakosan *adv* f*o*rcibly, v*i*olently
erőszakoskodás *n* 1. (act of) v*i*olence, b*u*llying, brutality 2. *(csökönyös)* import*u*nity
erőszakoskod|ik *v* use v*i*olence, play the b*u*lly; *vkvel* b*u*lly (sy), treat (sy) in a br*u*tal m*a*nner, maltre*a*t (sy); *(nővel)* rape (sy); *(csökönyösen)* be* import*u*nate
erőszakosság *n* = erőszakoskodás
erőtartalék *n* power reserve
erőteljes *a* powerful, štrong, energ*e*tic
erőtér *n el, fiz* field
erőtlen *a* weak, fe*e*ble, faint, enfe*e*bled; *(csak átv)* powerless, ineff*e*ctive
erőtlenség *n* we*a*kness, fe*e*bleness
erőveszteség *n* loss of strength
erőviszonyok *n pl* power rel*a*tions, b*a*lance of forces/power *sing.*
erővonal *n* line of force
erre *adv* 1. *(vmre rá)* on this, onto this; ~ tedd put it on this 2. *(idevonatkozólag)* to/concerning/ab*o*ut this; ~ nézve with reg*a*rd to this, on this point 3. *(irány)* this way, in this direction; ~ tessék! (step/come) this way please!; ha ~ jársz if you

happen to be in the/this *a*rea (*v.* in these parts) **4.** *(időben)* at this, hereupon, thereup*o*n, then; ~ **fel** thereup*o*n, up*o*n that; ~ **fogta magát és elment** thereup*o*n he went aw*a*y; *biz* he upped and left **errébb** *adv* ne*a*rer, f*u*rther *o*ver this way **errefelé** *adv* **1.** *(irány)* in this direction, this way **2.** *(hely)* hereabouts, in these parts **érrendszer** *n* v*a*scular *s*ystem **érrendszeri** *a* v*a*scular; ~ **betegségek** c*i*rculatory dis*e*ases **érrög** *n* blood clot **erről** *adv* **1.** *(vmről le)* from/off this **2.** *(ebből az irányból)* from this direction, from here **3.** *átv* ab*o*ut this; ~ **van szó!** that's the point, that is ex*a*ctly what I mean **érsebészet** *n* v*a*scular s*u*rgery **érsek** *n* archb*i*shop **érseki** *a* archiep*i*scopal **érsekség** *n* archb*i*shopric **érsérülés** *n* v*a*scular l*e*sion **erszény** *n* purse **erszényesek** *n pl* mars*u*pials **érszűkület** *n* constriction/n*a*rrowing of the *a*rteries, (a*o*rtic) sten*o*sis **ért 1.** *vt (megért)* underst*a*nd*, f*o*llow; gr*a*sp, compr*e*hend; ~ **esz?** do you understand what I am s*a*ying?, do you f*o*llow me?; ~ **ed, mire gondolok (***v.* **mit akarok mondani)?** do you get my m*e*aning?, do you see what I mean?; ~ **em!** yes, I underst*a*nd!, all right!, I see!; **nem** ~ **em!** (1) *(rosszul hallom)* I didn't catch what you said!, I beg your p*a*rdon!; (2) *(felfoghatatlan)* I can't underst*a*nd it!, it's (quite) beyond me; **nem egészen** ~ **(ett)em** I don't/didn't quite f*o*llow (you); **nem** ~ **em, hogy miért** I don't see why; **nem** ~ **ed?** don't you see?; **ebből egy szót sem** ~ **ek** *biz* it is all Greek to me, I don't understand a word of it; **nem** ~ **elek** I don't understand you; ~ **i a tréfát** get* the joke; **nem** ~ **i a tréfát** he can't see the joke, he doesn't get the joke; **mit** ~ **esz ezen?** what do you mean by this/that?; **hogy** ~ **ed ezt?** what do you mean?; **rosszul** ~ **etted** *(amit mondtam)* you have misunderst*o*od me; *biz* you've got me wrong **2.** *vt (vkre, vmre)* all*u*de to, ref*e*r to; **ezt nem rád** ~ **ettem** I did not mean you **3.** *vi* ~ **vmhez** underst*a*nd* sg, know* all ab*o*ut sg, be* prof*i*cient/comp*e*tent in sg, be* well up in sg; *(gyakorlatilag)* be* sk*i*lled/*e*xpert in sg, be* a dab hand at sg; **ehhez nem** ~ **ek** I don't know the first thing ab*o*ut it; **jól** ~ **vmhez** have* a good kn*o*wledge of sg, be* good at sg; ~ **a számtanhoz**

be* good at maths (*US* math); ~ **a borokhoz** be* a connoisse*u*r of wines **4.** *vi* ~ **angolul** (s)he underst*a*nds *E*nglish **-ért** *suff* **1.** *(cserereviszony) (főleg:)* for; **ad vmt vmért** give* sg for sg; **5 Ft-ért vettem** I bought it for 5 fts; **cserél vmt vmért** (ex)ch*a*nge sg for sg (else); **fizet vmért** pay for sg **2.** *(okhatározó)* **a)** for; **bámul/csodál vkt bátorságáért** adm*i*re sy for his c*o*urage; **megbüntették lopásért** he was p*u*nished for st*e*aling; **megdicsér vkt vmért** praise sy for sg; **megjutalmaz vkt vmért** rew*a*rd sy for sg; **megbocsát vknek vmért** forg*i*ve*/p*a*rdon sy for sg; **b)** ab*o*ut, for (*v. elöljáró nélkül)*; **aggódik vkért/vmért** be* *a*nxious for/ab*o*ut sy/sg, worry ab*o*ut sy/sg; **ezért (***= emiatt)* **jöttem** that is why I came, this is the re*a*son of my coming **3.** *(célhatározó)* **a)** for; **folyamodik vmért** appl*y* for sg, ask for sg; **ezért a könyvért jöttem** I came for this book; **felel vmért** *(= felelős)* *a*nswer (*v.* be* resp*o*nsible) for sg; **küld vkért** send* for sy; **családjáért mindent megtesz** do* one's *u*tmost for one's f*a*mily; **b)** *(különféle elöljáróval v. elöljáró nélkül)* **valakiért** *(= vk érdekében/ kedvéért)* on beh*a*lf of sy, for the sake of sy; **vk kedvéért** for the sake of sy, for sy's sake; **az én kedvemért** for my sake, on my beh*a*lf **értágító** *n* *(gyógyszer)* vasodil*a*tor **értágulás** *n* *a*neurysm **érte** *adv* **1.** *vmért, vkért* for it/him/her; **mit kér** ~ **?** what do you charge/ask/want for it?; ~ **jön** *vmért* come* to fetch sg, collect sg; *vkért* pick sy up; ~ **fog jönni** he will call for it/him/her, he will come and pick it/him/her up; ~ **küld** send* for sy/sg; ~ **megy** *vmért* go* and get* it, go* for it, (go* and) fetch sg; *vkért* pick sy up (at); *vmért, vmért* collect (sy, sg); **majd** ~ **d megyek** *(autóval)* I'll pick you up (at your house); ~ **m** for me; ~ **d** for you; **értünk** for us; ~ **tek** for you; **értük** for them **2.** *(érdekében)* for its/his/her sake **3.** *(miatta)* on its/ his/her acc*o*unt **érték** *n* **1.** *ált* v*a*lue, worth; *(pénzbeli)* v*a*lue; **belső** ~ intr*i*nsic v*a*lue; **névleges** ~ f*a*ce value; **minta** ~ **nélkül** s*a*mple (of no comm*e*rcial value); ~ **éből veszít** lose*/fall* in value, depr*e*ciate; ~ **et tulajdonít vmnek** att*a*ch value to sg, set* value upon sg; ~ **ét veszti** lose* its v*a*lue, become* w*o*rthless **2.** *(erkölcsi)* worth; *(becses tulajdonság)* *a*sset **3.** *(vagyontárgy)* **vknek az** ~ **ei** sy's

valuables **4.** *mat, tud* value **5.** *(hangjegyé)* length, value
értékálló *a* of stable value *ut.*; *(értékpapírok)* gilt-edged
értékbevallás *n* declaration/statement of value
értékcikkek *n pl (postai kb.)* stamps, money orders and stationary issued by the P.O.
értékcsökkenés *n* fall in value, depreciation
értékel *v* **1.** *(megbecsül, méltányol)* appreciate, esteem, value; **nagyra** ~ value/rate sg highly, set* a high value on sg, set* great store by sg; **nagyra** ~**em mint költőt** I rate him high(ly) as a poet **2.** *(felbecsül)* value, appraise, estimate; *(pl. dolgozatokat)* assess
értékelés *n* **1.** *(megbecsülés)* appreciation **2.** *(felbecsülés)* appraisal, valuation, *(pl. dolgozatoké)* assessment
értékelmélet *n* theory of value(s)
értékes *a* valuable, precious, of (great/high) value *ut.*; ~ **ember** a very worthy citizen (*v.* member of the community)
értékesít *v* **1.** *(elad)* sell*, realize, convert into money **2.** *átv* make* use of, turn [one's knowledge etc.] to (good) account
értékesítés *n* **1.** *(eladás)* sale, realization **2.** *átv* making use of
értékesíthető *a* **1.** *(eladható)* realizable, sal(e)able **2.** *(hasznos)* useful
értekezés *n* dissertation, study, treatise; *(doktori)* thesis *(pl* theses)
értekez|ik *v* **1.** *vmről* write* a study on (sg), write* about (sg) **2.** *vkvel* consult, confer, talk matters over *(mind:* with sy)
értekezlet *n* meeting; *főleg US:* conference; ~**en van** be* in/at a meeting, attend a/the meeting, *US* be* in conference; ~**et tart** hold* a meeting *(US* conference)
értékhatár *n* limit (of value)
értékítélet *n* value judgement
értékküldemény *n* consignment of valuables; *(pénz)* remittance
értékkülönbözet *n* difference in value
értékmegőrző *n* safe deposit; ~**ben elhelyez** vmt deposit sg
értékmérő *n* standard of value
értéknövekedés *n* increase in value
értéknyilvánítás *n* indication of value
értékpapír *n* securities *pl,* bonds *pl*
értékrend *n* values *pl*
értéktárgy *n* valuables *pl*
értéktelen *a* worthless, valueless, of no value *ut.*
értéktelenség *n* worthlessness, valuelessness

értéktöbblet *n* surplus value
értéktöbbletadó *n* value added tax, VAT
értéktőzsde *n* the Stock Exchange
értékű *a* worth sg *ut.*, of [great/little/etc.] value *ut.*; **100 Ft** ~ **holmi** [thing] worth a hundred forints; **nyolcad** ~ **hangjegy** eighth note; **kétes** ~ of doubtful value *ut.*; **maradandó** ~ of lasting value *ut.*
értékveszteség *n* loss of value
értelem *n* **1.** *(ész)* intelligence, intellect, mind, understanding, reason **2.** *(jelentés)* sense, meaning; *(cselekedeté)* purport, significance; **átvitt** ~ figurative sense; **mi értelme van (annak)?** what's the good of it?, what's the point/use of...?; **nincs értelme** (1) *(cselekedetnek)* there's no sense in (...ing), there's no (earthly) reason for (doing sg); (2) *(szónak)* it does not make sense; **a szónak ebben az értelmében** in this sense of the word; **abban az** ~**ben, hogy** ... to the effect that ..., in terms of ...; **egy bizonyos** ~**ben** in a sense; **melynek értelmében** according to which, in accordance with which, whereby; by virtue whereof; **a rendelet értelmében** in accordance with the decree; **utasításainak értelmében** in accordance with your instructions; **a szó szoros értelmében** literally, in the proper sense of the word; **nem látom az értelmét** I can't/don't see the point/sense of it/sg
értelemszerűen *adv (űrlap kitöltésénél)* where/as appropriate
értelemzavaró sajtóhiba *n* misprint
értelmes *a* **1.** *(ember)* intelligent; *(gyerek így is:)* clever; ~ **ember** intelligent man°, man° of understanding; **rendkívül** ~ remarkably/very intelligent; *(gyerek)* bright **2.** *(érthető)* intelligible, clear
értelmesség *n* intelligence, intellectual faculty, understanding
értelmetlen *a* **1.** *(ember)* unintelligent, devoid of intelligence *ut.* **2.** *(beszéd)* unintelligible, meaningless; *(cselekedet)* senseless, foolish; ~ **vérontás** senseless/mindless slaughter
értelmetlenség *n* **1.** *(emberi)* unintelligence, lack/want of intelligence **2.** *(beszédé)* unintelligibility, meaninglessness; *(cselekedeté)* senselessness; ~**eket beszél** drivel, talk nonsense
értelmez *v* **1.** *(felfog)* interpret, explain, construe; **hibásan** ~ misinterpret, misconstrue; **megjegyzéseimet rosszul** ~**ték** my remarks have been wrongly construed **2.** *(szótáríró)* define [a word]

értelmezés n **1.** *(felfogás)* interpretation, explanation; *(vmlyen értelemben)* acceptation; **~e szerint** as understood by X **2.** *(szótári)* definition

értelmező I. a **1.** ~ **jelző** apposition, appositive complement, apposition **2.** ~ **szótár** (explanatory) dictionary; **A magyar nyelv ~ szótára** A Dictionary of the Hungarian Language II. *n nyelvt* apposition, *(igével)* be* in apposition

értelmi a intellectual, mental; ~ **fogyatékos** mental defective, mentally retarded *(fokozatai:* mildly, moderately, severely); ~ **fogyatékosság** mental deficiency; ~ **képesség** intellectual/mental faculty/capacity/powers (utóbbi: *pl*); ~ **szerző** originator, author; *(bűné)* instigator (of sg); **ki az ~ szerző?** *(bűné)* who is at the bottom of *(v.* behind) this (crime)?

értelmiség n the intelligentsia, the intellectuals *pl*

értelmiségi I. a intellectual; ~ **dolgozó** intellectual worker II. n intellectual; **~ek** the intellectuals, the (members of the) intelligentsia

értés n understanding (of), comprehension (of); **~emre adták** I was given to understand; **~ére ad vknek vmt** give* sy to understand, let* sy know (about) sg

értesít *v vkt vmről* inform sy about sg, let* sy know [when/what ...etc.], tell* sy of/about sg, notify sy of sg; *ker* advise; **kérlek, ~s érkezésedről** please notify me of your arrival, please let me know when you're coming; **tisztelettel ~jük** we beg to inform you; **~i a rendőrséget a balesetről** report the accident to the police

értesítés n information, notification, communication; *(üzenet)* message; *(hivatalos)* notice, announcement; *ker* advice; ~ **szerint** *ker* as per advice; ~ **nélkül** without (prior) warning/notice; **minden külön ~ helyett** separate notices will not be issued; **további ~ig** until further notice

értesítő n **1.** *(iskolai)* (school) report, *US* report card **2.** *(folyóirat)* bulletin; *(újság)* gazette

értesül *v vmről* hear* of sg, learn* of sg, get* to know sg, be* informed of sg; **úgy ~ök, hogy** I understand that, I am informed that; **örömmel ~tem, hogy** I was pleased to learn that

értesülés n information *(pl* ua.), news *(pl* ua.); **~e(i)m szerint** from what I hear *(v.* have heard); **~eket szerez** gather *(v.* pick up) information

értetlen a uncomprehending; *(elme)* obtuse; **~ül áll vmvel szemben** be* at a loss [to know why..., to explain sg, to learn of... etc.]

értetlenség n lack of comprehension, obtuseness

értetőd|ik *v magától* **~ik** it stands* to reason, it goes without saying, of course, naturally enough, it is (only too) obvious *(v.* self-evident) (that)

értetődő a **magától ~** obvious, self-evident, natural ⇨ **értetődik**

érthetetlen a *(értelmetlen)* unintelligible, meaningless; *(rejtélyes)* baffling, incomprehensible; *(füllel)* inaudible, not clear; **~ül motyog** mutter/mumble (sg incomprehensible)

érthető a intelligible, clear, perspicuous; *(belátható)* understandable, comprehensible; *(füllel)* audible, distinct, clear; **könnyen ~** easy to understand *ut.*; **nehezen ~** difficult/hard to understand *ut.*; **~vé tesz vmt** make sg clear; **~en ejt (**v. **mond ki** *v.* **beszél)** speak*/articulate carefully/clearly

érthetőség n intelligibility

értő a *(közönség)* appreciative; *(intelligens)* knowledgeable; *(főnévvel, főleg műv)* connoisseur

erupció n eruption

érv n argument; **a mellette és ellene szóló ~ek** the arguments for and against sg, the pros and cons of sg; **a legmeggyőzőbb ~** the most telling argument; **felhoz egy ~et** advance an argument; **(egy) igen meggyőző ~et hoz fel ... ellen** make*/present a strong/convincing argument against...

érvágás n **1.** *konkr* opening a vein; *orv* venesection **2.** *átv biz* **nagy ~ volt!** *kb.* it made a big hole in my pocket/budget

érvel *v* argue, reason

érvelés n argumentation, reasoning, arguments *pl*

érvény n validity, force; **az útlevél ~e lejár** the (validity of the) passport expires; **~be lép** come* into operation/force, become* effective, take* effect; **~ben van** be* valid, be* in force/operation, be* operative, operate; **~ben levő** valid, in force *ut.*; **nincs ~ben** be* not operative/valid, be* no longer in force; **~t szerez vmnek, ~re juttat vmt** enforce [a law/decision etc.], implement [a decision/plan, resolutions etc.], carry [plans etc.] into effect; **~t szerez jogának** assert one's rights

érvényes *a* valid, effective; *(igével)* hold* good; *(jegy)* be* valid/good; *(jogszabály)* be* in force; be* operative; *(pénz)* current, good; **egyszeri utazásra** ~ good for a single journey; **mely államokra** ~ **az útlevél?** for which countries is the passport valid?; **2 hónapig** ~ (be*) valid for 2 months; **nem** ~ *(pl. jegy)* not valid; **ez a szabály nem** ~ **vmre** this rule does not apply (to)

érvényesít *v* **1.** *(igényt, jogot)* enforce, assert; *(követelést)* put* forward; ~**i akaratát** get*/have* one's (own) way **2.** *(okiratot)* validate; *(csekket, számlát)* endorse

érvényesítés *n* *(igényé)* enforcement, assertion; *(csekké)* endorsement; *(okiraté)* validation

érvényesíthető *a* enforceable; ~ **követelés** legally enforceable claim

érvényesíttet *v* *(repülőjegyet)* have (sg) confirmed, confirm

érvényesség *n* validity, force; ~**e lejárt** it is no longer valid/good, its validity has expired, it has expired

érvényesül *v* **1.** *(ember)* get* on, succeed, make* one's way; make* good **2. a többség akarata** ~ majority opinion prevails; **az ő akarata** ~ **(mindig)** (s)he (always) has* her/his own way; **hatalma** ~ his authority is felt **3.** *(szín, forma)* be* effective, stand* out

érvényesülés *n* success

érvényesülési *a* ~ **lehetőség** *kb.* chance (to make good); *biz* break

érvénytelen *a* invalid, void; *(szabály)* inoperative; *(jegy)* not good/valid *ut.*, cancelled (*US* -l-); ~ **szavazat** spoiled ballot; ~**nek nyilvánít** invalidate, cancel; ~**né válik/lesz** lose* its force, become* void/invalid/inoperative

érvénytelenít *v* invalidate, declare null and void, nullify, annul; *(töröl)* cancel (*US* -l)

érvénytelenítés *n* invalidation, nullification, annulment; *(törlés)* cancellation (*US* -l-)

érvénytelenség *n* invalidity

érvényű *a* → **kötelező**

érverés *n* pulse, pulsation; **gyors** ~ frequent/quick/rapid pulse

érzék *n* **1.** *(szerv)* sense **2.** *(tehetség)* sense of/for (sg), bent/feeling for (sg); ~**e van a zenéhez** be* musical; **nincs** ~**e a zenéhez** be* unmusical; **nincs semmi** ~**e vmhez** have* no bent/feeling for sg

érzékcsalódás *n* delusion, hallucination

érzékel *v* perceive, discern, register, feel*

érzékelés *n* perception, sensation

érzékelhető *a* perceptible; **nem** ~ imperceptible

érzékeltet *v* **1.** *(felfoghatóvá tesz)* make*/render perceptible, render palpable, demonstrate **2.** *(művész)* suggest, bring* out

érzékeny *a* **1.** *ált* sensitive *(vmre* to); *(betegségre)* susceptible (to), allergic (to); **hidegre** ~ sensitive to cold; ~ **pontja vknek** one's sore spot/point; **túl** ~ **(vmre)** hypersensitive *(külső körülményekre:* to; *lelkiekre:* about) **2.** *(idegileg)* highly-strung; *(sértődős)* sensitive (about sg), easily upset, touchy **3.** *(jószívű)* tender(-hearted), affectionate, easily moved *ut.*, feeling; ~ **búcsút vesz** take* affectionate leave **4.** *(film, lemez)* sensitized, sensitive; *(mérleg)* sensitive

érzékenyked|ik *v* be* touchy/hypersensitive; *(sértődékeny)* be* easily offended, be* quick to take offence at sg; **ne** ~**j annyira** don't be so sensitive

érzékenykedő *a* touchy, *(túlzottan)* hypersensitive

érzékenység *n* **1.** *ált* sensitiveness, sensitivity; *(fogékonyság)* responsiveness; *(betegségre)* susceptibility (to) **2.** *(csak lelki)* sensibility **3.** *(sértődékenység)* touchiness, hypersensitivity **4.** *műsz* sensitivity

érzéketlen *a* **1.** *(testileg)* insensible (to) **2.** *(lelkileg)* insensitive (to), apathetic; *(vk iránt)* unfeeling (towards sy), indifferent (to sy); *(vm iránt)* inured to (sg)

érzéketlenség *n* **1.** *(testi)* insensibility **2.** *(lelki)* insensitiveness, apathy, indifference

érzékfölötti *a* supersensible, transcendental

érzéki *a* **1.** *(érzékekkel kapcsolatos)* sensuous, sensory; ~ **benyomás** sense impression; ~ **észlelet** sensory perception; ~ **világ** the world of senses **2.** *(buja)* sensual, carnal, voluptuous; ~ **ember** sensualist; ~ **örömök** sensual pleasures; ~ **szerelem** carnal love

érzékiség *n* *(buja)* sensuality, carnality

érzékszerv *n* (organ of) sense, sense organ; **az öt** ~ the five senses *pl*

érzékzavar *n* disturbance of the senses

érzeleg *v* sentimentalize

érzelem *n* sentiment, feeling, emotion; **érzelmet kelt** evoke a feeling; **gyengéd érzelmeket táplál vk iránt** have* an affection for sy, have* a soft spot in one's heart for sy

érzelgés *n* sentimentality; *biz* mush

érzelgős *a* mawkishly/s(l)oppily sentimental; *biz* mushy

érzelgősség *n* sentimentalism, (m*a*wkish/ soppy) sentiment*a*lity
érzelmes *a* sentim*e*ntal, emotional
érzelmesség *n* sentimentalism, sentiment*a*lity, emotionalism
érzelmi *a* emotional, sentimental; *(lélektanilag)* emotive
érzelmű *a* -hearted; **gyengéd** ~ tender-hearted, gentle
érzés *n* **1.** *(lelki)* feeling, sentiment; ~**sel énekel** sing* with expression/feeling **2.** *(testi)* sensation, feeling **3.** *(benyomás)* impression, notion, feeling; **(valahogy) az az** ~**em, hogy** I have a/the feeling that, I rather think..., I sort of feel that...
érzéstelen *a orv* anaesthetized *(US* anes-)
érzéstelenít *v orv* anaesthetize *(US* anes-)
érzéstelenítés *n orv (folyamat)* anaesthetization *(US* anes-); *(állapot)* anaesthesia
érzéstelenítő *n* **1.** *(szer)* anaesthetic *(US* anes-); ~ **hatása alatt** *u*nder the anaesthetic **2.** *(orvos)* anaesthetist *(US* anes-)
érzésvilág *n* range of sy's emotions; *(könyvé)* (emotional) atmosphere
érzet *n* **1.** *(testi)* sensation, feeling, sense (of sg) **2. azt az** ~**et kelti bennem** it gives me the impression, it suggests to me (that)
érz|ik *v* (may) be* felt/perceptible; ~**ik a hideg** one feels the cold; **vm** ~**ik vmn** smack of, be* redolent of; *vkn* be* written all over sy; ~**ik rajta, hogy idegen** you/one can tell it is foreign *(v.* he is a foreigner)
érző *a* sensitive, feeling, ~ **lélek/kebel** a feeling heart
érződ|ik *v* = **érzik**
érzőideg *n* sensory nerve
érzület *n* sentiment, feeling, disposition, temper; **demokratikus** ~**ű** democratically minded, democratic
Erzsébet *n* Elizabeth
és *conj* and; ~ **a többi,** ~ **így tovább** and so on/forth, etc. *(kimondva:* etcetera); ~ **aztán?** and then?, so what?
esdekel *v ir* = **esedezik**
esedékes *a* due; *(tartozás)* payable, due; **érkezése 4 órakor** ~ he is due (to come/arrive) at four; ~ **összeg** am*ou*nt due; **már régóta** ~ **volt** it was long overd*ue*; ~**sé válik** bec*o*me*/fall* due
esedékesség *n* d*ue*-date; *(lejárat)* expiration; ~**kor** when due
esdez|ik *v* implore, bes*ee*ch, pray, beg *(vmért mind:* for sg)
esély *n* chance; *(kilátás)* prospect; **jó** ~**e van** stand* a good/fair chance (of...); **semmi** ~**e nincs** has no chance whatever;

biz hasn't a ghost of a chance; **az** ~**ek szerint** the odds are...
esélyes I. *a* having/possessing a (good) chance *ut.*; ~ **jelölt** strong c*a*ndidate, front r*u*nner **II.** *n* probable w*i*nner, favourite *(US* -or-)
esemény *n* event, occurrence; **aktuális** ~**ek** c*u*rrent events
eseménydús *a* eventful, crowded
eseményjáték *n* documentary drama, dramatized documentary
eseményszámba megy *v* it is quite an event
eseménytelen *a* uneventful
esendő *a* fallible
esernyő *n* umbrella
esernyőfogantyú *n* umbrella handles *pl*
esernyős, esernyőjavító *n* umbrella-mender/m*a*ker
esés *n* **1.** *(zuhanás)* fall(ing) **2.** *(áré)* drop, fall, decl*i*ne [in prices] **3.** *(esőé, légsúlymérőé)* fall; *(feszültségé)* drop **4.** *(verslábban)* thesis
eset *n* **1.** *ált* case, instance; *(esemény)* event, occurrence; **a szóban forgó** ~ the case in point; **volt rá** ~ it *a*ctually h*a*ppened (that); **a legrosszabb** *(v.* végső) ~**ben** at (the) worst, if the worst comes to the worst; **ellenkező** ~**ben** *o*therwise; **legjobb** ~**ben** at best; **ebben az** ~**ben** if so, in this case; **ilyen** ~**ekben** when this happens...; **abban az** ~**ben, ha** if; *US* in case; ...~**ében** in the case of ...; **vmnek** ~**én** *(főnévvel)* in case of, in the event of; *(mondattal)* for..., supposing...; **szükség** ~**én** if necessary/required, in case of emergency; **tűz** ~**én** in case of fire; **semmi** ~**re (sem)** certainly not!, on no account, by no means, in no way (whatever), no way!; **arra az** ~**re, ha (netalán)...** (just) in case; ~**ről** ~**re** from time to time, each time, in each case separately **2. nem az én** ~**em** (1) *(dologról)* *biz* it is not my cup of tea; (2) *(személyről)* he/she is not the sort of person I care much for; *(nemi szempontból)* is not my type, does not appeal to me **3.** *(ügy)* affair, business, matter **4.** *(történet)* story, tale **5.** *nyelvt* case
esetenként *adv* in each case (separately); from time to time; each time
esetleg *adv* by chance, by accident, maybe, possibly; **ha** ~ **bemész** if you happen to go in; **ha** ~**...** if, by any chance, ...; **ha** ~ **találkozol vele** if you happen to meet him; ~ **(nem) ön az új tanár?** are you by any chance the new te*a*cher?

esetleges *a* possible, contingent, accidental, occasional

esetlegesség *n* possibility, chance, contingency

esetleírás *n orv* case-history

esetlen *a* awkward, clumsy, gangling, ungainly

esetlenség *n* awkwardness, clumsiness

esetnapló *n orv* case-book

esetrag *n nyelvt* case-ending

esettanulmány *n (szociológiai)* case study

eshetőség *n* possibility, eventuality; *(lehetőség)* contingency; **minden** ~**re számítva** prepared for all emergencies/contingencies

es|ik *v* **1.** *(pottyan, zuhan)* fall*, drop **2.** *(vk vmbe kerül)* get* into, fall* into; **áldozatul** ~**ik vmnek** fall* a prey/victim to sg; **baja** ~**ik** *(vknek)* have* trouble; *(szerencsétlenség)* meet* with an accident **3.** *(eső)* rain; ~**ik** *(az eső)* it rains; *(éppen most)* it is raining; **akár** ~**ik, akár fúj** rain or shine; ~**ni kezdétt** it started raining; ~**ik a hó** it snows; *(éppen most)* it is snowing **4.** *(ár)* fall*, go*/come* down **5.** *(időpont, hangsúly vmre)* fall* on; **keddre** ~**ett** it fell on Tuesday **6.** **távol/messze** ~**ik be*** far off, be* a long way (away), be* distant; **merre** ~**ik Debrecen?** in which direction does Debrecen lie? **7.** *vkre vm átv* fall* to sy; **a választás Jancsira** ~**ett** the choice fell* on Johnny; **rá 50 szavazat** ~**ett** he got 50 votes **8.** **rosszul** ~**ik vm vknek** hurt* sy, hurt* sy's feelings, be* a disappointment to sy, feel* sore about sg; **rosszul** ~**ett (nekem), amit mondtál** I was hurt by what you said; **nehezemre** ~**ik** it is difficult/awkward for me (to), it is no easy matter for me (to); **hogyan** ~**nék neked az(, ha)** and how would you like it (if) **9.** **vm rendelkezés alá** ~**ik be*** subject to, come* under; *(paragrafus alá)* be* within section…, fall* under; **adó alá** ~**ik be*** liable to taxation **10.** **szó** ~**ik vkről/vmről** mention is made of sy/sg, the question of sy/sg cropped up; **úgy** ~**ett a dolog** it so happened ⇨ **puffan**

esket *v (házasulókat)* marry

esketés *n* marrying, marriage ceremony

eskü *n* oath; ~ **alatt** under/on oath; ~ **alatt tett nyilatkozat** declaration under oath; *(írásban)* affidavit, sworn statement; ~ **alatt nyilatkozik** declare under oath; ~ **alatt vall** testify (*v.* give* evidence) on/under oath, attest sg under oath; ~ **alatt vádol vkt** testify against sy; **hamis** ~

false oath, perjury; **hivatali** ~ oath of office/allegiance; ~**t kivesz vktől** administer an oath to sy, swear* sy in; ~**t tesz** take*/swear* an oath *(vmre* on); *(esküdt)* be* sworn in; ~**t megszeg** break* an oath; ~**vel erősít** affirm, confirm by oath

esküdöz|ik *v* swear* repeatedly

esküdt **I.** *a* sworn; ~ **ellenség** sworn/ mortal enemy **II.** *n (bírósági)* juryman°, juror

esküdtbíráskodás *n* trial by jury

esküdtbíróság *n* = **esküdtszék**

esküdtszék *n* (common) jury; ~**i ítélet** verdict by jury

esküforma *n* = **esküminta**

esküminta *n* (form of) oath

esküszegés *n* oath-breaking

esküszegő *n* oath-breaker

esküsz|ik *v* **1.** swear* *(vmre* on, *vkre* by); take* an oath; **hamisan** ~**ik** swear* falsely, forswear*/perjure oneself; **nem** ~**öm rá I** wouldn't swear* to it; ~**ik az X.Y. gyártmányra** she swears by XY; ~**öm, hogy igaz I** swear it's true; ~**öm… *biz* so help me; **minden ellenem esküdött** everything conspired/was against me **2.** **örök hűséget** ~**ik vknek** plight one's troth to sy

esküszöveg *n* = **esküminta**

eskütétel *n* taking of the oath

eskütevő *n* person taking an/the oath, juror

esküvő *n* wedding; *(házasságkötés)* marriage (ceremony); **egyházi** ~ church wedding; *(fehér ruhában)* white wedding; **polgári** ~ civil marriage; **az** ~ **napja** wedding day; ~**t tart** get* married; **mikor lesz az** ~**(tök)?** when are you getting married? (have you named the day)?

esküvői *a* wedding; ~ **ebéd** wedding breakfast, wedding party; ~ **ebéd/vacsora** *(fogadás jellegű)* wedding reception; ~ **értesítés/meghívó** wedding card; ~ **ruha** wedding/bridal dress; ~ **torta** wedding cake

eső **I.** *a* . **1.** *(zuhanó)* falling, dropping **2.** *(hanglejtés)* falling **3.** **adó alá** ~ liable to taxation *ut.,* taxable; **vm alá** ~ falling under *ut.,* subject to *ut.* **II.** *n* rain; *(szitáló)* drizzle; **esik az** ~ it rains; *(most)* it is raining; **szakad/zuhog az** ~ it is raining hard, it is pouring (with rain); *biz* it is raining cats and dogs; **szakadó** ~**ben** in (the) pouring rain, in the downpour; **eláll az** ~ it has stopped raining; ~**re áll, lóg az** ~ lába it looks like rain

esőálló *a* rainproof, waterproof

esőcsatorna *n* = **ereszcsatorna**

esőcsepp *n* raindrop
esőfelhő *n* rain-cloud
esőkabát *n* = **esőköpeny**
esőköpeny *n* raincoat, mackintosh; *biz* mac, *US (főleg a fényes fajta)* slicker
esőmérő *n* rain-gauge (*US* -gage), pluviometer
esőnap *n* ⟨alternative day in case of rain⟩, *US* rain date; ~: **júli. 8.** ⟨if interrupted by rain, the concert/performance will be held on 8 July⟩; *US* rain date: July 8th
esős *a* rainy; ~ **idő** rainy/wet weather; **beállt az** ~ **időszak** the rainy season has set in
esőtlen *a* rainless
esővíz *n* rainwater, storm-water
esőzés *n* rainfall, rainy weather; **nagy** ~**ek voltak** there were heavy rains, there was a heavy rainfall
esőztető *n (berendezés)* (lawn-)sprinkler
éspedig *conj* = **mégpedig**
esperes *n* dean
est *n* **1.** *(napszak)* evening; **(ma)** ~**ig** till evening, by tonight, by (this) evening **2.** *(művészeti)* evening
este I. *n* evening; **jó estét!** good evening! **II.** *adv* in the evening; **ma** ~ this evening, tonight; **tegnap** ~ yesterday evening, last night; **holnap** ~ tomorrow evening/night; **kedd(en)** ~ Tuesday evening; **kedd** ~**t mondott** he said Tuesday evening; **kedd** ~ **érkezett** he arrived on Tuesday evening, *US* he arrived (on) Tuesday evening; **késő** ~ late at night
estebéd *n* † dinner
estefelé *adv* towards evening
esteled|ik *v* evening is closing in, night is falling, it is getting dark; **korán** ~**ik** the days are drawing in (*v.* beginning to close in); **ránk** ~**ett** we were overtaken by night
estély *n* (evening) party, (social) evening, soirée; ~**t ad/rendez** give* a party; *US biz* throw* a party; ~**re megy** go* to a party
estélyi *a* ~ **ruha** evening dress; ~ **ruha kötelező** it's a white-tie occasion; *(csak nőknek)* evening dress, dress formal
esténként *adv* in the evenings; *(minden este)* every evening
estére *adv* by evening/night
esthajnalcsillag *n* evening star
esti *a* evening; ~ **iskola** night/evening school; ~ **iskolában tanul** study at (*US* in) night/evening school; ~ **lap** evening paper; ~ **mese** bedtime story; ~ **szürkület** dusk; ~ **tagozat** (1) = ~ **iskola** (2) *(egyetemé)* university extension, extension

course; ~ **tagozatos** evening/night student; ~ **tanfolyam** evening classes *pl*
estike *n növ* (night-smelling) rocket
esz *n zene* E flat
ész *n* reason, intellectual faculty, mind, brain; **nem nagy** ~ (he is) no genius; ~ **nélkül** without thinking, without stopping to think; **megáll az ember esze!** it is incredible/astounding (*v. biz* mind-boggling) to (see) ..., well I never!; **megáll az eszem (amikor...)** I am dumbfounded, I am at my wit's end; **eszem ágában sincs** I have not the slightest intention of (doing sg), I should not dream of (doing sg); **elment az eszed?** are you mad?, are you out of your mind/wits?, have you lost your senses?; **vmn jár az esze** be* (constantly/always) thinking of sg, one's mind is constantly running on sg, think* of doing sg; **majd megjön az esze** he will think better of it, he will come to his senses; **megjött az esze** has sobered down, he has become (older and) wiser; *(fiatalember kitombolta magát, kif)* he has sown his wild oats; **min/hol jár az eszed?** what are you thinking about?, *biz* a penny for your thoughts!; **folyton a lányokon jár az esze** he thinks of nothing but girls, he has girls on the brain; **máshol jár az esze** his thoughts are elsewhere, his mind is on other things; **nincs ott az esze** he is not all there; **legyen eszed!** don't be crazy/stupid/silly!, be sensible!; **van esze** he has brains, he has a good head on his shoulders; **helyén van az esze** (1) *(józanul gondolkodik)* he is in his right mind/senses; have* one's head screwed on right (*v.* the right way) (2) *(nem lehet rászedni)* have* one's wits about one (3) *(odafigyel)* be* all there; **jól vált az esze, vág az esze** has an acute (*v.* a quick) mind, he is quick in the uptake; **az eszed tokja/tokját!** *biz* nonsense!; **eszembe jut** it occurs to me; *(egy név/adat)* I remember; **nem jut eszembe** I (just) can't think of it; it escapes me; **nem jut eszembe a neve** I forget his name, his name has slipped my mind, I can't think of his name; **az jutott eszembe, hogy** it struck me that; **senkinek sem jutott eszébe, hogy megmondja** nobody remembered to tell him; nobody thought of telling him; **mi jut eszedbe!** the idea!; **erről jut eszembe** that reminds me, by the way; **valahogy eszedbe ne jusson!** mind you don't..., be sure not to...; **eszébe juttat vknek vmt** remind sy of sg; ~**be kap** suddenly realize sg; **mire**

~**be kapnál** bef*o*re you know where you are; **eszében tart vmt** keep*/bear* sg in mind; **kiment az eszemből** it slipped my mind/me*m*ory; **eszeden légy!**, ~**nél légy!** keep* your wits ab*o*ut you!, be* c*a*reful!; **szedd össze az eszed!** keep* your wits ab*o*ut you; *(figyelj)* mind what you are d*o*ing!; **mióta az eszemet tudom** *e*ver since I can rem*e*mber; **eszét veszti** lose* one's re*a*son, go* mad; **eszét vesztett** cr*a*zy, demented; **nem lehet fölérni ésszel** it is bey*o*nd one('s comprehe*n*sion); **többet ésszel, mint erővel** more brain than brawn; ~**re tér** come* to one's s*e*nses, think* better (of); ~**re térít** bring* to re*a*son, bring* to one's s*e*nses

észak *n* (the) North, north; ~**on** in the north; ~ **felé**, ~**ra** n*o*rthward, (towards the) north, n*o*rtherly; ~ **felé haladó** n*o*rthbound; **vmtől** ~**ra fekszik** lie* north of sg; ~ **felől**, ~**ról** from the north; **a szél** ~**ról fúj** there is a n*o*rtherly wind

Észak-Afrika *n* North *A*frica

észak-afrikai *a/n* North *A*frican

Észak-Amerika *n* North Am*e*rica

észak-amerikai *a/n* North American

Észak-Anglia *n* N*o*rthern *E*ngland, the North of *E*ngland

észak-atlanti *a* ~ **tömb** North Atl*a*ntic bloc; **É~ Szerződés Szervezete** North Atl*a*ntic Tre*a*ty Organization *(röv* NATO)

észak-északkelet *n* north-north-e*a*st

észak-északnyugat *n* north-north-west

Észak-Európa *n* N*o*rthern *E*ur*o*pe

észak-európai *a* north(ern) European, of N*o*rthern *E*ur*o*pe *ut.*

északi *a* n*o*rthern, north, of the north *ut.*; *(szél)* n*o*rtherly; ~ **fekvésű ház** house f*a*cing north; ~ **félgömb/félteke** the n*o*rthern h*e*misphere; ~ **fény** n*o*rthern/ p*o*lar light; ~ **irányban** n*o*rthward(s), towards the north; ~ **népek** the N*o*rdic peoples; ~ **(ország)rész** the n*o*rthern part [of a c*o*untry]; ~ **sízés/számok** N*o*rdic events *pl*; ~ **szél fúj** there is a n*o*rtherly wind

Északi-Jeges-tenger *n* the *A*rctic *O*cean

Észak-Írország *n* N*o*rthern *I*reland

Északi-sark *n* the North pole, the *A*rctic

északi-sarki *a* *A*rctic

Északi-sarkvidék *n* the *A*rctic

északkelet *n* north-e*a*st, (the) North-E*a*st

északkeleti *a* north-e*a*st(ern); ~ **szél** north-e*a*ster(ly) wind

északnyugat *n* north-west, (the) North--West

északnyugati *a* north-w*e*st(ern); ~ **szél** north-w*e*ster(ly wind)

észbeli *a* intelle*c*tual, m*e*ntal

észbontó *a* r*a*vishing, f*a*scinating; *biz* m*i*nd--boggling

eszeget *v* eat* sl*o*wly, n*i*bble aw*a*y (at)

észellenes *a* anti-intell*e*ctual

eszelős *a* cr*a*ck-brained, idi*o*tic

eszelősség *n* *i*diocy, idi*o*tic beh*a*viour *(US* -or)

eszemadta *a* d*a*rling, sweet

eszem-iszom *v* fe*a*sting, w*i*ning and d*i*ning

eszencia *n* *e*ssence

eszerint *adv* **1.** *(ilyen módszerrel)* (in) this way **2.** *(tehát)* if that is the case, acc*o*rdingly, consequently ⇨ **szerint**

eszes *a* int*e*lligent, cl*e*ver, smart, bright; ~ **ember** man° of brains

eszeveszett *a* fr*a*ntic, mad; ~**en menekül** be* in full flight; ~**en ordít** shout like a m*a*dman

esz|ik 1. *vt* eat*; *(elfogyaszt)* cons*u*me; **ön mit** ~**ik?** *(étteremben)* what will you have?; ~**ik vmt** *(vm hideget)* have* sg (cold) to eat, have* a snack; **nem ennél vmt?** would you like (to have) sg to eat?; **egyék még!** help yours*e*lf!, have some more!; **mit ettél vacsorára?** what did you have for d*i*nner/s*u*pper?; **betegre** ~**i magát** eat* ones*e*lf sick; **aki nem dolgozik, ne is egyék** he who does not work, n*e*ither shall he eat; **abból ugyan nem** ~**el!** not if I can help it!; ~**i a méreg** feel* *a*ngry, be* sm*ou*ldering *(US* smold-) with rage; **a rozsda** ~**i** be* e*a*ten up/aw*a*y by rust, be* corr*o*ded **2.** *vi* eat*; *(délben)* lunch, eat*/have* lunch; *(este)* dine, eat*/have* d*i*nner/s*u*pper; *(vhol rendszeresen)* have* one's meals swhere, board, eat*; *(nem otthon, rendszeresen)* board out; *(egyszer-egyszer)* eat* out, have* a meal out; **egy kitűnő magyar étteremben ettünk az este** last evening we dined at a spl*e*ndid Hung*a*rian r*e*staurant

észjárás *n* way of th*i*nking, h*a*bit of mind; **gyors** ~**ú** ready/quick-w*i*tted; **lassú** ~**ú** slow-w*i*tted

észjog *n* n*a*tural law

eszkábál *v* piece tog*e*ther, f*a*bricate

eszkaláció *n* escal*a*tion

eszkimó *a/n* *E*skimo

észkombájn *n* iron **nem egy** ~ (he is) not a great brain, not a powerh*o*use of id*e*as

eszköz *n* *á*lt *(vm célra)* instrument, device; *(szerszám)* tool, appl*i*ance; *(háztartási)* ut*e*nsil; *(gazdasági)* *i*mplement; **termelési**

~**ök** means of production **2.** *átv vm* means *sing. v. pl*; ~ **a cél elérésére** a means to an end; **a sztrájk mint végső** ~ strike as a last resort, strike in the last resort; **a végső** ~**ökhöz folyamodik** have* recourse (*v.* resort) to extreme measures (*v.* drastic methods); ~**e vknek** be* the tool of sy; **vkt** ~**eként használ** make* a (blind) tool of sy **3.** anyagi ~**ök** resources, means, funds (*mind: pl*)

eszközlés *n* carrying out, effectuation

eszközöl *v* carry out, accomplish, achieve; **fizetést** ~ effect payment; **rendelést** ~ place an order (with sy)

észlel *v* observe, notice, perceive, detect

észlelés *n* observation, cognition

észlelhető *a* observable, perceptible, noticeable

észlelő *n* observer

eszme *n* idea, thought

eszmeáramlat *n* current/school of thought

eszmecsere *n* exchange of views, conversation, talk; **X** ~**t folytat Y-nal** an exchange of views takes place between X and Y

eszmei *a* ideal, of ideas *ut.*; ~ **tartalom/mondanivaló** intellectual content, the ideas (contained in sg) *pl*, message

eszmél *v* **1.** (*ájulásból*) come* to, come* to one's senses **2.** (*rá*~) realize sg

eszmélés *n* **1.** (*ájulásból*) recovery of consciousness **2.** (*rádöbbenés*) realization **3.** (*gyermeké*) the awakening of (self-)consciousness

eszmélet *n* consciousness; ~**én kívül van** be* unconscious; ~**énél van** be* conscious; ~**re tér, visszanyeri** ~**ét** recover/regain consciousness, come* to/round; **elveszti** ~**ét** become* unconscious, lose* consciousness, faint

eszméletlen *a* unconscious; ~ **állapotban van** be* (lying) unconscious; ~**ül feküdt** he lay unconscious

eszméletlenség *n* unconsciousness

eszmény *n* ideal

eszményi *a* ideal

eszményít *v ir* idealize

eszményítés *n ir* idealization, idealizing

eszménykép *n* ideal, model

eszmetársítás *n* association of ideas

eszmetársulás *n* association of ideas

eszmevilág *n* world of ideas

észok *n* rational motive/argument

eszperantó *n* Esperanto; ~**ul beszél** speak* Esperanto

eszpresszó *n* coffee-bar

eszpresszógép *n* (coffee) percolator/maker

eszpresszókávé *n* espresso

észrevehetetlen *a* imperceptible, unperceivable

észrevehető *a* perceptible, noticeable, appreciable; ~ **eredmény** tangible result; ~ **javulás** marked improvement; ~**en** perceptibly, noticeably, appreciably

észrevesz *v* observe, notice, perceive, become* aware of, discern; (*megpillant*) catch* sight of, see*; **nem vesz észre** fail to notice/see, miss, skip over, overlook; ~**i magát** *biz* he suddenly realizes (that)

észrevétel *n* **1.** = észrevevés **2.** (*megjegyzés*) remark, comment, reflection; ~**t tesz vmre** make*/pass a remark on sg, remark on sg; ~**eket fűz vmhez** comment on sg, add; **nincs semmi** ~**e** have* no comment (to make); **nincs** ~**em!** no comment!

észrevetet *v* **vkvel vmt** call sy's attention to sg; ~**i magát** call attention to oneself

észrevétlen(ül) *adv* unobserved, unnoticed; (*lopva*) by stealth; ~ **marad** pass unnoticed; ~ **távozik** leave* unnoticed, *biz* take* French leave

észrevevés *n* observation, noticing, perception

esszé *n* essay

esszéíró, esszéista *n* essayist

ésszerű *a* rational, reasonable, sensible; ~**en** sensibly, in a reasonable/rational manner

ésszerűség *n* rationality, reasonableness; **az** ~ **határain belül** within the bounds of reason

ésszerűsít *v* rationalize

ésszerűsítés *n* rationalization

ésszerűtlen *a* unreasonable, illogical

észt *a/n* (*ember, nyelv*) Estonian

esztelen *a* unreasonable, foolish, mad, crazy, nonsensical; ~ **pazarlás** mindless waste

esztelenked|ik *v* behave foolishly

esztelenség *n* folly

esztendei *a* year's

esztendő *n* year; ~**re** this time next year, a year hence; **ma egy esztendeje** this day last year, a year ago today; **egy álló esztendeig** a whole year

esztendős *a* of... years *ut.*, ... years old *ut.*; **tizenöt** ~ **fiú** a 15-year-old boy

Eszter *n* Esther

eszterga *n* lathe

esztergaforgács *n* turnings *pl*

esztergakés *n* turning/lathe tool

esztergál *v* turn

esztergályos *n* turner, lathe operator

esztergályosmunka *n* turnery
esztergályosműhely *n* turnery
esztergályoz *v* = **esztergál**
esztergapad *n* lathe, turner's lathe, turn-
-bench
esztéta *n* aesthete (*US* es-)
esztétika *n* aesthetics (*US* es-) *sing.*
esztétikai *a* aesthetic (*US* es-)
esztétikus *a* aesthetic, aesthetically (*US* es-)
satisfying, pleasing
Észtország *n* Estonia
esztrádműsor *n* kb. revue
-eszű *suff* -witted; **eleven** ~ quick-witted;
tompa ~ dull
észvesztő *a* maddening, distracting
et. = *elvtárs:* comrade
etap *n* stage
etázsfűtés *n* central heating [for each flat/
apartment or floor/story]
étcsokoládé *n* bitter/cooking chocolate
étel *n* ált food; *(táplálék)* nourishment;
(nyersen) eatables *pl; (tálalva)* dish, meal;
(állatoké) food, feed; ~ **és ital** meat and
drink; **három tál** ~ a 3-course meal/
dinner, three courses *pl*
ételbár *n* snack bar
ételfelvonó *n* food lift, dumbwaiter
ételhordó *n (edény)* food-container/carrier
ételízesítő *n* stock (cube)
Etel(ka) *n* Ethel
ételkülönlegesség *n* food speciality (*US*
specialty)
ételift *n* = **ételfelvonó**
ételmaradék *n* scraps/remains of food (*pl*)
ételmérgezés *n* ptomaine/food poisoning
ételszag *n* smell of food
ételtermosz *n* vacuum food-container
éter *n* ether
éteri *a* ethereal
eternit *n* asbestos slate
etet *v* give* sy sg (to eat), feed*; *(állatot)*
feed*, give food (to)
etetés *n* feeding
etető *n* feeder; *(vadé)* feeding place
etetőszék *n* high chair
etetővályú *n* feeding-trough
éthordó *n* = **ételhordó**
éti csiga *n* edible snail
etika *n* **1.** *(hivatás körébe vágó erkölcs)* ethic;
(szabályok) ethics *pl* **2.** *(erkölcstan)* ethics
sing.; moral philosophy
etikai *a* ethical; ~ **bizottság** *orv* ethical
committee; ~ **szempontból** ethically
etikett *n* etiquette, proprieties *pl*
etikettszerű *a* in conformity with etiquette
ut.

etikus *a* ethical;; ~ **magatartás** moral be-
haviour
etil-alkohol *n* ethyl alcohol
etimológia *n* etymology
etimológiai *a* etymological
etimologizál *v* etymologize
etióp *a/n* Ethiopian
Etiópia *n* Ethiopia
etiópiai *a/n* Ethiopian
étkészlet *n* tableware, dinner service/set;
(teázáshoz) tea service
étkezde *n (kisebb vendéglátóhely)* eating-
-house, eating place; *(étterem)* restaurant;
kat mess(-room); *(üzemi)* canteen; *(hajón)*
dining saloon; *isk* refectory, dining hall
étkezés *n (egyszeri)* meal; *(rendszeres)*
meals *pl; (ellátás)* board; ~ **előtt/után**
before/after meal(s); ~ **sel** with full board;
szállás ~ **sel** board and lodging, bed and
board
étkezési *a* ~ **hozzájárulás** food subsidy;
~ **jegy** meal voucher
étkez|ik *v* ált eat*, have*/take* one's meals;
(este) have* dinner, dine; *(délben)* have*
lunch, lunch; *(vhol rendszeresen)* take* one's
meals, board, eat*; **nem otthon** ~ **ik**
board/eat* out, *(este)* dine out; *(egy alka-
lommal)* dine/eat* out, have* a meal out;
háromszor ~ **ik naponta** (s)he has three
meals a day
étkező *n (helyiség)* = **étkezde**
étkezőfülke *n* dining recess, dinette
étkezőkocsi *n* dining/restaurant car, *US*
diner
étkezőkonyha *n* = **lakókonyha**
étkeztet *v* feed*
étkeztetés *n* feeding, boarding; **üzemi** ~
subsidized meals *pl*
étlap *n* menu, bill of fare; ~ **szerint** à la
carte
étlen *adv* hungry, famished
étlen-szomjan *adv* hungry and thirsty,
without food or drink
etnikai: ~ **csoport** ethnic group
etnikum *n* ethnic group
etnográfia *n* ethnography
etnográfus *n* ethnographer
etnológia *n* ethnology
etnológus *n* ethnologist
étolaj *n* cooking-oil, edible oil
etológia *n* ethology
etológiai *a* ethological
étosz *n* ethos
étrend *n* menu; *(betegé)* diet
étrendi *a* dietary, dietetic
etruszk *a/n* Etruscan

étszolgálat *n* restaurant-service, refreshment facilities *pl*

étterem *n ált* restaurant; *(szállodáé)* (hotel) restaurant; *(kisebb szállodáé)* dining-room

ettől *adv* **1.** *vmtől, vktől* from this; ~ **minden kitelik** he is capable of anything; ~ **az embertől** from this man **2.** ~ **kezdve/fogva** from this/that time onward, from now onward

etűd *n zene* etude

étvágy *n* appetite; **evés közben jön meg az** ~ appetite comes with eating; **jó** ~ **a van** eat* well, have* an appetite; **jó** ~ **at!** enjoy your meal!, bon appetit!; ~ **at csinál vknek** whet sy's appetite; **jó étvággyal eszik** eat* sg with relish, relish sg, have* a hearty meal

étvágygerjesztő I. *a* appetizing; *(igével)* whet sy's appetite **II.** *n* appetizer; *orv* stomachic

étvágytalan *a* without an(y) appetite *ut.*

étvágytalanság *n* lack/loss of appetite

eufemisztikus *a* euphemistic

eufemizmus *n* euphemism

eukaliptusz *n* eucalyptus

eunuch *n* eunuch

Európa *n* Europe; *(Nagy-Britannia nélkül)* the Continent

európai *a* European; *(Nagy-Britannia nélkül)* continental; **E**~ **Gazdasági Közösség (EGK)** European Economic Community (EEC)

európaias *a* European

Európa-szerte *adv* all over (*v.* throughout) Europe

Eurovízió *n* Eurovision

Eustach-kürt *n* Eustachian tube

eü. = *egészségügyi* hygienic

ev. = *evangélikus* Lutheran

év *n* year; **jövő** ~ next year; **múlt** ~ last year; **(az)** ~ **vége** the close/end of the year; ~ **végi** final, end-of-the-year, coming at the end of the year *ut.*; ~ **ek hosszú során át** for many years; ~ **ek múltán** years after; ~ **ek múlva** several years later; ~ **ek óta** for many years; **ma egy** ~ **e** a year ago to-day, this day last year; **három** ~ **e, három** ~ **vel ezelőtt** three years ago (*US* back); **ez** ~ **ben** this year; **egy** ~ **e annak, hogy** it is a year since…; **élete tizenhetedik** ~ **ében** in the seventeenth year of his life; **minden** ~ **ben** every year; ~ **enként,** ~ **ente** every year, yearly, annually, per annum; ~ **enként kétszer** twice a year; **egy álló** ~ **ig** for a whole

year; **X** ~ **ig tartó** lasting X years, X years'…; **X** ~ **re szóló** for X years *ut.*, X years'…; ~ **mához egy** ~ **re** this day next year, a year from today; ~ **ekre visszamenőleg** for years back; ~ **ről** ~ **re** year by year, year in year out; ~ **ekkel ezelőtt** years ago; **néhány** ~ **vel ezelőtt** a few years ago (*US* back)

Éva *n* Eve

évad *n* season

évadnyitó előadás *n* first performance/night of the season

évadzáró előadás *n* closing/last performance of the season

evakuál *v* evacuate

evakuálás *n* evacuation

evangélikus *a* Lutheran

evangélista *n* **1.** *(bibliai)* Evangelist **2.** *(evangelizátor)* evangelist

evangélium *n vall* Gospel; **Máté** ~ **a** the Gospel according to St. Matthew

evangéliumi *a* evangelical

evangelizáció *a* evangelical preaching, evangelization, evangelistic meeting/campaign

evangelizál *v* evangelize

evégből, evégett *adv* for that purpose, to that end, with that object

évelő *a* perennial (plant)

évenként, évente *adv* → **év**

evés *n* eating

éves *a* **1.** … years old *ut.*, … -year-old; **hány** ~ **?** *vk/vm* how old is he/she/it?, what age is he/she/it?; *(ön)* how old are you?; **megkérdezi, hány** ~ ask sy's age; **ötvenöt** ~ **vagyok** I am fifty-five (years old); **tizenhat** ~ **(1)** *(igével)* (s)he is sixteen years old; **(2)** *(jelzőként)* 16-year-old, 16/sixteen years old *ut.*; aged sixteen *ut.*; **három** ~ **kislány** a little girl of three, a three-year-old (little) girl; **tizennyolc** ~ **korában** at the age of eighteen, aged eighteen; **a tizenkét** ~ **ek** the twelve-year-olds **2.** ~ **törlesztő részlet** annuity **3.** *(x évre szóló)* for … years *ut.*; *(x évig tartó)* lasting … years *ut.*; **két** ~ **garancia** a guarantee for 2 years, 2 years' guarantee

evés-ivás *n* feasting, eating and drinking

evészet *n* nagy ~ □ blowout

evez *v* row; *(kajak)* paddle; **egyesületben** ~ row for a club; ~ **ni megy** go* rowing

evezés *n* rowing; *(kajakban)* paddling

evező I. *a* rowing **II.** *n* **1.** *(aki evez)* oarsman°, rower **2.** *(eszköz)* oar; *(rövidebb)* scull; *(kajakhoz, kenuhoz)* paddle; **meghúzza az** ~ **ket** pull at the oars

evezőcsapás *n* stroke
evezőlapát *n* = evező II. 2.
evezőpad *n* seat for rowers
evezős I. *a* rowing; ~ csónak/hajó rowing-boat, *US* rowboat II. *n* rower, oarsman°; első ~ bowman°, bow oar
evezősbajnokság *n* rowing championship
evezőssport *n* rowing
evezősverseny *n* boat-race
evezőtoll *n* quill(-feather), wing-quill
evezővilla *n* rowlock, *US* oarlock
évezred *n* thousand years *pl*, millennium (*pl* millennia)
évezredes *a* a thousand years old *ut*., millennial, a thousand-year-old
évf. = *évfolyam* (1) *isk* year, yr. (2) *(könyv)* volume, vol.
évfolyam *n* 1. *(folyóiraté)* volume 2. *isk* class, year; az 53-as ~ the class of '53
évfolyamelső *n* top of his class, first in his year; ~ként végez be* top (of the class), come* top (in the examination)
évfolyamtárs *n* classmate; ~am volt (s)he was in my year/class
évforduló *n* anniversary
évgyűrű *n (fában)* annual ring
évi *a* yearly, annual, year's; ~ bér annual wages *pl*; ~ fizetés annual salary; ~ mérleg annual balance (sheet); tizenöt ~ fifteen years'; ez ~ this year's, of this year *ut.*; az 1970. ~ terv ... the 1970 plan
evickél *v* flounder (about)
evidenciában tart *v* make* a (mental) note of (sg), keep* (sg) on file
evidens *a* evident, obvious, manifest
évjáradék *n* annuity
évjárat *n* 1. *(személyek)* generation, age-group 2. *(bor)* vintage; 1960-as ~ (ból való bor) a wine of 1960 vintage
évkönyv *n* 1. *(almanach)* almanac; *(intézményé)* yearbook; *(ismeretterjesztő stb. társaságé)* annals *pl* 2. *tört* chronicle, annals *pl*
évkönyvíró *n* annalist, chronicler
évközi *a* mid-year; ~ jelentés interim report
évnegyed *n* quarter
évnyitó *n* opening ceremony [of the school year]
evolúció *n* evolution
evolúciós *a* evolutionary
evő I. *a* eating *ut*. II. *n* eater; sokat ~ a hearty eater, gourmand; rossz ~ poor/bad eater
évődés *n* vkvel banter, chaff
évőd|ik *v* vkvel chaff, tease (sy); *biz* pull sy's leg

evőeszköz(ök) *n* cutlery, silver
evőkanál *n* tablespoon; egy ~ ecet 1 tablespoon of vinegar; három ~ lal three tablespoonfuls (of...)
evőkanálnyi *adv* tablespoonful
evőkészlet *n* = étkészlet
évszak *n* season; az ~ hoz képest hideg idő cold weather (*v.* it's cold) for the time of the year
évszám[1] *n* date
évszám[2] *adv* year after/by year, year in (and) year out
évszázad *n* century
évszázados *a* century/centuries old, age-long
évtized *n* decade
évtizedes *a* decennial, ten years old; több ~ barátság a friendship of many decades' standing (*v.* going back many/several decades)
evvel *adv* = ezzel
évzáró (ünnepély) *n* isk speech-day
ex! *int (ivásnál)* Bottoms-up!, Down the hatch!
excellenciás *a* ~ uram! Your Excellency
excentrikus *a* eccentric, odd; ~ ember eccentric
exegézis *n* exegesis
exhibicionista *a* exhibitionist
exhibicionizmus *n* exhibitionism
exhumál *v* disinter, exhume
exhumálás *n* disinterment, exhumation
exitál *v* die
exkavátor *n* (mechanical) digger, excavator, *US* steam shovel
exkirály *n* ex-king
exkluzív *a* exclusive, select
exkuzál *v* 1. make* excuses (for), apologize (for sg) (*vk előtt* to); 2. *isk kb.* ask to be excused homework
ex libris *n* bookplate, ex-libris
expanzió *n* expansion
expedíció *n* 1. *kat, tud* expedition 2. *(üzemben)* dispatch (department)
explodál *v* explode, detonate
exponál *v* 1. *fényk* make* an exposure, expose; mennyit ~ tál? what exposure did you use? 2. ~ ja magát vkért take* up sy's cause (even at the risk of sacrificing one's own reputation)
exponálás *n fényk* exposure; ~ i idő time of exposure
exponált *a* 1. *(film)* exposed 2. ~ helyzetben in an exposed/vulnerable position/ situation
exponenciális *a* exponential

export *n* **1.** exportation, exports *pl;* ~**ból visszamaradt áru** export reject(s) **2.** *(jelzőként)* export(-)
exportál *v* export
exportálás *n* exportation, exporting
exportálható *a* exportable
exportáru *n* export goods *pl,* export(s)
exportcég *n* export firm
exportcikk *n* export (article)
exportképes *a* exportable, ready/suitable for export *ut.*
exportőr *n* exporter
exportrendelés *n* export order
expozé *n* (public) statement, speech
expozíció *n* **1.** *(irodalom, zene)* exposition **2.** *fényk* exposure
expressz I. *a (levél)* express, *GB* first class; *főleg US* special delivery **II.** *adv* ~ **ad fel** send sg express, *GB* send* sg first class **III.** *n (vonat)* express (train)
expresszáru *n* express goods *pl*
expresszionista *n* expressionist
expresszionizmus *n* expressionism
expresszküldemény *n* express mail, *GB* first-class mail; *US* special delivery mail
expresszlevél *n* express letter, *GB* first-class letter/mail; *US* special delivery letter
expresszvonat *n* express (train)
ex tempore *a/adv* extempore, off the cuff, offhand
extenzív *a* extensive
exterritoriális *a* ex(tra)territorial
extra *a* **1.** *(ráadás)* extra **2.** *(különleges)* super-fine; ~ **méretű/nagy** *(ruhaféle)* outsize, extra large; *(cigaretta)* king-size
extraprofit *n* extra/super-profit
extravagáns *a* extravagant
extrém *a* extreme
ez *pron* this *(pl* these), that *(pl* those); ~ **a(z)...** this; ~ **a ház** this house; ~ **az** that's it!, that's right; ~**ek az emberek** these people; ~**ek azok** these are the men; ~**ek után** after that/these, thereupon, hereupon, at this stage; *l. ragos alakokat* (**ebbe, ebben, ennek, ezt** *stb.*) *a maguk ábécérendi helyén*
ezalatt *adv (időben)* in the meantime, meanwhile, during this/that time
ezáltal *adv* hereby, by this means, by so doing
ezelőtt *adv* formerly, in former times; *(határozott időjelöléssel)* ago; **két évvel** ~ two years ago, *US* two years back
ezelőtti *a* former, earlier
ezen[1] *adv vmn* at/on this; ~ **az asztalon** on this table; ~ **nem kell csodálkozni** there is nothing surprising in this

ezen[2] *adv (ez)* this *(pl* these); ~ **esetben** in this case; ~ **könyv** this book; ~ **emberek** these people
ezenfelül *adv* = **ezenkívül**
ezenképpen *adv* = **ekképpen**
ezenkívül *adv* besides, in addition
ezenközben *adv* = **eközben**
ezennel *adv* herewith, hereby; ~ **igazoljuk ...** this is to certify (that)
ezentúl *adv* henceforth, from now on, from this time on
ezer *num* (a/one) thousand; ~ **dollár** a thousand dollars; **sok** ~ many thousands (of); **több** ~ **forintba került** it cost thousands of forints; **harminc**~ **lakos** thirty thousand inhabitants; ~ **éve nem láttalak!** I haven't seen you for ages!, long time no see!; ~ **bocsánat!** awfully sorry!, a thousand pardons!; ~ **örömmel!** with pleasure!; **ezreket keres** he is making/earning thousands
ezerannyi *pron* a thousand times as many/much
Ezeregyéjszaka *n* the Arabian Nights *pl,* the Thousand And One Nights *pl*
ezeresztendős *a* a thousand years old *ut.*
ezeréves *a* = **ezeresztendős**
ezerféle *a* of a thousand kinds/varieties *ut.*
ezerjófű *n* centaury, dittany
ezermester *n* jack-of-all-trades, handyman°
ezermillió *num* one/a thousand million(s), *US (de GB-ben is terjed)* one/a billion (10^9)
ezernyi *a* thousands of; *(igen sok)* millions of
ezerszer *adv* a thousand times
ezerszeres *a* a thousandfold
ezerszerte *adv* = **ezerszer**
ezért *adv/pron* **1.** *(emiatt)* therefore, for this/that reason, so, that/this is why **2.** *(evégett)* for that/this purpose, with that/this object, to that/this end; ~ **vagyok itt** that's why I am here **3.** ~ **a könyvért jöttem** I have come for this book
eziránt *adv (erre nézve)* with regard to this, on this point, in that matter/question
ezóta *adv* since this time, ever since
ezoterikus *a* esoteric
ezr. = *ezredes* colonel *(röv* Col.)
ezred *n* **1.** *kat* regiment **2.** *(rész)* thousandth part
ezredes *n* colonel
ezredesi *a* ~ **rang** (the) rank of colonel
ezredév *n* millennium *(pl* millennia)
ezredforduló *n* turn of the millennium
ezredik *num* thousandth
ezredorvos *n* regimental surgeon

ezredparancsnok *n* regimental commander, commanding officer of the regiment
ezredparancsnokság *n* regimental command/headquarters *(utóbbi sing. v. pl)*
ezredrész *n* a thousandth part
ezredszer *adv* for the thousandth time
ezredtörzs *n kb.* regimental cadre, staff of a regiment
ezrelék *n* per thousand/mill/mil, one thousandth
ezres I. *a (tízes rendszerben)* thousand; ~ **szám** the number 1,000 II. *n (bankjegy)* a thousand pound/dollar/forint note; **adj kölcsön egy** ~t could you lend me a thousand forints?
ezrével *adv* by the thousand, thousands (upon thousands)
ezután *adv (ezentúl)* henceforth, from now on, from this time on ⇨ **után**
ezúton *adv (így)* thus; *(hivatalosan)* hereby, herewith
ezúttal *adv* this time, on this occasion
ezüst *n* silver; ~ **(evőeszköz)** (the) silver; ~ **színű** silver(-coloured), silvery; ~ **veretű** silver-mounted
ezüstáru *n* silver(-ware)
ezüstbánya *n* silver-mine
ezüstcsengésű *a* silvery, of a silvery tone *ut.*
ezüstérc *n* silver ore

ezüstérem *n* silver medal
ezüstérmes *a/n* silver medallist *(US* -l-)
ezüstfenyő *n* silver fir
ezüstfényű *a* silvery
ezüstfólia *n* silver-foil
ezüstlakodalom *n* silver wedding
ezüstlánc *n* silver chain
ezüstműves *n* silversmith
ezüstművesség *n* silver-work
ezüstnemű *n* silver(-ware)
ezüstös *a* silvery
ezüstöz *v* silver, plate (with silver)
ezüstözés *n* silvering, silver-plating
ezüstözött *a* silver-plated, silvered
ezüstpapír *n* silver paper/foil, (tin)foil
ezüstpénz *n* silver (coin)
ezüstpróba *n* hallmark
ezüstróka *n* silver fox
ezüstrúd *n* bar of silver, silver ingot
ezüstszínű *a* silver(-coloured), silvery
ezüsttálca *n* silver tray, (silver) salver
ezüsttárgyak *n* silver-ware
ezüstvasárnap *n* ⟨the second Sunday before Christmas⟩
ezzel *adv* **1.** *vmvel* with this/that, herewith, hereby; ~ **szemben** whereas, on the other hand, while **2.** *(időben)* on this; ~ **már el is szaladt** having said this he ran away/off; ~ **mára végeztünk is** and that's it

F

F, f¹ *n (betű)* (the letter) F/f
F, f² *n zene* F ⇨ **F-dúr, F-kulcs, f-moll**
f³ = *fillér* fillér **f.** = *folyó;* ~ **évi,** ~ **hó** →
folyó
fa¹ *n* **1.** *(élő)* tree; **fiatal** ~ young tree, sapling; **nagy** ~**ba vágta a fejszéjét** bite* off more than one can chew; **azt sem tudja, mi** ~**n terem** have* not the slightest/ foggiest idea of sg; **maga alatt vágja a** ~**t** cut* the ground from under one's own feet; **nem látja a** ~**tól az erdőt** (s)he can't see the wood for the trees **2.** *(anyag; tüzelő)* wood; *(jelzőként)* wooden, wood-, of wood *ut.*; *(építőanyag)* timber, wood; *US* lumber; ~**ból készült/való** made of wood *ut.*, wooden, wood-; **kemény** ~**ból van faragva** be* made of sterner stuff; ~**t vág** chop wood; ~**t vághatnának a hátán** be* as patient as a packhorse; **rossz** ~**t tett a tűzre** he has got (himself) into hot water **3.** *(tekebáb)* pin **4.** *isk biz* = **elégtelen**
fa² *n zene* fa(h)
faág *n* branch; *(nagyobb)* bough
faanyag *n* timber, wood; *US főleg:* lumber
fababa *n játék* wooden doll
fabatka *n* **(egy)** ~**t sem ér** it is* not worth a goat/pin/straw
faberakás *n* inlay, inlaid work
faburkolat *n* panelling (*US* -l-) , wainscot
fácán *n* pheasant
fácánkakas *n* cock-pheasant
fácános *a* pheasantry
fácántoll *n* pheasant feather
fácántyúk *n* hen-pheasant
facér *a* **1.** *(személy)* unemployed, out of work *ut.*; *(színészről, kif)* be* resting **2.** *(tárgy)* spare
fach *n* pigeon-hole, compartment
facipő *n* clog
facsar *v* **1.** *(mosásnál)* wring* **2.** *(vm vknek az orrát)* irritate (sy)
facsarás *n* wringing; ~ **nélkül szárad(ó)** drip-dry
facsavar *n* screw
facsemete *n* sapling
fád *a (ember)* dull; *(dolog)* tedious; *(íz)* insipid; ~ **ember** a bore

fadarab *n* piece of wood, stick
fadöntés *n* felling, timbering; *US* lumbering
fadugó *n* bung, plug
faecet *n* wood vinegar
faeke *n tört* wooden plough (*US* plow)
fafaj(ta) *n* **1.** *(élő)* species [of tree] **2.** *(anyag)* kind of timber
fafaragás *n* (wood-)carving
fafaragvány *n* (wood-)carving
fafejű *a* **1.** *biz (ostoba)* thick **2.** *(makacs)* pig-headed
fafeldolgozás *n* conversion of timber
fafeldolgozó *a* ~ **ipar** wood-working industry; ~ **(munkás)** wood-worker; ~ **telep** = **fatelep**
faforgács *n* wood-shavings *pl*; *(csomagoláshoz)* wood-wool; *US* excelsior
fafúvósok *n pl* **1.** *(hangszerek)* woodwind *pl*, woodwind instruments *pl* **2. a** ~ *(zenészek)* the woodwind *sing. v. pl*
fafűtés *n* wood-heating
fafűtéses *a* ~ **kályha** wood burning stove
faggat *v* interrogate (closely), cross-examine/question; *biz* grill; *(csökönyösen)* badger sy with questions
faggatás *n* (close) interrogation; *biz* grilling
fagott *n* bassoon
fagy I. 1. *vi* freeze*; ~ **(odakinn)** it's freezing; **tegnap este erősen** ~**ott,** ~**ott az éjjel** there was a hard frost last night; **majd ha** ~**!** when hell freezes over! **2.** *(meg-, befagy)* freeze* (over), become* frozen **II.** *n* frost, freezing; *(enyhe)* chill
fagyal *v* privet
fagyálló I. *a* frost-resistant/proof **II.** *n (folyadék)* antifreeze
fagyapot *n* wood-wool; *US* excelsior
fagyás *n* **1.** *(jelenség)* freezing **2.** *(testen)* chilblain
fagyásos *a* chilblained
fagyáspont *n* freezing-point
fagyaszt *v* freeze*; *(ételt)* chill, refrigerate, deep-freeze*
fagyasztás *n* **1.** *(élelmiszeré)* freezing, refrigeration **2.** *orv biz* freezing
fagyasztóláda *n* (chest) freezer
fagyasztószekrény *n (háztartási)* freezer; *(frizsiderrel egybeépített)* fridge freezer

fagyasztott *a* frozen [food etc.]; *(mélyhűtött)* deep-frozen
fagydaganat *n* chilblain
fagyérzékeny *a* frost sensitive, sensitive to frost/cold *ut.*
faggyaz *v* = faggyúz
faggyú *n (kiolvasztva)* tallow; *(természetes állapotban)* suet
faggyúgyertya *n* tallow candle
faggyúmirigy *n* sebaceous gland
faggyús *a* tallowy, greasy
faggyúz *v* (smear with) tallow, grease
fagyhatár *n* frost-line
fagyhullám *n* cold wave/spell
fagyi *n biz* ice
fagykár *n* frost damage, damage done by (*v.* due to) frost
fagykenőcs *n* anti-frostbite ointment
fagylalt *n* ice-cream, ice
fagylaltárus *n* ice-cream man°/vendor
fagylaltgép *n* ice-cream freezer/machine
fagylaltoz|ik *v* have* an ice-cream
fagylaltozó *n (helyiség)* ice-bar
fagyos *a* 1. *(idő)* frosty, wintry, chilly; *(szél, út)* icy 2. *átv (tekintet)* chilling, glacial; *(modor)* glacial; ~ **fogadtatás** a frosty/cold/cool reception
fagyoskod|ik *v* stand*/sit* shivering, shiver/shake* with cold
fagyosszentek *n* ⟨frosty days in May⟩
fagyott *a* frozen
fagyöngy *n* mistletoe
fagypont *n* freezing-point; ~ **alatt** below freezing-point (*v.* zero)
fagytalanító *n (szerkezet)* defroster; *(spray)* deicer
fagyveszély *n* danger/risk of frost
fahamu *n* wood-ashes *pl*
faháncs *n* = háncs
fahasáb *n* (fire-)log, billet
faház *n (lakóház)* wooden house, log cabin; *(kempingben)* chalet, hut
fahéj *n (fűszer)* cinnamon
faipar *n* wood/timber industry
faiskola *n* nursery
faj *n* 1. *biol* species (*pl* species) 2. *pol (emberfajta)* race 3. *(válfaj)* type, species, sort
fáj *v* 1. *(élesen)* hurt*, cause pain; *(tartósan, tompán)* ache; ~ **a fejem** I have* a headache, I have* a bad head; **gyakran** ~ **a fejem** I often get headaches; **mi** ~**?** what's wrong with you?, what's the trouble?; ~ **a torkom** I have* a sore throat; **minden tagom** ~ I ache all over; ~ **a karja** he has* a pain in the arm; ~ **a gyomra** he has* stomach-ache 2. *(vm lelkileg vknek)* pain sy; ~ **a**

szívem, ha rágondolok it breaks* my heart to think of (it/her/him); ne ~jon ez neked! don't let it bother you! ⇨ fog³ 1.
fajállat *n* pedigree/thoroughbred animal
fajalma *n* first-class apple
fajankó *n* blockhead, dolt; *US így is:* dummy
fajansz *n* faïence
fájás *n (kis)* ache, hurt; *(nagy, szervi)* pain; *(szülési)* (labour *v.* *US* labor) pains *pl*; jönnek a ~ok she's gone into labour
fajbor *n* vintage wine
fajd *n* = nyírfajd, siketfajd
fájdalmas *a* 1. painful, aching, sore; ~ műtét painful operation 2. *(veszteség)* grievous, sad, distressing
fájdalom I. *n* 1. *(testi)* pain, ache; nagy fájdalmai vannak suffer/feel* great pains, be* in (great) pain; ~ nélküli painless, pain-free ⇨ szülési 2. *(lelki)* grief, suffering, sorrow, pain; ~mal értesültem *vmről* I was grieved to hear sg; **(mély)** ~mal tudatjuk, hogy it is with deep regret that we announce that II. *int* alas!, unfortunately
fájdalomcsillapítás *n* relief of pain, relieving pain
fájdalomcsillapító I. *a* relieving pain *ut.*, analgesic II. *n* painkiller, analgesic
fájdalomdíj *n biz* ~ként by way of consolation
fájdalommentes *a* painless
fájdít *v* complain of a pain (in sg); ~ja a fejét complain of a headache
fájdogál *v* I get a little pain here or there, it still hurts a bit
fajelmélet *n* racial theory, rac(ial)ism
fajfenntartás *n* race preservation
fajhő *n* specific heat
faji *a* racial; ~ **előítélet** racial prejudices *pl*, raci(ali)sm; ~ **jelleg** racial characteristic; ~ **megkülönböztetés** *n* racial discrimination/segregation; *(Dél-Afrikában)* apartheid; ~ **megkülönböztetés híve** segregationist
fajiság *n* racial character
fajkeresztez(őd)és *n* = keresztez(őd)és
fajkeveredés *n* 1. = kereszteződés 2. *pol elit* miscegenation
fajkutya *n* pedigree dog
fajlagos *a* specific; ~ **térfogat** specific volume; ~ **vezetőképesség** conductivity
fájlal *v* 1. = fájdít 2. *átv* regret, be*/feel* sorry for
fajnemesítés *n* selective breeding
fajnév *n* specific name

fájó *a* **1.** *(seb)* painful, aching **2.** *átv* suffering, sorrowful, pained; ~ **pont(ja vknek)** *átv* a sore point (with one); ~ **szívvel** with an aching *(v.* a *heavy)* heart
fájós *a* aching, sore; ~ **lábbal** footsore, having sore feet
fajsúly *n* specific gravity/density
fajta I. *n* **1.** *biol* variety **2.** *(féleség)* sort, kind, variety, type, class; *(áru)* brand, make; **az ő** ~**ja(beliek)** his like, people like him; **a feladatok különféle** ~**i** various kinds of tasks II. *a (fajtájú)* of the ... kind/type *ut.*; **bizonyos** ~ **emberek** certain types/kinds of people; **különböző** ~ **tárgyak** objects of various kinds -**fajta** *suff* of ... kind *ut.*; **magam**~, **sok**~ *stb.* → *az előtag helyén*
fajtaazonos *a* true to variety *ut.*
fajtalan *a (perverz)* (sexually) perverted
fajtalankod|ik *v* **1.** *(bujálkodik)* fornicate **2.** *(perverzül)* practise sexual perversion
fajtatiszta, fajtiszta *a (állat)* pure-bred, pedigree; *(ló, főleg)* thoroughbred
fajul *v* vmvé ~ degenerate *into* sg
fajüldöző *a* ~ **politika, fajüldözés** rac(ial)ism
fajvédelem *n* rac(ial)ism
fajvédő *a/n* rac(ial)ist
fajzat *n* **pokoli** ~ **elít** hell-hound, diabolical character
fakad *v* **1.** *(forrás)* spring* (from) → **ered 2.** *vmből átv* spring*/stem/arise* from **3.** *(virág)* blossom out, bloom; *(rügy)* burst* **4.** **sírva** ~ burst* *into* tears
fakanál *n* wooden spoon, stirrer
fakaszt *v* → **könny**
faképnél hagy *v* vkt leave* sy without a word, leave* sy standing; *(hűtlenül)* desert/ abandon sy
fakéreg *n* bark, rind (of tree)
fakereskedő *n* timber merchant; *US* lumberman°
fakír *n* fakir
fakít *v* fade, discolour *(US* -or)
fakitermelés *n* woodfelling (and cutting); *US* lumbering
fáklya *n* torch
fáklyás felvonulás, fáklyásmenet *n* torchlight procession
fáklyavivő *n* torch-bearer
fakó *a* pale, faded, dun; *(ló)* cream-coloured *(US* -or-), flea-bitten grey [horse]
fakopáncs *n* woodpecker
fakorona *n (élő fáé)* tree-top, crown (of a tree)
fakszimile kiadás *n* facsimile edition

fakt *n biz* = **fakultáció**
faktor *n (tényező)* factor
fakul *v* fade, lose* colour *(US* -or), discolour
fakultáció *n isk* optional course of study, taking of optional subjects
fakultációs *a* ~ **osztály** *kb.* option group
fakultál *v* elect optional courses, take* optional subjects, take* an optional course (of study)
fakultás *n (egyetemi)* faculty
fakultatív *a* optional, *US* elective; ~ **rendszerű oktatás** = **fakultáció;** ~ **tantárgyak** optional subjects, optionals; *US* elective subjects, electives
fakúsz *n erdei* ~ treecreeper
fakutya *n* **1.** *kb.* chair-ski **2.** **vigyorog, mint a** ~ grin like a Cheshire cat
fal¹ **1.** *vt/vi* devour, eat* ravenously **2.** *vt* ~**ja a könyveket** (s)he is a voracious reader
fal² *n* wall; **négy** ~ **között** indoors; □ ~ **mellett játszik** *kb.* play safe; □ ~**hoz állít** *(= becsap)* take* sy in; **akár a** ~**nak beszélne** it's like taking to a brick wall; **a** ~**nak is füle van** even walls have* ears; ~**ra mászik kínjában** be* in agony; ~**tól** ~**ig szőnyeg** wall-to-wall carpet, fitted carpet; ~**lal elválaszt** partition (off) ➪ **borsó**
falánk *a* gluttonous, greedy, ravenous
falánkság *n* gluttony, greed
falás *n* **egy** ~**ra bekapta** he gulped it down
falat *n* mouthful, bit, bite; **egy** ~ **kenyér** a bit of bread; **nincs egy betevő** ~**ja** have* not a bite/morsel to eat, have* nothing to eat; **egy** ~**ot sem ettem egész nap** I haven't had a bite all day
falatka *n* tiny bit, morsel, crumb
falatoz|ik *v* eat*, have* a snack
falatozó *n (helyiség)* snack-bar, refreshment room
falaz *v* **1.** *vt/vi* put* up a wall *(v.* the walls) **2.** *vi vknek* screen sy, act as sy's accomplice
falazás *n* **1.** *épít* putting up a wall *(v.* walls) **2.** *átv* screening
falazat *n* walling, masonry, brickwork
falborítás *n (fával)* panelling *(US* -l-), wainscot(ing)
falburkolat *n (külső)* wall covering, cladding; *(burkolólappal)* panelling *(US* -l-)
faléc *n* lath
falemez *n* panel; *(többrétegű)* plywood
falevél *n* leaf°
falfehér *a* (as) white as a sheet *ut.*
falfestés *n* **1.** *(szobáé)* painting a/the wall *(v.* the walls) **2.** *műv* wall-painting

falfestmény *n* wall-painting, fresco, mural
fali *a* mural, wall; ~ **csatlakozó (aljzat)** (wall) socket, (power) points *pl*
falidugó *n* (wall-)plug
falikar *n* **1.** *(tartó)* wall bracket **2.** *(lámpa)* bracket light, wall lamp
falikút *n* *(konyhai)* sink
falilámpa *n* = **falikar 2.**
falinaptár *n* wall calendar
falióra *n* wall-clock, hanging clock
faliszekrény *n* (wall-)cupboard
faliszőnyeg *n* tapestry, hangings *pl*
falitábla *n* **1.** notice board **2.** *isk* blackboard
falitérkép *n* wall-map, chart
faliújság *n* *kb.* notice-board [with articles etc.]
falka *n* *(kutya, farkas)* pack (of hounds/wolves); ~**ban él/jár** go* about in herds
falkavadászat *n* (fox-)hunting, the hunt; ~**ra megy** follow the hounds
Falkland-szigetek *n pl* Falkland Islands
fallabda *n* squash (rackets *pl*)
falnyílás *n* hatch, opening
falradírozás *n* ⟨rubbing the walls clean⟩
falragasz *n* poster, bill, placard
falrengető *a* **1.** ~ **siker** unheard-of (*v.* tremendous) success; ~ **taps** thunderous applause **2.** *biz* ~ **ostobaság** sheer stupidity
faltörő kos *n* battering ram
falu *n* village; **a falvak népe** the villagers *pl*, country folk, rural population; ~**n él** live in a village, live in the country
falubeli *a* villager; **falumbeliek** people of/from my village
falurádió *n* *a* ~ **műsora** farming news *pl*
falurombolás *n* destruction of villages
falusi I. *a* of the village/country *ut.*, rural, village-, country-; ~ **lakosság** rural population **II.** *n a* ~**ak** country folk, the villagers
falvédő *n* wall-hangings *pl*
famegmunkálás *n* *(épületfáé)* cutting and shaping
famentes *a* wood-free [paper]
fametszet *n* woodcut, (wood) engraving
fametsző *n* wood-engraver
fanatikus I. *a* fanatic(al) **II.** *n* fanatic (for sg)
fanatizmus *n* fanaticism
fánk *n* *kb.* doughnut
fantasztikus *a* fantastic; ~ **ár** fancy price
fantázia *n* **1.** imagination; **nem látok benne** ~**t, nincs benne** ~ I can't see much in it **2.** *zene* fantasia
fantáziál *v* rave, be* delirious
fantázianév *n* made-up name; *(terméké)* brand/trade name

fantomkép *n* identikit (picture)
fanyalod|ik *v vmre* = **ráfanyalodik**
fanyalog *v* make* a face
fanyar *a* **1.** *(íz)* tart, acrid; *(bor, igével)* has a vinegary taste **2.** *(mosoly)* wry [smile]; *(humor)* dry [sense of humour]
fanyelű *a* with a wooden handle *ut.*
fapapucs *n* clogs *pl*; *(gyógypapucs)* Dr. Scholl's (sandals *pl*)
fapofa *n* wooden/poker face
far *n* **1.** *(emberé)* bottom; *orv* buttocks *pl*; *tréf* backside, bum; *(állaté)* hindquarters *pl* **2.** *(hajóé)* stern; *(más járműé)* back; ~**ral áll be a garázsba** back the car into the garage
fárad *v* **1.** *(elfárad)* get* tired; **könnyen** ~ he tires easily **2.** *(fáradozik)* take* (great) pains (*vmvel* over *v.* to do sg), take* the trouble (to do sg); **szíveskedjék ide** ~**ni** please come over here, please step this way; **köszönöm, ne** ~**j(on)!** please don't go to any trouble
fáradalom *n* fatigue; **az út fáradalmai** the strains of the journey
fáradékony *a* easily tired *ut.*
fáradhatatlan *a* indefatigable, tireless
fáradozás *n* trouble, pains *pl*, effort; **(szíves)** ~**át hálásan köszönöm** thank you for the trouble you've taken (*v.* for taking all that trouble)
fáradoz|ik *v azon* ~**ik, hogy** he is devoting all his efforts to (doing sg) ⇨ **fárad**
fáradság *n* *(fáradozás)* trouble, pains *pl*, effort; **sok** ~**(á)ba került** it took him/her a lot of trouble (to); **nem éri meg a** ~**ot** it isn't (*v.* it's not) worth the trouble/bother, it's not worthwhile; **veszi magának a** ~**ot, hogy** take* the trouble to do sg; **köszönöm, hogy vette a** ~**ot és főzött neki ebédet** thank you for taking the trouble to cook her a meal ⇨ **költség**
fáradságos *a* tiring, fatiguing, exhausting
fáradt *a* **1.** tired; *(kimerült)* fatigued, exhausted; **(nagyon)** ~ **vagyok** I am (very) tired; **halálosan** ~ (be*) dead tired, feel* exhausted; *kif* be* ready to drop; **a sok éjszakázástól** ~ all that night-work has tired him out **2.** ~ **golyó** spent bullet; ~ **gőz** dead/waste/exhaust steam; ~ **olaj** waste oil
fáradtan *adv* *(vmtől)* wearily, tired (with sg), exhausted (by sg)
fáradtság *n* tiredness, weariness, exhaustion, fatigue; **erőt vesz rajta a** ~ be* overcome with fatigue

farag v **1.** *(fát)* carve, cut*; *(követ)* hew*, trim; *(szobrot)* sculpt, sculpture, carve **2.** **vkből embert** ~ make* a man of sy; **verseket** ~ versify; **be*** a poet*aster*/versifier/ rhymester **3.** *(ceruzát)* sharpen, point [a pencil]
faragás n carving
faragasztó n wood-working glue
faragatlan a *átv* boorish, unpolished, rough
faragott a *(fa)* carved; *(kő)* hewn; ~ **dísztárgyak** carvings
faragvány n carving, carved work
farakás n wood-stack/pile
faramuci a *biz* curious, odd
fáraó n Pharaoh
fáraszt v **1.** *(fáradttá tesz)* tire, fatigue, weary, exhaust, make* sy tired; **nem akarlak ezzel** ~ **ani** I don't want to trouble you **2.** **bocsánat, hogy ide** ~ **ottam** I'm sorry to have put you to the trouble of coming here **3.** *(halat)* play
fárasztó a **1.** *(kimerítő)* tiring, fatiguing, exhausting, back-breaking; **igen** ~ *(igével)* it is* very tiring; *biz* it takes* it out of one; ~ **munka** a (very) fatiguing job, fatiguing work; ~ **nap** an exhausting/tiring day [at work]; ~ **út** a tiring journey **2.** *(unalmas)* boring
farizeus I. a Pharisaic(al) **II.** n Pharisee
fark n **1.** tail; ~ **ával csapkod** swish its tail **2.** *vulg* cock, *US* pecker ➪ **behúz, csóvál**
farkas n wolf° ➪ **üvölt**
farkascsorda n wolf pack
farkasétvágy n wolfish/ravenous appetite
farkaskölyök n wolf-cub
farkaskutya n Alsatian, *US* German shepherd
farkasordító hideg n icy/numbing cold
farkasszemet néz vkvel *kif* stare sy out/down
farkastorok n cleft palate
farkasvakság n night-blindness
farkasverem n wolf-trap/pit
farkatlan a tailless; ~ **majom** ape
farkcsigolya n caudal vertebra *(pl* -brae)
farkcsont n caudal bone
farkcsóválás n tail-wagging
farkinca n *(egéré)* little tail; *(nyúlé)* scut
farktoll n tail-feather, quill
farm n farm
farmer n **1.** *(gazdálkodó)* farmer **2.** = **farmernadrág 3.** = **farmeranyag**
farmeranyag n denim, Levi's
farmernadrág n jeans *pl*, Levi's *pl*, denims *pl*
farmotor n rear-engine

farmotoros a rear-engined, rear-drive
farok n = **fark**
farol v **1.** *(csúszva oldalt)* skid, swerve **2.** *(hátra)* reverse, back
farostlemez n chipboard, fibreboard *(US* fiber-)
farsang n carnival (time)
fartő n rump (of beef); *(hentesáru, étel)* rump steak
farzseb n hip pocket
fás a **1.** *(terület)* wooded **2.** *növ* woody, ligneous **3.** *(zöldségféle)* stringy
fasírozott n meatball, hamburger (steak), beefburger; □ ~ **at csinál vkből** make mincemeat of sy
fasiszta a fascist
fásít v plant with trees; *(erdősít)* afforest
fásítás n planting of trees; *(erdősítés)* afforestation
fasizálód|ik v turn fascist
fasizmus n fascism
fáskamra n wood-shed
fáskosár n wood-basket
fásli n bandage
fásliz v bandage, put* a bandage on
fasor n avenue
fásult a indifferent *(vm iránt* to)
faszállítás n *(tűzifáé)* delivery of wood
faszeg n (wood) peg, wooden pin
faszén n charcoal
faszesz n methyl alcohol
faszobrász n wood-carver
fatális a fatal; ~ **tévedés** fatal error/ mistake
fatalista I. a fatalist **II.** n fatalist
fatalizmus n fatalism
fatányéros n *kb.* mixed grill [on a wooden plate]
fatelep n timber/wood-yard; *US* lumber-yard
fatemplom n wooden church
fater n □ a ~ **om** (the) guv
fátlan a treeless
fatönk n stump
fatörzs n **1.** (tree-)trunk **2.** *(amire ülni lehet)* (tree-)stump
fatuskó n **1.** = **fatönk 2.** *(ülésre, tűzre)* log (of wood)
fatüzelés n wood-burning; ~ **es kályha** wood-burning stove
fátyol n veil; **borítsunk** ~ **t/fátylat a múltra** let* bygones be bygones
fátyolfelhő n veil-cloud
fátyolos a veiled; ~ **hang** veiled voice; ~ **tekintet** bleary look
fátyolozott a veiled

fattyaz *v* nip the suckers off
fattyú *n* bastard
fattyúhajtás *n* wild offshoot, sucker
fauna *n* fauna
faúsztatás *n* timber-floating; *(tutajszerűen)* rafting
faültetés *n* planting (of) trees
favágás *n* 1. *(erdőben)* felling (of) trees, logging 2. *(tüzelőnek)* wood-cutting 3. *átv* drudgery, slog
favágó *n* 1. *(erdőn)* woodman°, logger; *US* lumberman° 2. *(tűzifáé)* woodcutter
faváz *n* wooden framework; *(épületé)* timber skeleton
favázas ház *n* half-timber(ed) house
favicc *n kb.* a bad pun
favorit *a* favourite *(US* -or-)
favorizál *v* favour *(US* -or)
fax, FAX *n* = telefax
fázás *n* feeling cold, chilliness
fazék *n* pot
fazekas *n* potter
fazekaskorong *n* potter's wheel
fazekasmesterség *n* potter's craft, pottery
fazekasműhely *n* pottery, potter's workshop
fazekasság *n* = fazekasmesterség
fázékony *a* sensitive/susceptible to cold *ut.,* chilly
fáz|ik *v* 1. be*/feel* cold, feel* chilly; ~om I am*/feel* cold; ~ik a lábam my feet are* cold 2. *átv vmtől* shrink* from, fight* shy of (doing) sg
fázis *n* 1. *(szakasz)* phase, stage 2. *el* live (wire)
fáziseltolódás *n* phase shift
fáziskereső *n* phase-detector
fazon *n* 1. *(ruháé)* cut [of a suit] 2. *átv biz* character, guy
fazonigazítás *n* (minor) alteration
fázós *a* = fázékony
F-dúr *n* F major
f. é. = folyó évi → folyó
febr. = *február* February, Feb.
február *n* February; ~ban, ~ folyamán, ~ hóban/havában in (the month of) February; ~ 15-én *(mondva)* on the fifteenth of February; *(írva)* on 15(th) February; *US* on February 15th
februári *a* February, of/in February *ut.;* egy ~ napon on a (certain) February day, on a day in February; ~ hideg February cold
fecseg *v* chatter, babble on, natter (on); ne ~jetek! stop chattering!
fecsegés *n* 1. *(folyamat)* chattering 2. *(tartalma)* (idle) chatter; *(pletyka)* gossip

fecsegő I. *a* chattering, fond of chattering *ut.* II. *n* chatterbox
fecsérel *v* = elfecsérel
fecske *n* swallow; egy ~ nem csinál nyarat one swallow does not make a summer
fecskefarkkötés, fecskefarkú illesztés *n* dovetail (joint), dovetailing
fecskefészek *n* 1. swallow's nest 2. *(étel)* bird's nest (soup)
fecskefióka *n* young swallow
fecskendez *v* 1. squirt *(vmt vmbe* sg into sg), spray; *(tűzoltó)* play the hose (on sg) 2. *orv* inject *(vkbe vmt* sy with sg)
fecskendő *n orv* (hypodermic) syringe; *(tűzoltóé)* (fire-)hose
fed *v* föd *v.* 1. *(takar)* cover *(vmvel* with sg); hó ~i a hegyeket the mountains are covered with snow, snow covers the mountains 2. *(házat, tetőt)* put* a roof on; palával ~i a házat cover a roof with slates, slate a roof 3. ez nem ~i a valóságot this does* not accord with the facts
fedd *v* reprove, rebuke, castigate
feddés *n* reproof, reprimand
feddhetetlen *a* ~ (múltú/jellemű) ember a man of unimpeachable character, a man with an irreproachable past
feddhetetlenség *n* irreproachableness, blamelessness
feddő *a* ~ szavak words of reproach
fedél *v.* födél *n* 1. *(házé)* roof; egy ~ alatt lakik vkvel live under the same roof with sy; ~ alá húzódik take* shelter 2. *(dobozé, edényé)* lid; *(csavaros)* cap *(könyvé)* cover
fedeles *a* covered
fedélgerendázat *n* timber framework, timberwork
fedélköz *n (hajón)* between-decks, steerage
fedélszerkezet *n* roof
fedélzet *n (hajóé)* deck; felső ~ main deck; a ~en tartózkodik be* on deck; felmegy a ~re go* up on deck; minden ember a ~re! all hands on deck!; a Queen Ann ~én on board the "Queen Anne"; a repülőgép ~én on board the aircraft; ~én X-szel *(űrhajóról)* with X on board
fedélzeti *a* 1. deck(-) 2. ~ számítógép *(autóban)* board computer
fedélzetmester *n* boatswain, bos'n
fedés *n (házé)* roofing (in); *(egyébé)* covering
fedetlen *a (ház)* roofless, without a roof *ut.;* ~ fővel bare-headed, hatless

fedett *a* covered; *(épület)* roofed; ~ **pálya** *(atlétika)* indoor track; *(jég)* rink; *(tenisz)* covered/indoor court; ~ **pályás** indoor; ~ **pályás atlétikai Európa-bajnokság** European Indoor Championship (*v.* Games *pl*); ~ **uszoda** indoor (swimming-)pool

fedettpálya-bajnokság *n* indoor championships *pl*, indoor games *pl*

fedez 1. *vt (kat visszavonulást)* cover [the retreat]; *(védve vkt)* protect (sy); *sp* cover [an opponent] **2.** *vt (költséget, kiadásokat)* cover, meet* [the cost(s), sy's expenses] **3.** *vt* áll cover **4.** *vi kat, sp* fall* into line; ~**z!** fall in!

fedezék *n* entrenchment, trenches *pl*

fedezékharc *n* trench warfare

fedezés *n* covering; **költségeinek** ~**ére** to cover/meet his expenses

fedezet *n* **1.** *(arany, vagyontárgy stb.)* security; *(pénz)* funds *pl* **2.** *kat* escort; *(hátvéd)* rearguard; **rendőri** ~ **kíséri** be* escorted by the police; ~**tel kísér** escort (sy), convoy **3.** *sp* half(back)

fedezetlen *a pénz, ker* uncovered, unsecured; ~ **csekk** bounced cheque, *hiv* cheque referred to drawer

fedezetsor *n sp* half(back) line, halfbacks *pl*

fedeztet *v (kancát)* have* [a mare] covered/ served

fedlemez *n* roofing felt

fedő *v* **födő** *n vmn* cover, top; *(edényen)* lid

fedőanyag *n* roofing

fedőfesték *n* top coat

fedőlap *n* **1.** *(könyvön)* cover **2.** *(nyíláson)* lid

fedőnév *n* code-name

fedőpala *n* (roof-)slate

fedőszerv *n* cover/front organization

fegyelem *n* discipline; **fegyelmet tart** keep*/maintain discipline

fegyelemsértés *n* breach of discipline; *kat* insubordination

fegyelmez *v* discipline, keep* under (strict) discipline; ~**i magát** control oneself

fegyelmezetlen *a* undisciplined

fegyelmezett *a* disciplined, orderly

fegyelmezettség *n* discipline

fegyelmi I. *a* disciplinary; ~ **eljárás** disciplinary procedure; ~ **úton** by way of disciplinary correction; ~ **úton elbocsát** be* summarily dismissed; ~ **vétség** disciplinary offence; ~ **vizsgálat** departmental investigation **II.** *n* disciplinary procedure; ~**t indít vk ellen** take* disciplinary action against sy; ~**t kap** be* disciplined/ reprimanded *(vm miatt* for sg)

fegyenc *n* convict, inmate [of a prison]

fegyencruha *n* prison clothes *pl*

fegyház *n* **1.** prison, *US* penitentiary **2.** = **fegyházbüntetés**; **ötévi** ~**ra ítél** sentence (sy) to five years of penal servitude

fegyházbüntetés *n* penal servitude

fegyházviselt (ember) *a/n* ex-convict

fegyőr *n (csak GB)* gaoler, *(GB és US)* jailer, prison officer, (prison) guard

fegyver *n* **1.** *ált* weapon, arms *pl*; *(lőfegyver)* gun; ~**be!** to arms!; ~**ben áll** be* in/ under arms; ~**t fog vk ellen** take* up arms against sy; *(ráfogja)* point/aim a gun at sy; **leteszi a** ~**t** *(átv is)* lay* down one's arms, surrender; ~**t lábhoz!** order arms!; ~**rel a kezében** (he was) armed (with a gun); ~**rel tiszteleg** present arms; ~**rel kényszerít vkt vmre** force sy [to do sg] at gunpoint **2.** ~**t kovácsol vk ellen** forge a weapon against sy; ~**t szolgáltat maga ellen** give* a handle against oneself; **saját** ~**ét fordítja vk ellen** hoist sy with his own petard

fegyvercsempész *n* gun-runner

fegyvercsörtetés *n* sabre-rattling *(US* saber-)

fegyveres I. *a* armed; ~ **bandita** gunman°; ~ **beavatkozás** armed/military intervention; **4** ~ **ember** four armed men; ~ **erők** armed forces; ~ **felkelés** armed uprising; ~ **összeütközés** armed clash; ~ **rablótámadás** armed robbery; ~ **szolgálat** military service **II.** *n* armed man°

fegyveresen *adv* armed with a gun

fegyverfogható *a* fit for military service *ut.*

fegyverforgatás *n* handling of weapons

fegyvergyakorlat *n* military exercise, manoeuvres *(US* maneuvers) *pl*

fegyvergyár *n* armaments/arms factory

fegyvergyáros *n* arms manufacturer

fegyvergyártás *n* manufacture of arms

fegyverhasználat *n* use of firearms

fegyverkezés *n* military preparations *pl*, arming (for war)

fegyverkezési *a* ~ **verseny** arms/armament race

fegyverkezik *v* arm (oneself), prepare for war

fegyverkorlátozási *a* **hadászati** ~ **tárgyalások** Strategic Arms Limitation Talks, *röv* SALT

fegyverletétel *n* laying down of arms, surrender, capitulation

fegyvermester *n* armourer *(US* -or-)

fegyvernem *n* service

fegyvernyugvás *n* (short) cease-fire

fegyverraktár *n* arsenal, armoury (*US* -or-); *(kisebb)* magazine
fegyverrejtegetés *n* illegal/unlawful possession of (fire)arms
fegyverropogás *n* rattle of firearms
fegyverszakértő *n* firearms expert
fegyverszünet *n* armistice, cease-fire; ~et kér call for an armistice; ~et köt conclude/sign an armistice
fegyverszüneti *a* armistice; ~ tárgyalások armistice negotiations/talks
fegyvertár *n* főleg *átv* arsenal, storehouse
fegyvertárs *n* comrade-in-arms
fegyvertartás *n* = fegyverviselés
fegyvertelen *a* unarmed, weaponless
fegyvertény *n* átv feat
fegyverviselés *n* carrying of arms; tiltott ~ illegal possession of arms; ~i engedély firearms/gun licence
fegyverzet *n* **1.** *kat* armament **2.** *vill* armature
fehér I. *a* white; *(borosüveg)* clear; ~ asztal mellett over dinner, informally; ~ bőrű white-skinned; a ~ bőrűek the whites; ~ ember white man°, elít honkie; a Fehér Ház *US* the White House; ~ kenyér white bread; ~ hús white meat; ~ könyv *(diplomáciai)* White Paper; ~ vérsejt white blood cell; *tud* leucocyte **II.** *n* white; szeme ~je white of the eye; kimutatja a foga ~ét show* one's true colours (*US* -ors)
fehérbor *n* white wine
fehéred|ik *v* whiten, become*/turn white
fehéres *a* whitish
fehérít *v* **1.** whiten, make* white **2.** *tex* bleach
fehérítés *n* **1.** whitening **2.** *tex* bleaching
fehérítő(szer) *n* bleach
fehérje *n* **1.** *vegy* albumin, protein **2.** *(tojás~)* white of egg, egg-white
fehérjetartalmú *a* albuminous; nagy ~ rich in protein *ut.*
fehérjetartalom *n* albumin/protein content
fehérl|ik *v* look/show* white
fehérnemű *n* *(testi)* underwear, underclothes *pl*; *(csak női, biz)* undies *pl*
fehérség *n* whiteness
fehérterror *n* white terror
fehérvérűség *n* leukaemia (*US* -kem-)
fej[1] *vt* **1.** *(tehenet)* milk **2.** *átv vkt* bleed* sy for sg
fej[2] *n* **1.** *ált és átv* head; jó ~e van he has a good head on his shoulders, he has brains; *biz* jó ~ he's a good man, he's not a bad sort; kitűnő ~ he's got a very good brain;

~ ~ mellett neck and neck; ~e lágya fontanel(le); benőtt (már) a ~e lágya he has sown his wild oats; nem esett a ~e lágyára he is no fool, he is all there; azt sem tudja, hol áll a ~e he doesn't know which way to turn; maga ~e után megy/cselekszik go*/have* one's own way; ha a ~ed tetejére állsz is whatever you do; minden a ~e tetején áll everything is topsy-turvy; mindent a ~e tetejére állít turn everything upside down; nem fér/megy a ~embe I can't believe it, it is* beyond me; ez vknek a ~ébe kerül someone's head must roll for that; ~be vág/ver vkt hit*/knock sy on the head, deal* a blow on sy's head; a hír ~be vágta he was staggered *(v.* bowled over) by the news; ~ébe ver vknek vmt hammer/beat* sg into sy, drum sg into sy's head, din sg into sy; ~ébe vesz vmt, ~ébe veszi, hogy get*/take* it into one's head [that... *v.* to do sg]; ~ben számol do* mental arithmetic; vm jár a ~ében be* turning sg over in one's mind, be* thinking of sg; ~ből from memory, by heart; nem megy ki a ~emből I can't forget it; ~en áll stand* on one's head; ~ére nő vknek *kb.* get* too big for one's boots; vknek a ~ére olvas vmt reproach sy with sg, take* sy to task for sg, tell* sy a few home truths; teljesen elvesztette a ~ét he completely lost* his head; vmre adja a ~ét go* in for sg, take* up sg; ~jel előre esik fall* head first; egy ~jel nagyobb a head taller; fel a ~jel! cheer up!, (keep your) chin up!; majd én beszélek a ~ével I shall tell him what for **2.** *(testületé)* head, chief **3.** *(dologé)* head, (upper) end, top; ~ vagy írás? heads or tails?; játsszunk ~ vagy írást let's toss (up) for it **4.** *(gabonáé)* ear [of corn]; *(hagymáé)* bulb; *(káposztáé)* head; két ~ hagymát kérek two onions, please **5.** *(újságcím)* head(ing) ⇨ búb, fejében, rátesz, száll, szeg[2]
fej. = fejezet chapter, ch., chap.
fejadag *n* ration (per head)
fejbólintás *n* nod (of the head)
fejbólintó János *n* yes-man°
fejbőr *n* scalp
fejbőség *n* hat-size/measurement
fejcsóválás *n* shake of the head
fejdísz *n* (ornamental) head-dress; *(ékszeres)* tiara
fejében *adv vmnek* in return for sg, by way of sg; jutalom ~ as (*v.* by way of) a reward

fejedelem *n* (*reigning*) prince; **erdélyi** ~ the Prince of Transylvania
fejedelemség *n* principality
fejedelmi *a* princely
fejék *n* = **fejdísz**
fejel *v (labdát)* head [the ball]
fejelés *n (labdáé)* heading, header
fejenállás *n* head-stand
fejenként *adv* a/per head; each; ~ **5 fontba kerül** it costs £5 a/per head; ~ **10 forintot adott a fiúknak** he gave the boys 10 forints each
fejes I. *a* 1. ~ **vonalzó** T-square; ~ **káposzta** cabbage; ~ **saláta** (cabbage) lettuce II. *n* 1. *(futballban)* header; ~ **gól** headed goal 2. = **fejesugrás**; ~**t ugrik** dive/jump head first (into), take* a header [into the swimming-pool] 3. *biz (vezető)* bigwig, VIP
fejés *n (tehéné)* milking
fejesugrás *n* header, dive
fejetlen *a* 1. *(fej nélküli)* headless, without a head *ut.* 2. = **fejvesztett**
fejetlenség *n* disorder, anarchy, confusion
fejezet *n* chapter
fejfa *n (síron)* wooden cross, wooden grave-post
fejfájás *n* headache
fejfájós *a* headachy
fejfedő *n* headgear
fejgörcs *n* migraine, splitting headache
fejhallgató *n* headphone(s), *US* headset; *(egy fülbe dugva)* earphone
fejhang *n* falsetto
fejhossz *n* ~**al győzött** [the horse] won* by a head
fejkendő *n* kerchief
fejkötő *n* bonnet
fejléc *n* heading
fejlemény *n* developments *pl*, outcome, issue; **új(abb)** ~**(ek)** new/recent development(s); **a legújabb** ~ the latest development
fejleszt *v* 1. *ált* develop; improve; ~**jük a mezőgazdaságot** agriculture is being expanded/developed 2. *(képességet)* develop, cultivate [talent] 3. *(gőzt, áramot, hőt)* generate, produce
fejlesztés *n* 1. *ált* development, improvement, *(pl. mezőgazdaságé így is)* expansion 2. *(áramé, gázé)* generation, production
fejlesztési *a* ~ **terv** development plan/project
fejletlen *a (pl. gyerek)* undeveloped, backward; **gazdaságilag** ~ **ország** underdeveloped country

fejlett *a (testileg)* fully/well developed; *(technika stb.)* highly developed, advanced; **korán** ~ precocious; **vmnek a** ~ **fokán** at the advanced stage of sg; ~ **technika** advanced technology; **(iparilag)** ~ **ország** developed country; ~ **gazdasági viszonyok** highly developed economy; ~ **ízlés** refined taste; ~ **kritikai érzék** highly developed sensibility (*v.* critical sense)
fejlettség *n* state of development, advanced state
fejlődés *n* 1. *(növekedés, kifejlődés)* development, evolution, growth; **a** ~ **éveiben** vkről in his/her formative years; ~**ben elmaradott/elmaradt** *(gyermek, ország)* backward; *(csak ország)* underdeveloped *[country]*; *(értelmi fogyatékos gyermek)* mentally retarded [child] 2. *átv* progress, advance, improvement
fejlődés(bel)i *a* developmental; ~ **rendellenesség** developmental abnormality/anomaly, deformity
fejlődésképes *a* capable of development/growth/progress *ut.*
fejlődésképtelen *a* not suitable for further development *ut.*
fejlődéstan *n* evolutionism
fejlődéstörténet *n* evolution
fejlőd|ik *v* 1. *(kifejlődik)* develop 2. *átv* develop, progress, advance; **(jól)** ~**ik a mezőgazdaság** agriculture is making good progress; **vmvé** ~**ik** (1) develop into sg (2) *átv* lead* to sg; **ha a dolgok így** ~**nek** if things go on like this; **a dolgok oda** ~**tek** things came* to such a pass, matters reached the stage (when)
fejlődő *a* developing; ~ **ország** developing country
fejlődőképes *a* = **fejlődésképes**
fejlövés *n* shot in the head, head wound
fejmosás *n* 1. *(hajmosás)* shampoo 2. *biz (szidás)* **(alapos)** ~ dressing-down (*pl* dressings-down)
fejgép *n* milking-machine
fejőnő *n* milk-maid
fejőstehén *n* milch cow (*átv is*)
fejrész *n* head(-piece)
fejszámolás *n* mental arithmetic
fejsze *n* axe (*US* ax); **veszett** ~ **nyele** *kb.* make* the best of a bad job; ~**vel vág** chop sg with an axe
fejszecsapás *n* stroke/blow with an axe
fejt *v* 1. *(varrást)* undo*, unstitch; *(kötést)* rip up 2. *(babot)* shell [beans] 3. *(követ)* quarry [stone]; *(szenet)* mine [coal] 4. *(bort)* rack, draw* off, decant [wine] ⇨ **rejtvény**

fejtágító n refresher/cramming course
fejtámasz, -támla n headrest
fejteget v expound, explain, discuss, analyse; *(hosszasan)* dwell* (at length) (up)on sg
fejtegetés n discussion, analysis, exposition, argumentation
fejtés n **1.** *(kőé)* quarrying; *bány* mining, winning, ground breaking; *(széné)* drawing, cutting, hewing **2.** *(magé)* husking **3.** *(ruháé)* unstitching, undoing **4.** *(boré)* racking, drawing off, decanting
fejtető n crown of head, top; ~**re áll** stand* on one's head; ~**re állít** turn upside down
fejtettbab-leves n kb. bean soup
fejtorna n = **agytorna**
fejtőkalapács n pneumatic drill
fejtörés n racking one's brains; **nagy** ~**t okoz (vknek)** give* sy plenty to think about, *biz* it is a real headache
fejtörő n puzzle, brainteaser
fejtővájár n (coal-)face worker
fejű a -headed
fejvadász n **1.** head-hunter **2.** *biz (rendőr)* (speed-)cop
fejvánkos n pillow
fejvesztés n beheading, decapitation, capital punishment; ~ **terhe alatt** under penalty of death
fejvesztett a crazy, crazed, panic-stricken; ~ **menekülés** headlong flight; ~**en menekül** flee* in terror, run* panic-stricken
fék n **1.** *(járműé)* brake **2. a haladás** ~**je** *átv* an obstacle to progress; ~**en tart** keep* in check, curb, restrain, bridle; ~**en tartás** control (of/over sg), restraint (on sg), bridling (of sg)
fekbér n storage-charge
fékbetét n brake lining
fekély n orv ulcer
fekélyes a ulcerous, ulcerated
fekélyesed|ik v ulcerate, fester
fekete I. a black; *átv* dark, dusky; ~ **bőrű** black(-skinned); **a** ~ **bőrűek** (the) blacks; ~ **doboz** *biz* black box, *hiv* flight recorder; ~ **festék** black paint; ~ **karácsony** green Christmas; ~ **ruhában** (dressed) in black; ~ **szemű** black/dark eyed; ~ **tábla** blackboard **II.** n **1.** ~ **állt** paint sg black (2) *text* dye sg black **2.** *(kávé)* black coffee **3.** ~**ben** *(öltözve)* (dressed) in black **4. a** ~**k** the blacks
feketeár n black-market price
feketed|ik v get*/become*/turn black, blacken
Fekete-erdő n the Black Forest

fekete-fehér a *(film stb.)* black-and-white, monochrome; ~ **tévé** monochrome TV
feketekávé n black coffee
feketekereskedelem n the black market
feketeleves n **hátravan még a** ~ the worst is* yet to come
feketelista n blacklist; **rajta van a** ~**n** be* on the blacklist, be* in sy's black books
feketéll|ik v show*/look black
feketén adv **1.** ~ **látja a dolgokat** he (always) looks on the dark side of things **2.** ~ **vásárol** buy* on the black market
feketepiac n black market
feketepiaci a black-market
feketerigó n blackbird
feketeség n blackness
Fekete-tenger n the Black Sea
feketézés n **1.** *(kávézás)* drinking/having black coffee **2.** *átv biz* (buying and selling on) the black market
feketéz|ik v **1.** *(kávézik)* drink* black coffee **2.** *átv biz* trade/deal in/on the black market
feketéző n **1.** *(kávézó)* coffee-drinker **2.** *átv biz* black-marketeer
fékevesztett a unrestrained, beyond control *ut.*
fékez v **1.** apply (v. use v. put* on) the brakes, brake **2.** *átv (szenvedélyt)* bridle, curb, keep* under control, restrain [passion]; ~**i magát** control/restrain oneself
fékezés n **1.** *műsz* braking **2.** *átv* curbing, bridling
fékezhetetlen a *(jármű stb.)* uncontrollable; *átv* unmanageable, ungovernable, irrepressible; ~**né válik** go*/get* out of control
fékező n *(vasúti)* brakeman°
fékezőrakéta n retro-rocket
fékfolyadék n brake fluid
fékhely n = **fekvőhely**
féklámpa n brake light, *US* stoplight
féknyom n skid marks *pl*
fékpedál n brake pedal
fékpofa n brake-shoe
feksz|ik v **1.** ált lie* *(vmn* on); **az ágyban** ~**ik** be* in bed; **az ágyra** ~**ik** lie* down on the bed; **betegen** ~**ik** lie* ill, be* (ill) in bed, be* laid up (with); **influenzával** ~**ik** be* in bed with a (bad) cold *(v.* the flu), be* down with a (bad) cold *(v.* the flu); **vmre/ vhová** ~**ik** lie* down on; **feküdj!** *(vezényszó)* (lie) down! **2.** *(aludni megy)* go* to bed; **korán** ~**ik** go* early to bed; **későn** ~**ik** be* a night owl *(v.* nighthawk), stay up (late), *(tanulva)* burn* the midnight oil **3.** *(ingatlan)* lie*, be* situated; *(tárgy vmn)* lie* on

sg; *(vagyon vmben)* lie* in sg, be* invested in sg **2. nekem ez a dolog nem** ~**ik** *biz* that is* not my taste, it disagrees with me, *biz* it's not my cup of tea
féktávolság *n* stopping distance
fektében *adv* lying
féktelen *a* wild, unbridled, unrestrained; ~ **jókedv** high spirits *pl;* ~ **harag** unbridled fury; ~**ül** boisterously, wildly
féktelenked|ik *v* behave in an unruly manner, indulge in excesses
féktelenség *n* unruliness, excess, lack of restraint
fektet *v* **1.** vkt ágyba ~ put* sy to bed **2.** *vmt vhová* lay*, put*, place **3.** *(pénzt vmbe)* invest/place [money] in sg
fékút *n* braking distance
fekü *n* base, bedrock
fekve *adv* lying; ~ **marad** remain/stay in bed; *(reggel, lustálkodva)* have* a lie-in
fekvés *n* **1.** *(cselekvés)* lying; *(helyzet)* recumbent position **2.** *(magzaté méhben)* presentation, position **3.** *zene (hangfekvés)* register; *(hegedűn stb.)* position **4.** *(vidéké)* situation, location, lie; *(házé)* aspect, exposure; **déli** ~ southern *(v.* south-facing) aspect; **Budapestnek szép** ~**e van** Budapest is beautifully situated
fekvésű *a (ház stb.)* (-)situated, lying...; **déli** ~ having/with a southern/south-facing aspect *ut.*
fekvő *a* lying, recumbent; ~ **beteg** patient confined to bed; *(kórházi)* in-patient; ~ **helyzet** horizontal/recumbent position/ posture; ~ **helyzetben** *sp (lő)* in the prone position
fekvőhely *n* bed; *(hajón, hálókocsin)* berth; **három** ~**es lakókocsi** a three-berth caravan *(v.* US trailer)
fekvőkocsi *n* couchette
fekvőkúra *n* rest cure
fekvőtámasz *n* press-up, *US* pushup
fel *v* **föl I.** *adv* up; ~ **és alá** up and down; ~ **és alá járkál** walk the floor; *(szobában)* pace up and down; ~ **a kezekkel!** hands up!; ~ **az emeletre** upstairs; **hegynek** ~ uphill **II.** *pref* ⟨*többnyire:* ige+up⟩; *(feleletként:)* **Feladtad a levelet?** — **F**~. Have you posted the letter? Yes, I have.
fél[1] *vi* **1.** *(félelmet érez)* be* afraid, feel* fear; *(nagyon)* fear greatly; *biz kif* be* in a funk; ~ **a sötétben** be* afraid of the dark; ~ **vmt tenni** be* afraid of doing sg *(v.* to do sg); ~ **kimenni (egyedül)** she is afraid to go *(v.* of going) out (alone); **félsz?** are you

afraid/scared?; **ne** ~**j!** don't be afraid!, have no fear! **2.** *vmtől, vktől* fear sg/sy, be* afraid of sg/sy; *(nagyon)* have* a great fear of sg/sy, dread sg/sy, be* frightened of sg/sy; ~ **tőle, mint a tűztől** shun/avoid sy like the plague; ~ **a kutyá(k)tól** be* afraid of dogs **3.** *(udvariasan)* **attól** ~**ek, hogy** I'm afraid that; **(attól)** ~**ek, hogy eljön** I'm afraid (that) he will/may come; ~**ek, hogy nem jön el** I'm afraid he won't come, I fear he may not *(v.* won't) come ⇨ **megjied**
fél[2] **I.** *n* **1.** *(vmnek a fele)* half° (of sg); **az összeg fele** half the amount; **ennek a fele sem tréfa** this is* no joke; **felébe vág** cut* in half, halve; **a munka felén már túl vagyunk** we are halfway through the work, *biz* we are over the hump; **felére csökkent** *vmt* halve sg; **felét sem hiszem annak, amit beszél** I do* not believe half the things he says* **2.** *(rész, oldal)* side, half; **a hónap első fele** the first half of the month; **az utca túlsó fele** the far/ other side of the street; **a jobb felemen** on my right (hand side); **a mi felünkön van** he is on our side **3.** *(határvonal)* halfway point **4.** *(időpont)* half past; ~**kor** at half past; *(menetrendben)* (every hour) on the half hour; **felet üt** strike* the half hour **5.** *(ügyfél) ker* customer; *(perben)* party; *(ügyvédé)* client; **érdekelt** ~ the interested party; **a szerződő felek** the contracting parties, the signatories to a treaty **II.** *a* **1.** half; ~ **áron** at/for half-price; ~ **év** half a year → **félév**; ~ **hangjegy** minim, *US* half note; ~ **liter** half-litre, *GB kb.* a pint; ~ **nap** half a day, a half day; ~ **oldal** one side; ~ **óra** half an hour → **félóra**; ~ **panzió** half/partial board; ~ **szám** *(cipő)* half-size; ~ **szóból is ért** know* how to take a hint **2.** *(páros dolgokról)* ~ **fülére süket** be* deaf in one ear; ~ **füllel hallottam** I have it only from hearsay; ~ **kar** one arm; ~ **kesztyű** *(fél pár)* one glove; ~ **kéz** one hand; ~ **kézzel** with one hand, single/one-handed; ~ **láb** one foot/leg; ~ **lábon ugrál** hop on one foot; ~ **lábbal a sírban van** have* one foot in the grave; ~ **szem** one eye; ~ **szemére vak** blind in one eye **3.** *(időpont)* half past; ~ **öt** half past four, *US így is:* half after four; ~**ötkor** at half past four **4. a fele almát nekem adta** he gave me half (of) the apple; **fele arányban** half-and-half, fifty-fifty; **fele áron** at half-price; **fele rész** half; **a fele utat megtette** he is half-way there

felad *v* **1.** *(vmt kézzel)* hand/pass sg up; **kabátot** ~ **vkre** help sy on with his coat **2.** *(levelet)* post, *US* mail [a letter]; *(csomagot postán)* post, *US* mail [a parcel], send [a parcel] by post; *(poggyászt vasúton)* register; **rendelést** ~ place an order for goods; **táviratot** ~ send* (off) *(v.* dispatch) a telegram **3.** *(versenyt, küzdelmet, reményt, elveket)* give* up, abandon; ~**ta az akadályhajtást** he retired in the obstacle competition **4.** *(várat)* surrender, hand over [a fortress] **5.** *(feladatot, leckét stb. vknek)* set* [sy a task/problem *v.* the class exercises etc.]; **mi van** ~**va biológiából?** what (homework) have we got (to do) for biology?; **azt adta fel nekik (***v.* **az osztálynak), hogy írjanak egy riportot ...ról** he set them *(v.* the class) to write a report on ...

feladás *n* **1.** posting, *US* mailing **2.** *(versenyé, harcé)* giving up; *(váré)* surrender, handing over

feladat *n* **1.** *isk* exercise(s); *főleg US* assignment; *(matematikai, fizikai stb.)* problem; **házi** ~ homework; ~**ot megold** solve a problem **2.** *ált* task, work; *átv* mission, duty; **nem könnyű** ~ the task is no easy one; **nekem jutott a** ~ it fell to me *(v.* to my lot) to [do sg]; **teljesíti** ~**át** perform one's task, carry out one's task, fulfil *(US* -fill) one's duty; **azt a** ~**ot tűztem magam elé, hogy ...** I've set myself (the task) to ...; ~**ul tűzi ki vknek** set* sy sg as a task

feladatgyűjtemény *n isk (nyelvi feladatlapok)* language tests *pl*; *(nyelvtani)* exercises *pl*; *(matematikai, fizikai stb.)* problems *pl*

feladatkör *n* range/scope of sy's duties

feladatlap(os vizsga/teszt) *n isk* test(-sheet), answer sheet(s), multiple-choice questions *pl (v.* test); **nyelvi** ~**ok** language tests

feladó *n (postai küldeményé)* sender; *(borítékon, csomagon)* From: ...

feladóhely *n (levélé, csomagé, táviraté)* office of origin

feladóhivatal *n* office of dispatch

feladóvevény *n (ajánlott levélé/küldeményé)* certificate of posting; *(poggyászé)* receipt for registered luggage, *US* (baggage-)check

feladvány *n (matematika, sakk)* problem

felágaskod|ik *v* = ágaskodik

felajánl *v* vknek vmt offer sg to sy *(v.* sy sg), make* an offer of sg to sy; *(teljesítményt)* pledge

felajánlás *n* offer(ing); *(teljesítményé)* pledge; ~**t tesz** *(munkaversenyben)* make* a pledge

felajánlkoz|ik *v* offer oneself

félájult *a* dazed

felajz *v* **1.** *(íjat)* draw* [a bow] **2.** *átv vkt* excite, set* sy (all) agog

felakaszt *v* **1.** *vmt* hang* up *(múlt ideje:* hung up) *(vmre* on), hang*/hook sg (up) on sg **2.** *(embert)* hang *(múlt ideje:* hanged); ~**otta magát** he hanged himself

félakkora *a* = feleakkora

fel-alá *adv* = **fel és alá** → **fel**

feláldoz *v* sacrifice, devote; ~**za az életét vmért** lay* down one's life for sg; devote (all) one's life to sg

feláll *v* **1.** *(ülésből)* get*/stand* up, rise* [from one's seat]; *(esés után)* pick oneself up; **a zenekar újra** ~ the orchestra rises again **2.** *vmre* get* up on sg, stand* on sg **3.** *(pl. haj)* stand* on end

felállás *n* **1.** getting/standing up **2.** *sp* line-up

félállás *n* part-time job; ~**ban dolgozik** work half-time

felállít *v* **1.** *(álló helyzetbe hoz)* stand* sg upright; *(eldőlt tárgyat)* right, set* upright; *(tekebábukat)* put* up; *(vkt ültéből)* make* sy set/stand up **2.** *(gépet)* install, put* up [machine]; *(sátrat)* put*/set* up, erect **3.** *kat (csapatot)* arrange [in position *v.* in fighting order]; *sp (csapatot bizonyos alakzatba)* arrange; *(összeállít)* pick **4.** *(intézményt)* establish, set* up, found **5.** *(elméletet)* devise, set* up [a theory]; *(egyenletet)* set* up [an equation] **6.** *(rekordot)* set* (up)

felállítás *n* **1.** *(gépé)* installation; *(sátoré)* putting up, erection **2.** *kat* arrangement **3.** *(intézményé)* establishment, foundation **4.** *sp (csapaté)* picking (of a team)

félálom *n* light sleep, doze; ~**ban** half asleep

félannyi *adv* half as much/many

felaprít *v* cut* up, chop (up)

felapróz *v (vágva)* cut* (up) (into little bits), chop up

felaprózás *n* cutting up

felár *n* extra/additional charge

félárboc *n* half-mast; ~**on** at half-mast; ~**ra ereszt** fly* [a flag] at half-mast

félárnyék *n* half-light

félárú *a* ~ **jegy** half-fare/price ticket; ~ **jeggyel utazik** travel *(US* -l) (at) half fare *(v.* half-price)

félárva *a* fatherless, motherless (boy/girl)

felás *v* dig* (up)

félautomata *a* semi-automatic

felavat v *(új tagot)* initiate; *(épületet stb.)* inaugurate, open

felavatás n *(új tagé)* initiation; *(épületé)* inauguration

feláz|ik v become* sodden/soaked

felbátorít v encourage, inspire (sy to do sg)

felbátorod|ik v take* heart/courage, gain confidence; *biz* screw/pluck up one's courage

felbecsül v appraise, assess, estimate; *(egy pillantással)* size up; *(mennyiségre)* take* . stock of sg; ~**i a kárt** assess the damage

felbecsülhetetlen a priceless, inestimable; *átv* invaluable

félbehagy v break*/leave* off, stop, discontinue, interrupt

felbélyegez v **levelet** ~ put* a stamp on a letter, stamp a letter

félbemarad v be* broken off, be* left unfinished/uncompleted

félbemaradt a *(munka)* unfinished, uncompleted [work]; ~ **ember** *(művész)* a failure, □ wash-out

félben adv unfinished, incomplete; ~ **marad(t)** = **félbemarad(t)**

-félben *suff* in the process/course of, on the point of, about to; **épülő** ~ in construction, in progress; **induló** ~ about to start/leave

félbennlakó a day-boy/girl

felbérel v hire sy [to do sg unlawful]

félbeszakad v be* broken off, stop (suddenly), be* interrupted

félbeszakít v *(előadást, vitát, vkt)* interrupt; *(beszélgetést)* break* off, break* in [on the conversation]; *(munkát)* break* off, discontinue

felbillen v tilt/turn/tip/roll over, tip up, overturn

felbillent v tilt/tip/roll/turn over, tip up, overturn, turn upside down

felbiztat v vkt vmre encourage/stimulate sy to do sg

felbocsát v *(űrhajót)* launch

félbolond I. a half-witted, crazy **II.** n crank, half-wit

felbomlás n disorganization, disintegration, dissolution, falling to pieces; *(vegyi)* decomposition; *(fegyelemé)* relaxation, falling off; *(hadseregé)* state of utter demoralization; **a rend** ~ a confusion, anarchy

felbomlaszt v break* up, disorganize, disintegrate; *(hadseregben)* incite to disaffection

felboml|ik v **1.** *(varrás, kötés)* come* apart/undone **2.** *(szervezet)* dissolve, disintegrate, break* up; *(házasság, család)* break* up; *(eljegyzés)* break* off; *(fegye-*

lem) break* down; **5 házasság közül 2** ~**ik** 2 marriages out of 5 break down **3.** *vegy* decompose, break* down

felboncol v dissect

felboncolás n dissection

felbont v **1.** *(levelet, csomagot)* open; *(csomót)* undo*, untie [a knot] **2.** *(vmt részeire)* break* down, dissolve; *(tervet)* break* down **3.** *(kapcsolatot)* break* off; *(eljegyzést)* break* off; *(házasságot)* grant (sy) a decree nisi; *(egyezményt, szerződést)* cancel *(US* -l), dissolve **4.** *vegy* decompose

felbontás n **1.** *(levélé, csomagé)* opening; *(csomóé)* undoing, untying, unfastening **2.** *(vmé részeire)* disintegration, breaking down **3.** *(szerződésé)* dissolution, cancellation, cancelling *(US* -l-) **4.** *vegy* decomposition, breaking down

felbontatlan a unopened

felbontóképesség n definition

felborít v **1.** push/knock over, overturn, upset*, turn upside down **2.** *átv (tervet)* upset*, spoil*

felborul v **1.** *vk vm* overturn, fall*/tip/keel over; *(csónak)* capsize; *(autóval)* turn over, have* a spill **2.** *(rend)* be* upset

felborzol v **hajat** ~ ruffle *(v.* rough up) one's hair; **szőrét** ~**ja** *(állat)* bristle (up)

felborzolód|ik v bristle (up); *(haj)* stand* on end, get* tousled

felbosszankod|ik v vmért, vmn get* annoyed with sg, get* angry *(v.* worked up) about sg

felbosszant v make* (sy) angry, irritate

felbőg v roar

félbőr a ~ **kötés** half-calf, half(-leather) binding; ~ **kötésű** half-calf, half-bound

felbőszít v enrage, infuriate, make* furious

felbőszül v fly* into a rage/temper, get*/ become* furious, be* enraged

felbujt v *(bűntényre)* (aid and) abet, instigate

felbujtó n instigator, inciter, abettor, abettor

felbukfencez|ik v (turn a) somersault, tumble over

felbuk|ik v tumble over, (stumble and) fall* (down); *(lovas, kerékpáros)* have* a (nasty) spill

felbukkan v *(személy)* appear suddenly; *biz* pop up; *(nehézség)* crop up

felbukkanás n *(sudden)* appearance, emergence

felbuzdít v encourage (sy to do sg)

felbuzdul v vmn get*/grow* enthusiastic (about sg), be* fired (to do sg)

felbuzdulás n sudden (burst of) enthusiasm

félcédulás *a* half-wit
felcicomáz *v* trick/deck out; *biz* tart up
felcihelőd|ik *v* = **szedelőzködik**
félcipő *n* shoes *pl*
felcsal *v* lure up, persuade to come/go up (to a place)
felcsap 1. *vi (láng)* dart/shoot* up; **a hullám ~ott a fedélzetre** [the boat] shipped water **2.** *vi (katonának)* enlist, join up, join the colours (*US* -ors); *(másnak)* turn (sg), become* a(n)... **3.** *vt (könyvet vhol)* open [a book at random]; *(kártyát)* turn up [a card]; *(ülést)* tip up; *(fedelet)* snap sg open
felcsapható *a* ~ **asztallap** table-flap; ~ **ülés** tip-up seat
felcsapód|ik *v* **1.** *(ajtó)* fly*/fling* open; *(fedél)* snap open suddenly; *(rugós dolog)* dart/fly* up **2.** *(sár ruhára)* splash [on sy's clothes]
felcsatol *v* ~ **kardot** buckle/gird* on one's sword; **korcsolyát** ~ put*/clamp on skates
felcsattan *v* **1.** snap, crack **2.** *vk* rap out
felcsavar *v* **1.** *(vm hajlékonyat vmre)* roll/wind* sg on (to) sg; *(csavart, anyát)* screw on; *(hajat)* put* up; *(hajcsavarókra)* set* in curlers **2.** ~**ja a villanyt** switch/turn on the light
felcsepered|ik *v* grow*/shoot* up
felcser *n* **1.** † army doctor **2.** *biz, elít főleg US:* sawbones (*pl* ua. *v.* sawboneses)
felcserél *v* **1.** *(sorrendben)* invert, transpose **2.** *(tévedésből)* mistake* for
felcsigáz *v* ~**za vknek az érdeklődését** excite the curiosity of sy
felcsillan *v* flash, gleam; ~**t a szeme** her eyes sparkled (*v.* lit up); ~**t előtte a remény** he (suddenly) had a gleam of hope, he suddenly saw a light at the end of the tunnel
felcsinál *v* *vulg* knock up [a girl]
felcsúsz|ik *v* *(ruhadarab)* ride* up
feldagad *v* swell* (up)
feldarabol *v* **1.** *(darabokra vág)* cut* into pieces, cut*/chop up, divide up; *(szárnyast)* (dis)joint **2.** *(földet)* break* up, parcel (*US* -l) out [land]; *(országot)* dismember **3.** *átv* divide up
feldarabolás *n* **1.** *(darabokra vágás)* cutting up, cutting into pieces **2.** *(földé)* parcelling (*US* -l-) out, breaking up; *(országé)* dismemberment **3.** *átv* division
féldeci *adv biz* a double
felderít *v* **1.** *(rejtélyt)* clear up, find* out, throw* light on, bring* to light **2.** *(felkutat)* find* out, scout out/(a)round; *kat* recon-

noitre (*US* -noiter) **3.** *(jókedvre hangol)* cheer (up), enliven
felderítés *n* **1.** *(rejtélyé)* clearing up; *(tényeké)* fact-finding **2.** *kat* reconnaissance, reconnoitring (*US* -noitering), scouting; ~**t végez** make* (*v.* carry out) a reconnaissance
felderítetlen *a* unexplored; *(rejtély)* unsolved
felderítő I. *a* exploratory; *kat* reconnaissance, reconnoitring (*US* -noitering); ~ **repülőgép** spy-plane **II.** *n* scout
felderül *v* *(hangulat)* cheer up; **arca** ~**t** his face brightened (*v.* lit up)
feldicsér *v* praise highly/lavishly, praise to the skies, extol; *biz* glorify
feldíszít *v* decorate, adorn, embellish
feldíszítés *n* decoration, embellishment
feldob *v* **1.** throw*/fling* up, throw* in the air **2.** **fel van dobva** *biz* he's elated; *US* he's on cloud nine, he's on a high
feldolgoz *v* **1.** *(iparilag)* process, prepare; *(hulladékanyagot)* recycle; **számítógéppel** (*v.* **gépi úton**) ~ process [data] (by computer), computerize [data] **2.** *biol* assimilate **3.** *(író témát)* write*/work up, treat [a topic]
feldolgozás *n* **1.** *(iparilag)* processing **2.** *(témáé)* writing/working up, treatment
feldolgozóipar *n* processing industry
féldombormű *n* bas/low-relief
feldől *v* overturn, fall* over, upset*
feldönt *v* knock/push over, upset*, overturn; *(embert)* knock sy off his feet
feldörzsöl *v* chafe, rub till sore, rub up
féldrágakő *n* semi-precious stone
feldúl *v* **1.** *(országot)* ravage, devastate, lay* waste **2.** *(boldogságot)* destroy, ruin [sy's happiness] **3.** **egészen fel vagyok dúlva** I am* very upset (*v.* worked/wrought up)
feldúlás *n* **1.** *(országé)* devastation **2.** *(boldogságé, családi életé)* destruction
feldúlt *a* **1.** *(ország)* ravaged, laid waste *ut.*; *(szoba)* ransacked, turned upside down *ut.* **2.** *(arc)* agitated, distraught; *(boldogság)* destroyed; ~ **idegállapot** state of great agitation; *(igével)* be* very upset, be* distraught
felduzzad *v* **1.** *(arc stb.)* swell* (up), be*/become* swollen **2.** ~**t** *(folyó)* be* swollen **3.** *(létszám)* swell*
felduzzaszt *v* **1.** *ált* swell*, distend **2.** *(vizet)* dam (up)
feldühít *v* make* (sy) angry, annoy, anger; *biz* put* sy's back up
feldühöd|ik *v* = **felbőszül**
fele *adv* → **fél²** **I., II.**

felé *adv* **1.** *(térben)* towards, toward, in the direction of, -ward(s); **a ~ a ház ~** towards that house; **dél ~** southwards, towards the south; **~je se néz** he does* not care for him, neglect sy/sg; **~m** towards me **2.** *(időben)* towards, about, around; **10 óra ~ gyere** come about ten; **dél~** towards noon; **ötven ~ jár** be* pushing/nearly fifty; **a század vége ~** toward(s) the end of the century **-féle** *a* **1.** *(fajta)* a kind/sort of ..., of a ...kind; **vm kávé~ (folyadék)** coffee of a sort; **ilyen~** of this sort **2. a Newton- ~ elmélet** Newton's theory, the Newtonian theory
feleakkora *a* half the size, half as big (as)
felebarát *n* fellow-man°/being
felébred *v* **1.** *(álmából vk)* wake* up, awake*, awaken **2.** *(vágy)* awaken
felébredés *n* waking up, (a)wakening
felébreszt *v* **1.** *(álmából vkt)* wake* (up), rouse, awake*, awaken **2.** *átv* arouse, awaken
feled *v* = **felejt**
feledékeny *a* forgetful, absent-minded
feledékenység *n* forgetfulness
feledés *n* oblivion; **~be megy/merül** be* forgotten, fall*/sink* into oblivion
féledes *a* medium
fele-fele arányban *adv* fifty-fifty, half- -and-half
felég *v (bőr)* get* badly sunburnt
feléget *v* burn* (up), reduce to ashes
felegyenesed|ik *v* rise* and stand* up- right/erect, straighten up
felejt *v* forget*; **sokat ~ett** he's very rusty (on sg); *(nyelvből)* his [English etc.] rather/pretty rusty; **hamar ~** have* a short memory, have* a bad memory (for sg); **nyitva ~** leave* (sg) open, forget* (sg) to close; *(a gázt)* leave* on; **otthon ~** leave* (sg) at home, forget* (sg) to bring along
felejtés *n* oblivion
felejthetetlen *a* unforgettable
felekezet *n* denomination
felekezetenkívüli I. *a* undenominational, non-denominational **II.** *n* undenomina- tionalist; **~ek** people not belonging to a/any *(v.* a particular) denomination; *(igével)* be* non-denominational
felekezeti *a* denominational, adhering to a [particular] denomination *ut.;* **~ iskola** de- nominational school
felel *v* **1.** *(válaszol)* answer, reply, make*a reply; **nem ~** make* no reply; *(telefonon)* there's no answer/reply **2.** *(iskolában)* answer the teacher's questions, *US* recite (the lesson); **jelesre/ötösre ~t** he got* a "very good"; **egyesre/elégtelenre ~t** he got* an "unsatisfactory"; *(vizsgán)* he failed (the examination) **3.** *(felelősséget vállal vkért/vmért)* be* responsible for sy/sg, answer/vouch for sy/sg; *(csak vmért)* guar- antee sg **4.** *(vmért számot adva)* answer/ account for sg
felél *v* consume, use up; *(vagyont)* run* through [a fortune]
feléled *v* **1.** *(magához tér)* revive, come* to/round, awaken **2.** *(tűz)* rekindle, flame/ flare up
feléledés *n* **1.** *(magához térés)* revival, re- suscitation, awakening **2.** *átv* revival, re- naissance
félelem *n* fear (of sg), dread (of sg); **~ fog- ta el** he was seized by fear, fear gripped him; **~ben tart** terrorize, intimidate; **attól va- ló félelmében, hogy** for fear of [sg hap- pening], fearing that, fearing lest [sg should happen]; **a ráktól való félelmében** for fear of cancer; **félelmében tesz vmt** do* sg out of fear; **~mel tölt el** fill sy with fear/terror
félelemérzés *n* sense of fear, alarm
felélénkít *v* vivify, revive, liven up
felélénkül *v* revive, liven up
felélénkülés *n* reanimation, livening up
felelés *n* *(iskolai)* repetition, answering the teacher's questions, *US* reciting the lesson); *(vizsgán)* oral examination
feléleszt *v* *(élőlényt)* revive, resuscitate; *(tü- zet)* stir up, rekindle [fire]; *(szokást)* revive [custom]
felelet *n* **1.** answer, reply; **~et ad** (give* an) answer, (make* a) reply **2.** *isk* **szép ~ volt** his answer was very good
felelevened|ik *v* = **feléled, felélénkül**
felelevenít *v* *(színdarabot)* revive; *(vm em- lékét)* evoke, recall; *(nyelvtudást stb.)* brush up ⇨ **feléleszt, felélénkül**
felelget *v* give* answers
félelme(te)s *a* fearful, dreadful, frightful
felelős I. *a* **~ vmért** *(= okolható)* be* re- sponsible for sg; **~ vmért/vkért** *(= rá van bízva)* be* responsible for sg, be* in charge of sy/sg; **~ szerkesztő** senior ed- itor; **vkt ~sé tesz vmért** hold* sy re- sponsible (for sg), take* sy to task **II.** *n* person/official responsible for sg
felelősség *n* responsibility (for sg); *(bajért)* blame; **kivonja magát a ~ alól** wriggle out of responsibility; **övé a ~** be* (left) re- sponsible (for sg); **~re von vkt vmért** call

sy to account for sg, hold sy responsible for sg, take* sy to task; ~ **re vonható** responsible for one's actions *ut.*, amenable to law *ut.*; **saját** ~ **ére tesz vmt** do* sg on one's own responsib*í*lity; **vállalja a** ~**et** *vkért/vmért* assume/accept responsib*í*lity for sy/sg, take* the responsib*í*lity of sg; **másra hárítja/tolja a** ~**et** shift the responsib*í*lity (on) to someone else, *biz kif* pass the buck to sy **felelősségbiztosítás** *n (gépjármű)* third- -party insurance

felelősségérzet *n* sense of responsib*í*lity

felelősségteljes *a* highly responsible

felelőtlen *a* irresponsible; ~ **beszéd/fecsegés** loose talk; *(összevissza)* wild talk; ~ **elemek** irresponsible elements

felelőtlenség *n* irresponsib*í*lity

feleltet *v isk* question [pupil in/on sg], examine [pupil in sg]

felemás *a (cipő stb.)* odd

felemel *v* **1.** *(magasba)* lift (up), raise; *(földről tárgyat)* pick/take* up; *(autót emelővel)* jack up **2.** *(vm magasságát)* raise [the height of] sg **3.** *(árakat)* raise, mark/put* up [prices]; *(fizetést)* raise, increase [salary], *US* boost **4.** ~**i hangját** raise *(v.* lift up) one's voice; ~**i a szavát vk/vm ellen** speak* out against, protest against; ~**i a szavát vk/vm érdekében** speak* up for sy/sg

félemelet *n* mezzanine, entresol

felemelkedés *n* rise, rising; *(iparé)* progress, advance; *(országé)* rise

felemelked|ik *v* **1.** *ált* rise*; *(földről)* get* up; *(magasba)* ascend; *(repgép)* take* off **2.** *(ország, gazdaságilag)* rise* **3.** *(magas állásba)* work one's way to the top *(v.* up), advance; **semmiből emelkedett fel** he started on a shoestring and worked his way up

felemelő *a (élmény, látvány)* elevating, uplifting

felemelt *a* raised; ~ **helyárak** special/ higher prices

felemészt *v* consume, use up

felemleget, felemlít *v* mention, bring* up [the question of]; ~**ette sérelmét** he made a complaint (about sg)

felenged 1. *vt vkt vhová* let* sy go up **2.** *vi (hideg idő)* grow* milder; *(fagy)* ease off; *(jég)* melt **3.** *vi (feszültség)* ease; *(ember)* unbend*, relax **4.** *vt* ~**i a kuplungot** engage the clutch

félénk *a* shy, timid, timorous

félénkség *n* shyness, timidity

felényi *a/n* half (the size of), half as much

felépít *v* **1.** build*, erect, construct, set* up **2.** *átv* build* up

felépítés *n* **1.** construction, building, setting up **2.** *(szerkezet)* make-up, structure; *(emberi szervezeté)* build; **jó** ~**ű** *(vm)* well-constructed, *(vk)* well-built

felépítmény *n* superstructure; **gazdasági alap és** ~ the economic basis and (the) superstructure

felépül *v* **1.** *(épület)* be* built/completed **2.** *(betegség után)* recover

felépülés *n (betegségből)* recovery

felér 1. *vi (vk kézzel vhová)* reach up to; *vm vmeddig* reach as far as **2.** *vi (vmvel értékben)* be* worth (as much as) sg, be* tantamount to sg; **nem ér fel vkhez** *biz* can't hold a candle to sy **3.** *vt* **ésszel** ~ **vmt** comprehend/grasp sg

felerészben *adv* half(-and-half), fifty-fifty; ~ **az övé** (s)he has a half-share in it, half of it belongs to him/her

felereszt *v* **1.** *vkt* allow sy to go up; *(léggömböt)* send* up **2.** *(levest)* add water to, water [soup]

felérkez|ik *v* reach, attain to, get* (up) to

felerősít *v* **1.** *vmt vhová* fix/fasten/attach sg to sg **2.** *(rádiót stb.)* turn up (the sound) **3.** *(beteget)* build* up, strengthen

felértékel *v* **1.** *(felbecsül)* appraise **2.** *(a valóságosnál többre)* overestimate (the value of) sg **3.** *(valutát)* revalue

feles I. *a* **1. 8 és** ~ **harisnya** size eight and a half stockings *pl* **2.** ~ **bérlő** *kb.* share- -cropper **II.** *n* **1.** = **feles** *bérlő* **2.** ~**ben csinál vmt vkvel,** ~**ben osztoznak** go* halves in doing sg *(v.* with sy)

feleség *n* wife° *(pl* wives); ~**ül vesz vkt** marry sy

féleség *n* variety, kind

felesel *v* answer back; *főleg US:* talk back

feleselés *n* answering back; *GB* backchat, *US* backtalk

felesket *v* swear* sy in; ~**ték** (s)he was sworn in

felesküsz|ik *v* **1.** *(leteszi a hivatali esküt)* take* the oath (of office) **2.** *vmre* swear* to do sg

felesleg *n* surplus; *(többlet)* excess; *(maradék)* residue

felesleges *a (több)* superfluous, redundant; *(szükségtelen)* unnecessary, needless; ~ **mondanom, hogy megtartotta ígéretét** needless to say, he kept his promise; ~**en** unnecessarily; ~**en vár** he is waiting to no purpose

felesz|ik *v* eat* up everything, consume/
devour everything; *(másét)* eat* sy out of
house and home
feleszmél *v* come* to/round, recover one's
senses
féleszű I. *a* half-witted, crazy II. *n* half-wit
felett *v* fölött *post* **1.** *(vmnél magasabb he-
lyen)* above; *(vmn át)* over; **a** ~ **a ház** ~
above that house; **fejem** ~ overhead; **a
föld** ~ above (the) ground **2.** *(vmt megha-
ladva)* over, above; **70 kg** ~ weighing more
than 70 kg, above/over 70 kg; **fagypont** ~
above zero (centigrade) **3.** *átv* about, con-
cerning; **vm** ~ **tanácskoznak** discuss sg,
talk about sg; **ítélkezik vk** ~ pass judge-
ment on sy
felette *v* **fölötte** *adv* **1. felettünk lakik**
he lives over us **2.** ~ **áll vmnek** *átv* be*
above (doing) sg, be* superior to do sg; ~
áll vknek *(rangban)* be* above sy **3.** *(fölöt-
tébb)* very, exceedingly, extremely
felettes I. *a* superior; ~ **hatóság** superior
authority II. *n* superior
feletti *a* **1.** above *ut.*; **a Dunának Bécs** ~
szakasza the reaches of the Danube above
Vienna *pl.*; **10 fok** ~ **hőmérséklet** tem-
perature above ten degrees centigrade/
Celsius *(írva:* 10°C) **2. gyermeke elvesz-
tése** ~ **bánata** his sorrow over the loss of
his child; **kinevezése** ~ **örömében** in his
joy at being appointed
feleúton *adv* halfway, midway
félév *n isk* semester, half-year; *GB (évhar-
mad)* term; *US (ha évharmad)* session, *(ha
félév)* semester → **fél²** II. **1.**
félévenként *adv* half-yearly, biannually,
every six month
félévenkénti *a* biannual, half-yearly
féléves *a* six month (old), six months'
félévi *a* **1.** six months', biannual, half-yearly
2. ~ **bizonyítvány** end-of-semester/term
report; ~ **vizsgák** end-of-semester/term *(v.
sessional)* examinations, examinations at the
end of term *(v.* the semester)
felez *v* halve, divide into halves; ~ **vkvel**
split* sg fifty-fifty *(v.* 50-50) with sy, go*
halves/shares with sy (in sg)
felezés *n* halving; *mat* bisection
felezési *a* bisecting; ~ **idő** half-life
felezőpont *n* midpoint
felezővonal *n* bisecting line, bisector; *sp*
halfway-line
felfagyás *n* **1.** *(talajé)* frost heave/heaving
2. *(úttesten)* frost riving; *(igével)* the roads
are frozen
felfakad *v (kelés)* burst*

felfal *v* eat*/gobble up, devour; **majd** ~**ja a
szemével** devour sy with one's eyes
felfáz|ik *v* catch* a chill
felfed *v (arcot)* uncover, expose; *(titkot)*
disclose, reveal [secret]; ~**i magát** reveal
one's identity; ~**i lapját** put* one's cards
on the table
felfedez *v* **1.** *(új vmt)* discover; *(földr így
is:)* explore **2.** *(hibát)* detect [mistake]; *(tit-
kot)* find* out, reveal, disclose [secret]; *(elve-
szett dolgot)* unearth, trace, find*; *(észre-
vesz)* spot, discern
felfedezés *n* **1.** *(vm újé)* discovery **2.** *(tito-
ké)* revelation, disclosure
felfedező *n* discoverer; *(földrajzi kutató)*
explorer
felfedezőút voyage of discovery, expedi-
tion, journey of exploration *[into* China etc.];
(kutatóút) exploratory (research) expedition
felfegyverez *v* arm, provide with arms; **új-
ra** ~ rearm, remilitarize
felfegyverkezés *n* armament, preparations
for war *pl*
felfegyverkez|ik *v* arm (oneself), prepare
for war; **újra** ~**ik** rearm
felfegyverzés *n* arming
felfejlődés *n kat* deployment (for action)
felfejlőd|ik *v* deploy, open out
felfejt *v* unstitch, undo*
felfeksz|ik *v* **1.** *orv* **feküdjön fel, kérem**
(vizsgálóasztalra) please lie* down (on the
bed/couch) **2.** *műsz* be* a good fit
felfektet *v* **1.** *vmre* lay* (sy/sg) on sg **2.** *(ok-
mányt)* make* up; *(ügyiratot)* draw* up;
write*; present; **könyveket fektet fel**
start keeping books
felfekvés *n* **1.** *(sebhely)* bedsore **2.** *(geren-
dáé)* bearing
felfelé *adv* **1.** *(irány)* upwards, *US* upward;
(dombra) uphill; *(folyón)* upriver, up-
stream; ~ **megy** go* up(hill); *(lépcsőn)*
go* up, climb [the stairs]; ~ **a Dunán** up
the Danube; ~ **bukik** be* kicked upstairs
2. *(észak felé)* northwards **3.** *(álló helyzet-
be)* upright
felfér *v vmre* there is* room for sg/sy (swhere)
felfeszít *v (ajtót, fedelet)* force/prise/break*
(v. US prize/pry) sg open
felfigyel *v vmre* sg/sy attracts the attention
of sy
felfog *v* **1.** *(szoknyát)* gather/hold* up
(one's skirt) **2.** *(esővizet)* collect **3.** *(ütést,
vágást)* ward off, parry **4.** *(rádió jeleket)*
receive, pick up **5.** *(ésszel)* grasp, compre-
hend; **fel nem foghatom** it is* beyond
me

felfogad v *(dolgozót)* engage, take* on
félfogadás n **1.** *(ténye)* reception **2.** *(ideje)* consulting hours pl, business/office hours pl
felfogás n **1.** = **felfogóképesség**; jó ~a van have* a good grasp of sg, be* quick--witted **2.** *(vélemény)* opinion, notion, idea; *(megközelítés)* approach; **ez** ~ **kérdése/ dolga** it is a matter of opinion; ~**a a zenéről** one's approach of music; **ellenkezik** ~**ommal** it is alien to me, it is just the opposite of what I think right
felfogású a **gyors** ~ nimble/quick-witted; *biz* quick on the uptake ut.; **nehéz/lassú** ~ slow-witted; *biz* slow on the uptake ut.
felfoghatatlan a *(ésszel)* incomprehensible, unintelligible; ~ **dolog** something (quite) inconceivable
felfogható a intelligible, comprehensible; **könnyen** ~ easy to understand/follow ut.
felfogóképesség n grasp, (power of) comprehension
felfordít v **1.** vmt upset*, overturn, turn upside down **2.** ~**ja a házat** turn the house upside down
felfordul v **1.** *(felborul)* overturn, turn over, roll over; *(bukfencezve)* (turn a) somersault **2.** *(állat)* die; *(ember biz)* kick the bucket; **majd** ~**ok az éhségtől** I am* faint with hunger, I am* ravenous(ly hungry) **3.** ~ **a gyomra** vmtől (it) makes one's stomach turn
felfordulás n *(zűrzavar)* confusion, chaos; *(lakásban)* disorder; **nagy** ~ **lesz** *(pl. festéskor)* there'll be an awful muddle
felforgat v turn upside down, overturn, upset*; *(társadalmi rendet)* upset*, undermine [social order]
felforgató I. a subversive **II.** n subversive element(s), subversive
felforr v **1.** *(folyadék)* (come* to the) boil **2.** ~ **a vére** vmtől it makes* his blood boil; ~**t benne a méreg** his blood was up, he was boiling with rage
felforral v boil (up), bring* to the boil
felfortyan v flare/blow* up, burst* out
felfortyanás n outburst, flare-up
felföld n highlands pl, uplands pl; *(Skóciában)* the Highlands
felföldi a ~ **ember** highlander, uplander
felfőz v boil, cook
felfrissít v **1.** *(frissé tesz)* refresh, freshen up **2.** *(készletet)* restock, refurnish **3.** ~**i vk emlékezetét** refresh sy's memory (about/ of sg); ~**i angol** stb. **nyelvtudását** brush up one's English etc.
felfrissül v be*/feel* refreshed, refresh oneself

felfúj v **1.** *(léggömböt)* blow* up, inflate **2.** *(ügyet)* blow* up (out of all proportion); **jelentéktelen nézeteltérés volt, de úgy** ~**ták** it was just a minor disagreement but it was blown up out of all proportion [by the TV] **3.** ~**ja magát** vk átv = **felfuvalkodik 4.** *(vkt étel)* make* sy (feel) bloated
felfújható a inflatable; ~ **párna** inflatable cushion, air-cushion
felfújt I. a inflated, puffed up **II.** n soufflé
felfut v **1.** ált run* up **2.** *(árbocra, fára)* swarm/shin up **3.** *(növény)* climb, creep*
felfutás n *(termelésé)* increased capacity/ production/output; *ker* boom
felfuttat v *(növényt vmre)* train [plant] on sg, make* [plant] grow on sg
felfuvalkod|ik v be* puffed up *(v. bloated)* with pride
felfuvalkodott a puffed up ut, conceited, swollen-headed; *US* swelled-headed
felfúvódás n distension, flatulence
felfúvód|ik v *(has)* become* distended/ bloated; *(állat)* be*/become* bloated
felfüggeszt v **1.** *(tárgyat)* hang*/hook up **2.** *(vkt állásából)* suspend (sy) **3.** *(eljárást)* stay [proceedings]; *(ülést)* suspend, interrupt [session]; *(ítélet végrehajtását)* suspend, defer, stay
felfüggesztés n **1.** *(tárgyé)* hanging up **2.** *(állásból)* suspension **3.** *(eljárásé)* stay(ing); **ítélet** ~**e** suspension/deferment of sentence
felfüggesztett a *(ítélet)* suspended/deferred [sentence]
felfülel v vmre take* note of sg, prick up one's ears at sg
felfüstöl v smoke [ham, bacon]
felfűt v heat up, warm (up)
felfűz v *(gyöngyöt stb.)* string* [beads]
felgerjeszt v infuriate; *(haragra)* enrage
felgombol v button up/on
felgombolyít v wind* (up) into a ball, roll up
félgömb n hemisphere
felgöngyöl(ít) v **1.** ált roll/fold up; *(vitorlát)* furl, clew up; *(zászlót)* furl **2.** ~**i az ellenség egyik szárnyát** roll up the enemy's flank **3.** *(rendőrség bandát, terrorszervezetet)* crack down on sy
felgördül v *(függöny)* rise*
félgőzzel adv *(dolgozik)* at half steam
felgyógyul v recover, get*/become* well (again); **betegségéből** ~ recover from one's illness
felgyógyulás n recovery
felgyorsít v *(motort)* speed* up, accelerate

felgyorsul *v* accelerate, speed* up
felgyújt *v* **1.** *(lángra lobbant)* set* fire to sg, set* sg on fire **2.** *(lámpát)* turn/switch on (the light) **3.** *átv* inflame, arouse, stir up
felgyúl, felgyullad *v* kindle, catch*/take* fire
felgyüleml|ik *v* **1.** *(anyag, tennivaló)* accumulate, pile up **2.** *(keserűség)* accumulate; ~**ett megbántódása és keserűsége vknek** her accumulated resentment and bitterness
felgyűr *v* *(inget)* roll/turn up [one's sleeves]
felgyürkőz|ik *v* *(átv is)* roll up one's sleeves
felháborít *v* revolt, shock; ~**ja az, hogy** be* disgusted at/with sg, be* shocked at sg
felháborító *a* revolting, scandalous, shocking, disgusting
felháborodás *n* indignation, outcry
felháborod|ik *v* *vmn, vm miatt* be* indignant at sg *(vk miatt* with sy), be* disgusted at/by/with sg, be* shocked at sg
felhág *v* *vmre* go* up sg, ascend sg
felhágó *n* = **hágcsó**
felhagy *v* *vmvel* give* up sg, leave* off doing sg, stop doing sg
felhajt[1] **1.** *vt* *vmt vhová* drive* sg up to swhere **2.** *vi* *(járművel)* drive* up **3.** *vt* *(vadat)* beat*, rouse **4.** *vt* *biz (vkt keresve)* track down; *(vmt)* chase up (sg); ~ **(egy kis) pénzt** raise the wind **5.** *vt* ~**ja az árakat** raise (*v.* force up) prices; *kif* bull the market; ~**ja vmnek az árát** force up the price of sg
felhajt[2] *v* **1.** *(vmnek a szélét)* turn up **2.** *(felvarr)* turn up **3.** *(italt)* down, gulp down; *biz* knock back, swig down
felhajtás[1] *n* **1.** **járművel tilos a** ~ no entry/access (for vehicles) **2.** *(vásárra)* consignment [of livestock] **3.** *biz (hűhó)* fuss, to-do, ado; **nagy** ~**t csinál** *(vm miatt)* make* a fuss *(over/about* sg), make* a production (out) of sg
felhajtás[2] *n* *(ruhadarabé)* hem; *(nadrágé)* turn-up(s); *US* cuff
felhajtó *n* **1.** *(ügynök)* tout, *US* runner **2.** *(kocsinak házhoz)* drive(way); *(középülethez, emelkedő)* ramp
felhajtóerő *n* buoyancy; *(levegőben)* lift
felhallatsz|ik *v* be* audible (up swhere), be* heard (up in)
felhalmoz *v* **1.** *(halomba rak)* heap/pile up, heap **2.** *(gyűjt)* accumulate; *(árukészletet)* stockpile
felhalmozás *n* *(gyűjtés)* accumulation, stockpile
felhalmozódás *n* accumulation

felhalmozód|ik *v* accumulate, pile up
felhám *n* epidermis
felhang *n* overtone
félhang *n* **1.** *zene* minim, *US* half note **2.** ~**on mond** speak*/say* in an undertone
felhangol *v* *(hangszert)* tune
félhangosan *adv* in an undertone, in a subdued voice, under one's breath
felhangz|ik *v* *(dal)* (re)sound, be* heard; ~**ott a himnusz** the band struck up the national anthem
félhangzó *a nyelvt* semi-vowel
felhantol *v* *(sírt)* form a mound [on sy's tomb]
felhány *v* **1.** *ált* throw* up; *(földet)* dig*/shovel up **2.** *biz (vknek vmt fölemlít)* mention (sg to sy), make a complaint about sg
felhánytorgat *v* *(felpanaszol)* reproach sy with sg; *kif* throw*/cast* sg in sy's teeth/face; ~**ja a múltat** rake up the past
felharsan *v* sound, be* sounded; *(trombita)* blare forth
felhasad *v* **1.** *ált* split*, crack, burst*; *(szövet)* tear*, rip open **2.** *(kéz)* chap, get* chapped
felhasít *v* split*, slit*/cut* (open); *(fát)* chop/cleave* (wood); ~**ott szoknya** slit skirt
felhasogat *v* chop (up)
felhasznál *v* **1.** *(elhasznál)* use up, make* use of, consume; *(pénzt vmre)* spend* [money] on, invest [money] in; *(vízi erőt)* harness [water power] **2.** *(alkalmaz)* use, put* to use, employ; *(hasznosít)* make* use of, utilize; **újból** ~ reuse, recycle; ~**ja az alkalmat** take* the opportunity (to do sg), avail oneself of the opportunity **3.** *vkt vmre* employ sy as sg, make* use of sy('s services)
felhasználás *n* **1.** *(elhasználás)* use, using up, consuming, consumption; *(pénzé ált)* spending; *(vm célra)* appropriation **2.** *(alkalmazás)* use, employment, application; **az atomenergia békés célokra történő** ~**a** the peaceful use of atomic energy
felhasználható *a* useable, employable, utilizable, serviceable
felhatalmaz *v* *vkt vmre* empower/authorize sy to do sg
felhatalmazás *n* authorization
felhatol *v* *(pl. zaj)* penetrate/reach up to
félhavi *a* semi-monthly; *GB* fortnightly, two weeks'; *GB* a fortnight's [pay etc.]
felhevít *v* **1.** heat; **X fokra** ~ raise the temperature (of sg) to X degrees, heat (sg) to X degrees **2.** *átv* excite, stir

felhevül v **1.** *(meleg lesz)* grow*/get* hot, warm up **2.** = **kihevül 3.** *(lelkileg)* get* excited

felhígít v dilute

felhint v = **behint, felszór**

felhív v **1.** vkt vhova call for sy to come up, call up, invite/summon sy up **2.** *(telefonon)* ring* sy (up) v. ring* up sy, (tele)phone sy, give* sy a ring/call; US call sy (up); **(ma) este** ~**lak** I'll ring/call you (up) this evening; **hívj(on) fel (telefonon)!** give me a ring/call!; US call me (up)!; **később újra** ~**lak** I'll call you again (v. ring you back) later; ~**tak telefonon** I received a phone call, I was rung/called up **3.** = **felszólít** ⇨ **figyelem**

felhívás n **1.** vké vhová summons, summoning up **2.** vmre request, appeal invitation; *(hivatalos hirdetmény)* warning, notice; ~**t intéz vkhez** appeal to sy

felhívat v ask sy (to go/come) up

félhivatalos a semi-official, unofficial

felhizlal v feed*/fatten up

félhold n half-moon, crescent (of moon)

félholt a half-dead; more dead than alive; ~**ra ver vkt** beat* sy within an inch of his life

felhólyagz|ik v *(bőr)* blister, get* blistered

félhomály n semi-darkness, half-light; *(esti)* dusk, twilight

felhord v **1.** *(felvisz)* carry/convey up **2.** *(festéket felületre)* apply

felhorkan v **1.** snort, give* a snort **2.** *(felháborodva)* fire/flare up

felhorzsol v chafe [the skin], graze [one's knee etc.], rub (sg) sore; ~**ta a térdét** he grazed his knee

felhoz v **1.** vmt vhova bring* up, fetch; *(vkt kocsin)* drive* (up) (to); *(árut piacra)* bring* [to the market]; **hozd fel az újságot** bring the paper up; ~ **vkt (kocsin) Bpestre** drive* sy (up) to Bp **2.** *(érvet, bizonyítékot, okot)* bring* up/forward, adduce [reasons, proof]; *(esetet, példát)* mention, cite, refer to; ~**(nak) vk ellen vmt** bring* sg up against sy; sg is brought up against sy; **mit tud(sz)** ~**ni mentségedre?** what have you got to say for yourself? **3.** biz *(feljavít)* raise ⇨ **érv**

felhozatal n *(piaci)* arrival, new consignment

felhő n **1.** cloud **2.** *(atomrobbantás után)* mushroom

felhőátvonulás(ok) n passing clouds pl, cloud rack

felhőfoszlány n cloudlet

felhőkarcoló n skyscraper

felhördül v átv exclaim in protest, flare up

felhörpint v down sg (in one), gulp down, biz knock back, swig down

felhős a *(ég)* clouded, cloudy; *(erősen)* overcast [sky]; *(idő)* cloudy, dull [weather]

felhősödés n clouding over; **holnapra** ~ **várható** tomorrow will be cloudy

felhősöd|ik v cloud (over)

felhőszakadás n cloudburst, downpour

felhőtlen a cloudless; átv unclouded

felhőzet n clouds pl

felhúroz v string*

felhúz v **1.** ált draw*/pull up; *(terhet emelővel)* hoist; *(redőnyt)* draw* up; *(horgonyt)* weigh, heave (up) [the anchor]; *(zászlót)* hoist, haul/run* up [flag]; *(színházi függönyt)* ring* up [the curtain] **2.** *(ruhadarabot)* put* on; ~**za a cipőjét** put* on one's shoes, get* into one's boots; **harisnyát** ~ pull on one's stockings; ~**za a nadrágját** put* on (v. step into) one's trousers **3.** *(órát)* wind* (up) [the clock v. one's watch]; *(lőfegyver ravaszát)* cock [a gun] **4.** *(falat, épületet)* put* up [a wall v. the walls], erect [a building] **5.** biz *(felingerel vkt)* put* sy's back up, rile, nettle; **fel van húzva** be* (very) worked up **6.** biz *(vkt felakaszt)* string* up ⇨ **orr**

felhúzó I. a ~ **szerkezet** hoisting/lifting gear/mechanism **II.** n *(óráé)* winder; *(játéké)* key

felhúzód|ik v be* drawn up

felhúzódzkod|ik v draw* oneself up

felibe-harmadába adv in a slapdash manner, anyhow

felidegesít v set* sy's nerves on edge

felidéz v **1.** *(emléket)* recall, bring* (sg/sy) to mind; **nem vagyok képes** ~**ni nevét** I can't seem to bring to mind his name **2.** *(előidéz)* cause, bring* about

felidézés n evocation

félidő n sp *(tartam)* half; *(két félidő közti idő)* half-time

félig adv half, partly; **csak** ~ **érti** he only half understands*; ~ **kész** half/semi-finished; ~ **(át)sült** *(hús)* underdone ut., főleg US rare

féligazság n half-truth

félig-meddig adv partly, somewhat, more or less

felijed v *(álomból)* wake* (up) with a start

felijeszt v startle sy out of his sleep

felindul *v* be* greatly agitated; *(haragra)* be* roused; *(szánalomra)* be* touched (with pity)

felindulás *n* emotion, excitement; **erős ~ban elkövetett emberölés** (voluntary) manslaughter, *US* second-degree murder

felindult *a* excited, agitated, moved, touched

felindultság *n* = **felindulás**

felingerel *v* irritate, rile, stir up, incite; **vkt vk ellen ~** set* sy against sy

felingerül *v* become* angry, become* irritated, get* riled (*v.* worked up)

felír *v* **1.** *(feljegyez)* write* down, take* sg down, note (down), make* a note of; **~ vmt a táblára** write* sg (up) on the blackboard; **~ vmt a noteszába** write* sg down in one's notebook; **~ja nevét a listára** put* one's name down on the list **2.** *(orvos gyógyszert)* prescribe [medicine, *vmre* for sg]; **mit írt fel az orvos?** what did the doctor prescribe? **3.** *(vkt a rendőr)* take* sy's name and address; *(közlekedési szabálysértésért)* get* an endorsement, have* one's licence endorsed

felírás *n* writing down, noting (down) → **felirat**

felirat *n* **1.** *(emlékművön stb.)* inscription; *(érmén)* legend; *(sírkövön)* epitaph **2.** *(filmen)* (sub)titles *pl*; *(kép alatt)* caption **3.** *(tájékoztató szöveg használati tárgyon)* label; *(kiírás utcán)* notice **4.** *(felsőbb hatóságokhoz)* representations *pl*, petition

felírat 1. *vt* have* sg noted, have* sg written down, have* a note made of sg **2.** *(gyógyszert)* have*/get* [a medicine] prescribed

feliratkoz|ik *v vmre* put* one's name down (for sg); *(listára)* enter one's name [on a list], register; *(tanfolyamra stb.)* sign up [for a course];

feliratos *a* *(film)* subtitled, with subtitles *ut.*

felírónő *n kb.* head-waitress

felismer *v* **1.** *vkt/vmt* recognize (sy/sg), know* (sy) *(vmről mind:* by sg) **2.** *(rájön vmre)* realize (sg *v.* how . . .); *(igazságot)* perceive

felismerés *n* recognition; *(tudatossá válás)* realization; *(igazságé)* perception; **korai ~** early detection

felismerhetetlen *a* unrecognizable, indiscernible; **~ül, a ~ségig** beyond recognition

felismerhető *a* recognizable, discernible

felisz|ik *v* absorb, soak up/in

felitat *v (tintát)* blot (up); *(vmt szivaccsal)* sponge (up)

felível *v* → **ível**

felizgat *v* excite, agitate; *(szexuálisan)* arouse, *biz* turn (sy) on; **nagyon ~ta a baleset** (s)he was very upset by the accident

felizgul *v* get* excited, be*/become* agitated; *biz* get* worked up

feljajdul *v* utter a cry of pain, wail

feljár *v vhová* is* a regular caller at; *vkhez* call frequently on sy

feljárat *n* = **feljáró**

feljáró *n* way up (to); *(kocsinak)* drive(way); *(rámpa)* ramp

feljavít *v (talajt)* improve, upgrade; *(ételt)* enrich

feljavul *v* get* better, improve

feljebb *adv (magasabban)* higher (up); *(magasabbra)* higher; **egy emelettel ~** on the floor above, on the next floor up; **lásd ~** see above; **a ~ lévő folyószakaszon; ~ a folyón** higher up the river; [40 miles etc.] upriver [from Budapest etc.]; **megint ~ mentek az árak** prices have gone up again; *biz* **még neki áll ~** what a nerve!, the nerve of him!

feljebbvaló *a* superior

féljegy *n* **féljeggyel utazik** travel *(US* -l) (at/for) half fare (*v.* half-price)

feljegyez *v* note (down), make* a note of, take* (sg) down; *(hivatalosan)* register (sg), enter (sg) on record

feljegyzés *n* **1.** *(cselekedet)* noting (down), registration, recording **2.** *(jegyzet)* note, record **3.** *hiv (irat)* (internal) memorandum *(pl* memoranda), *biz* memo

feljelent *v vkt* report/denounce sy [to the police], inform on/against sy

feljelentés *n* reporting, information; **~t tesz vk ellen** inform on/against sy, report/denounce sy [to the police]; **~ elmulasztása** (criminal) failure to report an offence

feljelentő *n* denunciator

feljogosít *v vmre* authorize, entitle *(mind:* to do sg)

feljogosítás *n* authorization

feljön *v* **1.** *vk vhová* come* (up) to, get* (up) to **2.** *(nap, hold)* rise* **3.** *biz (feljavul, pl. futballcsapat)* do* better, move up the league table

feljövetel *n* coming up; *(városba)* arrival (in town)

feljut *v vhová* manage to reach sg, get* (up) to

felkacag *v* give*a laugh, break*/burst* into a laugh

felkajtat *v* = **felkutat 2.**

felkantároz v. bridle, put* the bridle on [a horse]

felkanyarod|ik v **1.** *(út)* wind* upwards **2.** *(jármű)* go*/turn (v. wind* its way) up [a hill etc.]

felkap v **1.** *(tárgyat vhonnan)* snatch (up), snap/whip up, pick up hastily **2.** *(ruhát magára)* put* on hastily, tumble into **3.** ~**ja a fejét** toss one's head, look up suddenly **4.** *(divatos dolgot)* bring* into fashion; **(igen)** ~**ták** (sg) is coming into fashion, be* in vogue, be* all the rage, *biz* be* in

felkapar v *(vart)* scratch open [a scar]

felkapaszkod|ik v **1.** *(magaslatra)* climb (up), clamber up **2.** *(társadalmilag)* be* a social climber, worm one's way into [society, a job etc.]

felkapcsol v = **felcsatol**

felkapott a in vogue *ut.*, fashionable; *(igével, biz)* be* in; ~ **könyv** best-seller

felkar n upper arm

felkarcol v scratch (open)

felkarol v *(ügyet)* espouse, take* up [a cause]

félkarú a one-armed

felkászálód|ik v = **szedelőzködik**

felkavar v **1.** *(átv is)* stir up; *(vizet)* trouble; *(szél port)* whip/churn up; ~**ja a gyomrát** make* sy (feel) sick, nauseate **2.** *(lelkileg)* agitate, upset*

felkel v **1.** *(ágyból)* get* up, rise*, get* out of bed; *(helyéről)* get*/stand* up, rise*; **már** ~**t** *(beteg)* he is* up and about; **holnap már** ~**het** he can* (v. is fit to) get up tomorrow; ~ **az asztaltól** leave* the table **2.** *(nap, hold)* rise*; **a nap keleten kel fel** the sun rises in the east **3.** *(nép)* rise* (up), revolt *(vk ellen* against)

felkelés n **1.** *(ágyból)* getting up, rising **2.** *(napé)* rise **3.** *(népé)* uprising, rising, insurrection, revolt

felkelő I. a **1.** *(ágyból)* rising **2.** *(nép)* rebellious [people], in revolt *ut.* **II.** n insurgent, rebel

felkelt v **1.** *(álmából)* wake* (up) **2.** *(érzést)* awake*, arouse, stir up [feeling]; *(érdeklődést)* arouse, kindle [sy's interest]; *(gyanút)* arouse, awaken [suspicion]; ~**i vk kívácsiságát** arouse sy's curiosity

felkeltés n *(álomból)* waking up

félkemény a semi-stiff/soft

felken v **1.** *(vajat)* spread* [butter on sg] **2.** *tört vkt* ~ **királlyá** anoint sy king

felképel v = **megpofoz**

felkér v *ált* ask, request; *(előadástartásra)* invite (to); **(és) most** ~**em N urat...** I now call upon Mr N to ...

felkéredzked|ik v **1.** *(ölbe)* beg to be picked/taken up **2.** *(kocsira)* ask for a lift, thumb a lift/ride, hitch a ride

felkereked|ik v **1.** *(elindul)* rise* and set* off **2.** *(szél)* spring* up

felkeres v vkt call on sy, visit sy

felkérés n request; *(előadástartásra)* invitation (to)

felkért a ~ **előadó** *(konferenciára)* guest/invited speaker; ~ **hozzászóló** discussant

felkerül v **1.** vhová get* (up) (swhere); *(városba)* come* up (to town); ~**t a fővárosba** *(oda helyezték)* he moved to the capital **2.** *(listára)* get* on [the list]

félkész a ~ **áru/termék** semi-finished product/article (v. goods *pl*)

felkészít v *(versenyre, vizsgára)* coach sy (for), prepare sy for

felkészítés n *(versenyre, vizsgára)* coaching, preparation

felkészül v vmre prepare for sg; *(útra)* get* ready for, make* preparations for [a journey]; *(vizsgára)* prepare for, do* preparation for [the exam]; *(versenyre)* sp train (for), prepare (for); *(tanulmányira)* prepare (for)

felkészülés n preparations *pl*

felkészültség n *(tudományágban)* thorough grounding (in); *(tudás)* learning; *(sportban)* training; **jó** ~**ű** *(diplomások)* skilled, trained [graduates]

felkever v stir (up)

félkezű a one-armed, single-handed

felkiabál v shout up (to)

felkiált v cry out, shout, give* a shout, exclaim; **valaki** ~**ott** a cry went up

felkiáltás n cry, shout, exclamation

felkiáltójel n exclamation mark, US exclamation point

felkínál v offer; ~**ja magát** = **felkínálkozik**

felkínálkoz|ik v offer oneself (for sg); *elít* make* up to sy; *(nő)* throw* oneself at sy

felkísér v see*/accompany (up) to (v. upstairs)

félkomfortos a ⟨having/with internal bathroom and/or WC but without central heating⟩

felkoncol v kat † put* to the sword; *ált* hack [sy, persons] to pieces

felkop|ik az álla kif (1) *(éhen marad)* go* hungry (2) *(nem kap meg vmt)* go* away empty-handed, draw* a blank, get* short shrift

felkorbácsol v whip up

felköltöz|ik v move (up) to

félkör n semicircle; ~ **alakú** semicircular

félkörív *n* épít rounded arch; *GB* Norman arch; *(egyéb európai országban)* Romanesque arch
felköszönt *v (lakomán)* drink* (to) sy's health; *(gratulál évfordulókor)* congratulate sy [on (the occasion of) an anniversary]
felköszöntő *n (lakomán)* toast; *(évfordulókor)* congratulatory words *pl*, congratulations *pl*
felköt *v* 1. *(karját)* bind*/tie up; ~i a gatyáját *biz* get*/knuckle down to [a task] 2. *(embert)* string up, hang* *(múlt ideje:* hanged)
felkötöz *v (szőlőt)* tie [vine]
félkövér *nyomd* I. *a* boldface, (printed) in bold type *ut.*; ~ betűből szedett set* in bold(face) II. *n* boldface, boldface type, bold
felkunkorod|ik *v* curl/turn up
felkúsz|ik *v* 1. *vk* climb/clamber up; *(kötélre)* swarm up; *(fára)* shin up 2. *(növény)* creep*, climb, trail
felkutat *v* 1. *(átkutat)* go* over/through with a fine-tooth(ed) comb, turn sg upside down looking for sg 2. *(kinyomozva)* track sy/sg down, ferret/seek* out 3. *(új területet)* explore
felküld *v* send* up
felküzdi magát *v* work/fight* one's way up; szegény sorból küzdötte fel magát be* a self-made man
féllábú *a* one-legged
fellángol *v* blaze/flame/flare up, burst* into flame(s); ~t a harc fighting flared up (again)
fellángolás *n (lelki)* burst (of feeling)
fellapoz *v* turn/look up (sg in sg)
fellármáz *v* give*/raise the alarm; *(álmából)* awaken with a noise
fellázad *v* rebel *(v. rise* *v.* rise* up) against sg/sy
fellazít *v (talajt)* loosen, break* up [soil]
fellázít *v* incite to rebellion *(v.* to rise up) (against); ~ja a tömegeket vm ellen rouse the people/masses against sg
fellebbent *v* 1. *(fátylat)* lift, raise, draw* aside 2. *átv* ~i a fátylat reveal a secret
fellebbez *v vhova* appeal to [a higher court], lodge an appeal (to); ~ vmlyen határozat ellen appeal from/against a decision/judgment
fellebbezés *n* appeal [to a higher court]; ~nek helye van an appeal lies; ~nek helyt ad grant an appeal
fellebbezési *a* ~ határidő time for appeal; ~ jog right of appeal
fellebbvitel *n* appeal to a higher court

fellebbviteli *a* ~ bíróság Court of Appeal; ~ tárgyalás hearing of the appeal
felleg *n* = felhő; a ~ekben jár have* one's head in the clouds
fellegvár *n* citadel
fellel *v* find*, discover, hit*/come*/happen upon
fellélegz|ik *v* breathe (freely) again, breathe (a little) easier, give* a sigh of relief
fellelkesed|ik *v* become* enthusiastic about/over sg; ~ve példáján roused by his/her example
fellelkesít *v* fill with enthusiasm, inspire, rouse
fellelkesül *v* = fellelkesedik
fellendít *v (ipart stb.)* give* a boost to, further, promote, advance, boost
fellendül *v* prosper, boom, flourish; ~t az ipar industry is enjoying a boom, there has been a boom in industry; ~t az üzleti élet business is booming; ~őben a kertészet (mint iparág) the gardening industry is booming, gardening is a boom industry
fellendülés *n* upswing, boom, upturn; a gazdasági élet ~e the recovery of the economy
fellengzős *a (stílus)* high-flown
fellép *v* 1. *vmre* step up (onto sg), go* up sg; 2. *(szerepben)* play, appear as; Hamlet szerepében lép fel play H., appear as H.; az előadáson neves művészek lépnek fel well-known artists will be appearing *(v.* making an appearance) 3. ~ képviselőnek, képviselőjelöltként lép fel stand* for (Parliament) election, contest a seat (in Parliament) 4. *(viselkedik)* take* steps, act on; erélyesen kell ~ni a korrupció ellen firm steps must be taken to counter *(v.* against) corruption, firm action must be taken on/against corruption 5. *(betegség)* set* in, occur; szövődmény lépett fel a complication set in
fellépés *n* 1. *vmre* stepping up 2. *(színészé)* appearance; első ~ debut, coming out 3. *(magatartás)* behaviour *(US* -or), action; határozott ~ self-assurance/confidence, knowing one's own mind; jó a ~e he makes* a good/favourable *(US* -or-) impression
fellépte *n* appearance (of sy on the stage); John Gielgud ~vel with J.G. as *(v.* in the role of) . . .
felléptet *v (színészt)* present, engage [actor] for a role
fellépti díj *n* fee
félliteres *a* half-litre *(US* -liter)

fellobban v. 1. *(tűz)* blaze/flame up 2. *átv* flare up

fellobbanás n 1. *(tűzé)* blazing up, blaze 2. *átv* blaze/outburst of passion/anger

fellobbant v 1. *(tüzet)* inflame, kindle 2. *átv* fire, kindle

fellobog v flare/blaze up

fellobogóz v decorate/deck with flags; **az utcákat** ~**ták** the streets were decorated with (v. decked out in) flags

fellocsol v 1. *(utcát)* sprinkle, water [the street] 2. *(ájultat)* = **felmos** 2.

felloval v *(felbiztat)* encourage sy to do sg, persuade sy into doing sg; *(vk ellen)* incite (against)

fellő v *(rakétát, űrhajót)* launch, send* up

fellök v vmt push/knock over

felmagasztal v exalt; *(dicsérve)* praise highly, glorify

felmar v eat* into/through, burn*; *(bőrt)* pit

felmász|ik v vmre climb (up), clamber up sg; ~**ik a fára** climb the tree

félmegoldás n half-measure(s), stop-gap (arrangement)

felmegy v 1. vhova, vmn go* up, get* up/on; *(gyalog)* walk up; ~ **a lépcsőn** go* up the stairs; ~ **(az emeletre)** go* upstairs; ~ **Pestre** go* (up) to Budapest 2. *(függöny)* rise* 3. *(láz)* go* up; **a láza 40°-ra ment fel** his/her temperature reached (v. went up to) forty degrees (centigrade) 4. *(ár)* rise*, go* up; **felmentek az árak** prices have gone up (v. risen) 5. **ez a cipő nem megy fel a lábamra** I can't get these shoes on

felmelegedés n 1. ált warming up 2. *(időjárás)* rise* in temperature

felmeleged|ik v 1. ált grow*/get* warm; *(motor)* warm up; *(túlmelegedik)* overheat 2. *(ember átv)* warm up

felmelegít v 1. ált heat, warm up; *(szobát)* heat up [room]; *(vm hőfokra)* raise the temperature (to); *(ételt)* warm (up), (re-)heat; *(ügyet)* dig*/rake up

felmelegsz|ik v = **felmelegedik**

felmenő a ~ **ágon** in the ascending line

felment v 1. *(vm alól)* exempt (sy from sg), absolve (sy from sg) 2. **állásából/hivatalából** ~ relieve sy of his office, accept sy's resignation; ~**ettek igazgatói állásomból** I was relieved of my position as director 3. *(vádlottat vm alól)* acquit [the accused] of sg (v. on the charge) 4. kat relieve, lift the siege

felmentés n 1. *(vm alól)* exemption, relief *(mind:* from) 2. *(vádlotté)* acquittal, discharge, relief

felmentő a 1. ~ **ítélet** acquittal, discharge 2. ~ **csapatok** relief troops

felmér v 1. *(súlyra)* weigh; *(köbtartalomra, mennyiségre)* measure 2. *(földterületet)* survey, measure [land]; *(épület állagát)* survey [a house/building] 3. *(lehetőséget)* size up; *(vm jelentőségét)* assess (the importance/significance of) sg; *(vk képességeit)* gauge *(US* gage) [sy's capacities]; *(ismeretet, tudásanyagot)* test [sy's knowledge of sg]; ~**i a helyzetet** survey/assess (v. weigh/size up) the situation, weigh things up

felmérés n 1. *(területé)* surveying 2. *(bizonyos szempontú vizsgálat)* survey; **statisztikai** ~ statistical survey 3. *(felbecsülés)* assessment, appraisal; **a helyzet** ~**e** assessment of the situation

felmérgesít v = **felbosszant**

felmérhetetlen a immeasurable, enormous

felmérő n isk test; *(matematikából stb.)* a mathematics test; ~**t írat** test sy on his/her knowledge of [literature/mathematics etc.]

felmerül v 1. *(víz felszínére)* come* to the surface, emerge 2. *(kérdés, nehézség)* arise*, crop/come* up; **komoly probléma merült fel** a serious problem has arisen; **értesítelek, ha bármi (probléma) ~(ne)** I'll let you know if anything comes up; **nehézségek ~hetnek** difficulties are liable to occur 3. ~**t költségek** expenses incurred, incidental expenses

felmetsz v cut* open

félmeztelen a half-naked, stripped to the waist ut.; *(nő)* topless

félmillió num half a million

felmond 1. vt *(leckét)* say*/repeat/recite [one's lessons v. the lesson] 2. vt *(lakást bérlőnek)* give* sy [two months' etc.] notice to leave/quit; *(lakást bérbeadónak)* give* sy notice (of leaving); *(szerződést)* cancel *(US* -l), abrogate [contract] 3. vi/vt *(munkavállalónak)* give* sy notice, give* notice to sy; **10 munkásnak** ~**tak** [the company] gave notice to 10 workers (v. gave 10 workers their notice); **ma ~tam munkahelyemnek (v. az állásomat)** I gave in my notice at work today, I gave my employer notice (that I intend to leave); ~**tak neki** (s)he has received (her/his) notice 4. vt ~**ja a szolgálatot** *(gép)* break* down, biz pack up; *(munkavállaló)* hand/give* in one's notice, give* [one's employer] notice

felmondás n 1. *(leckéé)* saying, repetition 2. *(munkaviszonyé)* notice; *(szerződésé)* cancellation *(US* -l-); **egyhavi** ~ a/one month's notice

felmondási *a* ~ **idő** period/term of notice; **egyhavi** ~ **idővel felmond vknek** give* sy a month's notice

felmorzsol *v átv (ellenséget)* annihilate, wipe/mop up

felmorzsolód|ik *v* crumble, collapse

felmos *v* **1.** *(padlót)* scrub, wash [the floor]; *(nyeles felmosóval)* mop up; *(vmt a padlóról)* mop/wipe up **2.** *(ájultat)* splash water on sy's face (to make her/him come to)

felmosó *a/n* ~**rongy** floorcloth; **nyeles** ~ mop

félmunka *n* ~**t végez** do* sg in a slipshod manner, make* a poor job of sg

felmutat *v* **1.** *(okmányt)* show*, produce; **kérésre szíveskedjék** ~**ni** to be shown on demand **2.** *(eredményt)* show*, claim [to have done/achieved sg]

félművelt *a* half-educated, semi-educated

felnagyít *v* **1.** *(fényképet)* enlarge **2.** *(túloz)* exaggerate, overstate

félnapi *a* ~ **járóföld** half a day's journey; ~ **kereset** half-day's pay

félnapos *a* ~ **elfoglaltsága/állása van** work half-time, have* a part-time job; ~ **kirándulás** a half-day excursion/outing

félnehéz súly *n sp* light-heavyweight

felnevel *v (gyermeket, családot)* bring* up [children], rear [children, a family]; *US* raise [a family]; *(állatot)* raise, breed* [stock]; *(növényt)* raise, cultivate [plant]

felnevelked|ik *v* be* brought up, grow* up

felnevet *v* burst* out laughing, burst* into a laugh

felnéz *v* **1.** look up, lift up one's eyes **2.** *biz vkhez* drop in on sy **3.** *átv vkre* look up to sy

félnivaló *n* **nincs** ~**ja** he has* nothing to fear (*v.* to be afraid of)

félnótás *a* half-wit

felnő *v* **1.** *vk* grow* up; **vidéken nőtt fel** (s)he was brought up (*v. US* raised) in the country **2.** *(színvonalhoz)* live/come* up to; ~ **a feladathoz** rise* to the occasion, prove* equal to the task/occasion

felnőtt I. *a* grown-up, adult; ~ **ember** a grown man; ~ **ésszel** in one's right mind **II.** *n* adult, grown-up

felnőttkor *n* adulthood, adult age

felnőttoktatás *n* adult education

felnövekszik *v* = **felnő**

felnyal *v* **1.** lick/lap up **2.** *biz (felmos)* give* sg a quick wipe

felnyalábol *v* gather (sg) up in one's arms

felnyársal *v* put* on a spit, impale; ~**ta a rúd** he was impaled

felnyergel *v* saddle

félnyers *a* **1.** half-raw **2.** *(hús)* underdone, *US* rare

felnyíl|ik *v* open (up/out); *(ajtó hirtelen)* fly*/spring* open

felnyit *v* open; *(zárat)* unfasten [lock], unlock [the door, a trunk etc.]; **ez** ~**otta a szemét** it opened his eyes

felnyom *v* press upwards, push up

felnyomul *v* push/press one's way up (to), press forward (to); *(egy vonalba vkvel)* come* abreast (of sy)

felnyújt *v* hand/reach sg up to sy

felnyúl *v* reach up

felnyúl|ik *v* stretch up to, reach as far as; *(magasba)* rise* up high, point skyward(s)

felocsúd|ik *v (ájulásból)* recover consciousness, come* to (one's senses)

felold *v* **1.** *(folyadékban)* dissolve, melt* [in liquid] **2.** *(csomót)* undo*, untie **3.** *(vkt vm alól)* exempt, absolve (sy from sg) **4.** *(tilalmat)* lift [a ban] **5.** *(rövidítést)* write* out (sg) in full; ~**ja a zárójelet** remove the parentheses/brackets **6.** *(zene)* resolve [discord]

féloldalas *a (cikk)* half-page [article]

féloldali *a* on (the) one side *ut.*, unilateral; ~ **hűdés** hemiplegia; ~ **tüdőgyulladás** (single) pneumonia

féloldalt *adv* on one side, sideways, edgeways

feloldás *n* **1.** *(folyadékban)* dissolving, dissolution, melting **2.** *(csomóé)* undoing, untying **3.** *(vm alól)* exemption **4.** *(rendelkezésé)* relief (from); *(tilalomé)* lifting [of ban] **5.** *(zene)* resolution

feloldód|ik *v* **1.** *(folyadékban)* dissolve, melt* **2.** *(csomó)* come* untied/undone **3.** *átv* = **felenged 3.**

feloldójel *n zene* natural (sign)

feloldoz *v (pap)* absolve (from)

felolvad *v* **1.** *(jég)* melt*, dissolve **2.** *átv* = **felenged 3.**

felolvas *v* **1.** *(hangosan)* read* (out), read* aloud; *vknek* read* (to) **2.** *(előad)* lecture (on sg), read* [a paper]

felolvasás *n* **1.** *(hangosan)* reading (out/aloud)* **2.** *(előadás)* lecture; ~**ra kerül** *(előadás)* be* presented; ~**t tart** read*/present a paper, deliver a lecture

felolvasóülés *n* ⟨meeting of a learned society at which papers are read⟩

felolvaszt *v* ált melt*, dissolve; *(ércet)* smelt [metal]; *(fagyasztott ételt)* defrost

felolvasztás *n* ált melting; *(ércé)* smelting

félóra *n* (= *félórás előadás/műsor rádióban stb.)* half-hour, a half-hour (programme) ⇨ **fél²** II. **1.**

félóránként adv every half an hour (v. half-
-hour), half-hourly, every thirty minutes
félórás a of half an hour ut., half-hour, half-
-hourly; ~ **beszéd** a 30-minute speech; ~
késés half an hour's delay, a delay of half an
hour; ~ **késéssel** half an hour (v. 30 min-
utes) late; ~ **időközben** half-hourly
felordít v yell, roar
feloszlat v (testületet) dissolve; (céget)
liquidate, wind* up; (kat alakulatot) dis-
band [a unit]; (tömeget) disperse; (gyűlést)
dismiss, dissolve
feloszlatás n (testületé) dissolution; (cégé)
liquidation, winding up; (kat alakulaté) dis-
banding; (tömegé) dispersal
feloszl|ik v 1. (részekre) be* divided (into)
2. (hulla) rot (away), putrefy 3. kat disband
feloszt v 1. (részekre) divide (into); (orszá-
got) partition 2. (szétoszt) distribute
(among), divide (sg) (up) (vkk között be-
tween/among) 3. (fejezetekre) divide into
felosztás n 1. (részekre) division, dividing;
(országé) partitioning 2. (szétosztás) distri-
bution 3. (fejezetekre) division (into chap-
ters)
feloszthatatlan a unapportionable, indivis-
ible
félő a ~, **hogy** it is* to be feared that
felöklel v (bika) toss, gore; (kecske) butt
felől post 1. (irány) from; **a** ~ **a hegy** ~
from the direction of that mountain 2. (róla)
about, concerning
felőle adv 1. (róla) about, concerning, of
2. ~ **m (akár)** as far as I am concerned, for
all/aught I care, do as you please, just as you
like
felölel v 1. (átkarol vmt) clasp in the arms,
grasp 2. átv embrace; (tartalmilag) com-
prise, cover, include; **nagy területet** ~ **ő**
(kutatómunka) wide-ranging [research]
felölt v 1. (ruhadarabot) put* on, don 2. átv
assume
felöltő n (over)coat
felöltöz(köd)|ik v dress, get* dressed, put*
on one's clothes
felöltöztet v 1. (gyermeket) dress [the
baby/children etc.], (ált is) put* clothes on
sy; (mozgásképtelent) dress, put* clothes on
sy 2. átv clothe sy, provide sy with clothes
felönt v (vízzel) pour water on; (hígítva)
dilute ⇨ **garat**
felőrlőd|ik v (idegzet) be* worn (away), be*
in shreds; US biz be* shot
felőröl v átv wear* out; (egészséget) under-
mine, sap [sy's health]
félőrült a/n half-mad

félős a (ember) timid, shy ⇨ **félő**
felötl|ik v vknek vm strike* sy; ~**ött ne-
kem** I was surprised to see; (eszembe jutott)
it struck (v. occurred to) me
felpakol v load; (kocsira) load sg onto/into
sg
felpanaszol v complain (of)
félpanzió n half-board, partial board
felpaprikáz v anger, incense
felparcelláz v parcel (US -l) out, divide up
(v. into plots)
felpattan v 1. (kinyílik) burst*/fly*/spring*
open 2. (helyéről) spring*/jump up; (mérgé-
ben) leap* with anger 3. vmre spring*/leap*
on(to sg); ~**t a lóra** (s)he leapt/sprung onto
the horse, (s)he swung her-/himself into the
saddle
felpattogz|ik v crack; (zománc) chip;
(bőr) chap
felperes n plaintiff, complainant; (válóper-
ben) petitioner
felperzsel v burn* down, scorch
felpezsdít v liven up, lift one's spirits, give*
sy a lift, thrill (sy)
felpezsdül v become* livelier, liven up
felpillant v glance/look up
felpiszkál v 1. (tüzet) stir (up), poke [the
fire] 2. biz (felingerel) needle sy 3. biz (fir-
tat) rake sg up, stir sg up again
felpofoz v box sy's ears, slap sy's face
felpróbál v try on
félprofil n semi-profile
felpuffad v swell*, become* distended, bloat
felpuffaszt v = **felfúj** 4.
felpumpál v inflate, pump/blow* up
felpúposod|ik v (parketta) warp; (egyéb)
buckle
felragad v 1. = **felkap** 1. 2. (hozzáragad)
get* stuck to sg
felragaszt v stick*/paste on
felragyog v sparkle, shine*, flash; ~**ott az
arca** his face brightened
felrajzol v draw*, sketch; (körvonalakat)
outline
felrak v 1. (egymásra) pile/heap up; (terhet
járműre) load sg into/onto sg, load sg with sg
2. (festéket) lay* on 3. (ékezetet) put* on,
add
felránt v (ajtót) throw*/fling* open
felravataloz v lay* out [the body]; ~**zák
vhol** X's body will lie in state (in...); ~**ták**
(s)he lies* in state
felráz v 1. ált shake* up; ~**ta a párnát**
(s)he plumped up the pillow 2. ~ **vkt ál-
mából** shake* sy out of his sleep 3. átv stir
up, rouse

félre *adv* aside, on/to one side; *szính* aside; ~ **az útból!** (get) out of the way!
félreáll *v* **1.** *(útból)* stand*/step aside, get* out of the way **2.** *(közéletben)* withdraw*
félreállít *v* **1.** set* aside, move (sg) out of way; shift **2.** *átv vkt* remove (sy) from office; *(áthelyezve)* move (sy) sideways
félrebeszél *v* be* delirious, rave
félrebeszélés *n* delirium, raving
félrecsúsz|ik *v* slip/get* out of place, slip sideways
félredob *v* throw*/fling*/cast* aside, discard
félreért *v* misunderstand*; get* sg wrong; ~**ettem, amit mondott** I mistook/misunderstood what he said; **ne értsük félre** it must be made clear (that)
félreértés *n* misunderstanding; ~ **ne essék** let there be no mistake (about it); ~**re ad okot** give* rise to misunderstanding
félreérthetetlen *a* unmistakable, plain; ~**ül megmond vmt** make* sg quite clear/explicit, say* sg unambiguously/categorically
félreérthető *a* mistakable, easily misunderstood *ut.*, ambiguous
félrees|ik *v vmtől* stand* back from, lie* far from sg
félreeső *a* out-of-the-way, remote, outlying; ~ **helyen** in some/a remote spot
félrefordít *v* turn aside/away; *(kapcsolót)* give* a turn (to sg); ~**ja a tekintetét** look away, avert one's eyes/gaze
félrefordul *v* turn away/aside, swerve
félrehív *v* call/take*/draw* sy aside (*v.* to one side)
félrehúz *v* **1.** pull/draw* aside; *(függönyt)* draw* back **2.** ~**za a száját** make* a wry face
félrehúzód|ik *v* draw*/stand*/step aside; *(közéletben)* hold*/keep* oneself aloof from sg
félreismer *v* mistake* (sy/sg), misjudge (sy *v.* sy's character); ~**telek** I have misjudged you; *(csalódást okoztál)* you have been a disappointment to me
félreismerhetetlen *a* unmistakable
félrelép *v* **1.** *(hibáz)* blunder, take*/make* a false step **2.** *biz (házasfél)* be* unfaithful
félrelök *v* push/thrust*/shove aside
félremagyaráz *v* explain sg badly, misinterpret, misconstrue
félremegy *v* go*/step aside
félrendel *v* order (to come up), summon (to come up), send* for
félrenevel *v* spoil* [a child]
félrenéz *v* look away, turn one's head away

felreped *v* split* open, burst*; *(ruha)* split* *(open)*, tear*
félrepillant *v* glance aside (*v.* to one side)
felrepít *v* let* sg fly; *(nyilat)* shoot* into the air
felrepül *v* fly* up; *(repgép)* take* off
félrerak *v* = **félretesz**
félresikerül *v* fail, miscarry, go* awry
félreszólás *n szính* aside
félretapos *v (cipőt)* wear* one's shoes down (on one side); ~**ott** *(cipő)* down at heel *ut.*, worn-down [heels]
félretesz *v* **1.** *ált vmt* put* away/aside, lay* aside/away **2.** *(pénzt)* put* [money] by/ aside/away, save (up) [money]; *vmre* save (up) for sg; **mennyit teszel félre havonta?** how much can you save a/every month?; **egy (új) kocsira teszünk félre** we're saving (up) for a (new) car; **nehéz/szűkös időkre** ~ save up for a rainy day **3.** *(munkát)* lay* aside, put* to/on one side **4.** = **félreállít 2.**
félretett *a* ~ **áru** *(előleg lefizetve)* layaway
félretol *v* **1.** *vkt, vmt* push/shove aside **2.** *átv* set* aside, rule out; *vkt* push into the background
félreugr|ik *v* jump aside; *(vm elől)* jump clear (of sg)
félrever *v (harangot)* toll the bell (as a sign of alarm), sound/ring* the alarm
félrevezet *v* mislead*, lead* astray
félrevon *v* = **félrehív, félrehúz**
félrevonul *v* withdraw*, retire; *(világtól)* live in seclusion ⇨ **félrehúzódik**
felriad *v* start up (in alarm); *(álmából)* wake* (up) with a start, be* startled out of one's sleep
felriaszt *v* startle, rouse, alarm; *(vadat)* beat*, start, rouse
felró *v vknek vmt* blame sy for sg, bring* sg up against sy
felrobban *v (tárgy)* blow* up; *(robbanóanyag)* explode, detonate
felrobbant *v (tárgyat)* blow* up; *(bombát)* explode, detonate; ~**ották a hidat** the bridge was blown up
felrobbantás *n* blowing up, explosion
felrohan *v* rush/dash/run* up; ~ **az emeletre** dash/run* upstairs
felröpít *v* = **felrepít**
felruccan *v* ~ **a városba** make* a trip to town
felrúg *v* **1.** kick over **2.** ~**ja a szabályokat** disregard/violate the regulations; ~**ja a megállapodást** renege on (*v.* flagrantly violate) the agreement

felruház v 1. *(ruhával ellát)* clothe, provide (v. kit out) sy with clothes 2. vkt vmvel ~ invest/endow sy with sg; **hatalommal ~ vkt** (in)vest sy with authority/power, give* power to sy; **joggal/jogkörrel ~ vkt** authorize/empower sy (to do sg)

felruházkod|ik v provide oneself with clothes, get* kitted out (with clothes)

felsálszelet n round of beef

felsámfáz v put* on the boot-tree, tree

felsebez v graze, bruise, wound

felség n majesty; **F~ed** Your Majesty

felségárulás n high treason

felsegélyez v aid, help

felséges a 1. *(pompás)* splendid, magnificent; **~en éreztem magam** I had a wonderful time 2. *(rangban)* † ~ **úr/uram** Your Majesty

felsegít v *(földről)* help sy up, help sy to rise; *(járműre)* help sy on; **~i vkre a kabátot** help sy on with her/his coat

felségjel(vény) n *(állami)* insignia; *(repgépen)* markings pl

felségjog n sovereignty, royal prerogative

felségsértés n high treason

felségterület n sovereign/national territory

felségvizek n pl territorial waters; **brit ~en** in British (territorial) waters

félselyem a/n half-silk

felseper v sweep* up

felserdül v arrive at (v. reach) puberty; vmvé grow* up into (a man°/woman°)

felserken v awake*, wake* with a start

felsikál v scrub

felsikolt v cry out, scream

felsír v cry out (weeping)

felsóhajt v heave a sigh, sigh; **megkönynyebbülten sóhajt fel** breathe again/ freely, heave/give* a sigh of relief

felsorakoz|ik v 1. *ált* line up; *kat* fall* in(to line) 2. *(vk mögött, átv)* range on sy's side, gather round sy

felsorakoztat v line up; *(átv is)* marshal *(US -l)*

felsorol v enumerate, list; *(forrásokat)* quote [one's authorities], list/give* one's references/sources

felsorolás n 1. *(cselekmény)* enumeration 2. *(lista)* list

félsorompó n half/short barrier; **~s vasúti átjáró** half-barrier (level) crossing

felső I. a upper, higher; **~ ajak** upper lip; **~ emelet** the upper storey; **~ érték** upper value; **a Duna ~ folyása/szakasza** the upper reaches of the Danube *pl*, the Upper Danube; **~ korhatár** (upper) age limit; **~**

rész upper part → **felsőrész**; **~ tagozat/osztályok** *GB* the middle school; **~ tízezer** the upper ten/crust; **~ vezeték** overhead (contact) wire, trolley wire **II.** n = **felső tagozat**

felsőbb a higher, upper; **~ helyen/körökben** in high quarters; **~ matematika** higher/advanced mathematics; **~ osztályok** (1) *isk GB* the middle school (2) *(társadalmi)* upper classes; **~ utasítás** orders from above *pl*

felsőbbrendű a 1. *tud* a ~ **állatok** the higher animals 2. *(minőségileg)* superior, higher, of superior quality *ut.*; **~ ember** superman°

felsőbbrendűség n *(minőségi)* superiority; *(rangbeli)* supremacy, primacy

felsőbbség n 1. *(hatóság)* the authorities *pl* 2. *(minőségi)* superiority

felsőéves a/n *(ált. iskolában)* GB boy/girl in the middle school; *(egyetemen)* finalist; *US* senior

felsőfok n 1. *nyelvt* superlative (degree); **~ban áll** be* in the superlative 2. *(egyéb)* highest/top grade

felsőfokú a ~ **angol nyelvvizsga** → **nyelvvizsga**; ~ **oktatás** higher education

felsőház n the Upper House; *GB* the House of Lords; *US* the Senate

felsőkabát n overcoat, topcoat

felsőkar n upper arm

felsőmosás n wash(-down), carwash

felsőoktatás n higher education; **~i intézmények** institutions of higher education

felsőosztályos a/n higher-form (student), higher-class (student)

felsöpör v = **felseper**

felsőrész n 1. *(cipőé)* uppers *pl* 2. **~ nélküli** *(fürdőruha)* topless

felsőruha n clothes *pl*

felsős a/n senior (boy/girl), higher-form (student), higher-class (student); **a ~ök** *GB* the middle school

felsőtest n trunk, the upper part of the body; **meztelen ~tel** stripped to the waist

Felső-Volta n Upper Volta

felső-voltai a Upper Voltan

felsúrol v scrub, scour

felsül v fail unexpectedly, blunder

felsülés n failure, fiasco

félsz n (mild) fear; **benne van a ~** get* the jitters

felszabadít v 1. *ált* set* free, liberate; *(országot, megszállt területet)* liberate; *(várat)* relieve; *(elnyomott társadalmi osztályt, né-*

pet) set* [*people* etc.] free, emancipate; *(rab-szolgát)* liberate **2.** *(zárolás alól)* release, declassify; *(árakat)* allow [prices] to find their own level; *(kötött árucikket)* deration **3.** *(futballban)* clear **4.** *vegy, fiz (energiát)* free, release, discharge, disengage

felszabadítás *n* **1.** *(országé idegen uralom alól)* liberation; *(elnyomottaké)* liberation, setting free, emancipation; *(rabszolgáé)* liberation, setting free, freeing; *(váré)* relief **2.** *vegy, fiz* discharge

felszabadító I. *a* liberating; ~ **hadjárat** war of liberation; ~ **mozgalom** liberation movement **II.** *n* liberator

felszabadított *a (terület)* liberated; *(elnyomott)* liberated, emancipated

felszabadul *v* **1.** *(ország)* be* liberated; *(erőd)* be* relieved; *(elnyomott ember/nép)* be* set free, be emancipated; be* delivered from [tyranny] **2.** *(szakmunkástanuló)* have* served one's apprenticeship

felszabadulás *n* liberation

felszabadult *a* ~ **országok** liberated countries; *(volt gyarmatok)* (the recently emerged and) emergent countries [of Africa]

felszakad *v* split*, tear*; *(seb)* reopen

felszakadoz|ik *v (felhőzet)* be* breaking

felszakít *v* tear*/rip open

felszalad *v* **1.** *(lépcsőn)* run*/dash up **2.** *(hőmérő)* rise* rapidly

felszáll *v* **1.** *(levegőbe)* fly* up, take* to the air; *(madár)* take* flight; *(repgép)* take* off **2.** *(köd)* lift, clear away **3.** *(lóra)* mount [a horse] **4.** *(vonatra)* get* into *(v.* on *v.* onto) [a/the train], board [a/the train]; *(hajóra)* go* on board (the ship), embark; *(buszra, villamosra)* get* on/into [a/the bus/tram]; *(repgépre)* get* on/onto [a/the plane], board [a/the plane]

felszállás *n* **1.** *(levegőbe)* flying up; *(repgépé)* takeoff; *(űrhajóé)* lift-off, blast-off **2.** *(lóra)* mounting [on horseback] **3.** *(vonatra, buszra)* getting into/on; *(hajóra)* embarking, embarkation; *(repgépre)* getting on(to), boarding; ~ **hátul** the entrance is at the rear

felszállási engedély *n* (takeoff) clearance

felszállít *v vmt vhová* transport/carry sg to swhere

felszállópálya *n* runway, tarmac; *(nem kiépített/beton)* airstrip

felszámít *v* charge sy [a sum] (for sg); **mennyit számít fel érte?** how much do you charge for it?; **a hazaszállításért külön díjat nem számítunk fel** no extra charge for delivery, free delivery

felszámol 1. *vt (vállalatot)* wind* up, liquidate [a firm]; *(kiárusít)* sell* off **2.** *vt (lazaságot)* tighten up (on) sg **3.** *vt* = **felmorzsol 4.** *vi (vállalat)* liquidate, go* into liquidation, be* wound up, *GB* be* put into receivership; *(bolt)* fail, close, fold (up)

felszámolás *n* winding up, liquidation; ~ **alatt van** be* in liquidation

felszánt *v* plough *(US* plow) up, break* up [the soil]

felszaporod|ik *v* increase, multiply, swell*, grow*

felszárad *v* dry* (up), get* dry

felszárít *v* **1.** *ált* dry* (up) **2.** *(könnyeket)* wipe away

felszarvaz *v (férjet)* cuckold (sy); ~ **ott férj** cuckold

félszáz *num* fifty

felszed *v* **1.** *ált* pick/gather/take* up; *(répát, burgonyát)* gather, dig* up, get* in; *(kövezetet)* tear*/take* up; *(horgonyt)* weigh [anchor]; *biz (jármű utasokat)* give* sy a lift; *(vkt utcán)* pick up **2.** ~ **i a szemet a harisnyán** mend a ladder in a stocking **3.** *biz (betegséget)* contract, catch* [disease] **4.** *biz (vmennyit hízik)* put* on; **két kilót szedett fel** he put on two kilos **5.** *(ismeretet, nyelvtudást)* pick up ⇨ **sátorfa**

felszeg *v* **1.** *(ruhát)* hem **2.** *(fejét)* throw* back [one's head]

félszeg *a* awkward, clumsy

felszegez *v* nail sg up/on/to sg

félszegség *n* awkwardness, clumsiness

felszel *v* slice (up), cut* sg into slices; *(pecsenyét)* carve

felszeletel *v* = **felszel**

félszemű *a* one/single-eyed

felszentel *v* **1.** *(papot)* ordain [clergyman]; *(templomot)* consecrate **2.** *biz (új tárgyat)* use (sg) for the first time

felszentelés *n (papé)* ordination; *(templomé)* consecration

félszer[1] *n* = **fészer**

félszer[2] *num* ~ **annyi** half as much; ~ **akkora** half as big

felszerel *v* **1.** *(készlettel)* stock/supply/provide with; *(berendezéssel)* equip, furnish *(mind:* with); *(új gépekkel gyárat stb.)* refit, *biz* rejig; *(vk útra, túrára stb.)* fit/kit out; *kat* fit/kit out, equip, arm; **jól fel van szerelve** *(árukészlettel)* be* well stocked (up) with [wares/goods etc.] **2.** *(gépet)* install, mount; ~ **i(k) a telefont** *(a lakásban)* put* a phone in, have* a phone put in

felszerelés *n* **1.** *(folyamat)* equipping, outfitting **2.** *(gépé)* installation, mounting **3.** *(tar-*

tozékok, kellékek) accessories *pl*, gear; *(gépen)* mountings *pl*, fittings *pl; (berendezés)* equipment, installation, apparatus; *(mezőgazdasági)* (farming) implements *pl*, (farming) equipment; *(irodai)* (office) equipment; *(konyhai)* (kitchen) utensils *pl; (lakásé)* fixtures *pl; (turistáé stb.)* equipment, outfit; *(horgászé)* (fishing) tackle; *(sportolóé)* (sports) gear/kit/equipment; *(katonai)* outfit, equipment, kit; *(tábori)* camping kit
felszerelési *a* ~ **tárgyak/cikkek** fittings, accessories ➪ **felszerelés 3.**
felszerelt *a* **jól** ~ well-equipped
felszereltség *n (lakásé)* equipment, being [well etc.] equipped
felszerszámoz *v* harness [a horse]
félsziget *n* peninsula, headland
felszín *n* surface; ~**re hoz** bring* to the surface, bring* to light; *(ásatás útján)* excavate
felszínes *a* superficial, shallow
felszíni *a* ~ **munkás** surfaceworker
felszippant *v* **1.** *(dohány)* snuff/sniff up **2.** *átv* snatch up
felszisszen *v* exclaim in pain
felszít *v (tüzet)* stir/fan/kindle [the fire]
felszív *v* suck in/up, absorb
felszívód|ik *v (orvosság)* be* absorbed
felszólal *v (gyűlésen stb.)* rise* to speak*, speak*, make* a speech; *(vitában)* take*/ have* the floor; intervene in [a debate/ dispute]; **vk mellett** ~ speak* up for sy; **vm mellett** ~ speak* for sg, take* a stand for [a proposal etc.]; **vm ellen** ~ speak* against sg, remonstrate/protest against sg
felszólalás *n* ált speech; *(ellenvetés)* objection; *(gyűlésen)* speech, statement, remarks *pl*
felszólaló *n* speaker; **az előttem** ~ **the** previous/last speaker
felszólamlás *n* protest, complaint
felszolgál 1. *vt (ételt)* serve (up) [dishes]; ~**ja a kávét** serve (the) coffee **2.** *vi (asztalnál)* wait at table
felszolgáló *n* waiter; *(nő)* waitress; *(hajón, repgépen)* stewardess
felszólít *v* **1.** *vmre* call upon (sy to do sg), request to, invite to; **fizetésre** ~ **vkt** summon sy for debt, request sy to settle his/her account/debts; *(erélyesen)* dun sy, demand payment; ~ **vkt, hogy ürítse ki a lakást** serve sy with a notice to quit [his/her flat] **2.** *(tanulót)* test/question [a pupil]
felszólítás *n* call, invitation; *(hiv, írásbeli)* notice, warning; *(fizetésre)* demand (for payment); **ügyvédi** ~ solicitor's letter
felszólító *a* ~ **mód** imperative

felszök|ik *v* **1.** *(felugrik)* leap*/jump up **2.** *(ár, teljesítmény)* rise* suddenly, soar
felszökken *v* = **felszökik**
félt *v* vkt fear for sy, have* fears for sy, be* concerned/anxious about sy, be* worried about sy; ~**i a bőrét** fear for one's life; ~**i a pénzét** be* anxious for the safety of his money; **nagyon** ~**ik** worry too much about sy, spoil* sy; **nem kell őt** ~**eni** *biz* don't *(v.* there's no need to) worry about him/her
feltakarít *v* **1.** *(szobát)* make* tidy, do* [a room] **2.** *(szemetet)* remove
feltalál *v* **1.** *(újat)* invent **2.** ~**ja magát** keep* one's presence of mind, quickly find* one's feet
feltálal *v (ételt)* dish/serve up
feltálalás *n (újé)* invention
feltálalás *n* dishing/serving up
feltaláló *n* inventor
feltámad *v* **1.** *(halott)* rise* again [from the dead] **2.** *(vk ellen)* rise*/revolt against **3.** *(szél) rise*
feltámadás *n* vall Resurrection
feltámaszt *v* **1.** *(halottat)* raise from the dead **2.** *(düledező dolgot)* prop/shore up; *(fejét kezével)* rest one's head on [one's hand] **3.** *(emlékeket)* evoke, revive, bring* back [memories]
feltankol *v* fill up
feltápászkod|ik *v* struggle/stagger to one's feet
feltáplál *v* feed* up
feltár *v* **1.** *(bányát)* open up; *(régész vmt)* excavate, open/dig* up; **a régészek egy római villát tárnak fel** archaeologists are excavating a Roman villa; **az ipar új területeit tárja fel** open up new areas of industry **2.** *(orvos műtétnél)* expose, approach **3.** *(szívét vk előtt)* open [one's heart to sy] **4.** *(helyzetet)* reveal [the situation]; *(hibát)* disclose; *(titkot)* disclose, reveal; *(okokat, összefüggéseket)* explore
feltárás *n* **1.** *(bányáé)* opening; *(régészeti)* excavation **2.** *(műtéti)* exposure, approach **3.** *(titoké)* disclosure; *(jelenségek okaié)* exploration
feltárcsáz *v* dial (sy), ring* sy up
feltart *v* **1.** *(magasba)* hold* up, raise **2.** = **feltartóztat**
feltartóztat *v* **1.** *(mozgást)* arrest, impede; *(eseményeket)* stay, stem [the course of events] **2.** *(útonálló)* hold* up, waylay* **3.** *(vkt munkában)* keep* (sy from work), hinder (sy in sg)
feltartóztathatatlan *a* irresistible; ~**ul** irresistibly

feltárul *v* **1.** *ált* open (wide); *(ajtó)* fly* open **2.** *(titok)* come* to light; *(látvány)* be* suddenly revealed; **micsoda látvány tárult fel szemem előtt!** what a scene met my eyes!
feltehető *a* probable; ~, **hogy** it is* just possible that, presumably...
feltehetően *adv* presumably
félteke *n* hemisphere
féltékeny *a* jealous *(vkre/vmre* of)
féltékenyked|ik *v vkre* be* jealous of sy
féltékenység *n* jealousy
felteker(csel) *v* coil up, spool, wind* up, wind* onto a reel *(US* spool)
feltekint *v* **1.** look up, lift up one's eyes (to) **2.** *átv vkre* look up to sy
feltép *v* tear*/rip open
felterít *v (abroszt)* lay* the table/cloth
felterjeszt *v* **1.** *(iratot)* lay* before, send* up (to), submit (to) **2.** *(vkt előléptetésre)* put* sy up/forward for [promotion]; *(kitüntetésre)* put* sy forward *(v.* recommend sy) for [decoration]
felterjesztés *n* **1.** *(iraté)* submission, presentation **2.** *(javaslat)* proposal, recommendation
feltérképez *v* map, chart
féltermék *n* = **félkész** *termék*
féltés *n* **1.** fear, anxiety, concern *(mind:* for) **2.** *(szerelmi)* jealousy
féltestvér *n (férfi)* half-brother; *(nő)* half-sister
feltesz *v* **1.** *vmt vhova* put* (sg on), place (on); ~**i a kalapját** put* on one's hat; ~**i a szemüvegét** put* one's glasses/spectacles on; ~**i a kezét** *(jelentkezésképpen)* raise *(v.* put* up) one's hand **2.** *(vmt tűzhelyre főni stb.)* put* sg on [the cooker]; ~**i a levest** put* the soup on **3.** **kérdést/kérdéseket tesz fel** vknek ask sy a question *(v.* questions), put* a question *(v.* questions) to sy; ~**i a kérdést** put* the question; ~**em a kérdést** I put it to you, I ask you **4.** **feltette magában** (s)he made up his/her mind to..., (s)he resolved to... **5.** *(feltételez)* suppose, assume; **tegyük fel, hogy** let us suppose that, suppose...; **tegyük fel, (hogy) vm nem úgy alakul, ahogy szeretnénk** suppose/supposing something should go wrong...; **tegyük fel, hogy AB = CD-vel** let AB be equal to CD ⇨ **feltéve**
feltétel *n* condition, term; *(kikötés)* stipulation, proviso; **fizetési** ~**ek** terms/conditions of payment; ~ **nélküli** unconditional; ~**hez köt** make* it a condition

that...; subject (sg) to conditions, attach conditions to sg; **három** ~**hez köti** he makes 3 stipulations; **megegyeztek a** ~**eket illetően** they agreed on the terms; ~**eket szab** stipulate, make* conditions; **azzal a** ~**lel, hogy** on condition that; **egy** ~**lel** on one condition
feltételes *a ált* conditional; ~ **megállóhely)** *(busz)* request stop; *(vasúti)* trains stop here only when signalled; *nyelvt* ~ **(mellék)mondat** conditional (clause/sentence); *nyelvt* ~ **mód** conditional; *biol* ~ **reflex** conditioned reflex; *jog* ~ **szabadságra bocsát** vkt place/put* sy on probation
feltételez *v* **1.** *(feltesz)* suppose, presume, assume; **tételezzük fel, hogy** let us suppose that, suppose...; ~ **vkről vmt** assume/suppose sy (to be) sg; ~**ik róla, hogy** he is assumed/supposed to be...; **ezt nem tételeztem volna fel róla** I would not have thought it of him **2.** *(mint szükségszerűt)* postulate, take* (sg) for granted; *(megkíván)* require
feltételezés *n* = **feltevés 1.**
feltételezhető *a* presumable, probable; ~**en** presumably
feltétlen I. *a (bizalom)* absolute, implicit [confidence]; *(feltétel nélküli)* unconditional; ~ **elsőbbség** top priority; ~ **engedelmesség** unquestionning/blind obedience; ~ **reflex** unconditioned reflex **II.** *adv* = **feltétlenül**
feltétlenül *adv* **1.** absolutely; ~ **szükséges, hogy** it is indispensable/essential that, it is absolutely necessary that; **nem** ~ **következik belőle, hogy** it does not necessarily follow that **2.** *(okvetlenül)* by all means; ~ **írj(on)!** be* sure to write!
feltett *a* **1.** ~ **kalappal** with one's hat on **2.** ~ **kérdés** question raised, question to be answered **3.** ~ **szándéka** it is* his firm intention (to...)
féltett *a* jealously guarded, carefully kept/watched *ut.,* precious
feltéve *adv* ~, **hogy** provided/supposing/granted that; **elmegyek,** ~, **hogy/ha te is elmész** I'll go, provided (that) you go too; ~, **hogy önnek igaza van** granted that you are right
feltevés *n* **1.** *(feltételezés)* supposition, assumption; *(logikai)* premise **2. a kérdés** ~**e** the putting of the question
feltol *v* **1.** *(tárgyat)* push/shove up **2.** ~**ja magát** (1) thrust* oneself forward (2) *vmnek* pose as, be* a self-styled [judge etc.]

feltorlód|ik v. *(hó)* be* banked up; *(egyéb dolgok és tennivalók)* pile up

feltornász|ik v **1**. *vmt* force up, boost **2**. **feltornássza magát** work one' way up, push up

feltornyosul v **1**. *ált* pile up, tower, rise* high **2**. *(felhő)* bank up, mushroom **3**. *(hullám)* billow, be* mountainous

féltő a ~ **gonddal** with anxious/solicitous care

feltölt v **1**. *(folyadékkal)* fill (up); *(kiegészít)* top up **2**. *(földdel)* bank up; *mezőg* earth (up) **3**. *(akkut)* (re)charge **4**. *(létszámot kiegészít)* bring* up to (full) strength

feltör 1. vt *(erőszakkal kinyit)* break*/force/prise open; *(zárat)* force, pick [a lock] **2**. vt *(diót)* crack [nuts] **3**. vt *(földet)* break* [soil] **4**. vt *(ember bőrét)* chafe; **a cipő ~te a lábát** the shoes raised blisters (v. blistered) his/her feet **5**. vi *(víz)* rush/well up, spout **6**. vi *(versenyző)* forge/push ahead; *(vk felküzdi magát)* go* up in the world

feltöreksz|ik v strive* to rise

feltörekvő a ambitious

feltörés n **1**. *(erőszakkal kinyitás)* breaking/forcing open, opening; *(záré)* forcing **2**. *(dióé)* cracking **3**. *(földé)* breaking up, ploughing **4**. *(lábon)* sore, blister **5**. *(vízé)* uprush

feltör|ik v *(bőr)* become* sore, blister, break*; *(kéz)* chap, be* chapped; *(felfekvéstől)* get* bed-sore; *(járástól)* ~t a lába be* (v. come* home) footsore

feltöröl v wipe/mop up; *(foltot)* wipe off; *(padlót)* wipe [the floor]

feltört a ~ **lábú/lábbal** footsore

feltúr v **1**. grub/turn/dig* up **2**. *(keresgélve)* ransack sg (for sg)

feltűnés n **1**. *(felbukkanás)* appearance (of sg), coming into sight, rise **2**. *átv* sensation, stir; ~t **kelt** cause/create a sensation, cause (quite) a stir, attract attention; ~t **keltő** striking, sensational; **nem szeretem a** ~t **I** do not like to be in the limelight

feltűn|ik v **1**. *(felbukkan)* appear, come* into sight, emerge **2**. *átv* strike* the eye, be* striking; **nekem úgy tűnik fel, mintha** it looks to me as if; ~t **nekem** it struck me (that)

feltűnő a conspicuous, prominent; *(meglepő, szokatlan)* uncommon; ~ **helyen** in a prominent place; ~, **hogy** it is* remarkable/surprising that/how, it strikes* one that; **a leg~bb az ...** the most remarkable feature is ...

feltűnően adv strikingly, singularly; ~ **csinos** outstandingly/remarkably pretty; ~ **viselkedik** attract attention to oneself, make* oneself conspicuous (by ...ing)

feltüntet v **1**. *vmlyennek, vhogyan* make* sg appear (as), (re)present sg (as); **vmnek** ~i **magát** give* oneself out to be sg; **úgy akarja a dolgot** ~ni, **mintha** he wants to give the impression that; **fontosnak tüntet fel vmt** blow* sg up (out of all proportion), inflate the importance of sg **2**. *(írásban stb.)* indicate, show*; **kérjük (itt)** ~ni **nevét és címét** (please) state your name and address below

feltüntetés n **1**. *(vmlyennek)* (re)presentation **2**. *(vmt írásban)* indication

feltűr v *(ingujjat)* roll up [one's sleeves]; *(nadrágszárat)* roll/tuck up; *(gallért)* turn up [one's collar]

feltűz v pin/fasten/fix/stick* on/up; *(hajat)* pin up [one's hair]

feltüzel v **1**. *vmt* use/burn* up, consume **2**. *vkt* fire, instigate

felugrál v be* always jumping up, keep* jumping up

felugr|ik v **1**. *(ültéből)* jump/leap* up **2**. ~ik **vkhez egy pillanatra** drop in on sy, *biz* pop up to sy

felújít v **1**. *ált* renovate; *(épületet, lakást)* renovate, restore, repair; *(erdőt)* re(af)forest **2**. *(színdarabot)* revive [play]; *(filmet)* rerun* **3**. *(barátságot)* take* up, renew [old friendship]

felújítás n **1**. *ált* renovation, restoration, renewal **2**. *(színdarabé)* revival [of a play]; *(filmé)* rerun, repeat showing (of) **3**. *(ruhatáré)* renovation

felújul v be* renewed/revived, revive

felutaz|ik v go* (up) to, travel (up) to

félúton adv half-way, midway

felüdít v refresh

felüdül v refresh oneself

felügyel v **1**. *vkre/vmre* look after, take* care of (sy, sg), be* in charge of (sy); *(gyerekre)* mind [the baby], look after [the children]; **gyerekekre** ~ *(rendszeresen)* be* a baby-sitter, baby-sit*, *(idősebbre)* be* a child-minder **2**. *(vizsgán)* invigilate

felügyelet n supervision; *(irányítás)* control; **vk** ~e **alatt áll/van** be* under the supervision of sy; **vk** ~ére **van bízva** be* in/under sy's charge; ~et **gyakorol vm/vk fölött** supervise sg/sy, be* in charge of sg/sy, watch on/over sg/sy; *(ellenőrzés)* keep* a check on sg ⇨ **orvosi, rendőri**

felügyeleti *a* ~ **jog** right of supervision; ~ **hatóság** supervisory authority
felügyelő I. *a* ~ **tanár** master in charge, *kb.* form/house master II. *n* **1.** superintendent, supervisor, person in charge **2.** *(rendőr~)* (police) inspector; *(munkára)* overseer, inspector
felügyelőnő *n* inspectress; *(intézetben)* matron
felül[1] *vi* **1.** *(ágyban)* sit* up **2.** *(lóra)* get* on, mount [a horse]; *(vonatra)* get* on; *(madár ágra)* perch on **3.** biz **vknek** be* taken in by, be* duped by
felül[2] *adv/post* *(vmn rajta)* above, over, on (the) top; *(mennyiségen)* over, upwards (of); **100 Ft-on** ~ over 100 forints; ~ **marad** come* out on top, win*
felülbélyegez *v* stamp
felülbírál *v* re-examine, reconsider, revise
felülemelked|ik *v* **1.** *vmn* rise*/be* above, be* superior to **2.** *(legyőzve)* overcome*, surmount
felület *n* surface
felületes *a* *(ember)* superficial, shallow; *(munka)* perfunctory, slapdash; *(tudás)* superficial, light, skin-deep
felületesség *n* *(emberé)* superficiality; *(munkáé)* perfunctoriness
felületi *a* surface; *(külső)* external; ~ **kezelés** surface treatment; ~ **seb** superficial wound
felülfizet *v* overpay*, pay* over the odds (for sg)
felülfizetés *n* extra payment, overpayment
felüli *a* over, above; **5 éven** ~ **gyermekek** children over 5 (years of age); **csak 15 éven** ~**eknek** no persons under 15 years admitted; **csal 18 éven** ~**eknek való** *(film)* X film, only for those aged 18 or over; **az ötvenen** ~**ek** the over-fifties
felülígér *v* overbid*
felüljáró *n* flyover; *US* overpass; *(csak gyalogos)* footbridge
felülkereked|ik *v* *vkn* get* the upper hand (over sy), prevail (over sy); *(nehézségen)* overcome* [difficulty]
felülmúl *v* *(teljesítményben)* surpass, outdo*, outshine* *(vmben mind* in); ~**ja önmagát** surpass oneself
felülmúlhatatlan *a* unsurpassable, unbeatable
felülnézet *n* view from above
felülnyomás *n* overprinting, overprint
felülről *adv* from above; ~ **lefelé** downwards
felülső *a* upper

felültet *v* **1.** *vmre* seat sy on sg **2.** *(becsap)* fool sy, play a trick on sy, make* a fool of sy; ~**ték** (s)he was taken in
felülvilágító ablak *n* skylight
felülvizsgál *v* **1.** *ált* revise, (re-)examine; *(számlát)* check [account]; *(ítéletet)* review, re-examine, reconsider **2.** *(gépet)* examine, check, go* over, overhaul
felülvizsgálat *n* **1.** *ált* revision, (re-)examination; *(számláé)* checking, auditing; *(pénztáré)* auditing, revision [of the cash]; *(ítéleté)* re-examination, reconsideration **2.** *orv* checkup **3.** *(gépé)* examination, checking, overhauling
felüt *v* **1.** *(tojást)* break* [egg] **2.** ~**i a könyvet** *(találomra)* open a/the book (at random) **3.** **vm** ~**i a fejét** sg raises its head
felütés *n* zene upbeat
felüvölt *v* cry out, howl
felüzen *v* send* (up) word (to sy that)
felv. = *felvonás* act
félvad *a* half-wild, semi-savage
felvág **1.** *vt* cut* up/open; *(szeletekre)* cut* [into slices], slice up, carve; *(fát)* cut* up [wood]; *(fát apróra)* chop **2.** *vt* ~**ták a nyelvét, fel van vágva a nyelve** have* a ready/glib tongue **3.** *vi biz* *(kérkedik)* show* off, swagger, swank
felvágás *n biz* showing off
felvágatlan *a* *(könyv)* uncut
felvágós *a* flashy; *biz* ~ **alak** a show-off, a smart aleck
felvágott *n* *(hideg)* *(slices pl* of) cold meat; *US* cold cuts *pl*
felvakar *v* scratch open, rub up
felvállal *v* undertake*, take* on
félvállról *adv* ~ **beszél vkvel** talk down to sy, look down one's nose at sy; **amúgy** ~ quite casually, supercíliously
felvált *v* **1.** *(pénzt)* give* sy change (for), change, break* into; ~ **egy ötszázast** change *(v.* break* into) a five-hundred (forint) note; **fel tudna váltani egy fontot?** can you change a pound for me?, can you give me change for a pound note?, have you got change for a pound note? **2.** *(őrséget)* relieve [sentry, guard] **3.** *(helyébe lép)* be* succeeded/followed by
felváltás *n* **1.** *(pénzé)* change **2.** *(őrségé)* relief
felváltva *adv* by turns, alternately; ~ **sír és nevet** alternate between laughter and tears; ~ **végeznek vmt** take* turns at doing sg, take* it in turns; ~ **használják az írógépet** they take turns at the same typewriter;

~ **virrasztanak beteg anyjuk mellett**
M. and T. take* turns at sitting up with their
sick mother
felvarr *v* sew* sg on
felvásárlás *n* buying up
felvásárol *v* buy* up
félvászon kötés *n* half-cloth (binding), half
binding
felvázol *v* sketch, outline
felver *v* 1. *(álmából)* awaken, rouse, alarm;
(vadat) start, rouse, beat* 2. *(tejszínt)* whip
[cream]; *(tojásfehérjét)* beat* (up) [eggs *v.*
the white of an egg]; **verjünk fel 3 tojás-
fehérjét** beat (up) three egg whites (*v.* three
eggs) (until stiff) 3. *(sátrat)* pitch, put* up [a
tent] 4. *(árakat)* bid*/force/send* up prices;
kif bull the market 5. ~i **a gaz** *(kertet)*
[the garden] is overgrown with weeds ⇨
por
félvér *a/n* 1. *(ember)* half-blood(ed), half-
-breed, half-caste; *(néger és fehér)* mulatto
2. *(állat)* hybrid; *(ló)* half-bred
felvergőd|ik *v* work/make* one's way up
(with difficulty)
felverőd|ik *v* *(tejszín)* whip
felvértez *v* 1. *(harcost)* put* cuirass on sy;
(hajót) armour-plate (*US* -or-) [ship] 2. ~i
magát vm ellen steel oneself against sg,
arm oneself with sg against sg
felvés *v* engrave on, cut* in
felvesz *v* 1. *(vmt fölemel)* take*/pick/lift up;
~i **a (telefon)kagylót/telefont** lift the
receiver, answer (*v.* pick up) the (tele)phone;
nem veszik fel *(telefont)* *(mondja a köz-
pont)* sorry, no reply; ~ **vmt a hátára**
take* sg on one's back 2. *(járműre vkt)* give*
sy a lift; *(vonat utast)* pick/take* up [pas-
sengers] 3. *(posta levelet/csomagot)* accept
4. *(ruhát)* put* [one's hat/coat etc.] on; **mi-
lyen ruhát vegyek fel?** what (dress)
shall I wear? 5. *(pénzt bankban)* draw*
[money at a bank, from one's account]; *(já-
randóságot)* collect, draw*; *(hitelt, köl-
csönt)* take* out/up, raise [a loan] 6. *(vkt
munkahelyre)* take* on, engage, employ; *(is-
kolába, egyetemre)* admit; *(kórházba)*
admit; *főleg US* hospitalize; *(tagként társa-
ságba, pártba)* admit, affiliate; ~**nek vkt
vhová** sy is admitted to, sy gains admission
to; **felvették az egyetemre** (s)he has
been admitted (*v.* has gained admission) to
the/a university; **nem vették fel** (s)he has
been rejected; ~ **vkt egy tanfolyamra**
put* sy on a course; **felveszünk:** *(hirdetés-
ben)* wanted...; *(álláshirdetésben)* situa-
tions vacant 7. *(adatokat)* take* down; *(ka-*

talógusba, jegyzékbe, szótárba)* enter *(vmbe
in)*; *(leltárba)* take* an inventory of 8. *(le-
fényképez)* take* a photograph of, photo-
graph sg; **(magnóra)** ~ **vmt** tape(-re-
cord) sg, record sg; **felvettem a Menu-
hin-koncertet** I recorded/taped the
Menuhin recital; ~ **vmt videóra** video sg,
videotape sg, record sg on videotape 9. *(ta-
nulmányi anyagot)* take*, prepare; *(egyete-
mi előadást, hallgatni)* put* one's name
down for a course; **vegyük fel a 15. lec-
két** take*/prepare lesson 15 (for next time)
10. *(vm vmt magába vesz)* take* up, absorb;
(piac árut) absorb 11. *(szokást, nevet)*
adopt; ~i **a magyar állampolgárságot**
assume Hungarian citizenship, take* Hun-
garian nationality 12. ~i **az érintkezést**
(*v.* **a kapcsolatot**) **vkvel** contact sy, get*
in touch with sy; **(újra)** ~i **a munkát**
resume work; **bárkivel** ~i **a versenyt**
be* a match for anyone; *(erő dolgában)* be*
as strong as the next man 13. *(sértést)*
bear*, put* up with; **fel sem veszi** care
nothing for sg, not care a whit, take* sg
lightly
felvet *v* 1. *(levegőbe)* throw*/fling* up 2.
(víz vmt) cast* up; **majd** ~i **a pénz** be*
rolling in it/money 3. *(szemét)* cast* up, raise
[one's eyes] 4. *(kérdést)* raise [a question];
~i **a kérdést** raise the question; *biz*
wonder if; **ez egy másik dolog, amit
fel akarok vetni** that's another point I
want to make/raise; ~i **a témát/gondo-
latot** bring* up (*v.* raise) the subject/issue;
~**ették azt, hogy** it has been suggested
that 5. *(tex láncot)* warp
felvétel *n* 1. *(földről)* taking/picking/lifting
up 2. *(adatoké)* inclusion, entering, entry 3.
(postán csomagoké) acceptance; *(helye)*
parcels counter; *(vasúton poggyászé)* lug-
gage/parcels office 4. *(állásba)* employment;
(munkásé) hiring/engaging (*v.* taking on) of
[workers]; *(egyetemre, testületbe)* admis-
sion; **nincs** ~ *(munkára)* no vacancies;
~**re jelentkezik** apply for admission 5.
(fénykép) photograph, snap(shot) 6. *(film)*
shooting; *(egyes jeleneté)* take, shot; **külső**
~ shooting on location; ~ **indul!** action!
7. *(hangfelvétel)* recording; *(magnófelvétel)*
tape recording; *(videofelvétel)* video (record-
ing); ~**t készít vmről** *(magnóval)* tape-
-record sg, tape sg; *(videóval)* video sg;
videotape sg
felvételez *v* 1. *(kat anyagot)* draw* [stores,
supplies] 2. *(térképész)* map; *(mérnök)*
survey

felvételi I. *a* ~ **beszélgetés** *(GB egyetemre)* interview (with); ~ **követelmények** admission requirements; ~ **vizsga** entrance examination; *(GB public school-ba)* Common Entrance; **a** ~ **vizsgán a legmagasabb pontszámot érte el** (s)he won top marks in the (college) entrance exam; ~ **vizsgát tesz** = **felvételizik II.** *n* = **felvételi vizsga**
felvételiz|ik *v* sit* (for) an/the entrance examination
felvetés *n* **1.** *(kérdésé)* putting, posing, raising [a question] **2.** *tex* warping
felvetőd|ik *v (kérdés)* come* up, be* brought up
felvett *a (hallgató)* accepted [student]; **a** ~ **hallgatók létszáma** the number of students enrolled/accepted, enrolment *(US* -ll-) of students
felvevőfej *n (magnóé)* (recording) head
felvevő(készülék) *n* **1.** *(film)* cine-camera, camera **2.** *(hang)* recorder
felvezet *v* lead* up
félvezető *a/n* semiconductor
felvidék *n* the highlands *pl; tört* **a F** ~ *(a régi Magyarország északi része)* Upper Hungary, *(ma* kb.) Slovakia
felvidéki I. *a* of *(v.* relating to) a/the highland; *sk* Highland; *tört* of Upper Hungary **II.** *n (ember)* highlander
felvidít *v* cheer (up), put* (sy) in a good humour *(US* -or)
felvidul *v* cheer up, become* cheerful, brighten up
felvigyáz *v* = **felügyel**
felvigyázó *n* overseer, inspector
felvilágosít *v* enlighten, inform, instruct, give* sy (full) information; **vkt** ~ **vmről** inform sy about sg; **a gyereket** ~**ja a nemi életről** provide [a child] with sex(ual) education
felvilágosítás *n* **1.** *(tájékoztatás)* information, instruction; *(pályaudvari)* enquiries *pl*, information; ~ **utazási ügyekben** travel information; **nemi** ~ sex(ual) education; ~**t kér vmről** inquire about sg, ask for information about sg; ~**t nyújt vknek vmről** inform sy about sg; **részletes** ~**t ad** give* detailed information (about) **2.** *(tudakozóhely)* inquiries *(v.* enquiries) *pl*, information (desk)
felvilágosodás *n* enlightenment; *tört* **a** ~ the Enlightenment
felvilágosodott, -világosult *a* enlightened

felvillan *v* **1.** *(fény)* flash, gleam, flare up; **szeme** ~**t** his eyes lit up **2.** *átv* **hirtelen** ~**t agyamban** a thought flashed through my mind
felvillanyoz *v* electrify, galvanize, thrill
felvirágoz *v* deck out with flowers
felvirágoztat *v* make* sg thrive/prosper
felvirágzás *n* thriving, prosperity, boom
felvirágz|ik *v* thrive*, prosper, boom
felvirrad *v* dawn; ~**t a (nagy) nap** the (long-awaited) day has* come
felvirul *v* = **fellendül 2.**
felvisz **1.** *vt vmt vhová* carry/take* up; ~ **vkt a Mátrába** *(kocsival)* drive* sy (up) into a Mátra Hills; ~ **vkt Budapestre** *(kocsival)* drive* sy (up) to Budapest **2.** *vi (út vhová)* lead* up (to) **3.** *vt* ~**i vmeddig** attain to [a dignity]
felvizez *v (bort, levest)* water down
felvon *v (vitorlát, zászlót)* hoist, raise
felvonás *n* **1.** *szính* act **2.** *(zászlóé)* hoisting, raising
felvonásköz *n* interval; *US* intermission
felvonó *n* lift; *US* elevator
felvonóhíd *n* drawbridge
felvonókezelő *n* lift attendant
felvonószerelő *n* lift mechanic
felvonul *v* **1.** *(tömegfelvonuláson)* march; **százezrek vonultak fel május elsején** hundreds of thousands marched *(v.* took part) in the May Day procession **2.** *épít* [builders] move in
felvonulás *n* **1.** *(ünnepélyes)* procession; *(tüntető)* demonstration; **május 1-jei** ~ May Day procession **2.** *(építkezéshez)* preparatory works *pl*
felvonulási épület *n* site office
felvonultat *v (tüntetésre)* bring* out (crowds to demonstrate)
felzabál *v* = **felfal**
felzaklat *v* upset*, unsettle
felzárkóz|ik *v* **1.** *kat* close up [the ranks], join/line up **2.** *(vk mellé átv)* join forces (with sy); *(egy vonalba)* come* abreast of sy
felzászlóz *v* = **fellobogóz**
felzavar *v* **1.** *(álmából)* rouse, startle [from sleep] **2.** *(vizet)* stir, trouble [water]
felzendül *v (ének)* (re)sound; **a cserkészek ajkán** ~**t az ének** the scouts broke into song
felzet *n* heading
felzörget *v* wake* sy by knocking; *GB* knock sy up
felzúdul *v* flare up, get* into a rage
felzúdulás *n* indignation, outcry

felzúg *v* **1.** *(tömeg elkeseredve)* protest loudly; *(diadalmasan)* burst* out in applause **2.** *(orgona)* peal forth

fém *n* metal

fémáru *n* hardware, metal ware

fémes *a* metallic

fémfényű *a* metallic, of a metallic lustre *(US* -ter) *ut.*

fémfűrész *n* hacksaw

fémgyártás *n* metallurgy

feminin *a* feminine

feminista *a/n* feminist

fémipar *n* metallurgical/metal industry, metallurgy

fémjelez *v (átv is)* hallmark

fémjelzés *n* **1.** hallmark **2.** *(művelet)* (hall)-marking, stamping

fémjelzett *a (író)* well-known; *(alkotás)* bearing the stamp of genius

fémkohászat *n* metallurgy

fémkohó *n* foundry

fémlemez *n* sheet-metal, (metal) plate

fémmegmunkálás, fémmunka *n* metal--work

fémmunkás *n* metal-worker

fémöntvény *n* casting

fémötvözet *n* metallic alloy

fémpénz *n* coin, specie

fémtartalmú *a* metalliferous, metal-bearing

fémtömegcikk(ek) *n* metal ware, hardware

fen *v* hone, whet, sharpen; **~i rá a fogát** (1) *vmre* hanker after sg, long for sg (2) *vkre* wait for the hour of reckoning with sy

fene I. *a* damned, devilish, deuced, infernal; ~ **nehéz** damned hard; ~ **nagy lárma** devil of a din, hell of a row **II.** *n a* ~ **egye meg!** damn/blast (it)!; **menj a ~be!** go to hell!; □ **get** stuffed!; **hol a ~ben voltál?** where the hell have you been?

fenegyerek *n* enfant terrible *(pl* enfants terribles), daredevil

fenék *n* **1.** *ált* bottom; ~**ig üríti a poharat** drain one's glass; **a fenekére ver** *(biz pénznek)* blow* [money], run* through [one's fortune]; **feneket ér** touch *(v.* strike*)* bottom; **nagy feneket kerít vmnek** spin* a long yarn (about sg), be* too circumstantial **2.** *biz (emberé)* bottom, behind; *(nadrágé)* seat; ~**be rúg vkt** give* sy a kick in the behind; *US* kick sy in the pants; **fenekére ver** *(gyereknek)* spank [a child], give* (him/her) a spank

fenékdeszka *n* floor-timber/board

feneked|ik *v (vk ellen)* bear* sy a grudge, plot against sy

fenekestül *adv* ~ **felforgat** turn upside down

feneketlen *a* **1.** *(tó)* bottomless **2.** *átv* fathomless; ~ **nyomor** utter misery/destitution

fenékháló *n* dragnet, trawl

fenékhorog *n* ground-line

fenékvíz *n* bilge (water)

fenés *n (élesítés)* whetting, sharpening; *(kövön)* honing; *(szíjon)* stropping

feneség *n* **az a ~, hogy** the worst of it is that . . .

fenevad *n* **1.** *(vadállat)* wild beast **2.** *(emberről)* brute, savage [person]

fenn *v* **fönn** *adv* **1.** above, up; **ott** ~ up there; ~ **az emeleten** upstairs; ~ **hordja az orrát** be* proud/haughty **2.** ~ **marad** (1) *(= nem fekszik le)* stay/be*/sit* up (2) *(vízen)* float, stay on the surface; **sokáig** ~ **marad** sit*/stay up late; ~ **van** *(felkelt)* be* up; *(már nem beteg)* be up and about ⟹ **fent**

fennakad *v* **1.** *(beleakad)* get* caught/stuck **2.** *(megütközik vmn)* find* fault with [trifles], take* sg amiss; **állandóan** ~ **vmn** be* a stickler for sg **3.** *(megakad)* stop, come* to a standstill ⟹ **megakad**

fennakadás *n* **1.** *(beleakadás)* getting stuck/caught **2.** *(megállás)* stoppage; *(kisebb)* a slight hitch; *(forgalomé)* traffic-jam

fennáll *v* **1.** *(létezik)* exist, be* in existence **2.** *(érvényes)* be* valid, hold*; ~ **annak a lehetősége, hogy** it is possible that

fennállás *n* existence, continuance; *(intézményé)* life; ~**a óta** since its foundation/establishment

fennálló *a* **1.** *(létező)* existing, extant **2.** *(érvényes)* valid; **a** ~ **rendelkezések értelmében** according to the rules/regulations currently in force, as the law stands at present

fennen *adv* ~ **hangoztatja** proclaim/repeat aloud; ~ **hirdet vmt** proclaim/shout sg from the house-tops

fennforgás *n* (being in) existence, presence

fennforgó *a* present, at issue *ut.*; **a** ~ **esetben** in this particular case, in the case in point; **a** ~ **körülmények között** under the (prevailing) circumstances, as things are

fennforog *v* exist, be*, prevail; **csalás esete forog fenn** it is a case of fraud; **az a lehetőség forog fenn, hogy** the possibility exists that, it is possible that

fennhangon *adv* aloud, in a loud voice; ~ **olvas** read* aloud/out

fennhatóság *n* authority, supremacy; **vk** ~**a alatt** under sy's authority

fényelem

fennhéjázó *a* haughty, arrogant, supercílious, bumptious
fennkölt *a* lofty, sublíme; *(gondolkodás)* noble, high-mínded
fennlét *n* **1.** *(ébrenlét)* being awake **2.** *(betegségből)* being up
fennmarad *v* **1.** *(utókornak)* survíve, remaín **2.** *(mennyiség)* be* left over, remaín ▷ **fenn** marad
fennmaradó *a* ~ **összeg** remaínder, residue, surplus
fennsík *n* plateau, table-land
fennszóval *adv* aloud, in a loud voice
fenntart *v* **1.** *(víz színén)* buoy (up), keep* afloat **2.** *(intézményt)* maintaín, support, sponsor; *(rendet)* maintaín, keep*, preserve, uphold* [order]; *(időben)* preserve **3.** *(családot)* keep*, maintaín, support [family]; ~**ja magát** *(megél)* maintaín/support oneself **4.** *(helyet)* reserve [a seat]; **minden jog** ~**va** all rights reserved **5.** *(kapcsolatot)* maintaín, keep* up [relations] **6.** *(álláspontját)* maintaín [one's opinion]; *(ígéretét, kijelentését, vallomását)* stand* by [one's promise/statement/evidence]; *kif* stick to one's guns; ~**om kijelentésemet** *(v. amit mondtam)* I maintaín my statement, I stand by what I have said *(v. what I said earlier)*; ~**om, hogy** I maintaín that
fenntartás *n* **1.** *(intézményé)* maíntenance; **a rend** ~**ára** to maintaín/keep order **2.** *(családé)* keeping, support **3.** *(feltétel)* reservation; *(kikötés)* proviso, condítion; ~ **nélkül** without reserve/restraint/reservation(s); ~**sal** with reservations/restraint; **azzal a** ~**sal** except for/that, with the proviso that, provided that; ~**sal fogad vmt** have* one's doubts, have* (some) reservations, accept sg with reservations, *biz* take* sg with a grain/pinch of salt; ~**sal nyilvánít véleményt** speak* under correction, be* open to correction
fenntartó *n* maintaíner, preserver
fenntartott *a* reserved; ~ **hely** reserved/ booked seat
fenol *n* phenol
fenomenális *a* phenomenal, wonderful, prodigious
fenőkő *n* whetstone, hone
fenőszíj *n* *(borotvához)* strop, razor-strap
fenség *n* **1.** *(sajátság)* grandeur, majesty, sublímity **2.** *(cím)* Highness; F~ Your Híghness
fenséges *a* majestic, grand, sublíme, magníficent
fensőbbség *n* *(tulajdonság)* superiority

fensőséges *a* superior
fent *v* **fönt** *adv* = **fenn;** ~ **lakik (az emeleten)** live upstairs; **mint** ~ (the same) as above, as stated (above); **kelt, mint** ~ date as above; **a** ~ **említett/jelzett** the above-mentioned, the aforementioned/aforesaid, the above; ~**ről** from above
fentebb *adv* higher/farther up; **mint** ~ **mondottuk** as stated above
fentebbi *a* = **fenti 2.**
fenti *a/n* **1.** *(helyileg)* above; *(lakó)* (sy) upstairs **2.** *(fent említett)* the above(mentioned), the aforesaid; **a** ~ **példa** the above example, the example (given) above; **a** ~**ek** the above/foregoing; **a** ~**ek értelmében** according to the above; **a** ~**ekben utalt** the aforementioned; **a** ~**ekből következik, hogy** it follows from the foregoing that
fentnevezett I. *a* above-mentioned, aforementioned, aforesaid **II.** *n* **a** ~**ek** the aforementioned [were present...]
fény *n* **1.** ált light; *(csillogó)* glitter, sparkle; **vmnek** ~**ében** in the light of sg; **leveszi a** ~**t** *(autós)* dip the headlights; ~**t vet vmre** throw*/shed* light on sg; ~**t kapott** *(negatív)* the negative has been exposed to light, the negative is fogged **2.** *átv* splendour *(US* -or), lustre *(US* -er), pomp, magníficence; ~ **és pompa** pomp and círcumstance
fényár *n* flood of light; ~**ban úszik/úszó** (be*) brílliantly illumínated
fényáteresztő képesség *n* transparency
fénybogár *n* glow-worm
fényceruza *n* light pen
fénycsóva *n* beam of light
fénycső *n* fluorescent light/lamp/tube, strip light
fénycsővilágítás *n* fluorescent/strip lighting
fenyeget *v* **1.** vkt vmvel threaten, menace (sy with sg) **2.** *(rejtett veszedelem)* overhang*, hang* over, loom (up)
fenyegetés *n* threat, menace
fenyegető *a* **1.** threatening, menacing **2.** *(veszély)* impending, ímminent [danger]; ~ **közelség/veszély** ímminence **3.** *(arckifejezés)* frowning, threatening [expression]; ~ **pillantás** a black/frowning look
fenyegetőzés *n* menaces *pl*, threats *pl*; **üres** ~ empty/idle threats *pl*
fenyegető(d)z|ik *v* threaten sy with sg
fényegység *n* unit of light
fényelem *n* *fiz, el* photocell, photoelectric cell

fényelhajlás *n* diffraction
fényelmélet *n* theory of light
fényerő *n* light intensity; *(objektívé)* speed [of lens]; **nagy fényerejű objektív/lencse** a high-speed lens, a fast lens
fényerősség *n* luminous intensity, brilliance
fényérzékeny *a* light-sensitive, photosensitive
fényérzet *n* sensation of light
fényes *a* **1.** *(fénylő)* shining, bright, radiant, lustrous; *(fényesített)* shiny, polished; *(hordástól)* shiny; ~ **felület** glossy surface; *(bútoron)* gloss finish; ~ **nappal** in broad daylight **2.** *átv* splendid, brilliant, magnificent; *(győzelem)* glorious
fényesed|ik *v* grow* bright, become* shining
fényesít *v* polish, brighten; *(fémet)* polish, burnish, rub [metal]; *(padlót)* polish, (bees)wax [the floor]
fényesked|ik *v* **az örök világosság** ~**jék neki** may light eternal shine upon him/her
fényesség *n* luminosity, brightness, brilliance; *(szöveté)* sheen, lustre *(US -er)*
fényév *n* light-year
fényez *v* **1.** ált give* a glossy surface to sg, polish; *(bútort, fát)* varnish, (French-)polish; *(autót)* spray **2.** = **fényesít**
fényezés *n* **1.** *(cselekvés)* polishing; *(bútoré)* varnishing; *(autóé)* spraying **2.** *(felület)* varnish, gloss; *(bútoron)* French polish, gloss finish, varnish; *(autóé)* paintwork; **a** ~ **sérülése** *(autón)* some damage to the paintwork on the/one's car
fényezetlen *a* *(bútor)* unvarnished, plain, unpolished
fényezett *a* *(bútor)* varnished, polished; *(rizs)* polished
fényezőanyag *n* polish(ing agent)
fényfolt *n* light spot
fényforrás *n* source of light
fényhatás *n* light effect
fényhullám *n* light wave
fényintenzitás *n* = **fényerősség**
fenyít *v* punish, chastise
fenyítés *n* punishment, chastisement; **testi** ~ corporal punishment
fényjel(zés) *n* light signal
fényjelző készülék *n* traffic lights *pl*
fénykép *n* photo(graph), picture, snap(shot); ~**et készít/csinál vkről/vmről** take* a photograph/picture of sy/sg, photograph sy/sg; **sok** ~**et csinált** he took a lot of pictures/photos
fényképalbum *n* photo(graph) album

fényképarc *n* **jó** ~**a van** be* photogenic, photograph well
fényképes *a* photographic, with a photograph *ut.* ⇨ **arcképes**
fényképész *n* photographer
fényképészet *n* photography
fényképészeti *a* photographic; ~ **cikkek** photographic goods; ~ **felszerelés** photographic apparatus/equipment; ~ **kellékek** photographic accessories
fényképez *v* photograph, take* a picture/photograph of sy/sg; **jól** ~ (s)he's a good photographer; **sokat** ~ take* a lot of pictures/photo(graph)s; ~**ni tilos** "The taking of photographs is not permitted"
fényképezés *n* photography, taking (of) photographs
fényképezőgép *n* camera; **kisfilmes** ~ 35 mm *(v.* miniature) camera
fényképfelvétel *n* **1.** = **fénykép 2.** *(művelet)* taking a picture/snapshot
fényképmásolat *n* print
fényképmelléklet *n* *(könyvben)* plate
fénykéve *n* = **fénycsóva**
fénykor *n* golden/great age; *vké* the heyday (of sy); ~**ában** (1) in his heyday ... (2) in the heyday of sg; ~**át éli** be* in one's prime, be* in the prime of one's life
fénykoszorú *n* halo
fényl|ik *v* shine*; *(csillogva)* glitter, glisten, gleam; *(vakítva)* glare
fénymásol *v* xerox, make* a photocopy of, photocopy
fénymásolás *n* (photo)copying, xeroxing, xerography
fénymásolat *n* photocopy, photostat; *biz* xerox; *(tervé)* blueprint; ~**ot készít** make* a photocopy of (sg), photocopy (sg)
fénymásoló gép/berendezés *n* (photo)copier, xerographic copier
fénymáz *n* varnish; *(cipőnek)* blacking, polishing cream
fénymérő *n* exposure meter, light-meter
fénynyaláb *n* beam of light
fénynyomás *n* photogravure, photoengraving
fenyő *n* fir(tree); pine(-tree) ⇨ **erdei-, ezüst-, jegenye-, luc-, vörösfenyő**
fenyőág *n* branch/bough of a fir/pine(-tree), fir/pine bough/branch
fenyőerdő *n* pine-forest, fir-wood
fenyőfa *n* **1.** *(élő)* = **fenyő 2.** *(anyag)* pinewood; ~ **bútor** pine furniture
fenyőillat *n* pine scent
fenyőpálinka *n* gin, hollands *sing.*
fenyőtoboz *n* fir/pine-cone

fényözön *n* flood of light
fénypont *n* **1.** *(pályáé)* acme, zenith **2.** *(műsoré)* highlight, climax; *(revüben)* star turn; **az előadás** ~**ja** the highlight (*v.* high spot) of the performance
fényrekesz *n fényk* diaphragm, stop
fényreklám *n* neon sign
fénysebesség *n* velocity/speed of light
fénysorompó *n* flashing lights *pl*; traffic-light operated level crossing
fénysugár *n* ray/shaft/beam of light
fényszedés *n* filmsetting, *US* photocomposition, phototypesetting; ~**sel készült** filmset by..., computer typeset by [XY] *v.* in [Great Britain etc.]
fényszedőgép *n* photocomposing machine, (electronic) phototypesetter
fényszóró *n* searchlight; *(autón)* headlight(s) → **tompít(ott)**
fényszóró-beállítás *n* lighting adjustment
fényszűrő *n fényk* light filter
fénytan *n* optics *sing.*
fénytani *a* optical
fénytelen *a* dull, lustreless (*US* -ter-), dim
fénytörés *n* refraction of light
fénytörő *a* refractive, refracting; ~ **közeg** refractor
fényudvar *n* **1.** *(égitest körül)* halo **2.** *(negatívon)* halation
fényújság *n* (electric) newscaster
fényűzés *n* luxury
fényűző *a* luxurious; ~ **(en berendezett) lakás** luxury flat; ~**en él** lead* a life of luxury
fenyves *n* pinewood
fenyvescinege, -cinke *n* coal tit
fenyvesmadár *n* fieldfare
fényvisszaverő *a* (light-)reflecting; ~ **útburkolati jel** reflecting road stud
fényvisszaverődés *n* reflection
fér *v* **1.** *vmbe* go* into sg, find* room in/on sg, get* in(to); ~ **még a zsebedbe?** is* there room for any more in your pocket?, will your pocket hold any more?; **sok** ~ **bele** you can get a lot into it **2.** *(vmhez hozzáfér)* have* access to sg; **nem** ~ **a pénztárhoz** (s)he can't get to/near the cash desk (*v.* box-office) **3. rám** ~**(ne)** I could do with it **4. ehhez szó nem** ~ there's no doubt (whatever) about that/it, there's no question about it ▷ **fej, kétség**
férc *n* tacking thread
fércel *v* tack, baste
fércmunka, -mű *n kb.* hack work, shoddy/slipshod piece of work

ferde *a* **1.** *(sík)* slanting, inclined, oblique, leaning to one side *ut.*; *(él, szél)* bevel [edge] **2.** *(nézet)* wrong, false, perverse [view]; ~ **helyzetbe jut get*** into an awkward position; ~ **szemmel** (*v.* ~**n**) **néz vkre** look askance at sy/sg, frown on sy
ferdén *adv* obliquely, aslant, slantwise, slantways, on the skew/slant, askew; ~ **áll** slant, be* slanted ▷ **ferde 2.**
ferdeség *n* **1.** *(síké)* slant(ing), inclination **2.** *(helytelenség)* falsity, falseness; *(fonákság)* awkwardness
ferdeszög *n* oblique angle
ferdeszögű *a* oblique-angled
ferdít *v (értelmet)* twist, distort [the meaning of sg]; *(igazságot)* twist, pervert [the truth]
féreg *n* worm, insect
féreghajtó *a/n* vermifuge
féregirtás *n* disinfesting, disinfestation
féregirtó *n (szer)* insecticide, pesticide, insect-powder
féregnyúlvány *n* (vermiform) appendix (*pl* -dixes *v.* -dices); ~ **eltávolítása** appendectomy
féregnyúlványlob *n* appendicitis
féregtelenít *v* disinfest; *(tetűtől)* delouse
Ferenc *n* Francis
ferences *a/n* Franciscan
férfi *n* **1.** man°; **légy** ~**!** be a man!; **ehhez** ~ **kell** it takes a man (to do it); ~**ak** *(illemhelyen)* gents, gentlemen, *US* men's (room) **2.** *(jelzőként)* male; *(sp és öltözködés)* men's; ~ **beteg** male patient; ~ **egyes** men's singles; ~ **hosszúnadrág** men's trousers *pl*; ~ **páros** men's doubles; ~ **WC/vécé** gents toilet
férfiág *n* male line, spear side
férfias *a* manly, masculine, virile, red-blooded
férfiasod|ik *v* become* manly, come*/grow* to man's estate
férfiasság *n* manliness, masculinity, virility, manhood
férfiatlan *a* unmanly, womanish
férfidivat *n* **1.** *(a divat)* fashion(s) for men, men's fashions *pl* **2.** *(az áru)* men's clothing, men's clothes *pl*, menswear, *US* haberdashery
férfidivatáru *n* menswear, men's clothing, men's clothes *pl*, *US* haberdashery; ~**-üzlet** (gentle)men's outfitter, men's shop, *US* haberdasher
férfifodrász *n* men's hairdresser, barber
férfihang *n* male voice
férfikar *n (énekkar)* male (voice) choir

férfikor *n* manhood; **a legszebb** ~**ban** in the flower of manhood, in the prime of life
férfikórus *n* = **férfikar**
férfimunka *n* a man's job, a job that takes a man; **ez** ~ **volt!** that was a fine piece of work!
férfinév *n* man's name
férfiruha *n* men's clothing, menswear
férfiszabó *n* tailor
férfiú *n* man°
férges *a* wormy; *(tetűtől stb. ellepett)* verminous
fergeteg *n* storm
fergeteges *a* stormy
férj *n* husband; ~**hez adja a lányát** marry off one's daughter (to), marry one's daughter off to, marry her off; ~**hez megy** get* married (to sy), marry (sy); ~**nél van** she is married
férjes, férjezett *a* married [woman]
férjhezmenetel *n* getting married
férjjelölt *n* sy's fiancé, husband-to-be *(pl* husbands-to-be)
férkőz|**ik** *v* vhová, vmbe gain access to; **vknek a közelébe** ~**ik** get* close to sy; **vknek a bizalmába** ~**ik** worm oneself into sy's confidence
Feröer *n* Faeroes, Faeroe/Faroe Islands
férőhely *n* space, room (for); *(szállás)* accommodation; **kórházi** ~**ek** hospital beds; **az autóbuszban 40** ~ **van** *(ülő utasnak)* the bus seats 40 passengers; **50 emberre van** ~ **a teremben** the room can hold/seat 50 people
férőhelyes *a* **800** ~ **színház** 800-seat theatre; **400** ~ **szálloda** hotel that can sleep 400
fertő *n (erkölcsi)* slough (of crime)
fertőtlenít *v ált* disinfect; *(műszert)* sterilize [instruments]
fertőtlenítés *n* disinfection; *(műszeré)* sterilization
fertőtlenítőszer *n* disinfectant, antiseptic
fertőz *v (anyag, élőlény)* infect, be* contagious/infectious
fertőzés *n (kórokozó által)* infection, contamination; ~**t kap** get* *(v.* pick up) an infection
fertőzéses *a* ~ **megbetegedés** infectious disease
fertőzésgátló *n (szer)* antiseptic
fertőző *a (beteg, betegség)* infectious; *(közvetlen érintkezés útján)* contagious; ~ **beteg** infectious patient; ~ **betegség** infectious/contagious disease; ~ **osztály** *(kórházi)* infectious ward; *(elkülönítő)* isolation

ward; **nem** ~ not infectious/contagious, non-contagious
fertőződ|**ik** *v* become* infected
fertőzött *a (beteg, étel stb.)* infected; *(általánosabban, személyről)* diseased [person]
feslés *n (szöveté)* fraying
feslett *a* **1.** *(ruha)* frayed, threadbare **2.** *(életmód)* dissolute, debauched; ~ **nő(személy)** dissolute/loose woman°
feslettség *n átv* debauchery
fesl|**ik** *v* **1.** *(ruha)* come* unstitched **2.** *(bimbó)* burst*
fess *a* smart, stylish, chic
fest **1.** *vt (falat)* paint, decorate, colourwash *(US* -or-), distemper [walls]; *(hajat, kelmét)* dye, stain [hair, cloth]; *(arcot)* paint, make* up [one's face]; *(kifest)* colour *(US* -or); **mikor** ~**etek?** when are you decorating?; ~**i magát** make* up (one's face), use make-up **2.** *vt (képet)* paint *(átv is)*; **olajjal** ~ paint in oils; ~**eni való** very beautiful; *átv* **derűs színekkel** ~ paint in bright/rosy colours; *átv* **sötét színekkel** ~ paint in dark colours **3.** *vi* **jól** ~ **vk** *(= jól mutat)* look good; **jól** ~ **az új ruhájában** she looks great in her new dress; **úgy** ~ **a dolog, hogy** it looks as if, it would appear that
festék *n ált* paint; *(vízfesték)* watercolours *(US* -ors) *pl; (gyerekeké dobozban)* a box of paints, paintbox, paints *pl; (arcnak)* paint, rouge, make-up; *(falfelületre)* paint; *(falnak)* paint, distemper; *(colour)wash; (hajnak, kelmének)* dye
festékanyag *n* **1.** colouring matter; *tex* dye (solution) **2.** *biol* pigment
festékdoboz *n* = **festékesdoboz**
festékes *a (festékkel szennyezett)* stained
festékesdoboz *n (készlet)* paintbox; *(folyékony)* tin *(US* can) of paint
festékeshordó *n* drum of paint
festékez *v nyomd* ink
festékipar *n* paint/dye industry
festékkereskedés *n* paint shop
festékpárna *n* ink-pad
festékréteg *n* coat of paint, coating
festékszóró *n (pisztoly)* spray gun, paint/hand spray
festés *n* **1.** *ált* painting; *(lakásé)* decorating, decoration; *(hajé, kelméé)* dyeing **2.** *(réteg)* (coat of) paint
festészet *n* (art of) painting
festet *v* have* sg painted
festetlen *a* unpainted, plain
festett *a* painted, coloured *(US* -or); ~ **arc** made-up face; ~ **haj** dyed/hennaed hair; ~ **üveg** stained glass

festmény n painting, picture
festő n 1. *(művész)* painter, artist 2. *(szoba~)* house-painter, decorator
festőállvány n easel
festőanyag n colouring (*US* -or-) matter
festőecset n paintbrush
festőhenger n paint roller
festői a *(látvány)* picturesque
festőművész n painter, artist
festőművészet n (art of) painting
festőpálca n maulstick, mahlstick
festővászon n canvas
fésű n comb
fésül v comb; ~i a haját comb one's hair
fésületlen a uncombed, unkempt; *GB* dishevelled
fésülköd|ik v comb/do* one's hair
fésűsgyapjú n worsted
fesz n zene F flat
feszeget v 1. *(zárat)* try to force open 2. *(kérdést)* harp on sg, insist on sg
fészek n 1. *(madáré)* nest; fészket rak build* a nest, nest, nestle 2. *(mozgalomé)* seat, hotbed
fészekalja n brood
fészekrakás n 1. nesting, nest-building 2. *átv* setting up home
feszélyez v embarrass, make* sy feel uneasy/awkward
feszeng v fidget, be* restless
fészer n shed, lean-to; *(autónak)* car port
feszes a 1. *(ruha)* tight, tight/close-fitting 2. *(tartás)* upright, erect [bearing]; *(viselkedés)* stiff, reserved
feszít 1. vt stretch, tighten; *(izmot)* flex, tense [muscle] 2. vi *(hencegve)* swagger, strut, show* off
feszített a 1. ~ szőnyeg broadloom carpet, wall-to-wall carpet 2. ~ terv stepped-up plan
feszítőcsavar n tightening screw, adjusting nut
feszítőerő n *fiz* tension; *(gázé)* expansive force
feszítőizom n tensor, extensor (muscle)
fesztivál n festival
fesztóvas n crowbar
fészkel v build* a nest, nest, nestle
fészkelőd|ik v fidget, be* restless/fidgety
fészkesvirágúak n pl compositae
feszmérő n pressure-gauge (*US* -gage)
fesztáv(olság) n span; *rep* wingspan
fesztelen a uninhibited, relaxed, free and easy, unaffected
feszül v tighten, stretch, stiffen; *(ruha)* fit tightly

feszület n crucifix
feszült a stretched, strained, tight; *(izmok, idegek és átv)* tense; ~ figyelem close/eager attention, intent look; ~ helyzet tense situation; ~ légkör tense atmosphere
feszülten adv tensely; ~ figyel pay* close attention (to sg)
feszültség n 1. *(feszült viszony)* strained relations *pl*; *(politikai, lelki)* tension; a ~ fokozódik tension is increasing; a ~ enyhül there is an easing of tension 2. *el* voltage; *fiz* stress, strain
feszültségmérő n *el* voltmeter
fétis n fetish
fetisizál v make* a fetish of
fetreng v roll about (in sg), wallow (in sg)
fett a *nyomd* 1. = **kövér** 2. = **félkövér**
feudális a feudal
feudalizmus n feudalism
feudálkapitalizmus n feudal-capitalism
fez n fez
f. h. 1. = **folyó hó** → **folyó** 2. = **főiskolai** hallgató
fia n → **fiú**
fiacskám n *(megszólításként)* Sonny, little boy
fiadz|ik v bring* forth offspring, drop; *(macska)* have* kittens; *(szuka)* pup; *(vad)* whelp, have* cubs
fiáker n fiacre, hackney-carriage, cab
fial v *(emse)* farrow, litter
fiaskó n fiasco, failure; ~val végződik come* to nought, end in disaster
Fiastyúk n *csill* the Pleiades *pl*
fiatal I. a young, youthful, juvenile; ~ abbnak látszik koránál he does* not look his age/years; ~ házasok young couple, a newly married couple, the newly-weds; egész ~ quite young, a mere boy/girl; két évvel ~ abb nálam he is* two years my junior, he is* two years younger than I/me; ~ on nősül marry young II. n young person, youth, juvenile; a ~ ok the young (people); *(fiatal házasok)* the young couple; a mai ~ ok young people today
fiatalasszony n young (married) woman°, young wife°; *(megszólításként)* my dear, young lady
fiatalember n young man°, youth; *(megszólításként)* young man
fiatalít v rejuvenate, make* young again; ~ja magát *(ruhával)* make* oneself look younger; ez a ruha ~ [this dress] makes one look younger
fiatalítás n *mezőg* rejuvenation
fiatalító a ~ műtét face lift

fiatalkor *n* youth, one's younger days *pl*; ~**ban** when one is* young; ~**omban** in my youth, in my younger days, when I was young

fiatalkori *a* youthful, of one's youth *ut.*; ~ **bűnözés** juvenile delinquency

fiatalkorú I. *a* youthful, juvenile, teenage; *jog* underage; ~ **bűnöző** juvenile delinquent/offender, young offender II. *n* juvenile, teenager; ~**ak bírósága** juvenile court

fiatalod|ik *v* become*/grow* young again

fiatalos *a* youthful, youngish; *(külsőleg)* young-looking

fiatalság *n* 1. *(életkor)* youth 2. *(állapot)* youthfulness 3. *(fiatalok)* young people, youth, the young

ficam *n* dislocation; ~**ot helyretesz** reduce a dislocation

ficánkol *v* 1. *(vk, jókedvében)* frisk about, caper (about), cavort 2. *(ló)* prance, kick up its/his heels

fickó *n* fellow, chap, lad, *biz* guy; **helyes** ~ a nice guy/chap; **a** ~ *biz* the guy

ficsúr *n* elit dandy, fop, *US* dude

Fidzsi-szigetek *n pl* Fiji (*I*slands)

fifika *n* sophistry, guile

fifikus *a* artful, cunning, shrewd, sly

figura *n* 1. *(alak)* figure 2. *(sakk)* (chess-)piece; *(teke)* (nine)pin 3. *(regényalak)* character 4. **furcsa** ~ elit a strange fellow, a queer fish, *csak US:* □ an oddball

figyel 1. *vt* watch, keep* (a) careful/close watch on; *(titkosan vkt)* shadow sy; *(vmt is)* keep* an eye on sy 2. *vi vmre* follow sg with attention, pay* attention to, attend to; ~**j a gyerekre!** look after (*v.* mind) the child/baby 3. *vi (tanuló)* listen attentively; ~**j!** listen!, pay attention!

figyelem *n* 1. *(érdeklődés)* attention, notice; *(figyelembevétel)* regard; ~**!, figyelmet kérek!** (may I have your) attention (please)!; ~ **be vesz vmt** take* sg into consideration/account, consider, bear* sg in mind; *(körülményeket)* make* allowances for sg, allow for sg; **nem vesz** ~ **be vmt, figyelmen kívül hagy vmt** leave* sg out of consideration, take* no account/notice of sg, disregard sg; ~**be kell venni a fiú korát** you have to allow for the boy's age; ~**be jön** come* into consideration; **nem jön** ~**be** does not come into consideration, be* disregarded; **figyelmébe ajánl vknek** (1) *vmt* draw* sg to sy's attention; commend sg to sy('s attention) (2) *vkt* recommend sy to sy; **X úr figyelmébe** *(levélen)* for the attention of Mr X; *(levélben, telexen* többnyire így:)* attn. Mr X; **nem méltat** ~**re** ignore, overlook (sy); ~**re méltó** notable, remarkable, noteworthy, *kif* it deserves attention; **felhívja vknek a figyelmét vmre** call/draw* sy's attention to sg, remind sy of sg, bring* sg to sy's notice; **hadd hívjam fel a figyelmüket arra, hogy** let me point out that; **elkerüli a figyelmet** escape one's attention; **figyelmet kelt** attract attention; **figyelmét vmre fordítja** turn/direct one's attention to sg; **figyelmet szentel vmnek** pay* attention to sg; ~**mel van vmre** take* sg into consideration, have* regard to/for sg; ~**mel ...ra/re** as regards/for, regarding sg, with regard to sg; ~**mel kísér vmt/vkt** keep* an eye on sg/sy, follow sg with attention 2. *(figyelmesség)* thoughtfulness, consideration; **vk iránti** ~**ből** out of respect/consideration/regard for sy, for sy's sake; ~**mel van vk iránt** be* attentive to sy, show* sy attention

figyelembevétel *n* taking into consideration; **vmnek a** ~**ével** considering sg, in the light of sg, bearing sg in mind

figyelemreméltó *a* → figyelem 1.

figyelés *n* 1. attention; *isk* attentiveness 2. *(tudományos)* observation 3. *(rendőri)* shadowing, watching

figyelmes *a* 1. *(aki figyel)* attentive, observant; *(gondos)* careful, mindful 2. *(előzékeny)* thoughtful, considerate; ~ **vkvel szemben** show* sy attention, show*/have* consideration for sy

figyelmesség *n* 1. = figyelem 2. 2. = figyelés

figyelmetlen *a* 1. *(nem figyelő)* inattentive, careless; ~**ül hajt** drive* without due care and attention 2. *(más iránt)* inconsiderate, thoughtless

figyelmetlenség *n* 1. *(nem figyelés)* inattention, carelessness; ~**ből** through an oversight 2. *(más iránt)* thoughtlessness

figyelmeztet *v* 1. *(felhívja vknek a figyelmét vmre)* call/draw* sy's attention to sg 2. *(eszébe juttat)* remind sy of sg (*v.* to do sg *v.* that ...); *(rendőr)* give* sy a warning

figyelmeztetés *n* *(intő)* warning, notice; *(emlékeztető)* sg reminding sy of sg, reminder

figyelmeztető I. *a* warning; reminding; ~ **sztrájk** strike of warning II. *n* = figyelmeztetés

figyelő *n* observer, watcher, spectator

figyelőállás *n* observation/lookout post

figyelőszolgálat *n* *(könyvtári)* abstracting service, documentation

figyelőtorony n watchtower, lookout; *(hajón)* conning-tower
fikarcnyi a/n **egy** ~**t sem ér** be* not worth a straw/rap; **egy** ~**t sem enged** not give*/yield an inch, stick* to one's guns
fikció n fiction
fiktív a fict*i*tious
filc n felt
filctoll n felt-tip (pen); *(kiemelő)* marker
filé n f*i*llet (*US* -l-) (steak)
filharmonikus a/n philharmonic; ~**ok,**
filharmóniai társaság (zenekara) philharmonic soc*i*ety/orchestra
filigrán I. a (small and) delicate, graceful
II. n ~ **(ötvösmunka)** f*i*ligree
filiszter n ph*i*listine, low-brow
fillér *(röv* **f)** n f*i*llér ⟨smallest Hungarian coin⟩; **tíz** ~ ten f*i*llér; **nincs egy** ~**em se** I have* not a penny (to my name), I'm (st*o*ny) broke
filléres a cheap; ~ **gondjai vannak** have* to count every penny
film n **1.** *(filmszalag)* film; *(keskenyfilm)* c*i*nefilm, 16 mm film; **8 mm-es** ~ 8 mm film; **egy tekercs** ~ a roll of film; *(mozi)* a reel (*US* spool) of film **2.** *(mozifilm)* film, picture, *csak US:* motion picture, movie; ~**et forgat** shoot*/make* a film **3.** *(filmművészet)* film, films pl, the c*i*nema/screen
filmalkotás n film, (motion) picture
filmarc n **jó** ~**a van** be* photogenic, be* f*i*lmable
filmbemutató n *(első előadás)* film premi-ère; *(szakmai)* preview
filmcsillag n film (*US* movie) star
filmes a f*i*lm-maker; *kif* (s)he is in films; ~**ek** film people
filmez v film, shoot* (a film); *(színész)* act in (*v.* make*) a film/picture
filmfelirat n = **felirat 2.**
filmfelvétel n sh*o*oting/taking of a film; *(egyetlen)* shot, take; **helyszíni/külső** ~ shot made on location
filmfelvevő (gép) n c*i*ne camera, *US* movie camera
filmfesztivál n film festival; **a cannes-i** ~ the Cannes film festival
filmgyár n motion picture studio, film studio
filmgyártás n film making, film (*v.* motion picture) industry
filmhíradó n newsreel, newsfilm
filmipar n film (*v.* motion picture) industry
filmmúzeum n film archives pl; *(London-ban)* National Film Theatre
filmművészet n cinematic art, the c*i*nema, film, films pl

filmoperatőr n cameraman°
filmrendező n director
filmstúdió n film studio
filmszakma n the film (*US így is:* motion picture) world/industry
filmszalag n (roll of) film, reel, *US* spool
filmszínész n film/c*i*nema/screen actor
filmszínésznő n film/screen/c*i*nema actress
filmszínház n c*i*nema, U*S* motion-picture theater
filmsztár n film star
filmtekercs n *(fotó)* roll of film; *(mozi)* reel (*US* spool) of film
filmtörténet n story(-line)
filmtrükk n special effect(s)
filmváltozat n screen version
filmvászon n screen
filmvetítés n screening, projection
filmvetítő n (c*i*ne) projector
filmvígjáték n comedy (film)
filmvilág n the c*i*nema, films pl
filmzene n music [for a motion picture]
filológia n philology, textual scholarship
filológiai a philological, textual
filológus n philologist, modern languages scholar
filosz I. a scholarly **II.** n kb. arts man°
filoxéria n phylloxera, grape-louse°
filozofál v philosophize
filozófia n *(tudomány és átv elgondolás)* philosophy
filozófiai a philosophical
filozófus n philosopher
filteres cigaretta n f*i*lter-tip(ped cigarette)
finálé n finale
fináncz n revenue/excise officer, excise-man°
financiális a fin*a*ncial, pecuniary
finanszíroz v finance; *(támogat)* subsidize, sponsor, back
fing|ik v *vulg* fart, break* wind
finis n = **hajrá**
finisel v = **hajrázik**
finn I. a F*i*nnish; ~ **nyelven** = finnül **II.** n **1.** *(ember)* Finn, F*i*nlander **2.** *(nyelv)* F*i*nnish, the F*i*nnish language
Finnország n Finland
finnországi a of Finland *ut.*; F*i*nnish; ~ **(ember)** Finn, F*i*nlander
finnugor a Finno-Ugric/Ugrian
finnül adv. ~ **beszél** speak* F*i*nnish; ~ **mond vmt** say sg in F*i*nnish; ~ **(van írva)** (is written) in F*i*nnish
finom a **1.** *(minőségileg)* fine; *(íz)* delicious **2.** *(ízlés)* refined, fine, delicate; *(modor)* re-fined, gentle, polished; *(ember)* gentle; ~**an** gently, subtly; ~**ra** fine(ly)

finombeállítás n fine-tuning
finomfőzelék n ⟨green peas with diced carrots⟩
finomít v **1.** *ált* make* better, purify **2.** *(alkoholt)* rectify, re-distil (US -l) **3.** *(fémet)* (re-)fine [metal] **4.** *átv* polish, improve, refine
finomító n *(cukor~)* sugar-refinery; *(olaj~)* oil-distillery, oil-refinery
finomított a refined
finomkodás n over-refinement, affectation
finomkod|ik v mince, be* affected, be* full of affectation
finomkodó a affected, over-refined, namby-pamby
finomliszt n fine flour
finommechanika n precision-engineering/mechanics *sing.*
finommechanikai a ~ **műszer** precision instrument
finomság n **1.** *ált* fineness **2.** *(aranyé)* purity; ~**i próba** assay
finomszemcsés a fine-grained; *fényk* fine-grain
fintor n grimace
fintorog v pull faces, pull/make* a face, grimace; *(gőggel)* sneer at sy/sg
finnyás a fastidious, fussy, finicky, finical, choos(e)y, *csak US:* picky
finnyáskod|ik v be* fastidious/finicky/fussy/choos(e)y (about sg)
fiók n **1.** *(bútoré)* drawer **2.** *(banké, cégé)* branch
fióka n young (of birds), nestling
fiókbérlő n *(postán)* boxholder
fiókhálózat n chain stores *pl*
fiókintézet n branch (office), sub-office/branch
fiókiroda n branch office
fiókos a drawered, with/containing drawers *ut.*; ~ **szekrény** chest of drawers; *(magas GB)* tallboy; *US* highboy
fióküzlet n chain store, multiple shop/store
fiola n vial, phial
Firenze n Florence
firenzei a Florentine
firkál v scribble, scrawl, doodle
firkász n *elít* hack, scribbler; *(hivatalnok)* pen-pusher
firma n *jó* ~! *tréf* he is a nasty piece of work!
firtat v pry into sg, be* inquisitive about sg; **ezt most ne firtassuk** let us not pursue the matter, let us leave it at that
fisz n F sharp; **Fisz-dúr szonáta** sonata in F sharp
fitogtat v make* a show* of (sg), parade, show* off

fitogtatás n show*, parade, display
fitos (orrú) a snub-nosed
fityeg v dangle, hang* loose/down
fityfene n **mi a ~t akar?** what the hell/devil docs* (s)he want?
fitying n farthing, button; **nincs egy ~em sem!** I haven't got a stiver (*v.* a brass farthing *v.* US a red cent)
fityma n foreskin
fitymál v turn up one's nose at, disparage, belittle, sneer at (sg)
fitty n ~**et hány vknek/vmnek** snap one's fingers at, thumb one's nose at, cock a snook at
fityula n *(ápolónőé)* cap
fiú n **1.** *(fiatal fiú)* (young) boy, lad **2.** *(vk)* **fia** (sy's) son; **apja fia** a chip off the old block; like father, like son; **apáról** ~**ra** *(száll)* (go*) from father to son **3. a** ~**ja** her (latest) boyfriend, US *így is:* one's buddy
fiúgimnázium n boys' grammar school
fiúgyermek n male child°, boy
fiúi a filial, a son's
fiúiskola n boys' school, school for boys
fiúkórus n boys' choir
fiús a boyish
fivér n brother
fix a fixed; ~ **fizetés** fixed salary
fixál v **1.** *(rögzít)* fix; *(elintéz)* fix (up) (sg) **2.** *fényk* fix
fixíroz v vkt eye, ogle, stare at sy
fixírsó n *fényk* hypo, fixing salt
fizet 1. *vt/vi* pay*; *(fizetést teljesít)* make* a payment; *(adósságot, számlát)* discharge, settle (up); *(vendéglőben)* settle the bill (US check); **készpénzzel** ~ pay* cash; **csekkel** ~ pay* by cheque (US check); ~ **vmt vmért** pay sg for sg; **mennyit ~ek?** what have I to pay?, how much is it?; **80 Ft-ot ~ett a könyvért** (s)he paid 80 forints for the book; ~**ek!** *(vendéglőben)* the bill, please!, US check, please!; **vknek** ~ **egy pohárral** stand* sy a drink; ~**ve** *(számlán)* paid (in full) **2.** *vt/vi (munkáért)* pay* sy sg for sg; **mennyit ~nek?** how much are they offering (to pay)?, how much do they pay? **3.** *vi átv* vk vmért pay for sg; **jóért rosszal** ~ return evil for good; **jóért** ~**sz!** you'll pay/smart for it; **nagy árat** ~**ett vmért** he paid dearly (*v.* a heavy price) for sg **4.** *vi (termés)* yield, produce
fizetés n **1.** *(cselekvés)* payment; *(adósságé)* settlement; ~ **elmulasztása** non-payment **2.** *(vknek adott)* pay, salary; *(bér)* wages *pl*; **kezdő** ~ commencing/starting/initial salary; **mennyi a havi** ~**e?** what is his

monthly salary?, how much does he earn/ make a month?; ~**ből élők** the salaried classes; ~ **nélküli szabadság** unpaid leave

fizetéscsökkentés n salary/wage-cut

fizetésemelés n rise (in salary), US raise; **200 Ft** ~**t kapott** he got a 200 ft rise (v. US raise)

fizetéses a paid, salaried, with pay ut.

fizetési a ~ **eszköz** means of payment pl; currency, money; **törvényes** ~ **eszköz** legal tender; ~ **feltételek** terms/conditions of payment; ~ **határidő** settlement/payment date → **határidő**; ~ **jegyzék** pay-sheet, payroll; ~ **kötelezettség** commitment, liability (to pay); **eleget tesz** ~ **kötelezettségeinek** (ország) meet* debt obligations; ~ **meghagyás/felszólítás** notice/order to pay, order for payment

fizetésjavítás n rise/increase in pay/salary

fizetésképtelen a insolvent, bankrupt

fizetésképtelenség n insolvency, bankruptcy

fizetésletiltás n stoppage (of pay)

fizetésrendezés n new salary scale(s), re-vision/review of salaries

fizetéstelen a without pay ut., unpaid

fizetetlen a unpaid, unsettled

fizetett a **1.** vk paid, salaried; **rosszul** ~ underpaid, badly paid **2.** ~ **szabadság** holiday(s) with pay, paid holiday/leave, csak US: paid vacation

fizető I. a paying **II.** n **1.** payer; **jó** ~ good payer **2.** biz = **fizetőpincér**

fizetőeszköz n = **fizetési** eszköz

fizetőképes a solvent

fizetőparkoló n paying car park; csak US: parking lot

fizetőpincér n kb. head waiter

fizetővendég n paying guest; ~-**szolgálat** paying-guest service

fizika n physics sing.; ~ **szakos tanár** = **fizikatanár**

fizikai a physical; ~ **dolgozó** manual worker

fizikatanár n physics teacher/master

fizikoterápia n physiotherapy

fizikum n physique, constitution; **gyenge** ~**ú** constitutionally weak, kif (s)he has a weak constitution

fizikus n physicist

fiziológia n physiology

fiziológus n physiologist

fizioterápia n physiotherapy, biz physio

fizu n biz pay, GB lolly, US dough

fjord n fjord

F-kulcs n zene bass clef

flakon n bottle, flacon

flamand I. a ~ **(nyelvű)** Flemish **II.** n (ember, nyelv) Flemish; **a** ~**ok** the Flemish

flanc n elít swank, showing off

flanel n flannel

flanelnadrág n flannels pl

flangál v lounge/mooch about, hang* around/about, loaf

flaska n bottle, flask

flastrom n plaster, patch

flegma I. n imperturbability, coolness, self-possession, □ (one's) cool **II.** a = **flegmatikus**; biz ~ **alak** a cool customer

flegmatikus a phlegmatic, imperturbable, calm

flekken n ált kb. barbecue; (sertés) barbecued pork, pork grill, grilled pork

flipper n biz = **játékautomata**

flóra n flora

floridai a/n Floridian, Floridan

flótás n † flautist; US flutist; **szerencsétlen** ~ poor devil, US schlemiel

flotta n fleet

flottilla n flotilla

flört n flirtation

flörtöl v vkvel flirt with sy

fluoreszkál v fluoresce

f-moll n F minor

foci n biz soccer

focista n biz soccer player

fociz|ik v play soccer

fodor n **1.** (ruhán) frill, ruffle, flounce, ruche **2.** (vizen) ripple

fodrász n hairdresser; **férfi** ~ men's hairdresser, barber; **női** ~ ladies' hairdresser

fodrászat n **1.** (mesterség) hairdressing **2.** = **fodrászüzlet**

fodrásznő n woman° hairdresser

fodrászszalon n (női) (ladies') hairdressing salon

fodrászüzlet n hairdresser's (salon); (férfi) barber's shop

fodros a **1.** (fodorral díszített) frilled, frilly, ruffled **2.** (felhő) fleecy

fodroz v (vizet) ripple

fodrozód|ik v (víz) ripple

fog[1] **1.** vt (tart) hold*; (megragad) take*, seize, take* hold of, grasp, catch*; ~**d ezt a könyvet** take this book; ~**ja, ez a magáé** this is for you; ~**ta magát és elment** (thereupon) he upped and left, off he went (without a word) **2.** vt (állatot) catch*; **halat** ~ catch* fish, (horoggal) hook a fish; **férjet** ~ catch*/hook a husband **3.** vt puskát ~ **vkre** point a gun at sy, turn a gun on sy; **vkre ~ vmt** impute/attribute sg to sy, lay* sg at sy's door **4.** *vt zene* play, get*; **nem jól ~ta a cét** *(hegedűn)* he didn't quite get the C **5.** *vt (rádión, tévén)* get*, pick up; **Bécset ~ja** (s)he is picking up (*v.* getting) Vienna; **jól lehet ma ~ni vmt** reception is good today **6.** *vt (kocsiba lovat)* = **befog 2. 7.** *vt* munkára ~ **vkt** make* sy work, put* sy to work; **szigorúan ~ vkt** keep* a tight rein on sy **8.** *vt/vi vkn vm* have* an effect/influence on sy; **nem ~ja a golyó** be* bullet-proof, be* invulnerable; **nem ~ rajta a szó** it's no use talking to him; **nem ~ rajta semmi** all efforts are wasted on him, (s)he doesn't take the slightest notice **9.** *vi (szerszám)* hold*, grip, bite*; **nem ~nak a kerekek** the wheels don't/won't bite/grip; **jól ~ a(z) esze/agya/feje** be* quick on the uptake; **úgy ~ az esze, mint a borotva** he is very sharp-witted, he has a razor-sharp brain/intellect **10.** *vi (toll)* write*; *(festék)* stain, dye, come* off; *(ragasztó)* stick*, hold*; **nem ~ a toll** the pen won't write; **~ a pad, ~ a festék a padon** *(festése)* the paint on the bench is still wet **11.** *vi* **vmbe/vmhez ~** begin* to do sg, take* up sg, set* about sg, start doing sg; **nem tudja, mihez ~jon** (s)he's at a loss, (s)he doesn't know what to do ⇨ **gyanú, kéz, rövid, szó, tűz**

fog² *v (segédige)* shall; *(2. és 3. személyben)* will; ~ **vmt tenni** *(= készül rá, szándékában áll)* be* going to do sg; **meg ~om tenni** *(valamikor a jövőben)* I'll (= I shall) do it; *(máris)* I am going to do it; **nem ~ eljönni** he won't come; **ő tudni ~ja** *(valószínűség)* he will (*v.* is bound to) know; ~ **esni?** is it going to rain?

fog³ *n* **1.** *(emberi, állati)* tooth°; *(vadállaté)* fang, tooth°; **lyukas ~** carious/decaying tooth°; **jön a ~a** *(gyereknek)* be* teething; **fáj a ~a** have* (a) toothache; **fáj a ~a vmre** *átv* long/yearn for sg, he would give his eye teeth (*v.* his right arm) for sg; **~ához veri a garast** count every penny; **~at ~ért** a tooth for a tooth; **~at húz** take* a tooth out, extract a tooth; **~at húzat** [is going to the dentist to] have* a tooth out/drawn, have* a tooth taken out; **mintha a ~át húznák** most reluctantly, *kif* it's like getting blood from a stone; **~at (be)töm** put* a filling into a/sy's tooth, put* in a filling, fill a tooth; **megcsináltatja** (*v.*

rendbe hozatja) a ~ait have* one's teeth done; **~at mos** brush/clean one's teeth; **nem akarok hosszú ~akat csinálni neked** I don't want to make your mouth water; **otthagyja a ~át** bite* the dust; **~gal, körömmel harcol** fight* tooth and nail **2.** *(gereblyéé, fésűé)* tooth°; *(villáé)* prong, tine; *(fogaskeréké)* cog, tooth° ⇨ **beletörik, fehér, szív¹**

fog- *pref orv* dental

fogad 1. *vt vkt ált* receive; *(vendéget)* be* at home to, welcome, receive, entertain [guests]; *(ügyfelet)* see*; *(kihallgatáson, hivatalosan)* receive, grant/give* sy a hearing; **nem ~ vkt** *(hivatalosan)* refuse to receive/see sy; *(lakásán)* be* not at home to sy; **vk köszönését ~ja** acknowledge/return sy's greeting **2.** *vt* **örökbe ~** adopt (sy) **3.** *vt (alkalmazottat)* engage, take* into one's service, hire, employ; **doktorrá ~** award a doctorate to sy; **ügyvédet ~** retain a lawyer/solicitor; **taxit ~** take* a taxi, hire a cab **4.** *vt (elfogad)* accept, receive, take*; **hogyan ~ták a dolgot?** how was it received?, how did they take it?; **~ja hálás köszönetemet** please accept my grateful thanks, many thanks **5.** *vt (szentül ígér vmt)* vow, promise solemnly, pledge (one's word) that, swear* (that) **6.** *vt* **szót ~ vknek** obey sy, be* obedient to sy **7.** *vi vkvel vmben* bet*/wager sy sg; ~ **egy lóra** back a horse, place a bet on a horse; **mennyibe ~unk?** how much will you bet?; **~ok, hogy** I('ll) bet (you) that; **100 Ft-ba ~ok, hogy** I('ll) bet (you) 100 forints that **8.** *vi (orvosi táblán)* ~ **3-5-ig** Consulting Hours 3-5 p.m.

fogadalom *n* pledge, oath

fogadás *n* **1.** *vké* reception; welcome; *(konferencián, álló)* reception; **~t ad** give*/hold* a reception **2.** *(pénzben)* wager, bet; **~t köt** lay* a wager (with sy), make* a bet *(vmre* on)

fogadkozás *n (repeated)* promises *pl*

fogadkoz|ik *v* promise (repeatedly)

fogadó I. *a* ~ **ország** the host country **II.** *n* **1.** † inn, hostelry, lodge **2.** *(pénzben, totón stb.)* punter **3.** *(teniszben)* striker; **előny ~nál** advantage Miss Jones, Miss Jones is receiving service *(tehát az angolban mindig névvel)*

fogadóbizottság *n* reception committee

fogadóest *n* reception, party

fogadóiroda *n* betting shop, bookmaker's office

fogadónap *n* at-home day, reception day; **kedden van** ~**ja** (s)he is at home on Tuesday

fogadóóra *n* ált consulting hours *pl*; hiv office/business hours *pl*, reception

fogadóportás *n* *(szállodai)* receptionist, reception desk

fogadószoba *n* *(magánházban)* drawing/reception room

fogadott *a* *(gyermek)* adopted

fogadtatás *n* welcome, reception; **barátságos/meleg/szívélyes** ~**ban részesít vkt** give* sy a warm welcome/reception; **szívélyes** ~**ban részesül** be* given a warm welcome/reception, be* received cordially; **kedvező** ~**ra talál vm** be* well received

fogalmaz *v* draw* up, draft, compose; *isk* **a gyerek jól** ~ the boy/girl is good at composition; *hiv* **a rendelet úgy** ~, **hogy** the wording of the decree is; **úgy** ~**ott, hogy** he worded it in such a way as to ...

fogalmazás *n* **1.** *(művelet)* drawing up, drafting **2.** *(szöveg)* draft; *isk* composition

fogalmazópapír *n* rough paper, writing-paper

fogalmazvány *n* (rough) draft, text

fogalmi *a* conceptual

fogalom *n* **1.** *fil* concept, notion **2.** *(elképzelés)* idea; **(halvány) fogalmam sincs vmről** I have* no idea of sg, I have* not the faintest/slightest idea of sg; **fogalmam sincs arról, hogy hol lehet** I've no idea where it/he/she might be; **fogalmam sincs!** I have no idea!, I have not the faintest idea!, I haven't a clue

fogalomalkotás *n* concept-formation, ideation, formation of concepts; *(képessége)* conceptual ability

fogalomkör *n* conceptual class/sphere, sphere of concepts; ~**i szótár** thesaurus

fogalomrendszer *n* ideology, set of ideas

fogalomzavar *n* confusion of ideas

fogamzás *n* conception

fogamzásgátlás *n* contraception

fogamzásgátló *n* contraceptive; ~ **(tabletta)** oral contraceptive, contraceptive pill, *biz* the pill; ~ **tablettát** *(v.* ~**t) szed** take* the pill, go*/be* on the pill; **abbahagyja a** ~ **tablettát come*** off the (contraceptive) pill

fogamz|ik *v* = **fogan, megfogamzik**

fogan *v* **1.** *(méhben)* conceive, become* pregnant **2.** *átv* originate (in), arise* from

foganat *n* nincs ~**ja** have* no effect/result

foganatosít *v* put* into effect, carry out, execute, implement

fogantatás *n* conception

fogantyú *n* handle, holder

fogápolás *n* dental hygiene/care

fogas[1] **I.** *a* **1.** *(lény)* toothed **2.** ~ **kérdés** thorny/difficult question **II.** *n* **1.** *(ruhának, fali)* coat-rack; *(álló)* coat-stand **2.** *biz* = **fogaskerekű vasút**

fogas[2] *n* *(hal)* zander, pike perch

fogás *n* **1.** *(megragadás)* grip, grasp, hold, clasp **2.** *(vmnek a tapintása)* feel, touch **3.** *(halé)* catching; **jó** ~**t csinál** make* a good catch, strike* lucky **4.** *(ügyes)* trick, knack, dodge; *(mesterségbeli)* technique, trick (of the trade); **ügyes** ~ a good trick **5.** *(étel)* course, dish

fogaskerék *n* cogwheel

fogaskerekű (vasút) *n* rack/cog railway, cogway

fogásos *a* **három** ~ **ebéd** a three-course dinner/lunch

fogász *n* *(szakorvos)* dentist, dental surgeon; *(fogtechnikus)* dental technician

fogászat *n* **1.** *(tudomány)* dentistry, odontology **2.** *(rendelő)* dental surgery/clinic, *biz* the dentist's

fogászati *a* dental; ~ **kezelés** dental treatment; ~ **rendelő** dental/dentist's surgery, *US* dental parlor, dentist's office, *biz* the dentist's

fogat *n* **1.** *(lóval, főleg mezőg)* team (of horses) **2.** *(hintó)* equipage; *(hajtáshoz)* carriage (and horses); coach; *(négyes)* coach-and-four, four-in-hand

fogathajtás *n* ált carriage/coach driving, driving; *(négyes)* four-horse carriage driving

fogathajtó I. *a* ~ **világbajnokság** world driving championships *pl* **II.** *n* coachman°, driver; *(négyesé)* four-horse coachman°

fogatlan *a* toothless

fogazás *n* cogging, toothing

fogazat *n* **1.** *(szájban)* set of teeth, teeth *pl*, dentition **2.** *(eszközön stb.)* dentation, teeth *pl*; *(oszlopon)* dentils *pl* **3.** *(falevélen)* serration; *(bélyegen)* perforation

fogbél *n* dental pulp

fogcement *n* (dental) cement

fogcsikorgatás *n* grinding/gnashing of the teeth

fogcsikorgatva *adv* gnashing one's teeth, very reluctantly

fogda *n* lock-up

fogdos *v* **1.** *(kézbe vesz)* finger, handle **2.** *biz* *(nőt)* paw, keep* pawing

fogékony *a vmre* susceptible/responsive/ sensitive to sg; *(betegségre)* susceptible to [*i*llness]; *(érzékeny)* impressionable
fogékonyság *n* susceptibi*l*ity, responsiveness, sensit*i*vity; *(betegségre)* susceptibi*l*ity *(vmre mind:* to)
fogfájás *n* too*t*hache
fogfúró *n (gép)* too*t*h-drill, dental drill
foggyökér *n* root (of tooth)
foghang *n* dental (consonant)
fogható *a vmhez* comparable to *ut.*; *vkhez* to match sy *ut.*, like sy *ut.*; **hozzá** ~ of that sort/stamp *ut.*; (sy) to compare with him/her *ut.*; **nincs hozzá** ~, **nem ismerek hozzá** ~**t** (s)he/it is* peerless/matchless/unequalled, there is* no one to compare with him/her, I do not know her/his like
fogház *n* **1.** prison, jail, *GB így is:* gaol; **két év** ~**ban letöltendő szabadságvesztésre ítélték** he was sentenced to 2 years' imprisonment **2.** = **fogházbüntetés**; *biz* **2 évi** ~**at kapott** he got 2 years
fogházbüntetés *n* impr*i*sonment
fogházőr *n* jailer, *GB így is:* gaoler, (prison) warder
foghegyről *adv* superc*i*liously; ~ **beszél vkvel** talk to sy in an offhand manner
foghíjas *a* **1.** gap-toothed **2.** ~ **telek** *(bombázás helyén)* bomb-site; *(még beépítetlen)* undeveloped (site)
foghús *n* gums *pl*
foghúzás *n* extraction/drawing of tooth°, tooth extraction
fogideg *n* (dental) nerve
fogíny *n* gums *pl*
fogkefe *n* too*t*hbrush
fogkezelés *n (egészséges fogé)* care of the teeth, dental care; *(beteg fogé)* dental treatment; ~**re jár** receive dental treatment
fogkorona *n* crown (of tooth); *(arany)* gold crown; *(más)* jacket crown
fogkő *n* tartar, plaque
fogkrém *n* too*t*hpaste
foglal *v* **1.** *(birtokba vesz)* seize, occupy, take* possession of; *(végrehajtó ingóságot)* distra*i*n upon, seize; **(kérem,)** ~**jon helyet** please take a seat *(v.* sit down); **asztalt** ~ reserve a table; **szobát** ~ book/reserve a room; **jó előre kell szobát/asztalt** ~**ni** you have to book well in advance **2.** *(keretbe)* (put* in a) frame; **írásba** ~ put* in wr*i*ting; **szavakba** ~ **vmt** put* sg *i*nto words, express sg **3. magába(n)** ~ (1) conta*i*n, compr*i*se, include (2) *(csak átv)* comprehend, involve, imply

foglalás *n jog* se*i*zing, se*i*zure, occupation; *(bírói)* distra*i*nt
foglalat *n* **1.** *el* socket, (power) point **2.** *(drágakőé)* setting, mount(ing) **3.** *(kérdésé)* summary, synopsis *(pl* synopses)
foglalatlan *a (kő)* unmounted, unset
foglalatoskod|ik *v vmvel* busy oneself with sg; *(elmerülten)* be* preoccupied with sg
foglalatosság *n* occupation
foglalkozás *n* **1.** *ált* occupation, business, line; *(állás)* employment, post; *(szakma)* trade; *(szellemi pályán)* profession; **mi a** ~**a?** what is his/her occupation/line/profession, what does (s)he do for a l*i*ving?; ~**ára nézve** by trade/profession **2.** *isk* class; **(gyakorlati)** ~ practical class; **szabad** ~ free time **3.** *(tevékenység)* activity; *kat* drill
foglalkozási *a* ~ **ág** (line of) occupation; ~ **ártalom** occupational hazard; ~ **betegség** occupational disease
foglalkozásnélküli *n* unemployed worker/ etc.; **a** ~**ek** the unemployed
foglalkozásszerű *a* occupational, professional; ~**en űz vmt** engage in sg, do* sg for a l*i*ving
foglalkoz|ik *v* **1.** *(vmvel tartósan)* be* employed/occupied/engaged in (doing) sg; **mivel** ~**ik?** what is his/her profession/occupation/line, what does (s)he do for a l*i*ving? **2.** *(érdeklődésből vmvel)* be* interested in sg, go* in for sg; *(kérdéssel)* deal* with, go* *i*nto; *(kutatási stb. témával)* study sg, specialize on sg; *(üggyel hivatalosan)* deal* with, treat, investigate; *(kérvénnyel)* consider; **a bíróság** ~**ik az üggyel** the case is before the court; **a jövő órán a 15. leckével fogunk** ~**ni** next time we'll go through lesson 15; **sokat** ~**ott azzal a gondolattal, hogy** *(vmt csinál)* he gave much thought to (the idea of) doing sg; **azzal a gondolattal** ~**ik, hogy** he is* cons*i*dering sg, he is* toying with the idea (of) **3.** *(vkvel orvos)* attend to sy; *(gyerekkel)* look after, keep* an eye on [the child]
foglalkoztat *v* **1.** *(dolgozót)* give* employment/work (to), employ; **500 főt/embert** ~ employ 500 people **2.** *vkt vm* be* concerned about sg; **erősen/nagyon** ~**ja vki/vmi** (s)he shows great concern about sy/sg
foglalkoztatás *n* employment
foglalkoztatott *a/n* employee; **a** ~**ak** the employees, those in employment
foglalkoztatottság *n* employment; **teljes** ~ full employment

foglaló *n* down payment, deposit; ~t ad/ **fizet vmre** make* a down payment on sg, put* down a deposit on sg

foglalt *a (hely stb.)* occupied, engaged; *(asztal)* taken, 'reserved'; *(ajtón kiírás)* engaged; *(taxi)* hired, engaged; **ez a hely** ~ this seat is taken/occupied; ~ **(a vonal)** (the number is) engaged, *US* (the line is) busy; **a mai estém** ~ I am booked up for this evening

foglaltat|ik *v* **benne** ~**ik** be* comprised/contained/included in sg

fogmosás *n* cleaning the teeth, teeth-cleaning, tooth-brushing

fogmosópohár *n* tumbler

fogműtét *n* dental operation

fogó *n* 1. *(harapó~)* pincers *pl*; *(kombinált, lapos)* pliers *pl*; *(orvosi)* forceps *pl*; *(foghúzó)* extraction forceps *pl*; *(cukornak, szénnek)* tongs *pl* 2. *(fogantyú)* handle, holder 3. *(fogócskában)* **te vagy a** ~! you are it!; **ki a** ~? who is it?

fogócska *n* (game of) tag/tig

fogócskáz|ik *v* play tag/tig

fogódzkod|ik *v vkbe, vmbe* cling*/hold (on)to, clutch/grasp at, hang* onto

fogódzó *n* 1. handhold, handrail 2. *átv* strating/fixed point, reference

fogókesztyű *n (konyhai)* oven glove

fogoly¹ *n (hadi~)* prisoner (of war), captive; *(letartóztatott)* convict, prisoner; **foglyul ejt** take* prisoner/captive

fogoly² *n (madár)* (grey) partridge

fogolykísérő *n* prisoner's escort

fogolytábor *n kat* prison camp, prisoner-of--war camp *(röv* P.O.W. camp)

fogolytárs *n* fellow prisoner/captive

fogorvos *n* dentist, dental surgeon; ~**hoz jár** go* to the dentist, receive dental treatment

fogorvosi *a* dentist's, dental; ~ **asszisztens** dental assistant/receptionist/hygienist; ~ **kar** *(egyetemen)* dental school; ~ **rendelő** = **fogászati** *rendelő*

fogorvoslás *n (kezelés)* dental therapy/treatment → **fogászat 1.**

fogorvostudomány *n* = **fogászat 1.**; ~**i kar** dental school

fogós *a* 1. ~ **szülés** forceps delivery; ~ **szüléssel világra hozott baba** forceps baby 2. ~ **kérdés** thorny/difficult question

fogpaszta *n* toothpaste

fogpiszkáló *n* toothpick

fogpor *n* tooth-powder, dentifrice

fogpótlás *n* (dental) prosthesis; *(műfogsor)* dentures *pl*, (dental) plate

fogság *n* captivity, imprisonment; ~**ban van** be* in prison/captivity, be* a prisoner (of war)

fogselyem *n* dental floss

fogsor *n (saját)* row/set of teeth; *(hamis)* dentures *pl*, false teeth *pl*, set of false teeth, dental plate

fogszabályozás *n* orthodontics *sing*.

fogszabályozó *a/n* orthodontic; ~ **(készülék)** brace, (dental) plate; *(ív)* dental splint

fogszakorvos *n* dental surgeon

fogszuvasodás *n* (dental) caries, (tooth) decay

fogtechnikus *n* dental technician/mechanic

fogtisztítás *n* teeth-cleaning

fogtömés *n* 1. *(művelet)* stopping/filling a tooth 2. *(plomba)* filling

fogva I. *post* 1. *(időben)* from, since, ever since; **attól (az időtől)** ~ from that time/moment (on); **régtől** ~ long, for a long time 2. **vm oknál** ~ by virtue of, in consequence of, as a result of II. *adv* 1. ~ **tart** keep* in prison, keep* sy prisoner, keep* sy confined, intern sy 2. *(megfogva)* by, by taking hold of, caught by; **karjánál** ~ [take* sy] by the arm

fogvacogás *n* chattering of the teeth

fogvacogva *adv* with chattering teeth, shivering

fogvájó *n* = **fogpiszkáló**

fogzás *n* teething, cutting of the teeth

fogz|ik *v* cut* one's teeth

fogzománc *n* (dental) enamel

fogy *v* 1. *(ált* lessen, grow* less, decrease, diminish; *(áru)* sell*, be* selling; *(készlet)* be* running out/short/low; *(pénz)* be* running/giving out; **sok villany** ~ a lot of electricity is being used/consumed; ~ **az ereje vknek** sy's strength is on the wane (*v.* ebbing away) 2. *(súlyban ember)* lose* weight, become*/get* thinner; **hat kilót** ~**ott** he (has) lost six kilograms 3. *(hold)* wane

fogyás *n* 1. *(árué)* sale, consumption 2. *(testi)* loss of weight

fogyaszt *v* 1. *(anyagot)* use up, consume; *(áramot, energiát)* consume; **8 litert** ~ **100 kilométerenként** *(autó)* the car does 12 km per (*v.* to the) litre, a car that does 35 mpg; [kimondva: miles per (*v.* to the) gallon] 2. *(ételt)* consume, eat*; **állva** ~ eat* sg standing up; **itt** ~**ja, vagy elviszi?** to stay or to go? 3. *(kötésnél)* cast* off, take* in 4. *(soványra)* emaciate, reduce; ~**ja magát** be* on a diet, be* slimming; **3 kg-ot** ~**ania kell** (s)he must shed/lose 3 kilos

fogyasztás n **1.** *ált* consumption **2.** *(kötésnél)* intake **3.** *(soványítás)* slimming, thinning
fogyasztási a ~ **adó** excise (duty), consumption tax; ~ **cikkek** consumer goods; **tartós** ~ **cikk(ek)** consumer durable(s)
fogyasztásmérő n *(gáz)* gas meter; *(áram)* electricity meter
fogyasztó n *(személy v. el készülék)* consumer
fogyasztói a ~ **ár** consumer's/shop/retail price; ~ **társadalom** a consumer society
fogyatékos a **1.** *(hiányos)* deficient, insufficient, scanty, short, unsatisfactory **2. testileg** ~ **gyermekek** physically handicapped children; **értelmileg/szellemileg** ~ mentally handicapped, retarded, educationally subnormal *(röv* ESN); **értelmi** ~**ok, szellemileg/értelmileg** ~ **gyermekek** educationally subnormal *(v.* mentally handicapped) children, ESN children, retarded children
fogyatékosság n **1.** *(hiányosság)* insufficiency, deficiency, scantiness, inadequacy; *(főleg erkölcsi)* shortcomings *pl,* fault **2. értelmi** ~ mental deficiency/handicap
fogyó a diminishing, decreasing, lessening; ~ **hold** waning/decrescent moon
fogyóanyag n expendable material; *biz* throwaway
fogyóeszköz n semi-fixed assets *pl,* expendable material/tool etc.
fogyókúra n slimming cure/diet/treatment, fat-reducing diet
fogytán *adv* ~ **van** be* coming to an end; *(pénz)* be* running out; *(készlet)* be* nearly exhausted, be* running out/short/low; *(tüzelő)* be* low; *(erő)* be* waning; ~ **a benzin** the car is running low on petrol
fohász n supplication, prayer
fohászkod|ik v *(imádkozik)* breathe a prayer, pray (earnestly)
fojt v choke, stifle; *(füst)* suffocate; **vízbe** ~ drown; **magába** ~**ja érzelmeit** repress/suppress one's feelings, bottle up one's feelings
fojtás n **1. vízbe** ~ drowning **2.** *(töltényben)* wad(ding), plug
fojtó a *(füst)* choking, suffocating [smoke]; *(hőség)* stifling, sweltering [heat]
fojtogat v **1.** *vk vkt* try to strangle/throttle **2.** ~**ta a füst** the smoke almost choked him; **düh** ~**ja** choke with rage/anger; **sírás** ~**ja** choke down/back one's tears/sobs
fojtogató a choking; ~ **érzés** *orv* choking sensation, breathlessness

fojtószelep n throttle valve
fojtott a *(hang)* choked, subdued; ~ **hangon** in a choky/choked/choking voice
fok n **1.** *(beosztásban)* degree, scale; ~**okra (be)oszt** grade, graduate, calibrate **2.** *(hőé)* degree(s); **18** ~ **meleg** 18°C, 18 degrees centigrade; **10** ~ *(v.* **10°) hideg** ten degrees of frost *(v.* below zero *v.* below freezing point), 10 degrees below **3.** *(lépcsőé)* step, stair; *(létráé)* rung; *(tűé)* eye **4.** *(hegyé)* cape, promontory **5.** *(átv fokozat)* degree, grade; *(fejlődési)* stage, phase; **egy bizonyos** ~**ig** to a certain degree; **végső** ~**on** in the last resort; ~**ról** ~**ra** by degrees, gradually, step by step
fóka n seal
fókaprém n sealskin
fókavadász n seal-hunter
fokbeosztás n graduation, calibration; ~**sal ellát** graduate, calibrate
Fokföld n Cape Province; *(régebben)* Cape Colony
fokföldiibolya n African violet
fokhagyma n garlic
fokhagymagerezd n clove of garlic
fokhagymás a seasoned/made with garlic *ut.*
fokhagymaszag n odour *(US* -or) of garlic, smell of garlic; ~**ú** garlicky
fokmérő n *átv* measure(ment), standard; **előmenetelének** ~**je** a measure of how (s)he's getting on
fokonként *adv* gradually, by degrees
fokos[1] a of ... degrees *ut.*; **huszonhat** ~ **meleg** twenty-six degrees, 26°C
fokos[2] n *kb.* halberd, tomahawk
fokoz v **1.** *(sebességet)* increase; *(termelést)* increase, step up [production]; *(termelékenységet)* boost, improve [productivity] **2.** *(érzelmet)* heighten, raise **3.** *(melléknevet)* compare
fokozás n **1.** *(termelésé)* increase, step-up; *(termelékenységé)* improvement **2.** *(érzelemé)* heightening **3.** *(melléknévé)* comparison (of adjectives)
fokozat n **1.** *(tudományos)* degree; *(hivatali)* grade [of the civil service], class; *kat* rank; *(fizetési)* scale, class; **a 'tudomány doktora'** ~ *kb.* the degree of PhD **2.** *(fejlődési)* stage, phase
fokozatos a gradual
fokozatosan *adv* gradually, by degrees, step by step
fokozatosság n **a** ~ **elve** the principle of gradience
fokozódás n increase, rise

fokozód|ik *v* be* on the increase, increase, grow*, intensify

fokozott *a* increased; ~ **mértékben** to a greater extent, to a marked degree; ~ **köz-úti ellenőrzés** *kb.* a drive against traffic offenders

-fokú *a* of … degree/grade *ut.*, -grade, -degree

fókusz *n* focus (*pl* focuses *v.* foci)

fókusztávolság *n* focal length

Fokváros *n* Cape Town

fokvárosi *a/n* Capetonian

foldoz *v* = **foltoz**

fólia *n* (*fémből*) foil; (*háztartási, műanyagból*) clingfilm

fóliáns *n* folio

fóliasátor *n* plastic tunnel, polythene greenhouse

folklór, folklorisztika *n* folklore (studies *pl*)

folklorista *n* folklorist

folt *n* **1.** (*pecsét*) stain, smudge, spot; (*tinta*) blot(ch), blob; (*arcon, bőrön*) blotch, freckle, mark; ~**ot ejt vmn** stain sg; ~**ot kivesz vmből** remove stain from sg **2.** (*felvarrt*) patch, piece; (*bőrből cipőn*) tap **3.** (*jellemen*) stain, blemish, blot; ~ **esett a becsületén** there's a stain on one's reputation/honour/character

foltos *a* **1.** (*pecsétes*) stained, smudgy, spotted, spotty; (*tintától*) blotched; (*arc, bőr*) mottled, freckled **2.** (*foltozott*) patched, tapped **3.** (*jellem*) stained, blemished, tainted, sullied

foltoz *v* (*ruhát*) patch, put* a patch on; (*fehérneműt*) mend

foltozás *n* (*ruháé*) patching (up); (*fehérneműé*) mending

foltozó *n* mender

folttisztítás *n* stain removal

folttisztító (szer) *n* stain remover

folyadék *n* liquid, fluid; **mennyi** ~**ot fogyaszt?** what's your intake of fluid?

folyadékveszteség *n* loss of fluid

folyam *n* **1.** (*folyó*) river, stream **2. új** ~ (*folyóirat*) new series

folyamán *post* **vmnek** ~ in the course of, during; **a nap** ~ in the course of (*v.* during) the day; **április** ~ during/in April

folyamat *n* ált *és* tud process; ~**ba tesz/helyez** commence; *jog* set* in motion; (*vizsgálatot*) institute; ~**ban van** be* under way, be* going on, be* in progress; ~**ban levő beruházások** investments in process; **a** ~**ban levő tárgyalások** the current negotiations

folyamatos *a* continuous; unbroken; ~ **átdolgozás/korszerűsítés** (*pl szótáré*) regular updating; ~ **jelen (idő)** present continuous; ~ **múlt** past continuous; ~**an** continuously; ~**an tájékoztat vkt** keep* sy posted

folyamatosság *n* continuity

folyamhajózás *n* river navigation

folyami *a* river(-); fluvial; ~ **hajó** river boat ⇨ **kavics**

folyammeder *n* river-bed

folyamodás *n* = **folyamodvány**

folyamod|ik *v* **1.** *vmért* apply for sg, request sg; **állásért** ~**ik** apply for a post; **vkhez** ~**ik vmért** apply/turn to sy for sg **2.** *vmhez* resort to, have* recourse to; **vmlyen lépéshez** ~**ik** adopt (certain) measures

folyamodvány *n* application, request

folyamőr *n* kat † member of the river police

folyamőrség *n* kat † river forces *pl*

folyamrendészet *n* river police

folyamrendszer *n* water/river system

folyamszabályozás *n* regulation/canalization of riverways

folyamtorkolat *n* = **folyótorkolat**

folyás *n* **1.** *ált* flow(ing), course, run **2.** *orv* discharge, flux(ion) **3.** *átv* **ilyen a világ** ~**a** such is life; **szabad** ~**t enged vmnek** let* things take their course, give* (free) rein to sg

folyat 1. *vt* let* sg flow/run, cause to flow; **vizet** ~**vmbe** run* (some) water into sg **2.** *vi* (*tartály*) leak

folydogál *v* flow slowly, trickle

folyékony *a* **1.** (*halmazállapotú*) fluid, liquid, flowing **2.** (*beszéd*) fluent **3.** ~ **hang** *nyelvt* liquid

folyékonyan *adv* ~ **beszél angolul** speak* fluent English

foly|ik *v* **1.** (*folyadék*) flow, run*, stream; **egymásba** ~**ik** run*/flow* into one another; ~**ik az orra vére** his nose is* bleeding; ~**ik az orra** (*náthás*) his nose is running **2.** (*hibás edény*) leak, run* **3.** (*tart*) go* on, be* (going) on, be* in progress; (*beszélgetés vmről*) run* on; **az előadás** ~**ik** the show is on; **miről** ~**ik a beszélgetés?** what are they talking about?; **a tárgyalások** ~**nak** the talks/negotiations continue; **mi** ~**ik itt?** what's going on here? **4.** (*következik vmből*) follow, ensue, result; **ebből** ~**ik, hogy** it follows from this that

folyó I. *a* **1.** ~ **víz** (*csapból*) running water **2.** ~ (*röv.* **f.**) **évi** this year's, of this year *ut.*, of the current year *ut.*; ~ (*röv.* **f.**) **hó** this

month *(röv* inst.); **f. hó 14-én, f. hó 14-i
kelettel** on the 14th inst.; ~ **ügyek**
rout*i*ne work/ma*t*ters, *o*rdinary bus*i*ness **II.** *n*
r*i*ver, stream; ~**n felfelé** up the river, up-
stream; ~**n lefelé** down the river, down-
stream
folyóág *n* arm/branch of a river
folyóbeszéd *n* ru*n*ning speech/text
folyóírás *n* ru*n*ning/c*u*rsive (h*a*nd)writing,
longhand
folyóirat *n* periodical; *(havi)* m*o*nthly; *(két-
hetenkénti)* biweekly
folyóiratszemle *n* rev*i*ew of periodicals/
reviews
folyókanyar *n* a bend in the river, river bend
folyomány *n* o*u*tcome, res*u*lt, c*o*nsequence,
issue
folyómeder *n* river-bed, watercourse
folyóméter *n* (r*u*nning-)metre; **15** ~ **polc**
15 metres *(US* -ters) of cont*i*nuous shelving;
~ **enkénti ára** price per metre
folyondár *n* *á*lt creeper
folyópart *n* (river-)bank; *(városban)* water-
-front; **a** ~ **on** on/by the river-bank
folyósít *v* pay (out) ⇨ **kölcsön**
folyosó *n* corridor, passage; *(parlamenti)*
lobby; *(nézőtéren)* gangway, aisle; *(vonaton
fülkék előtt)* corridor; *(középen)* central
gangway
folyószakasz *n* reach
folyószám *n* (r*u*nning) n*u*mber
folyószámla *n* *(bankban)* c*u*rrent account,
US checking acco*u*nt; *(kamatozó)* deposit
acco*u*nt; *(takarékpénztárban)* savings ac-
co*u*nt; ~ **ja van a ... Bankban** have* an
acco*u*nt at *(US* with) (the) ... Bank; ~ **t
nyit egy banknál** *o*pen an acco*u*nt with a
bank; **ho! van a** ~ **d?** where do you bank?
folyószámla-kivonat *n* st*a*tement (of ac-
co*u*nt)
folyószámla-követelés *n* balance
folyótorkolat *n* mouth (of river), estuary;
sk firth
folyóvíz *n* *(területé)* river; *(folyóból)* river-
-water ⇨ **folyó 1.**
folyóvölgy *n* river valley
folytán *post vmnek* as a result of, owing/due
to
folytat *v* **1.** *á*lt cont*i*nue, go* on/ahead
(with), c*a*rry on; ~ **ja a munkáját** go*/
c*a*rry on with one's work; ~ **ja munkáját
a leszerelési konferencia** the dis*a*rma-
ment talks have res*u*med *(v.* cont*i*nue); ~ **ja
útját** cont*i*nue/res*u*me one's jo*u*rney, walk/
keep* on, proc*e*ed on one's way, go* ah*e*ad;
fo!ytasd (csak)! go on!, proc*e*ed!, c*a*rry

on!; — ~**ta a miniszter** — the m*i*nister
went on (to say); **ne folytasd** there's no
need to go on, eno*u*gh of that; **nem** ~ **vmt**
stop sg, leave* off, give* up **2.** *(meghosszab-
bít)* extend, cont*i*nue, prolong **3.** *(vmlyen
életet)* live/lead* [a life]; *(mesterséget)*
follow, purs*u*e; **vmlyen politikát** ~ pur-
s*u*e a policy of; **tanulmányokat** ~ pur-
s*u*e/cont*i*nue st*u*dies; **tárgyalásokat** ~
enter *i*nto negotiations (with), c*a*rry on talks
(with); **viszonyt** ~ **vkvel** have* an aff*a*ir
with sy, have* rel*a*tions with sy
folytatás *n* **1.** *á*lt continuation; **az ügynek
nem lett** ~ **a** the m*a*tter was dropped **2.**
(regényrészlet) continuation, inst*a*lment;
~ **a következik** to be cont*i*nued; ~ **okban
közöl** *(regényt)* serialize [a novel]; ~ **ok-
ban adták le** was serialized [on telev*i*sion];
~ **okban megjelenő (regény)** serializa-
tion
folytatásos *a* serial, serialized [st*o*ry, novel]
folytatód|ik *v* cont*i*nue, go*/keep* on, pro-
ceed; *(megszakítás után)* be* res*u*med; **a
per holnap** ~ **ik** the trial cont*i*nues tomor-
row
folytatólag *adv* *(megszakítatlanul)* con-
t*i*nuously, witho*u*t a break
folytatólagos *a* cont*i*nuous, cont*i*nued; ~
előadás cont*i*nuous/nonstop performances
folyt. köv. = *folytatása következik* to be
cont*i*nued
folyton *adv* always, cont*i*nually, cont*i*nuous-
ly, witho*u*t a break
folyton-folyvást *adv* on and on, perpetu-
ally
folytonos *a* *(megszakítás nélküli)* cont*i*nu-
ous, cont*i*nued, unbroken; *(nem szűnő, pl vi-
ta, panasz stb.)* cont*i*nual, never-ending
folytonosság *n* cont*i*nuity, cont*i*nuance
folytonossági *a* ~ **hiány** break, gap,
hiatus
fon *v* **1.** *(fonalat)* spin* [yarn]; *(hajat)* braid
[hair]; *(kosarat)* weave* [basket]; *(kötelet)*
twist [rope] **2. karját vk köré** ~ **ja** twine/
throw* one's arms round sy
fonadék *n* texture, matting, braid(ing)
fonák I. *a* **1.** absurd, anomalous, preposter-
ous, awkward **2.** ~ **ütés** backhand (stroke)
II. *n* **1. a szövet** ~ **ja** wrong/back side of
cloth **2.** = **fonák ütés**
fonákság *n* absurdity, preposterousness,
awkwardness
fonal *v* **fonál** *n* **1.** *á*lt yarn, thread; *(kötés-
hez)* kn*i*tting wool **2.** *á*tv thread; **vörös**
~ **ként húzódik végig vmn** sg runs*
right through sg, sg may be traced right

through sg; **felveszi a beszéd** ~**át** resume the thread of one's discourse; **elveszti a beszéd** ~**át** lose* the thread (of conversation)

fonalféreg n nematode, threadworm

fonalkereszt n (látcsőben) cross hairs/wires pl

fonás n spinning, braiding, weaving

fonat n = **fonadék**

foncsor n amalgam, silvering [for mirrors]

foncsoroz v silver

fondorkod|ik v scheme, intrigue, plot

fondorlat n machination, intrigue; **csalárd** ~**tal** on/under false pretences

fondorlatos a fraudulent; ~ **módon,** ~**an** by fraudulent means, fraudulently

fondü n fondue

fondükészlet n fondue set

fonéma n phoneme

fonemikus a phonemic

fonendoszkóp n orv phonendoscope

fonetika n phonetics sing.

fonetikai a phonetic

fonetikus I. a phonetic; ~ **átírás** phonetic transcription; ~ **jelek** phonetic symbols **II.** n phonetician

fonó n 1. (ember) spinner 2. (hely) spinning room, spinnery

fonoda n spinning-mill, spinning-works sing., spinnery

fonód|ik v twine/coil round; (vm köré) entwine (itself) (a)round sg

fonógép n spinning-machine

fonográf n phonograph

fonológia n phonology

fonológiai a phonological

fonott a spun, woven; (bútor) wicker(work) [furniture]; ~ **munka** (vesszőből) wickerwork

font n pound (mint súly 453 gramm, röv lb; mint pénzegység 100 pence, röv £); biz (pénz) quid (pl ua.); ~ **sterling** pound sterling; **egy** ~ ... (súly) a pound of ...; **10** ~**ba kerül** it costs £10 (kimondva: ten pounds); **heti 300** ~**ot keres** (s)he earns £300 (v. biz 300 quid) a weak

fontolgat v ponder (over), weigh, consider, think* over

fontolóra vesz vmt kif ponder/consider sg, think* sg over

fontos a important; (jelentős) significant; **igen** ~ very important, of great importance ut.; **nem** ~ unimportant, of no importance/consequence ut.; **nem** ~, **hogy ki** no matter who; ~**nak tart vmt** consider sg important, attach importance to sg; **a**

leg~**abb (dolog/szempont) az, hogy** the main thing is* that, the important point is* that; **a nap leg**~**abb eseményei** the highlights of the day

fontoskodás n officiousness, pompousness, fuss, self-importance

fontoskod|ik v fuss, be* officious

fontoskodó a officious, consequentional

fontosság n importance, significance; ~**ot tulajdonít vmnek** attach importance to sg, **set*** great store by sg; ~**gal bír** be* of importance

fontossági a → **sorrend**

fontövezet n sterling area

fonnyad v wither, fade, droop

fonnyadás n withering, fading

fonnyadt a withered; (szépség) faded [beauty]

fonnyaszt v wither, shrivel (US -l) up, dry up

ford. 1. = fordította translated by ..., trans(l). 2. fordíts please turn over, P.T.O.

fordít v 1. (vmlyen irányba) turn; (lapot) turn over [page]; (meg~) reverse; **balra** ~ **vmt** turn sg to the left; ~**s!** (lap alján) please turn over (röv P.T.O.), US over 2. (más nyelvre) translate (sg from sg into sg); **angolról magyarra** ~ **vmt** translate sg from English into Hungarian; **ezt a könyvet franciából** ~**ották angolra** this book has been translated from French into English; ~**otta** ... translated by ...; **angolból** ~**otta** ... translated from (the) English by ... 3. (tekintetet, energiát) direct to; (vmt vm célra) devote to; (összeget) appropriate for; **vmre** ~**ja pénzét** spend*/ expend money on sg; **erejét vmre** ~**ja** devote (all) one's energies to sg, give* oneself up to sg ⟹ **fegyver, figyelem, gond, hát¹, köpönyeg**

fordítás n 1. (vm irányba) turning (round) 2. (más nyelvre, művelet) translating, translation; (eredmény) translation; **ennek a szövegnek a** ~**a 3 hetet vett igénybe** the translation (v. translating) the text took 3 weeks; **meglehetősen szabad** ~ **a** fairly free translation; ~**ban** in translation; ~**ban olvastam** I've read it in translation; **gépi** ~ machine translation

fordítási a ~ **hiba** translation error, error in translation

fordító n translator

fordítóiroda n translation bureau (pl bureaux is), translation agency

fordítós a ~ **film** reversible film

fordított a 1. (megfordított) reversed, inverse; ~ **arányban** → **arány**; ~ **sor-**

rendben in reverse order; ~ **szórend** inversion **2.** *(nyelvből)* translated (from); **angolból** ~ translated from (the) English *ut.*
fordítva *adv* **1.** inversely **2.** *(ellenkezőleg)* on the contrary ⇨ **arányos**
fordul *v* **1.** *(vmlyen irányba)* turn (round); *(meg~)* turn round, make* a turn; *(úszó a medence végén)* turn; **balra** ~ **az út** the road turns/bears* left; **a kocsi az árokba** ~**t** the car overturned into the ditch; **vk/vm felé** ~ turn to(wards) sg/sy; **feléje** ~**t az érdeklődés** (s)he/it attracted interest, (s)he/it aroused curiosity **2. háromszor** ~**t** *(oda-vissza)* he went there three times **3. jóra** ~ take* a turn for the better, take* a favourable *(US* -or-*)* turn, take* a happy turn, improve; **rosszra** ~ take* a turn for the worse, change for the worse, worsen; **a dolgok mind rosszabbra** ~**tak** things* became* worse and worse; **hidegre** ~ **az idő** the weather is* turning cold; **másként** ~**t a dolog** things took* a different turn, things turned out differently; ~ **a kocka** the tables are* turned; **ha úgy** ~**na a dolog** should it happen (that) **4.** *vkhez* turn to sy, apply/appeal to sy (for sg); **kihez** ~**hatok?** where shall/do I apply? who do*/can* I go/turn to?; **azt mondták,** ~**jak ...hoz** I was referred to ...; **orvoshoz** ~ (go* to) see* a doctor, consult a doctor **5. vk ellen** ~ turn/rise* against sy
fordulás *n* turn; **jobbra/jóra** ~ change for the better
fordulat *n* **1.** *(keréké)* revolution, rotation, turning **2.** *átv (sudden)* change, turn; **döntő** ~ decisive change; **kedvező** ~ a turn for the better; ~ **áll be** the tide is turning; *tört* **a** ~ **éve** the year of change **3.** *(nyelvi)* phrase, idiom
fordulatszám *n* revolutions per minute *(röv* rpm) *pl*
forduló *n* **1.** *(úté)* turn(ing); *(versenypályán)* bend, curve **2.** *(oda-vissza megtett út)* journey, trip **3.** *(sp és egyéb verseny)* round; leg; **első** ~ first round/leg
fordulópont *n* turning-point, landmark; ~**hoz érkezik** *vm* come* to a head
forgács *n (fa)* shavings *pl; (esztergályozásnál)* turnings *pl,* chips *pl*
forgácsfánk *n kb.* fritter
forgácsol *v (fémet)* cut*, chip, machine [metal]
forgácsolás *n műsz* cutting, machining of metals
forgácsolószerszámok *n pl* cutting tools
forgalmas *a* busy

forgalmaz *v* **1.** *(forgalomba hoz)* put* into circulation; *(filmet)* distribute **2.** *ker* bring* in, take*; **naponta 8000 Ft-ot** ~ have* a turnover of (*v.* take*) 8,000 forints a day
forgalmi *a* **1.** ~ **adó** purchase tax; **általános** ~ **adó (ÁFA)** value-added tax (VAT); ~ **érték** market value **2.** ~ **akadály/dugó** traffic jam/congestion, congested traffic, *biz* snarl-up; ~ **torlódás** *(esetleg több kilométeres)* tailback; ~ **csomópont** junction, interchange; ~ **engedély** vehicle licence, registration document/log book, *US* automobile registration; ~ **jelzőlámpa** traffic lights/signals *pl;* ~ **sáv** (traffic) lane
forgalmista *n* traffic manager
forgalmú *a* **1. nagy** ~ **útvonal** road carrying heavy traffic, a very busy thoroughfare **2. nagy** ~ **üzlet** shop with a big turnover
forgalom *n* **1.** *(közúti)* traffic **2.** *ker* turnover, trade; **nagy forgalmat bonyolít le** ~ **lebonyolít 3.** *ált* ~**ba hoz** put* into circulation, circulate, issue; *(filmet)* distribute; ~**ban van** run*, circulate, be* in circulation; ~**ból kivon** take* out of circulation, withdraw* (from circulation)
forgalomelterelés *n* diversion, diverted traffic, *US* detour
forgalomirányítás *n* traffic control
forgalomirányító I. *a* ~ **jelzőlámpa** = **forgalmi** *jelzőlámpa* **II.** *n* traffic controller
forgalomkorlátozás *n* traffic restriction(s)
forgandó *a* ~ **a szerencse** changing fortune; **a szerencse** ~ there are* ups and downs in life
forgás *n* turning round; *(tengely körül)* rotation; *(keréké)* turn; *(égitesté)* movement, motion
forgáspont *n* centre (*US* -ter) of rotation, fulcrum *(pl* -crums *v.* -cra)
forgástengely *n* axis *(pl* axes) of rotation
forgat *v* **1.** *ált* turn (round), revolve, rotate; **a történelem kerekét nem lehet visszafelé** ~**ni** you cannot put the clock back **2.** *(filmet)* shoot* [a film] **3.** *(kardot)* wield, brandish [sword] **4.** *mezőg (szénát)* ted **5. szemeit** ~**ja** roll one's eyes **6.** *(könyvet)* read* [a book]; *kif* turn the leaves of a book **7.** *(pénzt)* reinvest, circulate; *(váltót)* endorse, negotiate [a bill] **8. vmt** ~ **a fejében** (1) turn over sg in one's mind, ponder (over) sg (2) *(vm terve van)* have* sg in mind, be* up to sg
forgatag *n* **1.** † *(örvény)* whirlpool; *(forgószél)* whirlwind **2. az utcák** ~**a** the bustle of the streets/city

forgatás *n* **1.** *ált* turning, revolving (sg), rotation (of sg), rotating (sg) **2.** *(filmé)* shooting **3.** *mezőg (talajé)* turning *(over)* [the soil], ploughing (up), *US* plowing (up); *(szénáé)* tedding [of hay]

forgatócsoport *n* shooting/film crew/team

forgatóerő *n* twisting/torsional force

forgatókar *n* crank(-handle)

forgatókönyv *n* **1.** *film (irodalmi)* script, screenplay; **technikai** ~ shooting script, continuity; **a** ~**et írta** screenplay by ... **2.** *(rendezvényé)* scenario

forgatónyomaték *n* torque, moment of rotation

forgó I. *a* turning, revolving, rotating **II.** *n* **1.** *(csontok között)* joint, articulation **2.** *(toll-dísz)* plume, pompon **3.** *(játék)* windmill, *GB* whirligig, *US* pinwheel

forgóajtó *n* revolving door

forgóalap *n* floating capital, (current) assets *pl*

forgóeszközök *n* *közg* current/floating assets

forgolódás *n* **1.** *(sürögve)* bustle **2.** *(ágy-ban)* tossing and turning

forgolódik *v* **1.** *(sürögve)* busy oneself, bustle about; *(vm körökben)* move about (in); *(vk körül)* pay* marked attention to (sy) **2.** *(ágyban álmatlanul)* toss and turn [in bed]

forgópisztoly *n* revolver, *US* handgun

forgószék *n* revolving chair

forgószél *n* whirlwind *(átv is)*

forgószínpad *n* revolving stage

forgótengely *n* axle-tree

forgótőke *n* working/floating capital

forgózsámoly *n* bogie

forint *(röv* Ft*)* *n* **1.** *(magyar)* forint *(röv* ft *v.* fts); **tíz** ~ ten forints *(v.* 10 fts); **5000/ ötezer** ~ 5,000 fts **2.** *(holland)* guilder, gulden

forintkiajánlás *n* ⟨the transfer(ring) of forints abroad illegally⟩

forintos I. *n* = **egyforintos II.** *a* 82 ~ **könyv** a book costing 82 forints

forma *n* **1.** *(alak)* form, shape; **a** ~ **kedvé-ért** for form's sake, to keep up appearances; ~**t ölt** take* shape **2.** *sp* form; ~**ba len-dül/jön** be* shaping up; **(jó)** ~**ban van** be* in (good) form; **nincs** ~**ban** be* out of form; **rossz** ~**ban van** be* in bad form; **ma nem vagyok vm jó** ~**ban** *(szelle-mileg)* I'm not too bright today; ~**n alul játszott** *(a csapat)* they were not at their best **3.** *sp* F~ I Formula I **4.** *(minta)* mould *(US* mold*)*, model

formabontó *a* *(film stb.)* form breaker

formaérzék *n* sense of form

formahanyatlás *n* loss of form

formai *a* formal, of/in form *ut.*

formailag *adv* formally

formájú *a* -shaped, -like

formakészítő *n* mould-maker *(US* mold-*)*

formál *v* form, mould *(US* mold*)*, frame, model *(US* -l*)*

formális *a* formal; ~ **logika** formal logic

formálisan *adv* **1.** *(formailag)* formally **2.** *biz (szabályosan)* practically

formalista I. *a* formalistic **II.** *n* formalist

formalizmus *n* formalism

formáló *a* formative

formálódik *v* take* form/shape, be* formed

formaöntő *n* moulder *(US* molder*)*

formaruha *n* (special) uniform; *isk* school dress/uniform

formás *a* shapely, well-shaped; ~ **láb** well--turned leg

formaság *n* formality, ceremony; **csak** ~ **az egész** it is just a formality, it is a mere formality; **ragaszkodik a** ~**okhoz** stand* on ceremony; ~**okat elintéz** comply with *(v.* go* through) formalities; **a** ~**okat mellőzi** dispense with (the) for-malities, [do*] not stand* on ceremony

formaszerű *a* formal

formaszó *n* function/structural word

formatervezés *n* (industrial) design; *(mint munka)* design work

formatervezett *a* [beautifully/well etc.] de-signed

formatervező *n* (industrial) designer

formátlan *a* shapeless, disfigured, deformed

formátlanság *n* shapelessness, deformity

formátum *n* **1.** *(könyvé)* format; *(más tár-gyé)* size, shape **2.** *(emberé átv)* stature

formula *n* formula *(pl* formulas *v.* formulae)

forog *v* **1.** *(körbe)* turn, revolve, turn/go* round; **a föld** ~ the earth revolves; ~ **ve-lem a világ** I feel* giddy, my head is* swimming/spinning **2.** *(pénz, könyv, hír)* cir-culate, be* in circulation **3.** *(társaságban)* move (in society); **sokat** ~ **társaságban** be* a good mixer; **a legmagasabb kö-rökben** ~ move in the highest circles of society ⇨ **kocka, szőnyeg, veszély**

forr *v* **1.** be* on the boil, boil, be* boiling; *(csendesen)* simmer; **a (tea)víz** ~ the kettle is boiling **2.** *(bor)* ferment; ~ **benne a méreg/düh** boil/seethe/simmer with anger, his blood is* up

forrad *v* *(seb)* heal over; *(törött csont)* set*

forradalmár *n* revolutionary

forradalmasít *v* revolutionize

forradalmi *a* revolutionary; ~ **átalakulás** revolutionary transformation
forradalom *n* revolution
forradás *n* **1.** *(seb)* scar **2.** *(fémen)* seam
forradásos *a* *(arc)* scarred, full of scars *ut.*
forral *v* **1.** *(folyadékot)* boil, bring* to the boil; *(tejet)* scald **2.** *(gonosz tervet)* hatch; **mit** ~? what is* he hatching up?; **rosszat** ~, **vmt** ~ be* up to sg/mischief, brew/plot mischief
forralatlan *a* unboiled
forralt *a* boiled; *(tej)* scalded; ~ **bor** mulled wine
forrás *n* **1.** *(felforrás)* boiling; ~**ban van** be* boiling; ~**ban levő** boiling **2.** *(erjedéses)* fermentation **3.** *(víz előtörése)* spring; *(folyóé)* source **4.** *(eredet)* source, origin **5.** *(hírforrás)* source(s); **biztos** ~**ból tudom** I have* it on good authority **6.** *(forrásmunka)* source; ~**ok jegyzéke** list of sources, references; **megadja/megnevezi** ~**ait** list one's sources, *kif* give* chapter and verse
forrásanyag *n* **1.** *(műé)* source material, sources *pl* **2.** *(felsorolva)* bibliography, literature
forrásjegyzék *n* list of sources, references
forráskutatás *n* study of sources
forráskutató *n* student of source material
forrásmunka *n* work/book of reference, authority, source(-book); ~**k** *(jegyzéke)* (list of) sources *pl*, references *pl*, bibliography
forrásmű *n* = **forrásmunka**
forrásnyelv *n* source language
forráspont *n* boiling-point
forrásvidék *n* riverhead, source of [a river], headwater(s)
forrásvíz *n* spring-water
forraszt *v* **1.** *(fémet)* solder **2.** **torkára** ~**ja a szót** make* the words die/freeze on one's lips
forrasztár *n* solderer
forrasztás *n* soldering
forrasztólámpa *n* blowlamp, blow torch
forrasztópáka *n* soldering iron
forrasztópálca *n* soldering pin/tab
forráz *v* **1.** *ált* pour boiling water on sg **2.** *(teát)* infuse, brew [tea]
forrázat *n* infusion
forró *a* **1.** *ált* (very) hot; *(étel, ital)* steaming hot; ~ **víz** boiling hot water; ~ **a homloka** *(láztól)* her/his forehead is hot/burning **2.** *(égöv)* torrid [zone] **3.** *(vágy)* ardent, fervent [desire]; *(szerelem)* passionate; ~ **fejjel** hotheadedly
forródrót *n* hot line

forrófejű *a* hotheaded
forrong *v* be* in ferment/revolt
forrongás *n* agitation, turbulence, upheaval, turmoil, ferment
forróság *n* **1.** *ált* hotness; *(hőség)* (tropical) heat, torridity **2.** *(láz)* (high) temperature, fever
forrósod|ik *v* heat (up), get*/grow* hot
forróvérű *a* hot-blooded, fiery
forróvíztároló *n* immersion heater, electric water heater, *US* hot water heater
forrpont *n* boiling point
forsz *n* *vmé* trick, knack
fortély *n* trick; **érti a** ~**át** get*/have* the hang of sg
fortélyos *a* **1.** *vk* wily, tricky **2.** *(eszköz, dolog)* tricky, awkward
fortyog *v* *(forráskor)* bubble, seethe; *átv* *(vk magában mormog)* seethe, mutter (to oneself)
fórum *n* **1.** forum; *(hatóság)* authority **2.** *(tévében)* *kb.* panel (on sg); *(egyéb)* forum (on sg)
fos|ik *v* *vulg* shit
foszfát *n* phosphate
foszfor *n* phosphorus
foszforeszkál *v* phosphoresce
foszforsav *n* phosphorous acid
foszlány *n* **1.** *(anyagé)* shred, rag **2.** *átv* scraps *pl*, snatches *pl*
foszl|ik *v* fray; *(csak ruha)* get* threadbare/tattered
foszt *v* *(kukoricát)* strip [maize]; *(tollat)* pick, strip, pluck [feather]
fosztogat *v* loot, pillage
fosztogatás *n* looting, pillaging
fotel *n* armchair, easy chair
fotelágy *n* convertible armchair, chair-bed
foto- *a* photo-
fotó *n* = **fénykép**
fotocella *n* photoelectric cell, photocell
fotocikk(ek) *n* photographic article(s)/materials/supplies
fotokémia *n* photochemistry
fotokópia *n* photocopy; ~**t készít vmről** make* a photocopy of sg, photocopy sg
fotómodell *n* model
fotómontázs *n* photomontage
foton *n* *fiz* photon
fotópapír *n* photographic paper
fotóriport *n* picture/camera report
fotóriporter *n* *(állandó, szerkesztőségi)* press photographer
fotózás *n* = **fényképezés**; ~**ra kész** *(kézirat)* camera-ready [copy]
fotózható *a* = **fotózásra kész**

fotóz|ik *v* = **fényképez**

fő[1] *v* **1.** *(étel, ital)* boil, cook, be* cooked; *(lassú tűzön)* simmer; ~ **a krumpli** the potatoes are boiling/cooking **2.** ~ **a fejem** my head is reeling (with/from sg)

fő[2] **I.** *n* **1.** *(fej)* head; ~**be lő vkt** shoot* sy in the head, put* a bullet through sy's head; *(kivégez)* execute sy by shooting; ~**be lövet** have* sy shot **2.** *(személy)* person; **három ~ből álló bizottság** a committee of three; **társaságunk 50** ~**t számlái** our club is 50 strong; **egy** ~**re eső** per capita **3. az a** ~, **hogy** *(a legfontosabb dolog)* the main thing is that **II.** *a (lényeges, fontos)* main, principal, (most) important, chief; ~ **cél/törekvés** sy's main/chief object (in life); **vk** ~ **erőssége** sy's forte, sy's strongest point; ~ **helyen közöl** *(újság)* feature → **főhely;** ~ **szempont** main principle, governing idea ⇨ **legfőbb**

fő- *pref* chief, principal, main, high

főág *n* main branch

főalak *n* principal figure, leading character, hero

főállás *n* full-time job

főápolónő *n* matron

főbejárat *n* main entrance, front door

főbenjáró *a (bűn)* capital [crime]

főbérlet(i lakás) *n* flat

főbérlő *n* tenant [of a flat]

főbűnös *n* principal

főcím *n* **1.** main title; *(újságban)* headline **2.** *(filmé)* credits *pl*

föd(él) → **fed(él)**

födém *n* floor

föderáció *n* **1.** federation **2.** *(mint rendszer)* federalism

föderalizmus *n* federalism

fődolog *n* main thing/point

fődő → **fedő**

födött → **fedett**

főellenőr *n* chief inspector, controller

főelőadó *n* section head, chief official, executive

főemlősök *n pl* primates

főépület *n* main building

főétel *n* main dish/course, entrée

főétkezés *n* main/principal meal

főfal *n* main/bearing wall

főfelügyelő *n* chief inspector, inspector general

főfoglalkozás *n* principal/main occupation; full-time job

főfoglalkozású *a* full-time [employee]

főhadiszállás *n* general headquarters *pl v. sing.*

főhadnagy *n GB* lieutenant, *US* 1st lieutenant

főhajó *n (templomi)* nave

főhajtás *n* bow(ing)

főhangsúly *n* **1.** *(szóé)* primary/main stress **2.** *átv* (main) emphasis

főhatalom *n* supremacy

főhatóság *n* supreme/highest authority

főhdgy. = **főhadnagy** *(röv* Lt., Lieut.)

főhely *n* place of honour *(US* -or)

főhomlokzat *n* main front, façade

főhős *n* hero

főidény *n (üdülési)* high season; *(színházi stb.)* the height of the season

főigazgató *n* director general

főiskola *n* college; **Külkereskedelmi F**~ College for Foreign/Overseas Trade

főiskolai *a* college; ~ **hallgató** = **főiskolás**

főiskolás *n* student, undergraduate

főispán *n tört kb.* Lord Lieutenant [of a county], (high-)sheriff

főjavítás *n* (general) overhaul

főjegyző *n (városi) kb.* town-clerk (of Budapest/Debrecen etc.)

főkalauz *n (vasút) kb.* chief guard/inspector

főkapitány *n* commissioner/chief of police

főkapitányság *n* police headquarters *pl v. sing.;* *(Londonban)* Scotland Yard

főkapu *n* main gate

főként *adv* mainly, chiefly, above all, mostly

főképpen *adv* = **főként**

főkolompos *n biz* ringleader; cock of the walk

főkonzul *n* consul general *(pl* consuls general)

főkormányzó *n* governor-general *(pl* governors-general *v.* governor-generals)

főkönyv *n* ledger, the books *pl*

főkönyvelő *n* chief accountant

főkötő *n* bonnet

föl[1] *n (tejé)* the top of the milk; *átv* the cream (of sg)

föl[2]**(...)** *adv* up → **fel(...)**

fől *v* = **fő**[1]

föld *n* **1.** *(égitest)* the Earth; *(világ)* earth, world; **az egész** ~**ön** in all the world, all over the world **2.** *(égitestünk felszíne; talaj)* ground, earth, soil; **majd a** ~ **alá bújik szégyenében** he wishes the earth would swallow him up; **a** ~ **alatt** underground; ~ **alatti** underground → **földalatti;** ~ **feletti** overground; ~ **körüli** round the world *ut.;* **ég a** ~ **a talpa alatt** it is* (getting) too hot for him; **még a** ~ **alól is** *(ti. előkerít vmt)* at any price; **a** ~ **népe** the peasantry, the agricultural population; ~be gyökerezik a lába stand* rooted (v. fixed) to the spot; ~ből való earthen; ~höz lapul lie* low, be* couched on the ground; ~höz vág (1) vmt throw* sg on the floor/ground (2) vkt floor sy, knock/bring* sy down; ~ig ér reach to the ground; ~ig lerombol, a ~del tesz egyenlővé raze to the ground; a ~ön on the ground; (padlón) on the floor; Magyarország ~jén in Hungary, on Hungarian soil; ~re szegezi a szemét cast* down one's eyes; ~et ér (repgép) land, touch down 3. (birtok) land, estate, property; ~ nélküli landless → földnélküli; ~höz juttat ⟨give* sy land in the course of land reform⟩, allot land to sy; kimegy a ~jére go* out to one's fields 4. = földelés

földadó n land/property tax
földalatti I. a ~ mozgalom underground/illegal movement **II.** n (vasút) the underground (railway); (Londonban) tube, US subway; ~val by underground, on the underground, GB by tube, on the tube → metró
földalatti-állomás n underground station, GB biz tube station
földbérlet n farming lease
földbérlő n tenant, lessee
földbirtok n landed property/estate
földbirtokos n landowner; GB néha squire; ~ osztály the landowning class, GB the squirearchy
földbirtokreform n land/agrarian reform
földcsuszamlás n landslide (átv is), landslip
földdarab n plot (of land)
földel v el earth, US ground
földelés n el earth, US ground
földes a (anyag) containing earth ut., earthen, covered with earth ut.
földesúr n landowner, landlord, squire
földfelszín n surface (of the earth)
földfémek n pl earth metals
föld-föld rakéta n surface-to-surface missile
földgáz n natural gas
földgázvezeték n pipe-line (for natural gas)
földgolyó n (the) globe
földgömb n (the) globe
földgyalu n grader; bulldozer
földhányás n bank
földhivatal n land registry
földhözjuttatott a new landholder
földhözragadt a (szegény) very poor, poverty-stricken

földi I. a 1. (földön termő) ground-, growing in the earth ut. 2. ~ irányító központ, ~ irányítás (űrhajóé) ground control, (Houstonban) Space Flight Center 3. (evilági) earthly, terrestrial, wordly; e ~ életben here below, in this world; ~ javak wordly goods/possessions **II.** n fellow-countryman°/townsman°, countryman°, compatriot; ~ (e)k vagyunk we are from the same part of the country/world
földieper n strawberry
földigénylő n claimant for land
földigiliszta n earthworm
földimogyoró n ground-nut, peanut
földindulás n earthquake
földjáradék n (land) rent
földkéreg n the earth's crust
földkerekség n a(z egész) ~en in all the world, the world over
földközel n perigee
Földközi-tenger n the Mediterranean (Sea)
földközi-tengeri a Mediterranean
föld-levegő rakéta n surface-to-air missile
földlökés n (earth) tremor
földmarkoló n (power) shovel, excavator
földmérés n (land) survey, GB Ordnance Survey
földméréstan n geodesy
földmérő I. a ~ eszköz surveying instrument **II.** n surveyor
földmozgás n earthquake motion
földmunka n earthwork, digging, excavation
földmunkás n navvy, labourer (US -or-)
földművelés n agriculture
földművelésügyi a F~ Minisztérium Ministry of Agriculture, GB Ministry of Agriculture and Fisheries, US Department of Agriculture
földműves n (munkás) agricultural worker, farmhand, farm labourer (US -or-); (gazda) farmer
földművesszövetkezet n agricultural farmers' co-operative
földnélküli n a ~ek (the) landless peasantry; tört F~ János John Lackland
földnyelv n promontory
földomlás n landslide; (kisebb) landslip
földosztás n redistribution of land
földönfutó a homeless
földöntúli a (mosoly) unearthly; (boldogság) heavenly, celestial
földpálya n orbit of the earth
földpát n fel(d)spar
földrajz n geography

földrajzi *a* geographical; ~ **helyzet** geographical position; ~ **hosszúság** (geographical) longitude; ~ **név** geographical name; ~ **szélesség** (geographical) latitude
földrajzkönyv *n* geography textbook
földrajztanár *n* teacher of geography, geography master/teacher
földrajztudós *n* geographer
földreform *n* land/agrarian reform
földrengés *n* earthquake
földrengésbiztos *a* earthquake-proof
földrengésjelző *n (készülék)* seismograph
földrész *n* continent
földsánc *n* trench, entrenchment
földsáv *n* strip/tract of land
földszint *n* **1.** *(házban)* ground floor, *US* first floor **2.** *(színházban elöl)* (front) stalls *pl*; *(hátrább) GB* pit, *US* parquet circle, parterre; *(US az egész)* parquet, orchestra
földszintes *a* single-storey, *US* single-story
földszinti *a* **1.** ~ **lakás** flat on the ground floor, ground-floor flat, *US* first-floor apartment **2.** *szính* ~ **páholy** pit box; ~ **ruhatár** ground-floor cloakroom; ~ **ülés** stall(s) seat, *US* parterre seat
földszoros *n* isthmus, neck
földtan *n* geology
földtani *a* geological
földtávol *n* apogee
földteke *n* globe, terrestrial sphere; **e** ~**n** in this (our) world
földtengely *n* axis (of the earth)
földterület *n* area
földtoló *n* bulldozer
földtulajdon *n* land(ed property)
földtúrás *n* mound, hillock
földút *n* minor road [not made up], *US* dirt road
földvezeték *n* el earth(-line)
földvonzás *n* gravitation(al pull)
földzárlat *n el* short circuit to earth/ground
fölé *adv/post* over, above; ~**je hajol** vknek lean* over sy; ~**be helyez** vmnek prefer sg to sg; ~**be**/~**je kerekedik** vknek get*/gain the upper hand over sy
főleg *adv* = **főként**
föléje *adv* = **fölé**
fölény *n* superiority, ascendancy, advantage, lead; ~**be kerül** vkvel szemben (1) gain ascendancy over sy, get*/gain the upper hand over sy, get* the advantage over sy (2) *(számbelileg)* outnumber sy; ~**ben van** vkvel szemben have* the upper hand over sy, have* an advantage over sy; **nagy fölénnyel nyer** win* hands down (*v.* by a handsome margin)

fölényes *a* **1.** superior, surpassing, preponderant; ~ **győzelem** easy win/victory, walkover; ~ **győzelmet arat** win* hands down; ~ **tudás** formidable competence **2.** *(fennhéjázó)* supercilious, cocksure, uppish, *US* high-hat; ~**en** airily, superciliously
fölényeskedés *n* superciliousness
fölényesked|ik *v* ride* the high horse, lord sy/it; ~**ő** high-handed
főlépcső *n* main staircase, front stairs *pl*
főlovászmester *n GB* Master of the Horse
fölös *a* extra, surplus; ~ **számban** in excess
fölösleg(es) → **felesleg(es)**
fölött(e) → **felett(e)**
fölöttébb *adv* very, exceedingly, extremely, excessively
fölöz *v (tejet)* skim (off) the cream from [the milk], skim [milk]
fölözés *n (tejé)* creaming, cream separation
fölöző *n (kanál)* skimming ladle
fölözőgép *n* (cream-)separator
fölözött *a (tej)* skimmed [milk]
főmadám *n* midwife° in charge
főmérnök *n* chief engineer
főmondat *n* main/head clause
főmunkatárs *n* **1.** *(folyóiraté, lapé stb.)* executive/senior/contributing editor **2.** *tudományos* ~ senior research fellow/worker
főnemes *n* aristocrat, noble(man°); *GB* lord, peer
főnemesség *n* aristocracy, nobility; *GB* the peerage
főnév *n* noun
főnévi *a* substantival; ~ **igenév** infinitive
főnévképző *n* noun/substantival formative (suffix)
főnévragozás *n* declension (of nouns)
fönn → **fenn**
főnök *n* **1.** *(hivatali)* principal, head [of department], *biz* boss **2.** *(megszólításban = uram) biz* governor, □ guv(nor)
főnöknő *n* = **főnök**
főnökség *n* the management *pl v. sing.*, directorate; **vasúti** ~ (1) *(iroda)* office of (the) traffic-manager (2) *(tisztség)* traffic-managership
főnővér *n* matron
fönt → **fent**
főnyeremény *n* **1.** *(szerencsejátékban)* top/first prize [in lottery] **2.** *átv* stroke of luck, windfall; *biz* ~ **ez az állás** it is a plum job ⇨ **megüt**
főnyi *a* kb. **száz** ~ **tömeg** a crowd of about a hundred (people); **tízezer** ~ **hadosztály** a division 10,000 strong
fönyomócső *n* water main

fóoltár *n* high *a*ltar

fóorvos *n* *(kórházi)* head physician/surgeon; *(SZTK, megyei)* chief medical/health officer, consultant; ~ **úr kérem!** please, doctor

fóorvosnó *n* woman consultant → **fóorvos**

fóosztály *n* (major) department

fóosztályvezetó *n* head of department/section; *(minisztériumban)* assistant under-secretary

fópap *n* prelate, high priest

fópapság *n* prelates *pl*, prelacy

fóparancsnok *n* commander-in-chief *(pl* commanders-in-chief)

fóparancsnokság *n* **1.** *(hely)* general headquarters *.pl v. sing.* *(röv* G.H.Q.) **2.** **X marsall** ~**a alatt** *u*nder the (high) command of M*a*rshall X

fópilóta *n* chief pilot

fópincér *n* head w*a*iter

fópolgármester *n* the Mayor (of B*u*dapest); *(London)* Lord Mayor; *(Skócia)* Lord Provost

fóportás *n* (chief) receptionist

fóposta *n* head post office

fópróba *n* dress rehe*a*rsal

fórabbi *n* Chief R*a*bbi

fórend *n* *tört* member of the *U*pper House; *GB* member of the House of Lords

fórendezó *n* *szính* artistic director

fórészvényes *n* pr*i*ncipal sh*a*reholder

förmed *v* = **ráförmed**

förmedvény *n* invective, l*i*bellous/sc*u*rrilous att*a*ck/pamphlet

förtelem *n* abomin*a*tion, monstr*o*sity, horror

förtelmes *a* disg*u*sting, lo*a*thsome, abomin*a*ble

fós *a* **30** ~ **küldöttség** a 30-str*o*ng deleg*a*tion

fösvény I. *a* m*i*serly, avar*i*cious, tight-f*i*sted, *biz* st*i*ngy **II.** *n* m*i*ser, n*i*ggard

fös\ ?nység *n* avar*i*ce; *biz* st*i*nginess

fószak *n* main/chief subject, *US* m*a*jor

fószakács *..* head/chief cook, chef

fószerep *n* leading part/role, lead; **a** ~**ben ... starring ...**

fószerepló *n* protagonist, lead

fószerkesztó *n* general *e*ditor, ed*i*tor-in--chief, chief editor

fószezon *n* = **fóidény**

fószolgabíró *n* *tört* ⟨chief c*o*nstable of a c*o*unty⟩, *kb.* (high) sher*i*f

fótantárgy *n* main s*u*bject; ~**ul választ** specialize in, *US* major in [h*i*story etc.]

fótárgyalás *n* trial, p*u*blic he*a*ring

fótéma *n* *(beszélgetésben)* main t*o*pic; *zene* first/main theme/s*u*bject

fótér *n* main/pr*i*ncipal square

fótermék *n* pr*i*ncipal/main product, st*a*ple

fótermény *n* pr*i*mary/main crop

fótétel *n* **1.** *(számlán)* pr*i*ncipal *i*tem **2.** *(logikában)* major premise **3.** *zene* s*u*bject

fótiszt *n* *kat* f*i*eld-officer

fótisztelendó *a* Most/Right/Very Reverend

fótisztviseló *n* senior c*i*vil servant

fótitkár *n* secretary-general *(pl* secretaries--general)

fótlen *a* unb*o*iled, unc*o*oked

fótörzsórmester *n* regimental sergeant--major *(röv* RSM)

fótt *a* *(burgonya, hús, tojás stb.)* boiled; *(étel)* cooked; ~ **étel** cooked food; ~ **marhahús** boiled beef; ~ **tojás** boiled egg ⇨ **kifótt tészta**

fóúr *n* **1.** = **fónemes 2.** = **fópincér;** ~**, fizetek!** (the) bill please!, *(még udvariasabban)* could we have the bill please?; *US* check please!

fóúri *a* aristocratic; *(átv, pl. lakás)* palatial

fóutca *n* High *(US* Main) Street

fóútvonal *n* *(gépjármüvek részére)* arterial road, main/trunk/principal road, (b*u*sy) thoroughfare; *fóleg US:* highway; *(városban, elsöbbséggel)* major/main road **2.** *vasút* trunk/main line

fóügyész *n* *(állami)* public pros*e*cutor

fóv. = **fóvárosi**

fóvádlott *n* pr*i*ncipal defendant

fóvállalkozó *n* main/prime contr*a*ctor

fóváros *n* capital

fóvárosi *a* of the c*a*pital *ut.*, metrop*o*litan; of Budapest *ut.*

fóvédnök *n* *(pl. konferencián)* patron

fóveny *n* sand, qu*i*cksand

fóvezér *n* commander-in-chief *(röv* C.-in-C.)

fóvezeték *n* *(víz, gáz, villany)* main, *biz* mains

fóvonal *n* **1.** *(vasút, távíró)* main/trunk line **2.** = **fóútvonal**

fóz *v* **1.** *(ételt, ált)* cook, prep*a*re; *(húst)* stew; *(ebédet stb.)* prepare, make*, *US* fix [d*i*nner etc.]; **lassú tüzön** ~ s*i*mmer; *biz* **amit** ~**ött, egye meg** as you make your bed so you must lie on it **2.** *(rendszeresen)* do* the c*o*oking; **a feleségem** ~ my wife° does the cooking **3.** *(pálinkát)* dist*i*l [brandy]; *(kávét, teát)* make* [c*o*ffee, tea]; *(kávét kávéfózó gépen)* perk, percolate [coffee] **4.** *biz vkt* cajole sy, (try to) pers*u*ade sy to do sg

főzelék *n* vegetable (dish)
főzelékfélék *n pl* vegetables, greens
főzés *n* cooking
főzési *a* ~ **lehetőség(ek)** cooking facílities
főző *n (gáz)* (gas-)cooker, (gas-)stove; **kétlapos** ~ two-burner cooker/stove
főzőedény *n* pot, pan
főzőfülke *n* kitchenette
főzőkanál *n* (wooden/stirring) spoon, stirrer
főzőlap *n (villamos) GB* electric hob, *US* hot plate; *(villanytűzhelyé)* hot plate
főzőliszt *n* fine white flour
főzőtanfolyam *n* cookery class/course
főzővaj *n* (cooking) butter
főzt(j)e *n* sy's cooking
főzve *adv (nem nyersen)* cooked
frakció *n* faction, splinter group, *elít* (political) clique
frakcióz|ik *v* form a faction (within a party), from a splinter group
frakk *n* tailcoat, tails *pl*
francia **I.** *a* French; ~ **ajkú/anyanyelvű (személy)** (1) sy whose native language is French, (a) French speaker, (a) native speaker of French; Francophone (2) French--speaking, Francophone; **F**~ **Guyana** French Guiana; ~ **kártya** playing card; ~ **kenyér** French stick; **F**~ **Köztársaság** French Republic; ~ **nyelven mond** vmt say sg in French; ~ **nyelven beszél** speak* French; ~ **nyelven beszélő/tudó** French-speaking; ~ **nyelvtudás** knowledge of French; *(vké)* one's French; ~ **nyelvű** French; *(szöveg stb.)* in French *ut.*; *(emberek)* French-speaking; **F**~ **Polinézia** French Polynesia; ~ **származású** of French birth/descent *ut.* **II.** *n* **1.** *(ember)* Frenchman°, Frenchwoman°; **a** ~**k** the French **2.** *(nyelv)* French, the French language; ~**ból kölcsönzött szavak** words borrowed from (the) French, French loan words; **folyékonyan beszéli a** ~**t** (s)he speaks fluent French, (s)he is fluent in French; ~**t tanít** teach French, be* a French teacher/master
franciaágy *n* double bed
franciabarát *n* Francophil(e), pro-French
franciaellenes *a* Francophobe, anti-French
franciakulcs *n* (monkey-)wrench; adjustable spanner
franciaóra *n* French lesson/class
Franciaország *n* France
franciaországi *a* French, of France *ut.*
franciás *a* in the French style/spirit *ut.*; ~ **kifejezés** *(más nyelvben)* Gallicism; *(fran-*

cia nyelvben) French idiom; ~**an öltözik** dress in the French fashion/style
franciaság *n (nyelvi)* French; **jó** ~**gal beszél** speak* good/idiomatic French
franciasaláta *n* mixed salad
franciatanár *n* teacher of French, French teacher; *(csak iskolában)* French master
franciául *adv* ~ **beszél** speak* French; **jól beszél/tud** ~ (s)he speaks fluent French, (s)he is fluent in French; ~ **beszélő/tudó** French-speaking, fluent in French *ut.*; ~ **tanul** learn* French; ~ **van (írva)** be* (written) in French
frank **I.** *a (néptörzs)* Frank(ish) **II.** *n (pénz)* franc
frankó **I.** *adv* (post-)free; ~ **hajóba rakva** free on board *(röv* f.o.b.) **II.** *a* □ smashing, super, bang-up, great
fránya *a biz* blasted, damn(ed)
frappáns *a (találó)* striking, apt, apposite, apropos
frappíroz *v* surprise, strike* dumb
frász *n vulg* □ **1.** *(pofon)* slap in the face **2.** *(rémület)* fright; **majd kitöri a** ~, ~**ban van** *biz* have* kittens, have*/get* cold feet
fráter *n* **1.** *(szerzetes)* Brother **2.** *(megvetően)* fellow; **goromba** ~ churlish/rude fellow
frazeológia *n* phraseology, idioms *pl*
frázis *n* **1.** *elít (közhely)* platitude, commonplace; *(fő!eg pol)* (empty) slogan; **elkoptatott** ~ cliché; ~**okat pufogtat** mouth platitudes **2.** *zene* phrase
fregoli *n (ruhaszárító)* clothes drier/airer
frekvencia *n* frequency; **igen nagy** ~ *(30-tól 300 MHz-ig)* very high frequency, VHF
freskó *n* fresco, wall-painting
freskófestő *n* fresco painter
fricska *n* flip, fillip, rap; ~**t kap** *átv* receive a rebuff/snub
frigy *n ált* alliance, covenant, league; *(házasság)* matrimony
friss *a* **1.** *(gyümölcs, víz stb.)* fresh; *(levegő)* fresh, cool, refreshing; ~ **nyom** hot scent/ trail; **nem egészen** ~ *(hús)* be* a bit off, be* not quite fresh **2.** *(hír)* recent; *(emlék)* green **3.** *átv* ~ **vér** new blood
frissen *adv* fresh(ly), newly; ~ **borotválva** fresh-shaven; ~ **mázolva** *(mint felirat)* wet paint
frissensült *n* roast à la carte; ~**ek** dishes from the pan
frissesség *n* **1.** *(emberé)* liveliness, spryness, sprightliness; *(mozdulaté)* briskness **2.** *(tárgyé)* freshness, newness

frissiben *adv* straightaway, forthwith

frissít *v (vkt ital, pihenés stb.)* refresh, freshen (up) ⇨ **felfrissít**

frissítő I. *a* refreshing, cooling **II.** *n* ~**k** *(étel, ital)* (light) refreshments

friteuse *n* chip pan, deep fat fryer

frivol *a* frivolous

fríz *a/n* **1.** *(nép)* Frisian **2.** *épít* frieze

frizura *n* hair-style; *(női)* hair(-do), coiffure; *(férfi)* (hair-)cut

frizsider *n* refrigerator, *biz* fridge

frizsiderszocializmus *n* elít goulash communism

front *n* **1.** *kat* front (line), battle-line/front; **a** ~**on** at the front, in the front line; **kimegy a** ~**ra** go* up the line; ~**ot változtat** (1) change one's line of attack (2) *(védekezőleg is)* change tactics **2.** = **homlokzat 3.** *(meteorológiai)* front; **hideg/meleg** ~ cold/warm front

frontális *a (összeütközés)* head-on; ~ **ütközés** head-on collision

frontáttörés *n* breakthrough

frontátvonulás *n* frontal passage

frontharcos *n (tényleges)* front-line soldier; *(volt)* veteran

frontszakasz *n* front, sector (of the front line)

frontszolgálat *n* service in the field

frottír *a* towelling (US -l-), terry (cloth); *összet* towelling (US -l-) [socks, briefs]

frottírtörülköző *n* terry/Turkish towel

frottírzokni *n* towelling (US -l-) socks *pl*

fröccs *n* wine-and-soda

fröccsen *v* sár ~**t kabátjára** mud spattered on his coat, his coat was splashed/spattered with mud

fröccsent *a* squirt, spurt, spirt; *(vmt vmre, pl sarat)* spatter/splash sg on/with sg

fröccsöntés *n* injection moulding (US mol-)

fröcsköl *v* splash

frufru *n* bang, fringe, curl; ~**t visel** bang one's hair

fruska *n* lass, filly

fszla. = *folyószámla* account (current), a/c

fszt. = **földszint**

Ft = *forint* forint, ft *(pl* fts) → **forint**

fú *v* † = **fúj**

fuga *n* épít *(falon)* (wall) joint

fúga *n* zene fugue

fugázás *n* pointing

fúj 1. *vt* ált blow*; *(levest)* blow* on, cool [one's soup]; *vkre/vmre vmt* blow* sg on/at sy/sg; ~**ja az orrát, orrot** ~ blow* one's nose **2.** *(fúvós hangszert)* blow*, sound; **ébresztőt** ~ sound (the) reveille; **mindig**

ugyanazt (a nótát) ~**ja** be* always harping on the same string **3.** *vi (szél)* blow*; ~ **a szél** the wind is blowing, it is* windy; **északról** ~ **a szél** the wind is*/lies* in the north, there's a north wind blowing; *átv* **tudja, honnan** ~ **a szél** know* which way the wind is* blowing **4.** *vi biz* ~ **vkre** sy makes sy blow his top

fújdogál *v* keep* blowing, blow* gently/slowly; **szellő** ~ there's a gentle breeze

fújtat 1. *vt (tüzet)* blow* [fire with bellows] **2.** *vi (ember)* pant, puff and blow

fújtató *n* bellows *pl*

fukar *a* miserly, avaricious, mean, niggardly, *biz* stingy

fukarkod|ik *v vmvel* be* miserly/niggardly *(v. biz* stingy) with sg

fukarság *n* miserliness, avarice; *biz* stinginess

fúl *v* = **fullad**

fuldoklás *n (vízben)* drowning; *(levegőhiány miatt)* gasping, choking, suffocation

fuldokl|ik *v (vízben)* be* drowning; *(nem kap levegőt)* gasp (for air/breath), choke, suffocate

fullad *v* **1.** **vízbe** ~ drown, be*/get* drowned **2.** *(nem kap levegőt)* be* suffocating/choking ⇨ **kudarc**

fulladás *n (vízben)* drowning; *(levegőhiánytól)* suffocation; *orv (oxigénhiánytól)* asphyxia

fulladoz|ik *v* have* fits of breathlessness, stifle

fullajtár *n* outrider, postil(l)ion

fullánk *n* sting

fullaszt *v* suffocate, choke; *(vízbe)* drown

fullasztó *a* suffocating, stifling, choking; *(levegőtlen)* close, oppressive; *(hőség)* sultry, oppressive

fumigál *v biz* scorn sy/sg, disparage sg/sy, look down one's nose at sy

fundamentalista *a/n* fundamentalist

fungál *v* function, act, officiate

funkció *n* function, duty

funkcionál *v* function, act, work

funkcionárius *n* official, executive

fúr *v* **1.** *(lyukat)* drill, bore [a hole]; *(fogat)* drill; *(kutat)* sink* [a well]; *(alagutat)* drive* [a tunnel through sg] **2.** *vkt kb.* scheme/plot against sy, US bad-mouth sy ⇨ **oldal**

fura *a* = **furcsa**; ~ **alak** a queer customer, US oddball; ~ **módon** oddly enough, strange to say...; ~**kat mond** say* odd things; ~**n viselkedik** behave in a peculiar/strange *(v.* an odd) way

furakod|ik *v* push, intr*u*de; *vhova* push/ *e*lbow one's way through to sg

fúrás *n* **1.** *(művelet)* boring, dr*i*lling, s*i*nking [hole; well]; *(fogé)* dr*i*lling **2.** *(lyuk)* bore/ dr*i*ll-hole **3.** *átv* sch*e*ming/pl*o*tting (aga*i*nst), *US* b*a*d-mouthing

furat *n* boring, bore(-hole); *(mint méret)* c*a*libre *(US* -ber)

furcsa *a* strange, odd, pec*u*liar, c*u*rious, extra*o*rdinary, f*u*nny

furcsáll *v* find* *sg* pec*u*liar/odd/un*u*sal/ strange

furcsaság *n* **1.** *(különösség)* str*a*ngeness, *o*ddity, pecul*i*arity, c*u*riousness **2.** *(furcsa dolog)* cur*i*osity, *o*ddity

furdal *v* ~**ja a lelkiismeret** have* tw*i*nges/pangs of c*o*nscience, be* sm*i*tten with (*v.* feel*) rem*o*rse at (h*a*ving done sg)

furdancs *n* brace (and bit); *(amerikáner)* (bre*a*st-)drill

furfang *n* trick, dodge, wiles *pl*

furfangos *a* smart, cl*e*ver, w*i*ly

fúr-farag *v vk* do* w*o*odwork

furgon *n* (del*i*very) van, *US* del*i*very truck

fúria *n (nőről)* f*u*ry, t*e*rmagant, v*i*xen, shrew

furikáz|ik *v* drive* ar*o*und/ab*o*ut (for pleas*u*re's sake)

furkósbot *n* c*u*dgel, club

furnér *n* **1.** *(felső réteg)* vene*e*r **2.** ~**(lap/ lemez)** pl*y*wood

furníroz *v* vene*e*r

fúró *n (kézi)* g*i*mlet; *(nagy kézi)* a*u*ger; *(mellfurdancs)* brace (and bit); *(amerikáner)* (breast-)drill; *(villany*~*)* electric drill; *(fog*~*)* drill

fúród|ik *v (falba stb.)* b*u*ry itself in, penetrate sg, pierce sg; **egymásba** ~**nak** *(balesetben kocsik)* telescope (tog*e*ther)

fúrófej *n* bit

fúrógép *n* dr*i*lling/b*o*ring mach*i*ne; *(fognak)* (tooth/d*e*ntal) drill

fúrósziget *n* oil rig

fúrótorony *n* d*e*rrick; *(fúrósziget)* oil rig

fúróvég *n* bit

furulya *n* flute, pipe, rec*o*rder

furulyáz|ik *v* play the flute/pipe/rec*o*rder

furunkulus *n* f*u*runcle, boil; *(komolyabb)* c*a*rbuncle

fuser *n* el*í*t b*u*ngler; *GB* c*o*wboy; ~ **munka** a b*o*tched job

fusiz|ik *v biz* ⟨work on one's own acc*o*unt in the firm's time and with the firm's mater*i*als⟩ *kb.* m*o*onlight

fut 1. *vi (szalad)* run*; *(sp rövid távon)* sprint; *(hosszú távon)* race; **nők után** ~ run*/chase *a*fter w*o*men; **híre** ~**ott** the

news (of sg) got ar*o*und **2.** *vi (menekül)* flee*, run* aw*a*y/off, fly*, esc*a*pe; **fusson, ki merre lát!** run for your lives! **3.** *vt* ~**ja vmből** be* en*o*ugh (for sg), it'll go a long way; **erre már nem** ~**ja** *(a pénzemből)* I can't aff*o*rd it; **ha** ~**ja az időből** if I have the time **4.** *vt (versenyt)* run* [a race]; **milyen időt** ~**ott?** what was his/her time?; **a 100 m-t 10,5 (mp) alatt** ~**otta** he ran the 100 m*e*tres in 10.5 seconds **5.** *vi* ~ **a tej** the milk boils *o*ver **6.** *vi (film, színdarab)* be* on, run*, be* sh*o*wing; **hosszú ideje** ~ have* a long run

futam *n* **1.** *sp* heat; **selejtező** ~**ok** elim*i*nating/prel*i*minary heats **2.** *zene* run, (r*a*pid scale) p*a*ssage

futár *n* **1.** *(küldönc)* m*e*ssenger; *(motoros)* disp*a*tch-rider; *kat* m*o*unted orderly; *(diplomáciai)* courier; *GB* Queen's/King's messenger **2.** *(sakkban)* b*i*shop

futás *n* **1.** *(szaladás)* r*u*n(ning); *(menekülés)* flight, esc*a*pe, bolt; *(megvert seregé)* rout; ~**nak ered** start r*u*nning; *(menekülve)* run* away, take* to one's heels **2.** *sp* r*u*nning, (f*o*ot)race, track-racing; *(futószámok)* track events *pl*

futball *n* **1.** (Association) f*o*otball, *biz* s*o*ccer; **amerikai** ~ American f*o*otball **2.** = **futball-labda** ⟹ **labdarúgó**

futballbelső *n* f*o*otball bladder

futballbíró *n* ref*e*ree

futballcipő *n* f*o*otball boot(s)

futballcsapat *n* f*o*otball team/eleven

futballista *n* f*o*otball pl*a*yer

futballkapu *n* goal

futball-labda *n* f*o*otball

futballmeccs *n* f*o*otball match

futballmérkőzés *n* = **futballmeccs**

futballoz|ik *v* play f*o*otball

futballpálya *n* f*o*otball pitch/ground/field

futballrajongó *n* f*o*otball/s*o*ccer fan

futkároz|ik, futkos *v* run*/rush ab*o*ut, run* to and fro; *(vmlyen ügyben)* run* around (tr*y*ing to do sg)

futkosás *n* running ab*o*ut

futó I. *a* **1.** *(szaladó)* r*u*nning, r*a*cing **2.** *(futólagos)* p*a*ssing, h*a*sty, superf*i*cial; ~ **pillantást vet vmre** glance at sg, take* a quick/p*a*ssing look at sg; ~ **zápor** p*a*ssing/s*u*dden shower **II.** *n* **1.** *sp* r*u*nner **2.** *(sakkban)* b*i*shop

futóárok *n* communic*a*tion trench, sap

futóbab *n* r*u*nner bean, sc*a*rlet r*u*nner

futóbolond *n* fool, l*u*natic (at large)

futódaru *n* m*o*bile crane

futóhomok *n* sh*i*fting sands *pl*, (sand-)drift

futólag *adv* cursorily, in passing; ~ **ismer vkt** have* a passing/nodding acquaintance with sy

futólagos *a* = **futó l. 2.**

futólépés *n* double quick pace; *(vezényszó)* at the double

futómű *n* undercarriage

futónövény *n* creeper, vine

futópálya *n sp* running track; *(egy sávja)* lane

futórózsa *n* rambler (rose)

futószalag *n* assembly/production line; ~**on gyárt** produce on the line, mass-produce

futószámok *n pl sp* track events

futószerkezet *n* undercarriage

futószőnyeg *n* runner (carpet)

futótűz *n* wildfire; ~**ként terjed** spread* like wildfire

futóvendég *n* passing trade

futóverseny *n* (foot)race

futtában *adv* **1.** *(gyorsan)* rapidly, hastily **2.** *(futás közben)* while running, on the run

futtat 1. *vt vkt vhova* send* sy swhere **2.** *vt (vmt ezüsttel)* plate, silver; *(arannyal)* gild* **3.** *vi (versenyistállója van)* keep* a racing stable, race [horses]

futtatás *n sp* horse-race(s), racing

futurista I. *a* futurist, futuristic **II.** *n* futurist

futurizmus *n* futurism

futurológia *n* futurology

fuvallat *n* gentle breeze

fuvar *n* **1.** *(szállítás)* transport, freightage, carriage, *US* transportation; ~ **fizetve** carriage/freight paid **2.** *(szállítmány)* freight, cargo **3.** *(szállítóeszköz)* conveyance, carriage, transport **4.** *biz* = **fuvardíj**

fuvardíj *n* freight carriage, truckage

fuvarköltség *n* freight/transport charges *pl*

fuvarlevél *n (vonaton)* waybill, bill of lading

fuvaros *n* carter, carrier, *US* trucker

fuvaroz *v* carry, transport, ship, *US* truck

fuvarozás *n* transportation, transport, carriage, shipping, *US* trucking

fuvarozási *a* ~ **vállalat** forwarding agent, shipping company, carrier, *US* express/transport company

fuvarozó I. *a* carrying **II.** *n* carrier

fuvarozóvállalat *n* = **fuvarozási vállalat**

fúvócső *n* blow-pipe; *(gyermekjáték)* peashooter

fúvóhangszer *n* wind instrument

fúvóka *n* **1.** *(hangszeren)* mouthpiece **2.** *műsz* jet

fuvola *n* flute

fuvolás *n* flautist, flute-player; *US* flutist

fuvoláz|ik *v* play the flute, flute

fúvós *a/n* **1.** ~ **hangszer** wind instrument **2.** *(zenész)* wind (instrument) player; a ~**ok** the wind [is *v.* are ...]

fúvósegyüttes *n* wind ensemble

fúvósötös *n* wind quintet(te)

fúvószenekar *n* brass/wind band

fúzió *n* **1.** *ker* amalgamation, merger, *US* consolidation **2.** *fiz* (nuclear) fusion

fuzionál *v* amalgamate, merge, *US* consolidate

fúziós *a fiz* fusion; ~ **magreakció** thermonuclear fusion reaction; ~ **reaktor** fusion reactor

fű *n* **1.** *(gyep stb.)* grass; *(gyógyfű)* herb; ~**be harap** bite* the dust; ~**nek-fának elmondja** tell* all the world; a ~**re lépni tilos** keep off the grass; ~**höz-fához kapkod** clutch at straws; ~**t-fát ígér** promise everything/wonders **2.** □ *(marihuána)* grass, weed

fűevő *a* herbivorous, graminivorous

fű-fa → **fű 1.**

fűfélék *n* gramineae

füge *n* fig; ~**t mutat vknek** snap one's fingers at sy, cock a snook at sy

fügefa *n* fig-tree

fügefalevél *n* fig-leaf°

függ *v* **1.** *(lóg)* hang* (down) *(vmről* from); be* suspended/hanging **2.** *vmtől, vktől* depend on sg/sy, hinge (up)on sg; **attól** ~ **it** (all) depends; **attól** ~, **hogy van-e rá pénze** it depends on whether he can afford it/to; **minden attól** ~, **hogy ki lő először** everything hinges (up)on who shoots first; **amennyire tőlem** ~ I'll do my best *(v.* what I can), to the best of my ability; **tőled** ~ it's up to you, it's your hands, it's your decision

függelék *n* **1.** *(könyvhöz)* appendix *(pl* appendixes *v.* appendices); *(kiegészítés)* supplement **2.** *(karácsonyfára)* (Christmas tree) decoration

függelemsértés *n* (case of) insubordination

függélyes *a műv* ~ **stílus** *GB* perpendicular style

függés *n* **1.** *(lógás)* hanging, suspension **2.** *átv* subordination (to), dependence *(vmtől* upon, on); **kölcsönös** ~ interdependence

függeszt *v* **1.** *(akaszt)* hang* (up), suspend *(vmre* from) **2. szemét vmre** ~**i** rivet/fix one's eyes on sy/sg

független *a* independent *(vktől/vmtől* of sy/sg); **ez teljesen** ~ **attól** this has* nothing to do with ...; ~ **gondolkodású** of independent thought *ut.*; ~ **ember** *(anyagilag)* man° of independent means; *(igével)* be* independent; **anyagilag** ~ (be*) financially independent; ~**né válás** emergence; ~**né váló ország** emergent country; **nemrég** ~**né vált ország** newly/recently emerged country

függetlenít *v* make*/render independent

függetlenség *n* independence; *(államé)* sovereignty, independence, autonomy

függetlenségi *a* ~ **harc** war of independence

függetlenül *adv* independently; **vmtől** ~ independently/irrespective of sg; **ettől** ~ apart from this; **egymástól** ~ independently of one another

függő I. *a* **1.** *(lógó)* hanging, suspended **2.** vktől/vmtől ~ dependent on/upon sy/sg, subordinate to sy/sg; **attól** ~**en, hogy** depending on whether ...; ~ **helyzet/viszony** dependence, subordination; **vmt vmtől** ~**vé tesz** make* sg depend(ent) on sg **3.** *(függőben levő)* pending *ut.*, in abeyance *ut.*; ~ **játszma** *(sakk)* adjourned game; ~ **ügyek** matters pending **4.** *nyelvt* ~ **beszéd** indirect/reported speech; ~ **kérdés** indirect/reported question; ~ **mondat** dependent/subordinate clause **II.** *n* **1.** *(ékszer)* pendant **2.** ~**ben hagy** leave* [the matter] open (*v.* undecided), let* sg hang fire; *(sakkjátszmát)* adjourn; ~**ben marad** be* pending/postponed, hang* fire; ~**ben van** be* still pending, be* in the balance, be* in abeyance; ~**ben levő** pending *ut.*, in abeyance *ut.*

függőágy *n* hammock

függőfolyosó *n* outside balcony/corridor (leading to flats)

függőhíd *n* suspension bridge

függőkert *n* hanging garden

függőlámpa *n* pendant/swing lamp

függőleges I. *a* perpendicular, vertical **II.** *n* **1.** perpendicular, vertical **2.** *(keresztrejtvényben)* down

függöny *n* *(szính is)* curtain; *US (csak lakásban)* drape, drapes *pl*, drapery; **felhúzza a** ~**t** raise the curtain; ~**!** *(színházi utasítás)* curtain!; **a** ~ **legördül** the curtain falls*/drops; **a** ~ **felmegy** the curtain rises*; ~ **elé hívás** curtain-call; ~**t összehúz** draw* the curtain ⇨ **elhúz**

függönykarika *n* curtain-ring

függönyrúd *n* curtain-rod/rail

függőón *n* plummet, (sounding) lead

függönytartó *n* = **függönyrúd**

függőség *n* **1.** *ált* (state of) dependence, dependency, subordination **2.** *(kábítószertől)* dependency, dependence [on drugs]

függővasút *n* cable-railway

függvény *n* *mat* function; ... ~**ében ábrázolva** plotted against ...

fül *n* **1.** *(testrész)* ear; **csupa** ~ **vagyok** I am* all ears; ~**em hallatára** in my hearing; **elereszt vmt a** ~**e mellett** turn a deaf ear to sg, be* deaf to sg; **se** ~**e, se farka** sy can't make head or tail of it, it is* nonsense; ~**ébe jut** come* to sy's ears; ~**ig pirul** blush (to the roots of one's hair); ~**ig szerelmes vkbe** be* head over heels in love with sy; **az egyik** ~**én be, a másikon ki** go* in (at) one ear and out (at) the other; ~**ön fog** take* by the ears; **nem hisz a** ~**ének** he can't believe his ears; **ereszti** ~**ét-farkát** be* down in the dumps; ~**ét hegyezi** prick up one's ears; ~**ét rágja vknek** din sg into sy, nag sy **2.** *(hallás)* (sense of) hearing; *(zenei)* ear (for music); **jó** ~**e van** (1) *(jól hall)* have* sharp ears, have* a fine ear (2) *(zenéhez)* have* an ear for music **3.** *(fogó)* handle; *(sapkán, zseben)* flap **4.** *(könyv borítólapján)* blurb ⇨ **bot, cseng, fél²** **II., megüt, süket**

fülbaj *n* ear disease/trouble

fülbemászó I. *a* catching, catchy, melodious **II.** *n* *áll* earwig

fülbetegség *n* = **fülbaj**

fülbevaló *n* ear ring/drop

fülcimpa *n* earlobe

füldugó *n* ear-plug

fülel *v* listen attentively/out; be* all ears, prick up one's ears

fülemüle *n* nightingale

füles I. *a* **1.** *(lény)* (long-)eared, having ears *ut.* **2.** *(edény, kosár)* with a handle *ut.*, with handles *ut.*; ~ **csavar** wing-screw **II.** *n* **1.** *(szamár)* (jack)ass, donkey **2.** *biz (értesülés)* titbit, *US* tidbit

fülesbagoly *n* long-eared owl

fülész *n* ear-specialist

fülészet *n* **1.** *(tudomány)* otology **2.** *(osztály)* ear, nose, and throat clinic

fülfájás *n* earache

fülfolyás *n* discharge from the ear, *orv* otorrhoea

fülhallgató *n* earphone

fülhasogató *a* = **fülsértő**

fül|ik *v* **1.** *(kályha)* heat; *(szoba)* get*/become* warm/hot **2. nem** ~**ik a foga hozzá** (s)he doesn't feel like it (*v.* doing sg)

fülkagyló *n* auricle, outer ear

fülke n 1. *(falban)* niche 2. *(hajón)* cabin; *(lifté)* car; *(telefoné)* call/(tele)phone box, (tele)phone booth; *(szavazó)* (voting) booth; *(vasúti)* compartment

fülledt a close, sultry; ~ **nyári meleg** stifling/sultry (summer) weather/heat; ~ **nyári nap** a stifling hot day

füllent v tell* a fib, fib

füllentés n 1. fib, white lie 2. *(cselekedet)* fibbing

fül-orr-gégeklinika n ear, nose, and throat clinic

fül-, orr- és gégeszakorvos n ear, nose, and throat specialist

fül-orr-gégészet n 1. *(tudomány)* oto-(rhino)laryngology 2. *(osztály)* ear, nose, and throat clinic

fül-orr-gégészeti a ~ **megbetegedések** ear, nose, and throat diseases, ENT disorders

fülorvos n ear-specialist

Fülöp n Philip

Fülöp-szigetek n pl the Philippine Islands, the Philippines

Fülöp-szigeteki a Philippine; ~ **Köztársaság** Republic of the Philippines

fülrepesztő a ear-splitting

fülsértő a 1. *(túl hangos)* ear-splitting 2. *(disszonáns)* jarring, cacophonous

fülsiketítő a deafening

fülszaggatás n shooting earache

fülszöveg n *(könyvé)* blurb

fültanú n ear-witness

fültő n parotid region; **vkt fültövön üt** box sy's ear(s)

fültőmirigy-gyulladás n orv parotitis, mumps

fültükör n otoscope, ear-speculum (pl -specula)

fülvédő n *(sapkán)* ear-flap; *(fejre való)* earmuffs pl

fülzúgás n buzz(ing noises) in the ear; tud tinnitus

fülzsír n ear-wax

fűmag n grass-seed, hay-seed; ~ **gal bevet** put* [a plot] under grass

fűnyíró (gép) n lawnmower

fürdés n *(kádban)* bath; *(szabadban)* bathe, bathing

fürdési a ~ **lehetőség(ek)** bathing facilities

fürdet v bath sy, give* sy a bath; ~ **i a babát** she is bathing the baby, she is giving the baby its bath

fürd|ik v *(kádban)* take*/have* a bath, bath; *(szabadban)* bathe, have* (v. go* for) a bathe/swim

fürdő n 1. *(kádban)* bath, bathing; ~ **t készít (vknek)** run* sy a bath; ~ **ket vesz** *(fürdőhelyen)* take* the waters 2. *(intézmény)* public baths pl ⇨ **gyógyfürdő,** uszoda 3. = **fürdőhely**

fürdőcipő n bathing/sand-shoes pl

fürdőhely n health-resort, spa

fürdőidény n bathing season

fürdőkád n bath, US (bath)tub

fürdőkályha n bathroom stove; *(vízmelegítő)* water heater

fürdőköpeny n bathrobe, US bathing wrap

fürdőlepedő n bath sheet/towel

fürdőmedence n swimming/bathing pool

fürdőnadrág n swimming trunks pl

fürdőruha n bathing suit, swimming costume, swimsuit

fürdősapka n bathing-cap, swim-cap → **úszósapka**

fürdőszoba n bath(room); ~ **val** *(szállodában)* with private bath

fürdőszoba-berendezés n ~ **(i tárgyak)** bathroom fixtures/fittings/fitments pl

fürdőszoba-felszerelések n pl bathroom accessories/fittings

fürdőszoba-használat n use of (the) bathroom; ~ **tal** use of bathroom included

fürdőszobamérleg n bathroom scales pl

fürdőszobaszőnyeg n bath mat

fürdőváros n spa → **fürdőhely**

fürdővendég n visitor (at a spa v. at a health-resort)

fürdővíz n bath water; ~ **et enged vknek** run* sy a bath; a ~ **zel együtt a gyereket is kiönti** throw* out the baby with the bath water

fürdőz|ik v 1. *(gyógyfürdőhelyen)* take* the waters 2. *(strandon)* bathe

fürdőző I. a bathing II. n bather

fűrész n saw

fűrészáru n sawn timber

fűrészbak n saw-horse/jack

fűrészel v saw* (off/up), cut* (sg) with a saw

fűrészes a növ serrated

fűrészfog n sawtooth (pl sawteeth)

fűrészfogú a sawtooth(ed); serrated

fűrészgép n sawing machine

fűrészhal n sawfish (pl ua. v. -es)

fűrészlap n *(fémfűrészhez)* blade

fűrészpor n sawdust

fűrésztelep n sawmill, US lumber mill

fürge *a* nimble, agile, quick, lively; *(csak mozgásról)* brisk; ∼n **jár** walk at a brisk pace; ∼n **mozog** he is very agile/nimble

fürgeség *n* nimbleness, agility, briskness, liveliness

fürj *n* quail

fürkész *v* search for, nose about/after

fürkésző *a* searching, scrutinizing; ∼ **pillantást vet vkre** give* sy a searching look, scan sy's face; ∼ **szemek** eyes like gimlets

füröszt *v* = **fürdet**

fürt *n* **1.** *(szőlő)* bunch; **egy** ∼ **szőlő** a bunch of grapes **2.** *(haj)* lock (of hair), tress, curl

fürtös *a* **1.** *(haj)* curly(-headed), tressy **2.** *növ* racemose; ∼ **virágzat, fürtvirágzat** raceme

füst *n* smoke; **egy** ∼ **alatt** at the same time, in the same breath; ∼**be megy** go* up in smoke, come* to nought

füstbomba *n* smoke-bomb

füstcső *n* stove-pipe; *(kéményben)* flue

füstfelhő *n* clouds of smoke *pl*

füsti fecske *n* common swallow

füstjel *n* smoke signal

füstkarika *n* smoke-ring; ∼**kat ereget** blow* smoke-rings

füstköd *n* smog

füstöl 1. *vi (kémény stb.)* give* off smoke, smoke **2.** *vi (dohányzik)* smoke **3.** *vt (húst)* smoke, cure

füstölés *n (húsé)* smoking, curing

füstölő *n* smoke-house

füstölög *v* **1.** *(kémény)* emit smoke, smoke; *(rosszul égő tűz)* smoulder **2.** *(ember)* fume

füstölt *a (hús)* smoked, smoke-cured/dried [meat]

füstös *a* smoky, full of smoke *ut.*

füstszag *n* smell of smoke

füstszűrős *a* ∼ **cigaretta** filter-tipped cigarette(s), filter-tip(s)

fűszál *n* blade/leaf° of grass

fűszer *n* spice

fűszeráru *n* **1.** *(fűszerek)* spices *pl* **2.** *(élelmiszerek)* groceries *pl*

fűszeres I. *a* **1.** *(étel)* spicy, (highly) spiced, seasoned; ∼**en főz** use a great deal of spice (in cooking) **2.** *(történet)* spicy [story] **II.** *n (kereskedő)* grocer; *(mint üzlet)* grocer's (shop), *US* grocery (store)

fűszerez *v* **1.** *(ételt)* season, spice; **erősen** ∼**ett** highly seasoned **2.** *átv* spice, add relish to; *(adomákkal)* interlard [with anecdotes]

fűszerfélék *n pl* spices

fűszerüzlet *n* = **fűszeres II.**

fűt *v* **1.** *(szobát)* heat; **fával/szénnel** ∼ use wood/coal for one's heating; **olajjal** ∼ have* oil heating **2.** *(kazánt)* stoke (up), fire

fűtés *n* **1.** heating; **milyen a** ∼ **nálatok?** (1) *(technikailag)* what kind/sort of heating do you have? (2) *(elég meleg van-e?)* what is the/your heating like? **2.** *(kazáné)* stoking

fűtetlen *a* unheated, cold

fűtő *n* stoker, fireman°

fűtőanyag *n* fuel

fűtőberendezés *n* heating-system

fűtőérték *n* thermal/calorific value

fűtőház *n (vasúti)* engine/round-house

fűtőszál *n* filament

fűtőtest *n* radiator, heater

fűtött *a* heated, warmed; ∼ **terem** well--heated room/hall; ∼ **nézőtér** well-heated auditorium

fütyi *n biz GB* willie

fütyörész|ik *v* whistle to oneself

fütty *n* whistle, whistling

füttyent *v* give* a whistle, whistle

füttyentés *n* whistle, whistling; *(csinos nő láttán)* wolf-whistle

fütyül *v* **1.** *vk* whistle; *(színházban)* hiss, boo **2.** *(madár)* pipe, sing* **3.** *(golyó)* ping, zip **4.** *biz* ∼**ök rá!** I couldn't care less, I don't care a rap (*v.* two hoots); ∼ **a jó modorra** throw* good manners to the winds; ∼ **rá, hogy mit gondolnak az emberek** (s)he doesn't care a hoot what people think*

füves *a* grassy, grass-covered; ∼ **pálya** grass court

füvesít *v* put* (sg) under grass, turf

füvészkert *n* botanical garden(s)

füvészkönyv *n* herbal

fűz¹ 1. *v (könyvet)* stitch, sew* [book]; *(tűbe)* thread [needle] **2.** *vmhez vmt* attach, bind*, tie *(mind:* sg to sg); *(vmhez megjegyzést)* comment on sg **3.** ∼**i magát** wear* a corset **4.** □ *(szédít vkt)* string* sy along, lead* sy on (*v.* up the garden path) ⇨ **remény**

fűz² *n* **1.** *(fa)* willow **2.** = **fűzfavessző**

fűzbarka *n* pussy-willow, catkin

füzér *n (gyöngy)* string; *(virág)* garland

füzérvirágzat *n* spike, spica

füzes *n* willow-plantation/bed/grove

füzet *n* **1.** *(irka)* exercise/copy-book **2.** *(kis nyomtatott mű)* booklet, pamphlet, brochure **3.** *(folyóiratszám)* number, fascicle

fűzfa *n* **1.** *növ* willow **2.** *(fája)* willow(-wood); ∼ **síp** willow whistle

fűzfapoéta *n* poetaster, rhymester

fűzfavessző *n* withe, withy, willow-twig

fűző *n* **1.** *(női)* corset; *(csípőszorító)* girdle; *(egész)* foundation garment, corselet, corselette **2.** *(cipőbe)* (shoe)lace(s)

fűződ|ik *v vmhez* be* connected/linked with sg, be* attached to sg, relate to sg ⇨ **név 1.**

fűzőgép *n* **1.** *nyomd* book-sewing machine **2.** *(irodai)* stapler

fűzőkapocs *n* staples *pl*

fűzőkészítő *n* corset-maker

fűzöld *a* grass-green, green as grass *ut.*

fűzőlyuk *n* eyelet

fűzős *a* ~ **cipő** lace-up shoes *pl*, lace-ups *pl*

fűzőszalon *n* corsetry

fűzött *a* **1.** *(könyv)* stitched; ~ **könyv** paperback **2. a hozzá ~ remények** (1) *vmhez* the hopes set/pinned on it (2) *vkhez* the expectations/hopes we have/had of him

fűzve *adv* in paperback

G

G, g[1] *n* **1.** *(betű)* (the letter) G/g **2.** *(zene)* G
g[2] = *gramm* gram(me), g
gabalyít *v* complicate [matters]
gabalyod|ik *v* = **belegabalyodik**
gábli *n (szörfön)* wishbone boom
gabona *n* grain, cereals *pl*; *GB* corn
gabonabehozatal *n* grain/corn import(s)
gabonabetakarítás *n* gathering in of grain
gabonafej *n* ear (of corn)
gabonafélék *n pl* grains, cereal crops, cereals
gabonaföld *n* cornfield
gabonakereskedelem *n* corn trade
gabonakereszt *n* shock (of sheaves)
gabonakivitel *n* grain/corn export(s)
gabonaneműek *n* cereals
gabonapiac *n* corn market
gabonaraktár *n* granary; *(főleg US)* grain elevator
gabonarozsda *n* (black)rust
gabonasiló *n* grain silo
gabonaszem *n* grain, (grain of) corn
gabonatermelő *a/n* = **gabonatermesztő**
gabonatermés *n* corn/grain crop, corn production
gabonatermesztés *n* cultivation/growing of corn
gabonatermesztő I. *a* grain-producing/-growing, *GB* corn-producing/growing **II.** *n* grain-farmer, *GB* corn-farmer
gabonatermő *a* corn-producing/growing
Gábor *n* Gábor, Gabriel
gácsér *n* drake
gacsos (lábú) *a* knock-kneed, pigeon-toed
gael *a/n* Gaelic
gágog *v* cackle, gaggle
gagyog *v* babble, gurgle
gála I. *a* gala **II.** *n* = **gálaruha**
galacsin *n* pellet
galacsinhajtó *n (bogár)* dung-beetle
galád *a* base, vile, low
galádság *n* baseness, vileness
gálaest *n* gala night/evening
galagonya *n* hawthorn; *GB* may(flower)
galaktika *n* galaxy
galamb *n* **1.** *áll* pigeon; *(vad)* (turtle-)dove; **várja, hogy a sült ~ a szájába repül-**

jön expect to have everything handed to one on a plate **2.** *nép* ~**om** (my) darling/sweetheart, dearest **3.** *pol (békepárti)* dove
galambász *n* pigeon-fancier/breeder
galambbúgás *n* cooing
galambdúc *n* dove-cot(e)
galambepéjű *a* gentle-natured, soft/kind-hearted
galambfióka *n* young pigeon/dove
galamblövészet *n* pigeon/trap-shooting
galambősz *a* grey-haired, hoar(y)
galambszívű *a* tender-hearted
galambszürke *a* dove-grey/coloured (*US* -or-)
galambtenyésztő *n* = **galambász**
galandféreg *n* tape-worm
gáláns *a (udvarias)* polite, elegant, gallant
gálaruha *n* gala/full dress
galeri *n* □ gang (of hooligans)
galéria *n* gallery
galiba *n* mix-up, trouble, fuss; ~**t csinál** make* a mess (of things)
gálic *n* = **rézgálic**
gall *a/n* Gallic, of Gaul *ut*; **a** ~**ok** the Gauls
gallér *n* **1.** *(ruhán)* collar **2.** *(köpeny)* cape, cloak
gallérgomb *n* collar stud; *US* collar button
gallicizmus *n* **1.** *(más nyelvben)* Gallicism **2.** *(francia nyelvi sajátosság)* French idiom
gallon *n* gallon *[brit = 4,54; amerikai = 3,78 l]*
galóca *n* agaric; **légyölő** ~ fly-agaric; **gyilkos** ~ death-cap, amanita
galopp *n* **1.** *(vágta)* gallop **2.** *(verseny)* the races *pl*; **kimegyek a** ~**ra** I'm going to have a day at the races
galoppoz|ik *v* gallop, ride* (at) full gallop
galuska *n* (small) dumplings *pl*, gnocchi *pl*
galvánáram *n* galvanic current
galvánelem *n* galvanic/voltaic cell
galvanizáció *n* galvanization
galvanizál *v* galvanize
gálya *n* galley
gályarab *n* galley slave
gályarabság *n* working at the oar in galleys, galley slavery
gally *n* twig, sprig
gallyasod|ik *v* sprout twigs

gallyaz *v* prune [a tree], lop [branches/twigs] off [a tree]
gamma *n* gamma (γ)
gamma-globulin *n* gamma globulin
gamma-sugarak *n pl* gamma rays
gamma-sugárzás *n* gamma rays *pl*
ganaj *n* = **ganéj**
gáncs *n* **1.** *(lábbal)* trip; ~ot vet vknek *átv* put*/throw* obstacles in sy's way, hinder sy **2.** = **gáncsoskodás**; ~ **nélküli** blameless, irreproachable
gáncsol *v* **1.** = **elgáncsol 2.** *átv* blame, censure, find* fault with, reprehend
gáncsoskodás *n* carping, fault-finding, hair-splitting, cavilling (*US* -l-)
gáncsoskod|ik *v* find* fault with, cavil (*US* -l) at, carp at
gáncstalan *a* irreproachable, blameless
ganéj *n* dung, droppings *pl*
gang *n* = **függőfolyosó**
gangréna *n orv* gangrene
garancia *n* guarantee, warranty; **egy év** ~ one-year guarantee; ~t **vállal vmért** *v.* ad vmre guarantee sg; **még nem járt le a** ~ it's still under guarantee; **kétévi** ~val guaranteed for two years, with a two-year guarantee
garancialevél *n* warranty
garantál *v* guarantee, warrant; **ezt** ~om I can assure you, I'll vouch for it
garas *n* groat, farthing; **nem ér egy lyukas** ~t **sem** it's not worth a straw (*v.* a brass farthing), *US* it's not worth a red cent (*v.* a plug nickel); **letettem a** ~t it's my turn to speak, it's my say now
garasos *a* **1.** *(filléres)* cheap **2.** *(szűkmarkú)* penny-pinching; ~ **ember** penny pincher, skinflint
garasoskod|ik *v* = **krajcároskodik**
garat *n* **1.** *(torokban)* pharynx (*pl* pharynges *v.* -nxes) **2.** **felöntött a** ~ra he had a glass too many, he has had one over the eight
garathurut *n* pharyngitis
garatmandula *n* pharyngeal tonsils *pl*, adenoids *pl*
garat—nyelőcső *n* gullet
garázda *a* ruffianly, rowdy, bullying; ~ **ember** hoodlum, ruffian, hooligan; ~ **vezető** *(autós)* road hog, speed merchant
garázdálkod|ik *v* go*/be* on the rampage, ravage
garázdaság *n* hooliganism, rowdyism; *jog* breach of the peace, disturbing the peace
garázs *n* garage
garazsíroz *v* garage, put* in a garage

garázsmester *n* garage foreman°
garázsoz *v* = **garazsíroz**
garbó *n* polo-neck (sweater/jumper), *US* turtleneck
garbóing *n* polo-neck (*US* turtleneck) shirt
garbónyak *n* polo-neck, *US* turtleneck
gárda *n (testőrség)* the Guards *pl*
gardedám *n* chaperon(e)
gardíroz *v* chaperon(e) [a girl]
gárdista *n* guardsman°
gardrób *n* **1.** *(szekrény)* wardrobe; *US* (clothes) closet **2.** *(vk ruhái)* wardrobe
gargarizál *v* gargle
garmada *n* heaps/lots of sg *pl*, pile; ~val **van** have* heaps/loads/piles of sg
garnírung *n* = **köret**
garnitúra *n* set; **egy** ~ **bútor** a suit (of furniture)
garral *adv* **nagy** ~ with much ado, noisily; **nagy** ~ **beszél** be* loudmouthed, beat* the drum
garzonlakás *n (kislakás)* flatlet; *(egyszobás)* one-room flat (*US* apartment), studio flat (*v. US* apartment); *GB (egyszobás)* bed-sitting-room, *biz* bed-sitter, bed-sit
garzontea *n* teabags *pl*
gasztronómia *n* gastronomy
gasztronómiai *a* gastronomical, culinary; ~ **világbajnokság** Culinary World Cup
gát *n* **1.** *(folyó menti)* dam, dike *v.* dyke, embankment, levee; ~at **emel** build*/erect a dam; **legény a** ~on a man° of courage, *kif* he stands* his ground **2.** *(akadály)* impediment, obstacle, hindrance; ~at **vet vmnek** put* a stop to sg, check sg, make* an end of sg **3.** *sp* hurdle **4.** *(altesten)* perineum
gátfutás *n* hurdle race, the hurdles *pl*
gátlás *n* **1.** *(akadály)* hindrance, impediment **2.** *(lelki)* inhibition; **tele van** ~sal be very inhibited, be* full of inhibitions, *biz* be* full of hang-ups; ~októl **mentes** uninhibited
gátlásos *a* inhibited, full of inhibitions *ut.*
gátlástalan *a* shameless, uninhibited
gátló *a* impeding, hampering; ~ **körülmény** impediment
gátol *v* **1.** *vmt* hinder/impede/prevent sg, be* an obstacle to sg **2.** *vkt* throw* an obstacle in sy's way
gátszakadás *n* bursting of a dam, breach in the dike/dyke
gatya *n* **1.** *biz (alsónadrág)* underpants *pl*; ~ba **ráz** knock/whip into shape **2.** *(paraszti)* ⟨men's white linen culottes⟩
gatyáz|ik *v* fiddle about/around

gavallér n 1. † (divatos férfi) gallant 2. † = **udvarló** 3. (jelzőként) gallant, generous; ~ **módon** handsomely **gavalléros** a 1. (bőkezű) generous, liberal, open-handed; ~**an fizet** come* down handsomely 2. (lovagias) chivalrous, gallant **gaz** I. a villainous, wicked, infamous II. n 1. (gyom) weed, rank grass 2. = **gazember** **gáz** n 1. (főzéshez stb.) gas; PB-~ GB Calor gas; **kinyitja a** ~**t** turn on the gas; **elzárja a** ~**t** turn off the gas, turn the gas off, (a főcsapnál: at the mains) 2. ~**t ád** (motornak) step on it, put* one's foot down, US step on the gas 3. □ ~ **van!** the heat's on; **nincs** ~ the heat's off, cool it, stay cool **gázálarc** n gas-mask **gázbiztos** a gas-proof/tight **gázbojler** n gas water heater, geyser **gázbomba** n gas-bomb **gázcsap** n gas-tap, US gas faucet **gázcserepalack** n (butane v. GB Calor) gas cartridge **gázcső** n gas-pipe **gazda** n 1. (földes) farmer, smallholder 2. (tárgyé) owner, proprietor; (házé) master; (üzemé) manager, owner; ~**ja vmnek** (= felelőse) be* in charge of sg; **ki a** ~**ja?** who is in charge?; **szabad a** ~! it's anybody's guess; ~**t cserél** change hands 3. (főnök) chief, boss **gazdag** I. a 1. (ember) rich, wealthy, affluent, moneyed 2. (növényzet) rich, luxuriant 3. átv ample, abundant, plentiful; ~ vm**ben** (be*) rich in sg ut., abounding in sg ut., full of sg ut. II. n a ~**ok** the rich/wealthy **gazdagít** v enrich, make* rich **gazdagod|ik** v become*/grow* rich/wealthy, make* a fortune, enrich (oneself); (gyarapodik) grow* richer; **a képtár új képekkel** ~**ott** new pictures were added to the collection **gazdagság** n 1. (vagyon) riches pl, wealth, affluence 2. (bőség) richness, profusion, abundance **gazdálkodás** n 1. mezőg farming, agriculture 2. (gazdasági rendszer) economy; (vállalati) management; **kötött** ~ controlled economy; **rossz** ~ mismanagement; **takarékos** ~ economy, careful management **gazdálkod|ik** v 1. mezőg run*/have* a farm, be* a farmer, farm 2. **helyesen/jól** ~**ik** vmvel make* good use of sg, manage sg well; **jól** ~**ik erejével** husband one's strength; **jól** ~**ik anyagi erőforrásaival/eszközeivel** husband one's resources;

takarékosan ~**ik** economize, be* thrifty, save **gazdálkodó** n farmer, smallholder **gazdaság** n 1. mezőg farm; (nagyobb) estate; **állami** ~ state farm 2. mezőg (gazdálkodás) farming 3. **második** ~ the secondary/black/shadow economy 4. (gazdasági rendszer/élet) economy **gazdasági** a 1. mezőg agricultural, farming, farm-; ~ **épületek** farm-buildings; ~ **felszerelés** farm(ing) implements pl, farm equipment; ~ **udvar** farmyard 2. (közgazdasági) economic; ~ **együttműködés** economic co-operation; ~ **élet** economic life, economic conditions pl, economy; ~ **földrajz** economic geography; ~ **hatékonyság** economic efficiency; ~ **helyzet** economic situation; ~ **kapcsolatok** economic relations; ~ **munkaközösség** (gmk) kb. enterprise co-operative; **a** ~ **növekedés lassulása** the slowdown in the rate of economic growth; ~ **rendszer** economic system, economy; ~ **szabályozó** economic regulator; ~ **tanácsadó** economic adviser; ~ **válság** economic crisis (pl crises), economic depression, slump; ~ **viszonyok** economic conditions pl, economic state 3. (anyagi ügyeket intéző) financial; ~ **hivatal** finance office/department; ~ **igazgató** finance director, business manager; ~ **vezető** chief accountant, business manager; isk bursar **gazdaságilag** adv economically; ~ **elmaradt országok** economically underdeveloped countries; ~ **fejlett országok** economically (highly) developed countries **gazdaságirányítás** n economic management; **a** ~ **új rendszere** new system of economic management **gazdaságos** a economical, profitable; ~ **termelés** production at a profit; **nem** ~ uneconomical, unprofitable **gazdaságpolitika** n economic policy (v. policies pl) **gazdaságtan** n economics sing.; **politikai** ~ economics sing., political economy **gazdaságtörténet** n economic history, history of economics **gazdász** n 1. (főiskolás) student of an agricultural college 2. = **mezőgazdasági szakember** **gazdasszony** n housewife° **gazdatiszt** n † farm manager/bailiff, overseer

gazdátlan *a* **1.** *(tulajdon)* unclaimed; *(hajó, ház stb.)* derelict; ~ **telek** empty/neglected plot *(US* lot) **2.** *(állat)* stray, ownerless
gazdi *n biz (kutyáé)* mummy *v.* daddy
gázégő *n* gas-burner/jet
gazella *n* gazelle
gazember *n* villain, scoundrel, crook, rogue, a bad lot
gazemberség *n* villainy
gázfejlesztés *n* gas generation/production
gazfickó *n* scoundrel, villain; *tréf* rascal
gázfogyasztás *n* gas consumption
gázfőző *n* gas stove/cooker; *(főzőlap)* gas ring
gázfröccs *n* kick-down
gázfűtés *n* gas heating
gázgyár *n* gasworks *sing. v. pl*
gázgyártás *n* gas-making/manufacture
gázkályha *n* gas-stove/heater, *GB így is:* gas fire
gázkamra *n* gas-chamber
gázkészülék *n* gas appliance
gázkonvektor *n* gas convector
gázlámpa *n* gaslight, gaslamp
gázláng *n* gas flame, gaslight
gázleolvasó *n* gasman°
gázló *n (folyóban)* ford, shallows *pl*
gázlómadár *n* wader, wading bird
gázmérgezés *n* gas-poisoning, asphyxiation, gassing
gázmérő(óra) *n* gas meter
gázművek *n* gasworks *sing. v. pl, US* gas--company
gáznemű *a* gaseous
gázol 1. *vt (autó)* run* over/down; **halálra** ~ run* over and kill, crush to death; **halálra** ~**ta (egy autó)** was run down and killed (by a car), was killed in a car *(US* automobile) accident; ~**t és továbbhajtott** he failed to stop after an accident **2.** *vi (vízben)* wade; **térdig** ~ **a vízben** be* up to the knees in water; **vk becsületébe** ~ blacken sy's good name, offend sy deeply
gázolaj *n* gas/fuel/diesel oil
gázolás *n* running over/down, street accident; **halálos** ~ fatal road accident
gázoló *a* ~ **és továbbhajtó vezető** hit--and-run driver, a hit-and-run
gázóra *n* gas meter
gazos *a* rank, rank/overgrown with weeds *ut.*
gázos I. *a* gassy; *(gázjellegű)* gaseous **II.** *n (szerelő)* gas fitter
gázosít *v* gasify
gazososd|ik *v* become* overgrown/rank with weeds

gázömlés *n* escape of gas, gas escape/leak
gázöngyújtó *n* gas/butane lighter
gázpalack *n (laboratóriumban)* gas holder/ container; *(iparban)* gas cylinder; **(háztartási)** ~ butane *(v. GB* Calor) gas
gázpedál *n* accelerator (pedal), *US* gas pedal; ~**ra lép** step on the accelerator, *US* step on the gas
gázrezsó *n* gas ring/cooker
gázrobbanás *n* gas explosion
gazság *n* villainy, baseness, outrage
gázszag *n* smell of gas; ~**ot érzek** I (can) smell gas
gázszámla *n* gas bill
gázszerelő *n* gas fitter
gázszolgáltatás *n* gas supply
gáztartály *n (gyári)* gasometer, gasholder; *(kisebb)* gas-tank
gáztermelés *n* gas production
gáztett *n* outrage, outragous deed
gáztűzhely *n* gas cooker/oven/range
gázvédelem *n* anti-gas protection
gázvezeték *n* gas piping *(v.* pipes *pl)*
gázvilágítás *n* gaslight(ing)
gázsi *n (alkalomszerű)* fee; *(fizetés)* salary
gazsulál *v (vknek)* toady to sy, fawn (up)on sy
G-dúr *n* G major
gebe *n* nag, hack, jade
gebin *n* ⟨small, privately-run business or restaurant⟩
gebines *n/a* ⟨self-employed trader or restaurateur⟩; ~ **bolt** ⟨privately-run shop/ business⟩; ~ **vendéglő** family-run restaurant
gége *n* larynx *(pl* larynges *v.* -nxes), throat
gégefő *n* larynx *(pl* larynges *v.* -nxes)
gégehang *n* guttural
gégemetszés *n* laryngotomy
gégész *n* laryngologist
gégészet *n* laryngology
gejzír *n* geyser ⇨ **autogejzír**
gél *n* gel
gellert kap *v* ricochet
gém *n* **1.** *(madár)* heron; *(kanalas)* spoonbill **2.** *(kúté)* sweep
gémberedett *a* numb, stiff with cold *ut.*
gémbered|ik *v* = **elgémberedik**
gémeskút *n* shadoof, sweep
gemkapocs *n* (paper-)clip
gén *n* gene
genealógia *n* genealogy, pedigree
genealógiai *a* genealogical
genealógus *n* genealogist
generáció *n* generation

generációs *a* ~ **ellentét** the gener*a*tion gap; **harmadik** ~ **fényszedőgép** phototypesetter of the third gener*a*tion
generális I. *a (általános)* general, common
II. *n (tábornok)* general
generalisszimusz *n* general*i*ssimo, Comm*a*nder-in-Chief *(röv* C.-in-C.*)*
generáljavítás *n* (general) overhaul
generálkivitelező *n* main contr*a*ctor
generáloz *v (motort)* give* [a car] a general overhaul, overh*a*ul [a car]
generatív *a* generative
generátor *n* generator, dynamo
genetika *n* genetics *sing.*
genetikai *a* genet*i*c; ~ **kód** genetic code
genetikus *n* genetic
Genf *n* Geneva
genfi I. *a* ~ **egyezmény** the Geneva Convention; **G** ~ **-tó** Lake Geneva **II.** *n* Genevese, Genevan
gengszter *n* gangster
genitivus *n* genitive, possessive case
géniusz *n* genius
génkutatás *n* genetic engineering
Genova *n* Genoa
genovai *a/n* Genoese
génsebészet *n* genetic engineering
genus *n biol* genus *(pl* genera*)*
genny *n* pus
gennyed *v* suppurate, become* full of pus, become* purulent
gennyedés *n (folyamat)* suppuration, purulence; ~ **t okoz** cause suppuration
gennye(d)z|ik *v* discharge (pus)
gennyes *a* **1.** purulent; ~ **váladék** purulent discharge **2.** □ ~ **alak** toad, *GB* spiv **3.** □ ~ **re keresi magát** be* making money hand over fist
gennyesed|ik *v* = **gennyed**
geodéta *n* geodesist, surveyor
geodézia *n* geodesy, surveying
geofizika *n* geophysics *sing.*
geográfia *n* geography
geográfiai *a* geographic(al)
geográfus *n* geographer
geológia *n* geology
geológiai *a* geological
geológus *n* geologist
geometria *n* geometry ⇨ **ábrázoló**
geometriai *a* geometric(al)
gép *n* **1.** *műsz, fiz* machine; *(eszköz, készülék)* apparatus, appli*a*nce; *fiz* **egyszerű** ~ simple machine; **nagy** ~ *(= számítógép)* mainframe; ~ **pel mosható** machine washable; ~ **pel varr** machine **2.** *(írógép)* typewriter; ~ **pel ír** type, typewrite*; ~ **pel írt**

typewritten, typed **3.** *(repülőgép)* plane **4.** *biz (autószerelők nyelvén* = *autó)* the engine
gépágyú *n* autom*a*tic gun
gépalkatrész(ek) *n* mach*i*ne/engine parts *pl*; *(pót)* spare parts *pl*
gépállás *n (amikor a gép áll)* standstill, disuse (of mach*i*nes)
gépállási *a* ~ **idő** down time
gépállomás *n mezőg* (agricultural) mach*i*ne centre *(US* -ter)
gépápolás *n* mach*i*ne m*a*intenance
gepárd *n* cheetah
gépcsarnok *n* engine hall, mach*i*ne room/shop
gépegység *n* unit
gépel *v* **1.** *(írógépen)* type **2.** *(varrógépen)* mach*i*ne(-sew*)
gépelem *n* m*a*ch*i*ne part, component(s)
gépelés *n (írógépen)* typing
gépelési *a* ~ **hiba** typing error
gépelt *a (írás)* typewritten, typed; ~ **kézirat** typescript, typewritten copy/manuscript/material
gépeltérítés *n* = **géprablás**
géperejű *a* power/motor-driven, power-; driven by a motor *(v.* an engine) *ut.*
géperő *n* ~ **re berendezett** power-driven, motorized
gép- és gyorsírás *n* shorthand typing, *US* stenography
gép- és gyorsíró(nő) *n* shorthand typist, *US* stenographer
gépesít *v* mechanize; *kat, mezőg* motorize
gépesítés *n* mechanization; *kat, mezőg* motorization
gépesített *a* mechanized; *kat, mezőg* motorized; *kat* ~ **alakulatok/egységek** mechanized/motorized troops/units; ~ **háztartás** mechanized household; *biz* a home with all mod cons; ~ **konyha** labour-saving kitchen *(US* labor-)
gépész *n* **1.** *(gépkezelő)* mechanic; *(hajón)* (marine) engineer **2.** *(hallgató)* engineering student, student of (mechanical) engineering
gépészet *n* (mechanical) engineering
gépészmérnök *n* mechanical engineer *(röv* M.E., Mech. E.)
gépészmérnöki *a* ~ **kar** department/faculty *v. GB.* school of mechanical engineering
gépezet *n* **1.** *műsz* mach*i*nery, mechanism **2.** *átv* mach*i*nery
gépfegyver *n* = **géppuska**
gépgyár *n* engine/mach*i*ne f*a*ctory, engine/mach*i*ne works *sing. v. pl*

gépház *n* engine room; *(gépszín)* engine-
-shed
géphiba *n* 1. *műsz* defect, engine/machine
failure, breakdown 2. = gépelési hiba
gépi *a* 1. mechanical, power(-driven); ~
adatfeldolgozás data processing; ~ erő
(mechanical) power; ~ erővel hajtott
motor-driven, power-; ~ fordítás machine
translation; ~ hajtású powered, power-
-driven/operated; ~ kapcsolású auto-
matic; ~ úton mechanically; ~ úton
feldolgoz *(adatokat)* process [data] (by
computer), computerize [data] 2. ~ beren-
dezés/felszerelés machinery 3. *(géppel
készült)* machine-made
gépies *a* mechanical, automatic; *(önkénte-
len)* unconscious; reflex [response etc.]; ~
munka routine (work/job); ~en végez
vmt perform [a/the task] mechanically
gépipar *n* engineering industry
gépipari *a* ~ dolgozók/munkások en-
gineering workers; ~ műszaki főiskola
college/school of engineering
gépír *v* type
gépírás *n* 1. *(cselekedet)* typewriting, typing
2. *(szöveg)* typescript
gépírásos *a* typewritten
gépirat *n* = gépelt kézirat
gépíró(nő) *n* typist
gépírt *a* = gépelt
gépjármű *n* (motor) vehicle
gépjármű-biztosítás *n* car (*v.* US auto-
mobile) insurance; *GB* third-party insur-
ance/liability
gépjárműforgalom *n* (vehicular) traffic
gépjármű-szavatossági biztosítás *n* =
gépjármű-biztosítás
gépjárművezető *n* driver
gépjármű-vezetői *a* ~ igazolvány driv-
ing licence, *US* driver's license; ~ vizsga
driving test
gépkezelő *n* machine minder/operator, ma-
chinist; *(hajón)* engineer
gépkocsi *n* (motor) car; *hiv* (motor) vehicle;
US automobile; a ~ (jelenlegi) tulaj-
donosa (current) owner of the car/vehicle; a
~ üzembentartója registered keeper of
the vehicle/car; **bérelt** ~ rental car ➪
autó *és összetételei*
gépkocsibaleset *n* car (*v.* US automobile)
accident
gépkocsi-ellenőrzés *n* identity check
gépkocsiforgalom *n* motor traffic
gépkocsikölcsönzés *n* car-hire, *főleg US:*
car rental(s); ~i díj rental

gépkocsikölcsönző *n* car-hire, *(főleg US)*
rent-a-car [service/agency/business etc.], car
rental
gépkocsiokmányok *n pl* vehicle/car/regis-
tration documents; *US* registration papers
gépkocsiszín *n* garage
gépkocsi-tulajdonos *n* vehicle owner
gépkocsiút *n (utazás)* ride, drive
gépkocsi-vámigazolvány *n (nemzetközi)*
carnet [= Carnet de Passages en Douane]
gépkocsivezetés *n* ~t tanul take* driv-
ing lessons
gépkocsivezető *n* driver; *(hivatásos)*
chauffeur
gépkocsizás *n* motoring
gépkocsizó **I.** *a* motorized **II.** *n* motorist
géplakatos *n* (engine) fitter, mechanic
gépmester *n nyomd* machine minder
gépolaj *n* machine/lubricating oil
géppapír *n* typing paper
géppark *n* machine stock/pool
géppisztoly *n* submachine-gun
géppuska *n* machine-gun
géppuskás *n* machine-gunner
géppuskáz *v* machine-gun
géprablás *n (repgépé)* hijacking, skyjacking
géprabló *n (repgépé)* hijacker, skyjacker
géprajz *n* 1. *(tervezés)* machine design 2.
(tantárgy) technical drawing 3. *(ábra)*
diagram
géprész *n* machine/engine part
gépselyem *n* machine-twist
gépsonka *n* pressed ham
gépsor *n (üzemi)* production line
gépszedés *n* machine-setting
gépszíj *n* 1. *műsz* driving-belt 2. elkapta a
~ átv (1) *(bajba került)* he has had it (2)
(belesodródott) he's been dragged into doing
sg
gépszín *n* machine/engine-shed
géptan *n* mechanics *sing.*
gépterem *n* machine room; *(nyomdában)*
print(ing) shop
gépvontatású *a* machine/power-hauled,
power-traction
gereblye *n* rake
gereblyéz *v* rake
gerely *n* 1. *(fegyver)* spear, lance 2. *sp*
javelin
gerelyhajítás, -vetés *n sp* throwing the
javelin, javelin throw
gerencsér *n* potter
gerenda *n* 1. beam; *(szarufa)* rafter, joist,
strut 2. *sp* beam 3. *kat* chevron
gerendázat *n* timber frame(work)

gerezd *n (gyümölcs, dinnye)* slice; *(narancs, grépfrút)* segment; *(fokhagyma)* clove
Gergely *n* Gregory
Gergely-naptár *n* Gregorian calendar, New Style (calendar)
gerilla *n* guer(r)*i*lla
gerillaharc *n* guer(r)*i*lla warfare
gerinc *n* **1.** *(emberi)* spine, backbone, sp*i*nal column **2.** *(hegyé)* ridge, crest; *(könyvé)* spine; *(tetőé)* crest, ridge **3.** *átv* backbone, firmness
gerinces I. *a* **1.** *(lény)* vertebrate **2.** *(jellemes)* of strong character *ut.*, steadfast, resolute, firm; ~ **ember** man° of pr*i*nciple II. *n* ~**ek** vertebrata
gerinclövés *n* shot in the spine
gerincoszlop *n* sp*i*nal/vertebral column
gerinctáji *a* sp*i*nal
gerinctelen *a* **1.** *(állat)* invertebrate **2.** *átv* sp*i*neless, weak(-kneed)
gerincvelő *n* sp*i*nal marrow/cord
gerjed *v* **1.** *el* excitation is produced **2.** **haragra** ~ → **harag; szerelemre** ~ **vk iránt** fall* in love with sy, lose* one's heart to sy
gerjedelem *n* **1.** *ált* agitation, emotion, passion **2.** *(érzéki)* (sexual) desire, lust
gerjeszt *v* **1.** **haragra** ~ anger sy, make* sy angry; **szerelemre** ~ awaken love (in sy's breast) **2.** *el* excite
gerjesztés *n el* excitation
gerle, gerlice *n* turtle-dove
germán I. *a* Germanic II. *n* German
germanista *a/n* Germanist, German scholar
germanizmus *n* **1.** *(más nyelvben)* Germanism **2.** *(német nyelvi sajátosság)* German *i*diom
gerontológia *n* gerontology
gersli *n* pearl barley
gerund(ium) *n nyelvt* gerund
gesz *n* G flat
gesztenye *n* **1.** *(szelíd)* (sweet/Spanish) chestnut; **sült** ~ roast(ed) chestnuts *pl;* **mással kapartatja ki (a tűzből) a** ~**t** make* a cat's paw of sy **2.** *(vad)* horse chestnut
gesztenyebarna *a* chestnut(-coloured/brown)
gesztenyefa *n* **1.** *(szelíd)* chestnut (tree) → **gesztenye 1. 2.** *(vad)* horse chestnut
gesztenyepüré *n* chestnut p*u*ree
gesztenyés I. *a* of/with chestnuts *ut.* II. *n (erdő)* chestnut grove
gesztenyesütő *n (ember)* chestnut-man°/seller
gesztenyeszínű *a* = **gesztenyebarna**

gesztikulál *v* gesticulate, gesture
gesztus *n* **1.** *(mozdulat)* gesture, motion, movement **2. nemes** ~ *átv* handsome/noble gesture/act
gettó *n* ghetto
géz *n (sebkötöző)* (sterilized/antiseptic) gauze
Géza *n* ⟨Hungarian masculine given name⟩
gezemice *n* **1.** *(savanyúság)* mixed pickles *pl* **2.** *biz (kotyvalék)* hotch-potch, *US* hodge-podge
gézengúz *n* rascal
Ghana *n* Ghana
ghanai *a/n* Ghana*i*an
gibic *n* = **kibic**
gibicel *v* = **kibicel**
Gibraltár *n* Gibraltar
gibraltári *a/n* Gibraltarian
Gibraltári-szoros *n* Strait of Gibraltar
giccs *n* kitsch, *US* trash
giccses *a* kitsch, *US* trashy, cheap; ~ **kép** kitsch painting
gida *n* **1.** *(kecske)* kid **2.** *(őz)* fawn
gidres-gödrös *a* uneven, rough, full of potholes *ut.*
gigantikus, gigászi *a* gigantic, colossal
gigerli *a* † coxcomb, fop
gikszer *n (baklövés)* blunder, howler; *(hiba zenélésben, szövegmondásban stb.)* fluff
giliszta *n* **1.** *(földi)* earthworm, (angle)-worm, *US* night crawler, nightwalker **2.** *(bélben)* tapeworm, threadworm, *biz* worms *pl*
gilisztahajtó *a* vermifuge, helm*i*nthic
gím *n* hind
gimn. = **gimnázium(i)**
gimnasztika *n* gymnastics *sing.*
gimnazista *n kb.* grammar-school student/boy/girl, *US* high-school student/boy/girl
gimnázium *n GB* grammar school; *US* high school; **első** ~**ba jár** he is in his first year at grammar (*v. US* high) school
gimnáziumi *a* of a grammar school *ut.*, *US* of a high school *ut.*; ~ **tanuló** = **gimnazista**
gímszarvas *n* red deer; *(hímje)* stag; *(nősténye)* hind
gipsz *n (természetes)* gypsum; *(égetett)* plaster of Paris; ~**be tesz** *(végtagot)* put* [a limb] in plaster; **mikor veszik le a** ~**et?** when does the cast come off?
gipszel *v* plaster, overlay*/cover with plaster; *(testrészt)* put* [a limb] in plaster
gipszkötés *n* plaster cast
gipszminta *n* plaster cast

gipszöntvény *n* plaster cast
girbegörbe *a* winding, twisting
girhes *a* 1. *(ló)* lean(-flanked) 2. *(ember)* skinny, sickly
girland *n* garland, festoon, wreath
giroszkóp *n* gyroscope
gisz *n* G-sharp
gitár *n* guitar
gitároz|ik *v* play the guitar
gitt *n* putty
gittel *v* putty [a window]
G-kulcs *n zene* G clef, treble clef
gladiátor *n* gladiator
glasgow-i *a/n* Glaswegian
gleccser *n* glacier
gléda *n biz* ~ba állít line/draw* up; ~ban áll stand* in line
glettel *v* fill in
glicerin *n* glycerin(e)
globális *a* total, inclusive, overall, aggregate; ~ módszer sight method, look-and-say method; ~an in the aggregate
glória *n* halo, nimbus, glory
glorifikál *v* glorify, extol *(US* extoll)
glossza *n* 1. *(margón)* gloss, marginal note 2. *(cikk)* squib
glosszárium *n* glossary
glukóz, glükóz *n* glucose
gmk *n* = gazdasági munkaközösség
gnóm *a/n* gnome, dwarf *(pl* -fs *v.* dwarves)
gobelin *n* Gobelin (tapestry)
góc *n* 1. *(gyújtópont)* focus *(pl* -ses *v.* foci); *(betegségé, fertőzésé)* focus, centre *(US* -ter); a fertőzés ~a the centre of infection
gócpont *n* 1. *ált* focus *(pl* -ses *v.* foci), focal point 2. *(kereskedelmi)* commercial centre *(US* -ter)
gól *n* goal; ~t rúg/lő kick/score a goal; egy ~lal vezet be* one goal up/ahead; ~ nélküli scoreless, no-score
gólarány *n* score, goal average
golf *n* golf
Golf-áram *n* the Gulf Stream
golfnadrág *n* plus-fours
golfoz(ik) *v* play golf
golfpálya *n* golf course, golf links *pl*
golfütő *n* (golf) club
gólhelyzet *n* chance to score, opportunity for/of scoring a goal
góllövő *a/n* (goal-)scorer
gólya *n* 1. *áll* stork 2. *(elsőéves)* fresher, freshman°
gólyahír *n növ* marsh marigold, *US így is:* cowslip
gólyalábú *a* long/spindle legged

golyó *n* 1. *ált* ball; *(játék* ~ *)* marble 2. *(puskába)* bullet, cartridge; *(ágyúba)* shot, (cannon-)ball; ~ általi halálra ítél *vkt* condemn sy to be shot *(v.* to death by shoot[ing]; ~t röpít az agyába blow* one's brains out
golyóálló *a* bullet/shot-proof
golyós *a* ~ dezodor roll-on deodorant; ~ szelep ball-cock
golyóscsapágy *n* ball(-)bearing
golyóstoll *n* ballpoint (pen), ball-pen, biro
golyóstollbetét *n* refill
golyószóró *n* (light) machine-gun, Bren gun
golyózápor *n* hail/shower of bullets
golyóz|ik *v* play marbles
golyva *n* goitre, *US* goiter
golyvás *a* goitrous
gomb *n* 1. *(ruhán)* button 2. *(ajtón, fiókon, sétapálcán)* knob 3. *(csengőé)* button, bell-push; megnyomja a ~ot press/push the button; *átv* knuckle down (to the job)
gomba *n* 1. *növ* fungus *(pl* -gi *v.* -uses); *(ehető)* mushroom; *(mérges)* toadstool; ~ alakú mushroom-shaped; ~ alakú felhő *(atombomba robbanáskor)* mushroom cloud 2. *orv* fungus *(pl* -gi *v.* -uses); ~ okozta betegség, ~betegség mycosis *(pl* -ses) 3. *(élelmiszerüzlet)* (circular) food stall, stand
gombafej *n* ~ek rántva fried button-mushrooms
gombaismeret *n* fungology, mycology
gombaleves *n* mushroom soup
gombamérgezés *n* mushroom poisoning
gombapaprikás *n* mushroom and paprika stew with sour cream
gombapörkölt *n* mushroom and paprika stew
gombás *a* ~ megbetegedés/betegség mycosis *(pl* -ses)
gombaszakértő *n* mycologist
gombászat *n* 1. *tud* mycology 2. *(gombatermesztés)* mushroom-growing; *(szedés)* mushroom-gathering
gombász|ik *v* gather mushrooms, go* mushrooming
gombavizsgáló *n kb.* mushroom-checking booth
gombázik *v* = gombászik
gombelem *n* micro-battery, pill battery, cell (battery)
gombfesték *n* paints *pl,* cake(s) of paint
gomblyuk *n* buttonhole
gombnyomás *n* ~ra működő push-button

gombóc *n* dumpling; *(húsból, burgonyából)* ball; ~ **van a torkában** there is* a lump in her/his throat
gombol *v* button (up)
gombolód|ik *v* button [at the back etc.]
gombolyag *n* ball; *(fonal)* skein, hank; **egy ~ spárga** a ball of string
gombolyít *v* wind* *i*nto a ball, ball, wind* up, reel
gombolyod|ik *v* be* wound up, roll/coil up
gombos *a* provided with buttons *ut.*
gombostű *n* pin
gomolya *n kb.* cottage-cheese
gomolyfelhő *n* cumulus *(pl* cumuli)
gomolyog *v (füst)* wreathe (around/up), [clouds of smoke] puff up; *(felhő)* swirl
gond *n* **1.** *(aggódás, bánat)* worry, concern, anxiety, uneasiness, trouble; *(nehézség, probléma)* difficulty, problem; **ez nem ~** that's no problem; **ez már az én ~om** that'll be my problem; **a legkisebb ~om is nagyobb annál** that is* the least of my cares/worries; **sok a ~ja** be* full of cares, be* worried; **anyagi ~ok** financial difficulties; **anyagi ~jai vannak** *(v. ~okkal küzd)* be* struggling against poverty, have* difficulty (in) making ends meet, *biz* be* hard up; ~ **nélkül(i)** carefree; **sok ~ot okoz vknek** cause sy great anxiety, worry sy (very much) **2.** *(törődés)* care (for sg), concern, attention, carefulness; **majd ~om lesz rá** I'll see to it, I'll attend to it, I'll look after him/it; **vk ~jaira bíz** entrust (sy/sg) to (the care of) sy; ~**jaira van bízva vk/vm** be* in charge of sy/sg; **nagy ~ot fordít vmre** devote great care to sg; ~**jaiba vesz vkt/vmt** take* charge of sy/sg, look after sy/sg; ~**ját viseli** *vknek* take* care of sy, look after sy; *vmnek* look after sg, attend to sg, take* care/charge of sg, care for sg; **nagy ~dal csinál vmt** do* sg with great care
gondatlan *a* careless, negligent, neglectful (of sg), thoughtless
gondatlanság *n* carelessness, want of care, negligence, neglect; *jog* malpractice; ~**ból okozott kár** contributory negligence; ~**ból elkövetett emberölés** negligent manslaughter, *US* homicide through negligence
gondnok *n* **1.** *(kiskorúé)* guardian **2.** *(örökségé)* administrator, trustee [of an estate] **3.** *(gazdasági)* steward, overseer **4.** *(intézményé, kollégiumé)* warden; *(üdülőé, kisebb épületé)* caretaker; *US főleg:* janitor; *US hiv* custodian

gondnoknő *n (diákszállóban, tanulóotthonban)* matron; *(intézményé ált)* warden; *(üdülőé, kisebb épületé)* caretaker
gondnokság *n* **1.** *(kiskorúé)* guardianship; *(örökségé)* trusteeship; *(mint állás)* office of guardian/trustee/curator; ~ **alá helyez** place in charge of a guardian/curator **2.** *(intézményé)* board of trustees **3.** *(gondnoki hivatal)* warden's office
gondol **1.** *vt/vi* think*, consider, believe; ~**od, esni fog?** — **azt hiszem, igen** do you think it will rain? Yes, I think so; **mit ~(sz)?** what do you think?; **ezt komolyan ~od?** do you really mean it?, you don't (really) mean that?; **komolyan ~om** I mean it; **úgy ~om, hogy ... I** think*/believe/expect that, *US* I guess/reckon that; **igen, úgy ~om** Yes, I believe so; **ezt ~tam is, mindjárt ~tam I** thought as much; ~**hattam volna** I might have known; **mást ~t** he changed his mind; **nem ~om** I don't think so, I wouldn't say so; **nem ~ja/~od?** don't you think? **2.** *vt (vmlyennek vél)* think*, imagine, judge, find*; **nagy költőnek ~ja magát** he thinks* himself *(v.* he is) a great poet; **angolnak ~ták** he was thought/believed to be an Englishman, he was taken for an Englishman; **nem olyan nehéz, mint amilyennek ~tam** it is not as difficult as I expected (it to be) **3.** *vi vkre/vmre* think* of/about sy/sg, have* sy/sg in mind; *vmre* consider sg; **mire ~sz?** what are you thinking of?; **hova ~sz?** how can you think of such a thing?; **ne ~j rá!** put it out of your mind, forget (all about) it; **erre még ~ni sem szabad** perish the thought; **arra ~tam, hogy állást változtatok** I'm considering changing my job; ~**tál már valaha arra, hogy ...?** have you ever thought of *(v.* considered [the fact] that) ...?; ~**unk itt arra, hogy ...** what I have in mind is ...; ~ **ön vkre?** *(állás betöltésénél)* have you sy in mind?; ~**tam rád** I have not forgotten about you; **sokat ~unk rátok** you are very much in our thoughts **4.** *vi (vmvel/vkvel törődve)* think* about, care for/about, concern oneself with, mind sy; **ne ~j velem** don't bother about me, you needn't worry about me **5.** *vi (következtetve)* **miből ~od, hogy megbízható?** what makes you think you can trust him?; **az újságok alapján arra ~ok** I gather from the papers
gondola *n (velencei és bolti)* gondola
gondolás *n (hajós)* gondolier

gondolat *n* thought; idea; reflection; **ez ki-tűnő** ~ an excellent idea, a happy thought; **az a ~om támadt** it occurred to me, the idea occurred to me, the thought struck me; ~**ban** mentally, in thought, in one's mind; ~**ban veled leszek** I shall be with you in spirit; ~**okba merülve** lost/deep in thought; ~**okkal teli** thoughtful; *kif* [sg that] provides (much) food for thought
gondolatátvitel *n* thought-transference, telepathy
gondolatébresztő *a* thought-provoking, stimulating
gondolati *a* of thought *ut.*, conceptual, notional, mental, intellectual; ~ **össze-függés** sequence/chain/line of thought; ~ **tartalom** substance, thought-content
gondolatjel *n* dash
gondolatkeltő *a* = **gondolatébresztő**
gondolatkör *n* sphere of thought
gondolatmenet *n* chain/sequence/order of ideas, train of thought; **folytatva a** ~**et** developing the (train of) thought; **követi vk** ~**ét** follow sy('s train of thought)
gondolatolvasás *n* thought/mind-reading
gondolatsor *n* chain of ideas
gondolatszabadság *n* freedom of thought
gondolatszegény *a* lacking ideas *ut.*, barren of thoughts/ideas *ut.*
gondolattársítás *n* association of ideas
gondolatvilág *n* thoughts *pl*, ideas *pl*; **más** ~**ban él** live in a different world
gondolkodás *n* **1.** *(művelet)* thinking, thought, meditation, cogitation **2.** = **gondolkodásmód**
gondolkodásmód *n* way of thinking, turn/cast of mind, mentality
gondolkod|ik *v.* **gondolkoz|ik** *v* think* *(vmről, vmn* of/about); *(vmn hosszasan)* reflect (up)on; *(fontolgatva)* consider (sg); **hangosan** ~**ik** think* aloud; **helyesen** ~**ik** take* right view of things, think* along the right lines; **saját fejével** ~**ik** use one's own head; ~**j(ál) (csak)!** use your brains!, think (again)!; **hogyan** ~**ik er-ről?** what do you think of this?, what is your view of this?; ~**om, tehát vagyok** I think, therefore I am; **azon** ~**ik, hogy** (1) *(vajon)* he wonders whether (2) *(fontolgat-va)* he's thinking about/of …ing, he's considering …ing; **azon** ~**om, hogy állást változtatok** I'm considering *(v.* thinking about/of) changing my job; ~**ik a dolgon** give* [the matter] some thought, be* thinking *(v.* think) sg over; **kérem,** ~**jék a ja-vaslaton** please think about the proposal;

nem ~**tam rajta** I didn't give it a second thought
gondolkodó I. *a* thinking, reasoning, reflective, thoughtful, pensive **II.** *n* **1.** *(filozó-fus)* philosopher, thinker **2.** ~**ba ejt** set* sy thinking, make* sy reflect, give* sy pause
gondolkodóképesség *n* reason, power of reasoning, power to think
gondolkoz|ik *v* → **gondolkodik**
gondos *a* careful; ~ **ápolásra szorul** (s)he needs careful looking after; *(csak ember)* (s)he needs careful nursing
gondosan *adv* carefully; ~ **olvasd el** read it carefully/attentively; ~ **kidolgozott** carefully thought/worked-out; ~ **ügyel arra, hogy** make* a point of (doing sg), take* good care (to do sg)
gondoskodás *n* care, provision (for); ~ **történik vmről** provision is* (being) made for sy
gondoskod|ik *v* vkről, vmről take* care of, provide for, look after, take* charge of; *vmről* see* to sg *(v.* doing sg), arrange for sg; ~**j(ék) róla, hogy** see (to it) that …; **ar-ról majd én** ~**om!** I shall see to it; ~**tam arról, hogy egy kocsi várja önt** I have arranged for a car to meet you
gondosság *n* care(fulness), thoughtfulness; **kellő** ~ **ker** ordinary care, due care and caution; ~ **hiánya** want/lack of care
gondoz *v* **1.** look after, take* care of, attend to; *(beteget)* nurse, tend **2.** *(könyvet)* pre-pare [a book] for the press *(v.* for printing), edit
gondozás *n* **1.** *vké* looking after, care **2.** *(gépé)* maintenance, servicing **3.** *(könyvről)* vknek a ~**ában** … (copy-)edited by …; (copy) editor …
gondozatlan *a* uncared-for, neglected; *(külső)* slovenly, shabby, grubby, untidy [appearance]
gondozó *n* **1.** *vk* caretaker, keeper, attendant **2.** *(egészségügyi)* health centre
gondozónő *n* **(területi)** ~ district-nurse ➪ **védőnő**
gondozott I. *a* well-kept, in good condi-tion/repair *ut.* **II.** *n* foster-child°; **állami** ~ child° in care
gondtalan *a* free from care *ut.*, carefree, light-hearted; ~ **élet** life free from cares, easy life; ~**ul élnek** they live free from care
gondterhelt, gondterhes *a* careworn, troubled, worried
gondűző *a* consoling, diverting
gondviselés *n* **1.** *(isteni)* providence **2.** = **gondozás**

gong *n* gong
gongütés *n* (striking/sound[ing]/stroke of the) gong
gonosz I. *a* evil(-minded), wicked, vicious, vile **II.** *n* evil
gonoszkod|ik *v* *(huncutkodik)* be* naughty/mischievous
gonoszság *n* **1.** *(tulajdonság)* evil, wickedness, viciousness **2.** *(tett)* evil/wicked deed/act
gonosztett *n* crime, evil/wicked deed, outrage
gonosztevő *n* evil-doer
gordiuszi *a* **kettévágja a** ~ **csomót** cut* the Gordian knot
gordon *n* = **nagybőgő**
gordonka *n* (violon)cello
gordonkaművész *n* (violon)cellist
gordonkáz|ik *v* play the (violon)cello
góré[1] *n* *(kukoricagóré)* barn
góré[2] *n* *(főnök)* □ boss; *GB* guvnor; **ő a** ~ he runs the show, he's (the) boss
gorilla *n* *átv is* gorilla
goromba *a* *(ember)* rough, rude, boorish; ~ **fráter** churlish fellow, boor(ish fellow); ~ **hiba** gross error, glaring blunder/fault
gorombaság *n* **1.** *(modor)* roughness, rudeness, boorishness **2.** *(bánásmód)* ill-treatment/usage **3.** *(kijelentés)* abuse *(pl ua.)*
gorombáskod|ik *v* *(szóban)* be* rude/offensive/abusive (to sy)
gót I. *a* Gothic; ~ **betű** Gothic type, black letter; ~ **nyelv** Gothic; ~ **stílus** Gothic/ogival/pointed style **II.** *n* Goth
gótika *n* Gothic art
gótikus *a* Gothic, ogival
göb *n* knot
göcs *n* knot, nodule
gödény *n* pelican
gödölye *n* kid
gödör *n* pit, hole; *(úton)* pothole
gödröcske *n* *(arcon)* dimple
gödrös *a* *(felület)* pitted, broken, uneven; *(út)* bumpy, full of potholes *ut.*
gőg *n* arrogance, haughtiness, pride
gőgicsél *v* gurgle (with delight), babble away
gőgicsélés *n* baby talk
gőgös *a* arrogant, haughty, proud, high-handed
gömb *n* **1.** *ált* ball, orb; ~ **alakú, gömb-spherical**, globular **2.** sphere **3.** *földr* globe
gömbcikk *n* spherical section/wedge
gömbcsukló *n* ball-and-socket joint/head
gömbfa *n* round timber
gömbfejes írógép *n* golf-ball typewriter
gömbfelület *n* spherical surface

gömbi *a* spherical; ~ **eltérés** spherical aberration
gömböc *n* **1.** *(ember)* fatty, roly-poly **2.** *(húsétel)* kb. black pudding, *US* blood sausage, *sk* haggis
gömbölyded *a* roundish; *(arc)* round, full, chubby
gömbölyít *v* make* round, round (out)
gömbölyöd|ik *v* become*/grow*/get* round, round (out)
gömbölyű *a* **1.** *(test)* round, spherical, globular, rounded **2.** *(emberről)* stout, round, fat
gömbsüveg *n* spherical calotte
gömbszelet *n* spherical section/segment
gömbvas *n* round-iron
gömbvillám *n* globe-lightning, fire-ball
gönc *n* **1.** *(ócska ruha)* cast-off clothing, cast-offs *pl* **2.** *(limlom)* odds and ends *pl*; *US* junk
Göncölszekér *n* the Great Bear, the Plough; *(US)* the Big Dipper
göndör *a* curly
göndörít *v* curl, make* curly, frizz(le)
göndöröd|ik *v* curl
göngyöl *v* roll (up), pack (up), swathe
göngyöleg *n* **1.** *(csomag)* bundle, bale, package **2.** *(begöngyölt dolog)* roll; **egy** ~ **dohány** a roll of tobacco **3.** = **göngyölet**
göngyölet *n* wrapping, packing material
görbe I. *a* *ált* curved; *(hajlított)* bent, twisted, crooked; ~ **lábú** bandy-legged; ~ **vonal** curve(d line); ~ **vonalú** curvilinear; ~ **tükör** distorting mirror **2.** *átv* ~ **éjszaka** night on the tiles, spree; ~ **szemmel** *(v.* ~**n)** **néz** vkre look askance at sy, frown at sy; ~ **utakon jár** have* shady dealings, be* a crook, be* not on the level **II.** *n* *mat* curve; *(grafikon)* graph
görbít *v* bend*, make* crooked, warp
görbül *v* curve, become* bent/crooked
görbülés *n* curve, bend
görbület *n* curvature; *(kanyarulat)* bend, curve, winding
görcs *n* **1.** *(fában)* knot, gnarl **2.** *(kötött)* knot **3.** *(izomé)* cramp; spasm; ~**öt kap** have*/get* cramp, have* a spasm, be* seized with cramp *(v. US* cramps); ~**öt kapott a lába** he had cramp in his leg(s)
görcsoldó *a/n* ~ **(szer)** antispasmodic
görcsöl *v* have*/get* cramp, cramp, have* spasms, have* spasmodic pain(s)
görcsös *a* **1.** *(fa)* gnarled, knotty, knotted **2.** *(fájdalom)* spasmodic, convulsive; *(ismétlődő)* fitful; ~ **fájdalom** spasmodic pain; ~ **rángatódzás** convulsions *pl*

görcsösen *adv* ~ **ragaszkodik vmhez** hang*/hold* onto sg like grim death, cling*/ stick* to sg ten*a*ciously

görcsroham *n* fit, spasm, conv*u*lsion

gördeszka *n* sk*a*teboard

gördít *v* wheel, roll, push ⇨ **akadály**

gördül *v* roll (along), trav*e*l (*US* -l), move, tr*u*ndle; *(körbe)* rev*o*lve, turn

gördülékeny *a* *(stílus)* e*a*sy(-flowing), fl*u*ent, smooth

gördülő *ált* r*o*lling, m*o*ving; *(sínen)* sliding

gördülőanyag, -állomány *n* r*o*lling stock

gördülőcsapágy *n* *(görgős)* roller bearing; *(golyós)* ball(-)bearing

görény *n* p*o*lecat, *US* skunk

görget *v* roll, tr*u*ndle, wheel, push

görgeteg *n* *(kövek)* b*o*ulders *pl*

görgő *n* roller, r*u*nner; *(bútoron)* caster *v.* c*a*stor

görgőscsapágy *n* r*o*ller bearing

görkorcsolya *n* r*o*ller-skates *pl*

görkorcsolyáz|ik *v* r*o*ller-skate

görl *n* ch*o*rus girl, sh*o*wgirl

görnyed *v* bend*, bow, stoop; **vm fölé** ~ bend*/lean* over sg

görnyedt *a* bent, bowed, st*o*oping; ~ **hátú** st*o*oping, humped

görög I. *a* Greek, Grecian, Hellenic; ~ **katolikus** Greek C*a*tholic, Uni*a*t(e); ~ **kultúra** Greek civiliz*a*tion/c*u*lture; ~ **nyelvtudás** (kn*o*wledge of) Greek **II.** *n* *(ember, nyelv)* Greek; **a** ~**ök** the Greeks, the Greek people

görögdinnye *n* w*a*ter-melon

görögkeleti *a* (Greek) *O*rthodox; **a** ~ **egyház** the (Greek) *O*rthodox Church

Görögország *n* Greece

görögtűz *n* ⟨red f*i*rework⟩

görögül *adv* ~ **tanul** learn* Greek; ~ **van** *(írva)* it is (wr*i*tten) in Greek

göröngy *n* clod of earth, lump

göröngyös *a* un*e*ven, rough; ~ **út** rough/ b*u*mpy road

göthös *a* w*e*ak-chested; *(beteges)* sickly, weak in health *ut.*

gőz *n* **1.** *ált* v*a*pour (*US* -or); *(kigőzölgés)* exhal*a*tion, evapor*a*tion, v*a*pour **2.** *(mint hajtóerő)* steam; **teljes** ~**zel** (at) full steam/tilt, at full speed, *(átv is)* (at) full blast; **teljes** ~**zel előre!** *(hajó)* full steam ahe*a*d!; **fáradt** ~ de*a*d/exh*au*st steam **3.** = **gőzfürdő 4.** *biz* **halvány** ~**öm sincs róla** I haven't the f*a*intest id*e*a

gőzerejű *a* steam(-driven/powered)

gőzerő *n* **1.** *műsz* steam-power **2.** *átv* ~**vel** (at) full steam/blast

gőzfürdő *n* T*u*rkish/steam bath

gőzfűtés *n* steam-heating; ~ **ű** ste*a*m-heated

gőzgép *n* ste*a*m-engine

gőzhajó *n* *(kisebb)* ste*a*mer; *(nagyobb)* ste*a*mship, ste*a*mboat; *(óceánjáró)* liner

gőzhenger *n* steam-roller

gőzkalapács *n* ste*a*m-hammer

gőzkazán *n* ste*a*m-boiler

gőzmalom *n* steam-mill

gőzmozdony *n* locom*o*tive, ste*a*m-engine

gőznyomás *n* steam pressure

gőzöl 1. *vt* *(textilt)* h*o*t-press, steam [textile] **2.** *vt* *(ételt)* steam, stew **3.** *vi* = **gőzölög**

gőzölgés *n* *(vmé)* em*i*ssion of steam, exhal*a*tion

gőzölgő *a* ste*a*ming; *(leves stb.)* p*i*ping/ ste*a*ming hot

gőzölög *v* steam, em*i*t steam/vapour (*US* -or); *(étel)* steam; *(felhevült állat)* be* sn*o*rting

gőzölős *a* ~ **vasaló** steam iron

gőzös 1. *a* ste*a*my; v*a*porous **II.** *n* **1.** = **gőzhajó 2.** = **gőzmozdony**

gőzturbina *n* steam t*u*rbine

grafika *n* **1.** *műv* gr*a*phic arts *pl* **2.** Dürer ~**i** Dürer's graphics **3.** *nyomd* *(kiadványé)* artwork, graphics *pl*

grafikai *a* a graphic

grafikon *n* graph, d*i*agram, chart; ~**t készít vmről** graph/chart sg, show*/represent sg on a graph/chart, represent sg gr*a*phically

grafikus I. *a* graphic, diagramm*a*tic **II.** *n* *(művész)* graphic *a*rtist

grafit *n* **1.** *ált* graphite **2.** *(ceruzában)* (bl*a*ck)lead

grafológia *n* graph*o*logy

grafológus *n* graph*o*logist

gramm *n* gram(me); **súlya 2** ~ it weighs two gram(me)s

grammatika *n* gr*a*mmar

grammatikai *a* gramm*a*tical

gramofon *n* record pl*a*yer, gr*a*mophone, *US* ph*o*nograph

gramofonlemez *n* = **hanglemez**

gránát[1] *n* *(robbanó)* gren*a*de, shell

gránát[2] *n* *(kő)* garnet

gránátalma *n* pomegr*a*nate

gránátszilánk *n* shell spl*i*nter

gránáttűz *n* shell-fire; ~ **alá vesz** shell

gránátvető *n* trench-mortar, gren*a*de-thrower

grandiózus *a* grand, imp*o*sing, monum*e*ntal

gránit *n* gr*a*nite

grasszál *v* *biz* *(garázdálkodik)* be* on the r*a*mpage

grátisz *adv* gratis, free (of charge), for nothing

gratuláció *n* congratulations *pl*

gratulál *v (vknek vmely alkalomból)* congratulate sy (on sg); ~ **ok!** congratulations!, I congratulate you (on sg); ~ **vknek abból az alkalomból, hogy levizsgázott** congratulate sy on having passed the/his examinations; *(főnévvel)* congratulations on passing your etc. exam; ~**ok születésnapjára** (I wish you) many happy returns (of the day)

gravitáció *n* gravitation, (pull of) gravity

gravitációs *a* gravitational; **a Newton- -féle** ~ **törvény** Newton's law of gravitation

gravitál *v vhova* gravitate/tend towards

greenwichi középidő *n* Greenwich Mean Time, *röv* G.M.T.

gregorián *a* ~ **ének** Gregorian chant, plainsong

grépfrút *n* grapefruit; ~**lé** grapefruit juice

griff(madár) *n* gryphon, griffin

grill *n* **1.** = **grillsütő**; ~**en süt** grill, *US* broil **2.** *(vendéglő)* grill(-room) **3.** *(mulatóhely)* night club

grillcsirke *n* roast/grilled (*US* broiled) chicken

grillsütő *n (konyhában, rostély)* grill, *US* broiler; *(rostély, főleg faszénnel)* gridiron; *(szabadban, nyílt tűzzel)* barbecue

grimasz *n* grimace; ~**t csinál/vág** make*/ pull a face; ~**okat vág** make*/pull faces, grimace

grimbusz *n* hullabaloo, fuss, row; ~**t csinál** kick up a fuss/row

gríz *n* semolina ⇨ **tejbedara**

gróf *n (a kontinensen)* count; *GB* earl

grófnő *n* countess

grófság *n* **1.** *(cím)* countship; *GB* earldom **2.** *(terület)* county; *(csak GB)* shire

groteszk *a* grotesque, freakish

Grönland *n* Greenland

grönlandi I. *a* Greenlandic **II.** *n* Greenlander

grund *n biz* plot, *US* lot

grupp *n* **1.** *(virág)* flower-bed **2.** *(csoport)* group

grúz *a/n (ember és nyelv)* Georgian

guanó *n* guano

guba *n* ◻ dough, bread; **sok** ~**ja van** be* rolling in it, he's loaded

gubacs *n* gall

gubancolód|ik *v* get*/become* entangled/ matted

gubancos *a (haj)* shaggy, matted

gubbaszt *v* huddle, cower, crouch

guberál 1. *vt biz (pénzt zsebből)* fork/dig* out [money] **2.** *vi (szeméttelepen)* rake/grab about (among the dustbins *v. US* garbage)

gubó *n (rovaré)* cocoon

guggol *v* squat (on one's heels), crouch (down)

gúla *n* pyramid; ~ **alakú** pyramidal, pyramidic(al); **fegyvert** ~**ba rak** pile arms

gulya *n* herd [of cattle]

gulyás *n* **1.** *(ember)* herdsman°, cowherd, *US* cowhand, cowboy **2.** *(étel)* (Hungarian) goulash

gulyásleves *n* goulash soup

gumi *n* **1.** *(anyag)* rubber; *összet* rubber, elastic **2.** *(radír)* (India-)rubber, eraser **3.** = **gumiabroncs 4.** *(óvszer)* sheath, condom, *US* rubber

gumiabroncs *n* tyre, *US* tire

gumiarábikum *n* gum(-arabic)

gumibélyegző *n* rubber stamp

gumibot *n (rendőri)* (rubber) truncheon, baton; *US így is:* nightstick; *US* billy

gumibugyi *n* = **guminadrág**

gumicipő *n (strandoláshoz)* beach/bathing shoe(s); *(tornacipő)* gym shoes *pl, US* sneakers *pl*

gumicsizma *n* gumboots *pl, GB* wellingtons *pl, US* gums *pl*; *(térden felül érő, horgásznak)* angling waders *pl*

gumicsónak *n (felfújható)* inflatable boat, rubber dinghy

gumidefekt *n* blowout, flat tyre, puncture; ~**et kaptam** I had a blowout, *biz* I('ve) got a flat

gumifa *n* rubber-plant/tree

gumiharisnya *n* elastic stocking/hose

gumikerék *n* (rubber) tyre (*US* tire)

gumikesztyű *n* rubber gloves *pl*

gumiköpeny *n (esőkabát)* waterproof (coat), mackintosh, rubber cape

gumikötény *n* rubber apron

gumilabda *n* rubber ball

gumimatrac *n* air mattress, airbed

guminadrág *n (kisbabáé)* rubber panties/ pants *pl*

guminyomás *n* airpressure

gumiobjektív *n* zoom lens

gumi óvszer *n* = **gumi 4.**

gumiragasztó *n* rubber cement

gumiragasztó-csomag *n* puncture repair kit

gumíroz *v* elasticate

gumírozott, gumis *a* elasticated, elastic

gumisapka *n* rubber cap → **fürdősapka**

gumisarok *n* rubber heel

gumiszalag *n* rubber/elastic band

gumitalp *n* rubber sole
gumiültetvény *n* rubber plantation/estate
gumiz *v* **1.** = **radíroz 2.** = **gumíroz**
gumó *n (burgonyáé)* tuber, root
gumós *a növ* tuberous, bulbous
gúnár *n* gander
gúny *n* ridicule, mockery; *(finom)* irony; ~**t
űz vkből/vmből** make* fun of sy/sg, ridicule/mock sy; ~ **tárgya** butt, laughing-
-stock
gúnya *n* clothes *pl*
gúnydal *n* satirical song
gúnyirat *n* lampoon, squib, satire
gúnykacaj *n* derisive laughter, jeering, jeers
pl
gúnykép *n* caricature, cartoon
gúnynév *n* nickname; **gúnynevet ad
vknek** nickname sy, dub sy (sg)
gunnyaszt *v* = **gubbaszt**
gúnyol *v* mock, ridicule, make* fun of
gúnyolódás *n* mockery, mocking
gúnyolód|ik *v* be* derisive/sarcastic; ~**ik
vkvel** taunt sy (with sg)
gúnyos *a* sarcastic, ironic(al), biting, scornful, mocking; ~ **megjegyzés** sneer;
snide/sarcastic remark; ~ **mosoly** derisive
smile, sneer; ~**an mosolyog** smile derisively, sneer (at)
gúnyrajz *n* caricature, cartoon
gúnyvers *n* satirical poem
guriguri *n* double-runners *pl*
gurít *v* roll, send* sg rolling; *(bútort, karikát)* trundle; *(labdát, tekét)* bowl
gurtni *n* strap, band

gurul *v* **1.** *ált* roll, travel *(US* -l); *(repgép)*
taxi **2.** ~ **a nevetéstől** be* convulsed *(v.*
doubled-*up*) with laughter
gurulás *n (repgépé)* taxiing
gurulóülés *n* roller/sliding seat
guszta *a biz* = **gusztusos**
gusztál *v* eye
gusztus *n biz* **1.** *(ízlés)* taste; ~**omra való
dolog** sg to my taste; ~**ok és pofonok
különböznek** there is no accounting for
tastes **2.** ~**a van vmre** fancy sg, feel like
(doing) sg
gusztusos *a* appetizing, inviting, tempting
gusztustalan *a* disgusting, repulsive, unappetizing; ~ **ember** disgusting/revolting fellow
guta *n* apoplexy, stroke; **megüt a** ~**, ha** I
shall have a fit if; *(enyhébben)* I shall be very
upset if; **a** ~ **kerülgeti** be* fuming with
vexation
gutaütés *n* = **guta;** ~ **éri** have* a stroke;
~**ben meghal** die of apoplexy *(v.* a stroke)
gutaütött *a* apoplectic
gúzsba köt *v* bind* hand and foot,
hamstring*
guzsaly *n* distaff
gügye *a* = **gyüge**
gügyög *v (kisbaba)* crow with pleasure
gügyögés *n* crow with pleasure
gümő *n* tubercle
gümőkór *n* tuberculosis
gümőkóros *a* tubercular, tuberculous
gürcöl, *biz* **güriz|ik** *v* drudge, grind* away
(at sg)

Gy

Gy, gy *n (betű)* (the digraph) Gy/gy
gyakori *a* frequent, recurrent, repeated
gyakoriság *n* frequency; **előfordulási** ~ *(betegségé)* (relative) incidence
gyakorisági *a* ~ **megoszlás** frequency distribution; ~ **szótár** (word) frequency dictionary
gyakorító *a nyelvt* frequentative
gyakorlás *n* practice, practising; *(testi képességeké)* exercise; **sok** ~**t kíván** it takes* a great deal of practice; **jogok** ~**a** exercise/enforcement of rights
gyakorlat *n* **1.** *(elmélet ellentéte)* practice; **a** ~**ban** in practice **2.** *(jártasság)* practice, (practical) experience; routine; **hosszú/ nagy** ~**a van vmben** have* great/wide/ extensive long experience of sg; ~ **teszi a mestert** practice makes perfect; **kijött a** ~**ból** be*/get* out of practice, *biz* be* rusty; **5 éves** ~**tal rendelkező tanár** a teacher with 5 years' experience **3.** *(foglalkozás végzése)* practice; **bírói** ~ judicial practice, practice of the courts; **orvosi** ~ medical practice; ~**ot folytat** practise (*US* -ce), be* practising (*US* -cing); **ügyvédi** ~**ot folytat** he practises law **4.** *(gyakorló feladat)* *ált* exercise; *zene* étude, exercise; *sp ált* exercise, training; *(súlyemelésben versenyen)* attempt; **bemutatja** ~**át** *(zenére, tornász)* perform (to a musical accompaniment) **5.** *kat* exercise, drill
gyakorlati *a* practical; ~ **érzék** (practical) common sense; *isk* ~ **foglalkozás** training; ~ **pályára megy** go* in for something practical
gyakorlatias *a* practical, down-to-earth
gyakorlatilag *adv* in practice, practically, technically
gyakorlatlan *a* inexperienced, unpractised (in), unskilled (in), untrained, undrilled
gyakorlatozás *n kat* drill(ing), training, exercise
gyakorlatoz|ik *v kat* drill, do* exercises, train
gyakorlatvezető *n (egyetemen)* demonstrator, *US* instructor
gyakorló *a* **1.** *(gyakorlatot folytató)* practising; ~ **orvos** medical/general practitioner;

~ **ügyvéd** practising lawyer **2.** *(gyakorlóévét töltő)* ~ **tanárjelölt** student (*v. US* training) teacher **3.** *(gyakorlásra való)* for practice *ut.*; ~ **lőszer** practice ammunition
gyakorlóév *n* probationary year, year on probation; ~**ét tölti** do* a probationary year
gyakorlóéves *n ált* probationer; *(tanárjelölt)* student (*US* training) teacher; *(igével)* be* on probation [for one year etc.]
gyakorlógimnázium, -iskola *n* (teacher's) training college/school
gyakorlóruha *n kat* fatigues *pl*
gyakorlótér *n kat* drill/parade ground
gyakorlott *a* practised, trained, skilled, experienced
gyakorlottság *n* practice, training, skill, experience, routine
gyakornok *n ált és ker stb.* trainee; *(irodában)* junior clerk; *(üzletben)* assistant; *(ipari tanuló)* apprentice
gyakornokoskod|ik *v* serve as a trainee (*v.* an assistant)
gyakorol 1. *vt/vi* practise (*US* -ce); ~**ja magát vmben** practise sg, get*/keep* one's hand in sg, train for sg; ~**ja a zongorázást** practise the piano; **naponta 2 órát** ~ practise (for) two hours a/every day **2.** *vt (mesterséget)* practise (*US* -ce), follow, pursue **3.** *vi biz (szakmai gyakorlatot folytat)* be* on probation; *(tanárjelölt)* be* doing (one's) teaching practice **4.** *vt* **befolyást** ~ **vkre/vmre** exert influence on sy/sg, influence sy/sg **felügyelet, hatalom, hatás, nyomás**
gyakran *adv* often, frequently; ~ **beteg** (s)he is frequently ill; ~ **jár vhova** frequent sy's house
gyaláz *v* abuse, revile, vilify
gyalázat *n* shame, ignominy, dishonour (*US* -or); **lemossa a** ~**ot** wipe out an insult
gyalázatos *a* **1.** *(szégyenletes)* shameful, dishonourable, base, disgraceful **2.** *(szörnyű)* monstrous, villainous
gyalázkod|ik *v* use abusive language, fling* abuse at sy, blaspheme
gyalog I. *n* **1.** *(sakkban)* pawn **II.** *adv* on foot; ~ **megy vhova** walk (to)

gyalogáldozat n *(sakkban)* pawn sacrifice
gyalogátkelőhely n **(kijelölt)** ~ zebra crossing, (pedestrian) crossing, *US* crosswalk
gyalogezred n infantry/foot regiment
gyaloghíd n foot bridge
gyalogjáró n **1.** *(járda)* pavement, *US* sidewalk **2.** = **gyalogos 1.**
gyaloglás n walk(ing); *kat* march; *sp* walking; **50 km-es** ~ 50 km walk(ing)
gyalogol v **1.** *ált* go* on foot, walk **2.** *kat* march
gyalogos n **1.** *(utas)* walker, pedestrian, foot passenger **2.** *kat* foot-soldier, infantryman°
gyalogösvény n footpath, pathway
gyalogság n infantry
gyalogsági a of the infantry *ut.*, infantry; ~ **fegyver** infantry weapon; ~ **kiképzés** infantry training/drill; ~ **tábornok** general of the infantry
gyalogszerrel adv on foot
gyalogtúra n walking tour, hike
gyalogút n **1.** footpath, footway, lane **2.** *(megtett út)* walk; **kétórai** ~ two hours' walk
gyalu n **1.** *műsz* plane **2.** *(káposztának stb.)* slicer, cutter; *(zöldségnek)* shredder
gyaluforgács n shavings *pl*
gyalukés n plane-iron, cutter, blade
gyalul v **1.** *műsz* plane; **simára** ~ **vmt** plane sg smooth **2.** *(káposztát)* slice [cabbages]; *(zöldséget)* shred [vegetables]
gyalulatlan a unplaned, rough(-hewn); ~ **deszka** rough board
gyalupad n work-bench, joiner's/carpenter's bench
gyalus n *(munkás)* planer
gyaluvas n = **gyalukés**
gyám n **1.** *jog (gyermeké)* (legal) guardian; *(tulajdoné)* person in charge, trustee; ~**ul kirendel vkt** appoint sy (as) guardian **2.** *(támasz)* prop, pillar, buttress, support
gyámanya/-apa n = **nevelőanya/-apa**
gyámfal n abutment, buttress
gyámfiú n ward, foster-son
gyámgerenda n joist, purlin
gyámhatóság n court of guardians
gyámkodás n **1.** *jog* guardianship **2.** *átv* patronage; **anyai** ~ **alatt áll** be* tied to one's mother's apron-strings
gyámkod|ik v **1.** *jog* act as guardian/trustee **2.** *átv* ~**ik vk felett** overprotect
gyámleány n ward, foster-daughter
gyámolít v support, aid, help, protect
gyámolítás n support, aid, assistance, protection; **a** ~**ra szorulók** the needy/destitute

gyámolt n ward; *átv* charge, protégé
gyámoltalan a **1.** *(tehetetlen)* helpless **2.** *(ügyetlen)* awkward, clumsy
gyámoltalanság n **1.** *(tehetetlenség)* helplessness **2.** *(ügyetlenség)* awkwardness
gyámoszlop n pillar, support
gyámság n *jog* guardianship; ~ **alá helyez** place under the care of a guardian, make* sy a ward of court; **vknek a** ~**a alá kerül** become* the ward of sy
gyámszülők n = **nevelőszülők**
gyanakodás n = **gyanakvás**
gyanakod|ik v *vkre, vmre* be*/feel* suspicious about/of sy/sg, have* suspicions about sy/sg, have* no confidence in sy/sg; **vkre** ~**ik** suspect sy (of having done sg); ~**va néz vkre** look askance at sy, treat sy with suspicion
gyanakodó a = **gyanakvó**
gyanaksz|ik v = **gyanakodik**
gyanakvás n suspicion
gyanakvó a suspicious, mistrustful; ~ **természet** *kif* (s)he has a suspicious nature
gyanánt post as, by way of; **kézirat** ~ (published/printed as) manuscript
gyanít v **1.** *(vél, sejt)* suspect, presume; **(azt)** ~**om, hogy** ... I suspect (that) ..., I presume ...; **amit** ~**ottam is** ... just what I had suspected **2.** *(gyanú alapján vmnek vél)* suspect (sy of sg); **bűnösnek** ~ presume sy guilty
gyanta n resin; *(hegedűnek)* rosin, colophony
gyantás a resinous
gyantáz v resin; *(vonót)* rub [the bow] with rosin, rosin
gyanú n suspicion; *jog* **alapos** ~ well-founded/grounded *(v. strong)* suspicion; ~ **alatt áll** be* under suspicion (of), be* suspected (of); **a** ~ **árnyéka sem** not a shadow of suspicion; **az a** ~**m, hogy** I suspect that, I have a suspicion that; *biz* I have a hunch that; **az a** ~**m, hogy ő** I have a suspicion that he is ..., I suspect he is ..., I suspect him to be ...; ~**ba kerül/keveredik** fall* under suspicion, be* suspected of sg; ~**ba kever vkt** cast* suspicion on sy, incriminate sy; ~**ba vesz vkt** form suspicions regarding/about sy, begin* to suspect sy; ~**n felül áll** be* above suspicion; ~**t fogott** he formed/had a suspicion, he began to suspect sg
gyanúper n **él a** ~**rel** have* a suspicion that, *biz* smell* a rat
gyanús a **1.** *ált* suspicious, suspect **2.** *(ügy)* shady, underhand **3.** *(ember)* shifty; ~

alak sh*a*dy(-looking) c*u*stomer, susp*i*cious char*a*cter; ~ **külsejű** disr*e*putable-looking
gyanúsít *v* susp*e*ct sy of sg, cast* susp*i*cion on sy; *(alattomosan)* ins*i*nuate [that sy is . . . *v.* sy did sg]; **lopással** ~**ják** be* susp*e*cted of theft; **XY alaposan** ~**ható vmely bűncselekmény elkövetésével** there are strong grounds for suspecting that XY has comm*i*tted some crime
gyanúsítás *n* susp*i*cion, *(alattomos)* ins*i*nu*a*tion
gyanúsított I. *a* susp*e*cted, *u*nder susp*i*cion of sg *ut.* **II.** *n* s*u*spect
gyanútlan *a* unsusp*e*cting, na*i*ve *v.* na*ï*ve, gu*i*leless; ~**ul** unsusp*e*ctingly, *i*nnocently
gyapjas *a* w*oo*lly *(US* w*oo*ly), fl*ee*cy
gyapjasod|ik *v* bec*o*me*/get* w*oo*lly *(v. US* w*oo*ly)
gyapjú *n* **1.** wool; *(állaton)* fl*ee*ce; **tiszta** ~ all/pure wool **2.** *(jelzőként)* w*oo*llen *(US* w*oo*len)
gyapjúfonal *n* w*oo*llen *(US* -l-) yarn, wool thread
gyapjúfonás *n* wool sp*i*nning
gyapjúfonoda *n* w*oo*l-mill
gyapjúharisnya *n* w*oo*llen *(US* -l-) st*o*ckings/socks *pl*
gyapjúholmi *n* w*oo*llens *pl*, *biz* w*oo*llies *pl* *(US* -l-)
gyapjúnyírás *n* sh*ee*p-shearing
gyapjúsál *n* w*oo*llen *(US* -l-) scarf°
gyapjúszál *n* w*oo*llen *(US* -l-) thread/yarn
gyapjúszövet *n* w*oo*llen *(US* -l-) cloth
gyapjútermelés *n* w*oo*l-prod*u*ction
gyapjúzsír *n* w*oo*l-oil/fat/grease
gyapot *n* c*o*tton
gyapotcserje *n* c*o*tton-plant
gyapotfonal *n* c*o*tton (yarn/thread)
gyapotmag *n* c*o*ttonseed
gyapotszedés *n* c*o*tton p*i*cking/h*a*rvest
gyapotszedő *n* c*o*tton-harvester/picker
gyapotszövet *n* c*o*tton (cloth)
gyapottermés *n* c*o*tton crop
gyapottermesztés *n* c*o*tton gr*o*wing/prod*u*ction
gyapotültetvény *n* c*o*tton-plant*a*tion
gyár *n* **1.** f*a*ctory, works *sing. v. pl*, plant; ~**ban készült** f*a*ctory-made, manuf*a*ctured **2.** *(mint cég)* manuf*a*cturer
gyarapít *v* incr*e*ase, add to, augm*e*nt, enl*a*rge; *(gyűjteményt, ismereteket)* exp*a*nd, enr*i*ch
gyarapodás *n* growth, *i*ncrease, exp*a*nsion; *(könyvtári)* accession; *(tudásbeli)* pr*o*gress
gyarapod|ik *v* **1.** *(nő)* increase, grow*, be* *a*dded to **2.** *(testileg)* put* on flesh/weight,

grow* str*o*ng(er); *(tudásban)* know* more ab*o*ut sg
gyarapsz|ik *v* = **gyarapodik**
gyárépület *n* f*a*ctory (b*u*ilding), works *sing. v. pl*
gyári *a* *(áru)* f*a*ctory/mach*i*ne-made, manuf*a*ctured, m*a*ss-produced [*a*rticles, goods]; ~ **ár** f*a*ctory/cost price; ~ **áru/készítmény/termék** manuf*a*ctured goods/*a*rticles *pl*, manuf*a*ctures *pl*; ~ **áron** at cost; ~ **felszerelés** f*a*ctory equ*i*pment; ~ **hiba** = **gyártási** *hiba;* ~ **munka** work in a f*a*ctory, f*a*ctory work; ~ **munkás** f*a*ctory worker/hand
gyárigazgató *n* m*a*nager [of a f*a*ctory], f*a*ctory m*a*nager
gyárilag *adv* ~ **előállított/készült** f*a*ctory-made, manuf*a*ctured
gyáripar *n* manuf*a*cturing *i*ndustry
gyárkémény *n* f*a*ctory ch*i*mney
gyarló *a* **1.** *(dolog)* poor, m*e*diocre, fl*i*msy **2.** *(ember)* frail, f*ee*ble, weak
gyarlóság *n* **1.** *(vmé)* poor qu*a*lity, fl*i*msiness **2.** *(emberé)* fr*a*ilty, f*ee*bleness fallib*i*lity
gyarmat *n* c*o*lony
gyarmatáru *n* col*o*nial goods *pl*, col*o*nial pr*o*duce
gyarmatbirodalom *n* col*o*nial *e*mpire
gyarmati *a* col*o*nial; ~ **elnyomás** col*o*nial *o*pression; ~ **helyzetben levő ország** c*o*untry with col*o*nial st*a*tus; ~ **rendszer** col*o*nialism; ~ **uralom** col*o*nial rule
gyarmatos *a* c*o*lonist, col*o*nial, col*o*nial s*e*ttler
gyarmatosít *v* c*o*lonize
gyarmatosítás *n* coloniz*a*tion; *(mint rendszer)* col*o*nialism; **a** ~ **híve** colon*i*alist
gyarmatosító *a/n* col*o*nizer
gyarmatpolitika *n* col*o*nial p*o*licy
gyarmattartó *a/n* col*o*nial
gyarmatügyi *a* col*o*nial
gyárnegyed *n* ind*u*strial qu*a*rter, f*a*ctory d*i*strict
gyáros *n* f*a*ctory *o*wner, ind*u*strialist, manuf*a*cturer
gyárt *v* manuf*a*cture, prod*u*ce; **tömegesen/szériában** ~ mass-prod*u*ce; **tömegesen/szériában** ~**ott** mass-prod*u*ced
gyártás *n* manuf*a*cture, prod*u*ction; *(folyamat)* manuf*a*cturing
gyártási *a* ~ **eljárás** manuf*a*cturing pr*o*cess; ~ **hiba** fault/flaw in manuf*a*cture; **kis** ~ **hibával** *(mint felirat)* (slight) s*e*conds; ~ **típus** (serial) m*o*del; ~ **titok** tr*a*de secret
gyártásmenet *n* prod*u*ction pr*o*cess/line

gyártásvezető *n* **1.** *film* producer; **2.** *(gyárban)* production manager
gyártelep *n* (manufacturing) plant, factory/works and grounds *pl*
gyártmány *n* product, manufactured goods *pl*; *(márka)* make; **milyen ~?** what make is it?; **hazai ~** home product; **magyar ~** [sg is] made in Hungary, Hungarian make; *(élelmiszer, italféle)* produce of Hungary, Hungarian produce
gyártmányfejlesztés *n* research and development, R & D
gyártmányú *a* **magyar ~** made in Hungary *ut.*, Hungarian made; *(élelmiszer, fő-névvel)* produce of Hungary, Hungarian produce; **saját ~** *(főnévvel)* one's own make
gyártó (cég/vállalat) *n* manufacturer
gyártulajdonos *n* = **gyáros**
gyárudvar *n* factory-yard
gyárváros *n* big industrial town, manufacturing town
gyász *n* **1.** *(gyászolás)* mourning, sorrow (for the loss of sy); *(gyászeset)* bereavement **2.** *(gyászruha)* mourning (dress), black; **~ban van** mourn, be* in (deep) mourning, be* in black; **~t ölt** go* into mourning (for sy); **leteszi a ~t** go* out of mourning **3.** *(idő-tartama)* **letelt a ~** mourning is over
gyászbeszéd *n* funeral oration/address, *(egyházi)* funeral sermon
gyászeset *n* death; *(a családban)* bereavement
gyászév *n* year of mourning
gyászfátyol *n* black/mourning veil
gyászhír *n* news of sy's death
gyászinduló *n* funeral march, dead march
gyászjelentés *n* death-notice; *(újságban)* obituary
gyászkarszalag *n* mourning band, (black) crape/crepe
gyászkeretes *a* **~ levélpapír** mourning paper
gyászkíséret *n* funeral procession, the mourners *pl*
gyászlepel *n* funeral pall
gyászlobogó *n* black flag, flag flown at half-mast
gyászmenet *n* = **gyászkíséret**
gyászmise *n* requiem, mass for the dead
gyásznap *n* day of mourning
gyászol **1.** *vt* **~ vkt** mourn for sy; **~ja vk halálát/elhunytát/elvesztését** mourn sy's death, mourn over the death/loss of sy **2.** *vi* mourn, be* in mourning; *(gyászruhát visel)* wear* mourning; **egy évig ~t** she was in mourning for a year

gyászoló **I.** *a* mourning; **a ~ család** the bereaved; **a ~ közönség** the mourners *pl* **II.** *n* mourner; **a ~k** the mourners *pl*
gyászos *a* **1.** *(bánatos, szomorú)* mournful, funereal, sorrowful, woeful; **~ véget ér** come* to a bad end **2.** *(szegényes)* wretched, sorry, miserable
gyászrovat *n* *(újságban)* obituary
gyászruha *n* mourning (dress)
gyászszertartás *n* funeral/burial service
gyászvitéz *n* átv sorry figure, coward
gyatra *a* sorry, miserable, wretched, poor; *(középszerű)* mediocre, indifferent, of moderate quality *ut.*
gyaur *n* tört giaour
gyáva **I.** *a* cowardly; **~ ember** coward; **~ népnek nincs hazája** faint heart never won fair lady **II.** *n* coward
gyávaság *n* cowardice, cowardliness
gyáváskod|ik *v* be* a coward, behave like a coward
gyed *n* (= *gyermekgondozási díj*) *kb.* maternity benefit/grant [given up to 3 years]; **~en van** *kb.* be* on 3 years' maternity leave
gyékény *n* **1.** *(növény)* bulrush **2.** *(fonat)* mat(ting); *(lábtörlő)* door-mat; **egy ~en árulnak** be* hand in glove with sy, they are birds of a feather; **kirántja alóla a ~t** cut* the ground from under sy's feet, pull the rug out from under sy
gyémánt *n* diamond; **csiszolt ~** cut diamond, brilliant
gyémántcsiszolás *n* diamond cutting
gyémántcsiszoló *n* diamond cutter
gyémántdiploma *n* *(átadása)* diamond jubilee [of sy who graduated from a university 60 years ago]
gyémántgyűrű *n* diamond ring
gyémántlakodalom *n* diamond wedding
gyémántmező *n* diamond-field
gyémántos *a* **1.** *(fényű)* diamond-like **2.** *(dísz)* set/studded with diamonds *ut.*, diamond-
gyémánttű *n* diamond brooch/pin
gyenge **I.** *a* **1.** *ált* weak **2.** *(csekély)* slender, slight **3.** *(erélytelen)* lenient, indulgent **4.** *(erőtlen)* feeble, infirm **5.** *(törékeny)* frail, fragile, delicate, tender; **a ~bb nem** the gentle(r) sex **6.** *(elégtelen fokú/mértékű/érté-kű)* poor, weak; **~ csapat** a weak team; **~ dohány** mild tobacco; **~ dolog** poor stuff/show; **~ egészség** poor health; **~ gyomor** weak digestion; **~ idegzetű** weak-nerved, nervy, neurotic; **~ (ki)ejté-sű alak** weak form; **~ kifogás** lame excuse; **~ minőségű** of poor quality *ut.*;

sh*o*ddy, second/th*i*rd-rate; ~ **oldala/pontja** (1) *vmnek* v*u*lnerable point, weakness, fa*i*ling, flaw (2) *vknek* sy's weak side/point/ spot, sy's Ach*i*lles' heel; ~ **vmben** be* weak in/at sg, be* no good at sg; ~ **a matematikában** be* bad/weak (*v.* a poor hand) at mathem*a*tics; ~ **tűzön süt/főz** cook in a (very) moderate *o*ven, s*i*mmer (gently) **II.** *n* **1. vknek a** ~**je** (1) = **gyenge oldala** (2) *(aminek nem tud ellenállni)* weakness (for), fo*i*ble; **az ital a** ~**je** dr*i*nking is his weakness **2. a** ~**bbek kedvéért** *kif* let me spell it out; **a** ~**bbnek fogja pártját** *biz* take* (*v.* be* on) the side of the *u*nderdog ⟹ **vigasz**

gyengeáram *n* light/weak current
gyengeáramú *a* light/weak-current
gyengécske *a* weak(ish), p*o*or(ish)
gyengéd *a* g*e*ntle, tender(-hearted), affectionate, mild, d*e*licate; ~ **pillantás** tender look; ~ **szálak fűzik vkhez** have* an att*a*chment for sy, be* tenderly att*a*ched to sy
gyengédség *n* tenderness, g*e*ntleness, affection(ateness), d*e*licacy
gyengeelméjű *a* mentally ret*a*rded
gyengeelméjűség *n* m*e*ntal retard*a*tion, feeble-m*i*ndedness
gyengélked|ik *v* be* unwell/indispos*e*d
gyengélkedő *n* **1.** *(személy)* *i*nvalid, sick **2.** *(szoba)* sickroom, sickbay
gyengén *adv* ~ **érzi magát** be*/feel* unwell/poorly/indisposed, feel* low; ~ **szerepelt** *ált* (s)he put up a poor show, *(vizsgán)* (s)he did not do too well
gyengeség *n* **1.** *(múló)* weakness, feebleness, f*a*intness; ~**et érez** feel* weak/low **2.** *(alkati, erkölcsi)* weakness, fr*a*ilty, inf*i*rmity, fa*i*ling; *(tehetetlenség)* imp*o*tence
gyengít *v* **1.** *ált* w*e*aken, make* weak **2.** *(csak testileg)* enf*e*eble **3.** *(lelkileg is)* *e*nervate
gyengül *v ált* w*e*aken, grow*/bec*o*me* weak(er); *(emlékezet)* (be* beg*i*nning to) fail; *(erő)* decl*i*ne, dim*i*nish; *vk* ~ *sy* is* losing strength, sy's strength is* decl*i*ning; **a szeme** ~ her/his sight is* fa*i*ling/g*o*ing; ~ **a vihar** the storm is* letting up (*v.* d*y*ing down)
gyep *n* grass, lawn
gyepes *a* gr*a*ssy, grass-grown; ~ **pálya** grass court, green
gyepesít *v* put* *u*nder grass
gyeplabda *n* (field) h*o*ckey
gyeplő *n* reins *pl*; **kezében van a** ~ be* in the dr*i*ver's seat; **megereszti a** ~**t** give

full/free rein to sg/sy; **rövidre/szorosra fogja a** ~**t** take* sy in hand, keep* a tight rein on sy
gyeplőszár *n* reins *pl*
gyepmester *n* d*o*gcatcher
gyepszőnyeg *n* lawn
gyeptégla *n* turf (*pl* turfs *v.* turves), sod
gyér *a* **1.** *ált* sparse, sc*a*nty; ~ **közönség** low/small attendance; ~**en lakott** underpopulated **2.** *(haj)* thin **3.** *(növényzet)* str*a*ggling, sc*a*ttered, th*i*nly-sown
gyere! *int* come (on)!; ~ **ide!** come (over) here!
gyerek *n* **1.** child°; *(fiú)* boy; *(leány)* girl; **a** ~**ek** the ch*i*ldren, *biz* the kids **2.** *(vk gyereke)* sy's child°; ~**e született** have* a child/baby **3.** *(felnőttről)* kid, fellow; **ne légy** ~**!** don't be s*i*lly/ch*i*ldish!, don't be such a child!, grow up!; **jó** ~ **az öreg** the old man's not a bad sort
gyerek- *összet* → **gyermek-**
gyerekágy *n* cot, *US* crib
gyerekes *a* ch*i*ldish, *i*nfantile, p*u*erile
gyerekesked|ik *v* **1.** *(gyerekesen viselkedik)* beh*a*ve ch*i*ldishly, beh*a*ve in a ch*i*ldish way **2.** *(gyerekkorát tölti)* have*/spend* one's ch*i*ldhood (swhere)
gyerekesség *n* ch*i*ldishness, puer*i*lity
gyerekhad *n* troop of ch*i*ldren
gyerekjáték *n* **1.** *(könnyű dolog)* ch*i*ld's play **2.** = **gyermekjáték**
gyerekkocsi *n* = **gyermekkocsi**
gyerekkor *n* = **gyermekkor**
gyerkőc *n* lad, yo*u*ngster, young fellow, str*i*pling, youth
gyermek *n* = **gyerek 1.**, **2.**
gyermek- *összet* ch*i*ldren's, child's; *(csecsemő)* b*a*by-
gyermekágy *n* **1.** = **gyerekágy 2.** *orv* conf*i*nement, lying-*i*n; ~**ban fekszik** lie* in; ~**ban halt meg** she died in ch*i*ldbirth
gyermekágyas *a* ~ **asszony** wom*a*n° in conf*i*nement
gyermekágyi *a* ~ **láz** p*u*erperal/ch*i*ldbed fever
gyermekáldás *n* child°, ch*i*ldren *pl*, *o*ffspring
gyermekbénulás *n* poliomyel*i*tis; *biz* polio
gyermekbetegség *n* ch*i*ldren's dis*e*ase/*i*llness, *i*nfantile dis*o*rder
gyermekbíróság *n* j*u*venile court
gyermekcipő *n* **(még)** ~**ben jár** be* (still) in its *i*nfancy
gyermekdal *n* ch*i*ldren's song, n*u*rsery rhyme
gyermekded *a* ch*i*ldish, *i*nfantile, na*i*ve

gyermekes *a* **1.** = **gyerekes 2.** with ... children *ut.*; **három**~ **anya** mother of three

gyermekgondozás *n* child welfare; *(otthontalanoké)* child care

gyermekgondozási *a* ~ **díj/segély** → **gyed, gyes**

gyermekgondozónő *n* nanny, children's nurse

gyermekgyilkos *n* child-murderer, infanticide

gyermekgyógyász *n* paediatrician *(US* pedi-)

gyermekgyógyászat *n* paediatrics *(US* pedi-) *sing.*

gyermekhalandóság *n* infant mortality

gyermekhang *n* child's voice

gyermekhordó hátizsák *n* baby/kiddy--carrier, papoose

gyermeki *a* child's, childish, childlike; **a** ~ **értelem** the child's mind; ~ **kedély** childish simplicity; ~ **szeretet** filial devotion/piety

gyermekirodalom *n* juvenile/children's literature

gyermekjáték *n* **1.** *(fogócska)* children's game **2.** *(játékszer)* toy

gyermekjátszótér *n* children's playground

gyermekjegy *n* children's ticket

gyermekklinika *n* children's/p(a)ediatric clinic; *GB* child health clinic (CHC)

gyermekkocsi *n* pram; *(összecsukható, könnyű)* pushchair; *(esernyőfogantyús, főleg US)* stroller; *US* baby carriage/buggy

gyermekkor *n* childhood; *(korai)* infancy; ~**a óta** since he was a child, from childhood; **boldog** ~**a volt** (s)he had a happy childhood; **második** ~**ban van** (s)he is in his/her second childhood *(v.* in his/her dotage)

gyermekkórház *n* children's hospital

gyermekkori *a* childhood-, of childhood *ut.*; ~ **pajtás** childhood-friend

gyermekkórus *n* children's choir

gyermekkönyv *n* children's book

gyermekláncfű *n* dandelion

gyermeklélektan *n* child psychology

gyermekmegőrző *n* crèche

gyermekmenhely *n* home for destitute children

gyermekmérleg *n* baby-scales *pl*

gyermekmese *n* fairy tale, stories for children *pl*

gyermeknyaraltatás *n* = **gyermeküdültetés**

gyermekorvos *n* paediatrician *(US* pedi-), specialist in p(a)ediatrics

gyermekosztály *n* *(kórházban)* children's ward

gyermekotthon *n* children's home

gyermekőrzés *n* baby-sitting

gyermekőrző *n* *(főleg éjszakára ill. rövidebb időre)* baby-sitter; *(főleg nappal)* childminder

gyermekparalízis *n* = **gyermekbénulás**

gyermekrablás *n* kidnapping

gyermekruha, -ruházat *n* children's wear, childswear

gyermekszeretet *n* love of children

gyermekszerető *a* child-loving, fond of children *ut.*

gyermekszoba *n* **1.** *(tényleges)* nursery, children's room, *US* playroom **2. nem volt** ~**ja** *átv* has* no manners, has been badly brought up, was dragged up anyhow

gyermekszülés *n* child-bearing; childbirth

gyermektartás *n* maintenance (of children); **kötelezés** ~**ra** *(házasságon kívül született gyermek esetén)* affiliation order; *(ha elváltak a szülők)* maintenance order

gyermektelen *a* childless, without children *ut.*

gyermeküdülő *n* children's holiday home/resort; *(tábor)* (children's) holiday camp

gyermeküdültetés *n* children's holiday camp, (organized) holidays for children

gyermekvédelem *n* protection of children; *(otthontalanoké)* child care

gyertek! *int* come (on)!; ~ **ide!** come (over) here!

gyertya *n* **1.** *(fényforrás)* candle; **két végén égeti a** ~**t** burn the candle at both ends **2.** *(autóban)* spark(ing) plug **3.** *(tornában)* candle

gyertyabél *n* (candle-)wick

gyertyafény *n* *(gyertyaláng)* candlelight

gyertyán(fa) *n* hornbeam

gyertyaszál *n* (a) candle; **egyenes, mint a** ~ stiff as a ramrod

gyertyaszentelő *n* *(febr. 2.)* Candlemas

gyertyatartó *n* candlestick, sconce

gyérül *v* become* sparse, thin out; *(haj)* becoming/getting thin on top

gyerünk! *int* let's go; *(siettetve)* come/go on!, hurry up!; **na** ~! let's get going!; ~ **odébb!** move on!; ~ **a pénzzel!** out with the money!; *biz* cough up!

gyes *n* *(= gyermekgondozási segély)* kb. maternity benefit/grant [given up to 3 years];

~**en van** *kb.* be* on 3 years' maternity leave

gyí *int* gee (up)

gyík *n* lizard

gyilkol *v* **1.** murder, kill **2.** *átv (pl. gépet)* kill

gyilkos I. *a* murderous, bloody; *(bírálat)* devastating; ~ **iram** break-neck pace; ~ **pillantás** withering look; *kif* if looks could kill **II.** *n* murderer, killer; *pol* assassin **galóca gyilkosság** *n* **1.** *jog* murder; ~**ot követ el** commit murder **2.** *pol* assassination

gyilkossági *a* ~ **kísérlet** attempted murder

gyilok *n* † dagger

gyógy- *pref* medicinal, curative, therapeutic

gyógyáru *n* medicines *pl*, (medicinal) drugs *pl*, pharmaceutical products *pl*

gyógyászat *n* medicine, therapeutics *sing.*

gyógyászati *a* therapeutic

gyógybetét *n* arch support

gyógyforrás *n* mineral/medicinal spring

gyógyfű *n* = **gyógynövény**

gyógyfürdő *n* **1.** *(víz)* medicinal bath(s) **2.** *(hely)* watering-place, spa **3.** *(vízgyógyintézet)* hydrotherapeutic/hydrotherapic establishment, health resort ⇨ **gyógyszálló**

gyógyfűző *n* medical corset/support/belt

gyógyhatás *n* curative effect/power, healing power

gyógyhely *n* health resort

gyógyintézet *n* *(kórház)* hospital; *(szanatórium jellegű)* sanatorium *(pl* -ums *v.* -ria) *(US* sanitarium)

gyógyír *n* *átv* balm, salve

gyógyít *v* cure

gyógyítás *n* curing, cure

gyógyíthatatlan *a* **1.** *(betegség, beteg)* incurable; ~ **beteg** incurable, hopeless case **2.** *átv biz* hopeless, irremediable

gyógyítható *a* curable

gyógyító *a* curative, curing, medicinal; ~ **hatás = gyógyhatás;** ~**célból** for medicinal purposes

gyógykezel *v* treat sy (medically); ~**teti magát** undergo* (medical) treatment

gyógykezelés *n* (medical) treatment, cure

gyógymód *n* cure, therapy

gyógynövény *n* medicinal plant/herb, herb

gyógypedagógia *n* remedial education, education of backward/handicapped children

gyógypedagógiai *a* ~ **intézet** school/institution for the handicapped; ~ **(tanárképző) főiskola** training college for teachers of the handicapped

gyógypedagógus *n* remedial teacher, teacher of backward/handicapped children

gyógyszálló *n* health hotel; *(gyógyvízzel)* spa-hotel, *GB* hydro

gyógyszer 1. *(orvosság)* medicine, drug, medicament **2.** *átv* remedy

gyógyszerel *v* treat sy with medicine/drugs, medicate sy

gyógyszeres *a* ~ **kezelés** medicinal treatment, medication; ~ **üveg** medicine bottle

gyógyszerész *n* (dispensing) chemist, pharmacist, *US* druggist

gyógyszerészet *n* pharmacy, pharmaceutics *sing.*

gyógyszerészeti *a* pharmaceutical

gyógyszerészhallgató *n* student of pharmacy, pharmacy student

gyógyszergyár *n* pharmaceutical factory, pharmaceutical works *(főleg sing.)*

gyógyszeripar *n* pharmaceutical industry

gyógyszerkészítmény *n* pharmaceutical product, (medicinal) preparation

gyógyszerkönyv *n* pharmacopoeia *(US* -peia)

gyógyszermérgezés *n* drug-intoxication

gyógyszertan *n* pharmacology

gyógyszertani *a* pharmacological

gyógyszertár *n* pharmacy; *GB* dispensing chemists [pl. Boots]; *(illatszerbolt)* chemist's (shop); *(ezen belül a gyógyszerészleg mint kiírás)* prescriptions *pl*; *(csak kórházban, iskolában)* dispensary; *US* pharmacy; *US (illatszer, vegyesáru, büfé)* drugstore; **egész éjjel nyitva tartó** ~ an all-night pharmacy

gyógytea *n* herb(al) tea

gyógytorna *n* physiotherapy; therapeutic/remedial exercises *pl*

gyógytornász *n* physiotherapist

gyógyul *v* **1.** *(vk)* be* recovering (from sg), be* (a) convalescent, be* convalescing; **szépen** ~ make* a good recovery, *biz* be* on the mend; ~**óban/~ófélben van** be* getting better, be* on the way to recovery **2.** *(seb)* be* healing (up); **szépen** ~ *(seb)* heal up nicely

gyógyulás *n* **1.** *vké* recovery, convalescence **2.** *(sebé)* healing

gyógyüdülő *n* convalescent home

gyógyvíz *n* (medicinal) waters *pl*

gyolcs *n* † (fine) linen, lawn, cambric

gyom *n* weed(s)

gyomirtás *n* weed killing, killing weeds

gyomirtó *a/n* ~ **(szer)** weed-killer, herbicide

gyomlál *v* **1.** *(kertet)* weed **2.** *átv* weed out

gyomor *n* **1.** *(emberi)* stomach; **jó ~ kell hozzá** it is* hard to stomach/swallow; **fáj a gyomra** have* (a) stomachache; **elrontja a gyomrát** → **elront**; **kimosták a gyomrát** (s)he had his/her stomach pumped out **2.** *(állaté, ált)* stomach; *(tehéné stb.)* maw **3.** *összet* gastric, stomach- **4. a föld gyomra** the bowels of the earth *pl*
gyomorbaj *n* gastric/stomach complaint/disorder/disease
gyomorbajos *a* suffering from a gastric disease/complaint *ut.*
gyomorbántalom *n* gastric pains *pl*; **gyomorbántalmai vannak** be* suffering from gastric pains
gyomorbeteg I. *a* = **gyomorbajos II.** *n* sufferer from a gastric disease/complaint
gyomorcseppek *n* (gastric) tonic *sing.*, stomachic
gyomorégés *n* heartburn
gyomorfájás *n* stomachache, pain in the stomach, gastric pains *pl*
gyomorfekély *n* gastric/peptic ulcer
gyomorgörcs *n* stomach cramp; *(főleg gyermeknél)* colic
gyomorhurut *n* gastric influenza
gyomoridegesség *n* nervous stomach, *biz* the collywobbles *pl*
gyomorkeserű *n* bitters *pl*
gyomormérgezés *n* food/gastric poisoning
gyomormosás *n* gastric lavage; **~t végeztek rajta** (s)he had his/her stomach pumped out
gyomorműtét *n* gastric operation
gyomornedv *n* gastric juices *pl*
gyomorrák *n* cancer of the stomach
gyomorrontás *n* indigestion, an upset stomach; **~a van** he has* a stomach upset, his stomach is* upset
gyomorsav *n* gastric acid
gyomorsavhiány *n* acid deficiency
gyomorsavtúltengés *n* hyperacidity; **~e van** suffer from an acid stomach
gyomorsüllyedés *n* prolapse of the stomach
gyomorszáj *n* cardia; **~on üt** hit* sy in the stomach
gyomorvérzés *n* gastric haemorrhage
gyomos *a* weedy
gyónás *n* confession
gyón(ik) *v* confess [to a priest], make* a confession
gyónó *n* confessant, confessor, penitent
gyóntat *v* confess [a penitent]
gyóntató *n* (father-)confessor
gyóntatószék *n* the confessional

gyopár *n* **(havasi)** ~ edelweiss
gyors I. *a* **1.** *ált* quick; *(állat)* swift; *(érverés)* quick, rapid; *(futó, játékos)* fast; *(mozgó tárgy)* fast, rapid; **~ beszédű** fast-talking, *kif* (s)he talks nineteen to the dozen; **~ lábú** swift/nimble-footed; **~ léptekkel** with rapid strides **2.** *(rövid időt igénylő)* speedy, prompt, immediate; **~ egymásutánban** in quick/rapid succession **3.** *(mozgékony)* nimble, agile, brisk; **~ észjárású** smart, quick/ready-witted; **~ felfogású** quick to learn *ut.*, *biz* quick on the uptake *ut.*; **~ a keze** (1) *(ütésre)* be* quick, lightning-fisted (2) *(gyorsan dolgozik)* be* quick with one's hands, be* a quick worker **II.** *n* **1.** = **gyorsvonat 2.** = **gyorsúszás; 100 m-es** ~ 100 (metres) free
gyorsan *adv* **1.** *ált* quickly, swiftly, fast, rapidly, *biz* quick; *(sietve)* hastily **2.** *(bekövetkezésben)* speedily, prompt(ly), immediately **3.** *(mozgékonyan)* nimbly, briskly; ~ **kapcsol** be* quick-witted, have* a ready wit
gyorsáru *n* express goods *pl*; **~ként küld** send* express
gyorsaság *n* **1.** *ált* speed(iness), quickness, rapidity, swiftness, velocity **2.** *(azonnaliság)* promptness **3.** *(sietség)* haste
gyorsasági *a* ~ **rekord** speed record; ~ **verseny** speedway (racing)
gyorsbüfé *n* snack bar/counter
gyors- és gépírás *n* shorthand typing, *US* stenography
gyors- és gépíró(nő) *n* shorthand typist, *US* stenographer
gyorsfagyasztott *a* quick-frozen
gyorsfénykép *n* snap, street/instant photograph
gyorsfényképész *n* street photographer
gyorsforgalmi út *n GB* clearway, *US* freeway
gyorsforraló *n* *(spirituszos)* spirit-lamp; *(villamos)* electric kettle
gyorshajtás *n* speeding; **~ért 2000 Ft-ra megbüntették** he was found guilty of speeding and fined 2,000 fts
gyorshír *n* news flash
gyorsír *v* write* (*v.* take* sg down) in shorthand, take* shorthand notes (*vmről* of/on sg)
gyorsírás *n* shorthand, stenography; **~sal ír** = **gyorsír**
gyorsíró *n* shorthand writer; *US* stenographer
gyorsít **1.** *vt* increase the speed (of), step/speed* up, accelerate **2.** *vi* pick up speed; *(autó)* accelerate; *(gázt ad)* put* one's foot down, *US* step on the gas

gyorsítás *n* acceleration, speeding/stepping up

gyorsító *n fiz* accelerator

gyorsítósáv *n* fast/overtaking lane

gyorsított *a* accelerated, high-speed; *jog* ~ **eljárás** summary proceeding; ~ **menet** quick march

gyorsjárat *n (busz)* express bus/coach service

gyorskorcsolyázás *n* speed skating

gyorslift *n* express lift (*US* elevator)

gyorslista *n* checklist [of winning numbers]

gyorsmásoló *n* copier

gyorsmosás *n* express laundry service

gyorspisztoly *n* rapid-fire pistol

gyorssegély *n* immediate/emergency relief/aid/assistance

gyorstalpaló *a* ~ **tanfolyam** crash course

gyorstapasz *n* Elastoplast, *US* Band-Aid

gyorstisztító *n (szalon)* launderette, *US* laundromat

gyorstüzelő *a* ~ **puska** quick-firing/fire rifle

gyorsul *v* gather speed, pick up speed, speed* up, put* on speed, accelerate, quicken, become* faster/quicker

gyorsulás *n* acceleration, increased speed, quickening

gyorsuló *a* accelerating; **egyenletesen** ~ **mozgás** uniform acceleration, uniformly accelerating motion

gyorsúszás *n* freestyle (swimming); **100 m-es** ~ 100 metre freestyle

gyorsúszó *n* freestyle swimmer, sprinter (in freestyle)

gyorsvasút *n* (urban) rapid transit system

gyorsvonat *n* fast/express train, express; ~**tal megy** take* a/the fast (*v.* an/the express) train

gyök *n* **1.** *mat* root; ~ **öt von** extract a root **2.** *(fogé)* root

gyökér *n* **1.** *(növ, fog és átv)* root; **mélyre nyúlnak a gyökerek** be* deep-rooted, its roots run* deep; **gyökeret ver** take*/ strike* root; **gyökeret vert a lába** stand* rooted to the spot **2.** *(petrezselyemé)* paisley root

gyökeres *a* **1.** *(növény)* having roots *ut.*, rooted; ~**től kitép** uproot, tear*/pull up by the roots **2.** *átv* radical, thorough, fundamental

gyökeresen *adv* radically; ~ **megváltoztat** make* radical changes in sg, alter/ change sg radically

gyökerez|ik *v vmben* be* rooted in sg ⇨ **föld**

gyökérkezelés *n (fogé)* root(-canal) treatment

gyökérszó *n* root (word), stem

gyökértelen *a* **1.** *(növény)* without a root *ut.*, without roots *ut.* **2.** *(átv igével)* have* no roots, be* rootless

gyökértömés *n (fogé)* root filling

gyökérzet *n* roots *pl*

gyökjel *n* radical (sign), root-sign

gyökkitevő *n* index (*pl* indices), exponent

gyökvonás *n* extraction of root [of a number]

gyömbér *n* ginger

gyömöszöl *v* stuff, cram, press, squeeze (*vmbe mind:* into)

gyönge *a* = **gyenge**

gyöngy *n* **1.** *(igazgyöngy)* pearl; **hamis** ~ imitation pearl **2.** *(üveg, izzadság)* bead **3.** = **gyöngysor 4.** *(italban)* bubble **5.** **titkárnők** ~**e** pearl/gem/jewel of a secretary

gyöngybagoly *n* barn owl

gyöngybetűk *n pl* **1.** *(nyomtatott)* pearl (type) *sing.* **2.** *(írott)* pearly letters

gyöngyélet *n* a life of ease, easy life; ~**e van** live like a lord, be* in clover

gyöngyhalász *n* pearl-diver/fisher

gyöngyház *n* mother-of-pearl, pearl, nacre

gyöngykagyló *n* pearl-oyster

gyöngyös *a* pearly, ornamented/set with pearls/beads *ut.*

gyöngyöz|ik *v* **1.** *(ital)* sparkle, bubble **2.** *(csillogva)* glisten, glitter; **izzadságtól** ~**ik az arca** his face is covered with beads of sweat/perspiration, his face is beaded with sweat

gyöngysor *n* string/rope of pearls, pearls *pl*, pearl necklace

gyöngyszem *n* (a single) pearl; *átv* gem

gyöngyszínű, -szürke *a* pearl-grey, pearly

gyöngytyúk *n* guinea fowl

gyöngyvászon *n (vetítéshez)* beaded screen

gyöngyvirág *n* lily of the valley

gyönyör *n* **1.** *(érzés)* pleasure; **érzéki** ~ sensual/sexual pleasure **2.** *átv* delight, bliss, rapture, ecstasy

gyönyörittas *a* drunk with pleasure *ut.*, ecstatic

gyönyörködés *n* (taking) delight (in sg), enjoyment of sg

gyönyörköd|ik *v vmben* take* delight in sg, enjoy sg, take*/find* (great) pleasure in sg; ~**ik a tájban** (s)he is enraptured by the scenery; ~**ik a zenében** (s)he delights in music, (s)he really enjoys music

gyönyörködtet *v* delight (sy), please (sy) highly, enrapture (sy)

gyönyörű *a* wonderful, most beautiful, magnificent, superb, splendid; ~**en** beautifully; ~**en beszél angolul** speak* English beautifully; ~**en énekel** (s)he is a wonderful singer

gyönyörűség *n* **1.** *(vmnek gyönyörű volta)* delightfulness, loveliness, splendour, magnificence **2.** *(élvezet)* pleasure, delight; **vmben** ~**ét leli** take* pleasure/delight in (doing) sg, delight in sg, sg is her/his (chief) delight

György *n* George

Györgyi *n* Georgiana, Georgina

gyötör *v* **1.** *(testileg)* torture, torment **2.** *(belsőleg)* worry; *(zaklatva)* pester; **a féltékenység gyötri** be* eaten up with jealousy, suffer the pangs/torments of jealousy; **balsejtelmek gyötrik** have* forebodings/misgivings

gyötrelem *n* **1.** *(testi)* pain, pang, suffering, torture, torment **2.** *(lelki)* anguish, worry, distress

gyötrelmes *a* **1.** *(testileg)* tormenting, painful **2.** *(lelkileg)* agonizing, anxious

gyötrő *a* = **gyötrelmes**; ~ **éhség** gnawing hunger, pangs of hunger *pl*

gyötrőd|ik *v (lelkileg)* worry, be* worried (about)

győz **1.** *vi (harcban)* gain a victory, win*, be* victorious; *(választáson)* come*/get* in, win* **2.** *vi sp* win*, come* in first; **könnyen** ~ **win*** easily, *biz* win* hands down; **ki** ~**ött?** who won?, who is/was the winner? **3.** *vt (munkát)* manage to do, get* through, keep* up/pace with; **nem** ~**i** *(a munkát stb.)* it is* too much for sy, be* overwhelmed by, can't cope with; **nem** ~**i kivárni** become* impatient; **nem** ~**tem csodálkozni** I couldn't admire (it/him) enough **4.** *vt (pénzzel)* (can) afford; **nem** ~**öm** I can't afford sg; **nem** ~**zük pénzzel az építkezést** the flat/house we're building just swallows up money; ~**i szóval** he is* not/never at a loss for words

győzedelm~sked|ik *v* be* victorious/triumphant, win* through; ~**ik vkn/vmn** triumph over sy/sg, *biz* come* out on top

győzelem *n* **1.** *ált* victory; **győzelmet arat** gain a victory, bear* (*v.* carry off) the palm **2.** *sp* win; **3:1 arányú** ~ a 3-1 (*kimondva:* three to one) win; **könnyű** ~ easy win/victory, walkover

győzelmes *a* victorious, triumphant

győzelmi *a* triumphal, of victory *ut.*; ~ **esély** chance/prospect of winning/victory;

~ **ének** triumphal song; ~ **mámor** flush of victory

győzhetetlen *a* invincible, unconquerable

Győző *n* Victor

győző *a* = **győztes**

győztes **I.** *a* **1.** *(harcban, csatában)* victorious, triumphant, conquering **2.** *sp* winning; ~ **csapat** winning team **II.** *n* **1.** *(harcban)* victor, conqueror; ~**ként kerül ki** be* victorious, *biz* come* out on top **2.** *sp* winner

gyufa *n* match; **egy doboz** ~ a box of matches; **van** ~**d?** have you got any matches?; ~**t gyújt** strike* a match

gyufaskatulya *n* match-box

gyufaszál *n* match(-stick)

gyújt **1.** *vt* **gyufát** ~ strike* a light/match; **tüzet** ~ light* a fire; **lángra** ~ *vmt* set* sg on fire, set* fire to sg; **rájuk** ~**otta a házat** set* their house on fire **2.** *vt* **villanyt** ~ switch on the light **3.** **cigarettára** ~ light* a cigarette, *biz* light* up **4.** *vi (motor)* spark, fire; **nem** ~ **a motor** the engine is misfiring (*v.* is not firing properly) **5.** *vi* **nótára** ~ start singing, strike* up a song

gyújtás *n* **1.** *(tűzé)* lighting **2.** *(motorban)* ignition; **bekapcsolja/ráadja a** ~**t** switch on the ignition

gyújtásbeállítás *n* ignition/spark adjustment

gyújtáskapcsoló *n* ignition (switch)

gyújtó **I.** *a (hatású)* *átv* stirring, exciting **II.** *n* **1.** † = **gyufa 2.** *(készülék)* igniter, fuse

gyújtóanyag *n* combustible/inflammable matter

gyújtóbomba *n* firebomb, incendiary (bomb)

gyújtófej *n* primer, blasting cap, detonator

gyújtogat *v* set* (sg) on fire, set* (sg) alight, set* fire to

gyújtogatás *n* arson, fire-raising

gyújtogató *n* **1.** *jog* fire-raiser, arsonist, *biz* firebug **2.** *átv* firebrand; **háborús** ~ warmonger

gyújtógyertya *n* = **gyertya 2.**

gyújtóláng *n (gázkészüléken)* pilot(-light), burner flame

gyújtólövedék *n* incendiary projectile

gyújtómágnes *n* magneto

gyújtópont *n* focus (*pl* -es *v.* foci), focal point; **vmnek a** ~**jában áll** be* the focus of attention

gyújtós *n* matchwood, kindling, firelighter(s)

gyújtószeg *n* percussion-pin, firing pin

gyújtószerkezet *n* firing mechanism, detonator, blasting cap
gyújtótávolság *n* focal length
gyújtótekercs *n* ignition coil
gyújtózsinór *n* (detonating) fuse
gyúl *v* = **gyullad**
Gyula *n* ⟨Hungarian masculine given name⟩
gyúlékony *a* inflammable; *US és GB műsz* flammable; **nem** ~ non-flammable; **nem** ~ **film** safety film
gyullad *v* **1.** *ált* catch*/take* fire **2.** *orv* be* inflamed **3. szerelemre** ~ **vk iránt** fall* suddenly in love with sy; **haragra** ~ fly* into a rage
gyulladás *n* **1.** *ált* combustion, ignition, burning **2.** *orv* inflammation; ~**ba jön** be* inflamed
gyulladásos *a orv* inflamed; ~ **szemű** red-eyed
gyulladt *a orv* inflamed
gyúr *v* **1.** *(tésztát, agyagot)* knead [dough] **2.** *(masszőr)* massage, give* sy a massage *v.* give* a massage to sy, knead **3.** *(embert átv biz)* try to soften sy up, work on sy
gyurma *n* kneading and modelling paste, Plasticine
gyurmázás *n* Plasticine modelling *(US* -l-)
gyurmáz|ik *v* model *(US* -l-) (with Plasticine)
gyúró *n* masseur
gyúródeszka *n* pastry/paste-board
gyúszeg *n* = **gyújtószeg**
gyutacs *n* **1.** *kat* percussion-cap, fuse **2.** *bány* primer
gyüge I. *a* gaga, off one's nut/rocker *ut.*, *US* dumb **II.** *n* nut(case)
gyűjt *v* **1.** *vt ált* gather (together), collect **2.** *vt (aláírásokat)* collect [signatures] **3.** *vt (adatokat, anyagot)* collect [data, material]; *(bélyegeket)* collect [stamps]; *(élelmiszerkészletet)* hoard [supplies]; *(pénzt)* collect; *(vagyont)* amass, hoard [a fortune] **4.** *vi vmre* save (up) for sg]; **autóra** ~ save (up) for a car **5.** *vt (erőt)* gather [strength]
gyűjtemény *n* collection
gyűjteményes *a* collected; ~ **kiadás** collected works/papers *pl*, collected edition; ~ **kiállítás** one-man exhibition/show; *(életműé)* retrospective; ~ **kötet** *(egy író műveiből)* omnibus (volume), [volume of] collected/selected essays/studies
gyűjtés *n* **1.** *(ált folyamat)* collection, gathering **2.** *(gyűjtött anyag)* collection **3.** *(pénzé vmlyen célra)* collection (for)
gyűjtő *n* collector, gatherer

gyűjtőállomás *n* centre *(US* -ter), depot, collecting station
gyűjtőér *n* vein
gyűjtőfogalom *n* collective term
gyűjtöget *v* keep* collecting/gathering, glean
gyűjtögetés *n* gleaning, collecting
gyűjtőív *n* list of subscriptions
gyűjtőlencse *n* (bi)convex lens
gyűjtőmedence *n* reservoir, cistern
gyűjtőnév *n* collective (noun)
gyűjtőtábor *n* reception centre *(US* -ter), transit camp
gyülekezés *n* assembling, meeting
gyülekezési *a* ~ **hely** = **gyülekezőhely**; ~ **jog** right of assembly, right to hold public meetings; ~ **tilalom** ban on *(v.* prohibition of) (public) meetings
gyülekezet *n (egyházi)* congregation
gyülekezeti *a* congregational; ~ **terem** vestry
gyülekez|ik *v* gather (together), assemble, come*/get* together
gyülekező *n* = **gyülekezés**
gyülekezőhely *n* meeting-place, rallying point
gyűlés *n* **1.** *(összejövetel)* meeting, assembly, rally, gathering; *(US párté)* caucus; ~**t összehív** call/convene a meeting, convene/convoke an assembly; ~**t megnyit** open the/a meeting *(v.* the proceedings); ~**t bezár** close the/a meeting **2.** *(sebé)* suppuration
gyűlésez|ik *v* hold* a meeting; *(többször)* have*/hold* meetings, sit*
gyűlésterem *n* assembly room/hall
gyűlevész *a* ~ **nép(ség)** elit mob, rabble, riff-raff
gyűl|ik *v* **1.** *(tömeg)* assemble, come*/get* together, gather (together), congregate, rally **2.** *(seb)* gather **3.** *(pénz)* be* accumulating, be* piling up
gyűlöl *v* hate/loathe/detest sg/sy, abhor sg; ~**öm, mint a bűnömet** I hate him like poison, I hate his guts
gyűlölet *n* hatred, hate; ~**et ébreszt/kelt** arouse hatred
gyűlöletes *a* odious, abominable, hateful
gyűlölködés *n* hatred, animosity
gyűlölköd|ik *v* be* full of hatred; *(vkvel szemben)* bear* sy malice, bear* a grudge against sy
gyűlölködő *a* full of hatred *ut.*, spiteful
gyűlölt *a* hated, detested, abhorred
gyümölcs *n* **1.** *növ* fruit; ~**öt terem** bear* fruit **2.** *(eredmény)* fruit(s), result

gyümölcsárus *n* fruiterer; *(utcai)* fruit-seller; *GB* barrow boy; *US* fruit vendor
gyümölcsfa *n* fruit-tree
gyümölcshéj *n* peel, rind, skin
gyümölcsíz *n* (fruit) jam
gyümölcskereskedés *n* fruiterer's, *US* fruit store
gyümölcskereskedő *n* = gyümölcsárus
gyümölcskertészet *n* fruit farm, fruit--garden
gyümölcskonzerv *n* canned/tinned fruit
gyümölcskosárka *n kb.* (fruit) flan
gyümölcslé *n* (fruit) juice
gyümölcsmag *n* stone, *US így is:* pit; *(apró)* pip
gyümölcsnap *n (diétában)* fruit(-diet) day
gyümölcsoltó *a* ~ **Boldogasszony** *(márc. 25.)* Feast of the Annunciation (of the Blessed Virgin Mary), Lady Day
gyümölcsös *a* orchard, fruit-garden, fruit farm
gyümölcsöskosár *n* fruit-basket
gyümölcsöz|ik *v átv* bear* fruit, be* profitable
gyümölcsöző *a átv* fruitful, profitable, lucrative
gyümölcsöztet *v* make* (good) use of, make* the best use of; ~i **tehetségét** utilize one's abilities, make* the most of one's ability
gyümölcsrekesz *n* crate
gyümölcssaláta *n* fruit-salad
gyümölcsszedés *n* fruit-picking/gathering
gyümölcsszörp *n* fruit syrup
gyümölcstermelés *n* = gyümölcstermesztés
gyümölcstermelő *n* fruit grower, fruit--farmer
gyümölcstermés *n* fruit crop

gyümölcstermesztés *n* fruit growing/production, fruit-farming; *tud* pomology
gyümölcstermesztő *n* = gyümölcstermelő
gyümölcstermő *a* fruit-bearing
gyűr *v* crumple, rumple, crush, crease; **vmbe** ~ stuff/cram (sg) into sg
gyűrhetetlen *a* crease-resistant/proof
gyűrődés *n* **1.** *(ruhaanyagon)* crease, wrinkle, crumpling **2.** *geol* flexure of strata
gyűrődéses *a (földkéreg)* plicate(d)
gyűrőd|ik *v* crease, crumple, become*/get* creased
gyűrődő *a* creasable; **nem** ~ = gyűrhetetlen
gyűrött *a* **1.** *(szövet)* crumpled, rumpled, creased **2.** *(arc)* worn, tired, wrinkled
gyűrű *n* **1.** *(kézen)* ring; ~ **alakú** ring--shaped/like **2.** *műsz* hoop, collet, circle **3.** *sp* rings *pl* **4.** *(ellenséges)* encirclement; **áttör az ellenség** ~**jén** break* through the enemy's ranks **5. (külső)** ~ *(város körül)* ring road, *US* beltway
gyűrűdz|ik → gyűrűzik
gyűrűgyakorlat *n* *sp* ring exercise(s), exercise(s) on the rings
gyűrűhinta *n* the rings *pl*, flying ring
gyűrűs *a* ringed, provided with a ring *ut.*, wearing a ring *ut.*
gyűrűsujj *n* ring/third-finger
gyűrűváltás *n* † betrothal
gyűrűz *v (madarat)* ring; *(fát)* girdle
gyűrű(d)z|ik *v* coil, form rings, circle, curl, wind*; *(víz bedobott kőtől)* ripple; *(átv vm tovább)* ripple across (sg)
gyűszű *n* thimble
gyűszűnyi *a* thimbleful
gyűszűvirág *n* foxglove, digitalis

H

H, h¹ *n (betű)* (the letter) H/h
h² *n (zene)* B ⇨ **H-dúr, h-moll**
h³ = *óra* hour, h
h. 1. *helyett* for **2.** = **helyettes**
ha¹ *conj* if, supposing, when; ~ **én volnék
a helyedben** if I were you; ~ **egyszer**
should it happen (that), if one day, if ever; ~
nem if not, otherwise; ~ **nem tévedek** if
I am not mistaken; ~ **nem esett volna** if
it hadn't rained, but for the rain; ~ **tetszik,**
~ **nem** (whether you) like it or not; ~
(úgy) tetszik if you like; ~ **tudnám** if
(only) I knew (it); ~ **János itt lenne,
tudná** if John was/were here, he would
know; ~ **hallgattál volna rám, most
nem lennél ekkora bajban** had you (*v.* if
you had) listened to me, you wouldn't be in
such trouble now; ~ **ugyan** if indeed
ha² = *hektár* hectare, ha
hab *n (parti hullámon)* surf; *(tengeren)*
foam, spume; *(söré)* froth, *biz* head; *(szap-
pané)* lather; *(tejszíné)* whipped cream; *(to-
jásé)* beaten white [of egg]; ~**ot ver** *(tej-
színt)* whip [cream]; *(tojásfehérjét)* beat*
up, whisk [eggs]
habar *v* stir, mix; add to [while stirring]; ~**t
tojás** scrambled eggs *pl*
habár *conj* (al)though, even if/though, not-
withstanding, whereas
habarcs *n* mortar
habcsók *n* meringue
habfehér *a* snow/lily-white
habfürdő *n* foam bath
habitus *n (lelki alkat)* disposition, cast/
habit of mind
habkönnyű *a* as light as gossamer
hableány *n* mermaid, water nymph
háborgat *v* disturb, bother, pester; **ne há-
borgass** don't bother/disturb me, leave me
alone
háborgatás *n* disturbing, bothering, pester-
ing
háborgó *a* **1.** *(tenger)* rough, swelling,
stormy [sea] **2.** *(tömeg)* tumultuous, tur-
bulent, excited [crowd]
háborítatlan *a* undisturbed, peaceful, quiet
háborodott *a (elme)* deranged, demented
[mind]

háborog *v* **1.** *(tenger)* be* stormy/rough/
rising **2.** *(tömeg)* be* discontented, clamour
for sg; *(ember)* grumble, protest **3.** *(gyo-
mor)* feel* sick
háború *n* war; ~ **előtti** pre-war; ~ **idején**
in wartime; **kitör a** ~ war breaks* out; ~
utáni post-war; ~**t indít** start a war,
make*/wage war (on, against); ~**t kirob-
bant** unleash war; ~**t visel** = *hadat visel*
háborúellenes I. *a* anti-war **II.** *n* dove
háborúpárti *n* hawk
háborús *a* war(-time), of war *ut.*; ~ **adós-
ság** war-debt; ~ **bűnös** war-criminal; ~
előkészületek/készülődés preparations
for war; ~ **évek** war-years, wartime *sing.*;
~ **felek** powers at war, the belligerents; ~
hangulat war psychosis, warlike atmos-
phere; ~ **idő(sza)k** wartime *sing.*; ~
pusztítás ravages of war *pl*, devastation
caused by war; ~ **uszítás** warmongering;
~ **uszító** warmonger; ~ **veszély** men-
ace/danger of war; ~ **veszteség** war losses
pl; *(emberben)* casualties *pl*
háborúsdi *n* ~**t játszik** play (at) soldiers
háborúskodás *n* war(fare), belligerency,
warring, waging war
háborúskod|ik *v* **1.** *(háborút visel)* wage
war *(vkvel* on/against), be* at war *(vkvel* with
sy) **2.** *(viszálykodik vkvel)* quarrel *(US* -l)
(with sy)
háborúz|ik *v* = **háborúskodik**
habos *a* **1.** *ált* frothy, foamy **2.** *(sütemény)*
cream [cake], (filled) with whipped cream *ut.*;
~ **kávé** coffee with whipped cream
habozás *n* hesitation, vacillation, doubt; ~
nélkül unhesitatingly, promptly; ~ **nélkül
megtesz** vmt do* sg without a moment's
hesitation/thought
haboz|ik *v* hesitate (about sg); vacillate; ~**ik
vmt tenni** hesitate about doing sg, hesitate
to do sg, be* reluctant to do sg
Habsburg *a/n* Hapsburg; **a** ~**ok** the Haps-
burgs, the Hapsburg family
Habsburg-ház *n* House of Hapsburg
habselyem *n* (knitted/spun) rayon, milanese
habszifon *n* cream-maker
habszivacs *n* foam-rubber
habverő *n* egg-whisk, egg-beater

habz|ik v 1. *(szappan)* lather; *(sör)* froth, foam 2. *(ló)* foam; ~**ik a szája** *(vknek, dühtől)* foam at the mouth (with rage)
habzóbor n sparkling wine
habzsol v 1. *(ételt)* eat* greedily, *biz* wolf (down), devour 2. *átv* devour
hacsak conj if only, if by any means, if at all; ~ **lehet** if (at all) possible; ~ **lehet, elmegyek** I'll go if I possibly can; ~ (...) nem unless; **mindennap sétálok,** ~ **az időjárás közbe nem szól** unless bad/the weather stops me, I go for a walk every day
had n 1. *(sereg)* army, troops *pl*, forces *pl*; ~**ak útja** *csill* the Milky Way 2. *(háború)* war, feud; ~**ba száll/vonul** go* to war (against); ~**ban áll** be* at war (with); ~**at üzen** declare war *(vknek* on); ~**at visel** be* at war (with sy), make*/wage war *(vk ellen* on/against sy, *vm ellen* on/against sg)
hadakozás n warring, warfare, fighting
hadakoz|ik v 1. = **háborúskodik** 1. 2. *(küzd vmért)* fight*/battle for sg; *(vm ellen)* fight*/battle against sg, make*/wage war on sg
hadakozó a bellicose
hadállás n position, post
hadapród n (officer) cadet
hadapródiskola n (officer) cadet school, military academy (pl. *GB ma is:* Sandhurst)
hadar v jabber (away), gabble
hadarás n jabber, gabble
hadaró a gabbling, jabbering
hadászat n strategy
hadászati a strategic; ~ **fegyverek** strategic arms; ~ **fegyverkorlátozási tárgyalások** Strategic Arms Limitation Talks (SALT), Strategic Arms Reduction Talks (START)
hadbíró n judge of military tribunal
hadbíróság n military tribunal
hadbiztos n quartermaster, commissary
hadd int ~ **lássam/lám!** let me see!; ~ **fusson!** let him run!
haddelhadd n most **jön a** ~! now you are in for it, there'll be ructions (*US* a ruction)!
haderő n military force, (armed) forces *pl*; **szárazföldi** ~ land forces *pl*; **a szövetséges** ~**k** the Allied forces; **tengeri** ~ naval forces *pl*, navy
hadfelszerelés n armaments *pl*
hadfi n † warrior
hadgyakorlat n manoeuvres (*US* maneuvers), military/army exercises (*mind: pl*)
hadi a military, war-; ~ **jog** martial/military law; ~ **kitüntetés** (war) decoration; ~

létszám war strength; ~ **létszámon** on (a) war footing
hadiállapot n state of war; ~**ban** at war (with)
hadianyag n war equipment, (war) matériel
hadianyaggyár n war factory, factory producing (war) matériel
hadiárva n war orphan
hadicsel n feint, stratagem
hadiflotta n naval force, fleet
hadifogoly n prisoner of war (*röv* POW)
hadifogolycsere n exchange of prisoners (of war)
hadifogolytábor n prison camp, prisoner--of-war camp
hadifogság n captivity; ~**ba esik** be* taken prisoner of war
hadifontosságú a strategic, of military importance *ut.*; ~ **üzem** factory earmarked for war-production
hadigazdálkodás n war(time) economy
hadigépezet n war/fighting machine
hadihajó n warship; *(csatahajó)* battleship
hadiipar n war/munitions industry
hadijáték n wargame
hadijelentés n communiqué, war bulletin/report
hadikiadás n war costs *pl*
hadikikötő n naval port
hadikórház n base/field hospital
hadikölcsön n tört war-loan
hadilábon adv ~ **áll vkvel** be* at daggers drawn with sy; ~ **áll vmvel** be* rather weak at sg, be* very poor at sg
hadiözvegy n war-widow
hadirokkant n disabled soldier, war invalid
hadisarc n reparations *pl*, war indemnity
hadiszállító n army contractor/broker
haditanács n council of war, war council
haditechnika n military technology, military know-how
haditengerészet n the navy, naval forces *pl*
haditengerészeti a naval, of the navy *ut.*
haditermelés n war production
haditerület n operational/military area
haditerv n plan of campaign, *kat* operational plan; ~**et dolgoz ki** work out a plan of campaign, work out a strategy
haditett n action, feat (of arms)
hadititok n military secret
haditörvényszék n tört court-martial (*pl* courts-martial *v.* court-martials); ~ **elé állít** court-martial (*US* -l-) sy
haditudósítás n war report/correspondence, war correspondent's dispatch
haditudósító n war correspondent

hadiüzem *n* war factory
hadizsákmány *n* (war-)booty, spoils of war *pl*
hadjárat *n* **1.** *kat* campaign, (military) expedition **2.** *átv* campaign, drive
hadkiegészítő *a* ~ **parancsnokság** recruiting and replacement office
hadköteles *a* liable to military service *ut.*, of military age *ut.*; ~ **kor** military age
hadkötelezettség *n* compulsory military service, conscription
hadmentesség *n* exemption from military service
hadmérnök *n* officer of the engineer corps, *GB* officer of the Royal Engineers
hadmozdulat *n* troop movement(s)
hadművelet *n* military operations *pl*, operation
hadműveleti *a* operational; ~ **terület** operational area
hadnagy *n* second (*v.* 2nd) lieutenant
hadnagyi *a* ~ **rang** rank of 2nd lieutenant
hadonász|ik *v* gesticulate (wildly), flail
hadoszlop *n* column; **ötödik** ~ fifth column
hadosztály *n* division
hadosztályparancsnok *n* commander of a division, divisional general
hadparancs *n* general order [for the whole army]
hadsegéd *n* aide-de-camp (*pl* aides-de--camp), adjutant
hadsereg *n* army; **állandó** ~ standing army
hadsereg-főparancsnok *n* commander--in-chief [of an army] (*röv* C.-in-C.)
hadseregszállító *n* = **hadiszállító**
hadseregtábornok *n* *GB* field marshal; *US* general of the army
hadszíntér *n* theatre of war/operations, seat of operations
hadtáp *n* army service corps, military supply services *pl*
hadtápterület *n* line-of-communications area/zone
hadtest *n* army corps
hadtestparancsnok *n* commander [of an army corps]
hadtörténelem *n* military history
hadúr *n* *tört* **(a legfőbb)** ~ supreme commander
hadügy *n* military affairs *pl*, national defence (*US* -se)
hadügyi *a* war-, military-
hadügyminiszter *n* Minister of War ⇨ **honvédelmi** *miniszter*

hadügyminisztérium *n* Ministry of War ⇨ **honvédelmi** *minisztérium*
hadüzenet *n* declaration of war; ~ **nélküli háború** undeclared war
hadvezér *n* general, (supreme) commander
hadvezetőség *n* high/supreme command
hadviselés *n* **1.** *(háborúskodás)* war(fare) **2.** *átv* war (on/against sg)
hadviselő *a* belligerent; ~ **felek** powers at war, the belligerents
hág *v* *vmre* step up on sg, ascend/mount sg ⇨ **meghág, nyak, tetőpont**
Hága *n* the Hague
hágcsó *n* ladder; *(kötél* ~ *)* rope ladder
hágó *n* (mountain) pass, col
hagy *v* **1.** let*, leave*, allow, permit; ~**juk ezt!** enough of this/that, let's drop the matter/subject; ~**d!** leave it alone!, don't touch!, hands off!; **nem** ~**ja magát** not give* in, refuse to give in, hold* out/on; **magára** ~ leave* sy alone (*v.* to oneself); *(nem segít neki)* leave* sy to his own devices; **foltot** ~ *vmn* stain sg; **időt** ~ give* time; **maga után/mögött** ~ leave* behind **2.** *(örökül)* leave*/bequeath sg to sy (*v.* sy sg)
hagyaték *n* legacy, bequest, inheritance
hagyatéki *a* ~ **gondnok** administrator (of an/the estate); ~ **tárgyalás/eljárás** probate
hagyatkoz|ik *v* *vkre/vmre* rely on sy/sg (for sg), leave* it (to sy)
hagyján *adv* **ez még csak** ~, **de a másik** this is* not so bad but the other . . .; **az még csak** ~, **hogy szid, de még goromba is** not only does he tell me off—which is bad enough—but he's rude as well
hagyma *n* **1.** *(vörös* ~ *)* onion; *(fok* ~ *)* garlic **2.** *(növényé)* bulb
hagymahéj *n* onionskin
hagymakupola *n* onion dome
hagymamártás *n* onion sauce
hagymás *a* with onions *ut.*; ~ **rostélyos** steak and onions *pl*
hagyomány *n* tradition; ~**okhoz ragaszkodó** traditionalist
hagyományos *a* traditional, time-honoured (*US* -or-), long-established; ~ **fegyverek** conventional weapons
hagyományoz *v* = **hagy 2.**
hah *int* ah!, oh!
hahó! *int* hello/hullo there!, I say!
hahota *n* loud laugh, roaring laughter
hahotáz|ik *v* roar/howl with laughter
Haiti *n* Haiti
haiti *a* Haiti(an)

haj¹ *n* hair; **égnek áll a** ~**a** his hair stands* on end; ~**ba kap vkvel** quarrel (*US* -l-) with sy, have* a row with sy; ~**ánál fogva** by the hair; ~**ánál fogva előráncigált** farfetched, strained; ~**at mos** *(saját magának)* wash/shampoo one's hair; *(másnak)* wash/shampoo sy's hair; ~**at mosat** have* a shampoo, have* one's hair shampooed; ~**at vág** cut sy's/one's hair; ~**at vágat** have* one's hair cut, have* a haircut; **kisüti/besüti a** ~**át** curl one's/sy's hair

haj² *n nép* = **héj 1.**

háj *n* **1.** *(disznóé)* (leaf-)lard; **mintha** ~**jal kenegetnék** be*/feel* highly pleased/gratified/flattered, lap up compliments, lap it up **2.** *(emberen)* fat, flab ⇨ **megken**

hajadon **I.** *a* unmarried; *(családi állapot, űrlapon)* single; *(igével)* lead* a single life **II.** *n* girl, spinster, a single woman°

hajadonfőtt *adv* bare-headed

hajápolás *n* hair care

hajas *a* covered with hair(s) *ut.*

hájas *a* (very) fat, flabby, obese

hájasod|ik *v* grow* too fat, become* obese

hájastészta *n kb.* shortcake

hajbókol *v (vk előtt)* bow and scrape (to sy), kowtow (to sy)

hajcsár *n* **1.** *(állaté)* drover **2.** *átv elít* slave-driver

hajcsárkod|ik *v elít* be* a slave-driver

hajcsat *n* hairgrip, (hair) slide, *US* bobby pin

hajcsavaró *n* hair-curler; *(készletben)* roller

hajcsi *n* sleep, bye-byes; ~**ba** *(v.* **hajcsizni) megy** go* to bye-byes

hajcsipesz *n* hairgrip, kirby grip

hajcsomó *n (összetapadt)* mat, matted hair

hajdan(ában) *adv* in bygone/olden days/ times, in times past, long ago

hajdani *a* past, former, one-time

hajdina *n* buckwheat

hajdú *n tört* **1.** *(megyei)* liveried attendant [of county dignitaries]; *(poroszló)* (bum)-bailiff; *(nemesi szolga)* seneschal; **annyit ért hozzá, mint** ~ **a harangöntéshez** he doesn't know the first thing about it, he hasn't the faintest/foggiest idea (about it) **2.** *(16-17. századi katona)* Haiduk, Heyduck (*pl* Haiduks, Heyducks)

hajfesték *n* hair-dye

hajfestés *n* (hair) dyeing

hajfonat *n* plait, braid

hajfürt *n* lock (of hair)

hajgyökér *n* root of a hair, hair-root

hajháló *n* hair-net

hajhullám *n* wave, curl

hajhullás *n* loss of hair, falling hair; ~ **elleni szer** hair tonic, hair-restorer

hajigál *v* keep* throwing

hajít *v* throw*, hurl, fling*

hajítás *n* throw(ing), flinging, hurl(ing)

hajítófa *n* **nem ér egy** ~**t (se)** it is* not worth a brass farthing, it is* not worth a straw

hajkefe *n* hairbrush; **elektromos** ~ electric hairbrush, hot styling brush

hajkurász *v* = **hajszol, hajhász**

hajladoz|ik *v* **1.** *(szélben)* keep* bending, sway to and fro **2.** = **hajlong 1.**

hajlakk *n* hair-spray

hajlam *n* **1.** *vmre* inclination (to), propensity (for), bent (for), taste (for); ~**a van** (*v.* ~**ot érez) vm iránt** have* a bent for sg, show an/great aptitude for/in sg; *(hajlamosságot mutat vmre)* be*/seem inclined/disposed to do sg, show an inclination to do sg **2.** *(betegségre)* susceptibility (to), (pre)-disposition (to); *tud* diathesis (*pl* -ses); ~**a van vmlyen betegségre** be* susceptible to, have* a (pre)disposition to a disease, be* prone to

hajlamos *a* **1.** *ált vmre* (be*) susceptible/inclined/apt/prone to sg **2.** *(betegségre)* (be*) susceptible/prone to [cold etc.]; *orv* diathetic

hajlamosság *n* **1.** *vmre* proneness, (pre)disposition, propensity to/for **2.** *orv* diathesis

hajlandó *a* ~ **vmre** be* ready/willing/prepared/disposed/inclined to do sg; **nem** ~ be* unwilling/reluctant/disinclined to do sg; ~ **vagyok azt hinni, hogy** I am* inclined to believe that; ~ **volna vmre** have* half a mind to (do) sg; **ha** ~ **volnál** ... if you wouldn't mind doing sg; ~**nak mutatkozik** be*/seem/appear willing to (do) sg, show* willing

hajlandóság *n* willingness, inclination, readiness, disposition; ~**ot mutat** *vmre* be*/ seem willing/ready to do sg, show* willing

hajlás *n* **1.** *ált* bend; *(felületé)* inclination, slope; *(függőleges tárgyé)* lean(ing); *(úté horizontális)* bend, curve; *(úté vertikális)* gradient **2.** *(meghajlás)* bow

hajlásszög *n* angle of inclination, pitch

hajlat *n (tárgyé)* bend, curve; *(lejtőé)* slope

hajlék *n* **1.** *(menedék)* shelter, cover, roof (over one's head) **2.** *(otthon)* home

hajlékony *a* **1.** *(anyag)* flexible, pliable **2.** *átv* flexible, adaptable, pliable

hajléktalan *a/n* homeless; ~**ná válik** be* made homeless; **a** ~**ok** the homeless, vagrants

hajl|ik *v* **1.** *ált* bend*; *(ívben)* arch; *(vm oldalirányba)* curve, sweep*; *(tárgy vm fölé)* hang* *o*ver, *o*verhang* (sg); **maga felé** ~**ik a keze** have* an eye to the main chance → **hajol 2.** *(vmre, átv)* incli*n*e to, tend to, show* an inclin*a*tion towards; ~**ik a jó szó**r**a** be* amenable to adv*i*ce, l*i*sten to sense (*v.* to what one is told)

hajlít *v (tárgyat)* bend*; *(térdet)* bend* [the knee]

hajlítás *n* bending

hajlíthatatlan *a* **1.** *vm* inflexible, unbending **2.** = **hajthatatlan**

hajlítható *a* **1.** *vm* flexible, pli*a*ble **2.** *átv* m*a*lleable

hajlított *a* curved, bent

hajlong *v* **1.** *(udvariasságból)* bow (low) repeatedly, c*u*rts(e)y; *(talpnyalón)* kowt*o*w (to sy) **2.** = **hajladozik 1.**

hajlongás *n (udvariasságból)* low bows *pl*; *(talpnyalóan)* bowing and scraping, kowt*o*wing

hajlott *a* **1.** bent, curved, cr*o*oked; ~ **hát** humped back; ~ **orr** h*o*ok(ed) nose **2.** ~ **kor** adv*a*nced age

hajmeresztő *a* h*ai*r-raising, horrible; ~ **sebességgel** at br*e*akneck speed

hajmosás *n* shamp*o*o

hajnal *n* dawn, d*a*ybreak, break of day; **(kora)** ~**ban** at dawn, in the small hours, at d*a*ybreak; ~**ban kel** get* up (*v.* rise*) with the lark, rise* at (the crack of) dawn

hajnalhasadás *n* = **hajnal**

hajnali *a* e*a*rly (m*o*rning), dawn, of dawn *ut.*; ~ **köd** *e*arly m*o*rning mist; ~ **vonat** the milk train

hajnalka *n növ* b*i*ndweed, m*o*rning glory

hajnalod|ik *v* dawn, day is* br*e*aking

hajnalpír *n* the first blush of dawn

hajnövesztő *a* h*ai*r-restorer

hajnyírás *n* h*ai*rcut

hajó *n* **1.** *(nagyobb)* ship; *(kisebb)* boat; *ált* vessel; *(óceánjáró)* (*o*cean) l*i*ner; *(luxushajó, rendsz. magánkézben)* yacht; *(teher~)* freighter; **költségmentesen** ~ **ra rakva** free on board (f.o.b.) → **rak** ; **egy** ~**ban eveznek** be* in the same boat; ~**n** on board (ship), on a ship; ~**n**/~**val megy** sail, go* by ship/sea; ~**ra száll** go* on board (ship), embark (*vhol* at) **2.** *sp (sportolók nyelvén, ált)* vessel; *(versenycsónak)* (racing) boat; *(versenyvitorlás)* yacht **3.** = **templomhajó 4.** *(varrógépben)* sh*u*ttle

hajóablak *n* porthole, sc*u*ttle

hajóács *n* sh*i*pwright, ship's c*a*rpenter

hajóágyú *n* ship's c*a*nnon/gun, ch*a*ser

hajóállomás *n* landing place; *(óceánjáróé)* port of call

hajóbérleti *a* ~ **szerződés** ch*a*rter p*a*rty

hajócsavar *n* screw, prop*e*ller

hajóépítés *n* sh*i*pbuilding

hajóépítő I. *n* sh*i*pbuilder **II.** *a* ~ **ipar** sh*i*pbuilding *i*ndustry

hajófedélzet *n* deck, (sh*i*p)board; ~ **elülső része** f*o*recastle; ~ **hátulsó része** qu*a*rterdeck

hajófenék *n* (ship's) b*o*ttom, hold

hajófuvarlevél *n* bill of lading

hajófülke *n* c*a*bin; *(luxus)* stater*o*om

hajógépész *n* engin*e*er [of a ship]

hajógyár *n* d*o*ckyard, sh*i*pyard

hajóhad *n* fleet

hajóhíd *n* **1.** *(folyón)* pont*o*on/fl*o*ating bridge **2.** *(hajóról partra)* g*a*ngway, g*a*ngplank **3.** *(hajón)* bridge

hajóhinta *n* swing-b*o*at

hajójárat *n* (sh*i*pping) line; *(szolgálat)* boat service; **menetrendszerű** ~**ok** (a list of) s*ai*lings (from . . .); regular s*ai*lings (from . . .); ~**ok indulása** s*ai*ling times . . .

hajójegy *n* (b*o*at) t*i*cket

hajókár *n* *a*verage; ~**t szenved** s*u*ffer an *a*verage

hajókáz|ik *v* go* b*o*ating

hajókirándulás *n* b*o*at-trip

hajókoffer *n* c*a*bin-trunk

hajókötél *n* h*a*wser, rope; **leütötte a** ~ **□** he's k*i*cked the b*u*cket, he's bought it

hajókürt *n* (ship's) horn; *(ködben)* f*o*ghorn

hajol *v* bend* (down), stoop; **könyv fölé** ~ pore *o*ver a book → **hajlik**

hajolaj *n* h*ai*r-oil

hajónapló *n* l*o*g(book)

hajóorr *n* prow, c*u*twater

hajópadló *n* strip/j*oi*nted floor

hajóparancsnok *n* captain

hajópark *n* fleet, t*o*nnage

hajóraj *n* squ*a*dron; *(kicsi)* flot*i*lla

hajóraklevél *n* bill of lading

hajórakomány *n* sh*i*pload, c*a*rgo, sh*i*pment

hajóroncs *n* (sh*i*p)wreck

hajós *n* s*ai*lor, s*ea*man°

hajósinas *n* ship's boy

hajóskapitány *n* c*a*ptain; *(ker. hajón)* m*a*ster

hajóslegénység *n* crew

hajósnép *n* s*ea*faring/m*a*ritime n*a*t*i*on

hajóstársaság *u* sh*i*pping line/company

hajószakács *n* (ship's) cook

hajószemélyzet *n* ship's c*o*mpany, crew

hajótér *n* (ship's) hold, sh*i*pping space

hajótest *n* hull

hajótörés *n* shipwreck; ~**t szenved** (1) be* shipwrecked, suffer shipwreck (2) *átv* founder on sg, be* (ship)wrecked by sg
hajótörött *a/n* shipwrecked (person)
hajótulajdonos *n* ship-owner
hajóút *n* voyage
hajóvezető *n* captain
hajózás *n* shipping, sailing; *(navigáció)* navigation
hajózási *a* shipping, nautical; *(navigációs)* navigation(al); ~ **társaság/vállalat** shipping company/line; ~ **tilalom** embargo
hajózható *a* navigable, passable; ~ **csatorna** a navigable channel; ship-canal
hajóz|ik *v* sail, go* by sea, voyage; **Amerikába** ~**ik** sail for America
hajózó I. *a* navigating; ~ **legénység** *rep* flying personnel **II.** *n* navigator
hajózótiszt *n* navigator
hajpótlás *n* hairpiece, *főleg US:* toupee
hajrá I. *int* forward!, at it/'em! **II.** *n* **1.** *(verseny finise)* sprint, the finish **2.** *(munkában)* rushing; *(egy bizonyos munka)* a rush job; **év végi** ~ last-minute rush; **nagy** ~ **van** there's a rush on at work
hajráz|ik *v* **1.** *(versenyző)* sprint, make* *(v.* put* on) a final spurt **2.** *(verseny közönsége)* cheer on a team, *US* root for a team **3.** *(munkában)* work flat/all out [to meet a deadline]
hajsütő vas *n* curling-tongs *pl*
hajsza *n* **1.** *(vm után)* hunt after sg, chase/pursuit of sg; *(vk ellen)* persecution of sy, campaign against sy **2.** *(munkával)* rush; **nagy** ~**ban van** be* snowed under (with work), *biz* have one's work cut out (for one); **a modern élet** ~**ja** the (strains and) pressures of modern life *pl*
hajszál *n* (single) hair; **egy** ~ **híján** within a hair; **(egy)** ~**on függ** hang* by a hair *(v.* by a single thread); **csak egy** ~**on múlt** it was touch-and-go, *biz* it was a close shave/call; ~**on múlt, hogy le nem késtük a vonatot** we caught the train *(v.* it) by the skin of our teeth; ~**nyi** a hair's breadth; ~ **(nyi)ra** exactly, to a T/hair; ~**ra kiszámítva tesz vmt** cut* it fine; **egy** ~**lal sem különb** not a whit better
hajszalag *n* hair-ribbon
hajszálcső *n* capillary
hajszálcsövesség *n* capillary attraction
hajszálér *n* capillary (vessel)
hajszálfinom *a* **1.** *(vékony)* very delicate/fine **2.** *átv* subtle, nice
hajszálkereszt *n* = **fonalkereszt**
hajszálpontos *a* very exact/punctual; ~**an érkezik** come*/arrive on the dot, be* dead

on time; ~**an egyeznek** *(könyvelési tételek)* balance (exactly)
hajszálrepedés *n* hairline (crack)
hajszálrugó *n* hairspring
hajszálvékony *a* (as) thin as (a) hair *ut.*, (as) thin as a thread *ut.*
hajszárító *n* (electric) hair dryer; *(kézi)* hand-dryer; *(bura)* drying hood
hajszás *a (élet)* harassed, hectic, busy
hajszesz *n* hair lotion/tonic
hajszín *n* colour *(US* -or) of hair
hajszol *v* **1.** *ált* chase/hunt after, pursue **2.** *(hátaslovat)* bucket, ride* [one's horse] into the ground **3.** *(beosztottakat, munkásokat)* work [one's staff] very hard *(v.* to death)
hajt[1] **1.** *vt (állatot)* drive*; *(noszogatva)* urge on; *(vadat)* beat* [game] **2.** *vt (gépet erő)* drive*, propel, work **3.** *vt/vi (gépjárművet vezet)* drive*; **az állomásra** ~**ott** (s)he drove to the station; **jobbra** ~**s!** keep (to the) right! **4.** *vt (dolgoztat)* drive* sy (very) hard, be* a slavedriver; ~**ja a munkát** keep* up a stiff/punishing pace of work **5.** *vi biz (erősen dolgozik)* slave away, work flat/all out; **nagyon** ~ *(mert kell a pénz)* he drives himself very hard **6.** *vi (hashajtó)* have* a purgative effect, loosen the bowels
hajt[2] **1.** *vt (hajlít)* bend*, turn in/down; *(papírt stb.)* fold; **térdet** ~ bend* the knee, kneel* down; **fejet** ~ bow the/one's head, bow (to); *átv* resign oneself; **álomra** ~**ja fejét** go* (off) to sleep **2.** *vi nép* ~ **vkre** listen to sy('s advice)
hajt[3] **1.** *vi (növény)* sprout (up), shoot* **2.** *vt vmt* grow*, sprout; **gyökeret** ~ strike* root; **ágat** ~ shoot* forth a branch; **leveleket** ~ put* out leaves **3.** *vt* **hasznot** ~ bring* in [profit, money], yield a profit
hajtány *n* line inspection trolley
hajtás[1] *n* **1.** *(állatoké)* driving; *(vadászaton)* beat(ing) [for game], battue **2.** *biz (nagy erőkifejtés/iram)* rush (at work); **év végi** ~ last-minute rush; **nagy** ~**ban vagyok ma** I'm rather pushed today; *sp* **nagy** ~ **volt a II. félidőben** the pace hotted up in the second half **3.** *(járművel)* driving; *(fogat* ~*)* carriage/coach-driving
hajtás[2] *n* **1.** *(ruhán)* pleat, fold **2.** **egy** ~**ra (kiitta)** [he drank/downed it] at a/one draught/gulp
hajtás[3] *n növ* sprout, bud, shoot
hajtású *a* **gépi** ~ power-driven
hajtat[1] *v* **az állomásra** ~**ott** he was driven to the station; *(így is:)* he drove to the station
hajtat[2] *v növ* force

hajtatóágy *n növ* forcing-bed
hajthatatlan *a átv* unyielding, immovable; **ebben a kérdésben** ~ on this point he is *a*damant
hajtó *n* **1.** *(vadászaton)* beater **2.** *(ügetőversenyen)* driver; *(egyéb fogaté)* coachman°; *sp* carriage-driver
hajtóanyag *n* = **üzemanyag**
hajtóerő *n* **1.** propelling power/force, motive power **2.** *átv* driving force
hajtogat *v* **1.** *(papírt)* fold (repeatedly), keep* folding **2.** *(ismétel)* keep* repeating, reiterate; **örökké csak azt** ~ja go* on about sg (all the time), be* always harping on the same theme/string
hajtogatás *n* **1.** *(papíré)* folding, pleating **2.** *(ismételgetés)* repetition, reiteration
hajtóka *n* **1.** *(kabáté)* lapel; *(nadrágé)* GB turn-up, *US* cuff; *(ujjé)* cuff **2.** *(paroli)* facings *pl*
hajtókar *n* **1.** *(motorban)* = **hajtórúd 2.** = **kurbli**
hajtókerék *n* driving-wheel
hajtómű *n* **1.** *(közlőmű)* driving-gear **2.** *(motor)* engine
hajtószíj *n* driving-belt, drive belt
hajtóvadászat *n (átv is)* drive
hajtóverseny *n* carriage/coach-driving
hajtű *n* hairpin, hairgrip
hajtűkanyar *n* hairpin bend
hajtüsző *n* (hair-)follicle
hajvágás *n* haircut
hajvágószalon *n (férfi-női)* (*u*nisex) hairdressing salon
hajviselet *n* hair(style); **rövid** ~ wearing one's hair short
hajzat *n* (head of) hair
háklis *a biz* fussy, crochety
hakni *n biz* "moonlighting"
hakniz|ik *v biz* moonlight (past tense: -lighted)
hal¹ *vi/vt* die; **szörnyű halált** ~ die a terrible death ⇨ **meghal**
hal² *n* fish *(pl* ua; *de több fajtából:* fishes); **sok** ~ a lot of fish; **három (különféle)** ~ three fishes; **úgy él, mint** ~ a **vízben** he's (living) in clover
hál *v* **1.** sleep*, spend*/pass the night; **(már) csak** ~**ni jár belé a lélek** be* very ill, look like a ghost, (seem to) be on one's last pins **2.** *vkvel* sleep* with sy
hála *n* gratitude, thanks *pl*, thankfulness, gratefulness; ~**ra kötelez** oblige sy; ~**t ad vknek** thank sy, give* thanks to sy (for sg)

hálaadás *n* giving/rendering thanks; *vall* thanksgiving
halad *v* **1.** *(megy)* go*, make* way, advance, go* on; *(vm mellett)* come*/run*/pass along; *(jármű)* proceed, travel *(US* -l); **lassan** ~ inch along; **az idő** ~ time passes **2.** *átv* make* headway, advance, progress, make* progress, get* on; *(minőségileg)* improve; **a munka** ~ the work is coming along; **jól** ~ (1) *(munka, pl. építkezés)* be* coming along/on well/fine, be* shaping up (well) (2) *(vk vmvel v. vmben)* be* doing well/fine in sg, make* good progress with/in sg; *(vk ált)* be* shaping satisfactorily; ~ **a korral** keep* up with *(v.* abreast of) the times; **nagyot** ~**t** made a great stride
haladás *n* **1.** *(térben)* going, advance(ment) **2.** *átv* progress, advance, improvement
haladásellenes *a* opposed to progress *ut.*
haladási *a* **kötelező** ~ **irány** "ahead only"
haladék *n* **1.** *(késedelem)* delay; ~ **nélkül** without delay **2.** = **halasztás**
haladéktalan *a* immediate, prompt
haladéktalanul *adv* immediately, without delay/fail, at once, on the spot, right away; ~ **megtesz** *vmt* lose* no time in doing sg
haladó I. *a* **1.** *átv* progressive, advanced; ~ **értelmiség** the progressive intelligentsia **2.** *(jármű)* proceeding (along), travelling *(US* -l-); **az autópályán** ~ **forgalom/kocsik** the traffic on/along the motorway; **London felé** ~ **vonat** train going to London, train on its way to London **3.** *isk* advanced [course] **II.** *n* **1.** *pol* progressive **2.** *isk* advanced student; **tanfolyam** ~**k-nak** an advanced course
haladvány *n* **számtani** ~ arithmetic(al) progression; **mértani** ~ geometric(al) progression
halál *n* death; ~ **utáni** posthumous; ~**akor** at the time of his death; ~**án van** be* at death's door, be* dying; ~**ra dolgozza magát** work oneself into the ground *(v.* to death); ~**ra gázolja** *vm* be* killed in an accident, be* run down/over and killed; ~**ra ítél** sentence/condemn to death; ~**ra ítélt** condemned to death *ut.*; ~**ra van ítélve** be* under a medical death sentence; ~**ra rémül** be* frightened/scared to death, be* scared stiff; ~**ra rémült** scared to death *ut.*; ~**ra szánt** prepared/determined to die *(v.* to face death) *ut.*
halálbüntetés *n* capital punishment, the death penalty

haláleset *n* death; *(balesetnél)* casualty; **6** ~ **történt** six people were killed; **nem történt** ~ there were ..o casualties, nobody was killed [in the accident]; ~ **miatt zárva** closed due to bereavement
halálfej *n* death's head, skull
halálfejes *a* a death's-head; ~ **lobogó** the skull and crossbones
halálfélelem *n* fear of death, mortal fear/ fright; ~**ben él** live in the fear of one's life
halálhír *n* news/announcement of sy's death
halálhörgés *n* death rattle
haláli *a* □ terrific; dead *(és utána melléknév)*
halálkanyar *n* dangerous curve/corner
hálálkodás *n* expression of gratitude, thanks *pl*
hálálkod|ik *v* express one's gratitude, be* full of gratitude to sy for sg
halálküzdelem *n* = **haláltusa**
halállomány *n* population/stock of fish
halálmadár *n* **1.** *(bagoly)* screech-owl **2.** *átv* bearer of ill tidings, harbinger of death/evil
halálmegvető *a* death-defying; ~ **bátorsággal** braving death, intrepidly
halálnem *n* manner of death
halálok *n* cause of death
halálos *a* deadly, mortal; *(végzetes)* fatal; *(gyilkos)* murderous; ~ **adag** lethal dose; ~ **ágy** death-bed; **3** ~ **áldozata volt a balesetnek** three were killed in the accident; ~ **(kimenetelű) baleset** fatal accident; ~ **betegség** deadly disease, fatal/terminal illness; ~ **bűn** deadly/mortal sin; ~ **csend** dead/deathlike silence; ~ **ellenség** deadly/bitter/mortal enemy; ~ **ítélet** sentence of death, death-sentence
halálosan *adv* mortally; *(végződik)* fatally; ~ **beleszeret vkbe** fall* desperately in love with sy; ~ **komoly** dead earnest; ~ **unalmas** deadly dull
halálozás *n* **1.** *(meghalás)* death, decease **2.** *(statisztikailag)* mortality
halálozási *a* mortality, of death *ut.*; ~ **arányszám** death *(v. US* mortality) rate; ~ **lap** death certificate; ~ **rovat** obituary
halálsápadt *a* deathly/deadly pale, cadaverous
halálsejtelem *n* foreboding of death; **halálsejtelmek gyötrik** be* tortured/tormented by fear/forebodings of death
haláltánc *n* danse macabre
haláltusa *n* **1.** *(haldoklás)* death throes *pl*, (mortal) agony **2.** = **élethalálharc**
halandó *a/n* mortal
halandóság *n* mortality, being mortal, (our) mortal nature

halandzsa *n* **1.** *ált* gibberish, nonsense **2.** *(bűvészé)* patter **3.** *(mellébeszélés)* hocus-pocus; *(tudományos, nagyképű, hivatali)* gobbledygook
halandzsáz|ik *v* talk gibberish
halánték *n* temple; *összet.* temporal
hálapénz *n* thank-you money, gratuity
halárus *n* = **halkereskedő**
halas I. *a* ~**bódé** fish stall/stand **II.** *n* fishmonger
hálás *a* vknek vmért grateful (to sy for sg), thankful (for sg); ~ **köszönet!** (many) thanks!, thank you very much, thank you ever so much; ~ **vagyok, hogy** I am thankful that...; **igen** ~ **vagyok** I am much obliged, I am most grateful; **nagyon** ~**ak lennénk, ha** we should greatly appreciate it if; ~ **közönség** an appreciative *(v. a* sympathetic) audience; ~ **téma** rewarding subject/topic/theme
hálásan *adv* ~ **köszönöm** thank you very *(v.* ever so) much
halastó *n* fish pond
halász *n* fisher(man°)
halászat *n* **1.** *(foglalkozás)* fishing **2.** *(telep)* fishery, fish-farm
halászbárka *n* fishing-boat
halászcsárda *n* fishermen's inn
halászcsónak *n* fishing-boat, drifter
halászfalu *n* fishing-village
halászfelszerelés *n* fishing tackle
halász|ik *v* fish *(vmre* for sg); ~**ni megy** go* fishing
halászkunyhó *n* fisherman's hut
halászlé *n* fish-soup, Hungarian chowder
halaszt *v* postpone, defer, put* off/back, adjourn; **másnapra** ~ **vmt** put* off sg till the morrow; **jövő hétre** ~**ják a ma esti hangversenyt** tonight's concert will be put off till next week
halasztás *n* **1.** *vmé* postponement, deferring, putting-off, delay; ~**t kér** (pl. *vizsgázó)* apply for a postponement; **nem tűr** ~**t** allow of no delay, be* pressing, brook no delay **2.** *(adósnak)* extension; ~**t kap** get* an extension of time, be* given/granted a few days' [v. 10 days' etc.] respite; ~**t ad** give*/grant an extension of time, give*/grant a few days' [etc.] respite
halaszthatatlan *a* pressing, that cannot be postponed *ut.*, urgent
halasztód|ik *v* be* postponed/deferred/ adjourned (to), be* put off/back
hálátlan *a* **1.** *vk* ungrateful (towards sy for sg); ~**ul viselkedik** show* ingratitude, be* ungrateful; *kif* bite* the hand that feeds*

one 2. *(munka)* thankless; ~ **feladat** thankless job

hálátlanság *n* ungratefulness, ingratitude

halbiológia *n* marine biology

halcsont *n* **1.** whalebone, baleen **2.** *(merevítéshez)* (whale)bone

haldoklás *n* dying, (death) agony

haldokl|ik *v* be* dying, be* at death's door

haldokló I. *a* dying **II.** *n* the dying man°/person

haleleség *n* fish food

halenyv *n* fish-glue

halétel *n* fish (dish)

halfogás *n* **1.** *(művelet)* fishing **2.** *(eredménye)* haul, catch

halgazdaság *n* fishery, fish-farm

halhatatlan *a* immortal

halhatatlanság *n* immortality

halikra *n* *(ehető)* roe, caviar; *(ívó halaké stb.)* spawn

halk *a (hang)* soft, low, scarcely audible [voice]; ~ **beszéd** whisper; ~**abban!** not so loud!; ~**abban beszél** lower one's voice; ~ **beszédű/hangú/szavú** soft-spoken, having a gentle quiet voice *ut.*, quiet voiced; ~ **zene** (pl. **áruházban**) piped music; *(egyébként)* music played softly; ~**ra fogott** low-key(ed)

halkan *adv* **1.** *(beszél)* in a low voice, softly, in a whisper, in a subdued voice **2.** *zene* piano, softly

halkereskedő *n* fishmonger('s); *US (a kereskedő)* fish dealer; *(a bolt)* fish store

halkés *n* fish-knife°, fish-slice

halkít *v (beszédhangot)* lower one's voice; *(rádiót, tévét)* turn down

halkonzerv *n* tinned *(v. US* canned) fish

halkul *v* become* faint, die/fade away

hall¹ *v* **1.** *(hangot, közlést)* hear*; **jól** ~ have* good/keen hearing; **nagyot** ~ be* hard of hearing, he does* not hear well; **hadd** ~**jam!** let me hear it, tell me; ~**juk!** hear! hear!; **na** ~**od!** well I never!, that beats everything!; **soha nem** ~**ott dolgok** unheard-of things, matters never heard of (before); **volt mit** ~**ania** he got a good telling-off; **alig lehet** ~**ani** it is* scarcely/barely audible, it is* almost inaudible; **ezt már jónéhányszor** ~**ottam** I've heard it many/several times; *(türelmetlenül)* the same old story (again), I've heard all that before **2.** *(értesül)* hear* *(vkről/vmről* of), learn* *(vmről* of), be* told; **úgy** ~**om, hogy** I hear *(v.* have heard) that, I'm told that; **sajnálattal** ~**om, hogy** I am sorry to hear that; ~**ani sem akar róla** he will

have none of it, he won't hear of it; **ki** ~**ott már ilyesmiről?** did you ever hear the like?; ~**ottál már ilyet?** can you beat it?

hall² *n (lakásban)* hall, *US így is:* hallway; *(szállodában)* lobby, lounge

hallás *n* (sense of) hearing; *(zenei)* ear for music; **jó** ~**a van** *(zeneileg)* have* an ear for music; **nincs (jó)** ~**a** have* no ear for music, be* tone-deaf; ~ **után játszik** play by ear; **első** ~**ra** at first hearing

hallási *a* ~ **fogyatékos** hearing-impaired

hallásjavító (készülék) *n* hearing-aid

hallássérült *a* hearing-impaired, defective in hearing *ut.*

hallat *v* let* sg be heard; ~ **magáról** let* sg hear from oneself; *kif* keep* in touch (with sy); ~**ja véleményét** voice one's opinion, give* voice to one's opinion

hallatára *adv* on hearing it/this; **fülem** ~ in my hearing

hallatlan *a* unheard-of, unprecedented; ~**!** (that's) incredible!, that's the limit!

hallatlanul *adv* extremely, enormously

hallatsz|ik *v* be* heard/audible, sound; *(híresztelik)* be* rumoured *(US* -or-), be* said

hallgat 1. *vt (vmt, vkt)* listen to, hear*; **rádiót** ~ listen in, listen to the radio, listen to a broadcast/play etc. on the radio; **zenét** ~ listen to music; ~**ja a híreket** be* listening (in) to the news **2.** *vt (egyetemi előadást)* attend [lectures on sg], take* [a course in sg]; **jogot** ~ read* law **3.** *vi (nem szól)* keep*/be*/remain silent, be* quiet; **hallgass!** silence!, be/keep quiet!; ~ **vmről** keep* quiet about sg, keep* sg quiet; ~**ni arany** silence is golden; ~**ni fogok, mint a sír** I'll be as silent as the grave; **jobb, ha** ~**sz/**~**unk** least said soonest mended **4.** *vi* **vkre** listen to sy; *(tanácsra)* take*/follow sy's [advice]; **ha rám** ~**nának** if I were listened to; **ne hallgass rá!** you mustn't mind him/her; ~ **a józan észre** listen to reason; **nem** ~ **a jó szóra** he won't listen to reason; **ide hallgass!** look here!, listen!; **nem** ~ **oda** he pays no attention to it **5.** *vi* **a kutya Bodri névre** ~ the dog answers to the name of Bodri

hallgatag *a* taciturn, silent, reticent; ~ **ember** man° of few words

hallgatás *n* **1.** *(nem beszélés)* silence; **a** ~ **beleegyezés** silence gives/implies consent; ~**ra kényszerít** reduce to silence **2.** *(zenéé)* listening to [music]; *(rádióé)* listening-in (on the radio); *(egyetemen)* attendance [at/of a course]

hallgató I. *a* **1.** *(nem beszélő)* silent **2.** *vmt* listening to *ut.* **II.** *n* **1.** *(rádióé)* listener; **jó reggelt, kedves ~ink!** good morning, listeners!; **~k, ~közönség** audience; **kedves ~im!** *(vegyes közönséghez)* Ladies and Gentlemen! **2.** *(egyetemi)* undergraduate, student; **volt/végzett ~** *(egyetemé, főiskoláé)* graduate, *US* alumnus *(pl* -ni)

hallgatódz|ik *v* **1.** *(illetéktelenül)* eavesdrop **2.** *orv* auscultate, sound

hallgatólagos *a* tacit, unspoken, implicit; **~ beleegyezés** silent consent; **~ megállapodás** tacit agreement; **~an beismer** *(v.* **tudomásul vesz) vmt** *(v.* **beleegyezik vmbe)** admit sg tacitly, reach a tacit agreement on sg, [a deal etc.] has the tacit approval of [the government etc.]

hallgatóság *n* audience; *(egyetemi)* students *pl,* undergraduates *pl;* **500 főnyi ~** an audience/attendance of 500

hallható *a* audible, to be heard *ut.*

hallhatóan *adv* audibly

halló *int* **1.** *(telefonban)* hello!, hullo!, hallo!; **~, (ott) ki beszél?** hello, who's speaking, please? **2.** *(vkre rákiáltva)* I say!, hey!

hallócsiga *n* cochlea *(pl* cochleae)

hallócsontocskák *n pl* auditory ossicles; stirrup, auril and hammer

hallócső *n* **1.** *(orvosé)* stethoscope **2.** *(nagyothallóé)* ear-trumpet

hallóideg *n* auditory/auricular nerve

hallójárat *n* auditory meatus

hallóképesség *n* (sense of) hearing

hallókészülék *n* hearing-aid

hallomás *n* **~ból tud vmt** have* sg from hearsay, know* sg by hearing

hallószerv *n* organ of hearing

hallótávolság *n* earshot, hearing distance; **~on belül** within earshot

hallucináció *n* hallucination

hallucinál *v* hallucinate

hallucinogén *a* hallucinogenic

halmaz *n* **1.** heap, pile, stack, mass **2.** *mat* set

halmazállapot *n* state, physical condition; **cseppfolyós ~** liquid state

halmazelmélet *n* set theory

halmérgezés *n* fish poisoning

halmoz *v* **1.** *ált* heap/pile (up), amass, accumulate **2.** *(árut, készletet)* hoard, stock up (with), stockpile, lay* in

halmozás *n* heaping (up), piling (up), amassing; *(árué, készleté)* hoarding, stocking (up), stockpiling, storing (up)

halmozódás *n* accumulation, increase

halmozód|ik *v* accumulate, heap/pile/run* up, be* amassed

haló *a* → **por**

háló[1] *n* ált net; *(halászé)* trawl, (fishing) net; *(vadászé)* net, mesh; **~ba kerül** (1) *(vad, hal)* be* caught in a net (2) *átv* be* caught in the toils, be* ensnared; **kiveti a ~ját vkre** *(nő)* biz try to get off with sy, have* designs on sy; **~val fog** net, catch* (sg) with a net

háló[2] *n* = **hálószoba**

halódó *a (intézmény)* dying; *átv* moribund

hálófülke *n* **1.** *(lakásban)* sleeping area **2.** *(hálókocsin)* sleeping compartment; *(hajón)* cabin

halogat *v* keep* putting off, keep* postponing/delaying; **ne halogassa a dolgot** don't put it off any longer

halogatás *n* (continual) postponement, putting off, deferring

halogató *a* **~ politika** wait-and-see policy

hálóhely *n* **1.** *ált* sleeping place, bed; *(rögtönzött biz)* shakedown **2.** *(hajón, hálókocsiban)* berth

hálóing *n (férfi)* nightshirt; *(női)* nightdress, *US* nightgown, nightie

hálókabát *n* = **hálóköntös**

hálókamra *n* = **hálófülke 1.**

hálókocsi *n* sleeping-car, sleeper; **~val megy/utazik go*** [up to London etc.] on the sleeper *(v.* in a sleeping-car)

hálókocsijegy *n* sleeping-car ticket; **~et rendel** book a berth/sleeper

hálóköntös *n* dressing-gown, *US* bathrobe

halom *n* **1.** *(domb)* hill, hillock, mound **2.** *(tárgyakból)* heap, pile, stack, mass **3.** **~ra dönt** *(érveket)* demolish [sy's arguments]; *(reményeket, terveket)* dash [sy's hopes], ruin [sy's plans]; **érvei ~ra dőltek** *kif* he has not a leg to stand on

hálósapka *n* nightcap

hálószoba *n* bedroom; **kétágyas ~** double bedroom

hálótárs *n* room-mate

hálóterem *n* dormitory

halott I. *a* dead; *(elhunyt)* deceased; **~nak tetteti magát** feign dead, pretend to be dead **II.** *n* a dead person; *(az elhunyt)* the deceased; *(holttest)* corpse; **a ~ak** the dead; **~ak napja** All Souls' Day; **a ~ak száma** *(szerencsétlenségben)* the (death) toll [from the accident] is …, the number of casualties is …, those/persons killed [in the accident] amounted to …

halottas *a* **~ ágy** death-bed; **~ ház** house of the deceased, house of mourning; **~ menet** funeral procession, cortège

halottasház *n* mortuary, morgue

halottaskocsi *n* hearse

halotthalvány *a* deathly/deadly pale, white as a sheet/ghost *ut.*, pale as death *ut.*

halotthamvasztás *n* = **hamvasztás**

halotti *a* death-, funeral; ~ **beszéd** funeral oration; ~ **csend** dead silence; ~ **lista** death roll; ~ **maszk** death-mask; ~ **tor** funeral/burial feast ⇨ **anyakönyvi**

halottkém *n* coroner

halottszállító *a* = **hullaszállító**

hálóvendég *n* overnight guest

hálózat *n (ált és műsz)* network; *el* mains *sing. v. pl*; **közlekedési** ~ transport *(US* transportation) network

hálózati *a el* mains; ~ **feszültség** mains voltage; ~ **készülék** mains set/radio

hálózsák *n* sleeping-bag

halpaprikás *n* = **halászlé**

halpástétom *n* fish paste

halpiac *n* fish-market

halpikkely *n* fish-scale, scale of fish

halsütő *n* fish fryer

halszálka *n* **1.** *(halé)* fish-bone **2.** ~ **mintázat** *(szöveten)* herring-bone (pattern)

halszelet *n* fish steak; *(filézett)* fillet (of fish)

halva *adv* ~ **született gyermek** a still-born fetus/baby/child°; **a gyermek** ~ **született** the child was stillborn; ~ **született ötlet** a stillborn idea/scheme, *biz* a nonstarter, a dead duck

halvány *a* **1.** *ált* pale; *(arcú)* pale, wan, pallid; *(szín)* pale, faint **2.** *átv* faint, vague, foggy, dim; ~ **fogalmam/sejtelmem sincs** *(róla)* I haven't the faintest/foggiest/remotest idea; ~ **remény** faint hope; **leghalványabb remény sem** not the ghost of a chance; ~**an emlékszik vmre** have* a dim/vague recollection of sg, sg rings* a bell (with sy)

halványít *v* **1.** *ált* make* pale; *(színest)* take* the colour out of sg, wash out, bleach **2.** *(sápaszt)* make* sy look pale(r)

halványod|ik *v* turn/grow* pale, blanch; *(fény)* grow* dim; *(szín)* fade, lose* [colour], lighten

halvaszülés *n* stillbirth

halvérű *a* cold(-blooded), dispassionate

hályog *n* **1.** **(szürke)** ~ cataract; **(zöld)** ~ glaucoma **2.** *biz* **lehullt szeméről a** ~ the scales fell from his eyes

hályogműtét *n* cataract extraction

hályogos *a* **1.** *orv* suffering from cataract/glaucoma *ut.* **2.** *átv* dim, blurred

hám[1] *n (lószerszám)* harness, traces *pl*; **kirúg a** ~**ból** *átv* go* on the razzle, go* on a spree

hám[2] *n orv* epithelium; *(felhám)* epidermis

hamar *adv* soon, quickly, fast, promptly, immediately; ~ **elmúlt az idő** time passed quickly; ~ **elveszti türelmét** have* a short temper; ~ **megcsinálta** he was not long about it; *biz* (s)he did it in a trice; ~ **megharagszik** he is* quick to anger, *biz* (s)he's easily riled; **ilyen** ~**?** so soon?, already?

hamarjában *adv (sietve)* in haste, hastily, right away; *(e pillanatban)* for the moment; *(kapásból)* off-hand

hamarkod|ik *v* be* (over)hasty/rash/precipitate, act precipitately/rashly

hamarosan *adv (rövidesen)* before long, shortly, in a little while, at an early date

hamburger *n* hamburger

hamburgi *a/n* Hamburger, (a) of Hamburg *ut.*

hámfa *n* swingle/whipple/whiffle-tree

hamis *a* **1.** *(nem valódi)* false, not genuine, fake(d); *(pénz)* counterfeit, base, fake [coin, money]; *(bankó, aláírás)* forged [banknote, signature]; ~ **ékszer** imitation/paste jewellery; ~ **fog** false/artificial tooth° **2.** *(megtévesztő)* false; *(érzelem)* feigned, insincere, untrue; *(ember lelkileg)* treacherous, cunning, shifty; ~ **eskü** false oath, perjury; ~ **kártya** marked card; ~ **név** false/assumed name; ~ **nyomra vezet** put* sy off the scent *(v.* on a false scent); ~ **nyomon van** follow a false scent, *biz* be* barking up the wrong tree; ~ **tanú** false witness; ~ **tanúvallomást tesz** bear* false witness; ~ **vád** false charge/accusation, trumped-up charges *pl*, frame-up **3.** *(hang)* false, wrong [note] **4.** *(kacér)* saucy, naughty; **kis** ~ little rogue, saucy creature

hamisan *adv* **1.** falsely, fallaciously **2.** ~ **énekel** sing* off key, sing* out of tune; ~ **játszik** *(hangszeren)* play out of tune **esküszik**

hamisít *v* *ált* falsify; *(aláírást, bankjegyet, pénzt)* forge [signature, banknote], counterfeit [money]; *(italt)* adulterate

hamisítás *n* **1.** *(aláírásé, bankjegyeké)* forging, forgery; *(italé)* adulteration **2.** = **hamisítvány**

hamisítatlan *a* unadulterated, unalloyed, genuine, veritable

hamisító *n ált* falsifier; *(aláírásé, bankjegyé)* forger; *(pénzé)* counterfeiter; *(műtárgyé)* faker; *(boré)* adulterator

hamisított *a* = **hamis 1.**

hamisítvány *n* forgery, imitation, counterfeit; *(műtárgyé)* fake

hamiskártyás *n* card-sharp(er)

hamiskás *a* mischievous, roguish, arch
hamiskod|ik *v* *(huncutkodik)* play the rogue, play monkey-tricks, lead* sy on
hamisság *n* **1.** *(vmnek nem valódi volta)* falseness, spuriouness **2.** *(kijelentése)* falsehood, falsity **3.** *(ember megbízhatatlansága)* duplicity, perfidy, insincerity
hámlás *n* peeling
háml|ik *v* peel; ~**ik a bőre** his skin is peeling
hámoz *v* *(gyümölcsöt, burgonyát)* peel
hámréteg *n* epidermis, cuticle
hámsejt *n* epidermic/epithelial cell
hamu *n* ash(es); *(cigarettáé)* ash; ~**vá ég** burn* to ashes
hamuszínű, -szürke *a* ashen (grey, *US* gray), ashy, ash-coloured (*US* -or-); ~**vé vált az arca** his face turned ashen
hamutartó *n* *(dohányosé)* ash-tray
hamuz|ik *v* **a földre** ~**ik** spill* one's cigarette ash on the floor
hamuzsír *n* potash
hamv *n* **1.** = **hamu 2. vknek a** ~**ai** sy's ashes **3.** *(gyümölcsé)* bloom [on fruit] **4.** *biz* ~**ába holt** (1) *(gyámoltalan)* helpless (2) *(kudarcra ítélt)* abortive
hamvad *v* burn*/turn to ashes; *(tűz)* burn* low, smoulder (*US* -ol-)
hamvas *a* **1.** *(gyümölcs)* bloomy **2.** *(arc)* blooming, rosy [cheek]
hamvasszőke *a* ash-blond
hamvaszt *v* *(halottat)* cremate
hamvasztás *n* cremation; ~ **utáni búcsúztatás** cremation (will be) followed by funeral (service)
hamvazószerda *n* Ash Wednesday
hancúroz|ik *v* romp/frisk about, gambol (*US* -l), frolic *(múlt idő* frolicked, *melléknévi igenév* frolicking)
háncs *n* **1.** *(fában)* inner bark **2.** *(kötöző)* bast; *(pálmából)* raffia
handabandázás *n* blustering, bragging
handabandáz|ik *v* brag, bluster, blow* one's own trumpet
hanem *conj* but ⇨ **nemcsak**
hang *n* **1.** *ált* sound; *(emberé)* voice; *(állati)* cry; *(zenei)* note, *US így is:* tone; *(harangé)* sound, chime; **a hegedű** ~**ja** the sound of the violin; **a C** ~ C; **egész** ~ semibreve, *US* whole note; **magas** ~ shrill/sharp/piercing sound; **jó/szép** ~**ja van** have* a fine voice; **nincs** ~**ja** (s)he has no voice; **megadja a** ~**ot** (1) *(énekkarnak)* sound the key-note (2) *(zenekarnak)* give* the tuning A, give* an A; **egy** ~**ot se halljak!** don't let me hear a sound/word **2.**

(hangnem, modor) tone; **más** ~**on kezd beszélni, más** ~**ot üt meg** change one's tune, *biz* sing* another tune; **megtalálja a helyes** ~**ot** strike* the right note; **nagy** ~**on beszél** talk big, bluster **3.** ~**ot ad vmnek** give* voice to sg; ~**ot adott annak a véleményének, hogy** he expressed his view that ...
hanga *n* heather
hangadó I. *a átv* leading, dominant, influential **II.** *n* opinion leader; *elit* ringleader
hangalak *n* phonetic/sound form
hanganyag *n* range/volume of voice
hangár *n* hangar
hangbeli *a* acoustic; *(csak emberi)* vocal
hangdoboz *n* speaker
hangerő *n* **1. teljes** ~**ből énekel** sing* at the top of one's voice **2.** *(rádió, tévé)* volume; **vedd le(jjebb) a** ~**t** turn the volume down
hangerősítő *n* (sound) amplifier
hangerősség *n* loudness, volume
hangerő-szabályozó *n* volume control
hangérték *n* sound value
hangfal *n* *(sztereó berendezésé)* speaker
hangfelvétel *n* **1:** *(felvétel készítése)* recording **2.** *(a felvett szalag)* tape (recording); ~**t készít vmről** record sg (on tape), tape(-record) sg
hangfelvételtár *n* sound archive(s)
hangfogó *n* mute, sordino
hangforrás *n* source of sound
hangfoszlány *n* *(beszédé)* blur (of talk), snatch; ~**ok szűrődtek be a szobába** snatches/scraps of conversation drifted into the room
hanghatár *n* sound/sonic barrier
hanghatás(ok) *n* *(pl)* sound effects
hanghiba *n* *(tévében)* (sound) fault
hanghordozás *n* tone, intonation, accent
hanghullám *n* sound-wave
hanghűség *n* **nagy** ~**ű** high-fidelity, hi-fi
hangjáték *n* radio play
hangjegy *n* note; ~**ek** notes, musical notation *sing*.
hangképek *n* *pl* report(s)
hangképzés *n* **1.** *nyelvt* phonation, articulation **2.** *(énekhangé)* voice training
hangkeverő *a* ~ **asztal** mixing panel, sound mixing desk
hangköz *n* interval
hangkulissza *n* background noise; *(film, rádió, tévé)* sound effects *pl*
hanglejtés *n* intonation
hanglemez *n* record, disc (*US* disk)
hanglemezbolt *n* record shop (*US* store)

hanglemezborító *n* sleeve, cover
hangmagasság *n* pitch
hangmérnök *n* *(film, rádió)* sound/audio engineer/editor/mixer; *(hanglemezgyári)* recording engineer
hangnem *n* **1.** *zene* key; *(előírás)* key-signature **2.** *átv* tone; **más** ~**ben beszél** change one's tune; **szelídebb** ~**ben beszél** moderate one's language; ~**et vált** change one's tune
hangol 1. *vt (hangszert)* tune [instrument]; **jókedvre** ~ put* sy in a good humour, cheer sy up; **vkt vk ellen** ~ set*/turn sy against sy **2.** *vi (zenekar)* tune up
hangolás *n* tuning
hangolóegység *n el* tuner
hangos *a (zene, beszéd stb.)* loud; *(lármás)* noisy; ~ **beszédű** *(igével)* be*/talk/speak* too loud
hangosan *adv* **1.** = **fennhangon 2.** *(erős hangon)* loudly, at the top of one's voice; *(lármásan)* noisily; **beszéljen hangosabban!** speak up!, (speak) louder!
hangosbemondó *n* loudspeaker
hangosfilm *n* sound-film, *US* talking picture; *biz* talkie
hangosító berendezés *n* public address system
hangoskod|ik *v* talk too loud, be* bossy/dictatorial; *(hencegve)* bluster, brag; *biz* shoot* one's mouth off
hangoztat *v* emphasize, stress, say, assert; ... ~**ta** ... he said; ~**ja vmnek a fontosságát** stress the importance of sg
hangrendi *a* ~ **illeszkedés** vowel harmony
hangrendszer *n nyelvt* sound system
hangrés *n (gégében)* glottis
hangrezgés *n* sound vibration
hangrobbanás *n* sonic boom/bang
hangsáv *n* sound-track
hangsebesség *n* speed of sound; ~ **feletti** supersonic
hangsúly *n* **1.** *nyelvt* stress **2.** *átv* emphasis, stress; **most nem ezen van a** ~ this is* of secondary importance, that is* not the point; **vmre veti a** ~**t** lay* stress on sg
hangsúlyjel *n* stress-mark
hangsúlyos *a* stressed; **a** ~ **szótag** the syllable which is stressed
hangsúlyoz *v* **1.** *(szótagot)* stress **2.** *átv* lay* stress/emphasis on/upon, emphasize, stress, underline; **nem kell** ~**nunk** needless to say; ~**ni kívánom** I would like to stress
hangsúlyozás *n nyelvt* és *átv* stressing
hangsúlytalan *a* unstressed

hangszál *n* ~**ak** vocal cords
hangszalag *n* **1.** = **hangszál 2.** *(magnó)* (magnetic) tape
hangszer *n* (musical) instrument; **fúvós** ~ wind instrument; **vonós** ~ string instrument; **vmlyen** ~**en játszik** play (on) an instrument
hangszerel *v* score, orchestrate, arrange (sg) for orchestra
hangszerelés *n* scoring, orchestration; *(feldolgozás)* arrangement
hangszeres *a* ~ **zene** instrumental music
hangszerkereskedés *n* music shop *(US* store)
hangszigetelés *n* soundproofing, sound insulation
hangszigetelt *a* soundproof
hangszín *n* timbre, tone(-colour)
hangszóró *n* (loud)speaker
hangtalan *a* soundless, noiseless
hangtan *n* **1.** *fiz* acoustics *sing.* **2.** *nyelvt* phonetics *sing.*
hangtani *a* **1.** *fiz* acoustic **2.** *nyelvt* phonetic
hangterjedelem *n* range of voice, register
hangtompító *n* **1.** *(zongorán)* damper **2.** *(gépen)* silencer, *csak US:* muffler
hangtörvény *n* sound-law
hangulat *n* **1.** *(kedély)* mood, frame of mind, spirit(s); *(társaságé)* atmosphere; *(gyűlésé)* mood/feel [of the meeting]; **vmre van** ~**a** be* in the mood for sg, feel* like *(doing)* sg; ~**a gyorsan változik** his/her moods change very quickly; **milyen volt a** ~**a?** *(társas együttlété)* what was the atmosphere like?; **jó** ~**ban van** be* in good/high spirits, be* in a good/merry mood; **rossz** ~**ban van** be* in a bad mood, be* in low spirits, feel*/be* low, *biz* be* out of sorts; **jó** ~**ot csinál** liven/cheer [the party/meeting etc.] up; ~**ot csinál vm mellett** arouse public opinion in favour of sg **2.** *(kat alakulaté)* morale (of the troops) → **közhangulat 3.** *(tájé, helyé, időé)* atmosphere
hangulatember *n* man° of moods
hangulatkeltés *n* campaign, influencing public *(v.* the climate of) opinion
hangulatos *a* ~ **zene** soft music; ~ **étterem** intimate restaurant, restaurant with an intimate atmosphere
hangutánzó *a* onomatopoe(t)ic [word]
hangváltozás *n* **1.** *nyelvt* sound/phonetic change **2.** = **mutálás**
hangverseny *n* concert; *(szólóest)* recital; ~**t ad** *ált* give* a concert/recital; *(hegedű- v. zongoraestet stb.)* give* a violin/piano etc. recital

hangversenybérlet *n* subscription concerts *pl*

hangversenyez *v* give* a concert/recital; *(többször)* give* concerts; *(külföldön)* be* on a concert tour

hangversenyiroda *n* concert agency (*US* bureau)

hangversenykalauz *n* concert guide

hangversenykörút *n* concert tour

hangversenymester *n* leader, *US* concert master

hangversenyterem *n* concert hall

hangversenyzenekar *n* orchestra

hangversenyzongora *n* concert grand

hangvétel *n* tone; **a jelentés optimista** ~e the optimistic tone of the report; **modern** ~ű modern/contemporary in tone

hangvilla *n* tuning fork

hangvisszaadás *n* sound reproduction

hangzás *n* sound, tone, resonance, ring; **jó** ~**a van** it sounds good, it is pleasing to the ear; **rossz** ~**a van** *átv* have* a(n) unpleasant/nasty ring

hangzású *a* **jó** ~ euphonious; **jó** ~ **név** a name with a fine/pleasant ring to it

hangzat *n (akkord)* chord

hangzatos *a* **1.** *(zengzetes, telt hangú)* sonorous **2.** elit (high-)sounding; ~ **jelszavak/szólamok** fine/big words

hangzavar *n* cacophony, discord, babel

hangz|ik *v* **1.** *(hang és átv)* sound **2.** *(szöveg)* run*, read*; **a következőképpen** ~**ik** it runs/reads as follows

hangzó I. *a* sounding; **kellemetlenül** ~ unpleasant-sounding **II.** *n* vowel

hangya *n* ant

hangyaboly *n* ant-hill, ants' nest

hangyasav *n* formic acid

hangyaszorgalom *n* assiduity, tireless industry

Hansaplast *n (gyorskötés)* adhesive plaster, *GB* Elastoplast, *US* Band-Aid

hant *n* **1.** *(rög)* clod, lump [of earth] **2.** = **sírhant**

hánt *v (fakérget)* strip, peel (off)

hanta *n* □ blather; *GB* waffle

hantáz(ik) *v* □ blather/blether (on); *GB* waffle on, talk a load of waffle

hantol *v* bury

hántol *v (rizst)* husk, hull [rice]; *(árpát)* pearl, hull [barley]

hántolt *a* husked, hulled, pearled

hány[1] *v* **1.** *vt/vi (okád)* vomit, throw* up; *(csak vi és csak GB)* be* sick **2.** *vt (dob)* throw*, cast*, fling*; **havat** ~ shovel (*US*

-l) snow ⇨ **bukfenc, cigánykerék, kardél, szem 1., szikra**

hány[2] *pron* how many?; ~ **éves?** (1) *(ő)* how old is* (s)he? (2) *(vagy te, ill. ön)* how old are* you?; ~ **felé?** *(időben)* (at) about what time?; ~ **óra van?** what is* (*v.* what's) the time?, what time is* it?; *(karóra nélkülitől)* do you have the time?; ~ **kiló?** how much does it/(s)he weigh?

hányad *n* proportion (of), part; **a lakosságnak csak egy** ~**a él városban** only a fraction of the population lives in towns

hányadán *adv* how?; ~ **vagyunk?** how do* we stand?; **tudja,** ~ **áll** (s)he knows* what's what

hányadék *n* vomit

hányadik *pron* which [of a given number]?, how many?; ~ **lap?** which page?; ~ **vagy?** what position are you?, when is it your turn?; ~**a van ma?** what is the date (today)?, what date it is today?; ~**áig maradsz?** when are you staying till?, till when are you staying?; ~**án van a születésnapja?** what date (*v.* when) (in August etc.) is her/his birthday?; ~**án érkezik?** (on) which day is he arriving?

hányados *n* quotient

hányadrész *n* = **hányad**

hányadszor *adv* how many times?, how often?; ~ **jársz Angliában?** How often (*v.* how many times) have you been to England/Britain?

hanyag *a* **1.** *(ember)* negligent (in/of sg *v.* in doing sg), careless (about), neglectful (of); *(kötelességteljesítésben)* remiss (in); ~**ul teljesíti kötelességét** be* remiss in one's duty **2.** *(munka)* slipshod [work], shoddy [workmanship]

hanyagság *n* neglect, negligence, carelessness

hányan *adv* how many (people)?, how many of them?; ~ **érkeztek?** how many (people) have come?

hányas *pron* ált what number?; *(cipő, kalap)* what size?; ~ **busz?** which bus?; ~**ra feleltél?** how did you do in the test/examination?; ~**t adhatok?** *(cipő, ruha stb.)* what size do you take?, what is your size?

hányás *n* vomit(ing)

hanyatlás *n* decline, decadence, decay; *(erkölcsi)* degeneration, corruption (of manners/morals); *(minőségi)* deterioration; ~**nak indul** go* into a decline

hanyatl|ik *v* **1. a földre** ~**ik** sink* to the ground, collapse **2.** *átv* decline, decay; *(egészségileg)* sink*, fail; *(erkölcsileg)* de-

generate, become* corrupt; *(minőségileg)*
deteriorate, fall* off (in quality); ~ **ik a ta-**
nuló the student's work has fallen off
hanyatló *a* **1.** *ált* declining, decadent; ~**ban**
van be* on the decline; *(üzlet stb.)* be* at a
low ebb **2.** *átv (erő)* be* failing; *(minőségi-*
leg) be* deteriorating, be* falling off
hányatott *a* ~ **élet** life° of vicissitudes; ~
életű tossed about a good deal *ut.*
hanyatt *adv* ~ **esik** fall* backwards, fall*
on one's back; ~ **fekszik** lie* on one's back
hanyatt-homlok *adv* head over heels, head-
long; ~ **menekül** fly*/flee* in (a) panic
hányaveti *a* **1.** *(nyegle)* overbearing; *(elbi-*
zakodott) bumptious; *(hetyke)* cocky, im-
pudent; ~**en viselkedik** throw* one's
weight about **2.** = **hanyag**
hányféle *pron* how many sorts/kinds/
varieties (of)
hányinger *n* nausea; ~**e van** feel* sick, be*
nauseated *(vmtől* by sg); ~**em van tőle** it
makes me feel sick, it nauseates me; **ter-**
hességi ~ morning sickness
hánykolód|ik *v* **1.** *(ágyban)* toss about, toss
and turn [in bed] **2.** *(hajó viharban)* be*
tossed (about)
hányó I. *a* throwing; *(okádó)* vomiting **II.** *n*
= **meddőhányó**
hányód|ik *v* **1.** *(hajó a vízen)* be* thrown/
tossed about **2.** *(vk a nagyvilágban)* drift
hányszor *adv* how many times?, how often?;
~ **van meg benne az öt?** how many
times does five go into it?
hányszoros *a* ~ **nagyítás ez?** how many
times is* it enlarged?, what size enlargement
is it?
hánytató(szer) *n* emetic
hánytorgat *v* = **felhánytorgat**
hapci! *int* atishoo!, *US* a(t)choo!
hápog *v* **1.** *(kacsa)* quack, gaggle **2.** *(ember*
zavarában) stammer, gasp
hapsi *n biz* chap, fellow, guy, bloke
hapták *n* ~**ba vágja magát** spring* to at-
tention; ~**ban áll** stand* at attention
harácsol *v (tárgyat)* grab; *(pénzt vktől)*
extort [money from sy]
harag *n (vm miatt)* anger, rage; *(bosszanko-*
dás) irritation, vexation, resentment; *(össze-*
zördülés) quarrel; **örök** ~**!** it is all over
between us; *(gyermeknyelven)* and I won't
speak to you again; ~ **van közöttük** there
is bad blood between them; ~**ban van (***v.*
~**ot tart) vkvel** be* on bad terms with sy;
~**jában** in an outburst of passion, in a fit of
temper; ~**ra lobban/gerjed** fly* into a
temper/passion, lose* one's temper; **kitölti**

a ~**ját vkn** vent one's fury/rage on sy;
~**ot táplál vkvel szemben** bear* sy a
grudge, have* a grudge against sy
haragít *v* anger, infuriate, incense; **magára**
~ bring* down sy's wrath on one, incur the
hatred of sy
haragos I. *a vk* angry, furious, irate; *(tenger)*
raging, angry **II.** *n* enemy; **sok** ~**a van**
have* many enemies
haragsz|ik *v* be* angry; be* in a (bad)
temper; *US* így is: be* mad; *(nagyon)* be*
furious; *biz* be* livid; ~**ik vm miatt** be*
angry/furious/enraged at/about sg; ~**ik**
vkre be* angry/annoyed with sy; **ne hara-**
gudj(on), hogy zavarom/zavarlak I'm
sorry to (*v.* I hate to) disturb/trouble you,
forgive me for troubling you (but...); **ne**
haragudjék! sorry! forgive me!
haragtartó *a* unforgiving, irreconcilable;
(főnévként) a good hater
harakiri *n* hara-kiri; ~**t követ el** commit
hara-kiri
haramia *n* brigand, highwayman°, bandit
haramiavezér *n* leader of a band of robbers
háraml|ik *v vkre* fall* to one's lot; *(vagyon)*
fall* to sy
harang *n* (church) bell; **szólnak a** ~**ok** the
bells are ringing/tolling
harangjáték *n* carillon, chimes *pl*; *(hang-*
szer) glockenspiel
harangláb *n* bell-tower, belfry
harangoz *v* ring* the (church) bells; *(lassan,*
mélyen) toll the (church) bells; ~**nak** the
bells are ringing
harangozó *n* (bell-)ringer
harangöntés *n* bell-founding ⇨ **hajdú**
harangszó *n* ringing, toll(ing), peal (of bells)
harangtorony *n* bell-tower, belfry; *(külön-*
álló) campanile
harangvirág *n* bluebell, harebell
harangzúgás *n* peal (of bells)
haránt I. *a* transversal, cross **II.** *adv* trans-
versely, diagonally, crosswise
harap *v* **1.** *(ember, állat)* bite*; **vmbe** ~
bite* into sg; **vmből** ~ take* a bite out of
sg; **amelyik kutya ugat, az nem** ~ his
bark is* worse than his bite; ~ **vmre** (1)
(hal) rise* to the bait (2) *biz vk vmre* leap*/
jump at sg **2.** *biz* ~**junk vmt!** let's have a
snack (*v.* a bite to eat)
harapás *n* **1.** *(helye, nyoma)* bite **2.** *(cseleke-*
det) biting; **egy** ~**ra** at one bite **3.** *(falat)*
mouthful, a bite (to eat); *(rövid étkezés)*
snack
harapdál *v* keep* on biting; *(ételt apró hara-*
pásokkal) nibble

harapnivaló *n* sg to eat, snack

harapófogó *n* pincers *pl*; ~**val sem lehetett belőle kihúzni** wild horses could not drag it out of him

harapós *a* **1.** biting; ~ **kutya** vicious dog; *(kiírás)* beware of the dog **2.** *átv* snappish, testy, *biz* ratty; ~ **kedvében van** be* like a bear with a sore head

haraszt *n* **1.** *(bozót)* brushwood, undergrowth; **nem zörög a** ~, **ha a szél nem fújja** there's no smoke without fire **2.** *növ* fern, brake

harc *n* **1.** *(tényleges)* fight(ing), combat, battle; ~ **nélkül** without fighting, without a blow being struck; **folynak a** ~**ok** fighting is going on (*v.* continuing); ~**ban áll vkvel** (1) fight* with sy, be* at war with sy (2) *átv* struggle/contend with sy; ~**ban álló** fighting, engaged *ut.*; ~**ra kész** ready to fight *ut.*, belligerent; ~**ra szólít** challenge; **a** ~**ot felveszi** take* up arms (against sy/sg); ~**ot folytat/vív vkvel** (1) fight* a battle against/with sy (2) *átv* wage a struggle with sy **2.** *átv* battle (*vm ellen* against sg)

harcászat *n* tactics *sing.*

harcászati *a* tactical; ~ **fegyverek** tactical (nuclear) weapons

harcedzett *a* seasoned, hardened, battle--hardened, hardened by war *ut.*

harcegység *n* = **harci egység**

harcgáz *n* poison gas

harci *a* battle-, of battle *ut.*, war-, of war *ut.*; ~ **bárd** battle-axe; **elássa a harci** ~**ot** bury the hatchet; ~ **cselekmény** *(military)* action; ~ **egység** fighting/combat unit; ~ **feladat** *pol és átv* urgent task; ~ **kedv** martial/fighting spirit; ~ **zaj** din/tumult of battle

harcias *a* warlike, eager to fight *ut.*; *(ember)* pugnacious, bellicose, aggressive

harcjáték *n* **1.** *(régit fölelevenítő)* war game **2.** *(lovagi torna)* tournament

harcképes *a* (fighting-)fit, fit to fight *ut.*

harcképtelen *a* disabled, unfit for fighting *ut.*; ~**né tesz** (1) *vkt* disable, render unfit for service (2) *(hajót, ágyút)* put* out of action, knock out

harckocsi *n* tank

harckocsizó-hadosztály *n* tank division

harcmező *n* battlefield, field of battle

harcmozdulat *n* manoeuvre (*US* maneuver), move

harcol *v* **1.** *(fegyverrel)* fight* (*vmért* for sg, *vk ellen* against sy, *vkvel* with sy), battle (*vkvel* with/against sy) **2.** *átv* fight* (*vkvel* with sy, *vmért* for sg, *vm ellen* against sg)

harcos I. *a* **1.** *(harcoló, hadi, harci)* fighting, combative **2.** *átv* bellicose, militant, combative **II.** *n* soldier, fighter, warrior; **régi** ~ veteran

harctér *n* the front/field

harctéri *a* battle-, war-, field-; ~ **szolgálat** active service

harcvonal *n* front/fighting line, front

harcsa *n* catfish, sheat-fish

harcsabajusz *n* *(emberé)* walrus moustache

hardver *n szt* hardware

hárem *n* harem

hárfa *n* harp

hárfás *n* harpist

hárfáz|ik *v* play (on) the harp

harisnya *n* **1.** *(hosszú)* stocking(s), pair of stockings; ~**t húz** put* on stockings; ~**ban** in one's stocking feet **2.** *(gázégőn)* gasmantle

harisnyakötő *n* *(férfi)* suspender, *US* garter

harisnyanadrág *n* tights *pl*, *US* pantihose

harisnyatartó *n* *(női)* suspender (belt), *US* garter (belt)

hárít *v* **1.** *(vkre felelősséget)* shift [the blame/responsibility onto sy]; *biz kif* pass the buck (to sy) **2.** *(költségeket)* charge [the expenses to sy] **3.** *(ütést)* parry, fend/ward off

harkály *n* woodpecker

harmad I. *num* *(rész)* third (part); **két** ~ two-thirds → **kétharmad II.** *n sp* period

harmadéves I. *a* third-year; ~ **hallgató** third-year student, *US* junior **II.** *n* third-year student, *US* junior

harmadfél *n* two and a half

harmadfokú *a* of the third degree *ut.*, third--degree; ~ **égés(i seb)** third-degree burn ⇨ **egyenlet**

harmadik I. *num* a third; ~ **hatvány** third power; **mérkőzés a** ~ **helyért** a third place play-off; ~ **osztály** third class; ~ **sebesség** third gear; ~ **személy** (1) *nyelvt* third person (2) *jog* third party/person; ~ **világ** Third World **II.** *n* **1.** ~**nak ért be** came in third **2. f. hó 3-án** on the third of this month; *(csak üzleti levélben)* on the 3rd inst.; *isk* ~**ba jár** be* in the third form/class (*US* grade)

harmadikos *a* ~ **(tanuló)** pupil in the third class/form (*US* grade), third-form (*US* third-grade) pupil

harmadikutas *a* middle-of-the-road [policy]; ~ **politikus/író** *stb.* middle-of--the-roader

harmadmagával *adv* (s)he and two others

harmadol *v* divide into three (equal) parts, trisect

harmadrangú, -rendű *a* third-rate, inferior
harmadrész *n* third part, a third
harmadszor *adv* **1.** *(harmadszorra)* for the third time **2.** *(felsorolásban)* third(ly) **senki**
hárman *adv* the three of us/you/them; **mi** ~ the three of us; **az intézetből** ~ **vettek részt a konferencián** three people from the institute went to the conference; **csak** ~ **vannak** there are* only (the) three of them
hármas I. *a* **1.** ~ **szám** (the number/figure) three **2.** *(három részből álló)* threefold, treble, triple; ~ **csere** *(lakásé)* a threeway exchange of (rented) flats; **(drámai)** ~ **egység** the (dramatic) unities *pl*; ~ **ikrek** triplets; ~ **szövetség** the Triple Alliance; **zene** ~ **ütem** triple time **3.** ~ **villamos** a/the number three (*v.* No. 3) tram **4.** *isk* satisfactory, fair **5.** *biz* **a** ~ **gyors** the three o'clock (train) II. *n* **1.** *(szám)* (the number/figure) three **2.** ~ **ban** the three of us/you/them **3.** *isk* satisfactory, fair; ~ **ra felelt** he got a satisfactory/fair (mark)
hármashangzat *n* common chord, triad
hármasszabály *n* rule of three
hármasugrás *n* triple jump
harmat *n* dew
harmatos *a* dewy, wet with dew *ut.*
harmatoz|ik *v* dew is* falling
harminc *num* thirty; ~ **an** thirty of us/you/them; ~ **an voltak** there were thirty of them
harmincad *num* (a) thirtieth, the thirtieth part
harmincadik *num a* thirtieth
harmincas *a* of thirty *ut.*; **a** ~ **évek** the thirties, the (19)30s; **jó** ~ **lehet** thirty if a day, must be on the wrong side of thirty
harmincéves *a* thirty years old *ut.*, thirty--year-old; **a** ~ **háború** the Thirty Years' War
harmincszor *adv* thirty times
harmónia *n* harmony
harmonika *n* *(tangó* ~ *)* (piano) accordion; *(kisebb)* concertina; *(száj* ~ *)* mouth-organ, harmonica
harmonikás *n* accordion/concertina-player
harmonikáz|ik *v vk* play (on) the accordion/concertina
harmonikus *a* harmonious; *(kiegyensúlyozott)* well-balanced; ~ **családi élet** harmonious family life
harmónium *n* harmonium
harmonizál *v* harmonize, agree, be* in tune *(mind:* with)

három *num* **1.** three; ~ **darabból álló** three-piece; ~ **felé** (1) *(térben)* in three different direction (2) *(időben)* about three; ~ **hónapi** = **háromhavi**; ~ **hónapos** three months old *ut.*, three-month-old; ~ **ízben** three times; ~ **példányban** in triplicate; ~ **részre oszt/szel** trisect; ~ **(forgalmi) sávú út** three-lane road; ~ **szótagú** trisyllabic; ~ **vegyértékű** trivalent **2.** ~ **húszba kerül** it costs three twenty **3.** ~ **kor** at 3 (o'clock); ~ **ra** by 3 (o'clock)
háromágú *a* three-pointed/cornered
háromágyas *a* ~ **szoba** triple (bed)room
háromdimenziós *a* three-dimensional, three-D, 3-D, in 3 dimensions *ut.*; *(fénykép, film)* stereoscopic, 3-D, three-D, three-dimensional
háromemeletes *a* four-storeyed, *US* three--storied [building]
háromerű *a* ~ **kábel** three-core cable
hároméves *a* three years old *ut.*, three-year--old, of three years *ut.*; ~ **terv** Three-Year Plan
háromévi *a* of three years *ut.*, three years'
háromféle *a* three kinds/sorts of
háromfelvonásos *a* three-act
háromhavi *a* three months', of three months *ut.*
háromhetes *a* three weeks old *ut.*, of three weeks *ut.*, three weeks'
háromheti *a* three weeks', of three weeks *ut.*
háromjegyű *a* ~ **szám** three-digit/figure number
háromlábú *a* ~ **állvány** tripod
háromnapos *a* *(3 napig tartó)* three days', of three days *ut.*, three-day; *(korú)* three days old *ut.*, three-day-old; *sp* ~ **verseny** three-day event
háromnegyed *num/n* **1.** *(rész)* three-quarters *pl* **2.** ~ **öt** a quarter to five, *US* a quarter of five
háromnegyedes *a* ~ **kabát** a three-quarter coat
háromrészes *a* *(öltöny)* three-piece [suit]
háromszáz *num* three hundred
háromszintes *a* *(ház)* three-storeyed (*US* storied)
háromszínű *a* three-colour(ed); ~ **lobogó** tricolour (*US* -or)
háromszólamú *a* *(ének)* three-part (song)
háromszor *adv* three times, thrice; ~ **öt az tizenöt** three times five is fifteen, three fives are fifteen
háromszori *a* three times repeated *ut.*; ~ **figyelmeztetés** three warnings *pl*

háromszoros *a* triple, threefold, triplex; ~
éljen three cheers; ~**ára emel** treble,
triple, increase threefold

háromszög *n* triangle; **egyenlő szárú** ~
isosceles (triangle); **egyenlő oldalú** ~
equilateral triangle; **szerelmi** ~ the eternal
triangle

háromszögelési *a* ~ **pont** triangulation
point

háromszögletű *a* triangular; ~ **kalap**
three-cornered hat, tricorn(e) (hat)

háromszögű *a* triangular; ~ **hasáb** trian-
gular prism

háromtagú *a* ~ **bizottság** committee of
three, committee consisting of three mem-
bers

hárpia *n* **1.** harpy **2.** *(csak nőről)* termagant,
shrew, harpy

harrow-i *a* Harrovian

hárs *n* lime/linden-tree

harsan *v* sound, blare (out), resound

harsány *a* loud, ringing, shrill; *(kacaj)* up-
roarious [laughter]; ~**an** in a stentorian
voice

hársfa *n* lime/linden-tree

hársfatea *n* lime-blossom tea

harsog *v* blare, resound

harsogó *a* ~ **nevetés** roaring/uproarious
laughter, gales of laughter *pl*

harsona *n* **1.** trombone **2.** trumpet

harsonaszó *n* flourish of trumpets, fanfare

hártya *n* membrane, pellicle, film

hártyapapír *n* parchment(-paper)

hárul *v vkre* fall* to the lot of sy; **rám** ~ *(kö-
telesség, feladat stb.)* it is my responsibility/
duty to do sg, it falls to me (to do sg), it's
incumbent (up)on me (to do sg)

háryjánoskodás *n* braggadocio

has *n orv* abdomen; *(ált, ill. gyomor)* stom-
ach; *biz* tummy, belly; *(nagy)* paunch; **fáj a**
~**a** have* stomach-ache; **megy a** ~**a**
have* diarrhoea (*US* -rhea); ~ **ból beszél**
(találomra) speak* off the top of one's head;
a ~**án fekszik** lie* on one's stomach;
~**on fekve** lying flat/prone; ~**ra esik**
fall* prone/flat, fall* on one's face; ~**ra**
fekszik lie* (down) on one's stomach; ~**ra**
esik *vk előtt* grovel (*US* -l) before/to sy;
átv ~**ára üt és ...** look at the ceiling and
...; ~**át fogja nevettében** split*/
burst* one's sides laughing (*v.* with laughter);
szereti a ~**át** *biz* be* a greedy-guts (*v.*
glutton)

hasáb *n* **1.** *(fa)* log **2.** *(újságban)* column **3.**
mat prism

hasábburgonya *n* fried potato(es), *GB*
chips *pl*, *US* French fries *pl*

hasábkorrektúra, -levonat *n* galley
(proof), slip-proof

hasábos *a (újságban)* in columns *ut.*; **há-
rom** ~ **cikk** a three-column article

hasábrádió *n* walkie-talkie

hasad *v* **1.** *ált* burst*, crack **2.** *(kő)* split*,
splinter, chip **3.** *(szövet)* tear*, rip, rend*
4. ~ **a hajnal** dawn is* breaking

hasadás *n* **1.** *(folyamat)* bursting, cracking;
(kőé) splitting; *(szöveté)* tearing, rending
2. *(tárgyon)* split, crack; *(szövetben)* tear,
rend; *(sejté)* splitting, division; *(földben szá-
razságtól)* crack **3.** *biol, fiz* fission

hasadék *n* **1.** *(tárgyon)* split, crack **2.** *(hegy-
ben)* mountain-gorge

hasadóanyag *n* fissile material

hasadoz|ik *v* split*, crack

hasadt *a* split, cloven

hasal *v* **1.** *(hasán fekszik)* lie* on one's stom-
ach **2.** *biz (mellébeszél)* talk drivel, drivel
(*US* -l), talk through one's hat; **ne** ~**j!** don't
talk such drivel!

hasas *a* **1.** *(pocakos)* fat, pot-bellied, cor-
pulent **2.** *(vemhes)* pregnant

hasasod|ik *v* **1.** *vk* become* corpulent, put*
on flesh **2.** *(állat)* become* pregnant **3.** =
öblösödik 2.

hasbeszélő *n* ventriloquist

hascsikarás *n* colic

hasé *n (étel)* vol-au-vent, hash

hasfájás *n* stomach-ache

hashajtó *n* laxative, purgative; ~**t bevesz**
take* a laxative/purgative

hashártya *n* peritoneum (*pl* -nea)

hashártyagyulladás *n* peritonitis

hasít *v* **1.** *ált* cleave*, split*; *(fát)* split*,
chop (up); *(szövetet)* rip, tear*, rend*
[cloth]; **darabokra** ~ cut* into pieces **2.**
(levegőt) cleave*, saw* [the air]; *(hajó hullá-
mokat)* plough (*US* plow) through [the
waves]; ~**ja a vizet/hullámokat** *(hajó)*
be* ploughing/plowing (her way) through
the (stormy) seas (*v.* the heavy waves); *(bál-
na)* be* ploughing/plowing the ocean **3.** **szí-
vembe** ~**ott** it almost broke my heart (to
see)

hasíték *n (slicc)* fly

hasított *a* ~ **bőr** skiver, split skin; ~ **fa** cut
wood

hasizom *n* stomach/abdominal muscle

hasizomgyakorlat *n* sit-up [as a muscle-
-training movement]; **jó** ~ **hanyatt fek-
vésből felülni** *(legalább húszszor)* doing

[some 20] sit-ups is an excellent muscle-training, to strengthen your stomach muscles do [twenty or so] sit-ups
haskötő n support, abdominal belt
haslövés n shot in the stomach, gunshot wound of the abdomen
hasmánt adv on one's stomach
hasmenés n diarrhoea (US -rhea)
hasműtét n abdominal operation
hasnyál n pancreatic juice
hasnyálmirigy n pancreas
hasnyálmirigy-gyulladás n pancreatitis
hasogat v 1. (vk vmt) cut* (sg) up into pieces; **fát** ~ cut* up (v. chop) wood 2. **fájdalom** ~**ja** (tagjait) have* acute pains [in one's limbs]; **a fület** ~**ja** it grates on the ear, be* ear-splitting
hasogató a (fájdalom) piercing, shooting, stabbing [pain(s)]; (fejfájás) splitting [headache]
hasonít v vmhez assimilate (to)
hasonítás n assimilation (to)
hasonlat n (szólásszerű) simile; ált comparison; ~**tal él** draw* a comparison/parallel
hasonlatosság n = **hasonlóság**
hasonlít 1. vi vkhez, vmhez v. vkre, vmre resemble sy/sg, look/be* like sy/sg, be* similar to sy/sg; **apjához** ~ the boy takes* after his father; ~**anak** there is a likeness between them; **úgy** ~**anak egymáshoz, mint egyik tojás a másikhoz** they are as like as two peas (in a pod) 2. vt **vkhez/vmhez** ~ vkt/vmt compare sy/sg to sy/sg; **nem** ~**ható vmhez** sg can't compare with sg
hasonlíthatatlan a incomparable, unparalleled, unequalled (US -l-), beyond compare ut.; ~**ul jobb** incomparably better, beyond compare
hasonló a similar; ~ **vkhez/vmhez** (igével) be* similar to sy/sg, be*/look like sy/sg, resemble sy/sg; **vm ehhez** ~ sg like it; **láttál már ehhez** ~**t?** have you seen the likes of this?; **hozzám** ~ such as me ut.; **a hozzá** ~**k** his/her equals, those like him/her; **a hozzánk** ~**k** biz the likes of us; ~ **beállítottságú** → **beállítottság**; ~ **dolog** sg similar; ~ **eset** analogous/parallel case; ~ **korú** (of) about the same age ut.; **nem** ~ unlike, dissimilar
hasonlóan adv similarly; (ugyanúgy) in the same way, likewise; ~ **cselekszik** do* the same, follow suit
hasonlóképp(en) adv = **hasonlóan**
hasonlóság n (nagyjában) similarity; (közelebbről) likeness; (külsőre) resemblance; ~ **alapján** analogously

hasonmás n 1. (kép) likeness, portrait, image 2. (személy) double, doppelgänger 3. ~ **kiadás** facsimile (publication/edition)
hasonnemű a of the same kind ut.
hasonnevű a of the same name ut.
hasonszőrű a biz ~ **emberek,** ~**ek** people of that ilk, kif birds of a feather
hasonul v vmhez be* assimilated to sg, become* like sg
hasonulás n assimilation
haspárti a/n biz greedy-guts, glutton, guzzler
hastífusz n typhoid (fever)
hasüreg n abdominal cavity
használ 1. vt vmt, vkt use, make* use of; (képességet) utilize; (módszert) employ, apply; **ne** ~**ja ezt a hangot velem szemben** don't take that tone with me; **minden idejét arra** ~**ja** spend* all one's time doing sg; **jól fogjuk tudni** ~**ni** it will come in handy, it will be very useful; **tudod valamire** ~**ni?** will it be any use to you? 2. vi vm vknek be* of use, be* useful (to sy), help (sy); (gyógyszer) do* (sy) good, work; ~**t neki** vm sg did him good, sg proved beneficial to him; ~**t az orvosság?** did the medicine do the trick?; **nem (sokat)** ~**t** it was (of) no use, it/that didn't help much, it had no effect
használat n use, usage; (tárgyé) handling; (ruháé) wear(ing); (szóé) usage; (eljárásé) application, employment; ~ **előtt felrázandó** to be shaken before use; ~**ba vesz** put* to use, take* over; ~**ban van** be* in use; **mindennapi** ~**ban** (szóról) in common usage; **már nincs** ~**ban** (szó) has virtually dropped out of usage, is not in current use; ~**on kívül van** (tárgy) be* out of (v. not in) use
használatbavételi a ~ **díj** occupancy fee
használati a 1. of use ut.; ~ **cikkek/tárgyak** consumer goods, articles for personal use; ~ **díj** charge (for use/loan); (bérleti) hire charge; ~ **utasítás** directions (for use) pl, users instructions pl 2. nyelvt ~ **kör** sphere of applicability
használatlan a unused, quite/brand new
használatos a in use ut., usual, current; **nem** ~ not in use ut.; **nem** ~ **szó** word not in current use
használhatatlan a unusable, unserviceable, of no use ut., useless
használható a serviceable, usable, useful; (igével) (can*) be used; ~ **ember** capable/useful man°; ~ **üdülőnek** is it can be also used as a holiday home; **nem** ~ unusable, useless, inapplicable (vmre to)

használó *n* user
használt *a* used, second-hand; **erősen** ~ *(tárgy)* the worse for wear *ut.*, worn; ~ **autó** second-hand car; ~ **ruha** second-hand clothes *pl* (*v.* dress/garment), reach-me-downs *pl*, hand-me-downs *pl*; ~ **holmik vására** *GB* jumble sale, *US* rummage sale; ~ **tárgyak boltja** second-hand shop
használtautó-kereskedés *n* second-hand car dealer
hasznavehetetlen *a* **1.** *(dolog)* useless, (of) no use *ut.* **2.** *(ember)* good-for-nothing
hasznavehető *a* useful
hasznos *a* useful, serviceable, (be*) of use; *(vmre)* (be*) good for, (be*) of use for; *(egészségre)* beneficial; ~ **vk számára** be* of use/service to sy; **ez még igen** ~ **lehet** that/it will come in handy/useful; ~ **intézkedés** effective measure(s); ~ **tanácsok/tudnivalók** *(useful)* hints (for sy); ~ **teher** payload
hasznosít *v* utilize, make* use of, make* the most of; *(hulladékanyagot)* recycle; *(tudást, szabadalmat)* make* the most of; **ebben az állásban jól** ~**hatja angol tudását** you can make good use of your English (knowledge) in this job; ~**ja magát** make* oneself useful
hasznosság *n* usefulness, use, utility
hasznot hajtó *a* paying, profitable, productive
haszon *n* **1.** *(előny, hasznosság)* advantage, benefit; **ebből nem lesz sok hasznod** it will not be any good (*v.* much use) to you; **mi haszna?** what is* the use/good of it?, what good is it?, what's the point of …?; **hasznára fordít vmt** turn sg to one's advantage, exploit sg, turn sg to good account; **hasznára van vm** gain from sg, profit/benefit by/from sg; **hasznát látja/veszi vmnek** (1) *konkr* make* use of sg (2) *átv* profit/benefit by/from sg **2.** *(nyereség)* profit, gain; **nagy forgalom, csekély** ~ small profits and quick returns; **tiszta** ~ (1) *konkr* net/clear profit (2) *átv* (it's) all to the good; **mi a hasznom ebből?** *biz* what's in it for me?; **hasznot húz vmből** make* a profit out of (*v.* on) sg; *átv* profit/benefit by/from sg **hajt**[3] **3.**, **hoz 2.**
haszonállat *n* useful/farm/domestic animal
haszonbér *n* **1.** *(bérlet)* lease; ~**be ad** let* (sg) by/on lease, lease (sg) **2.** *(összege)* rent
haszonbérlet *n* lease; ~**i szerződés** (contract of) lease
haszonélvezet *n* usufruct, use; **életfogytiglani** ~ life interest

haszonélvező *n* usufructuary, beneficiary
haszonelvű *a* utilitarian
haszonkulcs *n* mark-up, (profit-)margin
haszonlesés *n* greed (of gain), self-interest, profiteering; ~**ből** out of selfishness, *biz* with an eye to the main chance
haszonleső *a* greedy, grasping, mercenary, self-seeking; ~ **ember** self-seeker, money-grubber
haszonrész *n* share of the profit(s)
haszonrészesedés *n* **1.** *(az elv)* profit-sharing **2.** *(az összeg)* a share of the profit
haszontalan **I.** *a* **1.** *(hasznavehetetlen)* useless, of no use *ut.* **2.** = **hasztalan I.** **3.** *biz (ember)* good-for-nothing, worthless; *(kölyök)* naughty **II.** *n (gyerek)* scamp, rascal, naughty child°
haszontalankod|ik *v (gyerek)* be* naughty
haszontalanság *n* **1.** *(dologé)* uselessness, futility, idleness; ~**okkal tölti idejét** fool about/around, fritter away one's time **2.** *(rosszaság)* naughtiness
hasztalan **I.** *a* useless, vain, futile, fruitless; **minden** ~ **volt** all one's efforts went* for nothing **II.** *adv* in vain; ~ **igyekezett (vmt tenni)** in spite of all his efforts
hat[1] **1.** *vi (gyógyszer stb.)* act, be* effective, take* effect; **jól** ~ be* effective; **nem** ~ have* no effect, be* ineffective **2.** *vm vkre* impress/affect sy, make* an impression on sy; *vk vkre* influence sy, exercise an influence on sy; **ezek a szavak** ~**ottak rá** these words went home; ~**nak egymásra** they exercise mutual influence **3.** *vi (vmnek tűnik)* give* the impression of; **jól** ~ make* a good impression; **úgy** ~, **mintha fordítás volna** it reads* like a translation
hat[2] *num* **1.** six; ~ **hónapos** *(kor)* six months old *ut.*, six-month-old; *(időtartam)* six months', for six months; ~ **láb magas** six feet high **2.** ~ **ötvenbe kerül** it costs six fifty **3.** ~**kor** at six (o'clock); ~**ra** by six (o'clock)
hát[1] *n* **1.** *(vké, vmé)* back (of); **vk** ~**a mögött** *(átv is)* behind sy's back; **a** ~**a mögött rosszat mond vkről** backbite*/crab sy; ~**ba támad** (1) attack (sy) from/in the rear (2) *(orvul)* stab (sy) in the back; **a** ~**án fekszik** lie*/be* on one's back; ~**án visz vkt** carry sy pickaback; ~**on úszik** swim* on one's back, do*/swim* backstroke; **a** ~**ára vesz vmt** take* sg on one's back; ~**at fordít vknek** *(átv is)* turn one's back on sy/sg; **tartja a** ~**at vmért** *biz* carry the can for sg; ~**tal ül** (1) *vmnek* sit* with one's back to sg (2) *(menet-*

iránynak) sit* with one's back to the engine **2.** *(vm visszája)* reverse

hát[2] *adv/conj* **1.** *(nos, bizony)* well, why, then, to be sure; **nos** ~ well now/then, let me see **2.** *(kérdés bevezetése)* ~ **aztán?** so (what)?, what about it?, what of it?; ~ **nem?** don't you think?, isn't that so?; ~ **még mit nem!?** what(ever) next, what do you take me for? **3.** *(kijelentés/felszólítás bevezetése)* ~ **akkor** well then; ~ **igen** well, yes; no doubt; ~ **persze** of course, to be sure **4.** *(fokozó értelmű mondatban)* ~ **még Feri!** and F. most of all!, let alone F.!; **most is szép a Margitsziget,** ~ **még nyáron** Margitsziget is quite beautiful now, but you should see it in summer **5.** *(igenlő felelet nyomósítása)* **voltam** ~! of course I was; ~ **hogyne** yes, indeed; but/yes of course; **Most láttad? Most** ~. Did you see it just now? Yes, just now. **6.** *(bizonytalanság kif.-ére)* ~ **nem tudom** Well, I don't know.

hatalmas I. *a* **1.** *(óriási méretű)* very large, huge, gigantic, vast; *(épület)* enormous, monumental; *(testileg)* huge, big; ~ **fejlődés** immense/vast improvement; ~ **összeg** large/vast amount (of money), *biz* a mint; ~ **siker** tremendous/enormous success **2.** ~ **erejű** powerful, of immense strength *ut.*, robust; ~ **ütés** powerful/crushing blow **3.** *(uralkodó)* mighty, powerful **II.** *n* a ~ok the mighty

hatalmaskodás *n* arbitrary/despotic measures *pl*, violence

hatalmaskod|ik *v vkn* domineer over sy, tyrannize/bully sy

hatalmaskodó *a* overbearing, domineering, despotic, bullying

hatalmasság *n* **1.** *(állapot)* mightiness **2.** *(ember)* potentate; **a** ~ok the powers that be

hatalmi *a* of power/might/force *ut.*; ~ **egyensúly** balance of power; ~ **kérdés** question of (political) supremacy; ~ **kör** sphere of power/influence; ~ **mámor** intoxication with power, megalomania; ~ **politika** power politics; ~ **szóval** forcibly, by (the use of) force

hatalom *n* **1.** *(erő, képesség)* power, might, strength, force; *(kormányzás, uralkodás)* power, rule; *(tekintély)* authority, power; **politikai** ~ political power; **vk hatalma alatt van/áll** be* ruled by sy, be* under sy's control *(v. biz* thumb); **hatalmába kerít** get* control over (sg), seize, take* possession of (sg), make* oneself master over

(sg); *(országot)* conquer; **hatalmába kerül** come*/get* under (sy's) control, come* under sy's influence; **hatalmában van/áll** (1) *(vknek vk)* be* under sy's control/influence/thumb, be* in sy's power, be* at the mercy of sy (2) *(vknek vm lehetőség)* be* within sy's power; **hatalmában tart** have* sy in one's power, have* control *(v.* the whip hand) over sy; **nincs hatalmamban, hogy** it is* not within my power to, it is* beyond my power to; **hatalmon van** *(kormány, párt)* be* in power/office; **32 évig volt hatalmon** was in power for 32 years; **melyik párt van hatalmon** which party is in power?; ~**ra jut** come* to power; **átveszi a hatalmat** assume power, take* command/over; **magához ragadja a hatalmat** seize power; **hatalmat gyakorol** wield/maintain/exert power, be* in control/command/charge **2.** *(állam)* power

hatalomátvétel *n* takeover

hatalomittas *a* power-mad

hatalomvágy *n* thirst/lust for power

hatály *n* force, power, operation; ~**ba lép** come* *(v.* be* put) into force/effect [next month/May etc.],' take* effect [on July 1st etc. *v.* (from) next October etc.], become* effective/operative on [a day]; ~**on kívül helyez** (1) *(törvényt)* repeal, abrogate; *(rendeletet)* revoke (2) *(ítéletet)* quash, set* aside; ~**át veszti** lapse, become* invalid/void; **augusztus 5-i hatállyal** as *(v.* with effect) from 5 August, effective (as from) 5th August; **azonnali hatállyal** with immediate effect

hatálybalépés *n* coming into force/effect

hatályos *a* effective, operative, valid; ~ **jogszabályok** current legislation/laws/regulations/rules

hatálytalanít *v* repeal, annul, make* void, cancel *(US* -l), nullify; **ítéletet** ~ quash *(v.* set* aside) a decision, quash a verdict, set* aside a sentence

hatan *num adv* six (people), six of them/us/ you; ~ **vagyunk** we are* six, there are* six of us

határ *n* **1.** *(területé)* boundary; *(országé)* border, frontier; *(városé)* (city) limits *pl*, outskirts *pl*; ~ **menti lakos** frontiersman°, borderer; ~ **menti terület** border/frontier region; **a** ~**on** at/on the border; **a** ~**on túl** beyond the frontier; **átlépi a** ~**t** cross the frontier **2.** *átv* verge; *(képességé)* limit, bounds *pl*; *(két dolog között)* dividing line; **mindennek van** ~**a** that's the limit!,

enough's enough!; **vmnek a ∼ai között**
within the confines of sg; **vmnek a ∼án
mozog** verge on sg; ∼**t szab vmnek** set*
limits to sg, set* a limit to sg, confine/limit
sg; nem ismer ∼t know* no bounds **3.**
(föld) field

határállomás *n* border/frontier station

határátkelő forgalom *n* cross-border traf-
fic

határátkelőhely *n* (frontier/border) cross-
ing point, checkpoint

határátlépés *n* border/frontier crossing; *(az
ország területének elhagyása)* leaving the
country, exit; **tiltott** ∼ unauthorized cross-
ing of the border/frontier

határérték *n* limit

határeset *n* borderline case

határforgalom *n* cross-border traffic

határhegység *n* frontier mountains *pl*

határidő *n (vm elkészítésére/benyújtására)*
deadline, closing date/day, time limit; **a fi-
zetési** ∼ **aug. 31.** payment due by 31
August; ∼ **előtt** before the deadline; *(épít-
kezés stb. így is)* ahead of schedule; ∼**t ki-
tűz** appoint/fix a day; **a kitűzött** ∼ the
appointed time; **a kitűzött** ∼**re (elké-
szít/szállít stb.)** meet* the deadline for
doing sg, do* sg (*v.* be done) according to (*v.*
on) schedule

határidőnapló *n* date calendar, engagement
diary

határidős *a* ∼ **szállítás** future/deadline/
forward delivery

határidőügylet *n* time bargain, forward
transaction/contract, futures *pl*

határincidens *n* border/frontier incident

határjel *n* landmark

határkiigazítás *n* readjustment of fron-
tier(s)

határkő *n* boundary-stone, landmark

határnap *n* date (fixed), the appointed day;
(határidő) deadline; ∼**ot kitűz** fix/appoint
a day

határol *v* border, form the boundary (of),
bound

határos *a* **1.** *(terület vmvel)* bordering on *ut.*,
adjacent to ... *ut.*; *(igével)* border (on); ∼
országok neighbouring (*US* -or-)
countries; **hazánk Ausztriával** ∼ our
country borders (on) Austria; **Franciaor-
szág és Svájc** ∼**ak (egymással)**
France and Switzerland border each other,
Fr. borders (on) Sw. **2.** *átv* verging/bordering
on *ut.*; *(igével)* verge/border on (sg)

határoz *v* decide *(vmről, vmben* on sg *v.* to do
sg), determine (sg), come* to a decision; *(hiv.*

szerv) resolve; **úgy** ∼**ott, hogy, azt**
∼**ta, hogy, vmre** ∼**ta magát** (s)he
decided/resolved to (do sg), (s)he decided on
(doing sg); *(a bíróság/tanács)* [the . . .] (has)
ruled that; **másként** ∼ change one's mind,
think* better of sg

határozat *n* decision, resolution; ∼**ot hoz**
(1) *(hiv. szerv)* pass/adopt a resolution/
motion, resolve (2) *(bíróság)* give* one's
decision, pass judg(e)ment/sentence; ∼**ot
hozott, miszerint** [the Supreme Court
etc.] resolved/ruled that . . .

határozathozatal *n* **1.** *(gyűlésé)* passing of
a resolution **2.** *(bíróságé)* decision; ∼**ra
vonul vissza** retire for deliberation

határozati *a* ∼ **javaslat** draft resolution/
proposal

határozatképes *a (igével)* be* quorate;
(mondattal) there is* a quorum; **a közgyű-
lés** ∼ the meeting is quorate

határozatképtelen *a* inquorate *ut.*; *(mon-
dattal)* there is* no quorum

határozatlan *a* **1.** *(dolog)* indefinite, un-
determined, indeterminate; ∼ **felelet/vá-
lasz** vague reply **2.** *(ember)* indecisive, irres-
olute, hesitant **3.** *nyelvt* ∼ **névelő** indefin-
ite article ⇨ **névmás**

határozatlanság *n* **1.** *(dologé)* uncertainty
2. *(emberé)* indecisiveness, irresoluteness,
indecision, irresolution, hesitation

határozó *n nyelvt* adverbial complement/
phrase

határozói *a* adverbial; ∼ **mellékmondat**
adverbial clause

határozószó *n* adverb

határozott *a* **1.** *(jellemben)* determined, res-
olute, strong-minded; *(fellépés)* self-con-
fident [air], determined [manner]; ∼ **egyé-
niség** strong/forceful personality; ∼ **han-
gon** in a firm voice **2.** *(pontosan körülírt)*
definite, precise, exact, accurate; ∼ **eluta-
sítás** flat refusal; ∼ **kérés/kívánság** ex-
press wish; ∼ **névelő** definite article; ∼
válasz definite answer **3.** *(időpont)* definite,
settled, stated, appointed, fixed; ∼ **időre
szóló** for a definite/specific time (*v.* időtar-
tamra: period); ∼ **napon** on a fixed day **4.**
biz (kétségtelen, nyilvánvaló) clear, un-
questionable; ∼ **javulás** definite/marked
improvement

határozottan *adv (pontosan)* definitely,
precisely; *(kétségtelenül)* definitely, clearly,
emphatically; *(céltudatosan)* resolutely;
firmly; ∼ **tudom** I am* quite/absolutely
certain, I know* (it) for certain; **a leghatá-
rozottabban nem** most definitely not

határozottság n *(jellemé)* resoluteness, resolution, firmness
határőr n frontier/border guard
határőrség n frontier/border-guards pl
határövezet, határsáv n frontier zone, borderland
határsértés n violation of the frontier, frontier incident
határszél n frontier-line, borderline
határszéli a = **határ** menti
határtalan a *(átv is)* unlimited, boundless, unbounded, infinite, immense; ~ **lelkesedés** boundless enthusiasm
határterület n **1.** frontier (zone), borderland **2.** *(tudományágak közt)* borderland, borderline, overlap
határvám n customs duty
határváros n frontier town
határvédelem n frontier defence(s) (US -se)
határvidék n frontier zone, borderland
határvillongás n (frontier) incidents pl
határvonal n **1.** *(országé)* border(line), boundary/frontier (line) **2.** átv dividing line; ~**at húz vm közé** draw* the line between
határzár n closing/sealing of the frontier(s)
hatás n **1.** ált effect, influence, impression; *(mint következmény)* result, effect; *(szellemi)* influence; vk ~**a alatt** under sy's influence; **a pillanat** ~**a alatt** on the spur of the moment; **nincs** ~**a** have* no effect; ~**t gyakorol,** ~**sal van** (1) vkre have*/produce (quite) an effect on sy, make* an impression on sy, influence/impress sy; vm be* affected by sg (2) vmre affect sg; **nincs** ~**sal vkre** be* lost upon sy; ~**t kelt** produce an effect (on), be* effective; **azt a** ~**t kelti, hogy** it suggests that; **érezteti** ~**át make*** make* itself felt (in sg) **2.** *(vegyi, belső)* action; *(gyógyszeré)* effect
hatásfok n efficiency, efficacy; **nagy** ~**kal** very efficiently
hatáskeltő a impressive, effective
hatáskör n (sphere of) authority, powers pl, remit; *(bírói)* competence, jurisdiction; **hivatali** ~ official function/duty; vk ~**ébe tartozik** fall*/be* within the competence of sy; **saját** ~**én belül** on its own authority; ~**én kívül** beyond one's range, off one's beat; ~**ét túllépi** transgress one's competence, exceed one's powers/remit, overstep one's authority/competence \
hatásköri a ~ **lista, hatáskörlista** nomenclature; ~ **túllépés** misuse of power
hátasló n saddle-horse, riding horse
hatásos a **1.** ált effective, effectual **2.** *(megjelenés)* impressive **3.** *(beszéd)* powerful,

moving, rousing [speech]; *(érv)* potent/effective [argument] **4.** *(orvosság)* effective, efficacious, potent [medicine]
hatástalan a ineffective, ineffectual; *(beszéd stb.)* unimpressive, lacklustre (US -ter)
hatástalanít v **1.** ált neutralize, counteract **2.** *(bombát)* defuse (bomb), deactivate
hatástalanítás n *(bombáé)* bomb-disposal; *(gyógyszeré)* counteraction, neutralization
hatásvadászat n straining after effects
hatásvadászó a pretentious, flashy, showy, straining after effects (v. an effect) ut.
hátborzongató a gruesome, eerie, biz creepy
hátcsigolya n (dorsal) vertebra (pl -brae)
hatékony a efficient, effective, powerful
hatékonyság n efficiency, effectiveness
hatéves a six-year-old, six years old ut., of six years ut., six years'
hatféle a six kinds/sorts of
hátgerinc n spine, backbone, spinal column
hátgerincferdülés n curvature of the spine, scoliosis
hátha adv supposing, suppose, if after all, maybe; *(abban az esetben, ha)* in case
hathatós a efficient, effectual, effective; ~ **segítség** powerful help; ~**an** efficiently, effectively
hathatósság n efficiency, efficacy, effectiveness
hathetes a six weeks old ut., six-week-old, six weeks'
hatheti a six weeks', of six weeks ut.
hátirat n ker endorsement
hátitáska n school-satchel/bag
hátizsák n rucksack, US backpack; **vázas** ~ framed rucksack
hátlap n back; *(képé, éremé)* reverse (side), verso; **lásd a** ~**on**/~**ot** see overleaf
hatlövetű a ~ **revolver** six-shooter
hatnapi a six days', of six days ut.
ható a acting, effective, having an effect ut.; **vmre** ~ having an influence on sg ut., affecting sg ut.
hatóanyag n agent, active ingredient
hatod n **1.** *(hatodrész)* (a/one) sixth **2.** zene sixth
hatodik I. num a sixth; ~ **osztály** the sixth class/form (US grade) **II.** n **1.** f. hó 6-án on the sixth of this month; *(üzleti levélben)* on the 6th inst. **2.** isk ~**ba jár** be* in the sixth form/class (US grade)
hatodikos a ~ **(tanuló)** pupil in the sixth class/form (US grade), sixth-form (US sixth-grade) pupil
hatodmagával adv with five other persons

hatodrész *n* a sixth part, (one) sixth
hatóerő *n* (active) force, efficiency; *(gyógy-szeré)* potency → hatóképesség
hatóképesség *n* 1. *ált* efficacy, efficiency 2. *(gépé)* mechanical power
hatókör *n* range (of effect), influence
hatol *v* 1. *(erőszakkal vmbe)* penetrate into, force/make* one's way into 2. vmnek mélyére ~ penetrate into sg, probe deeply into sg
hátoldal *n* 1. = hátlap; *(hanglemezé) biz* flip side, B-side; I. a ~t *see* overleaf; a ~t is ki kell tölteni complete both sides of [the document/form etc.]
hátonúszás *n* = hátúszás
hátország *n* hinterland, home territory
hatos I. *a* 1. six(fold); a ~ szám = hatos II. 1.; ~ villamos a/the number six (*v.* No. 6) tram (*v. US* streetcar) 2. *biz* a ~ vonat the six-o'clock train II. *n* 1. *(számjegy)* (the number/figure) six 2. *(villamos)* tram. number six, the number six (No 6) tram; felszáll a ~ra take* the number six tram (*v. US* streetcar) 3. *zene* sextet(te)
hatóság *n* authority; felsőbb ~ higher authority; a ~ tölti ki for official use
hatósági *a* of the authorities *ut.*, official; ~ ár official price; ~ közeg official, officer of the law, public servant
hatóságilag *adv* officially; ~ engedélyezett licensed
hatósugár *n* range
hatótávolság *n* range, radius (*pl* radii) (of action), reach
hatökör *n* dolt, ninny. *GB* ass; ~ hozzá doesn't know the first thing about it
hátra *adv* 1. *(irány)* back(wards); rear-; ~ arc! about turn!, *US* about face! 2. ~ van vmvel *(= lemaradt)* be* behind in/with [one's work]; ~ van a fejlődésben be* backward, be* behind in development ⇨ hátravan
hátraarc *n* ~ot csinál turn about, *US* make* an about-face
hátrább *adv* further/farther back, more in the background agár
hátrabillen *v* tilt backwards
hátrabuk|ik *v* fall* backwards
hátradob *v* cast*/throw*/hurl/fling* back
hátradől *v (székben)* sit*/lean* back
hátraes|ik *v* fall* over/backward
hátrafelé *adv* back(wards)
hátrafésül *v* comb back
hátrafordít *v* turn back
hátrafordul *v (testtel)* turn (a)round; *(csak fejjel)* look round/back

hátrahagy *v* 1. *(otthagy)* leave* (sg) behind 2. *(vknek örökséget)* leave*/bequeath (sg to sy *v.* sy sg)
hátrahanyatl|ik *v* fall* backwards (*US* -ward)
hátrahőköl *v* recoil *(vmtől* from sg *v.* at the sight of sg)
hátrahúz *v* draw*/pull/drag back
hátrahúzód|ik *v* draw* back, withdraw*, retreat
hátraigazít *v* (egy órával) ~ja az órát set*/put* the clock back [one hour]
hátrakiált *v* shout/call back
hátraküld *v* send* back (*v.* to the rear)
hátrál *v* 1. *(ember)* back away, draw* back, withdraw* 2. *(sereg)* retreat, give* way 3. *(jármű)* reverse, back, go*/move backward(s) 4. *(tömeg, áradat)* recede, surge back
hátralék *n* arrears *pl*, remainder (of debt), residue; *(restancia)* backlog; ~ban van (1) *(fizetéssel, pénzzel stb.)* be* in arrears with [the rent], be* behind in/with [one's payments, the rent etc.], be* behindhand with [the rent etc.] (2) *(munkával)* be* behind with [one's work/studies etc.]
hátralékos *a* outstanding, overdue, residuary; ~ követelés outstanding debt
hátralép *v* step/draw* back
hátralevő *a* remaining; a ~ feladat az, hogy what remains to be done is ...; ~ rész remaining part, what is left over, the rest/remainder of sg
hátralök *v* push/thrust* back
hátráltat *v* hinder; impede, hold* back, retard
hátramarad *v* 1. *(le-, elmarad)* lag/fall* behind, remain/stay behind; ~ a fejlődésben be* backward, lag behind (in development) 2. *(vk után, örökségképp)* be* left behind 3. *(vmből)* remain, be* left (over)
hátramaradott *a* a ~ak *(halálesetnél)* the bereaved
hátramaradt *a* = elmaradott
hátramegy *v* 1. *vk* go* back, walk/go* to the rear 2. *(jármű)* = hátrál 3.
hátramenet(i fokozat) *n (gépkocsié)* reverse (gear); hátramenetbe kapcsol put* the car into reverse
hátramozdító *n* nuisance (of a man), hindrance
hátranéz *v* look back/behind, (have* a) look round
hátrány *n* disadvantage, drawback; *(súlyos, anyagi)* loss, detriment; ~ára van be* a disadvantage/drawback to sy/sg

hátrányos *a* disadvantageous, detrimental; ~ **helyzetben** at a disadvantage; ~ helyzetben **levő** underprivileged, disadvantaged; ~ **helyzetű** (*v.* helyzetben **levő**) **gyer(m)ekek** (socially) disadvantaged children
hátraparancsol *v* order sy to the rear
hátrapillant *v* = **hátratekint**
hátrarúg *v* **1.** *(puska)* kick; *(ágyú)* recoil **2.** *(állat)* fling*/lash out **3.** *(labdát)* kick back
hátraszól *v* call back (over one's shoulder)
hátratámaszkod|ik *v* lean* back
hátratekint *v* look/glance back/behind
hátratesz *v* put*/set* (sg) back/behind
hátratett *a* ~ **kézzel** with one's hands behind one's back
hátratol *v* push/move (*v. biz* shove) back (*v.* to the back)
hátraugr|ik *v* jump/leap*/spring* back
hátravan *v* **1.** *(ezután kerül sorra)* be* still to come, remain (to be done), be* still left; **még** ~ **a java!** the best is yet to come; ~ **még** sg still remains to be done, be* still to come; **már csak két vizsgája van hátra** he has only two more examinations to pass; **nincs más hátra, mint** there's nothing for it but to **2.** *(időből)* **még tíz perc van hátra** (there's) ten minutes left (*v.* to go) ⇨ **hátra 2.**
hátsó I. *a* **1.** *(hátul levő)* back(-), rear(-); ~ **ablak** *(járművön)* rear window; ~ **épület** outbuilding, outhouse; *biz* ~ **fele vknek** sy's behind, buttocks *pl*; ~ **kerék** back/rear wheel; ~ **lábak** *(állaté)* hind legs; ~ **lámpa** rear light; ~ **lépcső** backstairs *pl*; ~ **rész** (1) *vmé* the back part of sg, (the) rear (2) = ~ **fele vknek** (3) *(állaté)* hindquarters *pl*; ~ **ülés** back seat; ~ **világítás** rear lights *pl* **2.** ~ **gondolat** ulterior motive **II.** *n biz* = **hátsó fele vknek**
hátsóablak-fűtő *n (autóé)* rear window heater
Hátsó-India *n* Indo-China
hátsó-indiai *a* Indo-Chinese
hátsókerék-meghajtás *n* rear-wheel drive
hatszáz *num* six hundred
hátszél *n* leading/following wind; *(hajó)* wind from astern; ~ **lel vitorlázik** sail before the wind
hátszín *n* sirloin, rump(steak)
hátszínszelet *n* fillet/undercut of sirloin
hatszor *num adv* six times
hatszori *a* repeated six times *ut.*
hatszoros *a* sextuple, sixfold
hatszög *n* hexagon

hatszögű *a* hexagonal
háttámasz *n* back-rest
háttér *n* background; **kék** ~ **előtt** against a blue background; ~ **be szorít** overshadow, push/thrust* into the background, eclipse; ~ **be szorul** be* pushed/thrust into the background; ~ **ben marad** remain in the background; ~ **ből irányít** pull the strings
háttérinformáció *n* background information
háttéripar *n* background industry
háttérsugárzás *n fiz* background radiation
hátul *adv* at the back, in/at the rear, behind
hátulja *n vmnek* = **hátsó** *rész*
hátulról *adv* from behind, from the back/rear; ~ **ledöf** stab in the back
hátulsó *a* = **hátsó I.**
hátulütője *n vmnek kif* it has the drawback that
hátúszás *n* backstroke (swimming); ~ **ban első lett** came/finished first in the backstroke
hátuszony *n* dorsal fin
hatvan *num* sixty
hatvanadik *num a* sixtieth, 60th
hatvanan *num adv* sixty (of them); ~ **voltak** there were sixty of them
hatvanas I. *a* sixty; **a** ~ **évek** the sixties (*v.* the 60s *v.* 1960s); ~ **busz** bus number sixty (*v.* No. 60), the number sixty bus **II.** *n* **1.** *(ember)* man°/woman° in his/her sixties, sexagenarian; **jó** ~ **lehet** is* sixty if a day **2.** = ~ **busz** (stb.)
hatvány *n* power [of a number]; **második** ~ second power, square; **harmadik** ~ third power, cube; **negyedik** ~ fourth power, biquadratic; ~ **ra emel** raise [a number] to the power of [another number]; **a második** ~ **ra emel** raise [a number] to the second power
hatványkitevő *n* exponent, (power) index (*pl* indices)
hatványoz *v* = **hatványra emel**
hatványozód|ik *v átv* be* increased/multiplied
hatványozott *a átv* increased, redoubled [effort]; ~ **mértékben** to an increased degree, at a highly increased rate
hátvéd *n* **1.** *kat* rear-guard **2.** *(futball)* (full-)back; **bal** ~ left back; **jobb** ~ right back
hattyú *n* swan
hattyúdal *n* swan-song
Havanna *n* Havana, Habana
havannai *a* Havanan

havas I. *a* **1.** *(hóval borított)* snowy, snow-covered/capped **2.** ~ **eső** sleet **II.** *n* a ~ok snow-covered mountains

havasi *a* → **gyopár;** ~ **kürt** alp(en)horn

havazás *n* snowfall, fall of snow

havaz|ik *v* snow, be* snowing

haver *n* □ pal, *US* buddy; **jó** ~om I am* pally with him; **jó** ~ok they are old pals *(US* buddies)

havi *a* monthly, a month's; ~ **fizetés** monthly pay/salary; ~ **kereset** monthly income/pay; **mennyi a** ~ **keresete?** how much does (s)he earn/make a month?, what's his/her monthly income/pay/salary?; ~ **részlet** monthly instalment, [so much] a/per month; ~ **részletekben fizet** pay* in/by monthly instalments; **tizenkét** ~ **részletre** in twelve monthly instalments; ~ **vérzés** menstruation ⇨ **hónapi**

havibaj *n* biz period, menstruation

havibér *n* monthly wage/pay

havibérlet *n* monthly season ticket; *(utazáshoz GB)* travelcard [monthly]

havidíj *n* monthly pay/salary

havidíjas *a* [clerk] paid by the month *ut.*

havikötő *n* sanitary towel/pad *(US* sanitary napkin *is)*

havonként *adv* = **havonta**

havonta *adv* a/every/per month, monthly; ~ **kétszer(i)** twice a month, twice-monthly, *GB* fortnightly

Hawaii *n* Hawaii(an Islands)

hawaii *a* Hawaiian; ~ **gitár** Hawaiian guitar

ház *n* **1.** *(ált és családi)* house; *(nagyobb)* residence; *(otthon)* home; ~**ába fogad** give* sy the run of the/one's house; **jó** ~**ból való** of good family *ut.*; ~**hoz szállít(ást végez)** deliver; ~**hoz szállítás** *(árué)* delivery [of goods] to sy's door; *(tejé)* doorstep delivery; ~**ról** ~**ra** from house to house, from door to door; **ahány** ~, **annyi szokás** customs vary; **az én** ~**am az én váram** my house is my castle; ~**on kívül van** is out, is not in, has gone out; ~**on kívül étkezik** eat* out; ~**tól** ~**ig** *(feladott)* registered through **2.** *(képviselőház)* The House, *GB* House of Commons, *US* House of Representatives **3.** *(uralkodói)* (royal) house, dynasty **4.** *(csigáé)* shell **5.** *szính* house; **telt** ~ full house; **üres** ~ empty house

haza I. *n* native land, country, mother country, home(land); *(szűkebb értelemben)* birthplace, home town, native village; ~**nk-ban** in Hungary, *(ritkábban)* in this country; **második** ~**ja** the country of one's adoption; **elhagyja** ~**ját** leave* one's (own) country **II.** *adv* home; **elindult** ~ he started (back) for home

hazaad *v* **1.** *(keresményt)* send*/give* home, pay* in, give* *(earnings to one's family)* **2.** *(sp labdát)* pass back

hazaárulás *n* (high) treason

hazaáruló *n* traitor

hazabeszél *v* biz have* an axe to grind

házacska *n* small house, cottage

házadó *n* house-tax

hazaenged *v* **1.** *ált* let* sy (go) home **2.** *(iskolából tanítás után)* dismiss [class] **3.** *(hadifoglyot)* release

hazaér *v* = **hazaérkezik**

hazaérkezés *n* homecoming, return (home), coming home

hazaérkez|ik *v* return/come*/arrive home; ~**ett már?** is (s)he back yet?

hazafelé *adv* homewards, on the way home; ~ **(menet), útban** ~ on one's/the way home

hazafi *n* patriot

hazafias *a* patriotic; **H**~ **Népfront** Patriotic People's Front

hazafiasság *n* = **hazafiság**

hazafiatlan *a* unpatriotic

hazafiság *n* patriotism

hazahív *v* call/summon (sy) home; ~**ják** be* recalled (from abroad)

hazahoz *v* bring*/fetch home

hazai I. *a* native, domestic, home, national; **a** ~ **csapat** the home team; ~ **hírek** *(rádióban stb.)* back home ...; ~ **ipar** home industry; ~ **pályán** at home, on one's home ground; ~ **termék** home produce/product **II.** *n* **kap egy kis** ~**t** get* a hamper from home

hazáig *adv* (as far as) home, to one's house/home

hazajön *v* come* home, return; **ebédre hazajövök** I'll be back for lunch; **nem jön haza** stay/stop out; **ma nem jön haza** (s)he's not coming home tonight; **ma csak későn jön haza** (s)he'll be late home tonight; **amikor hazajött Angliából** after/on his return from England

hazajövet *adv* on one's/the way home

hazajövetel *n* = **hazaérkezés;** ~**e után** on returning, on his/her return from ...

hazajut *v* (manage to) get* home

hazakísér *v* see*/take* sy home

hazakívánkoz|ik *v* long for home, feel* homesick

hazaküld *v* send* home

házal v **1.** *(áruval)* peddle, hawk **2.** *(aláírást gyűjtve)* canvass

hazalátogat v visit the land of one's birth/fathers

házaló n door-to-door salesman°; *(régebben)* peddler; *(előfizetést gyűjtő)* canvasser

hazamegy v go*/walk home; **haza kell mennem** I must be/go home; **gyalog megy haza** walk home

hazánkfia n our compatriot, fellow countryman°

hazárd a hazardous, risky

hazardíroz v risk, take* risks, venture

hazárdjáték n gambling

hazárdjátékos, hazardőr n gambler

hazarendel v summon/order home, recall

házas I. a married **II.** n ~ok married couple, husband and wife; **fiatal** ~ok young marrieds

házasélet n **1.** married life **2.** ~et élnek *(= nemi életet)* live a normal married life

házasfél n one of the married couple; **házasfelek** husband and wife°

házasod|ik v get* married, marry; **nem** ~ik remain single

házaspár n (married) couple

házasság n *(intézménye)* marriage; *(állapota)* married life; **szerelmi** ~ love-match; **jó** ~ good marriage; ~ **előtti** premarital; ~**on kívül született gyermek** illegitimate child°, child° born out of wedlock; ~**on kívüli** *(viszony)* extramarital; ~**ot kihirdet** put* up the banns; ~**ot köt** get* married, *vkvel* marry sy

házassági a marriage-, of marriage *ut.*, matrimonial; ~ **ajánlatot tesz** propose (marriage) (to sy); ~ **akadály** impediment (to a marriage); ~ **anyakönyvi kivonat** marriage certificate; ~ **bontóper** divorce suit, divorce proceedings *pl*; ~ **évforduló** n (wedding) anniversary; ~ **segély** marriage grant

házasságkötés n **1.** *(intézménye)* marriage **2.** *(az aktus)* marriage service

házasságkötő a ~ **terem** kb. register office

házasságközvetítés n marriage bureau service

házasságközvetítő a/n ~ **iroda** marriage bureau

házasságtörés n adultery

házasságtörő n adulterer; *(nő)* adulteress

házastárs n spouse, one's husband/wife; ~**ak** (they are) husband and wife, (married) couple; ~**ával együtt** with one's wife°/husband, with one's spouse

házastársi a marital; ~ **civódás** marital strife; ~ **kötelesség** conjugal duty, marital obligations *pl*

házasulandó a a ~**k** the bride and (bride-)groom, the engaged couple; ~ **korú** marriageable

hazaszalad v run* home

hazaszállít v *vmt (pl. vásárolt árut)* deliver [goods etc.] to sy's door; *vkt (kocsin)* take* sy home, give* sy a lift home

hazaszállítás n *(árué)* home delivery, delivery [of goods] to sy's door; *(tejé)* doorstep delivery

hazaszeretet n love of one's country, patriotism

hazatalál v find* one's way home

hazatelefonál v (tele)phone/ring* home

hazatelepít v repatriate

hazatér v return/come* home

hazátlan a homeless, displaced, exiled

hazaút, hazautazás n homeward travel, homeward/return journey; *(repülővel)* return flight

hazavisz v *(vkt pl. kocsin)* take* sy home, give* sy a lift home; *(csak vmt)* carry home

házbeli I. a of one's house *ut.* **II.** n a ~**ek** the tenants [of the house]

házbér n rent

házbizalmi n kb. house warden

házépítés n house-building

házfelügyelő n caretaker, porter, US janitor

házgondnok n kb. warden

házgyári a ~ **építkezés** system-building; ~ **ház** prefab (house)

házhely n building site/plot, *(főleg US)* building lot

házi I. a household, house-, home-, domestic; *(otthon készült, nem gyári stb.)* home-made; ~ **feladat** home-work, home task; ~ **használatra** for domestic use; ~ **kabát** smoking-jacket; ~ **készítésű** home-made; ~ **koszt** home cooking; ~ **központ** *(telefon)* switch-board; ~ **munka** *(= otthon végzett munka)* work done at home → **házimunka;** ~ **őrizet** house arrest; ~ **patika** *(vk lakásában)* medicine chest/cupboard/cabinet; ~ **ruha** indoor clothes *pl*; *(női)* housecoat; ~ **sütetű** home-baked; ~ **telendők** = **háztartási** *munka*; ~ **telefon** internal phone, intercom, GB Tannoy **II.** n a ~**ak** (1) = **házbeliek** (2) *(a család)* members of one's/the household

háziállat n domestic/farm animal

házias a house-proud; *(férfi)* domesticated, *tréf* house-trained

háziasság n domestic virtues *pl*

háziasszony *n* **1.** *(otthon)* lady of the house, housewife°; *(vendégségkor)* hostess **2.** *(szállásadó)* landlady
háziasszonyi *a* ~ **teendőket végez** keep* house, run* the house
házibuli *n biz* party, get-together; *biz* bash, thrash
házicipő *n* slippers *pl*
házigazda *n (otthon)* master/man° of the house; *(vendégségkor)* host
háziipar *n* domestic/cottage industry, handicraft(s)
háziipari *a* of/for domestic industry *ut.*; ~ **termék** (peasant) craft-product
házikenyér *n* home-baked bread, *GB kb.* crusty bread
házikó *n* small house, cottage
házikolbász *n* home-made sausage
háziköntös *n* dressing gown, *US* bathrobe
házilag *adv (készítve)* home-made
házilagos *a* ~ **kivitelben épül** the owner is building it himself
házimunka *n* = **háztartási** *munka*
házinyúl *n* tame/pet rabbit, hutch-rabbit
háziorvos *n* family doctor
házirend *n* rules of the house *pl*
háziszőttes *n (szőttesfajta)* homespun
házitanító *n* (private) tutor
házitészta *n* home-made vermicelli *pl*, home-made pasta ⇨ **tészta 2.**
házityúk *n* hen
háziúr *n* landlord
házivarrónő *n* visiting seamstress
házkezelőség *n kb.* housing department
házkutatás *n* house search; ~**i parancs** search warrant; ~**t tart** search/raid sy's premises
házmegbízott *n kb.* chairman° of the residents' association
házmester *n* = **házfelügyelő**
házőrző *a* ~ **kutya** watch/house-dog
házrész *n* part of a house-property
házsor *n* row of houses, terrace
házszám *n* street-number
házszentelő *n* house-warming
háztáji *a* ~ **gazdaság** household (farming) plot, small family plot, family farming plot; ~ **gazdálkodás** household (v. small-scale) farming
háztartás *n vké* household; *(mint tevékenység)* housekeeping; ~**t vezet** keep* house (vkét for sy); **vkvel közös** ~**ban él** live (together) with sy
háztartásbeli *n* housewife°, *US* homemaker
háztartási *a* ~ **alkalmazott** domestic, (home) help; ~ **bolt** household stores *pl*;

(felirat) housewares *pl*; ~ **cikkek** household goods/commodities, housewares; ~ **eszközök/felszerelések** household utensils/equipment; ~ **gépek/készülékek** household appliances, labour-saving devices; ~ **munka** (domestic) chores *pl*, housework; ~ **szemét** (household) rubbish
háztartáspénz *n* housekeeping (money)
háztelek *n* building site/plot, *(US)* building lot
háztető *n* roof, housetop
háztömb *n* block (of houses)
háztulajdonos *n* house-owner
hazud|ik *v* tell* a lie, lie*; **nagyot** ~**ik** tell* a big lie; **nagyokat** ~**ik** tell* a pack of lies; **szemtelenül** ~**ik** lie* in one's throat/teeth; **úgy** ~**ik, mintha könyvből olvasná** be* an arrant liar
hazudoz|ik *v* be* given to lying
hazug *a* **1.** *(ember)* lying, telling lies *ut.*; ~ **ember** liar **2.** *(valótlan)* mendacious, untrue, not true
hazugság *n* lie; **ártatlan** ~ white lie; **merő** ~ pure fabrication; ~**on kap vkt** catch* sy telling lies; ~**ra vetemedik** resort to lies
hazulról *adv* from home
házvezetőnő *n* housekeeper
házsártos *a* quarrelsome, cross-grained, cantankerous; *(nő)* shrewish; ~ **nő** shrew, termagant
házsártoskod|ik *v* quarrel *(US* -l), bicker; *(állandóan)* nag
hdgy = *hadnagy* second lieutenant *(röv* 2nd Lt.)
H-dúr *n* B major
hé! *int* hey!, hallo there!, hello!, *US így is:* hi!; *(állathoz)* whoa!
hebeg *v* stutter, stammer
hebegés *n* stutter(ing), stammer(ing)
hébe-hóba *adv* now and then/again, occasionally, once in a while
hebehurgya *a* thoughtless, scatter-brained, harum-scarum
héber *a/n* ~ **(nyelv)** Hebrew; ~**ül tanul** learn* Hebrew; ~**ül** *(v.* ~ **nyelven)** *(van írva)* (be* written) in Hebrew
Hebridák *n pl* the Hebrides
hecc *n* **1.** *(hercehurca)* bother, fuss **2.** *(mulatság)* prank, joke; **jó** ~ **volt** it was a lark/scream, it was a great joke; **a** ~ **kedvéért, csak úgy** ~**ből** for the fun/hell of it
heccel *v* **1.** *(ugrat)* tease, chaff, kid, have* sy on; *(közbeszólásokkal)* heckle; *(vkt vk ellen)* egg sy on, stir it up (between X and Y) **2.** *(állatot)* set* on, urge on

hecsedli *n* rose-hip jam
hecsedlilekvár *n* = **hecsedli**
heg *n* scar, cicatrice
heged *v (seb)* heal (up), skin/scar over
hegedű *n* violin
hegedűest *n* violin recital
hegedűgyanta *n* rosin, colophony
hegedűhúr *n* violin string
hegedűiskola *n (kezdő)* violin tutor; *(rész-
letes)* violin school
hegedűkészítő *n* violin builder
hegedül *v* play the violin
hegedűművész *n* violinist, violin virtuoso
hegedűóra *n* violin lesson
hegedűs *n* violinist, violin-player; **első** ~
leader
hegedűszó *n* sound of violins *(v.* of the
violin)
hegedűtanár *n* violin teacher, teacher of
(the) violin
hegedűtok *n* violin case
hegedűverseny *n* violin concerto; **D-dúr**
~ violin concerto in D major
hegedűvonó *n* bow
hegemónia *n* hegemony, supremacy (over)
heges *a* scarred, cicatrized
hegesedés *n* scar, cicatrice
hegesed|ik *v* scar over
hegeszt *v (fémet)* weld; ~**ett** welded
hegesztő I. *a* welding **II.** *n* welder
hegesztőpisztoly *n* welding torch
hegy[1] *n földr* mountain; *(kisebb)* hill; **a** ~
oldalán on the hillside; **a** ~**ekben él** live
in the mountains/highlands; ~**nek föl**
uphill; ~**ről le** downhill; ~**et mászik**
climb mountains, mountaineer; *(rendszere-
sen, sportból)* be* a(n) mountaineer/alpinist
hegy[2] *n (ceruzáé, kardé, késé, tűé)* point;
(lándzsáé, ujjé, nyelvé, nyílé, orré) tip; *(tollé)*
nib; *(toronyé)* top
hegycsoport *n* range of mountains, moun-
tain range
hegycsúcs *n* peak (of mountain), mountain-
top, summit
hegycsuszamlás *n* landslide; *(kisebb)*
landslip
hegyén-hátán *adv* egymás ~ [being]
topsy-turvy, all in a heap; **minden egy-
más** ~ **áll** everything is cluttered up
hegyen-völgyön *adv* ~ **át** over hill and
dale; ~ **túl** far away
hegyes[1] *a (vidék)* mountainous [region,
area]; ~**(-dombos)** hilly [country]
hegyes[2] *a (tárgy)* pointed, sharp; ~ **orrú**
sharp-nosed; ~ **szerszám** sharp/pointed
tool/instrument

hegyesszög *n* acute angle
hegy- és vízrajzi *a* **Magyarország** ~
térképe orographic and hydrographic map
of Hungary
hegyetlen *a (tompa)* blunt
hegyez *v* **1.** *(ceruzát)* sharpen [pencil] **2.** ~ **i**
a fülét prick up one's ears
hegyező *n* sharpener
hegyfok *n (tengerbe nyúló)* headland; *(me-
redek nyúlvány)* peak
hegygerinc *n* (mountain) ridge
hegyhát *n* ridge of a hill
hegyi *a* mountain(-), of the mountain(s) *ut.*;
H ~ **beszéd** Sermon on the Mount; ~ **la-
kó** mountain dweller, highlander; ~ **legelő**
alpine pasture
hegyibetegség *n* mountain sickness
hegyivadász *n* mountain rifleman°
hegyláb *n* foot of the/a mountain
hegylánc *n* mountain range, range of moun-
tains, mountain chain
hegymászás *n* mountaineering, alpinism
hegymászó *n* mountaineer, alpinist; ~ **bot**
alpenstock; ~ **cipő** climbing/mountaineer-
ing boot(s)
hegymenet *n* uphill passage; ~**ben** uphill
hegyoldal *n* mountainside, hillside, slope
hegyomlás *n* landslide; *(kisebb)* landslip
hegyrajz *n* orography → **hegy- és vízraj-
zi**
hegység *n* mountains *pl*, mountain range/
chain
hegyszoros *n* (mountain) pass, defile
hegytető *n* mountaintop, top/crest- (of the
mountain/hill)
hegyvidék *n* mountainous region/area, hilly
country, mountains *pl*, highlands *pl*
hehezetes *a* ~ **ejtés** aspiration
hej! *int* oh!; *(lelkesítve)* hey!, heigh-ho!
héj *n (alma, körte, barack, burgonya, hagy-
ma)* skin; *(tojás, dió)* shell; *(dinnye, sajt,
alma)* rind; *(kenyér)* crust; *(lehámozott)*
peel, peelings *pl*, parings *pl*; ~**ában főtt
burgonya** baked potato(es), potatoes
cooked/baked in their jackets *pl*; **kemény
~ú gyümölcs** hard-shelled fruit
héja *n* **1.** kite, hawk, goshawk **2.** *(háború-
párti)* hawk
héjas *a* having a shell/skin *ut.*, shelled
hektár *(röv* **ha)** *n* hectare *(röv* ha)
hektó, hektoliter *(röv* **hl)** *n* hectolitre *(US*
-ter) *(röv* hl)
hekus *n tréf, biz* cop, *GB* bobby, *US* fuzz;
~**ok** cops, *US* □ the fuzz
helikopter *n* helicopter, *biz* chopper
helikopter-repülőtér *n* heliport

hélium *n* helium
hellén I. *a* Hellenic, Greek II. *n* Hellene, Greek
helsinki *a* Helsinki; **a ∼ folyamat** the Helsinki process; **a H∼ záróokmány** the Helsinki Final Act
hely *n* 1. *ált* place; *(férő)* room, space; *(ülő)* seat, place; **nincs ∼** there is* no room, it is* full up; **a ∼e és az ideje vmnek** the time and (the) place; **nincs ∼e a tréfának** [this is*] no laughing matter; **hol a ∼e?** *(vm tárgynak)* where does it go?; **∼ébe lép** succeed/replace sy, take* sy's place; **képzeld magad a ∼embe** put* yourself in my place/shoes; **∼ben** (1) in/at the place, locally, on the spot/premises (2) *(levélen)* local; **(én) a (te) ∼edben** if I were you; **∼ből ugrás** standing jump; **∼hez köt** localize; **maradj a ∼eden** keep* your place/seat, stay put!, stay where you are; **első/második ∼en áll be*** in the first/second position, stand* in first/second place; **∼én van a szíve** his heart is* in right place; **nincs a ∼én** *(tárgy)* it is* not in its proper place, it's in the wrong place; **nincs ∼én** *(megjegyzés)* be* out of place; **∼ére tesz vmt** *(vissza)* return sg to its place, put* sg back (in its place); **∼re váró utas** standby (passenger); **∼éről elmozdít** shift, oust; **∼t ad vmnek** admit sg; *(fellebbezésnek)* grant [an appeal]; **∼et ad vknek** make* room for sy; *(ülőhelyet)* offer a seat/place to sy; **∼et foglal** (1) take* a seat, seat oneself (2) *(lefoglal)* reserve a seat; **(kérem,) foglaljon ∼et** please take a seat, please be seated; **sok ∼et foglal el** *(v. vesz igénybe)* take* up a lot of room; **∼et kérek!** make* way please!, mind your backs!; **hellyel (meg)kínál vkt** offer a seat to sy, ask sy to take a seat 2. *(színhely)* spot, scene; *(épületé)* site; *(vidék, tájék)* locality, spot, place, district 3. *(írásmű része)* passage, place; **az idézett ∼en** in the passage quoted, *röv* **i. h.** loc. cit. 4. *(állás)* position, situation, job; **∼et keres** look for a job; *(hirdetésben)* situations/jobs wanted 5. *(ösztöndíjas)* place ⇨ **ész**
helyár *n* price of seat(s)
helybeli I. *a* local, of this place *ut.*; **∼ lakosság** local/resident population, *biz* the locals II. *n* **a ∼ek** the local population *sing.*, *biz* the locals
helyben *adv* → **hely**
helybenhagy *v* 1. = **jóváhagy** 2. *biz (megver)* thrash sy (within an inch of his life), give* sy a good hiding

helybenhagyás *n* = **jóváhagyás**
helycsere *n* change of place
helyenként *adv* here and there, in some places; **∼ zivatarok** local showers
helyénvaló *a* fitting, proper, appropriate, suitable; **∼ megjegyzés** an apposite remark; **nem ∼** out of place *ut.*, improper
helyes *a* 1. *(megfelelő, helyénvaló)* right, proper, fitting, sensible; *(korrekt)* correct; *(számszerűen)* accurate; **∼ angolság** good English; **∼ okoskodás** sound reasoning; **∼ úton van** be* on the right track; **∼nek bizonyult** it turned out to be right; **∼nek talál** = **helyesel; nem ∼** not right, incorrect; **ez nem ∼** I disapprove (of it), I can't/don't agree 2. *biz (vkről)* nice, sweet; *(vmről)* nice, lovely; **∼ kis szoba** a nice little room 3. **(nagyon) ∼!** (that's) right!, quite right/so!; *(beleegyezően)* very well!; all right!; (that's) agreed!; *US biz* okay!, O.K.
helyesbít *v* correct, set*/put* (sg) right, rectify; **∼ek** I'm sorry, I will read that again
helyesbítés *n* correction, rectification
helyesebben *adv* **(vagy) ∼** or rather; or, to be precise; to be more exact ⇨ **vagyis**
helyesel *v* vmt approve of sg, agree to/on sg, sg meets* with sy's approval; **teljes mértékben helyeslem** I fully agree, I'm all for it; **helyesli a tervet** favour the scheme/project/plan; **nem helyeslem** I disapprove (of it), I don't approve (of it), I don't agree
helyesen *adv* rightly, properly, correctly, accurately; **∼ ír** spell* correctly; **nem tud ∼ írni** he can't spell; **∼ ítéli meg a helyzetet** see* things in their true colours *(US* -ors), **∼** see* things in (their proper) perspective ⇨ **helyesebben**
helyesírás *n* spelling, orthography; **rossz ∼sal ír vmt** misspell*, spell* sg wrong; **jó a ∼a** sy's/one's spelling is good; **rossz a ∼a** sy's/one's spelling is poor, be* a bad speller
helyesírási *a* spelling, orthographical; **∼ hiba** spelling mistake, misspelling; **∼ szótár** orthographical dictionary
helyeslés *n* approval, approbation; *(lelkes)* acclamation; **általános ∼re talál** meet* with general acceptance/approval
helyeslő *a* approving; **∼ fejbólintás** nod of approval; **∼en/∼leg bólint/int** nod one's approval/assent/agreement
helyett *post* instead of, in place of; **e ∼ a könyv ∼** instead of this book; **az igazgató ∼** *(aláírásnál)* for/p.p. the Director; **∼em** instead of me, on my behalf

helyettes I. *a* deputy, assistant; ~ **igazgató** deputy/assistant director/manager; ~ **tanár** supply teacher II. *n (állandó)* deputy; *(kisebb beosztásban)* assistant; *(alkalmilag)* sy's substitute; *(főleg orvosé, lelkészé)* sy's locum; *(igazgatóé stb. átmenetileg)* the acting director/manager/president etc.; **a miniszter első** ~**e** (the) Minister's First Deputy; **vállalatvezető-**~ deputy manager; ~**t állít** arrange for a substitute
helyettesít *v* 1. *vkt* deputize/substitute for sy, stand* in for sy, be* sy's substitute/ deputy [while he is away], *biz* sub for sy; *(orvost, lelkészt)* be* sy's locum 2. *vmt vmvel* substitute sg for sg, replace sg by/with sg
helyettesítés *n* 1. *vké* deputyship; *isk* supply teaching; **sok** ~ **volt az idén iskolánkban** we had a lot of supply teachers at (the) school this year 2. *vmé* substitution (of sg by/with sg)
helyez *v* 1. *vmt vhova* place, put*, lay* *(mind:* sg swhere); **a polcra** ~**i a könyveket** place/put* the books on the shelf; **a földbe** ~**ik a csöveket** lay* the pipes in the ground 2. *sp* ~**i a labdát** place the ball 3. *(vkt munkakörbe, hivatalba)* appoint (sy) to, place sy swhere; **az irodára** ~**ték** (s)he was transferred to the office; **Pestre** ~**ték** *(pl. tanárt, bírót stb.)* he was transferred to Budapest ⇨ **letét, remény, súly, szabadlábra**
helyezés *n* 1. *(cselekedet)* placing, putting 2. *sp* place, placing; **jó** ~**t ért el** he was well placed
helyezetlen *a (versenyző, versenyló)* unplaced; *(ló és átv)* also-ran
helyezett *n sp* place winner; **első** ~ winner; **második** ~ placed second *ut.*; *(főnévvel)* runner-up
helyezkedés *n* 1. *sp* positioning 2. *átv* jockeying for position
helyezked|ik *v* 1. *vhol* take* up a place somewhere; **kényelembe** ~**ik** make* oneself comfortable 2. *sp* position oneself 3. *(érvényesülést keresve)* jockey/manoeuvre *(US* maneuver) for position; **jól** ~**ik** *biz kif* he's a smooth operator 4. **vm álláspontra** ~**ik** take* a (point of) view, take* the view (that . . .)
helyfoglalás *n (seat)* reservation, advance booking; **intézi a hely- és szobafoglalást** make* the bookings
helyfoglalási *a* ~ **díj** reservation fee
helyhatározó *n* adverb of place
helyhatározói *a* ~ **mellékmondat** adverbial clause of place

helyhatóság *n* local authority, *US* municipality
helyhatósági *a* municipal, local; ~ **bizonyítvány** certificate of the local authority
helyi *a* local; ~ **beszélgetés** local call; ~ **érték** *mat* place-value; ~ **érzéstelenítés** local anaesthesia *(US* anes-); ~ **idő** local time; ~ **lap** local paper; ~ **önkormányzat** local government/authority; ~ **választások** local/municipal elections; ~ **vonat** local train; ~ **vonatkozású** of local interest *ut.*
helyiérdekű *a* ~ **vasút** suburban/local railway/line
helyiség *n* room, premises *pl*
helyismeret *n* local knowledge
helyjegy *n* reserved seat (ticket); ~**et vált** reserve a seat, make* a reservation
helykímélés *n* ~ **céljából** to save space
hellyel-közzel *adv* here and there, now and then, at intervals
helylemondás *n* cancellation
helymeghatározás *n földr* determination/ fixing of position
helynév *n* place-name
helyőrség *n* garrison
helyrajz *n* topography
helyrajzi *a* topographical; ~ **szám** (topographical) lot number [of site]
helyreáll *v* egészsége ~**t** he got well again, he recovered (from an illness); **a rend** ~**t** order was restored
helyreállít *v* 1. *(rongált tárgyat)* repair; *(újjáépít)* rebuild*; *(tataroz)* renovate 2. *(rendet v. vmt eredeti állapotába)* restore; ~**ják a forgalmat** (the) traffic is flowing again (swhere)
helyreállítás *n (rongált tárgyé, épületé)* restoring, restoration, renovation, repair(ing), repairs *pl*; **egészsége** ~**a céljából** to recover/restore one's impaired health
helyrehoz *v* 1. *(megjavít)* repair; *(épületet)* restore; *(gyomrot)* settle 2. *(jóvátesz)* put* sg right, make* amends for sg, remedy (sg)
helyrehozhatatlan *a* irremediable, irreparable, beyond/past repair *ut.*
helyrehozható *a* reparable, redeemable
helyreigazít *v* 1. *konkr* adjust; *(rendbe hoz)* set* (sg) right, set* (sg) to rights 2. *átv* rectify; *(téves közlést)* correct
helyreigazítás *n átv* rectification, correction; *(tiltakozó)* disclaimer
helyrejön *v (az egészsége)* get* well, be* restored to health
helyrepofoz *v* lick into shape

helyretesz v. *(ficamot)* reduce [a dislocated joint etc.]

helyreutasít v put* sy in his place

helység n **1.** *ált* place, locality **2.** *(község)* community

helységnév n place-name

helyszín n locale, locality, the scene of sg; *(pl. konferenciáé)* venue; **a ~en** on the spot/scene; **(még) ott a ~en** then and there

helyszínelés n = **helyszíni** *szemle*

helyszíni a ~ **bírságolás** on-the-spot fine; *(a cédula)* ticket; *(tiltott parkolásért)* parking-ticket; ~ **közvetítés** running commentary (on); *kif* sg is broadcast live, outside broadcast; ~ **szemle** examination on the spot, visit to the scene; ~ **vizsgálat** on-the--spot investigation

helyszűke n shortage of space; ~ **miatt** for lack of space

helytáll v **1.** *(küzdelemben)* hold*/stand* one's ground, hold* on; *(megállja a helyét vmben)* hold* one's own (with sg), cope with sg; ~ **a tanulásban** keep* up with one's work **2.** *(vállalja a felelősséget vmért)* take*/accept responsibility for sg; ~ **szavaiért** stand* by one's word **3.** *(állítás, érv stb. érvényes)* be* (still) valid

helytálló a **1.** *(megbízható)* reliable **2.** *(elfogadható)* acceptable, apposite; *(érv)* sound; **nem** ~ untenable; *kif* it doesn't stand up

helytartó n governor, (vice-)regent

helytelen a **1.** *(nem pontos/igaz)* incorrect, inaccurate, faulty, wrong; ~ **használat** wrong use; ~ **nyelvhasználat** solecism **2.** *(viselkedés)* improper, inappropriate, unbecoming [conduct]

helytelenít v disapprove of, deplore, condemn

helytelenked|ik v misbehave (oneself); *(gyerek)* be* naughty; **ne ~j!** behave yourself!, be good!

helytelenül adv wrongly, incorrectly; ~ **jár el** act wrongly; ~ **fejezi ki magát** express oneself incorrectly; ~ **használ egy szót** use a word in the wrong sense; ~ **ír egy szót** spell* a/the word wrong; ~ **ítéli meg a helyzetet** misjudge the situation

helyváltoztatás n change of place, displacement

helyzet n **1.** *(tárgyé)* situation, position; *(testi)* posture, attitude, position; **fekvő ~ben** in a lying position **2.** *(fekvés)* setting; site **3.** *(társadalmi)* social standing/status/position; **a munkások ~e** the situation/position/condition of the workers **4.** *(dol-*

goké ált) situation, position, circumstances *pl*, state of affairs/things; **kedvező** ~ favourable/happy position; **akármi legyen is a** ~ be that as it may; **ez a** ~ (1) this is how things stand (2) *(és ezen már nem lehet változtatni)* that's that, that's (all there is* to) it; **lássuk, mi a** ~ let's see how we stand; *biz* let's see how the land lies; **a** ~ **az, hogy** the fact/thing is* (that); **miután az a** ~ **(, hogy)** that being the case; **a** ~ **most egészen más** *biz* the boot is now on the other foot; **nehéz ~be hozott** he/it put me in an awkward position (v. on the spot v. in(to) a tight corner); **abban a ~ben van** *(hogy vmt megtehet)* be* in a position to do sg; **a jelen ~ben** as things stand, in the present situation, at this juncture; **kihasználja a ~et** use the opportunity, make* the best of it/sg **5.** *sp* = **gólhelyzet** ⇨ **kellemetlen, magaslat, nehéz**

helyzeti a ~ **energia** potential (energy)

helyzetjelentés n report on the situation, progress report; ~**t ad** give* a progress report, report progress

helyzetkép n general survey

helyzetkomikum n farce, situation comedy, farcical situation

helyzetlámpa n side lamp

hematológia n haematology (*US* hem-)

hemoglobin n haemoglobin (*US* hem-)

hempereg v roll/tumble about

hemperget v roll

hemzseg v **1.** *(emberektől)* swarm with; *(állatoktól)* teem with **2.** *(tévedésektől, hibáktól)* teem with, be* riddled with

henceg v brag, boast

hencegés n bragging, boasting

hencegő I. a bragging, boastful **II.** n braggart, show-off

henger n *ált* cylinder; *(simító, mezei, textilnyomó)* roller; *(festéshez)* (paint) roller; *(írógépé)* cylinder, platen; *(gépkocsiban)* cylinder; ~ **alakú** cylindrical

hengerel v **1.** *(utat)* roll (down) **2.** *(szövőüzemben)* calender, mangle **3.** *(fémet)* roll, flat(ten) **4.** *átv* sweep* into the lead; *(nyer)* win* hands down

hengerelt a **1.** *(út, fém)* rolled **2.** *tex* calendered

hengeres a cylinder-, cylindric(al), provided with rollers *ut.*; **nyolc~ motor** an eight--cylinder engine

hengerfejtömítés n cylinder-head gasket

hengerít v roll, trundle

hengermalom n rolling/cylinder mill

hengermű n rolling mill

hengersor *n* set of rollers
hengerűrtartalom *n* cylinder capacity
Henrik *n* Henry; **VIII.** ~ Henry VIII
hentereg *v* = **hempereg**
hentes *n* (pork-)butcher, the butcher's; **a** ~**hez megy** go* to the butcher's
hentesáru *n* (cooked) meats, sausages *(mind: pl)*
hentesüzlet *n* butcher's shop, the butcher's; *(csarnokban)* butcher's stall
henye *a* idle, lazy, indolent
henyél *v* idle/laze/lounge around/about, do* nothing
henyélés *n* idling, lounging
hepciáskod|ik *v* bully, bluster, behave arrogantly
hepehupás *a* bumpy, rough, uneven [road]
herbárium *n* herbarium *(pl* herbaria)
herceg *n (GB királyi)* prince; *(nem királyi)* duke
hercegi *a (GB királyi)* princely; *(nem királyi)* ducal; ~ **cím** the title of prince/duke
hercegnő *n (kontinensen, angol királyi)* princess; *(nem királyi)* duchess
hercegség *n* **1.** *(rang)* princely/ducal rank; *(cím)* the title of prince/duke **2.** *(terület)* principality, duchy **3.** *(mindkettő)* princedom, dukedom
hercehurca *n* running around/about bother
here *n* **1.** *(méh)* drone **2.** *(emberről)* drone, idler, parasite; ~ **módjára él,** ~ **életmódot folytat** lead* an idle life **3.** *(testrész)* ~**k** testicles, *biz* balls
herél *v* (hímet, ált) castrate; *(lovat)* geld; *(macskát)* neuter
herélés *n* (hímé, ált) castration; *(lóé)* gelding; *(macskáé)* neutering
herélt I. *a* (hím, ált) castrated; *(ló)* gelded; *(macska)* neutered II. *n* **1.** *(ember)* eunuch **2.** *(ló)* gelding
herezacskó *n* scrotum *(pl* -ta *v.* -tums)
hergel *v* = **heccel**
hering *n* herring; **(sózott és) füstölt** ~ kipper; **mint a** ~**ek** packed like sardines
herkulesi *a* Herculean [effort]
hermelin *n* ermine
hermetice, hermetikusan *adv* hermetically [sealed]
hernyó *n* caterpillar, worm
hernyóselyem *n* genuine/pure silk
hernyótalpas *a* ~ **traktor** caterpillar-tractor, *biz* cat
hernyóz *v* destroy caterpillars
heroikus *a* heroic
herpesz *n (herpes labialis)* herpes, cold sore
hervad *v* fade, wither, droop, languish

hervadhatatlan *a* unfading, imperishable; ~ **érdemeket szerez** win* sy's undying/everlasting gratitude by/with
hervadoz|ik *v* be* fading/withering, languish
hervadt *a* **1.** *(virág)* faded, withered **2.** *(szépség)* faded [beauty]; *(arc)* sagging [cheeks]
hess *int* shoo!, boo!
hesseget *v* = **elhesseget 1.**
hét[1] *num* seven; **négytől** ~**ig** from four to/till seven; **este** ~**ig** until seven in the evening, till seven p.m.; ~ **órakor,** ~**kor** at seven; ~**re** *(időpont)* at seven; *(határidő)* by seven
hét[2] *n (hét nap)* week; **két** ~ two weeks *pl,* *GB* a fortnight; **ma egy hete** this day last week, a week ago (today), it is* just a week since ...; **jövő** ~**en** next week; **kétszer egy** ~**en** twice a week; **minden** ~**en** every week; **keddhez egy** ~**re** Tuesday week, a week on Tuesday, *US* a week from Tuesday; **mához egy** ~**re** today week, a week hence, a week (from) today; **holnaphoz egy** ~**re** tomorrow week; **egy** ~**re** for a week; ~**ről** ~**re** from week to week, week in week out; **egy** ~**tel elhalaszt** postpone *(v.* put* off) for a week, put* sg back a week
heted *n* seventh ⇨ **szeptim**
hetedhét országon túl far away, behind the beyond
hetedik I. *num a* seventh; **f. hó** ~**én** on the seventh of this month; *(csak üzleti levélben)* on the 7th inst.; **a** ~ **mennyországban van** be* in (the) seventh heaven; ~ **osztály** the seventh class/from *(US* grade) II. *n isk* ~**be jár** be* in the seventh form/class *(US* grade)
hetedikes I. *a* ~ **tanuló** pupil in the seventh class/form *(US* grade) II. *n* seventh-form *(US* grade) pupil
hetedíziglen *adv* for generations
heten *num adv* seven (people), seven of them/us/you; ~ **vagyunk** we are* seven, there are seven of us
hetenként *num adv* weekly, every week; ~ **egyszer** once a week
heterogén *a* heterogeneous, dissimilar, mixed
hetes[1] I. *a* **1.** ~ **csoportokban** in batches/groups of seven, seven at a time; ~ **szám** the number seven; ~ **számú szoba** room (number) seven *(v.* No. 7) **2.** *biz* **a** ~ **vonat** the train leaving at 7, the seven o'clock train II. *n* **1.** *(szám)* (the number/

figure) seven; *(kártya)* the seven **2.** *(busz)* the number seven *(v.* No. 7) bus, bus number seven

hetes[2] **I.** *a (életkor)* ... weeks old *ut.,* of ... weeks *ut.; (vmennyi hétig tartó)* ... weeks', lasting ... weeks *ut.;* **két~ csecsemő** a baby two weeks old, a two-week-old baby; **több~ esőzés** several weeks of rain **II.** *n (szolgálatban)* person on duty for a/the week; *isk* monitor

hetet-havat összehord *v* talk nonsense/drivel/balderdash, drivel *(US* -l) (about)

hétéves *a* seven years old *ut.,* seven-year-old

hétféle *a* seven kinds/sorts of

hétfő *n* Monday; ~ **reggel** Monday morning; ~n on Monday; **jövő** ~n next Monday; **múlt** ~n last Monday; **minden** ~n on Mondays, every Monday, *US* így is: Mondays; ~n **este** Monday evening/night; ~re by Monday

hétfői *a* Monday, of Monday *ut.,* Monday's; **a** ~ **nap folyamán** in the course of Monday, on Monday; **egy** ~ **napon** on a Monday; **a múlt** ~ **napon** last Monday; **a múlt** ~ **hangverseny** last Monday's concert; **a jövő** ~ **óra** the lesson next Monday, next Monday's lesson

hétfőnként *adv* every Monday, on Mondays, *US* így is: Mondays

heti *a* weekly, (a) week's, of ... weeks *ut.;* ~ **3 órában** three hours a week; ~ **3 órában tanul angolul** do*/study English (for) three hours a week; **e** ~ this week's, of this week *ut.;* **jövő** ~ next week's; **múlt** ~ last week's

hetibér *n* weekly pay, a week's wages *pl*

hetijegy *n* weekly (season) ticket, weekly pass; *(londoni közlekedésben)* travelcard [weekly]

hetilap *n* weekly (paper)

hetivásár *n* weekly market/fair

hétköznap *n* weekday; ~**okon** on weekdays

hétköznapi *a* **1.** *(hétköznapra eső)* weekday-; ~ **ruha** everyday/casual clothes *pl* **2.** *átv* everyday; ~ **nyelven** in common parlance/usage, in everyday speech/language

hétpecsétes *a* ~ **titok** closely-guarded secret, top secret

hétpróbás *a* ~ **gazember** an utter/unmitigated scoundrel

hétrét *adv* ~ **görnyed** (1) stoop, bow very lowy (2) *(vk előtt átv)* kowtow (to sy)

hétszámra *adv* by the week

hétszáz *num* seven hundred

hétszer *num adv* seven times

hétszeres *a* sevenfold

hétszeri *a* seven times repeated *ut.*

hétszög *n* heptagon

hétvég(e) *n* weekend; **vhol tölti a** ~**ét** spend* the weekend (at), weekend (at); ~**eken** (at) weekends, during every weekend, *US* (on) weekends; **a** ~**én** during/at the weekend; **a** ~**ére** during/over the weekend; ~**ére elmegy vhová** go* away for the weekend; **hosszú** ~ long weekend

hétvégi *a* weekend; ~ **ház** weekend cottage; ~ **kirándulás** weekend excursion/trip; ~ **kirándulást tesz** go* away for the weekend; ~ **kiránduló** weekender

hetven *num* seventy

hetvenedik *num a* seventieth

hetvenes I. *a* seventy; **a** ~ **évek** the seventies *(v.* the 70s *v.* 1970s) **II.** *n* **1.** *(szám)* (the number) seventy **2.** *biz vk (* ~ *éveiben van)* be* in one's seventies; septuagenarian

hetvenéves *a* seventy years old *ut.,* seventy-year-old

hetvenked|ik *v* bluster, brag

hetyke *a* cocky, impudent; *(leány)* pert; *(fiú)* raffish

hév *n* **1.** *(hőség)* heat **2.** *átv* heat, ardour, fervour *(US* -or), zeal; **a pillanat hevében** in the heat of the moment; **csak ne olyan** ~**vel!** cool it!, simmer down!; ~**vel** enthusiastically, (fired) with enthusiasm, zealously, ardently; **nagy** ~**vel dolgozik** hammer away

HÉV *n* = **helyiérdekű vasút**

heveder *n* **1.** *ált* strap, band **2.** *(gépé)* belt

heveny *a* acute

hevenyészett *a* improvised, makeshift; *elít* hasty; ~ **vázlat** rough sketch

hever *v* **1.** *vk* lie*, be* lying; *(lustán)* lie*/loll about* **2.** *(tárgy)* lie* (idle/unused); *(szerteszét)* lie* scattered/about, be* strewn about

heverész|ik *v* be* lying; *(lustán)* lie*/loll about*

heverő I. *a* **1.** *(ember)* lying; *(lustálkodva)* idle **2.** *(tárgy)* lying about *ut.; (pénz)* idle, uninvested [money] **II.** *n (bútor)* single bed, (studio-)couch, divan; **ágyneműtartós** ~ storage divan

heves *a* **1.** *ált* violent **2.** *(ember, természet)* impetuous, violent, passionate, hot(-tempered) **3.** *(fájdalom)* violent, intense, acute, sharp [pain] **4.** *(harc)* fierce, bitter [fighting] **5.** *(szél)* high, keen, tempestuous [wind] **6.** *(vita)* heated [debate]

hevesked|ik *v* be* hot-tempered/headed, flare up; **ne** ~**j!** *biz* cool it!, keep your shirt/hair on!

heveskedő *a* hot-headed, hot/quick-temper-ed, fiery

hevesség *n* **1.** *ált* violence **2.** *(fájdalomé)* violence, intensity **3.** *(emberé, természeté)* impetuosity, violence, passion, vehemence, hotness **4.** *(harcé)* fierceness, bitterness

hevít *v* **1.** *(forróvá tesz)* heat, make* hot **2.** *átv* fire, incite, stimulate

hévíz *n* **1.** *(meleg víz)* (thermal) waters *pl* **2.** H~ *(fürdőhely)* the thermal baths at/of Hévíz

hevül *v* **1.** *(tárgy)* get*/become*/grow* hot; *(izzva)* glow **2.** *vk* get* heated, fire; *vmért* be* enthusiastic (about sg)

hevülékeny *a* inflammable [temperament], fiery [temper], impulsive [nature]

hevülés *n* **1.** *vmé* heating, growing hot **2.** *vké* enthusiasm

hevület *n* enthusiasm, ardour, zeal

hexaéder *n* hexahedron

hexameter *n* hexameter

hexensussz *n* lumbago

-hez *suff* → **-hoz**

hézag *n* **1.** *(nyílás)* gap; *műsz* clearance **2.** *átv* deficiency, shortcoming; ~ot pótol fill a (long-felt) gap, supply a (long-felt) want; **van vm** ~? □ is there a hitch?

hézagbillentyű *n* space-bar

hézagos *a* **1.** *(nem folytonos)* discontinuous **2.** *átv* imperfect, defective

hézagpótló *a* much/long-needed, supplying a long-felt want *ut.*, filling a long-felt gap *ut.*; *(igével)* fill a gap

hg. = *herceg* prince, duke

hí *v* = **hív**

hiába *adv* in vain, to no purpose/effect/avail, vainly, for nothing; ~ **minden!** all is* in vain, nothing can be done; ~ **beszél** waste one's breath; **nem** ~ not for nothing; **nem** ~ **félt** he was quite right to be afraid; **nem** ~ **jött el** it was worth his coming, he did not come in vain

hiábavaló *a* useless, vain, futile, idle, fruit-less; ~ **erőfeszítés/munka** fruitless ef-fort, *biz* wild-goose chase; **nem volt** ~ it was not in vain

hiány *n* **1.** *ált* want (of sg), lack, absence; *(áruban stb.)* shortage of (sg); *(elégtelenség)* deficiency; *(műveltségben)* gap; **vízben nem volt hiány** there was no lack/short-age of water; **vmnek** ~**ában** for want/lack of sg; ~**t szenved vmben** be* short of sg, be* in want of sg; **nem szenved** ~**t vmben** be* well off (for sg); *(semmiben)* wants for nothing; **vmnek** ~**át érzi** feel* the want of sg; ~**t pótol** fill/stop a gap;

régóta érzett ~**t pótol** (sg) meets* a long-felt want **2.** *(költségvetési)* deficit; *(pénztári)* amount missing; **a** ~**om 10 dol-lár** I am 10 dollars short/out

hiánybetegség *n* deficiency disease, vit-amin deficiency

hiánycikk *n* article/commodity/goods in short supply, scarce commodity; *(eladó vála-sza)* (sorry,) it's out of stock

hiányérzet *n* ~**e van** miss sg

hiányjegyzék *n* missing-list

hiányjel *n* **1.** *(szótag kiesését jelölő)* apo-strophe **2.** *(beszúrást jelölő)* caret, insertion mark

hiányol *v* *(hiányát érzi)* miss (sg/sy), find* (sg) wanting (in sy)

hiányos *a* defective, imperfect, deficient, in-complete, scant(y), insufficient; ~ **táplál-kozás** malnutrition; ~**an öltözve** scantily dressed/clad; ~**nak bizonyul** be* found wanting

hiányosság *n* deficiency, defectiveness, in-sufficiency, scantiness; shortcoming(s); *(műveltségben)* gap; **a táplálkozás** ~**a** malnutrition; **a munka** ~**ai** the deficien-cies of the work; **eszközeink** ~**a** the in-adequacy of our means

hiánytalan *a* complete, entire, full, whole; ~**ul visszafizette** repaid the sum in full

hiányzás *n* **1.** *(vm nincs meg)* lack, want (of sg) **2.** *(távollét)* absence

hiány|ik *v* **1.** *(nincs jelen)* be* absent **2.** *(nincs meg)* be* missing/wanting/lacking; *(nem található)* be* not to be found; **a má-sodik kötet** ~**ik** the second volume is mis-sing; **20 Ft** ~**ik** we are 20 fts short, 20 fts are missing; ~**ik vkből vm (képesség)** be* lacking/wanting in sg **3.** *(hiányérzetet kelt)* miss (sg/sy); **ő igen** ~**ik nekem** I miss her/him very much; **senkinek sem** ~**ik** nobody misses him/it, it's/he's no great loss **4.** *(szükség volna rá)* miss, need, be* wanting (in) sg; **nagyon** ~**ik az eső** rain is sorely/badly needed; **még csak ez** ~**ott!** that's the last straw!, that puts the lid on it

hiányzó I. *a* missing; ~ **láncszem** missing link **II.** *n a* ~**k** *isk* absent pupils

hiátus *n* hiatus

hiba *n* **1.** *(tévedés, mulasztás)* mistake, error, fault, slip; *(baklövés)* blunder; **ez nagy** ~ that's a serious error/mistake; **kinek a** ~**ja** *(v. ~ból történt)?* whose fault is it? who is to blame?; **minden** ~**ja ellenére** for all his faults; **ez az ő** ~**ja** it is* his fault, he is to blame; **ez nem az én** ~**m** it is* not my fault, I am not to blame; **nem az én** ⁓**mból** through no fault of my own; **a válást a férj** ⁓**jából mondták ki** *kb.* she was granted a divorce on the grounds of her husband's adultery; ⁓**t követ el** make* a mistake/slip, make*/commit* an error, err; ⁓**t talál vmben** find* fault with sg, fault sg; **beismeri a** ⁓**ját** admit one's mistake, stand* corrected; ⁓**ul ró fel vknek vmt** blame sy for sg **2.** *(tökéletlenség)* defect, deficiency; *(szervi)* defect; *(működési)* trouble; *(gépé, árué)* flaw; **testi** ⁓ deformity, bodily defect; **csekély gyári** ⁓**val** with a small defect; *(mint felirat)* (slight) seconds **3.** *(jellembeli)* flaw (of character), failing, blemish, fault; *(szépségbeli)* flaw, imperfection ⇨ **becsúszik**

hibabejelentő *n (telefonközpont)* fault-repair service, the engineers *pl*; *(egyéb)* service department

hibaforrás *n* source of error, cause of trouble(s)

hibahatár *n* limit/margin of error

hibajegyzék *n (könyvben)* (list of) errata

hibakereső *n* fault detector

hibapont *n sp* fault, penalty (point); *(lovaglásban)* penalty; ⁓ **nélkül lovagolt** (s)he had a clear round; ⁓ **ot kap be*** penalized

hibás *a* **1.** *vm* defective; deficient, faulty; ⁓ **áru** damaged/bad/defective inferior goods *pl*; *(mint felirat)* (slight) seconds **2.** *(bűnös)* guilty, at fault *ut.*; **ki a** ⁓**?** who is* to blame?; **ő a** ⁓ (s)he is* to blame; **nem** ⁓ *kif* it's not his/her fault, (s)he's* not to blame **3.** *(testileg)* deformed, having a bodily deformity/defect *ut.* **4.** *nyelvt* ungrammatical, bad

hibásan *adv* defectively, wrongly; ⁓ **beszél** speak* incorrectly, slur one's words; ⁓ **ír** (s)he can't spell

hibátlan *a* **1.** *ált* faultless, flawless, perfect *(igével)* has no mistakes (at all) **2.** *(áru)* undamaged, perfect **3.** *(jellem)* perfect **4.** *(nyelvileg)* correct, good **5.** *(számítás)* exact, accurate

hibátlanul *adv* faultlessly, perfectly, without mistake/fault, correctly; ⁓ **beszél angolul** (s)he speaks* faultless English, her/his English is perfect

hibáz|ik *v* **1.** *ált* make* a mistake, commit an error **2.** *(lövésnél)* miss [the mark], fail [to hit]

hibáztat *v* blame *(vkt vmért* sy for doing sg); *kif* lay* sg at sy's door; **kit** ⁓**sz érte?** who(m) do you blame for it?, whose fault do you think it is?

hibbant *a* cracked, mad, crazy

hibernál *v* hibernate

hibernálás *n* hibernation

hibrid *a/n* hybrid

híd *n* bridge; **átmegy a** ⁓**on** cross the bridge; *(kocsival)* drive* across the bridge; **hidat épít** build* a bridge (over/across a river); **minden hidat felégetett maga mögött** he'd burnt his boats

hideg I. *a* **1.** *ált* cold; *(időjárás)* cold, chilly; ⁓ **étel(ek)** cold foods/dish(es)/meal(s); ⁓ **hús(étel)** cold meat, cold cuts *pl*; ⁓ **vacsora** buffet supper; cold table; ⁓ **vérű állat** cold-blooded animal → **hidegvérű**; ⁓ **víz** cold water; *(hűtött, ivásra)* chilled water; ⁓ **idő várható** there is cold weather on the way; ⁓**re fordul** *(v.* ⁓**ebb lesz) az idő** weather turns cold(er) **2.** *(arckifejezés)* stony [look/face]; *(ember)* cold, stand-offish, aloof *ut.*; **se** ⁓, **se meleg** neither hot nor cold, neither fish nor flesh **II.** *n* cold, chill; **5 fok** ⁓ **van** it is* 5 degrees below [zero]; **meddig tart még a** ⁓**?** how long will the cold weather last?; **rázza a** ⁓ (1) be* shivering with coldy (2) *(láztól)* be* shivering with fever, have* the shivers; ⁓**re tesz** (1) *vmt* put* in cold storage, put* in a cool place (2) *(láb alól eltesz, biz)* do* for/in sy

hidegbüfé *n* cold buffet

hidegen *adv* **1.** *(tart)* cold; ⁓ **kell tartani** keep cool, it must be kept in the refrigerator **2.** *átv* coldly, coolly; ⁓ **hagy** *(vkt vm)* leave* sy/one cold, make* no impression on, fail to move (sy)

hidegfront *n* cold front

hidegháború *n* cold war

hideghullám *n* cold wave/spell

hidegkonyha *n* buffet meals *pl*

hideg-meleg *a* hot and cold

hidegpadló *n* cold flooring

hidegrázás *n* the shivers *pl*

hidegsz|ik *vi* = **hideg**re fordul

hidegtál *n* cold dish/plate

hidegvágó *n* cold-chisel

hidegvér *n* coolness, sang froid, nerve; ⁓**!** keep your shirt *(GB* hair) on!, cool it!; **megőrzi a** ⁓**ét** keep* one's head/temper *(v.* □ cool); ⁓**rel** in cold blood; ⁓**rel elkövetett** cold-blooded [murder]

hidegvérű *a (nyugodt)* cool(-headed), calm, self-possessed ⇨ **hideg I.**

hídépítés *n* bridge-building

hídfő(állás) *n* bridgehead

hídmérleg *n* weigh-bridge, platform scale

hídpillér *n* pier

hidraulika *n* **1.** *(tudomány)* hydraulics *sing.*
2. *(szerkezet)* hydraulics *pl*
hidraulikus *a* hydraulic; ~ **fék** hydraulic brake(s)
hidrogén *n* hydrogen
hidrogénbomba *n* hydrogen bomb, H--bomb, fusion bomb
hidroglóbusz *n* ⟨spherical watertank⟩
hidroplán *n* seaplane, hydroplane
hidroterápia *n* hydrotherapy
hídvám *n* † (bridge-)toll
hiedelem *n* belief, supposition; **abban a** ~ben voltam I was under the impression, I thought
hiéna *n* hyena
hierarchia *n* hierarchy
hieroglif(a) *n* hieroglyph
hieroglifikus *a* ~ **írás** hieroglyphies *sing. v. pl*
HIFI, hifi *a/n* HIFI-berendezés/torony, hifitorony hi-fi equipment/set/system/unit, hi-fi, music centre
híg *a* thin, runny
higany *n* mercury, quicksilver
higanyoszlop *n* column of mercury
hígeszű *a* addle-brained, foolish
higgadt *a* sober, settled, calm, cool, serious/ sober-minded
higgadtság *n* soberness, calmness, coolness
higiénia *n* hygiene
higiénikus *a* hygienic
hígít *v (bort)* dilute, water down; *(festéket)* thin *(vmvel* with), add thinner to [paint]
hígítás *n* dilution, watering (down), thinning
hígító *n (oldat)* thinner
hígul *v* become* diluted/thin(ner)
hihetetlen *a* unbelievable, incredible, inconceivable
hihető *a* credible, believable, authentic; **alig** ~ hardly to be believed *ut.*, inconceivable
híja *n* vmnek ~ lack/want of sg; ~ **van** vmnek lack (for) sg, be* short of sg; **kis** ~, **hogy ... nem** all but, almost, nearly; **kis** ~, **hogy el nem gázolták** he was within an ace of *(v.* he only just escaped) being run over *(v.* hit) by a car; **jobb** ~n for want/lack of something better; **öt** ~n **száz** five short of a hundred; **megfelelő utasítás** ~n failing adequate instructions
hím I. *a* male, he- II. *n* male
Himalája *n* Himalaya
himbál *v* rock, swing*, sway
himbálódz|ik *v* swing*, seesaw, rock
hímes *a* **1.** *(hímzett)* embroidered **2.** *(tarka)* (many-)coloured *(US* -or-), variegated **3.** *(virágos)* flowery **4.** ~ **tojás** painted/

Easter egg; **úgy bánik vele, mint a** ~ **tojással** treat/handle sy/sg with kid gloves
hímez *v* embroider
hímez-hámoz *v* hum *(US* hem) and haw, beat about *(US* around) the bush
himlő *n* smallpox, variola
himlőhelyes *a* pockmarked, scarred by smallpox *ut.*
himlőoltás *n* vaccination
hímnem *n* **1.** *biol* male sex **2.** *nyelvt* masculine (gender)
hímnemű *a* **1.** *biol* male **2.** *nyelvt* masculine
himnusz *n* **(nemzeti)** ~ national anthem
hímpor *n* **1.** *növ* pollen **2.** *(lepkéé)* scale
hímvessző *n* penis
hímzés *n* embroidery, embroidering
hímzett *a* embroidered
hímzőkeret *n* embroidery frame
hínár *n* **1.** *(tengeri)* seaweed; *(édesvízi)* reed--grass **2.** *átv* tangle, mess
hindi *a* Hindi
hindu *a* Hindu
hint *v* = **behint** → por
hinta *n* **1.** *(kötélen)* swing **2.** *(deszka)* seesaw, *US* így is: teeter
hintaló *n* rocking-horse
hintapolitika *n* policy of opportunism
hintás *n* **1.** = **hintáslegény 2.** *biz* **nagy** ~ rogue, *GB* wide boy
hintáslegény *n* **1.** *(vurstliban)* barker, fairground attendant **2.** *átv* = **hintás 2.**
hintaszék *n* rocking chair, rocker
hintázás *n* swing(ing) [in a swing]; rocking [on a seesaw]
hintáz|ik *v* **1.** *(kötélen)* swing* **2.** *(deszkán)* seesaw; *(hintaszéken)* rock
hintáztat *v* **1.** *(kötélen)* swing* **2.** *(térden)* rock [on one's knees]
hintó *n* coach, (four-wheeled) carriage, equipage
hintőpor *n* talcum powder, talc; **(baba)** ~ baby powder
hiper- *a* hyper-
hiperbola *n* **1.** *mat* hyperbola **2.** *ir* hyperbole
hipermangán *n* potassium permanganate
hipermodern *a* ultra-modern, luxury
hipnotikus *a* hypnotic
hipnotizál *v* hypnotize
hipnózis *n* hypnosis *(pl* hypnoses), trance
hipochonder *n* hypochondriac
hipp-hopp *int* hey presto!
hippi *n* *biz* hippie, hippy
hír *n* **1.** *(értesülés)* news *(pl* ua.) *(vmről* of sg), information *(pl* ua.); *(egy hír)* a piece of news/information; **mi** ~? what's the news?,

what have you heard?, *a*nything new?; **(ma-kacsul) tartja magát a** ∼ there is a per-*si*stent r*u*mour (*US* -or) that; **van vm újabb/friss** ∼? *a*ny fresh news?; **jó** ∼**em van számodra** I have* some good news for you; **néhány érdekes(ebb)** ∼ some *i*nteresting *i*tems/p*i*eces/bits of news, some exc*i*ting news; ∼ **szerint** it is* said/ repor*t*ed, we are told (that), acc*o*rding to repor*t*/inform*a*tion rece*i*ved; ∼ **szerint X megüzente a háborút Y-nak** X is re-ported to have declared war on Y; **az a** ∼ **járja, hogy** r*u*mour has* it that; ∼**ek** *(rá-dióban, tévében)* the news *sing.*, news broad-cast, *főleg US* newscast; **főbb** ∼**eink** here are the main points of the news, here are the (news) headlines; **összefoglaljuk (leg)-fontosabb** ∼**einket** here is a s*u*mmary of the news; **vmnek a** ∼**ére** on h*e*aring sg, at the news of sg; ∼**t ad** *vmről* inform sy of sg, give* (sy) inform*a*tion ab*ou*t sg; **adj** ∼**t magadról** let me/us hear from you; ∼**t hall vmről/vkről** have* news of sg/sy, hear* of sg/sy; **azt a** ∼**t hallottam** I have been told (that), I have just heard (that); ∼**eket mondunk** (here's) the news; ∼**ül ad** *(vknek vmt)* make* sg known (to sy), re-port sg (to sy); *(elsőként)* break* the news (to sy) **2.** *(hírnév)* reput*a*tion, rep*u*te, fame, ren*o*wn, char*a*cter; ∼**be hoz vkt** *(ált)* get* sy talked ab*ou*t, get* sy *i*nto disrep*u*te; **vmnek a** ∼**ében áll** be* said to be, have* a reput*a*tion as sg, have* the reput*a*tion of being sg, have* a reput*a*tion for being sg; ∼**ből ismer** know* sy (only) by rep*u*te/re-port; **nagy** ∼**re tesz szert** become* famous, ach*i*eve a reput*a*tion ⇨ **hírű, rossz**

híradás *n* inform*a*tion, m*e*ssage; ∼**unk tartalmából** here are the (news) h*e*adlines, here are the main points of the news

híradástechnika *n* telecommunic*a*tions *sing.*, communic*a*tion technol*o*gy/engineer-ing, communications *(sing. v. pl)*

híradó *n* **1.** *(moziban)* newsreel; *(tévé)* (TV) news *sing.*, *(GB este 9-kor)* the 9 o'clock news **2.** *(vállalati, társasági stb.)* newsletter **3.** *kat* signaller, signalman°

híradó-alakulat *n* signal corps/unit

híradós *n* **1.** = **híradó 2.** ∼**ok** signal corps; **a** ∼**oknál szolgál** serve with the signal corps

híranyag *n* news *pl*; *(kézirat)* copy

hirdet *v* **1.** *(eseményt tudtul ad)* announce, procl*a*im, make* sg known p*u*blicly, declare sg offici*a*lly; **eredményt** ∼ decl*a*re/pub-lish the res*u*lt(s); **ítéletet** ∼ pass/give* j*u*dg(e)ment (on sy), pass s*e*ntence (on sy) **2.** *(újságban) a*dvertise, place/p*u*t* an ad-(vertisement) in a p*a*per; *(plakáttal)* p*u*t* up a p*o*ster ab*ou*t sg; **előadást** ∼ anno*u*nce a lecture; **pályázatot** ∼ anno*u*nce a com-pet*i*tion for; **versenytárgyalást** ∼ *ker* in-v*i*te t*e*nders **3.** *(tant, eszmét) a*dvocate, prof*e*ss, prop*a*gate; **igét** ∼ preach (the word of God); **új korszak kezdetét** ∼**i** herald a new *e*ra

hirdetés *n* **1.** *(cselekvés) a*dvertising **2.** *(szö-veg) a*dvertisement; *(apró)* (classified/small) ad; *(plakát)* poster, bill; ∼ **útján** through an advertisement; ∼**t tesz közzé** *a*dvertise (that), place/p*u*t* an ad(vertisement) [in a p*a*per]

hirdetmény *n* **1.** *(bejelentés)* announce-ment, n*o*tice, declar*a*tion **2.** *(falragasz)* bill; ∼**t kifüggeszt** put* up a n*o*tice

hirdető I. *a a*dvertising **II.** *n (újságban) a*d-vert*i*ser

hirdetőiroda *n* = **hirdetővállalat**

hirdetőoszlop *n a*dvertising p*i*llar

hirdetőtábla *n* n*o*tice (*US* b*u*lletin) board, m*e*ssage board; *(nagyobb)* h*o*arding, *US* b*i*llboard

hirdetővállalat *n a*dvertising *a*gency

híres *a vk, vm* f*a*mous, cel*e*brated, well--known; *(csak emberről)* ill*u*strious, dist*i*n-guished; ∼ **orvos** famous d*o*ctor; **vmről** ∼ famous/n*o*ted *(v.* well-kn*o*wn) for sg *ut.*; **márványáról** ∼ famous for its m*a*rble; **paprikájáról** ∼ **város** a town n*o*ted/ famous *(v.* well-known) for its p*a*prika; ∼**sé tesz** *(várost)* put* [a place] on the map; ∼**sé lesz** win* fame, make* a name for oneself (as sg)

híresség *n (ember)* cel*e*brity, personality, d*i*gnitary, famous p*e*rson

híresztel *v* spread* a rep*o*rt of, tr*u*mpet; **azt** ∼**ik, hogy** r*u*mour (*US* -or) has it that, it is r*u*moured that

híresztelés *n* rep*o*rt, r*u*mour (*US* -or), talk; **alaptalan** ∼ b*a*seless/unf*ou*nded r*u*mour

hírforrás *n* source of inform*a*tion, auth*o*rity

hírharang *n* newsmonger, g*o*ssip

hírhedt *a* not*o*rious, *i*ll-f*a*med, disr*e*putable

hírközlés *n* **1.** *mű*sz (tele)communic*a*tion **2.** *(rádióban, ügynökségé)* news service; **a** ∼ **szervei** the means of communic*a*tion, the (mass) m*e*dia

hírközlő *a* ∼ **szervek** the (mass) m*e*dia *pl v.* *sing.*

hírközpont *n* intelligence c*e*ntre (*US* -ter); *kat* message centre *(röv* M.C.)

hírlap *n* (news)paper; *(napi)* daily; *(feliratként)* Newspapers; *(a bolt)* newsagent('s)
hírlapírás *n* journalism
hírlapíró *n* journalist, newspaperman°, pressman° **újságíró**
hírlevél *n* newsletter, news-sheet
hírl|ik *v* it is* rumoured (*US* -or-), it is said, we are* told, people say* (that)
hírmagyarázó *n* news commentator/analyst, *(TV-ben így is)* correspondent
hírnév *n* reputation, fame, repute, renown; ~ **re tesz szert, hírnevet szerez** make* a name for oneself, make* a/one's name as, become* famous ⇨ **örvend**
hírneves *a* famous, renowned
hírnök *n* herald, messenger
hírolvasó bemondó *n* newsreader, announcer, newscaster
Hirosima *n* Hiroshima
hírszerzés *n* *(titkos értesüléseké)* intelligence (service/work)
hírszerző *kat* **I.** *a* ~ **szolgálat** intelligence (service); ~ **tevékenység** intelligence (work) **II.** *n* (intelligence) agent
hírszolgálat *n* **1.** *(rádióban stb.)* news service, broadcast of news, newscast **2.** *(szerv)* news agency
hirtelen I. *a* **1.** *ált* sudden, unexpected, abrupt **2.** *(mozdulat)* quick, rapid [movement] **3.** *(ember)* hasty, impetuous, impulsive **II.** *adv* suddenly, all of a sudden, all at once; ~ **megáll** come* to a sudden stop, pull up; ~ **lefékez** brake suddenly
hirtelenében *adv* in the first moment, all at once; ~ **nem tudom** I can't tell you offhand; ~ **azt sem tudta, mihez kapjon** for a moment (s)he didn't know which way to turn
hirtelenség *n* **1.** *(eseményé)* suddenness, unexpectedness, rapidity **2.** *(természeté)* rashness
hirtelensült *n* sauté, quick-fried (meat)
hirtelenszőke *a* pale blond, very fair
hírű *a* jó ~ of good repute *ut.*, reputable, respectable; **rossz** ~ ill-famed, disreputable; **európai** ~ with a European reputation *ut.* ⇨ **nagy**
hírügynökség *n* news agency
hírverés *n* propaganda, advertising, publicity, *biz* hype
hírvivő *n* messenger, courier
hírzárlat *n* news blackout
história *n* **1.** *(történelem)* history **2.** *(történet)* story, tale
hisz¹ 1. *vt/vi vmt, vmben* believe (in) sg, believe sg to be true, hold* sg true; **nem** ~ dis-

believe, have* no faith (in), does not believe (in); **nem** ~ **em** *(= nem ~ek benne)* I don't believe it; **akár** ~ **ed, akár nem** believe it or not; ~ **vkben** believe in sy, have* faith in sy; **te** ~ **el?** *vall* are you a Christian/believer? **2.** *vt (vél)* believe, think*, expect, hold*, consider, imagine, fancy, *US* guess; **azt** ~ **em, hogy ő** ... I think (s)he ..., I expect (that) (s)he ...; **azt** ~ **em** *(igen)* (Yes,) I think/believe so, I suppose so, *US* I guess (so); **nem** ~ **em** I don't think so; **alig** ~ **em(, hogy)** I hardly think (that); **ki hitte volna!** who'd have thought it!, think of it!; **nem hittem volna róla** I would not have thought it of him **3.** *vi vknek* believe sy, trust sy, take* sy's word, (put* one's) trust in sy, have* confidence in sy; **nem** ~ **vknek** does not believe sy, distrust sy; **ne higgyen neki** do not believe him; **nem akart hinni a szemének** he couldn't believe his eyes
hisz² *n* *(zene)* B sharp
hisz³ = hiszen
hiszekegy *n* *vall* Credo, the Apostles' Creed
hiszékeny *a* credulous, naive
hiszékenység *n* credulousness, naivety
hiszemben *adv* **abban a** ~ in the belief (that)
hiszen *adv/conj* **1.** *(magyarázva)* for, as, since **2.** *(egyéni állásfoglalás)* but, surely, well, why; *(elvégre)* after all; ~ **jól tudod (,hogy)** but you know* very well (that); **de** ~ but then, why
hisztamin *n* histamine
hisztéria *n* hysteria, hysterics *pl*
hisztérika *n* hysteric(al woman*)
hisztérikus *a* hysteric(al); ~ **rohama van** have* hysterics; ~ **rohamot kap** go* into hysterics; ~ **sírás** hysterical sobs *pl*
hisztiz|ik *v* *biz* create, throw* a tantrum
hit *n* **1.** *(meggyőződés)* belief (in sg), faith, trust, confidence; **a jövőbe vetett** ~ faith in the future; **erős a** ~ **em, hogy** I am* firmly convinced that, I firmly believe that; **legjobb** ~ **em szerint** to the best of my belief, honestly; **abban a** ~ **ben, hogy** in the belief that, thinking that **2.** *(vallás)* faith, religion; **vmlyen** ~ **re tér** be* converted to [a faith]; ~ **re jut** get* converted **3.** *(esküvés)* ~ **emre!** on my oath!, upon my word!; ~ **et tesz vm mellett** (1) *(esküvel)* confirm sg by oath, take* an oath on sg (2) *(kiáll vm mellett)* declare for sg, stand* by sg
hiteget *v* string* sy along, feed* (sy) with promises/hopes

hitehagyott *a* apostate
hitel *n* **1.** *ker* credit; ~ **nincs!** please do not ask for credit, sorry, no credit permitted; ~**be/~re ad** *vmt* sell* sg on credit; ~**be(n)/~re vesz** buy* sg on credit; ~**t megvon** withdraw* a credit; ~**t nyit** open a credit account, extend credit to sy; ~**t nyújt** give* sy credit, allow sy an overdraft **2.** *(hihetőség)* authenticity, trustworthiness; *(elhivés)* belief (in sg), credence, trust, confidence; ~**t ad vmnek** believe sg, give* credence to sg; ~**t érdemel** be* credible/reliable/trustworthy, be* worthy of credit; ~**t érdemlő** authentic, authoritative, credible, worthy of belief, trustworthy; ~**ét veszti** be* discredited, fall* into discredit/disrepute; **vmnek** ~**éül** in witness whereof
hitelbank *n* credit bank
hiteles *a* **1.** *(valódi)* authentic, genuine, trustworthy, valid **2.** *(hitelesített)* authenticated, certified, verified; ~ **másolat** certified/attested/true copy; ~**en** authentically, genuinely
hitelesít *v* **1.** *ált* authenticate, certify, verify; **jegyzőkönyvet** ~ confirm the minutes (of the meeting) **2.** *(mértéket)* check, test [measure]; *(méroedényt)* calibrate
hitelesítés *n* authentication, certifying, verification
hitelesség *n* authenticity, genuineness; ~**ét megállapítja vmnek** authenticate sg
hitélet *n* religious life
hitelez *v* **1.** *(pénzt)* credit sy with [an amount], credit [an amount] to sy; **nem** ~ **senkinek** grant credit to no-one **2.** *(árut)* = **hitelbe ad**
hitelező *n* creditor
hitelfelhasználás *n* credit appropriation
hitelintézet *n* credit bank
hitelkártya *n* credit card
hitelképes *a* credit-worthy, trustworthy, solvent; *(igével)* enjoy credit
hitelképesség *n* credit-worthiness, financial standing
hitelkeret *n* credit limit; **igénybe nem vett** ~ dormant balance
hitellevél *n* letter of credit *(röv* L/C); **hitellevelet nyit egy banknál** establish a letter of credit (L/C) with a bank
hitelnyújtás *n* granting of credit
hitelpolitika *n* credit/financial policy
hitelrontás *n* discredit
hitelszámla *n* credit *(US* charge) account
hiteltúllépés *n* overdraft; ~**t követ el** overdraw* (one's account), be* overdrawn; *biz* go* into the red

hitelügylet *n* credit deal/operation
hites *a* **1.** *(esküt tett)* sworn; ~ **tolmács** sworn interpreter **2.** *(törvényes)* lawful, legitimate; ~ **feleség** wedded/lawful wife ⇨ **könyvvizsgáló**
hitetlen I. *a* **1.** *(kétkedő)* incredulous, sceptical (of sg); ~ **Tamás** doubting Thomas **2.** *(nem hívő)* unbelieving, faithless **II.** *n* unbeliever, infidel
hitetlenkedik *v* refuse to believe, be* sceptical/incredulous
hitetlenség *n* **1.** *ált* incredulity, disbelief **2.** *vall* unbelief
hitfelekezet *n* denomination
hithű *a* faithful, orthodox; **nem** ~ unorthodox
hitközség *n* (religious) community, parish
hitoktatás *n* religious education/instruction
hitoktató *n* teacher of religion *(v.* of religious education), RE teacher
hitrege *n* myth
hitszegés *n* perjury, perfidy
hitszegő I. *a* perfidious, disloyal, treacherous **II.** *n* perjurer, traitor, renegade
hitszónok *n* preacher
hittan *n* **1.** *(mint tantárgy)* religious education/knowledge/instruction; scripture →
hittanóra 2. *(elmélet)* theology, divinity
hittankönyv *n* religion textbook; scripture book
hittanóra *n* religious education/instruction (class/lesson), RE/RI class/lesson, scripture lesson
hittérítés *n* mission(ary) work
hittérítő *n* missionary
hittétel *n* article of faith, tenet, dogma
hittudomány *n* theology, divinity
hittudományi *a* theological, of divinity *ut.;* ~ **főiskola** theological/divinity college; *(főleg r. kat)* (theological) seminary
hittudós *n* divine, theologian, theologist
hitvallás *n* **1.** *vall* confession (of faith); *(hiszekegy)* creed; **az Apostoli H~** the Apostles' Creed **2.** *átv* creed; ~**t tesz vm mellett** declare one's adherence to sg *(v.* one's belief/faith in sg)
hitvány *a* **1.** *(minőségileg)* worthless, valueless; ~ **áru** rubbish, shoddy goods *pl,* trash **2.** *(erkölcsileg)* base, contemptible, mean; ~ **fráter** low/wretched fellow, *biz* rat; ~ **módon** vilely; ~ **módon viselkedik** behave dishonourably/disgracefully
hitványság *n* baseness, vileness; **minden** ~**ra képes** *kif* I wouldn't put anything past him
hitves *n* *(feleség)* wife°; *(házastárs)* spouse

hiú *a* **1.** *(ember)* vain, conceited, foppish; ~ **vmre** be* inordinately proud of sg **2.** *(hiábavaló)* vain, illusory; ~ **ábránd/remény** vain hope

hiúság *n* **1.** *(emberi)* vanity, conceit; **sértett** ~ wounded/offended pride/vanity **2.** *(hiábavalóság)* vanity ⇨ **legyezget**

hiúz *n* lynx

hiúzszemű *a* lynx/sharp-eyed, keen-sighted

hiv. = *hivatalos* official, off.

hív¹ *v* **1.** *vkt vhová* call (to); **ebédre** ~ invite/ask to dinner; **magához** ~ ask sy to come, summon sy; **orvost** ~ call a doctor, send* for a doctor; **segítségül** ~ call sy to one's aid; **taxit** ~ call a taxi/cab; ~**j egy taxit** please call me a taxi, call a taxi for me **2.** *(telefonon)* ring* sy (up) *v.* ring* up sy, give* sy a ring, (tele)phone sy, *US* call sy (up); **este** ~**lak** I'll ring/call you up this evening; **reggel** ~**talak** I called you this morning; **újra** ~**lak** I'll call again later, I'll ring/call you back (later); **rossz számot** ~**ott** you('ve) got the wrong number; **innen nem lehet közvetlenül/távhívással** ~**ni Londont** you can't telephone London direct here **3.** *(nevez)* call, name; **hogy** ~**nak?** what's your name?; **engem Ferencnek** ~**nak** my name is F., I am (called) F.; **hogy** ~**ják ezt angolul?** what do you call this in English?, what is the English for this?; **úgy** ~**ják, hogy** it is* called ..., it is* referred to as, it is known as **4.** *kárty* lead*

hív² *n* **1.** ~**e** *(vknek, vmnek)* follower, adherent (of sy/sg); **vmnek a** ~**e** a believer in sg; *(igével)* adhere to sg, believe in sg, be* in favour (of *US* -or) of sg, be* keen on sg; **nem vagyok** ~**e vmnek** I am not in favour of sg **2.** *vall* a ~**ek** the congregation/flock *sing.*; **Kedves** ~**eim!** Beloved, ...

hivalkodás *n* ostentation, flaunting, showing-off; ~ **nélkül** unostentatiously

hivalkod|ik *v vmvel* parade/flaunt sg, make* a show of sg

hivalkodó *a* vain, ostentatious, conceited

hívás *n* **1.** *vhová* call(ing) **2.** *(telefon)* call; **helyi** ~ local call; **belföldi** ~ inland/national call; **nemzetközi** ~ international call **3.** *kárty* lead

hívat *v* send* for sy, have* sy called; *(magához)* summon sy; **orvost** ~ send* for a doctor

hivatal *n* **1.** *(hely)* office, bureau (*pl* -s *v.* -x); ~ **tölti ki** for official use **2.** *(állás)* position, function, post, job; ~**ba lép** take* up (*v.* enter) office, come* into office; ~**ból**

officially; ~**ból portómentes/díjátalányozva** *GB* On Her/His Majesty's Service *(röv* O.H.M.S.), official paid; ~**ból kirendelt védő** appointed counsel (for the defendant); ~**ból tagja vmnek** be* an ex-officio member of sg; ~**t visel/betölt** hold* an office, occupy a post

hivatalfőnök *n* = **hivatalvezető**

hivatali *a* official, professional; ~ **helyiség** office; ~ **kötelesség** official duty; ~ **munka** official duty (*v.* duties *pl*); ~ **titok** official secret; **(hatalommal való)** ~ **visszaélés** abuse/misuse of authority, official misconduct

hivatalnok *n* (state) official, civil servant, clerk

hivatalos *a* **1.** *(hatóságtól eredő; hivatali)* official, governmental, administrative, professional; **nem** ~ unofficial, informal; *(közlés)* off-the-record; **nem** ~ **látogatás** unofficial visit, informal call; ~ **idő** office/business hours *pl*; ~ **közlöny/lap** the (official) Gazette; ~ **nyelv** official language; *(hivatali stílus)* biz officialese; ~ **úton** through the official/normal channels; ~ **úton van** *vk* be* (away) on business; ~ **ügyben** on business; **csak** ~ **ügyben!** no admittance except on business; ~ **ünnep** public holiday, *GB* bank holiday, *US* legal holiday **2.** *(vhová meghíva)* be* invited (to)

hivatalosan *adv* officially, professionally, formally; **nem** ~ unofficially; *(mond)* off the record

hivatalsegéd *n* junior clerk, office boy

hivatalvezető *n* head/director [of an office], principal

hivatás *n* **1.** *(elhivatottság)* calling, vocation (to) **2.** *(hivatal)* profession, trade, career; ~**ának él** live only for one's profession

hivatásos *a* professional; ~ **katona** professional soldier, regular; **nem** ~ non-professional, amateur

hivatásszerű *a* vocational, professional; ~**en foglalkozik vmvel** be* a professional sg, follow/practise a profession of sg

hivatástudat *n* sense of vocation

hivatkozás *n vmre* reference (to sg); ~**sal vmre** with reference to sg; ~**i szám** reference/requisition number

hivatkoz|ik *v* **1.** *vmre* refer to sg; **aug. 10-i levelére** ~**va** with reference to your letter of 10 August; **válaszában kérjük O/L jelre** ~**ni** in reply please quote (reference) O/L; **betegségére** ~**ik** he says he is ill; ~**ik egy könyvre** make* reference to a book, cite a book **2.** *vkre (pl. állásnál)* give* sy as a reference; *(tud. irodalomban)* cite sy, refer to sy

hívatlan *a* uninvited; ~ **vendég** unbidden/uninvited guest; *(betolakodó)* gate-crasher; ~**ul** uninvited, unbidden

hivatott *a vmre* with a talent (for sg), qualified (for sg), destined (for sg) *(mind: ut.)*

hivatva *adv* ~ **van vmre** be* qualified/destined for sg, be* (ideally) suited for sg; *(az ő kötelessége)* sg is one's duty, it is one's duty to do sg; ~ **érzi magát vmre** feel* it incumbent upon one to do sg, feel* called upon to do sg

híve *n* → **hív²**

híven *adv* **vmhez** ~ true to sg, in accordance with sg; **ígéretéhez** ~ true to his word/promise; **parancsához** ~ in compliance with his orders; **szokásához** ~ as was his custom/wont

hívó I. *a* calling; ~ **fél** caller; ~ **szózat** call, summons II. *n* caller

hívóállomás *n* calling-station

hívogat *v* keep* calling/inviting, call often

hívójel *n* call(ing) signal

hívólift *n* automatic lift *(US* elevator)

hívószám *n* calling/telephone number; **körzeti** ~ area code; *(országé)* country code

hívott *a* ~ **fél** called party

hívő I. *a* believing II. *n* believer; *(protestáns szóhasználatban így is)* Christian

hízás *n* putting on weight; ~**nak indul** begin* to put on weight, be* getting fat; ~**ra hajlamos** inclined to obesity *ut.*

hízeleg *v vknek* flatter sy, fawn on sy, butter sy up; **(otrombán)** ~ lay* it on thick

hízelgés *n* flattery, blandishment, sycophancy

hízelgő I. *a* flattering, fawning; ~ **szavak** flattering words, *biz* blarney II. *n* flatterer, toady, sycophant

híz|ik *v* 1. *(ember)* gain weight, put* on weight, grow*/get* fat; *(állat)* fatten; ~**ni kezd** begin* to put on weight, be* getting fat 2. *(dicsérettől)* swell* (with pride); *(kárörömtől)* gloat (over sg)

hizlal *v* 1. *(állatot)* fatten (up); **disznót** ~ fatten pigs; **a gazda szeme** ~**ja a jószágot** the eye of the master will do more worth than both his hands, no eye like the eye of the master 2. *vm vkt* make* (sy) fat, sg is fattening

hizlalás *n* *(sertésé)* fattening (up); *(szárnyasé)* cramming

hizlaló I. *a* *(étel)* fattening II. *n* = **sertéshizlaló**

hízó *n* porker

hízókúra *n* fattening cure/diet/up

hízómarha *n* store cattle, steer

hízósertés *n* porker

hízott *a* *(állat)* fattened; ~ **disznó** porker, fattened pig

hja! *int* heigh-ho

hl = *hektoliter* hectolitre, hl

hm *int* humph, hm, ahem

h-moll *n* B minor; ~ **szonáta** sonata in B minor

HNF = **Hazafias Népfront**

hó¹ *n* snow; **esik a** ~ it is* snowing

hó² *n* = **hónap**

hóakadály *n* snowdrift

hobbi *n* hobby; ... **a** ~**ja** ... is his (chief) hobby

hóbort *n* 1. *(szeszély)* whim, fad, caprice, whimsy, fancy 2. *(divat)* craze, mania, fad

hóbortos *a* eccentric, cranky, crazy, wild; ~ **ember** crank, faddist, eccentric

hóbucka *n* heap of snow, snow-bank

hócipő *n* *(rubber)* overshoes, gumshoes, *US* arctics *(mind: pl)*

hócsizma *n* gumboots *pl*, wellingtons *pl*

hód *n* beaver

hodály *n* 1. *(juhakol)* sheep-pen/fold 2. *átv* barn

hódít *v* 1. *(földet)* conquer; *(népet)* vanquish, subdue [people] 2. *(nő, férfi)* make* a conquest of sy, win* sy's heart/affection

hódítás *n* conquest

hódító I. *a* 1. *(országot)* conquering; ~ **háború** war of conquest, aggressive war 2. *átv* winning, captivating II. *n* conqueror ⇨ **Vilmos**

hódol *v* 1. *vknek* pay* homage (to sy), pay* one's respects (to sy) 2. *(szenvedélynek)* have* a passion (for sg), indulge (in sg) 3. *(divatnak)* follow [fashion], *biz* be* trendy

hódolat *n* homage, reverence; ~**tal adózik vknek** pay*/do* homage to sy

hódoló I. *a* respectful, paying/rendering homage (to sy) *ut.* II. *n* admirer, devotee, follower; *(nőé)* admirer

hódoltság *n* *(terület)* territory under enemy rule; *tört* **török** ~ (1) *(korszak)* the Ottoman (Turkish) occupation *(of Hungary)* (2) *(terület)* ⟨parts of Hungary under Ottoman (Turkish) rule⟩

hóeke *n* snowplough *(US* -plow)

hóember *n* snowman°

hóesés *n* snowfall

hófedte *a* snow-covered/bound; *(hegy)* snow-capped

hófehér *a* snow-white, white as snow *ut.*

Hófehérke *n* Snow White

hófelhő *n* snow cloud
hófúvás *n* **1.** *(hóvihar)* snow-storm, blizzard **2.** *(hóakadály)* snowdrift, snow-bank
hógolyó *n* snowball
hógörgeteg *n* = **lavina**
hogy[1] *adv* **1.** *(hogyan)* how, in what manner, by what means; ~ **vagy?** how are you (getting on)?; ~ **van Péter?** and how is (it with) Peter?, how is Peter doing?; ~ **hívják?** what is* his name?; *vmt* what do you call it?; ~ **mondta(d)?** what (did you say)?, (I beg your) pardon?; ~ **mondják ezt angolul?** what is the English for ...?, how do you say it/that in English? **2.** ~ **a szilva?** how much are the(se) plums?, what are plums selling at? **3.** ~ **volt!** encore! **4.** *(mennyire)* how; **de még** ~! and how!; ~ **sajnálom!** I'm awfully sorry **5.** ~, ~ **nem** somehow or other
hogy[2] *conj* **1.** *(kötőszó)* that; **világos,** ~ **tévedtél** it's clear (that) you've made a mistake; **jó,** ~ **jössz** you have come just at the right moment; **remélem,** ~ **eljön** I hope he will come **2.** *(célhatározó)* in order to/ that, so that; **kért,** ~ **siessek** he asked me to hurry; **félve,** ~ **a dolog kisül** fearing that it might be discovered; ~ **úgy mondjam** so to say, as it were **3.** *(függő kérdésben)* whether; **kérdezte,** ~ **elmegyek-e** he asked me whether I was going; **megkérdeztem,** ~ **mi a baja** I asked her what was wrong (with her), I asked her what was the matter; **kérdezd meg,** ~ **akar-e inni** *vmt* ask him/her if he'd/she'd like a drink; **megkérdezte,** ~ **kölcsön adja-e a kocsiját** (s)he asked him if he would lend his car
hogyan *adv* = **hogy**[1] **1.**
hogyha *conj* if, supposing, presuming, when
hogyhogy *adv* what do you mean?, how can that be so?
hogyisne *int* **1.** *(tagadólag)* certainly not, nothing of the sort!, not a bit! **2.** = **hogyne**
hogylét *n* state of health, condition; **valaki** ~**éről érdeklődik** inquire after sy's health
hogyne *adv* of course, naturally, yes indeed, sure, certainly, by all means, to be sure, *biz* not half; ~ **tudnám** (why) of course I know
hogysem *conj* = **semhogy**
hogyvoltoz *v* (shout) encore
hóhányó *a/n biz* good-for-nothing
hóhatár *n* snow-line
hóhér *n* executioner, hangman°
hohó *int* not so fast!, whoa!

hójelentés *n* snow-report
hokedli *n* kitchen stool
hoki *n* hockey
hokiütő *n* (hockey) stick
hokiz|ik *v* play hockey
hókotró *n* snowplough (*US* -plow)
hóköpeny *n (autógumi)* snow-tyre (*US* -tire)
hókuszpókusz *n* **1.** *(csalás, szemfényvesztés)* hocus-pocus **2.** *(bűvész mondja)* hey presto
hol[1] *adv* **I.** *(kérdő)* where?, in what place?, whereabouts?; ~ **jár az eszed?** a penny for your thoughts? **II.** *(vonatkozó)* = **ahol**
hol[2] *conj* ~, ... ~ now ... now/then; ~ **hideg,** ~ **meleg** now hot now cold; ~ **így,** ~ **úgy** *(e kérdésre: hogy vagy?)* so-so, middling; ~ **volt,** ~ **nem volt** once upon a time there was ...
hólabda *n* snowball
hólabdáz|ik *v* play (with) snowballs
hólánc *n* snow-chain, skid chain
hólapát *n* snow shovel
hold[1] *n* **1.** *csill* moon; *(más bolygóé)* satellite, moon; *összet* lunar; **mesterséges** ~ **earth** satellite; ~ **körüli pálya** lunar orbit; **a** ~ **fogy** the moon is* waning, the moon is* on the wane; **a** ~ **nő** the moon is* waxing; ~**ban** *átv* in your imagination; ~**ra szállás,** ~**at érés** moon landing **2.** *(körmön)* half-moon, lunule
hold[2] *n (mérték)* Hungarian acre ⟨0,57 hectares or 1,42 English acres⟩, "hold"; **3** ~ **föld** 3 Hungarian acres of land; **2** ~ **búza** two acres of wheat
holdas[1] *a (holdfényes)* moonlit
holdas[2] *a* **kétszáz** ~ *kb.* of two hundred Hungarian acres
holdfelvétel *n* moon picture
holdfény *n* moonlight; ~**ben** by moonlight
holdfogyatkozás *n* eclipse of the moon, lunar eclipse
holdhónap *n* lunar month
holdjármű *n* mooncraft
holdkelte *n* moonrise
holdkomp *n* lunar module
holdkóros *n* sleepwalker, night-walker
holdrepülés *n* lunar flight
holdtérkép *n* moon chart
holdtölte *n* full moon; ~ **van** there is a full moon
holdudvar *n* halo/ring (a)round the moon
holdújulás *n* new moon
holdutazás *n* moon flight
holdváltozás *n* lunar/moon's phases *pl*, lunation
holdvilág *n* moonlight

holdvilágos *a* moonlit
holland *a/n* Dutch; ~ **(nyelv)** Dutch; ~ nyelven = **hollandul;** ~ **férfi** Dutchman°; **a** ~**ok** the Dutch
hollandi I. *a* Dutch **II.** *n* Dutchman°, Dutchwoman°
Hollandia *n* the Netherlands *pl*, Holland
hollandiai I. *a* Dutch, of the Netherlands (*v.* Holland) *ut.* **II.** *n* Netherlander → **holland**
hollandul *adv* ~ **beszél** speak* Dutch; ~ **tanul** learn* Dutch; ~ **mond vmt** say sg in Dutch; ~ **van (írva)** it is (written) in Dutch
hollét *n* whereabouts; ~**e ismeretlen** his (present) whereabouts is/are (still) unknown
holló *n* raven; **ritka, mint a fehér** ~ it is* a rare bird; ~ **a** ~**nak nem vájja ki a szemét** dog does not eat dog, there is honour among thieves
hollófekete *a* jet-black; ~ **haj** raven hair
holmi I. *n* sy's things *pl*, belongings *pl*; **ócska** ~ lumber; ~**jával együtt** *biz* bag and baggage **II.** *a* sort of, some
holnap I. *adv* tomorrow; ~ **reggel** tomorrow morning; ~**hoz egy hétre** tomorrow week, a week tomorrow; ~**ra** (by) tomorrow; ~ **is nap lesz** tomorrow is another day **II.** *n (másnap)* the next day; *ír és átv* the morrow
holnapi *a* of tomorrow *ut.*, tomorrow's
holnapután *adv* the day after tomorrow
holott *conj* (al)though, whereas, albeit
holt I. *a* **1.** dead, deceased; ~ **hírét költik vknek** be* given out to be dead; **se** ~**, se eleven** more dead than alive; ~**an esett össze** he dropped dead **2.** ~ **felszerelés/leltár** dead stock; ~ **idény/szezon** off season; ~ **idényben/szezonban** off season, in the low season, out of season; ~ **nyelv** dead language; ~ **tőke** unemployed capital **II.** *n* **1. a** ~**ak** the dead; ~**tá nyilvánít** declare sy legally dead; ~**tá nyilvánítás** declaring sy legally dead **2.** *(halál)* death; ~**a után** after his death, posthumously; ~**ig tanul az ember, a jó pap** ~**ig tanul** you/we live and learn; ~**áig,** ~**a napjáig** till his death, until/to one's dying day
holtág *n (folyóé)* backwater, stagnant water
holtbiztos *a* dead certain; ~ **dolog** dead cert(ainty); ~ **tipp** *biz* a sure-fire recipe
holtfáradt *a* dog/dead-tired, ready to drop *ut.*
holtidő *n (munkában)* idle time, idle hours *pl; sp* time out
holtjáték *n* play; *(túl nagy)* backlash

holtomiglan-holtodiglan *n* till death us do part
holtpont *n* ~**ra jut** come* to a deadlock/standstill
holtrészeg *a* dead/blind-drunk
holtsúly *n* dead-weight/load
Holt-tenger *n* Dead Sea
holt-tengeri *a* **a** ~ **(irat)tekercsek/iratok** the Dead Sea Scrolls
holttest *n* dead body, corpse
holtvágány *n* siding, side-track; *átv* ~**ra jut** come* to a deadlock/standstill (*v.* dead end)
holtverseny *n* dead heat, tie, draw; ~**ben elsők lettek** they tied for first place, X tied with Y for first place, X finished in a dead heat with Y
hólyag *n* **1.** *(szerv)* bladder **2.** *(bőrön)* blister **3.** *(emberről biz)* fathead, fool, idiot
hólyaghurut *n orv* (catarrhal) cystitis
hólyagos *a* blistered, full of blisters *ut.*
hólyagosod|ik *v* blister
homály *n* **1.** *(sötétség, árnyék)* obscurity, darkness, dimness, shadow **2.** *(esti)* twilight, dusk **3.** *átv* obscurity, mystery, uncertainty; ~ **fedi** sg has remained a mystery; ~**ba burkol** obscure, shroud/wrap* in mystery
homályos *a* **1.** *(sötét)* dim, obscure, dark; *(körvonal, tévékép stb.)* fuzzy; *(idő)* cloudy, dark [weather] **2.** *(fémfelület)* dull, tarnished **3.** *(nehezen érthető)* difficult/hard to understand *ut.*, not clear *ut.*, obscure, opaque
homályosan *adv* ~ **emlékszem rá** I have* a vague recollection of it
homár *n* lobster
hombár *n* granary
hómező *n* snow-field
homlok *n* forehead, brow, front; ~**ára üt** slap one's forehead/brow
homlokegyenest *adv* ~ **ellenkező** diametrically opposed, radically different
homlokfal *n* front wall, facade
homloknézet *n* front view; ~**ben** seen from (the) front; ~**ben mutatja az épületet** [the drawing] shows* the front elevation of the house/building
homlokpánt *n (sportolón)* sweatband
homloktér *n* **az érdeklődés homlokterében áll** be* in the centre (*US* -ter) of interest, be* in the foreground; *(emberről)* be* in the limelight
homloküreg-gyulladás *n* sinusitis
homlokzat *n* front, facade
homlokzati *a* frontal
homogén *a* homogeneous
homogénezett tej *n* homogenized milk

homok *n* sand; **tengerparti** ~ sands *pl*, beach; ~**ba dugja a fejét** put*/bury one's head in sand; ~**ra épít** build* on sand
homokbánya *n* sand-pit
homokbucka *n* sand-hill
homokkő *n* sandstone
homokóra *n* sand-glass; *(egyórás)* hourglass
homokos[1] *a* sandy, sanded; ~ **part** sandy beach, sands *pl*
homokos[2] *a biz (homoszexuális)* gay, queer
homokoz *v* sand
homokoz|ik *v* play in the sand
homoksivatag *n* sandy desert, sandy waste
homokszem *n* grain of sand
homokszóró *n* ~ **készülék** sand-sprayer
homoktalaj *n* sandy soil
homokzátony *n* sandbank, sand-bar, shoal
homokzsák *n* sandbag
homorít 1. *vt ált* make* concave/hollow 2. *vt (fémet)* swage, dish 3. *vi vk* draw* back the shoulders; *sp* hollow back
homorú *a* concave, hollow; ~ **lencse** concave lens
homoszexuális *a* homosexual
hómunkás *n* snow-sweeper
hon *n ir* fatherland, homeland, native country
hóna *n* ~ **alatt** under one's arm; **vknek a** ~ **alá nyúl** *átv* assist sy materially, lend* sy a helping hand ⇨ **hónalj**
honalapító *n* founder of the state, first settler
hónalj *n* armpit; ~**ban szűk** too tight under the arm(s)
hónap *n* month; **egy** ~ **leforgása alatt** within a month, in the course of a month; **a hetedik** ~**ban van** *(nő)* she is* seven months pregnant, she is* in her seventh month
hónapi *a* 1. *(vmely hónappal kapcs.)* **múlt** ~ last month's, of the last month *ut.* 2. *(vhány hónapig tartó)* ... months'; **három** ~ three-months', of three months *ut.*
hónaponként *adv* a/per month, monthly, every month
hónapos *a* ... months old *ut.*, ...-month--old; monthly; **három** ~ **csecsemő** a baby three months old, a three-month-old baby; ~ **retek** (small) earliest red radish
hondurasi *a/n* Honduran
honfi *n* † patriot
honfitárs *n* compatriot, fellow-countryman°
honfoglalás *n* conquest; *tört* the Hungarian/Magyar conquest
honfoglaló I. *a* conquering II. *n a* ~**k** (1) the first Magyar settlers of Hungary (2) the conquering Hungarians (3) Hungarian conquerors
honi *a* native, home
honleány *n* † patriotic woman°/girl
honnan *adv* I. *(kérdő)* 1. *(irány, hely)* from where?, whence?, where ... from?, from what place?; ~ **ismered?** *vkt* where do you know him/her from?, where did you meet him/her?; ~ **jössz?** (1) *(most)* where are you coming from?, where have you come from? (2) *(honnan származol?)* where do* you come from?; ~ **fúj a szél?** (1) which way is* the wind? (2) *átv* which way the wind blows*? 2. *átv* how?, why?, for what reason?; ~ **gondolod?** what makes you think so?; ~ **tudja?** how do* you know?; ~ **tudjam?** how should I know?; ~ **van az, hogy?** how is* it that, why (is* it that); ~ **veszi?** where does* he get it from? II. *(vonatkozó)* = **ahonnan**
honnét *adv* = **honnan** I.
honorál *v* recompense, requite [sy's services]
honorárium *n* fee; *(szerzői)* royalty
honos I. *a növ, áll* native/indigenous *(vhol* to) II. *n* citizen (of a state), national, native; **magyar** ~ Hungarian citizen/subject; **külföldi** ~ alien
honosít *v* 1. *vkt* naturalize 2. *(oklevelet)* have* [a diploma] accepted/registered
honosítás *n* 1. *vké* naturalization; ~**át kéri** apply for naturalization 2. *(oklevélé)* registration, acceptance
honosság *n* = **állampolgárság**
honőr *n kárty* honour (*US* -or)
honpolgár *n* citizen, subject
hontalan I. *a* homeless, exiled II. *n* ~ **(személy)** displaced person *(röv* D.P.)
honvágy *n* homesickness, nostalgia; ~**a van be*** homesick *(vm után* for sg)
honvéd *n* (Hungarian) soldier
honvédelem *n* national defence (*US* -se), defence of one's country
honvédelmi *a* of national defence (*US* -se) *ut.*, defence; ~ **miniszter** Minister of Defence, *GB* Defence (*US* -se) Secretary; ~ **minisztérium** *(nálunk és GB)* Ministry of Defence, *US* Department of Defense
honvédő *a tört* **a nagy** ~ **háború** Great Patriotic War
honvédség *n* Hungarian Army
hóolvadás *n* thaw(ing of the snow)
hópehely *n* snowflake
hopp! *int* 1. oops!; ~, **most jut eszembe** by the way 2. ~**on marad** (1) *ált* get* nothing for one's pains (2) be* left on the shelf

hoppá *int* **1.** *(kisgyermeknek)* upsy-daisy, upsadaisy **2.** *(véletlen összeütközéskor)* oops, sorry

hord 1. *vt (visz)* carry; **magánál** ~ have*/carry sg on one; **házhoz ~ja az újságot** he delivers the newspapers **2.** *vt (ruhát, cipőt)* wear*, have* sg on **3. magán ~ja vmnek a jelleget** carry/bear* the stamp of sg; **magában ~ja vmnek a csíráit** carry the seeds of sg (in itself) **4.** *vi (fegyver)* carry

horda *n* horde

hordágy *n* stretcher

hordalék *n* alluvial deposit(s)

hordalékos *a* alluvial [soil, deposit]

hordár *n* porter

hordás *n (ruháé)* wear(ing)

horderejű *a* **nagy** ~ of great import(ance)/significance *ut.*, of the utmost importance *ut.*

hordképesség *n* carrying/bearing capacity/load

hordó *n (fa v. fém)* barrel; *(fa)* cask; *(kisebb)* keg; *(olajnak, 159 l)* barrel; **ez a** ~ **3 hektós** this barrel holds*/contains three hectolitres; **~ba tölt** barrel *(US* -l), put* into a barrel/cask; **~ban tartott bor** wine in the wood

hordócsap *n* tap, spigot, bíbcock

hordódonga *n* stave

hordóíz *n* ~**e van** it tastes of the cask

hordoz *v* **1.** *(visz)* carry, keep* carrying; *(tárgyat magával)* have*/carry always on one **2.** *(súlyt, terhet)* bear*, carry, support

hordozható *a* portable

hordozórakéta *n* carrier rocket

hordszék *n tört* sedan(-chair)

hordtávolság *n (fegyveré)* carry, range

horgany *n* zinc

horganylemez *n* zinc-plate, rolled zinc

horganyzott *a* zinc-plated, galvanized

horgas *a* hooked, curved, crooked; ~ **orr** hook-nose, hooked nose; ~ **orrú** hook-nosed

horgász *n* angler

horgászat *n* angling, fishing

horgászbot *n* fishing-rod, rod and line

horgászfelszerelés *n* fishing-tackle, fishing/anglers outfit

horgász|ik *v* angle/fish *(vmre* for sg); **~ni megy** go* angling

horgászzsineg *n* (fishing-)line

horgol *v* crochet

horgolás *n* **1.** *(folyamat)* crocheting **2.** *(eredménye)* crochet-work

horgolótű *n* crochet-hook

horgony *n* anchor; ~**t vet** let* go the anchor, cast*/drop anchor, anchor; ~**t felszed** weigh/up anchor

horgonyoz *v* ride*/be*/lie* at anchor, anchor; **a flotta Gibraltárban** ~ the fleet is* anchored/stationed at Gibraltar

hórihorgas *a* long-legged, lanky, gangling

horizont *n* horizon; *(város sziluettjével)* skyline

horizontális *a* horizontal

horkol *v* snore

horkolás *n* snore

hormon *n* hormone

hormonzavar *n* hormonal imbalance

hornyol *v (fát)* rabbet, groove, notch

horog *n* **1.** *(kampó)* hook; *(horgászé)* fish-hook; ~**ra akad** *(hal)* take* the hook **2.** *(ökölvívásban)* hook

horogkereszt *n* swastika

horogütés *n* hook

horony *n* rabbet, groove, notch

horoszkóp *n* horoscope; **felállítja vk ~ját** cast* sy's horoscope/nativity

horpad *v* get* dented, stave/cave in

horpadás *n* **1.** *ált* dent (in sg), indentation, hollow **2.** *(talajban)* dip, pan

horribilis *a (ár)* exorbitant [price]

hortenzia *n* hydrangea

hortyog *v* snore

hórukk! *int* heave!

horvát I. *a* Croatian **II.** *n (ember, nyelv)* Croatian, Croat

Horvátország *n tört* Croatia

horvátul *adv* ~ **beszél** speak* Croatian; ~ **van (írva)** is (written) in Croatian; ~ **mond vmt** say* sg in Croatian

horzsakő *n* pumice

horzsol *v* graze, chafe, scratch

horzsolás *n* **1.** *(folyamat)* grazing, chafing **2.** *(sérülés)* graze, abrasion

hószemüveg *n* snow goggles *pl*

hossz *n* **1.** length; **se vége, se ~a →** **vég[1]; két óra ~áig** for two hours, two whole hours; **órák ~áig** for hours on end **2.** *sp* **egy teljes ~al nyer** *(úszó, ló stb.)* win* by a length; **az utolsó ~ban megelőzték** *(úszót)* was overtaken on/in the last leg

hosszában *adv* lengthways, lengthwise; **vmnek ~** along(side) sg; **teljes ~** at full length

hosszabb *a* longer; **3 cm-rel** ~ 3 cm longer, longer by 3 centimetres; ~ **időre/távra számítva** in the long run

hosszabbít *v* **1.** *ált* lengthen, make* longer **2.** *(időt)* prolong, spin* out **3.** *sp* extend the time; *(játékidőt)* allow for time wasted
hosszabbítás *n* **1.** *vmé* lengthening, elongation; *(könyvtári könyvé)* renewal **2.** *(időé)* prolongation **3.** *(futball)* extra time **4.** *(toldalék)* extension, lengthening-piece
hosszabbító *a* ~ **zsinór** extension lead/cord
hosszabbod|ik *v* grow*/get* longer, lengthen; ~**nak a napok** the days are getting longer, the days are drawing out
hosszabb-rövidebb *a* ~ **ideig** for shorter or longer periods
hosszadalmas *a* **1.** *(beszéd)* lengthy, long--winded/drawn; ~ **várakozás** a long/lengthy wait/queue; ~**an** at great length **2.** *(unalmas)* wearisome, tedious, tiresome
hosszan *adv* long, for a long time; ~ **elnyúló** (1) *(beszéd, történet)* long-drawn--out (2) *(föld)* a long stretch of; ~ **tartó** long(-lasting), prolonged, persistent; *(taps)* prolonged [applause]; ~ **tartó hideg idő** a long spell of cold weather
hosszanti *a* longitudinal; ~ **irányban** lengthways, *US* lengthwise
hosszas *a (hosszadalmas)* lengthy, long--winded/drawn; ~ **gondolkodás után** after due deliberation; ~ **várakozás** a long wait
hosszasan *adv* at great length, (for) long, endlessly; ~ **tárgyal vmről** discuss sg at great length
hosszat *post* **1.** *(hely)* along **2.** *(idő)* during, for; **órák** ~ for hours on end; **egy óra** ~ **vártam** I was waiting for an hour
hosszirány *n* longitudinal direction
hosszmérték *n* linear measure
hosszmetszet *n* longitudinal/vertical section
hossztengely *n* longitudinal axis
hosszú *a vm* long; *(emberről)* tall, lanky; **3 méter** ~ three metres long, three metres in length *ut.*; **meglehetősen** ~ longish, fairly long; ~ **életű** long-lived; **nem lesz** ~ **életű** he/it won't last long; ~ **fülü** long--eared; ~ **hajú** long-haired; ~ **ideig** for a long time; ~ **időre szóló** long-term; ~ **lábú** long-legged, *(biz nő)* leggy; ~ **lejáratú/távú** long-range, *(hitel)* long-term; ~ **szőrű** long-haired; ~ **távon/távra** in the long run; ~**ra nyúlt** *(értekezlet, beszéd)* [the meeting *v.* his speech] dragged on ⇨ **lé, orr**
hosszúkás *a* longish, elongated, oblong
hosszúlépés *n kb.* wine-and-soda

hosszúnadrág *n* trousers, slacks, *US* pants *(mind: pl)*
hosszúság *n* **1.** *ált* length; ~**a tíz méter** its length is* ten metres (*US* -ters), it is* ten metres long; **teljes** ~**ában** at full length **2.** *földr* longitude
hosszúsági *a* longitudinal, lengthwise; ~ **fok** degree of longitude; ~ **kör** line of longitude
hosszútávfutás *n* long-distance running
hosszútávfutó *n* long-distance runner
hosszútávúszás *n* long-distance swimming
hótakaró *n* blanket of snow
hotel *n* hotel ⇨ **szálloda(-)**
hotelcímke *n* hotel label/sticker
hótoló *n (gép)* snowplough (*US* -plow)
hótorlasz *n* snowdrift, bank of snow
hova *v* **hová** *adv* **I.** *(kérdő)* in which direction?, where?, which way?; ~ **gondol(sz)!?** how can you think of such a thing!; *(nem!)* by no means!; ~ **lett a kalapom?** what has happened to my hat?, I've lost my hat; ~ **mész?** where are* you going (to); ~ **valósi (vagy)?** where do you come from? **II.** *(vonatkozó)* = **ahova**
hovafordítás *n* allocation [of money]
hóvakság *n* snow-blindness
hovatartozás *n* **politikai** ~ party affiliation
hovatovább *adv* before long, in a short time, as time goes/went on
hóvihar *n* snow-storm, blizzard
hóvirág *n* snowdrop
hoz *v* **1.** *ált* bring*, carry; *(érte menve)* fetch; **magával** ~ (1) bring* along (2) *(következményt)* bring* sg in its train, cause, produce, involve; **tanúkat** ~ produce witnesses; **Isten** ~**ott!** welcome!; **hát téged mi** ~**ott (ide)?** what brings* you here? **2.** *(eredményez)* bring* in; *(jövedelmet)* yield [income]; *(kamatot)* bear* [interest]; *(gyümölcsöt)* produce, bear* [fruit]; **7 millió Ft-ot** *(v.* **7 millió Ft hasznot)** ~**ott** it brought in 7 million fts, they made a profit of 7 million fts on it [v. on the deal etc.]; ~ **a konyhára** it's all grist to the/sy's mill; **szépen** ~**ott a szőlő** the grapes have done well ⇨ **áldozat, döntés, düh, ítélet, méreg, nyilvánosság, szó, tudomás, világ**
-hoz, -hez, -höz *suff* **1.** *(helyhatározó)* **a)** to; **megyek a Tiszához** I go to the Tisza; **házhoz szállít** deliver to one's house; **vmhez tapad** stick*/adhere to sg; **fához köt** tie to a tree; **b)** *(elöljáró nélkül)* **kézhez vesz vmt** receive/get* sg; **közel vmhez**

near sg; **férjhez megy vkhez** marry sy; **menj (el) az orvoshoz** go to see the doctor! **2.** *(időhatározó)* **mához egy évre** this day next year, a year from today; **mához egy hétre** today week, a week (from) today; **keddhez egy hétre** Tuesday week, *US* a week from Tuesday **3.** *(véghatározó)* **a)** to; **folyamodik/fordul vkhez** apply to sy for sg; **folyamodik vmhez** resort to sg; **hozzáad vmt vmhez** add sg to sg; ~ **hozzászokik vmhez** get* accustomed to sg; **ragaszkodik** (1) *vkhez* cling*/stick* to sy (2) *vmhez* keep* to sg, hold*/hang* fast/tight to sg; **szól/beszél vkhez** speak* to sy; **kedves vkhez** be* kind/nice to sy; **b)** to *(v. elöljáró nélkül)* **csatlakozik vkhez** join sy; **könyörög vkhez** beg/entreat/beseech/implore sy; **közel jár az igazsághoz** be*/come* near (to) the truth; **c)** *(különféle elöljáróval v. elöljáró nélkül)* **ért vmhez** be* proficient in sg, be* well up in sg, be* skilled in sg, be* an expert in sg, be* great/good at sg; **hozzáfog/hozzákezd/hozzálát vmhez** set*/go* about sg, begin*/start/commence sg; **készülődik az ebédhez** be* getting ready for lunch; **csirkéhez fehér bort kérek** with chicken I prefer white wine; **hozzájut vmhez** get* at sg, come* by sg, obtain sg; **nincs ideje olvasáshoz** have* no time for reading; **semmihez sincs kedve** take* no interest in anything; **köze van vmhez** (1) *vmnek* have* to do with sg (2) *vknek* have* a hand in sg **4.** *(hasonlításban, különféle elöljáróval v. elöljáró nélkül)* **hasonlít vkhez/vmhez** resemble sy/sg, be*/look like sy/sg, be* similar to sy/sg; **jól illik vmhez** suit sg well, go* well with sg, go* together, be* in keeping with sg; **korához képest** for his/her age; **méltó vkhez** (be*) worthy of sy

hozadék *n* proceeds *pl*, returns *pl*

hozam *n* output, yield

hózápor *n* flurry of snow

hozat *v* send* for; *(rendel)* order

hozomány *n* dowry, marriage portion

hozományvadász *n* fortune-hunter

hozomra *adv biz* on tick/credit, *GB* on/the slate

hozott *a* **a ~ anyagot elkészítjük** customer's own materials made up

hozzá *adv* to/towards sy; **odalépett ~** he went/came up to her/him; **elég az ~** suffice it to say, to cut a long story short; **nem ismerek ~ foghatót** I do not know his like; **a ~ hasonlók** his equals/fellows, those like him; **~m** to me; **~d** to you; **~d**

beszélek I am talking to you; **~nk** to us; **~tok** to you; **~juk** to them ⇨ **fogható, képest**

hozzáad *v* **1.** *vmhez vmt* add (sg to sg); **~unk két tojást** add (in) two eggs; **hathoz ~unk hetet** add seven to six **2.** **~ja a lányát vkhez** marry one's daughter (off) to sy

hozzáállás *n vmhez* attitude, approach (to sg); **rossz a munkához való ~a** he doesn't have right attitude (*v.* he has*/takes* the wrong attitude) to his work

hozzácsap *v biz (hozzászámít)* slap/clap sg on(to) sg

hozzácsatol *v* **1.** *vmhez* fasten/attach (sg); *(kapoccsal)* hook/hang* on(to) **2.** *(kocsit)* couple (on) sg to sg **3.** *(területet)* annex sg to [country]

hozzáedződ|ik *v* be*/get* inured/hardened to

hozzáépít *v* *(épülethez szárnyat/szobát)* build* on [an extension], add [a wing/room] to [a building]

hozzáér *v vmhez* touch sg, come* into contact with sg

hozzáerősít *v vmhez* fasten/fix/attach sg to sg

hozzáértés *n* expertise, competence; **megvan a ~e (vmhez)** be* skilled in sg; **hozzá nem értés** ignorance

hozzáértő *a* competent, expert, skilled (in sg); **hozzá nem értő** incompetent, inexpert, ill-qualified, ignorant, *kif* be* not good at sg

hozzáfér *v vmhez* reach (sg), be* able to get hold of sg; *vkhez* come*/get* near (enough) to sy; **nehéz ~ni** be* difficult/hard to get at; **(könnyen) ~ vmhez** have* (easy) access to sg; **kétség sem férhet hozzá** no doubt (whatever) about it

hozzáférhetetlen *a* **1.** *(dolog)* inaccessible, out of reach *ut.*, unavailable, *biz* ungetatable **2.** *(akit nem lehet megkörnyékezni)* incorruptible

hozzáférhető *a* **1.** *(dolog)* accessible, approachable, available, *(igével)* be* within (one's) reach; **könnyen ~** easy of access *ut.*; **~ kompaktlemezen** it is accessible on a compact disc; **~vé tesz** bring* within reach, open up **2.** *(ember)* approachable

hozzáférkőz|ik *v* (manage to) get* near/at

hozzáfog *v vmhez* set* about sg, start/begin* to do sg, start doing sg, start [work etc.], set* off/out to do sg, commence sg; **~ a munkához** get* down to work, start work; **ha már ~tam** while I am about it

hozzáfűz *v* **1.** *vmhez* tie (sg) on (sg), bind*/ fasten (sg) to (sg) **2.** *(megjegyzést)* add; **ehhez még** ~**ök néhány szót** I would just like to add a few words; **(ehhez) nincs mit** ~**ni** I've nothing to add; no comment
hozzágondol *v* add sg in thought
hozzáidomul *v vmhez, vkhez* adapt/adjust to
hozzáigazít *v* **1.** *vmhez* adjust to **2.** *(órát)* set* [one's/the watch] by (sg); ~**ja az órát a rádióhoz** set* one's watch by the radio; ~**hatod az órádat** *(= olyan pontos)* you can set your watch by him
hozzáilleszt *v vmhez* fit/apply (sg) to sg
hozzáill|ik *v* **1.** *vkhez* become*/suit sy, be* suited to sy **2.** *vmhez* suit sg; *(jól áll)* go* (well) with sg; ~**ik a hajához** it goes with her hair
hozzáillő *a* suitable, fitting, becoming, appropriate; **színben** ~ ... to match; **végy egy** ~ **kalapot** buy a hat to match
hozzájárul *v* **1.** *(vmhez okként)* contribute to (sg) **2.** *(anyagilag)* contribute to (sg), make* a contribution to (sg); ~ **a költségekhez** contribute to the costs, *biz* help out with the costs **3.** *(beleegyezik)* assent, agree, consent *(vmhez* to)
hozzájárulás *n* **1.** *(ténye, összege)* contribution *(vmhez* to); **étkezési** ~ meals allowance, *GB* luncheon voucher, *US* meal ticket **2.** *(beleegyezés)* assent, consent, approval; **megadja** ~**át vmhez** approve of sg, assent to sg; *(hatóság)* approve (sg), *biz* give* the go-ahead to sg; **utólagos** ~**oddal** with your anticipated approval
hozzájön *v biz* **1.** *(vmhez még vm)* be* added to (sg) **2.** **hogy jövök én hozzá?** what have I (got) to do with it?, it's no concern of mine
hozzájut *v* **1.** *(térben vmhez)* get* at; have* access to (sg) **2.** *(időben)* find* time (for sg or to do sg), get* (to do); **ha** ~**ok, írok** I'll write if I find time **3.** *(átv, utánjárással megszerez)* get* (hold of) (sg), obtain; *(álláshoz)* come* by, get*; **olcsón jutott hozzá** he got it cheap, it was a good bargain
hozzájuttat *v vkt vmhez* help sy to (get/ obtain) sg, get* sy sg
hozzákapcsol *v* = **hozzácsatol**
hozzákever *v* stir sg in(to) sg → **hozzáad**
hozzákezd *v* = **hozzáfog**
hozzákölt *v (történethez)* embroider [a/the story]
hozzáköt *v* tie sg on *(v.* (on)to sg), fasten sg to (sg); attach sg to sg; ~**i sorsát vkéhez** throw* in one's lot with sy

hozzálát *v (evéshez)* settle down to [a hearty meal], fall* to it ⇨ **hozzáfog**
hozzálép *v* step/walk up to sy
hozzámegy *v (feleségül vkhez)* get* married to (sy)
hozzámér *v vmhez* compare with (sg)
hozzánő *v átv vkhez, vmhez* become* (inseparably) attached to (sy/sg)
hozzányúl *v vmhez* touch/handle sg, lay* hands/fingers on sg; **ne nyúlj hozzá!** don't touch (it)!, leave it alone, hands off!; **hozzá nem nyúlnék semmi pénzért** I wouldn't touch it with a barge *(US* ten-foot) pole
hozzáolvas *v* read* up (on) sg, *biz* bone up on sg
hozzáragad *v vmhez* cling*/stick* to, get* stuck to
hozzáragaszt *v vmhez* stick*/affix to
hozzásegít *v* = **hozzájuttat**
hozzásimul *v* **1.** *vk vkhez* snuggle/cuddle up to sy, cling* together **2.** *(ruha)* cling*, fit (sy) well
hozzászab *v vmhez* adapt/fit sg to sg; *vkhez* cut* sg to fit sy
hozzászámít **1.** *vt vmhez* add on, include (in sg), reckon in (sg) **2.** *vi* be* included in
hozzászegőd|ik *v vkhez* join sy, team up with sy
hozzászok|ik *v vmhez* get*/become*/grow* accustomed to sg, get* used to sg; **hozzá van szokva** be* accustomed/used to sg
hozzászoktat *v vkt vmhez* accustom/habituate sy to sg, get* sy used to sg
hozzászól *v vmhez* speak* (on a subject), make* a comment (on), comment on sg; *(egy javaslathoz)* speak* to [a motion]; **mit szólsz hozzá?** what do* you think (of it)?, what do* you say (to this)?
hozzászólás *n (ülésen)* contribution [to a debate], remarks *pl* [at a meeting]; **van még vknek** ~**a?** does anyone else wish to speak?; **az elhangzott** ~**ok** the discussion
hozzászóló *n* speaker [adding his remarks]; *(felkért)* discussant
hozzátámaszt *v vmt vmhez* lean* sg on/ against sg
hozzátapad *v* **1.** *vmhez* stick*/adhere to sg **2.** *vkhez* cleave*/cling* to sy, *biz* cling* like a leech
hozzátartoz|ik *v* **1.** *vmhez* belong to sg, be* (a) part of sg **2.** *vkhez* be* part/one of the [family etc.]; ~**ik a családhoz** (s)he is one of the family

hozzátartozó *n (rokon)* relative, relation; ~**im** my family/relatives, *US* my folks; **legközelebbi** ~ (one's) next of kin, closest/ nearest relative; **az elhunyt** ~**i** the bereaved

hozzátesz *v* = **hozzáad 1**.; **nincs semmi hozzátennivalóm** I have* nothing to add, I have* no comment to make; *(főleg pol)* no comment; ... **tette hozzá** ... he added

hozzávág *v vmt vkhez/vmhez* throw*/hurl/ fling* sg at sy/sg

hozzá való *a* **1.** *(vmhez tartozó)* belonging to *ut.* **2.** *(szükséges)* requisite, required **3.** = **hozzáillő**

hozzávaló *n* **1.** *(kellékek)* accessories, *US* findings; *(szabóé)* trimmings, *US* fixings; *(ételhez)* ingredients *(mind: pl)* **2. megvan a** ~**ja** *(pénze)* he has* the wherewithal

hozzávarr *v vmhez* sew* on (to sg)

hozzávesz *v* = **hozzászámít**; **ha még hozzávesszük azt is, hogy** and if we add that

hozzávetőleg *adv* approximately, about, roughly (speaking)

hozzávetőleges *a* approximate, rough [guess, calculation, estimate]; ~ **becsléssel** at a rough guess; ~ **számítás** dead reckoning, rough estimate/calculation, *biz* guesstimate

hozsanna *n* hosanna

hő I. *a átv* † fervent, ardent **II.** *n* heat; ~**re keményedő** thermosetting; ~**re lágyuló** thermoplastic; ~**t fejleszt** generate/produce heat; ~ **okozta** thermal

hőálló *a* heat-resistant, heatproof

hőátadás *n* heat transmission

hőegyenérték *n* thermal equivalent

hőegység *n* thermal unit; *GB (hivatalos)* British thermal unit (B.Th.U. *v.* btu) (= 1055,06 joule *v.* 252 kalória); therm (= 100 000 B.Th.U.)

hőelmélet *n* theory of heat

hőemelkedés *n* **1.** *(légköri)* rise in temperature **2.** *orv* slight fever/temperature; ~**e van** have*/run* a temperature

hőenergia *n* heat-energy, thermal energy

hőerőgép *n* heat engine/motor

hőerőmű *n* (thermal) power station

hőfejlesztés *n* heat generation

hőfok *n* degree of heat/temperature, temperature

hőfokszabályozó *n* thermostat

hőforrás *n* **1.** *(hősugárzó test)* source of heat/warmth **2.** *(víz)* hot/thermal spring

hőguta *n* heat-stroke, sunstroke; ~**t kap** get* sunstroke

hőhullám *n* **1.** heat-wave **2.** *(nőé)* hot flush, *US* hot flash

hőlégballon *n* hot-air balloon

hölgy *n* lady; **H**~**eim és uraim!** Ladies and Gentlemen!

hölgyfodrász *n* ladies' hairdresser

hőmérő *n* thermometer; *(orvosi)* (clinical) thermometer

hőmérőz *v* take* sy's temperature

hőmérséklet *n* temperature

hőmérséklet-emelkedés *n* rise of/in temperature

hőmérséklet-változás *n* change in temperature

hömpölyög *v* **1.** *(víz)* roll on/along; *(tenger)* heave*, billow, surge **2.** *(tömeg)* surge (forward)

hőn szeretett *a* † dear(ly beloved), treasured

hőpalack *n* thermos (flask), (vacuum) flask, *US* thermos bottle

hőpárna *n* electric pad

hörcsög *n áll* hamster, *US* gopher

hörgés *n* rattle (in one's throat)

hörghurut *n* bronchitis

hörgő I. *a (hang)* rattling **II.** *n* bronchial tube

hörög *v* rattle (in one's throat)

hörpint *v* gulp down, take* a sip (of sg)

hős *n* hero; **a nap** ~**e** the hero/man° of the hour; **a regény** ~**ei** the heroes (*v.* the main characters) of the novel

hőség *n* (great) heat; **nagy** ~ **van** it is* very hot; **pokoli** ~ a scorching day, *biz* a scorcher

hősi *a* heroic, hero-like; ~ **eposz** heroic epic; ~ **halál** (a) hero's death; ~ **halált hal** be* killed in action; ~ **halott** war dead, one killed in action, one killed in the war, war hero; **a** ~ **halottak** the war dead *pl*

hősies *a* heroic; ~**en** heroically

hősiesség *n* heroism, gallantry; *átv biz vké* heroics *pl*

hőskor *n* heroic age (of)

hősködés *n* heroics *pl*, bragging

hősköd|ik *v* brag, play the hero

hősköltemény *n* (heroic) epic

hősnő *n* heroine

hősszerelmes *n* lover [in a romantic play]

hőstett *n* (act of) heroism/gallantry, heroic/ brave feat/deed; ~**eket visz végbe** perform/accomplish (heroic) feats/deeds

hősugárzás *n* radiation of heat, heat radiation

hősugárzó *n* radiator, (electric) heater; **fali** ~ *(gáz)* gas heater

hőszabályozás *n* temperature/thermostatic control

hőszabályozó *n* thermostat

hőszigetelés *n* heat insulation

hőszigetelő I. *a* ~ **üvegezés** double glazing **II.** *n* heat insulator

hőtágulás *n* thermal expansion

hőtakaró *n* electric blanket

hőtan *n* science of heat

hőtároló *n* storage heater

hővezető I. *a* heat-conducting; ~ **képesség** thermal conductivity **II.** *n* heat conductor

-höz *suff* → **hoz**

hrsz. = **helyrajzi szám**

htb. = **háztartásbeli**

húg *n* younger sister

húgy *n* urine, water

húgycső *n* urethra

húgyhólyag *n* (urinary) bladder

húgykő *n* urinary calculus, urolith

húgyoz|ik *v* urinate, make*/pass water

húgysav *n* uric acid

húgyvérűség *n* uraemia (*US* uremia)

húgyvezeték *n* ureter

huh! *int* ugh!; *(csodálkozás)* wow!

huhog *v* hoot, to-whoo, ululate

huligán *n* hooligan, (young) thug

huliganizmus *n* hooliganism

hull *v* **1.** *(esik, leesik)* fall* (off), drop (down/off); ~ **a hó** it is snowing, snow is falling; **térdre** ~ fall* on one's knees **2.** *(könny)* flow **3.** ~ **a haja** he is losing his hair, his hair is falling out **4.** *(meghal)* die; *(állatok tömegesen)* die off; **úgy** ~ **anak, mint ősszel a legyek** they are dying like flies

hulla *n* corpse, cadaver, (dead) body; *(állati)* carcass

hullaboncolás *n* = **boncolás**

hulladék *n* ált waste (material), refuse, *US* garbage; *(szemét)* litter; *(vas)* scrap iron

hulladékfeldolgozás, -hasznosítás *n* recycling (*v.* re-use) of waste (materials)

hulladékgyűjtő *n* *(utcai)* litter-bin, *US* litterbag

hulladékveder *n* dustbin, *US* garbage can

hullafáradt *a* dead/dog-tired, exhausted, *biz* done in

hullafolt *n* cadaveric ecchymosis (*pl* -ses)

hullaház *n* mortuary, *US* így is: morgue

hullám *n* **1.** ált wave; *(nagy tengeri)* billow; **az ellenség öt** ~ **ban támadott** the enemy attacked in five waves; **nagy** ~ **okat ver** *átv* cause great excitement (*v.* a stir) **2.** *(hajban)* wave; **tartós** ~ permanent

wave; **természetes** ~ natural wave **3.** *fiz* wave

hullámbádog *n* corrugated iron

hullámcsat *n* curling-pin, *US* bobby pin

hullamerevség *n* rigor mortis

hullamérgezés *n* corpse poisoning

hullámfürdő *n* wave bath

hullámhossz *n* wavelength

hullámlemez *n* corrugated iron

hullámlovaglás *n* surfriding, surfing

hullámlovas *n* **1.** *(személy)* surfrider **2.** *(deszka)* surfboard

hullámmozgás *n* wave motion

hullámos *a* **1.** = **hullámzó 1. 2.** *(haj)* wavy, curly

hullámpapír *n* corrugated cardboard

hullámsáv *n* waveband

hullámtörő (gát) *n* breakwater

hullámváltó *n* el waveband switch, band select button(s)

hullámvasút *n* switchback (rail-way), roller coaster, *US* így is: coaster

hullámverés *n* rolling sea, swell of the sea; *(parti)* surf

hullámvonal *n* wavy line

hullámvölgy *n* **1.** trough [of the wave] **2.** *átv* depression

hullámzás *n* **1.** *(tengeré)* surge of the sea, waves *pl*, billows *pl*, undulation **2.** *(áraké)* fluctuation

hullámz|ik *v* **1.** *(szelíden)* ripple, undulate; *(erősen)* surge, billow, swell*; ~ **ik a tenger** the sea is choppy; *(erősebben)* there is a rough sea **2.** *(áralakulás)* fluctuate

hullámzó *a* **1.** *(víz)* billowy, rough, undulating; *(kis hullámokban)* rippling **2.** *(tömeg)* milling, surging [crowd]

hullarablás *n* **1.** *(hulla elrablása)* body-snatching **2.** *(hullától)* robbing a corpse

hullaszag *n* cadaverous smell

hullaszállító *a* ~ **kocsi** (motor) hearse

hullat *v* **1.** *(leejt, ledob)* drop, let* fall **2.** *(könnyet, vért, levelet)* shed* **3.** *(szőrt, hajat)* lose*

hull|ik *v* = **hull**

hullócsillag *n* shooting star

hullott *a* ~ **gyümölcs** windfall; ~ **alma** windfall apple

humán *a* ~ **érdeklődésű/beállítottságú** interested in (*v.* oriented towards) the arts/humanities *ut.*; ~ **értelmiség** arts/humanities scholars/people *pl*, those with arts degree *pl*; ~ **műveltség** education in the arts, arts education, education in the humanities/classics; ~ **tárgyak/tudományok** (the) humanities, the arts; (the) non-

scientific subjects; *(társadalomtudományok)* (the) social science(s)
humanista *a/n* humanist
humanizmus *n* humanism
humánus *a* humane, humanitarian; ~**an** humanely; ~**an bánik vkvel** treat sy humanely (*v.* like a human being)
humbug *n biz* humbug, *eye*wash; *(ostobaság)* baloney *v.* boloney, nonsense
humor *n* humour (*US* -or)
humorérzék *n* sense of humour (*US* -or); **nincs** ~**e** he has* no sense of humour, he cannot see the joke
humoreszk *n* humorous sketch/writing
humorista *n* humorous writer, humorist
humorizál *v* crack jokes
humoros *a* homorous, funny, comic
humusz *n* humus
hun I. *a* Hun(nish) **II.** *n* Hun
huncut I. *a* **1.** *(pajzán, tréfásan gonoszkodó)* waggish, prankish, *i*mpish, roguish; *(mosoly)* mischievous [smile] **2.** *(nem becsületes)* wily, crafty **II.** *n* rogue, rascal; **te kis** ~ you little imp/rascal
huncutkod|ik *v* play pranks, play the imp, be* naughty
huncutság *n* **1.** *(pajkosság, tréfás gonoszkodás)* impishness **2.** *elít* villainy
hungarológia *n* Hungarian studies *pl*
huny *v* → **szem**
hunyorgat *v* blink, nictitate
hunyorít *v (egyet)* wink; *(tartósan)* narrow one's eyes
huppan *v* give* a thud, thud
húr *n* **1.** *(hegedűn)* string(s); *(zongorán)* (piano) string(s) **2.** *mat* chord **3.** **egy** ~**on pendülnek** they are* thick as thieves, they are tarred with the same brush; **más** ~**okat penget** change one's tune, come* down a peg or two
hurcol *v* drag, haul; *biz* lug; **magával** ~ drag along
hurcolkodás *n* removal, moving
hurcolkod|ik *v* move (house), (re)move *(vhova* to)
hurka *n* **1.** *(étel)* sausage (made of chitterlings); **májas** ~ liver sausage, *US* liverwurst, *GB* white pudding; **véres** ~ black pudding **2.** *(bőrön vesszőütéstől, biz)* weal, welt
hurkol *v* loop, knot
hurok *n* *ált* noose, slip-knot, loop; *(állatfogó)* snare, mesh; **szorul a** ~ *(vk nyakán)* the net is closing (on sy); **hurkot vet** set* a trap, lay* a snare; ~**ra kerül** get* caught; ~**ra kerít** catch*, snare

hurokvágány *n* loop(line) ·
Huron-tó *n* Lake Huron
húros *a* ~ **hangszer** string(ed) *i*nstrument
húroz *v (teniszütőt, zongorát)* string*
hurrá *int* (hip, hip) hurray!; **háromszoros** ~ three cheers (for sy)
hurrázás *n* cheers *pl*, cheering
hurut *n* catarrh
hurutos *a* catarrhal
hús *n* **1.** *(élő)* flesh; *(ennivaló)* meat; *(vadé)* game; **se** ~, **se hal** neither fish nor flesh; ~**ába vág** = **eleven**ébe vág; *biz* **jó** ~**ban van** be* in good condition, be* well covered; ~ **és vér** flesh and blood **2.** *(gyümölcsé)* pulp, flesh ⇨ **olcsó**
húsadag *n* meat ration
húsáng *n* cudgel, club
húsbolt *n* butcher's (shop), the butcher's
húsdaráló *n* mincer, *US* meat grinder
húsellátás *n* meat supply
húsétel *n* meat dish
húsevő I. *a* carnivorous, meat-eating **II.** *n* carnivore
húshagyókedd *n* Shrove Tuesday
húsipar *n* meat trade/industry
húskonzerv *n* canned/tinned meat
húsleves *n* meat-soup, clear soup; *(sűrű)* broth
húsmérgezés *n* ptomaine/food/meat poisoning; *(kolbász, hurka)* botulism
húsos *a* **1.** meat-; ~ **étel** *(fogás)* meat dish/course; ~ **palacsinta** savoury/meat pancake **2.** *(személy, testrész)* well-covered, chubby; *(undorítóan)* fleshy
húspogácsa *n* meatball
huss! *int* shoo!
hússaláta *n* meat salad
hússertés *n* porker, bacon pig; *(kb. 60 kilón felül)* hog
hússzelet *n* steak
hústalan *a (étkezés)* meatless; ~ **nap** fish-day
húsvágó *a* ~ **deszka** *n* chopping board/block; ~ **bárd** cleaver, chopper
húsvét *n* Easter; ~**kor** at Easter
húsvéti *a* Easter; ~ **locsolás** Easter sprinkling; ~ **nyuszi** Easter bunny; ~ **tojás** Easter egg; ~ **ünnepek** Easter holidays
húsvétvasárnap *n* Easter Sunday
húsz *num* twenty; a score; ~ **óra** twenty hours, 8 p.m.; ~**on aluli** teenager
huszad *n* a/one twentieth, twentieth part
huszadik *num a* twentieth; **a XX. század** the 20th century
huszadszor *num adv* for the twentieth time
húszan *num adv* twenty (of them/us/you)

huszár *n* **1.** hussar, cavalryman° **2.** *(sakkban)* knight

húszas I. *a* twenty; **a** ~ **évek** the twenties, the (19)20s; ~ **szám** (figure/number) twenty; ~ **szoba** room number twenty (No. 20); ~ **busz** bus number twenty, the number twenty (No. 20) bus **II.** *n* **1.** = ~ **szám 2.** *(húszforintos bankjegy)* twenty-forint note; *(érme)* twenty-forint piece

húszéves *a vk* twenty-year-old, twenty years old *ut.*; *vm* of twenty years *ut.*; **még nincs** ~ he is* still in his teens

húszfilléres *n* twenty-fillér (piece)

húszforintos *n (bankjegy)* twenty-forint note; *(érme)* twenty-forint piece

huszonegy *num* twenty-one; **kivágtam, mint a** ~ **et** I sent him packing

huszonegyes *n* **1.** *(szám)* (the number) twenty-one **2.** *(kártya)* pontoon, *US* twenty-one

huszonegyez|ik *v* play pontoon (*v. US* twenty-one)

huszonnégy *num* twenty-four; ~ **órán át** round the clock; ~ **órán belül** (with)in twenty-four hours

huszonöt *num* twenty-five; ~ **éves évforduló** silver jubilee; *biz* ~ **öt érdemel** need the stick, deserve a stiff punishment

huta *n* smelting-works, foundry; *(üveg)* glass-works

húz I. *vt* **1.** *ált* draw*, pull; *(vonszolva)* drag, haul, pull; **közelebb** ~ **za a széket** draw* one's chair up/nearer, pull up a chair; ~ **za vknek a haját** pull sy's hair; ~ **za a lábát** drag one's feet; **vizet** ~ **(a kútból)** draw* water (from a well) **2.** *(ruhát)* put* on [clothes]; **cipőt** ~ put* on one's shoes, put one's shoes on; **magára** ~ **za a takarót** wrap the blanket around oneself; **ágyat** ~ put* clean sheets on the bed, change/make* the bed **3. a hátizsák** ~ **za a hátamat** the rucksack is weighing me down **4.** *(vi is)* **nagyot/jót** ~ **az italból/üvegből** take* a swig (of [beer], at [a bottle]), drink* deep, (have* a) pull at the bottle **5.** *(ugrat vkt, biz)* kid (sy), pull sy's leg; *(vmvel)* banter (sy about sg) **II.** *vi* **1.** *(motor)* **jól** ~ **a motor** the engine/motor is pulling well **2. jót** ~ **az evezőn** pull one's weight, pull a good oar **3.** *(borotva)* scratch **4.** *(vonzódik vkhez)* feel* attracted to sy, feel* drawn towards sy; *(vm vm felé)* be* drawn towards, gravitate towards sy **5.** *(madár)* fly* (in a direction), pass by **6.** ~ **(egyet) a csavaron** tighten the screw, give* the screw another turn **7.** *(sakkozó)* (make* a) move; **ki** ~**?**

whose move is it? **8.** *(vk vmeddig)* **nem sokáig** ~ **za már** he is not long for this world, he has one foot in the grave **9.** *(vt is)* *(írásból töröl)* cut*, make* cuts in [an article], cut* out [of play] **10.** *(huzat)* there is* a draught, it is* draughty **11.** *biz* **vkre nagyot** ~ thump sy (one) ⇨ **fog**^{3}, **haszon, idő, karó**

huzagolt *a* rifled; ~ **cső** rifled bore

huzakod|ik *v* **1.** = **vonakodik 2.** *(verekszik)* quarrel (*US* -l), wrangle, bicker

huzal *n* wire; *(erősebb)* cable

huzalozás *n* wiring; ~ **i rajz** wiring diagram

huzamos *a* protracted, (long-)lasting, of long duration *ut.*; ~ **(külföldi) távollét** a longer stay (abroad); ~ **időre** for a long time

húzás *n* **1.** *ált* pull, pulling, draw, drawing; *(vonszolva)* drag, dragging, haul, hauling **2.** *(evezővel)* stroke **3.** *(madaraké)* flight **4.** *(italból)* draught (*US* draft), swig **5.** *(sorsjegyé, kötvényé)* drawing **6.** *(írásból)* cut **7.** *biz* = **sakkhúzás**

huzat *n* **1.** *(léghuzat)* draught (*US* draft) **2.** *(bútorra)* cover; *(párnára)* case, slip; **barna** ~ **tal** covered in a brown cover

huzatos *a* draughty (*US* drafty), blowy

huzatruha *n* overdress

huzavona *n* wrangling, delays *pl*

húz-halaszt *v* keep* putting off, keep* postponing; *(elnyújt)* drag out

húzódás *n* *(vágtagfájdalom)* strain; ~ **a van** he has strained/pulled a muscle/ligament

húzód|ik *v* **1.** *(anyag)* stretch **2.** *(ügy)* drag on, take* a long time (in getting done) **3.** *(terület vmeddig)* extend to/over (*v.* as far as), spread* as far as **4.** *(vk vhová bújik)* withdraw* to, retire to, hide* in

húzódoz|ik *v* *vmtől* fight* shy of sg, be*/feel* reluctant/loath to do sg, shrink* from sg, be* unwilling to do sg

húzódzkod|ik *v* pull up at/to the bar

húzott *a* *(szoknya)* gathered (skirt)

húzózár *n* zip(-fastener), *US* zipper

hű^1 *a* **1.** faithful, loyal, true, devoted *(vkhez, vmhez mind:* to sy/sg); ~ **marad elveihez** stay true to one's principles, stick* to one's guns; ~ **marad vkhez** remain faithful/loyal to sy; ~ **fordítás** close/faithful translation

hű^2 *int* oh!, wow!

hűbelebalázs *n* ~ **módjára** in a slapdash way, recklessly, without weighing the pros and cons

hűbér *n* tört feudal tenure, fief

hűbérbirtok n tört (estate in) fee, fief
hűbéres n tört feoffee, vassal
hűbéri a tört feudal; ~ **állam** feudal state
hűbériség n tört feudal system, feudalism
hűbérúr n tört liege lord
hűdés n (paralytic) stroke, paralysis
hűdéses, hűdött I. a paralysed, paralytic
II. n **hűdött (beteg)** paralytic
hűha int by golly!, oh dear!
hűhó n ado; **sok ~ semmiért** much ado about nothing, a storm in a teacup; **nagy ~t csap vmért** make* a fuss about sg
hűl v cool, grow*/get* cool; **hadd ~jön** let it cool
hüledez|ik v be* dumbfounded/flabbergasted/astounded, be* struck dumb
hűlés n **1.** (folyamat) cooling **2.** (meghűlés) cold, chill
hüllő n reptile
hűlt a ~ **helyét találták** sy is found gone, sy/sg has disappeared/vanished into thin air
hülye I. a idiotic, half-witted, stupid **II.** n idiot; **te ~!** you fool/idiot!; **~nek nézel?** do* you take me for a fool?
hülyeség n idiocy, stupidity; **~!** (stuff and) nonsense!; **~eket beszél** talk nonsense/rot; **ilyen ~et!** what nonsense!, isn't that crazy?
hülyésked|ik v act foolishly, play silly pranks; **ne ~j!** don't be silly!
hümmög v hum, US így is: hem
hűs a cool, fresh, refreshing
hűség n **1.** ált faithfulness, fidelity; (ragaszkodó) devotion **2.** (párthoz) loyalty
hűséges a faithful, loyal, true, devoted
hűségeskü n oath of allegiance/loyalty
hűsít v refresh
hűsítő I. a refreshing, cooling; ~ **italok** soft drinks **II.** n (ital) soft drink
hűsöl v rest in the shade, rest in a cool place; **árnyékban ~** enjoy the cool of the shade
hűt v **1.** ált cool, make* cold; (ételt hűtőkészülékkel) refrigerate, chill
hűtés n cooling, chilling, refrigeration, cold storage
hűtlen a (barát stb.) faithless, unfaithful, disloyal; (házastárs) unfaithful; ~ **elhagyás** (wilful) desertion; ~ **kezelés** misappropriation, embezzlement, defalcation; **~né válik** vkhez betray sy, desert sy

hűtlenség n **1.** ált faithlessness, disloyalty, breach of faith **2.** (házastársi) infidelity
hűtő I. a cooling, chilling, refrigerating, freezing **II.** n **1.** (autóé) radiator **2.** (szekrény) refrigerator
hűtőfolyadék n coolant
hűtőgép n = **hűtőkészülék**
hűtőház n cold store, cold-storage depot/plant; ~**ban** in cold storage/store
hűtőházi a cold-storage
hűtőkészülék n refrigerator, biz fridge, US így is: icebox; ~ **mélyhűtővel egybeépítve** fridge freezer
hűtőkocsi n refrigerator van
hűtőpult n (display-type food) freezer
hűtőrács n (autón) grille
hűtőrendszer n (gépkocsié) cooling system
hűtőszekrény n = **hűtőkészülék**
hűtőtáska n freezer bag
hűtött a chilled, iced
hűtővitrin n cold-storage (show)case
hűtővíz n cooling water
hüvely n **1.** (kardé) scabbard, sheath; (töltényé) cartridge-case; (tok) case; cover; műsz sleeve, jacket, casing; ~**be dug (kardot)** sheathe [one's sword] **2.** növ legume, pod **3.** (női) vagina
hüvelyes I. a **1.** növ leguminous, papilionaceous [plant]; ~ **termés** legume **2.** (más) having a sheath/case ut. **II.** n ~**ek** leguminous/papilionaceous plants, pulses
hüvelyk n **1.** (kézen) thumb; (lábon) big toe; **H~ Matyi** Tom Thumb **2.** (mérték) inch (= 2,54 cm)
hüvelykujj n = **hüvelyk 1.**
hüvelytermés n legume, pod
hűvös I. a **1.** (idő, kellemesen) cool, fresh, refreshing; (kellemetlenül) chilly, chill; ~ **van, ~ a reggel** ma it is* a bit chilly, there's (quite) a chill in the air (this morning); ~ **helyen tartandó** to be* kept in a cool place **2.** (modor) stiff, icy, unresponsive; ~ **fogadtatás** cold/frosty reception; ~**en fogad** give* sy a (very) cool reception; ~**en kezel** vkt treat sy coldly, biz give* sy the cold shoulder **II.** n (börtön, biz) the cooler; ~**re tesz** clap (sy) in jail/jug
hűvösöd|ik v become* colder, turn cool/chilly
Hz = hertz, Hz

I, Í

I, i, Í, í *(betű)* (the letter) I/i, Í/í
-i *suff (vhonnan származó)* **kaposvári** of Kaposvár *ut.*, born in K. *ut.*; **budapesti** of Budapest *ut.*, Budapest; **a budapesti brit nagykövet** the British ambassador in Budapest; **a Helsinki záróokmány** The Helsinki Final Act; **az exeteri egyetem** the University of Exeter, Exeter University; **magyarországi születésű ember** a native of Hungary
iá *int* hee-haw
iáz|ik *v (szamár)* bray, hee-haw
ibolya *n* violet; **alulról szagolja az ~t** be* pushing up the daisies
ibolyántúli *a* ultraviolet; **~ sugarak** ultra-violet rays
ibolyaszínű *a* violet(-coloured) *(US* -or-)
ibrik *n* mug, pot
IBUSZ *n* ⟨Hungarian Travel Company⟩
icce *n* † ⟨old liquid measure: 0,88 litre⟩
icipici *a* tiny, teeny(-weeny), *sk* wee
id. = *idős(b)* senior, Sr., Snr
idahói *a/n* Idahoan
idáig *adv* **1.** *(időben)* up to now, till now, up to the present, so far, hitherto **2.** *(térben)* as far as here, right here, this far **3. hát ~ jutottak a dolgok?** have things come to that?
iddogál *v biz* tipple, sip, sup, drink*
ide *adv* here, to this place; **gyere ~!** come here!; **~ meg ~** to such and such a place; **~ figyelj!, hallgass ~!** listen!, look here; **~ vele!** let me have it!, give it to me!
⟹ **idetartozik, idevágó**
idead *v* give*, hand over; **kérlek, add ide a sót** please pass (me) the salt
ideál *n* ideal
ideális *a* ideal
idealista **I.** *a* idealistic **II.** *n* idealist
idealizál *v* idealize
idealizmus *n* idealism
ideáll *v* come* over (this place), stand* here
ideát *adv* over here
idébb *adv* further this way, nearer here
idebenn, -bent *adv* in(side) here, here inside
idebolondít *v* send* sy here on a fool's errand

idecsatolt *a* enclosed, attached
idecsatolva *adv* enclosed, attached; **~ megküldjük a jegyzéket** enclosed, please find the list ..., attached to the letter is the list...
ideértve *adv* including, together with
idefelé *adv* on the way here
idefenn, -fent *adv* up here
idefigyel *v* listen (to), pay* attention (to) ⟹ **ide**
ideg *n* **1.** nerve; **az ~ei felmondják a szolgálatot** his nerves are* shattered/ruined *(US* shot); **az ~eire megy vm/vk** sg/sy gets* on one's/sy's nerves, sg grates on sy *(v.* on sy's nerves); **~et öl** *(fogorvos)* kill the nerve [of a tooth] **2.** *(íjé)* (bow)string
idegbaj *n* = **idegbetegség**
idegbajos *a/n* = **idegbeteg**
idegbénulás *n* paralysis
idegbeteg *a/n* neurotic, neuropathic
idegbetegség *n* nervous disease, neurosis, neuropathy
idegcsillapító *n* sedative, tranquillizer *(US* -l-)
idegdúc *n* ganglion
idegember *n* highly strung person, nervous person
idegemésztő *a* = **idegőrlő**
idegen **I.** *a* **1.** *(ismeretlen, szokatlan)* foreign, strange, unknown, unfamiliar *(vk számára mind:* to); **számára ~ ez a gondolat** this idea is foreign to him; **~ül érzi magát** he does* not feel at home **2.** *(külföldi)* foreign, alien; **~ ajkú** speaker of a foreign language, non-native speaker; **~ állampolgár** alien, foreigner; **~ nyelv** foreign language; **~ nyelvű** (1) = **~ ajkú** (2) *(írás)* written in a foreign language *ut.*, foreign; **~ szó** foreign word **3.** *(anyag)* foreign; *nyomd* **~ betű** wrong fount *(röv* wf); **~ test** foreign body **II.** *n* **1.** *(ismeretlen helybeli)* stranger, outsider; **~eknek tilos a bemenet** *(v.* **belépni tilos)** no entry except to authorized persons, no admittance (except on business) **2.** *(külföldi)* foreigner, alien → **külföldi** **3. ~ben** in a strange country, abroad; **otthon vagy ~ben játszik-e a csapat?** is our next (football)

match at home or away?; ~**ben játszott mérkőzés** away game
idegenforgalmi *a* ~ **hivatal/iroda** tourist office/agency; ~ **központ** tourist centre (*US* -ter); ~ **tájékoztató szolgálat** tourist information (centre)
idegenforgalom *n* tourism; *(mint iparág)* the tourist industry/trade
idegenkedés *n* **1.** *vmtől* aversion (to), antipathy (to, towards, against) **2.** *vktől* aversion (to, for, from), dislike (of)
idegenked|ik *v* **1.** *vmtől* be* averse to sg **2.** *vktől* dislike sy, have* an aversion to sy
idegenlégió *n* (the French) Foreign Legion
idegenlégiós *n* legionnaire
idegennyelv-oktatás *n* the teaching of foreign languages, language teaching
idegenszerű *a* strange, unfamiliar, unusual, peculiar; *(külföldies)* outlandish
idegenvezető *n* guide
ideges *a* nervous, edgy, worried (*vm miatt mind:* about sg); *(nyugtalan)* restless; ~ **lesz** become* jittery/nervous; **roppant** ~ **volt** her nerves were* all on edge; ~**en jön-megy** pace up and down nervously
idegesít *v vkt vm* make* sy nervous, set* sy's teeth on edge, *vkt vk v. vm* get* on sy's nerves, irritate sy
idegesítő *a* nerve-racking, exasperating, tiresome, irritating
idegeskedés *n* nervousness
idegesked|ik *v* be* nervous/jumpy/jittery/edgy; **nem kell** ~**ned** you need not worry, calm down
idegesség *n* nervousness, jangled nerves *pl*
idegfájdalom *n* neuralgia
idegfeszítő *a* nerve-racking
ideggyenge *a* neurotic, neurasthenic
ideggyógyász *n* neurologist, nerve specialist
ideggyógyászat *n* neurology
ideggyógyintézet *n* neurological clinic, neurological nursing home (*v.* hospital)
ideggyulladás *n* neuritis
idegháború *n* war of nerves
idegkimerültség *n* nervous exhaustion/breakdown
idegmunka *n* nerve-racking work
idegosztály *n* neurological ward
idegőrlő *a* nerve-racking
idegösszeomlás *n* nervous breakdown
idegrendszer *n* nervous system
idegroham *n* attack of nerves, fit of nerves/hysteria, hysterics *pl*; ~**ot kap** go* into hysterics
idegroncs *n* nervous wreck

idegrost *n* nerve fibre (*US* -ber)
idegsebész *n* neurosurgeon
idegsebészet *n* neurosurgery
idegsejt *n* nerve cell
idegsokk *n* (nervous) shock
idegszál *n* nerve; **minden** ~**ával** straining every nerve
idegvégződés *n* nerve ending
idegzet *n* nervous system, nerves *pl*
idegzetű *a* of . . . nerves, . . . nerved; **gyenge** ~ weak nerved
idegzsába *n* neuralgia
idehallatsz|ik *v* [it] can be heard from here
idehallgat *v* → **ide, idefigyel**
idehaza *adv* here, at home, in; **nincs** ~ he is* not in (*v.* at home), he is* out
idehív *v* call/summon (sy) here
idehoz *v* bring* (sg/sy) here, fetch (sg)
idehúz *v* pull (sg) here
idei *a* **(ez)** ~ this year's, of this year *ut.*
ideiglenes *a* **1.** *(átmeneti)* temporary, provisional, interim; *(pillanatnyi)* momentary; ~ **intézkedés** interim/temporary measure(s); ~ **kormány** caretaker government; ~ **megoldás** temporary solution, makeshift **2.** *(rögtönzött)* makeshift [accommodation, table etc]
ideiglenesen *adv* temporarily, for the time being, provisionally; ~ **beír/bejegyez vmt/vkt** pencil (*US* -l-) in sg/sy; ~ **szabadlábra helyez** release (sy) on parole
ideig-óráig *adv* for a short time; ~ **tartó** short-lived, momentary
ideill|ik *v* it belongs/fits here; **nem illik ide** it is* out of place here
ideillő *a* right, proper, appropriate
ideje, idejében, idején *adv* → **idő 1.**
idejekorán *adv* in (good) time, in plenty of time
idejétmúlt *a* out-of-date, outdated, old--fashioned, out of fashion *ut.,* outmoded, obsolete
idejön *v* come* here
idejövet *adv* on one's way here
idejövetel *n* vké sy's coming here (*v.* arrival); **1982-ben történt** ~**e óta** since arriving [in Hungary] in 1982, (s)he . . .
idejut *v* **hát** ~**ottál?** have* you sunk as low as that?
idekinn, -kint *adv* out here
idekívánkoz|ik *v* **1.** *(vk)* be* longing to come here **2.** *(ideillik)* seem to belong here, seem appropriate here
ideküld *v* send* here, send* to this place; ~**ött érte** he has sent (sy over) for it
idelát *v* be* able to see us (*v.* see this far)

idelátsz|ik *v* may/can be seen from here, is* visible from here

idelenn, -lent *adv* down here, here below

idén *adv* this year; **(az/ez)** ~ this year; ~ **tavasszal** this spring

idenéz *v* look here, look this way, look in our direction; *(rám néz)* look at me

idény *n* season, time (of the year)

idényjelleg *n* seasonal character

idényjellegű, -szerű *a* seasonal

idénymunka *n* seasonal employment/work

ide-oda *adv* here and there; *(előre-hátra)* to and fro, back and forth; ~ **jár(kál)** (1) *(mindenfelé, rendszertelenül)* go* this way and that (2) *(rendszeresen oda-vissza)* move to and fro, shuttle; ~ **küldöz** send* from pillar to post

ideológia *n* ideology

ideológiai *a* ideological; ~ **szempontból** ideologically; considering the ideological aspects of [the dispute etc.]

ideológus *n* ideologist

idestova *adv* nearly, almost; ~ **húszéves lesz** (s)he is getting on for twenty

ideszámít 1. *vt* include (in), reckon (in) **2.** *vi* = **idetartozik 2.**

idetartoz|ik *v* **1.** *(vk, vm)* belong here; *(hozzánk)* be* one of us; **ön** ~**ik?** do you belong here?, are you with us? **2.** *(ügyhöz átv)* pertain/relate to; ~**ik az az eset is(, amikor)** the case [of sy/sg] also comes under/into this category/heading; **ez (már) nem tartozik ide** this has nothing to do with the question/subject, (but) that is another story

idétlen *a* **1.** *(alakra)* misshapen, unsightly **2.** *(megjegyzés, gondolat)* inept, foolish, silly; *(tréfa)* stupid [joke] **3.** *(ügyetlen)* clumsy, awkward, ungainly

ideutaz|ik *v* travel *(US -l)* here, come* *(over)* here

idevágó *a* relevant, referring/pertaining to this *ut.*; **az** ~ **adatok** the relevant data; ~ **eset** a case in point; ~ **megjegyzése** his comment on the subject; **az** ~ **határozat** the relevant resolution/decision; **nem** ~ be* out of place here, be* irrelevant

idevaló *a* **1.** local; ~ **vagyok** I belong here, I am a native here; **nem vagyok** ~ I am a stranger here **2.** *(ideillő)* suitable, proper, appropriate; relevant; ~ **idézet** apposite/apt quotation ⇨ **idevágó**

idevalósi *a/n* = **idevaló 1.**; **az** ~**ak** the locals

idevonatkozó *a* = **idevágó**

idéz *v* **1.** *(szöveget)* quote *(vmt* sg, *vkt* sy, *vmből* from sg, *vktől* from sy), cite (sy v. sg);

Ady ~**i** (s)he quotes (from) Ady; **Petőfiből/-től** ~ (s)he quotes from Petőfi; **a Bibliából** ~ (s)he quotes from the Bible; **azt mondta,** ~**em: "Sose felejtem el"** he said, quote "I will never forget it" **2.** *(hatóság elé)* summon, summons, cite, give* a summons to ⇨ **beidéz, emlékezet, idézett**

idézés *n* **1.** *(szövegé)* quoting, citing **2.** *(bírósági, hatósági)* summoning, citation **3.** *(irat)* summons *(pl* -ses); *(bírósági)* subpoena *(pl* -nas); ~**t kézbesít vknek** serve a summons on sy; ~**t kapott** (s)he was summonsed, (s)he was served with a summons, (s)he was subpoenaed, (s)he was ordered to appear before the court

idézet *n* **1.** quotation (from); *biz* quote (from) **2. most** ~ **következik** quote "..."; **eddig az** ~ unquote

idézett *a* quoted (above) *ut.*; **az** ~ **részlet** the passage quoted (above); **az** ~ **szavak** the words quoted

idézőjel *n* quotation marks *pl*, *biz* quotes *pl*; inverted commas *pl*; ~ **bezárva** unquote; ~**be tesz** put* in inverted commas, *biz* put* in quotes; ~**ben van** be* (enclosed) in quotation marks

idill *n* idyll

idilli(kus) *a* idyllic

idióma *n* idiom

idiomatikus *a* ~ **kifejezés** idiomatic expression, idiom

idióta I. *a* idiotic **II.** *n* idiot

idom *n* **1.** *mat* figure **2.** *(női)* figure, form; **telt** ~**ok** full figure *sing.*; **telt** ~**ai vannak, telt** ~**ú** she has a full figure, she is curvaceous/voluptuous *(v.* well-rounded), *biz* [she is] a woman of impressive vital statistics **3.** *(öntő)* mould *(US* mold)

idomdarab *n* fitting, part

idomít *v* **1.** *(állatot)* train; *(vadállatot)* tame **2.** *vmhez* adapt/fit/adjust to sg

idomítás *n* *(állaté)* training; *(vadállaté)* taming

idomító *n* trainer, tamer

idomszer *n* gauge *(US* gage is), callipers *(US* -l-) *pl*

idomtalan *a* shapeless, unshapely

idomul *v* **1.** *(felveszi vmnek az alakját)* take* the shape of sg **2.** *vmhez/vkhez* adjust/adapt oneself to sg/sy, conform to sg/sy

idő *n* **1.** ált time; *(~tartam)* (length of) time, period, duration, term, while; *(~pont)* (point of) time, date; *(kor)* time, times *pl*, days *pl*, age, period; **mennyi az** ~**?** what's the time?, what time is it?; **tízre jár az** ~ it is nearly ten (o'clock), it is getting on for ten; **a pontos ~ ...** time now ...; **az ~ eljár** time flies/passes; **az ~ pénz** time is money; **ez(en) ~ alatt** meanwhile, during that/this time; **az egész ~ alatt** all the time; **~ előtt** prematurely, ahead of time, too soon; **~ előtti** premature, untimely, immature; **kis ~ múlva** after a while/time/bit, before long, soon, presently; **hosszú ~ múlva/után** after a long while, considerably later; **egy ~ óta** for some time (past), of late, lately; **a legrégibb ~ k óta** from the earliest times, from time immemorial; **ez ~ szerint** at present, at the moment, (as of) now; **az ~ tájban/tájt** (at) that time; **ez ~ tájban/tájt** (at) this time of the day; **elmúlt már az az ~,** **amikor** the times are past when, gone are the days when; **(csak) ~ kérdése** it is (only) a question/matter of time; **(most van) itt az ideje (annak), hogy; ideje, hogy** the time has come to, it is time to, now is the time to; **itt az ideje, hogy megtanítsanak viselkedni** it's time sy taught you to behave (yourself); **ideje (volna) hazamenni/elindulni; ideje, hogy hazamenjek/elinduljak** (v. menjünk/elinduljunk) it's time I was (v. we were) going, it's high time we went, time I/we went, it's time for me/us to go (home), it's time to go (home); **legfőbb ideje, hogy** it is high time (that); **jó ideje** a good while (ago), for a long while; **már jó/egy ideje** for some time (past), for quite a while/time; **nincs rá ideje** (s)he has no time to spare; **van elég ideje** (s)he has plenty of time, (s)he has time and to spare (to); **sok idejébe került** it took him a long time, it took him long; **~ben, idejében** in (good) time; **egy ~ben** (valamikor) at one time; **kellő/megfelelő ~ben** in good time, in time, in due course/time; **minden ~ben** at all times, always; **mindent a maga idejében** there is a time for everything, all in good time; **az ő idejében** in his time; **Shakespeare idejében** in the days of S., in S's days/time; **az Árpádok idejében** in the time(s) of the Árpáds; **a francia forradalom idejében** at the time of (v. during) the French Revolution; **~höz kötött** it has to be done in/by a certain time ut.; **mennyi ideig?** (for) how long?; **mennyi ideig tart?** (pl. hangverseny) how long does [the concert] last?; (út vhová) how long does it take to (get swhere)?; **ez ideig** up to now, so far, as yet; **mind ez ideig** so/thus

far, till now, up to now, up to the present; **egy kis ideig** for a short time, for a while; **a legújabb ~kig** until quite/very recently, down to recent times; **vknek/vmnek az idején** in the days/time of; **annak idején** (1) (akkor) in those days, at the/that time (2) (jövőben) when the time comes; **háború idején** in wartime; **tél idején** in (the) wintertime; **egy ~re** for a while/time; **nehéz/szűkös/rossz ~kre félretesz** save sg (v. put* sg away) for a rainy day; **a háború idejére** as long as the war lasts, for the duration of the war; **~ről ~re** from time to time; **húzza az ~t be*** marking time; be* playing for time; temporize; **vmvel tölti (az) idejét** spend* one's time (doing sg), pass the time in/by doing sg; **sok ~t tölt vmvel** spend* a lot of time doing sg; **sok ~t elvesz/elrabol** it/sg takes* up (v. involves) a great deal of time; **kif** it is (v. may be) a drain on your time; be* time-consuming; **~t ad/enged** give* time; **~t nyer** gain time; **~t veszít** lose* time; **~t megtakarító** time-saving; **idejét múlta = idejétmúlt; ettől az ~től kezdve** from this time on; ir henceforth; **~vel** in (the course of) time, by and by, in due course **2.** (időszámítás) time; **kelet-európai ~** East(ern) European Time; **közép-európai ~** Central European Time; **budapesti ~ szerint este 8-kor** at 8 in the evening, Budapest time **3.** (időjárás) weather; **milyen ~ van?** what's the weather like (today)?; **szép ~ van** it's fine, it's a nice/fine day (today); **rossz ~ van** the weather is bad, it's rotten/foul weather **4.** nyelvt tense

időálló a lasting, durable
időbeli a temporal, in time ut.; **~ egymásután** chronological succession/order; **~ sorrendben** in (strict) chronological order; chronologically
időbeosztás n time-table, schedule
időegység n (perc, óra stb.) unit of time
időelemzés n time(-)and(-)motion study
időelemző n (üzemben) time(-)and(-)motion expert, piece-rate fixer
időfecsérlés n waste of time
időhatározó n adverb of time
időhiány n lack of time; **időhiánnyal küzd** work against the clock
időhúzás n marking time, playing for time, temporization
időigényes a time-consuming
időjárás n weather; **a várható ~ ...** today's/the weather/forecast..., the weather outlook...; **az évszaknak megfelelő ~**

seasonable weather; **az** ~**ra érzékeny**
(be*) meteorologically inclined
időjárás-érzékeny *a* = **időjárásra** *érzékeny*
időjárási *a* ~ **térkép** weather map/chart;
~ **viszonyok** (weather) conditions
időjárás-jelentés *n* weather-report; *(előjel-zés)* weather forecast
időjelzés *n* time-signal; *(rádióban biz)* (the) pips *pl*; *(telefonon)* speaking clock
időkímélés *n* time-saving; ~ **céljából** to save time
időkímélő *a* time-saving
időköz *n* interval, space of time; **meghatározott** ~**ökben** at stated intervals; **ötperces** ~**ökben** at five minute intervals
időközben *adv* meanwhile, (in the) meantime
időközi *a* ~ **képviselőválasztás** by-election
időleges *a* = **ideiglenes**
időmérés *n* timing, measurement of time; ~**sel működik** *(telefon) kb.* metered calls *pl*
időmérő *n (személy)* time-keeper; *(stopper)* stopwatch
időmérték *n (verstani)* quantity, measure
időmértékes *a* metrical; ~ **vers** metrical poem; ~ **verselés** metrical poetry/verse
időmilliomos *a (igével)* have* plenty of time
időnként *adv* from time to time, (every) now and then/again, occasionally, once in a while, off and on
időpont *n* (point of) time, date; **megbeszél egy** ~**ot vkvel** arrange to meet sy [at a particular time], make*/fix an appointment with sy (*v.* to see sy); **megbeszéltem egy** ~**ot X-szel** I had/fixed an appointment with X
időrabló *a* time-consuming; *kif* (sg) may be (*v.* is) a drain on one's/sy's time
időrend *n* chronological order
időrendi *a* chronological ⇨ **időbeli**
idős *a* old, aged, elderly; **milyen** ~? how old is* he?; **mikor ennyi** ~ **voltam** when I was your age; **nem látszik annyi** ~**nek** he does* not look his age; ~**ebb** (1) *(ált és összehasonlításban)* older (2) *(testvéreknél)* elder *(összehasonlításban sohasem)*; ~**ebb, mint** older than; **öt évvel** ~**ebb nálam** he is five years older than me, he is five years my senior
idősb † *a (személynévvel kapcsolatban)* Senior (*röv* Sr. *v.* Snr.) *ut.*; **id. Horváth Zsolt** Zsolt Horváth Snr.

időszak *n* period, term
időszaki *a* periodic; ~ **kiadvány/sajtótermék** periodical
időszakos *a* periodic; *(munka)* seasonal; ~ **kiadvány** → **időszaki**
időszámítás *n* **1.** *(rendszere)* time; **helyi** ~ local time; **nyári** ~ summer time, *US* daylight saving time → **idő 2. 2.** ~**unk előtt** *(röv.* **i. e.)** B.C. (= before Christ); ~**unk szerint** *(röv.* **i. sz.)** A.D. (= *Anno Domini*, in the year of our Lord); **az** ~**unk előtti** *(v.* **i. e.) IV. sz.-ban** in the fourth *(v.* 4th) century B.C.; ~**unk előtt** *(v.* **i. e.) 400-ban** in 400 B.C.; **az** ~**unk szerinti** *(v.* **i. sz.) VI. sz.-ban,** ~**unk VI. században** in the 6th century (of our era); ~**unk szerint** *(v.* **i. sz.) 650-ben** in 650 A.D.
időszerű *a* timely, topical; **igen** ~ *kif* it is very much on the agenda; **nem** ~ = **időszerűtlen;** ~ **kérdések** topical/current problems/issues, questions of the hour/day/moment
időszerűség *n* timeliness, opportuneness, topicality
időszerűtlen *a* untimely, ill-timed, inopportune, out of place *ut.*
időszűke *n* = **időzavar**
időtartam *n* length of time, period, duration; **2 évi** ~**ra** for a period of two years
időtlen *a* timeless, immemorial; ~ **idők óta** since/from time immemorial; *biz* since the year dot
időtöltés *n* pastime, recreation, hobby; **hasznos** ~ useful/profitable way of passing the time; **kedvenc** ~**em a zenehallgatás** listening to music is my favourite (*US* -or-) pastime; ~**ül** to pass the time, to while away the time
időváltozás *n* break/change in the weather
időveszteség *n* loss of time, lost time
időzavar *n* ~**ba kerül,** ~**ban van** be* pressed for time
időzés *n* stay, sojourn
időz|ik *v* **1.** stay *(vknél* with sy, *vhol* at/in); ir sojourn *(vknél* with sy, *vhol* at/in) **2.** *(tárgynál)* dwell* on [a subject]; **hosszasan** ~**ik** vmnél dwell* at length on sg
időzít *v* time
időzítés *n* timing
időzített *a* **1.** ~ **bomba** time-bomb, delayed-action bomb/mine **2. jól** ~ well--timed
idus *n* **március** ~**a** the Ides of March
idült *a* chronic

i. e. = *időszámításunk előtt* before Christ, *röv.* B.C. ⇨ **időszámítás 2.**

ifi *n* **1.** = **ifjúmunkás 2.** ~**k** young people; the youth [of the church etc.] is/are … **3.** *sp* junior; ~**k** junior team *sing.*

ifj. = *ifjabb, ifjú* junior (*röv* Jr.) → **ifjabb**

ifjabb *a* **1.** *ált* younger **2.** *(személynévvel kapcsolatban)* **ifj. Szabó Béla** Béla Szabó, Junior (*v.* Jnr. *v.* Jr.), the young Mr Szabó

ifjú I. *a* **1.** young; **az** ~ **nemzedék** the rising/younger generation; **az** ~ **pár** the young (*v.* newly married) couple, the newly weds **2.** → **ifjabb 2. II.** *n* young man°, youth, lad; *(tapasztalatlan)* youngster; **ifjak** *(főleg tizenévesek)* youths, *ált* young people *pl*

ifjúi *a* youthful; ~ **lelkesedés** youthful enthusiasm

ifjúkor *n* youth, younger years/days *pl*; ~**omban** in my youth, in my younger days

ifjúkori *a* of youth *ut.*; ~ **barát** friend of one's youth; ~ **szerelem** calf/puppy love

ifjúmunkás *n* young worker

ifjúság *n* **1.** *(kor)* youth, days of youth *pl*; ~**a teljében** in the full bloom of youth; **kora** ~**ában** in his childhood **2.** *(ifjak)* youth, young people *pl*, the young *pl*; **egyetemi** ~ (the) undergraduates *pl*, university students *pl*

ifjúsági *a* of/for youth *ut.*; youth; *sp* junior; ~ **egyesület/klub** youth club/centre (*US* -ter); ~ **előadás** school/children's matinee/performance, matinee for the young; ~ **irodalom** juvenile literature, books for the young *pl*; ~ **kiadás** edition for young people, school edition; ~ **mozgalom** youth-movement; ~ **nyelv** *kb.* (school) slang; ~ **szervezet** youth organization; ~ **(turista)szálló** youth hostel; ~ **válogatott** junior team; ~ **versenyszám** junior event

-ig *suff* **1.** *(helyhatározó)* **a)** to; **Londontól Edinburghig** from London to Edinburgh; **térdig ér** reach/rise* to the knees, come* up to the knees; **hazáig** to one's house/home; **b)** as far as; **(egészen) Londonig** as far as London; **(egészen) a Nemzeti Múzeumig mentek együtt** they walked (together) as far as the National Museum; **idáig** thus/so far; **odáig** as far as that/there **2.** *(időhatározó)* **a)** *(időpont)* to, up to; **hétfőtől péntekig** from Monday to Friday; **eddig a napig** to this day; **(mind) a mai napig** up to the present, up to now, to this date/day, to date, so far, as yet; **háromtól négyig** from three (o'clock) to four; **idáig** up to the present, thus/so far; **végig**

to the (very) end, to the last; **elejétől végig** from beginning to end; **egyenlege tegnapig** (*v.* **tegnap estig**) … your balance as of last night …; **b)** *(vmely időpontig nem)* not before …; **karácsonyig nem** not before Xmas; **c)** *(időtartamon belül valameddig)* till, until; **három óra utánig** until after three o'clock; **reggeltől estig** from morning till night; **holnaputánig** until the day after tomorrow; **d)** *(időtartam alatt)* *(főleg)* for; **három napig volt távol** he was away for three days; **két évig tanult angolul** he learnt English for two years; **egy ideig** for some time, for a (long) while; **még 3 hónapig** for three months to come **3.** *(fokhatározó)* *(főleg)* to (*v.* elöljáró nélkül); **az utolsó emberig/szálig elestek** they fell to a man; **utolsó leheletéig** to one's last breath/gasp; **porig (le)-ég** burn* to ashes, burn* to the ground; **vérig sért vkt** offend sy mortally, hurt* sy to the quick; **fülig szerelmes** be* head over ears in love; **egytől egyig** to a man, all (and sundry), every (single) one of them, without exception ⇨ határozókban, pl. **eddig, sokáig** stb.

ig. = **igazgató** manager, director

iga *n* yoke; ~**ba hajt** *átv* subjugate, subdue; ~**t leráz** throw* off the yoke

igás *a* yoke, draught

igásállat *n* draught animal

igásló *n* draught/plough-horse (*US* plow-)

igavonó *a* ~ **állat/barom** draught animal

igaz I. *a* **1.** *(való)* true, genuine, real, veritable, authentic; ~**, hogy** … (1) *(állításban)* true (enough) (that), to be sure, no doubt; *(elismerem)* I admit (2) *(kérdésben)* is it true (that) [you are going abroad?]; **(nem)** ~**?** isn't that so?, don't you agree?; ~**, de** true, but; yes, but; ~ **állítás** true/correct statement; ~ **történet** true story; ~ **ugyan (, hogy)** true enough; **ami** ~**, (az)** ~ there is no getting away from it, there is no getting round it, as a matter of fact; **egy szó sem** ~ **belőle** there is* not a word/grain of truth in it; ~**nak bizonyult** it proved to be true; ~**nak hangzik** it rings*/sounds true; ~**nak tartom** I believe it to be true **2.** ~ **(is)** *(most jut eszembe)* by the way **3.** *(becsületes)* true, straight, just, honest; *(hű)* loyal; ~ **barát** true/real friend; **egy** ~ **ember** a just person; ~ **híve** *(levélben)* yours sincerely/truly, *US így is:* sincerely/faithfully yours; ~ **úton jár** be*/keep* straight **II.** *n* *(valóság)* truth; ~**a van** he is* right; **nincs** ~**a** he* is wrong/

mistaken; ~ad van! you are right!, quite so!; nincs ~ad! you are* entirely mistaken!; ~at ad vknek admít that sy is* right, agree with sy; ~at mond tell*/ speak* the truth; *(esküszövegben)* az ~at és csakis az ~at [tell*] the truth, the whole truth, and nothing but the truth; az ~at megvallva to tell the truth, strictly speaking

igazán *adv* 1. *(állítva)* really, truly, in truth, indeed 2. *(kérdve)* really?; indeed?, is that so?

igazgat *v* 1. *(vállalatot)* manage, direct, conduct 2. *(ruhát)* adjust, arrange [one's clothes]

igazgatás *n (vállalaté)* management, direction, administration; **rossz** ~ mismanagement, maladministration

igazgató I. *a* ~ **főorvos** *kb.* senior consultant, hospital superintendent II. *n* 1. *(banké)* manager, *(fölötte)* director, *(nagyobb banké)* governor, *(bankfióké)* branch manager; *(vállalaté)* manager, director, head; *(múzeumé)* custodian, keeper, curator 2. *isk* headmaster; *(nő)* headmistress, (the) head [of the school], *(főleg US)* principal

igazgatóhelyettes *n* 1. *(banké, vállalaté)* deputy/assistant manager 2. *isk* deputy headmaster *(nő:* headmistress)

igazgatói *a* 1. *(banknál, vállalatnál)* manager's, director's, of manager/director *ut.* 2. *isk* headmaster's

igazgatónő *n* 1. *(banké, vállalaté)* directress, director 2. *isk* headmistress

igazgatóság *n* 1. *(testület)* management, board of directors 2. *(állás)* managership, directorship 3. *(helyiség)* manager's/director's office

igazgatósági *a* ~ **tag** member of the board of directors; *biz (igével)* be* on the board

igazgatótanács *n* board of directors, governing board/body; **az** ~ **elnöke** chairman of the board of directors

igazgyöngy *n* real/genuine pearl

igazhitű *n* follower of the true faith

igazi *a* true, real, genuine, authentic; **ez az** ~! that's* the real thing/McCoy!; ~ **angol** a real Englishman°, a true-born Englishman°; **a szó** ~ **értelmében** in the true/proper sense of the word; ~**ból** *(nem játékból)* for real

igazít *v* ált put* (sg) right; *(beállít)* adjust, set*, (re)arrange; *(órát)* set*; *(javítva)* repair, mend, *US* fix; *(hajat, nő)* adjust, *US* fix

igazítás *n* 1. *(javítva)* repair(ing), repairs *pl,* *US* fixing 2. *(hibáé)* correction 3. *(ruháé)*

alteration [of a dress etc.] 4. *(hajé)* trim(ming); ~t **kér** *(férfifodrásznál)* ask for a trim

igazmondás *n* veracity, truthfulness, telling the truth

igazodás *n* 1. *vmhez* alignment (with) 2. *(csak kat)* dressing

igazod|ik *v* 1. *vk vmhez* go* by sg, be* guided by sg, adjust to sg 2. *vk vkhez* adjust to sy, take* one's cue from sy

igazol 1. *vt (cselekedetet)* justify, give* reason for, account for [one's actions]; *(állítást)* verify, prove the truth of; *(tudományosan)* prove*, verify, demonstrate; **tételét a kísérletek** ~**ták** the experiments proved him right; **az események őt** ~**ták** he was justified by the events, events proved him right 2. *vt (mulasztást)* excuse [absence] 3. *vt (gyanúsított egyént)* exonerate, clear, exculpate; *(vk politikai múltját)* screen, vet; **1945-ben** ~**ták** he was screened/vetted politically in 1945 (and was found positive/innocent/blameless) 4. *vt (azonosságát)* prove/establish one's identity, identify oneself; *(okmánnyal)* certify, certificate; *(vmnek átvételét)* acknowledge [receipt of]; ~**ja magát!** your identity card please!; **alulírott ezennel** ~**om** I (the undersigned) hereby certify (that); **ezennel** ~**juk, hogy** this is to certify that; ~**juk május 5-i levelének vételét** we acknowledge receipt of your letter of 5 May 5. *vt sp (játékost)* register; *(átigazol)* transfer 6. *vi sp vhová* be* transferred to, be* given a transfer by [another club]

igazolás *n* 1. *(cselekedeté)* justification, *(állításé)* verification 2. *(politikai múlté)* (political) screening/vetting 3. *(személyazonosságé)* proof of one's identity, *(okmánnyal)* certification 4. *(az irat)* certificate; ~t **ad vmről** give*/issue a certificate to sy about sg, certificate sg; ~t **hoz vmről** produce a certificate of sg

igazolási *a* ~ **eljárás** (political) screening/vetting

igazolatlan *a* ~ **hiányzás/mulasztás** unjustified/uncertified/uncertificated absence

igazoló *a* vindicatory, verificatory; ~ **eljárás** = **igazolás** 2.; ~ **iratok** credentials

igazolóbizottság *n* (political) screening/vetting committee

igazolt *a* justified, authorized, verified, certified; *sp* ~ **játékos** registered player; *isk* **az** ~ **órák száma** number of classes attended, number of credits

igazoltat *v vkt* ask to see sy's papers, carry out an identity check

igazoltatás *n* identity check

igazolvány *n* certificate; *(engedély)* pass; **személy(azonosság)i** ~ identity card

igazolványkép *n* passport(-size) photo(graph)

igazság *n* **1.** *(valóság)* truth, fact; *(állításé)* truth, veracity; **az ~ az, hogy** the plain/simple truth is* that, to tell the truth; as a matter of fact; **a színtiszta ~** the unvarnished/pure truth; **~ szerint** to tell the truth; by rights; as a matter of fact **2.** *(mint eszmény)* truth; *(igazságtétel)* justice; **az nem ~, hogy** it is* not just/fair that/if; **az ~ a mi oldalunkon van** truth is* on our side; **az ~ napfényre jön** truth will out; **~ot szolgáltat** (1) *(bíróság)* administer justice (to) (2) *átv* do* justice to, give* sy his due

igazságérzet *n* sense of justice

igazságos *a* just, fair(-minded); **~ tanár** fair-minded teacher; **nem ~** it is* not fair; **~ háború** just war; **legyünk ~ak** let's be fair/just; **ha ~ak akarunk lenni** in all fairness

igazságszeretet *n* love of justice/truth, love of fair play

igazságszolgáltatás *n* administration of justice, jurisdiction; **az ~ szervei** the judiciary

igazságtalan *a* unjust, unfair; **~ vkvel szemben** do* sy an injustice; **~ háború** unjust war

igazságtalanság *n* injustice, unfairness

igazságtétel *n* (doing) justice

igazságügy *n* justice, judicature

igazságügyi *a* of justice *ut.*, judicial; **~ miniszter = igazságügy-miniszter;** **~ minisztérium** Ministry/Department of Justice

igazságügy-miniszter *n* Minister of Justice, *GB* Lord Chancellor, *US* Attorney-General; **XY, ~** Minister of Justice, YX

igaztalan *a* false, wrong

ige *n* **1.** *nyelvt* verb **2.** *vall* the Word; **igét hirdet** preach (the Word *v.* the Word of God)

igealak *n* ver(bal) form; **cselekvő/szenvedő ~** active/passive voice

igehirdetés *n* **1.** *(tevékenység)* preaching (the Gospel) **2.** *(prédikáció)* sermon

igehirdető *n* preacher

igei *a* verbal, verb(-)

igeidő *n* tense

igeidő-egyeztetés *n* sequence of tenses

igekötő *n* verb prefix

igemód *n* mood

igen[1] **I.** *int* yes; **Esik (az eső)? - I~.** Is it raining? - Yes, it is; **Nem is láttad. - De ~!** You didn't see it. But I did (*v.* Oh yes, I did); **azt hiszem, ~** (Yes,) I think so; **~ is, nem is** yes and no **II.** *n* yes; **~nel felel** answer in the affirmative, say* yes

igen[2] *adv (nagyon)* very, greatly, extremely, exceedingly, *(igét nyomósítva)* very much; **nem (is) ~** not very much, scarcely, almost never; **nem is ~ tud róla** he knows hardly anything about it; **nem olvas, nem is ~ sportol** he doesn't read, nor does he even like sports very much; **ő se ~ szeret olvasni** he doesn't like reading much either; **~ szereti** love sy/sg very much, be* very fond of sy/sg ⇨ **nemigen**

igenév *n* participle; **főnévi ~** infinitive; **melléknévi ~** participle

igenévi *a* participial

igenis *int* **1.** *(igen)* yes (sir)!, yes indeed!; *(felszólgálótól stb.)* very good sir/madam! **2.** *(ellentétes)* **de ~ így lesz!** well, that's what I have decided (on); well, that's how it's going to be

igenlő *a* affirmative, positive; **~ esetben** if so/yes, if the answer is yes; **~ válasz** a positive answer; **~en válaszol** answer in the affirmative

igény *n* **1.** *vmre* claim (to), title (to), demand (on); **~be vesz** (1) *(eszközt)* make* use of, employ; *(alkalmat)* take* advantage of, *(anyagiakat)* draw* on, utilize (2) *kat* requisition; **sok időt vesz ~be** it takes up a lot of (*v.* a great deal of) time, it is very time-consuming; **~be vehető** be* available (for use); **~t elutasít** disclaim sg, reject a claim; **~t kielégít** meet* a claim; **~t támaszt/tart vmre** lay* claim to sg; **~től eláll** waive a claim **2.** *átv (anyagi stb.)* pretension, (the) expectations *pl; (munkában)* demand; **nagyok az ~ei** (1) *(anyagilag)* have* great pretensions, be* hard to please (2) *(munkában stb.)* be* exacting, be* (very) demanding; **túl nagyok az ~ek/~ei(k)** *(pl mai fiataloknak)* they have too many expectations; **~ei vannak** (= igényes) be* demanding; **kif** (s)he has (very) high standards; **minden ~t kielégít** satisfy every demand, meet* every requirement

igénybevétel *n* **1.** *(eszközé)* employment, making use of; *(alkalomé)* taking advantage of; *(anyagiaké)* utilization, use, recourse/resort to **2.** *műsz* bearing force, stress **3.** *kat* requisitioning

igényel *v* 1. *(jogot formál vmre)* claim (sg), lay* claim to (sg); *(kiutalandó dolgot kér)* put* one's name down for [a flat, a car *stb.*] 2. *(vm szükségessé tesz vmt)* demand, require, call for [skill, care etc.]; **igényli, hogy foglalkozzanak vele** *(gyerek)* (s)he demands (constant) attention, be* (very) demanding; **ez (némi) magyarázatot** ~ that demands an explanation; **sok időt** ~ it takes up a lot of time, it is (very) time-consuming

igényes *a* 1. *(vk minőség dolgában)* exacting, demanding; *kif* (s)he has (very) high standards; *(válogatós)* particular (about), fastidious (about); *(növény)* delicate 2. *(munka stb.)* exacting, demanding, taxing [piece of work], demanding care *ut.*; *(színvonalas)* of a high standard *ut.*

igényjogosult *a* lakásra ~ **(személy)** (person) entitled (*v.* with a right) to a flat

igénylés *n* 1. *(vmé ált)* claiming (of), claim (to), demand (of) 2. *(kiutalást kérő irat)* application(-form); **benyújtja az** ~**t** hand in an/the application (for sg)

igénylő I. *a (gondot stb.)* requiring/demanding [much care etc.] *ut.* II. *n* claimant, applicant; **160 000** ~**t tart nyilván a MERKÚR** there are 160,000 on the waiting list for a new car at MERKÚR

igénytelen *a* 1. *(szerény)* unassuming, modest 2. *(egyszerű)* simple, plain, undemanding 3. *(jelentéktelen)* insignificant; **szellemileg** ~ unintellectual

igénytelenség *n* 1. *(szerénység)* modesty 2. *(egyszerűség)* simplicity, plainness 3. *(jelentéktelenség)* insignificance

ígér *v* 1. *vk vmt* promise; **sokat** ~ be* promising, bid* fair; **ez semmi jót nem** ~ nothing good will come out of that 2. *ker* bid*, offer; **többet** ~ **vknél** make* a higher bid (than sy), outbid* sy

igerag *n* verbal suffix

igeragozás *n* conjugation

ígéret *n* 1. promise, *(ünnepélyes)* pledge, word; **az** ~ **földje** the Promised Land; ~**et tesz vmre** make* a promise (that), promise to do sg, pledge oneself to do sg; ~**ét megtartja** keep* one's promise/word; ~**ét megszegi** break* one's promise/word 2. **ő a hegedű nagy** ~**e** he is showing great promise as a violinist

ígéretes *a* promising; full of promise *ut.*; *(igével)* promise well

ígérkez|ik *v* 1. *vmnek* promise to be sg; **a termés jónak** ~**ik, jó termés** ~**ik** the harvest looks promising, the crops promise well 2. *vhová* promise to go (swhere), engage oneself to go (swhere)

ígérvény *n* promissory note (*v.* voucher) for convertible currency

igeszemlélet *n* nyelvt aspect

igető *n* stem, root, base (of verb)

igh. = **igazgatóhelyettes**

így I. *adv* so, thus, in this way/manner; **a szöveg** ~ **szólt** the text went as follows; ~ **történt** that/this is how it happened; ~ **áll a dolog** that's how it is, this is* how matters stand; **ha** ~ **áll a dolog** if such/ that is the case, if (it is) so; **és** ~ **tovább** and so on/forth; ~ **is, úgy is** either way, anyway; ~ **vagy úgy** in some way/form or other, somehow; ~ **van?** am I right?; ~ **van ez** it is so, that's so II. *conj* 1. *(eszerint)* so, thus 2. *(tehát, következésképpen)* thus; consequently; therefore

igyekezet *n* effort, endeavour (*US* -or); exertion; **minden** ~**e az volt, hogy** he did his best/utmost to

igyekez|ik *v* = **igyekszik**

igyeksz|ik *v* 1. *(szorgalmas)* work hard, exert oneself, be* hard-working, be* industrious; **nem nagyon** ~**ik** he isn't trying very hard 2. ~**ik vmt tenni, azon** ~**ik, hogy** try/do* one's best to (do sg), make* an effort to, endeavour (*US* -or) to (do sg) 3. *vhová* make*/head for [a place]; **igyekezzünk!** let's get a move on!, hurry up!

igyekvés *n* = **igyekezet**

igyekvő *a* hard-working, ambitious, industrious, diligent

i. h. = *az idézett helyen* loco citato, *röv* loc. cit.

ihatatlan *a* undrinkable, not fit to drink *ut.*

iható *a* drinkable; ~ **víz** drinkable water, drinking-water

ihlet I. *vt* inspire, give* inspiration to II. *n* inspiration; ~**et merít vmből** draw* inspiration from sg, be* inspired by sg

ihletett *a* inspired, enthusiastic

íj *n* bow

íjász *n* archer, bowman°

íjászat *n* (target) archery

íjaz *v* shoot* with a bow (and arrow)

ijedelem *n* fright, scare, alarm

ijedez(ik) *v* get* easily scared, keep* taking fright

ijedős *a* easily frightened/scared *ut.*, timorous; ~ **ló** bolter, shy horse

ijedség *n* = **ijedelem**

ijedt *a* frightened, scared, alarmed; **halálra ~ (be*)** in a deadly fright *ut.*, **be*** frightened/scared to death
ijedtében *adv* in his alarm, overcome by fear
ijedtség *n* fright, alarm, fear, terror; **~en kívül nem lett más baja** he escaped with nothing worse than a good fright
ijeszt *v* frighten, alarm, terrify; **úgy rám ~ett, hogy** he gave me such a fright that
ijesztés *n* frightening (of sy); **~ül** (in order) to frighten sy
ijesztget *v* keep* frightening (sy with sg), keep* sy in terror of sg
ijesztő *a* frightening, frightful, alarming, fearsome, appalling
ijesztően *adv* frightfully, awfully, dreadfully
iker *n* twin; **Péter és János ikrek** Peter and John are twins; **hármas ikrek** triplets; **négyes ikrek** quadruplets, *biz* quads; **ötös ikrek** quintuplets, *biz* quins; **ikreket szül** give* birth to twins; **ikreik születtek** they had twins
ikerágy *n* double bed
ikerállomás *n* = **ikertelefon**
ikerház *n* semi-detached (*US* duplex) (house)
ikerpár *n* twins *pl*
ikerszó *n* doublet, reduplicated form
ikertelefon *n* party line (telephone)
ikertestvér *n* twin brother/sister; **~ek** twins; **az ~em** *(fiú)* my twin brother; *(lány)* my twin sister
ikervilla *n* semi-detached (*US* duplex) villa/house
ikra *n* = **halikra**
ikrás *a* **1.** having roe *ut.* **2.** ~ **méz** crystallized honey
ikszedik *adv* umpteenth ⇨ **x**
iksz-lábú *a* knock-kneed, bandy-legged
iktat *v* **1.** *(hivatalban)* file, register, enter [in records] **2. törvénybe** ~ enact, codify **3.** → **beiktat 1.**
iktató *n* **1.** *(tisztviselő)* filing clerk; *(a részleg vezetője)* registrar **2.** *(hivatal)* registry, office files *pl*
iktatókönyv *n* register
iktatószám *n* reference (number), registry number
Ildikó *n* ⟨Hungarian feminine given name⟩
ildomos *a* tactful, becoming, courteous
ildomtalan *a* indecorous, unbecoming, improper
ill. = **illetőleg, illetve**
illan *v* volatilize, evaporate
illanó *a* volatile; ~ **olaj** essential/volatile oil
illat *n* fragrance, pleasant/sweet smell, scent; **jó/kellemes ~a van** have a pleasant

smell/scent, smell* sweet; **vm ~ot áraszt** exude an aroma of, give off a scent
illatos *a* fragrant, sweet-smelling/scented
illatosít *v* scent, perfume
illatoz|ik *v* smell* sweet, be* fragrant
illatszer *n* scent, perfume; ~ **(ek)** *(részleg áruházban)* perfumery
illatszerbolt *n* kb. chemist's (shop), *US* drugstore
illatszerszóró *n* scent-spray
illatszertár *n* = **illatszerbolt**
illatú *a* smelling of ...; **édes** ~ sweet-smelling, fragrant
illedelmes *a* well-behaved/mannered, polite, becoming
illegális *a* **1.** *ált* illegal **2.** *pol* underground
illegalitás *n* **1.** *ált* illegality **2.** *pol* underground (activity); ~ **ba vonul** go* underground; ~ **ban él** live underground
illeget *v* ~ **i magát** mince, pose, affect airs and graces
illem *n* propriety (of conduct), proper/decent behaviour (*US* -or), decency, good manners *pl*; **az** ~ **úgy hozza magával** the proper thing to do is* ...; ~ **re tanít vkt** teach* sy a lesson in/of politeness, teach* sy manners
illemhely *n* lavatory, toilet, *(női)* powder room; *US* washroom; *(nagyobb épületben)* rest room; **nyilvános** ~ public convenience/lavatory
illemszabály *n* ~ **ok** rules of conduct, proprieties, etiquette; **vét az** ~ **ok ellen** commit a faux pas
illemtan *n* = **illemszabályok**
illemtudó *a* well-brought-up, polite
illendő *a* proper, becoming, decent
illendőség *n* propriety, decency
illeszked|ik *v* **1.** *(tárgy vmbe)* fit in(to sg) **2.** *(ember vhová)* = **beilleszkedik**
illeszt *v* **1.** *(tárgyat vmbe/vmhez)* fit (to, into), join (to); *(ajtót, ablakot)* true up; **egymásba** ~ fit, join **2.** *(szövegbe vmt)* insert/interpolate into
illesztés *n* *(folyamata)* fitting (in)to, joining (to); *(eredménye)* joint, fit; *(ajtóé, ablaké)* making true, truing up
illet *v* **1.** *(vm vké)* belong/appertain to sy, be* sy's right/due; **az elsőség engem** ~ I have* priority, I am* the first; **a pénz őt** ~ **i** it is his money, the money is rightfully his; **őt** ~ **i a szó** it is* his turn to speak **2.** *(vonatkozik vkre/vmre)* concern sy/sg, refer/relate to, have* to do with; **(ahhoz,) akit** ~ to whom it may concern; **ami engem** ~ as for/regards me, as far as I am* concerned,

as for myself; **ami** ...**t** ~**i** as for [sy/sg]; *(hivatalosabban)* with reference/regard to sg, regarding sg/sy, as regards sg/sy; **ami azt** ~**i** as a *matter* of fact **3.** **sértő szavakkal** ~ ab*use*/ins*u*lt sy; **vm váddal** ~ acc*u*se sy of (having done) sg **illeték** *n (kisebb jelentőségű eljárásért)* dues *pl*, fee, d*u*ty, tax; *(nagyobb)* d*u*ty, *(ingatlan adásvételénél)* stamp d*u*ty; **örökösödési** ~ → **örökösödési; 5000 Ft** ~**et kell fizetni** d*u*ty/tax of 5,000 fts must be paid, a stamp d*u*ty 5,000 fts is to be imposed on it; ~**et kiró vkre házeladás után** l*e*vy a tax on ho*u*se-sales; ~ **lerovása** payment of d*u*ty/tax
illetékbélyeg *n* fee/official stamp
illetékes *a* c*o*mpetent (to), *au*thorized (to); **az** ~ **bíróság** court of competent jurisdiction; **a lakóhely szerint** ~ **Tanács** the local auth*o*rity/c*ou*ncil; **ebben ő (az)** ~ (s)he is the one competent to deal with this; **ebben (az ügyben) nem vagyok** ~ this (case) is beyond my c*o*mpetence; ~ **helyen** in responsible qu*a*rters; ~ **szerv** competent auth*o*rity
illetékesség *n* competence
illetékkiszabás *n* assessement of d*u*ty
illetékköteles *a* s*u*bject/liable to d*u*ty *ut.*, d*u*tiable
illetékmentes *a* free of (stamp) d*u*ty *ut.*, duty-fr*ee*
illetéktelen *a* un*au*thorized, not competent; ~ **beavatkozás** grat*u*itous/unw*a*rranted interference; ~ **haszon** ill*i*cit pr*o*fit
illetlen *a* impr*o*per, ind*e*cent, ill-bred; ~ **szó** f*ou*r-letter word; ~ **viselkedés** impr*o*per behaviour (*US* -or), impr*o*per conduct
illetlenked|ik *v* beh*a*ve impr*o*perly, beh*a*ve in an uns*ee*mly manner
illetmény *n* pay, s*a*lary; ~**ek** em*o*luments; **havi** ~**e** ... his/her m*o*nthly pay/s*a*lary is ...
illetményrendezés *n* regr*a*ding/readjustment of s*a*laries
illető I. *a* **1.** *(szóban forgó)* in question/point *ut.*, the said ... **2.** *(vkre vonatkozó)* concerning, relating/referring to; *(vknek járó)* due/belonging to *(mind: ut.)* **II.** *n (ember)* the person in question, man°, person; **mit mondott az** ~**?** what did the man (in question) have to say?; **egy** ~ **keresett** there was a (certain) gentleman l*o*oking for you
illetőleg I. *adv* vkt/vmt ~ concerning/regarding sy/sg, as regards sy/sg **II.** *conj (röv* ill.) **(illetve** *is)* **1.** *(ki-kire vonatkozó)* or

...(, as the case may be); **ki-ki megkapta a fizetését,** ~ **a nyugdíját** they each rec*ei*ved their s*a*lary or p*e*nsion, as the case may be; **ez az igazgatónak,** ~ **helyettesének a dolga** this is a matter for the director or his d*e*puty **2.** *(szakszövegben így is)* ... respectively *(röv* resp.); **a bányászok és szállítómunkások 6, ill. 10% béremelést kaptak** m*i*ners and transport workers rec*ei*ved pay r*i*ses of 6% and 10% respectively (*v.* resp.); **5,** ~ (*v.* **ill.) 8% a kamat** *i*nterest is 5 and 8 per cent resp./respectively **3.** *(pontosabban, helyesebben)* or rather
illetve → **illetőleg II.**
ill|ik *v* **1.** *vhova, vmbe (pl. alkatrész)* fit (*i*nto) **2.** *vmhez vm* go* (well) with sg; *vkhez vm* become*/suit sy; **nem** ~**ik hozzá** *vmhez* it d*o*esn't go (well) with it, *vkhez* it d*o*esn't suit him/her; **a kék ruha jól** ~**ik a szeméhez** the blue dress goes well with her eyes; **a kék mindig jól** ~**ik hozzá** blue *a*lways looks very becoming on her; ~**enek egymáshoz** (1) *(házasok)* they are*/make* a nice co*u*ple, they are made for each *o*ther (2) *(ruhadarabok)* they match well; *(színek)* the colours go well together; **nem** ~**enek egymáshoz** (1) *(házasok)* they are ill suited, they are not made for each *o*ther (2) *(színek)* they clash, they don't match **3.** *(viselkedésben)* **nem** ~**ik vkhez vm** it does not become him/her to ...; **ahogy** ~**ik** as is right and pr*o*per, in a due manner, d*u*ly; **úgy** ~**ik, hogy** the correct thing to do is, it is the done thing to; **nem** ~**ik** *(vmt tenni)* it's not the done thing to, it isn't done (to); **mennyit** ~**ik adni?** how much are you supposed to give?
illinois-i *a/n* Illin*o*isian
illír *a/n* Ill*y*rian
illó *a* v*e*gy volatile
illogikus *a* ill*o*gical, contrary to r*e*ason *ut.*
illő *a* **1.** *ált* pr*o*per, f*i*tting, due, s*u*itable; **nem** ~ ind*e*cent, *vkhez* unbec*o*ming for sy; ~**en,** ~ **módon** pr*o*perly, in a pr*o*per m*a*nner, d*u*ly, s*u*itably **2.** *(vkhez, vmhez)* appr*o*priate (for/to) *ut.*; **rangjához** ~ **szerénységgel** with a modesty bec*o*ming to his rank; **a témához** ~ **stílus** a style appropriate to the s*u*bject; ; **állásához nem** ~ **viselkedés** c*o*nduct incomp*a*tible with, out of keeping with his pos*i*tion/st*a*tus ⇨ **illik 3.**
illuminált *a biz* ~ **állapotban van** be* lit up
illusztráció *n* illustr*a*tion
illusztrál *v i*llustrate

illusztris *a* celebrated, illustrious
illúzió *n* illusion; ~**kban ringatja magát** cherish an/the illusion (that); **nincsenek** ~**i vkt/vmt illetően** have* no illusions about sy/sg; ~**t kelt** produce the illusion of sg
illuzórikus *a* illusory
Ilona *n* Helen
ily *pron* such; ~ **módon** in this manner/way, thus, consequently, so; **(no) de** ~**et!** well, well!, well I never!, my word!; **ki hallott** ~**et!** whoever heard of such a thing?
ilyen I. *pron* such, such a(n), of this/the kind/sort *ut.*, that/this kind of ...; ~ **esetekben** in such cases, in cases of that/this kind; **az én táskám is** ~ my bag is/looks just like yours; ~ **az élet** such is life, that's life; ~ **és** ~ **számú** of such and such a number *ut.*; ~ **még nem volt** it is* unprecedented; *biz* it's a turn-up for the book(s); **én már** ~ **vagyok** I'm built that way, you can't teach an old dog new tricks; **se** ~, **se olyan** neither this nor that **II.** *adv* so, such a(n); **egy** ~ **okos ember** such a clever man°; **kár volna** ~ **szép autót eladni** it would be a pity to sell so fine a car, it would be a pity to sell such a fine car **III.** *n* **nekem senki se mondjon** ~**t/**~**eket!** don't try to fool me!, I wasn't born yesterday
ilyenfajta *pron* of this sort/nature *ut.*, of the kind *ut.*; **valami** ~ some such (thing)
ilyenféle *pron* = **ilyenfajta**
ilyenformán *adv* **1.** *(így)* in this manner/way, in such a way **2.** *(így tehát)* thus
ilyenkor *adv* **1.** *(ilyen időben)* at such a time; at such times, when-(ever) this happens/happened; **holnap** ~ tomorrow at this time, this time tomorrow **2.** *(ilyen esetben/alkalommal)* under such (*v.* in these) circumstances, in such a case
ilyesféle *pron* = **ilyenfajta**
ilyesmi *pron* such a thing, sg of the kind; ~ **nem létezik** no such thing exists; **no de** ~**t!** → **ily**
i. m. = *az idézett műben* opere citato *röv.* op. cit.
ima *n* prayer
imád *v* **1.** adore, worship **2.** *biz* ~ **táncolni** (s)he adores dancing
imádás *n* adoration, worship
imádat *n* = **imádás**; ~**tal néz vkt** worship the ground sy walks on
imádkoz|ik *v* pray, say* one's prayers
imádó *n* vké *biz* admirer, lover
imádott *a* adored, beloved

imádság *n* prayer
imaház *n* place/house of worship, chapel, house of prayer; **baptista** ~ Baptist Tabernacle
imakönyv *n* prayer-book, book of prayers
imaóra *n* prayer-meeting
imbisz *n* canapé
imbolygás *n* tottering, rocking
imbolyog *v* **1.** *(járva)* totter, stagger **2.** *(hajó)* rock **3.** *(fény)* flicker
íme *int* there (you are)!, lo!; ~ **néhány példa** here are some examples
imént *adv* just now; **az** ~ **volt itt** he has just gone/left; **az** ~ **láttam** I saw him a moment ago
imitt-amott *adv* here and there
immár *adv* (right) now, already; by this time; ~ **nem érvényes** no longer valid
immel-ámmal *adv* reluctantly, indifferently, dragging one's feet/heels
immunhiány *n* immune deficiency
immúnis *a* immune *(vmvel szemben* to/ *against* sg; *oltás után* from sg)
immunitás *n* immunity (from/to)
immunizál *v* immunize, make* immune (against)
immunológia *n* immunology
immunológiai *a* immunological
immunreakció *n* immunoreaction, immunoreactivity, immune/immunological response
immunrendszer *n* immune system
impassz *n* *(bridzsben)* finesse; ~**t ad** finesse
imperfektum *n* nyelvt imperfect (tense)
imperialista I. *a* imperialist, imperialistic; ~ **ország** imperialist country **II.** *n* imperialist
imperializmus *n* imperialism
imponál *v.* vknek impress sy, make* a great impression on sy
import *n* **1.** *(művelet)* importation, importing, import **2.** *(cikk, rendsz pl)* import(s)
importál *v* import
importáru, -cikk *n* rendsz pl import(s)
importőr *n* importer
impotencia *n* impotence
impotens *a* impotent
impregnál *v* **1.** *(átitat)* impregnate **2.** *(vízhatlanít)* (water)proof
impregnált *a* waterproof, proof (against sg)
impresszárió *n* (artist's) agent (*v.* business manager), impresario
impresszió *n* impression; **mi volt az** ~**d?** how did it strike you?, what did you think of it?, what was your impression (of it)?

impresszionista *a/n* impressionist
impresszionizmus *n* impressionism
impresszum *n* imprint
imprimál *v* pass (the proofs) for (the) press
imprimatúra *n* **1.** *(az engedély)* imprimatur, permission to print **2.** *(a levonat)* final corrected proof
improduktív *a* unproductive, non-productive
improvizáció *n* improvisation
improvizál *v* improvise, extemporize
impulzív *a* impulsive; ~ **ember** man° of impulse
impulzus *n* impulse, impetus
Imre *n* Emery
ín *n* tendon, sinew; **inába száll a bátorsága** get*/have* cold feet, have* one's heart in one's boots
inas[1] *a* tendinous, sinewy, *(hús)* stringy
inas[2] *n* † **1.** *(ipari tanuló)* apprentice **2.** *(gazdagoknál)* valet, man-servant *(pl* men-servants), footman°
inaszakadtáig *adv* ~ **dolgozik** toil/work like a galley slave, work one's fingers to the bone
incidens *n* incident
incselkedés *n* teasing, mockery, raillery, jest, joke
incselked|ik *v* vkvel tease, mock, chaff *(mind:* sy)
ind. = *indul(ás)* departs, departure, dep.
inda *n* *(kapaszkodó)* trailer, creeper, bine, *(gyökér)* runner
indás *a* sarmentose, sarmentous
index *n* **1.** *(szám)* index *(pl* indices); b₁ *(kimondva* bé egy *v.* bé index egy) b one, b subscript one → **indexszám 2.** = **irányjelző 3.** *(műszeren)* pointer, hand, indicator **4.** *isk kb.* record/report (card), course record **5.** *(név-, tárgy- és szómutató)* index *(pl* indexes) **6.** ~**re tesz** *(könyvet stb.)* ban, blacklist
indexszám *n* mat index (pl indices); *(statisztikában)* index number; **alsó** ~ subscript; **felső** ~ superscript
India *n* India
indiai I. *a* Indian *(hindu)* Hindu **II.** *n* Indian *(hindu)* Hindu
Indiai-óceán *n* Indian Ocean
indián *a/n* (American) Indian
indianai *a/n* Indianian
indigó *n* *(átírópapír)* carbon (paper)
indirekt *a* indirect
indiszkréció *n* indiscretion; ~**t követ el** commit an indiscretion, be* indiscreet, *biz* kif **let*** the cat out of the bag

indiszkrét *a* indiscreet, tactless
indiszponált *a* indisposed; ~ **voltam** I was off colour *(US* -or), I wasn't in form, I was unwell
indiszpozíció *n* indisposition; **pillanatnyi** ~ **következtében** through sudden indisposition
indít *v* **1.** *(járművet, gépet)* start '(up) [the car/engine etc.], get* (sg) going, set* (sg) in motion; *(űrhajót)* launch; *biz* ~**s!** (let's) get going/started!, *biz* chop chop! **2.** *sp (futókat jeladással)* give* the starting signal, start [the race] **3.** *sp (versenyzőt versenyen)* enter [a competitor in/for a competition/race] **4.** *(forgalomba állít)* **új autóbusz-** *stb.* **járatot** ~**anak** a new bus service will come into operation **5.** *(vm tevékenységet ált)* launch, get* (sg) off the ground, *(mozgalmat)* set* up, start (up), get* under way; initiate; **folyóiratot** ~ launch a periodical; **pert** ~ bring* an action (against) **6.** *(vmre ösztönöz)* move (sy to); **ez** ~**ja őt arra, hogy** that's what makes him do sg, that's what prompts him to
indítás *n* **1.** *(járműé, gépé)* starting, *(űrhajóé)* launching **2.** *(vállalkozásé, ügyé)* starting, launching **3.** *átv* prompting, impulse
indíték *n* motive, reason, incentive; ~**ok** motives, motivation *sing.*
indítóállás *n* *(űrhajóé)* launching pad/site
indítógomb *n* starter-button
indítókapcsoló *n* starter-switch
indítókar *n* starting-lever *(GB* -handle), crank
indítókulcs *n* ignition key
indítómotor *n* starter (motor)
indítóok *n* = **indíték; tettének** ~**a** the motive for his deed *(v.* for the crime)
indított *a* ~ **szülés** induced labour *(US* -or)
indíttatva érzi magát *v* vmre feel* obliged/bound to do sg
indítvány *n* motion, proposal, *(szűkebb körben tett)* proposition, suggestion; ~**t elutasít** throw* out a motion, ~**t tesz** make* a proposal, put* forward a motion, suggest/move sg
indítványoz *v* move (that… *v.* for sg), propose, suggest; *(tervet)* put* forward; ~**om, hogy menjünk** I suggest/propose that we go; **(azt)** ~**om, hogy az ülést ebéd után folytassuk** I move that the meeting (should) be continued after lunch
indítványozás *n* (making a) proposition
individuális *a* individual

individualista I. *n* indiv*i*dualist **II.** *a* individual*i*stic, indiv*i*dualist
individualizmus *n* indiv*i*dualism
indoeurópai *a*/*n* *I*ndo-European; ~ **nyelvcsalád** *I*ndo-European family of languages; ~ **nyelvek** *I*ndo-European languages
indogermán *a*/*n* = **indoeurópai**
indok *n* m*o*tive, rea*s*on, ground; *(érv)* argument; **vmt** ~**ul felhoz** give* arguments/ rea*s*ons/grounds for sg, come* up with the *a*rgument that ...
Indokína(i-félsziget) *n* *I*ndo-Ch*i*na
indoklás *n* = **indokolás**
indokol *v* *(vk vmt)* give*/offer (one's) rea*s*ons (*v.* the grounds) for sg, give* grounds for sg, acc*o*unt for sg; *(szavait, tetteit)* expla*i*n oneself; *(vm vmt)* acco*u*nt for sg, be* the rea*s*on for sg
indokolás *n* *(ítéleté stb.)* rea*s*ons for a/the judg(e)ment *pl*; *(tetteké)* motivation; ~ **nélkül** with*o*ut *o*ffering an explana*t*ion
indokolatlan *a* unj*u*stified, unwarranted, unprov*o*ked; **félelme** ~ **volt** he had no cause to be (so) al*a*rmed
indokolatlanul *adv* with*o*ut cause/rea*s*on
indokolt *a* j*u*stified, *(pontról-pontra)* rea*s*oned; ~ **esetben** for good cause
indonéz *a*/*n* Indon*e*sian
Indonézia *n* Indon*e*sia
indonéziai *a*/*n* Indonesian
indukált *a* ind*u*ced
indukció *n* ind*u*ction
indukciós *a* ~ **áram** ind*u*ced c*u*rrent; ~ **ellenállás** ind*u*ctive res*i*stance
induktor *n* ind*u*ctor
indul *v* **1.** *(gép)* start; *(repgép)* take* off, *(hajó)* sail, *(busz, vonat)* dep*a*rt, leave *(vhonnan* from *vhová* for); *(vk útnak)* start (on a j*o*urney), se*t* out/off, leave* *(vhová* for); **mikor** ~**?** *(a vonat/repgép/hajó)* when does it leave?; **az 5. vágányról** ~ **...** leaves from pl*a*tform 5; ~**j!** *kat* march!; ~**junk!** let's go/start!; **(éppen)** ~**ni kész**ül be (just) ab*o*ut to start/leave **2.** *sp* take* part, compete [in a race], enter for [a race/ competition] **3.** *vmerre* start out for, leave* for **4.** *(mozgalom)* be* set on foot
indulás *n* **1.** *(gépé)* start; *(hajóé)* sa*i*ling, *(buszé, vonaté)* departure, *(repgépé)* take-off; *(útnak)* setting out; *(kiírás pályaudvaron, reptéren)* departures; *biz* ~**!** let's go, let's get going!; ~ **ideje** time of dep*a*rture, departure time; ~ **napja** dep*a*rture day; ~**ra készen** ab*o*ut to start, re*a*dy to leave/ dep*a*rt/sail **2.** *sp* start

indulási *a* of dep*a*rture *ut.*; ~ **idő** dep*a*rture time; ~ **oldal** *(kiírás)* departures (of trains/buses/flights); *(reptéren)* departure lounge; ~ **vágány** dep*a*rture pl*a*tform
indulat *n* **1.** *(harag)* temper; ~**ba jön** lose* one's temper, *biz* ge*t* worked up **2.** *(beállítottság)* mood, disposi*t*ion (towards); **ellenséges** ~**tal viseltetik vk iránt** be* *i*ll-disp*o*sed towards sy
indulatos *a* passionate, h*o*t-tempered; ~**an** heat*e*dly, em*o*tionally, testily
indulatoskod|ik *v* show* (*v.* be* in a) temper, lose* one's temper
indulatszó *n* interjection
induló I. *a* st*a*rting, dep*a*rting, of departure *ut.*; **Bécsbe** ~ **vonatok** trains to Vienna; ~ **vágány** departure pl*a*tform; ~ **vonatok** *(kiírás)* departures **II.** *n* **1.** *zene* march **2.** *sp* competitor, entrant, *(autóversenyen, lóversenyen)* starter; **hány** ~ **van?** h*o*w many (competitors) have (been) entered?; **közel ötven** ~ **a maratonon** ne*a*rly fifty entries for the Marathon; **sok az** ~ **5000 m-en** there's a large entry for the 5,000 metres race **3.** ~**ban/**~**félben van** be* ab*o*ut to start/leave/dep*a*rt/sail
indus *a*/*n* = **hindu, indiai**
indusztriális *a* = **ipari**
infarktus *n* (myoc*a*rdial) inf*a*rction, inf*a*rct, *(népszerűen)* he*a*rt attack
infinitívus *n* inf*i*nitive
infláció *n* inflation
inflációs *a* inflationary; ~ **pénz** infl*a*ted c*u*rrency
influenza *n* influenza, *biz* (the) flu; **egy kis** ~ *biz* a touch of flu; ~**ban** *biz* come* down with (the) flu; ~**val ágyban fekszik** (s)he's in bed with flu
influenzajárvány *n* influenza epidemic
influenzás *a* ~ **megbetegedés** a bout of influenza; ~ **vagyok** I am down with (the) flu, I am in bed with flu
információ *n* **1.** *(tájékoztatás)* information *(pl* ua.); *(értesülés)* (a piece of) information; *(adatok)* particulars *pl*; **rossz/téves** ~ misinformation **2.** *(vkről munkavállalásnál)* reference, *GB* character; ~**t kér (vktől) vkről** ask (sy) for references (*v.* for a reference); **kedvezőtlen** ~ unf*a*vourable reference/report (on sy) **3.** *(kiírás állomáson stb.)* Information, Enqu*i*ries (*US* In-) *pl*
információcsere *n* exchange of informa*t*ion
információelmélet *n* information theory
információs *a* ~ **iroda** information bur*e*au, enquiry office (*US* in-); *(kiírás)*

Information, Enquiries; ~ **pult** information desk

informál *v vkt vmről* inform sy of sg, give* sy information/particulars on/about/regarding sg; **rosszul** ~**ták** you've been misinformed (*v.* wrongly informed)

informálód|ik *v* make* enquiries (about sg/ sy), enquire/ask about sg/sy ⇨ **információt** *kér vkről*

informatika *n* information science, informatics *sing.*

infrastruktúra *n* infrastructure

infravörös *a* infrared

ing *n* shirt; **se** ~**em, se gallérom** (s)he has/is nothing to do with me; **akinek nem** ~**e(, ne vegye magára)** if the cap fits (wear it); **odaadná az** ~**ét is** he would give the very shirt off his back

inga *n* pendulum

ingadozás *n* **1.** *(mennyiségé)* fluctuation **2.** *vké* vacillation, hesitation, irresolution

ingadoz|ik *v* **1.** *(ár, mennyiség)* fluctuate (between … and …) **2.** *vk* vacillate, hesitate, waver, fluctuate (between … and …); **félelem és remény között** ~**ik** waver/ hover between hope and fear

ingadozó *a* **1.** *(mennyiség)* fluctuating **2.** *vk* irresolute, vacillating, hesitant, wavering; **szándékában** ~ infirm of purpose

ingajárat *n* shuttle(-service)

ingamozgás *n* swing of the pendulum, pendular movement

ingaóra *n* pendulum clock, *(nagy és padlón álló)* grandfather clock

ingás *n* **1.** *(ingáé)* swing, oscillation **2.** *(hajóé)* tossing

ingatag *a* **1.** *(tárgy)* unstable, unsteady, wobbly, shaky **2.** *vk* = **ingadozó 2.**; ~ **természetű** fickle-minded

ingatlan *n* real estate, property

ingatlanközvetítő *n GB* estate agency, *US* real estate agency

ingáz|ik *v biz* commute

ingázó *a biz* commuter

ingblúz *n* shirtwaister, *US* shirtwaist

inger *n* **1.** *(érzékszervi)* stimulus (*pl* -li); urge; **nevetési** ~ [have*] an urge to laugh **2.** **ami szemnek szájnak** ~**e** a feast (fit for a king)

ingerel *v* **1.** *(érzékszervet)* stimulate, excite, irritate **2.** *(bosszantva)* irritate, nettle, vex

ingerküszöb *n* stimulus threshold

ingerlékeny *a* irritable, excitable, *(lobbanékony)* hot/short-tempered, irascible, inflammable

ingerlés *n* **1.** *(érzékszervé)* stimulation, irritation **2.** *(bántó)* provocation

ingerlő *a* **1.** *ált* stimulating **2.** *(pikánsan)* provocative, arousing **3.** *(bosszantó)* provoking, annoying

ingerült *a* irritated, exasperated; ~ **hangon,** ~**en** irritably, exasperatedly, in exasperation

ingerültség *n* (state of) exasperation, irritation

inggallér *n* (shirt-)collar

inggomb *n* (shirt-)button, *(gallérfelerősítő)* (collar-)stud

ingkabát *n* blouson

ingó *a* **1.** *(mozgatható)* movable; ~ **vagyon** personal/movable property, (personal) effects *pl* **2.** = **ingadozó 1.**

ingóságok *n pl* personal/movable property *sing.*, belongings, (personal) effects

ingovány *n* bog, swamp, fen, marsh

ingoványos *a* swampy, marshy

ingruha *n* shirtwaister, shirtwaist dress, *US* shirtwaist

ingujj *n* shirt-sleeve; ~**ban** in (one's) shirt-sleeves

ingyen *adv* free (of charge), gratis, for nothing, for no charge; ~ **adják** it can be had gratis (*v.* for the asking); **ez** ~ **van!** it is* a gift, *biz* it is* dirt cheap; ~ **sem kell!** not for all the world, not for anything; **semmit sem adnak** ~ you cannot get something for nothing; **úgy veszik, mintha** ~ **adnák** it is selling like hot cakes; *tréf* ~ **és bérmentve** free, gratis and for nothing

ingyenélő *a* parasite, sponger

ingyenes *a* free, gratuitous; ~ **hely** *isk* scholarship, free place

ingyenjegy *n* free/complimentary ticket

inhalál *n* inhale

ínhüvely *n* tendon sheath

ínhüvelygyulladás *n* tendovaginitis

iniciálé *n* initial; **díszes** ~**kkal ellátott** illuminated

iniciatíva *n* initiative

injekció *n* injection; **bőr alá adott** ~ hypodermic/subcutaneous injection; ~**t ad** = **injekcióz;** ~**t kap** get* an injection; ~**ra jár** get* a course of injections

injekciós *a* ~ **fecskendő** hypodermic syringe; ~ **tű** hypodermic needle; **eldobható** (*v.* **egyszer használatos**) ~ **tű** disposable (hypodermic) needle

injekcióz *v* give* sy an injection

inkább *adv* rather, sooner; … instead; ~ **meghalok** *(mintsem …)* I'd die first; ~ **várok** I prefer to wait, I'd rather wait; ~

sétálok I prefer to walk, I'd sooner walk; **esik, ~ úszni megyünk** it's raining; we'll go swimming instead; **annál (is) ~** all the more (because), so much the more; **annál is ~, mert** especially as; **minél ~ ..., annál ...bb** the more ... the more ...; **minél ~ ..., annál kevésbé ...** the more ... the less ...; **~ mint** rather than; **nem annyira szép, mint ~ érdekes** she is not so much good-looking as interesting; **~ nem** (I'd) rather not; **még ~** even more, so much more; **sokkal ~** much rather ⇨ **leginkább, mint**

inkasszál v collect, recover

inkasszó n collection

inkluzíve adv inclusive of, including (sg), all in ut.

inkognitó n incognito

inkorrekt a vk unfair; (viselkedés) incorrect [behaviour], improper [conduct]

inkubátor n incubator

inkvizíció n inquisition

inkvizítor n inquisitor

innen adv 1. (hely) from here, from this place, hence; **el/menj ~!** be off!, get out of here! biz scram!; **~ 2 kilométerre** 2 kilometres hence; **ötkor ment el ~** he left us/here at five 2. **~ magyarázható, ~ van az, hogy** that is* (the reason) why, that's why 3. vmn **~** (on) this side of sg; **még ~ van az ötvenen** he is* on the right side of fifty

innen-onnan adv 1. (idestova) nearly, almost 2. (különböző helyekről) from here and there, from various places

innenső a hither (side), this (side)

inni v → **iszik**

innivaló n (sg to) drink

inog v 1. (tárgy) be* unsteady, wobble, shake*, sway; **~ni kezd** (létra) wabble 2. (vk állásában) sy's position is shaky, have* a precarious hold; (kormány) totter

ínrándulás n sprain, wrench

ínség n penury, distress, poverty, misery, need

ínséges a ált poverty-stricken, poor, miserable, (ember így is) destitute

inspekció n = **ügyelet**

inspekciós a = **ügyeletes**

inspekció|zik v = **ügyelet**et tart

ínszakadás n rupture of a tendon

ínszalag n tendon, ligament

ínszalagszakadás n torn ligament

inszinuáció n insinuation

int 1. vt/vi make* a sign, (kézzel) beckon, wave, motion; (fejjel) nod; (szemmel) wink;

csendre ~ bid* sy be silent, enjoin silence (on); **~ vknek, hogy üljön le** motion sy to sit down; **~ vknek, hogy menjen el** wave sy away 2. vt vkt vmre warn sy to do sg; vkt vmtől warn/admonish sy against sg; **óva ~ vkt** (vmtől) caution/warn sy against sg, strongly advise (v. urge) sy not to do sg

intarzia n marquetry, inlay

intarziás a inlaid

integet v wave (one's hand) (vknek to sy), beckon

integráció n integration

integrál I. vt/vi 1. ált integrate (sg) (into sg) 2. mat find* the integral of II. n mat integral; **kiszámítja vmnek az ~ját** determine the integral of sg

integrálszámítás n integral calculus

integrált áramkör n integrated circuit

intelem n admonition, warning

intellektuális a intellectual

intelligencia n 1. (értelem) intelligence; **mesterséges ~** artificial intelligence 2. (értelmiségiek) the intellectuals pl, intelligentsia

intelligenciahányados n intelligence quotient (I.Q.)

intelligenciavizsga n intelligence test

intelligens a intelligent, bright; **nagyon ~** highly/very intelligent; **nem ~** unintelligent

intenzitás n intensity

intenzív a intensive; **~ nyelvtanfolyam** intensive (language) course, intensive language training; orv **~ osztály/szoba** intensive care (unit) (röv. i.c.u.); **az ~ osztályon van** be* in (the) i.c.u., be* in (the) i.c. unit

interferencia n interference

interjú n interview

interkontinentális a intercontinental; **~ (ballisztikus) rakéta** intercontinental (ballistic) missile

Internacionálé n az **~** the Internationale

internacionális a international

internacionalista a internationalist

internacionalizmus n internationalism

internál v intern

internálás n internment, preventive detention

internálótábor n internment/concentration camp

internátus n boarding-school

interpelláció n interpellation, question (to a/the minister)

interpellál v interpellate, question

interpretál *v* interpret; **tévesen** ~**ja** vk **szavait** misinterpret/misconstru*e* sy's words, put* a wrong constru*c*tion on sy's words

interurbán *n* ~ **beszélgetés** long-distance call

intervenció *n* intervention

intervenciós *a* ~ **háború** war of intervention

Intervízió *n* Intervision

intés *n* **1.** *(kézzel)* wave, waving, m*o*tion, *(fejjel)* nod **2.** *(figyelmeztetés)* warning, c*a*ution

intéz *v* **1.** *(ügyet)* man*a*ge, cond*u*ct, direct **2.** *(elrendez)* arr*a*nge; **úgy** ~**te, hogy** he arr*a*nged to/that; **mit** ~**tél a tanácsnál?** what have you man*a*ged to do at the c*o*uncil?; **ügyesen** ~**i a dolgait** play one's cards well **3.** *vmt vkhez* address sg to sy; **megjegyzéseit a miniszterhez** ~**te** he levelled his remarks at the m*i*nister

intézet *n* **1.** *(tudományos stb.)* *i*nstitute **2.** = **nevelőintézet**

intézeti *a* ~ **növendék** bo*a*rder

intézkedés *n* me*a*sure(s), step(s), order(s), arr*a*ngement(s); *(törvényé)* provision, clause; **energiatakarékossági** ~**ek** energy-saving me*a*sures; **sürgős** ~**re van szükség** immediate steps/action must be t*a*ken; **további** ~**ig** unt*i*l f*u*rther n*o*tice, for the pr*e*sent; **megteszi a szükséges** ~**eket** take* the n*e*cessary me*a*sures/steps

intézked|ik *v* **1.** *vk* take* me*a*sures/steps, make* arr*a*ngements, *vmről* arrange for sg (to be done), arr*a*nge for d*o*ing sg, see* to/ab*o*ut sg *(v.* d*o*ing sg); ~**em, hogy János kimenjen eléd a reptérre** I'll arr*a*nge for John to meet you at the *a*irport; ~**tem, hogy egy kocsi várja önt** I have arr*a*nged for a car to meet you; **majd** ~**ni fogunk** we shall see to it, me*a*sures will be t*a*ken **2.** *(törvény)* provide; **a törvény úgy** ~**ik, hogy** the l*a*w prov*i*des that

intézmény *n* instit*u*tion, est*a*blishment, *i*nstitute

intézményes *a* instit*u*tional, est*a*blished, regular, system*a*tic

intézményesít *v* instit*u*tionalize, (re)-org*a*nize sg on an instit*u*tional b*a*sis

intéző *n* *(gazdasági* †*)* (est*a*te) man*a*ger/ st*e*ward, b*a*iliff

intézőbizottság *n* ex*e*cutive comm*i*ttee/ board

intézvény *n* bill of exch*a*nge, (b*a*nker's) draft

intézvényez *v* *(váltót)* draw* [a bill] on sy; ~**ett váltó** drawn bill, (b*a*nker's) draft drawn on sg/sy

intim *a* *i*ntimate, pers*o*nal, pr*i*vate

intimitás *n* *i*ntimacy; ~**ok** *(vk életéből)* personal g*o*ssip, details [of sy's pr*i*vate life]

intonáció *n* = inton*a*tion

intő **I.** *a* exh*o*rting, w*a*rning; ~ **példa** *o*bject-lesson, w*a*rning; **szolgáljon ez** ~ **példa gyanánt** let this be a w*a*rning **II.** *n* *isk kb.* warning

intravénás *a* intravenous [injection]

intrika *n* intr*i*gue(s), machin*a*tions *pl*; ~**t sző vk ellen** hatch a plot ag*a*inst sy

intrikál *v* intr*i*gue, plot, scheme *(vk ellen*: ag*a*inst)

intrikus *n* schemer; *pol* scheming polit*i*cian, intr*i*guer

intuíció *n* intu*i*tion

invázió *n* inv*a*sion

inzulin *n* *i*nsulin

íny *n* **1.** *(szájpadlás)* palate **2.** *(fogíny)* gums *pl* **3.** ~**ére van** be* to sy's taste/l*i*king; **nincs** ~**emre** it is* not to my taste/l*i*king, it does* not suit me, *biz* it's not my cup of tea

ínyenc *n* go*u*rmet

ínyencfalat *n* delicacy, t*i*tbit *(US* t*i*dbit)

ínysorvadás *n* period*o*ntal dis*e*ase

ion *n* *fiz* ion

ionizáció *n* ioniz*a*tion

ionizál *v* ion*i*ze

ipar *n* **1.** *(gazdaság ága)* *i*ndustry; *(egy bizonyos)* trade **2.** *(mesterség)* trade, (h*a*ndi)-craft; **vmlyen** ~**t űz** be* eng*a*ged in a trade, be* in a trade

iparág *n* (branch of) *i*ndustry

iparcikk *n* (ind*u*strial) pr*o*duct, manuf*a*cture, manuf*a*ctured/cons*u*mer goods *pl*

iparengedély *n* trade l*i*cence *(US* -se); ~**t kap vmre** be* l*i*censed for sg *(v.* to sell sg)

iparfejlesztés *n* industrializ*a*tion, development of *i*ndustry

ipari *a* ind*u*strial, of *i*ndustry *ut.,* industry-, trade-; ~ **állam** ind*u*strial state; ~ **áram** ind*u*strial/rate current; ~ **célokra** for ind*u*strial p*u*rposes; ~ **formatervezés** ind*u*strial des*i*gn; ~ **forradalom** ind*u*strial revol*u*tion; ~ **központ** centre of *i*ndustry, ind*u*strial centre; ~ **minisztérium** ind*u*strial ministry; ~ **munkás** ind*u*strial/factory w*o*rker; ~ **növény** ind*u*strial crop/plant; ~ **pályára lép** go* *i*nto trade/business; ~ **szakmunkásképző intézet/iskola** ind*u*strial/trade school; ~ **tanuló** (ind*u*strial/trade) appr*e*ntice; ~ **televízió**

closed-circuit television, industrial television; ~ **termelékenység** industrial productivity; ~ **termelés** industrial production, output; ~ **vásár** trade/industrial fair; ~ **vezetés módszerei** ways of directing industry
iparigazolvány n trade licence (*US* -se)
iparilag adv industrially; ~ **fejlett ország** (industrially) developed country
iparkodás n assiduity, endeavour (*US* -or), industry
iparkod|ik v = **igyeksz|ik**
iparkodó a = **igyekvő**
iparmágnás n tycoon, captain/leader of industry, big industrialist
iparművész n *(tervező)* industrial designer/ artist; *(reklám stb.)* commercial artist
iparművészet n applied art(s), arts and crafts pl
iparművészeti a ~ **bolt** arts and crafts shop, craft shop; ~ **főiskola** school of applied arts, school of arts and crafts
iparos n 1. *(kis)* craftsman°, *(nő)* craftswoman°; artisan 2. *(nagy)* industrialist
iparosít v industrialize
iparosítás n industrialization
iparosod|ik v become* industrialized
iparossegéd n journeyman°
iparszerű a professional; ~**en foglalkozik vmvel** be* a professional [photographer, gardener etc.]
ipartelep n industrial establishment/plant, factory
iparügy n industry, industrial affairs pl
iparvállalat n industrial company
iparvidék n industrial(ized) area/region
ipi-apacs n hit-and-run (play)
ipse n biz chap, bloke, *US* guy
ír[1] v 1. **ált** write*; *(írógéppel)* type; **szépen** ~ write* a good/fine hand; **csúnyán** ~ have* poor handwriting; **jól** ~ *(író)* be* a good writer, have* style; **levelet** ~ write* a letter; **cikket** ~ write* an article; **újságba/lapokba** ~ *(cikkeket stb.)* contribute to *(v.* write* for*)* a paper *(v.* to papers/ magazines etc.); **újságcikkeket** ~ contribute to papers/magazines, contribute newspaper articles; ~**ta** ... *(könyv stb. címoldalán)* by ..., *(film főcímében)* screenplay by ...; ~**j majd pár sort!** drop me a line!; ~**ja!** *(a következőket)* write/take this down; ~**ok** you will hear from me; **az újságok azt fogják** ~**ni** the papers will say (that) 2. *(vhogyan, helyesen)* spell*, write*; **hogyan** ~**juk (ezt a szót)?** how do you spell it?, how is it spelt? 3. **javára** ~

give* sy credit for; **terhére** ~ debit [sy v. sy's account] with [a sum]
ír[2] n † *(kenőcs)* balm, ointment
ír[3] I. a Irish; **Ír Köztársaság** Republic of Ireland, Irish Republic II. n 1. *(férfi)* Irishman°, *(nő)* Irish woman°; **az** ~**ek** the Irish 2. *(nyelv)* Irish
Irak n Iraq
iraki a/n Iraqi
iram n pace, speed; **őrült** ~**ban** at a furious pace, at a breakneck speed; **nem győzi az** ~**ot** (s)he can't stand the pace
iraml|ik v run*, rush, hurry, scurry, sweep*
Irán n Iran
iráni a/n Iranian, of Iran ut.
iránt post 1. *(vk/vm felé)* towards, to, in the direction of, about, for 2. *átv* towards, to; **érdeklődik vm** ~ inquire after/about sg, show* interest in sg; **érdeklődik vk** ~ ask after sy; **az** ~ **érdeklődöm ...** I'd like to inquire about ... *(v.* whether ...*)*, I'd like to know [when/what/whether ... etc.] → **érdeklődik**; **részvéttel van vk** ~ have* compassion for sy, feel* sympathy for sy
iránta adv towards him/her; ~**m** towards me, with regard to me, concerning me
iránti a concerning ut., regarding ut.; **az ön** ~ **tiszteletből** out of respect for you
irány n 1. *(földrajzi)* direction, course; *(hajó)* bearing; ~ **London!** destination London; **vmlyen** ~**ba(n)** in the direction of, towards sg; **minden** ~**ból** from every quarter/direction; **északi** ~**ban** northward(s), towards the north, north; **minden** ~**ban** in every direction; ~**omban** towards/with me; ~**t ad vmnek** shape the course of sg; ~**t szab vmnek** determine sg; ~**t változtat** change (one's) direction, alter one's course/route, change course; ~**t vesz vmre** (1) *(átv is)* head towards/for (2) *átv* concentrate on sg, decide to follow the policy of (doing sg) 2. = **irányzat**
irányadó I. a setting a trend *(v.* the pace/ tone) ut., trendsetting; *(mérvadó, megbízható)* authoritative, influential II. n sg/sy that sets a trend *(v.* the pace/tone), trendsetter
irányár n guiding/guide price
irányelv n directive, guiding principle; ~**ek** guidelines, *(párté)* policy sing.
irányít v 1. **vkt vhova** direct (to), guide (to); **vkt vkhez** refer sy to sy, *(küldeményt vhova)* send*, direct, address; **lépteit vmerre** ~**ja** direct/bend* one's steps towards; **más útvonalra/repülőtérre** ~ re-route 2. *(intézményt)* direct, manage, run*, *(for-*

galmat) control [road traffic] **3.** *(műsz,* *vezérel)* control; *(hajót)* steer, pilot [ship] **4.** *(fegyvert)* level [a gun at] **5.** figyelmét **vmre** ~ja turn one's attention to sg **irányítás** *n* **1.** direction, guiding, control, guidance; **vk** ~**a alatt áll** be* *under sy's* direction/leadership/guidance **2.** *(vezérlés)* control; *(hajóé)* steering **3.** *(vállalkozásé)* leading, management, control

irányítástechnika *n* control engineering

irányítható *a* controllable; **nem** ~ beyond control

irányító I. *a* directing, directional, guiding, leading **II.** *n (vezető személy)* leader, *ir* leading light

irányítószám *n (postai)* postal code, postcode, *US* zip code

irányítótorony *n* control tower

irányított *a* guided, controlled; ~ **gazdálkodás** planned economy; ~ **(rakéta)lövedék** guided missile

irányjelző *n (gépkocsin)* indicator

iránymutatás *n* direction, guiding

irányoz *v (fegyvert, látcsövet)* train [a/one's gun, field glass on sy/sg], level/aim [a/one's gun at sy/sg] → **irányít**

irányregény *n* Tendenzroman, novel with a purpose

iránytaxi *n* jitney service

iránytű *n* compass, magnetic needle

irányul *v vmre* be* aimed at, be* directed towards, tend towards/to; **ellene** ~ it is* directed against him; **minden figyelem feléje** ~**t** all eyes were (focussed/riveted) on him/it; **minden igyekezetem oda** ~**, hogy** I do my utmost to

irányváltoz(tat)ás *n* change of direction, *pol* change-over

irányvonal *n pol* line, policy

irányzat *n* tendency, trend

irányzatos *a* tendentious, propagandistic

irányzék *n (fegyveren)* (rear and front) sights *pl*

írás *n* **1.** *(művelete és eredménye)* writing; ~ **és olvasás** reading and writing; **vknek az** ~**ai** sy's writings/works; ~**ba foglal vmt** write* sg down, put*/give* sg in writing, set* sg down in black and white; ~**ban** in writing; ~**ban ad meg** *(v. rögzít le)* **vmt** write* it/sg down, give* sg in writing, record sg; **erről kérek** *(v. adj)* ~**t can** I have that in writing? **2.** *(kézírás)* (hand)-writing; **szép** ~**a van** he writes a good/fine hand **3.** *(írásrendszer)* script, alphabet

írásbeli I. *a* written, in writing *ut.*; ~ **értesítés** notice (in writing); ~ **szerződés**

written agreement; ~ **vizsga** written examination, (examination) paper; ~ **vizsgát tesz** sit* (for) the/a written examination, take* the/a written examination/paper (on/in sg) **II.** *n* **1.** *(dolgozat)* composition, essay, (written) paper **2.** = **írásbeli** *vizsga*

írásbeliz|ik *v biz* = **írásbeli** *vizsgát tesz*

íráshiba *n* slip of the pen, *(helyesírási)* spelling mistake, misspelling

írásjegy *n* character, letter

írásjel *n (vessző stb.)* punctuation mark; ~**ek kitétele** punctuation; **kiteszi az** ~**eket** punctuate [a text] **ékezet**

írásmód *n* way of writing, *átv* style

írásmű *n* piece of writing, literary work

írásos *a* written, in writing *ut.*; **(a konferencia)** ~ **anyaga** working papers *pl*; ~ **emlék** written record

írásszakértő *n* handwriting expert

írástudatlan *a* illiterate

írástudatlanság *n* illiteracy

írástudó I. *a* able to read and write *ut.*, literate **II.** *n (bibliában)* scribe, *(középkorban)* clerk

írásvetítő *n* overhead projector

irat *n* **1.** *(hivatalos stb.)* document; **az** ~**ok** *(egy ügyről)* the file (on) *sing.*; documents (relating to a case) **2.** *(személyi)* ~**ok,** **vknek az** ~**ai** sy's papers; **az** ~**aim** my papers **3.** *ir* writing

írat *v* **1.** have* sg written **2.** **nevére** ~ **vmt** have* sg registered in one's name, transfer sg in writing to sy

iratcsomó *n (akta)* file, dossier

iratgyűjtő *n* folder

iratkapocs *n* paperclip

íratlan *a* unwritten; ~ **törvény** an unwritten law

iratrendező *n* binder

iratszekrény *n* filing cabinet, files *pl*

irattár *n* archives *pl*, *(kisebb)* filing cabinet, files *pl*; ~**ba helyez** file

irattárca *n* wallet, *US* pocketbook

irattáska *n* attaché case, briefcase

Irén *n* Irene

irgalmas *a* merciful, compassionate, charitable; **Isten legyen neki** ~ may God have mercy on him

irgalmasság *n (könyörületesség)* mercifulness, mercy, compassion

irgalmatlan I. *a* merciless, unmerciful, pitiless, unpitying **II.** *adv* very; ~ **nagy** enormous

irgalmaz *v vknek* be* merciful to sy, have* pity/mercy on sy

irgalom *n* **1.** *(könyörület)* mercy, pity, compassion; ~ **nélkül** ruthlessly; ~**ból** out of pity (for sy) **2.** *(kegyelem)* clemency, pardon

irha *n* (animal's) hide, pelt, skin; **viszi az** ~**ját** run* for dear life; **hordd el az** ~**dat** get out (of here)!; be off!, *biz* get lost!

irhabunda *n* sheepskin coat/jacket

irigy I. *a* envious *(vkre, vmre* of sy/sg); ~ **kutya** dog in the manger **II.** *n* **sok az** ~**e** he is envied by many

irigyel *v vkt, vmt* envy (sy, sg), be* envious (of); ~ **vkt vmért** *v.* **vktől vmt** envy sy sg; **nem irigylem tőle a sikert** I do* not envy him his success; **nem irigylem** *biz* I should not like to be in his shoes

irigyked|ik *v* be* envious *(vkre/vmre* of sy/sg), be* filled/green with envy

irigylésre méltó *a* enviable

irigység *n* envy, enviousness; **sárga az** ~**től, majd megeszi az** ~ be* green with envy, be* eaten up with envy; **az** ~ **beszél belőle** it's just envy, (s)he's just jealous

írisz *n* iris

irka *n* exercise/copy-book

irkafirka *n* scribbling, scribble, scrawl

irkál *v* scribble

írni-olvasni: ~ **tudás** reading and writing, literacy; ~ **tudó** able to read and write *ut.*; ~ **nem tudó** illiterate

írnok *n* clerk

író[1] *n* writer, author, man° of letters

író[2] *n* *(tejtermék)* buttermilk

íróasztal *n* (writing) desk, writing-table; **redőnyös** ~ *GB* bureau, *US* roll-top desk

íróasztali *a* ~ **lámpa** desk/table lamp; ~ **munka** deskwork, paper-work

iroda *n* office, bureau *(pl* -s *v.* -x); **központi** ~ head office

irodagép *n* business machine

irodaház *n* office-block, office building

irodai *a* office; ~ **dolgozó** office worker, *biz* white-collar worker; ~ **munka** clerical/office work, *biz* white-collar job; ~ **órák** office hours

irodalmár *n* literary man°, man° of letters

irodalmi *a* literary, of/in literature *ut.*; ~ **alkotás** literary work; ~ **nyelv** standard language; **az angol** ~ **nyelv** standard English, *GB* the King's/Queen's English; *(ma inkább:)* Standard British English; *US* Standard American English; **a magyar** ~ **nyelv** standard Hungarian

irodalom *n* **1.** *(írott művek)* literature **2.** *(könyvészet) (felhasznált)* ~ bibliography; *(folyóiratcikk végén)* references *pl*

irodalomkritika *n* literary criticism

irodalomtörténész *n* literary historian, historian of literature

irodalomtörténet *n* history of literature, literary history [of England/Hungary etc.]

irodalomtörténeti *a* literary historical, of/ concerning the history of literature *ut.*

irodalomtudomány *n* (study of) literature, literary studies *pl*

irodaszerek *n pl* office supplies/stationery

íróeszköz *n* writing implement, *biz* something to write with

írogat *v* keep* writing, continue writing

írógép *n* typewriter; ~**pel írott** typewritten

írógépel *v* type

írógéppapír *n* typing paper

írói *a* literary; ~ **(ál)név** pen-name; ~ **pálya** profession of writing

iromány *n pl* papers, writings

irónia *n* irony; **a sors** ~**ja, hogy** ironically, ...; it's ironical that ...; it is an irony that ...

ironikus *a* ironic(al)

ironizál *v* speak* ironically (of sg)

írónő *n* woman writer *(pl* women writers)

írópapír *n* writing paper

Írország *n* Ireland, Eire ⇨ **ír**[3]

írországi *a* Irish, of Ireland *ut.*

írószerbolt *n* stationer('s)

írószerek *n pl* writing materials *pl*, stationery *sing.*

írószövetség *n* writers' association

írott *a* written; **kézzel** ~ hand-written, written by hand *ut.*; **géppel** ~ typewritten

irracionális *a* irrational; ~ **szám** irrational number, surd

irreális *a* unrealistic [plan]

irt *v* **1.** *(élősdit)* destroy, exterminate [vermin], *(gyomot, növényt)* kill, get* rid of [weeds]; **erdőt** ~ deforest a region, cut* down a forest; **patkányt** ~ clear a place of rats **2.** *(tömegesen gyilkol)* butcher, slaughter, massacre **3.** **tyúkszemet** ~ remove corns

irtás *n* **1.** *(élősdié)* destruction, extermination, *(gyomé, növényé)* killing, eradication, *(erdőé)* deforestation, cutting down, clearing **2.** *(tömeges gyilkolás)* massacre, slaughter **3.** = **irtvány**

irtó *adv biz (szörnyen)* awfully, terribly

irtózás, irtózat *n* horror, terror, dread

irtózatos *a* horrible, horrific, dreadful, awful, monstrous

irtóz|ik *v vmtől* have* a horror/dread (of sg); *vktől* be* repelled by sy, find* sy repugnant

irtóztató *a* = **irtózatos**
irtvány *n* clearing
irul-pirul *v* keep* blushing, flush
írül *adv (beszél)* [speak*] Irish; *(írva)*
[written] in Irish
is *conj* also; **én ~ ott leszek** I shall also be
there, I shall be there, too; **én ~ voltam**
Bécsben I too have been to Vienna; **Bécs-**
ben ~ voltam I have been in Vienna, too;
még akkor ~ even if; **még Feri ~** even
F.; **~ ... ~** both; **látni fogod Pestet ~**,
Budát ~ you will see both Pest and Buda;
itt ~, ott ~ here as well as there; **én ~!**
me too!; **tízen ~ látták** no fewer than ten
people saw it, at least ten people saw it;
tudom ~ én! how should I know?, don't
ask me!; **hogy ~ történt?** (let me see)
how did it happen, how did it come about?;
Katiról nem ~ beszélve not to mention
K., to say nothing of K.
isiász *n orv* sciatica
iskola *n* **1.** *(intézmény, épület)* school; **álta-**
lános ~ → általános; ma nincs ~
there are* no lessons/classes today; **~ba**
adja fiát send* one's son to school; **~ba**
jár go* to school, be* at school, attend
school; **~it elvégzi** leave* school, com-
plete one's (course of) studies; **~n kívüli**
elfoglaltság *(diáké)* extracurricular activ-
ity; **~t kerül** play truant; **az ~ját!** □
blast/darn (it)! **2.** *(irányzat)* school; **~t**
teremt found a school
iskolaépület *n* school (building), US school-
house
iskolahajó *n* cadet/training-ship
iskolai *a* school-, of school *ut.*, educational;
~ dolgozat composition, school exercise,
essay, test(paper); **~ előmenetel** school
progress; **~ értesítő** (school) report, *US*
report card
iskolaigazgató *n* = **igazgató 2.**
iskolakerülő *n* truant; *(igével)* play truant
iskolaköpeny *n* school gown
iskolaköteles *a* of school age *ut.*, school-
able; **~ kor** school age
iskolakötelezettség *n* compulsory educa-
tion
iskolalátogatás *n* school attendance
iskolaorvos *n* school doctor
iskolapad *n* school-desk/bench
iskolapélda *n* vmnek **az ~ja** a textbook/
classic example of sg, a textbook case of sg
iskolarádió *n* **1.** *(iskoláknak sugárzott)*
school broadcasts *pl* **2.** *(az iskola házi közlé-*
sére) school radio
iskolarendszer *n* educational system

iskolaruha *n (egyenruha)* (school) uniform
iskolás **I.** *a* school, of school *ut.*; **~ gyer-**
mek schoolboy, schoolgirl *(pl* school-
children), pupil; **~ leány** schoolgirl **II.** *n*
(diák) pupil, schoolboy, schoolgirl; **~ok**
schoolchildren, pupils
iskoláskor *n* school age; **~ előtti** pre-
-school; **~ú gyermekek** children of
school age; **(még) ~ában** while (still) at
school, in one's schooldays
iskolaszerek *n pl* school supplies, school
equipment sing.
iskolatárs *n* schoolmate, schoolfellow; **~ak**
voltunk we were at school together
iskolatáska *n* (school) satchel, schoolbag
iskolatelevízió *n* schools television
iskolaügy *n* educational affairs *pl*
iskoláz *v* give* sy basic training, train
iskolázatlan *a* uneducated, unschooled, un-
tutored
iskolázott *a* educated, (well-)trained
iskoláztat *v* send* [one's child] to school,
provide schooling for one's child
iskoláztatás *n* schooling, education
ismer *v vkt, vmt* know* (sy, sg), be* acquain-
ted with (sy, sg), *(jártas vmben)* be* familiar
with (sg), have* a knowledge of (sg); **sze-**
mélyesen ~ vkt know* sy personally, be*
personally acquainted with sy; **évek óta**
~em I've known him/her for years; **régóta**
~em I have known him/her for a long time;
(jól) ~i ezt a könyvet (s)he knows that
book well, (s)he is familiar with that book;
(jól) ~i az angol nyelvet (s)he has a
good command of English; **jól ~i Lon-**
dont (s)he knows London well; **alaposan**
~ egy tárgyat be* well up (*v.* well-versed)
in a subject, know* all about it/sg; **nem ~**
vkt/vmt (s)he doesn't know sy/sg, has not
much knowledge of sg, be* unfamiliar with
sg ⇨ **dörgés, tenyér**
ismeret *n* knowledge; **a tények ~ében**
with full knowledge of the facts; **az angol**
nyelv alapos ~e a good command of the
English language; **a latin nyelv ~e**
one's/sy's acquaintance with Latin; **vannak**
némi spanyol nyelvi ~ei he has some
(acquaintance with) Spanish
ismeretanyag *n* factual knowledge/ma
terial
ismeretelmélet *n* epistemology
ismeretes *a* (well-)known; **~, hogy; mint**
~ as is* well-known ...
ismeretkör *n* one's field (of knowledge),
(összesség) one's range of interests, one's
interests *pl*

ismeretlen I. *a ált* unknown (to sy), not known, *(arc)* unfamiliar, *(holttest)* unidentified; ~ **ember** unknown man, stranger; **a címzett** ~ "not known"; **az** ~ **katona (sírja)** (the tomb of) the Unknown Soldier/ Warrior; ~ **terület** unexplored *area*, *(átv is)* terra incognita **II.** *n mat* unknown (quantity) ⇨ **egyenlet**
ismeretlenség *n* anonymity
ismeretség *n* **1.** acquaintance; ~**ben van vkvel** know* sy (personally), be* acquainted with sy; ~**et köt vkvel** make* sy's acquaintance, make* the acquaintance of sy, get* to know sy **2.** ~**(i kör)** circle of acquaintances
ismeretterjesztő *a* educational; ~ **előadás** educational *(v.* popular-science) lecture; ~ **film** educational/classroom/ documentary film, documentary; ~ **könyv** popular work
ismerkedés *n* getting acquainted (with)
ismerkedési est *n* social (evening), *(konferencia alkalmából így is)* wine and cheese party
ismerked|ik *v vkvel* get* to know* [people], make* contacts/acquaintances; *vmvel* familiarize oneself with sg, get* to know sg, *biz* get* the hang of sg
ismerő I. *a* **kérdést alaposan** ~ **ember** a man° well-informed on a matter/subject; **határt nem** ~ unbounded, immense **II.** *n* **vmnek kiváló** ~**je** an expert in ⇨ *alaposan* **ismer**...
ismerős I. *a* known *(vk számára* to), *(arc, hang stb.)* familiar [face, voice etc.]; **ebben a városban nem vagyok** ~ I am* a stranger here, I do* not know anybody here, *US* I have* no contacts here; **ez** ~**en hangzik** that sounds familiar **II.** *n* acquaintance; *(kapcsolat)* contact; **egy (jó)** ~**öm** an (old) acquaintance of mine
ismert *a* (well-)known; *vk által* ~ known to sy *ut.*; **az** ~ **nevű** the famous; ... **néven** ~ known as ...; **kevéssé/alig** ~ little-known, not widely known *ut.*; ~**té tesz** make* it/sg known (that); ~**té válik** become* known
ismertet *v* **1.** *(ismertté tesz)* make* sg known, set* forth, *(álláspontot)* state, expound, *(tényállást)* set* forth, state, *(tervet)* outline, describe **2.** *(könyvet)* review, write* a review/notice of [a book]
ismertetés *n* **1.** *ált* making known; *(véleménnyé)* statement (of views), expounding, *(helyzeté)* survey, overview, exposé

2. *(könyvé)* review **3.** *(reklámszerű)* prospectus ⇨ **ismertető 2.**
ismertető *n* **1.** *(könyvé)* reviewer **2.** *(nyomtatvány)* brochure, information sheet, prospectus, guide
ismertetőjel, -jegy *n* distinguishing mark, distinctive feature, characteristic; **különös** ~ *(vké, pl. útlevélben)* distinguishing mark
ismérv *n* criterion *(pl* criteria)
ismét *adv* again, once more
ismétel *v* repeat; *(összefoglalva)* recapitulate; *(isk vizsgára)* do* some revision (for the examination), revise (sg); **osztályt** ~ repeat the/a year, stay down (for the year); **unalomig** ~ **vmt** harp on (about) sg; *biz* go* on about sg
ismételt *a* repeated; ~**en** repeatedly, over and over (again)
ismétlés *n* **1.** *ált* repetition; *isk* revision, review; ~**ekbe bocsátkozik** repeat oneself **2.** *(tévéközvetítésben)* replay **3.** *zene* repetition, repeat
ismétlő *n isk* repeater
ismétlődés *n* repetition, recurrence
ismétlőd|ik *v* repeat itself, recur, be* repeated
ismétlőfegyver *n* repeating rifle/gun, repeater, magazine rifle
ismétlőjel *n (kottában)* repeat(-mark)
ismétlőpisztoly *n* automatic (pistol), repeater
ispán *n* † bailiff (of estate), overseer
istálló *n (ló)* stable(s), *(marha)* cow-shed/ house; **az** ~**ját!** blast/darn it!
istállótrágya *n* farmyard manure
istápol *v* support, assist, help, succour
isten *n (tulajdonnévként:* **Isten)** god, God; ~ **bizony!** honest(ly), on my honour, believe me; ~ **hozott!** welcome!; ~**emre!** on my honour!, so help me (God)!; ~ **vele(d)!** goodbye!; ~ **ments!** God/heaven forbid; **az** ~**ért!** for heaven's sake; **az** ~ **háta mögött lakik** live in the back of beyond; ~ **háta mögötti** godforsaken, in the back of beyond *ut.*
istenadta *a* **1.** *(sajnálkozva)* poor, wretched **2.** ~ **tehetség** *(személy)* a born poet/musician/artist etc.
istenáldotta *a* → **istenadta 2.**
istencsapás *n* scourge; **valóságos** ~**a (1)** *(dolog)* a veritable disaster **(2)** *(személy)* (he is*) a wretched nuisance
istenfélő *a* god-fearing, pious, godly
istenhit *n* belief in God
istenhívő I. *a* godly, pious **II.** *n* believer

istenhozzád I. *int* goodbye, farewell, fare thee well II. *n* ~ot mond vknek bid* farewell to sy, say goodbye to sy

isteni *a* 1. *(Istennel kapcsolatos)* divine, of God *ut.* 2. *(pompás)* superb, divine

istenigazában *adv* really and truly ⇨ amúgy

istenít *v* idolize, worship, *vmt* praise (sg) to the skies

istenítélet *n (idő, elemi csapás) kb.* disaster

istenkáromlás *n* blasphemy

istenkísértés *n* ~ vmt tenni it is tempting providence/fate (to)

istennő *n* goddess

istennyila *n* lightning, thunderbolt; hova az ~ba ? where in/the hell?

istenség *n* divinity, deity

istentagadás *n* atheism

istentagadó I. *a* atheistic II. *n* atheist

istentelen *a* 1. *(nem hívő)* godless, ungodly, atheistic 2. *átv (gyalázatos)* wretched, abominable, wicked; ~ül rossz execrable

istentisztelet *n* service; ~en részt vesz attend a/the service, worship (swhere)

istenverte *a* wretched, damned, cursed

istráng *n* traces *pl*

István *n* Stephen

i. sz. = *időszámításunk szerint(i)* of our era, *röv* A.D. ⇨ időszámítás 2.

iszákos I. *a* given/addicted to drink(ing) *ut.*, alcoholic II. *n* drunkard, hard drinker, alcoholic

iszákoskod|ik *v* = iszik 2.

iszákosság *n* alcoholism

iszap *n* 1. *ált* mud, *(folyóhordalék)* silt 2. *(kohászatban)* dross

iszapfürdő *n* mud-bath

iszapkezelés, -kúra *n* mud-cure

iszapos *a* muddy, muddied

iszappakolás *n* mudpack

isz|ik *vi/vt, ált* drink*; ~ik vmből (1) *(italból)* drink* (of) sg (2) *(pohárból, forrásból)* drink* from sg; ~ik egyet have* a drink; mit ~ol? what will you drink/have?, what's yours?; vk egészségére ~ik drink* to sy, drink* a toast to sy, drink* the health of sy 2. *vi (iszákos)* drink*, be* a drunkard, *biz* booze; inni kezd take* to drink*, take* to the bottle; ~ik, mint a gödény/kefekötő drink* like a fish

iszkol *v* scamper, scurry (away); ~j innen! get out of here!, scram!

iszlám *n* Islam

iszogat *v* keep* (on) drinking

iszony *n* horror, terror, dread, repulsion

iszonyat *n* horror, horrible sight

iszonyatos *a* horrible, horrific, terrible, dreadful, awful, monstrous

iszonyod|ik *v* vmtől have* a horror (of sg), be* horrified by sg; *(túlzó)* dread sg

iszonyú *a* = iszonyatos

Isztambul *n* Istanbul

ital *n* drink; *(gyűjtőnév)* beverage; meleg ~ok *(tea, kávé)* warm/hot beverages; szeszes ~ alcohol, alcoholic drink(s)/beverage(s), *US* liquor; palackozott ~ok boltja *GB* off-licence, *US* liquor store; *(bornak)* wine shop/merchant; ~nak adja magát take* to drink; bírja az ~t he can* carry/hold his liquor (well); nem bírja az ~t he can't take alcohol

italbolt *n* 1. *(főleg helyben fogyasztással)* pub(lic house), bar; *(csak bort árusító)* wine-bar 2. = palackozott italok boltja

Itália *n* Italy

itáliai *a/n* Italian

italmérés *n* = italbolt

italmérési *a* ~ engedéllyel rendelkező vendéglős licensed victualler

italos I. *a* tipsy II. *n (pincér)* wine-waiter

italozás *n* drinking, tippling; *biz* boozing

italoz|ik *v* drink*, tipple; *biz* booze

itat *v* 1. *(inni ad)* give* sy sg to drink, make* sy drink sg; *(állatot)* water 2. *műsz vmvel* saturate with 3. ~ja magát *(bor)* it goes* down well

itató *n (hely)* watering-place; *(vályú)* (watering) trough

itatós(papír) *n* blotting paper, blotter

ítél 1. *vt (törvényszéken)* pass sentence on; *vmennyire* sentence sy to ... years, sentence sy to pay a fine of ...; börtönre ~ sentence sy to imprisonment, send* sy to prison; halálra ~ sentence sy to death; egy hónapra ~ték he received thirty days; 3 évi börtön(büntetés)re ~ték he was sentenced to 3 years in jail/prison, the sentence was 3 years in jail/prison *(v.* 3 years' imprisonment); a gyermekeket az anyának ~ték the mother was given custody of the children 2. *vt vmlyennek* ~ vmt consider, hold*, think*; szükségesnek ~ deem necessary (that sg should be done); úgy ~em, hogy I judge that 3. *vt vmt vknek* ~ award/adjudge sg to sy 4. *vi (ítéletet alkot)* form an opinion (of sg), pass judg(e)ment on sg, conclude (that); *vmből* draw* a conclusion *(v.* conclusions) from, judge by/from; tévesen/rosszul ~ misjudge

ítélet *n* 1. *(bírói)* judg(e)ment, decision; *(büntető)* sentence; ~et hoz give*/pass/

pronounce sentence/judg(e)ment (on sy), pass a sentence [of imprisonment of ... months/years]; ~**et hirdet** deliver judg(e)ment (*v.* a/the sentence); ~**et végrehajt** execute (*v.* carry out) a sentence **2.** *(vélemény)* opinion, judg(e)ment, conclusion, verdict; *(logikai)* judg(e)ment; **a közvélemény** ~**ére bízza magát** lay* the matter before the public; ~**et alkot (magának) vmről** form one's/an opinion about sg; ~**et mond vmről** form one's own opinion about sg, pass judg(e)ment on sg, give* one's judg(e)ment on sg ⇨ **utolsó**

ítélethirdetés *n* delivery of judg(e)ment, (declaration of) sentence

ítélethozatal *n* verdict, sentence; **a bíróság** ~**ra visszavonul** the court retires to deliberate

ítéletidő *n* stormy weather, tempest

ítéletnap *n* ~**ig** till doomsday, for ever

ítélkezés *n* passing of judg(e)ment/sentence

ítélkez|ik *v* judge, administer justice, pass sentence (on)

ítélőerő *n* = **ítélőképesség**

ítélőképesség *n* (faculty/power of) judg(e)ment, discrimination, discernment; **jó** ~ sound judg(e)ment; **jó** ~**ű** discriminating, discerning, judicious; **jó** ~**ű ember, jó** ~**e van** have* a good/sound judg(e)ment, be* a man of (good) judg(e)ment; **jó** ~**ről tett tanúságot** (s)he showed (excellent) judg(e)ment

ítélőtábla *n* † High Court (of Justice)

itt *adv* here, in this place, on this spot; ~ **nálunk** over here; ~ **az ősz** autumn has come/arrived; ~ **és** ~ at such and such a place; ~ **van** here he/it is*; ~ **vagyok** here I am; ~ **lakók** locals, inhabitants; ~ **a vonat** the train has come (*v.* is) in; **tessék,** ~ **van** here you are; ~ **kell leszállni** this is where you get off; ~ **maradt** vm (sg) was left here; ~ **Kovács (beszél)** *(telefonon)* (this is) Kovács speaking; ~ **London** this is London

ittas *a* drunk, tipsy, intoxicated; ~ **állapotban** in a drunken state, under the influence of drink *ut.*; ~ **vezetés** drink-driving; ~ **vezető** drink-driver; ~**an vezette az autót** (s)he drove the car while under the influence of drink

itteni *a* of this place *ut.*, (from) here *ut.*

itthon *adv* (here) at home, in this place/country; ~ **van** he is* (at) home, he is* in; **nincs** ~ he is* not at home, he is* not in, he is* out; **nem leszek** ~ **ma** I won't be in

today; **egy óra múlva** ~ **leszek** I'll be back in an hour

ittlét *n* *(vmlyen más országból)* sy's stay (over) here; ~**ekor** when/while (s)he was here, during her/his stay (over) here

itt-ott *adv* **1.** *(hely)* here and there **2.** *(időben)* occasionally, now and then

itt-tartózkodás *n* = **ittlét**

ív *n* **1.** *(boltozat)* arch; *(hídé)* span; *mat, fiz* arc; ~ **alakú** arched, curved **2.** *(vonal)* curve **3.** *(papírlap, bélyeg)* sheet **4.** **(nyomdai)** ~ printed sheet; **kiadói/szerzői** ~ author's sheet ⇨ **elkerül, jelenléti**

ivadék *n* issue, progeny, descendant, offspring

ivarérett *a* (sexually) mature

ivarmirigy *n* sexual/genital gland

ivarsejt *n* spermatozoon *(pl* -zoa)

ivarszerv *n* sexual organ; *(külső)* genitals *pl*

ivartalan *a* asexual, sexless; ~ **szaporodás** asexual reproduction

ivás *n* **1.** **ált** drink(ing) **2.** *(szeszes italé)* drinking (of alcohol); *(megrögzött)* alcoholism ⇨ **ivászat**

ivás *n* spawning (of fish)

ivászat *n* drinking (bout), carousal

ível *v* arch, bend*, vault, curve; **pályája felfelé** ~ his star is* rising, he is* making a name for himself

ívelőd|ik *v* form an arch

ívelt *a* arched, curved

íves *a* **1.** épít arched **2.** **tíz**~ **könyv** a book of 160 pages

ívfény *n* arc-light

ívhegesztés *n* arc-welding

ívhúr *n* chord [of arc in circle]

ív|ik *v* spawn

ívlámpa *n* arc lamp/light

ivó *n* **1.** *(ember)* drinker; **nagy** ~ hard drinker **2.** *(kocsma)* bar, taproom

ivócsarnok *n* *(gyógyforrásnál)* pump room

ivóedény *n* drinking vessel

ivókúra *n* drinking cure; ~**t tart** take* the waters

ivólé *n* juice

ivópohár *n* tumbler, glass, (drinking-)cup

ivóvíz *n* drinking-water

ívpapír *n* **1.** *(irodai)* flat paper **2.** *nyomd* sheet-paper

íz[1] *n* **1.** *(ennivalóé)* taste, flavour *(US* -or), relish; **vmlyen** ~**e van** taste like/of sg, savour *(US* -or) of sg; **nincs** ~**e** be* tasteless; **se** ~**e, se bűze** (1) *konkr* insipid, wishy-washy, without any flavour *ut.* (2) *(átv, unalmas)* dull as ditch-water; **vk szája** ~**e szerint** to suit sy('s taste), to sy's taste/

líking; **rájön vmnek az** ~**ére** take* a líking to sg, acquire a taste for sg **2**. *(lekvár)* jam, *US így is:* jelly; *(narancs~)* marmalade **íz²** *n (tagolt rész)* joint, limb; **minden** ~**é- ben katona** every inch a soldier; **minden** ~**ében remeg** tremble/shake* all over; ~**ekre szed** (dis)joint; *(átv is)* tear* to pieces/shreds, pull to pieces ⇨ **ízben ízben** *adv* **három** ~ three times, on three occasions; **első** ~ (for) the first time, at first ⇨ **több**

izé *n (dolog)* what's-it('s name), what-d'you- -call-it, thingummy; *(ember)* what's-his- -name, what's-her-name; *(mondat elején)* I say; *(közben)* er

izeg-mozog *v* fidget, be* restless

ízelítő *n* sample, a taste of sg; **hideg/ve- gyes** ~ hors d'oeuvre *(pl* hors d'oeuvres); ~**nek** to give sy a foretaste *(v.* an inkling of sg)

ízeltlábúak *n pl* arthropoda

ízérzet *n* sensation of taste

ízes *a* **1**. *(jóízű)* tasty, flavourful *(US* -or-); *(gyümölcs)* juicy **2**. *(lekváros)* with jam *ut.,* ... and jam

ízesít *v* flavour *(US* -or); *(fűszerrel)* season, spice

ízesítő *n* seasoning, condiment

ízetlen *a* **1**. konkr tasteless, flavourless *(US* -or-), insipid **2**. *átv (száraz, lapos)* dull, vapid, flat, stale **3**. *(ízléstelen)* tasteless, (be) in bad taste; *(igével)* sg lacks taste

ízetlenked|ik *v* [tell* a joke *v.* make* a re- mark] in bad taste; *(ízetlenül viselkedik)* be* tasteless/silly

ízetlenség *n átv (beszéd)* tasteless [re- mark(s)]; *(viselkedés)* silly [behaviour]

izgága *a* excitable, quarrelsome, rambunc- tious; *(nyugtalan)* unruly

izgágáskod|ik *v* pick quarrels, be* quarrel- some, behave in an unruly manner

izgalmas *a* exciting; *(esemény)* sensational, thrilling; ~ **élet** hectic life; ~ **olvas- mány/regény** thriller; ~ **történet** grip- ping story; **nem** ~ unexciting; *biz (nem számít)* it doesn't matter, *US* no sweat

izgalmi *a* ~ **állapot** (state of) excitement

izgalom *n* excitement; thrill; *(aggodalom)* anxiety; **nagy volt az** ~ there was great excitement, feeling ran high; ~**ba jön** get* excited; ~**ban van** (1) *(vk)* be* excited, be* upset; *kif* be* (all) in a flutter (2) *(tömeg)* be* agog with excitement; **izgalmat kelt** cause great excitement

izgat 1. *vt (vkt kellemetlenül érint)* excite, up- set*, make* anxious/uneasy, disturb; **ne iz-**

gassa magát!, ne izgasd magad! don't worry (about it), don't get excited!, keep calm!, take it easy!, *biz* keep your hair *(US* shirt) on!; **ne izgasd magad a szer- vezéssel** don't bother yourself about the ar- rangements [for your holiday etc.]; **vm** ~**ja** be* worried by sg; *biz* ~**ja a kérdés** sg in- trigues sy, be* keenly interested in sg; **ez nem** ~**ja** that leaves him cold; **miért iz- gatod magad a jövő(d) miatt?** why worry about the future? **2**. *vt (érzéket, testi- leg)* excite, stimulate, irritate **3**. *vi/vt (tö- meget)* stir (up), inflame, provoke, incite

izgatás *n* **1**. *ált* incitement (to), instigation, stirring up **2**. *jog* subversion, sedition, pro- paganda against the state; *kat* incitement to disaffection

izgató *a* **1**. *ált* exciting, agitating, stirring **2**. *(beszéd)* seditious, inflammatory, sub- versive ⇨ **izgalmas**

izgatószer *n* stimulant; *sp* dope

izgatott *a* excited, agitated; **igen** ~ be* very much upset, be* all agog (with excite- ment); ~ **jelenetek játszódtak le** there were tumultuous scenes; ~ **várakozás** sus- pense; ~**an várja, hogy** be* all agog (with excitement) to ...

izgatottság *n* **1**. *vké* (state of) excitement, excited/nervous state, agitation **2**. *(tömegé)* commotion

izgés-mozgás *n* fidget(ing)

izgul *v* **1**. *(izgatja magát)* be* excited/ anxious, worry, fret *(vm miatt mind:* about sg); **ne** ~**j!** don't get excited!, don't worry!; *biz* keep your hair *(US* shirt) on! **2**. *vkért* keep* one's fingers crossed ⇨ **szurkol**

izgulékony *a* excitable, nervy

íziben *adv* at once, without delay, immediate- ly

-íziglen *adv* **harmad**~ to the third genera- tion

ízig-vérig *adv* out-and-out, thorough- (-going); to the backbone/core *ut.;* ~ **amerikai** *a* hundred per cent American; ~ **sportember** every inch a sportsman°

Izland *n* Iceland

izlandi I. *a* Icelandic, of Iceland *ut.* **II.** *n* **1**. *(ember)* Icelander **2**. *(nyelv)* Icelandic

ízlel *v* taste, try

ízlelés *n* tasting, trying

ízlelőszerv *n* organ of taste

ízlés *n* **1**. *(ízek érzékelése)* faculty/sense of taste, tasting, gustation; **tégy hozzá cuk- rot** ~ **szerint** add sugar to taste **2**. *átv* taste; **jó** ~ (good) taste; ~ **kérdése** a matter of taste; **az** ~**ek és pofonok kü-**

lönbözőek tastes differ, there is no accounting for tastes; **nem az én** ~**em** (s)he/it is* not (much) to my taste/liking, (s)he/it is* not my cup of tea; ~**sel öltözve** neatly/stylishly dressed
ízléses *a* tasteful, neat, trim; ~**en öltözködik** dress with/in style
ízléstelen *a* tasteless, in bad/poor taste *ut.*; ~**ül öltözve** badly/tastelessly dressed
ízléstelenség *n* tastelessness, bad/poor taste ⇨ **ízetlenség**
ízlésű *a* of (...) taste *ut.*; **finom** ~ discriminating, refined; **jó** ~ of good taste *ut.*; aesthetic; **jó** ~ **ember** man° of taste/discrimination; **rossz** ~ without any taste *ut.*
ízletes *a* = **ízes 1.**
ízl|ik *v* taste good, be* to one's taste; *vknek vm* sy likes sg; **hogy** ~**ik?** how do* you like it?, what do* you think of it?; **nagyon** ~**ik** it is* excellent, it tastes very good/nice, I like it very much; **nem** ~**ik neki** (1) *(étel)* he does* not like it (2) *átv* he finds* it disagreeable, he dislikes it
izmos *a* muscular, sinewy, brawny, strong(-muscled)
izmosod|ik *v* become* muscular/strong
izolált *a* isolated
izom *n* muscle
izomerő *n* muscular strength, muscle, brawn
izomláz *n* stiffness (after overexertion); ~**a van** feel* (rather) stiff, *US biz* suffer a charley horse [in one's left thigh etc.]
izommunka *n* physical exertion, muscle work
izomösszehúzódás *n* muscular contraction
izomrost *n* muscle fibre (*US* -ber)
izomszövet *n* muscular tissue
izomzat *n* muscles *pl*, muscular system; **fejlett** ~**ú** with well-developed muscles *ut.*, muscular
izotóp *n* isotope
izr. = **izraelita** Jew(ish)
Izrael *n* Israel
izraeli *a/n* Israeli

izraelita I. *a* Jewish **II.** *n* Jew; *(bibliai)* Israelite
íztelen *a* = **ízetlen**
ízű *a* tasting of sg *ut.*, -tasting, -flavoured (*US* -or-); **vmlyen** ~ *(igével)* taste of sg; **sós** ~ salty; **víz**~ watery
ízület *n* joint
ízületi *a* of the joints *ut.*, articular; ~ **bántalom** pain in the joints; ~ **gyulladás** arthritis
izzad *v* **1.** sweat, be* in a sweat, perspire **2.** *(átv munkában)* toil (away), *biz* sweat one's guts out
izzadás *n* sweat(ing), perspiration
izzadmány *n* exudation, exudate
izzadság *n* sweat, perspiration
izzadságmirigy *n* sweat-gland
izzadságszag *n* smell of sweat/perspiration; ~**a** van (1) *konkr* be* sweaty, smell* of sweat (2) *átv (könyvnek)* smell* of the lamp
izzadt *a* sweaty, sweating, perspiring
izzadtság *n* **1.** *(állapot)* sweating, perspiring **2.** = **izzadság**
izzás *n* glow, incandescence, heat; **fehér** ~ white heat; **vörös** ~ red heat; ~**ig hevít** raise sg to a red/white heat
izzaszt *v* make* sy sweat/perspire
izzasztás *n* (causing) sweating; *orv* sudation
izzasztó I. *a* sweltering, causing to sweat *ut.*; *orv* sudorific, diaphoretic [activity, drug]; ~ **munka** sweaty work **II.** *n* **1.** *(kalapé)* sweatband **2.** *(lovon)* sweat-cloth
ízzé-porrá *adv* ~ **tör** break*/shatter/ smash/crush to pieces
izz|ik *v* glow; *(vörösen)* be* red-hot; *(fehéren)* be* white-hot
izzít *v (fémet)* heat, make* red/white-hot
izzlap *n* dress-shield
izzó I. *a* **1.** *(parázs)* glowing, in a glow *ut.*, burning; *(vörösen)* ~ red-hot; **fehéren** ~ white-hot **2.** *átv* ardent, fervent, passionate; ~ **gyűlölet** fervent/burning hatred **II.** *n* (light) bulb
izzólámpa *n* incandescent lamp, (light) bulb
izzószál *n* (incandescent) filament

J

J, j *n (betű)* the letter J/j
J = *joule* Joule, J
j. = *jobb* right *(röv* rt.)
ja *int* ah; ~ **úgy?** oh I see!; ~ **igaz!** by the way!
jacht *n* yacht
jachtklub *n* yacht club
jachtoz|ik *v* yacht
jácint *n* hyacinth
jaguár *n* jaguar
jaj *int* **1.** *(fájdalom)* ow!, ouch!, oh!, ah!; **ó** ~! alas!; ~ **de fáj!** (ouch,) it hurts **2.** *(csodálkozás)* ~ **de szép!** how beautiful **3.** *(baj)* woe; ~ **nekem!** oh dear!, woe is me!
jajgat *v* wail, lament, moan; *átv* complain
jajgatás *n* wail(ing), lamentations *pl*, moans *pl*
jajkiáltás *n* cry of pain
jajong *v* = **jajgat**
jajszó *n* cry *(v.* cries *pl)* of pain
jajveszékel *v* wail, lament, moan
jajveszékelés *n* wail(ing), lamenations *pl*, moans *pl*
Jakab *n* James
jakobinus *a* Jacobin
Jalta *n* Yalta
Jamaika *n* Jamaica
jamaikai *a/n* Jamaican
jambikus *a* iambic
jámbor *a* **1.** *(vallásos)* pious, devout **2.** *(jó)* simple, meek; ~ **ember** man° of good will, simple/good soul **3.** *(állat)* tame [animal]
jambus *n* iamb *(pl* iambs), iambus *(pl* iambi *v.* iambuses)
jambusos *a* iambic
jampec, jampi *n* spiv, *US* dude
jan. = *január* January, Jan.
jancsiszeg *n* hobnail
Jani *n biz* **azt hiszi, hogy ő a** ~ he thinks he's Jack the Lad
janicsár *n* janissary, janizary
Janka *n* Jane, Janet, Joan, Jean
János *n* John
január *n* January; ~**ban,** ~ **folyamán** during January, in (the course/month of) January; ~ **hóban/havában** in the month of January; ~ **9-én** on 9th January, *US* on January 9th, *(levélben dátum)* 9 January (*v.* US January 9th) 1989
januári *a* January, in/of January *ut.*; **egy** ~ **napon** on a (*v.* one) day in January; ~ **időjárás** January weather
Japán *n* Japan
japán I. *a* Japanese; ~ **nyelv** Japanese **II.** *n (ember, nyelv)* Japanese; **a** ~**ok** the Japanese; **egy** ~ **csoport** a group of Japanese
japánbirs *n* Japanese quince
japáni *a* = **japán**
japánul *adv* ~ **beszél** speak* Japanese; ~ **mond vmt** say sg in Japanese; ~ **van (írva)** is (written) in Japanese
jár *v* **1.** *(helyét változtatja)* go* (about), move (about); *(jármű közlekedik)* go*, run*; **gyalog** ~ walk (to); go* on foot; **autón** ~ go* by car; **kerékpárral** ~ **a gyárba** ride* a bicycle to the factory; **busszal/busszon** ~ *(dolgozni)* go* by bus, take* a bus (regularly) (to); **villamoson** ~ go* by tram *(US* streetcar); **nem** ~ **a villamos** *(üzemzavar miatt)* the tram (*US* streetcar) is not running **2.** *(vhol időt tölt)* be* swhere; **hol** ~**tál ennyi ideig?** where have you been so long?; ~**tam az orvosnál** I went to see the doctor; ~**tál már Londonban?** have you (ever) been to London?; **sohasem** ~**tam Londonban** I have never been to London; **tíz éve Londonban** ~**tam** I was in London ten years ago; **iskolába** ~ go* to school, be* at school, attend school; **harmadik osztályba** ~ be* in the third form/class *(US* grade) [of a school], be* a third form pupil; **egyetemre** ~ study/be* at (a) university *(US így is:* school), attend (a) university *(US így is:* school); **sokat** ~ **színházba** go* to the theatre a lot, be* a regular theatregoer; **úszni** ~ swims* regularly; **vkhez** ~ be* a frequent caller/visitor at sy's house; **sűrűn** ~ **hozzánk** (s)he comes to see us a lot, (s)he's a regular visitor **3.** *(vmlyen ruhában)* wear* sg, be* always dressed (in sg); **feketében** ~ wear* black; *(gyászoló)* be* in mourning **4. dolga után** ~ go* about one's work/business, be* busy with one's work; **állás/lakás után** ~ be* looking for a job/flat ⇨ **utánajár; vk**

után ~ go*/be* *a*fter sy; **lányok után** ~ be* *a*lways g*o*ing *a*fter girls **5.** *biz* ~ **vkvel,** ~**na**k go* out with [a girl/boy], X is her b*o*y-(friend),. Y is his g*i*rl(friend); **a fiú, akivel** ~ her b*o*y(friend); **a lány, akivel** ~ his girl(friend); **már legalább két éve** ~**nak (együtt)** they have been g*o*ing out for at least two years **6.** *(gép, szerkezet)* work, be* w*o*rking, run*, be* r*u*nning, be* in operation; **nem** ~ **az óra** the watch/clock has stopped; **az órám jól** ~ my watch keeps* good time; **gyorsan** ~ **a keze** (s)he has n*i*mble f*i*ngers **7. vmn** ~ **az esze** be* (always) th*i*nk*i*ng of sg, his mind is* constantly r*u*nning o*n* sg, think* of d*o*ing sg; **vmn** ~**nak a gondolatai** one's thoughts run* on sg; ~ **a szája** his tongue is* (always) g*o*ing/w*a*gging **8.** *(idő)* **az idő már későre** ~ it is* getting late; **nyolcra** ~ **az idő** it is* n*e*arly eight, it is* g*e*tting on for eight, *US így is:* it is* close on eight; **őszre** ~ **az idő** *a*utumn is* coming/here; **ötven felé** ~ *vk* he is* getting on for f*i*fty **9.** *(vm állapotba jut)* **én is úgy** ~**tam** the same thing happened to me, *(az előző mondat igéjétől függően)* so did/had I; **jól** ~**t** he was fortunate/l*u*cky, he came off well; **jól** ~**t vele** *vmvel* it was a good choice, (s)he did well out of (*v.* with) it; *vkvel* he was l*u*cky with her; **jobban** ~ **vmvel** be* better off with sg; **így** ~ **az, aki** that's what h*a*ppens to p*e*ople who ... **10. milyen újság** ~ **hozzátok?** what p*a*per(s) do you get/take? **11.** *(vmhez mint tartozék)* **tok is** ~ **hozzá** it comes with a c*o*ver/hood *stb.* **12.** *(vknek pénz stb.)* sg is* due to sy, sy is* owed sg; **mennyi** ~ **(ezért)?** what (*v.* how much) do I owe you (for this)?, what do you charge (for this)? **13.** *(büntetés vmért)* sg is p*u*nishable (by sg); **5 év szabadságvesztés** ~ **érte** it c*a*rries a sentence of five years' impr*i*sonment, it is* p*u*nishable by 5 years in pr*i*son (*v.* 5 years' impr*i*sonment) **14.** *(vmvel, következménnyel)* involve sg, be* acc*o*mpa*i*ned by sg, bring* ab*o*ut sg, enta*i*l sg, lead* to sg; **súlyos következményekkel** ~**t** it involved grave/serious consequences **15.** *vt* *(területet)* go* through/over [region], tr*a*vel (*US* -l) through, v*i*sit; ~**ja az erdőt** (s)he is tr*a*mping the woods **16. az a hír** ~**ja, hogy** there's a rep*o*rt that, r*u*mour (*US* -or) has it that **17. ez nem** ~**ja!** that's not fair, that's unf*a*ir, that won't do ⟹ **lassan, vég**[1]

járadék *n* all*o*wance; *(évi)* ann*u*ity
járadékos *a* ann*u*itant

járandóság *n* em*o*lument(s), remuner*a*tion, pay, all*o*wance
járás[1] *n* **1.** *(menés)* walking, going **2.** *(ahogyan vk jár)* gait, walk, b*e*aring, way of w*a*lking; **megismeri a** ~**áról** recognize/know* sy by his/her walk/gait **3.** *(távolság)* walk; **10 perc** ~ **a** t*e*n-minute walk; **egy óra** ~**nyira van** it is* (*o*nly) an hour's walk **4.** *(gépé)* working, r*u*nning, functioning; *(óráé)* movement; **az óramutató** ~**ával ellenkező irányba(n)** anticlockwise, *US* counterclockwise **5.** *(csillagoké)* course **6. nem ismeri a** ~**t** he does* not know his way ar*o*und, he is* a str*a*nger here
járás[2] *n (közigazgatási)* d*i*strict
járásbíró *n* judge (of the d*i*strict court)
járásbíróság *n* d*i*strict court
járási *a* of the d*i*strict *ut.*, d*i*strict; ~ **tanács** d*i*strict c*o*uncil; **X megyei tanács** ~ **hivatala** d*i*strict *o*ffice of X c*o*unty c*ou*ncil; **a Somogy megyei tanács** ~ **hivatala** the d*i*strict *o*ffice of S*o*mogy c*o*unty council
járat I. *vt* **1. a bolondját** ~**ja vkvel** make* a fool of sy, send* sy on a fool's errand; **iskolába** ~ send* to school **2.** *(gépet)* race [the engine]; run*, operate **3.** *(közlekedtet)* run*; **miért nem** ~**nak később is buszt?** why don't they run a l*a*ter bus?; **újságot** ~ take* a p*a*per; **a Magyar Nemzetet** ~**ja** (s)he takes/gets M*a*gyar Nemzet **II.** *n* **1.** *(hajó)* line, service; *(busz)* service; *(repülő)* flight; **az 5-ös** ~ Service N*u*mber 5 **2.** *bány* gallery, level; *(egyéb anyagban)* channel **3. mi** ~**ban van?** what are you d*o*ing here?, what brings you here?
járatlan *a* **1.** *(út)* untr*o*dden, unb*e*aten [path] **2.** *vmben* inexperienced in sg, unfam*i*liar with sg, unacc*u*stomed to sg; *(munkában)* unsk*i*lled in sg (*mind: ut.*)
járatlanság *n* inexperience, lack of skill
járatos *a* **1.** *(vhová: igével)* be* a frequent v*i*sitor (at), go* often (to) **2.** *(vmben)* = **jártas 3.** = **használatos**
jard *n* □ the fuzz
járda *n* p*a*vement, *US* s*i*dewalk; ~ **felőli oldal** the n*e*arside [of a vehicle]
járdaszegély *n* kerb, *US* curb
járdasziget *n* (tr*a*ffic) *i*sland, *US* s*a*fety island
járgány *n* **1.** *vasút* = **hajtány 2.** *tréf* car
járhatatlan *a* **1.** *(út)* imp*a*ssable; *(hozzáférhetetlen)* inaccessible **2.** *átv* impr*a*cticable
járható *a* **1.** *(konkr, út)* p*a*ssable **2.** *átv* ~ **út** pr*a*cticable plan; **az út** ~**nak bizonyult**

átv the plan worked, it was a feasible arrangement; **nem** ~ not feasible, impracticable

járkál *v* walk/stroll/roam about; **fel s alá** ~ walk up and down

járkálás *n* coming(s) and going(s)

jár-kel *v* come and go, wander about

jármű *n* vehicle; **minden** ~ **forgalma mindkét irányból tilos** closed to all vehicles

járműforgalom *n* vehicular traffic

járműjavító *n* vehicle/transport repair shop

járműtelep *n* vehicle park/pool

járó *a* **1.** *vhol* going, walking, moving (swhere, *mind: ut.*); **ötven felé** ~ **ember** man° getting on for fifty **2.** *(pénz)* due to *ut.*; **a nekem** ~ **pénz** the money due to me **3.** *vmvel* consequent (up)on sg, inherent in sg, running with sg, entailing/involving sg, leading to sg *(mind: ut.)*; **súlyos következményekkel** ~ pregnant with consequences *ut.*

járóbeteg *n* outpatient

járóbeteg-rendelés *n* *(hely)* outpatients (department)

járóföld *n* **kétnapi** ~ two day(s') journey

járógipsz *n* (plaster) cast

járóka *n* *(ketrec)* playpen; *(kerekes)* baby--walker, *US* go-cart

járókelő *n* passer-by *(pl* passers-by)

járóképes *a* *(beteg)* ambulant

járóképtelen *a* unable to walk *ut.*, confined to bed *ut.*

járom *n* yoke; ~ **alá hajt** *átv* subjugate

járomcsont *n* yoke/cheek-bone

járószerkezet *n* mechanism [of a clock]

járőr *n* patrol

járőrautó *n* *(rendőrségi)* patrol car

járőrtevékenység *n* patrolling activity

járt *a* ~ **út** the beaten track, the (well-)-beaten path

jártában-keltében *adv* on the/one's way; *biz* on one's travels

jártányi *a* ~ **ereje sincs** be* scarcely able to walk

jártas *a* ~ **vmben** be* well up (*v.* well--versed) in sg, be* familiar/acquainted with sg; *(szakemberként)* be* an expert in sg; *(jól értesült)* be* well-informed on sg; *(szakmában)* be* skilled in [a trade]

jártasság *n* expertise, expertness, skill [in a particular field]

jártat *v* **1.** *(lovat)* walk **2. száját** ~**ja** gossip, *biz* skoot* one's mouth off

járul *v* **1.** *(vk elé)* appear (before sy), present oneself (before sy); *(vk vmhez)* approach (sg), make* one's way (to sg) **2.** *(vmhez vm)* add to (sg); **gondjaihoz betegség is** ~**t**

her/his illness added to her/his worries; **ehhez** ~ **még az is** add to this (that . . .), besides, moreover

járulék *n* **1.** *(kellék)* accessories *pl* **2.** *(amit vknek fizetnek)* allowance, benefit; *(amit vk fizet)* contribution

járulékos *a* collateral, additional, secondary; ~ **juttatás(ok)** fringe benefit(s), perquisite(s), *biz* perk(s)

járvány *n* epidemic

járványfészek *n* source of infection

járványkórház *n* isolation hospital

járványos *a* epidemic; ~ **megbetegedés** communicable/infectious/contagious disease

jász *n* Jazygian

jászol *n* manger, crib

jassz *n* hooligan, hoodlum

jassznyelv *n* (thieves') cant; *(tágabban)* slang, argot

játék *n* **1.** ált és *sp* play; *(csapatjáték* ált. *és tenisz)* game; **a labda** ~**bàn van** the ball is in play **2.** *(szerencsejáték)* gambling, gaming; ~**ban nyer** win* the game **3.** *(színdarab)* play; *(színészi)* acting, playing; *(hangszeren)* play(ing) **4.** *átv* play, sport, fun, joke; ~**ból** for fun, in sport/play; **hagyj ki a** ~**ból** leave me out of it, count me out **5.** *(játékszer)* toy **6.** *műsz* clearance, play

játékáru *n* toys *pl*, playthings *pl*

játékasztal *n* **1.** *(szerencsejátékhoz)* gaming-table **2.** *(orgonáé)* console

játékautó *n* (1) *(kicsinyített mása)* model car (2) *(hajtány)* toy (motor) car

játékautomata *n* game machine, *biz* one--armed bandit, *GB* fruit-machine, *US* slot machine; *(pénzbedobós)* coin-operated game machine

játékbaba *n* doll

játékbank *n* bank

játékbarlang *n* gambling-den, *US* *így is:* gambling joint

játékbolt *n* toyshop

játékelmélet *n* theory of games

játékengedély *n* *sp* clearance

játékfilm *n* feature film

játékidő *n* **1.** *sp* playing time **2.** *(játszásra szánt)* playtime

játékkard *n* toy sword

játékkártya *n* playing-cards *pl*

játékkaszinó *n* casino, gam(bl)ing-house

játékkatona *n* toy soldier

játékmester *n* **1.** *(játékkaszinóban)* croupier **2.** *(tévében stb.)* quizmaster, question master

játékmód *n* manner of playing, style (of play)

játékos I. *a* playful II. *n* **1.** *sp* player; *(csapatban)* member/one of the team, man° **2.** *(szerencsejátékban)* gambler, punter **játékpénz** *n* counter, chip, token (money); *(társasjátékhoz)* toy money **játékszabály** *n* laws/rules of the game *pl*; **megtartja a ~okat** *(átv is)* play the game, go* by the book **játékszenvedély** *n* passion for gambling **játékszer** *n* **1.** *(gyermeknek)* toy **2.** *átv* plaything **játékterem** *n* *(játékautomatákkal)* GB amusement arcade, US gaming room/hall **játékvezető** *n* **1.** *(futball, jégkorong, kosárlabda, röplabda, vízilabda)* referee, *biz* ref; *(asztalitenisz, tenisz, tollaslabda)* umpire **2.** *(vetélkedőben)* quizmaster, host **játszadoz|ik** *v* play (with), toy (with) **játszi** *a* playful, sportive; **~ könnyedséggel** with the greatest (of) ease

játsz|ik 1. *vi/vt* ált és *sp* play; **jól ~ik** *(játékos)* play a good game (of), be* a good player; **~ik vkvel** (1) *sp* play (against) sy (2) *átv* play with sy; **egymás ellen ~anak** are playing against each other; **ma játsszák a döntőt** they are playing the final today; **minden az én kezemre ~ik** everything is* coming my way *(v.* falling into my hands) **2.** *vi/vt (előadóművész)* perform, play; *(színész)* play, perform, act; **filmen ~ik** play/ appear/act in a film/picture; **hangszeren ~ik** play an instrument; **fuvolán ~ik** play the flute; **Bartókot ~ik** play Bartók; **jól ~ik** *(művész)* play well, be* a good performer; *(színész)* be* a good actor, act well **3.** *vi (szerencsejátékban)* gamble; *(pénzben)* play (for money); **kicsiben ~ik** play for small stakes; **nagyban ~ik** play for high stakes; **miben játsszunk?** what shall we play for?; **életével ~ik** trifle with one's life, risk one's life; **fejével ~ik** risk one's head **4.** *vt* **bújócskát ~ik** play (at) hide--and-seek; **katonásdit ~ik** play (at) soldiers **5.** *vt (szerepet színész)* act, perform, play [a part]; **X Otellót játssza a Nemzetiben** X is playing/acting Othello at the National Theatre; **az Otellót játsszák** Othello is on (at the ... theatre); **most mit ~anak?** what's on (at present)? **6.** *vt (tettet)* play, act, pretend; **játssza az előkelőt** be* a snob **játszma** *n (sakk, kártya)* game; *(tenisz)* set; **a ~ elveszett** the game is up **játszód|ik** *v (cselekmény)* take* place (in), happen; **a történet Londonban ~ik** the story is* set in London

játszópajtás *n* playmate, playfellow **játszóruha** *n (gyermeké)* playsuit; *(kisgyermeké)* rompers *pl*, crawlers *pl* **játszótárs** *n* playmate, playfellow **játszótér** *n* playground, playing field **játszva** *adv (könnyen)* easily, with (the greatest) ease, with the greatest (of) ease, without the slightest effort; **~ győz** have* an easy win, win* hands down **jatt** *n* □ *(borravaló)* tip; **~ot ad** slip sy [money] **jattol** *v* □ **1.** *(kezet fog)* shake hands **2.** *(borravalót ad)* slip sy [money] **java** I. *a* best; **~ korában van** be* in the prime of life; **vmnek a ~ része** the better/best/greater part of sg, the bulk of sg II. *n* **1.** *(embereknek)* pick (of men), élite **2. vmnek a ~** the best part *(v.* the best) of sg, the cream of sg; **a ~ még hátra van** the best is yet to come; **férfi a javából** a man's man; **kenyere ~t megette** he is past his prime **3.** *(üdve)* good, benefit, advantage; **vknek a ~t akarja** mean* well by sy; **a ~dat akarom** it is* for your own good ⇨ **javában, javára** **Jáva** *n* Java **javában** *adv* at its height; **~ csinál vmt** be* busy doing sg; **még ~ áll/folyik** it is still going strong; **már ~ alszik** (s)he's (already) fast asleep **javadalmaz** *v* pay* **javadalmazás** *n* ált allowance, grant; *(hivatalnoké)* salary, payment **javadalom** *n* **1.** *(fizetés)* salary, pay **2.** *(papi, tört)* benefice **javak** *n pl* goods, possessions **javakorabeli** *a (élete delén)* in the prime of (one's) life *ut.* **javall** *v* suggest, advise **javára** *adv* **1.** for the good/benefit of, to the advantage/benefit of, to sy's advantage; **a ~ közösség** ~ for the benefit/welfare of the community; **~ ír** *ker* credit sy with; **számlája ~ írták az összeget** the sum/money has been credited to his/her account; **~ válik/szolgál** do* sy good, be* good for sy, benefit sy **2.** *sp* **3:1 a Fradi ~** 3-1 to F., F. has won 3-1 *(kimondva:* three-one); **egy null(a) a javadra** one up to you; **szabadrúgás a Fradi ~** a free kick for Fradi **javarészben** *adv* = **jórészt** **javasasszony** *n* wise-woman° **javaslat** *n* proposal, suggestion, proposition; *(ülésen)* motion; **~ot tesz** put* foward a proposal (for sg), propose a/the motion (that); **~ot elfogad** carry/adopt a motion

javaslattevő *n* proposer, mover
javasol *v* **1.** *ált* propose, suggest, recommend, put* forward (*v.* make*) a proposal/ suggestion, advise; *(tervet, megoldást)* put* forward, suggest; *vkt vmre* propose, nominate, put* forward (for); *(ülésen)* move; **azt ~ta, hogy** (s)he proposed/suggested that; **Elnök úr!** ~**om, hogy** Mr Chairman, I move that . . .; **őt** ~**ták az állásra** he was proposed for the post/position **2.** *(törvényjavaslatot)* bring* in [a bill], *GB* table [a bill] ⇨ **indítványoz**
javít *v* **1.** *(tárgyat)* mend, repair, *US* fix; *(épületet)* restore [a building] **2.** *átv* better, improve; *(hibát, tévedést)* correct; *(dolgozatot tanár)* mark [an exercise]; ~ **(anyagi) helyzetén** better oneself (*v.* one's circumstances); ~**ott földrajzból** he has improved his marks (*US* grade) in geography **3.** *(rekordot)* break*, better [record]
javítás *n* **1.** *(tárgyé)* mending, repairing, repairs *pl*, *US* fixing; ~ **alatt** under repair **2.** *átv* improvement, bettering, betterment; *(hibáé, tévedésé)* corecting, correction
javítási *a* ~ **munkák** repairs
javítgat *v* correct, touch up
javíthatatlan *a* **1.** *(tárgy)* irreparable **2.** *(ember)* incorrigible; *biz* hopeless; *(erkölcsi hiba)* incurable
javítható *a (tárgy)* reparable
javítóintézet *n GB* approved school, Borstal, *US* reformatory, reform school
javítóműhely *n* garage, *(főleg US)* service station, *(így is)* workshop
javító-nevelő *a* ~ **intézet** *GB* youth custody centre; *(korábban)* Borstal *v.* borstal; ~ **munka** corrective training, *GB* Borstal (-training); **egyévi** ~ **munkára ítélték** he was sentenced to a year's Borstal(-training) (*v.* borstal)
javított *a* improved; *(szöveg)* emended; ~ **és bővített kiadás** revised and enlarged edition; ~ **utánnyomás** revised reprint
javítóvizsga *n* repeat exam/examination; ~**t tesz** retake* an exam/examination
jávorfa *n* = **juharfa**
jávorszarvas *n (amerikai)* moose; *(európai)* elk
javul *v ált* improve, get*/become* better; *(egészségileg)* be* getting better, improve in health; *(idő, körülmény)* change for the better
javulás *n* improvement, advance, upturn, upswing; *(nemzetközi helyzeté)* improvement; **határozott** ~ distinct improvement ⇨ **jobbulás**

javulóban van *a* be* improving
jázmin *n* jasmine
jazz *n* = **dzsessz**
jé *int* wow!; *GB* gosh!; *US* gee!
jég *n* **1.** ice; **a** ~ **hátán is megél** he's got his wits about him, he can always manage; **megtöri a jeget** break* the ice; *átv* **és ezzel megtört a** ~ after that the ice was broken; ~**gé fagy** freeze* solid; ~**be hűt** put* on ice, ice; ~**be hűtött** iced, ice-cooled, on ice *ut.* **2.** *(eső)* hail; ~ **esik** it hails, *(most)* it's hailing
jégárpa *n* stye, chalazion
jégcsap *n* icicle
jegecesed|ik *v* become* crystallized
jegel *v* put* on ice, ice; *orv* put* on an ice pack
jegelés *n orv* ice pack
jegelt *a* iced, on ice *ut.*
jegenye(fa) *n* poplar
jegenyefenyő *n* fir(-tree), silver fir
jegenyés *n* poplar wood/forest
jegenyesor *n* avenue of poplars
jéger (alsóruha), jégeralsó *n* thermal/ woollen underwear; *(felső rész)* thermal top/vest; **jéger alsónadrág** thermal/woollen (under-)pants *pl*
jeges I. *a* **1.** *konkr* iced, icy; *(jéghideg)* cold as ice *ut.*; *(halmazállapotú)* glacial; ~ **borogatás** ice pack **2.** = **jégbe hűtött 3.** *(fogadtatás)* chilly, frosty, icy [welcome, reception] **II.** *n iceman°*
jegesed|ik *v* freeze* over, turn to ice
jegeskávé *n* iced coffee
jegesmedve *n* polar bear
jégeső *n* hail; *(egy szem)* hailstone; ~ **esik** it is hailing
Jeges-tenger *n* → **Északi-, Déli-**
jégfelhő *n* hail-cloud
jéggyár *n* ice factory
jéghártya *n (pocsolyán)* cat-ice
jéghegy *n* iceberg; **de ez csak a** ~ **csúcsa** but this is only the tip of the iceberg
jéghideg *a* **1.** *konkr* ice-cold, icy, cold as ice *ut.* **2.** *átv* chilly, icy, frosty
jéghoki *n* = **jégkorong**
jéghokibot *n* ice-hockey stick
jégkár *n* damage caused by hail, damage from hail
jégkárosult *n* ⟨person who has suffered damage from hail⟩
jégkéreg *n* covering/layer of ice
jégkocka *n* ice cube; ~**val (felszolgálva)** on the rocks
jégkockatál *n* ice tray
jégkor *n* = **jégkorszak**

jégkori *a* glacial

jégkorong *n* **1.** *(játék)* ice hockey **2.** *(maga a korong)* puck

jégkorszak *n* ice-age, glacial period

jégkrém *n* ice lolly

jégmadár *n* kingfisher

jégmentesítő *n* de-icer

jégmező *n* ice-field, glacier

jégpálya *n* skating rink; *(fedett mű)* ice-rink

jégpáncél *n* thick ice

jégréteg *n* layer of ice

jégrevü *n* ice-show

jégsport *n* winter/ice sport(s)

jégszeg *n* crampon, calk

jégszekrény *n* *(jéggel hűtő)* icebox; *(villamos)* refrigerator; *biz* fridge, *US* icebox

jégszem *n* hail-stone

jégtábla *n* **1.** *(tengeren)* ice-floe **2.** *(jégszekrényben)* block of ice

jégtakaró *n* ice sheet/cover(ing)

jégtánc *n* ice dancing

jégtelenít *v* *(pl. szélvédőt)* de-ice; *(hűtőszekrényt)* defrost

jégtelenítő *n* *(spray)* de-icer

jégtorlasz *n* ice-pack/barrier; *(úszó)* pack-ice

jégtömb *n* block of ice

jégtömlő *n* ice bag/pack

jégverem *n* ice-pit, ice house

jégverés *n* hailstorm

jégvirág *n* *(ablakon)* frost-work

jégvitorlás *n* ice-boat/yacht

jégzajlás *n* breaking up *(v.* break-up*)* of ice, ice drift

jégzokni *n* ski socks *pl*

jegy *n* **1.** *(közlekedési, színház- stb.)* ticket; ~**et vált/vesz** *(vasúton)* buy*/book a ticket *(vhová* to, for); *szính* book a seat; ~**ek válthatók 10-20 óráig** *(pl. színházba, moziba)* tickets on sale from 10 a.m. to 8 p.m.; **a** ~**eket kérem!** *(járművön)* tickets please!; ~**eket kezel** look at the tickets **2.** *(élelmiszer)* ration book/card; ~**re ad vmt** ration sg, sg is rationed *(v.* on ration); ~**re adják a cukrot** sugar is rationed *(v.* on ration) **3.** *(ismertetőjel)* (distinguishing) mark, characteristic, (distinctive) feature; *(jel)* sign, token; *(beleégetett)* brand; *(gyártási)* trade-mark; **vmnek a** ~**ében** in the spirit of sg, [think*] in terms of sg **4.** *isk* mark, *US* grade; **jó** ~**eket kapott** (s)he got high marks *(US* grades) **5.** *ir* † ~**et vált vkvel** become*/get* engaged to sy; ~**ben jár vkvel** be* engaged to sy; ~**ben járnak** they are* engaged

jegyárusítás *n* booking (of tickets); ~ **10- -20 óráig** tickets on sale from 10 a.m. to 8 p.m.

jegycsalás *n* ticket fraud, *biz* fiddling

jegyellenőr *n* ticket collector/inspector

jegyellenőrzés *n* checking/inspection of tickets

jegyelővétel *n* advance booking

jegyes[1] *a* *(jegyre kapható)* rationed

jegyes[2] *n* *(férfi)* fiancé; *(nő)* fiancée

jegyespár *n* engaged couple; *(az esküvőn)* the bride and groom

jegy- és poggyászkezelés *n* *(helye reptéren)* check-in (counter); **a** ~**t 12.30-ig be kell fejezni** you have to check in by 12.30

jegyesség *n* engagement

jegyez 1. *vt/vi* *(ír)* make*/take* notes (of sg), note/write* down; *(gyorsírással)* take* down; **jegyzi a(z) pontokat/eredményt** keep* the score **2.** *vt ker* *(céget)* sign (the firm) **3.** *vt pénz* *(kölcsönt)* subscribe to [a loan]; *(részvényt)* underwrite* [shares], subscribe for [shares]; **hogy jegyzik a fontot?** what is the (ex)change rate of the pound?; **jegyzik a tőzsdén** be* quoted on the Stock Exchange (at . . . p)

jegyfüzet *n* book of tickets; *(élelmiszeré)* ration book

jegygyűrű *n* *(esküvő előtt)* engagement ring; *(utána)* wedding ring

jegyiroda *n* booking/ticket office/agency

jegykiadás *n* issue of tickets; *(felirat)* booking/box-office

jegypénztár *n* ált ticket office; *(főleg vasút)* booking-office, ticket office; *szính* box-office

jegypénztáros *n* booking clerk

jegyrendelés *n* (advance) booking

jegyrendszer *n* rationing

jegyszedő *n* szính usher, attendant; *(nő)* usherette; *vasút* ticket collector

jegyszelvény *n* ticket) stub

jegyüzér *n* ticket tout, *US* scalper

jegyváltás *n* **1.** *vasút* booking (tickets); *szính* booking (seats) **2.** *(jegyeseké)* † engagement, betrothal

jegyzék *n* **1.** *(áruké)* list [of articles/goods], inventory, specification; *(számlát helyettesítő árujegyzék)* invoice; *(könyvekről)* catalogue *(US* -log), list, inventory; *(csak személyekről)* list, *(névsor)* roll; *(választókról)* register; **fizetési** ~ pay-sheet,. payroll; ~**be vesz** register, inventory, list **2.** *(diplomáciai)* (diplomatic) note, memorandum *(pl* -da *v.* -dums); ~**et intéz vkhez** address/ hand a note (to); ~**et vált** exchange notes

jegyzékváltás *n* exchange of (diplomatic) notes [between two governments]

jegyzés *n* **1.** *(előadásé)* taking/making notes (of) **2.** *(kölcsöné)* underwriting (of a loan)

jegyzet *n* **1.** *(feljegyzés)* note, jotting; ~**ek nélkül beszél** speak* without a note *(v.* notes), talk from memory; ~**ek alapján ad elő** speak* from notes; ~**(ek)et készít (vmről)** make*/take* notes (of sg); *(jegyzetfüzetben)* keep* a notebook on sg **2.** *(könyvben)* note, *(lapalji)* footnote; *(magyarázó)* annotation; ~**ek** *(könyv végén)* Notes; ~**ekkel ellátott kiadás** annotated edition **3.** *(egyetemi)* lecture notes *pl*

jegyzetblokk *n* = **jegyzettömb**

jegyzetel *v* make*/take* notes *(vmt* of sg); ~ **az előadáson** take* notes in the lecture

jegyzetelés *n* = **jegyzetkészítés**

jegyzetfüzet *n* notebook

jegyzetkészítés *n* making/taking (of) notes

jegyzettömb *n* (scratch-)pad, memo pad/ block

jegyző *n* **1.** *(városi)* town-clerk **2.** *(bírósági)* clerk (of the Court) **3.** *(ülésen)* keeper/writer of the minutes, recorder, minutes/recording secretary

jegyzőkönyv *n* *(ülésen, tárgyaláson)* minutes *pl* [of a meeting]; *(diplomáciai)* protocol; *(rendőré)* police record; ~**be foglal/vesz vmt** *(ülésen)* enter/record sg in the minutes; *(bíróságon)* record sg, take* sg down (on record *v.* in evidence), place/put* sg on (the) record; ~**et felvesz/készít** *(ülésen stb.)* take* (down) the minutes; *(bíróságon stb.)* vmről* record sg, place sg on record, draw* up a record of sg; *(rendőrségen)* take* a/the statement down, take* sg down (on record); ~**et vezet** keep*/take* the minutes [of a meeting]

jegyzőkönyvez *v* = **jegyzőkönyv**be foglal, **jegyzőkönyv**et vezet

jegyzőkönyvvezető *n* = **jegyző 3.**

jel *n* **1.** *ált* sign, mark, stamp; *(betegségé)* symptom, trace; *(vmre utaló)* indication; *(bizonyíték)* token, mark; **minden** ~ **arra mutat, hogy** all the signs are that, everything points to ..., all indications are that ..., to all appearances ...; **minden** ~ **szerint** according to all indications, there is every indication (that); ~**ét adja vmnek** give* evidence of sg, manifest sg; ~**éül annak, hogy** as a proof that, as a sign/token of ...; **szeretetem** ~**éül** as a token/mark of my affection **2.** *mat, vegy* symbol, sign; **a többes szám** ~**e** the plural marker/affix **3.** *(figyelmeztető)* signal, sign; ~**t ad** give*

a/the signal, signal *(US* -l), make* a sign **4.** *nyelvt* **(nyelvi)** ~ (linguistic) sign **5.** *el* signal **6.** *(előjel)* sign, omen, augury

jeladás *n* signal(ling) *(US* -l-)

jelbeszéd *n* sign language

jelel *v* *(süketnéma)* tell* sy sg by sign language

jelelés *n* *(süketnémáé)* sign language

jelen I. *a* present; **a** ~ **esetben** in the present case, in this particular case; ~ **idejű melléknévi igenév** present participle; ~ **idő** present tense, the present; **a** ~ **levél** the present *(v.* this) letter; **a** ~ **pillanatban** at present, for the moment; **a** ~ **szerző** the present writer; **a** ~ **ügy** the case at issue **II.** *n* **1.** (the) present, today, the present time **2.** *nyelvt* = **jelen idő III.** *adv* ~ **van** be* present, attend (sg); *(tanúként)* witness (sg); **a** ~ **levő tagok** the members present, those present; **nincs** ~ be* absent **IV.** *int* here!, present!

jelenés *n* **1.** *(kísértet)* apparition, vision **2.** *szính* † scene, entrance **3.** *bibl* **J**~**ek könyve** Revelation(s), the Apocalypse

jelenet *n* scene; **rövid** ~ *(filmből)* a short excerpt (from); ~**(ek)et csinál/rendez** make* a scene, make* scenes, *(hisztizik)* create, throw* a fit

jelenkor *n* the present (time), our age

jelenkori *a* contemporary, modern, of today *ut.*

jelenleg *adv* at present, for the time being, now, for the moment

jelenlegi *a* present; *(mai)* present-day; **a** ~ **helyzetben** in/under the circumstances

jelenlét *n* presence, attendance; **vk** ~**ében** in the presence of sy, with sy present

jelenléti *a* (of) presence; ~ **ív** *(gyűlésen)* attendance list/sheet; *(munkahelyen)* time sheet

jelenlevő I. *a* present *ut.* **II.** *n* person present; **a** ~**k** those present; **a** ~**k száma 2000** an attendance of 2,000

jelenség *n* **1.** *(előfordulás)* occurrence, incident **2.** *(tünet)* phenomenon *(pl* -mena), symptom

jelent *v* **1.** *(közöl)* report (sg to sy), announce (sg to sy), notify (sy of sg), let* sy know (about/of sg); **a főhadiszállás** ~**i** G.H.Q. announces/reports that; **Chicagóból** ~**ik** it is reported from Chicago; **kiküldött tudósítónk** ~**i Londonból** from our special correspondent in London; ~**i a balesetet** report the accident [to the police]; **beteget** ~ report sick **2.** *(vm jelentése van)* mean*, signify, indicate, denote, have* the meaning (of), be* equivalent (to); **(ez) mit** ~? what does it (*v.* this word) mean?, what is the meaning of this (word)?; **mit ~ ez a francia szó?** what does this French word mean?; **mit ~ ez a vers?** what is the meaning of this poem?; **ez annyit ~, hogy várnunk kell egy órát** this means waiting for an hour; **mit ~ ez anyagilag?** how much is this going to cost (in terms of cash)?, what is this going to mean/involve in financial terms?; **nem ~ semmit** it does not mean anything, it is of no significance; **mit ~sen ez?** what do you mean by this?, what's the meaning of this?

jelentékeny *a* important, significant, considerable; ~ **ember** person of distinction/note, important person; ~ **mértékben** considerably; ~ **összeg** considerable amount

jelentéktelen *a* unimportant, insignificant, of no importance/consequence account *ut.*; ~ **ember/alak** nobody, nonentity, *elít* pipsqueak; ~ **összeg** a trifling sum

jelentés *n* **1.** *(közlés)* report *(vmről* on), account, announcement, information; *(hivatalos)* official statement/report/announcement, communiqué; *(fontos személy egészségi állapotáról)* bulletin; *(mint cselekedet)* reporting; ~**t tesz vmről** report sg, make* a report (on sg), give* an account of sg; *(az eddig végzettekről, az ügy állásáról)* report progress, make* a progress report (on sg) **2.** *(szóé)* meaning, sense; **eredeti** ~ literal/original sense; **minden egyes** ~ each sense; **(a szó) különféle** ~**ei** the different meanings [of the word]

jelentésárnyalat *n* shade/nuance of meaning

jelentésátvitel *n* figurative use, transfer(ence) of meaning, metonymy

jelentésbeli *a* semantic, denotational

jelentésbővülés *n* widening/expansion of meaning, extension

jelentésszűkülés *n* narrowing/restriction of meaning

jelentéstagolás *n* meaning discrimination

jelentéstan *n* semantics *sing.*

jelentéstani *a* semantic

jelentéstartalom *n* semantic content

jelentéstétel *n* report(ing)

jelentéstevő *n* reporter

jelentésű *a* **x** ~ with/in/having the meaning x, in the sense of x

jelentésváltozás *n* change of meaning, semantic change; ~**on megy át** undergo* a change of/in meaning

jelentésváltozat *n* variant meaning, semantic variant; **a különféle** ~**ok** the different meanings

jelentkezés *n* **1.** *vké* reporting, presenting oneself; *(vhol)* registering (for); *(reptéren)* check-in **2.** *(betegségé)* manifestation, first symptoms *pl* **3.** *(vmre)* application (for sg)

jelentkezési *a* ~ **határidő** (1) *(pályázatra stb.)* closing date (2) *(reptéren)* check-in time; ~ **lap** application form

jelentkez|ik *v* **1.** *vk* present oneself, report, make* one's appearance; *(vknél)* call on (sy); *(állásra)* apply for [a job]; *kat* report oneself (to sy); *(hivatalnál)* report (to); *(munkára)* report [for work]; *(munkaközvetítőnél)* register [for work at the employment agency]; *(reptéren)* check in; *(bűnös a rendőrségen)* give* oneself up; *(tagnak)* apply for [admission to]; *(vizsgára)* enter for, sit* (for), present oneself for [examination]; **önként** ~**ik** (1) *(vmt tenni)* volunteer for sg (*v.* to do sg) (2) *(bűnös)* give* oneself up; ~**ik vmre** send*/hand in one's application for sg, apply for sg, put* in for sg; **angol nyelvtanfolyamra** ~**ik** register as a student on the English course **2.** *(betegség)* break* out, manifest itself; *(nehézség)* arise*

jelentkező *n* *(állásra)* candidate, applicant [for a post]; *(vizsgára)* candidate [for an exam]; **egyetemi felvételre** ~**k** university applicants

jelentő *a* **1.** *(jelentést tevő)* reporting **2.** *nyelvt* ~ **mód** indicative (mood) **3. sokat** ~ **pillantás** a meaning(ful) look

jelentőlap *n (lakás)* registration form

jelentős *a* **1.** *(jelentéssel bíró)* full of meaning *ut.*, meaningful **2.** = **jelentékeny**

jelentőség *n* importance, significance; **nincs** ~**e** be* of no importance/significance; **nagy** ~**ű** = **jelentőségteljes**

jelentőségteljes *a* (very/most) significant, of great/considerable importance *ut.*

jelenvolt *n* **a** ~**ak** those present

jeles **I.** *a* **1.** *isk* excellent, very good, eminent; ~ **rendű** eminent, excellent; ~ **(rendű) tanuló** outstanding pupil, pupil who passes with distinction **2.** *(nevezetes)* excellent, famous, illustrious **II.** *n (osztályzat)* very good (mark), excellent, *US* A; ~**t kap,** ~**re felel** get* a very good (mark), get* top marks, be* given a very good, *US* be* given an A

jelesked|ik *v* excel/shine* in sg, distinguish oneself in/at sg

jelez *v* **1.** *(jelt ad)* signal (*US* -l), make* a signal, give* signals **2.** *(mutat)* indicate,

show*; **a tábla azt jelzi, hogy** the sign *i*ndicates that; **a piros fény az áthaladás tilalmát jelzi** the red light *i*ndicates that it is forb*i*dden to cross (the road); **előre** ~ **give*** n*o*tice, n*o*tify (in adv*a*nce), ann*ou*nce; **az óra jelzi az időt** the clock tells the time **3. jelzem, már el is késtünk** mind you, we are alr*ea*dy late
jelfogó *n el* r*e*lay
jelige *n* **1.** *(jelszó, -mondat)* m*o*tto, sl*o*gan, catchword **2. választ „Október" jeligére kérek** repl*ie*s/*o*ffers should be marked "Okt*ó*ber"
jeligés *a (jeligéjű)* b*ea*ring a code-name *ut.*; **„** ~ **válaszokat várunk"** *(hirdetéseknél) kb.* write/repl*y* (to) Box (No.) 99
jelkép *n* s*y*mbol, *e*mblem
jelképes *a* symb*o*lic, emblem*a*tic; ~ **en** symb*o*lically
jelképez *v* s*y*mbolize, repres*e*nt symbolically/alleg*o*rically
jelkulcs *n* key (to signs), code, c*i*pher; *(térképen)* legend
jelleg *n* ch*a*racter, type, n*a*ture, qu*a*lity; **más a** ~ **e** it is d*i*fferent in ch*a*racter/n*a*ture
jellegtelen *a* charact*e*rless
jellegű *a* of ... character/n*a*ture *ut.*; **összet** -like, (-)style; **műemlék** ~ **épület** hist*o*ric b*ui*lding; **azonos** ~ of the same *o*rder/type *ut.*; **helyi** ~ l*o*cal; **katonai** ~ m*i*litary style; **táj** ~ **borok** l*o*cal wines, wines of the region
jellegzetes *a* t*y*pical, character*i*stic; ~ **en** t*y*pically, character*i*stically; ~ **en amerikai szó/kifejezés** Americanism
jellegzetesség *n (vonás)* character*i*stic, (character*i*stic) f*ea*ture, peculiarity
jellem *n* (pers*o*nal) ch*a*racter, person*a*lity; **erős** ~ **man°** of (strong) ch*a*racter; **gyenge** ~ (man°) of weak ch*a*racter
jellemábrázolás *n* portr*a*yal/dep*i*ction of ch*a*racter
jellemes *a* of strong ch*a*racter *ut.*; ~ **ember** man° of ch*a*racter/pr*i*nciple
jellemez *v* **1.** *vkt* ch*a*racterize (sy), draw* sy's ch*a*racter/pr*o*file, descr*i*be (sy); *(író, festő)* portr*a*y; ~ **te az esetet** he outl*i*ned the case **2.** *(egy vonás vkt)* be* char*a*cteristic of (sy), char*a*cterize (sy)
jellemfestés *n* = **jellemábrázolás**
jellemgyengeség *n* f*o*ible, w*ea*kness (of ch*a*racter)
jellemhiba *n* fault of ch*a*racter, a weak spot (in one's ch*a*racter), f*ai*ling
jellemkép *n* ch*a*racter sketch, p*o*rtrait, pr*o*file

jellemkomikum *n* h*u*mour *(US* -or) of the ch*a*racter
jellemrajz *n* ch*a*racter st*u*dy/sketch, p*o*rtrait, pr*o*file
jellemszilárdság *n* strength of ch*a*racter, int*e*grity
jellemtelen *a* unscr*u*pulous, dish*o*nest
jellemtelenség *n* unscr*u*pulousness, lack of scr*u*ple, dish*o*nesty
jellemű *a* of ... character *ut.*
jellemvonás *n* character*i*stic, f*ea*ture, trait
jellemzés *n* **1.** character*i*zation, descr*i*ption of ch*a*racter, ch*a*racter-drawing **2.** *(vkről munkavállalásnál, csak GB)* character (of sy), reference; ~ **t ad vkről** *(csak GB)* write*/give* a character of sy, give* a reference of sy
jellemző I. *a vkre* character*i*stic/t*y*pical of sy; *vmre* pec*u*liar to sg, t*y*pical of sg; **ez** ~ **rád!** that's t*y*pical (of you)!, just like you!; ~ **módon** character*i*stically; ~ **jegy** character*i*stic f*ea*ture; ~ **sajátság/tulajdonság** character*i*stic qu*a*lity, (character*i*stic) f*ea*ture; *(igével)* mark sy/sg; ~ **vonás** character*i*stic, (character*i*stic) f*ea*ture, peculiarity; *(főleg vké)* trait **II.** *n* = ~ **vonás**
jelmagyarázat *n* signs and abbreviations *pl*, key (to signs); *(térképen)* legend
jelmez *n szính stb.* costume; *(jelmezbálon)* fancy dress
jelmezbál *n* fancy-dress ball
jelmezes *a* ~ **főpróba** dress reh*ea*rsal; ~ **(szín)darab** costume piece/dr*a*ma
jelmezkölcsönző *n* fancy dress hire
jelmondat *n* m*o*tto; *(pol, reklám)* slogan
jelöl *v* **1.** *vmt vmvel* mark/*i*ndicate (sg with sg); *(jelez)* *i*ndicate, show*, point to **2.** *(állásra)* propose as [candidate], n*o*minate (for); **elnökségre** ~ **ték** he has been n*o*minated for pr*e*sident *(v.* for the pr*e*sidency)
jelölés *n* **1.** *vmvel* m*a*rking, design*a*tion **2.** *(a jel)* mark; *(jelrendszer)* not*a*tion **3.** *(állásra, tisztségre stb.)* nomin*a*tion, prop*o*sal
jelölési mód, jelölésmód *n* not*a*tion
jelöletlen *n nyelvt* unm*a*rked
jelölő *a nyelvt* sign*i*fier, sign*i*fiant
jelölt I. *a* m*a*rked **II.** *n* **1.** *(személy tisztségre, vizsgára)* c*a*ndidate (for); *(csak tisztségre, állásra)* nominee **2.** *nyelvt* sign*i*fied
jelölteti magát *v* stand* for [*e*lection etc.]
jelöltség *n* c*a*ndidature, c*a*ndidacy
jelrendszer *n (jelölési rendszer)* (system of) not*a*tion; *(jelek rendszere)* system of signs; *(titkos)* code; ~ **t megfejt** dec*o*de, dec*i*pher a code

jelszó n *(párté)* slogan, watchword; *kat* password; **kiadták a ~t** they adopted the slogan

jelvény n *(kitűzhető)* badge

jelzálog n mortgage; **~gal terhel** mortgage

jelzáloghitel n mortgage (credit)

jelzálogkölcsön n mortgage (loan); **~t vesz fel** raise a mortgage [on one's house]

jelzés n **1.** *(megjelölés)* marking, stamping, labelling *(US* -l-); *(a jel)* mark, stamp; *ker* brand, label; *(aktán)* (classification) mark; *(turista)* blaze, trail; **a sárga ~ mentén halad** follow the yellow blaze/trail (to) **2.** *(jeladás művelete)* signalling *(US* -l-); *(figyelmeztető)* warning; *(amit észlelünk)* signal; **közúti ~ek** traffic signs and signals; **piros ~** red (light); **a sárga/piros ~ van érvényben** there is a yellow/red alert; **~t ad, megadja a ~t** give* a/the signal (for), signal *(US* -l) sg, indicate sg

jelzet n *(könyvtári)* pressmark, shelfmark

jelzett a **1.** *(tárgy)* marked, stamped; **~ út** (marked) trail **2.** *(könyvben)* above-mentioned, mentioned (above) *ut.,* indicated *ut.;* **a ~ időben** at the appointed hour/time **3. ~ szó** *nyelvt* word qualified by an adjective

jelző n *nyelvt* attribute; *(díszítő)* epithet

jelzőberendezés n signalling *(US* -l-) equipment/device/system; *(műszer)* indicator

jelzőfény n beacon; *(reptéri)* ground-lights *pl*

jelzői a attributive; **~ használatban** (used) attributively; *(így is)* (used) as modifier; **~ mellékmondat** attributive clause

jelzőkészülék n = **jelzőberendezés**

jelzőlámpa n *(forgalmi)* traffic lights *pl*, traffic light/signal, *US* stop-light; **nyomógombos ~** *(gyalogosoknak)* push-button operated signal (for pedestrians)

jelzőoszlop n signpost

jelzőőr n signalman°

jelzőrendszer n *biol* signalling *(US* -l-)

jelzős a **~ szerkezet** adjectival/attributive construction

jelzőszám n index number

jelzőtábla n *(közúti)* (road/traffic) sign; *(tilalmi)* signs giving orders *pl*; *(veszélyt jelző)* warning signs *pl*; *(tájékoztatást adó)* information signs *pl*; *(utasítást adó)* mandatory signs *pl*; *(feloldó)* end of [speed limit, prohibition etc.]

jelzőtárcsa n *(vasút)* target

jelzőtűz n beacon (light)

Jemen n Yemen

jemeni a Yemenite

jénai a **~ tál** *kb.* Pyrex dish/bowl

jenki n Yankee

Jenő n Eugene

jérce n pullet

jersey n jersey

Jézus n Jesus; **~ Krisztus** Jesus Christ

Jézuska n **mit hozott a ~?** what did you get for Christmas?

jezsuita I. a Jesuit, Jesuitic(al) **II.** n Jesuit

jiddis n/a Yiddish

jó I. a **1.** ált good; *(alkalmas, célszerű)* fit, suitable, proper; *(befektetés)* profitable, advantageous [investment]; *(ember)* upright, good, honest; *(érvényes)* valid *(időtartamig:* for three months etc.; *időpontig:* until January 1985 etc.); *(föld)* fertile [soil]; *(íz)* nice, pleasing, delicious [taste]; *(levegő)* fresh [air]; *(munkaerő)* efficient; painstaking; *(tanuló)* diligent, industrious [pupil, student]; **ez (a ruha stb.) nem ~ rám** it doesn't fit me; **(ez) ~ lesz** that'll do, that'll be fine; **~ dolga van, ~ neki** *(anyagilag)* be* well off; *(jól bánnak vele)* (s)he is (being) treated well; **~ eszű/fejű** intelligent, clever, bright; **~ gondolat/ötlet** a good idea, a happy thought; **~ hangulat** (1) *(emberé, társaságé)* good spirits *pl* (2) *(helyiségé)* good atmosphere; **~ lenne, ha** it would be good if; **~ hírű = ~ nevű;** **~ minőségű** good quality, first-rate; **~ modorú** well-mannered; *kif* have* good manners; **~ munkát végez** make* a good job of it; **~ napot (kívánok)!** *(délig)* good morning!; *(délután)* good afternoon!; *(búcsúzáskor)* good-bye, *US* good-by; **~ nevű** famous, noted, well-known, *kif* have* a good reputation [as a doctor etc.]; **~ szándékú** well-intentioned, well-meaning, kindly; **~ szemmel néz** approve of; **nem ~ szemmel néz** disapprove of, doesn't like (sg/to); **~ színben van** look well; **~ szívvel** readily, heartily; **~ szívvel van vk iránt** be* well-disposed towards sy, be* friendly with sy; **~ útra tér** mend one's ways; **~ utat!** have a pleasant journey!, have a good trip!, bon voyage! **2.** *(vegyes kifejezésekben)* **~ vmre** be* of (some) use for sg, be* fit/good/suitable for sg; **mire ~?** what is it good for?; **ez arra ~, hogy** this is for..., this serves to ...; **még ~ ha ...** he should be contented/happy if...; **minden ~, ha ~ a vége** all's well that ends well; **~ vmben** *(vk)* be* good at sg; **légy ~!** be good!; **~ vknél** □ be* well in with sy

3. *(meglehetős, elég sok)* rather, pretty, fairly, very; ~ **adag** a great deal of; ~ **(egy)néhány** quite a few, a good many; ~ **ideig** for quite a time, a good while, (for) some time; ~ **ideje** a good while (ago), for a long while/time; ~ **nagy** pretty big, fairly large, considerable; ~ **sok** quite a lot, a good deal/many **4.** *(beleegyezés)* ~! (all) right!, okay!, OK!; **eljössz?** ~, **elmegyek** Will you come (along)? — All right (, I will) **II.** *n* **1.** *ált* good, good thing; ~**ban van vkvel** be* on good terms with sy; ~**ból is megárt a sok** enough is as good as a feast, too much is as bad as nothing at all; **ez már sok a** ~**ból** it's too much of a good thing, that's enough; ~**nak ígérkezik** it looks promising; ~**nak lát** find*/ deem sg advisable, think* sg proper/fit; **tegyen, amit** ~**nak lát** take what action you think fit, do as you think fit; ~**ra fordul** take* a turn (*v.* change) for the better; ~**t akar vknek** have* good intentions towards sy, mean* sy well; ~**t ígér** look/be* promising, bode well; **nem sok** ~**t ígér** bode ill; **csak** ~**t mondhatok róla** I have nothing but praise for him/her, I can only say nice things about him/her; ~**t tesz vkvel** do* good to sy, do* sy a good turn; ~**t tesz vknek** do* sy (a lot of) good; ~**t fog tenni** it will do you good; **nem tesz** ~**t vknek** *(éghajlat, étel, ital stb.)* sg doesn't agree with sy, sg disagrees with sy; **a bor nem tesz** ~**t nekem** wine doesn't agree with me; **minden** ~**t kívánok** (my) best wishes (to); *(születésnapra)* many happy returns; ~**t nevet vmn** laugh heartily at sg, *biz* have* a good laugh at sg; ~**val kecsegtet** bid* fair **2.** *(osztályzat)* good, *US* B; ~**ra felelt** (s)he got a "good", (s)he was given a "good" (*v. US* a B) ⇨ **este, jóval, kép, reggel, szem**

jóakarat *n* goodwill, benevolence; **megvan benne a** ~ (s)he is*/shows* willing, (s)he is* well-intentioned, his/her intentions are* good

jóakaratú *a* kindly/well-disposed, benevolent

jóakaró *n* well-wisher, patron, benefactor

jóban-rosszban *adv* for better or worse, through thick and thin

jobb[1] *a* **1.** *(a jó középfoka)* better *(vmnél* than); **annál** ~ all the better, so much the better; **erről** ~ **nem beszélni** the least/less said (about it,) the better; **vmvel** ~ **vmnél** a shade better than; ~ **vknél** *(pl. író)* be* better than; ~ **volna (ha)** it

would be better (to/if), one had better **2.** ~ **á tesz** improve (up)on, better; ~**nál** ~ better and better, one better than the other; ~**ra fordul(ás)** change for the better **3.** *(átlagon felüli)* ~ **iparos** a fine craftsman, a craftsman of a better sort; „**jobb**" **családból származik** be*/come* from a good family ⇨ **veréb**

jobb[2] *a/n (kéz, oldal stb.)* right [hand], right(-hand) [side]; ~ **kéz, vknek a** ~**ja** right hand; ~ **kéz felől** to the right, on one's right(-hand) side; ~ **kéz felőli** right-hand; *átv* **vknek a** ~**keze** sy's right hand, sy's right-hand man; ~ **oldal** (1) *ált* the right, the right-hand side (2) *(hajóé)* starboard; **a** ~ **oldalon** on the right(-hand) side; **az út** ~ **oldalán** on the right-hand side of the road; ~ **oldali** right-hand; **Magyarországon** ~ **oldali közlekedés van** traffic in Hungary keeps to the right; ~ **parti** of the right bank *ut.*, right(-)bank; ~**ra,** ~ **felé** to(wards) the right, right; ~**ra hajt(s)!** keep (to the) right!; ~**ra kanyarodik** turn right; ~**ra kanyarodni tilos!** no right turn; ~**ra tolódik** veer/drift to(wards) the right; ~**ra át!** right turn!; ~**ra igazodj!** dress right!; ~**ra nézz!** eyes right!; ~**ra tart** keep* to the right; ~**ról,** ~ **felől** from the right; ~**ról balra** *(képen)* (from) right to left

jobbágy *n tört* serf, bond(s)man°, villein

jobbágyfelkelés *n tört* peasant revolt

jobbágyfelszabadítás *n tört* emancipation of serfs

jobbágymunka *n tört* serf labour (*US* -or), self work

jobbágyrendszer *n tört* serfdom

jobbágyság *n tört* **1.** *(intézmény)* serfdom, villeinage **2.** *(a jobbágyok)* serfs *pl*, villeins *pl*

jobbágytelek *n tört* land in villein tenure

jobban *adv* better; *(erősebben)* more, harder; ~ **van** be* better, be* feeling better; **egyre** ~ better and better; *(erősebben)* more and more; **sokkal** ~ much better; ~ **jársz ha ...** you would do better to ...; ~ **mondva** or rather, that is to say; ~ **szeret** *vmt vmnél (v. vmt tenni)* prefer sg to sg, prefer to do sg; ~ **tennéd, ha mennél** you'd better leave now

jobbára *adv* mostly, for the most part

jobbfajta *a* = **jobbféle**

jobbfedezet *n sp* right half°

jobbféle *a* of a better kind/sort *ut.*

jobbhátvéd *n sp* right back

jobbik *a/n* the better of the two; **a** ~ **énje** one's better half

jobbkezes *a* right-handed; ~ **ütés** right-
-hand stroke, right-hander
jobbkéz-szabály *n* priority to traffic from
the right, priority on the right, *US* yield to
traffic from the right
jobbkor *adv* soha ~! it could not have
come at a better time, just what was wanted/
needed
jobbközép *n* right centre (*US* -ter)
jobblábas *a* ~ cipő right-foot shoe; ~ lö-
vés right-foot kick
jobblétre szenderül *v* pass away/on, die
jobbmenetes *a* right-hand, right-handed
[screw, thread etc.]
jobbmódú *a* fairly well-off, better-off
jobboldal *n pol* the Right ⇨ **jobb**[2]
jobboldali I. *a pol* right(-wing), conser-
vative, rightist II. *n* right-winger, rightist ⇨
elhajlás
jobboldaliság *n* rightist attitude
jobboldalt *adv* = **jobbra**, **jobbról**
jobbos *a* 1. műsz closing/opening to the right
ut., right(-hand), right-handed [screw etc.]
2. *pol biz* rightist
jobbösszekötő *n sp* inside right
jobbpárt *n* the Right [in Parliament]
jobbratolódás *n pol* swing to the right
jobbszárny *n pol* right wing
jobbszélső *n sp* outside right, right-wing(s)
jobbulás *n* improvement, betterment, getting
better; ~t kívánok! get better quickly!, (I
wish you a) speedy recovery!
jócskán *adv* pretty much, considerably
jód *n* iodine
jódliz|ik *v* yodel (*US* -l)
jódos *a* iodous, iodized
jódoz *v* iodize; (jóddal ecsetel) paint with
iodine
jóérzés *n* goodwill, decency
jóérzésű *a* ~ ember a kind/tender-hearted
(*v.* decent) person
jófajta, -féle *a* first-rate, excellent, (of a)
good quality
jóformán *adv* practically, virtually, as good
as, so to speak
jog *n* 1. (rendszer) law; (tudomány) law,
jurisprudence; ~ot tanul read* law, be* a
student of law, *US* study law; ~ot végzett
(személy) graduate in law 2. vmhez right
(to), title (to); minden ~ fenntartva all
rights reserved; ~ szerint according to the
law, by right(s), de jure; emberi ~ok
human rights; ~a van vmhez have* the
right to (do) sg, be* entitled to sg, have* the
power to (do) sg; ~ában áll he is* free/
entitled (to), he has* the right/power (to); mi

~on? by what right?; vm(lyen) ~on,
vmnek a ~án by right of; saját ~án in
one's own right; ~ot formál vmre claim
sg, have* a claim on sg; ~gal rightly, with
good reason; ~gal kérdezhetjük it
would only be proper to ask/say/remark
jóga *n* yoga
jogalany *n* subject
jogalap *n* legal ground/title/cause, claim; ~
nélküli unjustified, groundless
jogállam *n* constitutional state; state under
the rule of law
jogállamiság *n* constitutionality
jogar *n* sceptre (*US* -ter)
jogász *n* 1. (ügyvéd) lawyer; *US* így is:
jurist; a ~ok the legal profession 2. (diák)
law student
jogászi *a* juristic(al), legal; ~ körökben in
legal circles
jogászkod|ik *v* 1. (jogi pályán működik)
practise (*US* -ce) law 2. = **jogot tanul**
jógáz|ik *v* practise (*US* -ce) yoga
jogbitorlás *n* usurpation of rights
jogbiztonság *n* legal security
jogbölcselet *n* philosophy of law
jogcím *n* (legal) title; azon a ~en by
right/virtue of, on/under the pretext of; mi-
lyen ~en? (up)on what grounds?, by what
right?; ~ nélküli illegal, unauthorized; ~
nélküli beköltöző squatter
jogdíj *n* royalties *pl*, royalty
jogdíjköteles *a* subject to royalties *ut.*
jogegyenlőség *n* equality before the law
jogellenes *a* unlawful, illegal, contrary to
the law *ut.*
jogelőd *n* legal predecessor
jogerő *n* ~re emelkedik become* ef-
fective/final/absolute, enter into effect
jogerős *a* legally binding, valid, final, non-
-appealable; ~ ítélet absolute/final
judg(e)ment; ~sé válik = jogerőre emel-
kedik
jogérvényes *a* legally valid
jogeset *n* (legal) case
jogfenntartás *n* legal reservation
jogfolytonosság *n* continuity of right, legal
continuity
jogforrás *n* source of law
jogfosztás *n* deprivation of civil rights
joggyakorlat *n* court/legal practice, practice
of the law
joghallgató *n* law student
joghatály *n* legal force
joghatóság *n* legal authority, judicial author-
ities *pl*, jurisdiction
joghurt *n* yog(h)urt

jogi *a* legal; ~ **doktor** Doctor of Laws (*röv.* LLD); ~ **kar** faculty/department of law; ~ **képviselő** legal representative, counsel, *US* attorney; ~ **nyelv(használat)** legal terminology; ~ **osztály** legal department; ~ **pályán van/működik** be* in the legal profession, be* a lawyer, practise (*US* -ce) law; ~ **szakértő** legal expert; ~ **szakszó/ szakkifejezés** legal term; ~ **személy** legal entity/person, body corporate, corporate body; ~ **személyiség** legal personality; ~ **tanácsadó** legal adviser; ~ **tanácsot kér** ask for (*v.* take*) legal advice

jogigény *n* legal claim; ~ **ét bejelenti vmre** lodge (*v.* put* in) a claim for sg

jogilag *adv* legally, by right

jogkör *n* sphere of authority, jurisdiction

jogkövetkezmény *n* legal consequence

jogorvoslat *n* legal remedy, relief; ~ **tal él** resort/go* to law, lodge an appeal, seek* redress

jogos *a* lawful, rightful, legitimate, legal; *(igény)* just [claim]; ~ **panasz/reklamáció** justified complaint; *kif* the complaint was upheld; **ez az ő** ~ **tulajdona** it belongs to him by right; ~ **an** rightly, by right, de jure; ~ **an jár el** act by right, be* in the right

jogosít *v* entitle (to), authorize (to); **egy/két stb. személy belépésére** ~ Admits one/two etc.

jogosítvány *n* **1.** *ált* licence (*US* -se) **2.** = **vezetői** *engedély*

jogosulatlan *a* unjustified, unauthorized, illegal

jogosult *a* entitled (to) *ut.*; *(illetékes)* authorized; ~ **vmre** be* (legally) entitled to sg

jogosultság *n* title, competence, power, authority

jogrend *n* law and order

jogrendszer *n* legal system

jogsegély *n (ingyenes)* (free) legal aid

jogsegélyszolgálat *n* legal advice service

jogsérelem *n* grievance

jogsértés *n* infringement of lawful rights

jogszabály *n* law, rule; **a** ~**oknak megfelelő** lawful, legal

jogszerű *a* lawful, legal; ~ **követelés/ igény** legal/just/equitable/legitimate claim (to sg); ~ **en** by right, according to law

jogszokás *n* legal custom, unwritten law

jogszolgáltatás *n* administration of justice, jurisdiction

jogtalan *a* unlawful, illegal, illegitimate, unauthorized, lawless; ~ **birtoklás** il-

legal/unlawful possession, usurpation; ~ **követelés** unjust/unreasonable claim; ~**ul** wrongfully; ~**ul jár el** act illegally/unlawfully

jogtalanság *n* illegality, wrong, unlawfulness

jogtanácsos *n* legal adviser, counsel; **vállalati** ~ company solicitor/lawyer

jogtiprás *n* crushing/defying the law

jogtörténet *n* legal history, history of law

jogtudomány *n* law, jurisprudence

jogtudományi *a* ~ **kar** faculty/department of law

jogtudós *n* (great) jurist

jogutód *n* legal successor

jogügy *n* (legal) case/matter

jogügyi *a* ~ **előadó** legal adviser; ~ **osztály** legal department/branch

jogügylet *n* legal transaction

jogvédelem *n* legal remedy/defence (*US* -se), legal protection

jogvédő *a* ~ **iroda** legal aid office; **szerzői** ~ **iroda** copyright office/agency/bureau

jogvégzett *a* graduate in law *ut.*

jogvesztés *n* loss of rights

jogviszony *n* legal relation(s)/relationship; ~**ban van vkvel** have* a contractual relationship with

jogvita *n* legal dispute/debate

jóhangzás *n* euphony, harmony

Johanna *n* Joan

jóhiszemű *a* **1.** *(ember)* well-meaning, honest; ~**en cselekszik** do* sg in good faith **2.** *(cselekedet)* well-meant/intentioned

jóhiszeműség *n* good faith, bona fides (*sing. v. pl)*, honest intentions *pl*

jóindulat *n* goodwill, benevolence; ~**tal van vk iránt** be* well-disposed towards sy, mean* well by sy

jóindulatú *a* **1.** *(ember)* well-meaning/disposed/intentioned, friendly, kind(ly) **2.** *(betegség)* benign [disease]; ~ **daganat** benign tumour (*US* -or)

jóízű *a* **1.** *(étel)* tasty, delicious; *(igével)* it tastes nice **2.** *(történet)* (highly) amusing, splendid

jóízűen *adv* ~ **eszik** eat* with relish, relish (sg); ~ **nevet** laugh heartily (at sg)

jókedv *n* high spirits *pl*, good humour (*US* -or), mirth, gaiety ⇨ **kedv**

jókedvű *a* cheerful, jolly, merry, in good/ high spirits *ut.*

jóképű *a* good-looking, handsome; *(igével)* have* good looks

jókívánság *n* best wishes *pl*; **születésnapi** ~**ok** [a card with] birthday greetings

jókor *adv* **1.** *(idejében)* in (good) time; **éppen** ~ just in time, at the right moment, in the nick of time **2.** *(korán)* early **3.** ~ **mondod!** *(= túl későn)* now you tell me!

jókora *a* considerable, sizeable, fair-sized, fairly large

jókötésű *a* strapping, well-built

jól *adv* **ált** well; *(helyesen)* properly, fairly; *(hibátlanul)* correctly, without a mistake **1.** *(igével)* ~ **áll** vknek suit sy; *(ruha)* fit sy well; **nem áll** ~ vknek does not suit sy; ~ **él** live a life of ease, be* in clover, live in style, be* comfortably off; ~ **élnek** (1) *(házastársak)* they get* on well together (2) *(anyagilag)* they live well; ~ **érzi magát** feel* (quite/pretty) well, be* well/fine, be* all right; **nem érzi** ~ **magát** feel*/be* unwell, be* under the weather; ~ **járt vele** vmvel it was* a good choice, he was* lucky with it; vkvel he was* lucky with her → **jár**; ~ **jön** vknek vm come* in useful/handy; ~ **megy** *(vállalkozás, ember boldogul)* thrive*, prosper, get* along/on; ~ **van** be*/feel* well, be* keeping well; **nincs** ~ be* unwell; ~ **vagy?** are you feeling well?, are you all right?; ~ **van!** (all) right, that's right, *US* OK **2.** *(melléknévvel)* ~ **értesült** well-informed; ~ **fésült** well-groomed; ~ **fizetett** highly-paid; ~ **ismert** well-known; ~ **menő** *(vállalkozás)* going [concern]; ~ **nevelt** well-bred/educated; *(igével)* know* how to behave; ~ **táplált** well-fed **3.** *(fokozást kifejező határozószóként)* ~ **megmondja neki a magáét** tell* sy off, give* sy a piece of one's mind

Jolán *n* Yolanda

jólelkű *a* kind-hearted, charitable, kind

jóles|ik *v* vknek vm be* pleased/flattered by (sg), sg gives* pleasure (to sy), be* agreeable (to sy); ~ **ett a vacsora** the dinner was delicious, *biz* the dinner went down a treat; **tégy, ahogy** ~ **ik** do as you please; ~ **ik ránézni** she is nice to look at

jóleső *a* pleasant, pleasing, agreeable; ~ **érzés** a good feeling

jólét *n* *(anyagi)* welfare, well-being; *(bőség)* wealth, plenty, abundance, prosperity; ~ **ben él** be* well off, live a life of ease, be* comfortably off, live like a lord, be* in clover

jóléti *a* welfare; ~ **állam** welfare state; ~ **erdő** recreational woodland(s)

jóllak|ik *v* eat* one's fill, have* enough; ~ **tál?** have you had enough?

jóllakott *a* full, satisfied

jóllehet *conj* (al)though, albeit

jóllét *n* *(egészség)* well-being

jól-rosszul *adv* anyhow, somehow or other

jómadár *a/n* *biz* a bad lot, ne'er-do-well; *(igével)* **elít** he's a fine one, he's a bad lot

jómagam *n* I myself

jómód *n* wealth, plenty, abundance, prosperity; ~ **ban él** = **jólétben él**

jómódú *a* well-to-do, wealthy, well-off, better-off, prosperous, affluent; *kif* be* well off; ~ **családból jött** came from affluent backgrounds

jón *tört* **I.** *a/n* *(nép)* Ionian **II.** *a* épít Ionic

Jónás *n* Jonah

jonatánalma *n* Jonathan (apple)

jópofa *n* jolly good fellow, *biz* a real card; *(jelzőként)* funny

jóravaló *a* honest, decent, upright

Jordánia *n* Jordan

jordániai *a* Jordanian

Jóreménység foka *n* Cape of Good Hope

jórészben, jórészt *adv* for the most part, mostly, mainly, chiefly

jós *n* prophet, seer, oracle

jóság *n* goodness, kind(li)ness, charity

jóságos *a* good, kind(ly), charitable, kind-hearted

jóslás *n* prophesying, prediction; **nem akarok** ~ **okba bocsátkozni** I do* not want to make any prophecies/predictions, it is* not for me to make any prophecies/predictions

jóslat *n* prophecy, prediction

jósnő *n* prophetess, sibyl, fortune-teller

jósol *v* prophesy, foretell*, predict; **nem sok jót** ~ **ok neki** I do* not expect much (good) of him/it, I do* not think it will amount to much; **jó időt** ~ *(a meteorológia)* there's a forecast of good weather

jóstehetség *n* gift of prophecy

jószág *n* **1.** *(állat)* cattle *pl*, domestic animals *pl* **2.** *(birtok †)* (landed) estate, property

jószágigazgató *n* † manager (of a large estate), land-steward

jószántából *adv* **a maga** ~ of one's own choice/accord, of one's own free will, voluntarily, unasked, spontaneously

jószerével *adv* = **jóformán**

jószívű *a* kind/warm-hearted, charitable, compassionate, generous

jószívűség *n* kindheartedness, generosity

jószolgálati *a* ~ **bizottság** goodwill committee; ~ **küldöttség** goodwill delegation/mission; ~ **látogatás** goodwill visit/tour

jószomszédi *a* neighbourly; ~ **viszony** neighbourliness; *pol* good-neighbour policy, neighbourly relations *pl*

jótáll *v vkért* stand* surety for sy, go*/stand security for sy; *vmért* guarantee sg, vouch for sg

jótállás *n* surety, guarantee; **kétévi** ~ **a** guarantee for two years, a two-year guarantee/warranty; **kétévi** ~**t vállal vmért** guarantee sg for two years; **kétévi** ~ **van rá** it is guaranteed for two years

jótállási *a* **kétévi** ~ **idő** two years' guarantee, a two-year guarantee/warranty (with/on sg); ~ **időn belül van** be* under warranty; ~ **jegy** service voucher/coupon, guarantee, repair coupon; ~ **kötelezettség** legal obligation to guarantee sg

jótálló *n* guarantor

jótékony *a* **1.** *(bőkezű)* charitable, philanthropic, generous; ~ **cél** charitable object; ~ **célú hangverseny** *(... számára)* a benefit concert (for ...) **2.** ~ **hatás** beneficial result, good influence

jótékonykod|ik *v* practice *(US* -se) charity

jótékonyság *n* charity, beneficence

jótékonysági *a* ~ **intézmény** charitable institution, charity

jótétemény *n* = **jótett**

jótett *n* good deed/turn; ~**ért jót várj** one good turn deserves another; ~ **helyébe jót ne várj!** *kb.* do not count on gratitude

jótevő *n* benefactor; *(nő)* benefactress

jottányi *a* ~**t sem** not an iota, not a jot

jóvágású *a (ember)* good-looking, *kif* a fine figure of a man

jóváhagy *v (tervet stb.)* approve (sg), endorse (sg), agree to (sg), sanction (sg); *US biz* okay (sg); *(ítéletet)* uphold* [a judg(e)ment/ sentence]; *(kinevezést)* confirm [an appointment]; *(pol szerződést)* ratify [a treaty/pact]

jóváhagyás *n* approval, endorsement, sanction(ing); *(ítéleté)* upholding; *(kinevezésé)* confirmation; *(pol szerződésé)* ratification ⇨ **utólagos**

jóváír *v* credit [an amount *v.* sy with an amount], credit [an amount] to [a customer], enter sg to sy's credit

jóváírás *n* credit entry, crediting

jóval *adv* much, quite, well, far; ~ **előbb** long before; ~ **vm előtt** long before ...; ~ **vm fölött** well over sg; ~ **idősebb** much older; ~ **több a kelleténél** far too many

jóvátehetetlen *a* irredeemable, irreparable, inexpiable

jóvátesz *v* **1.** *(hibát)* remedy, repair [a fault]; *(sérelmet)* make* amends for [a(n) wrong/

injury] **2.** *(veszteséget)* compensate for, make* up for [a loss]

jóvátétel *n* **1.** *(hibáé, sérelemé)* reparation **2.** *pol (békeszerződés után)* reparations *pl*; *(békeszerződés feltételeként követelt)* indemnity; ~**t fizet vknek** indemnify sy; *(államnak)* pay* reparations to

jóvátételfizetés *n* reparations *pl*

jóvérű *a* thoroughbred

joviális *a* jovial, sociable

jóvoltából *adv* **vknek a** ~ thanks to sy, through/owing to the good offices of sy

józan *a* **1.** *(nem iszik)* temperate; *(nem részeg)* sober **2.** *(higgadt)* sober, restrained; ~ **ész** common/good sense; ~ **eszű ember** man° of (common) sense; ~ **gondolkodású** right-minded, sensible, sane

józanság *n* **1.** *(alkoholtól tartózkodás)* temperance; *(mértékletesség)* sobriety, soberness **2.** *(józan gondolkodás)* soundness, common sense, sensibleness

józanul *adv* ~ **gondolkodik** be* reasonable/sensible (about sg)

József *n* Joseph

jön *v* **1.** *ált* come*, be* coming; *(érkezik)* arrive; **rögtön jövök** I'll be back in a minute; *(kiírás)* back soon; **te is jössz a kirándulásra?** will you join us on the trip?; **újra jövök** I'll call again; **jöjjön, aminek** ~**ni kell** come what may **2. jól** ~ *(vm vknek)* come* in handy/useful **3.** *(származik)* come* (from); **honnan** ~ **(ön)?** where do you come from? **4.** *biz* **ő** ~ *(= az ő száma stb. következik)* (s)he comes on → **következik 1. 5.** *(pénzbe)* cost*; **mibe** ~**?** how much does it come to?, what will/ does it cost? ⇨ **divat, gyere, gyertek, gyerünk, kapóra, méreg, világ**

jön-megy *v* come* and go*

jöttment *a/n* vagrant, vagabond; ~**ek,** ~ **népség** flotsam and jetsam

jövedék *n* † inland revenue

jövedelem *n (magán)* income; *(vállalaté)* receipts *pl*; *(állami)* revenue; **bruttó** ~ gross income; **kiegészítő** ~ supplementary income; **nemzeti** ~ national income; **havi jövedelme 5000 Ft** (s)he earns 5,000 fts a month; **nettó** ~ net income; **összes** ~ total income; **személyi** ~ personal income; **jövedelmet hoz** bring* in, yield an income; **jövedelmet húz vmből** derive/draw* profit from sg

jövedelemadó *n* income tax; **személyi** ~ (personal) income tax, personal tax; ~**-bevallás** (income-)tax return

jövedelembevallás n (income-)tax return
jövedelemforrás n source of income
jövedelemkategóriák n pl income groups/ brackets
jövedelemtöbblet n excess profit
jövedelmez 1. vt yield an income, yield/ return a profit, bring* in; **mennyit ~?** how much does it bring in?; **ez a befektetés százezer forintot ~ett** this investment has yielded 100,000 forints **2.** vi show* good returns, pay*, be* profitable
jövedelmező a (üzlet) paying, profitable; (igével) pay*, be* profitable; **~ dolog** it is* a paying proposition/business, it will show a profit; **nem ~** unprofitable
jövedelmi a ~ **adó** income tax
jövedelmű a **kis/szerény** ~ low-income, having a modest income ut.; **csekély ~ek** those in lower income brackets, the low-paid
jövendő n the future, the time to come; ~ **t mond** tell* fortunes, tell* sy his/her fortune
jövendőbeli I. a future, to be/come ut., would-be **II.** n sy's future wife/husband, sy's intended; **a ~m** (nőről) my bride-to-be
jövendöl v = **jósol**
jövendőmondó n = **jós**
jövés n coming, arrival
jövés-menés n comings and goings pl
jövet adv on the way here
jövetel n coming, arrival
jövet-menet adv there and back, going and coming, biz in and out
jövevény n newcomer, new/fresh arrival
jövevényszó n loan word
jövő I. a **1.** (vhonnan) coming (from) ut. **2.** (eljövendő) future, coming, to come/be ut.; **a ~ évben** next year, in the coming year; ~ **évi** next year's; ~ **héten** next week; ~ **idő** future tense; ~ **idejű** in the future tense ut. **II.** n **1.** (jövendő) the future, the time to come; **ő a ~ embere** he is* a coming man; **mit hoz a ~?** what has the future in store (for us)?; **nagy ~ vár rá** have* fine prospects; **a ~ titka/zenéje** it remains to be seen; **~be lát** see*/look ahead, forsee* the future; **~be néz** look into the future; **a ~ben** in the future; **a ~re is gondolva** with an eye to the future, looking ahead **2.** (nyelvt idő) future tense
jövőbeli a = **jövőbeni**
jövőbeni a future, prospective, coming
jövőkutatás n futurology
jövőre adv next year
jubilál v celebrate one's jubilee
jubileum n jubilee, anniversary
jubileumi a jubilee

júdáscsók n Judas kiss
júdáspénz n blood money
judícium n = **ítéleterő, ítélőképesség**
Judit n Judith
jugó n biz = **jugoszláv**
jugoszláv a/n Yugoslav, Yugoslavian
Jugoszlávia n Yugoslavia
jugoszláviai a Yugoslavian
juh n **1.** (élő) sheep (pl sheep); (anya) ewe **2.** (húsa) mutton
juhakol v sheepfold
juhar n = **juharfa**
juharfa n **1.** (élő) maple(-tree) **2.** (faanyag) maple(-wood)
juhász n shepherd
juhászbojtár n shepherd boy
juhászbot n shepherd's crook
juhászkutya n sheepdog, shepherd dog; **német** ~ Alsatian, US German shepherd; **skót** ~ collie
juhászlegény n young shepherd
juhhús n mutton
juhlegelő n sheep-run/walk
juhnyáj n flock (of sheep)
juhsajt n sheep's/ewe's milk cheese
juhtej n sheep's milk, ewe-milk
juhtenyésztés n sheep-farming
juhtenyésztő n sheep-farmer
juhtúró n sheep's cottage cheese, curded ewe-cheese
juj int oh!, my goodness!
júl. = **július** July, Jul.
Júlia n Julia; (Rómeóé) Juliet
Julianna n Julianna
július n July; ~ **ban,** ~ **folyamán** in (the course/month of) July; ~ **15-én** on 15th July, US on July 15th; (levélben dátumként) **1989.** ~ **15.** 15 July (v. US July 15th) 1989
júliusi a July, of/in July ut.; **egy ~ napon** on a (certain) July day, on a day in July; ~ **kánikula** the sweltering heat of July
jún. = **június** June
június n June; ~ **ban,** ~ **folyamán** in (the course/month of) June; ~ **hóban/havában** in the month of June; ~ **7-én** on 7th June, US on June 7th; (levélben dátumként) **1989.** ~ **7.** 7 June (US June 7th) 1989
júniusi a June, of/in June ut.; **egy ~ napon** of a (certain) June day, on a day in June; ~ **meleg** the heat of June
Jupiter n Jove
juss n **1.** jog sy's right **2.** (örökrész) share [of inheritance], patrimony
jut v **1.** (vhová térben) come* (to), get* to, arrive at **2.** átv vmre arrive at; (állapotba)

become* (sg); **a dolog már annyira ~ott** things have gone/got so far; **ezzel nem ~sz messzire** it will not take you far; **mennyire ~ottál?** how far have you got?; **semmire se fog ~ni** (s)he will never get anywhere (v. am*ou*nt to *a*nything); **vmlyen eredményre ~** obt*ai*n (v. arr*i*ve at) a res*u*lt **3.** *vmhez* get* at sg, come* by sg, obt*ai*n sg; **álláshoz ~** come* by a job; **nehéz jó álláshoz ~ni** a good job (that you enjoy doing) is hard to come by; **pénzhez ~** come* by money, get*/obt*ai*n money; **szóhoz ~** obt*ai*n a h*e*aring, have* a chance of sp*e*aking; **nem ~ottam szóhoz** I could not get a word in (edgeways) **4.** *vknek vm* fall* to the share/lot of sy; **neki 20 Ft ~ott** his share was 20 f*o*rints, he got 20 f*o*rints, 20 f*o*rints were left for him; **~ is, marad is** there is en*ou*gh and to spare; **nekem ~ott az a feladat/megtiszteltetés** *stb.* it falls/fell to me to [thank sy for ... etc.] ⇨ **ész**
juta *n* jute
jutalék *n (közvetítőé)* comm*i*ssion, percentage; *(fizetésen felül)* premium, b*o*nus
jutalékfizetés *n* bonification
jutalmaz *v* reward, recompense; *(pályaművet)* award sg a/the prize
jutalmazás *n* rewarding
jutalmazott I. *a* rewarded, *e*arning a reward *ut.* **II.** *n* prize-winner, prizeman°
jutalom *n (jó teljesítményért)* reward; *(pályadíj)* prize, award; *(pénzbeli)* prize--money; *(teljesítménytöbbletért)* premium,

b*o*nus; ~**ban részesít vkt** rew*a*rd sy; ~**ban részesül, jutalmat kap** *(jó munkáért, ünnep alkalmából stb.)* ge**t*** a [Christmas] b*o*nus, ge**t*** a reward/premium [for one's good/fine work *v.* res*u*lts etc.]; **szolgálatai jutalmául** for s*e*rvices rendered; **elnyeri a jutalmat** c*a*rry off *(v.* take* *v.* land) the prize; *(gúnyos ért.)* **elnyerte méltó jutalmát** he has got his just deserts
jutalomdíj *n* **1.** *(megtalálónak)* reward **2.** *(szerzőnek)* prize
jutalomjáték *n* benefit performance *(v. sp* match)
jutalomkiosztás *n* **1.** *ált* prize-giving **2.** *isk* speech-day
jutalomkönyv *n* book award, gift book
jutányos *n* cheap at the price *ut.*, a b*a*rgain, r*e*asonable [price]
juttat *v* **1.** *vkt vhová* bring*/get* sy to, place sy in; **álláshoz ~** find* a place *(v.* employment) for sy, ge**t*** sy a job; **börtönbe ~** (1) *(vkt saját tette)* ge**t*** *i*nto *(v.* land *v.* end up in) prison (2) *(más vkt)* have* sy imprisoned; **hálóba ~ja a labdát** land the ball in the net **2.** *vkt vmhez* le**t*** sy get sg; *(kiutalva)* allocate (sg to sy); **lakáshoz ~ vkt** ge**t*** sy a flat, help sy get a flat ⇨ **érvény, ész, koldusbot**
juttatás *n* **1.** *vmhez* assignment, all*o*tment **2.** *(béren felüli)* allowance, grant; **pénzbeni és természetbeni ~ok** allowances in money and in kind ⇨ **járulékos**
juttatott *a* ~ **föld** all*o*tted land

K

K, k *n (betű)* (the letter) K/k
K = *kelet* east, E
k. = *kötet* volume, vol.
kabala *n* **1.** *(babona)* superst*i*tion; ~**ból** out of superst*i*tion *(v.* superst*i*tious bel*i*ef) **2.** *(tárgy)* mascot
kabaré *n* **1.** *szính kb.* cabaret, *GB* m*u*sic hall **2.** *(műsor szórakozóhelyen)* cabaret, (floor) show; **politikai** ~ a sat*i*rical pol*i*tical rev*u*e, a pol*i*tical sat*i*re; *iron* **ez tiszta** ~! this is sheer comedy!
kabát *n (felső)* (over)coat; *(meleg)* topcoat; *(zakó)* jacket
kábel *n* **1.** *(huzal)* cable; ~**t lerak** lay* a cable **2.** = **kábeltávirat**
kábelér *n* core
kábelez *v vknek* cable sy, send* a cable-(gram) to sy
kábelfektetés *n* cable-laying
kábeltávirat *n* cable(gram)
kábeltelevízió *n* cable television
kabin *n* **1.** *(strandon, uszodában)* (changing) cubicle, beach hut, *US* cabana **2.** *(hajón stb.)* cabin, stateroom; *(űrhajón)* (space) capsule
kabinet *n* **1.** *(kormány)* cabinet, government, *US* administration **2.** *isk (terem)* room; *(kémia, biológia)* lab
kabinetkérdés *n átv* question of v*i*tal importance
kabinos *n* sw*i*mming-pool attendant
kábít *v (átv is)* daze; *(kábítószer)* drug, dope, narcotize
kábító *a (hatású)* ind*u*cing/prod*u*cing/ca*u*sing narcosis/st*u*por *ut.*, narc*o*tic
kábítószer *n* (narc*o*tic) drug, narc*o*tic; ~**rabja** (dr*u*g-)addict; ~**t szed**, ~**ekkel él** take* drugs, be* on drugs, be* a dr*u*g-addict; ~**es cigaretta** □ joint
kábítószercsempészet *n* dr*u*g smuggling
kábítószerélvező *n* dr*u*g-addict; *(heroint élvező)* □ j*u*nkie
kábítószerhasználat *n* dr*u*g-taking/addiction
kábul *v* = **elkábul**
kábulat *n ált* daze, st*u*por, torpor; *orv* narcosis; *(mély)* coma
kábult *a* dazed; *(ütéstől)* stunned; *(szertől)* st*u*pefied, drugged

kábultság *n* daze, st*u*por; *orv* narcosis
kacag *v* laugh he*a*rtily, have* a good laugh *(vmn at)*
kacagás *n* loud/he*a*rty la*u*gh(ter)
kacaj *n ir* loud/he*a*rty la*u*gh(ter)
kacat *n biz* junk, l*u*mber, cl*u*tter
kacér *a* coqu*e*ttish, flirt*a*tious; ~ **nő** coqu*e*tte, flirt
kacérkodás *n* coquetry, flirtation, fl*i*rting
kacérkod|ik *v vkvel* flirt with sy; ~**ik a gondolattal** flirt/toy with the id*e*a (of doing sg)
kacérság *n* coquetry
kacifántos *a* convol*u*ted, complicated
kacs *n* tendril
kacsa *n* **1.** *(állat)* duck **2.** *(hírlapi)* false report, canard
kacsalábon forgó kastély *n kb.* fairy-tale *(v.* mysterious) castle
kacsasült *n* roast duck
kacsáz|ik *v* **1.** *(járás közben)* waddle **2.** *(vadász)* shoot* duck **3.** *(kővel)* play ducks and drakes
kacsingat *v* **1.** *vkre* keep* w*i*nking (at) **2.** *vm felé* have* an eye to, toy with the id*e*a of
kacsint *v* wink; **vkre** ~ wink at sy, give* sy a wink *(v.* the wink)
kacskaringós *a (vonal, út)* w*i*nding, circ*u*itous; *(írás)* full of flo*u*rishes/curlicues *ut.*
kacsó *n* [woman's/child's] l*i*ttle ha*n*d
kád *n (fürdő)* bath, *US* bath(tub); *(erjesztő, cserző)* vat
kádár *n* cooper
kadarka *n* ⟨a Hung*a*rian red wine⟩
kádárműhely *n* cooper's workshop
kadencia *n zene* **1.** *(zárlat)* cadence **2.** *(versenyműben)* cadenza
káder *n pol és kat* † cadre
káderanyag *n* confidential/personal file (on sy)
káderez *v* screen/vet sy (pol*i*tically)
káderezés *n* screening, (p*o*sitive) vetting
káderfejlesztés(i terv) *n* cadre recru*i*tment and tra*i*ning (programme/plan)
káderlap *n* = **személyi** *lap*
káderpolitika *n* cadre(-management) policy
kadét *n* cadet
kádfürdő *n* bath

kagyló n 1. *(állat)* shellfish, mollusc *(US* -sk), cockle, bivalve; ~k molluscs *(US* -sks); *tud* Lamellibranchia 2. *(kagylóhéj)* (cockle-) -shell, scallop(-shell) 3. *(emberi füle)* concha 4. *(telefoné)* receiver; **felveszi a** ~t lift *(v.* pick up) the receiver; **leteszi a** ~t replace the receiver; *(mielőtt a másik befejezi)* hang* up (on sy) 5. *(mosdóé)* wash basin, *US így is:* sink
kagylóülés n bucket-seat
kagylóz|ik v □ *(fülel) kb.* have* an ear to the ground
kaja n □ grub, nosh, eats *pl*
kajak n (*E*skimo's) kayak, cano*e; (összecsuk- ható túrakajak)* faltboat, foldboat, collaps- ible boat; ~ **egyes** the single, K-1; ~ **pá- ros** the pairs, K-2
kajakos n canoeist
kajak(ozás)-kenu(zás) n canoeing
kajakoz|ik v paddle a kayak/cano*e,* cano*e*
kajál v □ eat*, nosh
kaján a malicious, malevolent
kajla a 1. *(lekonyuló)* bent (downwards), droopy, awry; ~ **bajusz** walrus moustache *(US* mu-) 2. *biz (hebehurgya)* ungainly
kajszi(barack) n apricot
kajüt n cabin; *(nagyobb)* stateroom
kaka n *biz* shit
káka n (bul)rush, reed; ~n **is csomót ke- res** cavil *(US* -l), be* always nitpicking *(v.* picking holes in sg), be* finding fault(s)
kakál v *vulg* shit*
kakaó n 1. *növ* cacao 2. *(por és ital)* cocoa; *(ital még)* hot chocolate
kakas n 1. *(állat)* cock, *csak US:* rooster 2. *(lőfegyveré)* cock; **felhúzott** ~sal at full cock
kakastaraj, -taréj n cockscomb
kakasülő n *biz (színházban)* the gods *pl*
kaki n *biz* a poo, biggies *pl*
kakil v *biz* do* a poo, do* a big job, go* biggies
kaktusz n cactus *(pl* -es *v.* cacti)
kakukk n cuckoo
kakukkfióka n 1. *(madár)* the young of the cuckoo 2. *(játék)* odd word out
kakukkol v cry cuckoo, cuckoo
kakukkos óra n cuckoo clock
kalács n *kb.* milk loaf°
kalamajka n *biz* rumpus; **szép kis** ~! fine kettle of fish
kaland n adventure; *(szerelmi)* (love) affair; ~ja **akadt** he had an adventure
kalandor n adventurer
kalandorpolitika n adventurism, reckless policy

kalandos a adventurous; ~ **utazás** event- ful/adventurous journey, odyssey
kalandozás n adventures *pl; (kószálás)* roaming/wandering about, roving
kalandoz|ik v 1. = **portyázik** 2. *(kószál)* roam/wander about, rove 3. *átv* wander
kalandregény n picaresque novel, adven- ture story
kalandvágy n spirit/love of adventure
kalap n 1. *(fejfedő)* hat; ~ **van a fején** have* a hat on; **egy** ~ **alá vesz** lump together, treat (sy) alike, judge (sy) by the same standard; **egy** ~ **alá veszik őket** they are treated alike; **leveszi/megemeli a** ~ját take* off *(v.* raise) one's hat; **le- emeli a** ~ját vk előtt take* one's hat off to sy; *biz* **megeszem a** ~om, **ha** I'll eat my hat if; **le a** ~pal! I take my hat off to you/him etc. 2. *(gombáé)* cap
kalapács n 1. *(szerszám)* hammer; *(elnöki, árverező)* gavel; ~ **alá kerül** come* under the hammer 2. *(fülben)* hammer, malleus
kalapácsnyél n handle (of hammer); □ **el- szarja/elszúrja a kalapácsnyelet** *(el- ront vmt)* balls *(US* ball) sg up *(múlt idő:* balsed, *ill. US* balled); *biz* **eldobta a ka- lapácsnyelet** he told a (real) whopper
kalapácsvetés n throwing the hammer
kalapácsvető n hammer-thrower
kalapál v 1. *(kalapáccsal)* hammer 2. *(szív)* pound
kalapos I. a hatted, wearing a hat *ut.* II. n hatter, hatmaker; *(női)* milliner
kalaposnő n milliner
kalapszalon'n milliner's
kalaptartó n hat-rack
kalarábé n kohlrabi, turnip cabbage
kalász n ear; ~ba **szökken** ear
kalászos a/n ~ok cereals
kalászosod|ik v ear, form/develop ears
kalauz n 1. *(villamoson, buszon)* conductor; *(vonaton)* ticket-inspector; ~ **nélküli** one- -man (operated) 2. *(embert kalauzoló)* guide 3. *(útikönyv)* guide(-book)
kalauznő n *(villamoson, buszon)* conductress
kalauzol v guide (sy), *(körbevezetve)* show* (sy) round
kalcium n calcium
kaleidoszkóp n kaleidoscope
kalendárium n † calendar, almanac
kaliba n (shepherd's) hut, shack; ~negyed shantytown
kaliber n 1. *(cső belső mérete)* calibre *(US* -ber); *(furat)* bore 2. = **idomszer** 3. *(szel- lemi kiválóság)* calibre; **nagy** ~ű **ember** a man of high calibre

kalibrál *v* **1.** *(hitelesít)* calibrate **2.** *(idomszerrel mér)* gauge (*US* gage)
kalibrálás *n* calibration
Kalifornia *n* California
kalimpál *v* **1.** *(kéz)* beat* the air; *(láb)* fling* about, kick **2.** *(szív)* beat* feverishly, palpitate **3.** *(zongorán)* strum (on the piano); *(egy dallamot)* bang out a tune on the piano
kalitka *n* cage
kálium *n* potassium
kalkuláció *n* calculation, reckoning; *(áré)* costing
kalkulál *v* calculate, reckon, estimate, compute; *(árat)* cost sg; ~ **vmvel** reckon on sg
kalkulátor *n* calculator, estimator·
kallantyú *n* latch, bolt
kallód|ik *v* be* thrown about; try/fail to find one's niche
kallózás *n* crawling, front crawl
kallóz|ik *v (úszó)* crawl
Kálmán *n* ⟨Hungarian masculine given name⟩
kalmár *n* merchant
kalmárszellem *n* mercenary spirit
kalocsni *n* galoshes *pl*, overshoes *pl*, *US* rubbers *pl*
kaloda *n tört* stocks *pl*, pillory
kalória *n* calorie
kalóriadús *a* rich in calories *ut.*
kalóriaérték *n* calorific value
kalóriapénz *n sp* ⟨money for special diet⟩
kalóriaszegény *a* low in calories *ut.*
kalóz *n* pirate
kalózhajó *n* pirate, privateer
kalózkiadás *n* pirate(d) edition
kalózkod|ik *v* be* a pirate, practise piracy, pirate
kálvária *n* **1.** *vall* Calvary **2.** *átv* sufferings *pl*; ~t járat vkvel put* sy through the mill
kálvinista I. *a* Calvinistic, Calvinist **II.** *n* Calvinist
kálvinizmus *n* Calvinism
kályha *n* stove
kályhacsempe *n* (Dutch/glazed) tile
kályhacső *n* flue, stove-pipe
kályhás *n (kályharakó)* stove maker
kalyiba *n* = **kaliba**
kamara *n* **1.** *(testület)* chamber → **kereskedelmi, ügyvédi 2.** = **kamra 1.**
kamarahang *n* concert pitch
kamaraszínház *n* studio/fringe theatre
kamaraterem *n* small concert room/hall
kamarazene *n* chamber music
kamarazenekar *n* chamber orchestra

kamasz *n* adolescent; **nagy** ~ big booby
kamaszkor *n* adolescence, (the age of) puberty
kamaszkori *a* adolescent, pubertal, pubescent
kamaszod|ik *v* reach puberty, reach the awkward age
kamaszos *a* youthful, adolescent
kamat *n* interest; **kamatos** ~ compound interest; **5%** ~**ra ad kölcsönt** lend* money at 5% *(kimondva:* per cent) interest; ~**ot fizet** pay* interest; **5%-os** ~**ot fizet** pay 5% interest; ~**ot hoz** yield/bear* interest
kamatláb *n* rate of interest, interest rate
kamatmentes *a* interest-free, free of interest *ut.*
kamatos *a* → **kamat**; ~**tul megfizet/ visszaad** vknek *átv* repay* sy with interest, get* back at sy
kamatoz|ik *v* pay*/yield interest (at ... per cent); **1000 Ft-ot** ~**ott a pénze** he received 1,000 forints interest on his money
kamatozó *a* interest-bearing
kamatoztat *v* **1.** *(pénzt, tőkét)* invest [one's capital] **2.** *(tudást)* make* good use of [one's knowledge], profit by [one's knowledge]
kamatszámítás *n* calculation of interest
Kambodzsa *n* Cambodia, Kampuchea
kambodzsai *a/n* Cambodian, Kampuchean
kamera *n fényk, film, tv* camera
kameraman *n* cameraman°
kámfor *n* **1.** camphor **2.** ~**rá vált** he vanished/melted into thin air
kamilla *n* camomile
kamillatea *n* camomile tea
kamion *n* (articulated) lorry, *biz* juggernaut, *US* truck
kamionvezető, kamionos *n* lorry-driver, *US* trucker
kampány *n* campaign
kampec: ennek a cipőnek már ~ these shoes have had it; **nekem már** ~ I'm done for
kampós *a* hooked; *(görbe)* crooked
kampósbot *n* crook
kamra *n* **1.** *(éléskamra)* pantry, larder; *(egyéb)* shed, box-room; *(lomtár)* lumber--room **2.** *(gépé, zsilipé)* chamber **3.** *(szívé)* ventricle
kámzsa *n* cowl; *(csuklya)* hood
kan *n* **1.** *(állat hímje)* male [animal]; ~ **kutya** (male) dog **2.** *(disznó)* boar **3.** *vulg (férfiról)* **nagy** ~ a wolf, a Casanova, a Don Juan

kán *n* khan
Kanada *n* Canada
kanadai *a/n* Canadian
kanál *n* spoon; *(merítő)* ladle; *biz* **nagy** ~**lal eszik** wine and dine **lé 2.**
kanalas orvosság *n* liquid medicine, mixture
kanalaz *v* **1.** *(kanállal eszik)* eat* with a spoon, spoon **2.** *biz (evez)* paddle
kanális *n (szennyvíznek)* sewer; *(házból kivezető)* drainpipe, drains *pl*
kanapé *n* settee, sofa, couch, *US* davenport
kanári *n* canary
kanárisárga *a* canary-yellow
Kanári-szigetek *n pl* Canary Islands
kanász *n* swineherd
kanavász *n* canvas; *(könyvkötő)* buckram
kanbuli *n* = **kanmuri**
kanca *n* mare
kancacsikó *n* filly
kancellár *n* chancellor
kancellária *n* chancellery
kancsal *a* cross/squint-eyed; *(igével)* have* a squint
kancsalít *v* squint, have* a squint, be* cross/squint-eyed
kancsalság *n* squint, *tud* strabismus
kancsó *n (italnak)* pitcher, jug; *(bornak, víznek)* carafe; *(sörös)* tankard
kancsuka *n* knout
kandalló *n* fireplace
kandallópárkány *n* mantelpiece
kandallószerszámok *n pl* fire irons
kandidatúra *n* candidature
kandidátus *n* candidate (for sg); **a nyelvtudomány** ~**a** a candidate of linguistics, Cand. Ling.
kandidátusi *a* ~ **fokozat** *kb.* candidate's degree
kandikál *v* peep, peek, pry
kandisznó *n* boar
kandúr *n* tomcat
kánikula *n* heatwave, dog days *pl*
kánikulai *a* ~ **nap** a scorching day, *biz* a scorcher
kankalin *n* primrose, cowslip
kánkán *n* cancan
kankó *n* gonorrhoea (*US* gonorrhea)
kanmuri *n* stag-party, bull-session
kanna *n* **1.** *ált* can; *(tejes)* milk-can/churn **2.** *(teás)* (tea)pot; *(vízforralásra)* (tea)kettle
kannatej *n* milk from the can/churn
kannibál *n* cannibal
kannibalizmus *n* cannibalism
kanóc *n* **1.** *(gyertyáé, lámpáé)* wick **2.** † *(robbantó)* fuse

kánon *n* **1.** *(egyházi)* canon **2.** *zene* canon, round; ~**t énekel** sing* a canon/round
kánonjog *n* canon law
kanonok *n* canon
kansasi *a/n* Cansan
kantár *n (lóé)* bridle
kantároz *v* bridle, put* a· bridle on [a horse]
kantárszár *n* reins *pl*; **megereszti a** ~**at** (1) give* a horse his head (2) *átv* give* (free/ full) rein to, give* sy his/her head; **rövid(ebb)re fogja a** ~**at** keep* a tight rein on
kantárszíj *n* = **kantárszár**
kantáta *n* cantata
kantin *n GB* (the) Naafi/NAAFI, *US* the PX; **vesz vmt a** ~**ban** buy* sg at the Naafi/ PX
kantni *n (sílécen)* edge
kántor *n* cantor, (parish) choir-master; *(így is:)* organist
kánya *n* kite
kanyar *n* bend, curve, turn(ing); **éles** ~ sharp bend/turn; **az első** ~ **jobbra** the first turning on the right; **kettős** ~ double bend; **veszi a** ~**t** take* the bend, turn a corner [on the road], negotiate a corner; **jól veszi a** ~**t** corner well
kanyargó(s) *a* winding, twisting, zigzag- (ging)
kanyarít *v* **1.** *(kenyérből)* cut* (oneself) a slice of sg **2.** *(aláírást)* sign/write* [one's name] with a flourish **3.** *(cikket)* dash off [an article]
kanyaró *n* measles *sing. v. pl; (orv nyelven)* morbilli, rubeola; ~**ja van** be* down with measles
kanyarodás *n* **1.** *(járműé)* turn(ing), corner- ing **2.** *(úté)* turn, bend [in the road]; *(folyóé)* bend, turn [in the river]
kanyarod|ik *v* turn, bend; **balra** ~**ik** *(jár- mű)* turn left; *(út)* turn/bend* left; **jobbra** ~**ik** *(jármű)* turn right; *(út)* turn/bend* right; **jobbra** ~**ni tilos!** no right turn!
kanyarodó *n* = **kanyar**
kanyarog *v* wind*, meander, zigzag
kanyarulat *n* = **kanyar**
káosz *n* chaos, confusion
kaotikus *a* chaotic
kap 1. *vt (pénzt, ajándékot stb.)* get*, receive, be* given; *(hozzájut)* get* (hold of), obtain, find*; **levelet** ~**ott** he got/had a letter; ~**ott egy bírságcédulát** (s)he had a ticket; **két évet** (*v.* **két évi börtönt**) ~**ott** he was* given two years, he was* sen- tenced to two years, he got two years; **mennyit** ~**tál érte?** how much did* you

get for it?; **sok pénzt** ~**ott érte** he made a lot of money on it; **ezt nem** ~**ni sehol** you can't get it for love or money, it is* nowhere to be had; **tetszik már** ~**ni?** are you being served (*v.* attended to)? **2.** *vt* **ruhát magára** ~ slip on one's clothes, tumble *i*nto one's clothes; ~**ta magát és** ... all of a sudden he ..., he suddenly decided to **3.** *vt (betegséget)* catch*, contract [a disease] **4.** *vt* **ezért még** ~**sz!** you'll catch it!, you shall smart for this! **5.** *vi (kezével vmhez)* get*/take* hold of, seize, catch*, touch suddenly; **fejéhez** ~ clutch one's head; **szívéhez** ~**ott** he clutched his chest; **utána** ~ try to catch/reach, clutch/snatch at, reach *a*fter **6.** *vi (vmbe átv)* fall* to, begin*; **sokba** ~ **egyszerre** he has* too many irons in the fire **7.** *vi vmn átv* grasp/snatch/jump at, be* eager to get; ~ **az alkalmon** seize an opportunity, jump at the chance; ~**va** ~ **vmn, két kézzel** ~ **vmn** jump at sg

kapa *n* hoe

kápa *n* **1.** *(nyereg* ~ *)* pommel **2.** *(hegedűvonóé)* nut, *US* frog

kapacitál *v vkt vmre* try to persuade sy to do sg, try to talk sy *i*nto sg

kapacitás *n* **1.** *fiz* capacity **2.** *(képesség, rátermettség)* capacity, ability **3.** *közg* productive capacity; **nincs** ~**a** he can't take on *a*ny more work

kapál *v* **1.** *(kapával)* hoe *(jel. id. igenév:* hoeing) **2.** *(ló lábával)* paw the ground

kapálás *n* hoeing

kapálódz|ik *v* writhe, struggle; **(kézzel--lábbal)** ~**ik** saw* the air; **(kézzel-lábbal)** ~**ik vm ellen** kick/protest against sg, *US* buck/protest sg

kapanyél *n* (hoe) h*a*ndle

kapar *v* **1.** *konkr* scratch, scrape **2.** *(torkot vm)* irritate, tickle; *(vi)* ~ **a torkom** I've got a tickle in my throat **3.** *(csúnyán ír)* scrawl

kaparás *n* **1.** *(karcolás)* scratching, scraping **2.** *(csúnya írás)* scrawl **3.** = **méhkaparás**

kaparász(ik) *v* scrape, be* scraping, scrabble (about)

kapargál *v* = **kaparász**

kaparint *v* **kezébe** ~ get*, hold of, lay* hands on

kapásból *adv* off the cuff, extempore, on the spot, right away, impromptu; ~ **fordít** translate sg extempore *(v.* off the cuff *v.* at sight); ~ **lő** (1) *(futballista)* volley [the ball] (2) *(vadász)* take* a pot/flying shot (at sg); ~ **válaszol** *a*nswer like a shot, shoot* back an *a*nswer

kapásnövény *n* root crops *pl*

kapaszkod|ik *v* **1.** *vmre fel* climb up (on) **2.** *vmbe* grasp sg, hang*/hold* on to sg, cling* (on) to sg, clutch sg, take* hold of sg; ~**ik vmbe** hold/hang* on to sg, grasp/clutch sg; ~**ik vkbe** hold*/hang* on to sy; ~**j belém!** hold/hang on to me!; **egymásba** ~**nak** (1) *(személyek)* hold* on to each *o*ther, cling* together (2) *(fogaskerekek)* eng*a*ge

kapaszkodó *n* steep rise [in a road], steep ascent/incline

kapaszkodósáv *n* crawler lane

kapatos *a* tipsy, inebriated, slightly elevated

kapca *n* foot clout/cloth; **szorul a** ~ be* in a spot/fix, be* up the creek (*v. US* a tree)

kapcabetyár *n* el*í*t wide boy, shit

kapcáskod|ik *v* nép, biz squabble (*vm miatt o*ver sg); bicker *(vkvel vm miatt* with sy about/over sg)

kapcsán *postp* **vmnek (a)** ~ in connection with sg, with reference to sg; *(alkalmából)* on the occasion of sg

kapcsol 1. *vt ált* connect, couple (up); join; *(kocsit vmhez)* couple/hitch [a carriage] on (to sg) **2.** *vt (áramkört)* connect [the wires] *(párhuzamosan:* in parallel, *sorosan:* in series); *(telefonon)* connect sy (to/with), put* (sy) through to; **kérem,** ~**ja a 12--70-et** can you put me through to 12-70?; **kérem,** ~**ja Londont** can you connect me with London?; **rossz számot** ~**t** you've connected me to the wrong person; *(rádióban, tévében)* ~**juk a Zeneakadémiát** we now go over to the Academy of Music **3.** *vt (gépkocsit nagyobb sebességre)* change up; *(kisebbre)* change down; **második sebességre** *(v.* **másodikba)** ~ move/go*/shift into second (gear) **4.** *vi biz (megért)* catch* on; **gyorsan** ~ be* sharp/quick(-witted), be* quick on the uptake; ~**tam (végre)** it has clicked for me

kapcsolás *n* **1.** *(ált folyamat)* connecting, joining, linking *(vmvel mind:* with) **2.** *(kapcsolóval)* switching **3.** *(el és telefon)* connection; **téves** ~ (you've got the) wrong number **4.** *(autóban)* putting *i*nto gear, shifting

kapcsolási rajz *n* circuit diagram

kapcsolat *n* **1.** *(személyes)* connection, contact, relationship, relation(s); *(érzelmi)* attachment; **baráti** ~**ban vannak** they are on friendly terms, X has friendly relations with Y; **személyes** ~**ok** personal connections/relations; **üzleti** ~**ok** business relations, dealings (with); **üzleti** ~**ot létesít** establish business contacts with; ~**(ok) két**

ország között relations between two countries; **államközi** ~**ok** inter-state relations/contacts; **kulturális** ~**ok** cultural relations; **jó** ~**ai vannak**, **jó** ~**okkal rendelkezik** have* good contacts/connections, be* well connected; ~**ba lép vkvel** contact sy, get* in touch with sy; ~**ban van vkvel** be* in touch/contact with sy, have* contacts with sy; ~**ban van vkvel telefonon** be* in touch by telephone; **közeli** ~**ban van vkvel** be* closely associated with sy, have* close connections with sy; **szoros** ~**ban állnak** they keep* in close touch; ~**ot tart fenn vkvel** have* connections with sy, be* in communication with sy, maintain relations with sy; **megszakítja a** ~**okat** break* off relations (with) **2.** *(ismerős, akitől vmt várni lehet)* contact **3.** *(dolgoké)* link, tie(s), connection, relation(s), relationship (between); ~**ba hoz** connect; **vmvel** ~**ban** in connection with sg, with regard to sg, with reference to sg; **ezzel** ~**ban megjegyzem** while we're on the subject, talking of that; ~**ban levő** related to *ut*. **viszony**
kapcsolatos *a* connected with *ut*., related to *ut*.
kapcsoló *n* switch
kapcsolóasztal *n* switch-desk
kapcsolód|ik *v vmhez* be* connected/joined/linked with sg, be* attached to sg; *(fogaskerekek egymáshoz)* engage; **X nevéhez** ~**ik** it is associated/linked with the name of X
kapcsológomb *n* switch knob, button
kapcsolókar *n el* switch lever; *(gépen)* coupling lever/arm
kapcsolószó *n* link-word, copula
kapcsolótábla *n* switchboard
kapcsos *a* ~ **zárójel** brace, curly bracket
kapdos *v* = **kapkod**
kápé *n biz* = **készpénz**
kapható *a* **1.** *(megszerezhető)* obtainable, available; *(igével)* to be had/obtained; **nem** ~ be* out of stock, be* sold out, be* unavailable; *(könyv, boltban)* be* out of stock; *(kiadónál)* be* out of print; **nehezen** ~ **cikk** scarcity **2.** *biz* **mindenre** ~ be* equal to anything, be* game for anything, *elit* be* up to anything
kapir jál *v (baromfi)* scratch about
kapiskál *v (kezdi már érteni)* begin* to understand sg; *(kezd rájönni biz)* get* the hang of sg
kapitalista *a/n* capitalist; ~ **rendszer** capitalist system
kapitalizmus *n* capitalism

kapitány *n* **1.** *ált* captain ⇨ **hajóskapitány 2.** *sp* captain, skipper; **szövetségi** ~ manager
kapitányság *n (rendőri, kerületi)* local/district police station
kapituláció *n* surrender, capitulation
kapitulál *v* surrender, capitulate
kapkod 1. *vt (árut a vevők)* snap up, buy* up; **(csak úgy)** ~**ják az emberek** sell* up; *(v. be* going) like hot cakes **2.** *vt* **ruháit magára** ~**ja** fling* one's clothes on, tumble into one's clothes **3.** *vi (vm után)* catch*/grab/snatch at sg, keep* catching/snatching (at); **levegő után** ~ gasp/pant for breath, be* short of breath **4.** *vi (zavarában)* be* in a flurry/fluster; *(következetlenségből)* be* inconsistent
kapkodás *n (zavarodottságból)* confusion, flurry, fluster
kapkodó *a (zavarodottságból)* flustered, confused
káplán *n* = **segédlelkész**
káplár *n* corporal
kapocs *n* **1.** *ált* hook, fastener; *(ruhán)* hook and eye; *(patent)* snap (fastener); *(papírnak, gem~)* clip; *(fűző~)* staple; *(ácskapocs)* cramp (iron); *orv (sebé)* (wound) clamp, clip **2.** *(szellemi)* tie, bond, link ⇨ **kapcsán**
kápolna *n* chapel
kapor *n* dill
kapóra jön *v vknek vm* come* just at the right moment, come* in very handy; *(vk is)* come* in the nick of time, come* just in time
kapormártás *n* dill sauce
kapós *a biz* **1.** *(áru)* be* selling like hot cakes → **kelendő 2.** *vk* popular, much in demand *ut*.
káposzta *n* cabbage ⇨ **rakott, savanyú, töltött**
káposztaágy *n* cabbage-patch
káposztafej *n* cabbage-head
káposztagyalu *n* cabbage slicer/shredder
káposztalepke *n* cabbage-butterfly
káposztaleves *n* cabbage-soup
káposztás I. *a* ~ **kocka** cabbage ravioli; ~ **rétes** cabbage strudel **II.** *n* cabbage-field/patch
káposztasaláta *n* coleslaw
káposztatorzsa *n* cabbage-stalk/stump
kappan *n* capon
kappanháj *n tréf* middle-age(d) spread, spare tyre
kappanhang *n* high-pitched male voice, falsetto
káprázat *n* **1.** *(nem valóság)* illusion, mirage, vision **2.** *(fény átv)* dazzle, glamour *(US* -or)

káprázatos *a* dazzling, astounding

kápráz|ik *v* ~**ik a szeme** *(fénytől)* be* dazzled; **azt hittem,** ~**ik a szemem, amikor . . .** I thought my eyes were deceiving me when, I couldn't believe my eyes when

kápráztató *a* dazzling, astounding

kapros *a* made with dill *ut.*, dill . . .

kapszula *n* capsule

kaptafa *n* (shoemaker's) last; **varga, ne tovább a** ~**nál!** the cobbler should stick to his last; **marad a** ~**nál** stick* to one's last; **egy** ~**ra húz mindent** do*/make* everything after the same pattern, treat all alike

káptalan *n* vall chapter; **nem** ~ **a fejem** I am not a walking encyclop(a)edia

kaptár *n* (bee)hive

kaptató *n* steep hill

kapu *n* **1.** *(kerti)* gate; *(házé)* (street) door, entrance door; **hátsó** ~ back door; **kerti** ~ (garden) gate; **utcai** ~ (1) *(házé)* front door (2) *(előkerté)* gate; **megnyitja a** ~**it** *(intézmény megkezdi működését)* be* opened (to the public) **2.** *(futballban)* goal; **belőtte a labdát a** ~**ba** he kicked the ball into the goal; ~**ra lő** shoot*/aim at the goal

kapualj *n* gateway, doorway, entrance

kapubejárat *n* doorway, gateway

kapucíner *n* cappuccino, white coffee

kapucni *n* hood

kapucsere *n* sp change of ends

kapufa *n* sp (goal-)post; ~**t lő** hit* the post

kapufélfa *n* doorpost, gatepost

kapukirúgás *n* sp goal-kick; ~**t végez** take* the goal-kick

kapukulcs *n* (latch)key

kapunyitás *n (ideje)* opening-time

kapupénz *n* kb. gate-money

kapus *n* **1.** *(portás)* gate/door-keeper, porter **2.** *(futball)* goalkeeper, biz goalie; **X a** ~ X keeps* (the) goal ⇨ **kapuvédő**

kapuszárny *n* wing of door

kaputelefon *n* entryphone

kapuvédő *n* sp goalkeeper; **az angol csapat** ~**je** *(igével)* he has kept goal for England → **kapus 2.**

kapuzárás *n (ideje)* locking-up time, closing-time

kapzsi *a* greedy, grasping, avaricious

kapzsiság *n* greed, avarice, rapacity

kar¹ *n* **1.** *(emberé)* arm; ~**jába/**~**jaiba vesz vkt** take* sy in one's arms; ~**jába zár vkt** embrace sy, enfold/clasp sy in one's arms; ~**on fog** take* sy by the arm; ~**on ragad vkt** seize sy by the arm; ~**on ülő gyermek** child°/babe in arms; ~**jánál**

fogva taken sy by the arm **2.** *(műsz és emelőé)* arm; *(mérlegé)* (scale-)beam; *(darué)* jib **3.** *(állapot)* condition, state; **jó** ~**ban** in good repair/condition; *(vk)* in good shape/condition; *(vm)* in good state of preservation; **rossz** ~**ban van** be* in bad repair; **jó** ~**ban tart** *(gépet)* keep* sg in good repair; **jó** ~**ban tartja magát** keep* oneself in good shape/condition ⇨ **karbantart**

kar² *n* **1.** *(egyetemi)* faculty; department; **bölcsészettudományi** ~ Faculty/School of Arts, Arts Faculty/Department; **orvosi** ~ *(egyetemen)* Medical School, Faculty/School of Medicine; **tanári** ~ *(teaching)* staff, masters *pl* **2.** *(ének)* choir, chorus; *(tánc)* (corps de) ballet **3.** tört **K**~**ok és Rendek** the Estates of the Realm

kár *n* **1.** *(anyagi)* damage, loss; *(pénzbeli)* cost, expense; *(erkölcsi)* detriment, harm, injury, wrong; ~**ba vész** be* wasted, be* all for nothing; ~**ba veszett** futile, useless, fruitless; **saját** ~**án** to one's cost; **más** ~**án** at the expense of others; **más** ~**án tanul az okos** learn* from the mistakes of others; **saját** ~**án tanulta meg, hogy** he learnt* to his cost that; **vknek a** ~**ára** at the expense of sy; ~**ára van vm** do* sy a disservice; ~**át látja vmnek** = ~**t szenved**; ~**t okoz** vknek/vmnek cause*/do* damage (to sy/sg), do* sy a lot of harm, injure sy/sg; ~**t tesz vmben** damage sg, injure sg; ~**t szenved/vall** suffer/sustain a loss, incur/suffer losses, suffer damage; ~**t vall vmvel** be* a loser by sg **2.** **de** ~! what a pity!, that's a great pity, that's too bad!; ~**, hogy** it is unfortunate that, what/it's a pity (that) you . . .; ~ **érte!** *(vmért)* it is much to be regretted; *(vkért)* poor fellow (I'm sorry for him), he is much to be pitied; **nem** ~ **érte** it's no loss; ~ **a fáradságért** it's not worth the trouble; ~ **beszélni róla** it's no use talking about it

karácsony *n* Christmas *(röv* Xmas); ~ **első napja** Christmas Day; ~ **más(od)napja** Boxing Day; ~ **hete** Christmastime, the Christmas season; **fekete** ~ green Christmas; ~**kor,** ~ **hetében** at Christmas

karácsonyest *n* Christmas Eve

karácsonyfa *n* Christmas tree

karácsonyfadísz *n* Christmas-tree ornament/decoration, Xmas decorations *pl*

karácsonyfaégők *n* *pl (villany)* Christmas lanterns, Christmas tree lights (set)

karácsonyi *a* Christmas; ~ **ajándék** Christmas present; *(alkalmazottaknak)* Christmas-box; ~ **üdvözlőlap** Christmas

card; ~ **üdvözlet** Christmas greetings *pl*;
kellemes ~ ünnepeket (kívánok)! (I
wish you a) merry Christmas
karaj *n (sertés)* (pork) chop
karakán *a ~* **legény** man° of mettle, forth-
right fellow
karakter *n* **1.** = **jellem 2.** = **jelleg(ze-**
tesség) 3. *nyomd, szt* character
karakterisztika *n mat* characteristic
karalábé *n* kohlrabi, turnip cabbage
karám *n* (sheep-)pen, sheepfold
karambol *n (forgalmi)* collision, (road)
accident, smash-up
karamboloz|ik *v (járművel)* collide, have*
an accident, crash (into sg)
karamell *n* caramel
karamella *n* toffee, caramel(s)
karát *n* carat
karátos *a* -carat; **14 ~ arany** fourteen-
-carat gold
karattyol *v* chatter
karaván *n* caravan **kutya**
karavánkocsi *n* caravan; ~**val utazik** *v.*
~**ban lakik** caravan, be* caravanning; ~-
-**tábor** caravan site
karavánoz *v* caravan, be*/go* caravanning;
be*/live in a caravan site; take* holidays in a
caravan
karavánozás *n* caravanning; caravan holi-
day
karbantart *v* maintain, keep* in good re-
pair/condition; ~**ó munkás** maintenance
man°
karbantartás *n* maintenance, servicing
kárbecslés *n* assessment of damage, loss ad-
justment/assessment
kárbecslő *n* insurance (claims) adjuster, loss
adjuster/assessor
karbidlámpa *n* acetylene lamp
karbonpapír *n* carbon (paper)
karbunkulus *n* carbuncle
karburátor *n* carburettor (*US* -t-)
karcol *v* **1.** *(kapar)* scratch, scrape **2.** *(tor-*
kot) irritate (one's throat)
karcolás *n (folyamata)* scratching, scraping;
(nyoma) scratch
karcolat *n ir* sketch
karcsont *n (felkaré)* humerus (*pl* -ri)
karcsú *a* slim, slender, svelte
karcsúság *n* slimness, slenderness
karcsúsít *v* make* slender, *US* slenderize
kard *n* **1.** sword; *(lovassági és sp)* sabre (*US*
-ber); *ir* steel, iron; ~**jába dől** fall* on
one's sword; ~**ot ránt** draw* one's sword;
jól bánik a ~dal be* a fine swordsman°
2. *sp* = **kardvívás**

kardántengely *n* cardan shaft
kardcsapat *n* sabre (*US* -ber) team
kardcsörtetés *n* sabre-rattling (*US* -ber-)
kardcsörtető *a* sabre-rattling (*US* -ber-)
kardélre hány *v* put* to the sword
kardforgatás *n* fencing, swordsmanship
kardforgató *n* swordsman°
kardigán *n* cardigan
kardiográfia *n* cardiography
kardlap *n* flat of the sword
kardlapoz *v* strike*/beat* with the flat of
the/one's sword
kardmarkolat *n* (sword-)hilt; *(vívókardé)*
handle, grip
kardos *a ~* **menyecske** bossy/shrewish/
pugnacious woman°
kardoskod|ik *v vm mellett* insist on sg
(energetically), fight* for sg; **amellett**
~**ik, hogy** he insists that (*v.* on ...ing)
kardvágás *n* sword-cut
kardvívás *n* sabre (*US* -ber) fencing; ~**ban**
at sabre
kardvívó *n* (sabre) fencer
karéj *n (kenyér)* slice (of bread)
karének *n* **1.** *(éneklés)* choral singing
2. *(énekkari óra)* choir practice; ~**re jár**
be* a member of a choir (*v.* choral society),
sing* in a chorus; *isk* sing* in the school
choir
karénekes *n (templomi)* chorus-singer, cho-
rister
káreset *n* damage
karfa *n (hídé)* railing; *(lépcsőé)* banister;
(ülőbútoré) arm/elbow-rest
kárfelvétel *n* assessment of damages; ~**i**
jegyzőkönyv *(balesetnél)* accident report
form
karfiol *n* cauliflower
karhatalom *n* force of arms, armed force;
~**mal** by force
kárhozat *n* (eternal) damnation
kárhozott *a* damned, lost
kárhoztat *v* **1.** *(hibáztat)* blame, reprove,
condemn **2. vkt vmre ~** reduce/compel/
condemn sy to sg; ~**va van vmre** be*
doomed to sg
kari *a ~* **ülés** faculty meeting
Karib-tenger *n* Caribbean Sea, the
Caribbean
karigazgató *n* choir/chorus-master
kárigény *n* claim for damages; ~**t jelent**
be *(vkvel szemben)* lodge a complaint
(against sy), claim damages (from sy)
karika *n* **1.** *ált* ring; *(rajzolt)* circle **2.** *(játék,*
abroncs) hoop **3.** *(görgő)* castor **4. egy ~**
szalámi a slice of salami

karikacsapás *n biz* **úgy megy, mint a ~** go* like clockwork
karikagyűrű *n* = **jegygyűrű**
karikalábú *a* bow-legged
karikás *a* ringed; **~ a szeme** have* rings round one's eyes; **~ ostor** short-stocked long whip of Hungarian herdsmen⟩
karikatúra *n* caricature, cartoon; **~t rajzol vkről** caricature sy
karikaturista *n* caricaturist, cartoonist
karikáz|ik *v (gyerek)* trundle a hoop
karikíroz *v* caricature
karima *n* edge, border, rim; *(kalapé)* brim; *(csőé)* flange; **széles ~jú** broad-(b)rimmed
karizom *n* brachial muscle, biceps
kárjelentés *n* report of damage
karjelzések *n pl* arm signal(s)
karkivágás *n* arm-hole
karkötő *n* bracelet
karmantyú *n* muff; *(csak műsz)* sleeve
kármegállapítás *n* = **kárfelvétel**
karmester *n* conductor; *(fúvósoké)* bandmaster; **~ ...** conducted by ...
karmesteri *a* **~ pálca** baton; **~ pulpitus** rostrum, podium
karmol *v* claw, scratch with the/one's (finger-)-nails
karnagy *n* = **karmester, karvezető**
karnevál *n* carnival
karnis *n* pelmet, *US* valance; *(függönyrúd)* curtain-rod
karó *n* **1.** *mezőg* stake, pale, post; *(szőlőé, futónövénye)* stick, stake, prop, support; **~ba húz** impale sy **2.** □ *(egyes osztályzat)* fail (mark)
káró *n (kártya)* diamond; **~ ász** the ace of diamonds
károg *v (holló)* croak; *(varjú)* caw
Károly *n* Charles; **Nagy ~** Charlemagne
karom *n* claw; *(ragadozó madáré)* talon; **vk karmai közé kerül** get* into sy's clutches; **karmai között tart** hold* in one's power; **behúzza a karmát** draw* in one's claws
káromkodás *n* **1.** *(cselekedet)* swearing, cursing **2.** *(szövege)* oath(s), curse, bad/foul language
káromkod|ik *v* swear*, curse (and swear*), use bad language; **~ik, mint a jégeső** swear* like a trooper
káromol *v* blaspheme [the name of God]
karonfogva *adv* arm in arm (with sy)
karóra *n* wrist-watch
káros *a* injurious, harmful, damaging *(vmre mind:* to sg); **~ az egészségre** it is injurious/harmful/damaging to one's health;

konkr [cigarettes] can seriously damage your health; **~ szenvedély** harmful habit; **~an befolyásol** have* an adverse effect on, affect (sy/sg) adversely
károsodás *n* loss suffered, damage; *(testi)* injury (sustained)
károsod|ik *v* suffer/sustain a loss
karosszék *n* armchair, easy-chair
károsult *a/n* injured/damaged person; *(elemi csapástól)* victim of a disaster
karosszéria *n* bodywork, carbody
karosszériajavítás *n* repair of the bodywork
karosszérialakatos *n* panel beater
karöltve *adv* vkvel arm in arm with sy, hand in hand with sy, together with sy
káröröm *n* malicious joy/glee (at sy's misfortune), *Schadenfreude,* gloating; **~öt érez vmn** gloat over sg; **..., jegyezte meg ~mel ...** he gloated
kárörvendez|ik *v* = **kárörömöt érez**
kárörvendő *a* rejoicing at sy's misfortune *ut.,* malicious
Kárpátalja *n* Sub-Carpathia
kárpáti *a* Carpathian
Kárpát-medence *n* Carpathian basin
Kárpátok *n pl* the Carpathians
Kárpátontúl, Kárpátontúli terület *n* Transcarpathia(n territory)
karperec *n* bracelet, bangle
kárpit *n (függöny)* curtain, hangings *pl; (ajtón)* door-curtain; *(autóé)* upholstery
kárpitos *n* upholsterer
kárpitoz *v (bútort, autót)* upholster
kárpitozás *n (művelet és eredménye, autóban is)* upholstery
kárpitozott *a (bútor)* upholstered, padded
kárpótlás *n* compensation (given for sg), recompense; *(pénzbeli)* indemnity; **~ul** by way of compensation
kárpótol *v* vkt vmért compensate/indemnify/recoup sy for sg, make* amends to sy for sg, make* up for sg, *kif* make* it up to sy for sg; **~ja magát** recoup oneself (for sg at the expense of sy)
kárrendezés *n* loss adjustment, adjustment of a loss
karrier *n* career; **~t csinál** get*/rise* to the top, make* one's fortune
karrierista *a/n* careerist, *biz* pusher, pushing/pushy fellow
karrierizmus *n* careerism
karszalag *n* arm-band
karszt *n* karst
karsztos *a* karstic, dolomitic
kártalanít *v* = **kártérítést fizet**

kártalanítás n = **kártérítés**
kartárs n colleague, fellow worker; *(megszólításban)* **Kovács** ~ Mr. Kovács
kártékony a harmful, damaging, detrimental; *(hatás így is)* pernicious; *(ártalmas)* noxious; ~ **állat** pest
kartell n cartel, trust; ~**be lép** form a cartel
kartempó n (arm) stroke
karter n crank-case
kártérítés n compensation, damages *pl*, indemnity, indemnification, *US* smart money; ~**ért beperel vkt** sue sy for damages, bring* an action for damages against sy; ~**t fizet vknek vmért** pay* damages to sy for sg, make* amends to sy for sg, compensate/indemnify sy for sg; ~**t igényel vmért** demand/claim damages/compensation for sg; ~**t kap vktől** recover damages from sy, be* paid damages; **50 000 Ft** ~**t kapott** (s)he got 50,000 fts in damages
kártérítési a ~ **igény** claim for damages; ~ **igényt jelent be** put* in a claim for damages, claim (for) damages, demand/claim damages for sg; ~ **összeg** damages *pl*; ~ **per/kereset** damage suit, action/suit for damages
kártevés n damage, harm
kártevő I. a harmful, causing damage *ut.*, noxious II. n 1. *(szándékos)* vandal, saboteur 2. *(állat)* pest
kártol v *tex* card
kártoló n 1. *(munkás)* carder 2. ~**(gép)** card(ing machine)
kártolt a ~ **gyapjú** carded wool
karton[1] n 1. *(papír)* cardboard; *(keményebb)* pasteboard 2. *(kártya)* card 3. *(doboz)* carton; **egy** ~ **cigaretta** a/one carton of cigarettes
karton[2] n *tex* cotton, print
kartonált a *(könyv)* paperback
kartondoboz n cardboard box, carton
kartonpapír n = **karton 1.**
kartonruha n print dress
kartoték n 1. card index, file 2. ~**(lap)** card
kartotékol v (card-)index, file
kartotékrendszer n filing/indexing system
kartotékszekrény n filing cabinet
kartörés n fracture of an/the arm; ~**t szenved** break* one's arm
kártya n 1. *(játék)* card; **csal a** ~**ban** cheat at cards; ~**n nyer** win* at cards; **mindent egy** ~**ra tesz fel** put* all one's eggs in(to) one basket; **keveri a kártyát** *átv* stir it/things up, be* intriguing; ~**t vet** tell* fortune by cards; **nyílt** ~**val játszik, felfedi** ~**it** put*/lay* one's cards on the

table, show* one's hands/cards 2. *(cédula)* slip
kártyaadósság n card-debt
kártyaasztal n card-table
kártyabarlang n gambling den
kártyajáték n card-game, game of cards
kártyamutatvány n card trick
kártyaparti n a game of cards
kártyapartner n partner (at cards)
kártyás n (inveterate/keen) card-player; *(hazárd)* gambler
kártyavár n house of cards
kártyavetés n fortune-telling by cards
kártyavető n fortune teller
kártyázás n card-playing, playing cards
kártyáz|ik v play cards; *(nagyban, pénzben)* gamble
kárvallott n loser, the injured party
karvaly n sparrow-hawk
karvezető n choir/chorus-master, leader of the chorus/choir
karzat n *szính* gallery; *(templomi)* choir, loft, gallery
kas n 1. *(kocsié)* wicker framework [of a carriage] 2. *(méheké)* (bee-)hive, (bee-)skep 3. *bány* cage
kása n ált mush, pap; *(kukoricából)* cornmeal mush; *(árpából)* barley-water; *(darából)* gruel; *(zab~)* porridge ⇨ **kerülget**
kásahegy n egy egész ~**en kell magát átrágnia** he has (got) to wade through masses of material, he has* to do a lot of spade-work
kasanadrág n flannel trousers *pl*, flannels *pl*
kásás a *(gyümölcs)* mushy; *(jég)* slushy
kasíroz v *(képet)* mount
kasmírszövet n cashmere
kastély n mansion (house), *GB* country house, manor (house); *(palota)* palace; *(várkastély)* castle
kasza n scythe
kaszabol v slaughter, massacre
kaszakő n whetstone
kaszál v 1. *(füvet)* mow, cut* down, scythe [grass]; **szénát** ~ make* hay 2. *átv* scythe
kaszálás n mowing, cutting; *(széna~)* hay-making
kaszáló n 1. *(ember)* mower 2. *(föld)* hayfield, grass-land
kászálód|ik v be* getting ready, gather one's things (together)
kaszálógép n mowing machine, mower
kaszárnya n = **laktanya**
kaszás a/n mower
kaszinó n club; *(játék~)* casino
kaszinótojás n egg mayonnaise

kaszinóz|ik *v* chat, talk (away the time)
kaszkadőr *n* stunt man°
kaszkó(biztosítás) *n* (fully) comprehensive insurance (policy), car insurance
kasznár *n* † bailiff, overseer [of an/the estate]
Kaszpi-tenger *n* Caspian Sea
kassza *n* 1. *(boltban)* cash desk; *(pénztárgép)* cash register; *(szupermarketben)* checkout; *(színház, mozi stb.)* box office; **a** ~**nál tessék fizetni** please pay at the desk 2. ~**t csinál** cash up, balance (up) one's/the cash 3. *(kártya)* pool (of stakes), kitty
kasszadarab, -siker *n* box-office hit/smash
kasszafúrás *n* safe-breaking
kasszafúró *n* safe-breaker
kaszt *n* caste
kasztanyetta *n* castanets *pl*
kasztrál *v* castrate
kasztrendszer *n* caste-system
kat. 1. = *katolikus* Catholic., C., Cath. **2.** = *katonai* military, mil., milit.
Kata *n* Kate
kataklizma *n* cataclysm
katakomba *n* catacombs *pl*
katalán (nyelv) *n* Catalan
Katalin *n* Katherine, Catharine, Catherine, Kathleen
katalizátor *n* 1. *vegy* catalyst 2. *(autóban)* catalytic converter
katalogizál *v* catalogue (*US* -log), list, make* a catalogue of
katalógus *n* 1. *(jegyzék)* catalogue (*US* -log); ~**ba vesz** catalogue (*US* -log) [books etc.] 2. *(névsorolvasás)* roll-call; ~**t tart** call the roll
katapultál *v* 1. *rep (üléssel együtt)* eject 2. ~**tam a szélvédőn keresztül** I was catapulted through the windscreen
katapultülés *n* ejector (*v. US* ejection) seat
kataszter *n* cadaster
kataszteri *a* cadastral
katasztrális hold *n* cadastral acre, "hold" (= 1.42 acres)
katasztrófa *n* catastrophe, disaster
katasztrofális *a* catastrophic
káté *n* catechism
katedra *n* 1. *(isk dobogó)* platform; *(tanári asztal)* teacher's desk 2. *(egyetemi)* chair
katedrális *n* cathedral
kategória *n* category; *(osztály)* class
kategorikus *a* *(kijelentés)* categorical; *(visszautasítás)* flat [refusal]; ~**an** categorically; ~**an tagad** deny sg categorically
kategorizál *v* categorize, classify
katekizmus *n* catechism

katéter *n* catheter
katéterez *v* catheterize
Kati, Katica *n* Cathie, Kitty, Katie
katicabogár *n* ladybird, *US* ladybug
katlan *n* 1. *(üst)* cauldron; *(kisebb)* kettle 2. = **völgykatlan**
katód *n* cathode
katódsugárcső *n* cathode-ray tube
katolicizmus *n* Catholicism
katolikus *a/n* Catholic; **a** ~ **egyház** the (Roman) Catholic Church
katona *n* soldier, serviceman°; *(köz*~*)* private (soldier); ~**k** soldiers, troops, men; ~**nak megy, fölcsap** ~**nak** enter the army, enlist, join the army/services, *biz* join up; ~ **volt** he saw service, he was in the Army
katonadal *n* marching song
katonadolog! *int* never mind!, cheer up!
katonaélet *n* military life; *(vké visszatekintve)* one's army days *pl*
katonaév *n* year of military service
katonai *a* military; ~ **behívó** call-up papers *pl*, *US* draft call; ~ **felszerelés** kit; ~ **főiskola** military academy/college; ~ **iskola** *(közép)* military/cadet school; ~ **kiképzés** military training; ~ **megszállás** military occupation; ~ **pályára megy** join (*v.* go* into) the army, become* a soldier; ~ **parancsnokság** headquarters *pl*, military command; ~ **rendőrség** military police *(röv* M.P.); ~ **szolgálat** military service; ~ **szolgálatra alkalmas** fit for service *ut.*, able-bodied; ~ **szolgálatra alkalmatlan** unfit for military service; ~ **szolgálatot teljesít** do* (one's) military service, be*/serve in the army; ~ **térkép** ordnance/military map
katonakönyv *n kb.* (army) ID card
katonaköteles *a* **eléri a** ~ **kort** come* of military age *ut.*
katonakötelezettség *n* conscription, compulsory military service
katonaláda *n kb.* kit-bag/box
katonaorvos *n* army/military surgeon
katonaruha *n* army clothes *pl*, uniform
katonás *a* soldierly, soldierlike; **nem** ~ unsoldierly; ~ **magatartás** soldierlike bearing
katonaság *n* the army/military, armed forces *pl*; **a** ~**nál** in the army
katonásdi *n* ~**t játszik** play (at) soldiers
katonáskod|ik *v* do* (one's) military service, serve as a soldier, serve/be* in the army
katonaszökevény *n* deserter
katonatiszt *n* (army) officer

katonaviselt *a* ~ **ember** ex-serviceman°, *US* veteran
katonavonat *n* military/troop train
katonazene *n* military music
katonazenekar *n* military band
kátrány *n* tar
kátránylemez, -papír *n* tar(red) board, tar-paper, roofing/tarred felt
kattan *v* click
kattanás *n* click
kattint *v* click
kattog *v* click (repeatedly), clack, rattle; *(gépfegyver)* rattle
kattogás *n* click, clack
kátyú *n* **1.** *(úton)* pot-hole, puddle **2.** ~**ba jut** *átv* get* bogged down, stall
kaució *n* security, caution-money
kaucsuk *n* caoutchouc, rubber
Kaukázus *n* Caucasus
kaukázusi *a* Caucasian
káva *n* *(perem)* rim; *(kúté)* well-curb; *(ablak, ajtó)* jamp, reveal
kavar *v* stir
kavargás *n* whirl(ing), swirl(ing)
kavargat *v* keep* (on) stirring
kavargó *a* *(folyadék)* whirling, swirling, eddying
kavarodás *n* upheaval, hurly-burly, stir, chaos
kavarod|ik *v* összevissza ~**ik** get* mixed up
kavarog *v* whirl, swirl; *(csak folyadék)* eddy; ~ **a gyomra** feel* sick, one's stomach turns
kávé *n* coffee; *(eszpresszókávé)* espresso; *(tejes)* white coffee; **kérsz egy (csésze)** ~**t?** would you like a (cup of) *(v.* some) coffee?; ~**t főz** make* coffee; **kérek két** ~**t** two (black) coffees, please
kávébab *n* coffee bean
kávébarna *a* coffee-coloured *(US* -or-)
kávécserje *n* coffee tree
kávédaráló *n* coffee mill; *(elektromos)* coffee grinder
kávéfőző *n* *(gép)* (coffee) percolator; *(nagyobb)* coffee maker
kávéház *n* café
kávékeverék *n* blend (of coffees)
kávépótló *n* ersatz coffee, coffee substitute
kávépörkölés *n* roasting of coffee
kávépörkölő *n* coffee-roaster
kaverna *n* orv cavern
kávés *a* coffee-, made of coffee *ut.*
kávéscsésze *n* coffee-cup
kávéskanál *n* teaspoon; ~**nyi** teaspoonful; **2** ~**lal/**~**nyi** 2 teaspoonfuls (of)

kávéskészlet *n* coffee-set
kávészem *n* coffee bean
kávészünet *n* coffee-break
kávéültetvény *n* coffee plantation
kávézás *n* coffee-drinking, having (a) coffee; *(munkahelyen pihenésképpen)* coffee-break
kávéz|ik *v* have*/drink*/take* coffee
kávézó *n* coffee bar, coffee-room, coffee shop
kaviár *n* caviar
kavics *n* pebble(s *pl*); *(kerti úton apró)* gravel; *(tengerparton)* shingle; pebbles *pl*; **folyami** ~ river gravel/ballast, river pebbles *pl*
kavicságy *n* gravel bed, bottom ballast
kavicsburkolat *n* *(úté)* pebble-work, pebble(d) surface; ~**ú** gravelled *(US* -l-)
kavicsos *a* pebbly, covered with pebbles *ut.*; *(kerti út)* gravelled *(US* -l-), gravel-; *(tengerpart)* shingly; ~ **út** gravel path/road
kavicsoz *v* *(utat)* gravel *(US* -l), pebble
kavicsréteg *n* layer/bed of gravel, gravel bed
kavicsút *n* ballast-road, gravel road
kazal *n* rick, stack
kazán *n* boiler
kazánfűtő *n* stoker, boilerman°
kazánház *n* *(önálló épület)* boiler house; *(épületrész)* boiler room; *(hajón)* stokehold
kazánkovács *n* boiler maker/mechanic
kazánkő *n* boiler scale
kazánrobbanás *n* bursting [of a boiler], boiler explosion
kazetta *n* **1.** *(ládika)* case; *(ékszeres)* casket **2.** *(mennyezeti)* (sunk) panel, coffer **3.** *(fények, magnó, video)* cassette
kazettás *a* ~ **magnó** cassette recorder
kazettatöltés(ű) *a/n* fényk cassette-loading
Kázmér *n* Casimir
kázus *n* **nagy** ~**t csinál vmből** *biz* make* a song and dance about sg
KB = **Központi** *Bizottság*
kb. = **körülbelül**
kebel *n* **1.** *(mell)* bosom, breast; *átv* heart; **keblére ölel/szorít** clasp/fold (sy) in one's arms **2. vmnek a** ~**ében** (with)in sg, belonging to sg
kebelbarát *n* intimate/bosom friend
kebelbeli *n* one of us
kecmec *n* □ **nincs (sok)** ~ there's no messing/footling about/around
kecsege *n* sterlet, sturgeon
kecsegtet *v* hold* out promises of sg, be* promising, bid* fair; **szép reményekkel** ~ hold* out the best hopes of sg, be*/look promising
kecsegtető *a* promising, alluring
kecses *a* graceful, charming, dainty, pretty

kecsesség *n* grace(fulness), charm, daintiness

kecske *n* **1.** *áll* goat; *(bak)* he/billy-goat; *(nőstény)* she/nanny-goat; **a ~ is jóllakik, a káposzta is megmarad** have* one's cake and eat it (too); **nem lehet, hogy a ~ is jóllakjék, és a káposzta is megmaradjon** you can't have your cake and eat it (too); **~re bízza a káposztát** set* the fox to watch the geese **2.** *iron* **vén ~** old goat

kecskebak *n* he/billy-goat

kecskebéka *n* bull-frog

kecskebőr *n* goatskin

kecskegida *n* kid

kecskeköröm *n* fossil shell [on the shore of Lake Balaton at Tihany]

kecskepásztor *n* goat-herd

kecskerágó *n* spindle-tree

kecskeszakáll *n (emberé)* goatee

kecsketej *n* goat's milk

kedd *n* Tuesday; **~en** on Tuesday; **jövő ~en** next Tuesday; **múlt ~en** last Tuesday; **minden ~** on Tuesdays, every Tuesday; **~(en) este** Tuesday evening/night; **~re** by Tuesday

keddenkint *adv* every Tuesday, on Tuesdays

keddi *a* Tuesday, of Tuesday *ut.*, Tuesday's; **a ~ nap folyamán** in the course of Tuesday, on Tuesday; **egy ~ napon** on a Tuesday; **a múlt ~ napon** last Tuesday; **a jövő ~ óra** next Tuesday's lesson, the lesson next Tuesday; **a múlt ~ hangverseny** last Tuesday's concert, the concert (of) last Tuesday

kedély *n* temper(ament), humour (*US* -or), spirit, mood; **jó ~** good humour, high spirits *pl*, cheerfulness; **lecsillapítja a ~eket** pour oil on troubled waters

kedélyállapot *n* frame/state of mind; **rossz ~ban van** be* in poor/low spirits, be* depressed

kedélybeteg *a* melancholy, melancholic, depressed

kedélyes *a* jovial, merry, convivial; **~ ember** breezy/jovial/cheerful character/fellow

kedélyesség *n* joviality, conviviality, good humour (*US* -or), heartiness

kedélyhullámzás *n* sudden changes of mood *pl*, mood swings *pl*

kedélytelen *a* dull, bleak, dreary, cheerless, gloomy

kedélyű *a* of a ...frame of mind *ut.*; ... tempered; of a ... disposition *ut.*; **aranyos ~** with a lovable nature *ut.*; **jó ~** jovial, breezy, jolly, even/good-tempered

kedélyvilág *n* feelings (of sy) *pl*, mentality, frame of mind

kedv *n (hangulat)* mood, temper; *(hajlam)* disposition, frame of mind; *(öröm vmben)* liking, pleasure; **jó ~e (v. ~ében) van** be* in good humour (*US* -or), be* in a good mood, be* in high spirits; *(mulatozónak)* have* a good time ⇨ **jókedv; rossz ~e van** be* in bad humour, be* in a bad mood, be* out of sorts, *US így is:* feel* blue ‖⇨ **rosszkedv; ~e telik benne** take*/find* great pleasure in sg, (take*) delight in sg; **ahogy ~e tartja** as the fancy takes him; **amikor ~ed tartja** when you like, when/ if you feel like it; **ha ~ed tartja, ha van hozzá ~ed** if you feel so inclined/disposed, if you feel like it; **~e van vmhez** feel* like ...ing; **semmi/nincs ~em hozzá** I don't feel like it, I haven't the slightest intention of [doing sg]; **~e volna vmt tenni** have* a great mind to (do sg), feel* like doing sg; **volna ~e(d)...?** would you care to/for ...?, how about a ...?; **volna ~e(d) sétálni?** how about a walk?; **nincs ~e(d) vmt inni?** would you care for a drink?; **elmegy a ~e vmtől** lose* interest in sg, be* no longer in the mood for sg, go* off sg; **~e szerint(i)** to one's liking *(ut.)*, to one's heart's content *(ut.)*; **igyekszik vknek a ~ében járni** try to please sy, try to butter sy up, try to stay/keep in sy's good books; **vknek a ~éért** for the sake of sy, for sy's sake/benefit; **vmnek a ~éért** *(vm érdekében)* because of sg, for the sake of sg; **a forma ~éért** for the sake of appearances/formality, as a matter of formality; **nehéz a ~ére tenni** be* hard to please; **~ére való** (much) to sy's mind/liking *ut.*; **~et kap vmhez** take* a fancy to sg; **~ét leli vmben** take*/find* (great) pleasure in sg, (take*) delight in sg; **~ét szegi vknek, elveszi vknek a ~ét vmtől** discourage sy from (doing) sg, spoil* sy's interest in sg, turn/put* sy off sg

kedvel *v* like, be* fond of, have* a liking for; **nem ~** dislike, does not like, *(csak vmt)* does not care for

kedvelő *n* lover of; *(összet)* *GB* -fancier, -enthusiast, *biz* -fan, *US* buff

kedvelt *a* popular, fashionable, much liked

kedvenc I. *a* favourite (*US* -or-); *(egyetlen)* pet; **~ étele** his favourite dish **II.** *n* favourite; **a közönség ~e** a favourite with the audience

kedves I. *a* **1.** *(szeretett)* dear; **~ barátom!** Dear Friend; **~ hallgatóim!** *(elő-*

adáson) Ladies and gentlemen!; **ha** ~ **az**
élete if you value your life **2.** *(nyájas)* kind,
gentle, decent, nice, pleasant; ~ **vkhez** be*
kind/nice to sy; **ez igen** ~ **tőled** that's
very kind/nice of you; **legyen olyan** ~ **és**
be so kind as to (do sg) **3.** *(bájos)* pretty,
sweet, charming, lovely **II.** *n* **1.** *ir* **vknek a**
~**e** *(nő)* his beloved/sweetheart; *(férfi)* her
beloved/lover **2.** ~**em!** my dear!, dearest!,
darling!

kedvesked|ik *v vknek vmvel* favour sy with
sg, give* sy sg as a (surprise) gift
kedvesnővér *n* sister, nurse
kedvesség *n* **1.** *(modoré)* kind(li)ness, cour-
tesy, gentleness, kind manners *(pl)*; ~**ből**
out of kindness **2.** *(szívesség)* kindness,
favour *(US -or)*
kedvetlen *a* moody, dispirited, depressed,
out of sorts *ut.*, down-hearted
kedvetlenség *n* low spirits *pl*, depression,
bad humour *(US -or)*
kedvez *v* **1.** *vk vknek* favour *(US -or)* sy,
give* sy an advantage; *(előnyben részesít)*
prefer sy (over sy else) **2.** *vm vknek/vmnek*
be* favourable *(US -or-)* to sy/sg; ~ **neki a**
szerencse be* lucky, be* in luck
kedvezmény *n* *(előny)* advantage, favour
(US -or) granted to sy; *(engedmény)* allow-
ance, reduction, discount; **alkalmazotti** ~
kérhető allowance can be claimed; **legna-**
gyobb ~ **záradéka** most favoured *(US*
-or-) nation clause; **vasúti** ~ reduced fares
pl; ~**ben részesít** grant/give* sy a (spe-
cial) discount; ~**ben részesül** obtain a
reduction; ~**t ad** *vmre* make* a reduction
on sg
kedvezményes *a* preferential, reduced; ~
ár reduced/discount price; ~ **áron vesz**
buy* at a reduced price; ~ **árú jegy** *(vas-*
úti, repülő) reduced fare, *(csak repülő)*
APEX (ticket); ~ **árú utazás** low cost
travel; ~ **díjszabás/tarifa** special tariff,
reduced rate; ~ **(árú) repülőút** *(menet-*
rendszerű járaton) APEX flight; *(turistaosz-*
tályon) economy(-class) flight; *(bérelt gé-*
pen) charter flight; ~ **(vasúti) jegy** re-
duced rates/fares *pl*; ~ **vám(tarifa)** pre-
ferential tariff/rate
kedvezményezett *a/n* **a** ~ *(biztosításban)*
the beneficiary
kedvező *a* favourable *(US -or-)*, advantage-
ous; *(pillanat)* opportune, propitious
[moment]; ~ **feltételek mellett** under
favourable conditions; *(részletre)* on easy/
deferred terms; ~ **szél** fair wind; ~ **szél**

esetén if the wind is favourable (to us); ~
színben tüntet fel vmt show* sg to its
best advantage, give* a favourable account
of sg
kedvezően *adv* favourably *(US -or-)*; ~**en**
nyilatkozik vkről speak* favourably of sy
kedvezőtlen *a* unfavourable *(US -or-)*; dis-
advantageous; *(időjárás)* adverse, inclem-
ent; ~ **feltételek** adverse/unfavourable
conditions; **a körülmények** ~**ek voltak**
conditions were against us
kedvezőtlenül *adv* unfavourably; ~**ül**
fogadták *(könyvét)* was reviewed
unfavourably; ~**ül vélekedik vmről**
have* an unfavourable opinion of sg
kedvtelen *adv* = **kedvetlen**
kedvtelés *n* *(öröm)* pleasure, fancy, delight;
(időtöltés) diversion, pastime, hobby; ~**ből**
tesz vmt do* sg for pleasure (v. for the love
of it)
kefe *n* brush; *(súroló)* scrubbing brush
kefehaj *n* crew-cut
kefekötő *n* brush-maker; **iszik, mint a** ~
drink* like a fish
kefél *v* **1.** brush, give* sg a brush up/down
2. □ screw *(vkvel* with sy)
kefelevonat *n* (galley-)proof, proof-sheet;
~**ot javít** read* the proofs
kefír *n* kephir, kefir
kégli *n* □ *(lakás)* pad; *(szeretkezésre)* love-
-nest
kegy *n* favour *(US -or)*, grace, benevolence,
kindness, goodwill, patronage; ~**eibe fo-**
gad vkt show* favour towards sy, take* sy
into one's good graces; **nagy** ~**ben áll**
vknél stand* in great favour with sy, be* in
sy's good books; **kiesik vk** ~**eiből** fall*
out of grace/favour with sy; **vknek a** ~**eit**
keresi curry favour with sy ⇨ **vissza-**
fogad
kegydíj *n* † civil-list pension
kegyed *pron* † *kb.* you
kegyelem *n* **1.** *ált és jog* mercy; *(büntetés*
enyhítése) clemency; *(elengedése)* pardon;
(halálraítéltnek) reprieve; **nincs** ~ no
quarter (given); ~**ért folyamodik, ke-**
gyelmet kér present a petition for pardon
(v. a plea for clemency), submit a clemency
plea; **kegyelmet gyakorol** grant sy a par-
don; *(halálraítéltnek)* grant sy a reprieve;
~**re felterjeszt** recommend sy to mercy;
kegyelmet kap be* pardoned, receive
pardon **2.** *vall* grace
kegyelemdöfés *n* *(átv is)* coup de grâce,
finishing stroke

kegyelemkenyéren él *v* live on the charity of others

kegyelet *n* piety, reverence; ~**tel adózik vknek** pay (a) tribute to (the memory of) sy

kegyeletes *a* pious, respectful

kegyeletsértő *a* offensive, profane, sacrilegious

kegyelmes *a* † ~ **Uram/Asszonyom** Your Excellency; ~ **úr** His Excellency

kegyelmez *v* vknek have* mercy on sy, pardon sy, grant sy a pardon

kegyelmi *a* ~ **kérvény** plea for clemency, clemency plea, petition for a pardon; *(halálraítélté)* petition for a reprieve/pardon

kegyelt *a*/*n* = **kegyenc**

kegyenc *a*/*n* favourite, minion

kegyes *a* **1.** *(kedves)* kind, friendly, amiable **2.** *vall* pious, devout **3.** ~ **hazugság** white lie

kegyesked|ik *v* **1.** *(szíveskedik)* have* the kindness to do sg, be* so kind as to do sg; ~**jék befáradni** please come in, kindly walk in **2.** *(nagylelkű)* be* gracious enough to; *(leereszkedően)* condescend to

kegyesség *n* **1.** *(kedvesség)* graciousness, kindliness; *(leereszkedő)* condescension **2.** *vall* piety

kegyetlen *a* **1.** cruel, merciless, brutal *(vkhez mind:* to); ~**ül bánik vkvel** treat sy cruelly, maltreat sy **2.** *biz* ~**ül hideg van** it is* dreadfully/terribly cold

kegyetlenkedés *n* cruelties *pl*, atrocities *pl*, barbarity

kegyetlenked|ik *v* commit atrocities; *(vkvel)* treat sy cruelly/barbarously

kegyetlenség *n* cruelty, inhumanity, brutality; savageness (of sg)

kegyszer *n* = **kegytárgy**

kegytárgy *n* devotional object

kegyvesztés *n* disgrace

kegyvesztett *a* (fallen) out of favour (*US* -or) (with sy) *ut.*, in disfavour/disgrace *ut.*; ~**é lesz** lose* favour, fall* out of favour, fall* into disgrace *(vknél mind:* with sy)

kehely *n* **1.** *(ivó)* drinking cup; *vall (katolikus haszn.)* chalice; *(protestáns haszn.)* (communion) cup **2.** *(virágé)* calyx *(pl* calyces v. calyxes), flower-cup

kehes *a* **1.** *(ló)* broken-winded **2.** *(ember)* with a cough *ut.*

kéj *n* **1.** *(nemi)* (sexual) pleasure **2.** *átv* pleasure, delight

kéjeleg *v* **1.** *(nemileg)* enjoy carnal pleasures **2.** *vmben* revel *(US* -l) in (doing) sg, delight in (doing) sg

kéjelgés *n* *(nemi)* lust, carnal pleasure(s); *jog* **üzletszerű (titkos)** ~ soliciting, prostitution

kéjenc *n* voluptuary, sensualist; **vén** ~ old goat/lecher

kéjérzet *n* (sexual) pleasure, orgasm

kéjes *a* **1.** *átv* delicious, delightful, blissful **2.** *(csak nemi)* voluptuous, sensual, lustful

kéjgyilkos *n* sex murderer, rapist and murderer

kéjgyilkosság *n* sex murder, rape and murder

kéjnő *n* prostitute

kéjsóvár *a* lustful; ~ **ember** pleasure--seeker

kéjutazás *n* pleasure trip

kéjvágy *n* lust, carnal desire

kék I. *a* blue; ~ **folt** *(ütéstől)* bruise, contusion; ~ **könyv** *pol* blue book; ~ **szemű** blue-eyed **II.** *n* **1.** *(szín)* blue; ~**re fest** (1) *ált* paint (sg) blue (2) *tex* dye/stain sg blue **2. az ég** ~**je** the blue (of the sky), the azure

kékcinege *n* blue tit

kékcinke *n* = **kékcinege**

kékes *a* bluish; *(ajak, arc)* livid

kékharisnya *n* bluestocking

kékít *v (fehérneműt)* blue *(m. igenév:* blueing v. bluing) [linen]

kékítő *n* blue, blu(e)ing

kékl|ik *v* look/appear blue; *(hegyek távolból)* loom, be* hazy (in the distance)

kéklő *a* bluish; *(hegyek)* hazy, looming

kékre-zöldre: ~ **verték** *kif* he was beaten black and blue

kékróka *n* blue/Arctic fox

keksz *n* biscuit, *US* cookie; *(sós)* cracker

kékszakáll *n* Bluebeard

kékül *v* become*/turn blue

kékvérű I. *a* blue-blooded **II.** *n* blue blood

kel[1] *v* **1.** *(ágyból)* rise*, get* up; **korán** ~ rise* early; **ki korán** ~, **aranyat lel** the early bird catches the worm **2.** *(égitest)* rise* **3.** *(növény magról)* shoot*, sprout, come* up, spring*; **már** ~ **a búza** the corn is out **4.** *(tészta)* rise*, swell* **5.** *(áru)* **(jól)** ~ sell* (well), find* a (ready) market ⇨ **kelendő 6. levele okt. 25-én** ~**t** his letter was dated 25 October (*US* October 25th) *(kimondva:* the twenty-fifth of October); ~**t Kaposvárott, 1928. június 7-én** ...is dated from Kaposvár, 7 June 1928; ~**t, mint fent** date as above ⇨ **élet, kelt**[3], **láb, út**

kel[2] *n* = **kelkáposzta**

kelbimbó *n* Brussels sprouts *pl*

kelekótya *a* scatter/hare-brained

Kelemen *n* Clement

kelendő *a* marketable, saleable; *(igével)* [goods that] sell* well, find* a ready market; *(kapós)* be* much in demand/request, be* popular, *biz kif* be* selling like hot cakes; ~ **áru** marketable/saleable goods *pl*, goods much in demand *pl*, goods that sell* well (*v.* are popular), *biz kif* these are selling like hot cakes

kelendőség *n* marketableness saleability; ~**nek örvend** = **kelendő**

kelengye *n (menyasszonyé)* trousseau (*pl* -seaux *v.* -seaus)

kelep *n* **1.** *sp* hip circle **2.** *(kereplő)* rattle

kelepce *n* trap, pitfall, snare; ~ **be csal** lure into a trap, enmesh

kelepel *v (gólya)* clatter; *(vk kereplővel)* rattle

kelés *n* **1.** *orv* boil, furuncle, abscess **2.** *(ágyból)* getting up; **korai** ~ getting up early **3.** *(tésztáé)* rising [dough]

keleszt *v (tésztát)* raise [dough]

kelet[1] *n* **1.** *(égtáj)* East, east; ~ **felé** eastward(s); ~**en** in the east; ~**re** to(wards) the east, eastbound; **vmtől** ~**re fekszik** lie* east of sg; ~**re utazik** go* east; ~**ről, ~felől** from the east **2.** *(vidék)* the (far) East, the Orient

kelet[2] *n (keltezés)* date; **f. hó 15-i** ~**tel** on the 15th inst.

kelet[3] *n* **nagy** ~**(j)e van** be* much in demand ⇨ **kelendő**

Kelet-Afrika *n* East Africa

kelet-afrikai *a* East African

Kelet-Ázsia *n* the Far East

kelet-ázsiai *a* Far Eastern

keletbélyegzés *n* dating (stamp)

keletbélyegző *n* date-stamp

keletelés *épít* orientation

Kelet-Európa *n* Eastern Europe

kelet-európai *a* East European

keleti I. *a* eastern, of the East/east *ut.*, east, in the East *ut.*; *(távol~)* oriental, Oriental; ~ **fekvésű ház** house facing (the) east; ~ **irányban** eastward(s), towards the east, eastbound; **meg van oldva a** ~ **kérdés** that clears it up, that's one problem out of the way, that's that; ~ **nép** oriental people; **K~ pályaudvar** Budapest East (railway station); ~ **szél fúj** there is* an easterly wind, the wind is*/lies* in the east **II.** *n* **K~** = **Keleti** *pályaudvar*

Kelet-India *n* the East Indies *pl*

kelet-indiai *a* East Indian

Keleti-tenger *n* the Baltic (Sea)

keleti-tengeri *a* Baltic

keletkezés *n* rise, origin, beginning, genesis; *(kőzeté)* formation

keletkez|ik *v* come* into being; *vmből* originate in/from sg, (a)rise*/issue from sg; *(szél)* arise*, spring* up; *(tűz, vihar)* break* out

keletkező *a* originating in *ut.*; arising from *ut.*; ~**ben van** be* in the making; *(vihar)* be* brewing; *(mozgalom)* be* starting/afoot, be* in the offing

keletlen *a (tészta)* unleavened, stodgy

keletnémet *n* East German

Kelet-Németország *n* East Germany, GDR → **NDK**

kelet-németországi *a* East German, of/from East Germany (*v.* the GDR) *ut.*

kelet—nyugati *a* east-west; ~ **tárgyalások** East-West talks (on)

keletű *a* új(abb) ~ recent; **régi** ~ long-standing

keljfeljancsi *n (játékszer)* tumbler

kelkáposzta *n* savoy cabbage; ~**-főzelék** boiled savoy cabbage

kell *v* **1.** *(vm szükséges)* be* needed; *vknek vm* sy wants/needs sg; **mi** ~? what do you want?, what is needed?; **mi** ~ **még?** what else is needed (*v.* do you want)?; **nem** ~ **neki a pénz** he doesn't need the/any money, he has* no need of money; ~ **vagy nem** ~? take it or leave it; ~**ett ez neked?** is that what you wanted?; **úgy** ~ **neki!** it serves him right!; ~**ene már egy kis eső** we could do with some rain; **még csak az** ~**ene!** that's all I (etc.) need! **2.** *vmhez* be* necessary/required for sg; **2 méter anyag** ~ **hozzá** you need 2 metres of material for it (*v.* to make it); **ehhez idő** ~ it will take (some) time to . . .; **ehhez Jani** ~ **J.** is* the (very) man (for the job) **3.** *(kedvére van)* (sg) is* to sy's taste/liking; **nem** ~ **nekem!** not for me, thanks!; *biz* **GB** it's not my cup of tea! **4.** *(vmt tenni)* must (do sg), have* to (do sg); *(nyomatékosan)* have* got to (do sg); *(erkölcsi kényszerből)* be* obliged to (do sg); *(múlt időben)* ~**ett** had to [do sg]; **nem** ~ *(vmt tenni)* needn't [do sg], don't have to [do sg], haven't got to [do sg], don't need to [do sg]; **el** ~ **mennem, mennem** ~ I must go; *(erősebben)* I have* to go; *(még erősebben)* I've got to go; **el** ~ **jönnie** he has (got) to come, he's bound to come; **el** ~**ett mennem** I had to go; **nem** ~ **elmenned oda** you don't need to go there; **nem** ~**ett elmennem** I didn't have to go; **csak szólnod** ~ you have only to say the word; **meg** ~ **valla-**

nom, hogy I must confess/admit that, I am
bound to say that; **nem ~ megijedni**
don't worry, not to worry, don't be afraid;
sok pénzének ~ lennie he must have a
lot of money; **mondanom sem ~** I need
hardly say, needless to say; **nem ~ett ne-
ki kétszer mondani** he didn't need to be
told twice **5.** *(feltételes)* **~ene** should [do
sg]; *(illene)* ought to [do sg]; **~ett volna
vmt tenni** should have done sg, ought to have
done sg; **el ~ett volna hoznom** I should
(v. ought to) have fetched/brought it; **nem
~ett volna felvenned a vastag ka-
bátot** (= *kár volt)* you needn't have put on
your thick coat; **nem ~ett volna bíz-
nom benne** (= *hiba volt)* I shouldn't have
trusted him; **nem ~ett volna idejön-
nöd** (= *hiba volt)* you ought not to have
come here
kellék *n* ~ek *(felszerelések)* accessories, *US*
fixings; *(főzéshez)* ingredients; *(varráshoz)*
trimmings, materials; *(ruhához)* accessories;
(színpadi) biz props
kellékes *n szính* property man°, propman°
kelléktár *n* properties *pl*; *(mint helyiség)*
property-room
kellemes I. *a* agreeable, pleasant, nice; *(élve-
zetes)* enjoyable; **~ ember** he's pleasant
company, a good fellow; **~ érzés** agree-
able/pleasant sensation/feeling; **~ ízű**
pleasant-tasting, delicious; *(igével)* be* most
pleasing to the taste; **~ ünnepeket!** *(ka-
rácsonykor)* I wish you a merry Christmas;
(formálisabban) the season's greetings;
~en csalódtam I was pleasantly sur-
prised, it was a pleasant surprise **II.** *n* **össze-
köti a ~t a hasznossal** combine busi-
ness with pleasure
kellemetlen *a* disagreeable, unpleasant;
(helyzet, ügy) awkward, troublesome, an-
noying; *(szag)* offensive, bad; **~ alak/
fráter** nasty person, tough/rough/ugly
customer; **~ helyzet** awkward/embarrass-
ing situation/position, *biz* a fine/pretty kettle
of fish; **~ helyzetbe hoz vkt** embarrass
sy, get* sy into an awkward situation; **~
helyzetbe kerül** get* into an awkward
position; **~ helyzetben van** be* in an em-
barrassing situation, *biz* be* in a spot *(US*
fix); **~ hír** unpleasant/unwelcome news; **~
időjárás** bad/foul weather; **~ ízű** foul-
-tasting, with an unpleasant taste *ut.*; **~ ügy**
trouble, a nasty business, *biz* a hornet's nest, a
hot potato; **milyen ~!** how annoying!,
what a nuisance!; **ha önnek nem ~** if you

don't mind; **a dologban az a ~, hogy
...** the annoying thing is that...; **~ szá-
momra, hogy** it irks me to ..., it annoys
me to...
kellemetlenked|ik *v* behave in a disagree-
able/objectionable manner; *vknek* pester/
bother/annoy sy
kellemetlenség *n* **1.** *(tulajdonság)* un-
pleasantness **2.** *(eset)* trouble, bother, in-
convenience, nuisance; **sok ~em volt** I
had a lot of trouble; **~et okoz vknek**
give* trouble to sy, cause inconvenience to
sy, get* sy into difficulties/trouble; **~e lesz
belőle** *biz* he is in for it
kellemetlenül *adv* disagreeably; **~ érint
vkt** it makes one feel uneasy/uncomfortable,
biz it touches one on the raw, it is* mighty
inconvenient; **~ érzi magát** feel* uncom-
fortable, feel* uneasy (v. ill at ease)
kellemked|ik *v vknek* try to please sy, curry
favour (*US* -or) with sy
kellet *v* ~**i magát** try to please (*vk előtt* sy),
flaunt oneself, try to attract attention
kellete *n* **a ~nél** *adv* **a ~ jobban** *(only)*
too well, excessively, more than necessary; **a
~n felül, a ~nél több** too much/many,
more than enough/necessary; **a ~nél
többször** once too often
kelletlen *a* unwilling, reluctant
kelletlenül *adv* unwillingly, reluctantly,
willy-nilly; *kif* dragging one's feet/heels
kellő *a* proper, right, due, adequate; **a ~
formában** in due form, properly, duly; **~
időben** at the right/proper time, in due time,
duly; **~ mértékben** duly, properly ⇨ **kel-
lős**
kellően, kellőképpen *adv* duly, properly,
as required
kellős *a vmnek a ~ közepén* in the
very/exact centre (*US* -ter) of sg, right in the
middle of sg
kelme *n* material, fabric, cloth, stuff
kelmefestő *n* dyer; **~ üzem** dye works
sing. v. pl
kelt[1] *v* **1.** *(alvót)* wake* (up); **életre ~**
(ájultat) revive, resuscitate **2.** *(gyanút)*
give* rise to [suspicion]; *(hatást)* produce,
bring* about [effect]; *(szánalmat)* arouse
[pity]; **izgalmat ~** cause great excitement,
give* rise to great excitement; **azt a be-
nyomást ~i, hogy ...** it gives* the im-
pression of ...ing (v. that...) ⇨ **feltű-
nés, illúzió, remény**
kelt[2] *a* **~ tészta** leavened/raised dough/
pie/cake

kelt[3] *a* hivatkozva f. hó 10-én ~ **leve-lére** with reference to your letter of the 10th inst.; **válaszolva július 15-én** ~ **leve-lére** in reply to your letter of·15 July ⇨ **kel**[1] **6.**
kelta I. *a* Celtic; ~ **nyelv** Celtic **II.** *n (ember)* Celt
kelte *n* date of sg; **az érme** ~ **1390** a coin dated 1390, the date of the coin is 1390
kelteget *v* try to wake up
keltet *v* hatch (out), incubate [eggs]
keltetés *n* hatching, incubation; **gépi** ~ artificial incubation
keltető(gép) *n* incubator, brooder
keltez *v* date [a letter]; **előbbre** ~ antedate; **későbbre** ~ postdate; ~**ett** = **kelt**[3] ⇨ **keltezésű**
keltezés *n* date; *(folyamat)* dating; **buda-pesti** ~**ű levél** a letter dated from Buda-pest; **az Önök március 16-i** ~**ű levele** your letter dated from 16 March, your letter of 16 March; **a levél okt. 24-i** ~**ű** the letter is dated 24 October (*US* October 24th)
keltezetlen *a* undated
keltő *a* **feltűnést** ~ sensational, striking; **gyanút** ~ suspicious; **nagy hatást** ~ effective, striking
kelvirág *n* cauliflower
kém *n* spy; *(rendőri)* informer; *tréf* ~**eim jelentették** a little bird told me (that)
kémbanda *n* spy-ring
kémcső *n* test tube
kémelhárítás *n* counterintelligence (work), counterespionage
kémelhárító *n* counterintelligence (corps); ~ **tiszt** counterintelligence officer
kemence *n (péké)* oven; *(olvasztó)* furnace; *(téglaégető, szárító)* kiln; ~**ben süt/éget** bake (sg in an oven)
kemencepadka *n* chimney-corner
kemény *a* **1.** *konkr* hard, stiff; ~ **ceruza** a hard/fine pencil; ~ **izmok** hard/steely muscles; ~ **kötésben** in hardback; ~ **kö-tésű** hardbacked, hardbound, hardcover; ~ **kötésű könyv** hardback → **kemény-kötésű**; ~ **tojás** hard-boiled egg **2.** *átv* hard, severe; *(bánásmód)* hard, harsh; *(el-határozott)* resolute, unyielding; *(hideg)* severe, bitter [cold]; *(szavak)* hard, harsh [words]; ~ **edzés** intensive/tough training; ~ **feladat** stiff/arduous task; ~ **harc** hard fight; ~ **hideg** severe cold; ~ **ítélet** stern/harsh sentence; ~ **kézzel bánik vkvel,** ~ **vkvel szemben** be* hard/rough on sy; ~ **kritika** severe criticism; ~ **lecke** sharp/hard lesson; ~ **legény** sturdy

lad, tough chap; ~ **munka** hard work; ~ **tél** hard/severe winter **3.** ~ **víz** hard water **4.** ~ **valuta** hard currency **5.** *fénk* hard ⇨ **dió**
kémény *n (házon)* chimney; *(gyáré)* factory chimney, (chimney-)stack; *(hajón, mozdo-nyon)* funnel, *(US főleg mozdonyon)* smoke-stack
keményedés *n* **1.** *(folyamat)* hardening, stiffening **2.** *(bőrön)* callus
keményed|ik *v* harden, stiffen, grow*/ become* hard/stiff
keményen *adv* hard, severely; ~ **bánik vkvel** deal* severely with sy, be* hard on sy; ~ **dolgozik** work hard
keményfa *n* hard wood
keményfej *n* chimney-top
keményfejű *a (makacs)* headstrong, stub-born, obstinate
keményít *v* harden, make* hard(er), stiffen; *(acélt)* temper [steel]; *(inget)* starch [shirt]; ~**ett ing** dress shirt, *biz* boiled shirt
keményítő *n* starch
keménykalap *n* bowler (hat), *US* derby
keménykötésű *a (legény)* sturdy [lad], tough [chap] ⇨ **kemény 1.**
keménység *n* **1.** *konkr* hardness, stiffness; *(acélé)* temper **2.** *átv* severity; *(bánásmódé)* harshness, severity; *(szigor)* sternness, strictness; *(időé)* bitterness; *(kegyetlenség)* cruelty
kéményseprő *n* chimney-sweep, *biz* sweep
keményszívű *a* hard-hearted, heartless
kéménytűz *n* chimney fire
kémhálózat *n* = **kémszervezet**
kémhatás *n* (chemical) reaction
kémia *n* chemistry
kémiai *a* chemical; ~ **kötés** chemical bond
kémiatanár *n* master/teacher of chemistry, chemistry master/teacher
kémikus *n* chemist
kémkedés *n* spying, espionage
kémked|ik *v* act as a spy, spy *(vk után* on sy); ~**ik vknek** spy for sy
kémközpont *n* espionage/spy centre *(US* -ter)
kémlel *v (fürkészve)* pry into, scrutinize, investigate
kémlelőlyuk, -nyílás *n* peephole, eyehole
kémnő *n* (female) spy
kémper *n* spy trial
kemping *n* campsite, camping ground/site, *US főleg* campground; *(GB kiépített, üdülő-telep faházakkal stb.)* holiday camp
kempingágy *n* camp-bed, *US* cot
kempingasztal *n* camping table

kempingbicikli *n* fold-up bicycle
kempingcikkek *n pl* camping articles
kempingezés *n* camping
kempingez|ik *v* camp; ~**ni megy** go* camping
kempingező *n* camper
kempingfelszerelés *n* camping equipment
kempingfőző *n* camp(ing) stove
kempinggondnok *n* camp warden
kempinglámpa *n* camp light, hurricane lamp
kempingsátor *n* tent
kempingszék *n* camp-chair/stool, garden/picnic chair, *US így is:* lawn chair
kempingszolgáltatások *n pl* camping facilities
kempingtűzhely *n* camp(ing) stove
kémpróba *n* random-sampling/test
kémszer *n vegy* reagent
kémszervezet *n* spy network, spying organization/agency
kémszolgálat *n* secret/intelligence service
kémtevékenység *n* espionage
kémtörténet *n* spy story/thriller
ken *v* **1.** *vmt vmvel* smear sg with sg; *vmt vmre* smear/spread* sg on/over sg; *(gépet)* grease, lubricate [machine]; **krémmel ~i a kezét** put* cream on one's hands; **vajat ~ a kenyérre** spread* butter on the/one's bread, spread* a piece/slice of bread with butter, butter one's/the bread **2. másra ~** *vmt* lay* sg at sy's door; **falhoz ~** *vkt* knock sy flat **3.** *biz (veszteget)* grease sy's palm, bribe sy, *US így is:* soap sy
kén *n* sulphur, *US* sulfur
kence *n* varnish
kend *pron nép* you
kender *n* hemp
kenderfonal *n* hemp yarn
kenderike *n* linnet
kenderkötél *n* hemp rope
kendermagos *a* speckled, spotted, pied
kendő *n* **1.** *(fejre, vállra)* shawl; *(nyakra, vállra)* scarf° **2.** *(törölgető)* duster
kendőz *v (leplez)* camouflage, hide*, disguise; *(tussol)* hush/cover up
kendőzetlen *a* plain, unvarnished [truth]
keneget *v* be*/keep* smearing/greasing
kenés *n* **1.** *(gépé)* lubrication, greasing; *(másé)* smearing; *orv* unction **2.** *biz (vesztegetés)* greasing sy's palm, bribing, bribe, slush money, *US így is:* soap
kénes *a* sulphurous, sulphuric (*US* -lf-)
kéneső *n* † mercury, quicksilver
kenet[1] *v* have* smeared/lubricated

kenet[2] *n* **1.** *orv (kenőcs)* ointment; *(híg)* liniment; *(testrészből vett)* smear **2.** *vall* **utolsó ~ extreme** unction
kenetes, kenetteljes *a (szavak)* unctuous
kénez *v* treat/fumigate with sulphur, sulphur(ate) (*US* -lf-)
kénezés *n* sulphur(iz)ation (*US* -lf-), fumigation
kenguru *n* **1.** *(állat)* kangaroo; *(kis fajtájú)* wallaby **2.** *(gyermekhordó)* (baby) carrier
kengyel *n* **1.** *(lovagláshoz)* stirrup **2.** *(fülben)* stapes (*pl* ua.), stirrup(-bone)
kengyelfutó *n* tört runner, courier
kengyelszíj *n* stirrup-leather
kénkő *n* † sulphur (*US* -lf-), brimstone
kénköves *a* † sulphurous (*US* -lf-)
kénmáj *n* sulphur liver (*US* -lf-)
kenőanyag *n* lubricant, grease
kenőcs *n (testre, sebre)* ointment, cream; *(híg)* liniment
kenőmájas *n* liver pâté, chopped liver; *(hurka)* liver sausage, *US* liverwurst
kenőolaj *n* lubricating oil, lubricant
kenőszappan *n* liquid soap
kénrúd *n* roll/stick of sulphur (*US* -lf-)
kénsárga *a* brimstone-coloured (*US* -or-)
kénsav *n* sulphuric acid (*US* -lf-)
-ként *suff* **1.** *(hasonlító)* **egy emberként** as one man, with one voice, unanimously **2.** *(szerep, minőség)* as (*v. elöljáró stb. nélkül)*; **edzőként működik** act as coach to, coach; **szakértőként működik** work as an expert; **tanárként oktat** be* a teacher, teach*; **akadémikusként** (in his capacity) as an academician; **rabszolgaként adták el** was sold for a slave ➪ *határozószókban, pl.* **akként, egyébként** *stb.*
kentaur *n (mitológiában)* centaur
kenter *n biz* ~**ben győz** win* at a canter
kentucki(-beli) *a/n* Kentuckian
kenu *n* (Canadian) canoe; ~ **egyes** the single, C-1; ~ **páros** the pairs, C-2; ~**ban evez** paddle (a canoe)
kenus *n* canoeist, paddler
kenuzás *n* canoeing
kenuz|ik *v* canoe, paddle a canoe
kénvirág *n* flowers of sulphur (*US* -lf-) *pl*
Kenya *n* Kenya
kenyai *a/n* Kenyan
kénye-kedve *n* ~ **szerint** (*v.* **kénye-kedvére**) **cselekszik** do* as one pleases; **vk kénye-kedvétől függ** depend on sy's pleasure
kényelem *n* comfort, ease, convenience; ~**be teszi/helyezi magát** make* oneself

comfortable; ~**ből** for convenience's sake;
teljes ~**ben él** live a life of ease
kényelemszeretet *n* love of comfort
kényelmes *a* **1.** *vm* comfortable; *(kedvesen,
melegen)* cosy, *US* cozy, snug; *(alkalmas)*
convenient; ~ **állás** sinecure, comfortable
job; ~ **élet** a life of ease; ~ **kis szoba** a
cosy/snug little room; ~ **ruha** loose/easy-
-fitting clothes *pl* **2.** *(emberről)* comfort-
-loving, easy-going, *elít* indolent
kényelmesen *adv* comfortably; *(lakályo-
san)* cosily; ~ **csinálja** take* one's time; ~
elfér there's plenty of room for it; ~ **ül be***
comfortable; ~ **ülsz?** are you comfortable,
are you sitting comfortably?
kényelmetlen *a* uncomfortable; *(alkalmat-
lan)* inconvenient; *(kellemetlen)* awkward;
~**ül ül be*** uncomfortable in this/his chair;
~**ül érzi magát** be*/feel* ill at ease, be*
embarrassed, feel* uncomfortable/awkward
kényelmetlenség *n* discomfort, lack of
comfort; *(kellemetlenség)* inconvenience
kényelmi *a* ~ **szempont** *vké* one's own
convenience
kenyér *n* **1.** *ált* bread; *(nem szeletelt, nem pi-
rítósnak)* crusty bread/loaf; **egész** ~, **egy**
~ **a** loaf° (of bread); **egy darab** ~ a piece
of bread; **friss** ~ new bread; **ropogós** ~
crusty bread; **vajas** ~ a slice of bread and
butter; **kenyere javát megette** be* past
one's prime; ~**en és vizen** on bread and
water **2.** *(kereset)* livelihood, a living, bread
and butter; ~ **nélkül marad** be* left with-
out a means of making a living, be* left with-
out a livelihood; *biz* **nem a kenyerem**
that's not my field/line; **a maga kenyerén
él** be* one's own master; **kenyeret keres**
earn one's living/bread; **írással keresi a
kenyerét** earn one's living (*v.* bread and
butter) by writing; **éppen csak a száraz
kenyerét keresi meg** earn a bare living
kenyéradó (gazda) *n* employer
kenyérbél *n* the soft/white part of (the)
bread
kenyérdoboz *n* bread bin
kenyérellátás *n* bread-supply
kenyeres *a nép* ~ **pajtás** close friend, *biz*
pal
kenyereslány *n* bread-girl [in a restaurant]
kenyérgabona *n* cereals *pl*
kenyérgondok *n pl* difficulties in making
ends meet, material cares
kenyérgyár *n* (large) bakery
kenyérhéj *n* (bread)crust
kenyéririgység *n* professional/trade jeal-
ousy

kenyérjegy *n* bread coupon
kenyérkérdés *n* matter concerning/affect-
ing one's livelihood
kenyérkereset *n* living, livelihood
kenyérkereső *n* breadwinner
kenyérkés *n* bread-knife°
kenyérkosár *n* bread-basket
kenyérliszt *n* flour for bread
kenyérmorzsa *n* bread-crumb(s)
kenyérpirító *n* toaster; **automata** ~ auto-
matic toaster
kenyérpusztító *n tréf* mouth to feed
kenyérsütés *n* bread-baking/making
kenyértartó *n* bread bin
kenyértészta *n* dough
kenyértörésre került a dolog/sor *kif*
things have come to a head
kenyérvágó *n (kés)* bread knife°; *(gép)*
bread-slicing machine
kenyérzsák *n kat* haversack, kit bag
kényes *a* **1.** *(nem ellenálló)* delicate, tender,
fragile **2.** *(ízlésre)* refined, fastidious, crit-
ical; ~ **vmre** *(érzékeny)* be* sensitive to sg;
(finnyás) be* (rather/very) particular about
sg **3.** *(kínos)* thorny, awkward, embarrass-
ing; **nagyon** ~ **helyzet** a very delicate
situation; ~ **pont** a tender spot; ~ **ügy**
delicate matter, ticklish affair
kényesked|ik *v* be* sensitive/touchy; *(finy-
nyás)* be* fastidious (about)
kényeztet *v* pamper, spoil*, coddle
kényeztetés *n* pampering, spoiling
kényszer *n* compulsion, constraint, force,
pressure; *(összet)* compulsory; ~ **hatása
alatt tesz vmt** do* sg under duress/pres-
sure, feel* constrained to do sg; ~**ből** *jog*
under coercion/duress; **enged a** ~**nek**
yield to pressure/force; ~**t alkalmaz** em-
ploy force, bring* pressure to bear on sy
kényszeredett *a* constrained; *(mosoly)*
wry; ~**en** with a bad grace
kényszeregyezség *n* compulsory settle-
ment/agreement
kényszereladás *n* forced sale
kényszerhelyzet *n* (time of) necessity, dif-
ficult situation, exigency; ~**ben volt** his
hands were tied
kényszerít *v vkt vmre* compel/force/press sy
to do sg; ~**ve van vmre** be* constrained/
forced/compelled to do sg
kényszerítő *a* ~ **körülmények** the pres-
sure of circumstances
kényszerképzet *n* idée fixe (*pl* idées fixes),
obsession
kényszerleszállás *n* forced/emergency
landing; *(géptöréssel)* crash-landing; ~**t**

hajt végre make* a forced landing; *(géptöréssel)* crash-land
kényszermunka *n jog* penal servitude, hard/forced labour (*US* labor)
kényszerű *a* forced; *(kötelező)* compulsory; *(nem önként vállalt)* involuntary
kényszerül *v vmre* be* constrained/forced/driven/compelled to do sg; **arra** ~, **hogy** have* no choice but to
kényszerűség *n* necessity, compulsion; ~**ből tesz vmt** do* sg under compulsion
kényszervágás *n* emergency slaughter(ing)
kényszerzubbony *n* straitjacket
kénytelen *a* ~ **vmre** (*v.* **vmt tenni**) be* forced/compelled/obliged to (do sg); ~ **vagyok** I can't help [doing sg], I cannot choose but, I am* compelled/forced to
kénytelen-kelletlen *adv* willy-nilly, unwillingly, reluctantly
kényúr *n* despot, tyrant, oppressor
kép *n* **1.** *ált* picture; *(arckép)* portrait, picture; *(fénykép)* photo(graph), snap(shot); *(papírkép)* print; *(festmény)* painting, picture; *(képmás)* image, likeness; *(könyvben)* picture, illustration; *(tv)* picture; *(minőség szempontjából)* video; **jó/tiszta** ~ *(tévében)* [get* a] clear picture [on the TV]; **nincs** ~, **de hang van** *(tévében)* we have lost the picture (*v.* video) but are still receiving sound (*v.* audio); **a** ~**en** in the picture; ~**ekkel ellát/díszít** *(könyvet)* illustrate; ~**et fest** paint a picture; **ördög** ~**ében** in the shape/form of the devil; **vk** ~**ére és hasonlatosságára** in sy's likeness **2.** *biz (arc)* face, visage; **nem tetszik nekem a** ~**e** I don't like the look of him; **van** ~**e hozzá** have* the nerve/cheek/face to sg; ~**en töröl/teremt vkt** slap sy's face, box sy's ear(s); **rossz** ~**et vág vmhez** look anything but pleased, take* sg with a bad grace; **jó** ~**et vág a dologhoz** grin and bear* it, put* a good/bold face on sg **3.** *(látvány)* picture, sight, view, prospect **4.** *(vmről alkotott)* picture, image; *(fogalom)* idea, notion; **a mai fiatalok Ady-**~**e** the image of Ady among young people; ~**ek a falu életéből** scenes of village life; ~**et alkot magának vmről** be* able to imagine/picture sg, form a notion (*v.* an opinion) of sg **5.** *(külső képe vmnek)* look(s), appearance, aspect, shape; **így már más** ~**e van a dolognak** this puts a different complexion on the matter **6.** *szính* scene **7.** *(költői)* image, figure of speech, trope ⇨ **megnyúlik, savanyú**
képaláírás *n* caption

képanyag *n* illustrations *pl*
képcsarnok *n (art)* gallery
képcső *n tv* television/picture tube
kepe *n mezőg* shock
képélesség *n* definition [of picture]
képernyő *n tv* (television/TV) screen; **a** ~**n** on (the) television, on TV; **nagy** ~**jű** large-screen
képes[1] *a* **1.** *(képpel ellátott)* with pictures *ut.*, illustrated; ~ **folyóirat** illustrated magazine/journal; ~ **levelezőlap** (picture) postcard **2.** *(képletes)* figurative, metaphorical; ~ **értelemben** figuratively, metaphorically; ~ **kifejezés** metaphor, metaphorical expression
képes[2] *a* **1.** *(képessége van vmre; tud, bír)* (be*) able (to do sg), (be*) capable of (doing) sg; *(igével)* can* (do sg), be* fit/qualified to do sg; **nem** ~ **vmre** (be*) unable to do sg, (be*) incapable of doing sg, (be*) unfit for sg; **nem** ~ **vmt megtenni** be* unable to do sg; **nem vagyok rá** ~ I am* unable to do it, I am* not up to it, it is* too much for me, I can't* manage (to do) it; ~**sé tesz vkt vmre** enable sy to do sg **2.** *biz* ~ **vmre** (= *kitelik tőle)* be* quite capable of (doing) sg; ~ **rá** he is* capable of doing it; **mindenre** ~ be* capable of everything; *elit* be* (quite) capable of anything
képesít *v* **1.** *(képessé tesz vkt vmre)* enable sy to do sg **2.** *(képesítést ad vknek)* qualify sy for sg
képesítés *n* qualification; ~**t szerez** qualify; *(egyetemit)* take*/obtain a/one's degree [at a university], graduate [from Debrecen etc. *v.* in arts etc.]; **angoltanári** ~**e van** be* qualified to teach English; ~ **nélküli** unqualified [teacher etc.]
képesített *a* qualified, certificated, trained
képesítő **I.** *a* qualifying **II.** *n* = **képesítővizsga**
képesítővizsga *n* qualifying examination
képesítőz|ik *v* get* one's teacher's certificate/diploma, pass the teacher's qualifying examination
képeskönyv *n* picture-book
képeslap *n* **1.** *(újság)* (illustrated) magazine **2.** *(levelezőlap)* (picture) postcard
képeslapgyűjtő *n* cartophilist
képesség *n* ability, capacity, aptitude, faculty; *(különleges)* talent, gift; *(ügyesség)* ability, capability, skill; ~**e van vmre** have* the ability to (do sg), have* a talent/gift for sg; **legjobb** ~**em szerint** to the best of my ability; **jó** ~**ű** showing aptitude *ut.*; gifted, talented

képességvizsgálat *n* aptitude test
képest *post* **(vmhez)** ~ compared to/with sg, in/by comparison with sg; **hozzá** ~ compared to/with her/him/it; **hozzám** ~ compared to/with me; **korához** ~ **magas** he is* tall for his age; **ahhoz** ~, **hogy férfi, egész jól csinálja** he's doing it very well for a man; **ahhoz** ~, **hogy még csak 6 éves, jól/szépen olvas** (s)he reads well for a six-year-old ⇨ **ehhez**
képez *v* **1.** *(tanít)* instruct, train, teach*; ~**i magát** learn* sg, study/train (on one's own) **2.** *(alkot)* form, constitute, compose; **vmnek az alapját** ~**i** constitute the basis/foundation of sg **3.** *nyelvt* form
képfeldolgozás *n szt* image processing
képfelvétel *n* video recording
képfelvevőcső *n* camera tube
képfrekvencia *n* frame frequency
képgyűjtő *n* collector of pictures
képhiba *n* picture/image distortion
képírás *n* picture-writing; *(egyiptomi)* hieroglyphics *pl*
képjel *n* **1.** *(képírásjel)* hieroglyph **2.** *tv* video signal
képkereskedés *n* art/picture gallery, art shop, picture(-dealer's) shop
képkeret *n* (picture) frame
képkeretezés *n* picture framing; *(kiírás)* pictures framed here
képkiállítás *n* exhibition (of pictures)
képlékeny *a* easy to shape *ut.*, plastic, pliable
képlet *n* formula *(pl. -las v. -lae)*
képletes *a* figurative, metaphorical, allegorical, symbolic; ~**en (szólva)** figuratively, metaphorically
képmagnó *n* videorecorder, video tape recorder, *biz* video; **(kazettás)** ~ video cassette recorder (VCR), *biz* video; ~**ra felvesz** video(tape) sg, record sg on (one's) video
képmás *n* picture, image, likeness; *(arckép)* portrait; **vknek hű** ~**a** *átv* the very picture/image of sy
képmelléklet *n* illustration, plate
képméret *n* picture size
képmező *n* picture area
képminőség *n tv* image/picture quality
képmutatás *n* hypocrisy
képmutató I. *a* hypocritical **II.** *n* hypocrite
képmutatóskod|ik *v* be* a hypocrite
-képp(en) *suff* **1.** *(szerep, minőség)* as, by way of; **bevezetésképp(en) szól pár szót** say* a few words by way of introduction; **panaszképp(en)** as a complaint; **tiltakozásképp(en)** as a protest **2.** *(módha-*

tározó) **csodálatosképpen** surprisingly (enough), astonishingly (enough), strangely enough; **két/három/négyféleképp(en)** in two/three/four different ways **3.** *(fokozó)* **kiváltképp(en)** especially, in particular, above all; **legfőképp(en)** chiefly, mainly, principally, above all, especially ⇨ *határozószókban pl.* **mindenképp(en)** *stb.*
képregény *n* comic strip(s *pl*), strip cartoon; *főleg US:* comics *pl*
képrejtvény *n* picture puzzle
képrögzítés *n* video recording, telerecording
képszalag *n* videotape
képszöveg *n* caption
képtár *n* picture/art gallery
képtávirat *n* phototelegram
képtelen *a* **1.** *vmre* incapable of, unable to; *(alkalmatlan)* unfit for, not qualified for *(mind: ut.)*; ~ **vagyok megérteni** I am* unable to understand, I am* at a loss to understand **2.** *(lehetetlen)* absurd, impossible, ridiculous; *(értelmetlen)* unreasonable, nonsensical; ~ **állítás** absurd assertion
képtelenség *n* **1.** *(vmre)* incapacity (for), incapability (to), inability (to) **2.** *(lehetetlenség)* absurdity, absurdness, impossibility; ~ **ezt állítani** it is absurd to suggest that
képtorzítás *n tv* distortion
képújság *n* *(tévében)* teletext
képvisel *v ált* represent (sy); *(vk képviseletében eljár)* act on behalf of, act for sy; *(országgyűlésen)* be* (the) member for [a constituency]; **vk érdekeit** ~**i** promote/protect sy's interests; **a bíróság előtt** ~ **vkt** *(ügyvéd)* act (as counsel) for sy, plead sy's cause, represent sy in court; **a vádat** ~**i** act as public prosecutor, prosecute (sy); **a védelmet** ~**i** appear for the defence *(US -se)*
képviselet *n* **1.** *ált* representation; **vknek a** ~**ében van jelen** appear on behalf of sy; **XY, a vád** ~**ében** XY, prosecuting, ... **2.** *ker* agency
képviseleti *a* representative; ~ **demokrácia** representational democracy
képviselő *n* **1.** *ált* representative; *(küldött)* delegate; **a gyár** ~**je** the representative of the factory **2.** **(országgyűlési)** ~ *GB* Member of Parliament *(röv* MP, *pl* MPs); *US* representative, Congressman°, Congresswoman°; **(a) debreceni** ~ member *(v.* Member of Parliament) for D., MP for D., *US* representative from D. ⇨ **fellép**
képviselőfánk *n kb.* vanilla cream puff

képviselőház *n GB* House of Commons, *US (és Ausztrália, valamint több országban)* House of Representatives; *GB és US* the House; **a ~ elnöke** the Speaker (of the House) ⇨ **országgyűlés**

képviselőházi *a* of the House *ut.*

képviselőjelölt *n* candidate (for Parliament), prospective Member of Parliament ⇨ **fellép**

képviselőség *n* membership (of parliament), mandate

képviselő-választás *n (általános)* general/parliamentary election; *(időközi)* by--election

képviselteti magát *v* be* represented *(vkvel* by sy)

képzavar *n* mixed metaphor

képzel *v* imagine, suppose; **sokat ~ magáról** have* a high opinion of oneself, be* conceited; **~d magad az ő helyzetébe** put/suppose yourself in his place; **nem is ~ed** you can't imagine, you have no idea; **magát vknek/vmnek ~i** he imagines/ fancies himself (to be) sy/sg; **ezt komolyan ~i?** do you really mean it?, *biz* you're pulling my leg; **~je (csak), mi történt!** just imagine what happened!; **~hető a meglepetése** you/one may imagine his astonishment

képzelet *n* imagination, fantasy, *ir* fancy; **~ alkotta/szülte** imaginary; **minden ~et felülmúl** it's beyond belief, it defies description; **minden ~et felülmúló** *(csodálatos)* out of this world *ut.*, defying description *ut.*; *(hihetetlen)* beyond belief *ut.*

képzeletbeli *a* imaginary, fictitious

képzeletű *a* **élénk ~** imaginative, with a vivid imagination *ut.*

képzeletvilág *n* (realm of) imagination/ fancy

képzelődés *n* illusion, delusion, (mere) imagination

képzelőd|ik *v (hallucinál)* be* imagining things, hallucinate

képzelőerő, -tehetség *n* imaginative/ creative faculty/power, (the power of sy's) imagination; *(nem létező világot alkotó)* fancy; **nagy képzelőerővel megáldott, nagy képzelőerejű** (highly) imaginative

képzelt *a* imaginary, fictitious, invented; **~ beteg** hypochondriac

képzés *n* **1.** *(oktatás)* instruction, teaching, training **2.** *(alkotás)* forming, formation, making **3.** *nyelvt* formation, derivation

képzet *n* idea, notion, concept

képzetalkotás *n* mental imagery

képzetes *a* imaginary, unreal; **~ szám** imaginary number

képzetlen *a* unskilled, untrained, unqualified

képzett *a* **1.** *(tanult)* educated, trained, skilled; *(művelt)* cultivated; *(előképzettséggel bíró)* qualified **2. ~ szó** derived word, derivative

képzettársítás *n* association (of ideas)

képzettség *n (szellemi)* education, culture; *(előképzettség)* qualification

képző I. *a (alkotó)* forming *ut.*, constituting *ut.* **II.** *n nyelvt* affix, (lexical) formative

képződés *n* formation

képződ|ik *v* form, be* formed, develop

képződmény *n (szerves)* growth; *geol* formation

képzőművész *n* artist

képzőművészet *n* the fine arts *pl*

képzőművészeti *a* of the fine arts *ut.*; **~ főiskola** academy of fine arts, school of art, art school

ker. 1. *kereskedelem, kereskedelmi* trade, commerce, commercial, com(m). **2.** *kerület(i)* district, dist.

kér *v* **1.** *vmt ált* ask for (sg), request (sg), *hiv* solicit (sg); **csendet ~ek!** silence please!, be quiet!; **~ek ...** I should like to have ..., please give me ...; *(kínálásra válaszként)* thank you; **~(sz) kávét? Igen, ~ek** do you want coffee? Yes, please, *US* (yes) sure; **egy kávét ~ek** (I'd like) a coffee, please; **~jük, hogy ...** you are requested to ...; **~em a menetjegyeket** tickets/fares, please; **csak ~ned kellett volna** you had only to ask; **engedélyt ~ vmre** ask permission to ... **2.** *vktől vmt* ask sy for sg; **pénzt ~ vktől** ask sy for money **3.** *vkt vmre* ask/request sy to do sg; **~te, hogy menjek vele** he asked me to go with him; **~tem, hogy nyissa ki az ablakot** I asked him to open the window; **~te, hogy 7 órakor ébresszék fel** she asked to be woken at 7 o'clock; **~ve ~** entreat, implore, beseech **4.** *vmből* want, ask for; **~ek a húsból** (please) could/may I have some (of the) meat, *(még udvariasabban)* may I trouble you for some (of the) meat; **~ek még** could I have some more (please), may I trouble you for some more; **~(sz) még?** will you have some more?, can I give you some more?); **köszönöm, nem ~ek belőle** no (more) thank you; **szabad ~nem** may I trouble you for ..., if you don't mind ... **5.** *(telefonon)* **kérem a 20-36-ot** give me two-o-three-six (please), put me on to two-o-three-six; **Juditot ~em a tele-**

fonhoz can I speak to Judith?; **önt** ~**ik** (v. **téged** ~**nek**) **a telefonhoz** you are wanted on the phone **6.** *(felszámít)* ask, charge, want; **mit** ~ **ezért?, mennyit** ~ **érte?** how much do you want/charge (v. are you *asking*) for this/it?; **túl sokat** ~ **vmért** ask/charge too much for sg, overcharge sy for sg; **nem** ~**ek érte semmit** you may have it free (of charge) **7.** *(kérvényez)* apply for **8.** *(gúnyosan)* **ebből nem** ~**ek** no thanks, no thank you, I will have none of it, that's not for me; *(méltatlankodva)* **de** ~**em!** well, really! **9.** *(udvariassági kifejezések)* ~**em** (1) *(könyörögve)* please (2) *(mint megszólítás)* excuse me, *US* pardon me, I say! (3) *(tessék?)* sorry?, (I beg your) pardon? *US* így is: excuse me? (4) *(,,köszönömre"-re adott válaszban)* don't mention it!, not at all!, you're welcome!; ~**em, jöjjön be** come in, please; ~**lek** (1) *(vmre)* please, be so kind, will you be kind enough (2) *(beszédbe közbevetve gyakran nem fordítjuk, vagy:)* you see; ~**jük az ajtót betenni** (will you) please/kindly close/shut the door ⇨ **bocsánat, elnézés, szívesség, tanács** *stb.*

kerámia *n* **1.** *(szakma)* ceramics *sing.,* pottery **2.** *(tárgyak)* ceramics *pl*; *(egy db.)* a piece of pottery, *biz* pot; **egy szép** ~**t kaptam karácsonyra** I was given a fine piece of pottery for Christmas

kerámiai *a* ceramic; ~ **termékek/dísztárgyak** ceramics

keramikus *a/n* potter, ceramist, ceramicist

keramit *n* glazed tile

keramittégla *n* clinker brick

kérd *v* = **kérdez**

kérdés *n* **1.** *ált* question, query; *(érdeklődés)* inquiry; ~**t tesz fel vknek,** ~**t intéz vkhez** ask sy a question, put* a question to sy; ~**eket tesz fel vknek** put* questions to sy, ask sy questions, question sy *(about* sg); ~**(ek)re válaszol** answer a question *(v.* questions); *ker* ~**ére válaszolva értesítjük, hogy** in reply to your inquiry we should like to inform you that **2.** *nyelvt* question; *(kérdő mondat)* interrogative (sentence); **eldöntendő** ~ yes or no *(v.* yes/no) question; **simuló** ~ (question) tag **3.** *(kétséges dolog)* ~**, hogy/vajon ...** I wonder whether/if..., the question is: ...; ~**, hogy eljön-e?** I wonder if he'll come? **4.** *(probléma)* question, problem, issue; **a lexikográfia főbb** ~**ei** fundamental issues in *(v.* aspects of) lexicography; **ez etikai** ~ it's a

question of *e*thics; **politikai** ~**eket vitat meg** debate/argue political issues; **a** ~ **(lényege) az, hogy** the (real) issue is that; **a szóban forgó** ~ the question under discussion, the point/matter at issue; **ez más** ~ that's another matter **5. vmnek a** ~**e** a question/matter of; **napok** ~**e** (it's) a matter of days; **ízlés** ~**e** (it's) a matter/question of taste ⇨ **idő**

kérdéses *a* **1.** *(szóban forgó)* in question *ut., (tárgyalt)* under discussion *ut.* **2.** *(eldöntetlen)* problematical, undecided; *(bizonytalan)* questionable, doubtful, uncertain; ~**sé tesz** question; **nem** ~ there can be no doubt/question about/that

kérdésfeltevés *n* (formulation of the) question; *átv* (statement of the) problem; **rossz a** ~ the question is wrongly put/stated/formulated

kérdez *v* **1.** *ált* ask, put* a question; **vmt** ~ **vktől** ask sy sg, ask sy a question; **azt** ~**te, hogy/vajon** he asked if/whether; ~**te (tőlem), hol lakom** he asked (me) where I lived, he inquired where I lived **2.** *(érdeklődve)* inquire (about/after sg); ~**tem (tőle), mit akar** I asked him what he wanted **3.** *(vizsgán)* examine, ask/put* questions; **a leckét** ~**i** hear* the lesson

kérdezés *n* asking, questioning

kérdezget *v* keep* asking, be* always asking (questions)

kérdezősködés *n* inquiring, inquiry

kérdezősköd|ik *v (vknél vm/vk után)* put* questions to sy about sg/sy, question sy about sy/sg, inquire after sy/sg (v. about sg)

kérdő I. *a* **1.** *nyelvt* interrogative; ~ **mondat** interrogative (sentence), question; **tegye** ~ **mondatba** put [this statement] into the interrogative, make [the sentence] interrogative, turn [the following statements] into questions; ~ **névmás** interrogative pronoun **2.** ~ **pillantás** inquisitive look/ glance; ~**en** inquiringly **II.** *n* ~**re von vkt** call sy to account (for sg)

kérdőív *n* questionnaire, form; ~**et kitölt** fill in/out a form/questionnaire

kérdőíves *a* questionnaire; ~ **módszer** questionnaire method

kérdőjel *n* question mark, *US* interrogation point/mark

kérdőszó *n* interrogative (word), question-word

kérdőszócska *n* interrogative particle

kerecsensólyom *n* saker

kéredzked|ik *v vktől vhová* ask (sy's) permission to go swhere

kéreg *n* **1.** *(fáé)* bark; *(a földé)* crust; **kér-get lehánt vmről** bark/strip sg **2.** *(cipő-ben)* counter, stiffener
kéreget *v* beg (alms), go* begging
kéregetés *n* begging
kéregető *a* beggar
kéregpapír *n* cardboard, pasteboard
kéregvasút *n* subsurface railway
kerek I. *a* **1.** *(kör alakú)* round(ed), circular; ~ **fejű** round-headed; **a ~ világon** in the whole world; ~ **zárójel** round brackets *pl* **2.** *(egész)* round; ~ **egész** well-rounded; ~ **mondat** well turned phrase; ~ **összeg** a round sum; ~ **egy millió(t)** *biz* a round *(US* cool) million; ~ **szám** round number **3.** *(nyílt)* flat; ~ **elutasítás** flat refusal; *biz* ~ **perec** flatly, bluntly, straight → **kere-ken** II. *n* **a föld** ~**én** (all) the world over, all over the world
kerék *n* wheel; **első** ~ front wheel; **hátsó** ~ rear wheel; **hiányzik egy kereke** *átv* have* a screw loose, he is not all there; ~**be tör** (1) *tört* break* sy on the wheel (2) *biz (nyelvet)* murder, say* sg in broken [English/ French etc.]; **kereket old** take* to one's heels; **visszafelé forgatja a(z) idő/ történelem kerekét** put* the clock back
kerékabroncs *n* tyre, *US* tire
kerékagy *n* (wheel) hub
kerekasztal *n* round table; round-table discussion; **ellenzéki** ~ opposition round table
kerekasztal-konferencia *n* round-table conference/discussion
kerékbetörés *n* tört breaking on the wheel
kerekded *a* round(ish), rotund
kereked|ik *v* **1.** *(kerek lesz)* become* round, round **2.** *(keletkezik)* arise*; *(szél)* spring* up; **vihar** ~**ett** a storm arose **3.** **vk fölé** ~**ik** overcome*, get* the better of sy, get* the upper hand (over)
kereken *adv (nyíltan)* bluntly, flatly, explicitly; ~ **megmondja** tell* (sy sg) straight, *(véleményét)* not mince one's words; ~ **tagad** flatly deny; ~ **vissza-utasít** flatly refuse sg
kerekes *a* wheeled; ~ **kút** draw-well
kerekez|ik *v biz* bike, pedal *(US* -l)
kerékfog *n* cog
kerékgyártó *n* wheelwright
kerekít *v* round (off), make* round
kerékkötő *n* **1.** *(konkrétan)* (wheel-)drag **2.** *átv* obstacle, hindrance
keréknyom *n (földben)* cart-track, rut
kerékpár *n* bicycle, *biz* bike
kerékpárabroncs *n* bicycle tyre *(US* tire)

kerékpárbelső *n* inner tube
kerékpárgumi *n* bicycle tyre *(US* tire)
kerékpárkormány *n* handlebars *pl*
kerékpármegőrző *n* parking place for bicycles, bicycle-park
kerékpáros I. *a* cycling II. *n* cyclist
kerékpározás *n* cycling
kerékpároz|ik *v* cycle, ride* (on) a bicycle; *biz* bike, pedal *(US* -l)
kerékpárpumpa *n* (bicycle) pump
kerékpárút *n* cycle path
kerékpárverseny *n* cycle/cycling race
kerekség *n* roundness; **a föld** ~**én** in the whole world, all over the world; **sehol a föld** ~**én** nowhere all over the world
kerékvágás *n* **1.** *(földben)* rut, track (of wheel) **2.** *átv* the daily round, routine; **éle-tünk a rendes** ~**ban halad** our life goes on as before, we're settled (back) into the old routine; **kizökken a rendes** ~**ból** get* out of the rut/groove; **visszazökken a ré-gi/rendes** ~**ba** take* up the daily round again, *(helyzet)* be*/get* back to normal
kérelem *n (kérés)* request, plea; *(kérvény)* application, petition; **saját kérelmére** at one's own request; ~**nek helyt ad** grant a request; **azzal a** ~**mel fordulok ... I** should be very much obliged if you would kindly ...
kérelmez *v* request sg, *(kérvénnyel)* apply (to sy) for sg, make* an application for sg
kérelmező *n* petitioner; *(állást, lakást)* applicant (for sg)
kerepel *v (gólya)* clatter; *(vk kerepelővel)* rattle
kereplő *n* rattle
keres *v* **1.** *vmt* look for sg, seek* sg; *(kutatva)* search for/after sg, hunt for sg, be* in search of sg; *(állást)* seek*, look for [a job] → **állás** **4.**; **mit** ~**el?** what are you looking for?; **maga mit** ~ **itt?** what's your business here?, what are you doing here?; ~**i a sza-vakat** be* at a loss for words; **ahol nincs, ott ne** ~**s** you cannot get blood out of a stone; **ezt az árut** ~**ik** these goods are in great demand (*v.* much sought-after) **2.** *vkt* seek*, look for; *(alkalmazottat)* want; **sen-ki sem** ~**ett?,** ~**ett vk?** did anyone ask for me?, did anybody call (to see me)?; **Bu-dai urat** ~**ik** Mr. Budai is wanted; **kit tetszik** ~**ni?** who did you want?, who are you looking for?; **a főnököt** ~**em** I'm looking for the man in charge; **gépírónőt** ~**ünk** *(hirdetésben)* typist wanted **4.** *(pénzt)* earn; *(üzlettel)* make* [money]; **kenyeret** ~ earn one's living/bread; **jól** ~

earn a good living, be* doing well; **mennyit ~?** how much does (s)he earn?, *biz* what does (s)he make?; **havi 5000 Ft-ot ~** he earns (*v. biz* makes) 5,000 fts a month; **akkoriban évi 8000 fontot ~tem** I was making £8,000 a year at that period of my life; **mennyit ~ett rajta?** how much did he make on it?; **500 forintot ~ett rajta** he made 500 forints on it; **hárman ~nek a családból** there are three breadwinners in the family

kérés *n* request; **volna egy ~em** may I ask (for) a favour (*US* -or)?; **vk ~ére** at sy's request; **~re** *(pl. házhoz jövök)* on request; **~ nélkül** unasked; **~t előad** submit/ make* a request

keresés *n* search, seeking, pursuit

kereset *n* **1.** *(megélhetés)* living; *(jövedelem)* income, earnings *pl*; *(fizetés)* salary; *(munkabér)* wages *pl*; **~ nélküli** having no income *ut.*; **mennyi a havi ~e?** how much does (s)he earn a month?; **havi ~ 5000 Ft** his/her monthly salary is 5,000 fts **2.** *jog* action, suit; **~et benyújt/indít vk ellen** bring*/enter/institute an action (*v. csak US* bring*/file a suit) against sy; **~et elutasít** dismiss an action; **~nek nincs helye** no action will lie

kereseti *a* **~ adó** income tax; **~ forrás** source of income; **~ kimutatás** statement of income

keresetképes *a* = **keresőképes**

keresetképtelen *a* = **keresőképtelen**

keresetlen *a* *(mesterkéletlen)* unaffected, artless, informal; *(szavak)* simple, plain; **néhány ~ szóval** in a few simple words, in plain words

keresett *a* **1.** *(cikk)* in demand *ut.*; **nagyon ~** much in demand (*v.* sought-after) *ut.* → **kapós 2.** *(felkapott)* popular, fashionable **3.** = **mesterkélt**

keresgél *v* search for, rummage about, try to find

kereskedelem *n* trade, commerce; **kereskedelmet folytat/űz** trade

kereskedelmi *a* commercial, of commerce *ut.*, of trade *ut.*, trade, business; **~ alkalmazott** (commercial) clerk; **~ attasé** commercial attaché/representative; **~ bank** bank of commerce, commercial bank; **~ cég** commercial firm; **~ dolgozó** (commercial) clerk, commercial employee; **~ egyezmény** trade agreement; **~ gócpont** trade/commercial centre (*US* center), centre (*US* center) of commerce; **~ hajó** merchantman°, merchant ship, trading

vessel; **~ hajózás** *GB* merchant navy, *US* merchant marine; mercantile marine, commercial shipping; **~ iskola** school of commerce, commercial school/college; **~ kamara** Chamber of Commerce, *US* board of trade; **~ kapcsolatok** commercial/trade/ business relations/links; **~ küldöttség** trade/commercial delegation; **~ levelezés** commercial correspondence; **~ levelező** (foreign) correspondence clerk, secretary dealing with foreign correspondence; **~ megállapodás** trade agreement; **~ miniszter** minister of trade/commerce; **~ minisztérium** Ministry of Internal Trade; **~ pályára megy** (s)he'll do business; **~ szellem** business spirit/acumen, elit mercantile spirit; **nem ~ szellemű** unbusinesslike; **~ szerződés** commercial treaty, trade agreement; **~ tanuló** trade apprentice; **~ tárgyalások** trade talks; **~ tengerészet** = **kereskedelmi** *hajózás*; **~ tengerész** merchant seaman°; **~ utazó** commercial traveller (*US* -l-), travelling (*US* -l-) salesman°

kereskedés *n* **1.** *(folyamat)* trade, trading, business **2.** *(üzlet)* shop, *US* store

keresked|ik *v* **1.** *(kereskedést folytat)* trade, be* in business, carry on trade; **~ik vkvel** transact/do* business with sy, trade with sy; **~ik vmvel** trade/deal* in sg **2.** **rossz helyen ~ik** be* barking up the wrong tree

kereskedő *n* **1.** *(boltos)* tradesman°, shopkeeper **2.** *(üzletember)* merchant, trader, dealer, businessman°

kereskedőnegyed *n* business quarter

kereskedősegéd *n* shop assistant, *US* (sales)clerk

kereslet *n* demand; **élénk ~** booming demand; **élénkül a ~** demand is booming; **~ és kínálat** supply and demand; **(nagy) ~nek örvend** be* (much) in demand; **~et kielégít** meet*/satisfy the demand, supply a demand

keresmény *n* earnings *pl*

keresnivaló *n* **itt nincs semmi ~d** you have no business here

kereső I. *a* **1.** *(vmt, vkt)* seeking sg/sy *ut.*, looking/searching for sy/sg *ut.* **2.** **~ foglalkozás** gainful employment/occupation **3.** **~ családtag** wage-earner (in/of the/a family) **II.** *n* **1.** *fényk* viewfinder **2.** *(kenyeret)* (wage-)earner, breadwinner

keresőképes *a* capable of earning one's living *ut.*; *(munkaképes)* fit for work *ut.*; **~ korban van** be* of employable/working age

keresőképtelen *a* incapable of earning (*v.* unable to earn) one's living *ut.*, disabled, dependent

kérész *n* mayfly

kérészéletű *a* ephemeral, short-lived

kereszt *n* **1.** *ált* cross; *(feszület)* crucifix; ~ alakú cross-shaped, cruciform; **mindenkinek megvan a maga** ~je everyone has his cross to bear; ~re feszít vkt crucify; ~et vet cross oneself; ~et vet vmre give* up sg as lost **2.** *(gabona)* shock **3.** *zene* sharp (sign)

keresztanya *n* godmother

keresztapa *n* godfather

keresztbe *adv* across, crosswise; ~ teszi a karját cross/fold one's arms; ~ teszi/rakja a lábát cross one's legs

keresztben *adv* across, crosswise, crossways; *(átlósan)* diagonally; ~ áll a szeme squint, be* cross-eyed; *(ittas is)* see* double

keresztboltozat *n* cross-vaulting

keresztcsont *n* rump-bone, sacrum

keresztel *v* baptize, christen; **Pálnak** ~ték [the child] was christened Pál; **reformátusnak** ~ték (s)he was baptized a Calvinist

keresztelés *n* baptism, christening

keresztelő *n* baptism, christening (ceremony)

keresztelőmedence *n* (baptismal) font

keresztény *a (protestáns szóhasználatban* keresztyén) Christian; ~ erkölcs Christian ethic; ~ hitre tér convert to Christianity, turn Christian

keresztényi *v.* keresztyéni *a* Christian

kereszténység *v.* keresztyénség *n* **1.** *(hit)* Christianity, Christian faith **2.** *(hívek)* Christianity, Christendom, the Christians *pl*

keresztes I. *a* bearing a cross *ut.*; ~ hadjárat crusade; ~ lovag/vitéz crusader **II.** *n* crusader

keresztespók *n* (common) garden/cross spider

keresztesvirágú *a* cruciferous; ~ak cruciferae

keresztez *v* **1.** *(ált vmt)* cross; ~i(k) egymást *(utak, vonalak)* intersect, cross each other; **leveleink** ~ték egymást our letters have crossed in the post **2.** *(meghiúsít)* cross, thwart; ~i vknek az útját cross sy's path; ~i vknek a terveit cross sy's plans **3.** *mezőg (állatot)* cross(-breed*); *növ* cross(fertilize), hybridize

keresztezés *n* **1.** *(út)* = kereszteződés **2.** *(biol, mezőg folyamat)* cross-breeding;

növ cross-fertilization, hybrydization **3.** *(biol, mezőg eredménye)* cross(-breed), hybrid

keresztezett *a* ~ fajta cross-breed

kereszteződés *n ált* crossing ⇨ útkereszteződés

kereszteződ|ik *v* **1.** = keresztezi(k) egymást **2.** *biol* interbreed*, cross, hybridize

keresztfiú *n* godson

keresztfűrész *n* two-handed saw

keresztgerenda *n* crossbeam

keresztgyermek *n* godchild°

keresxthajó *n* transept

kereszthalál *n* crucifixion

kereszthúros *a* cross-strung, overstrung

keresztirányú *a* transversal

keresztkérdés *n* cross-question; ~ek alá fog vkt cross-question sy, cross-examine sy

keresztkötés *n (csomagolásnál)* wrapper

keresztlány *n* goddaughter

keresztlevél *n* † certificate of baptism

keresztmetszet *n* cross-section szűk

keresztnév *n* first/Christian/given name

keresztöltés *n* cross-stitch

keresztrejtvény *n* crossword (puzzle)

keresztrím *n* alternate rhyme

keresztség *n* baptism

keresztszál *n tex* woof, weft, cross fibre (*US* -ber)

keresztszülők *n pl* godparents, sponsors

kereszttűz *n (átv is)* crossfire; ~be kerül *konkr* be* caught in the crossfire; **a kérdések kereszttüzében** under fire, in the barrage of questions; **a vita kereszttüzében** [caught] in the crossfire of the dispute [over sg]

keresztút *n* **1.** *(keresztező út)* crossroad(s), side turning **2.** *vall* the stations of the Cross

keresztutca *n* side street; **jobbra az első** ~ [take*] the first turning on the right

keresztül *adv* **1.** *(térben)* through, across, over; *(utazásnál)* via; **a réten** ~ across the fields; **Bécsen** ~ via Vienna **2.** *(segítségével)* by means of, through; **egy barátomon** ~ through a friend of mine; **a sajtón** ~ by means of (*v.* through) the press; **egy munkaközvetítő irodán** ~ through an employment agency **3.** *(időben)* for, during, through(out); **tíz éven** ~ (for) ten years; **az egész időn** ~ all the time, all along

keresztüldöf *v* stab, pierce (through)

keresztülenged *v* let* through, allow to pass

keresztülerőszakol *v* force/push through

keresztüles|ik *v* **1.** *(térben)* traverse, drop over **2.** *(betegségen)* get* over [an illness]

keresztülfoly|ik *v.* flow through/across; **a folyó ~ik a síkságon** the river crosses/ traverses the plain
keresztülfut *v* **1.** *konkr* run*/race through **2.** *(szemmel)* run* through
keresztülgázol *v* **1.** *(vízen)* wade through **2.** *(ellenfélen)* cut* a (wide) swath(e) through
keresztülhajszol *v* rush through
keresztülhalad *v* pass (through)
keresztülhúz *v* **1.** ~**za a cérnát a tű fokán** thread a needle **2.** *(töröl)* strike*/ cross out; *(érvénytelenít)* cancel *(US* -l*)* **3.** *átv* thwart, frustrate; ~**za vk számításait** upset*/ruin sy's plans
keresztüljár *v* pass (through)
keresztüljut *v* get* through
keresztül-kasul *adv* through and through, from one end to the other
keresztüllát *v* see* through
keresztüllő *v* shoot* through
keresztülmegy *v* **1.** *(halad)* pass (through), cross **2.** *(átél)* undergo*, go* through; *(egy ország vmn)* pass through; *(szenvedésen, betegségen)* go*/come*/pull through [an illness] **3.** *(vizsgán)* pass ⇨ **átmegy**
keresztülnéz *v* **1.** *vmn* look through **2.** ~ **vkn** cut* sy dead/cold, ignore sy
keresztülszúr *v* stab, pierce (through)
keresztültör *v* break* through
keresztülvág **1.** *vt (elvág)* cut* across/ through **2.** ~**ja magát vmn** cut*/force one's way through sg **3.** *vi vmn* take* a short cut [across the fields etc.], cut* through [the forest etc.], cross, traverse
keresztülvezet *v vmn* lead* through
keresztülvihetetlen *a* impracticable, unworkable
keresztülvihető *a* feasible, practicable; *(terv)* workable; **könnyen** ~ easy to accomplish *ut.*
keresztülvisz **1.** *vt (terhet)* take*/carry through/across **2.** *vt átv* carry out/through, go* through with, carry/put* sg into execution; ~**i az akaratát** have* one's way **3.** *vi* = **keresztülvezet**
keresztülvitel *n (kivitelezés)* execution; *(teljesítés)* carrying out, achievement
keresztvas *n* cross-bar, cross-piece
keresztvíz *n* (baptismal) water; **leszedi vkről a keresztvizet** curse sy roundly, *(lehord)* tear* sy off a strip
keresztyén (...) *a* → **keresztény (...)**
keret *n* **1.** *(képnek stb.)* frame; *(szemüvegkeret)* frame, frames *pl*; ~**be foglal/illeszt** frame, mount **2.** *kat* cadre; *(ált létszám)* a

given/stated number of people; *sp (olimpiai, labdarúgó stb.)* squad **3.** **pénzügyi** ~ earmarked/available funds *pl*; **nincs rá** ~ it is* not budgeted for, it has* not been allowed for in the estimates, there is* no money for it **4.** *(határ)* compass, range, limits *pl*; *(váz)* framework; **szűk** ~**ek között** within a narrow compass/range, within narrow bounds; **vm** ~**ében** (with)in the scope/framework of sg; **az előadás** ~**ében** in the course of the performance/ lecture
kéret *v* ask (sy) to come, send* for sy; **magához** ~ **vkt** invite sy to appear before one, send* for sy; ~**i magát** take* much asking/persuading (to do sg); **nem** ~**te magát** he didn't need telling twice
keretantenna *n* frame/loop aerial *(US* antenna)
keretez *v* set*/fit in a frame, frame, mount
keretezés *n* framing, mounting
keretező *a/n* framer
keretfűrész *n* frame-saw
kéretlen *a* unasked, uninvited; ~**ül** unasked; ~**ül tesz vmt** do* sg unasked
kerettörténet *n* story line
kerevet *n* divan
kerge *a* **1.** *(állat)* suffering from the staggers *ut.* **2.** *(vk, átv)* wild, crazy
kérges *a (kéz)* horny, callous
kerget *v* chase, pursue, hunt; **halálba** ~ **vkt** drive*/hound sy to death
kergető(d)z|ik *v* chase about; *(fiatal állatok)* frisk, gambol *(US* -l*)*
kering *v* **1.** *(bolygó)* revolve *(vm körül* round); *(űrhajó)* orbit; *(vm a levegőben)* circle; *(folyadék, gáz)* circulate; **vér** ~ **a testben** blood circulates round/through the body **2.** *(hír)* circulate, go* (a)round
keringés *n (bolygóé)* revolution; *(más tárgyé)* circling; *(folyadéké, véré stb.)* circulation
keringési *a orv* ~ **elégtelenség** circulatory failure/disturbance; ~ **rendszer** circulatory system
keringő *n (tánc)* waltz
keringőz|ik *v* waltz, dance a/the waltz
kerít *v* **1.** *(szerez)* get*, get* hold of, obtain, go* and fetch; **orvost** ~ find* a doctor; **pénzt** ~ raise money **2.** *(nőt)* procure ⇨ **fenék, hatalom, kéz, sor**
kerítés *n* **1.** *(vm körül)* fence, fencing **2.** *(nőkkel)* procuring; ~**sel foglalkozik** procure, pimp, be* a pimp/procurer
kerítetlen *a* unfenced
kerítő *n* procurer, pimp

kerítőháló n drag/sweep-net
kerítőnő n procuress
kérkedés n boasting, bragging, braggadocio, big talk
kérked|ik v talk big, brag; *(vmvel)* vaunt sg, boast of sg
kérkedő I. a bragging, vaunting, boastful **II.** n boaster, braggart
kérlel v entreat, implore, plead
kérlelés n entreaty, imploring, pleading
kérlelhetetlen a implacable, relentless
kérő I. a asking, requesting; ~ **szóval fordul vkhez** entreat sy **II.** n *(leányé)* suitor
kérődzés n chewing of the cud, rumination
kérődz|ik v chew the cud, ruminate
kérődző a ruminant
kérőjegy, kérőlap n *(könyvtári)* request/call slip, order form
kert n garden; *(gyümölcsös)* orchard; *(veteményes, konyha~)* kitchen-garden
kertajtó a garden-gate/door
kertel v mince matters, beat* about the bush, hedge
kertelés n mincing matters, beating about the bush; ~ **nélkül** bluntly, frankly; ~ **nélkül megmond vmt** biz make* no bones about it
kertépítés, kertépítészet n landscape architecture/gardening
kertépítő (mérnök) n landscape architect/gardener
kertes a having/with a garden ut.; ~ **ház** house with a garden
kertész n gardener; tud horticulturist
kertészet n **1.** *(foglalkozás)* gardening; tud horticulture **2.** *(üzem)* garden, nursery(-garden); *(piacra termelő)* market garden, US truck farm
kertészeti a of gardening ut., gardening; tud horticultural; ~ **egyetem** school/department of horticulture; ~ **kiállítás** horticultural show
kertészkedés n gardening; tud horticulture
kertészked|ik v do* some/the gardening, garden
kertészkés n pruning knife°
kertészlegény n under-gardener
kertészmérnök n horticulturist
kertésznadrág n dungarees pl
kertészolló n garden-shears pl
kertgazdálkodás n horticulture
kertgazdaság n = **kertészet**
kerthelyiség n garden
kerti a **1.** garden; ~ **növény** garden plant; ~ **olló** secateurs pl; ~ **szerszámok** gardening tools; ~ **törpe** garden gnome; ~

ünnepély garden-party; ~ **vetemény** garden produce, vegetables pl **2.** = **kertészeti**
kertkapu n garden gate
kertmozi n open-air cinema
kertművelés n gardening; tud horticulture
kertváros n garden city/suburb
kertvárosi a suburban
kerül 1. vi vhova get* somewhere, arrive at, come*/get* to; **kórházba** ~ be* taken/sent to hospital (v. *főleg US:* to the hospital), be* hospitalized; **a külügyhöz** ~ t *(állásba)* he was appointed to the Foreign Ministry; **vidékre** ~ t he was transferred to the provinces; **hát te hogy** ~ **tél ide?** how (on earth) did you get here?; **hogy** ~ t **ide ez a könyv?** how did this book get here?; **a hajó viharba** ~ t the ship hit bad weather **2.** vi vmre come* to, result/end in; **perre** ~ t **a dolog** they went to law about it; **rá** ~ **a sor** it is his/her turn now → **sor 3.** vi *(jut)* ~ **neked is** vm there will be something left for you too **4.** vi *(vmbe, pénzbe)* cost*, come* to; *(időbe)* take*/require [time]; ~, **amibe** ~ cost what it may, at any cost, at all costs, no expense(s) spared; **hozd a pénzt,** ~, **amibe** ~ get the money, regardless!; **mibe/mennyibe** ~? how much is it?, what does it cost?, what is the price of it?; **mibe fog ez** ~**ni?** how much is this going to cost?; **ez körülbelül 2000 Ft-ba fog** ~**ni** this is going to cost about 2,000 fts; **5 forintba** ~ t it cost (sy) 5 fts, it came to 5 fts, we paid 5 fts for it; **sokba** ~ it costs* a lot, it costs* a great deal, it is* very expensive; **sok időmbe** ~ t it took me a long time (to do), biz it took me ages; **sok munkámba** ~ t I worked a lot on it; **az életébe** ~ t it cost him his life; **csak egy szavadba** ~ you need only say a/the word **5.** vt vkt, vmt avoid, give* sg/sy a wide berth, shun (seeing) [people], keep* out of the way (of), keep* away (from); ~**i az embereket** be* unsociable, avoid people; ~**i a témát** skirt the issue(s) **6.** vt *(kerülőt tesz)* go* a roundabout/circuitous way, go* round, go* out of one's way; **nagyot** ~ t went a/the long way round ⇨ **baj, iskola, kéz, sor**
kerület n **1.** *(körvonal)* outline, contour, circle; mat circumference **2.** *(városi, közigazgatási)* district, GB így is: borough; **a XII.** ~ the 12th district
kerületi a **1.** *(városi kerülettel kapcs.)* district; ~ **bíróság** local/district court; ~ **tanács** district/local council; **a Bp. XII.** ~ *(röv.* **Ker.)** **Önkormányzat** the local

government of the 12th District in Budapest **2.** *mat* circumferential
kerül-fordul *v* = **térül-fordul**
kerülget *v* **1.** *biz* ~ **vkt** *(udvarlási szándékkal)* hang* around sy **2.** *(témát)* talk round [the subject], skirt [the issue]; ~**i, mint macska a forró kását** beat* about the bush ▷ **guta**
kerülő l. *a* **1.** ~ **út** detour; ~ **úton** (1) *konkr* by a roundabout route (2) *átv* in a roundabout way; ~ **utat tesz** make* a detour; **társaságot** ~ **ember** person shunning company **ll.** *n (út)* detour; **nagy** ~ **it is*** a long way round; ~**t tesz** make* a detour
kérvény *n* application, request; *(főleg közügyben,* ill. *jog válókereseti)* petition; ~**t bead/benyújt** *(vkhez vm ügyben)* make*/ submit an application (to sy for sg), apply (to sy) for (sg); *(főleg jog)* file a petition (for sg)
kérvényez *v* make*/submit an application (for sg), apply for (sg)
kérvényező *n* applicant; *(főleg közügyben,* ill. *jog válóperben felperes)* petitioner
kérvényűrlap *n* application form
kés *n* knife°; ~**ek** *(háztartásban)* cutlery; *biz* ~ **alá fekszik** *(műtétnek veti alá magát)* go° under the knife
késedelem *n* delay; *(fizetési)* default; ~ **nélkül** without delay, forthwith, at once; **nem tűr késedelmet** it brooks no delay; **késedelmet szenved** suffer delay, be* delayed/postponed
késedelmes *a* dilatory, slow, delayed; *ker* defaulting, in default *ut.*
késedelmi *a* **(100 Ft)** ~ **díj** a late fee [of 100 fts]; ~ **kamat** interest for/on default, default interest
kései *a* (too) late, belated
késel *v* stab (sy) with a knife, knife
késél *n* knife-edge
késelés *n* knifing
keselyű *n* vulture
kesereg *v vmn* grieve at/over/about sg, lament (over) sg
kesergés *n* lament, lamentation
kesergő l. *a* grieving, lamenting **ll.** *n (zene)* lament, dirge
keserít *v* grieve, embitter, sadden; ~**i az életemet** makes* my life a burden
kesernyés *a* tart, bitterish
keserű *a* bitter ▷ **pirula**
keserűség *n* **1.** *(íz)* bitterness **2.** *(szomorúság)* bitterness, grief, distress
keserűsó *n* Epsom salts *pl*, bitter salt

keserűvíz *n* bitter water
keserves *a (fájó)* painful; *(keserű)* bitter, grievous, sorrowful; *(nehéz)* troublesome, hard, laborious; ~ **csalódás** bitter disappointment; ~ **kenyér** hard way of living; ~ **sírás** bitter tears *pl*
keservesen *adv* bitterly; ~ **csalódik** have* the disappointment of one's life; ~ **zokog** sob bitterly, sob/cry one's heart out
késes *n* cutler; ~ **(és köszörűs)** knife grinder
késés *n (vonaté stb.)* delay, late arrival; **mennyi** ~**e van a vonatnak?** how late is the train running?; **a vonatnak 25 perc** ~**e van** the train is* (running) 25 minutes late, the train was delayed for 25 minutes; **háromórás** ~ a delay of three hours; **nincs** ~**ünk** the train is on (*v.* is running to) time; **elnézést a** ~**ért** I apologize for my late arrival (*v.* for being late)
késhegy *n* ~**ig menő harc** war to the knife
kés|ik *v* **1.** *(vk)* be* late; *(vonat)* be* (running) late; **két órát** ~**ett** he was two hours late; **a forgalom miatt** ~**tem** I was delayed by the traffic; ~**ik** *(kiírás reptéren)* delayed; **(a vonat) 25 percet késik** [the train] is (running) 25 minutes late, [the train] has a 25 minutes delay; **2 órát** ~**ett a vonat** the train was delayed (for) two hours; **a köd miatt** ~**nek a gépek/járatok** incoming flights will be subject to delay because of the fog, planes are delayed by fog; **ami** ~**ik, nem múlik** everything comes to him who waits; ~**ik a válasz** the answer is* overdue **2.** *(óra)* be* slow; ~**ik az órám** my watch is* slow; **öt percet** ~**ik az órája** his watch is* five minutes slow, his watch loses five minutes (a day)
keskeny *a* narrow, tight; *(szűk)* strait; ~ **nyomtávú/vágányú vasút** narrow-gauge (*US* -gage) railway
keskenyed|ik *v* become* narrow(er), narrow
keskenyfilm *n* 16 mm film, cinefilm
keskenyít *v* make* narrower, narrow
késlekedés *n* tardiness; **nincs idő a** ~**re** there is* no time to lose
késleked|ik *v* fall*/lag behind, linger; *vmvel* be* slow in [doing sg]
késleltet *v* **1.** *(feltart)* detain, keep* (back), hold* up **2.** *(lassít)* delay, retard, hold* up/back
késleltetés *n* retardation, delay(ing)
késműves *n* = **késes**
késnyél *n* knife-handle

késő I. *a (elkésett)* late, belated, coming (too) late *ut.*; ~ **éjszakáig** far *i*nto the night; ~ **este** late in the evening; ~ **ősz** late *au*tumn *(US* fall); ~ **ősszel** late in the *au*tumn *(US* fall) **II.** *adv* (too) late; **már** ~ **van** it is late in the day, it is getting late; **már** ~ *(= nincs tovább)* it is too late **III.** *n* ~**re jár az idő** it is getting late

később *adv* later (on), *a*fterwards; **egy évvel** ~ a year later; ~**re hagy/tesz/halaszt vmt** put* off sg, defer/delay sg ▷ **legkésőbb**

későbbi I. *a* later; *(rákövetkező)* subsequent, following **II.** *n a* ~**ek során/folyamán** later on, subsequently

későn *adv* (too) late; ~ **érkező/jövő** latecomer; ~ **érő (típus)** *(gyermekről)* a late developer; ~ **fekszik le** stay up late; ~ **fekvő (ember)** night owl/hawk; ~ **kel(ő)** get* up late, be* a late riser; **jobb** ~, **mint soha** better late than never

késpenge *n* blade (of knife)

késszúrás *n* thrust*/sta**b** with a knife

kész *a* **1.** *(befejezett)* ready, finished; ~ **vagyok I** am* ready; *vm*vel **I** have finished/done it; ~ **tények elé állít vkt** face sy with a fait accompli **2.** ~ **vmre,** ~ **megtenni vmt** be* willing/ready/prepared to (do) sg, be* prepared for sg; **mindenre** ~ be* ready/prepared to do everything, be* ready for anything **3.** *(készen kapható)* ready-made, ready-to-wear **4.** *(készséges)* obliging, willing; ~ **híve** *(levélbefejezés)* yours truly/faithfully/sincerely; ~ **örömmel** with pleasure, gladly, most happily/willingly **5.** ... **és** ~! and that's that/it, that's all **6.** *(valóságos)* accomplished, perfect, complete; *(gúnyosan)* proper, quite a; ~ **cirkusz/kabaré** it's (quite) ridiculous

készakarva *adv* deliberately, on purpose, intentionally

készáru *n* finished product, finished goods *pl*

keszeg I. *n* bream **II.** *a* lanky

készen *adv* **1.** *(befejezetten)* ready, finished, done, accomplished; ~ **van** *vk/vm* be* ready; *vm* be* finished/done; *(írásmű)* be* written; ~ **vagy vele?** are you ready (with it)?, have you done it? **2.** *(felkészülten)* ready, prepared; ~ **áll vmre** be* ready/prepared for sg ▷ **kész 1.**

készenlét *n* readiness, preparedness; ~**ben áll/van** be* on (the) alert, stand* by [to do sg], be on call/standby; *(rendőrség)* be* on standby; ~**ben tart** keep* in store/stock, have* in reserve

készenléti *a* ~ **táska** *e*ver-ready case, camera case

készétel *n* **1.** *(élelmiszerüzletben)* ready-to-eat meal/food, instant/convenience meal/food, csak *US:* TV dinner **2.** *(étteremben)* dish [on the menu]

készfizetés *n* = **készpénzfizetés**

készgyártmány *n* finished product, wholly manufactured goods *pl*

készít *v* **1.** *(csinál)* make*, prepare; *(ebédet stb.)* prepare, make*, *US* fix; ~**het egy italt?** *US* can I fix you a drink?; **orvosságot** ~ prepare a medicine, make* up a medicine; **tervet** ~ make*/devise a plan/scheme, draw* up a plan/scheme **2.** *(előállít vmből)* produce, make*; *(gyárilag)* manufacture; *(ételt)* prepare, make* ready, cook **3.** *(összeállít)* construct

készítés *n* **1.** *(csinálás)* making, preparation, preparing **2.** *(előkészítés)* preparation, preparing **3.** *(előállítás)* producing, production, manufacture, manufacturing, preparing

készítmény *n* product, manufacture; *vegy* preparation; *(gyógyszer)* specific; **gyári** ~**ek** industrial goods/products

készítő *n* maker; *(előállító)* manufacturer

készíttet *v* have* sg made

keszkenő *n* *(zsebkendő)* handkerchief ▷ **kendő 1.**

készkiadás *n* out-of-pocket expense(s)

készlet *n* **1.** *(áru)* store, stock (in hand); *(tartalék)* reserve (fund), supply; ~**et gyűjt** lay* in a store (of), stockpile (sg); **amíg a** ~ **tart** while stocks last **2.** *(összetartozó dolgok)* set; *(edények)* set, service; *(szerszámok)* kit

készletez *v* stockpile

készletezés *n* stockpiling

keszon *n* caisson

keszonbetegség *n* caisson disease, decompression sickness, *biz* the bends *sing. v. pl*

keszonmunkás *n* caisson-worker

készpénz *n* cash, ready money; **nincs nálam** ~, **fizethetek csekkel?** I've no cash on me, can I pay by cheque?; ~**ben/**~**zel fizet** pay* in cash, pay cash (down); ~**nek vesz vmt** take* sg for granted

készpénzfizetés *n* payment in cash, cash payment

készpénzkészlet *n* cash balance, cash in hand

készruha *n* ready-to-wear clothes *pl*; ~**t vesz** buy* sg off the peg

készség *n* **1.** *(szerzett)* skill; ~**e van (***v.*** ~re tett szert) vmben** be* (very) skilled at/in sg **2.** *(hajlandóság)* readiness, willingness; ~**gel** readily, willingly; *(örömmel)* gladly, with pleasure; ~**gel elismeri, hogy** he is* ready/happy to admit that **készséges** *a* ready, willing, helpful; **nem** ~ unhelpful; ~**en** = **készséggel késztet** *v vmre* induce/get*/prompt/urge sy to do sg; **mi** ~**te erre?** what made him do it?

kesztyű *n* glove(s); *(egy- és kétujjas)* mitten(s); ~**t húz** put* on gloves; **megtanít vkt** ~**be dudálni** put* the fear of God into sy

kesztyűbőr *n* glove-leather

kesztyűs I. *a* **1.** gloved; ~ **kézzel bánik vkvel** handle/treat sy with kid gloves, treat sy leniently **II.** *n* glover, glove-maker

kesztyűtartó *n (kocsiban)* glove-compartment

készül *v* **1.** *(munkában van)* be* in hand, be* being made; *(javítás alatt)* be* under repair; *(építés alatt)* be* being built, be* going up; ~ **az ebéd** lunch is on the way; **mikor** ~**t ez a ruha?** when was this suit made? **2.** *vmből* ~**(t)** be* made/composed of sg; *(gyártott)* be* manufactured from sg, be* made from/of sg **3.** *(előkészületeket tesz)* make* (oneself) ready for, make* preparations/arrangements for; *(szándékozik vmt tenni)* be* going to do sg, be* about to do sg; **éppen lefeküdni** ~**t** he was about to go to bed **4.** *vhova* be* about *(v.* get* ready) to go somewhere; **szabadságra** ~ be* preparing/about to go on holiday; ~ **az útra** make* preparations for the journey, be* preparing to go ... **5.** *(pályára)* be* going to be/become sg, want to be/become sg, go* in for sg; *(vmre tanul)* study (for) sg, read* [physics etc.], be* reading for a degree in [physics etc.]; **érettségire** ~ prepare for the/one's school leaving examination; **mérnöknek** ~ he is studying to be an engineer; **orvosnak** ~ want to become a doctor; *(tanul)* study medicine, study for the medical profession; **vizsgára** ~ prepare/study for an examination, study (hard) for one's examinations/exams **6.** *(diák a másnapi órákra stb.)* prepare for; **tanár úr kérem, nem** ~**tem** please sir, I haven't prepared anything **7.** *(közeledik)* approach, be* in the offing; **vm** ~ there is* sg in the wind/air; *biz* there is sg up

készülék *n* apparatus, appliance, machine; *(rádió, tévé)* (radio/TV) set; **új fajta** ~**ek** *biz* gadgetry; **ügyes kis** ~ *biz* a clever little gadget

készülés *n* ált preparation, getting ready; *isk* preparation, *GB biz* prep; *(vizsgára)* studying/reading for [one's examinations]

készületlen *a* unprepared; ~**ül** without preparation; *(váratlanul)* unexpectedly; ~**ül éri vm** *biz* be* caught napping, be* caught with one's pants down

készülő I. *a* **1.** *(munkában levő)* in hand/preparation *ut.;* ~ **mű** the work in hand/preparation **2.** *vmre* preparing for *ut.; (vizsgára)* preparing/studying for [one's exams] *ut.* **3.** *(közeledő)* imminent, approaching **II.** *n* ~**ben van** *vm* be* under way, be* in preparation/progress, be* in the making; *(meglepetés)* be* in store; *(főleg vm rossz)* there is* sg brewing, there is* sg in the air/wind; **a** ~**(fél)ben levő munka** the work in hand/preparation

készülődés *n* preparation(s), getting ready

készülőd|ik *v* vmre prepare (oneself) for sg, get* ready for sg **készül 3., 4.**

készült *a* → **készül 2.**

készültség *n* **1.** = **készenlét;** *(készenlét)* preparedness, readiness, standby; ~**ben van** *(kat, rendőrség stb.)* be* on (the) alert, be* (kept) on standby; *(orvos)* be* on call **2.** *kat (alakulat)* squad on standby **3.** = **felkészültség**

két *num* two; ~ **kézzel kap vmn** jump/leap* at sg; ~ **legyet egy csapásra** kill two birds with one stone ⇨ **kettő**

kétágú *a* forked, two-pronged, bifurcate

kétágyas *a* ~ **szoba** double bedroom

kétajtós *a* ~ **kocsi** coupé, two-door model

kétárbocos I. *a* two-masted **II.** *n* two-master, two-masted vessel/ship

kétbalkezes *a* ham-fisted/handed, clumsy; *(főnévvel) biz* butterfingers *pl; kif* he is all (fingers and) thumbs

kétcsövű *a (puska)* double-barrelled (*US* -l-)

kétdimenziós *a* two-dimensional

kételkedés *n* doubt(ing), scepticism

kételked|ik *v* doubt; *vmben* call (sg) in(to) question, question (sg), be* doubtful/sceptical (about), have* (one's) doubts (about)

kételkedő I. *a* doubting, unconvinced, sceptical **II.** *n* sceptic

kétell *v* doubt, call in(to) question, question; **kétlem!** I (rather) doubt it, Hardly!; **kétlem, hogy eljön** I doubt if/whether/that he'll come; **nem kétlem, hogy eljön** I don't doubt that he'll come

kétéltű I. *a* amphibious; ~ **jármű** amphibious vehicle, amphibian **II.** *n* amphibian; ~**ek** amphibia

kétélű *a (átv is)* two/double-edged; ~
fegyver it's a double-edged weapon, *(igével)* it cuts both ways
kétely *n* doubt, scruple
kétemeletes *a* ~ **ház** a house on/with three floors, three-storey(ed) house *(v.* block of flats)
kétértelmű *a* **1.** having a double meaning *ut.,* ambiguous, equivocal **2.** *(illetlen)* risqué, double entendre
kétes *a* doubtful, dubious; *(bizonytalan)* uncertain; *(vitás)* disputed, contestable; *(nem megbízható)* untrustworthy, unreliable; *(gyanús)* suspicious; ~ **egzisztencia** shady/dubious character; ~ **értékű** of doubtful/questionable value *ut.,* equivocal; ~ **értékű bók** left-handed compliment; ~ **hírű** ill-reputed; ~ **külsejű** suspicious-looking
kétévenként *adv* every two years, biennially
kétévenkénti *a* biennial, happenning/occurring every two years *ut.*
kétéves *a* **1.** two years old *ut.,* two-year-old **2.** *(két évig tartó)* lasting two years *ut.,* two-year
kétevezős *a (hajó)* pair(-oar)
kétévi *a* (of) two years, lasting two years *ut.,* two-year
kétezer *num* two thousand
kétfejű *a* two/double-headed; ~ **sas** two-headed eagle
kétfekhelyes *a* two-berth, having two berths *ut.*
kétfelé *adv* **1.** *(félbe)* in two/half **2.** *(két irányba)* in two/opposite directions; ~ **ágazik** bifurcate, branch (off)
kétféle *a* of two (different) kinds/sorts *ut.,* alternative, alternate
kétféleképpen *adv* in two (different) ways; ~ **értelmezhető** ambiguous, having a double meaning *ut.;* *kif* can be taken two ways
kétfelvonásos *n* two-act play
kétforintos **I.** *a* two-forint **II.** *n* two-forint coin/piece
kétharmad *adv* two-thirds *pl*
két-három *num* two or three
kéthasábos *a* double/two-column
kéthavi *a* **1.** *(kéthavonként megjelenő)* bi-monthly **2.** *(két hónapra szóló)* two month's, for two months *ut.*
kéthavonként *adv (történő, megjelenő)* bi-monthly, every two months
kéthavonta *adv* = **kéthavonként**
kéthetenként *adv* every two weeks, *GB* fort-nightly, biweekly; ~ **megjelenő** biweekly

kéthetente *adv* = **kéthetenként**
kéthetes *a (időtartam)* two weeks', *GB* a fortnight's; *(kor)* two weeks old *ut.,* two-week-old
kétheti *a* two weeks', *GB* a fortnight's
kéthónapi *a* two months', for two months
kéthónapos *a* two months old *ut.,* two-month-old
kétirányú *a* two-way, two directional; ~ **forgalom** two-way traffic
kétjegyű *a* ~ **betű** digraph; ~ **szám** double figures *pl,* two-figure/digit number
kétkamarás *a* bicameral [legislature], two-chamber, consisting of two chambers *ut.*
kétkarú *a* ~ **emelő** two-armed lever
kétkazettás *a* ~ **magnó** tape to tape *(v.* double) cassette recorder
kétked|ik *v* = **kételkedik**
kétkerekű *a* two-wheeled
kétkezes *a* two-handed
kétkezi *a* ~ **munkás** manual worker
kétkezű *a* two-handed
kétkulacsos **I.** *a* double-dealing **II.** *n* double-dealer
kétkulacskod|ik *v* be* two-faced, be* a double-dealer, *kif* run* with the hare and hunt with the hounds
kétlábú *a* two-legged
kétlakásos *a* ~ **ház** house with two flats, *csak US:* duplex house
kétlaki *a* **1.** *növ* di(o)ecious **2.** *biz* ~ **életet él** lead* a double life
kétlem *v* → **kétell**
kétnapi *a* two-days', of two days *ut.*
kétnapos *a* two days old *ut.,* two-day-old
kétnejűség *n* bigamy
kétnemű *a* **1.** *(kétféle)* of two different kinds *ut.* **2.** *orv, áll* bisexual
kétnyelvű *a* bilingual; ~ **szótár** bilingual dictionary
kétnyelvűség *n* bilingualism
kétoldali *a* ~ **bénulás** bilateral paralysis, diplegia; ~ **tüdőgyulladás** double pneumonia
kétoldalt *adv* on two/both sides, on each side
kétoldalú *a* bilateral; *(szövet)* double-faced; ~ **kereskedelmi kapcsolatok** bilateral commercial relations; ~ **megállapodás** bilateral agreement
kétórai *a* **1.** = **kétórás 2.** *a* ~ **vonat** the two-o'clock train
kétóránként *adv* every two hours, bihourly
kétórás *a* two hours long *ut.,* lasting two hours *ut.,* two hours', two-hour
kétpályás *a* ~ **autóút/autópálya** dual carriageway road

kétpárevezős *n* double scull
kétpártrendszer *n* two-party system
kétpólusú *a* bipolar
kétpúpú *a* ~ **teve** Bactrian (*v.* two--humped) camel
ketrec *n* cage; *(baromfinak)* coop
kétrészes *a* two-piece; ~ **fürdőruha** two/2-piece bathing suit (*v.* swimsuit), bikini
kétrét *adv* ~ **görnyed** bend* double; ~ **hajt** *vmt* fold sg in two/half
kétsávos *a (magnó)* double-track
kétség *n* doubt; **nem lehet** ~ **afelől, ehhez** ~ **nem fér** there is* no doubt about it; **nincs semmi** ~ **em** I have* no doubt whatever, I have* not the slightest doubt; ~ **be ejt** drive* sy to despair/ desperation, fill sy with despair; ~ **be von** call (sg) in question, question, doubt, cast* doubt on; *(vitat)* dispute; *(tagad)* deny, refuse to believe; ~ **be vonható** doubtful, disputable, questionable; **minden** ~ **et kizáró módon** without any doubt whatever, undoubtedly
kétségbeejtő *a* desperate, hopeless; ~ **helyzetben van** be* in a desperate situation/state; **ez** ~ **it** makes* one (feel) desperate; ~ **en** *biz* terribly, awfully, dreadfully
kétségbeesés *n* despair, desperation
kétségbeesett *a* desperate; ~ **erőfeszítés(ek)** desperate/frantic effort(s)
kétségbees|ik *v* despair, lose* heart; ~ **tem** my heart sank; **kétségbe van esve** be* desperate, be* in despair
kétségbevonhatatlan *a* = **kétségtelen**
kétséges *a* doubtful, dubious, uncertain; **nem** ~, **hogy** it is beyond doubt/question that, it is indisputable that
kétségkívül *adv* undoubtedly, without/no/ beyond doubt, doubtless; *(valóban)* surely, certainly
kétségtelen *a* unquestionable, indisputable, certain, sure
kétségtelenül *adv* = **kétségkívül**
kétsoros *a* **1.** *(két sorból álló)* in two rows *ut.*, double-rowed; *(írás)* of/in two lines *ut.* **2.** *(ruha)* double-breasted
kétszakos *a* ~ **tanár** teacher qualified to teach two subjects
kétszáz *num* two hundred; ~ **méteres síkfutásban első lett** he won the 200 metres
kétszázéves *a* ~ **évforduló** bicentenary, 200th anniversary, *főleg US:* bicentennial
kétszemélyes *a* for two (people) *ut.*; ~ **ágy** double bed; ~ **beutaló/üdülés** a holiday for two

kétszer *num adv* twice; ~ **annyi** twice as much/many; ~ **annyit eszik, mint te** (s)he eats twice what (*v.* the amount that) you eat; ~ **kettő négy** twice two is/are four; ~ **is meggondolja** think* twice (before doing anything); **havonta** ~ **megjelenő** biweekly (magazine/journal)
kétszeres I. *a* double, twofold, duplicate **II.** *n (mennyiség)* double (amount); ~ **ére emelkedik** be*/become* doubled, double
kétszeresen *adv* doubly, twofold, twice
kétszeri *a* done/occurring twice *ut.*, double
kétszersült *n* zwieback, rusk
kétszerte *adv* twice, doubly
kétszikű *a* dicotyledonous
kétszintes *a (ház)* two/2-storey(ed), *US* two/2-storied; ~ **lakás** *GB* maisonette, *US* duplex (apartment)
kétszínű *a* **1.** konkr two-coloured (*US* -or-), of two colours *ut.*, bicolour(ed) *US* (-or-) **2.** *átv* hypocritical, double-dealing, two--faced; ~ **ember** double-dealer
kétszínűség *n* duplicity, double-dealing
kétszínűsköd|ik *v* be* a hypocrite, be* a double-dealer, play a double game
kétszobás *a* two-room(ed), with two rooms *ut.*
kétszólamú *a* for two voices (*ut.*)
kétszótagú *a* disyllabic
kéttagú *a* **1.** *(két részből álló)* having/of two parts/members *ut.*; ~ **szó** disyllable **2.** *mat* binomial
ketté *pref* in two (halves), asunder
kettéágaz|ik *v* bifurcate, branch off, fork
ketted *num (egy)* ~ one half
kettéharap *v* bite* in two
kettéhasad *v* split* in two
kettéhasít *v* split*/cleave* (in two)
ketten *num adv* (in) two, two of; *(együtt)* together; **mi** ~ the two of us; **ők** ~ the two of them; **mind a** ~ both (of them/us/you)
kettéoszl|ik *v* = **kettéválik**
kettéoszt *v* halve, divide in two (*v.* into two parts), split* in(to) two
kettes I. *a* **1.** ~ **szám** (number)/figure two/2; ~ **villamos** tram number two (*v.* No. 2), the number two tram **2.** ~ **számrendszer** binary system; ~ **számrendszerbeli szám** binary digit **II.** *n* **1.** *(számjegy)* figure/number two/2 **2.** *(kártyában, kockában)* deuce **3.** *(osztályzat)* rather weak (mark); ~ **re felelt** he was found rather weak **4.** *(autóbusz, villamos)* bus/tram number two (*v.* No. 2), the number two bus/ tram; **szállj fel a** ~ **re** take* tram/bus number two **5.** = **kétpárevezős**

kettesben adv **1.** *(párosan)* in pairs/twos **2.** *(együtt)* (the two of them/us/you) together, in private
kettesével adv by/in twos, two by/and two
kettészakít v tear*/rip in half/two
kettétör v break* in two
kettétör|ik v break* in two/half, snap
kettévág v cut* in(to) two, cut* in half
kettéválaszt v separate, sever
kettévál|ik v fall* apart, separate, divide in two (v. into two parts), part ⇨ **kettéágazik**
kettő num two; vmből a couple of; **mind a ~** both; *(személyről)* both (of them); **~n áll a vásár** it takes* two to make a bargain; **olyan, mintha ~ig sem tudna számolni** he wouldn't say boo to a goose, he looks as if butter would not melt in his mouth ⇨ **két**
kettős I. a *(kétszeres)* double, twofold, duplicate; *(kettő vmből)* double, twin; **~ állampolgárság** dual citizenship; **~ kereszt** cross of Lorraine, patriarchal cross; **~ könyvvitel** double-entry book-keeping; **~ morál/nevelés** kb. double standard; **~ sorokban** in pairs/twos, in double file, two abreast; **~ vágány** double track; **~ vágányú** double-track; **~ villáskulcs** double-ended spanner **II.** n *(zene)* duet
kettőshangzó n diphthong
kettőspont n colon
kettősség n duality
kettőszáz num two hundred
kettőz v double, duplicate; nyelvt reduplicate
kettőzés n doubling, duplication; nyelvt reduplication
kétujjas a **~ kesztyű** mitten(s)
kétüléses a **~ autó** two-seater
kétütemű a **1. ~ motor** two-stroke engine **2. ~ verssor** two-beat line
kétvágányú a double-track
ketyeg v tick
ketyegés n ticking
kettyen v click, tick
kéve n sheaf, bundle; **~t köt** bind* into sheaves, sheave
kévekötő n sheaf-binder; **~ aratógép** (self-)binder, harvester
kevély n disdainful, haughty, presumptuous, supercilious, arrogant
kevélyked|ik v behave arrogantly, give* oneself airs
kevélység n haughtiness, presumption
kever v **1.** *(össze)* mix; *(főzéskor)* stir; *(vm közé)* mix (with); *(vegyileg)* combine; **italt ~ vknek** get* (US fix) sy a drink **2.** *(kár-*

tyát) shuffle **3.** *(átv, vmbe)* involve/embroil in, get* sy mixed up in; **bajba ~ vkt** get* sy into trouble (v. a fix) ⇨ **kártya**
keveredés n **1.** *(egybe)* mixing, blending **2.** *(fajoké)* interbreeding, crossing **3.** *(zűrzavar)* confusion, chaos, biz muddle
kevered|ik v **1.** *(több egybe)* mix, blend; *(vegyileg)* combine **2.** *(fajilag)* interbreed*, cross-breed*/fertilize **3.** vk vmbe become*/get* involved in sg; **bajba ~ik** get* into trouble; **rossz társaságba ~ik** get*/fall* into bad company
kevereg v = kavarog
keverék n ált mixture; *(dohány, kávé stb.)* blend; *(üzemanyag)* fuel mixture; *(rendszertelen)* medley, mishmash; átv amalgam; **~ faj(ú)** mixture of breeds, hybrid, crossbreed
keverés n **1.** *(össze)* mixing, mingling; *(főzéskor)* stirring; *(vegyítés)* combination **2.** *(kártyáé)* shuffling
keverési a **~ arány** mixing ratio
keverget v keep* (on) stirring
keverő n **1.** *(eszköz)* stirrer, mixer; *(gépi)* mixer, mixing machine **2.** *(személy)* mixer
keverőasztal n mixing desk
keverőberendezés n mixing unit/equipment
keverőgép n mixer, mixing machine; *(háztartási)* liquidizer, blender
kevert a **1.** *(anyag)* mixed, blended **2.** *(faj)* hybrid, crossbred
kevés num little, few *(utána: pl)*, small; *(valamennyi)* some; *(idő)* short; *(csekély)* slight, limited, scanty; *(nem elég)* wanting, insufficient, not enough, too little/few; **ez ~** that's not much, that's insufficient/unsatisfactory; **~ kivétellel** with few exceptions; **~ a benzin** *(= fogytán van)* the car is running low on petrol; **~ a pénzem** I have* little money, I am* short of money; **van egy ~ pénz nálam** I've got some money with/on me; **~ van belőle** sg is* in short supply; **egyike azon keveseknek, akik** be* one of the few (people) who; **~re becsül** set* little by, attach little value/importance (to); *(lebecsül)* do* not think much (of), think* little (of); **mindenből egy keveset** a little bit of everything; **keveset érő** of little value/worth ut.; **keveset keres** earn (very) little, earn a pittance; **keveset tud** doesn't know much, knows* little (about sg); **~sel ezelőtt** a short time ago, not long ago; **~sel azelőtt** not long before, a little before, a little earlier; **~sel azután** shortly/soon after

kevésbé *adv* (the) less; **annál ~, mert** all the less since, especially as; **egyre ~** less and less, decreasingly; **még ~** still less
kevesbed|ik *v* grow* less, dim*i*nish, be* reduced, lessen
kevesbít *v* make* less, red*u*ce, dim*i*nish, lessen
kevesebb *a* less, fewer; **~ lesz = kevesbed|ik; nem ~, mint** no(t) less than; **vmvel ~** a l*i*ttle/tr*i*fle less; **egyre ~et** less and less; **mennél ~ett eszik, annál soványabb lesz** the less she eats, the th*i*nner she gets ⇨ **legkevesebb**
kevesell *v* find* unsatisf*a*ctory/insuff*i*cient, find*/think* sg too l*i*ttle
kevesen *adv* (a) few (p*e*ople), some (p*e*ople); **~ voltak** *(vmn)* it was p*o*orly attended
kevéske *a* a tr*i*fle, l*i*ttle (*v. sk* wee) bit, a spot
kevéssé *adv* a l*i*ttle/tr*i*fle, somewhat, a l*i*ttle bit; **~ ismert** lesser-known [l*a*nguages etc.]
kéz *n* **1.** hand; **~ alatt** *(vásárol)* second-hand; **~ kezet mos** if you scratch my back I will scratch yours; **keze munkájából él** he works for his l*i*ving; **benne van a keze** have* a hand in it, have* a f*i*nger in the pie; **keze ügyében van** be* near at hand, be* at one's elbow, be* with*i*n (one's) reach; **kezébe vesz** *vkt/vmt* take* sy/sg *i*nto one's hands; **nem való gyerek kezébe** it is not for ch*i*ldren; **kezébe** (*v. keze közé*) **kerül** vknek get*/fall* *i*nto sy's hands; **kezébe kerül vm** chance upon sg, lay* (one's) hands on sg; **saját kezébe!** *i*nto sy's own hands; **~be vesz vkt** take* sy in hand; **vmt (jól) ~ben tart** *átv* keep* one's hands on sg, keep* a firm hand on sg; *(főleg pol)* contr*o*l sg, be* in control of sg; **~ből kiad** part with; **első ~ből tud vmt** learn/hear* sg at first hand (*v.* first-hand), *kif* have* sg (straight) from the h*o*rse's mouth; **~hez kap/vesz vmt** rec*ei*ve/get* sg; *(levelet, hiv)* be* in rec*ei*pt of; **X úr kezéhez** *(levélen)* attn./attention Mr X; **átmegy vknek a kezén** pass/go* through sy's hands; **~en fog vkt** take* sy by the hand; **~en fogva** hand in hand; **~nél van** be* to hand, be* (near) at hand; **mindig ~nél tartom** I *a*lways keep* it by me (*zsebemben:* on me); **vk kezére játszik** play *i*nto sy's hands (*v.* the hands of sy); **~re kerít** get* hold of; *(bűnözőt)* hunt down; **~re kerül** *(vk)* be* arr*e*sted/c*a*ptured, *biz* be* caught; **~ről ~re** from hand to hand; **~ről ~re ad** pass/hand/send* (sg) round (*v.* pass/hand/send* round sg); **~ről ~re jár** go* round, c*i*rculate; **kezet ad vknek**

shake* hands with sy; **kezet ad vmre** give* one's hand on sg; **kezet rá!** your hand on it!; **kezet emel vkre** raise/lift one's hand to/ag*a*inst sy; **kezet fog vkvel** shake* hands with sy; **kezet foghatnak** they are in the same boat; **mossa kezeit** wash one's hands of (sy/sg); **kezet nyújt vknek** give*/offer sy one's hand; **kezét csókolom** *(az angolban pontos megfelelője nincs, helyette csak ez mondható:)* good morning/afternoon/evening (M*a*dam/Sir); how do you do?; *biz* hello, Mrs Smith etc.; **leveszi a kezét vkről** withdr*a*w* one's support ass*i*stance/prot*e*ction from sy, *biz* drop sy; **~zel** by hand; **~zel írták** it was wr*i*tten by hand; **~zel festett** h*a*nd-painted; **el a kezekkel!** hands off!; **fel a kezekkel!** hands up! **2.** *(labdarúgásban biz)* hands *pl*, h*a*ndling ⇨ **biztos, megkér**
kézadás *n* h*a*ndshake
kézállás *n* h*a*ndstand
kézápolás *n* m*a*nicure
kézbesít *v* del*i*ver, hand; **levelet ~ vknek** del*i*ver a l*e*tter to sy; **idézést ~ vknek** serve a s*u*mmons on sy, serve sy (with) a s*u*mmons; ,,~ve'' "by hand"
kézbesítés *n* del*i*very, h*a*nding (over); **téves ~** misdel*i*very
kézbesítési *a* ~ **díj** del*i*very charge
kézbesítetlen *a* undel*i*vered
kézbesíthetetlen *a* *(levélen)* "unkn*o*wn"; **~ levél** dead letter
kézbesíthető *a* del*i*verable
kézbesítő *n* *(vállalaté stb.)* messenger; *(postás)* p*o*stman
kézbesítőkönyv *n* del*i*very rec*ei*pt book
kézcsók *n* k*i*ssing of sy's hand; **add át ~jaimat** *(az angolban pontos megfelelője nincs, helyette kb. ez mondható:)* please remember me to Mrs/Miss/Ms X, please give her my resp*e*cts
kezd *v* *vmt, vmbe, vmhez* beg*i*n*/start (*v. hiv, ill. US:* commence) sg (*v.* to do sg); set* out to (do sg); **azzal ~te, hogy** he beg*a*n by (...ing); **beszélgetésbe/beszélgetést ~ vkvel** strike* up a convers*a*tion with sy; **levelezésbe ~** enter *i*nto correspondence; **munkába ~** beg*i*n*/start work; **vállalkozásba ~** launch out on an enterprise; **énekelni ~** start s*i*nging, beg*i*n* to sing; **most mihez ~jünk?** what (are we to do) now?; **(már) ~em érteni** I'm beg*i*nning to underst*a*nd, it has just dawned on me; **~em megszokni** I'm g*e*tting used to it; **egész lent ~te** he st*a*rted at the b*o*ttom of the l*a*dder; **nem tudom, mit ~jek** I don't

know what to do; **nem tud idejével mit ~eni** time hangs* heavy on his hands; **nem lehet vele semmit sem ~eni** one can do nothing with him/her, he is hopeless; **már megint ~i!** there (s)he goes again!

kezdeményez v. take* the initiative (in sg), start (sg), set* sg going, initiate (sg)

kezdeményezés n initiative; **egyéni ~** private venture, an individual initiative; **saját ~ére** on one's own initiative; **a ~t magához ragadja** seize/take* the initiative

kezdeményező I. a initiative **II.** n initiator, originator, starter

kezdés n beginning, start

kezdet n beginning, start, outset, opening, commencement; *(első lépés)* first step/ attempt; *(időszakasznak)* opening; *(eredet)* origin, source; **minden ~ nehéz** every beginning is difficult; **~ben** in the beginning, at first, to start with; **a ~ ~én** at/in the very beginning, at the outset; **~ét veszi** commence, begin*, start; *(érvénybe lép)* come* into force; **~től fogva** from the beginning/outset

kezdeti a initial; **~ nehézségek** teething troubles, growing pains; **~ stádium/ szakasz** early/initial stage

kezdetleges a primitive, elementary

kezdetlegesség n primitiveness, primitive character/nature of sg

kezdő I. a **1.** vmt beginning, commencing; *(kezdeti)* initial; **~ fizetés** starting/initial salary; nyelvt **~ ige** inchoative verb **2.** *(tapasztalatlan)* inexperienced; **~ író** budding author; **~ orvos** young doctor; **~ tanfolyam** a course [in English v. in car maintenance etc.] for beginners **II.** n beginner, tyro v. tiro, biz greenhorn, tenderfoot° *(pl* -foots v. -feet); **~** *(tanuló)* US így is: beginning student; **~knek, ~k számára** for (complete/near) beginners

kezdőbetű n initial (letter); **~k** initials; **nagy ~,** capital letter; **nagy ~vel ír** write* [a word] in capital/block letters, capitalize

kezdőd|ik v **1.** *(kezdetét veszi)* begin*, start, commence; **~ik a tanítás/tanév** teaching begins (on...); **rosszul ~ött** it made *(v.* got off to) a bad start, it started badly **2.** *(származik vhonnan)* originate in/from, derive from

kezdődő a beginning; *(betegség)* incipient; **1971-gyel ~en/~leg** 1971 onwards; **15--étől ~(en)** from the 15th, on and after the 15th ⇨ **kezdve**

kezdőlépés n *(sakk)* opening (move); *(átv is)* gambit, initial step

kezdőpont n starting/zero point

kezdőrúgás n kickoff

kezdősebesség n initial velocity

kezdve adv from ... on(wards); **1953-tól ~** 1953 onwards; **ettől az időtől ~** from this time on; **mostantól ~** from now (on), henceforth ⇨ **kezdődően**

kezel 1. vt *(beteget)* treat *(vkt/vm ellen* sy for sg), attend (sy) **2.** vt *(gépet)* handle, operate, work; *(szerszámot)* work with; *(karbantart)* maintain, service **3.** vt *(jegyet)* inspect, check, control **4.** vt *(pénzt)* be* in charge of, administer, handle; *(ügyeket)* manage, have* charge of, administer, look after; *(kérdést, témát)* handle [a problem/situation, issues, a theme etc.] **5.** *(vkt vhogyan)* treat (sy), deal* with (sy), handle (sy) **6.** vi biz vkvel shake* hands with sy

kezelés n **1.** orv treatment, therapy **2.** *(gépé)* handling, operation; *(szerszámé)* working **3.** *(jegyeké)* check, control; **a jegyeket ~re kérem!** fares/tickets please! **4.** *(pénzé, ügyeké)* administration, managing, management; **ennek a kérdésnek a ~e** handling of this/the problem/issue; **~be vesz (1)** átv vmt take* sg in hand **(2)** biz vkt take* sy in hand; **rossz ~** mismanagement

kezelési a **~ költség** service/handling charge(s), administrative costs pl; **~ utasítás/útmutató** operating/service manual/ handbook *(v.* instructions pl)

kezelésmód n *(manner/method of)* treatment, way of dealing with sg; orv treatment, therapy

kezeletlen a *(jegy)* unchecked

kezelhetetlen a **~né válik (vm)** get* out of control

kezelhető a manageable, treatable; **könnyen ~** easy to manage/handle ut.; **könnyen ~ ember** an amenable person; **nehezen ~** difficult, difficult to handle/ manage ut.; *(vk, igével)* be* hard to handle, be* unruly; **nehezen ~ gyermek** (he is*) a problem/difficult child°

kezelő n **1.** *(gépé)* operator, mechanic **2.** *(ügyé)* administrator, manager; *(vagyoné)* trustee **3.** *(kórházi helyiség)* operating room, surgery

kézelő n cuff; *(rávarrt)* wristband

kezelőasztal n **1.** műsz operating-board **2.** *(kórházi)* operating table; *(rendelői)* couch

kezelőfülke n *(darun)* cab

kézelőgomb n cuff-links pl

kezelőorvos *n* consultant, *US* medical advisor; **ki a** ~**od?** which specialist/doctor is treating you?, *csak US:* who is your medical advisor?
kezelt *n orv* patient
kezeltet *v* **1.** have* sg/sy treated; ~**i magát** undergo* treatment **2.** *(jegyet)* show*/produce [one's ticket] (for inspection)
kézenállás *n* handstand
kézenfekvő *a* obvious, (self-)evident, clear
kézen-közön *adv* ~ **elvész** get* lost eventually
kezes[1] *a (szelíd)* tame, meek; **olyan, mint a** ~ **bárány** he feeds* out of one's hand, (as) gentle as a lamb
kezes[2] *n (összegért)* guarantor
kezesked|ik *v* **1.** *vmért* guarantee sg, vouch for sg; *vkért* stand*/be* security/surety for sy, vouch for sy; *(feltételesen szabadlábra helyezettért)* go* bail for sy **2.** *(biztosít vkt vmről)* guarantee (sg); ~**em (róla), hogy** I guarantee that
kezeslábas *n* **1.** *ált* overalls *pl*; *(szerelőruha)* boiler suit **2.** *(gyermeké)* rompers *pl*; *(téli, orkán)* snow-suit
kezesség *n* surety(ship), security, guarantee; ~**et vállal** vkért = **kezeskedik** *vkért*
kezez *v sp* handle (the ball)
kezezés *n sp* handling (the ball), hands *pl*
kézfej *n* hand, *orv* metacarpus *(pl* metacarpi)
kézfelemelés *n* ~**sel szavaz** vote by a show of hands
kézfogás *n* handshake
kézfogó *n* † engagement, betrothal
kézhezvétel *n* receipt; ~**től számítva** from (the) date of delivery
kézi *a* **1.** *(kézzel kapcsolatos)* hand-, of the hand(s) *ut.* **2.** *(kézzel végzett)* manual; *(kézi működtetésű)* hand-operated; ~ **(gyártású)** handmade, made by hand *ut.*; ~ **kapcsolású** manually operated, hand-operated; ~ **kapcsolású belföldi beszélgetés** operator controlled local call; ~ **munka** *(nem gépi)* sg made by hand, handmade sg ⇨ **kézimunka;** ~ **szedésű** hand-set; ~ **vezérlés** manual controls *pl*
kézifegyver *n* small arms *pl*
kézifék *n* handbrake; **be van húzva a** ~ the handbrake is on; **kiengedi a** ~**et** take* off (*v.* release) the handbrake
kézifúró *n* gimlet; *(nagy)* auger
kézifűrész *n* handsaw
kézigránát *n* (hand)grenade
kézikocsi *n* handcart
kézikönyv *n* manual, handbook, reference book

kézikönyvtár *n* reference library
kézilabda *n* handball
kézilabdáz|ik *v* play handball
kézilámpa *n* (hand-)lantern; *(villamos)* electric torch
kézilány *n (konyhai)* kitchen maid
kézimunka *n* **1.** *(kötés, hímzés, horgolás)* needlework, fancy work; *(főleg hímzés)* embroidery **2.** *(a tárgy)* a piece of needlework/fancywork/embroidery *(pl egyszerűen:* needlework/fancywork/embroidery) ⇨ **kézi 2.**
kézimunkakosár *n* work-basket
kézimunkázás *n* needlework
kézimunkáz|ik *v* do* needlework
kézipoggyász *n* hand luggage (*US* baggage), personal luggage (*US* baggage), *(repgépen így is:)* passengers' baggage
kézírás *n* (hand)writing; **szép** ~ *(igével)* write* a very good hand; **rossz** ~ scrawl, poor handwriting
kézírásos *a* handwritten, written by hand *ut.*
kézirat *n* manuscript; ~ **gyanánt** as (a) manuscript, for private circulation; ~**ban maradt ránk** has come down in manuscript (form); ~**ot előkészít** *(nyomda számára)* copy-edit (sg)
kézirat-előkészítő *n* copy editor
kézirattár *n* manuscript archive/room
kézisajtó *n* hand-press
kéziszedő *n* (hand-)compositor, (type-)setter
kéziszótár *n* concise dictionary
kézitáska *n (női)* handbag, *csak US:* purse; *(kis bőrönd)* suitcase
kézitusa *n* hand-to-hand fight/combat
kézitükör *n* hand-mirror
kézizálog *n* pledge
kézjegy *n* initials *pl*; ~**ével ellát** initial (*US* -l) (sg)
kézkrém *n* hand-cream
kézlegyintés *n* wave of one's/the hand; **egy** ~**sel intéz el** vmt deal* with sg in an offhand manner
kézmosás *n* washing of one's hands, hand-wash
kézmozdulat *n* movement of the hand, motion, gesture
kézműáru *n* hand-made article
kézműipar *n* (handi)craft(s)
kézműves *n* craftsman°, artisan
kézművesipar *n* = **kézműipar**
kézművesség *n* (handi)craft, craftsmanship
kézszorítás *n* handshake, handgrip
kéztő *n* wrist(joint), *tud* carpus (*pl* carpi)
kéztörlő *n* (hand-)towel
kezű *a* -handed

kézügyesség *n* manual skill, handiness; **jó a ~e** be* good with one's hands

kézzelfogható *a (konkrét)* tangible, palpable; *(kézenfekvő)* evident, obvious, clear

kézzel-lábbal *adv* ~ **tiltakozik** protest vigorously, resist *(v.* oppose/fight sg) tooth and nail

kft. = *korlátolt felelősségű társaság* limited liability company, Ltd; *US* Inc (= incorporated)

kg = *kilogramm* kilogram(me), kg

KGST *tört* = *Kölcsönös Gazdasági Segítség Tanácsa* Council for Mutual Economic Aid, Comecon, COMECON; ~**-(tag)országok** Comecon countries

khaki *a (színű)* khaki

ki[1] I. *pron (kérdő)* who?; ~ **az?** who is that/it/there?; ~ **mondta?** who said it/so/that?, who told you so/that?; **vajon ő ~?** I wonder who (s)he is?; ~ **lehetett az?** who(ever) could that be?; ~ **a csoda?** who on earth?; ~**be szerelmes?** who is* he/she in love with?; ~**é?** whose?; ~**é ez a könyv?** whose book is* this?, who does* this book belong to?, to whom does* this book belong?; ~**d neked az az ember?** who/what is* that man to you?; ~**ért?** for whom?, for whose sake?; ~**hez?** to whom?; ~**hez megy férjhez?** who is she going to marry?; ~**n akarsz bosszút állni?** on whom do* you want to be avenged/revenged?; ~**n láttál ilyen ruhát?** who(m) did you see wearing such a dress?; ~**nek?** for/to whom?; ~**nek adtad a pénzt?** who did you give the money (to)?; ~**nek a tolla ez?** whose pen is this?, who does* this pen belong to?; ~**nek tart engem?** what do* you take me for?; ~**nél voltál tegnap látogatóban?** who did you see/visit yesterday?; ~**re gondolsz?** who are you thinking of?, who have you *(v.* do you have) in mind?; ~**t?** whom?; ~**t láttál?** who did you see?, *(formálisabban)* whom did you see?; ~**re/~t vár?** who are you waiting for?; ~**től?** from whom?, who ... from?; ~**től kaptad ezt a könyvet?** who did you get this book from?, from whom did you get this book?; ~**vel?** with whom?, who ... with?; ~**vel sétáltál tegnap?** who did you go walking *(v.* go for a walk) with yesterday?, *(formálisabban)* with whom did you go for a walk yesterday? **II.** *pron (vonatkozó: aki)* who; **nincs, ~ megcsinálja** there is* no one to do it **III.** *pron (határozatlan: némelyik)* ~ **jobbra,** ~ **balra fut** some run* to the right, others to the left; ~

erre, ~ **arra** some this way and some that (way) ⇨ **aki**

ki[2] *adv (irány)* out; *(kifelé)* outwards; ~ **innen!** get out!, be off!, out you go!, *US* scram!; ~ **vele!** (1) *(vkt kidobva)* out with him! (2) *(mondd)* out with it!, go on then!, speak up!

kiabál *v* **1.** *(ember)* shout, cry; *(ordít)* bawl **2.** *(szín)* be* loud/gaudy/glaring **kiált, torok**

kiabálás *n* shouting; *(lárma)* uproar, clamour *(US* -or)

kiábrándít *v* disillusion, disappoint; ~ **vkt vmből** disabuse sy of sg

kiábrándító *a* disappointing, disillusioning; ~**lag hat** it destroys one's illusions [to see sg], it has* a disillusioning effect

kiábrándul *v vmből* be* disappointed in sg/sy *(v.* with sg)

kiábrándulás *n* disappointment, disillusion(ment)

kiábrándult *a* disappointed, disillusioned

kiad *v* **1.** *(vhonnan)* give* out; *(raktárból vknek vmt)* issue (sy with sg *v.* sg to sy) **2.** *(kiszolgáltat)* deliver, give* up, hand over, surrender; *(bűnözőt, politikai menekültet saját országa hatóságának)* extradite **3.** *(kihány)* bring* up, vomit **4.** *(kézből)* part with sg **5.** *(munkára)* give* sg out (to be made); *(munkát)* assign, distribute **6.** *(parancsot)* give*, issue; *(rendeletet)* publish, issue **7.** *(sajtóterméket)* publish, issue; ~**ták új regényét** her/his new novel is out **8.** *(útlevelet, jegyet)* issue **9.** *(házat)* let*; *(szobát, lakrészt)* let* (out), *csak US* rent (sg) out; **szobát ad ki** *(megélhetésből)* let* (out) a room to sy; **ez a szoba ki van adva** this room is let (out) [to a student] **10.** *(pénzt)* spend*, expend; *(félretett pénzből)* disburse; *(nagyobb összeget)* lay* out; **ma ~tam 500 Ft-ot** I have spent 500 fts today; ~**ta minden pénzét** he has* run out of cash/money, he has* spent all his money **11.** ~**ja a mérgét** give* vent to one's rage, vent one's spleen (on sy/sg); ~**ta minden erejét** his strength is all spent, he is* completely exhausted **12.** ~**ja magát** *(vmnek, vknek)* pass oneself off as, pretend/claim to be (sy/sg) **13.** ~**ja az útját vknek** dismiss/sack/fire sy, turn sy off/away

kiadagol *v* dole out

kiadás *n* **1.** *(kiszolgáltatás)* handing out, delivery, surrender; *(bűnözőé saját országa hatóságának)* extradition **2.** *(sajtóterméké)* publication, issue; *(könyvé, szótáré főleg)* edition; **első ~** first edition; **új ~** new edi-

tion; ötödik ~a van forgalomban it is* in its fifth edition; (X.Y.) ~ában published/edited by 3. *(útlevélé, jegyé)* issue; ~ kelte date of issue 4. *(költségek)* expenses *pl*; *(kormányé stb.)* expenditure; apró ~ok sundry/incidental expenses, sundries; előre nem látott ~ok incidental expenses; sok ~om volt ebben a hónapban I've had a lot of outgoings/expenses this month 5. *(lakásé stb.)* letting (out)
kiadatás *n jog* extradition
kiadatlan *a* unpublished
kiadó I. *a (bérbe vehető)* to (be) let *ut.*, vacant, *US* for rent *ut.*; ~ lakás/szoba flat/room to let; *(hirdetésben)* accommodation vacant, *US* apartment to/for rent; bútorozott szoba ~ (furnished) room to let; ez a ház ~ this house is to (be) let *(v. US* for/to rent) **II.** *n (vállalat)* publisher(s), publishing house; **Akadémiai K~** Publishing House of the Hungarian Academy (of Sciences)
kiadóhivatal *n* publisher
kiadói *a* ~ jog copyright
kiadós *a* abundant, plentiful; *kif* it goes a long way; ~ ebéd a substantial lunch; ~ étkezés a (good) square meal; ~ eső a heavy rain, heavy rains *pl*
kiadóvállalat *n* publisher(s), publishing house
kiadvány *n* publication; *(tud. társaságé így is)* proceedings *pl*, transactions *pl*
kiagyal *v* = kieszel
kiajánl *v* forintot ~ ⟨transfer forints abroad illegally⟩
kiakaszt *v* vhová hang*/put* (out)
kiaknáz *v* 1. *(felhasznál)* exploit, utilize; *(bányát)* work; *(ország természeti kincseit)* develop 2. *(lehetőséget)* make* the best/most of, capitalize on, make* capital of
kiaknázás *n* 1. *(felhasználás)* exploitation, utilization 2. *átv* making the best/most of sg
kiaknázatlan *a* unexploited
kialakít *v* form, shape, fashion, put* into shape, mould *(US* mold); *(kifejleszt)* develop; egy nagy lakásból két kisebbet alakít ki convert a large flat into two smaller ones; konyhát és fürdőszobát alakít ki put* in a kitchen and a bathroom
kialakul *v* 1. form, take* shape; *(kifejlődik)* develop, evolve, *biz* shape up; kezd ~ni be* taking shape, be* getting under way, things are working out; az a vélemény alakult ki it was generally felt, it was the view [of the meeting etc.] (that), the opinion/conviction/

feeling arose 2. *biz (elrendeződik)* be* settled, get*/be* sorted out; *(biztatásképpen:)* ne izgulj, majd ~ don't worry, it will all sort itself out *(v.* get sorted out); don't worry, it'll work out somehow
kialakulás *n* formation, development
kialakulatlan *a (bizonytalan)* inchoate, unsettled
kialakulófélben van *v* be* beginning to take shape, be* in the making
kiáll 1. *vi vk* vhová go*/stand* out; *(vhonnan előlép)* step out, come*/step forward 2. *vi vm* vmből stand*/stick* out; *(hegyesen)* jut/ stick* out, protrude, project; *(kidomborodik)* bulge (out) 3. *vi* vkvel stand* up to (sy), accept the challenge of 4. *vi* vmért/vkért, vm/ vk mellett fight* for sg, defend sg, stand*/ speak* up for sg/sy, stand* by sy, stand* by [one's word/promise]; *kif* take* up the cudgels for sg/sy; ~ *(v.* ki mer állni) meggyőződése mellett have* the courage of one's convictions 5. *vi (fájás megszűnik)* cease, stop; ~t belőle a fájás does* not hurt/ache any more 6. *vt (kibír vmt)* endure, go* through, suffer, stand*, bear*, tolerate; ~ja a próbát pass/stand* the test; ~ja a versenyt hold* one's own against, be* a match for, stand* one's ground against; *ker* compete successfully with; ~ja a vihart *(hajó)* weather the storm 7. *vt* ki nem állhatom I can't stand/bear him, I hate *(v.* can't bear) the (very) sight of him; ki nem állhatom a spenótot I loathe spinach
kiállás *n* 1. *(vm mellett)* upholding (the banner of) sg 2. *(emberé)* bearing
kiállású *a jó* ~ good-looking
kiállhatatlan *a* odious; *(viselkedés, modor)* insufferable, intolerable, unbearable; *(pasas)* tiresome
kiállít *v* 1. vhová put*/place out; *vhonnan* order out; *sp* send* off, exclude; ~ották he was sent off 2. *(kiállításon)* exhibit; *(bemutat)* display, show*; ki van állítva be* on show*; be* exhibited; *(közszemlére)* be* on display 3. *(külsőt ad)* finish, get* up, make* (sg) presentable 4. *(okmányt, számlát)* make* out [invoice]; *(űrlapot)* fill in, complete, *US* fill out [a form]
kiállítás *n* 1. *(művészi alkotásoké, muzeális tárgyaké)* exhibition; *(ipari stb. termékeké)* (trade) exhibition, show 2. *(külső)* finish, get-up, presentation 3. *sp (játékosé)* send-(ing)-off, expulsion 4. *(okmányé, iraté)* issue; ~ napja date of issue

kiállítási *a* ~ **csarnok** exhibition hall; ~ **tárgy** exhibit; ~ **terem** *ker* showroom, *műv* gallery
kiállítású *a* **szép** ~ **könyv** a well produced (*v.* got-up) book
kiállító I. *a* ~ **hatóság...** (*okmányé*) issued by ..., issuing authority is ... **II.** *n (kiállításon)* exhibitor
kiállított *a* ~ **tárgy** exhibit
kiálló *a* projecting, protruding, standing/sticking/jutting out *ut.*; ~ **fog** buck-tooth°
kialsz|ik 1. *vi (lámpa)* go* out; (*tűz*) burn* (itself) out, be* extinguished, die out; **kialudt a tűz** the fire is (*v.* has gone) out **2.** *vi* **átv** die away, fade **3.** *vt* **vmt** sleep* off; **kialussza a fejfájását** sleep* off a (bad) headache; **kialussza részegségét** *biz* sleep* it off **4.** *vt* **kialussza magát** have* a good night's rest; **nem tudtam kialudni magam** I couldn't get enough sleep
kiált *v* cry (out), shout, exclaim, call (out); **segítségért** ~ cry/shout/call for help
kiáltás *n* cry, shout, call
kiáltó *a* **1.** *konkr* crying, shouting, screaming **2.** *átv* sharp, striking, flagrant; ~ **ellentét** striking contrast; ~ **igazságtalanság** crying/flagrant injustice
kiáltoz *v* = **kiabál**
kiáltozás *n* = **kiabálás**
kiáltvány *n* proclamation, manifesto, appeal; **Kommunista K**~ Communist Manifesto
kialudt *a* (*tűzhányó*) extinct
kialvatlan *a* *vk* needing/lacking sleep *ut.*
kialvófélben levő *a* nearly extinguished, flickering
kiapad *v* **1.** (*kiszárad*) dry up, run* dry **2.** *átv* be* exhausted
kiapadhatatlan *a* inexhaustible
kiapaszt *v* **1.** *konkr* drain, dry up **2.** *átv* exhaust
kiárad *v* **1.** (*folyó*) flood, overflow (its banks); *vmre* inundate, overrun* **2.** (*gáz*) escape; (*fény*) stream out, emanate
kiáramlás *n* outflow, effluence
kiáraml|ik *v* flow/stream out; ~**ó folyadék** efflux, effluent (liquid); ~ **gáz** escaping gas
kiárusít *v* (*végleg*) sell* off/out, liquidate
kiárusítás *n* selling off/out, (clearance) sale
kiás *v* **1.** (*földből*) dig* out/up; (*ásatás során*) excavate **2.** *átv* = **kibányász 2.**
kiaszott *a* parched, dried up, withered; (*emberről*) emaciated, wizened
kiátkoz *v* *vall* excommunicate
kiáz|ik *v* soak/steep thoroughly

kiáztat *v* soak, steep; *fényk* wash
kibabrál *v* *biz* *vkvel* take* it out of sy
kibányász *v* **1.** *konkr* extract, get* **2.** *átv* (*előkotor*) dig out/up, unearth
ki-be *adv* in and out; ~ **kapcsolás/kapcsoló** on-off switch
kibékít *v* *vkt* *vkvel* reconcile sy with sy
kibékíthetetlen *a* (*vk*) unforgiving, implacable; (*ellentétek*) irreconcilable, antagonistic; ~ **ellentét** antagonism
kibékül *v* **1.** *vkvel* be* reconciled (with sy), make* peace (with sy), make* it up (with sy), make* friends again; **miért nem békülsz (már) ki vele?** why don't you make it up with her? **2.** (*vmvel, belenyugodva*) resign oneself to sg, acquiesce in sg; **kezd** ~**ni a helyzettel** (s)he is coming to terms with the situation
kibékülés *n* reconciliation
kibélel *v* line; (*vattával*) pad
kibelez *v* disembowel (*US* -l); (*vadat, halat*) gut; (*szárnyast*) clean, draw*
kibérel *v* (*csónakot stb.*) hire (out); (*házat hosszabb időre v. földet*) lease; (*házat/szobát rövidebbre v. autót*) rent; ~**hető** for hire *ut.*, rentable, *US* for rent *ut.*
kibernetika *n* cybernetics *sing.*
kibernetikai *a* cybernetic
kibeszél *v* **1.** (*titkot*) let* out/slip, divulge **2.** ~**i magát** (1) (*sokat beszél*) have* a (good) chat, talk one's fill (2) (*kimenti magát*) talk one's way out of sg, extricate oneself; ~**i magát vkvel** have* a long/confidential (*v.* heart-to-heart) talk with sy; ~**i a lelkét** talk oneself hoarse **3.** (*megszól*) speak* ill of (sy); *biz* run* (sy) down behind his back, *US* bad-mouth (sy)
kibetűz *v* make* out, decipher; (*jeleket*) decode
kibic *n* *US* *biz* kibitzer; **a** ~**nek semmi se(m) drága** *kb.* be* brave/gallant at the expense of someone else
kibicel *v* *vknek* *US* *biz* kibitz
kibicsakl|ik *v* (*testrész*) be* sprained/dislocated; ~**ott a bokája** have* a sprained ankle, (s)he sprained his/her ankle; ~**ik tőle az ember nyelve** be* a tongue twister
kibillen *v* topple/tip/tilt over
kibillent *v* topple/tip/tilt over, tip out
kibír *v* **1.** (*elbír*) bear*, support **2.** (*elvisel*) endure, bear*, stand*; **nem bírom ki** I cannot stand*/endure it (any longer); **sokat** ~ he/she has* great endurance, *biz* he/she can stand/take a lot
kibírhatatlan *a* unbearable, intolerable

kibocsát v 1. *ált* send* out; *(hőt, szagot)* emit, give* off/out; *(sugarat, fényt)* radiate, pour out/forth 2. *(bankjegyet)* put* into circulation, issue; *(kölcsönt)* float; *(rendeletet)* publish, issue 3. *(egyetem szakembereket)* turn out

kibocsátás n 1. *ált* letting out; *műsz* emission, radiation 2. *(bankjegyé)* issue; *(kölcsöné)* floating

kibogoz v 1. *(csomót)* untie, undo*; *(átv is)* unravel *(US* -l) 2. *átv* solve, puzzle out, unravel

kibogozhatatlan a inextricable, unsolvable, impossible to unravel *ut.*

kibogozód|ik v 1. *(csomó)* come* undone/ untied 2. *átv* ~ott a solution was found, it has been resolved

kibombáz v bomb out

kibombázott a bombed-out

kiboml|ik v 1. *(kötés, varrás)* come* undone, come*/get* untied 2. *(szirom)* unfold

kibont v *(csomót stb.)* undo*, untie; *(csomagot)* open, unpack, unwrap; *(hajat)* take*/ let* down; *(levelet)* open, tear* open, unseal; *(vitorlát, zászlót)* unfurl, unfold

kibontakozás n *(kifejlődés)* development; *(bonyodalomé)* unravelling *(US* -l-); *(cselekményé)* denouement; *(nehézségből)* way out, solution; **a reménytelen helyzetből való ~ egyetlen útja** ... the only way out of the hopeless situation ...

kibontakoz|ik v 1. *vmből* free/extricate/disentangle oneself from sg; *(nehézségből)* (manage to) find* (a v. the only) way out (of sg), find* a solution 2. *(ködből)* emerge 3. *(kifejlődik)* develop, blossom out; *(cselekmény)* be* unravelled *(US* -l-)

kiborít v 1. *(edényt)* overturn, upset*; *(folyadékot)* spill*; *(kocsiból)* throw* out 2. *biz vkt* upset* sy, *US* faze sy, *kif* throw* sy off the balance

kiborotvál v shave* close(ly); ~ja a hónalját she shaves under her arms; ~t arc clean/close-shaven face

kiborul v 1. *(edény)* be* upset/overturned/ spilt 2. *(járműből)* be* thrown out, fall* out 3. *biz (kijön a sodrából)* get*/be* upset, *biz* blow* one's top; *(idegileg)* crack up, break* down

kiböjtöl v wait patiently for sg

kibök v 1. *(szemet)* poke out; *átv* majd ~i a szemét it is staring one in the face 2. *biz (szót)* utter, blurt out; *(titkot, kif)* spill* the beans, let* the cat out of the bag; **bökd (már) ki!** out with it!

kibővít v 1. *konkr* widen, make* wider, enlarge; *(ruhát)* let* out 2. *átv* extend, expand

kibővül v widen, become*/get* wider; *(gyarapodik)* increase, develop

kibuggyan v bubble/gush out/forth

kibúj|ik v 1. *vhonnan* creep*/crawl out, emerge from 2. *vmből* come* out, emerge; **gyorsan ~t a ruhájából** she slipped out of her clothes; **~ik a szög a zsákból** show* the cloven hoof 3. ~ik vm alól wriggle out of sg; **sikerült ~nia az alól, hogy részt vegyen a konferencián** he managed to wriggle out of taking part in the conference

kibuk|ik v 1. *(kiesik)* fall*/tumble out 2. *átv* be* defeated [at the elections]

kibukkan v appear suddenly, turn up suddenly; *(vízből)* emerge suddenly

kibuktat v oust, defeat [at the elections]

kibuliz|ik v □ wangle *(magának vmt* oneself sg); ~ott egy külföldi ösztöndíjat he managed to wangle (himself) a scholarship overseas

kibúvó n *(ürügy)* pretext; *(mentség)* excuse; ~t keres try to find a loophole

kicéduláz v (card-)index, put* (sg) on (filing) cards, card

kicentrifugáz v spin-dry

kicifráz v flourish, embellish

kicipel v drag/lug out

kicsal v 1. *vkt vhonnan* coax into coming out; *(állatot rejtekhelyéről)* lure (out) [an animal] 2. *vkből vmt* wheedle/worm/draw* sg out of sy; *(pénzt vktől)* cheat/swindle/do* sy out of sg; *(titkot)* get* [a secret] out of (sy) 3. **könnyeket csal ki vk szeméből** draw* tears from sy's eyes, bring* tears to sy's eyes

kicsap 1. *vt biz (iskolából)* expel; *(egyetemről)* send* down, expel 2. *vt vegy* precipitate 3. *vi (láng)* leap* up, shoot* up; *(medréből)* overflow

kicsapód|ik v 1. *vegy* be* deposited/precipitated/condensed 2. *(ajtó)* fly* open, be* flung open

kicsapong v lead* a riotous/dissipated life, be* dissolute

kicsapongás v debauch(ery), dissipation

kicsapongó a dissolute, rakish; ~ életet él lead* a dissolute/dissipated life

kicsattan v majd ~ az egészségtől be* bursting with health

kicsavar v 1. *(csavart)* unscrew 2. *(vizes ruhát)* wring* (out) 3. *(gyümölcsöt)* squeeze [a lemon, an orange etc.]; squeeze the juice out of [the oranges etc.] 4. ~ vmt vk kezéből kicselez **506**

wrest sg from (*v.* out of) sy's hands; **tövestől csavarja ki a fákat** tear* up trees by the roots **5.** ~**ja a szavak eredeti értelmét** twist sy's words, wrench the words from their context
kicselez *v* dodge, elude
kicsempész *v* smuggle out
kicsempéz *v* cover with tile(s), tile
kicsenget *v isk* ~**tek** the bell went
kicsengetés *n isk* bell
kicsepeg *v* trickle out, drip (out); **hagyd** ~**ni** *(kimosott ruhaneműt)* let it drip-dry, hang it up (to dry)
kicsépel *v* thrash/beat* out
kicserél *v* **1.** *vmt vmért/vmre* exchange sg for sg, *biz* swap (sg for sg); *(újjal, újra)* replace (sg with/by sg); *(becserél)* trade in [a car] for [a new one], trade sg for sg; *(boltban vásárolt dolgot másra)* exchange (sg for sg); ~**te régi tévéjét egy újra** he replaced his old TV set with a new one; *biz* **mintha** ~**ték volna** he looks a different man° **2.** *(nézeteket)* exchange [views]; *(tapasztalatokat)* share one's experiences (with sy)
kicserélés *n* (ex)change
kicserélőd|ik *v* be* exchanged; *(megváltozik)* be* changed/altered; **egészen** ~**ött** *(vk hosszabb pihenés után)* he is a new man°
kicserepesed|ik *v* *(ajak)* crack, chap; ~**ett a(z) ajkam/szám** my lips are chapped, I have chapped lips
kicsi I. *a* little, small; *(nagyon kicsi)* tiny, *sk* wee; *(termetre)* short; *(filigrán)* tiny, of small build *ut.*, diminutive; *(jelentéktelen)* puny, petty, insignificant, trifling; ~ **korában** as a child, in his childhood; ~ **a bors, de erős** *kb.* he is strong for his size **II.** *n* **1.** *(gyerek)* little (*v. sk* wee) one/boy/girl, *csak US:* junior **2.** *(kifejezésekben)* **sok** ~ **sokra megy** many a little makes a mickle; ~**ben játszik** play for low/moderate stakes; ~**re nem adunk/nézünk** we are not so very particular; **egy** ~**t** a little/bit/trifle; **maradj még egy** ~**t** stay a little longer; **egy** ~**t nehéz** it is a bit difficult
kicsikar *v vkből vmt* ált wring*/force sg from sy, coax sg out of sy; *(pénzt)* cheat/do* sy out of [money etc.], wheedle [...pounds] out of sy; *(ígéretet, titkot)* wheedle [a promise/secret] out of sy
kicsike I. *a* very little/small, tiny; *biz* weeny; *sk* wee **II.** *n* little one, baby, infant; **kicsikém** *(nőről)* darling, (my) dear
kicsinosít *v* ~**ja magát** smarten/spruce (oneself) up; ~**ja a szobát** smarten up the room

kicsiny I. *a* = **kicsi II.** *n* **1.** *(gyermek)* little one, (tiny) tot; **a** ~**ek** the little ones, the children **2.** *(állaté)* cub, whelp
kicsinyel *v (lebecsül)* belittle, undervalue, underrate
kicsinyell *v (kicsinek tart)* find*/think* sg (too) little/small
kicsinyes *a (jelentéktelen dolgokra figyelő)* small/petty-minded; *(aprólékos)* fussy, pedantic; *(szőrszálhasogató)* captious, hair-splitting; *(szűkmarkú)* niggardly
kicsinyesked|ik *v* be* small-minded; *(aprólékoskodik)* fuss; *(szőrszálhasogató)* split* hairs, be* captious
kicsinyesség *n* small-mindedness, pettiness
kicsinyít *v. vmt* make* smaller, diminish **2.** = **kicsinyel 3.** *(optikai lencse)* reduce
kicsinyített *a* reduced; ~ **más(olat)a vmnek** a reduced-size copy of sg
kicsinyítő *a* **1.** *fiz* ~ **lencse** reducing glass, concave lens; ~ **tükör** reducing glass **2.** *nyelvt* ~ **képző** diminutive (suffix)
kicsinység *n* **1.** *(állapot)* smallness, littleness **2.** *vm* trifle, trifling/insignificant matter/thing
kicsíp *v* **1.** *vmt vhonnan* pluck out **2.** *(hideg)* nip, bite* **3.** *biz* ~**i magát** trick oneself out (in sg), put* on one's best bib and tucker
kicsipkéz *v* pink (out), jag
kicsíráz|ik *v* sprout, bud, germinate
kicsiség *n* = **kicsinység**
kicsiszol *v* **1.** *(felületet)* polish/furbish/buff (up), smooth **2.** *(modort, stílust)* polish, refine
kicsoda *pron* who(ever)?, who on earth?
kicsomagol *v* unpack
kicsontoz *v* bone; ~**ott** off the bone *ut.*
kicsorbít *v* blunt, chip
kicsorbul *v* chip, get* blunt
kicsordul *v* overflow, run* over, spill*; ~**t a könnye** tears came to her/his eyes
kicsorog *v* run*/flow out/away
kicsődít *v* draw*/bring* [a crowd to a place]
kicsődül *v* flock/swarm swhere
kicsúfol *v* mock sy, make* fun of sy
kicsuk *v* shut*/lock sy out
kicsúsz|ik *v (kézből)* slip (out); ~**ott vm a száján** sg slipped from his lips, he let it slip that..., he blurted it out (*v.* out sg); ~**ik a talaj a lába alól** (1) *konkr* lose* one's footing/grip (2) *átv (elbizonytalanodik)* lose* (one's) confidence/grip (3) *átv (tönkremegy)* go* to the wall
kidagad *v (levegőtől)* puff out/up, rise*, swell* (out/up); *(vitorla)* fill/belly (out); *(zseb stb.)* bulge/swell* out; *(vmtől)* be*

bulging with sg; **homlokán** ~**tak az erek** the veins swelled on his forehead
kiderít *v* find* out, clear up, bring* to light; *(tényt)* ascertain; *(rejtélyt)* unravel, clear up; *(igazságot)* hunt out, seek* after; **a vizsgálat** ~**ette, hogy** the investigation has revealed/established/proved that
kiderül *v* **1.** *(idő)* clear up, get* brighter; *(ég)* clear; ~**t (az idő)** it's turned out nice and sunny (again) **2.** *(kitudódik)* come* to light, turn out (to be ... *v.* that...), be* discovered; ~**t, hogy** it came to light that, it turned out that, it appeared that, it turned out to (be...); ~**t, hogy szélhámos volt** he proved (*v.* turned out) to be an impostor; ~**t, hogy Londonban él** it turned out that he lived in L.; ~**t, hogy kijelentése/állítása hamis** his statement turned out to be false; **majd** ~ **a vallatásnál** it will all come out in the wash
kidicsér *v* praise sy to the skies
kidíszít *v* decorate, embellish, ornament
kidob *v* **1.** *vmt* throw* out; *(haszontalant)* throw* away/out, discard, scrap; *(pénzt)* throw* away, waste; ~**ott pénz** money down the drain, a waste of money **2.** *biz vkt vhonnan* throw*/turn* sy out (of swhere); *(erőszakkal)* biz chuck out; *(állásából)* give* sy the sack/boot, sack sy
kidobóember *n* biz bouncer, chucker-out
kidolgoz *v* **1.** *(anyagot)* make* up, fashion, model (US -l); *(kikészít)* process, finish **2.** *(részleteiben vmt)* work out [sg in (great) detail *v.* the details of sg], elaborate (sg); *(számtanpéldát)* work out; *(módszert)* work out; *(tervet)* draw* up, prepare [a plan] **3.** ~**za a munkaidejét** (*v.* nyolc órát) work/do* an eight-hour day, do* an honest day's work
kidolgozás *n* **1.** *(anyagé)* making (up), finish **2.** *(témáé)* working up/out, elaboration, composition
kidolgozatlan *a* unfinished, rough; ~**(ul)** still in (the) rough
kidolgozott *a* ~ **izmok** brawny muscles; ~ **kéz** a worker's hands *pl*
kidomborít *v* átv dwell* (at length) on, stress, emphasize
kidomborod|ik *v* **1.** konkr rise*, swell* **2.** átv become* evident/manifest
kidögl|ik *v* □ be*/get* fagged out (*v.* US pooped)
kidől *v* **1.** *(fa)* fall* **2.** *(folyadék)* be* spilt **3.** átv *(fáradtságtól)* drop (down); ~ **a sorból** drop out; ~**t sorainkból** (= meghalt) he has left us for ever

kidönt *v* **1.** *(fát)* fell; *(falat)* pull/knock down, demolish **2.** *(kiborít)* spill*, overturn, upset*
kidörzsöl *v* **1.** *(pecsétet ruhából)* rub off **2.** *(testrészt vm)* chafe, rub till sore
kidudorodás *n* bulge, protuberance
kidudorod|ik *v* bulge, protrude, swell* up/out
kidug *v* stick*/thrust*/poke sg out (of sg)
kidugaszol *v* uncork
kidurran *v (gumi)* burst*, blow* out
kiduzzad *v* swell* (up/out), bulge (out)
kidühöngi magát *v vk* give* vent to one's rage; *(vihar)* blow* itself out, spend* its fury/force
kidülled *v* bulge, swell* (out); *(szem)* goggle; ~**t szemmel** goggle/pop-eyed
kidülleszt *v (mellet)* throw* out, swell*, expand
kié → **ki**[1]
kiebrudal *v* biz throw*/turn/chuck out
kiég *v* **1.** *(ház)* burn* out; ~**ett a ház** the house was burnt out (*v.* gutted by fire) **2.** ~**ett az égő** the bulb has gone; ~**ett a biztosíték** the fuse has blown
kiegészít *v* complete, make* sg complete, complement, make* up (*vmre* to), supplement; ~**i (a család) jövedelmét** supplement one's income (*v.* the family income)
kiegészítés *n* **1.** *(folyamat)* completion, addition, supplement; ~**ül hozzátette, hogy** he added that **2.** *(pénzben)* supplement; *(jövedelemé)* a supplement to incomes (*v.* to one's income); *(alacsony nyugdíjhoz, ill. munkanélküli-segélyhez)* supplementary benefit **3.** *(könyvben)* addendum *(pl* addenda)
kiegészítő *n* supplementary, additional, complementary; ~ **parancsnokság** kb. US draft board; ~ **színek** complementary colours (US colors)
kiegészül *v* be* completed/supplemented
kiéget *v* **1.** *(tűzzel)* burn* (out); ~**i a szőnyeget** burn* a hole in the carpet **2.** *(cserépárut)* bake, fire **3.** *(biztosítékot)* blow* (out) **4.** *(sebet)* cauterize, sear
kiégett *a (ház stb.)* burnt out, gutted; *(tűzhányó)* extinct; *(biztosíték)* blown
kiegyenesed|ik *v* straighten (out); *(kihúzza magát)* draw* oneself up (to one's full height)
kiegyenesít *v* straighten (out), make* straight
kiegyenget *v* make* level, level (US -l), make* even, level off, smooth (down), flatten (out)

kiegyenlít *v* 1. *(egyenlővé tesz)* equalize, set*/put* aright, straighten, even out/up, level *(US* -l) off 2. *sp* equalize 3. *(számlát)* settle [a bill]; *(adósságot)* clear, pay* (off), settle up, discharge [debt]; **kérjük** ~**eni** kindly remit
kiegyenlítés *n* 1. *(egyenlővé tevés)* equalization 2. *(számláé)* settlement; *(adósságé)* settling (up), clearing, paying
kiegyenlítő *a* ~ **gól** equalizing goal, equalizer
kiegyenlítőd|ik *v* equalize, be* equalized/ balanced, be* levelled *(US* -l-) up, level *(US* -l) off
kiegyensúlyoz *v* (counter)balance
kiegyensúlyozatlan *a* unbalanced
kiegyensúlyozatlanság *n* lack of balance, imbalance
kiegyensúlyozott *a* balanced; ~ **ember** well-balanced man°
kiegyezés *n* compromise, conciliation, accord; *(csődben)* composition; **a 67-es** ~ the Settlement/Compromise/Ausgleich of 1867
kiegyez|ik *v vkvel* come* to an arrangement, agree on a compromise (with sy), reach an agreement; **1000 forintban** ~**ik** he will settle for 1,000 forints
kiéhezett *a* 1. *konkr* starving, starved, famished 2. *vmre átv* craving for sg *ut.*
kiéheztet *v* famish, starve; *kat* starve into surrender/submission
kiejt *v* 1. *(kezéből)* drop, let* sg fall/slip 2. *(szót)* pronounce; **a ,,méh" szóban a h-t nem ejtjük** in the word "méh" the "h" is not pronounced/sounded
kiejtés *n* *(szóé)* pronunciation; **idegen** ~**sel beszéli az angolt** he speaks* English with a foreign accent; **jó a** ~**e** his pronunciation is good
kiejtési *a* ~ **hiba** mispronunciation, a(n) error/mistake in pronunciation; ~ **jelek** phonetic/pronunciation symbols; ~ **szótár** pronouncing dictionary
kiejtésjelölés *n* phonetic transcription; *(szótárban stb.)* the indication of pronunciation [in a dictionary]; marking the pronunciation [of English etc. words]
kiejthetetlen *a* unpronounceable
kiejthető *a* pronounceable; **nehezen** ~ **szó** a word that is hard to pronounce, *biz* jawbreaker, tongue-twister
kiékel *v* wedge, put* a wedge in sg, put* wedges in sg
kiél *v (szenvedélyt)* gratify one's desires/ wishes, indulge oneself; ~**i magát vmben**

indulge in sg; **a sportolásban éli ki magát** sport is his main gratification
kielégít *v* 1. *ált vkt* satisfy, give* satisfaction to; *(éhséget)* satisfy, appease; *(óhajt)* fulfil *(US* -fill), comply with; ~**i az igényeket** meet*/satisfy all demands/requirements; ~**i a vevőket** satisfy the/one's customers 2. *(anyagilag)* satisfy, pay* off
kielégítés *n* satisfaction, satisfying
kielégítetlen *a* unsatisfied
kielégíthetetlen *a* 1. *(ember)* impossible to satisfy/please *ut.,* not to be satisfied *ut.* 2. *(vágy)* insatiable, unquenchable
kielégítő *a* satisfactory; *(megfelelő)* adequate; *(elég)* sufficient; **nem** ~ unsatisfactory; ~**en** satisfactorily; **a munka** ~**en halad** (the) work is proceeding at a satisfactory pace
kielégül *v* 1. *vmben* find* satisfaction in sg 2. *(vágy stb.)* be* gratified/appeased; *(nemileg)* reach orgasm/climax
kielégülés *n* satisfaction, contentment; *(nemi)* orgasm, climax
kielégületlen *a* unsatisfied, frustrated
kielemez *v* analyse
kiélesedés *n* intensification, sharpening
kiélesed|ik *v (helyzet)* become* critical/ strained, come* to a crisis; *(harc, vita)* intensify, grow*/become* more acute/intense
kiélesít *v (kést)* sharpen, grind*, whet, hone
kiélez *v (helyzetet)* increase the tension; *(ellentétet)* sharpen, deepen, intensify; *(vitát)* intensify/sharpen [a debate]; ~**i a kérdést/problémát** point up the difficulty
kiéleződés *n* = **kiélesedés**
kiéleződ|ik *v* = **kiélesedik**; ~**ik a válság** the crisis is deepening *(v.* becoming more acute)
kiélt *a (ember)* debauched
kiélvez *v* enjoy sg to the full, make* the most of sg
kiemel *v* 1. *vmből* take*/lift sg out (of sg); *(a sok közül)* pick (out); *(hajóroncsot)* salvage, raise 2. *(hangsúlyoz)* stress, emphasize, point out; ~**i vmnek a fontosságát** stress the importance of sg 3. *(feltűnővé tesz)* set* off, enhance, *(mint fontosat)* highlight (sg) 4. *(vkt vhonnan, átv)* advance sy; *(üzemből)* promote (from . . . to) 5. *biz* ~ **vmt vk zsebéből** pick sy's pocket 6. *sp (játékost)* seed; ~**ték** has been seeded; *(nem teniszben)* be* a favourite *(US* -or-)
kiemelés *n* 1. *(vmből, vhonnan)* taking/lifting out, picking (out) 2. *(hangsúlyozás)* stress, emphasis 3. *nyomd* ~ **tőlem** italics/ emphasis mine

kiemelkedés n **1.** *(folyamat)* rising; *(víz-ből)* emergence **2.** *(kitűnés)* rise, eminence, prominence

kiemelked|ik v **1.** *(vhonnan)* rise* (from); *(vízből)* emerge (from), come* out of; *(vm felett)* tower above, overlook **2.** *(szembetű-nik)* be* conspicuous/striking; **erősen** ~**ik a háttérből** it is* in sharp contrast to the background **3.** *(kitűnik)* excel, rise* above the others, distinguish oneself, be* preeminent [above one's rivals]

kiemelkedő a **1.** *(kiugró)* projecting, prominent **2.** *(kiváló)* outstanding, excellent, distinguished, eminent; ~ **fontosságú** of overriding importance *ut.*; ~ **teljesítmény** outstanding achievement; ~**en a legérdekesebb** of surpassing interest *ut.*; ~**en a legjobb** by far the best

kiemelt a **1.** *(hangsúlyozott)* stressed **2.** ~ **játékos** seeded player

kienged 1. *vt vkt* let* (sy) out; *(országból)* be* allowed to leave; **nem engedték ki** he was not allowed out; *(országból)* he was not allowed to leave [the country] **2.** *vt vmt* emit, let* escape; *(gázt/levegőt vmből)* deflate sg; *(folyadékot)* run* off **3.** *vt (ruhát)* let* out **4.** *vi (fagy)* thaw (out)

kiengesztel v conciliate, appease

kiengesztelés n conciliation

kiengesztelőd|ik v be*/become* reconciled/placated

kiépít v **1.** *(várost)* build* up, develop; *(partot)* embank [the Thames/Danube etc.] **2.** *átv* build* up; *(szervezetet)* build* up, expand [organization, network etc.], develop

kiépítés n **1.** *(városé)* building up **2.** *átv* building up, extension, development

kiépül v *(város)* grow*, develop; *(városrész)* be*/become* built up

kiér v *vk vhová* get* to [a place], arrive at [a place] (in time); ~**t a vonathoz** (s)he managed to catch the train

kiérdemel v merit, deserve, earn

kiereszt v **1.** *vkt vhová* let* (sy) out **2.** *(lazít)* slack(en); *(köteléket)* pay* out; **vitorlát** ~ start the sail; ~**i a nadrágszíjat** let* out one's belt **3.** *biz* ~**i a hangját** let* out a cry/scream etc. ⇨ **kienged**

kiérez v ~**te a szavából, hogy** he gathered/felt from her words that; **gúnyt érzett ki szavaiból** she detected a note of sarcasm in his words/voice, she seemed to detect some sarcasm in his voice

kierőszakol v **1.** *vkből vmt* wring*/force/extort sg from sy **2.** *vmt* enforce sg, insist

(up)on sg; ~**ja a győzelmet** gain a hard-won victory

kiért → **ki¹**

kiértékel v evaluate, appraise, size/weigh up, *(fölmérve)* assess; ~**i az eredményt** appraise the results; ~**i a helyzetet** size up the situation

kiértékelés n evaluation, appraisal, assessment

kiértesít v notify (sy of sg), inform (sy about sg)

kiérz|ik v **1.** *(szag)* smell* (of); *(íz)* taste (of); ~**ik belőle a bors** it tastes of pepper **2.** *átv* can*/may* be felt; ~**ik szavaiból** one can sense/feel (it) in/from his words ⇨ **kiérez**

kies a *ir* pleasant, delightful

kiesés n **1.** *vhonnan* falling/dropping out, drop-out **2.** *(hiány)* shortfall, deficiency; *(megszakítás)* break, interruption **3.** *sp (versenyből)* elimination [from the competition]

kieséses verseny n knockout contest, elimination race/tournament

kies|ik v **1.** *(vhonnan, vmből)* fall*/drop out (of sg) **2.** *sp* drop out (of), be* eliminated (from); ~**ett X** has been eliminated **3.** ~**ik az emlékezetéből** sg escapes sy, sg slips one's mind; ~**ik a szerepéből** act out of character **4.** *(messze van)* be* out of one's/the way

kieszel v invent, think*/dream* up, conceive, plot

kiesz|ik v **1.** *vmből* eat* sg (up) from sg, eat* sg (up) out of sg; *(teljesen)* empty, clear **2.** *(rozsda)* corrode, eat* through/away; *(moly)* eat* away/through; **a moly kiette a ruháját** the clothes have got moth in them, the clothes have become moth-eaten

kieszközöl v secure, obtain; ~ **vknél vmt** induce/get* sy to do/permit/grant sg

kiesztergályoz v finish (sg) on the lathe

kietlen a dreary, bleak, desolate

kievez v row out (to/onto)

kievickél v **1.** *(vízből)* paddle out (of) **2.** *(bajból)* extricate oneself (from), wriggle/get* oneself out of (of)

kifacsar v *(ruhafélét)* wring* (out); *(gyümölcsöt)* squeeze [a lemon, an orange etc.]; squeeze the juice out of [the oranges/lemons etc.]

kifacsart a *(ruha)* wrung-out; ~ **citrom** (1) *konkr* squeezed lemon (2) *átv vk* a squeezed orange

kifaggat v question in detail, interrogate, *biz* grill

kifakad v **1.** *(kelés)* burst*, break* *(open)*; *(bimbó)* burst* open, open **2.** *(vk)* break* out into angry words; *(megmondja véleményét)* speak* one's mind; *(vk ellen)* attack sy, (let*) fly* at sy; *(panaszkodva)* complain bitterly about sy

kifakadás n **1.** *(kelésé)* opening, breaking, bursting; *(bimbóé)* budding **2.** *(szavakban)* attack, outburst

kifakaszt v make* sg burst

kifakít v fade

kifakul v fade, (grow*) pale, lose* colour *(US* -or)

kifárad v **1.** vmtől tire (of), become*/get*/ grow* tired (of/from), be* exhausted (by/ from) **2. lesz szíves** ~ni kindly/please go/come out

kifáradás n exhaustion, tiredness

kifarag v carve (out); *(követ)* cut*

kifáraszt v tire (out), make* sy tired/weary, wear* out, weary, exhaust *(vmvel by doing sg, with sg)*; *(halat)* play [a fish]

kifarol v *(autó)* back out, reverse

kifecseg v blurt out; **titkot** ~ biz let* the cat out of the bag

kifehéred|ik v bleach

kifehérít v bleach, whiten

kifejez v **1.** *(szavakkal)* express, voice, give* expression to; **köszönetét fejezi ki vknek vmért** express one's thanks to sy for sg; *mat* **vmben** ~**ve** in terms of sg **2.** ~**i magát** express oneself

kifejezés n **1.** *(kinyilvánítás)* expression, utterance; ~**re jut** be* expressed, manifest itself, be* shown; ~**re juttat vmt,** ~**t ad vmnek** express/voice sg, give* expression/ voice to sg **2.** *(szókapcsolat)* expression, phrase, *(nyelvben sajátos)* idiom, idiomatic expression; **angolos** ~ English idiom **3.** *mat* expression, term

kifejezésmód n mode of expression, (one's) way of expressing oneself, choice of words

kifejezéstelen a expressionless, lacking in expression *ut.*; ~ **arc** vacant/blank/expressionless look, poker face

kifejezésteli a *(arc)* expressive

kifejezett a **1.** *(kimondott)* expressed **2.** *(határozott)* express, explicit; ~ **kívánságára** at his explicit request

kifejezetten adv expressly, definitely, professed(ly); ~ **szép** truly beautiful; ~ **erre a célra készült** specially-made/constructed, be* made expressly for [this purpose]

kifejező a expressive *(vmt* of), suggestive *(vmt* of); ~ **arc** face full of expression, an expressive face

kifejeződ|ik v be* expressed, manifest itself

kifejezőerő n expressiveness, force/power of expression

kifejezőeszköz n means of expression *sing.*

kifejezőkészség n (the) faculty of expression, expressiveness

kifejleszt v develop; *(tehetséget)* improve [one's abilities], cultivate

kifejlesztés n development; *(tehetségé)* improvement

kifejlet n *(drámában)* dénouement

kifejlett a fully developed, fully-fledged, full--grown, mature

kifejlődés n development, growth, evolution; *(tehetségé)* development, blossoming

kifejlőd|ik v develop *(vmvé into sg)*, grow*; *(tehetség)* blossom; **vita fejlődött ki** a debate arose

kifejt v **1.** *(varrást)* undo*, unpick **2.** *(babot, borsót)* hull, shell **3.** *(képességet)* display, show*; ~**i minden erejét** spare no effort, do* one's utmost **4.** *(szavakban)* expound; *(magyaráz)* explain, make* clear, expand on sg; *(véleményt)* express, put* forward, state; ~**i nézeteit** expound/state/give* one's views ⇨ **álláspont**

kifejtés n **1.** *(varrásé)* undoing, unpicking **2.** *(hüvelyből)* hulling, husking **3.** *(tehetségé)* display, exertion; *(erőé)* exertion **4.** *(szavakban)* expounding, explanation; exposition

kifejtő a explanatory, explanative

kifeksz|ik 1. vi vhová lie* down (swhere outdoors) **2.** vt **kifeküdte a hat hetet** he was laid up *(v.* confined to bed) for six weeks, he had to stay in bed for six weeks **3.** □ **ettől egészen kifekü̈dtem** I was flabbergasted *(v.* knocked for six)

kifelé adv **1.** *(irány)* out, outward(s); **(mars)** ~**!** out you go! **2.** *(külsőleg)* outwardly, seemingly

kiféle pron what sort of...?

kifelejt v leave* (sg/sy) out (by mistake), forget* to put in

kifen v whet, sharpen, hone; *(borotvát, szíjon)* strop

kifényesed|ik v *(hordástól)* get*/become* shiny/sheeny

kifényesít v polish, buff up, shine*

kifér v **1.** vm/vk vmn get* out through, pass through sg; **kiabál, ahogy csak a torkán** ~ shout at the top of one's voice **2.** *(van még hely)* there is (enough) room (for sg swhere)

kifesl|ik v **1.** *(bimbó)* open, unfold **2.** *(varrás)* come*/get* unstitched/undone

kifest *v* **1.** *(szobát)* paint **2.** *(arcot)* make* up, paint; ~**i magát** make* up (one's face), make* oneself up, put* on make-up, do* one's make-up **3.** *(kiszínez)* colour
kifestőkönyv *n* colouring (*US* -or-) book
kifésül *v* *(hajat)* comb (out/thoroughly) [one's hair]; ~**t haj** combings *pl*
kifeszít *v* **1.** *(feszessé tesz)* stretch (out), tighten, make* tight; *(mellkast)* expand, throw* out; *(vk vitorlát)* set*; *(szél vitorlát)* fill **2.** *(felfeszít)* break*/force/prise (*US* prize) open
kifeszül *v* stretch, tighten, expand
kificamít *v* sprain, dislocate; ~**otta a bokáját** (s)he sprained his/her ankle, (s)he has a sprained ankle
kificamod|ik *v* be*/become* sprained/dislocated; ~**ott** sprained
kifiguráz *v* caricature; *(utánoz)* mimic (-ck-); *(nevetségessé tesz)* guy, make* fun of, ridicule
kifinomít *v* refine; *(modort)* polish; *(ízlést)* refine
kifinomod|ik *v* become* (more) refined/polished/subtle
kifinomult *v* *(modor, ízlés)* refined; ~ **ízlésű** of (a refined) taste *ut.*, fastidious
kifizet *v* **1.** *(megfizet)* pay* (up/out), disburse; *(adósságot)* pay* [a debt]; *(teljesen)* pay* off [a debt], pay* [a debt] in full; *(számlát)* pay* [a bill], settle/square [an account]; ~ **vkt** pay* sy (off); **ígéretekkel fizet ki vkt** *kb.* put* sy off with promises **2.** ~**i magát = kifizetődik**
kifizetés *n* paying (up/out), disbursement; *(adósságé, számláé)* settlement, payment
kifizetetlen *a* unpaid
kifizetőd|ik *v* it pays* (its way), it is* a paying proposition; **nem fizetődik ki** it does* not pay; *(nem éri meg)* biz be* not worth the candle/hassle
kifizetődő *a* paying, remunerative; **nem** ~ (it) does* not pay *ut.*, (it is*) unremunerative
kifizetőhely *n* paying-office
kifli *n* croissant, roll
kiflikrumpli *n* kidney potato
kifog 1. *vt* *(vízből)* fish, land, take* out; *(halat)* catch*; *biz* **ki kell fogni** *(ritka árucikket)* you've got to be lucky to get it **2.** *vt* **ezt jól ~tuk** *(rosszat)* it's not our day, that's just our luck; *(jót)* we're in luck; ~ **egy jó állást** land a good/plum job; **rossz napot fogott ki** it's one of his/her off-days, it's just one of those days **3.** *vt* *(lovat)* unharness **4.** *vi biz vkn* get*/have* the better of sy; **raj-**

tam nem lehet ~ni (there are) no flies on me, you can't catch me out/napping; **ez** ~**ott rajtam** that beats me, *US biz* that has/had me beat
kifogás *n* **1.** *(helytelenítés)* objection, disapproval; *(panaszos)* complaint, protest; *jog* objection, plea; **ha nincs ellene** ~**od** if you don't mind; **nincs semmi** ~**om ellene** I have* no objection(s) to it, I have nothing (to say) against it, I don't mind; **van vm** ~**a az ellen, ha...?** do you mind if I ...?; ~ **alá esik** be* objectionable; ~**t emel** raise an objection, put* in a plea **2.** *(mentség)* pretext, excuse, plea; **üres/olcsó** ~ shallow pretext, lame/thin excuse
kifogásol *v* object to, protest against, raise objections to/against; *(hibáztat)* disapprove of, find* fault with; *(bírálólag)* censure, criticize
kifogásolható *a* objectionable, reprehensible
kifogástalan *a* unexceptionable, unobjectionable, blameless; *(hibátlan)* faultless; *(viselkedés)* above reproach *(ut.)*, irreproachable, correct; *(minőség)* excellent, top
kifogy *v* *(elfogy)* come* to an end, run*/be* short, give* out; *(készlet)* give*/run* out, run* low; ~**ott vmiből** *vk* be* out of sg; ~**ott (1)** *(pl. mosogatószer)* it's run out (2) *(áru)* be* out of stock; *(könyv)* be* out of print
kifogyhatatlan *a* inexhaustible, unfailing
kifoltoz *v* patch up, mend, put* a patch on
kifolyás *n* outflow, efflux
kifoly|ik *v* flow*/run* out; *(lyukas edényből)* leak (out)
kifolyó *n* *(csatornáé stb.)* outfall; *(gáz/folyadék számára)* vent; *(tölcsér alakú)* spout, nozzle; *(kádban)* plug-hole; *(konyhai)* sink
kifolyócső *n* waste-pipe
kifolyólag *post* **vmből** ~ in consequence of, as a result of, owing/due to, on account of; **ebből** ~ for this reason, owing to this, as a result, consequently
kifon *v* *(hajat)* unplait, unbraid
kifordít *v* **1.** *(megfordít)* reverse, turn (sg) inside out; *(ruhát)* turn (out/over) **2.** *(értelmet)* twist
kifordítás *n* *(szótáré)* reversal
kifordul *v* **1.** *(kézből)* slip, drop; *(járműből)* fall* out **2.** **alighogy** ~**t a kapun** he was scarcely/hardly out of the house/room (when) **3.** *(belülről kifelé)* turn inside out; ~ **tőle az ember gyomra** make* one's gorge rise, it turns one's stomach

kiforgat *v* **1.** *(vihar fákat)* tear* up; *(zsebet)* turn (inside) out **2.** *vkt vmből* cheat/do*/diddle sy out of sg; ~**ták vagyonából** he was done out of his money **3.** *(értelmet)* twist [sy's words], distort, misinterpret [sg said]

kiformál *v* form, shape, mould (*US* mold); *(művész)* model (*US* -l), mould

kiformálód|ik *v* take* shape, form, develop

kiforr *v* **1.** *(a fazékból)* boil over **2.** *(bor)* cease fermenting, settle; ~**ja magát** (1) = **kiforr** *(bor)* (2) *átv* mature, settle

kiforratlan *a* **1.** *(egyéniség)* immature, unsettled **2.** *(bor)* unfermented

kiforráz *v* *(edényt)* scald

kiforrott *a* *(egyéniség)* mature, settled

kiforszíroz *v* = **kierőszakol**

kifoszt *v* *vkt* rob; *biz* fleece, skin; *(főleg háború idején)* plunder, pillage; *(várost)* sack; *kat* loot

kifő *v* boil thoroughly

kifőtt tészta *n* ált pasta; *(cérnametélt)* vermicelli; *(vastagabb)* spaghetti **tészta**

kifőz *v* **1.** *(ételt stb.)* boil (down) (thoroughly); *(tésztát)* boil [pasta/vermicelli etc. in water], cook [pasta] **2.** *(fertőtlenít)* sterilize (sg by boiling) **3.** *(tervet)* brew, plot, concoct

kifőzés *n* **1.** *(ételé)* boiling (down); *(fertőtlenítés)* sterilization (by boiling) **2.** *(étkezde)* eating-house; *(elvitelre)* takeaway; csak *US:* diner

kifröccsen *v* splash, spurt (out); *(vér)* gush out/forth

kifúj *v* **1.** *(füstöt stb. vmből)* blow* out; *(gázvezetéket, kazánt stb.)* blow* (sg clean); ~**ja az orrát** blow* one's nose **2. a szél** ~**ta az arcát** (s)he is windswept **3.** biz ~**ja magát** get* one's breath (back)

kifullad *v* get* out of breath; *biz* run* out of steam; ~**t** be* out of breath, be* winded

kifundál *v* = **kitervel**

kifúr *v* **1.** *(fúróval)* bore (out/through), drill **2.** *(állásából)* try to elbow sy out [of his job], drive*/cut*/edge sy out [of a/his/her job] ⇨ **oldal**

kifut *v* **1.** *(kirohan)* run* out **2.** *(hajó)* sail, put* out to sea **3.** *(tej)* boil over **4.** biz ~ **az időből** run* out of time

kifutás *n* **1.** vké running out **2.** *(tejé)* boiling over **3.** biz *(érvényesülési lehetőség)* opening, break

kifutó *n* **1.** *(fiú)* shop/office-boy, errand--lad/boy **2.** *(teniszpályán)* run-back **3.** *(baromfiaké)* chicken run

kifutópálya *n* *(reptéren)* runway; *(kisegítő)* airstrip

kifüggeszt *v* hang* out, display; *(hirdetményt)* put*/post/stick* up

kifúl|ik *v* get*/become* warm, warm/heat up

kifürkész *v* ferret out

kifürkészhetetlen *a* inscrutable

kifüstöl *v* *(helyiséget)* fumigate; *(állatot, vkt vhonnan)* smoke out

kifút *v* heat up/thoroughly

kifütyül *v* boo at/off sy, catcall sy, hiss (sy) off the stage, howl sy down; ~**ik** biz get* the bird, be* catcalled

kifűz *v* unlace, undo*, loosen, untie

kigabalyod|ik *v* vmből extricate/disentangle oneself from sg

kigázol *v* vmből wade out (of sg)

kigombol *v* unbutton

kigombolkoz|ik *v* unbutton one's clothes

kigombolód|ik *v* be*/come* unbuttoned, unbutton

kigondol *v* think* up, conceive, invent; *(tervet)* think*/work out [a plan]; *(megoldást)* think* of sg

kigöngyöl *v* unroll, unfold

kigördül *v* *(vonat)* pull out

kigőzöl *v* steam

kigőzölgés *n* exhalation, evaporation, vapour (*US* -or); *(testé)* perspiration

kigőzölög *v* give* off [fumes, a smell], exhale, evaporate; *(test)* perspire

kiguberál *v* biz cough up, fork up/out [money]

kigúnyol *v* ridicule, mock, make* game/fun of sy; biz send* sy up

kigúnyolás *n* mocking, derision, mockery; biz send-up

kigurít *v* roll sg out

kigurul *v* roll out

kígyó *v* snake; ir serpent; *(emberről)* snake in the grass, viper; ~**t melenget keblén** nurse a viper in one's bosom; ~**t-békát kiált vkre** shower abuse on sy

kígyóbőr *n* snakeskin

kígyóbűvölő *n* snake-charmer

kígyózik *v* vkt vmből cure sy of sg; átv cure (sy of sg); *(káros szenvedélyből stb.)* reclaim sy from [a dependence on alcohol etc.]; ~ **vkt bajából/betegségéből** cure sy of a disease, restore sy to health

kigyógyítás *n* restoration to health, curing, cure

kigyógyul *v* recover, be* cured, get* well again; ~ **bajából/betegségéből** be* cured of one's/a disease

kígyómarás *n* snake-bite

kígyóméreg *n* snake-poison/venom

kigyomlál *v* *(kertet)* weed [the garden]

kígyóvonal *n* spiral (curve), wavy line
kígyózás *n* winding, spiral motion; *(folyóé)* meandering
kígyóz|ik *v (út, folyó)* twist and turn, wind*, weave* [through the valley etc.]; *(folyó stb.)* meander
kigyönyörködi magát *v* enjoy the sight of sg
kigyullad *v* 1. *(lámpa, fény)* be* lit, light* up; 6.50-kor gyulladnak ki a lámpák lighting-up time is 6.50 (tonight) 2. *(tűz)* take* fire; *(tüzet fog)* catch* fire, burst* into flames 3. ~t az arca his/her cheeks are aglow/glowing/burning
kihágás *n* † contravention (of the law), petty offence; ~t követ el commit an offence (against the law)
kihagy *v* 1. *vt (mellőz)* leave* out, omit; *(vkt csapatból, biz)* drop; *(elhagy, töröl)* omit; *(lehetőséget)* miss; ~ a névsorból omit from the list, leave* off the list; ~ott egy szót (s)he has left out a word; ezt nyugodtan ~hatod *(= mellőzheted) biz* you can give it a miss *(v.* a body swerve) 2. *vi (kimarad)* miss; *(motor)* misfire; ~ott az emlékezete (s)he had a lapse *(v.* lapses), his memory failed him/her; ~ (ott) a pulzusa his pulse missed a beat
kihagyás *n* 1. *(mellőzés)* omission; *(elnézésből)* oversight 2. *(megszakadás)* interruption; *(érverésé)* intermission; *(motoré)* misfire 3. *(üres rész)* blank
kihajít *v* 1. *vmt* throw*/fling*/hurl out 2. *vkt biz* turn out
kihajl|ik *v vm* overhang*, stick* out
kihajol *v* lean* out (of); ~ni veszélyes do not lean out of the window
kihajóz *v* disembark
kihajóz|ik *v* 1. *(hajó)* put* out to sea 2. *vk* sail (for swhere)
kihajt 1. *vt (állatot)* drive* out 2. *vt (gallért)* turn down [one's collar] 3. *vi növ* sprout, put* out shoots; *(rügyezik)* bud, put* out buds 4. *vi (kocsin)* drive* out
kihajtó *n (galléré)* lapel, revers *(pl* ua.)
kihal *v (család)* die out; *(terület elnéptelenedik)* become*/be* deserted/depopulated; *(állatfaj stb.)* become* extinct; ~t belőle minden érzés his feelings are dead
kihalász *v* 1. *(halat)* catch*; *(vmt a vízből)* fish up [sg from water], fish (sg) out [of the water] 2. *biz (előkotor)* fish out [sg from one's pocket], fish sg out of [one's pocket]
kihall *v vmből* (think* one can) hear* sg from sg

kihallatsz|ik *v* be* audible, can be heard (outside)
kihallgat *v* 1. *(meghallgat)* hear*; *(kikérdez)* interrogate, question; ~ja a tanúkat hear* the witnesses 2. *(beszélgetést titokban)* overhear* [a conversation], eavesdrop [on a conversation]
kihallgatás *n* 1. *(kikérdezés)* examination, questioning, hearing 2. *(államfőnél stb.)* audience; ~on fogad grant/allow sy an audience [of 20 minutes]; ~on fogadta X ... was granted an audience with X, was received in audience by X; ~ra jelentkezik (1) *vknél* seek* an audience with sy (2) *kat* report
kihaló *a/n* ~ban van be* vanishing, be* dying out, be* near extinction, be* almost extinct; ~ban lévő állatfaj a species on the verge of extinction
kihalt *a* 1. *(faj)* died out, extinct 2. *(vidék)* desolate; ~ utca deserted street
kihámoz *v* 1. *konkr* shell, peel (off) 2. *nehéz* ~ni, mit akar mondani it is difficult to make out what he means/wants
kihangsúlyoz *v* stress, emphasize, underline, lay* stress on
kihány *v* 1. *(kidob)* throw*/fling* out 2. *(ételt)* vomit, throw*/bring* up [food, one's dinner etc.]
kiharangoz *v nép vkt* sound sy's death-knell, ring*/toll* the (passing-)bell for sy
kiharap *v* take* a bite out of sg
kiharcol *v* gain/obtain (sg) by fighting (for); *(elér)* (manage to) obtain, secure, attain, win*
kihasad *v* split*/burst* (open)
kihasít *v* tear* out; *(kivág)* cut* out
kihasznál *v* 1. *vmt ált* utilize, exploit, take* (full) advantage of (sg); *(anyagi haszonra)* profit by/from; *(energiaforrást)* harness; *(kimerít)* exhaust, use up; jól ~ vmt make* the most of sg; ~ja az alkalmat take* (advantage of) the opportunity; ~ja vk gyengeségét take* advantage of *(v.* exploit) sy's weakness; *(tévedéseit)* capitalize on sy's errors; ~ta a helyzetet he took advantage of the situation; (jól) ~ja idejét make* the best use of one's time; ~ vmely lehetőséget have* the/a(n) chance/opportunity to do sg *(v.* of doing sg) 2. *vkt (nem fair módon)* take* advantage of sy, exploit sy (shamelessly)
kihasználás *n ált* utilization, exploitation; *(haszonra)* profiting; *(energiaforrást)* harnessing

kihasználatlan *a* unexploited, unutilized, unused; *mezőg* uncultivated

kihat *v vmre* have* an effect/impact on, influence/affect sg/sy

kihatás *n* effect, influence, impact; *(eredmény)* result; *(következmény)* repercussions *pl,* consequence; ~ **a/sal van vmre** have* an effect/impact on sg; bear* on/upon sg, affect sg; **milyen** ~ **sal van ez a problémára?** how does this bear on the problem; **rossz** ~ **sal van vmre** have* a bad effect on sg; **ez rossz** ~ **sal lehet az ügy menetére** this could have an adverse effect on the matter (in hand)

kihátrál *v* back out *(vhonnan* of)

kiházasít *v* marry off (one's daughter with a dowry)

kihegyez *v* sharpen, point [a pencil]

kihelyez *v* **1.** *ált vmt* place/put* out **2.** ~ **vkt vidékre** transfer sy to the provinces **3.** *(pénzt)* lend* out [money at interest]

kihelyezés *n* **1.** *vké* transfer (to the provinces) **2.** *(pénzé)* placing, lending out at interest

kiherél *v* castrate

kihever *v (bajt)* get* over; *(betegséget)* recover from; *(csapást)* survive; *(balesetet)* get* over

kihevül *v* get*/become* hot

kihez → **ki¹**

kihímez *v* embroider

kihirdet *v* proclaim, publish, announce; *(közöl)* notify, give* notice of; ~ **i az eredményt** announce/publish the result(s); **házasságot** ~, ~ **vkket** *(templomban)* publish the banns; ~ **i az ítéletet** pronounce sentence, deliver judg(e)ment

kihirdetés *n* proclamation, announcement, publication; **házasulandók** ~ **e** the banns *pl*

kihív *v* **1.** *vkt vhová* call out/to; ~ **ták a folyosóra** he was called out of the room; *isk* ~ **ták felelni** he was tested on his homework; ~ **ja a mentőket** summon/call an ambulance, *(telefonon)* ring* for an ambulance; ~ **ja a rendőrséget** call (out) the police **2.** *(küzdelemre, párbajra)* challenge; ~ **ja a veszélyt** court danger; ~ **maga ellen vmt** provoke sg; ~ **ja a sorsot maga ellen** be* tempting fate **3.** *(diákot felelni)* call upon, ask sy questions

kihívás *n* provocation, *(tágabb ért)* challenge

kihívó *a* provocative, provoking, defiant; ~ **arccal/hangon** defiantly; ~ **viselkedés** provocative behaviour (*US* -or), insolence

kihíz|ik *v* ~ **ta a ruháját** she has grown too plump for her dress

kihord *v* **1.** *vhonnan* carry/take* out; *(elszállít)* convey, transport **2.** *(házhoz)* deliver; *(leveleket)* distribute, deliver **3.** *(gyermeket)* bear* [a child] [to (full) term] **4. lábon** ~ **betegséget** not go* to bed with an illness

kihordás *n* **1.** *(szállítás)* delivery **2.** *(magzaté)* (normal) pregnancy

kihoz *v* **1.** *vhonnan* bring*/get*/take* out; ~ **vkt a vízből** *(aki beleesett)* fish sy out of the water **2.** *biz (vmből vm eredményt)* produce, manage to show/prove; *(következtet szövegből)* infer (from), draw* the conclusion (from), conclude (that); **ebből azt hozta ki, hogy** from all this he concluded that (*v.* he came to the conclusion that) **3.** ~ **vkt a béketűréséből** exasperate sy, provoke sy, try sy's patience; ~ **vkt a sodrából** → **sodor²** **4.** *(írásművet)* publish, bring* out; *(filmet)* release

kihozat *v* have* sg brought out

kihörpint *v* knock [a drink] back, drain/down [one's glass]

kihull *v* **1.** fall* out/from; ~ **ott a kard a kezéből** the sword fell from his hand; ~ **ott a kezéből a toll** he sighed his last **2.** ~ **a haja** lose* one's hair, one's hair is falling out

kihurcol *v* drag out, *biz* lug out

kihurcolkod|ik *v* move (out)

kihúz *v* **1.** *vhonnan* draw*/pull out; *(ágyból)* drag out of (*v.* from); *(asztalt)* pull/fold out; *(íjat)* draw* [the bow/string]; ~ **vkt a vízből** *(aki beleesett)* fish sy out of the water; **dugót** ~ **az üvegből** uncork a bottle; **falidugót** ~ unplug sg, take* the plug out of the socket; **fiókot** ~ open a drawer; **fogat** ~ extract a tooth°, pull out a tooth° **2.** *(töröl)* cross/strike* out, erase, delete; *(szerkesztő)* cross out [words], cut* sg [out of sg]; *(cenzúra)* blue-pencil (*US* -l) [words/parts in a work] **3.** ~ **za magát** straighten up/out, draw* oneself up; *(büszkeségében)* walk tall **4.** ~ **za magát vmből** (*v. vm alól*) wriggle out of sg, evade (doing sg), back out of (sg) **5.** *(tussal)* ink in sg **6. majd csak** ~ **zuk tavaszig** we'll last out till the spring somehow **7.** *(sorsjegyet, kötvényt)* draw*; ~ **ták a számát** his number came up (*v.* was drawn) **8.** *átv* ~ **vkből vmt** drag/draw* sg out of sy

kihúzás *n* **1.** *vhonnan* drawing/pulling out, drawing; *(fogé)* extraction **2.** *(törlés)* crossing (out), deletion **3.** *(tussal)* tracing, redrawing

kihúzat *v* ~ja a fogát have* a tooth (pulled) out
kihúzható *a* ~ asztal folding/extending table
kihűl *v* cool, get* cold/cool; *(étel)* go* cold
kihűt *v* cool
kihüvelyez *v* 1. *növ* shell 2. *(rejtélyt)* solve, work/make*/puzzle out
kiigazít *v* adjust, straighten out; *(hibát)* correct, set*/put* right
kiigazítás *v* adjustment, correction
kiigazod|ik *v* vhol, vmben get*/find* one's bearings (swhere), find* one's way (a)round sg, orient oneself; nem tud ~ni *(pl. új helyen)* he is all at sea; *(pl. íráson stb.)* he cannot make head or tail of it
kiigényel *v* claim (and obtain)
kiiktat *v* eliminate, strike* out; *műsz* disconnect, eliminate
kiindul *v* 1. vhonnan start/set* out/off, pull out (of) 2. vmből set* out from, take* sg as its starting-point
kiindulás *n* start, starting-point, point of departure
kiindulási *a* ~ állomás station of departure; ~ pont starting-point, point of departure
kiindulópont *n* = kiindulási *pont*
kiír *v* 1. *(kimásol)* copy out; *(vhonnan adatokat)* write* out; *(számítógép adatokat)* print out 2. *(teljesen pl. nevet)* write* out [one's name], write* [one's name] in full 3. *(pályázatot stb. meghirdet)* announce; pályázatot ír ki (1) *(vmlyen alkotó munkára)* announce a competition (for sg) (2) *(állásra)* invite applications for [a post, position]; választásokat ~ call an election, call elections, *GB* go* to the country 4. *orv biz (táppénzesnek)* give* sy a medical certificate *(v. a doctor's note)*, put* sy on sickness benefit; *(újból munkaképesnek)* declare sy fit for work 5. ~ta magát *(író)* has written himself out
kiírás *n* 1. vhonnan copying; *(adatoké)* writing out; *(számítógépen)* printout 2. *(kihirdetés)* publication, announcement; *(felirat)* inscription, notice; pályázati ~ competition, *ker* invitation to tender; *(állásra)* advertisement of vacancies; választások ~a declaration of (general) elections
kiíró *n (számítógépé)* printer
kiirt *v* 1. *ált* wipe out; *(gyökerestől)* destroy sg root and branch, root out; *(erdőt)* clear; *(megsemmisít)* annihilate, destroy, extirpate; *(állatfajt)* kill (off); *(férget)* exterminate 2. *(lakosságot, népet stb.)* exterminate,

commit genocide 3. *(vmnek emlékét)* blot out
kiirtás *n ált* wiping out; *(elpusztítás)* destruction; *(erdőé)* clearance; *(féregé, lakosságé)* extermination; *(népé)* genocide; *(a hitleri)* the Holocaust
kiismer *v* 1. vmt come* to know (sg) thoroughly; vkt come*/get* to know sy; *(átlát vkn)* see* through sy; nem ismeri ki not know* what to make of sy, cannot* make sy out 2. ~i magát vhol find*/know* one's way about/around; nem ismeri ki magát vhol be* lost; *(dolgokban)* be* (all/completely) at sea, have* lost one's bearings; *(írásban, szövegben)* cannot* make it out, he cannot* make head or tail of it; kezdi ~ni magát (begin* to) get* one's bearings, find* one's feet
kiismerhetetlen *a* inscrutable
kiisz|ik *v* drain [one's glass], drink* up [one's tea, a bottle of gin etc.], gulp down [one's coffee etc.]
kiizzad 1. *vi* get* hot, work up a sweat; alaposan ~t he was sweating profusely; ki van izzadva he is hot and sweaty, he is covered/beaded with sweat 2. *vt (ruhát)* get* sg sweaty *(v. covered in sweat)* 3. *vt (náthát)* sweat out [a cold] 4. *vt biz (szellemi alkotást)* manage to get sg out *(v. put sg together)* with great difficulty 5. *vt biz (pénzt)* scrape together/up
kiizzaszt *v* make* sy sweat/perspire
kijár 1. *vi (vk vidékre)* visit the countryside; *(lábadozó)* már egy hete ~ he has been up and about for a week 2. *vi vm vmből* come* off/out, keep* falling out 3. *vi vknek vm* be* due/owing to, be* sy's due 4. *vt (vknél vk számára vmt)* manage to obtain/get sg for sy 5. *vt (iskolát)* finish/complete one's studies
kijárás *n* 1. going out 2. *(vmnek az elintézése)* the securing/obtaining [of sg]
kijárási *a* ~ tilalom curfew; ~ tilalmat rendel el impose a curfew [on a town]; ~ tilalmat felold lift the curfew
kijárat *n ált* way out, exit; *(autópályáról)* exit; *(reptéren gépekhez)* gate
kijáró I. *a* 1. vhová going/coming out ut. 2. vknek due to ut.; a neki ~ összeg the money due to him [will be paid ...]; a neki ~ tisztelet the respect due to him *(v. that is his due)* II. *n (kijárat)* way out, exit
kijátszás *n átv* outwitting; *(törvényé)* evasion
kijátsz|ik *v* 1. *(kártyát)* lead* [card] 2. *(becsap)* cheat, outwit (sy), take* (sy) in; ki-

játssza a törvényt evade the law, get* (v. find* a way) round the law, find* a loophole in the law/legislation; ~**ik vkt** take* sy in, outwit sy, biz sell sy down the river; ~**ik vkt vk ellen** play off one person against the other ⇨ **ütőkártya**

kijavít v (hibát, dolgozatot) correct; (szöveget) revise, correct, emend; (helyesbít) rectify, put* (sg) right; (gépet, vízvezetéket stb.) repair, US fix; (cipőt) repair; (házat) repair, renovate; (ruhát) mend, do* up; isk ~**otta a hármasát** he improved his low grade/mark

kijavítás n (hibáé, dolgozaté) correction; (helyesbítés) rectification; (gépé) repair-(ing), US fixing; (házé) repair(ing), renovation; (ruháé) mending

kijavíttat v have* sg repaired, US get* sg fixed

kijegecesed|ik v crystallize, gel, US jell

kijegyez v vmből note down (from), write* out (from)

kijegyzetel v make* notes on sg (while reading it), take* notes from sg

kijelent v 1. vmt declare, state 2. (vkt rendőrileg) report sy's departure; ~**i magát** = **kijelentkez|ik** 3. vall reveal

kijelentés n 1. (nyilatkozat) declaration, statement 2. (távozásé) notification of departure 3. vall revelation

kijelentkezés n (szállodából) checking out

kijelentkez|ik v (lakásból) notify one's departure; (szállodából) check out

kijelentő a 1. ~ **mondat** declarative sentence 2. ~ **lap** form for notification of departure

kijelöl v (helyet megjelöl) designate, indicate, point/mark/stake out, assign; (időt) fix, set*, appoint; (diáknak feladatot) set* (sy) a task, give*/set* sy an assignment; (vknek vmlyen munkát) assign [a/the job] to sy, assign sy [a/the job]; (vkt állásra) assign sy [to a job]; ~ **részeket könyvben** mark passages in a book; ~**i a vkt megillető helyet** assign sy's role in/as sg, assign sy his/her role in/as sg; ~**i az irányt** point out the direction; átv set* the course

kijelölés n (helyé) designation, indication, assignment, marking; (időé) fixing, appointment

kijelzés n el display

kijelző n el display

Kijev n Kiev

kijjebb adv farther/further out/away

kijózanít v 1. (részegségből) sober (sy) up 2. (ábrándokból) disenchant sy (of his illu-sions), disillusion, sober (sy) down; ~**ólag hat vkre** sg has sobering effect on sy

kijózanodás n 1. (részegségből) sobering up, becoming sober 2. átv disenchantment, disillusionment

kijózanod|ik v 1. (részegségből) sober up, become* sober 2. átv get*/become* disenchanted/disillusioned, sober down

kijön v 1. vhonnan come* out (of); (fiók) pull out 2. (szín, folt vmből) come* out/off 3. biz (könyv, rendelet) come* out 4. (számítás) be* right; (számtanpélda) work out; **ebből az jön ki, hogy** this proves that, it follows from this that; **az jól kijött az ülésen** it became quite clear in/at the meeting ...; **így jött ki a lépés** this is how it worked out 5. **kijött a gyakorlatból** he is out of practice, be* a bit/little rusty; ~ **a latinból** lose* one's Latin 6. **valahogyan** ~ **a pénzéből** he manages to make ends meet; **ebből nem lehet** ~**ni** this is not enough to make ends meet; **ebből ki lehet jönni** that is enough (to manage on); **ebből talán ki tudunk jönni** perhaps we can manage with that; **nem jön ki a fizetéséből** he can't manage on his salary 7. biz vkvel get* on well with sy; **jól** ~**nek egymással** they get* along/on well (together); **nem lehet vele** ~**ni** he is not easy to get on with ⇨ **sodor²**

kijövet adv on the way out, on coming out of

kijövetel n coming out, exit

kijut v 1. vhonnan (manage to) get* out (of); vhova reach (swhere), find* one's way (to); **segít vknek** ~**ni** (az épületből) help sy out 2. vknek ~ **vmből** have* one's share (of sg); **ugyancsak** ~**ott neki!** he (has) had a hard time (of it)!

kijuttat v vkt help sy (to) get out (to); vmt manage to pass/get/send sg out; **egy levelet** ~ **a börtönből** (manage to) smuggle out a letter from prison

kikacag v laugh at

kikalapál v hammer/beat out

kikalkulál v calculate

kikanalaz v empty with a spoon, scoop out (with a spoon)

kikandikál v biz peep/peer out/through

kikanyarod|ik v turn/swerve out

kikap 1. vt (kiragad) snatch (sg v. sg from sy v. sg out of sy's hand) 2. vt (megkap) get*, receive, obtain 3. vi (megszidják) be* told/ticked off, get* a telling off (vmért mind: for sg); ~**sz!** you will catch it! 4. vi biz (vereséget szenved) be* defeated/beaten; **alaposan** ~**ott** got a good/sound beating/hiding, got

quite a beating/hiding; ~**tak 3:1-re** they were beaten 3-1 *(szóban:* (by) three goals to one); ~**tak a dánok tegnap** *biz* the Danes tripped up yesterday
kikapál *v* weed/hoe out
kikapar *v (edényt stb.)* scrape out; *(írást)* scratch (sg) out/off; ~**ja a szemét** scratch sy's eyes out ⇨ **gesztenye**
kikapás *n (szidás)* telling/ticking off, scolding
kikapcsol 1. *vt (ruhát stb.)* undo*, unfasten, unhook **2.** *vt (áramot, gázt)* cut* off; *(telefont, áramot véglegesen)* disconnect **3.** *vt (el készüléket, gépet)* switch/turn off; **ki van kapcsolva** *(pl. tévé)* ... is off **4.** *vi (gép automatikusan)* be* switched off (automatically)
kikapcsolás *n* **1.** *(ruháé stb.)* undoing **2.** *(áramé, gázé)* cutting off; *(el készüléké)* switching off; *(végleg)* disconnection
kikapcsolódás *n átv biz* getting away from it all, relaxation
kikapcsolód|ik *v* **1.** *(kapocs, ruha stb.)* come* undone/unfastened **2.** *(gép stb.)* be* switched off (automatically) **3.** *vk átv biz* relax, get* away from it all
kikapós *a* ~ **nő** fast woman, floozie
kikászálód|ik,   **-kecmereg** *v vmből* struggle out of sg; *átv* extricate oneself from, wriggle out of [a difficulty]
kikefél *v (ruhát)* brush, give* sg a brush; *(cipőt)* polish
kikel *v* **1.** *(ágyból)* rise* (from bed) **2.** *(tojásból)* hatch out, be* hatched; *(növ* spring*, sprout **3.** ~ **magából** lose* one's temper/ patience, be* beside oneself; ~ **vk ellen** inveigh against sy; *biz* run* sy down; ~ **vm ellen** lash out at/against sg, inveigh against sg, rail at sg; **magából** ~**ve** infuriated, beside oneself
kikelet *n ir* spring
kikelt *v* = **kikölt**
kikeményít *v* starch, stiffen
kikémlel *v* spy out, explore [the ground/ land]; *(felderít)* reconnoitre *(US* -ter), discover, find* out
kiken *v* **1.** *(zsírral/vajjal edényt)* grease [the tin with lard/butter] **2.** *(arcot, elít)* make* up [one's face *v.* sy]; ~**i magát** *(v. az arcát)* make* oneself up
kikényszerít *v* obtain sg by force; ~ **vkből vmt** wring*/force sg from *(v.* out of) sy·
kiképez *v* **1.** *vkt* train, give* sy training in sg, instruct, teach*; *kat* drill, train; ~**i magát vmben** acquire training in, teach* oneself **2.** *(kialakít)* form, shape

kiképzés *n* **1.** *(iskoláztatás)* training, schooling, instruction; *kat* (military) training, drilling **2.** *(építményé)* shape, form
kiképzetlen *a kat* untrained, raw
kiképzett *a kat* trained; *(vizsgázott)* skilled, qualified, qualified for *ut.;* *US* certificated
kiképzőtiszt *n* instructing/training officer
kikér *v* **1.** *vmt* ask for, request; ~**i vknek a véleményét** ask the opinion of sy, consult sy **2.** *(vkt cégtől)* ask for *(v.* request) sy's transfer; *(államok egymás közt bűnöst)* ask for the extradition of sy **3.** *biz* ~ **magának** *vmt* protest against sg, object strongly to sg; ~**em magamnak az ilyen megjegyzéseket** I won't stand for such remarks
kikérdez *v* **1.** *(rendőr stb.)* (cross-)question, interrogate **2.** *isk (gyereket) kb.* ask [the/a child] to go over his/her homework; ~**i a leckét** hear* the lesson
kikéredzked|ik *v vhonnan* ask permission to go out; *(gyerek vécére)* ask to be excused
kikerekít *v átv* complete, round out; *(összeget)* round up
kikeres *v ált* look/search for, seek* (out); *(kiválogat)* choose*, select; *(szót)* look up [a word in a/the dictionary]
kikérés *n (alkalmazotté)* request for transfer; *(bűnöse államok között)* demand for extradition
kikeresztelked|ik *v* be* converted to the Christian faith *(v.* to Christianity)
kikerget *v vhonnan* drive*/chase (sy/sg) out [from swhere, of the room etc.]
kikerics *n* **(őszi)** ~ meadow-saffron, autumn crocus
kikerül 1. *vt (tócsát stb.)* go*/walk round; *(autóval álló járművet)* drive* round **2.** *vt (ütést)* evade [a blow]; *vkt* get* out of the way of sy, evade sy, give* sy a wide berth; *(bajt stb.)* avoid; ~**i a nehézségeket** skirt/evade/avoid (the) difficulties **3.** *vi (vk vmből)* come* out, emerge from; *átv* get* out of, escape; **közülük kerülnek ki azok, akik...** they are the ones from whom ...are chosen; **győztesen kerül ki a küzdelemből** come* out on top *(v.* the winner) **4.** *vi* **ebből a szövetből** ~ **egy öltöny** this cloth will be enough for a suit
kikerülhetetlen *a* inevitable, unavoidable, inescapable
kikészít *v* **1.** *(előkészít)* put*/set* out, arrange, prepare; ~**i a ruháját** lay* out one's clothes **2.** *(bőrt)* curry; *(cserzéssel)* tan; *tex* finish **3.** *biz vkt vm* finish sy (off), knock sy out/sideways **4.** ~**i magát** make* oneself up, make* up one's face

kikészítés *n* 1. *(előkészítés)* making/getting ready 2. *(gyártásnál)* finish(ing); *(bőré)* currying; *tex* finish 3. *(kozmetikai)* make-up
kikészül *v biz (kifárad)* be* ready to drop, be* worn/knocked out, *csak US* be* pooped; **egészen ~tem vmtől** I am worn out from/with sg
kikever *v* stir, mix
kikevered|ik *v* (manage to) scramble out of sg; *(bajból)* extricate oneself from, get* out of [a spot *v. US* a fix]
kikézbesít *v* deliver, hand over
kikezd 1. *vt (vmt rozsda)* corrode, eat* away; **egészségét ~te az ital** his health was undermined by drink 2. *vi (vkvel veszekedni akar)* pick a quarrel with 3. *vi (nővel)* make* a pass at, take* up with [a woman°]
kikezel *v* treat (sy successfully), cure
ki-ki *pron* everybody, everyone, each; ~ **alapon ebédel** *stb. biz kb.* go* Dutch
kikiabál *v* cry/shout out; ~ **az ablakon** shout from the window
kikiált 1. *vi vhonnan* shout out 2. *vt vkt vmvé* proclaim sy sg 3. *vt (eredményt)* announce, publish
kikiáltási ár *n* reserve price, *US* upset price
kikiáltó *n (árverésen)* auctioneer; *(vásári)* barker
kikísér *v (ajtóig)* show* sy to the door, show*/see* sy out; *(állomásra, reptérre)* see* sy off [at the railway/bus station *v.* airport]
kikísérletez *v* work out experimentally
kikívánkoz|ik *v* want/wish to come/get/go out; ~ **ik belőle a szó** he feels* impelled to speak
kikocsiz|ik *v* drive* out, take* *(v.* go* for) a drive
kikop|ik *v* 1. *(ruha)* fray, become*/get* frayed/threadbare/shabby 2. *vk vmből* (gradually) lose* touch (with)
kikopog *v vmt* rap/tap out
kikopogtat *v* 1. *vmt* rap out 2. *(beteget)* sound, percuss
kikosaraz *v biz vkt* ált turn sy down, refuse sy
kikosarazás *n* refusal, turning sy down
kikotor *v* sweep* out/clean; *(tó fenekét)* dredge
kikotyog *v* blurt/let out sg
kikottyant *v* = **kikotyog**
kiköhög *v vmt* cough sg up, expectorate sg; ~ **te magát** he had a good cough
kikölcsönöz *v* borrow, *csak US:* loan
kikölt *v (fiókát, tojást)* hatch
kiköltekez|ik, kiköltekezi magát *v* run* out of money, spend* all one's money

kiköltözés *n* removal
kiköltöz|ik *v (a lakásból/házból)* move (out), (re)move [from one's flat/home/house]; ~ **ik falura** go* to live in the country, move [from Budapest etc.] to the country
kikönyököl *v (az ablakon)* lean* out (of the window)
kikönyörög *v vmt vktől* beg and beg until one obtains sg from sy
kiköp *v* spit* out
kiköpött *a* ~ **apja** *biz* be* the very/spitting image of his father, be* a dead ringer for his father
kiköszörül *v* put* an edge on, whet, sharpen **csorba**
kiköt 1. *vt (megköt)* bind*, tie, fasten; *(állatot vmhez)* tie [an animal] to sg; *(csónakot)* tie up [a boat] 2. *vt (feltételt szab)* stipulate; ~ **magának** *vmt* reserve [the right] to sg for oneself; **azt is ~ötte, hogy** he also stipulated/specified that 3. *vi (hajó)* put* in, put* into port, call at [a port] 4. *vi biz (vk vmnél v. vm mellett, válogatás után)* (finally) choose*/pick
kikötés *n* 1. *vmhez* tying, fastening (*vmhez* to) 2. *(feltétel)* stipulation, condition; **azzal a ~sel, hogy** on (the) condition that, with the reservation that 3. *(hajóval stb.)* landing, mooring
kikötő *n (nagyobb, tengeri)* harbour (*US* -or), port; *(menetrendszerű)* port of call; *(kisebb, pl. balatoni)* (landing-)pier, jetty; *(csónakoknak)* landing-stage; ~ **t érint** call at a port
kikötőbak *n* bitts *pl*
kikötődíj *n* port/harbour (*US* -or) dues/duties *pl*
kikötőgát *n* pier, breakwater, mole
kikötőhely *n* landing stage, mooring(s), berth
kikötőhíd *n* landing stage
kikötőmunkás *n* docker, stevedore, *US* longshoreman°
kikötőnegyed *n* dockland, harbour (*US* -or) area
kikötőváros *n* port, seaport
kikötőzár *n* harbour (*US* -or) barrage
kikövetkeztet *v* deduce, infer (from), reason (sg) out
kikövez *v* pave, cobble
kiközösít *v* 1. *(társaságból, közösségből)* expel, exclude (from); *(társadalomból)* ostracise 2. *(egyházból)* excommunicate
kiközösítés *n* 1. *ált* expulsion, exclusion 2. *(egyházból)* excommunication

kiközvetít *v (dolgozót)* [the employment/ labour exchange] finds work/employment for sy

kikristályosod|ik *v (átv is)* crystallize

kikukkant *v* peep out

kikukucskál *v* peep out

kikunyerál *v* wheedle out of (sy)

kikupálód|ik *v biz* acquire social polish

kikuplungoz *v* declutch

kikúrál *v* cure (sy of sg)

kikutat *v* **1.** *(fiókot, zsebet)* rummage through **2.** *(feltár)* search out, *biz* dig* up

kiküld *v* **1.** *vhonnan* send* out (of); *vhová* send* out (to), dispatch (to); ~ **vkt vk elé az állomásra** send* sy to meet sy [at the station]; ~ **külföldre** send* (sy) abroad; **tanulmányútra** ~**ték Angliába** was sent on a study trip to GB **3.** *(szétküld)* ~**ik a meghívókat** send* out (the) invitations **4.** *(megbíz)* delegate, depute, commission; **bizottságot küld ki** appoint a committee; **szakértőt küld ki** send* (out) an expert

kiküldés *n* **1.** *vhonnan* sending out **2.** *(megbízásból)* commissioning

kiküldetés *n* posting, mission; *(megbízatás)* commission; ~**ben van** he is on a posting; *(diplomata)* he is en poste

kiküldött I. *a* delegated, commissioned, sent, sent out *ut.*; ~ **munkatársunk/tudósítónk jelenti Londonból** [news] from our own/special correspondent in London **II.** *n* delegate, envoy; *(képviselő)* representative, deputy

kikürtöl *v (kissé elít)* trumpet abroad, broadcast*, shout from the roof/house tops

kiküszöböl *v* **1.** eliminate, do* away with, get* rid of; ~**i a hibákat** get* rid of the mistakes/errors **2.** *mat* eliminate [x]

kiküszöbölés *n* elimination, removal

kilábal *v (betegségből)* recover (from); *(bajból)* get* out of, escape from

kilakoltat *v* evict (from); ~**ják** be* evicted

kilakoltatás *n* eviction

kilát *v* see* (out); ~ **az ablakon** see* out of the window; **innen** ~**ni a Balatonra** from here one has (*v.* you get) a view of Lake Balaton

kilátás *n* **1.** *vhonnan* view, prospect, panorama; **szobám ablakából** ~ **nyílik a hegyekre** my window looks out on the hills, there's* a view of the hills from my window; **szép** ~ **nyílik a völgyre** there's* a beautiful view/prospect over the valley, you get* a fine view/prospect of the valley [from our hotel window]; **szobánkból nincs** ~ **a tóra** there's* no view

of the lake from our bedroom window **2.** *átv (távlati)* outlook, prospect(s) (for sg); *(egyéni)* chance; ~ **van vmre** there's a prospect of sg; **erre nincs semmi** ~ there is no chance of it, it is very unlikely, there's not much prospect of sy's/one's doing/being ...; ~**a van rá** he has a/the prospect of; **állásra van** ~**a** he has a job in the offing (*v.* lined up); **semmire** (*v.* **semmi munkára**) **nincs** ~**a pillanatnyilag** he has nothing in prospect at present; ~**ba helyez** hold* out the prospect of, promise (sg); **szép** ~**okkal biztat/kecsegtet** sy holds* out bright prospects (to me), sg/it offers a good chance of sg

kilátástalan *a* without prospects *ut.*, hopeless, bleak

kilátó *n (hely)* look-out (tower)

kilátogat *v* visit

kilátótorony *n* look-out (tower)

kilátsz|ik *v* be* visible, show*; ~**ik a kombinéja** her slip is showing; **ki se látszik a munkából** be* overwhelmed (*v.* snowed under) with work ⇨ **lóláb**

kílbót *n* four-oared gig, touring boat

kilégzés *n* = **kilélegzés**

kilehel *v* breathe out, exhale; ~**i a lelkét** breathe one's last, *biz* give* up the ghost

kilélegzés *n* breathing out, exhalation; *(főleg orv)* expiration

kilélegz|ik *v* breathe out, exhale; *(főleg orv)* expire

kileli a hideg *kif biz* get* the shivers

kilenc *num* nine

kilenced *n* ninth

kilencedik *num a* ninth (9th); **f. hó 9-én** on the 9th inst.

kilencedszer *num adv* for the ninth time

kilencen *num adv* nine (people); ~ **vagyunk/vagytok/vannak** we/you/they are nine, there are nine of us/you/them

kilences I. *a* ~ **szám** number/figure nine; ~ **villamos** number nine (*v.* No. 9) tram, tram number nine **II.** *n* **1.** *(számjegy)* (the) number) nine **2.** *(villamos, autóbusz)* tram/ bus number nine, the number nine tram/bus; **felszáll a** ~**re** take* tram/bus number nine

kilencszáz *num* nine hundred

kilencszer *num adv* nine times

kilencszeres *a* ninefold

kilencven *num* ninety

kilencvenedik *num a* ninetieth

kilencvenes I. *a* a ~ **években** in the nineties (*v.* 90s *v.* 1990s) **II.** *n* (the number) ninety

kilencvenéves I. *a* ninety-year-old, ninety years old *ut.* **II.** *n* nonagenarian, ninety-year-old

kilencvenszer *num adv* ninety times

kilencvenszeres *a* ninetyfold

kilendít *v* set* sg swinging, set* sg in motion

kilendül *v* swing* out

kileng *v* **1.** *konkr* oscillate, swing* **2.** *átv biz kif* paint the town red (for once)

kilengés *n* **1.** *(ingáé stb.)* oscillation, swing; *(eltérés)* amplitude; *(toronyé, hídé)* swaying **2.** *biz (kimaradás)* a night (out) on the tiles

kilép 1. *vi vhonnan* step/come* out; ~ **az ajtón** step outside, leave* the room; ~ **a sorból** leave* the queue/line, step out of the line **2.** *vi* **a folyó** ~**ett a medréből** the river overflowed its banks **3.** *vi (siet)* walk quickly, quicken one's pace, step out; **lépjünk ki, késő van!** let's step out (*v.* get a move on), it's late **4.** *vi átv* ~ **egy pártból** resign from (*v.* leave*) a party; **szolgálatból** ~ retire from service, leave* the service; ~ **a vállalattól** leave* the company/firm **5.** *vt (távolságot)* pace (out)

kilépés *n (átv vmből)* withdrawal, retiring, retirement; *(ideiglenes, kat is)* leave

kilépési *a* ~ **engedély** permit to leave, pass; ~ **nyilatkozat** notice of retirement/resignation

kilépő *n (cédula)* pass

kiles 1. *vi (kinéz)* peep/peer out **2.** *vt* ~**i az alkalmat** watch (*v.* keep* an eye open) for the opportunity

kilét *n* identity; **felfedi** ~**ét** state/disclose one's identity; **megállapítja vk** ~**ét** identify sy

kilincs *n* door-handle; *(kerek)* (door)knob

kilincsel *v* **1.** *(koldul)* go* begging from door to door **2.** *(házal)* peddle **3.** **befolyásos embereknél** ~ try to get sy to pull strings for one

kilo- *pref* kilo-

kiló *n* kilogram(me); **kérek 2** ~ **krumplit** 2 kilos of potatoes, please

kilobban *v* go*/flicker out

kilociklus *n* kilocycle

kiloccsan *v* spill*, splash; ~**t az agyveleje** sy's brains were dashed out

kilódít *v* = **kihajít 1.**

kilóg 1. *vi vm vhonnan* hang*/stick* out; *(nyelv)* loll (out) **2.** *vi (látszik)* show*; ~ **az inge** his shirt is hanging out (*v.* is showing) **3.** *vt* ~**ja magát** *(ruha)* the creases will fall* out (if it is hung up) **4.** *vi biz (nem illik bele)* ~ **a társaságból/sorból** be* the odd one out

kilógat *v* make*/let* (sg) hang/stick out; *(nyelvet)* loll/hang* out (its tongue)

kilogramm (kg) *n* kilogram(me) *(röv* kg)

kilombosod|ik *v* come*/burst* into leaf

kilométer (km) *n* kilometre *(US* -ter) *(röv* km); **hány** ~ **van a kocsiban?** how much mileage has the car done?

kilométeres *a* **óránként 80** ~ **sebességgel haladt** he drove at (a rate of) 50 miles per hour *(röv* at 50 mph)

kilométerkő *n* kilometre mark/stone, *GB* milestone

kilométer-mutató *n* **1.** *(tábla)* kilometre indicator **2.** *(műszer gépkocsiban)* mil(e)ometer

kilométeróra *n* **1.** = **kilométer-mutató 2 2.** = **taxaméter**

kilométerpénz *n* mil(e)age (allowance)

kilop *v* steal* sg out of, filch

kilopakod|ik *v* *vhonnan* steal*/creep* away/out

kilopódz|ik *v* = **kilopakodik**

kilós *a* **1. 25** ~ **csomag** a parcel weighing 25 kg, a 25 kg parcel **2.** ~ **ruha** washing/laundry by weight

kilovagol *v* ride* out, go* for a ride

kilowatt (kW) *n* kilowatt *(röv* kW)

kilowattóra (kWó) *n* kilowatt-hour *(röv* kWh)

kilő 1. *vi vhonnan* shoot*/fire out (of) **2.** *vt (puskából)* fire, shoot*; *(rakétát)* launch [missile, rocket]; **mintha puskából lőtték volna ki** he was off like a shot **3.** *kat (tankot)* shoot* up, knock out **4.** *(vadat)* shoot*, bag

kilök *v* push/thrust*/cast*/throw* out

kilöttyen *v* be* spilt

kilöttyent *v* spill*, pour out

kilövell *v* throw* out, spurt/gush out, ejaculate

kilövés *n (puskából)* shot, firing, shooting; *(rakétáé)* launching; **a** ~ **pillanata** blast-off

kilövőállás, -hely *n (rakétának)* launching site/pad

kilúgoz *v* wash/steep in lye, leach

kilyuggat *v* make* holes (in)

kilyukad *v* **1.** *(lyukas lesz)* wear* through, wear* into holes, become* worn out; ~ **a feneke** the bottom is* coming through **2. hova akarsz ezzel** ~**ni?** what are* you driving/aiming/getting at?, what are* you working up to?

kilyukaszt *v* **1.** *ált* perforate, hole (sg), make* a hole in (sg); *(jegyet)* punch, clip **2.** *(vmt koptatással)* wear* through

kimagasl|ik *v.* **1.** *(kiemelkedik)* stand* out, rise*; *(vm fölé)* tower above (sg) **2.** *átv* be* eminent/distinguished; surpass [sy in sg] **kimagasló** *a* outstanding, eminent, distinguished; ~ **teljesítmény** outstanding achievement; ~**an** prominently, eminently **kimagoz** *v* stone, pit **kimagyaráz** *v* explain away, find* an excuse for; *(félreértést)* clear up **kimagyarázás** *n* explanation, clearing up **kimagyarázkod|ik** *v* explain one's conduct/behaviour (*US* -or), explain oneself **kimanikűröz** *v* manicure **kimar** *v* **1.** *(rozsda)* corrode; *(sav)* erode, eat* into **2.** *vkt vhonnan* push sy out, oust, drive*/force (sy) away through intrigues **kimarad** *v* **1.** *(kihagyták)* be* left out, be* omitted **2.** *(vk vmből szándékosan)* stay out/away, fail to come; *(iskolából)* drop out **3.** *(sokáig távolmarad)* stay away too long, overstay, linger; *(nem alszik otthon)* sleep* out; *(mulatozik)* biz be* (out) on the tiles **kimaradás** *n* **1.** *(listából)* omission **2.** *vk vmből* staying out/away **3.** *(távolmaradás)* absence; *kat* leave **kimaradási** *a* ~ **engedély** permission to leave, leave (of absence) **kimarat** *v* etch, corrode, bite*; *(marógéppel)* grind* **kimártogat** *v* scoop out, sop up **kimásol** *v* copy out **kimász|ik** *v* **1.** *vhonnan* climb/creep*/crawl/clamber out (of) **2.** *átv* get* out (of); ~**ik a bajból** get* out of a difficulty/scrape/mess **kimázol** *v* paint, daub; ~**ja magát** paint one's face **kimegy** *v* **1.** *vhonnan* go*/pass/get* out (of), go* swhere; ~ **vk elé az állomásra/reptérre** *stb.* (go* to) meet* sy at the station/airport etc.; ~ **vkhez** *(az orvos)* do* one's house call; **kiment a szobából** he left* the room; ~ **a Dunára (evezni)** go* rowing on the Danube; **a kutya ki akar menni** the dog wants out; ~ **a folt a ruhából** the spot comes* out; ~ **a fejéből** go* out of (*v.* slip) one's mind, escape one's memory, be* forgotten; **(tökéletesen) kiment a fejemből** it (completely) slipped my mind; ~ **a színe** fade, lose* colour **3.** ~ **a csöngetés** *(telefonnál)* get* through, it's ringing; **nem ment ki a csengetés** I couldn't get through (to...) ⇨ **divat** **kimél** *v* **1.** *(óv)* take* care of, be* careful (of); **nem** ~**i magát** he doesn't spare himself; **nem** ~**i az egészségét** be* not careful of

his health **2.** *(megtakarít)* spare; **nem** ~**i a fáradságot** spare no pains, be* unsparing in one's efforts, go* to great lengths to do sg **kimeleged|ik, kimelegszik** *v* **1.** *(vk mozgástól)* get* hot **2.** *(idő)* warm up, get* warm; ~**ik az idő** it is* getting warm, it is* warming up **kímélet** *n* forbearance, regard, consideration; ~**tel van vk iránt** be* considerate towards sy, show* consideration for sy (*v.* for sy's feelings); ~ **nélkül** relentlessly, pitilessly **kíméletes** *a* considerate *(vkvel szemben* towards sy); ~**en közöl vkvel vmt** break* sg gently to sy; ~**en közöld vele a hírt** break the news to her/him gently **kíméleti idő** *n* **1.** *(vadászat)* close season/time **2.** *ker* grace days **kíméletlen** *a* *vkvel szemben (tapintatlan)* inconsiderate (to *v.* towards); *(kegyetlen)* cruel (to), unsparing (of/in), ruthless (to), pitiless (towards); *(kérlelhetetlen)* relentless; ~ **másokkal szemben** he shows no consideration for others; ~**ül** ruthlessly, cruelly, relentlessly **kímélő** *a* ~ **étrend/menü** (special) diet **kimélyít** *v* **1.** *(mélyebbé tesz)* deepen, make* deeper; *(kiváj)* hollow out, excavate **2.** *(jó viszonyt)* strengthen, enhance; *(ellentétet)* deepen **kimélyül** *v* **1.** *(mélyebb lesz)* become*/grow* deeper, deepen **2.** *átv* be* strengthened **kimenekül** *v* escape (from), get* away (from), get* out (of), make* one's escape (from), get* out **kimenet I.** *n* **1.** *(kijárat)* way out, exit **2.** *el* output **II.** *adv* on the way out, going out **kimenetel** *n* issue, outcome, result **kimenetelű** *a* **halálos** ~ **baleset** fatal accident **kimeneti** *a* *el* output **kimenő I.** *a* outgoing **II.** *n* leave, day off; ~**je van** have* a day off **kimenőjel** *n* *el* output signal **kimenőnap** *n* = **kimenő II.** **kimenőruha** *n* one's Sunday best **kimenőteljesítmény** *n* output **kiment** *v* **1.** *vkt vmből* rescue/save sy from sg; ~ **vkt a vízből** save/rescue sy from drowning, *biz* fish (sy) out of the water **2.** ~**i magát** excuse oneself from [the party etc.]; ~**ette magát a késésért** he gave an excuse for being late; ~**ette magát...** *(ülésen való meg nem jelenés miatt)* apologies (for absence) were received from X, Y

kimentés *n* ~ét kérte X, Y apologies (for *a*bsence) were received from X, Y
kimer *v vmt vmből* scoop out sg from sg, scoop sg out of sg; *(levest)* ladle (out); ~i a **csónakból a vizet** bail/bale out (the boat)
kimér *v* 1. *(ált, távolságot)* measure (out); *(földet)* survey; *(szobát)* measure up [a room] 2. ~(ve árusít) sell* (sg) retail, reta*i*l; *(bort)* sell* by the litre; *(húst)* weigh (out) 3. *(büntetést)* inflict, impose [pun*i*shment/penalty (up)on sy]
kimered *v* ~ a szeme his/her eyes are* popping out (of their sockets), be* goggle--eyed, goggle
kimérés *n* 1. *(távolságé stb.)* measuring (out); *(súlyra)* weighing 2. *(árué)* (selling) retail ⇨ **borkimérés**
kimerészked|ik *v* venture out, venture to go out/abroad
kimereszt *v* ~i a szemét goggle, stare
kimerevít *v (képernyőn, filmen)* freeze*
kimerevítés *n (képernyőn stb.)* freeze--frame, still frame
kimerít *v* 1. *(tartalékot)* exhaust 2. *(témát)* exha*u*st; ~i vm fogalmát be* tanta-mount to, amount to, qualify as sg 3. *(kifá-raszt)* wear* out, weary, tire (out)
kimeríthetetlen *a* inexha*u*stible; *(bőséges)* ab*u*ndant
kimerítő *a* 1. *(alapos)* exha*u*stive, detailed 2. *(fárasztó)* exha*u*sting, tiring, wearying, backbreaking
kimért *a* 1. *(megmért)* measured; ~ bor wine sold retail (by the litre) 2. *átv* formal; *(kissé elít)* cool, prim; *(tartózkodó)* re-served; ~ **léptekkel** with measured steps, slowly; ~ **udvariasság** formal/cool polite-ness; ~en formally; *(tartózkodóan)* reser-vedly
kimerül *v* 1. *(elfárad)* get* exhausted, get* worn out, be* tired out, be*/feel*/look run down; **teljesen ki vagyok merülve** I am thoroughly run down, I am worn out, I am exhausted, *biz* I am* dead tired, *US* I'm pooped 2. *(elfogy)* be* used up, be* exhaust-ed; *(készlet)* give* out; *bány* be* worked out; *(talaj)* become* impoverished; ~t az **akkumulátor** the battery is flat/dead 3. **teendője nem merül ki abban, hogy** his duties are not confined to [doing sg]
kimerülés *n (elfáradás)* exhaustion; **teljes testi és szellemi** ~ exha*u*stion, (ner-vous) breakdown
kimerült *a* 1. *(ember)* exha*u*sted, tired, run--down, worn-out; *(igével)* be*/feel* worn

out, be* exhausted 2. *bány* worked-out; *(ta-laj)* worn-out; *(akkumulátor)* run-down
kimerültség *n* exha*u*stion, weariness
kimeszel *v* wh*i*tewash
kimetsz *v ált vmt* cut*/carve out; *orv* excise, resect, remove (sg) surgically
kimetszés *n ált* cutting out; *orv* excision, resection
kimoccan *v biz (hazulról)* go* out, leave* the house; *(helyéből)* budge/move from
kimond *v* 1. *(szót)* pronounce, *u*tter; *(érthe-tően)* articulate 2. *(kijelent)* state, declare; **bűnösnek mond ki vkt** find*/declare sy guilty 3. *(véleményt)* express, put* *i*nto words; **őszintén** ~ vmt not mince one's words, make* no secret of sg; *vknek* give*/ tell* sg to sy straight; ~ja, amit gondol speak* one's mind 4. *(határozatként)* rule/ decide/decree that; **a rendelet** ~ja, **hogy** the regulation stipulates/states that
kimondhatatlan *a* unspeakable, un*u*tter-able; *(kifejezhetetlen)* inexpressible
kimondott *a* 1. *(kiejtett)* pronounced, *u*t-tered, spoken; **a** ~ **szó** the spoken word 2. *átv* pronounced; **nem az a** ~ *vm* not what you would call a real (sg); ~**an** really, definitely
kimos *v* 1. *(ruhát)* wash, *US* la*u*nder; *(se-bet)* bathe, irrigate, rinse; *(üveget)* rinse; ~ **vmt vmből** wash/rinse sg out of sg 2. *(par-tot a víz)* undermine, wash away, erode
kimozdít *v* 1. *(helyéből)* move sg from its place, remove 2. *(állásából)* dismiss, (re)move
kimozdul *v* move, get* displaced; **nem mozdul ki a helyéből** doesn't leave* the spot, stay (on), *kif* stay put
kimúl|ik *v* † die, pass away, decease
kimunkál *v* work out (sg in great detail), elaborate; *(kialakít)* shape, form
kimustrál *v* = **kiselejtez**
kimutat *v* 1. *(megmutat)* show* 2. *(bebizo-nyít)* prove, demonstrate; *(felfed)* reveal, disclose 3. *(tulajdonságot)* exh*i*bit, show* ⇨ **fehér II.**
kimutatás *n (jelentés)* statement, report; *(számadatoké, pénztári stb.)* return(s), account; ~t **készít vmről** make* a state-ment/report on sg
kimível *v e*ducate, c*u*ltivate, improve
kimívelés *n* education, cultivation
kimívelt *a* (highly) c*u*ltivated, educated; ~ **emberfő** civilized person
kin → ki[1]
kín *n* pain, torture, torment; **nagy** ~**ban van** *átv* be* in agony/agonies
Kína *n* China

kínaezüst n German/plated silver
kinagyít v magnify
kinagyol v (szobrot) hew* out
kínai I. a Chinese; ~ **fal** The Great Wall of China; **K~ Népköztársaság** People's Republic of China; ~ **nyelv** Chinese, the Chinese language **II.** n **1.** (ember) Chinese, Chinaman° **2.** (nyelv) Chinese
kínaiul adv (in) Chinese; ~ **beszél** speak* Chinese; ~ **van (írva)** be* (written) in Chinese; biz **ez nekem** ~ **van** this/it is double Dutch to me
kínál v **1.** vkt vmvel offer sy sg, make* an offer of sg to sy; **hellyel** ~ offer sy a seat; **étellel** ~ help sy to [food], offer food to **2.** (árut) offer (sg) for sale, put* up for sale; (áruért összeget) offer [a price], bid* [£5 etc.] (for sg); **többet** ~ vmért bid* higher
kínálat n közg supply, buyer's market; (árverésen) bid(ding) ⇨ **kereslet**
kínálkoz|ik v offer/present itself; **alkalom** ~**ik vmre** opportunity/chance offers/presents itself
kínáltat v ne **kínáltasd magad!** please help yourself!
kincs n treasure, jewel; **a világ minden** ~**éért sem** not for (all) the world
kincsesbánya n átv goldmine, treasury; **az adatok** ⌣**ja** a treasury of (useful) information
kincsesház n treasure house; treasury; **a magyar irodalom** ~**a** a(n) anthology/thesaurus of Hungarian literature
kincseskamra n treasury
kincsesláda n treasure-chest, jewel-box
kincslelet n treasure trove
kincstár n (állami) treasury, GB the Exchequer
kincstári a treasury-, belonging to the treasury/Exchequer ut.; ~ **tulajdon** government property
kincstárnok n † treasurer
kinek → **ki**[1]
kinél → **ki**[1]
kinetika n kinetics sing.
kinevel v **1.** (felnevel) educate sy, bring* up **2.** (vkből vm rosszat) get* sy to give up sg, get* sy out of the habit of
kinevet v (have* a) laugh at, ridicule, make* fun of
kinevettet v ~**i magát** make* oneself (look) ridiculous, make* a fool of oneself
kinevez v (állásba) appoint (sy sg v. sy to be sg); (tisztségre) name (as/for); ~ **vkt igazgatónak** appoint sy manager; **X-et nevezték ki igazgatónak** X was ap-

pointed/made manager; ~**ték tanárnak** they appointed him (to be a) teacher, he was appointed (to be a) teacher; **két új tanárt neveztek ki** they appointed two new teachers, two new teachers have been appointed; **őt nevezték ki elnöknek** (társaság, bizottság stb. élére) (s)he was named as chairman (for chairmanship); ~**ték a bizottság tagjait** they named the members of the committee; **az elnök** ~**te a bizottság tagjait** the President has appointed a committee [to consider/investigate ...]
kinevezés n appointment, nomination; **igazgatói** ~**(e)** his appointment as (v. to be) manager/director; isk her appointment as head of the school board; **megkapta a** ~**ét** he got his promotion
kinéz 1. vi ~ **az ablakon** look out of the window **2.** vi **jól néz ki** look well; (csinos) look fine/good; **jól nézel ki** you look well; **rosszul néz ki** look ill/unwell; **jól nézünk ki!** now we are in a fine mess!; **jól néz ki benne** it suits him; **nem néz ki olyan idősnek amennyi** he doesn't look his age; **hogyan nézett ki?** how did he/it look?, what was he/it like?; **úgy néz ki a dolog, hogy/mintha...** it looks as if/though...; **úgy néz ki, hogy esni fog** it looks like rain, it's going to rain **3.** vt (magának vmt) pick/look out, choose*, select; ~**tem magamnak egy színes tévét** I've got my eyes on a colour TV **4.** vt vkből vmt **nem sok jót nézek ki belőle** I have no great confidence in him **5.** vt vkt vhonnan freeze* sy out
kinézés n (megjelenés) appearance, looks pl
kinézésű a **jó** ~ good-looking; **rossz** ~ evil-looking
kinin n quinine
kínlódás n torment, torture, agony
kínlód|ik v **1.** (szenved) suffer pain/agonies/tortures **2.** átv vmvel struggle (with), bother with/about sg, take* trouble/pains with/over sg; **sokat** ~**ik vmvel** have* a lot of trouble with sg
kinn adv outside, out (of doors), outdoors; (külföldön) abroad; ~ **a szabadban** in the open (air); ~ **marad** stay outside; ~ **reked** remain outside; (kizárják) get*/be* locked out; ~ **van** be* out; (1) (kijött belőle) is out (2) (pl. fog, kihúzták) have* it out, is out (3) (könyvtári könyv) is (taken) out (4) (vk külföldön van) be* abroad
kinnlakás n living out
kinnlakó n (diák) day-boarder/pupil, day-boy, daygirl
kinnlevő a ~ **követelés** = **kinnlevőség**

kinnlevőség *n* outstanding debt, amount outstanding

kínos *a* **1.** *(fájdalmas)* painful **2.** *(kellemetlen)* embarrassing, awkward, unpleasant; ~ **helyzetben van** be* in a tight corner, be* in an awkward situation; ~**an érzi magát** be* ill at ease, feel* embarrassed **3.** *(túlzott)* scrupulous, meticulous; ~ **csend** awkward silence; ~ **pontossággal** [prepared] with meticulous care; ~ **gondosság** painstaking care; ~**an pedáns** scrupulous, meticulous; ~**an udvarias** over-polite

kínoz *v* **1.** *(gyötör)* torment, torture **2.** *(boszszant)* plague, harass, pester

kinő 1. *vi (földből)* grow*, spring* forth **2.** *vi (fog)* be* teething, cut one's teeth; *(haj, köröm)* grow* **3.** *vi/vt (ruhából, ruhát)* grow* out of, outgrow* [one's clothes]; ~ **a gyermekkorból** be* no longer a child; **ebből már** ~**ttél** *kif* you are a bit long in the tooth **4.** *vt (rossz szokást, hibát stb.)* grow* out of, outgrow* [bad habits]; **majd kinövi!** (s)he'll grow out of it **5. kinövi magát vmvé** become* sg, develop/grow* into

kinőtt *a (ruha)* outgrown

kinövés *n* **1.** *(testen)* excrescence, *(out)*-growth **2.** *átv* excess, aberration

kínpad *n* † rack; ~**ra feszít vkt** put* sy to the rack, torture sy

kínrím *n* nonsense rhyme

kínszenvedés *n* torture

kint *adv* = **kinn**

kinti *a* outside; *(külföldi)* foreign, from abroad *ut.*

kintorna *n* barrel/hand/street-organ

kintornáz *v* play (on) the barrel-organ

kinulláz *v* = **kisemmiz**

kínvallatás *n* torture

kínzás *n* torturing, tormenting, torture

kínzó I. *a* **1.** *(testileg)* torturing, tormenting; ~ **éhség** pangs of hunger *pl*; ~ **fejfájás** excruciating headache, migrain(e) **2.** *átv* worrying, harassing **II.** *n* torturer, tormentor

kínzóeszköz *n* instrument of torture

kínzókamra *n* torture chamber

kinyal *v* **1.** *(nyelvével)* lick up/out **2.** *biz* ~**ja magát** spruce oneself up, get* spruced up

kinyiffan *v* □ ~**t** he's snuffed it

kinyilatkoztat *v* **1.** = **kinyilvánít 2.** *vall* reveal

kinyilatkoztatás *n* ált manifestation, declaration; *vall* revelation

kinyíl|ik *v* open; *(virág)* blossom, bloom; ~**t az ajtó** the door opened; ~**ik a szeme** *átv* he begins* to see clearly, the scales fall* from his eyes

kinyilvánít *v* manifest, declare; *(véleményt)* express

kinyír *v* □ *vkt* get* rid of sy, eliminate, do* away with sy

kinyit 1. *vt (ablakot, ajtót)* open; *(zárat)* unlock; *(boltot)* open (up); **újra** ~ reopen; **kinyissam(-e) az ablakot?** shall I open the window? **2.** *vi* open (up); ~ **a pénztár** *stb.* **) 10-kor nyit ki** the shop *(v.* the box office etc.) opens at 10 a.m. **3.** *vt (összecsukott vmt)* open; *(kibont)* unfold; *(borítékot)* open; *(levelet)* unfold; *(csatot)* undo*, open; *(esernyőt)* put* up [one's umbrella]; ~**ja a száját** open one's mouth/lips → **száj**; ~**ja a szemét** open one's eyes (wide); *(vkét)* open sy's eyes (to sg) **3.** *vt (vm csavarosat)* unscrew; *(csapot, gázt, vizet)* turn on [the gas/water]; ~**ja a rádiót/tévét** turn/switch on the radio/TV *v.* turn the radio/TV on

kinyom *v* **1.** *(levet stb.)* press/squeeze (out), squeeze sg out of sg; ~ **egy citromot,** ~**ja egy citrom levét** squeeze (the juice out of) a lemon **2.** *(kiszorít)* press/push/crowd out; *átv* drive*/chase away **3.** *nyomd* print

kinyomat *v (kéziratot)* have* (sg) printed/published

kinyomoz *v* trace, track (down), hunt down; **a rendőrség** ~**ta ...** the police traced it/him/her, the police (have) discovered/found ...

kinyomozhatatlan *a* untraceable, that cannot be solved/found *ut.*

kinyomtat *v nyomd* have* (sg) printed/published; *(kinyom)* print

kinyomul *v* force one's way out

kinyög *v biz* spit* sg out; **nyögd már ki!** spit it out

kinyújt *v* **1.** *(kezét stb.)* stretch/reach out; ~**ja a lábát** stretch one's legs; ~**ja kezét vm után** stretch out (one's hand) to catch/reach sg, reach for sg; ~**ja a nyakát** crane one's neck; ~**ja a nyelvét** put*/stick* one's tongue out **2.** *vmt vhonnan* hand sg out **3.** *(meghosszabbít)* draw*/pull out, lengthen **4.** *(tésztát)* roll out

kinyújtóz|ik *v* stretch (out), stretch one's limbs

kinyújtózkod|ik *v* = **kinyújtózik**

kinyúl *v vk* reach out (from swhere); *vmért* reach out (after/for sg)

kinyúl|ik *v* **1.** *(kiáll)* protrude, project, stand*/stick*/jut out; *(vm fölé)* hang* over **2.** *(megnövekszik)* widen, stretch (out), distend, get* larger/wider

kiokád *v* vomit (up), disgorge, cough up

kiokosít *v vkt* inform sy (of sg), acquaint sy with the facts, enlighten sy

kiokosod|ik *v* find*/know* one's way (around); **ebből nem tudok ~ni** I cannot make head or tail of it

kioktat *v vmre* brief sy on sg, instruct sy in sg; *elít* put* sy wise (to)

kiókumlál *v* figure/work out

kiold *v* 1. *(kibont)* undo*, untie, unfasten; *(csomót)* undo*; *(ejtőernyőt)* release 2. *(bombát)* release; *(tengelykapcsolót)* withdraw*, disengage

kioldó *n fényk* release (button)

kioldód|ik *v* come* undone/unfastened/loose/apart, work (itself) loose

kioldószerkezet *n* releasing/tripping device/mechanism, release

kiollóz *v átv* plagiarize; *biz* lift [entire passages]

kiolt *v* 1. *(tüzet)* put* out, extinguish, quench 2. **~ja vknek az életét** exterminate/kill sy

kiolthatatlan *a* inextinguishable, unquenchable

kiolvad *v* 1. *(zsír)* run*, melt 2. *(biztosíték)* blow*; *(csapágy)* burn* out; **~t a biztosíték** the fuse has blown

kiolvas *v* 1. *(könyvet)* finish (reading) a book, read* [a book] through; **még nem olvastam ki a könyvet** I haven't finished (reading) that book yet 2. **leveléből azt olvasta ki, hogy** he gathered from (reading) his letter that 3. *(pénzt)* count out [money]

kiolvaszt *v* melt; *(zsírt)* render (down) [lard]

kiondolál *v* wave [hair]

kiont *v* pour out; *(vért)* shed*

kioperál *v* **~ták a manduláit** (s)he had his/her tonsils out

kioson *v* slink*/sneak/slip/steal* out

kioszk *v* kiosk; stall, stand

kioszt *v* 1. *(vmt szét)* distribute, give*/share out, divide (among); *(díjat)* award, give*, present; *(kiadagol)* portion out; *(szerepet)* assign [sy a role in a play], cast* [the parts in a play]; **~ották az idei Nobel-díjakat** this year's Nobel Prizes have been awarded (to) 2. □ **~ vkt** give* sy a (good) dressing down

kiosztás *n* distribution, sharing out; **jutalmak ~a** prize-giving

kiöblít *v* rinse (out), wash out

kiöblösöd|ik *v* bulge/widen out

kiöklöz *v (labdát)* punch (the ball)

kiöl *v* kill (off), murder, extirpate; *(érzést)* kill, extinguish; *(fogideget)* devitalize

kiölt *v* **~i a nyelvét** put*/stick* one's tongue out

kiöltöz|ik *v* dress up, trick oneself out

kiöltöztet *v* dress/doll sy up

kiöml|ik *v* run*/pour/spill* out

kiönt 1. *vt (vizet stb.)* pour out, spill*, empty 2. *vt* **az árvíz ~ vkt házából** be* flooded out 3. *vt (szobrot)* cast* [statue] 4. *vt* **~i a szívét** pour one's heart out, unburden oneself (to sy); **~i haragját** vent one's anger/spleen, give* vent to one's anger 5. *vi (folyó)* overflow, burst* its banks

kiöntés *n* 1. *(folyamat)* pouring out, spilling 2. *(árvíz)* flood

kiöntő *n (konyhában)* sink

kiöregedett *a* superannuated

kiöreged|ik *v* become*/grow* too old (for sg)

kiöregszik *v* = kiöregedik

kiötöl *v* invent, think*/dream* up, concoct; **ezt ő ötlötte ki** it was he who invented it, it is his brain-child

kiözönl|ik *v* pour/stream out, come* pouring/streaming out

kipakol *v* 1. *(kicsomagol)* unpack 2. *átv biz* **~ vmvel** come* out (with), get* sg off one's chest, pour one's heart out

kipáll|ik *v* chap, crack

kipanamáz *v* wangle (sg out of sy)

kipanaszkodja magát *v* tell* (all) one's troubles, pour one's heart out

kipányváz *v (lovat)* tether [a horse]

kiparancsol *v* order out, show* sy the door

kipárnáz *v* upholster, cushion, pad

kipárolgás *n* 1. *(folyamat)* evaporation 2. *(pára)* exhalation, vapour (*US* -or)

kipárolog *v* evaporate, vaporize, exhale

kipattan *v* 1. *(rügy)* burst*; *(szikra)* fly* out 2. *(titok, hír)* leak/come* out

kipattogz|ik *v* crack, chap

kipécéz *v biz* 2. *(vkt vm kellemetlen feladatra)* pick on sy, single sy out (for sg) 2. *(hibát, leleplezve)* point sg out

kipellengérez *v átv* expose, unmask, pillory, take* the lid off sg

kipenderít *v biz* bundle/throw*/turn (sy) out

kipihen *v* **~i a fáradalmakat** recover one's strength; **~i magát** rest, have* a rest

kipipál *v* tick, *US* check

kipirosít *v* paint (sg) red; **az öröm ~ja arcát** joy brings a flush to her cheeks

kipirul *v* flush, be*/get* flushed

kipiszkál *v* 1. *vmt* prise/get* sg out of swhere, pick sg out (of); **~ja a fogát** pick one's teeth 2. *vkt biz* lever/edge sy out of [a job]

kipisszeg *v* boo, hiss, hoot sy (off)

kiplakátoz *v* put* up a bill/hoarding (*v. US* billboard)

kipletykál *v* gossip (about)

kipofoz *v* 1. *vkt vhonnan* kick sy out 2. ~ vkből vmt get* sg out of sy by force/grilling

kipontoz *v* replace sg with suspension points; ~za a illetlen szavakat print/put* dots instead of four-letter words, not spell out the four-letter words

kipontozás *n* deletion, suspension points *pl*

kiporcióz *v (ételt)* dole/share out, ration

kiporol *v* dust; *(szőnyeget, ruhát)* beat* (the dust from) [carpet, clothes]; jól ~ják a nadrágját get* a sound thrashing

kiporszívóz *v* vacuum (out), vacuum [the room/car/carpet etc.], *GB* hoover (sg)

kipótol *v (hiányzó dolgot, mennyiséget, összeget)* supply, add; *(kiegészít)* supplement, make* up [sum, money]; *(veszteséget)* make* sg good, make* good [a loss], make* up [the loss]; *(mulasztást)* make* up for sg

kipotyog *v* fall*/drop/tumble out

kipottyan *v* 1. *vmből* fall* out of sg 2. *átv* get*/be* thrown out

kipödör *v (bajuszt)* twist [one's moustache]

kipreparál *v (szöveget)* look up the unknown words [in a/the text]

kiprésel *v* 1. *(szőlőt)* press [the grapes]; *(egyéb gyümölcsöt)* squeeze [an orange, a lemon]; *(levet)* squeeze [the juice] out [of a lemon etc.] 2. *vkből/vmből vmt* squeeze/screw sg out of sy/sg; *(csak vkből)* extort sg from sy

kipróbál *v vmt* try sg, try sg out; *vkt* try sy out, put* sy to the test; *(tankönyvet)* pilot

kipróbált *a* 1. *(gyógyszer, módszer, barát)* tried (and tested), well-tried, proven 2. *átv* ~ harcos *GB* veteran

kiprovokál *v* provoke; ~ja vk ellenszenvét arouse sy's displeasure/antipathy, rile sy; ~ja a vitát start a debate on sg

kipucol *v* ált clean; *(cipőt, evőeszközt)* shine*, polish

kipufogó(cső) *n* exhaust (pipe), *US* tailpipe

kipufogódob *n* silencer, *US* muffler

kipufogógáz *n* exhaust gas, exhaust fumes *pl*

kipuhatol *v biz (óvatosan megtudakol)* (try to) find* out; *(helyzetet)* assess; *(vk szándékát)* sound out [the intention(s) of sy], sound sy out [on sg]

kipukkad *v* burst*, split*; *(gumi)* puncture, be* punctured; majd ~ a nevetéstől burst* with laughter

kipukkan *v* = kipukkad

kipukkaszt *v* puncture, burst*

kipúposod|ik *v* hump, bulge

kipurcan *v* □ *(pl. mosógép)* conk out, break* down; ~t *(vk)* he's snuffed it

kipuskáz *v biz* crib sg from swhere

kipusztít *v* exterminate, wipe out, eradicate, destroy ⇨ kiirt

kipusztul *v (faj, állat)* die out, become* extinct

kirabol *v (házat, személyt)* burgle; *(vkt úton)* rob, hold* up; ~tak *(házban)* I've been burgled (*v.* csak *US:* burglarized); *(úton)* I've been robbed; ~ták a bankot the bank was robbed

kiradíroz *v* rub out, efface, erase

kirág *v* 1. *(állat)* gnaw out 2. *(fémet)* corrode, eat* away

kiragad *v* 1. *(kitép)* tear*/pull out; *(vmt kikap)* snatch (sg from swhere/sy); *(erőszakkal)* wrench (sg from *v.* out of); ~ vmt a kezéből snatch sg from sy *(v.* out of sy's hand), wrench sg from *(v.* out of) sy's grasp/hand 2. **(találomra)** ~ pick (out) (at random), choose* sg at random; ~ egy jellemző esetet pick (out) a typical case; ~ott részletek selections, extracts; elít passages taken out of context

kiragaszt *v (plakátot)* post/stick* (up) [a placard/bill on a wall/hoarding *v.* an advertisement in one's shop window etc.]; *(hirdetményt)* display [a notice]

kirajz|ik *v* swarm (out)

kirajzol *v* draw*, trace; *(körvonalakban)* outline

kirajzolód|ik *v* be* outlined, take* shape, become* distinct

kirak *v* 1. *vmt vmből* take* sg out of sg; *(árut)* unload; *(hajót)* unload [a ship]; ~ja a fiókot turn/clear out the drawer; ~ja a kocsit unload the car 2. *(megtekintésre)* display 3. *vmvel* stud, trim (with); *(utat)* pave, surface (with) 4. *biz (állásból)* = kitesz 3.

kirakás *n* 1. *(árué)* unloading 2. *(megtekintésre)* display 3. *(díszítés céljából)* studding, decoration, trimming(s)

kirakat *n* shop-window, display; ~o(ka)t néz(eget) *(vásárlás nélkül)* window-shop

kirakatnéz(eget)és *n (vásárlás nélkül)* window-shopping

kirakatpolitika *n* political window-dressing

kirakatrendezés *n* window-dressing

kirakatrendező *n* window-dresser

kirakatüveg *n* shop-window plate-glass

kirakodás *n* unloading

kirakod|ik *v* 1. *(szállítóeszközből)* unload; *(hajóból)* unload, unship 2. *(piacon, kirakodóvásáron)* put* out, put* on display

kirakodóvásár *n* fair, *o*pen(-air) market, flea market

kirakójáték *n* jigsaw puzzle

kirakóvásár *n* = **kirakodóvásár**

király *n* king

királydráma *n* GB ir history, historical/ chronicle play

királyellenes *a* anti-royalist

királyfi *n* prince

királyhű *a* royalist

királyi *a* ált royal; *(királyhoz méltó/illő)* regal, kingly, king's; ~ **hatalom** royal power; ~ **ház** dynasty; ~ **palota** royal palace; **K~ Természettudományi Akadémia** *GB* the Royal Society; ~ **udvar** royal court, the Court; *GB* the Court of St James's; ~ **vár** Royal Castle

királykisasszony, királyleány *n* princess

királyné *n* queen (consort)

királynő *n* **1.** *(uralkodó)* queen; **az angol** ~ the Queen of England; **II. Erzsébet angol** ~ Elizabeth II, queen of the United Kingdom (of Great Britain and Northern Ireland); **a** ~ **férje** the prince consort **2.** *(sakkban)* queen

királynői *a* queenly

királypárti *a/n* royalist

királyság *n* **1.** *(ország)* kingdom, realm **2.** *(államforma)* kingdom, monarchy

királysas *n* golden eagle

királytigris *n* Bengal tiger

királyválasztás *n* election of a king

kirámol *v* **1.** *(szekrényt)* clear, empty; ~**ja a szobát** empty the room **2.** *biz* = **kirabol**

kiráncigál *v* pull/drag out

kirándít *v* dislocate, sprain

kirándul *v* **1.** *vhova* go* on an excursion/ outing (to), take* a trip (to); *(egy napra, hideg élelemmel)* go* on a picnic, have* a picnic; *(autóval)* go* for a ride (to) **2.** ~**t a bokája** he has sprained his ankle, have* a sprained ankle; ~**t a karja** his arm was dislocated

kirándulás *n* excursion, outing, trip; *(hideg élelemmel)* picnic; ~**ra megy,** ~**t tesz** go* on an excursion/outing (to)

kiránduló *n* day-tripper, tourist

kirándulóhely *n* beauty spot

kirándulójegy *n* excursion ticket; *(egynapos)* day return *(pl* day returns)

kirándulóvonat *n* excursion train

kiróngat *v* *(egyenként)* tear*/pull out (one by one)

kiránt[1] *v* *vmt vhonnan* pull out (violently)

kiránt[2] *v* *(húst)* fry (sg) in breadcrumbs; ~**ani való csirke** broiler ⇨ **rántott**

kiráz *v* **1.** *vmt* shake* out **2.** ~**za a hideg** shiver with cold, have* the shivers

kirázód|ik *v* be* shaken out

kire → **ki**[1]

kirekeszt *v* *vmből* (de)bar/exclude from, shut*/leave* out

kirendel *v* *vhova* delegate/order sy swhere; **hivatalból** ~ appoint officially; **(hivatalból)** ~**t védő** assigned counsel

kirendelés *n* *vhova* order [to be at an appointed place]; *(kiküldetés)* delegation

kirendeltség *n* local/branch office, branch agency

kireped *v* *(zsák)* burst* ⇨ **kicserepesedik**

kirepedez|ik *v* = **kicserepesedik**

kirepít *v* **1.** *vmt* throw*/fling* (out); *(rakétát)* launch [a rocket] **2.** *biz* = **kirúg** *(állásból)*

kirepül *v* **1.** *(madár)* fly* away, take* wing, leave* the nest **2.** *(golyó puskából)* fly*/ shoot* out

kireszel *v* sharpen sg with a file, file (down)

kireteszel *v* unbolt, unbar

kirí *v* *vmből* stand* out (from sg), be* in startling contrast (to sg), not match well (with sg); ~ **a környezetéből** stick* out like a sore thumb; ~ **a társaságból** be* the odd one/man out

kiritkít *v* thin/space out

kirívó *a* glaring, flagrant, striking, conspicuous; ~ **hiba** glaring error/mistake; ~ **igazságtalanság** flagrant/blatant injustice

kiró *v* *(vkre büntetést)* inflict [a severe etc. penalty/punishment] (up)on; **bírságot ró ki vkre** fine sy; **200 Ft bírságot róttak ki rá** he was fined 200 ft ⇨ **kivet 3.**

kirobban *v* *átv* burst*, break* out; ~**t a válság** there was a sudden crisis; ~**t a botrány** a row blew up (over sg)

kirobbanó *a* ~ **nevetés** a burst of laughter; ~ **siker** an overwhelming success

kirobbant *a* *átv* cause to break out; *(háborút)* trigger/set* off, start [war]

kirobbantás *n* nukleáris háború ~**a** the triggering (off) of a nuclear war

kirobog *v* **1.** *vk* dash/hurry out [of a room] **2.** *(vonat)* roll out [of the station]

kirohan *v* **1.** *vhonnan* run*/rush/dash out **2.** *(vk ellen)* run* sy down, lash out against sy/sg **3.** *kat* † break* out

kirohanás *n* **1.** *kat* sally **2.** *(vk ellen)* attack on sy/sg, outburst against sy/sg

kirojtosod|ik *v* fray, become* frayed

kirókáz *v* throw* up, vomit

kiront *v* = **kirohan 1., 3.**

kirostál *v (gabonát, átv egyebet)* sift/sort (out)

kirovás *n* imposition, imposing

kiröhög *v vkt* laugh in sy's face, laugh at sy

kiről *pron* I. *(kérdő)* about whom?; ~ **beszél?** who are you talking about? II. *(vonatkozó) (= akiről)* ⇨ **aki**

kiröpít *v* = **kirepít**

kiruccan *v biz* 1. *(kirándul)* go* for a spin 2. *(mulat egyet)* have* a fling

kirúg 1. *vt vmt* kick out; ~**ja a labdát** *(= kapukirúgást végez)* take* the goal-kick 2. *vt vulg vkt* turn/kick out, turn sy out of doors; *(állásból)* sack, fire, give* sy the sack; ~**ták** *(munkahelyről)* he got the sack/boot, he was sacked; **úgy** ~**ja, hogy a lába sem éri a földet** send* sy packing 3. *vi (ló)* kick out 4. *vi biz vkre* have* it in for sy ⇨ **hám**¹

kirúgás *n* 1. *(futball)* goal-kick 2. *vulg (állásból)* (getting) the sack/boot

kirukkol *v biz vmvel (tervvel stb.)* come* out with sg; *(pénzzel)* come* down with [£50], cough up [£50]

kirúzsoz *v (száját)* put* on lipstick *v.* put* lipstick on, use lipstick; **ki van rúzsozva a szája** wear* lipstick

kirügyez|ik *v* bud; ~**tek** *(a rózsák)* [the roses] are in bud

kis *a* little, small; *(nem magas)* short; **egy** ~ a little, a bit of, some; **egy** ~ **ideig** for a (little) while, for a/some time; **egy** ~ **idő múlva** shortly, in/after a (short) while; **egy** ~ **kenyér** a little bread, a bit of bread; **szép** ~ **alak!** what a nice chap (*US* guy)

kisagy *n* cerebellum *(pl* -s *v.* -bella)

kiságy *n* cot, *US* crib

kisajátít *v* 1. *(hatóság)* expropriate 2. *(vmt magának átv)* monopolize

kisajátítás *n* 1. *(hatósági)* expropriation, dispossession [of property] 2. *(saját magának)* monopolization

kisajtol *v* = **kiprésel**

kisállattenyésztés *n* raising/breeding of small animals

kisarjad *v vmből* spring*/sprout from

kisárutermelés *n* production on a small scale

kisárutermelő I. *a* ~ **mezőgazdaság** system of smallholdings producing for the market II. *n* small-scale producer, smallholder

kisasszony *n* miss, young lady; **Erzsébet** ~ miss/Ms E.

kisautó *n* small car, mini, *US* compact

Kis-Ázsia *n* Asia Minor

kis-ázsiai *a* of Asia Minor *ut.*

kisbaba *n* baby, infant; ~**t vár** be* expecting a baby

kisbérlet *n* smallholding

kisbérlő *a/n* smallholder

kisbetű *n* small letter; *nyomd* lower case

kisbíró *n* † town crier

kisbirtok *n* smallholding, farm

kisbirtokos *n* smallholder

kiscserkész *n (farkaskölyök)* cub (scout); *(10-12 éves)* junior scout

kiscsirke *n* chick

kisded I. *a iron* ~ **játékai** his little tricks II. *n* † infant, baby

kisdiák *n* schoolboy, schoolgirl

kisdobos *a* 1. *tört* drummer-boy 2. *(mai) kb.* young pioneer

kisebb *a* 1. *(méretre)* smaller; *(mennyiségre, fontosságra)* less; ~, **mint** smaller than; **jóval** ~ **a kelleténél** much too small; **egy számmal** ~**et kérek** do you have the next size down?, do you have it one size smaller?; **nem** ~ **személy, mint az elnök** no less a person than the President 2. *(fiatalabb)* younger; **a** ~ **testvér** (the) younger brother/sister, *US* kid brother/sister 3. *(kisebbfajta, kevésbé fontos)* lesser, minor; ~ **javítások** minor repairs; ~ **kiadások** out-of-pocket expenses; ~ **műtét** minor operation ⇨ **gond**

kisebbed|ik *v (térfogat)* become* smaller, decrease/reduce in size; *(mennyiség)* diminish, decrease, lessen, grow* less

kisebbfajta *a* = **kisebb 3.**

kisebbik *a* 1. *(méretre)* the smaller; *(fontosságra)* the lesser/minor; **ez a** ~ **baj** that's a minor problem 2. *(fiatalabb)* younger

kisebbít *v (mértéket)* make* smaller, reduce; *(mennyiséget)* diminish, decrease, reduce, lessen; *(átv értéket)* minimize, lessen; ~**i vk érdemeit** disparage sg; *biz* do* sy down

kisebbítés *n* diminution, reduction; *(mennyiségé)* diminishing, reducing

kisebb-nagyobb *a* various, differing

kisebbrendűségi érzés/komplexus *n* inferiority complex

kisebbség *n ált* és *pol* minority; *(nemzetiség)* ethnic minority; **nemzeti** ~ national/ethnic minority; **a magyar (nemzeti)** ~ the Hungarian (ethnic) minority, the ethnic Hungarians *pl* [in Romania etc.]; ~**ben marad** be* in the/a minority

kisebbségi *a pol* minority; ~ **kormány** minority government;

kisebesed|ik *v (bőr)* become*/get* abraded/excoriated

kisegít 1. *vt vkt vmből* help sy out [of the car] **2.** *vt (vkt munkájában)* assist/help sy [in his work] **3.** *vt* ~ **vkt vmvel** help sy out with [money etc.] **4.** *vi (helyettesítést végez)* deputize (for sy); *(orvos)* be* a locum **kisegítés** *n* **1.** *vmből* helping out (of); *(munkában)* assisting (sy) **2.** *(helyettesítés)* deputizing (for sy) **kisegítő** *a/n* auxiliary, subsidiary; ~ **alkalmazott** (member of the) auxiliary/ancillary staff; ~ **iskola** special school; ~ **munkát végez** deputize for sy; ~ **tanerő** supply (*v*. US substitute) teacher **kiselejtez** *v* throw* aside, discard, weed out **kisember** *n* man-in-the-street (*pl* men-in-the--street) **kisemmiz** *v vkt vmből* cheat/elbow sy out of sg **kiseper** *v* sweep* out **kísér** *v* **1.** *vkt* go* with, accompany, escort (sy), keep* sy company; *(gardíroz)* chaperon(e); *kat* escort; **rabot** ~ escort a prisoner; **az ajtóhoz** ~ see* sy to the door **2.** **zongorán** ~ accompany on/at the piano; **zongorán** ~**i** ... accompanied (at/on the piano) by ... **3.** *vmt vm* follow ⇨ **figyelem** **kíséret** *n* **1.** *vké* train, suite, followers *pl*; **vk** ~**ében** in sy's company, accompanied/escorted by sy; ~ **nélkül** unaccompanied, unescorted **2.** *(kat, rendőri stb.)* escort; **rendőri** ~**tel** under police escort **3.** *zene* accompaniment; **gitár**~**tel énekel** sing* to the guitar **kísérget** *v vkt* go* out with, escort, be* constantly seen with [a girl] **kiserked** *v* **1.** *(bajusz)* show*, begin* to grow **2.** = **kiserken** **kiserken** *v* ~ **a vér** blood shows*/appears, sg draws* blood **kísérlet** *n* **1.** *(megpróbálás)* attempt (*vmre* at sg); ~**et tesz vmre** make* an attempt at sg (*v*. to do sg), attempt sg, try to do sg; **gyilkossági** ~ attempted murder **2.** *tud* experiment; *(kipróbálás)* trial; ~**et hajt végre** make* (*v*. carry out *v*. perform) an experiment [in chemistry etc.] **kísérletezés** *n* experimenting, experimentation, experiments *pl* **kísérletez|ik** *v vmvel* make* experiments, experiment (with sg); **kutyákkal** ~**ik** experiment upon dogs **kísérleti** *a* experimental; ~ **állomás** experimental/research station/centre (*US* -ter); ~ **atomrobbantás** nuclear test; ~ **gazdaság** pilot/experimental farm; ~ **lég-**

gömb pilot/trial balloon; ~ **módszer** experimental method; ~ **nyúl** guinea pig; ~ **úton** experimentally; ~ **üzem** pilot plant **kísérletképpen** *adv* experimentally, as an experiment **kísérő I.** *a* accompanying, attending; *(velejáró)* concomitant, attendant; ~ **tünet** concomitant symptom **II.** *n* **1.** *(társ)* companion, follower, attendant; *(gyerek mellett)* guardian; ~ **nélkül(i)** unaccompanied **2.** *(tünet, körülmény)* concomitant **3.** *zene* accompanist **4.** *biz (ital)* a glass of soda (water); *(gyengébb alkohol)* chaser **kísérőjelenség** *n* concomitant phenomenon (*pl* -mena) **kísért 1.** *vt (megkísért)* tempt **2.** *vi (szellem)* haunt; ~ **a gondolat** be* haunted by the thought **kísértés** *n* temptation; ~ **be esik** be* (sorely) tempted; ~ **be hoz/visz** *vkt* tempt sy; **enged a** ~**nek** yield (*v*. give* in) to temptation **kísértet** *v* ghost, phantom, spirit **kísérteties** *a* ghostly; *(túlzó)* startling **kísértő** *n* tempter; *(nő)* temptress **kisestélyi** *n* cocktail dress **kisétál** *v* **1.** go* (out) for a walk **2.** *(kijut)*, get* out easily **kisevő** *n* small eater **kisfeszültség** *n* el low voltage **kisfilm** *n* **1.** *(játékfilm)* short (film); *(dokumentumfilm)* (short) documentary (film) **2.** *(fényképezőgépbe)* 35 mm film **kisfilmes** *a* ~ **(fényképező)gép** 35 mm camera **kisfiú** *n* little boy; *(megszólítás)* **kisfiam!** son!, sonny! **kisfiús** *a* boyish **kisfizetésűek** *n pl* (those in the) lower income brackets, low-income group *sing*. **kisfröccs** *n* a small wine-and-soda ⟨one decilitre of wine and one of soda-water⟩ **kisgazda** *n* small-holder, small landowner **kisgazdaság** *n* small farm, small-holding; *(a gazdálkodás)* small-scale farming **kisgyerek** *n* small/little child°; **a** ~**ek** the little ones **kishatárforgalom** *n* (local) border traffic **kishitű** *a* faint/half-hearted **kishitűség** *n* faint/half-heartedness, defeatism **kisíbol** *v biz* smuggle out (of the country) **kisiet** *v* hurry/run*/rush/dash out **kisiklás** *n* **1.** *(vonaté)* derailment **2.** *átv* a blot on one's copybook **kisiklat** *v* derail

kisikl|ik v. **1.** *(vonat)* get* derailed, jump *(v. go* off)* the rails **2.** *vhonnan* slip out of; ~**ik a kezéből** slip out of one's hands

kisilabizál v *(írást)* decipher, make*/figure out; *(nehezen)* manage to read out

kisimít v *(textíliát)* smooth (out); *(ráncot)* smooth away

kisimul v become* smooth

kisinas n *(szállodai)* page (boy), *US* bellboy, bellhop

kisipar n small(-scale) industry; *(egy ága)* craft

kisipari a **1.** ~ **termelőszövetkezet** craftsmen's cooperative **2.** *(minőségű)* hand--crafted, hand-made; **legjobb** ~ **termékek** [products] made by the finest craftsmen

kisiparos n craftsman°; *(nő)* craftswoman°; **ács** ~ self-employed carpenter; **asztalos** ~ self-employed joiner *(v.* cabinet-maker)

kisír v **jól** ~**ja magát** have* a good cry; ~**ja a szemeit** get* red eyes from weeping; ~**t szemmel** with red(-rimmed) eyes

kiskabát n jacket

kiskanál n teaspoon; **egy** ~ **só** one teaspoon of salt; **2** ~ **cukor** two teaspoonfuls of sugar

kiskapu n **1.** door gate **2.** *átv biz* the back door, backstairs influence; **megtalálta a** ~**t(, úgy jutott be) az egyetemre** he's got in the University through/by the back door

kiskatona n soldier boy/lad, boy soldier, (young) serviceman°

kisképfilm n 35 mm film

kiskereskedelem n retail trade

kiskereskedelmi a ~ **ár** retail price

kiskereskedés n retail/small shop

kiskereskedő n retailer, shopkeeper

kiskert n small/front garden, small plot

kiskerttulajdonos n small-plot owner

kiskirály n petty monarch; **úgy él, mint egy** ~ live like a lord

kiskocsi n *(autó)* small car, mini, *US* compact; *(mint taxi)* minicab

kiskocsma n pub, inn, tavern

kiskorú I. a not of age *ut.,* under age *ut.* **II.** n minor

kiskorúság n minority, being under age

kisközség n village, hamlet

kislakás n small flat, flatlet, maisonette

kislány n little/young girl **2.** *(akiknek vk udvarol)* [one's] girl(friend)

kislemez n a single

kismalac n piglet

kismama n young mother(-to-be), mother--to-be, mum

kisméretű a small, small-scale, miniature

kismillió a *biz* umpteen

kisminkel v *biz (magát)* make* (oneself) up; *(mást)* make* up sy

kismise n low mass

kismotor n *(kerékpár)* moped, small motorcycle

kismutató n hour hand

kisnemes n *tört* member of the lower nobility/gentry

kisnemesség n *tört* lower nobility, the lower gentry

kisokos n *kb.* vade-mecum, handbook

kisomfordál v *vhonnan* slink*/sneak out (of), edge off/away

kisorsol v draw*, select (sg) by a draw; ~**ják** (will) be selected by a draw

kisöbű a ~ **puska** small-bore rifle

kisöpör v **1.** sweep* out **2.** *átv* drive*/chase out/away

kispad n *sp* substitutes' bench; **a** ~**on ül** *biz* be* on the subs bench

kispap n seminarist

kisparaszt n smallholder

kispárna n (small) cushion, *(alváshoz)* pillow

kispárnahuzat n pillowcase, pillowslip

kispekulál v *biz* think*/dream* up, invent, concoct

kispénzű a *(ember)* of small means *ut.,* impecunious

kisplasztika n **1.** *(mint művészet)* small sculpture **2.** *(egy mű)* statuette, figurine

kispolgár n petty bourgeois; petit bourgeois *(pl* petits bourgeois)

kispolgári a petty/petit bourgeois, lower middle-class

kisportolt a athletic(-looking), muscular

kispuska n small-calibre *(US* -ber) rifle

kisregény n long short-story, short novel

kissé adv a little (bit), a bit, slightly; **egy** ~ **a** little, rather, somewhat

kisszámú a small, not numerous

kisszótár n pocket dictionary

kisszövetkezet n cooperative, small company

kistafíroz v *(leányt)* provide with a trousseau; *(mást)* fit out (with)

kistányér n dessert plate

kistermelő n small-scale producer

kistisztviselő n white-collar worker, *főleg US:* clerk

kisugároz v radiate, emit [rays, heat etc.]

kisugárzás n **1.** *(sugár kibocsátása)* radiation **2.** *(fájdalomé)* reflection, radiation; *(a fájdalom)* referred pain

kisugárz|ik *v* **1.** radiate **2.** *orv (fájdalom)* feel* a referred pain
kisugárzó *a* ~ **fájdalom** referred pain
kisujj *n* little finger; **a** ~**ában van** he has* it at his fingertips; **a** ~**át sem mozdítja meg érte** he will not lift a finger for (*v.* to help) him
kisúrol *v* scour/scrub (out)
kisurran *v* slip/steal* out
kisül *v* **1.** *(kenyér, tésztaféle)* get* baked; *(hús)* get* roasted, be* well done **2.** *(föld/ növény a melegtől)* get*/become* scorched/ parched **3.** *(kiderül)* turn/come* out, come* to light, become* known; **végre** ~**t, hogy** at last it came out that, it turned out that **4.** *fiz* discharge
kisülés[1] *n fiz* (electric) discharge
kisülés[2] *n (kocsiban)* back-seat, fold-down seat
kisüsti *a/n* home distilled (brandy)
kisüt 1. *vt (kenyeret, tésztafélét)* bake; *(húst sütőben)* roast; *(forró zsírban)* fry; *(roston)* grill; *(zsírt)* render [lard] **2.** *vt (hajat)* curl [one's hair], wave [one's hair with an iron] **3.** *vt fiz* discharge **4.** *vt biz (kieszel)* dream* up, concoct, invent **5.** *biz* = **kiderít;** ~**ötték, hogy** they came to the conclusion that **6.** *vi (nap)* begin* to shine, come* out
kisüzem *n* small business/firm/enterprise
kisüzemi *a* ~ **termelés** *n* small-scale production
kisvad *n* small game
kisvállalkozás *n* small company/business/ firm/venture, private enterprise, small-scale undertaking
kisvállalkozó *n* small businessman°, entrepreneur
kisváros *n* small/provincial town
kisvárosi *a* provincial
kisvasút *n* narrow-gauge (*US* -gage) railway
kisvendéglő *n* intimate/small restaurant
kisvérkör *n* pulmonary circulation
kiszab *v* **1.** *(ruhát)* cut* out **2.** *(határidőt)* fix, set* [a date] **3.** *(büntetést vkre)* impose [a fine/punishment on sy], fine sy
kiszabadít *v* **1.** *(rabot)* liberate, release, set* free; *(állatot)* let* out, release **2.** *(veszedelemből)* rescue, save
kiszabadítás *n* **1.** *(szabadon bocsátás)* release, freeing, liberation **2.** *(kimentés)* rescue, saving
kiszabadul *v* get* out/away (from), be* set free, be* set at liberty; *(börtönből)* be* discharged/released [from prison]; *(állat)* escape (from), get* free, break* loose
kiszabás *n (büntetésé)* imposition

kiszaglász, kiszagol *v* = **kiszimatol**
kiszakad *v* **1.** *(szövet)* tear*, rip, get* torn **2.** *átv* break* away from, break* with
kiszakít *v* **1.** *(ruhát)* tear*, rend*, rip **2.** ~ **vkt a környezetéből** tear* sy from his environment, displace/uproot sy
kiszalad *v* **1.** *vhonnan* run*/rush/tear*/dash out (of swhere) **2.** *(szó a száján)* slip out, escape; ~**t a száján a káromkodás** an oath (*v.* swear-word) escaped him (*v.* slipped out)
kiszalaszt *v* *vhova* send* sy running (swhere), dispatch (to)
kiszáll *v* **1.** *(járműből)* get* off/out (*vhol* at); get* out of [a/the bus etc.]; *(hajóból)* land, go* ashore, disembark (from); *(repgépből)* get* off (*v.* down from) [an aeroplane]; **hol kell** ~**ni?** where do I get out/off? **2.** *(helyszínre)* visit the scene/spot; ~ **vidékre** conduct (*v.* carry out) an investigation on the spot **3.** *(játszmából, üzletből)* pull/get*/back out, opt out (of sg)
kiszállás *n* **1.** *(járműből)* getting off/out; *(hajóból)* landing, disembarkation; ~**!** all change! **2.** *(hatósági)* investigation, visit to the scene/spot; *(helyszínre)* examination on the spot, on-the-spot investigation, field trip
kiszállít *v* **1.** *vhova* convey/transport swhere; *(külföldre)* export **2.** *(vonatból)* put*/set* down
kiszállítás *n* **1.** *(külföldre)* exporting, export, transporting, transport, *US* transportation **2.** *(helyben)* delivery
kiszállókártya *n* landing card
kiszámít *v* calculate, count, compute, work out; ~**ja a költségeket** count the cost; ~**ja, meddig tart vm** work out how long sg will take/last
kiszámíthatatlan *a* **1.** *(vm pl. következmények)* unforeseeable **2.** *(ember)* unpredictable, erratic; ~ **ember** an unpredictable man°
kiszámítható *a* calculable; *átv* predictable
kiszámított *a* **1.** konkr calculated, figured/ worked out *ut.*, computed **2.** *átv* premeditated, studied, calculated
kiszámlál *v (pénzt)* count out, put* down, pay* out; ~**ja a pénzt az asztalra** (s)he counts out the money onto the table
kiszámol *v* **1.** = **kiszámít 2.** = **kiszámlál 3.** *(bokszolót)* count out
kiszárad *v* **1.** *(kút, víz tóból stb.)* dry up, run*/go* dry **2.** *(élő fa)* die; *(növény)* wither, shrivel (*US* -l) **3.** *(torok)* get* parched/dry **4.** *orv* dry (out), be* desiccated

kiszáradás *n* 1. *(kúté stb.)* drying up/out, running dry 2. *(növényé)* withering 3. *orv* drying out, dehydration

kiszáradt *a* dry

kiszárít *v* 1. *(földet, tavat, patakot nap, hőség)* dry up; *(növényt, bőrt a szél, hőség)* scorch, wither, [plant], dry [skin] 2. *(lecsapol)* reclaim [land from the sea], drain [marsh]

kiszárítás *n (földé, tóé)* drying up/out, drainage; *(lecsapolás)* reclamation

kiszed *v* 1. *vhonnan* take* out (of swhere), pick out; *(válogatva)* sort out; *(burgonyát földből)* lift, dig* up; *(kenyeret kemencéből)* draw* [from the oven]; *(leveleket postaszekrényből)* collect [letters] 2. *nyomd* set* up; **ki van szedve** be* in type 3. *biz vkből vmt* get*/drag/wheedle sg out of sy; prise [information] out of sy

kiszegez *v* nail up

kiszélesedés *n* widening, broadening, expansion

kiszélesed|ik *v* widen/broaden out

kiszélesít *v* widen, broaden, extend **kitágít**

kiszellőz|ik *v* be* aired (thoroughly)

kiszellőztet *v* air, ventilate; ~**i a fejét** get* some fresh air; ~**i a füstöt** clear a/the room of smoke; ~**i a lakást** air the rooms/flat

kiszemel *v vkt vmre* select/choose*/pick sy for sg, *US* slate sy to be/do sg *(v.* sy for sg); *(kiválaszt vmt)* look/pick out sg *(vknek for* sy); ~ **magának vmt** have* (got) one's eyes on sg

kiszenved *v ir* expire, pass away

kiszerel *v* 1. *vmből* dismantle, dismount 2. *(árut szállításra)* package, prepack(age); ~**t** prepacked

kiszerepez *v (színdarabot)* cast* parts/roles (for a play)

kiszerkeszt *v* expose sy in a/the newspaper

kiszidoloz *v* rub sg clean

kiszimatol *v* find* out, ferret out, get* wind of; *(alattomosan)* spy out

kiszínez *v* 1. *konkr* colour *(US* -or); *(képet gyerek)* colour in [a/the picture] 2. *átv* embellish, embroider

kiszipolyoz *v vkt* suck sy dry, bleed* sy white; *(élősködve)* sponge on sy; *(munkásokat)* exploit [labour]

kiszitál *v* sift out, pass through a sieve

kiszív *v* 1. *(folyadékot)* suck (out), drain; *(levegőt)* extract 2. **a nap** ~**ta** the sun has faded it, the sun has discoloured it 3. ~**ja**

vknek az erejét exhaust sy, wear* sy out, drain sy

kiszivárog *v* 1. *(folyadék, gáz stb.)* leak (out) 2. *(hír)* leak out

kiszivárogtat *v* leak out [the news etc.]

kiszivattyúz *v* pump/suck out

kiszól *v vhonnan* call out (from swhere); *vkért* call out (for sy)

kiszolgál 1. *vt vkt* serve (sy), attend on sy, look after sy; *(magas rangú személyt)* wait (up)on; *elit* dance attendance on; *(hatalmat, rendszert)* serve, be* in the service of; **szolgáld ki magad** help yourself 2. *vt (gépet)* operate, handle [machine] 3. *vt (ruha/eszköz vkt)* last sy out, outwear sy; **ez a toll még** ~ **egy ideig** this pen will do for a little longer 4. *vt* ~**ja három évét** serve his three years in the army 5. *vi/vt (étteremben)* wait on, serve [guests]; *(üzletben)* serve, attend to [customers]; **hamar** ~**tak** I didn't have to wait long to be served

kiszolgálás *n* service, serving; *(étteremben)* serving; **itt jó a** ~ the service is excellent; **előzékeny/udvarias** ~ attentive/courteous service; **csapnivaló a** ~ the service is shocking; **a** ~**ért 10%-ot számítunk** service 10 per cent; ~**sal együtt** service included

kiszolgálási *a* (az árak a) ~ díjjal együtt (értendők) service included

kiszolgáló I. *a* ~ személyzet attendants *pl; (hajón, repgépen stb.)* crew II. *n =* eladó, felszolgáló

kiszolgáltat *v* 1. *(vmt átad)* deliver, hand over (sg) 2. ~**ja magát vkvel** (*= elvárja, hogy kiszolgálják*) demand/require to be served, demand to be attended upon 3. *(vknek átad vkt)* give*/hand sy over to sy; *(bűnöst, foglyot stb. kiad saját országának)* extradite; ~**ja magát vknek** surrender (oneself) to sy, throw* oneself on sy's mercy; **ki van szolgáltatva vk kényére-kedvére** be* at the mercy of sy

kiszolgáltatás *n vmé, vké* delivery, handing out/over; *(bűnösé, fogolyé, menekülté saját országának)* extradition

kiszolgáltatottság *n* defencelessness, being at sy's/others' mercy

kiszólít *v* 1. *vhonnan* call/summon sy out 2. *isk =* kihív

kiszop *v* suck out, suck (dry)

kiszór *v* scatter, disperse; **az ablakon szórja ki a pénzét** spend* recklessly, throw* (one's) money down the drain (*v.* out of the window)

kiszorít *v* **1.** *(helyéből)* squeeze/drive*/push out **2.** *vkt vhonnan/vmből* oust sy from sg, elbow sy out (of sg) **3.** *vkből vmt* extort sg from sy, get* sg out of sy

kiszóród|ik *v* scatter, spill, get* spilt

kiszorul *v (átv is)* be* driven/squeezed out

kiszótároz *v (szövegrészt)* look up the words [in a/the dictionary]

kiszögellés *n* projection

kiszögell|ik *v* protrude, project, jut out; *(vm fölé)* overhang* sg, hang* over sg

kiszök|ik *v* **1.** *vhonnan* escape from; *(országból)* slip [the country], flee* [the country] **2.** *(víz, folyadék)* gush/spurt (out)

kiszöktet *v (börtönből)* help sy (to) escape [from prison]; *biz* spring* sy [from prison/ jail]; *(országból)* help sy (to) flee [the country]

kiszuperál *v* **1.** *kat* discharge (from service) **2.** *(tárgyat)* discard

kiszúr 1. *vt (hegyes tárggyal)* pierce, prick; **majd ~ja a szemét** it is glaringly obvious, *biz* it sticks out a mile, it's under your very nose; **ezzel akarja ~ni a szememet** she wants to throw dust in my eyes **2.** *vt átv biz vkt* pick on sy **3.** *vt biz (kiszemel)* pick out **4.** *vi biz vkvel* do* sy in, give* sy the works

kiszűr *v* filter/sift out

kiszüreml|ik *v* = **kiszűrődik**

kiszűrőd|ik *v* filter out/through, can be heard/seen

kit → ki[1]

kitagad *v (gyereket)* disown; *(örökségből)* disinherit, cut* sy off with a shilling

kitagadás *n (gyermeké)* disowning; *(örökségből)* disinheriting

kitágít *v* **1.** *(rugalmas dolgot)* stretch, expand; *(cipőt)* stretch; *(ruhát, övet)* loosen, slacken; *(lyukat)* enlarge **2.** *átv (látókört)* widen/broaden [one's horizons]

kitágul *v* dilate, expand; *(cipő)* stretch; *(nyílás)* widen, broaden, extend

kitakar *v* uncover, bare

kitakarít *v (szobát)* do* [the room], clean up, clean [the room] up, tidy up [the room]

kitakarítás *n (szobáé)* cleaning (up), tidying (up)

kitakarod|ik *v* clear/get* out, make* off; **takarodj ki!** get out!, □ beat it!

kitakaródz|ik *v* kick the bedclothes/blanket off (while asleep)

kitalál 1. *vt (eltalál)* guess, find* out, hit* upon; **~ja vk gondolatát** read* sy's thoughts **2.** *vt (kiötöl)* invent, devise; *(nem tisztességes dolgot)* make* up, concoct; **ezt** **ő találta ki** he made it up, he invented it **3.** *vi vhonnan* find* one's way out (from *v.* of swhere)

kitálal *v* **1.** *(ételt)* serve (up), dish up [a meal] **2.** *tréf (véletlenül kiborít)* spill*, upset* **3.** *átv biz* wash (one's) dirty linen in public

kitalálás *n* **1.** *(eltalálás)* guessing, finding out **2.** *(kiötlés)* invention; **ez üres ~** this is pure invention/fabrication/fiction

kitalált *a* made-up, invented, fictitious

kitámaszt *v* support, prop up

kitámolyog *v* stumble/stagger/totter out (of)

kitanít *v* **1.** *(iskoláztat)* educate/train sy; **vkt vmlyen mesterségre ~** teach* sy a craft/trade **2.** *átv vkt vmre* teach* sy sg, elít put* sy wise about, give* sy lessons in sg (*v.* doing sg)

kitaníttat *v* put* sy through school/college

kitántorog *v* = **kitámolyog**

kitanul 1. *vt (mesterséget)* learn* [a craft/ trade] **2.** *vi* finish one's studies **3.** *vi biz vmből* forget* sg

kitanult *a* **1.** *(szakmában)* trained, qualified, skilled **2.** *átv elít ~* **ember ő** he knows* the ropes, he knows* what's what, he's an old hand (at it)

kitapaszt *v (kályhát)* smear the insides (with clay)

kitapasztal *v* learn* by experience, get* to know the ins and outs (of sg)

kitapétáz *v (falat)* paper [a/the room], hang [wallpaper] on the wall

kitapint *v* feel* (for); **~ja vk pulzusát** feel sy's pulse

kitapintható *a* palpable

kitapogat *v* touch, feel*; *átv* sound out

kitapos *v (utat)* tread* [a path]; *átv* **a ~ott út** the beaten track

kitapsol *v* call sy before the curtain, *(s)he* got a curtain-call

kitár *v* **1.** *(ablakot, ajtót)* open (wide), throw* open [the door]; **karját ~ja** open one's arms wide; **ki van tárva** be* wide open **2.** **szívét ~ja vk előtt** open one's heart to sy

kitart 1. *vt (kezével)* hold* out **2.** *vt (nőt)* keep* [a mistress] **3.** *vi (állhatatos)* be* persistent, hold* out/on, persevere; **~ a végsőkig** endure (*v.* hold* out) to the end **4.** *vi* **~ vk mellett** remain loyal to sy, stand* by sy, stick* by/to sy; **~ vm mellett** persist in, keep*/stick* to sg, insist on; *(ügy mellett)* hold* firm to; **~ amellett, hogy** (s)he maintains that …; **~ álláspontja mellett** stick* to one's guns; **~ elhatározása mellett** stand* by one's decision; **~ elvei**

mellett stick* (v. be* true) to one's principles; ~ **ígérete mellett** stick* to one's promise
kitartás n (állhatatosság) persistence, steadfastness; (vk mellett) sticking (to sy), standing by sy, backing (sy); (vm mellett) persisting (in sg), standing by sg, sticking (to sg); **csak** ~! hold on!; csak US: hang in there!
kitartó a persistent, steady, firm, steadfast; (szorgalmas) assiduous, keen on one's work ut.; (hű) loyal; ~**an csinál vmt** keep* at sg; ~**an tanul** study hard/steadily/patiently
kitartott a ~ **nő** a kept woman°
kitárul v open (out), be* thrown open
kitaszít v vhonnan expel (sy from), throw*/turn sy out (of/from); **ki van taszítva a társadalomból** be* an outcast, be* ostracised, □ be* a leper
kitaszított a/n outcast
kitát v ~**ja a száját** open one's mouth wide
kitataroz v renovate, repair
kitavaszod|ik v spring is coming; **(már)** ~**ott** spring is/has come
kiteker v 1. (kicsavar) wring*/twist out; ~ **vmt vk kezéből** wrest/wrench sg from (v. out of) sy's hands; ~**i a nyakát** (átv is) wring* sy's neck 2. ~**i a szó értelmét** distort the meaning of a word
kitekered|ik v uncoil/unwind* itself
kitekint v look out (of/from swhere)
kitekintés n 1. konkr glancing/looking out 2. (tanulmány végén) conclusion
kitelel v winter, pass the winter (in); **áll** hibernate
kiteleped|ik v settle (down) swhere (else)
kitelepít v 1. (személyeket, családokat) resettle, remove [people, families], deport; ~**ett személy** deportee 2. (gyárat) relocate [a factory]
kitelepítés n 1. (személyé) resettlement, deportation, internal exile 2. (gyáré) relocation
kitelepül v (re)settle (swhere); emigrate (to)
kitel|ik v 1. vmből be* enough/sufficient (for); **ebből minden költség** ~**ik** it will cover all the costs; **két nadrág is** ~**ik belőle** (anyagból) this (material) will do for two trousers 2. (idő) elapse, expire 3. vm vktől be* capable of sg; **ez** ~**ik tőle** I wouldn't put it past him; **minden** ~**ik tőle** he's capable of anything 4. (kerekre) fill out; vk put* on weight; ~**ik az arca** his face is rounding/filling out
kiteljesed|ik v be* fulfilled, fulfil (US -fill) itself, achieve/fulfil its purpose

kitenyészt v (állatot) breed*, raise; (baktériumot) culture, grow* [microorganisms] in a culture medium
kitép v tear*/pull out; (gyökerestől) uproot, tear* out by the roots; (kiragad) snatch (sg from swhere/sy)
kitér v 1. (útból) get* out of the way; (helyet adva) make* way, let* pass; (vk elől) shun/avoid sy; (ütés elől) deflect/parry [a blow]; (nehézség elől) get* round, evade [difficulties]; ~ **egy kérdés elől** dodge/evade/sidestep a question 2. vmre (also) touch upon sg, mention; (hosszasan) dwell* on 3. műsz (mutató) swing* out
kitérdel 1. vi (büntetésképpen) kneel* down 2. vt (nadrágot) wear* out [trousers] at the knee
kitérdesed|ik v get* baggy
kiterebélyesed|ik v swell*/fill out
kitereget v 1. (ruhát száradni) hang* out/up 2. ~**i a szennyesét** átv wash one's dirty linen in public
kitérés n 1. (vm elől) evasion (of sg) → **kitérő** 2. (elbeszélésben) digression 3. műsz (mutatóé) deflection
kiterít v 1. (leterít) spread*/lay* out 2. (halottat) lay* out [corpse]
kitérít v vhonnan turn aside/off, divert
kiterjed v 1. (test növekszik) expand, dilate 2. (terület vmeddig) extend (to/over), spread* over, range (as far as) 3. vmre cover/comprise/include sg; **a biztosítás ...ra/re is** ~ the (insurance) cover includes ...; **érdeklődése** (v. érdeklődési köre) ~ **vmre** his/her interests spread* over [several subjects etc.]; **figyelme mindenre** ~ nothing escapes his attention/eye
kiterjedés n 1. (test növekedése) expansion, dilation 2. (terjedelem) extension; fiz dimension; **nagy** ~**ű** vast, extensive, wide 3. átv extent, scope
kiterjedt a extensive, wide, vast, wide-spread; ~ **rokonság** large number of relatives
kiterjeszked|ik v = kiterjed, kitér vmre
kiterjeszt v 1. (szárnyakat) spread* [wings] 2. (átv vmt vmre) extend sg to/over sg; (háborút) escalate
kiterjesztés n extension, spreading; (háborúé) escalation
kitermel v 1. (ásv kincset) exploit, work; (fát) lumber 2. (terméket) produce
kitermelés n (ásv kincsé) production, exploitation; (fáé) lumbering
kitérő I. a ~ **válasz** an evasive answer/reply II. n 1. vasút = **kitérővágány**

2. *(közúti)* lay-by **3.** *(kerülő út)* detour, roundabout route **4.** *(beszédben)* digression **kitérővágány** *n* siding, side track **kitervel** *v (ravaszul)* lay* a scheme (to do sg), scheme (to do sg) **kitervez** *v* plan, devise, project **kitessékel** *v* ask sy to leave (the room), show* sy the door **kitesz 1.** *vt (kihelyez)* put* out(side); *(hirdetményt)* post/stick* up; *(kirakatba)* display, show* (in the shop-window) **2.** *vt (írásjeleket)* punctuate [a text]; *(ékezeteket)* put* on (the) diacritics **3.** *vt (állásból)* turn out, dismiss, discharge; *(lakásból)* evict, turn out **4.** *vt* vmnek ~ vkt subject/expose sy to sg; *(vmlyen hatásnak)* **tesz ki vmt** expose sg to sg; **~i magát vmnek** expose oneself to sg, lay* oneself open to sg, run* the risk of sg; **veszélynek teszi ki magát** expose oneself to danger, court danger; **ki vagyok téve annak, hogy** I run the risk that (*v.* of sg) **5.** *vt (összegszerűen)* amount/run* to, total (*US* -l) add up to; **az ár(a) (összesen) 5000 Ft-ot tesz ki** the price amounts to (*v.* totals) 5,000 fts **6.** *vi* ~ magáért do* one's utmost ⇨ **lélek, szűr**[2] **kitétel** *n* **1.** *(vmlyen hatásnak)* exposure (to sg) **2.** az írásjelek **~e** punctuation **3.** *(vké állásból)* dismissal **4.** *(kifejezés)* term, expression, phrase ⇨ **kitevés** **kitevés** *n* putting out ⇨ **kitétel** **kitevő I.** *a (összeg)* amounting to *ut.*; **2000 Ft-ot** ~ **összeg** a sum amounting to 2,000 fts; **10 000 Ft-ot** ~ **adósság** debt(s) totalling (*US* -l-) 10,000 fts **II.** *n mat* exponent **kitikkad** *v* be* parched **kitilt** *v (országból, városból)* expel/banish (from); *(iskolából)* expel (from); *(házból)* forbid* (to enter) the house **kitiltás** *n* vké expulsion, banishment **kitisztít** *v* clean; *(beleket)* purge; *(sebet)* clean out **kitisztul** *v* **1.** *(ált vm)* become* clean; *(folyadék)* clarify, fine down **2.** *(idő)* clear/brighten up **kitódul** *v (tömeg)* stream/swarm out (of), come* streaming out (of) **kitol 1.** *vt vmt* push/thrust* out **2.** *vt biz (időpontot későbbre tesz)* defer, postpone, put* off; *(meghosszabbít)* prolong, extend **3.** *vi* □ ~ **vkvel** do* the dirty on sy, do* sy down **kitolás** *n* **1.** *(időponté)* postponement **2.** □ *vkvel* doing the dirty (on); **ez aljas** ~ **volt (velem)** that was a dirty/mean trick (to play on me)

kitolód|ik *v (időpont)* be* postponed/delayed/deferred, be* put off/back **kitoloncol** *v* deport, expel **kitombolja magát** *v vk* let* off steam; *(fiatalember)* sow* one's wild oats; *(vihar)* spend* its fury **kitől** → **ki**[1] **kitölt** *v* **1.** *(folyadékot edénybe)* pour out **2.** *(űrt)* fill in/up, stop/plug [the gap] **3.** *(űrlapot)* fill in, *US* fill out [the/this form, blank], complete [the form]; **a hatóság tölti ki** for official use only **4.** ~**i a büntetését** serve one's term/sentence; *biz* do* one's time **5.** *(időt)* fill, pass [time]; *(műsor)* ~**i az egész estét** provide a whole evening's entertainment **6.** ~ **i a haragját vkn** ⇨ **harag** **kitöltés** *n* **1.** *(folyadéké)* pouring out **2.** *(űrlapé)* filling in (*US* out) **3.** *(büntetésé)* serving (of sentence) **kitöm** *v vmvel* stuff, pad; *(állatot)* stuff [dead animal]; ~**ött madár** stuffed bird **kitör 1.** *vt (ablakot)* break*, smash **2.** *vt (testrészt)* break*, fracture; ~**te a karját** (s)he broke his/her arm **3.** *vi (háború, járvány, tűz, vihar)* break* out; *(tűzhányó)* erupt; ~**t rajta az influenza** (s)he had an attack of influenza (*biz* flu) **4.** *vi (vk vmbe(n) v. vkből vm)* burst* into; **könnyekben tör ki** burst* into tears, burst* out crying; **nevetésben tör ki,** ~ **belőle a nevetés** burst* out laughing, break*/burst* into laughter; ~**t belőle a düh** he boiled over with rage **5.** *vi (ló)* ba(u)lk **6.** *vi kat* break* out (of) **kitörés** *n* **1.** *(testrészé)* fracture **2.** *(betegségé, háborúé)* outbreak; *(tűzhányóé)* eruption **3.** *kat* sally, sortie **kitör|ik** *v* break* (off), chip; *(testrész)* be*/get* fractured; ~**t a karja** he broke his arm **kitörlőd|ik** *v* get* erased; *átv* fade, be* effaced **kitörő** *a* ~ **lelkesedés** tremendous enthusiasm, ecstasy; ~ **lelkesedéssel fogadták** he was given a tremendous reception (*v.* a rapturous welcome) **kitöröl** *v* **1.** *(edényfélét)* wipe (out), dry; *(könnyet)* wipe away/off **2.** *(írást)* erase, efface, rub out; *(könyvből)* expunge; *(emlékezetből)* wipe [from memory] **kitörölhetetlen** *a* indelible, ineffaceable **kitörölhető** *a* effaceable **kitudód|ik** *v* come* out (*v.* to light), get*/become* known, leak out

kitúr v **1.** *(földből)* unearth, dig* out/up; *(disznó)* root out **2.** *(vkt állásból)* edge sy out (of)

kituszkol v hustle/push sy out

kitűn|ik v **1.** *(több közül)* excel, be* prominent/conspicuous among; *vmben* excel *(szellemiekben, pl. tantárgyban:* in sg; *sportban:* at sg); ∼t jó emlékezőtehetségével he was noted/notable for his excellent memory **2.** *vmből* appear (from), be* evident (from), be* clear (that), be* shown (by); könyvéből ∼t, hogy it was clear from his book that...; amint később ∼t as it later transpired (v. turned out)

kitűnő I. a excellent, eminent, splendid, first--class/rate, prominent; ∼ minőség top quality; ∼en érzem magam I am/feel* fine **II.** n isk (an) excellent (mark); ∼t kap get* an excellent

kitűnőség n **1.** *(tulajdonság)* eminence, excellence **2.** *(személy)* celebrity, notability, dignitary

kitüntet v **1.** *vmvel* reward (with), honour *(US* -or) (with), favour *(US* -or) (with); *(rendjellel)* award sy [a medal]; az OBE--vel tüntették ki he was awarded an/the O.B.E. **2.** ∼i magát distinguish oneself, earn distinction **3.** ∼ vkt a bizalmával honour *(US* -or) sy with one's confidence

kitüntetés n **1.** *(jutalom, rendjel)* medal, decoration, order; *(címmel járó)* title, distinction, honour *(US* -or); nagy ∼ben részesül a great honour/distinction is* conferred upon him; ∼eket ad át *(pl. államfő, király(nő) stb.)* hand over awards/decorations; ∼t kap be* decorated, receive an award (for sg) **2.** isk ∼sel érettségizik obtain/achieve a first-class *(v.* excellent) school-leaving certificate; ∼sel végez *(egyetemen) kb.* take* an honours *(US* -ors) degree, be* awarded first-class honours, *US* be* awarded a degree (summa) cum laude

kitüntetett a favoured *(US* -or-), honoured *(US* -or-); *(rendjellel)* decorated; a ∼ek listája *GB* honours list

kitüremlés n orv protrusion; *(sérvé)* herniation

kitűz v **1.** *(jelvényt)* pin on/up, put* on; *(zászlót)* fly*, hoist, set* up **2.** *(helyet)* mark/set* out **3.** *(időt)* set*, appoint, fix [a day/time, a firm date for sg, the date of sg etc.]; a vitát mára tűzték ki the debate is to take place today; határidőt ∼ fix/appoint a day; a ∼ött határidő the appointed time **4.** *(célul)* set* [oneself a(n) aim/target]; *(díjat)* offer, set* [a prize]; *(témát)*

set* [a paper]; ∼ magának egy feladatot set* oneself a task, set* oneself to do sg; ∼ vknek egy feladatot set* sy to do sg, set* sy a task

kiugrás n **1.** *(kiugró rész)* protrusion, projection **2.** *(repgépből)* baling out **3.** átv sudden soaring into eminence

kiugraszt v make* sy/sg jump out ⇨ nyúl²

kiugrat v = kiugraszt

kiugr|ik v **1.** *(vhonnan, vmből)* jump/leap* out; *(repgépből)* bale out **2.** átv biz *(vk vmből)* break* away (from), drop out (of), desert sg; ∼ott pap ex-priest **3.** biz *(kimegy rövid időre)* nip/pop/slip out **4.** sp *(rajtnál)* jump the gun **5.** orv *(ízület)* be* dislocated; ∼ott ízület dislocated joint **6.** = kiszögellik **7.** *(szembetűnik)* stand* out (clearly), leap* out at sy *(from swhere)* **8.** *(vk teljesítménnyel)* soar above [others], be* outstanding ⇨ bőr

kiugró a **1.** *(térben)* jutting, protruding, projecting **2.** *(teljesítmény)* outstanding

kiújul v be* renewed/resumed; *(harc, seb)* flare up (again)

kiúsz|ik 1. vi *(vízből partra)* swim* [to the bank/shore] **2.** vi *(parttól messze)* swim* out **3.** vt kiússza formáját swim* one's best

kiút n way out; nincs más ∼, mint there is no way out *(v.* no choice) but, there is nothing for it but (to do sg)

kiutal v vmt vknek allocate/assign sg to sy; *(pénzt)* remit, grant, pay* out

kiutál v vkt vhonnan freeze* (sy) out

kiutalás n allocation; *(pénzé)* paying out, remittance

kiutasít v vkt vhonnan order/turn sy out (of), show* sy the door; *(országból)* declare sy persona non grata, expel, banish (from the country)

kiutasítás n vhonnan ordering/turning out; *(országból)* expulsion

kiutazás n going abroad; *(kifelé való út)* outward journey, exit

kiutazási a ∼ engedély permit to leave; exit visa

kiutaz|ik v *(külföldre)* go* abroad, leave* for, go* to

kiuzsoráz v exploit, bleed* (sy) white

kiügyesked|ik v vmt wangle (sg out of sy); ∼ik magának egy jó állást biz wangle oneself a good job

kiül 1. vi vhova sit* (down) outside/outdoors **2.** vi ∼ arcára a bánat sorrow/grief shows* on his face **3.** vt *(vm végét)* sit*/see* it out

kiüldöz v hound/drive*/chase sy out (of)

kiültet *v növ* plant/bed out
kiürít *v* **1.** *ált* empty; *(fiókot)* clear out; *(poharat)* drain; *(zsebet)* empty **2.** *(helyiséget)* vacate, quit; ~**i a termet** *(bíróság)* clear the court **3.** *kat (és term. csapás elől/miatt várost)* evacuate **4.** *biol, orv (beleket hashajtó)* purge; ~**i beleit** *(= ürüléket kibocsát)* clear the bowels, defecate ⇨ **ürít**
kiürítés *n* **1.** *ált* emptying; *(helyiségé)* vacating; *kat (városé)* evacuation; **a bíróság elrendelte a terem** ~**ét** the judge ordered the court to be cleared **2.** *(beleké)* evacuation, discharge, defecation; *(vizeleté)* passage
kiürül *v (edény, hordó)* become* empty, empty; *(terem, szoba)* clear, empty
kiüt 1. *vt (vkt bokszban)* knock out, KO [*alakjai:* KO's, KO'ing, KO'd]; *(sakkfigurát)* take*, remove [chess-man°] **2.** *vi (tűz, járvány, háború stb.)* break* out **3.** *vi biz vm vhogyan* turn out; **rosszul üt ki vm** *sg* has* a bad ending ⇨ **nyereg**
kiütés *n* **1.** *(boksz)* knock-out, KO **2.** *(bőrön)* rash, spot(s), eruption
kiütéses *a (betegség)* eruptive; ~ **tífusz** typhus, spotted fever
kiütköz|ik *v (tulajdonság)* stand* out, be* manifest/conspicuous/striking
kiűz *v vhonnan* drive*/chase/hound out
kiüzen *v* send* (out) a message, send* a message to
kivág *v* **1.** *(ollóval, késsel)* cut*/clip* (sg) out **2.** *(fát)* fell, cut* down [tree]; *(erdőt)* cut* down [the forest(s) swhere], disafforest [a place] **3.** *(rögtönöz)* improvise, get* up; ~**ja a magas c-t** reach top C **4.** ~**ja magát** *(mentséget talál)* give* a plausible excuse; *(talpraesetten válaszol)* give* a smart answer; *(nehézségekből)* extricate/free oneself (from); *(ellenség gyűrűjéből)* break*/burst* out **5.** *(szél az ablakot)* fling*/burst* open **6.** *átv vkt vhonnan* throw*/turn sy out ⇨ **huszonegy, réz**
kivágás *n (ruhán)* neckline, décolletage
kivágat[1] *vt vmt vmből* have* sg cut out; *(fát)* have* sg felled
kivágat[2] *n (újságból)* press clipping/cutting
kivágód|ik *v (ajtó, ablak)* burst*/fling* open
kivágott *a* cut out; ~ **nyakú** *(ruha)* décolleté, low-cut [dress]
kiváj *v* hollow/dig* out, excavate
kivakar *v* scratch/rub out, erase
kivakarás *n* scratching/rubbing out, erasure
kivakarhatatlan *a* indelible
kivakol *v* plaster

kiválás *n vhonnan* leaving (sg), separation (from); *(intézményből)* resignation; *(nyugalomba vonulás)* retirement
kiválaszt *v (több közül)* choose*, select, pick/single out **2.** *biol* secrete, excrete
kiválasztás *n* **1.** *(több közül)* choice, selection **2.** *biol* secretion
kiválasztó *a* ~ **szerv** secretory organ
kiválasztódás *n* selection; **természetes** ~ natural selection
kiválasztott I. *a* **1.** *(választott)* selected, chosen; *tört* **a** ~ **nép** the chosen people, the elect **2.** *biol* ~ **anyag(ok)** excretion, excreta *pl* **II.** *n* **a** ~**ak** the elect, the chosen (few)
kivál|ik *v* **1.** *(több közül)* excel, be* prominent/outstanding (among), surpass **2.** *vhonnan* leave*, separate/part from, quit (sg); *(intézményből)* resign/retire (from) ⇨ **különválik**
kivallat *v* question (sy) closely, interrogate, cross-examine; *biz* grill sy
kiváló *a* **1.** eminent, excellent, outstanding, prominent; ~ **vmben** be* very good at sg; ~ **egyéniség** an outstanding personality, a person of distinction; ~ **minőségű** high/top quality; ~ **tisztelettel** yours faithfully **2.** *(mint kitüntető cím)* outstanding, eminent; ~ **dolgozó** outstanding worker; **a Magyar Népköztársaság K**~ **Művésze** Outstanding Artist of the Hungarian People's Republic; **K**~ **Pedagógus** Eminent Public Educator
kiválogat *v* select, pick/sift/sort out
kiválóság *n* **1.** *(személy)* VIP *(ejtve:* ví-áj--pí), dignitary, notable, prominent/eminent person **2.** *(tulajdonság)* eminence, prominence
kivált[1] **1.** *vt (tárgyat, zálogot)* redeem [article in pawn]; *(foglyot)* ransom, buy*/bail out; ~**ja a (feladott) poggyászt** collect *(v.* take* out) one's luggage **2.** *(bérletet)* take* out, buy* [a season-ticket]; *(jogosítványt)* take* out [a licence] **3.** *(valutát)* buy* [foreign currency] **4.** *(hatást)* produce, elicit, bring* about, evoke; *(betegséget)* trigger **5.** *(helyettesít)* replace; *épít (terhet elosztva)* discharge; ~**ható** can be replaced, (be*) dischargeable
kivált[2] *adv* especially, in particular, above all
kiváltás *n* **1.** *(fogolyé)* ransom(ing); *(tulajdoné)* redemption; *(zálogé, csomagé)* taking out **2.** *átv* bringing about/on, producing of **3.** *épít* discharge
kiváltképp *adv = kivált[2]*
kiváltság *n* privilege, prerogative

kiváltságlevél *n* charter
kiváltságos *a* privileged; a ~ osztályok the privileged classes
kivan *v biz (fáradt)* be* exhausted/whacked, be* dog tired, □ be* done in, *US* be* pooped
kíván *v* 1. *vknek vmt* wish (sy sg); jó estét ~ok! good evening!; minden jót ~ok! (my) best wishes, all the best 2. *vmt* wish/ want sg; *(vágyódik vm után)* desire sg, long/ yearn for sg; nem ~om az ételt I have* no appetite, I don't feel like eating; ~ja a cigarettát long/crave for *(v.* crave) a cigarette; nem ~om látni I don't wish to see him 3. *(megkövetel vmt vktől)* demand/ expect sg of sy; mit ~sz tőlem? what can I do for you?; túl sokat ~sz tőle you expect too much of him 4. *(vm igényel vmt)* demand, require, call for; így ~ja az illendőség propriety would have it ⇨ kívánt
kívánalom *n* requirement, demand; ~nak megfelel meet* the requirements; a kívánalmaknak megfelelő adequate, suitable, fitting, appropriate
kívánat *n* ~ra on request; ~ra felmutat *(iratokat)* produce [documents] on request *(v.* if requested/required)
kívánatos *a* desirable, wanted; *(igével)* it is* desirable (that); ~ (lenne), hogy, ~nak látszik, hogy it is* most desirable that; ~ lenne tudni it is* desirable to know (whether); nem ~ undesirable, unwanted; nem ~ személy persona non grata, undesirable person
kíváncsi *a* curious, *(főleg állat)* inquisitive; ~ vmre be* curious/eager to know/learn, wonder (about); ~ vagyok, vajon ... I wonder whether/if ..., I should like to know if...; ~ vagyok, mi történt I wonder what happened; erre aztán ~ vagyok! I wonder!
kíváncsiság *n* curiosity; fúrja az oldalát a ~ (s)he is* dying of *(v.* burning with) curiosity; ~ból out of (sheer) curiosity; ~tól hajtva spurred by curiosity
kíváncsiskod|ik *v* be* inquisitive/indiscreet
kivándorlás *n* emigration
kivándorló I. *a* emigrating II. *n* emigrant
kivándorló-útlevél *n* emigrant's passport
kivándorol *v* emigrate (to)
kívánkoz|ik *v vhova* long to be/go swhere; *vk/vm után* long/yearn for sy/sg
kívánnivaló *n* (sok) ~t hagy hátra *(v.* maga mögött) sg leaves* much *(v.* a lot) to be desired, there's much room for improvement

kívánság *n* wish, desire, request; vknek ~ára at sy's request, at the request of sy; ~a szerint according to sy's wish/desire, as requested; a legjobb ~ait küldi újévre sends* his best wishes for the New Year; ~ra on request/application, as requested; ~ra jelentkezési lapot küldünk application forms (are) sent/available on request
kívánsághangverseny *n* request concert
kívánságműsor *n* request programme
kívánt *a* 1. desired, wanted; nem ~ undesired, unwanted 2. *(igényelt)* requested; a ~ iratok beküldése the furnishing of the necessary documents; a nem ~ rész törlendő delete whichever does not apply *(v.* is not applicable)
kívántat|ik *v* † be* required/wanted
kivár *v* 1. ~ja a kedvező alkalmat *(v.* az alkalmas pillanatot) bide* one's time; alig tudja ~ni, hogy he itches to, he can hardly wait to 2. *(futball)* ~ ... takes his time ...
kivarr *v* embroider (with sg), trim [sg with a fancy stitch]
kivasal *v* 1. *(ruhafélét)* iron, press 2. *vkből vmt* extort sg from sy; *(pénzt)* screw/ get*/wheedle [money] out of sy
kivattáz *v (átv is)* pad
kivéd *v* ward/fend off, parry; *átv* hold* one's ground; *(futball)* lövést ~ save a shot
kivégez *v* execute, put* sy to death
kivégzés *n* execution
kivégzett *a/n* executed; a ~ek those/the executed
kivégzőosztag *n* firing squad
kivehetetlen *a (láthatatlan)* indiscernible
kivehető *a* 1. *vmből* removable, detachable 2. *(látható)* discernible, visible, perceivable; *(hang)* distinct, audible; szavaiból ~ a félelem there is fear in his voice
kivel → ki[1]
kivénül *v* get* too old (for sg)
kiver *v* 1. *(ellenséget)* drive* out, chase away 2. *(pipát)* knock out [one's pipe]; *(ruhát, szőnyeget)* beat* [the dust out of] 3. ~ vmt a fejéből drive* sg out of one's head, try to forget; ezt verd ki a fejedből get that out of your head, put it out of your mind 4. egész testét ~te az izzadság he was* bathed in sweat, he was* streaming with perspiration
kivereked|ik *v* 1. ~te magát vmből he managed to fight his way out (of sg) 2. *biz vmt* fight* for sg and get/obtain it, obtain sg by fighting for it

kivergőd|ik v. *(szorult helyzetből)* extricate oneself (from), get* out of [a spot v. US a fix]

kivert a ~ **kutya** átv outcast, outsider, pariah

kivés v *(fémet)* engrave, chisel (US -l); *(falat csőnek stb.)* cut* away

kivesz[1] v **1.** vmből vmt take* out (of), remove (from) **2.** *(foltot, szálkát)* remove, take* out **3.** *(könyvet könyvtárból)* take* out, borrow; ~ **egy összeget (a bankból)** (with)draw* a sum of money, draw*/take* out [money], take* [money] out (of one's account); ~ **i a gyermeket az iskolából** withdraw* one's child from school; ~ **i a szabadságát** take* one's/a holiday; **szabadságot vesz ki** take* a holiday; ~ **i a részét vmből** (1) *(részesedik)* take* one's share (of sg) (2) *(munkából)* do* one's share/bit **4. kivették a manduláját** he has had his tonsils removed/out **5.** *(lakást)* rent, take* (out) **6.** *(szemmel)* discern, make* out; *(következtetve)* infer (from), gather (from); **mit veszel ki belőle?** what do you make of it?; **szavaiból azt veszem ki, hogy** I gather (from his words) that **7.** *(vkből titkot stb.)* = **kiszed 3.**

kivesz[2] v → **kiveszőben van**

kiveszés n *(fajé stb.)* extinction, dying out

kiveszőben van v *(állatfaj)* be* dying out, be* a dying breed, be* becoming extinct; *(mesterség)* be* dying out, be* becoming extinct

kivet v **1.** *(kihajít)* throw*/cast*/fling* out; *(idegen anyagot)* reject; ~ **i a víz a partra** be* washed ashore **2.** *(társadalomból)* cast* out, make* an outcast of sy **3.** adót vet ki vkre impose/levy a tax on sy; **1500 Ft adót vetettek ki rá** a tax of 1,500 fts was imposed/levied on him ⇨ **háló**[1]

kivét n *(bankból)* withdrawal

kivétel n exception; **a** ~ **erősíti a szabályt** the exception proves the rule; **ez alól nincs** ~ no exceptions can be made; ~ **nélkül** without exception; **vmnek/vknek** ~**ével** with the exception of, except(ing), except for; **a jelenlevők** ~**ével** present company excepted; **János** ~**ével** mindenki fáradt volt everyone except/but J. was tired; J. excepted everyone was tired; except for J., everyone was tired

kivételes a exceptional, uncommon; ~ **állapot** state of emergency; ~ **tehetség** exceptional talent; ~**en** (1) *(rendkívülien)* exceptionally (2) *(most az egyszer)* just this once

kivételez v vkvel make* exceptions (with sy), be* partial (to sy), favour (US -or) (sy) unduly

kivételezés n favouritism (US -or-), bias, partiality

kivetés n **1.** *(hálóé, horogé)* casting **2.** *(adóé)* assessment, imposition, levying

kivetett a/n *(társadalomból)* outcast

kivetít v project

kivetkőz|ik v ~ **ött önmagából** he is* beside himself

kivetnivaló a objectionable; **ebben semmi** ~ **nincs** there is* nothing to be said against it, it is* unobjectionable/unexceptionable

kivetőd|ik v ~ **ik a partra** be* cast/washed ashore

kivéve adv except, but for, all but, barring, apart/aside from; **mindig ráérek,** ~ **kedden** I am free except on Tuesday(s); ~, **ha** unless; **otthon maradok,** ~, **ha meghívnak** I'll stay at home unless I'm invited; ~ **(azt), hogy** except that; **semmit sem tudok róla, kivéve (azt), hogy a szomszédban lakik** I know nothing about him except that he lives next door; **Jánost sem** ~ not excepting János, including János

kivezényel v vkt vhová order sy swhere

kivezet 1. vt vkt vhonnan lead*/see* sy out, show* sy the way out **2.** vt *(könyvelésnél)* strike* out, cancel (US -l) [an entry] **3.** vi *(út vhová)* lead* swhere

kivezető a ~ **út** way out, exit **kiút**

kivihetetlen a impracticable, unrealizable, unfeasible

kivihető a átv practicable, realizable, feasible

kivilágl|ik v **1.** vi vhonnan shine* out (of swhere) **2.** vt *(szobát)* light* up; *(épületet stb.)* illuminate, floodlight*; **esténként** ~**ják a Várat** the Castle is floodlit/illuminated at night **3.** *(járművet)* light* up [the car], turn on the/one's lights; **ki van világítva a kocsi?** have you got your lights on?; ~**ott kocsival** with the/one's lights on

kivilágítás n *(szobáé)* lighting up; *(épületé stb.)* floodlighting, illumination; *(járműé)* lights pl → **kivilágítás**; **ünnepi** ~ floodlighting on ceremonial occasions

kivilágítatlan a *(jármű)* without the lights on ut.; *(igével)* the lights are not on

kivilágl|ik v **1.** *(fény)* = **kivilágít 1.** **2.** vmből átv appear (from), be* evident/clear (from); **az adatokból** ~**ik, hogy** it is* clear/evident from the data that, the data clearly show* that

kivilágos-kivirradtig *adv* till morning, until dawn/daybreak
kivilágosod|ik *v* **1.** *(nap)* day is* breaking, it is* getting light **2.** *átv* become* clear/ obvious, dawn on sy
kivillan *v* flash (out), break*/shine* through
kivirágz|ik *v* begin* to blossom, burst* into bloom/flower
kivisz 1. *vt (ált vmt)* take*/carry out; *(árut)* transport/convey (to); *(külföldre)* export *(vhova* to) **2.** *vt (mosószer piszkot)* take* out, remove **3.** *vt (megvalósít)* carry out, see* sg through, achieve, manage (to do sg); **sikerült kivinnie, hogy** he managed to [do sg] **4.** *vi* **ez az út** ~ **a városból** this road leads* out of (the) town; **ez az út** ~ **a temetőbe** this road/street leads* to the cemetery
kivitel *n* **1.** *(külföldre)* export, *főleg US:* exportation; *(ennek összessége)* exports *pl;* ~**re kerül** be* exported **2.** *(kivitelezés)* workmanship; execution; finish; quality; **igen erős** ~**ben** for extra hard wear *ut.;* **igen jó** ~**ű** (very) good quality..., of quality *ut.;* **silány** ~**ű** poor-quality **3.** *(jégtáncban)* technical merit
kivitelez *v* make* (up), execute, finish, carry out
kivitelezés *n* making (up), execution, finish
kivitelező *n* *(építkezésnél)* contractor; *(kisebb)* builder; *(egyéb)* maker, technician; ~ **építészmérnök** building/civil engineer; **van már** ~**?** do you have a contractor?
kiviteli *a* export; ~ **cikk(ek)** exports *pl,* export goods *pl;* ~ **engedély** export licence/ permit; ~ **tilalom** embargo, prohibition of export
kivív *v* achieve, reach, effect; *(célt)* attain; *(eredményt)* obtain; *(győzelmet)* win*; ~**ta a győzelmet** he was (*v.* ended up) the winner
kivizsgál *v* **1.** *vmt* examine, investigate; *(ügyet)* look into [the matter], inquire into sg **2.** *orv vkt* check up, give* sy a check-up; ~**ják a klinikán** have*/get* (*v.* be* given) a check-up at the hospital
kivizsgálás *n* **1.** examination, inquiry **2.** *orv* check-up; ~**ra megy** go* for a check-up
kivon *v* **1.** *(kihúz)* drag/draw*/pull out **2.** ~ **a forgalomból** withdraw* from circulation; **katonaságot** ~ **vhonnan** withdraw* troops from swhere; ~**ja magát vm alól** back out of sg; *(munka alól)* keep* away from, shirk [a job, one's duty etc.], avoid; *(felelősség alól)* avoid, evade **3.** *mat* subtract; **vonjon ki 4-et 10-ből, marad**

6 subtract 4 from 10 and 6 remains (*v.* and you have 6 left over) **4.** *(kardot)* draw*, unsheathe [one's sword]
kivonandó *a/n* subtrahend
kivonás *n* **1.** *(kihúzás)* drawing/dragging/ pulling out **2.** *(forgalomból)* withdrawal; **a csapatok** ~**a** the withdrawal of troops **3.** *mat* subtraction
kivonat *n* **1.** *(irat)* extract; **(születési) anyakönyvi** ~ birth certificate **2.** *(könyvé)* abridgement, summary; *(főleg tud. cikké)* abstract; ~**ot készít** = **kivonatol 3.** *vegy* extract, essence
kivonatol *v* make* an abstract (of sg), abridge/summarize sg
kivonatolás *n* abridgement, summarizing, making of an abstract
kivonatos *a* abridged, abbreviated
kivonszol *v* drag/lug/pull/tug out
kivonul *v* **1.** *(tömeg vhova)* turn out **2.** *(mentők, tűzoltók)* turn out; ~**tak a tűzoltók** the fire-brigade turned out; **a balesetben** ~**tak a mentők** an ambulance went to the scene of the accident **3.** *vhonnan* withdraw* from; *(tüntetően)* walk/march out [of the room etc.]; **a küldöttség (tüntetően)** ~**t a teremből** the delegation withdrew from (*v.* walked out of) the room (in protest) **4.** *kat vhonnan* withdraw* (troops) from
kivonulás *n* **1.** *(ünnepi)* march, parade, turn-out **2.** *(teremből stb.)* withdrawal; *(tüntetően)* walk-out **3.** *kat* withdrawal, evacuation
kivörösöd|ik *v* *vk, vm* turn/go* red/scarlet/ purple/crimson; *vk* blush
kívül I. *adv (vhol kinn)* outside, outdoors, out of doors; ~ **van/áll** be* out of sg, be* outside sg; *átv* stand* apart, stand*/keep*/ hold* aloof; ~ **álló** standing outside *ut.;* ~ **fekvő** outlying, out of the way, far away, distant; ~ **marad** stay outside; *átv* keep*/ stand* aloof/apart, keep* out (of) **II.** *post* **1.** *(helyileg)* outside (of); *vmből* out of; **a kapun** ~ outside the gate; **rajta** ~ **álló okokból** for reasons beyond his control **2.** *(vk/vm kivételével)* **rajta** ~ besides him, apart from him; **Jánoson** ~ **mindenki átment** *[a vizsgán]* all of us passed except John; **vmn** ~ (= *vmtől eltekintve)* apart/ aside from sg; **ezen** ~ **a ruhán** ~ **nincs neki több** this is his only suit (*v.* her only dress) **3.** *(vkn/vmn felül)* beside(s), in addition to, outside, beyond; **ezen** ~ beyond that; **a lányán** ~ **fia is van** apart from a/his/her daughter (s)he also has a son; **hivatali munkáján** ~ **tudományos**

munkát is végez on top of his work in the office he *also* undert*a*kes rese*a*rch **4.** *(nélkül)* **önhibáján** ~ through no fault of his (own); **tréfán** ~ joking ap*a*rt, seriously ⇨ **ház, házasság, magánkívül, tudta kívülálló** *n* str*a*nger, outs*i*der; spect*a*tor; non-m*e*mber; third p*a*rty; imp*a*rtial observer → **kívül** *álló* **kívül-belül** *adv* ins*i*de and out, with*i*n and with*ou*t; **vkt** ~ **ismer** know* sy ins*i*de out; ~ **rendbe hozták a házat** the house was renovated ins*i*de and out **kívüli** *a* outs*i*de of, bey*o*nd, *e*xtra-; **Európán** ~ non-Europ*e*an; **házon** ~ *ou*tdoor; **iskolán** ~ *e*xtra-curr*i*cular **kívülről** *adv* **1.** *(helyileg)* from outs*i*de; ~ **nézve** seen from with*ou*t **2.** *(könyv nélkül)* by heart; ~ **tud vmt** know* sg by heart; ~ **beszél** speaks* *(v.* gives* one's talk) with*ou*t a note *(v.* notes), talks from memory **kizár** *v* **1.** *(kapun)* lock/shut* out; ~**ja magát** lock oneself out **2.** *(egyesületből)* exclude; *(egyetemről)* send* down [from (the) university]; *(iskolából)* expel (from); *(pártból)* expel (from), throw* out (of); *(versenyből)* disqualify **3.** *(vmnek a lehetőségét)* rule out (sg), precl*u*de (the possib*i*lity of) sg; ~**ja gyilkosság fennforgását/tényét** preclude *(v.* rule out) m*u*rder; **nem zárják ki, hogy szabotázs történt** sabot*a*ge has not been ruled out; **ez** ~**ja vmnek a lehetőségét** it precl*u*des the possib*i*lity of sg; **ki van zárva** it is* out of the qu*e*stion, no way; **nincs** ~**va, hogy eljön** it's just possible that he'll come, he may (well) come **4.** *nyomd* justify **kizárás** *n* **1.** *(kapun)* sh*u*tting/l*o*cking out **2.** *(iskolából, pártból)* exp*u*lsion; *(egyesületből)* exclusion; *(egyetemről)* sending down; *(versenyből)* disqualific*a*tion **3. a nyilvánosság** ~**ával** beh*i*nd closed doors, in c*a*mera **kizárólag** *adv* excl*u*sively, s*o*lely, al*o*ne **kizárólagos** *a* excl*u*sive, sole, *a*bsolute; ~**an = kizárólag kizárólagosság** *n* excl*u*siveness, *a*bsoluteness **kizárt** *a* **1.** *vmből* excl*u*ded/expelled from *ut.* **2. ez** ~ **dolog!** it is imp*o*ssible *(v.* out of the qu*e*stion) **kizavar** *v* **= kikerget kizökken** *v* *átv* be* upset; ~ **a munkájából** be* put* off one's stride/stroke **kerékvágás kizökkent** *v* *átv* dist*u*rb; ~**ette a munkájából** it put* him off [his work/stride/stroke] **kizöldül** *v* *(fa)* come* *i*nto leaf

kizúdul *v* *(folyadék)* gush/stream/pour out ⇨ **kitódul kizuhan** *v* fall*/tr*u*mble out **kizsákmányol** *v* **1.** *(munkást)* expl*oi*t **2.** *(energiaforrást)* expl*oi*t, *u*tilize, h*a*rness **kizsákmányolás** *n* **1.** *(munkásé)* exploit*a*tion; **embernek ember által való** ~**a** exploit*a*tion of man by man **2.** *(energiaforrásé)* exploit*a*tion, utiliz*a*tion **kizsákmányoló I.** *a* expl*oi*ting; ~ **osztály** expl*oi*ting class **II.** *n* expl*oi*ter **kizsákmányolt** *a/n* expl*oi*ted; **a** ~**ak** the expl*oi*ted **kizsarol** *v* **1.** *(pénzt vktől)* extort [money from sy]; *biz* bleed* sy **2.** *(földet, bányát)* expl*oi*t **kizsigerel** *v* *átv* *biz* sweat, expl*oi*t **kk. = következők** *(lapszám után)* following, ff **klán** *n* clan **klarinét** *n* clarinet **klarinétos** *n* clarin*e*ttist *(US* -*e*tist) **klassz** *a* ☐ great, slick, classy, sm*a*shing; **állati/haláli** ~ **volt** it was jet good **klasszicizáló** *a* neoclassical **klasszicizmus** *n* classicism **klasszika-filológia** *n* the classics *pl*, the humanities *pl* **klasszika-filológus** *n* classical scholar **klasszikus I.** *a* **1.** *tört, ir, zene stb.* classical; ~ **fizika** Newtonian/classical ph*y*sics; ~ **közgazdaságtan** classical economics; ~ **mű** a classic, classical work; ~ **műveltség/nevelés** classical educ*a*tion; ~ **nyelvek** the classical languages; ~ **szerzők** the standard/classical *a*uthors/wr*i*ters; ~ **zene** classical m*u*sic **2.** *(mintaszerű)* classic; ~ **esete/példája vmnek** a classic *e*xample of sg **II.** *n* classic; **az angol** ~**ok** the *E*nglish classics **klasszis** *n* külön ~ **a maga nemében** be* in a class by oneself/itself *(v.* of it's own); ~**okkal jobb más(ok)nál** outclass sy/sg; *biz* be* streets ah*e*ad of sy/sg; **igazi** ~ real class **klasszisjátékos** *n* outstanding sportsman° **klauzula** *n* clause, proviso **klaviatúra** *n* = **billentyűzet klerikális** *a* clerical **klerikalizmus** *n* clericalism **klérus** *n* clergy **kliens** *n* *(ügyvédé)* client; *ker* customer **klientúra** *n* *(ügyvédé, orvosé)* cliente*l*e, pr*a*ctice **klikk** *n* clique **klíma** *n* cl*i*mate

klímaberendezés *n* air-conditioning, air--conditioner
klimatikus *a* climatic
klimatizáció *n* air-conditioning
klimatizál *v* air-condition; ~t air-conditioned
klimatizálás *n* air-conditioning
klimax *n* 1. climax 2. *orv* menopause, climacteric
klinika *n* teaching/university hospital; *(egyes klinikák)* department of ...; **sebészeti ~** (department of) surgery, surgical department; **szemészeti ~** eye clinic
klinikai *a* clinical; **a ~ halál állapotában van** be* clinically dead; **~ kezelés** clinical treatment; **~ kép** clinical picture
klinikus *n* clinician; ⟨physician/doctor attached to a teaching/university hospital⟩
klíring *n ker* clearing
klisé *n* 1. *nyomd* plate, block 2. *(közhely)* cliché, stereotyped/hackneyed phrase
klór *n* chlorine
klórmész *n* chloride of lime, bleaching powder
klorofill *n* chlorophyll (*US* -phyl), leaf-green
kloroform *n* chloroform; **~mal elkábít** chloroform
klóros *a* chloric, chlorous
klóroz *v* chlorinate
klott *a* sateen
klotűr *n GB* the guillotine
klotyó *n biz* loo
klozett *n* lavatory, water-closet (*röv* W.C.), toilet; *(tábori)* latrine
klozettpapír *n* toilet paper
klub *n* club
klubélet *n* club-life
klubház *n* club-house
klubhelyiség *n* clubroom, day-room
klubtag *n* club member, member (of a club)
klubtárs *n* fellow member; *biz* stable companion
km = *kilométer* kilometre (*US* -ter), km
km² = **négyzetkilométer**
k. m. f. = *kelt, mint fent* date as above
km/ó kph (= *kilometres per hour*)
koalíció *n* coalition; **~ba lép/tömörül** form a coalition
koalíciós *a* **~ kormány** coalition government
kobak *n (fej)* pate; *biz* nut
kobalt *n* cobalt
kobaltkék *n* cobalt blue
kóbor *a* vagrant, roving, strolling, vagabond; **~ kutya** stray dog; **~ lovag** knight errant (*pl* knights errant)

kóborlás *n* rambling, roaming, vagabondage, strolling, roving
kóborol *v* roam/wander/stroll about, tramp, ramble; *(állat)* stray
kóc *n* oakum, tow
koca *n* sow
koccan *v* knock against (sg), clink, clatter; *(két autó)* bump each other
koccanás *n (autóé)* bump, knock, *US* fender-bender; **~os baleset** a (slight) bump
koccint *v* clink [glasses]; **~ vknek az egészségére** drink* sy's health
koccintás *n* clinking (of glasses)
kocka *n* 1. *mat* cube; **~ alakú** cube-shaped 2. *(dobó)* dice (*pl* ua.); **a ~ el van vetve** the die is cast; **megfordult a ~** the tables are turned; **~n forog** be* at stake; **~ra tesz** *vmt* risk/hazard sg; **mindent egy ~ra tesz** risk everything on one throw, put* all one's eggs into one basket 3. *(kocka alakú dolog)* cube; **~ra vág** dice, cut* into squares/cubes 4. *(mintában)* square, check
kockacukor *n* lump sugar; *(darab)* a lump (of sugar), a sugar cube; **egy v. két ~ral iszod (a teát)?** do you take one lump or two?
kockajáték *n* (game of) dice
kockakő *n (utcai)* flag(stone), paving stone/block
kockás *a* squared, checked, chequered (*US* checkered); **~ minta** check pattern; **~ papír** graph paper; **~ szövet** checked/chequered (*US* checkered) cloth
kockatészta *n (száraz)* (dried) pasta [cut into small squares]
kockázat *n* risk, hazard, venture, chance; **~ot vállal** run*/take* a risk, take* risks, run*/take* the risk of (doing) sg, risk/chance sg, take* a chance of sg
kockázatos *a* risky, hazardous; **igen ~** high-risk
kockáz|ik *v* play dice, dice
kockáztat *v* risk, chance, venture, run*/take* the risk of (doing) sg; **sokat ~** run* a grave risk; **az állását ~ja** he risks losing his job; **életét ~ja** risk one's life; **nem ~ semmit** be* on the safe side, play safe
kocog *v* 1. *(ló)* trot, jog along 2. *(ember)* jog
kocogás *n (testedzésből)* jogging
kócos *a* tousled, dishevelled, unkempt
kócsag *n* heron, egret
kócsagtoll *n* aigrette, egret feather
kocsány *n* stalk, peduncle, pedicel, pedicle
kocsányos *a* pedunculate(d)

kocsi *n* **1.** *(lófogatú)* carriage; *(kétkerekű, teherhordásra)* cart; *(négykerekű)* cart, wagon *(GB régebben* -gg- *is); (hintó)* coach; *(kétkerekű, egylovas)* gig, trap; **egy** ~ **homok** a cart load of sand; ~ra **rak** load a cart with (sg), load sg on (to) a cart **2.** *(autó)* car, *US főleg:* auto; *(taxi)* taxi, *főleg US:* cab; *(közlekedési eszköz, ált)* vehicle; *(busz)* bus; *(távolsági)* coach; *(zárt, szállító)* van; ~n/~val by car *(tehát nem gyalog; de:)* **a(z új) kocsimon/kocsimmal** in my (new) car; ~**n visz** *vkt* drive* sy swhere, take* sy by car; *(terhet)* convey, take* sg by car/van; **ne izgulj, Jim levisz az állomásra a kocsiján** don't worry, Jim will run you down to the station in the/his car **3.** *(vasúti, metró)* carriage, *főleg US:* car; *(villamos)* tram(car), car, *US* streetcar; *(troli)* trolley bus; *(kötélpályán)* car, cabin **4.** *(kézikocsi)* handcart; *(pályaudvaron stb. poggyásznak)* trolley; *(gyermekkocsi)* pram, *US* (baby) buggy; *(könnyű összehajtható)* pushchair, *főleg US (és esernyőfogantyús)* stroller **5.** *(írógépé)* carriage **autó**
kocsiállás *n (táv. buszé)* bay
kocsibejáró *n* carriage-entrance
kocsiderék *n* cart load (of)
kocsiemelő *n* (car) jack, *US* (auto) lift
kocsifékező *n vk* brake-man°
kocsifelhajtó, -feljáró *n* drive(way)
kocsifényező *n* car-painter/sprayer
kocsiforduló *n* [vehicle] turn-round (time)
kocsigyár *n* carriage-works *sing. v. pl*
kocsigyártó *n* coach-builder
kocsihágcsó *n* footing piece
kocsikázás *n* going for a drive, driving about
kocsikáz|ik *v* take* a drive*, go* for a drive, drive* out
kocsikenőcs *n* cart/axle-grease
kocsikerék *n* cart/carriage-wheel
kocsikísérő *n* lorry/truck guard, driver's mate
kocsikulcs(ok) *n* car keys *pl*
kocsimosás *n* car-wash
kocsimosó *n (személy)* car-washer; *(hely)* car-wash
kocsipark *n (vasút)* (wagon) rolling-stock; *(jármű)* carpool, pool of cars/vehicles
kocsirakomány *n* car/wagon-load
kocsirendező *n (szálloda bejáratánál)* porter, doorman°
kocsirúd *n* (carriage) beam
kocsis *a* driver, coachman°, *(kétkerekű kocsié)* carter
kocsisor *n* row/line of cars
kocsiszekrény *n* (car) body

kocsiszín[1] *n (szekérnek stb.)* coach-house, shed; *(villamosé)* depot, *US* streetcar shed; *(autóé)* garage
kocsiszín[2] *n* ~**ek** paintwork colours *(US* -ors)
kocsiút *n* dirt road, track
kocsivezető *n (villamosé)* (tram) driver
kocsiz|ik *v (lovas kocsin megy)* go* by coach
→ **autózik**
kocsma *n* inn, tavern, pub, bar, *US* saloon
kocsmai *a* ~ **verekedés** tavern brawl
kocsmáros *n* innkeeper, landlord, tavern-keeper, *US* saloon keeper
kocsmárosné *n* landlady, innkeeper's ʼwife°
kocsmatöltelék *n* pub-crawler
kocsmáz|ik *v* be* a regular, go* pubbing
kocsonya *n* meat jelly, cold pork/fish in aspic, pig pudding
kocsonyás *a* jelly-like, gelatinous
kód *n* code
Kodály-módszer *n* Kodály method
kodein *n* codeine
kódex *n* codex *(pl* codices)
kodifikál *v* codify
kódleolvasó *n* light pen
kódol *v* (en)code
kódolvasó (ceruza) *n* light pen
kódszám *n* code (number)
koedukáció *n* coeducation
koedukációs *a* coeducational
koefficiens *n* coefficient
kofa *n* **1.** *(piaci)* fish wife°, market-woman° **2.** *átv biz* gossip, chatterbox
koffein *n* caffeine
koffer *n* = **bőrönd**
kofferkuli *n* (luggage *v. US* baggage) trolley
kohász *n* **1.** *(munkás)* metalworker, foundry worker **2.** *tud* metallurgist
kohászat *n* metallurgy
kohászati *a* metallurgic(al)
kohézió *n* cohesion
kohó *n* furnace; *(nagyolvasztó)* blast furnace
kohóipar *n* metallurgical industry
kohol *v* invent, fabricate, forge
koholmány *n* forgery, fiction, fabrication, invention
koholt *a* invented, fabricated, fictitious, made-up; ~ **ürüggyel** under false pretences; ~ **vád** trumped-up charge(s), *US* frame-up; ~ **vádak alapján elítél** convict sy on trumped-up charges (of), frame a charge against sy ⇨ **koncepciós per**
kohómérnök *n* metallurgical engineer
kohómunkás *n* = **kohász 1.**
kohómű *n* foundry, ironworks, smelting-works

kókad v wilt, fade
kokárda n cockade, rosette
kokettál v vkvel flirt/coquette with sy; vmvel dally/trifle with sg
kókler n fraud, impostor, swindler
koksz n coke
kokszkályha n coke oven/stove
kokszkosár n brazier
koktél n cocktail
koktélparti n cocktail party, cocktails pl
kókuszdió n coconut
kókuszpálma n coconut palm
kókuszszőnyeg n coconut matting
kóla n biz Coke
kolbász n kb. sausage, (GB vékony) chipolata
kolbászáru n sausages (and cold meats) pl
kolbászhús n sausage meat
kolbászmérgezés n botulism
koldul v beg; **úgy megverlek, hogy attól/arról ~sz** I'll beat you within an inch of your life
koldus n beggar
koldusbot n ~ra jut be* reduced to beggary, become* a beggar; ~ra juttat vkt make* a beggar of sy, reduce sy to beggary
kolduskenyér n ~en él live* off the parish
koldusszegény a destitute, beggarly; (kif) poor as a church mouse
koldustarisznya n beggar's pouch
kolera n cholera
kolerás a/n cholera patient
koleszterin n cholesterol
koleszterinszint n level of cholesterol
kolhoz n kolkhoz, collective farm
kolhozparaszt n collective farmer
kolhoztag n kolkhoz member, member of a collective farm (v. kolkhoz)
koli n biz (kollégium) dorm
kólibaktérium n colon bacillus, bacillus coli
kolibri n humming-bird
kollaboráció n collaboration
kollaborál v collaborate
kollaboráns n collaborator
kolléga n 1. colleague 2. (diplomáciában) vknek a (brit stb.) ~ja sy's [British etc.] counterpart (v. opposite number)
kollegiális a friendly, fraternal
kollegina n (female) colleague
kollégista a/n college student
kollégium n 1. isk tört (bennlakásos, 8 osztályos) college 2. (főiskolásoknak, főleg szállás) students' hostel, hall (of residence), US dormitory, biz dorm 3. (testület) board; college 4. (előadássorozat egyetemen) course (of lectures)

kollégiumi a college(-), collegiate; ~ **tag** member (of a college), collegian; student
kollekció n collection; ker samples pl
kollektív a collective; ~ **biztonság** collective security; ~ **felelősség** joint/collective responsibility; ~ **gazdálkodás** collective farming; ~ **szerződés** collective (bargaining) agreement; ~ **tulajdon** public/collective ownership; (a tulajdon) public property; ~ **vezetés** collective leadership
kollektíva n collective
kollektivizál v collectivize, take* sg into public ownership
kollektivizálás n collectivization, taking into public ownership
kollektivizmus n collectivism
kolloid I. a colloidal II. n colloid
kolloidkémia n colloid chemistry
kollokvál v sit* for (v. pass) an oral (examination) (vmből in)
kollokvium n oral (examination)
kolofon n nyomd imprint
kolomp n cattle/cow/sheep bell
kolompol v sound the bell
kolompos n 1. bell-wether, leader 2. átv ringleader
kolonc n 1. (teher) clog 2. átv handicap, burden, nuisance; ~ **vk nyakán** a stone round one's neck
kolónia n colony, community; **az ádeni magyar** ~ the Hungarian community in Aden
koloniál a (bútor) colonial [furniture]
kolorádóbogár n Colorado/potato beetle
koloratúra n coloratura
koloratúraénekes n coloratura soprano
kolostor n monastery, cloister; (apáca~) convent, nunnery; ~**i életet él** lead*/live a sheltered/cloistered life
kolosszális a colossal, huge, enormous; (csak átv) grand, remarkable
kolumbárium n columbarium (pl -baria)
koma n 1. a ~m (= gyermekem keresztapja) godfather (of my child), godparent, sponsor 2. (barát) crony, old friend, US brother; **róka** ~ master fox, US Brer Fox
kóma n coma
komaasszony n ~**om** (= gyermekem keresztanyja) godmother (of my child), godparent, sponsor
komámasszony n ~**, hol az olló?** puss in the corner
komaság n sponsorship
komáz v vkvel fraternize, be* on familiar terms, hobnob (mind: with sy)

kombájn *n* combine (harvester)
kombi *n* *(önállóan)* estate (car), *US* wagon, station wagon; *(összetételben)* ...estate, *US* ...wagon (pl. Ford *E*scort wagon)
kombináció *n* **1.** *mat* combination **2.** *(feltevés)* conjecture, hypothesis *(pl* hypotheses), scen*a*rio
kombinációs *a* ~ zár combin*a*tion lock
kombinál *v* **1.** *vmvel* combine sg with sg **2.** *(következtet)* concl*u*de, re*a*son; **jól** ~ (be* *a*ble to) think* *(far)* ah*e*ad
kombinált *a* comb*i*ned; ~ **fogó** pli*e*rs *pl;* ~ **szekrény** *kb.* m*u*lti-p*u*rpose *(v.* combin*a*tion) wardrobe
kombinát *n* combine; (b*u*ilding/sports) complex; **mezőgazdasági** ~ agric*u*ltural complex/combine
kombinatív *a* combinative; ~ **készség** power(s) of re*a*soning/ded*u*ction
kombiné *n* slip
komédia *n* comedy, farce; **szép kis** ~! a fine kettle of fish!
komédiás *n* **1.** *(színész †)* (stage-)pl*a*yer, *a*ctor; *(vígjátéki)* comedian, comic **2.** *átv* ch*a*rlatan, fraud
komédiáz|ik *v biz (bolondozik)* play the fool, fool ab*ou*t/ar*ou*nd
komfort *n* comfort, ease, convenience, amenities *pl;* ~ **nélküli lakás** cold water flat; ~ **osztály** *(repgépen)* comfort class
komfortos *a (lakás)* [house/flat] with all mod. cons. *ut.,* with all m*o*dern conveniences [but no central he*a*ting] *ut.*
komika *n* comedienne
komikum *n* h*u*mour *(US* -or); **a helyzetnek a** ~a az, hogy the f*u*nny/strange/ odd thing is that
komikus **I.** *a* comical, droll **II.** *n* comedian, comic
komissió *n biz* errands *pl*
komissióz|ik *v (vknek a részére)* run* *(v.* go* on) errands for sy; *(ált vásárol)* go* shopping
komisz *a* **1.** *(erkölcsileg)* bad, vile, n*a*sty, mean; ~ **kölyök** n*au*ghty brat; ~ **kutya** n*a*sty cre*a*ture; ~ **ul bánik vkvel** ill-tre*a*t sy **2.** *(dolog)* ab*o*minable, wr*e*tched, w*i*cked
komiszkod|ik *v* treat sy b*a*dly/sh*a*bbily, ill-tre*a*t sy
komiszság *n* v*i*llainy, n*a*stiness, m*e*anness, ill*w*ill
komló *n* hop(s)
kommentál *v* comment (up)*o*n sg, make* comments on sg
kommentár *n* **1.** *vmhez* commentary (on sg); ~t **fűz vmhez** comment (up)*o*n sg, make* comments on/upon sg **2.** *tud* commentary

kommentátor *n (főleg sp)* (sports) commentator
kommerciális *a* commercial; *(felfogás)* mercantile; *elít* mercenary
kommersz *a* mass-prod*u*ced
kommuna *n* commune
kommunális *a* communal; ~ **épületek/ létesítmények** p*u*blic works; ~ **beruházások** p*u*blic works projects
kommunista **I.** *a* communist; **K~ Párt** Communist Party **II.** *n* communist
kommunistabarát *a* pro-Communist
kommunistaellenes *a* *a*nti-Communist
kommunizmus *n* communism
kommün *n tört* the Commune
kommüniké *n* comm*u*niqué, st*a*tement
komód *n* chest of drawers
komoly *a* serious, grave; *(arc)* stern; *(ember)* e*a*rnest; **nincs** ~ **alapja** *(hírnek stb.)* there are no serious grounds (for sg); ~ **erőfeszítés** consider*a*ble eff*o*rt; ~ **formában figyelmeztet vkt** give* sy a serious w*a*rning; ~ **képet ölt** try to look serious; ~ **sérülés** bad/serious *i*njury; ~ **szándékai vannak** his intentions are honour*a*ble *(US* -or-); ~ **vevő** re*a*dy c*u*stomer; ~ **zene** cl*a*ssical/serious m*u*sic; **ez** ~? do you re*a*lly mean it?, are you serious? **2.** *(jelentős)* consider*a*ble; serious; ~**ra fordul(t) az ügy** things are becoming/looking serious, it has become a serious matter
komolyan *adv* se*r*iously, e*a*rnestly, in e*a*rnest; ~? really?, do you really mean it?, are you serious?; ~ **gondolja** he is* quite serious (about it), he is* very much in e*a*rnest, he means* it *(v.* what he says*); **nem gondolta** ~ he did not mean it; ~ **udvarol vknek** be* g*o*ing ste*a*dy (with sy); ~ **vesz vmt** take* sg seriously, be* in e*a*rnest about sg
komolyság *n* e*a*rnestness, seriousness, gravity; *(szigor)* st*e*rnness; **megőrzi** ~**át** pre*serve one's dignity, keep* a straight face
komolytalan *a* immat*u*re; *(beszéd)* irresponsible; *(egyén)* unreli*a*ble; *(ígérgetés)* *a*iry; *(viselkedés)* frivolous, fl*i*ppant
komolytalanság *n* immat*u*rity; *(beszédben)* irresponsib*i*lity; *(egyéni)* unreliab*i*lity; *(viselkedésben)* fr*i*volousness, fl*i*ppancy
komondor *n* komondor ⟨Hungarian sheepdog⟩
komor *a* gloomy, sombre *(US* -ber); *(ember)* grave, mor*o*se; *(idő)* dreary; *(tekintet)* s*u*llen, grim; *(vidék)* bleak
komorna *n* lady's maid

komornyik n footman°, valet, servant; *(fő)* butler

komótos a **1.** *(kényelmes)* comfortable; ~**an elhelyezkedik** make* oneself comfortable **2.** *(lassú)* slow-moving, leisurely

komp n ferry(boat) ⇨ **komphajó**

kompakt I. a compact, solid **II.** n *(púder)* compact

kompaktlemez n compact disc *(röv CD)*; ~**ek** compact discs, CDs

kompaktlemezjátszó n compact disc player

kompánia n biz **1.** *(társaság, baráti kör)* companions pl, crew **2.** *(banda)* company, set, gang

kompenzáció n compensation

kompenzál v compensate

kompetencia n competence ⇨ **hatáskör, illetékesség**

kompetens a competent [to deal with sg], responsible *(vmben* for) ut.

komphajó n ferry(boat); *(autós)* car-ferry

kompiláció n compilation

kompilál v compile

komplett a complete, entire, whole, full; ~ **reggeli** (full) English breakfast

komplex a complex; compound; ~ **szám** complex number

komplexum n complex; *(épületkomplexum)* (building) complex

komplexus n pszich complex

komplikáció n *(orv is)* complication

komplikál v complicate

komplikálód|ik v become* complicated

komplikált a complicated

komponál v compose

komponens n component, constituent

komponista n composer

komposzt n compost, leaf mould *(US* mold)

kompót n stewed fruit(s), compote; *(eltett)* preserved/bottled fruit; *(konzerv)* tinned *(US* canned) fruit

kompozíció n composition

kompresszió n compression (of air)

kompresszor n compressor

kompromisszum n compromise, concession; ~**ot köt vkvel** make*/reach a compromise with sy

kompromittál v compromise (sy); ~**ja magát** compromise oneself (with sg/sy)

komputer n = **számítógép**

komputerizál v computerize

komputertechnika n computer technology

konc n **1.** *(kutyának)* (juicy) bone **2.** átv juicy/fat titbit *(US* tid-bit); **marakodnak a**

~**on** wrangle over the bones, quarrel over the spoil(s)

koncentráció n concentration

koncentrációs tábor n concentration camp

koncentrál v concentrate; **vmre** ~**(ja magát)** concentrate on sg, give* all one's attention to sg; ~**t** concentrated

koncentrikus a concentric

koncepció n **1.** *(felfogás)* conception, idea; **nagy** ~**jú ember** man° of vision **2.** *(elgondolás)* plan, design

koncepciós per n show trial, biz frame-up

koncert n **1.** *(előadás)* concert **2.** *(versenymű)* concerto

koncertdobogó, -pódium n (concert) platform, podium

koncertez v give* a concert; *(turnén)* give* concerts, be* on a concert tour

koncertmester n leader, *US* concertmaster

koncesszió n concession

konda n herd (of swine/pigs)

kondás n swineherd

kondenzál v condense; ~**t tej** condensed/evaporated milk

kondenzátor n el condenser

kondenzor n fényk condenser

kondér n ca(u)ldron, (large) kettle

kondi n biz = **kondíció 2.**

kondíció n **1.** *(feltétel)* condition, terms pl **2.** *(erőnlét)* (physical) condition, form; fitness; **jó** ~**ban van** (1) vk be* fit, be* in good condition/form (2) *(dolog)* be* in a good state, be* in good repair; **jó** ~**ban tartja magát** keep* fit; **javítja a** ~**ját** improve one's fitness ⇨ **erőnlét**

kondicionál v condition

kondicionáló a ~ **torna** keep-fit exercises/classes pl; ~ **tornára jár** go* to keep-fit classes, go* to (one's) keep-fit

kondicionálóterem n gym, health club

konditorna n biz keep-fit → **kondicionáló torna**

kondoleál v vknek offer one's condolences to sy, express one's sympathy to sy

kondoleáló a ~ **levél** letter of sympathy

konfekció n ready-to-wear articles/clothes pl, off-the-peg clothes pl, ready-made clothes pl

konfekcióipar n ready-to-wear industry, *US* the garment trade/industry

konfekciós a ~ **ruha** = **konfekció**

konferál v announce, introduce, compère

konferanszié n master of ceremonies *(röv* M.C.), host, compère, *US biz* emcee

konferencia *n* conference, meeting; **tanári** ~ faculty/staff meeting; **~n részt vesz** take* part in (*v.* attend) a conference; **lexikográfiai** ~ conference/congress on lexicography
konferenciáz|ik *v* hold* a conference/meeting; *(elit, gyakran)* be* constantly going to (*v.* holding *v.* taking part in) conferences
konfetti *n* confetti
konfidens *a* impudent, cheeky
konfirmáció *n* vall confirmation
konfirmál vall **1.** *vt* confirm **2.** *vi* be* confirmed
konfirmandus *n* vall confirmation candidate
konfliktus *n* conflict, dispute, quarrel; **~t felold** resolve a conflict
konflis *n* † hansom-cab
konföderáció *n* confederation, alliance
konfúzió *n* confusion, disorder, chaos, mess
konfúzus *a* confused
kong *v* **1.** ring*/sound hollow/empty, resound **2.** ~ **az üreségtől** be* utterly empty/deserted
kongat *v (harangot)* sound, toll, ring*
konglomerátum *n* conglomerate
kongresszus *n* **1.** *(tud. tanácskozás)* congress **2.** *US pol* convention; *US (törvényhozó testület)* Congress ⇨ **konferencia**
kongresszusi *a* congressional; ~ **küldött** *(párté)* delegate of the party congress, congress delegate; *US* ~ **tag** congressman°; ~ **terem** congress hall; ~ **turizmus** congress tourism
konjugáció *n* conjugation
konjugál *v* conjugate
konjunktúra *n* **1.** *(ált gazdasági helyzet)* economic situation, (present) (economic) circumstances *pl*, overall economic climate; (the present state of) economy **2.** *(fellendülés)* boom; prosperity; **~ja van vmnek** there is* a boom in sg, sg is* rather flourishing, business is booming
konjunktúraciklus *n* trade cycle
konjunkturális *a* economic, due to economic factors *ut.*
konkáv *a* concave
konklúzió *n* conclusion
konkoly *n* corn cockle; **~t hint** sow the seeds of dissension
konkordancia *n* concordance
konkrét *a* concrete; particular; ~ **adatok** (hard) facts/information, facts and figures; **ebben a** ~ **esetben** in this particular case; **van vm** ~ **javaslatod** *(arra nézve,*

hogy ...)? have you any concrete suggestions [on how to do sg]?; **nem lehetnél egy kicsit** ~**abb?** can you be a bit more specific?
konkrétan *v* **konkréten** *adv* in the literal sense of the word, concretely, literally; **mondd meg konkrétabban, mikor...** please specify when you...
konkretizál *v* put* sg concretely, spell* sg out, specify, give* sg a positive form
konkrétum *n* fact, specific, concrete thing
konkurál *v* vkvel compete with, enter into competition with
konkurencia *n* competition, rivalry
konkurens **I.** *a* rivalling (*US* -l-), competing **II.** *n* rival, competitor
konnektor *n (dugója)* plug; *(aljzata)* socket, *US* outlet
konok *a* obstinate, stubborn, headstrong, hard-headed
konspiráció *n* conspiracy, plot(ting)
konspirál *v* conspire, plot
konstans *n* constant
Konstantinápoly *n* Constantinople, *(ma)* Istambul
konstatál *v* state; *(tényt)* fund*, ascertain
konstitúció *n* constitution
konstruál *v* construct, design
konstrukció *n* construction; *(szerkezet)* structure
konstruktív *a* constructive; positive; ~ **bírálat** constructive criticism
konszern *n* concern
konszolidáció *n* consolidation, stabilization
konszolidál *v* consolidate, stabilize
konszolidálód|ik *v* be*/become consolidated/stabilized
konszolidált *a* ~ **állapot** consolidated state/condition, stability; ~ **viszonyok** normal conditions
kontaktlencse *n* contact lens
kontaktszemüveg *n* contact glasses *pl*
kontaktus *n* contact
kontár **I.** *a* bungling, bungled, amateurish; ~ **módon** in an amateurish way, in a bungling manner; ~ **módon csinál (meg) vmt** make* a botch of sg, botch sg up; ~ **munka** botched (piece of) work, botched job **II.** *n* bungler, botcher, cowboy
kontárkod|ik *v* bungle, botch
kontemplál *v* **1.** *(elmélkedik)* meditate, reflect on **2.** *(szándékol)* contemplate (doing sg), intend (to do sg *v.* that...), think* of (doing sg)
konténer *n* container

konténeres *v.* **konténerszállító kamion** *n* container truck
kontextus *n* context
kontinens *n* continent
kontinentális *a* continental
kontingens *n* quota, share; *(főleg emberekből)* contingent
kontra I. *adv v.* (= versus) **II.** *n (kártya)* double
kontrafék *n (kerékpáron)* coaster brake
kontrás *n* second violin (player)
kontraszelekció *n kb.* Buggins'(s) turn
kontraszt *n* contrast
kontrasztanyag *n orv* radiopaque medium/material
kontrasztív *a* contrastive [analysis, study]
kontrasztpép *n orv* barium/contrast meal
kontráz *v* **1.** *(box, kártya)* double **2.** *zene* accompany; **vknek** ~ *átv* back sy up, support sy
kontroll *n* check(ing), control
kontrollál *v* check, supervise; *(ker és kísérlet eredményeit)* control ⟹ **ellenőriz**
kontúr *n* contour, outline
konty *n* knot (of hair), bun
konvektor *n* convector (heater)
konvenció *n* **1.** *(társadalmi)* convention(s), form(ality) **2.** *US (elnökjelölő)* convention **3.** *(államközi)* convention
konvencionális *a* conventional, customary
konveniál *v* vknek vm suit sy('s convenience), be* convenient for/to sy (to do sg); **ez nem** ~ **nekem** this doesn't suit me
konvent *n* convent
konvertibilis *a* convertible; ~ **valuta** convertible currency
konvex *a* convex
konzekvencia *n* consequence, issue, outcome; **levonja a** ~ **t** draw* one's own conclusions *(v.* the conclusion) (from sg)
konzekvens *a* consistent, logical
konzerv *n (fémdobozban tartósított élelmiszer)* tinned *(US* canned) food; *(a doboz)* tin, *US* can; *(gyümölcs)* preserve, conserve; *(összet)* tinned-, *US* canned-, a tin *(US* can) of...
konzervál *v* ált preserve; *(főleg gyümölcsöt)* conserve, preserve; *(fémdobozban)* tin, *US* can
konzervatív I. *a* conservative, old-fashioned **II.** *n* conservative
konzervativizmus *n* conservatism
konzervatórium *n* zene conservatory, *GB* így is: conservatoire
konzervdoboz *n* tin, *US* can
konzervgyár *n* canning factory, cannery

konzervgyümölcs *n* tinned/preserved *(v. US* canned) fruit, conserve, preserves *pl*
konzervhús *n* tinned *(v. US* canned) meat
konzervipar *n főleg US:* canning industry, tinned food industry
konzervnyitó *n* tin *(US* can) opener
konzílium *n* orv (medical) consultation
konzol *n* bracket, console
konzul *n* consul
konzulátus *n* consulate
konzulens *n (egyetemen) kb.* tutor
konzuli *a* consular, consul's; ~ **útlevél** consular passport; ~ **ügyek** consular enquiries
konzultáció *n* consultation
konzultál *v* vkvel vmről consult (sy on/about sg); ~ **ó tanár** *(egyetemen) kb.* tutor
konzultatív *a* ~ **találkozó** consultative meeting
konyak *n* cognac, brandy
konyakos meggy *n* liqueur(-filled) chocolate, liqueur
konyha *n* **1.** *(helyiség)* kitchen; **beépített** ~ built-in kitchen units *pl* **2.** *(főzésmód)* cuisine, cooking; **jó** ~ **juk van** keep* a good table; **francia** ~ French cuisine ⟹ **hoz 2.**
konyhabútor *n* kitchen furniture; *(beépített, egy elem)* kitchen unit, *(az egész)* kitchen units *pl*
konyhaedény(ek) *n (pl)* kitchen/cooking/household utensils *pl*, kitchenware, pots and pans *pl*
konyhafelszerelés *n* kitchen equipment, kitchen utensils *(v. biz* things) *pl*, accessories for the kitchen *pl*
konyhafőnök *n* chef
konyhagép *n* kitchen/domestic appliance
konyhai *a* ~ **felszerelés** = **konyhafelszerelés**
konyhakert *n* kitchen/vegetable-garden
konyhakertészet *n* market garden; *US* truck farm
konyhakerti *a* ~ **növények** vegetables (from the garden)
konyhakés *n* kitchen-knife°
konyhakész *a* oven-ready, ready-to-cook
konyhalány *n* kitchen maid
konyhaművészet *n* art of cooking, cookery
konyhanyelv *n* elít (a kind of) pidgin, pidgin German/English/French etc.; *(pozitívan)* [speak*/know*] a smattering of German/Italian etc.
konyhapénz *n* housekeeping (money)
konyharuha *n* dish-cloth
konyhasó *n* (table/common) salt

konyhaszag *n* kitchen-smell
konyhaszekrény *n* kitchen cupboard/ cabinet
konyít *v vmhez* know* something (*v.* a little) about sg
kooperáció *n* cooperation
kooperál *v* cooperate (with)
kooptál *v* coopt
koordinál *v* coordinate
koordináta *n mat* coordinate; **derékszögű** ~**k** rectangular coordinates
koordináta-rendszer *n mat* coordinate system
koordinátatengely *n* coordinate *axis*; ~**ek** the *axes* of coordinates
kopácsol *v* hammer, beat*, peck
kopár *a (föld)* barren, bare; *(fa)* leafless; *(fal)* bare, naked
kopárság *n (földé)* barrenness, bareness
kopás *n* wear and tear; *műsz* attrition, abrasion; *geol* erosion
kopasz *a* bald(headed), hairless; ~ **ember** baldhead, *biz* baldie; ~ **fej** bald head; ~**ra nyírott** close cropped
kopaszodás *n* becoming/getting bald
kopaszod|ik *v* become*/go* (*v.* be* going) bald
kopaszság *n* baldness
kopaszt *v (baromfit)* pluck
kópé *n biz* **1.** *(furfangos ember)* rascal, rogue **2.** *(pajkos gyerek)* scamp, imp
kópéság *n biz* **1.** *(felnőtté)* rascality, roguery **2.** *(gyereké)* impishness
kópia *n* **1.** *ált* copy; *(papírkép)* print; *(film)* print, copy **2.** *(utánzat)* copy, imitation
kop|ik *v* wear* away/out, get* thin from wear, fret; *(szövet)* become* threadbare/ frayed
kopíroz *v* copy; *(rajzot)* trace
kopírpapír *n* carbon (paper)
kopjafa *n* wooden headboard [on a tomb]
koplal *v* **1.** *(szándékosan)* fast, go* on a hunger cure **2.** *(nincs mit ennie)* starve
koplalás *n* **1.** *(szándékos)* fasting, hunger (cure) **2.** *(éhezés)* starvation, starving
koplaltat *v* starve (sy), put* (sy) on a hunger cure
kopó *n* **1.** *(kutya)* hound, foxhound **2.** *átv iron* sleuth, private eye
kopog *v* **1.** *(ajtón)* knock (at the door); *(máson)* tap/rap at/on sg; *(eső, láb)* patter; ~**tak!** *(az ajtón)* there was a knock (at the door); ~ **a szeme az éhségtől** suffer the pangs of hunger **2.** *(motor)* knock, pink

kopogás *n* **1.** *(ajtón)* knock(ing); *(máson)* tap(ping), rap(ping); *(eső, láb)* patter(ing) **2.** *(motoré)* knock(ing)
kopogtat *v* **1.** *(ajtón)* knock (at the door); *(máson)* rap at/on sg **2.** *orv* percuss, sound [sy's chest]
kopogtatás *n* **1.** *(ajtón)* knock(ing), rap(ping) **2.** *orv* sounding, percussion
kopoltyú *n* gill; *tud* branchia *pl*
kopoltyús I. *a* gilled; *tud* branchiate **II.** *n* branchiate
koponya *n* **1.** skull **2.** *átv* head, brain; **kitűnő** ~ first-class (*v.* good) brain
koponyaalapi *a* ~ **törés** fracture of the skull-base
koponyalékelés *n* trepanation
koponyatörés *n* fracture of the skull, cranial fracture
koporsó *n* coffin, *csak US:* casket
kopott *a* **1.** *ált vm* worn; *(ruha)* shabby, threadbare, frayed **2.** *átv vk (megjelenése)* shabby, seedy, *kif* down-at-heel
kopottas *a (ruha)* rather shabby, slightly worn; *(külső)* somewhat shabby(-looking), seedy
koppan *v* knock, thud, strike*; *(csepp)* patter
koppanás *n* knock, thud; *(csepp)* patter
koppant *v* rap, tap, slap; **körmére** ~ **vknek** rap sy's knuckles; **orrára** ~ **vknek** give* sy a wigging
koppantó *n* † *(gyertyának)* snuffers *pl*
Koppenhága *n* Copenhagen
koppint *v* = **koppant**
koppintás *n biz (utánzat)* mee-too (product)
koprodukció *n* joint production
koptat *v* wear* out/down/away, use up
koptatás *n* wearing out/away/down, using up
koptató *n (nadrágon)* turnup protector
kor *n* **1.** *(életkor)* age; ~**a** age...; **15 éves** ~**a óta** since he was fifteen (years old); *US* *így is* since age 15; **abban a** ~**ban van (, hogy/amikor)** (s)he is of an age [to/ when...]; **az én** ~**omban** at my time of life; **30 éves** ~**ában** at (the age of) thirty; ~**ához képest nagy** be* tall for one's age; **18 éves** ~**ára** by the time he is/was eighteen **2.** *(időegység)* age, epoch, era, days *pl*, period, time; **(a) mai** ~ our age/time, the present day; **Shakespeare** ~**ában** in the age (*v.* days *pl*) of Shakespeare, the Shakespearian age; ~**unk problémái** the problems of our time/age; ~**unkig** to this day

-kor *suff (időhatározó)* **a)** at; **hány órakor?** at what time?, when?; **öt órakor** at five o'clock; **a tanítás nyolc órakor kezdődik** school beg*i*ns at eight o'clock; **rosszkor jött** he came at the wrong time, he came at an inconvenient time; **éjfélkor** at m*i*dnight; **karácsonykor** at Chr*i*stmas; **napkeltekor** at s*u*nrise/d*a*ybreak; **napnyugtakor, naplementekor** at s*u*nset/s*u*ndown; **b)** on; **elutazásakor** on le*a*ving; **megérkezésemkor** on my arr*i*val, on re*a*ching [home etc.]; **c)** *(főleg) d*u*ring; *(néha)* while; **ostromkor** d*u*ring the siege; **ottlétemkor** d*u*ring my stay (there), while I was there; **ebédkor/vacsorakor érkezett** he arr*i*ved while we were h*a*ving d*i*nner ⇨ *határozószókban* *pl.* **mindenkor, múltkor** *stb.*

kór *n* dise*a*se, *i*llness

kora *a* e*a*rly; ~ **délután** e*a*rly in the *a*fternoon; ~ **ifjúságában** in his e*a*rly youth; ~ **reggel** e*a*rly in the morning, in the e*a*rly morning; ~ **tavasszal** in e*a*rly spring; ~ **tavaszi** e*a*rly spring, of (the) e*a*rly spring *ut*.

korább(an) *adv* **1.** *(hamarabb)* e*a*rlier, sooner; **ő kel** ~ (s)he gets up e*a*rlier/first; **10 perccel** ~ **jött** (s)he came/was 10 m*i*nutes e*a*rly; **leg**~ at the e*a*rliest **2.** *(azelőtt)* previously, bef*o*re; **korábbra keltez** *a*ntedate [a letter]; **korábbról ismerem** I know him from bef*o*re

korábbi *a* former, e*a*rlier, pr*e*vious, preceding

korabeli *a* **1.** *(egyidejű)* contemporary, contemporaneous **2.** *(akkori)* period-, of the age/time *ut*.; ~ **bútor** period f*u*rniture; **Mátyás** ~ bel*o*nging to the period of Matth*i*as *ut*.; **Erzsébet** ~ Elizab*e*than; **Viktória** ~ költők Vict*o*rian poets

koraérett *a* premat*u*re; *(gyermek)* precocious

korai *a* e*a*rly; *(idő előtti)* premat*u*re, unt*i*mely; ~ **felismerés** *(betegségé)* e*a*rly detection [of an *i*llness]; ~ **gyümölcs** e*a*rly fruit; ~ **halál** unt*i*mely death; ~ **zöldség** e*a*rly vegetables *pl*; ~ **lenne az öröm** it would be premat*u*re to rej*o*ice; ~**nak tart/tekint** find* sg e*a*rly/unt*i*mely

korál *n zene* chor*a*le

korall *n* cor*a*l

koráll *v nép* find* sg too e*a*rly, find* sg premat*u*re/unt*i*mely

korallpiros *a* coral-red

korallsziget *n* coral-island

korallzátony *n* coral reef

korán *adv* e*a*rly, in good time; **jó** ~ in good time, *(reggel)* e*a*rly in the morning; ~ **fek-**

-szik go* e*a*rly to bed; ~ **kel** rise* e*a*rly; *(rendszeresen)* be* an e*a*rly r*i*sen *(biz* bird); ~ **fekszik és kel** keep* e*a*rly hours; ~ **kelő** e*a*rly r*i*ser *(biz* bird); ~ **érő** *(gyümölcs)* e*a*rly (r*i*pening); ~ **jön** arr*i*ve/come* too soon; ~ **reggel** e*a*rly in the morning, in the e*a*rly morning; **még** ~ **van** it's e*a*rly yet, it's not yet time (to do sg) ⇨ **kel**[1] **1.**

korábban

Korán *n* the Kor*a*n

koránt *adv* ~ **sincs még ezzel elintézve** this by no means settles the m*a*tter

korántsem *adv* by no means, not at all, not in the least, far from it

koraszülés *n* premat*u*re birth; ~**e van** have* a premat*u*re birth/baby

koraszülött *n* premat*u*re baby

koravén *a* premat*u*rely old/aged; *(gyerek)* precocious

korbács *n* lash, whip, scourge

korbácsol *v* lash, whip, flog

kórboncnok *n* pathologist

kórbonctan *n* path*o*logy

korcs **I.** *a* **1.** *(keverék)* crossbred, h*y*brid **2.** *(nyomorék)* cr*i*ppled, fr*e*akish **3.** *(elfajzott)* degenerate **II.** *n (állat)* crossbred, freak; *(kutya)* m*o*ngrel

korcsolya *n* sk*a*te(s)

korcsolyacipő *n* (ice) sk*a*ting boot(s)

korcsolyapálya *n* sk*a*ting/ice rink

korcsolyázás *n* (ice) sk*a*ting; *(mű*~*)* figure sk*a*ting

korcsolyáz|ik *v* sk*a*te; ~**ni megy** go* sk*a*ting

korcsolyázó **I.** *a* (ice) sk*a*ting **II.** *n* (ice) sk*a*ter

korcsoport *n* age-group/c*a*tegory

kord *n* = **kordbársony**

kordában tart *v biz* keep* sy well in hand, keep* a t*i*ght rein/hold on sy

kordbársony *n* c*o*rduroy; ~ **nadrág** corduroys *pl*, cords *pl*

kordé(ly) *n (kézi)* h*a*ndcart; *(lófogatú)* cart, trap

kordélyos *n* c*a*rter, (cart) dr*i*ver

kordnadrág *n* = **kordbársony** *nadrág*

kordon *n* cordon; ~**t húz, ~nal lezár/körülvesz** cordon off sg *(v.* cordon sg off); ~**nal lezárták** sg has been cordoned off

Korea *n* Korea

koreai *a* Korean

kórélettan *n* pathophysi*o*logy

korelnök *n* president/ch*a*irman° by seni*o*rity; *átv* d*o*yen

kórelőzmény *n* (case) h*i*story

koreográfia *n* chore*o*graphy

koreográfus *n* choreographer
kóreset *n* case
koreszme *n* idea(s)/thought(s) of an age
korgás *n* rumbling (in the/one's stomach), rumble
korgó *a* rumbling; ~ **gyomorral** with one's stomach rumbling
korhad *v* moulder (*US* molder), rot, decay, decompose
korhadt *a* rotten, rotting, decayed, crumbling; ~ **fa** decayed wood, *US* punk
korhatár *n* age limit; **alsó** ~ lower age limit, minimum age; **felső** ~ upper age limit; ~ **nélküli** *(film) GB* universal *(röv* U)
kórház *n* hospital; ~**ba szállít vkt** take* sy to hospital; ~**ba szállították** (s)he was taken to hospital; ~**ba beutal/küld** send*/refer* sy to hospital; ~**ba felvesz vkt** admit sy to hospital, *US* hospitalize sy; ~**ba való felvétel/beutalás** *US* hospitalization, referral [to a hospital]
kórházi *a* hospital; ~ **ágy** (hospital) bed; ~ **ápolás** hospital care/treatment; ~ **beutaló** referral [to a hospital]; ~ **beteg/ápolt** in-patient, patient [in hospital]; ~ **orvos** *(osztályos)* ward physician/doctor; *(főorvos, bennlakó)* house physician/surgeon; *(kezdő, bennlakó)* houseman°, *US* intern; ~ **osztály** (hospital) ward; ~ **segítő személyzet** hospital ancillary workers
kórházvonat *n* hospital train
korhely I. *a* rakish, dissolute, debauched **II.** *n* rake, drunkard
korhelyked|ik *v* revel (*US* -l), carouse, *biz* go* on the binge
korhelyleves *n kb.* cabbage soup [consumed after heavy drinking]
korhol *v* chide*/scold/reprove sy, nag (at) sy
korhű *a* exact, faithful [representation of an epoch]; ~ **jelmez** period dress
kori *a* **reneszánsz** ~ **műveltség** Renaissance civilization ⇨ **korabeli 2.**
korifeus *n* leader, chief
korinthoszi *a* Corinthian
kórisme *n* diagnosis (*pl* -ses)
kórista *n* chorus-singer; *(fiú)* choir-boy, chorister; *szính (férfi)* chorus-boy; *(nő)* chorus-girl
kóristalány *n* chorus-girl
korkép *n* mirror/portrait of an age/era
kórkép *n* pathography, clinical picture
korkülönbség *n* difference of age (between)
kórlap *n* case-history/sheet/record
korlát *n* **1.** *(védő)* bar, barrier, guard; *(karfa)* banister, railing; *(hajón, mozgólépcsőn)* handrail **2.** *(tornaszer)* parallel bars *pl* **3.** *átv*

limit, bounds *pl*; ~**ok közé szorít vmt** limit/restrict/restrain sg, place restrictions on sg; ~**ok között tart** hold* back, keep* (sg) under control
korlátlan *a* boundless; *(lehetőség)* unlimited; *(mennyiség)* unrestricted; *(hatalom)* absolute, unbounded; ~ **úr** absolute master, autocrat; ~ **lehetőségek vannak** there are* unlimited possibilities, the sky's the limit; ~**ul** without restraint, unlimited
korlátolt *a* **1.** *(korlátozott)* limited, restricted; *ker* ~ **felelősségű társaság** *(röv* kft.) limited liability company *(röv* Ltd.) **2.** *(szellemileg)* dull, stupid, narrow/small-minded
korlátoltság *n* **1.** *(szellemi)* stupidity, narrow-mindedness **2.** *(terjedelemben)* restrictedness
korlátoz *v* restrict, limit, set* limits to, keep* within limits, confine, narrow (down), restrain; ~**za magát vmre** restrict/limit oneself to sg
korlátozás *n* restriction, limitation, restraint; *(főleg anyagi)* cutback; ~**ok** restrictions; **a** ~**okat megszünteti** abolish restrictions, lift controls
korlátozód|ik *v vmre* be* limited/confined (to)
korlátozott *a* restricted, limited
korláttalan *a* unbounded, limitless
kórleírás *n* case-report, pathography
kormány *n* **1.** *(kerék)* steering wheel; *(szerkezet)* steering gear; *(hajón a kerék)* (steering/pilot) wheel, helm; *(a lapát)* rudder; *(hajón a szerkezet)* steering mechanism/apparatus; *(kerékpáron)* handle-bar(s); *(repgépen)* control stick/column, wheel; *biz* joystick; **a** ~**nál** at the wheel; *hajó és átv* at the helm **2.** *pol* government, cabinet, regime, *US* administration; **a Thatcher-**~ the Thatcher government; **a Reagan-**~ the Reagan administration; ~**on van** be* in power; ~**ra jut** take* office, take* over the government; ~**t alakít** form a cabinet/government; ~**t átalakít** reshuffle a/the cabinet/government; **a** ~**t megbuktatja** defeat a/the government
kormányalakítás *n* forming (*v.* formation of) a cabinet/government
kormányátalakítás *n* reshuffle in/of the cabinet, a Cabinet reshuffle
kormánybizottság *n* government committee/delegation
kormánybiztos *n* (government) commissioner
kormánybot *n rep* control stick, *biz* joystick
kormánycsapatok *n pl* government troops

kormányellenes *a* anti-government, opposition; *(igével)* be* against the government

kormányelnök *n* premier, prime minister

kormányférfi *n* statesman°

kormányforma *n* form of government

kormányfő *n* premier, prime minister

kormányhatalom *n* supreme authority, ruling power

kormányhivatalok *n pl* government offices

kormányhű *a* loyal to the government *ut.*, loyal

kormánykerék *n* steering wheel; *(hajón)* steering/pilot wheel, helm

kormánykitüntetés *n* honour (*US* -or), order

kormánykörök *n pl* government circles/quarters

kormányközi *a* intergovernmental

kormányküldöttség *n* government representatives *pl*, government delegation

kormánylap *n* *(újság)* government/official paper

kormánylapát *n* rudder

kormánylista *n* members of the government/cabinet *pl*

kormánymű *n* steering gear

kormánynyilatkozat *n* official statement/announcement, communiqué

kormányos I. *a (versenycsónak)* coxed; ~ négyes coxed four; ~ nélküli coxless **II.** *n (hajón)* steersman°, helmsman°; *(csónakban)* cox

kormányosfülke *n* wheelhouse, pilot house

kormányoz *v* **1.** *(járművet)* steer **2.** *pol* govern, rule

kormányozhatatlan *a* ungovernable, uncontrollable; ~ná vált az autó the car ran/went out of control

kormánypálca *n* sceptre (*US* -ter) mace

kormánypárt I. *n* government/governing party

kormányprogram *n* government programme (*US* -ram)

kormányrendelet *n* order in council, decree, (government) edict, *US* executive decree

kormányrúd *n* steering column

kormányszerkezet *n* *(autó)* steering gear; *(hajó)* steering/rudder mechanism/apparatus

kormányszerv *n* government authority/office

kormányszóvivő *n* government spokesman°

kormányválság *n* government/cabinet crisis (*pl* crises)

kormányváltozás *n* change of government/cabinet

kormányváró *n* *(reptéren)* VIP/V.I.P. lounge

kormányzás *n* **1.** *(járműé)* steering **2.** *pol* governing, ruling

kormányzat *n* (system of) government, regime, *US* administration

kormányzó I. *a* governing, ruling; ~ párt governing/ruling party; ~ testület governing body **II.** *n (ált és US, tört 1849)* governor; *(tört, 1920 után)* regent

kormányzóság *n* **1.** *(tisztség, ált)* governorship; *(tört, pl. Magyarországon)* regency **2.** *(terület)* province

kormeghatározás *n* dating, chronology; *(radiokarbon-)* carbon dating

kormos *a* sooty, smoky

kormoz *v* make* sooty, cover with/in soot; ~ott *(üveg)* smoked [glass]

korner *n sp* corner

kornyikál *v* caterwaul

kóró *n* dry stalk [of weed]

korog *v* rumble, *(ritkábban)* grumble; ~ a gyomra his stomach is rumbling

kórokozó *n* pathogen

korom *n* soot

koromfekete *a* jet/pitch-black

koromfolt *n* smut

koromsötét *a* pitch-dark/black; ~ben ment haza (s)he went home in the dead of night, it was pitch-dark when (s)he went home

koromszem *n* black, flake of soot

korona *n* **1.** *(uralkodói)* crown; **ez felteszi rá a ~t, ez mindennek a ~ja** (and) to crown/cap it all **2.** *(pénz)* crown **3.** *(fáé)* crown **4.** *(fogé)* crown **5.** *zene* pause, fermata

koronabirtok *n* crown lands *pl*

koronaékszerek *n pl* crown jewels

koronagyarmat *n* crown-colony

koronás *a* **1.** *(fő)* crowned [head] **2.** *(koronával ellátott)* with [a/the] crown *ut.*

koronatanú *n* chief/principal/crown witness; *(bűntársai ellen valló)* Queen's/King's evidence, *US* State's evidence

koronaüveg *n* crown glass

koronáz *v* crown; **vkt királlyá** ~ crown sy king; **fáradozásait siker** ~**ta** his efforts were crowned with success

koronázás *n* coronation, crowning

koronázási *a* ~ **jelvények** regalia, crown jewels

koronázatlan *a* uncrowned; *átv biz* **vmnek a ~ királya** the *u*ncrowned king/queen of sg
korong *n* **1.** *ált* disc, *US* disk **2.** *(hoki)* puck
korongecset *n* sweep-brush
koronként *adv* periodically, from time to time, from period to period
koros *a* elderly, aged, advanced in years *ut.*
kóros *a* morbid, pathological, diseased, abnormal; **~ elváltozás** pathological change, abnormality; **~ lelki alkatú egyén** psychopath
korosod|ik *v* grow* old, advance in years
korosztály *n* age-group/bracket
korpa *n* **1.** *(őrlési termék)* bran; **aki ~ közé keveredik, megeszik a disznók** *kb.* he must have a long spoon that sups with the devil, who keeps company with the wolf will learn to howl **2.** *(fejbőrön)* dandruff, scurf
korpakenyér *n* = **korpás** *kenyér*
korpás *a* **1.** *(korpából való)* bran-, made of bran *ut.*; **~ kenyér** wholemeal *(US* whole wheat) bread; **~ liszt** second flour; **~ pehely** bran-flakes *pl* **2.** *(fejbőr)* scurfy; **~ a feje** have* dandruff
korpótlék *n* age-bonus, long-service allowance/bonus
korrajz *n* description/portrait of an age/era *(v.* of a period)
korrekt *a* correct, straight, fair; **nem ~** unfair; **nem (valami) ~ eljárás/dolog** it's not fair, it's not playing the game; **~ül jár el** *(v.* **viselkedik) vkvel** treat sy fairly, be* fair with/to sy, play fair
korrektor *n* **nyomdai ~** proof-reader, printer's reader
korrektúra *n* *nyomd* proof(s); *(korrektúrázás)* proofreading, reading of proofs; *(hasáb)* galley (proof), slip proof; *(tördelt)* page-proof(s); **szerzői ~** author's proof; **~t olvas/végez** read* the proofs, correct proofs, proofread*
korrektúrajelek *n* proof (correction) marks
korrektúraolvasás *n* proofreading
korrektúrázás *n* proofreading, reading of proofs, correcting proofs
korrektúráz|ik *v* do* (the) proof-reading, read* the proofs, correct proofs, proofread*
korrepetál *v* coach/teach*/tutor/cram sy, give* sy extra tuition, prepare sy for (an/his/her) examination(s)
korrepetálás *n* *(egy gyereké)* kb. (one-to-one) tutoring; *(csoporté)* kb. remedial teaching/training/course [in maths etc.]
korrepetitor *n* **1.** coach, teacher, (private) tutor **2.** *zene* répétiteur, coach

korrigál *v* **1.** *(helyesbít)* correct, rectify, check **2.** *nyomd* read* the proofs
korrózió *n* corrosion; **~álló** corrosion-proof
korrumpál *v* bribe
korrupció *n* corruption; *(vesztegetés)* bribery; *US így is:* graft
korrupt *a* corrupt, rotten
korsó *n* jug; *(agyag)* pitcher; *(kő)* jar, pot; *(sörös)* mug, stein; *(üveg/vizes)* carafe; **egy ~ sör** a pint/mug of beer; **két ~...t kérek** two pints of [Newcastle Brown etc.], please; **addig jár a ~ a kútra, amíg el nem törik** the pitcher goes so often to the well that it is broken at last
korszak *n* period, era, epoch
korszakalkotó *a* epoch-making; *(igével)* marks the beginning/end of an era
korszakos *a* = **korszakalkotó**
korszellem *n* spirit of the age/time
korszerű *a* modern, up-to-date; *(igével)* (be*) up to date
korszerűség *n* up-to-dateness, modernity
korszerűsít *v* modernize, bring* up to date, update
korszerűtlen *a* out-of-date; *(igével)* (be*) out of date; *(anakronisztikus)* anachronistic; **~ jelenség** anachronism
korszerűtlenség *n* being out of date, being behind the times
kórtan *n* pathology
kortárs *n* contemporary; **~ak vagyunk** we are of the same age; **~ irodalom** contemporary literature
kórterem *n* (hospital) ward
kortes *n* canvasser, election agent
kortesfogás *n* electioneering trick
korteskedés *n* electioneering, canvassing
kortesked|ik *v* canvass, electioneer; **~ik vk mellett** canvass for sy
korteskörút *n* **~ra megy** canvass [an area]; *biz* barnstorm [the country]
kortévesztés *n* anachronism
kortörténet *n* history of an age *(v.* a period)
kórtörténet *n* case history/record
kórtörténeti *a* historical, documentary
kórtünet *n* symptom, sign [of disease]
korty *n* *(nagy)* draught; *(kis)* sip, drop, mouthful (of sg); **(csak) egy ~ bor** *biz* a drop of wine; **egy ~ra** at a gulp; **iszik egy ~ot vmből** *biz* have* a drop of [tea/brandy etc.]
kortyol *v* sip; **~ja a teáját** be* sipping (at) one's tea
kórus *n* **1.** *(énekkar)* choir, chorus; **egyházi ~** church choir; **vegyes ~** mixed choir;

~**ban feleltek** answered in chorus **2.**
(kórusmű) chorus; choral work **3.** *sp*
(szurkolóké) US yell
kórusfesztivál *n* choirs festival
kórusmű *n* = **kórus 2.**
kórustag *n* member of a choir/chorus; *(fiú)* chorister ⇨ **kórista**
kórusvezető *n* choirmaster, leader of the chorus/choir; *csk US (templomi előénekes)* chorister
korvett *n* corvette
korvina *n* = **corvina**
korviszonyok *n pl* conditions of an age; *(mai)* prevailing conditions
Korzika *n* Corsica
korzikai *a/n* Corsican
korzó *n* promenade, walk, esplanade
korzóz|**ik** *v* promenade, saunter, walk
kos *n* ram
kosár *n* **1.** *ált* basket; *(fonott, bevásárló)* wicker (shopping-)basket; **kosarat ad vknek** turn sy down, refuse sy; **kosarat kap** be* turned down, be* refused **2.** *sp* basket; **kosarat dob** make* a basket, score a goal
kosáráru *n* basketwork, wickerwork
kosaraz|**ik** *v biz* = **kosárlabdázik**
kosárfonás *n* basketwork, basket weaving, basketry
kosárfonó *n* basket-maker/weaver
kosárlabda *n* basketball
kosárlabdáz|**ik** *v* play basketball
kóser *a biz* **ez nem** ~ **(dolog)** it's fishy, it's not quite kosher
Kossuth-díj *n* Kossuth-prize
Kossuth-díjas I. *a* Kossuth-prize winning [writer] **II.** *n* Kossuth-prize winner
kóstol *v* taste, try, sample
kóstolgat *v* keep* tasting, sample; *(italt)* sip
kóstoló *n (ételből)* a bit/taste (of sg), titbit *(US* tidbit*)*
kosz *n biz (piszok)* dirt
kósza *a* stray, idle; ~ **hírek** vague rumours *(US* -ors*)*
kószál *v* stroll, rove, ramble, roam
koszekáns *n mat (röv* **cosec)** cosecant *(röv* cosec*)*
koszfészek *n* (dirty) hole, dump
koszinusz *n mat (röv* **cos)** cosine *(röv* cos*)*
koszinusztétel *n* cosine formula
koszolód|**ik** *v* get* soiled/dirty/grubby
koszorú *n* **1.** *(ált és temetésre)* wreath; ~**t elhelyez** *(síron)* lay* a wreath *(v.* wreaths) [on sy's grave] **2.** *épít* cornice
koszorúér *n* coronary artery

koszorúér-elmeszesedés *n* coronary sclerosis
koszorúér-trombózis *n* coronary thrombosis
koszorúfa *n műsz* cross-beam
koszorúmegváltás *n* no flowers by request; donations may be sent to...
koszorús *a* wreathed, garlanded; ~ **költő** poet laureate
koszorúslány *n* bridesmaid
koszorúz *v* crown with a wreath, wreathe; *(sírt)* lay* flowers *(v.* a wreath) at/on [a grave], attend a wreath-laying ceremony
koszorúzás *n* wreath-laying (ceremony)
koszos *a biz* dirty
koszt *n (ált, élelem)* food; *(étkezés)* meal(s); *(rendszeres)* board; *(főzésmód)* cooking, cuisine; **rossz** ~ poor food; **milyen a koszt?** how is the food?; ~ **és szállás** *(v.* † **kvártély)** board and lodging; ~**ot ad vknek** provide sy with (full) board
kosztol *v* board, eat*, take* one's meals; **hol** ~**sz?** where do* you take your meals?
kosztos *a* boarder; ~**okat tart** take* in boarders
kosztosdiák *n* boarder
kosztpénz *n* **1.** *(ellátásért)* keep, cost of board **2.** *(háztartásra)* housekeeping (money)
kosztüm *n* **1.** *(női)* suit, ensemble, outfit **2.** *(korabeli viselet)* costume
kosztümkabát *n* jacket
kosztümös *a* ~ **(történelmi) (szín)darab** costume piece/drama
kotangens *n mat (röv* **ctg)** cotangent *(röv* cot*)*
kotkodácsol *v* cluck, cackle
kotkodácsolás *n* clucking, cackling, cackle
kotlett *n* cutlet
kotl|**ik** *v* **1.** *(tyúk)* brood, hatch [eggs] **2.** *átv* **(soká)** ~**ik vmn** brood over sg (for a long time)
kotlóstyúk *n* brood hen, brooder
kotnyeles *a* inquisitive, meddling, meddlesome
kotnyeleskedés *n* inquisitiveness, meddling *(in sg)*
kotnyeleskedik *v* be* inquisitive/indiscreet, meddle, pry
koton *n biz* sheath, condom, *biz* French letter, *csak US:* rubber
kotor *v* scoop; *(medret)* dredge, sweep*
kotorász|**ik** *v biz (vmben, vhol)* rummage/ delve in sg; *(vmk között)* search among
kotorék *n* warren
kotró *n* = **kotrógép, kotróhajó**

kotród|ik v *(el)* clear out/off; ~**j innen!** get out (of here)!, get lost!, scram!
kotrógép n excavator, dredger
kotróhajó n dredge(r)
kotta n (sheet) music; *(partitúra)* score; ~**ból játszik** play from music; **tud** ~**t olvasni** can* read music
kottaállvány n music stand
kottafej n head of a note
kottaolvasás n music/score reading; *(blattolás)* sight-reading
kottapapír n music-paper
kottatartó n **1.** *(állvány)* music stand; *(zongorán)* music rest **2.** *(borító)* music-case
kottáz v = **lekottáz**
kótyagos a **1.** *(italtól)* tipsy, dizzy **2.** *(zavaros, átv)* muddled, confused
kótyavetyél v → **elkótyavetyél**
kotyog v **1.** *(tyúk)* cluck, chuck **2.** *(folyadék)* gurgle **3.** biz vk chatter, jabber (away) **4.** műsz knock, be* knocking
kotyogás n **1.** *(tyúké)* cluck **2.** *(folyadéké)* gurgle **3.** biz *(fecsegés)* chattering, jabbering **4.** műsz play, slack, knocking
kotyvalék n concoction; *(ital)* brew
kotyvaszt v biz *(ételt, csak GB)* knock up [a meal], concoct
kova n flint
kovács n (black)smith; *(patkoló)* farrier; **ki--ki a maga szerencséjének a** ~**a** every man is the architect of his own fortunes
kovácslegény n journeyman°/apprentice smith
kovácsmester n (master) (black)smith
kovácsmesterség n smithery
kovácsmunka n forge-work, smithing
kovácsműhely n smithy, forge
kovácsol v *(kovács)* forge, hammer ⇨ **tőke**
kovácsolható a forgeable, malleable; **nem** ~ unmalleable
kovácsolt a wrought, beaten, hammered; ~ **áruk** wrought iron(work)
kovácsoltvas n wrought iron; *(jelzőként)* wrought-iron
kovácsszén n (black)smith coal
kovácstűzhely n forge-hearth, smith's hearth
kovaföld n siliceous earth, silica
kovakő n flint-stone; ásv quartz
kóvályog v **1.** *(kóborol)* wander about, stroll **2.** ~ **a fejem** my head is* swimming, my head is* going round; ~ **a gyomra** feel* sick/nauseated/nauseous
kovasav n silicic acid
kovász n leaven
kovászol v leaven

kovászos a leavened; ~ **uborka** leavened cucumber (preserve)
kovásztalan a unleavened
kozák a Cossack
kozma n burnt food
kozmás a burnt, scorched
kozmásod|ik v get* burnt/scorched
kozmetika n beauty culture, cosmetology; *(kezelés)* beauty treatment
kozmetikai a cosmetic; ~ **kezelés** beauty treatment; ~ **műtét** cosmetic/plastic surgery/operation; ~ **szerek** cosmetics
kozmetikáz v *(írásművet)* touch up, improve, biz face-lift; *(statisztikai adatokat)* massage
kozmetikus n beautician, cosmetician, beauty specialist, cosmetologist; ~**hoz megy** go* for a beauty treatment, go* to a/the beauty parlour *(US -or)* *(v. beauty salon)* salon
kozmikus a cosmic; ~ **fegyverek** space weapons; **első** ~ **sebesség** orbital velocity
kozmopolita I. a cosmopolitan; ~ **eszmék** cosmopolitan ideas *(v. ideology sing.)* **II.** n cosmopolitan
kozmopolitizmus n cosmopolitanism
kő n **1.** ált stone; ~ **kövön nem maradt** everything was razed to the ground, everything was reduced to ruins; **nagy** ~ **esett le a szívemről** (it's) a load/weight off my mind!; **üsse** ~**!** I don't care!, to hell with it!; **egy követ fújnak** they are as thick as thieves, they are in cahoots with sy *(v. each other)*; **minden követ megmozgat** leave* no stone unturned; ~**vé dermed/mered** be* petrified, be* rooted to the spot [when...], stand* transfixed with [fear/horror/amazement etc.] **2.** *(drágakő)* precious stone; *(órában)* jewel **3.** *(epe, vese)* stone, calculus *(pl -li v. -luses)*
köb n cube; *(összet)* cubic; ~**re emel** cube, raise to the third power
kőbalta n stone axe *(US ax)*
kőbánya n quarry
köbcenti(méter) *(röv cm³)* n cubic centimetre *(US -ter)* *(röv cu. cm.)*
köbgyök n cube root; **27-nek a** ~**e 3** the cube root of 27 is 3
köbláb n cubic foot°
köbmérték n cubic measure
köbméter *(röv m³)* n cubic metre *(US -ter)*, *(röv cu. m.)*
köböz v cube
köbözés n cubage
köbtartalom n cubic capacity, volume

köcsög *n* jug, *US* pitcher
köd *n* *(sűrű)* fog; *(ritka)* mist, haze; ~ **van** it's *f*oggy, there's fog; **(sűrű)** ~ **van vhol, (sűrű)** ~ **borít vmt** sg is* *f*ogbound; **gyakran van** ~ **nálunk** we *o*ften have fogs; ~**be borult** (be*) blanketed/ shr*ou*ded in fog/mist, be* *f*ogbound; ~**ben veszteglő** *f*ogbound; ~ **előttem** ~ **utánam** off I go!
ködarab *n* stone, (fr*a*gment of a) rock
ködfátyol *n* veil of mist, haze
ködfolt *n* *c*sill nebula *(pl* -lae)
ködfüggöny *n* veil of mist
ködkamra *n* *fi*z cl*ou*d ch*a*mber
ködkürt *n* f*o*ghorn
ködlámpa *n* fog lamp/light
ködl|ik *v* loom, app*e*ar through the mist
ködmön *n* sheepskin w*ai*stcoat
ködobásnyira *adv* = **kőhajításnyira**
ködös *a* 1. *(sűrű)* f*o*ggy; *(párás)* h*a*zy, m*i*sty 2. *(gondolat)* foggy, nebulous, vague; *(agy)* conf*u*sed; ~ **elmélet** m*u*ddled the*o*ry, h*a*zy id*e*a
ködösít *v* *átv* try to obsc*u*re/*o*bfuscate (sg)
ködréteg *n* f*o*gbank
ködszerű *a* f*o*ggy, m*i*stlike, h*a*zy
ködszitálás *n* (m*i*sty) dr*i*zzle
kőedény *n* *e*arthenware, st*o*neware, (piece of) p*o*ttery
kőemlék *n* st*o*ne m*o*nument; *(őskori)* megalith, menhir
kőépület *n* st*o*ne b*ui*lding
kőfal *n* st*o*new*a*ll, st*o*nework
kőfaragás *n* st*o*ne-cutting/m*a*sonry
kőfaragó *n* st*o*ne-cutter, (st*o*ne-)m*a*son
kőfejtő *n* 1. *(kőbánya)* (st*o*ne)qu*a*rry, st*o*ne-pit 2. *(munkás)* qu*a*rryman°
kőgát *n* rock-filled dam
kőhajításnyira *adv* (with*i*n) a st*o*ne's throw, a st*o*ne's throw aw*a*y
kőhalom *n* heap of st*o*nes
köhécsel *v* cough sl*i*ghtly
köhint *v* cough, give* a (l*i*ttle) cough
köhintés *n* l*i*ttle cough, hem(ming)
köhög *v* cough, have* a cough
köhögés *n* c*ou*gh(ing); **erős (száraz)** ~ h*a*cking cough; ~ **elleni** c*ou*gh-relieving; ~ **elleni szer** c*ou*gh m*e*dicine/remedy; *(kanalas)* cough mixture
köhögéscsillapító *n* *(szer)* c*ou*gh medi-cine/remedy; *(cukorka)* c*ou*gh-drop
kőkemény *a* st*o*ne-hard, st*o*ny, hard as st*o*ne *ut.*
kökény *n* bl*a*ckthorn, wild plum; *(bogyója)* sloe
kökényszemű *a* sloe-*e*yed

kőkerítés *n* st*o*newall
kőkocka *n* p*a*ving stone, block
kőkoporsó *n* sarcophagus *(pl* -phagi)
kőkori *a* of the Stone Age *ut*., Stone Age
kőkorsó *n* *e*arthenware jug
kőkorszak *n* Stone Age
kökörcsin *n* p*a*squeflower, (wood) an*e*mone
kőlap *n* slab, fl*a*g(stone)
kölcsön I. *n* 1. *(bankból)* (bank) loan; **személyi** ~ personal loan; ~**t ad vknek** (1) lend* sy [m*o*ney] (2) *(bank)* grant a loan; ~**t felvesz** (1) *vk*t*ő*l borrow m*o*ney (from sy) (2) *(bankból)* take* out (*v*. get*) a loan, raise a loan; ~**t folyósít** *vk*nek lend* [a sum of money] to sy; ~**t jegyez** subscr*i*be (to) a loan; **visszafizeti a** ~**t** rep*a*y* the loan; *átv* **visszaadja a** ~**t** pay* off old scores, pay* sy back 2. = **államkölcsön**; ~**t bocsát ki** float a loan II. *adv (kölcsönbe)* **elviszem ezt** ~ I'll borrow that/it III. *a* borrowed, on loan *ut*.; ~ **írógép** a borrowed typewriter, a typewriter on loan/hire
kölcsönad *v* vmt vknek lend* sg to sy (*v*. sy sg), *US* loan sg to sy (*v*. sy sg); **tudnál** ~**ni 5 fontot jövő hét végéig?** could you lend me 5 pounds unt*i*l the end of next week?
kölcsönadás *n* loan, lending
kölcsönadó *n* lo*a*ner, lender
kölcsönbérlet *n* (lend-)lease
kölcsöndíj *n* = **kölcsönzési** *díj*
kölcsönhatás *n* inter*a*ction
kölcsönjegyzés *n* subscr*i*ption of a loan, lo*a*n subscription
kölcsönkenyér *n* ~ **visszajár** pay* sy back in his own (*v*. in the same) coin, tit for tat
kölcsönképpen *adv* as a loan
kölcsönkér *v* vk*t*ől vmt borrow sg from sy
kölcsönkibocsátás *n* flo(a)t*a*tion of a loan
kölcsönkönyvtár *n* lending l*i*brary
kölcsönkötvény *n* *(állami, GB)* govern-ment sec*u*rity, *US* state/government bond
kölcsönös *a* m*u*tual, recipr*o*cal; ~ **bizalom** m*u*tual confidence; ~ **megegyezés** m*u*tual understanding/agreement; ~ **segélynyújtási szerződés** m*u*tual ass*i*st-ance pact; K~ **Gazdasági Segítség Tanácsa** *(röv* KGST) *tört* Council for M*u*tual Economic Aid/Assistance *(röv* COMECON, Comecon)
kölcsönösen *adv* m*u*tually, recipr*o*cally; ~ **jól jártak** they both fared/did well
kölcsönösség *n* recipr*o*city, mutu*a*lity
kölcsönöz *v* 1. vknek vmt lend* sg to sy (*v*. sy sg), *US* loan sg to sy (*v*. sy sg) 2. vk*t*ől vmt borrow sg from sy; *(kölcsönzővállalattól rö-*

videbb időre) hire [a boat, car etc.]; *(hosszabb időre és US)* rent [a television etc.] **3.** *átv* lend*, add (to); **vmlyen jelleget** ~ **vmnek** endow sg with sg; **biztonságot** ~ **vknek** provide sy (with) security
kölcsönszó *n* loan-word
kölcsönügylet *n* loan transaction
kölcsönvesz *v vktől vmt* borrow sg from sy
kölcsönvétel *n* borrowing, loan
kölcsönvevő *n* borrower
kölcsönzés *n* **1.** *vknek* lending, *US* loaning **2.** *vktől* borrowing (from) **3.** *(könyvtári)* loan, lending; **a** ~ **határideje 4 hét** an *i*tem may be borrowed for four weeks
kölcsönzési díj *n (könyvtári)* loan fee, subscription; *(egyéb)* rental, hiring charge, charge for hire/hiring; **havi** ~ **28 font** *(színes tévéé stb.)* [for a colour TV etc.] monthly rental £28
kölcsönző *n* **1.** *(kölcsönadó)* loaner, lender **2.** *(kölcsönzővállalat)* hire/leasing service/ company; *(nagyobb gépeké)* equipment/ plant hire (company); *(autóé)* car-hire firm, car rental (firm) **3.** *(kölcsönvevő)* borrower
kölcsönzőjegy *n (könyvtári)* borrower's/ reader's/library ticket
kölcsönzővállalat *n* = **kölcsönző 2.**
köldök *n* navel
köldökzsinór *n* umbilical cord, *US* navel string
köles *n* millet; **fizet, mint a** ~ (1) *(nagy haszonnal jár)* be* very lucrative, pay* well (2) *(sok pénzt ad ki)* pay* through the nose
Köln *n* Cologne, Köln
kölnisüveg *n* scent bottle
kölni(víz) *n* eau de cologne
költ[1] *v (felébreszt)* wake* (up)
költ[2] **1.** *vi (madár)* brood **2.** *vt (fiókákat)* hatch [chickens, young etc.]
költ[3] *v (pénzt)* spend* *(vmre* on); **keveset** ~ spend* little, live modestly; **többet** ~, **mint amennyit keres** he lives beyond his means; **ne** ~**s többet, mint a jövedelmed** never spend in excess of *(v.* more then) your income
költ[4] *v* **1.** *(verset)* compose/write* [a poem]; *(versel)* write* poetry **2.** *(hírt, mesét)* dream*/make* up
költekezés *n* lavish spending, extravagance; *(egyszeri)* spending spree
költekez|ik *v* spend* money; *(pazarló)* spend* lavishly, be* extravagant, be* a spendthrift; *kif* throw* one's money about
költekező I. *a* extravagant, lavish **II.** *n* spendthrift
költemény *n* poem, piece of poetry/verse

költés[1] *n (ébresztés)* waking (up)
költés[2] *n (madár)* brooding; *(tojásé)* hatching
költés[3] *n (pénzé)* spending
költés[4] *n (versé)* the writing of poetry
költészet *n* poetry
költő *n* poet
költői *a ált* poetic; *(művekre, azok részleteire vonatkoztatva)* poetical; ~ **igazságszolgáltatás** poetic justice; ~ **leírás** poetic description; **X.** ~ **művei** the poetical works of X, the poetry of X; ~ **nyelv** poetic language; ~ **szabadság** poetic licence; ~ **tehetség** poetic gift
költőies *a* poetic
költőiség *n* poetic quality
költőnő *n* poetess
költőpénz *n* pocket/spending money
költött *a (nem valódi)* invented, made-up, fictitious
költözés *n* **1.** *vké* move, removal **2.** *(madáré)* migration
költöz|ik *v* **1.** *vk* move *(vhova* to, *vmbe* in), remove *(vhova* to); **új lakásba** ~**ött** he (has) moved *(i*n)to a new flat; **hozzánk** ~**ött** he came to live *(v.* moved in) with us; **vidékre** ~**ik** remove (in)to the country **2.** *(madár)* migrate
költözködés *n* moving, removal(s)
költözköd|ik *v* move (house)
költöző madár *n* bird of passage, migratory bird
költöztet *v* move sy to [a place]
költség *n* expense(s); *(kiadás)* expenditure, cost; ~**ek** expenses, charges, costs; **megélhetési** ~**ek** living costs; **szállodai** ~**ek** hotel charges; **ügyvédi** ~ lawyer's fees *pl*; ~**ekbe veri magát** put* oneself to expense, spend* large sums on sg; ~**ekbe ver vkt** put* sy to the expense of [buying sg]; **saját** ~**én** at one's own expense; **vknek a** ~**én** at sy's expense; **vk** ~**ére** at sy's expense; **fedezi/vállalja vmnek a** ~**eit** *(v.* **a költségeket)** cover/meet* the cost(s)/expense(s) of sg, *kif biz* foot the bill; **viseli vmnek a** ~**eit** bear* the costs/expenses of sg; **az összes** ~**et a vállalat viseli** all the costs [of the repairs] will be borne/met by the company; ~**et és fáradságot nem kímél** spare no expense or effort; **kevés** ~**gel** at small/low cost
költségcsökkentés *n* reduction of costs/expenses, cutback(s)
költség-előirányzat *n* expenditure forecast, (first) estimate(s)
költséges *a* expensive, costly, dear

költségjegyzék *n* statement of expenses/ costs
költségmentes *a* free of charge *ut.*, gratis *ut.*
költségmentesen *adv* free of charge, gratis
költségszámla *n* bill (of costs/charges)
költségvetés *n* estimate (of the cost), calculation; *(állami, vállalati stb.)* budget, estimates *pl*; **szerepel a** ~**ben** be* in the budget; ~**t készít** (1) make* (*v.* give* sy) an estimate (of the cost), estimate for [the repairs to the roof etc.], calculate the costs (2) *(miniszter)* prepare the budget; **a vállalat/cég** ~**e szerint a munka 100 000 Ft-ba kerül** the firm estimated the cost of the work at 100,000 fts
költségvetési *a* budget(ary); ~ **év** budgetary/financial/fiscal year; ~ **hiány** budget deficit; ~ **terv** budget plan
kölykez|ik *v* *ált* litter; *(kutya)* pup; *(macska)* kitten; **négyet** ~**ett** *(a macskánk)* [our cat] had a litter of four (kittens)
kölyök *n* **1.** *(állaté)* young [of an animal]; *(kutya)* pup(py); *(macska)* kitten, puss(y); **négy kölyke lett** had a litter of four [kittens etc.] **2.** *(gyerek)* kid, brat; **haszontalan** ~ naughty boy/girl, little devil/scamp
kölyökkutya *n* pup(py)
kömény *n* caraway (seed)
köménymag *n* caraway seed
köménymagos *a* with caraway seeds *ut.*; ~ **leves** caraway-seed soup
kőműves *n* bricklayer, (brick)mason, stonemason, builder
kőműveskalapács *n* bricklayer's hammer, brick hammer
kőműveskanál *n* (laying-on) trowel
kőműves kisiparos *n* builder
kőművesmester *n* (master) builder/mason
kőművesmunka *n* bricklaying, bricklayer's trade
kőművessegéd *n* mason's help/mate, apprentice mason
köntörfalaz *v* beat* about the bush, palter, equivocate
köntörfalazás *n* beating about the bush; **minden** ~ **nélkül** point blank, outright, straight out
köntös *n* *(köpeny)* (dressing) gown, *US* (bath)robe
könny *n* tear; ~**be lábadt a szeme** her eyes filled with tears; ~**ek között** in tears; ~**ekig meg van hatva** be* moved to tears; ~**ekre fakad** break*/burst* into tears; ~**ekre fakaszt** reduce sy to tears, sg

brings* tears to one's eyes; ~**eket ejt/ont** shed* tears
könnycsepp *n* tear(drop)
könnyebb *a* **1.** *(súly)* lighter **2.** *átv* easier; ~ **baleset** minor accident; ~ **sérülés** minor injury; **kérdezz** ~**et** ask me another; a ~**ik megoldás** *biz* soft option
könnyebbed|ik *v* **1.** *konkr* get*/become* lighter **2.** *átv* get*/become* easier
könnyebbség *n* relief, ease; **nagy** ~ **nekem** it is* a great help/relief to me, it makes* it much easier for me
könnyed *a* easy; *(lépés, mozdulat)* light, airy; *(modor)* unaffected, free (and easy); *(stílus)* easy-flowing, fluent
könnyedén *adv* lightly, easily, without effort, with (the greatest of) ease; ~ **vette a dolgot** he took it lightly, he didn't make a song and dance about it
könnyedség *n* ease, lightness; *(mozdulaté)* grace, airiness; *(stílusé)* elegance, gracefulness; **játszi** ~**gel** with the greatest/utmost ease
könnyelmű *a* *ált* light-headed, rash; *(veszélyben)* heedless, thoughtless, rash; *(nemtörődöm)* happy-go-lucky, careless, thoughtless, foolish; *(pénzügyileg)* prodigal, wasteful
könnyelműség *n* rashness, heedlessness, thoughtlessness, folly; ~ **volt részéről** it was* very rash/foolish of him
könnyelműsköd|ik *v* be* heedless/reckless/rash; *(pénzügyileg)* throw* one's money about
könnyen *adv* easily, with ease, lightly, freely; **a dolog** ~ **megy** it's going well/smoothly, things are running smoothly, *biz* it's a cinch/ pushover; **nem ment** ~ it was a difficult/ hard job, it wasn't such an easy job; ~ **győz** have* an easy win, win* hands down; ~ **megfázik** be* prone to colds; ~ **van öltözve** be* lightly/casually dressed; **ő** ~ **beszél** it's easy for him to talk; ~ **megközelíthető** be* easily accessible, be* within reach, be* easy to reach; ~ **veszi a dolgokat** take* things easy, be* easygoing; ~ **emészthető** be* easily digestible, be* easy to digest
könnyes *a* tearful, filled/wet with tears *ut.*; ~ **szemmel** with tears on one's eyes
könnyez|ik *v* shed* tears, weep*
könnygáz *n* tear-gas
könnyhullatás *n* shedding of tears
könnyít *v* **1.** *(terhen)* lighten **2.** *átv* *vmn* make* sg easier, facilitate; *(fájdalmon)* ease, lessen; ~ **magán** unburden oneself (of sg),

make* it easier for oneself; **ez nem sokat ~ rajtam** it is* not much help to me, it doesn't help me much
könnyítés n relief, ease; **fizetési ~** deferred term, easy payments plan; **fizetési ~sel** on easy terms, by easy payments
könnymirigy n lachrymal/lacrimal gland
könnyű a **1.** (súly) light; (anyag) thin **2.** átv easy, light; **~ bor** light wine; **~ dolga van** have* an easy job; **neki ~** he's lucky, it's all very well for him; **~ étel** light food; **~ fajsúlyú nőcske** a fast woman°/one; kif she plays around; vulg an easy lay; **~ ezt mondani** that's easy to say; **~ kereset** easy money, money for old rope; **~ keze van** have* a light/delicate touch; **~ munka** light task/work; **~ műfaj** light entertainment; **~ műtét** minor operation; **~ olvasmány** light reading; **~ sérülés** minor/ slight injury; **~ testi munkás** light worker; **~ testi sértés** assault; **~ vágtában megy** canter
könnyűatlétika n track and field athletics pl
könnyűbúvár n skin-diver
könnyűbúvár-légzőkészülék n scuba, aqualung
könnyűbúvár-tevékenység n skin-diving
könnyűfém n light metal
könnyűipar n light industry
könnyűsúly n sp lightweight
könnyűszerkezetes a **~ építkezés** lightweight construction
könnyűszerrel adv easily, with no difficulty, with ease
könnyűvérű a (nő) fast, loose, easy
könnyűzene n light music
könnyzacskó n lachrymal/lacrimal sac; **~(k)ra pályázó írás/film** stb. sob stuff
könnyzápor n flood of tears
kőnyomás n lithography
kőnyomat n lithograph
kőnyomatos n lithographic print
könyök n elbow; **már a ~ömön jön ki I** am fed up with it
könyökcső n elbow(pipe), knee joint
könyöklő n (fal) parapet; (ablaké) window-sill/ledge
könyököl v **1.** konkr lean* on one's elbows **2.** átv elbow, be* pushing
könyöradomány n alms pl, charitable gift; **~okból él** live on charity
könyörgés n entreaty; (ima) prayer
könyörög v vmért beg/supplicate for sg; vkhez beg, entreat, beseech, implore (mind: sy)

könyörtelen a merciless, unmerciful, pitiless, ruthless
könyörtelenség n mercilessness, ruthlessness
könyörül v vkn show* mercy to sy, have* mercy/pity on sy, take* pity on sy
könyörület n mercy, compassion, pity; **~ből vk iránt** out of pity for sy; **~ tel van vk iránt** show* sy mercy, feel* compassion/pity for sy
könyörületes a merciful
könyörületesség n mercy, mercifulness, pity
könyv n **1.** book; (kötet) volume; **~ alakban** in book form; **~ nélkül megtanul** commit (sg) to memory, learn* (sg) by heart; **~ nélkül tud** know* (sg) by heart; **a ~ e-ket búja** be* always at his/her books, be* a bookworm **2.** ker (üzleti) **~** books (of account) pl, (financial/account) books pl; **~et vezet** keep* the books (v. business accounts), keep* the accounts
könyvállvány n bookstand, bookshelf°, bookcase
könyvárus n bookseller; (utcai/pályaudvari) bookstall
könyvbarát n book-lover, bibliophile
könyvbírálat n book review
könyvbúvár n bookworm
könyvdráma n closet drama
könyvecske n small book, booklet
könyvel v ker **1.** (bevezet vmt) enter sg into the books **2.** (könyvelést végez) keep* the books, keep* the business accounts; (foglalkozása) do* the bookkeeping
könyvelés n **1.** (művelet) bookkeeping, US így is: accounting **2.** = **könyvelőség**
könyvelési a **~ tétel** entry
könyvelő n bookkeeper, accounts clerk
könyvelőség n bookkeeping department, accounts department
könyves I. a **K~ Kálmán** Coloman Beauclerc (1095—1116) **II.** n (lóversenyen) bookmaker, biz bookie
könyvesbódé n bookstall
könyvesbolt n bookshop, US bookstore
könyvespolc n bookshelf°, (többnyire zárt) bookcase
könyvészet n bibliography
könyvészeti a bibliographical
könyvhét n book week
könyvismeretetés n book review
könyvízű a bookish
könyvjegyzék n book-list, catalogue (US -log)

könyvjelző *n* bookmark(er)
könyvjutalom *n* book prize
könyvkedvelő *a* book-lover, bibliophile
könyvkereskedelem *n* bookselling, the book trade
könyvkereskedés *n* bookshop, *US* bookstore; **minden ~ben kapható** of all booksellers *ut.*
könyvkereskedő *n* bookseller
könyvkiadás *n* publishing (of books)
könyvkiadó *n* publisher, publishing house ⇨ **kiadó**
könyvkölcsönzés *n* = **kölcsönzés 3.**
könyvkötés *n* bookbinding
könyvkötészet *n* **1.** *(foglalkozás)* bookbinding **2.** *(műhely)* bookbinder's workshop, bindery
könyvkötő *n* bookbinder
könyvmoly *n* bookworm
könyvművészet *n* typographic art
könyvnélküli *a* [lesson] to be learnt by heart
könyvnyomda *n* press, printing house
könyvnyomtatás *n* printing (of books)
könyvpiac *n* book market
könyvsátor *n* bookstall
könyvsiker *n* best-seller
könyvszagú *a* bookish
könyvszakértő *n ker* **hites ~** *(nálunk 1950-ig)* = okleveles **könyvvizsgáló**
könyvszekrény *n* bookcase
könyvszemle *n* (book) review
könyvtámasz *n* bookends *pl*
könyvtár *n* library; **nyilvános ~** public library
könyvtárbusz *n* mobile/travelling library, *US* bookmobile
könyvtári *a* library; **~ kérőlap → kérőlap; ~ könyvek** library books
könyvtárközi *a* **~ kölcsönzés** interlibrary loan
könyvtáros *n* librarian
könyvtártan, -tudomány *n* librarianship
könyvterjesztés *n* distribution of books, book distribution
könyvtok *n* slip-cover
könyvújdonság *n* new book
könyvutalvány *n* book-token
könyvvitel *n* bookkeeping, *US* így is: accounting; **egyszerű ~** single entry (bookkeeping); **kettős ~** double entry (bookkeeping)
könyvvizsgálat *n* auditing, accounting, accountancy
könyvvizsgáló *n* auditor, accountant; **okleveles ~** *(régebben:* **hites ~**) *GB* char-

tered accountant, *US* certified public accountant
kőolaj *n* (crude) oil, petroleum; **K~-exportáló Országok Szervezete** Organization of Petroleum Exporting Countries *(röv* OPEC)
kőolaj-finomító *n* oil/petroleum refinery
kőolajipar *n* oil/petroleum industry
kőolajmező *n* oilfield
kőolajtelep *n (üzem)* oil-processing plant
kőolajvezeték *n* pipeline
kőoszlop *n* stone pillar
köp *v* **1.** spit*; *orv* expectorate; **vért ~** spit* (up) blood; *vulg* **~ vkre** *(és átv vmre)* spit* at/on sy/sg **2.** *biz* **(csak úgy) ~i az adatokat** (s)he just showers/swamps you with facts and figures **3.** □ *(bűnöző)* sing*, grass (on sy)
kőpadló *n* tile floor
köpcös *a* stocky, dumpy, (s)tubby
köpdös *v* spit* (about), sp(l)utter
köpedelem *n átv* abomination, horror; **ez igazán ~** it's disgusting
köpeny *n* **1.** *(ruhadarab)* cloak, gown; *(női)* wrap; *(ujjatlan)* cape; *(munkaköpeny)* white coat; **orvosi ~** [doctor's] white coat **2.** *(autógumi)* tyre *(US* tire)
köpés *n* **1.** *(cselekvés)* spit(ting); *orv* expectoration **2.** *(köpet)* spittle, spit; *orv* expectoration
köpet *n* spittle, phlegm, *orv főleg:* sputum
köpköd *v* = **köpdös**
köpködő *n tréf (talponálló)* dive, dump
kőpor *n* rock flour, sandstone powder
köpőcsésze *n* spittoon, *US* cuspidor
köpönyeg *n* cloak, cape; **eső után ~** lock the stable-door after the horse has bolted; **~et fordít** change/switch sides/colours *(US* -ors)
köpönyegforgatás *n* time-serving, coat-turning
köpönyegforgató *n* time-server, turncoat
köpper *n* twill
köptető(szer) *n* expectorant, cough mixture
kőpúder *n* powder compact
köpü *n* **1.** *(méheké)* bee-hive **2.** *(vajkészítő)* churn
köpül *v* churn
köpülő *n* churn
kör *n* **1.** *(vonal)* circle; *(emberekből stb. álló)* ring; **~ alakú** circular, round, spherical; **~ alakú épület** rotunda; **~be áll** make*/form a ring/circle **→ körbeáll; ~ben áll** rog rotate, go* round, circle; **~ben forgó** rotating, rotary; **teljes ~t ír le** come* full

circle 2. *földr* **hosszúsági** ~ (line of) longitude; **szélességi** ~ (line of) latitude 3. *(céltáblán)* (scoring) ring 4. *(versenypályán)* lap; **három** ~**t ír le** do* three laps 5. → **érdeklődési, működési** 6. *(társas)* club, circle; **baráti** ~ circle of friends; **a mi** ~**ünkben** in our circles/society, among us; **írói** ~**ökben** in the literary world; **politikai** ~**ökben** in political circles; **a nép** ~**ében** among the people; **szűk** ~**ben** within narrow bounds/limits ⇨ **körbe**
kőr *n (kártya)* heart(s); **két** ~ *(bemondás)* bid* 2 hearts; ~ **ász** ace of hearts
kőrakás *n* stone heap
körbe *adv* round; ~ **ad** hand/pass round **kör** 1.
körbeáll *v (= köréje áll)* stand* round sy, surround sy **kör** 1.
körbejár *v* walk/go* (a)round
körbe-körbe *adv* round and round
körbélyegző *n* round (rubber) stamp
körben *adv* (a)round **kör** 1.
körcikk *n* sector
köré *adv/post* (a)round; **az asztal** ~ **ülnek** sit* round the table; **maga** ~ **gyűjt** rally/gather around oneself, surround oneself with; **vk** ~ **tömörül** gather/rally round sy
körégő *n* collar/ring burner
kőrengeteg *n (nagyvárosé)* asphalt jungle
köret *n* trimmings *pl*, vegetables and potatoes/chips (v.*US* French fries) *pl*; *(díszítés)* garnish(ing); ~**tel** [roast turkey etc.] (served) with all the trimmings, served with vegetables and potatoes/chips (*v. US* French fries); *(díszítve)* garnished with [slices of lemon, pieces of tomato etc.]
körfésű *n* semicircular comb
körfolyamat *n* cycle → **körforgás**
körfolyosó *n* circular gallery
körfordulat *n* turn, round (turn), revolution; **teljes** ~**ot tesz** come* (*v.* make* a) full circle, turn (a)round
körforgalom *n* roundabout, *US* traffic circle, rotary
körforgás *n* circulation, rotary motion, rotation; *(égitesté)* revolution; *(jelenségeké)* recurrence, cycle
körfűrész *n* circular saw, *US* buzz saw
körgallér *n* cape
körgát *n* circular dam
körgyűrű *n* 1. *mat* annulus (*pl* annuli) 2. *(forgalmi)* ring-road, *US* belt(way)
körhagyó *a* eccentric
körhinta *n* merry-go-round, roundabout, *US* így is: carousel
körirat *n* 1. *(érmén)* legend 2. = **körlevél**

kőris *n* ash
kőrisbogár *n* blister beetle, Spanish fly
kőrisfa *n* ash (tree)
körít *v vmvel* garnish/trim with ⇨ **köret**
körítés *n* = **köret**
körív *n* 1. *mat* arc 2. *épít* arch, bow
körjárat *n* round, beat, circuit
körjegyző *n kb* district notary
körkép *n* 1. = **körkilátás** 2. *(festmény)* cyclorama, panorama 3. *(áttekintés)* panorama, survey
körkérdés *n* (general) inquiry (by circular *v.* questionnaire), poll; survey; ~**t intéz** conduct a poll
körkilátás *n* panorama, panoramic view
körkörös *a* concentric, circular
körkötő(gép) *n* circular knitting machine
körlet *n kat* (military) district, area
körlevél *n* circular
körmagyar *n* † ⟨old Hungarian ballroom dance⟩
körmenet *n* procession
körmérkőzés *n* tournament
körmondat *n* period, complex sentence
körmozgás *n* circular motion, rotation
körmöl *v* scribble, scrawl
körmönfont *a* 1. *(ravasz)* wily, cunning, artful, shrewd 2. *(bonyolult)* complicated, subtle; ~ **okoskodás** (a piece of) sophistry
körmös *n isk* † rap on the knuckles
környék *n (vmely helységet körülvevő)* environs *pl*; *(vidék)* countryside; **a város** ~**e** the environs/outskirts of a/the town *pl*; **London** ~**én** in the London area/region; **azon a** ~**en lakik** he lives thereabouts/nearby; **a seb** ~**e** periphery of the wound
környékbeli *a/n* **a** ~**ek** people from/of/in the neighbourhood
környékez *v* **ájulás** ~**i** be* on the verge of fainting, feel* faint
környezet *n (vkt körülvevő, természeti)* environment, surroundings *pl*; *(személyi)* milieu, surroundings *pl*
környezeti *a* ~ **ártalmak** environmental damages/effects
környezetszennyezés *n* environmental pollution, pollution of the environment
környezettanulmány *n* study of surroundings, study of living conditions
környezetvédelem *n* environmental protection, conservation/protection of the environment
környezetvédelmi *a* environmental, environment; ~ **osztály** department of the environment; ~ **szakember** environmentalist

környezetvédő *n* environmentalist
környező *a* surrounding, near(by), neighbouring
kórorvos *n* (rural) district doctor/physician
köröm *n* **1.** *(emberé)* (finger)nail; *(lábujjakon)* toenail; **körmére ég a dolog** be* (hard) pressed for time; *biz* **körmére néz vknek** keep* a close eye on sy; **körmére koppint** rap sy on the knuckles; **körmét piszkálja** pick/clean one's nails; **körmöt ápol** *(kézen)* manicure; *(lábon)* pedicure; **körmöt vág** clip/cut*/pare one's nails **2.** *(állaté)* claw ⇨ **karom, lekap**
körömágy *n* nail-bed
körömágygyulladás *n* onychia
körömápolás *n* manicure; *(lábon)* pedicure
körömcipő *n* pumps *pl*
körömfájás *n* → **száj- és** ∼
körömfeketényi *a*/*n* átv biz a jot (of), the tiniest (part of)
körömkefe *n* nailbrush
körömlakk *n* nail polish/varnish; *US így is:* enamel
körömlakklemosó *n* nail-polish (*v.* -varnish) remover
körömolló *n* nail scissors *pl*
körömpörkölt *n* Hungarian stew of trotters
körömráspoly, -reszelő *n* nail file
körömszakadt(á)ig *adv* ∼ **tagad** deny sg vehemently
körömvágó olló *n* nail scissors *pl*
körönd *n* circus
körös-körül *adv* all (a)round, round and round
köröz 1. *vi (kört ír le)* circle, describe circles **2.** *vt vkt* issue a warrant for the arrest of sy; ∼**i a rendőrség** he is wanted by the police, the police are after him **3.** *vt (írást)* send*/pass round, circulate
körözés *n* **1.** *(körleírás)* circling **2.** *(keresés)* warrant (for sy's arrest) **3.** *(körbeadás)* passing round, circulation
körözőlevél *n* warrant (for sy's arrest)
körözött I. *a (személy)* wanted (person) **II.** *n (étel)* Liptauer ⟨spiced sheep's cheese⟩
körözvény *n* circular
körpálya *n csill* orbit; *(autóverseny)* circuit
körpecsét *n* round (rubber) stamp
körrendelet *n* general order, decree
körséta *n* (sightseeing) tour, walk round/around town; **az igazgató vezetésével** ∼**t tesznek a gyárban a diákok** the director will show the party of students (a)round the factory
körszakáll *n* full beard

körszálló *n* tower hotel *(főleg:* the Budapest Tower Hotel)
körszelet *n mat* segment
körszínház *n (mai)* theatre-in-the-round; *(ókori)* amphitheatre
körtánc *n* round dance
körte *n* **1.** *(gyümölcs)* pear **2.** *(égő)* (light) bulb
körtefa *n* pear-tree
körtelefon *n* round call
körtér *n* circus
körút *n* **1.** *(utca)* boulevard **2.** *(utazás)* tour, trip; *(szolgálati)* round, beat; **körutat tesz** make* a tour, do* the rounds (of sg)
körutazás *n* round trip
körül *post* **1.** *(körben)* (a)round; **az asztal** ∼ (a)round the table; **a ház** ∼ about the house; **minden e** ∼ **forog** everything centres/turns around/on this **2.** *(időben: táján)* (at) about, round; **1900** ∼ round 1900; **9 óra** ∼ around *(v.* at about) 9 o'clock; **9 (óra)** ∼ **ott leszek** I'll be there at round about 9 (o'clock), I'll be there ninish **3.** *(megközelítőleg)* about, near; **az ára 10 Ft** ∼ **lehet** it costs* about 10 fts, 10 fts or thereabouts
körüláll *v* surround, encircle
körülálló *n* bystander
körülás *v* dig* round
körülbástyáz *v* surround with ramparts; *átv* ∼**za magát vmvel** entrench oneself behind/in sg
körülbelül *(röv. kb.)* adv about, roughly, approximately *(röv* approx.), some, *US* around; ∼ **ötvenen voltak ott** there were about/some/approximately 50 people there; ∼ **egy hét múlva** in a week or so
körülépít *v* surround with buildings, enclose, build* up
körülér *v vmt* go* round sg, embrace sg
körülfog *v vmt* surround, enclose, encircle; *(vk személyt)* gather/stand* round, surround, form a ring (a)round; **a járókelők** ∼**ták a tolvajt** the people in the street surrounded the thief
körülfut *v* run* round
körülhajóz *v* circumnavigate, sail round
körülhatárol *v* **1.** *(körülkerít)* encircle, encompass **2.** *(körülír)* circumscribe, delimit, define; *jól* ∼**t** well-defined
körülhízeleg *v* fawn (up)on, court (sy)
körülhord(oz) *v* take*/carry round; *(városban)* show* round
körüli *a* about *ut.*, (a)round *ut.*; **a város** ∼ **vidék/táj** the country(side) around the

town; **hatvan év** ~ **férfi** a man (round) about sixty
körülír v **1.** *(szépítve)* use a euphemism/circumlocution **2.** *(részletezve)* paraphrase; *(közelebbről)* specify
körülírás n ált circumlocution; *(szépítő)* euphemism; *(részletező)* paraphrase, periphrasis *(pl -ses)*
körülírt a orv circumscribed
körüljár 1. vi *(vk/vm körül)* go*/walk round **2.** vt *(bejár, területet)* tour [a country etc.]
körülkerít v surround, encircle, enclose
körülkerül v. go*/get* round
körülkötöz v tie round
körülmegy v go*/walk round, make* a round; tour; **körülmentem a városban** I walked around (in) the city/town
körülmény n **1.** jog circumstance **2.** ~ek circumstances, conditions; **ilyen** ~**ek között** in/under the circumstances; **minden** ~**ek között** by all means, in any case; **semmi(lyen)** ~**ek között** in/under no circumstances, on no condition/account, no way; **nehéz** ~**ek között él** be* badly off, live in reduced circumstances, find* it hard to make ends meet; **jobb (anyagi)** ~**ek között él** be* better off (than); **a** ~**ekhez képest** in/under the circumstances; **a** ~**ekhez képest elég jól** not bad, considering; **a** ~**ektől függően** as the case may be
körülményes a **1.** vm circuitous, complicated; roundabout **2.** *(személy)* formal, ponderous
körülmetél v circumcise
körülmetélés n circumcision
körülnéz v look/glance (a)round, take*/have* a look round; ~ **az üzletekben** look (a)round the shops; biz *(hogy minél olcsóbban vásárolhasson)* shop around
körülötte adv (a)round/about him/her/it
körülrajong v swarm round, admire
körülrak v put*/place/lay* round
körülrepül v fly* round, fly* about
körülszaglász v sniff/smell* round; *(keresve)* ferret around; *(üzletekben)* biz shop around
körültáncol v dance (a)round
körültekint v look (a)round ⇨ **körülnéz**
körültekintés n **1.** *(szemlélve)* looking round **2.** átv circumspection, caution; **kellő** ~**sel** cautiously, with circumspection
körültekintő a átv circumspect, wary, cautious, prudent
körüludvarol v biz dance attendance on sy

körülutazza a világot kif go* round the world
körülül v sit* (a)round
körülvág v cut* round, pare; *(hajat)* trim
körülvesz v **1.** vmt surround, enclose, encircle *(vmvel mind:* with); **kerítéssel vesz körül** fence off **2.** vkt surround sy, stand* round sy **3.** kat = **körülzár**
körülvezet v show* sy (a)round [a place]
körülvisz v take*/carry round; *(körülvezet)* show* sy (a)round [a place]
körülzár v surround, encircle; kat cut* off, blockade, hem in
körvasút n circular railway (network)
körvonal n **1.** *(kontúr)* outline, contour; *(városé távolból)* skyline **2.** *(átv, szellemi tartalomé)* sketch, rough draft, outline; ~**aiban (összefoglalva)** in outline; ~**akban vázol vmt** make*/give* an outline of sg, outline sg
körvonalaz v átv outline/sketch sg, produce an outline *(v.* a rough draft) of sg
körzet n *(igazgatási)* district, zone; *(terület)* area
körzeti a district; ~ **hívószám** area code; ~ **orvos** panel/district/local doctor; *(igével)* be* on the panel; *(háziorvos GB)* family doctor, G.P. *v.* GP
körzetparancsnok n district commander
körző n compasses pl; ~**vel mér** measure with compasses
körzőkészlet n compass set
körzőnyílás n span of compasses
körzőszár n leg of compasses
kősó n rock salt
kösz! int biz thanks
kőszáli sas n golden eagle
kőszén n (hard) coal
kőszénbánya n coal mine/pit, colliery
kőszéntermelés n coal production/output
kőszerszám n stone implement
kőszikla n rock, cliff
kőszirt n cliff, crag
kőszívű a heartless, stony/cold-hearted, hardhearted
köszön 1. vi *(vknek, üdvözölve)* greet sy **2.** vt vknek vmt thank sy for sg, say* thank you to sy for sg; ~**öm!** thank you (very much)!, many thanks!; ~**öm, hogy...** thank you for (... ing); ~**öm (, kérek)** thank you; ~**öm, nem (kérek)** no, thank you; **előre is** ~**öm** thank you in anticipation, thanks in advance; **nagyon szépen** ~**öm** thank you very much, thank you ever so much; ~**öm szeptember 5-i levelét** thank you (very much) *(v.* many thanks) for your

letter of 5 September **3.** *vt (vknek köszönhet vmt)* have* sy to thank for sg, be* indebted to sy for sg; **neki** ~**hetjük/**~**hetem, hogy** it was thanks to him that; **segítségednek** ~**hetjük, hogy sikerült** thanks to your help we were successful; **magadnak** ~**heted** *(a bajt)* you have brought it on yourself, you asked for it; **csak magának** ~**hette** he had only himself to thank for it ⇨ **köszönhető**

köszönés *n* greeting

köszönet *n* thanks *pl*, acknowledgement; **hálás** ~**!** thank you ever so much, thank you very much; **nincs benne** ~ it's a thankless job/task; **fogadja előre is hálás** ~**emet** thank(ing) you in advance/anticipation; ~**et mond/nyilvánít vknek vmért** thank sy for sg, express/offer one's thanks to sy for sg; ~**tel felvettem** received with thanks; ~**tel tartozik vknek vmért** owe sy thanks for sg; ~**tel vesz** receive with thanks, be* grateful/thankful for

köszönetnyilvánítás *n* expression of thanks, *(könyvben)* acknowledgements *pl*

köszönhető *a* **1.** *vmnek* due/thanks to; **bátorságának volt** ~**, hogy** thanks to his courage; **a baleset figyelmetlen vezetésének volt** ~ the accident was due to his careless driving **2.** *vknek* **neki** ~**, hogy** it is* due/thanks to him that, we are* indebted to him for

köszönő *a* ~ **viszony** nodding acquaintance; ~ **viszonyban van vkvel** have* a nodding acquaintance with sy

köszönőember *n (áruházi)* commissionaire

köszönőlevél *n* letter of thanks; *(szíveslátásért) biz* bread-and-butter letter

köszönt *v* **1.** *(üdvözöl)* greet, welcome, salute; *(kalapemeléssel)* take* one's hat off to **2.** *(ünnepélyes alkalommal)* congratulate sy [on sy's marriage/birthday, on having passed the examinations etc.]; *(itallal)* drink* to the health of, toast (sy) **3.** *(beszéddel)* address; X ~**ötte a kongresszust** X addressed the congress

köszöntés *n* **1.** *(üdvözlés)* greeting, salutation **2.** *(ünnepélyes alkalommal)* congratulation(s)

köszöntő I. *a* congratulatory, complimentary; ~ **szavak** *(érkezéskor)* words of welcome **II.** *n (szavak)* congratulations *pl*; *(pohárral)* toast

köszöntővers *n* poetic address

köszörű *n* grinding machine, grinder

köszörűkerék *n* grinding-wheel

köszörűkő *n* grindstone, whetstone

köszörül *v* **1.** *(élesít)* grind*, sharpen **2. torkát** ~**i** clear one's throat

köszörületlen *a* unwhetted, blunt

köszörűs *a* (knife-)grinder

köszvény *n* gout; *(lábé)* podagra

köszvényes *a* gouty

köt 1. *vt (megköt)* bind*, tie; *vmhez* tie/fasten/attach to; **kötényt** ~ **maga elé** put* on an apron; **csomót** ~ tie/make* a knot (in sg); ~**ni való gazember** scoundrel, gallows-bird; ~**ni való bolond** raving mad, mad as a hatter **2.** *vt/vi (pulóvert)* knit* [sy a pullover]; *(kosarat, koszorút)* make* [basket, wreath] **3.** *vt (könyvet)* bind* [book]; **újra** ~ rebind* **4.** *vt* **barátságot** ~ make* friends (with sy); **biztosítást** ~ take* out insurance; **házasságot** ~ marry sy; **szerződést** ~ **vkvel** enter into a contract with sy; **üzletet** ~ do*/transact business *(vkvel* with sy) **6.** *vt* ~**i esküje** be* bound by one's oath; ~**i magát vmhez** insist (up)on sg, make* a point of (doing sg) **7.** *vi (beton)* set* ⇨ **béke, beleköt**

kötbér *n* penalty, forfeit; ~**t fizet vknek** make* a penalty payment (to sy), pay* a penalty for sg to sy

köteg *n* bundle, parcel, packet, bunch; *(széna)* truss

kötekedés *n* provocation, provocative remark

köteked|ik *v* **1.** *(szemtelenül)* provoke, (try to) pick a quarrel (with) **2.** *(tréfásan)* banter, chaff

kötekedő *a* quarrelsome, cantankerous, provocative

kötél *n* cord, rope; *(hajó)* cable, rope; *(vontató)* towline, hawser; ~ **általi halál** *(büntetés)* execution by hanging, the gallows *pl*; ~ **általi halálra ítél** condemn sy to be hanged, sentence sy to death by hanging; **ha minden** ~ **szakad** at worst, if the worst comes to the worst, as a *(v.* in the) last resort; *biz* ~**ből vannak az idegei** have* nerves of steel/iron; ~**nek áll** toe the line; ~**re mászik** climb up the rope

kötelék *n* **1.** *(kötés)* tie, bond, link, band **2.** *(érzelmi)* ties *pl*, bonds *pl*; **baráti** ~**ek** ties/bonds of friendship **3.** *kat* unit; *rep* formation; **a hadsereg** ~**éből elbocsát** discharge from the army; ~**ben repül** fly in formation

kötelem *n jog* obligation, duty, engagement

köteles *a* **1.** *(kötelező)* obligatory; ~ **példány** deposit/copyright copy; ~ **tisztelet**

due respect **2.** ~ **vmt megtenni** be* bound/obl*i*ged/requ*i*red to do sg; *(feladata)* be* supp*o*sed to do sg; **nem vagyok** ~ **ablakot mosni** I'm not supp*o*sed to clean the w*i*ndows

kötelesség *n* d*u*ty, oblig*a*tion, task, f*u*nction; ~**em vmt megtenni** I am* obl*i*ged/ bound to do sg, it is* my d*u*ty to do sg; ~**ének tartja** feel* (ones*e*lf) bound to do sg, feel* called up*o*n to do sg; ~**ét megteszi/teljesíti** do* *(v.* fulf*i*l, *US* fulf*i*ll) one's d*u*ty *(vkvel szemben* by sy); **nem teljesíti a** ~**ét** fail in one's d*u*ty; **hív a** ~ d*u*ty calls (me)

kötelességérzet *n* sense of d*u*ty/responsib*i*lity

kötelességmulasztás *n* negl*e*ct of one's d*u*ty *(v.* d*u*ties), derel*i*ction

kötelességszegés *n* breach of d*u*ty

kötelességszerű *a* d*u*tiful, duty-bo*u*nd

kötelességteljesítés *n* fulf*i*lment *(US* fulf*i*llment) of one's d*u*ty, exec*u*tion of one's d*u*ty

kötelességtudás *n* sense of d*u*ty

kötelességtudó *a* consc*i*entious, d*u*tiful

kötelez *v* vmre obl*i*ge, bind*, comp*e*l (sy to do sg); ~**i magát** *vmre* undert*a*ke* (to do sg), bind*/comm*i*t oneself (to do sg); ~**zük magunkat** we herewith undert*a*ke; **a törvény** ~**i vmre** the law comp*e*ls/obl*i*ges sy to do sg

kötelezettség *n* oblig*a*tion, eng*a*gement, d*u*ty, liab*i*lity; ~ **nélkül** with*o*ut liab*i*lity/ engagement/obligation; ~**et vállal** undert*a*ke* (to), ass*u*me an oblig*a*tion

kötelezettségvállalás *n* undert*a*king of obligation(s)

kötelező *a* obl*i*gatory, comp*u*lsory; ~ **elmenni** one/sy is* requ*i*red to go; „~'' **megnézni** *(pl. tévében)* biz it's a must!; *(vkre nézve)* ~ **érvényű** [a decision] b*i*nding on sy; ~ **(gépjármű)biztosítás** third-party liab*i*lity; ~ **gyakorlat** *(műkorcsolyában)* set f*i*gure; ~ **haladási irány** *(közlekedés)* ah*e*ad *o*nly; ~ **ígéret** a b*i*nding promise; ~ **olvasmány** comp*u*lsory/ requ*i*red re*a*ding, prescr*i*bed/set book/text; ~ **olvasmánynak ír elő** set* a text/book [for an examin*a*tion]; **az** ~ **orosznyelv--oktatás eltörlése** ab*o*lishing of the obl*i*gatory te*a*ching of R*u*ssian, abolishing the te*a*ching of R*u*ssian as an obl*i*gatory s*u*bject

kötelezvény *n* bond, pr*o*missory note

kötélgyártó *a* r*o*pe-maker

kötélhágcsó *n* r*o*pe-ladder; *(árbocra)* rat-lines *pl*

kötélhíd *n* c*a*ble/rope bridge

kötélhúzás *n* tug-of-war

kötélidegzetű *a* *kif* have* nerves of steel/ *iron*

kötélmászás *n* r*o*pe-climbing

kötelmi *a* ~ **jog** c*o*ntract-law

kötélpálya *n* c*a*ble-railway,   rope-way; *(elektromos, könnyebb)* telpher

kötéltáncos *n* tightrope w*a*lker

kötélzet *n* haj*ó* r*i*gging, t*a*ckle

kötény *n* *a*pron; *(kislányé)* p*i*nafore

kötényruha *n* p*i*nafore (dress), *US* j*u*mper

kötés *n* **1.** *(művelet)* b*i*nding, t*y*ing; *(csomóra)* kn*o*tting; *(a csomó)* knot, tie; *(seben)* bandage, dr*e*ssing; ~**t cserél** *(seben)* change/repl*a*ce a b*a*ndage **2.** *(kézimunka)* kn*i*tting **3.** *(könyv, művelet)* (book-)b*i*nding, b*i*nding books; *(a könyv kötése)* b*i*nding, cover **4.** *műsz* bond, link, joint **5.** *(silécen)* b*i*ndings *pl* **6.** *(cementé)* set(ting); *(tégláé)* bonding **7.** *vegy* bond **8.** *ker* transaction, deal

kötésterv *n* nyomd cover des*i*gn

kötet *n* volume

kötetes *a* -volume; **két**~ **regény** n*o*vel in two volumes; **a hét**~ **akadémiai szótár** the seven-volume d*i*ctionary of the Hungarian Academy

kötetlen *a* **1.** *(könyv)* unbound **2.** ~ **beszéd/forma** prose **3.** *(társalgás)* informal

kötetszám *n* volume number

kötni való → köt 1.

kötő I. *a* **1.** *(kézimunkát)* kn*i*tting **2.** *műsz* b*i*nding; **gyorsan** ~ **cement** quick-setting cement **II.** *n* **1.** *(kézimunka)* kn*i*tter **2.** *(kötény)* *a*pron, p*i*nafore

kötőanyag *n* b*i*nder/bonding *a*gent/material, b*i*nder

kötőde *n* kn*i*twear works *sing. v. pl,* kn*i*twear factory

kötődés *n* **1.** *vkvel* b*a*nter, te*a*sing, r*i*bbing **2.** *vkhez* attachment (to sy), aff*e*ction (for sy); *pszich* fix*a*tion (on sy) **3.** *vegy* l*i*nkage

kötőd|ik *v* **1.** *vkvel* b*a*nter/tease sy (playfully) **2.** *vkhez* be* att*a*ched to sy **3.** *vegy* link

kötőfék *n* h*a*lter [of horse]

kötőfonal *n* kn*i*tting yarn, wool

kötőgép *n* kn*i*tting machine

kötőhangzó *n* l*i*nk(ing) vowel, glide

kötőhártya-gyulladás *n* conjunctiv*i*tis, pink eye

kötőjel *n* hyphen; **hosszú** ~ (em) dash; ~**lel ír/tagol** write* with a hyphen, hyphenate; ~**lel írt** hyphenated

kötőmód *n* subj*u*nctive

kötőnő *n* kn*i*tter, kn*i*tting woman°

kötőpamut *n* knitting thread/yarn/cotton

kőtörmelék *n* rubble, chippings *pl*

kőtörő *n* stone-breaker

kötőszó *n* conjunction

kötőszövet *n orv* connective tissue

kötött *a* 1. *(össze)* tied, bound; *(vmhez erősített)* fixed, attached, fastened *(mind:* to) 2. *(kézimunka)* knitted; ~ **kabát** cardigan; ~ **ruha** knitted dress 3. *(könyv)* bound 4. *(meghatározott)* defined, settled; *(nem szabad forgalmú)* fixed; ~ **ár** fixed price; ~ **gazdálkodás** controlled economy 5. *ir* ~ **beszéd** poetry, verse

kötöttáru *n* knitwear

kötöttáru-kereskedés *n* knitwear shop

kötöttfogású birkózás *n* Graeco-Roman wrestling

kötöttség *n* restriction, constraint

kötőtű *n* (knitting) needle

kötőüzem *n* knitwear works/factory

kötöz *v* 1. *(megköt)* tie (up), fasten, bind (up); *(szőlőt)* tie up 2. *(sebet)* dress, bandage

kötözés *n* 1. *(megkötés)* tying, fastening, binding up 2. *(sebé)* dressing, bandaging

kötözköd|ik *v* = **kötekedik**

kötözőállomás, -hely *n* dressing/ambulance station

kötözőpólya *n orv* (roller) bandage, gauze

kötözőszer, kötszer *n* dressing, bandage

kötszövött *a* ~ **áru** knitwear

kőttes *n* ⟨cake made of raised dough⟩

köttet *v* 1. *(könyvet)* have* [a book] bound 2. *(pulóvert stb.)* have* sg knitted

kötve *adv* 1. *(aligha)* ~ **hiszem** I very much doubt it, it is hardly credible (that) 2. *(könyv)* bound; **vászonba** ~ cloth-(bound)

kötvény *n* 1. *(pénz)* bond, security 2. **biztosítási** ~ insurance policy

köv. = **következő**

kővágó *n* stone-cutter

kövecses *a* pebbly, gravelly

kövér *a* 1. *(ember)* fat, stout, corpulent; *(hús, állat)* fat 2. ~ **betű** boldface type, bold(face); ~ **betűkkel** *(v.* ~**rel)* **szedett** (is*) in boldface, (is*) in bold type 3. *(föld)* rich, fertile

kövérít *v (ruha)* make* sy look fat/plump

kövérkés *a* fattish, plump

kövérség *n* fat(ness), stoutness, corpulence, plumpness

köves *a* 1. *(talaj)* stony, full of stones *ut.* 2. **15** ~ **óra** watch with 15 jewels

kövesztett *a* ~ **szalonna** (boiled) green bacon

követ¹ *v* 1. *(utána megy)* follow (sy), go*/be* after; **észrevétlenül/távolról** ~ **vkt** shadow/trail sy, follow sy secretly; **a zöld jelzést** ~**i** follow the green marking(s) 2. **érdeklődéssel** ~ follow with attention; **tud(sz)** ~**ni?** can/do you follow (me)? 3. *(sorrendben)* succeed, follow, come* after *(mind:* sy *v.* sg) 4. *(példát)* imitate; *(utasítást)* observe, obey; ~**i vk tanácsát** take* sy's advice; ~**i vk utasításait** obey sy's instructions 5. *(filmfelvevőgéppel)* pan ⇨ **nyom²**

követ² *n* 1. *(diplomáciai)* minister; **a budapesti brit/angol** ~ the British Ambassador/Minister in Budapest; **rendkívüli** ~ **és meghatalmazott miniszter** envoy/ ambassador extraordinary and minister plenipotentiary 2. *(képviselő)* † deputy, Member of Parliament 3. *tört* † *(küldött)* delegate

követel *v* 1. *vktől vmt* claim, demand; ~ *vmt vkn* press sy for sg; ~**i jussát** demand/assert one's rights ... **(új) emberéleteket** ~ **nap mint nap** [bombings etc.] claim new lives every day 2. *ker* ~ **oldal/rovat** credit side; **a számla** ~ **oldalán** on the credit side of the account 3. *(szükségessé tesz)* require, necessitate ⇨ **tartozik**

követelés *n* 1. claim, demand; ~**e van vkn** have* a claim on sy 2. *ker* credit balance, *US* account receivable; *(folyószámláé)* balance

követelmény *n* requirement, demand; **a** ~**eknek megfelel** comply with *(v.* meet*) the requirements

követelődzés *n* excessive (repeated) demands *pl*

követelődz|ik *v* put* in excessive claims, make* (excessive) demands

követelődző *a* clamorous, insistent, aggressive

követendő *a* 1. *(követésre méltó)* exemplary, worthy of imitation *ut.;* ~ **példa(kép)** model/example to be followed, exemplar, model 2. ~ **eljárás** procedure to be followed, recommended procedure

követés *n* 1. *vké* following 2. *(sorrendben)* succession 3. *(példáé)* imitation

követési *a* ~ **távolság** safety gap; **szépen betartja a** ~ **távolságot** is* keeping a nice even distance

következés *n (sorrendi)* succession, sequence, order

következésképpen *adv* consequently, in consequence, as a consequence, therefore, it follows from this (that); thus, ...

következetes *a* consistent
következetesség *n* consistency
következetlen *a* inconsistent, illogical, contradictory
következetlenség *n* inconsistency, contradiction
következ|ik *v* **1.** *(sorrendben)* follow, come* *(after/next)*; succeed; **soron** ~**ik** it is* sy's turn; be*/come* next; **ki** ~**ik?** who is/comes next?, whose turn is it?; **Jancsi után Miska** ~**ik** after Johnny it is* Mike's turn, Mike comes* after Johnny; **Mátyás király után Ulászló** ~**ett** King Matthias was followed/succeeded by Wladislas; **folytatása** ~**ik** to be continued (in our next issue); **most én** ~**em** it is* my turn (now); ~**ik** *(rádióban)* there now follows ..., now you will hear ...; **most Beethoven** *V.* **szimfóniája** ~**ik** now you will hear Beethoven's Fifth Symphony; *szính* **X** ~**ik X** comes on **2.** *vmből* result (from), follow (from), ensue; **ebből** ~**ik(, hogy)** it follows (from this) (that); **mi** ~**ik ebből?** what does* this mean?, what follows from this?; **a fentiekből** ~**ik, hogy** from what has been said above (*v.* from the foregoing) it is clear that, it follows from the foregoing that
következmény *n* consequence; *(eredmény)* result, upshot, outcome; *(főleg káros)* aftermath; *(kedvező)* issue; *(szükségszerű)* corollary; **az a** ~**e, hogy...** it results in...; **a** ~**eket vállalja/viseli** take* the consequences; **ez** ~**ekkel jár** this carries consequences
következményes *a* ~ **mellékmondat** consecutive clause
következő I. *a* following; *(legközelebbi)* next; **rá** ~ following, next; **a** ~ **alkalommal** next time; **kérem a** ~ **beteget!** next (*v.* the next one) please; **a** ~ **hét(en)** the following week; **a** ~ **napon** the following day; **a** ~ **évben** in the following year; **válaszom a** ~ my answer is the following, my answer is as follows **II.** *n* **1.** *(személy)* the next; **ki a** ~**?** who is/comes next?, whose turn is it?; **kérem a** ~**t!** next (*v.* the next one) please; **a** ~**k játszanak a holnapi mérkőzésen** the following have been chosen to play in tomorrow's match **2.** *(közlendő)* the following; **a** ~**kben** in the following; **kérdései a** ~**k voltak** his questions were as follows (*v.* the following); **a** ~**ket mondta nekem** he told me the following

következőképpen *adv* as follows, in the following manner
következtében *adv* **vmnek** ~ in consequence of sg, as a consequence (of sg), because of sg, owing/due to sg, on account of sg; **ennek** ~ therefore, whereupon, thereupon; **baleset** ~ **meghalt** (s)he died as a/the result of an accident
következtet *v* *vmből* *vmt/vmre* deduce sg from sg, infer sg from sg, conclude from, come* to the conclusion; **arra enged** ~**ni, hogy** it may be concluded/inferred/deduced that, the conclusion can be drawn that
következtetés *n* **1.** *(eredménye)* conclusion, inference, deduction; **arra a** ~**re jut, hogy** come* to (*v.* reach) the conclusion that; conclude that; **levonja a** ~**t vmből** draw* the/a conclusion from sg; **azt a** ~**t vonta le (belőle), hogy** he concluded that; **a bíróság a bizonyítékok alapján arra a** ~**re jutott, hogy** the jury concluded from the evidence that **2.** *fil* inference, conclusion, reasoning, deduction; **helytelen** ~ faulty reasoning
követő *I. a* following, subsequent, succeeding; **egymást** ~ **öt napon** five days running, on five consecutive days; **az ezt** ~ **vita** the ensuing debate; **vmt** ~**en** following sg *II. n vké* follower, adherent, disciple
követség *n* **1.** *(hivatal)* legation; *(nagykövetség)* embassy **2.** *(küldöttség)* † mission; ~**be küld vkt vkhez** send* sy on a mission to sy
követségi *a* legation, embassy; ~ **tanácsos** counsellor; ~ **titkár** secretary at a/the embassy/legation; ~ **ügyvivő** chargé d'affaires
kövez *v* *(utcát)* pave, flag
kövezés *n* *(utcáé)* paving, flagging
kövezet *n* paving, road surface
kövezett *a* paved; **nem** ~ unpaved
kövező *n* *(munkás)* paver, paviour *(US -or)*
kövirózsa *n* sempervivum, houseleek
kövület *n* petrifaction; *(állati)* fossil
köz *n* **1.** *(idő)* interval, pause, break **2.** *(tér)* distance, intermediate space **3.** *(utcácska)* close, lane, passage **4.** *(közösség)* community, public; **a** ~ **érdekében** in the public interest, for the common good **5.** ~**e van vmhez** have* to do with sg; **nincs** ~**e vmhez** have* nothing to do with sg; **mi** ~**öd hozzá?** (it's) none of your business, mind your own business; **mi** ~**öm hozzá?** it's no business/concern of mine, I've nothing to do with it; **semmi** ~**ük egymáshoz**

they have* nothing in common with each other; **a két ügynek nincs semmi ~e egymáshoz** these two things/matters have nothing to do with each other

köz- *pref* public-, common, general

közadakozás *n* public subscription, public contributions *pl*

közadó *n* public tax

közakarat *n* ~**tal** unanimously

közalkalmazott *n* civil servant, public employee, *US* sy in public service ⇨ **köztisztviselő**

közállapotok *n pl* the general conditions

kőzápor *n* hail of stones

közbe *pref* in-, in between

közbecsülés *n* public esteem

közbeékelőd|ik *v* be* wedged in, be* sandwiched (between)

közbees|ik *v* **1.** *(térben)* be* in between **2.** *(időben)* fall*/come* in between

közbeeső *a (időben)* intervening; *(térben)* intermediate

közbeiktat *v* insert, interpolate, put* in; *biz* sandwich in (between); *(lapot)* inset*

közbejön *v* intervene, occur, happen, come* up; **hacsak vm közbe nem jön** unless something happens, unless sg crops/comes up; **sajnálom, vm közbejött** sorry, sg has come up; **ha a háború nem jött volna közbe** had it not been for the war

közbejött *a* ~ **akadály** unforeseen obstacle; ~ **akadályok miatt** due to unforeseen circumstances, due to circumstances beyond one's/our control

közbekiált *v* interrupt, shout in

közbe-közbe *adv* every now and then, from time to time, occasionally

közbelép *v* step in, intervene, interfere

közbelépés *n* intervention, interference

közben I. *adv* **1.** *(egyidejűleg, ezalatt)* meanwhile, (in the) meantime **2.** *(térben)* in between; in the midst of **II.** *post* during, while; **beszélgetés(ünk)** ~ as/while we were talking ...; **előadás** ~ during the performance/play; **játék** ~ while playing

közbenjár *v vkért* intercede with sy for sy, use one's influence with sy to do sg, mediate between sy and sy

közbenjárás *n* intercession, mediation; **szíves** ~**ával,** ~**uk eredményeképpen** through the good offices of sy *v.* through sy's good offices

közbenjáró *n* intermediary, mediator

közben-közben *adv* = **közbe-közbe**

közbenső *a* = **közbülső**

közbeszéd *n (amiről beszélnek)* common talk; ~ **tárgya** topic on everybody's lips, the talk of the town

közbeszól *v* put* one's/a word in, interrupt (sy), get* a word in; *biz* chime/cut* in

közbeszólás *n* interruption, interference; ~**okkal megzavarja a szónokot** *(pol gyűlésen)* heckle the speaker [at a meeting]

közbeszóló *n* interrupter; *(pol gyűlésen, zavarólag)* heckler

közbeszúr *v* insert, put* in, interpolate ⇨ **közbevet**

közbeszúrás *n* insertion, interpolation

közbetold *v* interpolate, insert, intercalate; *(lapot)* inset*

közbevág *v* interrupt, *biz* cut* in

közbevegyül *v* mix, mingle (with)

közbevet *v* interpose, interject [a remark]; **sikerül pár szót** ~**nie** get* a word in edgeways

közbevetett *a* incidental, interpolated; ~ **mondat** interpolated clause

közbevetőleg *adv* incidentally, by the way

közbiztonság *n* public security/order

közbotrány *n* public scandal

közbülső *a (középső)* middle, centre *(US* -ter); *(közbeeső)* intermediate

közbűntényes *n* common/ordinary criminal

közcél *n* public purposes *pl*

közcsendháborítás *n* breach of the peace, public nuisance

közé I. *adv* in between, among(st); ~**jük való** be* one of them; **állj (be)** ~**nk!** join us!, be one of us! **II.** *post* **kiment a gyerekek** ~ (s)he went out to join the children; **vknek a szeme** ~ **néz** look sy in the eye, look into sy's eyes; **a rendőrök a tömeg** ~ **lőttek** the police fired into the crowd

közeg *n* **1.** *vm* medium *(pl* media), agent **2.** *vk* official; **hivatalos** ~ official, functionary

közegellenállás *n* drag

közegészségtan *n* public hygiene

közegészségügy *n* public health, sanitation

közegészségügyi *a* sanitary, public-health

közel I. *adv* **1.** *(térben)* near, not far off; **a házhoz** ~ near the house; **egészen** ~ close to, within easy reach (of), close/near by, close/near at hand, no distance at all; ~ **áll vkhez** (1) *konkr* stand* near sy (2) *átv* be* on intimate/friendly terms with sy; ~ **álló** standing near *ut.* → **közelálló;** ~ **fekvő** near, close, close at hand *ut.*; ~ **jár vmhez** be* close to sg, come* near to sg, be* on the verge of sg; ~ **jár az igazsághoz** be* near the truth; ~ **lakik** live nearby; ~ **van** be* near **2.** *(időben)* near, towards, around; ~ **jár az ötvenhez** be* approaching fifty, be* getting on for fifty; ~ **kettőig** close on two, until approximately/approx. two; ~ **már az az idő, amikor** the time/day is not far off when, the time/day is approaching when, the day is coming when **3.** *(csaknem)* nearly, about; ~ **ezer forint** about/almost a thousand forints; ~ **sem** not by a long way/chalk, not nearly, very far from it, far from... **II.** *n* vicinity, proximity, neighbourhood (*US* -bor-); **a** ~**ben** in the vicinity, not far off/away, nearby, at hand; **Budapest** ~**ében** near Budapest in the vicinity/neighbourhood of Budapest

közelálló *a* **a** ~**k** (1) *(barátok)* close friends, intimates (2) *(bennfentesek)* the inner circle, those in the know ⇨ **közel I.1.**

közelebb *adv* nearer

közelebbi I. *a* closer; *(részletesebb)* fuller, more particular/detailed; ~ **tájékoztatás** fuller/further information, further details *pl* **II.** *n (adat)* details *pl*, particulars *pl*; ~**t megtudhat X-től** for further details please apply to (*v.* contact) X; **nem tud semmi** ~**t az ügyről** (s)he knows* nothing further about the matter, (further) details are* not available

közelebbről *adv* **1.** *(térben)* more closely **2.** *átv (pontosabban)* in (more) detail; ~ **megjelöl/meghatároz** specify; ~ **megvizsgálva** on closer examination

közeledés *n* approach, coming; *(átv is)* advance; *pol* rapprochement (between)

közeled|ik *v* **1.** *vmhez* approach/near sg, come* nearer/closer to sg; *(egymáshoz)* come* closer, draw* near; ~**ik az óra** the hour draws* near, the hour is* at hand; **az ötvenedik évéhez** ~**ik** he is* approaching fifty, he is* getting on for fifty; **vészesen** ~**ik a vizsga(időszak)** examinations are* looming up **2.** ~**ni próbál vkhez** make* approaches to sy

közeleg *v* = **közeledik 1.**

közélelmezés *n* public supply, national food supply

közélelmezési *a* food-, of food *ut.*

közélet *n* public life

közéleti *a* public; ~ **ember/személyiség** public figure, VIP; ~ **szereplés** public appearance

közelgő *a* approaching, coming, advancing, nearing; *(veszély)* imminent [danger]

közelharc *n* close-range fighting, hand-to-hand fighting/combat

közeli *a (közel levő)* near, close, neighbouring (*US* -bor-); *(jövő)* immediate; *(napok)* coming; *(veszély)* imminent; **a** ~ **napokban** before long, in the near future; ~ **barátok** they are* close friends; ~ **rokonok** they are* close/near relatives, be* closely related

közelít *v vmhez* approach sg, come*/draw* near to sg, near sg; **helyesen** ~ **a kérdéshez** his approach to the question is right, he has the right idea

közelítés *n* approach(ing), advance, advancing

közeljövő *n* near/immediate future, foreseeable future; **a** ~**ben** in the immediate future, one of these days, before long, some day

Közel-Kelet *n* the Middle East, *US* the Mideast

közel-keleti *a* Middle Eastern; *US* Mideast; of/in the Middle East *ut.*

közelkép *n* close-up

közellátás *n* public supply

közellenség *n* public enemy

közellét *n* nearness, closeness, proximity, vicinity

közelmúlt *n* recent past; **a** ~**ban** recently, lately, not long ago

közelre *adv* close, at close range, at a short distance

közelről *adv* from a short distance, closely; ~ **érint** *vkt* affect sy, concern sy greatly; ~ **ismer** *vkt* know* sy well

közelség *n* nearness, closeness, proximity

közember *n* man° in the street, *biz* Mr Average

közép *n* **1.** *(vmnek a közepe)* the middle of sg; the centre (*US* -ter); **vmnek a (kellős) közepén** right in the middle of sg, in the very centre of sg; **június közepén** in the middle of June, in mid-June; **a tél kellős közepén** in midwinter, in the depths of winter; ~**re ad** *(labdát)* centre [the ball] **2.** *mat* mean; **számtani** ~ arithmetical mean; **mértani** ~ geometrical mean

közép- *pref* **1.** *ált* middle, centre- (*US* center-), central, mid- **2.** *(érték)* mean; *(átlagos)* average

Közép-Afrika *n* Central Africa

közép-afrikai *a* Central African, of Central Africa *ut.*

Közép-Amerika *n* Central America

közép-amerikai *a* Central American, of Central America *ut.*

Közép-Anglia *n* the Midlands *pl*

középangol *a* Middle English
középarányos *a mat* = **közép 2.**
Közép-Ázsia *n* Central-Asia
közép-ázsiai *a* Central Asiatic, of Central Asia *ut.*
középbirtok *n* medium-sized farm/estate
középbirtokos *n* medium landowner, medium estate-owner
középcsatár *n* centre (*US* -ter) forward, striker
középdöntő *n* semifinal
középdöntős *n* semifinalist
középen *adv* in the middle/centre (*US* -ter)
középérték *n mat* mean (value), average; ~ **et vesz** take* the mean/average
közepes I. *a* 1. *(minőségű)* medium; *(rendsz. elít)* mediocre (in quality); *biz* middling, so-so; ~ **eredmény** *isk* satisfactory, fair [mark]; ~ **tehetség(ű ember)** *(igével)* have* moderate ability; ~ **teljesítményt nyújtott** *(pl. színész)* his performance was undistinguished (*v.* rather run-of-the-mill) 2. *(átlagos)* mean, average; ~ **hatótávolságú raketa** intermediate/medium range missile; ~ **méretű/nagyságú** medium(-)sized, of medium/moderate size *ut.*, moderate-sized, middle-sized; ~ **magasságú** (s)he is of/about medium/average height II. *n* 1. ~ **en alul** below average; ~ **nél jóval nagyobb** well above (the) average 2. *(osztályzat)* satisfactory, fair, *US* C; ~ **re felelt** (s)he got a satisfactory/fair, *US* (s)he got a C
közepette *adv* amid, in the midst/middle of
Közép-Európa *n* Central Europe
közép-európai *a* Central European, of Central Europe *ut.*; ~ **idő** Central European time
középfedezet *n sp* centre (*US* -ter) half, half back
középfinom *a* second-rate
középfok *n* 1. *(tudásfokozat)* ~ **on beszél/tud angolul** have* a fair knowledge of English 2. *nyelvt* comparative
középfokú *a isk* 1. secondary; ~ **oktatás** secondary education 2. ~ **(angol stb.) nyelvtudás** a satisfactory/fair knowledge of [a language] ⇨ **nyelvvizsga**
középfolyás *n* middle course
középfutam *n sp* heat(s)
középfülgyulladás *n* inflammation of the middle ear, [have*] an inflamed middle ear, *tud* otitis
középhajó *n* épít nave
középhaladó *a* intermediate

középhátvéd *n sp* centre (*US* -ter) half, half back
középhegység *n* ⟨mountain of medium height⟩
középhőmérséklet *n* mean/average temperature; **évi** ~ mean yearly temperature
középhullám *n* medium wave
középidő *n* mean time
középiskola *n ált* secondary school; *GB (állami)* comprehensive (school); *GB (zártkörű, magán, rendsz. bentlakással)* public school; *GB (kb. a mi gimnáziumunknak felel meg)* grammar school, *US* high school, secondary school; **a** ~ **t Kaposvárott végezte** he went to (*v.* completed) secondary school in Kaposvár, *US* he graduated from high school in K.
középiskolai *a* secondary school, *US* high school; ~ **oktatás** secondary (school) education, *US* high school education; ~ **tanár** secondary (school) teacher, (assistant) master; ~ **tanulmányok** secondary school (studies); ~ **tanuló** secondary/ grammar school student, *US* high school student, high-schooler
középiskolás *n* secondary/grammar school student, *US* high school student, high-schooler
középjátékos *n sp* midfield player
középkáder *n (egészségügyi)* = **szakdolgozó**
Közép-Kelet *n* the Middle East, *US* Mideast
közép-keleti *a* Middle Eastern, of the Middle East *ut.*
középkor *n* Middle Ages *pl*; **korai** ~ early Middle Ages *pl*; **késői** ~ late Middle Ages *pl*
középkori *a* medieval, of the Middle Ages *ut.*
középkorú *a* middle-aged, of middle age *ut.*
középmagas *a* of medium/average height *ut.*
középméret *n* medium size
középméretű *a* = **közepes méretű**
középminőség *n* medium/middle quality; *(rendsz. elít)* mediocre quality, sg mediocre in quality; *biz* middling quality
középnagyságú *a* = **közepes nagyságú**
középnemesség *n tört kb.* the (landed) gentry
Közép-Nyugat *n US* Midwest
középosztály *n* the middle class
középosztálybeli I. *a* of the middle class *ut.*, middle-class II. *n* middle-class person, bourgeois
középpályás *n sp* = **középjátékos**
középparaszt *n* middle peasant

középparasztság *n* middle peasantry (*v.* peasants *pl*)
középpárt *n* centre (*US* center)
középpont *n* centre (*US* center), central point; middle; **az érdeklődés** ~**jában** in the centre of interest, in the limelight
középponti *a* central, middle
középrész *n* central part, middle
középréteg *n pol* middle layer
középső *a* central, centre (*US* -ter), middle; ~ **elválasztó sáv** *(autópályán)* central reserve, *US* median strip; ~ **nyom/sáv** middle/overtaking lane; ~ **ujj** middle finger
középsúly *n sp* middleweight
középsúlyú *a sp* middleweight
középszerű *a* middling, average; *elít* mediocre, run-of-the-mill; ~**en** *biz* so-so
középszerűség *n* mediocrity
középszint *n* intermediate level; ~**ű** intermediate
középtáv(futás) *n* middle-distance running
középtávfutó *n* middle-distance runner
középtermet *n* medium height/build
középtermetű *a* of medium height/build *ut.*
középút *n átv* middle course, middle-of-the-road; **az arany** ~ the golden mean; **a** ~**on halad** follow the middle course
középutas *a* middle-of-the-roader
középület *n* public building
középütt *adv* in the middle/centre (*US* -ter)
középvonal *n axis*, centre (*US* -ter) line; *(futball)* halfway line
közérdek *n* general/public interest
közérdekű *a* of (*v.* in the) public/general interest *ut.*
közerkölcs *n* public morality; ~**be ütköző cselekedet** offence against public morality
közért = **élelmiszerbolt**
közérthető *a* clear, clear to all *ut.*, easy to understand/follow *ut.*, easily intelligible
közérzet *n* general state of health; general feeling; **rossz** ~ indisposition, malaise, (the general feeling of) being unwell; **rossz a** ~**em** I feel* low/unwell; **jó a** ~**em** I feel* well
kőzet *n* rock
közétkeztetés *n* canteen meals *pl*
közfal *n* partition (wall), party wall
közfelfogás *n* public opinion; *(igével)* it is generally held/believed that...
közfelháborodás *n* general indignation, public outcry
közfelkiáltás *n* public/general acclamation; ~**sal** by acclamation
közfeltűnés *n* general stir; ~**t kelt** create/cause a general stir

közforgalmi *a* ~ **repülőtér** civil airport
közforgalom *n* traffic
közgazdasági *a* economic
közgazdaságtan *n* economics *sing.*
közgazdaságtudomány(ok) *n* economics *sing.*
közgazdász *n* economist; *(hallgató)* student of economics
közgondolkodás *n* (general) thinking, public thinking
közgyógyellátás *n* ~**ra jogosult beteg** sy entitled to N.H.S. treatment *(GB)*
közgyűlés *n* general assembly
közhangulat *n* general/public feeling, (political) climate
közhasználat *n* common/general use; ~**ban van** *(szó)* be* in current use; ~**ra** for public use
közhasználati cikkek *n pl* consumer goods
közhasználatú *a* ~ **szó** word in current use
közhasznú *a* (generally) useful, for public use *ut.*, of public utility *ut.*
közhely *n* cliché, commonplace, banality, platitude; ~**eket mond** talk in clichés
közhelyszerű *a* banal, commonplace
közhír *n* ~**ré tesz** inform the public, announce, make* known to the public
közhit *n* public belief
közhivatal *n* public office
közhivatali tisztviselő, közhivatalnok *n* = **köztisztviselő**
közigazgatás *n* (public) administration, the executive (branch of government), the civil service
közigazgatási *a* administrative, executive; ~ **eljárás** administrative procedure; ~ **gépezet** bureaucracy; ~ **hatóság** administrative authority; ~ **negyed** civic centre (*US* -ter)
közintézmény *n* public institution/corporation/body
közíró *n* publicist
közismereti *a* ~ **tárgyak** general subjects/studies
közismert *a* well-known, widely known, famed (for) *ut.*; *elít* notorious (for) *ut.*; ~ **dolog, hogy** it is a well-known fact that; ~ **tény** it's common knowledge; ~**en fukar** he is a byword for meanness
közízlés *n* general taste
közjáték *n* interlude; entr'acte
közjegyző *n* notary (public)
közjegyzői *a* notarial; ~ **iroda** notary's office; ~**leg hitelesít** attest, authenticate; *csak US:* notarize
közjó *n* public welfare, common good

közjog *n* public/constitutional law

közjólét *n* public/social welfare

közkapcsolat-szervezés *n* public relations *pl (röv PR)*

közkapcsolat-szervező *n* public relations officer/man° *(röv PRO)*

közkatona *n* private, common soldier, *GB biz* Tommy, *US* enlisted man°, *US biz* GI

közkedvelt *a* popular, much-loved

közkedveltség *n* popularity; ~nek örvend (1) *vk* be* popular (2) *vm* be* in great demand

közkegyelem *n* (general) amnesty, (general) pardon; ~ben részesül be* amnestied/pardoned

közkeletű *a* in/of current use *ut.*, current, everyday, common, popular; ~ kifejezés common phrase/expression; ~ nevén generally/commonly called...

közkézen forog *kif* be* in common use, pass through many hands; *(pénz, könyv stb.)* be* in circulation, circulate

közkincs *n* common/public property

közkívánatra *adv* by popular request; ~ megismételve (to be) repeated *(v.* performed again) by public/popular demand; *(főnévvel)* request/repeat performance

közkórház *n* general hospital

közköltség *n* public expense/cost; ~en at public expense

közkönyvtár *n* public library

közlegelő *n* common (pasture)

közlegény *n* = **közkatona**

közlekedés *n* traffic, transport, *főleg US:* transportation; *(járat)* service; **egyirányú** ~ one-way traffic; **vasúti** ~ train service

közlekedésbiztonság *n* road/traffic safety

közlekedésgépész-mérnök *n* automobile engineer

közlekedési *a* traffic, transport, service; ~ **baleset** *(közúti)* road accident, traffic accident; ~ **eszköz** means of transport, vehicle; ~ **hálózat** transport/traffic system/network; **K~, Hírközlési és Építésügyi Minisztérium** Ministry of Transport, Communications and Construction; ~ **módok** means of communication; ~ **rendőr** (traffic) policeman°; ~ **szabályok/szabályzat** rules of the road *pl*, the Highway Code; ~ **szabálysértés** infringement of traffic regulations, traffic/motoring offence *(US* violation); ~ **viszonyok** traffic conditions

közlekedésrendészet *n* traffic department/control

közlekedésügy *n* transport

közleked|ik *v* **1.** *(részt vesz a közúti forgalomban, jármű)* go*, be* on the road *(gyalogos)* walk, go* on foot **2.** *(menetrendszerűen jár: vonat, busz)* run*; *(busz így is:)* ply *(vhol* swhere; *vm között* between); *(hajó)* ply *(...* között between ...); autóbuszok tíz percenként ~nek buses run every ten minutes; ~ik autóbusz Pécsre? is there a coach service to Pécs?; **nem** ~ik is* not running

közlekedő *a* Budapest és Debrecen között ~ vonatok the train service between Bpest and D., the Budapest-Debrecen service; **Fonyód és Badacsony között** ~ hajók boats plying between F. and B.

közlekedőedények *n pl* communicating vessels

közlékeny *a* communicative, talkative; **nem** ~, uncommunicative reserved; *(igével)* keep* oneself to oneself

közlékenység *n* communicativeness, talkativeness, readiness to talk

közlemény *n* communication, notice, announcement; *(hivatalos)* communiqué, statement; *(közéleti személy egészségi állapotáról)* bulletin; *(hírlapi)* article, newsitem; *(rádióban, tévében rövid)* newsflash; ~ek *(kiadvány)* publication; *(tud. társaságé)* proceedings *pl*, bulletin

közlendő *n* communication; **fontos** ~m **van** I have* an important announcement to make

közlés *n* **1.** *(folyamata)* communication; *(hírlapban)* publication **2.** *(közölt dolog)* communication, message, news *sing.*; *(hírlapban)* publication ⇨ **bizalmas**

közlőmű *n* transmission gear

közlöny *n (kormányé)* gazette; *(egyéb)* journal, bulletin

közmegbotránkozás *n* public/general indignation/outcry

közmegegyezés *n* general agreement, *főleg pol* consensus; ~sel by common consent, by general agreement

közmegelégedés *n* general satisfaction; ~re to everyone's satisfaction

közmegvetés *n* general contempt

közmondás *n* proverb

közmondásos *a* proverbial

közmunka *n* (compulsory) communal work/labour *(US -or)*

közművek *n pl* public utilities/services, public utility (companies), *US így is:* public-service corporation

közművelődés *n* general education

közművelődési *a* educational, cultural
közműves(ített) *a* *(telek)* supplied with public services/utilities *ut.*
köznap *n* weekday
köznapi *a* **1.** *(mindennapi)* everyday, daily **2.** *átv* plain, ordinary, common(place)
köznemes *n tört* member of the lesser/lower nobility
köznemesség *n tört* lesser/lower nobility
köznép *n* the common people
köznév *n nyelvt* common noun
köznevelés *n* public/general education
köznyelv *n* everyday/standard language; **az angol** ~ standard English; **a magyar** ~ standard Hungarian; **átmegy a** ~**be** enter (the) everyday language
köznyelvi *a* standard, popular, of/in the everyday/standard language *ut.*; ~ **szó** standard/everyday word
közóhaj *n* general desire
közokirat *n* official document, deed
közokirat-hamisítás *n* forgery of (official) documents
közoktatás *n* public/general education
közoktatásügy *n* public education
közoktatásügyi *a* educational, of public education *ut.*; **K**~ **Minisztérium** Ministry of Education
közöl *v* **1.** *(hírt stb.)* tell*, report, announce, disclose, make* known; *(rádióban)* announce; *(árat)* quote [a price]; ~ **vkvel vmt** tell* sy sg, inform sy of/about sg; **közlöm önnel, hogy** I should like to tell/inform you that; **bizalmasan** ~ **vkvel vmt** tell* sy sg in confidence; ~**ték, hogy** it was announced that; **sajnálattal közlöm** I regret to inform you → **kíméletesen** ~ **2.** *(közzétesz)* publish; **cikket** ~ publish an article *(vmről* on), *(lap)* carry an article (on, about)
közölhető *a* *(lapban)* publishable; *(imprimált)* passed for publication/press *ut.*
közölnivaló *n* = **közlendő**
közömbös *a* **1.** indifferent, uninterested, passive; *pol* apolitical; ~ **vm iránt** be* indifferent to sg, show* indifference to sg **2.** *vegy* neutral, inert
közömbösít *v vegy* neutralize
közömbösség *n* = **közöny**
közönség *n (nagy* ~ *)* the public; *(szính stb.)* audience, public; **nyitva (van) a** ~ **számára** be* open to the public; **van** ~**e az efféle könyvnek?** is there a public for that sort of book?
közönséges *a* **1.** *(nem különleges)* general, usual, common, everyday, ordinary; *(postai*

küldemény) *GB* second class; **a** ~ **beszédben** in common usage/parlance, in everyday speech/language; ~ **bűnöző** ordinary/common criminal **2.** *elít* vulgar, gross, coarse, low; ~ **kifejezés** coarse/vulgar expression/phrase; ~ **szélhámos** a scoundrel/rascal; ~ **nő** tramp, low woman° **3.** *mat* ~ **tört** vulgar fraction
közönségsiker *n* *ált* great success; *(színdarab)* box-office hit, smash-hit; *(könyv)* best seller
közönségszervezés *n* organizing the public (for sg), people's cultural entertainment propaganda
közönségszervező *n* cultural propagandist
közönségszolgálat *n* *(vállalati)* public relations department, public relations *pl;* *(tájékoztató szolg.)* information service, agency
közöny *n* indifference, unconcern
közönyös *a* indifferent, uninterested
közös I. *a* common, collective, public, joint; *(kölcsönös)* mutual; *(közösen használt, pl. tévé)* communal; ~ **akarattal** with one accord; ~ **állásfoglalás** a joint stand; **barátunk** our mutual/common friend; ~ **ebédlő** *(pl. kollégiumban)* (dining) hall, *GB* refectory; ~ **érdek** common interest; ~ **étkezés** communal/institutional eating/catering; ~ **fürdő** (1) *(fürdés)* mixed bathing (2) *(helyiség, pl. diákszálláson)* shared bathroom; ~ **hadsereg** Austro-Hungarian army; ~ **használatban van** *(pl. konyha)* the kitchen is shared (by all), they share a/the kitchen; ~ **kiadás** *(könyvé)* co-edition; [sg] published jointly by…and…; ~ **konyha** communal kitchen; *(társbérleti, diákszálláson stb.)* shared kitchen, kitchen-sharing; ~ **kórterem** public/general ward; ~ **nevező** common denominator; ~ **nevezőre hoz** (1) *mat* reduce [fractions] to a common denominator (2) *átv (különböző érdekeket)* reconcile [different interests]; **(legnagyobb)** ~ **osztó** (highest) common factor, *US* (greatest) common divisor; **K**~ **Piac** the Common Market (= European (Economic) Community *röv* (E)EC); ~ **szerzemény** common/joint acquisition; **legkisebb** ~ **többszörös** lowest common multiple; ~ **tulajdon** joint property; *jog* collective/joint/public ownership; ~ **vállalat** joint venture; ~**ek vmben** they have* sg in common; **nem sok** ~ **vonásuk van** they have* very little in common; ~ **minden gondolatuk** they are bound up in each

other **II.** *n* = **termelőszövetkezet; bent
van a** ~**ben** be* in the co-operative
közösen *adv* jointly, in common (with); ~
ad ki publish jointly, coedit; ~ **használ-
nak vmt** use sg in common, share sg; ~
használják a fürdőszobát they share the
bathroom; ~ **viselik a költségeket** they
share the expenses/costs
közösköd|ik *v vkvel* own/manage/use sg in
common with sy; **nem** ~**ik senkivel**
keep* oneself to oneself, refuse to share (sg)
with anyone
közösség *n* **1.** community; ~**et vállal
vkvel** make* common cause with sy, identi-
fy oneself with sy **2.** *vall* fellowship
közösségi *a* communal; ~ **szellem** esprit
de corps, public mindedness/spirit
közösül *v vkvel* have* sexual intercourse
(with), *biz* have* sex (with); ~**tek** they had
(sexual) intercourse
közösülés *n* (sexual) intercourse, *biz* sex
között *adv (kettőnél)* between; *(több mint
kettőnél)* among; *ir* amid; **többek** ~ *(v.*
közt) among others, *inter alia*; ... ~ **mo-
zog** range from ...to...; **aug. 10-e és
15-e** ~ from 10th to 15th August, between
10 and 15 August, *US* from August 10th
through August 15th; **a** ~ **a két ház** ~
between those/the two houses
közötte *adv* → **közte**
közötti *a* between *ut.*; **a kettő** ~ **különb-
ség** the difference between them
központ *n* **1.** *(középpont)* centre *(US* cen-
ter), middle **2.** *(hivatal)* central office, centre
(US center), headquarters *pl* **3.** *(telefon*~ *)*
(telephone) exchange; *(intézményé)* switch-
board ⇨ **középpont**
központi *a* central; **K**~ **Bizottság** Central
Committee; ~ **címjegyzék/katalógus**
union catalogue *(US* -log); ~ **fűtés** central
heating; ~ **idegrendszer** central nervous
system; ~ **kérdés** key issue/question; ~
vezetőség central board/committee
központilag *adv* centrally
központosít *v* centralize
központosítás *n* centralization
központozás *n* punctuation
közraktár *n* warehouse, storehouse
közread *v* publish, bring* out, issue
közrebocsát *v* publish, bring* out, issue
közrefog *v* surround
közrejátsz|ik *v vmben* take* part in, con-
tribute to sg, have* an influence on sg
közreműködés *n* collaboration, contribu-
tion, co-operation, assistance; *vm/vk* ~ **ével**
(nem szính) through the agency of (sg/sy)

közreműköd|ik *v vmben* take* part in, par-
ticipate in, contribute to; ~**ik** *(hangverse-
nyen stb.)* (1) *(nem szólistaként)* with (the
participation of)...; *zene* performed by...
(2) *(szólistaként)* soloist...; ~**tek**...
(film, tévé, közreműködők névsora) the
credits *pl*
közreműködő *n (műsorban stb.)* performer;
~**k névsora** *(film, tévé)* the credits *pl*
közrend *n* law and order, public order
közrendőr *n* policeman°, police officer/con-
stable, *US biz* cop
közrevesz *v vmt* surround, encircle
közröhej *n* public/general derision/ridicule;
~ **tárgyát képezi** be* a laughing-stock
község *n* village; *(közigazgatásilag)* com-
munity
községbeli *a* village-, of the village *ut.*; **a**
~**ek** the locals
községháza *n* † parish/village hall
községi *a* communal, parish, village-, local;
~ **adót fizet** pay the rates, pay the rate-
-bill; ~ **elöljáróság** parish council
közszájon forog *kif* be* the talk of the
town
közszellem *n* public spirit
közszemérem *n* ~ **elleni vétség** public
indecency
közszemle *n* ~**re kitesz** exhibit in public,
display; ~**re kitették** be* on display, be*
(put) on show
közszeretet *n* ~**nek örvend** be* loved by
all, be* a general *(v.* everybody's) favourite
(US -or-), be* very popular
közszokás *n* general custom
közszolgálat *n* civil/public service, *US*
public service; ~**i dolgozó** = **köztisztvi-
selő**
közszolgáltatás *n* services *pl*
közszükségleti cikkek *n pl* consumer
goods
közt *adv* **egymás** ~ between/among our-
selves/yourselves/themselves; **magunk** ~
between you and me, between ourselves ⇨
között
köztársaság *n* republic
köztársasági *a* **1.** of the republic *ut.*; ~ **el-
nök** president of the republic **2.** *(köztársa-
ságpárti)* republican
köztársaságpárti *n* republican
közte, közötte *adv* between; ~**m és** ~**d**
between you and me; **köztünk marad-
jon/szólva** between you and me, (just)
between ourselves; **van köztük olyan,
aki** there are some of/among them who
köztemető *n* (public) cemetery

közterhek n pl rates and taxes
közterület n public domain
köztes növény n companion crop, intercrop
köztetszés n general approval; ~t aratott met with general approval
közti a = közötti
köztisztaság n public sanitation/hygiene
köztisztasági a ~ alkalmazott refuse collector; ~ hivatal street cleansing department
köztisztelet n ~ben áll be* universally/ highly respected, enjoy prestige
köztisztviselő n civil/public servant, government official/worker, official, US officeholder
köztisztviselői a ~ kar the civil service
köztörvényi bűntettes, köztörvényes n ordinary/common criminal
köztudat n common knowledge; átmegy a ~ba become* public, become* generally/ widely known
köztudomás n ~ szerint to everyone's knowledge; ~ra jut = átmegy a köztudatba
köztudomású a generally known; ~, hogy... it is* well-known that...; ~ tény everyone knows (that...), it is* a generally known fact
köztudott a = köztudomású
köztulajdon n 1. (viszony) public ownership; ~ba megy át pass into public ownership, be* nationalized; ~ba vesz place under public ownership, nationalize 2. (tárgya) public/common property
köztünk → közte
közút n public road, US highway
közutálat n ~nak örvend be* hated by everybody, be* universally loathed
közúti a road; ~ baleset road accident; ~ híd road/highway bridge; ~ ellenőrzés traffic check; ~ forgalom (road) traffic vehicular traffic; ~ jelzőtábla traffic/road sign; a ~ közlekedés szabályai = KRESZ; ~ szállítás road transport
közügy n public affair/matter/concern; ~ek public affairs
közül post from (among), among, one (of), (out) of; melyik a kettő ~ which of the two; egy a sok ~ one among/of many; hat ~ kettő two out of six; a vendégek ~ többen several of the guests; ~ük való one of them; ~ünk három/hárman three of us; ~ünk többen voltak there were several of us
közület n public institution/corporation; (vállalat) company

közületi a public ⇨ telefonkönyv
közüzem n public utility (company), US public-service corporation; ~i díjak heating and lighting charges/costs
közvádló n public prosecutor
közvágóhíd n abattoir, slaughterhouse
közvagyon n public property, national wealth
közvélemény n public opinion
közvélemény-kutatás n public opinion poll, (opinion) poll, (csak US és GB) Gallup poll; ~t rendez/tart take*/conduct a public opinion poll
közveszélyes a a danger to the public ut., dangerous; ~ őrült a lunatic, a raving lunatic/maniac/madman°
közvetett a indirect; ~ úton/módon indirectly, in a roundabout way
közvetít 1. vi (vm ügyben) mediate, act as (a) go-between; ~ két barát között mediate between two friends 2. vt (üzletet) act as a (v. be* the) middleman°; (állást) secure/obtain [a job for sy]; (házasságot) arrange, bring* about 3. vt (rádión) broadcast*; (televízión) broadcast*, televise; a miniszterelnök beszédét a televízió ~i the Prime Minister's speech will be (shown) on television, the P.M. will speak on television; a mérkőzést a televízió ~i the match will be (shown) on television (v. will be televised); a Parsifalt a televízió is ~i "Parsifal" will also be broadcast/shown on television 4. vt (továbbít) transmit [a message, knowledge, ideas etc.], communicate (to)
közvetítés n 1. (ügyben) mediation; vk ~ével on sy's intervention, through the medium of sy, (with) sy acting as a go-between (v. an intermediary) → közbenjárás 2. (rádió, televízió) broadcast; helyszíni ~ (1) ált outside/live broadcast; (igével) ...is* brought to you live from... (2) (sporteseményről) running commentary
közvetítési a mennyi ~ idő(d) volt? how much air time have you got?
közvetítő I. a (vm ügyben) mediatory; ~ indítvány compromise (proposal) II. n mediator; ker middleman°, go-between, intermediary
közvetítőállomás n relay station
közvetítőkocsi n outside broadcast vehicle/van
közvetlen I. a 1. (direkt) direct, immediate; ~ csatlakozás/összeköttetés/vonat through train (to...); ~ értesülés first-hand information; ~ kocsi (vasúti)

through carriage (to...); ~ **közelében** near, hard/close by; ~ **szomszédságában** in the immediate vicinity/neighbourhood (*US* -bor-) of, next (door) to; ~ **veszély** immediate d*a*nger; ~ **veszély esetén** in an emergency **2.** *(modor)* informal, free and e*a*sy, unst*u*ffy **II.** adv = **közvetlenül**
közvetlenség *n* **1.** *vmé* directness, immediacy **2.** *vké* inform*a*lity, lack/absence of reserve
közvetlenül *adv* **1.** *(térben)* directly; *(időben is)* immediately; ~ **mellette** next to sy, right/hard by; ~ **a megérkezése után** right *a*fter his arr*i*val; ~ **utána** right *a*fter, immediately afterwards **2.** *átv* in an informal m*a*nner
közvetve *adv* indirectly, in a r*o*undabout way
közvilágítás *n* p*u*blic/str*ee*t lighting
közzene *n* interm*e*zzo
közzétesz *v* p*u*blish
közzététel *n* public*a*tion, p*u*blishing
kp. = *készpénz* cash
krach *n biz* crash, f*ai*lure
krajcár *n kb.* penny
krajcároskod|ik *v* be* penny-pinching, be* st*i*ngy/n*i*ggardly
Krakkó *n* Cr*a*cow
krákog *v* clear one's throat, croak
krákogás *n* cl*ea*ring one's throat, croak
krampusz *n kb.* bogey-man°; *(dobozból kiugró)* jack-in-the-box
krapek *n* □ *GB* bloke, ch*a*ppie, *US* guy
kráter *n* crater
Kr. e. = *Krisztus előtt* before Christ, B.C. ⇨ i. e.
kreáció *n* cre*a*tion, prod*u*ction; *(divat)* design, model
kreál *v* design, create, prod*u*ce
kreatív *a* cre*a*tive
kredenc *n* sideboard, dr*e*sser
krém *n* **1.** *(étel)* cream, mousse **2.** *(kozmetikai)* (skin/face) cream **3.** *átv* vmnek a ~je the cream/pick of sg
krematórium *n* cremat*o*rium *(pl* -ums *v.* -ria*)*
krémes I. *a* filled with cream *ut.*, cream **II.** *n kb.* cream bun/c*a*ke
krémleves *n* cream of ... soup; **zeller~** cream of cel*e*riac/c*e*lery soup
krémsajt *n* cream cheese
krémszínű *a* cream-coloured *(US* -or-*)*, cr*ea*my
kreol *a/n* creole; ~ **arcbőr** dark complex*i*on/skin

krepp *n* crepe
kreppnejlon *n* stretch-nylon; ~ **harisnya** stretch-nylon stockings *pl*; ~ **harisnyanadrág** stretch tights *pl*
krepp-papír *n* crepe (p*a*per)
krepptalp *n* crepe sole
KRESZ = *A közúti közlekedés szabályai* the Highway Code; rules of the road *pl*
KRESZ-tábla *n* tr*a*ffic/road sign; *(feloldó tábla)* de-restriction sign, end of [speed limit etc.]
KRESZ-vizsga *n* driving test
Kréta *n* Crete
kréta *n* chalk; *(színes)* crayon, past*e*l; **hiba van a ~ körül** there's something wrong
krétafehér *a* white (as chalk), ch*a*lk-white
krétakor *n* the Cret*a*ceous (period)
krétarajz *n* crayon (drawing)
kretén *n* cretin
kreton *n* cretonne
krikett *n* cricket
krikettez|ik *v* play cr*i*cket
krikettjátékos *n* cr*i*cketer; *(ütőjátékos)* batsman°; **jó** ~ he is a good bat
krikettkapu *n* wicket
krikettmérkőzés *n* cricket match; **nemzetközi** ~ test match
krikszkraksz *n biz* scrawl, scr*i*bble
krimi *n* (crime) thr*i*ller, *biz* whod*u*nit, cr*i*me story/film *(v. US* m*o*vie); **folytatásos tv-** -~ cr*i*me series *sing.*
kriminális *a* ab*o*minable, dr*ea*dful
krinolin[1] *n (szoknya)* cr*i*noline, hoop skirt
krinolin[2] *n (felvágott) kb.* polony, s*au*sage
kripta *n* b*u*rial vault, tomb; *(templomi)* crypt
kristály *n* cr*y*stal
kristálycukor *n* gr*a*nulated s*u*gar
kristályos *a* cr*y*stalline, cr*y*stal(lized); ~ **szerkezet** cr*y*stal str*u*cture
kristályosít *v* cr*y*stallize
kristályosodás *n* cryst*a*lliz*a*tion
kristályosod|ik *v* cr*y*stallize
kristályrács *n* cr*y*stal l*a*ttice
kristályszerű *a* cr*y*stallike, cr*y*stalline
kristálytan *n* cryst*a*llography
kristálytiszta *a* cr*y*stal-clear, pure/clear as crystal *ut.*
kristályüveg *n* cr*y*stal (glass)
kristályváza *n* cr*y*stal vase
kristályvíz *n* m*i*neral w*a*ter
Kristóf *n* Chr*i*stopher
Krisztina *n* Christina
Krisztus *n* Christ
krisztustövis *n növ* Christ's-thorn
kritérium *n* criterion *(pl* -ria *v.* -rions*)*

kritika n *(rövidebb, szóban is)* criticism; *(írásban)* review; *(hosszabb, tudományos, írásban)* critique; **jó ~t kapott** it had good reviews, it was well received, [the play] received very good notices; **~the** aluli beneath contempt (*v.* all criticism) *ut.*; **~val olvas** be* a critical reader, read* critically **kritikai** a critical; **~ kiadás** critical edition; **~ megjegyzések/észrevételek** critical remarks; **~ szellem** critical sense **kritikátlan** a uncritical, undiscriminating **kritikus** I. a 1. vm critical; *(döntő)* crucial; **~ helyzet** critical situation 2. vk critical; **~ elme** critical mind; **~ magatartást tanúsít** adopt a critical attitude; **~an** critically 3. fiz critical; **~ állapot** critical state; **~ hőmérséklet** critical temperature II. n ált critic; *(ismertetés/kritika írója)* reviewer
kritizál v criticize, find* fault with
kritizálás n criticism, criticizing
krizantém n chrysanthemum
krízis n crisis (pl crises)
krokett n 1. sp croquet 2. *(étel)* croquette
kroki n sketch, skit
krokodil n crocodile
krokodilkönnyek n pl crocodile tears
króm n vegy chromium; *műsz* chrome
krómacél n chrome steel
kromatikus a chromatic
kromoszóma n chromosome
krómoz v chrome, plate with chromium
krómozott a chromed, chromium/chrome--plated
krónika n 1. chronicle; *(átv is)* annals pl 2. *(rádióban)* **reggeli ~** the (morning) news *sing.*
krónikás a chronicler
krónikus a 1. orv chronic 2. átv lingering, lasting
kronológia n chronology
kronologikus a chronological
kronométer n chronometer
Krőzus n Croesus
krt. = körút boulevard, blvd.
Kr. u. = Krisztus után anno Domini (röv A.D.) ⇨ **i. sz.**
krúda n book in sheets
krumpli n potato (pl potatoes) → **burgonya** és összetételei
krumplinudli n = **burgonyametélt**
krumplinyomó n potato-masher, US ricer
krumpliorr n snub/stumpy nose
krumplipaprikás n = **paprikás krumpli**
krumplipüré n mashed potatoes pl, potatoe purée

krumplis a = **burgonyás**
KST n = Kölcsönös Segítő Takarékpénztár kb. (works) Christmas club
ktsz = kisipari termelőszövetkezet
Kuba n Cuba
kubai a/n Cuban
kubikol v work as a navvy, be* a navvy
kubikos n navvy, pick-and-shovel-man°; US construction laborer
kubista n cubist
kubizmus n cubism
kuckó n nook, recess
kucsma n furcap
kucsmagomba n morel
kudarc n failure, defeat, setback, fiasco; **~ba fullad,** **~cal végződik** end in failure, be*/prove (*v.* end in) a fiasco/failure; **~ot vall** fail, be* defeated
kufár n elít pedlar, hawker, huckster, shark, profiteer
kufárkod|ik v elít hawk, peddle, profiteer
kugli n (tenpin) bowling, US tenpins *sing.* ⇨ **teke** és összetételei
kuglibábu n pin
kugligolyó n bowl
kuglipálya n bowling-alley
kuglizás n = **kugli**
kugliz|ik v bowl, go* bowling, play tenpin bowling
kuglizó n bowler
kuglóf n kb. ring-cake, deep-dish cake
kujtorog v hang* about/around, loiter
kuka[1] a tongue-tied, dumb
kuka[2] n *(autó)* dustcart, US garbage truck 2. *(tartály)* dustbin, rubbish bin, US garbage/trash can
kukac n *(giliszta)* worm; *(gyümölcsben)* maggot; *(sajtban)* cheese-mite
kukacos a 1. konkr maggoty, wormy, worm--eaten 2. átv fussy, nitpicking
kukacoskod|ik v be* fussy/nitpicking
kukk n egy **~ot sem értek** I can't* understand a (single) word, it's all Greek to me; **egy ~ot sem szól** doesn't utter a sound
kukorékol v crow
kukorica n maize, Indian corn, US corn; *(csemege~)* sweet corn, corn on the cob
kukoricacső n maize-ear, ear of maize
kukoricacsuhé n US cornhusk
kukoricacsutka n maize-cob, (corn)cob
kukoricadara n maize/corn-grits pl
kukoricafosztás n maize/corn-husking
kukoricafödl n = **kukoricatábla**
kukoricagóré n cornloft, maize shed/barn
kukoricahaj n floss, US corn silk
kukoricakása n mush, US samp

kukoricakenyér n corn bread
kukoricalevél n **1.** leaf/blade of maize, US corn blade **2.** *(szobanövény)* aspidistra
kukoricaliszt n maize/corn meal; *(nagyon finom)* maize flour, cornflour, US cornstarch
kukoricamálé n (corn) pone, US kb. hoecake
kukoricamorzsolás n corn-shelling
kukoricamorzsoló n corn-sheller
kukoricapehely n cornflakes pl
kukoricás I. a corn-, of corn ut. **II.** n = **kukoricatábla**
kukoricaszár n maize/corn-stalk
kukoricaszem n grain/corn of maize, corn
kukoricatábla n maize-field, cornfield
kukoricatermés n corn/maize yield
kukoricatermesztés n maize/corn-growing
kukoricáz|ik v vkvel trifle with sy; **nem lehet vele** ~**ni** he is* not a man to be trifled with
kuksol v crouch, cower, squat
kukta n **1.** *(fiú)* cook's/kitchen boy **2.** *(edény)* pressure cooker, steamer
kukucs! int peekaboo!
kukucskál v peep/peek at/into
kukurikú! int cock-a-doodle-doo!
kukutyin n **elmehetsz** ~**ba zabot hegyezni** you can hop it
kulacs n canteen, flask
kulák n † kulak
kulákság n † the kulaks pl
kulcs n **1.** *(zárba)* key; ~**ra/kulccsal zár** lock (up); biz **beadja a** ~**ot** kick the bucket, snuff it **2.** *(rugó felhúzására)* key; *(húros hangszeren)* tuning peg/pin; *(szardíniás dobozon)* opener; **nem** ~**ra járó** keyless **3.** = **csavar-, francia-, villáskulcs 4.** zene *(kottán)* clef → **basszus-, violinkulcs 5.** *(feladatok megoldásához)* key **6.** átv *(vmnek a nyitja)* key, clue; **a helyzet** ~**a** the key to the situation
kulcsállás n key position
kulcsátadásos szerződés n turn-key contract
kulcscsomó n bunch of keys
kulcscsont n collarbone, clavicle
kulcsember n key man°
kulcsfontosságú a key(-); ~ **helyzet/pozíció** key position
kulcshelyzet n key position
kulcsipar n key/basic industry
kulcskarika n key/split ring
kulcskérdés n key issue
kulcslyuk n keyhole
kulcsmásolás n key cutting

kulcsol v *(kezet)* clasp, join, fold [one's hands]
kulcsos a keyed, (provided) with a key ut.
kulcsosház n rented holiday chalet
kulcspozíció n key position; ~**ban levő ember** key man°
kulcsregény n roman-à-clef *(pl* romans-à--clef)
kulcsszám n **1.** *(kulcs száma)* key number **2.** *(fizetésé)* category
kulcsszó n key word
kulcstartó n *(tábla)* keyboard; *(tok)* key--case
kuli n coolie; átv slave, drudge
kulimász n cart-grease
kulimunka n hard work, drudgery, toil, donkey work
kulipintyó n chalet; *(szegényes)* shanty
kulissza n szính wings pl; ~**k mögött** behind the scenes, backstage
kulisszatitok n backstage secret; kif the inside story
kulisszatologató n stage-hand, scene--shifter
kuliz|ik v work like a trojan/horse, toil hard
kullancs n **1.** állt tick **2.** átv barnacle; **olyan, mint a** ~ he sticks* like a leech
kullog v *(baktat)* trudge; **hátul** ~ **lag** behind (the others); **vk után** ~ trail after sy
kulminál v culminate, reach its highest pitch/point
kultivál v *(tevékenységet, ismeretséget)* cultivate; *(helyet)* frequent
kultivátor n cultivator
kultúr- a cultural **művelődési**
kultúra n **1.** állt civilization; culture; **a görög** ~ (ancient) Greek culture, the civilization of Ancient Greece **2.** vké culture, taste; **nincs zenei** ~**ja** his/her taste in music is poorly developed **3.** biol *(tenyészet)* culture
kulturálatlan a uncivilized, uncultured
kulturális a cultural; ~ **események/műsorok/rovat** *(újságban)* entertainments pl; ~ **fórum** Cultural Forum
kultúrállam n civilized country
kulturált a *(nép)* civilized; *(személy)* civilized, cultured, cultivated, educated ⇨ **művelt**
kultúrattasé n cultural attaché
kultúrcsere n cultural exchange
kultúregyezmény n cultural agreement; **a brit—magyar** ~ **keretein belül** under the British-Hungarian Cultural Exchange Agreement
kultúrember n civilized man°/woman°, person of culture

kultúrérték *n* cultural value
kultúrfelelős *n* 〈organizer of cultural activities [in a factory etc.]〉
kultúrforradalom *n* cultural revolution
kultúrház *n* = **művelődési** *ház*
kultúrigény *n* cultural needs/demands *pl*
kultúrintézmény *n* cultural institution
kultúrkapcsolatok *n* cultural relations
kultúrmérnök *n* civil engineer
kultúrmunka *n* cultural work
kultúrműsor *n* cultural/educational programme (*US* -ram)
kultúrnép *n* civilized nation/people
kultúrnövény *n* cultivated plant
kultúrpolitika *n* = **művelődéspolitika**
kultúrszínvonal *n* = **műveltségi** *színvonal*
kultúrszomj *n* desire/thirst for education
kultúrterem *n* hall [for cultural events]
kultúrtörténet *n* = **művelődéstörténet**
kultusz *n* worship, cult; ~**t űz vmből** make* a cult of sg ⇨ **személyi**
kultuszminiszter *n* † Minister of Education
kun *n* Cumanian
kuncog *v* chuckle, chortle, titter, giggle
kuncogás *n* chuckle, titter, giggle
kuncsaft *n* biz customer, client
kunkorodik *v (haj)* curl (up), frizz
kunszt *n* biz stunt, trick; **ez nem (nagy)** ~ big deal, that's not saying much
kunyerál *v* elit nép cadge, beg (for sg)
kunyhó *n* hut, hovel, cabin
kunyorál *v* = **kunyerál**
kúp *n* cone; ~ **alakú** conical, cone-shaped
kupa *n* 1. *(serleg)* cup, goblet; *sp* cup 2. *(fej biz)* noddle, nut; ~**n vág vkt** bash sy on the head
kupac *n* small heap/pile
kupadöntő *n* cup final
kupagyőztes *n* cup winner(s)
kupak *n (palackon)* cap
kupaktanács *n* tréf kb. assembly of wise-acres
kupamérkőzés *n* cup tie
kupé *n (vasúti)* compartment
kupec *n* horse-dealer, (horse-)coper
kupeckedik *v* be* a middleman° [for farm-produce]
kupica *n* liqueur glass; **egy** ~ **pálinka** a shot/snort/short/snifter
kúpkerekek *n pl* bevel gear(s)
kuplé *n* (music-hall *v*. vaudeville) song
kupleráj *n* biz brothel, *US* whorehouse
kuplung *n* clutch; **felengedi a** ~**ot** let* in/up the clutch; **kioldja/kinyomja a**

~**ot** step on the clutch, declutch, let* the clutch out
kuplungoz *v* use the clutch
kuplungpedál *n* clutch pedal
kupola *n* dome; *(kisebb)* cupola
kupolacsarnok *n* great vaulted hall
kupolás *a* domed, with a dome *ut.*
kupon *n* coupon
kuporgat *v* scrape together (penny by penny)
kuporodik, kuporog *v* cower, crouch; *csak US* hunker down; **kuporogva** squatting (down), *US* on one's hunkers
kúpos *a* conical, cone-shaped
kúppalást *n* surface of cone
kúpszelet *n* conical section
kúra *n* cure, (course of) treatment; **injekciós** ~ a course of injections; **~t tart** take* a cure, undergo*/receive treatment (for ...)
kúrál *v* treat, cure
kúrázik *v* = **kúrát tart** → **kúra**
kurbli *n* crank/starting handle
kúria *n* 1. *(vidéki)* country-house/mansion 2. *(legfelsőbb bíróság †)* Supreme Court
kúriai bíró *n* † justice of the Supreme Court
kuriózum *n* curiosity, oddity
kuriózumképpen *adv* as a curiosity, just for the novelty/fun of it
kurjant *v* shout (with joy), whoop
kurjantás *n* shout, whoop
kurrens *a* 1. *(folyó)* current 2. *ker* = **keresett** 3. *nyomd* lower-case [letters]
kurta *a* short; *átv* brief, curt, laconic(al); **~n bánik vkvel** be* short/curt with sy, give* sy short shrift
kurtán-furcsán *adv* brusquely, off-hand ⇨ **kurtán**
kurtít *v (ruhát)* shorten; *(szöveget)* cut*, abridge; *(hajat)* bob
kurtizán *n* † courtesan
kuruc[1] **I.** *a* tört ~ **korszak** 〈period of the Hungarian insurrection at the turn of the 17th and 18th centuries〉 **II.** *n* 〈Hungarian insurrectionist in the 17th and 18th centuries〉
kuruc[2] *n* biz = **kurva**
kuruttyol *v* croak
kuruttyolás *n* croak(ing)
kuruzslás *n* quackery, charlatanry
kuruzsló *n* quack(-doctor), charlatan
kuruzsol *v* practise (*US* -ce) quackery
kurva *n* vulg 1. whore 2. *(jelzőként)* kb. fucking
kurzív *a* nyomd italic; ~ **szedés** italics *pl*; ~ **szedésű** (printed) in italics *ut.*
kurzivál *v* italicize, print in italics

kurzus *n* **1.** *(tanfolyam)* course **2.** *(árfolyam)* (exchange) rate **3.** *pol* † line; reg*i*me
kuss *int* **1.** *(kutyának)* sit!, down! **2.** *(embernek, vulg)* shut up!, shut your trap!
kussol *v* **1.** *(kutya)* lie* down **2.** *(ember biz)* hold* one's tongue, keep* one's head down
kusza *a* **1.** *ált* (en)tangled; *(haj)* dishevelled (*US* -l-), ruffled, tousled **2.** *(beszéd)* confused, incoherent
kuszál *v* = **összekuszál**
kuszált *a* tangled; *(haj)* dishevelled (*US* -l-), ruffled, tousled
kuszáltság *n* *(rendetlenség)* disorder, confusion, tangle
kúszás *n* creeping, crawling
kúsz|ik *v* creep*, crawl
kúszómadarak, kúszók *n pl* cl*i*mbing/scansorial birds, creepers; *tud* Scansores
kúszónövény *n* creeper, r*u*nner, cl*i*mber
kút *n* **1.** *(vízé)* well; *(szivattyús)* pump; **kutat ás** dig*/sink*/spring* a well; **kutat fúr** bore a well; ~**ba esik** *átv* fall* flat, come* to n*o*thing/nought **2.** *(benzintöltő állomás)* f*i*lling station, *US* gas station; *(a szerkezet)* petrol pump
kutacs *n* fontanel(le)
kútágas *n* (well-)sweep
kutas *n* = **benzinkutas**
kútásás *n* well-m*a*king/s*i*nking
kútásó *n* well-maker/sinker
kutasz *n* probe
kutat *v* **1.** *(vm után)* try to find, look for; *vhol* search [a place] thoroughly (for sg); *(fiókban, zsebeiben)* search through, r*a*nsack [the drawers *v.* one's pockets] (for sg); *(vk után)* search for sy; *bány (érc után)* prospect for (sg) **2.** *(tudományosan)* be* engaged in research; *(vmlyen témakörben/területen)* do* research on sg, carry out research(es) *i*nto sg, do* some research on sg
kutatás *n* **1.** *(vm/vk után)* search, quest **2.** *(tudományos)* research, researches *pl*; **tudományos** ~**t végez vmlyen területen** do* (some) research on sg, research *i*nto sg, carry out research(es) *i*nto/on sg, *US* *i*gy *is:* research [a problem/s*u*bject]
kutatási *a* research; ~ **terület** field of research
kutató I. *a* **1.** *(kereső)* searching; *(elme)* inqu*i*ring, inqu*i*sitive; *(tekintet)* searching **2.** *tud* ~ **professzor** *kb.* senior research fellow; ~ **vegyész** research chemist **II.** *n* *(tudományos)* researcher, research worker/fellow/st*u*dent; *(csak term. tud.)* sc*i*entist ⇨ **kutat 2.**

kutatócsoport *n* research group/team
kutatóév *n kb.* sabbatical (year)
kutatóexpedíció *n* research exped*i*tion
kutatóintézet *n* research *i*nstitute, *i*nstitute for research *i*nto/on
kutatómunka *n* research, researches *pl*; ~**t végez** be* engaged in research, do* research (on) → *tudományos* **kutatás***t végez*
kutatónap *n* day off for research/laboratory work
kutatóösztöndíj *n* research fellowship/scholarship
kutatóterem *n* *(levéltári, könyvtári)* reading/research-room, st*u*dents' room; *(másutt)* laboratory
kutatóút *n* research exped*i*tion, field trip
kútforrás, kútfő *n* **1.** *(forrás eredete* †*)* wellhead **2.** *(forrásmű)* source, authority
kútfúrás *n* well-boring/drilling
kútfúró *n* *(munkás)* well s*i*nker/borer
kútgém *n* sweep
kútkáva *n* brim of well
kútkezelő *n* = **benzinkutas**
kútvíz *n* well/spring-water
kutya I. *n* dog; **ez se** ~! it is not to be sneezed at, it is not so bad *ei*ther; **úgy élnek, mint a** ~ **meg a macska** live/lead* a cat-and-dog life; **amelyik** ~ **ugat, az nem harap** his bark is worse than his bite; **a** ~ **ugat, a karaván halad** time and tide wait for no man; **a** ~ **se törődik vele** nobody cares for him; ~**ba se veszi** not give* a damn ab*o*ut sy/sg, not care a straw/rap/fig ab*o*ut sy/sg; ~**ból nem lesz szalonna** you c*a*nnot make a silk purse out of a sow's ear; **a** ~**nak sem kell be*** ben*ea*th contempt; ~**t tart** keep*/have* a dog **II.** *a biz* ~ **baja sincs** he is* as fit as a f*i*ddle, there's n*o*thing wrong with him, he is al*i*ve and k*i*cking; **ez neki** ~ **kötelessége** he damned well has (got) to do it!, there is no doubt that he has (got) to do it **III.** *adv* *(nagyon)* ~ **nehéz lecke!** it's a damned d*i*fficult l*e*sson; ~ **nehéz munka** it is* damned hard work, it is* sheer dr*u*dgery; ~ **hideg van** it is* b*i*tterly/damned cold ⇨ **eb**
kutyaadó *n* dog-tax
kutyabarát *n* dog-fancier/lover
kutyabőr *n* *(nemesi)* letters p*a*tent of nob*i*lity
kutyaeledel *n* dog food, dog b*i*scuit(s), pet food
kutyafáját *int* **(azt) a** ~! well I n*e*ver!, damn (it)!, blast (it)!

kutyafajta *n* breed of dog; **a puli egy magyar** ~ 'puli' is a breed of Hungarian (sheep)dog

kutyafejű *a* dog-headed/faced

kutyafuttában *adv* in a hurry, hurriedly, hastily, in haste; ~ **csinál vmt** do* sy in a slapdash manner; ~ **átolvas** flick/skim through; ~ **elintéz** dash off

kutyafülű *a* rascally; **te** ~! you little ras cal!

kutyagol *v* go* on foot, tramp, trudge

kutyagumi *n* ~**t sem ér** it's not worth a straw (*v.* anything)

kutyaharapás *n* dog-bite; ~**t szőrével (gyógyítják)** (take*) a hair of the dog that bit you

kutyaház *n* kennel, *US* doghouse

kutyaházi *a* scoundrel, rascal

kutyakiállítás *n* dog-show

kutyakomédia *n biz* farce, joke

kutyakorbács *n* (dog-)whip

kutyakölyök *n* pup(py)

kutya-macska *a* ~ **barátságban élnek** live/lead* a cat-and-dog life

kutyanyelv *n* slip (of paper)

kutyaól *n* kennel, *US* doghouse

kutyapecér *n* dogcatcher

kutyaszorító *n* ~**ban van** be* in a tight corner, be* in a spot (*v. US* fix)

kutyatartó *n* dog-owner

kutyatej *n növ* spurge, wolf's-milk

kutyatenyésztés *n* dog-breeding

kutyaugatás *n* bark(ing) (of dogs)

kutyául van (*v.* érzi magát) *kif* feel* wretched/miserable

kutyus *n* doggie

Kuvait *n* Kuwait

kuvaiti *a* Kuwaiti

kuvasz *n* kuvasz ⟨a breed of Hungarian sheepdog⟩

kuvik *n* little owl

kuvikol *v* hoot, screech, prophesy (gloom and) doom

kübli *n* slop-pail

külalak *n* outward form, exterior, (external) appearance; *(könyvé)* getup; *isk* neat ness

küld *v* send*; *(árut)* dispatch, consign; *(levelet)* send*, forward; *(pénzt)* remit; **levelet** ~ **vknek** send* sy a letter; ~ **vkért** send* for sy; **érte** ~ *vkt vmért* send* sy to fetch sg; *vkért* send* for sy; **az igazgatóhoz** ~**tek** I was referred to the manager; ~**i:** *(borítékon)* From

küldemény *n ker* consignment, parcel; *(pénz)* remittance

küldés *n* sending; *(árué)* dispatch(ing), consigning, consignment; *(levélé)* sending, forwarding; *(pénzé)* remittance

küldetés *n (átv is)* mission

küldő *n* sender; *ker* dispatcher, consignor; *(pénzé)* sender, remitter

küldönc *n* messenger, runner; *(kifutó)* errand-boy, dispatch rider

küldött *n* delegate

küldöttség *n* delegation; *(főleg alkalmi)* deputation

küldöttségileg *adv* ~ **képviselteti magát** have* oneself (*v.* be*) represented by a delegation/deputation

küldöz(get) *v* 1. *vmt* send* again and again 2. *vkt* make* sy run errands, order sy about/ around

külföld *n* foreign countries/lands *pl*; ~**ön** abroad, *GB* overseas; ~**ön él** live abroad, *GB* így is: live overseas; ~**ön élő** living abroad *ut.*; ~**ön van/tartózkodik** be* abroad; ~**ön tanuló diákok** students overseas; ~**re megy/utazik** go* abroad; ~**ről** from abroad; **a** ~**del kereskedik** trade with foreign countries

külföldi I. *a* foreign, *(udvariasabban és GB* így is:*)* overseas; *(csomag stb.)* ...from abroad *ut.*; ~ **áruk** imports; ~ **diákok** *GB* oversea students, students from abroad/ overseas; ~ **fizetőeszköz/pénznem/ valuta** foreign currency; ~ **hírek** *(GB lapokban)* overseas news; ~ **kapcsolatok** foreign/external relations; ~ **képviselet** = **külképviselet**; ~ **képviselő/megbízott** foreign representative; ~ **kirendeltség** → **külkereskedelmi** *kirendeltség*; ~ **látogató(k)/vendégek** foreign visitor(s)/guest(s), visitor(s)/guest(s) from abroad; ~ **rendelés** export order; ~ **út/ utazás** trip abroad, foreign travel; ~ **útra indul** go* abroad II. *n* foreigner; ~**ek** foreigners, *(udvariasabban)* people from overseas/abroad; overseas visitors

külföldies *a* outlandish, exotic

külgazdaság *n* external economy, foreign trade

külgazdasági *a* external economic; foreign trading; ~ **kapcsolatok** external economic relations

külkapcsolatok = **külföldi** *kapcsolatok*

külképviselet *n* foreign representation

külker. = **külkereskedelmi**

külkereskedelem *n* foreign/export/international trade

külkereskedelmi *a* foreign trade/trading, of/for foreign trade *ut.*; **Magyar K~**

Bank Hungarian Foreign Trading Bank; ~ **kapcsolatok** foreign trade relations/ties; **magyar—amerikai** ~ **kapcsolatok** Hungarian-American trade contacts; ~ **kirendeltség** *(követség részlege)* commercial section [of legation/embassy]; *(ahol nincs követség)* trade representation; ~ **mérleg** *(foreign)* trade balance; ~ **miniszter** Minister of Foreign Trade; **K~ Minisztérium** Ministry of Foreign Trade; ~ **szerződés** foreign trade contract; ~ **vállalat** foreign trade company, trading company

küllem *n* (outward) appearance, looks *pl*

küllő *n* spoke

külön I. *a* **1.** *(mástól elválasztott)* separate, different, distinct; *(saját)* private, (sg) of one's own *ut.*; ~ **autóbusz** private coach; ~ **bejáratú szoba** room with a private entrance; **három** ~ **jelentése van** *(szónak)* (this word) has 3 separate/distinct meanings; ~ **levélben/boritékban** under separate cover; ~ **repülőgép** = **különgép;** ~ **utakon jár** go* one's own way **2.** *(pótlólagos)* extra, supplementary; ~ **díjak** extra/supplementary charges, extras; ~ **kiadások** extras, extra costs **3.** *(különleges)* special, particular, peculiar; ~ **engedély** special permit; ~ **figyelmet érdemel** merit/deserve special/particular attention; ~ **tudósító** special correspondent **II.** *adv* **1.** *(elválasztva)* separately, separated, apart; ~ **költözik vktől** move away from sy, move out (of sy's house/flat), find* separate lodgings; ~ **élnek** *(házasok)* they are separated, [husband and wife] live separately/apart; ~ **megnézte mindegyiket** (s)he looked at each one separately/individually **2.** *(magában)* by itself, on one's/its own, individually; ~ **ehető** can be eaten by itself **3.** *(kizárólag)* (e)specially, particularly; ~ **azért jön, hogy** come* particularly to/for, come* (e)specially to/for; ~ **megmondtam neked** I (have) particularly/specially told you ⇨ **értesítés**

különáll *v* be* separate (from), be* standing on its own

különálló *a (független)* independent; *(elkülönített)* separate, separated, freestanding, isolated; ~ **ház** detached house; ~ **lap** loose leaf°

különb *a* ~ **vknél/vmnél** (be*) better than sy/sg, (be*) superior to sy/sg; *vmnél* (be*) finer than sg

különbéke *n* separate peace

különben *adv* **1.** ~ **is** besides, in any case, moreover, furthermore, after all, anyhow; ~ **sincs kedvem hozzá** and I don't feel like it anyway **2.** *(másként)* otherwise, or else

különbözés *n* difference, divergence

különbözet *n* difference; *(viteldíjé)* excess, excess fare; **megfizeti a** ~**et** pay* the excess

különbözeti *a* ~ **vizsga** supplementary/qualifying examination

különböz|ik *v vmtől* differ (from sg, *vmben* in sg); *vk vktől* be* different (from sy); *(eltér)* diverge (from); *(megkülönböztethető)* be* distinct (from)

különböző *a* **1.** *(egymástól eltérő tulajdonságú)* different; ~ **emberek** different people; ~ **helyről jöttek** they came from different places; **ízlésük** ~ their tastes differ, they differ in their tastes; **két** ~ **eset** two (quite) distinct/different cases; ~ **színű bútorok** furniture of various colours **2.** *(különféle)* various, diverse; ~ **érdekek** diverse interests; ~ **okoknál fogva** for various *(v. a variety of)* reasons; **ennek a feladatnak** ~ **megoldásai vannak** (1) *(eltérő)* this problem has alternative solutions (2) *(többféle)* this problem has various *(v. a number of)* solutions; ~ **módjai vannak** sg has various ways of...ing; ~ **témák** various subjects/themes/topics

különbség *n* difference (between), disparity, variance; ~ **nélkül** without distinction/difference; **mi a** ~**?** what's the difference (between...)?; ~**et tesz két dolog között** distinguish/differentiate one thing from another, distinguish/discriminate between two things, draw* a distinction between two things

különbségtevés *n* discrimination, differentiation, (drawing of a) distinction

különc I. *a* eccentric, queer, odd(ball) **II.** *n* eccentric, odd person; *biz* queer/odd fish, oddball

különcködés *n* eccentric behaviour *(US* -or), eccentricity

különcköd|ik *v* be* eccentric

különcség *n* eccentricity, oddity

különélés *n* separation, living apart; ~**i pótlék** separation allowance

különféle *a* various, several, diverse *(mind után: pl)*; ~ **érdekek** diverse interests; ~ **okok játszottak közre** there were several contributory factors; *(az ülésen)* ~ **kérdésekről volt szó** various matters were discussed (at the meeting)

különféleképpen *adv* in different/various ways, variously

különféleség *n (sokféleség)* variety, diversity

különgép *n (repgép)* private/special aeroplane (*US* airplane)

különír *v* write*/spell* as two words

különírt *a* ~ **szókapcsolat** *o*pen/spaced compound

különítmény *n kat* detachment, commando (*pl* commando(e)s)

különjárat *n (busz)* special bus/coach (service); *(kiírás buszon)* private; *(repgép, bérelt)* charter flight

különkiadás *n* special (edition); *(tévében)* (television) special

külön-külön *adv* separately, severally, one by one; ~ **50 forintot kaptak** they were given 50 fts each; ~ **behívott mindenkit** (s)he called in (*v.* saw) each person individually; ~ **és együttesen** jointly and severally

különleges *a* special, particular, peculiar, extra; ~ **méretek boltja** outsize shop; **egészen** ~ **(minőségű)** special (quality), particularly fine

különlegesség *n* speciality, *főleg US:* specialty

különlenyomat *n* offprint

különmunka *n* extra work; ~ˊt **végez** do* extra work; *(túlórázik)* do*/work overtime; **sok** ~ˊt **végez** he has*/does* a lot of work on the side, he has*/does* a lot of private jobs/work

különnemű *a* **1.** *(más jellegű)* different, diverse **2.** *(gyerekek)* of different sexes *ut.*

különóra *n (tanulásban)* private lesson

különös *a (furcsa)* strange, unusual, peculiar; *(személy így is)* odd, strange; *(különleges)* special; **semmi** ~ nothing special, nothing in particular; **elég** ~ **módon** curiously enough; ~ **ismertetőjel** special peculiarity; ~ **tekintettel vmre** with special regard to sg

különösebb *a* **minden** ~ **ok nélkül** for no apparent/obvious reason, without special reason; **nem** ~**en gazdag** not particularly rich

különösen *adv* **1.** *(főként)* in particular, particularly, especially; *(nagyon)* specially, particularly; ~ **alkalmas vmre** be* cut out for sg **2.** *(furcsán)* oddly, peculiarly, strangely, singularly

különösképp(en) *adv* = **különösen 1.**

különszoba *n* private room; *(kórházi)* private ward

különterem *n (vendéglőben)* banqueting hall; *(kisebb)* private room

különtudósító *n* special correspondent

különválás *n (házastársaké)* (marital) separation

különválaszt *v vmtől* separate, isolate, set* apart (*mind:* from)

különválasztás *n* separation, segregation

különvál|ik *v* separate, become* separate(d), split* (off) (*vmtől, mind:* from); *(testülettől)* split off/away (from), leave* [an organization]

különváltan élnek *kif* they are separated, they live apart/separately

különvélemény *n* dissent(ing opinion); ~**en van** dissent, differ (in opinion) from sy, disagree with sy('s opinion); ~**t jelent be** put* in a minority report

különvonat *n* special (train)

külpolitika *n* foreign affairs *pl*, foreign policy

külpolitikai *a* ~ **helyzet** the international situation; ~ **kérdések** foreign affairs, questions (*v.* current issues) of foreign pol icy

külsejű *a* -looking; of … appearance *ut.*; **elegáns** ~ **nő** woman° of smart/elegant appearance

külső I. *a* exterior, external, outside, outward, outer; *(szabadban lévő)* outdoor; ~ **épület** outbuilding; ~ **felület** outside; ~ **felvétel** *(filmé)* shot filmed on location; ~ **forma/megjelenés** outward appearance(s) → **külsőség(ek)**; ~ **méret** overall measurements *pl*; ~ **munkatárs** (outside) contributor, contributor/correspondent on a part-time basis; outside/casual worker; ~ **övezet** *(városé)* environs *pl*, outskirts *pl*, fringe; ~ **sáv** *(autópályán)* *GB* inside/nearside lane; *(másutt)* outside lane; ~ **szög** *mat* exterior/external angle **II.** *n* **1.** *(személyé)* (outward) appearance, looks *pl*; *(tárgyé)* exterior, surface; **csinos** ~ good looks *pl*, a pleasing appearance; **ad a külsejére** care about how one looks, care about one's looks **2.** *(autókerék köpenye)* tyre (*US* tire); *(labdáé)* cover

külsőleg *adv* **1.** *(kívülről nézve)* outwardly, externally, seen from without, to all appearances, on the surface **2.** *orv* for external use/application only

külsőség(ek) *n (külső forma/megjelenés)* the outside, outward appearances *pl*, externals *pl*; *(formaságok)* formalities *pl*, ceremony; **sokat ad a** ~**ekre** attach too much importance to externals/form, judge [people] by appearances/externals

külszín *n* outside appearances *pl*, semblance, externals *pl*; **a ~ után ítél** judge [people/things] by appearances/externals

külszíni *a* ~ **fejtés** opencast mining

külszolgálat *n* foreign service

kültag *n* (*tud. intézményé*) associate member; *(külföldi)* overseas member

kültelek *n* = **külterület**

kültelki *a* suburban, in/from a poor district of the town *ut.*, from a poor neighbourhood (*US* -or-) on the outskirts (of the city) *ut.*

külterjes *a* mezőg extensive

külterület *n* the outskirts *pl*, the outer areas *pl*, the fringes [of a town/city]

külügy *n* **1.** ~**ek** foreign affairs **2.** *biz* = **külügyminisztérium**

külügyi *a* pertaining to foreign affairs *ut.*, foreign affairs; ~ **államtitkár** (permanent) undersecretary for foreign affairs; ~ **előadó** (junior) clerk in the Foreign Ministry (*v.* *GB* Foreign Office); ~ **szolgálat** diplomatic/foreign service

külügyminiszter *n* Foreign Minister, Minister of/for Foreign Affairs, *GB* Foreign Secretary, Secretary of State for Foreign Affairs, *US* Secretary of State

külügyminisztérium *n* Ministry of Foreign Affairs, Foreign Ministry, *GB* Foreign Office, *US* State Department

külváros *n* suburb, the outskirts *pl* [of a city/town]

külvárosi *a* suburban

külvilág *n* outside world

kűr *n* free/voluntary exercise

küret *n* = **méhkaparás**

kürt *n* **1.** zene horn; *kat* bugle; ~**ön játszik** blow*/play the horn **2.** *(autón)* horn; *(gyárban)* hooter, factory whistle

kürtjel *n* bugle/trumpet-call, horn signal

kürtjelzés *n* ~**t ad** *(autón)* sound the horn

kürtő *n* flue, chimney stack

kürtöl *v* sound/blow* a horn, trumpet; *(autón)* sound/blow*/toot the/one's horn; **világgá** ~ trumpet abroad

kürtölés *n* trumpeting, sounding a horn

kürtös *n* **1.** *kat* bugler, trumpeter **2.** *(zenekari)* horn-player

kürtszó *n* bugle-call

küszködés *n* **1.** *(erőlködés)* struggle **2.** *(nyomorgás)* penury

küszköd|ik *v* struggle, strive* (hard); *(vesződik vmivel)* struggle/grapple with sg

küszöb *n* threshold, doorstep; **a ~ön áll** *átv* be* imminent/impending/approaching, be* at hand

küzd *v* **1.** *ált* struggle, fight*; *vmért* struggle/fight*/strive* for sg; *(ügyért)* battle for, stand* up for [a cause]; *vk/vm ellen v. vkvel/vmvel* fight*/battle/combat against/with sy/sg; **jogaiért** ~ stand* up for (*v.* fight*) for one's rights; **nehézségekkel** ~ struggle, have* difficulties; ~ **a betegségek ellen** battle against disease/illness **2.** *sp* fight*, compete (with/against sy for sg)

küzdelem *n* *ált* struggle, fight, battle, combat, strife; *sp* fight; **létért való** ~ struggle for life; **nagy** ~ **árán** with a tremendous effort; **küzdelmet vív** fight* a battle

küzdelmes *a* hard, strenuous; ~ **élete volt** (s)he had a hard life

küzdés *n* struggle, struggling, fight(ing)

küzdő **I.** *a* struggling, fighting **II.** *n* fighter, struggler

küzdőfél *n* combatant; *sp* fighter, contestant

küzdőhely *n* battle-field

küzdőképesség *n* fighting ability/power

küzdőszellem *n* fighting spirit

küzdőtér *n* battlefield, arena

kvalifikáció *n* qualification

kvalifikál *v* *(minősít)* qualify

kvalitás *n* quality

kvalitatív *a* qualitative

kvantitás *n* quantity

kvantitatív *a* quantitative

kvantum *n* quantum (*pl* quanta)

kvantumelmélet *n* quantum theory

kvantummechanika *n* quantum mechanics *sing.*

kvarc *n* quartz

kvarcfény *n* quartz light/radiation

kvarclámpa *n* quartz lamp, sunlamp

kvarcol 1. *vi* *vk* treat oneself with (*v.* use) a sunlamp (*v.* an ultraviolet lamp) **2.** *vt* *vkt* treat (sy) with sunlamp (*v.* ultraviolet lamp)

kvarcóra *n* quartz clock/watch

kvarcüveg *n* quartz (glass)

kvart *n* **1.** zene fourth **2.** *(vívás)* quart

kvártély *n* quarters *pl*, lodging; ~**t csinál** *kat* billet

kvartett *n* quartet

kvéker *n* Quaker

kvint *n* zene fifth

kvintesszencia *n* quintessence

kvintett *n* quintet

kvittek vagyunk *kif* we are quits, we are (now) square/even

kvíz *n* = **vetélkedő**

kvóta *n* share, quota

kW = **kilowatt**

kWó = **kilowattóra**

L

L, l *n (betű)* (the letter) L/l
L. = *látta* seen and approved, OK
l = *liter* litre, l
l. 1. = *lap* page, p *(pl* pp) **2.** = *lásd* see ⇨ **lásd**
la *n zene* la
láb *n* **1.** *(lábszár)* leg; *(lábfej)* foot°; **mellső/első** ~ front leg/foot°, foreleg; **hátsó** ~ hind leg/foot°; **szép/jó** ~**a van** *(nőnek)* have* shapely legs **2.** *(bútoré)* leg; *(hegyé)* foot°; **az ágy** ~**ánál** at the foot of the bed **3.** *műsz* rest, stand, support, leg; *(hídé)* pier, pillar **4.** *(hosszmérték)* foot°; **3** ~ **széles** 3 foot/feet broad **5.** *(kifejezésekben)* ~ **alatt van** be* in the/one's way, be* underfoot; **eltesz** ~ **alól** → **eltesz 3.**; ~**a alá néz** look where one treads; ~**a kel vmnek** disappear, get* lost, take* wings; **úgy kidobja, hogy a** ~**a sem éri a földet** send* sy packing, throw* sy out (unceremoniously); ~**hoz!** *kat* order arms!; ~**on álló gabona/termés** standing corn/crop; **alig áll a** ~**án** *(fáradságtól)* be* ready/fit to drop; **biztosan** **áll a** ~**án** be* steady on one's legs; **megáll a saját** ~**án** look after oneself, fend for oneself; **saját** ~**án jár** stand* on one's own two feet *(v.* own legs); **tudása gyenge** ~**on áll** his knowledge is* rather shaky; **milyen** ~**on állsz vele?** on what terms are* you with him/her?, how do you stand with him/her?; **jó** ~**on áll vkvel** be* on good terms with sy, get* on well with sy, *biz* hit* it off with sy; **nagy** ~**on él** live in (great/grand) style; ~**ra áll** (1) *(beteg)* get* about again (2) *(anyagilag)* get* back on one's feet; ~**ra kap** gain ground, come* into vogue, *biz* be* in; ~ **(á)ra állít** (1) *konkr* help/set* sy up (2) *átv* give* sy a leg up; *(gyógyszer vkt)* the medicine will soon have you on your feet again; **eltörte a** ~**át** he has broken his leg; **keresztbe teszi a** ~**át** cross one's legs; **sose teszem a** ~**amat a házadba** I'll never set foot in your house again; **be ne tedd a lábadat hozzám!** never darken my doors again! → **betesz 1.**; ~**bal tapos/tipor** *átv* trample sg underfoot, ride* roughshod over sg; **fél** ~**bal a sírban**

van have* one foot° in the grave ⇨ **kicsúszik, levesz, megvet, szed**
lábad *v* → **könny**
lábadoz|ik *v* convalesce, be* recovering, be* getting better
labanc *n tört* pro-Hapsburg ⟨in the 17th and 18th centuries⟩
lábápolás *n* pedicure; *orv* chiropody
lábápoló *n* pedicurist; *(orvos)* chiropodist
lábas *n* (cooking) pot, casserole; *(nyeles)* (sauce)pan
lábasfejű *n áll* cephalopod; ~**ek** Cephalopoda
lábasjószág *n* livestock, grazing stock
lábatlankod|ik *v (útban van)* be*/stand* in the/one's way, be* underfoot; **folyton ott** ~**ik** hover about the place
lábazat *n épít* skirting board; *US* baseboard, mopboard
lábbeli *n* footwear
labda *n* ball; **megszerzi a** ~**t** seize the ball
labdacs *n* pill, pellet, pilule
labdaérzék *n* feel for the ball
labdajáték *n* ball game
labdakezelés *n* handling (of) the ball
labdamenet *n (tenisz stb.)* rally
labdarózsa *n* guelder rose
labdarúgás *n* (Association) football, *biz* soccer
labdarúgó *n* footballer, football-player → **futball-**
labdarúgó-bajnokság *n* football championship
labdarúgócsapat *n* football team/eleven
labdarúgó-mérkőzés *n* football match
labdarúgópálya *n* football field/ground/pitch
labdarúgó-világbajnokság *n* World Cup
labdaszedő *n (fiú)* ballboy, *(lány)* ballgirl
labdatechnika *n sp* technique with the ball
labdavezetés *n (futball)* ball control; *(cselezve)* dribbling
labdáz|ik *v* throw* the ball about, play (at/with a) ball
lábdobogás *n* stamping of feet
lábfájás *n* pain in the foot; *(feltörés)* foot-soreness
lábfej *n* foot°

lábfék *n* foot-brake
lábfürdő *n* foot-bath
lábhajtásos *a* driven by foot *ut.*, pedal(led) (*US* -l-)
labiális *a/n* labial
lábikra *n* calf°
labilis *a* unstable, unsteady, rickety
labirintus *n* maze
lábizzadás *n* sweating of the feet
lábjegyzet *n* footnote
lábközépcsont *n* metatarsal bone
lábmelegítő *n* foot warmer; *(lábszáron)* leg warmer
lábmosás *n* washing (of) the feet
lábmunka *n sp* footwork
lábnyi *a* a/one foot long; **két** ~ *(= 2 láb hosszú/magas)* 2 feet/foot long/high etc.
lábnyom *n* footprint → **nyom**
laboda *n növ* orach(e)
labor *n biz* lab(oratory); **nyelvi** ~ language lab(oratory)
laboráns *n* laboratory technician/assistant
laboratórium *n* laboratory
laboratóriumi *a* laboratory; ~ **asszisztens** laboratory technician/assistant; ~ **berendezés** laboratory equipment; ~ **lelet** laboratory results/findings *pl*; ~ **vizsgálat** laboratory test/ananlysis
laborleletek *n* = **laboratóriumi leletek**
lábpumpa *n* foot pump
lábsérülés *n* foot/leg injury
lábszag *n* smell of sweaty feet
lábszár *n* leg
lábszármelegítő *n* leg warmer
lábszárvédő *n* **1.** *ált* leggings *pl* **2.** *(labdarúgóé)* shin guard
lábszőnyeg *n (ágynál)* beside rug
lábtartó *n* footrest
lábtörés *n* fracture of leg; *(lábfejé)* fracture of foot, broken leg/foot° ⇨ **láb 5.**
lábtörlő *n* (door)mat
lábú *a* with ... legs *ut.*; *(lábfejű)* with ... feet *ut.*; of foot *ut.*; *összet* -legged, -footed; **fájós/feltört** ~ footsore; *(igével)* have* sore feet; **gyors** ~ nimble/swift-footed
lábujj *n* toe; **nagy** ~ big toe
lábujjhegy *n* tiptoe; ~**en jár** (walk on) tiptoe; ~**re áll** stand* on tiptoe
lábvíz *n* foot-bath
lábzsák *n* foot-muff
lacipecsenye *n kb.* barbecue, fry-up
láda *n* **1.** *ált* chest, box; *(csomagolásra)* (packing) case; ~**ba csomagol** pack (sg) in a case, case (sg), *(rekeszbe)* crate sg **2.** *(pénzes)* coffer **3.** *(úti)* (travelling) trunk (*US* -l-)

ladik *n* barge, punt
ládika *n* small case/box; *(ékszeres)* (jewel-)casket
láger *n* lager, camp
lagúna *n* lagoon
lagzi *n biz* = **lakodalom**
lágy I. *a* **1.** *ált* soft; ~ **kenyér** new/fresh bread; ~ **tojás** (soft) boiled egg; ~ **víz** soft water **2.** *(akaratgyenge)* soft, weak; *(szív)* soft, tender **3.** *(hang)* soft, gentle, sweet, mellow **4.** *(szellő)* soft, gentle, light II. *n* **feje** ~**a** → **fej²** **1.**
lágyan *adv* soft(ly)
lágyék *n orv* groin; *összet* inguinal
lágyéksérv *n* inguinal hernia
lágyéktáj *n* inguinal region
lágyít *v* **1.** *ált* soften, make* soft **2.** *(mássalhangzót)* palatalize
lagymatag *a* wishy-washy, lukewarm, half--hearted
lágyság *n* **1.** *ált* softness **2.** *(akaratgyengeség)* soft/weak character/nature; *(szívé)* tenderness **3.** *(hangé)* softness, gentleness, sweetness **4.** *(szellőé)* gentleness, lightness
lágyszívű *a* soft/tender-hearted
lágyul *v* soften, grow*/become* soft(er)
lágyvas *n* soft/mild iron
laikus I. *a* **1.** *(nem hozzáértő)* without skill/experience *ut.*, amateurish; *(nem hivatásos)* non-professional, unprofessional, lay **2.** *vall (világi)* lay II. *n* **1.** *(nem hozzáértő személy)* amateur **2.** *vall* layman°; a ~**ok** the laity
lajhár *n* **1.** *áll* sloth **2.** *átv* sluggard, lazybones (*pl* ua.)
Lajos *n* Lewis; **Nagy** ~ Louis the Great
lajstrom *n* list, catalogue (*US* -log), register
lajstromoz *v* list, catalogue (*US* -log) *(m. igeneve)* cataloguing, *US* -loging), register
lak *n* dwelling, lodge; *(nyári)* villa, cottage
lakáj *n* **1.** *(szolga)* lackey, footman° **2.** *átv, elít* lackey, flunkey
lakályos *a* comfortable, cosy, *US* cozy
lakás *n* **1.** *(nagyobb házban)* flat; *US* apartment; *(otthon)* home; *(albérleti)* lodgings *pl*, rooms *pl*; ~ **és ellátás** board and lodging, bed and board; **állandó** ~ permanent place of residence, domicile, permanent address; **háromszobás** ~ three-room(ed) flat; **kiadó** ~ (1) *ált* flat/rooms to let (2) *(hirdetésben)* accommodation vacant; *US* apartment to rent; ~**omon** at my place, where I live; **jöjjön el a** ~**omra** come over to my place; ~**t bérel/kivesz** rent rooms, take* a flat (*US* an apartment); ~**t cserél** change flats, move flat(s); ~**t keres** look for accommodation/lodgings; ~**t haj-**

szol be* house-hunting; ~**t kiad** rent a flat (to sy), le**t*** out rooms (to sy); ~**t változtat** move flat(s), move to another flat **2.** *(tartózkodás)* living, residence; *(átmenetileg)* stay

lakásátruházás *n* transfer of tenancy/flat

lakásbejelentés *n* registration of (permanent) place of residence

lakásberendező *n* interior decorator

lakásbérlet *n* leasing/lease (of) a flat

lakáscím *n* (home) address

lakáscsere *n* (ex)change of flats

lakásépítés *n* building (of) flats/houses; *(lakásügy)* housing

lakásépítési *a* ~ **program** home building program(me), housing scheme

lakásfelszerelés(i tárgyak) *n* household fittings *pl*, household equipment

lakásgazdálkodás *n* flat management and distribution, housing management

lakáshiány *n* housing shortage

lakáshirdetés *n* (classified) advertisement of rooms/lodgings/flats (*US* apartments)

lakáshivatal *n* housing department; *US* Housing Board

lakásigény *n* application to be placed on the (council) housing list

lakáskérdés *n* housing problem

lakáskiutalás *n* house/flat allocation/assignement

lakásleválasztás *n* ⟨conversion of part of a flat into a separate flat⟩, *kb.* subdividing a flat

lakásmegosztás *n* = **lakásleválasztás**

lakásrendelet *n* housing regulations *pl*

lakásszentelő *n* housewarming

lakásügy *n* housing

lakásügyi *a* ~ **előadó** housing official; ~ **osztály** housing department; *US* Housing Board

lakásváltoz(tat)ás *n* change of address

lakásviszonyok *n* housing conditions

lakat *n* padlock; ~ **alá kerül** *(bűnöző)* be* locked up, be* put behind bars; ~ **alatt van** *(bűnöző)* be* locked up; ~**ot tesz a szájára** seal one's lips, keep* one's lips sealed

lakatkulcs *n* key [to padlock]

lakatlan *a* uninhabited; *(ház)* unoccupied, vacant; *(elhagyatott)* deserted, derelict; *(sziget)* desert [island]

lakatos *n* **1.** *(lakásokkal, zárakkal stb. foglalkozó)* locksmith **2.** *(gépalkatrészekkel foglalkozó)* mechanic, fitter

lakatosinas *n* locksmith's apprentice

lakatosmesterség *n* locksmith's trade

lakatosmunka *n* **1.** *(zárak, lakatok stb. javítása)* locksmith's work/trade; *ált* metalwork **2.** *(karosszérialakatosé)* mechanic's/fitter's work/job **3.** *(munkadarab)* ironwork, metalwork

lakatosműhely *n* locksmith's workshop

lakatossegéd *n* journeyman° locksmith

lakatosszerszám *n* locksmith's tool

lakatosüzem *n* *(nagyipari üzem része)* fitter's shop

lakbér *n* (house-)rent

lakbéremelés *n* rise in rent(s)

lakberendezés *n* **1.** *(bútorzat)* (interior) furnishings *pl*, furniture, set/suite of furniture **2.** *(lakberendező munkája)* interior decorating

lakberendezési *a* ~ **tárgyak** furnishings

lakberendező *n* interior decorator

lakbérhátralék *n* arrears of rent *pl*, back rent

lakcím *n* (home) address

lakcímváltozás *n* change of address

lakhatási *a* ~ **engedély** permission to reside, permit of stay

lakhatatlan *a* uninhabitable

lakható *a* (in)habitable

lakhely *n* = **lakóhely**

lak|ik I. *vi* *(állandóan)* live; *hiv* reside; **hol** ~**ik/sz?** where do you live?; **itt** ~**om** this is where I live; **vknél** ~**ik** (1) *(állandóan)* live in sy's house/flat, live at sy's (2) *(átmenetileg)* lodge with sy (*v.* at sy's house/flat), stay with sy, *US* room with sy (*v.* at sy's house/apartment); *(rövid időre)* stop with sy **II.** *vt* *(lakást, épületet)* occupy ⇨ **lakozik**

lakk *n* lacquer, shellac ⇨ **körömlakk, lakkfesték**

lakkbenzin *n* white spirit

lakkbőr *n* patent leather

lakkcipő *n* patent-leather shoes *pl*

lakkfesték *n* varnish(-colour) (*US* -or)

lakkoz *v* lacquer, shellac *(múlt időben:* shellacked); **parkettet** ~ lacquer the parquet (floor); **vörösre** ~**ott körmök** nails varnished/polished red

lakkozás *n* lacquering

lakli *a* *biz* gangling fellow

lakmározás *n* feasting, banqueting

lakmároz|ik *v* eat* heartily, feast, banquet

lakmuszpapír *n* litmus paper

lakó I. *n* **1.** *(bérházé)* tenant; *(társasházé, öröklakásé)* owner occupier, occupant; *(lakrésze, szobáé bérlőként)* lodger; **a** ~**k névjegyzéke** list/register of tenants; **a bérház** ~**i** the tenants/residents **2.** *(városé)* inhabitant, resident **3.** *összet* -dweller *(pl.*

town-dweller) **II.** *a* living [in a place] *ut*.; **az első emeleten** ~ **család** the family on the first (*US* second) floor
lakóautó *n* motor caravan, *US* camper
lakodalmas *a* ~ **nép** wedding-guests *pl*
lakodalmi *a* wedding-; ~ **ebéd** wedding feast; *GB* wedding breakfast; ~ **torta** wedding cake
lakodalom *n* wedding (celebrations *pl*), nuptials *pl*; **lakodalmát üli** celebrate one's wedding
lakóépület *n* = (*nagyobb*) **lakóház**
lakógyűlés *n* ⟨meeting of tenants/residents⟩
lakóház *n* (dwelling) house; (*nagyobb, soklakásos*) block of flats; *US* apartment house/building/block
lakóházépítés *n* building houses; (*mint program*) housing scheme
lakóhely *n* (*állandó*) permanent address/residence; *hiv* domicile; ~ **szerint illetékes bíróság** legal jurisdiction of the domicile
lakójegyzék *n* = lakók névjegyzéke
lakókocsi *n* caravan, mobile home, *US* trailer; (*önjáró*) motor caravan, *US* motor home, camper; **utazás** ~**val** caravanning; ~**ban**/~**val utazik** caravan, take* (*v.* go* for a holiday in a caravan)
lakókocsitábor *n* caravan site
lakókocsizás *n* caravanning
lakókonyha *n* kitchen-diner, eat-in kitchen
lakol *v* atone, pay*, suffer (*vmért* for sg); **ezért még** ~**ni fogsz!** you'll pay*/smart for it!
lakoma *n* (rich) repast, feast; **ünnepi** ~ (festive) banquet; **nagy** ~**t csap** throw*/give* a big dinner
lakomáz|ik *v* feast (on sg), partake* of a rich/luxurious repast
lakónegyed *n* residential district/area/quarter
lakonikus *a* laconic
lakos *n* inhabitant; (*állandó*) resident; **Papp János budapesti** ~ **J. P. a** Budapest resident, J. P. resident in/of Budapest
lakosság *n* inhabitants *pl*, population; the local residents *pl*; **polgári** ~ civilian population
lakossági *a* community; (*városi*) municipal; ~ **szolgáltatások** services, service industries; (*városi*) municipal undertakings
lakószoba *n* living/sitting room
lakosztály *n* suite, apartments *pl*
lakótárs *n* (*házban*) house-sharer; (*kollégiumban, kaszárnyában*) roommate; (*társbérletben*) sharer (of a flat); ~**ak vagyunk**

(*szobában*) we share a flat/room, *US* we room together
lakótelep *n* housing/council estate, *főleg US:* housing project/development
lakótelepi *a* ~ (**bér**)**ház** council block/house, estate house; (*szegényesebb*) tenement (house); ~ **lakás** council flat
lakótér *n* living space
lakóterület *n* (*városé*) residential area
lakott *a* inhabited by *ut*.; **sűrűn** ~ **terület** densely populated area; ~ **terület** (*közlekedési szempontból*) built-up area; ~ **területen kívül** in open country
lakoz|ik *v* = lakik; **ki tudja mi** ~**ik benne?** who knows what he may have in him?
lakrész *n* part of house/flat
laktanya *n* barrack(s), *US* army post, fort
laktanyafogság *n* confinement to barracks (*röv.* C.B.)
laktató *a* (*étel*) filling, substantial, rich
lám *int* **1.** (*íme*) (you) see!, well!; ~, ~! well well!; ~ **megmondtam!** I told you so!, didn't I tell you?, haven't I told you?; **hadd** ~ **csak!** let me see!
láma[1] *n* (*buddhista szerzetes*) lama
láma[2] *n* áll llama
La Manche-csatorna *n* the English Channel
lambéria *n* panel(ling), wainscot(ing)
lamentál *v* lament (*vm miatt* sg *v.* for sg), bewail sg
laminált *a* laminated
lámpa *n* **1.** ált lamp; **asztali** ~ table/desk-lamp; ~**nál** by lamplight **2.** (*járműn*) light(s); (*fényszóró*) headlight; **hátsó** ~ rear light **3.** (*forgalmi jelzőlámpa*) traffic lights *pl*; ~**t kap** be* caught at the lights, get* a red light **4.** (*rádiócső*) valve, *US* tube
lámpabél *n* (lamp)wick
lámpaernyő *n* lamp-shade
lámpafény *n* lamplight; ~**nél** by lamplight
lámpagyújtás *n* (*ideje*) lighting-up (time)
lámpaláz *n* stage fright
lámpaolaj *n* lamp oil
lámpaoszlop *n* lamppost
lámpás *n* lantern
lámpaüveg *n* (lamp-)chimney, lamp-glass
lampion *n* Chinese/Japanese lantern
lánc *n* **1.** ált chain; (*rablánc*) chains *pl*; (*lábra*) irons *pl*; átv fetters *pl*; ~**on lóg** hang* on/by/from a chain; ~**ra köt** (*kutyát*) chain up [a dog]; ~**ra ver vkt** put* sy in chains; ~**ra verve** [be*] in chains; ~**ról elold** (*kutyát*) let* [a/the dog] loose, unchain; ~**tól megszabadít** (*rabot*) loose the chains [of a prisoner], unfetter [prisoner]

2. *(hivatali jelvényként)* chain (of office); **rektori** ~ dean's chain of office **3.** = **láncolat;** ~**ban adogat** hand/pass (sg) in a chain; ~**ot alkot** form a chain
láncfonal *n* warp (thread)
láncfűrész *n* chain-saw
lánchegység *n* mountain chain/range
lánchíd *n* chain/suspension bridge
lánckövetkeztetés *n* syllogistic argument/ reasoning
láncol *v* **1.** *vmt vmhez/vhova* chain sg to sg, join [things] with/by a chain **2. magához** ~ **vkt** bind*/tie/link sy to oneself
láncolat *n* chain, train, series *(pl* series), succession; **események** ~**a** chain/train of events
láncos *a* **1.** *(lánccal felszerelt)* fitted with chains *ut.*, equipped with chains *ut.*, chain **2.** *(láncra kötött)* chained up
láncöltés *n* chain/loop(ed) stitch
láncreakció *n* chain reaction
láncszem *n* **1.** konkr link, ring, loop (of a chain), chain-loop **2.** *átv* link; **hiányzó** ~ missing link
lánctalp *n* caterpillar
lánctalpas *a* ~ **traktor** caterpillar (tractor)
landol *v* land
lándzsa *n* lance, spear; ~**t tör vk/vm mellett** take* up the cudgels for sg (*v.* on behalf of sy); *biz* stand*/stick* up for sy
láng *n* **1.** *ált* flame; **felcsap a** ~ flame darts/shoots* up; ~**ba borít vmt** set* sg on fire, set* fire to sg; ~**ba borul** burst* into flames; ~**(ok)ban áll be*** (all) in flames, be* ablaze, be* on fire; ~**ra kap** catch* fire, burst* into flames; ~**ra lobban** (1) *konkr* catch* fire, burst* into flames, flame/blaze/flare up (2) *átv* flare up; ~**gal ég** be* blazing **2.** *(égő tűzhelyen stb.)* burner; **nagy** ~**on ég** *(konvektor)* the heater is running on high; **kis** ~**on főz** cook sg gently (*v.* in a slow oven); *(párol)* simmer (sg) **3.** *átv* **a szenvedély** ~**ja** the flame/fire/heat of passion; **a szerelem** ~**ja** the flames of love *pl*, the fire of love
langaléta *a* beanpole, gangling fellow
lángelme *n* genius
lángész *n* genius
lángeszű *a* brilliant, having/of genius *ut.*
lángnyelv *n* tongue of flame
lángol *v* **1.** *(tűz)* be* flaming/blazing, be* aflame, blaze; *(ég)* be* in flames, be* on fire **2.** *(arc)* glow, blaze; **arca haragtól** ~ sy's face is glowing/blazing with anger; **bosszú** ~ **vk szívében** burn* for revenge

lángoló *a átv* flaming, glowing, blazing, burning (for); ~ **szemek** blazing eyes; ~ **szenvedély** ardent/consuming passion; **lelkesedéstől** ~ glowing with enthusiasm *ut.*
lángos *n* "langosh" ⟨fried dough⟩
lángossütő *n* (man° with a) 'langosh' stand/ stall, langosh-seller
lángszóró *n* flame-thrower
lángtenger *n* sea of flames
-lángú *a* -burner; **három**~ **gáztűzhely** 3- -burner gas oven/cooker
lángvágó *n* blow torch/lamp
lángvörös *a* flaming/fiery red; *(indulattól stb.)* blazing with anger *ut.*
langymeleg *a* lukewarm, tepid
langyos *a* **1.** *(víz)* lukewarm, tepid; *(túlzóan: nem eléggé hideg sör stb.)* lukewarm **2.** *(idő)* mild
lanka *n (lejtő)* gentle slope
lankad *v* **1.** *ált* flag, droop; *(bágyad)* grow* languid; *(gyengül)* weaken, grow* faint/ feeble; *(érdeklődés)* flag, decline; *(figyelem)* flag, fade **2.** *(hervad)* wilt, wither
lankadatlan *a* unflagging; ~ **buzgalommal** with unflagging/unremitting zeal/ enthusiasm
lankadt *a* flagging, drooping, droopy; *(bágyadt)* languid
lankás *a (lejtős)* gently sloping; ~ **vidék** downs *pl*
lankaszt *v* **1.** *ált* make* flag/droop, cause to flag/droop; *(fáraszt, gyengít)* make* languid/faint **2.** *(hervaszt)* wilt, wither
lanolin *n* lanolin, wool-fat
lant *n* **1.** *zene* lute **2.** *kif* **leteszi a** ~**ot** call it a day
lantjátékos *n* = **lantos 1.**
lantos *n* **1.** *(lantjátékos)* lutenist, lute-player **2.** *(középkori dalnok)* minstrel, gleeman°
lány *n* **1.** *(nőnemű gyerek)* girl; *(fiatal nő)* young woman°; **tizenöt éves** ~ a girl of fifteen **2.** *(vknek a* ~*a)* (sy's) daughter; **a fiatalabbik** ~**a** the younger daughter **3.** *(férjhez nem ment nő)* unmarried woman°; **még** ~ (1) *(még nem ment férjhez)* she is still unmarried (2) *(még szűz)* she is still a virgin **4.** *(háztartási alkalmazott)* † maid, girl, *(GB ma inkább)* (mother's) help, au pair
lány- pref = **leány-**
lanyha *a* **1.** *(enyhe)* mild; *(langyos)* lukewarm; *(érdeklődés)* waning, lukewarm **2.** *ker (piac)* sagging, bearish; **az üzlet(i élet)** ~ business is* slack, business lags
lanyhul *v* **1.** *(enyhül)* grow*/become*/get* mild **2.** *(gyengül)* lose* vigour (*US* -or),

lose* intensity; **érdeklődése/lelkesedé-se** ~ one's *i*nterest/enthusiasm is flagging **3.** *(alábbhagy)* relax; ~ **az igyekezete** slacken/relax in one's efforts/endeavours *(US* -ors)
lanyhulás *n* **1.** *(enyhülés)* growing/getting mild **2.** *(gyengülés)* loosening **3.** *(alábbhagyás)* relaxing, relaxation
lányka *n* = **leányka**
lányos *a* **1.** ~ **ház** (house/home of) family with marriageable daughter(s) **2.** *(külső viselkedés)* girlish, girl-like; ~ **arcú/képű** baby-face
Laosz *n* Laos
laoszi *a/n* Laotian
lap *n* **1.** *(sima felület)* (flat) surface, flat; *mat (siklap)* plane **2.** *(fémből)* plate, sheet; *(papírból)* sheet, leaf; *(fából, burkoló)* panel, wa*i*nscot **3.** *(vmnek lapos része)* (flat) surface, flat side; *(kardé)* flat (of sword) **4.** *(könyvé)* page, leaf°; **a 30.** ~ **on** on page thirty; **az más** ~**ra tartozik** *átv* that's quite another thing/matter **5.** *zene* ~**ról énekel/játszik** sing*/play at sight, sight-read°; ~**ról éneklés** sight-singing **6.** *(hírlap)* newspaper, paper, journal; **a külföldi** ~**ok** foreign papers (and magazines), the foreign press **7.** *(levelező)* (post)card **8.** *(egy kártya)* card; **jó** ~**ja van** have* a good hand; **rossz** ~**ja van** have* a bad hand; **mindent egy** ~**ra tesz (fel)** *átv* put* all one's eggs in one basket; *biz* **veszi a** ~**ot** (1) *(érti)* catch* on, get* the message (2) *(belemegy a tréfába)* join in
láp *n* bog, fen, marsh(-land), moor, swamp
lapalji jegyzet *n* footnote
lapály *n* plain, flat, lowland
lapát *n* **1.** *(szerszám)* shovel; *(öblös)* scoop; **egy** ~**ra való** scoop, shovelful, scoopful; □ ~**ra tesz vkt** give* sy the sack, sack sy **2.** *(evező)* oar; *(kajakhoz)* paddle **3.** *(turbináé; ablaktörlőé)* blade
lapátkerék *n* *(hajóé)* paddle, wheel
lapátol *v* **1.** *konkr* shovel *(US* -l); scoop **2.** *sp biz* paddle
lapít 1. *vt (lapossá tesz)* make* flat, flat(ten) **2.** *vi biz (rejtőzik)* lie* low/doggo
lapjárás *n* run (of the cards)
lapkiadó *n* ~ **vállalat** (newspaper) publishing company/house, (newspaper) publisher
lapkihordó *n* paperboy, papergirl
lapkivágás *n* cutting; *US* clipping
lapocka *n* shoulder-blade
lapos[1] **I.** *a* **1.** *ált* flat; *(sík)* plain, even; ~ **mellű** hollow-chested, flat-chested; ~ **sarkú** *(cipő)* low-heeled (shoes); ~ **sarok** *(ci-*

pőn) low-heel; ~ **tető** flat roof; ~, **mint a deszka** *(vk)* be* flat as a pancake/board; *biz* ~**ra ver vkt** beat* sy hollow, wipe the floor with sy **2.** *átv (unalmas, nívótlan)* flat, dull; *(stílus)* flat, prosy **II.** *n* ~**akat pislant** (1) *vkre* eye sy, wink at sy (2) *(álmos)* have* lids as heavy as lead
lapos[2] *a* of ... pages *ut.*; **hány** ~ **ez a könyv?** how many pages does this book have?; **500** ~ **könyv** a 500-page book, a book of 500 pages
lápos *a* boggy, marshy, swampy
laposan *adv (átv is)* flatly
laposfogó *n* flat-nose pliers *pl*
lapostányér *n* dinner plate
lapostetű *n* crab-louse°
lapoz *v (egyet)* turn the/a page; *(egymás után többet)* turn over pages/leaves [of book], lead (through) [a book]
lapozgat *v* thumb [a book], leaf (through) [a book]
lapp I. *a* Lapp(ish) **II.** *n* **1.** *(ember)* Lapp, Laplander **2.** *(nyelv)* Lapp(ish)
lappang *v* **1.** *(rejtőzik)* lurk, be*/lie* hidden, be*/lie* in hiding; **e mögött** ~ **vm** there is* something going on behind the scenes, *biz* it sounds a bit fishy to me **2.** *(szunnyad vkben vm)* be* latent (in sy); *(betegség)* incubate; **betegség** ~ **vkben** be* sickening for [an illness]
lappangás *n* *orv* incubation; ~**i idő** latent/latency period
lappangó *a* *orv* latent; ~ **betegség** latent disease; ~ **láz** masked fever
Lappföld *n* Lapland
lapszám *n* number of page, page number
lapszámozás *n* pagination
lapszél *n* margin
lapszéli *a* marginal; ~ **jegyzet** marginal note, shoulder-note
lapszemle *n* press review, review of the press
lapszerkesztő *n* editor (of a newspaper)
lapszus *n* slip (of the tongue), mistake
laptudósító *n* (newspaper) correspondent
laptulajdonos *n* newspaper owner/proprietor
lapul *v* **1.** *(laposodik)* become* flat(tened out) **2.** **falhoz** ~ stand* back (*v.* press/flatten oneself) against the wall **3.** *(észrevétlenül marad)* lurk, skulk; *biz* lie* doggo/low
lapzárta *n* deadline, closing date; ~ **utáni hírek** stop-press (news)
lárifári *n* *biz* fiddlesticks!, rubbish!
lárma *n* (loud) noise, din; *(kiabálás)* clamour *(US* -or); *(ordítozás, verekedés)* brawl(ing), tussle; *(kavarodás)* uproar, racket; **nagy**

~t csap (1) *(lármázik)* make* a great noise, kick up a fuss/row (2) *(kavarodást)* cause/create an uproar/disturbance, kick up (*v.* raise) the dust

lármás *a* noisy, clamorous

lármáz|ik *v* **1.** *(zajong)* make* a noise **2.** *(követel, tiltakozik)* clamour (*US* -or); *(veszekszik)* quarrel (*US* -l) squabble (with sy about sg) **3.** *(okvetetlenkedik)* fuss (about); **mit ~ol?** what's all this row? **4.** *(rajcsúrozik)* romp

lárva *n* áll larva (*pl* larvae)

lásd *int (röv* l.) see; ~ **a 6. lapon** see page 6; ~ **még** *(röv* l. még) see also, compare *(röv* cf.)

lasponya *n* medlar

lassacskán *adv* gently, gradually, by degrees, little by little

lassan *adv* slowly *(ige előtt v. után állhat)*; slow *(csak ige után állhat, kivéve* how *után); (ráérősen)* in a leisurely way; ~ **csinál/végez** *vmt* do* sg slowly, be* slow in doing sg; take* one's time (doing sg); **de ~ telik az idő!** how slow/slowly the time passes!; ~! slowly!, not so fast!, take it easy!; ~, **de biztosan** slowly but surely; **szép ~ jobbra fordulnak a dolgok** things will get better by and by; ~ **gyógyul** (1) *(beteg)* be* mending slowly (2) *(seb)* be* slow in healing; ~ **beszél** speak* slowly; ~ **hajt** drive*/go* slow; ~ **jár/megy** walk slowly, walk at a slow pace; *(ráérősen)* walk in a leisurely way; ~ **megy** *(a dolog)* it is* a slow process/business; ~ **járj, tovább érsz** more haste less speed; ~ **tanul** learn* slowly; ~ **a testtel!** take it easy!, gently does it!; **hogy vagy? — csak úgy ~!** how are you? — fair (to middling)

lassanként *adv* **1.** *(fokozatosan)* gradually, little by little, bit by bit **2.** *(nemsokára)* before long; ~ **talán indulhatnánk!** it is time to go, we had better start/leave now

lassít *v* vk, vm slow (down/up); *(autóval)* slow down; ~**s!** reduce speed!; ~**ja a munkatempót** go* slow

lassított *a (felvétel)* slow-motion (picture)

lassú *a* **1.** slow; *(ráérős)* leisurely; *(hosszadalmas)* lingering; **ez (egy) ~ dolog** it is* a slow process; ~ **ember** *biz* a slowcoach, *US* slowpoke; ~ **észjárású** slow(-witted), dull; *zene* ~ **tétel** slow movement; ~ **tűzön** *(főz/süt)* [cook/roast sg] in a gentle slow oven; *(párol)* simmer; ~ **víz partot mos** still waters run deep **2.** *(csendes, halk)* low, quiet, soft, gentle

lassúbbod|ik *v* = **lassul**

lassúd|ik *v* = **lassul**

lassul *v* slow down/up, become* slow(er)

lassúság *n* slowness; *(ráérősség)* leisureliness, leisurely way(s); *(hosszadalmasság)* lingering

László *n* ⟨masculine given name⟩, *kb.* Ladislas

lasszó *n* lasso; *főleg US:* lariat

lasztexnadrág *n* stretch slacks (*US* pants) *pl*; *US* ski-pants *pl*

lat *n* ~**ba veti befolyását** use one's influence, pull strings; ~**ba veti erejét** put*/throw* one's power/authority into the scale(s); **sokat nyom a ~ban** be* of great account/weight; **nálam ez nem nyom sokat a ~ban** it cuts no/little ice with me

lát¹ *v* **1.** *konkr* see*; **jól ~** have* good eyes, one's eyesight is* good; **rosszul ~** have* poor eyesight, not see well; *biz* **az orráig se ~** (be*) as blind as a bat; **se ~, se hall** he neither sees* nor hears*; **futólag ~** *vmt* get*/catch* a glimpse of sg; ~**nod kellett volna** you should have seen it; ~**od?,** ~**ja?** can you see it?; ~**sz még (olvasni)?** can you still see (to read)?; ~**tad ezt a filmet?** have you seen that picture/film?; **mit ~ok?** *(meglepődve)* what is this (that I see)?; „**láttam''** *(okmányon)* seen and approved; *biz* O.K.; **akkor lássam, amikor a hátam közepét** I don't care if I never see him again; **hadd lássam!** let me see!; **lássuk, mi megy a tévében** let's see what's on the tele(vision)/telly; **lássuk csak!** let us/me see!; ~**ni sem bírom/kívánom** I can't bear (even) the sight of him/it; **lásd kivel van dolgod** you'll see who(m) you are dealing with ⇨ **lásd 2.** *(felfog, ért)* see*, perceive; *(vmlyennek ítél)* think*, find*, deem, consider; **jónak ~** *vmt* think* sg proper/fit, find*/deem sg good/advisable; **nem ~om az értelmét** I don't see the point; ~**ja a lényeget** see the point; **ha jól ~om** if I'm not mistaken, if my eyes don't deceive me; **te ezt hogy ~od?** what is* your view/opinion of this?; **én ezt így ~om** this is* how I see* it, this is* the view I take* of it; **én ezt úgy ~om, hogy** in my view, it appears to me that; **én nem így ~om (a dolgot)** I do not look upon it in that light; **úgy ~tam, jobb ha megyek** *US* so I figured I better leave; **ahogy én ~om** in my view/opinion; **másképp ~ja a dolgokat** see* things differently; **tégy, ahogy jónak ~od** do as you please, do as you think fit; ~**ja, kérem ... you see!;**

amint ebből ~ni lehet as this shows, as may/can be seen/concluded from this; ebből azt kell ~nom (, hogy) from this I can only conclude (that) 3. *(tapasztal)* see*; sokat ~ott he has seen a good deal, he has seen life; ki ~ott már ilyet? did you ever see the like (of it)?, well I never!; szeretném (én csak) ~ni! that'll be the day!, let me see you do/try it! 4. szívesen ~ vkt welcome sy; vendégül ~ vkt entertain sy to [dinner] 5. *vmhez* set* to do sg, see* about sg; munkához ~ set* to work ⇨ álom, haszon, kár, napvilág, szín, világ

lát² *n ker* ~ra fizetendő payable at/on sight *ut.*; ~ra szóló váltó sight/demand bill (*v.* US draft)

látás *n* 1. *(látóképesség)* sight, eyesight, vision; romlik a ~a his sight is failing; ~tól vakulásig from daybreak till nightfall, from morning till night 2. *(cselekvés)* seeing; első ~ra at first sight; ~ból ismer vkt know* sy by sight

látási *a* visual, optic(al); ~ viszonyok visibility; ~ zavar(ok) disturbance of vision, trouble seeing

látásmód *n* = szemléletmód

látásvizsgálat *n* sight-testing

látatlan *a* unseen, unexamined, not inspected *ut.*

látatlanban *adv* unseen, unexamined; ~ vásárol vmt buy* a pig in a poke, buy* sg sight unseen; ~ vett egy tévét (s)he bought a TV sight unseen

látatlanul *adv* ~ beleegyezik vmbe consent to sg without having seen/examined it first

látcső *n (kétcsövű)* binoculars *pl*, field glasses *pl*; *(színházi)* opera glasses *pl*

láthatár *n* horizon

láthatatlan *a* invisible, imperceptible (tò the eye *ut.*); kif is not to be seen

látható *a* visible; *(kivehető)* discernible; *kif* be* (with)in sight; *(igével)* that can be seen; ~ helyen in/on a conspicuous place/spot; ~ lesz, ~vá válik come* into view/sight, show itself; ebből ~ this goes* to show (that); it is* apparent (that); nem ~ [it] is not to be seen; ritkán ~ rarely to be seen *ut.*; szabad szemmel is ~ visible to the naked eye *ut.*; a kiállításon sok értékes festmény ~ many valuable paintings are on view at the exhibition; amint a 4. sz. ábrán ~ as can be seen (*v.* as shown) in Fig. 4

láthatóan *adv* visibly, perceptibly, noticeably

latin I. *a* Latin; ~ betűk Roman letters/ characters; ~ betűs írás Roman script; a ~ nyelv Latin; ~ nyelvek *(román nyelvek)* Romance languages; ~t/~ul tanul learn* Latin; nem tud ~ul (s)he has no Latin II. *n a* ~ok the Latin people

Latin-Amerika *n* Latin America

latin-amerikai *a* Latin American

latinos *a* ~ műveltség classical education/culture

latinság *n (nyelv)* Latin

latintanár *n* teacher of Latin, Latin teacher/master

látkép *n* view, panorama

látlelet *n* doctor's/medical statement/report

látnivaló *n* sight(s), place(s) of interest; megnézi/megtekinti a ~kat see* the sights [of London etc.], go* sightseeing, visit the places of interest; a ~k megtekintése sightseeing; nincs sok ~ not much to see

látnok *n* seer, prophet

látnoki *a* prophetic(al)

látogat *v* 1. *vkt* visit sy, pay* a visit to sy *v.* pay* sy a visit, call on sy 2. *(tanfolyamot)* attend 3. *(vmt gyakran felkeres)* frequent

látogatás *n* 1. *vknél* visit; *(rövid)* call; vknél ~t tesz pay* sy a visit, go* and/to see sy; vknek visszaadja a ~át return sy's visit/call; hivatalos ~ *(kormányfőé stb.)* state visit; hivatalos ~t tesz vhol make* a state [*v.* an official] visit to [a country]; nem hivatalos ~t tesz pay* an unofficial visit (to); beszámol Angliában tett ~áról give* an account of one's visit to Great Britain 2. *(tanfolyamé)* attendance 3. *(kórházban betegeké)* visiting times/ hours *pl*; szerdán, pénteken és vasárnap van ~ visitors are allowed in the hospital on Wednesdays, Fridays and Sundays

látogatási *a* visiting, calling; ~ idő *(kórházban, múzeumban)* visiting hours/times *pl*

látogató *n* visitor, caller; *(könyvtáré, múzeumé, más országé stb.)* visitor; hangverseny-/mozi-/színház~ concert-/cinema-/ theatre-goer; ~ban van vknél be* on a visit to sy; ~ba megy call on sy, go*/call to see sy; kedden jön (el) ~ba he'll call on Tuesday

látogatójegy *n (belépő)* ticket of admission; *(könyvtári)* library ticket, membership card

látogatott *a* much frequented, popular

látogatottság *n* attendance, ~, popularity; nagy ~nak örvend be* much frequented, be* well-attended

látogatóútlevél *n* visitor's passport
látogatóvízum *n* visitor's visa
látóhatár *n* horizon
látóideg *n* optic nerve
látóképesség *n* vision, (eye)sight
látókör *n* átv horizon, scope; **széles** ~**ű**
with a wide intellectual horizon *ut.*, of wide
(-ranging) interest *ut.*; **szűk** ~**ű** narrow-
-minded
latolgat *v* ponder [the matter]; *(kérdést)*
consider (sg), deliberate (over sg); ~**ja az**
esélyeket be* considering (*v.* weighing up)
the pros and cons
látomás *n* vision; *(jelenés)* apparition
lator *n* rascal, rogue
látószerv *n* visual organ, organ of sight/
vision
látószög *n* visual angle; **nagy** ~**ű objek-**
tív wide-angle lens
látótávolság *n* range/distance of vision,
visual distance; ~**ban,** ~**on belül** within
sight/eyeshot
látótér *n* field of vision, visual field
látszat *n* **1.** *(aminek tűnik)* appearance; ~
és valóság illusion and reality; **a** ~ **csal**
appearances can be deceptive; **a** ~ **kedvé-**
ért for the sake of appearances, for show; **a**
~ **szerint** to all appearances, on the face of
it; **minden** ~ **ellenére** in spite of (all) ap-
pearances; **a** ~ **után ítél** judge by appear-
ances; ~**ra** in appearance; **azt a** ~**ot kel-**
ti (1) *(vk, hogy)* have* the appearance of
(...ing) (2) *vm* suggest sg; **fenntartja a**
~**ot** keep* up appearances **2.** *(eredmény,*
hatás) (visible) effect, result; **nincs meg a**
~**a vk munkájának** have* little/nothing
to show for one's work, sy's work is* of no
avail
látszateredmény *n* sham (result), pretences
(*US* -ses) *pl; biz* eyewash
látszatintézkedés *n* half measures *pl*
látszatmegoldás *n* papering over the
cracks, specious solution
látszerész *n* optician
látsz|ik *v* **1.** *(látható)* be* visible/seen/
noticeable, can* be seen; *(kilátszik, kirajzo-*
lódik) show*; **az ablakomból jól** ~**ik a**
híd you get*/have* a good view of the
bridge from my window; **alig** ~**ik a seb-**
hely a homlokán the scar on his forehead
hardly shows* **2.** *(nyilvánvaló, vélhető)*
appear, seem, look; **úgy** ~**ik** so it appears;
úgy ~**ik, hogy** it appears/seems that, (s)he
seems to (have ...d); **úgy** ~**ik, (hogy)**
nem it appears not; **úgy** ~**ik, elfelejtet-**
te he seems to have forgotten about it; **úgy**

~**ik, elfelejtetted ígéretedet** you seem
to have forgotten your promise; **úgy** ~**ik,**
igaza van he appears/seems to be right;
úgy ~**ik, esni fog** it looks like rain; **úgy**
~**ik, mintha** it looks as if; **már úgy**
~**ott, hogy** it seemed as though/if
3. *vmlyennek* seem (to be), look [ill/tired/sad
etc.], appear (to be); **betegnek** ~**ik** he
seems (to be) ill, he looks ill; **szomorúnak**
~**ik** (s)he seems (to be) sad, (s)he looks/
appears sad; **nem** ~**ik annyinak** she does
not look her age; ~**ik (rajta), hogy be-**
teg he is obviously ill, he looks ill; ~**ik**
(rajta), hogy gondtalanul él he has a
carefree air; **ez a megoldás jónak** ~**ik**
this solution seems (to be) good, this seems to
be the right solution
látszólag *adv* apparently, seemingly, in ap-
pearance; ~ **minden rendben volt** ap-
parently everything was in order, everything
seemed to be all right (*v.* in order)
látszólagos *a* apparent, seeming; ~ **el-**
lentmondás seeming/apparent contradic-
tion
láttamoz *v* *(okmányt)* countersign, initial
(*US* -l), endorse
láttamozás *n* signature, countersigning,
initials *pl*, endorsement
láttára *adv* vmnek at the sight (of sg); **sze-**
mem ~ before my very eyes
látvány *n* **1.** ált spectacle, sight, view; **kelle-**
mes/szívderítő ~ a sight for sore eyes;
nagyszerű ~ a sight for the gods; **szánal-**
mas ~**t nyújt** (1) *konkr* be* a sorry sight
(2) *iron* cut* a sorry/miserable figure; **szo-**
morú ~ a sad spectacle **2.** *(tájé)* prospect,
scenery **3.** *(jelenet)* scene
látványos *a* spectacular
látványosság *n* **1.** ált spectacle, sight; ~**ok**
megtekintése sightseeing **2.** *(vásári)*
show, side-show
latyak *n* slush
latyakos *a* slushy
láva *n* lava
lavina *n* avalanche
lavíroz *v* **1.** *hajó* tack (about) **2.** *átv biz* tack,
manoeuvre (*US* maneuver)
lavór *n* basin, bowl
láz *n* **1.** *(betegé)* temperature, fever; **erős/**
magas ~ (very) high fever/temperature;
van ~**a(d)?** have you got a temperature?;
~**a van** have*/run* a temperature; **na-**
gyon magas ~**a van** (s)he has (*v.* is run-
ning) a very high fever; **hirtelen felszö-**
kött a ~**a** (s)he suddenly had a high tem-
perature; **nincs magas** ~**a** (s)he is not

running a temperature, (s)he hasn't much fever; ~at mér take* sy's temperature 2. *(izgalom)* fever; vkt ~ba hoz throw* sy into a fever 3. *(divatőrület)* craze; vásárlási ~ shopping spree
laza *a* loose, slack; ~ erkölcs loose/lax morals *pl*; ~ fegyelem lax discipline
lazac *n* salmon
lázad *v (nép)* be* in (a state of) revolt; *(vm/vk ellen)* revolt/rebel/rise* against sg/sy
lázadás *n* revolt, rebellion; *kat* mutiny; nyílt ~ban tör ki rise* in open rebellion/revolt, break* out in revolt; ~t szít incite rebellion, stir up rebellion
lázadó I. *a* rebellious, in revolt *ut.*; *kat* mutinous II. *n* rebel
lázadoz|ik *v* 1. = lázad 2. *(elégedetlenkedik vm miatt)* revolt against/at sg, grumble/protest at/about sg; *(kapálódzik vm ellen) biz* kick against sg; a jobbik énje ~ik vm ellen sy's better self rises in protest against sg
lázálom *n (rémkép)* nightmare
lazán *adv* loose(ly), slack(ly); ~ lóg *(kötél)* slack, hang* loose(ly); *(ruha vkn)* be* loose fitting, be* baggy; ~ van összekötve be* loosely tied, be* slack
lázas *a* 1. *(lázzal járó)* feverish, febrile; ~ állapot feverish condition; *tud* pyrexia 2. ~ (beteg) *(patient)* with a fever/temperature *ut.* → láza van 3. *átv* feverish; ~ izgalom fever of excitement, fever pitch; breathless suspense; ~ izgalomban at fever pitch; ~ sietség feverish haste; ~ tevékenység feverish activity; ~an csomagol pack feverishly
lazaság *n* 1. *(kötése)* looseness, slackness 2. *(erkölcsi, munkabeli)* looseness, slackness, laxness
lázcsillapító *a/n* antipyretic, febrifuge
lázgörbe *n* fever/temperature curve
lazít *v* 1. *(kötést)* loosen, slacken 2. *(talajt)* loosen 3. *(vk sportban, munkában)* relax, ease up
lázít *v (lázadásra késztet)* incite sy to revolt/rebel/rebellion; vk ellen ~ vkt incite sy to revolt/rebel/rebellion against sy
lazítás *n vké* relaxing, relaxation
lázítás *n* incitement, instigation, sedition
lázító I. *a* inciting, incendiary, seditious; ~ propaganda inflammatory/subversive/seditious propaganda II. *n* subversive, inciter, instigator
lázkiütés *n* heat rash/spot, fever-blister/sore
lázlap *n* temperature chart

lázmentes *a* free from fever *ut.*, without fever *ut.*; *(igével)* have* no temperature
lázmérő *n* clinical thermometer
lázong *v* be* turbulent/unruly, be* in excitement/agitation, be* in (a) turmoil ⇨ lázad
lázongás *n* turbulence, unruliness, agitation, turmoil
lázongó *a* turbulent, unruly
lázroham *n* attack/bout of fever
lázrózsa *n* fever-spot [on face]
láztábla *n* temperature chart
láztalan *a* = lázmentes
lazul *v* 1. *ált* loosen, slack(en); *(csavar)* work itself loose; *(kötél)* slack, yield 2. *(fegyelem)* (begin* to) become* lax
lazsál *v* go* slow, idle (at work), take* it easy; *kif* swing* the lead
le I. *adv* down; *(felülről lefelé)* downwards; *(hegyről lefelé)* downhill; *(folyó folyása irányában)* downstream; ~ a Dunán down the Danube; ~ a kalappal! hats off!; ~ vele! down with him! II. *pref* ⟨többnyire: ige+down⟩; ~megy go* down; Lementek? — Le. Do you go (down *v.* to the Balaton etc.)? Yes, we do.
lé *n* 1. *(folyadék)* liquid, fluid; *(gyümölcsé)* juice 2. minden ~ben kanál have* a finger in every pie; hosszú ~re ereszt vmt enlarge/dilate (up)on sg, spin* out [the conversation, the time by talking, a story, etc.]; vmnek megissza a levét *kb.* have* to pay the piper/price, (have to) pay* dearly for sg ⇨ összeszűr
lead *v* 1. *(nyújt)* give*/hand down 2. *(letétbe)* deposit; ~ja a kulcsot a portán deposit/leave* the key at the reception desk *(v.* at reception); ~ja a névjegyét vknél leave* one's card on sy 3. *(lövést)* fire [a shot], let* off [a gun] 4. *(sp labdát)* pass 5. *(kéziratot közlés végett)* deliver, hand in 6. *biz* ~ott tíz kilót he shed/lost ten kilos 7. *biz* ~ja a napi négy óráját give*/have* one's four classes every/a day ⇨ drót, névjegy, szavazat
leadás *n* 1. *(lenyújtás)* handing down 2. *(letétbe)* depositing 3. *sp* (long) pass
leágazás *n (autópályáról)* exit road, slip road
leágaz|ik *v műsz* branch off, fork; ~ó cső branch; ~ó sáv exit road, slip road
leakaszt *v* 1. *(szegről)* take* down/off [from the hook/peg] 2. *biz* ~ egy pofont fetch sy one in the face
lealacsonyít *v* debase, lower, degrade

lealacsonyító *a* debasing, degrading, lowering, derogatory

lealacsonyod|ik *v* debase/degrade/demean oneself; **odáig alacsonyodott le, hogy** he stooped to doing sg, he was not above doing sg

lealáz *v* humiliate, humble, degrade

lealázó *a* humiliating, degrading

leáldozóban van *v* **1.** *(nap)* (the sun) is* sinking/setting **2.** *(dicsőség)* (one's glory) is* fading (*v*. is* on the wane)

lealjasít *v* debase, degrade, bring* down

lealjasodás *n* debasement, degradation

lealjasod|ik *v* debase/degrade/demean oneself, become* debased

lealkusz|ik *v* **600 Ft-ból lealkudtam (tőle) 50 ft-ot** I succeeded in knocking/cutting him down by 50 fts, I cut/beat/knocked him down to 550 fts; **~ik 10 forintot vmnek az árából** get* 10 forints off the price of sg

leáll *v* **1.** *(megáll)* stop, halt; *(forgalom)* come* to a standstill; *(motor, gép)* stall, break* down; **havazás miatt ~t a forgalom** traffic was held up by the snow(fall); **a gyár ~t** the factory ceased work, the factory shut down; **~t a motor** *(autóé)* the engine stalled (*v*. cut out *v*. seized up) **2.** *(vkvel beszélni biz)* stop [to have a talk with sy]

leállás *n* *(megállás)* stop(page), halt; *(forgalomé, gépé)* (coming to a) standstill; *(motoré)* breakdown

leállít *v* **1.** *(földre)* let* sg stand on the floor, put*/place/stand* sg on the floor **2.** *(megállít)* stop, bring* to a stop/standstill/halt; *(motort, kocsit)* stop; *(taxit)* hail [a cab]; *(járművet karjelzéssel)* flag down; *(mozgást)* arrest; **~ja a motort** stop (*v*. biz kill)) the engine **3.** *(abbahagyat)* cancel (*US* -l), call off, suspend **4.** *(munkát)* halt [production]

leállósáv *n* hard shoulder, verge, lay-by (*pl* lay-bys)

leány *n ir* = **lány**

leányág *n* female line

leányálom *n tréf* **nem ~** *(csúnya férfi)* be* no Adonis, not the answer to a maiden's prayer

leányanya *n* unmarried mother

leánycserkész *n GB* girl guide; *US* girl scout; *(7-10 év között)* Brownie (Guide); **~ek** (girl) guides, the Guides, *US* girl scouts; *(kicsik)* Brownie Guides, Brownies

leánygimnázium *n kb.* girls' grammar school

leányinternátus *n* girls' boarding school

leányiskola *n* girls' school

leányka *n* **1.** little/young girl; *(skótosan)* wee/little lass, lassie **2.** *(ruhaméret)* miss

leányképű *a* = **lányos képű**

leánykérés *n* proposal (of marriage), suit

leánykereskedelem *n* white slave traffic/trade, white slavery

leánykérő *n* **~be megy** go* to make a formal proposal of marriage, plead one's suit

leánykor *n* girlhood; **még ~ából ismerem** I used to know her before she was married

leánykori *a* **~ neve** *(űrlapon)* maiden name

leánynév *n* **1.** *(leányé)* girl's name **2.** *(leánykori)* maiden name

leánynevelő intézet *n* girls' boarding school

leánynéző *n* **~be megy** go* to look (*v*. looking) for a wife

leányos *a* = **lányos**

leányság *n* *(állapot)* maidenhood, girlhood

leányszoba *n* girl's room

leányszöktetés *n* **1.** *(erőszakkal)* abduction **2.** *(közös akarattal)* elopement, runaway marriage

leányvállalat *n* affiliated company

leányzó *n* girl; *tréf* **ez nem változtat a ~ fekvésén** that doesn't change things in the least

leapad *v* **1.** *ált* ebb, abate, subside **2.** *(tömeg)* decrease, diminish; *(vagyon)* dwindle

learat *v* *(gabonát)* reap; **~ja a dicsőséget** reap the laurels

leás *v* **1.** *(földbe)* dig* into the ground **2.** *(elás)* bury, hide* in the ground; *(cölöpöt stb.)* sink*

leáz|ik *v* soak off

leáztat *v* soak off, take* off by soaking

lebabáz|ik *v biz* have* a/one's baby

lebarnul *v* get* sunburnt/tanned, get* a tan

lebben *v* **1.** **szellő sem ~t** not a breeze was stirring **2.** *(suhan)* flit

lebbencsleves *n kb.* Hungarian pasta soup

lebecsmérel *v* disparage, belittle

lebecsül *v* **1.** *(alábecsül)* underrate, underestimate, undervalue; **~i a veszélyt** make* light of danger, disregard danger **2.** *(ócsárol)* disparage, belittle, depreciate

lebeg *v* **1.** *ált* float **2.** *(madár egy helyben)* hover **3.** *(függ vm fölött)* hang*, be* suspended (over sg) **4.** *(tárgy vízen)* float, drift (on) **5.** **vm nagy cél ~ előtte** have* a noble object in view, aim at sg great; **képe mindig a szemem előtt ~** her image is* *a*lways before my eyes; **élet és halál között** ~ is* (hovering) between life and death **lebegés** *n* **1.** *ált* floating, flo(a)tation **2.** *(madáré egy helyben)* hovering **3.** *(függés vm fölött)* hanging **4.** *(tárgyé vízen)* floating, drifting **lebegtet** *v (kendőt)* wave; *(szél)* flutter, waft **lebélyegez** *v* **1.** = **lepecsétel 1. 2.** *(bélyegzővel ellát)* cancel *(US* -l), postmark **lebeny** *n (fülé, tüdőé)* lobe **lebernyeg** *n* **1.** *(marháé)* dewlap **2.** *(kabát)* loose cape/wrap/cloak **lebeszél 1.** *vt vkt vmről* reason/persuade/talk sy out of (doing) sg, dissuade sy from (doing) sg **2.** *vi (telefonon)* ~**tek már?** have you finished (yet)?; *US* are you through? **lebeteged|ik** *v* **1.** *(nő)* be* confined, lie* in **2.** *biz* take* sick **lebetűz** *v* **1.** *(bélyeget)* cancel *(US* -l) **2.** *(szót)* spell* **lebiggyeszt** *v* ~**i az ajkát** pout, purse one's lips **lebilincsel** *v* captivate, enthral, fascinate, charm; ~**i a közönséget** hold* the audience spellbound **lebilincselő** *a* captivating, enthralling, fascinating **leblendéz** *v fényk* stop down **leblokkol** *v* **1.** *(pénztárgépen)* register [on a bill] **2.** *(bélyegzőórán)* clock in/out **3.** *biz (zavarában)* go* blank, one's mind goes* blank **lebocsát** *v* = **leereszt 1.** **lebombáz** *v* bomb (out), destroy with bombs (*v*. by bombing) **lebont** *v* **1.** *(házat)* pull down, demolish **2.** *(tervet)* give* a break-down of **3.** *vegy* break* down **lebontás** *n* **1.** *(házé)* pulling down, demolition **2.** *vegy, közg* break-down **lebonyolít** *v* arrange, settle; **ügyletet** ~ close/complete/conclude a deal (with sy); transact business; transact a sale/bargain, handle/manage a bargain/business, effect a sale; **nagy forgalmat bonyolít le** (1) *(egy vonal)* this is* a busy line, this is* a line with heavy traffic (2) *(áruház stb.)* have* a large/great/high turnover, be* very busy; *(vasútállomás stb.)* be* very busy **lebonyolítás** *n* arrangement, settlement **lebonyolód|ik** *v* **1.** *(végbemegy)* take* place **2.** *(lezárul)* get* settled **leborít** *v* **1.** *vmvel* cover sg with (sg) **2.** *vmt vhonnan* cause sg to tip over (and fall down)

leborotvál *v* shave off; ~**tatja a bajuszát** have* one's upper lip shaved, shave off one's moustache *(US* mus-) **leborul** *v* **1.** *vhonnan* tumble down **2.** *(vk előtt)* fall* on one's knees before sy **lebuj** *n biz* rough pub/tavern; *US* joint **lebukás** *n biz (bűnözőé stb.)* being/getting nabbed/caught/collared/pinched **lebukfencez|ik** *v* tumble down [the stairs] **lebuk|ik** *v* **1.** *vhonnan* tumble down **2.** *(vízbe)* plunge, dive **3.** *biz (rendőrileg)* be* caught/nabbed/collared/pinched **lebuktat** *v* **1.** *(vízbe)* plunge **2.** *biz (rendőrileg)* grass on sy, get* sy pinched/collared/ arrested **lebzsel** *v* loiter/idle/hang* around/about **léc** *n* lath, batten, slat; *(magasugró)* bar **lecke** *n* homework; *(átv is)* lesson; ~**t felad vknek** give* sy a lesson/task to do, set* sy homework; **felmondja a** ~**t** say*/repeat/recite the lesson; **kikérdezi a** ~**t** hear* the lesson; **tudja a** ~**t** *átv* know* the right answers; **jó** ~ **volt ez neked!** let that be a lesson to you! **leckekönyv** *n* = **index 4.** **léckerítés** *n* (wooden) paling/railing **leckéztet** *v* censure, lecture, sermonize **leckéztetés** *n (feleségtől)* curtain-lecture **lecsap 1.** *vi (madár vmre)* swoop (down) on sg, pounce on sg; *(rendőrség bűnözőre)* pounce on sy; *(kat ellenségre)* bear*/swoop down on [enemy]; *vk* ~ **vmre** *(hogy megszerezze)* pounce on sg, snap sg up, snatch sg (away); ~ **(egy) hibára** pounce on a mistake; ~ **vkre** rush/charge/pounce on sy; *(bűnözőre)* crack down on sy **2.** *vi (villám)* thunderbolt strikes*; ~**ott a villám** lightning struck swhere, sg was struck by lightning **3.** *vt (ledob)* throw*/fling* down; ~**ja a telefont** hang* up on (sy) **4.** *vt (vm fedelét)* bang/slam sg shut **5.** *vt (teniszlabdát)* smash, kill [the ball] **6.** *vt (levág)* strike*/lop/cut* off **7.** *vt (nőt vk kezéről)* cut* sy out **lecsapható** *a* ~ **(lapú) asztal** drop-leaf table; ~ **ülés** tip-up seat **lecsapódás** *n* **1.** *(bombáé)* hit, impact **2.** *vegy* precipitation **lecsapód|ik** *v* **1.** *(fedél)* come* down with a bang/snap **2.** *(bomba)* fall*, drop, hit* **3.** *vegy* precipitate, be* precipitated; *(pára)* condense **lecsapol** *v* **1.** *(vizet)* drain, draw*; *(kiszárít)* dry out **2.** *(földet művelhetővé tesz)* reclaim [land] **3.** *(kohót)* tap **4.** *orv* drain, draw* off

lecsapolás *n* **1.** *(vízé)* drainage, draining; *(kiszárítás)* drying out **2.** *(földé)* (land) drainage, draining **3.** *(kohóé)* tapping **4.** *orv* draining, drawing off
lecsatol *v* unbuckle, unhitch, undo*
lecsavar *v* **1.** *vmt vmről* unscrew, screw off **2.** *(leteker)* unroll, uncoil, wind* off **3.** *(lámpát)* switch/turn off [light]
lecsavarható *a (tetejű)* screw-top(ped); ~ **tető** screw top
lecsavarod|ik *v* come* unscrewed, unscrew, work itself off
lecsendesed|ik *v* **1.** *(vihar)* subside, abate, calm/die down **2.** *vk* compose (oneself)
lecsendesít *v (haragos embert)* calm, pacify, soothe, appease
lecsenget 1. *vt (villamost)* give* the signal to stop or start, *(utas)* pull bell cord (to stop or start) **2.** *vi (telefonálás végén)* ring* off
lecsepeg *v* drip down, fall* drop by drop
lecseppen *v* **1.** *(egy csepp)* drop (down) **2.** *átv* ebből talán nekem is ~ vm perhaps there will be something in it/this for me too
lecsepül *v vkt* disparage, denigrate, run* down; *vmt* pan, slate, slam
lecserél *v* replace; *biz* swap; *(sp játékost)* substitute; ~ te a kocsiját újra he traded his old car in for a new one
lecsillapít *v* = lecsendesít; ~ ja a kedélyeket pour oil on troubled waters
lecsillapod|ik *v* = lecsendesedik
lecsíp *v* **1.** *(csipesszel)* pinch/nip off **2.** *(pénzből)* cut* [a sum], reduce
lecsiszol *v (simít)* smooth; *(ledörzsöl)* scrape; *vmt vhonnan* rub off
lecsitít *v ált* calm (down); *(haragvót)* pacify, appease, soothe; *(síró gyereket)* quiet
lecsó *n* ⟨pepper and tomato stew⟩, 'letcho'
lecsordul *v* run*/trickle down
lecsorgat *v* let*/make* sg trickle/run down
lecsorog *v* trickle/run* down ⇨ lecsurog
lecsökken *v* decrease, diminish; ~t húszra it dropped/fell to twenty
lecsökkent *v* decrease, diminish, reduce, lower; ~ húszra cut* down to twenty
lecsöpög *v* = lecsepeg
lecsuk *v* **1.** *(fedelet)* close, shut*; ~ ja a szemét (1) close/shut* one's eyes (2) *átv (= meghal)* fall* asleep **2.** *(börtönbe)* lock up, run* in
lecsukat *v vkt* have* (sy) locked up
lecsukód|ik *v* close, shut*
lecsurog *v* **1.** = lecsorog **2.** *(csónakban folyón)* drop/drift downstream

lecsúsz|ik *v* **1.** *(lesiklik)* slide*/slither/ glide/slip down; *(szánkón)* coast down **2.** *(harisnya stb.)* slip down **3.** *vk, átv* come*/go* down in the world, fail **4.** *vk vmről, átv* fail to achieve/reach sg; *kif* miss the bus/boat
lecsúszott *a* ~ ember a has-been, sy who has gone down in the world, a down-and-out
lecsúsztat *v* slide* down, let* sg slip down, cause sg to slip
lecsutakol *v (lovat)* rub/dress down, curry [a horse]
lecsüggeszti a fejét *v* hang*/bow one's head
lecsüng *v* **1.** *(lelóg)* hang* down **2.** *vhonnan* hang* (from); *(leér vmeddig)* come* down (to)
ledarál *v* **1.** *(kávét)* grind*, mill **2.** *(leckét stb.)* rattle off
ledér *a* licentious, lascivious; ~ **nő** a loose/fast woman°; *vulg* an easy lay
ledob *v* throw* down; *(bombát)* drop, release [bombs]; ~ ja a kabátját throw*/slip off one's coat; ~ ja magát a székre fling* oneself onto the chair; ~ ta a ló the horse threw/spilt him, he had a spill
ledoktorál *v* take*/gain/obtain one's doctorate
ledolgoz *v* **1.** *(munkaidőt)* work/do* [one's 8 etc. hours] **2.** *(restanciát, tartozást)* work off, pay* off in labour *(US* -or), clear a debt by working
ledorongol *v* = lecsepül
ledöf *v* stab
ledől *v* **1.** *vm* collapse, tumble/topple/come* down, fall* in/down **2.** *(szunyókálni)* take* a siesta/nap; *(rövid időre, biz)* have* forty winks
ledöngöl *v (földet)* ram (down), pack
ledönt *v* **1.** *(falat)* pull/knock down; *(fát)* fell, cut* down; *(szobrot)* demolish, hurl down **2.** *(vhonnan lever vmt, bábut tekében)* knock down; **lábáról** ~ *(vkt betegség)* strike* down
ledörzsöl *v* **1.** *vmt* rub/scrape off **2.** *(vkt törülközővel)* give* sy a rub-down
lédús *a* juicy
leég *v* **1.** *(ház)* burn* down, be* burnt down; ~ a kályha/tűz the stove/fire has* burnt out/down, the fire is* out/dead; **porig** ~ ett be* burnt to ashes *(v.* to a cinder) **2.** *(bőr)* become* sunburnt, get* sunburn **3.** *(kudarcot vall)* fail, come* a cropper **4.** *(anyagilag, biz)* lose* one's shirt, get* cleaned out

leéget *v* **1.** *vmt vhonnan* burn*/singe off **2.** *(ételt)* burn* **3.** *(nap bőrt)* burn* **4.** *biz (szégyenbe hoz)* take* sy down a peg or two, put* sy to shame

leegyszerűsít *v* simplify; *vmre, vmvé* reduce sg to; **túlzottan** ~ over-simplify

leejt *v* drop, let* (sg) fall, slip

leél *v (életet)* live, spend*, pass [one's life]; **itt élte le egész életét** he lived here all his life

leelőlegez *v vmt* put* down a deposit on sg

leemel *v* **1.** *vhonnan* lift/take*/get* down from **2.** *(bank vmely összeget)* transfer [money from sy's account to sy else's]

leendő *a* future, prospective; -to-be *ut.*; ~ **anya** expectant mother, mother-to-be; ~ **elnök** the president-elect; ~ **vevő** the prospective buyer/customer

leenged 1. *vt vkt vhova* allow sy to go/come down; ~**i a gyerekeket a térre** allow the children out into the playground/square **2.** *vt (árat)* reduce, lower; **mennyit enged le az árából?** what reduction will you make on it?; **3%-ot** ~ allow 3 per cent ⇨ **leereszt**

leépít *v* **1.** *(alkalmazottat)* dispense with [sy's services], lay* sy off, *biz* give* (sy) the chop/axe; *(létszámot)* reduce [the workforce, staff, personnel], cut* down/back; ~**ették** (s)he got the chop/axe, (s)he has been axed **2.** *(ismerőst)* drop [an acquaintance]

leépítés *n (létszámé)* reduction, cutting down, cut(back); *biz* the axe

leér *v* **1.** *vmeddig* come*/hang*/reach down (to); *(földig)* touch the ground; *(lába a tó v. az uszoda fenekéig)* touch bottom **2.** *(leérkezik vhova)* get* down

leereszkedés *n* **1.** *(kötélen)* letting oneself down; *(hegyről)* descent **2.** *vkhez, elít* condescension, patronizing

leereszked|ik *v* **1.** *(vk kötélen)* let* oneself down; *(hegyről)* descend **2.** *(köd)* descend, fall* **3.** *vkhez, elít* be* condescending to sy; *(vállveregetően)* patronize sy; ~**ik vk színvonalára** put* oneself on a level with sy, come* down to sy's level, speak* down to sy

leereszkedő *a átv* condescending, patronizing; ~ **modorban** with a condescending tone, in a patronizing manner

leereszt 1. *vt vmt ált* let* down, lower; *(függönyt, redőnyt)* let* down; *(színházi függönyt)* drop, lower, ring* down [the curtain]; *(horgonyt)* cast*, drop [anchor]; *(mentőcsónakot)* lower **2.** *(ruhát)* let* down **3.** *vi (gu-*

mi) go* down/flat, be* deflated ⇨ **leenged**

leérettségiz|ik *v* pass/take* the final examination [at a secondary school]; *US* graduate [from a high school]

leérkez|ik *v* get*/come* down; **felülről még nem érkezett le az utasítás** we have had no (official) instructions as yet from higher quarters

leértékel *v* **1.** *(érdemet)* underrate, undervalue **2.** *(pénzt)* devalue; ~**ték a forintot** the forint has been devalued, [the Government] has devalued the forint **3.** *(árucikkek árát)* mark down [goods], reduce the price of; ~**t áru** goods at reduced prices *pl*, cut-price goods; ~**t áruk** *(áruházban)* bargain counter

leértékelés *n* **1.** *(pénzé)* devaluation **2.** *(áraké)* price reduction, markdown; *(vásár)* sale

lees|ik *v* **1.** *ált* fall* (down/off); ~**ett vm a földre** it fell to the ground; *átv* ~**ett a tantusz/húszfilléres** it has clicked for me **2.** *(láz)* abate **3.** *(ár)* fall* **4.** *biz (vm kis összeg)* pick sg up, sg comes one's way ⇨ **áll²**, **kő**, **ló**

lefagy *v* **1.** *(gyümölcs)* be* nipped (by the frost) **2.** ~**ott egy lábujja** his toe was frostbitten/frozen, have* a frozen toe

lefarag *v* **1.** *(kőből, fából)* whittle down, chisel (*US* -l) off, cut* away/off **2.** *biz (pénzösszeget, kiadást)* cut* down (on)

lefátyoloz *v* veil, cover with a veil

lefed *v* cover, put* a cover/lid over/on

lefegyverez *v* disarm

lefegyverzés *n* disarming, disarmament

lefejez *v* behead, cut* sy's head off, decapitate

lefejt *v* **1.** *(hámoz)* peel/strip off **2.** *(ruháról vmt)* unpick **3.** *(bort)* draw* off, decant

lefékez *v* **1.** *(járművet a vezető)* brake, apply the brakes, put* on the brakes; **hirtelen** ~**ett** (s)he braked suddenly **2.** *átv* slow down, hold* back; *(fejlődést)* arrest

lefeksz|ik *v* **1.** *vmre* lie* down **2.** *(aludni)* go* to bed; **nem fekszik le** (= *fennmarad)* stay/be* up; **ideje lefeküdni** it's bedtime; **korán szokott lefeküdni** go* to bed early **3.** *biz* ~ **vkvel** *(férfi nővel)* go* to bed with sy, sleep* with sy; **fűvel-fával** ~**ik** she's rather a promiscuous girl

lefektet *v* **1.** *vmt* lay*/put* down; *(kábelt, vezetéket)* lay* (down) **2.** *(gyereket)* put* / send* to bed **3.** *(írásba foglal)* put* into writing, record; *(elveket, szabályt)* lay* down; **írásban le van fektetve** is* in

black and white, is* in writing, is* on file; **szabályt** ~ make* a rule, lay* down a rule
lefekvés *n* **1.** *vmre* lying down **2.** *(aludni)* going to bed; ~ **ideje** bedtime; **nem sokkal** ~ **után** shortly after going to bed
le-fel *adv* up and down
lefelé *adv* down(wards); **fejjel** ~ *u*pside down; ~ **fordít** *vmt* turn sg *u*pside down; ~ **menő** downward; *(jármű hegyről)* downh*i*ll; ~ **néz** look downwards; **a folyón** ~ down the river, downriver
lefelel *v isk biz* pass an oral
lefényképez *v* take* a picture/photo(graph) *(v. biz* snap/snapshot) of sy/sg, photograph sy/sg
lefényképezteti magát *v* have* one's photograph taken
lefest *v* **1.** *(festő)* paint [a portrait/picture of sy/sg] **2.** *(szavakkal)* depict, portray; *biz* **jól** ~**ett!** *(téged)* he ran you down
lefeszít *v* wrench off, force [a lock]
lefetyel *v* **1.** *(kutya)* lap (up sg) **2.** *biz (fecseg)* jabber, blather, prattle on
lefirkant *v* put*/jot down; *(verset, cikket)* dash off
lefitymál *v* belittle, pooh-pooh
lefixál *v (időpontot)* fix [time/date for sg with sy], make* an appointment (with sy for sg)
lefizet *v* **1.** *(összeget)* pay* down deposit [money/sum] **2.** *(megveszteget)* bribe (sy)
lefizetés *n* **1.** *(pénzösszegé)* payment **2.** *(megvesztegetés)* bribery
lefog *v* **1.** *(erőszakkal)* hold*/keep* down; **alig tudták** ~**ni** they could hardly hold him down **2.** *biz (bűnözőt)* arrest, seize, apprehend **3.** *(halott szemét)* close **4.** *(bért)* retain, withhold*, hold* back
lefogad *v vmt* bet*, put* a bet on sg; ~**om, hogy** I('ll) bet (you) that
lefogat *v* have* sy arrested
lefoglal *v* **1.** *(helyet, jegyet, szobát stb.)* book [a seat/ticket/room etc.] (in advance), reserve [a seat etc.]; make* the reservations/bookings [on the train to Glasgow, for one's holiday/journey etc.]; ~ **egy helyet** *(repgépen)* book *(v. főleg US:* reserve) a seat [on a/the plane]; ~ **egy asztalt** *(étteremben)* make* a reservation, reserve a table; ~**tam két jegyet a ma esti előadásra** I have booked/reserved two tickets for tonight's show; **jó előre le kell foglalni (a szobát)** you have to book well in advance **2. minden idejét** ~**ja** *vm* sg takes* up all her/his time; **munkája (teljesen)** ~**ja** be* (completely) engrossed in one's work,

be* tied up with work; ~**ja a család** her/his family takes up a lot of her/his time **3.** *(hatóság ingatlant)* seize; *(ingóságot)* distrain (upon) [sy's goods]
lefoglalóz *v* put* down a deposit (on sg)
lefogy *v vk* lose* weight, grow* thin; **3 kilót kell** ~**nia** she must lose/shed 3 kilos
lefogyás *n* loss of weight, growing thin
lefogyaszt *v* make* thin; ~**ja magát** slim (down), reduce one's weight
lefokoz *v kat* reduce (sy) to the ranks, demote
lefokozás *n kat* reduction to the ranks, demotion
lefolyás *n* **1.** *(vízé)* outflow, flow(ing) **2.** *(eseményeké, betegségé)* course, process; **enyhe** ~ mild course; **enyhe** ~**ú skarlát** a mild form of scarlet fever
lefoly|ik *v* **1.** *(felülről)* flow, run*, trickle (down); **sok víz** ~**ik még a Dunán** a lot of water will have to flow/run *(v.* can run) under the bridge (before sg happens), we'll cross that bridge when we come to it **2.** *(vm vhogy)* take* a ... course, pass off, take* place; *(betegség)* run*/take* its course; **az ülés botrány nélkül folyt le** the session passed off without scandal; **hogy folyt le a vita?** how did the debate go?
lefolyó *n (kagylón)* plug-hole, outflow pipe; *(konyhai mosogató)* sink
lefolyócső *n* **1.** *(lakásban, házban)* waste-pipe, outflow pipe **2.** *(ereszcsatornából)* gutter/rain(water) pipe, downpipe, *US* downspout
lefolytat *v (tárgyalásokat)* conduct [negotiations]; *(vizsgálatot)* make* [an investigation], hold*/institute [an inquiry]; *(kísérletet)* carry out [an experiment]
lefordít *v* **1.** *(tárgyat)* turn (upside) down **2.** *(vmlyen nyelvből vmlyen nyelvre)* translate (from ... into...), make* a translation of sg (into French/Hungarian etc.); **vmt angolról magyarra** ~ translate sg from English into Hungarian; **ezt a regényt 6 nyelvre fordították le** this novel has been translated into 6 languages; **ezt a kifejezést nem lehet** ~**ani magyarra** this expression/idiom cannot be translated into Hungarian
lefordítás *n* translating, translation
lefordíthatatlan *a* untranslatable
lefordul *v* **1.** *vmről* fall* from/off (sg), tumble down (from sg); **holtan fordul le a székről** drop/fall* dead from one's chair **2.** *(útról)* = **letér 1.**

leforgás *n* **öt hét** ~**a alatt** within five weeks, during/in the space of 5 weeks; **öt hét** ~**a után** after (a/the lapse of) five weeks

leforgat *v (filmet)* show*/screen a picture/film

leforráz *v* **1.** *(forró vízzel)* scald, pour boiling water (over); *(teát)* infuse [tea] **2. ez a hír nagyon** ~**ta** he was completely stunned/dumbfounded by this piece of news; ~**va távozott** he left rather crestfallen/deflated

lefoszl|ik *v* come* off (in shreds/flakes), flake off

le-föl *adv* up and down

leföldel *v el* earth, ground

lefölöz *v* **1.** *(tejet)* skim (off) the cream from [the milk], cream off the top of [the milk], skim* [milk]; *(géppel)* separate [the milk] **2.** *átv* take* the best part of sg, cream off

lefőz *v* **1.** *(levest)* boil down **2.** *biz vkt* outdo* sy, go* one better than sy, run* rings round sy

lefröcsköl *v (vkt vízzel)* sprinkle [with water]; *(sárral)* (be)spatter/splatter [with mud]

lefúj *v* **1.** *(port)* blow* off; **a szél** ~**ja vknek a kalapját** the wind blows* sy's hat off **2.** *kat* sound the dismiss; ~**ja a légriadót** sound the "all-clear" **3.** *(mérkőzést bíró)* stop [the fight/match] **4.** *(lemond rendezvényt stb.)* call off, cancel *(US* -l); ~**ták** ... has been called off

lefut 1. *vi (hegyről)* run* down, come*/go* running down **2.** *vi sp* run*/dribble down the field **3.** *vi* ~**ott egy szem a harisnyámon** I've got a ladder in my stocking **4.** *vt (távolságot)* run*, cover a distance; ~ **három kört** do* 3 laps; **a versenyt vasárnap futják le** the race will be run on Sunday; **már** ~**ották** it/sg has been run

lefutás *n* **1.** *(hegyről, lépcsőn)* running (down/downstairs/downhill) **2.** *(harisnyán)* ladder, run

lefüggönyöz *v* curtain off

lefülel *v* collar, run* to earth, nab

lefűrészel *v* saw* off

leg- *pref* **1.** *(egyszótagú mellékneveknél, ill. -er, -y, -ly végű kétszótagúaknál ált)* -(e)st; ~**fiatalabb** youngest; ~**csinosabb** prettiest **2.** *(két- és többszótagúaknál)* most ... [+ *melléknév*]; ~**gondosabb** most careful; ~**szebb** most beautiful ⇨ *a melléknevek alapfokánál is*

lég *n* **1.** *(légkör, levegő)* air; ~**be röpít** blow* up, blow* sky-high; ~**ből kapott**

hírek groundless rumours *(US* -ors), groundless allegations, fabrications **2.** *(összet)* air-, aerial

légakna *n* air-shaft

legalább *adv* at least, at the very least; ~ **egy évig tart** it takes *(v.* will take) at least a year; ~ **80 éves** he is* 80 if a day; **ehhez** ~ **1000 Ft kell** this will need/cost at least 1,000 fts; **ennyit** ~ **megtehetnél** you might at least do that much; **jól megjárta, de most** ~ **óvatosabb lesz** he came a cropper, but at least he'll be more careful in the future; ~ **megpróbálnád** you should at least try; **ha** ~ **igaz volna!** if only it were true!

legalábbis *adv* **1.** *(helyeselve)* at least, or rather; ~ **én nem hiszem** I for one don't believe it; ~ **én így gondolom** I think so, anyway; well, that's how I see it **2.** *(legalább)* at least, not less than; **úgy tesz, mintha** ~ **igazgató lenne** he behaves as if he were the managing director at the very least

legális *a* legal; ~ **úton** by legal means

legalizál *v* legalize

legalja *n átv* the dregs (of society) *pl*

legalsó *a* lowest, bottom; ~ **polc** bottom shelf

legalul *adv* down below, lowest down; **a ládában** ~ at the very bottom of the box

légáramlás, légáramlat *n* air current, breeze; **meleg** ~ warm current of air

legázol *v* **1.** *konkr* trample (sg) down/underfoot, crush (sg) **2.** *átv* run* down/over; *sp* foul

legbelseje *n vmnek* in(ner)most part (of sg), the very centre *(US* -ter) (of sg)

légbuborék *n* air-bubble

légcsavar *n* airscrew, propeller

légcső *n* windpipe; *orv tud* trachea

légcsőhurut *n* tracheitis

legel *v* graze, browse [in the fields], pasture

legeleje *n* **1.** *vmnek* foremost/front part (of sg), the very front (of sg) **2.** *(időben)* ~**n** *vmnek* at the very beginning, right at the beginning/start

légelhárítás *n* = **légvédelem**

légelhárító *a* = **légvédelmi**

légellenállás *n* drag, air resistance

legelő *n* pasture, grazing ground

legelöl *adv* in the very front, in the forefront; *(sorban)* at the head of the line/row; *(rangban, eredményességben)* at the (very) top

legelőször *adv* first(ly), at first, first of all; ~ **is lássuk ezt az ügyet!** first of all let's look at/into this matter; **ki érkezett** ~**?**

who came*/was* first?, who was the first to arr*i*ve?

legelső *a* (the v*e*ry) first; *(legelülső)* foremost; **a ~ tette az volt, hogy** the first thing he did* was to; **vkt a ~ helyen javasol** recommend sy for the first place

legeltet *v* **1.** *(állatot)* graze, pasture **2.** **~i a szemét vmn** feast one's eyes on sg

legeltetés *n* grazing, pasturing, pasturage

legenda *n* legend

legendás *a* legendary, fabled, mythical

legény *n* **1.** *(fiatal ember)* young man°, lad; **~ a talpán** quite a lad, pl*u*cky fellow; **nagy ~** swaggerer, swanker; **ne légy olyan nagy ~** come* off your high horse **2.** *(nőtlen)* bachelor

legénybúcsú *n* stag p*a*rty/night

legényélet *n* life of a b*a*chelor, s*i*ngle life, bachelorhood

legényember *n* bachelor

legényked|ik *v* *(henceg)* do* sg out of brav*a*do, bl*u*ster, sw*a*gger, swank

legénylakás *n* bachelor flat

legénység *n* **1.** *kat* men (of the rank and file) *pl*, the rank and file; troops *pl*; *US* enl*i*sted men *pl* **2.** *(hajóé)* crew, the lower deck; *(repgépé)* (*a*ir)crew; *(űrhajóé)* crew (of the spaceship)

legénységi *a kat* of the rank and file *ut.*; **~ állományú** serving in the ranks *ut.*; **~ állományú katona** (c*o*mmon) s*o*ldier, serviceman°, *US* enl*i*sted man°

legépel *v* type [a m*a*nuscript]

legesleg- *pref* **~jobb** the v*e*ry best, the best of all; **~rosszabb(ul)** worst of all

légfék *n a*ir brake(s)

legfeljebb *adv* at most, at the (v*e*ry) most; at (the) worst; not more than; **~ egy évig** for one/a year at (the) most, for not more than a year; **~ 2000 Ft-ot tudok fizetni** I can pay only 2,000 fts at (the) most; **~ 40 éves** he is f*o*rty at the most, he can't be more than forty; **~ elkésünk** we'll be late, that's all; **~ megharagszik** he might get *a*ngry (*US* mad), that's all

legfelső *a* **1.** *(legmagasabb)* highest, uppermost, t*o*p(most); **a ~ fiókban** in the top drawer; **~ szinter*n* folytatott tárgyalások** top-level talks **2.** *(hatóság)* supreme

legfelsőbb *a* supreme; **~ bíróság** supreme court (of j*u*stice)

legfelül *adv u*ppermost, t*o*pmost, at the top (of sg)

legfőbb *a* chief, main, most import*a*nt, pr*i*ncipal, c*a*rdinal, gre*a*test; **~ ideje (már), hogy** it is* high time that; **~ ideje, hogy**

(el)induljunk it's high time we went ⇨ **ügyész**

legfőképpen *adv* ch*ie*fly, m*a*inly, especially, ab*o*ve all; **~ arra vigyázz, hogy ...** be (e)sp*e*cially c*a*reful to ...

légfrissítő *n a*ir-freshener

légfürdő *n a*irbath

légfűtés *n* hot-air he*a*ting

léggömb *n* ball*oo*n; *(gyermeké)* (toy-)ball*oo*n

léggömbkosár *n* gondola, ball*oo*n basket

léghajó *n a*irship, ball*oo*n; **kormányozható ~** d*i*rigible (*a*irship)

léghajózás *n* ball*oo*ning

leghátul *adv* f*a*rthest/right back/beh*i*nd, at the very back of sg, at the end/rear of sg; **~ menetel/megy** bring* up the rear

leghátulsó *a* h*i*ndmost, b*a*ckmost; **~ sor** last/back row, rear rank

léghólyag *n a*ir-bubble

leghosszabb(an) *a/adv* longest

léghuzat *n* draught, *US* draft

léghűtés *n a*ir-cooling (system)

léghűtéses *a a*ir-cooled

légi *a a*erial, of/in the air *ut.*; *(összet)* air-; *kat* **~ biztosítás/fedezet** *a*ir-cover/supp*o*rt; **~ csata = ~ harc; ~ felderítés** air re-connaissance; **~ forgalom** *a*ir tr*a*nsport/ traffic; **~ fölény** m*a*stery of the air, *a*ir superiority; **~ felvétel/fénykép** *a*erial ph*o*tograph; **~ folyosó** *a*ir corridor; **~ fuvar** *a*ir c*a*rgo; **~ háború** *a*erial warfare; **~ haderő** *a*irforce; **~ harc** *a*erial c*o*mbat, *biz* dog fight; **~ járat** (1) *(viszonylat)* flight, air s*e*rvice (2) *(társaság)* *a*irline; **~ jármű** *a*ircraft; **~ közlekedés** *a*ir tr*a*nsport/service; **~ küldemények** *a*irmail *sing.*; **~ mentőszolgálat** *a*irborne ambulance service; **~ szállítás** *a*ir tr*a*nsport, transport by air; **~ támaszpont** air base; **~ úton szállított** *a*irborne; **~ útvonal** *a*ir route, *a*irway; **~ úton** by air

légibázis *n a*ir base/station

légibeteg *a a*irsick

légibetegség *n a*irsickness

légibusz *n a*irbus

légicsapás *n* air strike

légideszant *a a*irborne [troops]

légideszantegység *n a*irborne unit

légierő *n a*irforce

légierőd *n* fl*y*ing f*o*rtress

légies *a* (light and) *a*iry, ethereal

légiflotta *n* air fleet, *a*irforce

légiforgalmi *a* **~ társaság** *a*irline (company)

légihíd *n a*irlift

légikikötő *n* airport; *(kezdetlegesebb)* landing field
légikisasszony *n* = **légiutas-kísérő**
leginkább *adv* most(ly), for the most part, most of all, principally, especially, above all (things); **ami a ~ lekötött** what fascinated me more than anything
légió *n tört* legion
legionárius *n tört* legionary
légiposta *n* airmail; **~val** by airmail
légipostai *a* airmail; **~ levél** *(önborítékoló)* air letter, aerogram
légiriadó *n* air-raid warning, alert; **~ elmúlt jelzés** *"all-clear"* signal; **~t lefúj** sound the *"all-clear"*
légitámadás *n* air raid/attack
légitársaság *n* = **légiforgalmi** *társaság*
légitaxi *n* air-taxi
légitér *n* airspace
légiutas *n* air passenger
légiutas-kísérő *n* stewardess, air hostess
légiveszély *n* (air) alert, air-raid warning, *"enemy aircraft approaching"*; **~ elmúlt** all clear
legjava *n* **1.** *vmnek* choice (of sg), the best part (of sg); **ez aztán a ~!** that beats everything!; **elmulasztottad a ~t!** you have missed the best of it **2.** *(jelzőként)* (the) (very) best, choice(st); *biz* topnotch
legjobb *a* best; **az volna a ~, ha** the best plan/thing would be, you had better *(US* best) do sg; **~ lesz, ha** *(vmt teszel)* you had better *(US* best) do sg, it would be better *(US* best), if ...; **a ~ az egészben az, hogy** (what is*) the best of it is* that; **a ~ esetben** at best, at the very best; **a ~ formában van** (1) *sp* be* at the top of one's form (2) *átv* be* at one's best; **~ képessége/tudása szerint** to the best of one's ability; **~ minőségű** top quality, finest grade; **~ tudomásom szerint** to the best of my knowledge, as far as I know; **a ~ úton halad (vm felé)** be* on the right road to; **a ~ viszonyban vagyunk** we are* the best of friends
legjobban *adv* (the) best, best of all; **a ~ az lep meg, hogy** what strikes* me most is* that, what strikes* me above all is* that
legjobbkor *adv* **a ~** just in time, in the nick of time
légkalapács *n* pneumatic hammer
legkésőbb *adv* at the latest, not later than; **~ 6-ra itt leszek** I'll be here/back by 6 (o'clock) at the latest
legkevésbé *adv* (the) least, least of all; **~ ismert** the least known; **a ~ sem** not in

the least; **a ~ sem számít** it doesn't matter in the least
legkevesebb *a* least, smallest, slightest, the minimum (...) → **lagalább**; **~ öt napig tart** it lasts/takes at least 5 days; **~ 300 Ft-ba kerül** it costs 300 fts at the very least, it costs 300 fts minimum
legkisebb *a* smallest, slightest, least, minimum; **a ~ bér** the minimum wage; **a ~ gyerek** the youngest child°; **~ közös többszörös** least/lowest common multiple; **a ~ mértékben sem** not in the least/slightest
legkivált *adv* = **leginkább**
légkondicionálás *n* air-conditioning
légkondicionáló *a* **~ berendezés** air-conditioning, air-conditioner
légkondicionált *a* air-conditioned
légköbméter *n* beépített **~** cubic space; **a szoba 38 ~** the room has a volume of 38 cubic metres
légkör *n* **1.** atmosphere **2.** *átv* atmosphere, climate
légköri *a* atmospherical, meteoric; **~ nyomás** atmospheric pressure; **~ viszonyok** atmospheric conditions; **~ zavarok** static, atmospherics *pl*
legközelebb *adv* **1.** *(térben vmhez)* nearest to sg; *(közvetlenül)* next to sg **2.** *(időben)* next (time), very shortly/soon; **ha/amikor ~ találkozunk** when next we meet, next time we meet
legközelebbi *a* **1.** *(térben)* nearest; *(közvetlen)* next **2.** *(időben)* next; **a ~ jövőben** in the very near future ⇨ **hozzátartozó**
legmagasabb *a* **1.** *(hegy)* highest; **a munkanélküliek száma elérte az eddigi ~ értéket** the number of (people) unemployed reached an all-time high; **~ szintű tárgyalások** top-level talks **2.** *(ember)* tallest
legmélye *n vmnek* the depths *pl* (of sg); **szívem ~n** in the depths of my heart, in my heart of hearts
légmentes *a* airtight, hermetically sealed; **~ tömítés** hermetic seal
légmentesen *adv* hermetically, airtight; **~ elzárt** hermetically sealed; **~ záródó** airtight, hermetic; **~ záródó fedél/kupak** hermetic seal
legnagyobb *a* biggest, largest, greatest; **a ~ gyerek(e vknek)** sy's eldest child°; **a ~ kedvezmény záradéka** the most-favoured-nation clause; **a ~ mértékben** to the greatest extent; **a ~ örömmel** with the greatest of (*v.* utmost) pleasure; **a ~ se-**

bességgel at top speed; ~ **terhelés** maximum load ⇨ **osztó**
légnemű a gaseous, aerial
légnyomás n **1.** fiz (atmospheric) pressure; (autógumiban) air pressure **2.** (bombarobbanáskor) blast (of explosion)
légnyomásmérő n barometer
légó n biz = **légoltalom**
légoltalmi a civil defence (US -se); ~ **óvóhely** air--raid shelter; ~ **parancsnok** civil defence (US -se) officer
légoltalom n civil defence (US -se)
legombol v **1.** vmt unbutton **2.** átv biz ~ vkről 20 forintot touch sy for 20 forints, screw 20 forints out of sy
legombolyít v reel/wind* off, uncoil
légópince n air-raid shelter
legorombít v biz vkt abuse sy, eff and blind at sy
legott(an) adv † = **rögtön**
legömbölyít v round (sg) off
legörbít v bend*/curve down
legörbül v bend*/curve down
legördít v roll down
legördül v roll down; a függöny ~ the curtain drops/falls*
légörvény n whirlwind, air eddy
légpálya n aerial railway/ropeway ⇨ **libegő, sífelvonó**
légpárna n aircushion
légpárnás a ~ hajó/jármű hovercraft
légpuska n air rifle
légréteg n layer of air, air-layer
legrosszabb a worst; az a ~, hogy the worst of it is* that; a ~ esetben if the worst comes to the worst; el van készülve a ~ra be* prepared for the worst; a ~tól kell tartania he has* to fear the worst; a ~ul jár get* the worst of it
légsúly n sp bantamweight
légsúlymérő n barometer
légsűrítés n compression of air
légsűrítő n (air) compressor
légsűrűség n density of air
legszélső a outermost, farthest, extreme → **szélső**
légszennyezés n air pollution
légszigetelő n (szalag) weather strip
légszivattyú n vacuum/air pump
legszívesebben adv → **szívesen**
légszomj n laboured (US -or-) breathing, dyspnoea (US -nea)
légszűrő(betét) n air filter/cleaner (element), replacement filter
légtelenít v remove air (from)

légtér n airspace
legteteje n a szemtelenség ~ the ne plus ultra (v. the height) of insolence
légtornász n acrobat, trapeze artiste
legtöbb a most, the greatest number/quantity/part (of sg); ez a ~, amit megtehet that is* the utmost/best he can do; a ~en most people, the (vast) majority of people
legtöbbnyire adv mostly, for the most part, in most cases, most often
legtöbbször adv most often/times, more often than not
leguggol v crouch (down), squat (oneself) down; US hunker down
legújabb a newest, latest; ~ divat latest fashion, the latest thing [in shoes etc.]; ~ fejlemények latest developments; ~ hírek the latest news; a ~ időkig = a legutóbbi időkig
legurít v roll down
legurul v roll down
légutak n pl orv respiratory tract/system sing., air passages
légúti a respiratory; ~ fertőzés infection of the respiratory tract/organs
legutóbb adv **1.** (nemrég) recently, lately, the other day **2.** (utoljára) last
legutóbbi a recent, latest, last; (legújabb) newest; a ~ években in the last few years, of late, in recent years; a ~ időkben recently, of late; a ~ időkig until recent times, until (quite) recently; a ~ levelemben in my last (letter)
legutoljára adv **1.** (utoljára) last (of all), in the last place **2.** (végül) at last, finally
legutolsó a (very) last, latest, last of all ut.; ~ ár lowest price, rock-bottom price ⇨ **legújabb**
légügyi a air-, of air/aviation ut.; ~ attasé air attaché; ~ miniszter Aviation Secretary, Secretary for Aviation; ~ minisztérium Air Ministry
légüres a airless, devoid of air ut.; ~ tér vacuum; átv void, vacuum
légvárak n pl castles in Spain, castles in the air; ~at épít build* castles in Spain, live in cloud cuckoo land
légvédelem n anti-aircraft defence (US -se), air defence (US -se)
légvédelmi a anti-aircraft; ~ óvóhely air--raid shelter; ~ tüzérség anti-aircraft artillery
legvége n vmnek extremity, the very/extreme end (of sg); az asztal ~n at the foot/ bottom of the table

legvégső a (very) last, extreme, ultimate, final; **a ~ esetben** in the last resort; **a ~ eszköz** the last resort

legvégül adv at the (very) end, at last, last (of all), lastly, finally

légvezeték n overhead wire

légvonal n ~**ban 10 kilométer** 10 kilometres as the crow flies, 10 air kilometres

légzés n breathing, respiration; **mesterséges** ~ artificial respiration; **nehéz** ~ difficult/laboured (US -or-) breathing; tud dyspnoea (US -nea); **nehéz** ~**e van** have difficulty in breathing

légzési a breathing, respiratory; ~ **zavarok** respiratory trouble sing., respiratory disturbances

légzőcső n (könnyűbúváré) snorkel

légzőkészülék n (könnyűbúváré) aqualung

légzőrendszer n respiratory system

légzőszervek n pl respiratory organs

légzsák n 1. (levegőben) airpocket 2. (reptéren) windsock, windsleeve

légy[1] v be; ~ **olyan szíves** ... (will/would you) be so kind as to ..., would you mind ...-ing ⇨ **legyen**

légy[2] n (house) fly; **szemtelen, mint a piaci** ~ as cheeky as a cock-sparrow; **még a** ~ **zúgását is hallani lehetett volna** you could have heard a pin drop; **tudja, mitől döglik a** ~ knows* on which side his bread is buttered, knows* what's what, US knows* the score; **egy csapásra két legyet üt** kill two birds with one stone ⇨ **árt, bekap**

legyalul v (simára) plane, make* even, smooth (down)

legyárt v produce, ready, complete

légycsapó n (fly-)swatter, swat

legyen v be; ~ **itt 8-ra** (will you) be here by 8; ~ **olyan szíves** (will/would you) be so kind as to..., would you mind ...-ing; **hadd** ~ **ez az enyém** let's me have it; ~ **4 óra** (megbeszélésnél) let's make it four; **ne** ~ **több!** it should/must not be more; **úgy** ~**!** so be it

legyengít v weaken, make* (sy/sg) weak, enfeeble; (betegség) bring* low/down

legyengül v grow*/become* weak(er)/ weakened/feeble(r); (betegségtől) be* laid/ low, be* debilitated [by illness/disease]

legyesked|ik v biz **folyton a nők körül** ~**ik** he is* always chasing around/after women

legyez v fan

legyezget v fan (gently); **vk hiúságát** ~**i** flatter sy's vanity

legyező n fan

légyfogó n (papír) flypaper

legyilkol v 1. vkt murder (sy) (in cold blood), kill 2. (tömegesen) massacre, slaughter

legyint I. vi (kezével) wave one's hand; (lemondóan) wave one's hand in resignation, make* a gesture of resignation II. vt (gyengén megüt) slap, flick; **pofon** ~ slap sy on the cheek

legyintés n 1. (kézlegyintés) wave of the hand 2. (könnyed ütés) slap, flick

légyott n ir date; ~**ot ad vknek** make* a date with sy; US date sy

legyőz v 1. (ellenfelet) defeat, conquer, overcome*, subdue 2. sp ált beat*; (birkózásban) floor 3. (nehézséget, indulatot) overcome*, conquer, surmount; (betegséget) fight* off; **erős szervezete** ~**te a betegséget** his strong constitution fought off (v. overcame) the illness; **akadályokat** ~ surmount/overcome* (one's) difficulties, surmount/overcome (the) obstacles; **minden akadályt** ~ surmount every obstacle

legyőzhetetlen a 1. (ember) invincible, unconquerable 2. (nehézség) insurmountable, inextricable [difficulty]

legyőzhető a ~ **akadályok** obstacles that can be surmounted

legyőzött a defeated; **a** ~**ek** the defeated

légypapír n flypaper

légypiszkos a fly-blown

légypiszok n fly-speck/mark/spot/blow

legyűr v 1. vkt overcome*, subdue, get* the upper hand of sy; (nehézséget) overcome* 2. (ingujjat) turn/roll down 3. (ételt) get* down [food]

léha a frivolous, light-minded; (életmód) loose, idle

lehagy v 1. (megelőz) outstrip, outrun*; (egy körrel) lap; (járművel) pass, overtake*; (vkt tanulásban stb.) get* ahead of (sy), do* better than (sy), leave* sy far behind 2. (lefelejt) leave* out/off, omit

lehajl|ik v bend*/bow down

lehajlít v bend*, bow, curve (down)

lehajol v bend*/bow down; (csak vk) stoop; ~ **és fölvesz vmt,** ~ **vmért** bend* down to pick sg up

lehajt 1. vt (állatot) drive* [animals] down 2. (lefelé fordít) bend* down; (gallért) turn down; ~**ja a fejét** lower/bow one's head; **nincs hova** ~**a a fejét** have* nowhere to lay one's head 3. vt (italt) gulp down, knock back 4. vi (járművel) drive* (down) (to)

lehalkít v deaden, soften, subdue, tone down; (rádiót) turn down; ~**ja a hangját** lower

one's voice; **legyen/légy szíves kicsit ~ni a rádiót/tévét** could you turn down the radio/telly a bit?, please turn the radio/telly down (a bit)
lehallgat v *(hangfelvételt)* play back; *(telefonbeszélgetést)* tap sy's phone; **az a gyanúm, hogy ~ják a telefonomat** I suspect that (v. I think) my phone is being tapped
lehallgatókészülék n biz bug, tap; **~et elhelyez vhol** bug [a room etc.], tap [a telephone/line/wire]
leháml|ik v peel (off), be* peeling off
lehámoz v peel off, hull, husk, strip
lehangol v *(hír vkt)* depress, dispirit, distress, deject, cast* (sy) down
lehangolód|ik v *(hangszer)* be*/go* out of tune
lehangolt a 1. *(hangszer)* out of tune ut. 2. átv depressed, dejected, downcast; **nagyon ~** biz feel* blue/low
lehangoltság n átv depression, dejection, gloom
lehánt v peel off; *(hüvelyes héját)* husk, hull, shell
lehány v 1. *(ledob)* throw*/hurl/fling* down; **~ja magáról a ruhát** tear*/throw* off one's clothes 2. *(leokád)* vomit on (sg)
lehanyatl|ik v 1. *(fej)* droop (suddenly) 2. átv decline, decay, come* down; **dicsősége kezd ~ani** sy's glory is* on the wane
leharap v bite* off; **nem harapom le az orrát/orrod!** I won't bite your head off!
léhaság n frivolity, frivolousness, idleness
lehasal v lie* flat on one's stomach
lehel v breathe; *(erősen)* blow*, puff
lehelet n breath; **utolsó ~éig** *(küzd)* [fight*] to one's dying/last breath; to the last ditch
leheletfinom(ságú) a wispy, gossamer--fine/thin; **~ érintés** feather touch
leheletnyi a a touch of sg; **~ fokhagymaszag** a touch of garlic
leheletszerű a as light as air (v. as a feather)
lehelyez v put* down, place, deposit
lehengerel v 1. *(utat)* roll down [with a roller] 2. *(ellenfelet)* bowl over, crush; **mindenkit ~** wipe the floor with one's opponent(s); *(nagy sikert arat)* sweep* the board
lehet v 1. *(lehetséges, valószínű)* be* possible, (it) may/can be; *(talán)* maybe, perhaps, possibly; **~, hogy most otthon van** he may/could be (at) home now; **nem ~ itthon, mert az ajtó be van zárva**

he cannot be (at) home, the door is locked/closed; **~, hogy holnap esik** it may rain tomorrow; **~, hogy igazad van** you may (well) be right; **~, hogy késni fog** he is likely to be late, he may be/come/arrive late; **Eljössz? — L~** Will you come (with us)? **— Possibly** (v. maybe v. perhaps); **ki ~ az?** who can/could/might that be?; **lejfeljebb 30 éves ~** he can't be more than 30; **még baj ~ belőle** it could lead to (some) trouble, it may turn out bad; **mihelyt ~ as** soon as possible; **ahogy/amennyire (csak) ~ as** far as possible; **az nem ~!** that/it is impossible, that's/it's out of the question; **~ is meg nem is** it is as likely as not; maybe; **~, hogy igaz, ~, hogy nem** it may or may not be true 2. *(meg van engedve, szabad)* sy can/may do sg; **be ~ menni** you can/may enter (v. go* in); **itt nem ~ játszani!** you may/must not play here!, you are not allowed/supposed to play here!; **Elmehetek a moziba?** May/Can I go to the cinema (US movies)?; **Szó se ~ róla!** It's quite out of the question 3. *(képes)* **hogy ~ ilyen szemtelen?** how can/could (s)he be so insolent/rude?; **el ~ érni** *(buszt stb.)* you can (still) catch it 4. *(feltételes)* **~ne már melegebb is** we could do with being a little warmer; **jobb már nem is ~ne** it can't/couldn't be better(ed)
lehetetlen a 1. *(nem lehetséges)* impossible; **(ez) ~!** it is impossible!, it can't be (possible/true)!, it is out of the question; **~t kíván** ask sy to do the impossible; *kif* cry/ask for the moon; **megkísérli a ~t** attempt the impossible; *kif* try to make bricks without straw 2. *(képtelen)* impossible, absurd; **~ helyzet** an impossible situation; *US biz* a fix; **~ helyzetbe hozza magát** biz get* oneself into a spot (*US* fix); **~né tesz** *(társadalmilag vkt)* wreck sy, ruin sy's reputation; **~né válik helyzete** his life becomes* impossible/unbearable
lehetetlenség n impossibility; **~gel határos** next to impossible ut., verging on the impossible ut.
lehetetlenül adv impossibly; **~ viselkedik** make* a nuisance of oneself, behave impossibly
lehető a possible; **a ~ legjobb** the best possible; **a ~ legjobb megoldás** the best solution possible; **minden ~t megtesz(, hogy)** leave* no stone unturned (to), do* one's (level) best (to); **vmt ~vé tesz** render/make* sg possible

lehetőleg *adv* if possible, possibly, as far as possible; ~ **de.** preferably a.m. (*v.* in the morning)

lehetőség *n* possibility; *(érvényesülési)* chance, opening; *(lappangó)* potentialities *pl*; *(főzési, sportolási stb.)* [cooking/sports etc.] facilities *pl*; *(kétféle/többféle)* alternative, alternative possibility; option; ~ **szerint, a** ~**hez mérten** as far as possible; ~ **van/nyílik vmre** an opportunity presents itself; **ha csak egy** ~ **van is rá** should there be the slightest hope/chance of it, if at all possible; **a választás** ~**e** option; **többféle** ~**(e van)** (have*) several alternative possibilities; **két** ~**e van** have* two alternatives; **nincs más** ~**e** have* no option/alternative (but to ...); **további** ~**ek** potentialities [of a situation]; **új** ~**ekre mutat rá** open up new vistas; **él vmnek a** ~**ével** take* advantage of sg

lehetséges *a* possible; *(megvalósítható)* practicable; **nagyon** ~ very/most likely, it looks like (it); **vmt** ~**nek tart** think* sg possible ⇨ **lehet 1.**

lehevered|ik *v* lie* down (at full length)

lehiggad *v* **1.** *(dühös ember)* calm down, regain one's composure **2.** *(fiatal ember)* settle down

lehív *v* **1.** *vkt vhová* call down, ask sy (to come) down **2.** *pénz* call (in) **3.** *(kártya)* play [a card]

lehívat *v vkt vhonnan* ask sy (to come) down

lehord *v* **1.** *vmt* carry*/bring* down (piecemeal) **2.** *vkt* upbraid; *kif* haul sy over the coals, give* sy a ticking-off; *biz* tear* sy off a strip, carpet sy

lehorgaszt *v* ~**ja a fejét** hang*/bow one's head

lehorgonyoz *v* cast*/drop anchor, anchor

lehorzsol *v (bőrt)* graze, scrape off [skin]

lehoz *v* **1.** *vhonnan vmt* bring*/fetch down **2.** *(leközöl)* publish, print

lehull *v* fall* (down), drop; ~**ott a szeméről a hályog** the scales fell from his eyes; ~**ott az álarc** the mask is off

lehuny *v* ~**ja a szemét** close one's eyes; **egész éjjel nem hunyta le a szemét** (s)he didn't sleep a wink all night, (s)he didn't have a wink of sleep all night

lehurrog *v* shout sy down, catcall (sy), jeer at (sy)

lehúz *v* **1.** *(felülről)* pull down; **az ágat** ~**za a gyümölcs** the branch is* weigh(t)ed down by/with the fruit; ~**za a vécét** flush the toilet **2.** *vmt vmről* pull/strip sg off/from sg; ~**za a cipőjét** take* off one's

shoes **3.** *nyomd* strike*/run* off [a copy], take* proofs of **4.** *(kritikus)* slate, savage, pan **5.** *(vkt, sp)* pull away from sy, lap sy ⇨ **redőny**

lehűl *v* cool down; ~**t a levegő** it has turned cold/cool/chilly

lehülyéz *v biz* call sy a fool (*v.* an idiot), call sy names

lehűt *v* **1.** *ált* cool (down), chill **2.** *(olvadt fémet)* quench **3.** *(lelkesedést)* cool; ~**i a kedélyét** damp(en) sy's spirits

léhűtő *n* idler, loafer, ne'er-do-well

leigáz *v* subjugate, subdue, conquer

leigázás *n* subjugation

leigazol *v* **1.** ~**ja magát** *(rendőr felszólítására)* produce one's papers, produce proof of one's identity **2.** *(játékost)* sign on [a player]

leint *v* **1.** *vkt* warn sy not to do sg **2.** *(taxit)* hail [a taxi]

leír *v* **1.** *ált* write*/take*/put* down; *(másol)* copy; *(jegyzeteket tisztába téve, szalagra felvett anyagot stb.)* transcribe **2.** *(eseményt, jelenséget stb.)* describe; *(ábrázol)* depict, paint a picture of sg **3.** *(adósságot, veszteséget)* write* off; ~**ták a kocsit** the car has been written off, the car was a write-off **4.** *mat* describe [a circle]

leírás *n* **1.** *ált* writing down; *(másolás)* copying **2.** *(eseményé, jelenségé)* description; *(ábrázolás)* depiction; *(adósságé, veszteségé)* writing off, write-off

leirat *n* rescript, ordinance

leírat *vt vmt* have* sg written down; *(másoltat)* have* sg copied (out); **legyen szíves írassa ezt le három példányban** have this typed/made out in triplicate, please

leírhatatlan *a* indescribable, beyond description *ut.*, *kif* it defies description

leíró I. *a* descriptive; ~ **nyelvtan** descriptive grammar **II.** *n* copyist; *(írógépen)* copy-typist

leisz|ik *v* **1.** *vmennyit* drink* off **2.** **leissza magát** *(itallal)* get* drunk; **leissza magát a sárga földig** get* as drunk as a lord ⇨ **amúgy**

leitat *v* **1.** *vkt* make* sy drunk, drink* sy under the table **2.** *(írást)* blot (the ink)

leiterjakab *n* gross mistranslation, *(school-boy)* howler

lejár 1. *vi (eljárogat)* come*/go* (regularly/frequently) down to, visit frequently; **gyakran** ~ **a Balatonra** *(nyaralni)* (s)he often goes down to the/Lake Balaton (for a holiday) **2.** *vi (levehető)* be* detachable/removable **3.** *vi (szerkezet)* run* down; *(óra)* stop **4.** *vi (határidő)* expire, lapse, fall* due; *(áru-*

kon) sell* by, best before; *(igazolvány, jegy, vízum stb.)* expire, be* no longer valid; *(váltó)* expire, fall*/become* due; ~**t az idő** time is up **5.** *vt (letapos)* tread*/trample down; ~**ja a lábát** be* (clean) run off one's feet

lejárat I. *n* **1.** *vhová* way/passage/exit leading down; *(földalatti vasúté)* underground entrance, subway **2.** *(határidőé, jegyé, jogosítványé, vízumé stb.)* expiry, expiration; *ker, pénz (kölcsöné, váltóé stb.)* falling due, maturity; ~ **előtt fizet** anticipate a payment, settle sg early; ~**ig** till due; ~**kor** when due, upon expiry; ~ **napja** day/date of expiry, expiry date; *(adósságé stb.)* due-date; **a** ~ **napján fizet** pay* on the day/date due **II.** *vt* ~**ja magát** discredit oneself

lejáró *n* way/passage/exit leading down

lejárt *a* ált expired, no longer valid; *(követelés)* overdue; *(szerződés)* expired; *(váltó)* mature

lejátszás *n (magnón)* playback, replay

lejátsz|ik *v* **1.** *(mérkőzést)* play **2.** *(színművet)* perform, act **3.** *(hangfelvételt)* play back, replay

lejátszód|ik *v* take* place, be* played out

lejátszófej *n* pick-up

lejátszómagnó *n* personal (stereo) cassette player, Walkman *(pl* -mans)

lejegyez *v* take*/make* a note of sg, note sg down; **gyorsírással** ~ **vmt** take* down (sg) in shorthand

lejjebb *adv* lower (down), below, deeper, further down; ~ **enged** (1) *(redőnyt)* lower [the Venetian blind] (a little bit); *(rolót)* roll (a bit) down [the blind] (2) *(árat)* lower, cut* [price]; ~ **ment az ára** sg has become cheaper, sg has gone down in price; **lásd** ~ see below

lejön *v* **1.** *vk vhonnan* come* down, descend **2.** *vm vmről* come* off; **a festék kezd** ~**ni** the paint is* wearing off, the paint is* starting to come off **3.** **ebből még** ~ **24 forint** 24 fts is* to be deducted from this, less 24 fts

lejövet *adv* coming down, on one's way down

lejt *v (út)* slope

lejtmenet *n* descend, downhill ride; ~**ben** downhill

lejtő *n* **1.** *(hegyé)* slope, gradient, *US* grade; *(mint közlekedési fogalom)* hill; **veszélyes** ~ *(közúti jelzés)* 'steep hill'; **30 fokos** ~ **a** slope of 30 degrees; ~**n lefelé** downhill; ~**n felfelé** uphill **2.** *(lépcső helyett, kórházban)* ramp **3.** *átv* ~**re kerül** *(ember)* go* to the bad/dogs, go* downhill

lejtős *a* sloping, inclining; ~ **út** gradient, *US* grade

lejut *v vhova* (manage to) get* down (to …)

lék *n (hajón)* leak; *(jégen)* ice hole; ~**et kap** spring* a leak; ~**et betöm** stop/plug a leak

lekáderez *v* screen/vet/clear sy; **le kell káderezni** (s)he must be thoroughly vetted [before (s)he's given the job]

lekanyarít *v* cut* off [slice]

lekanyarod|ik *v* turn off

lekap *v* **1.** *vmt* remove, snatch off; ~**ta a sapkáját** he whipped off his cap; ~**ja a fejét** duck **2.** *fényk biz* snap, take* a snap-(shot) of (sg/sy) **3.** *vkt biz* tell* sy off; ~ **vkt tíz körméről** give* sy a rap on/over the knuckles

lekapar *v* scratch/scrape (off)

lekapcsol *v* **1.** *vmről* unbuckle **2.** *(vasúti kocsit)* uncouple, disconnect

lekaszabol *v* cut*/mow* down; *(tömegesen)* massacre, put* to the sword

lekaszál *v* scythe, cut* [grass, corn] (with a scythe); *(füvet)* mow*

lekefél *v* brush (down)

leken *v* ~ **vknek egy pofont** *biz* slap sy in/across the face, fetch sy one in the face

lekenyerez *v* buy* sy off

lekér *v* **1.** *(iratokat)* call down, ask for sg to be sent down *(v.* handed over) **2.** *biz (táncban)* cut* in (on)

lekerekít *v* **1.** *(sarkot stb.)* round sg off **2.** *(összeget)* round down (to)

lekerget *v* drive*/chase down/away (from)

lekerül *v* **1.** *(lejut)* get* down **2.** *(leveszik)* come* off, be* removed; ~ **a napirendről** be* struck off/from the agenda, *(ad acta teszik)* be* shelved

lekés|ik *v vmről/vmt* come*/arrive late for (sg), miss (sg); ~**ik a vonatról** miss the train; **éppen** ~**tük a vonatot** we just missed the train ⇨ **csatlakozás**

lekever *v* □ = **leken**

lekezel 1. *vi (kezet ráz vkvel)* shake* hands with (sy) **2.** *vt vkt* elít treat (sy) in an off-hand manner, be* condescending (towards sy) **3.** *vt (jegyeket)* inspect [tickets] **4.** *vt sp (labdát)* handle [the ball]

lekiált *v vhonnan* shout down (from above)

lekicsinyel *v* belittle, make* little/light of (sg) minimize, pooh-pooh

lekicsinylő *a* disparaging, disdainful

lekísér *v* see* (sy) down

lekollokvál *v* pass one's/an oral (examination)

lekonyul *v* bend* down, droop, flag

lekopaszt *v* den*u*de, bare; *(baromfit)* pluck [a hen etc.]
lekop|ik *v* **1.** wear* off/down **2.** □ **kopj le!** shove off!, get lost!
lekopog *v* **1.** *(írógépen)* type (out) **2.** *biz (babonából)* **kopogjuk/kopogd le!** touch wood!, *US* knock on wood!
lekoptat *v* wear off/away/down, fray; *(cipőt)* wear* down/out
lekottáz *v* write*/take* down [a tune]
leköltöz|ik *v* **1.** *(alacsonyabb emeletre)* move (to a lower storey), move down(stairs) **2.** *(vidékre)* move to [the country], go* to live in [the country]
leköp *v* spit* on (sy); *vulg* **le se köpi** spit* on sy
leköröz *v vkt* lap sy; *átv* run* rings round sy
leköszön *v (tisztségről)* resign [one's post *v.* position as president/secretary etc.], resign/retire from [a committee, the presidency etc.]; withdraw*; **a** ~ő/~t **elnök/kormány** *stb.* the outgoing/retiring president/government/etc.
leköt *v* **1.** *(kötelékkel)* bind*, tie/fasten down; *(eret)* ligate, tie; *(sebet)* dress **2.** *(árut)* contract, secure an option on goods; *(szerződéssel)* bind* (sy by contract); *(zálogul)* pledge; *(ingatlant)* mortgage; *(utat utazási irodában)* book [a tour]; *(szobát)* book [a room]; ~ött **800 tonna cementet** contract [with a firm] 800 tons of cement; they contracted to supply X with 800 tons of cement **3.** *(figyelmet, érdeklődést)* hold*/arrest [sy's attention/interest], hold* [the audience]; engage [sy's interest]; ~i **a gyermek érdeklődését** the child's interest is engaged (by ...); ~i **a hallgatóságot** hold* an/the audience (spellbound) **4.** *(munka)* occupy, absorb; **nagyon le vagyok kötve** *(elfoglalt)* I am* very busy, *US* I'm all tied up; **nagyon** ~i **a munkája** be* completely absorbed in his work; sg keeps* sy busy **5.** ~i **magát vm mellett** commit oneself to [an action], pledge to do sg **6.** *vegy* absorb, neutralize, fix
lekötelez *v* oblige, place (sy) under an obligation; **vkt vmvel** ~ oblige sy by (...ing); **nagyon** ~**ne ha** ... I would be much obliged to you if ...; **le van vknek kötelezve** be* indebted/obliged to sy (for sg), be* under an obligation to sy
lekötelező *a* obliging
leközöl *v* publish, print [an article] in a newspaper/periodical
lekritizál *v* criticize (sg) adversely/severely, pan sg

lektor *n* **1.** *(egyetemen)* lector, visiting/exchange lecturer; *US* instructor **2.** *(könyvkiadónál)* (publisher's) reader, copy editor; *(szótáré stb.)* consultant/consulting/contributing editor
lektorál *v (kéziratot)* read* [a manuscript] [for a publisher]; *(nyelvileg)* check sg linguistically; ~**ta** ... *kb.* contributing/consultant editor ...
lektorátus *n* **1.** *(egyetemen)* modern languages department, language centre (*US* -ter) **2.** *(könyvkiadónál)* readers' department
lekuporod|ik *v* = **leguggol**
leküld *v* **1.** *vk vkt* send* down **2.** ~ **vkt a pályáról** *sp* send* sy off the field
leküzd *v (akadályokat, nehézségeket)* overcome*, get* over, surmount [difficulties]; *(betegséget szervezet)* (manage to) overcome*, fight* off [an/the illness]
leküzdhetetlen *a (akadály)* insurmountable, insuperable [obstacle]
lekvár *n* jam, preserve; *(citrom, narancs)* marmalade
lekváros *a* ~ **bukta** *kb.* jam roll; ~ **kenyér** bread and jam
lekvárosüveg *n* jam-jar/pot, jar
lel *v* **1.** *(talál)* (happen to) find*, hit*/come*/light* (up)on sg, come* across (sg); **halálát** ~**te** he met his death; **abban** ~i **örömét, hogy** he finds/takes pleasure in, he derives pleasure from (doing) **2.** **mi** ~**te?** what has come over him?
lelakatol *v* padlock, lock up
lelak|ik *v vmt* pay* a reduced rent in return for [the maintenance of a flat]
leláncol *v* fasten with a chain, chain up
lelapít *v* = **ellapít**
lelassít *v* **1.** *(járművű)* slow down/up **2.** *(mozgást)* slacken [the/one's pace]
lelassul *v* slow down
lelátó *n* grandstand
leledz|ik *v (helyzetben)* be* in a (...) situation, find* oneself in a (...) situation; **tévedésben** ~**ik** labour (*US* -or) under a misapprehension/delusion
lélegzés *n* breathing, respiration
lélegzet *n* breath; ~**et vesz** take* (a) breath, breathe; ~**hez jut** (1) *konkr* get* one's breath/wind (2) *átv* gain/obtain a breathing space, take* breath; **egy** ~**re** in one breath, in the same breath; ~**ét visszatartja** hold* one's breath ⇨ **eláll**
lélegzetelállító *a* breath-taking
lélegzetvétel *n* **1.** *(egy)* breath **2.** *(légzés)* breathing, respiration

lélegzet-visszafojtva *adv* with bated breath, holding one's breath
lélegz|ik *v* breathe; **mélyet** ~**ik** take* a deep breath
lélek *n* **1.** *(test ellentéte)* soul, spirit **2.** *(lényege/mozgatója vmnek)* (life and) soul, moving/leading spirit **3.** *(kifejezésekben)* *vk* **jó** ~ (sy) is* (such) a good soul; **egy (árva)** ~ **sem volt ott** not a (living) soul was there; **600** ~ (a population of) 600 people; **nem visz rá a** ~, **hogy** I haven't the heart to (do sg), I couldn't bring myself to (do sg); ~ **az ajtón se be se ki!** stay where you are!, let no one leave or enter the room!; **lelkem!** *(kedveskedve)* my dear!, darling!, dearest (heart); **se testem se lelkem nem kívánja** (1) *vmt* I am* against it body and soul (2) *vkt* he is* my pet hate; **lelkem mélyén** in my heart of hearts; **lelke rajta** he is to blame; it's his funeral; ~**ben veled leszek!** I shall be with you in spirit; **lelkemből beszélsz** you speak words of gold; **az ő lelkén szárad** he will have it on his conscience; **könnyebb a lelkének, ha** he feels* better if [he can do it], he takes* a perverse delight in [doing it], *biz* he gets* a kick out of [doing it]; **lelkére beszél vknek** appeal to sy's better nature/feelings; **vmt vknek lelkére köt** make* it sy's duty/task to (do sg), urge sy to do sg; **lelkére vesz vmt** take* sg to heart; **lelket önt vkbe** raise sy's spirits, put* new life into sy; **vkben a remény tartja a lelket** hope buoys sy up, hope keeps* sy going, hope keeps* his spirits up; **kiteszi a lelkét vkért** do* one's utmost for sy (*v.* to do sg); **kiadja a lelkét** breathe one's last; *vm* **nyomja a lelkét vknek** have* sg on one's conscience, sg is on one's mind; **nyugodt** ~**kel** *(megtesz/állít vmt)* (do*/state sg) in all conscience ⇨ **hál**
lélekbúvár *n* psychologist
lélekelemzés *n* psychoanalysis
lélekemelő *a* elevating, uplifting
lélekharang *n* deathbell; **a** ~ **szava** knell; **megcsendíti a** ~**ot** toll/ring* the bell, sound a knell; **megkondul a** ~ **vm felett** *sg* sounds the death-knell of/for sg
lélekjelenlét *n* presence of mind, composure
lélekölő *a* soul-destroying; ~ **munka** drudgery, *biz* grind, slog
lélekromboló *a* depraving, demoralizing
lélekszakadva *adv* out of breath, breathless(ly); ~ **fut** run* at breakneck speed
lélekszám *n* number of inhabitants; [a] population [of 50,000 etc.]

lélektan *n* psychology
lélektani *a* psychological; ~ **pillanat** psychological moment
lélektelen *a* soulless, spiritless; *(unalmas)* dull, uninspiring; ~ **munka** soulless work, drudgery; ~**ül dolgozik** work like a robot *(v.* an automaton)
leleményes *a* inventive, ingenious; ~ **ember** resourceful man°, *kif* he is* never at a loss
lelenc *n* † foundling, waif
lelép 1. *vi (vk vhonnan)* step* down/off; *(járműről)* get* off **2.** *vi biz* = **meglép 3.** *vt sp biz (ellenfelet)* crush, walk over **4.** *vt (megmér)* pace
lelépési díj *n (lakásért)* key money, premium
leleplez *v* **1.** *(szobrot)* unveil **2.** *átv (összeesküvést, csalást stb.)* expose, uncover, reveal; *(összeesküvőket, csalókat)* expose, unmask
leleplezés *n* **1.** *(szoboré)* unveiling **2.** *átv* exposure
leléptet *v sp* disqualify, *(pályáról)* send* sy off the field
lelet *n* **1.** *ált* finding; *(régészeti)* find **2.** *orv* ~**ek** (laboratory) findings *(v.* report *sing.)*
lelevelez *v* settle *(v.* deal* with) sg by/through correspondence
lelkendez *v* be* enthusiastic about sg, rave (about sg), enthuse (over sg)
lelkendezés *n* (burst of) enthusiasm
lelkes *a* enthusiastic, keen, ardent, zealous; ~ **éljenzés/ünneplés** ovation, loud cheers *pl*; ~ **fogadtatásra talál** meet* with a warm reception; ~ **híve/tisztelője vknek** a fervent/ardent admirer of sy; **néhány** ~ **ember** a handful of enthusiasts; ~ **kertész** [(s)he is] a keen gardener; ~ **sportember** keen sportsman°; ~ **szavakkal ecsetel** paint in glowing colours; ~ **szurkoló** (big) sports fan; ~ **taps** warm/rapturous applause
lelkesedés *n* enthusiasm, ardour (*US* -or), zeal, fervour (*US* -or)
lelkesed|ik *v vmért* be* enthusiastic (about sg), enthuse (over sg); *vkért* be* a fervent admirer of sy
lelkesen *adv* enthusiastically; ~ **beszél vmről** rhapsodize about sg, go* into raptures over sg, enthuse over sg
lelkesít *v* animate, inspire, fire (sy) with enthusiasm (for sg), enthuse (sy)
lelkesítő *a* animating, inspiring, rousing
lelkész *n (katolikus)* (parish-)priest, clergyman°; *(anglikán)* parson, vicar, rector; *(protestáns ált)* minister; *(nem GB prot.)* pastor, minister; *(zsidó)* rabbi

lelkészi *a* ~ **hivatal** vestry; ~ **pályára megy** go* *i*nto the ministry/Church

lelketlen *a* heartless, unfeeling, callous

lelketlenség *n* heartlessness, callousness

lelki *a* pszich mental; *tud* psychic(al); *vall és ált* spiritual; ~ **alkat** mentality, mental/spiritual constitution, cast of mind; **kóros** ~ **alkatú beteg** mentally ill, psychopathic; *(főnévvel)* psychopath; ~ **folyamat** mental process; ~ **rokona vknek** find* in sy a kindred spirit; ~ **rokonság** spiritual affinity, congeniality; ~ **tusa** *i*nner struggle; ~ **üdvösség** salvation; ~ **vigasz** consolation, comfort

lelkiállapot *n* state/frame of mind, mood

lelkierő *n* strength of mind, moral strength

lelkigyakorlat *n* vall retreat

lelkiismeret *n* conscience; **a** ~ **szava** the still small voice (within); **tiszta a** ~**e** have* a clear conscience; **rossz a** ~**e** have* a (guilty/bad) conscience; ~**e nem engedi** have* scruples about doing sg, it goes* against his conscience to do sg; ~**ének megnyugtatására** for conscience's sake; **megvizsgálja a** ~**ét** examine one's conscience, search one's heart; **nyomja vm a** ~**ét** sg is weighing (*v.* have* sg) on one's mind/conscience ⇨ **furdal**

lelkiismeretes *a* conscientious; *(aggályosan)* scrupulous; ~ **munka** a conscientious/respectable piece of work

lelkiismeretesség *n* conscientiousness

lelkiismeret-furdalás *n* pangs/qualms of conscience *pl*, a twinge of conscience, remorse; ~**a van** have* a (guilty) conscience (about sg), be* filled with remorse (for sg), have*/feel* qualms (about sg)

lelkiismereti *a* of conscience *ut*.; ~ **kérdés** a matter of conscience; ~ **kérdést csinál belőle** make* it a matter of conscience; ~ **aggályai vannak** have* scruples; **katonai szolgálatot** ~ **okból megtagadó (személy)** conscientious objector; ~ **szabadság** liberty of conscience

lelkiismeretlen *a* unconscientious, unconscionable, unscrupulous, *(igével)* have* no conscience

lelkiismeretlenség *n* unconscientiousness, lack of conscience, unscrupulousness; *(hanyagság)* carelessness, negligence

lelkiismeret-vizsgálat *n* ~**ot tart** search one's heart, examine one's conscience

lelkipásztor *n* -ált minister; *(nem GB)* pastor

lelkivilág *n* frame of mind, mentality; **beleéli magát vk** ~**ába** emphatize with sy

lelkű *a* -souled, with/of a ... soul *ut*.; -minded, of ... mind *ut*.

lelkület *n* disposition, temper(ament), cast of mind

lelocsol *v* spill* water on (sy/sg), slop sy, splash [liquid] (up)on sy

lelóg *v* hang* (down)

lelohad *v* **1.** *(daganat)* go* down, subside **2.** *(lelkesedés)* abate, cool off; *(harag)* subside

lelohaszt *v* **1.** *(daganatot)* reduce, bring* down [a swelling] **2.** *(buzgalmat)* cool, dash, damp **3.** *(reményeket)* dash, throw* cold water on [sy's hopes]

lelő *v* shoot* (down); ~**ttek két bombázót** two bombers were brought/shot down

lelőhely *n* *(ásványé stb.)* quarry, place of occurrence; *(áll, növ)* home; *(eredet)* source, provenance

lelök *v* vhonnan push/shove/thrust*/knock down/off (from)

leltár *n* **1.** *(jegyzék)* inventory; ~**ba vesz vmt** enter sg in an/the inventory, make*/take* an inventory of (sg), make* a list of sg; ~**t készít vmről** make*/take* an inventory of sg **2.** = **leltározás**

leltári *a* inventory, of inventory *ut*.; ~ **szám** inventory/stock number; ~ **tárgy** an item listed in the inventory, item of inventory

leltárkönyv *n* inventory, stock book

leltároz *v* inventory, take*/make* an inventory of (sg), make* a list of sg; *(leltározást végez)* take* stock

leltározás *n* taking an inventory, stock-taking

lemáll|ik *v* come*/peel/scale off

lemar *v* *(sav)* eat* away

lemarad *v* **1.** *(csoporttól)* drop/fall*/lag behind **2.** *(tanulásban stb.)* slip/fall*/lag behind; *(fejlődésben, termelésben)* lag behind, be* backward; **le van maradva munkájával** be* behind in/with one's work **3.** *vk vmről* be* late for sg, miss sg; ~ **a vonatról** miss the train

lemaradás *n* lag(ging behind); *(munkával)* backlog, arrears *pl* [of work]; ~**a van** *(munkával)* be* behind in/with one's work; ~ **a terv teljesítésében** underfulfilment, falling behind with the plan

lemarat *v* *(vegyszerrel)* remove (sg) with corrosive(s)

lemarház *v* biz call sy an idiot, call sy names

lemásol *v* **1.** *(másolatot készít)* copy, make* a copy (of sg) **2.** *(stílust)* imitate, copy; *(más művét)* plagiarize

lemász|ik *v* climb/crawl down/off sg
lemázsál *v* weigh
lemberdzsek *n* (casual) jacket, anorak
lemegy *v* **1.** *vk vhová* go* down, descend; *(lépcsőn)* go* downstairs; ~ **a Balatonra** go* (down) to the Balaton (*v.* to Lake B.); ~ **vidékre** leave* for the country; *(vidékre költözik)* move (down) to the country; ~ **Pécsre** go* (down) to P.; ~ **a pályáról** *(pl. labdarugó)* leave* the field **2.** *(árvíz, láz)* abate, subside, drop; *(árak)* fall*, come* down **3.** *(nap)* go* down, set* **4.** *(felületi réteg)* come* off; **a folt még szappannal se megy le** not even soap can remove this stain
lemenet I. *n* way/passage (down) **II.** *adv* on one's way down, going down
lemenetel *n* descent
lemenő *a* **1.** **a ~ nap** the setting sun **2.** ~ **ágon** *jog* in the descending line
lemér *v* **1.** *ált* measure; *(szövetet)* measure off **2.** *(mérlegen)* weigh; **le nem mérhető** *(apró)* infinitesimal **3.** *(felmér)* gauge (*US* gage); ~**i vk képességeit** *biz* get* the measure of sy, assess sy's abilities
lemereved|ik *v* (*izom*) tense/stiffen up
lemerül *v* **1.** plunge, dive, sink*; *(tengeralattjáró)* submerge **2.** *(akku)* go* flat; ~**t az akku** the battery is flat/dead; ~**t akku** flat/dead battery
lemészárol *v* ált butcher, slaughter, murder; *(embereket)* massacre
lemeszel *v* biz *(autót)* flag down
lemetsz *v* cut*/chop/snip off
lemez *n* **1.** *(fém)* plate, *(vékonyabb)* sheet **2.** *(hanglemez)* record, disc, *US* disk; **mikrobarázdás** ~ long play(ing) record *(röv* LP) **3.** *szt* (magnetic) disk; **hajlékony** ~ floppy disk
lemezjátszó *n* **(sztereó)** ~ stereo record-player
lemezlovas *n* disc (*US* disk) jockey *(röv* DJ, dj)
lemezolló *n* plate shears *pl*
lemeztányér *n* turntable
lemezváltó(s   lemezjátszó) *n* record changer, auto-change(r)
lemond 1. *vi (vmről ált)* give* up; *(igényről, követelésről stb.)* renounce, give* up, waive; *(örökségről írásban)* sign away [ownership, share in sg etc.]; *(mint reménytelenről)* despair of sg (*v.* of doing sg); *(vkről, pl. orvos betegről)* give* up [patient]; *(vkről, mint eltűntről)* give* up sy (as/for lost); ~ **vmről vk javára** renounce sg in sy's favour (*v.* on sy's behalf) **2.** *vi (élvezetről)* give* up

[smoking etc.]; arról nehezen tudnék ~ani I couldn't easily do without it **3.** *vi (tisztségről)* resign, give* up; *(trónról)* abdicate [the throne]; ~ **ott az elnökségről** he resigned (from) the presidency; *(ülésen)* he gave up the chair; ~ **ott a kormány** the Cabinet/Government has resigned **4.** *vt (meghívást)* cry off [sg *v.* doing sg], excuse oneself from [a party etc.]; ~**ja a (vacsora)meghívást** send* one's regrets (to sy), cry off the party **5.** *vt (előadást, fellépést, jegyet, rendelést, utazást stb.)* cancel (*US* -l), call off; **a versenyt ~ták** the race has been called off **6.** *vt (folyóiratot, újságot)* discontinue, cancel (*US* -l) (one's) subscription to
lemondás *n* **1.** *(ált vmről)* giving up; *(igényről, jogról stb.)* waiver; *(örökségről, követelésről)* renunciation **2.** *(tisztségről)* resignation; **benyújtja ~át** offer (*v.* send*/hand in) one's resignation **3.** *(meghívásé, találkozóé stb.)* cancelling (*US* -l-), calling off; *(udvarias formában)* regrets *pl* **4.** *(beletörődés)* resignation, renunciation; **csupa ~ az élete** he has denied himself all his life
lemondó *a (beletörődő)* resigned, submissive; ~ **an legyint** wave/gesture resignedly, make* a gesture of resignation
lemorzsolódás *n* dropout, fall(ing)-off
lemorzsolód|ik *v (tanuló)* drop out (of)
lemos *v (kocsit stb.)* wash (down) [the car etc.], wash [the car etc.] down; *(tömlővel)* hose down [the car]; ~ **vmt vhonnan** wash sg away/off; ~ **vkt** give* sy a sponge-down; **szivaccsal ~sa magát** sponge oneself down; *átv* ~**sa a gyalázatot** wash away (*v.* wipe out) a disgrace
lemosakod|ik *v* have* a (thorough) wash, wash (oneself) from top to toe
lemosás *n (kocsié stb.)* wash(-down); *(az egész testé)* sponge-bath
lemosható *a* ~ **kötény** wipe-clean apron; ~ **tapéta** spongeable wallpaper
len *n* flax
lencse *n* **1.** *növ* lentil; **egy tál ~ért** for a mess of pottage **2.** *(üveg)* lens **3.** *(bőrön)* freckle, mole
lencsefőzelék *n* dish of lentils
lencseleves *n* lentil soup
lencsenyílás *n fényk* aperture
lendít *v* **1.** *konkr* swing*, fling* **2.** *átv vkn* give* sy a lift, push sy; *vmn* give* a stimulus (*v.* an impetus) to sg; **ez nem sokat ~ a dolgon** it is* not much use/help, that doesn't help much
lendítőerő *n* force of impulse, impetus

lendítőkerék n flywheel
lendkerék n flywheel
lendül v (begin* to) swing*; (előre/felfelé) swing*/sweep* forwards/upwards; **mozgásba** ~ come* into motion; **támadásba** ~ charge, start attack, be* roused to attack
lendület n **1.** (cselekvésre) impetus, drive, impulse; ~**be jön** gather/gain momentum, be* getting under way, get* going; ~**et ad vmnek** give* sg momentum, give* sg a stimulus; ~**et vesz** (pl. sportoló) run* up **2.** (emberben) energy, drive, vigour (US -or), dash, élan **3.** (fejlődésé) rate (of progress), pace **4.** (szónoki) dynamism
lendületes a ált energetic, vigorous, lively, dynamic; (ember) brisk, dynamic
lenéz 1. vi (fentről vkre) look down at/on sy **2.** vt vkt elít look down on sy, despise/disdain/scorn sy; kif look down one's nose at sy
lenézés n contempt, disdain, scorn
leng v **1.** (műszer mutatója, inga) swing*, oscillate **2.** (zászló) fly*, flutter
lenge a very light, ethereal; (ruha) light (and loose) [dress]
lengés n **1.** (műszer mutatójáé) oscillation; **inga** ~**e** swing of the pendulum **2.** sp (tornában) swinging
lengéscsillapító n shock absorber
lenget v **1.** (karját) swing* **2.** (zászlót, kalapot) wave, flourish; (zsebkendőt) wave, flutter **3.** (szél ágakat) sway
lengő a (mozgás) swinging [movement, motion]; (zászló) waving, flowing, flying [colours]
lengőajtó n swing(ing) door
lengőállvány n cradle
lengőmozgás n swinging (motion); (ingáé) pendular motion
lengőtengely n swinging axle
lengyel I. a Polish; **L**~ **Népköztársaság** Polish People's Republic **II.** n **1.** (ember) Pole **2.** (nyelv) Polish
Lengyelország n Poland
lengyelországi a Polish, of Poland ut.
lengyelül adv beszél/tud ~ speak* Polish; ~ **mond vmt** say sg in Polish; ~ **van** (szövegről) it's (written) in Polish
lenhaj n flaxen hair
Leningrád n Leningrad
lenini a Lenin's, of Lenin ut.
leninista a Leninist
leninizmus n Leninism
lenmag n linseed, flaxseed
lenn adv (down) below, down; (a földszinten) downstairs; ~ **van** (1) (a földön) be* down,

be* lying on the ground, be* down below (2) (vidéken, a Balatonnál stb.) be* (down) by/at
lenne v → **lesz**
lenni v to be; **mi akar** ~? what is (s)he going to be?, what does (s)he want to do?; **mérnök akar** ~ (s)he wants to be an engineer ⇨ **van, lesz**
lenolaj n linseed oil
lenövés n orv adhesion
lenszőke a flaxen(-haired)
lent adv = **lenn**
lenti a **1.** (hely) lower, (sg) below; (lakó) (sy) downstairs **2.** (lejjebb említett) mentioned below ut.
lenvászon n linen
lény n **1.** (living) being, individual, person **2.** vknek a ~**e** sy's nature/temper/character
lényeg n essence, substance; (beszédé, írásműé) meat; **a** ~ **az, hogy** ... the (main) point/thing is* that/to; **ez (itt) a** ~ that's the point; **a dolog** ~**e az, hogy** the essence of the question/problem/matter is that; basically...; the root of the matter is* that, [it all v. the wole matter] boils down to this...; ~**ében** in essence, essentially, basically, fundamentally; **hozzátartozik a dolog** ~**éhez** it is* the very essence of the thing, it is* an integral part of it; **ez nem tartozik a** ~**hez, ez nem érinti a** ~**et** that's beside the point/mark, that's not the point; **ez nem változtat a** ~**en** that makes* no difference; **a dolog** ~**ére tapint (rá)** get* at/to the heart of the matter, put* one's finger on it; **a** ~**re tér** get*/come* to the point; biz get* down to brass tacks; **csak a** ~**et mondd el, szorítkozz a** ~**re** stick*/keep* to the essentials, just give* the gist of it
lényegbevágó a vital, all-important, of primary/prime/vital importance ut.; ~ **különbség** fundamental/essential difference
lényeges I. a **1.** substantial, essential; (alapvető) fundamental; (fontos) important; **ez nem** ~ it is* not of primary importance, it is not important/essential **II.** n a ~**re szorítkozik** stick* to the relevant facts, stick* to the essentials
lényegileg adv essentially, basically, substantially
lényegtelen a unimportant, of no importance ut.; (nem tartozik a lényeghez) be* beside the point/mark; vmt ~**nek tekint** make* light of sg
lenyel v (átv is) swallow; (egyszerre) gulp (down), swallow (sg) at a mouthful; ~**i a**

békát swallow the b*i*tter pill; ~**i a sértést** swallow/p*o*cket the *i*nsult, take* an/the *i*nsult l*y*ing down; **azt nem nyeli le** (s)he can't st*o*mach it
lenyes *v* cut* off (sg from sg), l*o*p off
lenyír *v* **1.** *(hajat)* cut* (off); *(rövidre)* crop, trim; *(birkát)* shear* [a/the sheep], shear* off [the sheep's wool]; **tövig** ~**t** cl*o*se-cut/cropped **2.** *(füvet)* mow*
lenyom *v* **1.** *(ált vmt)* press down, depress; *(súlyával)* weigh(t) down; *(vkt erővel)* hold*/get*/force (sy) down; *(víz alá)* duck, submerge; ~**ja a kilincset** turn the h*a*ndle/d*oo*rknob **2.** *(árakat)* force [prices] down **3.** *biz (munkát)* (manage to) ge**t*** sg done
lenyomat *n* **1.** *(vm nyoma)* mark, print, impression **2.** *nyomd* **(új)** ~ impression, reprint, pr*i*nting; **2. kiadás 1960, 3.** ~ **1961** second ed*i*tion 1960, third impression 1961
lenyomoz *v (ügyet)* investigate (sg), inqu*i*re *i*nto (sg); *(vk személyét)* screen sy, ve**t** sy, *US* check sy out
lenyugsz|ik *v* **1.** *(égitest)* se**t***, go* down **2.** *(ember)* go* to bed
lenyújt *v vhova* reach down
lenyúl *v vmért* reach down (for sg)
lenyúl|ik *v* stretch, reach (down)
lenyúz *v (bőrt)* strip/pull off [skin]
lenyűgöz *v* f*a*scinate, c*a*ptivate, hold* sy spellbound
lenyűgöző *a* f*a*scinating, c*a*ptivating; ~ **látvány** entr*a*ncing sight/sp*e*ctacle
leokád *v vmt* vomit (up)*o*n
leold *v (csatot, övet)* unf*a*sten, l*oo*sen and take* off
leolt *v (villanyt)* switch off, turn out [the light]
leolvas *v* **1.** *(műszert)* read*; **gázórát** ~ read* the g*a*s meter **2.** *(vmt vknek az arcáról)* see*/read* sg in sy's eyes **3.** *(pénzt)* count out
leolvasó *a* ~ **ceruza** light pen
leolvaszt *v (hűtőszekrényt)* defr*o*st; ~**ó automata** defr*o*ster
leoml|ik *v* **1.** *(fal)* fall* in, coll*a*pse; *(vakolat)* fall* (off); *(part)* cave in **2.** *(haj)* fall* (*o*ver), casc*a*de
leopárd *n* le*o*pard
leoperál *v vmt* rem*o*ve (sg) by an oper*a*tion
leöblít *v* **1.** *(edényeket stb.)* rinse **2.** *(vécét)* flush [the t*o*ilet] **3.** *biz* ~**i a vacsorát** wash [one's d*i*nner] down with [some wine etc.]
leöl *v* kill; *(disznót így is)* stick*

leönt *v* **1.** *(abroszt)* spill* sg [on the t*a*ble-cloth]; ~ **vkt vízzel** spill* w*a*ter on sy, throw* w*a*ter *o*ver sy **2.** *(fölösleget)* pour off
lép¹ *v* **1.** *vk ált* step; *(egyet)* take* a step; **vmre** ~ step/tread* on sg; **kettőt** ~ **előre** take* two steps f*o*rward; **aprókat** ~ (1) *(felnőtt)* take* m*i*ncing steps (2) *(gyerek)* toddle; **egyszerre** ~ keep* in step; **lábára** ~ **vknek** tread* on sy's foot°/toes; **nagyokat** ~ stride* (along) **2.** *(sakkban)* move [a piece], make* a move [with a piece]; **ki** ~? whose move is it? **3.** *(kifejezésekben)* **huszadik évébe** ~ turn twenty; **házasságra** ~ **vkvel** marry sy, be*/get* married to sy ⟹ **egyezség, érintkezés, nyom², szövetség, trón**
lép² *n (szerv)* spleen
lép³ *n (méhé)* honeycomb
lép⁴ *n (madárlép)* b*i*rd-lime; ~**re csal** take* in sy *v.* take* sy in, ensn*a*re; ~**re megy** be* caught in a/the trap, be* t*a*ken in
lepaktál *v el*í*t* enter *i*nto a (secret *v.* an ill*i*cit) pact (with sy)
leparkol *v* park [one's/the car]
lepárlás *n* distill*a*tion
lepárlókészülék *n* dist*i*lling appar*a*tus, still
lepárol *v* dist*i*l, *US* dist*i*ll
lepattan *v* **1.** *(gomb)* fall*/fly* off **2.** *(golyó)* glance off/aside; *(labda)* rebound
lepattogz|ik *v* **1.** *(egy darabka)* crack/chip off **2.** *(festék)* crack, chip/flake off
lépcső *n* **1.** *(sor)* stairs *pl*, stair; *(lépcsőfok)* step, stair; *(autóbuszé)* platform; *(vasúti kocsié)* steps *pl*; **hátsó** ~ backst*a*irs *pl*; **vigyázat,** ~! mind the step!; **felmegy a** ~**n** go* upst*a*irs, climb the stairs; **lemegy a** ~**n** go* downst*a*irs **2.** *(rakétáé)* stage
lépcsőfok *n* step, stair
lépcsőforduló *n* l*a*nding
lépcsőház *n* st*a*ircase, stairway
lépcsőkorlát *n* b*a*nisters *pl*
lépcsős *a* **1.** ~ **út/feljáró** steps/stairs *pl* up to swhere **2.** **három**~ **raké**t**a** 3-stage rocket **3.** *kat* ~**en** in echelon
lépcsősor *n* flight of stairs, stairs *pl*, steps *pl*
lépcsőzetes *a* **1.** *konkr* stepped; terr*a*ced **2.** *átv* gr*a*dual, st*a*ggered; ~ **munkakezdés** st*a*gger(ed) working hours *pl*, *GB* flexi-time **3.** *kat* echeloned
lepecsétel *v* **1.** *(hiv iratot)* stamp (sg), seal (sg); *(postabélyeget)* cancel *(US* -l), postmark **2.** *(levelet stb. pecsétviasszal)* seal (up) **3.** *(hatóság lakást stb.)* seal up
lepedék *n orv* fur
lepedékes *a orv* furred [tongue]

lepedő n 1. *(ágyon)* sheet 2. **ráhúzzák vkre a vizes** ~**t** make* sy the scapegoat *(v.* whipping-boy*)*

lépeget v 1. *(gyorsan)* trot 2. *(kimérten)* pace 3. *(kényelmesen)* amble (along)

lepel n veil; *átv* **lehullt a** ~ the truth/secret is out; **vmnek a leple alatt** under cover of sg; **lerántja a leplet vkről** = **leleplez** *vkt*

lepénzel v bribe (sy); *biz kif* grease/oil sy's palm

lepény n flan; *(töltött)* pie

lepereg v 1. *(homok)* run* down 2. *(könny)* run*/trickle down 3. *(idő)* elapse, pass, go*/slip by 4. ~ **róla** *(hatástalanul) kif* it's like water off a duck's back (to him/her)

leperget v *(filmet)* show*

lépes a ~ **méz** honey in the comb

lépés n 1. *(egy)* (foot)step; *(járásmód)* step, tread, walk(ing pace), amble; ~**ben** at walking pace *(v.* footpace*)*; *(autóval)* dead slow, at a very slow pace; ~**ben megy** *(lóval)* ride* at walking pace, ride* at an amble, amble; *(autóval)* go* dead slow *(v.* at a very low pace*)*; **így jött ki a** ~ that's how it/ things worked out; **ha kijön a** ~ if things work out, if (it) all goes according to plan; **nem jött ki a** ~ it just didn't work out; **az első** ~ *(kezdete vmnek)* the first step/ move; ~**ről** ~ **re** step by step, gradually, a step at a time; ~**t tart vkvel/vmvel** *(átv is)* keep* pace/up with sy/sg; ~**t tart a korral** keep* abreast of the times 2. *(távolság)* step, pace; **20** ~**(nyi)re vmtől** twenty paces from sg; **csak egy** ~ **ide** it's only a few steps away 3. *(sakk)* move; **kié a következő** ~**?** whose move is it? 4. *(intézkedés)* step(s), measures *pl*; ~**eket tesz** *(vmnek az érdekében)* take* steps (to do sg), take* measures *(vm ellen))* against sg; **megtettem a szükséges** ~**eket** I took the necessary steps

lépfene n anthrax, splenic fever

lepihen v have* a rest, lie* down

lepipál v *biz vkt* beat* sy hollow; *kif* run* rings round sy

lepisszeg v *(színészt, szónokot)* hiss/boo (off)

lepke n butterfly; *(éjjeli)* moth; *áll* ~**k** Lepidoptera

lépked v *(kimérten)* pace; *(kényelmesen)* amble (along)

lepkeháló n butterfly-net

leplez v 1. *(érzelmeket, szándékot)* conceal, hide*, disguise; **nem tudta** ~**ni nevetését** she couldn't hide her amusement *(v.*

couldn't help laughing); **nem tudta** ~**ni csalódottságát** (s)he couldn't disguise her/his disappointment 2. *kat* camouflage

leplezés n disguising; **vm** ~**éül** as a disguise, as a cloak for sg

leplezetlen a open, plain, unconcealed, undisguised; ~ **igazság** the unvarnished/ naked truth; ~ **örömmel** with undisguised pleasure; ~ **káröröm** undisguised/uncon-cealed schadenfreude

leplezetlenül adv openly, frankly, outright

leplombál v seal

lepocskondiáz v *vkt* run* (sy) down; ~**zák egymást** they are* slinging mud at each other

lepontoz v *(igazságtalanul)* mark sy down

leporelló n *(könyvben)* gatefold, foldout

leporol v dust (off)

lepotyog v fall*/drop down one by one

lepottyan v drop/fall*/tumble (from)

lepra a/n 1. *(betegség)* leprosy 2. □ *(jelzőként)* stinking

leprás I. a leprous II. n leper

leprésel v *(virágot)* press

lepriorál v check up on (sy), vet sy

léptek n *pl* (foot)steps, tread *sing*; **lépteit vk felé irányítja** direct one's steps towards sy; **meglassítja lépteit** slacken one's pace; **lassú** ~**kel** with slow steps; **hatalmas** ~**kel halad előre (az ügy)** sg is making good progress, sg is progressing by leaps and bounds, great/tremendous strides have been made [in the field of . . .]

lépték n scale; **a** ~**: 1:20 000** a scale of 1:20,000

léptékes a ~ **vonalzó** scale rule

lépten-nyomon adv at every step/turn/ moment

lepuffant v *biz* shoot* (down), pot

lepuskáz v *isk* crib [exercise]

leradíroz v erase

lerág v gnaw off/away; ~**ott csontok** gnawed bones

leragad v 1. *(odaragad)* stick* 2. *(sárba)* get* stuck *(v.* bogged down) 3. **már majd** ~ **a szeme** one's eyes are heavy with sleep

leragaszt v stick* (down); *(levelet)* seal

lerajzol v draw*, sketch

lerak v 1. *(letesz, lehelyez)* put*/set*/lay* down, deposit 2. *(iratokat)* file; ~**va** on file 3. *(folyó üledéket)* deposit, lay* down 4. *(tojásokat, petéket)* lay* [eggs] 5. ~**ja vmnek az alapjait** lay* the foundations of sg 6. *biz* **vizsgát** ~ pass *(v.* get* through) an examination

lerakat n depot, store, warehouse

lerakodás n *(kocsiról)* unloading
lerakódás n **1.** *(folyamata)* deposition, depositing **2.** *(eredménye)* deposit; *(üledék)* sediment
lerakod|ik v *(kocsiról)* unload
lerakód|ik v *(üledék)* settle, be* deposited, form a deposit
lerakodóhely n unloading place/area
lerándul v **1.** *vhová* make* an excursion to, make*/take* a trip to **2.** *sp* sprain one's leg/foot
leránt v **1.** *vmt/vkt vhonnan/vmről* pull/tear*/strip off (violently), whip off **2.** *biz (megkritizál)* run* (sy) down, tear* sy off a strip
leráz v **1.** *(gyümölcsöt)* shake* down **2.** *(igát)* shake* off [yoke] **3.** *(magáról vkt)* shake*/brush sy off, get* rid of sy; **nem lehet ~ni ezt az embert** one/you can't get rid of him; **nem hagyja magát ~ni** he will not take "no" for an answer
lereagál v abreact
lerendez v *biz* sort out, see* to sg
lerészeged|ik v get* drunk/intoxicated
lerészegít v make*/get* sy drunk, intoxicate
lereszel v file (down/off)
lerí v ~ **róla a butaság** stupidity is* written on (v. all over) his face; ~ **róla a szegénység** cry poverty
leró v *(illetéket, tartozást)* discharge, pay* off, settle; *(kötelezettséget)* fulfil (*US* -fill), discharge; **azzal rója le háláját, hogy** show* (v. give* proof of) one's gratitude (by doing sg); ~**ja kegyeletét vk iránt** pay* a tribute to sy
lerobban v *biz* **1.** *(autó stb.)* conk out, break* down, have* a breakdown, stall; ~**t a kocsink** our car (v. we) had a breakdown [on the motorway], the car broke down [on the way to the airport], the car has conked out **2.** *vk* ~**(t)** (1) *(egészségileg)* be* (thoroughly) run down, crack up (2) *(anyagilag)* get* cleaned out, go* bust
lerogy v **1.** *(székbe)* sink*/drop (into a chair) **2.** *(ájultan)* (faint and) sink* to the ground, collapse
lerohad v = ☐ **lerobban 1.**
lerohan 1. *vi vk vhová* run*/rush (down); *(lépcsőn)* run*/rush downstairs **2.** *vt vkt* rush at sy, crush sy **3.** *vt (országot ellenség)* overrun* [a country]
lerombol v **1.** *(épületet)* pull down, demolish; **földig ~** raze sg to the ground **2.** *átv* destroy, ruin
leroml|ik v **1.** *(értékben)* fall* (in value), depreciate **2.** ~**ott** (1) *(vk egészségileg)* be* in

poor/weak health, be* in poor shape (2) *(strapában)* be* run down, be* worn out
lerongyolód|ik v *(ember)* go*/run* to seed
leront 1. *vi vhonnan* rush down **2.** *vt (eredményt, hatást)* destroy, wipe out
leroskad v = **lerogy 1.**
lerögzít v **1.** *(tárgyat)* fix/fasten sg to sg **2.** *átv* fix, settle, establish
lerövidít v *(szöveget)* cut*, abridge, shorten
leruccan v *biz vhová* take* a trip/jaunt to
lerúg v **1.** *(cipőt)* kick off **2.** *(labdarúgót)* hack sy's shins, foul; ~**ták** he was* fouled
les I. *vt/vi vkt/vmt* watch/eye sy/sg; *vkre/vmre* watch (out) for sy/sg; *(rossz szándékkal)* lie* in wait for sy; ~**i az alkalmat** watch for one's opportunity; **azt bizony ~heti!** he is* not likely to get it, he can sing/whistle for it **II.** n **1.** *(ált és kat)* ambush; ~**ben áll** *(vmre, vkre)* be*/lie in ambush/wait (for) **2.** *sp* ~! off side!; ~**en van** be* off side; **nincs ~en** be* on side
lesállás n = **leshelyzet**
lesántikál v hobble down
lesántul v become*/get* lame, get* a limp
lesegít v **1.** *(vkt járműről stb.)* help (sy) down, help (sy) get off **2.** ~**i vkről a kabátot** help sy off with his coat
leselked|ik v **1.** *vkre* be* on the watch/lookout for sy, look out for sy, lie* in wait for sy; *(vk után)* spy (up)on sy **2.** *vm veszély* ~**ik vkre** there is* danger ahead for sy, sy is* endangered by sg
lesgól n off-side goal
leshely n **1.** *ált* cover, hiding/lurking-place, *főleg US* hideaway; *(vadászé)* hide **2.** *kat* ambush
leshelyzet n *sp* off side
lesikál v = **lesúrol**
lesiklás n *sp (sí)* downhill (run), run
lesikl|ik v **1.** *ált* slide* down; *(repgép)* glide (down); *(sível)* go*/race/run*/ski downhill **2.** *(vmről hirtelen)* slip off (sg)
lesiklópálya n downhill course
lesimít v *ált* smooth/level/press down, make* (sg) smooth/level/even; *(hajat)* slick down
lesimul v become* smooth/level/even
lesipuskás n *biz* **1.** = **orvvadász 2.** *átv* sniper
lesír v wangle, manage to have sg waived
leskelőd|ik v = **leselkedik**
leskiccel v sketch (sg out)
lesoványod|ik v grow* thin, lose* weight; ~**ott arc** thin/haggard face, hollow cheeks *pl*; **le van soványodva** look thin
lesöpör v *(járdát)* sweep*; *vmt vmről* sweep*/brush (sg) off/away/down; **lesöpri**

az asztalról a morzsákat brush the crumbs off the table

lespriccel *v vmvel* sprinkle [water etc.] on sg, sprinkle sg with sg, splash sg over sy

lesrófol *v* 1. = **lecsavar** 1. 2. *(csavarral megerősít)* screw down 3. *biz (árat)* beat* down

lesszabály *n sp* the offside rule

lestrapál *v* 1. *vkt* overwork, tire/wear* (sy) out; **~ja magát** overwork, get* run down; **le van strapálva** be*/feel* run down 2. *(ruhaneműt)* wear* out

lesújt *v* 1. *(villám)* = **lecsap** 2. 2. *(vkt ököllel)* knock/strike* down 3. *(vkre törvény)* come* down on sy; *(pl. bűnözőkre)* clamp down on 4. = **megrendít; (mélyen) ~otta a (szomorú) hír** (s)he was stunned by the (sad) news, (s)he felt much/deeply afflicted at/by the news

lesújtó *a (hír)* stunning, appalling; **~ pillantás** withering look, look of scorn; **~ vélemény** damning opinion; **vkre nézve ~** disastrous for sy

lesúrol *v* scour, scrub (sg) down/clean, clean (sg)

lesül *v* 1. *(ember)* get* sunburnt/tanned; **jól/szépen le van sülve** look/be* (sun)tanned, have* a nice tan 2. *(hús)* be*/get* burnt 3. *átv* **hogy nem sül le a bőr a képéről!** he has* the cheek to [do sg]; what a cheek!

lesülés *n* suntan, *(fájdalmas)* sunburn

lesüllyed *v* 1. *konkr* sink* (down), dip 2. *(erkölcsileg)* degenerate, come* down

lesüllyeszt *v* sink* (down), lower

lesüt *v* 1. *(húst)* roast, brown 2. **~i a szemét** stare at the ground; **~ött szemmel** with downcast eyes

lesz *v* 1. *(történni fog)* will be; **~, ami ~!** come what may; *kif* in for a penny, in for a pound; **ez jó ~?** *(boltban)* will that (one) do?; **ennyi elég is ~!** that'll do!; **mi ~?** what next?; **mi ~ veled?** what about you?, what will you do?; **mi ~ velünk?** what will become of us?, what is to become of us?, what are we to do?; **félek, hogy beteg ~** I'm afraid he is going to be ill; **~/lenne olyan szíves ...** would you (please) ..., would you kindly ...; **jó ~ sietni** we'd better hurry (up); **ott ~ (az)!** *(= ott kell lennie)* it/he must be there; **ott ~ünk** we'll be there, we shall/will come (along); **rajta ~ek, hogy** I'll do my best to, I'll see (to it) that [sg is done]; **semmi sem lett belőle** it's all come to nothing, nothing came of it; **hová lett a tollam?** where has my pen got

to? 2. *vmvé* become* (sg), make* [a good husband/doctor etc.]; *vmlyenné* become*, get*, grow*; **sohase ~ belőle író** he'll never make an author; **mi lett belőle?** what has become of him?; **tanár lett belőle** he became a teacher, he took up teaching; **profi lett** he turned pro(fessional); **jóképű fiatalember lett belőle** he has grown into a good-looking young man° 3. *(birtokába jut)* come* by, obtain, get*; **lakása lett** (s)he's got (*US* gotten) a flat; **ha ~ időm** if I have time ⇨ **legyen**

leszakad *vi* 1. *(gomb)* come* off; **majd ~ a lábam** I'm too tired to stand 2. *(építmény)* give* way, fall* in, collapse 3. *biz (hátramarad)* drop behind/back

leszakít *v* tear* down; *vmt vmről* tear* (sg from/off sg); *(virágot)* pluck, pick [flower]

leszalad *v* 1. *vk vhová* run* down; *(lépcsőn)* run* downstairs; **~ok veled az állomásra** *(kocsin)* I'll run you down to the station 2. **~ egy szem a harisnyáján** she has laddered her stocking

leszáll *v* 1. *(madár ágra)* settle, perch [on a twig], (a)light 2. *(repülőgép)* land, touch down; *(űrhajó vizre)* splash down; *(szárazföldre)* touch down, land; **hol szállunk le útközben?** where do we touch down? 3. *(mélybe)* descend, go* down 4. *(vm fentről)* fall* (down), drop, come* down 5. *(járműről)* get* off [the bus/train], alight [from the bus/train]; **szállj le rólam!** □ get off my back(, will you!) 6. *(köd)* descend, fall*, come* down; **~ az éjszaka** night is* falling, night is* setting/closing in 7. *(ár)* go*/come* down, fall*, drop 8. = **leülepedik** ⇨ **ló**

leszállás *n* 1. *(járműről)* getting off, alighting; *(lóról)* dismounting 2. *(repgépé)* landing; **~ nélkül teszi meg az utat** *(repgép)* make* a non-stop flight; **repülőgépet ~ra kényszerít** force an aeroplane (*US* airplane) to land 3. *(mélybe)* descent

leszállási *a* **~ engedély** permission to land; *(okmány)* landing permit

leszállít *v* 1. *vkt vhonnan* make*/order/force (sy) to get down/off 2. *(árakat)* reduce, lower, cut*; *(fizetést)* reduce, cut* [sy's salary]; *(színvonalat)* level (*US* -l) down; *(igényeket)* lower [one's pretensions]; *kif* tighten one's belt 3. *(házhoz szállít)* deliver ⇨ **ló**

leszállított *a* 1. **~ ár** reduced price; *(vásáron, alkalmi)* sale/bargain price; **~ áron** at a reduced price; **~ árú** cut-price, *US* cut-

-rate; ~ **helyárak** (seats at) red*u*ced prices
2. *(házhoz szállított)* delivered
leszálló I. *a* descending, downward **II.** *n*
(utas) passenger getting off
leszállóhely *n* **1.** *rep* landing ground
2. *(autóbuszról stb.)* this is where to get off;
terminus
leszállópálya *n rep* landing strip, r*u*nway
leszámít *v* **1.** *(összegből)* take* off, ded*u*ct
2. ha ezt ~**juk** if we leave this out of con-
sideration/account, that ap*a*rt; **mogorva-
ságát** ~**va rendes ember** ap*a*rt from his
gr*u*ffness he is a decent fellow (*US* guy)
leszámítás *n* red*u*ction, ded*u*ction
leszámítol *v* disco*u*nt
leszámol *v* **1.** *(elszámol)* settle up, settle/
balance one's acco*u*nt **2.** *(pénzt asztalra)*
count out **3.** *vkvel, átv* get* even/square with
sy, settle acco*u*nts with sy; ~ **vkvel régi
sérelmekért** pay* off old scores
leszámolás *n* **1.** *(elszámolás)* settling, settle-
ment [of acco*u*nt]; *(US)* pay-off **2.** *átv* settl-
ing (off) the score; *biz* showdown
leszárad *v növ* wither and fall* (off)
leszárít *v* wipe (sg) dry; ~**ja magát** *(törül-
közővel)* wipe oneself dry [with a towel], rub
oneself down
leszármazás *n* descent, lineage; **egyenes
ági** ~ lineal descent
leszármaz|ik *v vktől* be* descended from,
be* a/the scion of
leszármazott *n* descendant; **vk** ~**jai** sy's
progeny/descendants
leszavaz 1. *vi (szavazatát leadja)* vote (*mel-
lett*: for; *ellen*: against) **2.** *vt (indítványt)*
vote/turn down; *(kormányt)* outvote, de-
feat; *(törvényjavaslatot)* throw* out [a bill];
~**ták** be* voted down, be* defeated
leszázalékol *v* pension sy off
leszed *v* **1.** *(virágot)* pick, pluck; *(gyümöl-
csöt)* pick; *(termést, pl. almát)* harvest
2. *vmit vmről* take*/pick sg off sg; remove sg
(from sg); ~**i az asztalt** clear the table
3. ~**i a tej fölét** skim (off) the cream
from the milk; ~**i vmnek a javát** *átv*
skim the cream off sg ⇨ **levesz**
leszegényed|ik *v* become* poor, be* re-
d*u*ced to poverty
leszegez *v (ládát)* nail down ⇨ **leszögez**
leszel *v (levág)* slice/cut* off
leszerel 1. *vt vmt vmről* strip (sg off sg), take*
down; *(gépet vmről, alkatrészt gépről)* take*
off/down, remove **2.** *vt kat* demobilize, *GB
biz* demob; *vi* ~**ik** be* demobilized; ~**t ka-
tona** dem*o*bilized soldier, ex-service man°;

csak US: veteran **3.** *vt vkt átv biz* ge**t*** round
sy, dis*a*rm sy **4.** *vt, sp (támadást)* check,
stop; *(játékost)* tackle
leszerelés *n kat* dis*a*rmament, *a*rms red*u*c-
tion; *(atomfegyvereké)* n*u*clear dis*a*rma-
ment
leszerelési *a* ~ **bizottság** disarmament
comm*i*ssion; ~ **értekezlet** disarmament
conference
leszerepel *v (csúfosan)* be* b*a*dly be*a*ten/
defe*a*ted; *biz* be* a w*a*shout
leszerződ|ik *v (munkára)* sign on, take* on
[work]; *(színházhoz színész)* be* t*a*ken on
[by a the*a*tre etc.], sign a contract with
leszerződtet *v* eng*a*ge, empl*o*y
leszid *v* give* sy a (good) dressing-down *(v.
t*a*lking-to)*, tell*/tick sy off, tear* sy off a
strip, tear* a strip off sy
leszigorlatoz|ik *v (vmilyen tárgyból)* pass
one's (university) examin*a*tion(s) in [a s*u*b-
ject]
leszíjaz *v* strap down, f*a*sten with str*a*ps
leszív *v* draw* down; *(füstöt)* inh*a*le
leszok|ik *v vmről* give* up sg; ~**ik a do-
hányzásról** give* up sm*o*king
leszoktat *v vkt vmről* get* sy out of the h*a*bit
of [doing sg], make* (sy) give up sg
leszól 1. *vi (fentről)* shout down **2.** *vt vkt*
speak* disp*a*ragingly of sy, run* sy down
leszolgál *v* ~**ja az idejét** serve one's time
leszólít *v vkt* accost sy; *(nőt, biz)* make* a
pass at
leszór *v* spr*i*nkle sg on sg
leszorít *v* **1.** *(tárgyat)* press/hold*/tie/pin
down **2.** *vkt vhonnan* push/force sy off
3. *(árat)* bring*/force down
leszorul *v vk vhonnan* be* pushed/forced off
leszögez *v (tényt)* state, make* it clear, es-
t*a*blish; ~**i álláspontját** make* one's
point of view (about sg) unmistak*a*bly clear,
nail one's colours (*US* -ors) to the mast; **le
kell szögeznünk, hogy** we must make it
*a*bsolutely clear that ⇨ **leszegez**
leszúr *v* **1.** *vkt* stab sy (to death) **2.** *(disznót)*
stick* [a pig] **3.** *(karót)* stick* **4.** *biz* ~ **20
forintot** shell out 20 f*o*rints **5.** *biz* = **leszid**
leszurkol *v biz* = **leszúr 4.**
leszűkít *v* **1.** *ált* narrow down, l*i*mit **2.** *fényk*
stop down [a lens]
leszűr *v* **1.** *(folyadékot)* f*i*lter, str*a*in **2.** **eb-
ből azt a tanulságot szűri le, hogy**
from this he draws* the concl*u*sion that, the
lesson from this was that
leszüretel *v* g*a*ther (in) the grapes, harvest
grapes (from), v*i*ntage

lét *n* **1.** *(létezés)* existence, (state of) being, life°; **küzdelem a** ~**ért** struggle for life **2. Lillafüreden** ~**emkor** during my stay at/in L., while/when (I was) (staying) at/in L. **3. öreg** ~**ére** old as he is*, in spite of his age, though old; **lány** ~**ére verekszik** although a girl she likes fighting; **kisfiú** ~ **ére túl nagy** he's too tall for a small boy

letáboroz *v* pitch one's tent swhere, pitch (*v.* set* up) camp swhere

letagad *v* deny [the truth/fact]; **nem lehet** ~**ni, hogy** there is* no denying it (*v.* the fact that)

letagadhatatlan *a* undeniable

letaglóz *v* *(hír vkt)* be* stunned/shocked (*v.* badly shaken) by [the news]

letakar *v* cover (over/up), lay* a cover (over sg)

létalap *n* **1.** *átv* justification, raison d'être **2.** *(anyagi)* financial basis, means *pl*

letapogat *v* el scan

letapos *v* tread*/trample/stamp down, tread* (sg) underfoot; ~**ott sarok** worn- -down heel

letargia *n* lethargy

letargikus *a* lethargic

letárgyal *v* *(kérdést)* discuss, talk it/sg over, talk over sg; *(végleg)* settle

letarol *v* **1.** *(lepusztít)* devastate, lay* (sg) waste, ravage **2.** *(erdőt)* cut* down **3.** *(hasznot)* pocket

letartóztat *v* arrest, take* (sy) into custody, put* sy under arrest, detain, apprehend (sy)

letartóztatás *n* arrest, detention; ~**ban van** be* under arrest, be* detained; **előzetes** ~**ban van** be* (detained) on remand, be* in custody, be* in pre-trial detention

letartóztatott *n* detained person, detainee, person under arrest, person kept in custody

letaszít *v* push/throw* down/off

létbizonytalanság *n* uncertainty of existence

leteker *v* unroll, uncoil, wind* off

letekered|ik *v* uncoil, unroll

letekint *v* look down, cast* a glance down

letelepedés *n* settling, settlement

letelepedési *a* ~ **engedély** permission to reside

leteleped|ik *v* **1.** *(állandó lakhelyen)* settle (down) **2.** *(székbe)* settle (oneself) down [in a chair]

letelepít *v* settle

letel|ik *v* **1.** *(határidő, bérleti idő)* come* to an end, expire **2.** *(idő)* elapse; ~**t az idő** time is up; ~**t a szabadsága** one's holiday has come to an end (*v.* is over)

letelte *n* ~ **vmnek** the end/expiration/termination of sg; **vmnek** ~**vel** on the expiration of sg; **egy hét** ~**vel** after a week (has elapsed/passed)

letép *v* **1.** *ált* tear*/rip off/away **2.** *(virágot)* pluck, pick **3.** *(szelvényt)* tear* off, detach [the slip]

leteper *v* throw*/pin sy to the ground/floor, floor/overcome* sy

letér *v* **1.** *(útról)* turn off, leave* [a/the road] **2.** *átv* ~ **a helyes útról** go* wrong, leave* the straight and narrow (path), go* off the rails; ~ **az aranyalapról** go*/come* off the gold standard

létérdek *n* vital interest

letérdel *v* kneel* down, go* down on one's knees

leteremt *v* = **lehord 2.**

leterít *v* **1.** *(földre vmt)* spread*/lay* out [sg on the ground/grass/floor]; *(kártyáit)* show* [one's hand] **2.** *(letakar vmt vmvel)* cover (sg) with (sg) **3.** *(vadat)* bring* down, kill **4.** *vkt* knock/strike* (sy) down, floor sy

letérít *v* *(vkt útjáról)* take* sy (*v.* make* sy go) out of his way

létesít *v* institute, establish, set* up; **kapcsolatot** ~ establish contact (with sy), enter into relations with sy; **sportpályát** ~ lay* out a sports ground

létesítés *n* instituting, institution, establishing, establishment

létesítmény *n* **1.** *(szervezet)* establishment; *(intézmény)* institution **2.** *(beruházási)* (construction) project; *(műtárgyak)* constructive works; **nagyobb** ~ (pl. vízlépcsőrendszer) a major construction project

létesül *v* be* established, be* set up

letesz 1. *vt* vmt vhová put*/set*/lay* down; *(fegyvert)* lay* down [arms]; ~**i a telefonkagylót** hang* up (*v.* replace) the receiver; *(mielőtt a másik befejezi)* hang* up (on sy); **letette (a telefont/kagylót)** (s)he hung up; ~**i a gépet** *(pilóta)* put* the plane down **2.** *vt* *(megőrzésre)* deposit, leave* (sg with sy) **3.** *vt* *(ruhát)* take* off **4.** *vt* *(járműből vkt)* drop (sy); **hol tegyelek le?** where shall I drop you? **5.** *vt* *(vkt hivatalról)* dismiss, remove [sy from office] **6.** *vt* **esküt** ~ take*/swear* an oath **7.** *vt* *(vizsgát)* pass, get* through [an/the examination] **8.** *vi* *(ötletről)* abandon, drop, give* up ⟹ **garas, lant**

letét *n* *(megőrzésre átadott értéktárgy)* deposit; ~**be helyez vmt** deposit sg, leave* sg in safe custody; ~**ben van** be* in safe custody (*v.* safe-keeping), be* deposited

letéteményes *n* depositary *v.* depository; *átv így is* repository

letéti *a* ~ **jegy** bank deposit; ~ **számla** deposit account

létezés *n* existence, being

létez|ik *v* exist, be* (in existence), subsist; **már nem** ~**ik** be* no more; **(az) nem** ~ **ik!** it can't be (true)!, it is out of the question!, nonsense!; **nem** ~**ik!** (= *semmilyen körülmények között, semmiképpen sem*) no way!

létező I. *a* existing, living **II.** *n* sg that exists, (living) being

létfeltétel *n* condition of existence/survival, sine qua non

létfenntartás *n* existence, subsistence, livelihood

létfenntartási *a* ~ **költségek** the cost of living *sing.*, living expenses; ~ **ösztön** instinct of self-preservation; ~ **problémák/gondok** cost-of-living problems

létfontosságú *a* of vital importance *ut.*

létforma *n* mode of existence

létharc *n* struggle for life/existence

létige *n* the verb "to be"

letilt *v* **1.** *(fizetést)* stop [payment]; ~ **ották a fizetését** his salary was stopped/withheld **2.** *(vm működést)* prohibit, forbid*

letiltás *n* **1.** *(fizetésé)* stoppage, suspension [of payment]; **fizetési** ~ stoppage of payment **2.** *(működésé)* prohibition, banning

letipor *v* **1.** *(lábbal)* tread*/tramp(le) on sg, trample sg underfoot *2. (átv is)* crush

letisztáz *v* make*/write* a fair copy (of sg), copy out

letisztít *v* clean, make* (sg) clean; *(vmt vmről)* clean sg off sg

létjogosultság *n* reason for the existence of sg, raison d'être

létkérdés *n* question/matter of life and death, question of vital importance

létminimum *n* **1.** *(mint életszínvonal)* subsistence level, the poverty line **2.** *(kereset)* living/subsistence wage; **csak a** ~**ot keresi meg** earn a bare living, live out one's life at subsistence level

letol *v* **1.** *vmt* push/shove down; ~ **ja a nadrágját** drop one's trousers (*US* pants) **2.** *biz vkt* give* sy a dressing-down, haul (sy) over the coals, tear* sy off a strip; **őt tolják le (más helyett)** he has to carry the can; **jól** ~ **ta a főnöke** his boss tore him off a strip (*v.* tore a strip off him)

letolás *n biz* dressing-down, tongue-lashing

letompít *v* **1.** *(éles tárgyat)* blunt, take* the edge off (sg) **2.** *(hangot)* deaden, damp;

(fényt, színt) subdue, soften; *(fényt autón)* dim/dip the headlights/beam **3.** *átv* tone down, soft-pedal (*US* -l), take* the edge off sg

letorkol *v* jump down sy's throat

letör *v* **1.** *konkr vmt* break* down; *vmről* break* off/away; ~ **öm a derekad!** I'll give you what for!, I'll break your neck! **2.** *(lázadást)* put* down, crush, suppress **3.** *(elcsüggeszt)* discourage, dispirit, depress; ~ **te a hír** (s)he was stunned by the news; **le van törve** be* in utter despair

letöredez|ik *v* **1.** *ált* break* and come* off (in fragments/chips), flake off **2.** *(kő)* crumble (away)

letör|ik *v* **1.** *konkr* break* down/off, come* off; **majd** ~**ik a karom** my arms are* breaking (under the load) **2.** *(elcsügged)* lose* heart/courage, despair; *(kimerül)* break* down; **a rossz hír hallatára teljesen** ~**t** be* in utter despair (up)on hearing the news, the bad news filled him with despair

letörleszt *v* *(tartozást)* pay* off

letöröl *v* *(tárgyat)* wipe (sg) (down/off), wipe (sg) clean; *(porosat)* dust (sg), wipe the dust off sg; *(nedveset)* dry (sg); *(könnyet)* wipe [the tears] away; **töröld le a lábad!** wipe your feet/shoes!

letörölhetetlen *a (átv is)* indelible

letört *a átv* cut up *ut.*, downcast *ut.*, in despair *ut.*, in low spirits *ut.*

létra *n* ladder; **felmegy a** ~**n** go* up the ladder, mount the ladder; **támaszd a** ~**t a falnak** place/put* the ladder against the wall

létrafok *n* rung [of ladder]

létrehoz *v* **1.** *(intézményt)* bring* into existence, establish, found **2.** *(folyamatot)* bring* about, originate **3.** *(művet)* create, produce, accomplish **4.** *(egyezményt)* conclude, reach [an agreement]

létrejön *v* *ált* come* into being/existence; *(intézmény, szervezet)* be* established (*v.* set up); *(esemény)* happen, take* place, come* about; **megállapodás jött létre** an agreement has been reached/concluded; **nem jött létre megegyezés** no agreement was reached; **az üzlet létrejött** the deal has been struck (*v.* has gone through)

letromfol *v* silence sy, shut* sy up

létszám *n* **1.** number [of people on the staff of an office etc.], staff (numbers); *(résztvevőké)* number of participants; ~ **feletti** supernumerary, redundant → **létszámfeletti**; **teljes** ~**ban** with nobody missing/absent, at full strength, all present and correct **2.** *kat* strength; **békebeli** ~ *peace*-establishment/footing; **hadi** ~ *war*-footing/strength

létszámcsökkentés *n* red*u*ction of staff, staff red*u*ction, lay-off, staff/job cut(s)

létszámemelés *n* r*ai*sing/increase of strength/n*u*mbers, *i*ncrease in staff (n*u*mbers)

létszámfelesleg *n* red*u*ndancy, red*u*ndant numbers *pl*, red*u*ndant personnel, supernumeraries

létszámfeletti *a* red*u*ndant l*a*bour (*US* -or); ~**ek** supern*u*meraries

létszükséglet *n* basics/essentials of life *pl*

lett¹ *v* → **lesz**

lett² **I.** *a* Latvian, Lettish **II.** *n* **1.** *(ember)* Latvian, Lett **2.** *(nyelv)* Latvian, Lettish

Lettország *n* Latvia

letud *v biz (munkát)* g*e*t* done with; *(tartozást)* work off

letűn|ik *v* **1.** *(eltűnik)* disappe*a*r, vanish, pass out of sight **2.** ~**őben van** *(közéletből)* be* on the way out

letűr *v* turn/roll down

letűz 1. *vt (földbe szúr)* stick*/dr*i*ve* [a stake] *i*nto the ground/earth, p*i*n sg down **2.** *vt (levarr)* stitch down **3.** *vi (nap)* beat*/shine* down

leugr|ik *v* jump down/off

leukémia *n* leuk*a*emia (*US* -kemia)

leukoplaszt *v* (adhesive) pl*a*ster; *GB* elastoplast, *US* bandaid

leutaz|ik *v vhova* make* a jo*u*rney (down) to, take* a trip (down) to

leül 1. *vi (székre)* s*i*t* down, take* a seat; *(étkezéshez)* s*i*t* down to eat; **üljön le kérem!** *(udvariasan)* will you sit down please, please take a seat; **na üljön le egy kicsit!** do sit down!, won't you sit down?; **majd** ~**t meglepetésében** (s)he was th*u*nderstruck; **majd** ~**tem meglepetésemben** *kif* you could have knocked me down with a f*ea*ther **2.** *vt (büntetést)* serve one's s*e*ntence

leüleped|ik *v (üledék)* sink* to the bottom, settle

leültet *v* **1.** *(székre)* seat, make* (sy) sit down **2.** ~**ték** *(börtönbe)* he was put beh*i*nd bars *(v.* put away)

leüt *v* **1.** *vkt* knock/strike* down; ~**ötték és kirabolták** (s)he was mugged **2.** *vmt* knock/strike* off **3.** *(hangot zongorán)* strike* [a note] **4.** *sp (labdát)* smash **5.** *biz* **vknek a fejéről** ~ *vkt* cut* sy out

levág 1. *vt ált* cut* (off); chop off; *(ollóval)* cut* off; *(ollóval egyenletesre)* clip, trim; *(ágat)* l*o*p off; *(hajat)* cut*, crop [sy's hair];

~ **egy szelet kenyeret** cut* off a slice (of bread) **2.** *vt (végtagot orv)* *a*mputate **3.** *vt (állatot)* slaughter, b*u*tcher, kill **4.** *vt* ~**ja magát** throw*/fling* oneself down **5.** *vt biz (művet kritikus)* cut* (sg) to r*i*bbons/shreds; **csúnyán** ~**ták** was b*a*dly cut up **6.** *vt biz (felületesen megír pl. egy cikket)* knock off; **nagy dumát vág le** give* a long spiel **7.** *vt* □ *(vkt vmely összeg erejéig)* sting* sy for ...fts/pounds etc. **8.** *vi (útrövidítést tesz)* take* a short cut to

levágat *v* have* (sg) cut; ~**ja a haját** have* one's hair cut

levágód|ik *v* fall* (to the ground), throw*/fling* oneself to the ground

levakar *v* scrape down/away/off

leválaszt *v* **1.** *ált* detach, separate, sever **2.** *(lakást)* convert (a large flat *v.* US apartment) *i*nto two sm*a*ller ones

levál|ik *v* **1.** *ált* come*/break* off, separate **2.** *(festés)* peel (off), scale, flake off; *(tapéta)* peel off

levált *v* **1.** *(állásból)* reli*e*ve [sy of one's post etc.], replace sy; ~**ották az igazgatót** the director was reli*e*ved of his pos*i*tion/post **2.** *(kat őrséget)* reli*e*ve

leváltás *n* **1.** *(állásból)* replacement; *(elbocsátás)* being reli*e*ved of one's pos*i*tion/post **2.** *kat* relief

levarr *v* sew* down/up

levasal *v (ruharészt)* iron down, press

levegő *n* **1.** *konkr* air; **rossz a** ~ *(szobában)* it is* st*u*ffy in here; **tiszta a** ~ *átv* the coast is clear; ~ **után kapkod** gasp/pant for breath; **a** ~**be beszél** (1) *(hiábavalóságokat)* be* talking through one's hat (2) *(senki sem hallgat rá)* his/her words fall* on st*o*ny ground; ~**be repül** blow* up, be* blown up; **a** ~**ben** (up) in the air; **a** ~**ben lóg** (1) *(hírlik)* it is* in the air (2) *(nem komoly)* it has* no found*a*tion; **vm lóg/van a** ~**ben** there's sg in the air; **a** ~**ből él** live by one's wits; **a szabad** ~**n** in the fresh/open air; ~**nek néz** *vkt* cut* sy dead; **kimegy a** ~**re** go* out for a breath of fresh air, go* out *i*nto (the) fresh air; **friss** ~**t szív** have* a breath of fresh air, take* some fresh air; **csak rontja a** ~**t** *átv* he is* a good-for-nothing; **ne rontsd itt a** ~**t** you had b*e*tter clear out **2.** *átv* *a*tmosphere

levegőellenállás *n* drag, air res*i*stance

levegő—föld-rakéta *n* air-to-gr*o*und rocket/missile

levegőhiány *n* lack of air

levegő—levegő-rakéta *n* air-to-*a*ir rocket/missile

levegőréteg n layer of air, stratum (pl strata) of air
levegős a airy, breezy
levegőszennyezés n air pollution
levegőszűrő n = **légszűrő(betét)**
levegőtlen a airless; (szoba) stuffy, close
levegőváltozás n change of air; ~**ra van szüksége** he needs a change of air
levegőz|ik v take* the air; **kimegy** ~**ni** go* out for a breather (v. for a breath of fresh air)
levehető a removable, detachable
levél n **1.** (fán) leaf°; **leveleit hullatja** lose*/shed* its leaves **2.** (írott) letter; ~ **megy** letter follows; ~**ben** by letter/mail/ post; **külön** ~**ben** under separate cover; **becses levele** ker your letter; **márc. 6-i levelére válaszolva** in reply to your letter of 6 March; **Tokaji úr leveleivel** (borítékon) c/o Mr. Tokaji [= care of . . .]; hiv **f. hó 10-i levelük** your letter of the 10th inst.; **köszönettel megkaptam június 7-i levelét** thank you very much for your letter of 7 June; hiv, ker I am in receipt of your letter of 7 June **3. egy** ~ **(varró)tű** a book of needles; **egy** ~ **aszpirin** a strip of aspirin
levélbélyeg n (postage-)stamp
levélbomba n letter-bomb
levélboríték n envelope
leveles a **1.** (ág) leafy, leaved, leaf-covered **2.** ~ **tészta** puff pastry
levelez v correspond (with sy); ~**nek egymással** they write* to each other (regularly)
levelezés n correspondence; ~ **útján** by correspondence; **üzleti** ~ business correspondence; ~**be lép vkvel** start corresponding with sy, begin* to write to sy; **állandó** ~**ben áll vkvel** be* in constant touch with sy by post/letter
levelező I. a **1.** ~ **társ** pen friend/pal **2.** isk ~ **hallgató** correspondence student; ~ **oktatás** correspondence course(s), postal tuition; ~ **tag** corresponding member; ~ **tagozat** correspondence department/ school; ~ **tanfolyam** correspondence course **II.** n **1.** correspondent; **kereskedelmi** ~ correspondence clerk; **külkereskedelmi (idegen nyelvű)** ~ foreign correspondence clerk **2.** = **levelező** hallgató/ tagozat/tanfolyam
levelezőlap n (nyílt) postcard; **képes** ~ picture postcard
levelibéka n tree-frog
levélírás n letter-writing, correspondence
levélíró n letter-writer, correspondent

levélkézbesítő n postman°; (női) postwoman°, US mailman°
levélmérleg n letter-balance
levélnehezék n paper-weight
levélpapír n writing paper, notepaper, stationery
levélposta n mail, letter post, US first-class mail; ~**i díjszabás** rates of postage pl
levélrügy n leaf-bud
levélszekrény n (falon, falban) GB postbox, letterbox, US mailbox; GB (járdán) pillar box; (lakásajtón) letterbox
levéltár n archives pl; **Állami/Országos L**~ State/National Archives, GB Public Record Office
levéltárca n wallet, US billfold
levéltári a ~ **anyag** archives pl, archival material; ~ **kutatások** archival research, research in the archives
levéltáros n archivist, keeper of records
levéltávirat n overnight/letter telegram, US night letter
levéltetű n plant louse°, aphid; **levéltetvek** plant lice, tud Aphididae
levéltitok n privacy of letters, secrecy of the mails; ~ **megsértése** violation of the secrecy of correspondence
levélváltás n exchange of letters
levélzet n leaves pl, foliage
levendula n lavender
levente n **1.** rég knight, champion **2.** tört ⟨member of a military youth organization in Hungary, 1928-44⟩
lever v **1.** (vmt földbe) drive* (sg into the earth) **2.** (tárgyat véletlenül) knock down/ off; ~**i a cigarettája hamuját** knock off the ashes **3.** (eső gabonát) beat* down **4.** (ellenfelet) beat*, defeat; (felkelést) put* down, suppress **5.** (kedélyileg) depress, dispirit, cast* down; ~**te a hír** he was* cast down (v. depressed) by the news
leverő a (hír) depressing, crushing; **vkre** ~**leg hat** have* a depressing effect on sy
levert a depressed, dejected, down in the mouth ut.
levertség n depression, dejection, low spirits pl, biz the blues pl
leves I. n soup; **zacskós** ~ packet soup; **többe kerül a** ~, **mint a hús** kb. it's not worth the candle **II.** a = **leveses** ⇨ **beleköp**
leveses a juicy, succulent
leveskanál n table-spoon
levesestál n (soup-)tureen
levesestányér n soup-plate
leveshús n meat for soup

leveskocka *n* stock/bouillon cube

levestészta *n* vermicelli, noodles *pl*

leveszöldség *n* vegetables/greens [for soup/stock] *pl*

levesz *v* **1.** *ált* take*/get* down; *vmről* take* off, remove (from); *(ruhát, cipőt, kalapot)* take* off; ~ **egy könyvet a polcról** take* down a book from the shelf; ~ **i a kötést** *(sebről)* remove the bandage/dressing; **levett kalappal** hat in hand, bareheaded **2.** ~ **vkt a lábáról** (1) *(betegség)* put* sy out of action/circulation (2) *(megtöri ellenállását)* get* round sy, charm sy off his feet; *US* sweet-talk sy *(into doing sg)*; ~ **vmt a napirendről** strike* off the agenda, shelve sg; ~ **ik a darabot a műsorról** the play is being taken off; **terhet** ~ **vkről** relieve sy of the burden of sg, free sy from sg; **nem tudja levenni a szemét** *vmről* he cannot take his eyes off sg **3.** = **lefényképez 4.** ~ **i a vért** take* a sample of sy's blood **5.** *(leoperál)* take* off **6.** ~ **i a fényt** dip/dim the headlights/beam

levet *v* **1.** *(ruhadarabot)* take*/get* off **2.** *(ledob)* throw*/hurl/fling* down; ~ **i magát a díványra** throw* oneself on the sofa; ~ **i magát a szakadékba** throw* oneself into the abyss, jump (down) into the abyss **3.** *(rossz szokást)* throw* off, break* [the (bad) habit]

levétel *n* taking down/off, removing

levetet *v* *vmt vhonnan* have* sg taken down/off

levetít *v* *(filmet)* show*, screen

levetkőz *v* = **levet 3.**

levetkőz|ik *v* undress, take* one's clothes off; **egészen** ~ **ik** strip to the skin, strip off; **derékig** ~ **ik** *(pl. orvos előtt)* strip to the waist

levetkőztet *v* undress, strip; **meztelenre** ~ strip sy naked (*v.* to the skin *v. biz* buff)

levezekel *v* expiate, atone for

levezet 1. *vt vkt* lead* (sy) down **2.** *vt (vizet)* carry away/off **3.** *vt (indulatot)* vent [one's anger, ill-temper etc.], work off [one's temper]; *(fölös energiát)* find* an outlet for [one's energies]; **ez** ~ **te a feszültséget** it cleared the air; **felesleges energiáját** ~ **i** let* off steam **4.** *vt (ülést)* chair [a meeting, session etc.]; *(szülést)* conduct [a delivery], assist [at birth]; *(mérkőzést)* referee, umpire **5.** *vt (vmt vmből, átv)* trace (sg) back (to sg), deduce; *(mat tételt)* deduce, obtain, work out **6.** *vi (út vhova)* lead* down (to/into)

levezetés *n* **1.** *(vizé)* carrying off/away, draining **2.** *(ülésé)* chairing, chairmanship;

(szülésé) assistance; *(mérkőzésé)* refereeing, umpiring **3.** *(vmből átv)* deduction **4.** *mat* demonstration, proof

levisz *v* **1.** *vmt* carry/take* down **2.** *vkt* take* (down) to; ~ **lek (kocsival) az állomásra** I'll run you (down) to the station; ~ **vkt a Balatonra** take*/drive* sy (down) to Lake Balaton **3.** *(szél)* blow* off; **a bomba levitte a tetőt** the bomb tore/swept away the roof; **a bomba levitte a karját** the bomb ripped off his arm **4.** *(piszkot)* take* out

levitézlett *a* discredited, come down in the world *ut.*; ~ **ember** sy who has had his day, a has-been

levizitel *v* pay* the/an official visit, call on sy (officially)

levizsgáz|ik *v* **1.** pass one's/an examination, get* through one's examination/exam(s) **2.** *átv* **alaposan** ~ **ott!** he's disgraced himself, he's made an exhibition of himself

levizsgáztat *v* examine sy (in sg)

levlap *n* = **levelezőlap**

levon *v* **1.** *(zászlót)* haul down **2.** *(mennyiségből elvesz)* subtract; *(pénzösszegből)* deduct; *(engedményként)* discount; *(fizetésből)* deduct, keep* back; *(visszatart)* withhold; **3%-ot** ~ *(árból)* discount 3 per cent, allow a discount of 3%, allow 3 per cent (off); **20 Ft-ot** ~ **az ár(á)ból** *biz* knock 20 fts off the price; **az adót automatikusan** ~ **ják a bérből** tax will be deducted automatically from the/your wages; **ez nem von le semmit sem az ő érdeméből** that does not detract from his merit ⇨ **konzekvencia, következtetés, levonható, tanulság**

levonás *n* *(összegből)* deduction, discount; *(fizetésből)* deduction, sum kept back; **6%** ~ **ával** less 6%; **fizetés** ~ **nélkül** net (cash)

levonat *n* *nyomd* proof (sheet)

levonható *a* *adóból* ~ tax-deductible [income etc.]

levonókép *n* transfer(-picture)

levonul *v* **1.** march down, go*/come* down; *(csapat pályáról)* leave* [the field] **2.** **az ár** ~ **t** the flood has passed/subsided

levő *a* *vhol* being; *(létező)* existing, that exist(s) *ut.*; **a birtokomban** ~ **okmányok** the documents in my possession; **a nálam** ~ **pénz** (all) the money on me; **jó karban** ~ **kerékpár** a bicycle in good condition/repair

lexéma *n* lexeme, lexical item

lexika *n* = **szókészlet**

lexikai *a* lexical; ~ **egység** lexical unit/ *i*tem, lexeme
lexikális *a* **1.** *(adatszerű, lexikonba illő)* encyclopaedic (*US* -pedic) **2.** *(a szókészlettel kapcsolatos)* lexical; ~ **jelentés** lexical meaning
lexikográfia *n* lexicography
lexikográfiai *a* lexicographic(al)
lexikográfus *n* lexicographer
lexikológia *n* lexicology; lexis
lexikológiai *a* lexicological
lexikon *n* **1.** *(ismerettár)* encyclopaedia (*US* -pedia); **ez az ember valóságos ~** he is* a walking encyclopaedia (*US* -pedia) **2.** *nyelvt (lexikai egységek halmaza)* lexicon
lezajl|ik *v* go*/pass off, take* place, run* its course; **a láznak le kell zajlani** the fever must run its course
lezár *v* **1.** *(kulccsal)* lock (up) **2.** *(levelet)* close, seal **3.** *(számadást, listát)* close [account/list] **4.** *(útvonalat)* close [road to traffic]; ~ **ták a forgalom elől** [the street/road etc.] has been closed to through traffic **5.** *(vizet, fűtést stb.)* turn off **6.** *(ügyet)* close, settle; *(vitát)* end, finish, conclude; **és ezzel a dolog le van zárva** and that settles it
lezáród|ik *v* **1.** *(fedél stb.)* shut* down **2.** *(ügy)* close, end, terminate, be* concluded
lezárul *v* = **lezáródik**
lezavar *v biz* ~ **tunk 200 km-t** we did 200 km
lézeng *v* **1.** *(lődörög)* linger, loiter, hang* around **2.** *(tengődik)* vegetate, drag out (one's existence); **már alig ~ be*** on one's last legs
lézer *n* laser
lézernyomtató *n* laser printer
lezúdít *v* **1.** *ált* dump **2.** *(köveket)* hurl down **3.** *(vizet)* pour down
lezúdul *v* **1.** *(eső)* pour, come* down in torrents; *(víztömeg)* rush/cascade down, come* rushing/cascading down **2.** *(lavina)* crash down
lezuhan *v* **1.** *ált* fall*/tumble down, plummet; *(robajjal)* thud/crash down, come* down with a bang **2.** *(repgép)* crash **3.** *(ár)* plummet, fall*, drop
lezuhanyoz|ik *v* take*/have* a shower, shower
lezülleszt *v* corrupt, deprave, bring* down
lezüll|ik *v* **1.** *vk* come* down in the world, go* to the dogs **2.** *vm* go* off, deteriorate
liba *n* **1.** *áll* goose° **2.** *iron* **buta** ~ silly/stupid goose°
libaaprólék *n* goose-giblets *pl*

libabőr *n átv* gooseflesh, goose pimples *pl*; ~ **ös lesz vmtől** *sg* gives* him the creeps, *sg* makes* his flesh creep
libamáj *n* goose-liver
libamájpástétom *n* pâté de foie gras, *biz* foie gras
libamell *n* breast of a goose
Libanon *n* Lebanon
libanoni *a* Lebanese
libasorban megy *v* go* in single/Indian file
libazsír *n* goose fat/grease/dripping
libeg *v* **1.** *(felfüggesztve)* dangle, hang* loose **2.** *(vm szélben)* flap, flutter, float **3.** *(láng)* flicker, waver
libegő *n* chair-lift; *(kétüléses)* double chair-lift
liberális *a* **1.** *(párti)* liberal; ~ **párt** Liberal Party **2.** *átv* broad/open-minded, *kif* have* an open mind
liberalizmus *n* liberalism
Libéria *n* Liberia
libériai *a* Liberian
libériás *a* ~ **inas** servant/footman° in livery
Líbia *n* Libya
líbiai *a/n* Libyan
libikóka *n* see-saw
libretto *n* libretto
licenc *n* licence (*US* -se)
licit *n* *(kártya)* bid(ding)
licitál *v* *(make* a)* bid*; **te ~ sz** your bid
licitálás *n* bidding
lidérc *n* nightmare
lidérces *a* *(nyomasztó)* nightmarish
lidércnyomás *n* nightmare
lift *n* lift, *US* elevator; **a ~ nem működik** the lift is* out of order ⇨ **sílift**
liftakna *n* lift/elevator shaft/well
liftes **I.** *a* with a lift *ut.* **II.** *n biz* ~ **(fiú)** *(szállodában)* bellboy, *US* bellhop
liftfülke *n* car (of lift/elevator)
liftkezelő *n* lift/elevator attendant/boy, liftman°, lift operator
liftpénz *n* charge (for use of lift)
liga *n* league
liget *n* grove, green wood, park; **a L~** (= *Városliget)* City Park
lignit *n* lignite, brown coal
liheg *v* pant, gasp (for breath), be* out of breath; **bosszút ~ be*** thirsting for revenge
likacsos *a* = **lyukacsos**
likőr *n* liqueur
likőrös *a* **1.** *(készítmény)* with liqueur *ut.* **2.** *(összet)* liqueur; ~ **cukor(ka)** liqueur(-filled) chocolate/sweet (*US* candy)
likőröspohár *n* liqueur glass, pony

likvidál *v* **1.** *(céget)* liquidate, wind* up [firm] **2.** *pol* liquidate
lila *a (szín)* violet; *(orgona)* lilac
liliom *n* lily
liliputi *a* Liliputian, tiny, diminutive
limlom *n* odds and ends *pl*, lumber, junk
limonádé *n* **1.** *(ital)* lemonade, lemon--squash, *US* lemon soda **2.** *átv (olvasmány)* romance, pap, sob stuff
lincsel *v* lynch
lincselés *n* lynching, mob rule
lineáris *a* linear
link *a biz* ~ **alak** good-for-nothing, lay-about, shady character; ~ **duma** blah, bunkum; ~ **ürügy** thin/lousy excuse
linóleum *n* linoleum, *biz* lino
líra *n* **1.** *(pénznem)* lira **2.** *(görög lant)* lyre **3.** *(lírai költészet)* lyric poetry
lírai *a* **1.** *ir* lyric; ~ **költészet** lyric poetry; ~ **költő** lyric poet; ~ **vers** lyric (poem) **2.** *(bensőséges)* lyrical
lírikus I. *a* lyric(al); ~ **költő** lyric poet II. *n* = ~ **költő**
lista *n* list, roll, register, catalogue *(US* -log)
listavezető *n* (person) at the head of the poll/list *ut.*; *(igével)* head/top the poll/list
listázás *n szt* listing
liszt *n* flour; *(durvább)* meal; ~**tel behint** sprinkle with flour
lisztes *a* floury, mealy
lisztesláda *n* flour-bin, meal-chest
liszteszsák *n* flour-bag
lisztharmat *n* powdery-mildew
litánia *n vall* litany
liter *n* litre, *US* liter; **5** ~ **bor** 5 litres of wine
literes *a* holding/containing a litre *(US* -ter) *ut.*; ~ **üveg** one-litre bottle/flask
litográfia *n* lithography
liturgia *n* liturgy
litván *a/n* Lithuanian
Litvánia *n* Lithuania
liverpooli I. *a* Liverpudlian, of Liverpool *ut.* II. *n* Liverpudlian
ló *n* **1.** *áll* horse; **ha** ~ **nincs, a szamár is jó** half a loaf is better than none *(v.* no bread); **lovon jár/megy** ride*, go* on horseback; **lovon ül** be*/sit* on horseback; ~**ra ül** mount [a/one's horse], get* on horseback; ~**ra ültet** horse (sy), sit* sy on a horse; **felül a magas** ~**ra** get* on one's high horse, be* uppish, get* above oneself; ~**ra!** to horse!; **mindent egy** ~**ra tesz fel** put* all one's eggs in one basket; **leesik a** ~**ról** fall* from [a/one's] horse, have* a spill, take* a toss; ~**ról leszáll** dismount

(from a horse), get* off a horse; **leszállít vkt a magas** ~**ról** *átv* take*/bring* sy down a peg (or two); **leszállt a (magas)** ~**ról** *átv* he has come down a peg (or two); **nem ilyen lovat akartam** *átv* it is* quite different from what I expected, that's not what I bargained for; **lovat ad vk alá** *átv* aid and abet sy, egg sy on (to do sg); ~**vá tesz** make* a fool of sy, dupe, *biz* bamboozle, take* sy in **2.** *(sakk)* knight **3.** *(tornaszer)* horse; **kápás** ~ pommel(led) horse
lóállomány *n* stock (of horses)
lóápoló *n* = **lovász**
lob *n orv* inflammation
lóbab *n* horse/broad-bean
lóbál *v ált* swing*, dangle; ~**ja a lábát** dangle one's legs
lobban *v* **1.** **lángra** ~ → **láng**; **szerelemre** ~ **vk iránt** fall* in love with sy, lose* one's heart to sy ⇨ **harag**
lobbanékony *a (természetű)* (in)flammable; *(ingerlékeny)* irascible, inflammable, explosive
lobbant *v* **lángra** ~ (1) *vmt* ignite, set* on fire (2) *(szenvedélyt)* inflame, kindle, stir up [passion]
lobbot vet *v* blaze/flare up
lobog *v* **1.** *(tűz)* flame, blaze **2.** *(zászló)* wave; **hosszú haja** ~ **a szélben** her long hair is* streaming in the wind
lobogó *n* flag, standard, banner
lobogtat *v* **1.** *(kendőt)* wave **2.** *(vmt diadalmasan)* flourish
lóca *n* bench, form
loccsan *v* splash, plop
locsog *v vk* chatter/prattle on/away, rabbit on/away
locsogás *n (fecsegés)* chatter(ing), tittle--tattle, twaddle
locsol *v (virágokat stb.)* water, sprinkle (water on) sg
locspocs *n* slush, sludge
lódarázs *n* hornet
lóden(kabát) *n* loden (coat)
lódít **1.** *vt (egyet vmn)* give* sg a push/toss, shove **2.** *vi* tell* a fib/lie, talk through one's hat; **nagyokat** ~ be* having sy on, be* always telling whoppers
lódobogás *n (futó lóé)* clatter of hoofs
lódul *v* ~**j!** off you go!
lóerő *n* horsepower *(röv* h.p.)
lóerős *a* **40** ~ **autó** a 40 h.p. *(v.* horsepower) car
lófarok (frizura) *n* ponytail
lófogatú *a* horse-drawn
lófogú *a* big-toothed

lóg *v* **1.** *konkr* hang*, be* suspended (from), dangle; *biz* ~ **az eső (lába)** it looks like rain **2.** *biz (kószál)* loaf (about/around); *(iskolából)* play truant, *US* play hook(e)y; *(üzemből, munkából)* swing* the lead, be* an absentee; *kat* malinger, shirk **3.** *biz* ~ **vkn** hang* around sy ⇨ **levegő, orr**
logaritmus *n* logarithm; ~**t keres** take* the logarithm, look up the logarithm
logaritmustábla *n* logarithmic table
logarléc *n* slide-rule
lógás *n* *biz* *isk* playing truant, *US* playing hook(e)y; *(munkából)* swinging the lead
lógat *v* hang*, swing*, dangle; ~**ja a lábát** idle, lounge around/about, kick one's heels ⇨ **orr**
loggia *n* loggia
logika *n* **1.** *(tudomány)* logic **2.** *(ésszerű gondolkodás)* logic; **nincs benne** ~, **amit mond** he makes* no sense; **a történelem** ~**ja** the laws of history *pl*
logikai *a* logical
logikátlan *a* illogical
logikus *a* logical; *(ésszerű)* reasonable; *(magától értetődő)* natural; ~ **érvelés** logical argument; ~ **gondolkodás** logical mind; ~ **következtetés** logical conclusion; **nem** ~ illogical; ~**an felépített** *(érvelés)* closely reasoned
lógó *a* → **orr**
logopédia *n* speech therapy
logopédus *n* speech therapist
lógós *a* **1.** *nép (ló)* relay/trace horse **2.** *biz (ember)* malingerer, shirker; *csak US:* goldbrick
lohad *v* *(daganat)* (begin* to) subside, go* down
lóhalálában *adv* at breakneck speed; ~ **nyargal** ride*/gallop hell-for-leather
lóhát *n* **1.** ~**on** on horseback; ~**on megy** *(v.* **teszi meg az utat)** ride*, go* on horseback **2.** *átv* ~**ról beszél** be* on one's high horse, be* uppish/uppity
lóhere *n* **1.** *növ* trefoil, clover **2.** *(különszintű csomópont)* cloverleaf junction, cloverleaf *(pl* -leafs *v.* -leaves)
lohol *v* *konkr* paut (along); *átv vm után* run* after, chase after
lóhosszal *adv* ~ **győz** win* by a length
lóhús *n* horse-flesh/meat
lóistálló *n* stable
lojális *a* loyal, faithful, honest; ~**an cselekszik** act on the straight
lokalizál *v* localize, locate
lokálpatriotizmus *n* parochialism, localism
lokátor *v* radar

lokomotív *n* locomotive, steam engine, (railway) engine
lókötő *n* *átv* scoundrel, rogue
lókupec *n* horse-dealer, coper
lóláb *n* **kilátszik/kilóg a** ~ the cloven hoof is* showing
lólengés *n* *sp* pommel(led) horse exercises *pl*
lom *n* lumber, odds and ends *pl*, junk
lomb *n* foliage, leaves *pl*; **a** ~**ok alatt** under the leafy boughs
lomberdő *n* broad-leaved forest, leafy forest
lombfűrész *n* fretsaw; **lombfűrésszel kivág** fretsaw*
lombhullás *n* falling of the leaves
lombhullató *a* deciduous
lombik *n* test-tube
lombikbébi *n* test-tube baby
lomblevelű *a* broad-leaved, deciduous
lombos *a* leafy, in leaf *ut.*
lombosod|ik *v* come* into leaf, put* out leaves, leaf
lombozat *n* foliage, leaves *pl*
lombtalan *a* leafless, bare
lombtalanít *v* defoliate
lombtalanító *a/n* ~ **(harcanyag)** defoliant
lómészárszék *n* horse-butchery
lomha *a* sluggish, inactive
lomkamra *n* junk/lumber room
lompos *a* slovenly, slatternly; ~ **nő(személy)** sloven, slattern
lomtalanít *v* clear sg out, clear sg of rubbish/junk, remove lumber
lomtalanítás *n* house/junk-clearance
lomtár *n* junk/lumber room, boxroom
londiner *n* boy, page, porter; *US* bellhop, bellboy
londoni I. *a* of London *ut.*; *(összet)* London **II.** *n* Londoner
lop *v* **1.** *ált* steal*; *(apróságot)* pilfer, filch; **ne** ~**j!** *(bibliai parancsolat)* thou shalt not steal **2.** ~**ja a napot** idle/fritter away one's time, loaf around/about
lopakod|ik *v* *vhova* go* swhere stealthily, creep* along/towards; *(vhova be)* steal* into
lopás *n* **1.** *ált* stealing; *(jog)* theft, larceny; *(üzletben)* shop-lifting; **betöréses** ~ burglary **2.** *(kártyában)* trump(ing), ruff
lópatkó *n* horseshoe
lopkod *v* steal* repeatedly, go* on stealing things
lopó *n* *(lopótökből)* gourd; *(üvegből)* sampling-tube
lopódz|ik *v* = **lopakodik**
lopokróc *n* horse-blanket/rug
lopótök *n* (bottle-)gourd, calabash

lopva *adv* stealthily, furtively; *(csak titokban)* secretly; **vmt ~ megnéz** cast* a furtive look/glance at, steal* a glance at

Loránd, Lóránt *n* Roland

lornyon *n* † lorgnette

lósport *n* horse-racing, the turf

lószerszám *n* harness

lószőr *n* horsehair

lótakaró *n* horse-cloth; *(pokróc)* horse-rug/blanket

lótás-futás *n* running/rushing about/around

lótenyésztés *n* horse-breeding

lótetű *n* mole-cricket

lót-fut *v* run*/rush (a)round/about

lótrágya *n* horse dung/manure

lottó *n* **1.** lottery; **20 ezer forintot nyert a ~n** (s)he won 20 thousand fts in the lottery **2.** = **lottószelvény; kitölti a ~t** fill in one's lottery coupon

lottószelvény *n* lottery ticket/coupon

lottóz|ik *v* play (in) the lottery, *biz* do* the lottery

lotyó *n nép* slut, an easy lay

lóugrás *n* **1.** *(sakk)* knight's move **2.** **~ szerint** *átv* at random, unpredictably

lovacskáz|ik *v* play at horses

lovag *n* **1.** *(tört, ill. ma is GB)* knight; **~gá üt** knight sy; **a királynő ~gá ütötte** he was knighted by the queen **2.** *átv tréf* sy's boyfriend/steady

lovagi *a* knightly; **~ eposz** court epic; **~ rangra emel** confer a knighthood on sy; **~ torna** tournament, tourney

lovagias *a* **1.** *ált* chivalrous; *(nőkkel)* gallant [to/towards women] **2.** **~ ügy** affair of honour

lovagiasság *n ált* chivalrousness, chivalry; *(nőkkel)* gallantry; **a ~ szabályai szerint** *átv biz* in a gentlemanly manner/way

lovagiatlan *a ált* unchivalrous, lacking in chivalry *ut.*; *(nőkkel)* ungallant

lovagkor *n tört* age of chivalry

lovaglás *n* **1.** *ált* riding; *(olimpiai versenyszám)* equestrian events *pl*; *(öttusában)* riding **2. hibapont nélküli ~** *(versenyen)* a clear round

lovaglócsizma *n* riding-boots *pl*

lovaglóiskola *n* riding-school

lovaglónadrág *n* *(csizmához)* riding-breechs *pl*; *(csizma nélkül)* jodhpurs *pl*

lovaglóostor *n* riding whip, horsewhip

lovaglópálca *n* (riding/hunting) crop, riding whip/switch

lovaglóruha *n* riding clothes *pl*, riding-habit

lovagol 1. *vi (lovon)* ride* (a horse); **jól ~ be*** a good rider/horseman°; **hibapont nél-**

kül ~(t) *(versenyen)* have (had) a clear round **2.** *vt (lóversenyen lovat)* ride*; **Star, ~ja Black** Star with Black up **3.** *vi* **~ vk hátán** *(gyerek)* ride* on sy's back; **~ a széken** sit* astride a chair; **térden ~** ride* a cockhorse **4.** *vi biz* **semmiségeken ~** make* mountains out of molehills, split* hairs; **mindig ugyanazon ~ be*** always harping on sg, that's his/her hobbyhorse

lovagregény *n* romance, tale of chivalry

lovagrend *n tört* order of knighthood

lovagvár *n* knight's castle, baronial castle

lóvakaró *n* curry-comb

loval *v* **1.** **vkt vmre** urge sy to do sg, egg sy on to do sg **2. vkt vk ellen** set* sy against sy

lovarda *n (intézmény)* riding-school; *(hely)* (riding) arena

lovas I. *a* **1.** *ált* (mounted) on horseback *ut.*; **~ bemutató** horse-show; **~ kocsi** horse/horsed carriage, horsedrawn vehicle; **~ nép** equestrian people; **~ rendőr** mounted policeman°; **~ szobor** equestrian statue **2.** *kat* mounted, cavalry; **~ katona** cavalry-man°; **~ tüzérség** horse artillery **II.** *n* rider; horseman°; *(nő)* horsewoman°; **jó/kitűnő ~ be*** a (very) good rider/horseman°/horsewoman°

lovascsapat *n* troop of mounted men, troop of men (on horseback)

lovasiskola *n* riding-school; **spanyol ~** the Spanish Riding School [in Vienna]

lovaspóló *n* polo

lovasroham *n* cavalry charge

lovasság *n* cavalry; **könnyű ~** light cavalry

lovassport *n* equestrian sport(s), (horse) riding

lovasszázad *n* cavalry troop/company

lovastiszt *n* cavalry officer

lovastúra *n* riding tour

lóvasút *n* horse tramway

lovász *n* groom, stableman°; *(fiú)* stable boy/lad; *(lány)* stable girl

lovasverseny *n* equestrian/riding competition, equestrian events *pl*; *(díjugratás)* show-jumping

lóverseny *n* horse-race; *(több futamos)* race-meeting, the races *pl*; **~re jár** go* to the races, **be*** a racegoer

lóversenyez *v* go* to the races

lóversenypálya, -tér *n* racecourse, the turf

lóversenyzés *n* horse-racing, the turf

lő *v* **1.** *ált* shoot*; *(tüzel)* fire; *(ágyúval)* shell; *(vadat)* shoot*; **jól ~ be*** a good shot; **~ni kezd** open fire; **~ni fognak rá (ha)** he will be met by gunfire (if); **2 nyulat**

~**tt** (s)he bagged/shot two hares; **semmit sem** ~**tt** *(vadászaton)* he came* home empty-handed **2.** *sp (labdát)* shoot*; **gólt** ~ shoot*/kick a goal **3.** *biz* **annak már** ~**ttek** the game is up, it's all up, it/he/she has had it ⇨ **cél**
lőállás *n* shooting-stand, (rifle) range
lőcs *n* stake brace
lődörgés *n* loafing/loitering/hanging about
lődörög *v* loaf/loiter/hang* about/around
lőfegyver *n* firearm, gun
lőgyakorlat *n* target-practice
lőhető *a* ~ **vad** fair game
lök *v* **1.** *ált* give* (sg) a push/shove, push; *(durván)* thrust*, knock; *(hirtelen)* jerk **2.** *(könyökkel)* nudge, dig/poke [in the ribs] **3.** *(földre)* throw* [to the ground]; *(mélybe)* hurl down; **vkt a folyóba** ~ push sy into the river
lökdös *v* *(ide-oda)* keep* jerking/pushing; *(tolongásban vkt)* jostle, elbow (sy)
lökdösődik *v* push and shove, jostle
lökés *n* **1.** *konkr* push, shove; *(durvább)* toss, thrust, butt; *(könyökkel)* nudge, dig, poke **2.** *átv* impetus, impulse; ~**t ad vmnek** *átv* give* sg a push/fillip, get* the thing moving/going, give* sg a boost
lökésszerű *a* jerky; ~**en** by fits and starts, jerkily
löket *n* **1.** *(dugattyúé)* stroke [of piston] **2.** *biz (injekció)* shot
lökettérfogat *n* piston displacement
lökhajtásos *a* jet-propelled, jet-; ~ **repülőgép** jet(-plane)
lökhárító *n* bumper
lőmester *n* shot-firer
lőpor *n* powder, gunpowder
lőporos *a* ~ **hordó** powder-cask/barrel/keg; *tört* ~ **összeesküvés** the Gunpowder Plot (1605)
lőre *a* plonk
lőrés *n* loop-hole, crenelle, embrasure
lösz *n* loess
lőszer *n* ammunition, munition(s)
lőszergyár *n* ammunition-factory/works
lőszerraktár *n* (ammunition-)magazine
lőszerszállítmány *n* ammunition transport
lőszerutánpótlás *n* replenishment of ammunition, ammunition supply
lőtávol(ság) *n* range, gunshot; ~**ban,** ~**on belül** within range/gunshot; ~**on kívül** out of range
lőtér *n* rifle/shooting-range; *(zárt, kisebb)* shooting-gallery
lőtt *a* ~ **seb** gunshot wound, bullet wound; ~ **vad** (shot) game

lötyög *v* **1.** *(ruha vkn)* hang* loose(ly) (on sy); *(bőszárú nadrág)* be* baggy **2.** *(géprész)* have* some play; *(ált egyéb tárgy)* be* loose **3.** *(folyadék vmben)* slop about (in sg)
lötty *n* wash; *(leves, bor, kávé, tea)* thin/watery soup/wine/coffee, slop, wish-wash, dishwater
lövedék *n* projectile, shot, bullet, missile; **irányított** ~ guided missile; **légvédelmi** ~ anti-aircraft missile
löveg *n* gun, cannon
lövegállás *n* *(süllyesztett)* gun pit; *(kiépített)* gun emplacement/platform
lövegkezekő *n* † cannoneer, artilleryman°; ~ **legénység** gun crew
lövegtalp *n* gun-carriage
lövell 1. *vi/vt (folyadék)* spurt (out), squirt (out) *(vmből mind:* from) **2.** *vt* **fénysugarat** ~ **vmre** throw* rays of light (up)on sg **3.** *vt* **mérges tekintetet** ~**t felé** he shot/flashed a glance of hatred at her; **szeme villámokat** ~**t** his eyes flashed
lövés *n* **1.** *(cselekvés)* shooting, firing; *(ágyúval)* shelling; ~**re készen** ready to fire **2.** *(egy)* shot; *(sorozat)* round; ~ **érte** he was shot (and wounded); **lead egy** ~**t** fire a shot
lövész *n* *kat* rifleman°, fusilier; **kiváló** ~ sharpshooter, a good marksman°; *(mesteri)* crack shot
lövészárok *n* trench; **lövészárkot ás** dig* a trench
lövészet *n* *kat* musketry, rifle/target practice; *sp* shooting
lövet *v* **1.** ~**i a várost** have* the town shelled/bombarded **2.** *vkre* give* the order to shoot/fire (at sy)
lövetű *a* ~ -shooter; **hat**~ **fegyver** six--shooter
lövőhelyzet *n* *sp* shooting chance
lövölde *n* = **céllövölde**
lövöldöz *v* **1.** *(vadra)* shoot* aimlessly, blaze away (at game) **2.** *(emberek egymásra)* fire away (at), snipe at the enemy
lövöldözés *n* fusillade; *(tűzharc)* gun-fight/battle, shoot-out, shooting affray
ltp. = **lakótelep**
lubickol *v* paddle, splash
lucerna *n* medick, *US* medic; *(takarmány)* alfalfa, lucerne
lucfenyő *n* spruce
lucskos *a* **1.** *(idő)* wet, dirty **2.** *(izzadságtól)* bathed in perspiration *ut.,* streaming with perspiration *ut.* **3.** ~ **káposzta** boiled cabbage with meat
lucsok *n* slush, sludge, slime

lúd *n* goose°; **ha (már) ~, legyen kövér** (one might) as well be hung for a sheep as a lamb, go* the whole hog; **sok ~ disznót győz** *kb.* little strokes fell great oaks

ludas *a biz vmben* have* a finger in the pie; **ki a ~?** who is the culprit?

lúdtalp *n* fallen arch(es), flat foot°

lúdtalpbetét *n* arch-support; *(Scholl-féle, rugalmas)* arch cushions *pl*

lúdtaplú *a* flat footed

lúdtoll *n (írásra)* † quill(pen)

lufi *n biz* = **luftballon**

luftballon *n* balloon

lúg *n* lye, strong caustic; *vegy* alkali

lugas *n* **1.** *(pihenőhely)* bower, arbour **2.** *(növény felfuttatására)* trellis

lúgkő *n* caustic soda

lúgos *a* alkaline; **~ kémhatású** alkaline

lúgoz *v* **1.** *(kilúgoz)* leach **2.** *(szennyest)* wash [linen] in lye

luk *n* → **lyuk**

lukas *a* = **lyukas**

Lukács *n (bibliai)* Luke

lukulluszi *a* **~ lakoma** Lucullan feast/banquet

lumbágó *n* lumbago

lumbális *a orv* **~ szakasz** the lumbar region

lúmen *n* **nem nagy ~** he won't set the Thames on fire, he is* no genius

lumpol *v biz* carouse, have* a night out on the tiles, be*/go* on the spree

lurkó *n biz* urchin, little rogue/scamp/rascal

lusta *a* **1.** *(munkára)* lazy, idle; **~ ember** sluggard; *biz* lazybones **2.** *(mozgásban)* sluggish, sleepy **3.** *(észjárás)* dull, sluggish

lustálkodás *n* idling, slacking

lustálkod|ik *v* idle (away one's time), laze; **a karoszékben ~ik** he is* lolling in the armchair

lustaság *n* laziness, idleness

lutheránus *a* Lutheran

lutri *n biz* **1. kihúzta a ~t** he has had it **2.** *(kockázatos dolog)* a risky business

luxus *n* **1.** luxury, luxuriousness; **nagy ~ban él** live in luxury, lead* a life of luxury; **megengedi magának azt a ~t, hogy** indulge in (the luxury of) doing sg; **ez számomra már ~** that would be an indulgence for me **2. összet** luxury; **~ kivitel(ben)** de luxe (*v.* superior) quality

luxusadó *n* luxury tax

luxusautó *n* luxury/saloon car

luxuscikk *n* luxury article/item, luxury goods *pl*

luxushajó *n* cruise liner, yacht

luxuskiadás *n* de luxe edition

luxuslakás *n* luxury (*v.* de luxe) flat

luxusszálloda *n* luxury (*v.* a five-star *v.* de luxe) hotel

luxusüdülő *n* luxury holiday home

lüktet *v* **1.** *(szív, ér)* beat* (strongly/rapidly), pulsate **2.** *(seb)* throb, pulsate **3.** *(élet)* throb *(vmtől* with)

lüktetés *n* beat(ing), throb(bing), pulsation

lüktető *a* **1.** pulsating, throbbing **2. ~ élet** hectic life, bustle

Ly

Ly, ly *n* (the digraph) Ly/ly
lyuggat *v* make* holes (in), pierce (sg)
lyuggatott *a* punched
lyuk *n* **1.** *ált* hole; *(nyílás)* opening, gap, mouth; *(egéré, vakondé)* hole; *(nyúlé, rókáé)* burrow, hole; *(fogban)* cavity; *(sajtban)* hole, eye; **csupa** ~ **a zoknim** my socks are full of holes; ~ **at betöm** (1) stop (up) a gap (2) *átv* bridge/fill/stop a gap; ~ **at fúr vmbe** make* a hole in sg, burrow in sg; *biz* ~ **at beszél vk hasába** talk sy's head/ear off, talk the hind legs off a donkey **2.** *(rossz lakás)* (rotten) hole (of a place), hovel
lyukacsos *a (lyukakkal teli)* full of holes *ut.*; *(szerkezetű)* porous
lyukas *a* **1.** *(ruha)* holed, with holes (in it) *ut.*, full of holes *ut.*, in holes *ut.*; *(fog)* decayed, hollow [tooth]; *(autógumi)* punctured, flat [tyre]; ~ **a zoknim** there's a hole in my sock; ~ **a cipője** his boots let* in water **2.** *isk* ~ **óra** free hour, an hour off
lyukaszt *v* make* a hole (in sg), hole sg; *(jegyet)* punch, clip
lyukasztás *n* **1.** *(cselekvés)* making holes; *(jegyé)* punching, clipping **2.** *(helye)* punch--mark
lyukasztó *n* punch; *(kalauzé)* ticket-punch
lyukasztott *a* punched
lyukfúró *n* gimlet
lyukfűrész *n* compass saw
lyukkártya *n* punch(ed) card
lyukkártyarendszer *n* punch(ed) card system
lyukszalag *n* punched/paper tape

M

M, m n *(betű)* (the letter) M/m
m = *méter* metre, *US* meter, m
m² = **négyzetméter**
m³ = **köbméter**
ma adv **1.** *(mai nap)* today; ~ **reggel** this morning; ~ **délben** today (at) noon; ~ **este** this evening, tonight; ~ **egy hete** this day last week, a week ago today; ~ **nekem, holnap neked** today it is my turn, tomorrow yours; **mához egy hétre** today week, a week today, this day week; **mához két/2 hétre** a fortnight today; **máig** up to this day, up to now, hitherto, so far; **máig sem találtam meg** I haven't found it so far, I still haven't found it; **mára** (1) *(a mai napra)* for today (2) *(legkésőbb máig)* by today; **mára elég** that'll do for today, let's call it a day; **máról holnapra** (1) *(hirtelen)* overnight, from one day to the other (2) *(nehezen)* [live] from hand to mouth; **mától fogva** from now on, from today **2.** = **manapság** ⇨ **év**
macedón a/n Macedonian
Macedónia n Macedonia
macerál v *biz* vex, pester, nag, go* on at sy
macesz n = **pászka**
machináció n scheming, machination(s), plot(ting)
maci n teddy (bear)
mackó n **1.** *(állat)* bear (cub); *(mesékben)* Bruin **2.** *(játék)* teddy (bear)
mackóruha n sports top and trousers pl, jogging suit
mackós n □ safe-cracker/breaker
macska n cat ⇨ **kerülget**
macskaasztal n side-table (laid for children)
macskaeledel n cat's-meat
macskajaj n hangover
macskakaparás n *(írás)* (spidery) scrawl
macskakő n cobble(stone)
macskakörmök n pl inverted commas, quotation marks
macskaköves út n cobbled road
macskanyelv n *(csokoládé)* langue-de-chat
macskaszem n *(járművön)* (rear) reflector; *(úttestbe építve)* cat's-eye *(pl* cat's-eyes)
macskaugrás n egy ~**nyira** a stone's throw (away)

macskazene n caterwaul(ing), charivari; ~**t ad vknek** give* sy a mock serenade *(v. US* shivaree)
madám n *(szülésznő)* midwife°
madár n **1.** *áll* bird; **fiatal** ~ nestling, young bird; *(röpülni tanuló)* fledgling; **mit keresel itt, ahol a madár se jár?** what are* you doing in this out-of-the-way place?; **madarat lehetne fogatni vele** be* happy as a lark *(v.* sand-boy); **madarat tolláról, embert barátjáról** birds of a feather flock together **2.** *biz (pasas)* bird
madarász n fowler, bird-catcher
madárdal n birdsong, singing (of birds), warbling
madáreleség n bird-seed
madáretető n bird table
madárétkű a little eater
madárfészek n bird's nest
madárfióka n *(fészekben)* nestling; *(röpülni tanuló)* fledgling
madárfütty n = **madárdal**
madárház n aviary
madárijesztő n *(átv is)* scarecrow; **olyan, mint egy** ~ she is* a veritable scarecrow
madárka n little bird
madárkalitka n bird-cage
madártan n ornithology
madártani a ornithological
madártávlat n bird's eye view (of sg)
madártej n *(étel)* oeufs à la neige, floating islands pl
madártoll n bird's feather
madárvédelem n protection of birds
madárvonulás n migration/passage of birds
madrigál n madrigal
madzag n string, twine, packthread
maffia n mafia
mafla **I.** a stupid, thick(headed), *US* klutzy **II.** n blockhead, thickhead, booby, *US* klutz
mag n **1.** *növ* *ált* seed; *(csonthéjasé)* stone, pit; *(belseje)* kernel; *(almáé, körtéé, narancsé)* pip; *(szőlőé)* seed; ~**ról nő** grow* from seed **2.** *(atommag)* nucleus; *(összet)* nuclear **3.** *(műsz)* core [of mould] **4.** *biol* semen, sperm; ~**va szakad** die childless, die without progeny/issue/children **5.** *átv* seed; **elveti/elhinti** vmnek a ~**vát** sow*

the seeds of sg **6. vmnek a** ~**va** *(lényege)*
the nub/gist/kernel of sg, the main point of sg
maga[1] **I. pron 1.** *(visszaható)* **(én)** ~**m** (I)
myself; *(egyedül)* (all) by myself; **(te)** ~**d**
(you) yourself; *(egyedül)* (all) by yourself;
(ő) ~ (1) *vk* (he) himself, (she) herself (2)
(egyedül) alone, (all) by himself/herself (3)
vm (by) itself (4) *(az ember ált)* oneself;
(egyedül) (all) by oneself; **(mi) magunk**
(we) ourselves; *(egyedül)* (all) by ourselves;
magunk között szólva between you and
me, between ourselves; **(ti)** ~**tok** (you)
yourselves; **(ők) maguk** they themselves;
~ **alatt van** *átv biz* be* under the weather;
magába(n) foglal include, contain, com-
prise; *(költséget stb.)* be* inclusive of; **min-
dent** ~**ban foglaló** *(ár)* all-in [price], in-
clusive [terms]; *(társasutazás)* all-inclusive
[tour]; ~**ba fojt** *(haragot)* bottle up; ~**ba
száll** retire within oneself; *(bűnbánóan)*
repent, feel* remorse; **magában** (1) *(egye-
dül)* alone, apart (2) *(magában véve)* in itself;
~**ban beszél** talk to oneself, soliloquize;
gondolta ~**ban** he said*/thought* to
himself; ~**ban nevet** laugh to oneself;
~**ban véve** in itself, as such; **magunkban
akarunk lenni** we want to be (left) alone;
~**ból kikelve** beside oneself, in a rage/
fury; ~**hoz kéret vkt** send* for sy, ask sy
to come; *(erősebb)* summon sy; ~**hoz ra-
gadja a hatalmat** seize power; ~**hoz tér**
(1) *(ájult)* recover/regain consciousness,
come* to/round (2) *(gyengeségből)* recover/
gather strength; **nem tudok** ~**mhoz
térni a meglepetéstől** I'm lost in as-
tonishment!, I can't get over it!; **van** ~ **hoz
való esze** he can take care of himself, he
knows* on which side his bread is* buttered;
~**hoz vesz** (1) *vmt* take* possession of,
take* over (2) *vkt* take* in, take* sy to live
with one; **uralkodik** ~**n** keep* one's tem-
per, control one's feelings; ~**nak árt** do*
oneself harm; ~**nak él** live a lonely/retired
life, live in seclusion; ~**nál tart** *(igazol-
ványt)* have* [one's identity card] on
one(self); ~**nál van** be* conscious; **nincs**
~**nál** be* unconscious; ~**ra hagy vkt**
leave* sy to oneself; ~**ra hagyott** *(ember)*
lonely (man°), loner; ~**ra marad** (1) *(egye-
dül)* be* left alone, be* lonely (2) *(nézetével)*
find* no support; **a csapat végre** ~**ra
talált** the team discovered itself at last; ~**ra
vesz vmt** *(ruhát)* put* on (sg); ~**ra vál-
lal/vesz** (1) *(dolgot, gondot)* take* upon
oneself (2) *(felelősséget)* assume/take* [full

responsib*i*lity] for (3) *(célzást)* take* sg per-
sonally; **többet vállal** ~**ra, mint a-
mennyit el tud végezni** he takes* on
more than he can manage; ~**ra vonja a
figyelmet** attract attention; **folyton**
~**ról beszél** he keeps* (on) talking about
himself; **megkapja a** ~**ét** get* one's due,
get* his/her/one's (just) deserts; **meg-
mondja a** ~**ét** (1) *ált* speak* one's mind
(2) *vknek* tell* sy a few home truths; **megte-
szi a** ~**ét** do* one's best/duty/share/
utmost/bit; ~**tól** *(beavatkozás nélkül)*
by/of itself/oneself, of one's own accord;
(kérés nélkül) [do sg] unasked; ~**tól érte-
tődik/értetődő** it goes* without saying, it
is* only too obvious/natural; ~**évá tesz** (1)
(nézeteket) make* ... one's own, accept (2)
(ügyet) take* up, embrace, espouse, adopt [a
cause]; **nem teszem a** ~**mévá** I do* not
subscribe to it; ~**val visz vmt** take* sg
along; *vkt* take* sy along, take* sy with
him/her; ~**val ragadta a hallgatóit** he
carried his audience with him **2.** *(saját)* one's
own; **törődj a** ~**d dolgával** mind your
own business; **a** ~ **egészében** in its entir-
ety; **a** ~ **erejéből** unaided, through/by
one's own efforts; **a** ~ **erejéből lett
azzá, ami** be* a self-made man; **tégy
mindent a** ~ **helyére** put everything in
its right/proper place; **a** ~ **lábán jár** be*
independent, stand* on one's own legs/feet;
a ~ **számára** for himself/herself; ~**m és
a feleségem részére** for myself and my
wife; **a** ~ **ura** one's own master **3.** *(nyoma-
tékosan)* ~ **az igazgató jött el** the dir-
ector himself came; **ő** ~ **mondta nekem**
he told me himself, he himself told me; **ő** ~
sem hiszi he doesn't believe it himself; ~ **a
gondolat** the very idea; ~ **a megteste-
sült egészség** the picture of health; ~ **a
kedvesség** (s)he is kindness itself, be* the
perfection of kindness; ~ **a puszta tény**
the mere fact (in) itself; **őt** ~**t** himself, her-
self; **azt** ~**t** itself **II. adv** *(egyedül, saját
maga)* alone, (all) by himself/herself; ~ **ké-
szítette** (s)he made it (all) by himself/her-
self; ~ **varrja a ruháit** make* one's own
dresses/clothes ⇨ **I. 1.**
maga[2] *pron* **1.** *(ön)* you; **megkérném** ~**t
vmre** I would like to ask you to ...; **ma-
guk(at)** you; ~**nak hoztam** I brought
that/this for you; **van** ~**nak ...?** have you
got ...? **2.** *(birtokos)* your; **ez a** ~/**ma-
guk háza?** is that your house? ⇨ **magáé,
maguké**

magában *pron* → **maga**[1] **I. 1.**
magabízó *a* self-confident/reliant
magabiztos *a* sure of oneself *ut.*, confident, self-assured; *elít* cocksure; ~**an** full of confidence, sure of oneself
magáé *pron* **1.** *(sajátja)* sy's/one's own **2.** *(öné)* yours; **az én könyvem csak fűzött, a ~ kötött** my book is* only stitched, yours is* bound
magam *n* → **maga**[1] **I. 1.**
magamfajta *a/n* like me *ut.*, such as I *ut.*; **a ~ (szegény) embernek** for the likes of me; **szóba sem áll a ~kkal** he won't speak to the likes of me; **nem a magunkfajtáknak való** is not for the likes of us
magán- *pref* *ált* private; *(vállalkozó stb.)* self-employed
magánalkalmazott *n* employee [of a private firm/office]
magánautó *n* private car
magánautós *n* owner-driver
magánbeszélgetés *n* private talk/conversation/interview; *(telefonon)* private call/conversation
magánbeteg *n* private patient
magáncég *n* (private) firm
magáncélra *adv* for personal use
magánélet *n* private/personal life, privacy; **a ~ben** in private (life)
magánember *n* private individual
magánénekes *n* soloist
magánérdek *n* private interest
magánfél *n* (private) client
magángazdálkodás *n* *mezőg* individual farming
magángazdaság *n* *mezőg* privately-owned farm
magángyűjtemény *n* private collection
magánhangzó *n* vowel
magánhangzó-illeszkedés *n* vowel harmony
magánhasználat *n* private/personal use; **~ra** for personal use
magániskola *n* private school
magánjellegű *a* private; *(bizalmas)* confidential
magánjog *n* civil law
magánkéz *n* **~ben van** be* privately owned, be* in private hands; **~ben levő házak** owner-occupied houses
magánkezdeményezés *n* private initiative
magánkihallgatás *n* *ált* private interview/hearing; *(uralkodónál)* private audience; **vkt ~on fogad** receive sy in private, give*/grant sy a private interview/audience/hearing

magánkívül van *kif* *(dühtől)* be* beside oneself (with anger), be* in a rage, be* furious; *(örömtől)* be* transported, be* beside oneself (with joy)
magánkönyvtár *n* (private) library
magánlakás *n* private flat (*US* apartment)
magánlaksértés *n* violation of the privacy of sy's house/home, *US* breach of domicile
magánlátogatás *n* **1.** *ált* private call/visit; **~t tesz vhol** make* a private visit [to a country] **2.** *(hiv közegé)* visit in an unofficial capacity
magánnyomozó *n* private detective, *biz* private eye
magánóra *n* private lesson; **~kat ad** give* private lessons, tutor (sy), *US* így is: take* pupils
magános **I.** *a* **1.** *(különálló)* isolated, solitary; *(félreeső)* secluded; **~an álló épület** isolated/detached building **2.** *(egyedül élő)* unmarried, single, unattached → **magányos** **II.** *n* = **magánszemély**
magánpraxis *n* private practice (*US* -ise); **~t folytat** he receives private patients
magánszám *n* *(ének, zene)* solo
magánszektor *n* private sector [of trade/production]
magánszemély *n* private individual
magánszorgalomból *adv* on one's own, spontaneously
magántanár *n* *(egyetemi, 1951 előtt)* Privatdocent
magántanítás *n* private tuition
magántanuló *n* private pupil
magántaxi *n* private cab/taxi
magántermészetű *a* private
magánterület *n* private property; *(kiírás)* Private
magántisztviselő *n* = **magánalkalmazott**
magántitkár *n* private/confidential secretary
magántulajdon *n* **1.** *(viszony)* private ownership; **~ban levő** privately owned, in private ownership *ut.* **2.** *(tárgyak)* private property
magánúton *adv* privately, through private channels; **~ tanul** study privately; **vkt ~ előkészít** *(vizsgára)* coach sy privately
magánügy *n* private/personal affair/matter, private business
magánvagyon *n* private means *pl*, private property/estate
magánvállalat *n* private enterprise/company/firm/business

magánvállalkozás *n* private enterprise/ venture/business
magánvállalkozó *n* entrepreneur, owner of a business (enterprise) (*v.* private firm)
magánvélemény *n* private/personal opinion
magánvizsga *n* private examination
magánzárka *n* **1.** *(hely)* cell **2.** *(büntetésnem)* solitary confinement
magánzó *n* person of independent means, person with private means
magány *n* solitude, loneliness
magányos *a* **1.** *(elhagyatott)* lonely, solitary; ~ **ember** *(magára hagyott)* lonely man°, loner; *(társaságkerülő)* odd man° out; ~ **nő** an unattached woman°; ~ **életet él,** ~**an él** lead* a lonely/secluded life, live in seclusion **2.** *(különálló)* isolated; *(félreeső)* secluded, isolated
magas I. *a* **1.** *ált* high; *(hegy, épület)* high; *(ember, termet, torony)* tall; *(tetőszerkezet)* high-pitched; **2 m** ~ **fal** a two-metre high wall, a wall 2 m high; **188 cm** ~ *(vkről)* he is six foot two, he is 6 feet 2 inches tall; ~ **nyakú pulóver** turtleneck (sweater); *(garbó)* polo-neck sweater, polo; ~ **szárú cipő** boots *pl*; ~ **termetű** tall; ~ **vízállás** high water (level) **2.** *(hang, magánhangzó)* high, front; ~ **és mély magánhangzók** front and back vowels; ~ **hangú** high-pitched **3.** *(árak, hőmérséklet)* high [prices, temperature]; *(állás, rang)* high; *(szint, színvonal)* high(-level); ~ **állás** high office/position; ~ **állású tisztviselő** high-ranking official, top man°/official; ~ **áron** at a high price; **az árak** ~**ak** prices are up; ~ **elismerésben részesül** be* highly commended; ~ **fizetés** high salary; ~ **fokú** high-class, superior, of a high degree *ut.*; ~ **kor** advanced age; ~ **kort ért meg** lived to (*v.* reached) an advanced age; ~ **politika** high politics *sing. v. pl*; ~ **rangú** high-ranking, of high rank *ut.*; **a** ~ **szerződő felek** the high contracting parties; ~ **színvonalú** high-class/level/standard; ~ **szintű tárgyalások** high-level talks; ~ **tápértékű** (highly) nutritious; ~ **termelékenység** high productivity/capacity; ~ **vérnyomás** high blood-pressure; *biz* **ez nekem** ~ this beats me, it's beyond me **II.** *n* ~**ba emelkedik** *(repgép)* rise* (into the sky); ~**ba nyúlik** rise* high; ~**ba tör** aim high; ~**ban** high up (in the air); **fenn van a** ~**ban** be* high up; ~**ra emel** raise/lift high; ~**ra tartja az árat** keep* the price up/high; ~**ra tör** aim high; ~**ra törő ember** am-

bitious person; ~**at ugrik** practise (*US* -ce) the high-jump ⇨ **ló**
magasabb *a* **1.** *(tárgy)* higher, loftier; *(ember, oszlop)* taller; ~ **vknél** be* taller than sy **2.** *(állás, rang)* higher **3.** ~ **mennyiségtan** higher/advanced mathematics *sing.*
magasan *adv* high; **nagyon** ~ **van** he is very high up; ~ **repül** fly* high; ~ **felette áll** (1) *vmnek* stand*/soar high above sg (2) *átv* surpass/exceed sg; ~ **hordja a fejét** carry/hold* one's head high
magasantenna *n* overhead aerial (*US* antenna)
magasépítés, -építészet *n* surface construction, overground building
magasfényű *a (bútorfelület)* gloss finish
magasfeszültség *n* = **nagyfeszültség**
magasföldszint *n* mezzanine
magasház *n* high-rise building
magasít *v* raise, heighten
magaslat *n* **1.** *konkr* height, elevation, altitude **2. a helyzet** ~**án van** prove/be* equal to the task, be* on top of the job; **a helyzet** ~**ára emelkedik** rise* to the occasion
magaslati *a* high-altitude, alpine; ~ **hely** mountain-resort; ~ **levegő** mountain-air
magasles *n* high-stand
magasl|ik *v* rise*, project, jut out, be* prominent; *(vm fölött)* tower above/over sg
magasnyomás *n nyomd* letterpress (printing)
magasod|ik *v* **1.** *(magasabb lesz)* become*/ grow* high(er)/taller **2.** = **magaslik**
magasrendű *a* high-class, of high quality *ut.*, exquisite
magasröptű *a (beszéd)* elevated, lofty
magasság *n* **1.** *ált* height; *(csak dolgoké, repgépé, mértani)* altitude; *(vízé)* depth; **tengerszint feletti** ~ altitude/height above sea-level; **a Duna** ~**a Budapest-nél 3,60 m** the Danube rises to 3,60 m at Budapest; **a hajó Aberdeen** ~**ában süllyedt el** the ship sank off Aberdeen; **3000 m** ~**ban repül** fly* at (an altitude *v.* a height of) 3,000 metres; **nagy** ~**ban** very high, at a great height **2.** *vké* height; ~**a 180 cm** he is six feet (in height), he is six foot/feet tall, he is a six-footer
magassági *a* height-, altitude-; ~ **kormány** control column, elevator (control); ~ **rekord** record height, altitude record
magasságmérő *n* altimeter
Magas-Tátra *n* High Tatra, Tatra Mountains *pl*
magasugrás *n* high jump
magasugró *n* high-jumper

magasvasút *n* elevated railway (*US* railroad), *US biz* el

magasztal *v* praise (highly), extol (*US* extoll), eulogize; **vkt az egekig** ~ praise/extol/laud sy to the skies, sing* sy's praises

magasztalás *n* (high) praise, glorification, glorifying, extolling

magasztaló *a* laudatory, eulogistic

magasztos *a* exalted, elevated, lofty, sublime; ~ **eszmék** high ideals

magatartás *n (viselkedés)* conduct, behaviour (*US* -or); *isk* conduct; *(állásfoglalás)* attitude; **politikai** ~**a vknek** sy's politics *pl*, sy's political views; **helytelen** ~ misconduct; **vmlyen** ~**t tanúsít** behave [in a way] ⟹ **magaviselet**

magatehetetlen *a* helpless, crippled; *(béna)* lame

magaviselet *n* conduct, behaviour (*US* -or); **jó** ~ good conduct; **jó** ~**ű** well-behaved/conducted; **rossz** ~ bad/poor conduct; **rossz** ~**ű** ill-behaved, badly behaved

magáz *v* ⟨address sy formally as "maga"⟩

magazin *n* **1.** *(folyóirat)* (illustrated) magazine **2.** *(kat, raktár)* † magazine

Magda *n* ⟨Hungarian feminine given name⟩

Magdolna *n* Magdalen, Madeline

Magellán-szoros *n* Strait of Magellan

magenergia *n* nuclear energy

magfizika *n* nuclear physics *sing.*

magfúzió *n fiz* nuclear fusion

maghasadás *n fiz* nuclear fission

magház *n* **1.** *(virágé)* ovary **2.** *(almafélék gyümölcséé)* core

mágia *n* magic, black art, wizardry

mágikus *a* magic(al); ~ **erő** magic power, spell

magkémia *n* nuclear chemistry

magkereskedés *n* seed shop (*US* store)

magkutatás *n fiz* nuclear research

máglya *n* **1.** bonfire, pile of logs **2.** *(kivégzéshez, tört)* the stake

máglyahalál *n* the stake, death by burning; *(az inkvizíció idején)* auto-da-fé

máglyarakás *n (étel) kb.* jam pudding

Magna Charta *n GB tört* Magna Carta (*v.* Charta)

mágnás *n* magnate, aristocrat, *GB* peer

mágnes *n* magnet

mágneses *a* magnetic; ~ **erő** magnetism; ~ **késtartó** magnetic rack; ~ **mező/tér** magnetic field; ~ **pólus** magnetic pole; ~ **vonzás** magnetic attraction; ~**sé válik** be* magnetized ⟹ **elhajlás**

mágnesez *v* magnetize

mágneskártya *n* credit card

mágneslemez *n* (magnetic) disk; **hajlékony** ~ floppy disk

mágnespatkó *n* horseshoe magnet

mágnesség *n* magnetism

mágnesszalag *n* magnetic tape

mágnestű *n* magnetic needle

magnetikus *a* magnetic

magnetofon *n* tape-recorder; *(mint hifitorony része)* tape deck ⟹ **magnó**

magnetofonfelvétel *n* tape-recording; ~**t készít vmről** tape (*v.* tape-record) sg

magnetofonszalag *n* (magnetic) tape

magnézium *n* magnesium

magnéziumfény *n* magnesium light; *fényk* flash-light

magnó *n biz* tape-recorder; *(kazettás)* cassette recorder; ~**ra felvesz** tape sg [off/from the radio etc.] ⟹ **magnetofon**, **magnós**

magnófelvétel, -szalag *n* → **magnetofon-**

magnókazetta *n* (audio)cassette

magnós I. *a* ~ **táskarádió** radio/cassette recorder; **sztereó** ~ **rádió** stereo radio cassette recorder **II.** *n* tape-recording buff

magnóz|ik *v (felvesz)* tape-record; *(hallgat)* listen to tapes

magnövény *n* seed-plant

magol *biz* **1.** *vt* swot/mug up sg, bone up on sg; ~**ja a nyelvtant** be* swotting up (his/one's) grammar, *US* be* grinding away at grammar **2.** *vi* cram, swot, mug; **vizsgára** ~ cram/swot/mug for an/one's exam, *US* grind* (away) for one's exam(s)

magolás *n biz* swot(ting), cram(ming), *US* grind(ing)

magoló *n* swot, *US* grind

magömlés *n* ejaculation

magtalan *a* **1.** *vk* barren, sterile, childless **2.** *növ* seedless

magtár *n* granary, barn

magtechnika *n fiz* nucleonics *sing.*

magtermés *n növ* seed-crop

magtisztító *n* seed-cleaner/dresser

maguké *pron* **1.** *(sajátjuk)* their own **2.** *(önöké)* yours

magu(n)k *n* → **maga**[1], → **maga**[2]

magunkfajta → **magamfajta**

mágus *n* magus (*pl* magi)

magva *n* → **mag**

magvas *a* **1.** *(növény)* having/bearing seeds/grain *ut.*; ~ **növények** seed plants **2.** *átv* pithy, substantial; *biz* meaty; ~ **tanulmány** a concise study, a solid piece of work

magvaváló *a* freestone [peach etc.]; **nem** ~ clingstone
magvető *n* **1.** *konkr* sower **2.** *átv* disseminator, propagator (of sg)
magzat *n* **1.** *biol (embrió)* embryo; *(a terhesség* **9.** *hetétől kezdve)* f(o)etus → **elhajt 2.** *(utód)* descendant, offspring, issue
magzatelhajtás *n* (procured) abortion; ~**t elkövet** procure an abortion, get* rid of [a baby]
magzati *a* f(o)etal
magzatvíz *n* amniotic fluid
magyal *n* holly
magyar *a/n* Hungarian, Magyar; ~ **ajkú/anyanyelvű** Hungarian-speaking; **a** ~ **ajkúak/anyanyelvűek** (native) speakers of Hungarian, Hungarian-speakers; **M**~ **Államvasutak = MÁV;** ~ **ember** a Hungarian/Magyar; ~ **kisebbség** Hungarian ethnic minority; **a** ~ **nemzetiségiek** the ethnic Hungarians [in Romania etc.]; **M**~ **Köztársaság** Hungarian Republic; ~ **nyelv** Hungarian (language), Magyar (language); ~ **nyelvű** *(személy)* Hungarian-speaking; *(folyóirat stb.)* Hungarian; ~ **származású** of Hungarian birth/descent *ut.*, Hungarian-born; **M**~ **Tudományos Akadémia** Hungarian Academy (of Sciences); ~ **szakos tanár** teacher of Hungarian; ~—**angol szakos hallgató** student of Hungarian and English; ~**-angol szótár** Hungarian-English dictionary; **M**~**ok Világszövetsége** World Federation of Hungarians; ~**t tanít** teach* Hungarian (language and literature)
magyarán *adv* frankly, bluntly, clearly, openly; ~ **megmond vmt** make* no bones about sg, speak* from one's heart; ~ **mondva/szólva** frankly speaking
magyaráz *v* explain; *(kifejt)* expound; *(értelmezve)* interpret; *(eseményt, szöveget)* comment on [event, text]; *(vmt indokol)* account for (sg); **azzal** ~**za, hogy** he explains it by saying that, he gives* (it) the following explanation; **jóra** ~ **vmt** put* a favourable *(US* -or-) construction on sg, take* sg in good part, interpret sg favourably; **rosszra** ~ **vmt** put* the wrong construction on sg, take* sg in bad part
magyarázás *n* explaining, explanation, explication
magyarázat *n* explanation, explication; *(értelmezve)* interpretation; *(eseményhez, szöveghez)* comment(ary); *(ir szöveghez)* gloss,

annotation; *(indok, ok)* reason, motive; ~**képpen** by way of explanation; ~**ra szorul,** ~**ot igényel** it calls for an explanation, it needs explaining *(v.* to be explained); **nem szorul** ~**ra** no explanation is needed, that speaks* for itself, be* self-explanatory; ~**ot fűz vmhez** comment on sg; ~**ot kér** ask for an explanation (of sg), ask to be given an explanation (of sg); ~**tal ellát** *(ir művet)* annotate
magyarázatos *a* ~ **kiadás** annotated edition
magyarázkodás *n* explanation of one's conduct, excuse/apologies for one's conduct
magyarázkod|ik *v* explain oneself; *(mentegetődzve)* excuse oneself, apologize (for)
magyarázó *a* explanatory, illustrative; ~ **jegyzet** explanatory note, annotation; ~ **szöveg** commentary
magyardolgozat *n* Hungarian essay/homework
magyaróra *n* class in Hungarian, Hungarian class
Magyarország *n* Hungary; ~**on** in Hungary
magyarországi *a* of/from/in Hungary *ut.*, Hungarian, Magyar; ~ **út** a/one's trip/visit to Hungary; ~ **rokonság** relatives/relations in Hungary; ~ **viszonyok** conditions in Hungary
magyaros *a* (typically/characteristically) Hungarian; ~ **étel** Hungarian dish
magyarosan *adv* in (true) Hungarian/Magyar fashion/style; *(ételnév)* à la hongroise; ~ **főz** cook (in the) Hungarian style
magyarosított *a* Magyarized; ~ **név** Magyarized name
magyarság *n* **1.** *(nép)* Hungarians *pl,* the Magyars *pl,* the Hungarian people/nation **2.** *(nyelvi)* Hungarian; **jó** ~ good/correct Hungarian (speech)
magyarságtudomány *n* Hungarian studies *pl*
magyartalan *a* un-Hungarian/Magyar; *(beszéd)* bad Hungarian (speech)
magyartanár *n* teacher of Hungarian, Hungarian teacher
magyarul *adv* **1.** (in) Hungarian; ~ **beszél** speak* Hungarian; ~ **beszélő** Hungarian-speaking; *(főnév)* speaker of Hungarian; ~ **van (írva)** is* (written) in Hungarian **2.** *(érthetően)* clearly, plainly; **beszélj** ~! speak clearly
mahagóni *n* mahogany
maharadzsa *n* maharaja(h)

maholnap *adv* sooner or later, before long, sometime, someday

mai *a* **1.** *(a mai nappal kapcsolatos)* today's, this day's, of today *ut.*, of this day *ut.*; ~ **napi** today's, of today *ut.*; **(mind) a** ~ **napig** up to the present, up to now, to date, so far, as yet; **a** ~ **napon** today, (on) this day; **a** ~ **naptól** from this date/day; **a** ~ **posta** today's post **2.** *(mostani, jelenlegi)* present-day; contemporary, of today *ut.*, modern; **a** ~ **élő angol nyelv** present--day English; **a** ~ **magyar irodalom** modern/contemporary Hungarian literature; **a** ~ **fiatalok** young people today; **nem** ~ **csirke** she is* no spring chicken; **nem vagyok** ~ **gyerek** I was not born yesterday; **a** ~ **időkben** these days, nowadays; **a** ~ **világban** these days, nowadays, in today's world **3.** *(korszerű)* up-to-date, modern

máig *adv* → **ma 1.**

máj *n* **1.** *(szerv, étel)* liver **2.** *átv* **hamis a** ~**a** she knows* a thing or two; **jót tett a** ~**amnak** it did me a power of good

máj. = *május* May

majális *n* picnic (in May)

májas *a* ~ **hurka** → **hurka**

májbaj, -betegség *n* liver disease/trouble

majd *adv* **1.** *(egyszer, valamikor)* sometime, someday (in the future); *(később, aztán)* then, later (on); ~ **adok én neki!** I'll give him what for; **mi lesz** ~ **akkor ha ...** what is* going to happen if ...; ~ **csak akkor** only then, not until then; ~ **csak megélünk valahogy** we'll manage somehow; ~ **egyszer** someday, one day; **ezt én** ~ **elintézem** I'll settle/arrange it, I'll see to it; **ha** ~ **elkészül, szólj** tell me if it is ready; **szétnézett,** ~ **így szólt ...** he looked about/around and then said ...; ~ **teszek róla** I'll see about/to it/that; ~ **valahogy megcsinálom** I'll do/manage it somehow **2.** ~ **...,** ~ now ..., now...; ~ **ez,** ~ **az** now this, now that **3.** *(majdnem)* almost, nearly, úgy **fáj a fejem, hogy** ~ **szétmegy!** my head is* splitting, I have* a splitting headache

majdan *adv* someday, sometime ⇨ **majd 1.**

majdani *a* future, to come/be *ut.*

majdnem *adv* almost, (very) nearly, all but; ~ **tíz** almost ten; ~ **tíz óra van** it is nearly ten (o'clock); ~ **egy óráig tart** it/sg takes* just under an hour; **már** ~ **...** be* about (to do sg), be* going (to do sg); **a vonat már** ~ **indult, amikor ...** the train was about/going to leave when ...; ~

belehalt sérüléseibe he all but (*v.* nearly) died of his wounds; ~ **kész vagyok a munkámmal** I have nearly/almost finished my work, *US* I am* nearly through with my work; ~ **semmi** next to nothing, practically nothing; ~ **agyonütött** it came near to killing me; **ez** ~ **talált** it was a near miss (*v.* a close thing)

májfolt *n* liver-spot

májgombóc *n* liver dumplings *pl*

májgombócleves *n* soup with liver dumplings

májgyulladás *n* hepatitis

májkrém *n* liver paste, pâté

majmol *v* ape, imitate/copy slavishly

majolika *n* majolica

majom *n* **1.** *áll* monkey; *(emberszabású)* ape **2.** *átv* ape

majomszeretet *n* doting love (of parents for children), blind adoration (of); ~**tel szeret** dote on

majonéz *n* mayonnaise

major *n* farm, grange

majoránna *n* marjoram

majorság *n* **1.** *(baromfi)* poultry **2.** *(major)* farm(stead)

májpástétom *n* liver paste, pâté

majszol *v* **1.** *(lassan eszik)* munch, nibble **2.** *(fogatlanul)* mumble

május *n* May; ~**ban,** ~ **folyamán** in (the course of) May; ~ **hóban/havában** in (the month of) May; ~ **4-én** on 4(th) May, *US* on May 4th; *(levélben)* **1967.** ~ **15.** 15 May (*v. US* May 15th) 1967; ~ **elseje** 1st May, *US* May 1st; *(mint ünnep)* May Day; **a** ~ **elsejei/1-jei felvonulás elmaradt** May Day parade/procession has been cancelled

májusfa *n* may-pole

májusi *a* May, of/in May *ut.*; **egy** ~ **napon** on a (certain) May day; one day in May; ~ **eső** May rain

májzsugorodás *n* cirrhosis of the liver

mák *n* **1.** *(növény)* poppy **2.** *(magja)* poppy--seed

makacs *a* **1.** *(ember)* stubborn, obstinate, headstrong **2.** *(láz)* persistent; *(köhögés)* hacking [caugh]

makacskod|ik *v* show* obstinacy, be* stubborn/obstinate

makacsság *n* stubbornness, obstinacy

makacsul *adv* stubbornly, obstinately; ~ **kitart amellett, hogy** persist in maintaining that, maintain persistently that, insist on ...ing; ~ **ragaszkodik véleményéhez** stick* to one's opinion doggedly, *biz*

stick* to one's guns; ~ **tagad vmt** deny sg
stubbornly/doggedly
makadámút n macadam(ized) road
makaróni n macaroni
mákdaráló n poppy-seed grinder
makett n model, mock-up
mákfej n poppy-head
maki(majom) n lemur, macaco
makk n **1.** (termés) acorn; (disznóeleség)
mast; **éhes disznó** ~**kal álmodik** a
hungry horse dreams of oats **2.** (kártya)
club(s)
makkegészséges a (as) fit as a fiddle ut.,
(as) sound as a bell ut.
makkoltat v feed* [swine] on mast
makog v **1.** vk mumble, mutter, bleat
2. (nyúl) squeal, screech
makogás n mumbling, mumble, muttering,
bleating
mákony n opium
mákos a ~ **bejgli/tekercs** poppy-seed
roll; ~ **kalács** poppy-seed cake; ~ **me-
télt/tészta** ⟨vermicelli dusted with
ground poppy-seed and sugar⟩
makrancos a recalcitrant, refractory; (gye-
rek) unmanageable, disobedient, unruly; **A**
~ **hölgy** The Taming of the Shrew
makrancoskod|ik v **1.** vk be* recalcitrant/
unruly **2.** (ló) jib
makro- a macro-
mákszem n (grain of) poppy-seed
mákszemnyi a **1.** (nagyon kicsi) very tiny,
Lilliputian **2.** vmből a grain/speck of sg;
~(**t**) **sem** not a bit
makulátlan a spotless, immaculate
mákvirág n iron **díszes/gyönyörűséges**
~ bad lot, scapegrace
malac I. n **1.** áll (young) pig, piglet; (hússer-
tés kb. 100 kilón felül) hog **2.** (emberről) pig
II. a obscene, foul(-mouthed); ~ **vicc**
dirty/blue joke/story
malackodás n obscenities pl, obscene/dirty
talk, obscene/dirty jokes/stories pl
malackod|ik v (beszédben) tell* obscene/
dirty jokes/stories
malacpecsenye n roast pig
malacság n obscenity, smut
maláj a Malay(an)
Maláj-félsziget n the Malay Archipelago
malária n malaria
maláriás I. a malarial **II.** n person suffering
from malaria
malaszt n vall divine grace; **írott** ~ **marad**
remain a dead letter
maláta n malt
malátacukor n malted bonbon, cough sweet

malátakávé n malt-coffee
Malaysia n Malaysia
malaysiai a/n Malaysian
Maldív-szigetek n pl Maldive Islands,
Maldives; ~**i** Maldivian
málé[1] **I.** a (mafla) doltish, stupid,
thick(-headed) **II.** n dolt ⇨ **mamlasz**
málé[2] n US corn pone, hoecake
málészájú a gawping, stupid
málha n luggage, US baggage; kat kit
málhakocsi n luggage van, US baggage car
málhás a ~ **állat** pack animal; ~ **ló** pack-
horse
málház v pack, load (up)
mali a Malian
maliciózus a malicious, spiteful, ill-natured,
nasty
máll|ik v crumble (away), become* crumbly/
brittle, disintegrate
malmoz|ik v **1.** (malmot játszik) play nine-
-men's morris **2.** (ujjával) twiddle one's
thumbs
málna n raspberry
málnabokor n raspberry bush
málnaszörp n raspberry-juice
malom n **1.** (flour-)mill, US gristmill; **két**
~**ban őrölnek** they are* at cross-pur-
poses; **az ő malmára hajtja a vizet** it's
(all) grist to the/one's mill **2.** = **malom-
játék**
malomárok n millrace
malomipar n milling industry
malomjáték n nine-men's morris
malomkerék n mill-wheel
malomkő n millstone; **két** ~ **között őr-
lődik** be* between the upper and the nether
millstone, be* between the devil and the deep
blue sea
malőr n mishap, accident
Málta n Malta
máltai a Maltese; ~ **kereszt** Maltese cross
malter n mortar
malteroskanál n trowel
malterosláda n mortar trough
mályva n mallow, hollyhock
mályvaszínű a mauve, pinkish-purple
mama n biz mum(my), ma, US mom(my),
ma(ma)
mamlasz I. a simple(-minded) → **mafla**,
málé[1] **II.** n simpleton, pudding-head, dolt
mámor n **1.** ált intoxication **2.** (szesztől)
drunkenness, biz tipsiness; (könnyű) dizzi-
ness, giddiness **3.** (örömtől) rapture, ecstasy;
győzelmi ~ flush of victory; **győzelmi**
~**ban** flushed with victory
mámorító a intoxicating, ecstatic

mámoros *a* **1.** *ált* intoxicated; ~**sá tesz** intoxicate **2.** *(szesztől)* drunk, *biz* tipsy, mellow; ~ **fővel** the worse for drink *(US* liquor) **3.** *(örömtől)* rapturous, ecstatic; **sikertől** ~ drunk with success *ut.*, intoxicated with/by success *ut.*

mamusz *n* felt slippers *pl*

mamut *n (átv is, jelzőként is)* mammoth

mamutjövedelem *n* huge income

mamutvállalat *n* mammoth (business) enterprise (*v.* corporation), a business giant

manapság *adv* nowadays, these days

mancs *n* paw

mandarin *n* **1.** *(gyümölcs)* mandarin (orange); tangerine **2.** *(kínai)* mandarin; **A csodálatos** ~ The Miraculous Mandarin

mandátum *n* **1.** *(megbízás, meghatalmazás)* mandate **2.** *(képviselői)* seat (in Parliament); **lemondott** ~**áról** (s)he resigned his/her seat; **elveszítette** ~**át a választáson** (s)he lost her/his seat in Parliament at the election; **a . . . párt 16** ~**ot szerzett** the . . . party won 16 seats (in Parliament) **3.** *tört pol* mandated territory; ~ **alá helyez** mandate, put* under a mandate

mandolin *n* mandolin

mandula *n* **1.** *növ* almond **2.** *(szerv)* tonsil; **kiveszik vk** ~**ját** have* one's/sy's tonsils removed/out

mandulafa *n* almond(-tree)

mandulagyulladás *n* tonsillitis

mandulakivétel *n* removal of tonsils, tonsillectomy

mandulaszappan *n* almond soap

mandulavágású *a* ~ **szeme van** be* almond-eyed

mandzsetta *n* = **kézelő**

mandzsu *a* Manchurian

Mandzsúria *n* Manchuria

maneken *n* = **manöken**

mangán *n* manganese

mángorló *n* mangle, wringer; *műsz* calender

mángorol *v* **1.** *(ruhaneműt)* mangle **2.** *műsz* calender

mánia *n* mania

mániákus I. *a* maniacal, obsessive; ~ **depresszió** manic-depressive psychosis; ~ **depressziós** manic-depressive **II.** *n* **1.** *orv* manic **2.** *(megszállott)* fanatic

mániás *a orv* maniacal, manic

manifesztál *v* manifest

manifesztum *n* manifesto *(pl* -s *v.* -oes), proclamation

manikűr *n* manicure

manikűrkészlet *n* manicure set

manikűrös *n* manicurist

manikűröz *v* manicure [sy's hands], give* a manicure to [the/one's hands]

manipuláció *n* wheeling and dealing, underhand practices *pl*

manipulál *v* **1.** *(mesterkedik)* be* wheeling and dealing, scheme, manoeuvre *(US* maneuver); *(számokkal, számlákkal)* juggle (with) [figures, accounts], manipulate [accounts] **2.** *(befolyásol)* manipulate [public opinion]; *(választást)* rig [the elections]

mankó *n* crutch, pair of crutches, crutches *pl*

mankópénz *n* risk-money

manó *n* mischievous sprite, imp, goblin, hobgoblin; **vigye el a** ~**!** the devil take him!, confound him!

manométer *n* manometer

manöken *n* model

manőver *n* manoeuvre *(US* maneuver)

manőverez *v* **1.** *(kat és ált)* manoeuvre *(US* maneuver) **2.** *(kocsijával)* manoeuvre [one's car into a parking space]

Man-sziget *n* Isle of Man; ~**i** Manxman°; *(nő)* Manxwoman°

manufaktúra *n tört (a termelési forma)* manufacture; *(az üzem)* manufactory

manzárd *n* mansard, garret, attic

manzárdlakás *n* garret/attic room

manzárdszoba *n* garret/attic room

manzárdtető *n* mansard/garret roof

mappa *n (írómappa)* (writing) pad; *(konferencián stb.)* folder

mar¹ *vt* **1.** *(állat)* bite* **2.** *(sav)* bite*, corrode; *(rozsda)* fret, corrode; ~**ja a nyelvet** it burns* one's tongue **3.** *műsz* mill ⇨ **bír 3.**

mar² *n (lóé)* withers *pl*

már *adv* already; *(kérdésben)* already, yet; *(kérdésben: valaha/egyáltalán)* ever; *(tagadásban)* any more; ~ **amennyire** (in) so far as; ~ **akkor is** even then; ~ **1914-ben** as far back as 1914; ~ **az V. sz.-ban** is as early as the 5th century; ~ **dolgozol?** are* you working yet/already?; **igen,** ~ **dolgozom** yes, I am* at work already; yes, I am* working already; ~ **egy éve beteg** (s)he has been ill for a year; ~ **nem dolgozom** I do* not work any more; ~ **nem** no longer/more, not now; ~ **nem a régi** he is* no longer what he used to be, he is* no longer his former/old self; ~ **csak kettő van** only two are* left; ~ **csak azért is** for the very reason, if only because; **megjött** ~**?** has he come yet?; ~ **éppen menni akartam** I was* (just) going/about to leave; ~ **megint** again; **megyek** ~**!** I'm on my way (*v.* coming/going); **siess** ~**!**

come on now!, get a move on, will you!; ~ **most** *(nem máskor)* right now, here and now; ~ **nincs** *vm* there is* no more (of it); ~ **találkoztunk** we have* met before, we have* already met; ~ **ott kell(ene) lenniük** they should be there by now; ~ **ott volt, amikor a barátja megérkezett** he was already there when his friend arrived **mára** *adv* → **ma 1.**

marad *v* **1.** *(vm állapotban)* remain, rest; **életben** ~ survive; **hű** ~ **vmhez** remain faithful/loyal to sg; **magára** ~ → **maga**[1] **1.**; **minden** ~ **a régiben** everything remains unchanged, there will be no change(s); ~**ok kiváló tisztelettel** I remain yours respectfully/truly; **ennyiben** ~**unk** we'll leave it at that, that's that; **ez nem** ~**hat ennyiben!** something must be done about it!, it can't go on (like that), it can't be left at that; **köztünk** ~**jon!** this is strictly between ourselves, this is between you and me; *biz* ~**j már!** go away! **2.** *vhol* stay, remain, make* a stay, stop (swhere); **ágyban** ~ stay in bed; **ott** ~ stay there; **otthon** ~ stay at home; **külföldön** ~**t** (s)he stayed abroad → **disszidál**; **nem** ~**ok soká** I shan't/won't stay long; **ne** ~**j soká!** don't be long; **hol** ~**tál ilyen sokáig?** where have you been so long? **3.** *vm* **mellett** ~ stick*/adhere to sg, abide* by sg; **vm mögött** ~ be* inferior to sg, fall* short of sg; ~**junk a tárgynál** let us stick to the point/subject **4. vkre** ~ be* left to sy, fall* to sy('s lot) **5.** *vmennyi* be* left (over), remain; **semmi sem** ~**t** nothing was left (of it), nothing remained; **nem** ~**t más, mint ...** nothing was left to me but ...; **már csak kettő** ~**t** there are only two left; **egy vasam sem** ~**t** I haven't got a penny left, I am* stone/stony broke **6.** *mat* **ha 5-ből elveszünk 2-t,** ~ **3** five minus two leaves three

maradandó *a* lasting, enduring, permanent

maradás *n* **nincs** ~**a** (1) *(nem akar maradni)* (s)he doesn't want to stay, (s)he won't stay (2) *(mozgékony)* be* restless, be* always on the go; **nincs** ~**a vktől** be* pestered/plagued by sy

maradék I. *n* **1.** *ált* remainder, remains *pl*, rest; *(kevés)* remnant(s) **2.** *(étel)* leftover(s), remains [of a meal] *pl* **3.** *(kivonásnál, osztásnál)* remainder; *(összeadásnál)* carry-over; *(számlán)* balance [of an/the account]; ~ **nélkül osztható** → **osztható II.** *a* remaining, residual, left *ut.*; ~ **étel** the left-

overs *pl*, food left, remainder of the food; **a** ~ **pénzem** what remained of my money

maradéktalanul *adv* fully, entirely; ~ **megfizet** pay*/settle in full

maradi I. *a* **1.** *vk* backward(-looking), old-fashioned **2.** *(eszme)* old-fashioned, antiquated; ~ **gondolkodás** old-fashioned ideas *pl* **II.** *n* fuddy-duddy, old fogey

maradiság *n* old-fashioned ideas *pl*; *vké* backwardness, fustiness

maradó *a* ~ **fog** adult/permanent tooth°

maradvány *n* **1.** *(pusztulás után)* ~**ok** remains *pl* **2.** *(régi dolgoké)* relic, survival (of times past) **3.** *vk* **földi** ~**ai** mortal remains (of sy) ⇨ **maradék**

marakodás *n* quarrel(ling), bickering, wrangling

marakod|ik *v* *(állatok)* fight* (over); *(emberek)* quarrel, bicker

marás *n* **1.** *(állaté)* bite **2.** *(savé)* biting/corrosive effect **3.** *műsz* milling

marasztal *v* *vkt* detain, ask (sy) to stay (on/longer)

marat *v* **1.** *(savval)* corrode **2.** *műsz* mill

maratonhajtás *n* marathon driving

maratoni futás *n* marathon

márc. = *március* March, Mar.

marcangol *v* **1.** *konkr* lacerate **2.** *(kín)* torment, torture, gnaw

Marci *n* Mart(in); **él, mint** ~ **Hevesen** live the life of Riley, live like a lord

marcipán *n* marzipan

március *n* March; ~**ban,** ~ **folyamán** in (the course of) March; ~ **hóban/havában** in (the month of) March; ~ **20-án** on 20(th) March, *US* on March 20(th); *(levélben)* **1989.** ~ **6.** 6 March (*v. US* March 6th) 1989; ~ **tizenötödike/15.** the Fifteenth/15th of March ⟨a day remembering the 1848 fight for freedom⟩; ~ **idusán** on the Ides of March, on the 15th of March

márciusi *a* March, in/of March *ut.*; **egy** ~ **napon** on a (certain) March day, one day in March; ~ **napsütés** March sunshine

marcona *a* grim(-looking), martial

mardos *v* *(kín)* gnaw (at), torment, torture; *(lelkiismeretfurdalás)* prick; ~ **a tudat, hogy** it pains me to know that; **az önvád** ~**sa** feel* the pricks/pangs of conscience

marék *n* *(mennyiség)* handful; **egy** ~ **...** a handful of ... ⇨ **marok**

maréknyi *a* a handful of

márga *n* marl

margaréta *n* daisy

margarin *n* margarine, *GB biz* marge

marginális *a* marginal

Margit *n* Margaret

margó *n* margin; **keskeny ∼jú** with a narrow margin *ut.*

marha I. *n* 1. *(állat)* cattle *(pl* ua.*)* 2. *(ember)* blockhead, fathead, idiot II. *a vulg* 1. *(emberről)* idiotic, stupid, *GB* gormless 2. **∼ nagy** *vm* great big sg 3. **∼ jó** bloody *(US* damn*)* good, jet good; *kif* it's great

marhaállomány *n* livestock

marhabélszín *n* sirloin (steak)

marhabőr *n* oxhide, rawhide

marhahús *n* beef; **sült ∼** roast beef

marhahúskivonat *n* beef extract

marhahúskonzerv *n* canned/corned beef

marhaistálló *n* cow/cattle-shed, byre

marhanyelv *n* ox-tongue

marhapörkölt *n* beef-stew with paprika, Hungarian stew of beef

marhaság *n* nonsense, rubbish; **∼ot mond** talk rot/nonsense

marhasült *n* roast beef, beefsteak

marhaszelet *n (hirtelen sült)* beefsteak

marhavagon *n* cattle-truck

marhavész *n* cattle-plague, rinder-pest

Mari *n* Mary, Moll(y), Poll(y), May

Mária *n* Mary; Maria

Marianna *n* Marianna

máriaüveg *n* mica, isinglass

marihuána *n* marijuana

mariníroz *v* marinade *v.* marinate; **∼ott hal** marinated fish

máris *adv* 1. *(azonnal)* at once, immediately, right/straight away 2. *(már most)* already, just now, *US biz* right now

Márk *n* Mark

márka *n* 1. *(védjegy)* trademark 2. *(gyártmány)* make, brand 3. *(pénz)* mark

markáns *a (vonások)* striking(ly marked), sharp; **∼ (arc)vonások** rugged/strong features; **∼ arcú** sharp-featured/faced; **∼ profilja van** be* hatchet-faced

márkás *a* a good brand (of sg), quality; **∼ áru** branded goods *pl*, quality products *pl*; **∼ bor** choice/vintage wine; **∼ óra** a good watch

markecol *v* □ roll (sy)

marketing *n* marketing

márki *n* marquis, marquess

márkiné *n* marchioness

markol *v* grasp, grip, clutch, seize; **ki sokat ∼, keveset fog** he who grasps much holds little; grasp all, lose all; **vknek a szívébe ∼ cut*** sy to the heart/quick, wring* sy's heart

markolat *n (kardé)* hilt

markolatkosár *n (vívókardé)* guard

markolódaru *n* grab-crane

markológép *n* excavator

markos *a (férfi)* muscular, strapping

markotányos *n* † sutler, canteen-keeper

markotányosnő *n* † (female) sutler, canteen-keeper

már-már *adv* almost, (very) nearly; *kif* be* on the point of ...ing; **∼ azt hitte ...** he was (just) beginning to think ...; **∼ utolért** he had almost caught up with me

mármint *conj* 1. *(tudniillik)* namely *(röv. írásban:* viz.*)*, that is to say *(röv. írásban:* i.e.*)* 2. *(kérdésben)* (do) you mean ...?

marmonkanna *n* jerrycan

mármost *adv* now (then), and now, well now

márna *n* barbel

maró *a* 1. *vegyt* corrosive, corroding; **∼ anyag** corrodent, corrosive 2. *(megjegyzés)* biting, cutting, caustic, scathing, stinging; **∼ gúny** sarcasm, scathing irony

marógép *n* milling machine

marok *n* 1. *(kéz)* (hollow/palm of the) hand; **markába nevet** laugh up *(US* in*)* one's sleeve; **vknek vmt a markába nyom** hand sg to sy, thrust* sg in(to) sy's hand; **markában tart vkt** hold*/have* sy in the palm of one's hand, have* sy in one's pocket/power; **∼ra fog vmt** grasp/grip sg 2. *(mennyiség)* a handful/fistful of ...

Marokkó *n* Morocco

marokkói *a* Moroccan

marokkó(játék) *n* spillikins *pl*, *US* jackstraws *pl*

maroknyi *a/n* a handful of ...

marokszedő *n* swath-layer, harvester

marólúg *n* caustic lye

marónátron *n* caustic soda, sodium hydroxide

maróni *n* chestnut, marron

marós *n* miller

márpedig 1. *(ellenkezés)* but 2. *(megokolás)* and

marsall *n* marshal, *GB* field marshal

marsallbot *n* field marshal's baton

mars (ki)! *int* get out (of here)!, *US* scram!

marslakó *n* Martian

márt *v (ált folyadékba)* dunk (in), dip (into), immerse (in), plunge (into); *(gyertyát)* dip; **∼ott keksz** *kb.* chocolate biscuit

Márta *n* Martha

martalék *n* prey, booty; **a lángok ∼a lett** [the factory/car etc.] went *(v.* had gone*)* up in flames

martalóc *n* † mara*u*der, freebooter; *(útonálló)* highwayman°

mártás *n (húshoz)* sauce, gravy

mártásoscsésze *n* sa*u*ce/gravy-boat

martinász *n* *o*pen-hearth f*u*rnaceman°

martinkemence *n* *o*pen-hearth f*u*rnace

mártír *n* martyr

mártírhalál *n* a martyr's death; **~t halt** (s)he died a martyr [in the cause of freedom etc.]

mártíromság *n* martyrdom

mártogat *v* dunk [one's bread in the gravy]

Márton *n* Martin

márvány *n* marble

márványlap *n* marble slab

márványos *a* marbly, marbled

márványoszlop *n* marlbe column/p*i*llar

márványpapír *n* marbled paper

márványsajt *n* R*o*quefort, *kb.* blue St*i*lton

márványszobor *n* marble st*a*tue; **márványszobrok** marbles

márványtábla *n* marble tablet

Márvány-tenger *n* the Sea of Marmora/ Marmara

marxi *a (személyére vonatk.)* Marxian; *(elméletére vonatk.)* Marxist

marxista I. *a* Marxist, Marxian **II.** *n* Marxist

marxista—leninista *a* Marxist-Leninist; **~ világnézet** Marxist-Leninist ide*o*logy *(v.* views *pl)*

marxizmus—leninizmus *n* Marxism-Leninism

más I. *pron a o*ther, d*i*fferent; **~ id*ő*k, ~ emberek** *o*ther days/times, *o*ther ways/ manners; **most ~ id*ő*ket élünk** times have changed; **~ néven** *o*therwise, *a*lias, *a*lso known as, *a*lso called; **~ szóval** in other words; **~ vallású** of another religion/faith *ut.,* of a d*i*fferent rel*i*gion/faith *ut.;* **az én helyzetem ~** my pos*i*tion is* d*i*fferent **II.** *pron n* **1.** *vk* s*o*mebody/s*o*meone else; *(kérdésben) a*nyone else; *vm* s*o*mething else; *(kérdésben) a*nything else; **az már ~!** that's more like it, that puts a d*i*fferent compl*e*xion on the m*a*tter; **ez ~** th*a*t's d*i*fferent, that's something else; **ez egészen ~!** that's quite an*o*ther st*o*ry/m*a*tter, that's a very d*i*fferent st*o*ry; **bárki ~** *a*nyone else; **semmi ~** n*o*thing else; **nincs** *(v.* **nem marad) ~ hátra, mint (hogy)** there is* n*o*thing (else) to be done but, you might as well ..., there is* n*o*thing for it but; **~ok** others, *o*ther p*e*ople; **és ~ok** *(bibliográfiában)* et al.; **még sokan ~ok** m*a*ny more bes*i*des; **~on jár az esze** his mind is w*a*ndering, he is* miles away; **~ra gondol**

(s)he is* th*i*nking of something else; **beszéljünk ~ról** let's speak ab*o*ut something else, let's change the s*u*bject; **,, ~sal beszél''** *(telefon)* Sorry! The line's/n*u*mber's eng*a*ged *(US* bu*s*y); **,, ~sal beszél'' jelzés** eng*a*ged *(US* bu*s*y) signal **2.** *(vk mása)* (sy's) *a*lter *e*go, sec*o*nd self; **vknek a szakasztott ~a** (s)he is* a c*a*rbon c*o*py of her/his [s*i*ster etc.] **3.** *(vm mása)* c*o*py, d*u*plicate, r*e*plica

mása → **más II. 2.**

másállapot *n* pr*e*gnancy; **~ban van** be* pr*e*gnant

másé *pron* s*o*mebody/s*o*meone else's, that of s*o*mebody/s*o*meone else *ut.;* **ne vedd el a ~t** don't take what is an*o*ther's, don't take what belongs to s*o*mebody else

másfajta *pron* an*o*ther/d*i*fferent kind/sort of ..., other, d*i*fferent

másfél *num* *o*ne and a half; **~ óra** an hour and a half

másfelé *pron* the/some *o*ther way; *(máshova)* *e*lsewhere, somewhere else; **~ néz** look an*o*ther way

másféle *pron* of an*o*ther kind/sort/type *ut.,* a d*i*fferent kind of, *o*ther, d*i*fferent

másféleképpen *adv* *o*therwise, d*i*fferently (from sy)

másfelől *adv* **1.** *(irány)* from an*o*ther direction, from a d*i*fferent direction **2.** *(viszont)* on the *o*ther hand

másfélszer *num adv* **~ akkora** half as big ag*a*in; **~ annyi** half as much ag*a*in

máshogyan *adv* = **másképpen**

máshol *adv* *e*lsewhere, somewhere else

máshonnan *adv* from elsewh*e*re, from somewhere else

máshova *adv* *e*lsewhere, somewhere else; **~ néz** look the *o*ther way, look in an*o*ther direction

másik *pron* an*o*ther; **egyik is, ~ is** both; **egyik a ~ után** (1) *ált* one *a*fter the other (2) *(sorban)* one beh*i*nd the *o*ther (3) *(egyesével)* one by one; **nem tudom, melyik ~** I don't know which is* which, I can't tell one from the *o*ther; **egyik csapás a ~ után érte** he s*u*ffered blow *a*fter blow

maskara *n* **1.** *(jelmez)* fancy dress, masquer*a*de **2.** *(nevetséges öltözet)* grot*e*sque/ rid*i*culous clothes *pl (v.* outfit)

másként, másképpen *adv (eltérően)* d*i*fferently, in an*o*ther m*a*nner/way, in a d*i*fferent m*a*nner/way, otherwise; **~ nem is lehet** it must be so, it can't be *o*therwise; **én ~ gondolkozom(, mint ...)** I think* d*i*fferently (from ...), I am* of a d*i*fferent mind/opinion (to ...); **másként gondol-kodó** (political) dissident; **hogyan** ~ how else

máskor *adv* another time, at some other time/date, on another occasion; **mint** ~ as usual/before, as at other times; **~ra hagy/halaszt** postpone, put* off, defer [sg to a later date]

máskülönben *adv* otherwise, (or) else

más-más *pron* other, different, various, several

másmilyen *pron* = **más I.**, **másféle**

másnap I. *adv* the next day, (on) the following day; ~ **reggel** the following/next morning; **minden** ~ every other day **II.** *n* **karácsony** ~**ja** *GB* Boxing Day, *US* December 26

másnapi *a* of the next/following day *ut.*, the next/following day's

másnapos *a* **1.** ~ **szakáll** a second day's growth of beard **2.** *(ivás után)* hung-over, liverish; *kif* feel* a bit hung-over, have* a hangover; ~ **érzés/hangulat** hangover, *biz* the morning after

masni *n* bow, ribbon

másod *n* *zene* second

másod- *pref* **1.** *(második)* second **2.** *(al-)* vice-, sub-

másodállás *n* second(ary) job/employment, part-time job, moonlighting

másodéves *a/n* ~ **(hallgató)** second-year student, *US* sophomore; ~ **jogász** law--student in his/her second year, *csak US:* sophomore law-student

másodfokú *a* of the second degree *ut.*; ~ **égés** second-degree burn; ~ **ítélet** judgement of the court of the second instance *(v.* of the second appeal court); ~ **unokatestvér** second cousin ⇨ **egyenlet**

második I. *num* a second *(számmal:* 2nd); ~ **emelet** second floor, *US* third floor; ~ **gimnazista** student in his/her second year at high/secondary school; ~ **helyezett** runner-up *(pl* runners-up); **minden** ~ **héten** every other/second week, every two weeks; **M**~ **Richárd** Richard II *(kimondva:* Richard the Second); ~**nak fut** be* the/a runner-up (to sy) **II.** *n* **1.** **május** ~**a** *(kimondva:)* the second of May; *(írásban:)* 2 May, 2nd May, *főleg US:* May 2(n)d **2.** ~**on utazik** travel *(US* -l) second(-class) **3.** *isk* ~**ba jár** go* to *(v.* attend) the second form/class

másodiki (2-i) *a* Május 2-i levelét köszönettel megkaptam/-kaptuk. Thank you for your letter of 2 May *(v. US* May 2(n)d) *(v. ker* your letter of the 2nd inst.).

másodikos I. *a* ~ **tanuló** student in the second form/class; ~ **tankönyv** textbook for the second form/class **II.** *n* second-form student [in a Hungarian school]

másodízben *adv* (for) the second time

másodkézből *adv* second-hand; ~ **vesz vmt** buy* sg second-hand; ~ **hall vmt** get* the news second-hand

másodlagos *a* secondary, subsidiary; ~ **fontosságú** of minor importance *ut.*

másodlat *n* duplicate (copy)

másodmagával *adv* he/she and another (person), he/she and sy else

másodnaponként *adv* every other day, on alternate days

másodnövény *n* second crop, after-crop

másodosztályú *a* second-class; ~ **jegy** second-class ticket; ~ **vendéglő/étterem** a Class/Grade II restaurant

másodpéldány *n* duplicate (copy)

másodperc *n* second; **egy** ~ **ezredrésze alatt** in a split second

másodpercmutató *n* second hand

másodpercnyi *a (idő)* a second('s time); ~ **pontossággal** *(punctual)* to the second, *biz* [he was] dead on time

másodpilóta *n* co-pilot

másodrangú *a* = **másodrendű 1., 2.**; ~ **kérdés** side-issue

másodrendű *a* **1.** *(áru)* second-rate/class/best, inferior *(vmhez képest* to); ~ **áru** seconds *pl* **2.** *(jelentőségre)* non-essential **3.** ~ **vádlott** accused of the second order

másodsorban *adv* secondly, in the second place

másodszor *adv* **1.** *(másodízben)* (for) the second time **2.** *(másodsorban)* secondly, in the second place

másodszori *a* second; ~ **figyelmeztetésre** at the second warning

másodtitkár *n* second secretary

másod-unokatestvér *n* second cousin

másodvetés *n* after-seed ⇨ **másodnövény**

másodvirágzás *n* **1.** *(virágé)* second flowering/blossoming **2.** *átv* rejuvenescence

másol *v* **1.** *(szöveget)* copy, make*/take* a copy of sg; *(kazettát)* copy **2.** *fényk* print, take* a print from a negative

másolás *n* copying; **gépi** ~ reprography, photocopying

másolat *n (szövegé)* copy, duplicate (copy); *(műalkotásé)* replica, reproduction; *fényk* print; **(gépelt)** ~ carbon (copy); **hiteles** ~ certified/attested copy; ,,a ~ az eredetivel teljesen megegyezik" examined/certified copy; ~ot készít vmről (1) *(iratról)* make*/take* a copy of, duplicate (sg); *(géppel)* photocopy; xerox [a letter etc.]; *(többet)* run* off ... copies of sg (2) *(fényképről)* make* a copy of, print (sg) (3) *(festményről)* make* a replica/reproduction of sg; **két** ~ot **csinál róla** make* it out in triplicate; **két** ~tal **kérem** I want one original and two carbons, please

másoló I. *a* copying **II.** *n* copier
másológép *n* copier; *(xerox)* Xerox machine
másolópapír *n* **1.** *(karbonpapír)* carbon (paper) **2.** *fényk* contact paper
másrészről *adv* on the other hand
másrészt *adv* on the other hand ⇨ **egyrészt**
mássalhangzó *n* consonant
mássalhangzó-torlódás *n* consonant cluster
másszor *adv* = **máskor**; **egyszer** ... ~ ... now ... now/then ...
másutt *adv* elsewhere, somewhere else; **akárhol/bárhol** ~ anywhere else
másvalaki *pron* somebody/someone else
másvilág *n* the other world, the beyond; **vkt a** ~**ra küld** *biz* send* sy to kingdom come, bump sy off; **a** ~**ról** from beyond the grave
maszat *n* stain, dirt, smear
maszatol *v* stain, dirty, smudge, smear
maszatos *a* stained, dirty, smeared, smudged
maszek *a/n* self-employed (person); (a person) in self-employment; *(igével)* be* self-employed; **vállalati dolgozó vagy** ~? I wonder whether he works for a company or runs his own business?; ~ **cukrászdája van** he has his own patisserie; **sok** ~ **munkát végez** he has/does a lot of work on the side, he has/does a lot of private jobs/work
maszekol *v* do* private work, work on the side, moonlight
mász|ik *v* **1.** *vmre* climb sg; **fára** ~**ik** climb a tree **2.** *(csúszik)* crawl; *(négykézláb)* creep* **3.** *(hegyet)* climb [a hill]
maszk *n* ált mask; *(színésze)* make-up; **halotti** ~ death-mask
mászkál *v* *(vk céltalanul)* ramble, stroll, roam, loaf *(mind:* about)
maszkíroz *v* mask; *(színészt)* make* up [actor]
maszkírozás *n* masking, make-up
maszkmester *n* make-up man°

maszlag *n* **1.** *növ* thorn-apple **2.** *átv* eye-wash, bunkum, humbug
mászóka *n* *(játszótéri)* climbing frame
mászókötél *n* climbing rope
mászórúd *n* climbing pole
mászóvas *n* climbing irons *pl*
massza *n* mass
masszázs *n* *(orvosi)* (medical) massage
masszíroz *v* massage, give* a massage to; *biz* knead
masszív *a* massive, solid, bulky
masszőr *n* masseur; *(női)* masseuse
maszturbál *v* masturbate, excite oneself
matat *v* rummage
Máté *n* Matthew
matek *n* biz maths *sing. v. pl,* US math
matematika *n* mathematics *sing.*
matematikai *a* mathematical; **nagy** ~ **tehetség** a mathematics genius
matematikatanár *n* teacher of mathematics, mathematics/maths teacher
matematikus *n* mathematician; **jó** ~ *(gyerekről)* be* good at maths
matéria *n* matter, substance
materiális *a* material
materialista I. *a* materialistic; *(az elmélettel kapcs.)* materialist; ~ **történelemszemlélet** materialist conception/view of history **II.** *n* materialist
materializmus *n* materialism → **dialektikus, történelmi**
matiné *n* morning performance/concert
mátka *n* † fiancée
mátkapár *n* *(esküvőn)* † the bride and groom
mátkaság *n* † engagement
matrac *n* mattress
matrica *n* nyomd mould (*US* mold), matrix *(pl* matrices *v.* matrixes)
matróna *n* ir old lady, matron
matróz *n* sailor, (ordinary) seaman°; *(hadihajón)* bluejacket; *biz* tar, leatherneck
matrózblúz *n* sailor/middy blouse
matrózruha *n* *(fiué)* sailor suit
matrózsapka *n* sailor hat
matt¹ *a* *(fém)* mat(t), unpolished; *(bútor)* unvarnished **2.** *(szín)* dull, flat
matt² *n* *(sakk)* (check)mate; ~! checkmate!; ~**ot ad vknek** checkmate sy; ~ **három lépésben** mate in three (moves)
Mátyás *n* Matthias; ~ **király** King Matthias
matyó *a* ~ **hímzés** "matyó" embroidery ⟨made by peasants in and around Mezőkövesd⟩
mauzóleum *n* mausoleum

MÁV = *Magyar Államvasutak* Hungarian State Railways

max. = **maximum**

maxi *a* maxi

maximál *v (vm árát)* se**t*** a ceiling on [the price of sg]

maximális *a* maximum, greatest/highest possible, *u*tmost, top; ∼ **ár** maximum/ceiling price; ∼ **árszint** price ceiling; ∼ **megterhelés** (1) *ált* maximum load (2) *hajó* maximum tonnage (3) *el* peak load; ∼ **sebességgel** at maximum/top speed; ∼**an kihasznál vmt** make* the most of sg

maximalista *n (jelzőként is)* perfectionist

maximum I. *n (jelzőként is)* maximum
II. *adv* at the (very) outside, at (the) most, at the very most; ∼ **100 ember számára való férőhely** room for 100 people at the outside

maxiszoknya *n* maxi (skirt)

máz *n* **1.** *(kerámián)* glaze; *(fémen)* enamel **2.** *(tortán stb.)* glaze, icing **3.** *átv* veneer, varnish

mázas *a (edény)* glazed [earthenware]

mázli *n* □ bit/stroke of luck, fluke; **micsoda** ∼! what a fluke!

mázlista *n* □ lucky beggar/dog

mázol *v* **1.** *(mázoló)* paint; **vigyázat** ∼**va!** wet paint **2.** *(rossz festő)* daub

mázolás *n* paint(ing); **a** ∼ **még friss** it's freshly painted

mázolmány *n* daub

mázoló *n (szobafestő)* (house-)painter

mázolóecset *n* paintbrush

mázsa *n* **1.** *(100 kg)* 100 kilos, quintal, *kb.* two hundredweight **2.** *(mérleg)* weighing machine; *(járműveknek)* weigh-bridge

mázsál *v* weigh

mázsáló *n* **1.** *(hely)* weigh-house **2.** *(lóverseny)* weighing-enclosure

mázsás *a* **1.** *(egy mázsás)* weighing a quintal *ut.* **2.** *átv* crushing [weight]; ∼ **súllyal nehezedik rá** he is* crushed by the weight of it, he is* weighed down by sg

mazsola *n* **1.** raisin, sultana **2.** *átv biz (kezdő autóvezető)* *kb.* learner driver

mb. = **megbízott**

mecénás *n* patron [of art], Maecenas

mechanika *n* **1.** *fiz* mechanics *sing.* **2.** *(szerkezet)* mechanism; *(zongoráé)* action

mechanikai *a* mechanical

mechanikus I. *a átv is* mechanical **II.** *n* mechanic, technician

mechanizál *v* mechanize

mechanizmus *n műsz és tud* mechanism; **gazdasági** ∼ economic mechanism; **új**

gazdasági ∼ new system of economic management, new economic mechanism

mécs *n* night-light, wick

meccs *n* match

mécses *n* = **mécs**; *biz* **eltörött a** ∼ turn on the waterworks

mecset *n* mosque

medál, medalion *n (nyakban)* medallion, pendant; *(nyitható-csukható)* locket

meddig *adv* **1.** *(térben)* how far? **2.** *(időben)* (for) how long?, till/until when?; ∼ **tart?** how long does/will it take/last?

meddő *a* **1.** *(nő, ill. nőstény állat)* infertile, barren, sterile; *(föld)* unproductive, infertile **2.** *(munka)* unproductive, fruitless, ineffective, vain [effort]; *(vita)* sterile [dispute]

meddőhányó *n* slag/waste heap, mine dump

medence *n* **1.** *(edény)* basin; *(úszó)* (swimming) pool **2.** *földr* basin **3.** *orv* pelvis

medencecsont *n* hip-bone

meder *n* **1.** *(folyóé)* bed; **visszatér a medrébe** *(folyó)* retreat, recede, return to its bed **2.** *átv* channel; **a tárgyalások jó** ∼**ben folynak** the negotiations are* going well

média *n biz* (mass) media

medikus *n* medical student, *GB biz* medic

medve *n* **1.** *áll* bear **2.** **ne igyál előre a** ∼ **bőrére** don't count your chickens before they are hatched, first catch your hare, then cook it **3.** *biz* **vén tengeri** ∼ old salt, sea-dog

medvebocs *n* bear-cub

medvebőr *n* bearskin

medvecukor *n* (black) liquorice

medvetáncoltató *n* bear-leader

meg *conj* **1.** *(felsorolásban)* and; **kettő** ∼ **kettő az négy** two and/plus two make/is/are four **2.** *(nyomatékul)* **én** ∼ **nem érek rá** as for myself I have* no time to ...; **te** ∼ **mire vársz?** and what are* you waiting for?; **újra** ∼ **újra** again and again, over and over (again)

még *adv* **1.** *(időben: ami még tart)* still; *(tagadó mondatban)* yet; ∼ **mindig** still; ∼ **(mindig) esik** it is still raining; **ma** ∼ **itt leszek** I'm still here today, today is my last day; ∼ **nem érkezett meg** he hasn't arrived yet; ∼ **nem** not yet; **eddig** ∼ **nem** [not] so far *v.* as yet; ∼ **eddig** so far, as yet; ∼ **él** he is still alive; ∼ **semmi sem történt** nothing has happened yet; ∼ **nem kész** it is not yet ready; **ilyet** ∼ **nem hallottam** I have never heard (of) such a thing (*v.* heard anything like it) **2.** *(időben: a jövőre utalva)* **(most)** ∼ **lehet jelentkezni** you

can still appl*y*, it is not too late to appl*y*; ~
ma délután this very afternoon; ~ **ma**
(megcsinálom) [I'll do it] before the day's
out, this very day; ~ **a télen megcsiná-**
lom I'll do it this winter **3.** *(időben: a múltra*
utalva) ~ **csak ma** only tod*a*y, as late as
tod*a*y; **hiszen ~ tegnap** (but) *o*nly yester-
day; ~ **1914-ben** as far back (*v.* long ag*o*)
as 1914, *US* way back in 1914; ~ **a télen**
vettem I bought/got it last w*i*nter; ~ **(va-**
lamikor) a 60-as években back in the
sixties **4.** *(ismét)* ~ **egyszer** once more/
ag*a*in, over ag*a*in; ~ **egyszer átél** re-l*i*ve,
live *o*ver ag*a*in; ~ **egyszer lemásol vmt**
copy sg out ag*a*in, recopy; ~ **egyszer**
annyi as much/many ag*a*in **5.** *(ezenkívül)*
~ **ki?** who else (bes*i*des)?; **ki volt ~ ott?**
who else was there?; **és ~ sok más** and
much/many more besides; ~ **csak egy**
szót! (just) one word more!; **akarsz ~**
vmt mondani? have you *a*nything more to
say?; **parancsol ~ vmt?** will there be
*a*nything else(, M*a*dam/Sir)?; **van ~?** is
there *a*ny more?; **kérek ~!** may/can I have
some more?; **végy/vegyen ~** *(kínálás)*
(do) have* some more, (please) help your-
self; **és ~ hozzá** and what is more; ~ **mit**
nem! *biz* not in the least!, by no means!
6. *(fokozó ért.)* ~ **inkább** even/still more;
~ **kevésbé** *e*ven/still less; ~ **... is** *e*ven;
~ **akkor is, ha** *e*ven if; ~ **ha olyan jó**
is however good it is, good as it may be; ~
ők is *e*ven they (thems*e*lves); ~ **ha eljön**
is *e*ven if he comes, even if he came; ~ **ha**
igaz volna sem ... not *e*ven if it were
true; **(sőt) ~ ... sem** nor *e*ven/yet; **nem**
hallgat rám, sőt ~ rá sem he won't
l*i*sten to me nor *e*ven/yet to her; ~ **csak**
nem is láttam soha I have n*e*ver *e*ven
seen him; ~ **csak nem is biccentett**
with*o*ut so much as a nod

megacéloz *v* steel, h*a*rden

megaciklus *n* megacycle

megad *v* **1.** ~ **vknek vmt** *ált* grant sy sg,
grant sg to sy; *(ami megilleti)* give* sy
his/her due; **mindent ~ neki** he lets him/
her have *e*verything; **~ja az engedélyt**
vknek give*/grant sy perm*i*ssion to do sg;
nem ad meg vmt ref*u*se (to give) sy sg,
den*y* sy sg; **~ja a gólt** *(játékvezető)* allow
the goal; **nem adta meg a gólt** he disal-
lowed the goal; **~ja vmnek az árát** *átv*
pay* (de*a*rly) for sg; **jól ~ta neki** he gave
him a piece of his mind, (s)he gave as good as
(s)he got **2.** *(adósságot)* rep*a*y* sy [a sum],
pay* (sy) back [the m*o*ney] **3.** *(adatféléket)*

give*, suppl*y* [inform*a*tion]; *(címet)* tell*,
give* [one's/sy's address]; *(árat)* state, quote
[price]; **~ja forrásait** list one's s*o*urces; **a**
~ott időben és helyen at a g*i*ven time
and place **4.** **~ja magát** surrender, yield,
give* in, *biz kif* throw* in the t*o*wel; **~ta**
magát sorsának he bowed/subm*i*tted to
his fate

megadás *n* **1.** *vmé* granting **2.** *(tartozásé)* re-
p*a*yment **3.** *kat* surrender; **feltétel nélküli**
~ uncond*i*tional surrender; **a terrorista-**
kat ~ra kényszerítették the terrorists
were forced to give in **4.** *(beletörődés)* re-
sign*a*tion, submission; **~sal viselte sor-**
sát he met his fate with resign*a*tion

megadóztat *v* put*/l*e*vy a tax (on sy/sg), tax
(sg/sy)

megadóztatás *n* tax*a*tion

megafon *n* loudspe*a*ker; *(kézi)* megaphone,
(rendőrségi, ill. ált tömeg mozgatásához)
loud-ha*i*ler, csak *US:* bullhorn

megagitál *v* win* sy over (to ...)

megágyaz *v* make* the bed(s)

megahertz *n* megahertz

megajándékoz *v vkt vmvel* present sy with
sg, present sg to sy

megajánl *v* **1.** *(felajánl)* offer, pledge
2. *(megszavaz)* vote

megakad *v* **1.** *(szerkezet)* stop; *(alkatrész)*
catch*, get* stuck/caught; *(sárban)* get*
stuck **2.** *(beszélő, szavaló)* falter, dry up,
get* stuck **3.** **a szálka ~t a torkán** the
f*i*sh-bone stuck in his throat; ~ **vmn a**
szeme sg strikes*/c*a*tches* one's eye **4.** *(fo-*
lyamat, ügy) get* stuck

megakadályoz *v* **1.** *vkt vmben* prevent (*v.*
keep* back) sy from (doing) sg **2.** *vmt* cross,
st*y*mie, impede

megakaszt *v* **1.** *ált* stop, check, block
2. *(szerkezetet, forgalmat)* jam, stop [the
mach*i*nery] **3.** *(vkt beszédben)* interrupt (sy),
cut*/stop (sy) short

megalakít *v* form, organize; *(bizottságot)*
set* up [a comm*i*ttee]; *(kormányt)* form

megalakítás *n* forming, form*a*tion

megalakul *v* be* formed/f*o*unded/estab-
lished, be* set up

megalakulás *n* f*o*rming, form*a*tion

megalapít *v ált* found, est*a*blish; *(ker társa-*
ságot) set* up, start [a business], launch [a
company]

megalapoz *v átv* est*a*blish; *(vádat)* sub-
st*a*ntiate; **hírnevét fordításai alapoz-**
ták meg he first made his name through/
with his translations

megalapozatlan *a* unf*o*unded

megalapozott *a* **jól** ~ well-founded/established

megaláz *v* hum*i*liate, humble, bring* sy low

megalázás *n* humiliation, humbling

megalázkodás *n* self-abasement

megalázkod|ik *v* humble/abase oneself (*vk előtt* before sy)

megalázó *a* hum*i*liating, degrading

megaláztatás *n* humiliation, degradation

megáld *v* **1.** *(pap)* bless; **az Isten áldjon meg!** (1) *(jókívánságként)* God bless you! (2) *(felháborodva)* for Heaven's sake!; **meg van áldva vele** *iron* he is* afflicted/blessed with (sy, sg) **2.** *(vkt vmlyen képességgel)* bless, endow (sy with sg)

megalkot *v* create

megalkusz|ik *v* **1.** *vkvel* come* to an agreement with sy about sg **2.** *átv* come* to terms with sg (*v.* a/the situation); ~**ik a helyzettel** make* the best of it (*v.* a bad job)

megalkuvás *n átv* compromise; *elít* opportunism; **meg nem alkuvás** intransigence, uncompromising attitude; ~**t nem ismer** be* uncompromising/intransigent

megalkuvó *a átv* compromising; ~ **ember** compromiser, opportunist, time-server; ~ **politika** opportunism, policy of compromise; **meg nem alkuvó** uncompromising, intransigent

megáll **1.** *vi* ált stop, come* to a stop/standstill; *(egy időre)* halt, come* to a halt, pause; *(jármű ház előtt stb.)* pull/draw* up; *(vonat állomáson)* call at, stop (at); *(kiírás pályaudvaron)* calling at ...; **útközben** ~ *(autóval)* make* a stop on the way; **többször** ~ **útközben** *(pl. hosszabb külföldi úton)* travel in easy stages; ~**t a vonat** the train stopped; ~ **ez a vonat Bélatelepen?** does this train stop at B.?; **a vonat minden állomáson** ~ the train calls at every station; ~**ni tilos!** no stopping, stopping proh*i*bited; *(mint jelzőtábla)* clearway; **állj meg!** stop there!, hold/hang on!; *biz* ~**j (csak)!** (1) *(várj egy kicsit)* wait a bit/m*i*nute!, stop a moment! (2) *(fenyegetés)* (just) wait till I catch you!; ~**junk csak** let me see, let's see **2.** *vi (munka)* come* to a standstill; grind* to a halt; *(gép leáll)* stall, stop, *(meghibásodik)* break* down **3.** *vi (beszédben)* stop short, break* off **4.** *vi (támaszték nélkül)* stand* up **5.** *vi (helyesnek/érvényesnek bizonyul)* hold* (good); *biz* hold* water; **ez az elmélet nem áll meg** this theory doesn't stand up (*v. biz* doesn't hold water) **6.** *vt* ~**ja a sarat/he-**

lyét (1) *(vmben)* bear* up (under sg), cope with sg, hold* one's own (in sg) (2) *(ellenféllel szemben)* hold*/keep*/stand* one's ground **7.** *vt* **nem/alig tudja** ~**ni, hogy ne** ... he can't help doing sg, he can't refrain from doing sg; **nem álltam meg nevetés nélkül** I couldn't help laughing; **nem állja meg szó nélkül** he can't res*i*st a comment, he must have his say; ~**ja nevetés nélkül** (manage to) keep* a straight face ⇨ **ész, láb, szó**

megállapít *v* **1.** *(kiderít)* establish, ascertain; **már amennyire meg tudom állapítani** as far as I can see/tell **2.** *(kijelent)* state **3.** *(kimutat)* find*, point out (that), show*; *(hibát)* find*, locate; ~**ották, hogy** it was (*v.* has been) found that, it was established that **4.** *(meghatároz)* determine, fix, settle, decide; *(árat)* fix, settle [the price]; *(időpontot)* fix, appoint, assign, set* [a date]; *(kárt, értéket)* assess **5.** *(betegséget)* diagnose

megállapítás *n* **1.** *(kiderítés)* establishing, establishment; *(kijelentés)* statement; *(tud. műben)* findings *pl*; **hivatalos** ~ official statement; ~**t nyert, hogy** it was found/proved/ascertained that **2.** *(áré)* fixing; *(káré)* assessment

megállapítható *a* ascertainable, determinable, provable; ~**, hogy** it can be ascertained/stated/proved that ˉ

megállapított *a* **1.** *(tény)* established, ascertained, stated, proved **2.** *(ár)* fixed; ~ **áron** at the price stated/agreed

megállapodás *n (két fél között)* agreement, understanding; *(szerződés)* contract; ~ **szerint** according to the agreement, as agreed (upon); *(találkozóra vonatkozólag)* by appointment; **ár** ~ **szerint** price by arrangement; ~ **jött létre** (an) agreement was reached; **tartja magát a** ~**hoz** ab*i*de by the agreement; ~**ra jut vkvel** come* to an arrangement/agreement with sy; ~**t köt vkvel** make*/conclude (*v.* enter *i*nto) an agreement with sy

megállapod|ik *v* **1.** *vkvel vmben* agree with sy on/about sg (*v.* as to how ...), make* (*v.* come* to *v.* arrive at *v.* reach) an agreement (with sy on/about sg), make* (*v.* come to) an arrangement (with sy); ~**ik egy időpontban vkvel** make*/fix an appointment with sy (for); ~**tunk abban, hogy** it was agreed/arranged that, we (all) agreed to ..., we are (all) agreed on (...ing) (*v.* that); ~**tak-e az árakat illetően?** have you agreed on (the) prices? **2.** *(mozgó tárgy megáll)* come* to a standstill **3.** *átv vk* settle (down)

megállapodott *a* fixed, settled

megállás *n* stop(ping), stoppage, halt, standstill; ~ **nélkül** (1) *(halad)* without stopping, without a stop, non-stop (2) *(szünet nélkül)* without a break; *(szakadatlanul)* incessantly, unceasingly; ~ **nélkül dolgozik** keep* at it, work non-stop

megállít *v* **1.** *ált* stop, bring* (sg) to a stop; *(járművet)* stop; *(karjelzéssel)* flag down; **hirtelen** ~**ották** was brought up short, was flagged down **3.** *(munkában, beszédben)* interrupt **4.** *(mozgalom terjedését)* contain

megálló(hely) *n* stop; **feltételes** ~ request stop

megálmod|ik *v* see* sg in a dream; *(megsejt)* dream* of/about (sg) beforehand

megalsz|ik *v* **1.** *(tej)* curdle **2.** *vk vhol* put* up for the night

megalvad *v (vér)* clot, cake

megalvaszt *v (vért)* congeal, coagulate

megannyi *adv* **1.** *(ugyanannyi)* as/so many **2.** *(számtalan)* lots of ... *(és többes szám, megszámlálható főnevek esetén)*

megáporod|ik *v* turn/go* stale, go* off

megapprehendál *v vmért* take* offence (at sg), be offended (at/by sg, by/with sy), go* into a huff (about sg)

megárad *v* rise*, swell*, flood, overflow; ~**t a Duna** the Danube is rising

megaranyoz *v* **1.** *(tárgyat)* gild* **2.** ~**za vk öregségét** brighten/light* up sy's old age (*v.* declining years)

megárt *v* **1.** *vknek, vmnek* do* (sy/sg) harm, be* harmful/injurious (to sy/sg); **jóból is** ~ **a sok** too much is as bad as nothing at all, enough is as good as a feast; **nem fog** ~**ani neked** it won't harm you, it will do you good (*v.* no harm) **2.** *(gyomornak)* upset* (sy *v.* sy's stomach), disagree (with sy)

megás *v* **1.** *konkr* dig* **2.** *átv* ~**sa vk sírját** be* the undoing/death of sy

megaszal *v* dry, desiccate, dehydrate

megaszalód|ik *v* become* dry, parch

megátalkodott *a* **1.** *(bűnöző)* confirmed, hardened, obdurate **2.** *(makacs)* stubborn, obstinate

megátalkodottság *n* **1.** *(bűnözőé)* obduracy **2.** *(makacsság)* stubbornness, obstinacy

megátkoz *v* curse, damn

megavasod|ik *v* go*/turn/become* rancid

megáz|ik *v vk* get* wet; *vm* become* wet; *(bőrig)* get* sopping wet, get* soaked to the skin

megbabonáz *v* **1.** *(varázsló)* bewitch **2.** *átv* entrance, fascinate, enchant, charm

megbámul *v* gaze/stare/gape at (sy, sg)

megbán *v* **1.** *(bűnt, vall)* repent (of) [one's sins *v.* what he has done]; **bánjátok meg bűneiteket** repent (of your sins) **2.** *(hibát stb.)* regret [a mistake *v.* one's decision *v.* what one said etc.], be* sorry for [a mistake etc.]; **ezt még** ~**od!** you'll be sorry!, you'll live to regret it; **nem bánod meg** you'll not be sorry, you won't regret it

megbánás *n* regret, sorrow; *vall* repentance; ~**t mutat** show* repentance; **semmi** ~**t nem mutat** show* no (signs of) repentance/regret

megbánt *v* offend (sy), hurt* sy's feelings; **nem akar(ta)lak** ~**ani** no offence meant, I mean(t) no offence/harm; ~**va érzi magát** be*/feel* aggrieved *(vm miatt* at/over sg), be* very (much) hurt (by sg)

megbántás *n* (giving) offence, insult

megbántód|ik *v* be* offended (at sg)

megbarátkoz|ik *v* **1.** *vkvel* become* friends, make* friends (with sy) **2.** *vmvel* familiarize oneself with (sg), come* to terms with sg

megbarnít *v* brown, tan

megbarnul *v* (become*) brown, tan

megbecstelenít *v (nőt)* rape (sy)

megbecstelenítés *n* rape

megbecsül *v* **1.** *(értékel vkt)* appreciate, esteem, value **2.** *(vm értéket)* value, appraise, estimate; *(kárt)* assess [damage] **3.** ~**i magát** behave oneself/properly

megbecsülés *n* **1.** *(személyé)* esteem, appreciation; **minden iránta érzett** ~**em ellenére** with all my/due respect for him (I still ...); **a jó munka** ~**e** appreciation of (*v.* respect for) work well done **2.** *(vm értéké)* estimation, valuing, valuation; *(káré)* assessment

megbecsülhetetlen *a* = **felbecsülhetetlen**

megbékél *v* be* reconciled (*vkvel* with sy), calm down

megbékélés *n vall* atonement; *ált és pol* reconciliation [between former enemies]

megbékít *v* = **kiengesztel, kibékít**

megbéklyóz *v* **1.** *(lovat)* hobble **2.** *vkt* shackle, fetter

megbékül *v* = **kibékül, megbékél**

megbélyegez *v* **1.** *(tüzes vassal)* brand **2.** *(erkölcsileg elítél)* condemn **3.** *átv* ~**ték** *(rásütötték vmnek a bélyegét)* has been stigmatized/branded as ...

megbélyegzés *n* **1.** *(tüzes vassal)* branding **2.** *átv* condemnation

megbélyegzett *a átv* condemned; branded/stigmatized (as) *ut.*

megbénít *v (átv is)* paralyse (*US* -lyze); *(megállít, pl.* forgalmat) bring* to a standstill

megbénul *v (átv is)* be*/become* paralysed (*US* -lyzed); **(valósággal)** ~t a forgalom a belvárosban traffic in the city is at a complete standstill

megbeszél *v* 1. *ált* talk (sg) over; *(megvitat)* discuss, debate; *(vkivel vmt)* have* a talk (with sy about sg); **beszéld meg a feleségeddel** talk it over with your wife 2. *(találkozót stb.)* arrange [a meeting *v.* to meet sy]; ~ **egy időpontot/találkozót vkvel** make*/fix an appointment with sy; **2 órára beszéltem meg (a találkozót) X-szel** I have arranged to meet X at 2 o'clock, I have* an appointment with X at 2 p.m.; ~t **időpont/találkozó** appointment; **ahogy** ~ték as (was) agreed, as arranged; **előre** ~t prearranged; **meg van beszélve?**, ~ték? have you (*v.* do you have) an appointment (with X)?

megbeszélés *n* 1. *ált* talk, discussion; *(értekezlet)* meeting, *főleg US:* conference; *hiv (két ember között)* interview; ~t **folytat** (*v.* ~e van) vkvel have* a talk with sy; ~en (= értekezleten) van be* in/at a meeting, *US* be* in conference; **bizalmas** ~t **folytat vkvel** have* a private conversation/interview with sy 2. *(megbeszélt találkozó)* appointment; ~ **szerint** by appointment 3. *(megegyezés)* arrangement, agreement

megbetegedés *n* 1. *ált* illness, disease 2. *(szervé)* disorder, trouble 3. *(eset)* case

megbetegsz|ik *v* fall*/get* ill, be* taken ill, *US* így is: fall* sick; **már megint megbetegedett?** has (s)he fallen ill again?; **influenzában megbetegedett** he fell ill with influenza, *biz* be* down with (the) flu

megbicsakl|ik *v* ~ott a hangja his voice faltered

megbicskáz *v* knife sy

megbilincsel *v* shackle, fetter, put* (sy) in chains/irons; *(kézén)* handcuff

megbillen *v vm* tilt, tip (up/over), overbalance; *vk* lose* one's balance

megbillent *v* tilt, tip (up/over); ~i a kalapját tip one's hat

megbírál *v* criticize

megbirkóz|ik *v vmvel ált* wrestle with sg, (can*) manage sg, cope with sg; *(betegséggel)* overcome* [an illness]; *(ellenállással)* overcome*, bear* down [resistance]; *(kérdéssel)* tackle [a problem]; *(nehézséggel)*

overcome*, cope with [difficulties]; **meg tud vele birkózni** can* manage it, can* cope with it/sg, be* equal to [the occasion]

megbírságol *v* fine; ~ták **500 Ft-ra** he was fined 500 fts

megbíz *v vkt vmvel* charge/entrust sy with sg, commission sy to do sg; ~zák vmvel be* charged with (doing sg)

megbízás *n* 1. *ált* commission, charge, assignment, authority; *pol* mandate [to do sg]; **vk** ~ából on behalf of sy, on sy's authority; ~ához híven in accordance with one's instructions; ~t **kap vmre** be* charged with (doing) sg, be* commissioned to do sg; ~t **ad vknek vmre** commission sy to do sg; *pol* give* sy a mandate to ...; ~t **kapott gazdasági reformok végrehajtására** has been given a mandate to reform the economy; ~okat **bonyolít le** go* on errands (for sy), run* errands 2. *ker* order; **eladási** ~ selling order; **vételi** ~ order (to buy); ~t **teljesít** fulfil (*US* -fill) an order

megbízatás *n* = megbízás

megbízhatatlan *a (ember, adat)* unreliable, not to be relied on *ut.*; *kif* there is no relying on him; *vk* untrustworthy, not to be trusted *ut.*

megbízhatatlanság *n* unreliability, untrustworthiness

megbízható *a* 1. *(ember)* reliable, dependable, trustworthy 2. *(adat)* accurate [fact, information]; *(értesülés)* reliable [information]; *(szótár stb.)* authoritative, reliable [dictionary]; ~ **forrás** reliable/trustworthy/authoritative source; ~ **forrásból tudom** I have* it on good authority

megbízhatóság *n* 1. *vké* reliability, dependability, trustworthiness 2. *(adaté)* authenticity

megbíz|ik *v vkben/vmben* trust sy/sg, put* trust in sg, rely/depend on sy, believe in sy/sg; **teljesen** ~om **benne** I have* every confidence in him; **nem lehet benne** ~ni he is* not to be trusted, you cannot depend/rely on him

megbízó *n (ügyvédé)* client; *ker* consigner

megbízólevél *n (diplomatáé)* credentials *pl,* letter of credence; **átadja megbízólevelét** present his credentials, present his letter of credence

megbizonyosod|ik *v vm felől* make* sure/certain of sg, ascertain sg

megbízott I. *a vmvel* in charge of sg *ut.*; ~ **előadó** (temporary) lecturer; ~ **igazgató** *isk* acting headmaster; ~ **képviselő** *ker* business agent/representative **II.** *n* **1.** *pol* deputy **2.** *(diplomáciai)* representative **3.** *jog* delegate **4.** *ker* agent

megbocsát *v* **1.** *vknek vmt* forgive* sy sg (*v.* sy for doing sg), pardon sy sg (*v.* sy for sg), excuse sy for sg (*v.* for doing sg); *(bűnt, sérelmet stb.)* forgive* [wrongs, offences, sins]; **bocsásd meg, hogy kibontottam a levelet** excuse my opening the letter, forgive* me for opening the letter; **bocsáss meg!** excuse me!, I'm sorry!, I beg your pardon!; **nem bocsátok meg** I refuse to (*v.* I won't) forgive him; **ez egyszer még ~ok (de ...)** I'll let you off this time (but ...) **2.** *(vall, bűnt)* forgive* [sins]

megbocsátás *n* forgiveness, pardon

megbocsáthatatlan *a* unforgivable, unpardonable

megbocsátható *a* forgivable, pardonable, venial

megbocsátó *a* forgiving, lenient; **meg nem bocsátó** unforgiving

megbokrosod|ik *v* **1.** *(ló)* bolt, run* away **2.** *(átv vk)* (= *megmakacsolja magát)* dig* one's heels in

megboldogult *a/n* a ~ deceased; *(csak jelzőként)* the late ~

megbolondít *v* drive* sy mad, madden sy

megbolondul *v* go* mad/crazy, go* out of one's mind

megbolygat *v (rendet, ügyet)* interfere with sg, stir up sg

megboml|ik *v* **1.** *(rend)* break* down **2.** **~ik az agya** = **meghibban**

megbont *v* **1.** *(egységet)* disrupt, break* (up) [unity] **2.** *(rendet)* disturb [peace]

megbonthatatlan *a* ~ **szövetség** indissoluble alliance

megborjadz|ik *v* calve

megborotvál *v* shave*

megborotválkoz|ik *v* shave* (oneself); *(borbélynál)* get* shaved, have* a shave

megborsoz *v* pepper, season (sg) with pepper

megborzad *v vmtől* be* horrified/shocked (at sg *v.* to see/hear sg)

megborzong *v (hidegtől, félelemtől)* shiver/shudder [with cold/horror]

megbosszul *v* **1.** ~ **vmt (vkn), ~ja magát vkn** avenge/revenge sg on sy, revenge/avenge oneself on sy, take* vengeance/revenge on sy (for sg) **2. (vm) ~ja magát** sg brings* its own punishment, there is* a (heavy) price to be paid for sg; **ez még ~ja magát** this may (prove to) be your/sy's undoing

megbotl|ik *v vmben* stumble (on/over sg), trip (over sg); **~ott és elesett** his foot slipped and he fell, he stumbled/tripped and fell; **~ik a nyelve** make* a slip (of the tongue), trip

megbotoz *v* cane, beat*, thrash

megbotránkozás *n* indignation, disgust, shock, outrage; **mindenki ~ára** to the disgust of everybody; **általános ~t okozott** it caused a general uproar

megbotránkoz|ik *v vmn* be* scandalized/shocked (at/by sg)

megbotránkoztat *v vkt* scandalize/shock/disgust/offend/outrage sy

megbotránkoztató *a* scandalous, outrageous

megbök *v* push (gently), give* (sy/sg) a slight push, poke (sy)

megbúj|ik *v* hide*, be*/lie* in hiding

megbuk|ik *v* **1.** *(vizsgán)* fail (to pass) an/the examination, fail (in an/the exam/examination); **~ott történelemből** (s)he (was) failed in history, *biz* (s)he got a fail in history, *biz* (s)he was ploughed in history **2.** *(elgondolás, vállalkozás stb.)* fail, fall* through, *biz* go* under, fold; *(pénzügyileg)* go*/become* bankrupt **3.** *(kormány)* fall*; **~ott a kormány** the government fell (*v.* has fallen); **a ~ott kormány** the defeated government, *(finoman kifejezve)* the outgoing government; **a konzervatívok ~tak a választásokon** the Conservatives are out **4.** *(színdarab)* fail, be* a failure (*v.* *biz* flop), *biz* flop

megbuktat *v* **1.** *(vizsgán)* fail sy [in an examination], *biz* plough sy, *főleg US* flunk sy **2.** *(elgondolást, tervet)* wreck; *kif* bring* about the failure (of a plan) **3.** *(pénzügyileg)* bankrupt, ruin **4.** *(kormányt)* overthrow*

megbundáz *v biz (meccset)* rig [the match]

megbutul *v* become*/grow* stupid/dull

megbüdösöd|ik *v* be*/go* off, begin* to stink; *(és rothad)* putrefy

megbűnhőd|ik *v vmért* suffer for [one's sins], expiate sg

megbüntet *v* **1.** *ált* punish **2.** *(pénzbírsággal)* fine

megbűvöl *v átv* charm, enchant, entrance

megcáfol *v* **1.** *(érvekkel)* refute, prove (sg) wrong; *(elméletet)* disprove **2.** *(hírt)* contradict, deny **3.** *(vádat)* rebut, repudiate

megcáfolhatatlan *a* irrefutable, undeniable, incontrovertible

megcéloz *v vmt, vkt* aim (sg) at sg/sy, take* aim/sight at sg/sy; *(fegyverrel)* aim/point [a gun] at sy

megcenzúráz *v* censor; *biz* blue-pencil (*US* -l)

megcibál *v vmt* tug (at) sg, pull at sg

megcímez *v* address

megcirógat *v* caress, stroke, fondle

megcukroz *v* sugar, put* sugar in, sweeten; *(hintve)* sprinkle/dust (sg) with sugar

megcsal *v* **1.** *ált* deceive, cheat **2.** *(házastársat)* be* unfaithful to (one's husband/wife), be* cheating on (one's wife/husband)

megcsap *v* **1.** *(ostorral)* whip, lash **2.** vmnek a szaga ~ja az orrot get* a whiff of sg; ~ja a hideg suddenly feels* cold **3.** *biz (elcsen)* filch, walk off with (sg), *GB* whip

megcsapol *v (hordót)* tap, broach

megcsappan *v* diminish, decrease; *(haszon, jövedelem)* fall* (off)

megcsavar *v (csavaros dolgot)* screw, twist, give* sg/it a twist/turn, tighten [a screw]

megcsendül *v* ring*/peal (out)

megcserél *v* = **felcserél**

megcsiklandoz *v* tickle

megcsillan *v* **1.** *konkr* flash, gleam, glint; ~t a szeme az örömtől a flash of joy came into his eyes; könny csillant meg a szemében tears glistened/shone in her eyes **2.** *átv* ~ előtte a remény he has* a gleam of hope

megcsinál *v* **1.** *(elkészít)* do*; *(készre)* get* sg ready, carry out, finish (off); *(ételt)* prepare, cook, make* [meal]; *(gyógyszert)* make* up, prepare, dispense; *(isk feladatot, leckét)* do* [one's homework, a paper etc.], prepare; *(ruhát)* make* up; *(számlát)* make* out/up; *(tervezetet)* draw* up, draft; ~jam-e vagy sem? shall I (*v.* am I to) do it or not?; ~ja a reggelit get* (the) breakfast ready; ~tad a leckéidet? have you done your homework? **2.** *(megjavít)* repair, fix, mend; ~ta a rossz csapot he fixed the leaky/leaking tap; meg tudod csinálni? can you do/repair/fix it? **3.** *iron* ezt jól ~tad you've made a fine mess of it! ⇨ szerencse

megcsíp *v* **1.** *(ujjával)* pinch, nip **2.** *(élősdi)* bite*; *(csalán, darázs, méh)* sting* **3.** *(fagy)* bite*, nip; ~te a dér/fagy be* bitten by the frost **4.** *(rajtakap)* catch* sy (at sg); most ~telek! I've got caught you!

megcsodál *v* admire, gaze at sy in wonder

megcsókol *v* give* sy a kiss, kiss sy

megcsomósod|ik *v (rántás)* go* lumpy; *(erek)* form lumps, swell* into knots

megcsonkít *v* **1.** *vkt* mutilate, cripple **2.** *(országot)* dismember, carve up

megcsontosodott *a átv* confirmed, inveterate, hardened; ~ agglegény confirmed bachelor

megcsóvál *v* **1.** *(fejét)* shake* **2.** *(farkát)* wag

megcsömörl|ik *v vmtől* grow* disgusted with sg, grow* sick of sg, be* satiated/cloyed with sg

megcsúfol *v (tettével vmt)* make* a mockery of sg

megcsúfolás *n* minden emberi érzés ~a an outrage against humanity, a mockery of (all) human feelings

megcsúnyul *v* grow*/become* ugly/plain

megcsúsz|ik *v* **1.** *vk* slip; ~tam és elestem my foot slipped and I fell **2.** *(jármű)* skid

megdagad *v* swell* (up)

megdarál *v* grind*, mill

megdermed *v* **1.** *(hidegtől vk)* be* numbed with cold **2.** *(ijedtségtől)* become* paralysed/numb(ed) with fear/terror

megdézsmál *v biz* lift, filch, pinch

megdicsér *v vkt vmért* praise (sy for sg)

megdicsőülés *v* apotheosis, transfiguration

megdob *v vkt vmvel* throw*/cast* sg at (sy); ~ vkt egy kővel throw*/fling* a stone at sy

megdobban *v* ~t a szíve his heart throbbed, his heart leapt (for joy)

megdobogtat *v* ~ja vk szívét make* one's/sy's heart throb/flutter, set* one's/sy's heart beating/throbbing

megdohosod|ik *v* mildew, go*/turn mouldy (*US* moldy)

megdolgoz|ik *v vmért* work hard for sg; ~ott érte he deserves it

megdolgoztat *v vkt* make* sy work, give* sy (plenty of) work to do; keményen/alaposan ~ vkt drive* sy hard, put* sy through his paces, hold* sy's nose to the grindstone; alaposan ~ták érte he was made to work hard for it

megdorgál *v* reprimand, rebuke, reprove

megdöbben *v vmtől* be* shocked/appalled (at sg), be* startled/astonished (at sg *v.* to see/hear sg); ~tem erre a gondolatra I was startled at the thought/idea; ~ve látja, hogy be* astonished/shocked to see that, it shocked me to see that/how . . .

megdöbbenés *n* shock, astonishment; nagy ~ére to his great astonishment; ~sel hallottam, hogy I was shocked to hear that, I heard to my astonishment that; általános ~t keltett it caused general consternation

megdöbbent I. *v* shock, appal (*US* appall), startle, stun **II.** *a* shocked, appalled; *(erősen)* horrified, stunned; ~**en nézett rám** (s)he looked at me in astonishment ⇨ **megdöbben**

megdöbbentő *a* shocking, appalling, startling; ~ **hasonlatosság** startling/striking resemblance; ~ **látvány** shocking sight

megdöf *v* **1.** *(karddal)* lunge/thrust* at, stab **2.** *(szarvval)* toss

megdögl|ik *v* die, perish

megdögönyöz *v* **1.** *(masszíroz)* knead, massage **2.** *(elver)* thrash, pummel (*US* -l)

megdől *v* **1.** *(gabona)* be* beaten down **2.** *(hajó)* lurch, heel over **3.** *(érv, tétel, elmélet)* prove a failure, prove false/untenable/ wrong, *kif* come* to the ground; **így ~t az a feltevés, hogy** and so the theory/ notion/idea that ... (was) proved false; **összes érvei ~tek** he has not a leg to stand on **4.** *(hatalom, uralom)* collapse, be* overthrown **5. két csúcseredmény dőlt meg** two records fell (*v.* were broken)

megdönget *v* batter at, bang on

megdönt *v* **1.** *(gabonát)* beat* down **2.** *(hatalmat, uralmat)* overthrow* **3.** *(reményt, tervet, szándékot)* disappoint, frustrate **4.** *(rekordot)* beat*, break* [a record] **5.** *(állítást, érvet)* refute, disprove

megdöntés *n* **1.** *(gabonáé)* beating down **2.** *(hatalomé, uralomé)* overthrow **3.** *(rekordé)* beating, breaking **4.** *(állításé, érvé)* refutation, rebuttal

megdönthetetlen *a* **1.** *(érvelés)* irrefutable, unanswerable [argumentation] **2.** *(bizonyíték)* incontestable, incontrovertible [evidence]

megdördül *v* *(ágyú)* begin* to roar/ thunder; *(ég)* begin* to thunder

megdörzsöl *v* rub; ~**i a szemét** rub one's eyes

megdrágít *v* *(árut)* raise the price of sg

megdrágul *v* go* up (in price), become* more expensive; ~**(t) a benzin** the price of petrol (*US* gas) is going up, petrol is going up (in price), there is an increase in the price of petrol (*US* gas)

megdrótoz *v* mend/repair (sg) with wire, wire

megdumál *v* □ **1.** *(rábeszél)* talk sy into sg **2.** *(megbeszél)* talk (sg) over

megdupláz *v* double

megduzzad *v* swell* (up), become* swollen

megduzzaszt *v* swell*

megdühö(sö)d|ik *v* become* enraged/furious, lose* one's temper

megebédel *v* have* (one's) lunch, lunch

megecetesed|ik *v* acetify, turn acid

megédesít *v* sweeten ⇨ **pirula**

megedz *v* **1.** *(vasat, acélt)* harden, chill **2.** *átv* harden; toughen (sy) up; **a nélkülözések** ~**ették** privations hardened him (*v.* toughened him up)

megedződ|ik *v* become* hardened, toughen up *(vmivel szemben* to sg); ~**ött vmivel szemben** be* (*v.* has become) hardened/ inured to sg, he seems to have toughened up (a lot) [since last year]

megég *v* burn*, get*/be* burnt

megéget *v* **1.** *konkr* burn*; ~**i a nyelvét** burn*/scald one's tongue **2.** ~**i az ujját** *átv* burn* one's fingers, get* one's fingers burnt

megegyezés *n* **1.** *(egyetértés)* agreement, harmony, concord **2.** *(megállapodás)* contract, agreement; **közös ~ alapján** by mutual/common assent/consent, by (general) agreement; **(közös) ~ szerint** as per agreement, as agreed (on), as stipulated; ~ **szerinti** agreed (on) *ut.*; **közös ~en alapuló** based on common assent/consent/ agreement *ut.*; **(közös) ~re jut vkvel** arrive at an agreement with sy, come* to (*v.* make*) an arrangement with sy, come* to an understanding **3.** *(egyformaság)* congruence, conformity

megegyez|ik *v* **1.** *(vkvel vmben v. vmre nézve)* agree (with sy on sg), come* to (*v.* arrive at) an agreement (with sy on sg), be* in agreement (with sy); ~**tek abban, hogy** they (all) agreed to ..., they are* (all) agreed on sg (*v.* that ...); ~**tünk?** agreed?, is it a deal?; ~**tünk!** agreed!, it's a deal!, all right!, done!, *US* O.K. **2.** *(egyező vmvel)* correspond to/with, agree/accord with; **a fordítás az eredeti szöveggel mindenben** ~**ik** the foregoing is* a true and correct translation of the original text **3.** *(tervvel, elmélettel)* fit/fall*/chime in with, be* consistent with; ~**ik terveimmel** it suits my plans, *kif* that'll suit (*v.* it suits) my book **4.** *nyelvt* agree (with) **5.** *(hitelezőkkel)* compound [with one's creditors] **6.** *(összeférnek)* ~**nek egymással** they get* on (very) well (together)

megegyező *a* agreeing/concordant with *ut.*, (being) in agreement with *ut.*, corresponding/true to *ut.*; *(azonos)* identical (with), same (as); **az eredetivel ~ másolat** copy corresponding to the original; **vmvel ~en** in agreement/harmony with sg

megéhez|ik *v* get*/feel*/grow* hungry

megejt v 1. *(vizsgálatot)* hold* [an inquiry], make* [investigations] 2. *(megigéz)* seduce, charm 3. ~ **egy lányt** get* a girl into trouble

megél 1. *vi (eleget keres)* earn/make* one's/a living; *vmből* live on sg; **éppen hogy** ~ he can* hardly make ends meet, he can* hardly keep body and soul together; **a jég hátán is** ~ survive *(v. make* good)* anywhere; **nem tud** ~**ni a fizetéséből** he cannot manage on his salary/pay, he can't live on his salary; **ígéretekből nem lehet** ~**ni** fine words butter no parsnips; **nekem is meg kell élnem vmből** I too have a living to make 2. *vt (vmely életkort)* live to see sg 3. *vt (eseménysorozatot, időszakot stb.)* experience, live through [the 50s etc.]

megelégedés n content(ment); *vmivel* satisfaction; ~**ére** to one's satisfaction; ~**ét fejezi ki** express one's satisfaction

megelégedett a 1. *(eredménnyel)* satisfied 2. *(élettel)* contented, pleased

megelégedettség n = **megelégedés**

megeléged|ik v = **megelégszik**

megelégel v have* enough of; ~**te** he could not stand/stomach it any longer

megelégsz|ik v *vmvel* be* satisfied/content(ed) (with); ~**ik azzal, hogy** he confines himself to, he contents himself with doing sg; **meg van elégedve vmvel/vkvel** be* pleased/satisfied with sg/sy; **hogy vagy megelégedve vele?** how do* you like him/her/it?, are* you satisfied with him/her/it?; **meg van elégedve önmagával** be* pleased with himself/herself

megélénkül v 1. *(ember, társalgás)* liven up, come* to life 2. *(forgalom)* become* lively; ~**t a forgalom az M7-esen** traffic has picked up on the M7 motorway; ~**t a ház** the house was astir/humming

megélesít v sharpen, sharpen the edge of (sg), put* an edge on (sg)

megelevened|ik v 1. = **megélénkül** 2. *(életre kel)* revive, come* to life (again)

megelevenít v 1. *(megélénkít)* bring* to life 2. *(életre kelt)* animate, revive, restore (to life), put* new life into

megélhetés n living; *(szűkösen)* subsistence; **biztos** ~ safe/secure job; **nehéz a** ~ times are* hard, the cost of living is high

megélhetési a ~ **gondjai vannak** have* difficulties in making ends meet, he finds* it difficult to keep body and soul together; ~ **költségek** cost of living; ~ **lehetőség** means of subsistence *pl*

megéljenez v give* sy a cheer, cheer sy/sg

megell|ik v *ált* bring* forth young; *(kecske juh)* drop; *(tehén)* calve; *(ló)* foal; *(kutya)* whelp; *(macska)* kitten

megelőz v 1. *(balesetet)* avert; *(betegséget, veszélyt)* prevent, ward off; **a balesetek** ~**hetők** accidents can be averted/prevented [by careful driving] 2. *vkt, vmt* precede, go*/come* before; ~**te korát** is* ahead of his time 3. *(jármű)* overtake*, *US* pass 4. *(rangban, sorrendben)* take*/have* precedence over, precede 5. *(felülmúl)* surpass, outrival *(US* -l), outsrtip; ~**i a vetélytársait** beat* one's rivals, *kif* steal* a march on one's rivals

megelőzés n 1. *(baleseté, veszélyé)* prevention, warding off 2. *(rangban, sorrendben)* precedence 3. *(vké, átv)* outstripping 4. *orv* prevention, prophylaxis

megelőző a 1. *(előző)* previous, preceding, former; *(előzetes)* preliminary 2. *orv* preventive, prophylactic

megelőzően adv previously, prior to

megemberel v ~**i magát** *(összeszedi magát)* pull oneself together; *(nekibátorodik)* pluck up (one's) courage

megemberesed|ik v grow* into a man

megemel v 1. *(erőfeszítéssel)* raise (with effort), lift up [weight], heave*; *(súlyt becsülve)* heft; *biz* ~**te magát** he has (over)strained himself by lifting 2. *(kalapot)* raise/doff [one's hat to sy] 3. *(kártyát)* cut* 4. *(teljesítményt)* increase, step up

megemészt v *(átv is)* digest

megemészthetetlen a indigestible

megemleget v **ezt még** ~**ed!** you'll smart for it/this!

megemlékezés n 1. *ált* commemoration; ~**ül** as a memorial to, in commemoration of 2. *(nekrológ)* obituary *(notice)*

megemlékez|ik v 1. *(halottról, eseményről)* commemorate sy/sg 2. *(megemlít)* refer/allude to, mention

megemlít v mention, make* mention of

megénekel v *ir* sing* *(vmt* of)

megenged v 1. *vknek vmt* allow/permit sy sg, give* sy leave/permission (to ...); **tessék** ~**ni, hogy** please allow/permit me to ...; **nincs** ~**ve** be* not allowed/permitted; ~ **magának vmt** *(élvezetet stb.)* allow oneself to ..., indulge in sg; **nem engedhet meg magának vmt** (s)he can't afford sg *(v.* to do sg); **nem engedhetem meg magamnak** I can't afford it; ~**heti magának** he can afford [sg *v.* to do sg]; **sokat enged meg magának** take* (too many) liberties, indulge oneself, make* (so) bold (as) to (do sg); **azt hiszi, hogy min-dent** ~**het magának** he thinks* he can do anything he likes, he thinks* he is* above/beyond the law **2.** *(lehetővé tesz)* sg admits/allows of sg; **ha az időjárás** ~**i** weather permitting **3.** *(udvariassági forma)* ~**i?** (1) *(elnézést kérek)* excuse me! (2) *(sza-bad?)* may I?; **engedje meg (kérem), hogy** (please) allow me to, let me ...; **engedje meg, hogy én fizessek** let me settle (*v.* look after) the bill **3.** *(elfogad, elismer)* admit/grant sg [as a fact]; ~**em, hogy így van** I grant that you may be right, supposing that it is so; **meg kell engedni, hogy** it must be admitted that; **feltéve, de meg nem engedve** supposing but not granted/admitting (that)

megengedett *a* **1.** *ált* allowable, permissible; *(igével)* be* allowed/permitted; **teljesen** ~ **dolog** it is* entirely in order (that); ~ **legnagyobb sebesség** (maximum) speed limit; ~ **terhelés** permissible load **2.** *(törvényes)* legitimate, lawful; **meg nem engedett** (sg) not allowed/permitted; *jog* illicit, illegal, unlawful; **a** ~**nél gyorsabban hajtott** (s)he exceeded the speed limit

megengedhetetlen *a* inadmissible, unpardonable; *(viselkedés)* improper

megengedhető *a* permissible, allowable, admissible

megengedő *a* ~ **mellékmondat** concessive clause

megengesztel *v* = **kiengesztel**

megengesztelőd|ik *v* = **kiengesztelődik**

megenyhül *v* **1.** *(időjárás)* turn/grow* milder; ~**t a hideg** it has become/turned a little less cold **2.** *(fájdalom)* abate, subside **3.** *vk* become*/get* friendlier

megépít *v* build*

megépül *v* be* built/finished

megér[1] *v (él addig)* live to see; **nem fogjuk** ~**ni** we shall not live to see it; **a beteg nem éri meg a holnapot** the patient will not live through the night; **a könyv** ~**te a tizedik kiadást** the book ran into ten editions, the book has been reprinted for the ninth time

megér[2] *v (értékben)* be* worth; ~**i?** *biz* is it worth it?; **nem éri meg** it isn't worth it; ~**i az árát** it is worth the money; **száz forintot testvérek között is** ~ it is* a real bargain for a hundred forints; **nem éri meg a pénzt** it's not worth the money, it's poor value for money; ~**i a fáradságot** be* worth one's while, be* worth the trouble

(taken); **nem éri meg a fáradságot** it's not worth the trouble/candle; *biz* ~**ed a pénzed** and a nice sort of chap you are

megérdeklőd|ik *v vmt* inquire about sg, make* inquiries about sg, find* out about sy; **érdeklődd meg a vonatok indulását** inquire about the trains; ~**tem, hogy jutok el az állomásra** I inquired the way to the station

megérdemel *v* deserve; ~**te!** *(úgy kell neki!)* it serves him right, he (has) asked for it

megérdemelt *a* well-deserved; ~ **büntetés** just deserts *pl*, well-deserved punishment; ~ **jutalom** due (*v.* well-deserved) reward; **jól** ~ **pihenés** a well-earned rest; **meg nem érdemelt** (1) *(jutalom stb.)* undeserved, unmerited (2) *(igazságtalan)* unjust, undeserved

megered *v* **1.** *(eső)* begin* to rain, start raining; *(könny)* begin* to flow, start flowing; ~**t az orra vére** his nose began to bleed **2.** ~ **a nyelve** find* one's tongue, become* talkative **3.** *(oltás)* take*; **az oltás nem eredt meg** the vaccine has not taken **4.** *növ (palánta)* take* root

megereszked|ik *v (kötél, rugó)* slacken

megereszt *v* **1.** *(lazít)* slacken, loosen; *(gyeplőt)* slacken [the reins] **2.** *(csapot)* turn on **3.** *átv biz* ~ **egy levelet** send* off a letter; ~ **egy káromkodást** let* out an oath; ~ **egy tréfát** crack a joke

megérez *v* **1.** *(vmnek a szagát/ízét)* can* smell/taste sg; *(ösztönösen felfog)* feel*, become* conscious/aware of sg; *(vm rosszszat)* scent, smell*; *(vmt előre)* have* a presentiment of sg; **megérzi a veszélyt** have* a presentiment/feeling of danger **2.** *(vmnek hatását)* be* affected/influenced by sg

megér|ik *v* **1.** *(gyümölcs)* grow*, become* ripe, ripen **2.** *átv* be*/become* ripe/fit for sg; ~**ett a döntésre** [the matter] is* ripe for decision

megérint *v* touch (lightly), brush against

megerjed *v* ferment

megérkezés *n* arrival; ~**(e)kor** on (one's) arrival

megérkez|ik *v* arrive *(országba, nagyvárosba:* in, *kisebb helységbe, reptérre stb.:* at), come*; **amint** ~**ik** the minute (*v.* as soon as) (s)he arrives; **szerencsésen** ~**ik** arrive safely; **háromkor kell** ~**nie** he/it is* due at three (o'clock); ~**ett már a vonat?** has the train arrived (yet)?, is the train in?; ~**ett a gép?** has the plane arrived/landed?; ~**tünk!** here we are, we have arrived

megérlel *v.* **1.** *(termést)* ripen **2.** *átv* **az események ~ték bennem a gondolatot** the events led/forced me to crystallize my thoughts (and I decided to/that …)

megérlelőd|ik *v* *(vkben elhatározás)* (gradually) take* shape

megerőltet *v* **1.** *vkt* overwork, (over)strain; **~i magát** overtax oneself (*v.* one's strength), overdo* it; **nem erőlteti meg magát** he does* not over-exert (*v.* overwork) himself **2.** *vmt* strain; **~i a szemét** strain one's eyes

megerőltetés *n* **1.** *(fizikai)* exertion, effort; **~ nélkül** effortlessly **2.** *(szellemi)* mental strain **3.** *(anyagi)* (a) strain on one's resources

megerőltető *a* *(munka)* exhausting, demanding; *(kiadások)* ruinous [expense]

megerősít *v* **1.** *(kötelet)* make* fast, fix, fasten **2.** *(erősebbé tesz)* strengthen, reinforce **3.** *kat* *(várost)* fortify **4.** *átv* *(hírt, tervet stb.)* confirm; *(állítást, vallomást)* confirm, bear* out; *(vkt gyanújában)* confirm [sy's suspicions]; **ez csak ~ette elhatározásában** this has only steeled/strengthened his resolve/resolution; **a hírt nem erősítették meg** the report has* yet to be confirmed; **meg nem erősített hírek szerint …** there are unconfirmed reports that …; **XY utazásának tervét hivatalosan még nem erősítették meg** there has been no official confirmation as yet of the planned visit by XY to …

megerősítés *n* **1.** *(kötélé)* fastening, fixing **2.** *(erősebbé tevés)* strengthening, reinforcement, reinforcing **3.** *(városé)* fortification **4.** *átv* confirmation; **a hír ~re szorul** the news/report has* yet to be confirmed; **~t nyer** be* confirmed

megerősödés *n* **1.** *konkr* strengthening **2.** *pol* consolidation

megerősöd|ik *v* become*/grow* stronger, strengthen; **~ött benne az érzés** the feeling grew in him (that); **~ött a szél** the wind has picked up

megerőszakol *v vkt* rape (sy)

megért *v* **1.** *(felfog)* understand*, comprehend; *(nehezen)* make* out; **azt még ~em, hogy** I have* nothing to say against it if, it is* all very well that; **nem érti meg a tréfát** (s)he doesn't get/see the joke; **nem tudom ~eni** I can't make head or tail of it, I can make nothing of it; **~ette?** is that clear?, do you understand (me)?, *biz* (you) get me?; **ebből ~ette(, hogy)** this made

it clear to him (that); **végre ~ette** (at last) the penny dropped, at last he caught on; **~ettem!** I get (*v.* I've got) it, (all) right!; *biz* O.K. **2.** **~elek** *(= bele tudom élni magam a problémádba stb.)* I can understand you, I appreciate you; **jól ~ik egymást** they are* on good/friendly terms (with each other), they understand* each other, *biz* they are on the same wavelength; **nem értik meg egymást** they don't get on well (together)

megértés *n* **1.** *(felfogás)* understanding, comprehension; **meg nem értés** *(átv is)* incomprehension, lack of understanding **2.** *(együttérző)* understanding, goodwill; **kölcsönös ~** mutual understanding, an understanding between [two persons]; **~t tanúsít** (*v.* **~sel viseltetik**) **vk iránt** be* considerate to sy, be*/feel* sympathetic to/towards sy, show* understanding to(wards) sy; **több ~t vártam tőle** I expected more sympathy/understanding from him/her

megértet *v vkvel vmt* bring* sg home to sy, make* sy understand sg; **~i magát** (1) *ált* make* oneself understood/clear (2) *(zajban)* make* oneself heard

megértő *a* sympathetic, understanding, considerate *(vkvel* to sy); **légy vele ~** please be understanding to her/him, do be considerate to her/him; **~ pillantás** sympathetic look

megérzés *n* **1.** *(jövőé)* anticipation **2.** *(ösztönös)* intuition

megérz|ik *v* **1.** *(vkn vm szag)* smell*/reek of; **~ik rajta a borszag** he reeks/smells* of wine **2.** *vmn vm* smell*/taste of

meges|ik *v* **1.** *(megtörténik)* happen, occur, take* place; **~ik néha, hogy** it sometimes happens that **2.** *vkvel vm* sg befalls* sy, sg happens to sy **3.** **~ik a szíve vkn** be* sorry for sy, feel* pity/compassion for sy **4.** *(leány)* get* pregnant, be* got into trouble

megesket *v* **1.** *(esküt kivesz)* make* sy swear/vow, administer an oath to sy, swear* sy in, put* sy on oath; **~te titoktartásra** she swore/pledged him to secrecy **2.** *(házaspárt)* marry

megesküsz|ik *v* **1.** *(esküt tesz)* take*/swear* an oath (to); swear* *(amire on)*; **meg tudnék esküdni (arra), hogy őt láttam** I could have sworn that I saw him/her **2.** *(házasságot köt)* get* married (to sy)

megesz *v* **1.** *vkt* eat* (up), swallow; **nem esz meg!** he won't eat you! **2.** **~i a mé-**

reg *vkt* be* consumed with anger; ~**i a piszok** be* unkempt and dirty; ~**i a rozsda** rust away
megesz|ik *v* **1.** *vmt* eat* up, *biz* polish/finish off; ~**ik az mindent** he will eat everything **2. egye meg, amit főzött** as you make your bed so you must lie on it; ~**em a kalapomat, ha** I'll eat my hat if ...
megetet *v* **1.** *(állatot, gyereket, beteget)* feed* **2.** *(csak embert)* give* sy food, give* sy to eat **3.** □ *(elhitet vkvel vmt)* sy swallows sg hook, line and sinker
megfagy *v* **1.** *(folyadék)* freeze*; **0 fokon** ~ **a víz** water freezes at the temperature of 0 degrees centigrade; **csontkeményre** ~**ott** it has frozen solid; **a vér** ~**ott ereimben (erre a látványra)** [that/the sight] made my blood freeze (*v.* run cold), my blood froze at the sight of it **2.** *(élőlény)* freeze* to death; *(testrész)* freeze*, become* frozen; **majd** ~**ok!** I am* freezing, I am* chilled to the bone/marrow
megfagyaszt *v* freeze*
megfájdul *v* begin to hurt/ache, become* painful; ~**t a feje** she has a headache
megfakul *v* fade, lose* colour (*US* -or), bleach
megfarag *v* **1.** *(követ, botot)* carve **2.** *(ceruzát)* sharpen [pencil]
megfarol *v* skid, swerve (to the right/left)
megfázás *n* a cold/chill
megfáz|ik *v* catch* (a) cold; **(alaposan)** ~**ott** he caught/has a (bad) cold
megfedd *v* reprimand, rebuke, reprove
megfej *v* **1.** *(állatot)* milk **2.** *(átv biz vkt)* bleed*, fleece
megfejel *v* *(cipőt)* toe, vamp
megfejt *v* **1.** *ált* solve, explain **2.** *(kódot)* decode, decipher, break* [a code] **3.** *(titkot)* unravel (*US* -l)
megfejtés *n* **1.** *(cselekvés)* solving, decoding, deciphering **2.** *(eredménye)* solution, explanation; *(rejtvényé)* answer; **a helyes** ~ the correct/right solution
megfejthetetlen *a* **1.** *ált* insoluble, unsolvable; *(rejtély)* unfathomable **2.** *(szöveg)* indecipherable
megfejtő *n* solver; **a helyes** ~**k jutalomban részesülnek** all who have solved the puzzle will get a prize
megfeketed|ik *v* blacken, become*/turn black
megfékez *v* **1.** *(betegséget)* arrest, check **2.** *(szenvedélyt)* curb, master, control **3.** *(támadást)* stop, slow up **4.** *(embert, tűzvészt)* bring* sy/sg under control; **sikerült** ~**ni a**

tüzet the fire was brought under control **5.** *(lovat)* bridle, curb
megfeksz|ik *v* vm ~**i a gyomrát vknek** sg lies* heavy on one's stomach
megfeledkez|ik *v* **1.** *vkről, vmről* forget* sy/sg; ~**ik az ígéretéről** fail to keep one's promise (to sy); **nem feledkezik meg vmről** keep* sg in mind, not forget* sg (*v.* to do sg); **ugye nem feledkezel meg róla?** you won't forget, will you? **2.** ~**ik magáról** forget* oneself, lose* control (of oneself)
megfelel *v* **1.** *(válaszol)* answer sy [*v.* the question etc.], reply to sy; give* sy an answer; **jól** ~ **vknek** give* as good as one gets, *US* give* sy a smart answer **2.** *(vmlyen célra)* be* suitable for, be* equal to; *vknek vm* sg suits sy; ~ **a célnak** it answers/serves the purpose, it/that will do; ~**-e az idő?** will that time suit you?; ~**?** *(üzletben)* will that be all right?; **nem felel meg** *(vknek vm, pl. időpont)* that time won't suit me; *(árucikk)* it won't do, it's unsuitable; **bármi** ~ anything will do; **ez a kalap** ~ this hat will do; **ha így** ~ **önnek** if this is convenient to you; **tökéletesen** ~ **nekem** it suits me down to the ground; ~ **a kívánalmaknak/követelményeknek** suit/meet* the/sy's requirements, answer that'll fill the bill; ~ **a várakozásnak** live up to one's/sy's expectations; **nem felel meg a várakozásnak** fall* short of (*v.* doesn't live up to) sy's/one's expectations; **nem felelt meg a feladatnak** was not equal/up to the task **3.** *(vm megegyezik vmvel)* correspond to, equal (*US* -l) (sg), be* the equivalent of; be* in accordance with sg; ... **font** ~ ... **(magyar) forintnak** ... is the equivalent of ... forints in Hungarian currency; ~ **a tényeknek/valóságnak** it squares with (*v.* corresponds to) the facts; ~ **a leírásnak** answer (to) the description; **az elmélet nem felel meg a tényeknek** the theory does* not square with the facts
megfelelés *n* *(megegyezés vmvel)* correspondence, agreement
megfelelő I. *a* *(alkalmas)* suitable (for, to), adequate; *(hely, idő)* convenient; *(megkívánt)* appropriate, required, adequate, proper; ~ **áron** at a fair price; **ez a megoldás** ~ **volna nekem** this arrangement would suit me; **a** ~ **embert a** ~ **helyre** the right man in the right place; ~ **intézkedéseket foganatosítottak** appropriate action has been taken; ~ **lehetőségeket teremt** secure/provide adequate facilities;

~ **szerszám** right/appropriate tool; ~
méretű/nagyságú of an appropriate size
ut., of a suitable size *ut.*; **nem** ~ (1) *ált*
unsuitable, inadequate (2) *(időben)* incon-
venient; ~ **módon** = **megfelelően II.** *n*
equivalent; **ennek a szónak nincs ma-
gyar** ~**je** this word has* no equivalent in
Hungarian
megfelelően *adv* **vmnek** ~ in accord-
ance/conformity/compliance with sg, ac-
cording to sg; **ennek** ~ accordingly, in
compliance with it; **kívánságának** ~ ac-
cording to one's desire(s)/wish(es); **rendel-
kezésének** ~ *ker* in compliance with your
orders
megfélemlít *v* intimidate, frighten, terrify
megfélemlítés *n* intimidation, terrorization
megfelez *v* halve, cut* in half, divide in(to)
two; ~**i a különbözetet** split* the differ-
ence; **felezzük meg!** let's go halves
megfellebbez *v (ítéletet)* appeal against [a
sentence/decision]
megfellebbezhetetlen *a* **1.** *(döntés stb.)*
unappealable, final **2.** *(ellentmondást nem
tűrő)* magisterial
megfen *v (kést)* sharpen, grind*; *(borotvát)*
strop, hone; *(kaszát)* whet*
megfenekl|ik *v* **1.** *(hajó)* run* aground,
founder, be* stranded; *(kocsi sárban)* get*
bogged down (*v.* stuck) [in the mud] **2.** *(fo-
lyamat)* get* bogged down, founder, come*
to a deadlock
megfenyeget *v* **vmvel** threaten/menace sy
(with sg); ~**te az ujjával** he wagged/
shook his finger at him
megfenyít *v* punish, chastise
megfér *v* **1.** **vkvel** get* on/along (with), be*
on good terms (with); **jól** ~**nek** they get*
on well (together), *biz* they hit* it off well;
nem férnek meg egymással they
can't/don't get on (well with each other);
nehéz ~**ni vele** she is* difficult to get on
with **2.** *vm vhol* there's room for sg
megfertőz *v (élőlényt)* infect; *(levegőt, vi-
zet)* pollute, poison
megfest *v* **1.** *(vmlyen színűre)* paint [sg red
etc.]; *tex* dye **2.** *(képet)* paint; ~**ette a fe-
lesége arcképét** (1) *(maga)* he painted a
portrait of his wife (2) *(mással)* he had his
wife's portrait painted
megfésül *v* ~**i a haját** comb one's hair; ~
vkt comb sy's hair
megfésülköd|ik *v* comb one's hair
megfeszít *v* **1.** *(húrt, kötelet)* tighten; *(íjat)*
bend*, draw* [a bow] **2.** *(izmot)* flex, tense
[one's muscles] **3.** † *(keresztre)* crucify **4.** *átv*

minden erejét ~**i, hogy** strain every
nerve to, do* one's utmost/best to [achieve
sg]
megfeszítés *n* **1.** *(húré, kötélé)* tightening
2. *(izomé)* flexing, extending
megfeszített *a* ~ **erővel dolgoz|ik**
work/be* at full stretch, *biz* pull out all the
stops; ~ **munka** strenuous work
megfeszül *v* **1.** *(anyag)* tighten, stretch
(out); *(izom)* tense; ~**t izmokkal** with
muscles tensed **2.** **ha** ~**sz sem tudod
ezt elvégezni** you can strain till you are
blue in the face but you won't do it
megfiadz|ik *v* = **megellik**
megfiatalít *v* **1.** *(üdülés stb.)* make* sy
young again, rejuvenate sy, give* sy a new
lease of (*US* on) life **2.** *(ruha vkt)* make* sy
look younger
megfiatalod|ik *v* grow*/get* younger, be*
rejuvenated, get* a new lease of (*US* on) life
megfigyel *v* **1.** *ált és tud* observe, notice; *vkt,
vmt* watch, have*/keep* one's eye on; *(orvo-
silag)* observe, keep* under observation
2. *(rendőrileg)* shadow, tail, keep* under
surveillance
megfigyelés *n* **1.** *ált, tud és orv* observation;
vké, vmé watching **2.** *(rendőri)* shadowing,
police surveillance
megfigyelhető *a* observable, noticeable
megfigyelő *n* **1.** observer, spectator; **jó** ~
keen observer **2.** *(értekezleten stb. és pol.)*
observer; ~**ként vesz részt vmn** be* an
observer at sg, sit* on sg as an observer
megfigyelőállomás *n tud* observation hut;
kat observation post, lookout
megfilmesít *v* film, make* a film of, adapt
for the screen
megfizet *v* **1.** *(tartozást stb., kiegyenlít)*
pay* [one's debts *v.* what one owes], pay* sg
to sy, pay* (sy) back [money], pay* [money]
back, repay* (sy) [money]; *(számlát)* settle;
**nem fizetted (még) meg (a pénzt),
amivel tartozol** you haven't paid me the
money you owe me; ~**tem a tartozáso-
mat** I have paid (off) my debts **2.** *vmt, vmért*
pay* for (sg); *vkt vmért* pay* sy for sg; ~**te
az árát vmnek** (s)he paid the price of sg;
~**ik (érte)** he is paid for it (*v.* to do it); **jól**
~**ik** *(munkát)* it is well paid, *(vkt)* he is paid
well **3.** *(megveszteget)* bribe (sy); *biz*
grease/oil sy's palm **4.** *(lakol vmért)* pay*
for (sg); **ezt drágán fogod** ~**ni!, ezért**
~**sz!** you'll (have to) pay dearly for
that
megfizethetetlen *a* **1.** *(ár)* exorbitant,
extravagant **2.** *átv* priceless, inestimable

megfog v 1. *(kézzel)* seize, catch*, take*/ get*/catch* hold of; *(megragad)* grip, grasp; *(vmnél fogva)* take* by [the hand etc.]; ~ja vknek a kezét take* sy's hand 2. *(állatot)* catch*, trap 3. *(tolvajt stb.)* catch*, seize, stop, collar; fogják meg! stop him!, stop thief!; ~tam! I've got him; *átv biz* most ~tál you have me here 4. *biz (férfit férjnek)* hook (sy) 5. *(festék)* stain; a kávé ~ta az abroszt coffee stained the tablecloth; a szalag ~ta a ruháját the colour *(US -or)* of the ribbon has come off on her dress; ~ja a rozsda get* rusty

megfogad v 1. *(megígér vmt)* pledge (oneself) to do sg, make*/take* a vow, vow; ~ta, hogy többé nem iszik he vowed never/not to touch another drop; ~tam magamban I resolved (to) 2. ~ja vk tanácsát take* sy's advice 3. *(lovat)* bet* on [a horse]

megfogalmaz v draft, draw* up, formulate; ~za felszólalását (s)he is drafting/preparing his/her speech

megfogalmazás n *(folyamata)* drafting, drawing up, formulation; *(eredménye)* wording

megfogamzás n 1. *(állaté, emberé)* conception 2. *növ* taking/striking root

megfogamz|ik v 1. *(élőlény)* be* conceived 2. *(növény)* take*/strike* root 3. *(oltás)* take* → megered 3. 4. *(gondolat)* be* conceived; *(tanítás, intelem stb.)* take* hold

megfogan v = megfogamzik

megfogdos v 1. *vmt* keep* touching/feeling/fingering 2. *(nőt)* paw, *biz* touch up

megfoghatatlan a *átv* inconceivable, unfathomable

megfogható a *(ésszel)* conceivable, understandable

megfogódz|ik v *vmben* grip sg, hold* on to sg (tightly), cling* (on) to sg, hold* sg tight

megfogyatkoz|ik v 1. *ált* diminish, shrink*, decrease; *(erő)* ebb away 2. *(készlet)* run* low

megfojt v *(vkt nyakánál és átv)* strangle; *(máshogyan, légzést akadályozva)* suffocate; *(vízben)* drown; ~aná egy kanál vízben hate sy like poison

megfoltoz v *(ruhát)* mend, patch (up)

megfontol v *(latolgatva)* weigh (up), think* (sg) over, ponder; *(meggondol)* consider (sg) (carefully), *biz* put* on one's thinking cap; fontold meg jól! (do/just) think it over!; előre ~ premeditate, think* (sg) over in advance; ~ja szavait weigh one's words;

ezt alaposan meg kell fontolni this needs careful consideration

megfontolás n consideration; alapos/ érett ~ után on thinking it over, after due/careful consideration; hosszas ~ után after long/much deliberation [they decided ...], after much thought; ~ tárgyává tesz ponder [a question], consider, take* (sg) into consideration

megfontolt a *(tett stb.)* carefully thought out *(v. considered)*, deliberate; *(vélemény)* considered [opinion]; *(ember)* judicious, thoughtful; *jog* előre ~ premeditated, deliberate; ~an deliberately; ~an beszél weigh one's words

megfordít v 1. *ált* turn (over/round); *(ellenkezőjére fordít)* reverse, turn (sg) over 3. *(mozgást, sorrendet)* reverse

megfordul v 1. *ált* turn (round); *(visszafordul)* turn back; ~ a sírjában it makes* him turn in his grave; ~t a kocka the tables are* turned, the tide has turned, *biz* the boot is* on the other foot 2. *(vk hirtelen)* turn/swing* round; *(vk után)* turn round, look back *(after)* 3. *(autó)* turn (back/ round), make* a U-turn; ~ni tilos! no U-turns 4. *(szél)* shift round; *(hirtelen)* chop about 5. *(utat oda-vissza megjár)* be* back; egy óra alatt ~ok I'll be (here and) back in an hour; többször is ~t *(fuvarral)* he went there and back several times (with the load) 6. *(vk vhol, társaságban)* mix (in society *v.* with people), move (in society); sokszor ~tam náluk I've been in and out of their house a good deal 7. a dolog azon fordul meg, hogy the matter hangs*/ turns/hinges on; minden azon fordul meg, hogy everything hinges on [what we do next] 8. ~t a fejemben it occurred to me, it (has) struck me

megforgat v 1. *ált* turn sg (several times *v.* again and again *v. US* over and over), rotate; *(szénát)* turn, ted; *(húst zsírban)* roll (in); *átv* ~ja a kést a szívében turn the knife in the wound 2. *(megtáncoltat)* dance a few turns with [a girl/woman]

megformál v fashion, form; *átv* formulate

megforraszt v solder

megfoszt v *vmtől* deprive (sy/sg) of sg; *(kenyerétől)* take* the bread (out of sy's mouth); *(állástól)* remove [from office], dismiss; hatalmától ~ divest sy of power; jogaitól ~ deprive of one's rights; szabadságától ~ deprive sy of his/her liberty; trónjától ~ dethrone

megfő *v* cook, boil; *(lassú tűzön)* simmer; ~**tt az ebéd** lunch/dinner is ready; ~**tt a krumpli** the potatoes are done/ready
megfőz 1. *vt (ételt)* cook, boil; *(ebédet, vacsorát)* make*, cook, prepare; ~**i a(z) ebédet/vacsorát** cook/make*/prepare (the) dinner/lunch 2. *vi* do* the cooking; ~**ök, mire megjössz** I'll have cooked the meal/dinner by the time you come back 3. *vt biz* ~ **vkt** talk sy round, talk sy into (doing) sg, soft-soap sy; ~**te a nőt** he got her dead stuck on him
megfricskáz *v* give* sy a fillip [on the nose etc.]
megfúj *v* 1. *(trombitát)* sound, blow* 2. *(ételt)* blow* 3. *biz (elcsen)* walk off with (sg), nick (sg)
megfullad *v* ált suffocate, stifle; *(torkán akadt vmtől)* choke (to death); *(gáztól stb.)* be* asphyxiated [by fumes]; *(vízben)* drown, be* drowned; **majd** ~**t a füsttől** the smoke almost choked him
megfúr *v* 1. *(fúróval)* drill, bore; *(páncélszekrényt)* crack [a/the safe] 2. *(tárgyalást, tervet)* torpedo *(alakjai:* torpedoed, torpedoing) 3. *vkt* stab sy in the back, US badmouth sy ⇨ **kifúr** 2.
megfut 1. *vt (távot)* run*, cover [distance] 2. *vi* = **megfutamodik**
megfutamít *v* put* to flight
megfutamodás *n* flight, running away, escape
megfutamod|ik *v* run* away, take* to one's heels, flee*
megfürdet *v* give* a bath to; *(kisbabát)* bath *(US* bathe) [the baby]
megfürd|ik *v* 1. *(szabadban)* bathe; *(kádban)* have* *(US* take*) a bath 2. *átv* **itt állok megfürödve** I've been done!, a lot of good it has done me!
megfüröszt *v* = **megfürdet**
meggátol *v* vkt vmben hinder sy in (doing) sg, prevent sy from doing sg, impede sy in doing sg
meggazdagodás *n* getting/growing rich
meggazdagod|ik *v* grow*/get*/become* rich, make* a/one's fortune
meggebed *v* biz **ha** ~**sz akkor sem!** not on your life!
meggémbered|ik *v* grow* numb; *(hidegtől)* grow* stiff with cold; **hidegtől** ~**ett** benumbed/numb with cold *ut.*
meggondol *v* 1. *(megfontol, átgondol)* think* (sg) over, consider; **jól gondold meg!** think it over!; **kétszer is** ~**ja, mielőtt** think* twice before (doing sg); **ezt**

jól meg kell gondolni this requires reflection, it is* worth thinking over; **ha jól** ~**om** when you come to think of it; **ha** ~**juk, hogy csak egy éve tanul angolul** if you consider (the fact) that she's only been studying English for a year ...; **(de) jobban** ~**va (a dolgot)** ... but, on reflection, ...; **mindent** ~**va** all things considered, taking all things into consideration, after due/careful consideration, all in all 2. ~**ja magát** change one's mind, think* better of sg
meggondolandó *a* **ez** ~ this needs careful consideration
meggondolás *n* 1. *(átgondolás, megfontolás)* consideration, thought; ~ **nélkül** without thinking, unthinkingly, thoughtlessly; ~ **nélkül cselekszik** act rashly/inconsiderately; ~ **tárgyává tesz** take* sg into consideration/account; **hosszas** ~ **után** on (mature) reflection, after long/ much deliberation; **azon a** ~**on alapul** it is* based on the consideration 2. *(indítóok)* reason, motive; **gazdasági** ~**ból** on economic grounds
meggondolatlan *a* 1. *(beszéd)* foolish; *(cselekedet)* ill-considered/advised, irresponsible, thoughtless, hasty 2. *(ember)* unthinking, inconsiderate
meggondolatlanság *n* 1. *(tulajdonság)* thoughtlessness, inconsiderateness 2. *(tett)* thoughtless action, a rash thing to do, imprudent act
meggondolatlanul *adv* without due reflection, unthinkingly, rashly
meggondolt *a* 1. *(cselekedet, vélemény)* deliberate, considered 2. *(ember)* thoughtful, serious
meggörbít *v* bend*, crook
meggörbül *v* bend*, crook; **egy hajszála sem fog** ~**ni** we'll not harm a hair on his head
meggörnyed *v* become* bent/bowed; ~**ve jár** walk with a stoop
meggyaláz *v* 1. *ált vkt* disgrace, dishonour *(US* -or); *(tárgyat)* deface, desecrate 2. *(nőt)* violate, ravish
meggyalázás *n* 1. *ált* insult (against), disgrace 2. *(nőé)* violation, ravishment
meggyalul *v* plane
meggyanúsít *v* accuse/suspect sy of [doing] sg
meggyászol *v* 1. *vkt* mourn (for) sy 2. *(gyászt ölt)* go* into mourning/black (for sy)
meggyengít *v* weaken, enfeeble

meggyengül *v* grow*/become* weak(er), lose* one's strength

meggyilkol *v* murder, *(főleg politikust)* assassinate

meggyógyít *v* cure [sy of a disease], restore (sy) to health

meggyógyul *v* 1. *vk* recover *(vmből* from), be* cured (of sg), get* over [an illness], get* well (again); **a beteg** ~**t** the patient recovered; **már** ~**t és kijár** he is up and about again; **gyógyulj meg!** get well/better! 2. *(seb)* heal (up); ~**t a sebe** her/his wound has healed (up)

meggyón *v* confess (one's sins)

meggyóntat *v* confess (sy), hear* sy's confession

meggyorsít *v* accelerate, speed* up; ~**ja lépteit** he quickens his pace

meggyorsul *v* accelerate, speed* up, become* faster

meggyökeresed|ik *v* 1. *növ* take*/strike* root 2. *átv* become* established, become* deeply rooted *(v.* ingrained)

meggyötör *v* torture, torment

meggyőz *v* *(vkt vmről)* convince/persuade sy of sg, bring* sy (a)round to one's point of view; *(vmnek a szükségességéről)* talk sy into doing sg; *(hogy ne tegyen meg vmt)* argue sy out of doing sg

meggyőzés *n* convincing, persuasion

meggyőző *a* convincing, persuasive; **ez nem** ~ it does* not carry conviction; ~**en hangzik** what you say carries conviction

meggyőződés *n* conviction, persuasion, belief; **szilárd** ~ firm belief/conviction; ~ **nélkül** half-heartedly, in a half-hearted manner; **az a** ~**e, hogy** be* convinced that; **(az a)** ~**ünk, hogy** we are convinced that; ~**e ellenére** against one's conviction/will; **jobb** ~**e ellenére** against his better judgement; **ki mer állni** ~**e mellett** have* the courage of one's convictions; **abban a szent** ~**ben** in the firm belief; ~**ből** from *(v.* out of) conviction; ~**ből tesz** act from conviction; **teljes** ~**sel állít(hat)om, hogy** I speak* in the full conviction that

meggyőződéses *a* convinced, out-and-out, to the core *ut.*

meggyőződ|ik *v* 1. *(bizonyosságot szerez vmről)* make* sure of sg, make* sure/certain (that) ...; *(ellenőrizve)* check (sg); **győződjék meg róla, hogy** make sure/certain that ... 2. **meg van győződve** *vmről* be* convinced/persuaded of sg *(v.* that ...); **(szilárdan) meg vagyok róla**

győződve it is* my belief, I am* (firmly) convinced, I firmly believe *(mind:* that)

meggyújt *v* 1. *(cigarettát, pipát, tüzet)* light*; *(gázt)* turn on 2. *(villanyt)* switch/turn on

meggyullad *v* catch* fire; *(lángra kap)* burst* into flame(s)

meggyúr *v* 1. *(tésztát)* knead 2. *biz vkt (megmasszíroz)* knead (sy) 3. *átv biz vkt* soften sy up, talk sy round

meggyűl|ik *v* 1. *orv* fester, suppurate, gather; ~**t ujj** purulent/gathered finger 2. ~**ik a baja vkvel** have* a lot of trouble with sy, get* into trouble with sy; **velem gyűlik meg a baja** he will be up against me, he will catch/get it from me if ...

meggyűlöl *v* come*/begin* to hate/detest

megháborod|ik *v* lose* one's reason, go* mad *(US* crazy), go* off one's head; ~**ott** be* deranged/unbalanced

meghág *v* *(mén)* cover, serve; *(bika)* cover; *(kankutya)* mount; *(kos)* tup

meghagy *v* 1. *(vmely állapotban)* keep*, leave* [in a certain state] 2. *(vknek vmt)* let* sy keep sg 3. *(hátrahagy)* have* sg left over 4. *(utasít)* order/charge (sy to do sg); ~**ta, hogy várjuk meg** he left word that we should wait for him, *biz* he said to wait for him 5. **meg kell hagyni, hogy** it must be granted that

meghagyás *n* charge, order ⇨ **fizetési**

meghajlás *n* 1. *(köszöntés)* bow(ing) 2. *(tárgyé)* bending, yielding

meghajl|ik *v* 1. *ált* bend*, be(come)* bent 2. *vk/vm előtt* bow before sy/sg

meghajlít *v* bend*, bow, curve

meghajol *v* bow *(vk előtt* before sy, *átv* to sy); ~ **vk érvei előtt** bow/yield to sy's arguments, back down *(US* off)

meghajt[1] *v* *(fejet)* bow, incline; *(zászlót)* lower the colours *(US* -ors); ~**ja magát** bow

meghajt[2] *v* 1. *(lovat)* whip on 2. *orv* purge 3. *(erdőt vadász)* beat* [a wood] 4. *műsz* drive*

meghajtás[1] *n* *(fejé)* bow(ing)

meghajtás[2] *n* *műsz* drive; **elsőkerék-**~ front wheel drive

meghal *v* die; **fiatalon hal meg** die young; **munka közben hal meg** die in harness; **nehezen hal meg** die hard; ~ **vmben** die of sg; **rákban halt meg** (s)he died of cancer; **baleset következtében** ~**t** (s)he died in an accident; **és még ma is élnek, ha meg nem haltak** and they lived happily ever after

meghalad v **1.** *(árban, súlyban stb. több mint)* exceed (sg), be* in excess of (sg); *(erőben, teljesítményben, képességben)* surpass (sg *v.* sy in sg), go*/be* beyond sg/sy; **nem halad meg 50 fontot** it/sg will not exceed £50; ~**ja az átlagot** it is above the average; **minden képzeletet** ~ it is* beyond comprehension, it defies description; ~**ja erejét** it is* beyond his power/strength, it is* too much for him; **ez a munka** ~**ja képességeimet** this work is* beyond me **2.** = **túlhalad**
meghaladott a ~ **álláspont** exploded/discredited idea/theory
meghálál v show* one's gratitude (for), repay* sy for sg (*v.* sy's help, kindness *stb.*)
meghalás n dying, decease, passing away
meghall v **1.** *(füllel)* hear* sg **2.** *(véletlenül)* overhear* **3.** *(megtud)* hear* of/about, get* to know/hear (of)
meghallgat v **1.** *vkt, vmt* listen to, hear* (sy); **hallgasson meg!** listen to me, (listen and) attend; *(kihallgatáson)* give me a hearing; **nem akarja** ~**ni** turn a deaf ear to; ~**ja a kétórás híreket** listen in to the 2 o'clock news (broadcast) **2.** *(kérést)* grant [a request] **3.** *orv* sound, examine by auscultation **4.** *(énekest stb.)* audition
meghallgatás n **1.** *(vké hivatalban stb.)* hearing; interview; ~**ra talál**, ~**t nyer** gain a hearing **2.** *(énekesé stb.)* audition **3.** *orv* auscultation, sounding
meghamisít v *ált* falsify, tamper with; *(írást, okmányt)* forge; *(számlát, könyveket)* fiddle [the accounts, the books]
meghamisítás n *ált* falsification, tampering (with); *(írásé, okmányé)* forging, forgery
meghámoz v peel, pare, skin
meghánt v **1.** *(fát)* take*/strip the bark off, bark [a tree] **2.** *(rizst)* husk
meghány-vet v **1.** *(magában)* turn sg over (and over) in one's mind; *biz* chew sg over **2.** *(mással)* examine minutely the pros and cons; **meghánytuk-vetettük a dolgot** we put our heads together, we talked it over
meghUragít v make* sy angry
meghuragsz|**ik** v get* angry (*vkre* with sy)
meghUrap v bite*; **a kutya** ~**ta a lábamat** the dog bit my leg, the dog bit me in the leg
meghUáromszoroz v treble, triple
meghUarsan v sound, blare
meghUártyásod|**ik** v *(tej)* skim/skin over
meghUasad v tear*, split*, crack, burst*; **majd** ~ **a szíve** it breaks* one's heart

meghasonlás n quarrel, discord, disagreement, *biz* split
meghasonl|**ik** v **1.** *vkvel* quarrel/break* with sy, *biz* split* with sy; ~**anak egymással** be* at odds/loggerheads (with each/one another); ~**ott a férjével** *biz* she fell out with her husband **2.** ~**ik önmagával** be(come)* unbalanced, *biz* crack up, break* down
meghasonlott a disunited; *(nemzet)* divided against itself *ut.*; *(lélek)* unbalanced
meghat v touch, move, affect; **könnyekig** ~ *vkt* move/reduce sy to tears; **nem hatja meg** be* unimpressed/unaffected/unmoved by sg
meghatalmaz v **1.** *vkt vmre* authorize (sy to do sg) **2.** *(követet)* accredit (sy to swhere)
meghatalmazás n *(cselekvés)* authorization; *(irat)* authorization (in writing); *(banknak, egyénnek pl. pénz/okmányok felvételére)* authorization; **ügyvédi** ~ power/letter/warrant of attorney; ~**t ad vknek** *ált* authorize sy to do sg, give* sy authority to do sg; *(ügyvédnek)* brief [a solicitor/lawyer], give* sy power(s) of attorney
meghatalmazó n *(személy)* principal, mandator
meghatalmazott I. a authorized; ~ **miniszter** minister plenipotentiary II. n *ált* (appointed) representative; *(ügyvéd)* counsel *(pl* ua.), *főleg US:* attorney; **ő a** ~**am** *(ügyvéd)* he is* my counsel, *főleg US:* he holds* my power of attorney
meghatároz v **1.** *(értéket, fajtát, területet)* determine; *(vmt közelebbről)* specify; **mennyiségileg** ~ quantify **2.** *(fogalmat)* define **3.** *tud (vm vmt szükségszerűen)* determine **4.** *(időpontot, tervet)* fix, settle, appoint [a day]; *(helyet)* appoint [a place]; ~**za helyzetét** *(hajó)* fix one's position, take* one's bearings **5.** *(növényt)* classify, identify **6.** *orv* diagnose **7.** *vegy* determine [the quantity of], titrate
meghatározás n **1.** *(értéké, fajtáé, területé)* determination; *(közelebbi)* specification **2.** *(fogalomé)* definition **3.** *(időponté, tervé)* fixing, settling **4.** *(növényé)* classification, identification **5.** *orv* diagnosis **6.** *vegy* quantity determination, analysis, titration
meghatározatlan a indeterminate, undefined; ~ **időre** without a day fixed, *sine die*, for an indefinite period
meghatározhatatlan a indefinable, indeterminable, unidentifiable

661

meghatározó *a* ~ **tényező** determining/ determinative factor, determinant
meghatározott *a ált* definite, well-defined, determined; *(megállapított)* set, stated; *(közelebbről)* specific; *(konkrét)* particular; *(szám, idő)* given; *(hely)* appointed [place]; *(nap)* fixed, appointed; ~ **feladat** specific task; ~ **időpontban** at a stated time, at the time stated; ~ **időközökben** at stated intervals, at set hours; ~ **időre** (1) *(időpontra)* by a certain date, by ... (2) *(időtartamra)* for a set time/period, for ...; ~ **napokon** on set/certain days; ~ **összeg** set amount, sum stated
megható *a* moving, touching, affecting
meghatód|ik *v* be* moved/touched/affected
meghatott *a* moved, touched, affected
meghatottság *n* emotion
meghátrál *v* **1.** *konkr* move*/step back, back away **2.** *átv* ba(u)lk at, draw* back (from), shrink* (from); *(feladja)* back out
meghátrálás *n átv* ba(u)lking at, drawing back (from), shrinking (from)
meghatványoz *v átv* multiply, increase
megházasít *v* marry off, find* a wife°/ husband for sy
megházasod|ik *v* marry, get* married; ~**tak** they got/were married; **újra** ~**ik** remarry, marry again
meghazudtol *v* **1.** *vkt* give* the lie to, belie *(j. m. igenév:* belying) **2.** *vmt* deny; ~**ja korát** belie sy's age
meghegeszt *v* solder (sg) (together)
meghegyez *v (ceruzát)* sharpen
meghibásodás *n (gépé, készüléké)* fault, failure; *(járműé)* breakdown
meghibásod|ik *v (gép, készülék)* develop a fault, go* wrong; *(jármű)* break* down; ~**ott** be* out of order, be* faulty; *(jármű)* have* a breakdown
meghibban *v* go* mad, become* unbalanced; ~**t (elméjű)** deranged, unhinged
meghint *v* **1.** *(porfélével)* dust/powder sg with sg **2.** *(folyadékkal)* sprinkle [water etc.] on sg, sprinkle sg with [water etc.]
meghirdet *v* **1.** *(előadást)* announce, advertise **2.** **pályázatot** ~ announce a competition (for); *(állásra)* invite applications (for); *ker (versenytárgyalásra)* invite tenders
meghiszem azt! *kif* I should think so, I dare say
meghitelez *v (vkt vmely összeg erejéig)* credit sy with [a sum], give* sy [a certain amount of] credit; ~ **vkt 10 000 forint erejéig** give* sy 10,000 forints (worth of) credit

meghitelezés *n* letter of credit, L/C
meghitt *a* intimate, familiar; ~ **barát** close/intimate/bosom friend; ~ **beszélgetés** heart-to-heart talk; ~ **sarok** cosy *(US* -z-) corner; ~ **viszonyban áll/van vkvel** be* very close to sy, be* on intimate terms *(v.* on terms of intimacy) with sy
meghittség *n* intimacy, familiarity
meghiúsít *v* **1.** *ált* frustrate, baffle, bring* (sy/sg) to nought; *(reményeket)* frustrate, blight; *(tervet)* upset* **2.** wreck, thwart; *biz* stymie
meghiúsul *v* fail, fall* through, be* frustrated; *(terv)* come* to grief/nought/naught, fail, *biz* be stymied; **kísérlete** ~**t** he failed in his attempt, he was frustrated in an attempt to [do sg]; **reményei** ~**tak** his hopes were blighted; **tervem** ~**t** my plan came to grief
meghiúsulás *n* frustration
meghív *v* **1.** *ált* invite [*vhová* to one's house, *vmre* to a conference/party etc.], ask sy to come; ~ **vkt vacsorára** (1) *(saját házába)* ask/invite sy for dinner, have* sy for dinner (2) *(étterembe)* take* sy out to dinner; ~**hatlak egy kis összejövetelre?** will you come to a party?; ~**tak vacsorára** I have been invited/asked to dinner; **tisztelettel** ~**juk vacsorára okt. 10-én 7 órára** Mr. and Mrs. X request the pleasure of the company of Mr. and Mrs. Y to dinner on Thursday, 10th October at 7 p.m. **2.** *(állásra, tanszékre)* appoint; ~**ták a debreceni angol tanszékre előadónak** he was appointed to a lectureship in English at/in the University of Debrecen
meghívás *n* **1.** *ált* invitation; **eleget tesz a** ~**nak** accept the invitation; ~**t kap ebédre** get*/receive an invitation to lunch, be* invited for/to lunch **2.** *(állásra, tanszékre)* appointment by invitation
meghívásos *a* **1.** ~ **beszélgetés** person-to-person call **2.** ~ **verseny** challenge competition
meghívó *n* invitation (card)
meghívólevél *n* letter of invitation
meghívott I. *a* invited; ~ **előadó** *(egyetemen)* visiting/guest lecturer **II.** *n* a ~**ak** the guests
meghíz|ik *v* put* on weight, grow*/get* fat
meghízlal *v* fatten (up)
meghódít *v* **1.** *(területet)* conquer **2.** *vkt* make* a conquest of sy
meghódítás *n* conquest
meghódol *v* yield (to sy), give* in, surrender (to)

meghomályosod|ik *v* darken, get*/ grow*/become* dark/obscure/faint/dim
meghonosít *v* **1.** *áll, növ* naturalize, introduce, domesticate **2.** *(divatot, szokást)* introduce, bring* into fashion
meghonosodás *n* **1.** *áll, növ* naturalization, domestication **2.** *(szokásé)* catching on; *(szóé)* naturalization
meghonosod|ik *v* **1.** *(ember, állat, növény)* be(come)*/get* naturalized/acclimatized **2.** *(divat, szokás)* catch*/take* on, come* in(to vogue/fashion); *(szó)* be(come)* generally accepted, come* into general use; *(más nyelvben)* be(come)* naturalized [in a particular language or in many languages]
meghosszabbít *v* **1.** *(tárgyat)* lengthen, elongate, make* longer **2.** *(határidőt, érvényességet stb.)* extend; *(könyvet könyvtárban)* renew; *(tartózkodást stb.)* prolong; ~**tatja a vízumot** have* one's visa prolonged/extended
meghosszabbítás *n* **1.** *(tárgyé)* lengthening, elongation **2.** *(határidőé, útlevélé stb.)* extension, prolongation **3.** *sp* extra time
meghosszabbod|ik *v* get*/become* longer
meghoz *v* **1.** *vmt* bring* (in); *(érte menve)* fetch **2.** ~**za gyümölcsét** bear*/yield fruit **3.** *(ítéletet)* pass [judg(e)ment]
meghozat *v (árut, könyvet)* order
méghozzá *conj (árut, könyvet)* besides, moreover, in addition, at that; **láttam a filmet,** ~ **kétszer** I've seen the film—twice, in fact; **itt egy toll,** ~ **egy jó toll** here's a pen, and a good one, at that; **megtörtént,** ~ **gyorsan** and happened it had, and quickly at that
meghökken *v* be* taken aback, be* startled/astounded
meghökkent I. *vt* take* sy aback, amaze, astonish, startle **II.** *a* astounded, startled, thunderstruck
meghőköl *v* start, give* a jump; *vmtől* draw* back from sg, be* startled by sg
meghőméroz = **hőmérőz**
meghunyászkodás *n* submissiveness, grovelling (*US* -l-)
meghunyászkod|ik *v vk* humble oneself, grovel (*US* -l)
meghunyászkodó *a* submissive, servile, grovelling (*US* -l-)
meghurcol *v vkt, átv* calumniate, slander, vilify, drag sy's name/reputation through the mud
meghúz *v* **1.** *ált* pull, give* sg a pull; ~**za a ravaszt** *(fegyveren)* pull the trigger; ~**za a vizet** *(az illemhelyen)* flush the toilet/wc/

pan **2.** *(vk fülét/orrát)* tweak [sy's car/nose playfully] **3.** *(gyeplőt)* pull in **4.** *(csavart)* screw in/tight, tighten (up), drive* in; ~**tad a csavarokat rendesen?** have you tightened all the screws up properly? **5.** ~**za a karját** pull/strain one's arm **6.** ~**za magát** (1) *(szerényen)* draw* back, withdraw* (2) *vhol* crouch/huddle/shelter somewhere, hide* **7.** *(cikket stb.)* cut*; **jól** ~ **egy darabot** cut* [a play] savagely **8.** *(vizsgán, biz)* plough (*US* plow), flunk; ~**tak kémiából** I've been flunked in chemistry
meghúzód|ik *v* **1.** *(vm mögött)* hide*/conceal oneself behind sg, lurk behind sg **2.** *(vk mögött)* take* cover/shelter behind sy **3.** ~**ott a dereka** (s)he has pulled/strained his/her back, (s)he's put his/her back out
meghűl *v* catch* (a) cold; ~**t, meg van hűlve** have* a cold; **könnyen** ~ catch cold easily; **erősen** ~**t** he has* a bad cold
meghűlés *n* (common) cold, chill
meghülyül *v* go* crazy/mad, *GB* go* round the bend, *US* go* nuts
megidéz *v* **1.** *(vkt vhová)* summon, order to appear [in court], serve a summons on sy **2.** *(szellemeket)* call, conjure up
megifjít *v* = **megfiatalít**
megifjod|ik *v* = **megfiatalodik**
megigazít *v* **1.** *(elrendez)* adjust, put*/set* right/straight; ~**ja a nyakkendőjét** set* one's tie straight, straighten one's tie **2.** *(szabó)* alter, make* alterations to **3.** *(órát)* set*, adjust
megigazul *v vall* be* justified
megígér *v* promise *(vknek vmt* sy sg *v.* sy that …)
megigéz *v* bewitch, charm
megihlet *v* inspire, give* inspiration to sy
megijed *v* be*/become*/get* frightened, take* fright; **meg van ijedve** be*/feel* frightened, have* a fright; ~ **vmtől/vktől** be*/get* frightened of sg/sy, take* fright at sg/sy, be* scared by/at sg; **könnyen** ~ (s)he scares easily; **ne ijedj meg!** don't worry!, don't be afraid!, have no fear!; **jobb félni, mint** ~**ni** prevention is better than cure
megijeszt *v* frighten, scare, alarm, terrify, make* sy afraid; **nagyon** ~ **vkt** frighten/scare sy to death, frighten/scare sy out of his wits
megillet *v* **1.** *(kézzel †)* touch (gently) **2.** *(jár vknek)* be* due to, be* sy's due; **megadja neki, ami** ~**i** give* sy his due; **annak, akit** ~ to whom it may concern; **jog szerint** ~ **vkt** be* sy's legal due

megillető *a* vkt ~ **rész** sy's share; **az őt ~ pénz/díj** money due to him; **az őt ~ helyre** in his rightful place

megilletődés *n* (deep) emotion

megilletőd|ik *v* be* (deeply) moved/ touched

megindít *v* **1.** *(mozgásba hoz)* start, set* (sg) in motion; *(motort)* start [an/the engine]; *(villamos készüléket)* press the button **2.** *(háborút)* start [war]; *(mozgalmat)* launch, start up **3.** *(nyomozást)* begin*/institute [an investigation]; **eljárást ~ vk ellen** bring* an action against sy, start/ take* (legal) proceedings against sy **4.** *(meghat)* affect, touch, move

megindítás *n* **1.** *(mozgásba hozás)* setting in motion **2.** *(motoré)* starting **3.** *(háborúé)* starting [a war]; *(mozgalomé)* launching, starting up

megindító *a* moving, touching

megindokol *v* give* grounds/reasons for (doing) sg ⇨ **megokol**

megindul *v* **1.** *(elkezdődik)* begin*, commence **2.** *(gép, jármű)* start, get* moving/ going; **a bírói eljárás ~t ellene** legal proceedings were started/instituted against him

megindultság *n* (deep) emotion

megingat *v* vkt shake* sy, make sy falter; ~ **vkt elhatározásában** shake* sy's resolution; **~ták hitében** be* shaken in one's faith

megingathatatlan *a* *(elhatározás)* firm; *(szándék)* unwavering, unswerving; *(hit)* unshakeable [conviction, faith]

meginog *v* vk átv vacillate, waver, falter; ~ **elhatározásában** waver in one's resolution; ~ **hitében** be* shaken in one's faith; ~ **vknek a helyzete** sy's position turns out to be insecure/shaky

megint¹ *v* warn

megint² *adv* again, once more; **már ~!** (and) again!; **már ~ itt vagyok** here I am again; **mi van már ~?** what is* the matter now (*v.* this time)?; **már ~ kezdi** (s)he is at it again

meginterjúvol *v* interview sy (about sg)

megintés *n* warning

meginvitál *v* invite, ask sy (to come)

megír *v* vmt write*; *(vknek vmt)* write* sy about sg; **~tam a cikket** I have written the article; **~tam a levelet** I have written a/the letter; **~ta, hogy szerdán érkezik** (s)he wrote that (s)he'd be arriving/coming on Wednesday; **amint azt levelemben ~tam** as I (have) said in my letter; **meg**

volt írva, hogy it was bound to (happen); **hol van az ~va, hogy** why should I (do it if I don't want to)?, who says?

megirigyel *v* vkt, vmt grow*/become* envious of sy/sg

mégis *adv* yet, nevertheless, notwithstanding, still; **de azért ~** all the same, nevertheless; **(és) ~** all the same, nevertheless, still, yet; **~ ő az** it is* him (*v.* he is the one) all the same; **és ha ~ így lenne?** supposing it were so?

mégiscsak *adv* after all

megismer *v* **1.** *(megismerkedik vkvel)* get*/become* acquainted with sy, make* sy's acquaintance, make* the acquaintance of sy; come*/get* to know sy; **örülök, hogy ~hetem** pleased to meet you **2.** *(ismeretet szerez vmről)* get* to know* sg, become* acquainted with sg, familiarize oneself with sg **3.** *(felismer vkt)* recognize *(vmről by/from sg)*, know* (by sg); ~ **vkt járásáról** recognize/tell/know* sy by his walk/ gait; **vkt szándékosan nem ismer meg** *kif* cut* sy dead/cold

megismerés *n* **1.** vké, vmé getting/becoming acquainted with (sy/sg) **2.** *(felismerés)* recognition **3.** *fil* cognition

megismerhetetlen *a* unknowable, unfathomable

megismerhető *a* recognizable, distinguishable

megismerked|ik *v* **1.** vkvel get*/become* acquainted with sy, make* sy's acquaintance **2.** vmvel get* (*v.* make* oneself) acquainted with sg, make* oneself familiar with sg

megismertet *v* vkt vkvel/vmvel acquaint sy with sy/sg, make* sy acquainted with sy/sg

megismétel *v* repeat, say*/do* sg (over) again; *(rádió- v. tévéműsort)* repeat

megismétlődés *n* repetition

megismétlőd|ik *v* repeat itself, occur again

megisz|ik *v* *(italt)* drink*; ~ **ik vkvel egy pohár bort** have*/take* a glass of wine with sy, crack a bottle with sy; **de meginnék egy csésze teát!** I could do with a cup of tea ⇨ **lé**

megitat *v* **1.** vkt give* sy a drink **2.** vkvel vmt make* sy drink (sg) **3.** *(jószágot)* water

megítél *v* **1.** *(vmt/vkt ált)* judge *(vmnek alapján* by), form an opinion of; **helyesen ítéli meg** judge sg correctly, be* right in one's judg(e)ment, appreciate [a problem]; **roszszul ítéli meg** misjudge, be* mistaken in one's judgement of **2.** vknek vmt adjudge (sg to sy); *(kártérítést)* award [sy damages *v.* a sum in damages]; **10 000 Ft kártérítést**

ítéltek meg neki he finally got 10,000 fts in damages, the court awarded 10,000 fts (in) damages to him
megítélés *n* **1.** *vmé ált* judgement (of); ∼**em szerint** in my opinion/view/judgement; ∼**ére bízom, hogy** I leave* it to you whether **2.** *(bírói)* awarding, adjudication
megízlel *v* taste, get* a taste of
megízlelés *n* tasting
megizmosod|ik *v* **1.** *vk* become*/grow* strong/robust/muscular, toughen up **2.** *átv* gain strength
megizzad *v (begin* to) sweat, get* into a sweat; ∼ **bele amíg** he will have to sweat (it out) until ...
megizzaszt *v* make* (sy) sweat, sweat (sy)
megjár *v* **1.** *(utat)* do*, cover [distance]; **3 nap alatt** ∼**ta** he did it in 3 days; ∼**ta a vásárt** (s)he has been to the fair/market **2.** *(rosszul jár vmvel)* make* a bad bargain with sg; ∼**ja vkvel** be* taken for a ride, be* taken in *(mind* by); **jól** ∼**ta!** he's been had/done; **alaposan** ∼**ta ezzel az emberrel** this man° got the better of him **3.** *(tűrhető)* ∼**ja** not (so) bad, passable; **ez még** ∼**ja** that will (just about) do, that is* passable
megjárat *v* **1.** *konkr vkt* make* sy walk **2.** *átv vkt* play sy a trick, take* sy for a ride
megjártat *v (lovat)* walk [horse]
megjátsz|ik *y* **1.** *(szerepet)* act, play **2.** *(színlel)* pretend, feign; **megjátssza magát** put* on airs, play-act, put* on an act; **ne játszd meg magad!** stop putting it on! **3.** *(lovat)* back; *(tétet)* stake
megjavít *v* **1.** *(jobbá tesz)* improve, make* better, better **2.** *(gépet kijavít)* repair, mend, fix **3.** *(földet)* improve, enrich **4.** *(rekordot)* better, improve on; *(megdönti)* break* [a/the record]
megjavítás *n* **1.** *(jobbá tevés)* improvement **2.** *(gépé)* repair(ing), mending, fixing **3.** *(földé)* improvement, enrichment **4.** *(rekordé)* bettering/breaking [of record]
megjavíttat *v vmt* have*/get* sg repaired/fixed; **elromlott/megállt az órám, meg kell javíttatnom** my watch has stopped/broken — I'll have to have it repaired *(v. — it needs fixing)*
megjavul *v* **1.** *ált* improve, get*/become* better; **egészségi állapota** ∼**t** his health improved, he has recovered (from his illness) **2.** *(motor stb.)* be* running again **3.** *(vk erkölcsileg)* mend one's ways
megjegyez *v* **1.** *(emlékezetébe vés)* remember sg, memorize sg, note sg, make* a mental note of sg; ∼ **magának vmt** note,

make* a mental note of sg; **ezt megjegyezem magamnak!** I'll remember that; **jegyezze meg magának** keep that in mind, remember it well, *biz* put that in your pipe and smoke it **2.** *(megjegyzést tesz)* remark (that), observe (that), remark/comment on/upon sg; **meg szeretném jegyezni, hogy** I should like to say/mention that; **ha szabad** ∼**nem** if I may say so; **van vknek** ∼**ni valója?** has anyone any comment(s) to make?, any comments?; **nincs semmi** ∼**ni valóm** I have* no comment to make, *biz* no comment!; ... **jegyezte meg** he added/said; **helyesen jegyezte meg** he very aptly remarked; **megjegyzendő, hogy** it is* to be noted that, it is* worth mentioning that
megjegyzés *n* remark, observation, note, comment; **nincs** ∼**em!** *biz* no comment!; ∼ **nélkül hagy** let* sg pass/go* unchallenged; **a** ∼ **talált** the thrust went home, (s)he hit the nail on the head; ∼**re méltó** worth mentioning; ∼**t tesz vmre** remark/comment on/upon sg, make* comments on sg; ∼**eket tesz vkre** pass remarks on sy
megjelenés *n* **1.** *vké vhol* appearance, presence; *(reptéren)* check-in; ∼ **estélyi ruhában** *(meghívón)* evening dress, black tie; **meg nem jelenés** non-appearance, failure to appear; *(reptéren)* no-show; ∼**ére számítunk** your presence is requested (at) **2.** *(könyvé)* publication; ∼ **alatt(i)** forthcoming; to appear **3.** *(külső)* (outward) appearance, look; **jó** ∼**e van, jó** ∼**ű** (be*) good-looking *(de főnévvel:* good-looking) ⇨ **megnemjelenési**
megjelenési *a* ∼ **idő** *(reptéren)* check-in time
megjelen|ik *v* **1.** *ált* appear; *(személy)* make* one's appearance, show*/turn up; **bíróság előtt** ∼**ik** come* before the court, appear in court; **időnként** ∼**ik** turn up from time to time; **személyesen** ∼**ik** put* in an appearance, appear in person; ∼**ik a színen** come* on the scene; **újra** ∼**ik** reappear **2.** *(könyv)* be* published, come* out; *(újság)* appear*, be* published; **most jelent meg** just out/published; **az a könyv, amelyet (annyira) vártál** ∼**t** the book you wanted is out; **öt kiadás jelent meg belőle** the book ran into five editions **3.** *(rendelet)* be* issued
megjelenít *v (ábrázol)* represent
megjelenő *a* **rövidesen** ∼ **könyvek** forthcoming books

megjelent I. *a* most ~ **könyvek** books just out (*v.* recently published) **II.** *n* a ~**ek** **névsora** a list of those present/attending **megjelentet** *v (könyvet, cikket)* publish, write*
megjelöl *v* **1.** *(jellel)* mark **2.** *(árral)* price **3.** ~ **egy napot** fix/set* a day/date **4.** *átv* indicate, point out; **pontosabban/közelebbről** ~ specify, state *sg* precisely, determine
megjelölés *n* **1.** *(jellel)* marking **2.** *(tulajdonságé)* indication
megjósol *v* **1.** *ált vmt* predict, foretell*, prophesy **2.** *(időjárást)* forecast*
megjósolható *a* predictable, foretellable
megjön *v* **1.** *(megérkezik)* come*, arrive; *(visszatér)* get* home/back, be* back, return; **megjött** (1) *vk* is back, has arrived (2) *(vonat stb.)* is in, has arrived (3) *(havi vérzés)* she's/I'm having a period; **megjött már?** has (s)he arrived (yet)?, is (s)he here?; **mindennek** ~ **az ideje** everything in its time **2.** ~ **az esze** → **ész;** ~ **az étvágya** feel* like eating (again)
megjövendöl *v* = **megjósol**
megjuhász(k)od|ik *v (ember)* sober/calm/simmer down; *(állat)* calm/settle down
megjutalmaz *v* reward *(vkt vmért* sy for sg)
megkap *v* **1.** *(birtokába jut vmnek, amit várt)* get*, receive; *(elnyer)* win*, obtain; ~**hatnám?** may I have it; ~**tam levelét** I have received/got your · letter; *(udvariasabban)* thank you for your letter [of 20 April]; *ker, hiv* I am in receipt of your letter; ~**ja az állást** get* the job; ~**ja a felmondást** be* dismissed, *biz* get* the sack; ~**ja a választ** obtain/receive the answer/reply; ~**ta a nőt** he got her, she became his; ~**ja a magáét** get* one's just/deserts, *biz* get* it in the neck, get* hauled over the coals; ~**tad a magadét** you got what you deserved **2.** *(visszakap pl. kölcsönt)* get* back **3.** *(betegséget)* catch*, get*, contract, develop **4.** *(mély hatást tesz vkre)* affect· sy deeply; **igen** ~**ta őt nagylelkűsége** he was struck (*v.* most/very impressed) by her generosity
megkapál *v* hoe
megkapar *v* scrape, scratch
megkaparint *v* get* one's hands on sg, snatch/grab sg; ~ **egy állást** land/grab* a job
megkapaszkod|ik *v vmben* clutch at, cling* to
megkapó *a* engaging, fascinating, striking

megkarcol *v* scratch, scrape, graze [one's knee etc.]
megkarmol *v* claw, sratch
megkárosít *v (anyagilag)* cause loss/damage to sy, damage sy; **vevőt** ~ cheat the/a customer
megkárosítás *n* loss, damage
megkárosított *a* a ~**ak** the victims [of the fraud etc.]
megkárosul *v* suffer a loss (*v.* damage)
megkártyáz *v biz vmt* wangle (oneself sg), work sg
megkásásod|ik *v (gyümölcs)* become* overripe, go* sleepy
megkavar *v* **1.** *(folyadékot)* stir, give* sg a stir **2.** *biz (vm megzavar vkt)* embarrass (sy), be* shaken (by sg)
megkedvel *v vkt/vmt* take* to sy/sg, take* a liking to sy, come* to like sy/sg, grow* fond of sy/sg
megkedveltet *v vmt vkvel* make* sy like sg, foster sy's interest in sg; ~**i a gyerekekkel a sportot** get* the children (to become) keen on sports; ~**i magát vkvel** endear oneself to sy, win* sy's love/sympathies/favour (*US* -or) (*v.* liking)
megkefél *v* **1.** *(hajat)* brush [one's hair], give* [one's hair] a (quick) brush; *(vmt megtisztítva)* brush (sg), clean (sg) with a brush, give* (sg) a brush **2.** *vulg vkt* screw/lay* sy
megkegyelmez *v* **1.** *vknek ált* pardon (sy), have* mercy on; **most az egyszer még** ~**ek neked** I will let you off this time/once **2.** *(halálraítéltnek)* reprieve/pardon sy; ~ **vk életének** spare the life of sy (*v.* sy's life)
megkegyelmezés *n* **1.** *ált* pardon **2.** *(halálraítéltnek)* reprieve, pardon
megkékül *v* become*/turn blue
megkel *v (tészta)* rise*
megkeményed|ik *v* **1.** *konkr* set*, become* hard/solid, harden, solidify **2.** *átv* harden, become* callous
megkeményít *v* **1.** *konkr* make* (sg) hard, harden; *(vasat)* temper **2.** *átv* ~**i szívét** harden one's heart
megken *v* **1.** ~**i a kenyeret vajjal** spread* butter on bread, spread* a piece of bread with butter **2.** *(gépet)* lubricate, grease **3.** *átv vkt* bribe/square sy, slip sy money, grease/oil sy's palm; **meg kell kenni** he has to be squared; **minden hájjal** ~**t ember** he's got his wits about him, he knows* a thing or two, *kif* he knows all the ins and outs of sg, he knows which side his bread is buttered

megkér *v* **1.** *vkt vmre* ask/request sy to do sg; ~ **vkt arra, hogy** ask sy to (do sg) **2.** ~**i vk kezét** propose to sy, ask for sy's hand, *biz* pop the question (to sy)
megkérdez *v* **1.** *vkt* ask sy; ~ **vktől vmt** ask sy sg, ask sy a question; ~**tem, hol van** I asked where he was; **kérdezd meg, hol van az állomás** ask (him) where the station is; **kérdezd meg a nevét** ask him his name **2.** *(megérdeklődik vmt)* ask sy about sg, inquire sg of sy; ~**tem, el akar-e jönni** I asked (him) if/whether he would come; ~**tem, hogy van egészségileg** I inquired about his health; **kérdezd meg a vonatok indulását** inquire about the trains; ~**tem, hogy jutok el az állomásra** I inquired the way to the station; ~**tük az utca emberét** we asked the man in the street
megkérdezés *n* inquiry, question, asking; ~**e nélkül** without asking/consulting him
megkérdezett *n a* ~**ek** *(nyelvi adatközlők)* the informants; *(kérdőíven közvéleménykutatásban stb.)* the respondents
megkérdőjelez *v* query, question
megkeres *v* **1.** *ált* look for, try to find **2.** *(szót a szótárban)* look up [a word in the dictionary]; **keresd meg a szótárban** look it up in a/the dictionary; **keresd meg a telefonszámát** look up his telephone number (in the directory *v. biz* book) **3.** *hiv (vkhez fordul)* apply/turn to; *(folyamodik)* appeal to, request (sg of sy) **4.** *(pénzt)* earn; ~ **8000 Ft-ot** he earns 8,000 fts (a month); ~**i a kenyerét** *(v. ami a megélhetéséhez kell)* earn one's living; ~**i a rezsijét** *(vállalat)* break* even; **éppen csak a kiadásait keresi meg** earn one's keep
megkeresés *n hiv* request; **XY** ~**ére** at the request of YX
megkeresztel *v* **1.** *ált vkt* christen; *csak vall* baptize; ~**ik** be* christened/baptized **2.** *(hajót stb.)* christen, name
megkeresztelked|ik *v* be* baptized
megkérgesed|ik *v* **1.** *(tenyér)* grow* hard/horny; ~**ett** calloused [hand] **2.** *átv* become*/grow* callous/hard
megkerget *v* chase
megkergül *v* **1.** *(állat)* get* the staggers **2.** *vk átv* go* mad/crazy, go* out of one's mind
megkerít *v vmt* hunt out, find*; *(embert)* hunt down
megkerül 1. *vi (előkerül)* be* found, turn up **2.** *vt (járva)* go*/walk/come* round, skirt **3.** *vt átv (kérdést)* evade, skirt, get* round

[a/the question]; *(törvényt)* get* (a)round, evade [a law, the laws]
megkerülés *n (törvényé)* evasion
megkérvényez *v* apply for, make* an application for
megkésel *v* wound (sy) with a knife, knife
megkeserít *v átv* embitter; ~**i vk életét** be* the bane of sy's life, poison/embitter sy's life; ~**ette örömünket** it has blighted/overshadowed our joy
megkeserül *v* regret sg bitterly; **ezt még** ~**öd** you will be sorry for this, you'll rue the day (when you did sg)
megkés|ik *v* be*/arrive late, turn up late
megkétszerez *v* double
megkétszereződ|ik *v* double
megkettőz *v* **1.** *(tétet)* double, duplicate **2.** *nyelvt* double, reduplicate **3.** ~**i lépteit** quicken one's pace
megkettőződ|ik *v* double
megkever *v* **1.** *(folyadékot)* stir **2.** *(kártyát)* shuffle
megkezd *v* **1.** *ált vmt* begin*/start (to do) sg; *hiv* commence; ~**i az utazást** begin*/start a journey/trip, start off, set* out (on a journey *v.* camping trip etc.) **2.** *(munkát)* start work [at 7.30], get* down to (work), begin* working/writing/etc., set* about (sg), set* out to (do sg); *hiv* commence (sg); *(új szakmát stb.)* set* up [as a builder *v.* in business] **3.** *(kenyeret)* cut*; *(borosüveget)* open
megkezdőd|ik *v ált* begin*, start; *hiv* commence; **az előadás** ~**ött** the performance/show has started (*v.* is on)
megkímél *v* **1.** *vkt vmtől* save/spare sy sg; **sok bajtól kímélte meg** he saved her a lot of trouble; **ez (a körülmény) sok bajtól kímél (még) meg minket** that will save us a lot of trouble; ~ **vkt vmnek a költségétől** save sy the expense of ...; ~**i vk életét** spare sy('s life) **2.** *(megóv, pl. ruhát)* look after, take care of
megkínál *v vmvel* offer sy sg; ~**hatom egy csésze teával?** may I offer you a cup of tea?; ~**hatom egy szelet hússal?** may/can I offer you some more meat?
megkínoz *v* torment, torture, rack
megkísérel *v* attempt (sg *v.* to do sg), make* an attempt (to do sg *v.* at doing sg), try (to do sg)
megkísért *v (kísértésbe visz)* tempt sy, lead* sy into temptation
megkíván *v* **1.** *vk vmt* desire/want sg (suddenly), wish for sg; *(férfi nőt)* lust after [a woman] **2.** *(elvár vmt vktől)* require sg of sy (*v.* sy to do sg); ~**om az engedelmessé-**

get I expect to be obeyed **3.** *(vm megkövetel vmt)* dem*a*nd, requ*i*re, need; **rendszeres karbantartást kíván meg** *(gép)* need regular servicing/m*ai*ntenance
megkockáztat *v* **1.** *(kockázatot vállalva tesz)* risk/chance sg, take*/run* the risk of do*i*ng sg; **vmt ~va** at the risk of sg **2.** *(kényes ügyet szóvá tesz)* venture; **~om azt a megjegyzést/véleményt, hogy** I venture to say that; if I may venture an op*i*nion, I would/must say that …
megkocsonyásod|ik *v* j*e*llify, turn *(in)*to jelly, g*e*l
megkomolyod|ik *v* bec*o*me* w*i*ser, bec*o*me* more serious
megkondít *v (harangot)* ring*, toll
megkondul *v* ring*, (beg*i*n* to) toll, peal
megkongat *v* = **megkondít**
megkonstruál *v (gépet, mondatot)* constr*u*ct
megkontráz *v (kártyában)* d*o*uble; *átv (megcáfol)* contrad*i*ct/c*o*unter sg
megkopaszod|ik *v* g*e*t*/bec*o*me* bald, lose* one's hair
megkopaszt *v* **1.** *(szárnyast)* pluck **2.** *átv vkt* fleece/sk*i*n sy, bleed* sy white
megkop|ik *v* **1.** *(ruha)* bec*o*me* thre*a*dbare; *(ruha, cipő, lemez)* wear* out **2.** *(ember)* run*/go* to seed
megkoplal *v* pinch and scrape (to save m*o*ney) for sg, scrimp and save for sg
megkopogtat *v* **1.** *(ajtót)* knock, ta*p*, ra*p* **2.** *orv* sound, perc*u*ss; **~ja a beteg mellét** sound/perc*u*ss the chest of the p*a*tient
megkorbácsol *v* (h*o*rse)whi*p*, fl*o*g, scourge
megkoronáz *v (átv is)* crown
megkóstol *v* taste, try
megkoszorúz *v* **1.** *vkt* crown (with a wreath/g*a*rland), wreathe **2.** *(sírt, emlékművet)* lay* a wreath on, place a wreath at [the foot of the mem*o*rial]
megkoszosod|ik *v (piszkos lesz)* g*e*t*/bec*o*me* f*i*lthy/d*i*rty
megkottyan *v biz* **meg sem kottyan neki** (1) *(olyan kevés)* it is* a drop in the b*u*cket/*o*cean (2) *(olyan könnyű)* he makes* short work of it, it's child's play for him
megkozmásod|ik *v* catch* (in the pan); **az étel ~ott** the food has caught*
megkölykez|ik *v* bring* forth; **~ett a kutya** the bitch/d*o*g has l*i*ttered/p*u*pped
megkönnyebbed|ik *v* = **megkönnyebbül**
megkönnyebbít *v* = **megkönnyít**
megkönnyebbül *v* **1.** *ált vk* feel* rel*i*ef/rel*i*eved, rel*a*x; **~t sóhaj** a sigh of rel*i*ef;

~ten sóhajt fel heave*/breathe a sigh of rel*i*ef **2.** *(beteg)* feel*/be* better
megkönnyebbülés *n* (a sense of) rel*i*ef; **micsoda ~!** what a rel*i*ef!
megkönnyez *v* weep* *(v.* shed* tears) *(over* sg)
megkönnyít *v* **1.** *(terhet)* ease, make* l*i*ghter **2.** *(vk helyzetét/feladatát)* fac*i*litate, make* it/sg e*a*sier/e*a*sy for sy
megkönyörül *v vkn* have*/take* p*i*ty on sy, have* m*e*rcy on sy
megkörnyékez *v* (try to) ge*t** at sy, make* appr*o*aches to sy
megkörnyékezhető *a* corr*u*ptible
megköszön *v* thank sy, give* thanks to sy, express one's thanks *(mind:* for sg); **azt nem köszönöd meg!** you'll pay for it, you'll be s*o*rry
megköszörül *v* **1.** *(kést)* sh*a*rpen, grind*; *(borotvát, kést)* whet, hone **2.** **~i a torkát** clear one's throat; *(fűrészt)* se*t** [a saw]
megköt **1.** *vt (csomóra vmt)* tie (up), knot (sg); **~i a nyakkendőjét** knot one's tie *(US* necktie); **~i a kendőt** tie a/one's scarf **2.** *vt (odaköt vmhez)* **~i a kutyát** tie the dog to [the fence etc.] **3.** *vt (ruhadarabot)* knit **4.** *vt (szerződést)* sign/contr*a*ct to do sg, enter *i*nto [a contr*a*ct] *(vkvel* with sy), sign [a contr*a*ct]; *(üzletet)* do*/trans*a*ct b*u*siness, do* *(US* make*) a deal; *biz* close a/the deal *(vkvel mind* with sy); *(házasságot)* contr*a*ct a m*a*rriage (with sy); *(békét)* sign [a peace treaty] **5.** *vt* ~ **i magát** stick* to one's guns, dig* one's heels in; **meg van kötve a keze** have* one's hands tied **6.** *vi (beton)* se*t**
megkötés *n* **1.** *(csomóra)* t*y*ing **2.** *(szerződésé)* signing **3.** = **megszorítás 2.**
megkötött *a* **1.** *(nyakkendő)* kn*o*tted, tied **2.** *(szerződés)* conc*l*uded; **~ szerződés** the contract signed **3.** *(üzlet)* eff*e*cted; **~ üzletek után 5% jutalék** five per cent comm*i*ssion on eff*e*cted sales
megkötöttség *n* constr*a*int; *(korlátozó körülmények)* restr*i*ctions *pl*
megkötöz *v* bind*, truss/tie (up); **~i vk kezét** bind* sy's hands
megkövesed|ik *v* p*e*trify, turn *(in)*to stone
megkövet *v* nép † *vkt* ask for sy's p*a*rdon; **~em** s*a*ving your presence
megkövetel *v* **1.** *(vk vktől vmt)* dem*a*nd [that sy (should) do sg], requ*i*re (sy to do sg *v.* sg of sy); **ezt ~em!** this is an *o*rder!, I mean/expect to be ob*e*yed; **~i az engedelmességet** ex*a*ct ob*e*dience (from sy); **~i, hogy** he dem*a*nds that [sy (should) do sg], he ins*i*sts on sy do*i*ng sg; **a körülmé-**

nyek ~ik the circumstances demand it
2. *(vm vmt szükségessé tesz)* require, call for,
demand
megkövez *v* stone (sy to death)
megkövül *v* 1. = megkövesedik 2. *átv*
~ a félelemtől be* paralysed with terror/
fear
megközelít *v* 1. *(közelébe megy)* approach,
come* near (to), near (sg), come* close to
2. = megkörnyékez 3. *(minőségileg)* be*
nearly as (good/bad) as, be* comparable
to/with; *kif* go* a long way towards sg;
(mennyiségileg) approximate, come* near
to; *biz* be* getting on for; meg sem köze-
líti be* far from, be* no match for; *kif* be* as
different as chalk and cheese 4. *(kérdést)*
approach, tackle
megközelítés *n* 1. *konkr* approach, drawing
near(er) 2. *(mennyiségileg)* approximation
3. *(kérdésé)* approach, line
megközelíthetetlen *a* 1. *vk, vm* inaccess-
ible, unapproachable 2. *(erkölcsileg)* incor-
ruptible
megközelíthető *a* 1. *(hely)* accessible, ap-
proachable; könnyen ~ hely place easy
to reach (*v.* to get to); nehezen ~ hely
place difficult to reach (*v.* to get to) 2. *átv vk*
approachable, *biz* getatable
megközelítő *a* *(számítás, becslés)* approx-
imate, rough
megközelítőleg *adv* approximately, rough-
ly
megkritizál *v* *ált* criticize; *(keményen)*
criticize severaly, censure
megkukacosod|ik *v* get* full of maggots
megkurtít *v* 1. *ált* shorten, make* shorter,
curtail 2. *(hajat)* cut* [sy's hair] short, trim
[sy's hair], crop [sy's hair] 2. *(állat farkát)*
dock
megküld *v* 1. *(levelet, csomagot)* send*;
(ker így is) dispatch, forward *(vknek mind:*
to sy) 2. *(pénzt)* remit; *(tartozást)* pay*
back
megkülönböztet *v* 1. *vmt ált* distinguish
[things, persons etc.]; *vmt/vkt vmtől/vktől*
distinguish/discriminate/differentiate sg/sy
from sg/sy, distinguish/discriminate/dif-
ferentiate between [2 things or people], tell*
sg/sy from sg/sy; ~i az egyik jelentést a
másiktól distinguish one meaning from
another; meg tudja különböztetni a
jót a rossztól (s)he can distinguish
between right and wrong, (s)he can tell/
distinguish right from wrong; nem tudom
~ni I cannot distinguish between them, I
can't tell one from the other 2. *(vmt vmnek az*

alapján)* distinguish sg/sy by sg; *(vkt kitün-
tet)* confer a distinction on
megkülönböztetés *n* distinction, differen-
tiation ⇨ faji
megkülönböztető *a* distinctive, charac-
teristic; ~ jegy distinctive feature
megküzd *v* 1. *vmért* fight*/struggle for sg
2. *vkvel* fight* with 3. *(nehézségekkel)*
tackle, brave, fight* [difficulties]; *(problémá-
val)* wrestle with [a problem]; ~ a beteg-
séggel fight* a/the disease, fight* off an/the
illness
meglágyít *v* 1. *(anyagot)* soften 2. ~ja vk
szívét move sy to pity/mercy, soften sy's
heart
meglágyul *v* 1. *(anyag)* soften, become*
soft 2. ~ a szíve be* moved/touched (by
sg), relent
meglakol *v* *vmért* = megbűnhődik
megláncol *v* chain up, put* in chains
meglangyosít *v* *(ételt)* take*/get* the chill
off sg
meglapul *v* *vhol* lie* flat/low (*v.* □ doggo),
cower, keep* one's head down, crouch
meglassít *v* *(sebességet)* slacken, slow
down/up; ~ja lépteit slacken one's pace
meglassul *v* slacken, slow up/down
meglát *v* 1. *(megpillant)* catch* sight of,
catch* a glimpse of, set* eyes on; majd
~juk! we'll/I'll see, that remains to be seen;
majd ~om *(= meggondolom)* I'll see
(about that/it) 2. *(észrevesz)* notice; ~tam
rajta, hogy sírt I could see that she had
been crying
meglátás *n* *(észrevétel)* perception, observa-
tion; költői ~ intuition; mély ~ deep in-
sight; jó ~ai vannak he has* keen in-
sights, he is* a person of insight, he is* a
perceptive person
meglátogat *v* *vkt* pay* sy a visit, visit sy, call
on sy; látogass meg come round, come
and see me; majd ~lak I'll look you up
meglátsz|ik *v* appear; *(észrevehető)* show*;
(nyilvánvaló) be* evident/noticeable; ~ik
rajta, hogy beteg volt you can see he
was ill; nem látszik meg rajta a kor
(s)he does* not look his/her age; a folt
meg fog látszani the stain will show
meglazít *v* 1. *ált* loosen, slacken 2. *(fegyel-
met)* relax
meglazul *v* 1. *ált* slacken, *(kötés)* loosen,
come* loose; *(csavar)* get*/become*/
come*/work loose 2. *(fegyelem)* relax
meglebben *v* flutter
megleckéztet *v* *vkt* give* sy a lecture, ser-
monize (sy), lecture *(vkt* sy for doing sg)

meglegyint *v* touch/stroke lightly
meglehet I. *v* **1.** ~ **vm nélkül** can* manage/do without **2.** *(valószínűleg megvan)* may be; **ez** ~ **a mi könyvtárunkban is** we probably have this in our library too; ~ **neki is a maga baja** he is sure to have troubles of his own **II.** *adv (lehetséges, talán)* maybe, perhaps; ~, **hogy** maybe he etc. ..., it may be that ..., it is* quite possible/probable that
meglehetős *a* passable, tolerable, decent
meglehetősen *adv* **1.** *(eléggé)* rather, fairly, pretty, quite, reasonably [good, broad etc.]; *(jelentékeny mértékben)* considerably; ~ **gyakran** quite/pretty often; ~ **hosszú ideig** a good while; ~ **hosszú** fairly/rather long, longish; ~ **jó** pretty/fairly good; ~ **jó állapotban van** [the car] is* in reasonably good order; ~ **jól tud angolul** his English is* pretty good; ~ **jól olvas** (s)he is* reasonably good at reading; ~ **kicsi** fairly small, smallish; ~ **messze** a good way off; ~ **nagy** sizable, fairly large; *(mennyiség)* considerable; ~ **sok** considerable; ~ **sokan** quite a few, a fair number; ~ **tiszta** fairly/tolerably clear **2.** *(„hogy vagy?" kérdésre válaszolva)* passably, tolerably, not (too) bad
meglékel *v* **1.** *(hajót)* scuttle; *(tó jegét)* cut* a hole in the ice; *(dinnyét)* cut* [a wedge] from **2.** *orv* trepan, trephine
meglel *v* *nép* find*; *(véletlenül)* chance (up)on
meglendül *v* begin* to swing/sway
meglep *v* **1.** *(meglepetést okoz)* surprise (sy); *(megdöbbent)* astonish; **ez őt** ~ **te** he was* surprised at it, he was astonished to hear/see that, he was* taken aback (by it); **nem lepne meg, ha** I shouldn't be surprised if; **nem lep meg egy ilyen embertől** that is* what one would expect from such a person **2.** *(rajtakap)* take* sy/sg by surprise, come* upon sy/sg unexpectedly; ~ **te az eső útközben** he was* caught in the rain on the way **3.** *(váratlanul ér)* take*/catch* sy unawares; *(vkt vmvel pl. ajándékkal)* surprise sy with sg; *(váratlanul fölkeres)* surprise sy with a visit
meglép *v* = **meglóg**
meglepetés *n* **1.** *ált* surprise; *(megdöbbenés)* astonishment, amazement; ~ **volt, hogy** it was a surprise that, we were surprised at (*v.* to hear) sg; **milyen nagy volt a** ~ **e, amikor** how great was* his astonishment/surprise when ...; ~ **ében** in his sur-

prise; **nagy** ~ **emre** to my great surprise, much to my surprise; ~ **t szerez vknek** give* sy a surprise; **nem tud hová lenni a** ~ **től** he can't get over it, he is* lost in astonishment **2.** *(ajándék)* present, gift
meglepetésszerű *a* **1.** = **meglepő 2.** *(váratlan)* sudden, unexpected, surprising; ~ **támadás** surprise attack; ~ **en elfoglal egy várost** take* a town by surprise/storm
meglepő *a* surprising, astonishing, amazing; **nem** ~, **hogy** no wonder that
meglepőd|ik *v* be* surprised/astonished (*vmn* at sg *v.* to hear sg), be* taken aback; **ezen nincs mit** ~ **ni** it's nothing to be surprised/astonished about/at; **egyáltalán nem lepődnék meg, ha** ... I shouldn't wonder if ..., it wouldn't surprise me if ...; ~ **ve hallottam, hogy** I was surprised to hear/learn that; **nagyon** ~ **ött** he was very surprised, he was taken aback
megles *v* *(kiles)* watch sy, spy (up)on sy
meglett *a* adult, grown(-up), mature
meglevő *a* *(készlet stb.)* available, disposable; **ma is** (*v.* **még)** ~ existent, extant, still in existence *ut.*
meglincsel *v* lynch
meglóbál *v* **1.** *(farkát kutya)* wag, *(ló)* whisk about **2.** ~ **ja a karját** wave one's arm
meglobogtat *v* *(szél zászlót)* wave, flourish
meglocsol *v* **1.** *(kertet, növényt)* water; *(kertet öntözőcsővel)* hose [the garden] **2.** *(vkt húsvétkor)* sprinkle water/perfume on
meglóg *v* **1.** *biz* *ált* decamp, skip off, slip away; ~ **ott a jómadár** the bird has flown; ~ **vmvel** make*/walk/waltz off with [the cash etc.] **2.** *(vm elől)* skip sg, skip off
meglop *v* *vkt* rob sy of sg
meglovagol *v* **1.** *(lovat)* = **megül 2.;** **2.** *vmt átv* make* the most of sg, cash in on sg
meglő *v* shoot*; *biz* **meg vagyok lőve** I'm stumped, I'm high and dry, it's knocked me for six
meglök *v* *vkt* knock/jostle (against) sy; *vmt* shove/push sg; ~ **ted a könyökömet** you jogged my elbow
megmagyaráz *v* explain, make* sg clear; **mindjárt** ~ **om** I shall explain it (to you) at once; **ez** ~ **za** this explains it, this accounts for it
megmagyarázás *n* explanation
megmagyarázhatatlan *a* inexplicable, unexplainable

megmagyarosít *v (vezetéknevet)* Magyarize; *(idegen szót)* Magyarize, replace with/by a Hungarian word
megmagyarosod|ik *v* get*/become* Magyarized, become* a Hungarian
megmakacsolja magát *v vk biz* dig* one's heels in; *(ló)* jib, ba(u)lk (at sg)
megmámorosod|ik *v ir* get*/become* mellow/tipsy; ~**ik az örömtől** be* drunk/elated with joy
megmar *v (kutya)* bite*; *(kígyó)* sting*, bite*
megmarad *v* 1. *vhol* stay, remain; **nem tud egy helyben** ~**ni** be* unable to keep still, be* unable to stay put; ~**t állásában** he held*/kept* his job, he continued in office 2. *(vmely állapotban)* remain; ~**t annak, aki volt** he has remained his old self, he is still what he used to be 3. *(életben marad)* survive; **akik** ~**tak** the survivers, those who survived; **csupán három ember maradt meg** only three (men) survived 4. *(fennmarad)* last, endure; **emléke** ~ his memory will live on; **a láz** ~**t** the fever has continued; **a hó nem maradt meg** the snow did* not lie 5. *vmből* be* left, remain; **ez maradt meg a házból** that is* what remained of the house, that is* what was left of the house; ~**t két zsömle** there are two rolls left 6. *(vm mellett)* stick*/keep*/adhere to, stand* by; **maradjunk meg ennél** let's abide by that; ~**t elhatározásánál** he kept his resolve
megmaradás *n →* **energia**
megmarkol *v* grip, seize, grasp, catch* hold of
megmárt *v* dip; ~**ja magát** = **megmártózik**
megmártóz|ik *v* go* for *(v.* have*) a dip
megmásít *v* modify, alter, change; ~**ja szándékát/tervét** change one's mind, think* better of it
megmásíthatatlan *a* unalterable, irreversible, irrevocable; ~ **elhatározás** an irrevocable decision; ~ **szándék** unswerving determination/purpose
megmász|ik *v (hegyet)* climb
megmattol *v (sakk)* (check)mate
megmázsál *v* weigh
megmeleged|ik *v* get*/become* warm/hot; ~**ett a tűznél** he warmed himself by the fire
megmelegít *v* warm (up); *(ételt)* warm up, heat (up)
megmenekül *v* 1. *vhonnan, vmből* escape (from), make* one's escape (from); **ép bőr-**

rel ~ escape unscathed/unharmed, get* off unscathed; **ez egyszer** ~**tem, hajszálon múlt, hogy** ~**tem** I escaped by the skin of my teeth, it was *(v.* I had) a narrow escape, it was a close shave 2. *vmtől, vm elől* escape/evade/avoid sg; ~ **a büntetéstől** go* unpunished, save one's skin; ~ **az akasztófától** cheat the gallows 3. *vktől, vk elől* escape sy, get* rid of sy, get* away from sy; *(kijátszva)* elude sy
megment *v* 1. *ált* save *(vmtől/vhonnan vkt* sy from sg), rescue (sy from sg); ~**i vknek az életét** save sy's life; ~ **vkt a haláltól** deliver/save sy from death; ~**i a helyzetet** save the situation; ~**i a becsületét** save one's honour *(US* -or), save one's face 2. *(megóv vkt vmtől)* save/protect sy (from sg), keep* sy safe (from sg); **ez** ~**ette egy csomó kiadástól** that saved him a lot of expense
megmentés *n* saving, rescuing, rescue
megmér *v* 1. *(hosszt, mennyiséget)* measure 2. *(hőmérsékletet)* take* the/one's/sy's temperature 3. *(súlyt)* weigh; ~**i magát** weigh oneself 4. **jó bőven** ~ give* sy good weight; **szűken mér meg** give* sy short weight
megméredzked|ik *v* weigh oneself, get* weighed
megmeredés *n* stiffening
megmeredett *a (izom)* stiff(ened) [muscle]
megmered|ik *v* 1. *konkr* grow* stiff, stiffen, go* rigid; *(izom)* tense/stiffen up; *(lágy/folyékony anyag)* set*, become* firm, solidify; ~**ik/**~**ett a hidegtől** be* stiff/numb with cold 2. *átv* stiffen
megmerevít *v* 1. *ált* stiffen 2. *(kötelet)* tighten, make*. taut 3. *(merevgörcs izmot)* constrict, *orv* tetanize 4. *átv* ossify
megmérgesed|ik *v* get*/become* angry, fly* into a rage
megmérgesít *v* make* sy angry *(US* mad), rile sy
megmérgez *v* 1. *konkr* poison (sy, sg); ~**i magát** poison oneself, take* poison 2. *átv* poison, envenom
megmerít *v* **vödröt** ~ draw* a bucketful (of water)
megmérkőz|ik *v vkvel* measure one's strength with sy
megmételyez *v* infect, taint, pollute; ~**i vk lelkét** poison sy's mind
megmetsz *v (szőlőt)* prune, cut* back
megmintáz *v (szobrász vkt)* sculpt(ure), carve (sy) in stone/marble

megmoccan *v* stir, move; **meg ne moccanjon!** don't move!, stay put!; **meg se moccant** he never budged

megmond *v* **1.** *(közöl, utasít)* tell* (sy sg); **vknek ~ vmt** tell* sy sg, tell* sg to sy; **mondd meg neki, hogy várjon** tell him/her to wait; **~tad neki, hogy hívjon föl?** did you tell him to ring *(US* call) me?; **meg tudod mondani, hány óra van?** can you tell me the time (*v.* what time it is)?; **~ja a nevét** (s)he gives his/her name; **~jam?** shall I tell you?; **~ták neki, hogy induljon** he has been told to leave/start; **~tam, hogy ne menj el** I told you not to go (there); **~tam, hogy** *[ezt v. azt tegyed]* I told you to...; **~jam, mire gondolok?** shall I tell you what I'm thinking of? **2.** *(kijelent)* tell*; **~ja az igazságot** tell* the truth; **~ja a véleményét vmről** give* one's opinion of/on sg, tell* sy (*v.* say) what one thinks of sg, speak* one's mind; **~ja a magáét, magyarán/kereken ~ja neki** tell* sy a few home truths, speak* one's mind, make* no bones about sg **3.** *(megjósol)* tell* (sy); predict; **nem ~tam?** didn't I say so?, didn't I tell you?, there you are!, I told you so!; **ugye ~tam** I told you so; **már amennyire én meg tudom mondani** as far as I can tell **4.** *(elárul)* **ezzel már meg is mondtuk, hogy** this implies that, which is to say that **5.** *(beárul)* tell*/split* on sy; *isk biz* **~alak!** I'll tell on you! **6.** *(megír)* **levélben ~ja, miért jött el** his letter gives his reasons for coming

megmondható I. *a (előre)* predictable, that can be predicted *ut.* **II.** *n* **Isten a ~ja** God only knows*, Heaven knows*

megmondogat *v* **1.** *(ismételten megmond)* repeat, say* sg over and over (again), reiterate **2.** **jól ~ vknek** tell* sy a few home truths, give* sy a piece of one's mind

megmorog *v (kutya)* snarl/growl at

megmos *v* **1.** *vmt* wash sg; **~sa a kocsit** wash the/one's car, hose down the car, give* the car a (good) wash(-down) (*y.* hose down) **2.** *biz* **~sa a fejét vknek** *átv* haul sy over the coals, give sy a good/real roasting

megmosakod|ik *v* = **megmosdik**

megmosaksz|ik *v* = **megmosdik**

megmosdat *v* give* sy a wash, wash sy

megmosd|ik *v* wash (oneself), have* a wash, get* washed

megmosolyog *v* smile at

megmotoz *v* search (sy), go* through sy's pockets

megmozdít *v* move, shift, stir; **a kisujját se mozdította meg** he didn't stir/lift a finger

megmozdul *v* move, stir, make* a move; *(elmozdul)* shift; *(magzat)* quicken; **meg sem tud mozdulni** *(mert úgy fáj a dereka)* (s)he can't move (an inch); **~ benne a lelkiismeret** his conscience (was) awakened/stirred/roused; **az egész nemzet ~t** the nation rose as one man

megmozdulás *n* **1.** *(mozgás)* stir, movement, motion; *(elmozdulás)* shifting **2.** *(akció)* (collective) action, move(ment); *(mozgalom)* movement; *(tüntetésszerű)* demonstration; *(felkelés)* rising; **forradalmi ~** revolutionary action

megmozgat *v* move, stir, set* (sg) in motion/action ⇨ **kő**

megmukkan *v* open one's mouth; **meg se mer mukkanni** he does* not dare to say a word; **meg sem tudott mukkanni** words failed him, he was tongue-tied, he was* speechless

megmunkál *v (anyagot)* work, turn

megmunkálás *n* **1.** *(anyagé)* working, turning **2.** *(áru kidolgozottsága)* finish, workmanship

megmunkálatlan *a (anyag)* unworked, unwrought, rough, crude

megmutat *v* **1.** *ált* show* *(vknek vmt* sy sg *v.* sg to sy); **~ja a jegyét** show*/produce/ present one's ticket; **~ja vknek az utat** show* sy the way; **~ja vknek a várost/ látnivalókat** show* sy the sights, go* with (*v.* take*) sy to do some sightseeing, show* sy (a)round (the town/city) **2.** *(rámutat vmre/ vkre)* point to sg/sy, point sg/sy out to sy; **~ja, hol a hiba** put* one's finger on the flaw **3.** *(kimutat)* show*, prove*; *vm* **világosan ~ vmt** show* sg clearly/plainly; **majd ~om neki** I'll teach/show him, *biz* I'll make him up; **~ja kicsoda, ~ja igazi arcát** show* one's true colours (*US* -ors), come* out in one's true colours **4.** *(műszer)* indicate

megmutatkoz|ik *v* appear, manifest oneself/itself, present itself, become* visible

megmutogat *v* show*, point out (in detail); **~ mindent a házban** take*/show* sy round the house ⇨ **megmutat**

megműt *v* = **megoperál**

megművel *v (földet)* cultivate, till [land]

megművelés *n (földé)* cultivation

megműveletlen *a* uncultivated

megművelt *a* **~ terület** cultivated area

megnagyít v. *fények* enlarge; ~tat [képet] have* [a photograph] enlarged

megnagyobbít v enlarge, extend, make* larger, increase

megnagyobbod|ik v enlarge, grow* larger

megnáthásod|ik v catch* (a) cold

megnedvesed|ik v 1. *(dolog)* get*/become* wet/damp/moist 2. *(szem)* water, get* misty (with tears)

megnedvesít v moisten, wet, dampen

megnehezít v 1. *(súlyra)* make* (sg) heavy/heavier 2. *átv* render/make* sg more difficult

megneheztel v vkre be* offended with sy, feel* resentful towards sy

megnémít v strike* sy dumb, deprive sy of (the power of) speech

megnemjelenési díj n *(reptéren)* no-show charge ⇨ **megjelenés**

megnemtámadási a ~ **egyezmény** n non-aggression treaty/pact; ~ **egyezményt köt vkvel** conclude a non-aggression treaty/pact with sy

megnémul v become* mute/dumb, be* struck dumb

megneszel v scent sg, smell* out sg, *biz* get* wind of (sg); **nem akarom, hogy ~jék I do*** not want them to get wind of it

megnevel v train/educate sy; *biz (viselkedésre tanít)* knock the corners off sy, lick sy into shape

megnevettet v make* sy laugh, raise a laugh; **az egész asztalt ~te** he set* the table in a roar

megnevez v 1. *ált* name, denominate 2. *(közelebbről)* specify; **közelebbről meg nem nevezett** unspecified 3. *(napot, időpontot)* fix, appoint

megnevezett a named

megnevezhetetlen a unnamable, nameless

megnéz v 1. *ált* look at, take*/have* a look at; **alaposan/jól ~** take* a good/long/close look at, scrutinize, examine; **erősen ~** gaze/stare at; ~**i magát a tükörben** look at oneself in the mirror; ~**i a menetrendet** consult the timetable; **nézd meg a következő vonat indulását a menetrendben!** look up the time of the next train in the timetable; ~**i az órát** look at the time; ~**i a szótárban** look it (v. the word etc.) up in the dictionary; **nézd meg a 'chip' jelentését (a szótárban)!** (consult your dictionary to) look up the meaning of 'chip'; **nézd meg a számát a telefonkönyvben!** look up his number in the telephone directory (v. *közületiben:* in your/

the yellow pages); **nézd meg magad is!** see for yourself 2. *(előadást)* (go* to) see* [a play/performance/film etc.], attend [concert/lecture etc.]; *(tévében)* watch sg [on (the) television]; ~**ted a tegnapi esti filmet a tévében?** did you see/watch the film on (the) television last night?; **érdemes ma ~ni vmt a tévében?** is there anything good on (the) television tonight?; ~**i a látnivalókat** go* sightseeing, do* some sightseeing, see* the sights [of London etc.] 3. *biz* **nézze meg az ember!** what insolence/cheek!, this/that is* the limit!; well, I never!

megnő v 1. *(ember)* grow* up/tall; **majd ha ~sz!** when you are grown up, when you are old enough; **hogy ~tt!** how (tall) he has grown 2. *(növény)* shoot*/sprout up, grow*

megnősít v make* [a man] marry sy, get* sy a wife

megnősül v marry (sy), get* married

megnöveked|ik v 1. *(nagyságra)* grow*, shoot* up 2. *(terjedelemben)* grow*, increase

megnövel v *(terjedelemben)* enlarge; *(mennyiségben, hatásfokban)* increase, add to, augment

megnöveszt v make* sg grow; ~**i a bajuszát** grow* a moustache (*US* mus-)

megnyal v lick; ~**ja a szája szélét** smack one's lips

megnyálaz v lick, moisten

megnyálkásod|ik v become*/get* slimy

megnyer v 1. *(háborút, versenyt, játszmát stb.)* win* 2. *(díjat)* obtain, get*, win* 3. ~**i a pert vk ellen** win* one's case against sy 4. *(vknek a barátságát)* win* [sy's friendship]; *(vkt vm ügynek)* win* sy over/round to sg

megnyergel v 1. *(lovat)* saddle, put* a saddle on [a horse] 2. *vmt átv* make* the most of sg, *biz* cash in on sg, *kif* it's all grist to the mill, all is grist that comes to his mill

megnyerő a *(modor, külső)* winning, pleasuring, engaging, attractive

megnyes v 1. *(fát)* prune, trim; *(ágakat)* lop (off) 2. *biz (labdát)* chop [the ball]

megnyikkan v squeak; **meg se nyikkan** (1) *(nem beszél)* he does* not say a word, he keeps* mum (2) *(félelmében)* he does* not dare (to) open his lips

megnyilatkozás n manifestation; *(kijelentés)* statement; *(nyelvi)* utterance

megnyilatkoz|ik v show*, show*/reveal/manifest itself; **őszintén ~ott** he opened his heart, *biz* he opened up

megnyíl|ik *v* open
megnyilvánul *v* show*/reveal/manifest itself, come* out, become* evident/clear/apparent
megnyilvánulás *n* manifestation; ~**i** lehetőség outlet
megnyír *v* **1.** *(hajat)* cut*; *(rövidre)* trim, clip **2.** *(birkát)* shear*
megnyiratkoz|ik *v* have* one's hair cut, get*/have* a haircut; **meg kellene nyiratkoznod** you need a haircut
megnyirbál *v* **1.** *konkr* clip, cut* (down) **2.** *átv* whittle away, erode [rights, privileges]
megnyit *v* **1.** *ált* open; *(iskolát, intézményt)* open; *(ünnepélyesen)* inaugurate; ~**ja kapuit** *(intézmény)* be* opened to the public **2.** *(kiállítást, tárlatot)* open; *(ülést)* open [the meeting/session]; **az ülést** ~**om** I declare the session/meeting open **3.** *orv* cut* open
megnyitás *n* *(kiállításé, konferenciáé, tárlaté)* opening; **ünnepélyes/hivatalos** ~ *(intézményé)* official opening, opening ceremony, an inaugural ceremony to open [the new hospital etc.], inauguration (of)
megnyitó *a/n* ~ **(beszéd)** opening speech/address, inaugural address; ~ **előadás** *(konferencián)* key-note lecture; ~ **(ünnepély), hivatalos** ~ official opening, opening ceremony
megnyom *v* **1.** ~**ja a gombot** press/push the button; ~**ja a csengőt** ring* the bell **2. minden szót** ~ stress/emphasize every word **3.** *(a nagy ebéd)* ~**ta a gyomromat** (the rich dinner) weighs on my stomach
megnyomorgat *v* torment, plague
megnyomorít *v* **1.** *konkr* maim, cripple **2.** *átv* cripple, afflict
megnyomorod|ik *v* become* maimed/crippled/disabled
megnyugsz|ik *v* **1.** *ált* relax, calm down **2.** *vmben* resign/reconcile oneself to sg, acquiesce in sg, be* resigned to sg; ~**ik az ítéletben** acquiesce in the sentence
megnyugtat *v* **1.** *(aggódót)* reassure (vkt vm felől sy about sg), set* [sy's mind/fears] at rest; *(izgatottat)* calm/soothe sy; ~**ja a kedélyeket** pacify/soothe/calm public opinion; **próbáltam** ~**ni** I was trying to reassure her ...; ~**lak** ... *(= biztosíthatlak)* I (can) assure you ... **2.** *(vkt gyógyszerrel)* sedate (sy), put* (sy) under sedation
megnyugtatás *n* reassurance, calming, soothing; **a beteg** ~**a** the comforting of the patient; **lelkiismerete** ~**a végett** for one's conscience's sake, (do* sg) to salve/soothe one's conscience

megnyugtató *a* *(jelenség, hír)* reassuring, comforting; ~ **hatás** soothing/calming effect
megnyugvás *n* calming down; **nagy** ~**ára** to his great satisfaction
megnyújt *v* **1.** *(tárgyat)* extend, stretch (out) **2.** ~**ja lépteit** stride* out
megnyújtás *n* *(tárgyé)* extension, stretching (out)
megnyúlás *n* **1.** *ált* extension, lengthening **2.** *(ruháé)* stretching **3.** *(fémé)* elongation
megnyúl|ik *v* stretch, lengthen, grow*/become* longer; ~**t az arca/képe** he made* a long face, his face/jaw fell
megnyúlósod|ik *v* *(ragacsos lesz)* become* sticky/gluey; *(bor)* become* ropy
megnyúz *v* **1.** *(állatot)* flay, skin **2.** *átv* fleece; *(munkást)* sweat
megokol *v* *ált* give* (one's) reasons for (doing) sg; *(állítást, döntést, tettet)* justify; **alaposan** ~**t esetekben** in well-founded/grounded cases
megokolás *n* reasons (for) *pl*
megokolatlan *a* *(félelem)* groundless; *(tett)* motiveless, unmotivated
megokosod|ik *v* become* prudent/wise
megolajoz *v* *(gépet)* oil, lubricate
megold *v* **1.** *(csomót)* untie, undo*, loose(n) **2.** *(problémát, mat feladatot, egyenletet)* solve; *(kérdést)* solve, settle; *(rejtélyt)* solve, clear up; ~ **egy számtanpéldát** work out a sum; **feladványt** ~ solve a problem; **nehéz feladatot** ~ tackle (*v.* deal* with) a difficult problem, carry out a difficult task; **problémát** ~ solve a problem; **a probléma, amit meg kell oldania** the problem he has* to solve, the problem facing him; **majd** ~**juk** *(a dolgot)* we shall deal with it (*v.* sort it out) (somehow) **3.** ~**ja vk nyelvét** loosen sy's tongue
megoldás *n* *(problémáé, egyenleté, mint eljárás)* solving; *(mint eredmény)* solution; *(kérdésé)* solving, solution, settling; *(példáé, feladványé, rejtvényé, mint eredmény)* answer, solution; *(vm műszaki feladaté)* device; *(nyelvkönyvben)* ~**ok** key [to the exercises]; **ez nem jó** ~ that's not a good solution, that's no good, that won't do; **a kérdés** ~**a** answer to the question; **a válság** ~**a** resolution of the crisis; **jobb** ~**t talál vmre** hit* upon a better way of doing sg, find* a better solution; **legvégső** ~**ként** in the last resort
megoldatlan *a* unsolved, unresolved
megoldhatatlan *a* *(probléma)* insoluble, unsolvable; ~ **helyzet** deadlock

megoldható *a (probléma)* solvable; *(feladvány)* answerable
megoldód|ik *v* **1.** *(csomó)* come* undone **2.** *(probléma, rejtély)* be* solved, work out **3.** ~**ik a nyelve** find* one's tongue
megoltalmaz *v vmtől* protect/guard against/from (sg), shield from (sg)
megolvad *v (fém)* melt, run*; *(hó, jég)* thaw, melt
megolvas *v* count
megolvaszt *v ált* melt
megoperál *v* operate on sy *(vmvel* for sg), perform an operation on sy *(amivel* for sg); **tegnap** ~**ták** he was operated on yesterday, he underwent an operation yesterday; **az orvosok elhatározták** *(v.* **úgy döntöttek), hogy azonnal** ~**ják** the doctors decided to operate (on her) immediately; **meg kell operálni a lábát** your/his/her leg will have to be operated on
megorrol *v vmért* take* sg amiss/badly
megostromol *v* **1.** *(erődöt)* lay* siege to **2.** ~**ják a pénztárt jegyekért** storm/ besiege the box-office for tickets
megoszlás *n* division, distribution
megoszl|ik *v* be* divided/distributed; **a vélemények** ~**anak** opinions vary/differ *(v.* are divided)
megoszt *v* **1.** *(több személy közt)* divide (sg among/between people) **2.** *vmt vkvel* share sg with sy **3. lakást** ~ → **leválaszt**
megosztás *n (vkk között)* division, *vkvel* sharing
megosztoz|ik *v vmn vkvel* share sg with sy; ~**ik a hasznon** share/split* the profits, go* halves in the profits
megóv *v* **1.** *vkt/vmt vmtől* preserve/protect/ safeguard sy/sg from sg; *(biztonságossá tesz)* secure sg against sg; ~**ja a látszatot** save/preserve appearances **2.** *(zsűri határozatát)* protest against (sg), lodge a protest against (sg)
megóvás *n vmtől* preservation, protection, safeguarding, safe-keeping
megöl *v* **1.** *vkt* kill, murder; ~**i magát** kill oneself, commit suicide **2.** *(állatot)* kill, slaughter **3.** *sp* ~**i a labdát** smash the ball
megölel *v* embrace, put* one's arms round (sy), enfold sy in one's arms
megöntöz *v (növényt, utcát)* water; *(tömlővel kertet)* hose [the garden]; *biz* ~**i a torkát** *(= iszik)* wet* one's whistle
megöreged|ik, megöregsz|ik *v* get*/ grow*/become* old
megőriz *v* **1.** *(tárgyat)* preserve, protect, keep* (sg) safe, (safe)guard; *(megtart)*

retain, hold*; ~**te a rábízott értéktárgyakat** he looked after the valuables entrusted to him **2. megőrzi vk emlékét** preserve/keep* sy's memory; **emlékét** ~**zük** his/her memory will stay with us; **megőrzi hidegvérét/nyugalmát** remain cool, keep* one's temper; *biz* keep* one's hair/shirt on; **megőrzi komolyságát** keep* one's countenance; **nem tudta** ~**ni komolyságát** he couldn't keep a straight face
megőrjít *v* madden, drive* sy mad/crazy/ frantic/wild
megörökít *v* record; *(lefényképez)* photograph (sy); *(halhatatlanná tesz)* immortalize
megörököl *v* inherit
megőröl *v (gabonát)* grind*, mill
megörül *v vmnek* welcome (sg), be* glad of, be* delighted at/with sg; ~ **egy hírnek** welcome a piece of news
megőrül *v* go* mad, go* out of one's mind; ~**tél?** are you crazy?, are you out of your mind?; **majd** ~**ök a fájdalomtól** the pain is driving me mad/wild
megörvendeztet *v* please/delight (sy) *(vmvel* with sg)
megőrzés *n* preservation, guarding, retaining; *(letétbe helyezett értéktárgyaké)* safe custody, safekeeping; **a béke** ~**e** the maintenance of peace; ~ **végett** *(v.* ~**re)** átad *vknek vmt* entrust sy with sg *(v.* sg to sy), give* sg to sy *(v.* hand sg over to sy) for safekeeping; ~**re átvesz vmt** take* sg into *(v.* accept sg for) safekeeping
megőrzési díj *n* storage fee; *(állomáson)* charge (for looking after left luggage)
megőrző(hely) *n (bútoroké stb.)* depository; *(értéktárgyaké)* safe-deposit; *(poggyászé)* left-luggage (office), *US* checkroom
megőszül *v* get*/turn/become* grey *(US* gray); **becsületben őszült meg** he turned grey in honourable service; **munkában** ~ grow* grey/old in harness
megözvegyül *v* be* widowed; *(férfi)* become* a widower; *(nő)* become* a widow
megpályáz *v (állást)* apply for, put* in for [a post/job]
megpaprikáz *v* season sg with (Hungarian) paprika
megparancsol *v* order/direct/bid* sy to do sg; *főleg kat* command sy to do sg *(v.* that sy (should) do sg); ~**ták, hogy induljak el** my orders are to leave, I've been ordered to leave
megpaskol *v* tap, rap, pat, slap, smack
megpatkol *v* shoe*

megpattan v **1.** *(üveg stb.)* burst*, crack **2.** *biz (disszidál)* defect, □ split*

megpecsétel v **1.** *(barátságot, szövetséget)* seal, set* the seal on, confirm, consolidate; **vérével** ~**i** seal with one's blood **2. (vm)** ~**i vknek a sorsát** sg seals sy's doom/fate; **sorsa meg van pecsételve** his fate is sealed

mégpedig *conj* namely *(írásban gyakran: viz.)*; or, to be more precise; ~ **azért, hogy** for the simple reason that

megpendít v **1.** *(húrt)* touch [a chord], pluck [the strings] **2.** *(eszmét)* launch **3.** *(kérdést)* raise, bring* up

megpenészed|ik v mildew, go* mouldy *(US* moldy)

megpenget v *(hangszert)* sound, pluck, touch, twang

megperdít v twirl, whirl, spin* (a top), make* sy/sg turn round

megperdül v **1.** *ált* turn round (and round), whirl, twirl **2.** *(felfüggesztett tárgy)* spin* **3.** *(táncosnő)* pirouette

megpermetez v *(növényt)* spray

megperzsel v singe *(j. m. igenév:* singeing), scorch

megperzselőd|ik v get*/become* singed/scorched, scorch

megpezsdül v ~ **a vére** feel* a sudden impulse/urge (to do sg), be* roused (to do sg) by sg

megpihen v have* a rest, take* a break, rest, relax

megpillant v catch* sight of, catch* a glimpse of, glimpse

megpillantás n glimpse, sight, glance

megpipál v *(listán)* check/tick off [names/items on a list]

megpirít v *(húst)* brown; *(kenyeret)* toast

megpirongat v vmért tick sy off for sg, scold sy (for sg)

megpirosod|ik v redden, become*/turn/go* red

megpirul v *(hús)* turn brown, brown; *(kenyér)* toast

megpiszkál v **1.** *(tüzet)* stir*, poke up **2.** *átv biz (kérdést)* drag/rake up

megpofoz v slap sy's face, slap sy in the face *(v.* on the cheek), box sy's ears; **meg tudtam volna pofozni magamat, amiért** I could have kicked myself for, I felt* like kicking myself for

megportóz v surcharge sg; ~**ták** he has been surcharged on sg; ~**va érkezett** [the letter] arrived postage due, [the letter] was surcharged

megposhad v *(víz)* stagnate, become* stagnant; *(étel, ital)* go* off

megpödör v **megpödri bajuszát** twirl one's moustache *(US* mus-)

megpörget v whirl/twirl/spin* (a)round

megpörköl v **1.** *ált* roast; *(cukrot)* burn* **2.** *(odaéget)* scorch, singe *(j. m. igenév:* singeing), burn*

megpróbál v **1.** *ált* try; *(megkísérel)* attempt sg, make* an attempt at sg *(v.* to do sg); **meg ne merd próbálni!** don't you dare! **2.** *(kipróbál)* test, give* sg a try

megpróbálkoz|ik v vmvel make* an attempt at (doing) sg, biz have* a try/shot/stab *(v.* □ bash) at (doing sg)

megpróbáltatás n trial, ordeal, affliction; **sok** ~**on ment át** be* sorely tried

megpucol 1. vt clean; *(fényesít)* polish **2.** vi = **meglóg**

megpudvásod|ik v *(fás lesz)* go* woody/spongy

megpuhít v **1.** *konkr* soften; *(húst)* tenderize; *(bőrt)* dress, soften **2.** *átv* vkt bring* sy round (to one's point of view etc.); soften (sy) up

megpuhul v **1.** *konkr* soften, grow* soft **2.** *átv* soften, weaken

megpukkad v *(majd)* ~ **a méregtől** *(v.* **mérgében)** be* hopping mad, be* foaming/bursting with rage/anger; **majd** ~ **a nevetéstől** *(nearly/almost)* split*/burst* one's sides *(laughing);* biz **pukkadjon meg!** (1) the devil take him/her! (2) I don't care a damn!

megpumpol v touch/tap sy for money

megrág v **1.** *(ételt vk)* chew **2.** *(féreg)* eat* into **3.** *(egér)* nibble (away) at sg, chew holes in sg **4.** biz **jól** ~**ja a dolgot** chew on sg, chew sg over, ruminate about/over/on sg; ~**ja minden szavát** weigh one's words

megragad 1. vt *(kézzel)* seize, grasp, catch* **2.** vt átv **minden eszközt** ~ use every means, leave* no stone unturned; ~**ja az alkalmat** take*/seize the opportunity; ~**ja figyelmét** catch*/arrest one's attention **3.** vt *(átv magával ragad)* captivate, fascinate, grip **4.** vi vmhez stick* (firmly), adhere (to); **jól** ~**t** it stuck* fast

megragadó a fascinating, captivating; ~ **beszéd** rousing speech; ~ **látvány** gripping/thrilling sight

megrágalmaz v *(szóban)* slander; *kif* cast* aspersions on sy; *(írásban)* libel *(US* -l)

megragaszt v **1.** *ált* glue, stick* (together), join (sg) with glue **2.** *(tömlőt)* seal [a puncture]

megrajzol *v* **1.** draw* **2.** *átv (leír)* describe, depict [in words]
megrak *v* **1.** *(kocsit, hajót stb.)* load sg (up) *(vmvel* with); **ne rakd meg annyira a kocsit** don't load the car up too much; ~**ott** heavy-laden, piled high (with sg) *ut.* **2.** ~**ja a tüzet** (1) *(előkészíti)* make* a fire (2) *(rárak)* feed* the fire, make* up the fire **3.** *biz (megver)* give* sy a good hiding, tan sy's hide
megrakod|ik *v* load (up)
megráncigál *v biz* pull (about), tug (at); ~**ja a fülét** *(gyereknek)* tweak sy's ears
megráncosod|ik *v* wrinkle, become* wrinkled
megrándít *v* **1.** *(bokát stb.)* sprain; ~**ottam a bokámat** I've sprained my ankle, I have* a sprained ankle **2.** ~**ja a vállát** *(nemtörődés jeléül)* shrug one's shoulders
megrándul *v* **1.** ~**t a bokám** I've sprained my ankle, I have* a sprained ankle **2.** **egy arcizma sem rándult meg** he didn't bat an eyelid, he didn't move a muscle
megránt *v* jerk, pull (on); ~**ja a vészféket** pull the communication cord
megráz *v* **1.** *konkr* shake*; ~**za vknek a kezét** shake* hands with sy; ~**za a fejét** *(tagadólag)* shake* one's head **2.** *(áram vkt)* get* a(n electric) shock **3.** *(lelkileg)* shake* sy (up), be* shaken by sg
megrázkód|ik *v* **1.** *vk* shudder, get*/have* a shock **2.** *(tárgy)* shake*, be* shaken
megrázkódtat *v* **1.** *konkr* shake* **2.** *átv vkt* shake* sy, give* sy a shock, shock sy; *(országot)* convulse, shake*
megrázkódtatás *n* shock; *(társadalmi)* convulsion; **lelki** ~ *(mental)* shock; **politikai** ~**hoz vezetett** ... led to political convulsions
megrázó *a* shocking, upsetting, harrowing; ~ **jelenet** harrowing/agonizing scene
megrebben *v* flicker, quiver, wince; **meg se rebbent a szeme** he didn't bat an eyelid
megreformál *v* reform
megreggeliz|ik *v* have* (one's) breakfast
megrekeded *v* **1.** *(jármű)* be*/get* stuck; *(sárban)* get* bogged down (*v.* bog down) in the mud **2.** *(ügy)* come* to a deadlock/standstill
megrekken *v* *(levegő)* be* close/sultry/stifling
megreklamál *v* complain about (sg), lodge a complaint against/about sg; *(megsürget)* chase sg up

megrémít *v* frighten, terrify, scare, horrify
megrémül *v* *vmtől/vktől* take* fright (at sg/sy), be* terrified/frightened/scared (of sg/sy)
megrendel *v* **1.** *ker (árut stb.)* order sg, place an order with sy for sg, give* sy an order for sg **2.** *(szobát, jegyet stb.)* book *(US így is:* reserve) [a ticket *v.* tickets for a journey; a seat *v.* seats at a theatre *v.* on a train/coach/plane; a room at a hotel]; ~**tem a repülőjegyet** I've booked my flight; **előre** ~ **vmt** book sg in advance, *US így is:* make* a(n advance) reservation; ~**i a szobát** book *(US így is:* reserve) a room [at a hotel]; ~**i a repülőjegyet** book *(US így is:* reserve) a seat on a flight/plane, book *(US így is:* reserve) seats on a flight/plane
megrendelés *n* order; ~**nek eleget tesz** carry out an order, execute an order; ~**re** to order
megrendelési *a* ~ **könyv** order book; ~ **űrlap** order form
megrendelés-igazolás *n* order confirmation
megrendelő *n ker* customer
megrendelőlap *n* order form
megrendez *v* **1.** *(hangversenyt, ünnepélyt)* arrange, organize, put* on **2.** *szính* stage; *átv* stage-manage; ~**ett** prearranged; ~**ett dolog** put-up job
megrendít *v* **1.** *konkr* shatter, stagger **2.** *(vknek hitét)* shake* [sy's faith]; ~**ette a hír** he was* (badly) shaken/shocked/staggered by the news, the news was (*v.* came as) a terrible shock to him; **halála mindnyájunkat** ~**ett** his/her death was a shock to us all, we were shocked at the news of his/her death, we were shaken by the news of his/her death
megrendítő *a* shocking, staggering; *(szerencsétlenség)* tragic, fatal
megrendszabályoz *v vkt* discipline sy, *biz* crack down on sy, put* sy in his place, bring* sy to heel
megrendül *v* **1.** *(ált és hatalom)* be* undermined; ~**t vknek az egészsége** one's health is impaired (*v.* has broken down); ~**t a hite,** ~ **hitében** be* shaken in one's faith, one's faith is shaken **2.** *(vm következtében)* be* shaken by sg, be* shocked at/by sg; ~**t a hír hallatára** (s)he was badly shaken (up) by the news
megrendülés *n* mély ~**sel értesültem a hírről** I was shocked to hear the (sad)

news (of sg), I was shaken by the (sad) news [of his/her death]

megrendült *a (egészség)* impaired, broken [health]

megreped *v (kemény tárgy)* split*, crack

megrepedez|ik *v* crack, become* cracked

megrepeszt *v (kemény tárgyat)* crack, split*

megrészeged|ik, megrészegsz|ik *v* get* drunk/tipsy, become* intoxicated; *átv* ~ik **vmtől** be* drunk/intoxicated with sg

megrészegít *v* **1.** *(itallal)* intoxicate, make*/get* sy drunk/tipsy **2.** *átv* ~i vm be* intoxicated by/with sg

megreszel *v (fémet)* file (down); *(ételfélét)* grate

megreszkíroz *v* = **megkockáztat**

megretten *v* = **megrémül**

megrettent *v* = **megrémít**

megrezdül *v (egyet rezdül)* tremble, shudder; *(rezegni kezd)* begin* to tremble/shiver/vibrate

megrezzen *v* **1.** *(tárgy)* = **megrezdül** **2.** *(személy)* give* a start, quiver, shudder

megriad *v* start, be* startled; be* frightened (by/of sg/sy *v.* at sg)

megriaszt *v* frighten (away), terrify

megríkat *v nép* make* sy cry/weep

megritkít *v* thin (out)

megritkul *v* **1.** *(levegő)* rarefy, become* rarefied **2.** *(haj, növény)* become* thin, thin; **haja** ~**t** *biz* he has gone thin on top **3.** *(vmnek előfordulása)* tail off, become* less frequent

megró *v vkt vmért* blame/reprimand/rebuke sy for sg

megroggyan *v* bend* [under a strain], sink* [under a burden]; *(boxoló)* become* groggy; **térdei** ~**tak** his knees gave way

megrohad *v* rot, decay, become* rotten

megrohamoz *v* **1.** *kat* attack, make*/launch an assault on **2.** *átv* besiege (sg *v.* sy with sg)

megrohan *v* ~**ták az üzleteket** there was* a run on the shops

megrokkan *v* become* disabled/invalid

megroml|ik *v* **1.** *(étel)* go* off/bad, spoil* **2.** *(egészség)* be* becoming worse, deteriorate **3.** *(látás, emlékezet)* be* failing/going **4.** *(helyzet)* worsen, deteriorate, grow* worse

megrongál *v (tárgyat)* spoil*, do* damage to, damage (sg); *(telefont stb. utcán)* vandalize

megrongálód|ik *v (tárgy)* spoil*, get* spoiled/damaged; ~**ott áru** damaged goods *pl*

megront *v* **1.** *nép (varázslással)* bewitch, practise magic on **2.** *(erkölcsileg)* corrupt, deprave **3.** *(leányt)* seduce

megrontás *n (erkölcsileg)* corruption, depravation; *(leányé)* seduction

megropogtat *v* **1.** make* crack, crack; *(ropogtatva megrág)* crunch **2.** ~**ja az r-t** roll one's r's

megroppan *v* crack, break*

megrostál *v* **1.** *(átszitál)* sift **2.** *átv* screen, sift (through)

megrothad *v* = **megrohad**

megrovás *n* censure, rebuke; *hiv* reprimand; ~**ban részesít** reprimand, censure

megrozsdásod|ik *v* rust, get* rusty

megrögzít *v* secure, fix, make* (sg) firm/fast

megrögzött *a* **1.** *elit* ~ **bűnöző** habitual/hardened criminal, *biz* an old lag; ~ **alkoholista/iszákos** confirmed/inveterate/habitual drinker/drunkard; ~ **hazudozó** an incorrigible liar **2.** *(vmhez konokul ragaszkodó)* ~ **agglegény** confirmed bachelor; ~ **idealista** incurable idealist **3.** ~ **előítélet** inveterate prejudice; ~ **szokás** confirmed/ingrained habit

megrökönyödés *n* astonishment, stupefaction

megrökönyöd|ik *v* stand*/be* dumbfounded/astounded, be* taken aback, be* stupefied

megröntgenez *v* X-ray (sy); take* an X-ray of sy['s hand etc.]; ~**ik** be* X-rayed, have* an X-ray (examination)

megrövidít *v* **1.** *konkr* shorten, make* shorter; *(utat)* take* a short cut **2.** *(cikket)* cut* (down); *(ügyintézést)* speed* up **3.** *(megkárosít)* defraud sy (of); ~ **vkt jogaiban** encroach/impinge (up)on sy's rights

megrövidítés *n* **1.** *konkr* shortening **2.** *(úté)* short cut **3.** *(megkárosítás)* defrauding

megrövidül *v* **1.** *konkr* become*/get*/grow* shorter, shorten **2.** *(károsodik)* be* deprived of sg pl. one's rightful share *v.* one's rights

megrúg *v* kick, give* sy/sg a kick

megrühesed|ik *v* become* scabby/mangy

megsaccol *v biz* size sg up, make* a guesstimate

megsajnál *v vkt* feel* pity/sorry for sy, pity sy

megsántul *v vk* go*/fall* lame, begin* to limp

megsarcol *v tört* hold* (sy) to ransom

megsárgul *v* **1.** *ált* become*/grow*/turn yellow **2.** *(papír)* be* foxed **3.** *(falevél)* wither

megsarkal *v (cipőt)* (re-)heel

megsarkantyúz *v* spur; ~**za lovát dig***
one's spurs *i*nto one's horse
megsavanyít *v* sour, make*/turn sour
megsavanyod|ik *v* turn/go* sour, sour;
~**ott a tej** the milk has turned (sour)
mégse I. *adv* not ... *a*fter all **II.** *conj* **nem
titok, de** ~ **említsd** it's no secret but
don't mention it *a*nyway ⇨ **mégsem**
megsebesít *v* **1.** *(csatában)* wound **2.** *(bal-
esetben)* *i*njure
megsebesül *v* **1.** *(csatában)* be* wounded;
súlyosan ~**t** be* badly/seriously wound-
ed; **halálosan** ~**t** be* fatally wounded
2. = **megsérül 1.**
megsebez *v ir* = **megsebesít**
megsegít *v* help sy (out), give*/lend* sy a
hand, aid (sy)
megsegítés *n* help, ass*i*stance, aid
megsejt *v* have* a presentiment/feeling,
guess; *(rosszat)* suspect; *biz* get* wind of
(sg), have* a hunch (that)
mégsem *adv/conj* not ... *a*fter all, still not;
~ **hiszi el** he still does* not bel*i*eve it
megsemmisít *v* **1.** *(elpusztít)* ann*i*hilate
2. *jog (érvénytelenné tesz)* declare sg null and
void, ann*u*l, cancel *(US* -l); *(törvényt)* re-
*pe*al, abolish; *(ítéletet)* quash; *(szerződést,
egyezményt)* cancel *(US* -l), ann*u*l **3.** *mat*
kölcsönösen ~**ik egymást** c*a*ncel *(US*
-l) (each *o*ther)
megsemmisítés *n* **1.** *(elpusztítás)* annihila-
tion, destr*u*ction **2.** *jog* ann*u*lment, cancella-
tion, nullif*i*cation
megsemmisítő *a* **1.** *(elpusztító)* ann*i*hilat-
ing, destroying; ~ **hatása van** have* a dis-
*a*strous effect; ~ **bírálat/kritika** d*e*vastat-
ing cr*i*ticism/rev*i*ew/critiqu*é*; ~ **vereség**
cr*u*shing def*e*at **2.** *jog* ann*u*lling
megsemmisül *v* be* destr*o*yed/ann*i*hilated,
be* wiped out, come* to n*o*thing; ~**ten áll**
be* d*e*solate(d)/dumbf*o*unded
megsemmisülés *n* annihil*a*tion, destr*u*c-
tion
megsért *v* **1.** *(vkt testileg)* injure, hurt*; *vmt*
d*a*mage **2.** *vkt átv* affront/ins*u*lt/offend sy;
mélyen ~ offend sy deeply, sting*/cut* sy
to the quick; **senkit sem akart** ~**eni** he
didn't want to offend *a*nybody; **ha meg
nem sértem (önt)** if I may say so **3.** *(tör-
vényt)* infr*i*nge, break* [the/a law]
megsértés *n* **1.** *vké* off*e*nce *(US* -se), *i*nsult
2. *(törvényé)* infr*i*ngement, br*e*aking, *(főleg
US)* viol*a*tion [of the law]
megsértőd|ik *v vmtől/vmn* be* off*e*nded at/
by/with sg, get*/be* hurt at sg; **könnyen**
~**ik** be* t*o*uchy, be* th*i*n-skinned; **sose**

sértődik meg he n*e*ver takes* *a*nything
am*i*ss; **nem sértődött meg ezen** he
took it in good part
megsérül *v* **1.** *vk* be*/get* *i*njured; *(kicsit)*
be*/get* hurt; **súlyosan** ~**t** was badly/
seriously *i*njured; **halálosan** ~**t** (was)
f*a*tally *i*njured, rec*e*ived f*a*tal *i*njuries **2.** *vm*
bec*o*me*/get* d*a*maged
megsimogat *v* caress, f*o*ndle, stroke
megsínyli *v* s*u*ffer for (*v.* on acc*o*unt of), be*
hard hit by
megsirat *v* mourn/weep* for/*o*ver
megsodor *v* **1.** *(cigarettát, tésztát)* roll
2. *(bajuszt)* twirl [one's moust*a*che] **3.** *(szá-
lat)* twist, twine, spin*
megsokall *v* have* en*o*ugh (*v.* one's fill) of,
biz get*/be* fed up with (sg)
megsokasod|ik *v* = **megszaporodik**
megsokszoroz *v* m*u*ltiply, prolif*e*rate
megsokszorozód|ik *v* be* m*u*ltiplied, pro-
l*i*ferate, be* incr*e*ased in n*u*mbers
megsoványod|ik *v* grow* thinner, lose*
weight
megsóz *v* salt (sg), add salt to, put* salt in/on
megsötéted|ik *v* **1.** *ált* grow* dark(er), be-
c*o*me* obsc*u*re/dim **2.** *(szín)* d*a*rken,
d*e*epen; *(vk haja)* go* dark
megsötétít *v* *(színt)* d*e*epen/d*a*rken the
colour *(US* -or) of sg
megspékel *v* **1.** *konkr* lard (with) **2.** *átv*
(inter)l*a*rd with; **idézetekkel** ~**ve** (inter)-
l*a*rded with quot*a*tions
megspórol *v* *biz (pénzt)* save; *(fáradságot)*
spare, save [tr*o*uble]
megstoppol *v* darn, mend
megsúg *v* vknek vmt wh*i*sper (sg) in sy's ear;
~**om neked** just betw*ee*n us, between you
and me
megsuhint *v* *(ló a farkát)* whisk, swish; *(lo-
vat pálcával)* whack
megsuhogtat *v* br*a*ndish, fl*o*urish, swish
megsüketít *v* d*e*afen
megsüketül *v* go*/bec*o*me* deaf; **bal fülé-
re** ~ bec*o*me* deaf in the left ear
megsül *v* **1.** *(hús)* roast, get* r*o*asted; ~**t a
hús** the meat is done (to a turn) **2.** *(kenyér,
tésztaféle)* get* baked **3. majd** ~ **az em-
ber** it's b*a*king here, it's b*o*iling here
megsürget *v* urge, press for; *(hivatalt stb.)*
chase [the Gas Board *v.* the C*o*uncil etc.] up
*a*bout sg, exped*i*te [v*i*sa applic*a*tion etc.]
megsürgönyöz *v* wire; *(tengeren túlra)*
c*a*ble
megsűrűsöd|ik *v* **1.** *(főzésnél)* th*i*cken, be-
c*o*me* thick **2.** *(gyakoribbá válik)* bec*o*me*
more fr*e*quent

megsüt *v* **1.** *(húst)* roast **2.** *(kenyeret)* bake **3.** *biz* **süsd meg** *(a tudományodat stb.)* hang it all!, confound it!

megszab *v* determine, lay* down, prescribe, fix; **~ja a feltételeket** dictate/set* the terms; **~ja vmnek az árát** fix the price of sg; **~ja vknek a bérét** fix the rate for sg

megszabadít *v* **1.** *vkt/vmt vmtől/vktől* free/ liberate sy/sg from sg/sy, set* sy/sg free from sg/sy; **~ vkt nehéz táskájától** relieve sy of his heavy suitcase; **~ vkt terheitől** relieve sy of [his burdens etc.]; **vmlyen veszélytől** *(v. vmből)* szabadít meg vkt rescue/save sy from [danger, drowning etc.]; **~ vkt a szenvedéstől** bring* an end to sy's suffering(s); *(állatot)* put* [animal] out of its misery; **~ vkt kötelékeitől** untie sy from sg; **~ vkt kötelezettségtől** relieve/exempt sy from one's obligation(s); *bibl* „szabadíts meg minket a gonosztól" deliver us from evil **2.** *tréf* **~ják vmtől** *(= ellopják vmjét)* be* relieved of sg

megszabadítás *n* **1.** *vmből* liberation, setting free (from) **2.** *(veszélyből)* rescue **3.** *(kötelezettségtől)* exemption (from)

megszabadul *v* **1.** *vktől* rid oneself of sy, get* rid of sy; *(nem kívánt személytől)* throw* off [reporters, police etc.]; **~ nem várt látogatótól** get* rid of an unwelcome visitor; **nem lehet ~ni tőle** you cannot shake him off; **végre ~tam tőle!** good riddance! **2.** *vmtől* get* rid of sg, rid oneself of sg; **~ adósságától** rid* oneself of *(v.* free oneself from/of) debt **3.** *(kötelékeitől, kötelezettségeitől)* free oneself from [one's bonds/obligations]; **~ régi szokásoktól** throw* off old habits; **~ előítéleteitől** rid* oneself of (one's) prejudices

megszabott *a* **~ feltételek** terms/conditions agreed (up)on, terms/conditions stipulated; **~ idő** appointed time, fixed date; **~ mennyiség** prescribed quantity; **a ~ módon** in the prescribed way/manner

megszagol *v* **1.** *(ételt)* smell* sg, have* a smell of sg **2.** *átv biz* scent sg, get* wind of sg

megszakad *v* **1.** *ált* break* **2.** *(folyamat)* be* interrupted, be* cut/broken off, break* off; **az elbeszélés ~(t)** the thread of the discourse/narrative is* broken; **a tárgyalások ~tak** the negotiations were broken off **3.** *(telefon-összeköttetés)* be* cut off, be* disconnected **4.** *átv* **majd ~ a nagy erőlködésben** break* one's back, work one's fingers to the bone; **majd ~ nevettében** be* convulsed/bursting with laughter; **nem szakad meg a munkában** he isn't killing

himself over the job; **~ a szíve** break* one's heart over sg, be* heartbroken; **majd ~ a szívem látva . . .** it breaks* my heart to see him/her (. . .ing); **a szíve majd ~t** her heart was* ready to burst

megszakít *v* **1.** *ált* break*, interrupt, be* broken/interrupted by; **terhességet ~** terminate (a/the) pregnancy **2.** *(beszélgetést)* interrupt, break* off [a conversation] **3.** *(távbeszélő-összeköttetést)* cut* off [telephone communication]; *(áramot)* disconnect **4.** *(kapcsolatot)* break* off relations (with sy), break* (with sy); **minden kapcsolatot ~ vkvel** break* off all relations with sy; **~ja a diplomáciai kapcsolatokat** break* off diplomatic relations (with) **5.** *(utazást)* break* [one's journey in/at]; **Bécsben 2 napra ~ottam utamat** I broke my journey *(v.* stopped off) for 2 days in Vienna

megszakítás *n* **1.** *(folyamaté)* break, interruption; **~ nélkül** without a break; *(munkaviszonyról)* continuously; *(repül)* [fly*] non-stop (to); **~ okkal** intermittently, on and off; **~ okkal (ugyan), de egész nap esett** it rained on and off all day; **sok ~sal utazik** travel *(US* -l) by easy stages **2.** *(diplomáciai kapcsolatoké)* breaking off, severance **3.** *(áramé)* switching off

megszakító *n* *el* contact breaker

megszáll **1.** *vi (szállóban)* stay at, put* up at [a hotel]; *vknél* stay with sy, put* up with sy; *(egy éjszakára)* stay overnight [at a friend's house], stay the night with sy; put* up for the night (at), stay/stop over [at a small town, in a hotel etc.]; **szállodában száll meg** stay in a hotel, put* up at a [small] hotel [for the night] **2.** *kat* occupy/invade [a country]; *(egyéb)* take* possession of; *(sztrájkolók gyárat)* take* over, occupy; **a nyaralók ~ták a legjobb üdülőhelyeket** holidaymakers invaded the best resorts **3.** *átv vkt vm* seize, possess; **~ta az ördög** be* possessed (by the devil); **~ta a félelem** be* overcome with fear

megszállás *n* *kat* occupation; **idegen ~ alatt** under foreign occupation

megszálló I. *a* occupying, invading; **~ erők** invading forces; **~ hadsereg** army of occupation, occupation army; **~ hatalom** occupying power **II.** *n* occupier, invader

megszállott I. *a* obsessed, obsessive, possessed **II.** *n* *(személy)* fanatic, person possessed/obsessed with an idea; **egy gondolat ~ja** he is* obsessed with an idea; **a munka ~ja** *biz* be* a workaholic

megszállottság *n* obsession
megszállt *a (terület)* occupied [territory, *a*rea]
megszámít *v* charge; **drágán számít meg vmt** overcharge (sy for sg), charge exorbitant prices for sg, *kif biz* make* sy pay through the nose
megszámlál *v* count; **napjai meg vannak számlálva** his/her days are* numbered
megszámlálhatatlan *a* countless, innumerable
megszámol *v* count
megszámoz *v* number; **~za egy könyv lapjait** paginate a book; **meg van számozva** be* numbered
megszán *v* pity, feel* pity for; *(megkönyörül, megsegít)* have*/take* pity on
megszaporáz *v* **lépést** ~ hasten one's steps, quicken one's pace
megszaporodik *v* increase, grow*, multiply
megszárad *v* become* dry, dry
megszárít *v* dry
megszavaz *v* **1.** *(indítványt)* adopt, carry [a motion] **2.** *(kölcsönt, hitelt)* vote, grant [a loan *v.* credit]; **hitelt szavaz meg vknek** grant sy credit **3.** *(törvényjavaslatot)* vote for, pass, carry [a/the bill]; **meg van szavazva** (it is*) carried; **a törvényjavaslatot ~ták** the bill was carried/passed
megszavazás *n (törvényjavaslaté)* passing/passage [of a bill]
megszavaztat *v* put*/submit sg to a/the vote, poll; **törvényjavaslatot** ~ (1) *ált* get* a bill through Parliament (2) *(sebtében, erőszakkal)* railroad a bill, rush a bill through; **~ja a jelenlévőket/lakosságot/tagságot** take* a vote on sg; *(titkosan)* ballot the members on sg
megszázszoroz *v* multiply by a hundred
megszed *v* **~i magát** feather one's nest, line one's pocket, make* one's pile
megszédít *v* **1.** *(ütés)* stun, daze, shock **2.** *átv vm vkt* turn sy's head
megszédül *v* be*/become* dizzy, feel* giddy; **~t a sikertől** success has turned his head
megszeg *v* **1.** *(esküt)* break*; *(ígéretet)* renege on [a promise, one's word etc.], go* back on [one's word/promise etc.]; *(megállapodást, törvényt)* break*, violate; **~te a szavát** he went back on his word **2.** *(kenyeret)* cut*
megszegel *v* = **megszegez**
megszegez *v* nail sg
megszégyenít *v* put* sy to shame, shame
megszégyenítés *n* shaming, humiliation

megszégyenül *v* be* humiliated, be* put to shame, suffer humiliation
megszelídít *v* **1.** *(állatot)* tame, domesticate **2.** *(embert)* tame, make* submissive
megszelídítés *n* taming, domestication
megszelídül *v* **1.** *(ember)* mellow, sober down **2.** *(állat)* grow* tame, be* domesticated
megszemélyesít *v* personify
megszemélyesítés *n ir* personification, prosopopoeia
megszemlél *v* = **megtekint**
megszenesedett *a* charred
megszenesed|ik *v* carbonize, char, turn into charcoal
megszentel *v* consecrate, sanctify
megszentségtelenít *v* profane, desecrate, defile
megszentségtelenítés *n* profanation, desecration
megszenved *v* **1.** *(vm célért)* toil/labour *(US -or)* for sg **2.** *(bűnhődik)* atone for, expiate [sins etc.]
megszépít *v* embellish, beautify; *(a valóságnál szebbnek mutat)* flatter, gild*; *vkt* make* (sy) more beautiful, flatter (sy); **az idő ~i a múltat** *kb.* distance lends enchantment to the view
megszeppen *v* be*/get* scared of/at, get*/ have* cold feet
megszépül *v* grow* more handsome/beautiful
megszeret *v* **1.** *vkt* become* attached to, become* fond of, take* to sy; **midjárt ~tem** I took to him at once **2.** *vmt* come*/begin* to like, take* to sg **3.** *(szerelemmel)* fall* in love with sy
megszerettet *v* = **megkedveltet**
megszerez *v* get*, obtain, get* hold of, acquire; ~ **egy lakást** secure a flat; ~ **egy (jó) állást** *biz* land a (good) job; ~ **vknek vmt** get* sy sg, get* sg for sy
megszerkeszt *v* **1.** *(szöveget)* draw* up, draft, word, write*, formulate **2.** *(kéziratot, könyvet)* edit, *(főleg: nyomdai előkészítés stádiumában)* copy-edit; *(szótárt)* compile, edit **3.** *(gépet)* construct, design
megszervez *v* organize, arrange
megszervezés *n* organization, organizing
megszerzés *n* acquisition, acquiring, obtaining; **vmnek a ~e nagy nehézségekbe ütközik** sg is* almost/practically unobtainable, it is* very difficult to get (hold of)
megszid *v* scold, reprimand, rebuke *(vkt vmért* sy for sg)

megszigorít *v ált* make* (sg) more severe/ rigorous, tighten up (on) sg; ~**ják a (jog)- szabályokat** the rules are (to be) tightened up; [the Government] are tightening up (on) [the driving laws etc.]; ~**ják a biztonsági rendszabályokat** [the police] are tightening up on safety [for the President's visit etc.]

megszilárdít *v* **1.** *konkr* strengthen, reinforce **2.** *átv* strengthen, firm up, stabilize, consolidate, confirm

megszilárdul *v* **1.** *(anyag)* set*, solidify, firm **2.** *átv* be* firmly established, be(come)* consolidated; **a fegyelem** ~**t** discipline was tightened up

megszimatol *v* **1.** *(kutya)* scent, smell*/ nose (out) **2.** *(odaszagol)* sniff at **3.** *(veszélyt)* smell*, scent, suspect

megszínesed|ik *v* colour *(US* -or), assume a colour

megszitál *v* sift, screen, pass (sg) through a sieve

megszív *v* suck on/at sg; *(egyszer)* have* a suck on/at sg

megszívlel *v* take* sg to heart, keep*/bear* (sg) in mind; ~**i vk tanácsát** take*/follow sy's advice

megszívlelendő *a* well worth taking to heart *(v.* into consideration), worth bearing/ keeping in mind *(mind: ut.)*

megszokás *n* **1.** *vmé* custom, usage, habit; ~ **dolga** it is* just a matter of habit; ~**ból** out of habit, from force of habit, as a matter of routine **2.** *vhol* acclimatization, adaptation

megszok|ik **1.** *vt vmt* get*/become* used/accustomed to sg, get* into the habit of doing sg, make* a habit of doing sg; *vkt* get* used to sy; **hamar meg fogod szokni** you will soon be/get used to it; **kezdem** ~**ni** I'm getting used to it; ~**ta a kemény munkát** (s)he got/is used to hard work *(v.* working hard); ~**ta, hogy** he has got used to, be* accustomed to; **mi már** ~**tuk** we are* used/accustomed to it, it is* nothing new to us **2.** *vi vhol* get*/become* acclimatized, adapt to [different conditions], get* used to; **vagy** ~**ik, vagy megszökik** it's sink or swim, *biz* we'll have to like it or lump it

megszokott *a (szokásos, szokásszerű)* usual, habitual, customary; *(rendszeres)* regular; *(látvány)* everyday; ~ **dolog** routine matter; **a** ~ **időben** at the usual time; ~**á válik** (1) *ált* become* usual/everyday/ customary (2) *(már nem újszerű)* wear* off, begin* to pall (on me/us etc.)

megszoktat *v vkvel vmt* accustom sy to sg, make*/get* sy used/accustomed to sg

megszól *v vkt* speak* ill/badly of sy, backbite* sy, *csak US:* badmouth sy

megszólal *v* **1.** *vk* begin* to speak, start speaking; **szólalj meg már!** say something! **2.** *(telefon)* ring*; *(harang)* ring* out

megszólalás *n* speaking; **a** ~**ig hasonlít vkhez** be* the living image of sy, *biz* be* the spitting image of sy, be* a carbon copy of sy['s sister etc.]; ~**ig hű arckép** lifelike portrait, a speaking likeness

megszólaltat *v* **1.** *vkt* make* sy speak **2.** *(hangszert, szirénát)* sound; ~**ja a vészcsengőt** sound/ring* the alarm

megszólás *n* scandal-mongering, backbiting, *csak US:* badmouthing

megszolgál *v nép (kiérdemel)* earn fairly

megszólít *v* speak* to, address (sy); *(idegent, főleg nőt)* accost

megszólítás *n* **1.** *(szóval)* address, *(barátkozás céljából)* approaches *pl, (főleg idegen nőé)* accosting **2.** *(levélben)* form of address

megszomjaz|ik *v* become*/get* thirsty

megszomorít *v* make* sy sad, sadden sy

megszondáz *v (autóst)* breathalyse (sy), give* sy a breath test

megszoptat *v* suckle, nurse [a/the baby]; **már** ~**tam** I've fed him/her

megszorít *v* **1.** *(csavart)* give* it another turn, tighten (up); *(kötést)* tighten; ~**ottad az összes csavart?** have you tightened all the screws up properly? **2.** *(kezet)* shake* hands with **3.** *(korlátoz)* limit, restrict, restrain

megszorítás *n* **1.** *(csavaré)* tightening, screwing fast/tight **2.** *átv* restriction, restraint; **azzal a** ~**sal érvényes, hogy** it is* valid with the proviso that...; **bizonyos** ~**okkal** with certain restrictions/reservations; ~ **nélkül** without reservation

megszoroz *v* multiply *(vmt vmvel* sg by sg)

megszorul *v* **1.** *(tárgy)* get*/be* stuck/ wedged *(vmben* in) **2.** *(levegő)* get* stuffy **3.** *(pénzben)* be* short of money, be* hard up, feel* the pinch, *kif* be* in a tight corner

megszorult *a (bajban lévő)* in dire straits *ut.; (főleg pénzben)* (be*) hard up, (be*) needy, (be*) in straitened circumstances *(ut.)*

megszögez *v* = megszegez

megszök|ik *v* **1.** *vhonnan* escape/flee* from, run*/break* away from; *(börtönből)* break* out of, escape from [prison]; *(fogságból)* run* away; ~**ik az igazságszolgáltatás elől** fly* from justice **2.** ~**ik vkvel** elope with sy, run* away with sy; *(más házastársával)* run* off with **3.** *biz (titokban távozik)*

take* French leave, skip/slip off 4. *(folyadék, gáz)* escape, leak out
megszökít *v* dye/bleach blond
megszöktet *v* 1. *ált vkt* help sy to escape *(v.* break out of) [prison]; *biz* spring* sy [from prison] 2. *(nőt)* elope with, run* away with sy; *(más házastársát)* run* off with
megszöktetés *n* 1. *ált* helping sy to escape, *biz* springing 2. *(nőé)* elopement, eloping (with sy), running away/off (with sy)
megszövegez *v* draft, draw* up, formulate
megszúr *v* 1. *(késsel, tőrrel vkt)* stab 2. *(vkt darázs)* sting*; *(tövis)* prick; ~**ta a darázs** (s)he was stung by a wasp; ~**ta a tüske a kezét** the thorn pricked his/her hand
megszuvasod|ik *v (fog)* grow* carious, decay
megszűkít *v* 1. *ált* make* narrow(er); *(ruhát)* take* in [garment] 3. *(korlátoz átv)* restrict, narrow (down)
megszül *v* give* birth to [a baby]
megszület|ik *v* 1. *(gyerek)* be* born 2. *átv* be* born, come* into being/existence
megszűnés *n* 1. *ált* cessation, ceasing, stopping 2. *(fizetésé)* suspension, stoppage (of payment) 3. *(szerződésé)* expiration, expiry, termination 4. *(fájdalomé)* easing 5. *(üzleté)* liquidation; *(cégé, vállalaté)* winding-up
megszűn|ik *v* 1. *(véget ér)* stop, come* to an end; *(vihar, eső)* cease, stop 2. *(intézmény)* be* wound up; *(üzlet, gyár stb.)* close down; **ez az üzlet** ~**ik** this shop is closing down
megszüntet *v* 1. *ált* stop, end, cease, discontinue, put* an end to; **korlátozást** ~ lift control 2. *(eljárást)* stop [proceedings]; *(intézkedést)* terminate, abandon 3. *(fájdalmat)* ease/relieve sy of [pain, suffering]
megszüntetés *n* 1. *ált* stopping, ceasing, discontinuance 2. *(eljárásé)* abandonment (of proceedings), nonsuit 3. *(fájdalomé)* easing, relief [of pain]
megszűr *v* 1. *(folyadékot)* filter, strain 2. *(fényt)* soften
megszürkül *v* grey, *US* gray, turn/become*/go* grey *(US* gray)
megtagad *v* 1. *(nem teljesít vmt)* refuse (sg *v.* to do sg), deny (sg); ~**ja a segítséget** refuse to help; ~**ja az engedelmességet** *(v.* **a parancsot)** refuse to obey; ~**ja az átvételt** refuse to take delivery (of sg); ~ *vktől vmt* refuse/deny sy sg; **ha** ~**ják tőlem** if I am denied/refused; **nem tagadja meg tőle** he does not refuse/deny sy sg; ~ **magától vmt** deny/begrudge oneself sg; **nem tagad meg magától semmit**

(s)he denies himself/herself nothing 2. *vkt elít* disown/deny sy, turn one's back on sy 3. *(nem fogad el vmt)* refuse, reject, decline; *(vádat)* repudiate
megtagadás *n* 1. *vktől* refusal, denial; **vízum** ~**a** refusal of visa; **engedelmesség** ~**a** *kat* insubordination 2. *vké* disowning, disavowal
megtágít *v (cipőt stb.)* stretch
megtágul *v* widen/broaden out, stretch
megtakarít *v* 1. *(pénzt)* save (up) [money] 2. *(időt, energiát)* save, spare
megtakarítás *n* 1. *(folyamata)* saving, economy 2. *(eredménye)* savings *pl*; **nagy** ~**t ér el** make* a considerable/sizeable saving, save a considerable sum of money
megtakarított *a* ~ **összeg/pénz** savings *pl*, nest egg
megtalál *v* 1. *(keresés után)* find*; ~**ja a módját** find* a way (of doing sg *v.* to do sg), find* the way (to do sg) 2. *(véletlenül)* discover, come* across ⇨ **számítás**
megtalálható *a* to be found *ut.*, *(igével)* (sg) can* be found; **könnyen** ~ easy to find *ut.*
megtaláló *n* finder; **a becsületes** ~ **jutalomban részesül** a reward will be paid to the finder (of sg)
megtalpal *v* (re-)sole
megtámad *v* 1. *(vkt utcán)* attack, assault; ~**ták az utcán** (s)he was attacked in the street; ~**ták és kirabolták** (s)he was mugged 2. *kat* attack, make* an assault on 3. *(országot)* attack, invade; ~**ták** *(ellenséget, országot)* ... came under attack, has been attacked/invaded 4. *(véleményt)* challenge, impugn 5. *jog (végrendeletet stb.)* contest 6. *(sav vmt)* corrode, eat* into, attack 7. *orv* affect, attack; **a bal tüdő van** ~**va** the left lung is* affected
megtámadás *n* attack, assault
megtámadhatatlan *a* unassailable, invulnerable, incontestable, indisputable
megtámadható *a* 1. *kat* exposed, vulnerable 2. *(vitatható)* disputable, contestable, questionable
megtámadott *a orv (szerv)* affected
megtámaszkod|ik *v* lean*/rest on/against
megtámaszt *v* = **alátámaszt 1.**
megtanácskoz|ik *v* talk it *(v.* the matter) over with sy, consult sy about sg, discuss sg with sy
megtáncoltat *v* 1. *(leányt)* dance with sy 2. *átv* order sy about, lead* sy a merry dance
megtanít *v* 1. *ált* teach*; ~ *vkt vmre (v.* **vmt vknek)** teach* sy sg [*v.* (how) to do sg]; ~ **vkt úszni** teach* sy (how) to swim

2. *(fenyegetésként)* **majd én ~alak!** I'll teach you (manners)!

megtántorod|ik *v* **1.** *konkr* reel (back), lose* one's balance, begin* to sway, totter; **~ott és elesett** (s)he reeled (back) and fell **2.** *átv* = **meginog**

megtanul *v ált* learn*; *(könyv nélkül)* learn* by heart, commit to memory; *(nyelvet)* learn*, acquire; **~ olvasni** learn* (how) to read; **~ angolul** learn* English; *(angol nyelvterületen, rátapad)* pick up English; **~tad a leckét?** *(gyerektől)* have you learnt your lesson(s)?, have you done your homework?

megtapad *v vhol, vmn* stick*, adhere (to)

megtapasztal *v* experience (sg), go* and see* sg (for oneself)

megtapint, magtapogat *v* feel*, touch

megtapos *v* stamp (on) [the ground], tread* (out) (sg), trample on/underfoot; **~sa a szőlőt** tread* grapes

megtapsol *v vkt* applaud/clap sy, *biz* give* sy a hand; **jól ~ják** be* loudly applauded

megtárgyal *v vmt* discuss sg, talk sg over; **ezt majd ~juk** we'll talk it over

megtart *v* **1.** *(birtokában)* keep*, retain; *biz* hang*/hold* on to; *(magának)* keep* (sg) for oneself; **csak tartsa meg a többit!** *(nem kérek vissza)* keep the change!; **~hatom?** may/can I keep it?; **tartsa meg magának (a véleményét)!** keep it (*v.* your remarks) to yourself **2.** *(előadást)* give*, deliver [a lecture], present, read* [a paper]; *(értekezletet)* hold* [a meeting]; **a mérkőzést nem lehet ~ani** the match can be cancelled (*US* -l-); **hétfőn ~ották az évi közgyűlést** the annual general meeting was held on Monday; **~ja óráját** *isk* (s)he is taking his/her class; *(egyetemen)* (s)he is lecturing, (s)he is giving his/her lecture **3.** *(ígéretet)* keep* [one's promise/word]; *(határidőt)* keep* [the time limit]; *(szabályt, törvényt)* keep* to [the rules], observe [the law], comply with [the rules/regulations]; **nem tartja meg ígéretét/szavát** go* back on one's word; **~ja a határidőt** keep* to time/schedule, meet* the deadline, keep* to (*v.* observe) a/the time limit, keep* within a time limit; **nem tartja meg a határidőt** transgress the time limit **4.** *(esküvőt)* celebrate [one's wedding] **5.** *(szokást, ünnepet)* observe, keep* [a custom/holiday etc.]; **~ják a karácsonyt?** do they observe Christmas Day? **6.** *(vmt/vkt emlékezetében)* keep*/bear* sg/sy in mind, remember sg/sy

megtartóztat *v* **~ja magát** abstain/refrain from (doing) sg

megtáviratoz *v* wire/cable/telegraph sy sg

megtébolyod|ik *v* = **megőrül**

megtekint *v* inspect, view, examine; *(kiállítást)* visit, view; **a miniszterelnök ~ette az új forgalmi csomópontot** the prime minister visited/inspected the new road junction; **~i a látnivalókat** see* the sights [of London etc.], go* sightseeing

megtekintés *n* **1.** inspection, viewing, survey; **a látnivalók ~e** sightseeing, seeing the sights **2.** *ker* **(szíves) ~re** on approval; **~re küld** *(árut)* send* [goods] on approval

megtelefonál *v vmt vknek* (tele)phone sy sg, (tele)phone through sg to sy, (tele)phone sy about sg, ring* (*v. US* call) up sy about sg; **~tam neki a hírt** I (tele)phoned him the news; **majd ~om az eredményt** I'll (tele)phone through the result

megtelepedés *n* settling (down), settlement

megteleped|ik *v* settle (down)

megtel|ik *v* **1.** *(edény stb. tele lesz)* fill (up) *(vmivel* with sg), be*/become* full; **~t a vödör** the pail is/was full (to the brim); **szeme ~t könnyel** her/his eyes brimmed/filled with tears, tears filled her/his eyes; **vknek a szíve ~ik bánattal** sy's heart fills with sorrow **2.** *(terem stb. emberekkel)* fill* (up) [with people], be* full (up); **~t a terem** the room filled with *v.* was full of) people; **~t a busz** the bus is full (up); **~t!** full up!; **(a) parkoló ~t** car park full

megtépáz *v* **1.** *konkr vkt* tear* at sy, *biz* rough sy up **2.** *(vihar vmt)* batter, buffet; **a vihar ~ta ......** was/were buffeted by the wind and the rain (*v.* storm) **3.** *átv (vk hírnevét)* damage sy, leave* [sy's reputation] in tatters

megtér *v* **1.** *(visszaérkezik)* return, come* back; **~ őseihez** be* gathered to one's fathers **2.** *vall* be* converted [to Christianity etc.]

megterem 1. *vt vmt* bear* [fruit], produce, yield **2.** *vi vm* grow*

megteremt *v* create, produce; *(egységet)* bring* about; *(kapcsolatot)* establish; **~i vmnek a feltételeit** create the (right) conditions for sg

megtérés *n vall* conversion

megterhel *v* **1.** *(rakománnyal)* weigh/load (down) *(vmvel* with sg); *(túlságosan)* overload, overburden *(vmvel* with sg) **2.** **vm ~i a gyomrát** sg lies* heavy on one's stomach **3.** *átv vkt* trouble/burden sy *(vmvel* with sg); **nem akarlak ~ni** I don't want/wish to impose on you; ~i az emlékezetét adatokkal burden one's memory with data/information 4. *(számlát vm összeggel)* charge/debit [sy's account with]; ~i vk számláját 1000 Ft-tal debit sy's account with 1,000 forints, charge 1,000 forints to one's account; jelzáloggal ~ mortgage [one's house etc.]; a ház jelzáloggal van ~ve the house is mortgaged [to the bank] (for £40,000 etc.)

megterhelés n 1. *(súllyal)* load, weight 2. *(átv vk számára)* burden, encumbrance 3. *(számlán)* debit(-side)

megterít v lay* the table, spread* a cloth on the table

megtérít v 1. *(pénzt visszatérít)* refund [the cost of sg v. sy the/his etc. money], pay* back [the money to sy], repay* [sy the money]; *(megfizet)* pay* [a sum] for sg; **megérkezésekor** ~i vknek a repülőjegyét reimburse sy on arrival the cost of his/her air ticket 2. *(kárt)* pay* for sg, pay* compensation for [damage] 3. *(vm hitre)* convert sy to [a faith]

megtérítés n 1. *(pénzé)* refunding; a költségek ~ére ítél order to pay costs 2. *(vm hitre)* conversion

megtermékenyít v 1. biol *(petesejtet)* fertilize [an ovum]; *(nőnemű lényt)* make* sy pregnant, *tud* impregnate; növ pollinate 2. átv enrich

megtermékenyítés n biol fertilization; növ pollination; **mesterséges** ~ artificial insemination

megtermékenyül v biol ált become* fertile; *(nő)* conceive, become* pregnant

megtermékenyülés n biol fertilization, fecundation, impregnation; *(nőé)* becoming pregnant, *tud* conception

megtermel v produce; ~i a hazai szükségletet produce enough to meet/satisfy the home market's needs

megtermett a jól ~ *(ember, férfi)* robust, sturdy, well-built

megtérül v *(vknek a pénze)* get* one's money back, be* refunded [the/one's money]; kiadásaim ~tek I (re)covered my costs/expenses; a kár ~t the damage was recovered

megtervez v design, draw* up (the) plans for sg, plan sg

megtestesít v *(eszmét, fogalmat)* embody, incarnate, personify; a fukarság ~ője he is a byword for meanness, he is meanness incarnate

megtestesül v become* incarnate/embodied

megtestesülés n incarnation, embodiment

megtestesült a maga a ~ egészség (be* the) picture of health; ~ jóság (be*) the embodiment of human kindness; maga a ~ pontosság the (very) soul of punctuality

megtesz v 1. vmt do*; *(teljesít)* perform, achieve, accomplish; ~i a kötelességét do* one's duty; ~i a magáét do* one's share/part/duty/bit/stuff; ~ minden tőle telhetőt do* one's utmost/best, do* everything possible; **megteheti** (1) ált can/may do, be* able to do (2) *(pénzügyileg)* (s)he can afford it; **megtehetné, ha akarná** he could if he wanted to, he could afford/do it; **megteheted, hogy** you are* free to, it is* entirely up to you whether; **amit ma megtehetsz, ne halaszd holnapra** never put off till tomorrow what may be done *(v.* what you can do) today; **nem tesz(i) meg** he fails/refuses to do sg, he won't do it; **meg kell tenned** you have (got) to do it, you must do it; **nehéz megtenni** it is* hard/difficult to do 2. vkt vmnek make* sy sg, appoint sy (to) sg 3. *(utat, távolságot)* do*, cover; **óránként 100 km-t tesz ·meg** do*/go* 100 kilometres an/per hour; **átlag napi 600 km-t tett meg** he averaged 600 km a day; **az utat négy óra alatt tette meg** he made/did/covered the distance in four hours; *(a vonat)* **a 400 mérföldes utat Glasgowtól Londonig 4 óra 14 perces csúcsidő alatt tette meg** it did the 400-mile trip from G to L in a record four hours fourteen minutes; **az út egy részét repülővel tette meg** he flew part of the way; **a megtett út** the distance covered, travel, run 4. biz **az is** ~i that'll do; **akármelyik** ~i either of them will do 5. *(lovat)* back [a horse]

megtetéz v heap sg on sg, pile sg on top of sg; a bajt még ~te azzal, hogy to make* matters worse he ...

megtetsz|ik v vknek vk be* taken with sy, biz fall* for sy; vknek vm fall* for sg, take* a liking to/for sg; rögtön ~ett nekem I fell for her at once

megtetvesed|ik v get*/be* covered in/with lice

megtéved v *(erkölcsileg)* go* wrong/astray, stray, err

megtéveszt v vkt deceive/delude/mislead* sy; nem szabad, hogy megtévesszen

minket we should not be led astray (*v.* be deceived) by it/him etc.

megtévesztés *n* deceit, delusion, deception, fraud; **a ~ig hasonlít vkhez** you can't tell him/her from [his/her brother/etc.]

megtévesztő *a* delusive, deceptive, misleading; **~ hasonlóság** striking resemblance

megtilt *v* vknek vmt forbid* sy sg (*v.* sy to do sg), prohibit sy from doing sg; **~om, hogy odamenj** I forbid you to go there

megtisztel *v* vkt vmvel honour (*US* -or) sy with sg, do* sy the honour (*US* -or) of sg; **~ve érezzük magunkat** we are*/feel* (highly) honoured (by)

megtisztelő *a* flattering; **~ ajánlat** an offer that does sy great honour (*US* -or)

megtiszteltetés *n* honour (*US* -or), privilege; **~nek tekint vmt** consider sg a great honour, feel* it a privilege, feel*/be* flattered at/by sg (*v.* that ...); **~ volt számunkra, hogy hallhattuk énekelni** it was a privilege to hear her sing

megtisztít *v* 1. vmt ált clean sg (vmtől of sg), give* sg a (good) clean; *(sebet)* cleanse; átv cleanse 2. *(csirkét)* clean; *(halat)* clean/ scale (and gut); *(zöldséget)* peel, pare, clean 3. *(folyadékot)* clarify, filter, purify 4. *(területet stb.* ellenségtől) clear 5. *(pártot)* purge

megtisztítás *n* 1. ált cleaning, cleansing 2. *(zöldségé)* peeling, cleaning 3. *(folyadéké)* clarification, purification 4. *(ellenségtől)* clearing 5. *(párté)* purge, purging

megtisztul *v* 1. konkr clean, become* clean, be* cleaned 2. *(terület)* be* cleaned up 3. átv purify

megtizedel *v* decimate; **(járvány) ~te a lakosságot** [an epidemic] decimated the population

megtízszerez *v* increase/multiply sg tenfold

megtol *v* give* sg a push, push sg

megtold *v* add sg to sg, make* (sg) longer, lengthen; **~otta a hírt** (s)he embroidered the story

megtollasod|ik *v* 1. *(madár)* grow* feathers, fledge 2. biz make* one's pile

megtorlás *n* reprisal, retaliation, revenge, vengeance; **~képpen** in retaliation (for), by way of reprisal; **~sal él** take* reprisals against sy

megtorló *a* repressive, retaliatory; **~ intézkedéseket tesz** take* retaliatory measures, retaliate (by doing sg *v.* with sg)

megtorol *v* 1. *(megbosszul)* avenge, requite, revenge (oneself for), get* one's own back on sy; **ezt még megtorlom** I'll get even with him 2. *(megbüntet)* punish

megtorpan *v* stop short, come* to a sudden stop/standstill

megtorpedóz *v* torpedo *(alakjai:* torpedoed, torpedoing)

megtölt *v* 1. *(teletölt)* fill (up) (vmvel sg with sg); **~i az üveget** fill up the bottle 2. *(töltelékkel)* stuff (sg with sg) 3. *(puskát)* charge, load

megtöm *v* 1. ált stuff; *(pipát)* fill; **jól ~ött pénztárca** a well-lined purse, a bulging wallet 2. *(libát)* cram; **~i magát** (*v.* a gyomrát) vmvel stuff oneself with sg; átv biz **~i vknek a fejét** [ismeretekkel] cram sy (with sg), fill sy's head (with sg)

megtör *v* 1. ált break*, crush; *(diót)* crack; *(borsot)* grind* 2. *(fénysugarat)* refract 3. *(csendet)* break* [the silence] 4. *(ellenállást)* bear*/wear* down, crush [opposition, resistance]; **a vallatás nem tudta ~ni** the interrogation could not break him (*v.* his spirit) 5. *(vkt bánat/csapás)* crush, break*; **~te a betegség** her/his health broke down, the illness shattered his health

megtör|ik *v* 1. *(deszka stb.)* break*, crack, snap; *(kelme, papír stb.* a hajtás mentén) crinkle, crease 2. ʒ **hullámok ~nek a sziklán** the waves break* against the rocks; **vm ~ik vk ellenállásán** founder on the opposition/resistance of sy 3. *(vmnek a folytonossága)* break* 4. *(vk vallatásnál)* crack under [questioning, torture]; **~t** *(vk betegség következtében)* be* broken down; **nagyon ~t** be* shattered

megtöröl *v* 1. ált vmt wipe (sg); *(nedveset)* dry; *(portalanít)* dust; **megtörli a lábát** wipe one's feet (on the mat); **megtörli az orrát** wipe one's nose (on/with one's handkerchief); **megtörli a kezét** dry/wipe one's hands

megtört *a* 1. ált broken 2. *(ember)* broken; **~ hangon** in a broken voice; **fájdalomtól ~ szívvel jelentjük** we are grieved to announce ... 3. *(bor)* cloudy [wine]

megtörtén|ik *v* 1. ált happen, take* place, come* about; **~tek az előkészületek** (the) preparations have been made (for sg), everything is ready (for sg); **~t a találkozás** the meeting took place; **ilyesmi gyakran ~ik** it is a frequent occurrence, this kind of thing often happens; *(főleg, ha vm rossz)* (this is) (just) one of those things; **~hetik, hogy** it may happen/occur/be that; **ha ilyesmi ~nék** should it occur, in case of, in the (unlikely) event of; **ez nem fog ~ni** this won't happen; **ez ~t dolog** it is* a(n) established) fact; **egy ~t történet** a true story, a story from real life; **meg nem történtnek tekint vmt** declare/consider sg null and void; **ami ~t, ~t** what is done cannot be undone, no use crying over spilt milk **2.** ~**ik vkvel vm** sg happens to sy; ~**t vele, ami még soha: elaludt** he fell asleep, something that had never happened (to him) before

megtörülköz|ik v dry oneself (with a towel), rub oneself down

megtrágyáz v *(természetes v. műtrágyával)* manure [the soil]; *(csak természetessel)* spread*/put* manure/dung on [the soil etc.]

megtréfál v play a (practical) joke on sy, play tricks on sy; **a beteg lábam megint** ~**t** my bad leg has been playing me up again

megtud v **1.** come*/get* to know, learn*, hear*; **ha ezt apád** ~**ja** should it come to your father's ears; **mindent** ~**ott** he discovered everything; **tudd meg, hogy** I would (v. I'll) have you know that **2.** *biz (megtudakol)* find* out (where/why/what etc. ...)

megtudakol v vmt inquire about sg, make* inquiries about sg, find* out (where/why/ what etc. ...), ask after sg

megtűr v tolerate, bear*, endure; *(hallgatólagosan)* turn blind eye to sg, close one's eyes to sg; **nem tűri meg a visszaéléseket** will not stand for (v. put up with) such abuses

megtűz v *(tűvel)* pin (on), fix, fasten (with a pin) **2.** *(steppel)* quilt

megtűzdel v **1.** *(szalonnával)* lard (with) **2.** *(idézetekkel)* (inter)lard (with)

megtüzesed|ik v get*/become* red-hot

megtüzesít v make* red-hot

megugat v bark at

megugr|ik 1. vi *(ló)* rear (up) and bolt **2.** vi biz *(megszökik)* bolt, give* sy the slip, skip off, GB do* a bunk; *(országból)* flee* the country **3.** vt sp *(magasságot, távot)* clear; **megugorja a 2 m-t** (s)he cleared 2 metres

megújhodás n renewal, regeneration, revival, rebirth

megújhod|ik v revive, be* renewed/regenerated

megújít v **1.** *(bérletet, ígéretet, szerződést, szövetséget)* renew [lease, promise, contract, alliance] **2.** *(átalakítva)* renovate

megújítás n **1.** *(bérleté, ígéreté)* renewal **2.** *(átalakítás)* renovation

megújráz v **1.** *(közönség ismételtet)* encore [the pianist etc.], call for a repetition [of a song etc.]; **ötször is** ~**ták** (s)he was encored five times **2.** *(ráadást ad)* give* an encore, repeat (sg)

megújul v **1.** ált be* renewed/refreshed, regenerate **2.** *(természet, remény)* revive

megújulás n **1.** ált renewal, regeneration **2.** *(természeté)* revival

megun v vmt/vkt get*/be* bored with sg/sy (v. doing sg), get*/be* tired of sg/sy; *(elege van vmből)* have* enough of sg, biz be*/get* fed up with sg (v. doing sg)

megundorod|ik v vmtől become*/get*/be* disgusted with, take* a dislike to, get*/grow* sick of sg

megúsz|ik v **éppen, hogy** ~**ta** (s)he had a narrow escape; **épen** (v. ép bőrrel v. sértetlenül) ~**ta** (s)he got away/off unscathed/unharmed, he got (v. managed to get) away/off in one piece; ~**ta a dolgot** he got away with it; **ezt nem úszod meg** you can't get away with it; **olcsón** ~**ta** he got off cheap; **dorgálással** ~**ta** he was let off with a warning; **pénzbüntetéssel** ~**ta** he got off with a fine

megutál v take* a dislike/loathing (v. an aversion) to

meguzsonnáz|ik v have* (one's) tea

megül 1. vi vhol remain sitting **2.** vt ~**i a lovat** *(biztosan ül rajta)* ride* a horse, be* in the saddle, keep* one's seat **3.** vt *(lakodalmat, ünnepet)* celebrate

megünnepel v *(ünnepet, évfordulót stb.)* celebrate; *(rendszeresen, általában)* observe; *(megemlékezik vkről/vmről)* commemorate

megünneplés n celebration; *(megemlékezés)* commemoration

megüresedés n vacancy

megüresed|ik v **1.** *(ház, lakás)* become* empty/vacant, empty **2.** *(állás)* fall*/become* vacant

megürül v = megüresedik

megüt v **1.** konkr strike*, hit*; ~ **vkt** strike*/hit* sy; ~**i a fejét** bump one's head (on/against sg); ~**i a lábát** hurt* one's foot; ~**i magát** hurt* oneself; ~**ötted magad?** did you hurt yourself? **2.** ~ **vmlyen hangot** átv strike* a note/chord; **rossz hangot üt meg** touch the wrong chord; **vm** ~**i a fülét** sg comes* to sy's ears **3.** ~**ötte a guta** he had a stroke, had (an attack of) apoplexy; **azt hittem,** ~ **a guta** I was ready to burst **4.** ~**i az áram** get* an electric shock **5.** ~**i a mértéket** meet* the requirements, make* the grade; biz be* up to scratch **6.** ~**i a főnyereményt** win* (the) first prize, átv biz hit* the jackpot; biz **majd ha** ~**öm a főnyereményt** GB when I win the pools, US when I hit the jackpot

megütközés n *(megbotránkozás)* indignation, annoyance; ~**t kelt** sg scandalizes/ shocks sy; **általános** ~**t keltett** it caused a public outcry; ~**sel hallja, hogy ...** be* shocked to hear that ...
megütköz|ik v **1.** *(ellenséggel)* encounter, give* battle to [the enemy] **2.** *átv vmn* be* shocked by/at, be*/become* indignant at; **meg sem ütközött rajta** he wasn't even surprised
megüvegesed|ik v **1.** *konkr* vitrify **2.** *átv* ~**ett a szeme** his eyes glazed over (v. went glassy)
megüzen v **1.** *vknek vmt* send*/give*/leave* sy a message, leave* a message for sy, leave*/send* sy word that ... **2.** *(háborút)* declare [war on]
megvacsoráz|ik v have* (one's) dinner/ supper
megvadít v enrage, make*/drive* (sg/sy) wild
megvádol v *vkt vmvel* accuse sy of sg, charge sy with sg (v. doing sg)
megvadul v **1.** *ált* get*/become* wild *(vmtől* with sg) **2.** *(ló)* bolt, shy
megvág v **1.** *ált* cut; ~**ta magát** he cut himself (v. his finger etc.) **2.** *(felapróz)* chop (up) **3.** *biz* **vkt** ~ **500 forintra** sting*/ touch sy for 500 forints
megvagyonosod|ik v grow* rich, make* a/one's fortune, *biz* make* one's pile
megvajaz v spread* [a slice of bread] with butter, spread* butter on [bread]
megvakar v **1.** *(viszkető testrészt)* scratch; ~**ja a fejét** scratch one's head **2.** *(lovat)* curry, rub down
megvakít v make* sy blind, blind sy
megvakul v go* blind, be* blinded, lose* one's (eye)sight; **bal szemére** ~ go* blind in the left eye
megválaszol v reply to [a/sy's letter], answer [a/sy's letter]; **még nem válaszolták meg levelemet** I've had no answer/reply yet (to my letter)
megválaszt v **1.** *vkt vmnek* elect sy (as) sg (v. to be sg); ~**ották képviselőnek** (s)he has been elected/returned as Member of Parliament; ~**ották elnöknek** they elected him (as) President (v. *társaságba:* chairman/ chairperson); ~**ották a bizottságot** a committee was elected (v. set up) **2.** *vmt* choose*; select
megvál|ik v **1.** *vmtől* part with sg; *vktől* part company (with sy) **2.** *(állástól)* vacate, give* up, leave* [office, post]; *(lemond)* resign [one's post]

megvall v **1.** *(bűnöket)* confess **2.** *(elismer)* admit, acknowledge; ~**om...** I (must) confess/admit ...; **az igazat** ~**va** to tell the truth, as a matter of fact
megvállasod|ik v become* broad-shouldered
megválogat v choose*, select; ~**ja szavait** choose* one's words carefully
megvalósít v **1.** *ált* realize, carry out/ through, bring* to fruition, accomplish **2.** *(gyakorlatilag)* put* into practice, carry out, implement
megvalósítás n realization
megvalósíthatatlan a unrealizable, impracticable, unfeasible; ~ **vállalkozás** pie in the sky
megvalósítható a realizable, workable, practicable, realistic
megvalósul v **1.** *ált* be* realized/attained, be* carried out, materialize **2.** *(álom, jóslás)* come* true
megvalósulás n realization, fulfilment, materialization
megvált v **1.** *(jegyet)* buy*; *(előre is)* book [a/one's ticket]; ~**ja a jegyét** *[vonatra stb.]* buy*/book one's ticket; *(előre)* book (*US* buy*) one's ticket (in advance); ~**ja a repülőjegyeket** book (*US* reserve) seats on a plane; **végig** ~**ja a jegyét Rómáig** book through to Rome **2.** *(pénzzel)* redeem, buy* off **3.** *vall* redeem
megváltás n *vall* redemption; ~ **volt neki a halál** death was a blessed release for him/her
megváltó n *vall (Krisztus)* the Redeemer/ Saviour (*US* -or), Our Savio(u)r
megváltozhatatlan a unalterable, irreversible, irrevocable
megváltoz|ik v change, be* changed/transformed; **az időjárás** ~**ik** there is* a break in the weather
megváltoztat v change, alter; ~**ja állás-pontját** change/shift one's ground; ~**ja elhatározását** change one's mind; **gyökeresen** ~ **vmt** alter/change sg radically, make* radical changes in sg
megváltoztatás n change, alteration
megváltoztathatatlan a unalterable, unchangeable; ~ **elhatározás** a decision past recall
megváltoztatható a changeable, alterable, modifiable
megvámol v impose/levy a duty on sg
megvan v **1.** *(létezik)* exist, be*; ~ **neki** (s)he has* (got) it; **ez a könyv nekem** ~ I have (got) this book; ~ **neked a teljes**

Shakespeare? do you have (*v.* have you got) S's works?; ~ **mindened?** have you got all your things?; ~ **mindene** (= *semmit sem nélkülöz*) (s)he's got everything (you/one could wish for); ~ **benne az a jó tulajdonság** it's one of his good qualities (that); ~ **(rá) a lehetőség** there is* a possibility of, it is* possible (to) 2. *(kész)* (be*) ready/finished/done; **egy óra alatt** ~ it will be done/ready in an hour; **délre mindig** ~ **a főzéssel** she is* always done with the cooking by noon; *biz* **megvagyok a házifeladatommal** I've done my homework; **most** ~ **a baj** now we are in trouble, now we are (in) for it; ~ **jó 50 éves** be* well into his/her fifties 3. *(végbemegy)* take* place; **megvolt az esküvő** the wedding has taken place 4. ~ **vm nélkül** do*/go* without sg, (can) manage without sg, dispense with sg; **megleszek nélküle** I can do without him, I can manage (all right) 5. *(egészségileg)* **Hogy van?** — **(Csak) megvagyok** How are you?—I'm not too bad, I'm all right; ~ **valahogy** be* tolerably well, be* so-so; **valahogy majd csak megleszek** I shall manage somehow 6. *(megfér)* **jól** ~**nak egymással** they get* on well (together) 7. *(amit kerestünk)* ~ **a kalapod?** have you got your hat?; ~! here it is!, (I've) got it; ~! *(sikerült! pl. súlyemelő kinyomta a súlyt)* there goes! 8. **Hányszor van meg a kettő a kilencben?** How many times does two go into nine?; — **Négyszer van meg és még marad egy** Two goes into nine four times and one over

megvár *v* 1. *ált vkt/vmt* wait for sy/sg 2. *(állomáson vkt)* (go* to) meet sy at the station/airport etc.

megvárakoztat *v* keep* sy waiting, make* sy wait, *biz* let* sy cool his heels

megvarr *v* sew*

megvasal *v* 1. *(lovat)* shoe* 2. *(tárgyat)* put* a ferrule on

megvásárol *v* 1. *vmt* buy*, purchase 2. *(megveszteget vkt)* buy* sy off

megvásárolható *a* purchasable; *(kapható, igével)* be* obtainable/available, is* to be had

megvastagod|ik *v* thicken, become* thick

megvéd *v* 1. *(vk/vm ellen)* defend sg/sy against sy/sg; *(vk/vm védelmet nyújt)* protect sg/sy from sg/sy, shield sy from sg/sg; *(megelőzve)* safeguard sg/sy against sg; ~**i hazáját az ellenségtől** defend one's country against the enemy; ~**i a békét** defend

peace; **ez** ~**i a hidegtől** this protects it/him/her against/from (the) cold 2. *(kiáll vk mellett)* stand* up for sy 3. *tud* ~**i disszertációját** defend one's thesis 4. *sp* ~**i a bajnoki címet** defend one's title

megvédés *n* defence (*US* -se); **értekezésének sikeres** ~**e után** having successfully defended his/her thesis …

megvehető = **megvásárolható**

megvendégel *v* *(otthon)* entertain sy to [dinner, tea etc.], invite sy to [dinner, tea etc]; *(vendéglőben)* take* sy out [to dinner etc.], stand* sy [a dinner/drink]

megvénül *v* grow* old, age

megver *v* 1. *konkr* beat* (up), *biz* thrash; ~**ték** he was beaten; *(gyereket biz)* he got a beating 2. *(ellenséget)* defeat, overcome* 3. *sp (futball)* defeat; *(tenisz, sakk stb.)* beat*; **2:1-re** ~**ték** was defeated 2-1 *(a számot kimondva:* two (goals) to one)

megvereget *v* pat, tap; ~**i a vállát** pat/clap sy on the back; ~**i a lovat** is patting his/her neck

megvereked|ik *v* *vkvel* fight* (with) sy, have* a fight with sy

megvesz[1] *v* 1. *(megvásárol)* buy*, purchase; **100 fontért vesz meg vmt** buy* sg for £100 2. **majd** ~**i Isten hidege** be* almost frozen to death, be* chilled to the bone/marrow

megvesz[2] *v* 1. *(állat)* go* mad, get* rabid 2. *biz* **majd** ~ **vmért** be* mad about sg, be* dying for sg; **majd** ~ **vkért** be* mad (*US* crazy) about sy, be* madly in love with sy

megveszekedett *a* *biz* **nincs egy** ~ **vasa sem** not have two pennies to rub together

megveszteget *v* bribe, square sy off

megvesztegetés *n* bribing, bribery

megvesztegethetetlen *a* incorruptible, unbribable

megvesztegethető *a* bribable, corruptible, corrupt

megvesztegető *n* *(aki veszteget)* briber

megvet *v* 1. ~**i az ágyat** *biz* make* the bed 2. ~**i vmnek az alapját** lay* the foundations of 3. ~**i a lábát vhol** (1) *konkr* plant one's feet firmly (2) *átv* gain a footing, get* a foothold, get* a foot in the door, establish oneself swhere; get* a footing/foothold 4. *(lenéz)* despise, scorn, hold* (sy) in contempt; **nem vetnék meg egy pohár bort** I wouldn't say no to a glass of wine; **nem veti meg a lopást sem** he is* not above stealing

megvétel n purchase
megvetemed|ik v warp, buckle
megvetendő a **nem** ~ not to be disdained/despised ut., biz not to be sneezed/sniffed at ut. ⇨ **megvetés**
megvetés n detestation, contempt, scorn, disdain; ~**re méltó** detestable, despicable, contemptible
megvétóz v veto (alakjai: vetoes, vetoed, vetoing)
megvető a contemptuous, scornful, disdainful; ~ **értelemben használt szó** word used in a derogatory sense, word used contemptuously; ~ **pillantás** scornful/withering look; ~ **pillantást vet vkre** give* sy a withering look
megvigasztal v console, comfort, soothe
megvigasztalód|ik v **1.** be* consoled/comforted, cheer up **2.** (kárpótlást talál) find* consolation (with sy v. in sg)
megvilágít v **1.** konkr light* (up), illuminate **2.** átv illuminate, shed* light on, clarify, illustrate; **példákkal** ~ illustrate (with examples); **kellően** ~ shed* light on **3.** fényk make* an exposure, expose
megvilágítás n **1.** ált lighting, illumination **2.** fényk exposure **3.** más ~**ba** put* a different complexion on [the matter etc.], put* the matter in different new light
megvilágítási a ~ **idő** exposure time
megvilágításmérő n exposure/light meter
megvilágosít v **1.** (felvilágosít) enlighten **2.** vm ~**ja az elméjét** sg makes* it/sg all clear to sy, sg makes* sy see the light
megvilágosod|ik v **1.** konkr light*/brighten up **2.** (kérdés) clear up, become* clear, be* clarified; **egyszerre** ~**ott előttem** in a flash (v. suddenly) it (all) became clear to me, it suddenly dawned on me (that ...)
megvillan v **1.** konkr flash, glint, flare up **2.** ~**t agyában** it flashed through his mind
megvirrad v day/it is* dawning, day is* breaking
megvisel v vkt try, wear* sy out, take* a heavy toll of sy, tell* on sy; **a nehéz munka** ~**i** be* worn out with hard work, the work is* telling on him/her (v. on his/her health); **ez a csapás nagyon** ~**te** he has been sorely tried by this blow; **ez** ~**te idegeit** his/her nerves were frayed by sg, it took a heavy toll of his/her nerves, biz kif (s)he was worn to a frazzle; ~**t arc** care-worn face
megviselt a worn(-out); ~**nek látszik** look worn-out, look run-down
megvitat v discuss, talk sg over, debate; ~**ják a kérdést** argue the issue

megvitatás n discussion, debate; ~**ra kerül** come* up for discussion
megvív v (csatát) fight*; ~**ja a harcát** fight* it out, fight* to the finish
megvizez v **1.** ált wet*, moisten, damp **2.** (bort) water down, adulterate [wine with water]
megvizsgál v **1.** (vmt, kérdést) examine, investigate, inquire/look into, consider [a problem etc.]; **alaposan/behatóan** ~ **vmt** examine sg closely, scrutinize sg; **hivatalosan** ~ **vmt** hold* an official inquiry into sg; **minden vonatkozásában** ~ **egy kérdést** consider a question from every angle **2.** (könyvelést) audit [accounts], inspect; (poggyászt) examine, search, go* through [luggage] **3.** (vkt orvos) examine (sy), give* sy a check-up; ~**tatja magát** have* (v. go* for) a (medical) check-up **4.** vegy analyse
megvizsgálás n examination, investigation
megvon v **1.** (megfoszt, elvesz) withdraw*, deprive of, cut* off; ~**ja a szájától a falatot** stint oneself (of food); ~**ja vktől a szót** silence sy, call sy to order; ~**ja vktől a támogatást** withdraw* one's support from sy, withdraw*/stop sy's subsidy/grant **2.** ~**ja a határt** draw* the line (between)
megvonagl|ik v **1.** (élőlény) jerk, twitch, give* a jerk/twitch **2.** (száj, arc) quiver, flinch, wince
megvonalaz v line, rule
megvonalazás n ruling, lineation
megvonás v **1.** (elvevés) withdrawal **2.** (adagé, fizetésé) stopping
megvörösöd|ik v redden, go*/turn red
megzabál v vulg wolf (sg) down, gabble (sg) up, GB scoff
megzaboláz v (átv is) bridle
megzápul v addle; átv come* to grief
megzavar v **1.** (vmlyen körülmény vkt/vmt) disturb sy/sg, be* disturbed by sy/sg; (munkát, forgalmat) disrupt; (tájékozódást megnehezít) confuse; ~**ja a csendet** break* the silence **2.** ~ vkt vmben disturb/interrupt sy while (s)he is doing sg; ~ **vkt a tanulásban** disturb sy while (s)he is studying
megzavarod|ik v **1.** (víz) get* muddy **2.** átv vk get*/become* confused, lose* one's bearings **3.** (elme) become* deranged
megzenésít v **1.** set* [words] to music; ~**ette** music by **2.** biz (pénzt) squander one's money [on drink, revelry etc.]
megzenésítés n setting to music
megzöldül v go*/turn green
megzördül v rattle, clatter, clank

megzörget *v* rattle, clatter; ~**i az ablakot** tap on the window

megzörren *v* rattle, clatter, clang, cling

megzsarol *v* blackmail (sy), *US biz* shake* sy down

megzsíroz *v* **1.** *(gépet)* grease, lubricate **2.** *(cipőt, használati tárgyat)* dubbin **3.** ~**za a kenyeret** spread* [one's] bread with lard/dripping, spread* lard on [one's] bread

megy *v* **1.** *(vhova, vmn, vhogy)* go* *(vhova* to); *(utazik)* go*, travel *(US* -l); **mennem kell** I must go, I must get/be going; **menni készül** be* about to go; be* (just) leaving; **Budapestre** ~ go* to Budapest; **autón** ~ go* by car; **repülőn/repülővel** ~ fly*, go*/travel *(US* -l) by air; **vasúton** ~ go*/travel *(US* -l) by train/rail; **villamoson** ~ go* by tram, take* a/the tram to; ~**ek már!, már** ~**ek!** (I'm) coming!, I'm just coming; *(indulok)* I'm off; **menj az ördögbe!** go to hell!; **menjen!** go away!; **menj innen!** go away!, get out (of here)!; *biz* **ugyan, menj(en) már!** come come/ now!, nonsense!, pull the other one!; get along with you!; **nem mész innen!** clear out!, hop it!, scram! **2.** *(közl. eszköz, út)* go*; *(hajó)* sail; *(vonat, kocsi)* go*, travel *(US* -l); **az út lefelé** ~ the road descends, the road goes* downhill **3.** *biz (működik, jár)* work; ~ **a motor** the motor is working **4.** *(tárgy vmre/vmbe/vmhez)* **ez a cipő nem** ~ **a lábamra** these shoes won't go on *(v.* don't fit) my feet, it's not my size; **lábába ment egy tövis** (s)he ran a thorn into his/her foot°; **vm a szemébe ment** sg has got/gone into his eye; **zöld pulóver nem** ~ **kék szoknyához** a blue skirt doesn't/wouldn't go with a green pullover; **a blúz** ~ **a szoknyájához** the blouse matches her skirt **5.** *orv* **vmjére** ~ **vm** sg affects sy's [heart etc.] **6.** *biz (folyamatban, műsoron van)* be* on; **hát itt meg mi** ~**?** what's going on here?; **mi** ~ **a színházban?** what's on today?; **mi** ~ **a tévében?** what's on (the) television/TV?; **a darab kétszázszor ment** the play had a run of 200 performances/nights; **hosszú ideje** *(v. régóta)* ~ *(film, darab)* it's having a long run, it's been on for a long time **7.** *(sors, siker, eredmény)* **hogy** ~ **a sora?** how are* you doing *(v.* getting on)?, how goes* the world with you?, how goes* it?; **jól** ~ **vknek** (1) *(munka, tanulás)* be* going well (2) *(anyagilag)* be* well off, be* doing well, be* thriving; **rosszul** ~ **neki** be* doing badly; **ha minden jól** ~ if all goes well; ~

a dolog? can you manage it?; **ez nem** ~ nothing doing, (it's) no good; **nem mész vele sokra, sokra mégy vele!** a fat lot of use that will be to you, it won't carry/get you very far; **már évek óta így** ~ this has gone on for years; **fog ez menni!** (don't worry) you'll manage (it) all right, *US biz* that will fill the bill **8.** *(vmlyen állapotba jut, megkezd vmt)* **férjhez** ~ marry, wed; **tanárnak** ~ go* in for *(v.* take* up) teaching, become* a teacher; **ápolónőnek** ~ take* up nursing **9.** *biz (idő)* fly* by; **gyorsan** ~ **a vakáció** the holidays are flying by **10.** *(mennyiség)* **évente ezrekre** ~ **a beküldött könyvek száma** the number of books sent in adds up to thousands a year ⇨ **érte, gyalog, lépés**

megye *n* county, *GB néha* shire; **Baranya** ~ Baranya county

megyegyűlés *n* *tört* meeting of the county council

megyeháza *n* *tört* county hall

megyei *a* county; ~ **bíróság** county court; ~ **tanács** county council; **a Bács-Kiskun M**~ **Tanács elnöke** the President/Chairman of the Bács-Kiskun County Council

megyeszékhely *n* county town

meggy *n* morello (cherry), sour cherry

meggyfa *n* morello tree, sour cherry (tree)

meggylikőr *n* maraschino

meggypiros *a* cherry/deep-red

méh[1] *n* (honey-)bee

méh[2] *n* **1.** *(testrész)* womb, uterus *(pl* uteruses *v. tud* uteri); ~**en belüli** intrauterine; ~**en kívüli terhesség** ectopic/extrauterine pregnancy **2.** *átv* **a föld** ~**e** the bowels of the earth *pl*; **a föld** ~**ének kincsei** the earth's mineral resources/wealth; **az idők** ~**e** the womb of time

méh- *pref orv* uterine

méhcsalád *n* colony of bees

méhcsípés *n* bee-sting, sting of a bee

méhdaganat *n* uterine tumour *(US* -or)

méhes *a* apiary

méhész *n* bee-keeper, apiarist

méhészet *n* **1.** *(tudomány)* bee-keeping **2.** *(hely)* apiary

méhészked|ik *v* keep* bees

mehetnék *n* ~**je van** feel* like going

méhgyulladás *n* metritis, inflammation of the uterus/womb

méhgyűrű *n* pessary

méhkaparás *n* curettage, *biz* D and C; ~**t végez** perform curettage on sy, perform a D and C

méhkaptár *n* beehive

méhkas *n* beehive
méhkirálynő *n* queenbee
méhkürt *n* Fallopian tube, oviduct
méhlepény *n* placenta
méhnyak *n* (*u*terine) cervix, cervix (of the womb) (*pl* cervices *v.* cervixes)
méhpempő *n* Royal jelly
méhraj *n* swarm of bees
méhrajzás *n* swarming of bees
méhrák *n* *u*terine cancer, cancer of the *u*terus/womb
méhszáj *n* orifice of the *u*terus, cervical orifice
méhvérzés *n* *u*terine haemorrhage (*US* hem-)
méhviasz *n* beeswax
mekeg *v* bleat, baa
mekegés *n* bleating [of goat]
mekkora *pron* **1.** *(kérdés)* how large/big?, what size? **2.** *(felkiáltás)* what a(n) ...; ~ **tornya van!** what a big tower it's got!
méla *a* dreamy, m*u*sing, w*i*stful; ~ **tekintet** dre*a*my/dreaming/m*u*sing look; ~ **undor** mild disg*u*st
mélabú *n* m*o*urnfulness, melancholy, gloom
mélabús *a* melancholy, gl*o*omy
melák *a* *(ember)* cl*u*msy, *a*wkward, l*u*mbering; **(nagy)** ~ **ember** a big hulk of a man, *US* klutz
melankólia *n* melancholy
melankolikus *a* melancholy, m*o*urnful
melasz *n* treacle, *US* molasses *pl*
méláz *v* muse (on), p*o*nder *o*ver
meleg I. *a* **1.** *konkr* warm, hot; ~ **étel** hot food; ~ **ruha** warm clothes *pl*; ~ **alsó-(ruha)** warm/thermal *u*nderwear; ~ **szendvics** t*o*asted s*a*ndwich, *(sajtos)* Welsh r*a*rebit/r*a*bbit; ~ **takaró** warm blanket; ~ **szoba** a warm room; *áll* ~ **vé-rű állat** warm-blooded *a*nimal; ~ **víz** hot w*a*ter; ~ **van itt** it is* warm/hot (in here); **nagyon** ~ hot; **szörnyű** ~ **volt** the day was b*a*king hot **2.** *átv* ~ **fogadtatás** warm reception/welcome; ~ **szív** warm heart; ~ **üdvözlet** cordial/warmest greetings *pl* **3.** *(szín)* mellow **II.** *n* **1.** ~**em van** I am* hot; **nem bírom a** ~**et** I can't stand heat; **kis** ~**et ad a szobának** get* the chill off the room **2.** *(meleg időszak)* warm we*a*ther, heat, hot s*e*ason; **a nagy** ~**ben** in the heat, when it is *v*ery hot **3.** *vm* ~**et eszik** have* a hot meal, eat* hot food **4.** *azon* ~**ében** straight aw*a*y, immediately, *i*nstantly, on the spot **5.** **szívem egész** ~**ével** with all my heart
melegágy *n* **1.** *mező*g hotbed → **melegház 2. a korrupció** ~**a** hotbed of corr*u*ption

melegágyi *a* hothouse(-); ~ **növény** hothouse plant
meleged|ik *v* **1.** *(idő)* get*/bec*o*me* warm(-er) **2.** *vk* **a napon** ~**ik** sit*/bask in the sun, sun ones*e*lf; **a tűznél** ~**ik** warm ones*e*lf by the fire, sit* *o*ver the fire **3.** *(motor)* be* overhe*a*ting, run* hot
melegedő *n* *(jégpályán)* warming room
melegen *adv* **1.** ~ **öltözik** dress w*a*rmly, wear* warm clothes; ~ **tálal** serve up hot; ~ **tart** keep* *sg* warm/hot **2.** *átv* warmly; ~ **ajánl** recomm*e*nd warmly/c*o*rdially; ~ **fogad** give* *sy* a he*a*rty/warm welcome/reception; ~ **üdvözöl** (1) *(szóban)* greet *sy* warmly (2) *(levél befejezése)* kind regards from ...
melegforrás *n* hot/thermal spring
melegfront *n* warm front
melegfront-érzékeny *a* sensitive to warm front *ut*.
melegház *n* green house, h*o*thouse, *GB* glasshouse, f*o*rcing house
melegházi *a* h*o*thouse, forced
melegít *v* warm (up), heat (up)
melegítés *n* w*a*rming, he*a*ting
melegítő *n* **1.** *(tréningruha)* tracksuit, *US* *így is:* sweat suit **2.** *(ágyba, villany)* electric *u*nderblanket **3.** *(főző)* (electric) dish-warmer, he*a*ter
melegpadló *n* *i*nsulated warm fl*o*oring
melegség *n* *(átv is)* warmth
melegsz|ik *v* = **melegedik**
melegszívű *a* warm-he*a*rted
melegvérű I. *a* *(élénk vérmérsékletű)* warm-blooded; *(ló)* hot-bl*o*oded **II.** *n* *áll* ~**ek** warm-bl*o*oded *a*nimals; *tud* homoiothermic *a*nimals
melegvízfűtés *n* hot-w*a*ter he*a*ting
melegvíz-szolgáltatás *n* hot-w*a*ter supply
melegvíz-tároló *n* immersion he*a*ter
melenget *v* **1.** *konkr* warm (up); **kezét** ~**i a tűznél** warm one's hands by the fire **2.** *átv* *(gondolatot stb.)* cherish, nurse ⇨ **kígyó**
melíroz *v* *(hajat)* highlight
mell *n* **1.** *(ált, főleg férfié, gyereké)* chest; *(ált, főleg nőé)* breast; *(ir v. nőé)* bosom; *(női emlő)* breast; *(mellbőség nőknél)* bust (m*e*asurement); *(férfiaknál)* chest (measurement); *biz* **jó** ~**e van** be* sh*a*pely; ~**ben bő** *(ruha)* too wide/full in/round the bust *(nőnél)* *ut*., too wide/full round the chest *(férfinél)* *ut*. **2.** *(szókapcsolatok)* *átv* ~**be vág** *vkt* touch *sy* on a t*e*nder spot; ~**ének szegezi a fegyvert** aim/point/level (*US* -l) the/a gun at *sy*; ~**ének szegezi a kérdést** spring* the qu*e*stion at *sy*; ~**re szív**

(1) *(füstöt)* inhale deeply [cigarette smoke]
(2) *átv* take* sg to heart, take* sg too serious-
ly; **nem kell** ~**re szívni** *átv* don't take it
to heart, don't make a song and dance ab*out*
it; ~**ét veri** *(henceg)* brag, pa**t*** oneself on
the back **3.** *(csirkemell)* breast [of chicken]
4. *sp* = **mellúszás**
mell. = *melléklet, mellékelve* enclosure, en-
closed *(röv* encl.)
mellbedobás *n sp* ~**sal** *(igével)* thrust*
one's chest forward
mellbimbó *n* nipple, teat; *tud* mam*illa (pl.*
-llae)
mellbőség *n (férfiaknál)* chest (m*ea*sure-
ment); *(nőknél)* bust (m*ea*surement)
mellcsont *n* breast-bone
melldöngetés *n* bragging, braggad*o*cio
mellé *post/adv* next to, beside, close to, at
one's side; **ülj (ide)** ~**m** come and sit by
my side, sit beside/by me; **vk** ~ **ad** *vkt*
give*/assign sy to sy as an assistant; **vk** ~
áll stand* beside sy, *átv* side with sy, line up
with sy
melléáll *v* → **mellé**
mellébeszél *v* ~ **a kérdésnek** talk beside
the point, w*a*ffle (about), be* w*a*ffling on [for
hours]
melléfog *v biz* be*/fall* wide of the mark,
make* a bl*u*nder, bl*u*nder
melléfogás *n* bl*u*nder
mellehúsa *n (csirkéé)* breast (of chicken)
melléje *adv* → **mellé**
mellék *n* **1.** *(környék, vidék)* **vmnek a** ~**e**
the environs/surroundings of sg *pl,* its en-
virons/surroundings *pl.;* **a Duna** ~**e** the
Danube region **2.** *(telefon)* **15-ös** ~ exten-
sion 15, ext. 15; **a 39-es** ~**et kérem** ex-
tension 39, please
mellék- *pref* **1.** *(kisebb)* secondary, subor-
dinate, by-, side- **2.** *(kiegészítő)* auxiliary,
additional
mellékág *n* **1.** *(folyóé, fáé)* branch [of river/
tree] **2.** *(családé)* collateral
mellékajtó *n* side door, back door
mellékalak *n* **1.** *ált* subordinate person/char-
acter **2.** *(képen)* accessory figure **3.** *(ir. mű-
ben)* minor figure/character; *szính, film* =
mellékszereplő
mellékállás *n* part-time job
mellékállomás *n (telefon)* extension
mellékbolygó *n* satellite
mellékbüntetés *n* secondary/supplement-
ary punishment
mellékel *v vmt vmhez* add, attach (to); *(csa-
tol, iratot)* enclose, attach; **pályázatom-
hoz a következő okmányokat** ~**em**

to my submission I have appended/attached
the following documents
mellékelt *a* enclosed; ~ **ábra** illustration,
annexed diagram; ~ **levél** (1) *ált* enclosed
letter (2) *(kísérő)* covering letter
mellékelten, mellékelve *adv* enclosed *(röv*
encl.); ~ **tisztelettel megküldöm** en-
closed/herewith please find; **a kért kimu-
tatást** ~ **megküldöm** enclosed please
find the figures (you) asked for; ~ **küldök
Önnek ...** I am sending you herewith ...,
enclosed please find ...
melléképület *n* o*ut*house, o*ut*building
mellékértelem *n* connotation
mellékes I. *a* subsidiary, secondary, sub-
ordinate, of minor importance *ut.;* ~ **(do-
log)** minor matter, side-issue, *kif* [is*] beside
the point **II.** *n* perks *pl*
mellékesemény *n* episode
mellékesen *adv* **1.** *(közbevetőleg)* by the
way; ~ **említem** by the way/by, incidental-
ly; **csak úgy** ~ casually; ~ **(meg)emlí-
tem, hogy** I might mention, by the way,
that ...; ~ **megjegyezte, hogy** he no*t*ed
in an aside that; he happened to mention that
2. ~ **is keres** he makes* some money on
the side
mellékfoglalkozás *n* second job/occupa-
tion, sideline, secondary occupation; *(rész-
fogl.)* part-time job
mellékfolyó *n* tributary
mellékhajó *n* side-aisle
mellékhatás *n* side-effect
mellékhelyiség *n (illemhely)* lavatory, *US*
the bathroom, *GB biz* the loo, *US biz* the john
mellékíz *n* after-taste
mellékjövedelem *n* second(ary)/side/ad-
ditional/supplementary income, extra earn-
ings *pl*
mellékkereset *n* = **mellékjövedelem**
mellékkiadások *n pl* incidental/minor ex-
penses, extras
mellékkörülmény *n* incidental fact, acces-
sory circumstance
melléklépcső *n* backstair(s)
melléklet *n* **1.** *(újsághoz)* supplement; **va-
sárnapi** ~ Sunday magazine section, Sun-
day supplement/review **2.** *(levélhez)* en-
closure **3.** *(könyvben)* insert
mellékmondat *n* dependent clause
melléknév *n nyelvt* adjective
melléknévi *a* adjectival; ~ **igenév** parti-
ciple; **jelen/múlt idejű** ~ **igenév** pre-
sent/past participle; ~ **jelző** attributive
adjective
mellékoltár *n* side-altar

mellékszárny *n (épületé)* annexe

mellékszerep *n szính, film* supporting role; **ált** subordinate/secondary part/role; ~**et játszik** (1) *ált* play a subordinate/secondary part (*v.* a minor role) (2) *(vk mellett)* play second fiddle (to sy)

mellékszereplő *n* **1.** *szính, film* supporting character/actress/actor **2.** *átv* sy of little consequence, extra

mellékszoba *n* adjoining room, closet

mellékszög *n mat* adjacent angle

melléktantárgy *n* minor/subsidiary (subject)

melléktéma *n zene* second theme

melléktermék *n* **1.** *ált* by-product, secondary product, *biz* spin-off **2.** *vegy* derivative

mellékutca *n* side street, *US* back alley; **jobbról a negyedik** ~ the fourth turning on the right

mellékút(vonal) *n* minor/secondary road

melléküzemág *n* sideline

mellékvágány *n* **1.** *(vasút)* shunt-line, side- -track/rail **2.** ~**ra terel** *(kérdést)* side- track [a/the question], **vitát** ~**ra visz** *kif* start a hare; bring* up a red herring; **a beszélgetés** ~**ra siklott** the discussion got/was side-tracked

mellékvese *n* adrenal glands *pl*

mellékvesekéreg *n* adrenal cortex

mellékzönge *n átv* (unpleasant) overtones *pl*

mellékzörej *n* **1.** *el* howl **2.** *orv* accessory murmur

mellélép *v* miss a/the/one's step

mellémegy *v* **1.** *(töltéskor)* spill*; **vigyázz!** ~ you're spilling it **2.** *(telefonkapcsolás))* **mellément! elnézést!** sorry I('ve) got the wrong number

mellény *n* **1.** *(férfi)* waistcoat, *US* vest; *(be- bújós)* slipover; **nagy a** ~**e** *átv* he is* too big for his boots **2.** *(női)* bodice, sleeveless jacket; *(ujjas)* jersey

mellényzseb *n* waistcoat/vest-pocket; **ezt a** ~**éből is kifizeti** it is* nothing/peanuts for him

mellérendelés *n* co-ordination

mellérendelő *a* ~ **kötőszó** co-ordinating conjunction, co-ordinator; ~ **viszony** co- -ordinate relation

mellérendelt *a* ~ **mondat** co-ordinate clause

melles *a (nő)* broad/large/deep-bosomed, bosomy

mellesleg *adv* by the way, by the by(e), besides; ~ **neki sincs igaza** by the way, he isn't right either

mellesnadrág *n* bib and brace overall

mellétalál *v* miss the target, strike*/shoot* wide of the mark

mellett *post* **1.** *(hely)* beside, by, by the side of, next to, adjoining; **a ház** ~ beside/near the house, by the side of the house; **a** ~ **a ház** ~ beside/near that house, next to that house; **e** ~ next to this; **a fal** ~ **áll** stand* by the wall; **elmegy vk** ~ pass sy by; **egymás** ~ side by side, next/close to each other; **egymás** ~ **ülnek** they sit* side by side (*v.* next to each other); **nővére** ~ **ül** he is* sitting beside his sister (*v.* next to his sister); **közvetlenül vm** ~ close by, close to sg; *(a szomszéd házban)* next door to; **vk** ~ **lakik** live next door to sy **2. vk** ~ **áll** *átv* back sy (up), stand* by sy, stand* up for sy; **vk** ~ **dönt** decide in favour (*US* -or) of sy; **e** ~ **van** be* in favour of it/this; **minden a** ~ **szól, hogy állást változtassak** everything points to my changing jobs; **minden e** ~ **szól** there is everything/much to be said for it; **ilyen feltételek** ~ under these conditions/circumstances, on these terms, on condition that; **a mai viszonyok** ~ in the existing circumstances, as matters/ things stand **3.** *(vmn felül)* in addition to, over and above; **hivatala** ~ **mást is csi- nál** undertake* (some) work in addition to one's official duties; **egyéb munkái** ~ ... among other works

mellette *adv* **1.** *(hely)* by/near/beside him/ her/it; **közvetlenül** ~ close/next to him/ her/it; ~ **áll/van** (1) *konkr* be*/stand* near (*v.* next to) him/her/it (2) *átv* be*/speak* for sy/sg, stand* by sy/sg **2. minden** ~ **szól** he has* everything in his favour; **a** ~ **és ellene szóló érvek/dolgok** the pros and cons

mellfurdancs *n műsz* breast drill

mellhártyagyulladás *n* pleurisy

mellkas *n* chest; ~**át kidomborítja** throw* out one's chest; **domború** ~**ú** deep-chested; **széles** ~**ú** full/broad- -chested

mellkas-átvilágítás *n* chest X-ray

mellkép *n* half-length portrait

mellmagasságban *adv* chest-high

mellől *post* from beside, from the side of; **felkel az asztal** ~ leave* the table; **Győr** ~ **való** he comes from the Győr area/region

mellőz *v* **1.** *(cselekvést)* omit (to do sg), leave* out, *biz* skip [a meeting etc.] **2.** *(nem vesz figyelembe)* ignore, disregard, put*/set* aside; **ezt a szempontot** ~**hetjük** we needn't bother about that angle **3.** *(vkt hát- térbe szorít)* slight, ignore, neglect; *(előlépte-*

tésnél) pass sy over; **úgy érezte, hogy** ~**ik** (s)he felt slighted

mellőzés *n* **1.** *(cselekvése)* omission; **részvétlátogatások** ~**ét kérjük** no visitors by request **2.** *(figyelmen kívül hagyás)* disregard, omission **3.** *vké* slighting, disregard; ~ **érte** he suffered a slight

mellőzött *a* **1.** *vm* disregarded, neglected, set/put aside *ut.* **2.** *vk* slighted, ignored

mellőzöttség *n* state of being ignored/neglected/slighted

mellrák *n* breast cancer

mellső *a* anterior, front-, fore-; ~ **lábak** forelegs; ~ **rész** front (part)

mellszélesség *n* = **mellbőség**

mellszobor *n* bust

melltartó *n* brassiere, *biz* bra

melltű *n* breast-pin, brooch

mellúszás *n* breast-stroke

mellű *a/suff* -breasted, -chested; *(csak nő)* bosomed

mellüreg *n* thoracic/chest cavity

mellvéd *n* **1.** *(erődön)* breastwork, parapet **2.** *(korlát)* banister, hand-rail

mellvért *n* breastplate

meló *n biz* work, *biz* slog

melódia *n* melody, tune

melós *n biz* manual/heavy worker, workman°, sweater, hand

melóz|ik *v biz* work (hard), drudge, work like a slave

méltán *adv* deservedly, justly, rightly; ~ **tartják nagy tudósnak** he is reckoned as *(v.* considered) an outstanding scholar and rightly so; ~ **mondhatja, hogy** he is entitled to say that

méltánylás *n* appreciation

méltányol *v* appreciate

méltányos *a* **1.** *(elbánás)* fair (and square), equitable, just; ~ **nak tart** consider fair/equitable; ~ **nak tartom** I think it only fair; **hogy** ~ **ak legyünk vele szemben** in all fairness to him; ~ **an** fairly, evenly; ~ **an járnak el vele** treat sy fairly *(v.* evenhandedly) **2.** *(ár)* reasonable [price]

méltányosság *n* equity, fairness

méltánytalan *a* unfair, inequitable

méltánytalanság *n* unfairness, inequity, injustice; ~ **érte** he has been slighted

méltat *v* **1. vkt vmre** ~ deem a person worthy of; favour *(US* -or) sy with; **levelét válaszra sem** ~**ja** he did not deign to give him a(n) answer/reply *(v.* to answer him); **figyelemre sem** ~ **vkt** ignore/overlook sy; **arra sem** ~**ta, hogy megemlítse** did not condescend/deign to mention him

2. *(vkt/vmt írásban)* write* an appreciation of sy/sg; **cikkében a mű érdemeit** ~**ta** his article was an appreciation of the work; ~**ja az elhunytat** write*/speak* highly of sy

méltatás *n* appreciation, estimation, praise; ~**t ír vmről** write* an appreciation of sg

méltatlan *a* **1.** ~ **vmre** be* unworthy/undeserving of sg **2.** *(igaztalan)* unmerited, undeserved, unjust; ~ **ul bánik vkvel** treat sy unfairly, do* wrong to sy; ~ **ul bűnhődik** be* punished undeservedly, suffer undeservedly

méltatlankodás *n* indignation

méltatlankod|ik *v* be* indignant *(vm miatt* at sg), express indignation (at sg)

méltatlanság *n* unworthiness, indignity

méltó *a* **1.** ~ **vmre** be* worthy/deserving of sg **2.** ~ **vkhez** be* worthy of sy; **ez nem** ~ **hozzád** this is* beneath you, this is* unworthy of you **3.** ~ **büntetés** fit/deserved/just punishment; ~ **ellenfélre talál** meet* one's match; ~ **folytatása azoknak az eseményeknek** worthy sequel to those events ⇨ **jutalom**

méltóképp(en) *adv* worthily, deservedly, suitably; ~ **megbüntették** he was rightly punished; ~ **megünnepelték** he was deservedly honoured *(US* -or-)

méltóság *n* **1.** *(fogalom, állás)* dignity, honour *(US* -or); **emberi** ~ human dignity; ~**án alulinak tart vmt** think* it beneath one to ..., think* it beneath one's dignity to ..., *biz* it's infra dig for him/her to [wash the dishes etc.], disdain to do *(v.* doing sg **2.** *(személy)* dignitary

méltóságos *a* **1.** *(méltóságteljes)* dignified, majestic **2.** *(a magyarban elavult cím)* (Right) Honourable, Worshipful; ~ **asszonyom** *kb.* your ladyship, mylady; ~ **uram** *kb.* your lordship, mylord

méltóságteljes *a* dignified, stately, majestic

méltóztat|ik *v* deign to, be* pleased to; **méltóztassék helyet foglalni** kindly sit down, kindly take a seat

mely *pron* **1.** *(kérdő)* which? **2.** *(vonatkozó)* = **amely**

mély I. *a* deep; *(alacsonyan fekvő)* low; *átv (elme)* profound; ~ **álom** deep/sound sleep; **6 méter** ~ **kút** well six metres deep, a six-metre-deep well; ~ **érzésű** of deep feeling *ut.*; ~ **gyász** deep mourning; ~ **hang** deep voice; ~ **hangú** low/deep voiced, of a deep voice *ut.*, booming; ~ **szakadék** deep chasm/abyss; ~ **tisztelet** high respect; ~ **titok** profound/dark/deep secret; ~**ebbé válik** deepen; ~ **víz** deep water; ~ **víz!** csak úszóknak for swimmers only; ~**re süllyed** *átv* fall* low; ~**et lélegzik** draw* a deep breath **II.** *n* the deep, the depth(s); **az erdő** ~**e** the depths/heart of the forest/wood; **lelke** ~**én** in one's heart of hearts, at the bottom of one's heart; **vmnek a** ~**ére hatol** get* to the core/ bottom of sg, go* to the root/heart of the matter; **nézzünk a dolgok** ~**ére** let us look into the matter thoroughly

mélyed *v* **1.** **vmbe** ~ sink* into sg **2.** *átv* **vmbe** be*/become* absorbed/immersed in; **gondolatokba** ~ be* lost in thought

mélyedés *n* **1.** **vmben** cavity, dent **2.** *(földben)* depression

mélyen *adv* deeply; *(csak átv)* profoundly; **10 m** ~ 10 m deep; ~ **alszik** sleep* fast/ soundly, be* fast/sound asleep; ~ **gyökerező** *átv* deep-rooted/seated; ~ **meghajol vk előtt** bow low/deeply to sy; ~ **tisztelt közönség!** Ladies and Gentlemen!; ~ **ülő szem(ek)** deep-set eyes

mélyenjáró *a* = **mélyenszántó**

mélyenszántó *a* *átv* *(elme, gondolatok)* profound, penetrating; *(tanulmány)* in-depth [study]

mélyépítés *n* civil engineering

mélyeszt *v* sink* *(vmbe* into)

mélyfúrás *n* *bány* deep-boring/drilling

mélyhegedű *n* viola

mélyhűt *v* deep-freeze*; *(zöldséget szárítva)* freeze-dry

mélyhűtés *n* deep-freeze

mélyhűtő *n* *(frizsider része)* freezing/freezer compartment; *(önálló)* freezer; *(fagyasztó-láda)* (chest-type) deep-freeze, chest freezer; *(frizsiderrel egybeépített)* fridge freezer

mélyhűtött *a* deep-frozen [foods]; *(zöldség)* freeze-dried

melyik *pron* **1.** *(kérdő)* which (one)?, *(csak személyre)* who?; ~ **a kettő közül?** which of the two?; ~ **tetszik jobban?** which (one) do* you like best?, which do* you prefer?; ~**nek** to which?; ~**et?** which one?; ~**től** of/from which? **2.** *(vonatkozó)* = **amelyik**

mélyít *v* *ált* deepen, sink*

mélykék *a* deep blue

mélylélektan *n* depth psychology

mélynyomás *n* *nyomd* photogravure

mélypont *n* lowest/deepest point; *(pl. vk pályájának)* nadir; **túl vagyunk a** ~**on** the worst is* over, we are* after the worst; **még nem vagyunk túl a** ~**on** the worst is yet to come

mélyreható *a* ~ **elemzés** searching/thorough(going) analysis; ~ **kutatás** extensive research; ~ **változások** radical/ profound *(v. far-reaching)* changes; ~ **vizsgálat** thorough/intensive examination

mélyrepülés *n* low-altitude flying

mélység *n* **1.** *(átv is)* the deep, the depths *pl*; ~**et mér** sound, take* soundings

mélységes *a* very deep; *átv* bottomless; ~ **tudatlanság** abysmal/crass ignorance; ~ **utálat** utter contempt; ~**en hallgat** be*/ keep* absolutely/completely silent, not to utter a word; ~**en megvet** hold* sy in supreme contempt, detest

mélyszántás *n* deep-ploughing (*US* -plowing), tillage

mélytányér *n* soup-plate

mélytengeri *a* deep-sea; ~ **halászat** deep-sea fishing; ~ **kábel** deep-sea cable

mélyül *v* deepen, sink*

mélyvörös *a* deep red

membrán *n* *biol* membrane; *el* diaphragm

memoár *n* memoirs *pl*

memorandum *n* memorandum *(pl* -dums *v.* -da), note

memória *n* **1.** *(emberi)* memory **2.** *(számítógépé)* memory ⇨ **memóriaegység**

memóriaegység *n* *(számítógépé)* memory (unit), storage (unit), (main) store

memoriter *n* *sg* learnt by heart

mén *n* stallion

mendegél *v* saunter, stroll

mendemonda *n* hearsay, rumour (*US* -or), (idle) talk/gossip

menedék *n* refuge, shelter; ~**et keres** take* (*v.* look for) shelter/refuge/cover (*vm elől* from, *vhol* in, under etc.); **futásban keres** ~**et** seek* safety in flight, flee* for one's life; ~**et talál** find*/take* refuge/shelter (*vhol* in, under etc., *vknél* with sy); ~**et nyújt vknek** give* shelter to sy, harbour (*US* -or) sy; **politikai** ~**et ad vknek** grant sy political asylum; **utolsó** ~**ként** as a (*v.* in the) last resort

menedékház *n* *(turistáké)* (tourist) hostel; *(kunyhó)* shelter, hut

menedékhely *n* (place of) refuge, haven, asylum; *(éjjeli)* night-shelter/refuge

menedékjog *n* political ~ot kér ask for political asylum; **politikai** ~**ot ad vknek** grant sy political asylum

menedéklevél *n* *tört* safe-conduct

menedzsel *v* **1.** *ker* vmt manage; *(pénzügyileg fenntart)* sponsor, finance, support, promote **2.** *biz* ~ **vkt** promote/push sy; **jól** ~**i magát** he's good at self-promotion

menedzser *n* **1.** *ált* manager **2.** *szính* impresario
menekül *v ált* flee*, fly*, run* away, take* (to) flight; *(vk vm elől v. vhonnan)* escape from, make* one's escape from; **a vihar elől egy fa alá ~t** (s)he took refuge *u*nder a tree; **külföldre** ~ escape to foreign parts, seek* refuge abroad, flee* the country; **ezúttal nem ~sz** this time you won't get away; **~jön aki tud** every man for himself
menekülés *n* flight, escape
menekülő *n* fugitive, runaway, escapee
menekült *n* refugee
menekvés *n* nincs ~ (there is*) no escaping it
menés *n* going, walk(ing)
ménes *n* stud (farm)
meneszt *v* **1.** vhová send* sy swhere **2.** *(állásból)* dismiss, biz fire, sack
menet I. *n* **1.** *(vonulás)* march, procession; **a ~ élén halad** head the procession, lead* the way; **(be)zárja a ~et** bring* up the rear **2.** *(menés)* ~ **közben** (1) on the way, *u*nder way (2) *átv* as (we) go along, on the way; ~ **közben a vezetővel beszélgetni tilos** speaking to the driver is forbidden en route **3.** *(lefolyás)* course; **a fejlődés ~e** the course of development; **az események ~e** the order/course of events; *biz* **álljon meg a ~!** stop!, hang on a minute! **4.** *(gépé)* working, motion **5.** *sp* round; **az első ~ben Papp győz** round one to Papp **6.** *(csavaré)* thread; **~et vág** cut* a thread, thread sg II. *adv* (vm felé) ~ on the/one's way [to a place]; **hazafelé** ~ on the way home, homeward bound
menetdíj *n* fare
menetdíj-visszatérítés *n* refund (of/on unused tickets)
menetel *v* march
menetelés *n* march, marching
menetes *a* **1.** *sp* of ... rounds *ut.* **2.** *(csavar)* threaded
menetgyakorlat *n* route-march
menetidő *n* running-time, journey time; *(repgépé)* flight time
menetirány *n* direction, course; ~ban ül sit* facing the engine (*v.* the direction of travel); **a ~nak háttal ül** sit* with one's back to the engine
menetirányító *n* dispatcher
menetjegy *n* (railway/bus/tram-)ticket; **félárú** ~ half price/fare ticket; **~et vált** *(vonatra)* buy*/purchase a ticket; *(hajóra)* book one's passage

menetjegyiroda *n* travel/tourist agency, *US* ticket bureau; *(pályaudvaron GB)* travel centre
menet-jövet *adv* there and back, going and coming
menetkész *a* **1.** *ált* ready to start *ut.* **2.** *kat* ready to march *ut.*
menetlevél *n* waybill
menetmetszés *n* *(külső meneteké)* screw cutting, cutting an external thread
menetmetsző gép *n* screw die
menetoszlop *n kat* marching column
menetöltözet *n kat* ~ben in marching order
menetparancs *n kat* marching orders *pl*
menetrend *n* **1.** *ált* timetable, *US* schedule; *(vasúti, nagyobb)* railway guide, *US* railroad schedule; *(GB kis füzetek címe)* train services *pl*; **megnézi a ~et** look up [the time of the next train etc.] in the timetable; ~ **szerint** on schedule; **a vonatok ~ szerint járnak** trains are running on schedule; **a szombati ~ érvényes** normal Saturday timetable will operate **2.** *(rendezvényé)* programme (*US* -gram), *US* schedule
menetrendszerű *a ált* according to the timetable *ut.*, scheduled, regular; ~ **járatok** *(busz)* regular services; *(hajó)* regular sailings; **~en közlekedik** is* running to time, *US* is* operating/running on schedule
menetsebesség *n* **1.** *ált* average/travelling (*US* -l-) speed **2.** *hajó* cruising speed, rate
menetszázad *n kat* † marching-company
menettérti *a* ~ **jegy** return (ticket), *US* round-trip ticket; **egy napig érvényes** ~ **jegy** day-return (to); ~ **jegy ára** return fare
menetvágó (gép) *n* thread/screw-cutter
menház *n* † alms-house, home, asylum; **aggok ~a** home for the aged
menhely *n* **1.** = **menház 2.** *(gyermekmenhely)* home for destitute children
menlevél *n* safe-conduct, free pass
mennél *adv* ~ ..., **annál** ... the ... the ...; ~ **több, annál jobb** the more the better/merrier
menni → **megy**
menő *a* **1.** □ top; *(főnévként is, főleg sp)* ace **2.** **százakra** ~ **tömeg** numbering (many) hundreds
menőfélben van *v* be* about to leave
menstruáció *n* menstruation, menses *pl*, *biz* period
menstruál *v* menstruate, *biz* have* one's period

ment[1] **1.** *vt vmtől* save, rescue, snatch (from); **életet** ~ save sy's life; **vízből** ~ rescue sy about to drown; **~i, ami ~hető** save what one can; **Isten ~s!** God forbid! **2.** *(eljárást)* excuse, pardon, justify; **ez ~i sok hibáját** this makes* up for his many faults; **ezt nem lehet semmivel sem ~eni** there can be no excuse for this ⇨ **bőr**

ment[2] *a vmtől* free/immune/safe from sg, secure/proof against sg; **előítéletektől** ~ unprejudiced, free from all prejudices, unbias(s)ed, impartial

menta *n* mint

mentálhigiénia *n* mental health

mentalitás *n* mentality, disposition

mente *n* † short fur-lined coat.

mentében l. *adv* = **menet** *közben* **ll.** *post* along; **a part/folyó** ~ down*stream*, along the bank/river

menteget *v* make*/find* excuses (for), excuse (sy); *vmvel* plead sg as an excuse for; **~i a késését** apologize for being late

mentegetődzés *n* excuses *pl*, apology

mentegetődz|ik *v vmért* make* apologies/excuses, apologize, excuse oneself (for sg *v.* for doing sg)

méntelep *n* stud-farm

mentelmi *a* ~ **bizottság** committee of immunity; ~ **jog** parliamentary privilege/immunity; ~ **jogát felfüggeszti vknek** waive the parliamentary immunity of a member; ~ **jog megsértése** violation of immunity

menten *adv (rögtön)* at once, on the spot, immediately, forthwith

mentén *post* along, by the side of; **a part** ~ along the bank (*v. tengernél* beach); **az út** ~ along the road; **vm** ~ **halad** go*/run* along sg

mentes *a* **1.** *vmtől* free from, devoid of; **betegségtől** ~ immune (from); **előítéletektől** ~ unprejudiced, free of all prejudice(s) *ut.*, unbias(s)ed, impartial **2.** *vm alól, vmtől* exempt from [taxation etc.]; **illeték alól** ~ exempt from stamp duty *ut.*, duty-free; **katonai szolgálattól** ~ exempt from military service

mentés *n* life-saving, rescue; **a** ~ **munkálatai még folynak** rescue/salvage operations are still being carried out

mentési *a* rescue-, salvage-; ~ **munkálat** rescue operation, salvage, rescue work

mentesít *v vkt vm alól* exempt sy from sg; *(felment)* relieve sy of sg; **katonai szolgálattól** ~ exempt sy from military service

mentesítés *n* exemption, release

mentesítő vonat *n* relief train

mentesség *n* exemption, discharge

mentesül *v vm alól* be* exempted/freed from sg

menthetetlen *a* **1.** *(meg nem menthető)* lost, irretrievable; *(mulasztás)* irremediable; ~ **beteg** patient past recovery/help; *(igével)* the patient('s condition) is past/beyond hope **2.** *(megbocsáthatatlan)* inexcusable, unpardonable

menthetetlenül *adv* irremediably, irretrievably; ~ **elvész** be* irretrievably lost, be* irrecoverable, be* gone beyond recall

menthető *a* **1.** *(megmenthető)* can be saved/salvaged, be* recoverable **2.** *(eljárás)* excusable, pardonable; **nem** ~ it is inexcusable

menti *a* → **part, út**

mentol *n* menthol

mentő l. *a* life-saving, rescue, rescuing; ~ **gondolat/ötlet** saving idea; ~ **kérdés** rescue question; ~ **körülmény** excuse; *(enyhítő körülmény)* attenuating circumstances *pl*; ~ **tanú** witness for the defence **ll.** *n* **1.** ált (life-)saver, rescuer **2.** *orv* a ~k ambulance; **(fel)hívja a ~ket** ring* for an ambulance

mentőállomás *n* ambulance station

mentőautó *n* ambulance

mentőbrigád *n* rescue party/team

mentőcsónak *n* lifeboat

mentőexpedíció *n* rescue party/team, search party

mentőkocsi *n* ambulance

mentől *adv* = **mennél, minél**

mentőláda *n* first-aid box/kit

mentőmellény *n* life-jacket

mentőorvos *n* ambulance officer/doctor

mentőosztag *n* rescue party/team

mentőöv *n* life-belt/buoy

mentős *n* ambulanceman°, *(női)* ambulancewoman°; **~ök** ambulancemen, ambulance officers/members

mentőszekrény *n* = **mentőláda**

mentőszolgálat *n* ált life-saving service; *(mentők)* ambulance (service); *(tengerparton)* lifeguards *pl*

mentség *n* excuse; **arra nincs** ~ there is* no excuse for that, it is inexcusable; **~ére legyen mondva** be it said in his favour (*US* -or); **~ére azt hozta föl, hogy ...** he excused himself on the plea that [he had to visit his mother]; **~ül** by way of an excuse ⇨ **felhoz**

mentsvár *n* retreat, resource, refuge; **utolsó ~ként** as a last resort

menü *n* set dinner/meal/menu
menüett *n* minuet
menza *n* refectory, canteen, *US* commons *sing.*
menzakoszt *n* college/canteen food, *US* commons *sing.*
meny *n* daughter-in-law (*pl* daughters-in-law)
menyasszony *n* fiancée; *(esküvő napján)* bride
menyasszonyi *a* bridal; ~ **ruha** wedding dress; ~ **torta** wedding cake
menyecske *n* young wife°
menyegző *n* wedding-feast
menyét *n* weasel
menny *n* heaven; **a** ~**ek országa** the Kingdom of Heaven
mennybeli *a* celestial, heavenly
mennybemenetel *n* Ascension
mennybolt *n* sky, firmament
mennydörgés *n* thunder, thunder-clap
mennydörgő *a* thundering; ~ **hang** thundering/stentorian voice; ~ **taps** thunderous applause
mennydörgős *a* ~ **mennykő!** damn it!, damnation!
mennydörög *v* thunder, it is* thundering
mennyei *a* heavenly, celestial
mennyezet *n* **1.** *(szobáé)* ceiling **2.** *(ágyé)* canopy
mennyezetes *a* canopied; ~ **ágy** four-poster (bed), canopied bed
mennyezetkép *n* ceiling piece/picture
mennyezetlámpa, mennyezetvilágítás *n* ceiling light
mennyi *pron* **1.** *(kérdő) (megszámlálható mennyiség)* how many?; *(tömeg)* how much?; ~ **ember** (1) *(kérdve)* how many people? (2) *(csodálkozva)* what a lot of people!; ~ **az idő?** what's the time?, what time is* it?; ~ **ideig?** (for) how long ...?; ~**be kerül?** how much is* it?, what's the/its price?, what are you asking/charging for it?; ~**be került?** what did it cost?, how much was it?, how much did it come to?, what was its price?; ~**en vannak?** how many are* there?; ~**ért?** for how much?, at what price?; ~**ért adják?** what are they/you asking/taking/charging for it?, what is* the/its price?; ~**ért vetted?** how much did you pay/give for it?; ~**t kaptál érte?** how much did you get for it?; ~**t kér?** how much (do you charge)?; ~**t parancsol?** how much do you want?; ~**vel tartozom?** how much do I owe you? **2.** *(vonatkozó)* = **amennyi**

mennyiben *pron* **1.** *(mértékben)* to what extent?, how far?; ~ **igaz?** what truth is* there in it? **2.** *(vonatkozásban)* in what respect?, wherein?; ~ **érint ez bennünket?** how far does it concern us?
mennyire *pron* **1.** *(milyen messze)* how far?; ~ **van ide Bécs?** how far is Vienna?; ~ **van oda a Duna?** how far is it (from there) to the Danube? **2.** *(milyen mértékben)* how far?; ~ **jutottál a munkáddal?** how far have you got with your work? **3.** *(felkiáltásban)* how; **de még** ~! I should think so!, by all means!, and how!; ~ **megijedt amikor meglátta** how it frightened him to see it; ~ **szereti!** how fond he is* (of her)
mennyiség *n* quantity; *(tömeg)* mass; **nagy** ~**ben** in large quantities, in bulk
mennyiségi *a* quantitative; ~ **elemzés** quantitative analysis; ~ **változás** quantitative change
mennyiségtan *n* mathematics *sing. v. pl; biz* maths *sing. v. pl, US* math; **gyenge a** ~**ban** his mathematics are weak; ~**ban a legerősebb** maths is her strongest subject
mennyiségtantanár *n* mathematics master, teacher of mathematics
mennyiségtani *a* mathematical
mennyiségű *a* of ... quantity *ut.*; **tekintélyes** ~ of a considerable quantity *ut., biz* a great deal of
mennyiszer *pron* how many times?, how often?
mennykő *n* thunderbolt; **a** ~ **üssön belé!** the devil take him!, confound him!
mennykőcsapás *n* thunderbolt
mennyország *n* heaven
meó *n* quality control (section)
meós *n* (quality) checker
meóz *v* *vmt* check sg for quality
mer[1] *v* *(vizet)* draw*, scoop (out); ~**j egy vödör vizet** draw* a bucketful of water; ~**j a levesből** take* a ladleful of soup, help yourself to (some) soup
mer[2] *v* dare (to do sg); *(veszi a bátorságot)* make* (so) bold (as) to do sg; **aki** ~, **az nyer** fortune favours the brave, faint heart never won fair lady; ~**em állítani** I dare say (*v.* daresay) (that); ~**em hinni** I dare say (*v.* daresay) (that), I venture to think (that); **fogadni** ~**nék** I could/would bet; **nem** ~ **vmt (meg)tenni** [I/he etc.] dare not (*v.* daren't) do sg, be* afraid to do (*v.* of doing) sg; **hogy** ~**sz ilyet mondani?** how dare you say such a thing?; **hogy** ~**i** (*v.* ~ **olyat) állítani, hogy ...** how dare he/you suggest that ...; **azt** ~**i mondani,**

hogy he has* the cheek/impudence to say that; **meg ~i mondani a véleményét** he is* not afraid to speak his mind (*v.* speak out)
mér *v* **1.** *ált* measure **2.** *(súlyt)* weigh; **mikor ~ted magad?** when did you weigh yourself? **3.** *(italt)* retail, draw* **4.** *(időt, sebességet)* clock, time **5.** **csapást ~ vkre** strike*/level (*US* -l) a blow at sy; **büntetést ~ vkre** inflict a punishment on sy, sentence sy
mérce *n* measure, scale
mered *v* **1.** *(kiáll)* stand* (up), rise*; **minden hajaszála égnek ~ vmtől** sg makes* one's hair stand on end **2.** **kővé ~** turn to stone, petrify, be* petrified **3.** *(tekintet vhová)* stare, gaze; **a semmibe ~** stare/ gaze into space (*v.* into the air)
meredek *a (lejtő)* steep; **~ hegyoldal** steep slope (*v.* mountain-side); **~ szikla-(fal)** bluff, steep promontory, cliff; **~en lejt** be* steep(ly sloping); **~en emelkedik** *(repgép)* zoom
meredt *a* **1.** *(test)* stiff, torpid, benumbed **2.** *(tekintet)* staring, fixed
méredzked|ik *v* weigh oneself
méreg *n* **1.** *konkr* poison; **erős ~** violent poison; **lassan ölő ~** slow poison; **tiszta ~ rank** poison; **mérget ad vknek** poison sy; **mérget vesz be** take* poison; **mérget lehet rá venni** you may swear to it, it's in the bag, you may be quite sure of that; **biz ez neki ~** *(pl. sok fűszer gyomorbajosnak)* it's fatal for him **2.** *átv* anger; *(bosszúság)* annoyance, vexation, anger, bother; **eszi a ~** be* bursting/choking with rage; **forr benne a ~** boil with rage; **sok ~ van ezzel a gyerekkel** this child is a handful; **~be hoz** make* sy angry, put* sy into a rage; **~be jön** get*/fly* into a passion/rage, lose* one's temper; **sok mérget nyel** pocket/swallow a lot of affronts; **kiadja mérgét** (1) *(dühöng)* vent one's spleen (2) *(csillapodik)* his rage is* spending itself
méregdrága *a* very steep/expensive/dear
méregerős *a (paprika)* extremely hot
méreget *v* **~ik egymást** eye each other
méregfog *n* (poison-)fang; **kihúzza a ~át** *vmnek* take* the sting out of sg; *(vknek)* draw* sy's sting
méregkeverő *n* *átv* trouble-maker, *biz* stirrer
méregpohár *n* poison(ed) cup
méregzöld *a* ivy green
méregzsák *n (férfi)* spitfire, hot-head; *(nő)* shrew, termagant

mereng *v* muse, meditate, day-dream*
merengés *n* reverie, day-dream(ing), musing, pipe-dreams *pl*
merengő *a* musing, day-dreaming
merénylet *n* attempt; **~et követ el vk ellen** make* an attempt on sy's life; **~et követtek el ellene** an attempt was made on his life; **számos ~et kíséreltek meg ellene** there were numerous attempts on his life
merénylő *n* assailant, would-be assassin
mérés *n* **1.** *ált* measuring **2.** *(földé)* surveying **3.** *(súlyé)* weighing
méréstechnika *n* measurement technology
merész *a* bold, daring, audacious; **~ általánosítás** sweeping generalization; **~ tett** daring/bold action/deed; **kissé ~** *(pl. vicc)* risqué; **gondol egy ~et** take*/make* a bold decision, take* a risk/chance
merészel *v* dare, have* the audacity/face to; **hogy ~ ilyet mondani?** how dare you say such a thing?; **hogy ~i Ön?** how dare you?; **Ön azt ~te mondani** you have had the face/audacity to say ⇨ **mer²**
merészked|ik *v* venture, take* the risk, take* the liberty to . . .; **odáig ~ik, hogy** goes so far as to . . ., have* the cheek to . . .
merészség *n* daring, audacity
mereszt *v* **szemét ~i vkre** goggle at sy, stare at sy (goggle-eyed), *(főleg nőre)* ogle at sy; **nagy szemeket ~** open one's eyes wide, goggle, be* all eyes, look goggle-eyed
méret *n* **1.** *konkr, ált* measurement, dimension; *(öltözékdarabé)* size; **a szoba ~ei** the dimensions of the room **2.** *átv* magnitude, proportions *pl*; **nagy ~ekben** on a large scale; **nemzetközi ~ekben** on an international scale; **nagy ~eket ölt grow*** to considerable size/proportions; **óriási ~eket ölt** grow* out of (all) proportion, grow* to huge dimensions
méretarány *n* scale; **1 : 1 000 000 ~ú térkép** a map on the scale of 10 kilometres to the centimetre; **nagy ~ú** large-scale
méretez *v* measure out, proportion
-méretű *a/suff* -sized, of . . . size *ut.* ⇨ **nagy I.**
merev *a* **1.** *ált* stiff, rigid **2.** *(testrész)* numb, benumbed **3.** *(tekintet)* fixed, set, stony [stare/glare] **4.** *átv* rigorous, inflexible, stiff; *(mozgás, viselkedés)* angular; **~en kitart elvei mellett** stand* rigidly by one's principles; **~en visszautasít** give* (sy) a flat refusal, refuse (sy) point-blank (*v.* categorically)
mereved|ik *v* grow* stiff, stiffen, get* rigid

merevgörcs *n* tetanus, lockjaw
merevít *v* make* stiff/rigid, stiffen; *(kötéllel, rúddal)* stay, prop, brace
merevítő *n* stay, prop, brace
merevség *n* 1. *ált* stiffness, rigidity 2. *átv* inflexibility, stiffness, rigidity, severity, rigour (*US* -or)
mérföld *n* mile; **angol** ~ statute mile *(1609,34 m);* **tengeri** ~ nautical mile *(1852 m);* ~**ek száma** mileage; **5** ~**nyi távolságra** at a distance of 5 miles
mérföldes *a* (of) one mile, of ... miles *ut.,* -mile; **15** ~ **távolság** a 15-mile distance, a distance of 15 miles; **hét** ~ **csizma** seven--league boots *pl*
mérföldkő *n* milestone
mérföldteljesítmény *n* mileage
mérgelőd|ik *v* be* angry (*vm miatt* at/about sg, *vk miatt* with sy), *biz* fume (and fret) (*vm miatt* about/at sg, *vk miatt* at sy); **ne** ~**j!** keep your hair/shirt on!
mérges *a* 1. *(állat)* poisonous, venomous 2. ~ **gáz** poison-gas 3. ~ **gomba** toadstool 4. *biz (dühös)* angry, *US biz* mad; ~ **vkre** be* angry/cross with sy; **rettentő** ~ **volt** he was very angry, he was livid (with anger); ~**en válaszol** give* a tart reply, snap back
mérgesít *v* anger, vex, irritate, enrage
mérgez *v (átv is)* poison, envenom
mérgezés *n* poisoning
mérgezett *a* poisoned
mérgező *a* poisonous
mérhetetlen *a* 1. *(mennyiség)* immeasurable 2. *átv* immense, vast, huge
mérhető *a* measurable
méricskél *v* measure slowly and leisurely
merinó *n* ~ **juh** merino (*pl* -nos), merino sheep
merinógyapjú *n* merino
merít *v* 1. *vmbe* dip (sg) into (sg) 2. *vmből* draw* (sg) from (sg) 3. *átv vmből* take*/derive (sg) from (sg); *(átvesz vmből)* draw* on (sg); **bátorságot** ~ take* heart/courage; **az eredeti forrásokból** ~ draw* on the original authorities/sources
merítőháló *n* landing net
merítőkanál *n* scoop, ladle
mérkőzés *n sp* match; **barátságos** ~ a friendly (match) [between ... and ...]; ~**t vezet** *(futball, boksz)* referee [a match], *(tenisz, krikett stb.)* umpire [a match]
mérkőzésvezető *n (futball, boksz)* referee, *(tenisz, krikett stb.)* umpire
mérkőz|ik *v* 1. *ált és átv* compete with sy; **nem** ~**hetsz vele** *(tudásban)* (intellec-

tually) you are* no match for him 2. *sp* play against
mérleg *n* 1. *(eszköz) ált* pair of scales, scales *pl*; *(konyhai)* scale, scales *pl*; *(patikamérleg)* balance; ~ **karja** scale-beam 2. *ker* balance (sheet); **kereskedelmi** ~ balance of trade; ~**et készít** balance one's/the accounts/books, draw* up a balance sheet
mérlegel *v* 1. *konkr* weigh 2. *átv* weigh, ponder [matter], consider; ~**i a helyzetet** take* stock of (*v.* size up) the situation
mérlegelés *n átv* examination, consideration, reflection; **hosszas** ~ **után** after due deliberation, after careful consideration
mérleghiány *n* **fizetési** ~ balance of payment deficit; **kereskedelmi** ~ trade deficit
mérleghinta *n* see-saw
mérlegképes *a* ~ **könyvelő** chartered accountant, *US* certified public accountant
mérnök *n* engineer; **mezőgazdasági** ~ agricultural engineer
mérnöki *a* engineering; ~ **diploma** degree/diploma in engineering; ~ **pályára megy** is going to become an engineer
mérnök-üzletkötő *n* sales-engineer
merő *a (tiszta)* pure, mere, sheer; ~ **hazugság** downright lie; ~ **képtelenség** absolute/sheer impossibility; ~ **rosszindulatból** out of pure malice; ~ **véletlen** a mere (*v.* sheer) accident
mérő *n vk* measurer, weigher
merőben *adv* wholly, totally, entirely
mérőedény *n* measure, measuring-dish, *US* graduate
merően *adv* ~ **néz** stare (at sy/sg) without moving
mérőeszköz *n* measuring tool/instrument
merőkanál *n* ladle, *US így is:* dipper
mérőkészülék *n* measuring apparatus
merőleges I. *a* perpendicular; ~**en vmre** at right angles to sg II. *n* perpendicular; ~**t húz** draw* a perpendicular (on sg)
mérőműszer *n* measuring instrument
mérőón *n* sounding lead, plumb(-line), plummet; ~**nal mér** plumb
mérőszalag *n* (measuring) tape, tape measure
mérővessző *n* folding rule
merre *adv* 1. *(kérdő: hol?)* where?, whereabouts? 2. *(hová?)* which way?, in which direction?; **megkérdi,** ~ **kell menni** ask one's/the way 3. = **amerre; fusson, ki** ~ **lát** every man for himself ⟹ **amerre**
merről *adv* 1. *(kérdő)* where ... from?, from where?, from which direction?; ~ **jössz?** where do* you come from? 2. = **amerről**

mérsékel *v* **1.** *ált* moderate; *(fájdalmat, büntetést)* mitigate **2.** *(árat)* reduce **3.** ~**i magát** control/restrain oneself
mérsékelt *a* **1.** *(éghajlat)* temperate; ~ **égöv** temperate zone **2.** *(ár)* moderate, reasonable **3.** *(politika, nézet)* moderate **4.** ~ **siker** moderate success; ~**en** moderately; restrainedly
mérséklés *n* **1.** *ált* moderation, restraint **2.** *(büntetésé)* mitigation, reduction [of penalty] **3.** *(áré)* reduction [of price]
mérséklet *n* moderation, moderateness, restraint; ~**et tanúsít** show* restraint
mérséklő *a* moderating, restraining
mérséklőd|ik *v* *ált* lessen; *(iram)* slacken; *(hőség)* abate
mersz *n* *biz* pluck, courage; **nincs** ~**e** lack pluck/courage; **van** ~**e vmt tenni** dare to do sg, show* (a lot of) pluck to do sg, have* the nerve to do sg; **ha van** ~**e** if he has* (the) pluck
mert *conj* *(objektív ok)* because; *(a beszélő szubjektív szempontja)* for, since, as; ~ **különben** or else
mértan *n* geometry
mértani *a* geometrical ⇨ **haladvány, közép 2., test**
mérték *n* **1.** *(a mérés egysége)* measure(ment); **a térfogat** ~**e** measures of capacity *pl* **2.** *(vké, ruházati)* measurement(s); ~**et vesz vkről** take* sy's measurements; ~ **után készült (ruha)** made-to-measure [suit/garment], *US* *főleg* custom-made; ~ **utáni/szerinti szabóság** = **mértékszabóság 3.** *(versmérték)* metre *(US* meter), measure **4.** *(térképen)* scale **5.** *(határ)* ~ **nélkül** excessively, to excess; ~ **nélkül iszik** drink* to excess; ~**en felül** beyond measure; **egy bizonyos** ~**ig** to a certain extent; ~**et tart** *(evésben, ivásban)* be* moderate, keep* within bounds **6.** *(mérce)* **szigorú** ~**kel mér** judge strictly, apply a tough standard; **egyenlő** ~**kel mér** judge fairly, apply equal standards; **kétféle** ~**kel mér** apply double standards **7.** *(mennyiség)* **bizonyos** ~**ben** in some measure, to some degree, to a certain degree; **kisebb** ~**ben** to a lesser degree; **a legcsekélyebb** ~**ben (sem)** (not) in the slightest (degree); **jelentékeny** ~**ben** considerably; **a legnagyobb** ~**ben** to the highest degree; **teljes** ~**ben** fully, completely; **teljes** ~**ben támogat** give* whole-hearted support, fully support sy/sg; **(mindent csak)** ~**kel (tesz)** [keep* to] the golden mean, moderation in all things,

[smoke, drink* etc.] in moderation ⇨ **betelik, megüt**
mértékadó *a* authoritative, competent, influential; ~ **körök** responsible quarters
mértékegység *n* measure, unit (of measurement); ~**ek táblázata** weights and measures (table), table(s) of weights and measures
mértékes *a* *(vers)* metrical
mértékhatározó *n* *(nyelvt)* adverb of quantity
mértékhitelesítés *n* testing/gauging of measures
mértékletes *a* *(személy)* temperate, sober; ~ **vmben** (be*) moderate in sg, [smoke, drink* etc.] in moderation
mértékletesség *n* *(ételben, italban)* temperance, moderation, sobriety
mértékrendszer *n* system of weights and measures
mértékszabóság *n* bespoke *(v. US* custom) tailor(s)/tailoring
mértéktartás *n* moderation, temperance, temperateness
mértéktartó *a* moderate, temperate, restrained
mértéktelen *a* **1.** *ált* immoderate, excessive, extravagant; ~ **élet** loose living **2.** *(evésben, ivásban)* intemperate, insatiable, free-living; ~ **alkoholfogyasztás** the consumption of an excessive amount of alcohol, *(igével)* there's too great a consumption of alcohol; ~ **ember** free-liver; ~**ül** beyond measure, excessively
mértéktelenség *n* **1.** *ált* immoderateness, extravagance **2.** *(evésben, ivásban)* intemperance
mérten *adv* **vmhez** ~ (as) compared to/with sg; **igényeihez** ~ in proportion *(v.* according) to one's claims/pretensions
merül *v* **1.** *(vízbe)* dive, dip, submerge, plunge; **3 méternyire** ~ draw* 3 metres of water **2. álomba** ~ fall* asleep; **gondolatokba** ~ be* absorbed/deep in thought ⇨ **feledés**
merülőforraló *n* immersion heater, cup heater
mérv *n* extent, degree, measure, rate
mérvadó *a* authoritative, competent; **vm standard; ez nem** ~ this is* not authoritative ⇨ **mértékadó**
mérvű *a* **vmlyen** ~ of some proportions/extent *ut.;* **igen nagy** ~ rather/very extensive, of high proportion
mese *n* **1.** *(gyermek* ~*)* (nursery) tale; *(tündér* ~*)* fairy tale/story; *(tan* ~*)* fable; ~**be illő** fabulous, like a fairy tale *ut.;* **a** ~**k vi-**

lágába tartozik belong to the world of
fantasy 2. *(regényé stb.)* story, plot 3. *(kita-
lálás, biz)* story, yarn, tale, fabrication; ~
habbal! that's all just a fairy tale *(v.* fairy
tales); nincs ~! *kb.* there's no getting away
from it; ezt a ~t már ismerem I've
heard that tale before
mesebeli *a* mythical, fictitious; ~ királyfi
fairy prince ➪ mesés
mesebeszéd *n biz* flim-flam, stuff and non-
sense, rubbish
meseíró *n* story-writer, fabulist
mesejáték *n* fairy play
mesekönyv *n* story-book
mesél *v* 1. *(mesét mond)* tell* a tale/story,
narrate [a fable/story] 2. *(elbeszél)* tell*,
relate, narrate; *biz* ~je ezt másoknak!
(hitetlenkedve) pull the other leg, tell it to the
marines; azt ~ik there is* a story afloat,
people are* saying; arról én is tudnék
~ni I have been through the mill myself, I
could also say a thing or two about that
3. *(hazudik, □)* spin* a yarn, tell* a (tall)
story
mesemondó *n* story-teller, tale-teller
meseország *n* fairyland
mesés *a* fabulous, fabled, legendary
meséskönyv *n* story-book
meseszép *a* wonderful, ravishing
meseszerű *a* like a fairy tale *ut.*, as in a fairy-
-tale *ut.*
meseszövés *n (színdarabé stb.)* plot
messiás *n* Messiah; úgy vár vkt, mint a
(zsidók a) ~t await sy's coming with
burning impatience
mester *n* 1. *(önálló iparos)* (master) crafts-
man°, master; vízvezetékszerelő-~ (a
master) plumber 2. *(művész, sakk és átv)*
master; M~! *(főleg nagy zeneművész meg-
szólítása)* Maestro ..., *(v. névvel)* Maestro
Doráti; nagy ~e a zongorának an ab-
solute maestro on the piano; ~e a szónak
és a tollnak be* a master of both the writ-
ten and spoken word; nagy ~ vmben be*
a past master at sg, *US* be* ace at sg; ~ére
talál meet* one's master 3. *átv (vk szellemi
vezetője)* sy's mentor ➪ gyakorlat
mesterdalnok *n* mastersinger, Meister-
singer
mesterember *n* craftsman°, artisan
mesterfogás *n* master stroke, trick of the
trade
mestergerenda *n* crossbeam
mesterhármas *n sp* hat-trick
mesterhegedű *n kb.* master violin; *(Stradi-
vari)* (a) Stradivarius; *biz* (a) Strad

mesteri *a* masterly, *biz* superb, brilliant; ~
módon, ~en in a masterly manner, super-
bly
mesterkedés *n átv, elít* machinations *pl,*
plot, intrigue, manoeuvring *(US* -neuver-)
mesterked|ik *v biz* plot, machinate,
manoeuvre *(US* maneuver); már megint
miben ~el? what are* you up to again?;
abban ~ik, hogy he is* scheming to;
vmnek a megszerzésén ~ik jockey for
sg
mesterkéletlen *a* natural, artless, ingeni-
ous, plain, unsophisticated
mesterkélt *a* 1. *(személy, viselkedés)*
affected, (over-)sophisticated 2. *(hamis)*
false, artificial
mesterkéltség *n* 1. *(személyé, viselkedésé)*
affectation, affected manner 2. *(hamisság)*
artifice
mesterkurzus *n (előadóművészé)* master
class
mesterlegény *n* journeyman°, journeyman-
-worker
mesterlevél *n (mestervizsga bizonyítványa)*
certificate of mastership
mesterlövész *n* marksman°, sharpshooter
mestermű *n* masterpiece
mesterség *n* trade, profession, craft; mi a
~e? what is* his trade/profession?; nem
nagy ~ it is* not difficult, no particular
skill is* needed; vm ~et tanul learn* a
trade
mesterségbeli *a* professional, vocational,
of trade *ut.*; ~ tudás craftsmanship
mesterséges *a* artificial, man-made; ~ in-
telligencia artificial intelligence; ~ lég-
zés artificial respiration; ~ megtermé-
kenyítés artificial insemination; ~ nyelv
artificial/auxiliary language; ~ táplálás
artificial nutrition/feeding, hand/bottle-
-feeding; ~en, ~ úton artificially; ~en
táplált artificially fed, bottle-fed, brought
up by hand *(v.* on the bottle) *ut.*; ~en elő-
idézett induced
mestervizsga *n kb.* master's examination
⟨examination for master craftsman's dip-
loma/certificate⟩
mész[1] *n* lime; *(meszeléshez)* whitening; *(az
emberi szervezetben)* calcium; oltatlan ~
quicklime; oltott ~ slaked/slacked lime;
biz nem ettem meszet I wasn't born
yesterday, what do* you take me for?
mész[2] → megy
mészárlás *n (embereké)* massacre, slaugh-
ter(ing)
mészárol *v (embert)* massacre, slaughter

mészáros *n* butcher
mészárszék *n* **1.** *(húsbolt)* butcher's shop **2.** *átv* ~ **re viszi az ifjúságot** send* youth to be massacred, lead* our young men to Armageddon
mészégetés *n* lime-burning
mészégető *n* **1.** *(kemence)* lime-kiln **2.** *(munkás)* lime burner
meszel *v* whitewash, whiten
meszelés *n* whitewash(ing), whitening
meszelő *n* *(szerszám)* whitewash/lime brush
meszes *a* limy, lime-; ~ **talaj** calciferous soil; ~ **víz** calcareous water
meszesedés *n* *(szervezetben)* calcification
meszesed|ik *v* *(szervezet)* calcify, become* calcified
meszesgödör *n* lime-pit
meszez *v* *(földet)* spread* lime/chalk on, lime, chalk [land]
mészhabarcs *n* lime-mortar
mészhiány *n* *(szervezetben)* calcium deficiency
mészhomok *n* calcareous/lime sand
mésziszap *n* *(cukorgyári)* beet potash
mészkő *n* limestone
mészlerakódás *n orv* calcification
mészoltás *n* slaking/slacking (of) lime
mészpát *n* calc-spar, calcite
messze I. *a* far-off, faraway, remote, distant; ~ **földön híres** far-famed; ~ **idegenben** in a far(away) country, in a strange country **II.** *adv* **1.** far; **nagyon** ~ **van** be* very far (away); *(távoli országban)* be* in a far(-away) *(v. distant)* country, be* very far from home; **nem** ~ not far off/away, within easy reach; ~ **lakik** *(a munkahelyétől)* live far away (from his work); **amilyen** ~ **csak ellát az ember** as far as the eye can reach; ~ **ható** far-reaching, long--range; ~ **hordó ágyú** long-range gun; **nincs** ~ **innen** it is* not far from here, it is* no distance; ~ **vagyunk még attól** we are* still far from that, it is* still a far cry from sg; ~ **vezetne, ha . . .** it would lead us too far away if . . .; ~**bb** farther, further **2.** *(kimagaslóan)* by far, far and away; ~ **a legjobb** by far the best, much the best
messzelátás *n orv* long-sightedness *US* far--sightedness, hypermetropia *US* hyperopia
messzelátó I. *a orv* long/far-sighted **II.** *n* field glasses *pl,* binoculars *pl; (egy csövű)* telescope
messzemenő *a* considerable, far-reaching, extensive; ~ **engedmények** considerable

concessions; ~ **következmények** far--reaching consequences; ~ **ok** remote cause
messzeség *n* distance, remoteness; **a** ~**ben** far away, in the distance; **előbukkan a** ~**ből** loom up in the distance
messzi *adv* = **messze**
messzire *adv* far, a long way, to a great distance; ~ **megy** go* far; **(igen)** ~ **utazott** he travelled *(US* -l-) far (from home); **evvel nem jutsz** ~ it won't be of much use to you, it won't carry you far; ~ **vezetne, ha** it would lead us too far if; ~ **elkerülte** gave him/it a wide berth; ~ **elér a keze** have* a long arm/reach
messziről *adv* from afar, from a great distance; ~ **jött** (s)he came from a distant country; **már** ~ **megismerte** she recognized him from afar
mésztartalmú *a* calciferous, lime-bearing
mésztej *n* (fluid) slaked lime, lime cream
mésztic *a/n* mestizo
metafizika *n* metaphysics *sing.*
metafizikus I. *a* metaphysical **II.** *n* metaphysician
metafora *n* metaphor, figure of speech
metaforikus *a* metaphorical, figurative
metallurgia *n* metallurgy, smelting
metamorfózis *n* metamorphosis *(pl* metamorphoses)*, transformation
metán *n* methane, marsh gas
metél *v* chop (sg) up (small), mince
metélő *n* *(eszköz)* chopper, mincer
metélőhagyma *n* chive
metélt *n* vermicelli, noodles *pl;* **diós** ~ ⟨vermicelli dusted with ground walnuts and sugar⟩; **mákos** ~ ⟨vermicelli dusted with ground poppy-seed and sugar⟩
métely *n* **1.** *(féreg)* fluke **2.** *(állatbetegség)* (the) rot [in sheep] **3.** *átv* corruption, infection, contagion; **elhinti a** ~**t** spread* the contagion
meteor *n* meteor
meteorológia *n* meteorology
meteorológiai *a* meteorological; **M** ~ **Intézet** (The Central) Meteorological Office, *biz* Met Office, *US* Weather Bureau; ~ **előrejelzés** weather forecast; ~ **jelentés** weather report/forecast
meteorológus *n* meteorologist
méter *n* **1. (m)** metre, *US* meter *(röv* m); **5 m széles és 10 m hosszú** 5 metres wide and 10 metres long, 5 metres in width and 10 (metres) in length; *sp* **100** ~**en nagyon jó** (s)he is very good at 100 metres **2.** *biz (méterrúd)* measuring-rod, metre-stick

méteráru(-kereskedés) *n* drapery, draper's shop, *US* dry goods *pl*
méteres *a* of a metre (*US* -ter) *ut.*; **egy ~ oszlop** a column one metre high/long; **100 ~ síkfutás** 100 metres race/sprint, (men's/women's) 100 metres (*US* meters)
métermázsa *n* = **mázsa 1.**
méterrendszer *n* metric system; **áttérés ~re** metrication
méterrúd *n* = **méter 2.**
metilalkohol *n* methyl alcohol, methanol, wood-spirit/alcohol
metodika *n* methodology
metodikus *a* methodical
metodista *n* Methodist
metódus *n* method, system, way
metrika *n* prosody, metrics *sing.*; **~ilag súlyos ütemrész** strong beat
metrikus *a* **1.** *(méterrendszeren alapuló)* metric; **~ mértékek** weights and measures in the metric system **2.** *ir* metrical [poetry]
metró *n* (the) underground, *GB biz* the tube, *US* subway, *(Európában több országban)* metro; **~val megy** go*/travel (*US* -l) by underground/tube/metro (*v. US* subway)
metronóm *n* metronome
metropolita *n* metropolitan, *GB* archbishop
metróz|ik *v* = **metró**val megy
metsz *v* **1.** *(vág)* cut* **2.** *mezőg* prune, dress **3.** *(művészileg)* engrave (sg on sg) **4.** *mat* intersect; **AB és CD vonal E pontban ~i egymást** the lines AB and CD intersect at E
metszés *n* **1.** *(vágás)* cut(ting); *orv* incision **2.** *mezőg* pruning, dressing **3.** *(művészi)* engraving **4. finom ~ű arcvonások** [a woman with] (finely) chiselled (*US* -l-) features **5.** *mat* intersection
metszéspont *n* point of intersection
metszésvonal *n* line of intersection
metszet *n* **1.** *(szelet)* cut, segment **2.** *(művészi)* engraving
metszett *a* engraved, cut, chiselled (*US* -l-); **~ üveg** cut glass
metsző *a* **~ fájdalom** acute/sharp pain; **~ gúny** piercing irony, pungent sarcasm; **~ hang** sharp voice/tone; **~ hideg** piercing/bitter cold; **~ szél** keen/piercing/sharp/cutting wind
metszőfog *n* incisor
metszőkés *n* pruning knife°
metszőolló *n* pruning scissors/shears *pl*
mettől *adv* *(időben)* from what time?, since when?; *(térben)* from where?; **~ meddig?** *(terjed?)* [extend] from where to where?; **~**

meddig voltál Angliában? for how long were you in England (*v.* Great Britain)?
Mexikó *n* Mexico
mexikói I. *a* Mexican, of Mexico *ut.* **II.** *n* Mexican
mez *n* **1.** *(ruha †)* garb, guise **2.** *sp* strip, kit, colours *pl*, jersey; **zöld-fehér ~ben játszik Írország** Ireland are playing in the green and white strip
méz *n* honey
mézédes *a* *(gyümölcs és átv)* honey-sweet, sweet as honey *ut.*; *csak átv* honeyed ⟹ **mézesmázos**
mezei *a* **1.** *ált, növ* field-, meadow-; *(vidéki, mezőg)* country, agricultural, farm-; **~ egér** field-mouse°; **~ munka** work in the fields, agricultural work; **~ munkás** farm/agricultural labourer (*US* -or-); **~ nyúl** hare; **~ pacsirta** skylark; **~ tücsök** field-cricket; **~ út** country lane, path across the fields; **~ virág** wild flower, flowers of the field *pl* **2.** *sp* **~ futás** cross-country (race/running/run)
mézelő *a* melliferous, honey-bearing; **~ méh** honey-bee
mézes *a* **1.** *(mézet tartalmazó)* honeyed, melliferous **2.** *(mézzel készített)* honeyed, honey- **3.** *átv* = **mézesmázos**
mézesbáb *n* (doll shaped) honey-cake
mézeshetek *n pl* honeymoon *sing.*; **a ~et Velencében töltik** they are honeymooning in Venice
mézeskalács *n* honey-cake
mézeskalácsos *n* honey-cake maker
mézesmadzag *n* **elhúzza a ~ot vknek a szája előtt** hold* out a carrot to sy
mézesmázos *a* honeyed, soapy; *(igével)* be* all sugar and honey
mézga *n* **1.** *növ* resin, rosin **2. arab ~** gum arabic
mezítelen *a* = **meztelen**
mezítláb *adv* barefoot, barefooted
mezítlábas *a* barefoot, barefooted, unshod
mező *n* **1.** *(föld)* field **2.** *fiz, nyelvt* field; **mágneses ~** magnetic field; **szemantikai ~** semantic field **3.** *átv* field, domain, realm; **az ipar mezején** in the field/realm of industry
mezőgazda *n* *(gazda)* farmer; *(okleveles)* agriculturist, agronomist
mezőgazdaság *n* agriculture
mezőgazdasági *a* agricultural; **~ főiskola** agricultural college; **~ gép** agricultural/farm machine; **~ gépek** agricultural/farm machinery; **~ gépészmérnök** agricultur-

al engine*er*; ~ **gépgyár** agric*u*ltural machine f*a*ctory; ~ **kiállítás** agric*u*ltural show; ~ **munkás** agric*u*ltural l*a*bourer (*US* -or-), agric*u*ltural w*o*rker, farm hand; ~ **növényvédelmi szolgálat** agric*u*ltural plant protection s*e*rvice; ~ **szerszámok** agric*u*ltural *i*mplements; ~ **termék** agri-c*u*ltural/f*a*rm produ*c*e; ~ **termelés** agri-c*u*ltural produ*c*tion; ~ **termelőszövet-kezet** f*a*rmers'/agric*u*ltural co-*o*perative, co-*o*perative farm
mezőgazdaság-tudomány *n* agric*u*ltural science, agric*u*lture
mezőgazdász *n* **1.** agric*u*lturist, agr*o*nomist **2.** *biz* stu*d*ent/undergra*d*uate of/at an agri-c*u*ltural college
mezőny *n sp* **1.** (*futballban*) midfield **2.** (*a versenyzők; egy futamban induló lovak*) field; **a** ~ **legjobbjai** the best of those on the field; **elindult a** ~**!** off they are!; **szét-húzza a** ~**t** sc*a*tter the field
mezőnyjáték *n* m*i*dfield play
mezőnyjátékos *n* m*i*dfield pl*a*yer
mezőőr *n kb.* r*a*nger
mezőváros *n tört* market-town
meztelen *a* **1.** (*ember*) naked, nude, un-clothed; (*igével*) have* n*o*thing on; (*vállak, tagok*) bare; ~**re vetkőzik** undr*e*ss completely, take* off one's clothes; (*vetkőző-számban*) stri*p* **2. a** ~ **igazság** the n*a*ked truth
meztelenség *n* n*a*kedness, n*u*dity
meztelenül *adv* naked, with n*o*thing on
mezzoszoprán *n* mezzo-soprano
mezsgye *n* ridge, b*o*undary
mgtsz = **mezőgazdasági** *termelőszövet-kezet*
mi[1] *pron* (*személyes névmás*) we; ~ **ma-gunk** we ourselves **2.** (*birtokos jelzőként*) our; **a** ~ **házunk** our house
mi[2] *pron* **1.** (*kérdőszó*) what?; ~ **az?** what's that?, what's going on?; ~ **történt/baj?** what h*a*ppened?, what's up?, what's the m*a*tter?; *biz* **(na)** ~ **van?,** ~ **van itt?** what's up?; ~ **van X-szel?** how ab*o*ut X?; ~ **kell még?** what else do* you want?; ~ **az hogy!** (*válaszként*) not half!, you bet!; (*de még mennyire!*) and how!; ~**d fáj?** what's wrong with you?, what's the tr*o*uble?; ~ **az ördög!** (what the) hell!, the deuce!; **megmondom, hogy** ~ I'll tell* you what [h*a*ppens], I'll tell* you what [it is*]; ~ **ok-ból?** for what re*a*son?, why?; ~ **megy ma?** (*moziban stb.*) what's on (tod*a*y)?; ~ **van ma a tévében?** what's on TV to-night?; ~ **újság?** what's th*e* news?; ~

célból/végett? for what p*u*rpose?, what for?; ~**be** = **mennyi**b*e*; ~**ben lehetek szolgálatára?** what can I do for you?; ~**ből él?** what does* he (*v.* do you) live on?; ~**ből van?** what is* it made of?; **most** ~**hez kezdjek?** what am I to do now?; ~**n ül(sz)?** what are you s*i*tting on?; ~**n dolgozol?** what are you w*o*rking at/on?; ~**ről beszél?** what is* he t*a*lking of/ab*o*ut?; ~**ről híres?** what is* he/it f*a*mous for?; ~**ről ismerhetem meg?** by what may/can I recognize/know him?, how may/can I recognize/know him?; ~**ről szól?** what is* it ab*o*ut?; ~**t?** what?; ~**t csináljak vele?** what shall I do with it?; **(hát) még** ~**t nem!** what next?; **hát te** ~**t keresel itt?** what on earth are* you doing here?; ~**től függ?** what does* it depend on?; ~**től félsz?** what are* you afr*a*id of? **2.** (*vonatkozó*) **nincs** ~**be ka-paszkodnia** he has* n*o*thing to hang on to; **nem volt** ~**ről írnia** he had n*o*thing to write about/on; **nincs** ~**t inni** there is* n*o*thing to drink; ~**t sem** not (...) anything; **nincs** ~**től tartani** there is n*o*thing to be afr*a*id of ⟹ **miért, min, minek, minél, mire, mivel**
miákol *v* meow, mi*a*ou
mialatt *adv* while
miáltal *adv* **1.** (*kérdőszó*) by what (means)? **2.** (*ami által*) whereb*y*
miatt *post* **1.** *vm* bec*a*use of, owing to, in consequence of, on account of; **haláleset** ~ **zárva** closed on account of bere*a*vement; **a**~ **jött(, hogy)** he came to/bec*a*use ...; **a** ~ **a hiba** ~ **kellett kihívni a szere-lőt** it was bec*a*use of that fault that we had to call the mech*a*nic **2.** *vk* for the sake of, for sy's sake
miatta *adv* bec*a*use of [it/him/her], on sy's account; ~**m ne változtasd meg a ter-vedet** don't change your plans on my acc*o*unt
miatyánk *n* the Lord's prayer; **úgy tudja, mint a** ~**ot** have* sg w*o*rd-perfect
miau *int* mi*a*ou
mibe *pron* → **mi**[2]
miben *pron* → **mi**[2]
mibenlét *n* state, n*a*ture
miből *pron* → **mi**[2]
micisapka *n* cloth cap
micsoda *pron* **1.** (*kérdés*) what (on earth)? **2.** (*meglepődéskor*) what do you mean? **3.** (*felkiáltásban*) what a(n) ...; ~ **kér-dés!** what a qu*e*stion!; ~ **színész!** what an *a*ctor!

midőn *adv ir* when
miegymás *pron* whatnot
mielőbb *adv* as soon as possible; *(levélben)* at your earliest convenience
mielőbbi *a* early, the earliest possible; ~ **javulást!** get better quickly!; ~ **(szíves) válaszát várva** please reply at your earliest convenience; ~ **viszontlátásra** see you again soon; *(levélben főleg)* I am (*v.* we are all) looking forward to seeing you again soon, *US* I'll be seeing you
mielőtt *conj* before; ~ **elmegyek** before I go*/leave*, before leaving
mienk *pron* ours; **ez a ház a** ~ this house is ours, this house belongs to us; **ezek a mieink** these are ours, these belong to us
miért *adv (mi okból?)* why?, for what reason?; *(mi célból?)* why?, for what purpose?, what for?; ~ **ne?** why not?; ~ **nem mondta?** why has he not said so?; ~ **késtél ennyit?** what makes* you so late?, why are* you so late?; ~ **mentél el?** why did you go?, what made you go/leave?; **nincs** ~ *(válaszként a köszönetre)* you're welcome, don't mention it; **nincs** ~ **kétségbeesni** there is* no reason to/for despair
miféle *pron* what kind/sort of?, what?; ~ **ember ez?** what manner/sort of a man is this?; ~ **beszéd ez?** what language is this?
mifelénk *adv* in our parts, *biz* round our way
míg *adv/conj* **1.** = **amíg 2.** *(ellentétes ért.)* while; ~ **azelőtt egy is elég volt, most** ... while formerly one was enough, now ...; ~ **ellenben/viszont** whereas
migrén *n* migraine
Mihály *n* Michael
mihaszna *a* good-for-nothing
mihelyt *conj* as soon as, the moment that; ~ **megérkezett** the moment/minute 'he arrived; ~ **megláttam** as soon as I caught sight of him; ~ **az utcára (ki)ért** once in the street ...
mihez *pron* → **mi²**
miheztartás *n* ~ **végett közlöm** for your information
miként, miképp(en) *adv* **1.** *(kérdő)* how?, in what manner?, by what means? **2.** *(vonatkozó)* as
Miklós *n* Nicholas
mikológia *n* mycology
mikor I. *adv* **1.** *(kérdő)* when?, at what time? **2.** *(vonatkozó)* when; ~ **hogy!** it depends **II.** *conj* **1.** *(hiszen)* since **2.** *(ha)* when
mikorra *adv* by when?, by what time?; ~ **tudod ezt befejezni?** what time could you finish it by?

mikortól *adv* since when?, from what time?
miközben *adv* while
mikro- *pref* micro-
mikroba *n* microbe
mikrobarázdás *a* ~ **lemez** long-playing record, LP (*pl* LPs)
mikrobiológia *n* microbiology
mikrofiche *n* = **mikrokártya**
mikrofilm *n* microfilm
mikrofilmlap *n* = **mikrokártya**
mikrofon *n* microphone, *biz* mike
mikrohullám *n* microwave
mikrohullámú *a* microwave [engineering]; ~ **sütő** microwave (oven/cooker)
mikrokártya *n* microfiche; ~**n van** is* stored on microfiche
mikrokord *n* needlecord
mikrolemez *n* = **mikrobarázdás** *lemez*
mikrométer *n* micrometer
mikron *n* micron
mikroorganizmus *n* microorganism
mikroprocesszor *n* microprocessor
mikrosebészet *n* microsurgery
mikroszámítógép *n* microcomputer, *biz* micro
mikroszkóp *n* microscope; *(átv is)* ~ **alatt** under the microscope
mikroszkopikus *a* microscopic(al)
mikroszkópos *a* ~ **sebészet/műtét** microsurgery
Miksa *n* Max, Maximilian
Milánó *n* Milan
milánói *a* Milanese
milícia *n* militia (*pl* militia troops)
miliő *n* **1.** *(környezet)* surroundings *pl*, environment **2.** *(asztalon)* table-centre/mat
militarista *n* militarist
militarizál *v* militarize
militarizmus *n* militarism
millenáris *a* millennial, millenary
millennium *n* millennium (*pl* millennia)
milliárd *num* a thousand million, *US* billion
milliárdos I. *a* a thousand million, *US* a billion **II.** *n* multimillionaire, *US* billionaire
millibar *n* (*röv* mbar) millibar
milligramm *n* milligram(me)
milliméter *n* (*röv* mm) millimetre (*US* -ter), mm
milliméteres *a* tizenkét ~, **12 mm-es** 12 millimetres (*US* -ters) in length, 12 millimetres long; **35** ~ **film** a 35 mm film
milliméterpapír *n* squared-plotting paper, graph/scale paper
millió *num* million; **két** ~ **lakosa van** has two million inhabitants; **három** ~ **forint** three million forints/fts; **harminc** ~ **font**

£30 million(s); **220** ~ **dollár** $220 m*i*llion;
30 ~ **dollár(os alap)** a $30-million fund
milliomodik *num a* m*i*llionth
milliomos *n* millionai*r*e; **többszörös** ~
multimillionai*r*e
milliós *a* of (a) m*i*llion *ut.*; ~ **példány-
szám** a m*i*llion copies *ut.*, m*i*llions of copies
ut.; ~ **sikkasztás** an emb*e*zzlement of a
m*i*llion, an emb*e*zzlement of s*e*veral m*i*llions
milliószor *adv* [you've told me that] a m*i*llion
times
milyen *pron* **1.** *(kérdésben)* what?, what
kind/sort of?, what is ... like?; ~ **az idő?**
what is the we*a*ther like?; ~ **messze van?**
how far is it?; ~ **széles?** how wide (is it)?;
~ **nap van ma?** what day is it tod*a*y?;
nem tudom, ~ **lesz** I don't know what it
will be like; ~ **címen?** by what right?,
(up)on what score/grounds?; ~ **módon?**
by what means?, in what way? **2.** *(felkiáltás-
ban)* how; what a(n)...; ~ **szerencse!**
what luck!; ~ **piszkos!** how d*i*rty (it is)!
milyenfajta *pron* what sort of?
mímel *v* feign, pret*e*nd, sh*a*m
mimika *n* m*i*micking
mimikri *n* m*i*micry, mim*e*sis
mimóza *n* mim*o*sa
mimózalelkű *a* (over-/hyper-)s*e*nsitive
min *pron* = **mi²**
minap *adv* **a** ~ the *o*ther day, r*e*cently, l*a*tely
mind I. *pron (valamennyi)* all *(utána többes
szám)*, every, each *(utánuk egyes szám)*; **a
fiúk** ~ all the boys, every (s*i*ngle) boy; ~
elvitte c*a*rried/took all aw*a*y; ~ **az egész
család** all her/his/the f*a*mily; ~, **kivétel
nélkül** one and all; ~ **a kettő** both; ~ **a
két kezem** both my hands; ~ **az öt em-
ber** all five men; ~ **az öten** the/all five of
us/them/you; ~ **az öt nyelv(b)en** in all
five l*a*nguages; **ez** ~ **szép, de** it is* all v*e*ry
fine and good, but **II.** *adv* **1.** ~ **a mai na-
pig** to this (v*e*ry) day, (down) to the pr*e*sent
(day); ~ **ez ideig** (1) *(állításban)* so/thus
far, till now, up to now, to the pr*e*sent,
hither*to* (2) *(tagadásban)* as yet **2.** *(közép-
fokkal)* ~ **nagyobb lesz** it is* g*e*tting
l*a*rger and l*a*rger, it is* gr*o*wing cont*i*nually,
it keeps* (on) gr*o*wing; **a repülőgép** ~
magasabbra emelkedett the *ai*rplane
rose h*i*gher and h*i*gher **III.** *conj* ~ **...,** ~
... both ... and ...; ~ **az egyik,** ~ **a
másik** both the one and the *o*ther
mindaddig *adv* ~, **amíg** unt*i*l, as long as
mindamellett *conj* nevertheless, all the
same, notw*i*thst*a*nding, how*e*ver, in sp*i*te of
all/*e*verything

mindannyian *pron* all (of us/you/them)
mindannyiszor *adv* every/each time
mindaz *pron* all, all that/those; ~ **(t), amit**
all that; **jegyezd meg** ~**t, amit mond**
note c*a*refully all that (s)he says; ~ **ok, akik**
all those who
mindazonáltal *conj* nevertheless, nonethe-
less, *a*fter all
mindeddig *adv* so/thus far, till now, up to
now, up to the pr*e*sent; *(tagadásban)* [not
...] as yet
mindegy *(állítmányként)* (it is*) all the
same; **nekem** ~ it is* (all) the same to me, I
do* not mind/care (of ...); ~, **hogy hol/
mit** *stb.* no m*a*tter where/what etc.; ~,
hogy milyen nagy no m*a*tter how big; *biz*
nem ~? what's the odds?, does it m*a*tter?
mindegyik *pron* each, each/e*i*ther one,
every, every (s*i*ngle) one (of); ~ **oldalon** on
each/e*i*ther side, on both sides; **sorjában** ~
each in turn, one *a*fter the *o*ther; ~ **fiú** each
boy, each of the boys; ~ **ünk** each (one) of
us, every one of us; *(ha kettőről van szó)*
both of us
mindegyre *adv* time *a*fter time, time and
time ag*a*in
minden I. *pron* every *(utána egyes szám)*, all
(utána többes szám); ~ **alkalommal** *e*very
time, on all occ*a*sions; ~ **egyes** each (and
every), every s*i*ngle; ~ **ember** all men/
p*eo*ple, every man/p*e*rson, *e*verybody, *e*very-
one; ~ **esetben** *e*very time, in *e*very case,
*a*lways; ~ **este** *e*very *e*vening/night; **nem**
~ **fáradság nélkül** not with*ou*t *e*ffort;
nem ~ **ok nélkül** not ent*i*rely with*ou*t
r*ea*son; **nem** ~ **nehézség nélkül** not
with*ou*t some d*i*fficulties; ~ **könyvkeres-
kedésben kapható** av*ai*lable in all b*oo*k-
shops; ~ **második napon** (*v.* másnap)
every *o*ther day; ~ **második héten** *e*very
*o*ther week; ~ **órában** h*ou*rly, every hour;
(indul) on the hour; ~ **percben megjö-
het** I expect him *a*ny m*i*nute; ~ **segítség
nélkül** with*ou*t any help; ~ **tekintetben**
in *e*very resp*e*ct, all round ⇨ **bizonnyal**
II. *n* all, *e*verything; *(bármi)* *a*nything; **ez** ~
that's all, that's the lot; ~ **nélkül maradt**
he lost his all, (s)he was left unprov*i*ded for;
~ **jó, ha jó a vége!** all's well that ends
well; ~, **csak nem jó** *a*nything but good;
ez ~, **csak nem pihenés** it's *a*nything
but a rest; **ez volt** ~, **amit tehetett** it
was all he could do; **itt** ~ **lehetséges**
*a*nything goes* here, *a*nything is* p*o*ssible
here; ~**e fáj** (s)he is* *a*ching all *o*ver;
megvan ~**e** (s)he has (got) *e*verything; **ő a**

~**em** he/she is* my all, he is* everything to me; ~**ben** in all; ~**ben azonos** every bit/inch the same; ~**ben rendelkezésére állok** I am* (entirely) at your service/disposal; ~**ben rá hallgat** (s)he hangs* on his every word; ~**nek vége** it is* all over, this is* the end; ~**re képes** capable of anything *ut.*; **mi** ~**t láttál?** what have you seen?, tell (us) all you have seen; ~**t összevéve** after all, taking everything into consideration, when all is said and done; ~**t tud** he knows* everything, he's a mine of information; **már** ~**t tudok** I know* everything, no need to waste any more words; ~**t összevásárolt** (s)he has bought the whole shop; **a** ~**it!** the deuce!, the hell!, damn!

mindenáron *adv* at any price, at all costs; ~ **inni akart** he was all for getting a drink, he wanted a drink at any cost

mindenekelőtt *adv* first of all, first and foremost, in the first place, above all

mindenekfölött *adv* above all, in the first place; ~ **való** chief, paramount

mindenes *n* general servant; *(nő)* maid-of--all-work; *(férfi)* utility man°

mindenesetre *adv* in any case, at all events, by all means, at any rate, certainly

mindenestül *adv* bag and baggage; *(teljesen)* entirely, completely; ~ **elköltözött** he has moved, lock, stock and barrel

mindenevő *áll* I. *a* omnivorous II. *n* omnivorous animal, omnivore

mindenfajta *pron* = **mindenféle**

mindenfelé *adv* 1. *(irány)* in every direction, in all direction 2. *(mindenhol)* everywhere

mindenféle *pron* all sorts/kinds of, of all sorts/degrees *ut.*; ~ **ember** all manner of people

mindenfelől *adv* from all sides/directions/parts

mindenható I. *a* almighty, all-powerful, omnipotent II. *n* **a M** ~ the Almighty, God Almighty

mindenhatóság *n* omnipotence, almightiness; **az állam** ~**a** the omnipotence of the state

mindenhogyan *adv* anyhow, in any case

mindenhol *adv* everywhere

mindenhonnan *adv* from everywhere, from every direction

mindenhova *adv* everywhere, in/to all directions, to all places

mindenképp(en) *adv* in any case, whatever happens, by all means, anyway

mindenki *pron* everybody, everyone *(utánuk egyes szám)*, all *(utána többes sz.)*; *(bárki)* anyone, whoever; ~, **aki** whoever, anyone that/who; ~ **tudja** everybody knows* (it), it is* an open secret; ~ **jól érezte magát** (they) all enjoyed themselves; ~ **szemében** in the sight of the world, under/before every eye; ~**be beleköt** find* fault with everyone; ~**nek elmeséli** tell* it to all and sundry

mindenkor *adv* always, at all times; *(bármikor)* (at) any time ⇨ **egyszer**

mindenkori *a* prevailing, current; **a** ~ **kormány** the government in power; **a** ~ **miniszterelnök lakása** the prime minister's residence; **a** ~ **piaci helyzet** the prevailing market situation

mindennap *adv* every day, daily; ~ **megjelenő** published/appearing daily *ut.*, daily

mindennapi *a* 1. *konkr* daily, day-to-day; **a** ~ **életben** in everyday life; **a** ~ **kenyér** one's daily bread; ~ **kötelesség** one's daily duty, *biz* one's daily stint/grind; ~ **ügy** routine work 2. *(hétköznapi)* everyday, familiar, common; ~ **(szó)használat** everyday use; **nem** ~ uncommon, unusual; **nem** ~ **felfordulás volt** it was a rare to-do

mindennapiság *n* ordinariness, commonness

mindennapos *a (mindennap megtörténő)* daily, day-to-day; *(hétköznapi, közönséges)* everyday, ordinary, common; ~ **dolog** an ordinary (*v.* a common) thing, commonplace, *kif* it is* in a/the day's work; ~ **látvány** common/everyday sight; ~ **vendég** daily visitor

mindennemű *a* all kinds/sorts of, of all sorts *ut.*, sundry, various

mindenség *n* 1. *(világegyetem)* universe, world 2. *biz* **az egész** ~ the whole caboodle/shebang; **a** ~**it!** the deuce!, damn!

mindenszentek (napja) *n* All Saints' Day, All Hallows' Day, Allhallows

mindentudó *a* omniscient; *iron* know-all

mindenünnen *adv* from everywhere, from every direction

mindenütt *adv* everywhere, all over [the place, the house]

mindenüvé *adv* to all places, everywhere

mindez *pron* all this/these; ~**ek a példák** all these examples; ~**ek alapján** on the basis of all these

mindhalálig *adv* to the very last, to the grave, till death

mlndhárman *num adv* all three (of us/you
etc.)

mindhárom *num* all three of ...; ~ **gyer-
mekük tovább tanult** all three of their
children continued their studies

mindhiába *adv* all for nothing, (all) in vain

mindig *adv* **1.** *(minden időben)* always, at all
times; *(változatlanul)* invariably; **még** ~
still **2.** *(mindinkább, középfokkal)* more and
more, increasingly; ~ **erősebb lesz** it is*
growing stronger and stronger, its strength is
increasing

mindinkább *adv* more and more, increasing-
ly, all the more

mindjárt *adv* **1.** *(időben)* instantly, im-
mediately, right away, at once, promptly; ~!
just a minute!, *biz* half a tick/sec!; ~ **jövök!**
coming/back in a minute **2.** *(térben)* imme-
diately, right [on ..., at ...]

mindjobban *adv* more and more, increas-
ingly

mindkét *num* both *(utána többes szám)*,
either *(utána egyes szám)*; ~ **irányból**
from both directions, from either direction/
side; ~ **részről** from both sides/directions,
from either side/direction; ~ **szemére
vak** blind in both eyes

mindketten *num* both (of us/you/them); ~
jól vannak they are both well, both (of
them) are well

mindkettő *num* both (of us/you/them); ~
diák both (of them) are students

mindmáig *adv* (up) till now, up to the
present day

mindnyájan *pron* all (of us/you/them), one
and all; **mi** ~ (we) all of us; **ti** ~ all of you,
you all; **mindnyájatokat sokszor ölel**
(levél végén) (give my) love to all from ...

mindörökké *adv* for ever (and ever), *US* for-
ever, forevermore; ~ **ámen** for ever, amen

mindörökre *adv* for ever (and ever)

mindössze *adv* altogether, all in all, no(t)
more than; ~ **5 fontba került** it cost no
more than £5; ~ **2 hónap(ig)** only for a
matter of 2 months, only for a couple of
months

minduntalan *adv* incessantly, perpetually,
time after time, time and (time) again

mindvégig *adv* from first to last, all the time,
to/till the (very) last

minek I. *pron* **1.** ~ **nézel (te engem)?**
who do* you think I am*?, what do* you
take me for? **2.** *(birtok)* ~ **az árát kér-
dezted?** what did you ask the price of?
3. *(vonatkozó)* ~ **következtében** as a
consequence of which **II.** *adv (cél)* why?,

what ... for?, for what purpose?; ~ **ez?**
what is* this for?; ~ **ez neked?** what do*
you want it for? ⇨ **ami**

minekutána *conj* † after (having done sg),
when

minél *adv* **1.** ~ **előbb** as soon as possible;
(levélben) at your earliest convenience; ~
többet as much as possible **2.** ~ ...**bb**,
... **annál** ...**bb** the + *középfok* ..., the
+ *középfok*; ~ **előbb, annál jobb** the
sooner the better; ~ **inkább** ..., **annál
kevésbé** the more ... the less; ~ **jobban
(meg)ismerem, annál jobban szere-
tem** the better I know him/her, the more I
like him/her

minélfogva *conj* on account of which (fact),
as a consequence (of which)

mini *n biz* = **miniszoknya**

mini- *pref* mini-

miniatúra *n* miniature

miniatűr I. *a* miniature **II.** *n* miniature

minibusz *n* minibus

minimális *a* minimum, minimal

minimum I. *n* minimum **II.** *adv* at the least

minimumhőmérő *n* minimum thermo-
meter

ministrál *v vall* assist [a priest], serve as an
altar-boy (*v.* acolyte)

ministráns *n vall* altar-boy, server

miniszoknya *n* mini(skirt)

miniszter *n* Minister, *GB* Secretary of State,
US Secretary; **művelődési** ~ the Minister
of Education; **rendkívüli követ és meg-
hatalmazott** ~ Envoy Extraordinary and
Minister Plenipotentiary; **a** ~ **első he-
lyettese** the Minister's First Deputy

miniszterelnök *n* Prime Minister, Premier

miniszterelnökség *n* the Prime Minister's
office, *GB* Downing Street

miniszterhelyettes *n* Deputy Minister

miniszteri *a* ministerial; ~ **rendelet** de-
partmental order, ministerial act, *GB* Order
in Council, *US* executive decree; ~ **tárca**
(ministerial) portfolio

minisztérium *n* ministry, department; ~**ok**
government offices; **Művelődési és Köz-
oktatási M**~ Ministry of Education

miniszterség *n* ministry

minisztertanács *n* Council of Ministers,
Cabinet; **a** ~ **elnöke** President of the
Council of Ministers; ~**ot tart** hold* a
cabinet meeting

minisztertanácsi *a* ~ **határozat** cabinet-
decision; ~ **szinten** at cabinet level

minitaxi *n* minicab

mínium *n* minium, red lead

minnesotai *a/n* Minnesotan
minő *a* † = **micsoda, milyen**
minőség *n* **1.** *(árué)* quality, class, variety, kind; **elsőrendű** ~ high/top/first quality; **jó** ~ good quality; **közepes** ~ medium/ middling quality; **rossz** ~ inferior quality **2.** *(szerep)* capacity; **milyen** ~**ben?** in what capacity?, by what right?; **vmlyen** ~**ben** in one's capacity as, in the quality of; **orvosi** ~**ében** as a doctor, in his capacity as (a) doctor
minőségellenőrzés *n* quality control
minőségi *a (minőséggel kapcs.)* qualitative; *(kiváló minőségű)* quality; ~ **áru** quality product *(v.* goods *pl)*; ~ **ellenőr** quality controller/checker; ~ **lakáscsere** *kb.* change to a better flat *(US* apartment); ~ **munka** quality work, first-class work; ~ **változás** qualitative change; ~**leg** qualitatively, in quality; ~**leg rendben** checked for quality
minőségű *a* **jó** ~ good-quality, first-rate; **elsőrendű/kiváló** ~ of excellent *(v.* first--rate) quality *ut.,* first-class, first-rate, excellent, top quality, *biz* A1, *super;* **kívánt** ~ up to standard *ut.*
minősít *v* **1.** *vmlyennek* qualify (sg as) **2.** *(osztályoz)* classify (as), rate (as), grade [according to quality/size etc.]
minősítés *n* **1.** classification, qualification **2.** *tud (rang)* degree **3.** *(szótári, cselekvés)* labelling *(US* -l-); **stiláris** ~ *(tevékenység)* stylistic labelling; *(a jelzés)* (stylistic) label, *u*sage/status label
minősített *a* **1.** qualified; **kitűnően** ~ with an excellent record *ut.,* with excellent qualifications *ut.* **2.** *jog* ~ **lopás** aggravated larceny
minősíthetetlen *a (gyalázatos)* unspeakable, beyond words *ut.,* base
minősül *v vmnek* be* qualified (as)
mint[1] *conj* **1.** *(azonos, ténylegesen olyan, vmlyen minőségben tevékenykedő)* as; *(hasonló)* like; ~ **hivatásos teniszezik már öt éve** he has been playing tennis as a professional for five years; **úgy teniszezik,** ~ **egy hivatásos/profi** he plays tennis like a professional; ~ **akadémikus** *(= akadémikusi minőségben)* in his capacity as an academician, as an academician; **olyan,** ~ be* like; **olyan nagy,** ~ **én** he is* as tall as I/me; **utálom,** ~ **a bűnömet** I hate him like poison/sin; **nem kérek mást,** ~ **hogy írj** I ask for nothing but that you write **2.** *(összehasonlítás középfokkal)* than; **jobban beszél,** ~ **ír** he

speaks* better *(v.* more correctly) than he writes; **több,** ~ more than **3.** as; ~ **a 4. sz. ábrán látható** as can be seen *(v.* as shown) in Fig. 4; ~ **ahogy(an)** as; ~ **amikor** when; ~ **például (pl.)** as for example *(v.* e.g.), such as ...; ~ **inkább** rather than
mint[2] *adv* **1.** *(kérdő)* how **2.** *(vonatkozó)* as
minta *n* **1.** *vmből* sample, specimen; ~ **érték nélkül** sample; *(mint felirat így is)* sample of no commercial value; ~**t vesz vmből** take* a sample of sg, take* samples of sg, sample sg **2.** *(modell)* model, pattern; ~**ul szolgál** serve as a model **3.** *(dísz)* pattern, design; **csíkos** ~ striped pattern/ design **4.** *összet* model(-)
mintaanya *n* (she's a) model mother, an ideal mother
mintabolt *n* top-quality shop, showroom
mintadarab *n* sample, model
mintafeleség *n* model/ideal wife
mintaférj *n* model/ideal husband
mintagazdaság *n* model farm
mintájú *a* **osztrák** ~ **semlegesség** neutrality along Austrian lines
mintakép *n* model, pattern; **a szorgalom** ~**e** a model of diligence *(v.* hard work); ~**ül szolgál** serve as a model; ~**ül vesz** model *(US* -l) oneself on (sy)
mintakollekció *n* collection of samples, samples *pl,* (sample) ranges *pl,* range of patterns
mintaoldal *n* specimen page
mintapéldány *n (mintának tekinthető példány)* specimen; *(gépé)* prototype; *(könyvé)* specimen copy
mintás *n (szövet, tapéta stb.)* patterned
mintaszerű *a átv* model, exemplary, ideal; ~ **rend** perfect order
mintaterem *n* showroom
mintavétel *n* sampling
mintáz *v* **1.** *(szobrász)* model *(US* -l), sculpture (sy), carve sy *(v.* sy's portrait) in stone **2.** *tex* figure
mintázat *n* pattern, design
mintegy *adv* **1.** *(körülbelül)* about, some, approximately; ~ **húszan voltak** there were some twenty (of them) **2.** *(mondhatni)* as it were, so to say/speak, practically (speaking)
mintha *conj* as if/though; ~ **azt akarná mondani** as if he was going to say, as much as to say; ~ **láttam volna** I thought* I saw him; **úgy tesz,** ~ pretend to; **nem** ~ not that; **úgy tett,** ~ **nem tudna semmiről** he pretended to know nothing about

it; **nem ~ nem próbálta volna** it was not for want/lack of trying, not that he had not tried

minthogy *conj* as, since; ~ **igen meleg van** since/as it is very hot, owing to the heat; ~ **nem tudok angolul** since I do* not speak English, not knowing English; ~ **nincs pénze** for want of money, since he has no money ⇨ **mint**

mintsem *conj* than; **ravaszabb, ~ gondolnánk** foxier than one might think; **előbb megjött, ~ vártuk** (s)he arrived earlier than we expected

minuciózus *a* meticulous

mínusz I. *a* **1.** *(zéró alatt)* minus; ~ **10 fok van** it is* minus ten degrees, it is* ten degrees below zero; ~ **szint = alagsor 2.** *(kivonásnál)* minus, less; **8 ~ 5 az 3** eight minus five leaves/is three **II.** *n (hiány)* deficit, lack

mínuszjel *n* minus (sign)

minyon *n (cukrászsütemény)* [sugar-coated] (fancy) cake, petits fours *pl*

mióta *adv* **1.** *(kérdő)* since when?; ~ **lakik itt?** since when have you been living here? **2.** *(amióta)* since; ~ **csak** ever since ...

mire I. *pron* **1.** *(kérdő: cél)* for what?, what ... for?; ~ **fogod használni?** what are* you going to use it for *(v.* to do with it)?; ~ **jó/szolgál/való ez?** what is* the use of this/it?, what is* it good for?; **nem tudom, ~ megy vele** I wonder if that will be of any good to him; **nem tudom ~ vélni** I do* not know what to think of it; ~ **vársz?** what are you waiting for?; ~ **számítasz?** what do* you expect?, what are* you counting on? **2.** *(hely)* on/upon what?; ~ **ülsz?** what will you sit on? **3.** *(amire)* **nincs ~ leülnöm** there is nothing (for me) to sit on **II.** *adv* **1.** *(és erre)* thereupon; **rászóltam, ~ megsértődött** I warned him, whereupon he took offence **2.** *(amikorra)* by the time ...; ~ **elindultunk** by the time we left/started

mirelit *n* (deep-)frozen; *(mint főnév)* frozen food; ~ **borsó** (deep-)frozen peas *pl*; ~ **étel** deep-frozen food

mirha *n* myrrh

miriád *num* myriad; **csillagok ~ja** myriads of stars

mirigy *n* gland; *összet* glandular

mirigydaganat *n* adenoma

miről *adv* → **mi²**

mirtusz *n* myrtle

mirtuszkoszorú *n* myrtle wreath

mise *n* mass

miseing *n* alb, surplice

misekönyv *n* missal

miseruha *n* chasuble

miséz|ik *v* celebrate mass

mísz I. *a elit* ~ **alak** a wet blanket **II.** *n* ~**e van** be* cheesed off, be* in a bad mood; *vmtől* be* fed up with it/sg

miszerint *conj hiv* that

misszió *n* mission

misszionárius *n* missionary

misztérium *n* mystery

misztériumjáték *n* mystery (play)

miszticizmus *n* mysticism

misztifikáció *n* mystification; *(biz, elit, ködösítés)* eyewash, hokum, hoax

misztikus *a (titokzatos)* mysterious

mit *pron* → **mi²**

mitesszer *n* comedo, black-head

mitévő *a* ~ **legyek?** what am* I to do?; **nem tudja, ~ legyen** be* in a quandary

mitikus *a* mythical

mitológia *n* mythology

mítosz *n* myth, legend

mitől *pron* → **mi²**

mitőlünk *adv* from us

miután *conj* **1.** *(idő)* after (having ...), when; ~ **hazaérkeztem** after/on my return home, having reached/arrived home ...; ~ **megnézte, visszaadta** having looked at it he gave it back **2.** *(mivel)* because, since, as

mivel¹ *pron* **1.** *(kérdő)* with/by what?, what ...?; ~ **foglalkozol?** *(mostanában, mi érdekel)* what is your field (of interest)?; *(dolgozva)* what are you working on (now)? **2.** *vmvel* **nem volt ~ írnia** he had nothing to write with

mivel² *conj (mert)* because, since, as

mivelünk *adv* with us

míves *a* wrought

mivolta *n vmnek* nature, character, quality; **kiforgatja eredeti mivoltából** rob/ divest sg of its original character

mívű *a* → **művű**

mixer *n* **1.** *(bárban)* barman°; *(nő)* barmaid; *US főleg:* bartender, barkeep **2.** *(keverőgép)* mixer

mizéria *n (élelmezési)* shortage

mm = *milliméter* millimetre *(US -ter)*, mm

mobilizál *v* mobilize

moccan *v* budge, stir, move; **ne ~j!** don't stir/move!; ~**ni sem mernek előtte** no one dares move an eyelid in his presence

moccanás *n* move, stir; ~ **nélkül** stock still, without a movement

mocorog *v* move, stir

mocsár *n* marsh, bog, fen, swamp

mocsaras *a* marshy, swampy, boggy; ~ **terület** marshland, moorland
mocsárgáz *n* marsh gas, methane
mocsári *a* marsh-, paludal; ~ **gólyahír** marsh marigold
mocsárláz *n* marsh fever, malaria
mócsing *n biz* tendon, sinew, gristle [in meat]
mócsingos *a biz* gristly, stringy
mocskol *v (gyaláz)* abuse, slander, defame
mocskolód|ik *v* 1. *(mocskos lesz)* get* dirty/soiled 2. *átv* be* abusive, use abusive language
mocskos *a* 1. *(piszkos)* dirty, soiled, filthy 2. *átv* dirty, smutty; ~ **beszéd** foul/ obscene words *pl* (*v.* language); ~ **fráter** scoundrel; ~ **szája van** he is* a scurrilous talker; he talks dirty; ~ **viccek** risqué jokes, dirty stories
mocsok *n* 1. *(piszok)* dirt, filth 2. *átv* squalor, dirt
mód *n* 1. *(eljárásé)* mode [of action], manner, fashion, method, way, procedure; **az a** ~, **ahogy** the way/manner in which; **ezen a** (*v.* **ilyen**) ~**on** in this way/manner, thus; **mi** ~**on?** how?; **a szokott** ~**on** in the usual way/manner; **a következő** ~**on** in the following way/manner/fashion, as follows; **a maga** ~**ján** after his/her own fashion, in his/her own way 2. *(mérték)* measure; **megadja a** ~**ját** he does it properly/unstintingly; ~ **jával** keeping within bounds, temperately; **csak** ~**jával!** easy does it! 3. *(lehetőség)* possibility; **nincs** ~ **rá** there is* no way (of doing sg *v.* to do sg), sg is* not possible/feasible; **ha csak egy** ~ **van (is) rá** if there is the least/smallest chance/possibility (of doing sg); ~**ot talál vmre**, ~**ját ejti vmnek** see*/find* a way to do sg, find* means to do sg 4. *nyelvt* mood 5. *(anyagi helyzet)* resources *pl*, means *pl*; **nincs** (*v.* **nem áll**) ~**jában** he can't afford it (*v.* to do sg) 6. *(ételről)* Pékné ~**ra** à la Pékné
módbeli *a* ~ **segédige** modal auxiliary
modell *n* 1. model 2. *(festőé, szobrászé, fényképészé)* model, sitter; ~**t ül/áll** sit* for an artist, pose (*vknek*, vmhez for)
modellez *v* build*/make* models, model (*US* -l)
modellezés *n* modelling (*US* -l-)
modellező *n* modeller (*US* -l-)
moderál *v* ~**ja magát** control oneself
modern *a* modern, up-to-date, new, recent; ~ **kor** modern era (*v.* times *pl*); ~ **külső** new look; ~ **nyelv** modern language
modernizál *v* modernize, bring* up-to-date

modernség *n* modernity, up-to-dateness
módfelett *adv* excessively, extremely, exceedingly, exceptionally
módhatározó *n* adverb of manner, manner adjunct
módhatározói *a* ~ **mellékmondat** adverbial clause of manner
módjával *adv* in moderation
modor *n* 1. *(viselkedés)* manners *pl*; **jó** ~ good manners *pl*, good breeding; **rossz** ~ bad manners *pl*, unmannerliness; **jó** ~**a van** be* well-mannered, have* good manners; **rossz** ~**a van** be* bad/ill-mannered, have* bad manners 2. *(stílus)* manner; **X** ~**ában** after (the manner of) X, in the style of X 3. *(hangnem)* tenor
modoros *a* affected, mannered
modortalan *a* ill-mannered, boorish; *kif* he has no manners at all
modortalanság *n* unmannerliness, ill-breeding; ~ **megbámulni vkt** it is bad manners (*v.* rude) to stare at sy
modorú *a* of … manners *ut.*, -mannered; **jó** ~ good/well-mannered, [man] of (good) breeding *ut.*, polished; **rossz** ~ bad/ill-mannered, unmannerly
módos *a* well-to-do, wealthy, of means *ut.*
módosít *v* ált modify, alter, change; *(helyesbítve)* rectify; *(javaslatot)* amend, revise; **oda** ~**otta, hogy** he amended it to the effect that, he modified/altered it in the sense of …
módosítás *n* ált modification, alteration, change; *(helyesbítve)* rectification, amendment; *(javítva)* improvement; ~**okat eszközöl vmben** make* modifications in sg
módosító *a* modifying; ~ **javaslat** motion for an amendment
módosítójel *n zene* accidental(s)
módosítószó *n* modifier
módosított *a (alapokmány)* amended, revised
módosul *v* be* changed/altered, change, alter
módozat *n* method, procedure; **a jelentkezés** ~**ai** ways of applying; **fizetési** ~**ok** methods of payment
módszer *n* ált method; *műsz* process, treatment, procedure, method; **új** ~ new method; **ez az ő** ~**e** that is his way/ method
módszeres *a* methodical, systematic
módszeresség *n* ált method; *(ahogy vk egy témához hozzáfog)* systematic approach, method
módszertan *n* methodology

módszertani *a* methodological
modul *n műsz* module
mogorva *a* peevish, sullen, sour, surly, morose, gruff; ~ **ember** cross-patch, *US* grouch; ~**n néz** scowl, glower *(vkre, vmre at sy/sg);* **ne nézz olyan** ~**n** don't look so surly!
mogorvaság *n* sullenness, peevishness, crossness, surliness, gruffness
mogyoró *n* hazel-nut
mogyoróbokor *n* hazel bush
mogyorós *a* hazel(-nut); ~ **(tej)csokoládé** whole nut (milk) chocolate
mogyorótorta *n* hazel-nut cake
moha *n* moss; ~**val benőtt** = **mohlepte**
mohamedán *a/n* Mohammedan *v.* Muhammadan, Muslim, Moslem
mohikán *n* Mohican; **az utolsó** ~ the last of the Mohicans
mohlepte *a* moss-grown, mossy
mohó *a* eager, greedy, avid; ~**n lesi szavait** hang*/wait on sy's every word
mohos *a* = **mohlepte**
mohóság *n* eagerness, greed(iness); *(evésnél)* greed, voraciousness
mohosod|ik *v* become* moss-grown, get* mossy
móka *n* fun, joke, prank
mokány *n (ember)* plucky, *US* spunky; *kif* have* plenty of pluck
mókás *a* witty, droll; ~ **ember** joker, wag
mókáz|ik *v* joke, jest, play tricks, make* fun
mokkacukor *n* lump sugar, sugar cubes *pl*
mokkáscsésze *n* coffee-cup
mokkáskanál *n* coffee-spoon
mókus *n* squirrel
mól *n fiz* mole
molekula *n* molecule
molekuláris *a* molecular
molekulasúly *n* molecular weight
molesztál *v* molest, importune, pester, bother
molett *a* roundish, plump, buxom
moll *a/n* minor [key/mode]; ~ **skála** minor scale; **c-**~ C minor; **h-**~ **szonáta** sonata in B minor
molnár *n* miller
molnárka *n (péksütemény) kb.* bun, roll
molnárlegény *n* miller's man°, mill-hand
móló *n* pier, jetty, mole, breakwater
moly *n* (clothes) moth
molyálló *a* mothproof
molyirtó (szer) *n* moth/insect powder, insecticide (powder/spray); *(naftalin)* mothball
molykár *n* insect damage

molyos *a* mothy, moth-eaten
molyosod|ik *v* become* mothy
molyrágta *a* moth-eaten
molytalanít *v* make* [clothes] mothproof, mothproof
molyzsák *n* mothproof bag
momentán I. *adv* momentarily, for the time being, temporarily, for the moment **II.** *a* momentary, sudden
momentum *n* circumstance
monarchia *n* monarchy ⇨ **osztrák-magyar**
monarchikus *a* monarchical, monarchist
monarchista *a/n* monarchist
mond *v* **1.** *ált* say* (sg); *(közöl vmt vkvel)* tell* sy sg; **igent** ~ say* yes; **nemet** ~ say* no; ~ **valamit** there is* some truth in what he says*; ~**d neki, hogy várjon** tell him to wait; **azt** ~**tam neki, hogy tanuljon angolul** I told him/her to learn English; **nekem azt mondták, hogy** I was told that/to ...; ~**ták, hogy vegyek részt az ülésen** I was told to attend the meeting; **ez sokat** ~ that says* a lot, that is very telling; ~**juk, hogy** *(tegyük fel)* let's say/suppose, shall we say; ~**juk** ... *(például)* say *(mindig két vessző között);* ~**om** ... *(közlés bevezetésére)* well, ...; I mean ...; as I say; **azt** ~**ják, hogy** it is* said/reported that; **azt** ~**ják apjáról, hogy** his father is said/supposed to ...; **hogy** ~**ják angolul?** how do you say that/it in English?; ~**ja csak!** go on, just tell me; **ne** ~**d!, ne** ~**ja!** really!, you don't say (so)!, you don't mean it; ~**d már!** *(na és aztán)* so what?; well, what of it?; **nekem** ~**ja?** you are* telling me?; **hogy úgy** ~**jam** so to say/speak; **ahogy** ~**ani szokás** as the saying/phrase goes, as we/they say; **mit akarsz ezzel** ~**ani?** what do you mean by (saying) that?, what are you getting at?; **csak nem akarod azt** ~**ani, hogy** you don't mean to say that; **amit** ~**ani akarok, az** ... the point I want to raise is this; **azt akarod (ezzel)** ~**ani, hogy** ...? (do) you mean to say that ...?.are you saying that ...?; **komolyan** ~**od?** do you really mean it?; **komolyan** ~**om** I mean it; **nem kellett neki kétszer** ~**ani** he did not need to be told twice, no sooner said than done; **nincs mit** ~**ani** there is* nothing to say; ~**anom sem kell** I need hardly say, needless to say; **de ha** ~**om!** but I can assure you (it is* so); **én** ~**om neked!** take it from me; ~**hat(sz), amit akar(sz)** say what you will; **na** ~**hatom!**

well, I never!; ~ **hatnám** *(akár, szinte)* I might as well say; **ezt se nekem** ~ **ták** that is* a hit/dig at you; **jobban** ~ **va** to be more precise, or rather **2.** *(említ)* mention, say*; **neveket nem** ~ **ott** he mentioned no names; **sokat** ~ **ok** *(= legfeljebb)* at (the) most **3.** *(vmnek nyilvánít)* call, declare, pronounce; **vmnek** ~ **ja magát** profess/pretend to be, call himself/herself [a doctor etc.]; **ostobának** ~ **ta** she called him a fool; **magáénak** ~ **hat vmt** call sg his/her own, can* claim sg **4.** beszédet ~ make*/deliver/give* a speech; *(gyűlésen)* address the meeting etc.; **búcsút** ~ bid* farewell, say* good-bye; **igazat** ~ tell* the truth; **köszönetet** ~ *(vknek vmért)* thank sy for sg, express one's thanks/gratitude to sy for sg; **rosszat** ~ vkről speak* ill of sy; **véleményt** ~ give*/express/offer an opinion (of/about sy/sg) **5.** *(szöveg, írásmű kifejez vmt)* express sg; **ez a vers semmit sem** ~ **nekem** this poem leaves* me cold *(v.* means* nothing to me); **ezek a szavak nem** ~ **anak nekem semmit** these words convey nothing to me ⇨ **több**

monda *n* legend, saga, myth
mondai *a* legendary, mythical, fabulous
mondakör *n* cycle; **az Artúr-** ~ the Arthurian cycle
mondanivaló *n* what one has got to say; *(főleg írásmű stb.)* message; **nincs semmi** ~ **ja** have* nothing to say; **van vm** ~ **m I** have* sg to say, I have* a few things to say; ~ **jának lényege** what (he etc.) says in essence is (that); ~ **jának eszmei tartalma** the purport of his message
mondás *n* (common) saying, phrase
mondat *n* sentence, period; **kérdő** ~ interrogative sentence
mondatelemzés *n* parsing, syntax analysis
mondatfűzés *n* sequence of sentences, syntax
mondathangsúly *n* sentence stress
mondatrész *n* part of a sentence, phrase
mondatszerkesztés *n* sentence construction, formation of sentences
mondatszerkezet *n* structure (of sentence), syntactic structure
mondattan *n* syntax
mondattani *a* syntactic; ~ **szempontból,** ~ **lag** syntactically
mondattípus *n* sentence/verb pattern
mondavilág *n* world of legends/sagas
mondhatatlan *a* unutterable, unspeakable
mondogat *v* keep* saying, repeat

mondóka *n* (sy's) say, short speech; **elmondja** ~ **ját** have* one's say, say* one's piece
mondott I. *a* said; **a** ~ **időben** at the appointed time **II.** *n* **a** ~ **ak után** after what has been said; **a** ~ **akból világos** from the foregoing it is* clear (that)
mondvacsinált *a* trumped up, invented
mongol I. *a* Mongolian **II.** *n* **1.** *(ember)* Mongol, Mongolian **2.** *(nyelv)* Mongol, the Mongolian language
Mongólia *n* Mongolia
mongoloid *a/n orv* mongoloid (person)
Mónika *n* Monica
monitor *n* monitor
mono *a (nem sztereó)* mono, monophonic, monaural; ~ **lemez** mono (record)
monográfia *n* monograph
monogram *n* monogram, initials *pl*
monokli *n* **1.** *(üvegből)* monocle (eye-)glass **2.** *(ökölcsapástól)* black eye
monológ *n* monologue *(US* -log), soliloquy
monologizál *v* soliloquize
monománia *n* monomania, obsession
monopolhelyzet *n* monopoly, *biz* a corner (in sg)
monopolista I. *a* monopolistic **II.** *n* monopolist
monopólium *n* monopoly
monopolizál *v* monopolize
monopolkapitalizmus *n* monopoly capitalism
monopoltőke *n* monopoly capital
monoton *a* monotonous [voice, work etc.], dull [life]; ~ **hangon** in a sing-song voice, monotonously
monstre *a* huge, colossal; ~ **per** mass/spectacular trial
monstrum I. *n* monster **II.** *a* monstrous
monszun *n* monsoon
montanai *a* Montanan
montázs *n* montage
montíroz *v* **1.** *(gépet)* mount, assemble, set* up **2.** *(fényképet)* mount
monumentális *a* monumental, huge
moped *n* moped
mopszli *n* pug(-dog)
Mór *n* Maurice, Morris
mór I. *a* Moorish **II.** *n* Moor, Saracen
moraj(lás) *n* **1.** *ált* murmur **2.** *(hullámoké)* roar, roaring **3.** *(ágyúzásé, tengeré)* boom [of the guns *v.* of cannon, of the sea]
morajl|ik *v* **1.** *ált* rumble, rustle **2.** *(tenger)* sound, boom, roar **3.** *(dörgés távolról)* boom

morál *n* morality, ethics *pl*, morals *pl*; **kettős**
~ *double* standard
morális *a* moral
moralista *a* moralist
moralizál *v iron* moralize, sermonize
morbid *a* morbid; ~ **humor** black humour
*(US -*or)
morc *a* = **mogorva**
morcos *a* peevish, sullen, sour, surly, morose,
gruff
mord *a* grim, stern, sinister
mordály *n* † blunderbuss
mordul *v* vkre snarl at, turn on
mordvin I. *a* Mordvinian **II.** *n* (ember, nyelv)
Mordvin
móres *n* ~re **tanít** vkt teach* sy manners,
teach* sy how to behave, *kif* teach* sy a
lesson (*v*. what's what)
morféma *n nyelvt* morpheme
morfin *n* morphine
morfinista *a* morphinist, morphine addict
morfium *n* morphine
morfológia *n* morphology
morfondíroz *v biz vmn* brood over sg,
ruminate/cogitate over sg
morgás *n* **1.** (vadállaté) growling, snarling
2. (emberi) muttering, grumbling
morgolód|ik *v* keep* grumbling/growling
Móric *n* Maurice, Morris
mórikál *v nép* ~**ja magát** simper, smirk
mormog *v* mumble, mutter
mormogás *n* mumbling, muttering, mur-
mur(ing)
mormol *v* murmur, mumble, mutter
mormon *a/n* Mormon
mormota *n* marmot, *US* woodchuck; ~ al-
szik, mint a ~ sleep* like a log
morog *v* **1.** (állat) growl, snarl **2.** (ember)
grumble (vm miatt at/over/about sg)
morózus *a* morose, surly, sullen
morva *a/n* Moravian
morzejel *n* Morse signal
morzéz|ik *v* send* Morse signals, use the
Morse code
morzsa *n* **1.** (kenyér) (bread)crumbs *pl* **2.** *átv*
morsel, bit, crumbs *pl*
morzsál *v* crumble
morzsalék *n* crumbs *pl*
morzsálód|ik *v* crumble (away)
morzsányi *a/n* **egy** ~ ... **(sem)** (not) a
morsel of [common sense, patience etc.]
morzsol *v* **1.** *ált* crumble; (kukoricát) shell
2. (gyúr) crumple **3.** (rózsafüzért) tell*
(one's beads)
morzsolód|ik *v* **1.** (kukorica) shell easily
2. (morzsálódik) crumble (away)

mos *v* wash; ~ **vkre** do* sy's washing/
laundry; **holnap** ~**unk** tomorrow is wash-
day; **fogat** ~ brush one's teeth; **a haját**
~**sa** wash/shampoo one's hair; **kezet** ~
wash one's hands; *átv* ~**sa a kezeit** wash
one's hands of sg; **vkt tisztára** ~ clear sy
(of crime/accusation)
mosakodás *n* **1.** *konkr* washing **2.** *átv* ex-
cuses *pl*, apology
mosakod|ik *v* **1.** *konkr* wash (oneself), have*
a wash, *US* wash up **2.** *átv* try to exculpate/
clear oneself of sg, make* excuses
mosás *n* **1.** *ált* wash(ing); **szerdán** ~ **lesz**
Wednesday is* washday; ~**ba ad ruhát**
send* clothes to the laundry; ~**t vállal**
take* in washing **2.** (fodrásznál) ~ **és be-**
rakás shampoo and set
mosatlan *a/n* unwashed
mosdás *n* wash, *US* washup
mosdat *v* wash sy, give* sy a wash
mosdatlan *a* unwashed, dirty, filthy; ~
szájú foul-mouthed
mosd-és-hordd *n* (ruhanemű) wash-and-
-wear
mosd|ik *v* = **mosakodik 1.**
mosdó *n* **1.** = **mosdókagyló 2.** (helyiség)
lavatory
mosdófülke *n* washbasin alcove
mosdókagyló *n* washbasin, basin, *US így is:*
washbowl
mosdókesztyű *n* face cloth, flannel, *US*
washcloth
mosdószappan *n* toilet soap
mosdószer *n* toilet articles/requisites *pl*
mosdótál *n* basin, washbowl
mosdóvíz *n* water [for washing oneself]
mosható *a* washable, washproof, washfast;
jól ~ it washes/launders well; **nem** ~ it
won't wash
moslék *n* **1.** *konkr* swill, slop(s), kitchen
waste **2.** *átv* wish-wash, dishwater
mosóautomata *n* automatic (washing-
-machine), auto washer
mosócédula *n* laundry list
mosoda *n* laundry; ~**ba küldi a szeny-**
nyest send* [clothes, bedclothes etc.] to the
laundry
mosófazék *n* wash-tub
mosogat *v* wash up, do* the dishes, do* the
washing-up; **sok a** ~**ni való** there's a lot
of washing-up to be done
mosogatás *n* washing-up
mosogató *n* **1.** (személy) washer-up, dish-
-washer **2.** (medence) sink, washing-up bowl
mosogatógép *n* dish-washer
mosogatólé *n* dishwater, slop(s)

mosogatórongy n dish-cloth; *átv* **olyan, mint a** ~ *kb.* feel* like a wet rag
mosógép n washing-machine; **automata** ~ automatic washing-machine
mosókefe n scrubbing-brush
mosókonyha n wash-house, *US* laundry
mosoly n smile; **gúnyos** ~ derisive smile, sneer; ~ **futott át az arcán** a smile flitted across his face; ~ **játszott az ajkán** a smile hovered about her lips; ~**ra húzta a száját** he broke into a smile, his face broke into a smile; ~**ra késztet** provoke a smile; ~**t kelt** evoke a smile
mosolygó a smiling, jolly, jovial
mosolyog v smile (*vmn*/*vkn* at sg/sy; *vkre* at/upon sy); **min** ~**sz?** what are you smiling at?; **helyeslően** ~ smile one's approval; **rám mosolygott a szerencse** good luck smiled upon me
mosómedve n raccoon
mosónő n washerwoman°, washwoman°, laundress
mosópor n washing-powder
mosószalon n önkiszolgáló ~ launderette, self-service laundry; *(pénzbedobós)* coin-op; *US föleg:* laundromat
mosószappan n household/washing soap
mosószer n detergent ⇨ **mosópor**
mosószóda n washing soda
mosóteknő n wash-tub, washing-trough
most *adv* now, at present; **éppen** ~ this very moment, right/just now; ~ **nem** not now; ~ **is** still, even now; ~ **egy éve** this time last year; ~ **azonnal** here and now, right now; ~ **az egyszer** for/just this once; ~ **jelent meg** *(könyv)* just out/published; ~ **kell (vmt) tenni** now is the time to do sg; ~ **vagy soha** now or never; ~**, hogy** now that
mostan *adv* now, at present; ~**ig** = **mostanáig**; ~**ra** by this time, by now; ~**tól (fogva)** from now on, from this time on
mostanában *adv* **1.** *(nemrég)* lately, (quite) recently, not long ago **2.** *(manapság)* nowadays
mostanáig *adv* until now, by this time, by now, up to now, up to the present
mostani a present(-day); **a** ~ **ifjúság** the youth *(v.* young people) of today, today's young people; **a** ~ **nők** women today
mostoha I. a *átv* harsh, hostile, cruel; *(természet)* unkind; ~ **körülmények** adverse circumstances; ~ **sors** hard fate **II.** n *(~anya)* stepmother; *(~apa)* stepfather
mostohaanya n stepmother

mostohaapa n stepfather
mostohafiú n stepson
mostohafivér n stepbrother
mostohagyermek n stepchild°
mostohaleány n stepdaughter
mostohanővér n stepsister
mostohaszülő(k) n step-parent(s)
moszat n seaweed
moszkitó n mosquito
Moszkva n Moscow
moszkvai I. a of Moscow *ut.*, Moscow **II.** n inhabitant of Moscow, Muscovite
motel n motel
motetta n motet
motiváció n motivation
motivál v **1.** *(cselekvést)* motivate **2.** *(ítéletet stb.)* state the reasons for, give* the grounds for
motívum n **1.** *(indíték)* incentive, motive **2.** *(díszítőmintában)* motif, motive, pattern
motolla n reel, winder
motor n **1.** *(gép, föleg villany)* motor; *(föleg autóé)* engine **2.** = **motorkerékpár**
motorbicikli n *biz* = **motorkerékpár**
motorcsónak n motor boat, powerboat; *(gyorsasági)* speedboat
motordefekt n engine trouble, breakdown
motorfék n power brake(s)
motorházfedél, -tető n bonnet, *US* hood
motorhiba n engine trouble/failure, breakdown
motorhűtés n cooling
motorikus a motor-; ~ **erő** motor force; ~**an jó a kocsi** the engine is good
motorizáció n motorization
motorizál v motorize, mechanize
motorkerékpár n motorcycle, motorbicycle, *biz* motorbike
motorkerékpáros n motorcyclist; ~ **küldönc** dispatch-rider
motorkocsi n **1.** *(vasúti)* railcar, powercar **2.** *(villamosé)* motor/driving carriage
motorolaj n motor oil
motoros I. a motor-(driven), power(-); ~ **fűnyíró** petrol mower; ~ **fűrész** petrol chainsaw **II.** n motorcycle rider, motorcyclist
motorosszemüveg n goggles *pl*
motoroz|ik, motorkerékpároz|ik v ride* a *(v.* go* by) motorcycle
motorsport n motoring
motorszerelő n car/motor mechanic
motorteknő n crankcase
motorverseny n speed-race, motorcycle race
motorvonat n motor-train

motoszkál v fumble/grope about, rummage; **vm ~ a fejében** sg is* running through one's head, have* sg at the back of one's mind
motoz v vkt search sy, go* through sy's pockets
motozás n vké search(ing)
motring n skein, hank
mottó n motto, saying
motyó n biz one's goods and chattels pl
motyog v mumble, mutter
mozaik n mosaic
mozaikjáték n jigsaw puzzle
mozaikkép n an Identikit picture, a Photofit picture
mozaiklap n tile
mozaikszerű a mosaic-like
Mozambik n Mozambique
mozambiki a/n Mozambican
mozdít v move, stir, remove; **kisujját sem ~otta** he never lifted/stirred a finger
mozdítható a movable, mobile
mozdony n engine, locomotive
mozdonyvezető n engine-driver, US engineer
mozdul v stir, move, budge; **nem ~ does*** not stir/budge/move, stay put
mozdulat n movement, move, motion
mozdulatlan a motionless, still, unmoved, immobile; **~ arc** set face; **~ marad** remain still, stay put; **teljesen ~ul** stock still; **~ul álltam** I stood motionless, I stayed put
mozdulatlanság n immobility, motionlessness, standstill
mozdulatművészet n eurhythmics sing., cal(l)istenics sing. v. pl
Mózes n Moses
mózeskosár n carry-basket, Moses basket; (könnyű, műanyag) carry-cot, US portacrib
mozgalmas a (eseménydús) eventful, busy, crowded, lively; **~ nap** a busy day, biz a hectic day
mozgalmi a belonging to the (workers') movement ut.; **~ dal** song of the Movement, rallying song; **~ ember** activist in the (service of the) Movement; **~ munka** work in/for the movement, political/militant work
mozgalom n pol movement, campaign, drive; **részt vesz a ~ban** participate in (v. work actively for) the movement
mozgás n 1. ált movement, motion, moving; **~ba hoz vmt** put*/bring* sg in motion, set* sg going, start sg; **~ba jön begin*** to move, get* going/started; **~ban van** be*

moving, be* in motion; **~!** get a move on!, hurry up! look lively! **2.** (testedzés) exercise; **~ hiánya** lack of exercise; **kevés ~** little exercise **3.** (helyváltoztatás) **szabad ~t enged** grant freedom of movement
mozgásforma n form of motion
mozgáshiány n lack of exercise
mozgási a motive, kinetic, driving; **~ energia** kinetic energy; **~ irány** direction of movement; **~ lehetőség** scope of movement/action; **~ szabadság** freedom of movement
mozgásképtelen a 1. (személy) disabled, crippled; **~ személy** disabled person, cripple; (béna) spastic person, a spastic **2.** (kocsi) immobilized
mozgáskorlátozott, -sérült a/n (partially) disabled, physically handicapped, handicapped [person], spastic; **a ~ek** the disabled, the physically handicapped, the spastics
mozgásszervi a **~ megbetegedés/betegség** orv locomotor disease/disorder
mozgat v 1. konkr move; **~ja a karját** move one's arm **2.** átv **~ja az eseményeket** pull the strings
mozgatható a movable, mobile
mozgató I. a moving, motive **II.** n mover; **az ügy ~ja** prime mover of sg, the champion of sg
mozgatóerő n motive power/force
mozgékony a mobile, agile, lively, nimble, brisk
mozgékonyság n agility, nimbleness, mobility, briskness
mozgó a 1. (mozgásban levő) moving, mobile, in motion ut.; **~ háború** active/mobile warfare; **~ harc** running fight/battle; **~ kiállítás** travelling (US -l-) exhibition **2.** (nem rögzített) movable, sliding; **~ bérskála** sliding scale of wages
mozgóbüfé n (light) refreshment car/vendor
mozgójárda n moving pavement, travolator, travel(l)ator, US moving sidewalk
mozgókonyha n field kitchen
mozgókönyvtár n mobile library, US bookmobile
mozgólépcső n escalator, moving staircase
mozgolódás n 1. konkr movement, moving **2.** átv commotion, turmoil
mozgolód|ik v be* moving/stirring/bustling about
mozgóposta n travelling (US -l-) post office
mozgósít v kat, ker mobilize
mozgósítás n kat mobilization
mozi n 1. (hely, szórakozás, művészet) cinema, the pictures pl; US (szórakozás és

műv. ág) (the) movies *pl; US (hely)* movie (*v.* motion-picture) theater; ~**ba megy** be* going to the c*i*nema/p*i*ctures, *US* be* going to the movies; **sokat jár** ~**ba** be* a regular f*i*lmgoer, go* to the c*i*nema/p*i*ctures (*v. US* to the movies) *often* **2.** = **(játék)film mozibérlet** *n* c*i*nema s*ea*son t*i*cket **mozielőadás** *n* (c*i*nema) performance/ show/screening **mozifilm** *n* = **film 2.**
mozigépész *n* projectionist
mozijegy *n* c*i*nema t*i*cket, t*i*cket for the c*i*nema, *US* movie ticket
moziműsor *n* c*i*nema programme; *(újságban így:)* c*i*nemas
moziszínész *n* = **filmszínész**
mozivászon *n* (f*i*lm-)screen
mozog *v* **1.** *vk* move; **fiatalosan** ~ (s)he is spry, (s)he moves like a young man/woman **2.** *(szerkezet)* work, go*, run* **3.** *(vm pályán)* travel (*US* -l); **körben** ~ go* round, revolve **4.** *(inog)* shake*, totter; ~ **a fogam** my tooth is loose **5.** ~**j!** hurry up!, look l*i*vely!; ~**junk!** get a move on! **6.** *(testedzést végez)* exercise; **keveset** ~ *(= kevés testedzést végez)* have* l*i*ttle exercise; **nem** ~**sz eleget** you don't exercise enough; ~**junk egy kicsit** *(sétáljunk)* let us go for a walk/stroll **7. az árak 1500 és 2000 Ft között** ~**nak** the pr*i*ces range from 1,500 and 2,000 fts
mozzanat *n* **1.** *ált* moment **2.** *(körülmény, tényező)* circumstance, mot*i*f, element; *(történésben)* phase, momentum, moment
mozsár *n* **1.** *(konyhai)* mortar; ~**ban tör** pound (in a mortar) **2.** *kat* ~ **(ágyú)** mortar, howitzer
mozsártörő *n* pounder, pestle
mögé *post* beh*i*nd; **a ház** ~ **rejtőzik** he is* h*i*ding beh*i*nd the house; **a** ~ **(a ház** ~**)** beh*i*nd that (house); **e** ~ behind this
mögött *post* beh*i*nd, at the back of, *US* (in) back of (sg); **e**~ beh*i*nd this, at the back of this; **a** ~ **a ház** ~ beh*i*nd that house; **maga** ~ **hagy vkt** leave* sy beh*i*nd, *(megelőz)* overt*a*ke* sy; **messze maga** ~ **hagyja őket** he leaves* them far beh*i*nd; **sorban egymás** ~ one *a*fter the *o*ther, in s*i*ngle/*I*ndian file; **vm** ~ **marad** rem*ai*n/ lag beh*i*nd sg; **vknek a háta** ~ behind sy('s back); **e** ~ **vm van/rejlik** there's sg sh*a*dy/f*i*shy ab*o*ut it; **más is van e** ~ there's more to it than that
mögötte *adv* beh*i*nd me/you/him etc.; **közvetlenül** ~ immediately beh*i*nd sy/sg; *biz* close on sy's/sg's tail

mögöttes *a* s*i*tuated beh*i*nd *ut.*; **a** ~ **országrész/terület** the h*i*nterland, the land beh*i*nd
mögötti *a* placed beh*i*nd *ut.*, beh*i*nd sg *ut.*
mögül *post* from beh*i*nd sg/sy
MTA = *Magyar Tudományos Akadémia* Hungarian Academy of Sciences
MTI = *Magyar Távirati Iroda* Hungarian News Agency
mucsai *n* yokel, b*u*mpkin, *US* h*i*llbilly
muff *n* muff
muflon *n* mouf(f)lon
mufurc *n* lout, yokel
muhar *n* Hungarian grass
muki *n* = **pasas**
mukk *n* **egy** ~**ot sem szól** not to say/ breathe a word, *kif* mum's the word
mukkan *v* breathe a word/sound, *u*tter a word/sound
mukkanás *n* ~ **nélkül** without (breathing) a word
muksó *n* = **pasas**
mulandó *a* fleeting, short-l*i*ved, tr*a*nsitory, ephemeral
mulandóság *n* transitoriness, transitory/ ephemeral character/nature of sg, mutab*i*lity
múlás *n* passing, flow; **az idő** ~**a** the progress/passing/march of time
mulaszt *v* **1.** *(alkalmat)* miss, let* slip [opport*u*nity]; **sokat** ~**ottál** you missed a lot; **nem sokat** ~**ottál** you haven't missed much **2.** *(távol marad)* be* absent (from), fail to appear (swhere); *(órát, előadást)* miss, *biz* cut*, skip [a class]; *(hiányzik iskolából)* be* absent (from school); **két napot** ~**ott** (s)he missed two days(' school), (s)he was absent (from school) for two days **3.** *(nem teljesít)* neglect [d*u*ty], om*i*t/fail to [do sg, fulf*i*l obligation]; *jog* default, be in default of [appearing etc.] **4.** *(fájdalmat)* stop, check
mulasztás *n* **1.** *isk a*bsence; **igazolta** ~**át** (s)he gave a good reason for his/her absence **2.** *(kötelességé)* omission, neglect (of); *jog* default; ~ **terheli** be* g*u*ilty of negligence; ~**t követ el** be* g*u*ilty of an om*i*ssion; *jog* default, be in default of [appearing/ answering]
mulat *v* **1.** *(szórakozik)* pass time, am*u*se/ enjoy oneself, have* (great) fun at [the party etc.]; **mulass jól** have* a good time!; **hogy** ~**tál a kiránduláson?** how did you enjoy the exc*u*rsion?; **kitűnően** ~**tunk** we had a good *(v.* an *e*xcellent) time **2.** *(lumpol)* car*o*use, revel (*US* -l), have* a fling **3.** *(nevet*

vmn) laugh at; be* am*u*sed at/by sg; **mindenki** ~ **rajta** *e*verybody laughs at him; *e*verybody makes* fun of him; **azon** ~**tam, hogy** I was h*i*ghly am*u*sed by, it was great fun to ...; **jót** ~**tunk viccein** we were am*u*sed at his jokes/st*o*ries, it was great fun to hear his st*o*ries **mulatás** *n* **1.** *(szórakozás)* am*u*sement, fun, m*e*rry-making; **jó** ~**t!** have a good time!, have fun! **2.** *(lumpolás)* car*o*usal, revels *pl*, revelry **mulató I.** *a vk* making merry *ut.* **II.** *n* **1.** *vk* reveller *(US* -l-) **2.** = **mulatóhely** **mulatóhely** *n* n*i*ght-club, bar **mulatós** *a* m*e*rry, j*o*lly, r*o*llicking; ~ **ember** reveller *(US* -l-), car*o*user **mulatozás** *n* revels *pl*, revelry, jollific*a*tion **mulatoz|ik** *v* car*o*use, revel *(US* -l), have* a good time **mulatság** *n* **1.** *(szórakozás)* am*u*sement, entert*ai*nment, fun; **csak úgy** ~**ból** (just) for the fun of it (*v.* of the thing), (just) for the hell of it **mulatságos** *a* am*u*sing, entert*ai*ning; **rendkívül** ~ h*i*ghly am*u*sing; **a** ~ **a dologban az, hogy** ... the f*u*nny thing is/was that ... **mulatt** *a/n* mul*a*tto (*pl* mul*a*ttos *v. főleg US:* mul*a*ttoes) **mulattat** *v* am*u*se, entert*ai*n, div*e*rt **mulattatás** *n* entert*ai*nment; **az ő** ~**ára** for his am*u*sement **mulattató I.** *a* am*u*sing, entert*ai*ning **II.** *n* entert*ai*ner; *(komikus)* comedian **múlékony** *a* p*a*ssing, eph*e*meral, moment*a*ry, tr*a*nsient **múlhatatlan** *a* adm*i*tting of no del*a*y *ut.*, *u*rgent; ~ **szükségszerűség** imper*a*tive necessity; ~**ul meg kell tenned** you must do this *u*rgently **múl|ik** *v* **1.** *(idő)* pass, el*a*pse; **ahogy** ~**nak az évek** as the years go* by; ~**tak az évek** the years have gone by; **egy hete** ~**t, hogy** it h*a*ppened a week ag*o* that; **nehezen** ~**ik az idő** time hangs* h*ea*vy on one's hands; **5 óra múlt** it is past five (o'cl*o*ck), it's just turned 5 o'cl*o*ck, *US* gone 5; **6 (óra)** ~**t tíz perccel** it is ten past six, *US* ten *a*fter six; **25 éves** ~**t** he is past 25, he has turned 25 **2.** *(fájdalom)* st*o*p, cease **3.** vkn/vmn ~**ik** depend on sy/sg; **rajtad** ~**ik, hogy** it rests with you to, it dep*e*nds on you, it's up to you to; **rajtatok** ~**ik a győzelem** w*i*nning depends on you; **ha csak ezen** ~**ik** if it is *o*nly a qu*e*stion of this; **rajtam nem fog** ~**ni** it will be no

fault of mine (if it does not ...); **hajszálon/kevesen** ~**t, hogy** it was touch and go, it was a close shave, he v*e*ry n*ea*rly [died etc.]; **ezen** ~**t, hogy elvesztette a mérkőzést** that lost him the match ⇨ **késik** **mullpólya** *n* m*u*slin/gauze b*a*ndage **múló** *a* p*a*ssing, fl*ee*ting, m*o*mentary, tr*a*nsit*o*ry; ~ **sikerek** eph*e*meral succ*e*sses/hits **múlófélben** *adv* ~ **van** be* p*a*ssing (away), be* *ea*sing (off) **múlt I.** *a* past, last; ~ **alkalommal** last time; ~ **évi** last year's, of last year *ut.*; ~ **havi** in/d*u*ring the pr*e*vious month *ut.*; ~ **héten** last week; ~ **idő** past tense; ~ **idejű melléknévi igenév** past p*a*rticiple; **a** ~ **órán** d*u*ring/in our last class **II.** *n* **1.** past; **ez most már a** ~**é** it is* a thing of the past **2.** *nyelvt* past tense **múltán** *adv a*fter (the lapse of); **évek** ~ years *a*fter; **két hónap** ~ *a*fter the lapse of two months **múltával** *adv a*fter; **évek** ~ years *a*fter; **idő** ~ in (the course of) time **multidiszciplináris** *a* multid*i*sciplinary **multilaterális** *a* multilat*e*ral **multimédia** *n* multim*e*dia **multinacionális** *a* multin*a*tional [companies] **múltkor** *adv* the *o*ther day, not long ago, (the) last time **múltkori** *a* r*e*cent, of late *ut.* **múltú** *a* **nagy** ~ **nemzet** n*a*tion with a h*i*story; **nagy** ~ **egyeteme van** has an *a*ncient university **múlva** *adv* in; **3 hét** ~ in three weeks, *hiv* 3 weeks hence; **(kb.) egy óra** ~ **jövök** I'll come in an hour (or so); **további tíz év** ~ in an*o*ther ten years; **évek** ~ s*e*veral years l*a*ter **mulya I.** *a* s*i*mple, f*oo*lish **II.** *n* s*i*mpleton, dolt **múmia** *n* m*u*mmy **mumpsz** *n* mumps *sing.* **mumus** *n* b*o*gy(-man)°, bugab*oo* **mundér** *n nép* † *u*niform, garb **muníció** *n* ammun*i*tion, *biz a*mmo **munka** *n* **1.** *ált* work; *(elfoglaltság, állás)* job; *(erőfeszítés)* *e*ffort, toil; ~ **nélkül van, nincs** ~**ja** be* out of work/empl*o*y-ment (*v.* a job), be* unempl*o*yed; ~ **nélküli jövedelem** un*ea*rned *i*ncome; **kemény** ~ hard work; **nehéz testi** ~ hard ph*y*sical work; **a napi** ~ **után** *a*fter the d*ai*ly grind; **M**~ **Érdemrend** *O*rder of L*a*bour; ~**ba áll** *e*nter work/service; ~**ba állít vkt** set* sy to work, empl*o*y sy; ~**ba**

megy go* to work; ~**ba vesz** take* [a task/job] in hand; ~**ban van** (1) *vk* be* at work (2) *vm* be* in hand, be* in the making; ~**ban levő mű** work in progress; ~**hoz lát** set* to work; ~**hoz való jog** right to work; ~**hoz való viszony** the (right/ wrong) *attitude* to one's work; ~**ra!** to work!, get on with your work!; ~**t ad vknek** eng*age*/empl*oy* sy, give*/find* sy work; **ez sok** ~**t ad** it gives* one a lot to do, it keeps* one b*usy*; ~**t keres** look for work, look for a job; **kerüli a** ~**t** dis*like*/ shun work, be* work-shy; ~**t talál** find*/ get* work, find* a job; ~**t vállal** take* on a job, accept work; ~**t végez** do* the work; **jó** ~**t végez** do* good work; **nem fél a** ~**tól** (s)he's not afr*aid* of work **2.** *(feladat)* task, job **3.** *(munka eredménye, mű)* (piece of) work

munkaadó *n* empl*oyer*

munkaalkalom *n* *o*pening, situ*ation*, oppor*tunity* to work, job

munkaanyag *n* *(konferenciáé)* working p*a*pers *pl*

munkaasztal *n* work-bench/table

munkabér *n* w*a*ge(s), pay

munkabéralap *n* wage fund

munkabéremelés *n* r*a*ising of wages

munkabeszüntetés *n* **1.** *(sztrájk)* strike **2.** w*a*lkout, st*o*ppage

munkabírás *n* working ab*i*lity/cap*a*city; **nagy** ~**ú** c*a*pable of hard work *ut.*, high--powered; *kif* be* a gl*u*tton for work

munkabíró *a* c*a*pable of work(ing) *ut.*, able--bodied

munkabrigád *n* worker's brig*a*de, team, working p*a*rty

munkabuzi *a biz* -workaholic

munkacsoport *n* (work)team

munkadarab *n* work(-piece), job, piece of work

munkadíj *n* **1.** *(elkészítési díj)* cost, charge, price, (set) fee **2.** *(munkabér)* w*a*ge(s), pay

munkaebéd *n* working l*u*nch(eon)/d*i*nner

munka-egészségügy *n* l*a*bour *(US* -or) health/h*y*giene

munkaegység *n* *u*nit of work, work *u*nit

munkaerkölcs *n* work *e*thic

munkaerő *n* **1.** *(munkabírás)* working power/ab*i*lity/cap*a*city, c*a*pacity for work; **eladja munkaerejét** sell* one's l*a*bour *(US* -or) **2.** *(munkások összessége)* man-power; *(egy ország iparáé v. egy gyáré)* workforce, l*a*bour *(US* -or) force; **elegendő** ~**vel nem rendelkező** underm*a*nned **3.** *(munkavállaló, fizikai)* worker, workman°,

(c*o*mmon) l*a*bour; *(alkalmazott)* employ*ee*, clerk; **jó** ~ he is an outst*a*nding w*o*rker

munkaerő-átcsoportosítás *n* realloca-tion of m*a*npower

munkaerő-csábítás *n* l*a*bour *(US* -or) p*i*racy

munkaerő-fölösleg *n* red*u*ndancy; s*u*rplus l*a*bour *(US* -or)

munkaerő-gazdálkozás *n* m*a*npower--m*a*nagement

munkaerőhiány *n* m*a*npower/l*a*bour short-age, sh*o*rtage of l*a*bour *(US* -or)

munkaerő-szükséglet *n* l*a*bour/man-power dem*a*nd *(US* -or)

munkaerő-tartalék *n* m*a*npower/l*a*bour reserve(s) *(US* -or)

munkaerő-toborzás *n* m*a*npower re-cru*i*tment

munkaerő-vándorlás *n* migration of man-power, *biz* fl*o*ating

munkaértekezlet *n* (staff) meeting

munkaeszköz *n* (w*o*rking) tool, *i*mplement; ~**ök** tools, set of tools *sing.*, equ*i*pment *sing.*

munkafegyelem *n* w*o*rk(sh*o*p) d*i*scipline, d*i*scipline at work

munkafeltételek *n pl* working cond*i*tions

munkafelügyelő *n* foreman°, overseer

munkafüzet *n* w*o*rkbook

munkagép *n* *(energiát munkavégzésre hasz-nosító gép)* mach*i*ne; *(lassú jármű)* machine, vehicle

munkahely *n* **1.** *(a vállalat, üzem stb.)* place of work/employment, *US* workplace; **a** ~**én van** be* at work, be* in the office **2.** *(állás, munkaalkalom)* empl*o*yment, job; ~**et változtat** change one's job

munkahelyi *a* ~ **légkör** *a*tmosphere of/at the/one's place of work; ~ **telefonszám** work t*e*lephone n*u*mber

munkahelyváltozás *n* change of (one's) job/empl*o*yment

munkahely-változtatás *n* change of (one's) job/empl*o*yment

munkahét *n* working week, *US* work week; **40 órás** ~ a 40 hour week (at work)

munkahiány *n* lack of work, unempl*o*yment

munkahipotézis *n* working th*e*ory, work-ing hypothesis *(pl* hypotheses)

munkaidő *n* working hours *pl*, w*o*rking time, hours of work *pl*; **részleges (v. nem tel-jes)** ~**ben dolgozik** work part-t*i*me; **tel-jes** ~**ben foglalkoztatott (v. teljes munkaidejű) dolgozó** f*u*ll-time w*o*rker/ employ*ee*; *(igével)* work full-t*i*me; **nem teljes** ~**ben foglalkoztatott** *(dolgozó)* part-t*i*mer, p*a*rt-time w*o*rker

munkaigényes *a* requiring much labour *ut.*
(*US* -or), labour-intensive; ~ **termelőfolyamatok gépesítése** mechanization of production processes with a high manpower requirement
munkairányító *n* dispatcher
munkajog *n* law of labour, labour (*US* -or) law
munkakedv *n* love of work, feeling for (one's) work
munkaképes *a* able to work *ut.*, fit for/to work *ut.*, able-bodied
munkaképesség *n* ability to work, fitness for work
munkaképtelen *a* **1.** *(átmenetileg és ált)* unable to work *ut.*, unfit for/to work *ut.* **2.** *(állandó jelleggel)* permanently disabled, invalid
munkaképtelenség *n* **1.** *(átmeneti és ált.)* inability to (*v.* unfitness for) work **2.** *(állandó)* (permanent) disablement/disability, invalidity
munkakerülés *n* work-shyness, idleness
munkakerülő I. *a* workshy **II.** *n* (work-) -shirker, slacker
munkakönyv *n kb.* work card, employment record, employee's record book
munkaköpeny *n* overalls *pl*, smock
munkakör *n ált* sphere/field of work/activity; *(feladatkör)* range/scope of (sy's) duties, occupation, job; *(beosztás)* duty; **nem tartozik a ~ömbe** it is not (with)in my field (of work)
munkaköri *a* ~ **beosztás** duty, duties *pl*; ~ **kötelesség** duty, responsibility
munkakörülmények *n pl* working conditions
munkaköteles *a* liable to work *ut.*
munkakötelezettség *n* obligation to work
munkaközösség *n* *(állandó)* co-operative, collective; *(alkalmi, főleg szellemi munkára)* team, work(ing)/study-group; **gazdasági** ~ **(gmk)** *kb.* (business) partnership
munkaközvetítés *n* finding jobs/employment ⇨ **munkaközvetítő**
munkaközvetítő *a/n* ~ **(hivatal/iroda)** *ált* employment agency; *GB (főhivatal)* Employment Service Agency, *(részlege)* jobcentre; *US* employment agency
munkakutya *n* work-dog
munkalap *n* work-sheet, work-list, job-card
munkalassítás *n* work-to-rule
munkálat *n* work, operation; **a** ~**ok folynak** work is* in progress; **szervezési** ~**ok** work of organization
munkalehetőség *n* = **munkaalkalom**

munkálkodás *n* activity, work(ing)
munkálkod|ik *v* **1.** *ált* be* active, work (hard) **2.** *vmn* be* engaged in sg (*v.* doing sg), be* occupied with sg, work on sg, labour (*US* -or) at sg
munkáltató *n* employer
munkamegosztás *n* division of labour (*US* -or)
munkamenet *n* working process
munkamennyiség *n* amount of work
munkamódszer *n* working method, method of working; ~**t átad vknek** impart one's skill to sy
munkamódszer-átadás *n* passing on (*v.* transfer/exchange) of working methods
munkamorál *n* work ethic
munkanadrág *n* work trousers *pl*; *(melles)* overalls *pl*
munkanap *n* working day *v. (főleg US)* workday; **nyolcórás** ~ eight-hour working day *v. (főleg US)* workday
munkanélküli *n* *(igével)* be* unemployed/jobless; *(munkás)* unemployed workman°; **a** ~**ek** the unemployed/jobless
munkanélküliség *n* unemployment
munkanélküli-segély *n* unemployment benefit, *biz* dole; ~**t kap**, ~**en él** *biz* be* on the dole
munkanyelv *n* *(konferenciáé)* working language(s)
munkaóra *n* man-hour
munkapad *n* workbench
munkaprogram *n* programme (*v.* US program) of work
munkareggeli *n* working breakfast
munkarend *n* scheme/plan of work, work schedule
munkaruha *n* working-clothes, work clothes, overalls *(mind: pl)*
munkás *n* *(ipari stb.)* (industrial) worker; *(ált pl. építkezésen stb.)* workman°; **nehéz testi** ~ labourer (*US* -or-), heavy manual worker; ~**ok** workers, workpeople; **szellemi** ~ white-collar worker
munkásállam *n* workers' state
munkásarisztokrácia *n* working-class aristocracy, labour (*US* -or) aristocracy
munkásáruló *n* traitor to the working class
munkásasszony *n* working woman°
munkásbiztosítás *n* workers' insurance
munkáscsalád *n* workmen's family, working-class family
munkásegység *n* working-class unity
munkásellenes *a* anti-working-class, anti-labour (*US* -or)
munkásember *n* workman°, worker

munkásfelvétel *n* hiring/engaging (*v.* taking/signing on) of workers; ~ **nincs** no vacancies

munkásfiatal *n* young worker, working youth

munkásgyer(m)ek *n* child° of a worker (*v.* of workpeople), child° of working-class origin

munkáshiány *n* labour/manpower shortage, shortage of labour (*US* -or)

munkásifjú *n* = **munkásfiatal**

munkásifjúság *n* working youth

munkáskáder *n* worker-cadre

munkáskérdés *n* labour (*US* -or) question

munkáskizárás *n* lock-out

munkáslakás(ok) *n* houses/lodgings for workmen

munkásl(e)ány *n* working(-class) girl

munkáslétszám *n* number of workers/ hands, workforce; *(munkaerő)* manpower; **a ~ csökkentése** reduction of the workforce

munkásmozgalom *n* working-class movement

munkásnegyed *n* working-class district

munkásnő *n* working woman°, woman(-) -worker (*pl* women(-)workers), woman labourer (*pl* women labourers) (*US* -or-)

munkásnyúzó *n* slave-driver

munkásosztály *n* working class

munkásotthon *n* workers' home

munkásőrség *n* the Workers' Militia

munkás-paraszt *a* **tört ~ szövetség** worker-peasant alliance

munkáspárt *n* workers' party, *GB* Labour Party

munkáspárti *a/n GB* adherent/member of the Labour Party; ~ **képviselő** Labour MP; ~ **vezetők** Labour leaders

munkásság *n* **1.** *(mint osztály)* working class, workers *pl*; *(egy üzemé)* workers *pl*, workmen *pl*; **gyári ~** factory workers *pl* **2. vknek a ~a** sy's activity, sy's (life-) -work; *(tudományos)* academic/scientific achievement, scholarly activities *pl*

munkásszállás *n* workers' lodgings (*US* dormitory)

munkásszálló *n* workmen's/workers' hostel/home

munkásszármazású *a* of working-class origin *ut.*, working-class . . .

munkásszervezet *n* workers' organization

munkássztrájk *n* (workers') strike

munkásszülő *n* ~**k gyermeke** child° of workers (*v.* workpeople)

munkástanács *n* workers' council

munkástílus *n* working method

munkástömegek *n pl* labouring (*US* -or-) masses, working masses, the masses

munkásújító *a* worker-innovator

munkásüdülő *n* workers' holiday home

munkásüdültetés *n* organized holidays for workers

munkásvándorlás *n* floating

munkásvédelem *n* labour (*US* -or) safety, safety at work

munkásvonat *n* workmen's train

munkaszeretet *n* love for work

munkaszervezés *n* organization of work

munkaszerződés *n* contract of employment, employment/labour contract

munkaszolgálat *n* forced labour (*US* -or), "labour service" [in a labour camp]

munkaszolgálatos *n* ⟨inmate of a labour camp⟩; ~ **század** labour-service company

munkaszünet *n* holiday, rest

munkaszüneti nap *n* bank/public holiday

munkatábor *n* labour camp

munkatárgy *n* job, work (in hand)

munkatárs *n* **1.** *(fizikai munkában)* fellow worker **2.** *(egyéb munkában)* colleague; *(szakkönyv szerkesztőjének ~a)* contributor; ~**ak** *(szerkesztőségben)* editorial staff/team; *(segédszerkesztők)* assistant editors **3.** *(mint beosztás és cím)* employee (of); **a rádió ~a** producer/editor (of the Hungarian Radio); **tudományos ~** research fellow/worker; **külső/részfoglalkozású ~** *(szerkesztőségben)* stringer, [contributor/correspondent] on a part-time basis, outside contributor

munkateljesítmény *n* output, performance

munkatempó *n* rate/speed of work(ing); **fokozza a ~t** speed* up (the) work

munkaterápia *n* occupational/work therapy

munkatermék *n* product (of labour)

munkatermelékenység *n* productivity (per man-hour worked)

munkaterület *n* **1.** *(tárgykör)* sphere/area/ field of work, scope of activities **2.** *(hely)* building area/site

munkaterv *n* *ált* work(ing) plan, work schedule/scheme; *(ösztöndíjasé)* scheme of study/work; *(gyárban)* production schedule

munkatöbblet *n* excess/surplus labour (*US* -or), excess/surplus work

munkaügyi *a* labour (*US* -or), of labour *ut.*, employment; ~ **miniszter** Minister of Labour, Employment Minister, *GB* Employment Secretary, *US* Labor Secretary; ~ **minisztérium** Ministry of Labour; ~ **osz-**

tály work/personnel department; ~ **vita** labo(u)r dispute
munkavacsora n working dinner
munkavállaló n employee
munkavédelem n industrial safety, safety provisions (for workers) pl
munkavédelmi a ~ **szabályok** workers' protection legislation/law, *GB* Factories Act
munkaverseny n **szocialista** ~ *tört* socialist emulation
munkavezető n foreman°, overseer
munkaviszony n **1.** *(munkáltató és munkavállaló között)* employee—employer (v. employment) relationship; employment; ~**ban van** be* employed, *(teljes munkaidőben)* be* in regular full-time employment **2.** ~**ok** working conditions
murci n stum
muri n *biz* fun, lark, spree, beanfeast
muris a *biz* funny
muriz|ik v *biz* **1.** *(mulat)* go* out on a spree, have* fun, revel *(US* -l) **2.** *(veszekszik)* kick up a shindy/row
murok n *növ* **1.** wild carrot **2.** = **sárgarépa**
murva n **1.** *növ* bract **2.** *(kő)* gravel
musical n musical
muskátli n geranium, pelargonium
muskétás n † musketeer
muskotály n **1.** *(szőlő)* muscat grapes **2.** *(bor)* muscatel, muscat
muslica n vinegar/fruit/wine fly
must n must
mustár n mustard
mustárgáz n mustard-gas
mustármag n mustard-seed
muszáj I. v must, be* obliged to, have* (got) to; **ha (éppen nagyon)** ~ if absolutely necessary, *kif* at a pinch; ~ **volt elmennem** I (simply) had to go **II.** n necessity, compulsion, constraint; **nagy úr a** ~ necessity knows no law; ~**ból** under pressure
muszlin n muslin, mull
mutál v sy's voice breaks*
mutálás n break(ing) of voice
mutat 1. vt *ált* show*; ~ **vmt vknek** show* sg to sy, show* sy sg; ~**ja az utat** *vknek* show* sy the way, show* the way to sy; **mutasd csak!** let me see (it)! **2.** vi **vmre/vkre** *(v. vk/vm felé)* ~ point to/ towards sg/sy; *(ujjával)* point one's fingers at sg/sy **3.** vt *(műszer)* read*, register, show*; **az óra** ~**ja az időt** the clock tells the time; **az óra 10-et** ~ the clock shows* ten (o'clock); **a hőmérő 7 fokot** ~ the thermometer reads*/registers 7 degrees; **az**

árammérő 8391-et ~ the meter reads* 8391 **4.** vt *(jelez, bizonyít vmt)* show*/ indicate sg, point at sg, show* signs of sg, show*/give*/bear* evidence of sg, suggest sg; **mint a neve is** ~**ja** as shown/indicated by its name; **ez azt** ~**ja, hogy** this/it shows/indicates that, it goes to show that; *(arra utal)* this seems to be pointing at sg; **a jelek arra** ~**nak, minden (jel) arra** ~, **hogy** everything points to . . .; *kif* to all appearances; it appears that; **a történelem azt** ~**ja, hogy** history shows* *(v.* teaches* us the lesson) that **5.** vt *(kifejez érzést)* show*, express; **nem** ~**ja érzéseit** (s)he makes* no display of her/his feelings **6.** vi *(vmlyennek látszik, vhogyan fest)* look, seem, appear, give* the impression of; **jól** ~ **az új ruhájában** she looks great in her new dress, her new dress suits her well; **jól** ~ **filmen** she screens/films well, she is* photogenic; **nem** ~ **vm jól** she is* not much to look at **7.** vt *(színlel)* feign, pretend; **csak úgy** ~**ja** he only pretends ⇨ **ajtó**
mutatkoz|ik v **1.** *vk vhol* show* (oneself) **2. hiány** ~**ik** there is* a shortage/shortfall **3.** *vmnek, vmlyennek* look, seem; **hasznosnak** ~**ik** promise to be useful; **a termés jónak** ~**ik** the crop looks promising
mutató n **1.** *(órán)* hand; *(mérőműszeré)* pointer **2.** *(könyvé)* index *(pl* indexes) **3.** = **mutatószám 4.** *(minta)* sample, specimen; ~**ba küld vmt** send* sg as a sample; **még** ~**ba sem maradt belőle** not a single one/piece was left
mutatós a *ált* showy; *(látványos)* spectacular; *(jó megjelenésű)* good-looking, decorative, of good appearance *ut.*
mutatószám n index number, index *(pl* indexes v. indices)
mutatóujj n forefinger, index finger
mutatvány n **1.** *(közönség előtt)* spectacle, exhibition, show; **(cirkuszi/nyaktörő)** ~ stunt **2.** *(szemelvény)* specimen **3.** *(áruból)* sample(s)
mutatványos n showman°
mutatványosbódé n sideshow
mutatványszám n specimen copy
mutogat 1. vt *vmt* keep* showing/displaying/exhibiting (sg); *(vmt dicsekedve)* boast of/about sg; ~**ja magát** make* an exhibition of oneself **2.** vi *(jelez)* make* signs; *(jelel)* use sign language, signal *(US* -l)
mutogatós a *biz* ~ **(bácsi)** *(exhibicionista)* flasher
mutyiban adv *biz* **fizessünk** ~ let's go halves, let's split it

mutyiz|ik v biz go* fifty-fifty (with sy), halve/share (the) expenses
muzeális a ~ **darab/tárgy** museum piece; ~ **érték** a priceless piece
muzeológia n museology
muzeológiai a museological
muzeológus n museologist, custodian, keeper, curator [of a museum]
múzeum n museum
múzeumbogár n museum beetle
múzeumi a ~ **bolt** museum shop; ~ **tájékoztató** museum guide; ~ **teremőr** guard, warden, attendant; (rendész) security warden, guard
múzeumvezető n curator [of a museum]
muzikális a musical, talented in music ut.
muzulmán a/n Muslim, Mussulman
múzsa n Muse; **homlokon csókolta a** ~ be* muse-inspired
muzsika n music
muzsikál v make* music, play (an instrument); ~ **sz vmlyen hangszeren?** do you play any instrument?; **szépen** ~ (s)he plays (the piano/violin etc.) very well; ~**j valamit** (do) play sg for us
muzsikaszó n (sound of) music; **vidám** ~ **mellett** accompanied by merry music
muzsikus n musician
mű n **1.** ált work; (irodalmi) (literary) work, writing; (zenei) opus, composition, (musical) work; **Ady Endre összes** ~**vei** the complete works of Endre Ady **2. egy pillanat** ~**ve volt** it happened in an instant; **a véletlen** ~**ve volt** it was a matter of chance; **ez a te** ~**ved volt** elit it was one of your doings **3.** (nagy ipari stb. létesítmény) (the) works pl
mű- pref **1.** (művészeti) artistic, art- **2.** (mesterséges) artificial, man-made **3.** (színlelt) feigned, artificial, imitation
műalkotás n work of art
műanyag I. n plastic **II.** a made of plastic ut., plastic; ~ **esőköpeny** plastic mac/mackintosh; ~ **fólia** clingfilm, plastic film
műasztalos n = **műbútorasztalos**
műbeszövés n invisible mending
műbírálat n (art) criticism
műbíráló n art critic
műbolygó n (artificial) satellite
műbőr n imitation leather, leatherette
műbútor n cabinet-work, furniture (of fine craftsmanship)
műbútorasztalos n cabinet-maker
műcsarnok n art gallery
műdal n (art) song
műegyetem n = **műszaki egyetem**

műemlék n (ancient/historic/national) monument; ~ **épület** historic building, monument, GB listed building; ~ **ház** GB listed house; ~**ké nyilvánít** declare sg a public/historic monument/building
műemlékvédelem n protection of monuments (v. historic buildings)
műépítész n architect
műértő n connoisseur, art expert
műfaj n (literary) genre
műfelháborodás n feigned indignation
műfog n false tooth°
műfogsor n set of false/artificial teeth, false teeth pl, denture, biz (dental) plate
műfordítás n translation [of literary works], literary translation
műfordító n translator [of literary/works], literary translator
műgond n ~**dal készült** done/made with great care ut.
műgumi n synthetic rubber
műgyanta n synthetic resin
műgyűjtemény n art collection
műgyűjtő n art collector
műhely n **1.** konkr workshop; (autójavító szerviz) garage; **a** ~ (**dolgozói**) shop floor **2.** átv, tud workshop [pl. a workshop on dictionary-making, translation etc.]
műhelyfőnök n (shop-)foreman°, overseer
műhelymunka n (tud. v. alkotó munkáé) workshop
műhelytitok n workshop secret, trick/secret of the trade
műhiba n **1.** (orvosi) malpractice **2.** ált error, fault
műhímzés n (gépi) machine embroidery
műhold n artificial satellite; **távközlési** ~ communications satellite
műholdas felvétel, műholdfelvétel n satellite picture
műízlés n artistic taste
műjég(pálya) n (skating) rink
műkedvelő I. a amateur, non-professional; ~ **előadás** amateur performance; ~ **színtársulat** amateur theatrical company **II.** n amateur
műkereskedés n art(-dealer's) shop, gallery
műkereskedő n art-dealer
műkertész n landscape gardener
műkifejezés n = **szakkifejezés**
műkincs n art treasure
műkorcsolya n M~ **Európa-bajnokság** European Figure Skating Championship
műkorcsolyázás n figure skating
műkorcsolyázó n figure skater; ~ **bajnok** figure skating champion

műkő *n* artificial/cast stone
működés *n* **1.** *ált* function(ing); *(gépé)* working, operation; ~**be hoz** (1) *ált* se**t*** sg going, pu**t***/se**t*** sg *into* action/operation (2) *(gépet)* se**t*** [a machine] going; ~**be jön** ge**t*** going/working, begin* to work, come *into* action; ~**ben van** be* working/going, be* in operation **2.** *(emberé)* activity; **megkezdi** ~**ét** *vk* take* up one's duties **működési** *a* ~ **bizonyítvány** record of service, testimonial; ~ **engedély** (operational) permit; *(orvosé)* licence (to practice); ~ **idő** time of service; ~ **kör** sphere/ scope/field of activity/action; ~ **tér/terület** field of action/activity, range of action; ~ **zavar** (1) *(szervé)* functional disorder, dysfunction (2) *(szerkezeté)* faults/troubles in working/functioning *pl*
működ|ik *v* **1.** *(gép, szerkezet)* work, run*, operate, function, be* in operation/service; **jól** ~**ik** be* running smoothly, be* in good working/running order; **hogy** ~**ik?** how does it work?; **a lift nem** ~**ik** the lift (*v.* US elevator) is* out of order; **a fék nem** ~**ött** the brakes did not work **2.** *(szerv)* function; **a szíve jól/rendesen** ~**ik** his heart is functioning regularly/properly **3.** *(ember)* work, act as; **mint tanár** ~**ik** be* a teacher; **vm pályán/szakmában** ~**ik** follow a profession/trade
működő *a* **1.** *ált* active; ~ **tűzhányó** active volcano **2.** *(gép)* working; **jól** ~ **motor** engine in good working order; **rosszul** ~ out of gear *ut.*, faulty; **nem** ~ not operating, idle, faulty
működtet *v (gépet)* operate [a machine]
műkritika *n* (art) criticism
műkritikus *n* art critic
műláb *n* artificial foot°/leg
műlégy *n* (artificial) fly, dry/wet fly
műleírás *n* specification, description
műlesiklás *n* slalom, downhill (run) ·
műlovarnő *n (cirkuszi)* circus rider
műmelléklet *n* **1.** *(könyvhöz)* (full-page) plate **2.** *(újsághoz)* artistic supplement
München *n* Munich
műnyelv *n* **1.** *(mesterséges)* artificial language **2.** = **szaknyelv**
műnyomó papír *n* art paper
műpártoló *n* patron of art, Maecenas
műremek *n* work of art, masterpiece; **valódi** ~ a veritable work of art
műrepülés *n* stunt flying, aerobatics *(mint sportág: sing.; a mutatványok: pl)*; ~**t végez** do* stunt flying, perform stunts, execute a series of aerobatics

műrost *n* synthetic fibre *(US* -ber)
műselyem *n* rayon
műsor *n* **1.** *ált* programme *(US* program); *(könnyű műfajbeli)* show; **most van** ~**on** *(film, színdarab)* now showing; ~**on van** be* running/on; **mi van** ~**on?** what's on (just now)?; **Macbeth van** ~**on** Macbeth is on; **két hónapig volt** ~**on** it had a run of two months; ~**ra tűz** *(filmet, színdarabot)* bill **2.** *(állandóan játszott darabok)* repertoire **3.** *(műsorfüzet v. -lap)* (theatre) programme, playbill
műsorfüzet *n* = **műsor 3.**
műsoridő *n* running time (of programme)
műsorközlő *n* announcer
műsoros *a* ~ **est** evening (with entertainment/programme)
műsorszám *n* item (of programme); **állandó** ~ standing/stock piece
műsorvezető(-szerkesztő) *n (rádió)* broadcaster, presenter; *(tévé)* presenter; *(igével)* this programme was presented by . . .
műstoppolás *n* invisible mending
műszak *n* shift, turn; **éjjeli** ~ night shift; **nappali** ~ day shift; **napi két** ~**ban dolgoznak** work two shifts a day; **8 órás** ~**ban dolgozik** work an eight-hour shift; **három** ~**ban dolgoznak** work in three shifts, work around the clock
műszaki I. *a* technological; *(korábban, és ma is néhány kapcsolatban)* technical; ~ **áru** *(vas- és edényboltban)* fittings *pl*; ~ **beállítottságú** technically minded; ~ **csapatok** engineer(ing) corps; ~ **egyetem** technological university; *GB* College of Advanced Technology; ~ **eljárás** technology; process, treatment, method; ~ **értelmiség** technical intelligentsia, (the) technocrats *pl*, technocracy; ~ **fejlesztés** advances/improvements in technology *pl*; ~ **főiskola** college of technology, *GB* polytechnic; ~ **(és tudományos) haladás/fejlődés** advances in technology (and science) *pl*, technological (and scientific) advances *pl*; ~ **hiba** breakdown, mechanical trouble; *(tévében)* transmitter failure; ~ **hiba miatt csak egy lift üzemel** due to defect there's only one lift in service; ~ **igazgató** works manager; ~ **jártasság** mechanical skill; ~ **oktatás** polytechnic courses *pl*, technical education; ~ **példány** *(könyv)* advance copy; ~ **rajz** technical drawing; ~ **rajzoló** draughtsman°, *US* draftsman°; ~ **segélyhely** *(autópályán stb.)* mechanical help/assistance; ~ **szakember** technologist, expert/specialist in technology; ~ **tanulmá-**

nyok technical/technological studies; **tudományos és ~ tárgyak** scientific and technical subjects; **~ tiszt** engineer officer; **~ tudományok** technological sciences, technology; *(gépészmérnöki)* engineering; **~ vélemény** expert('s) opinion; **~ vezető** operations/technical manager/director; **~ vizsga** *(gépkocsié)* GB MOT (test); **nem ment át a kocsim a ~ vizsgán** my car failed its MOT (test) **II.** *n a* **~ak** the technical staff; *kat biz* the sappers
müszakilag *adv* technologically
müszakváltás *n* shift
müszál *n* synthetic fibre (*US* -ber)
müszem *n* artificial eye; *(üveg)* glass eye
müszempilla *n* false eyelashes *pl*
müszer *n* instrument; *(készülék)* apparatus, appliance; **finommechanikai ~** precision instrument; **optikai ~** optical instrument
müszeres *a* **~ leszállás** instrument/blind landing; **~ repülés** instrument/blind/unmanned flying
müszerész *n* mechanic, technician
müszerfal *n* *ált* instrument board/panel; *(autóé)* dashboard; *(repgépé)* instrument panel
müszerszekrény *n* *orv* instrument case
müszív *n* artificial/mechanical heart
müszó *n* technical term
müszótár *n* technical dictionary
mütárgy *n* **1.** *(müvészi)* work of art **2.** *müsz* **~ak** (construction) works *pl*
müterem *n* studio; *(csak müvészé)* atelier
mütét *n* (surgical) operation, surgery; **kisebb ~** minor surgery; **nagyobb ~** major operation/surgery; **~nek aláveti magát** undergo* an operation; **~et végez** *(v.* hajt végre) vkn operate on sy (for sg), perform an operation on sy (for sg); **~et hajtanak végre** vkn, **~en esik át** undergo* surgery; **sürgős ~en esik át** undergo* emergency surgery
mütéti *a* operative; **~ beavatkozás** surgical intervention/treatment, surgery; **beavatkozásra nem volt szükség** surgery was not necessary; **~ eltávolítás** (surgical) removal; **~ úton, ~leg** by operation, surgically
mütő *n* (operating) theatre, *US föleg:* operating room
mütöasztal *n* operating table; **a ~on meghalt** died on the operating table (*v.* during operation)
mütős *n* theatre orderly

mütősnö *n* theatre nurse
mütrágya *n* artificial fertilizer
mütrágyáz *v* fertilize; **~ási mód** fertilizer practice/system
mütyürke *n* frippery, knick-knack, *US* doodad
müugrás *n* springboard diving
müugró *n* (springboard) diver
müúszás *n* **(páros)** ~ synchronized swimming
müút *n* high road, highway
müvégtag *n* artificial limb, prosthesis (*pl* prostheses)
müvek *n* works *sing. v. pl*; **elektromos ~** electricity works ⇨ **mü**
müvel *v* **1.** *(tesz)* do*; **mit ~sz?** what are* you doing?, *biz* what are* you up to?; **csodát ~** work miracles **2. földet ~** cultivate the land, farm **3.** *(tudományt)* study **4.** *vkt* educate, polish, refine; **~i magát** improve one's mind, educate oneself
müvelés *n* **1.** *(földé)* cultivation (of land/ soil); **~ alatt álló** under/in crop *ut.* **2.** *(tudományé, müvészeté)* study
müvelet *n* **1.** *ált és mat* operation **2.** *pénz, ker* transaction
müveletlen *a (ember)* uneducated, uncivilized, lacking culture *ut.*
müveletlenség *n* lack of education
müvelhetö *a* **~ terület** arable land
müvelödés *n* education, culture
müvelödési *a* cultural; **~ ház** *kb.* community (arts) centre (*US* -ter), arts centre; **M~ és Közoktatási Minisztérium** Ministry of Education
müvelödéspolitika *n* cultural and educational policy
müvelödéspolitikai *a* cultural and political, politico-cultural; **~ ügyek** cultural questions
müvelödéstörténet *n* history of civilization/culture, cultural history
müvelödéstörténeti *a* historico-cultural, relating to the history of civilization *ut.*
müvelödésügy *n* public education
müvelöd|ik *v* improve (one's) mind/manners
müvelt *a (ember)* educated, cultured, cultivated; *(nagy tudású)* erudite; *(nép)* civilized; **igen ~** highly cultured, sophisticated; **~ beszéd** educated/standard speech, spoken standard, *(konkrétan így is)* standard English/Hungarian etc. (speech); **~ ember** educated person, person of culture; **~ társalgás** polite conversation
müveltetö *a* **~ ige** causative

műveltség *n* **1.** *vké* education; **humán** ~ arts education; **irodalmi** ~ literary education; **klasszikus** ~ classical education; **természettudományos** ~ science/scientific education **2.** *(népé)* civilization; **ókori** ~ ancient civilization
műveltségi *a* of culture/civilization *ut.*, cultural; ~ **fok** cultural level/standard
műveltségű *a* **nagy** ~ **ember** a highly cultured man°
művese *n* artificial kidney, kidney machine
művész *n* artist ⇨ **érdemes, kiváló**
művészegyüttes *n* ensemble
művészet *n* art
művészeti *a* artistic, art-, of art *ut.*; ~ **alkotás** work of art; ~ **iskola** art school, school of (fine) arts, *US* arts college; ~ **lexikon** encyclopedia of fine art(s); ~ **rovat** art column; *(pl. a The Timesban)* the arts; ~ **rovatvezető** art editor; ~ **vezető** artistic director
művészettörténész *n* art historian, historian of art
művészettörténet *n* history of art

művészl *a* artistic; ~ **érzók** artistic sense, artistry; ~ **film** art film; ~ **igényű** highly artistic; ~ **kivitel/hatás** *(jégtáncban)* artistic impression; ~ **kivitelű** of artistic finish *ut.*, de luxe; ~ **munka** artistic work; ~ **tehetség** artistic talent/gift; ~ **téma** artistic subject (of composition); ~ **torna** eurhythmics, *US* eurythmics *(mind: sing.)*
művészies *a* artistic, tasteful
művészieskedő *a* arty
művészietlen *a* inartistic, artless
művészlemez *n* classical record
művésznév *n* szính stage-name
művésznő *n* artist
művésznövendék *n* art student
művészszoba *n* green room
művésztelep *n* colony of artists/painters/sculptors
művezető *n* works manager
művi *a* **1.** *orv* = **műtéti**; ~ **vetélés** induced abortion **2.** *átv (mesterséges)* artificial; ~ **úton** artificially
művirág *n* artificial flower
művű *a* **finom** ~ finely wrought

N

N, n *n (betű)* (the letter) N/n
n. = *nap(i)* day
-n → **-on**
na! *int* **1.** *(biztatólag)* go on! **2.** *(kérdőleg)*
~**?** what's the news?, well?; ~ **és (az-
tán)?** so what?; ~ **mi (baj) van?** what's
up? **3.** ~ **nem baj!** well, it doesn't matter;
~ **végre!** at (long) last!
nábob *n* nabob
náci *a/n* Nazi
nácibarát *n* pro-nazi
náciellenes *a* anti-nazi
náció *n iron* nation; **ki tudja, miféle** ~
who knows what country he comes from
nacionálé *n* identity [of sy]
nacionalista *a/n* nationalist; ~ **eszmék**
nationalistic ideas; ~ **párt** nationalist party
nacionalizmus *n* nationalism
nácizmus *n* Nazism
nád *n* **1.** *növ* reed; *(bambusz/cukornád szára)*
cane; ~**dal fed** cover [a roof/house] with
reeds/thatch, thatch [a roof]; ~**dal befon**
(széket stb.) cane **2.** *zene* reed
nádas I. *a* reedy **II.** *n* reeds *pl*
nádaz *v* cover/thatch with reeds; *(bútort)*
cane
nádcukor *n* cane sugar
nádfedél *n* thatch
nádfedeles *a* thatched
nádi *a áll* ~ **poszáta** = **nádirigó**; ~ **sár-
mány/veréb** reed bunting
nadír *n* nadir
nádirigó *n* great reed warbler
nádor *n tört* palatine [of Hungary]
nádorispán *n* = **nádor**
nádpálca *n* cane
nádparipa *n* hobbyhorse
nadrág *n* **1.** *(hosszú)* a pair of trousers,
trousers *pl, US* pants *pl; (könnyebb, minden-
napi használatra)* slacks *pl*, a pair of slacks;
~**ot húz** put* one's trousers on, put* on
trousers **2.** *(női alsó)* briefs, panties, knick-
ers, pants *(mind: pl)*
nadrágkosztüm *n* trouser suit, *US* pant suit
nadrágpelenka *n* all-in-one disposable
nappy, "Smarty Pants" *pl*
nadrágszár *n* leg (of one's trousers), trouser
leg

nadrágszíj *n* (waist-)belt; *átv* **összehúzza
(v. összébb húzza) a** ~**at** tighten one's
belt *(v.* one's/the purse-string)
nadrágszoknya *n* culottes *pl*
nadrágtartó *n* braces *pl, US* suspenders *pl*
nadragulya *n* **(maszlagos)** ~ deadly
nightshade
nadrágzseb *n* trouser(s) pocket, *(hátsó)* hip
pocket
nádszál *n* (single) reed; **karcsú, mint a** ~
slender as a reed
nádszék *n* cane chair
nádtető *n* thatch(ed roof)
nádvágás *n* reed cutting
naftalin *n* naphthalene, *biz* mothball
Nagaszaki *n* Nagasaki
nagy I. *a* **1.** *(méretre, mennyiségre, intenzitás-
ra)* big, large; *(magas vk)* tall; **ez a kabát
stb.** ~ **neked** this coat etc. is too big for
you; ~ **arányokban** on a large scale; ~
A-val with a capital A; ~ **családja van**
has a large family; ~ **darab ember** *biz* a
big burly fellow, a beefy/hefty fellow; ~
erejű powerful, of great strength *ut.*; ~ **ér-
tékű** precious, extremely valuable, of great
value/worth *ut.*; ~ **fejű** big-headed; ~ **ha-
sú** portly, corpulent, *biz* pot-bellied; ~ **hi-
deg** bitter/severe cold; **2 év** ~ **idő** two
years is quite a long time; ~ **kezdőbetű** a
capital (letter) → **nagybetű**; ~ **kort ért
meg** he lived to a great age; ~ **mennyisé-
gű** a lot of..., great many; ~ **méretará-
nyú** large-scale; **igen** ~ **méretű** extra
large, outsize(d) → **nagyméretű**; ~ **múl-
tú** with a great past *ut.*; ~ **orrú** large/big-
-nosed; ~ **sikerű** highly successful; ~
szemű (1) *(ember, állat)* big/bug-eyed, with
large/big eyes *ut.* (2) *(mag)* coarse(-grained);
~ **teljesítményű** (1) *(ember)* (very) effici-
ent, high-powered, *(főnévvel) biz* whiz(z) kid
(2) *(gép stb.)* high-powered, heavy-duty; ~
többségű the (vast/great) majority; ~ **tö-
megben** in quantity, en masse; ~ **út** long
way, *(utazás)* a long journey/trip **2.** *(belső
tulajdonságra nézve, erkölcsileg)* great,
grand; ~ **ember** great man°; ~ **bajban
vannak** they are* in great/big trouble; ~
fontosságú/jelentőségű very/most sig-

nificant/important, of considerable/great importance *ut.*; ~ **hírű** famous, of great renown *ut.*, *reputable*, well-known, celebrated; ~ **idők** historic times; ~ **múltú** historic; ~ **műveltségű** highly cultured, of great erudition *ut.*; ~ **név** (a) name; **a ~ nyelvek** the major languages; ~ **tehetsé-gű** highly talented/gifted; ~ **tudású** very learned, erudite, scholarly **3.** *(felnőtt)* grown up; **ha ~ leszek** when I grow up; *biz* ~ **gyerek** a big baby **II.** *n* **1. a ~ok** *(= felnőttek)* the grown-ups **2. az ország ~jai** the great and the good, the leaders of the country **3.** *(vm zöme)* **vm ~ja** the greater part of sg, the bulk of sg **4.** *(kifejezésekben)* ~**ra becsül** appreciate, esteem, have* a high opinion (of), respect, think* highly of (sy); ~**ra becsült** esteemed, appreciated; ~**ra nőtt** grown very big/tall *ut.*, *átv* enlarged; ~**ra tart vkt** hold* sy in great esteem *(v.* high); *vmt* set*/lay* great store by sg, value sg highly; ~**ra törő** (very) ambitious; ~**ra vágyik** be* ambitious, be* full of ambition, aim high; ~**ra van vmvel** pride oneself on (doing) sg, flaunt sg; **nagyon ~ra van magával** he thinks* a lot of himself, he is* full of himself *(v.* of his own importance), *biz kif* he thinks* he is the bee's knees; ~**ot esik** fall* heavily, *biz* come* a cropper; ~**ot halad** make* good progress, make* great/rapid strides (in/with) sg; ~**ot üt** strike* heavily; ~**okat lép** stride* along; ~**okat mond** talk big, *(lódít)* fib; **naggyá tesz** make* sy/sg great/famous, aggrandize **III.** *adv* ~ **bölcsen** *elít* foolishly/stupidly (enough); ~ **búsan** very sadly, gloomily; ~ **hamar** hurriedly, in a hurry/haste, hastily; ~ **néha** → **néha**; ~ **nehezen** *after* much exertion, with (great) difficulty; ~ **nehezen megszerezte a diplomát** with great difficulty (s)he managed to get his/her degree; ~ **nehezen lábra állt** he struggled to his feet; ~ **ritkán** seldom, very rarely ⇨ **legnagyobb, nagyban, nagyobb, nevet, néz, sóhajt**

nagyadag *a* ~ **fagylalt** large portion of icecream

nagyagy *n* cerebrum *(pl* -brums *v.* -bra)

nagyágyú *n tréf biz* **1. jön a ~val** bring* out/up the/one's big guns **2.** *(tekintélyes személy)* big gun

Nagyalföld *n* → **alföld**

nagyanya *n* grandmother, *biz* grandma, grandmama, granny

nagyapa *n* grandfather, *biz* grandpa(pa)

nagyarányú *a* large-scale, vast

nagyáruház *n* department store

nagybácsi *n* uncle, *(szülőké)* great-uncle, granduncle

nagyban *adv* **1.** *(nagy mennyiségben/tételek-ben, ker)* (at) wholesale, in bulk; ~ **vásárol** buy* sg wholesale; ~ **játszik** play for high stakes **2.** = **nagymértékben 3.** *(javában)* **ekkor már ~ állt a bál** the ball was already in full swing; ~ **készülődik vmre** (s)he is preparing for sg in earnest, *biz* be* all in a flutter

nagybani *a* wholesale; ~ **ár** wholesale price; ~ **kereskedelem** wholesale trade

nagybátya *n* = **nagybácsi**

nagybecsű *a* ~ **soraira válaszolva** in answer to your esteemed letter/favour (*US* -or)

nagybélű *a vulg* gluttonous, voracious; ~ **ember** a glutton, a pig

nagybeteg I. *a* seriously/desperately ill **II.** *n* desperately/seriously ill person, dangerous case

nagybetű 1. *(kezdő)* capital (letter), *biz* cap(s); ~ **kkel ír** capitalize, write* (sg) in capital letters *(v.* in block letters/capitals); **kérjük ~ kkel írni** please write [your name etc.] in block letters, *biz* caps please **2.** *(méretben)* large characters *pl*, large type

nagybetűs *a* **1.** *(kezdőbetű)* capitalized, written/printed in capital letters *ut.* **2.** *(méretben, nyomd)* printed in large type *ut.*

nagybirtok *n* large estate

nagybirtokos *n* big landowner

nagybirtokosság *n* class of big landowners

nagybirtokrendszer *n* system of large estates

nagybőgő *n* double bass

nagybőgős *n* double-bass player, contrabassist

nagyböjt *n* Lent

Nagy-Britannia *n* Great Britain, *(nem hiv)* Britain; ~ **és Észak-Írország Egyesült Királysága** United Kingdom of Great Britain and Northern Ireland

nagy-britanniai *a* of Great Britain *ut.*, British

Nagy-Budapest *n* Greater Budapest

Nagycsarnok *n* Great Market Hall

nagycsoportos *a* child° at nursery school [5 to 6 years]

nagycsütörtök *n* Maundy Thursday

nagydíj *n* grand prize; *(autóversenyen)* Grand Prix

nagydob *n* bass drum; **veri a ~ot** beat*/bang the drum (for)

nagydobos *n* bass drummer

nagyérdemű *a* ~ **közönség!** ladies and gentlemen!

nagyestélyi *n* evening dress, ball gown

nagyeszű *a* highly intelligent, *biz* brainy

nagyevő *a* a big/hearty eater

nagyfejedelem *n* grand duke

nagyfejű *a* → **fejes II. 3.**

nagyfeszültség *n el* high voltage

nagyfeszültségű *a* high-tension/voltage; ~ **vezeték** high-tension (*v.* power) line

nagyfilm *n* feature (film)

nagyfokú *a* intense, considerable, the highest degree *ut.*; ~ **hanyagság** gross negligence

nagyfrekvencia *n* high frequency

nagyfrekvenciás *a* high-frequency

nagyfröccs *n* wine and soda

nagygazda *n* wealthy peasant farmer

nagygazdaság *n* big/large farm

nagygyakorlat *n kat* army manoeuvres (*US* maneuvers) *pl*

nagygyűlés *n* congress, general assembly

nagyhangú *a* **1.** *(ember)* loud-mouthed, ranting; ~ **alak** *biz* a loud-mouth **2.** *(kijelentés)* grandiloquent, oratorical, declamatory, bombastic; ~ **kijelentés** bombastic declaration

nagyhatalmi *a* ~ **politika** power politics *sing.*

nagyhatalom *n* Great Power

nagyherceg *n* grand duke

nagyhercegnő *n* grand duchess

nagyhercegség *n* grand duchy

nagyhét *n vall* Holy Week

nagyigényű *a* *(színvonalas)* very demanding, exacting; *elit* hard to please *ut.*

nagyipar *n* big industry, large-scale industry

nagyiparos *n* industrialist, tycoon, [beef, etc.] baron

nagyít *v* **1.** *fényk* enlarge; *(optikailag)* magnify **2.** *(túloz)* exaggerate, magnify

nagyítás *n* **1.** *fényk* enlargement; *(optikai)* magnifying **2.** *(nagyított kép)* enlargement, *(kinagyítás)* blow-up **3.** *(túlzás)* exaggeration, magnification

nagyító *n* **1.** *(üveg)* magnifying glass, magnifier, reading glass **2.** = **nagyítógép**

nagyítógép *n fényk* enlarger

nagyítólencse *n* magnifying/convex lens

nagyított *a (kép)* enlarged

nagyítóüveg *n* = **nagyító 1.**

nagyjában(-egészében) *adv* on the whole, by and large

nagyjából *adv* by and large, roughly, roughly/broadly speaking, on the whole

nagyjavítás *n* (general) overhaul; **már esedékes a** ~ the engine is* due for an overhand

nagykabát *n* overcoat, topcoat

nagykapitalista *a* = **nagytőkés II.**

nagykendő *n* shawl

nagyképű *a* bumptious, pompous, self-important; *biz* ~ **alak** bumptious fellow, stuffed shirt, show-off; ~ **halandzsa** gobbledygook

nagyképűség *n* bumptiousness, pompousness, self-importance

nagyképűsköd|ik *v* ride* a high horse, give* oneself airs

nagykereskedelem *n* wholesale trade

nagykereskedés *n* wholesale (ware)house/establishment/store

nagykereskedő *n* wholesaler, wholesale dealer, merchant; *US így is:* distributor

nagykereskedői *a* ~ **ár** wholesale price

nagykorú *a* major, of age *ut.*; ~ **lesz** = *eléri a* **nagykorúságot**

nagykorúság *n* (one's) majority; **eléri a** ~**ot** come* of age, reach/attain one's majority

nagykötőjel *n* (em) dash

nagykövet *n* ambassador

nagykövetség *n* **1.** *(hely)* embassy **2.** *(tisztség)* ambassadorship

nagyközönség *n* the (general) public; **a** ~ **számára nyitva 10-től 2-ig** open to the public from 10 a.m. to 2 p.m.

nagyközség *n* large village [an incorporated municipality]

nagykun *a/n* ⟨inhabitant of Great Cumania⟩

Nagykunság *n* Great Cumania

nagykutya *n biz (fontos személy)* bigwig, V.I.P. *v.* VIP, □ big noise, *US* big shot

nagylány *n* big girl

nagylelkű *a* generous, magnanimous, kindhearted

nagylelkűség *n* generosity, magnanimity

Nagy-London *n* Greater London

nagymama *n* grandma(ma), granny

Nagymedve *n csill* the Great Bear

nagyméretű *a* large-size(d), large-scale, of great size *ut.* → **nagy I.**

nagymértékben *adv* to a great extent, in large measure, considerably

nagymértékű, nagymérvű *a* considerable, substantial, extensive, large-scale

nagymester *n* **1.** *(sakkban)* grandmaster; **nemzetközi** ~ International Grandmaster **2.** *vmben* past master (at/in/of sg *v.* at doing sg)

nagymise *n* high mass
nagymosás *n* washing-day, wash-day
nagymutató *n* *(órán)* minute hand
nagynéni *n* aunt, *(szülőké)* great-aunt, grandaunt; ~**kém** *auntie, aunty*
nagynevű *a* famous, well-known, renowned
nagynyomású *a* high-pressure
nagyobb *a* **1.** *(összehasonlítás, méretre)* larger, bigger; *(magasabb)* taller (...*mint*: than); *(belső tulajdonságra nézve)* greater (than); *(kiválóbb)* superior *(vknél/vmnél* to) **2.** *(elég nagy)* fairly big; *(fontosabb, főbb)* major; ~ **nehézségek nélkül** without major difficulties; ~ **összeg** a good (round) sum
nagyobbacska *a* fairly large; *(gyermek)* tallish
nagyobbára *adv* for the most part, mostly
nagyobbik *a* **1.** a ~ **fiam** my elder son **2.** a ~ **része/fele vmnek** the major/better/best part of sg; a ~**at kérem** the bigger one, please
nagyobbít *v* increase, enlarge, make* (sg) larger, augment
nagyobbítás *n* enlargement, augmentation
nagyobbodás *n* expansion, growth; *(növekedés)* increase
nagyobbod|ik *v* expand, grow* larger, become* greater; *(növekszik)* increase
nagyobbrészt *adv* mostly, for the greater/most part
nagyocska *n* fairly big/large/tall
nagyoll *v* find*/consider sg too large/big/great
nagyolvasztó *n* blast-furnace
nagyon *adv* **1.** *(melléknévvel, határozószóval)* very; *(rendkívül)* most, highly; *(meglehetősen)* quite; ~ **helyes!** quite right!; ~ **nagy** very big/large; ~ **sok** very much, a great many, ever so many, quite a lot; ~ **kevés** very little; ~ **szívesen** with (great) pleasure; ~ **lassan** dead slow; nem ~ *(és melléknév)* not too..., not very...; *(nem valami)* none too...; **nem** ~ **drága** not too expensive **2.** *(igével)* very much; ~ **akar** *(vmt tenni)* be* very keen on (doing sg); ~ **esik** it is* raining very hard; ~ **örülök** I am* very pleased/glad/happy; ~ **szépen köszönöm** thank you very much, thank you ever so much; **nem** ~ **tetszik** I don't (very) much like it; ~ **sajnálom** I am very sorry (for... *v.* that...) **3.** ~ **is** very much so; ~ **is gyakran** far too often; ~ **is igaz** (that's) only too true; **ismered őt?** ~ **is!** do you know him? rather! *(v.* only too well!)

nagyopera *n* grand opera
nagyoperett *n* light opera, operetta
nagyos *a* *(gyerek)* imitating the grown-ups *ut.*, precocious
nagyothall *v* be* hard of hearing
nagyothallás *n* hardness of hearing
nagyothalló *a* hard of hearing *ut.*, partially deaf
nagypapa *n* grand-dad, grandpa(pa)
nagypéntek *n* Good Friday
nagypénzű *a* having much money *ut.*, with/of large resources *ut.*, rich; *(igével)* be* well off
nagypolgár *n* member of the upper middle--class
nagypolgári *a* upper middle-class
nagypolitika *n* power/high politics *sing. v. pl*
nagyrabecsülés *n* (high) esteem, appreciation, respect; **fogadja** ~**em kifejezését** *(levél végén)* (I am) yours very truly, (I am) yours most respectfully; ~**em jeléül** as a token of my esteem; *(dedikálásnál)* ~**e jeléül - a szerző** with the compliments of (the author), with the author's compliments
nagyravágyás *n* ambition, ambitiousness
nagyravágyó I. *a* ambitious, high-flying; *(igével)* be* flying (too) high **II.** *n* high-flier *(v.* -flyer), *biz* whiz(z) kid
nagyreményű *a* promising, hopeful
nagyrészt *adv* **1.** *(nagyobb részben)* largely, mostly, for the most part, in the main **2.** *(rendszerint)* as a rule, mostly, usually
nagysád *n* † ~ **kérem!** please Madam/Ma'am!
nagyság *n* **1.** *ált* bigness, largeness; *(fokozat)* extent, scale, grade; *(kiterjedés)* dimension, extent; *(magasság)* height; *(mennyiség)* volume; *(méret)* size, measure, magnitude; **a szoba** ~**a** the size *(v.* dimensions *pl)* of the room; **ez a** ~ **megfelel** this is my size, this size will do; ~ **szerint** in order of size/height; ~ **szerint osztályoz** sort according to size **2.** *(lelki, szellemi)* greatness [of soul/mind] **3.** *(fontosság)* significance, dimensions *pl*; **a feladat** ~**a** the size *(v.* magnitude) of the task/challenge; **a** ~ **átka** noblesse oblige **4.** *(személyiség)* notability
nagyságos *a* † ⟨obsolete middle-class form of address in Hungary⟩; *(levélborítékon kb.)* Esq. *ut.*; ~ **asszony** Mrs. Szabó etc.
nagyságrend *n* order (of magnitude); ... ~**ű** of the order of...
nagyságú *a* -sized
nagystílű *a* **1.** *(terv)* large-scale, grand, bold; *(épület)* splendid, magnificent, grandiose **2.** *vk* high-living (and high-spending); ~

életmódot folytat, ~**en él** live in (the grand *v.* some) style

nagyszabású *a* vast, large-scale, monumental; ~**an** on a large scale

nagyszájú *a elít (lármás)* noisy, loud-mouthed; *(feleselő)* saucy, pert; ~ **ember** loudmouth

nagyszálló *n* Grand Hotel

nagyszámú *a* many, numerous; ~ **közönség** a large audience

nagyszerű *a* **1.** grand, magnificent, splendid, wonderful, superb; *biz* great, super; ~ **ötlet!** what a great idea; **vk** ~ **vmben** be* great at sg **2.** *(felkiáltás)* splendid!, that's fine!, *biz* great!

nagyszerűen *adv* splendily, magnificently, wonderfully; ~ **éreztük magunkat a Mátrában** we had a great/wonderful/marvellous (*US* -l-) time in the Mátra hills

nagyszombat *n* Easter Eve, Holy Saturday

nagyszótár *n* comprehensive/unabridged dictionary

nagyszülők *n pl* grandparents

nagytakarítás *n* big cleaning, housecleaning; **tavaszi** ~ spring-cleaning

nagyterem *n* big/banqueting hall, assembly hall/room, (main) auditorium (*pl*-ums *v.* -ria)

nagytiszteletű *a* reverend; **N** ~ **Kovács Márton ref. lelkipásztor úrnak** The Rev. Márton Kovács

nagytőke *n* big business; *átv* **a** ~ the capitalists *pl*, plutocracy

nagytőkés *n* great capitalist/financier, plutocrat, tycoon

nagyujj *n (kézen)* thumb, *(lábon)* big toe

nagyüzem *n (ipari)* large-scale (*v.* mammoth) works *sing. v. pl* (*v.* plant)

nagyüzemi *a* ~ **gazdálkodás** farming on a large scale; ~ **termelés** bulk/serial production, mass-production

nagyvad *n* big game

nagyvakáció *n (középisk)* summer holidays *pl*, *US* summer vacation

nagyvállalat *n (ipari)* big/large industrial/enterprise/company

nagyváros *n* city

nagyvárosi *a* city-; ~ **élet** city life; ~ **lakos** city dweller; ~ **fények** city lights, the bright lights (of the big city)

nagyvilági *a* fashionable; ~ **élet** high life; ~ **ember** man° about town, man° of the world

nagyvizit *n (kórházban)* round; ~**en van** [doctors] do* their rounds

nagyvonalú *a* **1.** *(ember)* generous, open-handed, liberal **2.** *(terv)* grandiose, bold

nagyvonalúan *adv* generously, *(csak pénzt illetően)* handsomely

nagyvonalúság *n* generosity, largeness

nagyzás *n (hencegés)* showing off, big talk, boasting

nagyzási *a* ~ **hóbort/mánia** delusion(s) of grandeur

nagyzol *v (henceg)* show* off, swagger, swank

nagyzolás *n* = **nagyzás**

nahát! *int (meglepődés)* well, I never!; come come!; you don't say (so)!

naiv *a* **1.** *(jóhiszemű)* naive *v.* naïve, artless, ingenuous, *biz* green **2.** *(hiszékeny)* simple-minded, credulous; ~ **kérdés** a naive/childish question **3.** *műv* naive; ~ **festő** naive artist/painter

naiva *n* szính ingénue

naivitás, naivság *n* naivety, naïveté

-nak, -nek *suff* **1.** *(helyhatározó; különféle elöljáróval)* **a ház délnek néz** the house looks to the south; **az erdőnek tart** he makes* for the forest; **völgynek megy** go* downhill; **nekirohan vmnek/vknek** fly*/rush at sg/sy; **a falnak támaszkodik** he is* leaning against the wall **2.** *(részeshatározó)* **a)** to-*val v.* to *nélkül*; **Péternek — szeretettel, Sue-tól** Peter - with love, (from) Sue; **ad vknek vmt** give* sg to sy *v.* give* sy sg; **ajánl vknek vmt** recommend sg to sy *v.* recommend sy sg; **engedelmeskedik vknek** be* obedient to sy, obey sy; **felel/válaszol vknek vmt** answer sg sy, reply to sy (*v.* to the question); **felel/válaszol vknek (a kérdésre)** answer/reply sy's question *v.* answer/reply to sy (*v.* to sy's *v.* to the question); **ír vknek** *(levelet)* write* sy (a letter) *v.* write* (a letter) to sy; **jót tesz vknek** do* sy (a lot of) good *v.* do* good to sy; **mutat vknek vmt** show* sg to sy *v.* show* sy sg; **b)** *(csak tárgyesettel, elöljáró nélkül)* **fizet vknek** pay* sy; **hisz vknek** believe sy; **megbocsát vknek** forgive* sy; **segít vknek** help sy; **tartozik vknek** owe sy sg; **vesz vknek vmt** buy* sy sg; **c)** *csak* to-*val* **árt az egészségnek** be* injurious/detrimental to health; **enged vmnek/vknek** yield to sg/sy; **vm rossz vknek** sg is injurious to sy; **üzen vknek** send* a message (*v.* send* word) to sy; **d)** for; **rossz vknek** be* bad for sy; **használ vknek** be* useful for sy, be* of use for sy; **vesz vknek vmt** buy* sg for sy; **e)** *(különféle elöljáróval v. elöljáró nélkül)* **ellenáll vmnek** resist sg, offer resistance to sg, put* up resistance sg, stand*/bear* up against sg, take* a stand against sg; **kell/szükséges vm vknek** sy wants sg, sy is in need/want of sg, sg is necessary for sy; **örül vmnek** rejoice at/in sg, be* glad at/of sg, be* delighted at sg, be* pleased with sg; **szól az igazgatónak X érdekében** put* in a good word for sy with the director; **tetszik vknek vm/vk** sy likes sg/sy, sg pleases sy, sy is* taken with sg/sy, sy enjoys sg, sy is* attracted by sg/sy; **utánanéz betegeinek** look after one's patients; **vknek hátat fordít** turn one's back on sy; **f)** *(vk/vm szempontjából, többnyire elöljáró nélkül)* **Jóskának mindegy** it's all the same to J.; **megfelel a követelményeknek** suit/meet* the requirements; **megfelel a várakozásnak** live up to expectation **3.** *(birtokos jelző, birtokos eset)* ... of sg, ...'s; **ennek a fiúnak az apja** the father of this boy, this boy's father; **e mű második része harmadik fejezetének elején** at the beginning of the third chapter of the second part of this work/book; **ez annak (az embernek) a háza, akivel az előbb beszéltem** it is the house of the person I was just speaking to; **ennek a lánynak szőke haja van** this girl has fair hair, she is a girl with blond hair; **vmnek végére jár** get* to the bottom of sg; **tudatában van szépségének** she is very conscious of her beauty **4.** *(kell, lehet, szabad igék mellett)* **Jánosnak el kell mennie** John has (got) to go; **sok pénzének kell lennie** he must have lots of money **5.** *(mondást, véleményt s hasonlót jelentő igék mellett)* *(elöljáró nélkül, tárgyesettel)* **jónak bizonyul** prove good; **betegnek érzi magát** feel* sick/ill/unwell; **gazembernek ismerem** I know him (to be) a rascal, I know him for a rascal; **jónak lát** find*/deem sg advisable, consider good/right, think* sy proper/fit; **vmlyennek látszik** seem (sg), look (like) sg, appear (as) sg; **betegnek látszik** seem (to be) ill, look ill; **a termés jónak mutatkozik** the crop looks promising; **vkt vmnek nevez** call/name sy sg; **bűnösnek találták** (s)he was found guilty; **tart vmnek** regard as, look upon as, take* for, take* to be, hold*, think*, consider, deem (sg); **ha én a fiadnak volnék** if I were your son, in your son's place/position **6.** *(vmvé tesz/lesz; többnyire elöljáró nélkül)* **megtesz vmnek** make* sy sg, appoint sy (to be) sg, declare sy sg; **kinevez vkt vmnek** appoint sy sg; **megválaszt vkt vmnek** elect sy sg; **színésznek megy** go* on the stage; **tanárnak megy**

go* in for teaching, become* a teacher; **orvosnak nevelték** he was brought up to be(come) a doctor; **orvosnak tanul** (s)he is studying medicine; **nem vált be katonának** be* rejected, be* found unfit for military service **7.** *(véghatározó)* **futásnak ered** take* to one's heels, take* to flight, run* away **8.** *(célhatározó)* to, for *v.* elöljáró nélkül) **nekifog vmnek** set* to sg, set* about doing sg, get* down to sg; **jó vmnek** good/fit for sg

-nál, -nél *suff* **1.** *(helyhatározó)* **a)** at; **az ablaknál** at the window; **asztalnál ül** sit*/be* at the table; **az íróasztalnál dolgozik** work at the desk; **a hegy lábánál** at the foot of the mountain; **nagybátyáméknál** at my uncle's; **Vargáéknál voltam ebéden** I was invited to dinner at the Vargas'; **b)** by; **a kandallónál** by the fireside; **c)** with; **marad/tartózkodik vknél** stay with sy; **nagymamánál voltam délután** I spent the afternoon with my grandmother; **Vargáéknál szálltam** I stayed with the Vargas; **könyvem barátomnál maradt/felejtettem** I left my book with my friend; **d)** **vknél van vm** *(pénz, igazolvány)* sy has got [money *v.* his/her ID card etc.] on him/her; **e)** **a televíziónál/tévénél dolgozik** (s)he works in television **2.** *(állapothatározó; különféle elöljáróval v. elöljáró nélkül)* **magánál van** be* conscious; **kéznél van** be* (ready) at hand, be* near at hand; **megmarad vmnél** persist in sg, abide* by sg, stick*/keep*/adhere to sg, stand* firm to sg **3.** *(időhatározó; különféle elöljáróval v. körülírással)* **ebédnél** at dinner; **a cikk megírásánál** when writing the article; **a gépelésnél jutott eszembe** while typing it occurred to me... **4.** *(eszközhatározó)* by; **hajánál fogva húz vkt** drag sy by the hair; **orránál fogva vezet** lead* sy by the nose; **villanyfénynél olvas** read* by electric light **5.** *(középfok mellett)* „A" nagyobb „B"-nél "A" is greater/larger than "B"; **X idősebb Y-nál** X is older than Y (is); **egyik kisebb a másiknál** one is smaller than the other; **ezer forintnál kevesebbe került** it cost less than thousand forint; **tízezer forintnál többet keres** he earns/makes* more than ten thousand forints; **kelleténél többet eszik** eat* more than enough/necessary/needed; **mennél több, annál jobb** the more the better/merrier **6.** *(tekintethatározó)* **tiszteletben áll vknél** enjoy a high reputation with sy, be* respected by sy

nála *adv* **1.** *(vknél, vkvel, vhol)* with him/her etc.; **én ~ lakom** I live at his place; **nálunk** *(lakásunkban)* with us; *(országunkban)* over here, in this country **2.** *(birtokában)* on him; **~m** on me, *US* by me; **nincs nálunk pénz** we have no money on us; **~d van a személyi igazolványod?** have you got your identity/ID card on you? **3.** *(összehasonlításnál)* than he; **én idősebb vagyok ~** I am older than he (is)
nana! *int* not so fast!
naná! *int* sure (enough)!, sure it is/does!
nap *n* **1.** *(égitest)* sun; *összet* solar; **süt a ~** the sun is* shining/out, it is* sunny; **nincs semmi új a ~ alatt** there is nothing new under the sun; **felkel a ~ja** his star is* rising; **~nál világosabb** it is* as plain as the nose on your face, it is* quite obvious **2.** *(napsütés)* sun(shine); **a tűző ~on** in the blazing sun; **a ~on sütkérezik** be* basking in the sun, be* sunning oneself; **kiül a ~ra** sit* (out) in the sun **3.** *(24 óra)* day; **a ~ folyamán** in the course of the day; **egy--két ~ alatt** in a day or two; **~ ~ után, ~ mint ~** day after/by day, day in day out; **egész ~** all day (long); **hétfői ~** Monday; **milyen ~ van ma?** what day is (it) today?; **több ~, mint kolbász** *kb.* put* sg aside for a rainy day; **jó ~ja van** he is* in good spirits today; **rossz ~ja volt** it was one of his off days; **a ~ok hosszabbodnak** the days are drawing out; **~jai meg vannak számlálva** his days are numbered; **a ~okban** recently, the other day; **az utóbbi ~okban** lately; **kétszer ~jában** twice a day; **~jainkban** in our time, nowadays, these days; **három ~ig marad** stay three days; **mind a mai ~ig, ~jainkig** to date, to this day, until now, so far; **három ~on át** for three days, three days running; **egész napon át** all day (long); **egy ~on** (1) *(régen)* one day (2) *(majd)* some day; **egy szép ~on** one of these (fine) days, some day, one fine day; **a szerdai ~on** on Wednesday; **ugyanazon a ~on** the same day; **néhány ~on belül** in a few days, in a day or two; **~okon át** for days (on end); **~ról ~ra** from day to day, every day; **~ról ~ra szebb lesz** she is becoming prettier by the day *(v. every day)*; **a helyzet egyik ~ról a másikra megváltozott** the situation has changed overnight; **jó ~ot (kívánok)** good morning/afternoon; **jobb ~okat látott** he has seen better days, he has had his day; **a mai** *(v. e)*

~tól from this day/date ⇨ **említ, napjában, naponként**
napálló *a* sunproof
napbarnított *a* sunburnt, sunburned, suntanned, brown
napéjegyenlőség *n* equinox
napelem *n* solar cell
napelemes *a* solar
napellenző *n* **1.** *(ernyő)* sunshade, parasol; *(ablak fölött)* awning; *(ponyva)* canopy; *(autóban)* sun-shield/visor **2.** *(sapkán)* peak, visor
napenergia *n* solar energy; **fűtés ~val** solar heating
napernyő *n* parasol
napestig *adv* **~ dolgozik** he is* working from morning till/to night
napév *n* solar year
napfelkelte *n* = **napkelte**
napfény *n* **1.** *konkr* sunlight; *(napsütés)* sunshine **2.** *átv* **~re hoz vmt** bring* sg to light, disclose/reveal sg; **~re kerül/jut** come* to light; **az igazság ~re jön** truth will out
napfényes *a* sunlit, sunny
napfénykezelés *n* *(ibolyántúli sugarakkal)* sun-ray treatment
napfénytöltés *n* *fényk* daylight-loading; *(a film)* daylight(-loading) film/cartridge
napfogyatkozás *n* eclipse of the sun, solar eclipse; **részleges ~** partial eclipse (of the sun)
napfolt *n* sunspot
napfolttevékenység *n* sunspot activity
napforduló *n* solstice
napfürdő *n* sun bath
napfürdőzés *n* sun-bathing, having a sun bath
napfürdőz|ik *v* sun-bathe, take* a sun bath, bask in the sun
naphosszat *adv* all day long
napi *a* **1.** *(egy napra vonatkozó)* a/the day's, day(-); *(mindennapi)* daily; *(naponta ismétlődő)* day-to-day, daily; **~ ár** current/market price; **~ jegy** daily ticket; **~ jelentés** daily report, *orv* bulletin; **~ kereset** daily *(v. a day's)* income *(v. earnings pl)*; **~ munka** a/the day's work; **~ posta** (today's) post **2.** **két~, öt~** *stb.* two/five etc. days'; **egy ~ járásra van innen** it is a days' walk from here
napibér *n* (a) day's wage
napidíj *n* *(kiszállásnál)* per diem (allowance), daily/travel allowance

napihír *n* news in brief *pl*, news bulletin, a roundup of today's/the news
napilap *n* daily (paper)
napiparancs *n* order of the day, general orders *pl*
napirend *n (ülésé stb.)* agenda (*pl* agendas); *(parlamentben)* order of the day; ~**en szerepel/van** be*/appear on the agenda; **ez a kérdés van most** ~**en** (1) *(gyűlésen)* this topic is now (high) on the agenda (*v.* on the order of the day) (2) *átv* this is the question of the day, (this is) the question/point at issue; ~**en levő ügy** the point/case/matter at issue; **itt** ~**en vannak a lopások** thefts are a common occurrence here; ~**re tér vm fölött** *átv* get* over sg, let* bygones be bygones; ~**re tűz/felvesz egy kérdést** put*/place sg (*v.* an item) on the agenda, add an item to the agenda; **levesz egy kérdést a** ~**ről** remove (*v.* take* off) an item from the agenda, drop the matter
napirendi *a* ~ **indítvány** procedural motion; ~ **pont** item [No. 5 etc.] on the agenda; ~ **pontok** (items on the) agenda
napisajtó *n* daily press, daily papers *pl*
napjában *adv* daily, …a/every day; ~ **háromszor** three times a day
napkelet *n (világtáj)* East, Orient
napkeleti *a* eastern, oriental; **a** ~ **bölcsek** the (three) Magi
napkelte *n* sunrise; ~**kor** at sunrise/daybreak
napközben *adv* in the daytime, in the course of the day, during the day, by day
napközel *n* perihelion
napközi *n* ~ **(otthon)** day-nursery, day--care centre; **a lányom** ~**be jár** my daughter goes to a day-care centre (after school); **öregek** ~ **otthona** day centre for the elderly
napközis *a (igével)* go* to a/the day-care centre
napkúra *n* sunlight treatment, *orv* heliotherapy
naplemente *n* sunset, sundown; ~**kor** at sunset/sundown
napló *n (személyi)* (personal) diary; ~**t vezet** keep* a diary
naplójegyzetek *n pl* (diary) notes, memoranda
naplopás *n* idling, loafing, loitering
naplopó *a* idler, lounger, loafer, *biz* lazybones
napnyugat *n* West, Occident
napnyugati *a* western, occidental
napnyugta *n* = **naplemente**

napolaj *n* suntan oil/lotion
napóleon *n (aranypénz)* napoleon
Nápoly *n* Naples
nápolyi *a* Neapolitan, of Naples *ut.*; ~ **(szelet)** cream slice, (creamy) wafer biscuit
naponként *adv (egy-egy napon belül)* a/per day; *(mindennap)* every day, daily; **menynyit tudsz megcsinálni** ~? how many (of these) can you do a/per day?; ~ **és személyenként 600 Ft** 600 fts per day per person; ~ **meg kell neki magyaráznom** I have to explain it to him every day; ~ **ismétlődő** day-to-day, daily; ~ **kétszer** twice a day, twice daily
naponkénti *a* daily
naponta *adv* = **naponként**
napóra *n* sun-dial
napos[1] *a (amikor/ahol a nap süt)* sunny; ~ **lakás** sunny/bright flat
napos[2] I. *a* **1.** *(korra vonatkozóan)* …days old *ut.*„ …-day-old [baby]; **12** ~ **csecsemő** a baby 12 days old, a 12-day-old baby **2.** *(valahány napig tartó)* lasting … days *ut.*; **31** ~ **hónap** a 31-day month; **öt** ~ **hajóút** a five-day voyage **3.** *(szolgálatra beosztott)* on duty *ut.*; *kat* ~ **tiszt** orderly officer, officer of the day II. *n biz* person on duty → **napos** *tiszt*
naposcsibe *n* (baby) chick(en), day-old chicken
napozás *n* sunbathing
napoz|ik *v* sunbathe, bask in the sun, sun oneself
napozó *a* **1.** *(személy)* sunbather **2.** *(hely)* beach, sun-terrace **3.** *(ruha)* sun-dress, *(gyereké)* sunsuit
nappal I. *adv* by day, during the day, in the daytime; *(nappali világításban)* while it's light (*v.* still daylight); **fényes/világos** ~ in broad daylight II. *n* day(time); **rövidülnek a** ~**ok** the days are drawing in (*v.* getting shorter)
nappali I. *a* day-, of the day *ut.*; ~ **elfoglaltság** daytime occupation; ~ **fény** daylight; ~ **hallgató** *(szemben a levelezővel)* regular student; ~ **(arc)krém** day/vanishing cream; ~ **műszak** day-shift; ~ **műszakban dolgozik** be*/work on the day--shift; ~ **pénztár** *szính* (advance) box--office; ~ **világítás mellett** (*v.* világításban) by/in daylight, while it's still daylight II. *n (szoba)* sitting/living-room
nappalod|ik *v* már ~**ik** day/dawn is* breaking, the day is* dawning
nappalos *n* day(-shift) worker, *(igével)* be* on the day-shift, work (on) the day-shift; **a**

jövő héten ~ vagyok next week I am on the day-shift
nappálya *n* ecl*i*ptic, sun's *o*rbit
napraforgó *n* sunflower
napraforgóolaj *n* sunflower-seed oil
naprakész *a* c*u*rrent, da*i*ly; ~ állapotba hoz bring* sg up-to-d*a*te, upd*a*te sg; ~en up-to-d*a*te; ~en tartott regularly upd*a*ted
naprendszer *n* solar s*y*stem
napsugár *n* s*u*nbeam, ray of s*u*nlight, s*u*n-shine
napsugaras *a* 1. konkr sunny, sunlit 2. átv r*a*diant, bright, ch*ee*rful
napsütés *n* s*u*nshine; erős/szikrázó ~ br*i*lliant s*u*nshine; ragyogó ~ben in the bright s*u*nshine ⇨ tűző
napsütéses *a* ~ idő s*u*nny we*a*ther/day
napsütötte *a* s*u*nlit, s*u*nny
napszak *n* part of the day
napszám *n* 1. (bér) day's wage/pay 2. (mun-ka) day l*a*bour (US -bor), d*a*ywork; ~ba jár be* a d*a*y-labourer
napszámos *a* day-l*a*bourer/w*o*rker, day--wage man°, US h*i*red man°
napszámosmunka *n* day-labour (US -bor)
napszemüveg *n* s*u*nglasses pl
napszúrás *n* s*u*nstroke; ~t kap get* a touch of s*u*nstroke
naptalan *a* s*u*nless
naptár *n* c*a*lendar
naptári *a* ~ év c*a*lendar/c*i*vil year
naptáros *a* ~ (kar)óra c*a*lendar watch
naptelep *n* solar b*a*ttery
napvilág *n* d*a*ylight, s*u*nlight; ~ra hoz/ke-rül/jut = napfényre hoz/kerül/jut; ~ot lát come* to light; (könyv) appe*a*r, be* pub-lished, be* out
narancs *n* 1. (gyümölcs) *o*range 2. = na-rancsfa
narancsdzsem *n* m*a*rmalade
narancsdzsúsz *n* *o*range juice
narancsfa *n* *o*range-tree
narancshéj *n* *o*range-peel
narancsital *n* (üdítőital, rendszerint szénsa-vas) *o*rangeade, orange drink/squash
narancsízű *a* *o*range-flavoured (US -or-)
narancslé *n* (a narancs kipréselt leve) *o*range juice; (sűrítmény, amit hígítani kell) *o*range squash
narancslekvár *n* (*o*range) m*a*rmalade
narancslikőr *n* *o*range liqu*e*ur
narancsmag *n* *o*range-pip/seed
narancssaláta *n* *o*range s*a*lad
narancssárga *a* *o*range(-coloured) (US -or-)
narancsszínű *a* *o*range(-coloured) (US -or-)

narancsszörp *n* *o*range drink/squash, *o*rangeade
nárcisz *n* narc*i*ssus (pl narc*i*ssi)
narkománia *n* drug/narc*o*tic add*i*ction
narkomániás *a* dr*u*g-addict
narkós *a* biz j*u*nkie, dr*u*g-addict
narkotikum *n* narc*o*tic(s), drug
narkózis *n* narc*o*sis
narrátor *n* narr*a*tor
naspolya *n* m*e*dlar
nassol *v* = nyalakodik
nász *n* 1. (esküvő) wedding, m*a*rriage, nup-tials pl 2. ~om f*a*ther-in-law of my son/daughter
naszád *n* sloop, c*u*tter
nászajándék *n* wedding-present
nászasszony *n* a ~om the m*o*ther-in-law of my son/d*a*ughter
nászéjszaka *n* wedding/br*i*dal night
nászinduló *n* wedding/br*i*dal march
násznagy *n* (vőlegény részéről) best man°
násznép *n* the wedding guests pl
nászút *n* honeymoon; ~ra megy go* on (one's) honeymoon; ~on van be* on one's honeymoon; hol voltatok ~on? where did you go for your honeymoon?
nászutasok *n* pl newly wedded co*u*ple, co*u*ple on their honeymoon, honeymoon co*u*ple, honeymooners (mind: sing. v. pl); ők ~ they are a newly wedded co*u*ple (v. a honeymoon co*u*ple)
nászutazás *n* = nászút
nátha *n* (common) cold; ~t kap catch* (a) cold
náthás *a* having a cold ut.; (nagyon) ~ vagyok I have* (got) a (bad) cold; nagyon ~ voltam I had a bad cold
NATO → Észak-atlanti
nátrium *n* s*o*dium
nátrium-karbonát *n* s*o*dium c*a*rbonate
nátron *n* n*a*tron
nátronlúg *n* c*a*ustic soda
natúra *n* ~ bolt h*e*alth-food shop
naturalista I. *a* natural*i*stic II. *n* n*a*turalist
naturalizmus *n* n*a*turalism
naturista *a* n*a*turist, n*u*dist
naturizmus *n* n*a*turism, n*u*dism
natúrszelet *n* veal/pork cutlet/escalope
natúrszínű *a* self-coloured
navigál *v* n*a*vigate
navigátor *n* n*a*vigator
nazális *a* n*a*sal
NB. = nota bene note well, NB
NDK tört = Német Demokratikus Köztársa-ság German Democr*a*tic Rep*u*blic, GDR

ne *int* **1.** *(felszólító módú igével)* don't; ~
menj(en) el! don't go!; ~ **tedd ezt!**
don't do that!; ~ **mondd!** *(nem hiszem)*
you don't say (so)!, well I n*e*ver!; **jól öltözz
fel, hogy meg** ~ **fázz** dress warmly so
you don't catch cold **2.** *(kérdésben)* **ne ül-
jünk le egy padra?** why don't we sit down
on a/this bench/seat; **miért** ~**?** why not?;
miért ~ **menjünk?** why not go?, why
shouldn't we go? **3.** *(feltételes módú igével)*
bár ~ **jönne** I wish he wouldn't come, I
wish he weren't coming; **ki** ~ **tudná?** who
doesn't know it?, surely everybody knows
(that)!; **csak ezt** ~ **tetted volna** if only
you had not done that **4.** *(tiltószó)* no!,
don't!, stop it/that!
-né *suff* **1.** *(családnévvel)* Mrs ...; **Ko-
vácsné** Mrs. Kovács; **Kovács Pálné** Mrs.
Pál Kovács **2.** *(köznévvel)* the wife of ...,
...'s wife; **a gyógyszerészné** the chem-
ist's wife
nebáncsvirág *n* **1.** *növ* balsam, touch-me-
-not, impatiens **2.** *átv* oversensitive person,
biz shrinking violet
nebuló *n* † *urch*in
necc *n biz* net
n-edik *a mat* **az** ~ **hatványra emel** raise
to the power of n (*v.* to the nth power)
nedű *n (ital)* nectar, (sweet) drink
nedv *n* moisture, fluid; *(gyümölcsé, húsé)*
juice; *(növényé)* sap; *(testben)* (body) fluid
nedvdús *a* juicy; *(növény)* sappy, sapful
nedves *a ált* wet, humid, *(kissé)* moist,
damp, *(nagyon)* watery, *(egészségtelenül)*
dank, *(időjárás)* wet; ~ **kéz** clammy hand;
~ **lakás** damp flat
nedvesed|ik *v* become*/grow* moist/wet/
damp
nedvesít *v* moisten, (make*) wet, damp(en)
nedvesség *n* **1.** *(tulajdonság)* wetness, hu-
midity, moistness, dampness **2.** *(nedv)* mois-
ture, water
nedvez *v (nedvet ereszt)* ooze, sweat; *(seb)*
sweat, weep*
nedvszívó *a* hygroscopic
nefelejcs *n* forget-me-not
negáció *n* negation
negatív I. *a* negative; *mat* ~ **előjel** minus
sign; ~ **hős** anti-hero; *orv* ~ **lelet** negat-
ive findings *pl*; *mat* ~ **szám** negative num-
ber; ~ **válasz** negative answer, refusal **II.** *n*
fényk negative
negatívum *n* the negative side, a minus
factor; *(hátrányos oldal)* drawback; ~**okat
mondott csak** he did not say anything
positive

negédes *a* demure, dainty; *(stílus)* affected
néger *(e szót, csakúgy mint az angol megfelelő-
jét, a 'Negro'-t a feketék sértőnek érzik)* **I.** *a*
Black, Negro; ~ **nő** a Black woman°, Ne-
gress **II.** *n* **1.** (a) Black (*pl* the Blacks), Negro
(pl -oes); *(tapintatosan:)* non-white; **az
amerikai** ~**ek** the Blacks of the U.S.A.
2. *biz (más helyett dolgozó)* ghost(-writer)
négerez|ik *v* ghost-write*, *GB* devil
négerkérdés *n* the colour (*US* -or) problem,
the 'Negro' question
négerüldözés *n* persecution of the Blacks/
Negroes
negligál *v* neglect, ignore, disregard
neglizsé *n* ~**ben** in undress, in negligee/
negligé
négy *num* four; ~ **lábon jár** walk on all
fours; ~ **részre oszt** divide into four/
quarters; **a** ~**ben laknak** they live at num-
ber four; ~**kor kezdődik** it begins at four
(o'clock); ~**re megjövök** I will be back
at/by four; ~**et ütött az óra** the clock
(has) struck four ⇨ **négyen**
négyajtós *a* four-door
negyed I. *a* (a) quarter (of); ~ **hangjegy**
crotchet, *US* quarter note; ~ **kettő** (a)
quarter past (*US* after) one; ~ **kettőkor** at
a quarter past one; **a buszok** ~**kor és
háromnegyedkor indulnak** the buses
leave* twice every hour on the quarter; ~
kiló quarter (of a) kilo(gram); ~ **liter**
quarter of a litre, *kb.* half a pint **II.** *n* **1.** *ált*
quarter, fourth part **2.** *(hangjegy)* crotchet,
US quarter note **3.** *(városrész)* district,
quarter **4.** = **negyedév 5.** *sp (vízilabda)*
period
negyedannyi *a/n* ~ **sincs** not a quarter of the
value; ~**ért** for quarter the price
negyeddöntő *n* quarter-finals *pl*
negyedel *v* quarter, split* in four
negyedév *n* quarter [of a year]; ~**enként**
every quarter, every three months, quarterly
negyedéves I. *a* **1.** *(negyedévre szóló)*
quarterly **2.** *(negyedik éves)* of the fourth
year *ut.*, in its fourth year *ut.*, fourth-year **II.** *n*
(egyetemista) fourth-year student, *(US, ha
ötéves az egyetem)* senior
negyedfél *num* a three and a half
negyedik I. *num a* fourth; **IV. Béla** Béla IV
(kimondva: Béla the Fourth); **a** ~**/4. ol-
dalon** on page 4/four; **a IV. A-ba jár**
attend (*v.* be* in) class 4/A **II.** *n* **1. január
4-én/**~**én** on January (the) fourth, on
the fourth of January, on 4(th) January
(főleg US: on January 4th) **2.** ~**be jár**

attend (*v.* be* in) the fourth class/form (*v. US* grade)

negyedikes I. *a* ~ **tanuló** p*u*pil in the fourth class/form (*v. US* grade) **II.** *n* fourth--form p*u*pil/boy/girl, fourth-former

negyediki (4-i) *a* **Július 4-i levelét köszönettel megkaptuk/-tam** Thank you for your letter of 4 July (*v. US* July 4th) (*v. ker* your letter of the 4th inst.)

, **negyedíziglen** *adv* to the fourth generation

negyedmagával *adv* the four of them, he and three *o*thers

negyedóra *n* a qu*a*rter of an hour

negyedórányi *a/n* a qu*a*rter of an hour's, of a qu*a*rter of an hour *ut.*; ~**ra innen** it is a qu*a*rter of an hour's walk/drive from here

negyedrész *n* qu*a*rter, fourth part

negyedrét *n* quarto (volume)

negyedszer *num adv* for the fourth time; *(felsorolásnál)* fourthly

négyemeletes *a* ~ **ház** a house on/of four storeys (*US* five st*o*ries); a four-storey(ed) (*US* five-storied) house

négyen *num adv* four; ~ **vannak/vagyunk** *stb.* there are four of them/us etc.; ~ **jöttek (el)** four of them came; ~ **kész vannak** four are re*a*dy

négyes I. *a* **1.** ~ **fogat** f*o*ur-horse c*a*rriage, coach and four, four-in-h*a*nd; ~ **sorokban** in fours, four deep; ~ **osztályzat** good (mark/grade); ~ **szám(jegy)** number/figure four/4; ~ **találata van** *(a lottón)* win*; ~ **villamos** tram n*u*mber four, tram No. 4, the n*u*mber four tram **2. a** ~ **gyors** the f*o*ur-o'clock train/express **II.** *n* **1.** *(szám, mennyiség)* four **2.** *(osztályzat)* good; ~**re felelt** (s)he got a "good", (s)he was given a "good" **3.** *sp (hajóegység)* four(s *pl*); **kormányos nélküli** ~ coxless four(s); **kormányos** ~ coxed four(s) **4.** *zene* quartet

négyesével *adv* in fours, four at a time; ~ **álljatok fel!** form fours!

négyéves *a* **1.** *(életkor)* four years old *ut.*, four-year-old; ~ **gyerek** a f*o*ur-year-old child, a child of four **2.** *(négy évig tartó)* four years', four-year, lasting four years *ut.* **3.** *(négy évre szóló)* for four years *ut.*, four years'

négyevezős *a* f*o*ur-oar

négyévi *a* four years', f*o*ur-year, of four years *ut.*; ~ **időtartamra** for a period of four years

négyfelé *adv* ~ **vág** cut* *i*nto four; ~ **futottak** they ran in four (d*i*fferent) directions

négyféle *a* four kinds/sorts of

négyhatalmi *a* f*o*ur-power; ~ **egyezmény** f*o*ur-power pact

négyhengeres *a* four/4-cylinder [*engine, car*]

négykerék-meghajtású *a* f*o*ur-wheel drive, 4-wheel dr*i*ve

négykerekű *a* f*o*ur-wheeled

négykezes *n (zenedarab)* piece for four hands, f*o*ur-handed piece; ~**t játszanak** play f*o*ur-hands (on the p*i*ano)

négykézláb *adv* on all fours

négylábú *a* f*o*ur-legged; *áll* qu*a*druped

négylevelű *a* ~ **lóhere** f*o*ur-leaved/leaf clover

négylovas *a* ~ **kocsi/hintó** f*o*ur-horse carriage, four-in-h*a*nd

négyméteres *n (büntetődobás vízilabdában)* penalty throw

négymotoros *a* f*o*ur-engined

négynapi *a* four days', of four days *ut.*, four--day

négynapos *a* **1.** *(kor)* f*o*ur days old *ut.*, four--day-old, 4-day-old **2.** *(négy napig tartó)* four-day; ~ **munkahét** f*o*ur-day week

négyoldalú *a* f*o*ur-sided

négyötöd *num* four-fifths

négyrét *adv* (folded) *i*nto four

négysávos *a (magnó)* f*o*ur-track

négysoros *a* of four lines *ut.*; ~ **vers** qu*a*train

négyszáz *num* four hundred; ~ **éves évforduló** quatercentenary, 400th annivers*a*ry

négyszemélyes *a (autó)* four-seater

négyszemközt *adv* in private, privately, between ourselves, between you and me

négyszemközti beszélgetés *n* private talk, confidential conversation, *biz* heart-to--heart

négyszer *num adv* four times; *(négy alkalommal)* on four occasions; ~ **annyi** four times as much/many

négyszeres *a* fourfold; **vmnek a** ~**e** the quadruple of sg, four times as m*a*ny/much as

négyszeri *a* a done/occurring four times *ut.*, repeated three times *ut.*

négyszólamú *a* f*o*ur-part

négyszótagú *a* four-syllable(d), quadrisyllabic

négyszög *n mat* quadrilateral, qu*a*drangle; ~ **alakú** quadr*a*ngular; **derékszögű** ~ parallelogram, rectangle

négyszögletes *a* square, four-sided/cornered, *mat* rectangular

négyszögöl *n (= 3,57 m² = 38,32 square feet)*

négytagú *a* **1.** *mat* quadrinomial **2.** ∼ **család** family of four
négyüléses *a* with four seats *ut.*, four-seat; ∼ **autó** four-seater
négyütemű *a* **1.** *zene* in/of quadruple time/ rhythm *ut.*; ∼ **verssor** tetrameter **2.** *(motor)* four-stroke, *US* four-cycle
negyven *num* forty; **túl van a** ∼**en** he is over forty
negyvened *n* fortieth (part); ∼**magammal** the forty of us
negyvenedik *a/n* fortieth
negyvenen *adv* forty (people), forty of you/ them/us → **negyven**
negyvenes I. *a* ∼ **évek** the forties (40s); ∼ **szám** number/figure forty/40 **II.** *n* **1.** *(számjegy)* number/figure forty; *(autóbusz, villamos)* [bus/tram] number forty, the No. 40 [bus/tram] **2. ő jó** ∼ he is* well over forty, he is* a good forty
negyvenéves *a* forty years old *ut.*, forty- -year-old
negyvennyolc I. *num a* forty-eight **II.** *n* (the year) 1848 ⇨ **enged 4.**
negyvennyolcas I. *a* of 1848 *ut.*; ∼ **politikus** politician upholding the principles of 1848 **II.** *n* freedom-fighter of 1848
négyzet *n mat* **1.** *(alakzat)* square; ∼ **alakú** square, quadrate **2.** *(hatvány)* square; **2-nek a** ∼**e 4, 2 a** ∼**en egyenlő 4** (2^2 = 4) the square of 2 is 4, 2 squared is/equals 4; ∼**re emel** raise to the second power, square
négyzetcentiméter (cm²) *n* square centimetre, sq cm; **30** ∼ **lemez** a 30 sq cm board, a board of 30 sq cm(s)
négyzetes *a* quadratic
négyzetgyök *n mat* square root; **81** ∼**e** (*v.* ∼ **81) = 9** the square root of 81 is 9, 9 is the square root of 81
négyzetkilométer (km²) *n* square kilometre, sq. km; **5** ∼ **erdő** a forest of 5 square kilometres (*v.* 5 sq kms)
négyzetláb *n* square (*v.* sq) foot°
négyzetmérföld *n* square (*v.* sq) mile
négyzetméter (m²) *n* square metre, sq m(etre)
néha *adv* sometimes; **(nagy)** ∼ *(every)* now and then/again, once in a while, off and on
néhai *a* late; ∼ **Szántó István** Mr. I. Szántó, deceased; the late Mr. I. Szántó
néha-néha, néhanapján *adv* now and then/again, once in a while, *biz* once in a blue moon
néhány *pron* some, a number of, a few, several; ∼ **ember** some people, a few people;

∼ **nappal ezelőtt** some (*v.* a few) days ago; **jó** ∼ **éve** a long time ago, several years ago (*v. US* back)
néhányan *pron* some/a few (of us/them/you)
néhányszor *adv (többször)* several times, repeatedly, again and again, on several occasions
nehéz I. *a* **1.** *(súly)* heavy; **milyen** ∼? how much does it weigh? **2.** ∼ **bor** strong/heavy wine, full-bodied wine; ∼ **étel** heavy/ stodgy/rich/indigestible food **3.** *átv* difficult, hard; *(fárasztó)* tiring, fatiguing, wearisome, laborious; *(felelősségteljes)* responsible; *(probléma)* knotty, intricate; ∼ **dolga van** he has* an uphill task, he is* finding it difficult (to…), *biz* he is* having a job to cope with it; **nem olyan** ∼ **dolog** it is not so difficult (to do); **éppen ez a** ∼ **(benne)** that's precisely the difficulty, *biz* there's the rub; **(ő)** ∼ **ember** he is* difficult to get on (*v.* deal) with, he is* a difficult person; ∼ **eset** (1) *(emberről)* = ∼ **pasas** (2) = ∼ **ügy**; ∼ **feladat** hard/uphill task, *biz* difficult job, *kif* hard nut to crack; ∼ **felfogású** be* rather slow, be* slow-witted; ∼ **helyzetben van** be* in an awkward (*v.* a difficult) situation, *biz* be* in a tight/ awkward spot; *(dilemmában)* be* between the devil and the deep (blue) sea; *(anyagilag)* be* badly off; *biz* be* hard up; ∼ **helyzetbe hoz vkt** land sy in a difficulty; ∼ **idők** hard times; ∼ **időkre** *(félretesz)* [save] for/against a rainy day; ∼ **kérdés** a difficult question, a knotty problem; *(válaszként kérdésre)* ask me another; ∼ **munka** *(fizikai)* hard (manual) work; *(szellemi)* difficult/hard (piece of) work; ∼ **testi munka** hard manual work/labour (*US* -or); ∼ **testi munkás** labourer (*US* -or-), manual worker; **a** ∼ **napokban** in the days of hardship, in hard times; ∼ **órákban** in time of need; ∼ **pasas** *biz* a(n) awkward/tough customer, (he is*) a tough proposition; ∼ **sorba/sorsra jut** fall* on hard times (*v.* evil days); ∼ **sor(s)a van** his is a hard (*v.* not easy) lot; *(visszatekintve)* fate has been unkind to him; ∼ **szívvel utaztam el** I left with a heavy heart; ∼ **szülés** difficult confinement/birth; ∼ **természetű ember** (s)he is a difficult person, (s)he is hard to get on with; ∼ **ügy** a difficult case, *biz* tough going **4.** ∼ **a fejem** my head feels/is heavy; ∼ **légzés** heavy/laboured breathing **II.** *n* **a nehezén már túl vagyunk** we are over the worst, the worst is over, *biz* we are over the hump, it's downhill all the way;

még nem vagyunk túl a nehezén the worst is yet to come, we are not yet out of the wood; **nehezemre esik ezt mondani** it pains me to have to say it, it is hard for me to say this; **nehezemre esik elhagyni őt** I am loath to leave him, it is hard/difficult for me to leave him; **nehezére esik a beszéd** she has difficulty in speaking; **nehezet cipel** carry a heavy load; **nehezet kérdez** ask a difficult question, *biz kif* that's a tough one (to answer)

nehezed|ik *v* 1. *(nehezebb lesz)* become*/ grow* heavier 2. *átv* become* harder, become* more difficult 3. *(vmre/vkre)* press/ weigh/lie* heavily on sg/sy

nehezék *n* 1. *(mérlegen)* (balance) weight 2. *(hajón, léggömbön)* ballast

nehezell *v* find* sg too heavy; *átv* find* sg too hard/difficult

nehezen *adv* with difficulty *ut.*; ~ **halad vmvel** make* slow progress with sg, find* sg heavy/hard going; ~ **kezelhető** *(ember, tárgy)* difficult to manage/handle *ut.*; ~ **kezelhető gyerek** that child is a handful, (s)he is a problem/difficult child; ~ **megállapítható** difficult to determine *ut.*; ~ **hal meg** die a slow death; ~ **lehet megérteni** be* hard to understand; ~ **megy** it goes* very slowly, it is* difficult to do/ manage (sg); ~ **olvasható** difficult to read/decipher *ut.*; ~ **tanul** he is* a slow learner; ~ **vártuk ezt a percet** we were waiting impatiently for this moment, we could hardly wait for this moment

nehézfejű *a* dull, slow, slow to understand *ut.*

nehézfém *n* heavy metal

nehézipar *n* heavy industry

nehézipari *a* of heavy industry/industries *ut.*

nehezít *v* 1. *(súlyban)* make* sg heavy/ heavier 2. *átv* make*/render (sg) (more) difficult, hamper, impede

nehézked|ik *v* vmre/vkre lean*/weigh on sg/sy

nehézkes *a* clumsy, cumbrous; *(stílus)* ponderous, laboured; *(átv, személy)* difficult, unaccommodating; ~**en mozog** move with difficulty, lumber along, drag one's feet

nehézkesség *n* clumsiness, cumbrousness; *(stílusé)* ponderousness; *(személyé)* difficult character

nehezményez *v* 1. *(rossz néven vesz vmt)* take* exception to sg, be* offended by sg, take* offence at sg 2. *(helytelenít)* disapprove of sg, object to sg; **én éppen ezt** ~**tem** that was exactly what I objected to.

nehézség *n* 1. *(súly)* heaviness 2. *átv* difficulty; *(technikai)* hitch, snag, trouble; ~**ei vannak** be* up against difficulties, have* difficulty in doing sg, *kif* be* in deep water; a ~**ek szaporodnak/növekednek** the difficulties are piling up; ~ **nélkül** easily, without difficulty; **új** ~ **támad** a further problem crops up; ~**(ek)be ütközik** meet* with some difficulties, come* up against difficulties; ~**ekbe ütközött** it ran into (*v.* it encountered) difficulties; a ~**eken segít** meet* the difficulties; ~**eket támaszt** make*/raise difficulties; **legyőzi/legyűri a** ~**eket** overcome* the difficulties; **ez** ~**ekkel jár** this involves difficulties; ~**ekkel küzd** have* difficulties; *(pénzügyileg)* be* hard up

nehézségi *a* ~ **erő** gravitational force/pull

nehézsúlyú *a* heavyweight; ~ **ökölvívó/ bokszoló** a heavyweight (boxer)

neheztel *v* vkre vmért bear*/have* a grudge against sy for sg, bear* sy a grudge for sg, be* annoyed with sy at/about sg; **nem** ~**ek rá** I bear him/her no grudge

neheztelés *n* rancour (*US* -or), resentment, grudge, ill feeling

neheztüzérség *n* heavy artillery

nehézvegyipar *n* heavy chemical industry

nehogy *conj* so that ... not, lest, so as not to...; **vigyen ernyőt,** ~ **megázzék** take* your umbrella so that you don't/won't get wet, take* your umbrella lest you (should) get wet; ~ **elfelejtsd!** (mind you) don't forget (it)!; ~ **megmondd neki** (mind you) don't tell him

néhol *adv* here and there, in (some) places

neje *n* his wife; **hogy van a kedves** ~? how is Mrs. ...?

nejlon *n* nylon

nejlonharisnya *n* nylons *pl*, a pair of nylons, (nylon) stockings *pl*

nejlonkendő *n* nylon kerchief

nejlonszatyor *n* carrier bag

nejlonzacskó *n* plastic bag/carrier, polythene (*v. US* polyethylene) bag

-nek → **-nak**

neki *adv* 1. *(személyragos alakok)* (to/for) him, (to/for) her; **nekem** (to/for) me; **neked, nektek** (to/for) you; **nekünk** (to/for) us; **nekik** (to/for) them 2. *(számára, felé)* ~ **való** suiting him/her *ut.*; suitable for him/her *ut.*; **küldök** ~ **csomagot** I am sending him/her a parcel; ~ **hoztam** I brought it for her/him; **írtam** ~ **egy levelet** I wrote him/her a letter; **nekem jöttek** they ran into me (*v.* my car); **nekem adta** he gave it

to me; **megmondtam** ~**k** I told them
3. *(birtoklás)* ~ **van** he has*, he has (*v.*
he's) got (sg); **nekem van** I have*, I have (*v.*
I've) got (sg); **neked/nektek van** you
have, you have (*v.* you've) got (sg); **nekünk
van** we have, we have (*v.* we've) got (sg); ~**k
van** they have, they have (*v.* they've) got
(sg); **nekem nincs** *vm* I haven't got [a pen
etc.], I have no [pen etc.]; *(egy sem)* I have
none, I haven't (got) any, I haven't got one;
nekünk nincs we haven't got (sg) etc.
4. ha neked volnék if I were you
nekiáll *v* = **nekilát**
nekibátorod|ik *v* take* heart/courage,
pluck/summon up one's (*v.* enough) courage
(to)
nekibúsul *v* give* way to grief
nekibuzdul *v* set* about (doing) sg enthusi-
astically, redouble one's zeal, muster up en-
thusiasm (for sg)
nekidől *v vmnek* lean*/rest against sg, prop
oneself against sg
nekidurálja magát vmnek *v* set* about sg
in earnest, have* a go at
nekiereszt *v* **1.** *vmt* let* go, let* it rip
2. *vmnek* let* (sy) loose on
nekies|ik *v* **1.** *vmnek* fall*/bump against sg
2. *(támadólag)* turn on (sy), set* about (sy),
attack (sy); ~ **vknek (és veri)** hit* out at
sy **3.** *vmnek* set* upon (sg), fall* to; ~**ik az
ételnek** fall* to (eagerly), pitch into one's
food, attack one's food, fall* on one's food
nekifeksz|ik *v vmnek* set*/buckle/fall* to;
(minden erejével) put* one's back into, give*
one's full attention to
nekifog *v* = **nekilát**; ~ **egy probléma
megoldásának** tackle (*v.* get* to grips
with) a problem; **rosszul fog neki
vmnek** begin*/start at the wrong end
nekifohászkod|ik *v biz* get* down to
(doing) sg, have* a go at (it)
nekifut *v* **1.** *vmnek, vknek* run* at/against
(sg/sy) **2.** *(lendülettel)* take* a run at, run*
up to
nekifutás *n sp* run-up; **ugrás** ~**ból** run-
ning jump; **első** ~**ra levizsgázott** (s)he
passed the test first go
nekigyürkőz|ik *v* **1.** *(ingujját feltűri)* turn/
roll up one's sleeves **2.** *biz vmnek* buckle
(down) to [a task, work etc.], set* about
doing sg, put* one's back into [the job etc.]
nekihajt *v vmnek/vknek* drive*/run* against
sg/sy; *(autóval)* bump/drive*/crash into
nekiindul *v* start off, set* out
nekiiramodás *n* dash

nekiiramod|ik *v* start off at a run, start run-
ning (for sg)
nekikesered|ik *v* become* embittered
nekikészül *v vmnek* get* ready for sg, pre-
pare (*v.* make* ready) for sg (*v.* to do sg)
nekikezd *v* = **nekilát**
nekikoccan *v* bump/knock into
nekilát *v vmnek* set* about (doing) sg, set*/
fall* to, fall* to doing sg, buckle (down) to [a
work, task, job etc.]; ~ **a munkának** get*
down to work, set*/fall* to, buckle to
nekilendül *v* get* under way
nekilök *v vkt/vmt vmnek* throw*/bump/
knock sy/sg against sg
nekimegy *v* **1.** *(ütközve vmnek/vknek)*
knock/run*/bang into/against sg, come* up
against sg, bump into sy **2.** *(átv is vknek)*
attack sy, fall* (up)on sy, *biz* set* about sy
3. *biz (vizsgának)* have* a go at [an examina-
tion]
nekirepül *v (repgéppel)* crash into sg
nekirohan *v* = **nekiront, nekiszalad**
nekiront *v* **1.** *vmnek/vknek* dash into/against
sg/sy **2.** *(támadólag vknek)* pitch into sy,
fall* on sy
nekirugaszkod|ik *v* = **nekilát, nekifek-
szik**
nekiszalad *v* = **nekifut**
nekiszegez *v (fegyvert vknek)* point/aim/
level (*US* -l) [a gun] at sy; ~**tem a kérdést**
I sprang the question on him
nekitámad *v vknek* attack sy
nekitámaszkod|ik *v vmnek* lean*/rest
against sg, lean* on to sg, prop oneself
against [the door etc.]
nekitámaszt *v vmt vmnek* lean*/prop/rest sg
against sg
nekiugrat *v* ~**ja lovát az akadálynak**
put* one's horse to the fence (*v.* across the
hedge), put* one's horse over
nekiugr|ik *v* **1.** *vmnek* spring*/jump at sg
2. *biz vknek* fly* at sy, fling* oneself at sy
nekiül *v vmnek* set* about; ~**t a munká-
nak** he sat down to work
nekiütköz|ik, nekiütőd|ik *v vmnek*
bump/knock/hit* against sg
nekivadul *v átv* become* more and more in-
furiated/savage, be* carried away by fury
nekivág **1.** *vt vmt vmnek* hurl/dash/fling* sg
against sg **2.** *vi* set*/go* about (doing) sg,
set* out (to do sg); **vágj neki!** go ahead!;
merészen ~ **vmnek** start boldly on sg,
attack [a job/problem etc.]
nekrológ *n* obituary (notice)
nektár *n* nectar

nélkül *post* without; **könyv** ~ by heart, from memory; **baj** ~ **megérkezett** he arrived safe and sound; **szó** ~ without (wasting/uttering) a word; **e** ~ without/ lacking that/this; **e/a** ~ **a szerszám** ~ without this/that tool; **megvan vm** ~ do* without sg, (can) manage without sg
nélküle *adv* without him/her; ~**d**/~**tek** without you; **nélkülünk** without us; **nélkülük** without them; **meg tudsz lenni** ~**?** can you do/manage without it?
nélküli *a* without, -less; **állás** ~ jobless, unemployed
nélkülöz 1. *vt (megvan vm nélkül)* be*/do* without, lack (sg); **nem tudom** ~**ni az ön segítségét** I can't do without your help, I can't dispense with your help **2.** *vt (hiányol)* miss (sy, sg), be* in want of (sg); **nagyon** ~**tük ezt a szótárt** we badly needed this dictionary; **igen** ~**ött** badly needed **3.** *vi (ínséget szenved)* live/be* in want/privation, suffer (many) privations
nélkülözés *n* want, privation; ~**ek között él** live in privation/want
nélkülözhetetlen *a* indispensable, essential; ~ **követelmények** basic/fundamental requirements, essentials
nélkülözhető *a* not indispensable, superfluous; **nem** ~ indispensable, (sg) that cannot be done without (*v.* dispensed with) *ut.*
nem¹ *n (nő, férfi)* sex; ~**e** *(űrlapon)* sex **2.** *(rendszertani kategória)* genus (*pl* genera); **az emberi** ~ human race/species, mankind **3.** *(fajta)* kind, sort; **páratlan a maga** ~**ében** unique of its kind **4.** *nyelvt* gender
nem² **I.** *adv* **1.** *(az egész mondat tagadására)* no; *(csak igével)* not, . . .n't; **eljössz ma?** ~**, megyek** are you coming today? no, I'm not (going/coming); ~ **egészen** not quite; **egyáltalán** ~ not at all; ~ **igaz?** isn't it true?; ~ **kis/csekély meglepetést okozott** it caused no little surprise; ~ **nagyon** not very . . ., not much; ~ **rossz** not bad; ~ **(a) barátom** he's no friend of mine; **már** ~ no more/longer; **még** ~ not yet; **vagy** ~**?** is it so?, isn't it so?; ~ **kérek** *(kínálásra válaszolva)* no, thanks; no, thank you; ~ **megyek** I am not going; **azt hiszem, (hogy)** ~ I don't think so, I believe not; ~ **tudom** I don't know; **ő** ~ **tud semmit erről** he doesn't know anything about it; ~ **volt ott/jelen** he wasn't there, he didn't attend (*v.* turn up) **2.** *összet* non-, un-, in-; ~ **akarás** unwillingness, reluctance; ~ **dolgozó** non-working; ~ **létező**

non-existent; ~ **teljesítés** omission (of sg), default (on sg), failure [to perform duty etc.]; ~ **tudás** ignorance **II.** *n* no; ~**et mond** say* no; ~ **lehet neki** ~**et mondani** you/one can't refuse him/her, (s)he won't take no for an answer; ~**mel válaszol** say*/answer no, answer in the negative
néma I. *a* **1.** *(személy)* dumb; *(főleg átmenetileg)* mute **2.** *(hangtalan)* mute, speechless, silent; ~ **betű** *nyelvt* silent letter, mute; ~ **csend** profound silence; ~ **szerep** walk-on part; ~ **szereplő** supernumerary, walk-on **II.** *n* dumb person, mute
némafilm *n* silent film
némajáték *n* **1.** pantomime **2.** *(színpadi játék néma részlete)* dumb show
némán *adv* mutely, speechless, dumbly; ~ **ül** is sitting in silence; ~ **tűr** suffer in silence
némaság *n* muteness, dumbness; *átv* speechlessness, silence
nembeli *a* **mindkét** ~ of both sexes *ut.*
nember *n* female
nemcsak *conj* not only; **ő** ~ **szép, hanem okos is** she is both pretty and intelligent; ~ **Budapesten** not only in Budapest; ~ **hogy nem jött el, de még csak nem is válaszolt** he not only failed to come but he didn't even reply
nemde *adv* **ez érdekes eset,** ~**?** it is an interesting case, isn't it?; **öntől hallottam ezt,** ~**?** I heard it from you, didn't I; **tegnap láttad őt,** ~**?** you saw him/her yesterday, didn't you?
nemdohányzó I. *a* non-smoking; ~ **szakasz** compartment for non-smokers, non-smoker **II.** *n* non-smoker
nemegyszer *adv* more than once, repeatedly, time after time
némely I. *pron a* some; ~ **ember** some people *pl*; ~ **esetben** in certain/some cases **II.** *pron n* ~**ek** some, some people
némelyik *pron a* some; ~ **cigaretta nedves** some of the cigarettes are damp; ~ **azt gondolja, hogy** some think* that, there are* some who believe that; ~**ünk** some of us *pl*
némelykor *adv* at times, sometimes, now and then/again, occasionally
nemes I. *a* **1.** *(származásra)* noble, of noble/ gentle birth/descent *ut.* **2.** *átv* noble, high/ noble-minded, lofty, generous; ~ **gyümölcs** choice/garden fruit; ~ **lelkű** noble/ high-minded, generous, magnanimous; ~ **valuta** hard currency **II.** *n* noble(man°)
nemesacél *n* high-alloy steel, special steel
nemesember *n* noble(man°)

nemesfém *n* precious/noble/rare metal; **nem** ~ base metal
nemesgáz *n* rare/noble gas
nemesi *a tört* nob*i*liary, noble, of nob*i*lity *ut.*; ~ **birtok** dem*e*sne, nobleman's estate; ~ **cím** t*i*tle of nob*i*lity; ~ **címer** coat of arms; **régi** ~ **család** f*a*mily of *a*ncient l*i*neage (*v.* of noble *a*ncestry); ~ **előnév** t*i*tle of nob*i*lity; ~ **felkelés** insurrection of the nob*i*lity; ~ **kiváltságok** pr*i*vileges of nob*i*lity; ~ **rangra emel** raise to noble rank, raise to the (st*a*tus of) nob*i*lity; ~ **származás** gent*i*lity, noble birth/*a*ncestry
nemesít *v* **1.** *(erkölcsileg)* enn*o*ble, ref*i*ne; a **munka** ~ work enn*o*bles the w*o*rker **2.** *(fajtát)* impr*o*ve [by breeding]
nemeslelkűség *n* **vk** ~**éhez apellál** appe*a*l to sy's f*i*ner feelings
nemeslevél *n tört* letter of nob*i*lity
nemesség *n* **1.** *tört (cím, osztály)* nob*i*lity; ~**et adományoz vknek** enn*o*ble sy, raise sy to the nob*i*lity; ~**et kap** be* raised to the nob*i*lity **2.** *átv* nob*i*lity, nobleness, magn*a*n*i*mity
német I. *a* German; *összet* Germano-; *tört* Germ*a*nic; ~ **ajkú/anyanyelvű** German--speaking; **a** ~ **ajkúak/anyanyelvűek** n*a*tive speakers of German, German-speak-ers; *tört* **a** ~ **birodalom** the German *E*mpire, Reich; **N**~ **Demokratikus Köz-társaság** German Democr*a*tic Rep*u*blic *(röv* GDR); ~ **juhászkutya** Als*a*tian, *US* German shepherd; **a** ~ **nyelv** the German l*a*nguage, German; ~ **nyelvtudás** (one's) German; ~ **nyelvű** German, *(szöveg)* in German *ut.* → ~ **ajkú**; ~ **szakos tanár** te*a*cher of German, German te*a*cher; ~ **származású/születésű** of German birth/descent *ut.*, German-born; **N**~ **Szövetsé-gi Köztársaság** Federal Rep*u*blic of Germany, German Federal Republic **II.** *n* **1.** *(ember)* German; ~**ek** Germans **2.** *(nyelv)* German; ~ **az anyanyelve** his/her n*a*tive language is German
Németalföld *n* the Netherlands *pl*, the Low Co*u*ntries *pl*
németalföldi I. *a* of the Netherlands *ut.*; *(festők stb.)* Flemish; ~ **festő** Flemish p*a*inter; ~ **zeneszerző** Flemish comp*o*ser **II.** *n* Netherlander
németbarát *a* pro-German, Germanophile
németellenes *a* *a*nti-German, Germano-phobe
németes *a* Germ*a*nic; ~ **kiejtés** German *a*ccent; ~ **nyelvsajátság** German *i*diom
németesít *v* Germanize

németesség *n* Germanism
németóra *n* German lesson/class
Németország *n* Germany
németországi *a* German, of Germany *ut.*
Német-római Birodalom *n tört* Holy Roman Empire
németség *n* **1.** *(összesség)* the Germans *pl*; **a hazai** ~ the (ethnic) German population of H*u*ngary, the ethnic Germans in H*u*ngary **2.** *(tulajdonság)* German nationality/char-acter; *(tulajdonságok összessége)* German character*i*stics *pl*; **jó** ~**gel beszél** speak* good/idiom*a*tic German
némettanár *n* te*a*cher of German, German te*a*cher
németül *adv* ~ **beszél** speak* German; ~ **van/szól** (*v.* van *i*rva) is* (wr*i*tten) in German
nemez *v* felt
nemezkalap *n* felt hat
nemfizetés esetén *adv* in case of non-pay-ment
nemhiába *adv* not for n*o*thing; ~ **tanult oly sokat** his st*u*dies were not in vain
nemhogy *conj* ~ **hálás lett volna érte!** he could at least have been gr*a*teful!; ~ **nem fizet, de egyre több pénzt kér** far from p*a*ying he asks for more and more money, inst*e*ad of p*a*ying he asks for more and more money; **egy napig sem várok,** ~ **egy évig!** I'm not going to wait a s*i*ngle day, let al*o*ne a whole year!
nemi *a* **1.** *(szexuális)* sexual; ~ **aktus** sex act, sexual *i*ntercourse; *biz* sex; ~ **beteg-ség** vener*e*al dis*e*ase, *röv* VD; ~ **beteg** VD-s*u*fferer/p*a*tient, p*a*tient s*u*ffering from VD; ~ **élet** sex(ual) life; ~ **erőszak** sexual ass*a*ult, rape; ~ **erőszakot követ-tek el rajta** she has been r*a*ped (*v.* sexually ass*a*ulted); ~ **felvilágosítás** sex educa-tion; ~ **közösülés** sexual *i*ntercourse, *biz* sex; ~ **ösztön** sex *i*nstinct/urge, sexual *i*mpulse; **(külső)** ~ **szervek** gen*i*tals, ex-ternal sex organs, *(szépítően)* private parts **2.** *nyelvt* of gender *ut.*
némi *a* some, (a) certain, a l*i*ttle; ~ **büszke-séggel** with a touch of pride; ~ **igazság** a grain of truth
nemigen *adv (aligha)* scarcely, hardly; *(nem sokat)* not very much; **ő már** ~ **jön meg** he is not l*i*kely to arr*i*ve; ~ **hiszem** I (can) h*a*rdly bel*i*eve (it)
némiképp(en) *adv* in a way, to some *(v. a* certain) extent, in some me*a*sure, somehow, somewhat, sl*i*ghtly
nemileg *adv* sexually

némileg *adv* = **némiképpen**
néminemű *pron* some, (a) certain
nemiség *n* sex(uality)
nemkívánatos *a* undesirable; ~ **személy** persona non grata; ~ **eredményre vezető** counter-productive
nemkülönben *adv* likewise, similarly
nemleges *a* negative; ~ **válasz** negative answer, answer in the negative; ~ **szavazat** no, *US* nay
nemlét *n* non-existence
nemrég *adv* recently, not long ago, the other day; only lately; ~ **vettek egy új kocsit** they have recently bought a new car; **csak** ~ **utazott el** only lately/recently left [for Britain]
nemrégiben *adv* = **nemrég**
nemritkán *adv* not infrequently, quite often
nemsokára *adv* soon, shortly, before long, presently; ~ **megtudjátok** it won't be long before you know
nemtetszés *n* displeasure, disapproval, dislike, dissatisfaction; ~**ét nyilvánítja** show* one's disapproval
nemtörődöm *a* neglectful, negligent; ~ **alak** *kif* he couldn't care less
nemtörődömség *n* neglect, negligence, nonchalance, carelessness
nemulass *n* **lesz majd** ~! there'll be the devil (and all hell) to pay!
nemz *v* **1.** *(ember)* beget*, father **2.** *(állat)* sire, get* **3.** *átv* give* rise to, breed*
nemzedék *n* generation; **a(z) új/felnöv(ek)vő** ~ the rising/new generation; ~**ről** ~**re** from generation to generation
nemzedéki *a* ~ **ellentét** generation gap
nemzés *n* *(ember)* begetting, generation; *(állat)* siring, breeding; **utódok** ~**e** procreation of offspring
nemzet *n* nation
nemzetbiztonság *n* national security
nemzetbiztonsági *a* (of) national security; ~ **tanácsadó** national security adviser
nemzetellenes *a* anti-national
nemzetgazdaság *n* national economy
nemzetgyűlés *n* national assembly
nemzethűség *n* loyality to one's nation
nemzeti *a* national; **N**~ **Bank** *(nálunk)* National Bank, *GB* Bank of England; ~ **érzés** national feeling; ~ **jelleg/vonás** national character; **angol/brit** ~ **jelleg** the British national character; ~ **jövedelem** national income; ~ **lobogó/zászló** national flag; *(háromszínű)* tricolour (*US* -or), *GB* Union Jack, *US* the Stars and Stripes *pl*; ~ **megbékélés** national reconciliation; ~

nyelv national language, vernacular; ~ **öntudat** national consciousness; ~ **össztermék** gross national product (GNP); ~ **park** national park; **N**~ **Színház** National Theatre; ~ **ünnep** national holiday; ~ **viselet** national dress
nemzeties *a* national, popular
nemzetietlen *a* antinational
nemzetiség *n* **1.** *(kisebbség)* (national/ethnic) minority; **a magyarországi** ~**ek** the national/ethnic minorities in Hungary; **a magyarországi német** ~ the German minority (in Hungary), the ethnic Germans in Hungary **2.** *(nemzeti hovatartozás)* nationality
nemzetiségi I. *a* nationality-, of nationalities *ut.*, ethnic, minority(-); ~ **kérdés** nationality problem/question; ~ **kisebbség** national/ethnic minority; ~ **politika** policy towards the nationalities, policy towards the national/ethnic minorities **II.** *n* **a szlovák** ~**ek** ethnic Slovaks; *(Mo-on:)* the (ethnic) Slovaks in Hungary, the Slovak minority (in Hungary); **a romániai magyar** ~**ek** the ethnic Hungarians in Romania, the Hungarian (ethnic) minority in Romania
nemzetiségű *a/n* **magyar** ~ Hungarian national, ethnic Hungarian; **milyen** ~ **ön?** what is your nationality?
nemzetiszín(ű) *a* in the national colours (*US* -ors) *ut.*; *(magyar)* red, white and green; ~ **lobogó** the national colours *pl*, *(magyar)* the Hungarian Tricolour (*US* -or)
nemzetközi *a* international; **N**~ **Bűnügyi Rendőrség** Interpol; ~ **jog** international law; ~ **jogász** expert in/on international law; ~ **kereskedelmi egyezmény** international trade agreement; ~ **nőnap** International Women's Day; ~ **szerződés** treaty; ~ **viszonylatban is elismert** of world-wide fame/reputation *ut.*, internationally recognized/known; ~ **viszonylatban ismert termék** a product sold world-wide
nemzetközileg *adv* internationally; ~ **elismert** internationally recognized/known
nemzetköziség *n* internationalism
nemzetközösség *n* commonwealth; **Brit N**~ the Commonwealth
nemzetőr *n* *tört* member of the national guard, militiaman°; ~**ök** national/home guard *sing.*
nemzetőrség *n* *tört* national/home guard, militia
nemzetség *n* **1.** *tört* clan, family **2.** *növ* genus *(pl* genera)

nemzetségfa *n* family/genealogical tree
nemzetségfő *n* head of the clan
nemzetségi *a* clan(-), of clan *ut*.,
~ **szervezet** clan organization, clan
system
nemzetvédelmi *a* of national defence *ut*.;
~ **miniszter** *US* Secretary of Defense
nemzőképesség *n* sexual capability,
potency
nemzőképtelen *a* unable to procreate,
sterile, impotent
nemzőképtelenség *n* sterility, impotence
nemzőszerv(ek) *n* genitals *pl*
néne *n* 1. *nép (idősebb nővér)* elder sister
2. *(néni)* aunt(y), auntie
nénémasszony *n* *nép* aunt(y), auntie
néni *n* aunt(y), auntie; **Mari** ~ Aunt Mary;
Kovács ~ Mrs. Kovács; **öreg** ~ old lady;
~ **kérem** madam
nénike *n* 1. *(öreg)* old woman° 2. *biz (nagy-
néni)* auntie/aunty; **nénikém** auntie, aunty
neofita *a*/*n* neophyte
neoklasszicizmus *n* neoclassicism
neologizmus *n* neologism
neon *n* neon; ~ **fényreklám** neon sign
neoncső *n* neon tube/lamp
nép *n* 1. *(közösség, nemzet)* people *sing*.; **az
angol nyelvű** ~**ek** the English-speaking
peoples; **a magyar** ~ the Hungarian
people 2. *(az egyszerű emberek tömege)* **a** ~
the (common) people *pl*; **a** ~ **fia** a man° of
the (common) people; **a** ~**ből való** [sy] of
the people *ut*. 3. *(lakosság)* the people *pl* (of
. . .); **Budapest** ~**e** the people/population
of Budapest
népakarat *n* will of the people
népáruló *n* traitor to the people
népballada *n* folk ballad
népbetegség *n* widespread/endemic disease
népbíróság *n* *tört (1945-49 között)* people's
tribunal
népbiztos *n* *tört* people's commissar
népbiztosság *n* *tört* (people's) commissariat
népboldogító *a* utopian, utopistic
népbolt *n* village shop, *US* general store
népbutítás *n* demagoguery, demagogy
népcsoport *n* ethnic group
népdal *n* folk-song
népdalénekes *n* folk singer
népegészségügy *n* public health
népeledel *n* staple food (of the masses), na-
tional dish
népellenes *n* against the people *ut*.; ~
bűntett crime against (the state and) the
people
népelnyomó *a* oppressive

népének *n* **(egyházi)** ~ (sacred) folk-song,
folk hymn
népeposz *n* popular/national epic
népes *a* populous; ~ **család** large family;
~ **gyűlés** crowded assembly; ~ **város-
negyed** thickly/densely populated quarter/
district
népesedés *n* *(népszaporulat)* growth of (*v.*
increase in) the population
népesedési *a* demographic; ~ **arány** rate
of increase of the population; ~ **statisz-
tika** population statistics *pl*, demography
népesedéspolitika *n* population policy
népesed|ik *v* become* peopled/populous
népesség *n* population, number of inhabit-
ants, inhabitants *pl*
népességű *a* **sűrű** ~ densely/thickly popu-
lated
népetimológia *n* folk etymology
népfaj *n* *(tudománytalan és bántó haszn.)*
race
népfelkelés *n* *(lázadás)* insurrection, rebel-
lion, revolt, (popular) uprising; **az 1956-os**
~ the 1956 (popular) uprising, the (popular)
uprising of 1956
népfelkelő *n* insurrectionist; freedom
fighter
népfelszabadítás *n* liberation of the people
népfelszabadító *a* liberating the people *ut*.
népfőiskola *n* † people's academy, adult
education centre (*US* -ter)
népfront *n* Popular Front
népfürdő *n* public baths *pl*
népgazdaság *n* national economy
népgazdasági *a* of (the) national economy
ut.; **az 1979. évi** ~ **terv** the 1979 national
economic plan
népgyűlés *n* public/mass meeting
néphadsereg *n* people's army, the armed
forces [of Hungary etc.]
néphagyomány *n* popular tradition, folk-
lore
néphangulat *n* public opinion
néphatalom *n* people's power
néphit *n* popular belief
népi *a* people's, of the people *ut*.; ~ **demok-
rácia, ~ demokratikus állam** people's
democracy; **Állami N** ~ **Együttes** State
Folk Ensemble; ~ **hatalom** people's
power; ~ **írók** (Hungarian) populist/
peasant writers; ~ **név** *(pl. növényé)* local/
native/common name; ~ **sajátosságok**
national traits/peculiarities/characteristics;
~ **származású** [one] of the common
people *ut*.; *(paraszti származású)* of peasant
stock/origin *ut*.; ~ **tánc** *ált* folk-dance;

(angol) country dance; ~ **zenekar** gipsy orchestra/band ➪ **ülnök**
népies a **1.** *(népit utánzó)* folksy **2.** *(paraszti)* rustic; *(népi)* popular; ~ **kifejezés** folk idiom, common (turn of) phrase; ~ **stílus** *(igével)* is commonly/popularly called...
népieskedés *n* affectation/imitation of a popular style/manner
népiesked|ik *v* affect/imitate the popular style/manner
népieskedő *a elít* folksy
népiesség *n* **1.** *(irány)* popular tendency/trend **2.** *(tulajdonság)* popular character
népirtás *n* genocide
népiség *n* ethnic character
népítélet *n* lynch law
népjólét *n* public/national welfare
népjóléti *a* welfare
népképviselet *n* popular representation
népképviseleti *a* ~ **rendszer** representative system
népkonyha *n* soup-kitchen
népköltés *n* = **népköltészet**
népköltészet *n* folk-poetry
népköltő *n* poet of the people
népkönyv *n* † *ir* chap-book
népkönyvtár *n* public library
népköztársaság *n* people's republic
néplap *n* popular (news)paper, *GB* tabloid
néplélektan *n* folk psychology
népmese *n* folk-tale
népmonda *n* folk legend
népmozgalmi *a* demographic; ~ **statisztika** population figures/statistics *pl*, demography
népmozgalom *n* *(statisztikai)* demographic/population changes *pl*
népművelés *n kb.* adult education
népművelési *a* of adult education *ut.*
népművészet *n* folk art
népművészeti *a* ~ **bolt** folk art shop, local (handicrafts) shop; ~ **tárgyak** peasant arts/crafts-products, local handicraft(s)
népnevelés *n pol* † agitprop work
népnevelő *n pol* † propagandist, agitprop worker
népnyelv *n* popular speech, the vernacular
népnyúzó *a* ~ **rendszer** system of ruthless exploitation
népoktatás *n* public elementary education
néposztály *n* social class
néppárt *n US tört* People's Party
néppárti *a* populist
néprajz *n* ethnography
néprajzi *a* ethnographic(al)
néprajzos *a* ethnographer

néprajztudomány *n* ethnography
néprege *n* folk legend, folk-tale
népréteg *n* social stratum *(pl* strata); **a szélés** ~**ek** the broad masses
népség *n elít* rabble, mob, plebs, crowd; *tréf* ~, **katonaság** the rank and file
Népstadion *n* People's Stadium
népsűrűség *n* density of population; **Magyarország** ~**e 108 fő/km²** the density of population in Hungary is 108 people per sq km
népszámlálás *n* (national) census; ~**t tart** take* a census
népszaporulat *n* increase in (the) population, birth-rate
népszavazás *n* referendum *(pl* referendums), plebiscite; ~**t tart** hold* a referendum on sg; ~ **döntötte el ... ...** was decided by (a) referendum/plebiscite
népszerű *a* popular; ~ **kiadás** popular edition; **a legnépszerűbb** the best known
népszerűség *n* popularity
népszerűséghajhászás *n* hunt(ing) for popularity
népszerűséghajhászó *a* hunting for popularity *ut.*
népszerűsít *v* popularize, make* (sg/sy) popular
népszerűsítés *n* popularization
népszerűtlen *a* unpopular
népszerűtlenség *n* unpopularity
népszínház *n* folk theatre
népszínmű *n* ⟨play about village life with musical interludes⟩, *kb.* folk play
népszokás *n* national/folk custom
népszónok *n* popular orator, *elít* demagogue
Népszövetség *n tört* League of Nations
néptánc *n* = **népi tánc**
néptanító *n* † school-teacher
néptelen *a (gyéren lakott)* underpopulated; *(elnéptelenedett)* depopulated; ~ **utca** deserted street
néptömeg *n* **1.** ~**ek** the masses **2.** *(sokaság)* crowd
néptörzs *n* tribe
néptulajdon *n* people's/collective property
népuralom *n* government by the people
népügyész *n tört kb.* people's prosecutor
népügyészség *n tört kb.* office of (the) people's prosecutor
népünnepély *n* mass entertainment
népvagyon *n* = **néptulajdon**
népvándorlás *n* **1.** *tört* migration of nations, the great migrations *pl* **2.** *biz* teeming crowd, rush (to)
népvezér *n* popular leader, tribune

népviselet *n* national/trad*i*tional c*o*stume/dress

népzene *n* f*o*lk-music

népzenész *n* **1.** = **cigányzenész 2.** *folk* mus*i*cian

nerc *n* mink

nercbunda *n* mink (coat)

Nescafé *n* *i*nstant c*o*ffee

nesz *n* slight noise, r*u*stle; ~**ét veszi vmnek** g*e*t* wind/scent of sg

nesze! *int* take it/this!, here you are!; ~ **neked!** (1) *(kárörvendőn)* so there! (2) *(veréskor)* take that (and that)!; ~ **semmi, fogd meg jól!** *kb.* it's *e*yewash, *US* b*u*nkum

neszesszer *n* t*o*ilet-case, *GB* sponge bag, *(női)* v*a*nity case

neszez *v* make* a (slight) noise, r*u*stle

nesztek! *int* here/there you are!

nesztelen *a* s*o*undless, n*oi*seless, s*i*lent

netalán *adv* = **netán**

netán *conj* by (*a*ny) chance; ~ **ön az új ta-nár** are you by *a*ny chance the new t*ea*cher?; **ha** ~ **megérkeznék** should he arr*i*ve, if (by *a*ny chance) he h*a*ppens to arr*i*ve

netovább *n* vmnek a ~**ja** ne plus *u*ltra of sg, high-w*a*ter mark of sg; **ez a szemte-lenség** ~**ja!** that's the l*i*mit!, that's the height of *i*nsolence/*i*mpudence ⇨ **tovább**

nett *a biz* smart, neat, trim, well-gr*oo*med

nettó *a* net; ~ **bér/kereset** t*a*ke-home pay; ~ **bevétel/nyereség** n*e*t pr*o*fit; ~ **jövedelem** net *i*ncome; ~ **súly** net weight

neuralgia *n orv* neur*a*lgia

neuraszténia *n orv* neurasth*e*nia

neurotikus *a orv* neur*o*tic; ~ **személy** neur*o*tic

neurózis *n orv* neur*o*sis (*pl* neur*o*ses)

neutron *n fiz* ne*u*tron

neutronbomba *n* ne*u*tron bomb

név *n* **1.** *ált* name; *(elnevezés)* design*a*tion; ~ **szerint (meg)említ vkt** m*e*ntion sy by name, ref*e*r to sy; **mi a** ~**e?** what is* h*i*s/her name?, what do* you call him/her?; **ne-ve napja** h*i*s/her n*a*me-day; **saját ne-vemben** in my own name; **vknek/vmnek a nevében** on (*v.US* in) beh*a*lf of sy, on (*v. US* in) sy's beh*a*lf, in the name of sy/sg; **a maga nevében beszél** speak* for one-s*e*lf; **nevéhez fűződik** it is linked with the name of; **számos cikk fűződik a nevé-hez** (s)he is n*o*ted for a n*u*mber of contrib*u*tions; **más** ~**en** *a*lias, *o*therwise/*a*lso known as; **vmlyen** ~**en** *u*nder the name of...; **X** ~**en ismerik őt** he is known as X; ... ~**en ismert** known as ..., referred

to as...; **ilyen** ~**en nem Ism*e*r*i*k őt** he is* not known by that name; **bármi** ~**en nevezendő** whats*o*ever; **semmi** ~**en nevezendő kifogásom nincs** I have no obj*e*ction whatso*e*ver; **jó** ~**en vesz vmt** be* pleased with sg; **rossz** ~**en vesz vmt** take* sg in bad part; **remélem, nem ve-szi rossz** ~**en** I hope you won't mind; **ne-vén nevezi a gyer(m)eket** call a spade a spade; ~**re szóló** p*e*rsonal, not transfer-able; *ker* payable to h*o*lder/*o*rder *ut.*; ~**re szóló meghívás/meghívó** p*e*rsonal in-vit*a*tion; **vmlyen** ~**re hallgat** *a*nswer to the name of...; **vknek a nevére írat** *(in-gatlant)* have* sg r*e*gistered in sy's/one's name, convey sg to sy (by deed), transf*e*r the *o*wnership of sg to sy; ~**ről ismerem őt** I know* him *o*nly by name/reput*a*tion; **más nevet vesz fel** ass*u*me an*o*ther name, change one's name; **megadja/megmond-ja a nevét** give* one's name; **anyja nevét viseli** he goes by (*v. u*ses) his m*o*ther's name; **ő csak a nevét adja (hozzá)** he is *o*nly lending his name (to it); **elít** he is* *o*nly a f*i*gure-head; ~**vel ellát vmt** give* sg a name, name sg; **nevével ellát vmt** put* one's name to sg **2.** *(hírnév)* ren*o*wn, rep-ut*a*tion; name; **neve van** *(a szakmában)* have* a name, be* (well-)kn*o*wn; **nevet szerez magának** win* ren*o*wn [as a ...], make* a name/reput*a*tion for ones*e*lf

névadás *n* n*a*ming, chr*i*sten*i*ng, g*i*ving (of) a name

névadó I. *a* ~ **ünnepség** name-giving cere-mony; ~ **szülő(k)** *kb.* sp*o*nsor(s) **II.** *n* *e*po-nym; **az iskola** ~**ja** the p*e*rson g*i*ving h*i*s/her name to the school

névaláírás *n* signature

névbitorlás *n* usurpation of a n*a*me

névcédula *n* tag, t*a*lly

névcsere *n (téves)* conf*u*sion of names

nevel *v* **1.** *(gyermeket)* br*i*ng* up, rear, *főleg US:* raise; *(személyt oktatva)* educ*a*te; **vkt vmre** ~ train sy for sg, br*i*ng* *u*p to (do) sg; **úgy** ~**ték a gyerekeiket, hogy meg tudjanak állni a saját lábukon** they brought up their ch*i*ldren to stand on their own (two) feet; **rosszul** ~**i a gyere-keit** spoil* one's ch*i*ldren **2.** *(állatot)* rear, breed*; *(baromfit)* raise, keep*; *(növényt)* grow*, c*u*ltivate

nevelés *n* **1.** *(gyermeké)* br*i*nging up, *u*p-bringing, r*e*aring, *főleg US:* r*a*ising (one's ch*i*ldren); **jó** ~**e van** has* a good educa-tion, has been well *e*ducated; **nincs** ~**e** has (had) no educ*a*tion, be* b*a*dly brought up, be* ill-bred; *(modortalan)* be* lacking good manners ⇨ **jól** *nevelt* **2.** *(iskolában stb.)* education **3.** *(állaté)* breeding, rearing; *(baromfié)* raising, keeping; *(növényé)* growing, cultivation

neveléselmélet *n* (theory of) education

nevelési *a* educational; ~ **tanácsadó** *(v.* **tanácsadás)** *kb.* educational counselling (service)

nevelésmód *n* educational method/system

neveléstan *n* = **neveléstudomány**

neveléstudomány *n* pedagogy, education

neveléstudományi *a* pedagogic(al)

nevelésű *a* **jó** ~ well brought up *(v.* educated), well-bred; **rossz** ~ badly brought up, ill-bred, spoilt

nevelésügy *n* (public) education

neveletlen *a (rosszul nevelt)* badly brought-up, spoilt; *(modortalan)* lacking good manners *ut.*; ill-mannered/bred; *(komisz gyermekről)* naughty, behaving badly *ut.*; ~ **fráter** lout, ill-bred fellow; ~**ül viselkedik** misbehave (oneself), behave badly

neveletlenked|ik *v* misbehave (oneself); **ne** ~**j!** don't be naughty!, behave yourself!

neveletlenség *n* **1.** *(tulajdonság)* ill-breeding, churlishness, ill-manners *pl; (gyermeké)* naughtiness **2.** *(cselekedet)* misbehaviour *(US* -or), bad form/behaviour *(US* -or)

nevelked|ik *v* be* brought up, be* reared/educated, grow* up, *US* be* raised

nevelő I. *a* educational, instructive; ~ **hatású** educational, educative **II.** *n* educator; *(magán)* (family) tutor, private teacher

névelő *n* article; **határozott** ~ definite article; **határozatlan** ~ indefinite article

nevelőanya *n* foster-mother

nevelőapa *n* foster-father

nevelőd|ik *v* = **nevelkedik**

nevelőintézet *n* **1.** *(bennlakásos tanügyi intézmény) főleg GB:* boarding-school, *US* preparatory *(v. biz* prep) school **2.** *(fiatalkorú bűnözőké) GB* community home, borstal

nevelőmunka *n* education(al work)

nevelőnő *n* governess

nevelőotthon *n (állami gondozottaknak)* ált home; state/council home (for those in care), foster home; ~**ba kerül(t)** be* put/taken into care; ~**ban van** [the child] is in care

nevelősköd|ik *v* be* a tutor; *(nő)* be* a governess

nevelőszülők *n pl* foster-parents, adoptive parents

nevelt *a* **1.** *(fogadott)* foster; ~ **gyermek** foster-child° **2. jól** ~ well brought up, well--bred; *(igével)* be* (well-)educated, has* a good education; **rosszul** ~ (be*) badly brought up, (be*) ill-bred

neveltet *v* provide education for sy, educate, send* sy to school

neveltetés *n* education, upbringing; *(iskolai)* schooling

névérték *n* face/nominal/par value; ~**en** at par; ~**en alul** below par

neves *a* famous, renowned, well-known; ~ **író** writer of distinction

nevet *v* laugh; ~ **vkn** laugh at sy; ~ **vmn** laugh at/about sg, be* amused at/by sg; **mindenki** ~ **rajta** everybody is laughing at him, he is making a fool of himself; **az** ~ **legjobban, aki utoljára** ~ he who laughs last laughs longest; ~**nem kell!** nonsense!, don't make me laugh!, you make me laugh!; **nincs ezen semmi** ~**ni való** it's no laughing matter, it's nothing to laugh at/about; **mit/min** ~**sz?** what are you laughing at?; **halálra** ~**tük magunkat** we almost died with laughter; **nagyot** ~ laugh one's head off, burst* out laughing, roar with laughter; **sokat** ~**tünk rajta** we had many a laugh over it

nevetés *n* laughter, laugh(ing); ~**be tör ki** burst* out laughing, burst* into laughter

nevetgél *v* giggle, titter, snigger

nevetgélés *n* giggle, giggling, titter(ing)

nevethetnék *n* ~**em volt** I felt* like laughing, I was* itching to laugh

nevetőgörcs *n* laughing fit, fit of laughter

nevetség *n* **1.** *(gúnyos nevetés)* jeering, mockery, derision; ~ **tárgyává lesz** become* a laughing-stock, make* oneself ridiculous; ~ **tárgyává tesz** make* (sy/sg) ridiculous, make* a laughing-stock of (sy), hold* (sy/sg) up to ridicule; ~**be fullad** be* drowned in ridicule **2.** *(nevetséges dolog)* (be*) a laugh; **ez kész** ~**!** this is simply/quite ridiculous!

nevetséges *a* ridiculous, laughable, funny; ~ **dolog** *biz* a laugh; ~ **alak** a figure of fun; a funny fellow *(US* guy); ~ **ár** ridiculously low price; ~**sé tesz** *vmt, vkt* ridicule (sg, sy), make* (sg/sy) ridiculous; ~**sé válik** make* oneself ridiculous, become* ridiculous, make* a fool/show of oneself; **ebben nincs semmi** ~ there is nothing to laugh at (here), it is no laughing matter

nevettében *adv* (from) laughing; **majd meghalt/megpukkadt** ~**, oldalát fogta** ~ he nearly died with laughter

nevettető I. *a* amusing, comical, funny **II.** *n* comedian, humorist

nevez *v.* **1.** *vkt vmnek* call/name sy sg; *vmt vmnek* call/name/term sg sg; *vmt/vkt vmről/ vkről* name sg/sy *after* sg/sy; **a gyermeket Péternek ~ik** the child is* called Peter; **minek ~ik/~néd ezt?** what do*/would you call this?, what is* this called?; **ezt ~em!** that's something like it!, *kif* that's what I call a ... **2.** *sp* enter sy [in/for a competition]
nevezendő *a* → **név**
nevezés *n* **1.** *vmnek* calling, naming **2.** *sp* entry
nevezési *a* ~ **díj** entry fee
nevezetes *a vk* notable, renowned, celebrated; *vm* remarkable, noteworthy; ~ **vmről** famous/famed/known/noted for sg; ~ **nap** memorable day, red-letter day, never-to-be--forgotten day
nevezetesen *adv* namely (*röv* viz.), notably, that is (*röv* i.e.)
nevezetesség *n* **1.** *(tulajdonság)* celebrity, fame **2.** ~**ek** *(érdekes látnivalók)* places of interest, sights; **a város ~ei** the sights of the town; **megnézi a ~eket** go* sightseeing, see* the sights
nevezett I. *a ált* called, named; *(hiv stílusban)* said, above(-mentioned), aforesaid; ~ **személy** person in question **II.** *n a* ~ the person in question
nevezetű *a* called, named, by the name of *(mind: ut.)*
nevezhető *a* **ez így is** ~ it may also be called/termed...
nevező *n* **1.** denominator; **közös** ~ → **közös I. 2.** *sp* entrant (for), competitor
névházasság *n* nominal marriage
névjegy *n* (visiting) card; *US így is:* calling card; *(üzletemberé)* (business) card; **leadja a ~ét** leave* one's card with sy
névjegyzék *n* list (of names), roll, register; *(akikkel rendszeres levelezésben állunk)* mailing list; **felvesz a ~be** put*/enter sy on the list/rolls; add [sy's name] to one's/the mailing list
névleg *adv* nominally, in name
névleges *a* **1.** *ált* nominal, titular; ~ **vezető** nominal leader, figure-head **2.** *ker stb.* nominal; ~ **bér** nominal wages *pl*
névlegesen *adv* = **névleg**
névmagyarosítás *n* Magyarization of one's surname
névmás *n nyelvt* pronoun; **birtokos** ~ possessive pronoun; **határozatlan** ~ indefinite pronoun; **kérdő** ~ interrogative pronoun; **mutató** ~ demonstrative pronoun; **személyes** ~ personal pronoun; **vissza**

ható ~ reflexive pronoun; **vonatkozó** ~ relative pronoun
névmutató *n* index (*pl* indexes), (alphabetical) list [of authors etc.]; ~ **val ellát** index [a book], supply [a book] with an index
névnap *n* name-day; **gratulál vknek** ~**jára** *kb.* wish sy many happy returns (of the day); ~**ot tart** keep*/celebrate one's name-day
névnapi *a* ~ **köszöntő** name-day greetings *pl*
névrag *n* case-ending, nominal suffix
névragozás *n* declension, inflexion/inflection of nouns, adjectives or pronouns
névrokon *n* namesake
névsor *n* list (of names), register, roll; ~**t olvas** call the roll, take*/hold* a roll-call; ~**ba felvesz nevet** enter a name on a list
névsorolvasás *n* roll-call
névszó *n* nominal ⟨noun, infinitive, adjective, participle, numeral, and pronoun⟩
névszói *a* nominal
névszóképző *n* nominal formative (suffix)
névszóragozás *n* declension
névtábla *n* name-plate
névtár *n* register, catalogue (*US* -log)
névtelen *a* **1.** *ált* unnamed, nameless, anonymous; ~ **levél** anonymous letter **2.** *(ismeretlen)* unknown, nameless
névtelenség *n* anonymity; *(ismeretlenség)* obscurity; **a** ~ **homályába burkolózik** preserve one's anonymity
névutó *n* postposition
nevű *a* **egy Papp** ~ **ember** a man called/ named P., a man by the name of P., a man P. by name; **ismert** ~ well-known, noted, famous; **jó** ~ of (good) repute *ut.*, reputable; *(igével)* be* highly reputed, have* a good reputation; **jó** ~ **orvos** (s)he has a good reputation as a doctor
névváltoz(ta)tás *n* change of name
New York-i I. *a* New York, of New York *ut.* **II.** *n* New Yorker
néz 1. *vt/vi vmt/vkt v. vmre/vkre* look at sg/sy; *(előadást, televíziót)* watch [a performance, television]; **képeket** ~ *(pl. fényképeket)* be* looking at pictures; **mereven** ~ *vmt/ vkt* stare/gaze at sg/sy; ~**d csak!** (just) look at that!; ~ **ze kérem!** look here!, *US* (now) listen!; *biz* **hadd** ~**zem**, ~**zük** let me see, let's see; **vm elé** ~ → **elé**; **nagyot** ~**ett** he was surprised (to see it) **2.** *vt/vi biz (keres)* look for sg; **cipőt** ~ **magának** look for shoes for oneself; **állás/munka után** ~ look for a job; **csak** ~**tem, mi lesz ebből** I was* just wondering what would hap-

pen **3.** *vt (tekint)* consider, take* *into consideration, look (up)on sy/sg (as); *vmt/vkt vmnek/vknek* take* sg/sy for sg/sy; **ha nem ~ ném korodat** if I did* not consider your age, if I made* no allowance for your age; **minek ~ maga/ön engem?** what do you take me for?; **húszévesnek ~em** I (should) put* him down as twenty, I take* him to be no more than twenty; **csak a maga hasznát ~i** consider only one's own interest **4.** *vi (nyílik vmre)* look out on sg, face/front sg; **az ablakok a kertre ~nek** the windows look onto (*v.* out on) the garden, the windows give* on to the garden; **a ház délnek ~** the house faces south ⇨ **elé, elébe, felé**

nézdegél *v* = **nézeget**

nézeget *v* keep* looking at (sy, sg); **egy könyvet ~** glance/skim through a book, dip into a book, browse in a book

nézelőd|ik *v* look around

nézés *n* **1.** *(figyelés)* looking; **nem tudott betelni a ~ével** he couldn't take his eyes off her **2.** *(tekintet)* look

nézet *n* **1.** *(vélemény, felfogás)* view, opinion, idea; **~em szerint** in my opinion/ eyes, to my mind; **egy ~en van vkvel** agree with sy('s views), be* of the same mind/opinion as sy; **különös ~eket vall** have*/hold* strange/curious views; **más ~en van vkvel** disagree with sy, differ in opinion from/with sy; **azon a ~en vagyok, hogy** I suggest that, I am* of the opinion that; **az az általános ~, hogy** it is generally held that; **annak a ~ének adott kifejezést, hogy** he expressed the view that, he voiced the opinion that; **elfogadja vk ~ét** come* round to sy's way of thinking, fall* in with sy's opinion **2.** *épít, műsz* elevation, view

nézetazonosság *n* identity of views

nézeteltérés *n* difference of opinion, clash of views, disagreement; **~e van vkvel** disagree with sy

nézetkülönbség *n* = **nézeteltérés**

nézettségi fok *n (tévéműsoroké)* rating, audience ratings *pl*

néző I. *a* **utcára ~ ablakok** windows looking onto the street; **délre ~ szoba** south-facing room **II.** *n* onlooker, looker-on, spectator; *(tévéadásé)* viewer; **szính ~k** the audience; **50 000 ~ volt a meccsen** 50,000 spectators watched/attended the match

nézőke *n (optikai készüléken)* sighting slot; *(puskán)* notch, (back-)sight

nézőközönség *n* public, audience, spectators *pl*

nézőlyuk *n* eyehole, peephole

nézőpont *n* point of view, stand-point

nézőszám *n* attendance, number of spectators present

nézőtér *n* auditorium

nézve *adv* **1.** **jobbról ~** seen from the right; **oldalról ~** in profile **2.** *(tekintve)* with respect/regard to, as to; **erre ~ megjegyzem** in this connection (*v.* with reference to that/this) I would point out; **végtelenül kellemetlen volt rám ~** it was* extremely unpleasant for me

ni! *int biz* look!, here/there it is!, here/there they are!

Niagara-vízesés *n* Niagara Falls *pl*

Nicaragua *n* Nicaragua

nicaraguai *a/n* Nicaraguan

niceai zsinat *n* the Nicene Council

nicsak! *int* = **ni!**

Nigéria *n* Nigeria

nigériai *a/n* Nigerian

nihilista I. *a* nihilistic **II.** *n* nihilist

nihilizmus *n* nihilism

nikkel *n* nickel

nikkelez *v* nickel(-plate), plate with nickel

nikkelezés *n (folyamat)* nickel-plating; *(felület)* nickel plate

nikkelezett *a* nickel-plated

nikotin *n* nicotine

nikotinmentes *a* nicotine-free, free from nicotine *ut.*

nikotinmérgezés *n* nicotinism

nikotinos *a (ujj)* stained with nicotine *ut.*

Nílus *n* Nile

nimbusz *n* nimbus, halo, glory

nimfa *n* nymph

nincs *v* **1.** *(nem létezik)* there is* no(t); **~ hely** there is* no seat to be found, (there is) no room; *(buszon stb.)* full up; **~ idő** there is* no time; **~ itthon** he is* out; **~ semmi értelme** there is* no point/sense in all this, it is* meaningless, this is* all nonsense; **~ miért/mit** *(köszönetre válasz)* you're welcome, don't mention it, it's nothing; **~ miért haragudni** there is* no reason to be angry/annoyed; **~ mit tenni** there is* nothing to be done, there is* nothing to do; **ahol ~, ott ne keress** *kb.* you can't get blood out of a stone, where nothing is nothing can be had; **~ (belőle) több** there is* no more (left); **ő ~ többé** (s)he is no more **2.** *vknek, vmnek* **~ pénzem** I have* no money, I am* out of cash, *biz* I am* (stony-)broke; **~ nálam pénz** I haven't

got any money on me, I've no (ready) cash on me; **már öt éve** ~ **írógépem** I have been without a typewriter for five years; ~ **történeti érzéke** he is* lacking in historical sense, he has* no feel(ing) for history; ~ e- **nek gyermekeim** I have* no children/ family **3.** *(nem kapható)* is* out of stock, is* not to be had; ~ **szalámi a közértben** salami is out of stock in the supermarket **4.** ~ **jól** be* unwell; ~ **semmi bajom** I'm all right **5.** ~ **meg az erszényem** I can't find my purse ⇨ **megvan**
nincsen *v* = **nincs**
nincstelen I. *a* poverty-stricken, destitute **II.** *n* pauper
nincstelenség *n* penury, poverty, pauperism
nini! *int biz* = **ni!**
nipp *n* china/porcelain figurine, knick-knack, bric-à-brac
nitrát *n* nitrate
nitrogén *n* nitrogen
nitrogéntartalmú *a* nitrogenous
nitroglicerin *n* nitro-glycerine (*US* -rin)
nittel *v* rivet
nivellál *v* level (*US* -l) (up), even up
nivellálód|ik *v* be* levelled (*US* -l-) (up)
nívó *n* level; *átv* standard
nívódíj *n* (radio/TV) award
nívós *a* first-rate, of (a) high level/standard *ut.*, high-level
nívótlan *a* of inferior quality *ut.*, third-rate
-nként *suff* **1.** *(helyhatározó; elöljáró nélkül v. különféle elöljáróval)* **házanként** every house, from house to house; **helyenként** here and there, in some places, sporadically **2.** *(időhatározó)* **percenként, óránként, naponként, havonként, évenként, időnként** *stb.* → *a szótár megfelelő helyén* **3.** *(részelés)* *főleg* by; **apránként** little by little, bit by bit, inch by inch, gradually; **darabonként** piece by piece; *(csomagról pl. reptéren)* [...fts] per item; **darabonként árul** sell* by the piece; **fejenként** individually, per capita; **kilométerenként 2 Ft** 2 fts a kilometer; **mondatonként** sentence by sentence; **szavanként** word by word; **személyenként** per head/person, ... each; **egyenként** one by one; **méterenként elad/árul/levág** sell* by the yard
N. N. anon. (= anonymous)
no *int* ~ **mi az?** what is it?; ~, **megjöttél?** so you're here; well, you've arrived/ come?; ~ **nem?** isn't that so?; ~ **és?** well, what of it?; ~ **megállj csak!** hold your

horses!; ~ **gyerünk!** let's go!; ~ **de ilyet!** well, I never!
Nobel-békedíj *n* Nobel peace prize
Nobel-békedíjas *a* Nobel peace prize winner
Nobel-díj *n* Nobel prize; ~ **at kapott** he was* awarded the/a Nobel prize
Nobel-díjas *a* Nobel prize winner, winner of the/a Nobel prize, Nobel laureate
nocsak! *int* well, well!
Noé *n* Noah; ~ **bárkája** Noah's Ark
nógat *v* urge, egg/drive* sy on (to do sg), nag (sy)
nógatás *n* urging, egging on
noha *conj* (al)though, whereas
nohát = **nahát**
nokedli *n* = **galuska**
nomád I. *a* nomad, nomadic; ~ **törzsek** nomad/nomadic/wandering tribes **II.** *n* nomad
nominativus *n* nominative (case)
nonkonformista *a* nonconformist
nono! *int* come come!, now now!
nonpareille *n* nonpareil
nonstop *a* nonstop
norma *n* **1.** *(teljesítménykövetelmény)* (industrial) norm, piece-rate; ~ **n alul teljesít** fall* below norm; **teljesíti a** ~ **t** fulfil (*US* fulfill) one's norm, achieve one's norm; **megállapítja a** ~ **t** set* the rate(s), fix the norms **2.** *átv* standard; **nyelvi** ~ **standard** English/Hungarian etc., correct usage
normacsalás *n* norm fraud
normál *a* **1.** *(szabványos)* standard **2.** *(rendes, átlagos)* normal, ordinary, regular, standard **3.** *(kazettán)* normal (position) **4.** *zene* ~ **a (hang)** concert pitch
normálbenzin *n* regular, 86 octane petrol (*US* gas/gasoline); *GB* two-star (petrol)
normálfilm *n* standard (*v.* 35 mm) film
normális *a* **1.** *(rendes)* normal; ~ **körülmények között** normally, under normal conditions **2.** *(épeszű)* be* in one's right mind; ~ **vagy?** are you in your right mind?, are you crazy?
normalazítás *n* easing/slackening of the norm
normalizálód|ik *v* get* back to normal
normamegállapítás *n* piece-rating; fixing/ setting of norms
Normandia *n* Normandy
normann *a/n* tört Norman; **a** ~ **hódítás** the Norman Conquest (1066)
normatív *a* normative
norvég *a/n* Norwegian
Norvégia *n* Norway

norvégiai *a/n* Norwegian
norvégul *v* **norvégül** *adv* ~ **beszél** speak* Norwegian; ~ **van (írva)** it is (written) in Norwegian
nos *int* **1.** *(kijelentésben)* well (now), ...; ~, **befejeztem** well, I have finished (it) **2.** *(kérdésben)* ~, **mi a véleményed?** well, what do you think?; ~, **nem indulsz még?** off you go then!, what are you waiting for?; haven't you gone yet?
nosza *int* go ahead!; ~ **rajta!** come on!, go at it!
noszogat *v vmre* urge (gently), egg/drive* sy on (to do sg), prompt (sy)
nosztalgia *n* nostalgia
nosztalgiahullám *n* wave of nostalgia
nosztalgiáz|ik *v* indulge in nostalgia
nosztrifikál *v* validate [a foreign qualification]
nóta *n* **1.** *(magyar)* (Hungarian) song (in the folk style); *(dallam)* tune, melody; **mindig ugyanazt a ~t fújja** he is always harping on the same string; **elhúzza/elhegedüli vknek a ~ját** *(= jól elver)* give* sy a sound hiding/thrashing **2.** *(mai)* pop song
notabilitás *n* notability, notable, eminent/distinguished person, dignitary
nótafa *n* ⟨elderly villager with a wide repertoire of folk-songs⟩
nótáskönyv *n* song-book
nótáz|ik *v* sing* popular/Hungarian songs/tunes
notesz *n* note-book, diary
notórius *a* notorious; ~ **hazudozó** a confirmed liar
nov. = *november* November, Nov.
novella *n* short story
novelláskötet *n* volume of short stories
novellista *n* short-story writer
novellisztikus *a* short-story-like
november *n* November; ~**ben,** ~ **folyamán** in (the course/month of) November; ~ **havában/hóban** in the month of November; ~ **16-án** on 16(th) November, *főleg US:* on November 16th
novemberi *a* November, in/of November *ut.*; **egy** ~ **napon** on a (certain) November day, one day in November; ~ **időjárás** November weather
novícius *n* novice, probationer
novokain *n* Novocaine
nóvum *n* novelty, something new; **ez nekem** ~ I have* never heard of that before, that is* new to me
nő[1] *v* **1.** *ált (és növ)* grow*; **magasra** ~ grow* tall, **shoot*** up; **nagyra** ~ grow*

tall/up; **nagyot** ~**tt** *(gyerek)* (s)he grew tall **2.** *(nagyobbodik)* grow*, increase, augment; *(fejlődik)* develop; *(szélességben)* expand, extend; *(adósság, bevétel, tekintély)* increase **3.** ~**tt a szememben** he has grown in my estimation; **szívemhez** ~**tt ez a gyerek** I have grown deeply attached to this child, I have become very fond of this child
nő[2] *n* **1.** *ált* woman°; *(udvariasan)* lady; **a** ~**k** women, womankind; **egy** ~**k vár rád** a lady is waiting for you; ~**k** *(felirat és női WC)* Ladies; **a** ~**k helyzete** the status/position of women **2.** † *(feleség)* wife°; ~**ül megy vkhez** marry/wed sy; ~**ül vesz vkt** marry/wed sy **3.** □ **vknek a** ~**je** sy's woman°/mistress, sy's fancy woman°; **jó** ~ a nice bit of fluff, a cute little number; ~**k után futkos** be* (*v.* go* out) on the loose
nő- *a összet* woman(-), women's, female
nőág *n* † female line/side, distaff side
nőalak *n* *(regényben stb.)* woman/female character
nőbolond *n* womanizer; *kif* be* mad about women
nőcsábász *n* lady-killer, Don Juan, womanizer
nőcske *n* **1.** elít *(könnyűvérű nő)* easy/loose woman, □ bird; *(nagyon fiatal)* chick, female **2.** *(kis termetű nő)* little/small woman
nődolgozó *a* woman°/female worker *(pl* women/female workers), working woman°
nőegylet *n* women's club
nőgyógyász *n* gynaecologist (*US* gynec-)
nőgyógyászat *n* gynaecology (*US* gynec-)
nőgyógyászati *a* gynaecological (*US* gynec-)
nőgyűlölő *n* misogynist, woman-hater
nőhallgató *n* (female) student/undergraduate
női *a* woman-, woman's, women's, ladies('), female; ~ **baj/betegség** gynaecological (*v. US* gynec-)/women's disease; ~ **divat** ladies' fashion; ~ **divat(áru)** ladies' wear; ~ **egyes** *(tenisz)* women's singles *pl;* ~ **erény** feminine/womanly virtue; ~ **fodrász** ladies' hairdresser; ~ **hang** female voice; ~ **kalap** ladies' hat; ~ **(kézi)táska** handbag, *US* pocket book, purse; ~ **munkaerő** woman°/female worker *(pl* women/female workers); **a** ~ **nem** womankind, womanhood, the fair/gentle sex; ~ **osztály** *(kórházban)* female/women's ward; *(áruházban)* ladies' department; ~ **páros** *(teniszben)* women's doubles *pl;* ~ **ruha** (woman's) dress, frock; ~ **sportoló** sports-

woman°; ~ **szabó** ladies' tailor; *(szabónő)* dressmaker; *sp* ~ **számok** women's events; ~ **szerep** female/woman's part/role; ~ **szereplő** woman°/female character; ~ **tag** woman member *(pl* women members); ~ **társaság** female company; ~ **vécé** (the) ladies, *US* ladies' room; ~ **vezető** *(autó)* woman driver *(pl* women drivers)
nőies *a* 1. *(nő)* womanly, womanlike, ladylike, feminine 2. *(férfi)* effeminate, womanish
nőietlen *a* unwomanly, unfeminine
nőíró *n* woman author *(pl* women authors), woman writer *(pl* women writers)
nőismerős *n* woman acquaintance *(pl* women acquaintances), girl-friend, a woman°/lady I know
nől *v* = **nő**[1]
nőmozgalom *n* women's (rights) movement, feminism
nőnap *n* **Nemzetközi N**~ International Women's Day
nőnem *n nyelvt* feminine (gender)
nőnemű *a nyelvt* feminine; ~ **főnév** feminine
nőnevelő intézet *n* girls' (boarding) school
nőorvos *n* = **nőgyógyász**
nőrablás *n* abduction of women
nőrím *n* feminine rhyme
nőrokon *n* woman/female relative/relation *(pl* women/female relatives/relations)
nörsz *n* nurse
nős *a* married
nősportoló *n* sportswoman°
nőstény *n* 1. female (animal) 2. *összet* female, she-; *(őz, nyúl)* doe-; ~ **elefánt** cow-elephant; ~ **farkas** she-wolf; ~ **kecske** she/nanny-goat; ~ **macska** she-cat; ~ **medve** she-bear; ~ **nyúl** doe-rabbit; ~ **oroszlán** lioness; ~ **tigris** tigress
nősül *v* get* married, marry
nősülés *n* marrying, getting married, marriage
nőszemély *n* woman°; *elít* female
nőszirom *n* iris, flag
nőszövetség *n* Women's Association
nőtag *n* woman member *(pl* women members)
nőtanács *n* Women's Council
nőtársaság *n* company of women, female company
nőtartás *n (díj)* maintenance; *főleg US:* alimony; ~**t fizet** pay* maintenance/alimony
nőtestvér *n* sister

nőtlen *a* unmarried; *(hlv nyomtatványokon)* single; ~ **(életet él)** lead* a single life; ~ **ember/férfi** unmarried man°, bachelor
nőtlenség *n* unmarried/single state, bachelorhood; *(papi)* celibacy
nőttön-nő *v* grow* steadily, grow* taller and taller, grow* and grow*
nőügy *n biz* affair
növedék *n jog stb.* accretion, growth, increase, increment; *(könyvtári)* accession; ~**i napló** *(könyvtári)* accessions register/book
növekedés *n (ált és élő szervezeté)* growth; *(számban, mennyiségben, értékben)* increase; *(terjedelemben)* growth, expansion
növeked|ik *v (ált és élő szervezet)* grow*; *(számban, mennyiségben)* increase, be* on the increase; *(terjedelemben)* grow* larger/bigger, expand; **egyre** ~**ik** keep* growing; **szépen** ~**ik** *(gyerek)* be* developing well, be* growing up nicely
növekedő *a* growing, increasing; *(terjedelemben)* expanding; ~**ben van** be* steadily/continually growing/increasing/expanding, be* on the increase/rise
növeksz|ik *v* = **növekedik**
növekvő *a* = **növekedő**
növel *v* 1. *ált* increase, swell*; *(terjedelemben)* enlarge, expand, extend; *(árat, bevételt)* increase; *(értéket)* enhance, increase; *(befolyást, hatalmat)* extend; *(örömöt, érzelmet)* heighten; *(sebességet)* increase; *(szókincset)* enrich; *(termelést)* increase, step up; *(tudást)* improve; ~**i a nehézségeket** add to the difficulties 2. **az eső** ~**i a vetést** rain helps make the crop grow
növelés *n ált* increase; *(termelésé így is)* step(ping)-up
növendék *n* 1. *ált* pupil; *(főleg főiskolai)* student; *(intézeti)* boarder; **volt** ~ *(iskoláé)* ex-pupil, *GB* old boy/girl, graduate, *US* alumnus *(pl* alumni) 2. *(jelzőként)* young; ~ **marha** young cattle
növény *n* plant; **kerti** ~**ek** garden plants; ~**t gyűjt** collect plants, botanize
növényápolás *n* care of plants
növénybetegség *n* plant disease
növénycsalád *n* family (of plants)
növényélettan *n* plant physiology
növényevő **I.** *a* plant-eating, *tud* herbivorous **II.** *n* plant-eater; *tud* herbivore
növényfaj *n* species *(pl* species) (of plants)
növényföldrajz *n* plant geography, phytogeography
növénygyűjtemény *n* herbarium *(pl* -riums *v.* -ria)

növénygyűjtő *n* herbalist, plant-collector
növényhatározó *n* herbal, plant identification handbook
növényház *n* greenhouse, glasshouse
növényi *a (növényhez tartozó)* plant-; *(a növényvilággal kapcs.)* vegetal; *(növényi eredetű)* vegetable; ~ **eledel** vegetable food; ~ **olaj** vegetable oil; ~ **rost** vegetable fibre *(US* -ber); ~ **vaj** (vegetable) butter; ~ **zsírok** vegetable fats
növényirtó szer *n* herbicide
növénykórtan *n* phytopathology
növénynedv *n* sap
növénynemesítés *n* plant improvement
növénynemzetség *n* genus *(pl* genera) (of plants)
növénynév *n* plant/botanical name
növényrendszertan *n* plant taxonomy
növényszövettan *n* plant histology
növénytakaró *n* vegetation, plant life [of a particular region], flora
növénytan *n* botany
növénytani *a* botanical
növénytár *n* botanical collection
növénytermesztés *n* cultivation of plants
növénytetvek *n pl* plant lice, aphids
növényvédelem *n* plant protection/conservation
növényvédelmi *a* of/for plant protection/conservation *ut.*; ~ **kutatóintézet** plant protection/conservation research institute, research institute for plant protection/conservation; ~ **szakmérnök** specialist in plant protection/conservation; ~ **szolgálat** (agricultural) plant protection/conservation service
növényvédő szer *n* plant-protecting agent/material, insecticide
növényvilág *n* flora *(pl* floras *v.* florae), plant/vegetable kingdom, plant life; **Európa** ~ **a** European flora
növényzet *n* plants *pl*, vegetation, flora *(pl* floras *v.* florae), plant life
nővér *n (testvér és ápoló)* sister
nővérke *n* **1.** *(testvér)* biz sis **2.** *(ápolónő megszólítása)* excuse me, nurse/sister
növés *n* **1.** *(növekedés)* growth; ~**ben levő gyermek** growing child° **2.** *(termet)* build, figure, stature

növésű *a* of ... growth/build/stature *ut.*; **jó** ~ well-shaped/proportioned, shapely
növeszt *v* make* grow, grow*; **szakállt** ~ grow* a beard
nőzés *n biz* womanizing
nőz|ik *v biz* womanize
NSZK = **Német** *Szövetségi Köztársaság*
nudista *n* nudist
nudizmus *n* nudism
nudli *n* noodles *pl*, vermicelli; **krumplis** ~ 〈vermicelli made of potatoe-pastry/dough〉
nukleáris *a* nuclear; ~ **bomba** nuclear bomb; ~ **energia** nuclear energy; ~ **fegyver** nuclear weapon; ~ **fegyverkísérlet** nuclear (weapon) test; ~ **fizika** nuclear physics; ~ **háború** nuclear war; ~ **hadviselés** nuclear warfare; ~ **lefegyverzés** nuclear disarmament
null *num* = **nulla**
nulla I. *num (számjegy)* zero, nought, nil; *(számban kiolvasva;* ou*);* ~ **egész 6 tized (0,6)** *(írva)* 0.6, *(mondva)* (nought) point six; ~ **fok (van)** (it's) zero (centigrade); ~ **alá süllyed** fall* below zero; ~ **alatti** below zero *ut.*; ~ **óra 35 perckor** at 0035 hours, at zero *(v.* 0-0) thirty-five hours; *sp* **három** ~ **(3:0)** three goals to nil, three-nil *(írva:* 3-0); **Magyarország-Dánia 1:0** Hungary 1 Denmark 0, Hungary-Denmark 1-0; ~**n áll** *(műszer)* be* on/at zero **II.** *n* **1.** *biz* **ő egy nagy** ~ he is a mere cipher **2.** *vill* neutral
nulladik *a* ~ **óra** *isk* 〈school class beginning at 7 a.m.〉
nullapont *n* = **nullpont**
nullás *a* ~ **géppel vágták le a haját** he had a close crop; ~ **liszt** pure wheaten flour, finest flour
nullavezető *n vill* neutral conductor
nullkörző *n* bow compasses *pl*
nullpont *n* zero (point)
nullszéria *n* trial series, pilot, batch
numerikus *a* numerical
numizmatika *n* numismatics *sing.*
nutria *n* coypu, nutria
nüánsz *n* nuance, shade (of colour)
Nürnberg *n* Nuremberg
nylon *n* → **nejlon**

Ny

Ny, ny *n (betű)* (the digraph) Ny/ny
Ny = *nyugat* west, W
ny. = *nyugalmazott* retired, ret.
nyafka *a biz* = **nyafogós**
nyafog *v* whine, whimper, snivel (*US* -l)
nyafogás *n* whine, whimper(ing), snivel-(ling) (*US* -l-)
nyafogós *a* whining, *biz* whinging
nyaggat *v* trouble, bother, nag, pester
nyáj *n* flock
nyájas *a ir* kind(ly), friendly, *ami*(c)able, *aff*able; ~ **olvasó** gentle reader
nyájaskod|ik *v vkvel* make* oneself pleasant, be* agreeable (with/to sy)
nyájasság *n* affability, amiability, gentleness, kind(li)ness
nyájösztön *n* herd instinct
nyak *n* **1.** *(testrész)* neck; ~**ába borul/ugrik** fall* on sy's neck, fling* one's arms round sy's neck; ~**ába sóz/varr vknek vmt** palm/fob sg off on sy, foist sg on sy; ~**ába varrja magát** thrust* oneself upon sy, latch on to sy, cling* to sy; ~**ába veszi a várost** go* (a)round the town, do* the town; *(vmt keresve)* search all over (the) town (for sg); ~**ig sáros** be* covered in/ with mud; ~**ig ül/úszik/van az adósságban** be* up to one's ears/neck in debt; ~**ig benne van** *(bajban, pácban)* be* in trouble up to the hilt, be* in for it; ~**ig van a munkában** be* up to the eyes/ears (*v.* one's ears) in work; ~**on csíp vkt** collar sy, get*/catch* hold of, seize sg by the collar; ~**on üt** give* sy a clout round the ear, slap sy's face; ~**án él(ősködik) vknek** sponge/batten on sy, be* a sponger on sy; **mindig a** ~**án lóg** be* always hanging around sy('s skirts), cling* like a limpet to sy; ~**ára hág pénzének** spend* money like water, run* through one's fortune/money; **a** ~**ára jár vknek** hound/bother/pester/importune sy; **a** ~**ára nő vknek** grow* beyond sy, grow* out of sy's control, become* a burden on sy; **vkt leráz a** ~**áról** get* rid of sy, shake* sy off; ~**át töri** *(átv is)* break* one's neck; ~**amat teszem rá** I'd stake my life on it **2.** *(ruháé, ingé)* neck(-piece) **3.** *(üvegé, hangszeré)* neck

nyák *n* **1.** = **nyálka 2.** *(étel)* pap
nyakal *v biz* down, knock back, toss off
nyakas *a* obstinate, stubborn, headstrong, self-willed, obdurate
nyakaskodás *n* obstinacy, stubbornness, obduracy
nyakaskod|ik *v* be*/remain obstinate/stubborn/obdurate/wilful (*US* willful)
nyakasság *n* = **nyakaskodás**
nyakatekert *a (megnyilatkozás, szöveg)* convoluted, tortuous, complicated; *(okoskodás)* convoluted, involved
nyakazás *n* beheading, decapitation
nyakbőség *n* collar size; **39-es** ~ collar (size) 39 cms (15 ins), size 15 collar
nyakcsigolya *n* cervical vertebra (*pl* vertebrae *v.* vertebras)
nyakék *n* (necklace/necklet with a) pendant
nyakfájás *n* neck-ache; *(reumás)* stiff neck
nyakfodor *n* ruff, frill
nyaki *a orv* cervical
nyakigláb *n* long-limbed/legged; *kif* be* all-leg(s)
nyakizom *n* cervical muscle
nyakkendő *n* tie, *US* necktie; **megköti** ~**jét** tie one's (neck)tie; *(csokrot)* knot one's tie
nyakkendőtű *n* tie-pin
nyakkivágás *n (ruhán)* neckline; **mély** ~ a plunging neckline
nyaklánc *n* chain, necklace; *(rövid, nyakhoz simuló)* necklet; **arany** ~ gold chain
nyakleves *n biz* cuff, clout round the ear; ~**t ad** cuff (sy), clout sy round the ear
nyákléves *n* barley-water
nyakló nélkül *adv* unbridled, unrestrainedly, beyond measure
nyákos *a orv* mucous
nyakörv *n* (dog) collar
nyakra-főre *adv* helter-skelter, headlong
nyakravaló *n* = **nyakék, -lánc, -örv**
nyaksál *n* scarf, muffler; *(ruhán is)* neckerchief
nyakszirt *n* nape (of the neck)
nyakszirtmerevedés *n* nuchal rigidity
nyaktiló *n* guillotine
nyaktörő *a* break-neck; ~ **mutatvány** stunt; ~ **sebességgel** at break-neck speed

nyal *v* **1.** *vmt* lick, lap **2.** □ *(a főnökének stb.)* lick sy's boots, play up to sy, toady to sy; *(gyerek tanárnak stb.)* suck up to sy

nyál *n* saliva, spittle, slaver, slobber; **folyik a ~a = csorog** *a nyála* ⇨ **összefut**

nyaláb *n* bundle (of sg); *(rőzse)* faggot, bundle of firewood/sticks; *(széna, szalma)* truss, bundle

nyáladzás *n* salivation, dribble, dribbling

nyáladz|ik *v* slaver, slobber, dribble (at the mouth)

nyalakod|ik *v* eat* titbits (*US* tidbits), eat*, sweets (on the sly)

nyalánk *a* (very) fond of titbits (*US* tidbits) *ut.*, sweet-toothed; *kif* have* a sweet tooth

nyalánkság *n* **1.** *(tulajdonság)* fondness for sweets, having a sweet tooth **2.** *(jó falat)* titbit, (*US* tidbit), delicacy

nyalás *n* **1.** *vmt* lick(ing), lapping **2.** □ boot--licking, fulsome flattery, fawning; **utálom a ~t** I hate being sucked up to

nyálas *a* **1.** *konkr* slobbering, slobbery **2.** *iron* = **nyálasszájú 3.** *biz (hízelgő, mézes-mázos)* oily, *GB* smarmy

nyálasszájú *a* ~ **kölyök** greenhorn

nyálaz|ik *v* = **nyáladzik**

nyaldos *v* lick, keep* licking; *(tenger, hullám)* ~**sa a partot** wash (against/over) the shore

nyal-fal *v biz* **nyalják-falják egymást** they're all over each other

nyalka *a* dashing, jaunty, natty, smart

nyálka *n* mucus, phlegm; *növ* mucilage

nyálkahártya *n* mucous membrane

nyálkás *a* mucous, slimy

nyálkásod|ik *v* become*/grow* mucous

nyálmirigy *n* salivary gland

nyalogat *v* lick; **fagylaltot** ~ lick (at) an icecream; ~**ja a száját** lick one's lips/chops

nyalóka *n* lollipop, *biz* lolly

nyálszívó *n* saliva pump

nyamvadt *a (ember)* weedy, sickly, puny; *(dolog)* lousy, rotten

nyanya *n* grannie, granny

nyápic *a* puny, weedy

nyár¹ *n* summer; ~**on** in (the) summer, during the summer; **ezen a** ~**on** this summer; **a múlt** ~**on** last summer; **jövő** ~**on** next summer; **1980 nyarán** in the summer of 1980; ~**ra** by/for the summer

nyár² *n* = **nyárfa**

nyaral *v* spend* the summer, spend* one's summer holiday(s) (at); ~**ni megy** go* swhere for the summer holiday(s); *US* vacation swhere (in the summer); **a Balatonon**

~ have*/spend* one's holiday at/by the Balaton; **a tengeren** ~ holiday by the sea(side)

nyaralás *n* summer holiday(s) (*US* vacation); **balatoni** ~, ~ **a Balatonon** (a) holiday at/by the Balaton

nyaraló *n* **1.** *(épület, kisebb)* holiday home/chalet, summer cottage; *(nagyobb)* country cottage, villa **2.** *(személy)* holiday-maker, *US így is:* vacationer

nyaralóhely *n* summer/holiday/seaside resort

nyaraltat *v* send* sy on a (paid) summer holiday; *(gyermekeket)* send* [children] to a holiday camp

nyaraltatás *n* (paid) summer holidays *pl*

nyaranta *adv* every summer

nyárelő *n* early summer, beginning of summer

nyárfa *n* poplar ⇨ **rezgő**

nyárfalevél *n* aspen leaf° ⇨ **reszket**

nyárfás *n* poplar plantation/grove

nyárfasor *n (út)* poplar-lined road

nyargal *v* **1.** *(lovon)* gallop, ride* hard/fast **2.** *(gyalog)* hurry, rush, run* **3.** *vmn biz* keep* harping on sg

nyári *a* summer; ~ **egyetem** summer school; ~ **időszámítás** summer time, *US* daylight saving time; ~ **meleg** summer heat, the great heat of summer; ~ **menetrend** summer timetable; ~ **ruha** summer clothes *pl*, summer suit/dress; ~ **szünet/szünidő** *isk* long vac(ation), summer holiday(s), *US* vacation; *szính* summer break; *(mint kiírás)* "closed for the summer/season"; ~ **tábor** *isk* summer/holiday camp

nyárias *a* summery; *(öltözet)* light; ~ **idő** summery weather

nyáridő *n* summertime

nyárközép *n* midsummer, the middle of summer

nyárs *n* spit; ~**on süt** roast on the spit, barbecue; **olyan, mintha** ~**at nyelt volna** he is* as stiff as a poker/ramrod, *(úgy ül...)* sit* bolt upright

nyársonsült *n* meat/joint roasted on the spit, barbecue(d meat)

nyárspolgár *n* petit/petty bourgeois, philistine

nyárspolgári *a* petit/petty bourgeois, philistine, narrow/small-minded

nyárutó *n* late/Indian summer

nyavalya *n* **1.** *(betegség)* illness, disease, malady **2.** *vulg* **töri a** ~ *vmért/vkért* be* mad for sy/sg; **hol a** ~**ban van?** where the

hell is it? **3.** *(átv, nyomorúság)* misery, trouble, distress
nyavalyakórság *n* = **nyavalyatörés**
nyavalyás *a* **1.** *(betegeskedő)* sickly, seedy **2.** biz *(nyomorúságos)* miserable, wretched **3.** biz *(vacak)* paltry, wretched; *(bosszúsan)* damned
nyavalyáskod|ik *v* = **betegesked|ik**
nyavalyatörés *n nép †* epilepsy, epileptic fit
nyavalygás *n* **1.** *(betegeskedés)* ailing, sickliness **2.** *(siránkozás)* lamentation, whining, wailing **3.** *(bajlódás)* bother
nyavalyog *v* **1.** = **betegeskedik 2.** *(siránkozik)* lament, whine, wail, moan **3.** *(bajlódik)* bother about (sg), have* trouble with sg
nyávog *v* mew, meow, miaow
nyávogás *n* mewing, miaowing
nyegle *a* overbearing, overweening, presumptuous; *(szemtelen)* arrogant, insolent
nyegleség *n* presumptuousness, presumption; *(szemtelenség)* arrogance, insolence
nyeglésked|ik *v* behave arrogantly
nyekereg *v* **1.** *(hangszer v. vk hangszeren)* screech, scrape **2.** *vk* bleat
nyekergés *n* *(hangszeren)* screeching, scraping
nyekken *v* groan; **földhöz vágtam, hogy csak úgy ~t** I floored him and he gave a groan as he fell
nyel *v* swallow; **~t egy nagyot, és . . .** he swallowed (hard) and . . ., he took a deep breath and . . .; **sokat kell ~nie** have* much to swallow/pocket/stomach
nyél *n* **1.** *(szerszámé ált)* handle; *(hosszúnyelű szerszámé)* handle, shaft; *(baltáé, fejszéé, kalapácsé)* handle, helve; *(késé)* handle, haft; *(zászlóé)* staff; *(seprőé, ernyőé)* handle, stick; **nyelet csinál vmnek** fix a handle to **2.** *átv* **~be üt vmt** carry sg out/through; *(üzletet)* clinch/close [a deal] with sy
nyeles *a* handled, with a handle *ut.*; **~ súrolórongy** mop
nyelés *n* swallow(ing)
nyeletlen *a* without a handle *ut.*
nyelőcső *n* gullet, oesophagus *(pl* oesophagi) *(US* eso-)
nyelv *n* **1.** *(szerv)* tongue; **füstölt ~** smoked tongue; **lóg a ~e** *(vké fáradtságtól)* be* dead tired, be* done in; **(jól) pereg a ~e** have* the gift of the gab, have* a ready tongue; **a ~e hegyén van** have* sg on the tip of one's tongue; **helyén van a ~e** he is* always ready with a retort *(v. a* smart answer), he caps every remark; **megoldódik/megered a ~e** find* one's

tongue; **rossz ~e van** have* a venomous tongue; **az emberek ~ére kerül** get* oneself talked about, set* tongues wagging; **vigyáz a ~ére** bridle one's tongue; **vigyázz a ~edre!** hold your tongue!; **mutassa kérem a ~ét** let me see your tongue, say "Aa(h)"; **kiölti/kinyújtja a ~ét** *(v. ~et ölt)* vkre put*/stick* out one's tongue at sy; **rossz ~ek** scandal--mongers, mischief-makers **2.** *(cipőé)* tongue; *(fúvós hangszeré)* reed, tongue; *(harangé)* clapper, tongue; *(mérlegé)* pointer **3.** *(a társadalmi érintkezés eszköze)* language; *ritk ir* tongue; **az angol ~** the English language; **élő ~** living/modern language; **holt ~** dead language; **a konferencia ~ei** the conference languages; **angol ~en** *(van írva)* (be* written) in English; **angol ~en beszél** speak* English; **több ~en/~et beszél** speak* several languages; **több ~en ért** (s)he understands* several languages; **három ~en jól tud(ó)/beszél(ő)** (be*) fluent in three languages *ut.* **4.** *(írásműé, isk dolgozaté stb.)* style **5.** Jókai **~e** Jókai's language; a zene **~e** the language of music; **az orvosi ~** medical language, the language of medicine; **jogi ~en** in legal parlance, in legalese; **tud vknek a ~én beszélni** speak* sy's language; **közös ~en/~et beszélnek** speak* the same language
nyelvállapot *n* state of the language [at a given time]
nyelvállás *n* position of the tongue
nyelvatlasz *n* linguistic atlas
nyelvbeli *a* of/concerning language/style/speech *ut.*, linguistic
nyelvbotlás *n* slip of the tongue, lapsus linguae
nyelvcsalád *n* family of languages
nyelvcsap *n* uvula *(pl* uvulae)
nyelvel *v* *(szemtelenül)* answer back
nyelvelsajátítás *n* **~ (fokozatai)** *(stages of)* acquisition of language
nyelvemlék *n* literary remains of a language *pl*, linguistic record; **legrégibb magyar ~(ünk)** the earliest (written) record (extant) of the Hungarian language
nyelvérzék *n* linguistic instinct, sense of language, gift for languages; **jó ~e van** have* a feeling for a language, have* a talent/head for languages; *(nyelvtanuláshoz)* show* a great capacity/aptitude for learning languages
nyelves *a* **1.** *(feleselő)* sharp-tongued, pert, flippant **2.** **~ csók** French kiss

nyelvész n linguist
nyelvészet n linguistics *sing.*
nyelvészeti a linguistic; ~ **szempontból** linguistically
nyelvészkedés n amateur study of linguistics
nyelvészked|ik v study linguistics (on an amateur basis)
nyelvezet n language; *(írásé)* style; *(szónoké)* diction; **jogi** ~ legal parlance; **politikai** ~ the language of politics
nyelvfejlődés n evolution/development/ growth of a language (*v.* of the English etc. language)
nyelvföldrajz n linguistic geography
nyelvgyakorlat n language drill/practice/ exercise
nyelvhasonlítás n comparative linguistics *sing.*
nyelvhasználat n usage; **mindennapi** ~**ban** in everyday usage
nyelvhasználati a usage; ~ **szempontból** from the point of view of usage
nyelvhelyesség n good/correct/standard usage, grammatical correctness, correctness of speech
nyelvhelyességi a ~ **szempontból** from the point of view of good/standard usage; ~ **hiba** nonstandard use, solecism
nyelvi a *(beszélt nyelvre vonatkozó)* relating to language(s) *ut.*, of language *ut.*, language; *tud* linguistic; ~ **fordulat/kifejezés-(mód)** idiom; ~ **hiba** mistake (in the language, in English etc.), grammatical mistake/error, speech error, solecism; ~ **jelenség** linguistic phenomenon *(pl* phenomena); ~ **labor(atórium)** language lab(oratory); ~ **óra** language lesson; ~ **sajátság** idiomatic expression, idiom; ~ **változások** linguistic changes, changes in the language (*v.* in English/Hungarian etc.); ~ **szempontból** linguistically, from the linguistic point of view; ~ **(szempontból történő) lektorálás** linguistic checking
nyelvileg adv linguistically; ~ **helyes** linguistically correct, (it's) grammatically correct; ~ **lektorál** read*/check [a text] linguistically
nyelviskola n language school, school of languages
nyelvismeret n = **nyelvtudás**
nyelvjárás n dialect; ~**t beszél** speak* in/a dialect
nyelvjárási a dialectal, dialect
nyelvjárástan n dialectology
nyelvjárásterület n dialect area

nyelvkészség n 1. *(kifejezőkészség)* fluency 2. *(nyelvtanuláshoz)* language/linguistic ability, (a great) capacity/aptitude for learning languages, language-learning capability; *(tehetség)* head/talent for languages
nyelvkönyv n course (book), textbook; *(kezdő)* primer; **angol** ~ **középhaladóknak** an intermediate course in English, a course in English for intermediates
nyelvközösség n speech/language community
nyelvlecke n language lesson; **angol** ~ lesson in English, English lesson
nyelvművelés n ⟨cultivation of a/the language⟩; ⟨propagation of good/correct usage⟩
nyelvművelő I. a ~ **kézikönyv** *kb.* manual/handbook of correct usage **II.** n ⟨propagator of good/correct usage⟩
nyelvoktatás n = **nyelvtanítás**
nyelvóra n language lesson; ~**kat ad** give* lessons (*v.* hold* classes) (in English/etc.); ~**kat vesz** go* to classes (*v.* take* lessons) in [English etc.]
nyelvpótlék n language allowance
nyelvrendszer n language/linguistic system
nyelvrokonság n linguistic affinity; ~**ban vannak** are linguistically/genetically related/linked
nyelvrontás n corruption of a (*v. konkr* the Hungarian etc.) language; ~**t követ el** use poor English/Hungarian etc.
nyelvsíp n reed pipe
nyelvszakos a ~ **hallgató** student specializing in languages, student of English/ Hungarian etc., *US* student majoring in languages; ~ **tanár** language teacher
nyelvszerkezet n grammatical structure
nyelvszokás n usage, speech habit
nyelvtan n grammar
nyelvtanár n language teacher, teacher of (a) language; **angol** ~ English teacher, teacher of English
nyelvtanfolyam n (language) course; **angol** ~ an English course, a course in English
nyelvtani a grammatical, of grammar *ut.*; ~ **hiba** grammatical mistake/error, bad grammar; ~ **szabályok** rules of grammar; ~ **szerelés** *(szótárban)* grammatical information, grammar (in the dictionary)
nyelvtanilag adv grammatically
nyelvtanítás n language teaching; **csoportos** ~ classroom teaching, teaching in groups
nyelvtankönyv n grammar

nyelvtanulás *n* language learning/acquisition, learning a language, learning (foreign) languages, study of languages
nyelvtanulási *a* language-learning
nyelvtanuló *n* language learner
nyelvtehetség *n* **1.** gift for languages **2.** ő egy valódi ~ (s)he has a talent/head for languages, (s)he is a linguistic genius
nyelvterület *n* language/speech area; **angol** ~ the English language area, the English-speaking world
nyelvtisztaság *n* purity of language
nyelvtisztítás *n* purification of a language
nyelvtörő *n* tongue-twister
nyelvtörténet *n* history of language; **angol** ~ history of the English language
nyelvtörténeti *a* historical; ~ **szótár** historical dictionary [of a language]
nyelvtudás *n* (*több nyelvé*) *ált* foreign language skills *pl*, knowledge of languages; (*egy nyelvé*) knowledge/command of [English etc.], proficiency in [English etc.]; **angol** ~ **a** ... his/her English is ...; **jó angol** ~ competent knowledge of English, proficiency in English
nyelvtudomány *n* linguistics *sing.*, linguistic science
nyelvtudományi *a* linguistic
nyelvtudós *n* linguist
nyelvújítás *n* language reform
nyelvújító *n* language reformer/innovator, neologist
nyelvű *a* (*beszélt nyelven*) -speaking, of ... language *ut.*; **angol** ~ **beszéd** speech/address in English, English speech; **angol** ~ **lakosság** English-speaking population; **angol** ~ **szöveg** a text (written) in English
nyelvvédő *n* purist
nyelvvizsga *n* **állami (angol)** ~ state examination in English; **alapfokú angol** ~ lower (state) examination in English; **középfokú angol** ~ intermediate (state) examination in English; **felsőfokú angol** ~ higher/advanced (state) examination in English; **2 nyelvből van** ~**ja** (s)he has a (state) qualification in two foreign languages
nyer 1. *vt/vi* (*játékban, üzletben stb.*) win*, gain; **ezer forintot nyert** (s)he won 1000 forints; ~**t a lottón** (s)he won in the state lottery; **20 000 Ft-ot** ~**t a lottón** (s)he won 20,000 fts in the State Lottery; **játékban** ~ win* the game; **kártyán** ~ win* at cards; ~ **az üzleten** make* a profit on a/ the transaction/sale etc.; **5000 Ft-ot** ~ **az üzleten** (*v. rajta*) (s)he made a profit of 5,000 forints on the sale (*v.* on it) **2.** *vt/vi*

(*versenyt, versenyen*) win*; **díjat** ~ win* a prize; ~**tünk!** we have won; **a mérkőzést a magyar csapat** ~**te** the Hungarian team won the match; **Taróczy** ~**te az első játszmát** T. won the first set **3.** *vt* (*megkap, elér, szerez*) get*, obtain; **elintézést** ~ **be*** settled/arranged (*v.* sorted out); **időt** ~ gain/save time **4.** *vi* (*haszna van vmből, átv*) profit/gain by/from (sg); ~**ni fog vele a testület** he'll be an asset (to the staff/board); **csak** ~ **vele, ha** ... it can do nothing but good if (s)he ...; **mit** ~ **vele?** what will (s)he gain by it?, what good will it do him/her? **5.** *vt* (*anyagot vmből*) get*/win*/obtain sg from sg
nyereg *n* **1.** (*lovagláshoz*) saddle; (*priccsnyereg*) English saddle, pad; (*kerékpáron*) saddle; **női** ~ side-saddle; ~ **nélkül üli meg a lovat** ride* bareback; ~**be pattan** swing* into the saddle; ~**be száll** mount a horse, mount into the saddle; **jól ül a** ~**ben** be* saddle-fast, have* a steady seat; **Kincsem, Halásszal a** ~**ben** (*lóversenyen*) Kincsem with Halász up; ~**ben érzi magát** be* (*v.* feel* that one is) firmly in the saddle; **kiüt vkt a** ~**ből** *átv* supplant/dislodge/oust sy **2.** (*hegyé*) saddle (-back), mountain-pass, col **3.** (*orré*) bridge **4.** (*vonóshangszeren*) nut
nyereggyártó *a* saddler
nyeregheveder *n* (saddle-)girth
nyeregkápa *n* pommel, (saddle-)bow
nyeregpárna *n* panel, saddle cushion
nyeregtakaró *n* saddle-cloth
nyeregtáska *n* saddlebag
nyeregtető *n* gable roof
nyeremény *n* (*sorsjátékban*) prize; (*csak pénz*) the winnings *pl*
nyereménybetétkönyv *n* *kb.* premium bonds *pl*
nyereményjegyzék *n* list of winning numbers (*v.* of prizewinners)
nyereménykölcsön *n* lottery loan
nyereménykötvény *n* lottery bond
nyereményösszeg *n* amount of the prize
nyereménysorsolás *n* drawing of lottery bonds
nyereménytárgy *n* lottery prize
nyerés *n* winning, gain(ing)
nyereség *n* **1.** (*üzletileg*) profit, gain, proceeds *pl*, earnings *pl*; (*játékon*) winnings *pl*; **tiszta** ~ net/clear profit; ~**gel ad el** sell* at a profit; ~**gel jár az üzlet** the business yields/shows* a profit (*v.* is* in the black) **2.** *átv* gain, benefit, advantage; **ő nagy** ~ (*nekünk*) he is* a great asset (to us)

nyereséges *a* profitable, paying, lucrative; *kif* be in the black

nyereségrészesedés *n* **1.** *(az elv)* profit--sharing **2.** *(a rész)* share of/in the profit(s), bonus

nyereségvágy *n* greed (for gain), love of gain; ~ból elkövetett emberölés murder for pecuniary gain/advantage

nyereség—veszteség számla *n* profit and loss account

nyerészkedés *n* profiteering

nyerészked|ik *v* profiteer

nyerészkedő I. *a* profiteering II. *n* profiteer, speculator

nyeretlen I. *a* ~ ló maiden horse II. *n* ~ek versenye maiden stakes *pl*

nyergel *v* saddle, put* the saddle on

nyergelő *n* *(hely)* paddock

nyerges I. *a* **1.** saddle-backed **2.** ~ vontató semi-trailer II. *n* **1.** *(foglalkozás)* saddler **2.** *(ló)* saddle-horse, hack; *(fogatban)* near horse

nyerít *v* neigh

nyerítés *n* neigh(ing)

nyerő *a* winning; nem ~ szám blank; □ ez igazán ~ it's really a winner; □ nem ~ dead loss

nyerőcsont *n* wishbone

nyerőszám *n* winning number

nyers *a* **1.** *(anyag)* raw, crude, unmanufactured; ~ fa natural/plain/unvarnished wood **2.** *(étel)* raw, uncooked [food, meal]; ~ hús raw meat; ~ tej fresh/unboiled milk **3.** *(ember)* rough, coarse; ~ bánásmód rough treatment; ~ erő(szak) brute force; ~ hang rough/harsh voice; ~ modor rudeness, coarseness; ~ modorú blunt, bluff; ~ számítás rough calculation **4.** *ker* gross; ~ bevétel gross receipts/takings/earnings *pl*

nyersacél *n* unrefined/raw steel

nyersanyag *n* raw material

nyersanyag-behozatal *n* import/importation of raw materials

nyersanyag-beszerzés *n* raw material purchases *pl*

nyersanyagellátás *n* supply of raw materials

nyersanyagforrás *n* source of raw materials

nyersanyaghiány *n* shortage of raw materials

nyersanyagszükséglet *n* raw material requirements *pl*

nyersbőr *n* raw/undressed hide

nyerscukor *n* brown/unrefined sugar

nyersen *adv* **1.** ~ eszik it is to be eaten raw/uncooked **2.** ~ felelt replied rudely/bluntly

nyersérc *n* crude ore

nyerseség *n* **1.** *(anyagé)* rawness **2.** *(emberé, átv)* roughness, coarseness, harshness, rudeness

nyersfordítás *n* rough translation

nyersgumi *n* crude rubber, latex

nyerskávé *n* unroasted/green coffee

nyerskoszt *n* raw diet

nyersmérleg *n* *ker* rough/trial balance

nyersolaj *n* crude oil

nyersselyem *n* raw silk

nyerstermék *n* raw produce

nyersvas *n* crude iron; *(tömb)* pig iron

nyersvászon *n* brown holland, unbleached linen

nyert *a* ~ ügye van (s)he is bound/sure to win (*v.* is assured of success); ~ ügyünk van our case is* as good as won

nyertes I. *a* winning; ~ számok winning numbers II. *n* winner

nyes *v* **1.** *(fát)* prune, lop (off), trim, cut* back/away; *(gyümölcsfát)* prune (back), dress **2.** *(labdát)* spin*, chop

nyeseget *v* **1.** *konkr* keep* pruning/lopping/trimming **2.** *átv (hibákat, vkt)* weed sg/sy out

nyesés *n* pruning, trimming

nyesett *a* ~ labda ball with a lot of spin, chopped ball

nyesőolló *n* (pruning/hedge) shears *pl*, hedge-trimmers/cutters *pl*

nyest *n* (beech-)marten

nyeszlett *a* = nyiszlett

nyifog *v* = nyafog

nyihog *v (ló)* neigh, whinny

nyikkan *v* = mukkan

nyikorgás *n* *(ajtóé, cipőé, bútoré, keréké)* creak(ing), squeak(ing); *(szekéré teher alatt)* groaning, creaking

nyikorgó *a* creaking, creaky, squeaky

nyikorog *v* creak, squeak

nyíl *n* arrow; a ~ irányában *(halad)* follow the arrows

nyilallás *n* shooting/stabbing pain

nyilall(ik) *v (fájdalom)* shoot*; a szívébe ~ik it cuts* one to the heart/quick; (a fájdalom) a vállamba ~ik a pain shoots* through my shoulder, I have a shooting pain in my shoulder

nyilalló *a* shooting, stabbing; ~ fájdalom shooting pain

nyilas l. *a (nyíllal felszerelt)* armed/equipped with arrows *ut.* **ll. n 1.** *(íjász)* archer, bowman°; *csill* the Archer, Sagittarius **2.** *pol tört* arrow-cross man°, Hungarian Nazi
nyílás *n* opening, aperture; *(hézag)* gap; *(automatáé, levélszekrényé, perselyé)* slot; *(szellőztető)* vent, hatch
nyilaskereszt *n* arrow-cross
nyilaskeresztes *n* = nyilas ll. **2.**
nyílászáró szerkezet(ek) *n* doors and windows *pl*
nyilatkozat *n* declaration, statement; *hiv* communiqué; *(kiáltvány)* proclamation; **hivatalos** ~ official statement; ~ot ad/tesz make* a statement; ~ot közzétesz publish a statement; **közös** ~ot adtak ki a joint communiqué was issued (about . . .)
nyilatkoz|ik *v* **1.** *ált* make* a statement/declaration; ~ik vkről/vmről state/declare/express one's opinion/views on/about sy/sg; *(a miniszter)* ~ik az újságíróknak [the minister] makes* a statement to the journalists **2.** *(házassági ígéretet tesz)* propose (to sy); *biz* pop the question
nyilaz *v* shoot* an arrow, shoot* with a bow
nyílegyenesen *adv* straight (as a dart), directly; ~ megy/siet vhova/vkhez *biz* make* a bee-line for sg/sy
nyílhegy *n* arrow-head
nyíl|ik *v* **1.** *(ajtó, bolt, pénztár stb.)* open; ~ik az ajtó the door opens; **itt** ~ik open here; **befelé** ~ik opens inwards; **az ablakok a kertre** ~nak the windows give* onto the garden, the windows overlook the garden; **ha alkalom** ~ik rá when the opportunity arises, when the opportunity presents itself **2.** *(virág)* open, bloom
nyíllövés *n* *(nyíl kilövése)* shot from a bow, bolt
nyíllövésnyire *adv* within bowshot
nyíló *a* **1.** **kertre** ~ szoba room that opens onto the garden, room giving onto the garden, room overlooking the garden; **két egymásba** ~ szoba rooms that open out of one another, intercommunicating rooms **2.** *(virág)* blooming, opening
nyílpuska *n* tört cross-bow
nyílsebesen *adv* like a shot, lightning fast
nyílt *a* open; *(nem titkolt)* undisguised, unconcealed; *(jellem)* open, direct, straight; *(őszinte, egyenes)* frank, above-board; *(szókimondó)* outspoken, candid, straightforward; ~ **erőszak** brute force, undisguised/naked violence; ~ **eszű** clear-headed; ~ **házat visz** keep* open house; ~ **kérdés** open question; ~ **kikötő** free port, open

harbour *(US* -or); ~ **láng** naked flame; ~ **láng használata tilos** No naked flames; ~ **levél** open letter; ~ **levelezőlap** postcard; ~ **magánhangzó** open vowel; ~ **nap** an open day, *US* open house; ~ **pálya** open track; **a** ~ **pályán megáll** stop on the open track; ~ **parancs** open order, military pass; ~ **seb** open wound, raw sore; ~ **szavazás** open vote/ballot; ~ **színen** (1) *(a nyilvánosság előtt)* in public, publicly (2) *szính* on (the) stage, during the performance; ~ **szótag** open syllable; ~ **színi taps** applause during the performance; ~ **támadás** direct/open attack; ~ **tekintet** straight look; ~ **tenger** the open sea; ~ **tengeren** on the high seas, (out) at sea; ~ **terepen** in open country; ~ **törés** *(csonté)* compound fracture; **a** ~ **utcán** in the street, in broad daylight, publicly; ~ **ülés** open session/sitting; ~ **ütközetben** in a pitched battle; ~ **város** open city/town ➪ **kártya**
nyíltan *adv* openly, frankly, plainly, overtly *(US* overtly), directly; ~ **beszél** speak* frankly, be* plain with sy, *US* talk turkey; **egészen** ~ in all sincerity, quite frankly; ~ **kimondom** I make* no secret of it; not to mince matters, . . .; ~ **megmond** vmt does not mince matters
nyíltság *n* *(jellemé)* openness, directness, frankness, candour *(US* -dor); *(szókimondás)* plain speaking, straightforwardness
nyíltszívű *a* open-hearted
nyíltszívűség *n* open-heartedness
nyilván *adv* evidently, obviously, apparently, clearly; ~ **beteg lett, azért nem jött el** evidently he has fallen ill and that is why he has not come
nyilvánít *v* **1.** *(akaratot, hálát)* give* expression to; *(érzést)* manifest, show*, reveal; **véleményt** ~ express one's/an opinion, opine **2.** vmnek, vmvé declare, pronounce; **önöket házastársaknak** ~om I now pronounce you man and wife; **érvénytelennek** ~ invalidate, annul, nullify; *(töröl)* cancel *(US* -l); **holttá** ~ declare (legally) dead ➪ **köszönet**
nyilvános *a* public, open; ~ **illemhely/vécé** *GB* the Gents *v.* the Ladies, public conveniences, *US* the washroom, rest-room; ~ **főpróba** public rehearsal; ~ **telefon** *(v.* **távbeszélő-állomás)** (public) call box, (tele)phone box/booth; ~**(sá) lesz** become* known/public, come* out; ~**sá tesz** make* public, announce, proclaim

nyilvánosház *n* (licensed) brothel
nyilvánosság *n* **1.** *(vmnek nyilvános volta)* publicity; openness; ~ **elé tár** reveal publicly, make* sg public, go* public; ~**ra hoz** vmt make* sg public, publish sg; *(titkot)* let* out sg, leak sg; ~**ra hozás** publication; ~**ra jut** become* known/public, be* made public; *(titok)* leak out, come* out into the open **2.** *(közönség)* public; **a** ~ **előtt** in public, publicly; **a** ~ **kizárásával** the public are not admitted, privately, behind closed doors
nyilvántart *v* keep* a record of
nyilvántartás *n* **1.** *(tény)* recording, registering **2.** *(az írások)* records *pl*, register, file; **rendőrségi** ~ police registers *pl*; ~**ba vesz** (1) *vmt* record/register/file sg, place sg on file (*v.* on one's files) (2) *vkt (hatóság)* enter [sy's name] in the records; ~**t vezet** keep* a record of sg
nyilvántartó I. *a* registering, recording; ~ **könyv** register(-book) **II.** *n* **1.** *(tisztviselő)* registrar, recorder **2.** *(intézmény)* record office, register(s)
nyilvánvaló *a* evident, obvious, manifest, clear, plain; **mindenki előtt** ~ it is (perfectly) plain (to everybody), it is* as plain as a pikestaff; ~**vá lesz/válik** come* out, become* obvious/manifest/evident/clear; ~**vá tesz** make* sg evident/clear
nyilvánvalóan *adv* = **nyílván**
nyílvessző *n* arrow, bolt
nyílzápor *n* shower/storm of arrows; ~ **zúdul rá** arrows rain down on him/her
nyimnyám *a* ~ **alak** milksop, wishy-washy character
nyír¹ *v* **1.** *(hajat)* cut*; *(stuccol)* clip, trim; *(rövidre)* crop (close/short) **2.** *(birkát)* shear* **3.** *(füvet)* mow, cut*; *(növényt)* cut*, clip
nyír² *n* növ birch(-tree)
nyiradék *n* offcut(s), clipping(s)
nyírás *n* **1.** *(hajé)* haircut, cut(ting); *(rövidre)* crop(ping); *(stuccolás)* trimming **2.** *(birkáé)* shear(ing)
nyiratkozás *n* haircut(ting)
nyiratkoz|ik *v* have* one's hair cut, have*/get* a haircut; **meg kellene** ~**nod** you need a haircut
nyíratlan *a* unshorn, uncut
nyirbál *v* cut* coarsely; ~**ja a jogot** whittle away sy's/the rights
nyírerdő *n* birch forest/wood/grove
nyírfa *n* **1.** = **nyír²** **2.** *(anyaga)* birch(-wood)
nyírfaerdő *n* birch forest/wood/grove

nyírfaseprű *n* birch-broom
nyírfavessző *n* birch (rod/twig)
nyirkos *a* *(éghajlat)* moist, humid; *(idő, hideg)* (cold and) damp, raw; *(idő, meleg)* muggy, (warm and) humid; *(testrész)* moist, wet; *(ház, ágynemű, pince)* damp; **(egyre)** ~**abbá válik** become*/get* damp/moist/humid
nyirkosod|ik *v* = **nyirkos**abbá válik
nyirkosság *n* *(éghajlaté, testé)* moistness, moisture; *(házé, ágyneműé)* dampness; *(időé)* humidity
nyírógép *n* *(hajnak)* clippers *pl*; *(egyéb)* clipping/cutting/shearing machine
nyirok *n* lymph
nyirokcsomó *n* lymphatic gland
nyirokedény, nyirokér *n* lymphatic vessel
nyirokmirigy *n* lymphatic gland
nyirokmirigy-gyulladás *n* inflammation of the lymphatic glands
nyirokrendszer *n* lymphatic system
nyiroksejt *n* lymphocyte
nyíróolló *n* shears *pl*; *(sövényhez)* hedge-shears *pl*
nyírott *a* *(haj)* cut, cropped; *(rövidre)* close-cut/cropped; ~ **gyapjú** clippings *pl*, shearings *pl*
nyírseprű *n* birch-broom
nyiszál *v* hack (away at) sg, cut* with a blunt instrument
nyiszlett *a* scraggy, scrawny, puny, lean
nyisszant *v* snip, cut* off
nyit **1.** *vt* open; **ajtót** ~ **vknek** answer the door to/for sy; **boltot** ~ *(újat)* open (up) a (new) shop, *biz* set* up shop [as a bookseller etc.]; **mikor** ~ **a bolt?** *(= mikor kezd)* when does the/this shop open (up)?; **mikor** ~ **a pénztár?** when does the box-office open?; **folyószámlát** ~ open an account; **orvosi rendelőt** ~ set* up (*v.* open) a surgery; **ügyvédi irodát** ~ set* up shop as a lawyer; **tüzet** ~ open fire; **utat** ~ **magának** clear a way for oneself; **tágra** ~**ja a szemét** open one's eyes wide ⇨ **nyitja, nyitva 2.** *vi (nyitott politikát kezd)* open up
nyitány *n* overture
nyitás *n* **1.** *ált* opening; *(üzleté)* opening time **2.** *sp (röplabda)* service
nyitható *a* ~ **tető** convertible top, sun roof; ~ **tetejű autó** convertible
nyitja *n* vmnek key to sg, solution (of sg); **mindennek ez a** ~ this explains everything; **rájön a dolog** ~**ra** find* the key to sg
nyitó I. *a* opening **II.** *n* opener
nyitód|ik *v* open, come* open

nyitogat *v* try to *o*pen
nyitott *a o*pen; ~ **egyetem** *o*pen university; ~ **politikát kezd folytatni** (is beginning to) *o*pen up; ~ **szemmel jár** go* about *o*pen-eyed; ~ **uszoda** *ou*tdoor (*v*. *o*pen-air) swimming-pool ⇨ **dönget, szívműtét**
nyitva *adv o*pen; ~ **van a csap** the tap is* on; ~ **felejt** *(gázt)* leave* [the gas] on, for*ge*t* to turn the gas off; **a múzeum** ~ **9 órától 17 óráig** *o*pening hours 9 a.m. to 5 p.m.; **ez a bolt nem tart** ~ **vasárnapokon** this shop is/does not *o*pen on S*u*ndays; **a közönség számára** ~ *o*pen to the p*u*blic [Mon-Fri 2-4]; **egész évben** ~ *o*pen all (the) year round; **az ajtó** ~ **van** (= *nincs kulccsal bezárva)* the door is* not locked (*v*. is on the latch); ~ **tartja a szemét** *átv* keep* one's eyes *o*pen/skinned; ~ **tartás = nyitvatartási idő**
nyitvatartási idő *n* office/*o*pening/shop hours *pl*, hours of business *pl*, business hours *pl (mind például:* 9 a.m. to 5 p.m.)
nyitvatermő I. *a* gymnospermous **II.** *n* gymnosperm; ~**k** G*y*mnospermae
nyivákol *v* mewl, c*a*terwaul; *(gyerek)* whine
nyivákolás *n* mew(l)ing, c*a*terwauling; *(gyereké)* whining
nyolc *num* eight; ~ **felé** (1) *(irány)* in eight directions, *i*nto eight parts (2) *(idő)* about eight; ~ **szótagú** octosyll*a*bic; **Földszint** ~ (d*o*or) number 8 on the ground (*US* first) floor; **a** ~**ban (8-ban) lakik** (s)he's l*i*ving at No. 8; **reggel** ~**kor** at eight in the m*o*rning (*v*. at 8 a.m.); *biz* **nekem** ~ it's all the same to me, I don't care, it makes no odds ⇨ **nyolcan**
nyolcad *n* **1.** *(rész)* eighth (part) **2.** *(hangjegy)* qu*a*ver, *US* eighth note
nyolcadik I. *num a* eighth; ~ **oldal** page eight; **a** ~ **hónapban van** she is* in her/ the eighth month of pr*e*gnancy **II.** *n* **1.** f. **hó** ~**án (8-án)** on the eighth of this month, *ker* on (the) 8th inst.; **június 8-a** *(kimondva:)* the eighth of June; *(írásban:)* 8 June, *US* June 8(th) **2.** ~**ba jár** go* to the eighth form/class
nyolcadiki (8-i) *a* **Május 8-i levelét köszönettel megkaptam/-kaptuk.** Thank you for your letter of 8 May (*v*. *US* May 8th) (*v*. *ker* your letter of the 8th inst.)
nyolcadikos I. *a* ~ **tankönyv** textbook for the eighth form/class (*US* grade); ~ **tanuló** p*u*pil/st*u*dent in the eighth form/class (*US* grade) **II.** *n* e*i*ghth form (*US* grade) p*u*pil/

st*u*dent [in a Hung*a*rian p*u*blic elementary school], sch*oo*l-leaver
nyolcadrész *n* eighth (part), one eighth
nyolcadrét *a* (in) oct*a*vo; ~**be hajt** fold in eight
nyolcadszor *num adv* **1.** *(nyolcadik alkalommal/esetben)* (for) the eighth time **2.** *(felsorolásnál)* in the eighth place
nyolcan *num adv* eight (of them/us/you)
nyolcas I. *a (számú)* number eight; ~ **szám** the number eight, figure 8; ~ **villamos** tram number eight, the number eight tram, tram No. 8; **a** ~ **szoba** r*o*om n*u*mber 8 **II.** *n* **1.** *(számjegy)* the figure/number eight, figure 8 **2.** *(nyolcevezős)* eight(-oared boat) **3.** **felszáll a** ~**ra** take* a number eight tram/bus (*US* car) **4.** *(kerékpárkeréké)* wobbly wheel **5.** *zene* octet
nyolcéves *a* **1.** *(kor)* eight years old *ut.*, eight-year-old; ~ **fiú** a boy of eight **2.** *(tartam)* of eight years *ut.*, eight years'
nyolcevezős *n* = **nyolcas II. 2.**
nyolcévi *a* of eight years *ut.*, eight years'
nyolcféle *a* eight kinds/sorts of, of eight parts/sorts *ut.*
nyolclap *n mat* octah*e*dron
nyolcnapi *a* of/for eight days *ut.*, eight days'
nyolcnapos *a* **1.** *(kor)* eight days old *ut.*, eight-day-old **2.** *(tartam)* e*i*ght-day, eight days long *ut.*, lasting/for eight days *ut.*, eight days' . . .
nyolcórai *a* **1.** *(időtartam)* eight hours' **2.** *(időpont)* eight (*v*. 8) o'clock
nyolcórás *a* e*i*ght-hour, l*a*sting/for eight hours *ut.*
nyolcszor *num adv* eight times
nyolcszori *a* of eight times *ut.*
nyolcszoros *a* e*i*ghtfold, eight times as m*a*ny/much as . . .
nyolcszög *n* oct*a*gon
nyolcszögű *a* oct*a*gonal
nyolcvan *num* e*i*ghty; ~ **forint** 80 f*o*rints (*v*. fts); **10** ~**ba kerül** it costs 10 fts *e*ighty; ~**an** *e*ighty (p*eo*ple), eighty of them/us/you
nyolcvanas *a/n* **1.** *(szám)* n*u*mber eighty **2.** *(korban)* in one's eighties *ut.*; **a** ~ **évek** the *e*ighties (the 80s *v*. 1980s)
nyolcvanéves I. *a* e*i*ghty years old *ut.*, eighty-year-old **II.** *n* octogen*a*rian
nyom[1] *v* **1.** *(szorít, ránehezedik átv is)* press; ~**ja az ágyat** be* confi*n*ed to bed, be* bedridden, be* in bed; **a cipő** ~**ja a lábát** the shoe p*i*nches; ~**ja a gyomrát** lie* h*e*avy on one's st*o*mach; ~**ja a lelkét/szívét** sg is* (w*e*ighing) on his mind **2.** *(súly*

ban) weigh; **mennyit** ~? how much does it weigh?; **vk 76 kilót** ~ he weighs 12 stone (*US* 168 lbs [*mondva*] pounds) **3.** *nyomd, tex* print; **a könyvet** ~ják the book is being printed **4.** *(elnyom vkt)* oppress (sy) **5.** *biz (támogat)* push ⟹ **lat**

nyom² *n* trace, trail, track, mark; *(lábé)* foot-print(s), foot-mark(s); *átv* footsteps *pl*; *(erkölcsi hatásé)* impression, sign, mark; **vmnek** ~**a látszik rajta** there are* traces of sg on it, bear* the marks of; ~**a sincs** there is* no trace of it; ~**a veszett** no trace was (ever) found of him/it, all trace of him/it was lost; ~**ába lép vknek** follow in sy's footsteps; **(lába)** ~**ába sem léphet** can't (*v.* be* not fit to) hold a candle to, be* not to be compared with/to sy; ~**ában van** be* hot on the scent/track of sy, be* on sy's trail; *(fenyegetően)* breathe down sy's neck; ~**ban van a rendőrség** the police are on sy's track; ~**on elindul** follow up a clue, start on the track/trail; ~**on követ vkt, vmt** (1) *(megfigyelés végett követ vkt)* shadow/follow sy, *biz* tail sy (2) *(közvetlenül utána történik vm)* sg is* (closely) followed by sg, sg follows sg (3) *(figyelemmel kísér vmt)* follow sg, keep* an eye on sg; ~**on követi vmnek a történetét** trace the history of sg; ~**on követi az eseményeket** follow the events (closely); **hamis** ~**on van** be* on the wrong track; **helyes** ~**on van** be* on the right track; **Shakespeare** ~**án írta** adapted from Shakespeare (by); **vm** ~**án** on the basis of, after, from, according to; **vknek az ötlete** ~**án írta** ... (written) by ..., based on an idea by ...; ~**ra vezet** put* sy on the right track, give* sy a clue/hint; ~**ára akad/bukkan/jön/jut** vmnek/vknek happen (up)on sg/sy, find* a/the trace of sg/sy, find* traces of sg/sy; *(kutya)* pick up the scent (of); *(bűnözőnek)* get* on the track of, *biz* be* on to sy; **elveszti a** ~**ot** be* thrown off the scent; *(kutya)* lose* the trail/scent of; ~**ot hagy vmn** leave* his/its mark on sg, mark sg; ~**ot hagy vkben** leave* its mark on sy ⟹ **bot**

nyomakod|ik *v (tömegben)* squeeze/push/elbow one's way through

nyomás *n* **1.** *ált* pressure; *(embertömegé)* pushing; **a körülmények/kényszerűség** ~**a alatt** under the pressure of circumstances/necessity; **a mai/modern élet** ~**a** the pressures of modern life; **a munka** ~**a** (the) pressure of work; **enged a** ~**nak** yield (*v.* give* in) to pressure; ~**t gyakorol**

vkre put* pressure on sy, bring* pressure to bear on sy **2.** *orv* ~**t érez a mellében** sy feels* pressure on his/her chest **3.** *fiz* pressure; **a levegő** ~**a** (atmospheric) pressure; **kis** ~**sal/**~**on** at low pressure; **nagy** ~**sal/**~**on** at high pressure; ~ **alá helyez** *(pl. kazánt)* pressurize; ~ **alatt van/tárolják** be* (stored) under pressure; ~ **alatti felület** surface under pressure; ~ **alatti tárolás** pressure storage; *biz* **van benne** ~ *(= sokat ivott)* he has had a skinful **4.** *nyomd (folyamata)* printing; *(eredménye)* print; ~ **alatt** in the press, (the book is) now printing, (the book is) being printed **5.** *biz* ~! get a move on! **6.** *sp (súlyemelés)* snatch

nyomásálló *a* pressure-tight/resistant

nyomáscsökkenés *n* decrease of pressure, pressure loss

nyomáscsökkentő *n* decompressor

nyomáshiba *n nyomd* misprint

nyomáskülönbség *n* differential pressure, difference in pressure

nyomásmérő *n* manometer, pressure gauge (*US* gage)

nyomású *a* **kis**~ low-pressure; **nagy**~ high-pressure

nyomaszt *v (gond)* weigh (heavily) on sy('s mind), distress; **tényleg nincs időm, annyira** ~ **a sok munka** I really haven't got time—pressure of work, you know!

nyomasztó *a* oppressive, depressing; ~ **érzés** uneasy/sickening/depressing feeling; ~ **gondok** grinding/oppressive cares, serious worries; ~ **helyzet** distress, distressing situation; ~ **helyzetben van** be* in great/dire straits, be* hard pressed; ~ **hőség** oppressive/sweltering heat; ~ **teher** overwhelming/crushing burden

nyomat¹ *v* have* sg printed

nyomat² *n* print, impression

nyomaték *n* **1.** *(hangsúly)* emphasis; *(fonetikai ért. is)* stress; **kellő** ~**kal** with due emphasis; **nagy** ~**kal bír** have* great influence **2.** *fiz* moment

nyomatékos *a (hangsúlyozott)* emphatic; *(fonetikai ért. is)* stressed; ~**an kijelenti, hogy** lay* emphasis/stress on, declare emphatically that

nyomatékosít *v vmt* emphasize/stress sg, lay* emphasis/stress (up)on sg

nyomban *adv* at once, immediately, instantly, forthwith, straightaway, *biz* right away; **azon** ~ on the spot, then and there

nyombél *n* duodenum (*pl* duodena)

nyombélfekély *n* duodenal ulcer

nyomda *n* *(nagyobb)* printing house/press/ office, *US így is:* printery; *(kisebb)* print-(ing) shop; **Egyetemi Ny**~ the University Press; ~**ba ad** put* to press; ~**ba megy/kerül** go* to press; ~**ban van** *(= nyomják)* be* in the press, *US így is:* be* in press, is* being printed
nyomdafesték *n* printer's/printing ink; **nem bírja el a** ~**et** it's* unprintable
nyomdagép *n* printing machine/press
nyomdahiba *n* misprint, printer's/typographic error
nyomdai *a* typographical, printer's, printing; ~ **levonat** impression ⇨ **korrektor**
nyomdaipar *n* printing (industry)
nyomdaipari *a* ~ **dolgozó** printing worker, printer
nyomdakész *a* ready for printing *ut.*, ready for the press; ~ **kézirat** a ready-to-print manuscript *ut.*
nyomdaköltség *n* cost of printing
nyomdász *n* printer
nyomdászat *n* printing, typography
nyomdászati *a* typographical
nyomdatechnikai *a* typographical; ~ **okokból** for typographical reasons
nyomdatermék *n* printed product/publication/matter, print
nyomdok *n* track, (foot)step, footprint; **vknek a** ~**aiba lép, vk** ~**ait követi, vk** ~**ain halad** follow in sy's footsteps, follow sy's lead/example; *(munkáját folytatja)* continue sy's work/labours
nyomelem *n biol* trace element
nyomjelzés *n (úté)* layout; *(vasút)* marking out the course/track
nyomjelző *a* ~ **(elem)** *tud* tracer; ~ **lövedék** tracer bullet
nyomkod *v* **1.** *(nyomogat)* keep* pressing; *(beteg testrészt)* massage **2.** *vmt vmbe* stuff sg in(to) sg
nyomócső *n ált* water pipe; *(vízvezetéki fő*~*)* water main; *(központi fűtéshez)* flow pipe
nyomód|ik *v vmbe* be* imprinted/impressed (up)on (sg)
nyomódúc *n nyomd* (printing) block
nyomogat *v* = **nyomkod**
nyomógép *n nyomd* printing press; *tex* printing machine
nyomógomb *n el, műsz* push button, button; *(csak csengőnek)* bell push
nyomógombos *a* push-button; ~ **kapcsoló** push-button switch; ~ **telefon** push-button telephone
nyomóhenger *n nyomd* printing cylinder

nyomókapocs *n* snap fastener, press stud
nyomópapír *n* printing-paper
nyomor *n* misery, distress, want, need; ~**ba dönt** *vkt* reduce sy to destitution, plunge sy into poverty; ~**ba jut** sink*/fall* into poverty; **(nagy)** ~**ban van/él** suffer from *(v.* live in) (extreme) poverty, be* poverty--stricken; *biz* **nagy a** *,,*~*''* **nálunk** *(= nincs egy vasunk sem)* we're penniless *(v.* on the rocks)
nyomorék I. *a* crippled, disabled, deformed **II.** *n* cripple; ~**ká válik** be(come)* crippled/disabled
nyomorgás *n* wretched existence, living in misery, distress, want
nyomorgó *a* needy, destitute, poverty--stricken, down-and-out, in misery/need *ut.*
nyomornegyed *n* slum(s)
nyomorog *v* lead* a miserable/wretched existence/life, drag out a miserable/wretched existence/life, be* wretchedly poor, live in misery
nyomortanya *n* dirty hole, hovel
nyomortelep *n* = **nyomornegyed**
nyomorult *a* **1.** *(szerencsétlen)* miserable, wretched; *(szánalmas)* woeful, pitiful, piteous, pitiable **2.** *(hitvány)* knavish, villainous; *(megvetendő)* despicable **3.** *(összeg)* paltry, *biz* measly, *US biz* lousy
nyomorúság *n* misery, destitution
nyomorúságos *a* miserable, wretched, needy, poor; *(szánalmas)* woeful, pitiful, piteous; *(összeg)* paltry, *biz* measly, *US biz* lousy; *(városnegyed)* poverty-stricken; ~ **odú** *(emberé)* (dirty) hole, hovel
nyomós *a* ~ **érvek** weighty/sound arguments; ~ **ok** good/strong reason
nyomósít *v* lay* stress on, give* weight to, emphasize (sg)
nyomott *a* **1.** *nyomd, tex* printed; ~ **áru** *tex* prints *pl* **2.** *(levegő)* close **3.** *(lelkiállapot és vk)* depressed, downcast, dejected, low--spirited; ~ **hangulat** depression, dejection; ~ **hangulatú** depressed, low-spirited
nyomoz *v (vm ügyben, bűnügyben)* investigate [a case/crime], look/inquire into [the/a matter etc.]; *(vk után)* search for sy, make* inquiries about sy
nyomozás *n* investigation, inquiry, search; **a** ~ **folyik** investigations are* in progress, the matter is under investigation; **a** ~ **megindult** an inquiry has been set up, investigations are being made; **a** ~ **nem járt eredménnyel** the investigation was inconclusive
nyomozati *a* ~ **adatok** facts of the investigation

nyomozó I. *a* investigating; **bűnügyi** ~ **osztály** *GB* Criminal Investigation Department (C.I.D.) **II.** *n* detective

nyomtalan *a* traceless; ~**ul eltűnt** disappeared/vanished without (a) trace, *kif* vanished *i*nto thin air

nyomtat *v nyomd* pr*i*nt

nyomtatás *n nyomd* pr*i*nting; ~**ban** in print; ~**ban megjelent** be*/was published

nyomtató I. *a* ~ **lónak nem kötik be a száját** thou shall not m*u*zzle (the mouth of) the ox that treads out the corn **II.** *n (számító-gépé)* pr*i*nter

nyomtatott *a* **1.** *(szöveg)* pr*i*nted; ~ **betűk** (1) *nyomd* type (2) *(kézírással)* block/capital letters; ~ **betűkkel ír** write* in block/capital letters, print; **kérjük,** ~ **betűkkel írja a nevét** please print your name (clearly) (in block capitals) **2.** *el* ~ **áramkör** pr*i*nted c*i*rcuit

nyomtatvány *n* **1.** *(nyomdatermék)* print(ed) publication) **2.** *(postai küldeményként)* pr*i*nted m*a*tter, *GB* pr*i*nted p*a*per, *US* third class; *(US könyvekre)* book post; ~**ként küld** *vmt* send* sg as printed m*a*tter **3.** *(űr-lap)* form, blank; *(pályázathoz)* application form

nyomtatványdíjszabás *n* pr*i*nted-paper rate

nyomtáv *n* gauge (*US* gage), track; **keskeny** ~**ú** narrow-gauge; **szabvány(os)** ~**ú** standard-gauge; **széles** ~**ú** broad--gauge

nyomul *v* adv*a*nce, progress, press (forward); *(vhová be)* force one's way *i*nto, penetrate (sg *v.* *i*nto sg); *kat* invade [a co*u*ntry etc.]

nyomvonal *n* (= *forgalmi sáv)* lane

nyoszolya *n* † bed, couch

nyoszolyólány *n* bridesmaid, *(US első* ~ *)* maid of honor

nyög 1. *vi (erőlködve, panaszosan)* groan, moan **2.** *vt (vm következményeit)* feel* the (evil) effects of; **még most is** ~**öm** *(az adósságot, részleteket)* I am still struggling (to pay off the debt *v.* with the inst*a*lments); **még most is** ~**jük** we still feel the *e*ffects of it

nyögdécsel *v* groan, moan (softly/gently)

nyögés *n* m*o*an(ing), gr*o*an(ing)

nyögvenyelő *a (ételről)* l*u*mpy, hard to swallow *ut.*

nyöszörgés *n* whine, wh*i*ning, wh*i*mper-(ing), wail(ing), p*u*ling

nyöszörög *v* wail, whine, wh*i*mper, pule

nyugágy *n* deck-chair

nyugállomány *n* ret*i*rement; ~**ba helyez/küld** = **nyugdíj***ba küld*

nyugállományú *a* ret*i*red

nyugalmas *a* restful, calm; *(békés)* peaceful; *(nyugodt)* qu*i*et, tranquil

nyugalmaz *v* = **nyugdíjaz**

nyugalmazott *a* = **nyugállományú, nyugdíjas**

nyugalmi *a* ~ **állapot/helyzet** rest, repose, standstill; ~ **állapotban van** be* at rest, be* at a standstill

nyugalom *n* **1.** *(cselekvés megszűnése)* rest, standstill; *(békesség)* calmness, qu*i*et(ness), tranqu*i*llity, peace(fulness); **a** ~ **helyreállt** p*u*blic order has been restored; **az örök** ~ the last repose/sleep; *vhol* **fogjuk örök** ~**ra helyezni** the interment/b*u*rial will take place at … **2.** *(önuralom)* composure; **megőrzi nyugalmát** comp*o*se oneself, keep* calm; **a legnagyobb** ~**mal** with perfect equan*i*mity/calm; *(tesz vm kegyetlent)* [do* sg] in cold blood **3.** *(nyugállomány)* retirement; ~**ba helyez** = **nyugdíj***ba küld*; ~**ba megy/vonul** ret*i*re; ~**ba vonulása alkalmából** on his/her ret*i*rement; ~**ban van** = **nyugdíj***ban van*

nyugat *n* west; **a** ~ the west; *pol* the West; ~**on** in the west; ~ **felé,** ~**ra** (tow*a*rds the) west, westw*a*rd(s); *vmtől* ~**ra** fek-**szik** lie* west of sg; **Londontól** ~**ra** west of London; ~ **felől,** ~**ról** from the west

Nyugat-Berlin *n* West Berl*i*n

nyugat-berlini *a/n* West Berl*i*ner

Nyugat-Európa *n* Western E*u*rope

nyugat-európai *a* of Western E*u*rope *ut.*, West(ern) European

nyugati I. *a* west(ern), of the west *ut.*; *(szél, áram)* westerly, from the west *ut.*; ~ **fekvé-sű ház** house f*a*cing west; ~ **irányban** westw*a*rd(s), tow*a*rds the west; ~ **oldal** west(ern) side; **Anglia** ~ **részén** in the west of *E*ngland/Britain; **a** ~ **sajtó** the Western press; ~ **típusú többpártrend-szer** a m*u*lti-party system along Western lines; ~ **szél fúj** there is* a westerly wind, the wind is*/lies* in the west **II.** *n* **a Ny**~ *(pályaudvar)* Budapest West (R*a*ilway Station)

nyugatias *a* Western

Nyugat-India *n* the West *I*ndies *pl*

Nyugat-Magyarország *n* Western H*u*ngary

nyugatnémet *a/n* West German

Nyugat-Németország *n* West Germany

nyugat-németországi *a* West German

nyugatos *n ir* 〈contríbutor to the progressive Hungarian literary periodical "Nyugat"〉
nyugat-római *a tört* ~ **birodalom** Western Roman Empire
nyugdíj *n* (retírement *v.* old-age) pension, superannuation; ~**ba helyez/küld** pension off, retíre, superannuate; ~**ba megy** retíre; ~**ban van** be* retíred, be* receíving a pension, be* a pensioner; ~**ból él** live on a pension; ~**at kap/élvez** receíve a pension
nyugdíjalap *n* pensionable salary
nyugdíjas I. *a* pensioned-off, retíred, receíving a pension *ut.,* on the retíred list *ut.*; ~ **korú (állampolgár)** senior cítizen II. *n* pensioner; ~**ok háza** = **nyugdíjasház**
nyugdíjasbérlet *n (moziba, vasútra stb.)* pensioner's season-ticket
nyugdíjasház *n (nyugdíjasok háza)* retírement/sheltered home
nyugdíjaz *v ált* pension off, retíre; *(nyugdíjjal elbocsát)* discharge sy with a pension, superannuate
nyugdíjazás *n* pensioning off, retírement, superannuation
nyugdíjigény *n* claim/right/entítlement to a pension
nyugdíjintézet *n* pension fund
nyugdíjjárulék *n* superannuation money/ tax; *(levont) GB* national insurance contribution
nyugdíjjogosult *a* pensionable, entítled to (receíve) a pension *ut.*
nyugdíjképes *a* pensionable
nyugdíjkorhatár *n* retírement/retíring/ pensionable age
nyugdíjtörvény *n* superannuation act
nyugellátás *n* = **nyugdíj;** ~**ban részesül** receíve a pension
nyughat *v* **egy percig sem** ~ (1) *(ő maga)* can't keep still/quíet for a moment; *biz* he is* a fidget (2) *(mást nem hagy)* give* sy no peace, will not let sy alone; **nyughass már!** do keep still!, stop fidgeting!, be quíet!
nyughatatlan *a* unable to rest *ut.,* restless, fidgety
nyughatatlankod|ik *v* be* restless, fidget
nyugi! *int biz* take it easy!, cool/calm down!, *US* keep your cool!, cool it!
nyugodalmas *a* tranquil, peaceful, restful; ~ **jó éjszakát!** good night and (have) a good rest!
nyugodalom *n* rest, repose, peace, quíet
nyugodt *a ált* tranquil, quíet, calm, peaceful; *(ember)* calm, imperturbable, steady; *(lelki-*

ismeret, lélek) undisturbed, easy; *(megnyugodott)* reassured; *(modor)* composed; *(tenger)* calm, still; ~ **vm felől** be* not worried about sg; **efelől** ~ **vagyok** my mind is* at rest about the matter, I have* no worry *(v.* worries) on that score; **efelől** ~ **lehet(sz)** you can/may rest assured about that; **legyen** ~ you may/can rest assured (that), you need have no worry on that score, *biz* don't worry; **légy** ~**, eljön** he'll come, don't (you) worry; ~ **lélekkel** with a clear/clean conscience, in all conscience, elít without the slightest scruple
nyugodtan *adv* **1.** *(nyugalmasan)* calmly, quietly, peacefully, tranquilly; ~ **alszik** sleep* soundly; ~ **él** live in peace/tranquíllity, live a quíet/peaceful life; **csak** ~! steady!, easy/gently (does it)!, take* it easy; **maradj** ~! keep still! **2.** *biz* ~ **elmehetsz** you can/may safely go (there); ~ **megmondhatod** *(nem lesz következménye)* it's all right, you can tell me
nyugovóra tér *kif* retíre
nyugszék *n* = **nyugágy**
nyugsz|ik *v* **1.** *(pihen)* lie*, (take* a) rest, repose; **nem hagyja nyugodni** give* sy no respite/peace, (will) not let sy alone, sg troubles sy; **addig nem** ~**ik, amíg** he won't rest untíl/till; **itt** ~**ik** here lies … (buried) **2.** *(lemegy, égítest)* set*; **korán** ~**ik a nap** the sun sets* early **3.** *átv vmn* rest (up)on, be* based (up)on **4.** *(szünetel)* be* at a standstill
nyugta[1] *n (elismervény)* receípt; ~ **ellenében** against a receípt; ~**t ad** *(v.* **állít ki)** give* a receípt *(amíről* for sg)
nyugta[2] *n* **1.** *(nyugvás)* nincs ~, **míg** he won't rest till; **nincs** ~ **vktől, nem hagy nyugot vknek** he never gives* sy a moment's peace, (s)he will not let sy alone **2.** ~**val dicsérd a napot** don't count your chickens before they are hatched, first catch your hare then cook him
nyugtakönyv *n* receípt-book
nyugtalan *a* **1.** *(nem nyugodt)* restless, restive; *(álom)* troubled, broken; *(életmód)* unsettled, hectic; *(ember)* restless; *(izgő-mozgó)* fidgety **2.** *(aggódó)* anxious, worried, uneasy *(vk/vm miatt mind:* about)
nyugtalanít *v* make* sy uneasy/anxious, worry, trouble; ~**ja vm** be* worried about sg
nyugtalanító *a* worrying, unsettling, disquíeting
nyugtalankod|ik *v* **1.** *(nyugtalanul viselkedik)* be* restless, be* restive **2.** *(aggódik vm/*

vk miatt, vmért, vkért) be* anxious (for/ about sg/sy), worry (about sg/sy), feel* uneasy (about sg); **ne ~j a gyerekek miatt!** don't worry (yourself) about the children!

nyugtalanság *n* **1.** *(nyugtalan természet/viselkedés)* restlessness, disquiet **2.** *(aggódás)* anxiety, worry, uneasiness; **~ot keltő hírek** disquieting news **3.** *(tömegjelenség)* unrest, disturbance

nyugtat *v vkt* calm sy (down); *(vigasztal)* comfort

nyugtató(szer) *n* sedative, tranquillizer *(US* -1-), calmative; **nyugtatókkal él** (s)he's on tranquillizers

nyugtáz *v (küldeményt)* acknowledge receipt of (sg), be* in receipt of (sg); *(összeget)* give* sy a receipt for sg, acknowledge payment of [a sum]; *(számlát)* receipt [a bill]; **~za a levelet** acknowledge (receipt of) a/the letter

nyugton *adv* ~ **marad** keep* still/quiet; ~ **hagy** let*/leave* sy alone ⇨ **nyugta²**

nyugvás *n* **nincs ~a** = *nincs* **nyugta²**

nyugvóhely *n* resting-place, place of retirement/repose

nyugvópont *n* rest; *(szünetelés)* standstill; **~on van** be* at rest; **~ra jut** come* to a rest

nyújt *v* **1.** *(terjedelemben)* stretch, extend, expand; *(hengerléssel)* roll, draw*; *(hosszában)* lengthen, elongate; *(tésztát)* roll out **2.** *(kezet)* stretch/hold* out [one's hand]; *(tárgyat vknek)* pass, hand; **~sd ide a szótárt** hand/pass me the dictionary please **3.** *(ad vmt ált)* give*/offer sy sg, provide sg for sy *(v.* sy with sg); *(lehetőséget, alkalmat)* afford, provide [opportunity]; *(előnyt, kényelmet)* offer [advantage, convenience]; *(kölcsönt)* grant [loan]; *(látványt)* command, offer, present [a fine view, sight]; *(menedéket)* give*/afford [shelter]; *(reményt)* hold* out [hope]; *(szolgáltatást)* supply, provide [services, facilities]

nyújtás *n* **1.** *(terjedelemben)* stretching, extending, extension, expanding, expansion; *(hosszában)* lengthening, elongation; *(hengerléssel)* rolling; *(sebészi)* extension **2.** *(időé)* prolongation, protraction **3.** *(átv, adás)* affording, providing, giving, offering, grant(ing)

nyújtható *a* **1.** *(terjedelemben)* extendable, extensible, expandable, expansible **2.** *(időben) (igével)* can* be prolonged/protracted **3.** *(fém)* ductile, drawable

nyújtó *n (tornaszer)* horizontal bar

nyújtogat *v* keep* stretching; **nyakát ~ja** crane one's neck; **nyelvét ~ja** stick*/put* one's tongue out repeatedly

nyújtógyakorlat *n* exercise on the horizontal bar

nyújtott *a* **1.** *(feszített)* stretched, extended, expanded, rolled **2.** *(beszélgetés)* prolonged, protracted; ~ **műszak** extended/stretched shift **3.** *(felkínált)* afforded, provided, offered, rendered, given, granted *(mind: ut.)*; **a neki ~ segítség** the aid given to him, the help offered to him

nyújtóz|ik *v* = **nyújtózkodik**

nyújtózkodás *n* stretching (oneself)

nyújtózkod|ik *v* stretch (oneself), stretch one's limbs; **addig ~j(ál), ameddig a takaród ér** cut your coat according to your cloth

nyúl¹ *v* **1.** *vkhez, vmhez* touch (sy, sg), lay* hands on (sy, sg); *vm után* ~ reach out (one's hand) for sg, stretch out one's hand after sg; **idegen pénzhez** ~ misappropriate money, embezzle [a sum], *biz* have* one's fingers in the till; **nem ~ vkhez/vmhez** let*/leave* sy/sg alone; **ne ~j hozzá!** leave it alone!, don't touch it! **2.** *(vmhez folyamodik)* resort to, have recourse to **3.** *(foglalkozni kezd vmvel)* take* up, deal* with [a question etc.]

nyúl² *n (mezei)* hare; *(üregi)* rabbit; *(házi)* pet rabbit

nyulacska *n* young rabbit/hare; *(gyermeknyelven)* bunny (rabbit)

nyúlajak *n* harelip

nyúlánk *a* slender, tall and slim, lanky

nyúlás *n* stretching, expansion, extension; *(hosszabbodás)* lengthening

nyulász|ik *v* rabbit, go* rabbiting, hunt/ shoot* rabbits/hares

nyúlbőr *n* hare/rabbit-skin

nyúlcipő *n* **felhúzza a ~t** *biz* take* to one's heels

nyúlékony *a* tensile, expansible, ductile

nyúlfarknyi *a* tiny/wee bit, very short; ~ **szerep** a bit part

nyúlgát *n* emergency dam

nyúlhús *n* hare(-flesh), rabbit (meat)

nyúl|ik *v* **1.** *(anyag, ált)* stretch, extend, expand; *tex* stretch **2.** *vmeddig* reach (as far as), stretch (out) **3. hosszúra ~ik** *(beszéd, előadás)* drag on, be* prolonged, be* lengthy

nyúlkál *v* keep* (on) reaching after/into sg, stretch out one's hand after sg repeatedly

nyúlkár *n* damage done by rabbits

nyúlketrec *n* rabbit-hutch, rabbitry

nyúló *a* **1.** *(táguló)* stretching **2. hosszúra** ~ lengthy, long-winded, protracted, lasting *(very)* long *ut.*
nyúlós *a (folyadék)* viscous, gelatinous; *(tésztaféle, kenyér)* sticky, gluey; *(ragacsos)* glutinous, tacky; *(bor)* ropy
nyúlósod|ik *v (kenyér stb.)* become* sticky/gluey; *(bor)* become*/get* ropy
nyúlpástétom *n* hare-spread/paste
nyúlpecsenye *n* roast hare
nyúlpörkölt *n kb.* stewed/jugged hare, stewed rabbit
nyúlszívű *a* chicken/faint-hearted, chicken-livered
nyúlszőr *n* rabbit's hair/wool; ~ **kalap** fur/felt hat
nyúltagy *n* medulla oblongata
nyúltenyészet *n* rabbit-farm, rabbitry
nyúltenyésztés *n* rabbit-breeding
nyúlvadászat *n* rabbit/hare-shooting
nyúlvány *n* **1.** *(tárgyé)* extension, continuation, prolongation **2.** *(földé)* tongue; *(tengeré)* arm; *(szikláé, hegyé)* spur, foothills *pl*
nyurga *a* lanky, tall and thin
nyuszi *n* bunny (rabbit)
nyuszt *n* marten
nyúz *v* **1.** *(bőrt)* skin, flay **2.** *(koptat, nyű)* wear* sg out/threadbare; *(gépet, magnót)* wear* sg out **3.** *(alkalmazottat)* sweat
nyúzás *n* **1.** *(állaté)* skinning, flaying; *(gépé stb.)* excessive wear/use **2.** *(alkalmazotté)* sweating
nyúzott *a* **1.** *(állat)* skinned, flayed **2.** *(ember)* worn-out, careworn; ~ **arc** a haggard/careworn face; ~ **nak látszik** he looks drawn/haggard

nyű¹ *n* maggot, worm; *biz* **annyi, mint a** ~ *kif* there are millions of them
nyű² *v* **1.** *(ruhát)* wear* (sg) out/threadbare, wear* (sg) to rags **2.** *(lent, kendert)* pull up/out
nyűg *n* **1.** *(átv, teher)* burden, load; ~ **vk nyakán** be* a drag on sy, a stone around sy's neck **2.** *(kellemetlenség)* bother, nuisance
nyűglőd|ik *v (bajlódik vmvel)* have* trouble with sg, bother about/with sg, wrestle with sg
nyűgös *a átv* peevish, grumpy, petulant, tiresome; *(gyermek)* whining, whimpering, fretful
nyűgösködés *n* peevishness, petulance
nyűgösköd|ik *v* be* peevish/petulant/vexatious; *(gyermek)* be* whining/whimpering/fretful
nyüst *n (szövőszéken)* heddles *pl*
nyüszít *v* whimper, whine
nyűtt *a* threadbare, worn, shabby
nyüzsgés *n* **1.** *(férgeké és ált)* swarming, teeming, bustle; *(csak férgeké)* crawling; *(tömegé)* milling (about/around); *(nagyvárosé)* bustle **2.** *biz (sürgölődés, fontoskodás)* hustle and bustle
nyüzsgölőd|ik *v* = **nyüzsög 2.**
nyüzsög *v* **1.** *(férgeké és ált)* swarm, teem, bustle; *(csak féreg)* crawl; *(tömeg)* mill (about/around); ~ **vmtől** swarm/teem with, be* alive with, pullulate with; ~ **(csak úgy)** ~**tek (vhol) a turisták** [the place] swarmed with tourists; ~**nek benne a hibák** be* riddled with mistakes **2.** *biz (sürgölődik, fontoskodik)* be* much in evidence, bustle about/around; **vk körül** ~ dance attendance on sy

O, Ó

O, o[1] *n (betű)* (the letter) O/o
o[2]. **1.** = *oldal* page, p *(pl* pp) **2.** = *osztály* class, dep*a*rtment, dep., dept.
Ó, ó[1] *n (betű)* (the letter) Ó/ó
ó[2] *int* o!, oh!, ah!; ~ **jaj!** oh dear!, dear me!
ó[3] *a* old(en), *a*ncient, antique
óangol *a* Old *E*nglish
óarany *a* old gold
oáz|ik *v (csecsemő)* howl
oázis *n* oasis *(pl* oases)
óbégat *v* lament, y*a*mmer, wail, moan
óbégatás *n* lament*a*tion, lamenting, yammering, wa*i*l(ing)
obeliszk *n* obelisk
objektív I. *a* objective, *(elfogulatlan)* im- p*a*rtial, unb*i*as(s)ed **II.** *n (tárgylencse)* objective, *o*bject glass/lens
objektivitás *n* object*i*vity, objectiveness
objektivizmus *n* objectivism
objektum *n* **1.** *(tárgy) o*bject, thing **2.** *(léte- sítmény)* project
obligát *a* obl*i*gatory, requ*i*red, *(szokásos) u*sual, hab*i*tual, c*u*stomary
obligó *n* oblig*a*tion, d*u*ty, liab*i*lity; ~ **nélkül** with*o*ut liab*i*lity/guarant*ee*; ~**ban van** be* *u*nder an oblig*a*tion (to do sg)
oboa *n o*boe
oboás *n o*boist
oboáz|ik *v* play the *o*boe
óbor *n* aged wine, *o*lder v*i*ntage(s)
obsitos *a* † disch*a*rged soldier, veteran
obskúrus *a* obsc*u*re; ~ **alak** sh*a*dy character
obstruál *v* obstr*u*ct, *US főleg:* f*i*libuster
obstrukció *n* obstr*u*ction, *US főleg:* f*i*libus- ter(ing)
obszcén *a* obscene, indecent
obszcenitás *n* obsc*e*nity, ind*e*cency
obszervatórium *n* observatory
Óbuda *n* Old B*u*da
obulus *n biz* f*a*rthing, a p*i*ttance *(pl* nincs*)*
óceán *n* ocean, sea
óceáni *a* oce*a*nic
Óceánia *n* Oceania
óceánjáró *n hajó* (ocean) liner
óceánrepülés *n* transatl*a*ntic flight, non- st*o*p flight acr*o*ss the Atl*a*ntic

óceánrepülő *n (pilóta)* transatl*a*ntic p*i*lot, *a*viator flying the Atl*a*ntic
ócsárlás *n* sl*i*ghting, disp*a*ragement
ócsárol *v* disp*a*rage, bel*i*ttle, *US* b*a*dmouth sy
ócska *a (öreg)* old, *(értéktelen, silány)* w*o*rthless, r*u*bbishy, tr*a*shy; ~ **áru** second- -hand goods *pl*, l*u*mber; ~ **holmi** r*u*bbish, l*u*mber, junk, trash; ~ **ruha** sh*a*bby/ threadbare clothes *pl*, c*a*st-off clothing, second-hand clothes *pl*; ~ **tragacs** (old) crock/b*a*nger; ~ **vicc** h*oa*ry/old ch*e*stnut, stale joke
ócskapiac *n* flea-market
ócskás *n biz* = **ószeres**
ócskaság *n* second-hand goods *pl*, trash, l*u*mber, junk
ócskavas *n* scr*a*p-iron; ~**nak elad** sell* for scrap, scr*a*p sg
ocsmány *a* ugly, h*i*deous, n*a*sty, foul; *(er- kölcstelen)* d*i*rty, f*i*lthy; ~ **beszéd** ob- scene/f*i*lthy talk/l*a*nguage, b*a*wdy; ~ **történet** d*i*rty story
ocsmányság *n* n*a*sty/d*i*rty *a*ction, *u*gliness, h*i*deousness, n*a*stiness, f*o*ulness
ocsú *n* t*a*ilings *pl*, refuse of wheat
ocsúd|ik *v vmből* come* to, rec*o*ver, aw*a*ke*, s*o*ber up *(mind:* from*)*
oda *adv/pref* there; ~ **és vissza** there and back, *(jegy)* ret*u*rn (ticket), *US* r*o*und-trip ticket; **csak** ~ **(kéri)?** s*i*ngle or ret*u*rn, please?; ~ **van** *(távol van)* be* aw*a*y/ absent, *(nincs otthon)* be* out; **sokáig** ~ **van** be*/stay aw*a*y for a long time; **amíg** ~ **voltam** while I was aw*a*y; **sokáig volt** ~ he was aw*a*y/there for a long time; ~ **a pénzem!** all my m*o*ney is gone; ~ **se neki** never mind! ⇨ **odavan**
óda *n* ode
odaad *v vknek vmt* give*/hand/pass sy sg (*v.* sg to sy), hand *o*ver sg to sy (*v.* hand sg *o*ver to sy), *(ajándékba)* give* sy sg (as a present); ~**om 200 Ft-ért** *(árból engedve)* I'll let you have it for 200 forints; ~**ja magát** (1) *(nő férfinak)* give* oneself to sy (2) *(feladat- nak)* devote oneself to (a task); ~**ja nevét vmhez** lend* one's name (to sg)

odaadás *n* **1.** *(átadás)* handing over, giving, passing (to sy) **2.** *(vonzalom)* devotion, devotedness, *(buzgalom)* dedication; enthusiasm; ~**sal végzi a munkáját** (s)he is dedicated to his/her job/work, put* one's heart and soul into one's work

odaadó *a* devoted, self-sacrificing; ~ **barát** devoted friend; ~**an dolgozik** put* one's heart and soul into one's work, be* dedicated to one's job

odaajándékoz *v vknek vmt* give* sg away (as a present), make* sy a present of sg

odaáll *v* (go* and) stand* swhere; ~ **vk elé** stand* squarely (*v.* plant oneself) in front of sy

odaállít *v* place/stand* sg/sy swhere; ~ **példának** set* sy/sg as an example

odaát *adv* over there, on the other side; ~**ról** from over there, from the far/other side

odább *adv* farther/further (away/on)

odábbáll *v* = **odébbáll**

odabenn *adv* inside, in there, within

odabent *adv* = **odabenn**

odabiggyeszt *v vmt vmhez* stick*/place sg on sg, attach sg to sg, tack sg on(to) sg

odaborul *v* ~ **vk lábai elé** throw* oneself at the feet of sy (*v.* at sy's feet)

odabúj|ik *v vkhez* snuggle/cuddle up to sy, snuggle into sy's arms, nestle up against (*v.* close to) sy

odacipel *v* carry/lug there (*v.* swhere)

odacsal *v vkt vhová* entice/lure sy to [swhere, a place]

odacsap *v* **1.** *vmre* strike* at sg, hit* (out at) sg; ~ **az asztalra** bang (one's fist on) the table, *átv* put* one's foot down **2.** *vmt vmre* fling* sg (swhere *v.* on *v.* down *v.* down on sg), plump/plonk sg

odacsatol *v* **1.** *(csattal)* buckle (up) sg, clasp sg; *(hozzáerősít)* fasten/bind* to **2.** *(iratot)* enclose, attach **3.** *vmhez* buckle/clasp (to); *(területet)* annex sg to sg

odacsíp *v* ~**te az ujját** he got his finger(s) caught/stuck in . . .

odacsődít *v* make* people throng/flock there/swhere

odacsődül *v vhová* stream towards, flock/throng to (a place)

odadob *v* **1.** *vmt vhova* throw*/fling* sg down (*v.* into the corner etc.); *vmt vknek* throw* sg to sy **2.** *átv* abandon, give* up

odaég *v* **1.** *(étel)* get* burnt; ~**ett a hús** I've burnt the meat, the meat is/got burnt **2.** *(elpusztul vk)* perish/die in a fire

odaenged *v* let*/allow sy to go swhere, let*/allow sy near sg

odaér *v* **1.** *(odaérkezik)* get*/arrive there, arrive *(kisebb helyre, állomásra, reptérre stb.* at, *városba, nagyobb helyre* in); come*/get* to [a place], reach sg/swhere; **mennyi idő alatt érünk oda?, mikor érünk oda?** when do we get there?, how long will it take (us) to get there?; ~**ünk idejében?** will/can we get there in time?, *biz* will/can we make it?; ~**t az előadásra** she managed to get to the lecture/show/performance, *biz* she made it to the lecture/show/performance **2.** *vmhez* touch sg, come* into contact with sg

odaérkez|ik *v* = **odaér 1.**

odaerősít *v* fasten/fix/attach sg to sg, make* sg secure

odaért *v* imply, include

odaértve *adv* including, inclusive of

oda- és visszautazás *n* the journey there and back, the return journey

odafagy *v vhová* be* frozen to

odafelé *adv* on the way there, *(utazásnál)* on the outward journey

odafenn, -fent *adv* up there, at the top, *(emeleten)* upstairs

odafér *v vhová* find* room (for sg) swhere; **még ez** ~ there is still room for it; **nem fér oda** there is no room for it, it won't go in

odaférkőz|ik *v vhová* make*/worm one's way into, gain access to; *elit* thrust* oneself in, push in

odafigyel *v vkre* listen to, pay* attention to, *(feszülten)* be* all ears, hang* on sy's words; ~ **az iskolában** be* attentive in school; **nem figyel oda** he is* not listening/attending, he is not paying attention (to it); **erre (a jelenségre) (nagyon) oda kell figyelni** one/we must not ignore this, we must keep a close eye at that

odafordul *v vkhez/vmhez* turn to/towards sy/sg; *(vkhez kéréssel)* turn to sy

odafut *v vhová* run* there (*v.* to a place), *vkhez* run* (up) to sy

odafülel *v* listen to, be* all ears

odagondol *v vmt* add sg in thought

odagurul *v* roll there; *(repgép)* taxi (to)

odahajol *v vkhez* lean* over to sy, bow towards sy

odahallatsz|ik *v* be* heard as far (away) as . . ., be* audible; **hangja nem (jól) hallatszik oda** her/his voice doesn't carry (very well)

odahallgat *v* listen (to) ⇨ **odafigyel**

odahamisít *v* ~**ja az aláírást** fake the/sy's signature on sg

odahat *v* ~, **hogy** exert/use one's influence to, intervene in order that; **kérte, hasson**

oda, hogy he asked him to use his *i*nfluence to …, he asked him to do sg ab*o*ut sg
odahaza *adv* at home; ~ **Amerikában** *US* back in the U.S.*A.*
odahederít *v biz* oda se hederít not take* the sl*i*ghtest n*o*tice (of), pay* no heed (to)
odahelyez *v* 1. *vmt* put*/lay* sg swhere 2. *(állásba)* appo*i*nt (sy to a post/pos*i*tion), station sy swhere
odahív *v vkt* call sy, s*u*mmon sy
odahívat *v* send* for
odahord *v* c*a*rry (to), take* (there, swhere)
odahoz *v* carry/take* sg/sy to, fetch sg/sy
odahúz 1. *vt vmt vhova* draw*/pull/drag there/swhere 2. *vi (vonzódik vkhez)* feel* affection for sy, pref*e*r sy, incl*i*ne towards sy
odáig *adv* as far as (that); ~ **jutott, hogy** … he got to the point that/where …; ~ **jutott/fejlődött az ügy, hogy** … things have come to such a pass that …, things have got to the point where …; ~ **van** *(az örömtől)* be* beside oneself (with joy); *(fáradtságtól)* be* exh*a*usted (*v.* worn out); *(kétségbeeséstől)* be* in *u*tter despair; *(vkért, akit szeret)* be* head *o*ver heels in love with sy, *(rajong érte)* ad*o*re/worsh*i*p sy; *vmért* be* p*a*ssionately fond of sg, be* (quite) crazy ab*o*ut sg; **egészen ~ volt miatta** (s)he was very ups*e*t ab*o*ut it/him/her
odaígér *v* pr*o*mise (to give) sg to sy; **nem adhatom neked ezt a könyvet, mert már ~ tem Péternek** I can't give you this book bec*a*use I've pr*o*mised it to P*é*ter
odaill|ik *v vmhez* suit (sg), be* su*i*table (for), fit in (with), go* with
odaillő *a* su*i*table, appr*o*priate, in place *ut.*; **oda nem illő** inappr*o*priate, uns*u*itable, out of place *ut.*, impr*o*per
odaint *v vkt* beckon (to) sy to come
odaír *v* write* (sg) on/there; ~ **ja a nevét vmre** sign one's name, write*/put* one's name on (sg)
odaítél *v* 1. *(díjat vknek)* award [a prize] to sy, sy is aw*a*rded [a prize]; **XY-nak ítélték oda a fizikai Nobel-díjat** YX has been aw*a*rded the/a N*o*bel prize for ph*y*sics 2. *jog* adj*u*dge/award sg to sy; **neki ítélték oda a gyermeket** *(válóperben)* (s)he was g*i*ven/aw*a*rded c*u*stody of the child°
odajár *v (gyakran egy helyre)* frequent [a place], be* a reg*u*lar swhere, v*i*sit [a place] fr*e*quently
odajön *v vhova* come* (up) to
odajut *v* 1. *vhova* reach [a place], get*/come* to [a place] 2. *átv* ~ **ott, hogy** … he reached a/the point where…; **végre**

~ **ott, hogy megnősülhet** he was at last in a pos*i*tion to get m*a*rried ⇨ **odáig**
odajuttat *v* 1. *(elküld)* send*, disp*a*tch 2. *vkt átv* g*e*t* (sy) *i*nto (such a situ*a*tion)
odakacsint *v* wink at sy
odakap *v vmhez* make* a grab at, catch*/snatch/grab at, *(kutya)* snap at ⤙
odaken *v* 1. *(anyagot vhova)* smear 2. *biz (ütést)* give* sy a smack, land a blow [on sy's nose etc.]
odakerül *v vhova* get* swhere, find* one's way to; *vk elé* be* brought before sy
odakiált *v* shout (to sy), call out (to sy), hail sy
odakinn *adv* 1. *(kívül)* outside, outd*o*ors, out there, out of doors 2. *(külföldön)* a-broad
odakint *adv* = **odakinn**
odakinti *a* 1. *(kinti)* (that is) outs*i*de *ut.* 2. *(külföldi)* (that is) abr*o*ad *ut.*; ~ **élet** life abroad
odaköltöz|ik *v* move to
odaköszön *v vknek* greet sy, bow to sy; *(férfi kalappal)* take* one's hat off to sy
odaköt(öz) *v vmt vmhe*z fasten/tie/bind* sg to sg
odaküld *v* send*, disp*a*tch, *(árut)* forward, disp*a*tch, *(pénzt)* rem*i*t (*mind:* to)
odaláncol *v* chain to sg
odalátsz|ik *v* is* to be seen, be* in/with*i*n sight, be* v*i*sible
odalenn *adv* down there, *(épületben)* down-st*a*irs
odalép *v vkhez/vmhez* come*/go*/walk up to sy/sg
odalesz *v* → **odavan**
odaliszk *n* tört *o*dalisque, *o*dalisk
odalopódz|ik *v* steal* towards, sneak/creep* up to
odaló *v* shoot*/fire at
odalök *v* throw*/hurl sg to sy
odamegy *v vhova* go* to [a place]; *(kocsin)* drive* to [a place]; *vkhez* approach sy, go*/walk/come* up to sy
odamenekül *v* escape/flee* there
odamenet *adv* on the way there
odamerészked|ik *v vhova* venture (swhere)
odamond(ogat) *v vknek* give* sy a piece of one's mind, tell* sy a few home truths, *biz* give* sy an *e*arful
odamutat *v vmre* point at/to, *i*ndicate, show*; **minden jel ~, hogy** *e*verything points to …
odanéz *v* 1. *vkre, vmre* look at, (cast* a) glance at; ~ **z!** look!, *(csodálkozva, meglepődve)* well, I n*e*ver!; well, well! 2. **oda se**

néz vmnek make* light of sg, *biz* does not care a rap/straw/fig

odanő *v* **1.** *vmhez* grow*/adhere/stick* to **2.** *átv* ~**tt a szívéhez** she became dear to his heart, he has become deeply attached to her

odanyom *v vmt vmhez* press sg to sg

odanyújt *v vknek vmt* hand (sg to sy), offer (sg to sy); ~**ja kezét vknek** hold* out one's hand to sy

odanyúl *v vmért* reach (out) for sg

odaöml|ik *v* empty/flow/discharge into (sg)

odaözönl|ik *v* **1.** *(víztömeg)* come* pouring/streaming into **2.** *(nép)* flock/throng to

odapillant *v* cast* a glance at, glance at

odapiszkít *v* → **piszkít**

odaragad *v vmhez* stick* (fast) (to sg), get* stuck to sg; **jól** ~**t** sg got stuck fast

odaragaszt *v* stick*, glue *(vmt vmhez* sg on/ to sg)

odarendel *v vhova* order sy to come to, summon sy (to sy)

odarepül *v* fly* swhere/to, *(csak madár vmre)* alight on

odarohan *v vkhez* rush/dash up to (sy)

odarögzít *v* = **odaerősít**

odaseregl|ik *v* flock/throng to

odasettenked|ik *v vkhez* sidle up to

odasiet *v vhova* hurry/rush to [a place]

odasimul *v vkhez* press/nestle close to, cling* to

odasompolyog *v vkhez* sidle up to

odasóz *v* ~ **vknek (egyet** *v.* **egy pofont)** hit*/slap/strike* sy, give* sy a clout [round the ear], give* sy a sock [on the chin, etc.]

odasúg *v vmt vknek* whisper sg to sy

odasül *v (étel)* burn*, get* burnt/caught ⇨ **odaég**

odasüt *v* **a nap** ~ the sun is* shining there/ swhere

odaszagol *v biz* **oda se szagol** *vkhez, vhova* give* sy/sg a wide berth

odaszalad *v vhova* rush/run* to [a place]; *vkhez* run* up to (sy)

odaszállít *v* take*/deliver swhere, take*/ deliver to sy's house

odaszegez *v vmt vmhez* nail sg on/to sg

odaszok|ik *v* get* into the habit of going swhere, *vk* become* a regular swhere

odaszól *v* speak* to (sy); *(telefonon)* phone (sy), give* sy a ring

odatalál *v vhova* find* one's way swhere *(v.* to sg)

odatámaszkod|ik *v vmhez* lean*/rest against, be* propped up against (sg)

odatámaszt *v lean* (sg) against sg, prop (sg) (up) against (sg)

odatapad *v* adhere to, stick* on/to, get* stuck to sg

odatapaszt *v* stick*/glue on/to sg

odatart 1. *vi (vhova, megy)* make*/head for [a place], be* on one's way to; **én is** ~**ok I** am going that way too **2.** *vt (vmt kínálva)* hold* out (sg to sy)

odatartoz|ik *v vmhez* belong to (sg), be* a part of (sg), (ap)pertain to (sg); *vkhez* belong to (sy), *(társasághoz)* be* one of [a party]

odatekint *v* look towards, glance at

odatesz *v* put*, lay*, place *(mind:* there/ swhere)

odatéved *v* go*/get* *(v.* end up) swhere (by mistake), happen to find oneself swhere

odatol *v (széket stb.)* push over/across; elít ~**ja a képét** (dare to) show* one's face

odatűz 1. *vt vmt vmre* pin/fasten (sg) on (sg) **2.** *vi* ~ **a nap** the sun is* beating/blazing down on (sg)

odaugr|ik *v* jump to(wards), leap*/dart to, dash towards

odautazás *n* outward journey

odautaz|ik *v* go*, journey, travel *(US* -l), *(gépkocsin)* drive* *(mind:* there *v.* to a place)

odaül *v* sit* there, sit* down near *(v.* next to sy/sg)

odaültet *v vkt vhova* seat/sit* sy swhere, make* sy sit (down) swhere

odaüt 1. *vi vhová* strike* a blow (swhere); *vknek* hit*/slap/strike* sy **2.** *vt* ~**ötte a fejét a falhoz** he knocked/bumped/ banged his head against the wall

odavág *v vmt* throw*/fling*/hurl (sg) down

odavaló *a* **1.** *(onnan származó)* **ő is** ~ he too is/comes from the same part of the country *(v.* the same village/town/country etc.), he too was born there *(v.* in that village/place etc.) **2.** *(megfelelő)* ~ **ember** the right man ⇨ **odaillő**

odavalósi *a* = **odavaló 1.**

odavan *v* **1. (nagyon/egészen)** ~ *(= nagyon beteg)* (s)he is* very ill; ~ **a fáradtságtól** be* worn out (with fatigue), be* exhausted, *biz* be* dead tired *(v.* tired out); ~ **a kétségbeeséstől** be* in utter despair, be* dismayed **2.** ~ **az örömtől** be* beside oneself with joy; ~ **vkért** *(akit szeret)* be* head over heels in love with sy, *biz* be* crazy about sy, *(akiért rajong)* adore/ worship sy; **annyira** ~ **vmért** *biz (nagyon szeretné)* (s)he wants sg that badly; *(lelkesedik érte)* be* crazy about sg; **odalesz ha megtudja** he will be terribly upset when he

hears of it **3. odalesz** *(elpusztul)* perish, die, *(elvész)* be*/get* lost; ~ **(v. odalett) minden pénze** he (has) lost/spent all his money, he is (flat) broke **4.** *nép (nincs otthon)* be* away ⇨ **oda**
odavesz[1] *v* take*
odavesz[2] *v.* **-vesz|ik** *v (odalesz)* be* lost, *vk* perish
odavet *v* **1.** *(dob)* throw*/fling* there/down *(v.* on the ground) **2.** ~ **egy megjegyzést** drop a remark; ~**ett megjegyzés** a casual remark **3.** *(néhány sort)* dash off [a few lines]; *(jegyzeteket)* jot down
odavetőd|ik *v vhova* turn up swhere
odavetőleg *adv* casually, by the way; ~ **megjegyzi** make* a casual remark, let* drop a remark
odavezet 1. *vt vkt vhova* lead*/conduct/ guide sy to [a place] **2.** *vi (út, nyom)* lead* to; **ez az út ~ az állomáshoz** this road leads to the station
odavisz 1. *vt vmt/vkt* take*, carry [sg/sy there *v.* to a place] **2.** *vi =* **odavezet 2.**
oda-vissza *adv* there and back; ~ **jegy** return (ticket), *US* round-trip ticket
odébb *adv* farther/further (away/on)
odébbáll *v (búcsú nélkül távozik)* make*/ run* off, take* to one's heels; ~ **vmvel** *(= ellopja)* make* off with sg
ódium *n* odium; **vállalja az ~ot** accept/ bear* the odium (of sg); **övé a dolog ~a** the onus of ... lies with him
ódivatú *a* old-fashioned
ódon *a* ancient, old, antique, archaic
odú *n* **1.** *(fában)* hollow, cavity **2.** *(állati búvóhely)* den, lair, hole **3.** *elit (piszkos lakás)* miserable room, dirty hole
odvas *a* hollow; ~ **fog** decayed/hollow tooth°
odvasod|ik *v* become* hollow
ódzkod|ik *v vmtől* be* loath/reluctant to do sg, shrink* back from (doing) sg
óév *n* bygone/old year
ófelnémet *a* Old High German
offenzíva *n* offensive; ~**t indít** start/ launch an offensive
ofszetnyomás *n* offset (printing/process)
óg-móg *v nép, tréf* hum (*US* hem) and haw, beat* about the bush
óhaj *n* wish, desire
óhajt *v* desire, want, wish for, *(nagyon)* want (sg) very much, yearn/long for, be* anxious to (do sg); *(vmt tenni)* should/would like to (do sg); **mit ~?** what can I do for you?; ~**(-e)** **vmt inni?** would you care for a drink?; **mit ~asz, hogy csináljak?**

what would you have me do?, what do you want/wish me to do?
óhajtás *n* wish, desire
óhajtó *a* ~ **mód** optative (mood)
óhajtoz|ik *v vm után* long/yearn for sg
óhatatlan *a* inevitable, unavoidable
óhaza *n* the old country
ohiói *a/n* Ohioan
ojt *v nép =* **olt 4.**
ok *n* cause (of sg), reason (for sg), *(indíték)* motive (for sg); ~ **nélkül** without any reason, for no reason; **nem minden** ~ **nélkül** not without (good) reason; **ez nem** ~ that doesn't follow, that isn't an excuse (for); **nincs ~ aggodalomra** there is* no cause for alarm/anxiety, there is* no need to worry (about it); **a betegség ~a** a cause of a/the disease; **(ennek az) az ~a, hogy** the reason (for this) is (that), ... is responsible for sg; **(alapos) ~a van rá, minden ~a megvan arra, hogy** (s)he has* every/good reason (to), (s)he has* a good reason (for); **én vagyok az ~a** it's my fault, I am to blame; **nem ő az ~a** it's not his fault, he isn't to blame; **azon ~ból, hogy** for the (simple) reason that; **ez ~ból, ez ~nál fogva** on that account, for this/that reason; **mi ~ból?** why?, what reason?; **egészségi ~okból** for reasons of health; **vmnek ~ából** because of ...; **példának ~áért** for instance/ example *(röv* e.g.); **bizonyos ~oknál fogva** for certain reasons; **azon egyszerű ~nál fogva** for the simple reason; **rajta kívül álló ~oknál fogva** for reasons (*v.* due to circumstances) beyond/outside one's/his/her control; ~**ot ad vmre** give* cause/occasion for sg, give* rise to sg; **vmnek ~át adja** give* (one's) reason for sg; ~**kal** with (good) reason; ~**kal hiheti** he has every reason to think/believe (that)
okád *v* **1.** *(hány)* vomit, throw* up, spew (sg) up **2.** *(tüzet, füstöt)* belch/spout (out), vomit, spew [dense dirty smoke]
okádás *n* vomiting
okádék *n* vomit
okád|ik *v =* **okád**
okfejtés *n* reasoning, argumentation
okhatározó *n* causal complement; ~**i mellékmondat** causal clause
oki *a* causal; ~ **összefüggés** causal relation, causality
okirat *n* document, deed
okirat-hamisítás *n* forgery, forging (of documents)
okirat-hamisító *n* forger (of documents)

okirati *a* documentary
okít *v* = tanít
okkal-móddal *adv* sensibly, reasonably
okkázió *n* † *(olcsó vétel)* bargain
okker *n* ochre *(US* ocher)
okkult *a* occult
okkultizmus *n* occultism
okkupáció *n* (military) occupation
okl. = *okleveles* certificated, qualified
oklahomai *a/n* Oklahoman
oklevél *n* 1. = diploma 2. *(okirat)* charter, document, deed
okleveles *a* holding a diploma *ut.*, certificated, qualified; ~ mérnök graduate/qualified engineer; ~ könyvvizsgáló chartered *(US* certified public) accountant ⇨ diplomás
oklevéltan *n* diplomatics *sing.*
oklevéltár *n* collection of documents; *(levéltár)* archives *pl*; Nemzeti O~ Public Record Office
okmány *n* document, record, certificate, paper; személyi ~ok identity/personal papers; ~okkal igazol document
okmánybélyeg *n* deed/bill/receipt stamp
oknyomozás *n* pragmatic method, pragmatism
oknyomozó *a* pragmatic
ok-okozati *a* ~ összefüggés causal relation; causality
okol *v vkt vmért* blame (sy for sg), make* (sy) responsible (for), throw*/lay* the blame on (sy)
ókor *n* antiquity, ancient times *pl*
ókori *a* ancient, old; ~ klasszikusok the ancients, classics; ~ történelem ancient history
ókortudomány *n* study of antiquity
okos I. *a (értelmes)* clever, intelligent, bright, *biz* brainy; *(gyors felfogású)* apt [student], quick to learn *(v.* at learning) *ut.*; *(bölcs, tapasztalt)* wise, sensible; ~ ember man° of understanding, intelligent/sensible man°; ~ gondolat a good/bright idea, a wise thought; hallgat az ~ szóra listen to reason; nem hallgat az ~ szóra there is no reasoning with her/him; légy ~! keep your wits about you, listen to reason; nem ~ dolog ezt tenni that is not a very clever thing to do; ettől nem lettem ~abb that did not make me any wiser, I am none the wiser (for it); ~abb (lesz) hazamenni we'd better go home, the wisest thing to do is to go home; legokosabb volna (vmt tenned) you had best [do sg] II. *n* ~ engedd, szamár szenved better to bend than

to break; ~akat mond (s)he makes* some sensible/good points; ~abbat is tehetnél, mint you ought to know better than
okosan *adv* sensibly, wisely; ~ beszél talk sense; ~ cselekszik act wisely; ~ viselkedik act/behave sensibly
okoskodás *n* 1. *(érvelés)* reasoning, argument 2. *elít* arguing, obstinacy, pig-headedness
okoskod|ik *v* 1. *(érvel)* reason, argue 2. *elít (feleslegesen vitatkozik)* argue, be* obstinate/stubborn, be* pig-headed; ne ~j! don't argue
okosod|ik *v* learn*, grow* in wisdom
okosság *n (értelmesség)* cleverness, shrewdness, intelligence, *(bölcsesség)* wisdom, sagacity
okoz *v* cause, bring* about, give* rise to, be* the cause of; bajt ~ vknek cause/give* trouble to sy; fájdalmat ~ vknek give* pain to sy, pain/hurt* sy; némi nehézséget ~ it presents something of a problem ⇨ kár
okozat *n* effect, result; ok és ~ cause and effect
okozati *a* causal; causative of ... *ut.*; ~ összefüggés causal relation, causality
okozó I. *a* causing, occasioning, being the cause of, producing *(mind: ut.)*; halált ~ fatal II. *n* agent, *(személy)* originator, perpetrator, author; a baleset ~ja *(személy)* person who caused *(v.* party at fault in) the/an accident
okozott *a* caused, produced, brought about *(mind: ut.)*; az ~ kár jelentős the damage (caused) is considerable
okozta *a* vírus ~ caused by a virus *ut.*, viral; hő ~ thermal
okság *n* causality
oksági *a* causal
okszerű *a* rational, reasonable, logical
okszerűség *n* rationality, reasonableness, logicality, logic
okszerűtlen *a* irrational, unreasonable, illogical
okt. = *október* October, Oct.
oktalan *a* 1. *(értelemmel nem bíró)* without reason/intelligence *ut.*; ~ állat brute beast, dumb animal 2. *(nem okos)* foolish, stupid 3. *(alaptalan)* groundless, baseless, unfounded
oktalanság *n* folly, foolishness; *(oktalan tett)* foolish act(ion)
oktánszám *n* octane number/rating; nagy ~ú high-octane; 92-es ~ú benzin 92 octane petrol

oktat *v* educate, *(vkt vmre)* teach* (sy sg), instruct (sy in sg); *sp* train, coach
oktatás *n* education, teaching, *(gyakorlatibb)* instruction; **iskolai** ~ school education, schooling
oktatási *a* educational; ~` **intézmények** educational institutions; ~ **segédeszközök** teaching/educational aids
oktatástan *n* didactics *sing.*, teaching methods *pl*
oktatásügy *n* public education
oktató I. *a* instructive, educational; *(erkölcsileg)* didactic; ~ **célzatú** didactic, instructional; ~ **mese** fable, apologue **II.** *n* **1.** *isk* teacher, instructor; *(magán)* tutor; *(egyetemi)* academic, lecturer, staff member, *US* faculty member, *(igével)* be* on the teaching staff **2.** *sp* trainer, coach; **gyakorlati** ~ *(tanulóvezetőé)* driving instructor
oktatófilm *n* instructional/educational film
oktatói *a* ~ **kar** *(egyetemi)* academic/teaching staff, *US* faculty
oktató-nevelő munka *n* educational and welfare work
oktatószemélyzet *n* teaching staff; **az** ~ **tagja** be* on the teaching staff
oktáv *n* zene octave
oktett *n* octet
október *n* October; ~**ben,** ~ **folyamán** in (the month/course of) October; ~ **hóban/havában** in the month of October; **O** ~ **23-a** the Twenty-third/23rd of October (= national holiday); ~ **25-én** on 25(th) October, *(szövegben)* on the twenty-fifth of October, *(főleg US)* on October 25(th), *(szövegben)* on October the twenty-fifth
októberi *a* October, in/of October *ut.*; **egy** ~ **napon** on a certain October day, on a day in October; **az** ~ **forradalom** the October Revolution
oktondi I. *a* simple, foolish, naïve **II.** *n* silly-billy
oktrojál *v* vkre vmt force/impose sg on sy
okul *v* vmn/vmből sg teaches* sy a lesson; **ebből** ~**hatsz** let this be a lesson to you, that [accident etc.] will teach you a lesson
ókula *n* nép † (eye)glasses *pl*
okulás *n (tanulság)* lesson
okvetetlen *a* = **okvetetlenkedő**
okvetetlenked|ik *v* be* a nuisance/pest, quibble, cavil (*US* -l), fuss, argufy
okvetetlenkedő *a* disputatious, interfering, importunate, meddlesome, fussy, *(önfejű)* recalcitrant, contumacious
okvetlen(ül) *adv* **1.** without fail, by all means; ~ **tedd/tegye(n) meg** vmt be

sure to do sg, *biz* be sure and do sg, do* sg without fail; ~ **elintézem** I'll see to it without fail (*v.* first thing); ~ **eljön** he is certain/sure to come **2.** *(feleletben)* ~ **(megteszem/megyek** *stb.*) Certainly (I will)!, Surely!, *US* Sure!
okviszony *n* causality
ól *n (disznóé)* sty, pigsty, *(kutyáé)* kennel, *(baromfié)* roost, hen-house, (hen/chicken-)-coop
ó-láb *n* bandy legs *pl*, bow legs *pl*
ó-lábú *a* bandy/bow-legged
oláh *a/n tört* Walach, Vlach, Wal(l)achian
olaj *n* **1.** oil; □ ~**ra lép** skedaddle, decamp, make* a quick getaway; ~**at talál,** ~**ra bukkan** strike* oil; ~**at önt a tűzre** add fuel to the flames/fire; **ellenőrzi az** ~**at** *(autóban)* check the oil; ~**jal főz** cook with oil; ~**jal fűt** burn* oil, use oil for heating **2.** *(olajfesték)* oil (colour/paint); ~**jal fest** paint in oils
olaják *n* olive branch
olajbogyó *n* olive
olajcsere *n* oil change
olajcső *n* oil-pipe/tube
olajégő *n* oil-burner
olajfa *n* olive-tree
olajfesték *n* oil colour (*US* -or), oil paint
olajfestmény *n* oil painting, *(vászon)* canvas
olajfinomító *n* oil refinery
olajfolt *n* oil stain
olajfoltos *a* oil-stained, greasy
olajforrás *n* oil-well/spring
olajfúrás *n* **1.** *(művelet)* drilling/boring of oil well **2.** = **olajkút**
olajfúró *a* ~ **torony** *(tengeren)* oil rig
olajfűtés *n* oil heating
olajipar *n* oil industry
olajkályha *n* oil(-fired) stove
olajkép *n* oil painting
olajkút *n* oil well
olajlámpa *n* oil lamp
olajmag *n* oil-seed
olajmécses *n* night-light
olajmező *n* oil-field
olajmunkás *n* worker in the oil industry
olajnövény *n* oil-yielding plant, oil crop
olajnyomat *n* oleograph
olajos *a* **1.** *(olajtartalmú)* oleaginous, containing oil *ut.* **2.** *(olajjal szennyezett)* oily, greasy, oil-stained **3.** ~ **hal** fish in oil
olajoskanna *n* oil-can
olajoz *v* oil, grease, lubricate
olajozás *n* oiling, greasing, lubrication
olajozatlan *a* unoiled

olajozó I. *a* o*i*ling, greasing, l*u*bricating II. *n* 1. *(személy)* grea*s*er, o*i*ler 2. *(műszer)* l*u*bricator, o*i*ler; *(a gépben)* oil cup

olajozónyílás *n* o*i*l-hole

olajpogácsa *n* o*i*l-cake

olajréteg *n (tenger felszínén)* oil slick

olajsav *n* ole*i*c acid

olajszállító *a* ~ hajó o*i*l-tanker

olajszintmutató *n* o*i*l-gauge (*US* -gage)

olajtartalmú *a* = **olajos** 1.; *(növény, réteg)* o*i*l-bearing

olajteknő *n* sump, *US* oil pan

olajtermelés *n* o*i*l prod*u*ction

olajtüzelésű *a* o*i*l-burning, oil-f*i*red

olajvezeték *n* p*i*peline

olajvidék *n* o*i*l-rich co*u*ntry/region

olajzöld *a* olive(-green)

ólálkod|ik *v vm körül* prowl/hang*/lo*i*ter aro*u*nd, lurk swhere

olasz I. *a* It*a*lian; ~ ajkú/anyanyelvű It*a*lian-speaking; ~ anyanyelvűek n*a*tive spe*a*kers of It*a*lian, It*a*lian-speakers; **az** ~ **nyelv** It*a*lian, the It*a*lian l*a*nguage; ~ **nyelvű** It*a*lian, (wr*i*tten) in It*a*lian *ut*.; ~ **nyelvtudás** (one's) It*a*lian; ~ **szakos tanár** = olasztan*á*r; ~ **származású/születésű** of It*a*lian birth/descent *ut*. II. *n* 1. *(ember)* It*a*lian; **az** ~**ok** the It*a*lians 2. *(nyelv)* Italian

olaszóra *n* It*a*lian lesson/class

Olaszország *n I*taly

olaszországi *a* It*a*lian, of *I*taly *ut*.

olaszos I. *a* It*a*lian-looking/sounding, It*a*lianate; ~ **módra** in the It*a*lian way/ fashion II. *n (isk aki olaszt tanul)* st*u*dent of It*a*lian

olaszság *n* jó ~**gal beszél** speak* good/ idiom*a*tic It*a*lian

olasztanár *n* te*a*cher of It*a*lian, It*a*lian te*a*cher

olaszul *adv* ~ **beszél** speak* It*a*lian; ~ **mond vmt** say* sg in It*a*lian; ~ **van (írva)** it is (wr*i*tten) in It*a*lian

olcsó *a* cheap, inexp*e*nsive, low-price(d); ~ **ár** low price; ~ **szálloda** inexp*e*nsive hotel; ~ **húsnak híg a leve** you get what you pay for

olcsóbb *a* che*a*per; ~ **áron ad** unders*e*ll*/ undercut* sg

olcsóbbod|ik *v* become* che*a*per, go* down

olcsójános *n* cheap-jack

olcsón *adv* cheap(ly), at a low price, at a cheap rate; ~ **vesz/vásárol vmt** buy* sg cheap; ~ **jut vmhez** buy* sg for a song; ... **ahol** ~ **lehet vásárolni** where one/ you can buy things cheap

olcsóság *n* che*a*pness; **nagy az** ~ it's a buyer's m*a*rket, the cost of l*i*ving is low

old *v* 1. *(folyadék vmt)* diss*o*lve, melt; ~**ja a köhögést** it rel*ie*ves coughs/co*u*ghing 2. *(csomót, köteléket)* undo*, unt*ie*, unfasten, loosen

oldal *n* 1. *(állaté, emberé, tárgyé)* side; **érkezési** ~ arr*i*val pl*a*tform/side; **indulási** ~ .dep*a*rture pl*a*tform/side; **az úttest bal** ~**a** the left-hand side of the road; **a szövet mindkét** ~**a** both sides of the f*a*bric; ~**ba lök/bök** poke/dig* sy in the ribs, nudge sy; ~**ba támad/kap vkt** att*a*ck sy on the flank, take* [an *a*rmy] in the flank, flank; ~**án fekszik** be* l*y*ing on one/its side; **az utca túlsó** ~**án** acr*o*ss the road, on the far/*o*pposite side; **ezen az** ~**on** on this side; **minden** ~**on** on all sides, all aro*u*nd; ~**ra dől** *(hajó)* heel *o*ver, be* l*i*sting; ~**ára dől** lean*/lie*/recl*i*ne on one's side; **vknek az** ~**ára áll** side with sy, take* sides with sy; ~**ról** from the side, s*i*dewards (*US* s*i*deward), s*i*deways, l*a*terally; **minden** ~**ról** from all sides/directions/qu*a*rters; **(majd ki)fúrja az** ~**át (a kíváncsiság)** (s)he is* d*y*ing of curi*o*sity, (s)he is* *i*tching/d*y*ing to know 2. *(könyvé)* page; **a 26.** ~**on** on page 26 **3.** *(tulajdonság)* *a*spect, qu*a*lity, side, point; **a dolog jogi** ~**a** the legal *a*spect(s) of the m*a*tter, the legal *a*ngle; **erős** ~**a** sy's strong point (*v.* forte), *(igével)* be* good at/in sg; **a jó** ~**a vmé** the bright side of sg, vké sy's good point; **az a dolognak a rossz** ~**a** ~**a** is the dr*a*wback is . . .; **minden** ~**áról megvizsgál egy kérdést/témát** st*u*dy/cons*i*der a qu*e*stion/t*o*pic/m*a*tter from *e*very *a*ngle ⇨ **gyenge**

oldalág *n (leszármazási)* coll*a*teral line (of descent)

oldalági *a* coll*a*teral

oldalajtó *n* side door

oldalas I. *a* **500** ~ **könyv** a 500 page book, a book of 500 p*a*ges II. *n (szalonna)* side (of pork); **füstölt** ~ sm*o*ked chops/sp*a*reribs *pl*, flitch of bacon

oldalaz *v* = **oldaloz**

oldalbejárat *n* s*i*de entrance

oldalborda *n* 1. *(testben)* rib 2. *(feleség, tréf)* one's better half

oldalfájás *n* stitch/pain in one's side

oldalfal *n* side-wall

oldalfegyver *n* s*i*de-arms *pl*

oldalfolyosó *n* l*a*teral p*a*ssage

oldalhajó *n (templomi)* aisle

oldalhajtás *n növ* offshoot

oldalkocsi *n* side-car

oldalkocsis *a* ~ **motorkerékpár** motor cycle with side-car, combination

oldalkormány *n* *(repgépen)* (vertical) rudder

oldallap *n mat* lateral face

oldalmotor *n* outboard motor

oldalnézet *n* side/lateral view/elevation, profile; ~**ből** in profile, from the side, side-*on*; ~**ben ábrázol** profile

oldalnyomás *n* lateral thrust, horizontal pressure

oldaloz *v* sidle

oldalpillantás *n* sidelong glance, sideward look

oldalsó *a* side-, lateral

oldalszakáll *n* (side-)whiskers, *GB* sideboards, *US* sideburns *(mind: pl)*

oldalszalonna *n* side of bacon, *(füstölt)* flitch of bacon

oldalszám *n* page number

oldalszárny *n* épít wing; *kat* wing, flank

oldalszél *n* cross-wind

oldalszoba *n* side-room, adjoining room

oldalszúrás *n* **1.** *(fájás)* stitch (in one's side) **2.** *(fegyverrel)* stab in the side

oldalt *adv* from the side, laterally, sideways, aside; ~ **fordul** turn aside; ~ **lép** sidestep, step aside, step to one side

oldaltámadás *n* flank attack

oldaltáska *n* shoulder bag

oldaltűz *n kat* flank(ing) fire

oldalvágás *n* sideswipe, *(vívás)* flank cut

oldalvást *adv* = **oldalt**

oldalvonal *n* sideline

oldalzseb *n* side-pocket

oldás *n* (dis)solution, dissolving

oldat *n* solution; ~ **alakjában** in solution

oldatlan *a* undissolved, pure

oldhatatlan *a* insoluble

oldható *a* soluble, dissolvable

oldód|ik *v vegy* dissolve, melt; *(oldható)* be* soluble

oldószer *n* solvent

oldott *a* ~ **hangulat** relaxed atmosphere

oldoz *v* untie, loosen, unfasten, undo*

oligarcha *n* oligarch

oligarchia *n* oligarchy

oligarchikus *a* oligarchic(al)

olimpia *n* (the) Olympic Games *pl*, the Olympics *sing. v. pl*; **téli** ~ Winter Olympic Games

olìmpiai *a* Olympic, olympic; ~ **bajnok** Olympic champion; ~ **csapat** Olympic team; ~ **csúcs** Olympic record; ~ **falu** Olympic Village; ~ **játékok** the Olympic Games; ~ **keret** national team; ~ **részt-**

vevő = **olimpikon**; az **1972-es müncheni** ~ **játékok** the 1972 Munich Olympics, the 1972 Olympic Games in Munich

olimpikon *n* competitor (in the Olympic Games), Olympic athlete

olíva *n* olive

Olivér *n* Oliver

olívzöld *a* olive-green

olló *n* **1.** *(eszköz)* a pair of scissors, scissors *pl*; **kerti** ~ (garden) shears *pl* **2.** *(ráké)* claw, pincers *pl*, nippers *pl*

ollóz *v* **1.** *(kivág, pl. újságból)* cut* (out), *főleg US:* clip **2.** *(plagizál)* plagiarize, *biz* crib [from an author's work] **3.** *(úszik)* swim* with the flutter/scissors kick, crawl

ollózás *n* **1.** *(plagizálás)* plagiarism, a scissors-and paste job **2.** *(kallózás lábtempója)* flutter/scissors kick

ólmos *a* **1.** *(ólomból való)* lead(en); *(ólommal ellátott, ólmozott)* leaded **2.** ~ **eső** sleet

ólmoz *v* lead, cover/treat with lead

ólmozott *a* leaded

ólom *n* lead

ólombánya *n* lead-mine

ólombetű *n* lead type

ólomcső *n* lead-pipe/piping

ólomecet *n* lead acetate

ólomfehér *n* white lead, ceruse

ólomkatona *n* tin soldier

ólomkristály *n* lead-glass

ólomláb *n* ~**on jár az idő** time hangs* heavy on sy's hands

ólomlemez *n* lead plate, sheat lead

ólommáz *n* lead enamel/glaze

ólommázas *a* lead-glazed

ólommentes *a* ~ **benzin/üzemanyag** unleaded (*v.* lead-free) petrol/fuel

ólommérgezés *n* lead-poisoning

ólomöntés *n* **1.** *(ipar)* lead-work **2.** *(szokás)* casting of lead

ólomsúly *n* **1.** **ólomsúllyal nehezedik reá** bears* hard/severely (up)on him, oppresses him **2.** *sp* super heavyweight

ólomszínű, ólomszürke *a* lead-coloured (*US* -or-), leaden; ~ **ég** leaden/murky sky

ólomüveg *n* lead-glass

ólomzár *n* lead seal/stamp

olt[1] *v* **1.** *(tüzet)* put* out, extinguish **2.** *(meszet)* slake, slack [lime]; *(tejet)* curdle **3.** *(szomjúságot)* quench, slake; *(meggy stb.)* **jól** ~**ja a szomjúságot** is* thirst-quenching

olt[2] *v* **1.** *mezőg* make* a graft onto [a tree], graft [a plant]; **most** ~**ják a gyümölcsösökben a fákat** the trees in the orchards are just being grafted **2.** *orv* inoculate, vaccinate *(vm ellen* against) **3.** *vkbe vmt, átv* instil *(US* instill) sg in sy, implant sg in sy, imbue sy with sg

oltalmaz *v vmtől* protect (from/against), guard, defend (against), take* sy under one's wing

oltalmazás *n* protection, guarding, defence *(US -se)*

oltalom *n* protection, safety, shelter; **vknek oltalma alatt** *under* sy's patronage, under the aegis of sy

oltár *n* altar, communion table

oltáriszentség *n* Eucharist, Holy Communion

oltárkép *n* altar-piece /

oltás¹ *n* **1.** *(tűzé)* putting out, extinguishing **2.** *(mészé)* slaking, slacking; *(tejé)* curdling

oltás² *n* **1.** *mezőg* graft(ing) **2.** *orv* inoculation, vaccination; **~t kapott a gyerek** the child° has been inoculated/vaccinated (against sg), *biz* the child° has had his/her jab

oltási *a* **~ bizonyítvány** certificate of vaccination

oltatlan¹ *a* **~ mész** unslaked lime, quick-lime

oltatlan² *a* **1.** *(fa)* ungrafted **2.** *orv* not vaccinated

olthatatlan *a* **1.** *(tűz)* inextinguishable **2.** *(szomjúság)* unquenchable

oltó *n (tejnek)* rennet

oltóág *n* graft, scion, slip

oltóanyag *n orv* vaccine, *(szérum)* serum *(pl* sera *v.* serums)

oltógally *n* = **oltóág**

oltógyomor *n (kérődzőké)* fourth stomach

oltókés *n* grafting knife°

oltókészülék *n* fire-extinguisher

oltószem *n mezőg* scion eye

oltószer *n* = **oltóanyag**

oltott¹ *a* **~ mész** slaked lime

oltott² *a* **1.** *orv* vaccinated, inoculated **2.** *mezőg* grafted

oltótű *n orv* hypodermic needle

oltóvessző *n* = **oltóág**

oltóviasz *n* grafting wax

oltvány *n mezőg* graft

olvad *v* **1.** *ált* melt, liquefy, become* liquefied/liquid, dissolve, *(fém)* melt, fuse; *(hó, jég)* thaw*; *(viasz, vaj)* melt, run* **2.** *(időről)* it thaws, the thaw is* setting in

olvadás *n ált* melting, dissolution, *(hóé, jégé)* thaw(ing), *(fémé)* melting, fusion

olvadáshő *n* melting heat

olvadáspont *n* melting-point; **~on van** be* on the melt

olvadékony *a* **1.** *(anyagról)* fusible, meltable **2.** *(átv személyről)* soft, emotional, easily moved *ut.*

olvadó *a* **1.** *(fém)* melting, dissolving **2.** *(hó)* thawing

olvadóbiztosító *n* (safety) fuse

olvadoz|ik *v* **1.** *(anyag)* melt/dissolve/fuse slowly/gradually **2.** *átv* gush; **~ik a gyönyörűségtől** one's heart melts at the sight

olvas *v* **1.** *(szöveget)* read*; **jól ~** *(gyerek)* (the child°) can* read *(v.* is* reading) well; **franciául ~** (can) read* French; **újságot ~** read* a/the paper; **sokan ~sák** műveit (s)he is widely read; **~ a sorok között** read* between the lines; **~ vknek a szeméből** can* tell it from *(v.* see it in) his eyes; **a fejére ~** → **fej²** **2.** **kottát ~** read* music **3.** *(pénzt)* count

olvasás *n* **1.** *(szövegé)* reading; **harmadszori ~ban** at the third reading **2.** *(pénzé)* counting

olvasási *a* reading-, of reading *ut.*; **~ gyakorlat** reading-practice/exercise

olvasásmód *n* **1.** style/way of reading **2.** = **olvasat**

olvasat *n* reading, version (of a text)

olvasatlan *a* **1.** *(szöveg)* unread **2.** *(pénz)* uncounted

olvasgat *v* be* reading, read* a little/bit (from time to time)

olvashatatlan *a* **1.** *(írás)* illegible, indecipherable; **~ul ír** write* illegibly **2.** *(szerző)* unreadable

olvashatatlanság *n* **1.** *(írásé)* illegibility **2.** *(írásműé)* unreadability

olvasható *a* legible, may be read *ut.*

olvasmány *n* (piece of) reading; **jó/érdekes ~** it's a (very) good *(v.* interesting) read, it makes* good/interesting reading, it's worth reading ⇨ **kötelező**

olvasmányos *a* (very/highly) readable

olvasnivaló *n* something to read, reading matter

olvasó I. *a* reading **II.** *n* **1.** *(személy)* reader **2.** *(terem)* reading room **3.** *vall* rosary, beads *pl*

olvasójegy *n (könyvtári)* library/reader's ticket, membership card

olvasójel *n* book-mark(er)

olvasókönyv *n* reader; *(elsős kisdiáké)* primer

olvasóközönség *n* the reading public

olvasólámpa *n* reading lamp

olvasópróba *n* (first) rehearsal; **~t tart a színészekkel** run* the actors through their parts

olvasószemüveg *n* reading-glasses *pl*
olvasószolgálat *n (könyvtári részleg)* reference department, reader services (department)
olvasótábor *n* readership, *vké* sy's audience/readers *pl*
olvasóterem *n* reading room
olvasott *a* **1.** *(ember)* well/widely-read (person); ~ **ember** man° of wide reading **2.** *(könyv)* much/widely read; **nem** ~ unread
olvasottság *n* reading; **nagy az** ~**a** be* a man°/woman° of wide reading, be* widely read *(v.* well-read); **csekély** *(v.* **nem nagy) az** ~**a** be* a man°/woman° of little reading
olvaszt *v ált* melt, *(fémet kiolvaszt)* smelt; *(havat, jeget)* thaw; *(vajat, zsírt)* clarify, melt down; **magába** ~ *(népet stb.)* assimilate, absorb
olvasztár *n* smelter, founder, furnaceman°
olvasztás *n (fémé)* smelting
olvasztható *a* meltable
olvasztó I. *a* (s)melting **II.** *n* **1.** = **olvasztómű 2.** = **olvasztókemence**
olvasztókemence *n* (smelting/melting) furnace, smelter
olvasztómű *n* foundry, smelting-works, smelter(y)
olvasztótégely *n* crucible, melting-pot
olvasztott *a* melted, *(csak fém)* molten; ~ **vaj** clarified butter; ~ **zsír** rendered fat, grease
oly *pron* = **olyan;** ~ **módon** in such a way/manner (that/as)
olyan I. *pron* **1.** *(hasonlítás)* that/this kind of ...; ~, **mint** such as ..., just like ...; **pont/éppen** ~, **mint ő** (s)he is *very* much like him/her; ~, **mint a méz** it's like honey; ~ **ember, mint ő** a man like him; ~ ..., **mint** as ... as; ~ **(csinos/ ügyes** *stb.),* **mint** ... (he/she is) as [pretty/clever etc.] as ...; ~ **gyorsan futott, ahogyan** *(v.* **amilyen gyorsan) csak tudott/bírt** he ran as fast as he could; ~ **nagy, mint** as big as ...; **nem** ~ ..., **mint** not so/as ... as; **nem** ~ **csinos, mint a húga** (she is) not as pretty as her sister; **nem** ~ **öreg, mint én** (he is) not as old as I (am) *(v. biz* as me); **nem fut** ~ **gyorsan, mint azelőtt/régebben** she doesn't run as fast as she used to; ~, **amilyen a tied** (it's) just like yours; ~**nak kell felfogni/venni, amilyen** we must accept it for what it is; **van** ~ **falu, ahol** there are villages where ... **2.** *hiv* **vm mint**

~ **sg** as such; **az ember mint** ~ man as such **3.** *(adv-szerűen)* so; ~ **boldog vagyok!** I am so happy!; ~ **jól esett!** it was so good, *biz* it did me a power of good; **nem is** ~ **nehéz** it is not as difficult as all that; **ne** ~ **hangosan!** not so loud! **4.** *biz* ~ **film volt!** *(= nagyon jó)* it was a great film; **olcsó, de** ~ **is** *(= vacak)* (it's) cheap and nasty; ~ **nincs!** (it's) quite out of the question, nothing of the kind **II.** *n* **van** ~, **aki** there are people who; ~**t kérek, mint a tied** give me *(v.* I'd like) one like yours; ~**t dobbant a szíve** his heart gave such a jump; ~**okat kérdez, hogy** he asks me such (difficult) questions as
olyan-amilyen *pron* mediocre, so-so *ut.,* (we must take it) such as it is
olyanfajta *pron* = **olyanféle**
olyanféle *pron* of such (a) kind *ut.,* a kind/ sort of; ~ **érzés ez, mint a szédülés** it's a sort of dizzy feeling
olyanféleképp(en) *adv* in such a manner/ way
olyanforma *pron* = **olyanféle**
olyanformán *adv* a **dolog** ~ **áll, hogy** things are like this, the matter stands as follows
olyanképp *adv* in such a manner/way
olyankor *adv* on such occasions, at such times; ~ **menj, amikor süt a nap** go* when the sun is shining/out
olyanszerű *pron* of such sort *ut.,* suchlike
olyannyira *adv* ~, **hogy** to such an extent that, to such a degree that, insomuch/inasmuch/insofar as
olyasféle *pron* = **olyanféle; vm** ~ or what have you
olyasmi *pron* something (like), something of the sort
olyasvalaki *pron* somebody/someone like/ who, such a person as
olyasvalami *pron* = **olyasmi**
olyaténképp *adv* = **olyanképp**
olykor *adv* sometimes, now and then/again, occasionally
olykor-olykor *adv* every now and then, once in a blue moon
olyszerű *pron* = **olyanszerű**
ómagyar *a* Old Hungarian
ómama *n* grandma, granny
ómega *n* omega
ómen *n* omen, foreboding
ominózus *a* of ill omen *ut.,* ominous
omladék *n* (mass of) fallen masonry, ruins *pl*
omladékony *a* crumbling
omladékos *a* crumbling, tumble-down

omladoz|ik *v* fall* *i*nto r*u*in, go* to; r*u*in, dec*a*y, cr*u*mble (aw*a*y); ~**ik a fal** the wall is* cr*u*mbling aw*a*y

omladozó *a* = **omladékos**

omlás *n* coll*a*pse, f*a*lling in, f*a*lling to p*i*eces, cr*u*mbling, m*ou*ldering *(US* m*o*l-)

omlett *n* *o*melet(te)

oml|ik *v* **1.** *(szétesik, összeomlik)* fall* to p*i*eces, coll*a*pse, cr*u*mble, m*ou*lder *(US* m*o*lder), fall* in; ~**ik a fal** the wall is* cr*u*mbling aw*a*y **2. haja vállára** ~**ik** her hair is* f*a*lling ab*ou*t her neck/sh*ou*lders **omlós** *a* cr*u*mbly; ~ **tészta** short p*a*stry, *kb.* sh*o*rtbread, sh*o*rtcake

omnibusz *n* † (h*o*rse-drawn) *o*mnibus

ón *n* tin

-on, -en, -ön, -n *suff* **1.** *(helyhatározó)* **a)** on; **a földön hever** lie* on the gr*ou*nd; **a fedélzeten** on board; **az asztalon** on the table; **lóháton (ülve)** on h*o*rseback; **a buszon** on the bus; **a vonaton** on the train; **a legszebb ruha van Maryn** M*a*ry has on her best dress; **a szigeten él** live on the *i*sland; **féllábon áll** stand* on one leg; **oldalán fekszik** be* lying on one side; **kopogtat az ajtón** knock on the door; **b)** at; **a létra tetején** at the top of the l*a*dder; **a tenger fenekén** at the b*o*ttom of the sea; **kopogtat az ajtón** knock at the door; **az állomáson** at the st*a*tion; **hangversenyen van** be* at a c*o*ncert; **a temetésen láttam** I saw him at the f*u*neral; **(az) egyetemen tanul** st*u*dy at the university; **a végén** at the end; **c)** in; **Budapesten lakik/él** live in B*u*dapest; **Magyarországon él** live in H*u*ngary; **falun él** live in a v*i*llage, live in the c*ou*ntry; **az utcán találkoztak** they met in the street; **sehol a világon** n*o*where in the world; **konferencián részt vesz** take* part in a c*o*nference; **a felvételi vizsgán a legmagasabb pontszámot érte el** (s)he won top marks in the (c*o*llege) *e*ntrance ex*a*m; **d)** by; **a parton** by the r*i*verside; **szárazon és vízen** by land and sea; **e)** *(különféle elöljáróval)* **szerte az egész világon** all *o*ver the world, (all) the world *o*ver; **feljönnek a lépcsőn** they are c*o*ming upst*ai*rs; **lemegy a lépcsőn** go* downst*ai*rs; **leszalad a dombon** run* down the hill; **híd a folyón át/keresztül** a bridge *o*ver the r*i*ver; **vmn innen** this side of *s*g; **vmn túl** bey*o*nd/*o*ver/acr*o*ss *s*g; **a folyón túl** bey*o*nd the r*i*ver, on the *o*ther side of the r*i*ver; **belép az ajtón** *e*nter by/through the door; **házon kívül van** be*

out of doors, (s)he is not in; **kinéz az ablakon** look out of the w*i*ndow; **f)** *(elöljáró nélkül)* **az egyetemen tanul** be* a university st*u*dent, attend the university; **konferencián részt vesz** attend a c*o*nference; **a legszebb ruha van Maryn** M*a*ry is w*e*aring her best dress **2.** *(hely- és eszközhatározó)* *fő*leg by; **autón/kocsin megy** go* by car; **vonaton utazik** go*/tr*a*vel *(US* -l) by train; **repülőgépen megy** go* by air; **hajón megy/utazik** go*/tr*a*vel *(US* -l) by sea **3.** *(időhatározó)* **a)** at; **az év elején** at the beg*i*nning of the year; **az év végén** at the end of the year; **a hó végén** at the end of this m*o*nth; **vmnek idején** at the time of *s*g; **nyár közepén** at m*i*dsummer; **b)** on; **hétfőn** on M*o*nday; **pénteken reggel** on Fr*i*day m*o*rning; **a szerdai napon** on W*e*dnesday; **a születésnapomon** on my b*i*rthday; **c)** in; **nyáron** in s*u*mmer, *(folyamán)* d*u*ring the s*u*mmer; **télen** in w*i*nter; **d)** *(elöljáró nélkül)* **azon a napon, amikor megérkeztél** the day you arr*i*ved; **egy szép napon** one/some day; **ezen a héten** this week; **múlt héten** last week; **ezen a nyáron** this s*u*mmer; **tavaly/múlt nyáron** last s*u*mmer; **e)** *(...n át/keresztül)* thr*ou*gh*ou*t, d*u*ring, for *(v.* *elöljáró nélkül)*; **három napon át** for three days, three days r*u*nning; **az egész napon át** thr*ou*gh*ou*t the day, the whole day; **napokon át** day *a*fter day, for days r*u*nning, for days on end, for days in succ*e*ssion; **egész héten át** thr*ou*gh*ou*t the week; **tíz éven át/keresztül** (for) ten years; **az egész időn át/keresztül** all the time, right thr*ou*gh; **f)** *(...n belül)* in, w*i*th*i*n; **rövid időn belül** in a short time; **egy órán belül** with*i*n one/an hour; **g)** *(...n túl)* *a*fter; **három órán túl** (1) *(időpont)* *a*fter three o'clock (2) *(tartam)* for m*o*re than three hours, for *o*ver three hours **4.** *(állapothatározó)* **a)** at; **szabadlábon van** be* at large/l*i*berty; **nyugton van** be* at rest; **egy véleményen van** be* at one with...; **b)** on, up*o*n; **szabadságon van** be* on holiday; **úton van** be* on the way (to), be* en route (to); **c)** *(elöljáró nélkül)* **talpon van** be* up; **egymás hegyén hátán** all in a heap, pell-mell, higgledy-p*i*ggledy **5.** *(állapothatározó, irányulás)* **a)** *(különféle elöljáróval)* **bosszankodik vmn** be* ann*o*yed at *s*g; **csodálkozik vmn** w*o*nder/m*a*rvel *(US* -l) at *s*g, *(meglepődve)* be* surpr*i*sed/ast*o*nished at *s*g; **dolgozik vmn** work *o*n/at *s*g; **kézimunkán dolgozik** work at *e*mbroidery; **gondolkodik vmn** think* about/ of sg, *(fontolgatva)* give* [the matter] some thought, *(átgondol)* be* thinking sg over; **munkálkodik vmn** be* engaged in/ on sg, be* busy at/on sg; **kap vmn** snatch/jump at sg; **nevet vkn** laugh at sy; **diadalmaskodik vkn/vmn** be* victorious over sy/sg, triumph over sy/sg; **túlad vmn** get* rid of sg; **bosszút áll vkn** revenge oneself on sy, get* even with sy; **megkönyörül vkn** take*/have* mercy/ pity on sy; **b)** *(elöljáró nélkül)* **segít vkn** help sy; **lendít vkn** give* sy a lift; **enyhít vk fájdalmán** ease/alleviate/calm/soothe sy's pain; **kifog vkn** outwit sy; **felelősség van vkn** be* responsible (for sg) **6.** *(módhatározó)* **a)** in, at; **ezen a módon** in this way/manner; **jó áron adta el** he has sold it at a good price; **ezen az áron** at that price; **b)** *(elöljáró nélkül)* **ennek folytán** consequently, therefore, hence, as a result; **egyformán** alike, equally, similarly, in the same way/manner **7.** *(eszközhatározó)* **a)** at; **árverésen vette** he bought it at an auction; **veszít a kártyán** lose* at cards; **vkt szaván fog** take* sy at his word; **b)** by; **kézen fogva vezet** lead* sy by the hand; **kézen fog vkt** take* sy by the hand; **c)** in; **50 ezer forintot nyert a lottón** (s)he won 50 thousand fts in the lottery; **angol nyelven van (írva)** be* (written) in English → e); **pórázon tart** átv hold* sy in leash; **d)** on, of; **pórázon tart keep*** [the dog] on a lead; **vknek a címén** care of sy (c/o . . .); **zongorán játszik** play on the piano → e); **e)** *(elöljáró nélkül)* **angol nyelven beszél** speak* English; **több nyelven beszél** speak* several languages; **hangszeren játszik** play an instrument; **zongorán játszik** play the piano

onánia *n* masturbation, onanism
onanizál *v* masturbate, practise (*US* -ce) onanism
ondó *n* sperm, semen, seminal fluid
ondolál *v (hajat)* wave [the hair]
ondolálás *n (cselekvés)* waving, *(eredmény)* wave
ondósejt *n* spermatozoon, sperm
ondóvezeték *n* spermatic duct
ónedény *n* pewter pot
ónix *n* onyx
onkológia *n* oncology
onkológiai *a* oncological
onkológus *n* oncologist
ónműves *n* tinsmith, tinner

onnan *adv* from there, from that place, therefrom, thence; ~ **jövök** that's where I come (*v.* am coming) from; **Budapestre utazik és ~ tovább Prágába** he is going to Budapest and from there (on) to Prague; ~ **tudom, hogy** that is how I know it, I can tell from/by . . .; **ez ~ ered, hogy** it owes its origin to, it is* due to, it comes* from; ~ **tól kezdve** from that point/time (on), from then on
onnét *adv* = **onnan**
ónos *a* **1.** = **ónozott 2.** ~ **eső** sleet; ~ **eső esik** it's (started) sleeting
ónoz *v* tin, cover/coat/plate with tin
ónozás *n* tinning, tin-plating
ónozott *a* tinned, tin-plated
ont *v* **1.** *(könnyet, vért)* shed* [tears, blood] **2.** *átv* pour (out)
Ontario-tó *n* Lake Ontario
ontológia *n* ontology
ontológiai *a* ontological
opál *n* opal
opálégő *n* opaque-frosted (*v.* pearl) bulb
opálfényű *a* opaline, opalescent
opalizál *v* opalesce, be* opalescent
opálos *a* = **opálfényű**
opálüveg *n* opal glass
ópapa *n* grandpa
opció *n* option, first refusal
opera *n* **1.** *(mű)* opera **2.** *(operaház)* opera (house)
operabál *n* opera ball
operabérlet *n* season-ticket to the Opera
operáció *n orv* operation; ~ **t végez vkn** perform an operation on sy, operate on sy (for)
operációs *a* operative, operating
operaelőadás *n* opera night/evening, operatic performance/show
operaénekes(nő) *n* opera/operatic singer
operaház *n* opera-house
operál *v* operate (*vkt* on sy), perform an operation (on sy); **a tanár úr ~** the surgeon is operating
operálható *a* operable; **nem ~** inoperable
operaszöveg *n* libretto
operatív *a* operative
operatőr *n* **1.** *(film)* cameraman° **2.** *(sebész)* surgeon
Óperenciás-tengeren túl *adv* beyond the seven seas
operett *n* operetta, light opera
operettfigura *n* comic opera figure
operettszínház *n* operetta theatre (*US* -ter)
operettszöveg *n* libretto (of an operetta)
operettzene *n* operetta music

ópium *n* opium
ópiumos *a* containing opium *ut.*, *opiate*
oposszum *n* opossum
opponál *v* **1.** *(vm ellen)* oppose (sg) **2.** *tud (értekezést)* examine, act as (an) examiner [for a thesis]
opponens *n* *tud* (external) examiner [of/for a thesis]
opponensi *a* ~ **vélemény** (external) examiner's (written) report [on a thesis]
opportunista I. *a* opportunist, opportunistic **II.** *n* opportunist, time-server
opportunizmus *n* opportunism, time-serving
oppozíció *n* opposition
optika *n* **1.** *(tudomány)* optics *sing.* **2.** *(fényképezőgépé)* lens **3.** *átv* **más az** ~**ja vmnek** sg is to be looked at from a different angle (*v.* from another point of view)
optikai *a* optical; ~ **csalódás** optical illusion
optikus *n* optician
optimális *a* best, optimum
optimista I. *a* optimistic; ~ **képet fest vmről** paint sg in bright colours (*US* -ors), paint sg larger than life, see* (*v.* look at) sg through rose-coloured/tinted spectacles **II.** *n* optimist
optimizmus *n* optimism
opus *n* opus (*pl* opuses *v.* opera)
óra *n* **1.** *(fali, asztali, torony)* clock, *(zseb, kar)* watch; **az** ~ **jár** the clock/watch is going; **az** ~ **tíz percet késik** the clock/watch is* ten minutes slow; **pontos(an jár)** (*v.* jól jár) **az** ~**m** my watch keeps* good time; **az** ~ **siet** the watch/clock has gained, the watch is* fast; **két percet siet az** ~**m** my watch is two minutes fast (*v.* gains two minutes) (a day); **hozzájuk igazíthatod az** ~**t** you can set your watch by them **2.** *(időpont)* **hány** ~ **van?** what's the time?, what time is it?, can you tell me the time?, have you got the time?; **6** ~ **(van)** it is (*v.* it's) six/6 o'clock; **a pontos idő húsz** ~ *(rádió időjelzésben)* the time is now 8 o'clock (*v.* twenty hours); **a késő éjszakai** ~**kban** late at night; **minden** ~**ban** every hour; **3/három** ~**ig** (1) *(tartam)* for 3/three hours (2) *(időpont)* till 3/three o'clock; **8—16** ~**ig** 08.00—16.00 hrs, from 8 a.m. to 4 p.m.; **hány** ~**kor?** at what time?, when?; **18** ~**kor** at 18.00 hours; **nyolc/8** ~**kor** at eight/8 (o'clock); **pontosan öt/5** ~**kor** at five/5 o'clock sharp; **a buszok (minden)** ~**kor indulnak** buses leave* (every hour) on the hour; ~

ötkor indulnak a buszok buses leave* at 5 (minutes) past the/each hour; **6** ~**ra kész leszek** I'll be ready by 6 o'clock; **három** ~**tól kezdve** from three o'clock on(wards) **3.** *(60 perc)* hour; **másfél** ~ an hour and a half; **ütött az utolsó** ~**ja** his last hour has arrived, his number is up; ~**kon át,** ~**k hosszat** for hours (on end), for hours and hours; **három** ~**ra kibérel egy lovat** hire a horse for 3 hours; **naponta tíz** ~**t dolgozik** work ten hours a day **4.** *isk* class, (teaching) period, lesson; **ma nincs** ~ there is no class/lesson today; **negyven-öt perces** ~ a teaching period of 45 minutes; ~**n van** *(tanár)* be* in class, be* teaching; ~**kat ad** give* (private) lessons, take* pupils, be* a private teacher/tutor; ~**kat vesz** take* lessons, go* to classes, attend classes *(mind:* in sg) **5.** *(gáz/villany stb. mérő)* meter
óraadás *n* (private) teaching, (private) tuition, giving lessons
óraadó *a* ~ **tanár** kb. teacher paid by the hour
órabeosztás *n* time-table
órabér *n* wage(s)/pay(ment) by the hour, hourly rate; ~**ben** (*v.* ~ **alapján**) **fizetik** be* paid by the hour, be* paid an hourly rate
órabéres I. *a* ~ **munka** timework, work paid by the hour **II.** *n* worker paid by the hour, hourly rated worker
óradíj *n* (tuition) fee per lesson/class, hourly pay/wage
óradíjas I. *a* paid by the hour *ut.* **II.** *n* teacher etc. paid by the hour
órai *a* **1.** *(időpont)* ... o'clock, at ... o'clock *ut.*; **az öt**~ **vonat** the five o'clock train **2.** *(időtartam)* of ... hours *ut.*; **öt**~ (*v.* **5** ~) **utazás** a journey of five hours, a five-hour journey
óraközi szünet *n* break, interval
órakulcs *n* clock-key, key (of/for a clock), winder
óralánc *n* watch-chain, fob (chain)
óralap *n* face, dial(-plate)
óramutató *n* hand; **nagy** ~ minute hand; **az** ~ **járásával egyező irányba(n)** clockwise, from left to right; **az** ~ **járásával ellenkező irányba(n)** anticlockwise, *US* counter-clockwise, from right to left
óramű *n* *(órában)* the works *pl* (*v.* mechanism) of a/the watch, clockwork; ~ **pontossággal** like clockwork, with clockwork precision
orangután *n* orang-utan, orang-outang

óránként adv 1. *(átlagban)* hourly; **100 km** ~ one hundred kilometres per/an hour; ~ **100 km-es sebességgel** (at) 100 km(s) per/an hour 2. *(minden órában)* every hour; ~ **fizet** pay* by the hour; **három**~ every three hours

óránkénti a hourly; ~ **sebesség** speed (in miles/kilometres) per hour

órányi adv of ... hour(s) ut., ... hours; **négy-öt** ~ **út** a journey taking/lasting 4 to 5 hours, a 4- or 5-hour journey

órányira adv **két** ~ **innen** two hours' distance from here

órarend n timetable

órarugó n (watch-)spring, mainspring

órás I. a of ... hours, ... hours, lasting ... hours ut.; **öt** ~ (v. **5** ~) **út** a journey of/lasting five hours, a five-hour journey; **az öt**~ **vonat** = *az ötórai vonat;* **48** ~ **tartózkodás** 48 hour(s') stay; **negyven**~ **munkahét** forty-hour week II. n watchmaker, clockmaker; ~ **és ékszerész** watchmaker and jeweller

órásbolt n watchmaker's (shop)

óraszám(ra) adv for hours on end; for hours and hours

óraszerkezet n = **óramű**

óraszíj n (watch-)strap

óraterv n teacher's plan/schedule (for the term)

óratok n watch-case

oratórium n zene oratorio

óratorony n clock tower

óraütés n striking (of clock), *(toronyóráé)* chime(s)

óraüveg n watch-glass

óravázlat n lesson plan/outline

órazseb n watch-pocket, *(nadrágon)* fob

orbánc n erysipelas

orbáncfű n St. John's wort

orca n † = **arc**

orcátlan a = **arcátlan**

orchidea n orchid

ordas n nép *(farkas)* wolf°

ordináré a biz elít vulgar, gross, coarse, *(csak ember)* uncouth

ordináta n ordinate

ordinátatengely n y-axis

ordít v 1. *(ember)* shout, howl, roar; bawl, US holler; *(kisgyerek)* cry, howl, scream; ~ **a fájdalomtól** screams with pain 2. *(farkas)* howl 3. ~ **róla, hogy** it is written (large) all over him that

ordítás n 1. *(emberé)* shout(ing), howl(ing), roar(ing), bawling; *(kisgyereké)* crying, howling, scream(ing) 2. *(farkasé)* howl(ing)

ordító a átv biz howling

ordítozás n (continued) bawling, shouting

ordítoz|ik v keep* bawling/shouting

organikus a organic

organizáció n organization

organizál v = **szervez**

organizátor n organizer

organizmus n organism

orgánum n 1. *(szerv)* organ 2. *(hang)* voice 3. átv organ, medium *(pl media)*

orgazda n receiver (of stolen goods), biz fence

orgazdaság n receiving (of stolen goods)

orgazmus n orgasm, climax

orgia n orgy

orgona n 1. zene organ 2. növ lilac, syringa

orgonabokor n lilac (shrub/bush)

orgonajátékos n = **orgonista**

orgonál v play (on) the organ

orgonasíp n organ-pipe

orgonaszó n organ music

orgonavirág n lilac (flower)

orgonista n organist, organ-player

orgyilkos n assassin, (hired) killer/murderer

orgyilkosság n assassination, murder

óriás I. n giant, *(nő)* giantess II. a = **óriási**

óriásforgás n sp grand circles pl

óriási a 1. *(rendkívül nagy)* gigantic, giant, huge, colossal, enormous, titanic, vast, biz jumbo; ~ **munka** gigantic/Herculean task; ~ **siker** tremendous success; ~ **többség** overwhelming majority; ~ **tömeg** huge crowd; ~ **türelem** infinite patience; ~ **veszteség** grievous loss 2. biz *(remek)* ~! great!, fantastic!

óriásjet n biz jumbo jet

óriáskelep n = **óriásforgás**

óriáskerék n *(vurstliban)* big wheel, főleg US Ferris wheel

óriáskifli n giant croissant

óriáskígyó n boa (constrictor), python

óriáskör n sp grand circle

óriásműlesiklás n grand slalom

orientáció n orientation

orientál v orient, direct

orientalista a orientalist

orientálód|ik v orient oneself ⇨ **tájékozódik**

origó n mat origin

orkán n hurricane, high wind, tornado

orkánkabát n kb. raincoat, mackintosh, biz mac(k)

ormány n *(elefánté)* trunk; *(rovaré)* proboscis

ormányos a/n proboscidean, proboscidian; ~**ok** Proboscidea

ormótlan *a* **1.** *(személy)* clumsy, awkward, lubberly **2.** *(tárgy)* awkward, cumbersome, unwieldy, hulking (big)
ornamentika *n* **1.** *(díszítmény)* decoration, ornament(s), adornment, ornamentation **2.** *(díszítőművészet)* decorative/ornamental art
ornátus *n* vall vestments *pl*; **teljes papi ~ban** in full canonicals
ornitológia *n* ornithology, bird-watching
ornitológus *n* ornithologist, bird-watcher
orom *n* **1.** *(házé)* gable (end) **2.** *(hegyé)* summit, peak, pinnacle
oromfal *n* gable
oromzat *n* gable, pediment, tympanum
orosz **I.** *a* Russian; **~ hal = ruszli; az ~ nyelv** the Russian language, Russian; **~ szakos tanár = orosztanár; ~ származású/születésű** of Russian birth/descent *ut.*, Russian-born **II.** *n (ember, nyelv)* Russian; **~ból fordította ...** translated from (the) Russian by ...
oroszbarát *a* Russophile, pro-Russian
oroszellenes *a* Russophobe, anti-Russian
oroszlán *n* lion; **nőstény ~** lioness; **bemegy az ~ barlangjába** beard sy *(v.* the lion) in his den; **ne ébreszd fel az alvó ~t** let sleeping dogs lie
oroszlánbarlang *n* lion's den
oroszlánbőr *n* lion's skin
oroszlánfog *n* növ leontodon, *US* fall dandelion
oroszlánfóka *n* sea-lion
oroszlánkölyök *n* lion('s) cub
oroszlánköröm *n* **megmutatta az oroszlánkörmeit** (s)he showed great promise
oroszlánrész *n* the lion's share; **~ét vállalja/végzi vmnek** do* *(v.* take* upon oneself) the bulk of sg
oroszlánszáj *n* növ snapdragon, antirrhinum
oroszlánszelídítő *n* lion-tamer
oroszlánszívű *a* lion-hearted; **O~ Richárd** Richard the Lion-Heart
oroszlánvadász *n* lion-hunter
oroszlánverem *n* lion trap
oroszóra *n* Russian lesson/class
Oroszország *n* tört Russia
oroszországi *a/n* tört Russian, of/from Russia *ut.*
oroszos **I.** *a* Russian, in the Russian style/manner *ut.* **II.** *n (tanár)* Russian teacher; *(diák)* student of Russian
orosztanár *n* Russian teacher, teacher of Russian

orosztea *n* tea
oroszul *adv* **beszél/tud ~** know*/speak* Russian; **~ van (írva)** is (written) in Russian
oroz *v* appropriate, steal*, purloin
orozva *adv* on the sly, underhand(edly)
orr *n* **1.** *(emberé)* nose, össze*t* nasal; **csepeg/folyik az ~a** his/her nose is running, (s)he has a running nose, snível *(US* -l); **vérzik az ~a** his/her nose is* bleeding; **~a alá dörgöl vmt vknek** rub sy's nose in sg, rub it in, cast* sg in sy's teeth; **~a előtt** under his (very) nose; **nem lát tovább az ~a hegyénél** he sees* no further than (the end of) his nose; **az ~a után megy** follow one's nose; **lóg az ~a** → lógatja az orrát; **~ában turkál** pick one's nose; **~án át beszél** speak* through one's nose, snuffle; **vkt ~ánál fogva vezet** lead* sy by the nose; **~a bukik** tumble; **nem kötöm az ~ára** I am not going to let him into the secret, it's none of his business; **az ~át fújja** blow* one's nose; *biz* **vmbe beleüti az ~át** stick*/poke one's nose into; *biz* **felhúzza/fintorgatja az ~át** *vmn* turn up one's nose (at); **fönn hordja az ~át** put* on airs, be* stuck-up; **lógatja az ~át** be* crestfallen/downcast, be* dispirited, be* low (in spirits), hang* one's head; **hosszú ~ot mutat vknek** cock a snook at sy, *US* thumb one's nose at sy; *biz* **~ot kap** be* reprimanded, be* told off; **hosszú ~al távozik** leave* with a long face; **lógó ~al távozik** go* off with one's tail between one's legs **2.** *(állaté)* snout, muzzle **3.** *(cipőé)* toe **4.** *(hajóé)* prow, bow; **a hajó ~án** on the bow, in the prow (of the ship)
orrcimpa *n* wing/ala (of the nose) *(pl* alae)
orrcseppek *n pl* nasal drops
orrcsont *n* nasal bone
orrfacsaró *a (szag)* offensive, putrid
orrfintorgatás *n* turning up one's nose
orrfúvás *n* nose-blowing
orr-, fül- (és) gégeklinika *n* → fül-orr- -gégeklinika
orr-, fül- és gégespecialista *n* oto- (rhino)laryngologist
orrhang *n* **1.** (nasal) twang, snuffle; **~on beszél** talk through one's nose, talk with a twang **2.** *nyelvt* nasal (sound)
orrhangú *a* nasal
orrhegy *n* tip of the/one's nose
orrhurut *n* nasal catarrh
orrjárat *n* nasal canal
orrlyuk *n* nostril; **kitágult ~akkal** with distended nostrils

orrnyereg *n* bridge (of the nose)
orrnyílás *n* nostril
orrol *v biz vmért* take* *sg* amiss/ill, resent *sg*
orrsövényferdülés *n* deviation of the nasal septum
orrszarvú *n* rhinoceros
orrszíj *n (sícipőn)* toe-strap
orrtő *n* root of the nose
orrú *a* **fitos** ~ snub-nosed, with a turned-up nose *ut.*; **nagy** ~ with a big nose *ut.*
orrüreg *n* nasal cavity
orrvérzés *n* nose-bleed
orrvitorla *n* jib
orrvitorlarúd *n* jib-boom
orsó *n* **1.** *műsz* spindle; *(tengely)* arbor, shaft; *tex* reel, *(fonógépen)* bobbin **2.** *(cérnának, filmnek, hangszalagnak stb.)* reel, *US* spool; *(horgászé, peremfutó)* (spinning) reel
orsócsont *n* radius *(pl* -dii *v.* -uses)
orsóféreg *n* roundworm
Orsolya *n* Ursula
orsós *a* provided with spindles *ut.*, spindle-, reel-; *(horgászbot)* with a reel *ut.*
orsóz *v* wind*, reel
orsz. = *országos*; national *(röv* nat., natl.)
ország *n* country, land, *(állam)* state
országalapító *n* founder of [a/the state/ nation]
országalma *n* orb
országépítés *n* building the country
országgyűlés *n* parliament; **XY, az** ~ **elnöke** Speaker of Parliament YX; ~**t egybehív** convoke Parliament; ~**t feloszlat** dissolve Parliament
országgyűlési *a* parliamentary; ~ **képviselő** *GB* Member of Parliament *(röv* MP, *pl* MPs), *US* representative, Congressman°, Congresswoman°
országhatár *n* frontier [of a country]
Országház *n* Parliament (building), parliamentary building(s), *GB* the Houses of Parliament *pl, US* the Capitol
országhívószám *n* country code
országos *a* national, nationwide, country--wide; ~ **bajnok** national champion; ~ **csapás** national calamity; ~ **csúcs/rekord** national record; ~ **eső** widespread rain; ~ **gyász** national day of mourning; ~ **mozgalom** nationwide movement; **O** ~ **Takarékpénztár (OTP)** National Savings Bank; ~ **választás** general election; ~ **vásár** annual fair
országrész *n* (country) district/region/area, part of the country
országszerte *adv* all over the country, throughout the country

országút *n* highway, main road; **öreg, mint az** ~ as old as the hills
országúti *a* ~ **fény** (main) driving beam, *US* high beam; ~ **segélyszolgálat** road patrol service; ~ **vendéglő** wayside/roadside inn; ~ **verseny** road-race
ország-világ *n biz* all the world, the whole world
ortodox *a* **1.** *vall* orthodox **2.** *átv* elít backward, old-fashioned
ortopéd *a* orthopaedic *(US* -pe-); ~ **cipő** orthopaedic shoes/boots *pl*; ~ **orvos** orthopaedist *(US* -pe-); ~ **sebész** orthopaedic *(US* -pe-) surgeon
ortopédia *n* **1.** *(tudományág)* orthopaedics *(US* -pe-) *sing.* **2.** *(osztály)* the orthopaedics department [in the hospital]; ~**n kezelik** be* an orthopaedic patient
ortopédiai *a* orthopaedic *(US* -pe-); ~ **műtét** orthop(a)edic surgery [on one's spine etc.]
orvhalász *n* (fish) poacher
orvlövész *n* sniper
orvos *n* doctor, physician; *(általános)* general practitioner *(röv* G.P. *v.* GP); *kat, hajó* surgeon; **SZTK/körzeti** ~ *kb.* family/local doctor; **gyakorló** ~ medical/ general practitioner; **az** ~**ok** (the) doctors, the medical profession/world *sing.*; ~**hoz fordul** take* medical advice; ~**hoz kell fordulni** you have to see a doctor; ~**hoz megy** (go* to) see* a/the doctor; ~**nak megy** go* in for medicine; ~**t hívat/hív** call (out) a/the doctor, send* for a/the doctor
orvosdoktor *n* Doctor of Medicine *(röv* M.D.)
orvosegyetemista *n* medical student, *biz* medic
orvosi *a* medical; ~ **bizonyítvány** health/ doctor's/medical certificate; ~ **egyetem** medical school → **orvostudományi**; **az** ~ **egyetemre jár** go* to medical school, study medicine at the university; ~ **etika** deontology; ~ **felügyelet** medical supervision; **állandó** ~ **felügyelet alatt kell lennie a betegnek** the patient must be kept under constant supervision; ~ **jelentés** bulletin (of health); ~ **kar** (1) *(orvosok)* medical profession/world (2) *(némely egyetemen)* faculty of medicine, medical faculty, *GB* school of medicine, medical school; ~ **kezelés** medical treatment; ~ **költségek** medical expenses; ~ **műhiba** medical malpractice; ~ **műszer** surgical instrument; ~ **rendelés** surgery, consultation; ~ **rendelés/rendelet/előírás/utasítás** prescrip-

tion, (doctor's) order(s)/instruction(s); **csak** ~ **rendeletre** use as directed by a physician; ~ **rendelő** surgery, consulting room, *US* (physician's/doctor's) office; ~ **tanács** medical advice; ~ **vizsgálat** medical examination, *biz* medical
orvosilag *adv* medically
orvoskar *n* medical faculty
orvoslás *n* **1.** *(betegségé)* healing, curing, cure **2.** *(bajoké, átv)* remedy(ing), reparation
orvoslat *n* = **orvoslás**
orvosmeteorológia *n* ⟨(study of the) medical aspects of meteorology⟩
orvosnő *n* lady doctor, woman doctor *(pl* women doctors)
orvosnövendék *n* medical student
orvosol *v* **1.** *(betegséget)* cure, treat, heal **2.** *(bajt átv)* remedy, help, *(sérelmet)* redress
orvosprofesszor *n* professor of medicine
orvosság *n* **1.** *(gyógyszer)* medicine, drug, medicament; ~**ot bead vknek** administer/give* (a/the) medicine to sy; ~**ot bevesz/szed** take* (a/the) medicine **2.** *átv* remedy, cure
orvosságos *a* medicine-, medicinal; ~ **üveg** medicine-bottle
orvosszakértő *n* medical expert
orvosszemélyzet *n* medical staff
orvostanhallgató *n* medical student, *biz* medic
orvostársadalom *n* the medical profession/world
orvostovábbképző *a* ~ **intézet** postgraduate medical institute
orvostudomány *n* medical science, medicine
orvostudományi *a* medical; ~ **egyetem** *GB, US* medical school, *(egyéb országokban így is:)* medical university; ~ **kar** medical faculty, faculty of medicine, *GB* medical school, school of medicine; **a harvardi** ~ **egyetem** Harvard Medical School; **Semmelweis O**~ **Egyetem** Semmelweis Medical University ⇨ **orvosi**
orvtámadás *n* attack from ambush, treacherous stroke/attack
orvul *adv* treacherously, in an underhand manner; ~ **meggyilkol vkt** assassinate sy
orvvadász *n* poacher
orvvadászat *n* poaching
-os, -ös *suff* **az 1965-ös birkózó-világbajnokság** the 1965 world wrestling championship; **az 1956-os (nép)felkelés** the 1956 (popular) uprising, the (popular) uprising of 1956
ósdi *a* antiquated, old-fashioned

oson *v* sneak, slip by, flit, scurry
ostoba I. *a (személy)* stupid, silly, foolish, *(cselekedet)* silly, foolish, idiotic; ~ **beszéd** nonsense, rubbish, blather **II.** *n (ember)* idiot, blockhead, fool
ostobaság I. *n* stupidity, silliness, foolishness, folly, *US* bunk(um); ~**okat beszél/mond** talk nonsense/rubbish, say* silly things, drivel; **ne beszélj** ~**ot!** *biz* don't talk rot! **II.** *int* nonsense!, rubbish!
ostor *n* whip, lash, *átv* scourge; ~**ral csattint/pattint/csettint** crack a whip; **az ő hátán csattan az** ~ (s)he has to take* the blame for sg; *biz* (s)he has to carry the can; **végén csattan az** ~ he who laughs last laughs longest; **Attila, Isten** ~**a** Attila the Scourge of God
ostorcsapás *n* cut/lash of whip, whiplash, swish
ostorcsapó *n* cracker (of whip)
ostornyél *n* whip-handle, (whip-)stock
ostoros *n (személy)* whipper, cowherd, cowman° (armed with a whip)
ostoroz *v* **1.** *konkr* whip, lash, scourge, flog **2.** *átv* scourge, chastise
ostorozás *n* **1.** *konkr* whipping, lashing, scourge, flogging, flagellation **2.** *átv* scourge, chastisement
ostorszíj *n* (whip)lash, whipcord
ostrom *n* siege; ~ **alá veszi a várat** lay* siege to [the fortress, city etc.], besiege sg
ostromállapot *n* state of emergency/siege; **kihirdeti az** ~**ot a városban** impose/declare a state of siege in/on a town
ostromgyűrű *n* = **ostromzár**
ostromlás *n* siege, besieging, storm(ing)
ostromlétra *n* tört scaling ladder
ostromló I. *a* besieging **II.** *n (személy)* besieger
ostromlott I. *a* besieged **II.** *n az* ~**ak** the besieged
ostromol *v* **1.** *(várost)* besiege, lay* siege to **2.** *(nőt)* besiege, overwhelm; **vkt kérdésekkel** ~ bombard sy with questions
ostromzár *n* blockade; ~ **alá vesz** blockade; ~**on áttör** run* the blockade
ostya *n* **1.** *(sütemény)* wafer **2.** *(gyógyszerhez)* cachet; ~**ban veszi be** take* sg in cachet-form **3.** *vall* wafer, Host
oszcillál *v* oscillate, vibrate
oszcillátor *n* oscillator
oszcillográf *n* oscillograph
oszcilloszkóp *n* oscilloscope
ószeres *n* second-hand dealer, rag-and-bone man°, old-clothes-man°, *(nő)* old-clothes-woman°; ~! old clo!

oszladoz|ik *v (tömeg)* disperse, scatter; **a felhők ~nak** the clouds are breaking
oszlás *n* **1.** *(részekre)* division **2.** *(tömegé)* dispersion, scattering **3.** *(holttesté)* decomposition; **~nak indul** begin* to decompose/rot/decay
ószláv *a* Old Church Slavonic *(US* Slavic*)*
oszl|ik *v* **1.** *(részekre)* be* divided (into), divide *into;* **két részre ~ik** it divides *into* 2 parts; **két táborra ~ik** divide *(v.* be* divided) *into* two camps **2.** *(tömeg)* disperse, scatter; *kat* **oszolj!** dismiss!, fall out (men)! **3.** *(felhő)* break* up, *(köd)* disperse **4.** *(holttest)* decompose, rot, decay
oszló *a* **~ban van** be* in a state of decomposition, decompose, rot
oszlop *n* **1.** *épít* column, *(pillér)* pillar, post, *(támasztó)* stay, support, buttress, *(távvezetéké)* pylon, *(hídé)* pier **2.** *kat* column **3.** *átv* pillar, mainstay
oszlopcsarnok *n* colonnade, portico
oszlopfej, oszlopfő *n* capital
oszlopos *a* **1.** *épít* columned, pillared **2.** **a társadalom ~ tagja** a pillar of society, a tower of strength (for...)
oszloprend *n* order (of columns); **dór ~** Doric order; **jón ~** Ionic order; **korinthoszi ~** Corinthian order
oszlopsor *n* colonnade, peristyle
oszloptalp *n* base
oszloptörzs *n* shaft
oszmán *a/n* Ottoman, Osmanli
oszmánli *a/n* Osmanli
oszmán-török *a/n* = **oszmánli**
oszolj *v* → **oszlik 2.**
Ószövetség *n* Old Testament
oszt **1.** *vt/vi mat* divide; **egy számot egy másikkal ~** divide one number by another; **néggyel ~** divide by four; **a 30-at 6-tal ~ja** divide 30 by 6; **15 ~va 3-mal annyi mint 5** 15 divided by 3 is 5, 3 divides *into* 15 5 times **2.** *(részekre)* divide/split* *into* [parts]; **10 egyenlő részre ~ vmt** divide sg *into* 10 equal parts; **két részre ~ vmt** divide sg in half; **...ra/-re van ~va** is divided *into* ...; **fejezetekre ~** divide *into* chapters **3.** *vt (kioszt)* distribute, dispense; *(kártyát)* deal*; *(parancsot)* issue, give*; **ki ~?** whose deal is it? **4.** *vt (véleményt)* share [sy's opinion]*; **~om nézetedet** I agree with you, I am* of the same opinion **5.** *vi* **se nem ~, se nem szoroz** it makes* no difference/odds
oszt. = *osztály* class, department *(röv* dep., dept.)
osztag *n* detachment, squad, detail

osztalék *n* dividend
osztály *n* **1.** *(társadalmi)* class; **uralkodó ~** ruling class; **~ nélküli társadalom** classless society; **az alsó ~ok** the lower classes, the masses **2.** *isk (tanulók)* class, form, *US* grade; *(terem)* classroom; **a harmadik/3. ~ba jár** be* in the third form *(US* grade); **felsőbb ~ba léphet** be* allowed to go up a class **3.** *(hivatalban, áruházban, üzemben)* department; *(kórházban)* ward, department; **sebészeti ~** surgical department/ward **4.** *(vasúton, hajón)* class; **első ~on utazik** travel *(US* -l) first-class **5.** *(kategória)* section, class, category; *tud* class, division; *áll, növ* class; **~on felüli** de luxe, *(szálloda)* five-star, luxury
osztályáruló *n* traitor to one's class
osztálybéke *n* peace between the classes
osztályellenség *n* class enemy
osztályellentét *n* class antagonism/conflict
osztályelnyomás *n* class oppression
osztályelső *n isk* top boy/girl
osztályérdek *n* class interest
osztályértekezlet *n* departmental meeting *(v.* főleg *US* conference), (staff) meeting
osztályfőnök *n* **1.** *isk kb.* form-master **2.** *(hivatali †)* head of department
osztálygőg *n* class prejudice
osztályharc *n* class struggle/war
osztályhelyzet *n* class relations *pl,* class background
osztályidegen *n* class-alien
osztályismétlés *n isk* repeating/repetition of a year('s work) [in school]
osztálykirándulás *n isk* outing/excursion of/for the school-class/form, school/class outing
osztálykiváltság *n* class privilege
osztálykönyv *n isk kb.* attendance register/book
osztálykülönbség *n* class distinction(s)
osztálynapló *n* = **osztálykönyv**
osztályos *a* **1.** *isk* belonging to a class/form *ut.;* **első ~ (tanuló)** first-form pupil/boy/girl, *biz* first former, *US* first grader **2.** *(kórházban)* ward(-); **~ nővér** ward nurse/sister; **~ orvos** ward physician/doctor
osztályoz *v* **1.** *(osztályokba sorol)* class, classify, rate; *(árut)* sort, order **2.** *isk* give*/award marks [to pupils]; *(dolgozatokat)* mark/grade [papers]
osztályozás *n* **1.** *(osztályokba sorolás)* classification, grading, rating; *(árué)* sorting, ordering **2.** *isk* giving/awarding marks *(US* grades), *(dolgozatoké)* marking *(US* grading)

osztályozó *a* ~ **értekezlet** meeting of teachers (to agree marks (*US* grades) to be awarded)

osztályöntudat *n* class-consciousness

osztályöntudatos *a* class-conscious

osztályrész *n (átv is)* share, portion, *(csak átv)* lot; ~**ül jut vknek** fall* to sy's lot

osztályrétegeződés *n* class stratification

osztálytagozódás *n* class-division/structure/stratification

osztálytalálkozó *n* class reunion

osztálytanítás *n* class(room) teaching

osztálytárs *n* class-mate, fellow student

osztálytársadalom *n* class society

osztályterem *n* classroom, *főleg US:* schoolroom

osztálytudat *n* class-consciousness

osztályú *a* összet -class; **első** ~ *(minőség)* first-class/rate [quality]; **első** ~ **vasúti jegy** first-class train ticket; **első** ~ **szálloda** a first-class hotel, *(Magyarországon)* class A1 hotel; **első** ~ **tanuló** → **osztálylyos**

osztályuralom *n* rule of a class, class rule

osztályvezető *n* head/chief of (a) department, departmental head/manager; *(múzeumi)* custodian, keeper

osztályviszonyok *n pl* class relations

osztályvizsga *n* end-of-year examination

osztályzat *n* mark, *US* grade

osztandó *n mat* dividend

osztás *n* **1.** *(részekre)* dividing, *mat* division **2.** *(szét)* distribution, dispensing; *(kártya)* deal **3.** *mat* division

osztási művelet *n* division

osztatlan *a* **1.** *(fel nem osztott)* undivided **2.** *átv* unanimous

oszthatatlan *a* indivisible; ~ **szám** prime number

osztható *a* divisible, *(igével)* can be divided; **néggyel** ~ **szám** a number divisible by four; **a 8 2-vel és 4-gyel** ~, **3-mal** nem 8 is divisible by 2 and 4, but not by 3; **maradék nélkül** ~ **(szám)** (be*) exactly divisible (by), be* an exact divisor, can be divided with no remainder

osztják *a/n* Ostyak

osztó *n* **1.** *(személy)* divider, distributor; *(kártyajátékban)* dealer **2.** *mat* divisor; **legnagyobb közös** ~ greatest common divisor

osztódás *n biol* cell division, fission; ~ **útján való szaporodás** reproduction by fission, fissiparous generation

osztód|ik *v* divide, be* divided; *biol* reproduce (*v.* be* reproduced) by fission

osztogat *v* distribute; *(adományt, igazságot)* dispense, deal* out; **röplapokat** ~ hand out leaflets

osztójel *n* division sign ⸍

osztókörző *n* dividers *pl*

osztott *a* divided; ~ **pályás út(test)** dual carriageway, *US* divided highway; **épít** ~ **szintű** split-level

osztoz|ik *v* ~**ik vkvel vmn** (1) *(megoszt vmt vkvel)* share sg with sy (2) *(osztozkodik vmn)* share in sg (with sy); ~**nak az örökségen** they divide(d) the inheritance/legacy between them (*v.* among themselves); ~**ik a nyereségen** share out the winnings/profits (among); ~**nunk kell a szobán** we'll have to share the room; ~**ik vk véleményében** agree with sy, share sy's opinion; ~**ik vknek a fájdalmában** share in sy's sorrow; ~**ik vk sorsában** throw* in one's lot with sy

osztozkodás *n* sharing

osztozkod|ik *v* share ⇨ **osztozik**

osztrák *a/n* Austrian

osztrák—magyar *a/n* Austro-Hungarian; *tört* **Osztrák—Magyar Monarchia** the Dual Monarchy (of Austria-Hungary), the Austro-Hungarian Monarchy; ~ **(válogatott) mérkőzés** the Austria v. (*US* vs.) Hungary match

osztriga *n* oyster

osztrigatelep *n* oyster bed/park/bank

óta *post* **1.** *(időpont megjelölésénél)* since; **1954** ~ since 1954; **tegnap** ~ since yesterday **2.** *(tartam megjelölésénél)* for; **egy idő** ~ **nem láttam** I have not seen him for some time (past); **már órák** ~ **nincs itt** he's been away for hours

OTP *Országos Takarékpénztár* National Savings Bank

OTP-kölcsön a loan from the National Savings Bank

OTP-fiók *n* (local) branch [of the National Savings Bank], *kb.* an/the OTP branch

otromba *a* **1.** *vk* clumsy, ungainly, *vm* unwieldy **2.** *átv* boorish, vulgar, rude; ~ **alak/fráter** a boor; ~ **tréfa** stupid practical joke

otrombaság *n* **1.** *vké* clumsiness, ungainliness **2.** *átv* vulgarity, boorishness, rudeness

ott *adv* there; ~, **ahol** where; ~ **benn** in there; ~ **fenn/fent** up there, *ir* up yonder; ~ **levő** (that is/are) there *ut.*, to be found there *ut.*; **az** ~ **levők** persons/those present (at a place); ~ **marad** stay/remain there; ~ **marad éjszakára** stay the night, stay over-

night; ~ **marad ebédre** stay for lunch/
dinner; ~ **tart vkt** detain, keep* sy back;
~ **tartózkodik** stay/be* there; ~ **terem**
vk appear suddenly, turn/bob up
ottani a (that is/are) there *ut.*, of that place
ut.; ~ **viszonyok** local conditions, condi-
tions (prevailing) there
ottawai a/n Ottawan
ottfelejt v leave* (sg) behind, forget* sg
otthagy v 1. vkt desert, abandon; *(szerel-*
mest) jilt; ~ **vkt a bajban** leave* sy in the
lurch; ~**ja állását** throw* up one's job,
quit* one's job 2. = **ottfelejt**
otthon I. adv 1. at home; ~ **felejt vmt**
forget* sg; ~ **marad** stay at home, keep*/
stay/remain indoors; ~ **van** (s)he is in; ~
van Péter? is Peter in?; **nincs** ~ (s)he
isn't at home, (s)he isn't in, (s)he's out/gone;
nem leszek ma ~ I won't be in today; ~
kell lennem 7-re I must be home by 7;
hol van ő ~**?** where does he live?; ~ **érzi**
magát feel* at home; **érezd magad** ~**!**
make yourself comfortable!, make yourself
at home!; **mindenütt jó, de legjobb** ~
there is no place like home; east or west,
home is best; ~ **hagytam a szemüvege-**
met I (have) left my spectacles/glasses
behind; ~ **ülő (ember)** stay-at-home, US
homebody 2. ~ **van vmben** be* familiar
with sg, feel*/be* at home in sg; ~ **van a**
festészetben be* familiar with painting,
be* well-versed in painting **II.** n 1. *(családi)*
home, ir fireside, hearth; **az** ~ **melege** the
fireside, the home; ~**át szerető** house-
-proud 2. *(szállás)* hostel; home; **szociális**
~ old people's home, home for the aged
3. **művelődési** ~ cultural/community
centre (US -ter)
otthoni I. a home, domestic **II.** n az ~**ak**
sy's folks (back home)
otthonias a homely, comfortable, cosy
otthonka n housecoat, button-through dress
(worn at home)
otthonlét n being at home
otthonos a homely, homelike, cosy, homy,
US homey; ~**an érzi magát** make* one-
self at home; ~**(an mozog) vmben** be*/
feel* at home in sg, be* familiar with sg
otthonról adv from home
otthontalan a homeless, without a home *ut.*
ottlét n ~**em alatt,** ~**emkor** during my
stay (there), while I was there
ottmarad v 1. → **ott** *marad* 2. *(odavész)* ~
a háborúban perish in the war
Ottó n Otto
ottomán n † Ottoman

ott-tartózkodás n (one's) stay (there); ~**a**
alatt during his/her stay (there); ~ **időtar-**
tama period of stay
ótvar n impetigo; ringworm
ótvaros a impetiginous; having ringworm
ut.
óv v 1. *(vkt vmtől, figyelmeztetve)* warn/
caution sy against sg, advise sy not to (do sg)
2. *(vmt/vkt vmtől, megvédve)* protect sy/sg
from/against sg, save sy from sg, guard sy
from/against sg ⇨ **óva int**
ováció n ovation, cheering; ~**ban részesít**
cheer sy, give* sy an ovation; **óriási** ~**ban**
részesítik *(állva ünneplik)* be* given a
standing ovation
óvadék n caution money, security, guarantee,
(non-refundable) deposit; ~ **ellenében**
szabadlábra helyez bail sy (out); ~ **el-**
lenében szabadlábon van be* out on
bail
óva int v vkt vmtől caution/warn sy against
sg, urge sy not to (do sg)
óvakod|ik v vmtől/vktől beware of sg/sy, be*
on one's guard against sg/sy, steer clear of
sg/sy, keep* away from sg; *(tartózkodik*
vmtől) refrain from sg (v. from doing sg);
~**junk a zsebtolvajoktól** beware of
pickpockets
ovális a oval
óváros n old(er part of a) town/city
óvás n 1. vmtől protecting, guarding (from/
against) 2. *(vm ellen emelt)* protest (against);
~**t emel vm ellen** lodge a protest against
sg 3. ker ~**sal él** make*/enter/lodge a
protest
óvatlan a unguarded, unprotected; **egy** ~
pillanatban in an unguarded moment
óvatol v † ker make*/enter/lodge a protest
(against sg); **váltót** ~ have* a bill protested
óvatos a cautious, careful; **légy** ~**!** take
care!, be careful!, watch/look out!; ~ **du-**
haj cautious gambler
óvatosan adv carefully, cautiously, gingerly;
~ **bánik vmvel/vkvel** handle sg/sy with
care, go* easy on sg/sy; ~ **lépked** feel*
one's way; ~ **jár el** act cautiously, play
safe, play for safety; ~ **vezet** be* a cautious
driver, drive* cautiously
óvatosság n cautiousness, (pre)caution,
care(fulness); ~**ból** by way of precaution, to
be on the safe side
óvatossági a ~ **rendszabályok** precau-
tionary measures
overall n *(mellesnadrág)* bib and brace
overall; *(kezeslábas)* boiler suit; *(főleg gye-*
reké) dungarees pl

ovi *n biz* kindy, kindie

Óvilág *n (Európa)* Old World

óvintézkedés *n* precautionary/preventive measures *pl*; **megteszi a szükséges** ~**eket** take* the necessary precautions/ measures

óvoda *n* nursery school, kindergarten; *GB (félnapos, rendsz. magán)* play school/ group; *GB (5-7 éveseknek)* infant school

óvodai *a a* nursery(-school), kindergarten

óvodás *n* pupil (at a kindergarten), kindergartener; ~ **korú** of kindergarten age

óvóhely *n* **1.** *ált* refuge **2.** *(légó)* air-raid shelter

óvónéni *n (mint megszólítás)* Miss ..., Mrs ...

óvónő *n* nursery-school (*v.* kindergarten) teacher

óvónőképző *n* training school/college for nursery-school (*v.* kindergarten) teachers

óvszer *n ált* contraceptive, *(gumi)* condom, sheath, *biz* French letter, *US* rubber

oxid *n* oxide

oxidáció *n* oxidation, oxidizing

oxidál *v* oxidize

oxidálás *n* = **oxidáció**

oxidálódás *n* = **oxidáció**

oxidálód|ik *v* oxidize, become* oxidized

oxigén *n* oxygen

oxigénhiány *n* lack of oxygen, anoxia

oxigénpalack *n* oxygen bottle/flask/tank

oxigénsátor *n* oxygen tent

ozmózis *n* osmosis

ózon *n* ozone

ózondús *a* rich in ozone *ut.* full of ozone *ut.*

ózonpajzs *n* ozone layer

Ö, Ő

Ö, ö, Ő, ő[1] *n (betű)* (the letter) Ö/ö, Ő/ő
ő[2] **I.** *pron (hímnemű)* he; *(nőnemű)* she; *(semlegesnemű)* it; ~ **maga** he ... himself, she ... herself, it ... itself **II.** *(birtokos jelzőként)* **1.** *(egyes, hímn.)* his; *(nőn.)* her; *(seml. n.)* its; **az** ~ **könyve** his/her book; **az** ~ **könyvei** his/her books **2.** *(többes)* their; **az** ~ **könyvük** their book; **az** ~ **könyveik** their books
öblít *v* rinse (sg out), give* sg a rinse *(v. 2, 3 etc. rinses); (vécét)* flush; **száját** ~**i** rinse one's mouth; **torkot** ~ gargle
öblítés *n* rinsing (out), rinse; *(torok)* gargling; *(irrigálás)* irrigation
öblítő *n (vécéé)* toilet cistern/bowl
öblöget *v (ruhát, edényt stb.)* rinse; *(torkot)* gargle, rinse one's throat
öblös *a* **1.** *(üreges)* cavernous; *(vájt)* hollow, hollowed/scooped out **2.** *(domborodó)* rounded, bulging, bulgy; *(hordó, edény)* bellied **3.** *(kiszélesedő)* funnel-shaped, flaring, flared; ~ **szájú** bell/wide-mouthed **4.** ~ **hang** deep/rich *(v.* full-bodied) voice; ~ **hangján** in his rich bass (voice)
öblösödés *n* **1.** *(befelé)* hollowing/widening/opening-out **2.** *(kiszélesedés)* bell-mouth, flare **3.** *(domborodás)* bellying-out, bulge, rounding
öblösöd|ik *v* **1.** *(befelé)* widen/open/hollow out **2.** *(kiszélesedik)* flare **3.** *(domborodik)* swell* out, bulge
öböl *n* **1.** *(nagy)* gulf; *(közepes)* bay; *(kicsi)* inlet, creek; **Ö** ~ **menti háború** the Gulf war **2.** *(öblös tárgyé)* hollow, cavity
öcs *n* younger brother
öccse *n* his/her younger brother
öcsém *n* **1.** *(testvérem)* my younger brother, *US biz* my kid brother **2.** *biz (megszólítás)* laddie!, *US* kid!; **ne zavarj** ~! stop bothering me laddie *(US* kid)! ⇨ **öcskös**
öcsi *n biz* = **öcskös**
öcskös *n kb.* young fellow/man°; *(megszólításként)* laddie!; *US* buddy!, buster!
ödéma *n* oedema *(főleg US:* edema)
ődöng *v* roam around (aimlessly), hang*/knock about
őfelsége *n (király, királyné, királynő)* His/Her Majesty; ~ **szolgálatában** On

Her/His Majesty's Service; **Ő** ~ **II. Erzsébet** Her Majesty Queen Elizabeth the Second *(v.* Queen Elizabeth II)
őfensége *n (királyi herceg/hercegnő)* Her/His Royal Highness [the Duke of Edinburgh etc.]
őgyeleg *v* lounge/dawdle/hang* about/around, linger about
őhozzá *adv* to him/her/it, to his/her place
ők *pron* they; ~ **hárman** the three of them; ~ **maguk** they (...) themselves
öklel *v* **1.** *(szarvval)* butt **2.** *(lándzsával †)* spear, lance
öklendezés *n* retching
öklendez|ik *v* retch
öklömnyi *a* **1.** *(nagy)* (as) big as my fist **2.** *biz (kicsi)* tiny, pint-sized, *sk* wee; ~ **emberke** Tom Thumb
öklöz *v sp* box; *(labdát)* punch
öklözés *n* pummelling *(US* -l-); *sp* boxing
ökológia *n* ecology
ökológiai *a* ecological
ökonómia *n* **1.** *közg* economics *sing.* **2.** *(takarékosság)* economy, thrift, saving
ököl *n* fist; ~ **be szorítja a kezét** clench one's fist(s); ~ **be szorított kézzel** with clenched fists; ~ **be szorul az ember keze** *(erre a látványra stb.)* it makes* one's blood boil; ~ **re megy vkvel** come* to grips/blows with sy; **öklét rázza vk felé** shake* one's fist at sy; ~ **lel üt** pummel *(US* -l), pound, punch
ökölcsapás *n* blow (with the fist), punch
ökölharc *n* fistfight, fisticuffs *pl*
ököljog *n* **1.** *tört* club law **2.** *átv* brute force
ökölvívás *n* boxing; *(hivatásos)* prizefighting
ökölvívó *n* boxer; *(hivatásos)* prizefighter
ökölvívó-mérkőzés *n* boxing match; *(hivatásos)* prizefight
ökör *n* **1.** *(állat)* ox°, bullock; *(fiatal)* steer; **egy pár (igás)** ~ a yoke of oxen **2.** *(emberről, durva)* fool, blockhead, idiot
ökörcsorda *n* herd of oxen
ökörfarkkóró *n növ* mullein
ökörfogat *n* team of oxen
ököristálló *n* ox-stall, stable for oxen
ökörnyál *n* gossamer, air-threads *pl*

ökörsütés *n* ox-roasting
ökörszem *n* **1.** *(madár)* wren **2.** *nép (tükörtojás)* fried egg, *US így is:* egg sunny-side up
ököruszályleves *n* ox-tail soup
ökrösszekér *n* ox-cart
ökumenikus *a* ecumenical; ~ **mozgalom**, **ökumenizmus** the ecumenical movement, ecumenicalism, ecumenism, ecumenicism
öl¹ **1.** *vt (embert)* kill, slay*, put* to death; **vízbe** ~**i magát** drown oneself **2.** *(marhát)* slaughter, butcher; *(disznót)* butcher, stick* **3.** **ebbe** ~**te minden pénzét** he sank/put all his money into it **4.** *(átv, gyötör)* pester, worry, harass, bother; **mindig ezzel** ~ he keeps* dinning it into me, he keeps* on at me about it; ~**i a féltékenység** he is* eaten up with jealousy; **ne** ~**j folyton a kérdéseiddel** stop pestering/bothering me with your questions
öl² *n (testrész)* lap; ~**be tett kézzel** *átv* idly; **nem nézhetjük** ~**be tett kézzel** we cannot just sit there doing nothing (about it); ~**be tett kézzel ül** *átv* twiddle one's thumbs; ~**be tett kézzel várja a jószerencsét** expect to have everything handed to one on a plate; ~**(é)be vesz** take* (sy/sg) on one's lap; **vk** ~**ébe ül sit*** in/on sy's lap; ~**ébe hull get*** sg by a fluke, come* by sg without lifting a finger; **a természet (lágy)** ~**én** in Nature's bosom; ~**re megy vkvel** come* to blows/grips with sy
öl³ † *n* **1.** *(űrmérték, fának, 4 m³)* kb. cord; 4 steres; **egy** ~ **fa** four steres of wood **2.** *(hosszmérték, 183 cm)* six feet; **két** ~ **magas** six feet (*v.* six-foot) high
öldöklés *n* massacre, butchery, slaughter
öldöklő *aₐvk* murderous; *vm* deadly; ~ **verseny** cutthroat/breakneck competition
öldököl, öldös *v* kill off, massacre, slaughter
öleb *n* lap dog
ölel *v* embrace, hug, put* one's arms round sy; **magához** ~ fold sy in one's arms, embrace (sy); **szeretettel** ~ *(levél végén)* with (much) love, yours affectionately, yours ever, as ever *(és a keresztnév)*
ölelés *n* embrace, hug
ölelget *v* hug, cuddle, fondle
ölelkezés *n* embrace; *(szerelmeskedve, biz)* necking
ölelkez|ik *v* **1.** *(személyek)* embrace; *(szerelmeskedve, biz)* bill and coo, neck **2.** *(tárgyak, dolgok)* overlap
ölelkező *a* **1.** *(emberek)* embracing **2.** ~ **rímek** ⟨the rhyme scheme a b b a⟩

ölelő *a* embracing, clasping; ~ **karok** embracing arms
öles *a* **1.** † *(öl nagyságú)* six-foot long/high/ wide **2.** ~ **betűkkel** in big/huge letters; ~ **ember** a tall(, strapping) man°; ~ **léptekkel** with huge strides
ölés *n* **1.** *(embert)* kill(ing), slaying; *(mészárlás)* slaughter(ing) **2.** *(állatot)* slaughtering; *(disznót)* sticking
ölfa *n* cordwood
ölő *a* **lassan** ~ **méreg** slow(-acting) poison
ölt *v* **1.** *(varr)* stitch, make* stitches; **de hogy egyik szavam a másikba ne** ~**sem** to cut a long story short; **kart karba** ~**ve** arm in arm **2.** **magára** ~ *(ruhát)* put* on [a dress]; **gyászt** ~ go* into mourning (for sy) **3.** *átv (magatartást stb.)* assume; **új alakot** ~ assume/take* a new shape/form; **óriási méreteket** ~ assume (*v.* grow* to) considerable proportions, grow* out of all proportion; **ünnepélyes arcot** ~ put* on a solemn face; **testet** ~ take*/assume shape, materialize ⇨ **nyelv**
öltés *n (orv is)* stitch; *(orv varrat)* suture; **egy-két** ~**sel összevarr** *(sebet is)* put* a couple of stitches in, tack together
öltő *n* **egy** ~ **ruha** a suit (of clothes), an outfit
öltöget *v* **1.** *(varr)* stitch, sew* **2.** **nyelvét** ~**i stick*** one's tongue out repeatedly, keep* sticking one's tongue out
öltöny *n* suit
öltözék *n =* **öltözet**
öltözet *n* ált clothing, clothes *pl*; *(férfiöltöny)* suit, outfit; *(női ruha)* dress
öltözetlen *a* undressed, in a state of undress *ut.*
öltöz|ik *v* dress, get* dressed, put* on one's clothes; *vmbe* dress (*v.* be* attired) in sg; **jól** ~**ik** be* well-dressed; **könnyen** ~**ik** put* on light clothes/clothing, be* lightly dressed; **melegen** ~**ik** put* on warm clothes/ clothing, dress warmly; **vmbe (van)** ~**ve** be* dressed in sg; **vmnek** ~**ik** dress (oneself) up as sg; **jól** ~**ött** well-dressed, smart; **rosszul** ~**ött** shabbily dressed *ut.*, down at heel *ut.*, down-at-heel
öltözködés *n* dressing, putting on one's clothes
öltözköd|ik *v* dress, get* dressed, put* on one's clothes ⇨ **öltözik**
öltöző *n szính és* ált dressing-room; *sp* dressing/changing-room; *(uszodában)* cubicle
öltözőasztal *n* dressing-table
öltöztet *v* dress, clothe
öltöztetőnő *n szính* dresser

ölyv *n* hawk, buzzard

őméltósága *n* (†, *ill. diplomáciában*) His Lordship, Her Ladyship, His/Her Honour (*US* -or)

ömleng *v* gush (*vmről/vkről* over sg/sy), go* into raptures over sg/sg, be* effusive, pour out one's heart, *biz* rave about sg

ömlengés *n* outpouring(s) (of the heart), effusiveness, effusions *pl*

ömlengő *a* gushing, gushy, effusive, soppy

ömlés *n* pouring, stream(ing), gush(ing)

ömleszt *v* pour, dump

ömlesztett *a* **1.** *ker* in bulk *ut.*; ~ **áru** goods in bulk *pl*, bulk goods *pl* **2.** ~ **sajt** processed cheese

ömlesztve *adv* in bulk

öml|ik *v* flow (*vmből* from, *vmbe* into sg), run* (*vmbe* into), stream, gush into; **vmbe** ~**ik** flow*/run*/pour into sg; ~**ik az eső** it's pouring (with rain); □ it's pissing with rain, it's pissing down; **csak úgy** ~**ött az eső** the rain came pouring down; **a Duna a Fekete-tengerbe** ~**ik** the Danube flows/empties into the Black Sea; ~**öttek a könnyei** tears welled/gushed from her eyes; ~**ött róla az izzadság** sweat was pouring off him (*v.* streaming down his face), his face was streaming with sweat; ~**ött a vére** he was bleeding profusely, the blood was pouring from him

ön I. *pron (megszólítás)* you; ~**t,** ~**ök(et)** you **II.** *(birtokos jelzőként)* your; **ez az** ~**(ök) könyve** this is your book; **ezek az** ~**(ök) könyvei** these are your books; **ez az** ~**(ök)é** this is yours

ön- *pref* self-, auto-

-ön *suff* → **-on**

őnagysága *n* † madam, her ladyship

önálló *a* **1.** *vk* independent, self-supporting; *(önállóan dolgozó)* self-employed [person, craftsman°, builder etc.]; *(szabadúszó)* freelance [writer, artist, journalist etc.]; *kif* stand* on one's own (two) feet; ~ **fiatal nő/leány** a bachelor girl, a self-supporting young lady; ~ **fiatalember** a self-supporting young man°; *közg* ~ **elszámolás** self-financing; ~ **(kis)iparos** self-employed craftsman°; ~ **műhelye van** he has his own workshop; ~ **üzemegység** self-contained production unit **2.** *(állam)* independent, autonomous [state] **3.** *(lakás)* self-contained [flat] **4. nincs egy** ~ **gondolata** (s)he hasn't a single original idea/thought in his/her head

önállóan *adv* independently; *(egyedül)* unaided, alone, by oneself; ~ **él** live alone; ~

dolgozik be* self-employed; ~ **gondolkodik** think* for oneself; ~ **dönt** decide for oneself, make* up one's own mind

önállóság *n* independence; **nem sok** ~ **van benne** he lacks initiative; ~**ra nevel** teach* sy to think/fend for oneself

önállósít *v* make*/render sy/sg independent; ~**ja magát** (1) *ált* make* oneself independent, stand* on one's own (two) feet (2) *ker* set* up in (a) business, set* up for oneself, become* self-employed

önállósod|ik *v* = **önállósul**

önállósul *v* become* independent

önállótlan *a* dependent on others *ut.*, lacking independence/initiative *ut.*, *kif* be* always dependent on others

önállótlanság *n* lack of initiative, lack of self-reliance, dependence

önáltatás *n* = **önámítás**

önámítás *n* self-deception/deceit/delusion

önarckép *n* self-portrait

önbecsülés *n* self-respect/esteem

önbeporzás *n* self-pollination

önbírálat *n* = **önkritika**

önbíráskodás *n* taking the law into one's (own) hands, acting as one's own judge, *főleg US:* lynch law

önbizalom *n* (self-)confidence/assurance

önborítékoló *a* ~ **levélpapír** self-sealing envelope; *(légipostai)* air letter, aerogram(me)

önborotva *n* safety razor

öncél *n* an end in itself

öncélú *a* having an end in itself *ut.*; ~ **művészet** art for art's sake

öncsalás *n* = **önámítás**

öncsodálat *n* self-admiration

öncsonkítás *n* self-mutilation, voluntary mutilation

öndicséret *n* self-praise/advertisement

őneki *adv* (to) him/her; ~**k** (to) them

önelégült *a* complacent, self-satisfied/contented, smug, *(ostobán)* fatuous

önelégültség *n* complacency, complacence, self-satisfaction, smugness

önelemzés *n* self-analysis (*pl* -analyses), introspection

önéletírás *n* autobiography

önéletíró *n* autobiographer

önéletrajz *n* **1.** *ir* autobiography; ~ **jellegű** it's (purely) autobiographical **2.** *(álláshoz, pályázathoz, szakmai)* curriculum vitae (*pl* curricula vitae), *biz* cv, *csak US:* résumé

önéletrajzi *a* autobiographic(al)

önellátás *n* (economic) self-sufficiency, autarky

önellátó *a* **1.** *vk* self-supporting, independent, self-reliant **2.** *(ország, gazdaságilag)* self-sufficient *(vmben in sg)*, self-supporting; **tejtermékek tekintetében** ~ **ország** a country self-sufficient in dairy products
önellentmondás *n* self-contradiction; ~**ba kerül** contradict oneself
önelszámoló *a* self-financing
önérdek *n* self-interest
önerő *n* one's own resources *pl*; **önerejéből küzdötte fel magát** he fought his way up unaided, he is* a self-made man°
önérzet *n* self-esteem/respect; **túlzott** ~ self-importance, pride, conceit; **sérti az** ~**ét** hurt*/offend one's self-respect
önérzetes *a* self-respecting/confident/assured
önérzetesked|ik *v* be* easily offended, be* touchy, be* (over-)sensitive
önérzetesség *n* = **önérzet**
ön- és közveszélyes *a* → **önveszélyes**
önetető *n* self-feeder
önfegyelem *n* self-discipline/control/command
önfegyelmezés *n* = **önfegyelem**
önfejű *a* self-willed, headstrong, stubborn, wilful *(US* willful), obstinate
önfejűség *n* headstrongness, obstinacy, stubbornness
önfejűsköd|ik *v* be* self-willed, be* headstrong
önfeláldozás *n* **1.** *(életét áldozza fel)* self-sacrifice **2.** *(áldozatvállalás)* self-denial
önfeláldozó *a* **1.** *(életét feláldozó)* self-sacrificing **2.** *(áldozatvállaló)* self-denying
önfeledt *a* (self-)abandoned; ~ **boldogság** delirious joy; *kif* get* carried away (by/with sg); ~**en** with abandon; *(boldogan)* in gay abandon
önfelhúzó *a* *(óra)* self-winding [watch]
önfenntartás *n* self-support(ing)
önfenntartási *a* ~ **ösztön** instinct of self-preservation
öngól *n* own goal
öngúny *n* self-mockery/irony
öngyilkos I. *n* suicide **II.** *a* suicide(-), suicidal
öngyilkosság *n* suicide; ~**ot követ el** commit suicide, take* one's own life
öngyilkossági *a* suicidal; ~ **kísérlet** attempt at *(v.* attempted) suicide; ~ **szándék** suicidal intentions *pl*
öngyújtó *n* lighter
önhatalmú *a* arbitrary
önhatalmúlag *adv* on one's own (authority/initiative), arbitrarily; ~ **cselekszik** take* the law into one's own hands

önhiba *n* ~**jából történt** the fault is his, he has only himself to blame; ~**ján kívül** through no fault of his (own)
önhitt *a* conceited, self-centred/important/sufficient, arrogant, haughty, supercilious
önhittség *n* conceit, arrogance, haughtiness, superciliousness, hubris
önigazgatás *n* self-management, self-administration
önigazolás *n* self-justification
önimádat *n* self-adulation/worship/love
önindító *a* self-starter, (automatic) starter
önindukció *n* self-induction
önismeret *n* self-knowledge
önjáró *a* self-propelled/propelling
önjelölt *n* self-appointed candidate
önként *adv* **1.** *(saját magától)* voluntarily, of one's own accord, of one's own free will, willingly, spontaneously; *(kéretlenül)* unasked (for); ~ **jelentkezik a rendőrségen** he gives* himself up to the police; ~ **vállalkozik vmre** volunteer to do sg **2.** *(önkéntelenül)* ~ **adódik a válasz** the answer is self-evident; ~ **felvetődik a kérdés** the question suggests itself, the obvious question is ...
önkéntelen *a* involuntary, unintentional, automatic, spontaneous
önkéntelenül *adv* involuntarily, spontaneously; ~ **arra gondol az ember, hogy** you can't help thinking of ...; you can't help drawing the conclusion that ...
önkéntes I. *a* voluntary, spontaneous; *(kéretlen)* unasked for *ut.* **II.** *n kat* volunteer
önkéntesség *n* **1.** *ált* spontaneity, spontaneousness; ~**elve** voluntary principle, voluntar(y)ism **2.** *kat* service as (a) volunteer
önkény *n pol* absolutism, despotism
önkényes *a* arbitrary, high-handed; ~ **intézkedés** high-handed action, arbitrary act
önkényesen *adv* arbitrarily, high-handedly; ~ **jár el** be* high-handed, act arbitrarily
önkényeskedés *n* arbitrariness, high-handedness, high-handed action/behaviour
önkényesked|ik *v* be* high-handed, act arbitrarily
önkényuralom *n* absolutism, autocracy, despotism
önképzés *n* self-education
önképzőkör *n kb.* (school) literary and debating society
önkezével *adv* by one's own hand; ~ **vetett véget életének** he took his own life, he committed suicide
önki *n biz* self-service
önkielégítés *n* masturbation

önkifejtés *n* self-expression
önkínzás *n* self-torment/torture
önkioldó *a fényk* delayed-action (shutter) release, self-timer, delay timer
önkiszolgálás *n (étteremben, boltban)* self-service; *(bérbe vett nyaralóban)* self-catering
önkiszolgáló *a* self-service; *US* self-serve; ~ **vendéglő/étterem** cafeteria, self-service restaurant, *US* self-serve restaurant; ~ **bolt** self-service shop (*US* store); ~ **benzinkút** self-service petrol (*US* gas) station
önkívület *n* **1.** unconsciousness, coma; ~**be esik** lose* consciousness, faint **2.** ~**(é)ben dühöng** be* beside oneself with rage
önkívületi *a* ~ **állapot** coma
önkormányzat *n* self-government/rule, autonomy; **(helyi)** ~ local government/authority
önkormányzati *a* self-governing; *(helyi)* municipal; ~ **jog** right of self-government; ~ **joggal felruházott** autonomous
önköltség *n* prime/manufacturing cost, cost of production, cost-price
önköltségcsökkentés *n* reduction/lowering of costs/expenses
önköltségi *a* ~ **ár** cost/production price; ~ **áron** at cost (price)
önkritika *n* self-criticism; ~ **hiánya** lack of self-criticism; ~**t gyakorol** exercise self-criticism
önkritikus *a* self-critical
önmaga *pron (hímn.)* himself; *(nőn.)* herself; *(seml. n.)* itself; *(nyomatékosan)* he himself, she herself; ~**ban** for itself, in/by itself; ~**ért** for his/her/its own sake; **(ez)** ~**ért beszél** it speaks for itself; **ez** ~**t magyarázza** it is self-explanatory; ~**tól** by itself; **nagyon meg van elégedve** ~**val** be* self-satisfied, be* very pleased with oneself, be* complacent/smug; **elnéző** ~**val szemben** be* self-indulgent; **teljesen** ~**val van elfoglalva** be* entirely self-absorbed/centred, *(gondjaival stb.)* be* (too/very) taken up with his/her own problems
önmegfigyelés *n* self-observation, introspection
önmegtagadás *n* self-denial
önmegtagadó *a* self-denying
önmegtartóztatás *n* self-restraint; *(italtól)* abstinence, teetotalism; *(nemi)* continence
önmegtartóztató *a* self-restraining/restrained; *(italtól)* abstinent, teetotal; *(nemileg)* continent; ~ **életet él** he lives a life of self-restraint, he lives an ascetic life

önmegvalósítás *n* self-realization
önműködő *a* automatic; ~**en** automatically
önnevelés *n* self-education/improvement
önnön *pron* one's own
önös *a* † selfish, ego(t)istic
önöz *v* ⟨address sy as "ön"; address sy formally⟩
önreklám *n* self-advertisement
önrendelkezés(i jog) *n* (right to/of) self-determination; **a népek** ~**i joga** the right of peoples to self-determination
önsanyargatás *n* mortification (of the flesh), self-mortification, asceticism
önsegélyező *a* ~ **egyesület** friendly society, *US* benefit society
önsúly *n (árué)* net weight; *(járműé)* weight empty, tare, unladen weight
önszabályozó *a* self-adjusting/regulating
önszántából *adv* of one's own free will, of one's own accord, voluntarily
önszeretet *n* self-love
önszuggesztió *n* autosuggestion
önt *v* **1.** *(folyadékot)* pour; **oda** ~**sd(, ne a kádba)** pour/dump it there (not into the tub); **bort** ~ **a pohárba** fill one's/sy's glass with wine; ~**sünk tiszta vizet a pohárba** let's have it out **2.** *(fémet)* (die-)cast*, found; *(gyertyát)* mould (*US* mold); **szavakba** ~ **put*** sg into words **3.** **bátorságot** ~ **vkbe** breathe courage into sy, inspire/fill sy with courage
öntapadó(s) *a* self-adhesive
öntecs *n* casting block, ingot
öntelt *a* conceited, self-important/satisfied/complacent, swollen-headed
önteltség *n* conceit, self-importance/satisfaction
öntés *n* **1.** *(folyadéké)* pouring **2.** *(fémé)* cast(ing), founding; *(szoboré)* casting, moulding (*US* molding)
öntési *a* ~ **hiba** defect in casting/founding, blister; ~ **hulladék** cast scrap
öntet *n (tésztafélék ízesítésére)* flavouring (*US* -vor-) sauce; *(saláta)* dressing
öntevékeny *a* self-motivated; *(amatőr)* amateur
öntevékenység *n* spontaneous/independent activity/action
öntő *n* = **öntőmunkás**
öntőcsarnok *n* pouring hall
öntöde *n* foundry
öntőforma *n* mould (*US* mold); *(fémből)* die
öntöget *v* keep* (on) pouring
öntöltő *a* self-charging/feeding/filling
öntőminta *n* = **öntőforma**

öntőmunkás n foundryman°, foundry hand/ worker, metal founder/caster
öntőműhely n foundry
öntörvényű a autonomous
öntöttvas n cast iron; *(jelzőként)* cast-iron
öntöz v *(utcát, növényt)* water [street, plants]; *(gyepet)* sprinkle, hose; *(csatornákkal)* irrigate
öntözés n *(utcáé, növényé)* watering; *(gyepé)* sprinkling, hosing; *(csatornákkal)* irrigation
öntözőautó n = öntözőkocsi
öntözőberendezés n irrigation plant
öntözőcsatorna n irrigation canal
öntözőkanna n watering can, US *így is:* sprinkling can
öntözőkocsi n water(ing)-car, US street--sprinkler
öntudat n **1.** *(eszmélet)* consciousness; ~ánál van be* conscious, be* in possession of all one's senses/faculties; **nem volt teljes** ~ánál he was not in the possession of all his senses/faculties, he was (nearly) unconscious; **elvesztette** ~át he lost* consciousness, he became* unconscious, he fainted; **visszanyerte** ~át he recovered/regained consciousness, he came to/round **2.** *(öntudatosság)* (self-)consciousness, self--awareness/respect; ~**ra ébred** find* oneself; *(munkásosztály)* become* class-conscious
öntudatlan a *(állapot)* unconscious; *(tett)* unintentional, spontaneous
öntudatlanság n **1.** *(eszméletlenség)* unconsciousness **2.** *(öntudatosság hiánya)* lack of self-consciousness/awareness/respect
öntudatos a (self-)conscious, self-respecting; *(önérzetes)* self-assured/confident; *(munkás)* class-conscious
öntudatosság n (self-)consciousness, self--awareness; *(munkásé)* class-consciousness
öntvény n cast(ing), mould(ing) (US molding)
önuralom n self-command/control/restraint/possession; **nagy** ~**mal rendelkezik** be* self-possessed
önürítő a ~ **tehergépkocsi** tipper truck/lorry
önvád n self-accusation/reproach
önvallomás n confession, avowal
önvédelem n self-defence (US -se); **jogos** ~ justifiable self-defence; ~**ből** in self--defence
önveszélyes a be* a danger to oneself; **önés közveszélyes őrült** raving lunatic, *kif* be* a danger to oneself and the general public

önvezérlés n el automatic control; *kat, rep* homing guidance
önvizsgálat n self-examination, introspection; ~**ot tart** hold* communion with oneself
önzés n selfishness, ego(t)ism
önzetlen a unselfish, selfless; *(magatartás)* altruistic; ~ **ember** altruist
önzetlenség n unselfishness, selflessness
önző **I.** a selfish, ego(t)istic, self-centred (US -centered) **II.** n ego(t)ist, self-seeker
őr n ált keeper, guard, watchman°; *(börtön)* warder, turnkey; *(hajón)* watch-keeper; *kat* sentry, sentinel; *átv* guardian, protector; ~**t áll** be* on the watch, keep* guard (over sg); *kat* be*/stand* on guard, be* on sentry duty; ~**t állít** post a sentry
őrálló n sy on guard
őrállomás n (sentry) post
őrangyal n guardian angel
őrbódé n cabin, shelter (for watchman°); *kat* sentry-box
ördög n devil; **a nyomda** ~**e** typographical gremlin(s); **ki az** ~ **jön ilyenkor?** who the dickens (v. who on earth) can be coming at this hour/time?, who in heaven's name can be coming at this hour/time?; **szegény** ~ poor devil/beggar; **vigyen el az** ~**!** the devil take you!; **veri az** ~ **a feleségét** it's rain and shine together; **az** ~ **nem alszik** you never can be too careful; **az** ~**be is!** hang/damn/confound it!, hell!; **ezzel az úttal tartoztam az** ~**nek** it was a fool's errand; **hol az** ~**ben van?** where on earth is* he/it?; **nem jó az** ~**öt a falra festeni** talk of the devil (and he will appear)
ördögfióka n *(gyerekről)* little imp/devil
ördögi a devilish, diabolical
ördöngös a **1.** *(megszállott)* possessed by the devil *ut.*, obsessed **2.** *(ügyes)* átv fiendishly/diabolically clever; ~ **fickó** a devil of a fellow
ördöngösség n *(megszállottság)* being possessed by/of the devil
öreg **I.** a **1.** ált old; *(koros)* aged, elderly; ~ **bácsi** an old gentleman; ~ **ember** an old *(v. tapintatosabban:* elderly) man°, a rather old man; ~ **fiú** old boy; ~ **harcos** veteran; *iron* **az** ~ **lány** the old girl/lady; **félretesz** ~ **napjaira** put* sg by/away (v. be* saving) for one's old age; ~ **szivar** old boy **2.** *nép* † *(nagy)* big, large; ~ **este** late in the evening; *biz* **ez aztán** ~ **hiba** that's a real howler **II.** n old man°, greybeard; *biz* **az** ~ (1) *(vk apja)* the old man (2) *(főnök)* the

boss; **az** ~**ek** (1) old/elderly people, the old/aged (2) *(biz a szülők)* mother and father, *US* (sy's) folks; ~**ek otthona** old people's home, old-age home, *biz* old folks' home; ~**em!** I say (*v.* listen) old chap/ thing/boy ⇨ **öregebb**
öreganya *n* grandmother; ⸸**m!** I say grandma!
öregapa *n* grandfather
öregasszony *n* old woman°
öregbít *v (vk hírnevét)* enhance [sy's reputation]
öregdiák *n* old boy, graduate, *US* alumnus (*pl* alumni)
öregebb *a* older; *(családon belül)* elder; **az ~ testvérem** my elder brother; **ő ~, mint én** he is older than I am (*v.* than me); **két évvel ~ nálam** he is* two years my senior (*v.* older than me) ⇨ **öreg**
öregedés *n* ag(e)ing, growing old
öreged|ik *v* = **öregszik**
öregember *n* old man°
öreges *a* elderly, of old age *ut.*
öregít *v* **1.** *(öltözet vkt)* make* sy look older **2.** *(öregebbnek mond)* make* sy/oneself out to be older than (s)he is
öregkor *n* old age; **késő ~ban** in one's declining years
öregkori *a* old-age, of old age *ut.*; *orv* senile; ~ **biztosítás** old-age insurance; ~ **gyengeség** senility, senile weakness/decay; ~ **nyavalyák** the afflictions of old age; ~ **távollátás** presbyopia
öreglegény *n* bachelor
öregségi *a* old-age, of old age *ut.*; ~ **nyugdíj** old-age pension
öregsz|ik *v* grow* old, age *(j. m. igeneve* ageing *v.* aging), be* growing old, be* getting on (in years), be* advancing in years; **érzem, hogy öregszem** I feel my age/years
öregszülők *n pl* grandparents
öregujj *n (lábon)* big toe
öregúr *n biz* old gentleman°
őrgróf *n* marquis, marquess
őrgy. = **őrnagy** major *(röv* Maj.)
őrhajó *n* patrol/guard-boat, vedette(-boat)
őrház *n* ált watchman's hut/house; *kat* sentry-box; *vasút* signal-box, *US* signal tower
őrhely *n* post; *átv* watch, post
őriz *v* **1.** *ált* watch (over), guard, take* care of, keep* an eye on, keep* a watch over/on; **nyájat ~** tend a flock; **Isten ~z!** God forbid!; **őrzi az ágyat** be* laid up, keep* to one's bed; **vmnek/vknek az emlékét őrzi** cherish the memory of sg/sy **2.** *(haszná-*

latra) keep* (for use), preserve **3.** *sp (vkt futballban, kif)* do* the shadowing
őrizet *n* **1.** *(megőrzés)* care, protection, charge, safety; **vmt vk ~ére bíz** entrust sg to (the care of) sy, place sg in the custody of sy; *(értéket)* leave* sg in safe custody **2.** *(rendőri)* custody; ~ **alatt van** be* in (police) custody; ~**be vesz vkt** detain sy, take* sy into custody; ~**be vették** (s)he is (*v.* has been) detained, (s)he has been taken into custody; ~**be vétel** detention, seizure, arrest, custody; ~**be vett személy** detainee; ~**ben van** be* in (police) custody **3.** *(kíséret, kat stb.)* escort
őrizetes *n* detainee
őrizetlen *a* ~**ül hagy** leave* sg unattended; ~**ül hagyott** unattended; ~ **hagyott csomag** a bag left unattended
őrizked|ik *v vmtől* guard against sg; *vktől* be* on one's guard against sy; *(tartózkodik vmtől)* refrain from sg; ~**jünk a zsebtolvajoktól** beware of (*v.* watch out for) pickpockets; ~**ik a véleménynyilvánítástól** refrain from committing oneself, *biz* sit* on the fence
őrjárat *n (a szolgálat)* patrol; *(a körlet)* beat; ~**on van** go*/be* on patrol, patrol, be* on guard duty, *GB* be* on sentry-go
őrjít *v ne* ~**ts!** you're driving me to distraction, stop it!, *US* stop bugging me!
őrjítő *a* maddening; *(fejfájás, fogfájás)* raging [headache, toothache]
őrjöng *v* rave, be* delirious/mad, rage; ~ **a dühtől** be* raging/raving with anger
őrjöngés *n* (ranting and) raving, fit of madness, rage
őrjöngő *a* raving (mad)
őrködés *n* watch(ing), guarding, care
őrköd|ik *v* **1.** *(őrségben)* watch over, keep* guard over, stand* watch/guard over, keep* watch **2.** *vkre/vmre* take* care of sy/sg, keep* an eye on sy/sg, look after sy/sg
őrláng *n* pilot light
őrlemény *n* milling product, grist
őrlés *n* grinding, milling (of corn)
őrlési *a* milling
őrlő I. *a* grinding, milling **II.** *n* **1.** = **őrlőgép 2.** = **őrlőfog**
őrlőd|ik *v* **1.** *(gabona)* be* ground **2.** *átv* wear* (*v.* be* worn) away ⇨ **malomkő**
őrlőfog *n* molar, grinder
őrlőgép *n* grinding/milling machine, grinder, mill
őrm. = **őrmester** sergeant *(röv* Sergt., Sgt.)
örmény *n* Armenian
Örményország *n* Armenia

őrmester *n* sergeant *(röv* Sergt., Sgt.)
őrnagy *n* major *(röv* Maj.)
őrnaszád *n* patrol-boat
örök I. *a* **1.** *ált* eternal; *(örökkévaló)* everlasting; *(állandó)* permanent; ~ **áron elad** sell* sg in perpetuity *(v.* for ever); ~ **élet** eternal life, life everlasting; ~ **életére** for the rest of one's life; ~ **életű** of life everlasting *ut.,* eternal, immortal; **az** ~ **emberi** the human factor; ~ **értékű** = **örökbecsű; az** ~ **hó határa** snow-line; ~ **időkre** for ever; ~ **időktől fogva** from/since time immemorial; ~ **igazság** eternal truth **2.** *(folytonos)* perpetual, unending, ceaseless, endless, continual; ~ **veszekedés** endless quarrelling *(US* -l-) **II.** *n* ~**be ad vmt vknek** give* sy sg for good; ~**be fogad** adopt; ~**be fogadott gyermek** adopted child°; ~**be fogadó szülők** adoptive parents; ~**ébe lép** (1) *(örökséget átveszi)* come* into property, inherit sg from sy, become* sy's heir (2) *átv* succeed/follow sy, take* over (from sy), *biz* step into sy's shoes ⇨ **harag, örökül**
örökbecsű *a* of lasting/imperishable value *ut.*
örökbefogadás *n* adoption
örökbefogadó *n* **az** ~**k** the adoptive parents
örökérvényű *a* eternal, never-changing; ~ **igazság** eternal truth
örökhagyó *n jog* testator, *(nő)* testatrix
örökifjú *a* ageless, perennially youthful
örökít *v* = **örökül** *hagy*
örökjáradék *n* perpetual annuity, perpetuity
örökjog *n* law of succession/inheritance, right of inheritance
örökké *adv* **1.** *(örökre)* eternally, for ever; **semmi sem tart** ~ nothing lasts for ever; ~ **tart** last for ever; ~ **tartó** everlasting, imperishable, eternal **2.** *(folytonosan)* continually, perpetually; ~ **csak azt hajtogatja** be* always harping on sg *(v.* on the same theme/string); ~ **csak kártyázik** he does nothing but gamble *(v.* play (at) cards); ~ **csak morog** he is for ever grumbling
örökkévaló *a* eternal, everlasting; *(nem vall)* perennial
örökkévalóság *n* eternity, everlastingness, perpetuity; **egy** ~**nak tűnt** it seemed like an eternity
örökkön-örökké *adv* for ever and ever, world without end
öröklakás *n* owner-occupied flat, *US* condominium; ~ **tulajdonosa** owner-occupier
öröklékeny *a* = **örökletes, örökölhető**

öröklés *n* succession, inheritance; ~ **útján** by right of succession/inheritance
öröklési *a* ~ **jog** = **örökjog**
öröklést *n* (science of) heredity, genetics *sing.*
örökletes *a (betegség, hajlam)* hereditary
öröklőd|ik *v* **1.** *(betegség, tulajdonság)* be* hereditary, run* in the family **2.** *(vagyon)* be* handed down
öröklődő *a* = **örökletes**
öröklött *a* **1.** *(vagyon)* inherited, hereditary **2.** *(hajlam)* hereditary, inborn, innate; ~ **tulajdonság** inherited quality, strain
öröknaptár *n* perpetual calendar
örököl *v* inherit (sg), come* into [a fortune/legacy *v.* money], be* heir to; **vktől vmt** ~ inherit sg from sy, be* the heir of sy; ~**t egy házat** (s)he inherited a house; **nagy vagyont** ~**t** (s)he came into *(v.* inherited) a fortune
örökölhető *a (vagyon stb.)* (in)heritable, heritable ⇨ **örökletes**
örökös¹ *a* **1.** *(folytonos)* perpetual, unending, ceaseless, continual, constant **2.** *(örök)* eternal; ~ **tag** *(társaságban)* life member (of sg); **az Operaház** ~ **tagja** a permanent/life member of the Opera House Company
örökös² **I.** *n* heir, inheritor; *(nő)* heiress; **általános** ~ heir general, sole/universal/only heir, heir-at-law; **feltétlen** ~ heir apparent; **törvényes** ~ rightful/legal heir, heir-at-law; **végrendeleti** ~ testamentary heir; ~**évé teszi** make* sy one's heir, appoint sy as one's heir **II.** *a tört* hereditary; ~ **tartományok** hereditary provinces
örökösödés *n* inheritance, succession
örökösödési *a* **1.** *jog* ~ **illeték** *ált* death duty, *GB* capital transfer tax [on gifts after sy's death], inheritance tax, *US* death/estate tax **2.** *tört* ~ **háború** war of succession
örököstárs *n* co-heir, joint heir; *(nő)* co--heiress, joint heiress
örökre *adv* for ever (and ever), for good; *(kap vmt) biz* for keeps
örökrész *n* portion (of an/the inheritance), inheritance, hereditary portion
örökség *n* inheritance, *US* estate; *(ingóvagyon-hagyaték végrendeletileg)* legacy, bequest; *(ingatlan)* devise; **szellemi** ~ spiritual heritage; ~**ből kizár** disinherit, deprive of succession; ~**ből kizárás/kirekesztés** disinheritance; ~**ről lemond** abandon/relinquish one's claim to an estate; ~**et átvesz** come* into one's property; ~**ül hagy** → **örökül** *hagy*

örökszép *a* ever-beautiful

öröktől fogva *adv* from/since time immemorial

örökül *adv* ~ hagy leave* sg by will; *(ingatlant)* devise; *(főleg ingóságot)* bequeath; ~ jut vkre devolve on sy, fall* to the share of sy

örökvaku *n* flashgun, automatic *(v.* built-*in)* flash

örökzöld *a* *növ és átv* evergreen

őröl *v (gabonát, kávét)* grind*, mill; finomra ~ pulverize; vm vk idegeit őrli it grates on one's/sy's nerves ⇨ malom

öröm *n* joy, pleasure, gladness, happiness, delight; *(örvendezés)* rejoicing; ~ volt őt hallani it was a pleasure to hear him; nagy ~ (volt) ez számomra this/it gives me great pleasure; anyai ~ök elé néz be* expecting (a baby); az élet ~ei the joy(s) of life; búban és ~ben for better for worse, in joy and in sorrow; ~ében sír she is* crying for/with joy; ~ömre szolgál it is* a great pleasure for me to . . ., I am* delighted to hear/learn (that), I'm very pleased to . . .; vk nagy ~ére much to the delight of sy; ~et szerez vknek please/delight sy, afford/give* sy (great) pleasure; ~ét leli vmben take* pleasure in sg, enjoy sg, delight in sg; elrontja vk ~ét mar sy's joy, spoil* sy's pleasure; ~től sugárzó arccal with a beaming face, (with a face) beaming/radiant with joy; túlárad az ~től bubble over with joy, be* overjoyed (at); oda van az ~től be* wild with joy; ~mel gladly, with pleasure; *(készséggel)* most willingly/readily; ~mel hallom I am delighted to hear/learn (that); ~mel jövök I shall be pleased/glad to come; ~mel tudatom/jelentem, hogy I have great pleasure in informing you that, I am pleased to (be able to) tell you that; legnagyobb/kész/ezer ~mel with (the greatest of) pleasure; tele ~mel full of joy; ~mel megyek I'm glad/happy *(v.* delighted) to go; ~mel teszek eleget a meghívásnak I am glad to accept the/your invitation (to); ~mel látjuk ebédre *(meghívón)* we request the pleasure of your company to dinner; ~mel várjuk a találkozást we look *(v.* we're looking) forward to seeing you

örömanya *n* bride's/bridegroom's mother [at the wedding]

örömapa *n* bride's/bridegroom's father [at the wedding]

örömérzet *n* feeling of joy

örömest *adv* with pleasure, willingly, gladly

örömhír *n* good news, glad tidings *pl*

örömittas *a* overjoyed, in an ecstasy of joy *ut.,* delirious with joy *ut.*

örömkönny *n* ~eket sír shed* tears of joy, weep* for joy

öröml(e)ány *n* woman° of pleasure, street-walker

örömmámor *n* ecstasy/thrill of joy; ~ban úszik be* overjoyed, be* in an ecstasy of joy/delight, be* beside oneself with joy

örömnap *n* day of joy/rejoicing

örömrepesve *adv* thrilled/flushed with joy, overjoyed

örömrivalgás *n* shouts of joy *pl,* cheers *pl,* cheering

örömszülők *n pl* parents of the bride and bridegroom [at the wedding]

örömtanya *n* house of ill repute/fame

örömtelen *a* joyless, cheerless, mirthless; ~ élet drab/dreary/dull life°, life° without joy

örömteli *a* joyful, joyous, glad, merry, jolly, full of joy *ut.*

örömtűz *n* bonfire

örömujjongás *n* jubilation, exultant joy, acclamations of joy *pl*

örömünnep *n* festival, high day, jubilee

őrparancsnok *n* commander of the guard, guard commander

őrs *n* 1. *kat* sentry, sentinel 2. *(úttörő, cserkész)* patrol

őrség *n kat* guard, watch; *(hely, vár)* garrison; *(sztrájknál)* picket; ~en van be* on sentry duty; ~et áll *kat* be*/stand* on guard, be* on sentry duty; *(sztrájknál)* be* on picket-duty; ~et állít *kat* post a sentry, mount guard; *(sztrájknál)* picket

őrségváltás *n kat* changing of the guard

őrsparancsnok *n kat* officer in command of a post *(v.* an outpost)

őrsvezető *n (úttörő, cserkész)* patrol leader

őrszem *n kat* sentry, sentinel, guard

őrszemes *a* ~ rendőr policeman° on point-duty

őrszó *n* catchword

őrszoba *n kat* post, guard-room; *(rendőri)* police station

őrszolgálat *n* sentry/guard duty, watch; *(rendőri, helyhez kötött)* point-duty

őrszolgálatos *a kat* on sentry duty *ut.* ⇨ őrszemes

őrtorony *n* watch-tower, lookout

örül *v* vmnek rejoice at/over (sg), be* glad (that . . . *v.* of sg), be* delighted (that . . . *v.* at/with sg); be* pleased (that . . . *v.* with sg); ~, hogy be* delighted/pleased that/to; nagyon ~ be* very happy/glad; nagyon

~ök, hogy ... I'm very pleased [to go etc. *v.* you've come etc.]; **előre** ~ **vmnek** look forward to (doing) sg; ~ök, hogy **láthatom** (I am) glad/pleased (*v.* very pleased) to see you; ~ünk, hogy **rövidesen találkozhatunk/láthatunk** we look (*v.* we're looking) forward to seeing you soon; ~ök, **hogy megismerhetem** *(bemutatásnál)* pleased to meet you; **igen** ~ök **neki** I am* very glad; ~jön **neki, hogy otthon maradt** you can be glad that you stayed at home, you are lucky you didn't go; ~**nénk, ha elfogadná** we should be glad if you accepted it, we should be glad if you would accept it; **nem igazán** ~ök **a gondolatnak** I'm not really happy with the idea of/that
őrület *n* madness, insanity; *tud* dementia; **vallási** ~ religious mania; **tiszta** ~! sheer madness!; ~**be kerget vkt** drive* sy mad
őrületes *a* terrific, incredible; ~ **fejfájás** splitting/raging headache; ~ **iram** terrific speed; ~ **összeg** tremendous sum
őrült I. *a vk* mad, insane, deranged; *biz* crazy, (gone) off one's head *ut.*; *(igével)* be* out of one's mind; *(cselekedet)* foolish, stupid, senseless; ~ **iramban** at breakneck speed; ~ **siker** sweeping/overwhelming success; *biz* ~ **spanyol** mad as a hatter; ~ **szerencse** uncommon/fantastic luck **II.** *n* madman°, maniac, lunatic; **csendes** ~ harmless lunatic; **dühöngő** ~ raving lunatic **III.** *adv* ~(en) madly, extremely, out of all proportion; ~ **gyorsan** in a jiffy/trice, double-quick; ~ **kellemetlen** extremely/very awkward; *kif* it's a terrible nuisance; ~ **sok** huge/tremendous amount of, lots/heaps of; ~(en) **szerelmes** be* madly in love (with sy); *biz* be* gone on sy
őrültekháza *n* lunatic asylum, mental home/hospital; *átv* bedlam
őrültség *n* madness, lunacy, insanity, frenzy; **ez (tiszta)** ~! this is* sheer madness!
örv *n* **1.** = **nyakörv 2. vmnek az** ~**e alatt** under the guise of sg, on/under the pretext of (doing) sg; **a barátság** ~**e alatt** under the guise of friendship
örvend *v* **1.** *(örül vmnek)* rejoice (at/over sg), be* glad (of sg), be* delighted (at sg), be* pleased (with sg); ~**ek a szerencsének** *(bemutatásnál)* very pleased to meet you **2.** *átv* **vmnek** ~ *(= magáénak mondhat)* enjoy/have*/possess sg; **jó egészségnek** ~ enjoy (*v.* be* in) good health; **jó hírnévnek** ~ have* a good reputation/name

örvendetes *a* pleasing, happy, fortunate; ~ **hír** welcome/good/happy news; **nagyon** ~, **hogy** ... it is a good thing that ...
örvendez|ik *v* rejoice ⇨ **örül, örvend**
örvendező *a* glad, rejoicing, joyful
örvény *n* **1.** *(vízé)* whirlpool, eddy **2.** *átv* whirl, turmoil; **az** ~ **szélén áll** stand* on the edge of a/the precipice, teeter on the edge/brink of disaster/ruin, be* on a/the slippery slope
örvényl|ik *v* whirl, swirl, eddy
őrvezető *n kat GB* lance corporal; *US* private first class
örvös *a* ringed, ring-necked; ~ **galamb** ringdove, wood pigeon
őrzés *n* watching, guarding, (safe-)keeping, custody
őrző I. *a* guarding, keeping **II.** *n* **1.** *ált* guard, preserver, watcher; **vk** ~**je** *(futballban, kif)* do* the shadowing **2.** *orv* intensive care (unit)
-**ős** *suff* **az 1945-ös választások** the elections of 1945
ős *n* ancestor, forefather, forebear, progenitor; **az** ~**ök** the ancestors; ~**eink** our fathers/ancestors
ős- *pref (nagyon régi)* ancient; *(ősökkel kapcsolatos)* ancestral; *(eredeti)* proto-, prot-, original, primeval, primordial, primitive
ősállapot *n* primitive/original state
ősállat *n* primitive/prehistoric animal
ősanya *n* ancestress
ősanyag *n* primary matter
ősapa *n* ancestor, forefather
ősbemutató *n* world premiere
ősegyház *n* the Early/Primitive Church
ősember *n* primitive man°, caveman°
őserdő *n* virgin forest, jungle; **trópusi** ~ rain-forest
őseredeti *a* primeval, primordial, primitive
őserő *n* force (of nature), elemental force
ősfoglalkozás *n* primitive/primeval occupation
ősforrás *n* (original/primary) source/spring
őshaza *n* original/early home(land)
őshonos *a* native
ősi *a (nagyon régi)* ancient; *(ősök idejéből származó)* ancestral; *(eredeti)* original, primeval; ~ **ház** ancestral home/seat; ~ **szó** native word; ~ **szokás** ancestral custom, tradition; ~ **vár** ancient castle
ősidők *n pl* bygone days, olden/ancient times; ~ **óta,** ~**től fogva** from time immemorial
őskeresztény *n* primitive/early Christian
őskommunizmus *n* = **ősközösség**

őskor *n tört* prehistoric/primitive age, prehistory

őskori *a* prehistoric, primitive, ancient; ~ **lelet** fossil

őskőkori *a* Palaeolithic (palaeo- *is*; *US* -leo-), Eolithic

őskőkorszak *n* Palaeolithic (palaeo- *is*; *US* -leo-), Old Stone Age

ősköltészet *n* ancient poetry

őskőzet *n* primitive/primary rocks *pl*

ősközösség *n* primitive community/society, primitive communism

őslakó *n* original inhabitant/settler, native; ~**k** aborigines

őslakosság *n* original inhabitants/settlers *pl*, aborigines *pl*

őslény *n* primitive/primordial being, fossil

őslénytan *n* palaeontology (*US* paleon-)

ősmagyar *n* ancient Hungarian, proto-Magyar/Hungarian

ösmer *v* = ismer

ősmonda *n* cosmogonic legends *pl*

ősnemzés *n* abiogenesis, autogenesis

ősnyelv *n* protolanguage

ősnyomtatvány *n* incunabula *pl* (*egyes sz.* incunabulum), incunable

ősok *n* primary cause

ősrégészet/*n*primitive archaeology (*US* arche-)

ősrégi *a* (very) old/ancient, age-old, of great antiquity *ut.*

ősrengeteg *n* virgin forest

őstársadalom *n* primitive society

őstehetség *n* (undiscovered) talent; a born musician/tenor/artist/swimmer etc.

őstermelő *n* primary producer, (local) farmer (selling his/her own produce)

őstermészet *n* (*emberé*) basic traits *pl*

őstípus *n* archetype, prototype

őstörténet *n* prehistory, early history

ősvadon *n* virgin forest

ösvény *n* path; **a kitaposott** ~**en halad** go*/walk on (*v.* follow) the beaten track

ősvilág *n* prehistoric/primeval/primitive world, prehistoric ages *pl*

ősz[1] *n* (*évszak*) autumn, *US* fall; **1983** ~**én** in the autumn/fall of 1983; ~**re** by autumn/fall; **az** ~**re** for the autumn/fall; **ősszel** in autumn, *US* in (the) fall; **az ősszel** this autumn/fall; **múlt ősszel** last autumn/fall; **jövő ősszel** next autumn/fall

ősz[2] *a/n* (*szín*) grey(-haired), *US* gray; (*ezüstös*) silver-headed; ~ **fejű** grey/white--haired, gray-headed, *US* gray- etc., hoary; ~ **haj** grey (*US* gray) hair; ~**be csavarodik/vegyül a haja** he is turning/going grey/gray

őszelő *n* early autumn, *US* early fall

őszentsége *n* His Holiness [the Pope]

őszerinte *adv* according to him, in his opinion

őszes *a* greyish, *US* grayish, touched with grey/gray *ut.*

őszi *a* autumnal, autumn, of autumn *ut.*, *US* fall, of fall *ut.*; ~ **árpa** winter/autumn barley; ~ **búza** winter/autumn wheat; *növ* ~ **kikerics** autumn crocus, meadow-saffron; ~ **szántás** autumn ploughing (*US* plow-); ~ **szél** autumn wind; ~ **vetés** (1) (*eredménye*) winter-corn (2) (*folyamata*) sowing of the winter-corn

őszibarack *n* peach

őszies *a* autumn, autumnal

őszike *n* = **őszi** *kikerics*

őszinte *a* sincere, frank, candid, open--hearted, plain-spoken, straightforward; ~ **vkvel** be* plain/open with sy; **ha egészen** ~**k akarunk lenni** to be quite frank; ~ **beszéd** plain talk, straight talking; ~ **híve** (*levélben*) Yours sincerely/faithfully, …; *főleg US:* Sincerely/Faithfully yours, …; **köszönet** heartfelt thanks *pl*; **fogadja** ~ **részvétemet** accept my deepest sympathies; ~ **tisztelettel** (*levélben*) Yours truly/sincerely, …; *főleg US:* Sincerely yours, …; ~ **vélemény** honest/candid opinion; **nem** ~ insincere

őszintén *adv* sincerely, frankly, openly, candidly; ~ **beszél** speak* sincerely, speak* one's heart/mind; ~ **megmondja véleményét** he speaks* quite openly, he speaks* straight from the heart; ~ **szólva** frankly, …; to tell the truth, frankly speaking, to put it bluntly, to be (quite) frank, speaking in all sincerity

őszinteség *n* sincerity, frankness, candour (*US* -or), openness; ~ **hiánya** insincerity

őszirózsa *n* aster, Michaelmas daisy

össz I. *pref* total, global, general **II.** *a* **ez az** ~ **vagyonom** that's all I've got

összállomány *n* total stock

összamerikai *a* Pan-American

összbenyomás *n* general/overall impression

összbevétel *n* total income

összbirodalom *n* the empire, commonwealth

összbüntetés *n* sum total of sentences imposed

össze- *pref* together (*l. az igéket*)

összead *v* **1.** (*számokat*) add (up/together) [figures], *biz* tot up **2.** (*pénzt vmre*) raise [a sum] by contributions, contribute (towards),

club together; **a család ~ta a pénzt az új kocsira** the family clubbed together to buy a/the new car **3.** *(összeesket)* marry, wed; *biz* **~ja magát vkvel** take*/join up with sy
összeadandó *a/n* **az ~k** the addable sums
összeadás *n mat* addition
összeakad *v* **1.** *(2 tárgy)* get* caught/stuck (on/in sg) **2.** *biz vkvel* come* across sy, run*/bump *into* sy
összeakaszkod|ik *v vk vkvel* pick a quarrel with (sy); *(két bokszoló)* clinch
összeakaszt *v* fasten/hook together/up; *(járműveket)* hitch/couple [carriage] on to (another)
összeáll *v* **1.**ʹ *(csoportba, társaságba)* assemble, gather/get* together; *(munkára)* team up with sy; *(egyesül)* unite, combine efforts (to do sg), join forces with sy **2.** *(vadházasságban)* take* up with sy **3.** *(ami folyós)* set*, thicken, coagulate, congeal; *(kötőanyag)* bind*
összeállít *v* **1.** *(darabokat, részeket)* assemble, put*/fit together; *(gépet, szerkezetet)* assemble, fit together; *(orvosságot)* make* up [the prescription, medicine] **2.** *(bizottságot)* set* up [a committee]; *(csapatot, sp)* form, pick, field [a team]; *(kormányt)* form [a government] **3.** *(írásművet, bibliográfiát stb.)* compile; *(kollekciót)* put* together, make* up [a collection]; *(listát)* draw* up [a list]; *(műsort)* draw* up, organize, arrange [a/the programme]; *(tervet)* draw* up [a scheme]; **~otta ...** compiled by ...
összeállítás *n* **1.** *(gépeké)* assembling, fitting together, setting up; *(orvosságé)* making up **2.** *(mint folyamat, bizottságé)* setting up; *(csapaté)* selecting; *(kormányé)* forming; *(műsoré)* drawing up, organizing, arranging; *(tervé)* drawing up **3.** *(a folyamat eredménye, ált és gépeké)* assembly, assemblage; *(bizottságé)* set-up; *(sp csapaté)* arrangement; *(futball)* line-up **4.** *(írásműé)* compilation; *(listáé)* list; *(műsoré)* line-up, arrangement; *(tervé)* draft
összeállítható *a* *(alkatrészek)* do-it-yourself, self-assembly; **könnyen (otthon is) ~ bútor** easy home assembly furniture, easily assembled furniture
összeaprít *v* break*/cut* *into* small pieces; *(fát)* chop (up)
összeasz|ik *v* dry up, shrivel *(US* -l), wither
összeáz|ik *v* get* (dripping) wet, get* wet through, get* soaked

összebalhéz|ik *v* □ *vkvel* fall* out with sy, have* a row with sg
összebarátkoz|ik *v vkvel* make* friends with sy, become* friends
összébb *adv* closer, more closely, closer together ⇨ **nadrágszíj**
összebékít *v* reconcile [two people], make* it up (between)
összebékül *v* be(come)* reconciled (with sy); *(emberek, népek)* make* peace (with sy); *(személyek)* make* one's peace with sy; **~tünk** we both agreed to make our peace
összebeszél 1. *vi vkvel* agree to do sg *(v.* on sg *v.* on doing sg); **~tek, hogy korán indulnak** they agreed to leave/start early, they agreed on (making) an early start **2.** *vi vkvel (vm rossz elkövetésére)* plot to do sg, connive/conspire together *(v.* with each other) (to do sg) **3.** *vt* **mindenfélét ~** talk nonsense/rubbish, rant ⇨ **tücsök**
összebogoz *v* **1.** get* sg tangled up; **~ódik** get* tangled up **2.** *átv* confuse, cloud [the issue]
összebombáz *v* bomb, plaster with bombs
összebonyolít *v* confuse, complicate, cloud [the issue]
összebonyolód|ik *v* get* tangled (up), get* complicated/confused/entangled
összeboronál *v biz* ⟨bring* two people together with the intention of getting them married⟩
összeborzad *v* shiver *(vmtől* with); **~ vm láttára** shudder at the sight of sg
összeborzol *v* *(hajat)* ruffle, tousle, *US* muss (up) [one's hair]; **a szél ~ja a haját,** **~ódik a haja a széltől** be*/look (very) windswept, one's hair gets dishevelled/tousled by the wind
összebúj|ik *v* *(fázósan)* huddle together; *(szerelmesen)* cuddle/snuggle up to each other; *(sugdolózva)* put* their heads together, go* into a huddle (with sy)
összecsap 1. *vt (kezet)* clap; *(bokát)* click [one's heels]; **~ja a kezét (1)** *(méltatlankodva)* make* a gesture of protest **(2)** *(csodálkozva)* throw* up one's hands in astonishment **2.** *vt biz (munkát)* knock up, knock/throw* (sg) together; *(írásművet)* throw* (sg) together; **septiben ~ott egy ebédet** she whipped/knocked up some/a lunch **3.** *vt (könyvet)* shut*/close with a bang **4.** *vi (ellenféllel)* join battle with, clash (with); *(vívásban és átv)* cross swords **5.** *vi* **~tak a feje fölött a hullámok** the waves dashed/broke over his head

összecsapás *n (fegyveres)* clash, collision; *(politikai)* clash

összecsapód|ik *v* clash (together), close with a bang

összecsapott *a* slap-dash [work], botched [job]

összecsatol *v* ált connect, bind* (together), link up; *(csattal)* buckle; *(kapoccsal)* clip together; *(vasúti kocsikat)* couple [carriages]

összecsavar *v* roll/coil (up)

összecsavarod|ik *v* twist up, get* tangled (up), be* rolled up

összecsendül *v (poharak)* clink

összecseng *v* harmonize; *(rímel)* rhyme; **a vers sorai ~enek** the lines of the poem rhyme

összecserél *v vmt vmvel* confuse sg with sg, mix up sg with sg *v.* mix sg up with sg; *vkt vkvel* mistake* sy for sy; **össze lehet cserélni a bátyjával** you can't tell him from his brother; **~ődik** be*/get* mixed up

összecsinál *v* **~ja magát** *biz* make* a mess in one's trousers (*US* pants)

összecsókol *v* kiss sy repeatedly, cover (sy) with kisses

összecsókolódz|ik *v vkvel* kiss each other

összecsomagol *v (utazásra)* pack (up); *vmt* do*/tie up sg into a parcel; **~tál már?** have you packed (your suitcase) yet?, have you packed up yet?

összecsomósod|ik *v* **1.** *(zsineg)* become* knotted, get* tangled (up); *(vizes haj)* mat **2.** *(tej)* clot, curdle; *(egyéb)* go* lumpy

összecsődít *v* herd together, assemble

összecsődül *v* gather in a crowd, assemble

összecsuk *v* **1.** *(becsuk)* close, shut*; *(összehajt)* fold (up) **2.** *biz (két embert)* lock up together

összecsukható *a* folding(-), collapsible; *(igével)* sg that collapses (*v.* folds up); **~ ágy** folding-bed, foldaway bed; **~ csónak/kajak** foldboat, faltboat (*német* Faltboot), collapsible boat; **~ ernyő** telescopic umbrella; **~ szék** folding chair

összecsukl|ik *v* collapse; *(fáradtságtól)* drop (down); **~ott** his knees gave way; **majd ~ott a fáradtságtól** (s)he was fit/ready to drop

összecsukód|ik *v* fold, shut*, close

összecsukós *a* = **összecsukható**

összedobál *v* throw*/fling*/sling* [things] together

összedolgoz *v (ruhadarabokat)* sew* together; *(tésztát)* knead together

összedolgoz|ik *v* **1.** *vi vkvel* work together (with sy), collaborate *(vmn* on) **2.** *vt biz* **sokat ~ik** he gets through a lot of work

összedől *v (ház, fal)* collapse, tumble down, crumble; **egy világ dőlt össze benne** he was deeply disappointed

összedőlés *n* collapse, tumbling down, crumbling; **~sel fenyeget** be* on the point of collapse; *(ház)* be* ramshackle

összedönt *v* shatter, knock/throw* down/over

összedörzsöl *v* rub together

összedrótoz *v* fasten together with wire

összedug *v biz* **~ják a fejüket** they put* their heads together

összeég *v* **1.** *(testrész)* burn* one's hand etc., be* burnt **2.** *(étel)* has burnt, be*/get* burnt (black)

összeéget *v* burn* (sg) (badly)

összeegyez|ik *v* **1.** *vkvel* agree, come* to terms, get* on well (*mind:* with); **jól ~nek** they get on well (with each other) **2.** *vmvel* harmonize, be* in harmony, square, tally (*mind:* with)

összeegyeztet *v (adatokat)* compare, collate [data]; *(másolatot eredetivel)* check/verify [copy] with [the original]; *(nézeteket)* reconcile [views]; *(programokat)* fit [sy's arrangements etc.] in with his/yours etc., coordinate [plans]; *(számlákat)* balance, verify [accounts]; *(szövegeket)* collate, compare [texts]; **~ vmt vmvel** square/reconcile sg with sg; **~i tetteit elveivel** make* one's actions conform to one's principles, square/reconcile one's behaviour/practice with one's principles; **nem tudja ~ni felfogásával** (s)he can't square it/this with his/her attitude to

összeegyeztetés *n (adatoké, szövegeké)* comparing, comparison, collation; *(másolaté eredetivel)* checking, verification; *(számláké)* balancing, verification

összeegyeztethetetlen *a vmvel* incompatible/irreconcilable/inconsistent with sg

összeegyeztethető *a vmvel* reconcilable/compatible with sg; **ez nem egyeztethető össze az elveimmel** it is not in keeping (*v.* not consistent) with my principles, I can't reconcile this with my principles

összeegyeztethetőség *n* compatibility

összeelegyed|ik *v vmvel* mix, mingle, blend (*mind:* with)

összeelegyít *v vmvel* mix, mingle, blend (*mind:* with)

összeenyvez *v* **1.** *vmt vmvel* glue/paste/ stick* together **2.** *(beenyvez)* ~tem **a kezem** I got my hand covered with glue

összeér *v (két vége vmnek)* meet*, abut on; *(két tárgy)* touch; *(két terület)* border on, be* next/adjacent to; **kertjeink** ~**nek** their garden abuts on/against ours

összeereszt *v* **1.** *(személyeket)* let* them come* together; ~**i a kutyákat** (s)he sets the dogs at each other **2.** *(asztalos)* join; *(csappal)* join (sg) by tenon and mortise, mortise (sg) together, mortise sg *(in)*to sg; *(fecskefarkúan)* dovetail

összeerősít *v* fasten together; *(szeggel)* nail together

összeesés *n* **1.** *(összerogyás)* collapse, fall-(ing down) **2.** *(időbeli)* coincidence; *(zavarólag)* clash

összees|ik *v* **1.** *(személy)* collapse, drop; **majd** ~**ik a kimerültségtől** be* ready to drop **2.** *(testileg)* get* thinner, lose* weight, be* run down; *(lelkileg)* break* down **3.** *(események időben)* coincide (with), concur; *(zavarólag)* clash *(vmivel* with); **esküvője** ~**ett a vizsgámmal** her wedding clashed with my examination **4.** *(felfújt dolog)* deflate, go* flat; *(étel)* settle

összeesket *v* marry/wed sy

összeesküsz|ik *v* **1.** *(vk ellen)* conspire/plot (with sy) against sg/sy; **mintha minden összeesküdött volna ellenem** as if everything conspired against me **2.** *(házasságot köt)* get* married

összeesküvés *n* conspiracy; **az állami rend megdöntésére irányuló** ~ conspiracy to overthrow the government; ~**t sző vk ellen** conspire/plot against sy, weave*/hatch a plot against sy

összeesküvő *n* conspirator, plotter

összeesz|ik *v* **mindent** ~**ik** devour everything, stuff oneself with all kinds of food

összeeszkábál *v* cobble/throw* sg together, improvise (sg), run* up (sg); ~**t egy széket** (s)he cobbled together a chair

összefacsarod|ik *v* ~**ik a szíve**~ *vmtől* it wrings* the/one's heart

összefagy *v biz* ~**tam** I am* frozen, I am* chilled to the bone

összefecseg *v* **sok butaságot** ~ talk nonsense/rubbish, burble away

összefektet *v* put* in the same bed with sy; ~**ték őket** they had to share a bed

összefér *v* **1.** *vkvel* get* on (well) with sy **2.** *vmvel* be* compatible/consistent with sg; **vm nem fér össze vmvel** be* inconsist-ent/incompatible with sg, be* not in keeping with sg

összefércel *v* **1.** *konkr* tack/stitch together; *(ruhát)* run* up [a garment] **2.** *biz (írásművet)* throw* (sg) together

összeférhetetlen *a* **1.** *(összeegyeztethetetlen)* incompatible (with); *(felfogás)* inconsistent (with); **ez** ~ **állásommal** it is* incompatible with my position **2.** *(természet)* unsociable, quarrelsome, bad-tempered; ~ **ember** a person difficult to get on with

összeférhetetlenség *n* **1.** *(dolgoké)* incompatibility; *(felfogásoké)* inconsistency **2.** *(jellemé)* unsociableness, quarrelsomeness

összeférhető *a* **1.** *(dolgok)* compatible, consistent **2.** *(természet)* sociable, accommodating

összefirkál *v* scrawl on; *(falat)* cover [a/the wall] with graffiti

összefog 1. *vt vmt* hold* together/up; *(ruhát)* gather up **2.** *vt (rendőrség személyeket)* round up **3.** *vi vkvel* unite (with sy) (in sg *v.* to do sg); join forces with sy; ~ **vk ellen** unite against sy

összefogás *n (együttműködés)* union, concentration of forces, joining (of) forces, collaboration

összefogdos *v* **1.** *(embereket)* catch*/arrest one by one, round up **2.** *vmt* handle, finger, paw; ~**ott áru** shop-soiled [goods]

összefoglal *v* sum up, summarize, give* a summary of; **(mindent)** ~**va** to sum (it) up, in sum, summing up, *biz* to recap ...; ~**va a mondottakat** summing up what has been said

összefoglalás *n* summing up, summary; *(könyvé)* summary; *(cikké, előadásé)* abstract

összefoglaló I. *a* ~ **mű** general work (on) **II.** *n* **1.** *(beszéd)* recapitulation, summing up; **külpolitikai** ~ foreign news roundup **2.** *(vizsga)* exam, examination

összefogó(d)z|ik *v* join hands, go*/stand* arm in arm

összefoltoz *v* patch up, mend

összefolyás *n* **1.** *ált* convergence, meeting; *(folyóké)* confluence, junction **2.** *(színeké)* blending, merging **3.** *(emlékeké, írásé)* blurring, becoming indistinct

összefoly|ik *v* **1.** *ált* join, converge; *(folyók)* meet*, join, unite **2.** *(színek)* blend, merge **3.** *(emlék)* become* indistinct/blurred; ~**tak a betűk szeme előtt** the letters swam before his eyes

összefolyó *n (lyuk)* floor-drain
összefon *v* **1.** *(ágakat)* intertwine [branches]; *(hajat)* plait, *főleg US:* braid [one's hair] **2.** **karját** ~**ja** fold/cross one's arms
összefonód|ik *v átv* interweave*, be* interwoven (with); **az érdekek** ~**nak** the interests are intertwined/interlocked
összefonnyad *v (növény)* wither, fade, droop; *(vm melegtől)* shrivel *(US -l),* shrink*
összeforgat *v* turn upside down
összeforr *v* **1.** *(törött csont)* knit*, set*; *(seb)* heal (over), be* closed (by scar) **2.** *(fém)* weld, solder, be* welded/soldered (together) **3.** **neve** ~**t a műveivel** his name has become* inseparable from his achievements/works
összeforrad *v* = **összeforr 1.**
összeforraszt *v (fémet)* solder (together)
összeforrottság *n* oneness, unity, concord
összefőz *v (ételanyagokat)* cook/boil together; *(sűrűre)* boil down
összefut *v* **1.** *(emberek)* assemble/flock together, gather; ~ **vkvel** bump/run* into sy, come* across sy **2.** *(két autó)* bump (together), collide **3.** *(vonalak)* converge *(vhol* on); **vmnek a szálai nála futnak össze** he pulls the strings/wires **4. a sorok** ~**ottak a szeme előtt** the lines swam before his eyes **5.** *biz* ~ **a nyála vmtől** sy makes one's mouth water **6.** *(tej)* = **összemegy 3.**
összefügg *v vmvel* be* connected with sg, have* a bearing (up)on sy, bear* (up)on sg, be* related to sg, relate to sg; **szorosan** ~ **vmvel** be* bound up with sg, be* closely/intimately connected with sg; **nem függ össze ezzel a problémával/kérdéssel** it has no bearing (up)on this/the problem, bear* no relation to this problem
összefüggés *n* connection, connexion, relation; *(belső)* inherence, inherency; *(beszédben)* coherence; *(szövegé)* context; *mat* relation(ship); ~ **hiánya** incoherence; **minden** ~ **nélkül** incoherently, disconnectedly; ~**be hoz** relate/link/connect sg with sg; ~**ben van vmvel** be* connected with sg, have* to do with sg, have* some/a bearing (up)on sg, bear* (up)on sg, relate to sg, be* related to sg; **milyen** ~**ben áll ez a kérdéssel?** what bearing does this have on the problem/matter?, how does this bear (up)on the problem?; **kölcsönös** ~**ben van vmvel** correlate with sg, be* interrelated (with sg); **nincs** ~**ben a témával** it is* irrelevant to the subject, it bears no relation to

the subject, it has no bearing on the subject, it has nothing to do with the subject; **ebben az** ~**ben** in this/that connection/context; **vmvel** ~**ben** in/with relation to sg; **ezzel** ~**ben** in connection with that/this, in this/that connection/context
összefüggéstelen *a* incoherent, disconnected; *(beszéd)* meandering, rambling, disjointed; ~ **beszéd/szavak** disconnected speech/remarks, *(idős emberé)* the disconnected ramblings [of an old man]; ~ **zagyvaságokat beszél** *(v.* **hord össze)** talk incoherent gibberish; ~**ül beszél** his speech is disconnected
összefüggő *a* **1.** *(folytonos)* connected, unbroken, uninterrupted, continuous; *(beszéd)* coherent, connected; *(terület)* contiguous; ~ **egész** comprehensive whole, an organic whole; **szorosan** ~ close(ly)-knit; closely related to *ut.;* **össze nem függő** unrelated, unconnected, not connected with sg *ut.* **2.** *vmvel* connected with *ut.,* related to *ut,* bearing (up)on *ut.;* **vmvel** ~ **kérdések** questions connected with (*v.* bearing on) sg, questions relating/related to sg
összefűz *v* **1.** *(zsineggel)* bind*, join; *(fűzőkapoccsal)* staple; *(könyvet)* stitch, sew* [book] **2.** *átv* unite, join, tie, link; **szoros barátság fűzi őket össze** they are close friends, they are united by the bonds of friendship
összeg *n* **1.** *(mennyiség)* sum, amount; *(végösszeg)* (sum) total **2.** *(pénz)* sum, amount [of money]; *(számláé)* total amount [of invoice/bill]; **átutalt** ~ remittance, amount remitted; **hiányzó** ~ deficit, shortage; **kerek** ~ a round/lump sum; **nagy(obb)** ~ a large/siz(e)able sum/amount (of money); **(vmhez) szükséges** ~ the wherewithal, the necessary money (*v.* funds *pl*), (the) money needed (for sg); **teljes** ~ total amount, aggregate sum, grand total; ~ **erejéig** (up) to the amount of; **egy** ~**ben fizet** pay* cash, pay* (in) a lump sum, lump [costs/items etc.] together
összegabalyít *v* tangle up, muddle, make* a muddle of (sg), mix up, confuse
összegabalyod|ik *v* get*/become* entangled/confused, get*/become* mixed up
összegázol *v* trample sg down, trample on sg
összegemkapcsoz *v* join (sg) with a clip
összegereblyéz *v* rake together
összegez *v* **1.** *(összead)* add up, *biz* tot up **2.** *(eredményt stb.)* summarize, sum up; ~**zük az elmondottakat** let us summarize what has been said (so far); **mindent**

~ve to sum up, summing up, in sum; ~ve az elmondottakat, megállapíthatjuk, hogy ... to sum up, it can be stated that ...
összegezés n 1. *(összeadás)* adding up 2. *(eredményé stb.)* summarizing, summing--up, summary
összegombol *v* button up/together
összegöngyöl *v* *vmt* roll up; *vmbe* wrap up (in sg)
összegszerű *a* numerical; ~en numerically
összegubancol *v* tangle up
összegubancolód|ik *v* become* entangled, get* tangled up
összegű *a* amounting to *ut.*, totalling *(US* -l-) *ut.*; 500 Ft ~ pénzbüntetésre ítélték he was fined 500 fts; nagy ~ substantial
összegyúr *v* *(tésztát)* knead (together); *(agyagot)* mould, *(US* mold), shape
összegyűjt *v* collect, gather (together); *(gyűjteménybe)* collect; *(készletet)* stockpile, store; *(személyeket)* gather/get* together, assemble, round up
összegyülekez|ik *v* assemble, collect, meet*, gather/come* together
összegyűl|ik *v* 1. *(tömeg)* collect, assemble, gather/come* together 2. *(pénz)* pile up; *(kiadás)* accumulate; sok restancia gyűlik össze arrears are* piling up
összegyűr *v* *(papírt)* crumple/screw up; *(ruhát)* crease, crumple, crinkle; *(erősebben)* crush
összegyűrőd|ik *v* *(papír)* get* crumpled (up); *(ruha)* become*/get* creased/ crumpled/crinkled, crease; *(erősebben)* get* crushed
összehabar *v* mix sg with sg, stir sg in
összehajl|ik *v* *(egymás felé)* bend* towards each other
összehajlít *v* fold (up)
összehajol *v* *(vm fölött)* lean*/bend* over sg
összehajt *v* fold (up), roll up
összehajtható *a* *(összecsukható)* folding(-), collapsible
összehalmoz *v* *(készletet, kincset)* pile/ heap up, hoard (up); *(tervszerűen készletet)* stockpile
összehalmozód|ik *v* get* piled/heaped up, be* hoarded up
összehangol *v* 1. *(hangszereket)* tune (up) 2. *(nézeteket)* coordinate, harmonize [views]; *(programokat)* fit [holiday etc. arrangements] in with his/yours etc. 3. *(színeket)* match, coordinate
összehány *v* 1. *(egy halomba)* pile/heap up 2. *(felforgat)* turn (things) upside down,

throw*/fling* sg about 3. *(leokád)* be* sick over sg, vomit over sg
összeharácsol *v* amass sg (by underhand means)
összeharap *v* ~ja a fogát clench one's teeth
összehasít *v* *(ruhát)* tear* sg in several places; *(fát)* cut*/chop up
összehasogat *v* *(fát)* chop (sg up into) [firewood]
összehasonlít *v* 1. *(két v. több személyt v. dolgot)* compare [two or more persons/ things], make* a comparison between [x] and [y], liken [x] to [y]; *(szövegeket)* compare/ collate [texts]; ~ja a két fordítást he compares the two translations; ~ják gyerekeiket they compare their children 2. ~ vmt/vkt vmvel/vkvel *(egyneműekkel)* compare sg/sy with sg/sy; *(összemérhetetleneket)* compare sg/sy to sg/sy; *(ellentéteseket)* set* sg/sy against sg/sy; Napóleonnal hasonlították össze he has been compared to Napoleon; Londont Párizzsal hasonlítja össze he compared London to/with Paris; ~ja az emberi agyat az elefántéval he compares the human brain with that of the elephant; ~ja János fordítását az enyémmel he compares John's translation with mine; össze sem lehet hasonlítani *(őket, ill.* x-et y--nal)* they cannot be compared, there's no comparison between [x and y], sy/sg can't compare with sg/sg; ~va vmvel (as) compared to/with sg, in comparison with sg
összehasonlítás *n* comparison; ~t végez = összehasonlít
összehasonlítási *a* ~ alap ground/basis for comparison
összehasonlíthatatlan *a* incomparable (to/with), beyond compare/comparison *ut.*; *(igével)* not to be compared to/with; ~ul a legjobb far and away the best
összehasonlítható *a* comparable *(vmvel* to/with sg); *(igével)* compare with sg/sy; nem hasonlítható össze vmvel it can't/won't stand/bear comparison with sg, it's not comparable with sg, it's not to be compared to/with sg
összehasonlító *a* comparative; ~ nyelvészet comparative linguistics *sing.*
összehaverkod|ik *v* □ pal up (with), become* pally with sy
összeházasít *v* marry (sy to sy)
összeházasod|ik *v* get* married *(vkvel* to sy), marry *(vkvel* sy), make* a match of it

összehazud|ik *v* ~**ik mindenfélét** tell* many lies, tell* a pack of lies
összehegeszt *v* weld together
összehív *v* ált *(embereket)* call [people] together, summon; *(értekezletet, tanácskozást)* call/convene [a meeting]; *(országgyűlést)* convoke [Parliament]; **értekezletre hívja össze az osztályvezetőket** call the heads of departments to a meeting; ~**ták az országgyűlést** Parliament has been convoked
összehívás *n (értekezleté)* calling together, convening, summoning; *(országgyűlésé)* convoking, convocation
összehord *v* **1.** *vmt* collect, heap/pile up, accumulate **2. hetet-havat** ~ drivel *(US* -l) on, talk nonsense
összehoz *v* **1.** *(személyeket)* put* sy in touch with sy, introduce [persons] to one another **2.** ~ **pénzt** raise *(v.* find* the) money
összehunyorít *v* ~**ja a szemét** screw up one's eyes
összehúz *v* **1.** ált pull/draw* together; *(függönyt)* draw*, close; *(ruhadarabot magán)* gather; ~**za a függönyt** draw*/close the curtains; ~**za a homlokát/szemöldökét** knit* one's brows, frown; ~**za a szemét** screw up one's eyes **2.** *(görcs stb. testrészt)* contract, convulse **3.** ~**za magát** (1) *(testileg)* double/hunch up (2) *(anyagilag)* retrench (one's expenses) cut* down one's expenses; **összébb húzza a nadrágszíjat** tighten one's belt
összehúzó *a* ~ **izom** *n* constrictor; ~ **szer** astringent, styptic
összehúzódás *n (idegé, izomé)* contraction, convulsion; *(testé hidegben)* contraction
összehúzód|ik *v (ideg, izom és ált test hidegben)* contract; *(ruhaanyag)* shrink*
összeigazít *v (órákat)* set*, adjust, synchronize
összeilleszt *v (részeket)* assemble, join (up/together); *(csöveket)* fit, join [pipes]; *(törött csontvégeket)* set*, unite
összeillesztés *n (részeké)* assembling, assembly; *(alkatrészeké)* joining, connecting; *(törött csontvégeké)* setting
összeill|ik *v (egyik a másikkal)* fit, suit, be* suitable for (one another), agree; *(stílus, szín)* match, harmonize; **a kalap és a cipő tökéletesen/jól** ~**ik** the hat and (the) shoes are a perfect match *(v.* go* well together); **jól** ~**enek** they go* well together, they are well matched

összeillő *a* well-matched, harmonious, suitable, homogeneous; ~ **pár** well-matched couple; **össze nem illő** ill-sorted, heterogeneous
összeír *v* **1.** *(jegyzékbe foglal)* draw* up, make*/compile a list (of); *(adatokat)* write*/take* down [data]; *(lakosságot)* take* the census of **2.** *(két szót egybe)* write* (sg) as one word **3. rengeteget** ~ *(író)* he is* a prolific writer
összeírás *n (jegyzék)* list, register, roll; *(népességé)* census
összeíró *n (személy)* census-taker
összeismerked|ik *v vkvel* become*/get* acquainted with sy, make* sy's acquaintance, make* the acquaintance of sy
összeizzad *v* get* one's [shirt etc.] sweaty
összejár 1. *vi vkvel* they often meet*, see*/meet*/visit sy regularly, associate with **2.** *vt* = **bejár 2.**
összejátszás *n* **1.** *vkvel* collusion (between sy and sy), complicity (in sg) **2.** átv coincidence, conjunction [of events etc.]
összejátsz|ik *v* **1.** elít *vkvel* act in collusion with sy, conspire with sy; *US biz* be* in cahoots with sy; ~**ik az ellenséggel** collaborate with the enemy, be* a collaborator **2. minden** ~**ott ellene** everything seemed to be (conspiring) against him
összejön *v* **1.** *(összegyűlik család stb.)* gather, come*/get* together; *(barátok)* meet*; *(vkvel gyakran)* go* to see sy often, often meet* sy; **gyakran** ~ **barátaival, gyakran** ~**nek** they often meet; **télen ritkábban jövünk össze (velük)** we see less of them in winter **2.** *(felgyülemlik)* pile/heap up, accumulate, come* together; **sok pénz jött össze** a lot of money was raised; **mára sok munkám jött össze** I am snowed under with work today; **minden úgy összejött ma** it's (just) one of those days **3.** *biz* **(ez) nem jött össze** it hasn't worked out, it didn't work out **4.** *vulg (összevész)* fall* out (with), have* a set-to (with sy)
összejövetel *n* meeting, gathering, *csak US* convention; *(régi barátoké, rokonoké stb.)* reunion
összekacsint *v* wink at each other
összekalapál *v* **1.** konkr hammer together **2.** *biz (összeger)* scrape/scratch together
összekap 1. *vt* ált snatch up (several things); *(papírokat)* bundle up **2.** *vt biz* ~**ja magát** (= *sietve felöltözik)* get*/put* one's things on quickly **3.** *vi biz vkvel* quarrel *(US* -l) with sy, fall* out with sy

összekapar v biz (összeget) scrape/scratch together

összekapcsol v 1. (dolgokat) connect (vmvel with), join (vmt vmvel sg to sg), link (vmvel with); (kapoccsal) clip (together); (gemkapoccsal) clip [papers] together, fasten [papers] together with a clip; (fűzőkapoccsal) staple; műsz clamp, brace; (vasúti kocsikat) couple, hitch [carriages]; (űrhajókat) dock 2. (embereket vm) join [people]; (fogalmakat) connect, relate, associate, link (up) [ideas]

összekapcsolás n (dolgoké, ált) connection, joining, linking up; (kapoccsal) fastening; (vasúti kocsiké) coupling; (űrhajóké) docking

összekapcsolódás n (dolgoké) joining, juncture, junction; (fogaskerekeké) gearing, engaging; (űrhajóké) docking

összekapcsolód|ik v (több dolog) be* (closely) linked, join, link (up); (fogaskerekek) engage; (2 űrhajó) dock

összekapkod v throw* together

összekarcol v scratch (sg/sy) all over

összekarmol v scratch (sy/sg) all over

összeken v (ruhát, testrészt) get* sg (v. oneself v. one's sg) all covered in/with sg

összekeres v 1. (és megtalál) rummage/ hunt out 2. (és nem talál) search (high and low) for sg, ransack sg for sg; **az egész házat ~tem már érte** I have looked/ searched for it all over the house/place 3. biz **sok pénzt ~** earn/make* a lot of money

összekerül v 1. (vkvel véletlenül) run* into, come* across 2. (összeházasodik) get* married, marry; **fiatalon ~tek** they married young

összekészít v make*/get* things ready, prepare for [a certain purpose]; **~i a reggelit** get* breakfast ready; **~i a gyerekeket** get* the children off [to school etc.]

összekészül v (indulás előtt) get* ready (for)

összekever v 1. (többfajta anyagot) mix/ blend [components] (together) 2. (összetéveszt) confuse sg (with sg), mix/muddle/ jumble [papers, objects etc.] up, get* sg mixed/muddled/jumbled up (with sg)

összekevered|ik v 1. (többfajta anyag) intermingle (vmvel with), mix, be*/get* mixed up (vmvel with) 2. (tévedésből) get* confused, get*/be* mixed/muddled/jumbled up

összekeverés n 1. (anyagoké) mixing (up), blending 2. (tévedésből) confusing

összekoccan v 1. (összeütközik) knock against each other (v. one another) 2. (po-

hár) clink 3. (biz összekap vkvel) quarrel (v. fall* out) with sy

összekócol v = **összeborzol**

összekoldul v get*/collect/obtain sg by begging, biz scrounge sg

összekotyvaszt v throw* [a meal] together, concoct [a meal]

összekovácsol v (fémet) weld/forge together

összekovácsolód|ik v átv be* welded together (into sg)

összeköltöz|ik v move in with sy, go* to live with sy

összeköt v 1. (dolgokat/csomagot madzaggal stb.) tie (up), bind* (together) [with rope], bundle up 2. (összekapcsol) connect, link, join 3. átv combine, connect, unite, link up; **~i a kellemest a hasznossal** combine business with pleasure

összekötő I. a connecting, joining; ~ **kapocs/láncszem** átv connecting link; ~ **rúd** connecting-rod; ~ **szöveg** linking/ connecting text, running commentary; ~ **tiszt** liaison officer; ~ **vasúti híd** railway bridge II. n 1. sp bal ~ inside left; **jobb ~** inside right 2. (szőnyeg) runner 3. ált (összeköttetést fenntartó személy) link; kat liaison (officer) 4. tört (munkásmozgalomban) contact

összekötöz v 1. = **összeköt** 1. 2. vkt tie up, bind* sy hand and foot

összeköttetés n 1. (kapcsolat, ált) connection, contact; (diplomáciai) diplomatic relations pl; (személyi) relations pl, contact, (inter)communication; (üzleti) business contacts/connections pl; **~be hoz vkvel vkt** bring* two people into contact, put* sy in touch with sy; **~be kerül/lép vkvel** get* in touch with sy, contact sy; (üzletileg) enter into business relations with sy; **~ben áll vkvel** be* in touch/contact with sy; **állandó ~ben vannak** they are in close touch/contact with one another; **nem tudtam vele ~t létesíteni** (telefonon) I couldn't get through to him 2. (közlekedés) communications pl; (vasúti) railway/train service; (telefon) telephone service; **Budapest és Szeged között jó az ~** there is* an adequate train service between Bp. and Sz.; **közvetlen ~** through train; **légi ~** air links pl 3. (protekció) influence, connections pl; **~eket vesz igénybe** use influence, biz pull strings, pull (the) wires; **jó ~ekkel rendelkezik, jó ~ei vannak** be* well(-)connected, have* influential friends, have* friends in high places

összekulcsol *v.* ~**ja a kezét** fold/clasp one's hands, knit one's hands together

összekunkorod|ik *v* curl/turn up; *növ* shrivel (*US* -l) (up)

összekuporgat *v* scrape/scratch [enough money] together (penny by penny), scrape/scratch up [money, the price etc.]

összekuporod|ik *v* shrink* up, crouch, squat

összekuszál *v* **1.** *(gombolyagot)* get* sg tangled up; *(hajat)* dishevel (*US* -l), tousle **2.** *(átv ügyet)* mix/muddle up; *biz* foul/mess up

összekuszálód|ik *v* **1.** *(gombolyag)* get*/become* entangled; *(haj)* become* tousled/dishevelled (*US* -l-) **2.** *átv* get*/become* confused, be* muddled up, get*/become* mixed up

összekutyul *v biz* mix/muddle/foul/mess up (sg)

összekülönböz|ik *v (vkvel vm miatt)* quarrel (*US* -l), have* a quarrel, *biz* fall* out, have* words *(mind:* with sy over sg)

ősszel *adv* → **ősz**[1]

összeláncol *v* chain together, fasten with a chain

összelapít *v* flatten completely; *(rázuhanó tömeg)* crush, squash

összelapul *v* be* flattened (out)

összelop(kod) *v* obtain (sg) by stealing/thieving/theft; **abból él, amit** ~**ott** he is living on what he has stolen

összelő *n* shoot* to pieces, riddle with bullets; *(ágyúval)* bombard

összemar *v (foggal)* bite* repeatedly, maul; *(sav)* corrode, eat* away

összemaszatol *v* smudge, smear with dirt, soil

összemázol *v* = **összeken**

összemegy *v* **1.** *tex* shrink* **2.** *(kisebb lesz)* contract; *(ember korral)* grow* down **3.** *(tej)* turn, curdle, turn sour

összemeleged|ik *v vkvel* warm to(wards) sy, *biz* take* to sy

összemér *v* **1.** *(két vagy több dolgot összehasonlít)* compare the weight (*v.* size etc.) of sg with sg **2.** *(erőt)* match; ~**i az erejét vkvel** pit/match one's strength against sy, measure one's strength with sy; ~**ik a kardjukat** cross swords; ~**i a tudását vkvel** pit one's wits against sy

összemérhetetlen *a* incommensurable (with)

összemérhető *a* commensurable/commensurate (with)

összemocskol *v* get*/make* (sg) dirty, dirty, soil, stain

összemosolyog *v* exchange (knowing) smiles, smile at each other (*v.* one another)

összeműköd|ik *v* = **együttműködik**

összenevet *v* exchange knowing looks and burst out laughing (together)

összenéz *v (tekintetük találkozik)* exchange (knowing) glances, catch* each other's eye

összenő *v* **1.** grow* together, unite **2.** *(törött csont)* knit*, set*; *(seb)* heal up, close

összenőtt *a* **1.** ~ **szemöldök** meeting eyebrows *pl* **2.** *orv (seb)* healed, closed; *(csont)* knitted, united

összenövés *n orv* adhesion; *(csonté)* knitting, union

összenyalábol *v* gather up in one's arms, take* up an armful (of)

összenyálaz *v* slobber over

összenyom *v* press together, compress, crush; *(gyümölcsfélét)* press, squash, squeeze; *(krumplit)* mash

összenyomás *n* pressing, compression, crushing

összenyomód|ik *v* be* pressed together, be* compressed, get* crushed

összeollóz *v* do* a scissors-and-paste job on sg, plagiarize

összeollózás *n* a scissors-and-paste job

összeolvad *v* **1.** *(anyag, ált)* melt, thaw; *(fém)* melt down **2.** *átv* become* absorbed in/by, merge into, fuse

összeolvas *v* **1.** *(szöveget)* collate, compare [texts] **2.** **rengeteget** ~ read* (widely but) indiscriminately

összeolvasás *n (szövegé)* collation

összeolvaszt *v* **1.** *(anyagot ált)* melt; *(fémet)* melt/smelt down **2.** *átv* fuse, merge, unite

összeomlás *n* **1.** *ált* collapse; *(épületé, falé)* tumbling down, giving way; *(hirtelen)* crash; ~**sal fenyeget** be* in danger of falling, be* on the verge of collapse **2.** *(anyagi)* collapse; *(erkölcsi)* downfall **3.** *kat* rout; *(nemzeté)* downfall, ruin

összeoml|ik *v* **1.** *ált* collapse; *(épület)* come* tumbling down, collapse, fall down/in; *(hirtelen)* come* crashing down **2.** *(birodalom)* decay, break* up; *kat* be* routed (*v.* utterly defeated); *(ker vállalat)* fold (up), fail, go* to the wall, go* bankrupt; **egy világ omlott össze benne** → **világ 1.** *(erkölcsileg megsemmisül vk)* break* down, be* ruined; **idegileg** ~**ott** (s)he broke down, *biz* (s)he went to pieces

összeölelkez|ik *v vkvel* embrace/hug sy
összeölt *v* stitch together
összeömlik *v (folyók)* meet, join, flow* together, flow* into each other
összeönt *v* mix, pour together
összepakol *v* = **összecsomagol**
összepaktál *v elít* enter into a (secret/illicit) pact with sy, plot (with sy) against sy
összepárosít *v* **1.** *ált* couple, join in pairs **2.** *(állatokat párzásra)* pair, couple, mate (animals for breeding)
összepasszít *v biz* = **összeilleszt**
összepasszol *v biz* = **összeillik**
összepiszkít *v* make* (sg) dirty, dirty, soil; ~ja magát get* soiled/dirty
összeprésel *v* = **összenyom**
összerág *v* chew (well); *(egér, nyúl)* chew holes in
összeragad *v* stick* (together), be*/get* stuck together, adhere *(vmvel* to)
összeragaszt *v vmt* glue/stick* together
összerak *v* **1.** *(rendbe rak)* put*/place sg in order, sort out **2.** *(összeállít)* assemble, fit together; *(összeilleszt)* join (together) **3.** *(pénzt)* collect, get* together
összerakás *n* **1.** *(összehordás)* putting together **2.** *(részeké)* assembling, fitting together
összerakható *a* folding(-), collapsible
összerakó *a* ~ **játék** jigsaw (puzzle), puzzle
összeráncol *v* ~ja **a homlokát** knit* one's brows, frown
összerándul *v* contract (with a jerk), be* contracted, give* a jerk
összeránt *v* **1.** *(függönyt)* draw* [the curtains] suddenly **2.** *(görcs testrészt)* convulse, contract (with a jerk)
összeráz *v* **1.** *(anyagokat)* shake* (up/together) **2.** *(jármű)* jolt, jerk, bump; **jól** ~ta **az autóbusz** the bus shook her up badly
összerázkód|ik *v* shudder (at), give* a shudder; *(félelemtől)* tremble/shake* (with fear); *(hidegtől)* shiver (with cold)
összerázód|ik *v* **1.** get* shaken up; *(járműn)* get* jolted (a lot) **2.** *biz (összeszoknak)* be* brought closer together
összeredmény *n* overall result; *(végösszeg)* sum total
összerendez *v* arrange/put* things in proper order
összerezzen *v (félelemtől)* shudder at, quiver (with fear); *(meglepetéstől)* give* a start, start
összerogy *v* collapse, drop; **holtan rogyott össze** (s)he dropped dead
összerombol *v* destroy, shatter, ruin

összeroncsol *v* smash/dash to pieces, shatter, crush; **a gép** ~ta **a kezét** the machine crushed his/her hand
összeroncsolód|ik *v* get* smashed/crushed
összeroppan *v* **1.** *(pl. híd)* collapse **2.** *(vk lelkileg, idegileg)* have* a breakdown, *biz* crack/break* up
összeroppant *v* break*, crush
összeroskad *v* = **összerogy**
összeröffen *v (tanácskozásra)* get* together
összeröffenés *n (összejövetel)* get-together
összérték *n* total/aggregate value
összes *adv (egész, teljes)* all, all the ... *(és pl)*; total *(pl v. sing.)*; *(minden)* every *(és sing.)*, every one of ...; **az** ~ **iskola** all the schools, every school; **az** ~ **fiú** all the boys, every one of the boys; **az** ~ **vendég** all the guests; **Jókai** ~ **művei** the complete works of Jókai; **az** ~ **adósság** the total debts/liabilities; **az** ~ **bevétel** total income, gross receipts/takings *pl*; **az** ~ **kiadás** total expenditure; **ez az** ~ **pénzem** that's all (the money) I've got (to my name); ~ **jövedelem** total income; **ez az** ~ **vaj** that's all the butter we've got (left)
összesajtol *v* compress, compact ⇨ **összeprésel**
összesároz *v* make* sg muddy, muddy
összesen *adv* altogether, ... in all; *(számoszlop összegezésekor)* sum total; ~ **kettő van** there are two altogether *(v.* in all); ~ **tíz napot hiányzott** (s)he missed ten days altogether *(v.* in all); ~ **3 fontot költöttem** altogether I spent £3, I spent £3 altogether; ~ **kitesz** *(v.* annyi mint) ~ ... the sum total is ..., that makes altogether ..., that amounts to ... (altogether)
összeseregl|ik *v* gather (together), flock together
összesít *v (összead)* add/total *(US* -l) up, aggregate; *(eredményeket)* summarize, sum up
összesítés *n* **1.** *(folyamat)* adding/summing up, totalizing **2.** *(kimutatás)* summary
összesített *a* global, total, aggregate(d)
összesodor *v (szálakat)* twist (together), intertwine; *(papírt)* roll (up)
összesöpör *v* **1.** *(szemetet)* sweep* (up) **2.** *(szobát)* sweep* (out/up) [a room etc.]
összespórol *v (pénzt)* save (up) [money] *(vmre* sg), put*/set* [money] aside; ~t **egy utat** saved (up) enough for a trip
összesség *n (személyeké)* collectivity; *(részeké)* complex entirety; **a jelenlevők** ~e all those present

összesúg v put*/stick* one's heads together, whisper

összesül v *(étel)* get*/be* burnt

összesűrít v condense, thicken; *(erőket, folyadékot)* concentrate

összesűrűsöd|ik v get* condensed/thick/concentrated

összeszabdal v slash, tear*; *(arcot)* gash, slash

összeszaggat v tear* sg to shreds/pieces/bits

összeszalad v come* running/rushing together; ~ **vkvel** run* into sy

összeszámlál v = **összeszámol**

összeszámol v count (up)

összeszárad v dry (up); *növ* wither, shrivel *(US -l)* (up)

összeszed v **1.** *vmt* collect/gather sg, bring*/get* sg together; *(felszed)* pick up; ~**i a füzeteket** collect/gather up the exercise books **2.** *(összegyűjt, pénzt)* scrape together, collect **3.** *biz* ~**i a bátorságát** pluck up *courage*, screw up one's *courage*; ~**i a gondolatait** collect one's thoughts, *biz* sort out one's thoughts; *biz* ~**i magát** (1) *(egészségileg)* pick up, recover (one's health/strength) (2) *(lelkileg)* collect/compose oneself, *biz* pull oneself together (3) *(anyagilag)* recoup one's losses; **hamarosan össze fogja szedni magát** *(egészségileg)* (s)he'll soon pick up [when (s)he goes to the seaside etc.], (s)he'll soon begin picking up *[after his/her operation]*; **szedd össze magad!** pull yourself together! **4.** *(betegséget biz)* contract [a disease] **5.** *sp* ~**i a lovat** collect one's horse, rein in one's horse ⇨ **erő**

összeszedelődzköd|ik v start packing up (v. pack up) one's things

összeszegez v nail together/up

összeszerel v assemble, set* up, fit*/put* together

összeszerelő a ~ **műhely** assembly floor; ~ **üzem** an assembly plant

összeszerkeszt v = **összeállít**

összeszid v scold, give* sy a scolding, give* sy a piece of one's mind, *biz* tear* sy off a strip

összeszok|ik v *(egyik a másikkal)* get* used to each other, get*/grow*/become* accustomed to each other

összeszokott a **jól** ~ **együttes** the group's ensemble is always good

összeszólalkoz|ik v *vkvel* have* words with sy, fall* out with sy

összeszorít v compress, press together; *(embereket bezsúfol)* crowd/jam (together) *(vmbe/vhová* into sg); *(fogóval, kapoccsal)* clamp, clip; ~**ja az ajkát** tighten one's lips; ~**j a fogát** clench one's teeth, set* one's jaw; ~**ja az öklét** clench one's fist; ~**ja a szívem** it wrings* my heart, it's heart-breaking/rending

összeszoroz v multiply

összeszorul v **1.** *(személyek)* be* pressed/squeezed close together **2.** ~**t a szíve** his/her heart sank

összeszövetkez|ik v ally oneself *(vkvel vk ellen* with sy against sy)

összeszurkál v *vkt* stab sy repeatedly

összeszűkül v narrow, become* closer/narrower/tighter, grow* narrow

összeszűr v *biz* elít ~**i a levet vkvel** (1) *(cinkosként)* be* hand in glove with sy, *US* be* in cahoots with sy (2) *(szerelmi viszonyt kezd vkvel)* start an affair with sy

összetakarít v clean, tidy up

összetákol v *vmt* improvise, knock up, knock/throw* together

összetalálkozás n **1.** *(személyeké)* (chance) meeting, (unexpected) encounter **2.** *(eseményeké)* coincidence, conjunction

összetalálkoz|ik v **1.** *vkvel* (happen to) meet* sy, come*/run* across sy, bump/run* into sy **2.** *(események)* coincide

összetanult a **a zenekar nagyszerűen** ~ **játéka** *(igével)* the orchestra's ensemble was outstanding

összetapad v stick*/cling* closely together

összetapaszt v stick*/glue together

összetapos v tread* down, trample down (up)on

összetársul v team up with sy

összetart 1. *vt vmt, vkt* hold*/keep* together **2.** *vi vkvel* hang*/stick* together; ~**anak** they stick together **3.** *vi (mat vonalak)* converge

összetartás n **1.** *vkvel* loyalty, unity, solidarity, mutual help, togetherness; **az osztályban nagy az** ~ the class has a lot of team spirit **2.** *mat* convergence **3.** *kat* confinement to barracks

összetartó a **1.** *(személy)* loyal, acting in unison *ut.* **2.** *mat* convergent

összetartozás n connection, connexion, affinity, relation, togetherness; **erős bennük az** ~ **tudata** they have* a strong sense of belonging

összetartoz|ik v **1.** *(személyek)* belong/be* together **2.** *(dolgok)* go*/belong together

összetartozó *a* belonging together *ut.*; **szorosan** ~ *(személyek)* close(ly)-knit; *(dolgok)* closely related

összetegeződ|ik *v kb.* come* to be on first--name *(v.* familiar) terms with sy *(v.* with one another), *(szlengesen)* become* pally

összeteker *v* twist/roll up

összetekered|ik *v* coil up; *(fonal)* get* twisted/tangled

összetép *v* tear* (up), tear* to pieces/shreds

összeterel *v* drive* [herd/cattle] together

összeteremt *v biz* tell* sy off, bite* sy's head off

összetesz *v vmt ált* put*/lay*/place sg together *(v.* side by side); ~**i a kezét** *(imádsághoz)* fold/join clasp one's hands [in prayer]

összetétel *n* **1.** *(eredménye, ált)* composition, make-up; *vegy* composition, compound; **a kormány** ~**e** the composition of the government; **szociális** ~ social composition **2.** *(bíróságé)* constitution (of the Court) **3.** *nyelvt* compound; **egybeírt** ~ solid compound; **különírt** ~ open compound; **kötőjellel írt** ~ hyphenated compound

összetett *a* **1.** *ált* joined, put together *ut.*; ~ **kézzel** (1) with clasped hands (2) *átv (tétlenül)* idly **2.** *átv* complex, combined; *növ* composite, compound; *növ* ~ **levél** compound leaf° **3.** *nyelvt* ~ **szó** compound; ~ **mondat** complex/compound sentence **4.** *(bonyolult)* intricate, complicated, complex; **ez egy igen** ~ **kérdés** this is a very complex question/matter

összetéveszt *v vmt vmvel* mistake* sg for sg, confuse sg and/with sg, mix sg up with sg; *vkt vkvel* mistake* sy for sy, confuse sy and/with sy, mix sy up with sy; ~**i az allegóriát a filagóriával** *(v.* a szezont a fazonnal) commit a malapropism; **nem tévesztendő össze ...vel** not to be confused with ..., ... should not be confused with sg (else)

összetévesztés *n* confusion (of sg with sg), mistake, mixing up

összetéveszthető *a* **könnyen** ~ be* easily mixed up

összetevő *n* component, constituent; ~**ire bont** break* down, resolve into components

összetevőd|ik *v (-ból, -ből)* be* made up of, be* composed of

összetintáz *v* stain with ink

összetipor *v* tread* down, trample on

összetoboroz *v (híveket)* rally (supporters), drum up [some recruits, some support etc.]

összetol *v* push nearer/closer together; *(egymásba)* telescope

összetold *v (ruhát)* patch up; *(mást)* piece/join/fit (sg) together; *(deszkát)* join (sg) end to end, *(fecskefarkkötéssel)* dovetail [two pieces of wood]

összetolható *a* telescopic, folding(-); ~ **asztalok** nest of tables; ~ **létra** folding ladder

összetorkoll|ik *v (folyók, utak)* meet*

összetorlód|ik *v* **1.** *(forgalom)* become* blocked/congested; ~**ott a forgalom** there was a snarl-up *(v.* traffic jam) [on the motorway], the road was snarled up *(v.* congested) with traffic **2.** *(munka)* pile up; ~**ott a munkánk** we are* snowed under with work, we have* a huge backlog (of work)

összetölt *v* = **összeönt**

összetömörül *v* squeeze/squash up

összetör *v* **1.** *ált vmt* break* (up), break* to pieces; *(cukrot)* pound; *(mozsárban)* pound, crush, grind* [in mortar]; ~**te a poharat** (s)he broke the glass; ~**te a kocsiját** (s)he smashed up his/her car; ~**ték a kocsimat** my car got/was smashed up **2.** ~**te magát** he got* bruised, he was badly injured; *biz* **nem töri össze magát** *(munkában)* (s)he doesn't exactly kill himself/herself **3.** *átv vkt vm* break* sy; **nagyon** ~**t az utazás** the journey has worn me out; **ez** ~**te a szívét** it broke her heart

összetöred́ez|ik *v* break* (up) into fragments, split* up, crack*

összetör|ik *v* break* (up); ~**t a kocsim** my car was/got smashed up *(v.* was a write-off)

összetört *a* **1.** *(tárgy)* broken **2.** *(ember)* down-hearted, broken

összetűz **1.** *vt (tűvel vmt)* pin/stitch together; *(gemkapoccsal)* clip (together), join (sg) with a clip **2.** *vi vkvel* clash (with sy over sg), fall* out (with sy)

összetűzés *n (civakodás)* quarrel, clash, altercation; ~**re került a dolog** they came* to blows

összeugraszt *v biz* set* people by the ears

összeugr|ik *v* **1.** *(szövet)* shrink* **2.** *(két kakas/ember)* fly* at each other('s throat)

összeül *v* **1.** *(egymás mellé)* sit* together **2.** *(ülésre)* assemble, gather (together), meet*, come*/get* together [for a conference/meeting]; **az Országgyűlés kedden** ~ Parliament reassembles on Tuesday

összeüt *v biz* **1.** = **összetákol 2.** ~**i a munkáját** scamp (one's) work, do* sg in a makeshift way ⇨ **boka**
összeütközés *n* **1.** *(jármûé)* collision, crash; *(súlyos)* smash-up; *(vasúti)* train-crash **2.** *átv* conflict, clash; ~**be kerül vkvel** come* up against sy; ~**be kerül vmvel** run* counter to sg, conflict with sy ⇨ **fegyveres**
összeütköz|ik *v* **1.** *(jármû)* collide *(vmvel* with sg), run* into one another **2.** *átv* have* a conflict with, clash with
összeütôd|ik *v* collide, knock/strike*/bump against one another
összevág 1. *vt vmt* cut* sg (up) into pieces, chop up; **az üveg** ~**ta a kezét** (s)he cut his/her hand on the glass **2.** *(filmet)* edit **3.** *vt* ~**ja a bokáját** click one's heels **4.** *vi vmvel* agree, tally, chime/fit in; *(idôben)* coincide *(mind:* with sg); **minden apró részlet** ~**ott** every little detail dovetailed *(v.* fitted in *v.* fell into place)
összevagdal *v* cut*/chop up; *(húst)* mince; *(arcot)* slash
összevágó *a (egyezô)* corresponding, concurrent, harmonious; *(idôben)* synchronous, simultaneous
összevaló *a* suited to one another *ut.,* belonging together *ut.;* *(összeillô)* well-matched; *(igével)* match (one another), go* well together; ~ **pár** well-matched couple; ~ **színek** colours *(US* -ors) to match
összeválogat *v (kiválogat)* pick (out); *(pl. szóanyagot)* select
összevarr *v (ruhát stb.)* sew*/stitch up/together; *(sebet)* sew* up
összevásárol *v* buy* up, purchase; *(halmoz)* hoard, stockpile, pile up
összevegyít *v vmt vmvel* mix, (inter)mingle (sg with sg)
összevegyül *v* mix, mingle *(vmvel* with)
összever *v* **1.** *vkt* beat* (sy) up, beat* (sy) black and blue, thrash, give* sy a sound thrashing/beating **2.** ~**i a tenyerét** clap one's hands
összevereked|ik *v vkvel* come* to blows (with sy), start a fight
összevérez *v* stain/cover [sg/sy *v.* oneself] with blood
összeverôd|ik *v* **1.** *(dolgok egymással)* knock against one another; *(poharak)* clink **2.** *(tömeg)* collect, come*/band together, gather
összevesz¹ *v* **1.** = **összevásárol 2.** → **összevéve**

összevesz² *v vkvel* have* a quarrel with sy, fall* out with sy, quarrel *(US* -l) with sy *(vmn mind:* over sg)
összeveszés *n* quarrel, altercation, dispute, row
összeveszít *v vkvel biz* set* [people] by the ears, set* [people] quarrelling
összevet *v vmvel* compare *(hasonlóval* with, *eltérôvel* to); *(írást, szöveget)* collate; ~**i az új kiadást a régivel** collate the new edition with the earlier (one/edition); **vesd össze!** *(röv* **vö.**), compare *(röv* cf.)
összevéve *adv* **mindent** ~ in short/brief, all in all, taking all things into consideration/account, all things considered
összevissza *adv* **1.** *(rendetlenül)* upside down, topsy-turvy, jumbled, in a mess; *(válogatás nélkül)* indiscriminately, at random; *(rendszertelenül)* unmethodically, by fits and starts; ~ **beszél** talk nonsense/rubbish; ~ **dobál** scatter/throw* about; ~ **szaladgál** run* about, run* up and down **2.** *(* = *összesen)* altogether, all told, in all
összevisszaság *n* confusion, disorder, chaos, mess
összevon *v* **1.** *(összehúz)* pull/draw* together, contract; ~**ja szemöldökét** knit* one's brows, frown **2.** *(kat csapatokat)* concentrate [troops] **3.** *(intézményeket)* amalgamate, merge **4.** *mat* reduce
összevonás *n* **1.** *kat* concentration [of troops] **2.** *(intézményeké)* amalgamation, merger **3.** *mat* reduction
összezabál *v vulg* stuff oneself (with all manner of food)
összezagyvál *v* mess/mix up, get* sg jumbled up
összezár *v* shut*/lock up together
összezavar *v* **1.** *(rendetlenséget/keveredést csinál)* muddle (up) sg, put* into disorder, upset*; *(összegabalyít)* make* a muddle of sg; *(vizet)* stir up, trouble **2.** *vkt* confuse, upset*, perplex; ~**ja vknek a fejét** confuse sy, get* sy confused/muddled **3.** = **összecserél, -téveszt**
összezavarod|ik *v vk* get* confused, get* muddled (up)
összezördül *v biz* quarrel *(US* -l), have* words *(vkvel mind:* with sy)
összezördülés *n biz* quarrel, set-to, tiff
összezúz *v* **1.** *(darabokra)* crush, smash, dash to pieces; *(testét)* get* one's [arm etc.] crushed **2.** *átv* crush, smash
összezúzód|ik *v* get* crushed
összezsíroz *v* soil (sg) with grease, grease

összezsúfol *v* pack in, pack tightly together, cram sy/sg into sg, squeeze together; ~**va** packed like sardines
összezsúfolód|ik *v* be* packed into sg
összezsugorod|ik *v* **1.** *(levél stb.)* shrivel *(US* -l) (up); *(bőr)* get* hardened, shrivel up; **a melegtől ~tak a levelek** the heat shrivel(l)ed up the leaves, the leaves shrivel(l)ed up in the (dry) heat **2.** *(testrész)* get* contracted/atrophied
összfogyasztás *n* total consumption
összhang *n* **1.** *zene* harmony, consonance; ~**ban van** be* harmonious, be* in tune; **nincs** ~**ban** be* out of *(v.* not in) tune **2.** *átv* harmony, agreement; ~**ba hoz** bring* into harmony; ~**ban van vmvel** be* in harmony/line/keeping with sg, chime in with sg; ~**ban van vkvel** get* along well with sy; **nincs** ~**ban** *vmvel* do not accord with sg; *vkvel* be* on different wavelengths
összhangzás *n* harmony, consonance
összhangzat *n zene* harmony, consonance, accord
összhangzattan *n* (theory of) harmony, harmonic theory
összhangz|ik *v* harmonize, be* in tune/harmony
összhatás *n* general/overall impression/effect
összjáték *n* team-work
összjövedelem *n* total income
összkép *n* overall view/picture (of sg)
összkomfort *n* all modern conveniences *pl, biz* mod cons *pl*
összkomfortos *a* with/having all (the) modern conveniences *(v.* every modern comfort) *ut.;* ~ **lakás** flat with every modern comfort *(v.* (the) modern conveniences), *biz* flat with all mod cons, self-contained flat
összköltség *n* total expenditure/cost
összlakosság *n* the entire population
összlétszám *n* total number of [pupils etc.], *isk* school roll
összmunka *n* team-work, co-operation
össznépi *a pol* public; ~ **tulajdon** public property
összpontosít *v* **1.** *ált* concentrate *(vmre* on), focus *(-s- v.* -ss-); *vmre* ~**ja figyelmét** focus one's attention on sg, keep*/concentrate (one's mind/attention) on (doing) sg **2.** *(adminisztrációt)* centralize
összpontosítás *n* **1.** *ált* concentration **2.** *(adminisztrációé)* centralization

összpontosul *v* be(come)* concentrated/centred/focus(s)ed *(vmre/vkre* on), centre *(US* -ter) on; **minden hatalom kezében** ~**t** all power was concentrated in his hand
összsúly *n* gross weight
össz-szövetségi *a* all-Union, Federal
összteljesítmény *n* total output
össztermék *n* total output, overall yield; **nemzeti/társadalmi** ~ gross national product (GNP)
össztermelés *n* total output/production; *mezőg* gross yield
össztőke *n* aggregate capital
össztűz *n (kat üdvlövés)* salvo
ösztökél *v* = **ösztönöz, buzdít**
ösztön *n* instinct; **nemi** ~ sexual instinct, sex drive/urge ⇨ **önfenntartási**
ösztöndíj *n* scholarship, bursary; *(a kézhez kapott összeg)* stipend; **elnyer/kap egy** ~**at** win*/obtain a scholarship
ösztöndíjas I. *a* scholarship; ~ **diák** scholarship/sponsored student **II.** *n* scholar, holder of a scholarship, scholarship/sponsored student
ösztönélet *n* instinctual/sex life
ösztönember *n* man° of impulse; *elit* man° who is a slave to his instincts
ösztönös *a* instinctive, intuitive, spontaneous; *(mozdulat)* reflex; ~**en** instinctively, spontaneously, by instinct; ~**en megérez** sense, have* a foreboding/presentiment, have* an intuition about sg
ösztönösség *n* intuition, impulse; *(cselekedeti)* spontaneity
ösztönöz *v vkt vmre* urge (sy to do sg), stimulate/encourage sy (to do sg), spur sy on; **mi ösztönzi őt erre?** what makes him do it?
ösztönszerű *a* instinctive, intuitive, spontaneous
ösztönzés *n* urging, urge, impetus, stimulation, stimulus; *(anyagi)* ~ **(rendszere)** incentive scheme
ösztönző I. *a* stimulating, stimulative; *(anyagilag)* incentive; ~**leg hat vkre** stimulate sy **II.** *n* anyagi ~**(k)** material/money incentive(s)
ösztövér *a ir* lean, lanky, skinny, thin
őszutó *n* late autumn *(US* fall), end of autumn *(US* fall)
őszül *v (haj)* turn white, become* grey *(US* gray)
őszülés *n* becoming/turning grey *(US* gray), greying *(US* graying)

őszülő *a* greyish, touched with grey (*US* gray) *ut.*, turning/becoming grey (*US* gray) *ut.*; ~ **haj** greying (*US* graying) hair

öszvér *n* mule

öt *num* five; ~ **felé** (1) *(irány)* in five directions/parts (2) *(idő)* towards five (o'clock)

őt *pron* him; *(nőt)* her; ~ **magát** himself; *(nőt)* herself

ötágú *a* five-pointed

ötajtós *a* ~ **kocsi** hatchback

ötdolláros *n (bankjegy)* a 5 dollar bill

öten *num adv* five (people), five of us/you/them; ~ **vagyunk** we are five, there are five of us

ötévenként *adv* every five years

ötéves *a (kor)* five years old *ut.*, five-year--old, five years of age *ut.*; *(időtartam)* five--year, five years', of/lasting five years *ut.*; ~ **gyermek** five-year-old child°, a child° of five; ~ **házasok** they [etc.] have been married for five years; ~ **terv** five-year plan

ötévi *a* of/lasting five years *ut.*, five-year, five years'

ötféle *a* five kinds of *ut.*

ötfontos *n (bankjegy)* a 5 pound note, *biz* a fiver

ötforintos *n* a five-forint piece

öthavi *a* = **öthónapi**

öthetes *a (kor)* five weeks old *ut.*, five-week--old; *(időtartam)* five-week, five weeks'

ötheti *a* of/lasting five weeks *ut.*, five-week, five weeks'

öthónapi *a* of/lasting five months *ut.*, five--month, five months'

öthónapos *a (kor)* five months old *ut.*, five--month-old; *(időtartam)* five months', five--month, of/lasting five months *ut.*

ötjegyű *a (szám)* five-figure; *(logaritmus)* five-place

ötlet *n* idea, (ingenious) thought; **jó** ~ a good idea, a happy thought; **hirtelen jó** ~**e támadt** (s)he had a brainwave, a good idea flashed through his mind; **micsoda** ~**!** what an idea!; **nincs** (jó) ~**em** *(vm megoldásra) biz* I haven't a clue

ötletes *a* **1.** *(szellemes)* witty, full of ideas *ut.*; *(találékony)* resourceful, ingenious, inventive, clever **2.** *(tárgy)* ingenious, clever [device]

ötletgazdag *a* full of ideas *ut.* ⇨ **ötletes 1.**

ötletszegény *a* lacking in *(v.* devoid of) ideas *ut.*, unimaginative

ötletszerű *a* random, whimsical, capricious; ~**en** at random, by/in fits and starts; ~**en cselekszik** act on a sudden impulse, act on the spur of the moment, act capriciously

ötl|ik *v* **eszébe** ~**ik** it occurs to him, it flashes through his mind

ötnapi *a* five-day, five days', lasting/of five days *ut.*; ~ **eleség** food for five days

ötnapos *a (kor)* five days old *ut.*, five-day--old; *(időtartam)* five-day, five days', lasting/of five days *ut.*; ~ **munkahét** five-day week

ötnyelvű *a (kiadvány)* in five languages *ut.*

ötórai *a* **1.** *(időpont)* five o'clock, at five o'clock *ut.*; ~ **tea** five o'clock tea; **az** ~ **gyors** the five-o'clock train/express **2.** *(időtartam)* lasting/of five hours *ut.*, five hours'

ötórás *a* lasting/of five hours *ut.*, five hours'

ötöd *n (rész)* fifth (part); *zene* quint, fifth

ötödéves **I.** *a* fifth-year [student]; ~ **egyetemi hallgató** undergraduate *(v.* university student) in his/her fifth/final year; ~ **orvostanhallgató** medical student in his/her fifth/final year **II.** *n* fifth-year student

ötödik **I.** *num a* fifth; ~ **alkalommal** for the fifth time, fifthly; **az** ~ **hadoszlop** *pol tört* a fifth column; ~**nek jött** (s)he was the fifth to arrive **II.** *n* **1.** **július 5-e** 5 July, *US* July 5th *(kimondva:* the fifth of July, *ill.* July the fifth); **f. hó 5-én** *(ker levélben)* on 5th inst.; *(kimondva/kiírva)* on the fifth of this month **2.** *isk* ~**be jár be*** in *(v.* attend) the fifth form/class *(v. US* grade)

ötödikes **I.** *a* ~ **tanuló** pupil in the fifth class/form *(v. US* grade) **II.** *n* fifth-form pupil/boy/girl, fifth-former

ötödiki (5-i) *a* **Május 5-i levelét köszönettel megkaptam.** Thank you for your letter of 5 May *(v. US* May 5th)

ötödmagával *adv* he and/with four others

ötödrész *n* fifth (part)

ötödször *num adv* fifthly, for the fifth time

ötöl-hatol *v* hedge, hum *(US* hem) and haw, beat* about the bush

ötös **I.** *n* **1.** *(számjegy)* the number/figure five **2.** *(isk osztályzat)* very good, excellent; ~**re felelt** he got a very good, he got an excellent, he was given an excellent; *(vizsgán)* (s)he got top marks **3.** *(villamos, autóbusz)* tram/bus number five *(v.* No. 5), the number five tram/bus; **felszáll az** ~**re** take* tram/bus *(US* car) number five, take* the number five tram/bus *(US* car) **II.** *a* **1.** ~ **szám, az 5--ös szám** the number/figure five, five, No. 5 **2.** *(ötszörös, öt részből álló)* fivefold, quintuple; ~ **fogat** five-in-hand, five-horse carriage **3.** *(ötös számú)* ~ **autóbusz** the number five bus, bus number five *(v.* No. 5) **4.** *(ötórai)* **az** ~ **gyors** the five-o'clock train/express

ötösével *adv* by fives, five at a time
ötperces *a* five-minute, five minutes', of five minutes *ut.*
ötpróba *n* pentathlon
ötszáz *num* five hundred
ötszázadik *num a* five hundredth
ötszázas, ötszázforintos *n (bankjegy)* a five hundred forint note
ötszög *n* pentagon
ötször *num adv* five times
ötszöri *a* repeated five times *ut.*
ötszörös *a* fivefold, quintuple
öttagú *a* having five members/parts *ut.*; ~ **család** family of five; ~ **szó** word of five syllables; ~ **zenekar** five-man band, quintet
öttusa *n* modern pentathlon
öttusáz|ik *v* be* a pentathlete, go* in for (modern) pentathlon
öttusázó *n* (modern) pentathlete
ötven *num* fifty
ötvenedik *num a* fiftieth
ötvenen *num adv* fifty (of us/you/them); ~ **voltak** there were fifty of them
ötvenes I. *a* fifty, of fifty *ut.*; **az** ~ **évek** the fifties (50s *v.* 1950s); **az** ~ **években/éveiben van** he is in his fifties; ~ **méret** size fifty; ~ **szám** (the) number/figure fifty, fifty; **az** ~ **villamos** the number 50 tram, tram number fifty **II.** *n* **1.** *(számjegy)* fifty, (the) number/figure fifty **2.** *(bankjegy)* a fifty forint note **3.** *(villamos, busz)* tram/bus (*US* car) number fifty (*v.* No. 50)
ötvenéves *a (kor)* fifty years old *ut.*, fifty--year-old; *(időtartam)* fifty-year, fifty years', of/lasting fifty years *ut.*
ötvenévi *a* fifty-year, fifty years', of/lasting fifty years *ut.*
ötvenforintos *n (bankjegy)* a fifty forint note
ötvenhat *num* ~, **az** ~**os események** the 1956 events; **az** ~**os (nép)felkelés** the 1956 (popular) uprising, the uprising of 1956
ötvös *n* goldsmith
ötvösmunka *n* goldsmith's work
ötvösművészet *n* goldsmith's craft/art
ötvöz *v* alloy, mix
ötvözet *n* alloy
öv *n* **1.** *(ruhán)* belt; ~**ön aluli ütés** *(igével)* hit(ting) below the belt **2.** *(föld)* zone ⇨ **biztonsági** *öv*
övcsat *n* buckle

övé *pron* **1.** his, hers; **ez a ház az** ~ this house is his/hers, this house belongs to him/her; **ezek a könyvek az** ~**i** these books are* his/hers **2.** *(főnévként)* **jól gondoskodik az** ~**iről** he looks after his family well, he takes good care of his own/family
övé(i)k *pron* theirs
övez *v* **1.** *vmt vmvel* encircle, girdle (sy with sg) **2.** *(területet)* surround, encircle; **hegyekkel** ~**ett** surrounded/encircled by mountains *ut.*; **a várost erdők** ~**ik** the town is surrounded by forest(s)
övezet *n (terület)* zone, area
övsömör *n* shingles *sing.*, tud herpes zoster
őz *n* **1.** *áll* deer (*pl* ua.), roe(-deer); *(hím)* roebuck; *(nőstény)* (roe) doe; *(fiatal nőstény)* fawn **2.** *(húsa)* venison
őzagancs *n* antler, horn (of roe-deer)
őzbak *n* roebuck
őzbarna *a* fawn(-coloured) (*US* -or-)
őzborjú *n* fawn
őzbőr *n* buckskin, deerskin, doeskin; ~ **kabát** suède (coat)
őzcomb *n* haunch of venison
őzgerinc *n* back/saddle of venison
őzgida *n* fawn, kid
őzhús *n* venison
őzike *n* fawn
özön *n (áradat)* deluge, stream, torrent, flood; *(csak átv)* abundance, plenty (of sg); **szavak** ~**e** torrent of words; **rágalmak** ~**e** torrent of abuse; ~**ével kapja a meghívásokat** he is* deluged with invitations
özönl|ik *v* stream, flow, flood, rush; *(tömeg)* flock/throng to [a place]
özönvíz *n* deluge; *(bibliai)* the Flood; ~ **előtti** antediluvian
őzpecsenye *n* roast venison
őzsuta *n* (roe) doe
őzsült *n* = **őzpecsenye**
özv. = **özvegy(i)** widow('s)
özvegy I. *a* widowed; ~**en maradt** she was left a widow, she remained a widow **II.** *n (asszony)* widow; *(férfi)* widower
özvegyasszony *n* widow
özvegyember *n* widower
özvegyi *a* widow's; ~ **járadék/járulék** widow's allowance; ~ **jog/haszonélvezet** jointure; ~ **nyugdíj** widow's pension
özvegység *n (nőé)* widowhood; *(férfié)* widowerhood; ~**re jut** be* widowed; ~**re jutott** widowed

P

P, p *n (betű)* (the letter) P/p
p. 1. = *perc* minute *(röv* min.) **2.** = **pont**
pá *int* bye!
pác *n* **1.** *(élelmiszeré)* pickle **2.** *(bőripari)* steep, tanning ooze/liquor **3.** *átv biz* ~**ban hagy vkt** leave* sy in the lurch; ~**ban van** be* in a pickle/jam/mess, be* in the soup, be* in a real fix
paca *n biz* (ink) blot; ~**t ejt** make* a blot (on), blot (sg)
pacák *n* □ guy, fellow, *csak GB* bloke
pacal *n* tripe
pacalpörkölt *n kb.* tripe stew
pacás *a* smudgy
paci *n biz* gee-gee
páciens *n* patient
pacientúra *n* practice, [a doctor's] list
pacifista I. *n* pacifist **II.** *a* pacifist
pacifizmus *n* pacifism
packáz|ik *v vkvel* trifle with sy; **nem hagy magával** ~**ni** he is* not to be trifled with
páclé *n* pickle
pacni *n* = **paca**
pácol *v* **1.** *(élelmiszert)* pickle, cure; *(maríniroz)* marinade, marinate **2.** *(bőrt)* steep, tan
pácolás *n* **1.** *(élelmiszeré)* pickling, curing; *(marinírozás)* marinading, marinating **2.** *(ipar)* steeping, soaking, tanning
pácolód|ik *v (élelmiszer)* be* in the process of pickling
pácolt *a (étel)* pickled, cured; *(marinírozott)* marinaded, marinated; ~ **hering** pickled herring; ~ **hús** corned/cured/pickled meat
pacsi *n biz* (little) paw; **(adj)** ~**t!** give me your hand!; *(kutyához)* give me your paw!
pacsirta *n* (sky)lark
pacsirtaszó *n* song of the lark
pacskol *v* splash, plash, paddle; **vízben** ~ be* splashing about in the water
pad *n ált* bench, (long) seat; *(támla nélkül)* form; *isk* desk ➪ **vádlott**
padka *n* **1.** *(kemencéé)* chimney corner seat, inglenook **2.** = **útpadka**
padlás *n* loft, garret, attic
padlásablak *n* garret/attic-window
padlásfeljáró *n* loft/attic/garret staircase
padlásszoba *n* attic, garret

padlástér *n* loft; **padlásteret beépít** convert a/the loft [into a bedroom, living-room etc.]
padlástér-beépítés *n* loft conversion
padlizsán *n növ* aubergine, *US* egg-plant
padló *n* floor
padlóburkolat *n* floor/bottom covering, flooring
padlódeszka *n* floorboard
padlófűtés *n* underfloor heating
padlókefe *n* floor brush
padlóváza *n* standing vase
padlóviasz *n* floor-wax/polish
padlóz *v* lay* a floor, floor
padlózat *n* flooring
padozat *n ált* floor(ing)
padsor *n* **1.** *ált* row/line of seats **2.** *(templomban)* pew **3.** *(képviselőházban)* bench
paff: *biz* **egészen** ~ **voltam** I was flabbergasted/dumbfounded/nonplussed, I was struck all of a heap
páfrány *n* fern
pagoda *n* pagoda
páholy *n* **1.** *szính* box **2.** *(szabadkőműves)* (masonic) lodge **3.** ~**ból nézi a dolgokat** have* a ringside seat, remain aloof, be* above it all
páholybérlő *n* boxholder
páholyülés *n* box seat
pajesz *n* earlock, corkscrew curl
pajkos *a* elfish, elvish, impish; *(játékos)* playful, frolicsome; *(pajzán)* risqué; ~ **csíny** prank, practical joke; ~ **gyerek** mischievous child°, *kif* be* a (real) handful
pajkoskod|ik *v* be* roguish, lark/monkey about
pajkosság *n* **1.** *(cselekedet)* mischief **2.** *(viselkedés)* mischievousness, roguishness
pajor *n* grub [of cockchafer], larva *(pl* larvae)
pajta *n* barn, shed
pajtás *n* **1.** *ált* friend, companion, mate, *biz* pal, *US biz* buddy; **jó** ~ (he is*) a good sort, a nice chap; **jó** ~**ok voltunk** we were mates/pals *(v. US* buddies) **2.** *(úttörő)* (fellow) pioneer
pajtáskod|ik *v* pal/chum up *(vkvel* with sy)
pajtásság *n (kapcsolat)* chumminess, close companionship

pajti n biz mate, pal, US buddy; ~**kám!** old boy/chap/son, US bud(dy)!

pajzán a *(pajkos, csintalan)* naughty, mischievous; *(sikamlós)* risqué, near the bone *ut.*; *(illetlen)* brazen, naughty; ~ **történet** racy story/tale; ~ **viselkedés** *(pajkosság)* mischievousness, being mischievous; *(sikamlósság)* scandalous behaviour (US -or); *(illetlenség)* brazenness

pajzánkod|ik v ált be* mischievous

pajzánság n = **pajzán** viselkedés

pajzs n **1.** kat és ált shield **2.** áll shell, carapace **3.** *(címeré)* shield, (e)scutcheon

pajzsmirigy n thyroid gland

pajzsmirigy-túlműködés n hyperthyroidism

pajzsmirigytúltengés n exophthalmic goitre (US -ter), Graves' disease

pajzstetű n shield bug, shield scale

páka n soldering iron

Pakisztán n Pakistan

pakisztáni a/n Pakistani

pakk n *(poggyász)* luggage, US baggage

pakli n **1.** *(csomag)* packet, package; **egy** ~ **dohány** a pack(et) of tobacco; **egy** ~ **kártya** a pack (US deck) of cards **2.** biz elit **benne van a** ~**ban** be* in on the deal

paklikocsi n luggage-van, US baggage car

pakol v **1.** *(csomagol)* pack/wrap (up) **2.** biz **de most** ~**j innen!** get out of here!, clear off/out!, US beat it!

pakolás n **1.** *(csomagolás)* packing/wrapping (up) **2.** *(borogatás)* pack, compress; *(kozmetikai)* pack

pakolópapír n = **csomagolópapír**

pákosztos a = **torkos**

paksaméta n *(csomag)* bundle, pack; *(irat)* sheaf° (of papers); *(levél)* bundle (of letters); **egy** ~ **könyv** a pile of books

paktál v conspire, enter into a pact with

paktum n agreement, pact

Pál n Paul

pala n (roof-)slate; ~**val fed** cover (sg) with slates, slate

palabánya n slate-quarry

palack n bottle; *(lapos)* flask

palackbor n bottled wine

palackgáz n Calor gas

palackos a bottled; ~ **bor** bottled wine

palackoz v bottle; ~**ott italok boltja** GB off-licence, US package/liquor store ⇨ **ital**

palackozás n bottling

palackozott a = **palackos**

palacksör n bottled beer

palacktej n bottled milk

palackzöld a bottle-green

palacsinta n pancake(s pl), crêpe, csak US: flapjack; **diós** ~ walnut pancake; **lekváros** ~ jam pancake

palacsintasütő n **1.** *(serpenyő)* frying-pan, griddle, US fry pan, omelette/pancake pan **2.** *(személy)* pancake-seller

palafedő n *(munkás)* slater

palánk n **1.** *(deszkából)* board fence **2.** *(falragaszoknak)* hoarding, US billboard **3.** *(kosárlabdában)* backboard

palánta n plant, seedling, nursling; ⸗**kat átültet** bed plants; ⸗**kat kiültet** bed out (the) plants

palántanevelő ágy n hotbed, forcing bed

palántáz v plant, bed out (the) plants

palaréteg n bed/layer of slate

palás a slaty

palást n **1.** *(ruhadarab)* cloak, (long) mantle; *(ref. lelkészé)* Geneva gown **2.** átv cloak; **a hazafiasság** ~**ja alatt** under the cloak of patriotism **3.** mat superficies (pl ua.)

palástol v cloak, disguise; **bánatát nevetéssel** ~**ja** he cloaks his sorrow with laughter

palaszürke a slate-grey/coloured (US -or-), slaty

palatábla n † slate

palatális a palatal

palatető n slate roof

paláver n biz powwow; ~**t tart(anak)** hold* a powwow, powwow about sg

palavesszö n † slate-pencil

pálca n **1.** ált stick, rod, staff **2.** *(karmesteri)* baton **3.** *(fenyítő)* cane; *(lovagló)* (riding-) switch; ⸗**t tör vk felett** judge sy harshly, condemn (sy) roundly

pálcáz v cane

pálcika n small/short stick

palesztin a/n Palestinian

Palesztina n Palestine

palesztinai a/n Palestinian

paletta n palette

pálfordulás n (sudden) conversion, about--turn, US turnabout, about-face

pálha n növ stipule

pali n □ sucker, GB mug; ~**ra vesz vkt** take* sy for a fool/ride, take* sy in, dupe sy

pálinka n brandy, spirit; *(házi)* poteen

pálinkafőzés n distilling of brandy

pálinkafőző n brandy distillery, brandy still

pálinkamérés n GB gin palace, US gin mill

pálinkásüveg n *(lapos)* (hip) flask

pálinkáz|ik v drink* brandy

pállás n *(seb)* sore, fissure; *(hajlatok között)* intertrigo

pallér n foreman-builder

palléroz v polish, civilize, refine
pallérozatlan a rough, unpolished, uncivilized, unrefined
pallérozott a polished, refined
pallérozottság n refinement
páll|ik v 1. növ rot 2. (bőr) crack
palló n plank, board, batten
pallos n broadsword, backsword; (hóhéré, tört) (executioner's) sword; **lecsapott rá a ~** (s)he was put to the sword
pallosjog n tört power of life and death
pálma n 1. növ palm(-tree) 2. **elnyeri/elviszi a ~t, övé a ~** bear* (v. carry off) the palm, take* the honours (US -ors)
pálmaág n konkr palm-branch/leaf°; (a győzelem jelképe) palm
pálmafa n palm(-tree)
pálmaház n glasshouse, greenhouse
pálmalevél n 1. konkr palm-leaf° 2. (díszítmény) palmette
pálmaliget n palm-grove
pálmaolaj n palm-oil
palóc a/n Palots, Palóc
palócos a ~ **(ki)ejtés** broad Palots/Palóc accent
palota n palace, mansion (house)
palotaforradalom n palace revolution
palotás n ⟨slow and stately Hungarian ballroom dance⟩, "palotache"
pálya n 1. ált course, path; (égitesté, űrhajóé stb.) orbit; (lövedéké) path, course, trajectory; **kitéríti ~jából** turn from its true course, deflect, make* sg deviate from its path/orbit; **~ra állít/juttat put*** in(to) orbit 2. (vasúti) (railway) track, railway (line), US railroad (line); **szabad a ~** (1) vasút line clear (2) átv the coast is clear 3. sp (sports) ground, (playing) field; (futó) track; (a futópálya egy sávja) lane; (teniszé) court; (futball) field, ground, biz pitch; (baseball) field; (amerikai futball) field, biz gridiron; (autóversenyé) circuit; (lovas) (jumping/competition) ring; (sí) course; run; (lesikló) downhill course; **~!** gangway!, stand clear, please!; **~t választ** (futballban) choose* ends; **elhagyja a ~t** (lovas) X is riding out of the ring 4. (életpálya) career, profession, occupation; (hivatás) calling; **vm ~ra lép go*** in for [law, teaching etc.], take* up [writing etc.], go* into [the Army etc.]; **~t választ** choose* a career/profession; **~t téveszt** miss/mistake* one's vocation
pályaalkalmasság n aptitude [for a particular job/skill]; **~i vizsga** aptitude test
pályabíró n sp umpire

pályadíj n prize; **~at tűz ki** offer a prize; **~at odaítél** award a prize; **a beküldött mű ~at nyert** the work entered won (v. was awarded) a prize
pályadíjnyertes a/n = **pályanyertes**
pályafelvigyázó n = **pályamester**
pályafenntartás n vasút track maintenance
pályafutás n career; **földi ~unk** our mortal span, this mortal coil
pályagondnok n sp groundsman°
pályakezdés n start of one's career, starting out on one's career
pályakezdő a ~ **fiatalok** young people starting out on a career (v. on their careers)
pályakocsi n (vasúti) US handcar
pályamenti sebesség n orbitial speed
pályamester n vasút line(s)man°
pályamódosítás n (űrhajóé) course correction; **~t hajt végre** carry out a course-correcting manoeuvre (US maneuver)
pályamunka n competition essay/work; **nyertes ~** prize(-winning) essay/work; **az Akadémia díjával kitüntetett ~** an Academy award-winning work
pályamunkás n vasút platelayer, US trackman°, tracklayer
pályamű n = **pályamunka**
pályanyertes I. a ~ **mű** prize(-winning) work/essay II. n (személy) prize-winner, prizeman°
pályaőr n line(s)man°
pályaszint n track level
pályatárs n colleague
pályatest n (railway v. US railroad) track ⇨ **pálya 2.**
pályatétel n theme [of a competition]
pályatévesztett a ~ **ember** one who has missed his/her vocation, kif a square peg in a round hole
pályaudvar n vasút railway (US railroad) station; **(autóbusz-) ~** bus/coach station/terminal
pályaudvari a station(-), at/of a (railway) station ut.; **~ ruhatár** GB left-luggage (office), US baggage room, checkroom
pályaválasztás n 1. (hivatásé) choice of career/profession 2. sp choice of goals/ends
pályaválasztási a ~ **tanácsadás** careers advisory service, vocational guidance; (pedagógus, aki tanácsot ad GB) career master
pályázat n 1. (versengés) competition; **~on részt vesz** enter (for) a competition (for ...); **~ot (meg)hirdet** announce a competition (for ...); **beküldi a ~ot** enter/submit a work for a/the competition 2. (vm elnyerésére) application (for sg); **~ útján**

töltik be az állást the job/post is being
advertised; ~ **egy magasabb tudományos fokozat elnyerésére** *kb.* submission for a higher academic deg*ree*; ~**ot hirdet** (1) *(állásra)* advertise a vacancy (2) *(ösztöndíjra, külföldi lektorságra stb.)* announce/advertise scholarships/posts (in ...); ~**ot benyújt** send*/hand an/one's application [to sy for sg], apply for sg, put* in for sg; ~**ot hirdet főmérnöki állásra** invi*te* applications for a/the post of chief engin*eer*

pályázati *a* **1.** *(versengéssel kapcs.)* competition(-), concerning a competi*ti*on *ut.*; ~ **felhívás** (1) *(szellemi versengésre)* announcement of a competi*ti*on (for ...) (2) *ker, hiv* tender for [the construction of a new motorway etc.], call for tenders; ~ **feltételek** competi*ti*on rules **2.** *(vm elnyerésével kapcs.)* application, of the application *ut.*; ~ **határidő** closing date (for the rece*ip*t of applications), *biz* deadline

pályázatkiírás *n ker* call for tenders

pályáz|ik *v* **1.** *(vm elnyerésére)* compete for [an award, a place at a school, a prize etc.], apply *(v.* put* in) for [a job, a scholarship etc.]; send* in an/one's *(v.* write* an) application for sg; *(vm nagy cél elérésére)* aspire for/to/*af*ter sg; ~**ik a doktori fokozat elnyerésére** *kb.* submi*t* a thesis for the/one's Ph.D. **2.** *(pályázaton vesz részt)* compete, enter (for) [a competi*ti*on] **3.** *biz vmre (= meg akar szerezni vmt)* angle for (sg), make* a bid for sg **4.** *biz vkre (= pikkel vkre)* keep* picking on sy, have* it in for sy

pályázó *n (pályázaton részt vevő)* competitor; *(vmre jelentkező)* applicant (for sg), candidate (for sg); *(nagyobb tisztségre stb.)* aspirant (*af*ter/for/to sg); **elnökségre** ~ an aspirant to the presidency

pamacs *n (borotva)* shaving brush

pamflet *n* pamphlet

pamfletíró *n* pamphleteer

pamlag *n* couch, sett*ee*, sofa, *US* davenport

pamut *a/n* cotton ⇨ **pamutáru**

pamutáru *n* cotton goods *pl*, cottons *pl*; *(fonal)* threads *pl*

pamutfonal *n* cotton (yarn/thread), thread

pamutfonó *n* cotton mill

pamutipar *n* cotton industry/trade

pamutszalag *n* cotton tape

pamutszövet *n* cotton (fabric/cloth)

pamutvászon *n* calico

panama *n* (financial) swindle, scandal, *US* így is: racket, a case of bribery and corruption

panamai *a/n* Panamanian

Panamai csatornaövezet *n* Panama Canal Zone

panamázás *n* swindling, *főleg US:* graft, racket

panamáz|ik *v* swindle, *főleg US:* graft

pánamerikai *a* Pan-American

panamista *a* racketeer, *főleg US:* grafter

panasz *n* **1.** *ált* complaint (about); *(panaszkodás)* complaining; *orv* complaint; **mi a** ~**a?** *(betegtől)* what seems to be the matter?, what is* your complaint?; ~ **nélkül** without a murmur; ~**a van vkre** complain about sy; ~**ra nincs okunk** we have no reason to complain, we can't complain **2.** *jog* complaint; *(vk ellen)* accusation, charge; ~**t emel/tesz** *(v.* panasszal él) vk ellen make*/lodge a complaint against sy *(vknél* with sy); ~**nak helyt ad** consider a claim/complaint

panasziroda *n* complaint office/department

panaszkodás *n* **1.** *ált* complaint; *(morogva)* grumble **2.** *(sirám)* jeremiad, lament, lamentation, whine

panaszkod|ik *v vkre, vmre* complain about/ of (sy/sg), make*/lodge a complaint about/ against sg; *(vmről, pl. fejfájásról)* complain of [a headache etc.]; ~**nak rád** people are* complaining about you; **Hogy van?** — **Nem** ~**om!** How are things (going)? — Mustn't grumble

panaszkönyv *n* complaints book

panasznap *n* grievance day

panaszol *v* complain; **sírva** ~**ja, hogy** tearfully (s)he complains that

panaszos I. *a* plaintive, sorrowful, mournful; ~ **hangon** plaintively, in a plaintive voice **II.** *n* = **felperes**

panasztétel *n jog* complaint

panasztevő *n jog* complainant, plaintiff

páncél *n* **1.** *(lovagi)* (suit of) armour (*US* -or), mail **2.** *(rovaré)* carapace, shell

páncél- *a összetételekben az* armour *szó és származékainak US helyesírása:* armor(-)

páncélautó, páncél(gép)kocsi *n* armoured car

páncéling *n* coat of mail, chain armour/mail

páncéllemez *n* armour/steel-plate

páncélos I. *a* **1.** *(lovag, jármű)* armoured; *(a II. világháború óta így is:)* panzer; ~ **lovag** armour/mail-clad knight, armoured knight **2.** *áll* testaceous **II.** *n* **1.** *(katona)* tank man°/trooper; **a** ~**ok** the armoured troops **2.** *(harckocsi)* tank

páncélosalakulatok *n pl* armoured troops

páncélosegység *n* armoured/panzer unit

páncéloshadosztály *n* armoured/tank division
páncélostámadás *n* armoured/panzer attack
páncéloz *v* armour, coat with armour; ~ott armoured, armour-plated
páncélököl *n* bazooka
páncélszekrény *n* safe; *(magánletétek őrzésére)* safe-deposit
páncélszoba *n* strong-room
páncéltorony *n kat* (armoured/tank) turret; *(hadihajón)* fighting-top
páncéltörő *a* ~ ágyú antitank gun, *US* tank destroyer; ~ gránát/lövedék armour-piercing shell/projectile
páncélvonat *n* armoured train
páncélzat *n* armour(-plating); ~tal ellát armour(-plate)
pancs *n (rossz ital)* plonk, wish-wash
pancser *n biz* duffer, muff, bungler, *US* sad sack
pancsol 1. *vi (vízben)* splash (about), paddle **2.** *vt (bort meghamisít)* water (down), doctor; ~t bor adulterated wine
pandúr *n* gendarme ⇨ betyár*ból*
panel *n (építőelem)* panel
paneles *a* ~ építkezés precast concrete/panel construction, system building (with large panels)
panelház *n* prefabricated house; *biz* prefab; *(toronyház)* high-rise (block), tower block
pang *v (átv is)* stagnate, be* stagnant; az üzlet ~ business is* slack/slow, business is* in the doldrums; a kereskedelem ~ trade* is dull
pangás *n* **1.** *átv is* stagnation, depression, slump, recession, *biz* the doldrums
pánik *n* panic; ~ keletkezett there was a panic, the crowd panicked; csak semmi ~! don't panic!; ~ba esik get* into a panic, panic *(múlt idő stb.* -ck-); *(gazdasági, üzleti)* be* panic-stricken; ~ot kelt create a panic, throw* (the crowd) into a panic
pánikhangulat *n* state/atmosphere of panic
pánikkeltés *n* panic-mongering
pánikszerű *a* ~ menekülés panic-stricken flight
paníroz *v* fry (sg) in breadcrumbs, coat (sg) with/in breadcrumbs, bread
pankráció *n* all-in wrestling, catch-as-catch-can
panoptikum *n* waxworks *pl v. sing.*; *(Londonban)* Madame Tussaud's
panoráma *n* view, panorama, scenery
panorámafilm *n* Cinerama
pánszláv I. *a* Pan-Slavic **II.** *n* Pan-Slavist

pánt *n* **1.** *ált* band, hold-fast **2.** *(hordón)* hoop **3.** *(keréken)* tread, hoop tyre *(US* tire) **4.** *(ruhán)* strap
pantalló *n* trousers, slacks, *US* pants *(mind: pl)*
pántlika *n* ribbon, tape
pantomim *n* pantomime, mime
panzió = penzió
panyóka *n* ~ra vetve [jacket/coat] thrown/flung/worn over one's shoulder (and back)
pányva *n* **1.** *(kikötésre)* tether **2.** *(megfogásra)* lasso
pányváz *v* tether
pap *n ált és katolikus, anglikán, ortodox)* priest; *(protestáns, néha anglikán is)* clergyman°; *(főleg református)* minister, pastor; ~ se beszél/prédikál kétszer I'm not going to say it again; a jó ~ holtig tanul it is never too late to learn, we [you, etc.] live and learn; kinek a ~, kinek a ~né there is no accounting for tastes, everyone to his taste
papa *n biz* Dad(dy), Papa, *US* Pa, Pop
pápa *n* Pope, the Holy Father; ~bb a ~nál more catholic than the Pope
pápá *int n biz* ta-ta
papagáj *n* parrot
papagájkór *n* parrot disease/fever, *tud* psittacosis
pápai *a* papal; ~ állam Vatican City, the Holy See; ~ követ nuncio, papal legate
pápaság *n* **1.** *(intézmény)* papacy, pontificate; VI. Pál ~a alatt during the pontificate of (Pope) Paul VI **2.** *(méltóság)* popedom
pápaszem *n* spectacles *pl, biz* specs *pl*
pápaszemes *a* **1.** *(ember)* bespectacled, wearing spectacles *ut.* **2.** ~ kígyó cobra (de capello), hooded snake
pápaválasztás *n* election of a (new) pope, conclave
papi *a* **1.** *ált* ecclesiastical, clerical; *(paphoz illő)* priestly, priestlike; teljes ~ díszben in full canonicals; go* into the Church, enter the Church; otthagyja a ~ pályát leave* the ministry; ~ rend religious/holy orders *pl*, ministry
papír I. *n* **1.** *(anyag)* paper; *(egy darab)* a piece of paper; ~ra vet *(szöveget)* note/jot down; ~ra veti gondolatait commit one's thoughts to paper; ~on *(elméletben)* on paper, in theory; *(látszatra)* seemingly, on the face of it **2.** *biz* vknek a ~jai *(személyi okmányok)* sy's/one's (identity)

papers/documents *pl* **II.** a ~ **vékonyságú** (as) thin as paper *ut.*

papíráru *n* stationery
papírdarab *n* slip/piece/scrap of paper
papírdoboz *n (kartonból)* cardboard box
papírforma *n* ~ **szerint** on paper, in theory; ~ **szerint győz** the odds are* that he will win
papírgalacsin *n* paper pellet
papírgyár *n* paper-mill/factory
papírgyártás *n* paper-making/manufacturing
papírhulladék *n* waste-paper, scrap paper
papíripar *n* paper-making/industry
papírízű *a* stilted, artificial, mannered
papírkép *n* print; **színes** ~ colour (*US* -or) print
papírkereskedés *n* stationer('s)
papírkosár *n* waste-paper basket, *US* wastebasket
papírkötés *n (könyvé)* paper covers *pl*, paperboards *pl*; ~**ben** in paperboard/pasteboard
papírlap *n* sheet/piece of paper
papírlemez *n* cardboard
papírmasé *n* papier-mâché
papírmunka *n biz* paperwork
papiros *n* = **papír**
papírpelenka *n (betét)* nappy-liner; *(eldobható)* disposable nappy (*US* diaper)
papírpénz *n* paper money, (bank-)notes *pl*, *US* bills
papírpép *n* paper pulp
papírpohár *n* paper cup
papírszagú *a* ~ **alakok** cardboard characters
papírszalag *n* paper band
papírszalvéta *n* paper napkin, table napkin, (paper) serviette
papírszelet *n* slip (of paper)
papírvágó I. a ~ **olló** paper shears *pl*; ~ **kés** paper-knife° **II.** *n* paper-cutter, guillotine
papírvatta *n* paper wadding
papírzacskó *n* paper bag
papírzsebkendő *n* paper tissue
pápista *a nép* papist
papjelölt *n (katolikus)* seminarist, novice
paplak *n* vicarage, rectory, parsonage
paplan *n (steppelt)* duvet, continental quilt; *(pehely)* eiderdown
paplanhuzat *n* = **paplanlepedő**
paplanlepedő *n* duvet/quilt-cover
papnevelő (intézet) *n (katolikus)* seminary
papnövendék *n* = **papjelölt**

papol *v biz* elít chatter, jaw away, go* on (at sy *v.* about sg); **ne** ~**j!** cut the cackle!, put a sock in it!
papos *a* clerical, priestly
paprika *n* **1.** *(növény és termése, zöldpaprika)* green pepper, capsicum (*pl* -cums); *(ha piros)* red capsicum, red (green) pepper; **töltött** ~ stuffed pepper(s) **2.** *(fűszer)* (Hungarian) paprika; **csípős/erős** ~ hot paprika, *kb.* cayenne pepper; **édes** ~ delicate/sweet paprika; **tubusos** ~ paprika paste
paprikajancsi *n* Punchinello, (Mr) Punch
paprikás I. *a* **1.** *(étel)* seasoned with paprika *ut.*, paprika; ~ **csirke** paprika chicken, chicken paprika; ~ **krumpli/burgonya** paprika potatoes *pl*, ⟨potato stewed with paprika and onions⟩ **2.** *átv biz* ~ **kedvében van** be* in a hot temper, be* like a bear with a sore head; ~ **hangulat** sulphurous (*US* -lf-) atmosphere **II.** *n* ⟨meat stewed with paprika, onions and sour cream⟩, *kb.* devilled [chicken etc.]
paprikavörös *a* paprika-red
paprikáz *v* season (sg) with paprika
papság *n (gyűjtőnév)* the clergy *pl*, priests *pl*, the priesthood; **alsó** ~ lower clergy; **felső** ~ higher clergy
papsajt *n* **1.** *növ* (wild) mallow **2. nem minden/mindig** ~ you can't have caviar every day, life is not always a bed of roses
papszentelés *n* ordination
pápua *a/n* Papuan
papucs *n* **1.** *(konkrétan)* slippers *pl* **2.** *átv* ~ **alatt van** be* henpecked, be* tied to his wife's apron-strings **3.** = **papucsférj 4.** *sp biz* speedboat
papucscipő *n* slip-on, *US főleg* loafer
papucsférj, -hős *n* henpecked husband
papucskormány *n* petticoat government, *kif* (she *v.* the wife) wears* the trousers (in the house)
pár I. *n* **1.** *(kettő)* pair **2.** *(házas, szerelmes)* couple **3.** *(egyenértékű)* match, the counterpart, analogue; **nincsen** ~**ja** be* unrivalled (*US* -l-), be* unparalleled/peerless, be* without a rival, have* no match/equal; ~**ját ritkítja** be* (practically) unrivalled/unparalled, (s)he has no fellows (in sg); ~**ját ritkító** unparalleled, unrivalled (*US* -l-) **4.** *(embernek átv)* companion, pair; **élete** ~**ja** (one's/a) partner for life **5. hol van ennek a cipőnek a** ~**ja?** where is* the fellow of this shoe? **II.** *a* **1.** *(kettő)* pair of; **egy** ~ **kesztyű** a pair of gloves **2.** *(néhány)* a couple (of), some, few *(mind után: pl)*; ~ **napja nem láttam** I haven't seen

him for some days; **egy ~ szót szólt csak** he said only a few words

pára *n* **1.** *(gőz)* steam, vapour *(US* -or) **2.** *(kipárolgás)* fumes *pl,* exhalation **3.** *(lehelet)* breath; **kiadja/kileheli ~ját** give* up the ghost **4. szegény ~** (the) poor soul/thing/devil

parabola *n* parabola

parabolaantenna *n* dish aerial/antenna

parabolikus *a* parabolic(al)

parádé *n* **1.** *(felvonulás)* parade, pageantry; **katonai ~** muster of troops **2.** *(pompa)* pomp, (spectacular) show, spectacular

parádés *a* **1.** *(felvonulási)* parade **2.** *(díszes)* festive, gala **3. ~ szerep** plum part; **~ szereposztás** all-star cast

parádéz|ik *v* parade; **új ruhájában ~ik** make* a show of (*v.* show* off) one's new dress

paradicsom *n* **1.** *növ* tomato *(pl* -toes) **2.** *vall* paradise, (the garden of) Eden; **„A ~ elvesztése"** Paradise Lost

paradicsomi *a* of paradise *ut.*, paradisiacal

paradicsomkert *n* = **paradicsom 2.**

paradicsomleves *n* tomato soup

paradicsommadár *n* bird of paradise

paradicsommártás *n* tomato sauce

paradicsomos *a* tomato, made/prepared with tomato(es) *ut.*; **~ burgonya** boiled potatoes in tomato sauce *pl*

paradicsomsaláta *n* tomato salad

paradigma *n* paradigm

paradox *a* paradoxical; **igen ~ volt, hogy ...,** **~ul hatott, hogy ...** it was paradoxical that, it was a paradox that

paradoxon *n* paradox

páradús *a* moist, vaporous

páraelszívó *n* *(konyhában)* cooker hood; *(ventilátoros)* extractor fan

parafa *n* cork; **~ dugó** cork; **~ talp** cork sole

parafál *v* put* one's initials to, initial *(US* -l) [a document]

paraffin *n* paraffin (wax)

paragrafus *n* **1.** *(szakasz)* section, paragraph **2.** *(törvénycikk)* article

paragrafusrágó *n* elít bureaucrat, gradgrind

Paraguay *n* Paraguay

paraguayi *a/n* Paraguayan

paraj *n* spinach

paralel *v* parallel *n* parallel

paral(l)elogramma *n* mat parallelogram

paralitikus *a* paralytic

paralízis *n* paralysis ⇨ **gyermekbénulás**

parallel → paralel

páramentesítő *n* *(szélvédőé)* demister, *US* defroster

paraméter *n* parameter

parancs *n* ált command, order; *kat* order, directive; *(utasítást tartalmazó)* direction, command, instruction; **a ~ ~** orders are orders; **a ~nak megfelelően** as directed; **~ára!** at your service!, certainly!; *vk* **~ára** by command/order of sy, on the orders of sy; **~ot ad vmre** give* an order (to), give* a command to sy (to do sg); **~ot kap vmre** receive an order to, be* ordered to, be* detailed to; **~ot teljesít/végrehajt** carry out an order/command, execute a(n) order/command

parancshirdetés *n* kat issuance of orders, briefing

parancskönyv *n* kat orderly book

parancsnok *n* kat commander *(röv* Cdr), commanding officer *(röv* C.O.); *(repülőgépé, hajóé és tűzoltó)* captain; *(hadifogolytáboré, repülőtéré stb.)* commandant; **ő a ~** he is* in command; he is* the captain; **~a vmnek** be* in command of sg

parancsnoki *a* commanding; **~ beosztás** commanding position; **~ hajó** flagship; **~ híd** (conning) bridge; **~ torony** conning tower

parancsnoklás *n* command, commanding

parancsnokló *a* commanding, in command *ut.*

parancsnokol *v* command, be* in command

parancsnokság *n* **1.** *(ténykedés)* command; **átveszi a ~ot** take* (over the) command (of) **2.** *(szerv)* headquarters (of the commander) *(röv* H.Q. *v.* HQ) *sing. v. pl*

parancsol *v* **1.** *vknek vmt* command/order/direct sy [to do sg], give* orders to sy; **maga nekem nem ~!** I do not take orders from you!; **ágyba ~t** he ordered me to bed; **itt én ~ok** I am in charge, I am the boss here, you take your orders from me; **tégy úgy, ahogy ~ták** do as you are told **2.** *(udvariassági kifejezésekben)* **~?** I beg your pardon(?); **mit ~?** (1) ált what can I do for you?, can I help you?, (is there) anything I can do for you (Sir/Madam)? (2) *(enni)* what will you have?; **~ gyümölcsöt?** would you like some fruit?, may I help you to some fruit?; **~ egyet (vmből)?** will you have one?; **~ még vmt, asszonyom/uram?** (will there be) anything else, Madam/Sir?; **úgy, ahogy ön ~ja** just as you please, as you like; **tessék ~ni!, ~jon!** (1) *(vkt előre engedve)* after you (2) *(kínálva)* (please) help yourself; **~jon helyet foglalni!**

please take a seat!; ~**jon velem!** I am at
your disposal/service
parancsolat *n* commandment
parancsolgat *v* keep* on giving orders,
boss/order (sy) about/around
parancsoló I. *a* **1.** *(parancsot adó)* com-
manding, ordering **2.** *(ellentmondást nem tű-
rő)* peremptory, imperative; ~ **hangon** in
a peremptory tone of voice, peremptorily
3. *nyelvt* ~ **mód** imperative (mood) **II.** *n*
commander, commandant, lord
parancsszó *n* (word of) command, order
parancsuralom *n* dictatorship, totalitari-
anism
paranoia *n* paranoia
paranoiás *a* paranoid, paranoiac
parányi *a* minute, tiny; **egy** ~ **vaj** a little
‚scraping of butter
paraplé *n* † *v. tréf* brolly, gamp
párás *a* **1.** *ált* vaporous; *(levegő)* humid,
misty, hazy **2.** *(ablak)* steamed/misted up,
(szemüveg) foggy misted/fogged up
párásodás *n* *(ablakon)* condensation
párásod|ik *v* *(ablak)* steam/mist up
párásság *n* *(levegőben)* mist, haze
paraszolvencia *n* → **hálapénz**
paraszt *n* **1.** *ált* peasant, countryman°; ~**ok**
the peasants, the peasantry **2.** *(sakkban* †*)*
pawn **3.** *elit (faragatlan személy)* boor(ish
fellow), lout, *US így is:* peasant, hick
parasztasszony *n* peasant woman°
parasztbirtok *n* peasant property/farm
parasztfelkelés *n tört* peasant(s') revolt/in-
surrection
parasztfiatal *n* young peasant, peasant
youth
parasztfiú *n* = **parasztlegény**
parasztforradalom *n* peasant revolution
parasztgazda *n* farmer, peasant holder
parasztgazdaság *n* peasant farm
parasztgyerek *n* peasant child°
parasztháború *n* peasant(s') rising/insur-
rection
paraszthajszál *n* ~ **híja volt** (s)he was/
came within an ace of it/sg; ~ **választotta
el** *(vmlyen veszélytől),* **(csak egy)** ~**on
múlt** he had a narrow escape (from), it was a
close shave, he escaped by the skin of his
teeth
parasztház *n* farmhouse, peasant cottage/
house
paraszti *a* peasant, rustic; **(józan)** ~ **ész**
kb. common/horse sense; ~ **származású**
of peasant origin/stock *ut.*; *(igével)* come*
from the peasantry

parasztlakodalom *n* country wedding
parasztlány *n* = **parasztleány**
parasztlázadás *n* = **parasztfelkelés**
parasztleány *n* peasant girl, country lass
parasztlegény *n* peasant youth, peasant/
country lad
parasztos *a* **1.** *ált* peasant, rustic, rural; ~
beszéd broad accent, the (local) vernacular,
dialect; ~ **modor** rustic ways *pl* **2.** *elit* boor-
ish, churlish
parasztpárt *n* peasants' party
parasztpolitika *n* peasant policy
parasztruha *n* peasant dress
parasztság *n* *(osztály)* peasantry, the peas-
ants *pl*
parasztsor *n* ~**ban él** live the life of a peas-
ant, be* a peasant; ~**ból kiemelkedik**
emerge from (among) the peasantry
parasztszármazású *a* = **paraszti** *szárma-
zású*
parasztszekér *n* farm wag(g)on
parasztszülő *n* ~**ktől származó** = **pa-
raszti** *származású*
parasztviselet *n* = **parasztruha**
páratartalom *n* humidity
paratífusz *n* paratyphoid fever
páratlan *a* **1.** *(nem páros)* odd; ~ **szám**
odd number **2.** *(ritka)* unrivalled (*US* -l-),
peerless; matchless, unequalled (*US* -l-),
unique, unparalleled, unsurpassed; ~ **tel-
jesítmény** unsurpassed achievement; ~ **a
maga nemében** unique (of its kind)
párátlanító *n* *(szélvédőé)* demister, *US* de-
froster
páratlanul *adv* supremely, uniquely; ~ **ér-
dekes** extremely interesting
paraván *n* folding screen
parazita I. *a* parasitic(al); ~ **életmód**
being a parasite, parasitism **II.** *n (átv is)*
parasite
parazitizmus *n* parasitism
parázna *a/n ir* lecherous, libidinous; *(nő)*
lewd
paráználkod|ik *v* fornicate
parázs I. *n* glowing embers *pl*, live coal **II.** *a* ~
veszekedés heated quarrel, row; ~ **vita**
heated debate/dispute/argument
parázsl|ik *v* glow, smoulder (*US* -ol-)
párbaj *n* duel; ~**ra kihív** challenge sy to a
duel; ~**ra kiáll** accept the challenge to a
duel, *kif* take* up the gauntlet; ~**t vív** fight*
a duel
párbajoz|ik *v* fight* a duel, duel (*US* -l)
párbajsegéd *n* second
párbajtőr *n* épée

párbeszéd *n* dialogue (*US* -log), colloquy; ~ **marxisták és keresztények között** Marxist-Christian dialogue (*US* -log); ~**et folytat** hold* (*v.* participate in) a dialogue (*US* -log)

párbeszédes *a* dialogic(al); ~ **alakban** in (the form of a) dialogue

parcella *n* plot, lot; *(temetőben)* plot; **a 301-es** ~ Plot 301

parcelláz *v* divide into lots/plots, parcel (*US* -l) out

pardon I. *int* pardon/excuse me!, I beg your pardon!, (I'm) sorry!; ~ **tévedtem** sorry, my mistake II. *n* pardon, forgiveness; **nincs** ~! no quarter (is* given)

párduc *n* leopard, panther; *(fekete)* (black) panther

párevezős *a/n* ~ **csónak** sculler

parfé *n* parfait

parfüm *n* scent, perfume

parfümös *a* scented, perfumed

parfümöz *v* scent, perfume

párharc *n* single combat

párhuzam *n* parallel, comparison; ~**ba állít** compare; ~**ot von két dolog közt** draw* a parallel between [two things], draw*/make* a comparison between ...

párhuzamos I. *a* parallel (*vmvel* to/with); **el** ~ **kapcsolás** connection in parallel, parallel connection/circuit; ~ **vonal** parallel (line) II. *n mat* parallel; ~**t von** draw* a parallel (to)

párhuzamosan *adv* parallel to/with sg, in a parallel direction (with); ~ **halad run*** parallel; **vmvel** ~ parallel to/with sg; *átv* at the same time (as sg); **el** ~ **kapcsolt** (connected) in parallel

párhuzamosít *v* make* parallel, parallel (*US* -l)

párhuzamosság *n* parallelism

pari *n ker* ~ **felett** (*v.* ~**n felül) áll** above par; ~**n áll** be* at par; ~**n alul áll** be* below par

pária *n* pariah, social outcast

paripa *n* steed, (saddle-)horse

paríroz *v biz (engedelmeskedik vknek)* obey sy, knuckle under (to sy)

paritás *n ker, pénz* parity; *(valutáé)* par(ity) of exchange

parittya *n* sling, catapult, *US* slingshot

parittyáz *v* sling*, hurl (sg) with a sling

parízer *n* = **párizsi** II. 2.

Párizs *n* Paris

párizsi I. *a* Parisian, of/from/in Paris *ut.*; ~ **szelet** ⟨veal or pork cutlet coated in batter and fried on both sides⟩, *kb.* 'Parisian'

cutlet II. *n* 1. *(ember)* Parisian 2. *(felvágott) kb.* Bologna/bologna sausage

park *n* 1. *(kert)* park, garden 2. *(járműállomány)* pool, fleet

párkány *n* 1. *ált* edge, rim 2. *(ablaké)* sill 3. *épít* = **párkányzat**

párkányzat *n épít* entablature

parkerdő *n* woodland/forest park

parkett *n* 1. *(padló)* parquet (floor/flooring) 2. *(tánc helye)* (dance) floor

parketta *n* = **parkett** 1.

parkettacsiszolás *n* ~ **és lakkozás** parquet-floor polishing and varnishing

parkettáz *v* lay* parquet (flooring) in [a room], lay* (*v.* put* down) parquet in ..., parquet [a room]

parkettlakk *n* (floor) varnish, parquet lacquer

parkett-táncos *n* taxi dancer, gigolo

parkíroz *v* = **parkol**

parkol *v* park (the/one's car) swhere; **hol** ~**hatok?** where can I park (my/the car)?; **kocsija** ... ~**t** his/her car was parked ...; **ott** ~**ok** I'm parked over there; ~**ni tilos!** no parking!

parkolás *n* (car-)parking; **tilos a** ~ no parking; **bírságcédula** **tiltott** ~**ért** parking-ticket

parkolási *a* ~ **díjbeszedő** parking attendant; **csak** ~ **engedéllyel** no unauthorized parking, authorized parking only

parkoló I. *a* ~ **gépkocsi** parked vehicle/car II. *n (hely)* car park; *US* parking lot; *(út mentén)* bay; *(autópálya mellett)* lay-by (*pl* -bys), *US* rest stop, pull-off; **fizető** ~ parking meter zone; ~**ban van a kocsi** the car is parked in a/the car park (*v.* parking place)

parkolóház *n* multistorey car park, multistorey, *US* parking garage

parkolóhely *n* 1. = **parkoló** II.; **kijelölt** ~ designated bay 2. *(férőhely)* parking (space), place to park; **bőven van** ~ there is plenty of parking (space)

parkolóóra *n* parking meter

parkolóőr *n (ülő)* car-park (*v.* parking) attendant; *(járó) GB* traffic warden

parkolótárcsa *n* parking disc

parkosít *v* convert into a park/garden, landscape [a piece of land, an area etc.]

parkosítás *n* landscaping

parkőr *n* park-keeper

parlag *n* 1. *konkr* waste, fallow/uncultivated land/field 2. *átv* ~**on hever** lie* fallow, be* unutilized; ~**on hevertet** leave* sg unutilized, let* sg go begging

parlagi *a* **1.** *(terület)* fallow, waste **2.** *átv, elít* rude, rough, boorish

parlament *n* Parliament; *(épület ált)* parliamentary building(s); *(GB, Mo. az épület)* the Houses of Parliament, *US* Congress, Capitol Hill ⇨ **országház**

parlamentáris *a* parliamentary; ~ **demokrácia** parliamentary democracy

parlamentarizmus *n* parliamentarism

parlamenter *n* negotiator, mediator, go-between

parlamenti *a* parliamentary, of parliament *ut.*; ~ **folyosó** lobby; ~ **gyorsíró** parliamentary stenographer, reporter; ~ **képviselő/tag** *(GB, magyar)* member of parliament *(röv* M.P.), *US* Congressman°, Congresswoman° ⇨ **országgyűlési**

párlat *n* distillate, distillation

párlókészülék *n* distilling apparatus, still

parmezán *n* ~ **sajt** Parmesan (cheese)

párna *n* **1.** *(ágyban)* pillow **2.** *(ülésre)* cushion

párnafa *n* bolster; *(padló alatt)* sleeper

párnahuzat *n* pillow-case/slip, tick; *(bútor párnájáé)* cushion cover

párnás *a* cushioned, soft; ~ **ülés** upholstered/padded seat

párnáz *v* *(kárpitoz)* upholster, pad, stuff

párnázott *a* *(kárpitozott)* upholstered, stuffed, lined; ~ **ajtó** padded door

paródia *n* parody, travesty

parodizál *v* parody, travesty, take* sy/sg off

paróka *n* wig

parókás *a* in/wearing a wig *ut.*, (be)wigged

parókia *n* **1.** *(lelkészlakás)* vicarage, rectory, parsonage; *(presbiteriánus, baptista)* manse **2.** *(egyházközség)* parish

párol *v* steam, cook (sg) in steam, *(húst)* stew, braise, *(marhahúst így is:)* pot-roast

párolás *n* steaming, cooking in steam, *(húsé)* braising, stewing

párolgás *n* evaporation

párolgó *a* steaming, evaporating

paroli *n* collar patch

párolog *v* steam, evaporate, vapour *(US* -or)

párologtat *v* evaporate, vaporize

pároló *n* = **párlókészülék**

párolt *a* steamed; *(hús)* braised, stewed; ~ **alma** stewed apples, apple compote; ~ **káposzta** steamed cabbage; ~ **felsálszelet** braised round of beef; ~ **marhahús** braised/stewed beef; ~ **marhasült** pot-roast

páronként *adv* in/by pairs/twos

páros I. *a* **1.** *(kettős)* paired, twin **2.** *(kettővel osztható)* even; ~ **és páratlan** odd and even; ~ **oldal** *(utcáé)* even-numbered side;

~ **rímek** rhymed couplet; ~ˊ **szám** even number; ~ **számú** even **II.** *n sp* doubles; **férfi** ~ men's doubles; **női** ~ women's doubles *(mind: pl)*

párosan, párosával *adv* = **páronként**

párosít *v* **1.** *ált* pair **2.** = **pároztat 3.** *átv* join, combine, unite; **a kellemest a hasznossal** ~**ja** combine business with pleasure

párosítás *n* **1.** *ált* pairing, matching **2.** *áll* mating **3.** *átv* joining, combining

párosodás *n* *áll* mating

párosod|ik *v* *áll* mate

párosujjú *a* *áll* artiodactyl, an even-toed ungulate; ~**ak** Artiodactyla

párosul *v* **1.** *áll* = **párosodik 2.** *vmvel* be* accompanied by sg, be* combined/coupled with sg

pároztat *v* *áll* mate

párszor *adv* once or twice, a few times

part *n* **1.** *(állóvízé)* shore; *(tengeré, tágabb ért.)* coast; *(a part)* (sea)shore; *(szórakozási szempontból)* seaside; *(homokos)* beach; *(folyóé)* bank, riverside; ~ **mentén halad** sail along the coast, sail close to the shore, hug the coast; ~ **menti** *(tengernél)* coastal, littoral, inshore;ˊ *(folyónál)* riverside; ~ **menti hajózás** sailing along the coast, coasting; ~ **menti kereskedelem** coastal trade/commerce; **a** ~**on** on the shore; \~**on kiköt** put* in, touch/make* land; ~**ra ér** touch land; ~**ra lép** set* foot on the shore; *(v. ashore; kat is:* land, disembark; ~**ra szállít** (1) *vmt* unship, unload (2) *vkt, kat is:* disembark, land; ~**ra vet vkt** *(a víz)* wash sy ashore; ~**ra viszi a csónakot** beach the boat; ~**ot ér** touch/make* land; **ott van, ahol a** ~ **szakad** (1) *(bajban)* be* up the creek (2) *(semmire se jutott)* be* back to square one **2.** *(emelkedés)* bank, slope **3.** *sp* ~**ot dob** throw* in the ball

párt *n* **1.** *pol* party; **a** ~ **tört** the (Communist) Party; **belép egy** ~**ba** join a party; ~**on kívüli** non-party, unaffiliated, independent; ~**on kívüli képviselők** independent (v. non-party) members/MPs, *GB* cross-benchers → **pártonkívüli 2. vk** ~**ján/** ~**jára áll** side with sy, take* sy's part; ~**ját fogja** take* sy's part, back (sy) up

párta *n* **1.** *(fejdísz)* [Hungarian girl's] headdress; ~ˊ**ban maradt** she never (got) married, *kif* she is/was left on the shelf **2.** *növ* corolla

pártaktíva *n* **1.** *(csoport)* party activists *pl*; *GB* ginger group **2.** *(egyes)* activist, party worker

pártállás *n* party affiliation; ~**ra való te-kintet nélkül** regardless/irrespective of party affiliation

pártapparátus *n* party machine(ry)/apparatus

pártatlan *a* impartial, unbias(s)ed, disinterested; ~**ul** impartially

pártatlanság *n* impartiality, neutrality

pártázat *n* épít moulding, frieze, battlements *pl*

pártbizalmi *n* party (branch) leader

pártbizottság *n* party committee

pártcsoport *n* branch of the party; ~**-értekezlet** branch meeting of the party

partdobás *n sp* throw-in; ~**t végez** throw* in the ball

partecédula *n* (printed) death notice

partedli *n* bib

pártegység *n* party unity, unity of the party

pártellenes *a* anti-party, disruptive

pártelnök *n* party president, president of the party

pártember *n* party man°

pártérdek *n* party interest(s), interest(s) of the party; *(igével)* sg is in the party interest

pártértekezlet *n* party conference

pártfegyelmi *n* (punishment for) breach of party discipline; ~**t indítottak vk ellen** [the party] is taking disciplinary action against sy

pártfogás *n* **1.** *(védelem)* protection, patronage **2.** *(jóindulatú támogatás)* support, backing; ~**ába** *(v. ~a alá)* **vesz vkt** take* sy under one's wing, take* sy up; ~**ába vette vk** was taken up by X; ~**a alatt** under the auspices/aegis of; **szíves** ~**ába ajánl** recommend to sy

pártfogó *n* ált patron, protector; *(támogató)* benefactor, backer, supporter

pártfogol *v* **1.** *(segít)* patronize, support, back (up), sponsor **2.** *(véd)* protect, stand* up for **3.** *(ügyet)* give* one's backing/support to, espouse, back

pártfogolt *a* protégé

pártfórum *n* party body/authority

pártfőiskola *n* party college/academy

pártfunkcionárius *n* party functionary, elit apparatchik

pártgépezet *n* party machine(ry)/apparatus

pártgyűlés *n* party meeting

pártharc *n* struggle between parties, party struggles *pl*

párthatározat *n* party decision, resolution

pártház *n* party centre *(US -ter)*, party headquarters *sing. v. pl*

párthelyiség *n* party premises/rooms *pl*

párthívek *n pl* adherents/supporters of a party, the rank and file (of a party), the party faithful *pl*

párthű *a* ~ **ember** party loyalist, staunch supporter of the party, party-liner, *US* standpatter

párthűség *n* party loyalty/allegiance, party spirit

parti[1] *a (tengeri)* coastal, coast-, shore-, of the coast/shore *ut.*, littoral; *(folyóé)* riverside, riparian; ~ **állam** riparian state; ~ **erődítmény** coastal fortification/defences; ~ **hajózás** sailing along the coast, coasting; ~ **szél** *(víz felől fújó)* inshore wind; *(enyhe)* sea breeze

parti[2] *n* **1.** **egy** ~ *(kártya/sakk stb.)* a game of [cards/chess etc.] **2.** *(házasság)* **jó** ~ a good match; **jó** ~**t csinál** make* a good match

párti *a* of a party *ut.*, belonging to a party *ut.*; **maga milyen** ~**?** which party do* you belong to?

participium *n* participle

partifecske *n* sand martin

pártigazolvány *n* party card

partiképes *a* eligible [young man°]

pártiroda *n* party office

pártiskola *n* party course/school

partitúra *n zene* score

partizán *n* partisan, *US így is:* partisan

partizánalakulat *n* group/unit of partisans

partizáncsapatok *n* partisan/irregular troops, irregulars

partizánháború *n* partisan, warfare

partizánharc *n* partisan fights/battles *pl*

partizánkod|ik *v (háborúban)* fight* as a partisan

partizánmozgalom *n* partisan/underground movement

partizántevékenység *n* partisan activity, activity of irregulars

pártjelvény *n* party badge

partjelző *n sp* linesman°

pártkassza *a* party funds *pl*

pártkonferencia *n* party conference

pártkongresszus *n* party congress

pártkönyv *n =* **párttagsági** *könyv*

pártközi *a* inter-party, bipartisan; ~ **egyezmény/megállapodás** inter-party agreement

pártközpont *n* party headquarters *sing. v. pl*, party centre *(US -ter)*

pártkülönbség *n* ~ **nélkül** irrespective/regardless of party affiliation

pártlap *n* party organ/newspaper

pártlista *n* party list

partmellék *n* coastal/shore region, littoral
pártmunka *n* party work
pártmunkás *n* party worker, activist
pártnap *n* party meeting; **szabad** ~ open party meeting
partner *n* **1.** *ált* partner **2.** *film, szính* co-star; **Csortos volt a** ~**e** she played opposite Cs.; ~ **vknek** *(igével)* co-star with sy **3.** *(szexuálisan)* partner, friend, *US biz* buddy; **állandó** ~**e van** have* a regular (sexual) partner
pártoktatás *n* party education
pártoktató *n* party educator/propagandist
pártol 1. *vt* = **pártfogol 2.** *vi* = **átpártol; a szerencse az ellenséghez** ~**t** fortune has deserted us, the tables have turned
pártoló I. *a vmt* ~ supporting/patronizing/favouring *(US* -or-*)* sg; ~ **tag** supporting member **II.** *n* = **pártfogó**
pártolólag *adv* approvingly; ~ **terjeszti fel** submit (to higher authorities) with a/the recommendation (that it be favourably considered); *kb.* support *(v. biz* back) an application
pártonkívüli *n* non-party man°/politician/member, independent, *(igével)* be* unaffiliated; **a** ~**ek** the non-party men/politicians/people, *(képviselők)* non-party members/MPs, the independents, *GB* cross--benchers ⇨ **párt**
pártos *a* **1.** *(részrehajló)* partial, bias(s)ed **2.** *(balos)* in line with *(v.* advocating) the interests of the (Communist) Party *ut.; (más párt célkitűzéseit követi/követő)* follow(ing) the party line [on different issues]; ~ **irodalom** party/propagandistic/committed literature; ~ **szemlélet** party view
pártoskodás *n* **1.** *(pártütés)* dissension, discord **2.** *(részrehajlás)* partisanship, partiality, bias
pártoskod|ik *v* **1.** *(pártot üt)* foment/sow*/cause dissent, be* disruptive **2.** *(részrehajlik)* be* partial/bias(s)ed
pártosság *n* **1.** = **pártoskodás 2.** *(pártos szemlélet)* following the party line (on); *(párthűség)* party spirit
partőr *n* coast-guard; *US főleg:* coastguard(s)man°
pártpolitika *n* party politics *sing. v. pl*, party policy
pártpolitikai *a* party political
pártprogram *n* party programme, *US* party platform
partraszállás *n* landing, disembarkation, debarkation; ~**i hadművelet** amphibi-

ous/amphibian operation, landing (on enemy coast)
pártsajtó *n* party press, party newspapers *pl*
pártszakadás *n* split (in the party)
partszakasz *n* **1.** *(folyóé)* riverside sector **2.** *(tengeré)* coastal/littoral sector
pártszeminárium *n* party seminar
pártszempont *n* the party's point of view
pártszerű *a* in keeping with *(v.* following) the party line *ut.;* ~ **magatartást tanúsít** follow the party line
pártszerűség *n* party attitude/line/spirit
pártszerűtlen *a* contrary to the party line *ut.*
pártszerűtlenség *n* violation/infringement of the party line
pártszervezet *n* party organization
párttag *n* party member
párttagság *n* **1.** *(állapot)* party membership **2.** *(tagok)* party members *pl*
párttagsági *a* ~ **könyv** party (membership) card/book
párttisztítás *n* party purge, purge of the party
párttitkár *n* party secretary
párttörténet *n* history of the (Communist) Party
pártutasítás *n* party directive(s)
pártütés *n* † revolt, insurrection, rebellion
pártütő † **I.** *a* rebellious, insurrectionary **II.** *n* rebel, insurgent
pártválasztmány *n* executive committee/board [of a party branch]
partvédelem *n* coastal defence
pártvezér *n* (party) leader, *biz* party boss
pártvezetőség *n* leadership of a/the party, party leaders *pl*, party executive/leadership
pártvezetőségi *a* ~ **gyűlés** party committee meeting, *US* caucus; ~ **tag** (party) committee member
partvidék *n* *(tengeré)* maritime/coastal district/region
partvis *n* broom
pártviszály, pártvillongás *n* party strife
partvonal *n* **1.** *földr* shoreline, coastline **2.** *sp* touch-line; ~**on túlra rúgja a labdát** kick the ball into touch
pártvonal *n* *pol* party line; **követi a** ~**at** *biz* toe/follow the party line
parvenü *n* parvenu, nouveau riche *(pl* nouveaux riches*)*, upstart
párvers *n* couplet
párviadal *n* single combat; ~**ra hív ki** challenge sy (to a combat), send* sy a challenge
párzás *n* mating

párzási *a* ~ **idő(szak)** mating season
párz|ik *v* mate
pasa *n tört* pasha
pasas *n biz* fellow, chap, *(csak GB)* bloke, *US* guy
paskol *v* slap, lap, pat
passió *n vall* the Passion; **Máté-**~ the Passion according to St. Matthew, the St. Matthew Passion
passiójáték *n* Passion play
pást *n (vívás)* piste
pástétom *n* pâté
pasziánsz *n* patience, *US* solitaire
pasziánszoz|ik *v* play patience
pászka *n* matzo(h)
paszomány *n* braid, frogging, piping
passz I. *int (kártya)* no bid!, pass!, go! II. *n* **1.** *(futball)* pass **2.** *(kártya)* pass, no bid
passzát(szél) *n* trade wind
passzió *n* hobby; ~**ból csinálta** it was a labour (*US* -or) of love (for him); ~**t lel vmben** find* pleasure in sg; ~**val csinál vmt** do* sg with gusto/zeal
passzíroz *v* pass through a sieve, sieve; ~**ott** sieved
passzív *a* passive, inactive; ~ **ember** passive/retiring person; ~ **magatartás** passive attitude, passivity; ~ **szókincs** passive vocabulary; ~ **rezisztencia** passive resistance; ~ **választójog** eligibility
passzívák *n pl ker* liabilities, debts
passzivitás *n* passivity, inactivity
passzol **1.** *vi (ráillik méretben)* fit; **tökéletesen** ~ be* a perfect fit, fit like a glove **2.** *vi (kártyajátékban)* pass, say "no bid" **3.** *vt (futballban)* pass [the ball to sy]
passzus *n (könyvben)* (short) passage, section
paszta *n (kenőcs)* polish; *(étel)* spread, paste
pászta *n* strip, section, swath(e)
pásztáz *v* **1.** *mezőg* work a field by strips **2.** *kat* rake, enfilade; *(repgépről)* strafe **3.** *(fényszóróval, távcsővel)* sweep* (with); *(filmfelvevővel)* pan
pasztell *n* pastel (*US* pastel)
pasztellkép *n* pastel (*US* pastel), crayon
pasztellkréta *n* crayon
pasztellszín *n* pastel colour (*US* -or), pastel shades *pl*
pasztellszínű *a* pastel (*US* pastel), in pastel shades *ut.*
pasztilla *n orv* pastille, lozenge, tablet
pásztor *n (marháké)* herdsman°; *(birkáké)* shepherd

pásztorbot *n* **1.** *(pásztoré)* shepherd's crook **2.** *(püspöké)* crosier, crozier
pásztorélet *n* pastoral life
pásztorfiú *n (birkáké)* shepherd boy
pásztorjáték *n* pastoral play
pásztorkodás *n* shepherding
pásztorkod|ik *v* be* a herdsman°/shepherd/ swineherd, tend a herd, herd
pásztorköltemény *n* pastoral, idyll (*US* idyll), eclogue, bucolics *pl*
pásztorköltészet *n* pastoral poetry
pásztorkunyhó *n* herdsman's hut
pásztorleány *n* (young) shepherdess
pásztorlevél *n vall* pastoral/episcopal letter, pastoral
pásztornép *n* nomadic people/tribe, tribe of nomads
pásztoróra *n* lovers tryst, rendezvous
pásztorsíp *n* shepherd's pipe
pásztortáska *n növ* shepherd's-purse
pásztortűz *n* herdsman's campfire
pasztőröz *v* pasteurize
pasztőrözött tej, pasztőrtej *n* pasteurized milk
paszuly *n (száraz bab)* beans *pl*
pát *n* spar
pata *n* hoof°
patájú *suff* -hoofed, -footed
patak *n* brook, stream(let), *US* creek
patakz|ik *v* flow in torrents, stream, gush *(vmből* from); ~**ott a könnye** tears gushed from his/her eyes, (her) tears streamed down her cheek
patália *n biz* noise, row; ~**t csap/rendez** kick up a row/shindy
patás I. *a* hoofed, ungulate; ~ **állatok** ungulates II. *n* ~**ok** ungulates
pátens *n (parancs)* letters patent
patent *n* = **patentkapocs**
patentíroz *v (találmányt)* take* out a patent [for an invention], patent sg
patentkapocs *n* press-stud, snap-fastener, *biz* popper, *US így is:* snap(s)
páternoszter *n* paternoster lift (*US* elevator), paternoster
patetikus *a* solemn, lofty, elevated, moving; *(hamis)* bombastic, theatrical
patika *n* = **gyógyszertár**
patikamérleg *n* chemist's/precision scales *pl*
patikus *n* = **gyógyszerész**
patina *n* patina, verdigris
patkány *n áll* rat; ~**t fog** catch* a rat
patkányfogó *n* **1.** *(csapda)* rat-trap **2.** *(ember)* rat catcher **3.** *(kutya)* ratter
patkányirtás *n* extermination of rats

patkányfogó *n (csapda)* rat-trap
patkányirtó I. *a* rat-killing **II.** *n* = **pat-kányméreg**
patkányméreg *n* rat-poison
patkó *n* **1.** *(lóé)* horseshoe; ~ **alakú** horseshoe (shaped); ~ **alakú asztal** horseshoe table **2.** *(cipőn)* heel-piece **3.** *(sütemény) kb.* horseshoe cake; **diós** ~ *kb.* walnut croissant; **mákos** ~ *kb.* poppyseed croissant
patkol *v* shoe*
patkolás *n* shoeing, horseshoeing
patkolókovács *n* farrier, shoeing-smith
patkópénztárca *n* tray purse, *US* change purse
patkós *a (patkolt)* iron-shod
patkószeg *n* horseshoe-nail, hobnail
patológia *n* pathology
patológiás, patologikus *n* pathological
patológus *n* pathologist
pátosz *n* emotion(al style), loftiness, feeling; **hamis** ~ bathos
patriarcha *a* tört patriarch
pátriárka *n* vall patriarch
patriarkális *a* patriarchal
patrícius *n* tört patrician
patrióta *n* patriot
patriotizmus *n* patriotism
patron *n* **1.** *(töltény)* cartridge **2.** *(töltőtoll-ba)* cartridge; *(festőé)* stencil(-plate) **3.** *(autoszifonba)* cartridge, sparklet
patronál *v* sponsor, support, patronize ⇨ **pártfogol**
patrónus *n* patron, protector
patt *n (sakkban)* stalemate
pattan *v* **1.** *(ostor)* crack **2.** *(ugrik)* spring*, jump; **lóra** ~ jump/spring* into the saddle, jump on a horse
pattanás *n* **1.** *(zaj)* crack; ~**ig feszült be*** at a stretching point **2.** *(bőrön)* pimple, spot, acne, pustule; ~**ok keletkeztek az arcán** his face broke out in a rash *(v.* in pimples), a mass of pimples broke out on his face
pattanásos *a* pimpled, pimply, spotty(-faced)
pattant *v (ostort, üveget)* crack
pattint *v (ujjával)* snap one's fingers
pattog *v* **1.** *(tűz)* crackle **2.** *(vk átv)* rail, fume, bark/snap (out)
pattogás *n* **1.** *(tűzé)* crackling **2.** *(vké, átv)* railing, fuming
pattogatott *a* ~ **kukorica** popcorn
pattogó *a* **1.** *(tűz)* crackling **2.** *(ember)* fulminating, fuming; ~ **hangon rendelkezik** bark/snap out orders
pattogtat *v (ostort, ostorral)* crack [a whip]

pattogz|ik *v* **1.** *(festék)* scale, peel/flake off **2.** *(bőr)* chap
patyolat *n* **1.** **olyan, mint a** ~ (as) white as snow, (as) clean as a new pin **2.** P~ *(= mosoda)* laundry, cleaners(')
patyolatfehér *a* snow-white, (as) white as snow *ut.*
pausálé *n* flat-rate tariff
pauszpapír *n* tracing paper
pauza *n* **1.** ált break, interval **2.** zene rest
páva *n (ált és hím)* peacock; *(nőstény)* peahen; *(bármelyik, néha)* peafowl; **büszke, mint a** ~ (as) proud as a peacock
páváskodás *n* showing off, strutting
páváskod|ik *v* show* off, strut (about)
pávaszem *n (lepke)* peacock-butterfly
pávatoll *n* peacock feather
pávián *n* baboon, mandrill
pavilon *n (kórházé, kiállító)* pavilion; *(árusítóbódé)* kiosk
pazar *a* **1.** *(fényűző)* luxurious; ~ **berendezésű lakás** lavishly furnished flat/home **2.** *(pompás)* brilliant, lavish, splendid
pazarlás *n* **1.** *(anyagé)* wasting, waste **2.** *(pénzé)* prodigality
pazarló I. *a* prodigal, extravagant **II.** *n* waster, squanderer, spendthrift
pazarol *v* squander, lavish, waste; ~**ja a pénz(é)t** waste *(v.* squander away) one's money; ~**ja az idejét** waste one's time; **ne** ~**d a meleg vizet** don't waste the hot water; **fáradságot** ~ **vmre** waste/lavish effort on sg
pázsit *n* grass, lawn, turf
pázsitfű *n* (lawn) grass; ~**félék** grasses
pázsitszőnyeg *n* lawn
PB-gáz, pébégáz *n* Calor gas
pecáz|ik *v* biz angle, go* angling
pecek *n* **1.** ált pin, peg, bolt **2.** *(szájban)* gag
pech *n* biz bad/hard luck; **ez** ~! bad *(GB* rough) luck, *US* tough luck, *GB* hard lines/cheese!; ~**je van** be* down on one's luck; ~**em volt** I've had bad luck
peches *a* biz unlucky, unfortunate; *(igével)* have* bad luck, be* down on one's luck
peckes *a* haughty, stiff (as a poker), formal; ~**en jár** strut
pecsenye *n* roast
pecsenyebor *n* full-bodied wine
pecsenyecsirke *n* broiler
pecsenyelé *n* gravy
pecsenyéstál *n* meat dish
pecsenyeszag *n* smell of roast meat
pecsenyezsír *n* dripping
pecsét *n* **1.** *(viaszból stb.)* seal; ~**et feltör** break* (open) a seal; ~**et rányom** affix/

put* a seal to sg 2. *(lebélyegzés)* stamp;
~et ráüt vmre stamp sg 3. *(folt)* stain,
blotch, spot; ~et kivesz remove a stain
pecsétel *v (lebélyegez)* stamp
pecsétes *a* 1. *(levél)* sealed 2. *(foltos)*
stained, blotched, spotted
pecsétgyűrű *n* signet/seal ring
pecsétnyomó *n* seal
pecsétőr *n* tört keeper of the seal
pecsétviasz *n* sealing-wax
pedagógia *n* teaching, pedagogy, peda-
gogics *sing.*, education(al theory)
pedagógiai *a* pedagogic(al); ~ **készség**
the gift of teaching
pedagógus *n* teacher; *(általánosabban)*
educator
pedál *n* pedal; *biz* **nyomja a ~t** *(= kerék-
pározik)* push the pedals, pedal *(US* -l)
pedáloz|ik *v biz* push the pedals, pedal *(US*
-l), go* pedalling/biking
pedáns *a* 1. *(rendszerető)* thorough, meticu-
lous, precise, particular; ~ **vmben** be*
particular about sg 2. *(túlzón)* fussy, over-
particular, over-scrupulous; ~ **ember** (a)
stickler for detail
pedantéria *n* 1. *(rendszeretet)* meticulous-
ness; *(túlzott)* fussiness, punctiliousness
pedellus *n* † school-porter, *US* janitor
peder *v* = pödör
pedig *conj* 1. *(viszont)* while, and; *(azon-
ban)* but, however; **ez kék, az ~ piros**
this is blue, while that one is red; **ő ~ nem
hiszi** but (s)he won't believe it; **én ~ azt
mondom** as for me I say; **te ~ itt ma-
radsz** and/but you will stay here; ~ **Péter
nem jött el** but/yet P. didn't come 2. *(no-
ha)* (al)though; **nem jött el, ~ meg-
ígérte** (s)he didn't come, (al)though (s)he
promised (s)he would 3. *(mégpedig)* and;
egy megoldás van, ez ~ az, hogy
there is only one solution and this/that is [to
do sg *v.* that ...]; **nem ~ rather than; ezek
események, nem ~ folyamatok** these
are events, rather than processes 4. *(márpe-
dig)* and ... certainly; **ha nem jön, ~
nem jön, megbánja** if he doesn't come
(and he certainly won't), he will be sorry; **ha
~ and if; should it happen that; Péter ~
nem jött el** (and) as for P., he didn't come;
P., however, didn't come
pedigré *a* pedigree
pedigrés *a* pedigree(d), well-bred
pedikűr *n* chiropody, pedicure, *US így is:*
podiatry
pedikűrös *a* chiropodist, pedicurist, *US így
is:* podiatrist

pedikűröz *v* give* sy a pedicure, treat sy's
foot/feet
pedz *v* 1. *(hal a horgot)* nibble at the bait/
hook 2. ~**i már** (1) *(sejti)* he is* near the
truth (2) *(érinti, rátér)* he is* getting round to
(v. on to) it; **már ~em** I'm beginning to
see/understand
pehely *n* 1. *(hó, szappan)* flake 2. *(szőr, toll
és repülő)* (eider)down, fluff
pehelykönnyű *a* (as) light as a feather *ut.*
pehelypaplan *n* eiderdown, duvet, contin-
ental quilt
pehelysúly *n sp* featherweight
pehelytoll *n* down-feather
pej *n* bay, chestnut
pejoratív *a* pejorative, derogatory
pék *n* baker('s)
péklapát *n* = sütőlapát
péklegény *n* baker's man°
pékmester *n* baker
pékműhely *n* bakery, bakehouse
pékség *n* 1. *(üzem)* bakery 2. *(mesterség)*
baking, baker's trade
péksütemény *n* rolls *pl,* baker's ware
péküzlet *n* baker's (shop), bakery
példa *n* 1. ált example, instance, case, pre-
cedent; **alig van ~ rá, hogy ..., ~
nélkül való** there is no *(v.* hardly a) pre-
cedent for it, it is (almost) unprecedented; ~
erre a case in point; **ő ~ rá** he is a case in
point; ~**ként felhoz** cite/give* (sg) as an
example, instance; ~**nak állít vkt** hold* sy
up as a model, point to sy as an example;
~**ul,** ~**nak okáért** for example/instance
(röv e.g. v. eg); **mint** ~**ul** as, for example
...; such as ...; ~**ul szolgál** serve as an
example; ~**t ad** set* an example; ~**kat
sorol fel** cite/quote examples/precedents;
~**ját adja vmnek** give*/furnish a good
example of sg; **jó** ~**val jár elöl** set* (sy) a
good example; **vk** ~**ját követi** follow sy's
example, take* a leaf out of sy's book,
tread/follow in the footsteps of sy *(v.* in sy's
footsteps) 2. *mat* problem; ~**t megold**
solve a problem 3. *(nyelvtani, szótári)*
example; ~**kal illusztrál** illustrate with
examples, exemplify ⇨ **intő I.**
példaadó *a* exemplary, model
példabeszéd *n (ószövetségi)* proverb; *(jé-
zusi)* parable
példakép *n* model, pattern, example, ideal;
~**ül szolgál** be* a model *(v.* an example)
példálódzás *n* hints(at) *pl,* allusions (to) *pl*
példálódz|ik *v* hint(at) allude to
példamondat *n* example/illustrative sen-
tence

példamutató *a* exemplary; ~**an viselke-dik** be*/set* an example to
példány *n* **1.** *(könyvé, újságé)* copy; **három** ~**ban** in three copies, in triplicate; **két** ~**ban leír vmt** write* sg in duplicate **2.** *(minta)* sample, specimen; **szép** ~ a fine/nice specimen
példányszám *n* size of edition, number of copies (printed/issued/published); *(sajtóter-méké)* circulation; **kis** ~**ban jelent meg** a small/limited number of copies were printed; *(könyv)* it is* a limited edition; **nagy** ~**ban jelenik meg** *(sajtótermék)* it has* a very wide circulation
példás *a* exemplary, model; ~ **magavise-let** exemplary conduct; ~ **büntetés** exemplary punishment
példásan *adv* ~ **megbüntet vkt** make* an example of sy
példatár *n* **1.** *(tud. műben)* collection/compilation/thesaurus of examples **2.** *isk, mat, fiz* problems *pl*, exercises *pl*; *(nyelvtani stb.)* exercises *pl*
példátlan *a* unprecedented, without precedent *ut.*; ~**(ul álló) eset** it is* a case without parallel
például *adv* (= **példá**nak okáért) → **példa 1.**
példáz *v* **1.** *(példával magyaráz)* exemplify, illustrate (sg) with an example **2.** *(jelent, áb-rázol)* mean*, represent, symbolize
példázat *n* *(bibliai)* parable
pele *n* *áll* dormouse°
pelenka *n* nappy, *US* diaper
pelenkabetét *n* (disposable) nappy-liner
pelenkáz *v* change [the baby's] nappy *(v. US* diaper), change the baby
pelenkázó *n* *(alul fiókos)* baby dresser
pelerin *n* cape, cloak
pelikán *n* *áll* pelican
pellengér *n* pillory; ~**re állít** put* in the pillory; *(átv is)* pillory; ~**re állították** was pilloried *(vm miatt* for sg)
pelyhedz|ik *v* [his chin] is* getting downy
pelyhes *a* **1.** *(ált és ifjú álla)* downy **2.** *tex* fluffy, fleecy **3.** *növ, áll* pubescent
pelyva *n* chaff; **annyi a pénze, mint a** ~ he is* rolling in money, he's got money to burn
pemetefű *n* *növ* (white/common) horehound
pempő *n* pap, mush
pemzli *n* *biz* = **ecset**
pendely *n* *nép* **1.** *(női ing)* shirt **2.** *(gyereké)* (child's) long shirt
pendliz|ik *v* *kb.* do* the rounds
pendül *v* **egy húron** ~**nek** → **húr**

penész *n* mildew, mould *(US* mold)
penészedés *n* moulding *(US* molding)
penészed|ik *v* mildew, mould *(US* mold)
penészes *a* mildewy, mouldy *(US* moldy), musty
penészgomba *n* mould *(US* mold), mould fungus *(pl* fungi), mildew
penészvirág *n* *átv* anaemic(-looking) person/child° *(US* anemic-)
penetráns *a* penetrating, acrid, pungent, pervasive
peng *v* **1.** *ált* sound, twang **2.** *(sarkantyú)* jingle; *(más tárgy)* clink
penge *n* blade; **éles** ~**jű** razor-sharp, sharp(-bladed); **hosszú** ~**jű** long-bladed
penget *v* **1.** *ált* sound; *(hangszerhúrt)* pluck [the strings]; *(gitárt)* pluck/strum *(v.* thrum on) [a guitar] **2.** *(sarkantyút)* jingle ⇨ **húr**
pengő *n* † pengő, pengo
penicillin *n* penicillin
penny *n* penny *(röv* p); **tíz** ~ (1) *(érték)* ten pence, 10p (2) *(tíz érme)* ten pennies
péntek *n* Friday; ~**en** on Friday; **jövő** ~**en** next Friday; **minden** ~**en** every Friday, on Fridays; **múlt** ~**en** last Friday; ~**en este** Friday evening/night; ~**re** by Friday; *tréf* **hosszabb a** ~, **mint a szombat** your slip is showing
péntekenkint *adv* every Friday, on Fridays
pénteki *a* Friday, of Friday *ut.*, Friday's; a ~ **nap folyamán** in the course of Friday, on Friday; **egy** ~ **napon** on a Friday; a **jövő** ~ **óra** the class next Friday, next Friday's class; **a múlt** ~ **hangverseny** the concert last Friday, last Friday's concert; **a múlt** ~ **napon** last Friday
pénz *n* money; *(mint érme)* coin; *(mint pa-pírpénz)* (bank)notes *pl, US* bills *pl; (mint pénzalap)* fund; *(mint fizetési eszköz)* currency; ~ **dolgában** in financial matters; ~ **áll a házhoz** have* a windfall; **majd fel-veti a** ~ be* rolling in money; **ez nagy** ~ this is a lot of money; **a** ~ **nem akadály** money is no object, money isn't a considera-tion!; ~ **beszél, kutya ugat** money talks, money makes the world go round; **van nálam** ~ I have* money on/with me; **nincs nálam** ~ *(készpénz)* I've no (ready) cash on/with me; **van** ~**e** be* in funds/cash; **sok** ~**e van** be* rolling in money, *biz* be* flush with money, ▢ be* in the money; **nincs** ~**e** have* no money, *biz* be* broke; *(szegény)* be* hard up, be* on one's uppers; **nincs** ~**e vmre** he can't afford it; **fogy-tán/kevés a** ~**em** I'm a bit short of funds; **futhat a** ~**e után** he can whistle

for his money; **sok** ~**be kerül** it's very expensive, it costs a great deal; ~**ben játszik** gamble, play for money; **nagy** ~**ben játszik** play for high stakes, *US kif* be* a high roller; **kifogy a** ~**ből** run* out/short of money; **drága** ~**en vette** he has paid a lot for it; ~**hez jut** come* *in*to money; ~**ért** for money; **ezért a** ~**ért** (1) *konkr* for that much (2) *átv* for that matter; **jó** ~**ért** at a price; **semmi** ~**ért (sem)** not for love or/nor money; **mindenből** ~**t csinál** everything he touches turns to money; ~**t felhajt/szerez** raise money; ~**t gyűjt** *(vk vmre)* save (up) (money) for sg; *(vkktől vm célra)* collect money from sy for sg; ~**t keres** make*/earn money, make*/earn a living; **sok** ~**t keres** earn/ make* a lot of money, *biz* be* coining it, be* making money hand over fist; **minden** ~**t megér** it's worth its weight in gold; ~**t vált** change money; ~**t ver** coin/strike*/ mint money; **kidobja a** ~**ét az ablakon** throw* money out of the window; **minden** ~**ét elköltötte/elverte** he's got through (all) his money; ~**zé tesz vmt** turn sg *in*to cash (*v.* ready money), realize ⇨ **boldogít, elvész, posztó**
pénzadomány *n* donation, gift of money
pénzalap *n* funds *pl*
pénzátutalás *n* (money) transfer
pénzbedobós *a* coin-operated, operated by insertion of a coin *ut.*; ~ **automata** vending machine, *GB* slot-machine; ~ **távbeszélőkészülék/telefon** coin-operated telephone
pénzbefektetés *n* investment (of capital), money invested
pénzbeli *a* in money/cash *ut.*; ~ **egyenérték** cash equivalent, equivalent (in money); ~ **érték** monetary/cash value; ~ **kötelezettségek** financial commitments/obligations; ~ **segély/támogatás** subsidy, (support) grant
pénzbeszedő *n* collector, teller
pénzbevétel *n* = **bevétel 1.**
pénzbírság *n* fine, penalty; ~ **terhe alatt** *un*der pain of a penalty; ~**ra ítél vkt** fine sy, impose a fine on sy; **2000 Ft** ~**ra büntették/ítélték** he was fined (to the tune of) 2000 fts; **10 000 Ft** ~**ot fizetett adócsalásért** he paid a 10,000 ft fine for tax evasion; ~**gal megúszta** he was let off with a fine
pénzbőség *n* abundance of money; *kif* money is plentiful

pénzbüntetés *n* fine, penalty; **10 000 Ft** ~**t fizetett** he paid a 10,000 ft fine [for tax evasion] ⇨ **pénzbírság**
pénzdarab *n* coin, piece; **ötpennys** ~ a fivepenny piece/coin
pénzdíj *n* money prize
pénzegység *n* monetary *un*it
pénzéhes *a* = **pénzsóvár**
pénzel *v* supply (sy) with money/funds, finance *v.* finance, fund; *(támogat)* sponsor; *(szubvencionál)* subsidize
pénzember *n* financier, banker
pénzérték *n* value [of money]
pénzes *a* moneyed, wealthy, rich; *biz (főleg US)* well-heeled; ~ **ember** man° of means, moneyed man°
pénzesutalvány *n* money order
pénzeszsák *n átv* moneybags *sing.*
pénzfeldobás *n* toss(-up); ~**sal sorsot húz** toss a coin, toss (up) for sg
pénzforgalom *n* **1.** *közg* money circulation **2.** *(üzletben stb.)* turnover
pénzforrás *n* financial resources *pl*, source of finance
pénzgazdálkodás *n* financial management
pénzgyűjtemény *n* collection of coins
pénzhamisítás *n* counterfeiting
pénzhamisító *n* forger, counterfeiter
pénzhiány *n* lack/shortage of money/funds; ~**ban szenved** be* in financial difficulties/straits; *biz* be* pushed for money, be* hard up
pénzhígítás *n* inflation; ~**t idéz elő** cause inflation
pénzintézet *n* bank, banking house
penzió *n* **1.** *(szálló)* boarding-house, guest--house, pension **2.** *(ellátás)* board; **fél** ~ half board; **teljes** ~ full board
pénzjutalom *n* (money) reward, bonus
pénzkérdés *n biz* a question of money
pénzkészlet *n* money/cash in hand, ready money, money supply
pénzkezelés *n* administration/management of funds
pénzkidobás *n* waste of money, money (thrown) out of the window
pénzmágnás *n* plutocrat, money magnate
pénznem *n* currency
pénzösszeg *n* amount, sum (of money); ~**ek** sums of money, monies
pénzpiac *n* money-market
pénzreform *n* monetary reform
pénzrendszer *n* monetary system
pénzromlás *n* depreciation, fall in (the) value (of money); *(devalváció)* devaluation

pénzrontás *n* undermining the currency, debasement of the currency

pénzsegély *n* financial aid, grant; *(szubvenció)* subsidy

pénzsóvár *a* grasping, avaricious, money-grubbing, greedy (for money); ~ **ember** money-grubber

pénzszekrény *n* safe, strong-box

pénzszűke *n* ~ **van** money is* scarce; ~**ben van** be* short of cash/money, be* out of funds, *biz* be* hard up ⇨ **pénzhiány, pénzzavar**

pénztár *n* **1.** *(üzletben stb.)* cash desk/point, cashier; *(fiók, amiben a pénzt tartják)* till, *(ABC-áruházban)* checkout; *(bankban)* counter, window, cash point; *(jegypénztár)* ticket office; *(szính* box-office; *vasút* booking office; *(pénztárhelyiség)* cashier's office; **mikor zár a ~?** when does the box-office [etc.] close?; **már nincs ~, a ~ zárva van** the box-office [etc.] is closed; **a ~nál tessék fizetni!** please pay at the (cash) desk **2.** ~**t csinál** cash up

pénztárablak *n* (cashier's) desk, counter, window, cash point; *(a fiók)* till ⇨ **pénztár 1.**

pénztárca *n* **1.** *(bankjegynek)* wallet **2.** *(erszény)* purse, *csak US:* pocket-book, change purse

pénztárgép *n* cash register

pénztárhiány *n* cash deficit

pénztári *a* ~ **egyenleg** (cash) balance; ~ **készlet** cash in hand; ~ **órák** hours of business, business hours

pénztárkönyv, -napló *n* cash-book

pénztárnyitás *n* opening (time) of booking office *(v.* box-office etc.); ~ **5 órakor** *(szórakozóhelyen, színházban stb.)* (the) box-office opens at 5 p.m.

pénztáros *n* *ált* cashier; *(banké)* cashier, bank clerk, teller; *(vasúti)* booking clerk; *(tud. társaságé)* treasurer

pénztárszámla *n* cash-account

pénztárvizsgálat *n* audit(ing) of the cash)

pénztelen *a* short of *(v.* without) money *ut.,* penniless; *biz* broke

pénztelenség *n* impecuniousness, poverty

pénztőke *n* money capital

penzum *n* **1.** *ált* task; stint; **megcsináltam a ~omat** I've done my stint **2.** *isk* † lesson, homework

pénzügy *n* **1.** ~**ek** finances *v.* finances; **az állam ~ei** the finances/finances of the state

pénzügyi *a* financial, finance; ~ **év** financial year; *US* fiscal year; ~ **helyzet** *(országé)* financial situation; *(vállalaté)* state of

the ...'s finances; ~ **körökben** in financial circles, *US* in/on Wall Street; ~ **művelet** financial operation/transaction; ~ **nehézségek** money problems/troubles, financial straits; ~ **osztály** financial department; ~ **politika** financial policy *(v.* policies *pl);* ~ **szakértő/szakember** financial advisor/expert

pénzügyigazgatás *n* administration of inland revenue

pénzügy-igazgatóság *n* financial directorate

pénzügyileg *adv* financially; **rosszul áll** ~ his finances are low

pénzügyminiszter *n* Minister of Finance, *GB* Chancellor (of the Exchequer), *US* Secretary of the Treasury, Treasury Secretary

pénzügyminisztérium *n* Ministry of Finance, *GB, US* the Treasury

pénzügyőr *n* customs officer/official

pénzügyőrség *n (testület)* customs; *GB* the Board of Customs and Excise

pénzügytan *n* (public) finance, fiscal/financial policy

pénzváltás *n* exchange (of currency); *(helye)* bureau de change

pénzváltó *n* (money-)changer; *(automata)* change machine

pénzváltóhely *n* bureau de change

pénzverde *n* mint

pénzvilág *n* world of finance, financial world, financial circles *pl*

pénzviszonyok *n pl* financial conditions

pénzzavar *n* financial difficulties *pl;* ~**ban van** be* in financial difficulties/straits, *biz* be* hard up (for money); **pillanatnyi** ~ momentary shortage of funds/cash; **sajnos, pillanatnyi ~ban vagyok** sorry, I am broke *(v.* a bit pushed for money) just now

pép *n* pulp, mush; *(püré)* purée; ~**pé zúz** pulp

pepecsel *v* potter *(US* putter) around, fiddle around *(v.* away at sg)

pepecselés *n* pottering *(US* puttering) (around), fiddling about/around

pépes *a* pulpy, mushy

pepita *a* checked, chequered, *US* checkered

pepszin *n biol* pepsin

per *n* **1.** *jog* (law)suit, (legal) action proceedings *pl;* (court) case; **büntető~** criminal case, criminal proceedings *pl,* (criminal) trial; **polgári** ~ civil action/suit/case; ~ **útján** by means of legal action, by taking action, by means of an action at law, through the courts; ~ **útján érvényesít = pere**

sít; ~be fog vkt bring*/enter an action against sy, take* legal action against sy; **~ben áll vkvel** be* engaged/involved in a lawsuit with sy; **~ben képvisel vkt** appear for sy, represent sy; **~en kívüli egyezség** settlement out of court; **~en kívüli eljárás** extra-judicial procedure; **~re kerül a dolog** it comes* to legal proceedings; **~t indít** vk ellen take* legal proceedings/action against sy, proceed against sy, bring* an action (v. a lawsuit) against sy, sue sy, take* sy to court; **elveszti a ~t** lose* one's/the case/suit; **megnyeri a ~t** win* one's/the case/suit **2.** átv quarrel, dispute; **~be száll vkvel** contend/dispute/argue with sy

perbeli a jog lawsuit-, of (a) lawsuit ut.; **~ ellenfél** litigant, the opposing party

perbeszéd n jog pleadings pl

perc I. n **1.** (időegység) minute; **egy-két ~ múlva** in a minute or two; **tíz ~ múlva hat** ten (minutes) to six, US ten minutes of six; **néhány ~e** a few minutes ago; **bármely/minden ~ben** (at) any minute; **~ekig** for (several) minutes; **az állomástól öt ~re** five minutes from the station; **tíz ~et késik** (be*) ten minutes late; **tíz ~cel múlt hat** ten (minutes) past six, US ten (minutes) after six; **8 után 10 ~cel** at 10 (minutes) past 8 (v. US after 8); **néhány ~cel ezelőtt** a few minutes ago **2.** (rövid idő) moment, instant, second, minute; **egy ~ alatt** in an instant, in a second/minute, biz in no time, in a flash/trice; **nincs egy szabad ~e sem** he hasn't got a moment/minute to spare; **ebben a ~ben** just this moment/instant/second/minute; **csak egy ~re** (just) for a moment; **innen néhány ~re van gyalog** it's a few minutes' walk from here (to) **II.** a (percnyi) of minutes ut., ... minutes('); **öt ~ szünet** an interval (v. US intermission) of five minutes, five-minute interval (v. US intermission)

perceg v **1.** (írótoll) scrape, scratch **2.** (szú) tick

percegés n **1.** (írótollé) scraping, scratching **2.** (szúé) tick(ing sound)

percenként adv **1.** ált every minute **2.** tud, műsz per minute; **~ 100 fordulat** 100 revolutions per minute (röv r.p.m. v. rpm)

percent n per cent, főleg US: percent, percentage ⇨ **százalék**

perces a of/lasting ... minutes ut.; **húsz~ szünet következik** there will now be an interval (v. US intermission) of 20 minutes

percmutató n minute-hand, big-hand

percnyi a/n of a minute ut., ... minutes('); **~ pontossággal** on the dot, to the minute; **innen csak néhány/pár ~re van gyalog** it's just a few minutes' walk from here (to); it's within (easy) walking distance

perdöntő a decisive, deciding; **~ bizonyíték/érv** decisive proof/argument, clinching argument, biz clincher

perdül v spin*/twirl round; **táncra ~ begin*** to dance

perec n pretzel ⇨ **kerek I.**

pereg I. v. **1.** (forog) spin*/whirl/turn round, twirl; **~ a film** the film is* showing/running; **könny ~ a szeméből** tears run*/trickle from her eyes **2.** **~ a dob** the drum rolls (out); **trombita harsog, dob ~** with clarions sounding and drums rolling; **~ a nyelve** his/her tongue never stops, (p)rattle on

perel v **1.** jog **~ vkt** sue sy, take* sy to court, take* legal action against sy; **~ vmt** sue sg, take* sg to court **2.** (veszekszik) quarrel, dispute

perelhető a jog actionable, suable; **nem ~** unenforceable

perem n **1.** ált border, edge, margin; **a város ~én** on the outskirts of [a/the city] **2.** (edényé, kalapé) rim, brim **3.** műsz flange, raised edge

peremfutó orsó n spinning reel

peremkerület n outlying district/area; **~ek** the outskirts

peremváros n suburb, (the) suburbs pl

pereputty n one's kith and kin; **az egész ~** the whole tribe/lot/caboodle

perérték n jog amount in dispute

peres a jog litigious, disputed; **~ eljárás** litigation, (legal) proceedings pl, suit, procedure; **~ fél** litigant, the opposing party; **~ kérdés** matter of dispute; **~ úton** by means of (v. by taking) legal action, through the courts; **~ ügy** lawsuit, action

peresít v jog sue (sy) for; (követelést) take* legal proceedings [for the recovery of a debt], claim, recover [damages v. a debt etc.] through the courts

pereskedés n jog litigation

pereskjedik v jog litigate, carry on a lawsuit, engage in legal proceedings, bring*/contest [a(n) claim/action etc.] in a lawsuit; (öncélúan) be* litigious

perfekt a perfect, accomplished; **~ angol** he speaks* good/fluent English, his English is* first-rate

perfektuál v conclude, effect, accomplish

perfektül *adv* perfectly; ~ **beszéli a nyelvet** he speaks* the language fluently, he has* full command of the language
perforáció *n orv* perforation
perforál *v* **1.** *műsz* perforate **2.** *orv* perforate; ~**t vakbél** perforated appendix
pergamen *n* parchment
perget *v* **1.** *(dobot)* roll **2.** *(filmet)* run*, play, show* **3.** *(mézet)* run* **4.** *nyelvt* ~**i az 'r' hangot** roll one's r's
pergetett *a* **1.** ~ **méz** run honey **2.** *nyelvt* ~ **r/hang** rolled 'r', a roll/trill
pergő *a* **1.** *konkr* spinning, whirling, turning round *ut.* **2.** ~ **beszéd** fluent/glib talk, volubility **3.** *nyelvt* ~ **hang/r** trill, roll(ed 'r')
pergőfúró *n* (screw) auger
pergőtűz *n* drumfire, barrage; ~**et indít** lay* down a barrage; **kérdések** ~**e** a barrage of questions
periféria *n* periphery, the outskirts *pl*
periferiális, periferikus *a* peripheral
periodikus *a* periodic(al), cyclic(al)
periódus *n* period; *el* cycle
perirat *n jog* brief [of a case], documents [in a case] *pl*
periszkóp *n* periscope
perje *n* meadow-grass
perköltség *n jog* (legal) costs *pl*; ~**ben elmarasztal** order (sy) to pay (the) costs; ~**et fizet** bear*/pay* the costs (of the proceedings)
permanens *a* permanent, lasting
permetez 1. *vi* drizzle; ~**(ik) az eső** it's drizzling **2.** *vt* ált sprinkle; *(permetezővel)* spray; ~**i a növényeket** spray insecticide on plants
permetezés *n* spraying; *(növényé)* crop spraying/dusting
permetező 1. *a* ~ **eső** drizzle, mizzle **II.** *n (eszköz, gép)* sprayer; *(kézi, főleg festékszórásra)* spray-gun; *(legyek ellen)* fly-spray
permetezőszer *n* spray insecticide
permutáció *n* permutation
permutál *v* permute
pernye *n* flying ash(es)
pernyertes *a jog* successful/prevailing party
peron *n (pályaudvari)* platform
peronbejárat *n* (platform) barrier
peronjegy *n* platform ticket
peronoszpóra *n* peronospora, downy mildew
perpatvar *n* squabble, altercation, quarrel; **családi** ~ domestic tiff
perrendtartás *n jog* rules of the court *pl*, code *(v.* rules *pl)* of procedure, trial/legal

procedure; **bűnvádi** ~ criminal/penal code; **polgári** ~ civil code/procedure
persely *n* **1.** *(takarék)* (money-)box; *(gyereké)* piggy bank **2.** *(templomi)* collecting box **3.** *műsz* bush, *US* bushing
perselyez *v* **1.** *vall* collect, take* (up) a collection **2.** *(csapágyat)* bush
perselypénz *n (templomi)* offerings *pl*, offertory
perspektíva *n (távlat)* perspective; **távolabbi** ~**ból nézve** in the long run/term; **új** ~**kat nyit** open up new vistas
persze *conj* of course, certainly, naturally, to be sure; ~, **hogy nem** of course not, certainly not; ~, **hogy zöld** of course it is* green; **hát** ~ why, certainly
pertárgy *n jog* subject of the action; ~ **értékére tekintet nélkül** irrespective of the amount claimed
pertli *n ált* lace, tape; *(cipőé)* shoe-lace
pertraktál *v* **1.** *ált* treat (sg at length), discuss **2.** *(hírt)* spread* [news, rumours]
pertu I. *n biz* ~**ban van vkvel** be* on first-name terms with sy, be* a good/close friend of sy; ~**t iszik vkvel** drink* Brüderschaft with sy, drink* to one's close friendship with sy **II.** *a biz* ~ **barátok** they are* (very) close friends
Peru *n* Peru
perui *a/n* Peruvian
perújítás *n jog* reopening of a case *(v.* of proceedings), a new trial, retrial
perverz *a* perverted, □ kinky
perverzitás *n ált* perversity; *(természetellenesség, főleg nemi vonatkozásban)* perversion, □ kinkiness
pervesztes *a jog* losing/defeated party
pervesztés *n jog* failure of a lawsuit; *kif* the result of his losing his case (was that . . .)
perzsa *a* Persian, Iranian; ~ **nyelv** Persian
perzsabunda *n* Persian lamb(skin) coat, astrakhan furcoat
perzsaszőnyeg *n* Persian carpet/rug
perzsel *v* **1.** *(nap)* scorch, broil, singe *(j. m. igeneve:* singeing) **2.** *(disznót)* singe
perzselő *a* torrid, scorching; ~ **nap** scorching sunshine
Perzsia *n* Persia, Iran
Pest *n* Pest; ~**en dolgozik** works in Pest *(v.* on the Pest bank)
pesti *a* (of) Budapest; **a** ~ **oldalon** on the Pest/left bank (of the Danube)
pestis *n* (bubonic) plague
pészméker *n orv* pacemaker
pesszárium *n orv* pessary, vaginal suppository

pesszimista I. *a* pessimistic **II.** *n* pessimist, *biz* croaker, doomster
pesszimizmus *n* pessimism
pesztonka *n biz* nanny
petárda *n* petard
pete *n biol* egg (cell); ~t **rak** lay* an egg, ovulate ⇨ **petesejt**
peteérés *n biol* ovulation
petefészek *n biol* ovary
petefészek-gyulladás *n orv* oophoritis, ovaritis
Péter *n* Peter
petesejt *n* ovum (*pl* ova)
Peti *n* Pete
petíció *n* petition
petit *n nyomd* eight-point type, † brevier
petrezselyem *n növ* parsley; *átv* **petrezselymet árul** be* a wallflower
petrokémia *n* = **petrolkémia**
petróleum *n GB* paraffin, *US* kerosene
petróleumfőző *n* paraffin stove, primus (stove), *US* kerosene stove
petróleumlámpa *n* paraffin/oil (*v. US* kerosene) lamp
petrolkémia *n* petrochemistry, petrochemical(s) industry
petúnia *n növ* petunia
petyhüdt *a* **1.** *(bőr)* loose, slack; *(mell)* sagging; ~ **lesz** sag **2.** *(izomzat)* soft, flabby, flaccid
petty *n* **1.** *(állaton)* spot **2.** *(minta)* (polka) dot **3.** *(piszok)* speck(le), fleck
pettyes *a* **1.** spotted, spotty **2.** *(minta)* dotted; polka-dot [shirt etc.]; ~ **minta** polka dots *pl* **3.** *(piszkos)* speckled, flecked
pettyez *v* speckle, fleck, dot, spot
pévécé *n* PVC, vinyl
pévécécső *n* PVC tube/tubing
pévécéfólia *n* PVC/vinyl sheet(ing)
pezseg *v* **1.** *(folyadék)* sparkle, fizz, fizzle, bubble **2.** *(utca forgalomtól)* swarm/teem/bustle with [activity/life etc.]
pezsgés *n* **1.** *(folyadéké)* sparkling, fizzing, bubbling **2.** *(utcán)* teeming life, milling crowds
pezsgő I. *a* **1.** ált sparkling **2.** *átv* ~ **élet** bustling/teeming life **II.** *n* champagne
pezsgőfürdő *n* bubble bath
pezsgős *a* ~ **vacsora** champagne supper
pezsgőz|ik *v* drink* champagne
pézsma *n* musk
Pf. = postafiók P.O. Box
pfuj *int* fie!, (for) shame!; *(undor)* pooh!, ugh!, yuck!; ~ **bíró!** kill the ref!
pfujoz *v* boo, hoot

pfujozás *n* booing, □ raspberry; *US* Bronx cheer
P.H. = pecsét helye place of the seal (*röv* L.S., l.s.)
pia *n* □ booze, *US* liquor
piac *n* market; **a** ~ **ker** *(adásvétel)* the market-place; **gyenge** ~ dull/light/slack market; **szilárd** ~ firm/buoyant market; **nincs** ~**a** there is* no demand/call/market for it, it is* a drug on the market; **a** ~**on vásárol** buy* [goods] in the market; **ezek a kocsik még nincsenek** (*v.* nem kaphatók) **a** ~**on** these cars are not yet on the market; ~**ra dob** put* (sg) on the market; ~**ra kerül** come* on (to) the market; **a** ~**ra megy (vásárolni)** go* to (the) market, go* (*v.* do* one's) shopping in the market; ~**ra talál** sell* readily, find* a ready market; *biz átv* **ő is a** ~**ról él** he, too, has to make a living; ~**ot keres vmnek** seek* openings (*v.* a market) for sg; **a** ~**ot befolyásolja** influence/affect the market
piacgazdaság *n* market economy
piaci *a* market; ~ **ár** market/current/going/prevailing price/rate; ~ **árus** market trader; ~ **kosár** (market) basket; ~ **viszonyok** market relations ⇨ **légy**²
piackutatás *n* market research
piacszervezés *n* marketing
piactér *n* market-place
piacviszonyok *n pl* market relations
piál *v* □ booze, soak, knock it back
pianínó *n* upright/cottage piano
piarista *n* Piarist
piás □ **I.** *a (részeges)* boozy; *(berúgott)* lit up, screwd, tight, *US* stinko **II.** *n* **(nagy)** ~ boozer, (old) soak, hard drinker
pici, piciny *a* tiny, minute, *biz* weeny, *sk* wee; ~ **gyerek** tiny tot, toddler
picsipacsi *n (összejátszás, szerelmi kapcsolat)* hanky-panky; **nagy köztük a** ~ they are as thick as thieves, *US* they are in cahoots
piedesztál *n* ~**ra emel vkt** put*/set* sy on a pedestal
pietizmus *n* pietism
piff-puff regény/film *n biz* thriller, whodunit
piha *int ir* poo(h)
pihe *n* fluff, flock, floss
piheg *v* pant, gasp
pihen *v* rest, take* a rest, relax; **nem hagyja** ~**ni** grant sy no rest, will not let sy rest ⇨ **babér**

pihenés *n* rest; *(betegség után)* rest cure; **aktív** ~ *active* recreation; ~**re van szüksége** have* need of (a) rest, need rest; ~ **nélkül** ceaselessly, tirelessly, without stopping
pihenj! *int kat* (stand) at ease!
pihenő I. *a* resting, relaxing; ~ **ember** man° at rest **II.** *n* **1.** *(pihenés)* rest; *(munka közben)* break, breather, pause; ~**t tart** have*/take* a break/rest, stop for a rest **2.** *(lépcsőházban)* landing
pihenőhely *n* *(autópályán)* lay-by *(pl* -bys), *US* rest stop; pull-off
pihenőnap *n* day off, rest day, day of rest, holiday
pihent *a* *tréf* **ezt csak** ~ **agyú ember találhatta ki** only someone with too much time on his hands could have dreamed that up
pihentet *v* rest, relax; **fáradt tagjait** ~**i** rest one's weary limbs; *biz* put* one's feet up; **szemeit** ~**i** *vmn* rest one's eyes on sg
pihés *a* downy, fluffy, fuzzy
piheszőr *n* down, fluff
pikáns *a* **1.** *(történet)* naughty, spicy, juicy, racy; ~ **történet** blue story, *US* off-color story; ~ **vicc** blue/dirty joke; **a** ~ **a dologban az, (hogy)** the funny thing is* **2.** *(arc)* piquant **3.** *(kellemesen csípős, fűszeres)* (highly) seasoned, piquant; ~ **íz** spicy/ piquant taste, piquancy
pikantéria *n* **a dolog** ~**ja az, hogy** the interesting thing is that
piké *n* (cotton) piqué
pikk *n* *(kártya)* spade(s); ~ **dáma** the queen of spades; ~ **ász** the ace of spades
pikkel *v* *vkre* pick on sy, have* it in for sy
pikkely *n* scale; ~**től megtisztít** scale
pikkelyes *a* scaly
piknik *n* *kb.* bottle party; ~ **alapon** on a bring-your-own-food basis
pikoló *n* **1.** **egy** ~ **sör** a small beer, half a pint of beer, small glass of beer **2.** *zene* piccolo
piktor *n* painter
pilla *n* eyelash
pillanat *n* instant, moment, second; **egy** ~**(ra)!** just/wait a moment!, half a second/ moment!; **egy** ~ **alatt** in an instant, in a flash; **a** ~ **hatása alatt** on the spur of the moment; **egy** ~ **pár** ~ **múlva** *(később)* a few moments later; *(most)* in a moment, in two shakes; **ebben a** ~**ban** this (very) instant/ moment, just now; **minden/bármely** ~**ban** any minute (now); **gyenge** ~**ában** in one of his weak moments; **egy** ~**ig sem**

kételkedett he never doubted (for) a moment/second; ~**okon belül** in a matter of *(v.* in a few) moments; **egy** ~**ra kérem!** just a *(v.* one) moment please!; **(az) első** ~**ra úgy tűnt (fel)** at first sight it seemed/appeared (to/that)
pillanatfelvétel *n* snapshot; ~**t csinál** take* a snapshot of
pillanatnyi *a* momentary, temporary; ~ **csend** a moment of *(v.* a moment's) silence; ~ **elmezavarában** in a moment of aberration; *(öngyilkosság oka)* while the balance of his mind was (temporarily) disturbed; ~ **zavar támadt** there was a moment's panic ⇨ **pénzzavar**
pillanatnyilag *adv* at/for the moment, just/ right now, just at the moment
pillangó *n* **1.** *áll* butterfly **2.** *átv biz* woman° of the town/streets
pillangóúszás, pillangózás *n* butterfly (stroke)
pillant *v* *vkre, vmre* glance at sy/sg, cast*/ throw* a glance at sy/sg
pillantás *n* glance, look, glimpse; **dühös** ~ angry look; **szerelmes** ~ amorous glance(s), *biz* sheep's eyes *pl*; **egyetlen** ~**ra** at a glance; **első** ~**ra úgy tűnik** at first sight it seems/appears (that/to); ~**t vet vkre/ vmre** cast*/throw* a glance at sy/sg, glance at sy/sg ⇨ **futó**
pille *n* moth, butterfly
pilledt *a* languid, weary, tired
pillér *n* pillar, column, post; *(hídé)* pier
pillérhíd *n* pier-bridge
pilóta *n* **1.** *rep* (airline) pilot; ~ **nélküli** unmanned, pilotless **2.** *tréf* *(tehergépkocsivezető)* lorry driver, *US* teamster, trucker
pilótafülke *n* flight deck; *(kisebb gépen)* cockpit
pilótaülés *n* pilot's seat, cockpit
pimasz *a* impudent, insolent, impertinent, cheeky; ~ **alak** what a cheek (he's got)!; ~**ul válaszol** give* an insolent answer
pimaszkod|ik *v* be* impudent/insolent/impertinent
pimaszság *n* impudence, impertinence, cheek; **micsoda** ~**!** what a cheek!
pince *n* cellar
pinceablak *n* cellar window
pincebogár *n* woodlouse°, *US* sow bug
pinceboltozat *n* cellar-vault
pincegazdaság *n* *főleg US:* winery, wine-cellars *pl*
pincehelyiség *n* cellar, cave, basement room
pincelakás *n* basement flat

pincelépcső *n* cellar steps *pl*, stairs to the cellar *pl*

pincemester *n* cellar foreman/master

pincér *n* waiter; *(hajón)* steward; *(söntésben)* barman°, *főleg US:* bartender, *US így is:* barkeep

pincérnő *n* waitress; *(hajón)* stewardess; *(söntésben)* barmaid

pincészet *n* = **pincegazdaság**

pincsi *n* pinscher

pingál *v* paint, *biz* daub

pingálmány *n* daub, (primitive) painting

pingpong *n* table tennis, ping-pong

pingpongasztal *n* table-tennis table

pingponglabda *n* table-tennis ball

pingpongoz|ik *v* play table tennis, play (a game of) ping-pong

pingpongütő *n* (table-tennis) bat

pingvin *n* penguin

pint *n* pint; **egy** ~ **bor** *kb.* a litre and a half of wine

pintér *n* (wet) cooper, hooper

pinty *n* **1.** *áll* chaffinch **2.** *átv biz* **mint a** ~ like blazes, like a dream

pintyőke *n* = **pinty**

pióca *n* **1.** *áll* leech **2.** *átv* leech, blood-sucker

pionír *n* = **úttörő**

pipa I. *n* **1.** *(dohányzáshoz)* pipe; ~**ra gyújt** light* a pipe; **egy** ~**ra való (dohány)** a pipeful (of tobacco); **megtömi** ~**ját** fill one's pipe **2.** *(könnyűbúváré)* snorkel **3.** *(kipipálás listán)* tick, *US* check **4.** □ **nem lát a** ~**tól** be* fuming/furious **II.** *a* □ *(= dühös)* hopping mad, fuming; **nagyon/olyan** ~ **voltam** I was livid/furious

pipacs *n* (red/corn/field) poppy

pipacsos *a* full of poppies *ut.*

pipadohány *n* pipe tobacco

pipál *v* **1.** *(pipázik)* smoke a pipe; **ilyet még nem** ~**tam** well, I never! **2. a hegy** ~ the mountain is* shrouded in mist

pipamocsok *n* dottle

pipás I. *a* **1.** pipe-smoking **2.** = **pipa II.**; **II.** *n* pipe smoker

pipaszárlábak *n pl* spindly legs, spindlelegs, spindleshanks

pipaszárlábú *a* spindle-legged/shanked, with/having spindly legs *ut.*

pipaszurkáló *n* pipe-cleaner

pipáz|ik *v* smoke a pipe

piperecikkek *n pl* toilet/cosmetic articles; *(főleg feliratként)* toiletries

piperepolc *n* (bathroom) shelf°

piperés *a* overdressed, fancy

pipereszappan *n* toilet soap

piperetáska *n* cosmetic/vanity bag

piperéz *v ir vkt* do* sy's face; ~**i magát** titivate (*v.* smarten up) oneself, prink oneself up

piperkőc *a/n* dandy, fop, coxcomb; ~ **módon** in a foppish way

pipi[1] *n (kiscsirke és* □ *lány)* chick

pipi[2] *n biz (pisi)* pee, wee(-wee), a tinkle

pipogya *a* weak-kneed, pusillanimous, timid, *biz* gutless; ~ **fráter** weakling, *biz* soft touch, softy

pír *n* **1.** *(arcé)* flush, blush, glow **2.** *(hajnali)* flush of dawn

piramis *n* pyramid

Pireneusok *n pl* the Pyrenees

pirinyó *a* tiny, teeny-weeny, *sk* wee

pirít *v (kenyeret, szalonnát)* toast; *(húst, májat)* sauté *(alakjai:* sautéed *v.* sautéd, sautéing), (shallow) fry; ~**va** *(húsról)* sauté

pirítós *n* ~ **(kenyér)** toast

pirított *a (hús)* browned, sauté(ed); ~ **borjúmáj** calf's liver sauté; ~ **burgonya** sauté potatoes; ~ **sertésmáj** sauté pork liver

pirkad *v* the day is* breaking, it is* dawning

pirkadat *n nép* dawn, daybreak

pirók *n* bullfinch

pirom5nia *n* pyromania, incendiarism

pirom5niás *n* pyromaniac

pirongat *v* lecture/chide*/reprove sy, tick sy off

pironkod|ik *v vk/vm miatt* be* ashamed of sy/sg; ~**va** shamefacedly

piros I. *a* red; *(rózsaszínű)* pink; ~ **arc** rosy/ruddy face (*v.* cheeks *pl*); ~ **betűs ünnep** red-letter day; ~ **fény** *(jelzőlámpában)* red light; ~ **jelzést ad** give* a warning of red alert; ~ **rózsa** red rose; ~ **tojás** Easter egg **II.** *n* **1.** *(szín)* red; *(fény, jelzőlámpában)* red light **2.** *(kártya)* heart(s)

piros-fehér-zöld *a/n* red, white and green, tricolour *(US* -or)

pirosít *v* **1.** *ált* make* red, redden **2.** *(ajkat)* put* on lipstick; *(arcot)* rouge

pirosító *n (ajak)* lipstick; *(arc)* rouge

Piroska *n* ⟨Hungarian feminine given name⟩; ~ **és a farkas** Little Red Riding-Hood

pirosl|ik *v* look/glow/show* red

pirosod|ik *v* grow*/become*/turn red, redden

pirospaprika *n (őrölt)* (Hungarian) paprika ⇨ **paprika 2.**

pirospozsgás *a* rosy/ruddy-cheeked

pirosság *n* redness, pinkness, ruddiness

pirotechnikus *n* pyrotechnist

piruett *n* pirouette, spin

pirul *v* **1.** *ált* redden, grow*/turn/become* red/pink **2.** *(arc)* blush *(vmtől* with/at sg), flush *(vmtől* with sg); ~ **a szégyentől** blush with shame **3.** *(hús)* (begin to) brown

pirula *n* pill, pastille; **(a) keserű** ~ **a** bitter pill to swallow; **megédesíti a keserű** ~**t** gild*/sugar the pill

pirulás *n (arcé)* blush, flush

pisál *v vulg* piss, make* water

pisi *n biz* pee, wee(-wee), piddle

pisil *v biz* pee, piddle, widdle, have* a pee, do*/have* a wee-wee; ~**ni megy** go* for *(v.* have*) a pee, go* for *(v.* have*) a wee- (-wee), go* to the loo *(US* john)

pisis *a* wet

piskóta *n* **1.** *(rudacskák)* sponge-finger, sponge biscuit **2.** = **piskótatészta**

piskótaroló, -tekercs *n* Swiss roll

piskótatészta *n* sponge(-cake)

pislákol *v* **1.** *(fény)* glimmer **2.** *(lámpa, tűz)* flicker; *(láng)* be* guttering

pislant *v (akaratlanul)* blink; *(tudatosan)* wink

pislog *v* **1.** *(vk akaratlanul)* blink; *(tudatosan)* wink **2.** = **pislákol**

pislogás *n* **1.** *(szemmel)* blinking, winking **2.** *(fényé)* glimmer(ing), shimmer(ing)

Pista, Pisti *n* Steve, Stevie

pisze *a* retroussé, pug/snub-nosed; ~ **orr** snub/pug-nose, turned-up nose

piszi *n biz* **hiszi a** ~**!** tell that/it to the marines!, *GB* pull the other one!

piszkafa *n* **1.** *(tűzhöz)* poker; **olyan (sovány), mint a** ~ (s)he is (as) thin as a rake

piszkál *v* **1.** *(vmt, tüzet)* poke, stir; **fogát** ~**ja** pick one's teeth **2.** *vkt* badger, chivvy; *(bosszantva)* needle, annoy, tease, pick at (sy)

piszkálás *n* **1.** *(vmé, tűzé)* poking, stirring **2.** *vké* badgering, chivvying; *(bosszantva)* needling, annoying, teasing

piszkálódik *v (kellemetlenkedik)* nag sy, pick at sy, go* on at sy

piszkavas *n* poker

piszke *n nép* gooseberry, *(GB néha)* goosegog

piszkít 1. *vi (ürülékkel)* foul, dirty; **a konyhapadlóra** ~ dirty the kitchen floor **2.** *vt* dirty, soil

piszkol *v* **1.** = **piszkít 2.** *(szid)* revile, vilify, abuse, *biz* fling*/throw* dirt at sy

piszkolódás *n* **1.** *(ruháé)* soiling, becoming dirty/soiled/grimy **2.** *(átv, vk ellen)* vilification, abuse, slander

piszkolódik *v (piszkos lesz)* soil, get* dirty/soiled; **nem** ~**ik** it does* not pick up dirt

piszkos *a* **1.** *(tárgy)* dirty; ~ **fehérnemű** soiled linen; ~ **munka** dirty/messy work **2.** *(erkölcsileg)* filthy, foul; ~ **beszéd** foul language, dirty talk; ~ **csirkefogó** (dirty) rat, skunk, a bad egg; ~ **trükk** mean/dirty (low-down) trick; ~ **ügy/üzlet** dirty business, *kif* it stinks

piszkosfehér *a* off-white

piszkoskodik *v (kellemetlenkedik vkvel)* be* nasty (to sy), treat sy like dirt **2.** *(fösvénykedik)* be* mean/niggardly, *biz* be* stingy

piszkosság *n* **1.** *ált* dirt(iness), filth **2.** *(jellemi)* nastiness, meanness, vileness

piszkozat *n* rough (copy), (first) draft (of sg); ~**ban** in rough; ~**ot készít vmről** write* sg out in rough, make* a draft of sg

piszlicsár(é) *a biz* elit ~ **ügy** piddling affair

piszmog *v vmn, vmvel* dawdle over sg, tinker with *(v.* away at) sg; **a kertben** ~ potter *(US* putter) (away) in the garden

piszmogás *n* pottering *(US* puttering) (around), dawdling

piszok I. *n* dirt, filth, *biz* muck; **egy** ~**kal** = egy **füst** alatt **II.** *a* ~ **fráter/alak** dirty rat/dog, skunk, blackguard

piszeg *v* hiss, boo

pisszegés *n* hiss, hissing, booing

pisszen *v* ~**ni sem mert** he did not dare to stir

pisztoly *n* pistol, (hand) gun; **önműködő** ~ automatic (pistol); ~**t elsüt** fire (off) a pistol; ~**t fog vkre** point/aim/level *(US* -l) a pistol/gun at sy; **pisztollyal kényszerít vkt** force sy at pistol-point *(v.* gunpoint)

pisztolylövés *n* pistol shot

pisztolytáska *n* holster

piszton *n zene* cornet

pisztráng *n* trout

pisztrángozás *n* trout fishing

Pitagorasz-tétel *n* Pythagoras'/Pythagorean theorem

pite *n* fruit-flan, pie, tart; **almás** ~ apple tart/turnover

piti *a biz (kisszerű)* petty, *vulg* piddling

pitizik *v biz* beg

pitli *n* **1.** *(edény)* pail, bucket **2.** *biz* **menj a** ~**be!** go to blazes!, *GB* get stuffed!

pitvar *n* **1.** *(tornác)* porch **2.** *(szívé)* atrium

pityereg *v* whimper, whine, snivel *(US* -l)

pityergés *n* whimpering, whining

pityergős *a biz* whimpering, whining

pityke *a* (metal) button

pityókos *a* tipsy, tight, fuddled, tiddly

pitypang *n növ* dandelion

pizsama *n* pyjamas *pl*, *US* pajamas *pl*
pl. = *például* for example/instance, e.g. *v.* eg
plafon *n* **1.** *(mennyezet)* ce*i*ling; *biz* **a ~ig**
ugrik örömében be* over the moon; *biz*
mindjárt fenn van a ~on (s)he just
hits* the roof, (s)he just goes off at the deep
end **2.** *biz (felső határ)* [price etc.] ce*i*ling,
roof
plágium *n* plagiarism
plagizál *v* plagiarize (from)
plakát *n* bill, poster, placard; **~on hirdet**
bill, advertise on posters; **~ok felragasz-
tása tilos!** stick no bills, b*i*llstickers will be
prosecuted
plakett *n* plaque, plaquette
pláne I. *adv biz* particularly, especially **II.** *n*
az benne a ~, hogy the beauty of it is
that ...
planetárium *n* planetarium
planíroz *v* level *(US* -l), plane, grade [ground]
plántál *v* **1.** *növ* plant, set* out **2.** *átv* inst*i*l
(US inst*i*ll) sg *i*nto sy, implant sg *i*nto sy,
*i*nculcate sg in sy
plasztik *n* plastic
plasztika *n* **1.** *műv* the plastic arts *pl* **2.** *(sebé-
szet)* plastic surgery
plasztikai *a* **~ műtét** plastic operation/
surgery; **~ műtéten esik át** undergo*
plastic surgery; **~ sebész** plastic su*r*geon;
~ sebészet plastic surgery
plasztikus *a* plastic; *ir* graphic
plasztron *n* shirt-front; *(vívóé)* plastron
platán(fa) *n* plane(tree), *US* sycamore
platform *n pol* platform; **közös ~** common
platform
platina *n* platinum
platinaszőke *a biz* platinum blonde
platni *n biz* hotplate, *GB* hob
plató *n* plateau *(pl* plateaus *v.* plateaux)
plátói *a* Platonic; **~ szerelem** Platonic love
plauzibilis *a* plausible
plazma *n biol* plasma
plébánia *n* **1.** *(kat. egyházközség)* parish
2. *(épület)* parsonage, vicarage, rectory
plébános *n* parson, parish priest, vicar
plebejus *n tört, ill. elit* plebe*i*an; **~ szár-
mazású** of plebe*i*an origins
pléd *n* (travelling-)rug *(US* -l-)
plédszíj *n* rug strap
pléh *n* tin
pléhlemez *n* t*i*n/*i*ron-plate, *i*ron-sheeting
pléhpofa *n biz* poker-face(d), deadpan face,
a cool customer; **~val** coolly, as coolly as
you like, deadpan

plenáris *a* **~ előadás** *(konferencián)* plen-
ary address/lecture; *(nyitó)* keynote lecture;
~ ülés plenary session
plénum *n* public; **a ~ előtt** before the pub-
lic, in public; **a ~ elé visz vmt** bring* sg
before the public
pletyka *n* (piece of) gossip, t*i*ttle-tattle;
(rosszindulatú) scandal(-mongering); **meg-
indul a ~** tongues start wagging; **jó kis ~**
a juicy bit of gossip
pletykafészek *n (személy)* scandal-
-monger, gossip, newsmonger, tattler; *US*
tattletale
pletykál *v* gossip, t*i*ttle-tattle
pletykálkodás *n* gossiping; *(rosszindulatú)*
scandal-mongering
pletykálkod|ik *v* be* gossiping (all day)
pletykarovat *n* gossip column
pletykás *a* gossipy, gossiping; *(rosszindula-
tú)* scandal-mongering
plexi(üveg) *n* plexiglass, Plexiglas(s)
pliszé *n* pleat, pleating
pliszíroz *v* pleat
plomba *n* **1.** *(ólom)* lead seal **2.** *(fogtömés)*
f*i*lling, stopping
plombál *v* **1.** *(pecsétel)* seal **2.** *(fogat)* do* a
f*i*lling, fill/stop a tooth°
plömplöm *a biz* gaga, dotty
pluralista, pluralisztikus *a* pluralist, plur-
al*i*stic; **~ társadalom** a pluralist society
pluralizmus *n* pluralism
plusz I. *a (előjel)* plus; **a hőmérséklet ~
10 °C** the temperature is* ten degrees centi-
grade/celsius *(v.* 10°C), ... a temperature of
10°C **II.** *n (többlet)* excess, surplus **III.** *adv*
1. *mat* plus; **öt ~ három** five plus three
2. *biz (azonfelül)* plus; **bevásárol, ~
takarít** (s)he does the shopping plus the
housework; **a számla 2000 Ft volt, ~
100 Ft postaköltség** the bill was 2,000
fts, plus 100 fts for postage
plusz- *pref* extra-, add*i*tional
pluszjel *n* plus sign
pluszköltség *n* extra charge
plusz-mínusz *a* plus or m*i*nus (±)
pluszmunka *n biz* add*i*tional/extra work
plutokrácia *n* plutocracy
plutokrata I. *n* pl*u*tocrat **II.** *a* plutocratic
plüss *a* plush
pneumatikus *a* pneumatic
poca *n* = **paca**
pocak *n* paunch, pot(belly)
pocakos *a* paunchy, potbellied
pocok *n áll* vole, fieldmouse°

pocsék *a* **1.** *(vacak)* worthless **2.** *(komisz)* atrocious, rotten, lousy, foul; ~ **idő(járás)** rotten/foul weather
pocsékol *v* *(pazarol)* squander, waste; ~**ja a pénzét** waste one's money, throw* one's money about; ~**ja az időt** waste (one's) time
pocsékolás *n* squandering, wasting
pocskondiáz *v* abuse, revile, decry, run* down, throw* mud at
pocsolya *n* puddle, muddy pool, mire
pódium *n* stage, platform; *(karmesteri is)* rostrum, podium; **a** ~**ra lép** step on to the podium/rostrum
poén[1] *n* *(kártyában)* point
poén[2] *n* *(viccé)* point (of a joke), punch line, *biz* pay-off; **az benne a** ~, **hogy** the beauty of it is that …
poéta *n* poet
poétikus *a* poetic(al)
pofa *n* **1.** *(emberé, lóé)* cheek, jowl; *(más állaté)* chops *pl* **2.** *vulg (kifejezések)* **ehhez** ~ **kell!** what cheek/gall/nerve!; **fogd be a** ~**dat!,** ~ **be!** shut/dry up!, shut your face!; **két** ~**ra eszik** stuff oneself, stuff one's face; ~**kat vág** make* faces, **nagy a** ~**ja (1)** *(sokat beszél)* talk the hind leg off a donkey **(2)** *(magabiztos)* be* too cocksure/cocky; **van** ~**ja** have* the cheek/gall; ~**ra esik** *biz kb.* come* a cropper; fall* flat on one's face **3.** *biz* = **pasas 4.** *(satué)* jaws *pl*
pofacsont *n* cheekbone
pofafürdő *n biz* ~**t vesz** put* in an appearance
pofaszakáll *n* (side-)whiskers, *GB* sideboards, *US* sideburns *(mind: pl)*
pofátlan *a* bare-faced, insolent
pofátlanság *n* brazen cheek, insolence
pofátlanul *adv* (as) bold as brass
pofazacskó *n* (cheek) pouch, chops *pl*
pofázás *n vulg (beszéd)* rant, mouthings *pl*
pofáz|ik *v vulg* **1.** *(sokat beszél)* shoot* one's/ mouth off; **ne** ~**z!** shut up!, shut your face/mouth! **2.** *(zabál)* stuff oneself, guzzle
pofézni *n* French toast
pofi(ka) *n biz* pretty/sweet little face
pofon *n* **1.** *(kézzel)* slap/smack in the face, box on the ear; ~ **üt/vág** slap/smack sy in the face **2.** *(erkölcsi átv)* snub, affront, humiliation; **nagy** ~ **volt neki, hogy leváltották** his dismissal came as a great blow, it was a (real) slap in the face for him when he was dismissed
pofonütés *n* = **pofon**
pofoz *v* **1.** *vkt* slap sy (repeatedly) in the face **2. formába** ~ lick/whip (sg) into shape

pofozkod|ik *v* box one another's ears
pogácsa *n kb.* savoury scone, scones *pl*
pogány *a* *(nem keresztény)* heathen; *(istentelen)* pagan
pogányság *n* **1.** *(nem keresztény vallás)* heathenism; *(istentelenség)* paganism **2.** *(pogányok)* heathens, the heathen (peoples); *(istentelenek)* pagan people *(mind: pl)*
pogrom *n* pogrom, Jew-baiting
poggyász *n* luggage *(pl ua.)*, *főleg US:* baggage *(pl ua.)*; ~**t felad** check in (one's baggage); **kevés poggyásszal utazik** travel *(US -l)* light
poggyászfeladás *n* **1.** *(cselekvés)* registration of luggage *(US baggage)* **2.** *(hivatal)* luggage *(US baggage)* office
poggyászjegy *n* left-luggage ticket, *US* baggage check, check number
poggyászkiadás *n* **1.** *(cselekvés)* delivery of luggage/baggage **2.** *(hivatal)* (luggage/baggage) delivery office; *(reptéren)* baggage reclaim
poggyászkocsi *n* luggage-van, *US* baggage car
poggyászkuli *n* (baggage) trolley
poggyászmegőrző *n* left-luggage (office), *US* checkroom, baggage room; ~ **automata** left-luggage locker; ~ **jegy** left-luggage ticket
poggyásztartó *n* (luggage/baggage) rack
poggyásztúlsúly *n* excess baggage/luggage/weight
poggyászvevény *n* baggage identification tag, luggage ticket, *főleg US:* baggage check
poggyászvizsgálat *n* examination of luggage/baggage
pohár *n* glass; **egy** ~ **bor** a glass of wine; **két** ~ …**t** *(GB a sörfajtát mondják)* **kérek** two halves of [Guiness etc.], please; **emeli vkre a poharát** drink* sy's health, drink* to sy
poharazás *n* drinking, tippling; ~ **közben** while drinking, over one's *(v. a glass of)* wine
poharaz|ik *v* drink* one glass after another *(of sg)*, tipple, drink* wine; *vkvel* crack a bottle *(of wine)* with sy
poharazó *n* wine bar
pohárköszöntő *n* toast; ~**t mond** give* a toast
pohárnok *n tört* cup-bearer
pohárszék *n* † sideboard, buffet, *GB* dresser
pojáca *n* laughing stock; ~**t csinál magából** make* a laughing stock of oneself
pók *n áll* spider
pókháló *n* (spider's) web, cobweb
pókhálós *a* cobwebby

pókhálósod|ik v get* covered with cobwebs
pókhálóz v remove cobwebs
pókhasú a = **pocakos**
pokol n ált hell; *(alvilág)* the underworld; ~
az élete his life is* hell (on earth); **eredj a**
~**ba** go to blazes/hell, go to the devil ⇨ **el-**
szabadul
pokolgép n time bomb
pokoli a hellish, infernal, of hell ut.; *biz*
(rendkívüli) frightful, fiendish; ~ **düh** in-
fernal/hellish rage/fury/frenzy; ~ **fejfájás**
splitting headache; ~ **gondolat** devilish
idea/thought; ~ **kínokat áll ki** suffer ex-
cruciating pains, suffer agonies; ~ **lárma**
infernal racket/noise/row, pandemonium; ~
meleg infernally hot, devilish hot/heat; ~
meleg nap a very hot day, a scorching day,
biz a scorcher; ~ **zajt csap** raise Cain, kick
up an infernal row; ~**an csinos** dressed to
kill; ~**an mulatságos** hilarious, highly
amusing, killing(ly funny); ~**an szenved**
suffer agonies
pokróc n 1. *(takaró)* coarse/heavy blanket
2. **goromba** ~ churlish *(v.* cross-grained)
fellow, crosspatch
polarizáció n polarization, polarity
polarizálód|ik v polarize, be* sharply di-
vided
polc n shelf°; *(kisebb, konzolos fali)* bracket;
~**ok** shelves, shelving
polcos a shelved; ~ **állvány** set of shelves;
(hordozható) whatnot
polémia n polemic, controversy
polemikus a polemic(al)
polemizál v debate sg *(v.* an issue) fiercely
with sy, polemicize, polemize
polgár n 1. *(államé)* citizen; *(nem katona)*
civilian 2. *pol* bourgeois
polgárháború n civil war
polgári I. a 1. *(élet, intézmény)* civil; *(nem*
katonai) civilian; ~ **bíróság** civil court; ~
egyén/személy civilian; a ~ **életben** in
civilian life; ~ **hatóság** civil authority; ~
házasság civil marriage; † ~ **iskola**
higher elementary school; ~ **jog** civil law;
~ **jogok** civil rights/liberties; ~ **lakosság**
civilian population; ~ **per** civil action/
case/suit; ~ **peres eljárás** civil procedure
(v. proceedings *pl);* ~ **perrendtartás**
(code of) civil procedure; ~ **repülés** civil
aviation; ~ **ruha** civilian dress; ~ **sáv →**
sáv 2.; ~ **törvénykönyv** civil code/law;
~ **védelem** civil defence *(US* -se), air-raid
precautions *pl* 2. *pol* bourgeois, middle-class;
~ **csökevények** remnants of a bourgeois
way of thinking; ~ **demokrácia** bourgeois

democracy; ~ **sajtó** bourgeois press II. n =
polgári *iskola*
polgáriasod|ik v = **polgárosodik**
polgárjog n ~**ok** civil rights *pl;* ~**ot nyer**
(1) *vk* be* granted civil rights (2) *(szokás)*
be(come)* accepted, take*/strike* root
polgárjogi a ~ **harcos** civil rights leader/
activist/campaigner; ~ **mozgalom/harc**
civil rights movement
polgármester n mayor; *(nő)* mayoress *v.*
lady mayor; *GB ált* mayor; *(londoni)* Lord
Mayor; *sk* provost
polgármester-helyettes n deputy mayor
polgárosodás n 1. *pol (folyamat)* embour-
geoisement, becoming bourgeois 2. *(ered-*
mény) bourgeois civilization 3. *(szélesebb*
ért.) ⟨the formation of a modern civilized
society⟩
polgárosod|ik v 1. *pol* become* bourgeois
2. *(szélesebb ért.) kb.* become* (more)
civilized
polgárőr n militiaman°
polgárőrség n militia
polgárság n 1. *(vmely város lakossága)* cit-
izens *pl* 2. *(középosztály)* bourgeoisie, the
middle classes *pl*
polgártárs n fellow-citizen
polietilén a polythene
polifon a polyphonic; ~ **zene** polyphonic
music, polyphony
polifónia n polyphony
polihisztor n polymath
poliklinika n † polyclinic
Polinézia n Polynesia
polinéziai a/n Polynesian
polip n 1. *áll* octopus *(pl* -puses) 2. *orv* polyp,
polypus *(pl* -pi)
políroz v polish (up), burnish
politechnika n isk technical training
politika n 1. *(tudomány és rendszer)* politics
sing.; *(tevékenység és vk pol. nézetei)* politics
pl; ~**ról beszél** talk politics 2. *(irányzat,*
elvek) policy; a **kormány** ~**ja** the policy
(v. policies *pl)* of the government, govern-
ment policy 3. *biz* ~**ból** for tactical reasons
politikai a political; ~ **bizottság** political
committee, Politburo; ~ **bűncselekmény**
political offence *(US* offense), political
crime, *(állam elleni bűncselekmény)* crime
against the state; ~ **bűnper** political/state
trial; ~ **elítélt/fogoly** political prisoner;
~ **fordulat** *(választáson)* turn/change in
politics; ~ **földrajz** political geography; ~
irányvonal policy, (political) line; ~ **jo-**
gok elvesztése loss of political rights; ~
menedékjogot kér ask for political

asylum; ~ **ok(ok)ból börtönözték be** was imprisoned on political grounds; ~ **okokból bocsátották el** was dismissed for political reasons; ~ **pályára megy go*** into politics, go* in for politics; ~ **pártok** political parties; ~ **program** policies pl, policy, (party) platform; ~ **rendszer** political system; ~ **szempontból** politically; ~ **szempontból néz/értékel** assess/interpret sg in political terms; ~ **tiszt** (army) political instructor; ~ **vonal** policy, (political) line ⇨ **gazdaságtan, menedékjog**
politikailag adv politically
politikamentes a free of politics ut., nonpolitical, apolitical
politikus I. a (célszerű) politic, prudent, diplomatic; **nem** ~ impolitic, inexpedient; ~ **válasz** shrewd answer **II.** n politician
politizál v (beszél róla) talk/discuss politics; (foglalkozik vele) engage (v. be* engaged) in politics; **nem** ~ have* nothing to do with politics, doesn't get involved in politics, is* apolitical
politológia n political science, politics sing.
politológus n political scientist
politúr n (French) polish, varnish, gloss (finish)
politúros a (French-)polished, varnished
politúroz v (French-)polish, varnish
politúrozott a = **politúros**
polka n polka
polkáz|ik v (dance a/the) polka
póló n 1. (lovas) polo 2. = **pólóing**
pólóing n T-shirt
poloska n 1. áll bedbug, US így is: chinch 2. biz (lehallgató) bug
poloskairtó n ~ (szer) bug-killer; (por) insect-powder, insecticide (powder); (spray) insecticide spray
poloskás a bug-infested/ridden, full of bugs ut., buggy
pólóz|ik v (lovon) play polo
pólus n pole
pólya n 1. (csecsemőé) swaddling-clothes pl; (ma) baby's wraparound/shawl 2. orv bandage, dressing
pólyás a/n ~ (baba) babe-in-arms, infant ⇨ **csecsemő**
pólyáz v 1. (csecsemőt) swaddle 2. (kötöz) bandage, dress, bind* up
pólyázó n (bútordarab) baby dresser
pompa n (látványosság) pageantry, pomp; (ünnepi) ceremony; **a tavasz ~ja** the glory of spring; **nagy ~val** with pomp and circumstance, with great pageantry

pompás a (fényűző) luxurious, magnificent; (látványosan szép) splendid, glorious; (ember vmben) excellent, first-rate, (ha főnévvel áll:) first-rate, top(-notch); ~ **alkalom** excellent opportunity; (idő) glorious, fine, lovely; ~ **formában van** be* at the peak of one's form, be* in great shape; ~ **lakoma** sumptuous banquet/meal; ~ **ötlet** a brilliant idea, a brain-wave; ~ **ruha** gorgeous dress/outfit; **ez** ~**!** that's excellent/ splendid!, well done!; ~**an megy** (1) vm everything is going (on) swimmingly, it's (all) going like a dream (2) vknek (s)he is doing very well, (s)he is in clover; ~**an érzi magát** have* a wonderful/splendid time
pompáz|ik v 1. vk look fine, be* in full bloom, be* in the pride of her beauty; **cifra, drága ruhában** ~**ott** she was resplendent in her richly-embroidered dress 2. vm be* resplendent, have* a brilliant/splendid appearance; (fa) be* in full bloom; (kert, erdő) be* a riot of colour (US -or)
Pompeji n Pompeii
pompeji a/n Pompeiian
pompon n pompon, pompom
pond n fiz gramme-weight
pondró n (longhorn) grub/larva (pl larvae)
pongyola I. n dressing gown, wrap, US bathrobe; ~**ban** in (a state of) deshabille/ dishabille/undress **II.** a careless, negligent, untidy; (stílus) loose, careless, sloppy, slipshod
pongyolaság n 1. ált carelessness, negligence 2. (stílusé) carelessness, sloppiness, slipshod character
póni n pony
pont I. n 1. (térben) point; **egy ~on érint vmt** touch sg at a point; **E ~ban metszik egymást** intersect at E; **egyszerre több ~on indult meg a támadás** the attack was launched simultaneously at several sectors of the front 2. (mondat végén) full stop, US period; (ékezet) dot; ~ ~ ~ (...) suspension points; ~**ot tesz az i-re** dot the/one's i; ~**ot tesz vm után** átv settle sg, sg is* behind sy 3. (petty) dot 4. (időben) point; **ezen a ~on** at this juncture/stage/ point; **(már) azon a ~on van, hogy** be* on the point/verge of doing sg, be* about to do sg 5. (mérték) point, stage, extent, degree; **egy bizonyos ~ig** to a certain extent/degree, up to a point 6. (részlet, szakasz) point, paragraph, article; **a szerződés ~ja** clause/article/paragraph of a/the contract; **a 4. szakasz c ~ja** item c of paragraph 4; ~**okba foglalja követelé-**

seit draw* up one's claims/demands point by point; **10** ~**ban sorol fel vmt** arrange sg under ten headings; **nem egy** ~**ban** in more than one respect; **a főbb** ~**okban megegyeztek** they have agreed on the main (v. most important) points; **minden** ~**on** in every respect; **az érvelés több** ~**on támadható** there are several flaws in the/sy's argument; ~**ról** ~**ra** point by/for point **7.** (sp játék) score, mark, point; (műkorcsolya, műúszás) mark; ~**ot ér el** score; ... ~**ot ért el** (s)he scored [3, 4 etc.] points; **nem ért el** ~**ot** sy failed to score; **jegyzi a** ~**okat** score **II.** adv just, exactly, precisely; ~**(ban) két órakor** at two o'clock sharp, biz on the dot/stroke of two; **és** ~ **az apja!** and his father, of all people!; **neki** ~ **azt kellett választania** he had to pick out just that one; **nem** ~ **ezt/így mondta** well, he didn't say it in so many words; ~ **ebben a házban** in this very house; ~ **a közepén** right (v. biz bang/slap) in the middle

pontatlan a **1.** (vk időben) late, unpunctual **2.** (nem precíz) inexact, inaccurate, imprecise; ~ **válasz** dusty answer **3.** (megbízhatatlan) unreliable; ~ **fordítás** loose/inaccurate translation, mistranslation

pontatlanság n **1.** (vké időben) lateness, unpunctuality **2.** (precizitás hiánya) inaccuracy, inexactness, lack of precision **3.** (maga a hiba) inaccuracy, error, slip

ponteredmény n score

pontház n tower block, high-rise (block)

ponthegesztés n spot-welding

pontifikál v vall celebrate [(a) mass]

pontkülönbség n sp difference of/in points; ~**gel győz/veszít** win*/lose* on points

ponton n pontoon

pontonhíd n pontoon-bridge

pontos a **1.** (időben) punctual, exact; ~ **fizetés** prompt payment; **ő** ~ **fizető** he is* prompt/punctual in his payments; ~ **volt** he was punctual, he was/arrived on time; (vonat) the train arrived punctually, the train came in on time; **nem** ~ unpunctual; ~ **idő** right/correct time; **a** ~ **idő** (rádió) the time is now ...; ~ **óra** accurate watch/clock; (igével) keep* (good) time; **az órám** ~ my watch keeps* good/excellent time; **nem** ~ **az órám** my watch is wrong **2.** (precíz) accurate, exact, correct, precise; ~ **adatok** precise/exact figures; ~ **kiszolgálás** prompt service; ~ **leírás** precise/detailed description, specification; ~ **műszer** accurate instrument; ~ **szám** exact num-

ber; **nem** ~ incorrect, imprecise **3.** sp **tizennégy** ~ **győzelem** a win by fourteen points

pontosabban adv or rather; (or,) to be more precise, specifically

pontosan adv **1.** (időben) punctually; ~ **érkezik** be*/come* on time; ~ **fizet** pay* promptly/punctually; ~ **közlekedik** it is* running on time (v. US on schedule); ~ **ötkor** at five (o'clock) sharp **2.** (precízen) accurately; (teljesen, egészen, pontról pontra) exactly, precisely, to a T; ~ **egyezik** agree exactly; ~ **(erről van szó)!** that's exactly it!, quite!, exactly!, absolutely!; ~ **illik** fit to a nicety; **nem tudom** ~ **megmondani** I cannot say exactly; átv I can't put my finger on it; ~ **megjelöl/meghatároz** state precisely, specify; ~ **ugyanaz** just/exactly the same (thing)

pontosít v state precisely; specify

pontosság n **1.** (időben) punctuality; **percnyi** ~**gal** to the minute, on the dot **2.** (precizitás) accuracy, precision, exactness, correctness; **óramű** ~**gal** with clockwork precision, like clockwork

pontosvessző n semicolon

pontoz v **1.** (ponttal megjelöl) dot **2.** sp score

pontozás n **1.** (ponttal megjelölés) dotting; (kipontozás) suspension points pl **2.** sp scoring; ~**sal győz/veszít** win*/lose* on points

pontozóbíró n sp scorer, judge, umpire

pontozott a (zene is) dotted; ~ **vonal** dotted line

pontrendszer n sp point(s) system

pontszám n főleg sp score, points pl; **egyenlő** ~ **esetén** in case of a tie (on points); **a legmagasabb** ~**ot érte el a felvételin** (s)he won top marks in the entrance exam

pontverseny n points competition

pontveszteség n sp loss of a point (v. of points)

ponty n carp

pontyozás n carp fishing

ponyva n **1.** (anyag) canvas **2.** (üzleté, kirakaté) awning **3.** elit = ponyvairodalom, ponyvaregény

ponyvairodalom n ir Trivialliteratur, elit pulp literature, trash

ponyvaregény n pulp/trashy novel, US dime novel

pópa n vall pope

pop-art n pop art

popénekes n pop singer

popfesztivál n pop festival

popó, popsi *n biz* bum, bottom, *US* fanny
popzene *n* pop music
por *n* **1.** *(úté)* dust; **vk haló** ~**ai** sy's *a*shes; **haló** ~**ában is** *even a*fter his/her death; ~**ig aláz vkt** hu*m*ble sy *i*nto the dust; ~**rá ég** burn* down, burn* to *a*shes; ~**rá lesz** turn/retu*r*n to dust; **elveri a** ~**t vkn** dust sy's j*a*cket for him, give* sy a sound be*a*ting; **fölveri a** ~**t,** ~**t csinál** raise the dust; *átv* **nagy** ~**t ver fel** cause a stir/sens*a*tion; ~**t hint vk szemébe** throw* dust in/*i*nto sy's eyes, pull the wool *o*ver sy's eyes; ~**t töröl** dust (the room) **2.** *(porított vm; gyógyszer)* p*o*wder; ~**rá tör** (grind* to) p*o*wder, p*u*lverize
pór *n* † pe*a*sant, co*u*ntryman°
póráz *n* lead, leash; ~**on tart** (1) *(kutyát)* keep* [a/one's dog] on a/the lead (2) *átv vkt* hold* sy in leash; ~**on vezet vkt** hold*/ keep* sy in le*a*ding-strings; **rövid** ~**ra fog vkt** keep* sy on a short leash, keep* a tight rein on sy
porc *n* c*a*rtilage
porcelán *n* p*o*rcelain, ch*i*na; **(antik/érté-kes)** ~ (ant*i*que) p*o*rcelain, ch*i*na; ~ **ét-készlet** (a set of) ch*i*na; ~ **szigetelő** p*o*rcelain *i*nsulator; **máztalan** ~ b*i*scuit, bisque ⇨ **porcelánkészlet**
porcelánáru *n* ch*i*na(ware), p*o*rcelain ware; ho*u*sehold china
porceláncsésze *n* p*o*rcelain/ch*i*na cup
porcelánedény *n* = **porcelánáru**
porcelánfestés *n* ch*i*na p*a*inting
porcelánföld *n* p*o*rcelain/ch*i*na-clay
porcelánkészlet *n* (a set of) ch*i*na; **a leg-szebb** ~**ünket használjuk?** shall we use the best ch*i*na?
porcelánragasztó *n* cer*a*mic glue
porcika *n* remegett minden ~**jában** (s)he was* tr*e*mbling all *o*ver
porció *n* p*o*rtion, dole; *(asztalnál)* h*e*lping
porcióz *v* p*o*rtion (out), share/dole out, r*a*tion, div*i*de *i*nto p*o*rtions
porckorongsérv *n orv* slipped disc
porcogó *n* gr*i*stle
porcukor *n GB* c*a*stor/*i*cing s*u*gar, *US* gr*a*nulated/confectionery sugar
póréhagyma *n* leek
porfelhő *n* cloud of dust, d*u*st-cloud
porfészek *n* d*u*sty v*i*llage/hole
porhanyít *v (talajt)* l*o*osen, m*e*llow
porhanyó(s) *a* **1.** *(talaj)* light, loose, l*o*amy, mellow **2.** *(tészta)* cr*u*mbly; ~**s tészta/ sütemény** cr*u*mbly cake, light-p*a*stry, *kb.* shortcake

porhintés *n e*yewash, bluff, cl*a*p-trap; **ez csak** ~ it's all *e*yewash, it is* mere w*i*ndow--dressing
porhó *n* powder(y) snow
porhüvely *n* dust, *ea*rthly rem*ai*ns *pl*
pórias *a* † = **parasztos**
porít *v (szenet)* p*u*lverize; *(egyebet)* desic-cate, dehydrate
porított *a (szén)* p*u*lverized; *(tej)* pow-dered; *(tojás)* dried
porkoláb *n* † t*u*rnkey, ga*o*ler, *US* ja*i*ler
porköpeny *n* d*u*st-coat, *csak US* d*u*ster
porlad *v* mo*u*lder (*US* m*o*lder) (away), dec*a*y
porlaszt *v* **1.** *(folyadékot) a*tomize, v*a*porize **2.** *(motor)* carburet (*US* -ret)
porlasztó *n* **1.** *át* p*u*lverizer **2.** *(motoré)* carburettor (*US* -retor)
porlepte *a* covered with dust *ut.*, d*u*sty
pormentes *a* d*u*stless, d*u*st-free, d*u*stproof
pornó *n biz* porn(o)
pornográf *a* pornogr*a*phic
pornográfia *n* porn*o*graphy
porol **1.** *vi* = **poroz** **1.**; **2.** *vt (ruhát)* beat* the dust out of sg, dust sg; *(szőnyeget)* beat* [the c*a*rpet]
porolás *n* be*a*ting (the dust out of) sg, d*u*sting, carpet be*a*ting
poroló *n* **1.** *(állvány)* ⟨frame for h*a*nging carpets *o*ver for be*a*ting⟩ **2.** *(prakker)* carpet-beater
poroltó *n* fire-ext*i*nguisher
porond *n* **1.** *(cirkuszi)* ring, arena **2.** *átv (küzdőtér)* arena; **megjelenik a** ~**on** app*ea*r* on the scene; **kilép a** ~**ra** *e*nter the lists, take* the floor (ag*ai*nst)
poronty *n* **1.** *biz (gyermek)* kid, mite; *elít* brat **2.** = **ebihal**
poros *a* **1.** *(porral borított)* d*u*sty **2.** *(port tartalmazó)* p*o*wdery
porosod|ik *v* **1.** *konkr* become*/get* d*u*sty **2.** *átv* be* (just) g*a*thering dust
porosz *a/n* Pr*u*ssian
poroszkál *v (ló) a*mble, pace
poroszló *n tört* (bum)b*ai*liff
Poroszország *n* Pr*u*ssia
poroz **1.** *vi (port csinál)* raise the dust; **ne** ~**z!** don't raise such a dust **2.** *vt (növényt nö-vényvédőszerrel stb.)* dust (sg with sg), spr*i*nkle p*o*wder etc. on sg
porózus *a* p*o*rous
porrongy *n* = **portörlő**
porszem *n* grain/speck of dust, mote
porszén *n* coal dust, slack, scr*e*enings *pl*
porszívó *n* vacuum cl*e*aner, *GB* h*o*over
porszívóz *v* v*a*cuum(-clean), *GB* h*o*over

porszívózás *n* vacuum-cleaning, *GB* hoovering

porta *n* **1.** = **portásfülke 2.** *(szállodai)* reception (desk); **hagyja a kulcsot a ~n** leave the key at reception; **várj rám a ~n** wait for me at reception; **leszól (telefonon) a ~ra** telephone down to the reception desk **3.** *biz* **a maga ~ján** in one's own home/house(hold)

portál *n* portal; **az üzlet új ~t kapott** the shop *(US* store) was re-fronted

portalanít *v* dust (sg), remove dust (from)

portás *n* **1.** *(kapus)* doorman, *GB* porter, gatekeeper, *US* janitor **2.** *(szállodai)* receptionist, *US* reception/desk clerk

portásfülke *n* doorman's/porter's/gatekeeper's lodge

portéka *n* *nép* merchandise, stuff, goods *pl*, wares *pl*

portó *n* excess postage, postage due stamp, surcharge

portói (vörösbor) *n* port

portómentes *a* post-free, *US* postpaid

portörlő *n* duster, dustcloth

portré *n* portrait

portréfilm *n* (film) profile

portugál I. *a* Portuguese; ~ **nyelven beszél** speak* Portuguese → **portugálul II.** *n* **a ~ok** the Portuguese

Portugália *n* Portugal

portugáliai *a/n* Portuguese

portugálul *adv* ~ **beszél** speak* Portuguese; ~ **van (írva)** is* (written) in Portuguese

portya *n* *sp* (foreign) tour [of a football/sports club]

portyáz|ik *v* **1.** *sp* be* touring, be* on a tour **2.** *kat* make* incursions/forays (*v.* a foray) [into enemy territory], foray; *(rabolva)* maraud, plunder

pórul jár *v* come* (badly) unstuck (*v.* to grief), get* the worst of it

pórus *n* *biol* pore (of skin)

porvédő *a* ~ **huzat** loose cover, *US* slipcover

porz|ik *v* give* off (*v.* raise) clouds of dust; **~ik az út** the road is* smothered in dust; **~ott az út utána** a trail of dust rose in its wake; **úgy elverte, hogy csak úgy ~ott** he gave* him a good thrashing/hiding

porzó *n* *növ* stamen (*pl* stamens *v.* stamina)

porzós *a* *növ* staminate

porzószál *n* *növ* filament, stalk

poshad *v* *(víz)* be* stagnant; *(más)* go* off/musky, rot

poshadt *a* *(víz)* stagnant; *(más)* stale, rotten

posta *n* **1.** *(intézmény)* post; *(hivatal)* post office, post; **~n küld vmt** post sg (to sy), **send*** (sy) sg by post, *US* mail sg, **send*** sg by mail; **~n maradó** *(küldemény)* poste restante, to be kept until called for, *US* general delivery; **~ra ad egy levelet** post (*US* mail) a letter **2.** *(küldemény)* post, mail (*US* csak: mail); ~ **beérkező** ~ incoming post/mail; **kimenő** ~ outgoing post/mail; **mai** ~ today's post/mail; **nincs ~m?** any mail/letters for me?; **a legközelebbi ~val** by return (of post), by the next post (*US* mail); **a mai ~val** by today's mail; **elintézi a ~t** deal* with one's mail/correspondence

postabélyeg *n* postage stamp; ~ **kelte** date (as postmark)

postabélyegző *n* postmark, cancelling/cancellation stamp (*US* -l-)

postabontó *n* post room, *US* mail room

postacím *n* postal address, *US* mailing address

postacsomag *n* postal packet, parcel

postadíj *n* postage

postafiók *n* post office box (*röv* P.O. Box *v.* PO box, POB)

postafordultával *adv* ~ **válaszol** answer by return (of post), send* a prompt reply

postaforgalom *n* postal service

postagalamb *n* carrier pigeon

postahajó *n* mail-boat, packet-boat

postahivatal *n* post office

postai *a* postal, post-office; ~ **árurendelés** mail-order; ~ **díjszabás** postal rates *pl*, postal/mail tariff, rate(s) of postage, postage charges; ~ **dolgozó** postal workers; ~ **kézbesítő** = **postás 1.**; ~ **küldemény** mail, *hiv* postal packet; ~ **szállítás** postal carriage ⇨ **irányítószám**

postajárat *n* postal service

postakocsi *n* **1.** *(régen)* stagecoach **2.** *(vonaton)* mailcoach, *US* mailcar

postaköltség *n* postage, postal charges *pl*

postakönyv *n* post(age) book

postakürt *n* † post-horn

postaláda *n* post-box, *GB* pillar-box; *(fali)* letter-box, posting box; *US* mailbox; *(máshol)* letter-box

postamester *n* postmaster

postamesternő *n* postmistress

postamunka *n* *biz* urgent work, a rush job; **~val** post-haste

postás *n* **1.** *(levélkézbesítő)* postman°; *(női)* postwoman°; letter-carrier; *US* mailman° **2.** *(tisztviselő)* post-office official/employee/clerk

postaszekrény *n* = **postaláda**

postaszolgálat *n* postal service(s)

posta-takarékpénztár *n* ált postal savings bank; *(GB korábban és Magyarországon ma)* Post Office Savings Bank; *(GB ma)* National Savings Bank

postatisztviselő *n* post-office clerk, postal/counter clerk

postautalvány *n* money order; *csak GB:* postal order; *US csak:* money order

postavonat *n* mail train

postáz *v* post, *US* mail

posvány *n konkr* bog, fen, swamp; *átv is* slough

posványos *a* boggy, swampy, quaggy

poszméh *n* humble/bumble-bee

poszt *n* **1.** *(őrhely)* guardpost; ~**on áll** be* on sentry-go/duty **2.** *átv biz* post, position

poszter *n* poster

posztgraduális *a* postgraduate [studies]

posztó *n* (broad-)cloth; *(biliárdasztalra)* baize; **se pénz, se** ~ *kb.* be* left empty--handed; **vörös** ~ **(vknek) a szemében** it's like a red rag to a bull for him, it makes him see red; **zöld** ~ *(játékasztal)* gaming table

posztol *v* = **poszton áll**

posztumusz *a* posthumous [novel etc.]

pót- *pref* supplementary, extra; additional; *(vkt/vmt helyettesítő)* substitute

pótadó *n* surtax, surcharge (on sg)

pótágy *n* spare bed

pótalkatrész(ek) *n* spare part(s), spares *pl*

pótanyag *n* substitute (material)

pótcselekvés *n* (act of) compensation, re-direction activity

pótdíj *n* additional/extra charge; *(vasúton)* excess fare; **gyorsvonati** ~ supplementary fare (for a high-speed train); ~**at szed** surcharge sy; ~**at fizet** *vmért* be* surcharged (on sg), pay* an extra charge for sg; *(vasúton)* pay* an excess fare

potencia *n* (sexual) potency

potenciál *n* potential

potenciális *a* potential, possible

potentát *n* potentate

pótfüzet *n* supplementary number, supplement

póthitel *n* additional/extended credit; ~**t kér** *(kormány)* submit the supplementary estimates

pótjegy *n (vasúton)* excess fare

pótkávé *n* coffee substitute, ersatz coffee

pótkerék *n* spare wheel/tyre *(US* tire)

pótkeret *n* **1.** *(pénzügyi)* reserve funds *pl* **2.** *kat* army reserve, cadre

pótkocsi *n* **1.** *(autónál)* trailer **2.** *(villamoson)* trailer, second (tram)car

pótkötet *n* supplement, supplementary volume

pótlás *n* substitution, replacement, supplement; *(veszteségé)* compensation; **a hiány** ~**ára** to make up (for) the shortfall, to fill in the gaps

pótlék *n* **1.** *(vm helyett)* substitute (for) **2.** *(díj)* bonus, allowance ⇨ **családi**

pótlód|ik *v vmvel* be* replaced/supplemented by, be* made up by

pótlólag *adv* additionally, afterwards, subsequently; ~ **megküld** send* sg on later

pótlólagos *a* additional

pótmama *n* baby-sitter; *(igével)* baby-sit*

potméter *n el* potentiometer, *biz* pot

pótol *v* **1.** *(helyettesít)* replace *(vmt vmvel* sg by/with sg), supplement (sg by sg), substitute (sg for sg) **2.** *(kiegészít)* supply (sg) with, add (sg) to (sg); *(összeget)* make* up [the total, etc.]; *(elmulasztott dolgot)* make* up for (sg); *(veszteséget, kárt)* make* sg good, refund, compensate; **régóta érzett hiányt** ~ meet* a long-felt need/want, fill a long-felt gap; ~**ja a mulasztottakat** make* up for what one has missed, catch* up, fill (in) the gaps; **a veszteségeket ez nagy mértékben** ~**ni fogja** that will go a long way towards *(US* toward) making up for the loss

pótolhatatlan *a* **1.** *vk, vm* irreplaceable, indispensable **2.** *(veszteség)* irrecoverable, irreparable; *(kár)* irretrievable

pótolható *a* **1.** *vk, vm* (easily) replaceable, capable of being replaced/substituted *ut.* **2.** *(veszteség)* recoverable, reparable

potom *a* trifling, insignificant; ~ **áron** at a ridiculous(ly low) price; ~ **olcsó** dirt cheap; ~ **pénzen** *biz* for a song, dirt cheap, next to nothing

potroh *n* **1.** *(rovaroké)* abdomen **2.** *(emberé, iron)* pot-belly, paunch

potrohos *a* pot-bellied, paunchy, corpulent

pótsorozás *n kat* secondary/supplementary call-up

pótszavazás *n* run-off ballot, second ballot, second round of voting

pótszék *n* extra seat

pótszer *n* substitute, surrogate, ersatz

pótszög *n mat* complementary angle

póttag *n* alternate member, deputy

póttartalékos *a kat* † reservist

pótutas *n (motoron)* pillion passenger/rider

pótülés *n* **1.** *(motorkerékpáron)* pillion; ~**en utazik** ride* pillion **2.** *(régi autóban* *hátul)* dicky seat, *US* rumble seat; *(luxuskocsiban)* fold-down *(v.* folding) seat

pótválasztás *n* by-election, *US* special election

pótvizsga *n biz* = **javítóvizsga**

potya **I.** *a* **1.** *(ingyenes)* free (of charge), gratis, *biz* freebie; ~ **ebéd volt** that meal/ lunch was a freebie; ~**n utazik** steal* a ride; ~**ra** (1) *(hiába)* for nothing (2) *(ingyen)* for love, (for) free **2.** *(könnyű)* *(igével)* be* a cinch, *US* be* a steal; ~ **dolog/ feladat** a cinch, *US* a steal; ~ **gól** a giveaway goal **II.** *n (alkalom, ajándék stb.)* freebie

potyajegy *n biz* free/complimentary ticket, *US* freebie

potyautas *n biz* freebie passenger; *(buszon, vonaton)* fare-dodger; *főleg US:* deadhead; *(repülőgépen)* stowaway

potyázás *n (hangversenyen stb.)* gatecrashing; *(metrón stb.)* fare dodging

potyáz|ik *v (ingyen akar bejutni hangversenyre stb.)* gatecrash; *főleg US:* be* a deadhead; *(járművön)* steal* a ride; *(vknél pl. étkezik)* freeload; *(főnévvel)* be* a freeloader

potyázó *n vknél* freeloader; *(hangversenyen stb.)* gatecrasher, *főleg US:* deadhead ⟹ **potyautas**

potyog *v* plop/drop (repeatedly/continuously); ~**nak a könnyei** tears are streaming down her face

potyogtat *v* drop*, keep dropping

pottyan *v* plop, plump, flop; **a gyümölcs a fáról a földre** ~**t** the fruit fell*/ dropped to the ground (with a thud); **égből** ~**t** came as a godsend

póz *n* attitude, pose; **vmlyen** ~**t vesz föl** strike* an attitude, assume a pose ⟹ **pózol**

pozdorja *n* ~**vá tör/zúz** crush/shatter to pieces, smash up *(v.* to smithereens), wreck

pozdorjalemez *n* chipboard

pozíció *n* **1.** *(helyzet)* position **2.** *(állás)* post, situation, position, standing

pozícióharc *n* jockeying for position

pozitív **I.** *a* positive; ~ **kép** print; *orv* **az AIDS-vizsgálat eredménye** ~ **volt** sy tested positive *(v.* sy's test results proved positive) for antibodies to the AIDS virus **II.** *n fényk* print ⟹ **előjel**

pozitivizmus *n* positivism

pozitívum *n* fact; **van benne** ~ there is* something to be said for it

pozitúra *n* posture, attitude

pózna *n* pole, post, staff

pózol *v* posture, be* affected, strike* an attitude, attitudinize

Pozsony *n* Bratislava

pöcegödör *n* cesspool, cesspit

pödör *v* twirl, twist; *(bajuszt)* twirl one's moustache *(US* mustache)

pöfékel *v* puff, puff away at a cigarette/ cigar/pipe

pöfeteg(gomba) *n* puffball

pöffeszked|ik *v* swagger, strut about/ around, be* puffed up, *biz* swank, *kif* be* a stuffed shirt

pöffeszkedő *a* haughty, conceited, arrogant, *biz* bumptious

pöfög *v* bubble (away), *átv* fume

pökhendi *a* arrogant, insolent

pönálé *n* penalty, forfeit

pör *n* = **per**

pőre *n* naked, undressed; *(félig)* half-naked; ~**re vetkőzik** strip to the skin, *biz* strip to the buff, strip, undress completely

pörge *a* ~ **kalap** ⟨small, curly-brimmed felt hat⟩

pörget *v* spin*/whirl (round), rotate ⟹ **perget**

pörgettyű *n* **1.** *(játékcsiga)* (humming/spinning) top **2.** *tud* gyroscope

pörk *n orv* scab, scurf

pörköl *v* **1.** *(disznót)* singe *(j. m. igeněv* singeing) **2.** *(kávét)* roast ⟹ **pirít**

pörkölőd|ik *v* **1.** *(naptól)* become*/get* scorched/parched/burnt **2.** *(vmnek a széle/ szőre)* get*/become* singed

pörkölt *n kb.* (Hungarian) stew

pörög *v* = **pereg**

pöröl *v* = **perel**

pöröly *n* sledgehammer

pörölycsapás *n* sledgehammer blow

pörös *a* = **peres**

pörösköd|ik *v* = **pereskedik**

pörsenés *n* pimple, rash, spots *pl, acne*

pösze *a* lisping; ~ **beszéd** lisp(ing); ~ **beszédű** having a lisp *ut.,* lisping; ~**n beszél** have* a lisp, lisp

pöszeség *n* lisp(ing)

pöszméte *n nép* gooseberry

pöttöm(nyi) *a* tiny, minute, *sk* wee; ~ **emberke** little fellow, manikin

pötyög *v* **1.** *(gagyog)* babble **2.** *(idegen nyelven)* have* a smattering of [a foreign language]; ~ **vmt angolul** (s)he can manage a few words of English

pötyögtet *v* **1.** *(pingpongban)* push [the ball] **2.** *(zongorán)* plunk/plonk (away) [on the piano]

pötty *n* = **petty**

pracli *n biz* paw

Prága *n* Prague

prágai I. *a* of Prague *ut.*, Prague **II.** *n* inhabitant of Prague
pragmatika *n* pragmatics *sing.*; pragmatic approach
pragmatikus *a* pragmatic
pragmatizmus *n* pragmatism
prakker *n* = poroló 2.
prakticizmus *n* practicism
praktika *n* (sharp) practice, stratagem, dodges *pl*, tricks *pl*
praktikus *a* practical; *(hasznos)* useful; *(könnyen kezelhető)* easy to handle *ut.*, handy; **nem** ~ not practical, impractical; ~ **ember** businesslike man°
praktizál *v* practise (*US* -ice)
praktizáló *a* practising
pravoszláv *a* ~ **egyház** Eastern/Orthodox Church
praxis *n* **1.** *(gyakorlat)* practice (*US* -ise), practical experience; **nagy** ~**a van vmben** have* great practical knowledge of sg, *biz* be* an old hand at sg **2.** *(orvosé, ügyvédé)* practice
precedens *n* precedent; ~ **nélkül** without precedent, unprecedented; **nincs rá** ~ it is without precedent, it is unprecedented/unparalleled; ~**t alkot/képez** create/set*/ establish a precedent (for sg)
precíz *a* precise, exact, accurate, correct; ~ **ember** painstaking/meticulous person, perfectionist; ~ **válasz** precise answer
precíziós *a* precision; ~ **műszer** precision instrument
precizíroz *v* state (more) precisely, specify
precizitás *n* precision, exactness, accuracy
préda I. *n* *(zsákmány)* prey, quarry; *(áldozat)* victim; **vmnek** ~**jává lesz** fall*/ be*/become* prey to sg **II.** *a (pazarló)* wasteful
prédál *v* squander (away), waste
predes(z)tináció *n* predestination
predes(z)tinál *n* predestine; **arra van** ~**va** be* (pre)destined to/for
prédikáció *n* sermon, preaching
prédikál *v* **1.** *vall* preach/deliver/give* a sermon *(vmről* on/about sg), preach *(vknek* to, *vmről* about/on), *(igét hirdet)* preach the word of God *(v.* the Gospel); **vizet** ~, **bort iszik** he does* not practise what he preaches **2.** *biz* **ne** ~**j!** no sermonizing!, stop preaching!
prédikátor *n* preacher; *(evangelizátor)* evangelist
prefektúra *n* prefecture
prefektus *n* prefect
prefixum *n* *nyelvt* prefix

pregnáns *a* pithy, trenchant, succinct; ~**an fejezi ki magát** express oneself succinctly
prehisztorikus *a* prehistoric; ~ **kor** prehistory
preklasszikus *a* preclassical
prelátus *n* prelate
prelúdium *n* prelude
prém *n* fur; ~**mel bélel** line with fur, fur; ~**mel bélelt** fur-lined, lined with fur *ut.*
prémes *a* ~ **állat** furry animal; ~ **gallér** fur collar; *(nőké)* fur cape; ~ **kabát** fur coat
prémez *v* trim/line with fur, fur
prémgallér *n* fur collar
premier *n* first/opening night [of a play], première
premier plán *n* *film* close-up
premissza *n* premiss, premise
prémium *n* bonus, premium, incentive
premizál *v* award a bonus to (sy)
premontrei *a/n* Premonstratensian
prémvadász *n* fur-hunter
preparál *v* **1.** *(állatot)* mount **2.** *(szavakat)* write* out the words [of a text]
preparátum *n* *tud* preparation
prepotens *a* *(jellem)* insolent; *(hang)* peremptory; *(modor)* presumptuous, haughty, arrogant
prepozíció *n* preposition
préri *n* prairie
prérifarkas *n* coyote, prairie wolf
prés *n* *ált* press; *(szőlőnek)* (wine-)press
presbiter *n* *(protestánsoknál)* elder
presbiteriánus *a/n* *vall* Presbyterian
presbitérium *n* *(protestánsoknál)* session; *(Skóciában)* the kirk session
présel *v* *ált* press; *(gyümölcsöt)* squeeze, press
préselt *a* (com)pressed; ~ **bőr** embossed leather; ~ **virág** dried flower
présház *n* wine-press house
préslégfúrógép *n* pneumatic drill
presszió *n* pressure; ~ **alatt** under duress; ~**t gyakorol vkre** bring* pressure to bear on sy, pressurize (*US* pressure) sy into doing sg
presszionál *v* = **pressziót gyakorol**
presszó *n* = **eszpresszó**
presszókávé *n* espresso *(pl* -os)
presszós *n* café waiter/waitress
presztízs *n* prestige, (high) reputation; ~**ét megvédi** save (one's) face (by)
presztízsszempont *n* ~**ok miatt,** ~**ból** ... not to lose prestige, ...; ... because one doesn't want to lose face [with one's colleagues etc.]

presztízsveszteség *n* loss of prestige/face
prezentál *v* present
prézli *n* breadcrumbs *pl* [for frying]
pribék *n* hangman's assistant, henchman°
priccs *n* plank-bed, berth
prím *n* = **prímhegedű**
príma *a* first-class/rate, A1 (*v.* A-1 *v.* A-one);
~! great!; ~ **minőségű** top-quality, best
prímabalerina *n* prima ballerina, top ballet-dancer
primadonna *n* prima donna, leading lady, star
primadonnáskod|ik *v* be* (*v.* behave like) a prima donna, be* capricious
primárius *n* zene first violin(ist), leader
prímás *n* **1.** vall primate **2.** *(cigányzenekaré)* leader (of a gipsy-band), first violin
primátus *n* priority, primacy (over)
primer *a* primary
prímhegedű *n* first violin
prímhegedűs *n* first violin(ist)
primitív *a* primitive
primitívség *n* primitiveness, primitive nature
primőr *n* first-fruits *pl,* early fruit and vegetables *pl*
primula *n* primrose, primula, cowslip
principális *n* principal
priorál *v* check up on sy (*v.* on sy's past), screen, vet [sy *v.* sy's past record etc.]
prioritás *n* priority (over)
priorálás *n* reference checking; screening; vetting
priusz *n* criminal record; **rossz** ~**a van** have* a bad record, *biz* he has a record as long as my arm
privát *a* **1.** *(magán)* private, personal; ~ **beteg** private patient; ~ **értesülés** private/inside information; ~ **vélemény** private opinion **2.** *(bizalmas)* confidential
privátim *adv* privately, confidentially, *biz* on the quiet
privatizáció, privatizálás *n* privatization
privatizál *v* privatize
privilégium *n* privilege
privilegizál *v* privilege
privilegizált *a* privileged
prizma *n (fénytani)* prism; *(gépkocsin, fényvisszaverő)* reflector
priznic *n* compress, (wet/cold) pack
pró és kontra *adv* for and against
próba *n* **1.** ált test; *(kísérlet)* test(ing), trial, proof, try-out, experiment; ~ **szerencse** nothing venture, nothing win/gain; ~**ra tesz** (1) ált try, test, prove (2) *(csak vkt)* put* sy on his/her mettle, put* sy through

it/sg (*v.* through the mill); ~**ra teszi vk türelmét** try/tax sy's patience; **kiállja a** ~**t** pass/stand* the test, come* up to scratch; **kiállta az idő** ~**ját** (has) stood the test of time; **nem állta ki a** ~**t** he was tried and found wanting, *biz* he didn't measure up; **kibírja a** ~**t** stand* the trial, *biz* hold* water **2.** *(áruból)* sample, specimen **3.** *(ruha)* trying on, fitting [of clothes]; ~**ra megy** go* for a fitting **4.** *(nemesfémen finomsági)* hallmark **5.** *szính* rehearsal; ~**t tart** have*/hold* a rehearsal, rehearse **6.** *(cserkészé)* test
próbababa *n* dummy, mannequin
próbadarab *n* test-piece, sample
próbaév *n* year of probation, probationary year
próbafúrás *n* trial boring, exploratory drilling
próbafutam *n* trial/test run; *(főpróba)* dry run
próbafülke *n* fitting room
próbaidő *n* (term of) probation; ~**re** on probation; **2 hónap(os)** ~**re vették fel** (s)he'll be on probation for two months
próbaidős *n (pl. ápolónő)* probationer; *(ált, igével)* be* on probation [for a stated period]
próbajárat *n (hajóé)* shakedown cruise/voyage; *(repgépé)* shakedown flight
próbajáték *n zene* audition
próbaképpen *adv* on trial/approval, experimentally, by way of experiment
próbakisasszony *n* mannequin, model
próbakő *n átv* touchstone, standard, criterion *(pl* criteria)
próbál *v* **1.** *(kipróbál)* try out, test, put* (sy/sg) to the test; **bármennyire is** ~**ta** try as he would **2.** *(kísérletezik)* try, make* a trial; ~ **vmt tenni** try/attempt to do sg **3.** *(ruhát)* try on, have* a fitting **4.** *(színdarabot)* have* a rehearsal, rehearse **5.** *(merészkedik)* venture, dare; **ne** ~**j kimenni** don't you dare go out
próbalenyomat *n* nyomd = **próbanyomat**
próbálgat *v* attempt repeatedly, keep* trying, experiment (with)
próbálgatás(os módszer) *n* trial and error
próbálkozás *n* trial, try-out, attempt; **az első** ~**ra** at the first try/attempt; **első** ~**ra levizsgázott** (s)he passed the test first go
próbálkoz|ik *v* try
próbamenet *n* = **próbafutam**
próbanyomat *n* proof impression/sheet
próbareggeli *n* test/barium meal

próbarepülés *n* trial/test flight; **~t végez** test-fly*

próbaszedés *n nyomd* type specimen, specimen page

próbaszolgálat *n* probation(ary service)

próbatanítás *n* (period of sy's) teaching practice

próbaterhelés *n* test loading

próbatétel *n* test, proof, trial ⇨ **megpróbáltatás**

próbaút *n* trial run; *(kocsié)* test drive

próbáz|ik *v (cserkész)* take* a test

probléma *n* problem, question; **ez nem ~** (it's) no problem, that can easily be done/arranged; **~ja van vmvel** have* difficulty in doing sg, find* it hard to do sg; **felvet egy ~t** raise a problem; **új ~k merülnek fel** new problems crop up (*v.* arise*); **nem csinál magának ~t abból, hogy ...** he thinks* nothing of ...ing

problémafelvetés *n* raising/posing (of) a problem

problematikus *a* problematical; *(kérdéses)* questionable, uncertain; *(vitatott)* controversial

proccol *v biz* flaunt one's wealth

proccos *a biz (hely stb.)* posh, flash(y)

procedúra *n* procedure, palaver; *(kínos)* ordeal

processzus *n* process, procedure

producer *n film* producer

produkál *v* **1.** *(létrehoz, előállít, termel)* produce **2.** **~ja magát** show* off, parade one's talents

produkció *n* production, performance, feat

produktív *a* productive, fruitful; *(csak vk)* efficient

produktivitás *n* productivity; efficiency

produktum *n* product

prof *n biz* prof

profán *a* profane, secular; *(tiszteletlen)* irreverent, sacrilegious

professzionista *a* professional ⇨ **profi**

professzor *n* professor; **P~ úr, bemutathatom kollégámat ...** Professor Eckhardt, may I introduce my colleague to you ...

professzori *a* professorial

professzoros *a* professorial, *elít* pedantic

próféta *n* prophet; **senki sem ~ saját hazájában** no one is a prophet in his own country

prófétai *a* prophetic(al)

profi *a biz* (real) pro

profil *n* **1.** *(oldalnézet)* profile, side-face **2.** *műsz* profile, contour, outline

profil(ír)oz *v közg (üzemet)* specialize; *(termelést)* streamline

profit *n* profit

profitál *v vmből* profit/benefit/gain by/from

profitráta *n* rate of profit

prognózis *n* **1.** *(időjárási)* weather forecast **2.** *ált* prognosis, forecast, prediction

program *n* **1.** *ált* programme, *US* program; *(terv)* schedule; *(találkozás vkvel)* engagement; *(szórakozás)* entertainment; **szoros/sűrű ~** full/heavy schedule/programme/timetable; **szerepel a ~ban** be* scheduled, *US* be* slated; **~ja van** have* an engagement (for the evening etc.), *biz* (s)he's got something on (this evening etc.); **~unk van ma este** we go out tonight **2.** *pol* [party's] platform, *US* [election] program **3.** *szt* program

programbeszéd *n* policy(-making) speech

programnyelv *n* programming language

programnyilatkozat *n* statement of (the government's/party's) programme/platform, *GB* the Queens's/King's speech

programoz *v* program (*US* -m- *is*); **~ott** programmed

programozás *n* programming

programozó *n* programmer

programpont *n ált* item [of programme]; *(műsorszám)* number; *(párté)* plank [in party platform]

programszerű *a* according to schedule *ut.*; **~en** *(simán)* without a hitch

programszervező *n* programme (*US* program) organiser

programvezérlés *n* program control

programzene *n* programme (*US* program) music

progresszív *a* **1.** *pol (haladó)* progressive **2.** **~ adózás** progressive taxation

prókátor *n* † lawyer, *US elít* shyster

proklamáció *n* manifesto, proclamation

proklamál *v* proclaim, announce, declare

proletár *a/n* proletarian; **~ nemzetköziség** proletarian internationalism

proletárállam *n* proletarian state

proletárdiktatúra *n* the dictatorship of the proletariat

proletárforradalom *n* proletarian revolution

proletárhatalom *n* rule of the proletariat

proletariátus *n* proletariat

proletarizálód|ik *v* become* proletarianized

proletárság *n* proletariat

proli *n/a biz* prole, pleb

prológus *n* prologue (*US* -log)

prolongál v prolong, protract, extend; *(filmet)* hold* over (v. retain) [a motion picture]
prolongálás n prolongation, extension
prompt I. a prompt **II.** adv promptly, readily, immediately; ~ **fizet** pay* (spot) cash
propagál v propagate, spread* sg (by propaganda), propagandize
propaganda n pol propaganda; *(ker stb. népszerűsítés, reklám)* publicity; *elít* hype; ~**t csinál vmnek** (1) *ált* make* propaganda for sg, propagate sg, propagandize sg (2) *pol* canvass for sg (3) *(sajtóban) biz* hype up sg
propagandaanyag n propaganda (material)
propaganda-hadjárat n propaganda/publicity campaign, *elít biz* media hype
propagandaosztály n *ker* publicity department
propagandista n propagandist
propángáz n propane gas ⇨ **PB-gáz**
propeller n propeller, (air)screw
proponál v propose, suggest, recommend
propozíció n suggestion, proposition, offer, recommendation
prospektus n *ált* prospectus; *(könyvecske)* brochure, leaflet; *(összehajtható)* folder
prosperál v prosper, thrive*, do* well
prostituál v prostitute; ~**ja magát** prostitute onself
prostituált n prostitute, call-girl
prostitúció n prostitution
proszcéniumpáholy n proscenium/stage-box
proszektúra n section of pathology
proszeminárium n *isk* introductory seminar ⟨for students in their first and second year⟩
prosztata n prostate (gland)
prosztatabántalmak n *pl* prostate troubles
prosztataműtét n ~**en esik át** undergo* prostate surgery
prot. = *protestáns* Protestant, Prot.
protein n protein
protekció n influence, backing; ~**ja van** have* friends [in high places etc.], be* well-connected, have* influential friends; ~**t használ** (v. **vesz igénybe**) pull strings, pull (the) wires [to get sg], use influence [to get sg], *biz* lean* on sy
protekcionista n protectionist
protekcionizmus n *(egyéni)* favouritism (*US* -or-); *közg* protectionism
protekciós I. a well-connected **II.** n well-connected person

protektorátus n protectorate
protestál v make* a protest, protest (*vm ellen* GB against sg, *US* sg)
protestáns a/n Protestant
protestantizmus n Protestantism
protézis n *(végtag, fog stb.)* prosthesis (*pl* -theses); *(fog)* denture, a set of dentures, (dental) plate
protezsál v patronize, back, recommend
protokoll n protocol
proton n proton
protoplazma n protoplasm
prototípus n **1.** *műsz* prototype (of sg) **2.** *(minta)* prototype, archetype; **a fukarság** ~**a** he is a byword for meanness
provinciális a provincial, parochial
provincializmus n provincialism, parochialism
provitamin n provitamin
provizórikus a = **ideiglenes**
provokáció n provocation
provokációs a provocative, provoking
provokál v **1.** *ált* provoke **2.** *(párbajra)* challenge sy (to a duel)
provokatív a provocative, provoking, challenging
próza n prose
prózai a **1.** *(írásmű)* prosaic, (written) in prose *ut.*, prose **2.** *(hétköznapi)* prosaic, commonplace, ordinary; ~ **lény** matter-of-fact person
prózaíró n prose-writer
prózairodalom n prose (works *pl*)
prozódia n prosody
pruszlik a bodice
prűd a prudish, strai(gh)t-laced, prim, *US így is:* prissy
prüszköl v **1.** *(ember)* sneeze; *átv* ~ **vmtől** fret and fume at/over/about sg **2.** *(ló)* snort
pszichés a psychic; ~**en** psychically
pszichiáter n psychiatrist
pszichiátria n psychiatry
pszichikai a psychic
pszichoanalitikus n (psycho)analyst
pszichoanalízis n psychoanalysis
pszichológia n psychology
pszichológiai a psychological
pszichológus n psychologist
pszichózis n psychosis (*pl* -choses)
pszt! *int* hush!, (s)sh!, shush!
pu. = *pályaudvar* railway station
pubertás a puberty
publicista n publicist, (political) journalist
publicisztika n (political) journalism
publikáció n publication

publikál v *(nyilvánosságra hoz)* make* public/known, announce, proclaim; *(közzétesz, megjelentet)* publish

publikum n the public, audience

pucér a (stark) naked, biz in the buff ut., with nothing on ut.

pucol 1. vt *(ruhát, ablakot)* clean; *(cipőt)* polish; *(krumplit)* peel **2.** vi □ *(eliszkol)* skedaddle, clear/make* off; ~j! scram!, US beat it!

puccs n coup (d'état) *(pl* coups d'état)

puccskísérlet n attempted coup

púder n (face) powder ⇨ **hintőpor**

púderkompakt n compact

púderos a powdered

púderoz v sprinkle with powder, powder

púderpamacs n powder-puff

púdertartó n = **púderkompakt**

puding n pudding

pudingpor n custard-powder

pudli n (French) poodle

pudvás a **1.** *(fa)* mouldy (US moldy), decaying **2.** *(retek)* spongy, woody

Puerto Ricó-i a/n Puerto Rican

puff[1] n *(ülőhely)* pouf(fe), US hassock

puff[2] int bang!, plop!; ~, **beleesett a gödörbe** ... fell plop/plump into the hole

puffad v swell* (up/out); vk feel* bloated

puffadás n inflation, distension, swell(ing), puffing (up)

puffadt a puffy, swollen

puffan v *(esik)* plop, plump, thump; **ahogy esik, úgy** ~ whatever will be, will be

puffanás n thump

puffaszt v bloat, distend, swell*

puffos a gathered, puff; ~ **ujj** puff sleeves pl, leg-of-mutton sleeves pl

pufog v **1.** *(puska)* crack, rattle **2.** *(motor)* back-fire

pufogtat v **1.** *(puskát)* fire off **2.** **frázisokat** ~ mouth platitudes

pufók a chubby, plump-cheeked

puha a **1.** *ált* soft; ~ **ágy** springy/soft bed; ~ **fedelű/kötésű könyv** paperback, soft-cover book; ~ **fogású** soft to the touch ut.; ~ **kalap** soft felt hat **2.** *(gyümölcs)* soft, mellow; *(húsétel)* tender; *(kenyér)* fresh

puhafa n soft wood

puhány n átv weakling, spineless person

puhaság n ált softness

puhatestűek n pl áll molluscs, US mollusks

puhatol v vmt = **puhatolódzik**

puhatolás, puhatolódzás n investigation, inquiry, enquiry

puhatolódz|ik v *(vk/vm után)* make* enquiries about sy/sg, sound sy out about sg, biz nose around/about for sg

puhít v soften; *(húst)* tenderize; vkt soften sy up

puhul v *(átv is)* soften

pukedli n curts(e)y

pukkad v *(mérgelődik)* be* bursting/exploding with rage

pukkan v pop, go* pop, burst*

pukkancs n vk hothead

pukkant v pop, make* sg burst, burst* (sg)

pukkaszt v *(mérgesít)* vex, annoy

pulcsi n biz = **pulóver**

puli n puli ⟨Hungarian sheep-dog⟩

puliszka n kb. corn(meal)/maize porridge

pulóver n *(női, férfi)* sweater; *csak GB:* jumper; *(főleg férfi)* pullover; *(ujjatlan)* slipover

pulpitus n **1.** *(karmesteri)* rostrum; *(egyéb)* dais **2.** *(kottának)* music stand

pult n **1.** *(üzletben)* counter; *(bárban, büfében)* bar (counter); ~ **alól** from under the counter; **a** ~ **alatt** under the counter; ~ **alatti** *(áru)* under-the-counter **2.** *(karmesteri)* rostrum **3.** *(zenekarban hegedűké)* desk

pultos (lány/fiú) n *(pl. McDonald vendéglőben)* counter worker, order taker

pulzus n pulse; **megtapogatja vk** ~**át** feel* sy's pulse

pulyka n turkey

pulykakakas n turkeycock, biz gobbler

pulykaméreg n **elönti a** ~ have*/get* one's hackles up, get* hot under the collar

pulykapecsenye n roast turkey

pulykatojás n turkey('s) egg; ~ **képű** freckled, frecklefaced

pumpa n pump; biz **felmegy benne a** ~ get*/be* steamed up (about), get* one's dander/hackles up

pumpál v **1.** *(gumit)* pump (up) **2.** = **szivattyúz**

pumpol v touch/tap sy for [money]

punci n □ fanny

puncs n punch

puncstorta n rum-flavoured sponge cake (with pink icing)

punktum int **megmondtam, és** ~**!** I have told you and that's that

púp n hump, hunch

pupilla n pupil

puplin n poplin

púpos I. a hunchbacked, humpbacked, humped; ~ **teve** (1) *(egypúpú)* dromedary, Arabian camel (2) *(kétpúpú)* two-humped camel, Bactrian camel **II.** *n* hunchback, humpback

púpoz *v (kanalat)* fill/heap up; **egy** ~**ott evőkanállal** a heaped spoonful

purdé *n* gipsy child°

purgatórium *n* purgatory

purista *n* purist

puritán I. *a* puritan, puritanical **II.** *n tört* Puritan

purizmus *n* purism

puska *n* **1.** *ált* rifle, gun; *(vadászé)* hunting rifle, shotgun; **kétcsövű** ~ double-barrelled gun; **mintha** ~**ból lőtték volna ki** like a shot, like a flash of lightning; ~**t fog vkre/vmre** aim/point/level *(US* -l) a gun at sy/sg, fix a gun on sy/sg; ~**t vállra!** slope *(US* shoulder) arms! **2.** *isk* crib; *(fordításhoz) US* pony

puskaagy *n* butt, stock

puskacső *n (gun)* barrel

puskafogások *n pl* arms/rifle drill *sing.*

puskagolyó *n* rifle-bullet, bullet

puskalövés *n (gun/*rifle-)shot; ~**nyire** within gun/rifle-shot

puskaműves *n* gunsmith

puskapor *n* gunpowder, powder; **nem találta/találná fel a** ~**t** he won't set the Thames on fire, he's no Einstein; **ellövi a** ~**át** shoot* one's bolt

puskaporos *a* ~ **hordó** *(átv is)* powder keg, *(átv)* volcano, tinderbox; ~ **hangulat** explosive atmosphere

puskaropogás *n* chatter of guns, rattle of gunfire

puskaszíj *n* (gun-)sling, (shoulder-)strap

puskatus *n* (gun)stock ⇨ **puskaagy**

puskatűz *n* gun fire, shelling

puskavessző *n* cleaning rod/brush, ramrod

puskáz|ik *v isk* crib, use a crib *(v. US* pony)

pusmog *v* whisper, grumble, mutter, mumble

puszi *n biz* peck, kiss

puszil *v biz* peck, kiss

puszipajtás *n biz* pal, crony, *US* buddy

puszta I. *a* **1.** *(elhagyott)* deserted, abandoned, uninhabited **2.** *(kopár)* bare, bleak **3.** *(nyomatékosító szóként: semmi egyéb, mint)* bare, mere; **a** ~ **gondolat** the bare idea (of …); ~ **kézzel** with one's bare hands; ~ **kézzel megtámad vkt** attack sy bare-handed; **már a** ~ **látása** is the mere sight of it; ~ **szemmel lát vmt** see*

sg with the naked eye, see* sg with the unaided eye; **a** ~ **tények** the bare/naked facts; ~ **véletlen** mere/pure chance; ~ **véletlenségből** by sheer accident, purely by chance **II.** *n* **1.** *(síkság)* (the) puszta 〈Hungarian plain〉 **2.** *(major)* farm(stead), *US* ranch

pusztai *a* ~ **csárda** inn on the "puszta"; ~ **növény** heath-plant; ~ **táj** landscape of the plains, the "puszta"

pusztán *adv* merely, only, solely, purely; ~ **azért, hogy** merely in order to/that

pusztaság *n* lowland plain, prairie, wilderness

pusztít *v* devastate, destroy, lay* waste, wreak havoc; **tűzvész** ~**ott a faluban** the village was ravaged by (a) fire

pusztítás *n* devastation, destruction, ravage(s); **nagy** ~**t okoz** wreak destruction/havoc

pusztító *a* destructive, ruinous, (all-)destroying; *(vihar)* devastating

pusztul *v* **1.** go* to rack and ruin, perish, be* ruined/destroyed **2.** *elít* ~**j innen!** clear out (of here)!, be off!, *US* scram!, beat it!

pusztulás *n* destruction, ruin

putri *n* (gipsy) hovel, shanty, shack

puttony *n* puttony 〈basket for gathering grapes〉

puttonyos *a* **5** ~ **tokaji aszú** 5 puttonyos Tokay aszú; *(elrontott helyesírással így is szerepel a palackokon:* 5 Puttonos)

püföl *v* beat*, pummel *(US* -l), flog, thrash

pünkösd *n* Whitsun(tide), *US* Pentecost

pünkösdhétfő *n* Whit Monday

pünkösdi *a* Whitsun, of Whitsuntide *ut., US* Pentecostal; ~ **királyság** passing glory

pünkösdirózsa *n* (common) peony

pünkösdvasárnap *n* Whit Sunday

püré *n* purée, mash

püspök *n* bishop

püspökfalat *n* parson's nose, *US* pope's nose

püspöki *a* episcopal, bishop's; *(katolikus)* pontifical; ~ **hivatal** the offiice of a/the bishop; ~ **palota/székhely** (episcopal) see

püspökkenyér *n* fruit cake, spice-cake

püspökség *n* bishopric, see, episcopate

püspöksüveg *n* mitre, *US* miter

PVC *n* PVC, vinyl; ~**-fólia** PVC/vinyl sheet(ing)

R

R, r *n (betű)* (the letter) R/r
r. = *rész* part *(röv pt.)*
-ra, -re *suff* **1.** *(helyhatározó)* **a)** on; **tedd az asztalra** put it on the table; **lóra száll/ül** get* on horseback; **b)** to; **az állomásra megy** go* to the station; **vidékre megy** go* to the country; **Kaposvárra megy** go* to Kaposvár; **fölmegy az** *V.* **emeletre** go* to the 5th floor; **balra** to the left; **jobbra** to the right; **c)** at; **ujjal mutat vmre** point at sg; **tekint/néz vkre/vmre** look at sy/sg, have*/cast* a look/glance at sy/sg; **d)** *(elöljáró nélkül)* **innen egy kilométerre van** it is a kilometre from here; **bejár az állomásra** *(vonat)* enter the station; **hajóra száll** go* on board a/the ship, go* aboard the/a ship; **lóra száll** mount a horse; **felszáll a hatosra** take* tram/bus number six **2.** *(időhatározó)* **a)** *(időpontra)* by; **ötre ott leszek, öt órára ott leszek** I'll be there by five (o'clock); **őszre** by autumn, *US* by fall; **b)** *(idő tartamára)* for; **egy hétre** for a week; **egy évre** for a year; **öt napra** for five days; **éjjelre/éjszakára itt marad** stay for the night; **c)** to; **napról napra élnek** they are living from day to day; **hétről hétre** from week to week; **időről időre** from time to time; **máról holnapra** from one day to the other; **d)** *(elöljáró nélkül)* **mához egy hétre** today week, this day week, a week today; **mához egy évre** this day next year, a year from today **3.** *(állapothatározó)* *(különféle elöljáróval v. elöljáró nélkül)* **kedvre hangol vkt** put* sy in good humour, cheer (up) sy; **szabadlábra helyez** set* at large/liberty, release; **könnyekre fakad** burst* into tears; **esőre áll** it looks like rain, it looks as if we are going to have rain **4.** *(vmvé válik/ tesz)* **a)** to; **darabokra törik** break*/ come*/fall*/go* to pieces; **ízekre szed/ tép** *(átv is)* tear* to pieces/shreds, pull/ pick/cut* to pieces; **b)** *(különféle elöljáróval v. elöljáró nélkül)* **három részre oszt** divide into three parts; **jóra fordul** take* a turn for the better; **pirosra fest** paint sg red; **betegre dolgozza magát** overwork oneself, fall* ill with overwork; **javára vá-**lik/szolgál vknek do* good to sy, be* good for sy **5.** *(véghatározó)* **a)** at; **céloz vkre** *átv* hint at sy; **rákiált vkre** shout at sy; **rápillant vmre** glance at sg; **rámosolyog vkre** smile at sy; **rendelkezésre áll** be* at (sy's) disposal; **vk kárára** at the expense of sy; **b)** for; **vár vkre/vmre** wait for sy/sg, look out for sy/sg; **mindenre kész** be* ready/prepared for anything; **nincs étvágya vmely ételre** have* no appetite for [food]; **mindenre tud válaszolni** have*/ find* an answer for everything, be* ready with an answer for everything, never be at a loss for an answer; **c)** of; **emlékeztet vkt vmre** remind sy of sg; **gondol vmre** think* of sg; **rosszat mond vkre** speak* ill of sy; **szert tesz vmre** get* hold of sg, take* possession of sg; **d)** to, into; **hallgat vkre** listen to sy, pay* heed to sy; **hallgat a jó szóra** listen to reason; **rábíz vmt vkre** entrust sg to sy; **szorítkozik vmre** be* confined/restricted/limited to, restrict/ limit/confine oneself to; **utal vmre/vkre** refer to sy/sg, point to sy/sg; **tárgyra tér** come* to the point, get* down to facts; **magyarról angolra fordít** translate from Hungarian into English; **hogyan fordítod angolra?** how do/will you translate it into English?; **e)** on, upon; **hat vk vkre** exercise an influence on sy, bring* to bear an influence on sy; **hat vm vkre** make* an impression on sy, have*/produce an effect on sy; **(rá)bukkan vmre** strike*/light*/ stumble/happen upon sg; **számít vkre/ vmre** reckon/count/depend/rely (up)on sy/sg; **f)** with; **mérges/haragszik vkre** be* angry with sy; **g)** *(rendszerint főnévi igenévvel rövidített szerkezettel v. elöljáró nélkül)* **kényszerít vkt vmre** strain/compel/force sy to do sg, make* sy to do sg; **kér vkt vmre** ask/request sy to do sg; **ösztönöz vmre vkt** urge/incite/stimulate/impel sy to do sg; **rábír vkt vmre** get*/bring*/ induce sy to do sg; **ráparancsol vkre** charge/order/command sy (to do) sg; **hat vkre** influence/affect/move sy; **tanít vkt vmre** teach* sy sg; **kérdésre felel** answer a question **6.** *(módhatározó)* **a)** at; **első**

látásra at first sight; **egy csapásra** at one blow; **b)** *(különféle elöljáróval)* **vmnek hasonlatosságára** in the form and likeness of sg, in the *i*mage of sg; **tőviről-hegyire kikérdez** interrogate in detail; **szóról szóra** word for word; **szavamra mondom** (up)*o*n my word; **vmre esküszik** swear* on sy **7.** *(hasonlításban)* **hasonlít az apjára** he is/looks like his father, he resembles his father **8.** *(fokhatározó; különféle elöljáróval v.* elöljáró *nélkül)* **felére csökkent** red*u*ce by half; **kétszeresére növel** d*o*uble, incr*e*ase twofold; **öt számjegyre rúg** run* *i*nto five f*i*gures; **semmi esetre sem** by no means, on no acc*o*unt; **a dolog már annyira jutott, hogy** things have/had gone so far that; **amennyire tudom** as far as I know; **tökélyre visz vmt** bring* sg to perfection **9.** *(tekintethatározó; különféle elöljáróval)* **fél szemére vak** he is blind in one eye; **jobb lábára sánta** he is lame in the right leg; **vmre nézve** as regards sg, in connection with sg, with regard to sg; **el vagyok készülve a legroszszabbra** I am prepared for the worst **10.** *(célhatározó)* **a)** to, for; **alkalmas vmre** be* s*u*itable to/for sg, be* f*i*t(ted)/right for sg, be* good for sg; **alkalmatlan vmre** be* unf*i*t(ted) for sg; **mire való?** what is it (good/used) for?; **vk emlékére** to the memory of sy; **segítségére siet vknek** fly* to sy's ass*i*stance; **nagy örömömre** to my great joy; **vizsgára készül** prepare/read* for an examination; **mi lesz ebédre?** what shall we have for d*i*nner?; **b)** *(különféle elöljáróval)* **nagy gondot fordít vmre** bring* great care to bear up*o*n (d*o*ing) sg, pay* great/scr*u*pulous att*e*ntion to sg; **szomjazik vmre** thirst *a*fter sg, *á*tv long/crave for/*a*fter; **törekszik vmre** strive* *a*fter, aim at, be* set on, asp*i*re to; **vágyódik/vágyakozik vmre** long/yearn for/*a*fter; **c)** *(elöljáró nélkül)* **szert tesz vmre** get*/obt*a*in/acq*u*ire sg; **ügyel a nyelvére** guard one's tongue; **iszik vk egészségére** drink* sy's health

rá *adv* up*o*n/on/onto him/her/it; **emlékszem ~** I remember him/her/it; **haragszom ~** I am* *a*ngry with him/her; **nincs ~ időnk** we have* no time for it; **nincs ~ példa** it is unpr*e*cedented; **van ~ példa** it is not unh*e*ard of, it has h*a*ppened before; **egy hétre ~, ~ egy hétre** a week later/after, *a*fter a week; **~ következő** following, next, s*u*bsequent, ens*u*ing; following

up*o*n *ut.*, s*u*bsequent to *ut.*; **bízd azt ~ m** leave* that to me

rá- *pref* on, *o*nto; **Rácsavartad? Rá.** Have you screwed it on? Yes, I have.

ráad *v* **1.** *(ruhadarabot vkre)* put* sg on sy **2.** *(hozzátesz)* add; **adjon rá még 10 forintot** make* it 10 forints more **3.** ~**ja a gyújtást** switch on the ign*i*tion **4.** ~**ja magát vmre** ⇨ ad

ráadás *n* **1.** *á*lt sg given in add*i*tion, sg *e*xtra, plus **2.** *(művésztől)* encore; ~**t ad** give* an encore; ~**t kér** *vktől* encore sy, ask for an encore **3.** *(vásárlónak) biz* sg thrown in (at no *e*xtra cost), (bargain-)gift

ráadásul *adv* besides, at that *ut.*, (and) what is more, moreover, f*u*rthermore; **és ~ még gyenge is** and a poor/weak one at that *(v.* *i*nto the bargain); **s ~ meglehetősen divatjamúlt vm** and a r*a*ther outm*o*ded [one/sg/version] at that

ráakad *v* **1.** *vk vmre* come* acr*o*ss sg, h*a*ppen/chance (up)on sg **2.** *vk vkre* h*a*ppen (up)*o*n sy, come* acr*o*ss sy, run* *i*nto sy

ráakaszkod|ik *v vkre* thrust* oneself up*o*n sy, *biz* latch onto sy; *(élősködik vkn)* sponge on sy, be* a sp*o*nger on sy, b*a*tten on/upon sy

ráakaszt *v vmt vmre* hang* (up) sg on sg, susp*e*nd sg from sg

rááldoz *v vmre* sacrifice sg to/for, give* up sg to/for

rááll *v* **1.** *vmre* stand* on **2.** *(beleegyezik)* agree (to), consent to; ~**t az alkura** he acc*e*pted the *o*ffer, he agr*e*ed to the *o*ffer

rab I. *n* **1.** *á*lt prisoner, *(fegyenc)* convict **2.** ~**ja vknek** be* the slave of sy; ~**ja vmnek** be* a slave to sg, be* add*i*cted to sg; **a televízió ~ja** be* a slave to telev*i*sion, □ be* hooked on TV; ~**ja lesz vmnek** bec*o*me* add*i*cted to sg, □ get* hooked on sg; **az ital ~ja** be* add*i*cted to drink; **kábítószer ~ja** be* add*i*cted to a drug *(v.* drugs), be* a dr*u*g-addict, □ be* hooked on a drug *(v.* drugs); **a szokás ~ja** be* a slave of h*a*bit, be* a slave to one's h*a*bit; **vm szokás ~jává válik** be*/bec*o*me* a slave to a h*a*bit, a h*a*bit grows* on sy; ~**ul ejt vkt** (1) *konkr* take* sy pr*i*soner, c*a*pture sy (2) *á*tv c*a*ptivate/enthr*a*l *(US* enthr*a*ll) sy, charm sy, put* a spell on sy **II.** *a* c*a*ptive, impr*i*soned; ~ **madár** c*a*ged/c*a*ptive bird

rábámul *v* gape/gaze/stare at sy/sg

rabatt *n ker* r*e*bate, disc*o*unt

rabbi *n* r*a*bbi

rabbilincs *n (átv is)* fetters *pl*, sh*a*ckles *pl*, chains *pl*, irons *pl*

rábeszél *v vkt vmre* persuade sy to do sg, talk sy *into* do*i*ng sg, get* sy to do sg
rábeszélés *n* persua*si*on; **enged a** ~**nek** all*o*w oneself to be persu*a*ded/conv*i*nced; **vásárlásra való** ~ sales talk, *biz* soft soap; ~**sel megnyer** win* sy *o*ver, talk sy round
rabiátus *a* vi*o*lent, s*a*vage, br*u*tal
rabicfal *n* wire-lattice wall/part*i*tion
rabiga *n* yoke, sl*a*very, b*o*ndage; ~**ba hajt vkt** bring* sy *u*nder the yoke, s*u*bjugate sy
rábír *v vkt vmre* get*/bring*/ind*u*ce sy to do sg, make* sy do sg
rábíz *v vkre vmt* entr*u*st sg to sy (*v.* sy with sg); *vkre vkt* put* sy in sy's charge/care; ~**za a gyereket a nagymamára** leave* the child° with gr*a*ndma; **ezt** ~**om önre** I leave* it/that to you, it's up to you; ~**za magát vkre** dep*e*nd/rel*y* (ent*i*rely) on sy, throw* oneself on sy('s support *v.* on the mercy of sy); **bízza csak rám** leave that to me; **rá van bízva vkre** (*vm*) sg is on sy's/ one's hands, (*vk*) sy is (put) in sy's charge
rábizonyít *v vkre vmt* convict sy of sg, prove sy gu*i*lty of sg; **bűntettet bizonyítottak rá** he stands* convicted of a crime/felony, he has been found gu*i*lty of a crime/felony
rábizonyul *v vm vkre* be*/stand* convicted of; ~ **a bűnössége** his guilt was proved
rabkoszt *n* prison food/meal
rablánc *n* = **rabbilincs**
rablás *n* robbery; **ez kész** ~! this is* daylight r*o*bbery
rabló *n* r*o*bber, thief°, g*a*ngster, b*a*ndit, (*tengeri*) p*i*rate, (*utcai*) m*u*gger; ~**k kezébe került** he fell am*o*ng thieves
rablóbanda *n* gang of thieves/r*o*bbers
rablóbarlang *n* robbers' den/h*i*deout
rablógazdálkodás *n* r*u*thless/r*u*inous exploitation [of mine/f*o*rest/land/o*i*lfield etc.]
rablógyilkos *n* robber and m*u*rderer
rablógyilkosság *n* robbery with m*u*rder
rablóhadjárat *n* raid, pr*e*datory/mar*au*ding expedi*t*ion/campa*i*gn
rablótámadás *n* r*o*bbery (with vi*o*lence), h*o*ld-up, (*utcai*) m*u*gging, (*úton*) highway robbery; **fegyveres** ~ armed robbery
rablótanya *n* = **rablóbarlang**
rablott *a* ~ **holmi** st*o*len goods *pl*, b*o*oty, pl*u*nder
rablóvezér *n* r*i*ngleader, g*a*ngster/r*o*bber chief
rabnő *n* (*börtönben*) female pr*i*soner/c*o*nvict
rabol *v* **1.** *ált* rob, comm*i*t robberies; (*fosztogat*) p*i*llage, loot, pl*u*nder; **időt** ~ take* up

a great deal of time, it is* very t*i*me-consuming **2.** (*embert*) k*i*dnap (*US* -p)
rabomobil *n biz* Black Mar*i*a, *US* p*a*ddy/ patr*o*l wagon
ráborít *v* **1.** (*ráterít vmt vmre*) lay*/spread* sg *o*ver sg **2.** (*folyadékot*) spill* sg on sg
ráborul *v* **1.** (*vmre rádől*) fall* on; ~ **az asztalra** drop one's head on the table **2.** (*folyadék*) spill* on sg
raboskod|ik *v* be*/l*a*nguish in pr*i*son, do* one's time
rabruha *n* prison clothes *pl*, prison garb
rabság *n* **1.** (*fogság*) capt*i*vity **2.** (*leigázottság*) bondage, serv*i*tude
rabszállító *n* ~ **autó** pol*i*ce/pr*i*son van ⇨ **rabomobil**
rabszolga *n* **1.** *tört* slave **2.** *átv* slave, (*kuli*) drudge; **szenvedélyeinek** ~**ja** be* a slave to one's p*a*ssions; **úgy dolgozik, mint egy** ~ work/toil like a slave
rabszolgaállam *n* slave state
rabszolgahajcsár *n* slave-driver
rabszolga-kereskedelem *n* slave-trade/ traffic
rabszolga-kereskedő *n* slave-trader
rabszolgamunka *n* **1.** *konkr* slave-work/ labour (*US* -or), slavery **2.** *átv* dr*u*dgery, slavery
rabszolganő *n* woman° slave, slave girl
rabszolgapiac *n* slave-market
rabszolgaság *n* sl*a*very; **a** ~ **eltörlése** abol*i*tion of sl*a*very; ~**ba hurcol vkt** reduce sy to sl*a*very, drag sy into serv*i*tude, ensl*a*ve sy
rabszolgasors *n* sl*a*vedom, sl*a*very, serv*i*tude; ~**ban él** live in sl*a*very
rabszolgaszállító hajó *n* slave ship, sl*a*ver
rabszolga-társadalom *n* slave soc*i*ety
rabszolgatartó **I.** *n* slave-holder, sl*a*ver **II.** *a* ~ **állam** slave state
rabtárs *n* fellow pr*i*soner/c*o*nvict
rábukkan *v vkre, vmre* come* acr*o*ss, come*/hit* on/up*o*n; ~ **a hibára** find* the fault
rácáfol *v vm vmre* bel*i*e/contrad*i*ct sg, give* the lie to sg; **a tények** ~**nak vkre** the facts are ag*a*inst him, the facts prove him (to be) wrong; **szavaira** ~**nak tettei** his acts bel*i*e his words
ráció *n* r*e*ason, sense; **ebben nincs semmi** ~ (1) (*nincs értelme*) there is* n*e*ither rhyme nor r*e*ason in/to it (2) (*nem ajánlatos*) there is* l*i*ttle to be said for it; **hol itt a** ~? what's the sense of it?
racionális *a* **1.** r*a*tional **2.** *mat* ~ **szám** r*a*tional n*u*mber

racionalizál v **1.** *(ésszerűsít)* rationalize **2.** *(vkt elbocsát)* make* sy redundant, dismiss (sy)

racionalizmus n rationalism

rács n **1.** *ált* grating, screen; *(rostély)* grill(e), grid, grate; ~ **mögött** *(= börtönben)* behind bars **2.** *el* grid

rácsap v strike*, hit*; ~ **az asztalra** strike*/bang the table; ~ **vk fejére** hit* sy on the head; ~**ja vkre az ajtót** slam the door on sy; ~ **vmt vmre** *(pl. asztalra)* slap*/slam/bang sg down on sg; *(fejszével)* ~ **vmre** chop at sg

rácsapód|ik v *vmre* bang down on sg

rácsatol v *vmre* buckle/fasten/fix on, attach to

rácsavar v **1.** *(csavarozással)* screw (sg) on (to sg), *(fedelet)* screw [the lid] down **2.** *(fonalat, kötelet)* wind* on, coil on/round

rácsavarod|ik v *vmre vm* twine round sg, wind*/coil itself (a)round sg; *vkre vm* get* entangled in sg; ~**ott a kötél** *(a lábára)* the rope got wound/twisted (a)round his leg

rácsavaroz v screw/bolt sg on (to sg)

raccsol v speak* with a uvular/Parisian r

raccsolás n use of uvular r

rácsepeg v drip on, dribble on

rácseppen v drop on, drip on

rácsfeszültség n grid voltage

rácsimpaszkod|ik v cling* to (sg)

rácsinál v *biz (ürüléket)* make* a mess on sg, *US* poop on sg

rácsíptethető a clip-on

rácsodálkoz|ik v stare/gaze at sy/sg (in wonderment)

rácsos a trellised, latticed, railed; ~ **ablak** lattice window; ~ **ágy** crib, railed cot; ~ **kapu** trellis(-work) gate; ~ **tartó** braced/lattice girder, truss-girder

rácsoz v bar, grate, rail

rácsozat n **1.** *műsz* lattice/trellis-work **2.** = **rács**

rácsuk v close/shut* sg on sy; ~**ja az ajtót vkre** shut* sy in

radar n radar

radarellenőrzés n radar speed check/trap

radarernyő n radar screen

radarpisztoly v hand radar

radarvezérlés n radar homing

radiálgumi n radial (tyre, *US* tire)

radiátor n radiator

radikális a/n radical; ~ **intézkedés** drastic measures *pl*

radikalizmus n radicalism

radio- *pref* radio-

rádió n **1.** *(intézmény, műsorszórás)* radio, broadcasting company; **az angol** ~ **the** British Broadcasting Corporation *(röv* B.B.C. *v.* BBC); **a** ~**ban hallottam** I heard it on the radio; **a** ~**ban** *(v.* ~**n)* **beszél/szerepel** be* on the air; **meghallgatja a híreket (a** ~**n/**~**ban)** be* listening (in) to the news; ~**n közvetít/sugároz** broadcast*; **a** ~**nál dolgozik** work for/in the radio; ~**t hallgat** listen in (on the radio), be* listening in, listen to the radio **2.** *(készülék)* radio, *(korábban)* wireless; *(hordozható)* **magnós** ~ radio cassette recorder; **ébresztőórás** ~ digital clock radio; **beállítja a** ~**t** *(vmlyen állomásra)* tune in (the radio) to a station

rádióadás n broadcast(ing)

rádióadó n radio transmitter

radioaktív a radioactive; ~ **anyag** radioactive matter/substance; ~ **csapadék** radioactive fallout; ~ **elem** radioactive element; ~ **hulladék** radioactive waste; ~ **izotóp** radioisotope; ~**vá tesz** make* sg radioactive

radioaktivitás n radioactivity

rádióállomás n radio station

rádióamatőr n radio amateur, *biz* (radio) ham

rádióbemondó n announcer

rádióbeszéd n broadcast/radio/wireless talk; ~**et mond** speak*/go* on the air

rádiócső n radio valve/tube

rádiódarab n radio play, play for radio

rádióelőadás n broadcast/radio talk; ~**t tart** talk on the radio

rádiófrekvencia n radio frequency

rádióhallgató n listener

rádióhullám n radio wave

rádióirányítás n wireless/remote control; ~ **után repül** be* on the beam

rádióiskola n schools broadcast

radioizotóp n radioisotope

rádiójáték n radio play, *(amit különös érdeklődéssel várnak)* feature

rádiókészülék n *(vevő)* radio, *GB így is:* wireless (set)

rádiókezelő n radio operator, *(hajón)* radio officer

rádióközvetítés n broadcast(ing), (radio) coverage

radiológia n radiology

radiológus n radiologist

rádiólokátor n radar

rádió-magnó n = **rádiós** *magnó*

rádióműsor n radio programme *(US* -ram), broadcast

rádióműszerész n radio mechanic
rádiónavigáció n radio navigation
rádiónyilatkozat n declaration/statement made on the radio
rádióösszeköttetés n radio connection/link
rádiós I. a (hordozható) (sztereó) ~ **magnó** (stereo) radio cassette recorder **II.** n **1.** = **rádiókezelő 2.** biz kif (s)he's in radio
rádióstúdió n broadcasting studio
rádiószerelő n radio mechanic
rádiótársaság n broadcasting corporation/company
rádiótávirat n radiogram
rádiótechnika n radio engineering
rádiótelefon n radiotelephone, radiophone
rádióüzenet n radio message; ~**et küld** radio/transmit a message (to)
rádióvétel n (broadcast) reception
rádióvevő n radio receiver
rádiózavarás n jamming
rádiózenekar n radio orchestra
rádióz|ik v listen in (on the radio), listen to the radio
radír(gumi) n rubber, eraser
radíroz v erase, rub out, delete
rádium n radium
rádiumkezelés n radium treatment/therapy
rádiumos a radium
rádiusz n radius (pl radii v. radiuses)
rádob v throw*/fling* sg (on/at sg/sy)
rádöbben v vmre realize sg suddenly, become* aware/conscious of sg, wake* up (v. awake*) to sg; ~**t arra, hogy** he suddenly realized that, he awoke to the fact that
rádől v **1.** vkre esik fall*/tumble (down) on (sy); ~**t a szekrény** the wardrobe/cabinet crashed/came* down on him **2.** (nekitámaszkodik) lean*/rest on/against sg; ~**ve botjára** leaning on his stick
rádupláz v átv vmre cap sg
ráébred v vmre realize sg, awake* (v. wake up) to sg; ~ **a valóságra** awake* to reality ⇨ **rádöbben**
ráég v vmre burn* (on) to sg
ráenged v ≐ **ráereszt**
ráépít v build* sg on (top of) sg; ~ **egy emeletet a házra** add a(nother) floor/storey to the house
ráér v have* (plenty of) time, find* time (vmre for sg v. to do sg); ~**?** can you spare a moment?, have you got time?; **nem ér rá vmre** have* no time for sg (v. to do sg); **nem érek rá** I am* busy, biz I'm a bit tied up (at the moment)

ráereszt v **1.** (függőlegesen) let* down on; **vizet** ~ **vmre** run* water over sg **2.** (vízszintesen) let* loose on, (kutyát vkre) set* one's/the dog on sy
ráérő a ~ **idő** leisure/spare/free time, leisure; ~ **idejében** at one's leisure
ráerőltet v = **ráerőszakol**
ráerősít v vmt vmre fix/fasten sg on sg, attach/secure sg to sg
ráerőszakol v vmt vkre force/thrust*/press sg on sy; (véleményét) ram*/staff [one's opinions] down sy's throat
ráes|ik v **1.** vm vkre/vmre fall*/tumble (down) on sy/sg **2.** (sor kerül vkre) fall* on/to sy ⇨ **rész**
ráesteled|ik v night falls* on sy, sy is overtaken by night/darkness; **lassan ránk esteledett** night was descending on us
ráeszmél v = **rádöbben**
ráfagy v **1.** vmre freeze* to sg **2.** **arcára** ~**ott a mosoly** the smile froze on his lips
ráfanyalod|ik v vmre decide (v. bring* oneself) to do sg reluctantly, have* recourse to sg
ráfáz|ik v □ **alaposan** ~**ott** (s)he got his/her fingers severely burnt
ráfeksz|ik v **1.** vk vmre lie* down on, lay* oneself down on **2.** átv vm vkre weigh sy down **3.** = **nekifekszik** vmnek, **ráadja magát** vmre
ráfektet v lay*/put* on
ráfér v **1.** (felfér vmre) there is room for sg/sy (swhere); **a kocsira hárman férnek rá** the car seats three, there's room for three in the car; **nem fér már rá** there is* no more room in/on it **2.** vkre vm átv be* (badly) in need of; ~**t ez a lecke** it is/was time he was taught a lesson, the lesson did him a lot of good; **rám férne egy kis pihenés** I could (really) do with a (little) rest/break
ráfest v paint sg on sg
rafinált a átv cunning, artful, wily
ráfizet 1. vt (pl. vasúti jegyre) pay* the difference (v. excess fare) **2.** vi (üzletre) lose* [money] by/on sg, make* a loss on sg, be* out of pocket; **1000 Ft-ot** ~**ett az üzletre** he lost 1000 fts on the deal **3.** vi átv vmre come* off a loser (in sg), burn* one's fingers, lose* out (on sg)
ráfizetés n **1.** (felülfizetés) extra payment **2.** (veszteség) loss, deficit; ~**sel jár vm** [shop, sy] make* a loss on sg
ráfizetéses a losing, showing a deficit ut., unprofitable
ráfog v **1.** (lőfegyvert) point/aim/level (US -l) [a gun] at sy **2.** vkre vmt (falsely) accuse sy of (doing) sg, charge sy with sg

ráfordít *v* **1.** ~**ja a kulcsot** *vkre* lock (sy) in **2.** ~**ja a szót vmre** turn the talk to (a subject) **3.** *(összeget)* spend* money on sg, put* [money etc.] *into* [a business etc.]; *(erőt, fáradságot)* put* [a great deal of effort *v.* hard work] *into* [a project etc.]
ráfordítás *n* expenditure, cost, *out*lay, *out*goings *pl*
ráförmed *v vkre* bawl/snarl at sy, round (up)on sy
ráfröccsen *v* sg sp*a*tters [mud, oil etc.] on sy (*v.* sy's clothes), sg sp*a*tters sy (*v.* sy's clothes) with [mud, oil etc.]; sg is splashed/sp*a*ttered with sg
ráfúj *v* blow* on/at
ráfutásos baleset *n (több jármű é)* p*í*le-up
rag *n nyelvt* inflection(al *a*ffix), s*u*ffix, ending, *(személyrag)* personal s*u*ffix/ending/m*a*rker
rág *v* *á*lt chew, *(rágcsáló)* gnaw, n*í*bble (at); **körmét** ~**ja** bite* one's nails ⇨ **fül. száj**
ragacs *n* cement, p*u*tty, st*i*cky/gl*u*ey paste
ragacsos *a* st*i*cky, gl*u*ey
ragad 1. *vi (vmhez, egymáshoz)* stick* (together), adh*e*re (to each *o*ther) **2.** *vi (ragadós)* be* st*i*cky; ~ **a piszoktól** be* thick with dirt **3.** *vi* **vk vhol** ~, **ott** ~ stick* around, stay on swhere; **nálunk** ~**t** we were stuck with him/her **4.** *vt (megragad)* seize, grasp; **tollat** ~ put* pen to p*a*per; **galléron** ~ collar/nab sy; **magához** ~**ja a hatalmat** seize power **5.** *vt* **magával** ~ *átv* thrill, c*a*rry one aw*a*y, c*a*ptivate; **magával** ~**ta a lelkesedés** he was caught up in the wave of enth*u*siasm
ragadás *n* st*i*cking
ragadós *a* **1.** *(anyag)* st*i*cky, gl*u*ey **2.** = **ragályos; a példa** ~ **volt** *e*verybody followed suit; **a nevetés** ~ l*a*ughter is inf*e*ctious
ragadozó I. *a* pr*e*datory; ~ **madár** bird of prey **II.** *n* beast of prey, pr*e*dator; ~**k** *áll* c*a*rnivores, Carn*i*vora
ragadtat *v* **vmre** ~**ja magát** be* c*a*rried away by, give* free rein to; **dühkitörésre** ~**ja magát** he lets* his *a*nger run aw*a*y with him, he gives* way to an *a*ngry *out*burst
ragadványnév *n* n*i*ckname, s*o*briquet
rágalmaz *v* **1.** *(szóban)* sl*a*nder, c*a*lumniate, v*í*lify, brand sy (as) sg; def*a*me [sy's char*a*cter] **2.** *(írásban)* l*í*bel *(US* -l)
rágalmazás *n* **1.** *(szóban)* sl*a*nder, c*a*lumny, defam*a*tion **2.** *(írásban)* l*í*bel
rágalmazási *a* ~ **per** l*í*bel action, *a*ction for l*í*bel; ~ **pert indít vk ellen** bring* an *a*ction for l*í*bel ag*a*inst sy

rágalmazó I. *a* **1.** *(kijelentés)* sl*a*nderous, def*a*matory **2.** *(írás)* l*í*bellous **II.** *n* sl*a*nderer, cal*u*mniator, v*í*lifier, l*í*beller
rágalom *n (szóval)* sl*a*nder, c*a*lumny; *(írásban)* l*í*bel; **ez** ~ **!** it is a (wh*o*pping) lie, it is a n*a*sty piece of m*u*d-slinging; **rágalmakat szór vkre** cast asp*e*rsions on sy
rágalomhadjárat *n* camp*a*ign of sl*a*nder/vilific*a*tion
ragályos *a* = **fertőző, járványos**
rágás *n* ch*e*wing
ragaszkodás *n* **1.** *vkhez* aff*e*ction (for), dev*o*tion (to) **2.** *vmhez* adh*e*rence (to), *i*nsistence (on)
ragaszkod|ik *v* **1.** *vkhez* cling*/stick* to sy, be* l*o*yal/dev*o*ted/att*a*ched to sy; ~**nak egymáshoz** they cling* tog*e*ther, they are* ins*e*parable (friends) **2.** *vmhez* stick*/cling*/adh*e*re to sg, insist on sg, *US* stand* pat on; ~**ik egy állásponthoz** cling* to an op*i*nion, stick* (firmly) to a view, be* *a*damant; ~**ik álláspontjához** stick* to one's guns; ~**om hozzá, hogy ott légy** I insist on your b*e*ing there; ~**om hozzá!** I insist
ragaszkodó *a* l*o*yal, staunch, f*a*ithful, st*e*adfast; ~ **természetű** f*a*ithful, aff*e*ctionate
ragaszt *v* *á*lt stick*, glue, (af)f*i*x *(vmhez mind:* to*)*; **bélyeget** ~ **vmre** stick* a stamp on, stamp sg; **címkét** ~ **vmre** l*a*bel *(US* -l) sg, stick* a l*a*bel on sg
ragasztás *n* st*i*cking, glu(e)ing; **szétjött a** ~ the join has come und*o*ne
ragaszték *n* app*e*ndage
ragasztó *n* adh*e*sive, glue, *biz* stick
ragasztóprés *n (filmhez)* spl*i*cer
ragasztószalag *n* adh*e*sive tape
ragasztószer *n* = **ragasztó**
ragasztózás *n* *biz* glue-sn*i*ffing, sn*i*ffing glue
ragasztózó *n* *biz* glue sn*i*ffer
ragcédula *n* (stick-on) l*a*bel
rágcsál *v* gnaw/chew (aw*a*y) (at sg)
rágcsálók *n* *pl* r*o*dents
raglán *n* r*a*glan
rágód|ik *v* *vmn* r*u*minate/brood on/over sg; **sokat** ~**ik vm miatt** sg preys on his mind
rágógumi *n* chewing gum, *(felfújható)* b*u*bble gum
rágóizom *n* m*a*sticatory m*u*scle
rágombol *v* b*u*tton on
rágondol *n* *vkre/vmre* think* of sy/sg; **már ha csak** ~**ok is, dühbe jövök** the very/mere thought of it makes* my blood boil; **ne gondolj rá!** (just) forg*e*t (ab*o*ut) it!, put it out of your mind!

ragos *a nyelvt* inflected, suffixed
rágós *a* tough (as leather), leathery, rubbery
rágószerv *n* masticatory organ
ragoz *v nyelvt ált* inflect; *(igét)* conjugate; *(főnevet)* decline
ragozás *n nyelvt ált* inflection; *(igéé)* conjugation; *(főnévé)* declension
ragozó *a* ~ **nyelvek** agglutinating/inflecting/synthetic languages
ragozott *a nyelvt* inflected; **nem** ~ uninflected
ragtalan *a nyelvt* uninflected
ragtapasz *n* sticking plaster, *GB* Elastoplast, *US* Band-aid ⇨ **gyorstapasz**
ragu(leves) *n* veal/chicken-broth, ragout
ragyás *a (arc)* pock-marked
ragyog *v* shine*, glitter, glisten, gleam, *átv* glow, be* radiant *(mind: vmtől* with); ~ **az arca az örömtől** his face is* beaming with joy, his eyes are* shining with joy; ~ **a tisztaságtól** be* spick-and-span, be* gleaming and spotless
ragyogás *n* **1.** *konkr* brilliance, glitter **2.** *átv* glamour *(US* -or), magnificence
ragyogó *a* **1.** *(tárgy)* bright, shining, gleaming **2.** *(napsütés)* bright [sunshine]; ~ **idő** gorgeous weather; ~ **nap** (it's) a glorious day; ~ **napsütésben** in the bright sunshine **3.** *átv* brilliant, excellent, splendid; ~! excellent!; ~ **formában van** be* in great shape/form; ~ **ötlet** brilliant/bright idea, brain-wave; ~ **példa** shining example; ~ **szépség** dazzling/radiant beauty; ~ **színben van** be* in the pink (of health); ~ **tehetség** unusual talent; **nem vm** ~ **vmben** (s)he is no great shakes as a sg, (s)he does not shine in/at sg; ~ **an éreztem magam** I had the time of my life, I had a marvellous *(US* -l-) time, *biz* I had a whale of a time
rágyújt *v (cigarettára)* light* [a cigarette]; **gyújtson rá!** have a cigarette!
ráhagy *v* **1.** *(örökséget)* leave* sg (by will) to sy, bequeath sg to sy, devise sg to sy **2.** *(nem ellenkezik)* indulge sy in sg, agree to; **minden** ~ **nod** assent to everything, say* yes to everything sy does*; **hagyd rá** let him/her have his/her way; **legjobb, ha** ~ **od** better leave it at that **3.** = **rábíz 4.** *műsz* allow for
ráhagyás *n* biztonsági ~ safety margin
ráhajol *v vmre* bend* over sg, *vkre* lean* over sy
ráhajt *v* **1.** *(járművel, hidra stb.)* drive* on to **2.** *biz (fokozza a munkatempót)* gear/step up [production etc.], work flat out

ráhajtóút *n* slip/access road
ráhány 1. *vt (rádob)* shovel *(US* -l) on (to), dump/throw* on (to) **2.** *vi (vmre okád)* be* sick on sg
ráhárít *v* → **hárít**
ráhárul *v vkre* fall* to sy (to . . .), devolve upon sy (to . . .)
ráhasal *v* lie* (down flat) on sg
ráhat *v vkre, vmre* affect sy/sg, exert influence on sy/sg; **nem hat rá** he does* not respond to it
ráhatás *n* pressure, impact, influence, effect (produced)
ráhelyez *v* place/put*/set*/lay* (down) on
ráhibáz *v biz vmre* hit* upon sg (by accident/fluke), blunder (up)on sg ⇨ **ráakad**
ráhímez *v* embroider/work sg on sg
ráhúz 1. *vt (tárgyat)* draw* sg over/on sg; ~ **zák a vizes lepedőt** be* hauled over the coals **2.** *vi (ráüt)* give* sy a slap, slap sy **3.** *vi* **húzd rá (cigány)!** strike up Tzigane/gipsy! **4.** *vt biz* ~ **egy emeletet a házra** add a floor/storey to a/the house
ráigér *v (vkre vmennyit)* outbid* sy (by)
ráijeszt *v vkre* frighten/alarm sy; **alaposan** ~ scare sy out of his/her senses/wits
ráilleszt *v* fit sg on sg
ráill|ik *v vmre/vkre* suit sg/sy; **pontosan** ~ **ik** suit sy to a nicety/T *(v. GB* down to the ground); **a leírás** ~ **ik** he answers (to) the description, the description fits him; **kitűnően illik rá a ruha** the dress is* an excellent fit
ráír 1. *vt vmre* write* (on); *átv* **rá van írva, (hogy)** sg is written on *(v.* all over) his/her face **2.** *vi (hatóság vkre)* serve sy with a notice/warning [etc.] (to *v.* that . . .)
ráirányít *v* **1.** *vkre* turn on/to, direct to; ~ **ja a figyelmet vmre** draw*/turn/direct sy's attention to sg, spotlight* sg **2.** *(fegyvert)* point/level *(US* -l) *(v.* aim) [a/one's gun etc.] at sy/sg; *(távcsövet stb.)* train [a telescope *v.* one's field-glasses] on sg/sy
ráírat *v* **1.** *(szöveget vmre)* have* sg written on sg **2.** *(vagyont vk nevére)* make*/sign over [one's property] to sy
ráismer *v vkre/vmre* recognize sy/sg *(vmről* by sg); **rá lehet ismerni vmről** you can tell (it) by/from sg; **először nem ismertem rá** at first I didn't recognize him; **erről** ~ **ek!** it's just like him, that's him all over
raj *n* **1.** *(méheké, rovaroké)* swarm; *(madaraké)* flock, flight **2.** *kat* squad, detachment, *(hajó)* squadron **3.** *(úttörőké)* troop
rája[1] *n (hal)* ray
rája[2] *adv* = **rá**

rájár v. 1. *(pl. a kamrában ételre)* make* frequent raids on [the larder etc.] for sg, raid the larder; *biz (vmre ált)* make* inroads into/on sg 2. ~ **a keze vmre** do* sg out of (force of) habit; ~ **a nyelve** *(pl. vmlyen mondásra)* it is one of his turns of phrase ⇨ **rúd**

rajcsúroz v be* romping about

rajkó n gipsy child°

Rajna n Rhine

rajnai a Rhine(land), Rhenish; ~ **bor** Rhine wine, hock

rajong v vmért be* enthusiastic about/over sg, have* a passion for sg; vkért/vmért be* an (enthusiastic) admirer of sy/sg, adore sy/sg, *biz* rave about sy/sg, enthuse about/over sy/sg; ~ **a moziért** be* a film fan/buff (v. US freak); ~ **az ötletért** be* possessed/obsessed by/with the idea; ~ **a zenéért** love music, be* a music-lover; **nem ~ok a gondolatért** I can't say I particularly like (v. biz I'm really gone on) the idea

rajongás n 1. *(forró szeretet)* passion, adoration 2. *(lelkesedés)* enthusiasm, ardour (US -or), rapture; ~**sal beszél vmről** go* into ecstasies/raptures over sg, *biz* rave/enthuse about/over sg

rajongó I. a rapturous, devoted, enthusiastic, passionate **II.** n vké admirer (of); ált enthusiast, biz fan; **a ~k levelei** fan-mail

rájön v 1. *(megtud)* find* (sg) out, discover (sg), biz tumble to sg; **rájöttem, hogy I** realized that, I came to realize that; ~ **a helyes válaszra** hit* (up)on the right answer; ~ **a nyitjára** get* the hang/knack of it, crack it; **mintha én nem jöttem volna rá!** as if I couldn't have guessed! 2. **vm ~ vkre** sg comes* over sy, be* overcome by sg; **rájött a köhögés** (s)he had* a fit of coughing; ~ **a szapora** biz be* taken short

rajparancsnok n kat section leader

rajt n sp start; ~**hoz áll** toe the line (v. US mark)

rajta I. adv 1. *(vmn, vm felületén, vkn)* (up)on him/her/it, over it; **új ruha van** ~ she is* wearing a new dress, she has* a new dress on; **az áll** ~ it says; it bears* the inscription 2. ~ **áll/múlik** vkn it is* (all) up to him, it lies*/rests with him (to do sg); ~ **kívül** besides him/her/it, in addition to him/her/it, apart from him/her/it; **segít** ~ help sy (with sg), help sy out; ~ **a sor** it is his turn; ~ **van, hogy ...** do* one's best/utmost to ..., see* to it that ... **II.** int sp go! ⇨ **ok**

rajtacsíp v = **rajtakap**

rajtaér v = **rajtakap**

rajtakap v vkt vmn catch* sy at sg, catch* sy doing sg, *(tiltott cselekedet közben)* catch* sy in the act (of doing sg), biz catch* sy red-handed; ~ **hazugságon** catch* sy out (v. in a lie)

rajtaüt v kat *(ellenségen)* descend/pounce on [the enemy], make* a surprise attack on; *(rendőrség bűnözőkön)* make* a raid/swoop on, raid

rajtaütés n (surprise) attack, raid, swoop

rajtaütésszerű a ~ **támadás** surprise attack, hit-and-run attack/raid; ~**en** unawares, by surprise

rajtaveszt v come* off badly, come* to grief, be* a loser; **majdnem ~ettem** it was a close shave, it was a narrow escape; **rajta fogsz veszteni** you will come a cropper, you are riding for a fall, you are on a hiding to nothing

rajtgép n starting block(s)

rajthely n start, starting-place/line/point/post

rajtjel n start signal, signal to start

rajtkő n starting-block

rajtol v start; **jeladás előtt** ~ jump the gun

rajtpisztoly n starter's pistol

rajtszám n starting/entry number

rajtvonal n starting-line, mark

rajtzászló n starting/starter's flag

rajvezető n 1. kat section leader/commander 2. *(úttörő)* troop leader

rajz n 1. *(rajzolás)* drawing; isk ~**ot tanít** teach* drawing 2. *(kész rajz)* drawing; ~**okkal ellát** illustrate (sg) with drawings; **amint az 5. sz.** ~**on látható** as shown in Fig. 5 3. átv description, depiction, portrayal

rajzás n swarming

rajzasztal n drawing-table/desk/board

rajzeszköz(ök) n = **rajzszerek**

rajzfilm n (animated) cartoon

rajzfüzet n sketch/drawing-book

rajzgép n drawing/drafting board

rajz|ik v swarm

rajzlap n (sheet of) drawing-paper

rajzminta n 1. *(minta a rajzoláshoz)* drawing copy/study 2. *(mintázat)* design, pattern, motif

rajzoktatás n drawing class, isk art

rajzol v 1. ált draw*; **természet után** ~ draw* from nature/life 2. *(vázol)* sketch, trace, outline

rajzolás n drawing

rajzoló n *(műszaki is)* draughtsman° (US drafts-)

rajzpapír *n* drawing-paper
rajzszeg *n* drawing-pin, *US* thumbtack
rajzszén *n* charcoal, crayon
rajzszerek *n pl* drawing instruments, drawing set *sing.*
rajztábla *n* drawing-board
rajztanár *n* drawing master, art teacher
rajzterem *n* art room
rajztömb *n* sketch pad/block, drawing-block
rak *v* 1. *(helyez, tesz)* put*, set*, lay*, place; **egymásra/halomba** ~ stack/pile (up); **élére** ~**ja a garast** watch every penny; **falat** ~ put* up a wall (*v.* walls); **hajóba/hajóra** ~ ship, put*/take* on board, load [goods] on (to); **ládába** ~ crate, pack/stow into boxes/crates; **tüzet** ~ make* a fire; ~ **a tűzre** feed* the fire, keep* the fire burning 2. *(elrendez)* arrange ⟹ **fészek, hajó**
rák *n* 1. *áll (rákok)* crustaceans *pl*; *(folyami)* crayfish *(főleg US* crawfish), *(tengeri)* crab, *(homár)* lobster; *sp* ~**ot fog** catch* a crab 2. *orv* cancer
rákacsint *v vkre* wink at sy
rákap *v vmre* take* to, get*/fall* into the habit of, *biz* get* hooked on; ~ **az ivásra** take* to drink, *biz* hit* the bottle (*US* sauce); **nagyon** ~**ott** it has grown (up)on him, he is addicted to it, *biz* he is hooked on it
rákapaszkod|ik *v* = **ráakaszkodik**
rákapat *v vkt vmre, biz* get* sy hooked on sg
rákapcsol 1. *vt (kocsit stb.)* couple sg on (to); **(Birminghamban)** ~**ták az étkezőkocsit** the dining-car was coupled on (at B.) 2. *vt el* connect to/with 3. *vi (sebességre)* increase speed, step on it, *US* step on the gas, *GB* put* one's foot down 4. *vi átv biz* pitch in, pitch into (the job), snap into it
rakás *n (halom)* pile, stack, heap; **egy** ~ **pénz** oodles of money *pl*, money galore; **úgy néz ki, mint egy** ~ **szerencsétlenség** he looks/is* the very picture of misery; **egy** ~**on** in a heap; ~**ra öl** butcher, massacre
rákász|ik *v* catch* crabs/crayfish, go* catching crabs/crayfish
rákattint *v (tetőt)* snap down
rakbér *n* cost of lading
rákbeteg *n* cancer patient
ráken *v* 1. *(kenyérre stb.)* spread* sg on sg, spread* sg with sg; *(bemázol)* smear sg on sg, smear sg with sg; ~ **egy kis rúzst az ajkára** give* one's lips a touch of lipstick 2. *biz vmt vkre* lay*/put* the blame on sy for sg, blame sy for sg, blame sg on sy; **ne próbáld rám kenni** don't try to lay it at my door

rákényszerít *v* 1. *vkt vmre* force/compel sy to do sg, make* sy do sg 2. *vmt vkre* impose/force/press sg on/upon sy
rákényszerül *v* be* driven/obliged/compelled to do sg
rákerül *v* 1. *vmre* get* on to, be* put/placed on sg; *(vhogyan)* land on; ~**t a neve a listára** his/her name found its way onto the list 2. ~ **a sor** it is* his turn; **rád kerül a sor** it's your turn; **mindenkire** ~ **a sor** everybody's turn will come
rakéta *n* rocket, *(rakétahajtású lövedék)* missile; **interkontinentális** ~ intercontinental (ballistic) missile
rakétafegyverek *n* ballistic weapons, military rockets
rakétahajtás *n* rocket propulsion
rakétahajtású *a* rocket-propelled/powered
rakétahajtómű *n* rocket engine/motor
rakétakilövő I. *a* ~ **állomás/állvány/hely/pálya** launching pad/site, launch pad, rocket-range II. *n* (rocket) launcher
rakétalövedék *n* (ballistic) missile
rakétatámaszpont *n* rocket base
rakétatechnika *n* rocketry
rakétatelepítés *n* deployment of missiles
rakett *n* racket, racquet
rákezd *v* 1. *vmre* begin* to, start/begin* to do sg (*v.* doing sg); **már megint** ~**i!** there (s)he goes again 2. *(énekre, zenére)* strike* up [a tune, song etc.]
rakfelület *n* loading area/surface
rákfene *n átv* canker, cancer
rakhely *n* = **rakodóhely**
rákiált, rákiabál *v vkre* shout/bawl at sy
rakjegy *n (fuvarokmány)* consignment note
rákkeltő *a* carcinogenic; ~ **anyag** carcinogen
rákkutatás *n* cancer research
raklevél *n* waybill, consignment note, *hajó és US* bill of lading
rakodás *n* 1. *(berakodás)* loading, lading 2. *(kirakás)* unloading
rakod|ik *v (szállítóeszközre)* load (up)
rakód|ik *v* be* deposited (*vmre* on)
rakodóállomás *n* loading station/point
rakodóhely *n* 1. *hajó* quay, wharf 2. *vasút* platform
rakodómunkás *n* stevedore; *(dokkmunkás)* docker, dock-worker; *(egyéb)* loader, packer
rakodópart *n* = **rakpart**
rakodótér *n* loading/cargo space
rákolló *n* crab's claws/pincers *pl*
rakomány *n* áll load; *(hajóé, repgépé)* cargo

rakoncátlan *a* unruly, naughty, unmanageable; ~ **gyerek** boisterous/unruly child°, *kif* that child° is a handful
rakoncátlankod|ik *v* romp, be* wild/unruly, *(csak felnőtt)* kick over the traces
rakoncátlanság *n* unruliness, naughtiness
rákos *a* cancerous; ~ **beteg** cancer patient; ~ **daganat** cancer(ous tumour), malignant tumour *(US* -or)
rakosgat *v (rendet rakva)* tidy away [things]
rakott *a* **1.** *(szállítóeszköz)* loaded, laden **2.** ~ **burgonya/krumpli** *kb.* layered potato casserole; ~ **káposzta** layered cabbage (with rice, pork and sour cream) **3.** ~ **szoknya** pleated skirt
rákölt *v (pénzt)* spend* [money etc.] on sg/sy
rákönyököl *v vmre* rest one's elbow(s) on sg
ráköp *v vmre* spit* at/on sg
ráköszön *v vkre* say* hello *(v.* good morning, etc.) to sy
ráköt *v* **1.** *konkr* tie on/to, bind*/fasten* to **2. nem fogom** ~**ni az orrodra** it is* none of your business
rakpart *n* quay(side), wharf
rakparti *a* ~ **illeték** quayage, wharfage
raksúly *n* useful load, payload
rákszűrés *n* screening for cancer
raktár *n* **1.** *ált* store(-room), storehouse; *ker* warehouse; *(gyárban, üzemben)* stores *pl*; ~**ban elhelyez** store/place sg in a warehouse, warehouse sg **2.** *(készlet)* stock, supply; ~**on tart vmt** have*/keep* sg in stock; **nincs** ~**on** it is* out of stock
raktárállomány *n* stock (in/on hand)
raktárhelyiség *n* warehouse, store(room)
raktári *a* warehouse(-); ~ **készlet** stock (in/on hand), supplies *pl* (on hand); ~ **költségek** storage (costs), warehousing
raktárkezelő *n* = **raktáros**
raktárkönyv *n* stock-book, store ledger
raktárnok *n* = **raktáros**
raktáros *n* stockkeeper, warehouseman°, stock clerk, *US* így is: storeman°
raktároz *v* store, warehouse
raktározás *n* storing, warehousing
Ráktérítő *n* Tropic of Cancer
rákvörös *a* lobster red; ~ **lett** (s)he went as red as a lobster
rálát *v* overlook (sg), have* a view of (sg)
rálehel *v* breathe on
rálép *v* **1.** *ált* step on (to); *(vk lábára)* tread* on **2.** *(útra)* take*
rálicitál *v* = **ráígér, túltesz** vkn
rálő *v vkre* shoot* at sy, fire at/on sy; **kétszer ránk lőttek** we've been shot at twice

ráma *n* **1.** *(cipőé)* welt **2.** *(képé)* frame
rámarad *v* fall* to sy('s lot), *(örökség)* pass to sy, be* left to sy
rámász|ik *v* **1.** *vk* climb/clamber up/onto **2.** *biz vkre* lambast(e) sy, lay*/lam/pitch into sy
ramaty *a biz* wretched, rubbishy
rámáz *v* frame, enframe
rámázol *v* paint sg on/over sg
ramazúri *n* rumpus, great to-do
rámegy *v* **1.** *konkr vmre* step/go*/get* on sg **2.** *(pénz)* be* spent on; **ráment az egész napja** it took him/her all day (to do sg); **rám ent az egészsége** it cost him his health **3.** *(ráveti magát vmre)* go* all out for sg, throw* oneself into sg
rámenős *a* aggressive, pushy; ~ **ember** go-getter
rámér *v vkre vmt* inflict sg on/upon sy; **csapást mér rá** *(átv is)* deal* sy a blow; **büntetést mér rá** mete/deal* out punishment to sy ⟹ **csapás 2.**
rámered *v* stare/gape/gaze at
rámol *v biz* = **rakosgat**
rámond *v* **erre** ~**hatjuk, hogy jó** this (is something) we can call/consider acceptable; ~**ja az áment** say* amen to sg; **mindenfélét** ~ malign sy, speak* ill of
rámordul *v* snap/bark/snarl at sy
rámosolyog *v* smile at/on sy; ~ **a szerencse** fortune smiles on him
rámpa *n* ramp, slope
rámutat *v* **1.** *vkre, vmre* point at/to sy/sg; **ujjával** ~ point a finger at, point out with one's finger **2.** *átv vmre* show*, point to sg; ~ **a hibára** point out *(v.* put* one's finger on) the flaw/mistake; ~**ott arra, hogy** he suggested that, he pointed out that, he called/drew attention to the fact that, he said that
ránc *n* **1.** *(arcon)* wrinkle, *(homlokon)* furrow **2.** *(ruhán)* fold, pleat; ~**(ok)ba szed** pleat, arrange in pleats **3.** ~**ba szed vkt** *(fegyelmez)* bring* sy to heel, bring* sy under (control)
ráncigál *v* **1.** *vmt* tug/pull at sg **2.** *biz (vkt zaklat)* bother/pester sy, keep* on at sy, *US* bug sy; **ide-oda** ~ **vkt** order sy about/around
ráncol *v* **1.** ~**ja homlokát** knit/furrow one's brow(s) **2.** *(ruhát)* pleat, arrange (sg) in pleats
ráncolód|ik *v* wrinkle, crease, get* creased
ráncos *a* **1.** *(arc)* wrinkled, wizened **2.** *(ruha)* pleated

ráncosod|ik v. *(arc)* become* wrinkled/ wizened, *(homlok)* become* furrowed
randalíroz v run* riot, brawl, kick up a row/shindy
randevú, *biz* **randi** n rendezvous (*pl* ua.), *biz* date
randevúz|ik, *biz* **randiz|ik** v. *vkvel* make*/ have* a date with sy, *US főleg:* date sy
rándít v pull/tug on/at, give* sg a pull/tug; **egyet** ~ **a vállán** shrug (one's shoulders); ~ **egyet a gyerek karján** give* the child's arm a tug
rándul v **Egerbe** ~**t** (s)he made a trip to *Eger* ⇨ **arcizom, megrándul**
rándulás n **1.** *ált* twitch, jerk **2.** *(ficam)* sprain
ránehezed|ik v **1.** *konkr* weigh/press/lie* heavy on sg **2.** *átv* weigh heavily on sy, weigh sy down
ránevel v educate to, train for
ránevet v vkre smile at sy, give* sy a smile
ránéz v look/glance at, cast* a glance at; **mindenki** ~**ett** all eyes were (focus(s)ed) on him; **rá sem néz vkre/vmre** (s)he doesn't even look at him/her/it (any more), (s)he doesn't take (any) notice of sy/sg; **rám se nézett** *(mert nem tartott rá méltónak)* he didn't deign to look at me
rang n *ált* rank; *(társadalmi)* rank, standing, status; **magas** ~**ban van** be* in a high position
rangadó n (football) match [between member teams of a league], (local) derby
rángás n jerk, twitch(ing)
rángat v = **ráncigál**
rángató(d)zás n convulsion(s), fit, *(görcsös)* jerk(s)
rángató(d)z|ik v *(görcsösen)* jerk; *(ajak, arc)* twitch; **fájdalmában** ~**ik** be* doubled up with pain
rangelső I. a ranking, top(-ranking) **II.** n first in rank; *isk* top boy/girl, *(igével)* be* at the top of the class, *biz* be*/come* top
rangfokozat n (order/grade of) rank ⇨ **rendfokozat**
rangidős a senior, senior in rank *ut.*; *US* ranking; ~ **tag** *(pl. diplomáciai testületé)* doyen; ~ **tiszt** senior (v. *US* ranking) officer
rangjelzés n stripes *pl,* chevron
rangkórság n mania for titles, snobbery
rangkülönbség n difference of/in rank
ranglétra n *(hivatali)* promotion by seniority, hierarchy, *GB biz* Buggins' turn; *(társadalmi)* social ladder/scale

ranglista n = **rangsor**
rangos a leading, noted, important
rangrejtve adv incognito
rangsor n **1.** hiv, kat order (of rank), (order of) precedence, priority **2.** *(társadalmi)* social hierarchy **3.** sp ranking list, the rankings *pl*
rangsorol v rank, grade
rangú a -rate, -ranking, of ... rank *ut.*; har-mad ~ **szálloda** third-rate hotel; **magas** ~ high-ranking, *biz* top; **minden rendű és** ~ **ember** → **rendű**
ránő v **1.** konkr grow* on (to), adhere to **2.** átv ~ **vknek a nyakára** become* too much for sy, grow* unmanageable for sy
ránt v give* sg a pull, pluck, pull, jerk, tug at, *biz* yank (*vmt* at); **kardot** ~ draw* one's sword; **magához** ~ **vmt** snatch sg (up)
rántani való csirke n broiler
rántás n **1.** *(mozdulat)* pull, tug, jerk, *biz* yank **2.** *(ételhez)* roux, thickening
rántott a **1.** *(hús)* fried in breadcrumbs *ut.*; ~ **csirke** chicken fried in breadcrumbs; ~ **szelet** breaded cutlet, *(borjú)* escalopes of veal, *(bécsi)* (Wiener) schnitzel **2.** ~ **leves** caraway-seed soup ⟨thick brown soup⟩
rántotta n scrambled eggs *pl, (vajas)* buttered eggs; ~**t csinál** make* scrambled eggs
rányit v vkre open the door (and break* in) on sy
rányom v vmt vmre (im)print/(im)press sg on sg; ~**ja a bélyegét vmre** leave* one's/its mark on sg; ~**ja a pecsétet vmre** put*/ fix/stamp a seal on sg
ráolvas v vkre ~**sa a bűneit/hibáit** reproach sy with his sins/faults, cast* sy's sins/faults in his/her face/teeth
ráoml|ik v vkre/vmre collapse (v. ram/fall*/ tumble down) on sy/sg
ráordít v vkre bawl/shout at sy
ráölt v *(tűvel)* stitch on
ráöml|ik v vmre pour on sg, spill* on sg, be* spilt (*US* spilled) on sg; **a tej** ~**ött a könyvre** the milk (has/was) spilt (*US* spilled) on the book
ráönt v **1.** *(folyadékot)* pour sg on/over sg, spill* sg on sg **2.** úgy áll rajta, mintha ~**ötték volna** it fits him like a glove, it is* a perfect fit
ráparancsol v vkre charge/order/command sy to do sg
rápazarol v vmt vkre lavish/waste sg on sy; vmre waste/squander money on sg; ~**ja az idejét vmre** waste one's time over/on sg;

sok energiát pazarolt rá he wasted much of his energy on/over it

rápillant *v vkre/vmre* glance at sy/sg, cast* a glance at sy/sg

rápirít *v vkre* make* sy blush, put* sy to the blush

rapityára *adv biz* ~ **tör** smash to smithereens/matchwood ⇨ **ripityára**

rapli *n biz* whim(sy), caprice, *(pillanatnyi)* fad; **az a** ~ **ja, hogy** (s)he has taken it into his/her head to do sg, (s)he has a bee in his/her bonnet about sg

raplis *a biz (szeszélyes, rigolyás)* whimsical, crotchety, capricious

rápróbál *v* try/fit sg on sy

rapszódia *n* rhapsody

rapszodikus *a vk* temperamental, moody; *vm* (wildly) uneven, *(pl. varrógép)* temperamental; ~**an dolgozik** work in fits and starts

ráragad *v* 1. *konkr* stick* on/to sg/sy, adhere to sy/sg 2. ~ **a betegség** catch*/contract a disease; ~**t egy kis angol** he picked up a smattering of English; ~**t a gúnynév** the nickname stuck (to him)

ráragaszt *v vmt vmre* stick*/glue sg on/to sg; ~**ható címke** stick-on label, sticker

rárak 1. *vt vmre vmt* put*/place/lay* sg on sg 2. *vi* ~ **a tűzre** ⇨ **rátesz** 2.

rárakód|ik *v vmre* settle on

ráránt *v biz* **rá se ránt vmre** not take a blind bit of notice of sg

rárepül *v (rákerül)* land on; *kat* fly* on/over/above

ráripakod|ik *v vkre* reprimand sy, reprove/rebuke sy harshly ⇨ **ráförmed**

rárivall *v vkre* scold sy, bawl sy out (for sg), shout sy; **rám rivallt** (s)he rounded on me, (s)he tore me off a strip

rárohan, ráront *v vkre* rush/charge at sy, pounce on sg

ráruház *v (tulajdont/jogot vkre)* transfer sg to sy; *(pénzt, tulajdont)* settle sg on sy ⇨ **átruház**

rásandít *v* cast* a stealthy/sidelong glance at sy

rásegít *v* ~**i a kabátját** help sy on with his/her coat

rásegítő fék *n* servo-assisted brake(s)

rásóz *v* 1. *biz (vkre tárgyat)* fob/palm off sg on sy, foist sg (off) on sy 2. *biz* **egyet** ~ **vkre** give sy a whack, thump/sock sy one

ráspoly *n* file, rasp

ráspolyoz *v* file (down)

rásüt 1. *vi (nap)* shine* (down) on 2. *vt (bélyeget vkre/vmre)* brand/stamp sg on sy/sg

3. *vt* ~**i a fegyvert vkre** fire (a/one's gun) at sy, shoot* at sy 4. *vt* **vkre** ~**i a hazugságot** catch* sy out

rászabadít *v vmt vkre/vmre* let*/turn sg loose on sy/sg; *(kutyát)* set* [the dog] on sy

rászakad *v* 1. = **ráomlik** 2. *átv* ~**t a sok munka** (s)he was inundated (*v.* swamped *v.* snowed under) with work; **sok baj/csapás szakadt rá** many misfortunes came upon him/her

rászáll *v* 1. *(rárepül)* fly* on 2. *(por, korom)* settle on, be* deposited on 3. *(tulajdon)* fall*/descend to; ~**ott az egész vagyon** the whole fortune devolved on him, he inherited the entire estate 4. *biz (nem tágít vktől)* ~ **vkre** descend on sy

rászán *v* 1. *(összeget vmre)* assign/allot [a sum] to; **ez több, mint amennyit** ~**tam** that is* more than I (had) anticipated; **1000 Ft-ot szánok rá** I'm allowing 1000 fts for that/it 2. ~**ja magát vmre** decide to do sg, make* up one's mind to do sg; **nem tudja magát** ~**ni** he can't make up his/her mind to do sg

rászárad *v (sár vmre)* get* caked with (mud), *(festék ecsetre)* dry on sg

rászavaz *v vkre* vote for sy

rászed *v vkt* deceive/dupe/fool/cheat sy, take* sy in, play sy a trick

rászegez *v* 1. *(szöggel)* nail sg on sg 2. *(fegyvert)* aim/level *(US -l)* (*v.* point) [a gun] at sy; ~**i a szemét vkre** fix/fasten one's eyes on sy

rászegeződ|ik *v* **minden szem** ~**ött** all eyes were (focus(s)ed) on him/her

rászok|ik *v vmre* become*/get* accustomed to sg, fall*/get* into the habit of doing sg; ~**ik az ivásra** start drinking, take* to drink

rászoktat *v vkt vmre* accustom sy to sg, get* sy into the habit of (doing) sg

rászól *v (rosszallólag)* rebuke sy, *biz* tell*/tick sy off (for doing sg)

rászolgál *v vmre* deserve/merit sg; ~**t** he deserved it

rászór *v* strew/sprinkle sg with sg

rászorít *v* 1. *(tárgyat)* press on/against 2. *átv vkt vmre* compel/force/press(ure) sy to do sg, keep* sy at it

rászorul *v vmre* be* in need of sg, be* reduced to doing sg; ~ **a támogatásra** be* in need of (*v.* have* to rely/depend on) sy's help/support

rászorult *a/n* **a** ~**ak** the poor/needy, those in need

rátalál *v* **1.** *(kitalál)* discover, find* out **2.** *(keresés után)* trace, track down, run* sy/sg to earth **3.** *(véletlenül)* hit*/chance (up)on sg, come* (up)on/across sy/sg (by chance)

rátámad *v vkre* attack sy, fall* on sy; **rám támadt egy kutya** I was set on by a dog

rátámaszkod|ik *v* **1.** *konkr* lean* on **2.** *átv* depend/rely on

rátapad *v* adhere/stick* to

rátapaszt *v* stick* on, glue/paste (on)to

rátapint *v* **1.** *vmre* put* one's finger on sg **2.** *átv (a lényegre)* put* one's finger on sg, touch the spot; ~**ott a lényegre** (s)he hit* the nail on the head, (s)he got to the heart of the matter

rátapos *v* trample/tread*/stamp on sg

rátarti *a* uppish, priggish, uppity, hoity-toity

rátehénked|ik *v vmre* sprawl on, lean* heavily on

ráteker *v (huzalt)* wind*/coil sg on sg

rátekered|ik *v* = **rácsavarodik**

rátekint *v* look/glance at

rátelefonál *v vkre* give* sy a ring, chase sy up on the phone

ráteleped|ik *v* settle on

rátér *v* **1.** *(útra)* take* the (right) way to, turn to **2.** ~ **a tárgyra/lényegre** come* to the point, get* down to business; *biz* get* down to brass tacks

ráterel *v* **1.** *(nyájat)* drive* to **2.** ~**i a beszélgetést** *vmre* bring* the conversation round to sg; ~**i a figyelmét** *vmre* draw*/call attention to; ~**i a gyanút vkre** cast* suspicion (up)on sy

rátereltőd|ik *v* ~**ik a beszélgetés** the conversation turns to sg; ~**ött a gyanú** suspicion was cast upon him, he fell under suspicion; ~**ött a figyelem** (s)he attracted attention

ráterít *v vmt vmre* spread*/lay* sg over sg, cover sg with sg

rátermett *a vmre* (be*) suitable/suited/fitted/qualified for sg (*v.* to do sg), (be*) cut out for sg; ~ **embert állít vhová** put* the right man in the right place

rátermettség *n* suitability, fitness, aptness, aptitude, efficiency

rátestál *v vkre vmt* bequeathe/leave* sg to sy [in one's will]

rátesz *v* **1.** *vmt vmre* put*/lay*/place sg on sg **2.** ~ **a tűzre** make* up the fire **3. a fejemet teszem rá, hogy** I'll bet anything you like that, I'll lay* my life on it that **4.** ~**i**

a kezét *vmre* lay*/take* hold of sg, lay* (one's) hands on sg

ratifikáció *n* ratification

ratifikál *v* ratify

rátol *v* **1.** *vmre* push/slide*/thrust* (sg) on/to sg **2.** *vkre vmt* ⇨ **hárít**

rátör **1.** *vi vkre/vmre* attack sy/sg **2.** *vt* ~**i az ajtót** *vkre* force/burst* open the door on sy, break* the door down on sy

rátukmál *v* force/thrust* sg on/upon sy, fob/palm off sg on sy

rátűz **1.** *vt* stick*/pin/fasten sg on(to) sg **2.** *vi* ~ **a nap** the sun beats* down on sg/sy

ráugr|ik *v vkre/vmre* jump/leap/spring* on/at sy/sg

ráun *v vkre/vmre* be*/get*/grow* weary/sick/tired of sy/sg, *biz* be*/get* fed up with sy/sg

ráuszít *v (kutyát vkre)* set* a dog on sy

ráutal *v* **rá van utalva** (1) *vmre* be* in need of sg (2) *vkre* be* dependent on sy, have* to rely on sy

ráül *v vmre* sit* (down) on sg

ráüt **1.** *vi vmre/vkre* strike*/hit*/slap sg/sy, strike* at sg/sy **2.** *vt (bélyegzőt)* stamp sg, put* a stamp on sg; ~**i a pecsétet vmre** set* one's seal to sg, append/affix a/the seal to sg

rávág **1.** *vi vkre/vmre* strike* (a blow) at sy/sg **2.** *vt* **gyorsan** ~**ja a választ** answer quick as a flash

rávall *v* **1.** *(bíróságnál)* give* evidence against sy **2. ez egészen** ~ it is* just like him, that's him all over

rávaló *n (összeg)* the wherewithal

rávarr *v* **1.** *(gombot)* sew* sg on **2.** *biz* ~**ja magát vkre** buttonhole sy, latch onto sy; *(élősködik vkn)* sponge on sy

rávarrott *a* ~ **gallér** attached collar; sewn-on collar; ~ **zseb** patch pocket

ravasz[1] *n* trigger; **elhúzza/megnyomja a** ~**t** pull the trigger

ravasz[2] *a* sly, cunning, artful, wily; ~ **ember** *biz* cunning fellow, sly-boots *sing.*; ~ **róka** *átv* a wily/sly old fox

ravaszkod|ik *v* finesse, wheel and deal

ravaszság *n* **1.** *(tett)* wile, trick, piece of cunning **2.** *(tulajdonság)* cunning, slyness, wiliness

ravatal *n* bier, catafalque

ravatalozó *n* mortuary, morgue, funeral parlour, *US* funeral parlor/home

ráveható *a vmre* be* amenable to sg, be* easily persuaded, *kif* you can twist him/her round your little finger

ráver v **1.** *(bottal, ütéssel)* strike*, hit*, slap **2.** *biz (legyőz)* win* against, beat* **3.** *biz* put* one's back into it (v. the work/job) ⇨ **ráhajt 2.**

rávés v vmt vmre engrave sg on sg

rávesz v **1.** *(ruhát)* put* on **2.** vkt vmre get*/persuade sy to do sg; **mindenre rá lehet venni** (s)he is easily persuaded, *kif* you can twist him/her round your little finger

rávet v **1.** vmt vmre throw*/fling* sg on(to)/over sg **2.** *(nap a sugarait)* dart (its beams) on sg **3.** ~**i magát** (1) vmre/vkre hurl oneself at/on sg/sy, pounce on sg/sy (2) átv vmre throw* oneself into sg

rávezet v **1.** vmre lead*/guide/conduct to **2.** átv vkt vmre give* sy a clue/hint **3.** *(ráír)* write (sg) on (sg)

rávezető a ~ **kérdés** leading question

rávilágít v *(átv is)* throw*/shed* light (up)on sg

rávisz v **1.** *(rajzot)* transfer **2.** átv vkt vmre lead*/induce sy to do sg; **mi vitte őt rá erre?** what led/induced him to do it/that? ⇨ **lélek**

ráz 1. vt shake*; **kezet** ~ **vkvel** shake* hands with sy, shake* (each other) by the hand; **fejét** ~**za** shake* one's head **2.** vi *(jármű)* jolt **3.** vi *(áram, vezeték)* shock, be* live ⇨ **hideg, rongy**

rázás n **1.** ált shake, shaking **2.** *(járműé)* jolt(ing)

rázendít v *(dalra)* break* into [a song], begin* [to sing]; *(zenére)* strike* up [a tune]

rázkódás n ált shake, shaking, shock

rázkód|ik v shake*, be* shaken

rázód|ik v be* shaken, shake*

rázós a **1.** *(út)* rough, bumpy **2.** *(ügy) biz* ticklish, tricky, touchy

rázúdít v **1.** vmt vkre/vmre hurl sg at sy/sg **2.** átv vkre vmt overwhelm sy with sg

rázúdul v **1.** *(folyadék)* fall*/pour/gush/ stream on, be* flooded/flushed with **2.** átv be* flooded/showered/inundated with; **kérdések özöne zúdult rá** (s)he was bombarded with questions

rázuhan v vkre vm fall* on sy, crash down (up)on sy

razzia n (police-)raid

razziáz|ik v raid, make* a raid (on)

R-beszélgetés n reverse(d)-charge call, US *főleg:* collect call; ~**sel hív** reverse the charges, US *főleg:* call sy collect

-re *suff* → **-ra**

reá *adv* = **rá**

reagál v **1.** vm vmre react (up)on sg, respond to sg **2.** vk vmre react/respond to sg; **erősen** ~ **vmre** react violently to sg

reagáló a vmre **érzékenyen** ~ sensitive/ responsive to sg

reagens n reagent

reakció n tud, pol és ált reaction

reakciós a/n reactionary

reaktivál v reinstall, reinstate

reálbér n real wages pl

reálértelmiség science people

reáliák n the (pure and applied) sciences

reális a **1.** *(valóságos)* real, actual, true; **nem** ~ unreal **2.** ~ **(an gondolkodó)** realistic

realista I. a realistic **II.** n realist

realitás n reality, actuality

realizál v **1.** *(megvalósít)* realize, carry/put* into effect, carry out/through **2.** *(ráébred)* realize

realizálód|ik v take* place, be* realized

realizmus n realism; **szocialista** ~ socialist realism

reáljövedelem n real income

reálpolitika n realpolitik, political realism

rebarbara n rhubarb

rebben v **szeme se** ~**t** he didn't turn a hair, he didn't bat an eyelid

rebeg v mumble, falter (out)

rebellis I. a rebellious **II.** n rebel

rebesget v **azt** ~**ik, hogy** it is* rumoured (US -ored) that, it is* in the wind that

rébusz n ~**okban beszél** speak* in riddles

rece n *(reszelőé)* teeth pl; *(érméé)* milling

réce n duck

recehártya n retina

recenzeál v review

recenzió n review; *(rövid)* (short) notice

recenziós példány n review copy

recepció n reception desk, US front desk; **jelentkezned kell a** ~**n/**~**nál** you have to sign in at reception; **Bob leszólt (telefonon) a** ~**ra** Bob telephoned to the reception desk

recept n **1.** *(főzéshez)* recipe **2.** orv prescription; ~**et (meg)ír** write* out a prescription (for sy) **3.** átv **nincs rá** ~ there's no (instant) recipe for sg, there's no magic formula/cure for sg

recés a **1.** *(hálószerűen)* reticular, reticulated **2.** *(ércpénz)* milled **3.** *áll* ~ **gyomor** reticulum *(pl* -la) **4.** *(nem sima)* rough

recesszió n recession

recézett a **1.** ált és áll reticulated **2.** *(ércpénz)* milled

reciprok érték *n mat* the reciprocal of sg
reccsen *v* creak, crack, give* a creak/crack/squeak/groan
reccsenés *n* creak, crack, squeak
recseg *v* **1.** *ált* creak, crack(le), *(szék)* groan, give* a groan **2.** *(hang)* rasp; *(rádió stb.)* (hiss and) crackle
recsegés *n (rádióé)* crackling, hissing, atmospherics *pl*
recsegő *a* ~ **hang** rasping/grating/strident voice
recseg-ropog *v* creak and groan, *átv* be* on its last legs
redő *n* **1.** *(ruhán)* pleat, fold; ~**kbe szed** pleat, arrange (sg) in pleats **2.** *(gyűrődés, ránc)* wrinkle, crease
redőny *n (ablakon, ajtón, kirakaton)* (rolling) shutter, roller-blind; *(átv is)* **lehúzza a** ~**t** put* up the shutters
redőnyös *a* ~ **íróasztal** roll-top (desk)
redős *a (ráncos)* wrinkled, *(homlok)* furrowed
redőz *v* **1.** *(homlokot)* furrow, wrinkle **2.** *(szoknyát)* pleat
redukál *v* *ált és tud* reduce, decrease; *(költséget)* cut* (down), trim
redukció *n* *ált* reduction; *(költségeké)* cut(ting down)
redves *a* rotten, decayed
ref. = *református* Reformed *(röv* Ref.), Calvinist
referál *v* vknek vmről report to sy on sg, brief sy on/about sg
referátum *n* report
referencia *n* reference; **jó** ~**t kap vktől** get* excellent reference(s) from sy; **vkt** ~**ként megad** give* sy as a reference
referens *n* executive (officer), official in charge of sg, desk officer (for sg)
reflektál *v* **1.** *(megjegyzést tesz vmre)* respond to sg, comment/remark on sg **2.** *(igényt tart vmre)* avail oneself of sg, take* up an/the/sy's offer to do sg *(v.* of sg); **nem** ~**ok rá** I have no need of it
reflektor *n* *ált (és hajón)* searchlight, *szính* projector, *(spotlámpa)* spotlight; *(autón)* headlight(s), main beam
reflektorfény *n* **1.** *szính* floodlight, *(spotlámpából)* spotlight; ~**ben úszik** be* brilliantly floodlit **2.** *átv* **vmnek a** ~**ében** thanks to sg [sg comes to light]
reflex *n* reflex; **feltételes** ~ conditioned reflex
reflexió *n (megjegyzés)* comment, remark; *(elmélkedés)* reflection
reflexmozdulat *n* reflex action

reform *n* reform; ~**okat hajt végre** carry out reforms
reformáció *n* *tört, vall* Reformation
reformál *v* reform, improve
reformátor *n* reformer
református *a/n* Calvinist, reformed; **a R** ~ **Egyház** the Reformed Church
reformer *n* reformer
reformfolyamat *n* reform process
reformista *n* reformist
reformizmus *n* reformism
reformkor *n* reform era, the age of reform
reformpárti *a/n* reformist; ~ **vagyok** I am* for reform
reformpolitika *n* reform policy
reformtörekvések *n* *pl* attempts at reform, reform(ist) endeavours *(US* -ors)
refrén *n* refrain, burden
rég *adv* = **régóta, régen;** ~ **esedékes** be* (long) overdue; ~ **óhajtott** long desired, long wished for *ut.;* ~ **várt** long expected; ~**től fogva** = **régóta**
rege *n* tale, saga, legend
régebben *adv* previously, in former times, before(hand), formerly; ~ **szerettem** I used to like it; ~ **mindennap úsztam** I used to swim every day (when I was younger) ⇨ **régen**
régebbi *a* former, earlier, previous, one-time; ~ **szám** *(folyóiraté)* back number
regél *v* relate/tell* tales/stories
régen *adv* long ago, a long time/while ago, formerly, ir in olden times; **már** ~ long since; **már** ~ **elfelejtettem, min veszekedtünk** I've long since forgotten what our quarrel was about; **jó/nagyon** ~ a long time ago, *biz* way back, ages ago; **mint** ~ as in the past; ~ **nem láttam** I haven't seen him for a long *(v.* some) time, it's a long time since I saw him; ~ **volt az** it was* long/ages ago; ~ **itt egy ház állt** there used to be a house here; **Ugye itt** ~ **egy mozi volt?** There used to be a cinema here, didn't there?; ~ **(= azelőtt) vmt nem csinált** he used not *(v. biz* usen't) to [do sg], he didn't use to [do sg] ⇨ **régebben**
regenerál *v* regenerate
regenerálódás *n* regeneration
regenerálód|ik *v* regenerate
régens *n* *tört* regent, protector
régente *adv* in the past, formerly; ~ **azt mondogatta nekem, hogy** he used to tell me that ... ; ~ **szokás volt** ... there/it used to be ..., it used to be the custom *(v.* customary) that, it used to be customary for sy to do sg

regény *n* novel; **a ~ cselekménye** the plot of the novel; **élete valóságos ~** his life is* quite a romance/story
regényalak *n* character [in a/the novel]
regényes *a* romantic, fantastic
regényhős *n* hero [of a novel], romantic hero
regényíró *n* novelist, novel-writer
regényirodalom *n* fiction, the novel
réges-rég(en) *adv* very long ago, a long time ago; a very long time (since)
réges-régi *a* very old, age-old, ancient
régész *n* archeologist
régészet *n* archeology
reggel I. *adv* in the morning; **ma ~** this morning; **korán ~** early in the morning, in the early morning; **korán ~ kel (fel)** get* up very early; **kedd ~ (on)** Tuesday morning; **~ 7-kor** at 7 (seven) in the morning **II.** *n* morning; **mindjárt ~** first thing in the morning; **jó ~t (kívánok)!** good morning!; **~től estig** from morning to night
reggelenként *adv* every/each morning, in the morning(s)
reggeli I. *a* morning; **~ hírek/krónika** the (morning) news *sing.*; **~ lap** morning paper; **a kora ~ órákban** in the early/small hours; **~ torna** morning exercises *pl* **II.** *n* breakfast; **angol ~** English breakfast; **meleg ~** cooked breakfast; **(sima) ~** continental breakfast
reggeliz|ik *v* have* (one's) breakfast; **kávét ~tem** I had coffee for breakfast
régi I. *a* **1.** *(régóta meglevő)* old, long-standing, of long/old standing *ut.*; **igen/nagyon ~** very old; **nem ~** not old, (quite) recent; **~ barátom** an old friend of mine; **~ barátság** long-standing friendship; **~ divatú** old-fashioned, out-of-date, outmoded; **~ ellenség** old enemy; **~ ember** *vhol* old-timer; *(munkás)* an old hand; **~ ismerősöm** an old acquaintance (of mine); **~ vágású ember** man° of the old guard/school/stamp; **ő még mindig a ~** he is* still his former self, he has not changed a bit **2.** *(a múltban megvolt)* ancient, old, early, bygone, past; **a ~ jó idők** the good old days, *sk* **auld** lang syne; **~ mester (képe)** old master; **a ~ görögök és rómaiak** the ancients; **~ szám** *(folyóiraté)* back number; **a ~ világban** in the old days, in days of old, in bygone/olden days **3.** *(előző)* former, late, ex-, past; **~ szerelem** old flame **4.** *(ócska)* dilapidated, worn(-out), old **II.** *n* **a ~ek** the ancients; **minden marad a ~ben** everything remains as it was *(v.* unchanged)

régies *a* antiquated, archaic; **~ kifejezés/szó** archaism
regiment *n* **1.** *kat* regiment **2.** *átv (jelzőként)* **egy ~ ...** a host of
régimódi *a* = **régi** *divatú*; **~ ember** old-fashioned man°/person, old fogey
régió *n* sphere, region, field
regionális *a* regional
régiség *n* **1.** *(tárgy)* antique; **~ek** antiquities, old curiosities, curios **2.** *(kor)* antiquity
régiségbolt *n* = **régiségkereskedés**
régiségbúvár *n* antiquary, antiquarian
régiséggyűjtő *n* antiquary, antiquarian, collector of antiquities
régiségkereskedés *n* antique(s) shop
régiségkereskedő *n* antique(s) dealer
regiszter *n* **1.** *(nyilvántartás)* register, record **2.** *zene (orgonán)* register, stop; *(hangfekvés)* register
regisztertonna *n* register ton (100 cubic feet = 2,83 m³)
regisztrál *v* register, record; **~ja az eseményeket** take* note of events
regisztrálókészülék *n* register, recording instrument, recorder
régmúlt I. *a* long past, bygone; **~ idők** bygone days, days of old **II.** *n nyelvt* past perfect, pluperfect
régóta *adv* for a long time/while, for ages; **~ fennálló** old-established, of long standing *ut.*; **már ~ akartam ...** I have long wanted to ...; **a ház már ~ nem áll** that house has long since disappeared
regös *n ir* minstrel, bard
regruta *n* † (raw) recruit
⊕egula *n* † rule, regulation
rehabilitáció *n jog, orv* rehabilitation; **~s intézet** rehabilitation centre *(US* -ter)
rehabilitál *v jog, orv* rehabilitate
rejl|ik *v vmben* lie*/be* in/behind sg, be* inherent in sg; **mi ~ik a hír mögött?** what's behind this piece of news?; **ez ~ik tette mögött** this is/lies behind his action; **abban ~ik, hogy** sg lies in [...ing]
rejlő *a* hidden/implied in sg *ut.*; **a szavaiban ~ fenyegetés** the threat implied in his words; **mélyebben ~ okok** deeper lying causes
rejt *v* hide*; *(leplez)* conceal; **arcát tenyerébe ~i** bury one's face in one's hands; **ki tudja, mit ~ a jövő** who knows what the future has in store
rejteget *v* **1.** *(vk elől vmt)* (try to) hide/conceal (sg from sy) **2.** *(szökevényt)* harbour *(US* -or), shelter, give* refuge to

rejtegetés *n* **1.** *(vk elől)* hiding, concealment **2.** *(szökevényé)* sheltering

rejtek *n ir* = **rejtekhely**

rejtekajtó *n* secret door

rejtekhely *n* hiding place, *(csak vké) biz* hideout, hideaway; ~**en tartózkodik** be* in hiding

rejtekút *n* secret/hidden path

rejtelem *n ir* mystery, secret

rejtelmes *a* mysterious, enigmatic

rejtély *n* **1.** *ált* riddle, puzzle, enigma, secret; ~ **vk előtt** be* a puzzle to sy, *(igével)* puzzle sy; **ez** ~ **előttem** I can't understand/fathom it, I'm mystified, *biz* it is* beyond me **2.** *(titokzatosság)* mystery

rejtélyes *a* = **rejtelmes**

rejtett *a* **1.** *(eldugott, titkos)* hidden, concealed, secret; ~ **értelem** hidden/concealed meaning; ~ **gúnnyal** with one's tongue in one's cheek; ~ **mikrofon** hidden microphone, *biz* bug **2.** *(felfedezetlen)* undiscovered; *(lappangó)* latent; ~ **hiba** *(árué, gépé)* latent defect, hidden fault, *biz* bug; ~ **tartalék** hidden reserves *pl*

rejtjel *n* code, cipher

rejtjeles *a* coded, in code/cipher *ut.*; ~ **üzenet** a message in cipher/code, coded message

rejtjelez *v* (en)code [a message], put* sg in cipher, (en)cipher sg

rejtjelkulcs *n* key to a cipher, code book

rejtőzés *n* **1.** *ált* concealment, hiding **2.** *kat* camouflage

rejtőz|ik *v* **1.** *ált* hide*, hide*/conceal oneself, be* in hiding **2.** *kat* take*/seek* cover

rejtőzköd|ik *v* be* in hiding

rejtve *adv* secretly, on the sly/quiet; ~ **marad** be*/remain/lie* hidden/concealed

rejtvény *n* riddle, puzzle; ~**ekben beszél** talk in riddles, be* enigmatical; ~**t ad fel vknek** ask sy a riddle; ~**t (meg)fejt** solve a riddle/puzzle, *(keresztrejtvényt)* solve a crossword (puzzle)

Réka *n* ⟨Hungarian feminine given name⟩

rekamié *n* sofabed, (studio) couch, bed-settee

reked *v vhol, vmben* stick* (fast), get* stuck in, *(vk is)* be*/get* left/stranded/trapped swhere; **kint** ~ be* shut/left out

rekedt *a (hang)* hoarse, husky, harsh; ~**re kiabálja magát** shout oneself hoarse

rekedtség *n* hoarseness, huskiness

rekesz *n* **1.** *ált* compartment **2.** *(istállóban)* stall, box **3.** *(ládika)* crate; ~**be csomagol/rak** crate

rekeszes *a* divided into compartments/cells/boxes *ut.*

rekeszfal *n* partition(-wall)

rekeszizom *n* diaphragm

rekeszt *v* **Dunát lehetne** ~**ni vele** there are piles/loads/oodles of it

rekettye *n* gorse, furze, whin

rekkenő *a* ~ **hőség/meleg** oppressive/sweltering heat, a stifling hot day

reklám *n* **1.** *(reklámozás)* advertising, publicity, (sales) promotion **2.** *(maga a reklám)* advertisement, *biz* ad, *GB biz* advert; *(tévében, rádióban)* commercial

reklamáció *n* complaint

reklamál *v* **1.** *(panaszt tesz)* make*/lodge a complaint (about sg), complain about sg **2.** *(követel vknél vmt)* demand sg from sy, claim sg from sy, press sy for sg

reklámár *n* special/giveaway/bargain price, special/limited offer

reklámcédula *n* handbill, throwaway, *US főleg:* flyer, flier

reklámfőnök *n* publicity/advertising manager, sy in charge of publicity, public relations officer (P.R.O. *v.* PRO)

reklámfüzet *n (kötött)* brochure, booklet, prospectus; *(hajtogatott)* leaflet

reklámosztály *n* publicity department

reklámoz *v* advertise, promote, publicize, *biz* push, give* sg publicity; *(rádióban, tévében) biz* give* sg a plug [on (the) radio/TV]

reklámozás *n* advertising, (sales) promotion, publicity

reklámszakma *n* advertising, publicity

reklámszöveg *n (újságban)* advertisement, advertising/publicity copy; *(könyv fülszövege)* blurb

reklámtábla *n* (advertisement) sign, poster, advertising hoarding, *US* billboard

rékli *n (mellényszerű)* bodice

rekompenzál *v* compensate sy for sg

rekonstruál *v* reconstruct; ~**ja a tényállást** reconstruct the facts

rekontra *n* redouble

rekord *n sp* record; *(csúcsteljesítmény, biz)* an all-time high ⇨ **csúcs 6.**

rekorder *n* **1.** *sp* record-holder **2.** *el stb.* recorder

rekordidő *n* record(-breaking) time

rekordtermés *n* bumper crop, record yield

rektor *n (magyar egyetemen)* Rector [of the University], *GB* Vice Chancellor, *US* Rector, President [of the University]

rektorátus *n* **1.** *(tisztség) GB* vice-chancellorship, *US* rectorship

rektori *a* ~ **hivatal** *(magyar)* Rector's Office, *GB* Vice Chancellor's *(v. US* Rector's) office

rekviem *n* Requiem

rekvirál *v* requisition, commandeer
rekvirálás *n* requisition(ing), commandeering
rekvizitum *n* accessory, requisite
relatív *a* relative
relatíve *adv* = **viszonylag**
relativitás *n* relativity
relativitáselmélet *n* (special *v.* general) theory of relativity
relé *n el* relay
reléállomás *n el* relay station
relief *n* = **dombormű**
relikvia *n* relic(s)
reluxa *n kb.* Venetian blind
rém I. *n (kísértet)* spectre (*US* -ter), ghost, apparition, phantom; **a háború** ~**e** the spectre (*US* -ter) of war; *tréf* **a pedagógusok** ~**e** *(rossz diák)* the despair of teachers; **a környék** ~**e** the terror of the neighbourhood (*US* -or-) (*v.* of the region); ~**eket lát** he is* an alarmist, he is* a Jeremiah **II.** *adv* = **rémesen**
rémdráma *n* **1.** *ir, szính* melodrama, thriller, blood-and-thunder play **2.** *(megtörtént)* catastrophic/tragic event, *biz* tragedy
remeg *v* tremble, quake, shake*, quiver, shiver *(vmtől mind:* with); **egész testében** ~ be* trembling/shaking all over; ~ **a félelemtől** shake*/tremble with fear, shake* in one's shoes/boots
remegés *n* trembling, tremble, quake, shake, quiver(ing), shiver(ing)
remek I. *a* superb, magnificent, splendid; ~ **fickó** a splendid chap, a good man°, *US* great guy **II.** *n* † masterpiece, masterwork **III.** *int* great!, splendid!
remekel *v vmben* excel (in), surpass/distinguish oneself (in)
remekíró *n* classic
remekmű *n* masterpiece
remekül *adv* splendidly, brilliantly, magnificently; **minden** ~ **megy** everything is* going very well; ~ **éreztük magunkat** we had a wonderful/marvellous (*US* -l-) (*v.* glorious) time
remél *v* hope *(vmt* for sg); *(vmt vár)* expect (sg), look forward to (sg *v.* doing sg); have* hope (that *v.* of sg); ~**em, hogy igen** I hope so; ~**em, még találkozunk** I hope to see you again, I hope that we shall meet again; ~**jük a legjobbakat** let us hope for the best; **jobban sikerült, mint ahogy** ~**tük** we have succeeded beyond expectation
remélhető *a* to be expected/hoped *ut.*; ~**en** = **remélhetőleg**

remélhetőleg *adv* it is (only) to be hoped that; I hope ...; *biz* hopefully ...; ~ **eljön** I hope/trust that he will come; ~ **nem fog esni** I hope it will not rain
remélt *a* expected, hoped-for; **nem** ~ unexpected, unhoped-for
remény *n* hope, expectation; ~**em van arra, hogy** I have* hopes of (...ing); **abban a** ~**ben, hogy** in the hope that (*v.* of ...); **vmnek a** ~**ében** in the hope of sg; **annak a** ~**ének ad kifejezést, hogy** express the hope that; ~**re jogosít** show* great promise, promise well, be* quite promising; ~**t fűz vmhez** attach hopes to sg; **nagy** ~**eket fűz vkhez** have* high hopes of sy, set* one's hopes on sy; **beváltja a** ~**eket** fulfil (*v. US* fulfill) sy's hopes/expectations; **minden** ~**ét vkbe/vmbe helyezi** pin all one's hopes on sy, place/put* all one's trust in sy; ~**t kelt vkben** raise sy's hopes; ~**étől megfoszt** crush/dash/destroy/shatter sy's hopes
reménykedés *n* hoping, hope, hopefulness
reményked|ik *v* hope *(vmben/vkben)* for sg/sy), attach hopes *(vmben* to sg); **abban** ~**ik, hogy** (s)he cherishes the hope that, (s)he hopes that
reménység *n* hope, expectation; **ez az utolsó** ~**e** that is* his last hope/resort
reménysugár *n* ray/gleam/glimmer of hope, the dawn of hope
reménytelen *a* ~ **dolog/eset** hopeless matter/case; ~ **szerelem** unrequited love; *(állapota)* lovelornness; ~**ül szerelmes** lovelorn
reményteljes *a* hopeful, full of hope *ut.*, promising, up-and-coming
reményvesztett *a* hopeless, despairing, without hope *ut.*, *ir* bereft of hope *ut.*
rémes *a* awful, frightful, dreadful, horrible, *biz* ghastly; ~**en** terribly, horribly, awfully, dreadfully
remete *n* hermit, recluse
remetelak *n* hermitage, hermit's abode
remeteség *n átv* seclusion, solitude
remetésked|ik *v* lead* the life of a hermit/recluse
rémhír *n* rumour (*US* -or)
rémhírterjesztés *n* rumour-mongering (*US* rumor-), scaremongering
rémhírterjesztő *n* rumour-monger (*US* rumor-), scaremonger, alarmist
remi *n biz* a draw
rémít *v* terrify, frighten, alarm
rémítget *v* keep* terrifying/scaring/alarming

rémítő *a* = **rémes**
remíz *n (villamosé)* (tram-)depot
rémkép *n* nightmare; **~eket lát** (1) *(álmában)* have* *(v.* be* troubled with) nightmares (2) *(pesszimista)* take* a gloomy view of everything, be* an alarmist *(v.* a Jeremiah)
réml|ik *v vknek* seem, appear to sy; **vm ~ik** it rings* a bell; **úgy ~ik előttem/nekem, mintha** I seem to remember (that), I fancy
rémregény *n* horror story, blood-and--thunder story, thriller, *US* dime novel
rémség *n* horror, atrocity
rémséges *a* = **rémes**
rémtett *n* horrible/dreadful/shocking deed/ act
rémtörténet *n* blood-curdler, blood-and--thunder story, thriller
rémuralom *n* terror(ism), reign of terror
rémül *v* → **halál**
rémüldöz|ik *v* be* alarmed/scared, panic *(alakjai:* panicked, panicking*)*; **ne ~z!** don't panic!
rémület *n* terror, horror, dread; **legnagyobb ~emre** to my utter horror; **~et kelt vkben** strike*/fill* sy with terror, terrify sy
rémült *a* horrified, terrified, alarmed, horror/terror-stricken/struck
rend *n* **1.** *(elrendezettség)* order; *(szobáé)* tidiness; **a ~ kedvéért** for the sake of order; **~be hoz** (1) *ált vmt* put*/set* sg/ things to rights, sort sg out (2) *(szobát)* → **rendbe** *rak/tesz* (3) *(megjavít)* repair/mend sg; **~be hozza magát** have* a wash and brush-up, tidy oneself (up); **~be jön** settle down, return *(v.* be* back) to normal; *(vk egészségileg)* recover, get* well again; **a dolgok majd ~be jönnek** things will sort themselves out, it/things/matters will work out; **minden ~be jön a végén** it/ everything will come (out) right in the end; **ettől majd ~be jössz** it will pick you up, it will help you (to) recover, it will help you (to) get better; **~be rak/tesz vmt** put*/ set*/get* sg in order, *(szobát)* do* [the room], tidy [the room] (up); **~be szed** *(fegyelmez)* take* sy to task, discipline; **ez a dolog/dolgok ~je** this is how it should be; **annak ~je és módja szerint** duly, in due form/order, properly; **~ben van** (1) *ált* be* in order (2) *(gép)* be* in (good/ perfect) running/working order, be* in perfect trim (3) *(elintézett)* be* done/settled; **~ben (van)!** (1) *(helyeslés, beleegyezés)* (all) right!, fine!, *biz* O.K. *v.* OK, okay! (2)

(el van intézve) done!; *(ügyintézés végén)* you are all set; **minden ~ben van** everything 's fine, all's well; **itt vm nincs ~ben** there is* sg wrong (here), *biz* I smell a rat; **~ben tart vmt** keep* sg in order, maintain order among/in sg; **~et csinál/teremt** (1) *vhol* make* order, sort sg out, put*/get* sg in order, *(szobában)* do* the room, tidy the room (2) *(rosszalkodó gyerekek között)* sort [the children] out; **helyreállítja a ~et** restore (public) order, set* things right; **a ~et fenntartja** keep*/ maintain/preserve order; **~et tart** keep* order **2.** *(sor)* row, line, array **3.** *(lekaszált)* swath **4.** *áll, növ* order **5.** *(társadalmi, tört)* estate, order, class [of society]; **polgári ~** bourgeoisie, the commons *pl;* **karok és ~ek** the Estates of the Realm; **egyházi ~** holy order(s) **6.** *(rendszer)* **demokratikus ~** democratic system, democracy; **szocialista ~** socialist system, socialism **7.** *(menynyiség)* **egy ~ ruha** a suit (of clothes)
rendbeli **a három ~** (1) *ált* threefold, repeated/happening/occurring three times *ut.* (2) *jog* three counts of; **tizenkét ~ lopás** twelve counts of theft
rendbírság *n* fine (for contempt of court)
rendbontás *n* disturbance, disorder, breach of *(v.* disturbing) the peace
rendbontó **I.** *a* disruptive, unruly, riotous **II.** *n* trouble-maker, disturber of the peace
rendel 1. *vt (árut)* order, give*/send* sy *(v.* put* in) an order for sg; *(ruhát, cipőt)* have* (sg) made for oneself, order (oneself) [two suits etc.]; *(taxit)* order [a taxi]; *(étteremben ebédet, ételt)* order [lunch, roast beef etc.]; *(színházjegyet)* book [seats at the theatre]; *(szobát szállodában)* book a [room], make* a booking; *(repülőjegyet)* book [seats on a plane]; **tetszett már ~ni?** *(étteremben)* are you being served? **2.** *vt (vkt vk mellé)* assign/give* sy to sy as an [assistant] **3.** *vt (vkt vhova kat)* detail, post **4.** *vt magához ~ vkt* summon sy, send* for sy **5.** *vt (orvosságot, kezelést)* prescribe [a medicine/treatment] for [an illness]; **mit ~t az orvos a náthádra?** what (medicine) did the doctor prescribe for your cold?; **egy hónapi fekvést ~t az orvos** the doctor ordered him a month's rest in bed **6.** *vi (orvos rendelést tart)* have*/hold* one's surgery; **~ 2-től 4-ig** surgery/consulting hours 2 p.m. to 4 p.m.; **~ de. 10—11-ig és du. 5—6-ig** surgery hours 10-11 am, 5-6 pm; **~ hétfőtől péntekig 10—11-ig** surgery hours Monday to Friday 10-11 **7. a sors úgy**

~te, hogy he was fated to, it was his destiny that
rendelés n **1.** *(áruké)* order(ing); ~**re** (v. ~ **szerint) készült** made to order/measure *ut.*, *US* custom-made/built; **csak** ~**re** to order only; ~**t felad** send*/place an order (for sg); ~**t felvesz** take* an order; ~**t teljesít** fulfíl (v. *US* fulfíll) an order, execute an order; ~**t visszavon** cancel *(US* -l) an order **2.** *orv* surgery; **délelőtti** ~ morning surgery; ~ **2—4-ig** surgery/consulting hours 2 p.m. to 4 p.m.; **ma nincs** ~ no surgery today
rendelési a ~ **idő** consulting/surgery hours *pl*; ~ **könyv** order-book
rendelet n **1.** *jog* order, decree; **miniszteri** ~ ministerial decree, departmental order (signed by a minister); **vk** ~**ére** by order of sy; ~**tel szabályoz** regulate by decree; ~**ekkel való kormányzás** government by decree **2.** **orvosi** ~ doctor's orders *pl*; **orvosi** ~**re** on doctor's orders **3.** *pénz* ~**re szóló csekk** cheque *(US* check) to order
rendeleti a ~ **úton** by order/decree
rendeletileg *adv* by order/decree
rendelkezés n dispositíon, disposal, direction, order, command, instruction; **a rendelet főbb** ~**ei a következők:** the major/main provisions of the decree/order are as follows; **további** ~**ig** until further orders/notice; ~**re áll** be* available, be* at sy's disposal; ~**re álló** available, at sy's disposal *ut.*; **miben állhatok** ~**ére?** can I do anything for you?, what can I do for you?, can I be of service/assistance (to you)?; ~**edre/**~**ére állok!** I'm at your service; ~**re bocsát** place/put* sg at sy's disposal, make* sg available to sy
rendelkezési a ~ **alap** funds for special purposes *pl*; ~ **állomány** temporary retirement
rendelkez|ik v **1.** *(parancsot ad)* give* ordes, ordei; ~ **vkvel** give* orders to sy **2.** *(vm felett)* dispose of/over, have* sg at one's disposal; **sok pénz felett ik**~ he has* considerable funds at his disposal **3.** ~ **vmvel** *(= birtokol)* possess sg, be* in possession of sg; **jeggyel** ~**ők** ticket-holders
rendellenes a abnormal; ~ **fejlődés** abnormal growth
rendellenesség n ált abnormality, abnormity, *(fejlődési)* developmental abnormality, anomaly, deformity
rendelő n *orv* consulting-room, surgery, *US* (doctor's/dentist's) office
rendelőintézet n clinic

rendeltetés n *(cél)* (intended/special) purpose, designation; *(funkció)* function; **ennek az összegnek az a** ~**e** this amount (v. sum of money) is allocated/designated/earmarked for [research etc.]
rendeltetési a ~ **hely** destination
rendeltetésszerű a ~ **használat** normal/proper use
rendelvény n **1.** *(bírói)* judge's order, decision, ruling **2.** **orvosi** ~ prescription
rendes a **1.** *(rendszerető)* tidy, neat; *(rendben tartott)* tidy, neat (and tidy), orderly, in order *ut.*; ~ **háziasszony** she is very house-proud; ~ **a szekrénye** her/his cupboard/wardrobe is tidy; **nincs egy** ~ **ruhája** he doesn't have a decent suit, *(nő)* she doesn't have a thing to wear **2.** *(derék, tisztességes)* decent, nice, good, upright, straight; ~ **lány** a nice/good girl; ~ **ember** decent/honest/nice man°/person, *biz* a decent sort/fellow, a good sort, *US* a regular guy; **nem** ~ **ember** *biz* a bad lot/egg, a cad; ~ **főnök** good/decent boss; ~ **gondolkodású** right-thinking/minded; **nagyon** ~ **volt tőled, hogy ...** it was really nice/kind/good of you to ... **3.** *(megszokott)* usual, normal, customary; ~ **időben** at the usual time; ~ **körülmények között** normally, in ordinary/normal circumstances; ~ **járat(ok)** scheduled service(s); **a** ~**nél korábban** earlier than usual **4.** *(szabályszerű)* normal, regular; ~ **ige** regular verb; ~ **sebességgel** at normal speed **5.** *(teljes jogú, pl. tag)* ordinary, full [member]; **az MTA** ~ **tagja** (ordinary) member of the Hungarian Academy (of Sciences); ~ **tagság** full membership
rendesen *adv* **1.** *(erkölcsileg)* ~ **viselkedik** behave correctly, *biz* do* the decent thing; *(udvariasan)* behave oneself, be* polite **2.** *(jól, megfelelően)* properly; **csináld meg** ~ do* it properly **3.** *(rendszerint)* usually, normally
rendész n *(üzemben)* security guard; *(GB könyvtárban)* security/safety officer; *(múzeumban)* security warder
rendészet n security (forces *pl*)
rendetlen a **1.** *(nem rendes)* untidy, disorderly; ~ **ember** unpunctual/careless/untidy person **2.** *(hanyag)* careless, negligent, *biz* sloppy; ~**ül** in a careless manner, *biz* sloppily **3.** *(rendellenes, pl. szerv működése)* irregular, giving trouble *ut.*
rendetlenked|ik v **1.** *(gyerek)* misbehave, be* mischievous, *biz* be* playing (sy) up **2.** *(belső szerv)* sg is* playing (sy) up

rendetlenkedő I. *a* **1.** *ált* restless, turbulent, unruly **2.** *(gyerek)* unruly, boisterous, mischievous II. *n* troublemaker

rendetlenség *n* disorder, chaos, confusion, state of disorder, untidiness, *biz* mess; ~**et csinál** *(lakásban)* make* a mess (in the flat); **szörnyű** ~ **van a szobájában** his/her room is (in) an awful mess, *biz* his/her room is a pigsty

rendez *v* **1.** *(elrendez)* arrange, order, put* sg in(to) (proper) order, *biz (dolgokat)* sort out; **kirakatot** ~ dress the window; **sajtó alá** ~ prepare sg for publication (*v.* the press), edit **2.** *(egyenletet)* reduce [an equation] **3.** *(elintéz)* put*/set* sg to rights, settle; *(kényes/vitás ügyet)* set* [a matter] straight, deal* with sg, straighten [matters] out; *biz* sort out [difficulties etc.]; **adósságot** ~ pay*/settle one's debts; ~**ik a fizetéseket** *(emelik)* raise/increase wages/salaries; ~**te évi tagdíját** be* a paid up member **4.** *(szervez)* organize **5.** *(filmet, színdarabot)* direct; ~**te ...** directed by ... ⇨ **botrány**

rendezés *n* **1.** *(elsimítás)* putting in order, settlement **2.** *(szervezés)* organization, organizing **3.** *(színházi)* direction; **igen jó volt a** ~ [the play] was excellently directed

rendezetlen *a* **1.** *konkr* disordered, disorderly, confused **2.** *átv* unsettled; ~ **adósság** outstanding/unsettled debt; ~ **számla** an outstanding account

rendezett *a* **1.** *ált* orderly, in order *ut.*, properly arranged, well-arranged; *(szoba stb.)* tidy, orderly, *biz* in apple-pie order **2.** ~ **anyagi körülmények/viszonyok között** in financially sound circumstances; ~ **élet(mód)** settled (way of) life

rendezked|ik *v* make* order, set* (sg) in order ⇨ **rendet teremt**

rendező I. *a* ~ **pályaudvar** marshalling yard II. *n* **1.** *(ünnepélyé, konferenciáé stb.)* organizer **2.** *szính, film* director, *(igével)* directed by ...

rendezőbizottság *n* organizing committee

rendeződ|ik *v* be(come)* settled; *(helyzet)* get*/be* back to normal

rendezői *a* ~ **példány** an/the acting version

rendezőpéldány *n* = **rendezői** *példány*

rendezőség *n* organizing committee, the organizers *pl*

rendezvény *n* programme (*US* program)

rendfenntartás *n* maintenance of (public) order

rendfenntartó *a* ~ **közegek** the police, security forces

rendfokozat *n kat* rank

rendhagyó *a nyelvt* irregular; ~ **ige** irregular verb

rendi *a tört* feudal; ~ **állam** feudal state

rendíthetetlen *a* firm, solid, immovable; ~ **nyugalma van** be* imperturbable/unflappable

rendjel *n* order, decoration

rendjén *adv* **ez így nincs** ~ that's not right/correct, that won't do

rendkívül *adv* extraordinarily, extremely, exceedingly, exceptionally, remarkably, uncommonly; ~ **fontos, hogy** it is* of the utmost/greatest importance that; ~ **jól** extremely well; ~ **kellemetlen helyzet** a most awkward situation; ~ **nagy** enormous

rendkívüli *a (szokatlan)* extraordinary, unusual, *(kivételes)* exceptional, *(különleges)* singular, remarkable, *(különös)* unusual, uncommon; ~ **adás(nap)** *(tévében)* special broadcasting day; ~ **állapot(ok)** state of emergency; ~ **esemény** singular/unusual event/incident; ~ **kiadás** *(lapé)* special/extra edition, extra; ~ **követ és meghatalmazott miniszter** envoy extraordinary and minister plenipotentiary; ~ **módon** extraordinarily, exceedingly, enormously, remarkably; ~ **tantárgy** optional/special subject

rendőr *n* policeman°, *(női)* policewoman°, *(férfi v. női)* police-officer, *GB* (police) constable *(röv. PC, pl* PCs); **Horváth János,** ~ **PC J. Horváth;** ~ **őrmester** police sergeant; **közlekedési** ~ traffic policeman°; **ügyeletes** ~ policeman° on point-duty

rendőrállam *n* police state

rendőrautó *n* police-car, *(URH-kocsi)* patrol car, *GB így is:* panda car

rendőrbíró *n* (police-court) magistrate

rendőrfelügyelő *n* inspector; **Brown** ~ Inspector Brown

rendőrfőkapitány *n* chief commissioner of police, police commissioner

rendőr-főkapitányság *n* central police station

rendőrfőnök *n* police superintendent, *US* chief of police

rendőrhatóság *n* police (authorities *pl*)

rendőri *a* police; ~ **felügyelet alatt áll** be* under police surveillance

rendőrkapitány *n* police superintendent

rendőrkapitányság *n* police station

rendőrkéz *n* ~re kerül be* taken into custody, be* arrested

rendőrkopó *n* elít secret (*v.* plain-clothes) policeman°

rendőrkordon *n* (police) cordon

rendőrkutya *n* police dog

rendőrlaktanya *n* police barracks/quarters *pl*

rendőrnő *n* policewoman° (*röv* PW), woman police constable (*röv* WPC); **Németh Ilona,** ~ PW (*v.* WPC) Ilona Németh ⇨ **rendőr**

rendőrőrs *n* police station

rendőrőrszem *n* policeman° on duty

rendőrőrszoba *n* police station

rendőrség *n* police *pl*; (*mint országos testület*) police force; a ~ keresi the police are* after him, he is* wanted by the police; a ~ készenlétben áll police are* standing by; átadják a ~nek turn sg/sy in, hand sg/sy over to the police; beviszik a ~re be* taken to the police station, run* sy in, be* taken into (police) custody; kivonult a ~ the police turned out in force

rendőrségi *a* police; ~ fogda police-cells *pl*

rendőrspicli *n* biz elít (police-)spy, informer

rendőrtiszt *n* police officer

rendre I. *adv* by turns, in turn, one after another **II.** *int* † (*gyűlésen*) ~! ~! order! order!

rendreutasít *v* call sy to order, take* sy to task, rebuke sy

rendreutasítás *n* calling to order, rebuke

rendszabály(ok) *n* (*intézkedés*) measures *pl*, steps *pl*; ~okhoz nyúl take* measures/ steps (to), take* action; büntető ~ok (punitive) sanctions; erélyes ~ok strong measures; megtorló ~ok reprisals, retaliatory measures

rendszám *n* (*autóé*) registration number

rendszámtábla *n* number plate, US license plate

rendszer *n* system; (*módszer*) method; (**politikai**) ~ regime, system of government; ~be foglal systematize; ~t csinál vmből make* a habit of sg, make* it a rule to

rendszerelemzés *n* systems analysis

rendszeres *a* **1.** (*rendszerezett*) systematic, methodical; (*rendszerszerű*) systemic **2.** (*állandó*) constant, permanent; ~ tájékoztatás (*sajtóban*) coverage; ~sé válik become* widespread **3.** (*megszokott*) habitual, regular; ~ látogató regular visitor

rendszeresen *adv* systematically, regularly

rendszeresít *v* (*bevezet*) establish, introduce; ~ett állás permanent/established post

rendszeretet *n* love/sense of order, orderliness, tidiness

rendszerető *a* neat, orderly, tidy

rendszerez *v* systematize; ~ett systematic

rendszerezés *n* systematization, system

rendszerint *adv* as a rule, usually, generally, normally, in general

rendszerszerű *a* systemic

rendszertan *n* taxonomy, taxology

rendszertani *a* taxonomic; ~ név taxonomic name

rendszertelen *a* without plan/system *ut.*, unsystematic, (*nem összehangolt*) uncoordinated, (*alkalmi*) casual, random

rendszervált(oz)ás *n pol* change of regime

rendtartás *n* rules *pl*, regulations *pl*

rendű *a* -class, -rate, -grade; minden ~ és rangú ember people from all walks of life *pl*, all sorts and conditions of men *pl*

rendületlen *a* firm, resolute, steadfast, steady, unshakable

rendzavarás *n* ált disturbance, (*zendülés*) riot(ing); (*garázdaság*) breach of the peace, disorderly conduct

rendzavaró *n* troublemaker

renegát *n* renegade, traitor, turncoat

reneszánsz *n* the Renaissance

reng *v* **1.** ált shake*, tremble, quiver **2.** (*föld*) quake, there is an earthquake

rengeteg I. *num* a (*számra*) vast number of, countless (*és utána: pl*), biz lots of; (*tömegre*) huge, enormous, vast; ~ dolgom van I'm very busy, I've got my hands full, I'm snowed under; ~ (sok) ember vast/immense/huge crowd(s), a mass of people, lots of people *pl*, many people *pl*; ~ munka a vast amount of work; ~ pénz a lot of money, a mint; ~ pénze van he is* rolling in money, biz he's loaded; ~ pénzbe került it (has) cost a (small) fortune (*v.* a lot of money) **II.** *n* **1.** (*hatalmas erdő*) vast/trackless forest **2.** ~et dolgozik work very hard, work like a Trojan; ~et nevettünk we laughed our heads off

renitens *a* refractory, recalcitrant

renomé *n* reputation, renown, name

renovál *v* (*épületet*) renovate, repair, restore [a building]

rénszarvas *n* reindeer

rentábilis *a* profitable, paying, (*igével*) it pays

rentabilitás *n* profitability, profitableness

renyhe *a* **1.** *ált* inert, inactive, torpid **2.** *(bél-működés)* sluggish
répa *n* **1.** *(fehér)* turnip **2.** *(sárga)* carrot **3.** *(cukor)* (sugar-)beet
répacukor *n* beet-sugar
reparál *v* mend, repair, *biz* fix
répaszedés *n* gathering of turnips
répaszelet *n* slice of turnip
repatriál *v* repatriate
répavágó *n* turnip slice/cutter
repce *n* rape, colza
repceolaj *n* rape(-seed) oil, colza oil
repdes *v* flutter, flit, fly* about
reped *v* **1.** *ált* crack, burst*, split*; *(bőr)* chap, crack **2.** *(ruha)* tear*, *(nadrág)* tear*, split*, rip
repedés *n* **1.** *(folyamat ált)* bursting, splitting; *(bőrön)* cracking, chapping **2.** *(eredménye, ált)* burst; *(rés)* gap, slit; *(falban)* crack, chink; *(bőrön)* chaps *pl*; *(ruhán)* tear
repedezett *a* *ált* cracked, *(bőr)* chapped
repedez|ik *v* **1.** *ált* crack, chap, rend* *(easily),* split* **2.** *(bőr)* chap
repedt *a* **1.** *(tányér stb.)* cracked **2.** ~ **hang** hoarse/cracked voice
repertoár *n* *szính* repertoire, repertory; **gazdag** ~**ja volt** he had a wide repertory
repertoárdarab *n* stock play
repertoárszínház *n* repertory company/theatre *(US* -ter*), US* stock company
repes *v* flit, flutter (about); **a szíve** ~**ett örömében** his heart jumped/leapt for joy
repesz *n* shrapnel, splinter
repeszbomba *n* antipersonnel bomb, fragmentation/personnel bomb
repeszgránát *n* fragmentation grenade
repeszt *v* **1.** *konkr* crack, split* **2.** *átv biz* *(motorral)* tear*/roar along, do* a ton
repeta *n* *biz* seconds *pl,* a second helping; **kérj** ~**t** ask for seconds
repetál *v* *biz* *(ételt)* take*/have* a second helping
repít *v.* **röpít** *v* **1.** *vmt ált* let* sg fly, *(sárkányt)* fly* [a kite] **2.** *(hajít)* throw*, fling*, hurl **3.** **golyót** ~ **az agyába** blow* out one's brains **4.** *(vkt autón vhová)* run* sy to [a place]
repked *v.* **röpköd** *v* fly* about, *(ide-oda)* flit/flutter to and fro
repkény *n* ground ivy
replika *n* **1.** reply, retort **2.** *(zene)* replication, replicate
replikáz(ik) *v* reply, retort
reppen *v.* **röppen** *v* take* wing/flight, fly* (up), flit
reprezentáció *n* public/official duties *pl*

reprezentációs *a* ~ **költségek** entertainment expenses, entertainment allowance *sing.*; ~ **költségtérítés** expense account
reprezentál *v* **1.** *(képvisel)* represent **2.** *(szerepel a közéletben)* ⟨maintain the dignity of one's (official) position⟩, *kb.* act in one's official capacity
reprezentatív *a* **1.** *(kiállítás stb.)* representative [exhibition, collection] **2.** *(statisztika)* representative [survey]; ~ **adatfelvétel/mintavétel** representative sample (of), sampling **3.** *(mutatós)* impressive, imposing, *biz* swish, *(épület stb.)* imposing, stately
reprint *n* reprint
reprivatizál *v* reprivatize
reprivatizálás, reprivatizáció *n* reprivatization
repríz *n* *(színdarab)* revival (of a play); *(film)* rerun
repró *n* *biz* repro
reprodukál *v* reproduce
reprodukálhatatlan *a* unrepeatable
reprodukció *n* reproduction
reprográfia *n* reprography
reptében *v.* **röptében** *adv* flying, on/upon the wing
republikánus *a/n* republican; ~ **párt** *US* Republican Party
reputáció *n* reputation, repute
repül *v.* **röpül** *v* **1.** *ált* fly*; *(repülőgépen utazik)* fly*, travel *(US* -l*)* *(v.* go*) by air **2.** **levegőbe** ~ *(felrobban)* blow* up, be* blown up **3.** *(rohan, gyorsan megy)* fly*, run*; *(gondolat)* soar **4.** ~ **az állásából** be* thrown out, get* the sack/boot, be* sacked ⇨ **galamb**
repülés *n* **1.** *ált* flying **2.** *vké, vmé* flight **3.** *(technika)* aeronautics *sing.,* aviation
repülési *a* flying-, flight-, aero-, aeronautical, ~ **idő(tartam)** flight/flying-time; ~ **magasság** (flying) altitude; ~ **sebesség** flying speed; ~ **útvonal** flight path
repüléstan *n* aeronautics *sing.*
repülő I. *a* **1.** *vk/vm* flying **2.** *kat* ~ **ezredes** *GB* group captain, *US* colonel; ~ **alezredes** *GB* wing-commander, *US* lieutenant-colonel **II.** *n* **1.** *(személy)* flier *v.* flyer, aviator, pilot, *kat GB* aircraftman°, *US* airman° **2.** = **repülőgép**; ~**vel utazik** go*/travel *(US* -l*)* by air, fly*
repülőbizottság *n* flying commission/committee
repülőbomba *n* flying bomb
repülőgép *n* *ált* aircraft *(pl* ua.*), GB* (aero)plane, *US* airplane, *biz* plane, *(utasszállító)*

*ai*rliner; **sugárhajtású** ~ jet-propelled *ai*rcraft, jet (plane); **a** ~ **leszáll** the *ai*rcraft lands; **a** ~ **felszáll** the *ai*rcraft takes* off; ~**en/**~**pel utazik** tr*a*vel (*US* -l) by air, go* by air, fly*

repülőgép-anyahajó *n ai*rcraft c*a*rrier

repülőgép-eltérítés *n* = **géprablás**

repülőgép-eltérítő *n* = **géprabló**

repülőgépes *a mezőg* ~ **szolgálat** *ae*rial f*a*rming; ~ **fejtrágyázás** *ae*rial topdressing

repülőgépgyár *n* a*i*rcraft f*a*ctory

repülőgépgyártás *n* a*i*rcraft prod*u*ction

repülőgéprabló *n* = **géprabló**

repülőgép-szerelő *n* flight/*ai*rcraft mech*a*nic

repülőhal *n* fl*y*ing fish (*pl* ua.)

repülőjárat *n* flight; ~ **száma** flight number

repülőjegy *n* air/p*a*ssenger ticket

repülőnő *n ai*rwoman°

repülőraj *n* flight

repülőrajt *n sp* fl*y*ing start

repülősport *n* avi*a*tion

repülőszázad *n* squ*a*dron

repülőszemélyzet *n* air-crew

repülőszerencsétlenség *n* air-crash

repülőtámadás *n* air-raid

repülőtér *n (polgári) ai*rport, *(főleg kat) ai*rfield; *(kisebb, magánrepülőknek) ae*rodrome

repülőtéri *a* ~ **autóbusz** *ai*rport bus; ~ **használati díj (***v.* **illeték)** *ai*rport fee/ tax; ~ **jelzőfény** gro*u*nd-lights *pl;* ~ **személyzet** gro*u*nd crew/staff

repülőtiszt *n* air-force *o*fficer, *GB o*fficer of the R*o*yal Air Force, RAF-*o*fficer, *US o*fficer of the USAF

repülőút *n* flight; **jó repülőutat!** have a good flight/trip, h*a*ppy l*a*ndings!

rés *n* **1.** *ált* slit, rift, *(repedés)* f*i*ssure, crack, split, *(nyílás)* aperture, or*i*fice, *(lyuk)* hole, gap; ~**t betöm** fill/st*o*p a gap **2.** ~**en áll/van** be*/stand* on guard (*v.* on the alert/watch), *biz* keep* one's eye on the ball

résel *v bány* cut*, hole

réselés *n bány* c*u*tting, holing

réselőgép *n bány* co*a*l-cutter, bre*a*ching m*a*chine

réshang *n* fricative (c*o*nsonant)

respektál *v* respect sy, have* respect/reg*a*rd for sy; *(tart vktől)* be*/stand* in awe of sy

rest *a* l*a*zy, sl*o*thful, sl*u*ggish, *i*ndolent; **nem volt** ~ **(s)**he didn't h*e*sitate to, he took the tro*u*ble to

restancia *n* b*a*cklog; **nincs** ~**ja** be* up to date with one's work; ~**ban van** be* beh*i*ndhand with sg, be* beh*i*nd in/with sg; **sok** ~**m van** I have a huge b*a*cklog (of work), I'm beh*i*ndhand in my work, I'm beh*i*nd with my work

restauráció *n tört* restor*a*tion

restaurál *v* restore

restaurátor *n* (p*i*cture-)rest*o*rer

restelked|ik *v* be* ash*a*med of onesel*f*, be*/ feel* ash*a*med (to *v.* that)

restell *v* **1.** *(szégyell vmt)* be* sorry that ..., be* ash*a*med of/that ...; ~**em a dolgot** I feel really (very) bad ab*o*ut it; ~**i magát** = **restelkedik 2.** *(lusta vmt megtenni)* be* too l*a*zy to do sg, be* loth/rel*u*ctant to do sg; **nem** ~**i a fáradságot** spare no pains

rész *n* **1.** *konkr* part, piece; **vmnek egy** ~**e** be*/form (a) part of sg; **két** ~**ből álló** cons*i*sting of (*v.* h*a*ving) two parts/sections *ut.*; ~**ekre bont/oszt** split*/cut* up, div*i*de **2.** *(osztályrész)* share, prop*o*rtion; **a rá eső** ~ one's share; **elvégzi a munka rá eső** ~**ét** do* one's share of the job/work, *biz* do* one's bit; **megkapja a** ~**ét vmből** rec*ei*ve/get* one's share of sg; **kiveszi a** ~**ét vmből** take* a share in sg, part*i*cipate in sg; **alaposan kivette a** ~**ét vmből** he has done the l*i*on's share of [the work], □ he has had a bellyful of sg **3.** *(terület)* section, region **4.** *átv* part, side; ~**e van vmben** be* a p*a*rty to sg, have* a hand in sg, be* involved in sg; **legnagyobb** ~**ben** for the most/gre*a*ter/gre*a*test part, to a great/l*a*rge extent; **vk** ~**ére** for sy, at sy's disp*o*sal; **vk** ~**éről** on sy's part, on the part of sy; ~**em-ről** for/on my part, as far as I am* concerned; ~**t vesz** (1) *vmben* take* part in sg, have* a share/hand in sg, share/part*i*cipate/join in sg; *(vm rosszban)* be* eng*a*ged in sg (2) *vmn* take* part in [a c*o*nference etc.], part*i*cipate in sg, attend [a m*ee*ting etc.], be* pr*e*sent at sg; **vmben/vmn** ~**t vevő** part*i*cipant (in sg), t*a*king part in sg *ut.*; **nem vesz** ~**t vmn** does not take part in sg, *(szándékosan)* stay aw*a*y (from)

részarányos *a* symm*e*trical, in prop*o*rtion *ut.*

részben *adv* p*a*rtly, in part, p*a*rtially, to some degr*ee*/extent, to a certain ext*e*nt

részbeni *a* p*a*rtial

részecske *n* p*a*rticle, fr*a*gment; **elemi** ~ el*e*mentary p*a*rticle

részecskegyorsító *n* p*a*rticle accel*e*rator

részeg I. *a* dr*u*nk(en), int*o*xicated, □ pissed, *(kissé)* tight, t*i*psy; ~**en,** ~ **állapotban**

in a state of drunkenness/intoxication; ~ **disznó** drunken sot; ~, **mint a csap** (as) drunk as a lord/newt, *biz* (as) tight as a tick, *vulg* (as) pissed as a newt **II.** *n* drunk, drunkard
részeges *a* drunken, given/addicted to drinking *ut*.; ~ **ember** drunkard, drunk
részegeskedés *n* (hard) drinking
részegesked|ik *v* drink*, be* given to drink-(ing), be* a hard drinker
részegítő *a* intoxicating, heady
részegség *n* (state of) drunkenness/intoxication, inebriation, tipsiness
reszel 1. *vt (fát, fémet, körmöt)* file **2.** *vt (ráspollyal)* rasp **3.** *vt (ételfélét)* grate **4.** *vi* ~ **a torkom** sg is* irritating my throat
reszelék *n* filings *pl*, shavings *pl*
reszelő *n* **1.** ált file **2.** *(ételhez)* grater
reszelős *a* **1.** *(felületű)* rough, grating **2.** *(hangú)* grating, harsh
részenként *adv* in parts, bit by bit
részes I. *a* **1.** *(érdekelt vmben, igével)* have* a(n) interest/hand/share in sg, be* concerned/interested in sg; **nem** ~ **vmben** have* no hand/part in sg, be* not involved in sg **2.** *(vmben részt vevő)* participating *(v.* taking part) in sg *ut*.; **ő is** ~ **a dologban** he is also involved, he is also party to the [affair etc.] **3.** ~ **bérlő** share-cropper **II.** *n* participant (in), partner (to); **vmben** ~**sé tesz** let* sy share/participate in sg; **vmnek** ~**évé lesz** (have* a) share in sg ⇨ **bűnrészes**
-**részes** *suff* -part; **négy**~ four-part, consisting of four parts *ut*.
részesedés *n (nyereségből stb.)* share, dividend
részesed|ik *v* = **részesül**
részeshatározó (eset) *n* dative (case)
részesít *v* vkt vmben give* sy a share in sg, grant sy sg → **előnyben** ~; **meleg/szívélyes fogadtatásban** ~ vkt give* sy a warm welcome/reception
részestárs *n* copartner, sharer
részesül *v* vmben participate/share in sg, have* a share in sg; **előnyben** ~ be* preferred, be* given preference, have* an/the advantage over; **meleg/szívélyes fogadtatásban** ~ be* given a warm welcome/reception, be* received cordially
részfeladat *n* part of the problem/task
részfoglalkozás *n* part-time job/work/employment; ~**ú** *(igével)* work part-time, have* a part-time job, be* a part-timer, be* a part-time worker

részidő *n* sp intermediate time
részidős *a* part-time
részint *adv* partly; ~ ... ~ both ... and; on the one hand ... on the other (hand)
reszket *v* **1.** *konkr* tremble; ~, **mint a kocsonya/nyárfalevél** tremble like an aspen-leaf **2.** *(borzong)* shiver, shudder; **hidegtől** ~ shiver with cold **3.** *(átv fél)* tremble (with fear); ~ **a gondolattól** shudder/tremble at the (very) idea/thought of sg **4.** *átv* **vmért** ~ be* crazy about sg, run* after sg; ~ **vkért** tremble/fear for sy, be* worried/anxious about sy
reszketeg *a* trembling, shaking
reszketegség *n* shakiness
reszketés *n* **1.** *konkr* trembling, tremble **2.** *(borzongás)* shiver(ing), shudder(ing) **3.** *átv* fear and trembling
reszkető(s) *a* ~ **hang** trembling/quavery/tremulous voice; ~ **kézzel írt** written by a shaky/trembling hand; ~ **térdek** knees knocking together
reszkíroz *v* risk, take* chances, take* a risk/chance
részleg *n* section, department, part
részleges *a* partial; ~**en foglalkoztatott** part-time
részlet *n* **1.** *(ált vmnek a részei)* detail, particulars *pl*; **apró** ~**ek** particulars, minute details; ~**ekbe bocsátkozik** go* into detail(s); ~**ekbe menő** detailed, in--depth; **minden** ~**ében** in every detail; **a legapróbb** ~**ig** to the smallest detail; **adj meg minden** ~**et** please give me all the details **2.** *(irodalmi/zenei műből)* extract, passage; *(filmből)* (a short) excerpt **3.** *(részletfizetésnél)* instalment *(US* -ll-); **első** ~ down payment, deposit; ~**ekben fizet** pay* by/in instalments; ~**re vásárlás** hire-purchase *(röv* hp), *US* installment plan; ~**re vesz** buy* (sg) on hire-purchase; **12 havi** ~**re** [pay*] by twelve monthly instalments [can be paid for] in twelve monthly payments [of £ ...]; **kifizeti az első** ~**et** make* a down payment on sg
részletes *a* detailed; ~ **tájékoztatást kérünk** please send further details (of sg)
részletesen *adv* in detail
részletez *v (részletesen előad)* detail (sg), go* into detail(s) about sg, give* full details/particulars of sg; **nem akarom** ~**ni** I will not go into (the) details
részletezés *n (a felsorolás)* details *pl*; *ker is:* specification, itemization; **áruk** ~**e** specification (of goods)

részletfizetés(i rendszer) hire-purchase (system); ~**re vásárol** buy* (sg) on hire--purchase (*v. US* on the installment plan); ~**t teljesít** pay* an instalment
részletkérdés *n* a (question/matter of) detail; **jelentéktelen** ~**ek** minor details
részletletagadás *n tréf biz* ~**ra** on the never never
reszort *n* competence, province; **nem tartozik a** ~**omba** it is not within my province, *biz* it's not my department/pigeon
reszortmunka *n* routine work
részrehajlás *n* partiality, bias
részrehajló *a* partial, bias(s)ed; **nem** ~ impartial, unbias(s)ed, unprejudiced
resztelt *a* = **pirított**
résztulajdonos *a* part-owner
résztvevő *n* = **részvevő I.**
részvény *n* share, *US* stock; ~**t jegyez** subscribe for shares, underwrite* shares; ~**t vásárol/vesz** buy* shares (in)
részvényes *n* shareholder, *US* stockholder
részvénytársaság *n (röv* **rt.**; *tulajdonnév részeként:* **Rt.**) joint-stock company; *US* stock company
részvét *n (együttérzés)* compassion, sympathy (for); ~**et érez vk iránt** feel* sympathy for sy; **fogadja őszinte** ~**emet** please accept my condolences, please accept my heartfelt/deepest sympathy in your bereavement; **kifejezi** ~**ét vknek** offer one's condolences to sy, express one's sympathy
részvétel *n* participation (in), taking part (in)
részvételi *a* ~ **díj** *ált* participation fee, charges *pl*, *(konferencián így is:)* registration fee
részvétlátogatás *n* visit of condolence; ~**ok mellőzését kérjük** no visitors by request
részvétlen *a* without compassion/sympathy *ut.*
részvétlenség *n* lack of compassion/sympathy/interest
részvétnyilvánítás *n* condolence(s); *(levél)* letter of sympathy
részvéttávirat *n* telegram of condolence
részvevő I. *n* participant, attendant; *(konferenciáé)* participant; **a** ~**k** those present, (the) attendance; **a** ~**k jegyzéke** list of participants **II.** *a (sajnálkozó)* compassionate, sympathetic, sympathizing
rét *n* meadow, field
réteg *n* **1.** *ált* layer; *(felületen)* coating **2.** *(földben)* stratum (*pl* strata); *bány* seam,

bed, streak **3.** *(társadalmi)* stratum (*pl* strata), layer
rétegelt *a* laminate(d); ~ **falemez** plywood, laminate
réteges *a (föld stb.)* in layers/strata *ut.*; laminated
rétegez *v* layer, arrange/put* sg into layers/strata
rétegeződés *n (társadalmi is)* stratification
rétegeződ|ik *v (társadalom is)* be* stratified
rétegfelhő *n* stratus (*pl* strati)
retek *n* radish
rétes *n* strudel; **almás** ~ apple strudel
retesz *n* bolt, fastener; ~**re zár** *(ajtót)* shoot* the bolt, bolt the door; **betolja/rátolja a** ~**t** bolt the door; **félrehúzza/elhúzza a** ~**t** draw* the bolt, unbolt the door
réti *a* meadow
retikül *n* (hand)bag, *US* purse
retina *n* retina
retirál *v* = **hátrál**
rétisas *n* white-tailed (sea) eagle
retkes *a (testrész, átv)* dirty, grimy
retorika *n* rhetoric
retorta *n* retort
retorzió *n* reprisal(s), retaliation; ~**val él vkvel szemben** take* reprisals against sy, do* sg as a (*v.* in) reprisal against sy, *(vm miatt)* do* sg as a (*v.* in) reprisal for sg'
rétség *n* meadow, grassland
retteg *v* **1.** *vmtől* dread/fear sg, be* afraid/terrified of sg **2.** *vktől* be* terrified of sy, dread sy, be* in dread of sy
rettegés *n* dread, fear; **halálos** ~**ben él** live in mortal fear [of sg/sy], be* in an agony of fear; ~**ben tart vkt** terrorize sy
rettegett *a* feared, dreaded
rettenetes *a* terrible, dreadful, frightful, awful, horrible
rettenetesen *adv* terribly, awfully, *(fél)* desperately
rettenthetetlen *a* intrepid, fearless
rettentő I. *a* terrific, horrific **II.** *adv* ~ **nagy** colossal, enormous, (absolutely) huge/vast
retúrjegy *n* return (ticket), *US* round-trip ticket; *(egy napi)* day-return (to); ~ **ára** return fare
retusál *v* retouch, touch up
retyerutya *n biz (hozzátartozók)* one's (whole) family, □ *US* the whole mishpocheh
reuma *n* rheumatism
reumás *a* rheumatic; ~ **beteg** rheumatic; ~ **betegség** rheumatic disease; ~ **fájdalom** rheumatic pains *pl*; ~ **láz** rheumatic fever, acute rheumatism
reumatikus *a* rheumatic

reumatológia *n* rheumatology
reumatológus *n* rheumatologist
rév *n* **1.** *(komp)* ferry(boat); ~**vel kel át**
vmn cross sg by ferry **2.** *(révátkelés)* ferry
3. *(kikötő)* harbour (*US* -or), port; ~**be ér**
come* (safe) (*in*)to port, *átv* be* home and
dry ⇨ **beevez, révén**
reváns *n* **1.** *(bosszú)* return, revenge; ~**ot**
vesz vkn have*/take* (one's) revenge on sy
(for sg) **2.** = **visszavágó**
revanzsál *v* return [a favour], requite [a good
turn, sy for a kindness etc.], reciprocate [an
invitation etc.]
révátkelés *n* ferry
révedez|ik *v* indulge in reveries/day-dreams,
day-dream*, be* lost in (a) reverie
révedező *a* day-dreaming, wool-gathering;
~ **pillantás** distant/far-away/vacant look
reveláció *n* revelation
révén *post/adv* **vknek a** ~ through (the in-
tervention of) sy, *(jóvoltából)* through the
good offices of sy; **vmnek a** ~ through sg,
by means of sg
reverenda *n* cassock, soutane
reverzális *n* mutual concessions *pl*
révész *n* ferryman°
réveteg *a* = **révedező**
revideál *v* **1.** *(átnéz)* revise; *(könyvelést)*
audit **2.** ~**ja véleményét** reconsider one's
point of view, revise one's opinion, change
one's mind
revízió *n* revision
revizionista *a/n* revisionist
revizionizmus *n* revisionism
revíziós *a* revisionist
revizor *n ker* auditor
révkalauz *n* (licensed) pilot
révkapitány *n* harbour (*US* -or) master,
port-captain
révkapitányság *n* port authority/adminis-
tration
revolver *n* revolver, pistol, *US* (hand)gun;
~**t ránt (elő)** whip out a revolver ⇨
pisztoly
revolvereszterga *n* turret-lathe
revolverez *v átv biz* blackmail sy
revolverlövés *n* revolver-shot
révpénz *n* ferriage, harbour (*US* -or) dues *pl*,
(port) dues *pl*
revü *n* revue, variety show
revüfilm *n* revue film
revügörl *n* show-girl, chorus girl
révület *n* trance, entrancement, ecstasy;
~**be ejt** entrance sy; ~**be esik** fall* into a
trance
révült *a* ecstatic; ~ **pillantás** ecstatic look

revüszínház *n* variety theatre, music hall
réz *n* **1.** *(vörös)* copper, *(sárga)* brass; ~**zel**
bevon copperplate **2.** *(jelzőként* = ~*ből*
való) copper-, brass- **3.** *biz* **kivágta a re-**
zet he has done himself proud, he did his
level best
rézbánya *n* copper mine
rézbőrű (indián) *n* Red/American Indian
rezdül *v* quiver, vibrate, oscillate; **szellő**
sem ~, **egy ág sem** ~ not a breath of
air/wind ⇨ **arcizom**
rezdülés *n* **1.** *ált* quiver, vibration, oscilla-
tion **2.** *(szellőé)* puff, waft (of air)
rezeda *n növ* mignonette, reseda; **kerti/illa-**
tos ~ garden mignonette
rézedény *n* copper (vessel/utensil/pot), *(sár-*
ga) brasses *pl*
rezeg *v* **1.** *(húr)* quiver **2.** *(más)* tremble,
shake* **3.** *fiz* vibrate, oscillate
rezegtet *v* (make* sg) vibrate, quiver
rezerváció *n US* **indián** ~ Indian reserva-
tion
rezervál *v* = **tartalékol**
rezervált *a* **1.** = **tartalékolt 2.** *(tartózko-*
dó) reserved, distant, guarded, *biz* stand-
-offish; ~ **viselkedés** reserved attitude
rezervátum *n* (nature) reserve
rezervoár *n* reservoir, tank, cistern
rezes *a* **1.** *(vörösrezet tartalmazó)* copper(-);
(rézszerű) copper-like, coppery; *(sárga)*
brassy **2.** *(hang)* brazen
rezesbanda *n* brass band
rézfúvós I. *a* brass(-); ~ **hangszer** brass
instrument **II.** *n (zenész)* brass(-instrument)
player; **a** ~**ok** the brass
rézfúvószenekar *n ált* brass ensemble; *kat*
brass band
rézgálic *n* blue vitriol, copper sulphate (*US*
-lf-)
rezgés *n* **1.** *ált* quiver(ing), flutter **2.** *fiz*
vibration, oscillation
rezgésszám *n* frequency
rezgő *a* **1.** *ált* vibrant, shaking; *növ* ~ **nyár-**
(fa) aspen, trembling poplar **2.** *(hang)* trem-
ulous, quavery, quivering **3.** *fiz* vibrating,
oscillating
rezidencia *n* residence
rezignált *a* resigned
rézkarc *n* etching, etched engraving, copper-
plate; ~**ot készít** etch, engrave
rézmetszet *n* copperplate (engraving), cop-
per/line engraving, etching
rézmetsző *n* (copperplate) engraver
rézműves *n* coppersmith
rezonál *v* resound, resonate
rezonancia *n* resonance

rézpénz n copper (coin)
rézszínű a copper-coloured (US -ored)
réztányér n (borbélyé) barber's sign, GB kb. barber's pole
rezümé n résumé, abstract, summary; (nyelvoktatásban) précis
rézveretes a brass/copper-studded
rézvörös a copper-(coloured) (US -colored)
rezzen v → **megrezzen, összerezzen**
rezsi(költség) n overheads pl, overhead costs/expenses pl; **nagy** ~ high overheads pl
rezsim n régime, (system of) government
rezsó n (gáz) gas ring/cooker, (villany) hot plate
rézsútos a (ferde) slanting, oblique, askew ut., awry ut.
rézsútosan adv obliquely, askew, awry
RH-negatív a RH negative
RH-pozitív a RH positive
rí v nép weep*, cry
riad v start up (with fright)
riadalom n panic, commotion, chaos
riadó n ált alarm, kat alert
riadóautó n (rendőri) police van (US truck)
riadókészültség n alert; ~**ben van** be* on the alert
riadt a startled, alarmed; ~ **hang** alarmed/frightened voice
rianás n (jégen) crack, crevasse
riaszt v **1.** (ált és katonaságot, rendőrséget) alert **2.** = **ijeszt**
riasztó I. a (ijesztő) alarming, startling, frightening; (félelmetes) fearful, frightful **II.** n alarm; **megszólalt a** ~ the alarm went off ⇨ **riasztóberendezés**
riasztóberendezés n burglar alarm, alarm/security system
riasztólövés n warning shot
riasztópisztoly n pop-gun, cap-pistol
ribanc n vulg = **ringyó**
ribillió n uproar, hubbub, commotion, row; **nagy** ~ **volt a ... miatt** there was an uproar over ...
ribiszke, ribizli n növ currant; **vörös** ~ redcurrant; **fekete** ~ blackcurrant
Richárd n Richard
ricinus(olaj) n castor oil
ricsaj n **1.** biz (zaj) din, shindy, row, racket; **nagy** ~**t csap** kick up a row, make* a hell of a row, raise Cain **2.** biz (zajos mulatozás) high jinks pl, wild party, GB rave-up
ricsajoz|ik v **1.** biz (zajong) make* a(n) uproar/racket; (gyerekek) carry on **2.** (zajosan mulat) carouse, revel (US -l-), paint the town red

rideg a **1.** (ember) cold, unsociable, unfriendly; ~ **elutasítás** flat refusal; ~**en elutasít vkt** biz give* sy the cold shoulder, cold-shoulder sy; **a** ~ **tények** the hard facts; **a** ~ **valóság** the sober/naked truth, the stark reality **2.** (éghajlat) bleak, severe **3.** (anyag) brittle
ridikül n = **retikül**
rigli n = **retesz**
rigmus n verse, rhyme
rigó n thrush ⇨ **feketerigó, sárgarigó**
rigófütty n thrush-song
rigolya n whim, crotchet
rigolyás a crotchety, whimsical
rikácsol v screech, scream, shriek
rikácsolás n screech(ing), scream(ing), shriek(ing)
rikácsoló a ~ **hang** shrill/piercing/harsh voice
rikít v (szín) glare
rikító a **1.** (szín) glaring, garish, loud; ~ **vörös** bright red **2.** (szembeszökő) conspicuous, striking
rikkancs n newsboy, GB paperboy
rikolt v scream, shriek, cry out
rikoltoz v shriek out, keep* shrieking
rím n rhyme
rimánkod|ik v vknek vmért implore/beseech* sy for sg (v. sy to do sg)
rímel v vmvel rhyme (with sg)
rímes a rhymed, in rhyme ut.
rímtelen a unrhymed, rhymeless
ring v **1.** ált rock, swing* **2.** (hajó) sway, dance (on the waves)
ringat v **1.** (bölcsőt) rock [the cradle]; (gyereket bölcsőben) rock [a baby in its cradle]; (karban) cradle [a child in one's arms] **2.** **abban** ~**ja magát, hogy** (s)he cherishes the hope/illusion that; **hiú reményekben** ~**ja magát** delude oneself (with false hopes) **3.** (csípőjét) → **riszál**
ringató(d)z|ik v **1.** konkr rock, swing* **2.** **illúziókban** ~**ik** cherish the illusion (that), live in cloud-cuckoo-land
ringli n (étel) anchovy-rings pl
ringlispil n merry-go-round
ringló n greengage
ringyó n vulg tramp, trollop, GB scrubber, slag
ringy-rongy n odds and ends pl, lumber, clutter, trash
rinocérosz n rhinoceros
ripacs n (színész) ham, (US szónok is) barnstormer
ripityára adv biz ~ **ver** beat* sy to pulp/jelly ⇨ **rapityára**

riport n *(újságban, rádióban, tévében)* (newspaper/press/radio/TV) report (on sg); ~**ot ír vmről** write* a report on sg, report on sg, report sg for [a newspaper]
riporter n reporter, *(tudósító)* correspondent; sp commentator; ~**(ként működik)** report for [a newspaper, the radio or the TV]; *(szabadúszóként)* be* a stringer for [a newspaper etc.]
riportregény n documentary novel
riposzt n **1.** sp riposte **2.** átv riposte, retort, pat answer
riposztoz|ik v **1.** sp riposte, counter **2.** átv counter sy, answer pat, cap sy's remark
ripsz n tex rep(s), repp
ripsz-ropsz adv in a hurry, in haste, in a slapdash manner
riszál v *(testet)* move/swing* to and fro; ~**ja a farát/csípőjét** sway/swing*/wiggle one's hips, *(járás közben)* US sashay
ritka a **1.** *(nem gyakori)* rare, infrequent, scarce; ~ **alkalom** a golden/unique opportunity; ~ **könyv** rare/scarce book; **nem ~ az olyan jelenség, hogy** ... it is by no means unusual to find that ...; ~ **jó ember** an uncommonly good man° **2.** *(nem sűrű)* thin, sparse, scanty; ~ **haj** thin hair
ritkán adv **1.** *(nem gyakran)* rarely, seldom, not often; **nagy** ~ once in a blue moon **2.** *(nem szorosan)* sparsely, thinly
ritkaság n **1.** *(ritka előfordulás)* rarity, rareness, scarcity, scarceness; ~, **hogy** it is* rare that, it rarely/seldom happens/occurs that **2.** *(ritka dolog)* rarity, curio, curiosity
ritkaságszámba adv ~ **megy** it does* not happen every day
ritkít v **1.** *(vmt, ami sűrű, pl. erdőt)* thin (out) **2.** nyomd *(szedést)* space (out) [the type], *(sorokat)* lead **3.** **párját** ~**ja** *(személy)* (s)he is* (almost) unrivalled (US -l), you will not easily find his/her peer
ritkítás n **1.** *(sűrű dologé)* thinning (out) **2.** *(nyomd szedésé)* spacing (out), *(soroké)* leading
ritkított a **1.** *(növényzet)* thinned out **2.** nyomd *(szedés)* spaced out, set in spaced type
ritkul v **1.** *(gyérül)* grow*/get*/become* thin(ner)/sparse(r), be* thinned (out); ~ **a haja** his hair is* getting thin, biz he's getting a bit thin on top **2.** *(kevésbé gyakorivá válik)* get*/become* rare(r)/scarce(r)
ritmikus a rhythmic(al); ~ **sportgimnasztika** rhythmic gymnastics sing.; ~ **torna** eurhythmics sing. v. pl
ritmus n rhythm

ritmuszavar n orv arrhythmia
rituális a ritual
rítus n rite, ritual
rivalda n the front of the stage; **a** ~ **szélén** down stage
rivaldafény n **1.** szính footlights pl, limelight **2.** átv limelight; **a nyilvánosság** ~**ében** in the glare of publicity
rivális n rival
rivalizál v vkvel rival (US -l) sy, compete/vie with sy; ~ **nak** they are rivals
rivall v vk give* a shout, shout, yell, bawl ⇨ **rárivall**
rizikó n = **kockázat**
rizikófaktor n risk factor
rizling n riesling
rizs n rice
rizses a rice-, with rice ut.; ~ **aprólék** giblets with rice pl
rizsfelfújt n rice-pudding, rice soufflé
rizsföld n rice-field, paddy (field)
rizskása n *(étel)* rice-milk, creamed rice
rizsleves n rice soup
rk. = **római katolikus** Roman Catholic *(röv* R.C., Rom. Cath.)
rkp. = **rakpart**
ró v **1.** *(bevés jelet)* cut* (in), carve, scratch; **betűket** ~ carve/scratch/write* (letters) **2.** **vknek vmt hibául/terhére** ~ lay* sg at sy's door, blame sy for sg; **vk terhére** ~**tt cselekmény** action imputed to sy **3.** **bírságot** ~ **vkre** fine sy; **feladatot** ~ **vkre** set* sy a task; **vkre** ~**tt munka** work assigned to sy **4.** **az utcát** ~**ja** walk/ roam the streets
robaj n din, loud noise, *(összeomlásé, törésé)* crash; **nagy** ~**jal összedől** collapse with a great crash
robban v explode
robbanás n explosion, detonation
robbanékony a explosive
robbanó a explosive; ~ **erő** explosive force/power; ~ **hatás** explosive action/ force
robbanóanyag n explosive
robbanóbomba n (demolition) bomb, *(nagy erejű)* high explosive (bomb)
robbanófej n *(rakétában)* warhead
robbanómotor n internal combustion engine
robbanószer n explosive; **nagy erejű** ~ high/powerful explosive
robbanótöltet n explosive (charge), *(rakétában)* warhead
robbant v **1.** *(tárgyat)* blow* up, *(bombát)* explode; *(régi épületet)* blow* up **2.** biz

(szervezett csoportot) break* up, smash
3. *(kártya)* **bankot** ~ break* the bank
robbantás *n* **1.** *(ált és régi épületé)* blowing up; *(bombáé és bány)* explosion **2.** *(csoporté)* breaking up, smashing
robbantószer *n* explosive
robber *n* *(kártya)* rubber
Róbert *n* Robert
robog *v* **1.** *(dübörög)* roll, rumble **2.** *(rohan)* thunder/speed*/rattle past, rush
robogó I. *a* *(rohanó)* rushing; **leugrik a** ~ **vonatról** jump off the moving train II. *n* (motor) scooter
robot[1] *n* **1.** *tört (hűbéri)* socage, statute/forced labour **2.** *átv* hard work, drudgery, toil; **a mindennapi** ~ the daily grind; **örökös** ~ **az élete** his/her life is* an endless round of drudgery
robot[2] *n* = **robotember, robotpilóta**
robotember *n* robot, automaton *(pl* -tons *v.* -ta)
robotgép *n* *(háztartási)* food-processor
robotol *v* **1.** *tört (hűbéri szolgáltatásként)* do*/perform socage-service **2.** *átv* drudge, toil/slave away, work hard
robotos *n* bondman°, socager
robotpilóta *n* robot/automatic pilot, autopilot
robottechnika *n* robotics *sing.,* robot technology
robusztus *a* robust, hefty
rock *n* *zene* rock (music); **kemény** ~ hard/heavy rock
rockénekes *n* rock singer
rockopera *n* rock opera
rockzene *n* rock music
rockzenész *n* rock musician
ródli *n* sledge, *US* sled; toboggan
ródlipálya *n* sledge-run, *US* sled run; toboggan-run/shoot
ródliz|ik *v* sledge, *US* sled; ~**ni megy** go* sledging/sledding
rododendron *n* rhododendron
rogy *v* fall*/drop (down) *(vmre* on), collapse; **térdre** ~ fall* on one's knees
rogyadoz|ik *v* **1.** *(épület)* crumble, be* falling into ruin **2.** *(láb)* shake*, tremble, [his knees] give* way; ~**ik a teher alatt** bend* under the burden
rogyásig *adv* ~ **dolgozik** work till one drops; ~ **megrakodva** overloaded
rohad *v* = **rothad**
rohadt *a* *vulg* ~ **alak** a shit
roham *n* **1.** *(támadó)* attack, assault, charge; ~**ra indul vm ellen** *(átv is)* launch an attack against sg; ~**ot indít vm ellen**

attack sg, make* an assault on sg, *átv* lash out at sg; ~**mal bevesz/elfoglal** take*/carry sg by assault **2.** *(atlétikában)* run-up **3.** *(betegségé)* bout, fit, attack; **köhögési** ~ fit/attack of coughing, coughing fit; ~**ot kap** have* a fit, have* a sudden attack of sg
rohambrigád *n* shock-brigade
rohamcsapat *n* shock-troops *pl,* commandos *pl*
rohamkocsi *n* *(mentő)* mobile clinic
rohamlépés *n* ~**ben/rohamléptekkel** *(átv is)* at the double, double-quick
rohamlöveg *n* assault gun
rohammunka *n* rush(ed) work, rush job
rohamos *a* rapid, swift, fast, speedy; ~ **fejlődés** rapid development; ~ **javulás** speedy recovery; ~**an javul** (s)he's making a speedy/rapid recovery, *átv* (s)he's improving by leaps and bounds
rohamosztag *n* *kat* commando unit
rohamoz *v* attack, charge
rohamrendőrség *n* riot-police *pl*
rohamsisak *n* steel helmet, *biz* tin hat
rohamszíj *n* chin-strap
rohan *v* run* (along), hurry; **vhova** ~ be* in a hurry to, rush to; **egymásnak** ~ *(két jármű)* collide, run* into each other; **vesztébe** ~ court danger/disaster, be* riding for a fall
rohanás *n* run(ning), rush(ing), hurry(ing)
rohangál, rohangász|ik *v* run*/rush about/around, run* to and fro
rohanó *a* running, hurrying, rushing; *(víz)* torrential
rojt *n* fringe, tassel
rojtos *a* **1.** *(rojtokkal ellátott)* fringed, tasselled (*US* -l-) **2.** *(kikopott)* frayed
rojtoz *v* fringe, trim
róka *n* **1.** *áll* fox; ~ **koma** Reynard (the Fox), Brer Fox; **ravasz, mint a** ~ (as) cunning/sly as a fox, (as) sharp as a needle; **nem lehet egy** ~**ról két bőrt lehúzni** you cannot have your cake and eat it (too) **2.** *átv* **ravasz** ~ a sly fox/dog; **(tapasztalt) vén** ~ an old fox, an old hand (at it)
rókafarkú *a* ~ **fűrész** handsaw, panel/rip saw
rókaháj *n* ~**jal van megkenve** he is* as cunning as a fox, he is* as sharp as a needle
rókalelkű *a* artful, cunning, foxy, crafty
rókalyuk *n* fox's earth, *(kat is)* foxhole
rókavadászat *n* fox-hunting
rókavörös *a* foxy-red, ginger; *áll* rufous
rókáz|ik *v* *biz* be* sick, throw* up
rokfort *n* Roquefort
rokka *n* spinning wheel

rokkant I. *a (ember)* disabled, crippled II. *n* disabled person, cripple; **a** ~ **ak** the disabled, *(végtagnélküliek)* the limbless
rokkantkocsi *n* invalid carriage
rokkantság *n* disability
rokkantsági *a* ~ **nyugdíj** disability pension
rokokó *n* rococo
rokon I. *a* **1.** *vkvel* related to *ut.* **2.** *átv vmvel* be* related/akin to sg; ~ **értelmű** synonymous; ~ **értelmű szavak** synonyms; ~ **fogalmak** cognate/related ideas; ~ **jelleg** kinship, kindred; ~ **lelkű/szellemű** congenial, kindred in spirit *ut.*; *(gondolkodásban)* like-minded; *vk (főnévvel)* a kindred spirit; ~ **nyelvek** related/cognate languages; ~ **szakma** related field (of work/study) II. *n* **1.** *(családi kapcsolatban)* relative, relation; ~ **a önnek?** is* (s)he any relation of yours?; **távoli** ~ a distant relation; *(közeli/távoli)* ~ **ok vagyunk** we are* (closely/distantly) related, we are* (close/distant) relatives **2. finn** ~ **aink** our Finnish cousins
rokoni *a* ~ **kapcsolatban áll vkvel** be* related to sy
rokonság *n* **1.** *(kapcsolat)* relationship **2.** *(rokonok összessége)* family, relatives *pl*, relations *pl*, sy's kindred; **az egész** ~ **a** all his relatives *pl*, his whole tribe **3.** *vegy* affinity
rokonsági *a* ~ **fok** degree of relationship
rokonszenv *n* sympathy; **vk iránti** ~ **ből** out of sympathy for sy; ~ **et ébreszt vk iránt** arouse sympathy for sy; ~ **et érez vk iránt** feel* drawn/attracted to sy
rokonszenves *a* sympathetic, congenial; ~ **ember** nice/pleasant/likeable man°; **nyomban** ~ **volt nekem** (1) *vk* I took to him at once (2) *vm* it appealed to me, I took to it at once
rokonszenvez *v vkvel* take* to sy, be* drawn/attracted to(wards) sy
rokonszenvtüntetés *n* demonstration of solidarity/sympathy
-ról, -ről *suff* **1.** *(helyhatározó)* **a)** from; **Budapestről jelentik** it is reported from Budapest; **Pécsről érkezik** arrive from Pécs; **kilátás a Gellérthegyről** the view from Gellért Hill; **visszajöttek külföldről** they have returned from abroad; **Magyarországról jött** he came/is from Hungary; **házról házra** from house to house, from door to door; **b)** off; **gyere le a fűről** come off the grass; **leszáll a vo-**

natról get* off the train; **levesz vmt az asztalról** take* sg off the table **2.** *(időhatározó)* from; **időről időre** from time to time; **óráról órára** from hour to hour; **napról napra** from day to day **3.** *(eredet, irányulás)*; **a)** of, about, on; **értesül vmről** hear* of sg, be* informed of sg → **b; b) tudomást szerez vmről** obtain/get* knowledge of sg; **felvilágosítást ad vmről** give* information about/on sg; **álmodik vkről/vmről** dream* about/of a person/matter; **kiről beszélsz?** who(m) are you speaking of?; **beszél vmről** speak*/talk about sg; **ír vmről** write* on sg; **cikket ír vmről** write* an article about/on sg; **előadást tart vmről** give*/deliver a lecture on sg, *(konferencián)* read*/present a paper on sg; **olvas vmről** read* about sg; **értekezés vmről** essay on/about sg; **gondolkodik vmről** think* about/of sg; **meggyőződik vmről** be* convinced/persuaded of sg, convince oneself of sg, make* sure/certain of sg; **vélekedik vmről** have*/hold* an opinion of sg; **meggyőz vkt vmről** convince/persuade sy of sg; **hallgat vmről** keep* silent about sg; **vmről szól** be* about sg; **miről szól az új darabod?** what is your new play about?; **c)** *(elöljáró nélkül)* **említést tesz vmről** mention sg; **megemlékszik vkről/vmről** commemorate sy/sg; **megfeledkezik vkről/vmről** forget* sy/sg; **értesül vmről** learn* sg, get* to know sg; **lemond a dohányzásról** give* up smoking; **d)** *(különféle elöljáróval)* **magyarról angolra fordít** translate from English into Hungarian; **lebeszél vkt vmről** argue/reason talk sy out of sg; **gondoskodik vkről/vmről** take* care/charge of sy/sg, provide for sy/sg, look after sy/sg; **gondoskodik a jövőről** care for the future **4.** *(módhatározó)* **szóról szóra** word for word
róla *adv* **1.** *(hely)* from him/her/it, of it **2.** *(felőle)* of/about him/her/it; **gondoskodik** ~ **vkről** take* care of sy, look after sy; *vmről* see* to it that …; **nem tehetek** ~ I can't help it, it's not my fault; **szó sincs** ~ it is* out of the question
roletta *n* = **roló 1.**
roller *n* scooter
rolleroz|ik *v* scooter
roló *n* **1.** *(vászon)* blind(s), *US így is:* window shade; **felhúzza a** ~ **t** draw* up the blind(s); **leereszti a** ~ **t** let*/pull down the blind(s) **2.** = **redőny**

rom n **1.** *ált* r*u*in; ~**ba dől** fall* *i*nto r*u*in; ~**ba dönt** (1) *(várost)* lay* in r*u*ins, de-m*o*lish, knock down (2) *átv* r*u*in, destr*o*y; ~**okban hever** lie*/be* in r*u*ins; ~**má lő** b*a*tter/pound to r*u*ins, red*u*ce to r*u*ins **2.** *(maradvány)* rem*a*ins *pl*
Róma n Rome
római *a/n* R*o*man; **R**~ **Birodalom** R*o*man *E*mpire; ~ **katolikus** R*o*man C*a*tholic; ~ **számok** R*o*man n*u*merals
román I. *a* **1.** *(romániai)* Rom*a*nian, Ru-m*a*nian; ~ **nyelv** Rom*a*nian, Rum*a*nian **2.** ~ **nyelvek** Rom*a*nce l*a*nguages; ~ **stí-lus** Romanesque style, *GB* N*o*rman style **II.** *n (ember, nyelv)* Rom*a*nian, Rum*a*nian
románc n rom*a*nce
Románia n Rom*a*nia, Rum*a*nia
romániai *a/n* Rom*a*nian, Rum*a*nian
romanista n R*o*mance phil*o*logist/sch*o*lar
romanticizmus n rom*a*nticism
romantika n **1.** *(irányzat)* rom*a*nticism **2.** *(romantikusság)* rom*a*nce, the rom*a*ntic
romantikus I. *a* rom*a*ntic; ~ **környék** pic-t*u*resque n*ei*ghbourhood (*US* -bor-), rom*a*n-tic surr*o*undings *pl* **II.** *n* rom*a*ntic *a*uthor/ p*o*et, rom*a*ntic
románul *adv* **1.** ~ **beszél** speak* Rom*a*-nian/Rum*a*nian **2.** ~ **van (írva)** be* (wr*i*t-ten) in Rom*a*nian/Rum*a*nian
rombol v **1.** destr*o*y, lay* *sg* waste, r*a*vage, d*e*vastate; *(tárgy nélkül)* wreak h*a*voc; **földig** ~ r*a*ze to the ground **2. vknek a tekintélyét** ~**ja** destr*o*y/underm*i*ne sy's *a*uthority
rombolás n destr*u*ction, r*a*vaging, d*e*vasta-t*i*on
romboló I. *a (erkölcsileg)* ~ **hatású** de-str*u*ctive, subv*e*rsive **II.** *n kat* destr*o*yer
rombusz n rh*o*mbus (*pl* rh*o*mbuses *v.* rh*o*mbi)
romeltakarítás n r*u*bble cl*e*arance, cl*e*aring aw*a*y of (the) r*u*bble
romhalmaz n heap of r*u*ins; **már csak** ~ **a város** the town has been red*u*ced to r*u*ins, the town has been r*a*zed to the ground
róm. kat. = *római katolikus* R*o*man C*a*tholic *(röv* R.C.)
romlandó *a (áru)* p*e*rishable
romlás n **1.** *ált* det*e*rior*a*tion; *(anyagé)* p*e*rishing, decompos*i*tion, *(szerves anyagé)* putref*a*ction, r*o*tting **2.** *(pénzé)* deval*u*ation, depreci*a*tion **3.** *(erkölcsi)* corr*u*ption; *(mi-nőségi)* det*e*rior*a*tion **4.** ~**ba dönt** *vkt* r*u*in/undo* sy, bring* r*u*in up*o*n sy; ~**nak indul** decl*i*ne, det*e*riorate

romlatlan *a* **1.** *(anyag)* undet*e*riorated, un-d*a*maged, *kif* has not gone off; *(hús)* free from taint *ut.* **2.** *(erkölcsileg)* unsp*o*iled, pure; *(lány)* chaste, pure
romlatlanság n *(erkölcsi)* p*u*reness, p*u*rity, *i*nnocence
romlékony *a* = **romlandó**
roml|ik v **1.** *(anyag)* det*e*riorate, sp*o*il*, de-comp*o*se; *(szerszám stb.)* go* wrong; *(étel)* sp*o*il*, go* off; **a hal gyorsan** ~**ik** fish goes off qu*i*ckly **2.** *(pénz)* be* dev*a*lued, depreci*a*te **3.** *(egészség)* fail, be* g*e*tting worse, w*o*rsen, bec*o*me* imp*a*ired; ~**ik a beteg egészségi állapota** the p*a*tient is g*e*tting worse, the p*a*tient's cond*i*tion has w*o*rsened; ~**ik a szeme** his sight is* f*a*iling his *(eye)*sight is* not as good as it was **4.** *átv* w*o*rsen, grow* worse, decl*i*ne; *(minőség)* de-t*e*riorate, fall* off; ~**ik a helyzet** things are* g*e*tting worse; **egyre** ~**ik** it is* g*o*ing from bad to worse, be* st*e*adily det*e*riorating
romlott *a* **1.** *(anyag)* sp*o*iled, det*e*riorated, d*a*maged; *(rothadt)* r*o*tten, p*u*trid; ~ **hús** t*a*inted meat, *(igével)* the meat is high/off **2.** *átv* corr*u*pt(ed); **velejéig** ~ r*o*tten to the c*o*re *ut.*
romos *a* (partly) r*u*ined
romtalanít v rem*o*ve (*v.* clear aw*a*y) the r*u*bble
róna n plain, flat (*o*pen) c*o*untry
roncs n **1.** *(hajóé, járműé)* wreck(age) **2.** *átv* wreck
roncsol v **1.** *(pusztít)* sh*a*tter, smash to p*i*eces; *(szaggatva)* tear* to shreds **2.** *(maró anyag)* corr*o*de
roncsolód|ik v be* sh*a*ttered, be* sm*a*shed to p*i*eces
roncsolt *a (csont, végtag)* fr*a*ctured, sh*a*ttered; *(seb)* l*a*cerated
ronda *a* **1.** *(csúnya)* ugly, *(undorító)* disg*u*st-ing, rep*u*gnant **2.** *(kellemetlen)* wr*e*tched, n*a*sty; ~ **idő** wr*e*tched/n*a*sty w*e*ather **3.** *(utálatos, ellenszenves)* h*o*rrid, h*o*rrible, wr*e*tched, l*o*athsome; ~ **alak/fráter** n*a*sty/ disg*u*sting f*e*llow; ~ **beszéd** foul/obsc*e*ne l*a*nguage, d*i*rty talk
rondít v *(vhova kutya)* make* a mess swhere, foul/d*i*rty [the k*i*tchen floor etc.]
rongál v *ált* d*a*mage, *(köztulajdont)* v*a*ndalize
rongálás n harm, d*a*maging, d*a*mage
rongálód|ik v bec*o*me*/get* d*a*maged/ *i*njured, *(köztulajdon)* be* v*a*ndalized
rongált *a (tárgy)* d*a*maged, *(köztulajdon)* v*a*ndalized

rongy n *ált* rag; *(padlóhoz)* (floor) cloth; *(ruhanemű)* old rag, rags (and tatters) pl; ~ **ember** □ a rotter; **rázza a** ~**ot** keep* up appearances, show* off
rongybaba n rag doll
rongyol v tear* sg to rags/shreds
rongyolód|ik v become* ragged/tattered/frayed
rongyos a **1.** *(ruha)* ragged, tattered, frayed **2.** *biz (csekély)* ~ **ötven forintért** for a measly/lousy/paltry fifty forints
rongyszedő n ragman°, rag-and-bone man°, US junkman°
ront 1. vt *(rongál)* spoil*, damage (sg); ~**ja a szemét** *(apró betű stb.)* stain/spoil* the eyes **2.** vt ~**ja az erkölcsöket** be* morally corrupting/harmful; ~**ja a levegőt** (1) *konkr* taint/vitiate the air (2) *átv* be* a nuisance **3.** vt vkt corrupt (sy); *(gyereket kényeztet)* spoil* [a child] **4.** vi sp isk *(bizonyítványán stb.)* be* not up to scratch, be* below one's best **5.** vi *(rohan)* **vhová** ~ rush, dash (to); **vkre/vknek** ~ attack sy, rush at sy, *biz* go* for sy; **a szobába** ~ rush/burst* into the room
rop v ~**ja a csárdást** dance the csardas/czardas briskly
ropog v **1.** *ált* crack, make* a cracking sound **2.** *(tűz)* crackle **3.** *(fegyver)* rattle **4.** *(hó)* crunch, *biz* scrunch; ~**ott a hó léptei alatt, léptei** ~**tak a hóban** the (frozen) snow crunched under his feet, his feet crunched on the frozen snow
ropogás n crack(ing), crunch(ing), *(tűzé)* crackle, crackling
ropogós I. a *ált* crisp; *(nassolni való)* crunchy; ~**ra süt** crisp **II.** n *(étel)* croquette
ropogtat v **1.** *ált* crack(le) **2.** *(ételt szájban)* crunch, munch
roppan v crack, give* a crack
roppant[1] v crack(le), snap
roppant[2] **I.** a huge, enormous, vast **II.** adv *(nagyon)* extremely, exceedingly; ~ **nagy** enormous; ~ **olcsó** exceptionally cheap, *biz* dirt cheap; ~ **sajnálom** I very much regret it, I'm awfully sorry
rósejbni n chips pl, chipped potatoes pl, US French fries
roskad v **földre** ~ fall* down, sink*/fall* to the ground; **magába** ~ sink* into oneself
roskadoz|ik v **1.** *(majdnem összedől)* (be* about to) fall*/cave in, be* on the verge of collapse, be* dilapidated/tumbledown **2.** **gyümölcstől** ~**ó fák** trees laden with fruit; **az asztal** ~**ott a sok ennivaló alatt** the table groaned with food

roskatag a **1.** *(épület)* dilapidated, tumbledown, ramshackle **2.** ~ **aggastyán** decrepit old man°
rost[1] n *(szerves, ált)* fibre (US fiber), *(növ még:)* filament, staple
rost[2] n *(sütőrostély)* grill, gridiron; ~**on sült** grilled → **rostonsült;** ~**on sült hús** grill(ed meat/steak); ~**on süt** grill, US broil; **fogas** ~**on** grilled fogash
rosta n riddle, sieve
rostál v **1.** *konkr* riddle, sift **2.** *átv* sift, select, screen
rostély n **1.** *ált* grate, grating; *(ablakon)* grating, bars pl; *műsz* screen **2.** *(sisakon)* visor v. vizor, beaver **3.** = **rost**[2]
rostélyos n *(étel)* braised steak; **hagymás** ~ braised steak with fried onions
rostnövény n fibre (US fiber) crop/plant
rostokol v biz vk be* hanging around, be* kept waiting, biz cool one's heels, vm be* held up
rostonsült n grill(ed meat/steak)
rostos a *ált* fibrous, *növ* filamentary, filamentous; ~ **ételek** dietary fibre (US fiber), roughage; ~ **gyümölcslé** fruit juice with fibre (US fiber) of the fruit, crush, US nectar; ~ **narancslé** orange crush
rostszál n fibre (US fiber)
rosttoll n fibre (US fiber) tip(ped) pen
rossz I. a **1.** *ált* bad; *(elvont értelemben)* evil; *(gonosz)* evil, wicked, vicious; ~ **anyagi körülmények között él/van** be* poor, be* badly off; ~ **bőrben van** look ill/seedy, be* in a bad way, be* off colour (US -or); ~ **ember** bad/evil/wicked man°; ~ **fényt vet rá** it shows* him in a poor light, it reflects discredit on him; ~ **formában van** be* in bad shape, be* off one's form; ~ **fogak** bad/decayed teeth; ~ **gyerek** naughty/mischievous child°; ~ **hallása van** (1) *(rosszul hall)* be* hard of hearing (2) *(zeneileg)* have* no ear for music, be* tone-deaf; ~ **híre van** have* a bad reputation; ~ **hírbe hoz vkt,** ~ **hírét költi vknek** discredit sy, give*/get* sy a bad name, make* sy's name mud, get* sy into disrepute; ~ **hírű** notorious, ill-famed, disreputable; ~ **idő van** the weather is bad/dreadful/foul, it's rotten weather; ~ **ízű** foul-tasting, unsavoury (US -ory), sg tastes foul/awful → **rosszízű;** ~ **kinézésű/külsejű** *(egészségtelen)* unhealthy-looking, *(szegényes)* shabby, *(erkölcstelen)* unsavoury-looking; ~ **közérzet** malaise, indisposition; ~ **lelkiismeret** bad/uneasy/guilty conscience; ~ **minőség** poor/

inferior quality; ~ **minőségű** of poor/inferior quality *ut*., low-grade; ~ **modor** unpleasant/rude manner(s), ill-breeding; ~ **napja volt** it was one of his off days; ~ **néven vesz vmt** take* offence at sg, be* offended by sg, resent sg; **ne vegye ~ néven (, ha)** don't take it amiss (if), I hope you will take it in good part (if); ~ **nyomon jár** be* on the wrong track, be* barking up the wrong tree; ~ **szaga van** have* a bad/unpleasant smell, smell* horrible/bad, stink*; ~ **szagú** evil-smelling, stinking; ~ **szándékú** ill-willed/disposed, malevolent → **rosszindulatú**; ~ **szelleme vknek** be* the evil spirit of sy; ~ **szeme van** have* poor/bad eyesight; ~ **szemmel néz vmt** disapprove of sg, dislike sg, doesn't like sg; ~ **szemmel nézik** be* under a cloud; ~ **színben van** look ill/pale/haggard; ~ **útra csábít vkt** lead* sy astray, mislead* sy; ~ **útra téved** go* astray, lose* one's way; ~ **vége lesz** it will come to no good; ~ **viszonyban van vkvel** be* on bad terms with sy; ~ **viszonyok között él** be* badly off, be* hard up; **(ez) nem ~!** (that's) not (at all) bad! **2.** *(káros vmre)* injurious (to), bad (for) **3.** *(nem megfelelő)* poor, inadequate, unsuitable, inconvenient; *(téves)* wrong; ~ **értelemben** in a bad (v. the wrong) sense; ~ **számot hívott** you('ve) got the wrong number; ~ **termés** poor crop/harvest, crop failure; **az idén ~ volt a burgonyatermés** the potato crop has failed this year **4.** *(nem működő)* out of order *ut*.; *(elromlott)* be* broken **II.** *n* **1.** *ált* evil; **ebben nincs semmi ~** there is* no harm in that; **mi ~ van abban, ha én ... what** is* the harm in my ...ing; **két ~ közül a kisebbiket választja** choose* the lesser of two evils; **mindig ~ban töri a fejét** be* bent on mischief; **minden ~ban van vm jó is** every cloud has a silver lining, nothing is wholely bad; ~**ban vannak** they are* on bad terms; ~**at akar vknek** wish sy evil, mean* sy harm; **nem akarok ~at neked** I mean* you no harm; ~**at mond vkről** speak* ill of sy, *biz* run* sy down; ~**at sejt** have* misgivings, fear the worst, have* an evil presentiment/foreboding **2.** *(helytelenség)* wrong ⇨ **dolog, elvész, fa, fordul, kép**

rosszabb *a* worse *(vmnél* than*)*, inferior *(vmnél* to*)*; ~ **napokra** for a rainy day; **annál ~** so much the worse; ~**ul van, mint valaha** be*/feel* worse than ever

rosszabbodás *n* growing/getting worse, worsening, change for the worse

rosszabbod|ik *v* grow*/get*/become* worse, worsen, take* a turn *(v.* change) for the worse; **a beteg állapota ~ott** the patient's condition has worsened; **a helyzet ~ik** things are going from bad to worse

rosszakarat *n* ill-will, malice, malevolence

rosszakaratú *a* ill-willed/disposed/intentioned, malevolent, malicious

rosszakaró I. *a* = **rosszakaratú II.** *n* ill--wisher, enemy, *kif* bear* sy malice

rosszalkodás *n* mischief-making, being mischievous

rosszalkod|ik *v (csak gyerek)* be* mischievous/naughty; *(felnőtt is)* misbehave

rosszall *v* disapprove of, find* fault with; *(indulattal)* take* exception to [what sy said *v.* having to do sg]

rosszallás *n* disapproval

rosszalló *a* **1.** *(tekintet)* disapproving; ~ **tekintet** look of disapproval, frown **2.** *(értelem)* pejorative, derogatory [sense]; ~ **értelemben** pejoratively, in a derogatory sense

rosszaság *n* **1.** *ált* badness **2.** *(tárgyé)* bad/poor/inferior quality **3.** *(gonoszság)* wickedness, evil character (of sy) **4.** *(gyereké)* naughtiness, mischievousness; ~**ot követ el** *(gyerek)* get*/be* up to mischief **5.** **te kis ~!** you little monkey!

rosszcsont *n* tréf *(gyerek)* mischief-maker, *(felnőtt)* rogue

rosszhiszemű *a* *(bizalmatlan)* mistrustful, distrustful *(vkvel szemben* of sy) **2.** ~**en** *(csalárdul)* in bad faith; ~**en jár el** act in bad faith

rosszhiszeműség *n* **1.** *(bizalmatlanság)* mistrust, distrust **2.** *(csalárdság)* bad faith

rosszindulat *n* spite, spitefulness, malice, malevolence, ill-will; **ez tiszta ~ részéről** it is sheer/pure malice on his part; **minden ~ nélkül** without any malice, no harm is meant; **a dolgok ~a** *biz kb.* Sod's law, Murphy's law; ~**tal viseltetik vkvel szemben** bear* sy malice

rosszindulatú *a* **1.** *ált* malicious, evil--minded, malevolent, hostile; ~ **vkvel szemben** bear* sy malice; **nem ~ vkvel szemben** bear* sy no malice **2.** *orv* malignant; ~ **daganat** malignant tumour *(US* -or)

rosszízű *a* *(bántó)* distasteful, tasteless; ~ **tréfa** a joke in poor taste

rosszkedv *n* low spirits *pl*, depression

rosszkedvű *a* moody, huffy, out of sorts, bad-tempered, in a bad temper/mood *ut.*; dejected, *(mérges)* cross
rosszkor *adv* **1.** *(helytelen időben)* at the wrong time; **a legrosszabbkor** at the worst possible moment **2.** *(alkalmatlanul)* at a bad (*v.* an inconvenient) time, at an awkward moment/time
rosszlelkű *a* evil-minded, malevolent, malign(ant)
rosszmájú *a* malicious, sarcastic, *biz* bitchy
rossznyelvű *a* malicious, sharp-tongued; ~ **ember** backbiter
rosszul *adv* **1.** *ált* ill, badly, poorly; ~ **áll** (1) *(anyagilag)* be* badly off (2) *(vmlyen ügy)* be* not looking good; ~ **áll a ruha vkn** his suit (*v.* her dress) doesn't fit, the dress/suit is* a bad fit; ~ **ejt (ki)** mispronounce; ~ **értelmez** misconstrue, misinterpret, misunderstand*, *kif* get* hold of the wrong end of the stick; ~ **érzi magát** (1) *(beteg)* feel* unwell (2) *(feszélyezett)* feel* ill at ease, feel* awkward/uncomfortable; ~ **esik vm vknek** → **esik 8.**; ~ **ítél meg vkt** misjudge sy; ~ **jár** (1) *(pórul jár)* come* to grief (2) *(óra)* go* wrong; ~ **járt** he came off badly, *US* he lost out; ~ **lett** *vmitől* (s)he was* taken ill, (s)he became* unwell, *(elájult)* (s)he fainted; **mindig** ~ **leszek az autóban/autózástól** I always get carsick (*v.* get sick in the car); ~ **megy a sora** (s)he is* badly off, (s)he is* doing badly, (s)he is having a hard time; ~ **öltözött** badly--dressed; ~ **sikerül** fail, miscarry, misfire; ~ **sikerült kísérlet** abortive attempt; ~ **tájékozott** ill-informed; ~ **táplált** undernourished, underfed; ~ **tetted!** you ought not to have done it, you should not have done it, you were wrong; ~ **van** be* ill/unwell; **a beteg nagyon** ~ **van** the patient is* very ill, the patient is* in a very bad way; ~ **viselkedik** misbehave, behave badly **2.** *(helytelenül)* wrong(ly) **3.** *(nem előírásosan/rendesen)* out of order, amiss
rosszullét *n* indisposition; *(émelygés)* nausea; *(ájulás)* faint, collapse
rotációs *a* ~ **gép** rotary printing machine/press
rothad *v* rot, decay, become* rotten
rothadás *n* rot, rotting, decay, putrefaction; ~**nak indul** begin* to rot
rothadt *a* **1.** *konkr* rotten, decayed, putrid **2.** *átv* wretched, rotten; **velejéig** ~ rotten to the core ➪ **rohadt**
rothaszt *v* rot, putrefy
rotyog *v* bubble, simmer, seethe, stew

rovancsol *v (pénztári) au*dit; *(leltári)* take* stock, check
rovancsolás *n (pénztári)* auditing; *(leltári)* stock-taking, (spot) check
rovar *n* insect, *US így is:* bug
rovarcsípés *n* insect-bite
rovarevő I. *a áll* insectivorous **II.** *n áll* insectivore; ~ **k** insectivores, *(lat.)* Insectivora
rovargyűjtő *n* collector of insects
rovarirtó (szer) *n* insecticide, pesticide, *(por)* insect-powder, *(spray)* insect spray, *US így is:* bug spray
rovarkár *n* insect damage, damage done by *(noxious)* insects [to fruit/crops]
rovarpor *n* insect-powder
rovartan *n* entomology
rovartani *a* entomological; ~ **szakember** entomologist
rovás *n* **1.** *(bevágás)* notch, score **2.** **sok van a** ~ **án** he has* much to answer for, he has* much on his conscience; **vknek a** ~ **ára** at sy's cost/expense, on sy's account; **vmnek a** ~ **ára** at the expense of sg; **egészségének a** ~ **ára** to the detriment of his/her health; **a minőség** ~ **ára** to the detriment of quality
rovásírás *n* runic writing, runes *pl*
rovat *n* **1.** column, side [of account] **2.** *(újságban)* column; **házassági** ~ lonely hearts columns *pl* (*v.* section), marriage column
rovátka *n* groove, notch, nick, *(oszlopon)* flute; ~**t vés vmbe** cut*/make* a notch/groove in sg
rovátkáz *v* = **rovátkol**
rovátkol *v* groove/notch sg, cut*/make* a notch/groove (*v.* notches/grooves) in sg
rovatol *v (táblázatba szed)* tabulate, list
rovatvezető *n* columnist, editor
rovott *a* ~ **múltú** previously convicted *ut.*; ~ **múltú bűnöző** recidivist, known criminal; ~ **múltú egyén** person with a (long) criminal record
rozetta *n (szalagdísz)* rosette; *(ablak)* rose (window)
rozmár *n* walrus
rozmaring *n* rosemary
rozoga *a* **1.** *(épület)* dilapidated, ramshackle, shaky; *(bútor)* rickety, shaky, broken down; ~ **állapotban** run down, in disrepair **2.** *(beteges)* frail, delicate, weak, *(és öreg)* decrepit, doddery
rozzant *a* = **rozoga**
rozs *n* rye
rózsa *n* **1.** *növ* rose; **nincsen** ~ **tövis nélkül** (there's) no rose without a thorn **2.** *(vk kedvese)* ~**m** (my) love/sweetheart/darling,

US így is: honey **3.** *(locsolóé, zuhanyé)* rose ⇨ **türelem**
rózsabimbó *n* rosebud
rózsabokor *n* rosebush
rózsaburgonya *n* pink potato
rózsadísz *n* rosette, rose
rózsafa *n* **1.** *növ* rosetree, *(bokor)* rosebush **2.** *(anyag)* rosewood
rózsafüzér *n* *vall* beads *pl,* rosary; ~**t imádkozik** tell* one's beads
rózsahimlő *n* German measles *sing.,* rubella
rózsaillat *n* scent/perfume/fragrance of roses
rózsakert *n* rose-garden, rosary
rózsakoszorú *n* garland/wreath of roses
rózsaliget *n* rose-garden
rózsaolaj *n* attar (of roses), rose oil
rózsapiros *a* rose(-red/coloured), roseate, pink
rózsás *a* **1.** *(rózsában bővelkedő)* full of roses *ut.,* adorned with roses *ut.* **2.** *(rózsaszínű)* rose, roseate, pink, rosy; ~ **arc** rosy cheeks *pl* **3.** *átv* rosy; ~ **kedvű,** ~ **hangulatban van** be* in high spirits; ~ **kilátás** rosy/bright prospects; **nem vm** ~ **a helyzet** the situation is* not bright/rosy, the situation is* far from (being) bright/rosy; **nem vm** ~ **az élete** his life is* no(t a) bed of roses; **mindent** ~ **színben lát,** ~ **színben látja a világot** see* everything (*v.* the world) through rose-coloured *(US* -or-) spectacles/glasses
rózsaszál *n* a rose
rózsaszín *a/n* pink, rose, pinkish-red, rose-red/coloured *(US* -ored); ~ **szemüvegen át lát mindent,** ~**ben látja a világot** see* everything (*v.* the world) through rose-coloured *(US* -ored) spectacles/glasses; ~ **megvilágításban ecsetel** paint/give* a glowing picture of sg
rózsaszínű *a* = **rózsaszín**
rózsaszirom *n* rose-petal
rózsatő *n* (stock of a) rose-tree/bush
rózsavíz *n* rose-water
rozsda *n* **1.** *(vason)* rust, corrosion; **a** ~ **marja a vasat** rust eats* into iron, rust corrodes iron; **belepi a** ~ become* rusty, gather rust, be* covered with rust **2.** *növ* rust, mildew, smut
rozsdaálló *a* rustproof, rustless
rozsdabarna *a* rusty (brown), rust-coloured *(US* -ored)
rozsdafolt *n* rust stain
rozsdagomba *n* *növ* rust (fungus)
rozsdamarta *a* rust-eaten, rusty
rozsdamentes *a* **1.** *(rozsdaálló)* rustproof, *(acél)* stainless **2.** *(nem rozsdás)* rustless

rozsdás *a* **1.** *(fém)* rusty, rusted, rust-eaten; ~ **lesz** rust, become*/get* rusty, be(come)* covered with rust, corrode **2.** *növ* rusty, mildewy
rozsdásod|ik *v* *(fém)* get*/become* rusty, rust
rozsdaszínű *a* rust-coloured *(US* -colored), rusty (brown)
rozsdavörös *a* rusty-red, russet
rozskenyér *n* rye-bread
rozsliszt *n* rye-flour/meal
rozstermés *n* rye-crop
rőf *n* † *kb.* ell, ⟨unit of length = 1,14m⟩
röffen *v* *(sertés)* (give* a) grunt
röfög *v* grunt
röfögés *n* grunt, grunting
rőfös *n* † draper, mercer
rőfösáru *n* † yard/piece goods, *US* dry goods *(mind: pl)*
rőfösüzlet *n* † draper's/mercer's (shop), *US* dry goods store
rög *n* **1.** *(göröngy)* clod, lump, sod **2.** *(arany)* nugget **3.** *(vér)* clot **4.** *(föld)* soil; **tört** ~**höz kötött** bound to the soil *ut.*
rögbi *n* rugby *(v.* Rugby) (football)
rögbijátékos *n* rugby/Rugby player
rögbilabda *n* rugby/Rugby ball
rögbimérkőzés *n* rugby/Rugby match
rögbiz|ik *v* play rugby/Rugby (football)
rögeszme *n* fixed idea, idée fixe, obsession; **az a** ~**je, hogy** he is* obsessed by/with the idea that, *kif* (s)he has got it into his/her head that, *kif* (s)he has a bee in his/her bonnet about sg
rögös *a* **1.** *(talaj)* lumpy; *(út)* bumpy **2.** ~ **életpálya** life° of adversity, a hard life, a thorny path
rögtön *adv* at once, immediately, without delay, right/straight away, in a moment, *US* right off/now; ~ **jövök** back in a minute *(v.* in a few minutes), I shan't/won't be a minute, *US* I'll be right back; **ott** ~ (right) there and then, on the spot; ~ **láttam** I saw it at once; ~ **megcsinálom** I will do it right away *(v.* straight away *v.* at once)
rögtönbíráskodás *n* *jog* summary jurisdiction; *kat* martial law
rögtöni *a* = **azonnali**
rögtönítélő *a* *jog* summary; ~ **bíráskodás** summary jurisdiction; ~ **bíróság** summary court; ~ **eljárás** summary proceedings *pl*
rögtönöz *v* *ált* improvise, extemporize; *szính* ad lib; **(beszédet)** ~ speak* off the cuff *(v.* offhand/impromptu); **zongorán** ~ improvise on the piano

rögtönzés *n ált* improvisation, extemporization; *szính és biz* ad lib; *zene* impromptu; **a legjobb tréfa a darabban ~ volt** the best joke in the play was ad lib
rögtönzött *a i*mprovised, extempore, impromptu; *szính és biz* ad-lib; **~ beszéd** an off-the-cuff (*v.* impromptu *v.* extempore) speech
rögvest *adv* = **rögtön**
rögzít *v* **1.** *ált vmt* secure, fix, fasten, stabilize; *(vmt vmhez)* fix sg to/on sg; *(törött végtagot)* immobilize, splint, fix **2.** *(árat)* fix, peg, freeze* [prices], put* a ceiling on [prices] **3.** *(írásban vmt)* put* sg down (in writing), put* it in writing **4.** *el (hangot, képet)* record sg, make* a recording of sg **5.** *fényk* fix
rögzítés *n* **1.** *ált* fixing, fastening, securing; *(törése)* immobilization **2.** *(áré)* fixing, pegging (of prices), (price) freeze; *(béré)* freezing of wages, (wage) freeze **3.** *(írásban)* setting/putting down **4.** *(hangé, képé)* recording
rögzített *a* **1.** *(tárgy)* secured, fastened, fixed **2.** *(ár)* fixed, pegged, *(bér)* frozen
rögzítőfürdő *n fényk* fixing bath, fixer
rögzítőkötés *n orv* splint
rögzítőszer *n* fixative, fixer
rögződ|ik *v átv* become* (firmly) rooted/ fixed
röhej *n vulg* guffaw, horse-laugh; **kész ~ it is*** (simply/just) ridiculous, it's a joke
röhög *v vulg* guffaw, laugh like a drain, laugh one's head off
röhögés *n vulg* horse-laugh, guffaw(ing)
-ről *suff* → **-ról**
römi *n* rummy
römiz|ik *v* play rummy
rönk *n* stump, block, log
röntgen *n* **1.** *(készülék)* X-ray machine/ equipment, *(Megjegyzés: az x-ray írásmód terjedőben van)* **2.** *(röntgenezés)* X-ray(ing); *(vizsgálat, felvétel)* X-ray (examination/ photograph/picture); **a ~ azt mutatja, hogy** the X-ray (examination) shows* that; **~re megy** go* for an X-ray, have* an X--ray taken; **~t készít vmről** take* an X--ray of sg, X-ray sg
röntgenátvilágítás *n* X-ray examination, radioscopy
röntgenbesugárzás *n* X-ray therapy, radiotherapy, irradiation
röntgenes *n* radiographer, radiologist
röntgenez *v* X-ray
röntgenezés *n* X-ray examination
röntgenfelvétel *n* X-ray (photograph/ picture), radiograph; **~t készít vmről** X-

-ray sg, take* an X-ray of sg; **~t készítenek róla** be* X-rayed, have* an X-ray taken
röntgenkészülék *n* X-ray apparatus/ machine
röntgenkezelés *n* X-ray treatment/therapy, radiotherapy
röntgenosztály *n* X-ray department, radiology
röntgensugár *n* X-ray(s)
röntgenvizsgálat *n* X-ray (examination)
röpcédula *n* leaflet, flyer, handbill; **~kat osztogat** distribute (*v.* hand out) leaflets
röpcsi *n* = **repülőgép**
röpdolgozat *n* test
röpdös *v* = **repdes**
röpgyűlés *n kb.* ad-hoc meeting
röpirat *n* leaflet, pamphlet
röpít *v* → **repít**
röpke *a (mulandó)* fleeting, ephemeral, passing, transitory
röpköd *v* → **repked**
röplabda *n* volleyball
röplabdáz|ik *v* play volleyball
röplap *n* = **röpcédula**
röppálya *n* trajectory
röppen *v* → **reppen**
röppentyű *n ált* rocket, *(robbanó)* petard, *(világító)* flare
röpte *n sp* volley
röptében *adv* → **reptében**
röpül *v* → **repül**
röstell *v* = **restell**
rőt *a ir* red, russet
rőtvad *n* red/fallow deer (*pl* ua.)
röv. = *rövidítés, rövidítve* abbreviation, abbreviated, short for, abbrev., abbr.
rövid I. *a* **1.** *ált* short, *(idő)* brief, short; **~ életű** short-lived; **~ haj** short/cropped hair, hair cut short; **~ idő múlva** in a short time, shortly, before long, soon; **egy ~ ideig, ~ időre** for a short time, for a/some time, for a while; **~ időközönként** at short intervals; **~ idő alatt, ~ időn belül** in a short time; **~ lejáratú** short-term [credit, loan]; **~ lélegzetű** short(-winded), brief; **~ leszek** I'll be brief, (to put it) in a nutshell, in short, briefly; **~ látogatás** short/flying visit; **~ magánhangzó** short vowel; **~ pihenő** break, *biz* breather; **~ szőrű** short-haired; **~ táv** short distance; **~ távon** for short distances, *(időben)* in the short term, within a short period of time, for a short period; **~ távú** short-distance, *(terv)* short-range [plan, project etc.]; *(lejáratú)* short-term; **~ ujjú** *(ruha)* short--sleeved; **~ úton** directly, without undue

delay; ~ **úton elintéz vmt** make* short work of sg; ~ **vágta** hand-gallop **2.** *(tömör)* brief, concise, succinct; ~ **áttekintés** summary, review, short survey, *(könyvcímben)* the outlines of *pl,* an outline of ...; ~ **és velős** brief/short and to the point; **hogy ~ legyek** to cut a long story short, in a word, suffice it to say (that) **II.** *n* ~re **fog** vmt cut*/make* sg short; **hogy szavamat** ~re **fogjam** = **hogy rövid legyek rövid I. 2.**; ~re **vágja (vk haját)** cut* sy's hair short; ~re **vágat** *(hajat)* have* one's hair cut short *(v.* cropped); ~re **zár** *el* short-circuit sg, cause a short circuit swhere; ~**del ... előtt** shorty before ...; ~**del vm után** *(v.* ezután) shortly after(wards), soon after ... ⇨ **póráz**

rövidáru *n GB* haberdashery, *US* notions *pl,* dry goods *pl*

rövidáru-kereskedés *n GB* haberdashery, haberdasher('s), *US* dry goods store

rövidebb *a* shorter; ~ **nevén X** called X for short; ~ **út** short cut; **a napok** ~**ek lesznek** the days are* drawing in; **6 hónapnál** ~ **ideig** (for) less than six months; **a** ~**et húzza** get* the worst of it, lose* out; **leg**~ shortest; **a leg**~ **utat választja** make* a beeline for

röviden *adv* **1.** *(tömören)* in short/brief, briefly, in a word, in a few words, concisely; ~: **nem** in short — no; ~ **és velősen** brief/short and to the point; **Benjámin,** ~ **Béni** Benjamin, called 'Ben' for short **2.** *(röviditve)* short for; ,,**pub**'' **a** ,,**public house**'' ~ **(kifejezve)** "pub" is short for "public house" **3.** ~ **végez** (1) *vkvel* be* short with sy, give* sy short shrift (2) *vmvel* make* short work of sg

rövidesen *adv* shortly, before long, (very) soon

rövidfilm *n* short film/feature, *biz* short, *(tévében)* TV short

rövidhullám *n* short wave

rövidhullámú *a* short-wave

rövidít *v* **1.** *ált* shorten, cut*/make* (sg) short(er), reduce the length of **2.** *(szöveget)* cut*, abridge

rövidítalok *n pl* short drinks

rövidítés *n* **1.** *(szövegé)* abridgement **2.** *(betűk)* abbreviation; ~**ek jegyzéke** list of abbreviations; ...**nek a** ~**e** abbrev. for ..., short for ...

rövidített *a* **1.** *(szöveg stb.)* abridged; ~ **kiadás** abridged edition **2.** *sp* ~ **játék** *(teniszben)* tiebreaker

rövidítve *adv* shortened, in a shortened form, short for ...; **társa** ~ **tsa** Co. is short for Company

rövidke *a* brief, very short ⇨ **röpke**

rövidlátás *n* short-sightedness

rövidlátó *a/n* short-sighted (person)

rövidnadrág *n* shorts *pl*

rövidnadrágos *a* in shorts *ut.*

rövidség *n* **1.** *(térben)* shortness **2.** *(időé)* shortness, briefness, brevity [of time]; **az idő** ~**e miatt** for lack of time **3.** *(beszédé)* brevity; ~ **kedvéért** for the sake of brevity

rövidtávfutás *n* short-distance running, sprint(ing)

rövidtávfutó *n* sprinter

rövidül *v ált* shorten, grow*/become* shorter; ~**nek a napok** the days are closing/drawing in

rövidülés *n* shortening, being shortened, becoming/growing shorter

rövidzárlat *n* short circuit, *biz* short; ~**ot okoz** cause a short circuit swhere, short-circuit sg

rőzse *n* brushwood, twigs *pl,* sticks *pl;* ~**t szed** pick up *(v.* gather) brushwood/twigs/sticks

rt. = *részvénytársaság* joint-stock company

rubel *n* rouble, ruble; ~ **elszámolású kivitel** export(s) to Comecon countries; **nem** ~ **elszámolású kivitel** export(s) in the dollar sector

rubeóla *n* German measles *sing.,* rubella

rubin *n* ruby

rubrika *n* = **rovat 1.**

rúd *n* **1.** *ált* bar, rod, beam; **egy** ~ **szalámi** a whole salami **2.** *(kocsié)* shaft, pole; **rájár a** ~ misfortune *(v.* ill-luck) dogs his (foot)-steps, be* out of luck; **kifelé áll a szekere** ~**ja** he's on the way out, be* about to be dismissed/fired **3.** *(rúdugráshoz)* (vaulting) pole

rudas *a (ló)* thiller, thill-horse

rúdugrás *n* pole-vault

rúdugró I. *a* pole-vault(ing) **II.** *n* pole-vaulter

rúdvas *n* bar-iron

rúg 1. *vi/vt* kick **2.** *vt (gólt)* score/kick [a goal] **3.** *vi (összeg vmre)* amount/come* to sg; **három számjegyre** ~ reach three figures

rugalmas *a (átv vm is)* elastic; *(hajlíthatóan és átv vk)* flexible; ~ **munkaidő** flexible working hours *pl,* flexitime, flextime

rugalmasság *n (átv vmé is)* elasticity; *(hajlíthatóság és átv vk)* flexibility

ruganyos *a* elastic, springy; ~ **léptekkel** with a spring in one's step, with rapid strides; ~ **matrac** spring mattress
rúgás *n* **1.** *ált* kick(ing) **2.** *(labdáé)* shot, kick **3.** *(lőfegyveré)* recoil, kick
rugdal *v* keep* (on) kicking (sy/sg)
rugdaló(d)z|ik *v* **1.** *konkr* kick out, kick about **2.** *átv vm ellen* kick against sg, *(változhatatlan ellen) kif* kick against the pricks
rugdalódzó *n (kisbabáé)* sleepsuit
rugdos *v* = **rugdal**
rúgkapál *v* = **rugdalódzik**
rugó *n* **1.** *műsz* spring, *(tekercsrugó)* coil spring **2.** *átv vmé* mainspring (of), motive (for); **cselekedeteinek** ~**ja** the motive for his actions
rúgó *a (vmely összegre)* amounting to *ut.*, mounting up to *ut.*; **5000 Ft-ra** ~ **költség** expenses mounting up (*v.* that mount up) to 5,000 fts
rugóacél *n* spring-steel
rugós *a (rugózott)* elastic, springy, spring; ~ **kés** switchblade (knife°), flick-knife°; ~ **matrac** spring mattress; ~ **mérleg** spring balance, *US* spring scale
rúgós *a* ~ **ló** kicker
rugótörés *n* breakage of a spring
rugóz *v* provide/fit with springs, spring*
rugózás *n (szerkezeté, fotelé stb.)* springs *pl*, springing, *(kocsié)* (spring) suspension; **jó a** ~**a** *(ágyé)* it has fine springs; *(autóé)* its suspension is sound/good
rugózat *n* springs *pl*, springing, *(kocsié)* suspension
rugóz|ik *v* recoil, spring*/fly* back; **jól** ~**ik** *(ágy stb.)* it has fine springs; *(autó)* its suspension is sound/good; **nem** ~**ik valami jól** there's not much spring in this [bed etc.]
rúgtat *v (lóval vhová)* gallop, ride* hard (to)
ruha *n* **1.** *(ált ruházat, ruhák)* clothes *pl*, clothing; *(női)* dress, *(férfiöltöny)* suit; **estélyi** ~ evening dress, ball gown; **hétköznapi** ~ everyday/casual clothes *pl*; **rendelésre készült** ~ → **rendelés**; **utcai** ~ (1) *(férfi)* lounge-suit, business suit (2) *(női)* morning dress; **egy rend** ~ a suit of clothes; **nem a** ~ **teszi az embert** it is not the coat that makes the gentleman, you can't judge a book by its cover; ~**t felvesz** put* on one's clothes; ~**t levet** take* off one's clothes; ~**t ráad vkre** help sy on with his clothes; ~**t vált** change (one's clothes), get* changed **2.** *(textildarab tisztításhoz)* cloth, duster; **vizes** ~ damp cloth
ruhaakasztó *n (vállfa)* (clothes) hanger

ruhaanyag *n* dress material
ruhadarab *n* article of clothing
ruhafogas *n (akasztó)* hat-rack, *(álló)* coat-stand
ruhagyár *n* clothes factory
ruhaipar *n* garment trade, *biz* the rag trade
ruhakefe *n* clothes brush
ruhanemű *n* clothes *pl*, clothing, garments *pl*, articles of clothing *pl*
ruhapróba *n* fitting, trying on
ruhás *a* in ... dress *ut.*, in ... clothes *ut.*, dressed in ... *ut.*, wearing ... *ut.*
ruháskosár *n* clothes-basket
ruhásszekrény *n* wardrobe, *US* (clothes) closet
ruhástul *adv* fully dressed, with (all) one's clothes on
ruhaszárító *n/a (állvány)* clotheshorse, clothes airer; ~ **csipesz** clothes peg, *US* clothes pin; ~ **kötél** clothesline
ruhaszövet *n* cloth, (dress) material, fabric
ruhatár *n* **1.** *(színházban stb.)* cloakroom, *(pályaudvaron)* left-luggage office, *US* checkroom; ~**ba (be)teszi a kabátját** leave*/put* one's coat in the cloakroom, *US* check one's coat **2.** = **gardrób 2.**
ruhatári *a* ~ **jegy** *(színház stb.)* cloakroom ticket, *US* check (for one's coat); *(pályaudvari)* left-luggage ticket
ruhatáros *n* cloakroom attendant, *US* hat check girl
ruhatervező *n* dress designer
ruhatetű *n* (body-)louse°
ruhatisztító *n* (dry-)cleaner, (dry-)cleaner's; **a** ~**nál** at the dry-cleaner's
ruhátlan *a* unclothed, undressed
ruhaujj *n* sleeve
ruház *v* **1.** *(ruhával ellát)* clothe, dress **2.** *vmt vkre* confer, bestow (on), grant (to)
ruházat *n* clothes *pl*, clothing, dress
ruházati *a* clothing; ~ **bolt** clothes shop *(US* store); ~ **cikkek** (articles of) clothing
ruházkodás *n* clothing
ruházkod|ik *v* clothe oneself°
rulett *n* roulette
rum *n* rum
rumli *n biz* commotion, confusion, chaos, rumpus; **nagy volt a** ~ there was a great to-do
rumos *a* with rum *ut.*, rum; ~ **tea** tea with rum
rusnya *a* **1.** *(csúf)* ugly, unsightly, hideous **2.** *(piszkos)* dirty, filthy, sordid
ruszli *n* pickled fish
rusztikus *a* rustic, country, rural

rút *a* **1.** *(csúnya)* ugly, hideous **2.** *(aljas)* base, mean, abominable; ~ **hálátlanság** downright ingratitude

ruta *n növ* rue

rutin I. *n (tapasztalat, készség)* experience, practice, skill; *(megszokás)* routine; **nagy** ~**ja van** he has long experience (of sg), he is* an old hand (at sg) **II.** *a* routine

rutinellenőrzés *n* routine examination, routine matter; **ez csak** ~ it's just procedure

rutinmunka *n* routine job

rutinos *a* experienced, practised, accomplished (in), expert (in/at)

rutinvizsgálat *n* (1) *(orvosi)* routine (medical) examination, routine check-up (2) *(hivatalos)* routine examination

rútság *n* ugliness, hideousness

rútul *adv* basely, despicably; ~ **becsap vkt** play sy a dirty trick

rúzs *n (ajak)* lipstick, *(arc)* rouge; ~**t használ** she wears* lipstick

rúzsfolt *n* trace of lipstick

rúzsos *a vk* wearing lipstick *ut.*; ~ **száj** painted lips *pl*; ~ **a szája** she wears lipstick

rúzsoz *v (ajkat)* put* lipstick on; *(arcot)* rouge; ~**za magát** *(ajkát)* put* lipstick on, wear* lipstick, *(arcát)* put* rouge on

rücskös *a* **1.** *(arc)* pock-marked, pitted [face] **2.** *(fa)* gnarled [tree, bark] **3.** *(felület)* rough, pitted (surface)

rügy *n* bud

rügyes *a* budding

rügyez|ik *v* bud, put* forth/out buds, come* into bud, be* in bud

rügyező *a* budding, in bud *ut.*

rügyfakadás *n* budding

rüh *n* **1.** *(emberen)* the itch, scabies **2.** *áll* scab, mange

rühatka *n* itch-mite

rühell *v vmt tenni* loathe (doing) sg, be* loath/unwilling/reluctant to do sg ⟹ **restell**

rühes *a* **1.** *(ember)* itchy, scabby **2.** *áll* mangy

rühesed|ik *v* **1.** *(ember)* get* the itch/scab(ies), become* itchy/scabby **2.** *áll* get* the mange

rühesség *n* **1.** *(emberé)* itch(iness), scabbiness, scabies **2.** *(állaté)* manginess, mange ⟹ **rühes**

rüszt *n* instep

S

S, s[1] *n (betű)* (the letter) S/s
s[2] *conj* and; ~ **a többi** and so on/forth, etc.
(kimondva: etcetera); ~ **aztán?** and then?,
so (what)?, go on
s[3] = *másodperc* second, s
Sabin-cseppek *n pl* Sabin vaccine *sing.*
sablon *n* **1.** *(minta)* pattern, model; *(lyugga-
tott)* stencil **2.** *átv* commonplace, cliché,
stereotype
sablonmunka *n* routine/repetitive work
sablonos *a* stereotyped, conventional, trite,
commonplace; ~ **munka** routine job
saccol *v* guess, estimate; *biz* gues(s)timate
saccolás *n* guessing, guess-work
sáfárkod|ik *v ir* manage sg well, make* good
use of sg
sáfrány *n (virág)* crocus; *(fűszernövény)* saf-
fron
sah *n* shah
saját I. *pron* own; *(magán)* private; ~ **ér-
deke** one's own interest; **a** ~ **feje után
megy** s(he) has* a will of his/her own; ~
jószántából of one's own free will, out of
the kindness of one's own heart, willingly; ~
kezébe *(levélen)* private (and confidential);
~ **kezével/kezűleg** with one's own hand
→ **s. k.;** ~ **költségen** at one's own cost/
expense; ~ **maga** he himself, she herself; ~
maga készítette he/she made it (all by)
himself/herself; ~ **szemével** with one's
own eyes; ~ **termésű** *(cseresznye)* home-
-grown [cherry] **II.** *n* own property; **ez az ő**
~ **ja** it is his (property), it belongs to him;
~ **jában lakik** he lives in a house of his
own
sajátkezű *a* ~ **aláírás** signature, autograph
⇨ **saját és s. k.**
sajátos *a* particular, peculiar, specific, char-
acteristic, typical (of sy/sg); *(egyéni)* in-
dividual; ~ **módon** in a peculiar (v. an odd)
way; *(furcsa módon)* strangely/curiously
enough ⇨ **sajátságos**
sajátosan *adv* specifically; *(különösen)* par-
ticularly; ~ **magyar** specifically/character-
istically Hungarian
sajátosság *n* = **sajátság**; **életkori** ~
characteristic of the age-group

sajátság *n* characteristic, feature, character-
istic/special/specific feature/quality/point;
egyéni ~ peculiarity
sajátságos *a* **1.** *(különös, furcsa)* strange,
singular, odd, queer; ~ **egyéniség** quite a
character, *US biz* oddball; ~ **eset** a strange
case **2.** = **sajátos**
sajátszerű *a* = **sajátos**
sajátvérkezelés *n* autohaemotherapy *(US*
-hem-)
sajgó *a* throbbing, aching, smarting; ~ **fáj-
dalom** burning/throbbing pain
sajka *n* (small) boat
sajkacsont *n* navicular bone
sajnál *v* **1.** *vkt* be*/feel* sorry for, feel* pity
for, pity (sy); ~ **om (őt)** I am*/feel* sorry
for him **2.** *(bánkódik vm miatt)* regret sg *(v.
doing sg v.* that . . .), be*/feel* sorry about/
for sg *(v.* that . . .); ~ **om, de** I am sorry but
. . .; **nagyon/igen ~om!** I am very/real-
ly/awfully sorry!, I'm so sorry!; ~ **om,
hogy rossz az idő** I'm sorry it's such
nasty weather; ~ **ja, hogy vmt tett** he
regrets doing sg, he regrets that . . .; **3.** *(kí-
mél)* nem ~**ja a költséget és a fárad-
ságot** he spares neither trouble nor pains/
expense, no expense(s)/pains spared; ~
vktől vmt envy sy sg; ~ **tőle minden
falatot** begrudge/envy sy every bite (he eats)
sajnálat *n (szánalom)* pity; *(bánkódás)* re-
gret; **legnagyobb ~omra** to my great re-
gret, much to my regret; ~ **ra méltó** sad,
pitiful, pitiable, unfortunate; ~ **ra méltó
ember** a man to be pitied; ~ **tal értesül-
tünk** we were very sorry to hear, we heard
with regret that; ~ **tal közlöm, hogy** I
regret to inform you that, I am sorry to have
to inform you that; ~ **tal látom** I am sorry
to see that
sajnálatos *a* regrettable, sad, pitiable, de-
plorable; ~ **esemény** unfortunate/regret-
table event; ~ **tévedés** regrettable/un-
fortunate mistake
sajnálkozás *n (történtekért)* regret; *(bocsá-
natkérően)* apology; *(szánalom)* pity; *(rész-
vét)* sympathy; **legmélyebb ~át fejezte
ki** (1) *(halálesetkor)* he expressed his deepest

sympathy (2) *(bocsánatkéréskor)* he expressed his deepest regret, he apologized

sajnálkoz|ik *v (történtekért)* be* sorry for/about, regret; *(bocsánatkérően)* apologize for; *vkn* feel* pity for; *(részvéttel)* sympathize with

sajnos *int* I'm sorry, unfortunately, sorry (to say); *kif* it is* to be regretted that ...; ~ **nem jött el** I am* sorry to say she has not come; ~ **elfogyott** *(könyv)* sorry, it's out of print; *(egyéb)* sorry, it's out of stock

sajog *v* throb, ache, smart; ~ **minden tagom** I ache all over

sajt *n* cheese

sajtár *n* pail

sajtkukac *n biz* fidget; **olyan, mint a** ~ he is* constantly fidgeting

sajtó *n* **1.** *(nyomdai gép)* printing-press/machine; ~ **alá rendez** edit, prepare for the press; ~ **alá rendezte** edited by; ~ **alatt van** be* in the press *(US* in press), is being printed **2.** *átv* **a** ~ the press; **jó** ~**ja van** have* *(v.* be* given) a good press, be* well received in/by the press; **rossz** ~**ja van** get*/have*/receive *(v.* be* given) a bad/poor press; **napi** ~ daily press; **a** ~ **útján** through the (medium of the) press **3.** *(prés)* press

sajtóattasé *n* press attaché

sajtóbemutató *n* press view/preview; *(darabé)* press night

sajtóértekezlet *n* press/news conference

sajtófigyelő (szolgálat) *n* clipping/monitoring *(v.* press cutting) bureau

sajtófogadás *n* press conference

sajtófőnök *n* chief press officer, press chief

sajtóhadjárat *n* press campaign

sajtóhiba *n* misprint, printer's error; ~**k jegyzéke** errata *pl,* errata slip, corrigenda *pl*

sajtóiroda *n* public relations (office)

sajtókampány *n* = **sajtóhadjárat**

sajtókonferencia *n* = **sajtóértekezlet**

sajtóközlemény *n* communiqué, statement to the press, press release

sajtol *v* **1.** *(kisajtol)* press, squeeze (sg out of sg) **2.** *műsz* extrude

sajtónyilatkozat *n* communiqué, statement to the press

sajtóorgánum *n (szervé)* official paper/organ/voice

sajtóosztály *n* publicity department, press-department

sajtópéldány *n* review copy, (free) copy for the press

sajtóper *n* libel suit/case

sajtos *a* cheese, made with cheese *ut.*; ~ **makaróni** macaroni cheese; ~ **meleg szendvics** *(v.* **pirítós)** Welsh rabbit/rarebit; ~ **rudacska** cheese straw

sajtószabadság *n* freedom of the press

sajtószemle *n* press review

sajtószolgálat *n* press service

sajtótájékoztató *n* press conference

sajtótermék *n* publication, printed matter

sajtótörvény *n* press laws *pl*

sajtótudósító *n* journalist, pressman°, press correspondent, (newspaper) reporter; *(igével)* report for [a newspaper, news agency etc.]

sajtóügynök *n* press agent

sajtóügynökség *n* press/news agency

sajtóvisszhang *n* press reaction; **jó/nagy** ~**ja van** get* *(v.* be* given) a good/big press/coverage

sajtreszelő *n* cheese grater

sakál *n* jackal

sakk *n* chess; ~**!** check!; ~**ot ad vknek** give* check to sy, check sy; ~**ban tart vkt** keep*/hold* sy in check, keep*/hold* sy at bay

sakkbajnok *n* chess champion

sakkbajnokság *n* chess championship

sakkcsapat *n* chess team

sakkfeladvány *n* chess problem

sakkfigura *n* chessman°, (chess) piece

sakkhúzás *n* move; **ez ügyes** ~ **volt** this was* a clever trick/move; **ügyes diplomáciai** ~ a master-stroke of diplomacy

sakkjáték *n* (game of) chess

sakkjátszma *n* game of chess

sakk-kör *n* chess club

sakklépés *n* move

sakk-matt *n (főleg átv)* checkmate

sakkmester *n* (chess) master

sakkóra *n* chess clock

sakkozás *n* (playing) chess

sakkoz|ik *v* play (a game of) chess; **jól** ~**ik** he is* good at chess

sakkparti *n* game of chess

sakktábla *n* chessboard

sakkverseny *n* chess tournament

sákramentum *n vall* sacrament

sakter *n* Jewish/kosher butcher

sál *n* scarf°

salabakter *n* **vén** ~ (1) *(személy)* old fog(e)y (2) *(könyv)* useless old tome

salak *n* **1.** *(anyag)* slag; *(fémé)* dross; *(széné)* clinker **2.** *biol* excrement, excreta *pl* **3.** *átv* scum, refuse; **a társadalom** ~**ja** the scum *(v.* dregs *pl)* of society

sárfészek

salakbeton *n* ~ **építőelem** breeze block, *US* cinder block
salakképződés *n* scorification
salakos *a* ~ **teniszpálya** hard court; ~ **út** cinderpath
salakpálya *n (motoré)* dirt track, speedway track; *(futóé)* cinder-track
salakpályaverseny *n* cinder-track race, speedway
Salamon *n* Solomon
saláta *n* **1.** *növ* lettuce; **egy fej** ~ a (head of) lettuce; **fejes** ~ (cabbage) lettuce **2.** *(elkészített)* salad
salátaolaj *n* salad-oil
salátaöntet *n* (salad) dressing
salátáskanál *n* salad-spoon; ~ **és -villa** salad-servers *pl*
salátástál *n* salad-bowl
salétrom *n* saltpetre (*US* -peter), potassium nitrate
salétromos *a* nitrous
salétromsav *n* nitric acid
sallang *n* **1.** *(szegélyező)* fringe, tassel **2.** *(beszédben, írásban)* flourish
sallangos *a (beszéd)* bombastic, flowery, pompous
sámán *n* shaman
samanizmus *n* shamanism
samesz *n* beadle; *átv* factotum, bottle-washer
sámfa *n* shoetree, boot tree
sámli *n* (foot)stool
samott *n* fire-clay
samott-tégla *n* fire-brick
sampinyon *n (gomba)* = **csiperke-gomba**
sampon *n* shampoo
Sámuel *n* Samuel
sánc *n (erődrész)* rampart; *(földből)* mound; *(önálló erőd)* fortification, earthwork; ~**cal körülvesz vmt** entrench/fortify sg; ~**ot ás/épít** dig* trenches ⇨ **síugró sánc**
sáncárok *n* trench, ditch
sáncmunka *n* earthwork, entrenchment
sáncol *v (röplabdában)* block; *(sakkban)* castle
sáncolás *n (röplabdában)* blocking; *(sakkban)* castling
sanda *a (kancsal)* squint/cross-eyed; **az a** ~ **gyanúm** I've got a suspicion that ..., I suspect ...; ~ **szemmel** (*v.* **sandán**) **néz vkre** look askance at sy, eye sy with suspicion, *vmre* look (up)on sg with a jaundiced eye
sandít *v* ~ **vmre/vkre** squint at sg/sy, cast* a stealthy glance at sg/sy

Sándor *n* Alexander; **Nagy** ~ Alexander the Great
San Franciscó-i *a/n* San Franciscan
sansz *n* chance(s), *US* break; **semmi** ~**a nincs** (s)he hasn't the ghost of a chance (of sg), *biz* (s)he hasn't a cat in hell's chance (of sg)
sánta *a* lame, limping; **jobb lábára** ~ **be*** lame in the right leg, have* a game/gammy right leg
sántaság *n* limp, lameness
sántikál *v* **1.** *konkr* limp, hobble (along), walk with a limp **2.** *vmben* ~ **be*** up to sg; **rosszban** ~ he is* up to some mischief (*v.* no good)
sántikálás *n* hobble, hobbling/limping along
sántít *v* **1.** *konkr* limp, walk with a (bad) limp, have* a (bad) limp, hobble; **jobb lábára** ~ he is lame in the right leg **2.** ~ **a dolog** it doesn't go on all fours; **a hasonlat** ~ the simile doesn't work (*v.* is wide of the mark)
santung *n* shantung
sanzon *n* song, chanson
sanzonénekes *n (férfi)* crooner; *(nő)* chanteuse
sanyargat *v* torment, torture; ~**ja magát** mortify the flesh
sanyargatás *n* torment, torture
sanyarú *a* wretched, miserable; **a** ~ **szükség** dire necessity
sáp *n* illegal/illicit profit, *US* □ kickback; **leszedi a** ~**ot** accept bribes, take* one's cut
sápad *v* turn/grow* pale
sápadozik *v* = **sápad**
sápadt *a* pale, pale/pasty/whey-faced; *(betegesen)* anaemic (*US* -emic), sickly
sápadtság *n* paleness, pallor, waneness
sápítozás *n* lamentation, lamentations *pl*, wailing, wailings *pl*
sapka *n* **1.** *(fejre)* cap **2.** *(kupak)* cap
sápkóros *a* greensick, chlorotic, anaemic (*US* -emic)
sár *n* mud; *átv* dirt; ~**ba ránt/tipor** defame, profane, sully, drag sy (*v.* sy's name) through the mud; **(meg)állja a sarat** stand*/hold*/keep* one's ground
Sára *n* Sarah
sarabol *v* hoe [weeds]
saraboló *n* draw/garden hoe, *US* scuffle (hoe)
sarc *n* tribute; ~**ot fizet vknek** pay tribute to sy → **hadisarc**
sárcipő *n* galoshes *pl*, overshoes *pl*, *US* rubbers
sárfészek *n* muddy backwater/hole/place

sárfogólap n *(járművön)* mud-flap, splash-guard, *biz* spats

sárga I. a yellow; ~ **angyal** (1) *(a szervezet)* patrol (car) service (2) *(az ember a kocsival)* GB A.A. patrolman°; ~ **fény** *(forgalmi jelzőlámpán)* amber (light); **a ~ földig lehord** vkt *biz* give* sy a good dressing down; **a ~ földig leissza magát** get* blind/roaring drunk; ~ **irigység** green-eyed monster; ~ **az irigységtől** be* green with envy II. n **1.** *(szín)* yellow; ~**ra fest** paint sg yellow; *tex* dye/stain sg yellow **2.** = **tojássárgája**

sárgabarack n apricot

sárgaborsó n split/dry peas *pl*; ~**leves** pea soup

sárgadinnye n honeydew melon, cantaloup (*US* cantaloupe) (melon), musk-melon

sárgája n = **tojássárgája**

sárgaláz n yellow fever

sárgáll|ik v be*/look/shine* yellow

sárgarépa n carrot

sárgarépa-főzelék n a dish of boiled carrots, boiled carrots *pl*

sárgaréz n/a brass; ~ **kilincs** brass door-handle (*v.* doorknob)

sárgarigó n golden oriole

sárgás a yellowish, yellowy

sárgaság n jaundice; ~**ban van/szenved** have* jaundice, be* jaundiced

sárgásbarna a tan, fawn-coloured (*US* -or-)

sárgászöld a yellowish green

sárgít v make* sg yellow, yellow

sárgul v become*/turn yellow, yellow; *(levelek)* wither; *(gabona)* ripen; *(arc)* sallow

sárhányó n mudguard, *US* fender

sarj n **1.** *növ* shoot, sprout **2.** *vké* offspring, descendant, scion

sarjad v **1.** *növ* bud, shoot*, sprout **2.** *átv* originate (in/from), spring* from

sarjad(z)ás n **1.** *(folyamat)* shooting, sprouting **2.** *(növényen)* offshoot, sprout

sarjadz|ik v = **sarjad**

sarjerdő n brush-wood, copse, second growth

sarjhajtás n = **vadhajtás**

sarjú n second growth/crop, aftermath, rowen; ~**t kaszál** mow a second time

sarjúerdő n = **sarjerdő**

sarjúkaszálás n second mowing; *(eredménye)* aftermath, rowen

sarjúszéna n hay of second mowing

sark n *földr* pole ⇨ **Északi-sark, Déli-sark**

sarkal v *(cipőt)* heel, put* new heels on

sarkalás n *(cipőé)* heeling

sarkalatos a cardinal, fundamental, pivotal; ~ **pont** hinge [on which sg turns]

sarkall v vkt vmre stimulate, encourage, urge *(mind:* sy to do sg), spur sy on to [greater effort etc.]

sarkantyú n *(csizmán és kakas csüdjén)* spur; ~**t ad a lovának** spur (on) one's horse, set* spurs to one's horse

sarkantyúpengés n clinking of spurs

sarkantyús a spurred, wearing spurs *ut.*; ~ **csizma** spurred boot(s)

sarkantyúz v **1.** *(lovat)* spur, set* spurs to [one's horse] **2.** *átv* spur on, stimulate

sárkány n **1.** *(mesebeli)* dragon **2.** *(játék)* kite; ~**t ereszt/ereget** fly* a kite **3.** *(asszony)* virago (*pl* -goes *v.* -gos), shrew, dragon, *biz* battle-axe

sárkányeresztés n **1.** *(játéksárkányé)* flying a kite **2.** *tréf* ⟨when one's wife (or mother-in-law) is leaving for a while⟩

sárkányfajzat n viper, serpent

sárkányrepülés n hang-gliding

sárkányrepülő n hang-glider

sarkcsillag n the Pole Star, the North Star, Polaris

sárkefe n hard shoe-brush

sarki a **1.** *földr* polar; *(északi)* Arctic; *(déli)* Antarctic; ~ **fény** polar lights *pl*, *(északi)* Northern lights *pl*, aurora borealis, *(déli)* Southern lights *pl*, aurora australis **2.** *(utcán)* standing at/on the corner *ut.*, corner

sarkigazság n fundamental truth, axiom

sarkít v *fiz* polarize; *átv* put* sg very polemically; polarize [opinions]

sarkkör n polar circle

sarkkutató n Antarctic/Arctic explorer

sarköv n polar zone/region

sarkpont n pivot, turning-point

sarktétel n = **sarkigazság**

sárkunyhó n mud hut

sarkutazás n polar/Arctic/Antarctic expedition

sarkutazó n = **sarkkutató**

sarkvidék n polar region(s), *(déli)* Antarctic region, *(északi)* Arctic region; **déli** ~ the Antarctic; **északi** ~ the Arctic

sarkvidéki a polar, *(déli)* Antarctic, *(északi)* Arctic; ~ **hideg** arctic cold/weather; ~ **légtömeg** arctic air mass

sárlás n heat, rutting

sarlatán n charlatan, quack, sham

sárl|ik v be* on (*US* in) heat, rut

sarló n sickle; ~ **és kalapács** hammer and sickle

sarlóz v cut* with a sickle

sármány n *áll* yellowhammer, bunting

saroglya n *(szekéren)* forage ladder/rack
sarok n **1.** *(cipőé, harisnyáé, kenyéré, lábé)* heel; **a sarkában van vknek** be* breathing down sy's neck, dog sy *(v. sy's steps),* be* (hard) at/on sy's heels, follow sy (hot) on/at his/her heels; **sarkára áll put*** one's foot down, make* a stand; **állj a sarkadra!** be* firm, stick* to your guns; **sarkon fordul** turn on one's heels, turn round sharply, *(ijedtében)* turn tail (and run) **2.** *(szobáé)* corner; *(zug)* nook; *(könyvé, utcáé, szemé)* corner; **meghitt kis** ~ a cosy little corner; **~ba állít** *(gyereket)* stand* a child° in the corner; **~ba szorít vkt** *átv* drive* sy into a corner, corner sy; **~ba van szorítva** be* with *(v.* have*) one's back to the wall, be* trapped/cornered; **a sarkon túl** round the corner; **a negyedik** ~/**sarkon**/~**nál jobbra** the fourth turning on/to the right **3.** *(ajtóé)* hinge; **kiemel vmt a sarkából** unhinge sg **4.** *el* pole
sarokablak n corner window
sarokcsont n heel-bone
sarokház n **1.** corner house **2.** *(süteményfajta)* ⟨wedge-shaped gâteau topped with whipped cream⟩
sarokkő n cornerstone
sarokszoba n corner room
sarokülés n corner-seat
sarokvas n **1.** *(ajtón)* hinge **2.** *(cipőn)* heel--plate
sáros a muddy; *(ruha)* spattered with mud ut.
sártenger n sea of mud, quagmire
saru n **1.** *(lábbeli)* sandal **2.** *(híd, fék, kábel stb.)* shoe
saruszíj n sandal/ankle-strap
sárvédő n = **sárhányó**
sas n eagle
sás n sedge
sasfészek n eyrie, aerie
sasfiók n eaglet
sáska n locust
sáskahad n *(átv is)* swarm of locusts
sáskajárás n *(átv is)* plague of locusts
saskatchewani n Saskatchewaner
saskeselyű n lammergeier, (common) bearded vulture
sasorr n aquiline/Roman nose
sasorrú a with an aquiline/Roman nose ut.
sasszeg n cotter pin
sasszem n *átv* ~**e van** have* eyes like a hawk, be* eagle/hawk-eyed; **~ekkel figyel** watch eagle-eyed
sasszemű a eagle/hawk/gimlet-eyed
saszla n *(szőlőfajta)* chasselas [grape]

sasszé n *(táncban)* chassé, gliding step, side--step
sasszi n *el* chassis
sátán n Satan, Lucifer, the Devil
satíroz v = **vonalkáz**
satnya a *(ember)* puny, sickly, undernourished, *vm* stunted
sátor n **1.** *ált* tent; **két-/négyszemélyes** ~ 2-person/4-person tent; **~ban alszik/ lakik** sleep*/live in a tent, camp out; **sátrat felállít/ver** pitch *(v.* set* up) a tent; **felszedi a sátrat** take* down a tent, *(tábort bont)* strike*/break* (up) camp **2.** *(cirkuszi)* big top; *(vásári)* booth, stall
sátorcövek n tent-peg
sátorfa n tent-pole; **felszedi a ~ját** pack up and go* (away) *(v.* leave*), make* off, make* oneself scarce; **hordd el a ~dat!** be* off!, make yourself scarce!
sátorfedél n roof [of a tent]
sátorkötél n tent-rope
sátorlakó n camper
sátorlap n side/flap of tent
sátoros **I.** a ~ **cigány** wandering/nomadic gipsy; ~ **kereskedő** itinerant trader, stallholder [at a fair] **II.** *tréf* ~ **ünnep** festival, great public holiday; **minden** ~ **ünnepen** on high days and holidays
sátoroz v camp out, live in a tent
sátorozás n camping (out), living in a tent *(v.* tents)
sátorponyva n canvas
sátortábor n camp
sátortető n *épít* tent roof
sátorvászon n = **sátorponyva**
sátorverés n pitching a tent *(v.* tents)
satrafa n *biz* **vén** ~ old hag
satu n vice, *US* vise; **~ba fog vmt** grip sg in a vice, vice *(US* vise) sg; **~ba be van fogva** be* gripped in a vice
satupad n work/vice-bench
satupofa n jaw(s)
sav n acid; **sok a** ~**a** suffer from an acid stomach *(v.* from hyperacidity); **kevés a** ~**a** suffer from anacidity *(v.* acid deficiency)
sáv n **1.** *(csík)* stripe, streak; *(rangjelzés)* stripes *pl*; *földr* strip (of land), zone; *(közlekedésben)* lane; **forgalmi** ~ traffic lane; **három (forgalmi)** ~**ú út** three-lane road; **belső** ~ outside/offside lane; **külső** ~ inside/nearside lane; ~**ot változtat** change lanes **2.** *el (hullámsáv)* (wave)band; **polgári** ~ Citizens' Band, CB
sava-borsa n flavour *(US* -or) (of sg); **a humor az élet** ~ humour *(US* -or) is the spice of life

saválló *a* acid-resistant, acid-proof

savanyít *v* make* sour, sour; *(tartósít)* pickle; **káposztát** ~ sour/pickle cabbage

savanykás *a* sourish, acidulous; *(alma)* tart(ish), rather sour

savanyod|ik *v* turn/get*/go* sour

savanyú *a* **1.** *(íz)* sour, acid, tart; ~ **cukor** acid/lemon drops *pl*; ~ **káposzta** pickled cabbage, sauerkraut; ~ **uborka** pickled cucumber/gherkin, *US* pickle; ~ **a szőlő** sour grapes **2.** *átv* sour, dour, wry, bitter; ~ **alak/ember** wet blanket, *biz* misery, sourpuss; ~ **képet vág** make*/pull a sour/long face, look glum

savanyúság *n* **1.** *(tulajdonság)* sourness, tartness **2.** *(ételhez)* pickles *pl*

savanyúvíz *n* Vichy water

savanyúvízforrás *n* mineral spring

savas *a* **1.** *vegy* acid, acidic; ~ **eső** acid rain **2.** *biz (gyomorsavas)* suffering from an acid stomach *ut.*, hyperacid

savhiány *n orv* acid deficiency, anacidity

sávkapcsoló *n el* band switch/selector

sávnyújtás *n (rádión)* bandspreading

savó *n (tejé)* whey; *(véré)* (blood) serum

sávoly *n* twill

savós *a* wheyey, wheyish

sávos *a* striped, streaked, streaky

savószemű *a* pale blue-eyed, with watery blue eyes *ut.*

savószínű *a* whey-coloured (*US*-ored), wan

sávozott *a* = **sávos**

savpróba *n* acid test

sávszélesség *n el* bandwidth

savtartalom *n* (degree of) acidity

savtúltengés *n orv* hyperacidity

sávváltás *n (közúton)* lane changing, changing/change of lane(s), *(veszélyes)* lane-hopping

sávváltó *n el* band switch/selector

sci-fi *n* science fiction, sci-fi

se *conj/adv* neither; **nem kell a pénz, és/ de a könyv** ~ I don't want the money or the book, I don't want the money and I don't want the book either; **egyikőtöknek** ~ **hiszek** *(kettő közül)* I don't believe either of you, *(több közül)* I don't believe any of you; **szóba** ~ **áll vele** give* sy the cold shoulders, cut* sy cold; ~ **...** ~ neither ... nor, *(tagadás után)* either ... or; ~ **nem evett,** ~ **nem ivott** he neither ate nor drank; ~ **pénz,** ~ **posztó** *kb.* be* left empty-handed; **nem mondott** ~ **igent,** ~ **nemet** he didn't say either yes or no; **azt** ~ **tudja, mikor mentek el** (s)he doesn't even know when they left; **rá** ~ **gondolj!**

don't give it another thought ⇨ **azért, sem**

seattle-i *n* Seattleite

seb *n* wound; *(sérülés)* injury; *(égett)* burn; *(horzsolt)* abrasion; *(szúrt)* stab-wound; *(tátongó)* gash; **nyílt** ~ open wound; **csupa** ~ **volt a teste** his body was covered with (*v.* was a mass of) wounds; ~**et ejt vkn** inflict a wound on sy, wound/injure sy; ~**et kap** be*/get* wounded; **halálos** ~**et ejt vkn** wound sy mortally ⇨ **belehal**

sebaj! *int* no matter!, it doesn't matter!, never mind!, *(vigasztalóan)* buck/chin/cheer up!

sebbel-lobbal *adv* in a tearing rush/hurry; **nagy** ~ **elrohant** he pelted/ran hell for leather [down the street]

sebes¹ *a (gyors)* quick, swift, speedy, rapid, fast, hurried; ~ **ár** swift current; ~ **folyású** fast-flowing; ~ **folyó** rapid stream, fast-flowing river; ~ **léptű** fleet-footed

sebes² *a* wounded, hurt, sore

sebesség *n* **1.** *ált (és gépkocsié)* speed; *műsz* velocity; *(tempó)* rate, pace; **kezdő** ~ initial velocity/speed; **legnagyobb** ~ full/ top/maximum speed, maximum velocity; **megengedett legnagyobb** ~ speed limit, maximum speed; **a megengedett- nél nagyobb** ~**gel halad, túllépi a megengedett (legnagyobb)** ~**et** exceed the speed limit; **nyaktörő/őrült** ~**gel** at a breakneck speed; **teljes** ~**gel** at full speed; **óránként 80 kilométeres** ~**gel haladt** he was going/driving at a speed of 80 kilometres an hour (*v.* 80 kph) (= 50 miles an hour *v.* 50 mph) **2.** *(autó sebességfokozata)* **első** ~ first/low/bottom gear; **második** ~ second gear; **harmadik** ~ third gear; **negyedik** ~ fourth gear; *(ha 4 sebesség van)* top/high gear; ~**ben van** be* in gear; ~**et vált** change gear

sebességcsökkenés *n* slowing down

sebességfokozat *n (gépkocsin)* gear

sebességhatár *n* ~**ok** range of speeds

sebességi *a* ~ **próba** speed trial/test; ~ **rekord** speed record; ~ **versenypálya** speedway

sebességkorlátozás *n* speed limit; **40 km- -es** ~ a speed limit of 40 kph

sebességmérő *(és kilométerszámláló)* *n* speedometer (and mileometer *v.* *US* odometer)

sebességváltás *n* gear-change

sebességváltó *n* **1.** *(szerkezet)* gearbox, gearcase, gears *pl*; **automata** ~ automatic transmission (*v.* gear system); **automata**

~s kocsi automatic **2.** ~ **(kar)** gear--lever, gear-stick, *US* gearshift
sebesülés *n* **1.** *(ténye)* being wounded; *(sérülés)* injury **2.** *(seb)* wound; injury; **belehal** ~**ébe** die of one's wounds/injuries
sebesült I. *a* wounded **II.** *n* wounded soldier/man°; **a** ~**ek** the wounded
sebesültszállító I. *a* ~ **gépkocsi** ambulance (car); ~ **repülőgép** ambulance plane; ~ **vonat** ambulance train **II.** *n (katona)* stretcher-bearer
sebész *n* surgeon
sebészet *n* surgery; *(kórházi osztály)* surgical department/ward, surgery
sebészeti *a* = **sebészi**
sebészi *a* surgical; ~ **beavatkozás** surgery, surgical intervention, operation
sebészkés *n* surgical knife°; *(szike)* scalpel, *(lándzsa)* lance(t)
sebezhetetlen *a* invulnerable
sebezhető *a* vulnerable; *átv* [be*] easily hurt, sensitive, touchy; ~ **pont** tender spot, weak point/spot/side
sebfertőzés *n* (wound) infection
sebhely *n* scar, mark, *orv* cicatrice
sebhelyes *a* scarred, covered with scars/marks *ut.*
sebkenőcs *n* (healing) ointment
sebkezelés *n* (wound) dressing
sebláz *n* traumatic fever, wound-fever
sebszáj *n* orifice of wound, *(szél)* edge/lip of wound
sebtapasz *n (vízálló)* (sticking) plaster, *US* adhesive plaster, *GB* Elastoplast, *US* Band--aid
sebtében *adv* hastily, in haste, in a hurry; ~ **eszik** have* a snack, bolt one's food down; ~ **összetákolt** makeshift, improvised
sebten *adv* = **sebtében**
sebtisztítás *n* cleaning out wounds
sebváltó *n biz* = **sebességváltó**
sebvarró *a* ~ **tű** surgical needle
sebzett *a* wounded, injured; ~ **lelkű** broken-hearted
séf *n* **1.** *(főszakács)* chef **2.** *biz (főnök)* boss
seftel *v biz* elít = **üzletel**
segéd *n* **1.** *(bolti)* (shop) assistant, *(női)* saleswoman°, salesgirl, *US* (sales-)clerk **2.** *ált* aid(e), help(er), assistant **3.** *(párbaj)* second [in a duel]
segéd- *pref vm* auxiliary ..., *vk* assistant ...
segédanyagok *n pl* auxiliary material(s)
segédcsapat(ok) *n (pl)* auxiliary troops *pl*, reinforcements *pl*
segéderő *n* help, aid

segédeszköz *n* aid *(vmben* in sg); **nélkülözhetetlen** ~ essential aid; **oktatási** ~ teaching aid
segéd-házfelügyelő *n* assistant caretaker/concierge, *US* underjanitor
segédige *n* auxiliary (verb)
segédkezet nyújt *kif vknek* lend* sy a helping hand, be* of help to sy
segédkez|ik *v* **1.** *vknek* help sy *(vmben* do *v.* to do sg *v.* with sg), assist sy *(vmben* with sg *v.* in doing sg *v.* to do sg) **2.** ~ **vknek bűncselekmény elkövetésében** aid and abet sy
segédkönyv *n* handbook, manual
segédlelkész *n* assistant minister, *(anglikánoknál)* curate
segédlet *n* **1.** *(segítség)* aid, assistance, help; **rendőri** ~**tel** with police assistance/support **2.** *(írott, nyomtatott)* (study-)aid
segédlevél *n* † journeyman's certificate
segédmotor *n (csónakon)* outboard motor; ~**os kerékpár** motor-assisted bicycle, *GB* moped
segédmunka *n* unskilled job/work/labour *(US* -or)
segédmunkás *n* unskilled worker, *biz* hand
segédorvos *n* assistant physician, junior doctor, *GB* houseman°, *US* intern
segédrendező *n* assistant director
segédszemélyzet *n* ancillary/auxiliary/support staff
segédszerkesztő *n* assistant editor, *(hírlapnál)* sub-editor
segédszínész *n* bit-part actor, extra
segédszolgálat *n kat* unarmed military service
segédszolgálatos *a kat* non-combatant
segédtanár *n* assistant teacher, teaching assistant
segédtétel *n fil* subsidiary proposition
segédtiszt *n kat* adjutant, aide-de-camp *(pl* aides-de-camp)
segédtudomány *n* auxiliary science
segély *n* **1.** *(segítség)* help, aid **2.** *(anyagi támogatás)* grant, grant-in-aid, financial support/assistance; *(intézménynek)* subsidy, aid, grant; *(rendszeres juttatás)* allowance; *(éhínség sújtotta országnak stb.)* relief; **anyasági** ~ *GB* maternity benefit *(US* allowance); **külföldi** ~ foreign aid; **rendkívüli** ~ special/emergency allowance; **szakszervezeti** ~ trade-union hardship payment; **szociális** ~ *GB* social security (benefits/payments); *US* welfare (handouts/payments); ~**ben részesít vkt** give* sy aid,

give* a grant to sy; ~**re szorul** require help, be* in need

segélyakció *n* (fund-raising) campaign, (organization of a) relief fund

segélyalap *n* relief fund(s)

segélyállomás *n* first-aid station

segélyegylet, segélyegyesület *n* charity, relief organization, charitable institution

segélyez *v* assist, support, subsidize

segélyforrás *n* resource, source of financial support; ~**aim kimerültek** I am at the end of my resources

segélyhely *n* **1.** *(orvosi)* first-aid station **2.** *(műszaki)* aid station, aidpoint

segélyhívó telefon *n* emergency/roadside telephone/call-box

segélykérés *n* appeal, supplication

segélykérő *a* suppliant, supplicant; ~ **levél** letter asking for help, *biz* begging letter; ~ **tekintet** look of entreaty

segélykiáltás *n* cry/call for help/assistance

segélykocsi *n* patrol car

segélynyújtás *n* assistance, help, aid, *(pénzbeli)* subsidy, subvention, grant; **kölcsönös** ~**i egyezmény** mutual assistance pact

segélyprogram *n* aid programme

segélyszállítmány *n* relief (convoy)

segélyszervezet *n* relief organization

segélyszolgálat *n* **1. országúti** ~ patrol service → **sárga angyal 2.** *(lift, tévé stb. javítószolg.)* (emergency) repair service

segg *n vulg* arse, *US* ass; ~**be rúg** kick (sy) in the pants, give* sy a kick up the backside; ~**re esik** fall* flat, fall* on one's bottom

seggnyaló *n vulg* arse licker

seggrészeg *a* □ pissed (out of his mind *v.* as a newt)

segít *v* **1.** *vi/vt (vknek, ill. vkt vmben)* help sy *(vmben* with sg *v.* to do *v.* do sg); be* of help to sy; assist sy (in doing sg *v.* to do sg); be* of assistance to sy; ~**ettem neki megtalálni a dolgait** I helped him (to) find his things; **kérlek,** ~**s!** please help (me); ~**hetek?** *(üzletben)* can/may I help you?; ~ **vknek felmenni a lépcsőn** help sy up (the stairs); ~ **vkt munkájában** help sy with/in one's work; ~ **a feleségének a háztartásban** he does* his share of the housework; ~**hetek vmben?** can I help you?, can I be of any assistance to you?; **sokat** ~ **otthon** he is very good around/about the house; **szeret** ~**eni** be* (always) ready to help [one's friends etc.] **2.** *vi vkn* help sy, *(munkában)* help sy (with one's work), lend* sy a hand (with sg); ~ **magán** look

after oneself; **nem** ~ **rajtad a sírás** it won't help (you) to cry, it's no good/use crying; ~**s magadon, az Isten is megsegít** God helps those who help themselves; **nem lehet rajta** ~**eni** *(vkn)* (s)he is past help, *(vmn)* it can't be helped **3.** *vi (vm segítséget jelent)* be* of help (to); **ez a gyógyszer majd** ~ this medicine will help (*v.* do you good), *biz* this should/will do the trick; **semmi sem** ~ nothing can help, there is no help **4.** *vi (vmn)* ~ **a bajon** *(csökkenti)* ease the problem, *(elhárítja)* solve the problem, help sy over a difficulty; **ezen nem lehet/tudok** ~**eni** I can't help (you there), there is no help for it, that can't be helped **5.** *vt (segélyez)* help sy financially/out; ~**ik a szülei** his/her parents help him/her out/financially; ~**i a szüleit** (s)he helps (to) support his/her parents **6.** *vt (hozzásegít vkt vmhez)* help sy to (get/obtain) sg; **álláshoz** ~ **vkt** help sy (to) find/get a job **7.** *vt vkre* ~ *(ruhadarabot)* help sy with [clothing]; **rám** ~**ené a kabátot?** would you help me on with my coat, please?

segítő I. *a* helping; ~ **kezet nyújt vknek** lend* sy a helping hand **II.** *n* helper, assistant, aid(e)

segítőkész *a* helpful, willing

segítőkészség *n* helpfulness, readiness to help

segítőtárs *n* helper, aid(e)

segítség *n* **1.** *(vkn/vmn való segítés)* help, aid, assistance; *(támogatás)* support; *(könnyítő)* relief; ~**!** *(segélykiáltás)* help!; ~ **nélkül** unaided, without help; *(egyedül)* unaided, single-handed, (working) alone; ~**ére jön vknek** come* to the aid/assistance of sy, come* to sy's aid, *(siet)* hurry/rush to sy's assistance/aid; ~**ére van vknek** be* of help/assistance to sy; **miben lehetek a** ~**ére?** what can I do for you?, how can I help you?; ~**re szorul** be* in need of help/assistance; **vk** ~**ére szorul** need sy's help; ~**et kér** ask for help; **vk** ~**ét kéri** ask for sy's help; ~**et nyújt vknek** help sy, lend*/give* sy a (helping) hand, *(balesetnél stb.)* give* assistance to sy, *(elsősegélyt)* give* sy first-aid; **vk** ~**ével** thanks to sy's help, *(udvariasabban)* through the good offices of sy; **vmnek a** ~**ével** by means of sg, with the help/aid of sg; ~**ül hív vkt** ask for sy's help, call/ask sy to help **2.** *(vk aki segít)* help, aid(e); *(bejárónő stb.)* home help; **ő nagy** ~ (s)he's a great help; **nincs (semmi)** ~**e** *(háztartásban)* she hasn't got a help (*v.* anybody to

help her), she has no one to help her [with the housework] **3.** *(eszköz)* help, aid
segítségnyújtás *n* giving assistance (to); **(kötelező)** ~ **elmulasztását követi el** fail/neglect to give assistance (*v.* first-aid) to sy, *(gázoló)* be* a hit-and-run driver; ~ **nélkül továbbhajtott** (s)he failed to give assistance (*v.* first-aid), *(gázolt is)* be* a hit--and-run driver
sehogy(an) *adv* by no means, in no way/ wise; ~ **se(m) értem** I'm at a loss to understand it, *biz* it's beyond me; ~ **se(m) jó így** this really won't do
sehol *adv* nowhere, not anywhere; ~ **másutt** nowhere else; ~ **se találom** I can't find it anywhere, it's nowhere to be found; ~ **sincs** (1) = ~ **se találom** (2) *biz (lemaradt, pl. versenyben)* nowhere (in sight), out of the running, *US így is:* way down the field
sehonnan, sehonnét *adv* from nowhere, not from anywhere; ~ **sem vár pénzt** (s)he is not expecting money from anywhere
sehova *adv* nowhere, not anywhere; **ne menj** ~! don't go anywhere
seízű *a* flavourless (*US* -or-), insipid
sejk *n* sheik(h)
sejt¹ *vt vmt* suspect (sg), have* an idea that; **mit sem** ~ (does) not suspect a thing, have* no idea that/of; **mit sem** ~**ve** quite unsuspectingly; **rosszat** ~ have* a premonition/presentiment of sg (*v.* a foreboding that ...); ~**em!** I think so!; **kezdem** ~**e-ni** it is* beginning to dawn on me; **ezt** ~ **ettem** I suspected/thought as much, I thought so; **ezt** ~**eni lehetett** this was (only) to be expected; **nem is** ~**i** have* not the slightest/remotest idea; **nem is** ~**ett** unthought--of
sejt² *n* **1.** *biol* cell, *összet* cell, cellular **2.** *pol* cell
sejtburjánzás *n* cell(ular) proliferation
sejtelem *n* **1.** *(előérzet)* suspicion, feeling, presentiment, *(rossz)* suspicion, premonition **2.** *(elképzelés)* idea; **halvány sejtelmem sincs róla** I haven't the faintest/ foggiest idea
sejtelmes *a (titokzatos)* mysterious, enigmatical
sejtés *n* conjecture, guess; **ha** ~**em nem csal** unless I am very much mistaken
sejtet *v* suggest, make* sy think sg
sejtfal *n* cell wall
sejthető *a* **ez** ~ **volt** that/as was to be expected
sejtképződés *n* cell-formation
sejtközi *a* intercellular

sejtmag *n* nucleus (*pl* nuclei *v.* nucleuses)
sejtnedv *n* cell-fluid
sejtosztódás *n* cell division
sejtrendszer *n* cell(ular) system
sejtszövet *n* cell(ular) tissue
sejttan *n* cytology
sekély *a (átv is)* shallow, flat
sekélyed|ik *v* become* shallow
sekélyes *a átv* shallow, flat; *(felszínes)* skin--deep *ut.*, superficial, shallow
sekk *n (sakkban)* check to the queen
sekrestye *n* sacristy, vestry
sekrestyés *n* sacristan
selejt *n (termék)* faulty product, shoddy/inferior/substandard goods *pl*, (manufacturer's) rejects *pl*
selejtáru *n* rejects *pl*
selejtes *a* inferior, faulty, substandard; ~ **áru** rejects *pl*; ~ **gyártmány** faulty product; ~ **munka** inferior work, shoddy workmanship
selejtez *v* weed/sort out, discard
selejtező *n* ~**k** *sp* eliminating/preliminary/ qualifying heats, *(mérkőzések)* qualifying matches, qualifying round/series [of matches]
selejtmentes *a* fault-free, faultless
sellő *n* mermaid
selyem *n* silk
selyemáru *n* silk goods *pl*
selyemfényű *a* silky, glossy
selyemfiú *n* gigolo
selyemfonal *n* silk thread/yarn
selyemgubó *n* (silk) cocoon
selyemgyár *n* silk-mill/factory
selyemharisnya *n* silk stockings *pl*
selyemhernyó *n* silkworm
selyemhernyó-tenyésztés *n* silkworm--breeding, sericulture
selyemkendő *n* silk shawl
selyemlepke *n* silkworm moth
selyempapír *n* tissue paper
selyemruha *n* silk dress
selyemsál *n* silk scarf°, *(vállra)* silk shawl
selyemszál *n* silk thread/yarn/fibre (*US* -ber)
selyemszövő *n* silk-weaver
selyemzsinór *n* silk cord/lace/braid
selymes *a (selyemből való)* silken, silk, of silk *ut.*; *(tapintású, fényű)* silky, silk-like, glossy; *(bőr)* smooth
selypít *v* lisp
selypítés *n* lisp
sem *conj/adv* **1.** *(tagadószó)* neither, not ... either, nor; **egy** ~ none, not any; **egyik** ~ neither; **egyikük** ~ neither (*kettőnél több:*

none) of them; ~ ... ~ *neither* ... nor; **én**
~ nor I/me (*either*), biz me *neither*; **ha én**
~ **megyek, te** ~ **mégy** if I do not go (*v.*
if I'm not going), *neither* will you; **én** ~ **tu-
dom** I don't know myself/*either*; **egy per-
cig** ~ not for a moment **2.** *(nyomatékot ad-
va)* not ... *even*; **még látni** ~ **akarja** she
will not *even* see him; **távolról** ~ not by a
long chalk, not in the least, by no means;
azért ~ ⇨ **azért. 3.** *(tagadó névmás kie-
gészítésére)* **semmi** ~ nothing (of the kind
v. whatever); **senki** ~ nobody, no one ⇨ **se**
séma *n (vázlatos rajz)* (rough) sketch di-
agram, *(minta)* pattern, *(sablon, modell)*
model, scheme
sematikus *a* schem*atic*, diagramm*atic*; ~
ábra d*iagram*
semeddig *adv* **1.** *(táv)* no distance at all
2. *(idő)* not for a moment; ~ **se tart** (1)
(elkészíteni) it won't take a moment (2) *(ha-
tás)* it won't last (3) *(hamar itt leszek)* I
shan't be long
semelyik *pron* none, not one of them; ~**et**
sem ismerem I don't* know *any* (one) of
them
semennyi *pron* nothing at all, not *any*, not a
bit; ~ **pénze sincs** (s)he has no money at
all, (s)he hasn't got a penny to his/her name;
~ **időbe sem telt** it took no time at all;
~**ért sem** not for all the world
semerre *adv* nowhere at all, not ... in *any*
direction
semhogy *conj* rather than; **inkább** ~ you
had better [do sg] than [s*uffer*/risk sg else];
okosabb volt, ~ **bevallja** he was too
clever to admit it
sémi *a* Sem*itic*; ~ **nyelvek** Sem*itic* lan-
guages
semleges I. *a pol, vegy* n*eutral*; *(állást nem
foglaló)* non-committal, *kif biz* si*t** on the
fence; *(közömbös)* ind*ifferent*; ~ **állam**
n*eutral* state; ~ **terület** n*eutral* zone **II.** *n*
= **semlegesnem**
semlegesít *v* n*eutralize*
semlegesnem *n nyelvt* n*euter*; ~**ű** n*euter*
semlegesség *n* neutr*ality*; **megőrzi** ~**ét**
rem*ain*/stand* n*eutral*, *kif biz* si*t** on the
fence
semlegességi *a* ~ **nyilatkozat** declara-
tion of neutr*ality*; ~ **politika** the p*olicy* of
neutr*ality*
semmi I. *n/pron* **1.** n*othing*, none, *(tagadás-
ban)* *anything*, (not) ... *any*; *(szám)*
nought, zero; *(teniszben)* love; **ez mind**
~**!, az** ~ that's n*othing*, it doesn't m*atter*;
~**, de** ~ n*othing* wh*atever*, *absolutely*

n*othing*; ~ **sem** n*othing* (wh*atever*); **abból
nem lesz** ~ n*othing* will come of it, *(tilta-
kozva)* that's out of the qu*estion*; **neked ez**
~**!** it's n*othing* to/for you; **nem lett belő-
le** ~ n*othing* came of it, it came to n*othing*,
it did not come to *anything*; **szinte/úgy-
szólván** ~ next to n*othing*, scarcely *any*-
thing; **nincs** ~**je** he has n*othing* at all, he is
p*enniless*; **szinte** ~**be se került** it cost
next to n*othing*; ~**be (se/sem) vesz** *vkt*
ignore/disregard sy, *vmt* think* n*othing* of sg,
take* no n*otice*/account of sg, ignore/dis-
regard sg; *(jótanácsot, parancsot)* flout
[orders etc.], ignore [advice]; ~**ből/**~**vel
kezdi** start from scratch, *(igen kevésből)*
start on a sho*estring*; ~**nél is kevesebb**
less than n*othing*; ~**re sem jó** good for
n*othing*; ~**ért** for n*othing*, for no r*eason* at
all; **nem adom** ~**ért** I wouldn't/won't
give it for *anything* (*v.* for all the world); ~**t
sem** not a jot; ~**t sem aludt** he didn't
sleep a wink; ~**t sem ér,** ~**t érő** be* (of)
no use (at all), be* w*orthless*, *biz* be* no
good; **nem tesz** ~**t!** n*ever* mind, it doesn't
m*atter*; ~**t sem mondhatok** I c*annot* say
anything (*v.* a thing); ~**t sem változott**
(s)he is still the same, (s)he hasn't changed at
all (*v.* a/one bit); ~**vé lesz** come* to
n*othing*, diss*olve*/melt *into* thin air; **a** ~**vel
egyenlő** next to n*othing* **2.** *(űr)* space, the
void; **a** ~**be bámul** stare *into* space
II. *a* no; ~ **áron = semmiképpen;** ~
baj! n*ever* mind, it doesn't m*atter*; ~
esetre (sem) c*ertainly* not, by no means,
on no acc*ount*, *biz* no way; ~ **haszna** be* of
no use, be* *useless*; ~ **közöd hozzá** it is no
b*usiness* of yours, it has n*othing* to do with
you, *(durvább felkiáltás)* mind your own
b*usiness*!; ~ **különös(ebb)** n*othing* spe-
cial/extr*aordinary*, n*othing* (in) particular;
~ **más** n*othing* else; ~ **módon** (in) no
way; ~ **pénze sincs** he has no m*oney* at
all, he hasn't got a penny to his n*ame*; ~
pénzért not for love (n)or m*oney*, not ... at
any price, by no means; **hozzá nem nyúl-
nék** ~ **pénzért** I wouldn't touch it with a
pair of tongs; ~ **szín alatt** by no means,
in/under no c*ircumstances*, on no acc*ount*,
biz no way
semmibevétel *n* disd*ain* (for sg), disr*egard*
(for/of sg)
semmiféle *pron* no, no kind/sort of, not ...
any; ~ **formában** in no way; ~ **módon**
in no way, *biz* no way
semmiházi I. *n* good-for-n*othing*, *(gyerek-
ről tréf)* scamp, r*ascal* **II.** *a* good-for-n*othing*

semmiképpen (sem) *adv* by no means, in no way, not at all, *biz* no way
semmikor *adv* never, at no time
semmilyen *pron* no, not … any; **~ ételhez ne nyúljatok** don't touch any of the food at all
semmint *conj* (rather) than
semmirekellő *n* = **semmiházi**
semmis *a.* invalid, *jog* (null and) void; **~nek nyilvánít** invalidate, annul, nullify, declare sg (null and) void
semmiség *n (csekélység)* (a mere) nothing, trifle; **~eken lovagol/nyargal** strain at a gnat
semmitmondó *a* meaningless, *(üres)* vacant; **~ arc** unmeaning face; **~ arc(kifejezés)/tekintet** vacant look; **~ frázisok** empty words/phrases/slogans
semmittevés *n* idleness, idling, *(pihenés)* leisure; **édes ~** dolce far niente, pleasant idleness; **~re van kárhoztatva** be* left idle, have* to be laid off; **~sel tölti az idejét** idle one's time away, be* busy doing nothing
semmittevő *n* idler, loafer
senki *pron* **1.** nobody, no one *v.* no-one, none; **~ emberfia** not a soul, no man living; **~ földje** no man's land; **~ közülük** none of them; **~ más** no one else, nobody else; **~ sem beteg** nobody (*v.* no one) is ill; **~ sem szereti** nobody (*v.* no one) likes her; **~ sem jött még vissza (közülük)** none of them has come back yet; **~ többet? harmadszor!** going! going! gone!; **nem vagyok ~je** I am* no relation of his; **~m sincs** I have* nobody, I am* entirely on my own; **~től sem fél** fear nobody, not be* afraid of anybody **2. egy nagy ~** an absolute nonentity, a mere cipher
senkiházi *n* = **semmiházi**
senyved *v* suffer, languish
seper *v* = **söpör**
seprő *n (boré)* lees *pl*, dregs *pl*
seprű *n* = **söprű**
serceg *v* sizzle, sputter, crackle, *(írótoll)* scrape, *(rádió)* crackle
sercegés *n* sizzle, sizzling, sputter(ing), crackling, *(írótollé)* scraping, *(rádióé)* crackling, crackle
serdül *v* reach puberty, grow* up; **férfivá ~** reach manhood
serdületlen *a* underage, not of age *ut.*
serdülő *a/n* adolescent (boy/girl), youngster
serdülőkor *n* puberty, adolescence, *ir* the awkward age
serdülőkorú *a/n* adolescent, teenager

serdült *a/n* **~ (korú)** adult, grown up
sereg *n* **1.** *kat biz* army **2. egy egész ~** *biz (holmi stb.)* any number of, a host of, an array of, a mass of; **egy ~ hiba van benne** it contains a host of errors, it is riddled with errors/mistakes **3.** *(madár)* flock
seregély *n* starling
seregesen *adv* en masse, in large numbers
sereghajtó *n* rearguard, *átv kif* bring* up the rear
seregl|ik *v* assemble, crowd/flock together, swarm; **vk köré ~** rally/swarm round sy
seregszemle *n* review (of troops), muster
sérelem *n (erkölcsi)* affront, grief, injury; *jog* injury, grievance; **nagy ~ esett rajta** he suffered a great wrong; **sérelmet szenved** sustain an injury, be* aggrieved
sérelmes *a* injurious, deleterious, *(anyagilag)* prejudicial, *(becsületére)* derogatory; **~nek tart/talál vmt** find* sg injurious, be*/feel* aggrieved at sg
sérelmez *v* = **sérelmesnek talál**
serény *a (tevékeny)* active, busy; *(fürge)* brisk, nimble; *(szorgos)* industrious, diligent; **~en dolgozik** be* hard at work, work hard
serényked|ik *v* be* active/busy, *(szorgos)* be* busy [doing sg *v.* with some work], work hard, be* diligent/industrious
seriff *n* sheriff
serked *v (bajusz, szakáll)* begin* to grow
serkent *v* **1.** *(vkt hatékonyabb munkára)* urge sy on (to do sg), spur sy on to do sg, stimulate (sy) **2.** *(vérkeringést, szívműködést)* stimulate (sg)
serkentő *a* stimulating, stirring; **~ hatással van, ~leg hat** have* a stimulating effect *(vkre* on sy)
serkentőszer *n* stimulant
serleg *n (díjként)* cup; *(ivásra)* goblet
serpenyő *n* **1.** *(konyhai)* frying-pan, *US így is:* fry-pan, skillet **2.** *(mérlegé)* (scale) pan; **sokat nyom a mérleg ~jében** it weighs a lot in the scale, it counts for a great deal
serpenyős *a* braised in pan *ut.*; **~ burgonya** = **paprikás** *krumpli*; **~ felsálszelet** round of beef braised in paprika
sért *v* **1.** *(testileg)* hurt* [one's foot etc.]; **~i a fület** jar on one's/sy's ears (*v.* on the ears of sy), *(ami túl hangos)* be* ear-splitting; **(a fény) ~i a szemét** [light] hurts* one's/sy's eyes **2.** *(érzelmileg)* hurt* sy's feelings, affront (sy), offend [sy *v.* sy's sensibilities]; **~ve éreztem magam** *(, amikor)* I was (very) offended [that/when …], I was (rather) hurt [by his rude words], my feelings

were hurt [when he forgot to phone]; ~i vk **hiúságát** sg wounds/offends one's pride/vanity **3.** *(jogot, törvényt, érdeket)* violate, trespass on [sy's rights], break*, violate [a law]; ~i vk **érdekeit** interfere with sy's interests

sérteget *v* keep* offending/insulting/affronting sy

sértegetés *n* (continual/repeated) insult

sertés *n* pig, *(sertéshús)* pork

sértés *n* **1.** *(becsületbeli)* insult, offence *(US* -se); ~ **éri** be* insulted; **lenyeli a** ~**t** swallow an insult/affront; ~**nek vesz vmt** be* offended by sg, take* sg as an offence *(US* -se); **ne vegye** ~**nek** don't take it amiss, I didn't mean any harm, I intended no insult; ~**eket vág vk fejéhez** keep* offending/insulting sy, hurl abuse at sy; **egyik** ~**t a másik után vagdossa a fejéhez** add insult to injury **2. testi** ~ *jog* bodily harm, assault; **súlyos testi** ~ grievous bodily harm **3.** *(törvény/szabály ellen)* violation/breach of the law

sertésborda *n* pork chop/cutlet

sertéscomb *n* leg (of pork)

sertésflekken *n* barbecued pork

sertéshizlalás *n* fattening of pigs

sertéshizlaló *n* pig farm, piggery

sertéshús *n* pork

sertéskaraj *n* pork chop/cutlet

sertéskivitel *n* pig export

sertésól *n* pigsty, piggery, *US* pigpen

sertésoldalas *n* pork chop

sertésorbánc *n* swine erysipelas

sertéspestis *n* = **sertésvész**

sertéspörkölt *n* pork stew with paprika, Hungarian pork stew

sertéssült *n* roast pork

sertésszelet *n* pork chop, fillet of pork

sertéstenyésztés *n* pig-breeding, pig-farming; ~**sel foglalkozik** raise/breed* pigs

sertéstenyésztő *n* *(egyéni gazda, igével)* raise/breed* pigs; *(szövetkezet)* pig-farming cooperative

sertésvágás *n* pig-slaughtering

sertésvágóhíd *n* slaughterhouse

sertésvész *n* swine fever, *US* hog cholera

sertészsír *n* lard

sértetlen *a* **1.** *(testileg)* unhurt, unharmed, uninjured; ~**ül** unhurt, unscathed, unharmed → **megúszik 2.** *átv* intact, unimpaired, *(teljes)* entire, whole; ~ **állapotban** in good condition, undamaged, in a good state of preservation/repair

sértetlenség *n* soundness, intactness, integrity

sértett I. *a (testileg)* hurt, injured; *(erkölcsileg)* harmed, wounded **II.** *n* **a** ~ the offended/injured party ⇨ **hiúság**

sérthetetlen *a* inviolable, invulnerable

sérthetetlenség *n* inviolability, invulnerability; **területi** ~ territorial integrity

sértő I. *a* offending, offensive, injurious, insulting, affronting; ~ **kifejezés/szavak** insulting words/language, abusive language; ~ **szándékkal** *(mond vmt)* with the intention of (being) insulting; **nem** ~ **szándékkal mondtam** no offence (was) meant **II.** *n* (the) offending party, offender

sértődékeny *a (igével)* be* easily offended, be* quick to take offence at sg

sértődés *n* taking offence (*US* -se), hurt, resentment

sértődő *a* = **sértődékeny; könnyen** ~ be* easily offended, be* (hyper)sensitive

sértődött *a* offended, injured

sértődöttség *n* sulkiness, offendedness

sérülés *n* **1.** *(személyi)* injury; **belső** ~ internal injury; ~**t szenved** be*/get* injured, suffer/sustain injuries, receive an injury; **súlyos** ~**eket szenvedett (a balesetben)** (s)he suffered severe/serious injuries (in the accident), (s)he was badly/seriously/severely injured (in the accident); ~**e súlyos, de nem életveszélyes/halálos** his injuries are severe/serious but not critical **2.** *(tárgyé)* damage

sérült I. *a (személy)* injured; *(tárgy)* damaged, injured **II.** *n* injured (person); **a** ~**ek** the injured (people); **tíz súlyos** ~**je volt a vasúti szerencsétlenségnek** there were 10 serious casualties in the train crash

sérv *n* hernia *(pl* hernias *v.* herniae)

sérvkötő *n* truss

seszínű *a* colourless *(US* -or-), dull

séta *n* **1.** walk, stroll; ~**t tesz** take*/have* a walk, go* for a walk **2.** *(múzeumban stb. vezetéssel)* guided tour

sétabot *n* walking-stick

sétahajó *n* pleasure boat

sétahajózás *n* boat trip, a cruise [on the Thames/Danube etc.]

sétahangverseny *n* promenade concert, *biz* prom

sétakocsizás *n* drive; ~**ra megy** go* for a ride/spin/drive

sétál *v* walk (about), take* a walk, stroll, be* out walking, take* a stroll; **elmegy** ~**ni** take* a walk, go* for a walk, *biz* take* a breath of (fresh) air; **fel és alá** ~ walk up and down

sétáló I. *a* walking **II.** *n* walker
sétálómagnó *n* personal stereo (cassette player), Walkman *(pl* -mans)
sétálóutca *n (járműforgalomtól mentes)* pedestrian precinct, pedestrianized street, *US* mall; *(belterületi vásárlóutca)* downtown shopping precinct, *US* the downtown (shopping) mall
sétáltat *v* take* (out) for a walk, *(csak állatot)* walk [the dog etc.]
sétány *n (főleg tengerparton)* promenade, esplanade
sétapálca *n* walking-stick
sétatér *n* promenade, esplanade
sétaút *n* promenade, esplanade, walk
setesuta *a* clumsy, awkward
settenkedik *v* hang* around, sneak, prowl about
Sevilla *n* Seville
sevró *a/n* kid(skin)
sezlon *n* divan, couch
shakespeare-i *a* Shakespearean
shetlandi I. *a* ~ **póni** Shetland pony **II.** *n* Shetlander
shilling *n* † shilling
sí *n* **1.** *(eszköz)* ski, a pair of skis **2.** *biz (sízés)* skiing
síbot *n* ski stick/pole
sicc! *int* shoo!, boo!, scat!
sícipő *n* ski boot(s)
SI-egység *n* SI unit
síel *v* ski *(múlt ideje:* ski'd *v.* skied), go* skiing
síelés *n* skiing
siet *v* **1.** *ált* hurry (up); *(nem ér rá)* be* in a hurry, have* no time (to spare); **siess!** hurry up!, be quick!, get a move on!; **siessünk!** let's hurry up, let's get a move on; **ne siess!** don't hurry!, take your time!, take it *easy!*; ~ **a munkájával** hurry up with the/one's work; **jó lesz** ~**ni** you had better hurry *(v.* get a move on) **2.** *(óra)* be* fast, gain; ~ **az órám** my watch is fast; **az órám öt percet** ~ my watch is five minutes fast *(v.* has gained five minutes) **3.** *vhová* hurry/hasten to; *(vk után)* hurry after; **vk segítségére** ~ run* to help sy; **a baleset színhelyére** ~ hurry to (the scene of) the accident
sietés *n* hurry, haste
sietős *a* **1.** *(sürgős)* urgent, pressing; **a dolog nem** ~ there's no hurry, take* it *easy;* ~ **a dolga (vknek)** be* in a hurry **2.** ~ **léptek** *(gyors)* hurried steps
sietség *n* hurry, haste
siettében *adv* as (s)he was hurrying, in his/her haste

siettet *v vkt* hurry sy up, make* sy hurry, *(türelmetlenül)* rush sy; *(munkát)* hurry [work], step/speed* up [production etc.]
sietve *adv* hurriedly, in a hurry, in (great) haste, hastily
sífelszerelés *n* ski(ing) equipment/outfit, skiing gear
sífelvonó *n* ski-lift, chair lift
sifon *n* cotton ⇨ **pamutvászon**
sifríroz *v* cipher, (en)code
sifrírozott *a* (en)coded, enciphered; ~ **távirat** cipher/code-telegram
sífutás *n* cross-country ski-racing *(v.* skiing *v.* ski-running)
sífutó *n* cross-country skier *(v.* ski-racer)
siheder *n* youth, lad, youngster
sík I. *a (egyenletes)* even; *(lapos)* flat; *(vízszintes)* level; *(sima)* smooth; ~ **felület** flat surface; ~ **terep** flat ground; ~ **vidék** flat/open country, plains *sing.* **II.** *n* **1.** *(síkság)* plains *sing.,* flat ground **2.** *mat* plane **3.** elméleti ~**on** theoretically; **gyakorlati** ~**on** in practice
sikál *v (padlót)* scrub; *(csak hajón)* swab; *(edényt)* scour
sikálókefe *n* scrubbing-brush
sikamlós *a átv* risqué, lascivious, lewd, near the bone *ut.*; ~ **vicc** blue/risqué/dirty joke, *US így is:* off-color joke
sikátor *n* alley(way), passage
síkdombormű *n* bas-relief
sík-domború *a* plano-convex
siker *n* success; *(eredmény)* result, achievement; **óriási** ~ tremendous success; **nagy** ~ **volt** *(színdarab stb.)* it was a box-office hit/smash; **nagy** ~**e van** (1) *vknek* succeed, score a hit, have* great success (2) *vmnek* be* a great success; *(színdarabnak)* be* a (box-office) hit/success/smash; **nincs** ~**e** (1) *vknek* be* unsuccessful, fail, *kif* (s)he hasn't made it (2) *(színdarabnak)* it has not taken off, it has flopped; **fáradozásait** ~ **koronázta** his efforts were crowned with success; **fejébe szállt a** ~ success has turned *(v.* has gone to) his head; ~**re juttat/visz** make* (sg) successful, make* a success of (sg), get*/put* (sg) across; ~**t arat,** ~**t ér el** be* successful, meet* with success, succeed; **teljes** ~**rel jár** meet* with complete success ⇨ **átütő**
sikerélmény *n* ~**e van** get*/have* a real sense of achievement, *biz sg* gives* sy a real kick, sy gets* a kick out of sg
sikeres *a* successful; ~ **vállalkozás** flourishing business, prosperous enterprise; ~

vizsga pass; **nem bizonyul** ~**nek** be* a *failure* ⇨ **sikerül**

sikerkönyv *n* blockbuster, best seller

sikertelen *a* unsuccessful, having no success *ut.*; *(igével)* fail; *(hiábavaló)* futile, abortive; ~ **kísérlet** unsuccessful attempt

sikertelenség *n* failure, lack of success, *(tervé)* failure

sikerül *v* **1.** *vm* work, turn out well; **jól** ~**t** it was a great success; **nem** ~ fail, be* unsuccessful, not work; **vagy** ~, **vagy nem** there is a 50-50 chance that it will work, *kif kb.* nothing ventured, nothing gained **2.** *(vknek vm; vmt megtenni)* succeed in doing sg, manage *(v.* be* able) to do sg; **nem** ~ **vmt megtenni** fail to do sg, doesn't manage to do sg; ~**t elérnem a vonatot** I managed to catch the train, I just made the train; ~**t megvennem a jegyeket tegnap** I managed *(v.* I was able) to get the tickets yesterday; ~**t neki** (s)he succeeded, *(vmt megjavítani stb.)* (s)he managed to repair it; **nem** ~**t neki** (s)he failed, (s)he didn't manage (to do) it; ~**t átmennie a vizsgán** (s)he succeeded in passing his/her/the examination, *biz* (s)he managed to get through (the exam); **nem** ~**t átmennie a vizsgán** (s)he failed his/her/the exam, (s)he failed to pass his/her/the exam, *biz* (s)he didn't get through the exam; **nem** ~**t a rejtvényt megfejtenem** I failed to *(v.* couldn't) solve the puzzle

sikerült *a* successful, *(munka)* successfully done *ut.*; ~ **gyerek** gifted/talented child

siket *a* = **süket**

siketfajd *n* áll capercaillie, capercailzie

síkfelület *n* mat plane (surface)

síkfutás *n* ált running, *(rövidtávú)* sprinting; **100 m-es** ~ 100 metre race, 100 metres *(US* meters)

síkidom *n* geometric/plane figure

sikít *v* scream, shriek, screech, squall

sikítoz *v* be* screaming/shrieking

sikk *n* chic

sikkaszt *v* embezzle, misappropriate; *(közpénzt)* peculate [public moneys]; **mennyit** ~**ott?** how much did he embezzle?

sikkasztás *n* embezzlement, fraud, misappropriation

sikkasztó *n* embezzler

sikkes *a* chic, stylish, *(igével)* have* style; ~ **nő** she has* style

síkkötőgép *n* knitting machine

síklap *n* mat plane

sikl|ik *v* glide, slide*, slip; *(vízen)* glide [over the water], *(jégen)* glide [across the ice]

sikló I. *a* gliding, sliding **II.** *n* **1.** *(jármű)* funicular *(railway)*, cable-car, cable railway **2.** *áll* grass snake

siklópálya *n* rep glide path

siklórepülés *n* glide; *(a sport)* gliding

sikolt *v* scream, shriek, screech

sikoltás, sikoly *n* scream, shriek, screech

sikong(at) *v* keep* screaming, *(csecsemő)* howl

síkos *a* slippery, slithery, *US* slick

síkraszáll *v* vmért, vkért come* out in favour *(US* -or) of, come* out in support of, take* up the cudgels for, fight* for *(mind: sy, sg)

síkság *n* plain, *US* plains *sing.,* lowlands *pl,* flat (land)

síktükör *n* plate-mirror

síküveg *n* plate-glass

silány *a* inferior, of inferior/poor quality *ut.,* poor; *(eredmény)* second-rate, mediocre, poor; ~ **áru** inferior/shoddy goods *pl,* trash(y goods *pl);* ~ **utánzat** cheap imitation

silányság *n* *(minőség)* inferiority

sildes *a* ~ **sapka** peaked cap

síléc *n* ski(s), a pair of skis

sílift *n* ski-lift, chair lift; *(csákányos)* T-bar lift

sillabusz *n* draft (of speech/lecture); summary

siló *n* silo *(pl* silos)

silótakarmány *n* silage

silóz *v* ensile

silózás *n* ensilage

sílövészet *n* biathlon

sima *a* **1.** *(felület stb.)* smooth, *(egyenletes)* even; *(modor)* smooth, easy, suave, *(víztükör)* waveless, unruffled; ~ **leszállás** soft landing; ~**ra borotvált** clean-shaven **2.** *(egyszerű)* plain, simple; ~ **hajviselet** plain/straight hair(style) **3.** ~ **tea** tea without milk/lemon; ~ **víz** plain water; **két whiskyt kérek** two whiskies, neat, please; *US* two straight whiskeys, please

simán *adv* **1.** smoothly, evenly; *(könnyen)* easily, without difficulty; ~ **elintéz** settle easily; ~ **megy** it is going quite smoothly, it is going without a hitch; ~ **viseli a haját** she wears* her hair quite plain **2.** ~ **kérem** (1) *(nem légipostán)* surface mail, please (2) *(nem tejjel/citrommal stb.)* without milk/lemon (etc.), please (3) *(whisky stb.)* neat *(v. US* straight), please

simaság *n* smoothness, evenness, plainness

simít 1. *vt vmt* smooth, even, *(talajt)* level *(US* -l), even, plane **2.** *vi (művön)* touch up, put*/add the finishing touches to

skrupulus *n* scruple; **nincsenek** ~**ai** have* no scruples about sg
slafrok *n* dressing-gown, *US* bath-robe
sláger *n* **1.** *(dal)* hit(-song), pop-song **2.** *(áru stb.)* hit, top seller
slamasztika *n biz* **benne van a** ~**ban** be* in a fix/mess, be* in a tight corner, be* in a real mess
slampos *a vk* slovenly, slatternly, *(munka)* careless, slipshod, sloppy [piece of work]
slejfni *n (könyvön)* jacket band
slejm *n* phlegm, mucus
slendrián *a* **1.** *(ember)* careless, negligent, sloppy **2.** *(munka)* slipshod, shoddy [piece of work]
slepp *n biz* **1.** *(ruháé)* train **2.** *hajó* barge, towboat **3.** *(kíséret)* attendants *pl*, retinue, *(politikusé)* entourage, retinue
slicc *n* fly, flies *pl*
slukk *n biz* **1.** *(cigarettából)* drag, pull (at a fag/cigarette); **adj egy** ~**ot** let me (*v.* let's) have a drag **2.** *(italból)* gulp, nip, swig; **egy** ~**ra** at a gulp
slusszkulcs *n* ignition key
smakkol *v biz* go* down well with sy
smaragd *n* emerald
smaragdzöld *a* emerald (green)
smarni *n* = **császármorzsa**
smárol *v* □ neck (sy *v.* one another); **szeret** ~**ni** (s)he likes necking
smárolás *n* □ necking
smink *n* make-up, *biz* war paint
sminkel *v* **1.** *vkt* make* up (sy) (*v.* make* sy up) **2.** ~**i magát** put* make-up on, use make-up; **kevesebb nő** ~**i magát manapság** fewer women are making up (*v.* using make-up) nowadays
smirgli *n biz* emery paper, sandpaper
smirgliz *v biz* polish (sg) with emery paper (*v.* sandpaper), sandpaper
smokk *a* prig(gish), snob
smucig *a elit* tight(-fisted), stingy
snájdig *a biz (jóvágású)* good-looking, dashing, handsome, *kif* a fine figure of a man
snapsz *n* brandy ·
snassz *a elit* **1.** *vk* tight, mean **2.** *(ruha)* shabby, tatty
snidling *n* chives *pl*
snitt *n* **1.** = **szabásminta 2.** *film* cut
snúrozás *n kb.* pitch-and-toss
só *n* salt
sóbálvány *n* **sóbálvánnyá válik** stand* rooted to the spot, be* transfixed/petrified
sóbánya *n* salt-mine, salt-works *sing. v. pl*
sódar *n* ham, gammon

sóder *n* **1.** *(építőanyag)* (sand and) gravel, ballast **2.** □ waffle, spiel, blather; **nyomja a** ~**t** waffle on, talk the hind leg off a donkey
sodor[1] *v* **1.** *(fonalat)* twist, twine; *(bajuszt)* twirl; *(cigarettát, tésztát)* roll; **cigarettát** ~ roll a cigarette/smoke **2.** **magával** ~ sweep* away/along, *(víz)* carry/sweep* along; **a szél magával** ~**ja a lehullott leveleket** the wind sweeps* the fallen leaves along; **háborúba** ~ *(országot)* plunge [a country] into war; **háborúba** ~**ták az országot** the country was plunged into war
sodor[2] *n* **1.** *(folyóvíz sodra)* current [of a river]; **az események sodra** the course of events **2.** **kijön a sodrából** lose* one's temper, lose* one's self-control, *biz* be* put out; **kihoz vkt a sodrából** make* sy lose his temper, upset* sy, rile sy
sodrás *n* **1.** *(fonalé)* twist, spinning **2.** *(folyóé)* current
sodródás *n (vízben)* drifting
sodród|ik *v* **1.** *(folyadékban)* drift, be* swept away, be* carried off **2.** *vm felé* ~**ik** drift toward(s) [war etc.]; **vmbe** ~**ik** get* involved with/in sg, be* dragged into sg; **háborúba** ~**ik** drift into war; ~**ik az árral** swim*/drift/go* with the tide/current/ stream
sodrófa *n* rolling-pin
sodrony *n* wire, cable
sodronybetét *n* spring mattress
sodronykötél *n* wire-rope/cable
sodrott *a (fonal)* twisted
sofőr *n* driver, *(taxié)* cab-driver, *GB biz* cabbie
sógor *n* brother-in-law (*pl* brothers-in-law)
sógornő, sógorasszony *n* sister-in-law (*pl* sisters-in-law)
sógorság *n* **1.** *(viszony)* ~**ban vannak** they are related by marriage **2.** *(személyek)* relatives *pl*
soha *adv* never; **szinte** ~ hardly ever; ~ **sincs pénze** he never has* any money (on him); ~ **sincs ott időben** he is* never there on time; ~ **az életben** never in one's life; ~ **nem hallott** unheard-of, unprecedented; ~ **nem látott** unprecedented; ~ **többé** never again
sóhaj *n* sigh
sóhajt *v* sigh, heave*/breathe/utter a sigh; ~ **egyet** give* a sigh; **nagyot** ~ heave* a sigh, sigh deeply
sóhajtás *n* sigh
sóhajtoz|ik *v* heave* sighs, keep* (on) sighing; ~ **vk/vm után** sigh for sy/sg

sohanapján *adv biz* this year, next year, sometime, never; on the Greek calends
sohase(m) *adv* never; **még ~ láttam** I have never seen it/him/her before
sóher *a elit* stingy, niggardly
sóhivatal *n* **menj a ~ba** go to blazes
sok I. *a (egyes számmal)* much, *(többes számmal)* many, a lot of, a large number of, a good/great many, lots/heaps/loads of; **~ beszédnek ~ az alja** the least said the better; **az utóbbi időben ~ betegség volt a családban** there has been a lot of illness in the family recently; **~ ember** (a great) many people, lots of people; **~ fáradságba került** it was a lot of bother/trouble/effort; **~ idő** a long time, much time, a lot of time; **~ időt vesz igénybe** it takes* sy a long time, it is* very time-consuming; **nincs ~ időm** I haven't got much time, *biz* I'm a bit pushed for time; **~ pénz** a lot of money, much money; **~ pénze van** (s)he has lots of money, *biz* he has pots/loads/piles of money; **~ szempontú** *(tanulmány, vizsgálat stb.)* wide-ranging **II.** *n* **ami ~, az ~!** that puts the lid on it!, that's the limit!; *biz* **ez egy kicsit ~** that's a bit (too) much, that's going a bit too far; **elég ~(at)** quite a lot; **~ a jóból** it's too much of a good thing; **nem ~ kell hozzá, hogy** it needs little to; **~ba kerül** it costs* a lot, it is* expensive; **~ban** (1) *(sok tekintetben)* in many respects/ways (2) *(nagymértékben)* greatly, a great deal; **~ban emlékeztet vkre** in many respects he/it reminds one of sy; **~ban hozzájárult** he/it contributed a great deal to, it did a lot to help; **~ban különbözik** it differs in many respects/ways; **~ért nem adnám, ha ...** I would give a lot to ..., it would mean a lot to me if ..., I would do anything to; **azzal ugyan ~ra megyek** that will do me a fat lot of good; **~ra tart vkt** have* a high opinion of sy, think* highly of sy; **~ra viszi még** he will make his mark in the world, he'll go far; **~at ad vkre** have* a high opinion of sy, *vmre* set* great store by sg; **~at érő** precious, valuable; **nem ~at ér(ő)** it is not worth much; **~at ígérő** (very) promising; **~at van együtt Atkinsékkel** he sees* a great deal of the Atkinses; **~at emlegette szegény apámat** he often mentioned my late/dear father ⇨ **jó, kicsi, sokkal**
soká *adv* for long, (for) a long time; **~ tart** take* long (to do sg), be* long about sg (*v.* doing sg), take* a long time (to do sg); **~**

tartott (ma) az ülés the meeting went on (for) a long time; **még ~ tart?** will it take/be a long time?; **~ fog tartani (a dolgod)?** will you be long?; **nem fog ~ tartani** it won't take long; *(hamar jövök)* I shan't be long; **nem várt ~** he didn't (have to) wait long; **~ jön** he is a long time coming, he is taking a long time to come (*v.* coming)
sokadalom *n* multitude, crowd
sokadik *num a/n* umpteenth; **~a van** it is late in the month, *(fizetés szempontjából)* it is a long time since payday
sokadmagával *adv* with a lot of other people
sokáig *adv* = **soká**
sokall *v (soknak tart)* find* sg too much, *(árat)* find* [the price] too high
sokan *adv* (a great) many people, a number/lot of people; **~ közülünk** many of us; **~ (ott) voltak** there were many people there, many people attended; **~ látták** many have seen it
sokára *adv* after a long time/pause; **~ lesz még az** that's a long way off yet; **~ lesz kész** it'll take a long time
sokaság *n (tömeg)* crowd, multitude
sokasodik *v* multiply, increase (in number)
sokatmondó *a* significant, meaningful; **~ pillantás** a knowing look, an eloquent look
sokemeletes *a* multi-storey (*US* -story), high-rise [building]
sokévi *a* of many years *ut.*, many years'
sokfajta *a* = **sokféle**
sokfelé *adv* **1.** *(irány)* in many directions **2.** *(hely)* in many/different/various places
sokféle *a* many kinds of, all sorts of; of all/many kinds *ut.*; **~ virág** all sorts (*v.* many kinds) of flowers
sokféleképpen *adv* in many/different/various ways
sokféleség *n* great variety
sokfelől *adv* from many directions/sides
sokgyermekes *a* having many children *ut.*; **~ család** large family
sokízületi *a* **~ gyulladás** polyarthritis
sokk *n orv* shock
sokkal *adv* **1.** *(összehasonlításban)* far, much, a good deal, a lot *(és utánuk középfok)*; **~ jobb** far/much better, better by far, a lot better; **~ jobban érzem magam** I feel (*v.* I'm feeling) much (*v.* a lot) better; **okosabb, semhogy ...** he is much too clever to ... **2.** *(mérték)* **~ később** much later; **nem ~ később** shortly/soon afterwards, a little later; **nem ~ 6 után** soon after six (o'clock)

sokkalta *adv* many times, much
soklap *n mat* polyhedron (*pl* polyhedrons *v.*
-dra)
soknejű *n* polygamist
soknejűség *n* polygamy
soknemzetiségű *a* multinational
soknyelvű *a* multilingual, polyglot
sokoldalú *a ált és vk* many-sided, (*csak vk*)
versatile, all-round; (*egyezmény stb.*) multi-
lateral; ~ **ember** versatile person, a man°/
woman° of parts, (*főleg sp*) all-rounder; ~
műveltség an all-round (*v.* a comprehens-
ive) education; ~**an képzett** all-round,
(*igével*) be* highly accomplished [in several
fields]
sokrétű *a* (*összetett*) complex, intricate, in-
volved, (*sokoldalú*) many-sided, varied, di-
verse
sokszínű *a* many-coloured, multicoloured,
varicoloured (*US mind:* -colored), *átv*
colourful (*US* -or-), vivid
sokszor *num adv* many times, many a time,
frequently, often
sokszoros I. *a* multiple, manifold, (*ismételt*)
repeated, frequent **II.** *n mat* ~**a vmnek a**
(large/high) multiple of sg
sokszorosan *adv* many times, much; ~
jobb (ever so) much better, many times
better
sokszorosít *v ált* duplicate, (*kazettát, lemezt
is*) make* (multiple) copies of, copy; (*US
stencillel*) mimeo(graph); (*fénymásol*)
photocopy, (*xeroxszal*) xerox
sokszorosítás *n* duplicating, copying; (*US
stenciles*) mimeo(graph)ing; (*fénymásolás*)
photocopying, (*xeroxon*) xeroxing
sokszorosítógép *n* duplicator, copier; (*US
stenciles*) mimeograph; (*fénymásoló gép*)
photocopier, (*xerox*) Xerox(-machine)
sokszoroz *v* multiply
sokszög *n* polygon
sokszögű *a* polygonal, mult(i)angular
solarium *n* = **szolárium**
sólé *n* brine
sólya(pálya) *n* shipway, slip-way
solymász|ik *v* hunt with falcons, hawk, go*
hawking
sólyom *n* falcon, hawk
som *n* cornel, dogwood, (*gyümölcse*) dog-
berry
somfa *n* cornel(-tree), (*fája*) cornelian
cherry, dogwood
somfordál *v* = **sompolyog**
sommás *a* summary; ~ **eljárás** summary
jurisdiction/treatment
somolyog *v* smile enigmatically

sompolyog *v* creep*/steal*/slink*/sidle
(off/away *v.* *vkhez* up to sy), (*hízelegve vk
körül*) hang* around sy
sonka *n* ham; ~ **tojással** bacon and eggs
sonkacsont *n* ham-bone
sonkás *a* ~ **kocka** ⟨pasta squares with
minced ham⟩; ~ **omlett** ham omelette
(*US* omelet); ~ **zsemle** ham roll/sandwich
sopánkod|ik *v* wail, lament, yammer
sor *n* **1.** (*emberekből, tárgyakból*) row, line;
(*ülőhelyekből*) row; (*sorállásnál*) queue, *US*
line; ~**ba(n) áll** (I) (*pénztárnál stb.*) queue
(up), *US* stand* in line (*vmért* for) (2) (*felso-
rakozik*) line up (behind sy); **beáll a** ~**ba**
(*üzletben*) join the queue; ~**ban állás** =
sorállás; ~**ba állít** line up; ~**ba kap-
csol** *el* connect (sg) in series; ~**ba kapcso-
lás** series-connection; ~**ba rak** (*tárgya-
kat*) arrange/place in a row; **az első** ~**ban**
in the front/first row; **zárt** ~**okban** in close
order; **eltávozik az élők** ~**ából** depart
this life; ~**t áll** queue up (*vmért* for), *US*
stand* in line (for) **2.** (*írásban, könyvben
stb.*) line; **új** ~ new line; **a** ~**ok között**
olvas read* between the lines; **e** (*v.* a je-
len) ~**ok átadója** the bearer of this letter;
e ~**ok írója** the present writer **3.** (*egymás-
utániság, sorozat*) series (of events); **az ese-
mények hosszú** ~**a** a long series of
events; **ha arra kerül a** ~ if it comes to
that; **kin van a** ~**?** whose turn is it?, who is
next?; **rajta a** ~, **rá kerül a** ~ it's his/
her turn (now); **várj, míg rád kerül a** ~
wait (until it is) your turn; **rajtam a** ~ it's
my turn [to do sg]; ~ **kerül vmre** happen,
take* place, occur; **most kerül** ~ **arra,
hogy ellenőrizzük az eredményeket**
it is now time to check the results; ~**ba jár-
ja az üzleteket** go* (all) round the shops,
visit one shop after the other; ~**ba vesz**
vmt consider/take* one after the other,
take* one by one; ~**ban** in turn, by turns,
one after the other; **vmnek (a)** ~**án** in the
course of sg, during sg; ~**on kívül** out of
(one's) turn; ~**on kívüli** out of turn *ut.*;
~**on van** (*ő következik*) (s)he is/comes
next, it's his/her turn; ~**on következő/
levő** next in line *ut.*, next; ~**ra elolvas**
read* one after the other; **várjon a** ~**ára!**
wait (until it is) your turn!; ~**ra kerül** (1) *vk*
one's turn comes, it's his/her turn, come* on,
be* next (2) = ~ **kerül vmre**; ~**ra vesz**
vkt/vmt examine/consider/take* sy/sg one
by one; ~**t kerít vmre, ~át ejti**
vmnek (manage to) find* time to deal with
sg, attend to sg in due course **4.** *mat* **szám-**

tani ~ arithmetic progression; **mértani** ~ geometric progression **5. egy/egész** ~ ... (= *sok*) a large number of, a good/great many; **egy** ~ **ajánlat** a good many offers; **egész** ~ **nehézség/probléma** a lot/number of difficulties/problems; **egész** ~ **hazugság/panasz** *stb.* a string of lies/complaints etc. **6.** *(sors)* lot, fate; **jó** ~**a van** he is* comfortably/well off; **nehéz** ~**a van** → **nehéz; rosszul megy a** ~**a** have* a hard/tough time (of it), *(anyagilag)* be* badly off; **ez a világ** ~**a**! such is life, that's life, that is the way of the world; **alacsony** ~**ból származik** be* of humble birth/origin **7.** *biz* **tiszta** ~! clear enough, evidently, no doubt (about it) **8.** *(sorozás)* ~ **alá kerül** be* enlisted/conscripted ⇨ **kilép**

sorakozás *n* lining up
sorakoz|ik *v* align, line/form up
sorakozó! *int* fall in!, line up!
sorakoztat *v* line up, align
sorállás, sorbaállás *n* (*vmre várva*) queuing up, *US* standing in line
soremelő *n* line space lever
sorfal *n* line, row (of people); *(futballistáké)* line-up; ~**at álltak az úton** [boys and girls] lined the road
sorhajókapitány *n* captain
sorház *n* terraced house, terrace-house, *US* row house
sorjában *adv* in turn, by turns, one after the other
sorkatona *n* conscript, soldier, regular, *US* GI, enlisted man°
sorkatonaság *n* regular troops *pl*
sorkiemelő *n* (fluorescent) marker
sorkizárás *n nyomd* justification
sorköteles *a* liable to conscription *ut.*, of military age *ut.*, *US* draftable
sorköz *n* space, spacing, *nyomd* lead; **kettes** ~ double spacing/space; **kettes** ~**zel ír** type sg double-spaced
sorol *v* **1.** *vkt vhova* rank sy among/with, reckon sy among; **barátai közé** ~ **vkt** reckon/count sy among his friends; **a legjobb futók közé** ~**ják** he is ranked among the best runners **2.** *vmt vhova* rank/count/class sg among; **könyvét a legfontosabb könyvek közé** ~**ják** his book ranks among (*v.* is reckoned among) the most important of its kind **3.** = **elsorol**
sorompó *n* barrier, gate; ~ **nélküli vasúti átjáró** level-crossing without gates; ~**ba áll/lép** (*vk mellett*) gather/rally round sy, /line up behind sy

sorompós *a* ~ **vasúti átjáró** level-crossing with gates
soronként *adv* by the line, per line
soros *a* **1.** -line; **25** ~ **cikk** a 25-line article **2. el** ~ **kapcsolás** series connection **3.** *(soron következő)* next; **ő a** ~ (1) *(következő)* it is his/her turn, (s)he is next (2) *(szolgálatos)* he is on duty; **a Társaság** ~ **elnöke** the present/current chairman of the Society
soroz *v kat* recruit, enlist, call up, *US* draft
sorozás *n kat* recruiting, recruitment, conscription, call-up, *US* draft
sorozat *n ált* series (*pl* ua.); *(dolgok egymásutánja)* sequence, succession; *(tárgyakból)* set; *(kiadványoké)* series; *(bélyeg)* series; *(tévé)* (television/TV) series; **események** ~**a** chain/train of events; ~**ban gyárt** mass-produce; ~**ban gyártott** mass-produced
sorozatgyártás *n* mass/series production
sorozatos *a* in succession *ut.*; ~ **kudarcok** a series/succession of disappointments/failures
sorozatszám *n* serial number
sorozóbizottság *n* recruiting committee, *US* draft board
sorrend *n* order, sequence; **fontossági** ~ order of importance; **megfelelő** ~**ben** in due course, in the appropriate place; ~ **az első** first in line/order; **rossz** ~**ben** out of order
sors *n* (*végzet*) fate; *vké* destiny; *(vk életkörülményei)* lot, life; **jó** ~**a hozta ide** his good fortune brought him here, his lucky star guided him here; **nehéz** ~ a hard life/lot → **nehéz; belenyugszik** ~**ába** be* reconciled to one's fate; **osztozik vk** ~**ában** share sy's fortune/lot; **jobb** ~**ra érdemes** deserve a better life; **rossz** ~**ra jut** fall* on evil days; ~**ára hagy vkt** leave* sy to his fate; **gondoskodik vknek a** ~**áról** settle the future of sy, *biz* see* sy right; ~**át senki el nem kerülheti** there is no escaping one's fate/destiny; ~**ot húz** draw*/cast* lots, *(pénzfeldobással)* toss up (a penny) for sg, toss up [to see ...]; **elégedett a** ~**ával** be* content with one's lot ⇨ **irónia**
sorscsapás *n* terrible blow, calamity
sorsdöntő *a* decisive, crucial; *(esemény)* historic; ~ **változás** turning-point
sorsfordulat *n* (sudden) change of fortune
sorshúzás *n* drawing (of lots), draw; ~**sal dönt el** decide by lot (*v.* by a draw), draw* lots to decide sg; **a nyerteseket** ~**sal választják ki** the winners will be selected by a draw

sorsjáték *n* lottery
sorsjegy *n* lottery ticket
sorskérdés *n* vital question/problem/matter
sorsközösség *n* ~**et vállal vkvel** throw* in one's lot with sy
sorsol *v* draw* lots for, have* the draw for
sorsolás *n* drawing (of lots) ⇨ **sorshúzás**
sorsszerű *a* inevitable, ineluctable
sorstárs *n* companion in misfortune, fellow (sufferer); **Nagy Imre és** ~**ai** I. Nagy and his associates
sorstragédia *n* tragedy of fate/destiny, *(görög)* Greek tragedy
-sorsú *a* of ... fate *ut.*, -fated
sorszám *n (jegyzékben)* serial number
sorszámnév *n* ordinal number
sorszámozás *n* numbering
sorszélesség *n* length of line; **beállítja a** ~**et** *(írógépen, számítógépen)* select the pitch
sort *n* shorts *pl*
sortávolság *n* spacing, space (between lines)
sortűz *n* volley, *(ágyúé)* round (of cannon), fusillade; **sortüzet ad** fire a volley, volley
sorvad *v* atrophy, waste away; *vm átv* decay, decline; *vk átv* pine away, languish
sorvadás *n* atrophy
sorvadoz|ik *v* = **sorvad**
sorvaszt *v* atrophy
sorvég *n* end of a/the line
sorvezető *n* underlines *pl*
sós *a* salt(y), salted; ~ *(ízű)* salty; ~ **tengeri levegő** salt/sea-air; **elég** ~? *(étel)* is there enough salt on it (for you)?; ~ **lé** souse, brine, pickle; ~ **víz** *(tengeri)* salt water, sea water, *(egyéb)* salty water; ~**an szereti** (s)he likes it with salt
sósav *n* hydrochloric acid
sósborszesz *n* rubbing alcohol, alcohol rub
sose(m) *adv* = **sohase(m)**
sosincs *v* = **soha sincs**
sóska *n* (common) sorrel
sóskamártás *n* sorrel sauce
sóskeksz *n* cracker
sóskifli *n* salted roll
sósmandula *n* salted almonds *pl*
sósperec *n* pretzel
sóstó *n* salt lake/pond
sószegény *a (étel)* low-salt [food]; ~ **étrendet tart** live/be* on a low-salt diet
sószóró *n* salt-cellar, *US* salt-shaker
sótalan *a* saltless, salt-free, *átv* insipid, flat
sótartalom *n* salinity, salt content
sótartó *n (asztali és biz vállgödröcske)* salt-cellar
sótlan *a* = **sótalan**

sovány *a* **1.** *(élőlény)* lean, thin, meagre *(US* -ger); ~ **arc** thin/hollow/gaunt face **2.** *(étel)* meagre, *(hús)* lean, *(tej)* low-fat, *(lefölözött)* skimmed [milk]; ~ **koszton él** be* on a meagre diet, be* on short rations **3.** *(eredmény, fizetés)* meagre, poor; ~ **esztendők** lean years **4.** ~ **vigasz** cold comfort
soványít *v* **1.** *(étrend, futás stb.)* slim **2.** *(ruha)* make* sy appear/look slim
soványító kúra *n* = **fogyókúra**
soványod|ik *v* become*/get* thinner, lose* weight, slim
soványság *n* **1.** *(állapot)* thinness, leanness **2.** *biz* vkről bag of bones
sóvár *a* ~ **szemmel** *(v.* ~**an) néz vkt** look at sy longingly *(v.* with longing), long/ sigh for sy, yearn for/after sy
sóvárgás *n* yearning, longing
sóvárgó *a* = **sóvár**
sóvárog *v* vk/vm után long/sigh/yearn for sy/sg
soviniszta I. *a* chauvinistic II. *n* chauvinist
sovinizmus *n* chauvinism
sóz *v* **1.** *(ételt)* salt, *(hintve)* sprinkle with salt; *(utat)* salt; *(tartósítva)* salt (down), pickle **2.** *biz* vmt vkre ⇨ **nyak 3.** *biz* **ütést** ~ **vkre** give* sy a blow, sock sy one
sózott *a* salted; ~ **hering** pickled/salted herring; ~ **hús** salt(ed) meat; ~ **marhahús(konzerv)** corned beef
sömör *n* herpes
söntés *n kb.* bar, *US* így is: saloon
söpör *v* sweep*; ~**jön (előbb) a maga háza előtt** sweep before your own door, mind your own business, you'd better put your house in order
söpredék *n átv* riff-raff, mob, rabble; **a társadalom** ~**e** the scum *(v.* dregs *pl)* of society, the scum of the earth
söprögető *n sp biz* sweeper
söprű *n* broom; **új** ~ **(jól söpör)** a new broom (sweeps clean)
söprűnyél *n* broomstick
sör *n* beer, *(világos angol)* (pale) ale, *(könnyebb)* lager, *(barna)* bitter, *(egészen sötét)* stout, **két korsó** ~**t kérek** two pints of Gold Fassl etc., please; **két pohár** ~**t kérek** two halves of ..., please
sörény *n* mane
sörét *n* shot
sörétes *a* ~ **puska** shotgun
sörfőzde *n* brewery
sörfőzés *n* brewing (beer), beer-making
sörfőző *n* **1.** *(személy)* brewer **2.** ~ **üzem** brewery

sörgyár n brewery
sörgyártás n brewing, beer-making
sörivó n beer-drinker
sörnyitó n bottle-opener
söröshordó n beer-barrel
söröskancsó n beer-mug, tankard, US stein
söröskocsi n beer cart/van, (brewer's) dray
söröskorsó n = söröskancsó
söröspohár n beer-glass
sörösüveg n beer-bottle
söröz v drink* beer
sörözés n beer drinking
söröző n (hely) brasserie, bar, Bierkeller; (kerthelyiség) beer-garden; (nagyobb étteremé, szállodáé) buttery
sörte n bristle
sörtehajú a crew-cut
sőt conj (and) even, (and) indeed, in fact, besides, moreover, actually; ~ **ellenkezőleg!** on the contrary; ~ **még most is** even now; ~ **mi több** and what is more
sötét I. a dark, átv gloomy, dark, obscure; ~ **alak** elít shady/shifty character; ~ **bőrű** dark-skinned, dusky, swarthy; a ~ **bőrűek** the blacks; ~ **cél** sinister purpose; ~ **éjszaka volt** it was a dark night, the night was pitch dark; ~ **gazember** scoundrel of the deepest dye, blackguard; ~ **gondolatok** gloomy/dismal thoughts; ~ **középkor** dark Middle Ages pl; ~ **külsejű** evil-looking; ~ **szándék** evil intention; ~ **szemű** dark-eyed; ~ **színben fest le** vkt/vmt átv paint sg/sy in the darkest colours (US colors); ~ **színben látja a dolgokat** look on the dark side (of things); ~ **színű** dark(-coloured), dusky; ~ **tudatlanság** abysmal/monumental ignorance; ~ **ügy** shady business, hole-and-corner dealings pl (v. affair); ~**ebbé válik** darken, deepen II. n 1. dark(ness); ~ **van** it is dark; ~**ben tapogatódzik** grope about in the dark 2. (sakk) black
sötétbarna a dark-brown
sötétedés n 1. (anyagé) darkening 2. (esteledés) dusk, twilight, nightfall; ~**kor** at nightfall; ~ **után** after dark
sötéted|ik v 1. (anyag) darken 2. (esteledik) night is* falling, it is* growing/getting dark
sötéten adv dark(ly), black, átv gloomily; **túl** ~ **lát** be* much too pessimistic, look on the dark side of things, see* only the gloomy side of everything; ~ **néz** look black, look daggers (at sy)
sötétes a darkish
sötétít v darken, dim

sötétkamra n darkroom
sötétkék a dark/navy-blue
sötétl|ik v appear/shine* dark
sötétség n dark(ness), gloom, átv obscurity; a ~ **beálltával** after dark, at nightfall/dusk
sötétszürke a dark-grey
sötétvörös a dark/deep red
sötétzárka n dark-cell
sötétzöld a dark/bottle-green
sövény n hedge(row); **sövénnyel elkerít** hedge in/off
sövénykerítés n hedgerow, hedge
spagetti n spaghetti
spájz n larder, pantry
spaletta n folding/boxing shutters pl
spanyol I. a Spanish II. n 1. (ember) Spaniard 2. (nyelv) Spanish
spanyolfal n folding screen
Spanyolország n Spain
spanyolul adv ~ **beszél** speak* Spanish; ~ **mond vmt** say* sg in Spanish; ~ **van (írva)** be* (written) in Spanish
spanyolviasz n sealing-wax; **nem találja/találná fel a** ~**t** he will never set the Thames on fire
spárga¹ n 1. (kötözéshez) string, cord 2. (tornában) the splits pl; ~**t csinál** do* the splits
spárga² n növ asparagus
sparhert n (cooking-)range
spártai a/n Spartan
speciális a special; ~**an** (különösen) specially, (kifejezetten) specifically
specialista n specialist, consultant; **orr-, fül-, gége**~ oto(rhino)laryngologist
specialitás n speciality (US specialty)
specializál v ~**ja magát vmre/vmben** specialize in sg, become* a specialist in sg, US (egyetemen) major in sg
specializálódás n specialization
specializálód|ik v become* specialized (in sg)
speciálkollégium n special course/option
speciel adv **nekem** ~ **nem tetszik** I for one don't like it; me, I don't like it; it's not my cup of tea
spec. koll. = speciálkollégium
spejz n = spájz
spékel v lard; **idézetekkel** ~**i a beszédét** lard/sprinkle/stud one's speech with quotations
spékelőtű n larding-pin
spektroszkóp n spectroscope
spektroszkópia n spectroscopy
spektrum n spectrum (pl spectra)

spekuláció *n* **1.** *(elmélkedés)* speculation, cogitation **2.** *ker* speculation, gambling
spekulál *v* **1.** *(töpreng vmn)* speculate/meditate on/about (sg) **2.** *ker vmvel* speculate in (sg); **ár(folyam-)emelkedésre** ~ bull the market; **ár(folyam)csökkenésre** ~ bear the market
spekuláns *n* speculator
spenót *n* spinach
sperma *n biol* sperm
spicc[1] *n* **1.** *(kutya)* spitz, Pomeranian, *biz* pom **2.** *(cipő)* toe-cap
spicc[2] *n biz (enyhe ittasság)* tipsiness, elevation, a drop too much
spiccel *v* dance/be* on points
spiccelés *n* dancing on points
spicces *a biz* tipsy, (slightly) elevated, a bit merry/tight/mellow
spicli *n biz* informer, *(diák)* peacher
spicliskedik *v biz vkre* inform on sy, *isk* peach on, grass/split* on sy
spinét *n* † spinet
spirál *n* spiral
spirálfüzet *n* spiral(-bound) notebook
spirális *a/n* spiral
spirálkötés *n (könyvé)* spiral binding
spirálrugó *n* spiral/helical/coil spring, *(óráé)* mainspring
spiráns *n* = **réshang**
spiritiszta *n* spirit(ual)ist
spiritizmus *n* spirit(ual)ism
spirituálé *n* (Negro) spiritual
spiritusz *n* spirits *pl, biz* meths
spirituszégő *n* (methylated) spirit lamp/stove
spontán I. *a* spontaneous, *(készséges)* willing, *(önkéntes)* unasked-for, voluntary; ~ **elhatározás** free decision; ~ **gyógyulás** spontaneous healing **II.** *adv* spontaneously, *(készségesen)* willingly
spóra *n növ* spore, *(kisebb)* sporule
spórol *v* **1.** *ált* save; economize *(vmn* on sg); *(vmennyit)* save (up) [money] *(vmre* for sg) **2. régóta ~ok erre az alkalomra** I've long been waiting for this occasion
sport *n* **1.** *ált* sport, sports *pl;* **szereti a** ~**ot** (s)he's very fond of sport; ~**ban nagyon jó** be* good at sport, be* sporty **2.** *(sportág)* sport; **vmlyen** ~**ot űz** go* in for [some sport] **3.** *összet* sports
sportág *n* (branch/kind of) sport, *(pl. olimpián)* event; **mely(ik)** ~**akat szereted legjobban?** which sports do you like best?
sportbarát *n* sports fan/enthusiast
sportcikk *n* sports/sporting goods *pl,* sports articles *pl*

sportcsarnok *n* sports hall
sportegyesület *n* (sports) club
sportélet *n* sporting life, sports *pl*
sportember *n* sportsman°
sporteredmény(ek) *n (pl)* sports results *pl*
sportesemény *n* (sports/sporting) event
sporteszköz *n* athletic/sports implement, sports equipment/kit
sportfelszerelés *n* sports equipment, *biz* sports gear
sportfogadás *n* (football) pools *pl*
sporthírek *n pl* sports news
sporting *n* sports shirt
sportjelvény *n* sports badge
sportkabát *n* sports *(US* sport) jacket/coat
sportkedvelő *n* sports enthusiast/fan, sports-goer, sporty
sportklub *n* = **sportkör**
sportkocsi *n* **1.** *(autó)* sports car, *US* sport car **2.** *(kisbabáé, összecsukható, könnyű)* pushchair, *(esernyőfogantyús és US)* stroller
sportkör *n* sports club
sportközvetítés *n* TV/radio broadcast of [sports news *v.* a sports event], *US* sportcast; sports coverage on TV
sportlap *n* sporting/sports paper, sports magazine
sportlétesítmény *n* sports establishment/facilities *pl*
sportlövészet *n* (competitive/competition) shooting
sportműsor *n* sports programme *(US* -ram)
sportol *v* go* in for sports, go* in for [some sport], be* a sportsman°/sportswoman°; **mit** ~**sz?** what sport do you do *(v.* go in for)?
sportolás *n* sports *pl*
sportoló *n* sportsman°, athlete, *(női)* sportswoman°
sportorvos *n* sports physician/doctor
sportos *a* sporting; *(ruhadarab stb.)* sporty; ~ **életmód** outdoor life; ~**an vezet** *(autót)* *(vadul, gyorsan, de szabályosan)* be* a sporty driver
sportöltözet *n* sportswear
sportösszefoglaló *n (rádióban, tévében)* sports roundup
sportpálya *n* sports ground/field
sportrepülés *n* sporting flying
sportrepülő *n* sports/private pilot
sportrovat *n* sports column/page
sportruha *n* sports jacket and flannels *pl*
sportszatyor *n* sports holdall
sportszer *n* sports/sporting goods *pl*
sportszerű *a* sportsmanlike, fair; ~**en** in a sportsmanlike manner/way
sportszerűség *n* sportsmanship

sportszerűtlen *a* unsportsmanlike, unsporting, unfair
sportszerűtlenség *n* unsportsmanlike behaviour (*US* -or)
sportszív *n* athlete's heart
sporttárs *n* fellow sportsman°
sporttáska *n* sports holdall
sporttelep *n* = **sportpálya, -létesítmény**
sportújság *n* = **sportlap**
sportuszoda *n* (swimming) pool [for competitions]
sportverseny *n* match, contest, race, competition, tournament
sportzakó *n* sports (*US* sport) jacket
spriccel *v* squirt, spurt, spray, (*sugárban*) jet
spriccer *n* = **fröccs**
sprint 1. (*futás*) sprint(ing) **2.** = **gyorsúszás**
sprinter *n* sprinter
spulni *n* bobbin, spool, reel ⇨ **orsó**
srác *n biz* kid; **kis** ~ scamp; ~**ok!** *biz* fellers, *US* you guys; ~**ok, gyerünk moziba** Hey kids/fellas, let's go to the cinema (*v. US* movies); **helyes** ~ **a Pali** Pali's a good/nice kid
srapnel *n* † shrapnel
srég(en) *a*/*adv* askew, awry *ut.*
Srí Lanka *n* Sri Lanka
Srí Lanka-i *a*/*n* Sri Lankan
sróf *n* screw
srófol *v* **1.** = **csavaroz 2.** (*árat feljebb*) raise, force/jack up
stáb *n* (*filmé*) crew
stabil *a* stable, steady, stationary
stabilizáció *n* stabilization
stabilizál *v* stabilize, render stable
stadion *n* stadium (*pl* stadiums *v.* stadia)
stádium *n* (*fokozat*) phase, stage; (*állapot*) state
staféta *n sp* relay (race)
stafírung *n* trousseau (*pl* -x *v.* -s)
stagnál *v* stagnate, *US* stagnate
standard *a*/*n* standard
stangli *n* (*sós*) salty roll, saltstick
stanicli *n* paper-bag/cornet
start *n* start ⇨ **rajt**
startfejes *n* (racing) dive
startol *v* start
statáriális *a* = **rögtönítélő**
statárium *n* summary jurisdiction, *kat* martial law
statika *n* statics *sing.*
statikai *a* static, of statics *ut.*
statikus *n* structural engineer, stress analyst
statiszta *n* extra

statisztál *v* be* an extra
statisztaszerep *n* walk-on part, bit part
statisztéria *n film* extras *pl*
statisztika *n* **1.** (*tudomány*) statistics *sing.* **2.** (*adatok*) statistics *pl*
statisztikai *a* statistical; ~ **adatok** statistical data, statistics, *biz* the figures
statisztikus *n* statistician
statuál *v* **példát** ~ set* an example
státus *n* (*állomány*) list (of civil servants); ~**ban van** be* on the payroll
státusrendezés *n* revision/adjustment of salary scales
státusszimbólum *n* status symbol
stb. = *s a többi* et cetera, and so on, etc.
stég *n* landing-stage
steksz *n* □ loot, dough, lolly
stelázsi *n* rack, shelf°, stand, what-not
stencil *n* stencil, wax-sheet
stencilez *v* stencil, *US* mimeo(graph)
steppelt *a* quilted; ~ **takaró/paplan** (continental) quilt, duvet
stereotip *a* = **sztereotip**
steril *a orv* **1.** (*fertőző anyagoktól mentes*) sterile **2.** (*meddő*) sterile, barren
sterilizál *v* sterilize
sterilizátor *n* sterilizer, autoclave
sterlingövezet *n* sterling area
stewardess *n* stewardess, air-hostess
stichpróba *n* spot-check/test, random sampling/sample
stiglic *n* goldfinch
stikában *adv* □ on the sly/quiet
stikli *n biz* trick, prank ⇨ **csíny**
stiláris *a* stylistic, concerning style *ut.*; ~ **jelek/jelzés** (*szótárban*) style labels; ~**an** stylistically
stílbútor *n* period furniture/piece
stiliszta *n* stylist
stilisztika *n* stylistics *sing.*; (*kézikönyv*) guide to good style
stilisztikai *a* stylistic; ~ **szempontból** from the stylistic point of view, from the point of view of style, stylistically
stilizál *v* (*szöveget*) edit, touch up
stilizált *a* stylized, conventional(ized)
stílszerű *a* in style *ut.*, suitable, appropriate (in style *ut.*), in/of the appropriate style *ut.*, fitting; ~**en** in style, appropriately (enough)
stílus *n* style, (*íróé még*) language, (*művésze még*) manner, (*festőé még*) touch; *összet* stylistic; **van** ~**a** have* style
stílusérzék *n* sense of style, stylistic sense, feel(ing) for style
stílusgyakorlat *n* composition, stylistic exercise

stílushiba n stylistic lapse/flaw/fault, fault in style, biz howler

stílusirányzat n trend of style, school (of style)

stílusminősítés n (szótárban) stylistic labelling (US -l-); (a jelek) style labels pl

stílusos a in (good) style ut.; ~an in (good) style

stílusréteg n style/speech/usage level; (a legkülönfélébb foglalkozási és szakmai ágakat is beleértve) register

stílustalan a in poor taste/style ut., lacking in style ut., (stylistically) incongruous

stílustörés n stylistic incongruity/inconsistency

stílusú a in/with ... style; -style

stimmel v (egyezik) be* correct, vmvel agree/tally with sg; ~! that's right!; itt vm nem ~ there is sg wrong here

stimulál v vkt vmre stimulate ⇨ **ösztönöz, serkent**

stipendium n = **ösztöndíj**

stockholmi n Stockholmer

-stól suff → **-stul**

stóla n 1. (kendő) stole 2. (díj) surplice-fee

stop I. v. (állj!) stop!, halt! II. n biz ~ot kér hitch a ride, thumb (v. ask for) a lift/ride

stoplámpa n brake-light, US főleg stoplight

stopli n biz 1. sp (futballcipőn) stud 2. = **dugó**

stopper(óra) n stop-watch

stoppol v 1. (lyukat) darn, mend 2. (sp időt) clock, time 3. (lefoglal) reserve 4. (autót) hitch (a ride), thumb a lift/ride

stoppolófa n darning egg/ball, (darning) mushroom

stoppos a/n = **autóstoppos**

stoptábla n stop sign

stopvonal n stop-line

storníroz v cancel (US -l)

-stől suff → **-stul**

stráf n stripe, streak

stráfkocsi n dray

stramm a biz vk sturdy, tough, strapping

strand n (természetes) beach; (mesterséges) open-air (swimming-)pool, lido; a ~on on the beach

strandfürdő n open-air (swimming-)pool, lido

strandidő n nice weather for a swim; ma nincs ~ it's no day for the beach/lido

strandkabát n beach wrap/gown

strandol v (fürdik) bathe; (tenger- v. tóparton) be* on the beach, (nem tenger- v. tóparton) be* at the lido

strandoló n bather

strandpapucs n beach sandals pl, (gumi) flip-flops pl

strandruha n beach outfit, beachwear

strandtáska n beach bag

strapa n vulg 1. (kimerítő elfoglaltság) hard work, biz sweat, strain 2. (erős igénybevétel) hard wear; bírja a ~t (ruhanemű) be* hard-wearing; nem ~ra való be* not hard-wearing (v. for hard wear)

strapabíró a biz (ruhadarab) hard-wearing, heavy-duty, for hard wear ut.

strapacipő n biz brogue(s), walking shoes, shoes for heavy wear

strapál v biz 1. ~ja magát over-exert oneself, wear* oneself out, sweat, work like a horse/Trojan 2. (tárgyat) wear* sg out, punish sg

straparuha n biz working clothes, clothes for hard wear pl

strapás a biz tiring, punishing, sweaty [work]

stratégia n strategy

stratégiai a strategic; a ~ fegyverek korlátozásáról/csökkentéséről folyó tárgyalások Strategic Arms Limitation Talks (= SALT); Strategic Arms Reduction Talks (START)

strázsál v 1. kat do* sentry-duty, be* on duty 2. (sokáig vár) be* waiting around 3. (felügyel vkre) stand* guard (over sy)

stréber n biz elít go-getter, pushy fellow/character, (social) climber; kif ruthlessly ambitious person; isk swot

stréberked|ik v biz elít bc* pushy; isk suck up to the teacher

strici n 1. vulg (utcanőé) pimp, ponce 2. = **csirkefogó**

strófa n stanza, strophe

strucc n ostrich

struccpolitika n ostrich policy, the policy of burying one's head in the sand

strucctojás n ostrich-egg

strucctoll n ostrich-feather/plume

struktúra n structure

strukturális a structural

strukturalista n/a structuralist

strukturalizmus n structuralism

strúma n struma

stúdió n studio

stúdíroz v study

stúdium n (tanulás) study, learning (pl nincs)

stukkó n stucco

stukkódísz n stuccowork

-stul, -stül, (-stól, -stől) suff 1. (vkvel mint hozzátartozóval együtt) **családostul**

with all his/her family; **feleségestül** with/ and his wife; **gyermekestül** with (all) his children **2.** *(vmvel mint tartozékával, részével, rajta levővel együtt)* **gyökerestül** by the roots; **ruhástul** without taking off his clothes ⇨ **mindenestül**

suba *n* sheepskin; *átv* ~ **alatt** surreptitiously, clandestinely; *biz* on the quiet

subler *n biz* = **tolómérce**

sublót *n* chest of drawers, *US* lowboy

sudár I. *a* (tall and) slender/slim **II.** *n (ostoré)* lash

sufni *n biz* lean-to, shed

súg *v* **1.** *vknek vmt* whisper (sg to sy *v.* in sy's ear), breathe sg in sy's ear **2.** *isk, szính* prompt; **ne** ~**j!** no prompting!

sugall *v vmt vknek* suggest (sg to sy), prompt/inspire sy to do sg

sugallat *n* suggestion, intimation

sugalmaz *v* = **sugall**

sugalmazás *n* suggestion, inspiration

sugár *n* **1.** *(fény)* ray, beam **2.** *(víz)* jet **3.** *mat* radius *(pl* radii *v.* radiuses)

sugáradag *n* = **sugárdózis**

sugárártalom *n* radiation injury

sugaras *a mat* radial; ~**an** radially

sugárbetegség *n* radiation sickness

sugárbiológia *n* radiobiology

sugárdózis *n* radiation dose

sugárfertőtlenítés *n* decontamination

sugárfertőzés *n* radioactive contamination

sugárhajtás *n* jet propulsion

sugárhajtású *a* ~ **repülőgép** jet(-propelled plane)

sugáriranyú *a* radial

sugárkéve *n* beam (of rays)

sugárkezelés *n* radiation therapy/treatment, radiotherapy

sugárnyaláb *n* = **sugárkéve**

sugároz *v* **1.** *(sugarakat kibocsát és átv)* radiate, beam **2.** *(rádió műsort)* transmit, broadcast*

sugárszennyēzés *n* radioactive contamination

sugárszennyezett *a* radioactive

sugárterápia *n* = **sugárkezelés**

sugárút *n* avenue

sugárvédelem *n* radiation protection

sugárveszély *n* radiation danger

sugárzás *n* radiation

sugárzásmentesít *v* decontaminate

sugárz|ik 1. *(anyag stb.)* radiate, beam **2.** *átv* beam, glow; **arca** ~**ik az örömtől** be* beaming with joy; ~**ik róla az öröm** *(v.* **a boldogság)** (s)he radiates joy/happiness

sugárzó *a* **1.** *(anyag, energia)* radiating, radiant **2.** *átv* beaming, radiant; **boldogságtól** ~ **arc** face radiant/beaming with happiness

súgás *n* **1.** *(fülbe)* whisper(ing), breathing **2.** *isk, szính* prompting

súg-búg *v* whisper, susurrate

sugdoló(d)z|ik *v* be* whispering

sugdos *v* = **sugdoló(d)zik**

sugdosás *n* whisper(ing)

súgó *n isk, szính* prompter

súgógép *n (tévében)* autocue, *US* teleprompter

súgólyuk *n* prompt(er's) box

súgópéldány *n* prompt-còpy/book

suhan *v* glide, flit, slip, whisk

suhanc *n* youth, teenager, lad

suhint *v* swish, whisk

suhog *v* swish; *(ruha)* rustle; *(ostor, kard)* whiz(z); *(szél)* whistle

sújt 1. *vi/vt* strike*, hit*; **öklével arcába** ~**ott** he hit him in the face with his fist; **villám** ~**otta** was struck by lightning **2.** *vt átv* afflict; *(csapás)* come* upon sy; **büntetéssel** ~ **vkt** punish sy, inflict/impose a punishment on sy

sujtás *n (ruhán)* soutache, braid(ing)

sujtásos *a* decorated with soutache *ut.*; frogged

sújtólég *n* fire-damp, pit gas

suk-sük nyelv *n biz* ~**en beszél** *kb.* drop one's aitches/Hs

súly *n* **1.** *(mérhető)* weight; **hasznos** ~ payload; **tiszta** ~ net weight; **mi a** ~**a?** how much does it weigh?; **a 5 kiló** it weighs 5 kilos; ~**ban gyarapodik** gain *(v.* put* on) weight; **veszít a** ~**ából** lose* weight **2.** *sp* shot; ~**t dob** put* the shot **3.** *sp (súlyemelésben)* weight **4.** *átv* emphasis, stress; *(jelentőség)* importance, consequence; ~**a van a szavának** his word carries authority/weight; **nagy súlylyal esik a latba** be* of great moment, count for a lot; **(nagy)** ~**t helyez vmre** attach (great) importance to sg, lay* stress on sg; **nagy** ~**t helyezek arra, hogy eljöjjön** I am very anxious/keen that he should come

súlycsoport *n sp* (body-)weight category; *(boksz)* weight division

súlycsökkenés *n* loss of weight, weight loss

súlydobás *n* putting the shot, shot-put, shot-putting

súlydobó *n* shot-putter. thrower

súlyegység *n* unit of weight

súlyemelés *n* weight-lifting

súlyemelő n weight-lifter, biz lifter
súlyfelesleg n overweight
súlyfürdő n weight bath
súlygolyó n sp shot
súlygyarapodás n increase/gain in weight
súlyhatár n weight limit
sulykol v 1. konkr beat* (with beetle/mallet), beetle 2. átv vkbe vmt hammer/drum sg into sy (v. sy's head)
súlylökés, -lökő n = **súlydobás, -dobó**
súlymérték n (measure of) weight; ~ek weights
sulyok n **elveti a sulykot** (nagyokat mond, túloz) exaggerate, tell* a tall story, lay* it on (a bit) thick, biz lay* it on with a trowel
súlyos a 1. (tárgy stb.) heavy, weighty; ~abb vmnél outweigh sg, be* heavier than sg 2. (büntetés, felelősség, veszteség) heavy; (bűn) heinous; (helyzet, probléma) grave; (betegség) serious, grave; (érv, egyéniség) considerable, weighty; (hiba) grave, grievous; ~ baleset a serious/bad accident; ~ balesetet szenvedett (s)he had a serious/bad accident; ~ beteg a serious case; (igével) be* seriously ill; ~ betegség serious/grave illness; ~ csapás átv heavy/crushing blow; ~ eset (betegről) a serious case; ~ fájdalom severe pain; ~ hiba/tévedés serious mistake; ez ~ következményekkel jár the consequences are grave; ~ műtét major operation; ~ sérülés severe injury; sérülése ~, de nem életveszélyes/halálos his injuries are serious/severe but not critical; ~an megsebesült be* gravely/seriously wounded/hurt; ~an megsérült be* seriously injured; a beteg állapota ~ra fordult the patient's condition has taken a turn for the worse
súlyosbít v (betegséget, bűnt) aggravate; (helyzetet) worsen; (büntetést) increase
súlyosbítás n a büntetés ~a increase in the severity of a/the sentence; az ügyész ~ért fellebbezett the Public Prosecutor appealed against the leniency of the sentence (v. appealed for the imposition of a heavier sentence)
súlyosbító a aggravating [circumstance]
súlyosbod|ik v worsen, grow* worse
súlyosság n (betegségé, bűné, hibáé, problémáé, oké) gravity, seriousness; (büntetésé) severity; (operációé) seriousness
súlypont n centre (US center) of gravity; átv focal point, focus
súlytalan a weightless

súlytalanság n ~ (állapota) (state of) weightlessness
súlytöbblet n overweight, excess weight, (reptéren) excess baggage; a ~ért ... Ft-ot fizettettek (v. kellett fizetni) [the airline] charged me ... fts for excess baggage
súlyú a weighing ...; ... in weight ut.
súlyveszteség n underweight, reduction in weight
súlyzó n dumb-bell, weight
summa n amount; szép kis ~ a tidy sum
summáz v sum up
sunyi a shifty, sneaky, foxy, sly
súrlódás n 1. (tárgyaké) friction 2. (személyek között) disagreement, difference of opinion, friction
súrlód|ik v rub, grate (vmhez against)
súrol v 1. (edényt) scour, clean; (padlót, bútort) scrub; tisztára ~ vmt scrub/rub sg clean 2. (érint) brush, graze/touch lightly
súrolókefe n scrubbing-brush, US scrub-brush
súrolórongy n floor-cloth
surran v scuttle, scurry, slide*, slip
suskus n biz hanky-panky, chicanery, wheeling and dealing; ebben vm ~ van it looks fishy
susog v 1. = **suttog** 2. (falevél) whisper, rustle; (szél) breathe, sigh, sough
susogás n (falevélé) rustle; (szélé) sigh(ing), soughing
suszter n shoemaker, bootmaker, cobbler
suszterinas n cobbler's apprentice
suta I. a (balkezes) left-handed; (ügyetlen) awkward, clumsy, ungainly **II.** n áll (roe) doe
sutba dob kif throw* away/out, discard, scrap
suttog v whisper, talk in undertones (v. under one's breath)
suttogás n whisper(ing)
suttogó a whispering; ~ **propaganda** whispering campaign/propaganda
suttyó n callow youth, yokel; elít (otromba személy) boor
suttyomban adv biz on the sly, stealthily, by stealth
suviksz n blacking
suvikszol v black [boots]
sügér n perch
süket I. a 1. vk deaf; ~, mint az ágyú (as) deaf as a post; fél fülére ~ deaf in one ear; teljesen ~ stone deaf; panasza ~ fülekre talált his complaint(s) fell on deaf ears 2. ~ a telefon the phone/receiver is (v. has gone) dead 3. □ ~ (ostoba) stupid, silly, US dumb; ~ **duma** empty words pl,

empty talk, claptrap, moonshine, waffle II. *n* deaf person; **a** ~**ek** the deaf
süketítő *a* deafening, ear-splitting
süketnéma I. *a* deaf-and-dumb, deaf-mute; ~-**ábécé/jelbeszéd** sign language, deaf--and-dumb alphabet/language II. *n* deaf--and-dumb person, deaf-mute
süketség *n* deafness
sül *v* 1. *(tésztaféle)* bake, ... is baking; *(zsírban)* fry, ... is frying; *(pecsenye)* roast, ... is roasting, brown, ... is browning 2. *(vk napon barnára)* ge**t*** a tan, go* brown 3. *(ruhában)* be* boiling (hot)
süldő I. *a* ~ **lány** teenage/adolescent girl, girl in her teens, teenager, *US* bobby soxer II. *n (malac)* young/sucking pig, piglet
sületlen *a* 1. *(tészta, kenyér)* half-baked, half-done, underbaked; *(hús)* underdone 2. *elít (ostoba)* half-baked, silly, stupid, foolish
sületlenség *n* átv nonsense, twaddle, rubbish; *(megjegyzés)* silly thing to say; *biz* balderdash, tripe, rot
süllő *n* zander, pike perch
süllyed *v* 1. *ált* sink*; *(föld, épület)* sink*, subside; *(hajó)* be* sinking; *(barométer, hőmérő)* fall* 2. *(erkölcsileg)* sink*; **majd a föld alá** ~**t szégyenében** (s)he is* covered in shame, (s)he wished the earth would open and swallow him/her up
süllyedés *n* 1. *ált és átv* sinking; *(földé, épületé)* subsidence 2. → **vérsejtsüllyedés**
süllyeszt *v* 1. *ált* sink*, lower; *(hajót)* sink*, submerge 2. *(csavart)* countersink*
süllyesztett *a* ~ **fejű csavar** countersunk screw
süllyeszthető *a* sinkable
süllyesztő *n* szính trap(-door); **eltűnt a** ~**ben** átv disappeared from the scene
sült I. *a* 1. *(tésztaféle)* baked; *(húsféle)* roast(ed); *(zsírban)* fried; ~ **burgonya/krumpli** roast potatoes *pl; (bő zsírban v.* olajban) fried/sauté potatoes *pl; (hasábburgonya) GB* chips, *US* French fries; *(héjában)* baked potatoes *pl;* ~ **csirke** roast/fried chicken; ~ **hús** roast meat; ~ **marhahús** roast beef; ~ **tészta** (baked) pastry, cake 2. *biz* ~ **bolond** (1) *a* stark/staring mad (2) *n* nut(case), nutter, *US* screwball II. *n* roast; *(csontos)* joint; ~**ek** *(étlapon)* roasts; **hideg** ~ cold joint/roast ⇨ **galamb**
sülve-főve *adv* ~ **együtt vannak** they are* inseparable, they are* as thick as thieves
sün(disznó) *n* hedgehog
sündörög *v (ólálkodik)* lurk/skulk (about); *(vk/vm körül)* hang* around/about

süpped *v (talaj)* sink*, give* way, subside
süppedő(s) *a* sinking, subsiding; *(talaj)* boggy, marshy; ~ **szőnyeg** soft/springy carpet, carpet with a thick pile
sürgés-forgás *n* bustle, stir
sürget 1. *vt vkt* hurry/rush/push sy; *(vmt, pl.* munkát, döntést) hurry [the work], hurry [a decision] along; *(pénzét)* press sy [for one's money]; *(kérelmét)* press sy [for an answer]; *(útlevélkérelmet, vízumot stb.)* expedite; **erélyesen** ~ **vmt** press for sg 2. *vi* **az idő** ~ time presses; *(engem)* I'm pressed for time
sürgetés *n* urge, urging, pressing; **nem szeretem a** ~**t** I don't like to be pressed (*v. biz* hassled)
sürgető *a* urgent, pressing
sürgölődés *n* bustle, stir
sürgölőd|ik *v* be* bustling about, bustle, stir about, be* (always) on the go
sürgöny *n* = **távirat**
sürgönycím *n* telegraphic address
sürgönyöz *v* = **táviratoz**
sürgős *a* urgent, pressing; *(levél)* urgent, special delivery; ~ **beszélgetés** *(telefon)* urgent call; **igen** ~ **beszélgetés** very urgent call, top-priority call; ~ **dolga van** have* some urgent things/business to attend to; **a dolog nem** ~ there is no hurry/rush, take your time; **nincs** ~**ebb dolga, mint** have* nothing more pressing to do than to; ~ **eset** *orv* an emergency (case); ~ **esetben** in case of (*v.* in an) emergency; ~ **távirat** special delivery telegram (*US* cable), wire; ~ **ügy** urgent case, emergency
sürgősség *n* urgency, pressure
sürgősségi *a* of urgency *ut.;* ~ **indítvány** motion of urgency/priority; ~ **alapon intéz el vmt** *(pl. lakáskiutalást)* deal* with sg as a matter of urgency, treat sg as a top--priority matter
sűrít *v* 1. *(anyagában)* thicken, make* (more) compact; *(folyadékot)* concentrate, evaporate, condense 2. *(gyakoribbá tesz, pl.* autóbuszjáratot) reduce the intervals between sg 3. *(tömörít)* condense, boil down
sűrített *a* ~ **levegő** compressed air; ~ **tej** condensed/evaporated milk
sűrítmény *n* concentrate
sürög-forog *v* = **sürgölődik**
sűrű I. *a* 1. thick, dense; *(tömör)* compact; ~ **erdő** thick/dense forest; ~ **eső** heavy rain; ~ **haj** thick hair; ~ **köd** dense/thick fog; ~ **lakosság** dense population; ~ **a levegő** the atmosphere (*v.* it) is (very) close/heavy; ~ **leves** broth, thick soup; ~ **so-**

rok *(emberekből)* serried ranks; ~ **sorokban** lined up shoulder to shoulder; ~ **sorokban írt szöveg** close writing, closely-written pages *pl*; ~ **szövet** close-woven fabric **2.** *(gyakori)* frequent; ~ **érverés** rapid pulse; ~ **látogató** regular (visitor) **II.** *n* (close) thicket, coppice; **az erdő** ~**jében** in the thick of the forest

sűrűfésű *n* tooth-comb, fine-tooth comb

sűrűn *adv* **1.** ~ **gépelt** closely-typed; ~ **lakott terület** densely populated area **2.** *(gyakran)* frequently; often; **milyen** ~? how often?; ~ **megesik, hogy** it often happens/occurs that; ~ **találkoznak** they meet* quite often

sűrűség *n* **1.** *(állapot)* thickness, denseness, *(fiz is)* density **2.** *(bozót)* thicket, coppice

sűrűségmérő *n* densimeter

sűrűsöd|ik *v* thicken, become* thick(er)

sűrűvérű *a* full-blooded, hot-blooded, passionate

süt 1. *vt (kenyeret, tésztát, almát)* bake; *(kevés zsiradékban húst stb.)* fry; *(roston)* grill, *US* broil; *(a szabadban)* barbecue; **lassú tűzön** ~ simmer; ~**ni való csirke** fryer *v.* frier, broiler; ~**ni való hús** roasting meat, meat for roasting/frying; ~**ni való hurka/kolbász** sausage (for grilling/frying) → **sütnivaló 2.** *vt (hajat)* curl, frizz **3.** *vt (éget)* burn*, scorch; ~**ötte a talpát a forró homok** the hot sand scorched/burnt his heels **4.** *vi (égitest)* shine*; ~ **a nap** the sun is* shining/out, there is* sunshine, it is* sunny

sütemény *n* **1.** *(édes)* cake, pastry, *US* cookie **2.** *(péké, édes)* patisserie; **10** ~**t kérek** *(nem édeset)* 10 rolls and buns, please

sütés *n (kenyéré, tésztáé, almáé)* baking; *(húsé kevés zsiradékkal)* roasting; *(bő zsírban, ill. olajban)* frying; *(roston)* grilling, *US* broiling

sütés-főzés *n* cooking; **nagy** ~ feverish activity in the kitchen

sütet *n* batch, ovenful, (one) baking

süt-főz *v* do* a lot of cooking and baking; *(rendszeresen)* do* the cooking; *(nagy vendégségre készülődve)* spend* days cooking and baking

sütkérez|ik *v (napon)* bask in the sun(shine), sun oneself

sütnivaló *n* van ~**ja** have* gumption/ brains; **nincs (valami) sok** ~**ja** he doesn't seem to have much gumption ⇨ **süt 1.**

sütő *n (tűzhelyrész)* oven

sütöde *n* bakery, bakehouse

sütőipar *n* baking industry

sütőipari *a* ~ **dolgozó/munkás** bakery worker

sütőkemence *n* oven

sütőlapát *n* (baker's) peel

sütőmunkás *n* bakery worker

sütőpor *n* baking/yeast powder; ~**ral kevert liszt** self-raising flour

sütőrostély *n* → **rost(ély)**

sütőtök *n* pumpkin, *US* squash

sütővas *n* curling irons/tongs *pl*

süttet *v* **1.** *vmt* have* sg baked **2.** ~**i magát a nappal** bask in the sun(shine)

süveg *n* high (fur) cap/hat

süvít *v (szél)* howl, roar; *(lövedék)* whizz, whistle past

süvölt *v* = **süvít**

süvölvény *n biz* lad, youngster

sváb *a/n* **1.** Swabian **2.** *(Magyarországon)* (ethnic) German

svábbogár *n* cockroach, *US főleg* roach

sváda *n biz kissé elít* **jó** ~**ja van** have* the gift of the gab

Svájc *n* Switzerland

svájci **I.** *a* Swiss; ~ **gyártmányú** Swiss, made in Switzerland *ut.*; ~ **óra** Swiss watch **II.** *n* Swiss; **a** ~**ak** the Swiss *pl*

svájcisapka *n* beret

svéd **I.** *a* Swedish; ~ **ember** Swede; ~ **nyelv** the Swedish language, Swedish **II.** *n* **1.** *(ember)* Swede; **a** ~**ek** the Swedish/Swedes *pl* **2.** = ~ **nyelv**

svédacél *n* Swedish steel

svédasztal *n* smörgåsbord, cold buffet, buffet lunch/supper/meal

Svédország *n* Sweden

svédtorna *n* Swedish movements/gymnastics *pl*

svédül *adv* ~ **beszél** speak* Swedish; ~ **mond vmt** say* sg in Swedish; ~ **van (írva)** be* (written) in Swedish

svihák *n biz* fraud, humbug, crook

svindler *n* swindler, humbug, cheat, fraud, crook, con-man°

svindli *n biz* swindle, fraud

svindliz *v biz* swindle, cheat, con

svung *n biz (lendület)* momentum, swing, verve, drive, *biz* go, zip

sydneyi *n* Sydneyite

Sz

Sz, sz *n (betű)* (the digraph) Sz/sz
sz. = **1.** *szám(ú)* number, No., no. **2.** *század* century, c. **3.** *szent* Saint *(röv* St.) **4.** *született* born, b.
szab *v* **1.** *(ruhát)* cut* (out), tailor **2.** vmhez ~ja magát accommodate oneself to sg, comply with sg ⇨ **büntetés, feltétel, határ**
szabad I. *a* **1.** *(jelzőként és kifejezésekben)* ált free, *(nyitott)* open; *(nem foglalt)* free, unoccupied, vacant; *(nem fogoly)* free; *(ország)* free, independent, sovereign; ~ **akarat** free will; ~ **árak** uncontrolled prices; ~ **átjárás** unimpeded passage, unrestricted access; ~ **délelőtt** morning off; ~ **délutánja van** have* the afternoon off; ~ **ég alatt** in the open air; ~ **elhatározásából** of one's own free will; ~ **folyást enged a dolgoknak** let* things take their course, give* (free) rein to sg; ~ **fordítás** free translation; ~ **gondolkodású** free-thinking, liberal-minded; ~ **idejében** in one's spare/free time, in one's leisure (hours) → **szabadidő**; ~ **kezet ad** vknek give*/allow sy a free hand, give* sy carte blanche; ~ **kikötő** free port; ~ **kilátás** clear/unobstructed view; ~ **levegő** open air; ~ **mozgás** freedom of movement; ~ **mozgása van** be* free to go/move (wherever one likes); ~ **ország** a free country; ~ **piac** free market → **szabadpiac**; ~ **pogygyászkeret** (free) baggage allowance; ~ **szájú** free-spoken, *elit* foul-mouthed; ~ **szakszervezet** free trade union; ~ **szellemű** free-thinking, emancipated; ~ **szemmel látható** visible to the naked eye *ut.*, that can be seen with unaided eye *ut.*; ~ **szemmel nem/alig látható** indiscernible, one cannot see it with the naked eye; ~ **szombat** free Saturday, Saturday off; ~ **teret enged** vknek → ~ **kezet ad**; ~ **választások** free elections; ~ **vers** free verse; ~ **verseny** (free) competition **2.** *(mondatokban)* ~ **ez a hely?** is this seat free/vacant?; ~ **ez a kocsi/taxi?** are you free/engaged?; ~ **ez az asztal?** is this table free?; ~ **az út** the way/road is* clear/ open **3.** *(állítmányként: meg van engedve)* [sg is*] permitted/allowed, [sy is*] allowed to ..., you/he etc. may [do sg]; ~**?** *(kopogtatás helyett)* may I come in?; ~**!** *(kopogtatásra feleletül)* (please/do) come in!; ~ **kérem?** *(utat kérve)* excuse me please!, sorry (to trouble you); ~ **a sót, kérem?** may I trouble you for the salt, please; **ha** ~ **azt mondanom** if I may say so; ~ **volna kinyitni az ablakot?** do you mind if I open the window?, would/do you mind my opening the window?; **legyen** ~ **megemlítenem** allow me to mention, let me mention, let me remind you; **nem** ~ must not; **nem** ~ **odamenned** you must not go there; **ezt nem** ~ **mondani** you must not say that/so; **nem** ~ **azt hinni, hogy** one/you must not think/believe that; **ezt nem lett volna** ~ **megtenned** you ought not to have done this, you should not have done this **II.** *n* **menjünk ki a** ~**ba** let's go outdoors, let's go out into the open; ~**ban** in the open air, outdoors, out of doors; ~**ban történő** outdoor, open-air; ~**jára enged/ereszt** (1) *konkr* give* [a horse] the reins, let* [a dog] loose, release (sy/sg), set* (sy/sg) free (2) *átv* give* (free) rein to, give* sy his/her head; ~**jára engedi/hagyja képzeletét** give* free rein to one's imagination; ~**jára hagy** vkt give* sy a free hand; ~**dá tesz** (1) *vkt* make* sy free *(vmtől* from), liberate/free sy (2) *(ülést)* vacate [a/one's] seat, *(utat)* clear [the road] **III.** *v.* **szabadjon** = **legyen szabad → szabad I. 3.**
szabadalmas *n* = **szabadalomtulajdonos**
szabadalmaz *v* patent
szabadalmazott *a* patented, proprietary [article]
szabadalmaztat *v* take* out a patent for/on (sg) *(v.* to protect an invention), patent (sg), have* sg patented
szabadalmi *a* patent; ~ **díj** *(bejelentésnél)* (patent) filing fee; *(további díj)* patent fees/charges *pl;* ~ **hivatal** patent office; ~ **jog** patent law(s)

szabadalom n patent; ~ **bejelentve** patent pending; **a** ~ **fennáll** the patent subsists; **a** ~ **lejár** the patent lapses/expires; **szabadalmat szerez vmre** take* out (v. obtain) a patent for sg

szabadalomtulajdonos n patentee, patent-holder

szabadcsapat n volunteer corps pl, irregular troops pl

szabaddobás n free throw

szabadegyetem n adult education, evening classes pl, kb. university extension course; **a TIT József Attila Sz~e** Attila József Adult Education Institute of the Society for the Dissemination of the Sciences, Attila József Volkshochschule

szabadegyházak n pl free churches

szabadelőadás n talk

szabadelvű a (tört is) liberal

szabadesés n fiz free fall

szabadfogású birkózás n freestyle wrestling, catch-as-catch-can

szabadgondolkodó n free-thinker

szabadgyakorlatok n pl = **svédtorna**

szabadidő n (pihenőidő) leisure, free/spare time ⇨ **szabad I.**

szabadidőcipő n trainers pl, US sneakers pl

szabadidőruha n leisure suit/wear, jogging suit/outfit, sweatshirt and (jogging) trousers pl

szabadít v free, set* free, liberate

szabadjára adv → **szabad II.**

szabadjegy n free pass/ticket, complimentary ticket

szabadkézi rajz n free-hand drawing

szabadkozás n excuses pl

szabadkoz|ik v demur, offer/make* excuses

szabadkőműves n freemason, mason

szabadkőműves-páholy n (masonic) lodge

szabadkőművesség n freemasonry

szabadlábon van kif be* at large/liberty, kif he is* a free man°

szabadlábra helyez kif set* free, release, free

szabadlábra helyezés n release, liberation

szabadnap n day off (pl days off); ~**ja van** = **szabadnapos**

szabadnapos a (igével) have* a day off, be* off duty, kif it's his/her day off

szabadon adv **1.** ~ **hagy** (ajtót, kijáratot stb.) stand* clear (of); **kérjük** ~ **hagyni az ajtókat!** stand clear of the doors! **2.** (nyíltan) openly, frankly **3.** (korlátozás nélkül) without restriction/restraint, unimpeded; ~ **ad elő** lecture (on sg) without

(consulting one's) notes, speak*/lecture from memory; ~ **fordul elő** vegy occur in a not-combined state; **itt** ~ **beszélhet** you may speak your mind here, you may speak freely here; ~ **bocsát/ereszt/enged** vkt (fogva tartottat) set* sy free, release sy, let* sy go, liberate sy; (kutyát) let* [a dog] loose; ~ **választható** (tantárgy stb.) optional [subject etc.]; ~ **választott gyakorlatok** voluntary/free exercises

szabadonfutó a/n műsz ~ **kerék** free wheel; ~**val legurul** (lejtőn) coast, free-wheel

szabados a (féktelen, kicsapongó) licentious, loose, libidinous; (beszéd, viselkedés) indecent

szabadosság n licentiousness; (beszédé, viselkedésé) indecency

szabadpiac n ker free/open market

szabadpiaci a ~ **ár** free-market price

szabadpolcos könyvtár n open access (US open-shelf) library

szabadrúgás n free kick; **közvetett** ~ indirect free kick; ~**t ítél** award a free kick; **elvégzi a** ~**t** take* the free kick

szabadság n **1.** (állapot) liberty; (kivívott) freedom; ~**ában áll** be* free to, it is* open (for sy) to, be* at liberty to; **túl sok** ~**ot enged meg magának vkvel szemben** take* liberties with sy, make* free with sy **2.** (dolgozóé) holiday, leave, US vacation; kat leave, furlough; **fizetett** ~ holiday(s) with pay, paid holiday(s)/leave, csak US: paid vacation; **fizetés nélküli** ~ unpaid leave; **két hét** (v. **kétheti**) ~ two weeks' holiday; ~**on van** be* (away) on holiday/leave, be* on one's holidays, is* having a holiday (at/in...), US be* on vacation, v. be* vacationing (at/in...); ~**ra megy** take* one's holiday(s), go* on holiday; **egy heti** ~**ot kér** ask for a week's holiday; **hova mész** ~**ra?** where are you going for your holiday(s)? (v. US for your vacation?) **3.** jog **feltételes** ~**ra bocsát** vkt place/put* sy on probation

szabadságharc n war of independence; **a(z 1848-as) Sz~** the (1848) Hungarian War of Independence

szabadságharcos n freedom-fighter

szabadsághős n hero of a/the war of independence

szabadságjogok n pl human rights

szabadságol v grant leave (of absence) to sy

szabadságszerető a freedom-loving

szabadságvágy n desire/yearning for freedom

szabadságvesztés *n jog* imprisonment; **hat hónapi ~re ítélték** he was sentenced to six months' imprisonment

szabadtéri *a* open-air; ~ **színpad** open-air theatre (*US* -ter)

szabadul *v* **1.** *(börtönből)* be* set free, be* freed/released; *biz* **csak öt órakor ~ok** *(hivatalból)* I am not free until five/5 (o'clock), *GB biz* I don't knock off until five/5 **2.** *vktől, vmtől* get* rid of, rid* oneself of, escape from; **képtelen ~ni a gondolattól** cannot* get away from the idea **3.** *(tanonc)* have* served one's apprenticeship

szabadulás *n (börtönből)* release, discharge

szabadúszó *n átv biz* free lance, *(főleg összet)* freelance [writer, artist, journalist etc.], freelancer, *(igével)* work as a free lance (*v.* freelancer), free-lance; ~ **vagyok évek óta** I've free-lanced for several years

szabály *n* **1.** *ált és jog* law, rule; *(rendelkezés)* order, ordinance **2.** *mat, vegy* formula (*pl* formulas *v.* formulae), theorem

szabályellenes *a* in contravention of (*v.* contrary to) the rules *ut.*, irregular, abnormal; ~ **en** contrary to the rules

szabályos *a* **1.** *(alak, elrendezés)* regular, symmetrical **2.** *(állandó, egyenletes)* regular, well-regulated, steady; ~ **érverés** normal/regular pulse; ~ **időközökben** at regular intervals **3.** *(előírásos)* standard, normal, proper **4.** *biz* = **valóságos**

szabályosan *adv* **1.** in accordance/conformity with the rules, properly, regularly; *(egyenletesen)* smoothly; ~ **jár el** act properly, act in conformity with sg, *biz* go* by the book **2.** *(formálisan)* practically

szabályosság *n* regularity

szabályoz *v* **1.** *(intézkedéssel)* regulate, bring* (sg) under regulation/control, control sg; **a 4. és 5. paragrafusban ~ott eljárási módok** methods provided in Articles 4 and 5 **2.** *(szerkezetet)* control, regulate, adjust, set*, *(órát)* regulate [watch] **3.** *(folyót)* control, regulate

szabályozás *n* regulation; *(folyóé)* control

szabályozó I. *a* **1.** *műsz* regulating, adjusting **2.** **gazdasági ~ rendszer** economic regulatory system **II.** *n* **1.** *(szerkezet)* regulator, controller, adjuster **2.** *közg* regulator

szabályrendelet *n* by(e)-law, statute, ordinance

szabálysértés *n (kihágás)* contravention, (petty) offence (*US* -se); ~ **t követ el** commit an offence (*US* -se) (against the law)

szabályszerű *a* regular, normal

szabálytalan *a* irregular, abnormal; ~ **érverés** irregular/arrhythmic pulse

szabálytalankod|ik *v sp* commit a foul

szabálytalanság *n* **1.** *(tulajdonság)* irregularity **2.** *(kihágás)* offence (*US* -se) **3.** *sp* foul; ~ **ot vét** foul sy, commit a foul (against sy)

szabályzat *n* regulation, regulations *pl*, statutes *pl*, rules *pl*; **szervezeti ~** rules and regulations *pl*, constitution

szabás *n* **1.** *(kiszabás)* cutting, tailoring **2.** *(fazon)* cut; **jó ~a van** have* a good cut, be* well cut

szabásminta *n* pattern (for a dress)

szabász *n* (tailor's) cutter

szabászat *n* **1.** *(foglalkozás)* cutting, tailoring **2.** *(műhely)* cutting shop/room

szabatos *a* precise, exact, correct, accurate; ~ **stílus** spare (prose) style

szabatosság *n* precision, exactitude, correctness, accuracy; *(stílusé)* spareness

szabdal *v* slash, cut* up, cut into pieces

szabi *n biz* = **szabadság 2.**

szablya *n* sabre (*US* saber)

szabó *n* tailor; **úri ~** (gentlemen's) tailor; **női ~** ladies' tailor, dressmaker; **elmegy a ~hoz** go* to the tailor's

szabóceruza *n* cloth marker

szabód|ik *v* = **szabadkozik**

szabóizom *n orv* sartorius

szabókréta *n* French chalk

szabómesterség *n* tailoring, tailor's trade

szabóműhely *n* tailor's (workshop)

szabóolló *n* tailor's scissors *pl*

szabóság *n* **1.** *(mesterség)* tailoring, tailor's trade **2.** *(cég)* tailor's

szabotál *v* sabotage

szabotáló *n* saboteur

szabotázs *n* sabotage

szabotőr *n* saboteur

szabott ár *n* fixed/set price

szabvány *n* standard, norm

szabvány(os) *a* standard, normal; ~ **méret** standard size; ~ **méretű** standard size, of standard size *ut.*, full-length

szabványosít *v* standardize, normalize

szabványosítás *n* standardization

szacharin *n* saccharin

száд *n (nyílás)* mouth, aperture; *(barlangé)* entrance; *(hordón)* bung-hole

szadista *n* sadist

szadizmus *n* sadism

szag *n* smell, odour (*US* -or); *(illatszeré, virágé)* scent; **jó ~a van** smell* good, have* a pleasant smell; **rossz ~a van** smell* bad/foul, have* a bad/foul smell, reek; ~ **a van**

már it stinks*/reeks, *(húsnak)* it is* high; **nincs** ~**a** be* odourless *(US* -or-), be* scent-free; ~**ot fog** *(kutya stb.)* get* on the scent, pick up the scent
szagelszívó n *(konyhai)* extractor fan
szaggat 1. vt ált vmt tear* sg (to pieces/bits) **2.** vt *(pogácsát)* cut* (out) **3.** vi ~ **a fejem** my head is* splitting
szaggatás n **1.** *(tépés)* tear(ing), rending **2.** *(fájdalom)* shooting/stabbing pain
szaggató I. a ~ **fájdalom** racking/lancinating/shooting/stabbing pain **II.** n *(pogácsát)* cake/biscuit cutter
szaggatott a **1.** *(alvás, hang)* interrupted, broken **2.** ~ **vonal** broken line
szaglál v scent, sniff
szaglás n *(emberé)* (sense of) smell; *(kutyáé)* scent, nose; **finom** ~**a van** *(embernek)* have* a keen sense of smell; *(kutyának)* have* a good nose, be* keen-scented
szaglász v **1.** *(kutya)* scent, smell*/nose out, sniff (out) **2.** átv vk vhol nose (a)round, snoop around; *(vm után)* nose about (sg)
szagl|ik v smell* of sg; *(büdös)* reek of sg, stink*
szaglóérzék n (sense of) smell
szaglószerv n organ of smell; tud olfactory organ
szagol v **1.** konkr smell* **2.** átv guess, suspect; **honnan** ~**jam, hogy itt vagy?** how was I supposed to know you were here? ⇨ **ibolya**
szagos a fragrant, odorous; *(hús)* high, tainted; *(kellemetlenül)* smelly; *(igével)* it smells*; ~ **szőlő** muscat grapes pl
szagosít v scent, *(illatosít)* scent, perfume
szagtalan a odourless *(US* -or-)
szagtalanít v deodorize
szagú a *(igével)* smell* *(v.* be* smelling) of sg; with a ... smell/scent ut.; **jó** ~ fragrant, pleasant/sweet-smelling; *(igével)* smell* good; **rossz** ~ evil/foul smelling, reeking; *(igével)* smell* bad; **fokhagyma**~ ... reeks of garlic
száguld v tear* along, fly*; *(ló)* gallop; *(jármű)* hurtle/race along
száguldoz v *(jármű)* whiz(z)/hurtle past/by
Szahara n Sahara
szaharai a/n Saharan
száj n **1.** *(emberé)* mouth; összet oral; **ne szólj szám, nem fáj fejem** least said, soonest mended; **be nem áll a** ~**a** chatters like a magpie, talk nineteen to the dozen, never stops talking; **jár a** ~**a** his tongue is* wagging; **fogd be a szád!** shut up!, keep your trap shut!; ~**ába adja a szót** put*

words into sy's mouth; ~**ába rág** spoon--feed* sy, grind*/drum sg into sy *(v.* into sy's head); ~**ba vesz** take* into one's mouth; **egymás** ~**ából szedik ki a szót** cut* into each other's words; **saját** ~**ából hallottam** I had it from his own mouth/lips, I got it (straight) from the horse's mouth; **ma is él a nép** ~**án** people still remember/ repeat it, it is* still talked about; ~**on át** orally; ~**on át történő/beadott** oral; ~**on át történő lélegeztetés** mouth--to-mouth resuscitation, biz the kiss of life; ~**on csókol** kiss sy on the mouth; ~**ról olvas** lip-read*; ~**ról olvasás** lip-reading; ~**ról** ~**ra** from mouth to mouth; **betömi a** ~**át** *(elhallgattat)* shut* sy up, silence sy; **kinyitja a** ~**át** *(= mer beszélni)* speak* one's mind, open up; ~**át tátja** *(csodálkozástól)* gape, gawp, stand* gaping, stand* open-mouthed, drop one's jaw; **tele** ~**jal beszél** speak* with one's mouth full **2.** *(állaté)* mouth, muzzle; **kemény** ~**a van** *(lónak)* be* hard-mouthed **3.** *(barlangé)* opening, mouth **4.** *(edényé)* mouth, lip; *(palacké)* mouth ⇨ **eljár, íz**[1]
száj v = **szájaskodik**
szájas a insolent, loudmouthed; *(enyhébben)* cheeky, *US így is:* fresh
szájaskod|ik v mouth, talk insolently; *(felesel)* answer/talk back
száj- és körömfájás n foot-and-mouth disease
szájfény n lip-gloss
szajha n vulg whore, prostitute, *US főleg:* tramp, hooker
szájhagyomány n oral tradition
szájharmonika n mouth-organ, harmonica
szájhős n braggart, swaggerer, boaster, loudmouth
szájhősköd|ik v brag, swagger, boast, talk big
szájíz n aftertaste, taste (in the mouth); ~**e szerint** to sy's taste/liking; **rossz/kellemetlen** ~**t hagy maga után** leave* a nasty taste in the mouth
szajkó n **1.** áll jay **2.** átv parrot
szájkosár n muzzle
szajkóz v **1.** *(ismétel)* parrot sg off, repeat like a parrot **2.** *(magol)* learn* by heart/rote
szájmosó a ~ **pohár** tooth mug, tumbler
Szajna n Seine
szájpadlás n palate, roof of the mouth
szájpecek n gag
szájpenész n mouth ulcer
szajré n □ ~ swag, loot, hot stuff
szájsebész n dental surgeon

szájsebészet *n* dental surgery
szájtáti *a* gormless, gawping, open-mouthed
szájtátva *adv* agape, open-mouthed, gawping
szájtépés *n* □ hot air, spiel, gas
szájtépő *a* □ loudmouthed
-szájú *a* -mouthed, -lipped, -tongued
szájüreg *n* mouth/buccal cavity, cavity of the mouth
szájvíz *n* mouthwash, gargle
szájzár *n* lockjaw, trismus
szak *n* **1.** *(időé)* period, age, era **2.** *(vmnek egy része)* section, part, division **3.** *(képesítés)* profession, branch; *(tanszak)* branch/field (of study), (special) subject; ~ot változtat change one's subject/field (of study); **melyik/milyen** ~on tanulsz?, **melyik** ~ra jársz? what are your main subjects [at college/university]?, *US* what are you majoring in [at university]?, what's your major?; **magyar—angol** ~ra jár *(v.* ~ot **hallgat** *v.* ~on tanul**)** be* a student of Hungarian and English (language and literature), read* Hungarian and English, *US* be* majoring in Hungarian and English
szakács *n* cook, chef
szakácskönyv *n* cookery book, *US* cookbook
szakácsművészet *n* = konyhaművészet
szakácsnő *n* (woman) cook/chef *(pl* [women] cooks/chefs)
szakad *v* **1.** *(ruha)* tear*, get* torn, rip; *(kötél)* break* **2.** ~ **az eső** it is* pouring with rain, it is* raining cats and dogs; ~ **róla az izzadság** *(v.* **a veríték)** the sweat is* pouring off him; **minden gond az ő nyakába** ~t he had all the cares of the world on his shoulders; **a ház a fejükre** ~t the house collapsed about their ears **3.** *(elszármazik vhová)* get* swhere; **külföldre** ~t hazánkfia a compatriot/Hungarian swept abroad by the tide of history ➪ **törik**
szakadár *n* vall heretic, schismatic; *pol* dissident; ~ **csoport** splinter group
szakadás *n* **1.** *(ruhán)* tear, rent, hole; *(kötélé)* breaking **2.** *(gáté)* bursting **3.** *(egyházé)* schism; *(párté)* split, division
szakadatlan *a* unceasing, ceaseless, endless, uninterrupted, never-ending
szakadatlanul *adv* unceasingly, without interruption/stop
szakadék *n* **1.** konkr precipice, abyss, chasm; *(sziklán keskeny)* cleft **2.** átv gap, gulf; **nagy a** ~ **köztük** they are* poles apart
szakadó *a* ~ **eső** pouring/torrential rain

szakadoz|ik *v* **1.** *(ruha)* be* in tatters, be* falling to bits **2.** ~**nak a felhők** the clouds are* breaking/thinning
szakadt *a* torn, rent
szakajtó *n* nép kb. bread/dough-basket
szakáll *n* **1.** *(férfié)* beard; ~t növeszt grow* a beard; **saját** ~ára on one's own hook/account, off one's own bat **2.** *(állaté)* barb
szakállas *a* **1.** *(ember)* bearded **2.** ~ **vicc** stale joke, chestnut
szakasz *n* **1.** *(útvonalé, pályáé)* section; *(rész)* part; *(folyóé)* reach; **a Duna felső** ~**a** the upper reaches of the Danube **2.** *(tartalmi egység, könyvben stb.)* passage, paragraph; *(törvényben)* section, clause, article; **a szerződés 6.** ~**a értelmében** in accordance with clause 6 of the contract **3.** *(vk életében)* period; *(folyamatban, történésben)* period, phase, stage; tört period, stage **4.** *(vasúti kocsiban)* compartment **5.** kat platoon, section
szakaszos *a* **1.** ált divided into sections/portions/paragraphs ut., periodic; *vegy, orv* fractional **2.** mat recurrent, periodical; ~ **tizedes tört** recurring/repeating decimal
szakaszparancsnok *n* platoon-commander
szakasztott *a* ~ **olyan, mint** ... exactly the same as ...; ~ **mása** *(vknek)* living image of sy, be* a carbon copy of [her sister etc.]; *(vmnek)* exact replica of sg; ~ **az apja** biz the dead/very spit of his father
szakaszvezető *n* kat kb. lance sergeant, *US* sergeant first class
szakavatott *a* expert, skilled, experienced
szakbarbár *n* ⟨crank who can think of nothing but his/her subject⟩, kb. have* tunnel vision, *(német)* Fachidiot
szakbizottság *n* committee of experts, special/expert committee
szakdolgozat *n* dissertation, extended essay
szakdolgozó *n* **egészségügyi** ~k ancillary workers *pl*
szakember *n* expert, specialist; *(műszaki)* technical expert, technician; **mezőgazdasági** ~ an agricultural expert, an expert in agriculture
szakértelem *n* expertise, special knowledge, competence; biz know-how; *(szakmában)* craftsmanship
szakértő I. *a* expert, competent **II.** *n* expert *(vmben* on), authority (on sg), specialist (in); ~**ként működik közre)** act as an expert, advise (on sg), be* an adviser *(US* advisor) (to sy on sg); **jogi** ~ legal expert/adviser/consultant; **közgazdász** ~ eco-

nomic(s) expert, economist; ~től kér tanácsot consult an expert; ~vel megvizsgáltat take*/get* expert opinion szakértői a expert, professional; ~ értekezlet/tanácskozás meeting of experts; ~ vélemény expertise, expert/professional opinion; ~ véleményt ad give* an expert opinion (on sg), csak US: expertize (on sg) szakfelügyelet n 1. technical supervision 2. isk school(s) inspectorate szakfelügyelő n isk (primary/secondary-) -school inspector szakfolyóirat n specialist periodical/ journal, technical journal; (tudományos) scientific journal; (szakmai) trade journal szakfordítás n technical translation szakfordító n technical/specialist/specialized translator szaki n biz 1. (szaktárs) mate; figyeljen ide ~kám! listen here mate (US fella)! 2. kat sarge szakigazgatási a ~ szerv administrative department szakipar n (sub-)contractors pl szakipari a ~ munkák (sub-)contractors' works szakíró n specialist szakirodalom n (specialized/specialist/ technical/scientific) literature, bibliography szakiskola n technical/professional school; egészségügyi ~ school of nursing; ipari ~ trade school szakismeret n expert/specialized/technical knowledge, expertise szakít 1. vt (vmt ált) tear*, rend*, rip, split*; (virágot) pluck 2. vt időt ~ vmre spare/ find* time for sg 3. vi vkvel break* with sy; ~ottunk (1) (jegyesek) we broke off our engagement (2) (nem jegyesek) we broke off relations 4. vi (súlyemelésben) snatch szakítás n 1. (ruhán) tear* 2. (súlyemelésben) snatch 3. átv break, breach, split szakítószilárdság n tensile strength szakkatalógus n subject catalogue (US -log) szakképesítés n qualification szakképzés n professional/technical/vocational training szakképzetlen a unskilled, unqualified szakképzett a qualified, skilled, trained; ~ munkaerő skilled worker/workman° szakképzettség n skill; qualification; ~et igénylő munka skilled job szakkifejezés n technical term/expression, term; ~ek terminology, jargon szakkönyv n technical/specialist book; specialized textbook

szakkönyvtár n technical/specialist library szakkör n 1. isk study group/circle 2. ~ökben = szakmai körökben szakközépiskola n specialized/vocational secondary school; (konkrétabban) technical school [for catering etc.] szaklap n = szakfolyóirat szaklektor n technical/special editor/consultant, consultant szaklexikon n dictionary (of . . .), encyclopedia (of . . .); orvosi ~ encyclopedia of medicine, medical encyclopedia szakma n trade, profession; (pálya) career; a ~ (üzleti) the trade; (értelmiségi) the profession; ~ja van have* a trade; mi a ~ja? what is* his/her line/business?; az ács ~ban dolgozik, ~ja ács he is* in the carpentry trade, he's a carpenter by trade; a bank~ban dolgozik (s)he is* in banking; nem vág a ~jába that's not really (in) his line szakmabeli I. a trade; ~ tudás craftsmanship, know-how II. n colleague; ~ek (üzlet) the trade; (értelmiség) profession szakmai a professional, trade; ~ ártalom occupational hazard; ~ betegség occupational disease; ~ dolgokról beszél talk business/shop; ~ gyakorlat/jártasság professional skill, expertise, practice (US -se); ~ gyakorlatot folytat (mielőtt véglegesítik) be* on probation; ~ képzés vocational/specialist training, training for various careers, professional training; (munka mellett) in-service training; ~ körökben among experts, in professional circles; ~ megbeszélés professional/technical discussion; ~ nyelv = szaknyelv; ~ önéletrajz curriculum vitae, c.v., US résumé; ~ tanácsot kér take* professional advice on sg, consult an expert; ~ továbbképzés → továbbképzés; ~ továbbképző (tanfolyam) refresher (v. in--service) course/training → továbbképző tanfolyam; ~ tudással rendelkezik have* specialized knowledge of sg, be* an expert on sg; ~ útmutató (telefonkönyvben) classified directory, GB yellow pages; ~ vizsga = szakvizsga szakmány n † = teljesítménybér-rendszer szakmánybér n = teljesítménybér szakmunka n 1. = szakkönyv 2. (szakmunkásé) skilled work/job szakmunkás n skilled labourer/worker/ workman°; ~ok skilled workers/labour (US -bor)

szakmunkásképző *a* ~ **intézet/iskola** industrial/trade school

szakmunkástanuló *n* (industrial/trade) apprentice; train*ee*

szaknévsor *n* = **szakmai** *útmutató*

szaknyelv *n ált* technical/specialist l*a*nguage, *(kissé elít)* (technical/professional) *j*argon; *(konkrétabban)* technical terminology; **az** **orvosi** ~**ben** in medical terminology

szaknyelvi *a* technical; terminological; ~ **szó** (technical) term

szakoktatás *n* vocational/technical training/instruction

szakorvos *n* specialist (in sg), *GB* cons*u*ltant

szakorvosi *a* ~ **rendelés,** ~ **rendelőintézet** *kb.* specialist (outpatient) clinic

szakos *a* angol ~ **hallgató** (be* a) student of *E*nglish, *US* an *E*nglish major, student majoring in English; **történelem** ~ **hallgató** *(igével)* (s)he is* reading history [at B*u*dapest University etc.], *US* be* majoring in history

szakosít *v (föloszt)* departmentalize; *(profiloz)* streamline; ~ **ott** specialized

szakosítás *n* specialization; departmentalization

szakosztály *n sp* section; **lovas** ~ equestrian section

szakrendelés *n* = **szakorvosi** *rendelés*

szakrendelő *n* = **szakorvosi** *rendelőintézet*

szakszerű *a* expert, proper, thoroughgoing; ~**en** expertly, properly, in the proper way, in a workmanlike manner

szakszerűség *n* skill, competence, expertise

szakszerűtlen *a* unworkmanlike, inefficient, inexpert; ~**ül** in an unworkmanlike manner, inexpertly

szakszervezet *n* trade *u*nion; *US* labor *u*nion; **Sz**~**ek Országos Tanácsa (SZOT)** Hung*a*rian Trades Union Council **(TUC)**

szakszervezeti *a* belonging to a/the trade union *ut.*, trade-*u*nion(ist); ~ **mozgalom** trade-*u*nionism; ~ **segély** trade *u*nion benefit *(US* rel*ie*f) (p*a*yments *pl*); ~ **tag** trade-*u*nionist, member of a trade *u*nion

szakszó *n* (technical) term; **jogi** ~ legal term

szakszótár *n* specialist/technical dictionary

szakszöveg *n* technical/specialized text

szaktanácsadás *n* consultation; ~**t nyújt** provide consultation

szaktanácsadó *n* cons*u*ltant

szaktanár *n* te*a*cher [of a part*i*cular/special s*u*bject]

szaktanfolyam *n* special/technical course/class

szaktárgy *n* special s*u*bject

szaktárs *n* colleague, fellow-worker ⇨ **szaki 1.**

szaktekintély *n* (be* a) great authority (on sg), (be* a) big name in [ch*e*mistry/soci*o*logy etc.], be* an expert in sg

szakterület *n* (special) field, specialization

szaktudás *n* specialist/professional knowledge, expert*i*se

szaküzlet *n* specialist shop, speciality *(US* specialty) shop

szakvélemény *n* expert('s) opinion, expert*i*se; **szeretnénk** ~**t kérni ...** we would like an expert opinion (on ...) (*v.* to get the advice of an expert *v.* the experts)

szakvizsga *n* special (higher) examination

szál *n* **1.** *(fonál)* thread; *(rost)* fibre *(US* fiber); **hosszanti** ~ *(szövetben)* warp; ~**anként** thread by thread, one/a thread at a time; *(haj)* a hair at a time; **elvarrja a** ~**akat** *átv* tie up a few loose ends **2. egy** ~ **gyertya** a (single) c*a*ndle; **két** ~ **kolbász** two (*v.* a pair of) s*a*usages; **három** ~ **rózsát kérek** I'd like three roses, please; ~**(j)a tíz forint** they are ten forints a stem; **egy** ~ **deszka** a plank/board; **egy** ~ **ingben** with n*o*thing but a shirt on him; **szép/derék** ~ **férfi** well-b*u*ilt man°, a fine figure of a man°; **mind egy** ~**ig** to a man

szalad *v* run*; ~ **vm elől** flee*/fly* from sg; ~ **a szem a harisnyámon** I have* a ladder *(US* run) in my stocking

szaladgál *v* run* around/about; *(vm után)* chase *(a*fter sg)

szaladgálás *n* running to and fro; *(ügyben)* running around, chasing *a*fter sg ⇨ **után-járás**

szalag *n* **1.** *(textil)* ribbon, band **2.** *(magnó, videó)* tape; ~**on van** it's on tape; ~**ra felvesz vmt** tape sg, record sg on tape, tape-record sg

szalagavató *n isk (bál)* school le*a*vers' ball

szalagcím *n* b*a*nner he*a*dline

szalagfűrész *n* band-saw

szalagház *n* ribbon development

szalagsebesség *n (magnó)* tape velocity/speed

szalámi *n* salami

szálas *a* **1.** *(szálszerű)* thread-like, thready **2.** *(ember, fa)* tall

szálastakarmány *n* provender, rough fodder

szalaszt *v vkért* send* for sy (*u*rgently)

szálerdő *n* seedling forest

szálfa n *(élőfa)* (full-grown) tree; *(levágott)* (rough) timber
szalicil n salicylate
szalicilsav n salicylic acid
szálirány n grain (line); ~**ban** along the grain, in the direction of the grain
szálka n *(fáé)* splinter; *(halé)* (fish-)bone; *növ* awn, beard; ~ **akadt meg a torkán** a fish-bone (got) stuck in his throat; ~ **nélküli** *(hal)* boneless; ~ **ment az ujjába** he (has) got a splinter in his finger; ~ **vk szemében** thorn in sy's flesh/side; **más szemében a** ~**t is meglátja, a magáéban a gerendát sem veszi észre** he sees the mote in his brother's eye but not the beam in his own
szálkás a **1.** *(hal)* bony **2.** *(hús, zöldbab)* stringy, fibrous **3.** *(deszka)* rough-hewn, raw [board]
száll v **1.** *(gép, madár)* fly*; *(felhő)* drift; **földre** ~ land (at); **fejébe** ~**t a bor** the wine has gone to his head; **fejébe** ~**t a dicsőség** success has gone to his head; **fejébe** ~**t a vér** the blood rushed to his head, his blood is* up; **örökség** ~ **vkre** inheritance/heritage passes/goes* to sy **2.** *(járműre)* take* [a bus/tram/train]; *(beszáll vmlyen járműbe)* get* on/in(to) [a train/bus], get* on(to) [a plane/ship], go*/get* on board [a ship/plane, *US* train]; board [a ship/plane/bus/train]; get* in(to) [a taxi/car]; **hajóra** ~ embark, go* on board [a ship], go* aboard [a ship]; **lóra** ~ mount (v. get* on) a horse; **tengerre** ~ put* (out) to sea; **vonatra** ~**t** he took a train (for) **3.** **lejjebb** ~ *(süllyed)* fall*, sink*, go*/come* down **4.** *(fogadóba, szállodába)* put* up at, stay at [a hostel/hotel] **5.** **perbe** ~ **vkvel** take* issue with sy, contend with/against sy; **vitába** ~ **vkvel** get* involved in a dispute with sy ⇨ **part**
szállás n **1.** *ált* accommodation; *(nem szálloda)* lodgings *pl*; ~**t ad vknek** provide sy with accommodation, provide lodging for sy, put* sy up; ~**t bitosít** secure accommodation (for sy); ~**t kap/talál** get*/find* lodging(s)/accommodation; **hol találok** ~**t?** where can I find accommodation/lodgings?; *(egy éjszakára)* where can I find lodging for the night? **2.** *kat* quarters *pl*; **téli** ~ winter quarters *pl*
szállásadó n *(nő)* landlady; *(férfi)* landlord, host
szálláscsináló n *kat* billeting officer
szállásdíj n charge for lodging(s)/accommodation, room/accommodation charge

szállásfoglalás n booking (of room/accommodation); *(feliratként)* hotel bookings
szálláshely n = **szállás 1.**
szállásmester n *kat* quartermaster
szálldogál v fly* about, flit
szállingóz|ik v **1.** ~**ik a hó** be* snowing softly, be* snowing a little **2. a vendégek** ~**nak** the guests are drifting in, the guests come* in one by one **3. hírek** ~**nak** rumours (*US* -ors) circulate, rumours (*US* -ors) are* going round
szállít v **1.** *vmt vhová* carry, transport, forward, dispatch; *(házhoz)* deliver [to sy's door/house], bring* round **2. vmnek az árát lejjebb** ~**ja** cut*/lower the price of sg
szállítás n *(szállítóeszközzel)* transport, *főleg US:* transportation, shipping, forwarding; *(házhoz)* delivery
szállítási a ~ **díj** = ~ **költség**; ~ **díjszabás** freight/carriage rate, freight/carriage charges *pl*; ~ **feltételek** terms/conditions of carriage; ~ **határidő** delivery deadline, term of delivery; ~ **költség** (cost of) carriage, cost of transportation, freightage, freight charges *pl*; ~ **szerződés** delivery contract; ~ **utasítás** forwarding instructions *pl*
szállítható a **1.** *(mozgatható)* transportable, removable **2.** *(szállításra kész)* ready for delivery *ut.*
szállítmány n consignment, shipment; *(rakomány)* cargo, freight
szállítmányozás n forwarding, shipping, *főleg US:* transportation
szállítmányozási a ~ **tisztviselő** shipping-clerk; ~ **vállalat** = **szállítmányozó**
szállítmányozó n shipping (and forwarding) agent, carrier
szállító n **1.** *ált* carrier → **szállítmányozó 2.** = **szállítómunkás 3.** *(rendszeresen ellátó)* supplier, contractor; *(élelmiszert)* caterer **4.** *(exportőr)* exporter → **udvari**
szállítóeszköz n means of transportation *sing.* v. *pl*; ~**ök** transportation facilities
szállítójegy n delivery note
szállítólevél n consignment note, waybill
szállítómunkás n transport worker
szállítószalag n conveyor belt
szállítóvállalat n = **szállítmányozó**
szálló n *(szálloda)* hotel; *(diákoké stb.)* hostel; *(panzió)* guesthouse
szálloda n hotel; ~ **tulajdonosa** (hotel) proprietor, hotelier
szállodai a hotel(-); ~ **alkalmazott** hotel employee/worker; ~ **elhelyezés** hotel ac-

commodation; ~ **szoba** hotel room; ~ **szobafoglalás** hotel booking; ~ **szobautalvány** hotel voucher; ~ **vendég** guest, customer

szállodaipar *n* hotel and catering trade

szállodaköltség *n* hotel expenses *pl*

szállodaporta *n* reception (desk)

szállodaportás *n (fogadó)* receptionist, *US* desk/reception clerk

szállodás *n* hotelier, hotel-keeper

szállodatulajdonos *n* owner/proprietor of a hotel, hotelier

szállodavezető *n* (hotel) manager

szállóige *n* (common) saying

szállóvendég *n* staying guest; *(egy éjszakára)* overnight guest; ~**eink vannak** we have* friends staying with us

szalma *n* **1.** straw; *(tetőfedéshez)* thatch; **üres** ~**t csépel** blather/blether on, flog a dead horse **2.** *biz* = **szalmaözvegy**

szalmafonat *n* straw-plait(ing)

szalmakalap *n* straw hat

szalmakazal *n* rick (of straw), straw-stack

szalmaköteg *n* bundle/truss of straw

szalmaláng *n (lelkesedés)* short-lived passion/enthusiasm, a flash in the pan

szalmaözvegy *n (nő)* grass widow; *(férfi)* grass widower

szalmasárga *a* straw-yellow/colour(ed) *(US* -or-)

szalmaszál *n* (stalk of) straw; **a** ~**ba is belekapaszkodik** clutch at straws *(v.* at a straw)

szalmaszár *n* culm

szalmaszék *n* straw-bottomed chair

szalmavirág *n* immortelle, everlasting (flower)

szalmazsák *n* straw mattress, palliasse *v.* paillasse, pallet

szalmiák *n* sal ammoniac, ammonium chloride

szalmiákszesz *n* solution/liquid ammonia

szalmonellafertőzés *n* salmonellosis, food poisoning [caused by salmonellae]

szalon *n* **1.** *(lakásban)* drawing room **2.** *(különféle szolgáltatásokat nyújtó üzlethelyiség)* (...) parlour *(US* parlor), salon; **kozmetikai** ~ beauty salon/parlour *(US* -or) **3.** *(kiállítási)* exhibition room

szaloncukor *n* (Christmas) fondant

szalongarnitúra *n* drawing-room suite

szalonka *n* snipe

szalonképes *a (ember)* well-bred, presentable; **nem** ~ **vicc** blue *(US* off-color) joke

szalonkocsi *n* Pullman (car) *(pl* Pullmans *v.* Pullman cars), *US* parlor car

szalonkommunista *n* drawing-room communist, *US* parlor Red, pink(o)

szalonna *n (angol)* bacon; *(húsos)* streaky bacon; **füstölt** ~ smoked bacon; **nyers** ~ raw/uncured bacon; *(csak sózott)* green bacon; **pirított/sült** ~ **tojással** bacon and eggs *pl*; ~**t pirít/süt** toast bacon; **kutyára bízza a** ~**t** set* the fox to keep the geese

szalonnabőr *n* bacon rind

szalonnás *a* **1.** ~ **rántotta** bacon and scrambled eggs *pl* **2.** *(keletlen kenyér)* doughy [bread]

szalonnasütés *n kb.* barbecue

szalonnaszelet *n (vékony, húsos)* rasher, slice of bacon

szalonnáz|ik *v* eat* bacon

szalontüdő *n* ~ **zsemlegombóccal** lung casserole with bread dumplings

szalonvicc *n* cocktail-party joke/story

szalonzene *n* palm-court music, salon music

szalonzenekar *n* palm-court orchestra, salon orchestra

száloptika *n* fibre *(US* -er) optics *sing.*

szaltó *n* somersault; ~**t csinál** turn a somersault in mid-air

szalutál *v* salute

szalvéta *n* (table) napkin, serviette

szám *n* **1.** *ált* number; *(számjegy)* figure, numeral; **arab** ~ Arabic numeral; **egész** ~ whole number, integer; **kerek** ~**ban** in round figures; **a nagy** ~**ok törvénye** the law of great/large numbers; **páratlan** ~ odd number; **páros** ~ even number; **római** ~ Roman numeral; **Balaton utca 12.** ~ **alatt** at No. 12 Balaton Street; ~ **szerint** numerically; ~ **szerint húszan** twenty in number; **kellő** ~**ban** in the requisite/required number; **fiatalok is szép** ~**ban voltak jelen** there was a fair sprinkling of young people (present) **2.** *(nyelvtani)* **egyes** ~ singular; **többes** ~ plural **3.** *(méret)* size; **mi az ön** ~**a?** *(cipőben stb.)* what size do you take?; **8-as a** ~**om** I take a size 8 shoe; **két** ~**mal nagyobb** two sizes larger, two sizes too large; **egy** ~**mal kisebb** one size smaller, the next size down **4.** *(műsoré)* number, item; *(énekszám)* number; *(cirkuszban)* act; *(sportversenyen)* event; **sok jó** ~**ot elénekelt** she sang several fine numbers **5.** *(folyóiraté)* number, copy, *(napilapé)* issue; **egyes** ~ **ára** price per copy **6.** *(ragos kifejezésekben)* ~**ba jön** count, be* of account, have* to be considered; *(alkalmas, lehetséges)* be* eligible; **X jöhet leginkább**

~ba a jelöltek közül X is* the most likely (candidate) to win; ~ba vesz (1) *(tekintetbe vesz)* take* into account/consideration (2) *(összeszámol)* take* stock of, calculate; **mindent ~ba véve** all things considered; **~on kér vmt** (1) *(magyarázatot kér)* demand an account/explanation of sg (2) *vktől (felelősségre von érte)* call upon sy to account for sg, call/bring* sy to account, bring* sy to book for sg; **~on tart vmt** bear*/keep* sg in mind, keep* sg in evidence, keep* an eye on sg; **~ot ad vmről (vknek)** give* (sy) an account of sg; **~ot kell adnia** *(cselekedeteiért)* he will be called to account for [his actions]; **~ot vet vmvel** take* sg into account/consideration, reckon with sg
-szám *suff* → **százszám, tucatszám** *stb.*
számadás *n* (rendering of) account; **~t vezet** keep* the accounts, do* the books
számadat *n* figure, data *pl*
szamár *n* **1.** *áll* donkey, ass **2.** *átv* ass, fool, idiot, jackass, blockhead, *US így is:* dope, dummy; **ez a ~ kölyök** this ass of a boy ⇨ **ló**
számára *adv* for him/her; **vk ~** for sy; **számomra** for me; **kinek a ~ tették félre?** for whom was it put aside?, who was it put aside for?; **könyv az ifjúság ~** book for young people
számarány *n* (numerical) ratio, proportion; *(hányad)* quota
szamárfül *n* **1.** *biz (könyvben)* dog-ear **2.** **~et mutat vknek** cock a snook at sy
szamárhurut *n* whooping cough
szamárkod|ik *v* do*/say* silly things, play the fool, make* a fool of oneself, clown around; **ne ~j!** don't be idiotic/stupid/silly!
szamárköhögés *n* whooping cough
szamárlétra *n biz* promotion ladder; *(egyetemen)* academic ladder; **előrejut a ~n** get* one's step up
szamárság *biz* **I.** *n (tulajdonság)* stupidity, silliness; *(tett)* a silly/stupid thing to do; *(beszéd)* stupid talk, rubbish, nonsense, hogwash, bunkum; **~ot csinál** make* a fool *(v.* an ass) of oneself; **~okat beszél/mond** talk nonsense/rubbish, talk a load of twaddle **II.** *int* nonsense!, rot!
számbavétel *n* taking into consideration
számbeli *a* numerical; **~ fölényben van vkvel szemben** outnumber sy, be* superior to sy in number(s)
számelmélet *n* number theory
számérték *n* numerical value

számfejt *v* calculate, cost
számfejtés *n* **1.** *(eljárás)* calculation, costing, accounting **2.** *(osztály, csoport)* accounts division/department, accounts
számít 1. *vt vmt* count, calculate, reckon; *(felszámít)* charge sy [a sum] (for sg); **forintban ~** charge in forints; **mennyit ~ érte?** how much is it?, how much do you charge for it?; **nem ~va** not counting, not including, exclusive of, let alone; **engem nem ~va** apart from me, not counting me; **...tól/től ~va** as from ..., (is) reckoned from ...; **...tól ~ják a kezdetét** the beginning of ... is* reckoned from ... **2.** *vt (vkk közé vkt)* number/count/reckon sy among ...; **... közé ~ják** rank among/ with ...; **barátai közé ~ja** regard sy as a friend, count/reckon sy among his/her friends **3.** *vi (fontos)* count, matter, be* of importance/consequence; **nem ~** it doesn't matter, no matter; **nem ~, mit mond** no (v. it doesn't) matter what he says, it makes no difference what he says; **mit ~?** (what) does it matter?, biz so what? **4.** *vi vmre, vkre* reckon/count/depend/rely on sg/sy; *(vár)* expect (that), *US így is:* calculate on sg; **~ok r(e)á** I am counting on him/her/it; **rám ne ~s!** don't count on me, count me out; **rám mindig ~hatsz** you can always depend/count on me; **~ok reád** I'm counting on you; **nem ~ottam rá, hogy** I did not expect to; **~hatunk vitára** there is* sure to be (a) discussion (afterwards); **mire ~asz?** what do* you reckon/expect?, what are* you counting on?; **többet kapott, mint amennyire ~ott** he got more than he expected (v. than he bargained for); **ne ~s arra, hogy az idén külföldre megyünk** don't reckon/count on (v. US figure) on our going abroad this summer; **arra ~va, hogy** in expectation/anticipation of **5.** *vi vmnek* count as, pass for, be* considered sg; **tanult embernek ~** he passes for a learned man; **ez öt pontnak ~** it scores (v. is* worth) five points, it counts as five points
számítás *n* **1.** *mat* counting, calculation, computation; **~a szerint** according to his calculations; **elhibázta a ~t** he has got the figure(s)/sum wrong **2.** *(tervezés, kilátás)* estimate, calculation; **~ba jön** count, have* to be taken into account/consideration, *(consider, allow* for sg; **~ba vesz vmt** take* sg into account/consideration, consider, allow for sg; **~on kívül hagy vmt** leave* sg out of account/consideration; **megtalálja ~át**

get* sg out of sg, make* a profit from (v. out of) sg **3.** *(ravasz)* scheme; ~**ból cselekszik** act from selfish motives ⇨ **becsúszik**
számítási *a* ~ **hiba** miscalculation, mistake in calculating (sg); ~ **pontosság** accuracy (with figures)
számítástechnika *n* computer science, (electronic) data processing, computer/computational technology, computer/computing technique, computing
számítástechnikai *a* of computer technique/technology *ut.*
számító *a (önző)* selfish, self-seeking, calculating
számítód|ik *v vmtől* be* reckoned/counted/ calculated (from); **a kamat vmtől ~ik** interest accrues (*v.* is* calculated) from
számítógép *n* computer; **személyi** ~ personal computer; **nagy~** mainframe; **áttérünk a ~re** we go* over to computers (*v.* the computer); **a könyvelés teljesen áttért a ~re** the accounts section has been completely computerized; **~re visz** put* into the computer; **~pel feldolgoz** process [data] by computer, computerize [data]; **a számlákat ~pel dolgozzák fel, a könyvelést ~pel végzik** the accounts are processed by computer; **~pel ellát** computerize, supply with computers, install computers [in an office etc.]
számítógépes *a* computational, computerized; ~ **adatfeldolgozás** (electronic) data-processing; ~ **nyelvészet** computational linguistics *sing.*; ~ **program** computer program; ~ **segédlettel** computer-aided
számítógépesít *v* computerize
számítógépesítés *n* computerization
számítógépez|ik *v* use (*v.* play with) a computer
számítógépi *a* ~ **program** computer program
számítógép-kezelő *n* computer operator
számítógép-tudomány *n* computer science
számítóközpont *n* data processing centre (*US* center), processing department, computer centre (*US* center)
számjegy *n* figure, digit; **három ~ből álló szám** three-figure/-digit number; **nyolc ~ű** *(számológép)* eight digit [calculator]
számjegyes *a* ~ **óra** digital clock/watch
számkivetés *n* banishment, exile; ~**be megy** go* into exile
számkombinációs *a* ~ **lakat** combination padlock

számla *n* **1.** *ker* invoice, bill; *(étteremben)* bill, *US* check; *(elszámolás)* accounts *pl*; *(könyvelési)* account; **nagy ~t csinál** run* up a bill; **~t küld vknek** send* an invoice (*v.* a bill) to sy, bill/invoice sy (for sg); **~t kiállít** make* out a bill **2.** *(folyószámla)* current account, *US* checking account; **~m javára** to my credit; **~m terhére** to the debit of my account; **írja ezt az én ~mra** put* it down to my account, put* it on my bill; **vmt vknek ~jára ír** charge/place sg to sy's account, put* sg down to sy's account; *átv* blame sy for sg; **ezt az ő ~jára írom** that' is* his doing/fault; **~t nyit** *(vmely bankban)* open an account [with a bank]; **~t megterhel** charge an account, debit sy's account with
számlakivonat *n* statement (of account)
számlakönyv *n* account/invoice book
számlál *v* **1.** *(számol)* count, compute, number **2.** *(megszámlál, előserol)* count, enumerate
számlálás *n* counting
számlálatlan *a* **1.** *(meg nem számolt)* not counted *ut.*, uncounted **2.** *(igen sok)* countless, innumerable, numberless *(utánuk: pl)*
számláló *n* **1.** *mat* numerator **2.** *(készülék)* (-)counter
számlap *n* dial(-plate), face [of a clock etc.]
számlatulajdonos *n* account holder
számláz *v* invoice, bill (sy for sg)
számnév *n* numeral
szamóca *n* strawberry; **erdei ~** wood/wild strawberry
számol 1. *vt/vi (számolást végez)* count; **100-ig tud ~ni** (s)he can count up to 100; **~~ja a napokat, amikor ...** be* counting the days until/till ...; **jól tud ~ni** (s)he is* good at sums/figures; **fejben ~** do* a sum in his/her head **2.** *vi vmért* render/give* an account of sg, account for sg; ~ **tetteiért** give* an account of his deeds/conduct, accept responsibility for his deeds/conduct; ~**ni valója van vkvel** have* an account to settle with sy; *kif* **have* a bone to pick with sy; (ezért) még ~unk!** we'll see about that! **3.** *vi vmvel/vkvel* reckon with sg/sy, take* sg/sy into account/consideration, *US* calculate/figure on sg; **ezzel ~ni kell** one has* to reckon with that, it can't be left out of account; **olyan ember, akivel ~ni kell** he is* a man° to be reckoned with
számolás *n* **1.** *isk* † arithmetic **2.** *(művelet)* counting, calculation, reckoning
számolási hiba *n* miscalculation, mistake in reckoning

utólag *adv* subsequently; *(később)* later, at a later date, afterwards

utólagos *a* post-, subsequent, after-, follow--up; ~ **jóváhagyás** subsequent approval; ~ **jóváhagyásával** anticipating your approval

utolér *v* catch* (sy) up, catch* up with (sy); ~**te sorsa/végzete** he met his fate

utolérhetetlen *a* peerless, matchless, without an equal *ut.*; *(igével)* no one can touch him/her (as …)

utoljára *adv* **1.** *(utolsó ízben)* last, (the) last time **2.** *(utolsónak)* last; ~, **de nem utolsóként** last but not least

utolsó I. *a* **1.** *ált* last; *(jelenhez legközelebbi)* latest; *(vmt lezáró)* final, ultimate; ~ **ár** rock-bottom price; **az** ~ **divat** the latest (fashion), *biz* the in thing, the dernier cri; ~ **előtti** (be*) last but one, (be*) next-to-the--last; *(csak melléknévként)* next-to-the-last; *(pl. szótag)* penultimate; **az** ~ **fillérig kifizettem** I paid it off to the last penny; **az** ~ **ítélet (napja)** the Last Judgement, Judgement Day, Day of Judgement; **az** ~ **kísérlet** last try/attempt; **az** ~ **nap** *(határidő)* closing day; **az** ~ **percben/pillanatban** in/at the last minute; **az** ~ **simításokat végzi vmn** put* the finishing touches to sg; **az** ~ **szálig (elestek)** (they fell) to a man; **ez az** ~ **szavam!** (and) that is my last word!; I have no(thing) more to say!; **óvé az** ~ **szó** have* the last word, *(ő dönt)* have* the final say; **az** ~ **szó jogán** in his last plea; **az** ~ **vasam** my last penny, *US* my last cent **2.** *(rangban, értékben)* lowest, bottom; **ő az** ~ **az osztályban** he is at the bottom of the class; **ez nem** ~ **dolog** it's not to be sneezed at **3.** *(aljas)* mean, base, low; ~ **dolog volt** that was a mean thing (to do); ~ **gazember!** (you) swine! **II.** *n* (the) last; ~**nak** *(érkezik)* (arrive) last; **így lesz az** ~**ból első** the last shall be first (and the first, last); ~**kat rúgja** be* on one's last legs ⇨ **csepp, kenet, legutolsó, lehelet**

útonállás *n* highway robbery, hold-up, stick-up

útonálló *n* highwayman°

utónév *n* first/given/Christian name

úton-módon *adv* **minden** ~ **by** any means; **ezt valamilyen** ~ **el kell intézni** this must be arranged somehow or other; **a szokásos** ~ through the usual channels

úton-útfélen *adv* all over the place, everywhere, at every step

utópia *n* utopia

utópista *a/n* utopian

utópisztikus *a* utopian

utórezgés *n* *átv* aftermath *(pl* ua.), after--effect

utószezon *n* = **utóidény**

utószó *n* epilogue (*US* -log)

utótag *n* **1.** *mat* consequent **2.** *összet* second part/element (of a compound)

utótétel *n* *nyelvt* apposition; ~**ben** in apposition, appositionally

utóvéd *n* rearguard

utóvédharc *n* rearguard action/fighting

utóvégre *adv* ~ **(is)** after all, when all is said and done ⇨ **hiszen**

utóvizsga *n* resit

utóvizsgáz|ik *v* resit* an examination, retake* an exam(ination)

útpadka *n* (hard) shoulder

útravaló *n* *(élelem)* provisions (for the journey) *pl*, food (for the journey)

útrövidítés *n* short cut

útszakasz *n* road section; *(rövidebb)* stretch

útszél *n* roadside, wayside; **az** ~**en** by the roadside/wayside

útszéli *a* **1.** *(út menti)* roadside, wayside **2.** *(közönséges)* common, vulgar, plebby

útszűkület *n* bottleneck; *(KRESZ-ben)* narrow road/stretch; *(igével)* road narrows

úttalálkozás *n* road junction

úttalan *a* pathless, roadless, untrodden; ~ **utakon** on/along untrodden paths, on untravelled roads

úttest *n* carriageway, roadway, *US* road(bed)

úttörő I. *n* **1.** pioneer **2.** *átv* pioneer, trailblazer; *(felderítő)* pathfinder **II.** *a* pioneering; ~ **jelentőségű** epoch-making, pioneering, trailblazing; ~ **munkát végez** do* pioneer(ing) work, blaze a trail

úttörőcsapat *n* pioneer troop

úttörőmozgalom *n* pioneer movement

úttörőtábor *n* pioneer (summer) camp

úttörővasút *n* Pioneer Railway

úttörővezető *n* pioneer troop leader

útvesztő *n* labyrinth, maze

útviszonyok *n pl* road conditions

útvonal *n* *ált* route; *(vasút)* line; **vmlyen** ~**on** by way of, via ⇨ **főútvonal**

úvé *n* *biz* = **utóvizsga**

úvéz|ik *v* = **utóvizsgázik**

úzus *n* usage, custom

uzsonna *n* (afternoon) tea

uzsonnáz|ik *v* have* tea, have* sg for one's tea

uzsonnázóhely *n GB* teashop
uzsora *n* usury
uzsoraár *n* extortionate/exorbitant price
uzsorakamat *n* usurious interest

uzsorakölcsön *n* usurious loan
uzsorás *n* usurer, *US biz* loanshark
uzsoráskod|ik *v* practise usury, profiteer,
  US biz be* loansharking

számoló *a* jó ~ *(igével)* be* good at sums/ figures

számolócédula *n* slip [of paper, to make out a bill in restaurant], bill

számológép *n* **1.** *(mechanikus)* calculating machine, calculator **2.** *(elektronikus zseb-)* calculator

számonkérés *n* **1.** *ált* calling sy to account; ~ **napja** day of reckoning **2.** *isk* questioning, examining [pupils in sg]

számontartás *n* record, keeping in evidence

számos *a* numerous, many *(utánuk: pl)*; ~ **esetben** in many cases, in a number of cases

számosan *adv* ~ **látták** many have seen it; ~ **megjelentek a gyűlésen** a good many people attended the meeting, there was a good turn-out at the meeting

számoszlop *n* column of figures

számottevő *a* considerable, notable

szamovár *n* samovar, tea urn

számoz *v* number, mark with a number; *(lapokat sorba)* paginate

számozás *n* numbering; *(lapoké)* pagination

számozatlan *a* unnumbered, not numbered *ut.*

számozott *a* numbered

számrendszer *n* numerical/number system; **tízes** ~ decimal system; **kettes** ~ binary notation/system; **kettes** ~beli **szám** binary digit

számsor *n* *(vízszintes)* sequence/series of numbers; *(függőleges)* column of figures

számszerű *a* numerical

számtalan *a* innumerable, countless, numberless *(utánuk: pl)*; ~ **esetben** in innumerable/countless cases/instances

számtalanszor *adv* very often, ever so many times, any number of times, dozens (and dozens) of times

számtan *n* **1.** *(aritmetika)* arithmetic **2.** *(matematika)* mathematics *sing. v. pl, isk biz* maths *sing. v. pl, US* math

számtanfüzet *n biz* maths (exercise) book

számtani *a* arithmetic(al); ~ **alapműveletek** *isk* basics of arithmetic *pl,* simple sums *pl*; ~ **feladat** (maths) problem, *US* (math) problem; ~ **haladvány/sor** arithmetic progression; ~ **közép** arithmetic mean; ~ **művelet** arithmetical/mathematical operation

számtankönyv *n biz* maths (text)book

számtanóra *n* *(matematika)* mathematics class/lesson; *biz* maths class, maths *sing. v. pl, US* math (class)

számtanpélda *n* (arithmetical) problem; *(matematikai)* (mathematical/maths) problem

számtantanár *n* *(matematika)* mathematics teacher, *biz* maths teacher, *US* math teacher

számtartó *n* † bailiff/steward of estate

számú *a* a **tízes** ~ **ház** house number ten *(v. No. 10)*; **milyen** ~ **cipőt adjak?** what size do* you take?, what is* your size?; **kilences** ~t **viselek** I take* a nine *(v. a size 9 shoes etc.)*

számum *n* simoom, simoon

száműz *v* exile, banish, send* sy into exile

száműz(et)és *n* exile, banishment; **(önkéntes) száműzetésbe megy** go* into (voluntary) exile

száműzött **I.** *a* banished, exiled **II.** *n* exile, outcast

számvetés *n* *(összegezés)* reckoning

számvevő *n* † accountant, controller, comptroller, auditor

számvevőség *n* † audit office

számvevőszék *n* audit office

számvitel *n* (public) accountancy

számvizsgáló **I.** *n* auditor **II.** *a* ~ **bizottság** audit(ing) commission

számzár *n* combination lock

szán[1] *v* **1.** *(sajnál)* pity, have* pity on, be*/ feel* sorry for, feel* for **2.** *vknek* intend/ mean* sg for sy/sg; **neked** ~**tam** I intended/meant it for you **3.** *(vmre összeget)* set* aside, earmark [a sum] for; **időt** ~ **vmre** find* time to do sg *(v. for sg)*; **ezt a napot arra** ~**om** I am devoting this day to **4. fiát orvosnak** ~**ta** he wanted his son to be/become a doctor

szán[2] *n* sledge, sleigh, *US* sled

szánakozás *n* compassion, pity

szánakoz‖ik *v vkn* pity sy, feel* pity for sy

szánakozó *a* compassionate, pitiful

szanál *v* **1.** *(pénzügyeket)* reorganize [the finances] **2.** *(városrészt stb. lebont)* pull down, raze

szánalmas *a* **1.** = **szánalomra méltó 2.** elít miserable, pitiful, sorry, poor; ~ **alak** a sorry figure, a poor devil

szánalom *n* pity, compassion, commiseration; ~**ra méltó** pitiable, piteous, deplorable, lamentable; **szánalmat ébreszt vkben** move sy to pity

szánalomkeltő *a* = **szánalomra méltó**

szanaszét *adv* all over the place, far and wide, scattered about/around; ~ **hagy vmt** leave* sg lying about; **minden** ~ **hever** everything is* left lying about

szanatórium *n* sanatorium (*pl* sanatoriums *v.* -toria), *US* sanitarium (*pl* sanitariums *v.* -taria), convalescent home/hospital; *(kisebb, magán)* nursing home

szandál *n* sandal

szándék *n* **1.** *ált* intention, purpose, purport, design; *(terv)* plan, scheme; **az a ~om, hogy** I intend/mean* to; **~a vmt megtenni,** **~ban áll/van vmt megtenni** have* the intention of doing sg, he intends/ means*/plans to do sg **2.** *jog* intent; **előre megfontolt ~kal** *(elkövetett)* with malice aforethought, premeditated → **emberölés**

szándékol *v* = **szándékozik**

szándékos *a* intentional, wilful (*US* willful), deliberate, intended; **~ emberölés** → **emberölés; nem ~** unintentional

szándékosan *adv* intentionally, wilfully (*US* willfully), deliberately, purposely, on purpose; **nem ~ csinálta** he didn't mean it, he didn't do it on purpose (*v.* intentionally)

szándékosság *n* intention, deliberateness, wilfulness (*US* willfulness)

szándékoz|ik *v* intend/plan/mean* to do sg, propose to do sg (*v.* doing sg), think* of doing sg, contemplate doing sg, have* the intention of ...ing; **mit ~ik csinálni?** what do you propose to do?

szándékú *a* → **jó, rossz**

szánkáz|ik *v* = **szánkózik**

szankció *n* *(büntető)* punitive sanction; **~kat alkalmaz vk ellen** impose sanctions on/against sy, penalize sy

szánkó *n* sledge, sleigh, *US* sled; *sp* toboggan

szánkózás *n* sledging, *US* sledding; *sp* tobogganing; sleigh-ride

szánkóz|ik *v* sledge, go* sledding, *US* go* sledding, toboggan

szanszkrit I. *a* Sanskrit, Sanskritic **II.** *n* *(nyelv)* Sanskrit

szánt[1] *v* plough (*US* plow)

szánt[2] *a* vknek/vmre destined/intended for *ut.*; **az erre ~ összeg** the sum allotted for this purpose

szántalp *n* runner

szántás *n* **1.** *(munka)* ploughing (*US* plowing) **2.** *(föld)* ploughed/plowed land, tilling

szántatlan *a* unploughed (*US* -plowed)

szántóföld *n* plough-land (*US* plow-), arable land

szántóvető *n* ploughman° (*US* plow-), farmer

szántszándékkal *adv* = **szándékosan**

szapora *a* **1.** *(jól szaporodó)* prolific, fruitful, fecund; **~ család** large family **2.** *(gyors)*

quick, rapid, hurried, hasty; **~ érverés** quick/rapid pulse; **~ léptek** short quick steps

szaporán *adv* quickly, rapidly, hurriedly; **csak ~!** hurry up!

szaporátlan *a* **~ munka** painstaking work with little to show for it

szaporáz *v* *(lépteket)* quicken [one's steps/ walk]

szaporít *v* **1.** *(növel)* increase, augment, multiply **2. hogy ne ~suk tovább a szót** to cut a long story short ... **3.** *növ, áll* propagate **4.** *(kötésen a kézimunkázó)* cast* on

szaporítás *n* **1.** *(növelés)* increase (of), augmentation, multiplication **2.** *áll, növ* propagation

szaporodás *n* **1.** *(élőlényé, növényé)* reproduction, multiplication, propagation, breeding **2.** *(mennyiségi)* increase

szaporod|ik *v* **1.** *(élőlény, növény)* propagate, be* propagated, multiply (by reproduction) **2.** *(mennyiség)* increase, grow*, swell*

szaporulat *n* **1.** *(népességé)* increase, growth **2.** *(állat ivadéka)* progeny

szappan *n* soap; **egy darab ~** a bar/cake of soap

szappanbuborék *n* soap-bubble

szappangyár *n* soap-works *sing. v. pl*

szappanhab *n* *(borotvaszappané)* lather; *(egyéb)* (soap)suds *pl*

szappanos *a* **1.** soapy; **~ víz** soapy water **2. ~ kenyér** doughy bread

szappanoz *v* soap; *(borotválkozáshoz)* lather

szappanpehely *n* soap-flakes *pl*

szappantartó *n* soap-holder/dish/tray

szapul *v* *átv* badmouth sy, run* sy down

szar *n* *vulg* shit; *átv* crap

szár *n* **1.** *növ* stem, stalk **2.** *(csizmáé, harisnyáé, nadrágé)* leg; *(pipáé)* stem; *(szemüvegé)* arm **3.** *(kantárszár)* reins *pl*

szárad *v* dry (up), become* dry; **az ő lelkén ~** he will have it on his conscience

száradás *n* drying (up), becoming dry

száraz I. *a* **1.** *(nem nedves)* dry; *(éghajlatilag)* arid, dry; **~ ág** dead bough; **~ kenyér** dry bread; **~ köhögés** dry/hacking cough; **~ lábbal** without getting wet **2.** *átv* dry, dull, prosaic, flat, uninteresting **II.** *n* **~on és vízen** by land and sea; **úgy érzi magát, mint a ~ra vetett hal** he feels* like a fish out of water

szárazdajka *n* dry nurse

szárazdokk *n* dry dock

szárazelem *n* dry battery/cell

szárazföld *n* mainland, continent; ~**ön és tengeren** by land and sea; ~**re lép** go* ashore, land
szárazföldi *a* continental, land-; *(nem légi v. tengeri)* overland; ~ **éghajlat** continental climate; ~ **haderő** land army, land forces *pl*
szárazgőz *n* dry vapour (*US* -or), dry steam
szárazkolbász *n* dry sausage
szárazon *adv* 1. *(szárazföldön)* overland; ~ **és vízen** by land and sea 2. *(nem nedvesen)* ~ **tart vmt** keep* sg dry 3. **ezt nem viszed el** (*v.* **nem úszod meg**) ~ you won't get away with it this time
szárazság *n* 1. *(száraz volta vmnek)* dryness, aridity 2. *(aszály)* drought; *növ* **tűri a** ~**ot** be* xerophilous
száraztakarmány *n* dry fodder
száraztészta *n* dry/dried pasta
szárcsa *n* (common) coot
szardella *n* anchovy, anchovies *pl*
szardellagyűrű *n* anchovy rings *pl*
szardellapaszta *n* anchovy paste
Szardínia *n* Sardinia
szardínia *n* sardine; **két doboz** ~ two tins of sardines
szarházi *a* vulg bastard, swine, shit, *US* son of a bitch
szar|ik *v* vulg shit*
szárít *v* dry, make* dry; *(mocsarat)* drain [marsh]; *(dehidratál)* dehydrate
szárítás *n* drying; *(mocsáré)* draining; *(dehidrálás)* dehydration
szárítkoz|ik *v* dry oneself
szárító *n* 1. *(alkalmatosság)* airer, clothes horse 2. *(helyiség)* drying room; *(kisebb, szekrényszerű)* airing cupboard
szárítógép *n* *(háztartási)* tumble-dryer, tumbler-dryer
szárított *a* dried; *(dehidratált)* dehydrated; ~ **gyümölcs** dried fruit; ~ **főzelék** dehydrated vegetables
szarka *n* magpie; **sokat akar a** ~, **de nem bírja a farka** he would if he could but he can't, (s)he has* bitten off more than (s)he can chew
szarkaláb *n* 1. *növ* common larkspur 2. *biz (ránc)* crow's-foot°
szarkapocscsont *n* fibula (*pl* -lae *v.* -las)
szarkasztikus *a* sarcastic
szarkazmus *n* sarcasm
szarkofág *n* sarcophagus (*pl* -phagi)
szarkóma *n* sarcoma
származás *n* 1. *(személyé)* descent, origin, birth; *(social)* background; ~**ára nézve kanadai** *(ott született)* (s)he is* Canadian

by birth; *(kanadai szülőktől származik)* (s)he is of Canadian descent 2. *(dologé, fogalomé)* origin, derivation 3. *(szóé, nyelvi)* derivation, etymology
származási *a* ~ **bizonyítvány** certificate of origin
származástan *n* genealogy
származású *a* of ... birth/descent *ut.*; **lengyel** ~ (sy) of Polish birth/descent, sy is* Polish by birth
származék *n* vegy, nyelvt derivative
származékszó *n* derivative, derived word/form
származ|ik *v* 1. *(személy vhonnan)* come* from/of [a ... family], come* from [a country etc.]; **munkáscsaládból** ~**ik** he comes* from/of a working-class family; **Romániából** ~**ik** he comes* from Rumania; **házasságukból két gyermek** ~**ott** they had two children 2. *vm vmből/vmtől* derive/spring*/come* from sg; *(vm vmt okoz/eredményez)* sg gives* rise to sg, sg leads* to sg; **ebből sok baj** ~**ott** this gave rise to a lot of problems, this led to a lot of trouble; **ez a szó az angolból** ~**ik** this word comes* from English, this word is* of English origin; **honnan** ~**nak ezek a nehézségek?** what is* causing these difficulties? 3. *(időbelileg)* date back to; **a vár a XIV. századból** ~**ik** the castle dates back to the 14th century ⇨
származó *a* originating in/from, coming of/from *(mind: ut.)*; **az ebből** ~ **bajok** the ensuing/resultant troubles/difficulties, the troubles/difficulties arising from (*v.* out of) this; **a házasságból** ~ **gyermekek** the children born of the marriage
származtat *v* vmt vmből/vhonnan derive sg from sg, trace sg back to sg
szárny *n* 1. *(madáré, repgépé)* wing; **vkt** ~**a alá vesz** take* sy under one's wing; ~**ra kap** take* wing, *(hír)* [the news] spread* like wildfire; ~**akat ad vknek** lend* wings to sy; **vknek** ~**át szegi** clip* sy's wings 2. *(ajtóé, ablaké)* leaf° 3. *(épületé)* (side-)wing, annexe *(főleg US* annex) 4. *(hadseregé)* wing, flank 5. *pol* wing
szárnyal *v* soar, be* on the wing, take* flight, fly*
szárnyalás *n* soar(ing); *(képzeleté)* flight [of fancy]
szárnyaló *a* soaring
szárnyas I. *a* 1. *(szárnnyal ellátott)* winged; ~ **vad** game bird, wildfowl (*pl* ua.) 2. ~ **ablak** casement window; ~ **ajtó** folding

door(s); ~ **csavar** wing/b*u*tterfly nut; ~
oltár winged *a*ltar(-piece), tr*i*ptych **II.** *n* **1.**
(élő) po*u*ltry *pl*, fowl(s) *pl* **2.** *(étel)* po*u*ltry
sing.
szárnyashajó *n* hydrofoil
szárnyaszegett *a* broken-w*i*nged, *átv* des-
pondent
szárnycsapás *n* w*i*ng-beat, fl*u*tter, flapping
of wings
szárnycsattogás *n* fl*u*tter (of wings)
szárnyépület *n* *a*nnexe *(főleg US:* *a*nnex),
wing, extension, *US* add*i*tion
szárnykürt *n* fl*u*gelhorn, s*a*xhorn
szárnypróbálgatás *n* tr*y*ing one's wings;
az első ~**ok** *átv* first att*e*mpts
szárnysegéd *n* aide-de-c*a*mp *(pl* aides-de-
-c*a*mp)
szárnytoll *n* wing f*e*ather, fl*i*ght f*e*ather,
p*i*nion
szárnyvonal *n* vas*ú*t branch line
szárogat *v* be* dr*y*ing sg
szaros *a* v*u*lg sh*i*tty, d*i*rty, n*a*sty
száröltés *n* end-to-*e*nd stitch
szaru *n* horn; ~**(ból készült)** horn(-),
made of horn *ut.*
szarufa *n* r*a*fter
szarufésű *n* horn comb
szaruhártya *n* c*o*rnea *(pl* -neas *v.* -neae)
szarukeretes *a* ~ **szemüveg** h*o*rn-
-rimmed glasses/spectacles *pl*
szarv *n* **1.** *(állaté)* horn; **megnő a** ~**a** *átv*
get* swollen-he*a*ded, get* ab*o*ve ones*e*lf; **le-**
töri a ~**át** take* sy down a peg (or two),
US take* sy down (a notch) **2.** *(ekéé)*
h*a*ndle, stilt
szarvas *n* *á*ll deer *(pl* ua.); *(hím)* stag, hart,
buck; *(nőstény)* hind
szarvasagancs *n* *a*ntlers *pl*, st*a*g-horn
szarvasbika *n* stag, hart
szarvasbogár *n* st*a*g-beetle
szarvasborjú *n* fawn
szarvasbőgés *n* belling, tro*a*t(ing of hart)
szarvasbőr *n* deersk*i*n, b*u*ckskin, ch*a*mois
(le*a*ther), suede; ~ **kesztyű** deersk*i*n gloves
pl; ~ **zak**ɔ deersk*i*n jacket; ~ **kabát** deer-
skin/suede coat; ~ **nadrág** b*u*ckskins *pl*
szarvasgomba *n* n*ö*v tr*u*ffle
szarvashiba *n* bl*u*nder, gross *e*rror, *biz*
h*o*wler
szarvashús *n* venison
szarvasmarha *n* (horned) c*a*ttle *(pl* ua.)
szarvastehén *n* hind
szarvatlan *a* h*o*rnless, polled
szász *a/n* S*a*xon; **a** ~**ok** the S*a*xons; **erdé-**
lyi ~**ok** Transylv*a*nian Germans/"S*a*xons"
szatén *n* *(selyem)* satin; *(pamut)* sate*e*n

szatír *n* s*a*tyr
szatíra *n* s*a*tire
szatíraíró *n* s*a*tirist
szatirikus I. *a* sat*i*ric(al) **II.** *n* s*a*tirist
szatócs *n* general de*a*ler, grocer
szatyor *n* shopping bag, c*a*rrier(-bag);
(necc) string bag
Szaúd-Arábia *n* S*a*udi Ar*a*bia
szaúd-arábiai *a/n* S*a*udi (Ar*a*bian)
szauna *n* s*a*una
szavahihető *a* *(személy)* tr*u*stworthy, reli-
able; ~ **tanú** reli*a*ble w*i*tness
szavajárása *n* *(vknek)* (sy's) favourite *(US*
-or-) expressi*o*n/saying, *biz* pet phrase; **ez a**
~**a** it's his favourite *(US* -or-) turn of phrase
(v. expression)
szaval *v* rec*i*te/read* poetry; **szépen** ~
(s)he rec*i*tes poetry well
szavalás *n* recit*a*tion, rec*i*ting p*o*etry, re*a*ding
of poetry
szavalat *n* recit*a*tion, poetry re*a*ding
szavaló *n* reader (of poetry)
szavalókórus *n* **1.** *(az együttes)* ch*o*rus
2. *(mint műfaj)* choral speaking
szavalóművész *n* rec*i*ter, decl*a*imer
-szavas *suff* -word, having ... words *ut.*; **20**
~ **távirat** a 20-word t*e*legram
szavatartó *a* reli*a*ble, tr*u*stworthy; ~ **em-**
ber man° of his word
szavatol *v* *vmt, vmért* guarant*ee*/w*a*rrant sg;
vkért go*/stand* bail for sy, vouch/*a*nswer
for sy
szavatolás *n* guarant*ee*, gu*a*ranty, w*a*r-
rant(y)
szavatolt *a* guarant*ee*d, w*a*rranted
szavatoltan *adv* guarant*ee*d, w*a*rrantably
szavatosság *n* guarant*ee*, w*a*rranty; ...
évi/hónapi ~**ot vállal** *vmért* guarant*ee*
sg for ... years/months; ~**ot vállal vkért**
stand* bail for sy
szavatossági *a* ~ **biztosítás** liab*i*lity in-
surance; ~ **(határ)idő** guarant*ee*d for [one
year etc.]; **még nem járt le a** ~ **idő** it's
still *u*nder guarant*ee*; ~ **kockázat** th*i*rd-
-party risk; ~ **per** ins*u*rance case
szavaz *v* vote, go* to the poll(s), cast* one's
vote; **igennel** ~ vote for sy; **nemmel** ~
vote ag*ai*nst sy; **vk mellett** ~ give* one's
vote in f*a*vour *(US* -or) of sy, vote for sy; **vm**
mellett ~ vote for sg; **vk/vm ellen** ~
vote ag*ai*nst sy/sg; **titkosan** ~ b*a*llot *(vk*
mellett for, *vk ellen* ag*ai*nst sy); ~ **egy kér-**
désben vote on an *i*ssue
szavazás *n* vote, poll, *(gyűlésen)* voting; ~
alá bocsátották it was put* to the vote;
~**ra bocsát (egy kérdést)** put*/bring*

Ü, Ű

Ü, ü, Ű, ű *n (betű)* the letters Ü/Ű, ü/ű
ücsörög *v* be* sitting about/idly
üde *a* fresh, healthy, youthful; ~ **arcbőr** youthful/blooming/fresh complexion; ~ **levegő** fresh/bracing air
üdít *v* freshen, refresh
üdítő *a ált* refreshing; *(olvasmány)* light [reading]
üdítőital(ok) *n* soft drink(s), non-alcoholic drink(s)
üdül *v (szabadságát tölti)* be* (away) on holiday *(v.* on one's holidays*)*, *US* be* on vacation, be* vacationing; *(üdülőben)* stay at a holiday home/camp/village; **a Balatonon** ~ (s)he is holidaying (*US* vacationing) by the Balaton
üdülés *n* **1.** *(felüdülés)* recreation **2.** *(nyaralás)* holiday, holiday(mak)ing, *US* vacation(ing)
üdülő *n* **1.** *(épület)* holiday home **2.** *(személy)* holidaymaker, *US* vacationer; *(vendég)* guest; *(látogató)* visitor (to a holiday resort) ⇨ **nyaraló**
üdülőhely *n* holiday resort ⇨ **gyógyhely, nyaralóhely, tengerparti**
üdülőhelyi *a* ~ **díj** visitors' tax (at health resort *v.* spa)
üdülőtelep *n GB* holiday camp
üdültetés *n* organized/subsidized holidays *pl*
üdv *n* **1.** *vall* salvation **2. a haza** ~**e** the welfare/benefit of the country
üdvhadsereg *n vall* Salvation Army
üdvkiáltás *n* acclamation, cheering
üdvlövés *n* salute; ~**t lead** fire a salute
üdvös *a* salutary, beneficial; *(előnyös)* advantageous, useful; ~ **lenne** it would be advisable to ...
üdvösség *n vall* salvation; **nem elég az** ~**hez** not enough by a long chalk
üdvözít *v* save, work the salvation of; **a pénz nem** ~ money can't buy happiness
üdvözítő I. *a* **1.** *vall* saving, redeeming **2.** *átv* salutary, blissful **II.** *n vall* the Saviour (*US* -or) *(= Jézus Krisztus)*
üdvözlégy *n* Ave María, Hail Mary
üdvözlés *n* greeting; *(érkezéskor)* welcome
üdvözlet *n* greeting(s), kind regards *pl*; **karácsonyi/újévi** ~ (the) season's greetings

pl → **karácsonyi, újévi; szívélyes** ~**ét küldi** (1) *vknek* give* sy one's best/kind regards; *(közelállónak)* send* one's love to sy (2) *(levél végén)* With kind regards, ..., *(ma leggyakrabban:)* Best wishes, ... *(v.* With all good wishes, ...); *(legáltalánosabb levélzáró formula:)* Yours sincerely, ... *US* Sincerely (yours) ...; **szívélyes** ~**tel** *(levél végén)* Yours sincerely, *US* Sincerely yours; *(formálisabban)* Yours truly; **adja át szívélyes/szíves** ~**emet** Please give my kind regards to [your mother etc.], Give him/her my best regards; Remember me (kindly) to [your mother/wife etc.]
üdvözlő *a* greeting-, congratulatory; ~ **távirat** telegram of congratulation, telegram of good wishes; ~ **szavak** (words of) welcome
üdvözlőbeszéd *n* address (of welcome), welcoming speech
üdvözlőkártya *n* = **üdvözlőlap**
üdvözlőlap *n* **1.** *(karácsonyi, születésnapi stb.)* a greetings card, [birthday/Christmas/get-well etc.] card **2.** *(képes levelezőlap)* picture postcard
üdvözöl *v* **1.** *(köszönt)* greet (sy), say* hello *(v.* good morning etc.) to sy; *(megérkezéskor)* welcome (sy), give* (sy) a warm welcome; **üdvözlöm!** how do you do? **2.** *(vkt vmlyen alkalomból)* congratulate (sy on ...), offer one's heartiest congratulations *(v.* best wishes) (to sy) **3.** *(üdvözletét küldi)* give* sy one's (best) regards, send* one's love to sy; ~**je a nevemben** please remember me to ...; **szeretettel** ~ *(levélben, kissé formálisan)* Yours as ever ..., *(barátian)* (With) love *(és a keresztnév)* → **üdvözlet 4.** *(gyűlést, kongresszust)* address [the meeting/congress etc.] **5.** *(vmt helyesel)* applaud (sg) ⇨ **szívélyesen**
üdvözül *v* be* saved, find* salvation
üdvrivalgás *n* hosannas *pl*, cheering, (loud) cheers *pl*
üget *v* trot
ügetés *n* trot; **könnyű** ~ rising trot ⇨ **tanügetés**
ügető *n (verseny)* harness racing
ügetőpálya *n* trotting racecourse

ügetőverseny *n* harness-racing, trotting--race, trot

ügy *n* **1.** *(dolog)* business, affair, matter; *(kérdés)* issue; **nem nagy** ~ it is* no great matter (*v. biz* big deal); **nehéz** ~ a hard nut to crack, a tough proposition; **szép kis** ~ ! a pretty/fine kettle of fish; **nem a te** ~**ed** that's no business of yours; **milyen** ~**ben keresi?** what do* you wish to see (*v.* speak to) him about?; **vknek** ~**ében eljár** act on sy's behalf; **a lakbér** ~**ében jöttem** I've come about the rent; ~**et sem vet vmre/vkre** pay* no attention/heed to, take* no notice of **2.** *jog* case; **bírósági** ~ court case; **peres** ~ case at law; **hogy áll az** ~**ed?** how does your case stand? **3.** *ker* business, transaction, (business) deal; **üzleti/hivatalos** ~**ben** on business **4.** *(eszmée)* cause; **jó** ~**ért harcol** fight* for a good cause; **a béke** ~**e** the cause of peace

ügybuzgalom *n* ardour (*US* -or), zeal
ügybuzgó *a* zealous, eager; elit eager beaver
ügydarab *n* file [on a case]
ügyefogyott *a* awkward, *biz* gormless
ügyefogyottság *n* awkwardness, clumsiness

ügyel *v* **1.** *vkre, vmre* take* care of sy/sg, pay* attention to sy/sg (*v.* what you are doing), watch over sy/sg; ~ **arra, hogy** take* (good) care to do sg, see* that ..., be* careful to/that; ~**j arra, nehogy** be* careful not to, mind you don't ...; ~**j(en) arra, hogy (be legyenek csukva az ajtók)** see that (*v.* make sure) [the doors are closed etc.] **2.** *(figyelembe vesz)* mind, note, take* notice of, attend to **3.** *biz (ügyeletet tart)* be* on duty, be* on call **4.** *szính* be* (*v.* work as) (the) stage-manager, stage-manage

ügyelet *n* duty; **éjszakai** ~ (1) *ált* all-night service (2) *orv* night duty; **kihívja az** ~**et** call the (district) doctor on duty; ~**et tart** *(orvos)* be* on duty/call; *(éjszakait)* be* on night-duty

ügyeletes I. *a* on duty *ut.*; ~ **gyógyszertár** duty/emergency (*v.* all-night) chemist (*US* drugstore/pharmacy), [chemist] open outside normal hours, is* open; ~ **orvos** doctor on duty/call, doctor on emergency call; ~ **nővér** nurse on duty/call; ~ **tiszt** officer on duty **II.** *n* person/officer/official on duty; *(igével)* be* on duty; **ki az** ~**?** who is on duty?

ügyelő *n szính* stage-manager
ügyes *a (ember)* clever, skilful (*US* skillful), smart, (cap)able; *(járatos, képzett)* skilled; ~ **vmben** (be*) good/clever at sg; ~ **fo-**

gás a good trick; ~ **keze van** be* clever with his/her hands; ~**en** skilfully (*US* skillfully), deftly; **ezt** ~**en csináltad** well done; ~**en intézi a dolgait** play one's cards well

ügyes-bajos *a* ~ **dolog** (troublesome/daily) business; *(napi)* (sy's) day-to-day affairs *pl,* (sy's) day-to-day business; ~ **dolgait intézi** *(a városban)* attend to one's business (in the city), *biz* have* a couple of things to see to (in town)

ügyesked|ik *v* show* oneself to be clever/skilful (*US* skillful); *(helyezkedik)* jockey/manoeuvre (*US* maneuver) for position, *biz* he's a smooth operator; **addig** ~**ik, amíg egy jó állást nem talál** manoeuvre (*US* maneuver) oneself into (*v. biz* wangle oneself) a good job

ügyesség *n* cleverness, skilfulness, dexterity, skill; ~**et igényel** require/demand skill
ügyességi *a sp* ~ **számok** *(atlétika)* field events

ügyész *n* **1.** *(a vád képviselője)* public prosecutor, *US* prosecuting/district attorney; **legfőbb** ~ chief/supreme public prosecutor **2.** = **jogtanácsos**

ügyészség *n* public prosecutor('s department/office); **legfőbb** ~ Chief/Supreme (Public) Prosecutor's Office

ügyetlen *a* clumsy, inept; *(sikertelen)* ineffectual; ~ **vmben** be* no good at sg
ügyetlenked|ik *v* blunder/mess about/around; ~ **vmvel** fiddle around/about with sg

ügyetlenség *n* clumsiness, ineptitude; *(sikertelenség)* ineffectuality; *(hiba)* blunder; ~**et követ el** make* a mistake
ügyfél *n* **1.** *(ügyvédé)* [lawyer's] client **2.** *ker* customer

ügyfélfogadás *n* consulting/office/business hours *pl*
üggyel-bajjal *adv* with (great) difficulty
ügyintézés *n* administration, office work
ügyintéző *n* administrator, person/official in charge (of)
ügyirat *n* document, file
ügyiratszám *n* reference number
ügykezelés *n* administration, *(főleg az irattáré)* filing
ügyköd|ik *v* be* busy (with some work *v.* doing sg), busy oneself with
ügykör *n* sphere of activity, scope; ~**ébe tartozik** be*/fall* within one's/sy's province/competence
ügylet *n* (business) deal, (business) transaction; ~**et lebonyolít (vkvel)** close/com-

plete/conclude a deal (with sy), transact business (*v.* a sale/bargain), effect a sale

ügymenet *n* procedure

ügynök *n* **1.** *ker* broker, (business) agent; *(utazó)* (commercial) traveller (*US* -l-) **2.** *pol* agent

ügynökösköd|ik *v* be* an agent (for), travel (*US* -l) in sg (for)

ügynökség *n* agency

ügyosztály *n* branch, department

ügyrend *n* **1.** *(országgyűlésé)* standing orders *pl*; *(vállalaté, hivatalé)* regulations *pl*, statutes *pl* **2.** *(ülésé, tárgyalásé)* rules of procedure *pl*, (the) normal/usual procedure; *(tárgyalásé, konferenciáé)* agenda

ügyrendi *a* procedural; ~ **kérdések** questions of procedure; ~ **pontok** items on the agenda

ügyszám *n* reference number

ügyvéd *n* lawyer, *US* attorney; *(polgári ügyekben, GB)* solicitor; *(bűnügyben és magasabb bíróságon eljáró, GB)* barrister, *US* counselor-at-law; ~ **hez fordul** take* legal advice, take* counsel's opinion → ~ **et fogad**; ~ **nek készül** *GB* read* for the Bar, *US* go* to law school; ~ **et fogad** retain a lawyer/solicitor (*v. US* an attorney), retain counsel

ügyvédbojtár *n* *GB* articled clerk, *US* lawyer-in-training

ügyvédi *a* lawyer's, solicitor's, barrister's; ~ **gyakorlat** legal practice; ~ **gyakorlatot folytat** practise (*US* -ce) law; ~ **iroda** lawyer's office; ~ **kamara** Law Society, *GB* the Bar, Inns of Court *pl*, *US* Bar Association; ~ **költség** retainer, fee; ~ **megbízás** power of attorney; ~ **megbízást ad** brief [a solicitor/lawyer]; ~ **munkaközösség** lawyers' co-operative; ~ **pályára lép** take* up a legal career, be* called to the Bar; ~ **tiszteletdíj** fee(s)

ügyvédjelölt *n* as yet unqualified lawyer

ügyvezető I. *a* managing; ~ **igazgató** managing director **II.** *n* manager, director

ügyvitel *n* management

ügyviteli *a* ~ **szabályzat** regulations *pl*, rules of procedure *pl*

ügyvivő *n* *(diplomáciai)* chargé d'affaires (*pl* chargés d'affaires)

ükanya *n* great-great grandmother

ükapa *n* great-great grandfather

ükunoka *n* great-great grandchild°

ül 1. *vi, vhol* sit*, be* sitting/seated; *(madár ágon)* perch; *(tyúk tojáson)* sit* (on eggs), brood; **asztalhoz** ~ sit* down to table, sit down to a meal; **vk nyakán** ~ be* a

(heavy) burden to sy; **soká** ~ **egy munkán** take* a long time finishing/over [a job]; **ki** ~ **a szótáron?** who is using/hogging the dictionary?; ~ **ve marad** keep* one's seat, remain seated/sitting **2.** *vi, vhová* sit* (swhere); **autóba** ~ get* in(to) a car; **lóra** ~ mount (a horse); **repülőgépre** ~ board an aeroplane (*US* airplane), get* on a/the plane; **taxiba** ~ take* a taxi; **vonatra** ~ get* into/on a/the train, *(vonattal megy vhova)* take* a train to **3.** *vi/vt, biz* **(börtönben)** ~ be* in jail; *biz* be* in jug, be* doing time; **két évet** ~t (s)he was inside for two years

-ül *suff* → **-ul**

üldögél *v* sit*/lounge about/around

üldöz *v* **1.** *(kerget)* chase, pursue; **a balsors** ~i be* dogged by ill luck/fortune, have* a run of bad luck **2.** *vkt átv* harass, hound

üldözendő *a jog* (liable) to be prosecuted *ut.*

üldözés *n* *(kergetés)* pursuit, chase, chasing

üldözéses *a* ~ **verseny** pursuit

üldözési *a* ~ **mánia** persecution complex, paranoia

üldöző *n* pursuer, chaser, persecutor; ~ **be vesz** set* off/out (*v.* dash off) in pursuit of sy, chase after sy

üldözött *a* pursued, persecuted (person); ~ **vad** chase

üldöztetés *n* persecution

üledék *n* **1.** *(folyadéké)* sediment, dregs *pl*, deposit **2.** *geol* deposit, sediment

üledékes *a* **1.** *vegy* sedimental **2.** *geol* sedimentary

ülep *n* seat, buttock, *biz* bottom

üleped|ik *v* settle, be* deposited

ülés *n* **1.** *(tény)* (act of) sitting; *(helyzet)* sitting position/posture **2.** *(hely)* seat; **első** ~ front seat; **hátsó** ~ backseat **3.** *(testületé)* meeting, sitting, session; *(parlamenté)* session; **teljes** ~ full/plenary session; **az** ~**t megnyitja** open the meeting; **az** ~**t bezárja/berekeszti** adjourn the meeting; *(véglegesen)* declare the meeting closed; ~**t tart** hold* a meeting, be* sitting, be* in session; ~**t összehív** convene a meeting; **az** ~**t vezeti** chair the meeting

üléses *a* -seater; **két** ~ two-seater

ülésez|ik *v* have* a meeting, sit*, be* sitting, hold* a sitting; **a parlament** ~**ik** Parliament is* (now) in session

üléshuzat *n* *(kocsié)* car seat cover, upholstery; *(bőr)* leather upholstery; *(szövet)* cloth upholstery

ülésszak *n* **1.** *(testületé)* session, term **2.** **tudományos** ~ conference, meeting

ülésterem n (conference) hall/room; *(kisebb)* council room/chamber

üllő n anvil

ülnök n assessor; **népi** ~ *(bíróságon)* lay member (of a court), people's assessor

ülő a ~ **foglalkozás** sedentary occupation/job/work; ~ **foglalkozást folytat** lead* a sedentary life, do* a desk(-bound) job; **aki** ~ **foglalkozást folytat** sedentary worker

ülőfürdő n hip-bath, sitz bath

ülőhely n seat; **a teremben az** ~**ek száma 500** the hall seats/holds 500 (people), a hall that seats 500

ülőkád n hip-bath

ülőke n small seat

ülőmunka n sedentary job/work ⇨ **ülő foglalkozás**

ülősztrájk n sit-down strike; *(gyár, egyetem területén)* sit-in

ülte n **egy** ~**ben** at one/a sitting; **felugrott** ~**ből** he sprang up from his seat

ültet v **1.** *vkt* seat, sit* sy down; **vkt vk mellé** ~ seat/place sy next to sy, seat/place sy beside sy **2.** *(növényt)* plant [flowers, trees etc.] **3. tyúkot** ~ set* a hen

ültetés n **1.** *vmhez, vhova* seating; ~**(i rend)** seating arrangement(s)/plan **2.** *növ* planting

ültetvény n plantation

ültetvényes n planter, plantation owner

ültő helyében adv at one sitting

ünnep n **1.** ált holiday; *(mint munkaszüneti nap)* (public) holiday; *(csak GB)* bank holiday, *US* legal holiday; *(egyházi)* festival, high day; ~**et ül** celebrate a feast; **kellemes** ~**eket (kívánunk)!** the season's greetings!, Merry Christmas (and a happy New Year)! **2.** *(ünnepség szűkebb körben)* celebration, party; **családi** ~ family gathering/celebration/occasion

ünnepel v **1.** *vmt* celebrate **2.** *vkt* honour (*US* -or), *(magas rangú személyt útján)* fête; **lelkesen** ~ *vkt* give* sy an ovation; *(fennállva)* give* sy a standing ovation; **fennállva hosszan** ~**ték** was given a standing ovation

ünnepelt I. a celebrated; ~ **zongorista** a celebrated pianist II. n *(pl. születésnapján)* person fêted; *(kitüntetett)* honorand

ünnepély n celebration, ceremony; **iskolai** ~ *(vm emlékére)* a commemoration of sg at school

ünnepélyes a **1.** *(csend, arc, hang, alkalom stb.)* solemn; ~ **keretek között** with all due ceremony/solemnity **2.** *(szertartásos)* ceremonial, ceremonious; ~ **megnyitó** a(n inaugural) ceremony to mark the opening of *(v. rövidebben:* the opening of) [a new hospital, the new sports centre etc.]; *(ülés)* formal opening (sitting)

ünnepélyesség n solemnity

ünnepi a festive, ceremonial; *(előadás, játékok stb.)* gala; ~ **alkalom** festive/gala occasion; ~ **beszéd** *(megnyitó)* inaugural (address); opening words *pl*, opening speech; *(egyéb)* (official) address/speech; ~ **díszben** (1) *vk* in gala/formal dress, be* festively dressed, be* decked up/out (2) *(helyiség)* specially decorated (for the occasion) *ut.*; ~ **ebéd/vacsora** banquet, formal/gala dinner; ~ **előadás/est** gala/command performance, gala evening/night; ~ **játékok** festival *sing.*; ~ **menet** (festival) procession; ~ **szónok** (official/invited/main) speaker

ünneplés n celebration; *vké* ovation

ünneplő I. a celebrating; **tisztelt** ~ **közönség!** Ladies and Gentlemen! II. n *(ruha)* one's Sunday best, one's best clothes *pl*, *biz* one's best bib and tucker

ünneplőruha n = **ünneplő** II.

ünnepnap n holiday ⇨ **ünnep 1.**

ünneprontó n spoilsport, wet blanket

ünnepség n *(ünneplés)* celebration; *(ünnepi aktus)* ceremony; *(hosszabb, sorozat)* festivities *pl*, celebrations *pl*

űr n **1.** ált void, gap, (empty) space **2.** *(világűr)* (outer) space

űrállomás n space station

üreg n ált hollow, cavity, hole, pit; *orv* cavity

üreges a hollow; *(hegy, szikla)* cavernous; *(apró üregekkel)* spongy

üregi nyúl n rabbit

üres I. a ált empty; *(ház, szoba, állás)* vacant; *(el nem foglalt, szabad)* free, unoccupied; ~ **beszéd/fecsegés** idle talk, *biz* blather *v.* blether, *US* baloney *v.* boloney; ~ **csillogás** false glamour (*US* -or); ~ **frázisok** empty/hollow slogans/phrases; ~ **a gyomra** have* an empty stomach; ~ **ház** empty/vacant house; ~ **ház előtt játszik** *szính* play to an empty house; ~ **ígéret(ek)** empty/hollow promises *pl*; ~ **kézzel távozik** leave* empty-handed; ~ **kifogás** lame/poor excuse; ~ **óráiban** in his free/leisure time/hours, at one's leisure; ~ **szavak** empty words, claptrap *sing.*; ~ **tea** (1) *(cukor, citrom, tej nélkül)* just tea, black tea, a cup of tea without sugar (etc.) (2) *(csak tea, sütemény stb. nélkül)* just tea on its own; ~ **töltényhüvely** spent cartridge; ~ **a**

zsebe have* empty pockets, have* an empty purse; **(egy)** ~ **papír** a (piece/sheet of) blank paper **II.** n = **üresjárat;** ~**ben van** be* in neutral, be* idling/idle

üresedés n vacancy; *(állás)* opening; ~**ben van** be* vacant

üresen *adv* ált empty; *(szállítóeszköz)* unloaded, empty; ~ **áll** *(ház, lakás)* be* empty/vacant/unoccupied; ~ **hagy** *(lakást stb.)* leave* [a flat/house] empty, vacate [a flat etc.]; ~ **jár** *(motor)* run* idle, race

üresfejű a empty-headed; ~ **ember** rattle--brain, numskull

üresjárat n neutral (gear)

üresség n **1.** *(fizikai)* emptiness, vacuity; a **terem kong az** ~**től** the hall resounds with emptiness **2.** *(szellemi)* vapidity, emptiness

ürge n **1.** áll ground squirrel, s(o)uslik, *US így is:* gopher **2.** □ *GB* bloke, *US* guy

űrhajó n spacecraft, space vehicle, spaceship

űrhajós n spaceman°, astronaut, *(szovjet)* cosmonaut; *(utas)* space traveller (*US* -l-)

űrhajósöltözet n spacesuit

űrhajózás n **1.** = **űrrepülés 2.** = **űrkutatás**

ürít v **1.** ált empty, vacate; ~**i poharát vk egészségére** drink* (to) sy's health, drink* (to) the health of sy, raise one's glass to sy **2.** *(ürüléket, vizeletet)* void [the bowels v. the bladder], evacuate

űrkabin n space capsule, pressurized cabin

űrkomp n space shuttle

űrkutatás n space research

űrlap n form, blank; ~**ot kitölt** fill in (*US* out) a form/blank; complete a/the form; **kérjük, szíveskedjék a mellékelt** ~**ot kitölteni** please fill in/out this form [giving your name, age, and address], please complete the form below [and return it to ...]

űrméret n calibre (*US* -ber); *(furat)* bore

űrmérték n ált measure of capacity; *(száraz)* dry measure; *(csak folyadék)* liquid measure (of capacity)

ürmös n vermouth

üröm n wormwood; átv bitterness, gall; **nincsen öröm** ~ **nélkül** (there is) no joy without alloy

űrpálya n orbit → **pálya**

űrrakéta n space rocket

űrrandevú n space rendezvous

űrrepülés n space flight; *(tudománya)* astronautics *sing.*

űrrepülő $\tilde{o}$ n = **űrhajós**

űrrepülőgép n space shuttle

űrrepülőtér n space centre (*US* -er), cosmodrome

űrruha n spacesuit

űrséta n space walk

űrszelvény n műsz clearance

űrszonda n space probe

űrtartalom n cubic capacity, volume

űrutas n space traveller (*US* -l-)

űrutazás n space travel/flight

ürü n **1.** áll wether **2.** *(húsa)* mutton, *(ma gyakoribb)* lamb

ürücomb n leg of mutton, *(inkább)* leg of lamb

ürügy n pretext, pretence (*US* -se), excuse; **vm ürüggyel** on some pretext; **vmnek az** ~**én** (1) *(vmt* ~*ül felhasználva)* under/on the pretext of (doing) sg (2) *(vm kapcsán)* in connection with sg, apropos of sg; **azzal az ürüggyel, hogy** on the pretext that

ürühús n mutton, *(ma gyakoribb)* lamb

ürül v become* empty, empty; *biol (belek, hólyag)* evacuate

ürülék n ált excreta *pl*; *(bélsár)* excrement, faeces (*US* feces), stools *pl*

üst n cauldron, pot, kettle

üstdob n zene kettledrum, timpani *sing. v. pl*; **az** ~**ok túl hangosak** the timpani is/are too loud

üstdobos n timpanist, kettledrummer

üstök n forelock, tuft (of hair); ~**ön ragadja a szerencsét** take* time by the forelock

üstökös n comet; ~ **csóvája** tail

üszkös a **1.** *(elégett)* charred, burnt **2.** *növ* blighted, smutted **3.** *orv* gangrenous

üszkösödés n **1.** *(égett fáé)* carbonization, charring **2.** *növ* smutting **3.** *orv* gangrene

üszkösöd|ik v **1.** *(fa)* become* carbonized/charred **2.** *növ* become* smutted **3.** *orv* become* gangrenous

üsző n heifer

üszög n **1.** *növ* smut, black-rust **2.** = **üszök**

üszögös a blighted, smutted, rusty

üszök n **1.** *(parázs)* cinder; *(égő)* fire-brand; *(üszkös maradvány)* (smouldering) cinders/ashes *pl* **2.** *orv* gangrene

üt 1. *vt* ált strike*, hit*; *(ver)* beat*; *(ökölvívó)* hit*, *(súlyos ütésekkel)* pound, batter; *(labdát)* hit*, strike*, drive*; ~**ik egymást** they are* exchanging blows, they are* fighting/hitting one another (with their fists); **nagyot** ~ hit*/strike* sy hard; **pofon/arcul** ~ strike*/slap/smack sy in the face (*v.* on the cheek); **szeget** ~ **a falba** strike*/drive* a nail into the wall; **tojást** ~ **vmbe** break*/beat* an egg into sg; **öklével** ~**i az asztalt** pound/bang (one's fist on) the table;

addig üsd a vasat, amíg meleg strike while the *i*ron is hot **2.** *vt (óra)* strike*; **az óra egyet ~** it is* str*i*king one, the clock strikes* one; **négyet ~ött az óra** the clock has struck four; **~ött az óra** *átv* the time has come; **~ött az órája** his hour has come/struck, his time has come; **~i a taktust** beat* time **3.** *vt* **sok pénz ~i a markát** a lot of money is* coming his way (*v.* to him) **4.** *vt (kártyában)* take*, trump; *(sakkban)* take*; **aduval ~ vmt** take* [a card] with a trump, trump [a card] **5.** *vt (szín másikat)* clash (with); **ezek a színek ~ik egymást** these colours (*US* -ors) clash, the colour (*US* -or) of the … clashes with the colour (*US* -or) of the …; **a blúz meg a szoknya ~i egymást** the blouse clashes with the skirt **6.** *vt* **lovaggá ~ vkt** knight sy **7.** *vi (hasonlít vkre)* take* *a*fter sy; **egészen az apjára ~ött** he takes* *a*fter his father, he resembles his father, *biz kif* he is the very/sp*i*tting *i*mage of his father **8.** *vi biz* **mi ~ött belé(d)?** what's come *o*ver you/him (to/that)?, what's got *i*nto (*v.* happened) to you/him etc.? ⇨ **bot**

üteg *n kat* battery

ütegparancsnok *n* battery commander

ütem *n* **1.** *zene és ált (ritmus)* rhythm, cadence; *(ritmus egysége)* time, beat, me*a*sure; *(sebesség)* pace, rate, tempo; **a lélegzés ~e** bre*a*thing (rate); **gyors ~ben** in quick time, at a r*a*pid/quick pace; **gyors ~ben fejlődik a mezőgazdaság** agricultural development is accelerating, *a*griculture is developing at a rapid pace; **tartja az ~et** keep* time, be*/stay in time; **jelzi az ~et** beat*/mark time; **nyugodt ~ben** at a steady rate/pace **2.** *zene (taktus)* bar

ütemes *a* rhythmic(al); **~ taps** rhythmic cl*a*pping; **~en tapsol** *(zenére)* clap in time (to the music)

ütemez *v* **1.** *(ütemet jelzi)* beat*/mark time **2.** = beütemez

ütemezés *n* schedule, t*i*ming

ütemszabályozó *n orv* pacemaker

ütemterv *n* schedule, timing; **~ szerint** on schedule

ütés *n* **1.** *(kézzel, bottal stb.)* blow, hit; *(hangja)* bang; **erős ~ érte a fejét** (s)he received a hard/heavy/severe blow to his/her head (*v.* on the head); **~t mér vkre** deal* sy a blow, hit* sy; *biz* sock/thump sy **2.** *sp (ökölvívás)* hit, blow; *(tenisz, asztalitenisz)* stroke, shot; *(jégkorong)* hit; *(golf)* stroke **3.** *(kártyában)* trick **4.** *(óráé)* stroke, str*i*king

ütközés *n (eseményeké)* co*i*ncidence; *(érdekeké)* conflict, clash

ütközet *n* battle, eng*a*gement, combat, fight; **~et vív** fight* a b*a*ttle

ütköz|ik *v* **1.** *(tárgy vmbe)* knock/bang/ bump ag*a*inst sg; **egymásba ~nek** collide, clash **2.** **akadályba/nehézségbe ~ik** meet* with *o*bstacles/d*i*fficulties, come* up ag*a*inst a d*i*fficulty (*v.* ag*a*inst d*i*fficulties); **törvénybe ~ik** offend ag*a*inst the law, come* *i*nto conflict with the law **3.** *(két elfoglaltság/program stb.)* clash/coinc*i*de (*vmvel* with); **a két hangverseny/előadás ~ik** the two c*o*ncerts clash/coinc*i*de

ütköző *n (vasúti)* b*u*ffer, *US* b*u*mper

ütközőállam *n* b*u*ffer state

ütközőbak *n* b*u*ffer, *US* b*u*mper

ütközőpont *n átv* (point at) *i*ssue, bone of contention, st*i*cking point

ütleg *n* hit, blow

ütlegel *v* hit*, beat*, thrash, drub, p*u*mmel

ütő I. *n* **1.** *(személy)* h*i*tter, be*a*ter **2.** *(tenisz)* racket; *(asztalitenisz)* bat, *US* p*a*ddle; *(jégkorong)* stick; *(golf)* club **3.** *zene* stick **II.** *a* **egymást ~ színek** colours (*US* -ors) that clash

ütődés *n* shock, coll*i*sion, *i*mpact

ütőd|ik *v vmbe* knock/strike* ag*a*inst sy; **egymásba ~nek** coll*i*de, clash

ütődött *a* **1.** *(gyümölcs)* bruised **2.** *biz vk* crazy, cracked, loony, *kif* he is not all there, *US* d*i*ppy

ütőér *n* artery

ütöget *v* **1.** *vkt, vmt* keep* h*i*tting/be*a*ting, rap **2.** *sp (egymásnak, bemelegítésképpen pl. krikettben)* warm up; *(teniszben, asztaliteniszben)* knock up

ütögetés *n sp (bemelegítésképpen, teniszben stb.)* knock-up; **jössz egy kis ~re?** let's have a quick knock-up

ütőhangszer *n* percussion *i*nstrument; **~en játszik** play percussion (*i*nstruments)

ütőhangszer-játékos, ütőjátékos *n* percussionist, percussion player

ütőkártya *n (átv is)* trump (card); **minden ~ a kezében van** *átv* hold* all the trumps (*v.* w*i*nning cards); **kijátssza az utolsó (*v.* minden) ~ját** play one's trump/w*i*nning card

ütőképes *a kat* fit for *a*ction, combat ready; *átv és sp* fighting fit

ütőóra *n* str*i*king clock

ütős *n* = **ütőhangszer-játékos**; **az ~ök** the percussion (section) *sing.*

ütőszeg *n (fegyveré)* f*i*ring-pin

ütőszerkezet *n* striking apparatus/mechanism

ütött-kopott *a* *ált* battered; *(ház)* dilapidated, run-down; *(ruhaféle)* shabby, threadbare

üveg I. *n* **1.** *(anyag)* glass; **homályos** ∼ frosted/opaque glass **2.** *(ablaké)* (window-)-pane **3.** *(palack)* bottle, flask; **egy** ∼ **bor** a bottle of wine; ∼**be tölt** bottle; ∼**ben eltesz** bottle; ∼**ből táplált** bottle-fed **II.** *a* glass

üvegablak *n* glass window

üvegajtó *n* glass door

üvegáru *n* glassware

üvegbetét *n* **1.** *(termoszé)* glass inside **2.** *(üvegért adott)* refundable deposit

üvegbura *n* bell-jar/glass; glass-bell; *(lámpáé)* lampshade

üvegcse *n* small bottle, phial

üvegcserép *n* **1.** *(darab)* fragment of glass **2.** *(tetőn)* glass tile

üvegdarab *n* sliver/splinter/piece/fragment of glass; ∼**ok** broken glass

üvegdugó *n* glass stopper

üvegedény *n* glass vessel; *(gyűjtőnév)* glassware

üveges I. *n* **1.** *(iparos)* glazier **2.** *(kereskedő)* dealer in glass **II.** *a* **1.** = **üvegezett 2.** *(üvegben árusított)* bottled [beer etc.] **3.** *(üvegszerű)* glassy; ∼ **szem** glassy/glazed eyes *pl*; *(tekintet)* vacant look

üvegez *v* glaze, fit (sg) with glass, glass ⇨ **beüvegez**

üvegezett *a* glassed-in

üvegfal *n* glass screen/partition/wall

üvegfestés *n* glass painting

üvegfonal *n* glass thread, spun glass

üvegfúvó *n* glass-blower

üveggyapot *n* glass wool

üveggyár *n* glassworks *sing. v. pl*

üveggyöngy *n* (glass) beads *pl*; *(fekete)* bugle

üveghang *n* *zene* harmonics *pl*

üvegharang *n* bell-jar, glass-bell

üvegház *n* glass-house, greenhouse; ∼**ban nevel/termel** grow* under glass, force

üvegházi *a* ∼ **növény** hothouse plant

üveghuta *n* glassworks *sing. v. pl*

üvegipar *n* glass industry

üvegkár *n* ∼ **elleni biztosítás** insurance against breakage of (one's) household glass [covered by the policy]; insurance against breakages

üveglap *n* sheet (of glass); *(ablakban)* pane

üvegnemű *n* glassware

üvegpalack *n* glass bottle, flask

üvegpapír *n* glass-paper

üvegpohár *n* glass

üvegszál *n* glass fibre (*US* fiber), fibreglass (*US* -ber-)

üvegszem *n* glass eye

üvegszilánk *n* glass splinter

üvegtábla *n* (glass) pane, sheetglass

üvegtál *n* glass dish

üvegtest *n* *(szemé)* vitreous body

üvegtető *n* glass roof

üvölt *v* howl, roar; *(dühösen)* bawl, bellow; ∼ **fájdalmában** howl/scream with pain; **együtt** ∼ **a farkasokkal** cry/howl with the pack

üvöltés *n* howl(ing)

űz *v* **1.** *(hajt)* drive*, chase, hunt, pursue **2.** *(foglalkozást)* practise (*US* -ice), carry on, pursue [a profession]; *(sportot)* pursue [a sport], play [a game] ⇨ **csúf, tréfa**

üzekedés(i idő) *n* *(nőstényeké)* heat, oestrus (*US* es-); *(hímeké)* the rutting season

üzeked|ik *v* *(nőstény)* be* in heat; *(hím)* rut

üzelmek *n* *pl* *(tisztességtelen)* corrupt practices, *biz* wheeling and dealing sg, hole-and--corner deals/affair/business *(utóbbi kettő sing.)*

üzem *n* **1.** *(nagyobb)* plant, factory, works *sing. v. pl*; *(kisebb)* workshop; **az** ∼ **dolgozói** the workforce, *biz* the shop floor *(mind. sing.)* **2.** *(működés)* functioning, working, running, operation; ∼**be helyez** (1) *(gyárat, intézményt)* start up, put* sg into operation (2) *(gépet)* install (*US* instalis), set* [an apparatus etc.] up, set* up [an apparatus]; ∼**be helyezés** putting into operation; ∼**ben tart** operate, run*; ∼**ben tartás** running, operation; **a gépkocsi** ∼**ben tartója** (*GB*) registered keeper of the vehicle; **teljes** ∼**ben** in full operation (*v. biz* swing); **teljes** ∼**mel dolgozik** work at full capacity

üzemág *n* branch (of production)

üzemanyag *n* fuel

üzemanyag-felvétel *n* fuelling (*US* -l-)

üzemanyagtartály *n* fuel tank; *(kocsié)* petrol (*US* gas) tank

üzemanyagtöltő állomás *n* filling/petrol (*v. US* gas) station

üzemben tartó *n* → **üzem**

üzembiztonság *n* safety of operation

üzembiztos *a* reliable, safe

üzemel *v* work, run*, operate; **nem** ∼ is* not working/running, does* not work; *(meghibásodott)* be* out of order; **műszaki hiba miatt csak egy lift** ∼ due to defect there's only one lift in service

üzemelés *n* working, running, operation
üzemeltet *v* operate, run*
üzemeltetési *a* ~ **költségek** operational/running costs, upkeep *sing.*
üzemi *a* **1.** *(üzemmel kapcsolatos)* works, factory; *(a dolgozókkal kapcs.)* shop-floor; ~ **baleset** industrial accident/injury, works accident; ~ **bizottság** shop committee; *(nagyobb)* works committee; ~ **demokrácia** workshop democracy; ~ **dolgozó** factory worker/employee; ~ **étkezde** works canteen; ~ **étkez(tet)és** canteen/subsidized meals *pl;* ~ **orvos** = **üzemorvos 2.** = **üzemeltetési;** ~ **adatok** service data; ~ **költségek** = **üzemeltetési** *költségek*
üzemképes *a* in working order *ut.;* ~ **állapotban van** be* in working order
üzemképtelen *a* out of order *ut.*
üzemköltség *n* = **üzemeltetési** *költség*
üzemmérnök *n kb.* graduate engineer
üzemorvos *n* factory/works doctor/physician
üzemszervezés *n* business organization
üzemszünet *n* **1.** *(üzemben)* stoppage, shutdown **2.** *(gépé stb.)* standstill, breakdown
üzemvezetés *n* plant/works/factory management
üzemvezető *n* (works) manager
üzemzavar *n* breakdown, *átv biz* hiccup
üzen *v vmt vknek* send* a message (to), send* word (to); **a barátod** ~**t, hogy jól van** your friend sent word that he was well; *(szóbelileg)* **azt** ~**i, hogy** ... (s)he said to tell you that ...; **vktől** ~ **(vknek) vmt** bring* word from sy (for sy) that ...(*v.* of sg); **vkvel** ~ **(vknek) vmt** send* (sy) word through sy that ... (*v.* of sg)
üzenet *n* **1.** message; **van egy** ~ **az ön számára X-től** there's a message for you from X; ~**et átad** deliver a message, pass on a message (to sy); ~**et hagy** leave* a message; ~**et küld vknek** send* word (*v.* a message) to sy; ~**et kap** have*/receive a message **2.** *átv (mondanivaló)* message; **van** ~**e a filmnek** [it is*] a film with a message
üzenetrögzítő *n* (telephone) answering machine/equipment, answerphone, Ansaphone
üzenget *v* keep* sending messages
üzér *n* speculator, profiteer ⇨ **jegyüzér**
üzérkedés *n* speculation, profiteering
üzérked|ik *v vmvel* speculate/traffic in sg *(utóbbi alakjai:* trafficked, trafficking)
üzlet *n* **1.** *(adásvétel, ált)* business; *(ügylet)* (business) deal, (business) transaction; **jó** ~

(hasznot nyújtó) a paying proposition; *(egy ügylet)* a good deal, a bargain; *(ára méltányos) biz* a good buy; **hogy megy az** ~**?** how's business?; **jól megy az** ~ business is good; **az** ~ ~ business is business; **nyer az** ~**en** make* a profit on (*v.* out of) the transaction/deal; ~**et köt vkvel** do* business with sy, do*/make*/clinch a deal with sy, make*/strike* a bargain with sy; *(lebonyolít)* carry out a transaction (with sy); **jó** ~**et kötött/csinált** (s)he struck a good deal/bargain; ~**et lebonyolít vkvel** transact business with sy, carry out a transaction with sy, transact a sale/purchase/bargain; **jó** ~**eket csinál** make* good deals; **rossz** ~**et csinál** strike* a bad bargain **2.** *(helyiség, bolt)* shop, *US* store; *(cég)* business (concern); ~**e van** have*/own a shop, be* a shopkeeper; ~**et nyit** set* up shop, open a shop, set* up in business (on one's own)
üzletel *v biz* elít do* a little buying and selling on the side
üzletember *n* businessman°; *(igével)* be*/work in business
üzletfél *n* (business) connection; *(vásárló)* customer, client
üzletház *n (cég)* house, (business) firm
üzlethelyiség *n* (business) premises *pl,* shop, *US* store
üzleti *a* business; ~ **cím** business address; ~ **dolgokról beszél(get)** talk business/shop; ~ **érzék** business sense/acumen; **nincs** ~ **érzéke** have* no head for business; ~ **fogás** business/trade trick; ~ **forgalom** turnover, returns *pl;* ~ **gyakorlat/jártasság** business experience/expertise; ~ **kapcsolatok/összeköttetés** business connections/relations/dealings *pl;* ~ **kapcsolatban van vkvel** have* business connections/dealings with sy; ~ **könyvek** (account-)books; ~ **negyed** business district/quarter, *US* downtown (business center); ~ **pályán van/működik** be*/work in business; ~ **pályára megy/lép** go* into business; ~ **tárgyalás(ok)** business/trade talks; ~ **titok** trade secret; ~ **ügy** business affair/matter; ~ **úton/ügyben** on business; ~ **vállalkozás** business undertaking/concern/enterprise
üzletkör *n* sphere of business, connections *pl*
üzletkötés *n* transaction, deal
üzletkötő *n* business sales (*v.* import/export/trading) executive; travelling (*US* -l-) salesman°/saleswoman°/salesperson; *(igével)* do* business

üzletmenet *n* trade, (the course of) business; **jó** ~ boom; **rossz** ~ slump, depression, recession
üzletrész *n* business share
üzletszerű *a* businesslike, professional
üzletszerző *n* salesman°

üzlettárs *n* (business) partner/associate
üzletvezető *n* (business) manager; *(áruházban)* sales manager
üzletzárás *n* closing (time)
űzőbe *adv* ~ **vesz** *vkt* begin* to pursue (*v.* run* after *v.* chase) sy

V

V¹, v *n (betű)* (the letter) V/v
V² = *volt* volt, V
v. = *vagy* or
-vá, -vé *suff (kezdődő, új állapot: eredményhatározó)* into, in; *(v. elöljáró nélkül, tárgyesettel)* **lesz/válik vmvé** become* sg, turn into sg, be* converted into sg; **fiává fogad** adopt sy (as son); **semmivé lesz** come* to nothing, dissolve/melt into thin air; **vmt vmvé változtat** transform/convert/turn/change sg into sg; **a házat üzletté alakították át** the house has been turned into a shop; **bolonddá tesz vkt** make* a fool of sy, play a trick upon sy, take* sy in ⇨ *határozószókban* **máshová, mindenüvé, örökké, többé, együvé, kevésbé, eléggé, kevéssé, kissé** *stb. lásd a szótár megfelelő helyén*
vacak I. *a* **1.** *(silány)* worthless, rubbishy, trashy, cheap and nasty **II.** *n* rubbish, trash, tat, junk
vacakol *v biz (vmvel)* tinker/potter *(US* putter) about/around, tinker with
vacillál *v* vacillate, waver, hesitate
vacog *v* shiver/tremble/shake* *(hidegtől:* with cold, *félelemtől:* with fear), be* shivering (all over with cold); ~ **a foga** sy's teeth are* chattering
vacok *n* **1.** *(állaté)* den, lair, hole **2.** *vké* den **3.** *növ* receptacle
vacsora *n* **1.** *ált* evening meal; *(GB és US)* dinner *(ha délben lunch volt); (a kontinensen ált)* supper *v.* dinner; **hideg** ~ 'buffet supper; ~ **után** after dinner/supper **2.** *(vendégekkel)* dinner-party
vacsoraidő *n* dinner-time
vacsoráz|ik *v (ha délben lunch volt)* have* dinner, dine; *(ha délben dinner volt)* have* supper; **házon kívül** ~**ik** eat*/dine out; **otthon** ~**ik** have* dinner/supper at home
vad I. *a* **1.** *(állat)* wild, untamed, undomesticated [beast] **2.** *növ* wild **3.** *(műveletlen)* wild, savage, uncivilized **4.** *(kegyetlen)* ferocious **5.** *(erőszakos)* fierce **6.** *(erős támadás/fájdalom/szél)* violent, wild, fierce, raging **7.** *(gondozatlan)* wild **8.** *(félénk)* shy, timid **II.** *n* **1.** *(vadon élő állatok, gyűjtőfogalom)* game, wildlife; **sok** ~**at ejtettek**

they made*/had* a good bag **2.** *(ember)* savage
vád *n jog* **1.** *(vk ellen)* charge, accusation; **az ellene felhozott** ~ **alapján** on the basis of the charge brought against him; ~ **alá helyez vkt**, ~**at emel vk ellen** bring*/prefer a charge [of theft/murder etc.] against sy, bring*/prefer charges against sy, charge sy with [theft, etc.] **2.** *(vádhatóság)* (public) prosecutor, the prosecution; **XY, a** ~ **képviselője** *(v. a* ~ **képviseletében XY)** **megkérdezte ...** Mr X, prosecuting, asked ...; Mr X, for the prosecution, asked ...; **a** ~ **tanúja** witness for the prosecution
vadállat *n* **1.** *ált* wild animal, (wild) beast **2.** *átv* brute, beast
vadállati(as) *a* bestial, brutish
vadállomány *n* stock of game
vadalma *n* crab(-apple)
vadas *a* ~**an** in a piquant brown sauce; **nyúlhús** ~**an** lapin chasseur; ~ **marha-(hús)** *kb.* braised beef in a piquant brown sauce; ~ **mártás** *kb.* chasseur sauce
vadaskert *n* (game) preserve
vádaskodás *n* (repeated) accusations *pl*, mud-slinging; *(hát mögötti)* backbiting
vádaskod|ik *v* make* repeated accusations (of)
vadaspark *n* wildlife/game park, animal kingdom
vadász *n* hunter, huntsman°
vadászat *n* shooting (party); *US így is:* hunting ⇨ **falkavadászat**
vadászati *a* ~ **engedély** = **vadászengedély**; ~ **tilalom** close *(US* closed) season
vadászbombázó *n* fighter-bomber
vadászengedély *n* shooting/game licence *(US -se)*
vadászezred *n kat* regiment of rifles, rifles *pl*
vadászfegyver *n* shotgun, sporting gun
vadászgép *n* fighter (plane/aircraft)
vadászgörény *n* ferret
vadászható *a* ~ **vad** fair game
vadászház *n* hunting/shooting-box, hunting lodge
vadászidény *n* hunting/shooting-season, (the) open season

[a/the question] to a/the vote; **nyílt** ~ *o*pen ballot; **titkos** ~ (secret) ballot(ing); **elrendeli a** ~**t** put* [a question/motion etc.] to the vote, *(GB parlamentben)* divide the House

szavazat *n* vote; **leadja** ~**át vkre** give* one's vote for sy, vote for sy; **több** ~**ot kap, (mint)** win*/obta*i*n more votes (than), be* outv*o*ted

szavazatarány *n* share of the vote(s)

szavazati *a* ~ **jog** right to vote; ~ **joggal bíró** enfr*a*nchised, ent*i*tled to vote *ut.*

szavazatszám *n* n*u*mber of votes, the vote

szavazatszámlálás *n* co*u*nting of (the) votes

szavazatszedő *a* ~ **bizottság** scrutin*e*ers *pl,* election committee

szavazattöbbség *n* maj*o*rity (of votes); ~**gel győz** win* by a maj*o*rity [of ... votes]

szavazó *n* v*o*ter, elector

szavazóállomás *n* polling st*a*tion

szavazócédula *n* ballot (p*a*per), vote, v*o*ting slip

szavazófülke *n* polling booth

szavazóhelyiség *n* polling st*a*tion

szavazójog *n* = **szavazati** *jog*

szavazókerület *n* const*i*tuency, electoral d*i*strict

szavazókörzet *n* v*o*ting *a*rea

szavazólap *n* = **szavazócédula**

szaxofon *n* s*a*xophone, *biz* sax

szaxofonos *n* s*a*xophonist

száz *num* (a/one) h*u*ndred; ~ **közül egy is alig** sc*a*rcely one in a h*u*ndred; **az emberek** ~**ai** h*u*ndreds of p*e*ople; ~ **esztendeje, hogy nem láttam** I h*a*ven't seen him for *a*ges; **minden** ~ **évben egyszer, ha találkozunk** I see him once in a blue moon; ~ **szónak is egy a vége, egy szó mint** ~ to come to the point, to cut a long st*o*ry short; ~**ával** by h*u*ndreds, by the h*u*ndred ⇨ **százan**

század I. *n* **1.** *(idő)* century; **a XX.** ~**ban** in the twentieth/20th century; **a** ~ **elején** at/tow*a*rds the beg*i*nning of the century; ~ **eleji** of the beg*i*nning of the century *ut.* **2.** *kat (gyalogos)* company, *(lovas)* squadron **II.** *num_ (századrész)* h*u*ndredth (part)

századelő *n* the beg*i*nning of the century

századforduló *n* turn of the century

századi *a (idő)* of the ...th century *ut.,* ...th century; **múlt** ~ of the last century *ut.*

századik *num a* h*u*ndredth; ~ **évforduló** cent*e*nary; **minden** ~ one in a h*u*ndred;

minden ~ **sem tudja** not one p*e*rson in a h*u*ndred knows that/it

százados *n kat* c*a*ptain

századosi *a* ~ **rang** rank of a c*a*ptain, c*a*pt*a*incy

századparancsnok *n* company command*e*r, c*a*ptain of company

századrész *n* a h*u*ndredth (part)

századszor *num adv* for the h*u*ndredth time

századvég *n* fin-de-siècle, end of the century

századvégi *a* fin-de-siècle, of the close of the century *ut.*

százalék *n* per cent, percentage; **száz** ~**ban** one h*u*ndred per cent; *(tökéletesen)* ent*i*rely, compl*e*tely; **száz** ~**ig igaza van** he is* perfectly right; **öt** ~**ot levonnak** 5 per cent is* ded*u*cted, there is* a ded*u*ction of 5 per cent

százalékarány *n* percentage

százalékos *a* **három** ~ **kamat** 3 per cent *i*nterest, *i*nterest at 3 per cent (*v.* p.c.); **50** ~ **hadirokkant** a f*i*fty per cent w*a*r-cripple

százalékszámítás *n* c*a*lculation of *i*nterest/percentage(s)

százan *num a* h*u*ndred (of); ~ **voltak** they were a h*u*ndred, there were a h*u*ndred p*e*ople there; **kb.** ~ **jelentek meg** there was an att*e*ndance of ab*o*ut a h*u*ndred, *biz* some h*u*ndred p*e*ople turned up

százas I. *a* **a** ~ **szám** (the n*u*mber) h*u*ndred; **a** ~ **szoba** r*o*om n*u*mber 100 (*v.* No. 100) **II.** *n* **1.** *(szám)* h*u*ndred **2.** *(bankjegy)* a h*u*ndred forint/pound/d*o*llar note (*v. US* bill)

százéves I. *a* 100/h*u*ndred years old *ut.* **II.** *a/n* cent*e*narian

százezer *num* a/one h*u*ndred th*o*usand

százfelé *adv* in all (*v.* a h*u*ndred) directions

százféle *a* h*u*ndred (different) kinds/sorts of, all sorts of

százforintos *n* a h*u*ndred forint note (*v. US* bill)

százlábú *n* áll centipede

százméteres *a* ~ **síkfutás** 100 metre race/dash, [men's/women's] 100 metres

százrétű *a* h*u*ndredfold

százszámra *adv* by/in h*u*ndreds, by the h*u*ndred

százszázalékos *a* (one-)h*u*ndred per cent; *átv* thoroughgoing, out-and-*o*ut, complete

százszoros *a* h*u*ndredfold

százszor *num adv* a h*u*ndred times

százszorszép *n növ* d*a*isy

százszorta *num adv* a h*u*ndred times (more)

szb *(szakszervezeti bizottság)* (trade-)*u*nion executive (committee)

szds. = *százados* captain *(röv* Capt.)

szeánsz *n* seance
szebb *a* more beautiful/attractive, nicer
szebbít *v* make* more beautiful
szecesszió *n* secession
szecessziós *a* secessionist
szecska *n* chaff, chopped hay/straw
szecskavágó *n* chaff-cutter, chopper
szecskáz *v* cut* chaff, chop
szed *v* **1.** *(gyűjt)* gather, collect; *(gyümölcsöt, virágot)* pick; *(díjat, vámot)* collect, levy, get* in **2.** *(ételből)* help oneself; ~**j belőle!** help yourself! **3.** *biz (szerez)* get*; **hol** ~**ted ezt a tollat?** where did you get that pen (from)?; **honnan** ~**i ezt?** where do/did you get that from? **4.** *(orvosságot)* take* [medicine], *hiv* be* taking medication; **(fogamzásgátló) tablettát** ~ be* taking contraceptive pill(s), *biz* be* on the pill; *(elkezdi szedni)* go* on the pill **5.** *nyomd* set* (up) [type], compose **6.** *biz* ~**i a lábát** step out briskly; ~**d a lábad!** step lively!
szédeleg *v* **1.** *(szédül)* feel* giddy/dizzy; **szédelgek az éhségtől** I'm fainting with hunger, *biz* I'm famished **2.** = **szélhámoskodik**
szédelgés *n* **1.** *(szédülés)* giddiness, dizziness **2.** *(szélhámosság)* deceit, fraud, cheat; *biz* con
szédelgő *n* swindler, cheat
szedelő(d)zköd|ik *v* (gather one's things together and) be* preparing to leave/start, pack up (*v.* start packing up) one's things
szeder *n* **1.** *(földi)* blackberry, bramble **2.** *(faeper)* mulberry
szederinda *n* runner (of a bramble)
szederjes *a* violet(-coloured *v.* US -colored), purple-blue; ~**sé vált az arca** he went blue (in the face)
szedés *n nyomd (művelet)* typesetting, setting, composition; *(a kész szedés)* matter, set-up type
szedéstükör *n* type area
szedett-vedett *a* second-hand, junk, trashy; ~ **népség** riff-raff, mixed company
szédít *v* **1.** *(konkréten)* stun, daze, make* (one feel) giddy/dizzy **2.** *átv biz (hiteget)* string* sy along
szédítő *a* giddy, dizzying, dizzy; ~ **árak** scandalous/exorbitant prices; ~ **magasság** dizzy/giddy height; ~ **siker** tremendous/stunning success/hit
szedő *n nyomd* typesetter, compositor; **kézi** ~ (hand) compositor
szedőállvány *n* case-rack, composing frame
szedőgép *n* composing/typesetting machine, typesetter

szedőterem *n* composing/case room
szedővas *n* set-square
szédül *v* be*/feel* dizzy/giddy; ~ **a feje** his head is* swimming/reeling
szédülés *n* (fit of) dizziness, giddiness, vertigo
szédületes *a biz* stunning, staggering, colossal; ~**en jó** stunningly good ⇨ **szédítő**
szédülős *a (igével)* be* prone to dizzy spells (*v.* vertigo)
szédült *a* ~ **ötlet** crackbrained/crazy idea; ~ **pali** sucker, mug
széf *n* safe
szeg[1] *v* **1.** *(szegélyez)* border, hem, fringe **2.** *(kenyeret)* cut* **3.** *(esküt)* break*
szeg[2] *v* **szög** *n* nail; *(szegecs)* pin; **(csak) kibújik a** ~ **a zsákból** (1) *(kiderül szándéka)* show* the cloven hoof (2) *(pedig szeretné leplezni)* can the leopard change his spots?; ~**re akaszt** *(foglalkozást)* throw*/give* up; *(elvet)* cast* aside, throw* over; **fején találja a** ~**et** hit* the nail on the head; **kihúz (egy)** ~**et** draw* a nail *(vmből szed v sg)*; ~**et üt/ver a falba** drive*/hammer a nail into the wall; **vm** ~**et üt a fejébe** *(= gondolkodásra késztet vm)* set* sy thinking (about sg); ~**et** ~**gel** tit for tat, measure for measure; ~**gel kirak/kiver** stud*, ornament with nails
szegecs *n* rivet, pin
szegecsel *v* rivet
szegecselt *a* riveted
szegedi *a* of Szeged *ut.*, Szeged; *(születésű)* born in Szeged *ut.*
szegel *v* **szögel** *v.* = **szegez**
szegély *n* **1.** *ált* border, edge; *(függönyé)* trimming; *(ruháé)* hem **2.** *(erdőé)* edge, fringes *pl; (járdáé)* kerb (US curb)
szegélydísz *n* trimming; *épít* frieze
szegélyez *v* border, edge; *(ruhát)* hem, trim, fringe; **nyárfákkal** ~**ett út** road lined with poplars
szegélyléc *n (mennyezeten)* frieze; *(padlón)* skirting (board), US baseboard, batten
szegény I. *a* **1.** *(szükséget szenvedő)* poor, needy, in want *ut.*; ~ **ember** poor man°; *(sajnálkozva)* poor fellow/chap (US guy); ~ **sorsú** poor, poverty-stricken, deprived; ~**, mint a templom egere** (as) poor as a church mouse **2.** *(sajnálkozva)* poor; **apám** my poor father; ~ **feje** poor fellow/chap/thing/devil **3.** *vmben* poor/deficient in sg *ut.*; **vízben** ~ short of water *ut.*, lacking in water *ut.* **II.** *n a* ~**ek** the poor *pl*
szegényes *a* **1.** *(hiányos)* deficient, scanty, meagre (US -ger); ~ **szókincs** limited vo-

cabulary 2. *(nyomorúságos)* miserable;
~en in reduced/straitened circumstances
szegénygondozás n poor-relief
szegényház n † poorhouse, almshouse
szegényke n poor (little) thing
szegénylegény n tört highwayman°, outlaw
szegénynegyed n poor part/district, deprived area, slum; *(Londonban)* East End;
(New Yorkban) East Side; **a ~ből származik** come* from the wrong side of the tracks
szegényparaszt n † poor peasant
szegénység n poverty, indigence, want, penury; *(általános)* pauperism; ~**ben él** lead* a life of poverty
szegénységi a **1.** ~ **bizonyítvány** certificate of poverty **2.** ~ **bizonyítványt állít ki magáról** provide evidence of one's incapacity, give* a poor account of oneself
szeges v **szöges** a *(szegezett)* nailed; *(szegekkel kivert)* studded; ~ **bakancs** hobnail boots pl; ~ **bot** alpenstock
szegesdrót v **szögesdrót** n barbed wire
szegetlen a **1.** *(ruhaanyag)* unhemmed **2.** *(kenyér)* uncut, whole
szegez v **szögez** v. *(szeggel)* nail (vmhez on/to sg)
szegezés n nailing
szegeződik v **minden tekintet az ajtóra ~ött** all eyes were fixed/riveted on the door, everyone stared at the door
szegfej v **szögfej** n nail-head
szegfű n carnation, (clove) pink
szegfűbors n allspice
szegfűszeg n clove
szeghúzó v **szöghúzó** **I.** n nail-drawer/extractor **II.** a ~ **kalapács** claw-hammer
szeglet n corner, angle ⇨ **szöglet**
szegletes a = **szögletes**
szegletkő n cornerstone, quoin
szegődik v **1.** = **elszegődik 2.** vkhez join sy; **hozzánk ~ött a hajón** on the ship he joined us
szegről-végről adv csak ~ **rokon** he is* only a distant relation
szegvas v **szögvas** n angle-iron
szegy n *(marháé)* brisket
szegycsont n breast-bone
szégyell v vmt be*/feel* ashamed (of sg v. doing sg v. to do sg); ~**i magát** be*/feel* ashamed of oneself; ~**t kérni** he was/felt ashamed to ask for [help etc.]; ~**d magad!** you should (v. ought to) be ashamed of yourself!, (for) shame!
szégyellnivaló a sg to be ashamed of, disgrace

szégyen n shame; *(szégyellnivaló)* disgrace; *(botrány)* scandal; ~, **gyalázat!** it's/what a shame!, (for) shame!; **ő a család ~e** he is* the black-sheep of the family; ~**ben maradt** he was put to shame, be* in disgrace; **azt se tudta, hova legyen ~é-ben** (s)he almost died with/for the shame; ~**t hoz vkre,** ~**be hoz vkt** bring* shame/disgrace/discredit on sy, be* a disgrace to sy; ~**t vall** disgrace oneself, bring* shame on oneself, fail shamefully
szégyenbélyeg n brand, stigma *(pl stigmas v. stigmata)*
szégyenérzet n (sense of) shame
szégyenfolt n *(jó hírén)* a slur/blot [on one's reputation]; **ő a család ~ja** he is* a disgrace to his family; **a város ~ja** a disgrace to the city
szégyenkezés n shame
szégyenkez|ik v *(vm miatt)* be*/feel* ashamed of sg (v. of having done sg), feel* shame at (having done) sg
szégyenkezve adv shamefacedly, embarrassedly, confusedly
szégyenletes a shameful, disgraceful
szégyenlős a shy, bashful; **nem ~** unashamed, shameless
szégyenpír n blush/flush of shame
szégyenszemre adv to one's shame
szégyentelen a shameless, impudent
szégyenteljes a = **szégyenletes**
szeizmográf n seismograph
széjjel adv **1.** *(irány)* asunder, apart; *(helyzet)* distant/separated from one another **2.** = **szanaszét** ⇨ **szét-**
széjjelfut v = **szétfut**
széjjelhány v throw* all over the place, throw*/scatter about
széjjelhord v = **szórd** **szélhord**
széjjelmegy v = **szétmegy**
széjjelnéz v = **szétnéz**
széjjelszed v = **szétszed**
széjjelszór v = **szétszór**
széjjeltép v = **széttép**
szék n **1.** *(ülőbútor)* chair; *(támla nélküli)* stool; *(ülés)* seat; **két ~ közt a pad alá esik** fall* between two stools; ~**kel kínál** ask sy to be seated **2.** = **széklet**
szekál v biz nag (at) sy, badger, pester, US bug, hassle
szekáns, szekánt a biz nagging
szekatúra n biz nagging, badgering
szekció n section
szekcióelőadás n *(konferencián)* section paper
szekcióülés n section meeting

székel 1. *vi vhol* reside (in/at) **2.** *vi/vt (ürít)* have* a bowel movement, have* a motion, have* motions

székelés *n* = **széklet 1.**

székely *a/n* Székely, Szekler ⟨i.e. Magyar of *E*astern Transylvania⟩; **a** ~**ek** the Székelys/Szeklers

székelygulyás *n* Székely/Transylvanian g*o*ulash ⟨i.e. pork stew with s*a*uerkraut⟩

szekér *n* (farm-)wagon, cart; **egy** ~ **széna** a wagonload/cartload of hay; *biz* **más szekerét tolja** *kb.* be* sy's hanger-on (*pl* h*a*ngers-on)

szekerce *n* adze (*US* adz), hatchet

szekeres *n* carter, carrier

szekérfuvar *n* **1.** *(szállítás)* cartage, carting **2.** *(mennyiség)* cartload

szekérrúd *n* pole, shaft

szekértoló *n* *biz* lapdog, hanger-on (*pl* h*a*ngers-on), self-seeking supporter

szekérút *n* cart road/track, *US* dirt road

székesegyház *n* cathedral

székesfőváros *n* capital (city)

székfoglaló *n* *(beszéd, előadás)* inaugural address/lecture, inaugural

székház *n* centre (*US* center), House; *(intézményé)* headquarters *pl*; *(egyleté)* club--house

székhely *n* centre (*US* center), residence, seat, headquarters *pl*; *(megyéé)* county town; *(területé)* chief town; **a vállalat** ~**e** the head office of the company

szekíroz *v biz* = **szekál**

székláb *n* chair leg

széklet *n* **1.** *(folyamat)* motion (of the bowels), defecation, bowel movement/evacuation; **rendben van a** ~**e?** *(orvos kérdezi)* any trouble with your bowel movements? **2.** *(eredménye)* motions *pl*, stool(s), faeces

székletminta *n* specimen of one's stools

székrekedés *n* constipation

szekrény *n* **1.** *(akasztós)* wardrobe, *US* closet; *(fali)* cupboard; *(fehérneműs)* linen cupboard (*US* closet); *(rádióé stb.)* cabinet; *(öltözőben)* locker; **beépített** ~ built-in wardrobe/cupboard, *US* closet; **üveges** ~ glass-case, glass-fronted cabinet **2.** *(géprészé)* casing

szekrényajtó *n* cupboard/wardrobe (*US* closet) door

szekrényes *a* ~ **öltöző** locker room

szekrénykoffer *n* wardrobe trunk

szekreter *n* *GB* escritoire, secretaire, secretary, *csak GB* davenport

széksor *n* row/line of seats/chairs

szekta *n* **1.** *vall* sect **2.** *pol* splinter group

széktámla *n* back (of a/the chair), chair back

szektáns, szektariánus *a/n pol, vall* sectarian

szektás I. *a pol* sectarian, factionalist; *vall* sectarian, denominational; *pol* ~ **nézetek** sectarian views *pl*; ~ **nézeteket vall** hold* sectarian views **II.** *n pol* sectarian, factionalist; *vall* follower/member of a sect

szektor *n* sector; **állami** ~ state/p*u*blic sector; **szocialista** ~ socialist/collectivized sector

szekund *n zene* second

szekunder *a* secondary

szel *v* **1.** *(kenyeret)* slice (up), cut*; *(húst)* carve **2.** **a hajó** ~**i a vizet** the ship ploughs (*US* plows) (her way) through the (stormy) seas

szél[1] *n* **1.** *(légmozgás)* wind; *(gyenge)* breeze; *(erős tengeri)* gale; ~ **alatt** leeward, *u*nder the lee; ~ **alatti oldal** lee side, leeward; ~ **felőli oldal** windward (side), weatherboard; **a** ~ **irányában** windward, downwind, before/down the wind; ~ **ellen** *i*nto/ag*a*inst the wind, (right) *i*nto the wind's eye; **kedvező** ~ fair wind; **fúj a** ~ the wind is* blowing, it is* windy; **észak felől fúj a** ~ the wind is* blowing from the north (*v.* is*/lies* in the north), a north wind is* blowing; **megfordul a** ~ the wind changes/shifts/veers round; **megállt a** ~ the wind has* dropped; **mi** ~ **hozott ide?** what brings* you here?; **honnan fúj a** ~? how is*/sits* the wind?; **megvárja/meglátja, honnan fúj a** ~ *átv* see* how (*v.* which way) the wind blows; **tudja, honnan fúj a** ~ *átv* he knows* which way the wind blows; **az új idők szele** the wind of change; **élesen a** ~**ben vitorlázik** sail near (*v.* close to) the wind; ~**nek** windward; **nagyon ki van téve a** ~**nek** be* open to every wind; ~**nek ereszt** *vkt* send* sy away/off, let* sy go, send* out *i*nto the world; *vmt* cast*/throw* sg to the winds; **hátba kapja a szelet** have* a leading--wind; **szembe kapja a szelet** have* a head-wind; **csapja a szelet** *vknek* court/woo sy, pay* one's attentions to sy; ~**lel** before/down the wind; ~**lel szemben hajózik** sail ag*a*inst/near the wind (*v.* in the wind's eye) **2.** *(bélben)* wind, flatulence; **szelek bántják** suffer from flatulence **3.** *orv* = **szélütés; megütötte a** ~ (s)he had a stroke ⇨ **vitorla**

szél² n *(papíré, úté, asztalé, erdőé)* edge; *(szakadéké, síré)* brink, verge; *(edényé)* rim; *(városé)* outskirts pl, fringes pl; **vmnek a ~én** átv on the verge/brink of sg ⇨ **sír, tönk**

szélárnyék n lee, rep sheltered zone

szélcsend n calm, lull

szélcsendes a calm

széldzseki n windcheater, US windbreaker, blouson

szeleburdi I. a **1.** *(személy)* scatterbrained, flighty, harum-scarum **2.** *(cselekedet)* rash **II.** n scatterbrain, harum-scarum

széled v disperse, break* up

szelekció n selection

szelektál v select, choose*

szelektív a selective

szelel v *(kémény, szivar)* draw*

szelelőakna n air shaft

szelelőlyuk n air hole

szelemen n purlin

szelence n casket, box

szélenergia n wind power

szelep n valve; **biztonsági ~** safety valve

szelepgumi n *(kerékpár)* valve hose

szélerősség n force of the wind, wind-force; **8-as ~** a wind of force 8 (on the Beaufort scale), a force eight wind/gale

szélerősségmérő n = **szélmérő**

szeles a **1.** *(időjárás)* windy; *(gyengén)* breezy **2.** *(meggondolatlan)* thoughtless, inconsiderate, rash, hare-brained, flighty; **~ gyerek** rattle-brain

széles a broad, wide; **~ e világon nem találni párját** he hasn't his equal on earth *(v.* in the whole world); **~ körű** wide, wide-ranging, extensive, large; **~ körű érdeklődés, ~ ismeretkör** wide range of interests, wide interests pl; **~ körű ismeretek/tudás** extensive/wide knowledge; **körben ismert** be* widely known; **~ körű vizsgálatot folytat** carry out wide-ranging *(v.* extensive *v.* far-reaching) investigations, explore every avenue; **~ nyomtávú** broad-gauge *(US* -gage) *(US* -gage); **~ vállú** broad/square-shouldered

széleskörűen adv widely

szelesség n flightiness, thoughtlessness, rashness

szélesség n **1.** ált breadth, width **2.** földr latitude; **az északi ~ 46. fokán** at latitude 46° [kiolvasva: degrees] north

szélességi a **~ fok** degree of latitude; **46-os ~ fok, észak** the latitude [of the ship] is* 46° [= degrees] north; **~ kör** parallel, line/parallel of latitude

szélesvásznú a film wide-screen [film, picture]; **panoráma-~ film** kb. Cinemascope, Cinerama

szelet n **1.** *(kenyérből stb.)* slice, piece; *(hús)* steak, cutlet; *(hal)* fillet, steak; **egy ~ kenyér** a slice of bread; **egy ~ csokoládé** a bar of chocolate; **egy ~ szalonna** a slice of bacon, rasher; **rántott ~** escalope, breaded cutlet **2.** mat segment

szeletel v cut* (sg) into slices, slice (sg); *(húst)* carve

szeletke n thin/small slice

szeleverdi a = **szeleburdi**

szélez v hem, edge, border

szélfogó n *(erdősáv stb.)* windbreak

szélhámos n swindler, fraud, impostor, biz con-man°

szélhámoskodás n swindling, swindle, fraud

szélhámoskod|ik v swindle, be* a swindler/fraud

szélhámosság n = **szélhámoskodás**

szélhűdés n = **szélütés**

szelíd a **1.** *(ember)* gentle, meek, mild-mannered; *(nyugodt)* quiet, kind, calm, placid; *(hang, érzelem)* soft, gentle, tender; **~ természet** sweet temper; **~, mint a bárány** (as) gentle as a lamb; **~en** gently, sweetly **2.** *(állat)* tame, domesticated; *(vadállat)* harmless, inoffensive

szelídgesztenye n sweet/edible chestnut, marron

szelídít v *(állatot)* tame, domesticate

szelídítő n tamer

szelídség n **1.** *(jellemvonás)* gentleness, kindness, mildness **2.** *(állaté)* tameness

szelindek n mastiff

szélirány n wind direction, direction of the wind; **~ba(n)** down/before the wind, windward; **széliránnyal szemben** against/into the wind

széljegyzet n **1.** *(lapszéli jegyzet)* marginal note, gloss **2.** *(megjegyzés)* comment

szélkakas n *(átv is)* weather-cock; **forog, mint a ~** chop and change

szellem n **1.** *(erkölcsiség)* spirit; *(felfogás)* spirit, turn of mind, mentality, attitude; **kollektív ~** collective spirit; **üzleti ~** commercial/business spirit/mentality; **egészséges ~ a ~** a healthy atmosphere/tone; **jó/rossz a ~ a zenekarban** the orchestra's ensemble is* outstanding/good *(v.* is poor) **2.** *(kísértet)* ghost, spirit, spectre *(US* specter), phantom; **ő az én rossz ~em** he is* my evil genius **3.** *(elme)* mind, intellect; **átfogó ~** all-embracing mind; **kivá-**

ló/sziporkázó ~ br*illiant mind **4.** *(sze-*
mély) (br*illiant/great) mind, intellectual
g*iant*, genius; **korának egyik legna-
gyobb ~e volt** he was one of the gr*ea*test
minds of his age **5.** *(belső tartalom, lényeg)*
sp*irit*; **a törvény ~e** the sp*irit* of the law
6. = szellemesség; csupa ~ full of wit
szellemes *a* **1.** *vk* w*itty*, full of wit *ut.* **2.** ~
megoldás ing*e*nious solution; *(gép, szerke-
zet stb.)* ingenious g*a*dget/invention; ~
mondás w*itty* rem*a*rk, bon mot, quip
szellemeskedés *n* tr*y*ing to be f*u*nny/w*itty*
szellemesked|ik *v* crack jokes, try* to be
f*u*nny/w*itty*, quip
szellemesség *n* **1.** *(tulajdonság)* wit, w*itti*-
ness **2.** *(mondás)* w*itty* rem*a*rk, w*itti*cism,
quip
szellemi *a* m*e*ntal, intell*e*ctual, sp*i*ritual; ~
dolgozó wh*ite*-collar w*o*rker, intell*e*ctual;
~ **élet** intell*e*ctual/sp*i*ritual life; ~ **export**
inv*i*sible *e*xports *pl*; ~ **foglalkozás/mun-
ka** intell*e*ctual occup*a*tion, wh*ite*-collar job;
~ **fogyatékosság** m*e*ntal def*i*ciency,
feeble-m*i*ndedness, subnorm*a*lity; ~ **ké-
pesség** intell*e*ctual/m*e*ntal ab*i*lity/cap*a*-
city/prowess, m*e*ntal gifts *pl*; ~ **képessé-
geinek teljes birtokában** in full posse*s*-
sion of his f*a*culties; **meghaladja a ~ ké-
pességeit** it is* above/be*y*ond his (intell*e*c-
tual) cap*a*city/powers, *biz* that's way *o*ver his
head; ~ **szabad foglalkozású (sze-
mély)** *kb.* fr*ee*lance(r); *(igével) kb.* work as
a fr*ee*lance, free-lance; ~ **termék** intell*e*c-
tual pr*o*duct
szellemidézés *n* n*e*cromancy, sp*i*ritualism
szellemileg *adv* m*e*ntally, intell*e*ctually ⇨
fogyatékos
szellemiség *n* ment*a*lity, mind
szellemkép *n* *(tévéképernyőn)* ghost *i*mage,
ghosting
szellemtelen *a* ins*i*pid, dull, flat
szellemtörténet *n kb.* h*i*story of id*e*as, in-
tell*e*ctual h*i*story
szellemtudomány *n* the arts/hum*a*nities *pl*
szellemvasút *n* ghost train
szellent *v* break* wind
széllovaglás *n* w*i*ndsurfing
szellő *n* **1.** breeze **2.** *"~"* *(ablakventilátor)*
extr*a*ctor fan
széllökés *n* gust/blast (of wind); *(erősebb)*
squall
szellőrózsa *n* w*i*ndflower, an*e*mone
szellős *a* br*ee*zy; *(levegős)* *ai*ry
szellőzés *n* ventil*a*tion, *ai*ring
szellőzetlen *a* unventil*a*ted, *ai*rless; *(áporo-
dott)* st*u*ffy, m*u*sty

szellőz|ik *v* be* aired, be* exp*o*sed to the air
szellőző *n (nyílás)* air vent/hole; *(készülék)*
ventilator, fan; *(ablakban)* extr*a*ctor fan
szellőzőakna *n* *ai*rway, air shaft
szellőzőnyílás *n* air vent/hole, blow-hole
szellőztet *v* **1.** *vt/vi* ventilate, air, le*t** fresh
air in **2.** *vt* ~**i a kérdést** draw* p*u*blic at-
tention to the question, air sg
szellőztetés *n* *ai*ring
szellőztetőkészülék *n* v*e*ntilator, fan
szélmalom *n* w*i*ndmill
szélmalomharc *n* ~**ot folytat/vív** tilt at
(v. fight*)* w*i*ndmills
szélmentes *a* sh*e*ltered from the wind *ut.*,
w*i*ndless; *hajó* ~ **oldal** lee side
szélmérő *n* anem*o*meter, w*i*nd-gauge *(US*
-gage)
széloldal *n* w*i*ndward (side)
széloldali *a* w*i*ndward *(v.* w*ea*ther-)side
szélroham *n* gust/blast of wind, fl*u*rry
szélrózsa *n* compass rose/card; **a ~ min-
den irányába** in all dir*e*ctions, to the four
winds
szélsebesen *adv* with l*i*ghtning speed, like
greased l*i*ghtning; ~ **elrohan** fly* off
szélsebesség *n* w*i*nd vel*o*city/speed
szélsikló *n* = **szörf 1.**
szélső I. *a* **1.** ált *o*utside; **leg~** *o*utermost,
farthest, extreme **2.** *mat* ~ **érték** extreme
(value) **II.** *n sp* winger
szélsőbal(oldali) *a pol* extreme left, *u*ltra-
-left(-wing)
szélsőjobb(oldali) *a pol* extreme right,
*u*ltra-right(-wing)
szélsőség *n* extreme, extr*e*mity; ~**be csap**
go* to the extr*e*mes
szélsőséges I. *a* extreme, extr*e*mist; ~ **be-
állítottságú ember** extr*e*mist **II.** *n* ex-
tremist
széltében *adv* **1.** *(szélességben)* acr*o*ss,
transversely, crosswise **2.** *(mindenütt)* every-
where
széltében-hosszában *adv* far and wide,
everywhere
széltoló *n biz* disr*e*putable ch*a*racter, sw*i*nd-
ler, crook, tr*i*ckster
szélütés *n* *a*poplexy, stroke
szélütött I. *a* *(testrész)* p*a*ralysed **II.** *n* para-
l*y*tic, par*e*tic
szélvédett *a* = **szélmentes**
szélvédő (üveg) *n* *(autón)* w*i*ndscreen *(US-
-shield)*
szelvény *n* **1.** *(értékpapíré)* coupon; *(ellen-
őrző)* c*o*unterfoil, stub, *US* check; *(jegyé)*
(ticket) stub **2.** *műsz* profile, section
szelvényfüzet *n* ticket/c*o*upon-book

szélvész *n* hurricane, high wind
szélvihar *n* (wind-)storm; *(erős)* gale
szélzsák *n* wind-sock/sleeve
szem *n* **1.** *(látószerv)* eye; *(tekintet)* eye(s), gaze, sight; **csupa ~ vagyok!** I am all eyes; **kerek/tágra nyílt ~** staring eyes *pl*; **mélyen ülő ~ek** deep-sunk/set eyes; **nagy ~ek** big eyes; **~ elől téveszt** lose* sight of; **~ előtt tart** keep* sg in view, have* sg in sight; **ezt (mint célt) ~ előtt tartva** with this end in view, with an eye *(v.* a view) to [doing sg]; **több ~ többet lát** two heads are better than one; **kit látnak ~eim!** what a surprise!, fancy meeting you here!; **mit látnak ~eim!** what a sight!, what do I see!, well, I never!; **jó a ~e** have* good eyesight, sy's sight is* good, *átv* have* good judg(e)ment; **van ~e vmhez, jó ~e van vmhez** have* an eye for sg; **rossz ~e van** have* poor/bad eyesight; **vk ~e fénye/világa** (1) *(látása)* one's (eye)sight (2) *átv* the apple of sy's eye; **úgy vigyáz rá, mint a ~e fényére/világára** cherish/keep* sg as the apple of one's eye; **nagyobb a ~e, mint a szája** his eye is* bigger than his belly; **vknek a ~e elé kerül** come* before sy, catch* sight of sy; **ne kerülj többet a ~em elé!** get/ keep out of my sight!, don't let me see you(r face) again!; **vknek a ~e előtt lebeg** be* always in one's mind, be* always before one('s eyes); **vknek a ~e előtt/láttára** before sy's very eyes, in sy's sight; **mindenki ~e láttára** in full view (of all), publicly, openly; **~e, szája eláll vmtől** stand* in open-mouthed wonder, stand* gaping before sg; **majd kiesett a ~e** his eyes were* starting from his head, his eyes nearly popped out; **vknek (erősen) a ~e közé néz** look sy (full) in the eye/face; **a ~e sarkából néz vkt** look at sy out of the corner of one's eye, cast* a sidelong glance at sy; **még a ~e sem áll jól** *kb.* (s)he looks quite a handful; **lelki ~ei előtt** in one's mind's eye; **a ~ébe ment vm** sg has* got into sy's/one's eye; **~ébe mondja az igazat vknek** tell* the truth to sy's face; **~ébe** *(v.* **~e közé) nevet vknek** laugh in sy's face; **~ébe néz vknek** look sy in the eye/face; **~ébe néz vmnek** look sg in the eye/face; *(szembenéz vmvel)* face up to sg, face sg (boldly); **~ébe vág** *(vknek vmt)* throw*/fling* sg in sy's face/teeth; **~ébe vágta az igazságot** he told him the truth to his face; **vk ~ében** in one's eyes/view/

opinion/esteem, in the sight of; **a(z én) ~emben** in my eyes; **a ~éből látom** I can read it in his eyes, I can see it written on his face; **úgy ~re** to look at, at first blush/ glance, on the surface; **fél ~ére vak** be* blind in one eye; **~ére hány/vet vmt vknek** reproach/upbraid sy with sg, upbraid sy for (doing) sg, cast* sg in sy's teeth, blame sy for sg; **nincs mit a ~ére vetnie** have* no quarrel with/against sy; *(egyik tizenkilenc ...)* it's six of one and half a dozen of the other; **~et ~ért(, fogat fogért)** an eye for an eye (and a tooth for a tooth), tit for tat; **~et huny vm fölött** turn a blind eye to sg, wink at sg, close/shut* one's eyes to sg, overlook sg; **~et szúr vknek vm** strike* sy, catch* one's eye; **rajta tartja a ~ét** keep* one's eye on sg, keep* track of; **hova tette a ~ét?** hasn't he got eyes in his head?, was he blind?; **~et vet vmre/ vkre** take* a liking/fancy to sg/sy; **~től ~be(n)** face to face (with sy); **nyitott ~mel jár** have* one's wits about oneself, keep* one's eyes open; **saját ~ével látta** he saw it with his own eyes; **~mel látható** visible (to the naked eye); *(nyilvánvaló)* obvious, evident, manifest; **~mel láthatólag** visibly, apparently; **~mel tart vkt/ vmt** keep* an eye on sy/sg, watch sy/sg **2.** *növ* grain; **egy ~ szőlő** a/one (single) grape **3.** *(kötés)* stitch; *(lánc)* link **4.** *(homok)* grain (of sand), *(por)* speck, particle (of dust) **5.** *(pávatollon)* ocellus *(pl* -li), eye(spot) ⇨ **jó, kinyit, kiszúr, kopog, lefut, lehuny, mereszt, rossz**
szem- *n orv* eye-, ophthalmic
szemafor *n* semaphore, signal
szemantika *n* semantics *sing.*
szemantikai *a* semantic
szembaj *n* eye disease
szembajos *n* eye patient
szembe *adv* opposite, in the face of; **~ kapja a szelet** have* the wind in one's face; **~ találja magát vkvel** meet* sy face to face; **szemtől ~** face to face (with sy)
szembeáll *v* vkvel/vmvel face sy/sg, stand* opposite/facing sy/sg
szembeállít *v* **1.** vkt vkvel *(ellenségesen)* set* sy against sy **2.** *(hasonlít vmt vmhez)* contrast [two things *v.* sg with sg], compare sg with sg, set* sg against sg
szembeállítás *n* **1.** *(tanúké)* confrontation **2.** *(hasonlítás)* contrast, contrasting
szembefordul *v* **1.** *konkr* turn to(wards) (sy) **2.** = **szembehelyezkedik**

szembehelyezked|ik v. **1.** vmvel set* one-self against, set* one's face against, be* opposed to, stand* (out) against, oppose (mind: sg) **2.** vkvel turn against sy

szembejön v come* from the opposite direction; ~ **velünk** be* coming towards us

szembejövő a ~ **forgalom** oncoming traffic

szembekerül v **1.** vkvel find* oneself face to face with sy **2.** átv vkvel come* into conflict with sy; vmvel come* up against [a problem, difficulty etc.]

szembekötősdi n blind man's buff

szemben adv **1.** (térben) opposite (to), facing (sg), in front of, over against; **a ~ álló ház** the house opposite; ~ **áll vkvel/ vmvel** face sy/sg; ~ **ül vkvel** sit* opposite sy; ~ **lakik** (s)he lives opposite **2.** (ellentétben vmvel) in contrast with/to sg, contrary to sg, as opposed to sg, in contradiction to sg; (vkvel kapcsolatban) with respect/regard to, towards (sy); ~ **áll vkvel/vmvel** be* at odds with sy/sg, oppose sy/sg, be* opposed to sy/sg, be* against sy/sg; ~ **álló** (ellenségesen) opposed to ut., contrary; **álláspontja vmvel** ~ **megváltozik** change one's mind, change/alter one's opinion about sg; **ezzel** ~ on the other hand, whereas, while

szembenállás n opposition

szembenéz v **1.** vkvel look sy full/straight in the face/eye, face sy **2.** vmvel face sg; (vm kellemetlennel) face up to sg; **szembe kell néznie azzal a ténnyel, hogy** ... (s)he must face up to the fact that ...; ~ **a tényekkel** face the facts/issue; ~ **a veszéllyel** face/square up to the danger

szembeni a concerning, towards ut.

szembeötl|ik v strike* sy, catch* one's eye

szembeötlő a striking, glaring, conspicuous

szembesít v vkt vkvel confront sy with sy

szembesítés n confrontation

szembeszáll v vkvel/vmvel brave, oppose (sy, sg), take* sy/sg on

szembeszökő a = **szembeötlő**

szembeteg n eye patient

szembetegség n eye disease

szembetűn|ik v catch* one's eye, be* striking

szembetűnő a = **szembeötlő**

szembogár n pupil, apple of the/one's eye

szemcse n grain; (apró) granule

szemcséjű a **durva** ~ rough-grained; **finom** ~ fine-grained

szemcsepp n eye-drop

szemcseppentő n (eye-)dropper; (üveggel együtt) dropper bottle

szemcsés n granular, grainy, granulous

szemel v pick, sort, select

szemelget v keep* picking/sorting/selecting

szemellenző n (lóé) blinkers pl, US blinders pl; (sapkán) peak, visor

szemellenzős a átv blinkered, narrow--minded

szemelvény n selected passage, selection, excerpt, extract; **válogatott** ~ek selected passages, excerpts

szemelvényes a ~ **kiadás** selections from ... pl

személy n person (pl people, US és jog, ill. elit persons); (egyén) individual; ~ek (színdarabban) characters; **ismeretlen** ~ek persons unknown; **(egy)** ~ **per hó(nap)** man-month; ~ **szerint** personally, in person; **első** ~**ben beszél** speak* in the first person; **költő és szobrász volt egy** ~**ben** he was a poet and a sculptor rolled into one; **XY** ~**ében** in the person of YX; ~**ében érint vkt** be* personally affected by it; ~**re szóló meghívó** personal invitation, not transferable invitation ⇨ **személyenként**

személyautó n (passenger) car

személyazonosság n identity; ~ **megállapítása** identification; ~**át igazolja** prove one's identity; **vknek a** ~**át megállapítja** establish the identity of sy, identify sy

személyazonossági igazolvány n identity card, ID (card), sy's papers pl

személycsere n **1.** (felváltás) switching/ changing round/over **2.** (tévedésből) (a case of) mistaken identity

személydíjszabás n passenger tariff

személyenként adv per person, per/a head, each; ~ **és naponként** per person per day; ~ **10 fontot kaptunk** we've been given £10 each

személyes a **1.** personal, (egyéni) individual; ~ **használati tárgyak** articles for personal use; ~ **kapcsolatok** personal relations (with); ~ **szabadság** personal/ individual freedom/liberty; ~ **ügy** private/ personal matter/affair/business; ~ **ügyben keresem** I want to see him about a private matter, it's a personal matter **2. 12** ~ **asztal** the table sits twelve, a 12-seater table ⇨ **névmás**

személyesen adv personally, in person; ~ **ismer vkt** be* personally acquainted with sy, know* sy personally; ~ **megjelenik** appear in person, make* an appearance (at), attend [a meeting/party etc.]

személyeskedés *n* personal remarks *pl*, personalities *pl*
személyesked|ik *v* be* personal, indulge in personalities; **ne ~jünk** let's keep personalities out of it
személyfelvonó *n* lift, *US* elevator
személyforgalom *n* passenger traffic
személygépkocsi *n* (passenger) car
személyi *a* personal, private, individual; **~ adatok** particulars; **~ igazolvány** identity card, ID card; **~ jövedelem** personal income; **~ jövedelemadó** income tax, a tax on personal income; **~ juttatás** personal allowance; **~ kiadások** personal expenses; **~ kölcsön** *(banktól)* personal loan; **~ kultusz** personality cult; **~ lap** sy's file; **~ okmányok** one's papers; **~ pótlék** personal allowance/grant; **~ szám** identity number; **~ titkár(nő)** personal assistant (P.A.); **~ tulajdon** personal property, personal effects *pl*; **~ tulajdonú lakás** private home; **~ változások** personal changes; *(magasabb tisztségviselőké is)* changes in personnel; *(kormányban)* (government/cabinet) reshuffle
személyiség *n* personality; **kiemelkedő ~** personage, prominent/outstanding figure/person(age), dignitary
személyiségzavar *n* personality disorder
személykocsi *n* *(vasúti)* (railway) carriage/ coach, *US* (railroad) car
személyleírás *n* description (of a person); **~t ad vkről** give* a description of sy
személynév *n* personal name
személynévmás *n* personal pronoun
személypályaudvar *n* passenger station
személypoggyász *n* luggage, *US* baggage; **~t felad** register one's luggage
személyrag *n* personal suffix, person marker
személyragozás *n* conjugation
személyszállítás *n* passenger transport/service
személyszállító *a* **~ hajó** passenger boat
személytelen *a* impersonal
személyválogatás *n* **~ nélkül** indiscriminately, without distinction of persons, impartially
személyvonat *n* slow train
személyzet *n* **1.** *(alkalmazottak)* staff, personnel, employees *pl; (hajóé, járműé)* crew **2.** *(házi)* staff, servants *pl*
személyzeti *a* **1.** *(alkalmazotti)* staff; **~ bejáró** *(felirat)* "staff only"; **~ étterem/étkezde** staff restaurant; **~ jegy** service pass *(v. season-ticket)* **2.** **~ osztály**

personnel department; **~ vezető** personnel director/manager **3.** **~ szoba** servant's/ domestic's room
szemenszedett *a* **~ hazugság** barefaced/brazen lie
szemereg *v* = **szemerkél**
szemérem *n* (sexual) modesty; **~ elleni erőszak** (public) act of indecency
szeméremajkak *n pl* labia
szeméremsértő *a* obscene
szeméremtest *n* genitals *pl*, genitalia *pl*
szemerkél *v* **~ az eső** it is* drizzling
szemérmes *a* bashful, modest, demure, shy, coy
szemérmetlen *a* **1.** *(nem szemérmes)* shameless, unabashed, indecent **2.** *(arcátlan)* impudent, barefaced, brazen-faced, insolent; *(viselkedés)* immodest
szemérmetlenked|ik *v* behave shamelessly/indecently
szemérmetlenség *n* shamelessness, immodesty, impudence, (brazen) insolence
szemernyi *a/n* a grain of; **egy ~ sem** *vmből* not a grain *(v. an atom/ounce)* of sg, no trace of sg; **egy ~ esze sincs** be* without a grain of sense; **egy ~t sem aludtam** I didn't sleep a wink
szemes I. *a* **1.** *növ, mezőg* **~ kávé** coffee-beans *pl*, whole coffee; **~ takarmány** corn fodder, hard feed; **~ termények** cereals, grain crops **2.** = **szemfüles II.** *n* **~nek áll a világ** *kb.* keep* your eyes open/skinned/ peeled
szemész *n* ophthalmologist, *US* oculist
szemészet *n* ophthalmology
szemészeti *a* ophthalmological
szemeszter *n* (half-year) term, semester
szemét *n* **1.** *(házi)* rubbish, refuse, *US* garbage; *(szanaszét heverő hulladék)* waste, litter; *(piszok)* dirt, filth; **~ lerakása tilos!** no dumping; **annyi, mint a ~** (there are) heaps of ..., (as) common as dirt/muck **2.** = **szemétdomb;** **~re dob vmt** throw* sg on the rubbish heap; **~re való** *átv* rubbish, trash, garbage **3.** *(áruról, elit)* junk, trash; *(olvasmányról)* trash **4.** *(jelzőként)* *biz* **~ alak** louse, rat, *US* heel
szemétdomb *n* rubbish *(v. US garbage)* tip/ heap, refuse dump
szemétégető (mű) *n* incinerator
szemetel¹ *v* **1.** *(piszkít)* scatter rubbish/litter **2.** *(szemetet elhord)* remove/collect rubbish/refuse
szemetel² *v* = **szemerkél**
szemételszállítás *n* refuse collection, removal/collection of rubbish/refuse

szemetes I. *a (szeméttel teli)* full of rubbish *ut.* II. *n* dustman°, *hiv* refuse collector, *US* garbage collector

szemeteskocsi *n (kuka)* dustcart, *US* garbage truck

szemeteszsák *n* litterbag

szemétgödör *n* dung-hole/pit, cesspit

szemétgyűjtő *n (utcai, konténer)* refuse *(US* garbage*)* container

szemétkosár *n* waste-paper basket, *US* wastebasket, waste bin

szemétláda *n* dustbin, (rubbish) bin, *US* garbage/trash can; *(utcán)* litterbin, *US* litterbag; **pedálos** ~ pedal bin

szemétlapát *n* dust-pan

szemétlerak(od)ás *n* ~ tilos! no dumping

szemétlerakodó (hely/telep) *n* (rubbish) dump/tip, (refuse) dumping ground, rubbish-shoot

szeméttelep *n* = szemétlerakodó telep

szemétvödör *n* = szemétláda

szemez[1] *v mezőg* = beolt 2.

szemez[2] *v vkvel, biz* give* sy *(v.* each other*)* the glad eye, make* (sheep's) eyes at sy *(v.* each other*)*

szemfájás *n* aching eyes *pl*

szemfedél *n* shroud, winding-sheet

szemfedő *n* = szemfedél

szemfelszedés *n* invisible mending

szemfelszedő *n* invisible mender

szemfenék *n* fundus

szemfenékvizsgálat *n* fundus examination

szemfényvesztés *n* 1. *(bűvészkedés is)* conjuring, jugglery, juggling 2. *átv* eyewash, deception, trickery, humbug

szemfényvesztő *a átv* deceitful, delusive

szemfog *n* eye-tooth°

szemforgatás *n átv* hypocrisy, cant, humbug

szemforgató *n* hypocrite, humbug

szemfüles *a* clever, wide-awake, sharp, (very much) on the ball *ut.*, shrewd; *(élelmes)* resourceful, practical

szemgolyó *n* eyeball

szemgödör *n* eye-socket, eyehole

szemgyulladás *n* inflammation of the eye, ophthalmitis

szemhéj *n* eyelid

szemhunyás *n* egy ~t sem aludtam I didn't sleep a wink, I didn't get/have a wink of sleep

szemhunyorítás *n* wink(ing)

szemideg *n* optic nerve

szeminárium *n* 1. *(papi)* seminary 2. *(egyetemi)* seminar; *GB kb.* tutorial 3. *pol* (ideological) study group 4. *(tud. tanácskozás)* seminar

szemináriumi *a* ~ dolgozat essay

szemiotika *n* semiotics *sing.*

szemkápráztató *a* dazzling, amazing

szemkenőcs *n* eye ointment

szemképződés *n mezőg* formation of grains

szemközt *adv/post* opposite (to), facing, face to face with, in front of, vis-à-vis; ~ ülnek **(egymással)** sit* facing/opposite each other

szemközti *a* opposite, vis-à-vis

szemlátomást *adv* visibly, obviously

szemle *n* 1. *(vizsgálat)* review, inspection, survey, view; *kat* review, muster; ~t tart hold* a review; ~t tart vm felett review/examine/survey sg 2. *(folyóirat)* review

szemlehunyva *adv* with eyes closed

szemleív *n nyomd* machine proof, advance sheet

szemlél *v* watch, contemplate; *(megközelít kérdést stb.)* approach [a problem]

szemlélet *n* view (of sg), way of looking at (things), attitude (to sg), approach

szemléletes *a* clear, graphic, vividly/clearly described, lifelike; ~ **leírása vmnek** a graphic account/description of sg; ~en ír le vmt give* a graphic description/account of sg, describe sg graphically

szemléletesség *n* graphic quality, vividness

szemléletmód *n* approach ⇨ **szemlélet**

szemlélő *n* spectator, onlooker, observer

szemlélődés *n (belső)* contemplation, meditation

szemlélőd|ik *v (nézelődik)* look (a)round; contemplate

szemléltet *v* demonstrate, illustrate

szemléltetés *n* demonstration, illustration

szemléltető *a* demonstrative, illustrative; ~ábrák illustrations; ~ anyag illustrative material, illustrations *pl*; ~ példa illustration; *(szótárban így is)* example/illustrative phrase/sentence

szemléltetőeszköz *n* visual aid

szemlencse *n* 1. *(szemé)* lens 2. *(műszeré)* eyepiece, ocular

szemlesütve *adv* with downcast eyes

szemmérték *n* (judgement by the) eye; **jó a** ~e have* a straight eye

szemorvos *n* ophthalmologist, oculist, eye-specialist

szemölcs *n* wart

szemöldök *n* eyebrow; **összehúzza a** ~ét knit* one's brows, frown; **kihúzza a** ~ét pencil *(US* -l*)* one's eyebrows

szemöldökceruza *n* eyebrow pencil
szemöldökcsipesz *n* tweezers *pl*
szemöldökfa *n* lintel, transom
szempilla *n* (eye)lashes *pl; (szála)* eyelash; **még csak a ~ja sem rezdült** he didn't bat (*v.* never batted) an eyelid, he didn't turn a hair (when . . .)
szempillafesték *n* mascara
szempillantás *n* **1.** *(pillantás)* glance, blink **2.** *(pillanat)* instant, moment, second; **egy ~ alatt** in the twinkling of an eye, in a flash, before you could say Jack Robinson, *biz* in a trice/jiffy
szempont *n* **1.** *(álláspont)* point of view, standpoint, viewpoint, angle; *(meggondolás)* consideration; **gazdasági ~ok** economic considerations; **ebből a ~ból** in this respect, from this point of view; **~jából** from the point of view of . . ., with a view to . . ., in terms of; **minden ~ból** in every respect **2.** ~**ok** *(= irányelvek)* guidelines
szemrebbenés *n* blink(ing), twinkle, wink(ing); **~ nélkül** without batting an eyelid, unblinkingly; *(hidegvérrel)* in cold blood
szemrehányás *n* reproach, reproof, rebuke; **~t tesz** *vknek* reproach sy (with/for sg), reprove sy (for sg), castigate sy for sg
szemrehányó *a* ~ **tekintet** look of reproach, reproachful glance
szemrevaló *a* attractive, good-looking, *kif* she is* quite an eyeful
szemrevételez *v* survey, make* a survey of
szemrevételezés *n* survey
szemrontó *a* straining the eye *ut.,* causing eyestrain *ut.*
szemszög *n (nézőpont)* point of view, standpoint, aspect, angle; **én nem ebből a ~ből nézem (a dolgot)** I don't see it that way, that's not how I see it, I do not look upon it in that light
szemtanú *n* (eye)witness; **~ja vmnek** witness sg, be* a (*v.* an eye)witness to sg, be* present (at)
szemtelen *a* impudent, impertinent, insolent, brazen(-faced), *biz* cheeky
szemtelenked|ik *v* behave impertinently/insolently/impudently, be* impertinent; *(nővel)* take* liberties with, *biz* get* fresh with; **ne ~j!** enough of your insolence!, damn your cheek!
szemtelenség *n* impudence, impertinence, insolence, effrontery; **micsoda ~!** what a nerve!, what (a) cheek!
szemtengelyferdülés *n* astigmatism
szemű *suff* **1.** *(látószerv)* -eyed, of . . . eye(s) *ut.* **2.** *(mag)* -grained

szemügyre vesz *kif vmt* examine/inspect/scrutinize sg, look at sg closely
szemüreg *n* eye-socket, orbit, eyehole
szemüveg *n* spectacles *pl*, glasses *pl, biz* specs *pl;* **hova tettem a ~emet?** where have I put my glasses?
szemüveges *a* bespectacled, wearing spectacles *ut.*
szemüvegkeret *n* (spectacle) frame
szemüvegtok *n* spectacle-case, glasses case
szemveszteség *n mezőg* loss of grain
szemvillanás *n* **1.** *(szemé)* wink of the eye **2.** *(pillanat)* twinkling
szemvizsgálat *n* sight-testing
szemzés *n mezőg* budding
szén *n* **1.** *(fűtőanyag)* coal; *vegy* carbon; **szenet vesz fel** *(hajó)* coal, take* in/on coal; **~né ég** get* charred/carbonized; **~né éget** char, burn* to cinders; **~né égett** *(holttest)* burnt to death *ut.* **2.** *(orvosság)* medicinal charcoal (tablets *pl*) **3.** *(rajzszén)* charcoal; **~nel rajzol** draw* with charcoal
széna *n* hay; **~ vagy szalma?** good or bad?; **rosszul áll a ~ja** (s)he is* going through a bad patch, (s)he is* in a bad way; **~(-e) vagy szalma?** (1) *(igen vagy nem)* yes or no? (2) *(jó-e v. rossz)* good or bad?
szénaboglya *n* haycock
szénagyűjtés *n* haymaking, hay harvest
szénahordás *n* getting in of hay
szénaillat *n* smell of hay
szénakaszálás *n* haymaking
szénakazal *n* haystack, hayrick
szénanátha *n* hay-fever
szénásszekér *n* hay-cart/wagon
szénatermés *n* yield of hay
szenátor *n* senator
szenátus *n* senate; *US* **a(z amerikai) ~** the Senate
szénbánya *n* coal-mine, pit, colliery
szénbányász *n* (coal-)miner
szénbányászat *n* coal-mining/industry
széncinege, -cinke *n* great tit
szende *a* gentle, ingenuous, artless, naive, unsophisticated
szendereg *v* doze, take* a nap, slumber
szendergés *n* slumber, nap, dozing, doze
szenderül *v* álomba ~ doze off, drop off to sleep ⇨ **jobblétre**
szendeség *n* gentleness, ingenuousness, naiveté, artlessness
szén-dioxid *n* carbon dioxide
szendvics *n* sandwich
Szenegál *n* Senegal
szenegáli *a/n* Senegalese

szénégetés *n* charcoal-burning
szénégető *n* **1.** *(ember)* charcoal-burner **2.** *(kemence)* charcoal-furnace/kiln
szenel *v* coal, take* in/on coal
szénellátás *n* coal supply
szenes *a* coaly; *(elszenesedett)* charred, carbonized
szenesember *n* coal man°
szeneskanna *n* coal bin
szeneskocsi *n* coal truck/wagon
szenesláda *n* hod
szeneslapát *n* coal-shovel/scoop
szenesvödör *n* coal-scuttle
szénfejtés *n* coal-cutting
szénfekete *a* coal/jet-black
szénhiány *n* coal shortage
szénhidrát *n* carbohydrate
szenilis *a* senile, decrepit, *biz* ga-ga
szenilitás *n* senility
szenior *n* senior, doyen
szénkereskedő *n* coal-merchant
szén-monoxid *n* carbon monoxide
szénpor *n* coal-dust
szénrajz *n* charcoal (drawing)
szénréteg *n* coal layer/seam/bed/stratum°
szénrúd *n* *(ívlámpában)* carbon rod
szénsav *n* **1.** (H_2CO_3) carbonic acid **2.** = **szén-dioxid**
szénsavas *a* *(ital)* carbonated, effervescent, aerated, sparkling; **nem** ~ still [drink]
szénszünet *n* *isk* ⟨school holiday due to shortage of coal⟩
szent I. *a* **1.** *holy; (szentelt)* sacred; ~ **isten!** God Almighty!, good God/grief!, heavens!; **a haza** ~ **ügye** the sacred cause of the country; ~ **kötelességem** it is* my bounden duty; ~**ül hiszi** believe firmly; ~**ül ígéri, hogy** promise solemnly to, he vows that *(v.* not to); ~**ül megígérte, hogy többet nem teszi** he vowed he'd never do it again **2.** *(személynévvel)* St. *(kimondva:* Saint); **Sz**~ **(Szt.) István** St. *(kimondva:* Saint) Stephen **3.** *biz (bizonyos)* annyi ~, **hogy** one thing *(v.* that much) is* certain *(utána kettőspont v.* that ...) **II.** *n* saint; ~**té avat** canonize; ~**té avatás** canonization
széntabletta *n* medicinal charcoal tablets *pl*
széntartalmú *a* carboniferous, coal-bearing
szentbeszéd *n* sermon; ~**et mond** preach [a sermon]
szentel *v* **1.** *vall* consecrate, dedicate; **pappá** ~ ordain **2.** *átv* devote (to), dedicate (to); **vmnek** ~**i az életét/magát** dedicate/devote one's life *(v.* oneself) to sg; **időt** ~ **vmre** spend* time on sg, find* time to sg;

külön fejezetet ~ **a kérdésnek** devote a (separate) chapter to the question
szenteltvíz *n* holy/consecrated water
szentély *n* **1.** *(vallási szempontból)* sanctuary, shrine, *(izr.)* tabernacle **2.** *épít* chancel, choir **3.** *átv* shrine
széntermelés *n* coal production/output
szentesít *v* *(törvényt)* sanction; *(megerősít)* approve, confirm, sanction; **a cél** ~**i az eszközt** the end justifies the means
szentesítés *n* *(törvényé)* sanctioning; *(megerősítés)* approval, confirmation
szentesked|ik *v* be* sanctimonious, affect piety, play the saint
szenteste *n* Christmas Eve
Szentföld *n* the Holy Land
Szentháromság *n* vall the Holy Trinity
szentimentális *a* sentimental, emotional; ~ **történet** sob stuff/story, *biz* tearjerker
szentírás *n* **1.** *vall* **a Sz**~ the Holy Scripture, the Scriptures *pl*, the Bible **2.** *átv* **ez** ~ it's (the) gospel truth, it's gospel; ~**nak veszi szavát** *(v.* **amit mond)** take* sy's word as gospel
Szentivánéji álom *n* *(cím)* A Midsummer Night's Dream
szentjánosáldás *n* stirrup-cup, farewell drink, *biz* one for the road
szentjánosbogár *n* glow-worm, firefly, *US* lightning bug
szentkép *n* sacred image, icon, ikon
szentlecke *n* lesson
Szentlélek *n* the Holy Spirit/Ghost
szentmise *n* (holy) mass
szentség *n* **1.** *(állapot)* sanctity, holiness **2.** *(keresztség stb.)* sacrament
szentséges *a* holy, sacred
szentségtörés *n* sacrilege, profanation
Szentszék *n* Holy See
széntüzelés *n* coal heating
széntüzeléses *a* *(kályha)* solid-fuel(-fired) [stove]
szenved 1. *vi* suffer; **vmben/vmtől** ~ suffer from; **sokat** ~ **a melegtől** he suffers badly from the heat, he feels* the heat badly **2.** *vt* suffer, undergo*, bear*, endure; **súlyos balesetet** ~**ett** (s)he had a serious accident; **súlyos belső sérüléseket** ~**ett** (s)he sustained severe internal injuries; **vereséget** ~ suffer defeat, be* defeated; **nem** ~**hetem** *vkt* I can't stand/bear him
szenvedély *n* **1.** *(érzelem)* passion **2.** *(időtöltő szórakozás)* hobby; ~**e a sport** (s)he is* a sports fan *(v.* biz buff) **3.** *(káros)* addiction; **vmlyen** ~**nek hódol** be* addicted to sg

szenvedélyes *a (jellem)* passionate; *(vágy)* ardent, burning; *(vita)* heated; ~ **futballszurkoló** a great soccer fan; ~ **tévénéző** be* addicted to television, *biz* be* a TV buff
szenvedélyesen *adv* passionately
szenvedés *n* suffering
szenvedő I. *a* 1. suffering 2. *nyelvt* ~ **(ige)alak** the passive (voice) II. *n* 1. *(személy)* sufferer, victim 2. *nyelvt* = **szenvedő (ige)alak**; ~**ben van** be* in the passive
szénvegyület *n* carbon compound
szenveleg *v* behave affectedly; *vmt* affect sg
szenvtelen *a* detached, impassive; *(közönyös)* indifferent; *(arc)* emotionless
szenzáció *n* sensation; *(hírlapi) biz* scoop, *US* beat; **az újság tele van** ~**val** the paper is* full of sensational reports
szenzációhajhászás *n* sensation-mongering, sensationalism
szenzációs *a* 1. sensational, thrilling; ~ **esemény** front-page news 2. *biz (nagyszerű)* marvellous, sensational; ~ **ötlet** brilliant idea, brain-wave
szenny *n* dirt, filth
szennycímoldal *n* half-title, bastard title
szennycsatorna *n* = **szennyvízcsatorna**
szennyes I. *a* dirty, filthy, unclean, *átv* foul, filthy II. *n (ruha)* dirty linen, laundry; **kiteregeti a** ~**ét** *átv* wash one's dirty linen in public
szennyesláda *n* linen/clothes basket/bin/ hamper, *US* laundry chest/box
szennyeszsák *n* clothes bag, *US* laundry bag
szennyez *v (vizet, levegőt stb.)* pollute, *(vizet így is)* contaminate; *(ruhát)* soil, dirty, *átv* sully
szennyező *a* ~ **anyagok** pollutants
szennyeződés *n (levegőé stb.)* pollution, *(vízé így is)* contamination; *(csak az eredmény)* impurity
szennyeződ|ik *v* get* dirty/soiled; *vegy* become*/get* polluted/contaminated
szennyfolt *n* 1. *(piszok)* stain, smudge 2. *(szégyenfolt)* blemish, slur, stain, blot
szennyirat *n* rag, (scurrilous) sheet
szennyirodalom *n (pornó)* pornography, pornographic literature, porn(o); *(ponyvairodalom)* trash(y literature)
szennylap *n (újság)* rag; ~**ok** gutter-press
szennyvíz *n* sewage, dirty/slop water
szennyvízcsatorna *n* sewer, drain(pipe)
szennyvíztisztító *a* ~ **telep** sewage farm
szép I. *a* 1. *ált* beautiful, nice, lovely; *(nő)* beautiful, lovely, pretty, attractive; *(férfi)*

handsome; *(férfi, nő)* good-looking; *(idő)* fine, nice, lovely [day]; *(ruha v. egyéb)* lovely, nice; ~ **álmokat!** sleep well!, sweet dreams!; ~ **arc** good looks *pl*; ~ **arcú** with a beautiful face *ut.*; ~ **hangja van** (s)he has* a fine/pleasant voice; ~ **fizetés(e van)** have* a nice/tidy salary; ~ **idő (van)** it's* a fine/nice/lovely day; ~ **kis összeg** tidy/nice little sum; **egy** ~ **napon** one fine day; ~ **számban** a good many, a fair number of; ~ **szóval többre mész vele** you'll find persuasion is better than force with him/her; *kif* soft and fair goes far; ~ **tiszta** it's nice and clean; **nagyon** ~ **város** it's a (very) beautiful town/city; **ez nem** ~ **tőle** that's not (very) nice *(v.* that's very unkind) of him/her **2.** *iron* fine, pretty; **ez mind igen/nagyon** ~, **de** that is* all very fine/well but II. *n* 1. *(fogalom)* beauty, the beautiful; **mi ebben a** ~? *(pl. egy versben, képben, zenében)* what is there to admire in this?; **sok** ~**et hallottam Önről** I've heard a lot of good things about you; **sok** ~**et láttam** *(utazásom során)* I've seen much to admire (on my trip) **2. a falu** ~**e** the belle/beauty of the village; **Magyarország** ~**e** Miss Hungary **3. teszi a** ~**et vknek** court sy, pay* court to sy
szépanya *n* great-great-grandmother
szépapa *n* great-great-grandfather
szépasszony *n* fair lady, beauty
szépecskén *adv* pretty well
szepeg *v* whimper
szépen *adv* 1. beautifully, nicely, prettily; ~ **beszél** be* a good speaker; *(barátságosan)* speak* gently; ~ **beszél angolul** his/her English is* very good; ~ **ír** write* a good hand; *(író)* write* well; ~ **hegedül** (s)he plays the violin beautifully; **kérem** ~ will you please/kindly; may I trouble you for . . .; please . . .; **köszönöm** ~ thank you very much, (many) thanks; ~ **élnek** they are* happy **2.** *iron* ~ **vagyunk** we have had it, we are in a fine/nice mess; ~ **elintézték** *(megverték)* he got a good hiding
szépérzék *n* sense of beauty, aestheticism *(US* es-)
szépfiú *n* dandy; † beau
szépia *n (festék)* sepia
szépírás *n* calligraphy, penmanship
szépíró *n* belletrist
szépirodalmi *a* literary, belletristic; ~ **művek** works of literature
szépirodalom *n* belles-lettres *sing.*, (imaginative) literature

szépít *v* **1.** *(díszít)* embellish, adorn; *(szebbé tesz)* beautify, improve the look of; ~**i magát** titivate oneself, smarten oneself up **2.** *(kimagyaráz)* gloss over, whitewash, find* excuses for *(mind:* sg)

szépítés *n* **1.** *(díszítés)* embellishment, improving **2.** *(kimagyarázás)* glossing over; ~ **nélkül** without mincing matters, baldly

szépítő *a* ~ **kifejezés** euphemistic expression, euphemism; ~**en** euphemistically

szépítőszer *n* cosmetics *pl*, make-up

szeplő *n* **1.** *(bőrön)* freckle **2.** *átv* blot

szeplős *a* freckled, freckly

szeplőtelen *a* stainless, unstained, taintless; *vall* ~ **fogantatás** Immaculate Conception

szeplőtlen *a* **1.** *(bőr)* unfreckled **2.** = szeplőtelen

Szépművészeti Múzeum *n* Museum of Fine Arts

szépnem *n* the fair/gentle sex

széppróza *n* (prose) fiction, works of fiction *pl*

szépség *n* beauty

szépségápolás *n* beauty treatment/care; *(mint szakma)* cosmetology

szépséghiba *n* (physical) defect, blemish, *(csak vmé)* flaw

szépségkirálynő *n* *(báli)* the belle of the ball; *(versenygyőztes)* beauty queen; **az olasz** ~ Miss Italy

szépségtapasz *n* beauty-spot

szépségverseny *n* beauty contest

szépszerével *adv* *(rábeszéléssel)* ~ **elér vmt** talk sy over/round

szepszis *n* sepsis

szept. *szeptember* September, Sep(t).

szeptember *n* September; ~**ben,** ~ **folyamán** in (the course/month of) September; ~ **hóban/havában** in the month of September; ~ **26-án** on 26(th) September, *(kimondva:)* on the twenty-sixth of September, *főleg US:* on September 26(th); *(levélben)* **1989.** ~ **6.** 6 September (*v.* US September 6th) 1989

szeptemberi *a* of/in September *ut.*, September; **egy** ~ **napon** on a (*v.* one) day in September, on a (*v.* one) September day

szeptim *n* zene seventh

szépül *v* grow* more beautiful; *(dolog)* improve, look better; *vk* get* prettier, blossom out; *(város stb.)* blossom, bloom

szer *n* **1.** *(eszköz)* implement, appliance **2.** *(vegyszer)* chemical (agent), agent; *(orvosság)* remedy, drug, medicine; **féregirtó** ~ pesticide, insecticide; **reuma elleni** ~

antirheumatic drug **3.** *(tornaszer)* apparatus *(pl* apparatus *v.* -uses); ~**enkénti döntő** finals for each apparatus *pl* **4.** ~**ét ejti vmnek** find*/see* a way (to do sg), find* a means to ...; ~**ét ejtette, hogy** he managed to ...; ~**t tesz vmre** get*/obtain/ acquire sg, get* hold of sg, lay* hands on sg ⇨ szeri

-szer *suff* → -szor

szerb *a/n* Serbian

szerbhorvát *a/n* *(nyelv)* Serbo-Croat(ian)

Szerbia *n* Serbia

szerbül *adv* ~ **beszél** speak* Serbian; ~ **mond vmt** say* sg in Serbian; ~ **van (írva)** it is* (written) in Serbian

szerda *n* Wednesday; ~**n** on Wednesday; **minden** ~**n** on Wednesdays, every Wednesday, *US* Wednesdays; ~**n este** Wednesday evening/night; ~**ra** by Wednesday

szerdai *a* of Wednesday *ut.*, Wednesday, Wednesday's; **a** ~ **nap folyamán** in the course of Wednesday, on Wednesday; **egy** ~ **napon** on a Wednesday; **a múlt** ~ **hangverseny** last Wednesday's concert

szerdánként *adv* every Wednesday, on Wednesdays, *US* Wednesdays

szerecsen † **I.** *a (mór)* Moorish, Saracen; *(fekete)* Black **II.** *n (mór)* Moor, Saracen; *(fekete)* Black

szerecsendió *n* nutmeg

szerecsenmosdatás *n* *kb.* attempted whitewashing of sy

szerel *v* **1.** *(gépet egybe)* mount, assemble, set* up, put* together **2.** *sp* tackle

szerelékek *n pl* accessories, appliances, fitments, fittings

szerelem *n* **1.** *(érzelem)* love *(vk iránt* of/for sy); ~**ből** for love; ~**ből nősül** marry for love; **az Isten szerelmére** for God's/ Christ's/Goodness(') sake; **szerelmet vall vknek** declare one's love to sy **2.** *(mint személy)* love, sweethart; **szerelmem!** (my) darling!, my love!; **sok szerelme volt házassága előtt** (s)he had many (love-)affairs before her/his marriage

szerelemgyerek *n* love child°

szerelés *n* **1.** *műsz (beszerelés)* mounting, fitting, installation; *(össze-)* assembly **2.** *sp* tackling **3.** □ *(öltözék)* gear, *GB* clobber, togs *pl*; **milyen** ~**ben jössz?** what gear will you be wearing?

szerelési *a* ~ **költség** cost of installation/ fitting

szerelmes I. *a* ~ **vkbe** be* in love with sy, love sy; ~ **lesz vkbe** fall* in love with sy, *biz* fall* for sy; ~**ek egymásba** they're in love (with each *other*); ~ **levél** love-letter; ~ **vers** love-poem **II.** *n* **vknek a** ~**e** *(férfi)* sy's/one's lover, *(nő)* sy's/one's sweetheart/lover

szerelmesked|ik *v* bill and coo, kiss and hug/cuddle

szerelmespár *n* the (young) lovers *pl*, loving couple

szerelmi *a* love(-); ~ **bánat** lovesickness, pangs of love *pl*; ~ **csalódás érte** was disappointed/crossed in love; ~ **házasság** love match; ~ **költészet** love poetry; ~ **történet** love-story; ~ **vallomás** declaration of love

szerelő *n* *(autó)* (car/motor) mechanic; *(gépgyári)* fitter; *(gáz)* (gas) fitter

szerelőakna *n* repair pit

szerelőcsarnok, -műhely *n* assembly hall/shop; *(autójavító)* car repair shop

szerelőruha *n* overalls *pl*, boiler suit

szerelvény *n* **1.** *műsz* ~**ek** mountings, fittings, accessories, appliances; *(víz, gáz, csatorna, mint felirat is)* plumbing **2.** *kat* kit **3.** *vasút* train

szerelvényfal *n* *(autón)* dashboard; *(repgépen)* instrument panel

szerenád *n* serenade

szerencse *n* **1.** (piece of good) luck; **jó** ~ good luck; ~ **fel!** good luck (to you)!; ~, **hogy** fortunately ..., it is* lucky that; **az a** ~ **érte** ... he had the good fortune (to ...), he had the luck (to ...); ~**je van** have* good luck, be* lucky/fortunate (*vmben* in); **nincs** ~**je** have* no/hard/bad luck (*vmben* in), be* unlucky, *kif* be down on one's luck, be* out of luck; ~**re** luckily, fortunately; ~**mre** luckily for me; **a** ~**re bíz vmt** leave*/trust sg to chance, take* one's chance; **jó** ~**t kíván vknek** wish sy (good) luck; **jó** ~**t!** good luck!; ~**t próbál** take* one's chance, try one's luck/fortune; **megcsinálta a** ~**jét** (s)he has made his/her fortune **2.** *(régies udvariassági kifejezések)* **részemről a** ~ it's my pleasure; **van** ~**m** *(köszönés)* how do you do?, pleased to meet you; *ker* **van** ~**m értesíteni** I beg to inform you; *(boltban)* **legyen** ~**m/**~**nk máskor is(, viszontlátásra)!** thank you, call again; please do come again, I hope to see you again ⇨ **kovács**

szerencsecsillag *n* lucky star

szerencsefillér *n* luck-penny

szerencsejáték *n* game of chance; *(űzése)* gambling

szerencsekerék *n* lottery wheel

szerencsekívánat *n* congratulations *pl*, good wishes *pl*

szerencselovag *n* adventurer, *US* carpetbagger

szerencséltet *v* honour (*US* -or) sy with one's presence/visit

szerencsés *a* lucky, fortunate, happy; ~ **vmben** be* lucky/fortunate in sg; ~ **gondolat volt** it was* an excellent idea; ~ **kimenetelű balaset** non-fatal accident; ~ **utat!** have a safe/pleasant journey!, have a good trip!

szerencsésen *adv* ~ **megérkeztem** I (have) arrived safely; ~ **megmenekült** he got* off cheaply, he had a narrow escape ⇨ **végződik**

szerencsétlen *a* **1.** *vk* unlucky, unfortunate, unhappy; ~ **asszony!** the poor woman°!; ~ **alak** unlucky fellow, poor devil **2.** *(esemény, dolog)* disastrous, calamitous, fatal, sad; *(körülmény)* adverse; ~ **nap** an evil day

szerencsétlenség *n* **1.** *(balszerencse)* misfortune, bad/ill luck; ~ **ére elkésett** most unfortunately for him he arrived too late **2.** *(baleset)* accident; *(katasztrófa)* disaster, catastrophe; *vasúti* ~ railway accident; **halálos (kimenetelű)** ~ fatal accident; **a** ~**nek halálos áldozatai nem voltak** there were no fatalities, no-one was* killed in the accident ⇨ **rakás**

szerencsétlenül *adv* ~ **jár** (1) *(balesetet szenved)* meet* with an accident (2) *(életét veszti)* meet* with a fatal accident, be* killed in an/the accident (3) *átv* come* to grief

szerencsevadász *n* fortune hunter

szerény *a* **1.** *vk* *(nem dicsekvő)* modest, humble, unboastful; *(igényeiben nem követelődző)* unassuming, unpretentious, undemanding, modest; *(félénk, visszahúzódó)* retiring, diffident, shy, quiet; *kif* stay in the background; **a leg**~**ebb ember, akivel valaha is találkoztam** he is* the most modest person I have ever met; ~**en él** live simply; ~**en viselkedik** be* modest, behave modestly, be* retiring; *kif* take* the back seat **2.** *vm* modest; *(mérsékelt)* moderate; ~ **ebéd** frugal meal; *(életmód)* **életmód** simple (way of) life, plain living; ~ **igények** modest demands; ~**(ebb) igényű** modest [flat etc.]; ~ **fizetés** modest salary; ~ **képességek** *vké* modest talents *pl*; ~ **kéréssel állt elő** asked for a small favour (*US* -or); ~ **(anyagi) körülmények** moderate means; ~ **véleményem szerint** in my humble opinion

szerényked|ik v **1.** *(szerényen viselkedik)* be* modest, behave modestly, keep* in the background **2.** *(szerénynek mutatja magát)* affect modesty

szerénység n ált modesty, *(igénytelenség)* unpretentiousness, *(mérsékeltség)* moderation, temperateness

szerénytelen a immoderate, *(öntelt)* conceited

szerénytelenség n immodesty, (self-)conceit, want/lack of modesty

szerep n **1.** *szính, film* és *ált* part, role; **vmlyen ~ben jelenik meg, vmben ~et játszik** *szính* play the part/role of sy, appear as sy; **Hamlet ~ét játssza** play (the part/role of) Hamlet; **szépen/jól mondta/tudta a ~ét** (s)he spoke/acted his/her part very well; **fontos ~et játszik** *vmben* play an important part/role (in sg), take* a prominent part (in sg); **nem sok ~e volt az eseményekben** he had* only a small part in these events **2.** *szính (a szöveg)* part **3.** *(funkció)* role, part, function; **a technika ~e a termelésben** the role of technology in production; **a számítógép ~e az oktatásban** the role/use of computers in teaching, *(pl. mint könyvcím)* computer-assisted teaching; **a szív ~e** the function of the heart; **vmnek nagy ~e volt vmben** sg played a great part in sg; **a pénz nem játszik ~et** it's* not a question of money, money isn't* a consideration, money is* no object; **fontos ~et játszik vmben** play a significant role in sg

szerepel v **1.** *(fellép vmben, vhol)* appear (in/as), play sy in sg; **Huszti ma az Ember tragédiájában ~** Huszti is* playing/appearing in the "Tragedy of Man" tonight; **XY ~ a Hamletben** YX plays *(v.* appears as) Hamlet; **a válogatott külföldön ~** the team is* touring overseas/abroad; **a rádióban ~** *(éppen adásban van)* be* on (the) radio, be* on the air; **a televízióban ~** appear/be* on television; **holnap ~ a tévében** X is going on television tomorrow; **X is ~ a műsorban** X also features on the programme/show; **jól ~t a csapat Londonban** the team did* well *(v.* put* up a good show) in London; **jól ~t a vizsgán** (s)he did* well in the examination/exam(s); **gyengén ~t a vizsgán** (s)he did* poorly in the exam/examination **2.** *(vmlyen funkciója van)* act/function as **3.** *(jelen van)* figure; *(benne foglaltatik)* be* included (in); **ez a cikk nem ~ a listán** this article is* not on the list

szerepeltet v *(könyvben)* describe, present, include

szerepkör n **1.** *szính* roles *pl* **2.** *átv* sphere of action, (range/scope of) sy's duties

szereplés n *szính* acting, playing, appearance; **szereti a ~t** *(a közéletben)* be* fond of the limelight, like to be in the public eye

szereplő I. *a* **az ügyben ~ személyek** the persons involved in the affair **II.** *n* **1.** *(színész)* actor; *(alak ir. műben)* character; **~k** *(regényben)* characters; *(színdarabban)* cast, dramatis personae; *(filmben)* cast; **főbb ~k** *(filmben, színdarabban)* leading roles **2.** *(vmely eseményben)* participant

szereposztás n cast; **a ~ a következő** the cast is* as follows

szeret v **1.** *(vkt szeretettel)* love, like, be* fond of; *(vkt szerelmesen)* love, be* in love with; **vkt vknél jobban ~** like sy better than sy, prefer sy to sy; **nagyon ~ vkt** love/like sy very much, be* very fond of sy; **igen ~i az unokaöccsét** he is* very fond of his nephew; **~ik egymást** *(szerelmesek)* they are* in love (with each other) **2.** *vmt* like (sg *v.* to do sg *v.* doing sg), care for (sg *v.* to do sg), be* fond of (sg *v.* doing sg); *(nagyon)* be* keen on sg; **~ek kerékpározni** I like riding; **~ olvasni** he likes to read, he likes reading, he is* fond of reading; **~ táncolni** she is* fond of dancing; **vmt vmnél jobban ~** like sg better than sg, prefer sg to sg; **nem ~ vmt** doesn't like sg, doesn't care for sg (*v.* to do sg) **3.** *(vágy, óhaj)* **~ném, ~nék** I should like to, I wish I could; **~nék néhány szót váltani Önnel** I would like to have a word with you; **jobb ~nék itt maradni** I would rather stay here, I'd prefer to stay here; **~ném tudni** I should like to know (if/whether), I wonder (if/how/where/why etc.); **~ném, ha otthon lennénk** I wish we were (at) home; **~ne eljönni?** would you like to come?, would you care to visit us?; **~nél inni vmt?** would you care for a drink?; **gondolni sem ~ rá** he hates the idea; **~tem volna széttépni dühömben** I was so angry I could have torn him limb from limb

szeretet n love, affection, fondness, liking (for); **testvéri ~** fraternal/brotherly love/affection; **tedd meg iránta való ~ből** do it for his/her sake; **~tel viseltetik vk iránt** have* a fondness/liking for sy; **mindenkit ~tel várunk** all welcome; **~tel** *(levél végén)* With (much) love, `...`; Yours affectionately, ... *(és alattuk a keresztnév)*

szeretetadomány *n* (charitable) gift
szeretetcsomag *n* gift parcel; *(étel)* food package
szeretetház *n* = **szeretetotthon**
szeretetlen *a* loveless, unloving, unfeeling
szeretetotthon *n (öregeké)* old people's home [run by a church], rest-home
szeretetreméltó *a* lovable, likeable
szeretetszolgálat *n* Christian social work
szeretett *a* beloved, much-loved, dear(est)
szeretetteljes *a* loving, affectionate, fond
szeretetvendégség *n* agape
szeretkezés *n* love-making
szeretkez|ik *v (vkvel)* make* love (to sy), have* sexual intercourse (with sy), *biz* have* sex (with sy)
szerető I. *a* loving, affectionate; ~ **gondoskodás** tender (loving) care **II.** *n (nőé)* lover; *(férfié)* mistress
szeretteim *n* my loved ones
szerez *v* **1.** *(magának)* obtain, get*, acquire, get* hold of; *vknek vmt* procure (sg for sy), find* (sg for sy); **állást** ~ find*/get* a job; **barátokat** ~ make* friends; **betegséget** ~ contract/catch* an illness (*v.* a disease); **oklevelet** ~ take*/obtain a degree [at a university etc.], get* a diploma, graduate from [a university etc.]; **pénzt** ~ raise money, raise the wind; **tudomást** ~ **vmről** sg comes to one's knowledge, find* out about sg, discover sg **2.** **zenét** ~ compose [music]; **zenéjét** ~**te** ... music by ...
szerfölött *adv* excessively, immoderately
szergyakorlat *n sp* apparatus exercises *pl*
szeri: se ~, **se száma** be* countless/endless/innumerable, there's no end of ...; **se** ~, **se száma az értekezleteknek** it's just one meeting after another
-szeri *suff* (repeated) ... times; **négy**~ **étkezés** meals four times a day
széria *n* series (*pl* series); ~**ban gyárt** mass-produce; ~**ban gyártott** mass-produced
szériagyártás *n* series production
szerint *post* according to, in accordance with; **ezek** ~ so, accordingly, (in) this way, consequently; **a** ~ **a hír** ~ according to the news; **e** ~ **a hír** ~ according to this report; **ígérete** ~ **cselekszik** act upon one's promise; **kívánsága** ~ at/by sy's wish/request; **megegyezés** ~ as agreed; **mérték** ~ *(ruha, cipő)* made to measure; **P. Cardin tervei** ~ **készült ruhák** garments made to P. Cardin designs; **név** ~ **említ** mention by name; **szívem** ~ to my heart's content; **tetszés** ~ as you wish/please; ~**e**, **véleménye** ~ in his/her opin-

ion/view; ~**em** to my mind, in my opinion; ~**em csinos** I think she is pretty
szerk. = *szerkesztette* edited by, ed., editor (*pl* eds.)
szerkentyű *n biz* gadget; **új** ~**k** (lots of modern) gadgetry
szerkeszt *v* **1.** *(lapot, könyvet)* edit; *(szótárt, lexikont összeállít, újat)* compile, make* [a dictionary, encyclopedia]; *(megszerkeszt, ill. régit újra)* edit; **ált** *(könyv kéziratát nyomda számára előkészíti)* copy-edit; ~**ette** (1) *(könyvet)* edited by *(és a név)* (2) *(szótárt stb.)* editor *(és a név)*; Editor-in-Chief *(és a név)* (3) *(rádió-, tévéműsort)* produced by *(és a név)*, the producer was *(és a név)* **2.** *(okiratot)* draft, draw* up [legal instrument] **3.** *(gépet)* design, construct [machine] **4.** *(mondatot)* construe, construct [a sentence] **5.** *(mértani idomot)* construct; **szerkesszünk egy egyenlő oldalú háromszöget** let us construct an equilateral triangle
szerkesztés *n* **1.** *(lapé, könyvé)* editing; *(szótár, lexikon összeállítása)* compilation; *(megszerkesztés)* editing **2.** *(okiraté)* drafting, drawing up **3.** *műsz* construction
szerkesztési *a* **1.** *műsz* constructional, design **2.** *(szótár stb.)* ~ **elvek** (editorial) policy
szerkesztő *n* **1.** *(lapé, könyvé, szótáré)* editor; *(szótáré stb.)* editor, compiler; **felelős** ~ senior editor; **szervező** ~ managing editor; **vezető** ~ chief editor **2.** *(rádió- v. tévéműsoré)* editor; **felelős** ~ executive editor **3.** *(gépé)* constructor
szerkesztőbizottság *n* editorial board; ~**i értekezlet** (editorial) board meeting
szerkesztői *a* ~ **üzenetek** the editor answers/replies
szerkesztő-műsorvezető *n (pl. rádióban reggeli műsoré)* news editor
szerkesztő-riporter *n* presenter
szerkesztőség *n* **1.** *(helyiség)* editorial office **2.** *(személyzet)* editorial staff **3.** *(állás)* editorship
szerkesztőségi *a* ~ **cikk** editorial; ~ **értekezlet** staff meeting
szerkezet *n* **1.** *(vmé ált)* structure, construction **2.** *(gép)* machine, apparatus; *(mechanizmus)* mechanism; *(óráé)* works *pl*, mechanism; *(ötletes)* contraption, device **3.** *(épületé)* structure; *(konstrukció)* construction **4.** *(tud* (anyagé, emberi testé)* structure **5.** *(ir. műé)* structure, construction **6.** *nyelvt (mondaté)* (sentence) structure, construction; **vmlyen** ~**tel áll** be* construed with

szerkezet-átalakítás *n* reorganization in the structure of industry, structural reorganization

szerkezeti *a* constructional, structural; ~ **elem** part (of machine), structural element, member; *épít* building unit; ~ **hiba** faulty construction, constructional/structural fault; ~**leg** structurally

szerkezetmódosítás *n* structural change

szerkezetű *a* of ... construction *ut.*

szerkocsi *n* vasút tender

szerpentin *n* winding/serpentine road

szerszám *n* **1.** *ált* és *műsz* tool **2.** = **lószerszám 3.** □ tool

szerszámacél *n* tool steel

szerszámfa *n* agricultural timber

szerszámgép *n* machine-tool

szerszámkamra *n* tool-shed

szerszámkészítő *n* toolmaker

szerszámkészlet *n* tool-kit, tool set

szerszámláda *n* tool-box/kit/chest; *(nagyobb, fiókos)* tool cabinet

szerszámlakatos *n* tool mechanic/fitter, toolman°

szerszámtartó *n* = **szerszámláda**

szerszámtáska *n* work/tool-bag

szertár *n* **1.** *(szerszámoknak)* tool-house/shed **2.** *isk* equipment store

szertáros *n isk* person in charge of equipment

szertartás *n* **1.** *ált* ceremony, formalities *pl* **2.** *vall* rite, ritual, (religious) ceremony; *(istentisztelet)* service

szertartásos *a* ceremonial, formal; *iron* ceremonious

-szerte *suff* ország~ all over the country; Európa-~ all over Europe

szerte *adv* all over, everywhere, here and there, in all directions; *(rendetlenségben)* in disorder/confusion, pell-mell

szerteágaz|ik *v* branch out, ramify

szerteágazó *a* branching out, far-reaching, ramifying

szertefoszl|ik *v* dissolve; *(remény)* vanish, evaporate, *kif* be* dashed

szertelen *a vk* unbridled, unrestrained, uncontrolled, extravagant; ~ **ember** a hothead

szertelenked|ik *v* be*/run* wild, run* riot, go* too far, be* extravagant

szertelenség *n* excesses *pl*, immoderation, extravagance

szertenéz *v* look round/about

szerteszéjjel *adv* in utter confusion, *(rendetlenségben)* in disorder/confusion, pell-mell; ~ **hány mindent** turn everything upside-down, *(a szobában)* leave* the room in a mess

szerteszét *adv* = **szerteszéjjel**

szerteszór *v* scatter about/around, disperse (in every direction)

szertorna *n* gymnastics on the apparatus *(mint sportág: sing.; gyakorlatok: pl)*

szérum *n* serum *(pl* serums *v.* sera)

-szerű *suff* -like, resembling sg *ut.*

szérű(skert) *n* farmyard, barnyard

szerv *n* **1.** *(emberi, állati)* organ **2.** *(állami stb.)* organ [of the/a government], government/state institution/organization **3.** a ~ *(= rendőr)* the law

szerva *n sp* service; **nálad/tied** a ~, ~ **ott** (it's) your service

szervál *v sp* serve

szervátültetés *n* transplant operation/surgery, transplanting of organs, organ transplant; ~**t végez** perform a transplant (operation)

szerves *a* **1.** *vegy* organic; ~ **kémia** organic chemistry **2.** organic; ~ **összefüggésben van vmvel** be* closely connected *(v.* be* bound up) with sg; ~ **(alkotó)része vmnek** an integral/organic part of sg

szervetlen *a* inorganic; ~ **kémia** inorganic chemistry

szervez *v* **1.** *(programot, konferenciát stb.)* organize; *(kisebb találkozót stb.)* arrange; **társasutazást** ~ organize a package/conducted tour **2.** *(intézményt)* set* up, found, establish

szervezés *n* organizing, organization

szervezési *a* organizational; ~ **osztály** organization(al) department

szervezet *n* **1.** *(emberi, állati, élőlény)* organism **2.** *(alkat)* constitution; **erős/gyenge** ~**e** have* *(v.* sy with) a strong/weak constitution **3.** *(létesített)* organization, establishment; **helyi** ~ local branch/organization *(v. US* chapter))

szervezeti *a* **1.** *(emberi, állati)* constitutional **2.** *(létesített)* constitutional; ~ **szabályok/szabályzat** constitution, *(párté)* party rules *pl*

szervezetlen *a* unorganized, non-unionized; ~ **munkaerő/munkások** non-union labour *(US* -or) *sing. v. pl*

szervezetlenség *n* lack of organization, disorder, confusion

szervezett *a* organized; ~ **bűnözés** organized crime; ~ **munkás** organized worker, union man°, trade-unionist; ~ **munkásság** organized labour *(US* -or); ~ **társasutazás** conducted tour

szervezettség *n* organization
szervezkedés *n* organizing (activity), organization (of people); **földalatti** ~ underground/illegal organizing activity
szervezked|ik *v (munkásság)* unionize, *US* organize
szervező I. *a* organizing **II.** *n* organizer; **kitűnő** ~ be* a good organizer
szervezőbizottság *n* organizing committee
szerveződ|ik *v* organize themselves into (sg), form [a club, co-operative etc.]
szervezőképesség *n* organizing skills *pl*, organizational ability
szervezőmunka *n* organization
szervi *a* organic; ~ **baj** organic disease; ~ **hiba** defect; ~ **rendellenesség** organic disorder; ~ **szívbaj** organic heart disease/trouble
szervíroz *v* serve/wait at table
szerviz *n* **1.** *(készlet)* service, set **2.** *(gépkocsi és egyéb)* service, servicing; ~**be/**~**re viszi a kocsit** have* the car serviced, send*/take*/put* the car in for [its 3000-mile etc.] service
szervizállomás *n* service station, garage
szervizel *v (gépkocsit)* service [a car], have* the/one's car serviced
szervomotor *n* servomotor
szervusz *int* hello!, *US* hi!; *(távozásnál)* bye(-bye)!, cheerio!, *US* so long!; ~**tok!** hello *(everybody)!*, *US* hi, everybody *(v.* you guys)!; *(távozásnál)* bye(-bye)!, cheerio!, *US* so long!
szerzemény *n* **1.** *(szerzett tulajdon)* acquisition, purchase; **közös** ~ property acquired in common, common/joint acquisition; **új** ~**ek** *(könyvtár)* new accessions **2.** *(zenei)* work, composition
szerzés *n* acquisition, acquiring
szerzet *n* **1.** *vall* (religious) order **2.** *biz (alak)* guy, figure; **különös egy** ~ a funny/strange chap, weirdo, *US* oddball
szerzetes *n* monk, friar
szerzetesi *a* monastic; ~ **életet él** *átv* live a cloistered/sheltered life
szerzetesrend *n* (religious) order
szerzett *a* ~ **betegség** acquired disease; ~ **jogok** established rights; ~ **tulajdonságok** acquired characteristics
szerző *n* **1.** *(okozó)* author, maker, originator; *(tervé)* promoter, initiator **2.** *(szellemi műé)* author, writer; *(cikké, csak vmlyen lappal kapcs.)* author, contributor; *(zene)* composer
szerződés *n (magánjogi)* contract, agreement; *(szolgálati, szính)* engagement; *(nem-*

zetközi nagyobb) treaty; *(csak pol)* pact, agreement; ~**t felbont** cancel *(US* -l) a contract, terminate a contract; ~**t köt vkvel** contract with sy, enter into a contract *(v.* an agreement) with sy, conclude an agreement with sy
szerződésbeli *a* contractual
szerződéses *a* contractual; ~ **ár** contract price; ~ **vendéglő** contract restaurant; ~ **viszony** contractual relation(ship); ~ **viszonyban van** be* bound by (a) contract
szerződési *a* contractual, of contract *ut.*; ~ **okirat** deed; ~ **pont** clause; ~**leg kötelezi magát** bind* oneself by (signing a) contract
szerződéskötés *n* entering into a contract
szerződésszegés *n* breach/violation of (a) contract
szerződ|ik *v* **1.** *vkvel* contract (with), conclude an agreement with **2.** *vhová* get* a(n) engagement/contract (swhere), be* taken/signed on (swhere)
szerződő *a* contracting; ~ **felek** signatories [to the/a treaty], parties to the contract; **a magas** ~ **felek** the high contracting parties
szerződtet *v* engage, take*/sign on, hire
szerzői *a* author's, of the author/writer *ut.*; ~ **est** an evening of X's music/poetry [etc.]; ~ **(jog)díj** (author's) royalties *pl*, royalty; ~ **ív** author's sheet; ~ **javítás/korrektúra** author's alteration *(röv* AA), author's correction *(v.* proofs *pl)*; ~ **jog** copyright; ~ **munkaközösség** team of contributors/authors; ~ **(tisztelet)példány** author's copy, presentation copy
szerzőség *n* authorship
szerzőtárs *n* joint author, co-author
szesz *n* **1.** *vegy* alcohol, spirit **2.** = **szeszes ital**
szeszadó *n* tax on spirits
szeszély *n* caprice, whim(sy)
szeszélyes *a* capricious, whimsical; *(időjárás)* changeable
szeszélyesked|ik *v* indulge in whims, behave whimsically/capriciously
szeszélyesség *n* capriciousness, whimsicality
szeszes *a* alcoholic, spirituous; ~ **ital** alcohol, alcoholic drinks *pl*, *US* liquor; *(rövid italok)* spirits *pl*
szeszesital-fogyasztás *n* = **szeszfogyasztás**
szeszfinomító *n (üzem)* distillery; *(készülék)* distilling apparatus
szeszfogyasztás *n* alcohol consumption

szeszfok *n* alcohol strength
szeszfőzde *n* distillery
szeszfőzés *n* distillation, distilling
szeszfőző *n (egyén)* distiller
szeszgyár *n* distillery, distillation plant
szeszgyártás *n* distillation, distilling
szeszipar *n* distilling industry
szeszmérő *n* alcoholometer
szesztartalmú *a* alcoholic, containing alcohol *ut.*
szesztartalom *n* alcoholic/alcohol content, percentage of alcohol
szesztestvér *n tréf* drinking pal/companion, fellow-tippler
szesztilalom *n* prohibition (of alcoholic drinks)
szét- *pref* asunder, apart, in different directions; **Szétosztottad a lapokat? Szét.** Have you handed out the sheets/forms? Yes, I have.
szétágazás *n* ramification, branching out/off, separation
szétágaz|ik *v* ramify, branch (off/out), separate
szétáll *v* stand* apart, gape
szétapróz *v (időt, tehetséget)* fritter/squander away [one's time, efforts etc.]
szétáz|ik *v* get* soaked and fall*/come* apart, get* soaked and become* pulpy
szétbomlás *n* dissolution, decomposition
szétbomlaszt *v* 1. *(anyagot)* dissolve, disintegrate, decompose 2. *átv* spit*/break* up
szétboml|ik *v* 1. *(anyag)* dissolve, decompose 2. *átv* break* up, fall* apart, disintegrate 3. *(öltözékdarab)* come* undone
szétbont *v* 1. *(ált anyagot)* decompose; *vegy* dissociate 2. *(csomagot, csomót)* untie, undo* 3. *(ruhát)* unpick, unstitch
szétcsap *v (vkk közt)* break* up [a fight]
szétcsavar *v* unscrew
szétdarabol *v* 1. *(tárgyat, dolgot)* cut*/break* up, cut* in/into pieces 2. *(országot)* dismember
szétdob *v biz* ~ta a motort *(gyorsan szétszerelte)* he took the engine apart in a matter of seconds
szétdobál *v* send* [things] flying, throw* (sg) all over the place
szétdörzsöl *v* pulverize, grind*, rub
szétesés *n* disintegration, falling to pieces, collapse, breaking up, breakup
szétes|ik *v* 1. *(tárgy)* disintegrate, collapse, go*/fall*/come* to pieces, break* up 2. *(felbomlik)* dissolve, disintegrate, break* up; *(intézmény)* fall* apart, break*/fold up

széteső *a (csapatjáték)* poorly co-ordinated; *(egyéniség)* diffident
szétfejt *v (kötést)* unravel *(US* -l); *(ruhát)* undo*, unstitch
szétfeszít *v* burst* (open), force/wedge open
szétfoly|ik *v* 1. *(folyadék)* flow (away in every direction), spill*, spread* 2. ~ik a pénz a kezében money (just) slips/runs* through his fingers
szétfolyó *a* 1. *(anyag)* spreading, loose 2. *átv* diffuse, rambling, disconnected; *(elmosódó)* fuzzy; *(egyéniség)* scatter-brained
szétforgácsol *v (erőt, időt)* fritter away; ~ja erejét dissipate one's efforts/energies; ~ja idejét trifle/fritter/fool away one's time
szétforgácsolód|ik *v (erő, tehetség)* be* frittered away (on sg)
szétfoszl|ik *v* 1. *(tárgy)* dissolve, break* up; *(köd)* lift, be* clearing 2. = **szertefoszlik**
szétfő *v* be* boiled to rags *(v.* to a pulp)
szétfut *v* run* in all directions, break* up, disperse, scatter
szétfűrészel *v* saw* up
széthány *v* = **szerteszéjjel** hány
széthasad *v* crack/split* in two
széthasít *v* split*/rip up, cleave* (in two)
széthord *v* 1. *(leveleket)* deliver 2. *(gazdátlan holmit)* carry off 3. *(szél vmt)* scatter, disperse
széthull *v* fall*/come*/go* to pieces, break* up, come*/fall* apart
széthurcol *v* spread* (about/around), spread* all (a)round
széthúz 1. *vt* pull/draw* apart/asunder; ~za a függönyt draw* the curtains (apart/aside) 2. *vi* be* at variance, disagree
széthúzás *n* discord, disagreement, divergence, lack of unity/agreement
szétjön *v* szétjött a ragasztás the join has come undone
szétkapcsol *v* uncouple, *(összeköttetést)* disconnect; ~tak we were cut off
szétkapkod *v (árut)* snap up, buy* up (at once); pillanatok alatt ~ták they sold like hot cakes
szétkerget *v* disperse, scatter, break* up; a rendőrség ~te a tömeget (the) police dispersed *(v.* broke up) the crowd
szétköltöz|ik *v* break* up (with sy), move out
szétküld *v (küldeményt)* post, mail, send* off/out, *(embereket)* send* off (in all directions)

szétloccsan *v* ~**t az agyveleje** he dashed his brains out [on the rocks]

szétmáll|ik *v* moulder (*US* molder) (away), crumble (to dust), disintegrate

szétmarcangol *v* tear* to shreds/pieces

szétmegy *v* **1.** *(személyek)* drift away, separate, part (company) **2.** *(ruha)* fall*/go* to pieces; *(varratnál)* come* apart (at the seams); *(tárgy)* come*/fall* apart

szétmorzsol *v* crumble (up), crush

szétmorzsolód|ik *v* crumble (away)

szétnéz *v* look round, *(körülnéz)* look about/around

szétnyíl|ik *v (összehajtott vm)* unfold; *(függöny)* open, be* drawn apart

szétnyitható *a* folding

szétnyom *v* squash, crush

szétolvad *v* dissolve, melt

szétoszlat *v (rendőrség tömeget)* disperse, break* up [the crowd]

szétoszl|ik *v* **1.** *(tömeg)* disperse, scatter, break* up **2.** *(köd)* lift, clear

szétoszt *v (vkk között)* distribute (sg among people), give*/deal* out (sg to people); *(pénzt stb.)* share out sg (among people); *(vizsgapapírokat stb.)* hand/give* out

szétosztás *n (vkk között)* distribution; *(pénzé)* allocation

szétosztható *a* divisible

szétöml|ik *v* flow/pour all over sg

szétpattan *v* burst*

szétporlad *v* crumble away

szétpukkad *v (léggömb)* burst*; **majd** ~ **dühében** he is* apoplectic with rage

szétrág *v* chew (up); *(állat vmt)* gnaw away at; *(rozsda)* corrode, eat* away

szétrak *v* **1.** *(tárgyakat)* spread*/lay*/set* out **2.** *(két lábát)* spread* [one's legs]; ~**ja a lábát(, úgy ül)** sit* with the legs wide apart

szétrebben *v* disperse, scatter

szétreped *v* burst*, split*, *(üveg)* crack

szétrepül *v* fly* away, scatter

szétrobban *v* explode, blow* up, burst*; **(majd)** ~ **a méregtől** be* bursting with anger; **(majd)** ~ **a feje** *(úgy fáj)* have* a splitting headache

szétrobbant *v* **1.** konkr explode, blow* up **2.** átv break* up, scatter, disperse

szétrombol *v* destroy, demolish; *(bútort)* smash up

szétroncsol *v* shatter, wreck; *(testrészt)* get* one's [arm etc.] smashed up (*v.* mangled)

szétszaggat *v* cut* up, tear* (up), cut*/ tear* (sg) into strips/shreds

szétszakad *v* tear*, split*, burst*

szétszakít *v* pull/tear* (sg) apart, burst*, rend*

szétszalad *v* run* in all directions, scatter

szétszed *v* **1.** *vmt* take* (sg) apart, take* (sg) to pieces; *(gépet)* dismantle; *(öreg autót)* break* up **2.** biz vkt **majd** ~**ik** be* in great demand

szétszedhető *a (bútor)* knockdown [furniture]; *(könyvespolc)* removable [bookshelf°]; ~ **csónak** folding/collapsible boat; ~ **(fa)ház** portable (prefabricated) hut/house; *(egy fajta felvonulási épület)* Portakabin

szétszéled *v* disperse, scatter (in all directions)

szétszerel *v* ált take* apart; *(gépet)* dismantle; *(bútort stb. könnyebb szállítás érdekében)* knock down

szétszór *v* **1.** *(tárgyakat)* strew*/spread* about, scatter about/over, disperse **2.** *(ellenséget)* rout

szétszórás *n* dispersion, scattering, spreading

szétszóród|ik *v* be* scattered/dispersed

szétszórt *a* (widely) scattered, (wide-)spread

szett *n* **1.** sp set **2.** *(készlet vmből, pulóver és kardigán)* set **3.** *(tányéralátét)* (place-)mat

széttagol *v* dismember, divide

széttapos *v* crush, trample (sg)

széttár *v* open (wide); ~**ja a két karját** open one's arms

széttárul *v* open wide

széttekint *v* = **szétnéz**

széttép *v* tear* (sg) to pieces/bits/shreds; *(ketté)* tear* in two/half; ~**i bilincseit** break*/burst* one's chains

szétterít *v (térképet stb.)* spread*/open out; *(szalmát stb.)* spread*

szétterjed *v (hír)* spread*, get* about/ (a)round

szétterpeszt *v (lábat)* spread*, straddle; ~**i a lábát, ~ett lábbal áll/ül** spread/ straddle one's legs, stand*/sit* with the/ one's legs apart

széttesz *v* = **szétrak 2.**

széttipor *v* = **széttapos**

széttör *v* break* (sg) into pieces, shatter (sg), dash (sg) to pieces

szétugraszt *v* disperse, break* up, scatter

szétugr|ik *v* disperse, break* up, scatter

szétüt *v* ~ **vkk között** part [fighters], break* up [a fight]

szétvág *v* cut* up

szétvagdal *v* cut* (sg) into pieces

szétválaszt *v* **1.** *(több részre)* separate, take* (sg) apart; *(ketté)* divide; *(verekedőket)* separate, part [two brawlers] **2.** *(meg-*

különböztet) dist*i*nguish [one thing from another *v.* betwe*e*n two things], draw* a dist*i*nction between [two things]
szétvál|ik *v* **1.** *(tárgy)* come* ap*a*rt, separate; *(ragasztás)* come* unst*u*ck/und*o*ne **2.** *(út)* divide, fork **3.** *(személyek)* separate, part (c*o*mpany), spli**t*** up
szétválogat *v* sort (sg) (out)
szétver *v* **1.** *(darabokra)* break* (sg) *i*nto bits, smash sg up **2.** *(ellenséget)* rout, destr*o*y
szétvisz *v* **1.** *(vmt ált)* carry (sg) off in all directions **2.** *(betegséget)* spread* [dis*e*ase] **3.** *(hírt)* spread* (ab*o*ut)
szétzavar *v* disp*e*rse, send* [p*eo*ple] ab*o*ut their b*u*siness
szétzilál *v* throw* *i*nto dis*o*rder, disarr*a*nge; **a szél ~ta a haját** the wind (has) t*o*usled/dish*e*velled her hair
szétzúz *v* **1.** *(darabokra)* sh*a*tter (sg), break* (sg) *i*nto (small) p*ie*ces, smash (sg) to p*ie*ces **2.** *(ellenséget)* crush, wipe out **3.** *(érvelést)* dem*o*lish [an *a*rgument]
szétzülleszt *v* break* up
szétzüll|ik *v* break* up, fall* ap*a*rt
szevasz *int biz* = **szervusz**
szex *n* sex
szexbomba *n* sex k*i*tten, s*e*xpot
szext *n zene* sixth; **nagy ~** m*a*jor sixth; **kis ~** m*i*nor sixth
szextett *n* s*e*xtet
szexuális *a* s*e*xual, sex; **~ élet** s*e*x-life; **~ felvilágosítás** sex educ*a*tion
szexvizsgálat *n* sex-test
szezon *n* se*a*son; **összetéveszti a ~t a fazonnal** make* m*a*lapropisms, *biz* cast* nast*u*rtiums
szezonális *a* se*a*sonal
szezoncikk *n* se*a*sonal *a*rticle/*i*tem
szezonmunka *n* se*a*sonal work/empl*o*yment/l*a*bour *(US* -or)
szezonmunkás *n* se*a*sonal w*o*rker/l*a*bourer *(US* -orer)
szezonvégi *a* **~ kiárusítás** (end-of-se*a*son) sale
szféra *n* sphere
szfinx *n* sphinx
szí *v* = **szív**[1]
szia! *int biz (köszönés)* hello!, *US* hi!; *(távozáskor)* bye(-b*y*e)!, see you!
sziámi *a/n* Siam*e*se; **~ ikrek** Siam*e*se twins; **~ macska** Siam*e*se cat
Szibéria *n* Siberia
szibériai *a/n* Siberian
Szicília *n* Sicily
szicíliai *a/n* Sic*i*lian

szid *v* scold, reprim*a*nd, *biz* give* sy a dressing-down, chide*, repr*o*ve; **~ja, mint a bokrot** scold sy r*o*undly, tear* sy off a strip
szidalmaz *v* ab*u*se, hurl ab*u*se at sy, rev*i*le sy
szidalom *n* ab*u*se, curse; **szidalmakkal elhalmoz vkt** heap *i*nsults on sy, sh*o*wer ab*u*se on sy
szidás *n* sc*o*lding, ch*i*ding, reprim*a*nd, reb*u*ke, repr*o*of; **~t érdemel** des*e*rve a sc*o*lding; **~t kap vmért** get* a dressing-down, *kif* be* hauled *o*ver the coals
sziget *n i*sland; *(földr. nevekben)* isle
szigetel *v el, épít stb. i*nsulate; **a gumi jól ~** r*u*bber *i*nsulates well, r*u*bber is* a good *i*nsulator
szigetelés *n el, épít stb.* insul*a*tion
szigetelő I. *a i*nsulating **II.** *n el, épít i*nsulator, insul*a*tion
szigetelőanyag *n i*nsulator, insul*a*tion
szigetelőréteg *n i*nsulating l*a*yer
szigetelőszalag *n i*nsulating tape, *US* fr*i*ction tape
szigetelt *a el, épít i*nsulated; **jól ~ épület** well-*i*nsulated b*u*ilding; **jól ~ falak** well-*i*nsulated walls
szigetlakó *n i*slander
szigetország *n* **az angol ~** the Br*i*tish Isles *pl*
szigetvilág *n* archip*e*lago
szignál[1] *v* sign, put*/set* one's name to, *i*nitial *(US* -l)
szignál[2] *n* signature tune
szigony *n* harp*oo*n
szigonyágyú *n* harp*oo*n/wh*a*ling gun
szigonyoz *v* harp*oo*n, spear
szigor *n* r*i*gour *(US* -or), sev*e*rity, str*i*ctness
szigorít *v i*ncre*a*se the sev*e*rity of, render sg more sev*e*re/str*i*ct/r*i*gorous, make* sg h*a*rder; *(fegyelmet)* t*i*ghten (up); *(büntetést)* *a*ggravate, incr*e*ase
szigorítás *n* aggrav*a*tion, t*i*ghtening up, *(a gazdaságban stb.)* clamp-down [on w*a*steful spending etc.]
szigorlat *n* (sessional *v.* course-*u*nit) exam*i*nation
szigorlatoz|ik *v* take* *(v.* sit* for) a (sessional *v.* course-*u*nit) examin*a*tion; **jelesen ~ik** pass with dist*i*nction *(US* cum la*u*de); *(kitüntetéssel)* pass with h*o*nours *(US* s*u*mma cum la*u*de)
szigorló *n* st*u*dent t*a*king *(v.* re*a*ding/s*i*tting for) the/her/his f*i*nal examin*a*tions; **~ orvos** *(aki kórházi gyakorlatát végzi)* house-man°, *US i*ntern(e)

szigorú *a* strict, rigorous, severe, stern, hard; *(pontos)* exact; *(követelményekben)* demanding, exacting; ~ **vkhez** (*v.* **vkvel szemben**) be* hard on sy, be* strict with sy; ~(**ak**) **a gyerekekkel** be* strict with the children; ~ **bírálat** harsh/severe criticism; ~ **ellenőrzés** tight/stringent control; ~ **előírások** strict rules; ~ **erkölcsök** strict morals; ~ **intézkedések/rendszabályok** Draconian/drastic measures; ~ **ítélet** severe sentence; ~ **tanár** strict/exacting/demanding teacher; ~ **tél** hard/severe winter; ~ **törvények** stringent laws

szigorúan *adv* strictly, severely, rigorously; ~ **bizalmas** strictly confidential; *(kormányközlemény)* classified; ~ **jár el** act with severity, take* drastic/severe measures; *(vkvel szemben)* be* severe/hard on sy; ~ **tilos** strictly forbidden/prohibited; ~ **vesz vkt** be* strict to sy; ~ **véve** strictly speaking; by rights

szigorúság *n* strictness, severity, rigour (*US* -or)

szíj *n* strap, thong, belt; *(póráz)* leash; *(gépszíj)* (driving-)belt; *(nadrághoz)* belt; ~**at hasítok a hátából** I'll skin him alive

szíjátvitel *n* belt gearing/drive

szíjaz *v* fasten with a strap, strap

szíjazat *n* straps *pl*, strapping

szíjgyártó *n* saddler

szíjmeghajtás *n* belt drive

szik[1] *n* **1.** = **sziksó 2.** = **szikes** *talaj*

szik[2] *n (tojásé)* yolk

szikár *a* lank, lanky, gaunt, lean, wiry

szike *n* scalpel

szikes *a* white alkali; ~ **talaj** szik soil, *kb.* alkaline soil

szikkad *v* dry (out), become*/go* dry

szikla *n* rock, cliff

sziklabarlang *n* cavern, cave, rock-cavity

sziklabérc *n* cliff, crag, *GB néha* tor

sziklafal *n* rock face; *(tengerparti)* cliff

sziklafészek *n* eyrie

sziklafok *n* spur of rock, crag, peak

sziklakert *n* rock-garden, rockery

sziklamászás *n* rock-climbing

sziklamászó *n* rock-climber

sziklanövény *n* rock-plant

sziklás *a* rocky, craggy

Sziklás-hegység *n US* Rocky Mountains *pl, biz* the Rockies *pl*

sziklaszilárd *a* (as) firm as a rock *ut.*

sziklazátony *n* rocky shoal, reef (of rock); ~**ra fut** run* onto the rocks

sziklevél *n* seed-leafᵒ, cotyledon

szikra *n* **1.** *fiz, el* spark; **van** ~? *(autóban)* is* it sparking? **2.** *átv* spark, atom, gleam, glimmer, bit, morsel, scrap (of); **nincs benne a jóindulatnak egy ˇja sem** there isn't (*v.* he hasn't) a spark of decency in him; ˇ**t hány a szeme** (1) *(haragtól)* his/her eyes are blazing/flashing with anger, fury gleams/glints in his/her eyes (2) *(fájdalomtól)* see* stars; ˇ**kat szór** = **szikrázik**

szikrafogó *n* fire-guard

szikraköz *n el* spark-gap

szikrányi *a/n* **egy** ~(**t**) **sem** *vmből* not a spark of sg

szikráz|ik *v* give* off (*v.* throw* out) sparks, spark; *(villan)* sparkle; *(csillog)* glitter, gleam, flash; ~**ik a szeme** (1) *(a dühtől)* fury gleams/glints in his eyes (2) *(fájdalomtól)* see* stars

szikrázó *a* glittering, sparkling; ~ **napsütésben** in brilliant sunshine

sziksó *n* native soda, natron

szikvíz *n* = **szódavíz**

szikvízgyár *n* soda-water bottling plant

szil *n növ* elm(-tree)

szilaj *a (legény)* hotheaded, impetuous, unruly, violent, reckless; *(természet, jókedv)* boisterous, irrepressible; *(csikó)* wild, not (yet) broken in *ut.*

szilajság *n* wildness, impetuosity

szilánk *n* splinter

szilánkmentes, -biztos *a* splinter-proof, *(pl. szélvédő)* shatterproof

szilárd *a* **1.** *(kemény)* firm, solid, massive; *(erős)* strong, sturdy; *fiz* ~ **test** solid; **tüzelőanyag** solid fuel **2.** *(állhatatos)* firm, steadfast, steady; *(mozdulatlan)* stable, fixed; ~ **jellem** strong character; ~ **meggyőződésem** it is* my firm belief/conviction

szilárdan *adv* firmly, sturdily

szilárdság *n* **1.** *konkr* stability; *(anyag, épít)* solidity, strength **2.** *átv* constancy, firmness, steadfastness; *(jellemé)* firmness/strength (of character)

szilárdságtan *n* statics *sing.*

szilárdtestfizika *n* solid-state physics *sing.*

szilárdul *v* harden, solidify

szilencium *n* silence

szilfa *n* **1.** = **szil 2.** *(fája)* elm(-wood)

szilícium *n (elem)* silicon

szilikát *n* silicate

szilikon *n (műanyag)* silicone

szilikózis *n orv* silicosis

szillogizmus *n* syllogism

szilszkin *n* sealskin ˑ

szilszkinbunda *n* sealskin coat

sziluett *n* silhouette; outline; *(nagyvárosé távolból)* skyline, (pl. *New Yorké*) the New York skyline
szilva *n* plum; *(aszalt)* prune
szilvafa *n* plum(-tree)
szilvaíz *n* plum jam
szilvalé *n* plum juice
szilvalekvár *n* plum jam
szilvamag *n* plum stone
szilvapálinka *n* plum brandy, slivovitz
szilvás *a* ~ **gombóc** *kb.* plum-dumpling(s); ~ **lepény** *kb.* plum pie
szilveszter(est) *n* New Year's Eve, *sk* Hogmanay; **szilveszterkor** on New Year's Eve
szilveszterez|ik *v* see* the (old year out and the) new year in, have* (*v.* be* at) a New--Year's Eve party
szilvórium *n* plum brandy
szimat *n* *(állati)* scent, (sense of) smell; *(emberi átv)* nose, feel, foresight; **jó** *a* ~**a** (1) *(állatnak)* have* a good nose (2) *(embernek átv)* have* a gift for finding/nosing/ferreting things out, have* a good nose for sg; ~**ot fog/kap** (1) *(állat)* get* on the scent (2) *átv* get* wind of
szimatol *v* 1. *(szagol)* smell* 2. *biz vk/vm után* nose about (*US így is:* around) for sy/sg ⇨ **szaglász**
szimbolikus *a* symbolic; ~ **(jelentőségű)** symbolic(al); ~**an** symbolically
szimbolizál *v* symbolize (sg); be* symbolic of sg
szimbolizmus *n* symbolism
szimbólum *n* symbol
szimfónia *n* symphony
szimfonikus *a* symphonic; ~ **zenekar** symphony orchestra
szimmetria *n* symmetry
szimmetrikus *a* symmetrical
szimpátia *n* sympathy, fellow-feeling
szimpatikus *a* nice, lik(e)able, pleasant, attractive
szimpatizál *v* sympathize with, be* in sympathy with sy ⇨ **rokonszenvez**
szimpatizáns *n* sympathizer; *pol* fellow traveller
szimpla *a* 1. *(nem dupla)* simple, single; ~ **ablak** single-glazed window 2. *(egyszerű, közönséges)* ordinary, simple, common; *(emberek)* simple, ordinary, unpretentious [people]; *(ruha)* plain, simple; *(ügy, dolog)* easy, straightforward
szimpózium *n* symposium
szimptóma *n* symptom
szimulál *v* 1. *biz* put* on, feign, pretend; **betegséget** ~ feign illness; **ő csak** ~ he is*

shamming; *(betegnek tetteti magát)* he's malingering 2. *tud, műsz* simulate
szimuláns *n* *biz* malingerer
szimulátor *n* simulator
szimultán I. *a* simultaneous; ~ **fordítás** simultaneous translation; ~ **játék** simultaneous game/match; ~ **tolmács** simultaneous interpreter/translator; ~ **tolmácsolás** simultaneous interpreting II. *n* simultaneous game/match
szín¹ *n* 1. *ált* colour (*US* -or); *(árnyalat)* tint, hue, shade; *(ruhafestési)* dye; *(autóé)* paintwork (colour *v. US* color); ~**ét vesztette** it has faded/discoloured (*US* -ored), it has lost its colour (*US* -or); ~**ét sem láttam már 2 hete** I haven't seen anything of him/her for a fortnight; ~**ét sem láttam a pénznek** I haven't seen any sign/trace of the money 2. *(arcszín)* complexion; look; **jó** ~**ben van** look well; **rossz** ~**ben van** be*/look off colour (*US* -or); *biz* look seedy/rough, look a bit green about the gills 3. *(látszat)* *(outward)* appearance, look; **olyan** ~**e van a dolognak, mintha ...** it looks as if …; **jó/kedvező** ~**ben tüntet fel vmt** put* a good complexion on sg, put* sg in a favourable light; **a legjobb** ~**ben tüntet fel** show* sg to its best advantage; **helytelen** ~**ben tüntet fel vmt** give* a false colour to sg, misrepresent sg; **más** ~**ben lát vmt** see* sg differently, see* sg in a different/new light; **rossz** ~**ben tüntet fel vkt** denigrate sy, malign sy (*v.* sy's character), *biz* put* sy down 4. *(megjelenési forma)* **semmi** ~ **alatt** by no means, on no account, under no circumstances, *biz* no way 5. *(kártyaszín)* suit; ~**re** ~**t ad/tesz** follow suit; *átv* ~**t vall** put* one's cards on the table, speak* one's mind, *biz* show* one's true colours, come* clean 6. *(vknek a jelenléte)* **vknek** ~**e elé járul** appear before sy, wait upon sy; **vknek** ~**e előtt** in the presence of sy; **megjelenik a törvény** ~**e előtt** appear in court; **a világ** ~**e előtt** before the whole world; ~**ről** ~**re** face to face 7. *(szöveté visszájával szemben)* right side [of the fabric] 8. *(felszín)* surface, exterior, level; **a tenger** ~**e fölött** above sea-level; **a föld** ~**én** in the world, on earth ⇨ **színig**
szín² *n* *(fészer)* shed, lean-to
szín³ *n* *szính* 1. *(színpad)* stage; *(színdarab része)* scene; **a** ~: **London** the scene is laid in London, the action takes place in London; **megjelenik a** ~**en** *(színész)* appear/come* on (the) stage; *ált* appear on the

scene; ~re lép go* on the stage, come* on (the scene); *(ő következik)* enter, come* on 2. *(előadás)* ~re alkalmaz adapt (sg) for the stage; ~re hoz/visz vmt stage/produce/present [a play]; ~re kerül be* performed/presented/shown/played ⇨ **színrevitel**
színálló a = színtartó
színarany a/n pure gold; *(gyűrű stb.)* solid gold
színárnyalat n shade, hue, tint
színdarab n play; **kosztümös/jelmezes (történelmi)** ~ costume piece/drama
szindikátus n syndicate
színehagyó a fading
színehagyott a discoloured *(US -colored)*, faded
színe-java n the very best of sg, the cream/pride/flower of sg; *(társaságnak)* the cream of society
szinekúra n sinecure
színérzék n sense of colour *(US -or)*
színes I. a 1. *konkr* coloured; *összet.* colour *(US -or)*; ~ **bőrű** coloured [people]; ~ **bőrűek** coloured people; ~ **ceruza** coloured(ed) pencil, crayon; ~ **dia** colour slide/transparency; ~ **felvétel** colour photograph; ~ **film** colour film; ~ **negatív** colour negative; ~ **nyomat** colour print; ~ **(papír)kép/fénykép** colour print; ~ **televízió** colour television/TV; ~ **üveg** stained glass 2. *átv* colourful, picturesque, vivid; ~ **riport** feature story, special report; ~ **stílus** lively/colourful style II. n *(ember)* coloured person
színesfém n non-ferrous metal
színész n actor, player; ~ **nek megy** go* on the stage, become* an actor/actress
színészbejáró n stage-door
színészet n = színművészet
színészgárda n company
színészi a actor's, stage-, theatrical, dramatic; ~ **játék** acting, playing; ~ **pálya** being an actor/actress, *biz* treading the boards, *(a szakma)* the theatrical profession, the stage; ~ **pályára lép** go* on the stage; ~ **tehetség** gift for the stage, acting talent
színészies a *elít* theatrical, histrionic
színészkedés n (play-)acting
színészked|ik v 1. *(színészi pályán van)* act, be* an actor/actress, play 2. *átv* play-act, be* putting it on *(v. on a show)*
színésznő n actress
színez v 1. *konkr* colour *(US -or)*, tint, paint 2. *átv* colour
színezék n colouring (matter/agent) *(US -or-)*

színezés n colouring *(US -or-)*
színezet n 1. *(szín)* colour(ing) *(US -or-)*, shade 2. *átv* appearance, look; **olyan** ~ **e van a dolognak, mintha** it looks as if, it seems as though; **politikai** ~ **e van az ügynek** it looks like a political matter
színező a *(anyag)* colouring [matter] *(US -or-)*
színeződés n 1. *(folyamat)* colouring *(US -or)* 2. *(állapot)* colour, tint
színeződ|ik v take* on colour, colour, become* coloured, assume a colour
színezüst a/n pure silver
színfalak n pl scenery *sing.*, décor *sing.*; a ~ **mögött** behind the scenes, backstage
színfolt n patch (of colour), (bright) spot
szingaléz a/n Sin(g)halese
szingli n *sp biz* = **egyes II. 6.**
színhatás n colour *(US -or)* effect
színház n theatre *(US -ter)*; ~ **ba megy** go* to the theatre, (go* to) see* [a play]
Színház- és Filmművészeti Főiskola n College/School/Academy of Dramatic and Cinematic Art
színházi a theatrical; ~ **bemutató** first night; ~ **előadás** (theatrical) performance; *(könnyebb műfajban)* show; ~ **közönség** audience; ~ **látcső** opera-glasses *pl*
színházigazgató n = színigazgató
színházjegy n theatre-ticket *(US -ter-)*
színházlátogatás n theatre-going *(US -ter-)*
színházlátogató n theatre-goer *(US -ter-)*, play-goer
színháztudomány n theatre *(US -ter)* studies *pl*, dramatics *sing.* v. *pl*
színhely n 1. *szính* scene; ~ : **a királyi vár** the scene is* laid in the Royal Castle, the setting is the R. C.; **a cselekmény** ~ **e** London the scene is* set/laid in L. 2. *(eseményé)* scene, spot 3. *(konferenciáé stb.)* venue
színhiba n *(autón)* (some) damage to the paintwork [on the car]
színhús n boned and trimmed meat
színi a theatrical, dramatic; ~ **pályára lép** go* on the stage ⇨ **színészi**
színiakadémia n college/school/academy of dramatic art, drama school
színielőadás n (theatrical) performance; *(könnyebb műfajban)* show
színig adv to the brim, brimful(l); ~ **tele** full to the brim, brimful(l) *(vmivel* with), (full to) overflowing; ~ **megtölt** fill up (to the brim)
színigaz a/n the gospel/plain/unvarnished truth [is that ...]

színigazgató *n* manager (of a theatre), theatre manager

színikritika *n* dramatic criticism; *(a megírt kritika)* review [of a play], notice, write-up

színikritikus *n* drama critic

színinövendék *n* drama student

színjáték *n* play, drama

színjátszás *n (művészet)* theatrical/dramatic art; *(tevékenység)* acting, playing; **amatőr** ~ amateur dramatics *sing.*

színjátszó *a* ~ **csoport** *isk* dramatic society, drama group

színjeles *a* excellent [in all subjects]

színjózan *a* perfectly/cold/dead sober

színkép *n* spectrum *(pl* spectra)

színképelemzés *n* spectroscopic analysis, spectroscopy

színkópa *n* **1.** *nyelvt* syncope **2.** *zene* syncopation; syncopated rhythm/passage

szinkron *n* **1.** *film* dubbing; **a** ~**t készítette** ... dubbing by ... **2.** *biz* **nincsenek** ~**ban** they are* out of sync(h), they just don't mesh

szinkrón *a* synchronic, synchronous; ~ **tolmács** simultaneous translator/interpreter; ~ **tolmácsolás** simultaneous translation/interpretation

szinkronikus *a nyelvt* synchronic

szinkronizál *v* synchronize; *(filmet)* dub; ~**t?** is* it *(v.* is* the film) dubbed?; ~**t film** dubbed film; **magyarra** ~**t angol film** British film dubbed into Hungarian

szinkronizálás *n* synchronization; *(filmé)* dubbing

szinkronrendező *n* dubbing director/mixer

színlap *n* playbill, programme *(US* program)

színleg *adv* apparently, seemingly; ~ **belemegy** pretend to agree (to)

színleges *a* mock, feigned, fictitious

színlel *v* feign, simulate, affect, pretend to [do/have/be]; *biz* fake; **betegséget** ~ sham/pretend *(v. biz* fake) illness/sickness, be* malingering; **barátságot** ~**ve** under the guise/pretence of friendship

színlelés *n* pretence, simulation, feigning, *biz* faking (of)

színlelt *a* feigned, pretended, false; ~ **beteg** malingerer; ~ **támadás** feint, mock attack

színmű *n* play, drama

színmúíró *n* playwright, dramatist

színmúirodalom *n* drama; **az angol** ~ (the) English drama

színművész *n* actor

színművészet *n* acting, dramatic art; *(a szakma)* the stage

színművészeti *a* theatrical; ~ **főiskola** → **Színház- és Filmművészeti ...**

színnyomás *n* colour *(US* -or) printing

színnyomat *n* colour *(US* -or) print

szinonim *a* synonymous; ~ **szavak** synonyms

szinonima *n* synonym

színösszeállítás *n* colour *(US* -or) scheme

színpad *n* stage; *ir és †* the boards *pl;* ~**on van** *(színész)* be* on; ~**ra alkalmaz** adapt for the stage; ~**ra állít/visz** stage, put* on the stage; ~**ra lép** (1) *(mint pályára)* go* on the stage (2) *(színdarabban)* come* on (the stage), appear on the scene, enter

színpadi *a* stage; ~ **fogás** stage-trick; ~ **hatások** stage/dramatic/scenic effects; ~ **kellékek** stage properties, *biz* props; ~ **utasítás** stage direction; ~ **világítás** stage-lighting

színpadias *a* theatrical(ly effective)

színpompás *a* richly coloured *(US* -or-), colourful, gorgeous

színrevitel *n* staging, production

színskála *n* range of colours *(US* -ors)

színszűrő *n* colour *(US* -or) filter

szint *n* level; ~**be hoz** level; **egy** ~**en (van) vmvel** (be*) on a level with sg, (be*) level with sg; ~**en tart** *(tudást)* keep* up [with developments in one's field etc.]; ~**re hozó** *(oktatás) kb.* remedial education/instruction [for slow learners], levelling course

szintagma *n =* **szószerkezet**

színtársulat *n* (theatre/theatrical) company

színtartó *a* colourfast *(US* -or-), non-fading, fast [dye]

szintbeni *a* ~ **kereszteződés** *(v.* vasúti átjáró) level-crossing, *US* grade crossing

szinte *adv* almost, nearly, all but, practically; ~ **alig van, aki** there is* hardly anyone who; ~ **hallom a hangját** I seem to hear his voice; ~ **azonnal/rögtön** in no time; ~ **lehetetlen** it's all but impossible; ~ **mindennap eljön** he calls practically every day; ~ **semmi(t)** next to nothing; ~ **soha** hardly/scarcely ever

színtelen *a* colourless *(US* -or-); *(arc)* pale; *átv* flat, dull

szintén *conj* also, too, as well, similarly

színtér *n* scene, stage; *(háborúé)* theatre *(US* -er)

-szintes *suff* (-)storeyed, -storey, *US* (-)storied; **három** ~ **ház** a three-storey(ed) *(v. US* three-story/storied) house/building

szintetikus *a* synthetic, artificial

szintetizátor *n* synthesizer

színtévesztés *n (vörös és zöld)* Daltonism, red-blindness
szintez *v* level (*US* -l)
szintézis *n* synthesis (*pl* -es)
színtiszta *a* (absolutely) pure; **a ~ igazság** the unvarnished/plain truth
szintjel *n* bench-mark
szintkülönbség *n* height/level difference, difference of height/level
szintúgy *adv* = **ugyanúgy**
szintű *a* **magas ~** *(tárgyalások stb.)* high--level
szintvonal *n* contour (line)
szinusz *n (jele: sin) mat* sine
szinuszgörbe *n mat* sine curve
szinusztétel *n mat* sine law/theorem, law of sines
színű *a* -coloured (*US* colored), -colour(s), of ... colour(s) *ut.*; **milyen ~?** what colour is* it?; **barna ~** brown; **élénk ~** bright, brightly coloured
színültig *adv* = **színig** *tele*
színvak *a* colour-blind (*US* color-)
színvakság *n* colour-blindness (*US* color-) → **színtévesztés**
színvallás *n* speaking one's mind, showing one's true colours (*US* -ors); **~ra kényszerít** *vkt* call sy's bluff ⇨ **színt** *vall*
színváltozás *n* **1.** *(színe)* change of/in colour (*US* -or) **2.** *szính* change of scene
színvonal *n* level, plane; *átv* level, standard; **egy ~on áll** be* on a level/par with; **vmlyen ~ra emel** raise to the level, level up; **magasabb ~ra emel** *vmt* level up (*v.* raise) the (general) standard (of sg); **emeli a ~at** level up (*v.* raise) standards
színvonalas *a* of a high standard *ut.*, *kif* have* (immense) style/class, the high standard of sg; **~ műsor** top-class show; **~ előadás** stylish performance; **~ üzletközpont** exclusive shopping centre (*US* shopping mall)
színvonalkülönbség *n* difference in/of level/quality
színvonalú *a* **alacsony/gyenge ~** low--standard, substandard, *kif* be* not up to scratch; **magas ~** of a high standard *ut.*, high-level, good quality, good
szipákol *v* sniffle, snuffle
szipirtyó *n* old hag
szipka *n* cigarette-holder
szipog *v (náthás)* sniffle, snuffle; *(sírós)* whimper, whine
szipolyoz *v elít* extort money from sy, sponge on sy for sg, bleed* sy for sg

sziporkáz|ik *v* sparkle, scintillate; *(szellemes ember)* scintillate/coruscate (with wit)
szipós, szipózó *n* □ glue-sniffer
szipózás *n* □ glue-sniffing, sniffing glue
szippant *v (levegőt)* sniff, inhale, breathe in; *(cigarettából, pipából)* take* a puff, draw* on (one's pipe); *(dohányport)* take* a pinch (of snuff); **nagyot ~** (*v.* **~ egyet**) **a friss levegőből** take* a deep breath of fresh air, breathe in deeply
szippantás *n (levegőből)* breath, sniff; *(cigarettából, pipából)* puff, draw; *(dohányporból)* whiff, sniff
szippantó *n (mentolos, orrba)* inhaler
sziréna *n* siren, horn; *(gyári)* GB hooter, *US* whistle
szirénáz|ik *v* sound/blow* the siren/horn/hooter/whistle, *(kocsi) kif* with its siren screaming
Szíria *n* Syria
szíriai *a/n* Syrian
szirom(levél) *n* petal
szirt *n* rock, cliff; *(zátony)* reef
szirtes *a* rocky, craggy
szirtfal *n* cliff, rock face
szirti *a* rock-; **~ sas** golden eagle
szirup *n* (golden) syrup
szirupos *a (átv is)* syrupy
sziszeg *v* hiss, make* a hissing sound
sziszegés *n* hissing
sziszegő *a* hissing, whizzing; **~ hang** hissing sound; *nyelvt* **~ mássalhangzó** sibilant
sziszszen *v* give* a hiss [when in pain], wince
szisszenés *n* hiss(ing); **~ nélkül** without a murmur, without wincing
szisztéma *n* system
szisztematikus *a* systematic
szít *v* **1.** *(tüzet)* poke [the fire] (up), fan [the fire], kindle [the wood] **2.** *átv* fan, inflame, excite, incite, stir up; **egyenetlenséget ~** stir up strife, *kif* fan the flame(s); **lázadást ~** instigate rebellion; **elégedetlenséget ~** stir up feelings of dissatisfaction; **~ja a szenvedélyeket/kedélyeket** inflame popular feeling, *kif* stir the blood, fan the flame(s)
szita *n* **1.** *(háztartási eszköz)* sieve; *átv* **átlát a ~n** see* through sy's game/words/tricks; *biz* **~vá lő** *vkt* riddle sy with bullets **2.** *(villanyborotvához)* foil
szitakötő *n áll* dragonfly
szitál *v* **1.** *(szitával)* sift, sieve **2.** *(eső)* drizzle
szitálás *n* **1.** *(szitával)* sifting, sieving **2.** *(esőé)* drizzling, drizzle

szitkozódás *n* cursing, swearing, words of abuse *pl*

szitkozód|ik *v* curse, swear*, blaspheme

szitok *n* invective, abuse, curse, swear-word

szituáció *n* situation, state of affairs; **kellemetlen** ~ awkward situation/position

szív[1] *v* **1.** *(légneműt)* inhale, breathe/draw* in; **kimegy friss levegőt** ~ni go* (out) for a breath of fresh air; *(kikapcsolódásból)* go* for a breather, go* and clear one's head **2.** *(folyadékot)* suck, draw* [liquid from]; **magába** ~ (1) *(folyadékot)* absorb (2) *(szellemi hatást)* imbibe [ideas, knowledge] **3.** *(cigarettát)* smoke [a cigarette]; **milyen cigarettát** ~sz? what do you smoke?; ~ja a pipáját puff/pull (away) at his pipe, draw* on his pipe **4.** *(sebet, fogat)* suck; *átv* ~ja a fogát *kb.* fret and fume, grind* one's teeth

szív[2] *n* **1.** *(szerv)* heart; ~ alakú heart-shaped; **helyén van a** ~e have* one's heart (*v.* one's heart is*) in the right place; ~e mélyén in one's heart of hearts, at heart; ~em legmélyéről from the bottom of my heart; **nehéz a** ~e his heart is* heavy; **ez volt a** ~e vágya that was his heart's desire; **megdobbant a** ~e his heart gave a leap; **majd megszakad a** ~e (s)he is* heartbroken (*vm miatt* because of sg); **van** ~e megtenni vmt have* the heart to [do sg]; **nincs** ~e vmt megtenni (s)he doesn't have the heart to [do/tell etc. sg]; ~em szerint *(= legszívesebben)* I have* a good mind to ...; ~ébe vésődik be* engraved (up)on one's memory; ~be markoló heart-rending, poignant; ~ből cordially, with all one's heart, wholeheartedly; ~ből jövő *(szavak)* whole-hearted, cordial, *(kívánság, köszönet)* heartfelt; ~ből kívánom, hogy ... I sincerely wish [sy sg *v.* that ...]; ~emből, tiszta ~ből with all my heart; ~éhez nőtt *vm/vk* sg/sy is*/becomes* very dear to sy; ~hez szóló heart-stirring, touching; ~en szúr stab sy through the heart; **ami a** ~én, az a száján *(nem titkolja érzelmeit)* wear* one's heart on one's sleeve; *(szókimondó)* speak* one's mind; ~én visel vmt have* sg at heart, be* deeply concerned about sg; **nagyon a** ~ére beszél admonish sy in earnest; **tedd a** ~edre a kezed (can you) put your hand on your heart and say ...; ~ére vesz vmt take* sg to heart; **nagyon a** ~ére vette he took* it too much to heart; **egyem a** ~ét! bless

her/his little heart!; **vm nyomja a** ~ét sg is* weighing on sy's mind; ~et tépő heart-breaking/rending; ~vel csinál vmt have* one's heart in (doing) sg; **jó** ~vel → **jó**; **teljes** ~vel with all one's heart **2.** *(megszólítás)* ~em! my dear!, dearest!, darling! **3.** *(városé, országé)* heart, centre *(US* -ter); **Budapest az ország** ~e Budapest is* the heart of the country; **Párizs** ~ében in the heart of Paris ⇨ **belop, kiönt**

szív- *pref orv* cardiac

szivacs *n* sponge

szivacsos *a* spongy

szivar *n* **1.** cigar **2.** □ **öreg** ~ old geezer/duffer

szivardoboz *n* cigar-box

szivárgás *n* oozing (through), infiltration; *(tartályból, hordóból)* leaking; *(gázé)* escape; *(sebé)* oozing

szivargyújtó *n* *(autóban)* cigar-lighter

szivarka *n* cigarette

szivárog *v* *(folyadék)* ooze *(vmből* from *v.* out of), leak; *(tartály)* leak; *(gáz)* escape; *(seb)* ooze; ~ a sebéből a vér blood oozes from his wound

szivaroz|ik *v* smoke/have* a cigar

szivartárca *n* cigar-case

szivárvány *n* rainbow

szivárványhártya *n* iris *(pl* irises *v.* irides)

szivárványszínek *n pl* colours *(US* -ors) of the rainbow

szivarvég *n* cigar-end, stub/stump (of cigar)

szivarzseb *n* breast-pocket

szívás *n* suck(ing), suction

szívató *n* choke; **ki van húzva a** ~ it's on full choke; **használja a** ~t use the choke

szivattyú *n* pump

szivattyúz *v* pump

szívátültetés *n* heart transplant (operation), heart transplantation; ~t végez do* a heart transplant, transplant a heart; ~es beteg heart transplant patient, transplantee

szívbaj *n* heart disease/trouble

szívbajos I. *a* **1.** *(beteg)* suffering from heart disease *ut.* **2.** *átv biz* **nem** ~ not easily scared, elit no shrinking violet **II.** *n* cardiac (patient), heart patient

szívbéli *a* heartfelt

szívbénulás *n* cardiac arrest

szívbeteg *n* cardiac (patient), heart patient

szívbetegség *n* = **szívbaj**

szívbillentyű *n* heart valve; *összet.* valvular

szívburok *n* pericardium *(pl* pericardia)

szívderítő *a* cheering, heartwarming

szívdobbanás *n* heartbeat, heart-throb

szívdobogás n *(rendes)* heartbeat, beating of the heart, *(a szokásosnál erősebb)* palpitation; ~**om van** I get palpitations

szívdobogva adv in a flutter, with beating heart

szívecském n my dearest/love, darling, *US* honey

szível v like, be* fond of, care for; **nem** ~ dislike, cannot *(v.* can't) bear, not care for

szívelégtelenség n heart failure, cardiac insufficiency

szívélyes a hearty, cordial, warm(-hearted); ~ **fogadtatás** → **fogadtatás**; ~ **üdvözletét küldi vknek** → **üdvözlet**; ~ **üdvözlettel** *(levél végén)* Yours sincerely, ...; *(formálisabban)* Yours truly, ...; ~**en üdvözöl vkt** (1) *(köszönt)* give* sy one's best regards/wishes (2) *(fogad)* give* sy a warm welcome

szívélyesség n cordiality, heartiness

szíverősítő n *(itóka)* pick-me-up, bracer

szíves a kind, cordial, hearty, friendly; ~ **vkhez** be* kind to sy; ~ **engedelmével** with your kind permission; **köszönöm a** ~ **vendéglátást** many thanks for the/ your generous/kind hospitality; ~ **üdvözlettel** *(levél végén)* Yours sincerely/truly, ...; **köszönöm** ~ **levelét** thank you for your kind letter [of the 15th]; **legyen/légy** ~ be so kind as to, will you kindly ..., would you mind [doing sg], kindly *(és felszólító mód)*; biz be a good chap/boy/girl/dear and ...; **legyen** ~ **megmondani az időt** could/would you (please) tell me the (right) time; **legyen** ~ **adja ide a könyvet** please hand me the book; will you kindly hand me the book?, kindly hand me the book; **legyen olyan** ~ **a kenyeret ideadni** would you (please) pass the bread?, pass the bread, would you please?; **lesz** ~ **befáradni?** will you (please) come in?; **ha volna** ~ **várni egy percet, bejelentem az igazgató úrnak, hogy megérkezett** if you will wait a moment I'll (go and) tell the manager that you are here

szívesen adv 1. *(készséggel)* with pleasure, readily, gladly, willingly; ~**!** *(köszönöm-re adott válaszként)* you're welcome, don't mention it, not at all, *US így is:* don't worry; ~ **ad** give* gladly/willingly; **nem** ~ unwillingly, reluctantly, grudgingly; *(igével)* be* loath to do sg 2. ~ *(= kedvvel)* **tesz vmt** I etc. should/would *(v.* I'd) like to ..., do* sg with pleasure, I don't mind ...ing; ~ **elmennék moziba** I'd like/love to see a film *(v. US* go to the movies); ~ **innék egy po-**

hár sört I shouldn't/wouldn't mind a glass of beer; **legszívesebben meghívnám ebédre** I'd prefer to invite him for lunch; **legszívesebben ezt választanám** I should take this one for preference/choice; **legszívesebben pofon vágnám** I'd dearly love to give him a slap across the face 3. *(kedvesen)* kindly, cordially, heartily; *(örömmel)* with pleasure; *(igével)* be* happy to [do sg]; ~ **látja a vendégeket** give* the guests a warm welcome, welcome/ receive the guests cordially; ~ **látott** welcome; **minden tanárt** ~ **látunk** all teachers are welcome

szívesked|ik v ~**jék** be* so kind as to, be* good enough to, kindly *(és felszólító mód)*; ~**jék értesíteni** kindly inform him, be* so kind as to notify him

szíveslátás n hospitality, hearty/warm welcome; **köszönjük a** ~**t** thank you for your hospitality

szívesség n 1. *(szívélyesség)* cordiality, heartiness 2. *(szolgálat)* favour (*US* -vor); **vk** ~**éből** *(= ingyenesen közölheti, pl. képet)* by courtesy of ...; ~**et kér vktől** ask sy a favour, ask a favour of sy; ~**et tesz vknek** do* sy a favour, do* a favour for sy; **tegyen nekem egy** ~**et** will/would you do me a favour; □ **tehet nekem egy** ~**et** he can go and get stuffed

szívfacsaró a heart-rending/breaking, moving

szívfájdalom n átv heart-ache, grief, anguish; **nagy szívfájdalmat okoz vknek** break* sy's heart

szívfájdító a = **szívfacsaró**

szívgörcs n heart attack

szívgyengeség n = **szívelégtelenség**

szívhang n heart/cardiac sound

szívinfarktus n cardiac infarct, myocardial infarction

szívizom n heart muscle

szívizomgyulladás n myocarditis

szívjóság n benevolence, kindness of (one's) heart

szívkamra n ventricle (of the heart)

szívkoszorúér n = **koszorúér**

szívműködés n heart function, action/function of the heart

szívműtét n heart operation/surgery; **nyitott** ~ open-heart surgery; **nyitott** ~**en esett át** (s)he received open-heart surgery

szívnagyobbodás n enlargement/dilatation of the heart

szívócső n suction pipe, siphon

szívóka n sucker

szívós *a* **1.** *(anyag)* tough, leathery; *(tartós)* durable, tenacious **2.** *átv* stubborn, persistent, dogged \

szívósság *n* **1.** *(anyagé)* toughness, tenacity **2.** *átv* stubbornness, doggedness

szívószál *n* straw; ~**lal** through a straw

szívpitvar *n* atrium (of the heart) *(pl* atria)

szívritmus-szabályozó *n* pacemaker

szívritmuszavar *n* arrhythmia

szívroham *n* heart attack; ~**ot kapott,** ~**a van** have*/suffer a heart attack; ~ **következtében meghalt** died (suddenly) from/of a heart attack

szívsebész *n* heart surgeon

szívsebészet *n* cardiac surgery

szívspecialista *n* cardiologist, heart specialist

szívzaggató *a* heart-piercing/rending

szívszélhűdés *n* heart attack/failure; ~**t kapott** he had heart failure; ~**ben halt meg** died of/from a heart attack

szívszorongva *adv* anxiously

szívtájék *n* cardiac region

szívtelen *a* heartless, hard/stony-hearted

szívtelenség *n* heartlessness

-szívű *suff* -hearted

szívügy *n* **1.** *(szerelmi)* love-affair **2.** *biz (szívesen végzett munka)* labour *(US* -or) of love, sg done for the love of the thing; **ez** ~**em** I've made a special point of (doing) it

szívvel-lélekkel *adv* with all one's heart (and soul), with heart and soul, wholeheartedly; ~ **csinál vmt** have* one's heart in sg; ~ **küzd vmért** fight* for sg heart and soul

szívverés *n* heartbeat; **szabálytalan** ~ arrhythmia; **elállt a** ~**e az ijedtségtől** he was frightened to death

szívvidító *a* cheering, heart-warming

szívzörej *n* heart murmur

szja = **személyi** *jövedelemadó*

szkafander *n* = **űrruha**

szkepticizmus *n* scepticism *(US* skep-)

szkeptikus I. *a* sceptical *(US* skep-) *(of/* about sg) **II.** *n* sceptic *(US* skep-)

szkiff *n* skiff

szkíta *a/n* Scythian

szkizofrén *a* schizophrenic

szkizofrénia *n* schizophrenia

SZKP = *a Szovjetunió Kommunista Pártja* Communist Party of the Soviet Union, C.P.S.U. *v.* CPSU

szlalom *n* slalom

szlalomoz|ik *v* perform slaloms, slalom

szláv I. *a* Slavic, *US* Slavic; ~ **népek** Slavonic peoples, the Slavs; ~ **nyelv** Slavonic,

US Slavic **II.** *n* **1.** *(ember)* Slav; **a** ~**ok** the Slavs **2.** *(nyelv)* Slavonic, *US* Slavic

szlavista *n* Slavist

szlavisztika *n* Slavonic (*v. US* Slavic) studies *pl*

Szlavónia *n* Slavonia

szlavóniai *a/n* Slavonian

szlávság *n* the Slavs *pl*

szlovák I. *a* Slovak, Slovakian; ~**ul** *(beszél)* Slovak; *(ír)* in Slovak **II.** *n* **1.** *(ember)* Slovak **2.** *(nyelv)* Slovak

Szlovákia *n* Slovakia

szlovákiai *a/n* Slovakian; of/in Slovakia

szlovén I. *a* Slovene, Slovenian **II.** *n* **1.** *(ember)* Slovene, Slovenian **2.** *(nyelv)* Slovene

Szlovénia *n* Slovenia

szmog *n* smog

szmoking *n* dinner jacket, *US* tuxedo

sznob I. *a* snobbish **II.** *n* snob

sznobizmus *n* snobbery, snobbishness

szó *n* word; ~ **ami** ~ in truth, to tell the truth; **egy** ~, **mint száz** briefly, in short; ~ **nélkül** without (saying) a word, without further ado; ~ **nélkül hagy vmt** let* sg pass, leave* sg unanswered; **miről (is) van** ~**?** what is* it all about?; **arról van** ~, **hogy** the question is* (that), the point/thing is* (that), the point/matter at issue is* (that); ~ **van róla** there is* some talk of it, it is* said; **nem volt** ~ **arról, hogy jövök** there was* no question of my coming, it was* never suggested that I should come; **amikor személyes kérdésekről van** ~ when it comes* to personal things; **az életünkről van** ~ our lives are* at stake; **pontosan erről van** ~ precisely, (that's it) exactly; **erről van** ~**?** is that it?, is that the point?; **erről van** ~**!** absolutely!; **nem erről van** ~ that's not the point!, it's not that!; ~ **sincs/se róla** (1) *(egyáltalában nem)* not at all, nothing of the kind/sort, there is no question of, it's out of question, nothing like that (2) *(igaz, hogy ..., de)* it is true (enough) (that...), no doubt, to be sure, *(elismerem)* I admit; ~ **esik vmről** [question/topic] crops/comes* up, is* mentioned; **köztünk maradjon a** ~ between you and me, between ourselves; **nem áll meg benne a** ~ he can't keep a secret, he's a sieve; **rólad van** ~ it's you they are talking about, it's (all) about you, it concerns you; **ha nem Pistáról volna** ~ were it someone other than P.; **se** ~, **se beszéd** suddenly, out of the blue; ~ **szerint** literally, word for word, in the literal/strict(est) sense of the word; **nem emlékszem rá** ~ **sze-**

rint I forget* (*v.* I've forgotten) exactly how the words go; **a ~szoros értelmében** (1) = **szó** *szerint* (2) *(valósággal)* practically; **~ szerinti** word for word, *li*teral, close [transl*a*tion]; **egy (árva) ~ sem igaz belőle** there is not a word/scrap of truth in it, not a (si*n*gle) word (of it) is true; **~ ~t követ** one word leads to an*o*ther; **nagy ~ ez!** it's no small/tr*i*fling m*a*tter, it's a great thing; **a nép szava** the voice of the p*e*ople; **~ba áll vkvel** speak* to sy, ge*t** t*a*lking to sy; **~ba se áll vkvel** (1) *(mert haragszik rá)* be* not on sp*e*aking terms with sy (2) *(nem ereszkedik le hozzá)* not deign to speak to sy; **szavakba foglal** put* (sg) *i*nto words, expre*ss* (sg); **~ba hoz** mention, bring* up; **~ba se jöhet** it is* out of the question; **~ba kerül/jön** [s*u*bject/t*o*pic] crop*s*/comes* up; *(vm mint lehetőség)* be* cons*i*dered, come* *i*nto consideration; **csak egy szavadba kerül** you need *o*nly say a/the word; **csak egy szavadba kerül és a tied** (*v.* **megkapod**) you may have it (*v.* it's yours) for the *a*sking; **szavába vág vknek** cut* sy short, interr*u*pt sy; *biz* cut* in on sy; **~ban és írásban** *o*rally and in wr*i*ting; **néhány ~ban elmond** put* sg in a n*u*tshell, sum up sg in a few words; **a ~ban forgó eset** the case in point; .**a ~ban forgó kérdés** the question/point/ m*a*tter at i*ss*ue (*v.* *u*nder disc*u*ssion/con- sider*a*tion); **ért a ~ból** he can take the hint; **~hoz jut** be* *a*ble to put in a word, ge*t** the opport*u*nity to speak, *(nagy nehe- zen)* ge*t** a word in (*e*dgeways); **~hoz sem jutott a meglepetéstől** he was* speech- less with surpr*i*se, he was* dumbf*o*unded (*v.* at a loss for words); **szaván fog vkt** take* sy at his word, hold* sy to his word; **száz ~nak is egy a vége** in short, the long and short of it is (that); **~ra sem érdemes** it's n*o*thing, it's not worth m*e*ntioning; **sza- vamra!** on/up*o*n my word; **szavamra mondom** take my word for it; **ad vknek a szavára** listen to sy, bel*i*eve sy; **~ról ~ra** word for word; **~ról ~ra megtanul/be- vág vmt** learn* sg (*v.* ge*t** sg off) by heart; **egy ~t sem értek belőle** I can't*/ don't* understand a word of it, I can't* make head or tail of it, it's all Greek to me; **~t fogad** ob*e*y *(akinek* sy); **~t kér** request leave to speak, ask (perm*i*ssion) to speak; **~t kap** *(gyűlésen, parlamentben stb.)* have* the floor; **átadom a ~t XY-nak** I (will) now call on/up*o*n Mr. . . [to address the con- ference *v.* to repl*y* to the speech etc.]; **egy**

~t se szólj róla don't say a word (ab*o*ut it) (to *a*nyone); **egy ~t sem szólt róla** he didn't say a word ab*o*ut it; **egy jó ~t szól** (*v.* **~t emel**) vk érdekében speak* up for sy, put* in (*v.* say*) a good word for sy; **~t emel vm ellen** protest ag*a*inst sg, object to sg, *US* protest sg; **saját szavun- kat se lehetett hallani** we couldn't hear our*se*lves think/speak; **szavát adja vmre** give*/pledge sy one's word (that . . .); **sza- vamat adtam a titoktartásra** I'm sworn/pledged to secrecy; **állja/megtartja a szavát** keep* one's word, be* as good as one's word; **megszegi a szavát** go* back on one's word, break* one's word; **nem ta- lál szavakat** be* at a loss for words, words fail him; **~vá tesz vmt** comment/rem*a*rk on, bring* it/sg up, m*e*ntion; *(erélyesebben)* crit*i*cize; **~val** = **szóval; más ~val** in *o*ther words, cl*e*arly; **néhány ~val** in a few words, br*i*efly, in a n*u*tshell; **saját szavai- val** in one's own words; **nem (pont) ezekkel a szavakkal** not in so m*a*ny words; **~val tart vkt** ply sy with words, talk to sy; *(társaságot)* keep* the convers*a*- tion going, keep* the c*o*mpany am*u*sed; **~val és tettel** in word and deed ⇨ **ele- gyedik, érdemel, hajlik, hallgat, megáll, megválogat, szóval**

szóalak *n* word-form

szóalkotás *n* *ált* word-formation; *(összeté- telek útján)* compounding; *(új szavak alko- tása)* coining (of new words); *(maga az új szó)* new(ly-coined) word, neologism

szóállomány, szóanyag *n* vocabulary

szóáradat *n* t*o*rrent/flow/flood of words

szoba *n* room; **bútorozott ~** lodgings *pl*, room; *biz* digs *pl*; *(bútorozott)* **~ kiadó** (furnished) room to let; **bútorozott ~ban lakik** stay in l*o*dgings; **~ reggelivel** bed and/& br*e*akfast *(röv* BB); **~ fürdőszobá- val** *(szállodában)* room with (pr*i*vate) bath; **~t foglal (le)** book/res*e*rve a [d*o*uble/ s*i*ngle] room [in a h*o*tel], make* a b*o*oking/re- serv*a*tion

szobaantenna *n* *i*ndoor *ae*rial (*US* antenna)

szobaár *n* price of room

szobaasszony *n* ch*a*mbermaid

szobaberendezés *n* (set/suite of) f*u*rniture

szobabútor *n* furniture (*pl* ua.)

szobafestés *n* (re)decor*a*tion

szobafestő *n* decor*a*tor

szobafoglalás *n* b*o*oking, *US* reserv*a*tion

szobafogság *n* h*o*use arrest, det*e*ntion

szobafőnök *n* *(szállodai)* front-office m*a*n- ager

szobakerékpár *n* cycle exerciser, fitness cycle

szoba-konyhás lakás *n* studio flat (*US* apartment), one-room flat(let) (*US* apartment) [with cooking facilities]

szobalány *n* housemaid, *GB* parlourmaid; (*szállóban*) chambermaid

szobalétra *n* stepladder, *GB így is:* steps *pl*

szobanövény *n* house plant, indoor plant

szobarendelés *n* booking/reservation of rooms

szobás *suff* -room; **két~ lakás** a two-room flat/apartment

szoba-service *n* room-service

szobaszám *n* room number

szobatárs *n* room-mate

szobatiszta *a* (*kutya, macska*) house--trained, house-broken; (*gyermek*) toilet--trained, potty-trained

szobatisztaság *n* ~ra nevel (1) (*háziállatot*) house-train; (*gyermeket*) toilet-train

szobatudós *n kb.* ivory tower scholar

szóbeli I. *a* oral, verbal, vocal; ~ **jegyzék** (*diplomáciában*) verbal note; ~ **megállapodás** verbal agreement/contract; ~ **vizsga** oral (examination); ~ **vizsgát tesz** take* (*v.* sit* for) an oral examination, take* a viva **II.** *n* (*vizsga*) oral (examination), viva (voce examination); ~re **küldik** be* vivaed

szóbeliz|ik *v* = **szóbeli** *vizsgát tesz*

szóbeszéd *n* (empty/idle) talk, gossip

szobor *n* statue; **szobrot állít/emel** put* up a statue, erect a statue

szóbőség *n* (*nem elít*) richness of vocabulary; *elít* verbosity, volubility

szobrász *n* sculptor

szobrászat *n* sculpture, plastic art

szobrászművész *n* sculptor

szobroz *v biz* ~ be* waiting

szocdem *n* (= *szociáldemokrata*) social democrat

szociáldemokrácia *n* social democracy

szociáldemokrata I. *a* social democratic **II.** *n* social democrat

szociális *a* social; ~ **dolgozó** social worker; ~ **előadó** social/case-worker; ~ **gondoskodás** (*társad. biztosítás*) social security (*US* welfare); (*büntetőintézetből elbocsátottról*) after-care; ~ (**gondozási/gondozói**) **munka** social/welfare work; ~ **gondozó** social/welfare worker; ~ **intézmények** social (welfare) institutions, social services; ~ **munkás/szervező** social worker; ~ **otthon** old people's home, home for the aged; ~ **összetétel/származás** social background

szocialista I. *a* socialist; ~ **állam** socialist state; **a mezőgazdaság** ~ **átszervezése** socialist transformation of agriculture; ~ **gazdasági rendszer** socialist economy, socialist economic system; ~ **ország** socialist country; ~ (**állami**) **tulajdon** state/socialist property **II.** *n* socialist

szocializmus *n* socialism; **építi a** ~**t** (s)he is* helping to build socialism; **a** ~ **építése** the building/construction of socialism

szociálpolitikai *a* ~ **előadó** welfare officer

szócikk *n* (dictionary) entry/article

szociográfia *n* sociography

szociolingvisztika *n* sociolinguistics *sing.*

szociológia *n* sociology

szociológiai *a* sociological

szociológus *n* sociologist

szócsalád *n* word family

szócska *n* particle; **az -e** ~ the interrogative particle -*e*

szócsoport *n* word-group

szócső *n* (*tölcsér*) speaking tube/trumpet; *átv* mouthpiece (of)

szóda *n* **1.** *vegy* sodium carbonate **2.** *biz* = **szódavíz**

szódabikarbóna *n* sodium bicarbonate, bicarbonate of soda, baking soda

szódásüveg *n* (soda) siphon

szódavíz *n* soda (water)

szóelemzés *n* analysis of words

szóelválasztás *n* hyphenation, word-division

szófa *n* † sofa

szófaj *n* word class, part of speech

szófecsérlés *n* waste of words, verbosity, *biz* logorrhoea

szófejtés *n* etymology

szófejtő I. *a* etymological **II.** *n* etymologist

Szófia *n* Sofia

szófogadatlan *a* disobedient

szófogadó *a* obedient, dutiful

szófosás *n vulg* logorrhoea

szoftver *n szt* software

szófukar *a* tight-lipped, laconic, uncommunicative

szógyűjtemény *n* glossary, vocabulary

szóhangsúly *n* word stress

szóhasználat *n* usage; **helytelen** ~ wrong use/usage

szóismétlés *n* repetition of a word

szójabab *n* soya bean, *US* soybean

szójaliszt *n* soya flour, *US* soy(bean) flour

szójárás *n* **1.** (*közkeletű kifejezés*) phrase, saying **2.** = **szavajárása**

szójáték *n* pun, play on words

szójegyzék *n* word-list; *(mutató)* index; *(szótárszerű)* glossary

szójelentés *n* meaning [of a word], word--meaning

szókapcsolat *n* phrase, idiom, idiomatic expression; collocation; **állandósult** ∼ set/fixed phrase, idiom, idiomatic expression

szokás *n (egyéni, megrögzött)* habit; *(közösségi)* custom; *(gyakorlat)* practice; *(társadalmi)* convention; **jó** ∼ a good habit; **rossz** ∼ a bad habit; ∼ **dolga** it's a matter of habit; **nem** ∼ it is* not customary/usual/done; **a** ∼ **hatalma** the force of habit; **vmlyen** ∼**nak hódol** be* a slave to custom → **rab**; ∼ **szerint** as usual, as a rule, usually; ∼**a szerint** as is*/was* his custom; **az a** ∼**a, hogy** it is* a habit with him to ..., he is* accustomed to [doing sg], he is* in the habit of [doing sg]; **ez nekem nem** ∼**om** I am not in the habit of [doing sg]; ∼**ban van** it is* customary, it is* the custom; ∼**ból** out of habit, by habit; ∼**ához híven** as is* his wont/custom; ∼**t felvesz** get* into the habit of; ∼**tól eltér** depart from habit/custom/usage; **a** ∼**tól eltérően** unusually, contrary to (one's) custom/practice; ∼**sá válik** it is* becoming customary, become* the custom, *vknél* make* a habit of [doing sg], it becomes* sy's habit ⇨ **ház**

szokásjog *n* customary/unwritten law

szokásos *a* usual, customary, habitual, ordinary; **a** ∼ **módon** as usual, in the usual/customary way, ordinarily

szokásszerű *a* customary, usual, habitual; ∼**en** = *a* **szokásos** *módon*; ∼**en végez vmt** do* sg regularly, make* a habit of doing sg

szokatlan *a* unusual, unaccustomed, uncommon; ∼ **módon**, ∼**ul** unusually, strangely; **eléggé** ∼**ul** strangely enough; ∼ **csendes** strangely/unusually quiet/calm

szókép *n* figure of speech, metaphor

szóképes *a* ∼ **olvasás** look-see method

szóképzés *n* word-formation

szókészlet *n* vocabulary, word stock, lexis

szókészleti *a* lexical; ∼ **egység** lexical unit

szókészlettan *n* lexicology

szókezdő *a* initial

szókihagyás *n* ellipsis *(pl* ellipses), omission of a word

szok|ik *v* **1.** *vmhez* get* used to sg, become*/be*/grow* accustomed to sg, get* into the habit of (doing) sg; **ehhez nem vagyok** ∼**va** I am not used/accustomed to it; ∼**va vagyok hozzá** I am used to it **2.** ∼**ott**

(szokásszerűen tesz vmt) do* sg [regularly, generally]; make* a *(v.* be* in the) habit of doing sg, do* sg out of habit, would do sg; **erre** ∼**ott jönni** he generally/usually comes* this way, he is* in the habit of coming this way; **6-kor** ∼**tam fölkelni** I generally get up at six/6 (o'clock); **nem** ∼**tam el-késni** I'm not late, usually; **sok levelet** ∼**tam kapni** I generally get a lot of letters; **mit** ∼**tál csinálni vasárnap(okon)?** what do you (usually) do on Sundays?; **nyáron a hétvégét falun/vidéken** ∼**ták tölteni** in summer they generally spend their weekends in the country; **hétvégeken ki** ∼**tunk menni a telekre** we usually go to our plot at the weekend; ∼**ott bridzsezni?** do you play bridge?; **nagyobb** ∼**ott lenni** it is* usually bigger/larger **3.** *(a múltra vonatkoztatva)* **ahogy** ∼**ta tenni** as was his custom; **ahogy mondani** ∼**ták** as they say, as the saying goes; **azelőtt/régebben bridzsezni** ∼**tunk** we used to play bridge; **a villám a legmagasabb fába** ∼**ott becsapni** lightning will strike the tallest trees; **ugyanabban a hivatalban dolgoztunk valamikor, és gyakran együtt** ∼**tunk kávézni** we used to work in the same office, and we would often have coffee together

szókimondás *n* outspokenness

szókimondó *a* outspoken, *kif* speak* one's mind

szókincs *n* vocabulary ⇨ **szókészlet**

szoknya *n* skirt; **rakott** ∼ pleated skirt; **skót** ∼ kilt

szoknyanadrág *n* culottes *pl*, divided skirt

szoknyavadász *n* *tréf* lady-killer, ladies' man°

szokott *a* **1.** *vmhez* used/accustomed to sg *ut.* **2.** *(szokásos)* usual, habitual, customary; **a** ∼ **helyen** at/in the usual place; ∼ **módon** in the usual way/manner; **a** ∼**nál korábban** earlier than usual ⇨ **szokik 2., 3.**

szóköz *n* space

szoktat *v* *vkt/vmt vmhez* get* sy/sg used/accustomed to sg, accustom/habituate sy/sg to sg; *tréf* train sy to do sg

szoktatás *n* training, accustoming

szokvány *n ker* custom [of trade]

szokványos *a* customary

szól 1. *vi/vt (beszél)* speak*; **nem** ∼ remain silent, does not *(v.* doesn't) say/utter a word; **mit** ∼**(sz) ehhez/hozzá?** what do you say (to that)?, what do you think of it?; **mit** ∼**sz a ...hez/hoz?** what do you think of ...?; **egy szót sem** ∼**t** (s)he didn't say a word; **a maga nevében** ~ speak* for himself/herself; **mit** ~**nál**/~**na egy csésze teához?** how/what about a cup of tea? **2.** *vi vknek/vkhez* speak* to sy; ~**jon neki** *(= hívja)* call him, please; tell him to come; ~ **vknek** *(egy ügyben, vk érdekében)* have* a word with sy about sy/sg; ~ **egy jó szót vk érdekében** put* in a good word for sy; ~**tam neki a dologról** I spoke to him about the matter **3.** *vi (írás vknek)* be* addressed to sy, be* meant for sy; **a célzás neked** ~**t** it was a dig at you, the hint was meant for you **4.** *vi* **ez ellene** ~ it is*/ speaks*/tells* against him; **minden ellene** ~**t** everything told against him; **ellene** ~ *vmnek* contradict sg; **az érvek ellene** ~**nak** the balance of the argument is* against it; **vk mellett (v. mellette)** ~ speak* for (*v.* in favour of) sy; **a legerősebb érv, amely ... ellen** ~ the biggest argument against ... is that ...; **sok** ~ **amellett, hogy** there is* much to be said for (sg); **sok minden** ~ **a tervezet mellett** there is* a lot to be said for the proposal; **ez is amellett** ~**, hogy ...** this is* another point/argument in favour of [doing sg]; **ami a (szűrő)vizsgálat mellett** ~**, s ami ellene** ~ the case for screening/testing and the case against **5.** *vi (könyv, cikk stb. vmről)* be* about (sg), deal* with (sg), treat (sg); **miről** ~**?** what is it about? **6.** *vi (szöveg)* read*, run*; **a szöveg így** ~ the text reads*/runs* thus; **úgy** ~, **hogy** it reads*/runs* as follows; **a rendelet úgy** ~**, hogy** the decree rules that ... **7.** *vi (csengő, harang)* ring*; *(hang, hangszer, zene)* sound; *(orgona)* peal; **a telefon** ~ the telephone rings (*v.* is ringing); **a rádió** ~ the wireless/radio is* on; **nem** ~ **a rádió** *(mert rossz)* the radio isn't working, the radio is* broken; **túl hangosan** ~ *(zene)* it is* too loud; **nagyon szépen** ~ *(hegedű stb.)* sounds beautiful **8.** *vi (érvényes)* be* valid, be* (good) for; **a meghívó két személyre** ~ the invitation is* for two; **a nyugta száz forintról** ~ the receipt is* (made out) for 100 forints; **mennyi időre** ~ **a megbízás?** *kb.* is* it a fixed-term contract/appointement? **9.** *vi ...* **ról/ről** ~**va** speaking of; **őszintén** ~**va** quite honestly/frankly, to be quite honest/frank, to tell the truth; **magunk között** ~**va** between you and me (and the gate-post); **nem is** ~**va** *vkről/vmről* to say nothing of, not to mention (sg), let alone (sg); **nem is** ~**va**

olyan luxuscikkekről, mint az ital és dohány let alone such luxuries as alcohol and tobacco ⇨ **száj**

szólam *n* **1.** *(frázis)* stock phrase, slogan; *(közhely)* platitude, commonplace; **üres** ~**ok** empty slogans; **nagyhangú** ~**ok** big words **2.** *zene* part; **egy** ~**ban énekel** sing* in unison

szólamú *a* -part ⇨ **többszólamú**

szolárium *n* solarium *(pl* -ria *v.* -riums)

szólás *n* **1.** *(beszéd)* speech, speaking; ~**ra emelkedik** rise* (*v.* stand* up) to speak; *(konferencián, parlamentben stb.)* take* the floor; ~**ra jelentkezik** request leave to speak **2.** *nyelvt* idiomatic expression, idiom, (common) saying

szólásgyűjtemény *n* phrase-book, dictionary of idioms

szólásmód *n* = **szólás**

szólásszabadság *n* freedom of speech, (the right to) free speech

szolfézs *n* solfeggio, solmization, *főleg GB:* tonic sol-fa

szolga *n* servant, attendant, domestic

szolgabíró *n tört kb.* deputy sheriff

szolgai *a* servile, slavish; ~ **hűség,** ~ **fordítás** a literal translation, servile/slavish translation; ~ **utánzat** slavish imitation

szolgál 1. *vi/vt vhol, vknél, vkt* serve (sy), be* in (sy's) service **2.** *vi kat* see* active service; **a hadseregben** ~ serve/be* in the army, do* one's military service; **a haditengerészetnél** ~ serve in the navy **3.** *vi vmivel* serve (with); **mivel** ~**hatok?** is there anything I can do for you?, can I help you (in any way)?; *(üzletben)* what can I do for you?; *(étteremben)* are you ready to order?, what will you have?, *US* □ what will it be?; ~**hatok még vmvel?** (will there be) anything else Madam/Sir?; **azzal nem** ~**hatok** I'm sorry but we don't have it in stock (*v.* it is out of stock) **4.** *vi (protestáns lelkész istentiszteletet tart)* conduct a service **5.** *vi* **hogy** ~ **az egészsége?** how are you (getting on)?; **hogy** ~**t az éjszakai nyugodalma?** did you sleep well? **6.** *vi vmül, vmként* serve as (sg); *vmre* serve for (sg), be* used for (sg); **mire** ~**?** what is it used for?, what purpose does it serve?; **asztalként** ~ it serves for a table; **tanulságul** ~ serve as a lesson/ warning **7.** *vt* **vmlyen célt** ~ sg serves as/ for sg, be* used for sg; **milyen célt** ~**?** what is it used for?, what purpose does it serve? **8.** *vi (kutya)* ~**j!** beg! ⇨ **javára, öröm, tudomás**

szolgálat *n ált* service; *(ügyelet, készenléti állapot)* duty; *(állás)* post, job; *kat* service; **tényleges (katonai)** ~ active service; **sokéves** ~**a van** have* many years' service, has served many years; **vk** ~**ába áll** enter sy's service; ~**ba lép** (1) *(munkakört elkezd)* go* into service, take* up one's duties (2) *(meghatározott időre, pl. vasutas)* go* on duty [at 6 a.m.]; ~**ban van** *(ügyeletes)* be* on duty; **nincs** ~**ban** be* off duty; **vk** ~**ában áll** be* in sy's service; ~**ban eltöltött idő** time/years of service, term of office; ~**ból kilép** quit*/leave* the/sy's service, retire; ~**on kívül** off duty; ~**on kívül helyez** pension off, dismiss (sy) from service; **miben lehetek** ~**ára?** what can I do for you?, is there anything I can do for you?, can I be of service/assistance to you?; ~**ára áll vknek** *vk, vm* be* at sy's service; ~**ot teljesít** *(katona)* serve (as); *(szolgálatban van)* be* on duty; **ellátja a** ~**ot** carry out *(v.* do*)* one's duty; **leteszi a** ~**ot** come* off duty [at 5 p.m.]; ~**ot tesz vknek** do*/render sy a service; **rossz** ~**ot tesz vknek** do* sy a disservice ▷ **állami, felmond, ideg**
szolgálati *a* of service *ut.,* official, service; ~ **idő** term of office; *(tisztviselőé, dolgozóé)* period of service, years of service *pl; kat* years of service *pl;* ~ **lakás** official quarters *pl,* official residence; ~ **szabályzat** (service) regulations *pl;* ~ **út** *(utazás)* business/professional trip/visit; ~ **úton** *(utazás)* on business/professional trip (2) *(ügyintézés)* through the proper/official channels; **betartja a** ~ **utat** go* by the book
szolgálatkész *a* helpful, eager to help *ut.,* willing to help *ut.,* willing
szolgálatkészség *n* helpfulness, eagerness/willingness to help, obligingness
szolgálatmegtagadó *n* conscientious objector
szolgálatos *a* on duty *ut.;* ~ *(= őrszemes)* **rendőr** policeman° on point-duty
szolgálattétel *n* service, duty
szolgálattevő *n* sy on duty
szolgalélek *n* servile soul, flunkey
szolgalelkű *a* servile
szolgalelkűség *n* servility
szolgalmi jog *n* easement, way-leave
szolgálóleány *n* maid(servant)
szolgalom *n* = **szolgalmi jog**
szolgáltat *v* supply, furnish, provide; *(okot)* give*; *(áramot)* supply [current] ▷ **igazság**

szolgáltatás(ok) *n* service/servicing/tertiary industry, supply, services *pl*
szolgáltatóipar(ok) *n* service/tertiary industry/industries, services *pl,* the service sector
szolgaság *n* servitude; *(rabszolgaság)* slavery
szolid *a* **1.** *(személy)* steady, respectable, serious(-minded); ~ **élet** a settled/steady life **2.** *(egyszerű, nem feltűnő öltözködés)* sober, discreet **3.** *(ker. vállalkozás)* safe, reliable, trustworthy **4.** *(ár)* reasonable, fair [price] **5.** *(szilárd)* solid; *(alapos)* sound [knowledge]
szolidáris vkvel *v* show* (one's) solidarity with sy, stand* behind sy (in sg), stand* by sy
szolidaritás *n* solidarity; ~**t vállal vkvel** show* (one's) solidarity with sy
szólista *n* soloist
szólít *v* **1.** *vhova* call (sy to come), call sy swhere, summon (sy); *(felszólít)* call upon/on [sy for an answer *v.* to stand up etc.] **2.** **vmnek** ~ **vkt** address sy as; **nevén** ~ call sy by his name
szolmizál *v* solmizate
szolmizálás *n* solmization ▷ **szolfézs**
szóló¹ **I.** *a* **névre** ~ **meghívó** a personal invitation, not transferable invitation; **két személyre** ~ *(jegy)* [tickets] for two; **a Londonba** ~ **jegy** the ticket to London; **négy évre** ~ **állás** post tenable for four years, a four-year contract; **vmről** ~ **könyv** a book about/on ...; **az ellene** ~ **érvek** the arguments against it, *biz* the cons; **a mellette** ~ **érvek** the arguments for (*v.* in favour/support of) it, *biz* the pros **II.** *n (beszélő)* speaker; **csatlakozom az előttem** ~**hoz** I agree with the prevoius speaker ▷ **bemutató, lát²**
szóló² *n zene* solo; ~**t énekel** sing* solo; *(műsoron kiírás)* soloist
szólóénekes *n* soloist, solo singer
szólóest *n* recital
szólómotor *n biz* motorcycle without sidecar
szólótáncos *n* principal/solo dancer
szólva *adv* → **szól 9.**
szómagyarázat *n* explanation of a word, explanation of (the) words, gloss
Szomália *n* Somalia
szomáli(ai) *a/n* Somali(an)
szombat *n* Saturday; ~**on** on Saturday; **minden** ~**on** on Saturdays, every Saturday, *US* Saturdays; ~**(on) este** Saturday evening/night; ~**ra** by Saturday
szombati *a* Saturday, of Saturday *ut.,* Saturday's; **a** ~ **nap folyamán** in the course of

Saturday, on Saturday; **egy ~ napon** on a (*v.* one) Saturday; **a múlt ~ hangverseny** last Saturday's concert
szombatonként *adv* every Saturday, on Saturdays, *US* Saturdays
szomj *n* thirst; ~**át oltja** quench one's thirst
szomjan hal *kif* die of thirst
szomjas *a* (be*) thirsty; ~ **vmre** *(átv is)* thirst (*v.* be* thirsting) for sg
szomjaz|ik *v* thirst, be* thirsting (*vmre átv is*: for sg), (*csak átv*) be* hungry for sg
szomjúhoz|ik *v* = **szomjazik**
szomjúság *n* thirst(iness)
szomorít *v* sadden, make* (sy) sad
szomorkás *a* rather sad, downbeat, gloomy
szomorkod|ik *v* grieve (*vmn* over sg), be* sad (about sg)
szomorú *a* sad, sorrowful, *(arc)* sad, melancholy, glum [face], *(esemény)* tragic [event], *(hír)* sad, saddening [news], *(látvány)* sorry [sight]; ~ **vm miatt** be* sad about sg, be* sorry/grieved to hear sg; ~**an** sadly; ~**an tapasztal/lát vmt** be* sorry to see sg; ~**nak látszik** seem/look sad
szomorúfűz *n* weeping willow
szomorúság *n* sadness, sorrow, grief
szomszéd I. *a* = **szomszédos**; **a ~ falu** next/neighbouring village **II.** *n* **1.** *vk* neighbour (*US* -bor); **a (közvetlen) ~om** my next-door neighbour; ~**ok vagyunk** we are* neighbours **2.** *(szomszédság)* neighbourhood, vicinity; **nem megy a ~ba vmért** he isn't at a loss for sg; **a ~ban lakik** live next door
szomszédasszony *n* neighbour (*US* -bor)
szomszédnép *n* neighbouring (*US* -bor-) nation/people
szomszédol *v* visit one's neighbour(s) (*US* -bors)
szomszédos *a* vmvel neighbouring (*US* -bor-), next-door, close/near by *ut.*; *(ház, szoba stb.)* next, adjoining; *(igével)* adjoin; **házaink ~ak** our two houses adjoin, our house adjoins theirs
szomszédság *n* neighbourhood (*US* -bor-), vicinity
szómutató *n* index, (alphabetical) word list
szonáta *n* sonata
szonda *n* **1.** *orv (hajlékony cső: húgycső, nyelőcső, végbél vizsgálatához)* bougie; *(tömör: üregek vizsgálatához)* probe, sound **2.** *műsz* ált probe; *(meteorológiai)* sonde; *(űr)* (space) probe; *(mérő)* measuring/sensing head **3.** *(alkohol)* breathalyser (*v. US* -lyzer), *US* drunkometer

szondáz *v orv, műsz* probe, sound; *(alkohol-szondával)* breathalyse (*US* -lize) sy
szondázás *n (autósé)* breath test
szonett *n* sonnet
szónok *n* speaker; **jó ~** a good public speaker
szónoki *a* oratorical, rhetorical; ~ **fogás** rhetorical trick/device; ~ **kérdés** rhetorical question; ~ **képesség** gift of speech, eloquence ˙
szónokias *a* oratorical, rhetorical; *elít* declamatory, bombastic
szónoklás *n* public speaking, speaking in public, oratory, rhetoric; *elít* speechifying, speechification
szónoklat *n* speech, oration
szónoklattan *n* rhetoric
szónokol *v* **1.** speak* (in public), make* a (public) speech **2.** *elít* speechify, hold* forth; **mit ~sz?** what are you spouting/preaching about?
szóösszetétel *n* compound
szóözön *n* = **szóáradat**
szopás *n* suck(ing)
szop|ik *v* suck; **még ~ik a baba** the baby is still at its mother's breast (*v.* at the breast)
szopó *a* sucking
szopogat *v* suck (at) (sg), be* sucking away at sg; **cukrot ~** (s)he is sucking a sweet (*v. US* candy)
szopóka *n (cigarettáé)* tip
szopókás *a* tipped
szopós *a* ~ **borjú/malac** sucking calf°/pig, suckling; ~ **gyerek** nursling, suckling
szoprán *n* soprano; ~ **énekesnő** soprano
szoptat *v* give* suck to, suckle, nurse; *(nem mesterségesen táplál)* breast-feed*
szoptatás *n* suckling, nursing; *(nem mesterséges)* breast-feeding
szoptatós *a* suckling, nursing; ~ **anya** nursing mother; ~ **dajka** wet nurse
-szor/-szer/-ször *suff* times; **hatszor** kettő az/egyenlő tizenkettő six times two is/equals twelve (6x2= 12); **6 x 6 m-es szőnyeg alapterülete 36 m²** a carpet 6 metres square has an area of 36 square metres
szór *v* vmt sprinkle, scatter, spread*, strew; ~**ja a pénzt** squander money, *(mert sok van neki)* throw* one's money around, have* money to burn
szórakozás *n* amusement, entertainment; *(szórakozóhelyen)* evening out; *(kikapcsolódás)* relaxation, recreation; *(időtöltés)* hobby, pastime; ~**ból csinál vmt** do* sg for amusement/fun

szórakozási *a* ~ **lehetőségek** leisure activities, recreational facilities; *kif* plenty to do; *(művelődéssel egybekötött)* entertainment(s), opportunities for entertainment

szórakoz|ik *v* **1.** *vhol* enjoy/amuse oneself, have* a good time; **jól** ~**ott?** did you enjoy yourself? **2. vmn** ~**ik** be* amused at/by sg

szórakozóhely *n* place of entertainment/amusement

szórakozott *a* absent-minded; ~**an** absent-mindedly

szórakozottság *n* absent-mindedness

szórakoztat *v (társaságot)* amuse, entertain; *vkt* entertain sy, keep* sy company

szórakoztató I. *a* amusing, entertaining; *(olvasmányos)* worth reading *ut.*; ~ **irodalom** escapist literature, romantic fiction; ~ **olvasmány** light reading; ~ **zene** light music **II.** *n* entertainer

szórás *n* **1.** *ált* spread(ing), scattering, dispersion; *(behintés)* sprinkling, dusting **2.** *(lövészet, mat, fiz, statisztika)* dispersion, scatter

szordínó *n* sordino, mute; ~**val** with a sordino/mute on

szórend *n* word-order

szorgalmas *a (tanulmányokban)* hard-working, diligent; *(munkában)* hard-working, industrious, assiduous; ~**an tanul** work hard, study diligently

szorgalmaz *v* urge sg, press for sg

szorgalmi *a* ~ **feladat** voluntary homework/task; ~ **idő** term(-time)

szorgalom *n* diligence, industry, hard work

szorgos *a* **1.** *(ember)* hard-working, industrious **2.** ~ **munka** hard work; ~ **munka folyik** sy is* busy with some important work

szorgoskodás *n* activity, diligence

szorgoskod|ik *v* be* busy [doing sg]; ~**ik a konyhában** be* busy(ing oneself) [in the kitchen]

szorít 1. *vt (nyomva)* press; *(kézben)* grasp, grip; **keblére** ~ embrace, clasp in one's arms; **kezet** ~ **vkvel** shake* hands with sy **2.** *vt (cselekvésre, munkára)* urge (sy to do sg), drive*, force **3.** *vt helyet* ~ **vknek** make* room for sy; ~**ok rá időt** I'll try to find time for sg, I'll try to fit it in **4.** *vi (cipő)* pinch, hurt*; *(cipő, ruha)* be* too tight; **tudja, hol** ~ **a cipő** know* where the shoe pinches **5.** *vi biz* vknek keep* one's fingers crossed for sy (that)

szorítás *n (nyomva)* pressure; *(kézben)* grip, grasp

szorítkoz|ik *v vmre* confine/limit/restrict oneself to sg

szorító I. *a* pressing; ~ **érzés** pressure **II.** *n* **1.** *műsz* vice *(US* vise), grip, clamp **2.** *sp* ring

szorítócsavar *n* nut

szóródás *n (mat és statisztika)* dispersion, scatter(ing)

szóród|ik *v* **1.** *(hull)* fall*, drop **2.** *(terjed)* spread*, scatter

szórófej *n* sprinkler

szórólap *n* handout, leaflet, information sheet, (single sheet) flier *v.* flyer

szorong *v* **1.** *(helyileg)* be* squashed/pressed/crowded together **2.** *átv* be* anxious/tense, worry; *pszich* have* angst

szorongás *n* **1.** *(helyileg)* throng, congestion, overcrowding **2.** *(félelem)* fear; *pszich* anxiety, angst

szorongat *v* **1.** *(kezében)* clutch, grasp, keep* clasping **2. sírás** ~**ja a torkát** have* a lump in one's throat **3.** *(nem hagy békén)* harass, hound

szorongatott *a* hard pressed; ~ **helyzetben van** be* in dire/desperate straits, be* in a sorry/sad plight

szorongó *a átv* anguished, anxious, tense; ~ **szívvel** in anguish, with a sinking heart

szórópisztoly *n (festéknek)* spray gun, airbrush

szoros I. *a* **1.** *konkr* tight, close; ~ **ruha** tight-fitting clothes *pl*, a tight fit **2.** *átv* close, narrow; ~ **barátság** close/intimate friendship, intimacy; ~ **együttműködés** close co-operation; ~ **kapcsolatban áll/van** vkvel/vmvel be* closely connected with sy/sg, be* (closely) bound up with sg; ~**abbra fűzi a kapcsolatokat** establish still/even closer links (with); ~**abbra húzza az övét** tighten one's belt; ~**abbra fog vkt** keep* a tighter rein on sy **II.** *n (hegyé)* pass, defile, *(tengeré)* strait

szorosan *adv* close(ly), tight(ly); ~ **egymás mellett** side by side, closely, packed like sardines; ~ **fog/tart** hold* tight/firmly; ~ **tartja magát vmhez** keep* strictly/closely to sg; ~ **véve** strictly speaking

szoroz *v* multiply (vmvel by); ~**va ...vel** multiplied by ...

szórt *a* ~ **fény** diffuse light, diffused lighting

szortíroz *v* sort (out); *(osztályoz)* classify

szorul *v* **1.** *vm vmben* jam, get* stuck/jammed/wedged (in sg); ~ **a dugó az üvegben** the cork (got) stuck in the bottle; ~ **a kulcs a zárban** the key (is*) jammed in the lock **2.** *biz* **ezért még** ~**sz!** I'll give you what for, you'll smart for this, I'll get you for this **3**. *vmre* be*/stand* in need of (sg), want (sg); *vkre* be* dependent on (sy); **a ház már javításra** ~ the house is* badly in need of repair; **magyarázatra** ~ call for explanation; **vk segítségére** ~ need sy's help

szorulás *n orv* constipation; ~**a van** be* constipated

szorulásos *a* constipated, costive

szorult *a* ~ **helyzetben van** be* in difficulties, be* in a fix, be* in a tight corner, *biz* be* on one's beam-ends

szorultság *n* difficulty, embarrassment, distress, dire straits *pl*

szórványos *a* sporadic, scattered, sparse; ~ **záporok** occasional showers

szorzandó *n* multiplicand

szorzás *n* multiplication

szorzat *n* product

szorzó *n* multiplier

szorzójel *n* multiplication sign

szorzószám *n* index number

szorzótábla *n* multiplication table

szósz *n* **1**. *(mártás)* sauce; *(húslé)* gravy **2**. *biz (beszéd)* story, yarn **3**. *biz (nehéz helyzet)* **benne van a** ~**ban** be* in the soup, be* in hot water

szószaporítás *n* verbiage, verbosity, prolixity; *nyelvt* pleonasm

szószátyár I. *a* verbose, garrulous, wordy **II**. *n* windbag, spouter

szószátyárkod|ik *v* spout, orate

szószátyárság *n* verbosity, wordiness

szószedet *n* vocabulary, word-list

szószegés *n* breaking one's word, breach of faith/promise

szószegő I. *a* faithless, perfidious **II**. *n* perfidious person, defaulter

szószék *n* pulpit

szószerkezet *n* syntactic unit, syntagm, syntagma

szószóló *n (közbenjáró)* mediator, intermediary, go-between

SZOT = *Szakszervezetek Országos Tanácsa* Hungarian Trades Union Council, *GB kb.* TUC

szótag *n* syllable

szótagol *v* syllabify

szótagolás *n* syllabification

szótagos *a/suff* = **szótagú; három** ~ three-syllable, having three syllables *ut.*

szótagszám *n* number of syllables

szótagú *suff* -syllabic, -syllable, having . . . syllables *ut.*

szótalan *a* = **szótlan**

szótan *n* lexicology, lexis

szótár *n* dictionary; *(latin, görög)* lexicon; ~**ba felvesz** = **szótároz 1**.; **nézd meg a** ~**ban** look it up in the/a dictionary; **kikeres egy szót a** ~**ból** look up a word in the dictionary; ~**t forgat** consult a/the dictionary, use a dictionary, look up words in a/the dictionary; ~**t használ** use a/one's dictionary

szótárhasználó *n* (dictionary) user, user of a dictionary

szótári *a* dictionary, lexicographic(al); *(szókészleti)* lexical; ~ **adat** lexical item, dictionary entry, reference; ~ **egység** lexical unit; ~ **jelentés** lexical/dictionary meaning

szótárírás *n* lexicography, dictionary-making

szótáríró *n* lexicographer, dictionary-maker, compiler of a dictionary

szótárirodalom *n* lexicography

szótároz *vt. (szótárba felvesz)* enter [a word] in a/the dictionary, list [sg in a dictionary]; **minden** ~**ott adat** all the listed items **2**. *vi (szótárt forgat)* use/consult dictionaries *(v. a dictionary)*, look up words in a/the dictionary

szótárszerkesztő *n* lexicographer; *(igével)* work on the Dictionary Staff [of . . .]′ → **szerkesztő, szótáríró**

szótárszerkesztőség *n* dictionary staff/department

szótártan *n* lexicography

szótártani *a* lexicographic(al)

SZOT-beutaló *n (üdülőbe) kb.* TUC holiday

szótlan *a* silent, taciturn; **nem nézhetjük** ~**ul** we cannot just sit here doing nothing (about it)

szótő *n* stem, root [of a word]

szótöbbség *n* majority; **nagy** ~**gel megszavaz** pass by an overwhelming majority; ~**gel elfogadták** was passed by a majority

SZOT-üdülő *n kb.* TUC holiday home

szótükör *n* framework

szottyan *v biz* **kedve** ~ **vmre** suddenly feel* like [doing sg], have* a sudden fancy for sg *(v. for doing sg)*

szóval *adv* **1**. *(röviden)* briefly, in a word, in brief/short; *(vagyis)* (well,) anyway/anyhow, that is (to say), so **2**. *(töltelékszó)* well; so ⇨ **szó**

szóváltás *n (vita)* argument, dispute; ~**a volt vkvel** (s)he had words with him/her

szóvég *n* word ending

szóvégi *a* final, terminal

szovhoz *n* state-farm, sovkhoz

szóvirág *n* rhetorical flourishes *pl*, flowers of rhetoric *pl*

szóvivő *n* spokesman°; **a kormány ~je** the government's spokesman°

szovjet *a/n* Soviet; **a ~ek** the Soviets; **Sz~ Szocialista Köztársaságok Szövetsége** (*röv* **SZSZKSZ**) Union of Soviet Socialist Republics (*röv* USSR)

szovjetbarát *a* pro-Soviet

szovjetellenes *a* anti-Soviet

szovjethatalom *n* power of the Soviets, Soviet power

szovjetköztársaság *n* Soviet republic

szovjetrendszer *n* Soviet regime

Szovjetunió *n* Soviet Union

szózat *n* ir appeal, proclamation

sző *v* **1.** *(szövetet)* weave*; *(pók)* spin* **2.** *(összeesküvést, mesét)* weave*, hatch [a plot], plot against (sy); *(tervet)* make*, hatch [a plan]

szöcske *n* grasshopper

szög[1] *n* → **szeg**[2]

szög[2] *n mat* angle; **30°-os ~** an angle of 30°; **90°-os ~ben** at an angle of 90°, at right angles

szög- *n* **1.** → **szeg-** **2.** *mat* angular

szögel *v* = **szegel**

szöges[1] *a* → **szeges**

szöges[2] *a* ~ **ellentétben van vmvel** be* diametrically opposed to sg, run* totally counter to sg; *kif* fly* in the face of sg

szögez *v* → **szegez**

szögfelező *n* bisectrix (*pl* bisectrices), bisector

szögfüggvény *n* trigonometric/circular function

szöglet *n* **1.** *(sarok)* corner; *(zug)* nook; *(kiszögellés)* angle **2.** *sp* corner (kick); ~**et rúg** take* a corner kick

szögletes *a* **1.** *konkr* angular, angled, cornered; *(áll, váll)* square; ~ **zárójel** square brackets *pl* **2.** *(modor)* awkward, clumsy

szögletrúgás *n* ~**t végez** take* a corner kick

szögmérő *n* protractor

szögsebesség *n fiz* angular velocity

szökdécsel *v* skip, hop, caper, bound, bounce, cavort

szökdel *v* **1.** = **szökdécsel** **2.** *sp (helyben ugrál)* run* on the spot

szőke I. *a* blond, fair(-haired) **II.** *n* blonde

szökell *v* **1.** *(szökdécsel)* skip, hop, leap*, bound **2.** *(folyadék)* gush (out) from

szökés *n* **1.** *(menekülés)* flight, escape; *kat* desertion; *(börtönből)* escape [from prison], breakout, jailbreak *v.* gaolbreak; ~**t kísérelt meg** he tried to escape **2.** *(ugrás)* jump, leap, bound

szőkés *a* fairish, blondish

szőkeség *n* fairness, blondness

szökési *a* ~ **kísérlet** attempted escape/breakout

szökevény *n* fugitive, runaway, escapee; *kat* deserter

szök|ik *v* **1.** *(menekül)* escape, flee*, run* away; **külföldre ~ik** flee* the country; *(disszidál)* defect **2.** *(ugrik)* leap*, jump, bound, bounce **3. a vér az arcába ~ött** blood rushed to his face; **könny ~ött a szemébe** tears came into her eyes

szőkít *v* bleach one's/sy's hair, dye one's hair blonde

szökken *v* *(ugrik)* leap*, bound, spring* (up)

szökőár *n* spring tide, tidal wave

szökőév *n* leap year

szökőkút *n* fountain

szöktet *v* **1.** *(vkt ált)* help sy escape; *(börtönből biz)* spring* sy; *(leányt)* elope with [a girl] **2.** *(futballista)* send* (sy) away with a deep (through) pass

szöktetés *n* **1.** *ált* helping sy to escape; *(leányé)* elopement **2.** *(futballban)* long running pass, pass on the run

szőlész *n* wine-grower; *(szakember)* viniculturist, viticulturist

szőlészet *n* **1.** *(a szőlő termesztése és tudománya)* grape/wine-growing, viticulture, viniculture **2.** = **szőlőgazdaság**

szőlő *n* **1.** *(növény)* (grape-)vine; ~**t metsz** dress vines; **sok ~ terem Magyarországon** there is a lot of wine-growing in Hungary; ~**vel van beültetve** is planted with vines **2.** *(gyümölcs)* grapes *pl*; **egy fürt ~** a bunch/cluster of grapes; **lesz még ~, lágy kenyér** things will get better one day, *kb.* never say die; **savanyú a ~!** sour grapes **3.** *(terület)* vineyard

szőlőcukor *n* grape sugar, glucose

szőlőfajta *n* variety of grape, grape

szőlőfürt *n* a bunch/cluster of grapes

szőlőgazdaság *n* vineyards *pl*

szőlőhegy *n* vineyard

szőlőkaró *n* → **karó**

szőlőlé *n* grape-juice

szőlőlevél *n* vine-leaf°

szőlőlugas *n* vine arbour (*US* -or)

szőlőművelés *n* = **szőlészet**

szőlőoltvány *n* graft

szőlőprés *n* wine-press

szőlősgazda *n* vine-dresser/grower, wine-grower

szőlőskert *n* vineyard
szőlőszem *n* (a) grape
szőlőtermesztés *n* = szőlészet
szőlőtermesztő I. *a* vine/wine-growing/producing II. *n* = szőlész
szőlőtermő *a* ~ vidék wine-growing region
szőlőterület *n* vine-lands *pl* ⇨ borvidék
szőlőtőke *n* vine(-stock), grape-vine
szőlővessző *n* vine-shoot
szőnyeg *n* 1. *(nagyobb, ill. faltól falig)* carpet; *(kisebb)* rug; ~et sző weave*/make* carpet *(v. carpets)* 2. ~en forog/van be* on the agenda, *GB* be* on the carpet; ~en levő/forgó kérdés the point/matter/question at issue; ~re kerül be* brought up
szőnyegbombázás *n* carpet bombing
szőnyegpadló *n* (wall-to-wall) carpet, fitted carpet, broadloom (carpet); ~ van a szobában the room is carpeted wall-to-wall, a wall-to-wall carpet *(v. a fitted carpet)* covers the floor of the room
szőnyegseprű *n* *(húzogatós)* carpet sweeper
szőnyegszövés *n* carpet making/weaving
-ször *suff* → -szor
szőr *n* (body) hair; *(disznóé, keféé)* bristles *pl*; ~én üli meg a lovat ride* bareback
szőrcsomó *n* tuft of hair
szőrén-szálán *adv* ~ eltűnt *vm* it has just vanished without trace; *vk* he disappeared as though/if the earth had swallowed him up
szörf *n* 1. *(eszköz)* (sail)board, windsurfer; *(fogódzója)* wishbone (boom) 2. *(a sport)* windsurfing, boardsailing
szörföz(ik) *v* go*/be* windsurfing/boardsailing
szörfözés *n* windsurfing, boardsailing
szörföző *n* windsurfer, boardsailor
szörfruha *n* wet suit
szőrme *n* fur [coat, jacket etc.]
szőrmeáru *n* furs *pl*
szőrmegallér *n* fur collar
szőrmekabát *n* fur coat
szőrmekereskedés *n* furrier('s)
szőrmekereskedő *n* furrier
szőrmenté(be)n *adv* ~ bánik vkvel rub sy up the right way, treat sy carefully and indulgently
szőrmés *a* ~ állat furred/fur-bearing animal
szörny *n* monster, monstrosity
szörnyen *adv* biz horribly, awfully, dreadfully, terribly; ~ fájt a fogam I had awful toothache, my tooth ached terribly

szörnyeteg *n* monster, monstrosity
szörnyethal *v* die on the spot, be* killed instantly
szörnyszülött *n* monster, monstrosity
szörnyű *a* 1. *(irtózatot keltő)* horrible, horrid, dreadful, frightful 2. biz *(rendkívüli)* horrible, ghastly, appalling, awful
szörnyülköd|ik *v* *vmn* be* shocked and horrified at sg
szörnyűség *n* *(dolog)* dreadful/terrible/awful thing; *(megdöbbentő vm)* outrage
szőrös *a* hairy, shaggy
szőrösszívű *a* hard-hearted
szőröstül-bőröstül *adv* lock, stock, and barrel; hide and hair
szőröz *v* biz be* splitting hairs, cavil *(US* -l), be* nit-picking, be* fussy
szőrözés *n* biz hair-splitting, nit-picking, fussing
szőröző *a* biz = szőrszálhasogató
szörp *n* 1. *(sűrű)* syrup 2. *(üdítőital)* squash
szörpöl *v* slurp, drink* noisily
szőrszál *n* a hair
szőrszálhasogatás *n* hair-splitting, nit-picking
szőrszálhasogató I. *a* hair-splitting II. *n* hair-splitter, stickler, pedant
szőrtelen *a* hairless, smooth-skinned
szőrtelenít *v* depilate, remove the hair (from)
szőrtelenítés *n* depilation
szőrtelenítő I. *a* depilatory II. *n* depilatory, hair-remover
szőrtüsző *n* (hair-)follicle
szőrtüszőgyulladás *n* folliculitis, sycosis
szőrű *a*/*suff* -haired, -coated
szőrzet *n* *(emberé)* (body) hair; *(állaté)* fur, coat
szösz *n* tow, fluff; mi a ~! what the devil!
szöszke I. *a* blond II. *n* blonde
szöszmötöl *v* biz = piszmog
szőtt *a* woven; kézzel ~ handwoven, hand-made
szőttes *n* homespun
szövedék *n* web, fabric, tissue
szöveg *n* 1. ált text; *(dalé)* words *pl*, lyrics *pl*; *(dalműé)* libretto; *(érmén)* legend; *(filmé, színdarabé)* script; *(kép alatt)* caption; *(okiraté)* wording; ~től függő contextual 2. □ ~ spiel; sok a ~! pipe down!, shut up!, *US* cut the cackle!
szövegel *v* □ jaw, yak, go* on, spiel
szövegelemzés *n* textual analysis *(pl* -ses)
szöveges *a* ~ feladat *mat* maths problem/exercise
szövegez *v* pen, draw* up, word, draft

szövegezés n **1.** *(folyamat)* penning, drafting **2.** *(szövegé)* wording; **a jelen** ~**ben** as it stands

szöveggyűjtemény n collection of texts, anthology

szöveghű a *(fordítás)* faithful, close

szövegíró n librettist

szövegkiadás n text edition

szövegkiemelő n marker (pen), see-through marker

szövegkönyv n *(zenés műé)* libretto; *(filmé)* screenplay, scenario, script

szövegkörnyezet n context; ~**től függő,** ~**beli** contextual

szövegkritika n textual criticism

szövegmagyarázat n (textual) commentary

szövegmondás n delivery

szövegösszefüggés n context; ~**beli** contextual

szövegszerkesztés n word processing

szövegszerkesztő n *(gép)* word processor

szövés n weaving

szövet n **1.** *tex* cloth, fabric, material, textile, stuff **2.** *orv* tissue

szövetfestés n dyeing

szövetkárpit n *(autóban)* cloth upholstery

szövetkezés n allying, alliance

szövetkezet n **1.** *ált* co-operative (society), *biz* co-op; **fogyasztási** ~ consumers' co--operative; **kisipari** ~ craftsmen's co-operative **2.** *mezőg* = **termelőszövetkezet**

szövetkezeti a co-operative; ~ **bolt** co-operative shop, *biz* co-op; ~ **lakás** housing co-op flat; ~ **mozgalom** co-operative movement; ~ **tag** member of a co-operative society, co-op member; ~ **tulajdon** co-operative property; ~ **tulajdonban levő** co-operatively owned

szövetkez|ik v vkvel form an alliance with, ally with, join forces with

szövetminta n (cloth) pattern, sample

szövetruha n wool(len) dress

szövetség n **1.** *pol* alliance, union, league, confederacy, (con)federation; **államok** ~**e** confederation of states; ~**ben vkvel** in alliance/league with sy; ~**re lép vkvel** enter into an alliance with [a country]; ~**et köt** conclude an alliance with [a country] **2.** *(egyesület)* association; *(nagyobb)* federation

szövetséges I. a *tört* allied; **a** ~ **haderők** the allied forces; **a** ~ **hatalmak** the Allied Powers, the Allies **II.** n ally

szövetségi a **1.** federal; ~ **állam** federal state; ~ **köztársaság** federal republic

2. ~ **politika** [the party's] policy of alliance; ~ **rendszer** the alliance system; ~ **szerződés** treaty of alliance

szövettan n histology

szövettani a histological; ~ **vizsgálat** biopsy

szövevény n **1.** *konkr* tangle, network, mesh **2.** *átv* imbroglio; **intrikák** ~**e** web (*v.* meshes *pl*) of intrigue

szövevényes a intricate, entangled, complicated

szövő I. a weaving **II.** n weaver

szövöde n weaving mill/factory

szöv|ik v weave*, be* woven; **barátság** ~**ött közöttük** they became close friends

szövődmény n *orv* complication; ~ **nélküli** without complications *ut.*

szövődményes a *orv* with complications *ut.*; ~ **influenza** influenza with complications

szövőgép n power-loom

szövőgyár n weaving mill

szövőipar n textile industry

szövőlepke n **amerikai** ~ fall webworm

szövőmunkás(nő) n weaver, textile worker

szövőszék n loom

szövött a woven; ~ **áru** fabric, textile

szpícs n *biz* iron oration, screed

szpíker n *(rádió)* announcer

szputnyik n sputnik, artificial satellite

SZSZKSZ → **szovjet**

Szt. = *Szent* Saint, St. *v.* St

sztálinista a/n Stalinist

sztár n *(film stb.)* star; *(sportban főleg)* ace

sztepp(elés) n step-dance

sztereo- *pref* stereo-

sztereó a stereo; ~ **berendezés/készülék** stereo system, *biz* stereo; ~ **lemezjátszó** stereo (player); ~ **magnós rádió** stereo radio cassette recorder; ~ **rádió** stereo radio/set; ~ **kazettás autórádió** stereo car radio/cassette player

sztereoadás n broadcast in stereo

sztereofelvétel n stereo recording

sztereolemez n stereo record

sztereotip a stereotyped, *(elcsépelt)* trite, hackneyed; ~ **kifejezés** stereotyped phrase, cliché

sztereotípia n stereotypy

szteroid n *vegy* steriod

sztetoszkóp n stethoscope

SZTK = *Szakszervezeti Társadalombiztosítási Központ* Trades Union Health Insurance Centre; *(GB megfelelője)* National Health Service *(röv: NHS)*, *US kb.:* Medicaid

SZTK-alapon *adv kb.* under the NHS scheme, *biz* on the NHS
SZTK-beteg *n kb.* NHS patient
SZTK-orvos *n kb.* NHS doctor
SZTK-rendelő *n kb.* clinic, health centre (*US* -er)
sztoicizmus *n* stoicism
sztoikus I. *a* stoical **II.** *n* stoic
sztomatológia *n orv* stomatology
sztori *n biz* story
sztráda *n* motorway, *US* expressway
sztrájk *n* strike, (*rövidebb*) walk-out; **~ba lép** go* (out) on strike, come* out on strike, walk out; **~ra szólít fel** call a strike; **a ~ot megszakítja** break* a strike; **fordított ~** work-in
sztrájkbizottság *n* strike committee
sztrájkjog *n* the right to strike
sztrájkmozgalom *n* strike movement
sztrájkol *v* be* (out) on strike, strike* (*vm miatt* for)
sztrájkoló I. *a* striking, on strike *ut.* **II.** *n* striker
sztrájkőr *n* picket
sztrájkőrség *n* picket, picket line; **~et állít** picket, post as pickets (at)
sztrájktörés *n* blacklegging, strike-breaking
sztrájktörő I. *a* blacklegging, strike-breaking **II.** *n* blackleg, strike-breaker
sztratoszféra *n* stratosphere
sztreptomicin *n* streptomycin
sztressz *n* stress
sztrichnin *n* strychnine
sztriptíz *n* striptease
sztyep(p) *n* steppe, prairie
SZU = *Szovjetunió* Soviet Union, USSR
szú *n* woodborer, woodworm
szuahéli *a/n* Swahili
szubjektív *a* subjective
szubjektivitás *n* subjectivity
szublimát *n* sublimate
szubrett *n* soubrette
szubtropikus *a* subtropical
szubtrópusok *n pl* subtropics *pl*
szubvenció *n* subsidy, grant
szubvencionál *v* subsidize; **~t** subsidized
Szudán *n* Sudan
szudáni *a/n* Sudanese
szúette *a* worm-eaten, rotten
Szuez *n* Suez
Szuezi-csatorna *n* the Suez Canal
szufla *n biz* = **szusz**
szuggerál *v vkt* influence sy by suggestion, will (*múlt idő:* willed) sy to do sg; *vkbe vmt* fill sy with sg
szuggesztió *n pszich* suggestion

szuggesztív *a* forceful, potent; (*egyéniség*) magnetic
szuka *n* bitch
szulfát *n* sulphate (*US* -lf-)
szulfid *n* sulphide (*US* -lf-)
szulfit *n* sulphite (*US* -lf-)
szultán *n* sultan
szultánkenyér *n* Turkish delight
szundikál *v* = **szundít**
szundít, szundiz|ik *v biz* doze, have* a nap/doze, nap
szundítás *n* doze, nap, catnap
szunnyad *v* slumber, sleep* lightly, be* asleep; (*vkben tehetség*) lie*/be* dormant
szunnyadó *a* sleeping, slumbering; *átv* dormant
szúnyog *n* mosquito, gnat
szúnyogcsípés *n* mosquito bite
szúnyogháló *n* mosquito net
szunyókál *v* = **szundít**
szuper *int biz* super!, excellent!; **tetszeni fog neked, egyszerűen ~** you'll like her, she's just super
szuperál *v biz* function, work, go*, run*; **nem ~** be* out of order, it doesn't work, be* broken
szuperbenzin *n* super, four-star (*v.* high-octane) petrol
szuperfoszfát *n* superphosphate
szuperhatalom *n* superpower
szupermarket *n* supermarket
szuperszonikus *a* supersonic; **~ repülőgép** supersonic aircraft; **~ sebesség** supersonic speeds
szupervevő *n* superhet receiver
szúr *v* **1.** (*tű, tövis*) prick; (*fegyverrel*) stab (*vk felé* at sy); (*rovar*) sting*, bite* **2.** **~ a háta** he gets twinges in his/the back; **~ az oldalam** I have* a stitch in my side
szúrágás *n* worm-hole
szúrágta *a* worm-eaten, rotten
szúrás *n* **1.** (*tű, tövis*) prick(ing), (*rovar*) sting, bite **2.** (*szúrt seb*) stab; (*fájdalom*) stab; **~t érez a hátában** have* a twinge (of pain) in one's back
szuri *n biz* (*injekció*) shot
szurkál *v* prick(le), keep* stabbing
szurkol *v biz* **1.** (*fél*) = **drukkol 1.**; **2.** (*sp csapatnak*) support [a team], cheer/root for [one's team], cheer [a team] on, be* a fan of ..., be* a [Manchester United etc.] fan
szurkoló *n sp* fan, supporter [of a team]; **~k kórusa** *US* yell → **kórus**
szurkos *a* tarry, pitchy
szúró *a* **1.** *konkr* pricking, stinging **2.** **~ fájdalom** stab, twinge, sting, stitch

szúrófegyver *n* cold steel
szurok *n* pitch, tar
szurokfekete *a* jet/pitch-black
szuroksötét *a* pitch-dark/black
szurony *n* bayonet; ~**t szegezz!** fix bayonets!
szuronyos *a* bayoneted, (provided) with a bayonet *ut.*
szuronyroham *n* bayonet charge
szúrópróba *n* spot-check/test, random sample; ~**szerű** random [choice, selection etc.], [sg done] at random *ut.*; ~**szerűen** at random, randomly; ~**szerűen megmotozzák** be* searched at random
szúrós *a* **1.** *konkr* stinging, pricking **2.** *(tekintet)* piercing [glance/look]; ~ **tekintetű** *(igével)* have* a piercing look, look right *into* to sy
szúrt *a* ~ **seb** stab (wound)
szurtos *a* grimy, grubby
szusz *n* breath, wind; **kifogy belőle a** ~ be* out of breath, be* (quite) winded; **egy** ~**ra elvégzi** do* it at one go
szuszog *v* **1.** *konkr* pant, puff **2.** *biz (lassú)* dawdle, be* a slowcoach (*v.* US slowpoke)
szuterén *n* basement
szutykos *a biz* grimy, filthy, soiled
szuvas *a* worm-eaten, decayed; *(fog)* carious, decayed
szuvasodás *n (fogé)* caries, cavity, decay
szuvasod|ik *v* decay, rot*; *(fog)* decay, go* bad
szuverén *a* sovereign, supreme; ~ **joga vknek** one's sovereign right; **minden ország** ~ **joga** ... it is the sovereign right of every country (to ...)
szuverenitás *n* sovereignty, supreme power
szűcs *n* furrier, fur-trader
szűcsáru *n* furs *pl*
szűcsmester *n* furrier
szügy *n* breast
szügyelő *n* breast-strap
szűk I. *a (út, nyílás)* narrow; *(ruha)* tight(-fitting); *(hely)* cramped, confined; ~ **családi körben** with just the immediate family present, in the family circle; **hét** ~ **esztendő** seven lean years; ~ **keresztmetszet** bottle-neck; ~ **körű** *(társaság)* private, exclusive; ~ **körű baráti összejövetel** a small party for close friends; **előadást tart** ~ **körben** talk to/before an invited *au*dience; ~ **látókörű** parochial, narrow-minded; ~**re szab** (1) *(ruhát)* cut* too tight (2) *(adagot)* restrict; ~**re szabott** (1) *(korlátozott)* limited, restricted, *(adag)* meagre (US -ger), scanty (2) *(ruha)*

tight-fitting **II.** *n* scarcity, dearth, deficiency; ~**ében van vmnek** lack sg, be* short of sg, sg is* in short supply; *(helynek)* be* cramped (for room/space); *(időnek)* be* pressed for time; *(pénznek)* be* pressed for money
szűkebb *a* tighter, narrower; ~ **értelemben** in the narrow sense; **a** ~ **értelemben vett Anglia** England proper; ~ **hazája vknek** (1) one's home(land) (2) the place/area (where) one comes from; ~ **körű** restricted, limited, exclusive; ~**re fog** keep* a tighter hand/hold over sy, tighten up on sg
szűken *adv* **1.** *(szorosan)* crowded, close(ly); ~ **vannak** they are (rather) cramped, they are rather crowded here; *(szálláshelyen)* their accommodation is rather cramped **2.** ~ **áll vm dolgában** be* short of sg; ~ **mér** be* very sparing with
szűkít *v* tighten, restrict; *(ruhát)* take* in
szűkített *a (hangköz)* diminished
szűkkeblű *a* illiberal, ungenerous, parsimonious, stingy
szűkkeblűség *n* illiberality, ungenerosity
szűkkörűen *adv* privately, behind closed doors
szűklátókörűség *n* narrow-mindedness, parochialism, parochial outlook
szűkmarkú *a* tight(-fisted), parsimonious, *biz* close-fisted
szűköl *v* whine, whimper
szűkölködés *n* need, penury, (de)privation
szűkölköd|ik *v vmben* be* in need (of), be* pinched (for)
szűkölködő *a* needy, poor, penurious
szűkös *a* ~ **anyagi körülmények között él** live in straitened/reduced circumstances, can hardly make ends meet
szűkösen *adv* **1.** ~ **él** (have to) pinch and save/scrape, live in straitened/reduced circumstances **2.** ~ **férnek el** they are rather cramped (for room/space), they are rather pushed for space, *GB biz* there is not enough room to swing a cat
szükség *n* **1.** *vmre* need, necessity (for); ~ **esetén** if necessary/needed/required, *(ha baj van)* in case of emergency, in an emergency; ~ **szerint** according to need/necessity, as required/needed; ~ **van vmre** sg is wanted/needed/necessary; ~**e van vmre** need/want/require sg, have* need of sg, be*/stand* in need of sg; **mennyire van** ~**e?** how much do you want/need?; **nincs** ~**e rá/vmre** it is* not necessary, there is* no need/necessity for it/sg; **mi** ~ **van erre?** what need is* there for this?; **éppen erre**

volt ~**em** (1) the very thing I needed (2) *iron* that's all I need(ed), it could not have come at a worse moment; ~**ét érzi vmnek** feel* the need of/for sg (*v.* to do sg), feel* that sg is needed **2.** *(hiány)* necessity, need, want; ~ **törvényt bont** necessity knows no law; ~**ből erényt csinál** make* a virtue of necessity; ~**et lát** be* in need/want/distress, suffer want; ~**et szenved** *vmben* be* in need/want of sg, be* short of sg **3.** *(testi)* ~**ét végzi** relieve oneself

szükségállapot *n* (state of) emergency; **gazdasági** ~ economic state of emergency

szükségérzet *n* feeling of want/need

szükséges *a* necessary, needed, required; **égetően** ~ (it's) badly/sorely needed; **feltétlenül** ~**(, hogy)** it is* indispensable/essential (that), it is* absolutely necessary (that); **ha** ~ if necessary; **megteszi a** ~ **intézkedéseket** take* the necessary measures/steps; **ami a megélhetéshez** ~ the necessities/necessaries of life *pl*; **a** ~ **összeg** the money/amount needed/required, the wherewithal; **mennyi a** ~ **összeg?** how much money do you need (*v.* is* required/needed)?; ~**, hogy** it is* necessary that/to; **nem** ~ there is* no need for/to; **nem** ~**, hogy ön menjen** there is* no need for you to go; **nem** ~ **mondanom, mondanom sem** ~ needless to say, I need hardly tell you; ~**nek látta, hogy** he thought/considered it necessary to ...; ~**nek tartom** I think/consider it necessary; ~**sé tesz** necessitate, require, demand (sg *v.* that ...), render sg necessary, call for sg

szükségesség *n* necessity

szükséghelyzet *n* (state of) emergency

szükséghíd *n* emergency bridge

szükségképpen *adv* = **szükségszerűen**

szükségkórház *n* emergency hospital

szükséglakás *n* temporary accommodation (*v.* lodgings *pl*)

szükséglet *n* need, want, demand, demands *pl*, requirements *pl*; **alapvető** ~**ek** basic needs; **anyagi, kulturális és egészségügyi** ~**ek** material, cultural and sanitary needs; ~**et kielégít** meet* demands, supply sy's wants; ~**ét fedezi** meet* one's requirements/needs

szükségmegoldás *n* stopgap arrangement, stopgap (measure); *(vm eszköz)* makeshift; ~**hoz folyamodik** resort to a (temporary) expedient, make* do with sg

szükségmunka *n* relief work

szükségszerű *a* necessary, inevitable

szükségszerűen *adv* necessarily, inevitably

szükségszerűség *n* necessity

szükségtelen *a* unnecessary, needless; ~ **mondanom** needless to say, I need hardly tell you

szűkszavú *a* taciturn, laconic, terse, reticent; *kif* a man° of few words

szűkül *v* grow* narrow, narrow, tighten

szűkület *n* bottleneck, constriction; *orv* stricture

szül *v* **1.** *(gyermeket)* bear*, give* birth to, be* delivered of; *(folyamatban van a szülés)* be* in labour *(US* -or), labour; **gyermeket** ~ **have*** a baby/child; **három gyermeket** ~**t** she gave (*v.* has given) birth to 3 children **2.** *átv* beget*, be* the father of; **rossz vért** ~ breed* bad blood; **alkalom** ~**i a tolvajt** opportunity makes the thief

szül. = **született** born, b. ⇨ **született 1.**

szülemény *n* creature, product, produce

szülés *n* **1.** childbirth, childbearing, labour *(US* -or), delivery; **(meg)indított** ~ induced labour, induction; **nehéz** ~ difficult birth/delivery/confinements; **nehéz** ~ **volt** *átv* that was no easy thing, that took some doing

szülési *a* ~ **fájdalmak** labour pains *pl*; ~ **segély** maternity grant; ~ **szabadság** maternity leave

szülész *n* obstetrician

szülészet *n* **1.** *tud* obstetrics *sing.* **2.** *(kórház)* maternity hospital, *(osztály)* maternity (ward), obstetric ward

szülészeti *a* obstetric(al); ~ **osztály** maternity/obstetric ward

szülésznő *n* midwife°, maternity nurse; **okleveles** ~ qualified *(US* certificated) midwife

születendő *a* to be born *ut.*

születés *n* birth

születési *a* of birth *ut.*, birth-; ~ **anyakönyvi kivonat** birth certificate; ~ **arányszám** birth rate; ~ **év** year of birth; ~ **hely** birthplace, place of birth; ~ **helye és éve** *(űrlapon)* place and date of birth

születésnap *n* birthday; **minden jót kívánok** ~**jára!** (I wish you) many happy returns (of the day)!, happy birthday (to you)!

születésnapi *a* birthday-; ~ **ajándék** birthday present; ~ **köszöntő** birthday greetings *pl*

születésszabályozás *n* birth control

születésszám *n* birth rate

születésű *a* **budapesti** ~ born in Budapest *ut.*; *(főnévvel)* native of Budapest; **angol** ~ English by birth *ut.*

született *a* **1.** *(leánykori név megjelölésében, röv* **szül.***)* née; **Nagy Pálné** ~ **Tóth Anna** Mrs. Pál Nagy, née Anna Tóth **2.** **első házasságából** ~ **gyermek** child° of/by the first marriage **3.** *(vmnek született)* born; ~ **szónok** (he is*) a born *or*ator; **úgy beszél, mint egy** ~ **angol** (s)he speaks* English like a native

szület|ik *v* **1.** *(világra jön)* be* born, come* into the world; **Budapesten** ~ **ett** he was born in Budapest; **Peti l988. október 19--én** ~ **ett** P. was born on l9(th) October l988.; **gyer(m)eke** ~ **ett** she had a child°/baby; **fia** ~ **ett** (s)he (has) had a son, she had a boy, she gave birth to a boy; **arra** ~ **ett, hogy** he was born to **2.** *átv* spring* up, be* born, (a)rise*; **új világ van** ~ **őben** a new world is in the making; **új városok** ~ **tek** new towns have sprung up

szülő **I.** *a* **először** ~ **nő** prim*i*para → **szülőnő II.** *n* parent; ~ **k** (one's) parents

szülőanya *n* **1.** *(anya)* m*o*ther **2.** *átv* mother, spring, *o*rigin *(mind:* of*)*

szülőfájások *n* → **fájás**

szülőfalu *n* native village

szülőföld *n* = **szülőhaza**

szülőház *n* the house where sy was born, sy's birthplace

szülőhaza *n* one's native c*o*untry, the/one's mother country

szülőhely *n* place of birth, birthplace

szülői *a* parental; ~ **beleegyezés** parental consent; ~ **értekezlet** parents' meeting; ~ **ház** parental home; ~ **munkaközösség** Parents' and Teachers' Association, parents' council

szülőnő *n* woman° in labour *(US* -or)

szülőotthon *n* maternity home

szülőszoba *n* labour room/ward, delivery room

szülött *n* native, child°; **hazánk nagy** ~ **e** a great son of our country

szülőváros *n* home/native town

szünet *n* **1.** *ált* pause; *(étkezési v. események között)* break; *(isk óraközi)* (school) break, playtime, *US* recess; *(isk egésznapos)* holiday; *szính* intermission; *(ülés közbeni)* break; *isk* **tavaszi** ~ spring holiday *(US* vacation); *isk* **téli** ~ winter/Christmas holiday *(US* vacation); *szính* **nyári** ~ (1) *(a színészeknek)* summer holiday (2) *(színházé)* closed for the season; **tíz**

perc ~ ten m*i*nutes' break; *szính* **a** ~ **ben** in the *i*nterval, *US* in the intermission; **tartsunk öt perc** ~ **et!** take five!, let's break off for 5 minutes **2.** *(munkában)* break, rest; *(beszédben)* pause, lull [in the conversation]; ~ **nélkül** with*o*ut stopping/interr*u*ption, incessantly, unceasingly; ~ **et tart** pause, make* a pause **3.** *zene* rest

szünetel *v* pause, make* a pause/stop; *(működés)* be* interr*u*pted/suspended/stopped, stand* still

szüneteltet *v* stop, put* a stop to, break*, interr*u*pt, suspend

szünetjel *n* **1.** *zene* rest **2.** *(rádió)* station/interval signal

szünidei *a* holiday, *US* vacation; ~ **munka/gyakorlat** *(iskolásoknak)* work/practice done during the (summer) holiday *(US* vacation)

szünidő *n* holidays *pl*, *US* vacation

szűn|ik *v* cease, stop; *(fájdalom)* ease off/up, cease; ~ **ni nem akaró taps** long/prolonged appl*au*se

szünnap *n* *(intézményé)* holiday; *vké* a day off; **vasárnap** ~ *(vendéglátóipari egységé)* closed (on) S*u*ndays, closed on Sunday ⇨ **munkaszüneti nap**

szűnőben/szűnőfélben van *kif* be* abating/subsiding/stopping, be* *ea*sing off/up

szüntelen **I.** *a* unceasing, uninterr*u*pted, incessant, ceaseless **II.** *adv* unceasingly, continuously, incessantly

szüntelenül *adv* = **szüntelen II.**

szüntet *v* ease, stop; ~ **i a fájdalmat** it *ea*ses/stops the pain

szűr[1] *v* **1.** *(ált, folyadékot)* strain, f*i*lter; *vegy* f*i*ltrate, p*u*rify **2.** *átv és orv* screen

szűr[2] *n* ⟨long embr*o*idered felt cloak of Hungarian shepherd⟩; **kiteszi vknek a** ~ **ét** turn sy out, show* sy the door, *biz* send* sy p*a*cking

szürcsöl *v* slurp, drink* n*o*isily

szűrés *n* **1.** *(folyadéké stb.)* f*i*ltering [of liquid], filtration **2.** *orv* screening test

szüret *n* **1.** *(szőlőé)* vintage, grape harvest **2.** *(gyümölcsé)* gathering, picking [of fruit]

szüretel *v* vintage, gather in the grapes, harvest (grapes)

szüretelés *n* = **szüret**

szüretelő *n* vintager, grape harvester

szüreti *a* ~ **mulatság** grape harvest festival, harvest home

szürke **I.** *a* **1.** *(szín)* grey, *US* gray; ~ **gém** (common) heron; ~ **hályog** cataract **2.** *átv* grey, ordinary; **a** ~ **átlag/tömeg** the

common ruck/run; **a ~ hétköznapok** the
drab monotony of everyday life, the
monotonous daily round/routine **II.** *n (ló)*
grey
szürkeállomány *n biol* grey matter
szürkéll|ik *v* grizzle, loom grey (*US* gray)
szürkés *a* greyish, *US* grayish
szürkeség *n* **1.** *(szín)* greyness, *US* grayness
2. *(egyhangúság)* drabness, monotony, dullness
szürkül *v* **1.** *(vm szürkévé válik)* turn/go*
grey (*US* gray), be* touched/flecked with
grey; **~ a haja** go*/turn grey (*US* gray)
2. *(este)* it is* growing dark
szürkület *n* twilight, half-light; *(hajnali)*
dawn; *(esti)* nightfall, dusk, the gloaming
szűrő *n* **1.** *(folyadéknak)* filter, strainer **2.** *átv*
screening, check; **sok ~n ment keresztül** (s)he has been carefully screened/
checked
szűrőállomás *n orv* screening centre (*US*
-ter), screening station
szűrőd|ik *v* filter
szűrőkészülék *n* filter, strainer, filter(ing)-
-apparatus
szűrőpapír *n* filter-paper

szűrőréteg *n* filter-bed
szűrővászon *n* (cotton) filter cloth
szűrővizsgálat *n orv* screening test
szürrealista *a/n* surrealist
szürrealizmus *n* surrealism
szűz I. *a* **1.** *vk* virgin, pure; **~ l(e)ány**
virgin; **(ő) még ~** she is still a virgin; *vall*
Sz~ Mária Virgin Mary, the Virgin **2. ~**
hó untrodden/driven snow; **~ föld/talaj**
virgin/unbroken soil **II.** *n* virgin, ir maid(en)
szűzbeszéd *n* maiden speech
szűzérmék *n* médaillons of fillet; **párizsi ~**
fillet mignon of pork médaillons Parisian
style (with rice)
szüzesség *n* virginity; ir maidenhood; **~et**
fogad take* a vow of chastity
szűzhártya *n* hymen
szűzi *a* virginal, maiden(ly), chaste
szűzies *a* maidenly
szűziesség *n* chastity
szűzpecsenye *n* fillet of pork, tenderloin
szűztiszta *a* virginal, chaste, pure
szvetter *n* sweater, jersey, cardigan, *GB*
jumper
szving *n* swing
szvit *n zene* suite

T

T, t¹ *n (betű)* (the letter) T/t
T² = *tanuló vezető* learner (driver), L
t³ = *tonna* ton, t
t⁴ = *tisztelt* honoured (*US* honored); **T. Ház** Honoured Parliament; Mr. Speaker
-t *suff* **1.** *(iránytárgy)* **a)** at; **néz vkt/vmt** look at sy/sg; **fitymál vmt** sneer at sg; **megmosolyogja vk oktalanságát** smile at sy's foolishness; **b)** for; **gyászol vkt** mourn for sy; **pénzt kér** ask for money; **felvilágosítást kér** ask for information; **keres vkt/vmt** look for sy/sg; **változást remél** hope for a change; **sajnálom őt** I am sorry for him/her; **vár vkt/vmt** wait for sy/sg; **c)** *(különféle elöljáróval)* **költőt idéz** quote from a poet; **átfut egy kéziratot** look over a manuscript; **átölelte a nyakát** she threw her arms round his neck; **előadást hallgat** listen to a lecture; **lépést tart vmvel** keep* abreast of sg; **d)** *(elöljáró nélkül)* **háztartást vezet** keep* house; **nézi a tévét** watch television; **vár vkt/vmt** expect/await sy/sg **2.** *(eredménytárgy)* **kenyeret süt** bake bread; **levest főz** cook/prepare soup; **készít vmt** make*/prepare sg; **regényt ír** write* a novel; **házat építtet** have* a house built **3.** *(helyhatározó értékű tárgy)* **átússza a folyót** swim* the river; **körüljárja a kertet** go* round the garden **4.** *(időhatározó értékű tárgy)* **naponta tíz órát dolgozik** work ten hours a day; **néhány percet késett** was a few minutes late; **10,5-öt futott** clocked 10,5 **5.** *(módhatározó értékű tárgy)* **jóízűt nevetett** laughed heartily; **jóízűt/jót aludt** slept soundly **6.** *(számhatározó értékű tárgy)* **sétálok egyet** I am going for a walk, I am going to take a walk; **négyet ütött az óra** the clock struck four **7.** *(mértékhatározó értékű tárgy)* **három mérföldet gyalogoltak** they walked three miles; **négy métert ugrott** he jumped four metres high, he cleared four metres; **egy kilót hízott** he put on one kilogramme **8.** *(fokhatározó értékű tárgy)* **sokat változtál** you have changed a lot; **nem sokat törődik vele** he does not bother much about it; **jót/na-**gyot **nevetett** he laughed heartily; **akkorát kiáltott ...** he gave such a shout ... **9.** *(ok- és célhatározó értékű tárgy)* **mit félsz?** what are you afraid of?; **mit sírsz?** why are you crying?

tabella *n* table, list, chart; **a bajnoki ∼ élén** at the top/head of the (league) table

tábla *n* **1.** *ált* board; *(hirdető-, fali-)* notice-board **2.** *isk* blackboard **3.** **egy ∼ csokoládé** a bar of chocolate **4.** *(könyvben, falon, nyomtatott)* table **5.** *(könyvkötészeti)* cover, board **6.** *mezőg* field; *sk* park **7.** *jog tört* Court of Appeal

táblabíró *n* † judge of the Court of Appeal

táblaolaj *n* salad-oil

táblás *a* **∼ ház** *szính* full house

táblaüveg *n* plate/sheet glass

táblázat *n* **1.** *(könyvben)* table, chart; **∼ot készít vmről** tabulate sg, arrange/present sg in tabular form, draw* up a chart of sg **2.** *(fali, mennyezeti)* panelling (*US* -l-), panel-work

táblázatos *a* tabular; **∼an** [present sg] in tabular form

tabletta *n* tablet, pill; **∼t szed** *(nő, védekezik)* be* on the pill, be* taking the pill

tablettaszedés *n* taking the pill; **abbahagyja a ∼t** stop taking the pill

tabló *n* *(fénykép)* group photograph

tábor *n* camp; **∼ba megy** go* camping; **∼t üt** pitch (one's) camp, set* up camp; **∼t bont** break*/strike* camp

táborhely *n* camping ground/site

tábori *a* field-; army-; **∼ ágy** field-bed; **∼ ágyú/löveg** field gun, fieldpiece; **∼ felszerelés** camping kit; **∼ konyha** field-kitchen; **∼ kórház** field-hospital; **∼ lelkész** army chaplain

tábornagy *n* field-marshal

tábornok *n* general

tábornoki *a* general's, of a general; **∼ kar** body/corps of generals

táboroz *v* camp (out), be*/stay in camp; **∼ni megy** go* camping

táborozás *n* camping

tábortűz *n* camp-fire

tabu *n* taboo

tacskó *n* = **borzeb**

tag *n* **1.** *(testé)* limb, member, part; **minden ~ja reszket** tremble in every limb; **minden ~omat érzem** I am aching/stiff all over **2.** *(cégé)* member, partner **3.** *(egyesületé)* member; *(tud. munkatárs)* fellow, associate; **a bizottság ~ja, bizottsági ~** member of the committee; *(igével)* be*/sit* on the committee; **a ~ok száma 160** a membership of 160; **levelező ~** corresponding member; **rendes ~** full/ordinary member; **az MTA (rendes) ~ja** member of the Hungarian Academy; **a British Academy** *(v.* **a Royal Society** *stb.)* **~ja** fellow of the B.A. *(v.* R.C. etc.); **tisztelet(bel)i ~** honorary member **4.** □ *(ember)* bloke **5.** *(föld)* field; **egy ~ban** in one piece

tág *a* **1.** *(laza, bő)* loose, wide; *(cipő stb.)* loose-fitting **2.** *(széles nyílású)* wide(-open); **~ra nyit vmt** open sg wide; **~ra van nyitva** be* wide open; **~ra nyílt szemmel** with wide(-open) eyes, wide-eyed **3.** *(tágas)* large, spacious, wide, roomy **4.** *átv* wide; *(szabály, keretek)* broad; *(fogalom)* vague; *főleg US:* catch-all; **~ fogalom** a nebulous/vague concept; **~ körű** wide(-spread), extensive, wide-ranging; **~abb értelemben** in a wider sense; **a szó leg~abb értelmében** in the broadest/widest sense (of the word)

tagad *v* **1.** *ált* deny; **kereken ~ja** flatly deny sg, deny sg point-blank; **nem lehet ~ni** there is* no denying it **2.** *(ellentmond)* contradict, gainsay* **3.** *(nem ismer el)* disclaim, refuse to admit*/accept, disown, disavow; **~ja bűnösségét** plead* not guilty

tagadás *n* **1.** *ált* denial, denying **2.** *fil, nyelvt* negation

tagadhatatlan *a* undeniable; **~ul** undeniably, undoubtedly

tagadó *a* negative; **~ mondat** negative sentence; **~ válasz** negative answer; **~ választ ad** answer in the negative; **~lag int a fejével** shake* one's head

tagadószó *n* negative particle

tagállam *n* member-state

tágas *a* spacious, large, roomy, wide

tagbaszakadt *a* sturdy, robust, hefty, strapping, husky; **~ legény** sturdy lad

tagdíj *n* subscription, membership fee/money; **az évi ~ 8 font** the annual subscription is £8.00 sterling; **befizeti az évi ~at** pay* up one's annual subscription *(v.* membership fee/money)

tagdíjbeszedés *n* collection of subscriptions

tagdíjfizetés *n* payment of subscription *(v.* of the membership fee)

tagfelvétel *n* admission of new members

taggyűlés *n* (general) meeting; *(párté)* party meeting

tágít 1. *vt (szűk tárgyat)* widen, enlarge; *(cipőt)* stretch; *(feszülőt)* slacken, loosen **2.** *vi* **nem ~** (s)he won't back down *(v.* give* an inch), (s)he won't budge from [her/his opinions], stand*/hold*/keep* one's ground; **nem ~ az oldala mellől** (s)he never leaves sy's side

tagjelölt *n* candidate (for party membership)

tagkönyv *n* membership card/book

tagkönyvcsere *n* replacement of membership cards/books

taglal *v* discuss; *(elemez)* analyse

taglalás *n* discussion, analysis

taglejtés *n* gesture, gesticulation

taglétszám *n* number of members, membership; **a ~ 180, 180-as ~** a membership of 180; **mennyi a ~?** how many members are there?

tagmondat *n nyelvt* clause

tagol *v* **1.** *(részekre oszt)* divide (sg) into [parts, chapters etc.] **2.** *(beszédet)* articulate, enunciate clearly

tagolód|ik *v (mű)* fall* into, be* divided into ⇨ **tagozódik**

tagolt *a (beszéd)* articulate; **~an ejt/mond ki** articulate (sg) (clearly)

tagoltság *n földr* (geographic) structure

tagország *n* member-state/country

tagozat *n ált* section, branch ⇨ **általános iskola, esti, levelező**

tagozódás *n* division (into parts)

tagozód|ik *v* be* divided into [parts/branches/classes]; **három részre ~ik** it consists of three parts/sections, it is divided into three parts

tagság *n* **1.** *(intézményhez való tartozás)* membership **2.** *(tagok)* membership *sing. v. pl,* members *pl;* **a ~ véleménye az, hogy** the membership is/are of the opinion that

tagsági *a* membership; **~ díj** = **tagdíj;** **~ igazolvány** membership card

tagtárs *n* fellow member, colleague

tágul *v* **1.** *ált* become* larger/wider, enlarge; *(test hő hatására)* expand; *(pupilla)* dilate **2.** *átv* widen, broaden; **~t a látóköre** his/her horizons have broadened

tágulás *n ált* enlargement; *(hőhatásra)* expansion

tahó *a/n elít* boor, lout, clodhopper, yokel, *US* hick, *GB* yob, oik

táj *n* **1.** *(hely)* region, country, land; **a szív** ~**án** in the cardiac region; **a világ minden** ~**áról** from all corners/parts of the world **2.** *(idő)* **öt óra** ~**án/**~**ban ott leszek** I'll be there (round) about *(v. around)* 5 (o'clock); **milyen** ~**ban?** (at) about what time?; **1800** ~**án** about/around 1800; **hetedike** ~**án** on or about the seventh

tájegység *n* region, area

tájék *n* = **táj 1.**; **még a** ~**án sem voltam** I have never been anywhere near it

tájékozatlan *a* uninformed, ignorant

tájékozatlanság *n* lack of information, ignorance

tájékozódás *n (térben és átv.)* orientation; *(érdeklődés)* inquiry *(US* inquiry), enquiry

tájékozódási *a* ~ **futás** orienteering; ~ **futó** orienteer

tájékozód|ik *v* **1.** *(térben)* orientate, *US* orient oneself, find* one's way around **2.** *átv* get* one's bearings; *(érdeklődik)* inquire/ enquire about/into; *vmben* go*/look into sg; *(vm felől)* find* out about sg; *(tudós stb. vmben, szakterületén stb.)* read* up on sg

tájékozott *a vmben* (be*) familiar with sg, (be*) knowledgeable about sg, (be*) well- -versed in sg, (be*) well up in sg; **jól** ~ (be*) well-informed (about sg), (be*) knowledgeable (about sg); **rosszul** ~ (be*) ill-informed, (be*) badly/poorly informed

tájékozottság *n* familiarity (with), knowledge (of); **alapos** ~ thorough knowledge (of), a good grounding in sg

tájékoztat *v* **1.** = **útbaigazít 1.**; **2.** *(felvilágosít vkt vmről)* inform sy about/of sg, inform sy 'that ..., instruct sy in sg, give* sy information about/on sg, *kif* put* sy in the picture (about sg); ~**ja (afelől), merre/ hova menjen** (s)he informs him/her (about) where to go; **vkt folyamatosan/ rendszeresen** ~ keep* sy posted (about sg)

tájékoztatás *n* **1.** → **útbaigazítás 2.** *(felvilágosítás)* information *(pl* ua.) (on/about); *(utasítás, eligazítás)* instruction, directions *pl*; ~**ul** for your information/guidance

tájékoztatási *a* ~ **hivatal** information office

tájékoztató I. *a* ~ **(jellegű)** informative, giving information *ut.*; ~ **iroda** information bureau; ~ **szolgálat** information (service) **II.** *n (ismertető)* guide, prospectus, brochure; *(egylapos)* information sheet; *(a tömegtájékoztatási szervek számára, hivatalos)* press release; **múzeumi** ~ museum guide

tájékozva *adv* ~ **van vmről** = **tájékozott**

tájfestészet *n* landscape-painting

tájfestmény *n* = **tájkép**

tájfestő *n* landscape-painter, landscapist

tájfun *n* typhoon

tájfutás *n* = **tájékozódási** *futás*

tájfutó *n* = **tájékozódási** *futó*

táji *a* regional

tájjellegű *a* ~ **borok** local wines, wines of the region

tájkép *n* landscape, scene, view

tájkertészet *n* landscape gardening/architecture

tájleírás *n* description [of a region], topography

tájnyelv *n* dialect, vernacular

tájoló I. *a* ~ **színtársulat** travelling/traveller *(US* -l-) players *pl* **II.** *n* compass

tájszó *n* dialect/local word

tájszólás *n* (provincial) dialect, patois

tájszótár *n* dialect dictionary

tajték *n* **1.** *(folyadékon, szájon)* foam, froth; *(tengeren)* foam, spume, surf **2.** = **tajtékkő**

tajtékkő *n* meerschaum

tajtékos *a (folyadék, száj)* foaming, foamy, frothy, foam-covered; *(tenger)* foaming, spumy; ~ **hullám** the surf, roller

tajtékpipa *n* meerschaum (pipe)

tajtékz|ik *v* **1.** *konkr* foam, froth **2.** *átv* fume; ~**ik a dühtől** foam with rage, be* foaming at the mouth

tajtékzó *a* foaming, frothing

tájvédelmi körzet *n* landscape-protection area

takács *n* weaver

takácsmesterség *n* weaving (trade)

takar *v* **1.** *(fed)* cover *(vmvel* with) **2.** *vmt vmbe* wrap/bundle sg (up) in sg, envelop sg in sg **3.** *átv (rejt)* hide*, cloak

takarás *n (beborítás)* covering

takaratlan *a* uncovered

takarék *n* **1.** *(pénztár)* savings bank **2.** = **takarékláng**

takarékbélyeg *n* savings stamp

takarékbetét *n* (savings) deposit [in a savings bank]; **a** ~ **után ... -os kamat jár** deposits receive ...% interest *(v.* interest at the rate of ...%)

takarékbetétkönyv *n* savings book, passbook

takarékbetét-számla *n* savings account

takarékláng *n* low flame, economizer; ~**ra állít** turn down the gas to (the) minimum; ~**on van** be* placed on the back burner

takarékos *a* **1.** *(személy)* economical (with), careful (with), thrifty; ~ **ember** a saver; **nem** ~ thriftless **2.** *(dolog)* economical

takarékoskod|ik *v vmn/vmvel* save/economize on sg; *(félretesz)* save (up) (for sg), make* savings; *(beoszt)* be* sparing with sg, use sg sparingly; **~ik az erejével** husband/save one's strength/energies

takarékosság *n* economy, thrift, saving

takarékpénztár *n* savings bank

takargat *v átv* try to cover up (*v.* hide) sg

takarít *v* clean/tidy up, make* [the room/flat] tidy; *(tágabb értelemben)* do* the housework

takarítás *n* cleaning/tidying (up)

takarító(nő) *n* cleaner; *(bejárónő)* cleaning woman°/lady, *biz* daily, *(akit a tanács küld ki, GB)* home help

takarmány *n* fodder, feed

takarmánynövény *n* fodder-plant/crop

takarmányrépa *n* mangel(wurzel)

takaró *n* **1.** *(pokróc)* blanket; *(paplan)* quilt, duvet **2.** *(ágyon)* bedspread

takarod|ik *v* ~**j!** get out (of here)!, clear off!

takarodó *n (harcban)* retreat; *(este)* tattoo; ~**t fúj** *(harcban)* sound the retreat; *(este)* sound the tattoo

takaró(d)z|ik *v* **1.** *(takaróval)* cover/wrap/ muffle oneself up **2.** *átv vmvel* plead* sg

takaros *a* smart, spruce, neat, tidy; ~ **menyecske** smart young woman°

takaróz|ik → **takaródzik**

taknyos *a* snotty; *(náthás, igével)* snivel (*US* -l), have* a runny nose; ~ **kölyök** snivelling brat

tákolmány *n (kontármunka)* botch, shoddy piece of work; *(építmény kb.)* shanty

takony *n* snot, dirt from the nose

taksa *n biz* charge, rate, price

taksál *v biz* estimate, calculate, reckon; **mennyire** ~**ja?** how do* you value it?, what is* your estimate?

taktika *n* **1.** *kat* tactics *pl v.* sing **2.** *(fogások)* tactics *pl;* ~**t változtat** resort to new tactics; *(hangnemet vált)* change one's tune

taktikai *a* tactical; ~ **okokból** for tactical reasons

taktikáz|ik *v* manoeuvre (*US* -neuver), wheel and deal, use tactics

taktus *n* time; ~**ra** keeping good time; **megadja a** ~**t** give* the beat/time; **üti/ jelzi a** ~**t** beat* time ⇨ **ütem**

taktusvonal *n* bar-line

tál *n* **1.** *ált* dish; *(leves)* tureen; *(nagy lapos)* platter; *(kisebb gömbölyű)* bowl; *(tűzálló)* casserole; **vesz a** ~**ból** help oneself

from the dish; ~**on sült tojás sonkával** bacon and eggs **2.** *(fogás)* course, dish; **egy** ~ **főzelék** a dish of vegetables

talaj *n (föld)* soil, earth; *ált* ground, land; ~ **menti fagy** surface frost; **előkészíti a** ~**t vk számára** clear the ground for sy; **elveszti lába alól a** ~**t** lose* one's footing; **biztos** ~**t érez lába alatt** be* on firm ground; **kihúzza a** ~**t vk lába alól** cut* the ground from under sy's feet ⇨ **kicsúszik**

talajgyakorlatok *n pl* floor exercises

talajgyalu *n* bulldozer

talajjavítás *n* soil-amelioration/improvement, (land) reclamation

talajmegmunkáló *a* ~ **gép** cultivator

talajminta *n* soil sample

talajművelés *n* (soil) cultivation

talajnedvesség *n* soil humidity, humidity of (the) soil

talajréteg *n* bed, layer, stratum (*pl* strata)

talajsüllyedés *n* (ground) subsidence

talajszint *n* ground level

talajtalan *a átv* rootless

talajtan *n* soil science

talajtorna *n sp* floor exercises *pl*

talajviszonyok *n pl* soil conditions

talajvíz *n* subsoil/ground water

talál **1.** *vt ált* find*; *(véletlenül)* discover; **senkit sem** ~**t otthon** he found nobody at home (*v.* in); **módot** ~ **rá, hogy** find* a/some way to, find* a means (*v.* ways and means) of doing sg, find* the means to do sg; **nem** ~**ok szavakat** words fail me **2.** *vt vmlyennek* find*, consider, think*, deem; **jónak** ~ think*/find* sg proper/advisable/ good, approve (of); **úgy** ~**om, hogy** as far as I can judge, in my opinion, to my mind **3.** *vi/vt (hozzájut)* find*; *vmre/vkre* meet*, come* across, discover (*mind:* sg/sy); **jó állást** ~**t** (s)he's found a good job; **emberére** ~ find*/meet* one's match/equal; **magára** ~ find* oneself, find* a niche (for oneself); **egymásra** ~**tak** they found/discovered each other **4.** *vt (vhogyan* ~ *vmt)* find*; **zárva** ~**ta a kaput** he found the gate closed; **vhol** ~**ja magát** find* oneself swhere, land up swhere **5.** *vi (eljut vhová)* **végre ide** ~**tam** I('ve) found my way here at last **6.** *vi (lövés)* hit* the target/mark; *(átv, megjegyzés stb.)* strike* home; **nem** ~**t** (s)he missed (it); **a megjegyzés** ~**t** the remark/thrust went/struck home; ~**va érzi magát** find* that the cap fits, take* the hint, be* stung [by a remark]; ~**va érezte magát** the remark struck home **7.** *vi (egye-*

zik) agree, be* correct, coincide; **a szám-
adás fillérig** ~ the accounts are correct
down to the last penny **8.** *vi/vt (esetlegesség)*
ha esni ~**na az eső** if it should rain; **azt**
~**tam mondani** I happened/ventured to
say that ⇨ **szeg**[2]

tálal *v* **1.** *(ételt)* serve (up), bring* in, *biz* dish
up/out; **a vacsora** ~**va (van)** dinner is
served **2.** *átv vhogyan* present, serve/dress up

tálalás *n* **1.** *(ételé) biz* serving, dishing up
2. *átv* presentation, dressing

találat *n (sp is)* hit; **öt** ~**a van** *(lottóban)*
(s)he hit the jackpot, (s)he won first prize;
~**ot ér el** *(vívásban)* score a hit

találatarány *n sp* number of hits, score

találatjelző *n (vívásban)* (electrical judging)
apparatus

találatos *a* **három**~ **szelvény** pools/lot-
tery coupon with three correct forecasts/
numbers

találékony *a* inventive, ingenious, resource-
ful

találékonyság *n* inventiveness, ingenuity

találgat *v* (try to) guess *(vmt at sg)*, make*
guesses; **(szabadon) lehet** ~**ni, csak**
~**ni lehet** it's anybody's guess

találgatás *n* guessing, guesswork, con-
jecture; ~**okra van utalva** be* reduced to
conjecture(s)

található *a* to be found *ut.*; **sehol sem** ~
nowhere to be found; **8-tól 9-ig otthon**
~ be* in *(v.* at home) from 8 to 9; **a függe-
lékben** ~ it can/may be found *(v.* it is) in
the appendix, see (the) appendix; **a 30. ol-
dalon** ~ see page 30

találka *n* rendezvous, date, assignation

találkahely *n* place of assignation, *biz* love-
-nest

találkozás *n* **1.** *(embereké, ált)* meeting;
(véletlen) encounter; *(megbeszélt)* appoint-
ment **2.** *(eseményeké)* coincidence, concur-
rence

találkoz|ik *v* **1.** *ált vkk* meet* *(vkvel* sy); *(vé-
letlenül)* run* into sy, fall* in with sy, *US*
meet* with sy; **még sohasem** ~**tunk**
we've never met (before); **rendszeresen**
~**unk** we meet *(v.* see each other) regularly;
hol ~**hatnék veled?** where could we
meet?; **du. 2-kor** ~**om X-szel** I have an
appointment with X at 2 p.m.; **6-kor kel-
lett volna** ~**nunk** we were supposed to
meet at six **2.** ~**ik vmvel** *(tapasztal vmt)*
meet* with sg, run* into sg, experience sg
3. *(dolgok)* meet*; *(utak)* meet*, join

találkozó *n* **1.** meeting, appointment, ren-
dezvous; ~**t ad vknek vhol,** ~**t beszél**

meg vkvel make*/fix an appointment *(v.
US* a date) with sy, arrange to meet sy **2.** *sp*
sports meeting, meet; match; **barátságos**
~ friendly (match)

találkozóhely *n* meeting place/point

találmány *n* invention

találmányi *a* ~ **hivatal** patent office; ~
szabadalom patent of invention

találó *a* right, proper, apt, appropriate; ~
kifejezés happy phrase/remark; *kif (mon-
datpótló)* touché!; ~ **megjegyzés** ap-
posite/apt/telling remark, *biz* bull's-eye;
~**an** rightly, aptly; ~**an fejezte ki ma-
gát** *kif* (s)he hit the nail on the head when she
said ...

tálaló *n* **1.** *(helyiség)* pantry **2.** *(szekrény)*
sideboard

tálalóasztal *n* dumb waiter, sideboard

találompróba *n* random sample/sampling

találomra *adv* at random

találós *a* ~ **kérdés** riddle, puzzle

talált *a* found, discovered; ~ **gyermek**
foundling; ~ **pénz** windfall; ~ **tárgyak**
osztálya lost-property office

talán *adv* perhaps, *biz* maybe; ~ **(el)jön**
perhaps/maybe he'll come; ~ **igen,** ~
nem perhaps so perhaps not, maybe yes
maybe no; ~ **igaz,** ~ **nem** that may or
may not be true; ~ **nem is éhes** he may
not (even) be hungry

talány *n* riddle, puzzle, enigma

talányos *a* enigmatic(al), mysterious,
puzzling

talapzat *n (szoboré)* pedestal, base; *(oszlo-
pé)* base, socle

talár *n* gown, robe

tálca *n* tray, platter; ~**n hozzák elébe**
lay* sg at sy's feet, (s)he was handed [sg, e.g. a
job] on a plate

talicska *n* (wheel)barrow

talicskáz *v* wheelbarrow, carry (sg) in a
barrow

taliga *n* **1.** *(kétkerekű)* cart **2.** = **talicska**

taligás *n* carter

taligáz *v* **1.** *(kétkerekűvel)* cart **2.** = **talics-
káz**

talizmán *n* talisman, amulet, mascot

tallózás *n* gleaning; *(könyvekben)* browsing,
browse

tallóz(ik) *v* glean (sg from sg); **könyvek-
ben** ~**ik** browse among/through books

tallózó *a* ~ **folyóirat** digest

talp *n* **1.** *(emberé)* sole; ~**ig becsületes**
absolutely/thoroughly honest; ~**ig férfi**
every inch a man; ~**on van** (1) *(fent van,
betegség után)* be* up and about, be* on

one's feet (ag*ai*n) (2) *(sokat áll)* be* on one's feet; *(sokat jön-megy)* be* on the go/move; **ember a** ~**án** a man ind*ee*d, a man's man, a fine fellow; ~**ra áll** (1) *(feláll)* get* on one's feet; *(esés után)* pick oneself up, r*i*se* to one's feet (ag*ai*n) (2) *(felépül)* get* over an *i*llness, recover (3) *(anyagilag)* get* straight, find* one's feet, get* oneself str*ai*ghtened out; ~**ára állít** *vkt átv* set* sy up/afl*oa*t; **mindig** ~**ra esik** *átv* he *a*lways lands on his feet; □ **földobja a** ~**át** turn up one's toes 2. *(macskaféléké)* paw; *(más állatoké így is)* pad, foot° 3. *(cipőé)* sole 4. *(tárgyé, műsz)* support, prop, sole, bottom ⇨ **ég**[1]

talpal 1. *vi (gyalogol)* tramp, tra*i*pse ar*ou*nd, trudge 2. *vt (cipőt)* (re-)sole

talpalás *n* 1. *(gyaloglás)* tramping, tr*ai*psing around, tr*u*dging, footslogging; **unom ezt a sok** ~**t** *(bürokráciában)* I'm fed up of/with all this tr*ai*psing ar*ou*nd 2. *(cipőé)* (re-)soling

talpalatnyi *adv* ~ **föld** a patch of soil, foot-hold

talpaláváló *n* lively d*a*nce-music

talpalló *n* tr*ou*ser-strap

talpas *a* ~ **pohár** g*o*blet

talpbélés *n i*nsole

talpbetét *n* 1. *(bélés)* inner sole, insole 2. = **lúdtalpbetét**

talpfa *n* sleeper, *US* tie

talpkő *n* found*a*tion-stone; *átv* keystone

talpnyalás *n* bootl*i*cking, fl*a*ttery, servile fawning

talpnyaló *n* bootlicker, t*o*ady

talpraesett *a* ~ **gyerek** bright (*v.* quick--w*i*tted) child°; ~ **válasz** sn*a*ppy/smart repart*ee*

táltos *n* 1. *(sámán)* sh*a*man, priest-mag*i*cian 2. *(paripa)* magic steed

tályog *n a*bscess

támad 1. *vi (keletkezik)* arise*, crop up, spring* up; **(erős) szél** ~**t** a (strong) wind sprang up; **az a gondolatom** ~**t** it has occurred to me (that), the idea struck me (that); ~**t egy ötletem** I've had an idea; **gyanú** ~ **vkben** sy beg*i*ns* to have doubts, a doubt spr*i*ngs* up in one's mind 2. *vi/vt vkre, vkt/vmt* attack (sy/sg); **nagy erőkkel** ~**t** *(az ellenség)* the enemy launched a fierce att*a*ck; *(főnököm)* **nekem** ~**t, hogy miért késtem** my boss round-ed on me for being late 3. *vi sp* **sokat** ~**ott a Fradi** Fradi played an attacking game

támadás *n* att*a*ck; ~**ba kezd/lendül** take* the offensive, launch an att*a*ck; ~**ba megy át** go* over/on to the offensive; ~**t**

indít take* the offensive (ag*ai*nst), launch an att*a*ck (on); ~**t intéz vk/vm ellen** launch/start/make* an att*a*ck on sy/sg

támadási *a* att*a*cking; ~ **pont** point of att*a*ck; **nagy** ~ **felületet nyújt** lay* one-self (wide) *o*pen (to sg)

támadó I. *a* 1. *(ember)* aggressive, offensive; ~ **fegyverek** offensive w*ea*pons; ~ **fél** aggressor; ~ **háború** war of aggression, offensive war; ~ **nemzet** the aggressor nation 2. *(eredő)* (a)r*i*sing, or*i*ginating **II.** *n* attacker, aggressor

támadójátékos *n sp* str*i*ker, forward

Tamás *n* Thomas

tamáskod|ik *v* = **kételkedik**

támasz *n* 1. *konkr* brace, support, stay 2. *átv* m*ai*nstay, support, p*i*llar; **gyenge** ~ broken reed; **öregségének** ~**a** a stay/com-fort of sy's old age

támaszkod|ik *v* 1. *vmhez, vmre* lean*/prop ag*ai*nst [the wall, door etc.], lean* on [the piano etc.] 2. *(átv vkre)* depend/rely/lean* on sy

támaszpont *n* 1. *ált* point of support, foot-hold 2. *kat* base; **légi** ~ *ai*r base

támaszt *v* 1. *vmhez* lean*/prop sg ag*ai*nst [the wall etc.] 2. *(okoz)* bring* ab*ou*t, cause, create; **igényt/jogot** ~ **vmre** lay* claim to sg; **nehézségeket** ~ cr*ea*te *o*bstacles, raise obj*e*ctions

támaszték *n* = **támasz 1.**

támasztófal, -gerenda, -pillér *n* = **támfal, támgerenda, támpillér**

támfal *n* ret*ai*ning/supporting wall revet-ment, c*ou*nterfort

támgerenda *n* b*u*ttress, prop, b*ea*rer bar

támla *n* back [of chair]

támlás *a* backed [chair]

támlásszék *n szính (nézőtér része)* stalls *pl, (egy szék itt)* seat; *US* orchestra (seat)

támogat *v* 1. *(fizikailag)* support, prop up 2. *(erkölcsileg, anyagilag)* aid, ass*i*st, back (up), bolster up, help *(mind:* sy), be* beh*i*nd sy; *(pénzzel)* give* financial assistance to; *(ügyet, társaságot pénzzel)* sponsor; *(álla-milag)* subsidize, support 3. *(kérést)* sup-port, back

támogatás *n* 1. *(fizikailag)* support(ing) 2. *átv ai*ding, assistance, b*a*cking (up); *(anyagi)* financial aid/assistance; *(ügyé, tár-saságé)* sponsoring, sponsorship; **állami** ~ subsidy; **a legmesszebbmenő** ~**ban részesít** back sy to the hilt, give* sy one's full support, be** squarely beh*i*nd sy/sg; ~**ban részesül** get*/receive assistance/aid/support; *(intézményről)* be* sponsored by; *(államiban)* be* subsidized by [the government/state etc.]

támolyog *v* stagger, totter, reel

támpillér *n* buttress, counterfort, abutment

tampon *n orv* tampon; *(sebtisztításhoz)* swab; *(egészségügyi)* tampon, sanitary pad

támpont *n* **1.** = **támaszpont 2.** *átv* point of reference, basis *(pl* bases); **nincs semmi** ~ there is nothing to go on/by

tan *n* **1.** *(tétel)* doctrine, tenet, dogma, thesis *(pl* theses) **2.** *(tudományág)* science (of), study, theory

tanács *n* **1.** *(baráti stb.)* piece of advice, advice *(pl* ua.); *(tipp)* (important) tip, hint; **vk** ~**át követi** follow *(v.* listen to) sy's advice; **jó** ~ (a) good advice; **megfogadja vk** ~**át** take* *(v.* listen to) sy's advice; ~**ot ad vknek** give* advice to sy, give* sy (a piece of) advice, advise sy (on sg), provide consultation; **adhatok néhány** ~**ot** I can give you some advice; ~**ot kér vktől** ask sy for (his/her) advice, ask for sy's advice, ask/ seek* sy's advice, consult sy (on sg); ~**ot kért tőlem** (s)he asked my advice; **vk** ~**ára** on sy's advice **2.** *(tanácsadó testület)* council, board **3.** *(államigazgatási szervezet egysége)* council; **helyi** ~ local council, *GB* local authority, *US* local government; **kerületi** ~ district/local council, *(Londonban)* borough council → **kerületi**; **megyei** ~ county council, *GB* local authority, *US* local government; **városi** ~ city/town *(US* municipal) council **4.** *(bíróság)* division [of a court of justice]

tanácsadás *n* (giving of) advice, advising, consultation, guidance; **házassági** ~ marriage guidance; ~**t nyújt** provide consultation

tanácsadó I. *a* advisory, consultative **II.** *n* **1.** *(személy)* adviser, advisor, counsellor *(US* -selor); *(szakmai)* consultant; *(elnöké, miniszteré)* advisor, *US* aide; **nemzetbiztonsági** ~ national security advisor; **pénzügyi** ~ financial advisor **2.** *(intézmény)* advice centre *(US* -er); *(jogi)* legal advice centre *(US* -er); *(egészségügyi)* health advisory centre *(US* -er)

tanácselnök *n* **1.** *(a tanács végrehajtó bizottságának elnöke)* president of the council, *GB* leader of the council **2.** *(bírósági)* = **tanácsvezető**

tanácsháza *n (városi)* town hall; **megyei** ~ county hall

tanácsi *a* council; ~ **dolgozó** council worker/employee; ~ **(bér)lakás** *kb.* council flat/house

tanácskérés *n* consultation

tanácskozás *n* conference, discussion, deliberation

tanácskoz|ik *v* ált hold* a meeting/conference; *(vkvel vmről)* confer with sy (on/about sg), consult (with) sy (about sg); ~**nak** they are in/having a meeting, they are in conference; **(a tanács) hetenként** ~**ik** (the town etc. council) meets weekly; **a vezetőség** ~**ik** the board is in conference; **a zsűri** ~**ik** *(pl. vetélkedő végén)* the members of the panel are conferring among themselves

tanácskozó *a* conferring, deliberating, consulting, deliberative, consultative; ~ **testület** consultative body

tanácsköztársaság *n tört* a **(Magyar) T**~ Hungarian Soviet Republic

tanácsnok *n* alderman°, (town-)councillor

tanácsol *v vknek vmt* advise sy to ... *(v.* that ...)

tanácsos I. *a* advisable, wise, prudent, expedient; ~ **lesz itthon maradni** we had better/best stay at home; **nem** ~ inadvisable, inexpedient; **nem** ~ **kimenni** *(ilyen hidegben)* it's not advisable to go out (in this weather) **II.** *n* councillor; **követségi** ~ counsellor; **miniszteri** ~ ministerial counsellor

tanácstag *n* member of a/the council, council member, councillor *(US* -ilor)

tanácstalan *a* helpless, perplexed; *(igével)* be* at a loss (what to do), be* at one's wit's end; ~**ul áll** be* perplexed, not know what to do *(v.* which way to turn)

tanácsterem *n* council-room/hall

tanácstitkár *n* secretary of/to the council, *GB* town clerk

tanácsülés *n* council/board-meeting

tanácsválasztás *n* council election(s)

tanácsvezető *n (bírósági)* president of a court division

tanakod|ik *v* think* *(vmn about)*, ponder *(over)*, meditate (on)

tananyag *n* syllabus *(pl* syllabuses)

tanár *n* **1.** *(iskolai)* (school) teacher, schoolmaster; *(nő)* schoolmistress; ~ **úr kérem ...** (please) Sir ...; **angol** ~ teacher of English, English teacher; **történelem** ~ history teacher **2.** *(professzor)* professor; **a T**~ **úr** *(pl. neves orvosprofesszor)* Professor Eckhardt *(v. csak egyszerűen)* Mr. Eckhardt

tanári *a* teacher's; ~ **állás** teaching post/ position; ~ **értekezlet/konferencia** staff meeting; ~ **kar/testület** teaching staff; ~ **kézikönyv** teacher's book; ~ **oklevél** teacher's/teaching diploma; ~ **pálya**

teaching, the profession of a teacher; ~ **pályára lép** take* up (*v.* go* *i*nto) teaching; ~ **szoba** senior common room
tanárjelölt *n* student (*v.* US training) teacher
tanárképzés *n* teacher training
tanárképző főiskola *n* (teacher-)training college, *GB* college of education, *US* teachers college
tanárkod|ik *v* teach* (in) school, be* a teacher/schoolmaster
tanárnő *n* teacher, schoolmistress; ~ **kérem ...** (please) Miss/Mrs. *(és a tanárnő vezetékneve)*; please ...
tanáros *a* schoolmasterly, professorial
tanársegéd *n* assistant lecturer, *US* instructor
tánc *n* **1.** *(cselekvés)* dance **2.** *(alkalom)* dance; ball
táncbetét *n* dance movement/number
tánccipő *n* dancing shoes *pl*; *(balettcipő)* ballet shoes *pl*
tánccsoport *n* dance group/ensemble
táncdal *n* pop song
táncdalénekes *n* pop singer/star
táncdalfesztivál *n* pop music festival
táncegyüttes *n* dance ensemble
táncest(ély) *n* dance, ball
táncház *n* **1.** *(hely)* dance hall **2.** *(alkalom)* dance
tánciskola *n* dancing-school
táncjáték *n* ballet
tánckar *n* (corps de) ballet
tánclecke *n* dancing-lesson
tánclemez *n* dance record
tánclépés *n* (dance-)step
táncmester *n* dancing-master
táncmulatság *n* ball, dance
táncművész *n* ballet-dancer, dancer
táncművészet *n* the art of dancing
táncművésznő *n* ballerina
táncol *v* **1.** *ált* dance; **úgy ~, ahogy a felesége fütyül** he is* at his wife's beck and call, his wife calls the tune/shots **2.** *(ugrál)* skip; *(csónak vízen)* rock
táncoltat *v* dance with sy
táncóra *n* = **tánclecke**
táncos I. *n* dancer **II.** *a* ~ **szórakozóhely** dance-hall ⇨ **diszkó**
táncosnő *n* (professional/ballet) dancer, ballerina
tánctanár *n* dancing master, teacher of dance
táncterem *n* dance-hall
tánczene *n* dance music
tánczenekar *n* dance band/orchestra; *(kisebb, főleg dzsessz)* combo

tandíj *n* school fees; *(főleg főiskolán v. egyetemen)* tuition fees, fees *(mind*: *pl)*
tandíjkedvezmény *n* reduction in (*v.* reduced) school/tuition fees
tandíjmentes *a* exempt from school/tuition fees *ut.*
tandíjmentesség *n* exemption from school/tuition fees
tanerő *n* teacher, member of the teaching staff
taneszköz *n* school equipment
tanév *n* *(ált. és középiskolai)* school year; *(egyetemi)* academic year, session; **a** ~ **folyamán** during term
tanévnyitó *n* = **évnyitó**
tanévzárás *n* end of the school year ⇨ **évzáró**
tanfelügyelő *n* † = **szakfelügyelő**
tanfolyam *n* course
tangens *n* tangent
tangóharmonika *n* piano accordion
tanintézet *n* educational institution, school
tanít *v* *ált* teach* [at school]; *vkt vmre* teach* sy sg, teach* sg to sy, instruct sy in sg; **történelmet** ~ teach* (sy) history; **úszni ~ja a gyereket** teach* a child° (how) to swim; **az egyetemen** (*v.* **főiskolán**) ~ teach* at the university (*v.* at a college); **te akarsz engem ~ani?** it's like teaching your grandmother to suck eggs
tanítás *n* **1.** *ált* teaching, instruction; ~**ból él** he teaches for a living, earn his/a living by teaching **2.** *(az órák)* lessons *pl*, classes *pl*; **a** ~ **8-kor kezdődik** lessons/classes start at 8 o'clock
tanítási *a* teaching, educational; ~ **idő** school(-time); ~ **mód** educational method/system; ~ **nap** teaching/school day; **angol** ~ **nyelvű iskola** English medium school; ~ **óra** class, lesson, period; ~ **szünet** holiday
tanító *n* (primary school) teacher, schoolmaster, *US* grade teacher; ~ **néni kérem** please Mrs. X; ~ **bácsi kérem ...** please Mr. Z
tanítói *a* teacher's, of a teacher *ut.*; ~ **pályára lép** go* into teaching, take* up teaching
tanítójelölt *n* teacher trainee, practice teacher
tanítóképző *n* (teacher-)training college
tanítómester *n* *átv* mentor
tanítónő *n* (woman°) teacher, schoolmistress
tanítóskod|ik *v* teach*, be* a (school)teacher

taníttat *v vkt* send* sy to school, provide education for [one's children]; **a legjobb iskolában** ~**ták gyerekeiket** they have educated thier children at the best schools

tanítvány *n* **1.** *(tanuló)* pupil, student; **Ország** ~**a volt** he studied under Ország [at the university] **2.** *(eszmei)* disciple, follower

tank *n* tank

tankakadály *n* road-block, anti-tank obstacle

tankcsapda *n* tank trap

tankhajó *n* tanker

tankol *v* fill up

tankönyv *n* textbook, coursebook

tankör *a* = **tanulókör**

tanköteles *a* = **iskolaköteles**

tankötelezettség *n* = **iskolakötelezettség**

tanmenet *n* syllabus *(pl* syllabuses)

tanműhely *n* apprentice/training (work)-shop

tanonc *n* † apprentice

tanoncidő *n* † apprenticeship; **tanoncidejét tölti** = **tanonckodik**

tanonciskola *n* † apprentice/trade school

tanonckod|ik *v* † do*/serve one's apprenticeship

tanóra *n* lesson, class, period; *(egyetemi)* lecture

tanrend *n* timetable

tanrepülés *n* training flight

tanszabadság *n* academic freedom

tanszak *n* ált branch of study/learning; *(főiskolán, egyetemen)* faculty

tanszék *n* *(mint intézmény)* chair; *(mint helyiség)* department; **az angol** ~ the Department of English, the English Department

tanszéki *a* departmental

tanszékvezető *n* *(egyetemi tanár)* head/chairman° of department

tanszemélyzet *n* teaching staff; **a** ~**hez tartozik** be* on the teaching staff

tanszer *n* school equipment

tantárgy *n* subject; **kötelező** ~ compulsory subject

tanterem *n* classroom, schoolroom; *(főiskolán, egyetemen)* lecture room; *(kisebb)* seminar room; *(lépcsőzetes padokkal)* lecture theatre *(US* -er)

tanterv *n* syllabus/programme *(US* -ram) of a course (of instruction)

tantestület *n* teaching staff; *(US főiskolai, egyetemi)* faculty (staff)

tantétel *n* † thesis *(pl* theses)

tanti *n* biz auntie

tántorgás *n* reel(ing), stagger(ing)

tántorgó *a* reeling, staggering, tottering; ~ **léptekkel** with a stagger

tántoríthatatlan *a* unshakable, unfaltering, unflinching, unwavering

tántorog *v* reel, stagger, totter

tantusz *n* token, counter; **(végre) leesett a** ~ *GB* the penny (has) dropped, it finally/suddenly clicked

tanú *n* ált és jog witness; ~**ja vmnek** be* a witness to [an accident, a conversation etc.]; **előttünk mint** ~**k előtt** ... in our presence as witnesses; ~**k előtt** in front of witnesses; ~**ként aláír(at)** *(okmányt)* witness a document; ~**ként beidéz** summon (sy as a witness), call sy as witness; ~**ként beidézik** be* called as witness, be* summoned (as witness), *US* be* subpoenaed (as a witness); ~**ként való beidézés** summons *sing.,* summoning of a witness (*v.* of witnesses), *US* subpoena to appear as a witness; ~**t állít/hoz** produce a witness; ~**t** (*v.* ~**ként) kihallgat** hear* a witness

tanúbizonyság *n* **1.** *(tanúskodás)* evidence, testimony, witness; ~**ot tesz vmről** bear* witness/testimony to sg, testify to sg (*v.* that ...) **2.** = **bizonyság**

tanújel *n* proof, evidence; ~**ét adja vmnek** give*/provide proof of sg

tanúkihallgatás *n* hearing of witnesses

tanul *v* vmt learn*, *(tanulmányokat folytat)* study; *(egyetemen)* study, *GB* így is: read* [history, law, English, psychology etc.] (at ...), be* reading (*v.* read*) for a degree in [history, law etc.]; **angolul** ~ learn* English; **írni** ~ learn* to write; **kívülről** ~ learn* (sg) by heart; **X jól** ~ X is* a good student, X is* doing well at school; **jogot** ~ read* law, *US* study law; **fizikát** ~ (1) *(egyetemen stb.)* study/read* physics (at ...) (2) *(középiskolás, otthon)* be* studying (*v.* biz doing) physics; **az orvosi egyetemen** (*v.* **orvosnak**) ~ study medicine, be* studying to be a doctor; **a debreceni egyetemen** (*v.* **a KLTE-n**) ~ (s)he is studying at the University of Debrecen; **a TTK-n** ~ (s)he is reading science; **vktől** ~ learn* from sy; **ebből** ~**hatnak!** it serves them right, let this be a lesson for/to them

tanulás *n* learning, study(ing); *(készülés)* preparation (for school)

tanulatlan *a* uneducated, without education ut.

tanulékony *a* docile, teachable; *(tanuló)* apt

tanulékonyság *n* docility, readiness to learn

tanulmány *n* **1.** *(tanulás)* study; ~**okat folytat** pursue/continue one's studies, study (*v.* be* studying) swhere; **jogi** ~**okat folytat** study (*v. GB így is:* read*) law; ~**ait Franciaországban végezte** he studied in France, he was educated in France; *(egyetemi)* ~**ait Londonban (***v.* **a londoni egyetemen) végezte** he graduated from London (University); ~**ai végeztével ...** (up)on/after graduating **2.** *(írott)* study; *(rövidebb)* essay; ~**t ír vmről** write* a study on sg; **mélyreható, gondosan kidolgozott** ~ an in-depth study, a carefully worked out and thorough study

tanulmányi *a* study; ~ **eredmény** school achievement; ~ **kirándulás** *(iskolai)* school trip/excursion; *(egyetemistáké, kutatóké stb.)* field trip; ~ **osztály** (1) *(egyetemen, főiskolán)* Registry, Registrar's department, matriculation office (2) *(másutt)* education department; ~ **verseny** schools competition/contest

tanulmányoz *v* study, make* a study of (sg); *(irodalmába beleolvasva)* read* up (on) sg; *(vizsgál)* examine, look/inquire into (sg)

tanulmányozás *n* study(ing); *(vizsgálat)* investigation, inquiry (*US* inquiry)

tanulmányút *n* study tour/trip/visit, *(kutatóké)* field trip

tanulnivaló *n* sok a ~**m** I have* a great deal of studying to do

tanuló I. *n* **1.** ált school child°; *(kisiskolás)* pupil; *(ált. felsős és közép)* student, (grammar/secondary school) boy/girl, *US* high school boy/girl; *(szakmunkás* ~, *bolti stb.)* trainee; **jó** ~ (be*) a good student; *(igével)* be* doing well at school **2.** = **ipari/kereskedelmi** *tanuló* **II.** ~ **pénztáros** training cashier; ~ **vezető (T)** *(gépkocsi)* learner driver *(röv* L); ~ **zsoké** training jockey

tanulóév *n* year of study

tanulóidő *n (ipari tanulóé)* apprenticeship

tanulóifjúság *n' (ált isk)* schoolchildren *pl*; *(középiskolás)* students *pl*; *(egyetemi)* students, undergraduates *pl*

tanulókör *n* study group

tanulókör-vezető *n* study group leader

tanulószoba *n* schoolroom, preparation room

tanulság *n* lesson; **erkölcsi** ~ the moral [of a story]; ~**ot von le vmből** learn* a lesson from sg, draw* a moral from sg

tanulságos *a* instructive, illuminating, salutary [lesson], edifying

tanult *a* learned, erudite, educated; ~ **ember** a learned man°, an educated man°, a man of learning

tanúság *n* evidence, testimony; ~**ot tesz vmről** give* evidence/proof of sg, bear* witness to sg

tanúságtétel *n* witness, evidence, testimony

tanúsít *v* **1.** *(jelét adja)* give* proof/evidence of **2.** *(igazol)* attest to (sg), certify (sg), bear* witness to (sg)

tanúsítvány *n* certificate

tanúskodás *n* (bearing) witness, (giving) evidence, testifying

tanúskod|ik *v* **1.** *(tanúként nyilatkozik)* give* evidence (of sg that ...); *(igazol)* bear* witness to (sg) **2.** vmről = **tanúsít** vmt

tanúvallomás *n* evidence, testimony, statement; **hamis** ~**ra bír** suborn a witness; ~**t tesz** give* evidence (*vk mellett* for *v.* in favour of sy, *vk ellen* against sy), witness (*vk mellett* for sy, *vk ellen* against sy); **hamis** ~**t tesz** give* false evidence, bear* false witness; ~**t megtagad** refuse to give evidence

tanúvallomás-tétel *n* evidence, testimony

tanúzás *n* hamis ~ perjury, false witness/evidence

tanügetés *n* sitting trot

tanügy *n* public education

tanügyi *a* educational; ~ `igazgatás` educational administration; ~ **reform** school reform

Tanzánia *n* Tanzania

tanya *n* **1.** mezőg small farm, homestead, *US* ranch **2.** *(állaté)* lair, den, nest

tanyai *a* ~ **élet** life on small farms; ~ **emberek** people living on small farms

tanyarendszer *n* network of small farms

tanyasi *a* nép = **tanyai**

tanyavilág *n* the world of (isolated) small farms

tanyáz|ik *v (lakik)* dwell*, stay, lodge

tányér *n* plate; **egy** ~ **leves** a bowl/plateful of soup ⇨ **kis-, lapos-, mélytányér**

tányéralátét *n* (table-)mat, place-mat

tányérka *n* saucer

tányérnyaló *a* sponger, lickspittle, toady

tányéroz *v* send*/pass round the hat

tányérsapka *n* (flat) service cap

táp *n* **1.** mezőg nutrient, feed **2.** átv ~**ot ad** vmnek feed*, foster (sg), keep* sg alive ⇨ **táplálék**

tapad *v* **1.** vmhez stick*/adhere/cling* to; **kezéhez vér** ~ his hands are* stained with blood **2.** *(tapadós)* be* sticky/tacky

tapadás *n* sticking, adhesion, clinging

tapadó(s) *a* **1.** *ált* sticky, tacky, sticking **2.** *(ruha)* skin-tight, clinging

tápanyag *n* nutrient, nutritive(s), nutritive material/matter

tapasz *n* *(sebre)* (sticking) plaster, *US* adhesive tape ⇨ **gyorstapasz**

tapaszt *v* **1.** *(vakol)* plaster over; *(kályhát)* plaster up **2.** *vmhez* stick* sg to sg; **kezét a szájára** ~**ja** put* his hand over his mouth

tapasztal *v* **1.** *ált* experience, learn* **2.** *vmlyennek* find*

tapasztalat *n* *ált* experience; *(megfigyelés)* observation; ~**ból tudja** he knows* (sg) from experience; ~ **hiánya** lack of experience; ~**okat szerez/gyűjt** gain experience(s)

tapasztalatátadás *n* handing/passing on of working experience/expertise

tapasztalatcsere *n* exchange/pooling of (technical) experience/expertise

tapasztalati *a* empiric(al); *(kísérleti)* experimental; ~ **úton** empirically, experimentally

tapasztalatlan *a* inexperienced, green; ~ **ifjonc** *(= zöldfülű)* biz greenhorn, cub [reporter etc.], *kif* (still) wet behind the ears

tapasztalatlanság *n* inexperience, lack of experience

tapasztalt *a* experienced, skilled *(vmben* in sg); ~ **sebész** experienced surgeon; ~ **vén róka** *biz* an old hand (at sg), wily old fox

tápcsatorna *n* alimentary, canal

tápegység *n* *el* power supply unit, supply source

tápérték *n* nutritive value; **nagy** ~**ű** nutritious

tapéta *n* wallpaper

tapétás *a* papered; ~ **fal** papered wall

tapétáz *v* (wall)paper [the walls]; *(lakást)* decorate [a flat/house/room etc.]

tapétázás *n* (wall)papering, decorating; **mikor lesz nálatok a** ~**?** when are you decorating?

tapétázó *n* decorator, paperhanger

tapint 1. *vt* touch, feel*, finger **2.** *vi* **elevenére** ~ touch sy on the raw; **a megjegyzés elevenére** ~**ott** the remark went home

tapintás *n* **1.** *(folyamat)* touch(ing), feel(ing); ~**ra olyan, mint** it feels* like (sg) **2.** *(érzék)* (sense of) touch

tapintat *n* tact, discretion, consideration

tapintatlan *a* tactless, indiscreet; ~ **megjegyzést tesz** make* a tactless remark,

commit a faux pas, *biz* put* one's foot in it, drop a brick/clanger

tapintatlanság *n* **1.** *ált* tactlessness, indiscretion **2.** *(megjegyzés)* tactless remark, blunder, faux pas *(pl* ua.)

tapintatos *a* tactful, discreet; ~ **ember** man° of tact; ~**an** tactfully

tapintható *a* *(daganat stb.)* palpable; *(kézzelfogható)* tangible

tapintóérzék *n* (sense of) touch

táplál *v* **1.** *ált* feed*, nourish **2.** *(szoptat)* suckle, nurse, breast-feed* **3.** *(gépet)* feed* **4.** *(érzelmet)* cherish, foster, keep* (sg) alive; *(reményt)* nurse, cherish

táplálás *n* **1.** *ált* feeding, nourishing, nutrition **2.** *(csecsemőé)* nursing, suckling, breast-feeding **3.** *(gépé)* feeding

táplálék *n* *(emberi)* food, nourishment, nutriment; *(állati)* nutrient, feed

táplálékhiány *n* lack of nourishment

táplálkozás *n* nutrition; **hiányos** ~ malnutrition

táplálkozástudomány *n* (the science/study of) nutrition

táplálkoz|ik *v* *(ember)* eat* sg; *(állat)* eat* *(vmvel* sg), feed* *(vmvel* on sg)

tápláló *a* *(kalóriadús)* nourishing, nutritious; *(étkezés)* substantial

táplált *a* fed, nourished; **jól** ~ well-fed/nourished; **rosszul** ~ undernourished

tápláltság *n* **hiányos** ~ *(v.* **rosszul** ~) malnutrition

tápló *n* tinder

tápnedv *n* nutritious/nutritive juice, *tud* chyle

tapodtat *n* ~ **sem enged** not yield an inch

tapogat *v* feel* *(vm után* for sg); **jó helyen** ~ he's come to the right place/person

tapogató I. *a* feeling, touching **II.** *n (szerv)* feeler, tentacle; *(csigáé)* horn

tapogatódzás *n* **1.** *(kézzel)* groping about, feeling one's way **2.** *átv* sounding out, exploratory talks *pl*

tapogatódz|ik *v* **1.** *(kézzel vm után)* feel*/grope [in one's bag/pocket etc.] for sg; ~**va keresi helyét** feel*/grope one's way to ... **2.** *átv* feel* one's way, put* out feelers [to see if ...], take* soundings; ~**ik vknél** *(vm ügyben)* sound sy out on sg

tapos *v* vmre, vmt tread*/trample on sg; ~**sa a pedált** pedal *(US* -l) (along)

taposómalom *n* treadmill; ~ **az élete** (s)he is in a rut

táppénz *n* sickness benefit, sick pay; ~**en van** be* on sick-leave/pay

táppénzes *a/n* ~ **(beteg)** person on sickness benefit (*v.* sick-pay)
taps *n* applause, clapping; ~**ot kap** be* applauded
tapsifüles *n* bunny, *US* Brer Rabbit
tápsó *n* fertilizer, chemical manure
tapsol *v* clap; *vknek* applaud sy; **felállva** ~**nak** *(vknek)* be* given a standing ovation
tapsvihar *n* thunderous applause, burst of applause
tápszer *n* nutriment, nutritive; *(készítmény)* food preparation
táptalaj *n* **1.** *biol* culture medium **2.** *átv* breeding ground (for)
tar *a* bald(-headed), bare
tár[1] *v* **1.** *(kinyit)* throw* open, open wide **2. vk elé** ~ disclose/show* (sg) to sy
tár[2] *n* **1.** *(tárolóhely)* depot, store(-house), magazine; **ismeretek** ~**a** encyclopaedia (*US* -ped-) **2.** *(számítógépé)* store, storage, memory **3.** *(múzeumban)* cabinet, collection **4.** *(puskában)* magazine
tára *n* tare
tarack *n* *(gyökér)* stolon
taraj *v* **taréj** *n* **1.** *(madáré)* comb, crest **2.** *(sisaké)* crest; *(hullámé)* surf, crest
tarajos *a* **1.** *(állat)* crested, having a comb *ut.*; ~ **gőte** crested newt **2.** ~ **hullám** breaker, combing wave(s), surf
tárca *n* **1.** *(zsebbe való)* wallet, *US* billfold **2.** *(miniszteri)* portfolio, department, ministry; ~ **nélküli miniszter** minister without portfolio **3.** *(hírlapi)* feuilleton
tárcaközi *a* ~ **bizottság** inter-departmental committee
tárcsa *n* **1.** *műsz és ált* disc, *US* disk **2.** *(telefonon)* dial
tárcsahang *n* dialling tone, *US* dial tone
tárcsás *a* ~ **borona** disc/disk-harrow
tárcsáz *v* *(telefonon)* dial (*US* -l); **innen közvetlenül** ~**hatja Londont** from here you can dial London direct (*v.* straight through to London)
tárcsázás *n* dialling (*US* -l-); **közvetlen** ~ direct dial(l)ing
taréj *n* → **taraj**
targonca *n* barrow, *(főleg US)* pushcart; *(pályaudvari)* trolley; *(egyéb)* truck
targoncás *n* barrow man°, cartman°
tárgy *n* **1.** *(konkrét dolog)* object, article, thing **2.** *(vmnek a tárgya, pl. írásműé, képé stb.)* subject, theme; *(beszélgetésé)* topic, subject; *(az, akire vmlyen tevékenység irányul)* object; **nevetség** ~**a** laughing-stock; **szerelme** ~**a** object of one's love; **veszekedés/vita** ~**a** issue, the matter in dispute, bone of contention; **vmnek** ~**ában** with regard to sg, concerning sg, *ker* re (sg); **június 7-én kelt levele** ~**ában** re your letter/inquiry of the 7th June ...; **nem tartozik a** ~**hoz** (it is) beside the point, it is irrelevant, it isn't a relevant point; **a** ~**hoz tartozik** be* relevant (to sg), be* to the point; **a** ~**hoz tartozó, a** ~**ra vonatkozó** relevant to the case *ut.*, to the point *ut.*; **a** ~**ra tér** come*/get* to the point, *kif* get* down to brass tacks; **a** ~**ra!** *(parlamentben)* order!, order!; **más** ~**ra tér** change the subject; **vmnek a** ~**át képezi** be* the object/subject/target of sg; **a** ~**tól eltérő** off/beside the point *ut.*; **eltér/elkalandozik a** ~**tól** wander/get* away/off the point **3.** *isk* subject **4.** *nyelvt* (direct) object
tárgyal *v* **1.** *(megbeszél)* *(tárgyaláson vesz részt, éppen most)* be* in conference, be* in/at a meeting; ~ **vkvel** have* discussions/talks with sy, negotiate/confer with sy; ~ **vmről** *vkvel* discuss sg (*v.* a/the matter) (with sy), confer with sy about/on sg, talk over sg (with sy); **üzleti/szakmai/hivatalos dolgokról** ~**nak** talk business/shop **2.** *jog (bíróság tárgyalást folytat)* hold* a trial/hearing; *(egy ügyet tárgyal)* hear* a case; *(büntetőügyet)* try a case; **XY ügyét** ~**ja** hear* the case of YX; *(bűnügyét)* try the case of YX (*v.* YX's case) **3.** *(fejteget, főleg írásműben)* discuss (sg), treat [a subject], deal* with (sg)
tárgyalás *n* **1.** *ált* conference, discussion(s), negotiation(s), talk(s); *(ülésen)* debate, discussion; *pol* negotiation(s), talks *pl*; *ker (üzleti)* trade talks *pl*; ~**on van** (*v.* **vesz részt**) be* in conference, be* in/at a meeting; **a** ~**ok félbeszakadtak** the negotiations/talks were broken off; **a** ~**okat folytatják** the negotiations/talks have been resumed/reopened; ~**okat folytat** have* talks/discussions, carry on negotiations; ~**t kezd vkvel** enter into negotiations with sy **2.** *(bírósági)* hearing, proceedings *pl*; *(büntető)* trial; **zárt** ~ hearing in camera; **holnap lesz a** ~ the case will come up for hearing (*v.* will be heard) tomorrow; *(büntetőügy)* the trial will be (*v.* take place) tomorrow **3.** *(írásműben)* treatment [of a subject]
tárgyalási *a* ~ **alap** basis for negotiations, *biz* common ground; ~ **jegyzőkönyv** *ált* minutes *pl* (of a/the meeting), *jog* report, *pol* protocol; ~ **rend** *(országgyűlésé)* standing orders *pl*, rules of procedure *pl*

tárgyaló I. *a* ~ **fél** negotiating party, negotiator **II.** *n (helyiség)* conference room'
tárgyalóasztal *n* negotiating/conference table, *ker* bargaining table; **újra** ~**hoz ültek** the negotiations/talks have been resumed/reopened
tárgyalóképes *a* qualified to carry on negotiations *ut.*; ~ **ember** (1) *ált* a good (*v.* an able) negotiator (2) *(idegen nyelven)* (be*) fluent in [French/English, in 3 languages etc.]
tárgyalóterem *n (bírósági)* courtroom
tárgyas *a* ~ **ige** transitive verb
tárgyatlan *a* ~ **ige** intransitive verb
tárgyeset *n* accusative (case), case of the object
tárgyi *a* material, positive, real, objective; ~ **bizonyíték** material/substantive proof; ~ **tévedés** factual/material error; ~ **tudás** factual/material knowledge
tárgyilagos *a* objective, detached, unbias(s)ed; ~**an** without bias, objectively, impartially ⇨ **elfogulatlan**
tárgyilagosság *n* objectivity, impartiality, detachment
tárgyismeret *n* factual/material knowledge, knowledge of facts
tárgykör *n* field, domain; **nem tartozik a lexikográfia** ~**ébe** it lies outside the domain of lexicography ⇨ **témakör**
tárgylemez *n* slide, mount
tárgylencse *n* object-glass, objective
tárgymutató *n* (subject) index (*pl* indexes)
tárgyrag *n* accusative ending/suffix/marker
tárgysorozat *n* agenda; **a** ~ **2. pontja** item (No.) 2 (*v.* the second item) on the agenda
tárgysorsjáték *n kb.* raffle; ~**on nyer vmt** win* sg in a raffle
tárgyszerű *a* businesslike, matter-of-fact, to the point *ut.*
tárgytalan *a (érvénytelen)* (null and) void; *(már nem időszerű)* off the agenda *ut.*, overtaken by events *ut.*; *(már elintéződött)* all sorted out *ut.*; **tekintse** ~**nak** please disregard it, ignore it
tárgyválasztás *n* choice of subject
tarhál *v* □ beg, cadge, *US* panhandle, s(c)hnorr
tarháló *n* □ schnorrer
tárház *n* **1.** *(raktár)* storehouse, repository **2.** *átv* **az adatok/ismeretek** ~**a** a storehouse/treasury of information, *(vkről is)* a mine of information
tarhonya *n kb.* farfel *pl*
tarifa *n* tariff
tarisznya *n* satchel, bag

tarja *n (disznóé)* spare ribs *pl*
tarka *a* **1.** *(többszínű)* brightly-coloured, multicoloured, colourful (*US* -color-), mottled, dappled, variegated; ~ **bab** mottled/spotted bean; ~ **ló** pied/piebald (horse) **2.** *(változatos)* colourful (*US* -or-), varied, variegated, diverse, mixed; ~ **est** variety show
tarkabarka *a* (very) brightly coloured (*US* -or-), motley, gaudy
tarkáll|ik *v* be* a riot/mass of colour (*US* -or)
tarkaság *n* colour (*US* -or), profusion of colours (*US* -ors); *átv* variety
tarkít *v átv* spice sy with sg; **idézetekkel** ~**ott** interspersed/spiced with quotations *ut.*
tarkó *n* back of the head/neck, occiput
tárlat *n* (art) exhibition
tárlatvezetés *n* lecture, guided tour
tarló *n* stubble(-field)
tárló *n* showcase, display cabinet
tárna *n* adit
tarokk *n* tarot
tarokk-kártya *n* tarot cards *pl*
tarokkoz|ik *v* play tarot
tárol 1. *vt* store, stock, keep*; **adatokat** ~ *(számítógép)* store data/information **2.** *vi* be* stored [in a warehouse]
tárolás *n* storage, storing; ~**i díj** storage
tároló I. *a* storing **II.** *n* **1.** *(tartó)* storage tank **2.** (= **tárolóegység**) storage unit
tározó *n (vízé)* reservoir, pool
társ *n* **1.** *ált* companion, *biz* mate; **Nagy Imre és** ~**ainak rehabilitálása** the rehabilitation of Imre Nagy and his associates **2.** *(hivatalban)* colleague; *(munkában)* fellow worker **3.** *ker* partner, (business) associate(s); **... és** ~**a(i)** ... and/& Co.
társ- *pref* joint(-)
társadalmasít *v* nationalize
társadalmasítás *n* nationalization
társadalmi *a* social; ~ **állás** social position/standing, station in life; **más** ~ **berendezésű országok** countries with different social system; ~ **érintkezés** *n* social intercourse; ~ **fejlődés** social development; **vk** ~ **helyzete** sy's social position/status; ~ **jólét** social welfare; ~ **minimum** living wage; ~ **munka** *(ingyenes)* voluntary work, community service; ~ **osztály** social class; ~ **össztermék** gross national product (GNP); ~ **ösztöndíj** *kb.* sponsorship; ~ **ranglétra** social ladder/scale; ~ **regény** social novel; ~ **rend** social order/system; ~ **rétegek** social strata; ~ **termelés** national/social produc-

tion; ~ **tulajdon** (1) *(az elv)* social/collective ownership (2) *(vállalat stb.)* social/collective property; ~ **vitára bocsát vmt** *kb.* open a nation-wide debate on [the question of ...]

társadalom *n* society, community; **visszatért a ~ba** *(volt elítélt)* is now back to community

társadalomábrázolás *n* depiction of social conditions

társadalombírálat *n* criticism of social conditions, social criticism

társadalombiztosítás *n* social insurance, *GB* National Health Service

társadalomellenes *a* antisocial

társadalompolitika *n* social policy

társadalomtörténet *n* social history

társadalomtudomány *n* **1.** social science; *(szociológia)* sociology **2.** ~**ok** *(szemben a természettudománnyal)* the arts subjects

társadalomtudományi *a (nem természettudományi)* arts ...

társalgás *n* conversation, talk

társalgási *a* conversational; ~ **nyelv** the language of conversation, *(bizalmas hangú)* colloquial language; ~ **nyelvi** (*v.* **nyelven írt**) colloquial, informal

társalgó *n (helyiség)* lounge; *(személy)* talker, conversationalist

társalog *v vkvel* talk/converse with sy, *biz* chat to/with sy

társas *a* social; *(együttes)* joint, collective, common; ~ **gazdálkodás** collective farming; ~ **kirándulás** group outing, picnic; ~ **összejövetel** party, gathering; ~ **szoba** *(turistaházban)* dormitory; ~ **viszony** (co-)partnership

társaság *n* **1.** *(emberek együtt)* society, company, gathering; *(összejövetel)* party, gathering, assembly; **(baráti)** ~ (1) the society of one's friends (2) *(összejövetel)* friendly gathering, party, get-together; ~**ba jár** move/mix in society; **vknek ~ában** in the company of; **rossz ~ba keveredik** get* into bad company; **szereti a ~ot be*** sociable, like parties *(v.* going out); *biz* be* a good mixer; **nem szeret ~ba járni, nem szereti a ~ot** (s)he doesn't mix well, (s)he is not very sociable; **ma estére ~ot várunk, ma este ~ lesz nálunk** we are expecting company tonight **2.** *(vkvel való együttlét)* society, company, companionship; **élvezem a ~át** I enjoy her/his society; **fia ~ában** accompanied by her son, in her son's company **3.** *(egyesület)* society, association **4.** *ker* company; *(kft.)*

US corporation; *(egyéb, főleg nem haszonra dolgozó)* association

társasági *a* ~ **törvény** the law on companies, Company Law

társasház *n* owner-occupied block

társasjáték *n* parlour *(US* -or*)* game; *(vmilyen táblán játszott, kockadobós stb.)* board game

társaskör *n* club, circle

társasutazás *n* package tour/holiday, all-inclusive tour; **jelentkezik egy ~ra** book (a place on) a tour; **részt vesz egy ~on** take* (*v.* go* on) a package tour/holiday

társasüdülő *n* block of (owner-occupied) holiday flats

társbérlet *n* co-tenancy

társbérlő *n* co-tenant

társít *v* associate (with)

tarsoly *n* bag

társszerkesztő *n* co-editor

társszerző *n* co-author

társtalan *a* lonely

társtettes *n* accomplice

társtulajdonos *n* co-owner/proprietor

társul *v* **1.** *vkvel* ált associate with sy; *(üzleti vállalkozásban)* enter into partnership with sy, link up with sy; *vkhez (egy alkalomra)* join in with sy **2.** *vm vmhez* be* coupled with sg

társulás *n* association

társulat *n (színészeké)* (theatre) company

tart I. *vt* **ált és konkr** hold*, keep*; **kezében** ~ hold* in one's hand; **erősen** ~ **vmt** hold* sg firm/tight; **(kérem,)** ~**sa a vonalat!** hold/hang on! **2.** *(vhol, vhogyan ált)* keep*; **magánál** ~ **vmt** keep* sg by/ on oneself, keep* sg in one's possession; **melegen** ~ **vmt** keep* sg warm; **(raktáron)** ~ keep* (sg) in stock; **nem ~unk szerszámokat** sorry, we don't keep tools; **pénzét bankban** ~**ja** keep* one's money in a bank; **az OTP-ben** ~**ja a pénzét** (s)he banks with the OTP **3.** *(fogva)* ott ~**ották a rendőrségen** he was (*v.* has been) detained by the police **4.** *(alkalmazottat)* employ; *(állatot)* keep* [a dog, chickens etc.]; **kocsit** ~ run* a car **5.** **jól** ~ **vkt** look after sy well **6.** **előadást** ~ → **előadás**; **tanfolyamot** ~ conduct (training) courses; **ülést** ~ hold* a meeting **7.** *(vmnek ítél)* think*, consider, hold*, deem *(mind: sg)*, regard as; **bolondnak** ~**asz?** do you take me for a fool?; **vm(lyen)nek** ~**ják** (sg can) pass for (sg); **jónak** ~ **vmt** find*/ think* sg good; **azt** ~**om, hogy** I think*/ believe that, I am* of the opinion that, *US* I

guess ...; **nem ~om fontosnak** I don't think it (is) important **8.** *(értékel)* value, think*, make*; **mennyire ~ja ezt a kocsit?** what price would/do you put on that car?; **kevésre ~** not think* much of; **nagyra ~** set* great store by, esteem (sg/sy) highly; **nagyra ~ja magát** think* too much of oneself; **sokat ~ róla** think* highly of sy **9.** **~ja magát vmhez** keep*/stick*/adhere to sg; *(ragaszkodik)* insist on sg; **szigorúan az igazsághoz ~ja magát** stick* to the absolute truth; **erősen ~ja magát** (1) *vk* hold* fast, keep* a firm hold on oneself (2) *(hír)* (the rumour) still has it (*v.* persists); **jól ~ja magát** be* well-preserved, look good/well for his age; **sokáig ~ja magát** *(nézet)* dies hard **II.** *vi* **1.** *(időben)* last, continue; **meddig ~ ...?** how long is it?, how long does it/sg last/take?; **nem ~ soká** it won't take/be long; *(nem váratlak soká)* I won't be long; **rövid ideig ~** it doesn't/won't take long; **soká ~ még?** will it take/last much longer?; **az értekezlet még ~** the meeting is still on; **legalább egy évig ~** it will last (*v.* it lasts) at least a year; *(egy év kell hozzá)* it will take (*v.* it takes) at least a year; **az út 3 óra hosszat ~** the journey/trip takes* 3 hours **2.** *(tartós)* last*, keep* well; *(ruhaféle)* durable, long-lasting; *(igével)* wear* well **3.** *(vmeddig eljutott)* be* (*v.* have got) swhere; **hol (is) ~(ott)unk?** *(diktálásnál)* where were we?, where did we leave off?; **körülbelül ott ~, ahol mi** he is about level with us; **hol ~asz a munkával?** how far have you got with the/your job/work?; **megmutatjuk, hol ~ az akadémiai nagyszótár** we show* you how far the Academic Dictionary has progressed **4.** *vmerre* make* for, keep* to, head for; *(hajó)* bear* down on; **balra ~** keep* to the left; **felém ~** he is heading for me; **merre ~(asz)?** which way are you headed/going?, where are you going to? **5.** *vkvel* accompany (sy), go* (along) with (sy), *biz* tag along with (sy); **~s velünk** come* along, join us; **velem ~asz?** will you keep me company; *(útra)* will you join me? **6.** *vmtől, vktől* be* afraid of (sg/sy); **attól ~ok** (*v.* **~ok tőle), hogy** I am afraid (that); **attól lehet ~ani** it is (greatly) to be feared; **nem kell tőle ~ani** there is nothing to fear, have no fear, you may rest easy on that score ⇨ **igény, szám**
tárt *a* wide open; **~ karokkal (fogad)** (welcome) with open arms

tartalék *n* reserve, reserves *pl; (jelzőként)* reserve; **~ (játékos)** reserve, *biz* bench warmer; **~ sereg** *kat* reserve troops *pl;* **van (nekem) belőle sok ~ban** I have* plenty in reserve
tartalékalap *n* reserve fund
tartalékalkatrészek *n pl* spare parts, spares
tartalékállomány *n* reserves *pl*
tartalékkészlet *n* reserve supplies *pl,* reserve stock
tartalékol *v* reserve, keep* [money etc.] in reserve
tartalékolt *a* **~ összeg** savings *pl*
tartalékos I. *a* **~ tiszt** reserve officer **II.** *n* reservist
tartalmas *a* **1.** *(étel)* substantial **2.** *(írás, cikk stb.)* meaty **3.** *(élet)* full; **~ ember** a man° of parts
tartalmatlan *a* empty, superficial, shallow
tartalmaz *v* contain, hold*; *(magában foglal)* comprise, include; **mit ~ a levél?** what's in the letter?
tartalmi *a* **~ kivonat** summary, résumé
tartalmú *a* of/with a ... content *ut.,* containing ... *ut.*
tartalom *n* **1.** *(vmnek a lényege)* content, essence; *(ami vmben benne van)* contents *pl; (könyv tartalma, amiről szól)* content; *(tartalomjegyzék)* contents *pl;* **a doboz tartalma** the contents of the box; **a beszéd/cikk tartalma** the content of the speech/article; **mondanivalójának eszmei tartalma** the purport of his message **2.** *összet* ... content; **ólom~** lead content; **nagy a víztartalma** have* a high water content
tartalomjegyzék *n* contents *pl,* table of contents
tartály *n* container; *(folyadéknak)* tank, reservoir, cistern
tartályhajó *n* tanker
tartálykocsi *n* tank wagon, *US* tank car; *(gépkocsi)* tanker
tartam *n* duration, period, term; **az előadás ~a alatt** during the performance
tartármártás *n* tartar sauce
tartás *n* **1.** *(folyamat)* holding, keeping, support **2.** *(testi)* posture, carriage, deportment; **rossz a ~a** carry oneself badly; **jó a ~a** carry oneself nicely, have a good deportment/posture **3.** *(jellembeli)* firmness of mind, strength of character, *biz* backbone; **van ~a** *kif* (s)he has guts, (s)he has moral fibre (*US* -er), (s)he has the backbone [to do it] **4.** *(anyagé)* strength, toughness; **nincs ~a** *tex* be* flimsy **5.** *jog (eltartás)* maintenance, support; **~ra jogosult** entitled to

maintenance; ~ra **kötelezett** [person] obliged to pay maintenance/support
tartásdíj n **1.** jog (elvált feleségnek) maintenance; (régebben) alimony **2.** (egyéb, pl. gondozotté) keep, maintenance
tartási a ~ **kötelezettség** obligation to pay maintenance/alimony
tarthatatlan a untenable, insupportable; ~ **helyzet** intolerable situation
tartó I. a **1.** (súlyt) holding, keeping **2.** (időben) lasting, enduring; **10 napig** ~ 10-day, lasting ten days ut.; **rövid ideig** ~ short-lived, passing, fleeting, transient **II.** n **1.** (súlyt) support, prop, stay **2.** (gerenda) beam **3.** (tok) case, holder
tartogat v keep*/hold* in reserve/store, reserve; **meglepetést** ~ have* a surprise in store; ~ **még vmt a tarsolyában** have* a card up one's sleeve
tartógerenda n (main) beam, girder
tartókötél n cable, rope
tartomány n **1.** (országé) land, territory **2.** (vidék) province **3.** mat a **függvény értelmezési** ~a domain of a/the function
tartóoszlop, tartópillér n supporting-pillar/column
tartórúd n rest/bearer bar
tartós a **1.** ált lasting; (hosszú ideig tartó) long-lasting, permanent; (betegség) chronic; ~ **barátság** lasting friendship; ~ **béke** lasting peace; ~ **eső** steady rain; ~ **hullám** permanent wave, biz perm; ~ **szín** fast colour (US -or) **2.** (árucikk) durable; (élelmiszer) long-life (főnévvel: long-life); ~ **elem** long-life battery; ~ **fogyasztási cikkek** durable goods, consumer durables; ~ **kenyér** long-life bread; ~ **tej** long-life milk
tartósít v (élelmiszert) preserve; process
tartósítás n (élelmiszeré) (food) preservation, preserving food; food processing
tartósítóipar n food processing industry
tartósítószer n preservative
tartósított a ~ **élelmiszerek** (főleg konzerv stb.) preserved food(s); (csak konzerv) tinned (US canned) goods; ált processed foods
tartósság n lastingness, durability, durableness, permanence
tartószerkezet n épít truss, supporting structure
tartozás n (pénzösszeggel) debt
tartozékok n pl accessories, appurtenances ⇨ **szerelékek**
tartoz|ik v **1.** vknek vmvel owe sy sg; **hálával** ~**ik** vknek owe a debt of gratitude to

sy, be* indebted to sy; **mivel** ~**om?** vknek what (v. how much) do I owe you?; (üzletben) how much is it?; (szolgáltatásért, tréf biz) what's the damage?; **nem** ~**unk egymásnak** biz we are quits **2.** ker ~**ik és követel** debit and credit; **T**~ **egyenleg** balance due; **T**~ **oldal/rovat** debit side; **20 000 Ft van a T**~ **oldalon/rovatban és 15 000 a Követel oldalon/rovatban** an account that shows 20,000 fts on the debit side and 15,000 fts on the credit side **3.** (vmt tenni) be* obliged to [do sg], (kötelessége) ought to do sg **4.** vkhez/vmhez belong to sy/sg; csak vmhez (ap)pertain to sg; **a legnagyobbak közé** ~**ik** rank (v. be* counted) among the greatest, biz one of the all-time greats; **ez nem** ~**ik a tárgyhoz** that/it is beside the point, it is irrelevant **5.** vmbe fall* under/within, be* classed among; **a 3. rovatba** ~**ik** it comes under the third heading; **ez más lapra** ~**ik** that is quite another matter/story **6.** vkre concern sy, be* the business of sy; **ez nem** ~**ik rám** it's no business of mine, biz it's not my pigeon; **ez rám** ~**ik** this is my department, biz that's my pigeon; **ez a bizottságra** ~**ik** that/it is a matter for the committee
tartózkodás n **1.** (vhol ideiglenesen) stay; (tartósan) residence; **30 napi** ~**ra érvényes** is* valid for 30 days' stay; ~ **ideje** duration of stay **2.** (testi dologtól) abstinence **3.** (magatartás) reserve **4.** (szavazástól) abstention; **és 4** ~ (and) there are/were four abstentions
tartózkodási a ~ **engedély** residence permit; ~ **hely** (place of) residence; **állandó** ~ **hely** permanent (place of) residence, domicile; ~ **helye ismeretlen** whereabouts/address unknown
tartózkod|ik v **1.** (vhol ideiglenesen) stay; (hosszabb időre) reside, dwell* **2.** (alkoholtól) abstain from, biz kif be* on the wagon; (dohányzástól, egyéb élvezetektől) refrain from; (bizonyos ételektől) keep*/stay off, biz cut* out [fattening foods etc.]; **szavazástól** ~**ik** abstain (from voting); **többen** ~**tak** there were several abstentions; **4-en** ~**tak** there were 4 abstentions; (and) 4 people abstained; **sokan** ~**tak** there was a high abstention rate (on the vote); ~**junk a megjegyzésektől** no comments, please!
tartózkodó a **1.** vhol staying (swhere) ut. **2.** (testi dologtól) abstinent **3.** (magatartás) reserved, guarded; (semleges) noncommittal [attitude]; ~**an viselkedik** keep* one's distance, show* reserve

tartóztat v. **1.** *(marasztal)* detain, keep*; **nem** ~**om tovább** I won't keep you any longer **2.** *(akadályoz)* hinder, delay, hold* up

tárul v open, disclose/unfold itself; **gyönyörű látvány** ~**t a szeme elé** a wonderful scene unfolded before him/her

tárva-nyitva *adv* wide-open

tasak n bag; *(nejlon)* plastic/carrier bag

táska n *ált* bag; *(női)* (hand)bag, *US* purse; *(akta~)* briefcase; *(iskola~)* (school) satchel, schoolbag; *(úti~)* bag, suitcase

táska- *pref (hordozható)* portable

táskaírógép n portable typewriter

táskarádió n transistor (radio)

táskás a *(szem)* baggy

taszigál v jostle, shove/push sy about

taszít v **1.** *(lök)* push, thrust*, give* sg a shove **2.** *fiz* repulse; *átv vkt* repel

taszítás n **1.** *(lökés)* push(ing), thrust(ing), shove **2.** *fiz* repulsion

taszító a *(visszataszító)* repulsive; *(magatartás)* repellent

-tat, -tet *suff* make* sy do sg; **megjavíttat vmt** have*/get* sg repaired/fixed

tat n *hajó* stern

tát v open wide; ~**va maradt a szája** (s)he stood there gaping ⇨ **száj**

tata n **1.** *biz* = **papa 2.** □ gaffer, *US* pop

tatár n Tartar

tatárbifsztek n steak tartare, tartar steak

tataroz v *(házat)* renovate

tatarozás n *(házé)* renovation

tátogat v gasp (for breath), be* gaping

tátong v gape, yawn; **a nézőtér** ~**ott az ürességtől** the house was almost empty; ~**ó szakadék** yawning gulf/chasm

tátott a wide open, gaping; *biz* ~ **szájjal** open-mouthed, gaping; ~ **szájjal állt az épület előtt** (s)he stood open-mouthed before the building

táv n *(távolság)* distance, space; *sp* distance; **a 800 m-es** ~**on indul** enter for the 800 metres ⇨ **hosszú**

tavaly *adv* last year; ~ **nyáron** last summer

tavalyelőtt *adv* the year before last, two years ago

tavalyi a last year's, of last year *ut.*

tavasz n spring; **tavasszal** in (the) spring

tavaszi a spring(-); ~ **eső** spring rain; ~ **szünet** → **szünet**

tavaszias a *ir* springlike, vernal; ~ **idő** spring(like) weather

tavaszod|ik v spring is* coming

távbeszélő n telephone → **telefon(-)**

távbeszélő-állomás n telephone-station

távbeszélődíjak, -díjtételek n *pl* telephone (costs and) charges

távbeszélőfülke n = **telefonfülke**

távbeszélő-hálózat n = **telefonhálózat**

távbeszélő-készülék n = **telefonkészülék**

távbeszélőközpont n = **telefonközpont**

távbeszélőnévsor n = **telefonkönyv**

távbeszélőszámla n telephone bill

távcső n *(kétcsövű)* binoculars *pl*; *(egycsövű)* telescope

távfutás n long-distance running

távfutó n long-distance runner

távfűtés n district-heating

távgyaloglás n long-distance walking

távgyalogló n long-distance walker

távházasság n marriage by proxy

távhívás n *(belföldi)* dialled (direct) call (*US* -l-); *GB* subscriber trunk dialling (STD); *US* direct distance dialing; *(nemzetközi)* *GB* international subscriber dialling (ISD); ~**sal hív vkt** *(külföldit)* dial straight through; make* an ISD call, [want to] dial direct (from ... to ...); *(belföldit)* make* an STD call

távirányítás n remote control; ~**ú** *(repgép stb.)* unmanned, remotely controlled, pilotless

távirányító n *(tévéhez stb.)* remote control (handset/panel)

távírász n telegraphist; *US* telegrapher

távirat n telegram, *biz* főleg *US:* wire; ⟨*GB-ben a* 'telegram' *helyett* 'Telemessage' *küldhető, melyet másnap reggel kézbesítenek*⟩; **tengeren túli** ~ overseas telegram, cable-(gram); ~**ot felad/küld** send* (sy) a telegram

táviratcím n telegraphic/(*US* cable) address

távirati a ~ **iroda** news agency; **Magyar T~ Iroda** the Hungarian News Agency, MTI; ~ **stílusban beszél** talk in telegraphese; ~ **űrlap** telegraph form/blank; ~ **válasz** reply by telegram, cable(d) reply; ~ **úton,** ~**lag** by telegraph/telegram, telegraphically; *biz* by wire

táviratoz v vknek send* a telegram to sy; *főleg US, biz* wire sy; *(tengeren túlra)* cable sy, send* a cable(gram) to sy

táviratváltás n exchange of telegrams/ cables

távírda n telegraph office

távíró n *(készülék)* telegraph(ic apparatus)

távíróhivatal n telegraph office

távíróoszlop n telegraph pole/post

távíró-összeköttetés n telegraphic link/ connection/communication

távírószalag *n* (telegraphic) tape
távírószolgálat *n* telegraph/telegraphic service
távíróvezeték *n* telegraph line
tavirózsa *n* water-lily
távkapcsoló *n* = **távszabályozó**
távköz *n* space, distance, gap
távközlés *n* telecommunications *pl* ⇨ **híradástechnika**
távközlési *a* telecommunications; ~ **műhold** telecommunications satellite
távlat *n* **1.** *(perspektíva)* perspective **2.** *(kilátás)* prospect, outlook, view **3.** *(időbeli távolság)* distance; **ennyi idő** ~**ából** in retrospect
távlati *a* ~ **terv** long-term/range plan
távmérő *n* *fényk* range-finder
távoktatás *n* GB *kb.* Open University
távol I. *adv* far (away); ~ **áll** → ~ **van**; ~ **eső/fekvő** far-off, far-away, remote, distant; ...**tól/től** ~ **levő/lévő** far away from ... → **távollevő**; **várostól** ~ **eső** outlying, up-country, remote; ~ **esik/van vmtől** be* far away from sg; ~ **esik érdeklődési körétől** be* far removed (*v.* very remote) from his sphere/field of interest; ~ **marad** stay/keep* away; ~ **tart vkt vmtől** *(óvja)* shield/protect/keep* sy from sg; *(magától)* keep* sy at a distance; ~ **tartja magát vmtől/vktől** keep* away from sg/sy, avoid sy/sg; ~ **van/áll tőlem** it is alien/foreign to my nature, I have not the slightest intention of ...ing; ~ **legyen tőlem** far be it from me; **egy hétig volt** ~ he was away (for) a week; **nem lesz sokáig** ~ he won't be (away) long **II.** *n* distance, remoteness; **a** ~**ban** far away, in the distance, at a distance; ~**ból** from a/the distance; ~**ról** from afar, from a distance; ~**ról sem** not in the least, far from it, not at all, by no means; ~**ról sem felel meg az igazságnak** it is far from being true, it is far removed from the truth
távolabb *adv* *(térben)* farther (off/away); *átv* further
távolabbi *adv* *(térben és átv)* more remote/distant; *(időben)* longer-term; **leg**~ farthest, furthest, remotest
távoli *a* far-away, distant, remote; **a** ~ **jövőben** in the distant future; ~ **ország** remote country/land; ~ **rokon** distant relation/relative
Távol-Kelet *n* the Far East
távol-keleti *a/n* Far Eastern, of the Far East *ut.*
távollátás *n* long-sightedness

távollátó *a* long-sighted
távollét *n* absence, non-attendance; *jog* non-appearance; **vk** ~**ében** in the absence of sy, while sy is away ⇨ **tüntet**
távollevő I. *a* absent, away **II.** *n* absent, absentee
távolmaradás *n* absence, failure to appear, non-appearance
távolod|ik *v* **1.** *vmtől* move/draw* away; *(hajó)* stand* away, clear off **2.** *(érzelmileg)* become* distant/estranged
távolság *n* **1.** *(térben)* distance; *(útdarab)* stretch; **5 km-es** ~**ból** from a distance of 5 km; **nagy** ~**ra van** it is a good distance away; **a két ház 400 m** ~**ra van egymástól** the two houses are 400 metres apart **2.** *(időben)* interval, space of time **3.** *(emberek közötti)* distance; **tartja a (3 lépés)** ~**ot** keep* one's distance (from)
távolsági *a* long-distance; ~ **beszélgetés** national/inland call *(korábban GB:* trunk call); *US* long-distance call; **közvetlen nemzetközi** ~ **beszélgetést folytat** make* an ISD call [= international subscriber dialling] → **távhívás**; ~ **(autó)busz** coach; ~ **buszpályaudvar** coach terminal/station; ~ **forgalom** long-haul traffic
távolságmérő *n* = **távmérő**
távolugrás *n* long jump
távolugró *n* long-jumper
távozás *n* **1.** *ált* departure, leaving; ~**kor** when leaving **2.** *(állásból)* retirement
távoz|ik *v* **1.** *ált* leave*, depart; *(szállodából)* leave*, check out; **búcsú nélkül** *(v.* angolosan)* ~**ik** take* French leave, slip away; ~**ik az élők sorából** make* one's exit **2.** *(állásból)* retire (from), leave* office; **a** ~**ó miniszter** the outgoing/retiring minister
távprognózis *n* long-range weather forecast
távrepülés *n* long-distance flying/flight
távszabályozó *n* *(tévéhez)* remote control (handset/panel)
távtárcsázás *n* = **távhívás**
távúszás *n* long-distance swimming
távúszó *n* long-distance swimmer
távvezérlés *n* remote control
távvezeték *n* **1.** *el* high-tension line, power line; ~ **oszlopa** pylon **2.** *(olajé)* pipeline
taxaméter *n* taximeter
taxi *n* taxi, cab; ~**ba ül** take* a taxi/cab; **int egy** ~**nak** hail a taxi/cab; ~**t hív** *(telefonon)* ring* for *(v.* call) a taxi; ~**n/**~**val megy (vhová)** take* a taxi/cab (to), go* by taxi/cab (to)

taxiállomás *n* taxi rank, *US* taxi stand, cab-stand

taxis *n* taxi/cab driver, *biz GB* cabbie

taxisofőr *n* = **taxis**

TB = **társadalombiztosítás**

tbc = *tuberkulózis* tuberculosis, t.b., TB

tc. = *törvénycikk* article (of an Act), art.

T.C. = *Tisztelt Cím* Dear Sir or Madam

te *pron* **1.** you; *(régen és vall)* thou; ~ **magad** you yourself; ~, **van egy ötletem** listen/hey I've got an idea **2.** *(birtokos)* your; *(régen és vall)* thy, *(magánhangzó,* ill. 'h' *előtt:)* thine; **a** ~ **házad** your house

tea *n* **1.** *(növ és ital)* tea; **filteres** ~ tea bags *pl*; **iszik egy csésze** ~**t** have*/take* a cup of tea **2.** *(teázás)* tea; **délutáni** ~ *(húsétel nélkül)* afternoon tea ⇨ **üres**

teadélután *n* tea(-party)

teafőző *n* tea-kettle

teaház *n* tea-house

teakonyha *n* kitchenette

tearózsa *n* tea-rose

teáscsésze *n* teacup

teásdoboz *n* (tea-)caddy

teáskanna *n* **1.** *(amiben beadják)* teapot **2.** *(amiben a vizet forralják)* tea-kettle

teasütemény *n* teacake(s), biscuit(s), *US* cookies *pl*

teaszűrő *n* tea-strainer

teatojás *n ker* new-laid egg

teátrális *a* theatrical; *elít* histrionic(al), stagy

teaültetvény *n* tea plantation

teavaj *n* best/fresh butter

teáz|ik *v* have*/drink*/take* tea *(v. a cup of tea)*

teázó *n (helyiség)* tea-room, tea-shop

tébécé *n* = **tbc**

téboly *n* **1.** *ir* = **elmebaj 2.** *biz* **kész** ~ absolute nightmare, sheer madness

tébolyda *n* † lunatic asylum, madhouse

tébolyító *a* maddening, distracting

tébolyodott *a* † mad, insane, lunatic

technika *n* **1.** *(tudomány)* technology; *(szűkebb értelemben)* engineering; **a** ~ **kora** the age of technology, the technological age **2.** *(művészé, sportolóé stb.)* technique; *zene (ujjtechnika)* finger action; *sp (labda* ~*)* technique with the ball

technikai *a* **1.** *(technológiai)* technological; ~ **haladás/fejlődés** advances in technology *pl*, technological advance/progress **2.** *(mesterségbeli tudással kapcs.)* technical; *zene* ~ **követelmények** technical demands; ~ **okokból** for technical reasons; ~ **tudás** *(zenei stb.)* technique; *(gyakorlati, ipari stb.)* technical skills *pl*, *biz* know-how

technikum *n* technical school

technikus *n* technician

technológia *n* technology; **magasan fejlett** ~ high technology

technológiai *a* technological; ~ **eljárás** technology, method technique (of); ~ **fejlődés** technological advance/progress, advances in technology *pl*

technológus *n* technologist

teendő *n* task, work (to do), duty, business; ~**k (jegyzéke)** agenda; **mi (most) a** ~**?** what now?, what is* to be done?; **holnap az első** ~ (the) first thing in the morning; **a napi** ~ the daily round *(v.* chores *pl)*; **a** ~**ket ellátja** discharge the/one's duties

téesz *n* = *mezőgazdasági* **termelőszövetkezet**

teflon(edény), teflon serpenyő *n* non-stick frying pan

téged *pron* you; *(régen és vall)* thee

tégely *n* **1.** *(olvasztáshoz)* crucible, melting pot **2.** *(patikai)* jar

tegez[1] *vt* be* on first-name basis/terms with sy, tutoyer sy

tegez[2] *n* tört quiver

tegező *a* ~ **viszony** first-name informality; ~ **viszonyban van vkvel** = **tegez**[1]

tegeződ|ik *v* → **tegez**[1]

tégla *n* **1.** *épít* brick; ~**t éget** bake/burn* bricks **2.** *átv biz (beépített ember)* mole, plant

téglaburkolat *n (járda)* brick-pavement; *(padló)* brick-floor

téglaépület *n* brick house/building

téglafal *n* brick wall, brickwork

téglagyár *n* brickworks, brickyard

téglalap *n* rectangle

téglapadló *n* brick-floor

téglarakás *n* heap/pile of bricks

téglaszínű *a* brick-red

téglavörös *a* brick-red

tegnap *adv* yesterday; ~ **éjjel** last night; ~ **reggel** yesterday morning; **azt mondta,** ~ **történt** he said it (had) happened the day before

tegnapelőtt *adv* the day before yesterday

tegnapi *a* yesterday's, of yesterday *ut.*

tehát *conj* **1.** *(következésképpen)* so, thus, consequently; **így** ~ thus, ... **2.** *(ezért, ennél fogva)* for this reason, therefore, accordingly **3.** *(úgyhogy)* so; ~ **nem jössz** so you're not coming **4.** *(kérdésként)* well?; **Döntsd el, hogy jössz-e. T** ~**?** Make up your mind whether you're coming or not. Well?

tehén *n* cow
tehénbőr *n* cowhide, cowskin
tehenész *n* dairyman°
tehenészet *n* dairy farm
tehenészlány *n* dairymaid
tehénistálló *n* cow shed, *GB* byre
tehénpásztor *n* herdsman°, *US* cowboy
tehéntartás *n* keeping (of) cows, dairy farming
tehéntej *n* cow's milk
tehéntúró *n* = túró
teher *n* **1.** *ált* burden, load, weight; *(rakomány)* cargo, freight; **hasznos** ~ payload **2.** *(anyagi)* burden, encumbrance; **a házon sok a** ~ the house is heavily mortgaged; **terhére ír vknek egy összeget** debit sy *(v.* sy's account) with [a sum]; **számlám terhére** on *(v.* to the debit of) my account **3.** *jog* **büntetés terhe mellett** on/under pain of punishment; **halálbüntetés terhe alatt** on/under pain of death **4.** *(terhesség)* ~**be ejt vkt** get*/make* sy pregnant; *(házasságon kívül)* ge**t*** sy in(to) trouble; ~**be esik** *ált* get*/become* pregnant; ~**ben van** be* pregnant **5.** *átv* burden; **terhére van vknek** be* a nuisance/burden/bother to sy; **nem akarok a terhedre lenni** I don't want/wish to impose on *(v.* be a burden to) you; **leveszi vkről a terhet** (1) *konkr* relieve sy of [a burden, heavy parcel etc.] (2) *átv* take* (some of) the load off sy, relieve sy; **terhet rak vkre** put* a load on sy, put* sg on sy's shoulders; **terhet ró vkre** burden sy (with sg), put*/impose a burden on sy; **terhéül rója fel vknek** lay*/put* blame (for sg) on sy
teheráru *n* goods *pl*, *US* freight
teherautó *n* lorry, *US* truck; *(zárt, árukihordó)* van
teherautó-forgalom *n* (heavy) lorry traffic
teherautó-vezető *n* lorry driver, *US* truck driver, trucker
teherbírás *n* **1.** load/weight-bearing capacity; *(megengedhető terhelés)* maximum load; *(hajóé)* tonnage; **nagy** ~**ú** heavy-duty **2.** *(emberé átv)* stamina, endurance
teherbíró *a vm* heavy-duty; *vk* with great stamina *ut*.
teherelosztás *n* load distribution
teherfelvonó *n* goods lift, *US* goods/freight elevator
teherforgalom *n* goods/freight traffic
teherfuvar(ozás) *n* carriage/transport *(v. US* transportation) of goods/freight (by air/sea/rail/road)
tehergépkocsi *n* = teherautó

teherhajó *n* cargo boat/vessel, freighter
teherhordó *n* porter, carrier
teherkocsi *n vasút (nyitott)* open goods wag(g)on, *US* open freight car; *(pőre)* flat wag(g)on, *US* flatcar; *(zárt)* covered goods van/wag(g)on, *US* boxcar
teherlift *n* = teherfelvonó
tehermentes *a (ingatlan)* unencumbered
tehermentesít *v* **1.** *(ingatlant)* disencumber, free [a property] from a mortgage **2.** *(kötelezettség alól)* discharge [sy from a duty/responsibility]; *(feszültségtől)* relieve the strain/load on (sy) **3.** *(súlytól)* relieve (sy of sg)
teherpályaudvar *n* goods station, *US* freight depot
teherpróba *n* **1.** = terhelési *próba* **2.** = megpróbáltatás
teherszállítás *n* transport (*US* transportation) of goods
teherszállítmány *n* freight
teherszállító *a* ~ **hajó** = teherhajó; ~ **munkás** carrier, loader; ~ **repülőgép** cargo/freight plane, (air) freighter
tehertétel *n átv* burden; ~**t jelent számomra** it is* a burden to/for me
tehervagon *n* = teherkocsi
teherviselés *n (adóké)* bearing the burden of taxation
tehervonat *n* goods train, *US* freight train; *(konténeres, gyors)* freightliner, liner (train)
tehet *v* → tesz
tehetetlen *a* **1.** *(személy)* helpless, impotent, powerless; ~ **düh** impotent rage; ~ **ember** impotent/powerless/helpless person; **magával** ~ = magatehetetlen **2.** *fiz* inert
tehetetlenség *n* **1.** *(emberi)* helplessness, impotence, powerlessness **2.** *fiz* inertia
tehetetlenségi *a* ~ **erő** *fiz* force of inertia; ~ **nyomaték** moment of inertia
tehető *a (becsülhető; igével)* (can) be estimated/put at; **jövedelme havi 12 000 Ft-ra** ~ his income can be put at 12,000 fts a month
tehetős *a* well-to-do
tehetség *n* **1.** *(tulajdonság)* talent, gift, ability; **írói** ~ talent for writing; ~**e van vmhez** have* talent/gift for [music etc.] **2.** *(személy)* talented person, highly gifted person; **ő (kifejezett) nyelv** ~ (s)he has a talent/gift for languages; **zenei** ~ (s)he has a talent for music, (s)he is a talented musician, (s)he is very musical **3.** *(anyagi)* means *pl*; **ki-ki** ~**e szerint** each according to his means

tehetséges *a* talented, with a lot of talent *ut*.; *(igével)* have* a talent for [music etc.]; **nagyon** ~ very/highly gifted/talented, brilliant; **nyelvekben/zenében nagyon** ~ (s)he has a talent/gift for languages/music etc.

tehetségkutatás *n* talent scouting, search for talented artists (etc.); *(GB tévében)* a television talent show; ~**sal foglalkozó személy** talent-scout

tehetségkutató *a* ~ **vizsgálatot végző személy** talent-scout

tehetségtelen *a* untalented, ungifted

tej *n* milk; ~**be(n)-vajba(n) fürdik** live in the lap of luxury, be*/live in clover, *US így is:* live high off the hog

tejbedara, tejbegríz *n* semolina pudding

tejberizs *n* milk/rice pudding

tejbolt *n* dairy

tejbüfé *n* milk bar

tejcsokoládé *n* milk chocolate

tejel *v* **1.** *(tehén)* give*/yield milk **2.** □ *(fizet)* stump up

tejelő *a* jó ~ **tehén** a good milker

tejes I. *a* milk-, milky II. *n* milkman°

tejeskanna *n* *(nagy)* milk-churn; *(kisebb)* milk-can

tejeskávé *n* white coffee

tejesköcsög *n* milk-jug

tejesüveg *n* milk bottle

tejfehér *a* milk-white

tejfog *n* milk-tooth°

tejföl, tejfel *n* sour cream; **nem fenékig** ~ (it is*) not all beer and skittles, not a bed of roses

tejfölösszájú *a* greenhorn, *kif* wet behind the ears

tejgazdaság *n* dairy (farm)

tejhozam *n* milk yield

tejipar *n* dairy industry

tejivó *n* milk bar, dairy

tejjel-mézzel folyó ország *n* land of (*v.* flowing with) milk and honey

tejkaramella *n* caramel

tejkonzerv *n* *(sűrített)* condensed milk

tejkrém *n* hand cream, skin food

tejkúra *n* milk diet

tejleves *n* milk soup

tejmirigy *n* mammary gland

tejpor *n* milk powder, powdered/dried milk

tejsav *n* lactic acid

tejsodó *n* *kb.* milk cream/whip

tejszín *n* cream

tejszínhab *n* whipped cream

tejtermék(ek) *n* dairy produce, dairy products *pl*

tejtestvér *n* foster-brother/sister

tejút *n* Milky Way, the Galaxy

tejüveg *n* milk/opaque/frosted glass

tejüzem *n* dairy, creamery

tejzsír *n* butterfat

teke *n* **1.** = **tekejáték 2.** *(golyó)* ball, bowl

tekebáb *n* pin

tekejáték *n* *(teremjáték 10 fával)* (tenpin) bowling, *US* tenpins, bowls; *(9 fával)* skittles, ninepins *(mind: sing.)*

tekejátékos *n* bowler, player

tekepálya *n* bowling alley

teker *v* **1.** vm **köré** (*v.* **vmre**) ~ **vmt** coil/wind* sg (a)round sg, roll/wind* sg on(to) sg; **orsóra** ~ **vmt** wind* sg on(to) a reel (*US* spool), spool up sg **2.** *biz (kerékpározik)* pedal (*US* -l) away

tekercs *n* **1.** *(film, magnószalag stb. orsója)* reel, *US* spool; *(a feltekercselt film, magnószalag stb.)* reel; *(film, kelme)* roll; **egy** ~ **film** a roll of film **2.** *el* coil **3.** **diós** ~ walnut roll; **mákos** ~ poppy-seed roll

tekercsel *v* wind*, reel (in/up), roll (up), roll/wind* sg (on)to a reel (*US* spool)

tekercsfilm *n* roll film

tekercsrugó *n* coil spring

tekered|ik *v* wind*; *(kígyó)* coil up

tekereg *v* **1.** *(kígyózik)* wind*, twist; *(féreg)* wriggle **2.** *elit (csavarog)* loiter

tekervény *n* *(agyé)* convolution

tekervényes *a* **1.** *(út)* winding, twisting, serpentine **2.** *(bonyolult)* complicated, intricate

teketória *n biz* ~ **nélkül** without much ado, without ceremony, unceremoniously

teketóriáz|ik *v* fuss, make* a fuss (about/over sg); **nem** ~**ik** make* short work of sg; **nem sokat** ~**ott** (s)he wasted no time in sg, (s)he made no bones about it; **ne** ~**z sokat!** don't beat about the bush!

tekéz|ik *v* *(10 fával)* play tenpin bowling (*v.* tenpins), bowl; *(9 fával)* play (a game of) skittles/ninepins

tekéző *n* = **tekejátékos**

tekint *v* **1.** vkre/vmre look at (sy/sg); *(pillant)* glance at (sy/sg), take* a glance at (sg); **órájára** ~ glance at one's watch; **vm felé** ~ look towards sg **2.** *(vmnek tart)* consider (sg), regard as (sg), look on (sg as); **a legszigorúbb tanárnak** ~**ik** (s)he is regarded as the strictest teacher (in the school); **kötelességemnek** ~**em** I consider it my duty (to . . .); ~**sd tárgytalannak** please disregard/ignore/forget it; ~**sd megtörténtnek** consider it done **3.** *(számításba vesz)* take* (sg) into account/consideration, consider (sg) ⇨ **tekintve**

tekintély n 1. *vké* prest*ige;* authority; *(befolyás)* influence; **nagy a ~e** have* great influence, be* highly respected; **~ ét menti/megőrzi** save face 2. *(személy)* authority; **~ekre hivatkozik** refer to (*v.* quote one's) authorities, give* chapter and verse
tekintélyes a 1. *(személy)* influential, (highly-)respected, of high/considerable standing *ut.* 2. *(mennyiség)* considerable, siz(e)able; **~ összeg/summa** a sizeable sum (of money) 3. *(állás)* prestigious
tekintélyi a *(elvi)* authoritarian; **~ elv** authoritarian principle, authoritarianism
tekintélyromboló a iconoclastic
tekintélytisztelet n respect for authority
tekintet n 1. *(pillantás)* look, glance; **első ~re** at first sight/glance/blush 2. *(figyelembevétel)* regard, respect, consideration; **vmre való ~ nélkül** without respect to sg, regardless of sg; **~ nélkül arra, hogy szükséges-e** irrespective of whether it is necessary (or not); **~be vesz vmt** take* sg into consideration/account, consider sg; *(körülményeket)* make* allowances for sg; **nem vesz ~be** = *nem vesz* **figyelembe**; **~be véve** in view of, allowing for; **~tel ...ra/...re** with regard/respect to ..., bearing ... in mind; **~tel arra, hogy** considering that; **~tel van vmre** pay* (due) regard to sg; **~tel van vkre** have* respect for sy, be* considerate towards [others]; **nincs ~tel vmre** pay* no regard to sg, leave* sg out of consideration; **nincs ~tel másokra** (*v.* **mások érzelmeire**) have* no consideration for others, have* very little regard for the feelings of others 3. *(vonatkozás)* relation, respect, point of view; **ebben a ~ben** in this respect/ regard; **minden ~ben** in every respect, in all respects; **némely ~ben** in some/certain respects; **ipari ~ben** in industrial terms; **stílus ~ében** in respect of style
tekintetbevétel n = **figyelembevétel**
tekintve adv 1. *vkt, vmt* considering, regarding, as regards, as for, with regard to, in view of; **korát ~** considering (*v.* in view of) his/her age; **vmt nem ~** apart from [the fact that] 2. **~, hogy** since, considering that; *jog* whereas
teknő n 1. *(edény)* trough 2. *(völgy)* hollow 3. = **teknőc**
teknőc n *(teknős páncélja)* tortoiseshell
teknős(béka) n *(szárazföldi, édesvízi)* tortoise; *(tengeri)* turtle
tékozlás n squandering, wasting

tékozló I. a lavish, wasteful; **~ fiú** prodigal son II. n squanderer, waster, prodigal
tékozol v squander, waste
tel. = *telefon* telephone (*röv* tel.)
tél n winter; **~en** in winter; **e ~en** this winter; **múlt ~en** last winter
Télapó n Father Christmas, Santa Claus
tele adv full, filled; **~ van vmvel** be* full of sg, be* filled with sg; **dugig ~ (van) vmvel** packed/crammed with sg; **~ vagyok!** I am full/bursting; **~ van munkával** be* snowed under with work, be* up to one's eyes in work; **~ kérem** *(tankolásnál)* fill her up, please; **~ torokból üvölt** shout at the top of one's voice
telebeszél v **~i a fejét vknek** fill/stuff sy's head with sg, talk sy into sg
teleeszi magát v eat* one's fill, *biz* stuff oneself
telefax n facsimile number, fax (number)
telefaxoz|ik v fax
telefirkál v scribble all over, doode
telefon n 1. telephone, *biz* phone; **van önnek ~ja?** are you on the (tele)phone?; **szól a ~** the (tele)phone is ringing; **~hoz kér vkt** ask sy to the phone; **önt kérik a ~hoz** you are wanted on the phone; **ki van a ~nál?** who is speaking?, who is it/that?; **~on** *(közöl vmt)* (tell* sy sg) over the (tele)phone; **~on megbeszél vmt vkvel** discuss sg over the phone; **~on beszél vkvel** *(éppen)* be* on the phone (just now); **~on felhív vkt** telephone sy, call sy, ring* sy (up), give* sy a ring/call, phone sy (up), *US* call sy up 2. = **telefonkagyló**; **felveszi a ~t** answer the phone, lift the receiver
telefonál v telephone, *biz* phone; *(éppen)* be* on the phone (just now); **~ vknek** telephone sy, *biz* phone sy (up), call sy, ring* sy (up), give* sy a ring/call, *US* call sy up; **innen nem lehet közvetlenül ~ni Londonba** you can't telephone London direct from here ⇨ **tárcsáz**
telefonállomás n pay phone, public telephone
telefonbeszélgetés n (telephone) call
telefondíj n = **távbeszélődíj**
telefonébresztés n alarm (*v.* early-morning) call (service)
telefon-előfizető n (telephone) subscriber
telefonérme n (telephone) token, counter
telefonfülke n phone-booth/box, call-box
telefonhálózat n telephone network
telefonhívás n call ⇨ **távhívás**
telefonkábel n telephone cable

telefonkagyló *n* receiver; **felveszi a** ~t lift the receiver, answer the phone; **leteszi a** ~t replace the receiver; *(udvariatlanul v. dühében, mielőtt a másik befejezi)* hang* up (on sy)

telefonkészülék *n* (tele)phone, handset

telefonkezelő *n (a központban)* operator; *(irodában)* telephonist

telefonkönyv *n* (telephone) directory, phone book; *(közületi)* yellow pages *pl*

telefonközpont *n* telephone exchange; *(intézményé, pl. egyetemé)* switchboard

telefonos I. *a* ~ **játék/műsor** *(tévében, rádióban)* a phone-in *(US* call-in) *(pro-gramme); (tévében pl.)* a phone-in show **II.** *n* = **telefonkezelő**

telefon-összeköttetés *n* telephone con-nection; ~t **kap** be* put through

telefonszám *n* (tele)phone number, (sy's) number; **munkahely** ~a work telephone number

telefonszámla *n* (tele)phone bill

telefonvonal *n* telephone line

telehold *n* full moon

telehord *v* fill up

teleír *v* cover *(v.* fill up) sg with writing

telek *n (hétvégi)* plot; *(veteményes)* patch; *GB (művelésre, bérleti)* allotment; *(házhely)* building plot/site, *US* így is: lot

telekkönyv *n* land register

telekkönyvez *v* enter in the land register

telekkönyvi *a* ~ **hivatal** land registry, land registration office, *GB* Office of Land Registry, *US* land office; ~ **kivonat** land certificate; ~ **lap** register

telel *v* **1.** *vk* spend* the winter, winter **2.** *áll* hibernate **3.** *növ* winter

teleobjektív *n* telephoto lens, *biz* tele

teleönt *v* fill (up) *(vmvel* with)

telep *n* **1.** *(település)* settlement, colony **2.** *(ipari stb.)* works *sing. v. pl,* establish-ment, (business) premises *pl; (erőműé stb.)* plant **3.** *el* battery

telepátia *n* telepathy

teleped|ik *v* **1.** *vk vhová* settle (down), es-tablish oneself **2.** *(madár)* perch on

telepes I. *a* ~ **rádió** battery radio **II.** *n* settler

telephely *n ker* premises *pl; (járműveké)* works garage

telepít *v* **1.** *(településeket)* settle **2.** *(gyümöl-csöt, szőlőt)* plant **3.** *(repülőjegyet vhová)* route [an airline ticket] (to); ~ett **jegy** prepaid ticket (advice) **4.** *(rakétát)* deploy [missiles in . . .]

telepítés *n* **1.** *(telepeseké)* settling, settle-ment **2.** *(szőlőé)* planting **3.** *(rakétáké)* de-ployment [of missiles]

település *n* settlement

telér *n* vein, seam

telerak *v* = **megrak**

teleszkóp *n* telescope

teleszór *v* litter, scatter (all over), bestrew*

teletölt *v* = **teleönt;** ~**hetem?** *(tanko-lásnál)* can/shall I fill up the tank? → **tele**

teletöm *v* **1.** *vmvel* fill sg chock-full, cram/ stuff sg with sg **2.** *(fejet)* stuff/cram [sy's head]

teletűzdelt *a* **idézetekkel** ~ larded/ crammed with quotations

televény *n* (vegetable) mould *(US* mold), loam, black earth

televízió, (tv, tévé) *n* **1.** *(adás, műsor)* television *(röv* TV), *biz* telly, the box; **feke-te-fehér** ~ black-and-white television, monochrome TV; **színes** ~ colour *(US* -or) television; **a** ~**ban** on television/TV, *biz* on (the) telly, on the box *(v. US* boob tube); ~**n/**~**ban közvetít/ad** televise, broad-cast* [sg on television]; **közvetítik a** ~**ban/**~**n, a** ~ **közvetíti is*** *(v.* will be) televised, is* *(v.* will be) shown on television; **a** ~**ban szerepel/fellép** appear/be* on television; **mi megy/van a** ~**ban ma este?** what's on (the) television tonight?; **megnéz vmt a** ~**ban** see* sg on (the) television; **láttad a ...t a** ~**ban?** did you see (the) ... on (the) television?; **a** ~**ban láttam** I saw it on (the) TV; ~**ra alkalmaz/átdolgoz** adapt for television; **nézi a** ~t watch television/TV **2.** *(készü-lék)* television (set), TV (set), *biz* telly **3.** *(in-tézmény)* television; **a** ~**ban/**~**nál dol-gozik** (s)he works/is* in television [as a reporter etc.] ⇨ **tévé-**

televízió-előfizető *n* television licence holder

televíziókészülék *n* = **televízió 2.**

televíziós *a* ~ **adás/közvetítés** television broadcast/programme *(US* -ram); ~ **já-ték/vetélkedő** quiz programme ⇨ **tévé-**

telex *n* **1.** *(üzenet)* telex **2.** = **telexgép**

telexez|ik *v* telex; ~**ik Párizsba** telex Paris (that); ~**ik vknek** telex sy/him etc.

telexgép *n* teleprinter *(US* teletypewriter), *biz* telex

telexszám *n* telex number/No.

telexüzenet *n* telex (message)

telezabálja magát *v* □ = **teleeszi ma-gát;** make* a pig of oneself

telezsúfol *v* crowd/pack/cram/stuff (with); *(szobát)* clutter up

telhetetlen *a* insatiable, voracious

telhetetlenség *n* insatiability, insatiableness

telhető *n* minden tőle ~t megtesz do* one's best/utmost, do* everything in one's power (to); minden tőlem ~t megteszek I'll do all I can to ...; tőlem ~en so far as in me lies, (I'll) do what I can

teli *a* = tele; ~be talál hit* the mark, *kif* it's a bull's eye

téli *a* winter(-); ~ álom winter sleep, hibernation; ~ álmot alszik hibernate; ~ gumi snow-tyre (US -tire); ~ ruha winter-clothing, winter· clothes *pl*; ~ szünet Christmas/winter holiday (*v.* US vacation); ~ vásár winter sale

télidő *n* winter time

télies *a* wintry

téliesít *v* adapt/convert [a house] for winter use

telihold *n* full moon

tel|ik *v* 1. *(tele lesz)* be* filling up, become* full 2. *(idő)* pass, go* by, elapse; nehezen ~ik az idő time hangs* heavy on one's hands; nem ~ik bele egy hónap within a month, in less than a month; sok időbe ~lett/~t it took* a long time 3. öröme ~ik vmben take* pleasure in sg, greatly enjoy sg 4. ami tőlem ~ik to the best of my ability; erre nekem nem ~ik I can't manage/afford it 5. *vmből* be* enough/sufficient (for)

télikabát *n* winter coat, topcoat

télikert *n* winter garden

telik-múlik *v* wear* on, pass, elapse

télisportok *n pl* winter sports

telis-tele *a vmvel* crammed with, chock-full of, fully packed with, jam-packed with; *(folyadékkal)* full to the brim, full to overflowing (*mind.* ut.)

téliszalámi *n* Hungarian salami

telít *v vegy* saturate; *(anyagot)* impregnate

telitalálat *n* direct hit, bull's-eye; *(totón stb.)* jackpot; ~a volt (s)he hit the jackpot

telítés *n vegy* saturation

telített *a* saturated

telítőd|ik *v* become* saturated

telivér I. *a (ló)* thoroughbred, pure-blood-(ed) II. *n* thoroughbred, blood horse

telj *n* ereje ~ében in the prime of life, in one's prime

teljes *a* 1. *(egész)* complete, full, entire, total, whole; nem ~ incomplete, uncompleted; ~ ár inclusive (*v.* all-in) price; ~ bevétel gross takings/receipts *pl*; ~ díszben *ált és kat* in full dress/fig; ~ egészében in full/toto, completely, wholly (and completely), in its entirety; ~ egyetértés complete agreement, perfect harmony; ~ ellátás full board, board and lodging, *US* American plan; ~ erejéből with all one's might; ~ értékű of full value *ut.*; ~ gáz full speed/throttle; ~ gázt ad open it right up, put* one's foot (right) down; ~ gázzal megy drive* at full throttle; ~ gőzzel *átv* at full steam/speed, *biz* flat out; ~ joggal rightly, with good reason; ~ joggal azt hihette, hogy he had every reason to believe that; ~ jogú with full powers *ut.*, fully entitled/qualified; ~ körű full-scale/scope; ~ létszám full force/complement/attendance; ~ létszámban in full force; ~ mértékben completely, fully, in full measure; ~ mértékben helyeslem I am all for it; ~ munkaidejű, ~ munkaidőben foglalkoztatott full-time, employed full-time *ut.*; ~ nagyság *(testi)* full size/height; két ~ nap two clear/whole days; ~ név full name, name in full; ~ összeg full/total amount; ~ sebességgel at full/top speed, at full tilt, *biz* flat out; ~ szívemből with all my heart/soul; ~ terjedelmében in full; ~ ülés plenary session; ~ üzemben fully operational, in full operation/swing; ~ vereség complete defeat; ~sé tesz make* complete, complete

teljesed|ik *v* = valóra válik

teljesen *adv* entirely, fully, totally, wholly, completely; ~ átázott (be*) wet/soaked through; ~ egyedül all alone; ~ igaza van he's absolutely right; ~ olyan, mint just like; ~ rendben van that's quite/perfectly all right

teljesít *v (feladatot)* perform, carry out [one's/the/a task]; *(fizetést)* make* [payment]; *(kérést)* fulfil (*US* -fill), grant, comply with [a request, sy's wish]; *(kötelességet)* perform, do*, fulfil [a duty]; *(követelményt)* meet* [the requirements]; *(megbízatást)* discharge, perform; *(normát)* fulfil [the norm]; *(parancsot, utasítást)* follow, carry out, act upon, execute; *(tervet)* fulfil, execute; ~i kötelességét do* one's duty; katonai szolgálatot ~ do* one's military service; nem ~ vmt fail to perform/do (*v.* carry out) sg; mennyit ~ naponta? what is his/her daily output/production?

teljesítés *n (feladaté)* performance, carrying out, execution; *(kérésé)* fulfilment (*US* -fill-); nem ~ non-performance; köteles-

sége ~**e közben** in the execution of his/ one's duties

teljesíthetetlen, nem teljesíthető *a* impracticable, not feasible, unachievable; *(kérés)* impossible, ungrantable

teljesíthető *a (feladat)* that can be carried out *(v. performed); (kérés)* that can be fulfilled/granted; *(terv)* that can be fulfilled/ executed *(mind: ut)*

teljesítmény *n* 1. *vké* performance, achievement, accomplishment; **szép** ~**t ér el (vk)** perform well; *biz* put up a good show 2. *(üzemé, gépé)* performance, output; *(járműé)* performance; *(km/üzemanyag)* mileage

teljesítménybér *n* piecework, piece rate

teljesítménybérezés *n* payment according to performance

teljesítménykövetelmény *n* demands *pl*, expected norm

teljesítményű *a* **nagy** ~ *(gép stb.)* high--power(ed), high-capacity

teljesítőképesség *n* 1. *vké* efficiency, productivity 2. *(gépé)* efficiency

teljesség *n* fullness *(US* fulness), completeness, entirety; **nem lép fel a** ~ **igényével** sg is not intended to be exhaustive; ~**gel alkalmatlan** wholly/totally unsuitable *(vmre* for) *ut.*

teljesül *v (kívánság)* be* granted ⇨ **beteljesedik, megvalósul**

teljhatalmú *a* with full powers *ut.*, plenipotentiary; ~ **uralkodó** absolute ruler, despot

teljhatalom *n* full powers *pl; pol* dictatorship; **teljhatalmat ad vknek** invest sy with full powers

telkes *a* ~ **járatok** bus/coach services to plots [esp. for weekenders]

telt *a* 1. *ált vmvel* full of sg *ut.*; ~ **ház** full house 2. *(alak)* fleshy, plump; ~ **arc** round face, round cheeks *pl*

teltkarcsú *a* buxom, with a full figure *ut.*, shapely

télutó *n* late winter

télvíz *n* ~ **idején** in (the depths of) winter

téma *n (írásmű stb.)* theme, subject(-matter); *(beszélgetésé)* topic; *(kutatási)* project; *zene* theme; **fő** ~ main theme; **vk kedvenc** ~**ja** sy's/one's pet subject; □ **nem** ~ no problem; ~**t vált** change the subject

témakör *n* topic, subject, field; *(konferenciáé)* main/general theme [of the conference]

tematika *n* topics *pl*, themes *pl*

témaválasztás *n* choice of topic/subject/ theme

témavezető *n* consultant

temérdek *adv* = **tömérdek**

temet *v* 1. *(elföldel)* bury; **maga alá** ~**ték a romok** was buried under/beneath the ruins 2. *(temetési szertartást végez)* bury, ir lay* sy to rest; **ma** ~**ik** *(XY-t)* YX is being buried today

temetés *n (szertartás)* funeral; **mikor lesz a** ~**e** *(XY-nak)*? when is the funeral (for YX) being held?

temetési *a* funeral; ~ **menet** cortège, funeral (procession); ~ **szertartás** *ált (polgári)* funeral; *(egyházi)* funeral service

temetkezési *a* ~ **hely** burial-ground; ~ **intézet/vállalat** undertaker, funeral director, *US* így is: funeral parlor/home, mortician

temetkez|ik *v* 1. *(vk meghagyása szerint)* bury, be* buried 2. *átv vmbe* bury oneself in [one's books etc.]

temető *n* cemetery; *(templom körüli)* churchyard

tempera *n* distemper

temperamentum *n (vérmérséklet)* temperament; *(lobbanékony természet)* temper

temperamentumos *a* (high-)spirited, ebullient; *(nő így is)* vivacious, lively, impetuous

templom *n* 1. *(épület)* church, place of worship; ~**ba jár** go* to *(v.* attend) church regularly; ~**ba járó** (be*) a church-goer 2. *(istentisztelet)* service

templomhajó *n (főhajó)* nave; *(mellékhajó)* aisle

templomi *a* church-, of the church *ut.*; ~ **énekes** chorister; *(fiú)* choirboy; ~ **kórus** choir

templomtorony *n* church tower, steeple

tempó *n* 1. *zene* tempo; *ált (sebesség, ütem)* speed, rate; *(járásban és átv)* pace; **gyors** ~**ban** at a quick pace; **ilyen** ~**ban** at this rate; **bírja a** ~**t** sy can keep pace/up (with sy); **nem bírja a** ~**t** sy can't keep pace/up (with sy), *biz* find* the pace too hot; ~**t diktál** set* the pace 2. *(úszóé)* stroke 3. *(modorbeli)* manner(s), behaviour *(US* -or), mannerism(s)

tempós *a* 1. *(kimért)* deliberate, measured 2. *(gyors)* speedy, fast, quick; ~**an!** briskly!, look alive!

tempóz|ik *v* swim*

Temze *n* Thames

tendencia *n* tendency, trend

tendenciózus *a* tendentious

ténfereg *v* elít loiter/loaf about/around, dawdle

tengelic(e) *n* goldfinch

tengely *n* **1.** *(keréké)* axle, shaft; ~**en történő szállítás** transport by rail/road, overland transport **2.** *mat, fiz és átv* axis *(pl* axes*)*

tengelyhatalmak *n pl tört* the Axis powers, the Axis *sing.*

tengelykapcsoló *n* clutch; **felengedi a** ~**t** engage the clutch; **kioldja/kinyomja a** ~**t** declutch, disengage the clutch

tengelytáv(olság) *n* wheelbase

tengelytörés *n* broken axle

tenger I. *n* sea, ocean; ~ **alatti** submarine, undersea; **ezer méterrel a** ~ **színe felett** a thousand metres above sea-level; **a** ~ **mellett** by/on the sea; ~**en** *(van)* [be* *v.* spend* 2 weeks etc.] at sea; *(szállít, utazik)* [travel, go* *v.* send* one's luggage *v.* transport sg etc.] by sea; **átkel a** ~**en** cross the sea/ocean; ~**en megy** go*/travel *(US* -l) by sea; ~**en szállított** sea-borne, transported by sea *ut.*; ~**en túl** overseas, beyond/over/across the sea; ~**en túli** overseas, *(Atlanti-óceánon túli)* transatlantic; ~**en túli ország** overseas country; ~**re száll** put* to sea; *(hajóra)* embark, go* on board ship **II.** *a* ~ **sok** a sea of, oceans of

tengeralattjáró *n* submarine

tengeráramlás *n* sea current

tengerentúl *n* overseas countries *pl*; America; **a** ~**on** overseas, across the sea; in America; **a** ~**ról** from beyond the sea(s); from America ⇨ **tenger I.**

tengerentúli *a* ⇨ **tenger I.**

tengerész *n* sailor, seaman°; ~**nek megy** go* to sea, become* a sailor

tengerészet *n* **1.** *(foglalkozás)* seamanship **2.** (hadi) ~ navy; **kereskedelmi** ~ merchant navy, mercantile marine; **a** ~**nél szolgál** serve at sea, serve/be* in the Navy

tengerészeti *a* maritime, naval; ~ **iskola** naval college; ~ **minisztérium** Ministry of Naval Affairs, *GB* Admiralty, *US* Navy Department; ~ **támaszpont** naval base

tengerészgyalogos *n* marine

tengerészgyalogság *n* the Marines

tengerészkapitány *n* sea-captain

tengerészruha *n* sailor suit

tengerésztiszt *n* naval officer

tengerfenék *n* sea-bottom/bed

tengerhajózás *n* (high-seas *v.* maritime) navigation

tengeri[1] *a* sea(-); *(tengerészeti)* naval, maritime; ~ **állat** sea animal; ~ **csata/ütközet** naval/sea battle; ~ **fürdő(hely)** seaside resort; ~ **haderő** naval forces *pl*; ~ **hajózás** maritime navigation; ~ **hatalom** sea power; ~ **jog** maritime law; ~ **kábel**

submarine cable; ~ **kikötő** seaport, harbour *(US* -or); ~ **levegő** sea air; ~ **mérföld** (= 1852 m) sea/nautical mile; ~ **út** (1) *(útvonal)* sea route/lane (2) *(utazás)* voyage; ~ **úton** by sea

tengeri[2] *n* maize, *US* corn

tengeribeteg *a* seasick

tengeribetegség *n* seasickness

tengerikígyó *n átv* interminable yarn

tengerimalac *n* guinea-pig

tengerjáró I. *a* seafaring, maritime **II.** *n (hajó)* cruiser, *(nem hadi)* (ocean) liner, transatlantic cruise liner

tengermellék *n* sea-shore, coastal region, littoral

tengernagy *n* admiral

tengernyi *num a* = **tenger II.**

tengeröböl *n* bay, gulf; *(keskeny)* inlet; *sk* firth

tengerpart *n (tágabb ért., partvidék)* coast; *(amit a tenger mos)* (sea)shore; *(üdülési szempontból)* seaside

tengerparti *a* coastal, on the coast *ut.*; seaside; ~ **üdülőhely/fürdőhely** seaside resort; ~ **város** seaside town

tengerszem *n* mountain lake, tarn

tengerszint *n* sea-level; ~ **fölötti magasság** height above sea-level

tengerszoros *n* straits *pl*

tengervíz *n* sea-water

tengerzöld *a* sea-green

tengerzúgás *n* roaring/booming of the sea

tengeti életét, teng-leng *v* scrape by/along, scrape a living, (be* scarcely able to) keep* body and soul together, live from hand to mouth ⇨ **tengődik**

tengődés *n* scraping by/along

tengőd|ik *v* scrape by/along, drag on [an unhappy existance], subsist on [a small income, bread and water, 2,500 fts a month etc.]

tenisz *n* (lawn-)tennis

teniszcipő *n* tennis shoes *pl*

teniszez|ik *v* play tennis; **szeretnél** ~**ni?** (1) *(egy alkalommal)* would you like a game of tennis (2) *(rendszeresen)* would you like to play tennis?

teniszkönyök *n* tennis elbow

teniszlabda *n* (tennis) ball

teniszpálya *n* tennis court

teniszütő *n* (tennis) racket

tenni *v* → **tesz**

tennivaló *n* = **teendő**

tenor *n (hang, szólam)* tenor [voice, part]

tenorista *n* tenor

tény *n (valóság)* fact; *(cselekedet)* act, deed; **(kétségtelen)** ~**, hogy** the fact is ..., it is* a fact that; ~ és való, hogy true enough that, it can't be denied that; a ~ek reality *sing.*, the facts; a ~ek önmagukért beszélnek the facts speak* for themselves; ~eken alapuló (be*) founded on facts *ut.*, positive; számol a ~ekkel face (the) facts

tényálladék, tényállás *n jog* facts (of the case) *pl*; *(helyzet)* state of affairs

tényanyag *n* facts *pl*

ténybeli *a* of (the) facts *ut.*; factual; ~ bizonyíték evidence of the facts

tenyér *n* palm; viszket a tenyerem (1) *(= szeretném megpofozni)* I'm itching *(v.* my fingers itch) to box his ears (2) *(= pénzt kapok) kb.* I'm going to have a windfall; ~be mászó *(arc)* (one of those) instantly dislikeable (faces); tenyerén hord vkt pamper/ worship sy; úgy ismerem, mint a tenyeremet I know it like the back of my hand, I know* every inch of it

tenyeres *a/n* ~ (ütés) forehand

tenyeres-talpas *a* elít burly, beefy, husky; ~ nőszemély hefty wench

tenyérjós *n* palmist

tenyérjóslás *n* palmistry

tenyérnyi *a* palm-sized, a patch (of); egy ~ (kis) kert a patch of garden

tenyészállat *n* breeding animal, animal for breeding; *(marha)* breeding cattle

tenyészállat-állomány *n* breeding stock

tenyészállatvásár *n* cattle-show

tenyészbika *n* bull

tenyészcsődör *n* = tenyészmén

tenyészet *n* **1.** *mezőg* breed; stock-farm **2.** *biol* culture

tenyész|ik *v* **1.** *áll* breed*, propagate **2.** *növ* grow*

tenyészkanca *n* brood-mare, breeding mare

tenyészmén *n* stud-horse, breeding stallion

tenyészt *v* breed*, rear, raise

tenyésztalaj *n* biol culture medium

tenyésztés *n* breeding

tényező *n* ált és mat factor

tényirodalom *n* non-fiction

ténykedés *n* activity, action; *(hivatali)* functions *pl*

ténykedlik *v* act, function, perform (one's) official duties

ténykérdés *n* ez ~ it's a question *(v.* an issue) of fact

ténykönyv *n* non-fiction (book)

ténykörülmény *n* (actual) circumstances *pl*

tényleg *adv* really, indeed

tényleges *a* **1.** *(valódi)* real, actual, effective, true; ~ érték real/actual value **2.** *kat*

on *active* service *ut.*; ~ állomány effective force/strength; ~ katona *(igével)* be* on active service; ~ szolgálat *n* active service (*US* duty); ~ szolgálatban van be* on active service; ~ tiszt regular officer

ténylegesen *adv* effectively, actually, de facto, in fact

ténymegállapítás *n* statement (of the facts); report

ténymegállapítás *n* *(tények rögzítése)* fact-finding, finding of facts, findings *pl*; *(nyilatkozat)* statement (of facts)

tényregény *n* fact novel

tényvázlat *n* *(ügyvédi)* brief

teológia *n* **1.** *(hittudomány)* theology, divinity **2.** = hittudományi *főiskola*, teológiai akadémia

teológiai *a* theological, divinity; ~ akadémia/főiskola theological/divinity college

teoretikus **I.** *a* theoretical **II.** *n* theoretician, theorist

teória *n* theory

tép *v* **1.** *(eltép)* tear*, rip; *(darabokra)* pull/ tear*/rip to pieces, shred*; *(virágot, tollat)* pluck; haját ~i be* tearing one's hair; ~i a száját shoot* one's mouth off **2.** □ ~ett lefelé az utcán he pelted hell for leather down the street

tépdes *v* keep* tearing/plucking

tépelődés *n* anxious speculation, fretting

tépelőd|ik *v* worry (about), fret, brood (about/over), ruminate (about/over)

tépett *a* torn

tépőfog *n* fang, canine

tépőzár *n* velcro

tepsi *n* roasting/baking dish/tin

tér[1] *vi* vhová, vmerre turn; jobbra ~ turn (to the) right; magához ~ regain consciousness, come* to; más tárgyra ~ change the subject

tér[2] *n* **1.** *(űr)* space; *(férőhely)* room, space; ~ben és időben in time and space; nagy teret foglal el it takes* up a lot of room/ space; ~t nyer gain ground **2.** *(városban)* square; a Széchenyi ~en van ... is in Széchenyi Square/Tér **3.** *(szakmai)* field, line, sphere; tág tere nyílik vmnek have* free scope for sg; e ~en in this respect; más ~en otherwise, in other respects; minden ~en in every respect, in all respects; tudományos ~en *(= a tudomány vonatkozásában)* scientifically, in the scientific field; *(bölcsész vonatkozásban)* from a scholarly point of view; in the (field/domain of the) humanities; *(általánosabban)* academically; ~t hódít spread*, gain ground ⇨ szabad

terápia *n* cure, therapy

terasz *n* terrace

teraszház *n* terraced house(s), *US* row house(s)

térbeli *a* spatial; *(háromdimenziós)* 3D, stereoscopic

térd *n* knee; ~**en alul** below the knees; ~**en áll** be* on one's knees, be* kneeling; ~**en állva** on bended knee(s); ~**ig ér** rise*/reach to the knees, be* knee-deep/high; ~**ig érő** knee-deep/high; ~**re!** (down) on your knees!; ~**re borul** go* down (*v.* fall*) on one's knees; ~**re kényszerít** vkt *átv* bring* sy to his/her knees; ~**et hajt** *átv* bend* the knee (to sy)

térdel *v* kneel*, be* kneeling, be* on one's knees

térdhajlítás *n* 1. *(bók)* curtsy 2. *(tornában)* knee-bend(ing), knees bend

térdharisnya *n* knee socks *pl*

térdkalács *n* kneecap, patella

térdnadrág *n* *(buggyos)* plus-fours, knickerbockers, breeches *(mind: pl)*

térdreflex *n* patellar reflex

térdszalagrend *n* Order of the Garter

térdvédő *n* knee-guard/pad

terebélyes *a* 1. *(fa)* spreading, branchy 2. *(ember)* corpulent, portly; *(nő)* matronly

terebélyesed|ik *v* spread*, ramify, grow* in size, swell*

terefere *n* small talk, (chit-)chat, gossip

tereferél *v* chat, gossip, pass the time of day

tereget *v* *(ruhát)* hang* out/up (to dry)

terel *v* 1. *konkr* direct, turn, drive*; *(nyájat)* drive*; **más útvonalra** ~ *(forgalmat)* divert re-route [(the) traffic]; **más útvonalra** ~**ik a forgalmat** traffic is (being) diverted (*v.* re-routed) 2. **másra** ~**i a szót/beszélgetést** change the subject, switch to another subject; **vk figyelmét vmre** ~**i** direct/draw* (sy's) attention to sg

terelőd|ik *v* turn, be* turned/directed (towards); **a szó vmre** ~**ik** the conversation turns to sg; **a beszéd reá** ~**ött** we came* to speak of him

terelőkorlát *n* crush barrier

terelőoszlop *n* (traffic) bollard

terelősziget *n* (traffic) island, *US* így is: safety island

terelőút *n* *(ideiglenes)* diversion, *US* detour; *(város körüli)* bypass, relief road

terelővonal *n* *(Magyarországon)* broken white line, lane line

térelválasztó (elem) *n* partition, (room) divider

terem[1] 1. *vt (búzát stb.)* bear*, yield, produce; **gyümölcsöt** ~ bear* fruit 2. *vi növ* produce, yield; **nem** ~ **minden bokorban** it does not grow on trees 3. *vt átv* give* birth/rise to, originate 4. *vi vk vhol* appear suddenly, turn/bob up ⇨ **fa**

terem[2] *n* hall, large room, chamber; *(múzeumi, kiállítási)* gallery

terem- *pref sp* indoor ...

terembér *n* rent of a room

teremfoci *n* biz indoor football

teremőr *n* attendant

teremsportok *n pl* indoor sports/games

teremszolga *n* † usher

teremt *v* 1. *(alkot, csinál)* create, make*, produce 2. *biz* **földhöz** ~ vkt floor sy, knock/bring* sy down ⇨ **rend**

teremtés I. *n* 1. *(alkotás)* creation 2. *(személy)* creature, person, individual; **szerencsétlen** ~ poor creature/soul II. *int* **a** ~**it!** confound/damn it!, the devil (take him/you)

teremtette *int* blast!, confound it!, damn!

teremtmény *n* creature

teremtő I. *a* creative, creating; ~ **erő** creative power II. *n* creator, maker, originator; **a T**~ the Creator

terep *n* 1. *ált* ground, land, area; *(vmnek tanulmányozása szempontjából)* field; **a** ~**en tanulmányoz vmt** study sg in the field, do* field-work 2. *kat* terrain

terepakadály *n* obstacle

terepfutás *n* cross-country running

terepismeret *n* knowledge of the land/terrain/ground

terepjáró *a* ~ **autó/gépkocsi** jeep, land-rover

tereplovaglás *n* steeplechasing, point-to-point racing

terepmunka *n* field-work; ~**t végző munkatárs** field-worker

tereprendezés *n* landscaping

terepszakasz *n* sector

terepszemle *n* 1. *ált* survey; *kat* reconnaissance, reconnoitring; ~**t tart** *ált* survey the place; *átv* see* how the land lies; *kat* reconnoitre (*US* -ter) the terrain 2. *biz (rablás előtt)* casing the joint

terepszín *n* protective colouring (*US* -or-)

tereptan *n* topography

tereptárgy *n* landmark

terepviszonyok *n pl* character of the terrain *sing.*, features of the ground

térerősség *n el* field strength

térérzék *n* sense of orientation/direction

Teréz *n* Theresa

térfél *n sp (futball stb.)* half°, end (of the pitch); **pénzfeldobással térfelet választanak** toss (a coin) for the choice of ends

térfogat *n* volume, capacity

térfogatmérés *n* volumetry

térfoglalás *n* **1.** *(területi)* expansion, gaining ground, conquest **2.** *(eszmei)* spread(ing), propagation; **az új eszmék ~a** spread(ing) of (the) new ideas

térhatású *a (kép stb.)* three-dimensional (three-D, 3-D), stereoscopic; *(zene)* stereophonic

terhel *v* **1.** *vmvel* burden, load (with); **emlékezetét sok adattal ~i** burden one's memory with a lot of facts and figures **2.** *(adóval)* impose [a tax] on sy; **a költség őt ~i** (s)he is to meet/bear the costs/charges; **őt ~i a felelősség** (s)he is* responsible, the responsibility is* his/hers **3.** *(terhére van)* inconvenience, trouble, bother; **nem akarlak ~ni a részletekkel** I don't want to trouble you with the details

terhelés *n (teher)* burden, load; *el* load(ing); **megengedett ~** *(pl. gépjárműé)* maximum permissible load; **maximális ~** *(pl. hídé)* maximum load

terhelési *a* **~ próba** load test

terheletlen *a* unloaded

terhelő *a jog* incriminating; **~ bizonyíték** incriminating evidence; **az őt ~ felelősség** his responsibility (for sg); **~ tanú** witness for the prosecution; **~ vallomás** evidence against (sy); **~ vallomást tesz vk ellen** give* evidence against sy; **ez rá nézve ~** that is rather damning as far as he is concerned

terhelt I. *a* **1.** *jog* accused, charged **2.** *orv* affected with a hereditary disease *(v. mental illness)* *ut.* **II.** *n jog* the accused

terheltség *n orv* hereditary disease

terhes I. *a* **1.** *(vm vk számára)* burdensome, irksome; *(kötelesség, feladat)* onerous, hard, trying **2.** *(nő)* pregnant; **~ nő** pregnant woman°; **3 hónapos ~** 3 months pregnant **II.** *n* = **terhes nő**

terhesgondozás *n* antenatal care, pre-natal care; *(foglalkozás)* pre-natal classes *pl* [for expectant mothers]

terhesgondozó *n* antenatal clinic

terhesrendelés *n (mint szervezet)* antenatal clinic; *(a vizsgálat, biz)* antenatal; **~re megy** attend an/the antenatal clinic, *biz* go* for one's/her antenatal

terhesség *n* pregnancy; **a ~et megszakítja** terminate a/the pregnancy, perform an abortion

terhességi *a* **~ békareakció/próba** pregnancy test; **~ tanácsadó** antenatal clinic; **~ vizsgálat** pre-natal *(v. antenatal)* examination

terhességmegszakítás *n* (induced) abortion; **engedélyezett ~** (therapeutic) abortion

terhestorna *n* exercises [for expectant mothers] *pl*, pre-natal exercises

térhódítás *n* = **térfoglalás**

téri *a* Széchenyi ~ (in) Széchenyi Square/ Tér *ut.*

téridom *n* = *mértani* **test**

tériszony *n* agoraphobia

terít *v* **1.** *vmt vhová* spread* sg on/over sg/sy **2.** *(asztalt)* lay* the table [for dinner, for 5 people etc.]; **5 személyre ~ettek** covers were *(v. the table was)* laid for five

térít *v* **1.** *vmerre* turn, direct [sy swhere *v.* to a place] **2.** *vall* proselytize *(US* proselyte), convert [to another faith] **3.** **magához ~** bring* sy round ⇨ **ész**

teríték *n* **1.** *(asztalnál)* cover, place [at table] **2.** *(vad)* bag; **~re kerül** *átv* be* savaged/ lambasted

terítés *n* **1.** *(kiterítés)* spreading out **2.** *(asztalt)* laying, setting **3.** *ker* distribution

térítés *n* **1.** *(irányba)* turning, directing **2.** *vall* conversion, proselytizing *(US* proselyting **3.** **5 forint ~e ellenében** on (the) payment of five forints ⇨ **térítmény**

térítésmentes *a* free of charge *ut.*

terített *a* **~ asztal** (well-)laid table; **~ asztal vár vkt** the table was laid for him

térítmény *n* reimbursement, payment, refund

térítő *n* **1.** *(asztalon)* (table-)cloth, cover **2.** *(ágyon)* cover(let), bedspread

térítvény *n* acknowledgement, receipt

terjed *v* **1.** *ált* spread*, expand, increase; *(hír)* spread*, get* about/abroad/round, go* round, circulate; *(fény, hang)* travel *(US* -l) **2.** *(terület vmeddig)* stretch, extend (from ... to)

terjedelem *n* **1.** *(kiterjedés, nagyság)* extent, size, dimensions *pl*; *(térbeli)* volume, bulk; *(könyvé)* size [of the book/dictionary etc.], number of pages; **kis ~ben** on a small scale **2.** *(szövegé)* length; **teljes terjedelmében közölték** it was published in full; **~ után fizet** pay* by the size/page **3.** *(tudásé stb.)* scope, range (of)

terjedelmes *a* **1.** *(síkban)* extensive, spacious, wide; *(térben)* voluminous, big, large **2.** *átv* long; bulky; *(mű)* lengthy

terjedés *n* spread(ing), expansion, increase

terjedhető *a* **tíz évig ~ börtönbüntetés** imprisonment for a period/term not exceeding ten years

terjeng *v (szag)* spread*

terjengős *a* prolix, wordy, verbose, rambling, long-winded

terjeszkedés *n* expansion, spread, growth

terjeszked|ik *v* expand, spread*, grow*, increase

terjeszt *v* **1.** *ált* spread*; *(betegséget)* spread* [a/the disease]; *(eszméket)* spread*, disseminate, diffuse [ideas]; *(hírt)* spread* [news] about/around, circulate [news]; *(röpiratot)* distribute [leaflets, pamphlets]; *(sajtóterméket)* distribute, sell* [newspapers, books] **2.** *(vmt vk/vm elé)* submit/present/refer sg to sy

terjesztés *n* **1.** *ált* spreading **2.** *(lapé, könyvé)* distribution (and sale) **3.** *(vk elé)* submission, presentation (to)

terjesztési *a* **~ osztály** (distribution and) sales department

térkép *n* map

térképész *n* cartographer, map-maker

térképészet *n* cartography, map-making

térképjelek *n pl* map symbols; **~ jegyzéke** legend

térképolvasás *n* map-reading

térképvázlat *n* sketch map

térkímélés *n* **~ szempontjából** to save space

térköz *n* *ált* interval, distance, space (between); *műsz* clearance; *vasút (vonatok között)* block

termálfürdő *n* **1.** *(forrás, intézmény)* hot springs *pl* **2.** *(gyógykezelésként)* thermal baths *pl* ⇨ **gyógyfürdő**

termék *n* *(ipari)* product; *mezőg* produce; *(szellemi)* product, production

termékeny *a* fertile, productive; **~ értekezlet/megbeszélés** *stb.* a productive meeting; **~ író** prolific/voluminous/copious writer; **~ talajra hull** fall* on good ground; **~ ítőleg hat vkre/vmre** inspire (sy), be* fruitful for

termékenység *n* fertility, productivity

terméketlen *a* barren, unfruitful, infertile, unproductive

terméketlenség *n* barrenness, sterility, unfruitfulness, infertility, unproductivity

termékszerkezet *n* production profile/structure

termékszerkezet-váltás *n* change in production profile/structure

termel *v* *ált* produce; *mezőg* produce, grow*; *(ipar)* produce, manufacture, turn out, make*

termelékeny *a* productive, efficient

termelékenység *n* productivity, efficiency; **a munka ~e** productivity of labour (*US* -or)

termelés *n* **1.** *(folyamat)* production **2.** *(teljesítmény)* mezőg output, yield; *(ipari)* output

termelési *a* of production *ut.*, production; **~ ág** branch/line of production; **~ előirányzat** scheduled production; **~ értekezlet** meeting, conference; **~ eszközök** means of production; **~ költségek** production cost; **~ mód** mode of production; **~ viszonyok** relations of production

termelő *n* *mezőg* grower, farmer; *(ipari)* producer, maker

termelőerők *n pl* forces of production

termelőeszközök *n pl* means of production

termelői *a* **~ bor** wine (direct) from the producer; **~ borkimérés** wine cellar

termelőképes *a* productive

termelőmód *n* mode of production

termelőmunka *n* productive work, production

termelőszövetkezet *n* mezőgazdasági **~** farmers'/agricultural co-operative, co-operative farm

termelőszövetkezeti *a* **~ tag** member of a co-operative

termelőtőke *n* productive capital

termelőüzem *n* producing firm, plant

termelővállalat *n* (manufacturing) plant, producing firm

termelőviszonyok *n pl* relations of production

termény *n* (agricultural/farm) produce, crop; *(szemes)* corn, grain

terménybegyűjtés *n* gathering (in) of crops (*v.* the crop)

terménykereskedelem *n* trade in agricultural produce

terménytőzsde *n* produce exchange

térmértan *n* solid geometry

termes *a* **~ kocsi** saloon (car)

termés *n* **1.** *mezőg* crop, yield; **jó ~ünk volt** we had* a good harvest/crop; **jó ~t hozott** *(pl. gyümölcsfa, szőlő stb.)* it has cropped well, we had a good crop; **gyenge/rossz ~** poor crop, crop failure **2.** *növ* fruit

termésátlag *n* average crop/yield

termésbecslés *n* estimate/valuation of the crop

termésbetakarítás *n* gathering (in) of the crop (*v.* crops)

terméseredmény *n* crop/harvest results *pl*

terméshozam *n* crop, yield

terméskilátások *n pl* crop/harvest prospects

terméskő *n* rubble(stone); ~ **burkolat** rubblework (cladding)

termesz *n* termite, white ant

természet *n* **1.** nature; **a** ~ **erői** the forces of nature; ~ **után rajzol** draw* from nature **2.** *(alkat)* nature, character, *(embernél még)* disposition, temper(ament), constitution; **jó** ~**e van** have* a happy disposition, be* good-tempered; **rossz** ~**e van** he is* difficult to get on with; ~**énél/**~**től fogva** [she is . . .] by nature, instinctively . . .; **a dolog** ~**éből folyik** it follows as a matter of course, it is in the nature of the thing **3.** ~**ben fizet** pay* in kind

természetbarát *n* nature-lover

természetbeni *a* in kind *ut.*; ~ **fizetés** payment in kind

természetbölcselet *n* natural philosophy

természetellenes *a* unnatural, perverse

természetes *a* **1.** *ált* natural; *(viselkedés)* unaffected, natural, simple, artless; **nem** ~ unnatural, artificial, false; **(ez)** ~ **nála/számára** it comes* quite natural(ly) to him; **ez csak igazán** ~ **volt!** it was only too natural; ~ **ész** native wit, common sense; ~ **gyógymód** nature cure, naturopathy; ~ **halál** natural death; ~ **halált hal** die a natural death, die in bed; ~ **nagyság** natural/actual/life size; ~**nek veszi/találja** take* it for granted **2.** *(nem mesterséges)* natural

természetesen *adv* naturally, of course

természetesség *n* naturalness, unaffectedness, artlessness, ingenuousness

természetfilm *n* nature film

természetfölötti *a* supernatural

természethű *a* naturalistic, life-like, realistic

természeti *a* natural; ~ **adomány** natural gift/talent; ~ **adottság** natural endowments of sy *pl*; ~ **csapás** natural disaster, act of God; ~ **erők** forces of nature, natural forces; ~ **kincsek/erőforrások** natural resources; ~ **törvény** natural law, law of nature; ~ **tünemények** the phenomena of nature

természetimádó *n* nature-worshipper

természetjárás *n* hiking, walking

természetjáró *n* hiker, walker

természetjog *n* natural right, law of nature

természetrajz *n* natural history

természettan *n* physics *sing.*

természettudományi *a* science; ~ **kar** faculty of science; ~ **tárgy** science subject

természettudomány(ok) *n* (the) natural science(s); *(GB, US matematika nélkül)* the sciences *pl*; *(egyes számban így is)* science

természettudományos *a* (natural-)science [point of view etc.], (natural-)scientific; ~ **érdeklődés** an interest in science; ~ **gondolkodás** scientific reasoning

természetű *a* **1.** *vk* -natured, -tempered; **hirtelen** ~ hot/quick-tempered, impulsive **2.** *vm* of . . . character/nature; **bizalmas** ~ **közlés** confidential communication/information

természetvédelem *n* (nature) conservation, environmental protection

természetvédelmi *a* ~ **terület** nature reserve, nature conservation area

természetvédő *n* conservationist, environmentalist

terneszt *v* grow*, produce

termesztés *n* growing, cultivation

termesztett *a* cultivated, grown; ~ **növény** cultivated plant

termet *n* stature, figure, build

termetes *a* large, tall, well-built

termetű *a* -statured, of . . . build *ut.*; **alacsony/kis** ~ short, of small build *ut.*; **magas** ~ very tall

terminál *n* *(számítógép és reptér)* terminal; **T** ~ **2** Terminal 2

terminológia *n* terminology

terminológiai *a* terminological

terminus *n* **1.** = **határidő; időpont 2.** *(latinosan így is:* **terminus technicus)** technical term

termofor *n* heated/warming pad; *(forróvizes)* hot-water bottle

termonukleáris *a* thermonuclear; ~ **bomba** thermonuclear/fusion bomb; ~ **reaktor** thermonuclear/fusion reactor

termopán *a* ~ **üvegezés** double-glazing; ~ **üvegezést csináltat** have* double-glazing installed

termosz *n* vacuum flask, thermos (flask)

termosztát *n* thermostat

termő I. *a* productive, producing, fertile **II.** *n* *növ* pistil

termőföld *n* arable/agricultural land

termőképesség *n* productivity, productiveness

termőtalaj *n* = **termőföld**
terpentin *n* turpentine, *biz* turps
terpeszállás *n* straddling (position); ~**ban áll** straddle
terpeszked|ik *v* sprawl, stretch
terrárium *n* terrarium (*pl* -s *v.* -ria)
terror *n* **1.** = **rémuralom 2.** *(módszer)* terror(ism)
terrorcselekmény *n* (act of) terrorism
terrorista I. *a* terrorist **II.** *n* terrorist
terrorisztikus *a* terrorist
terrorizál *v* terrorize, intimidate
terrorizmus *n* terrorism
térség *n* area, region
térti *a* ~ **jegy** = **menettérti** *jegy*; ~ **vevény** (acknowledgement of) receipt
terület *n* **1.** *(föld)* territory, area, region, land; *(kisebb)* ground, field, area **2.** *(szellemi)* domain, sphere, field, scope **3.** *mat* surface, area
területenkívüliség *n* ex(tra)territoriality
területi *a* ált territorial; *(körzeti)* regional; *(helyi)* local
területmérték *n* square measure
térül-fordul *v* be*/go* there and back, be* (there and) back in a flash
terv *n* **1.** ált plan, scheme; *(szándék)* intention, purpose; *(ütemterv)* schedule; ~ **szerint** according to plan; *(menetrend szerint)* on schedule, as scheduled; **az ülésre** ~ **szerint a jövő héten kerül sor** the meeting is scheduled for (*v.* to take place) next week; ~**be vesz** plan; ~**be van véve** *(= szerepel a programban)* be* scheduled; ~**eket készít** make* plans (for sg); ~**eket sző** weave*/hatch plans; **tele van** ~**ekkel** (s)he is* full of (*v.* bursting with) ideas/plans **2.** *(gazdasági)* plan; **ötéves** ~ Five-Year Plan; **teljesíti a** ~**et** fulfil (*US* -fill) the plan **3.** *épít* plans *pl*, design, drawing; *(vázlatos)* rough sketch/draft/plan; **az új kórház** ~**ei** the plans of the new hospital; **a** ~**eket XY készítette** [the building] was designed by YX; **még csak a** ~**ek készültek el** (sg) is still on the drawing board, sg is still at the planning stage **4.** *(ruhához)* design; **P. Cardin** ~**ei szerint készült ruhák** garments made to P. Cardin designs
tervberuházás *n* investments in the plan *pl*
tervelőirányzat *n* scheduled output; (plan) target
tervév *n* year of the plan, plan year
tervez *v* **1.** *(épületet)* design, plan, make* the plans of/for (sg); *(ruhát, jelmezt)* design; **ki** ~**te az Operát?** who designed the

*O*pera House?; ~**te** ... (was) designed by ..., the designer was ... **2.** *vk vmt* plan; *(fontolgat)* consider, think* of, contemplate; *(szándékozik)* intend; **azt** ~**i, hogy** (s)he plans/intends to ...; **európai körutat** ~ **a nyárra** (s)he is planning/contemplating a tour of *E*urope in the summer
tervezés *n* planning; *(állami szinten)* state/economic planning
tervezési *a* planning; ~ **munkák** planning operations; ~ **osztály** planning department
tervezet *n* draft plan, draft; *(törvényé)* bill, draft of a new law; *(alapszabályé)* draft constitution
tervezett *a* planned; *(előirányzott, pl. repgép érkezése)* scheduled
tervezget *v* be* planning
tervezgetés *n* making plans for the future
tervező I. *a* planning; *(mérnök)* design(ing) **II.** *n* planner, technical designer, designing engineer; *(építész)* designing architect; *(ruhatervező)* (dress) designer; **a kórház** ~**je** the architect of the hospital; **a lakótelep** ~**je** the architect/planner of the estate; **a ruha** ~**je** the designer of the dress
tervezőiroda *n* (= *építészeti terveket készítő iroda)* designing/planning office
tervezőmérnök *n* construction/designing engineer
tervfegyelem *n* plan discipline
tervfeladat *n* target, goal; *(kutatási)* project, research assignment
tervfelbontás *n* breakdown [of the plan]
tervgazdálkodás, tervgazdaság *n* planned economy
tervhivatal *n* **Országos T**~ National Planning Office
tervmunka *n* scheduled work, project
tervoszály *n* planning department
tervpályázat *n* competition
tervrajz *n* blueprint, plan, draft
tervszerű *a* planned; *(módszeres)* systematic; ~ **megelőző karbantartás (tmk)** preventive maintenance
tervszerűtlen *a* unsystematic, chance, random
tervteljesítés *n* fulfilment (*US* -fill-) of the plan
tervvázlat *n* rough/preliminary plan/draft, outline
tesó *n biz* = **testvér**
tesped *n* languish
tespedés *n* torpor, torpidity
tessék *int* **1.** *(szíveskedjék)* please ..., would you kindly ...; *(átnyújtva vmt)* here

you are; ~ **helyet foglalni** please be se*a*ted, please, sit down; take a seat; ~ **jön-ni** come on please; ~ **megmondani** could you k*i*ndly tell me; ~ **parancsolni** → **parancsol; erre** ~! this way please!; **ne** ~ **haragudni** s*o*rry to distu*r*b you **2.** *(asztalnál)* help yourself! *(v. pl* yourselves)! **3.** *(kopogásra)* come in! **4.** *(nem értettem)* (I) beg your pardon; sorry?; I'm sorry I didn't catch that; *US főleg:* pardon?

tessékel *v* **befelé** ~ ask sy (to come) in
tessék-lássék *a/adv* ~ **dolog/munka** sham, pretence, show; ~ **(módon) csinál (meg) vmt** do* sg (just) *a*nyhow, do* sg in a perfu*n*ctory way *(v.* perf*u*nctorily)
test *n* **1.** *ált* body; ~**et ölt** come* true, be* realized, take* shape **2.** *fiz* body **3.** *mat* **mértani** ~ geometric s*o*lid ⇨ **ép, lassan**
testalkat *n* build; *(férfié)* phys*i*que
testápolás *n* personal h*y*giene, b*o*dy care
testápoló *a* ~ **(szer)** skin/b*o*dy lotion
testben-lélekben *adv* both ph*y*sically and sp*i*ritually, in b*o*dy and sp*i*rit
testedzés *n* ph*y*sical tr*a*ining/education
testes *a vk* stout, c*o*rpulent, p*o*rtly; *vm* bulky, large
testesed|ik *v* bec*o*me* stout, put* on weight, fill out
testestül-lelkestül *adv* with all one's heart and soul, (with) b*o*dy and soul; ~ **csinál vmt** put* one's heart and soul *i*nto it/sg
testetlen *a* b*o*diless, inc*o*rporeal, *e*thereal
testgyakorlás *n* ph*y*sical tr*a*ining, (gym-nastic) exercises *pl*, gymnastics *pl*; *(erőnléti)* keep-f*i*t (exercises *pl*); ~**t végez** take*/get* exercise, exercise
testhelyzet *n* (b*o*dy/b*o*dily) position; *sp (lövészet)* sh*o*oting position
testhezálló *a* **1.** *(ruhadarab)* close-fitting, sk*i*ntight, t*i*ght-fitting; ~ **trikó** leotard **2.** *(megfelelő)* cut out *(v.* made) for sy *ut.*, *a*fter one's own heart *ut.*
testhossz *n* (b*o*dy) length; **két** ~**al nyert** won by two lengths
testi *a* b*o*dily, ph*y*sical; ~ **épség** (good) health; **vigyázz** ~ **épségedre!** look *a*fter your health; ~ **erő** ph*y*sical strength, (phys-ical) f*i*tness; **jó** ~ **erő** ph*y*sical well-being; **jó** ~ **erőben van be*** in good cond*i*tion/ shape; ~ **fogyatékosság/hiba** ph*y*sical d*e*fect, def*o*rmity; ~ **örömök** c*a*rnal pleas-ures ⇨ **sértés**
testileg *adv* b*o*dily, in b*o*dy, ph*y*sically
testi-lelki *a* ~ **jóbarát** *i*ntimate/close/ b*o*som friend; ~ **jóllét** ph*y*sical/sp*i*ritual well-being

testmagasság *n* b*o*dy height
testmozgás *n* (ph*y*sical) *e*xercise
testnevelés *n* ph*y*sical educ*a*tion/tr*a*ining *(röv* PE, PT)
testnevelési *a* ~ **főiskola** school of phys-ical education
testnevelő tanár *n* ph*y*sical/PE/PT te*a*cher/instructor, *GB* gym te*a*cher
testőr *n* *ált* b*o*dyguard; *(a Towerben)* Yeoman° of the Guard, *biz* beefeater
testőrség *n* the Guards *pl*
testrész *n* part of the body
testsúly *n* b*o*dy weight; **mennyi a** ~**od?** how much do* you weigh?
testszín *n* flesh/sk*i*n colour *(US* -or)
testszínű *a* flesh/sk*i*n-coloured *(US* -or-)
testtartás *n* bearing, p*o*sture
testület *n* (c*o*rporate) b*o*dy, corpor*a*tion; **tanári** ~ te*a*ching staff; ~**ileg** in a b*o*dy
testvér *n* *(férfi)* br*o*ther; *(nő)* s*i*ster; ~**ek** *(fivér és nővér)* br*o*ther(s) and s*i*ster(s); **Péter és János** ~**ek** Peter and John are br*o*thers; **János és Mária** ~**ek** John and Mary are br*o*ther(s) and s*i*ster(s); **a Smith** ~**ek** the Smith br*o*thers *(ker* Smith bros.); **hány** ~**ed van?** how m*a*ny br*o*thers and s*i*sters do you have?
testvérgyilkos(ság) *n* fr*a*tricide
testvéri *a* fr*a*ternal, br*o*therly, s*i*sterly; ~ **szeretet** fr*a*ternal/br*o*therly/s*i*sterly affec-tion/love
testvériség *n* fraternity, br*o*therhood, s*i*sterhood
testvérpár *n* br*o*ther and s*i*ster *pl*
testvérváros *n* twin town/c*i*ty (of …)
tesz 1. *vt (cselekszik)* do*; **jól** ~**ed** you are* quite right; **azt** ~, **amit akar** he follows his own inclin*a*tion, (s)he does as (s)he pl*e*ases; **vmt** ~ **vk érdekében** do* sg in sy's *i*nterest *(v.* for sy); **mit tegyek?** what shall I do?, what am I to do?; **mit lehet/kell tenni?** what is to be done?; **nincs mit tenni** there is* n*o*thing to be done; there is* n*o*thing to do; **mit volt mit tennie** there was n*o*thing else to do; **tegyen, amit akar; tégy, ahogy akarsz** do what you like, do as you please, have it your own way; **tehet vmt** be* *a*ble to do sg, can* do sg; **nem tehetek egyebet/ mást, mint hogy** all I can do is …, I can't do *a*nything but, I can't do *o*ther than to …; **jobban tennéd, ha** … you had better [go etc.] **2.** *vt (helyez)* put*, place, lay*; **tegye az asztalra** put it on the t*a*ble; **ruhatárba** ~**i a kabátját** leave* one's coat in the cl*o*akroom; **igét múlt időbe** ~ put* a

verb *into* the past tense; **hova tetted a kulcsot?** where did you put the key?; **hová ~ed azt a sok pénzt?** what will you do with all that money?; **kettesbe ~i (a sebességet)** go*/shift *into* second (gear) **3.** *vt vmivé* make*, render; **boldoggá tette** made* him happy **4.** *mat* = **kitesz 5.** *vt (jelent)* **mit ~ „kutyagumi" angolul?** what is the English for "kutyagumi"?; **nem ~ semmit!** never mind!, (it) doesn't matter! **6. ~em azt** supposing, (let us) say, for example **7.** *vt (vmre kártyán stb.)* stake, lay*/put* [money] on; **~ egy lóra** back a horse, bet* on a horse; **100 Ft-ot ~ a favoritra** stake/bet* 100 fts on the favourite (*US* -or-) **8.** *vt (időben)* **a főpróbát hétfőre tették** (1) *(kitűzték)* the dress rehearsal was* fixed/arranged for Monday (2) *(elhalasztották)* the dress rehearsal was postponed till (*v.* put back to) Monday **9.** *vi* **ugyanúgy ~ do*** the same, do* likewise; **tégy, ahogy tetszik** do as you please/like **10.** *vi vmről* help; **hát tehetek én róla?** is that my fault?, how could I help it?; **ki tehet róla?** whose fault is* it?; **nem tehetek róla** I can't help it, it's not my fault; **majd ~ek róla!** leave that to me, I'll see to it **11.** *vi (színlel)* **úgy ~, mintha ...** (s)he pretends to [be, do sg etc.], make* as if/though, sham sg; **úgy ~, mintha beteg lenne** he is shamming illness; **úgy ~, mintha nem venne észre vmt** turns a blind eye to sg ⇨ **jó II., kitesz, tehető**

teszt *n* *ált* test; multiple-choice test; **a ~et sikeresen kitöltötte, sikerült a ~je** (s)he passed the test; **nem sikerült a ~(je)** (s)he failed the test; **~et irat** test [one's students] on [their French etc.], test [the children] in [geography etc.]

tészta *n* **1.** *(sült, édes)* cake, pie, pastry; **~k** *(étlapon)* sweets **2.** *(száraz)* (dried) pasta; *(kifőtt)* *ált* pasta; *(cérnametéltből)* vermicelli; *(vastagabb)* spaghetti; *(egyéb)* pasta; noodles *pl*, dumplings *pl* **3.** *(nyers)* (pasta/noodle) dough, batter

tesztel *v* test

tesztkérdés *n* multiple-choice question

tesztlap *n* test(-sheet) ⇨ **feladatlap**

tesztvizsga *n* multiple-choice exam/test; **sikeresen leteszi a ~t** pass the (multiple-choice) test/exam

tesz-vesz *v* **1.** *(lassan tevékenykedik)* potter (*US* putter) around **2.** *(sürög-forog)* busy

tét *n* *(játékban)* stake, amount staked; **nagy a ~** there is a lot at stake

tetanusz *n* tetanus

tetejébe *adv* *biz* to crown/cap it all, on top of it all ⇨ **tető**

tétel *n* **1.** *tud (főleg mat)* theorem; *fil (és ált)* proposition; *vall* **Luther 95 ~e** Luther's 95 propositions **2.** *isk* ⇨ **érettségi tételek 3.** *zene* movement **4.** *ker* **egy ~ben** in bulk; **nagy ~ben** in bulk, in large amounts/quantities; **kis ~ben** in small amounts/lots **5.** *(ált felsorolásban)* item; *(könyvelési stb.)* item, entry; *(költségvetési)* head(ing), section; **a 3-as ~** item number (*v.* No.) 3, the third item

tételes *a* **1. ~(en felsorolt)** itemized, listed; **~ felsorolás** itemized account **2. ~ jog** statutory/written law; **~ vallás** dogmatic religion **2. három~ szimfónia** symphony in three movements

tételszám *n* reference (number), item/entry number; **a 3-as ~** item No. 3, the third item

tetem *n* *(emberi)* corpse, (dead) body; *(állaté)* carcass

tetemes *a* considerable, large, sizeable

tetemnéző *n* morgue

tetet *v* **tétet** *v.* **1.** *(csináltat)* have* sg done/made, cause sy to do sg; *(helyeztet)* have* sg put/placed swhere; **gumisarkot ~ a cipőjére** have* rubber heels put on one's shoes **2.** = **tettet**

tetéz *v* *átv* add to; **ez ~i nehézségeinket** this adds to our difficulties; **ez csak ~te a bajt** this only made things worse; **hibáját azzal ~te** after his blunder he crowned it all by

tétlen *a* inactive, idle

tétlenked|ik *v* idle (about/around)

tétlenség *n* idleness, inactivity

tétlenül *adv* idly; **nem nézheti ~** he can't just sit back and watch (*v.* do nothing), he can't watch from the side lines

tétmérkőzés *n* *kb.* a decisive match

tétova *a* hesitant, hesitating, half-hearted, irresolute

tetovál *v* tattoo *(alakjai: tattoos, tattooed, tattooing)*

tetoválás *n* tattoo(ed design), tattooing

tétovázás *n* hesitation, indecision; **minden ~ nélkül** without (the slightest) hesitation, without a moment's hesitation

tétováz|ik *v* hesitate, be* hesitant (about), vacillate, waver

tétovázó *a* hesitating, hesitant, wavering

tető *n* **1.** *(házé)* roof, (house-)top; *(autóé)* roof, top; *(ládáé, bőröndé)* lid, top; **nyitható ~** *(autóé)* sliding roof; **~ alá hoz vmt** bring* [sg, a project etc.] to a successful conclusion, complete sg; **a ~n dolgoznak!**

(felirat) men working overhead **2.** *(legmagasabb pont)* top, summit; *(hegyé)* peak; *(fáé, létráé)* top; *vmnek* **a tetején van** it's on the top, it's on top of sg; **a hegy tetején** at the top of the hill, on the hill-top; **tedd a tetejére** put it on top of [the *other* books etc.]; **tedd a csomagokat a ~re** *(autóra)* put the luggage on top (*v.* on the roof rack); **feljut a ~re** *(hegyre)* get* (up) to the top of the hill/mountain; **tetejétől az aljáig** from top to bottom; **~től talpig** from top to toe, from head to foot **3.** *biz (vmnek a tetőfoka)* pitch, summit; **ez mindennek a (*v.* a szemtelenség) teteje** that's the limit, it's the last straw, this is the ne plus ultra of insolence **4.** *biz* **ennek nincs (semmi) teteje** *(= értelme)* there is no sense in it, there is no point [in doing sg] ⇨ **tetejébe**

tetőablak *n* skylight
tetőantenna *n* roof aerial
tetőcsatorna *n* gutter(ing)
tetőcserép *n* tile
tetőcsomagtartó *n* roof rack
tetőfedés *n* roofing, tiling
tetőfedő *n* roofing contractor, roofer, tiler, slater
tetőfok *n* pitch, peak, summit; **az izgalom ~án** at fever pitch; **a dicsőség ~án** at the height of his fame, in his heyday; **~ára hág** *(izgalom, érdeklődés)* rise* to fever pitch, reach a/its climax
tetőpont *n* high(est) point, culmination, height, summit, peak, top; *(pályafutásé stb.)* peak, high-water mark; **sikerei ~ján visszavonul** retire at the top; **a munkanélküliek száma elérte ~ját** the number of (people) unemployed has reached (*v.* is at) an all-time high
tetőszerkezet *n* roof
tetőterasz *n* roof garden/terrace
tetőtér-beépítés *n* *(kialakítás)* building a room (*v.* rooms) in the loft; converting the loft into an attic (*v.* US a garret); *(a lakás)* a converted loft [an attic *v.* US garret]
tetőz|ik *v* culminate; **a Duna Mohácsnál ~ik** the Danube reaches its highest point at Mohács
tetraéder *n* tetrahedron *(pl* -hedra)
tetszeleg *v* *(tükör előtt)* admire oneself; *(vmlyen szerepben)* set* up as/for sg
tetszelgő *a* affected, mincing; *(vmlyen szerepben)* self-satisfied, pleased with oneself *ut.*
tetszeni vágyás *n* desire to please (*v.* to make an impression)

tetszés *n* **1.** approval, appreciation, satisfaction; *vk* **~e szerint** as sy wishes, at sy's discretion, at will; **~ére bízom** I leave* it to you (*v.* to your discretion); **elnyeri vk ~ét** gain/win* sy's approval, please/impress sy; **~ét nyilvánítja** express one's approval, show one's appreciation; **~t arat** meet* with success, be* successful **2.** **~ szerint** at will, at sy's pleasure/discretion, as you please/wish; *(amennyit csak akar/akarsz)* [take] as much/many as you please; *(ha jónak látja)* if you think it advisable/proper/ fit; **~ szerinti** optional, discretional, any, no matter how/when etc.; **~ szerinti mennyiség** any amount (of)
tetszésnyilvánítás *n* *(tapssal)* applause
tetszetős *a* attractive, appealing
tetszhalál *n* suspended animation
tetszhalott *a/n* seemingly dead, in a state of suspended animation *ut.*
tetsz|ik *v* **1.** **~ik vknek vm/vk** sy likes sg/sy; *(vmlyen produkció)* sy enjoys sg; **(nagyon) ~ik nekem** *vm* I like it (very much *v.* a lot); *vk* I really like him/her, I have really taken to him/her; **hogy ~ik (neked) a ...?** how do you like ...?, what do you think of ...?; **tetszett** *(a hangverseny stb.)*? did you like/enjoy [the concert etc.]?; **hogy ~ik az új munkahelyed/állásod?** how do you like (*v.* how are you enjoying) your new job?; **nekem a barnák ~enek** I like (*v.* go for) dark-haired girls (*v.* brunettes), dark-haired girls appeal to me; **nem ~ik nekem a ...** I don't like ..., I don't care for ..., I dislike ...; **egyáltalán nem ~ik** *vm* I don't like it at all (*v.* one little bit); *vk* I don't like the look of him; **nem ~ett a Don Giovanni X rendezésében** I didn't like X's production of D. G.; **ahogy ~ik** as you like, (do) as you please; **nagyon ~el neki** he is (*v.* he seems to be) greatly taken with you; **..., ha (úgy) ~ik, ...,** if you like/wish ...; **akár ~ik, akár nem** (whether you etc.) like it or not, *biz* like it or lump it; **nem ~ik nekem ez az ügy** I don't like this one bit; *(erősebben)* I smell a rat; *(ebben az egészben)* **az nem ~ik, hogy** what sticks in my throat/ gullet is that **2.** *(udvariassági kifejezések)* **mi ~ik?** *(üzletben stb.)* what can I do for you?, can I help you?; **~ik már kapni?** are you being served?; **~ik egy cigarettát?** (would you care for) a cigarette?; **mit ~ik keresni?** what are you looking for?; **hogy ~ik lenni?** how are you getting on?; **nem ~ik leülni?** please won't you sit down?

3. *(látszik)* seem, appear, look; **nekem úgy ~ik, hogy** it seems/appears (to me) that
tetszőleges *a* = **tetszés** *szerinti*
tett *n* **1.** *ált a*ction, act; **a ~ek embere** man° of action; **~en ér vkt** catch* sy in the (very) act, catch* sy red-handed; **~re kész** determined, ready to act *ut.* **2.** = **bűncselekmény**
tettenérés *n* catching sy in the act *(v.* red-handed)
tetterő *n* energy, force, vigour *(US* -or)
tetterős *a* dynamic, energetic, active
tettes *n* perpetrator [of a crime], culprit; **ki a ~?** who did it?
tettestárs *n* accomplice
tettet *v* pretend (to ... *v.* that), sham, feign (sg), put* sg on; **betegséget ~** sham/feign illness; **~i magát** be* play-acting, be* pretending/shamming
tettetés *n* pretence, shamming, putting it on
tettetett *a* feigned, sham, pretended; *(modoros)* affected, *US* put-on
tetthely *n* scene of the crime
tettleg *adv* **~ bántalmaz vkt** assault sy, commit* an assault on sy
tettleges *a* **~ bántalmazás** assault (and battery)
tettlegesség *n* assault (and battery), violence; **~re került sor, ~ig fajult a dolog** there was resort to violence, they came to blows
tettrekészség *n* readiness to act ⇨ **tetterő**
tettvágy *n* desire to act, thirst for action, energy
tetű *n* louse°; **lassú, mint a ~** go at a snail's pace
tetves *a* lousy, covered with lice *ut.; (haj)* nitty
tetvesség *n* lousiness
tetvészked|ik *v* search/hunt for lice (on oneself)
tetvetlenít *v* delouse
teve *n* camel ⇨ **egypúpú, kétpúpú**
tévé (tv) *n* = **televízió; közvetíti a ~, mi megy a ~ben?, nézi a ~t** *stb.* ⇨ **televízió; holnap szerepel a ~ben** X is going on television tomorrow
tévéadás *n* television/TV broadcast; *(műsor)* television programme *(US* -am); **reggeli ~** *GB* TV-am
tévéadó *n* → **tv-adó**
tévéantenna *n* TV/television aerial *(US* antenna)
tévébemondó *n* television/TV announcer

téved *v* **1.** *(hibázik)* be* mistaken/wrong, make* a mistake, err; **ha nem ~ek** if I am not mistaken; **~ni emberi dolog** to err is human **2.** *(számításban)* be* out in [one's calculations]; **10 Ft-tal ~** (s)he is/was 10 fts out **3.** *(véletlenül vhová)* stray swhere, go*/get* swhere by mistake
tévedés *n* **1.** *ált* error, mistake, fault; **~ből** by mistake; *(figyelmetlenségből)* through an oversight; **~t követ el** make* a mistake, err **2.** *(számításban)* miscalculation, error
tévedhetetlen *a* infallible, unerring
tévéelőfizető *n* → **tv-előfizető**
tévéfilm *n* (made-for-)television film, TV film
tévéhíradó *n* → **tv-híradó**
tévéjáték *n* **1.** *(színdarab)* television/TV play **2.** *(video)* video game
tévékamera *n* TV camera
tevékeny *a* active, busy, brisk
tevékenyked|ik *v* be* active, be* busy
tevékenység *n* activity, work, function
tévékészülék *n* television (set), TV (set), *biz* telly
tévéközvetítés *n* television/TV broadcast, telecast
tévelyeg *v* err, stray, deviate
tévelygés *n* erring, straying; *(elviekben)* deviation
tévéműsor *n* television/TV programme *(US* -am)
tévéműszerész *n* = **tévészerelő**
tévénéző *n* viewer
tévéreklám *n* commercial, TV ad(vertisement)
tévériporter *n* TV reporter
téves *a* *(hibás)* wrong, mistaken; *(nézet)* erroneous; *(pontatlan)* inaccurate; **~ kapcsolás/szám** wrong number; **~ számot hívott, ~ kapcsolás (azt hiszem)** (I think) you've got the wrong number
tévés *n* *biz* *(a tévé munkatársa)* one who works/is in television
tévesen *adv* by mistake, wrongly, falsely; **~ ítéli meg a helyzetet** misjudge the situation; **~ informál** misinform (sy)
tévésorozat *n* television/TV series
tévéstúdió *n* television/TV studio
tévészerelő *n* TV mechanic/engineer, repair man°
téveszme *n* erroneous belief, misconception, delusion
teveszőr *n* camelhair
téveszt *v* **célt ~** (1) *konkr* miss the target/mark (2) *átv* be* wide of the mark; *(terv stb.)* come* (badly) unstuck; **pályát ~** miss/mis-

take* one's vocation; **szem elől** ~ *vkt, vmt* lose* sight of (sy/sg)

tévézés *n* watching television/TV

tévéz|ik *v* watch television/TV; **sokat** ~**ik** (s)he watches a lot of television/TV

tévhit *n* delusion, misconception, false belief; **abban a** ~**ben él, hogy** he is under the delusion that

tevőleges *a* active, positive

tévtan *n* false doctrine; *vall* heresy

tévút *n* *átv* error, aberration; ~**ra vezet/** **visz vkt** lead* sy astray, mislead* sy

texasi *a/n* Texan

textil *n* textile

textilanyag *n* textile material

textiláru *n* textile fabrics/goods/materials *pl*

textilipar *n* textile industry

textilipari termék *n* = **textiláru**

tézis *n* proposition; **az értekezés** ~**ei** abstract of the thesis *sing.*, the main points of the thesis

Thaiföld *n* Thailand

thaiföldi *a/n* Thai; *(ember)* Thai(lander)

ti *pron* **1.** you; ~ **magatok** you yourselves **2.** *(birtokos)* your; *(régen és vall)* thy, *(magánhangzó, ill. 'h' előtt:)* thine; **a** ~ **kocsitok** your car

ti. = *tudniillik (azaz)* that is, i.e. *v.* ie; *(nevezetesen)* namely, viz. *v.* viz

Tibor *n* ⟨Hungarian masculine given name⟩

tied, tieid, tie(i)tek *pron* yours; **ez a ház a tietek?** is this house yours?

tífusz *n* **1.** *(hastífusz)* typhoid (fever) **2.** **kiütéses** ~ typhus, spotted fever

tífuszjárvány *n* typhoid epidemic

tífuszoltás *n* TAB vaccination

tífuszos *a* ~ **beteg** typhoid patient

tigris *n* tiger

tikkadt *a* parched, faint

tikkaszt *v* parch

tikkasztó *a* sweltering, sultry, parching

tilalmi *a* ~ **idő** *(vadászatban)* close (*US* closed) season; ~ **jelzőtábla** prohibitive/ prohibitory sign

tilalom *n* prohibition; **kiviteli** ~ embargo ⇨ **vadászati**

tilde *n* *(szótárban)* swung dash; *(spanyolban stb.)* tilde

tilinkó *n* flute, (shepherd's) pipe

tilos I. *a* (be*) forbidden/prohibited, (be*) not allowed/permitted; ~ **a dohányzás** no smoking, smoking is prohibited/forbidden; **a fűre lépni** ~ keep off the grass; ~ **az átjárás** no thoroughfare; **az átjárás büntetés terhe alatt** ~ trespassers will be

prosecuted; **(idegeneknek) belépni** ~ no admittance/entry, keep out, "private" **II.** *n* ~**ban jár** trespass; ~**ban vadászik** poach on sy's property; ~**ra állított szemafor/jelző** signal at danger

tilt *v* prohibit, forbid*; **a lelkiismeretem** ~**ja** it goes* against my conscience

tiltakozás *n* protest; ~**át bejelenti** make*/ lodge a protest *(vknél* with sy, *vm ellen* against sg)

tiltakoz|ik *v* *vm ellen* protest against sg, make*/lodge a protest against sg; *US* protest sg [e.g. the war]

tiltakozó I. *a* protesting, protest-, of protest *ut.*; ~ **nagygyűlés** mass demonstration/ protest against sg; ~ **jegyzék** note of protest; ~ **menet** protest march **II.** *n* protester

tiltó *a* prohibitory, prohibitive; ~ **rendelet** prohibitive decree/order; ~ **vám** prohibitive duty

tiltószó *n* negative particle/word

tiltott *a* forbidden, prohibited, illicit, unlawful; ~ **áruk** prohibited goods; ~ **áruk listája** prohibited list; ~ **eszközök** illicit means; ~ **fegyverviselés** illegal possession of fire-arms; ~ **gyümölcs** forbidden fruit; ~ **műtét** criminal abortion

tímár *n* tanner

timföld *n* aluminous earth, aluminium (*US* aluminum) oxide

timpanon *n* épít tympan(um)

timsó *n* **1.** *vegy* alum **2.** *(borotválás utánra)* shaving block; *(rúd)* styptic pencil

tincs *n* curl, lock, ringlet

tinédzser, tini *n* biz teenager

tinó *n* young bullock/ox°

tinta *n* **1.** ink; ~**val ír** write* in ink **2.** □ = pia

tintaceruza *n* indelible pencil

tintafolt *n* ink-blot/stain

tintahal *n* **1.** *áll* cuttlefish, sepia, squid **2.** *átv* *biz (alkoholista)* a (hard) drinker

tintaradír *n* ink eraser/rubber

tintás *a* inky, blotted

tintásüveg *n* ink-bottle

tintatartó *n* inkstand

tipeg *v* waddle; *(gyerek)* toddle

tipegő *n* *(kezeslábas)* crawlers *pl*, rompers *pl*

tipeg-topog *v* toddle about

tipikus *a* typical, characteristic

tipli *n* **1.** *(falba)* (wall) plug **2.** *(fejen)* lump, bump

tipográfia *n* typography

tipográfiai *a* typographical; ~**lag** typographically

tipor *v* trample (down) sg, tread* on sg, trample/tread* sg underfoot; **lábbal** ~ tread*/trample underfoot

tipp *n biz* tip, hint, pointer

tippel *v biz* give* sg a tip/pointer; **mire** ~**sz?** what is your tip/guess?

tippszelvény *n* pools coupon

tipród|ik *v* pace up and down agitatedly

típus *n* type, category

típusáru *n* utility goods *pl*

típusbútor *n* utility (v. High-Street) furniture

típusterv *n* standard design

Tiszántúl *n* ⟨Hungarian territory east of the River Tisza⟩, *kb.* Trans-Tiszanian region

tiszántúli *a* trans-Tiszanian, east of the River Tisza *ut.*

tiszavirág-életű *a* ephemeral, evanescent, short-lived

tiszt *n* **1.** *kat* officer **2.** *(sakkban)* ~**ek** major pieces, chessmen **3.** *(hivatali hatáskör)* office, function, duty

tiszta I. *a* **1.** *(nem piszkos)* clean; *(vkről, tisztaságszerető)* cleanly, always clean; ~ **ruha** clean clothes *pl;* ~ **papír** a clean piece of paper; **nem** ~ unclean, impure **2.** *(vmtől mentes, megtisztított)* clear; *(nem kevert)* pure, unadulterated; ~ **acél** solid steel; ~ **alkohol/szesz** (neat/pure) alcohol; ~ **fém** pure/unalloyed metal; ~ **levegő** clean/pure air; ~ **víz** *(átlátszó)* clear/limpid water; *(iható)* clean/drinking water; **öntsünk** ~ **vizet a pohárba** let us speak plainly, let's clear the air, let's get things straight **3.** *(világos és átv)* clear; *(érthető)* clear, plain; *(félreérthetetlen)* clear-cut; **beszéd** plain speaking; ~ **ég** clear/cloudless sky; ~ **fejjel ébred,** ~ **a feje** his/her head is (quite) clear; ~ **fejű** clear-headed; ~ **hang** clear/pure sound; ~ **hangköz** perfect interval; ~ **idő** a bright (sunny) day **4.** *(nem bonyolult; rendezett)* ~ **eset/dolog** straightforward case/matter; ~ **helyzetet teremt** clear the ground/way; ~ **igazság** naked/simple/plain truth; ~ **ügy** plain sailing **5.** *(erkölcsileg)* pure, innocent, virtuous; ~ **erkölcs** high moral/ethical standards *pl;* ~**ra mos vkt** clear sy [of a charge], *biz* get* sy off **6.** *ker* net, clear; ~ **bevétel** net proceeds *pl;* ~ **nyereség** clear profit/gain, net/clear profit; ~ **súly** net weight **7.** *(fokozó szóként : merő)* sheer, nothing but ...; ~ **hazugság** downright lie; ~ **hülye** a total/perfect idiot; ~ **meztelen** stark naked; ~ **őrület** sheer folly/madness; ~ **véletlen** mere/pure chance; ~ **víz**

volt az inge his shirt was wringing wet II. *n* **1.** *(tiszta ruha)* clean clothes *pl; (női így is)* clean dress; *(alsó)* clean underwear; ~**t vesz/vált** get* changed (v. change) (into clean clothes); ~**ba tesz** *(csecsemőt)* change the baby('s nappy v. US diaper); ~**ba tevés** nappy change **2.** ~**ban van vmvel** be* (fully/quite) aware of sg, be* alive to sg; **teljesen** ~**ban vagyok azzal, hogy** I am fully aware that ..., I fully appreciate (the fact) that ...; **nincs** ~**ban azzal, hogy** he doesn't exactly know whether ... ⟹ **haszon, sor 7.**

tisztálkodás *n* washing, grooming; *(toalett)* toilet

tisztálkod|ik *v* wash, get* tidied up, have* a wash (and brush up)

tisztán *adv* **1.** *(nem piszkosan)* cleanly, cleanlily, neatly; ~ **tart vkt/vmt** keep* sy/sg clean **2.** **(kérek) két whiskyt** ~ two neat whiskies, please; *US* two straight whiskies, please **3.** *(világosan)* clearly; **nem lát** ~ he does* not see clearly, he does* not see his way; **lát(ja a helyzetet)** see* clearly, be* clear-sighted; ~ **látó** clear-sighted **4.** *biz (csak, pusztán)* merely, purely (and simply), only, entirely **5.** *ker* clear, net; **hozott neki** ~ **1000 forintot** it netted/brought* him a clear 1,000 forints **6.** ~ **beszél** speak* clearly/distinctly; ~ **énekel** sing* in a clear/pure voice

tisztára *adv biz (teljesen)* completely, wholly, utterly, entirely; ~ **csak (vmért)** merely because of; **ez** ~ **csak formaság** (it is*) a mere formality, it is* just a formality; **ez** ~ **lehetetlen** that is* absolutely impossible ⟹ **tiszta I. 5.**

tisztás *n* clearing, glade

tisztaság *n* **1.** *konkr* cleanness, cleanliness **2.** *(gondolkodásé, beszédé)* clarity **3.** *(erkölcsi)* pureness, purity

tisztát(a)lan *a* **1.** *konkr* impure, unclean, foul **2.** *átv* unclean

tisztáz *v* **1.** *(kérdést, ügyet)* clear (up), make* sg clear; *(helyzetet)* clarify; *(megvilágít)* elucidate, clarify; *(megállapít)* ascertain **2.** *(személyt vm alól)* clear (sy of sg); *(viselkedést, cselekedetet)* justify; ~**za magát** clear oneself

tisztázás *n (kérdésé, ügyé)* clearing up

tisztázat *n* fair copy

tisztázatlan *a (nincs felderítve)* unclarified, not cleared up *ut.,* not made clear *ut.*

tisztázód|ik *v (ügy rejtély)* be* cleared up

tisztel *v (tiszteletben tart)* respect, esteem, think* highly of (sy)

tiszteleg *v* **1.** *kat* sal*u*te; **fegyverrel** ~ present arms; **zászlóval** ~ lower the colours (*US* -ors) **2.** *vknél* pay* one's respects to **3.** *(vk/vm előtt)* bow before sy/sg; ~ **vk emléke előtt** pay* tr*i*bute to sy
tisztelendő *a* reverend; ~ **úr** Reverend (X)Y
tisztelet *n* **1.** *(megbecsülés)* respect, est*ee*m; ~**em jeléül** as a mark/token of my respect; ~**ben áll** be* respected (by), be* held in (the greatest) respect (by); ~**ben tart** (1) *vkt* respect sy, have* respect for, hold* (sy) in respect, hold* sy in (high) est*ee*m (2) *vmt* respect (sg), show* respect for (sg); **Ön iránti** ~**ből** out of respect for you; ~**re méltó** respectable, h*o*nourable (*US* -or-), worthy of respect *ut.*, *(idős)* venerable; **vk** ~**ére** in h*o*nour (*US* -or) of sy; ~**et parancsol** command respect; ~**tel van vk iránt** respect sy, have* (a) great regard for sy, hold* sy in high (*v.* in the greatest) respect/regard; ~**tel adózik vk emlékének** pay* tr*i*bute to the memory of, pay* homage to [the genius/talent of sy] **2.** *(udvariassági kifejezésekben)* **(kérem,) adja át** ~**emet** remember me (kindly) to, give* my respects/compliments to; ~**ét teszi vknél** pay* one's respects to; ~**tel közlöm/értesítem** I beg to inform you, I have the honour to inform you; **mély** ~**tel** I am, Sir, yours very tr*u*ly; **(őszinte)** ~**tel** *(ismeretlen személynek szóló, ill. hiv. levél végén)* yours tr*u*ly/faithfully; *(ismerősnek)* yours sincerely; ~**tel (v.** ~**e jeléül) a szerző** with the a*u*thor's c*o*mpliments
tiszteletadás *n* **1.** ~ **vk emlékének** homage/tribute to sy's memory (*v.* to the memory of sy) **2.** = **tisztelgés 1.**
tiszteletbeli *a* honorary; ~ **tag** honorary member
tiszteletdíj *n* *(szerzői)* royalty; *(orvosnak, ügyvédnek stb.)* fee(s)
tiszteletes *a* *(protestáns szóhaszn.)* **1.** *(megszólításban)* ~ **úr** ... Mr. *(és vezetékneve)*, *pl.* Mr. Kovács; *(megszólításban lehet így is:)* the Rev. Mr. (*v.* Dr) Smith *(de sohasem:* the Rev. Smith!) **2.** *(címzésben)* the Reverend *(röv.* Rev.) *(és teljes neve)*, *pl.* the Rev. John Smith, the Rev. István Varga etc.
tiszteleti *a* = **tiszteletbeli**
tiszteletkör *n* lap of honour (*US* -or)
tiszteletlen *a* disrespectful
tiszteletlenség *n* disrespect
tiszteletpéldány *n* complimentary/free/presentation copy

tiszteletreméltó *a* → **tisztelet 1.**
tiszteletteljes *a* respectful; ~ **üdvözlettel** = **őszinte tisztelet***tel*; **adja át** ~ **üdvözletemet** present my respects
tisztelettudó *a* respectful
tisztelgés *n* **1.** *kat* saluting, salute **2.** *vknél* paying one's respects (to)
tisztelő *n* adm*i*rer, devot*ee*; **vk** ~**je** sy's adm*i*rer/devot*ee*
tisztelt *a* ~ **barátom** my dear friend; *(szokásosabb azonban ez a megszólítás:* Dear John etc.); ~ **hallgatóim/közönség!** Ladies and gentlemen!; **(igen)** ~ **kollégám!** *(bíróságon)* my learned friend; **(mélyen)** ~ **elnök úr!** Mr. President; *(konferencián)* Mr. Chairman; **T**~ **Uraim!** *(levélben)* Dear Sirs, *(US így is)* Gentlemen
tiszteltet *v* *vkt* send* one's regards/respects to sy; ~**em a bátyját** give* your brother my kind regards
tisztesség *n* **1.** *(megbecsülés)* honour (*US* -or); **nagy** ~ **ez rájuk nézve** it/this does them great credit, it/this is greatly to their credit **2.** *(becsületesség)* honesty, probity
tisztességérzet *n* sense of decency/honour (*US* -or)
tisztességes *a* **1.** *(becsületes)* honest, decent; *(korrekt)* h*o*nourable (*US* -or-), fair; ~ **eljárás** square deal, fair play; ~ **szándék** h*o*nourable (*US* -or-) intention(s); **remélem,** ~**ek a szándékai** I hope your intentions are honourable; **nem** ~ dish*o*nest, unfair **2.** *biz (meglehetős)* decent; ~ **bér** decent wage; ~ **fizetés** fair/respectable salary
tisztességtelen *a* **1.** *(becstelen)* dishonest; ~ **ajánlatot tesz** *(nőnek)* make* (improper) advances (to) **2.** *ker* unfair; ~ **eljárás** foul play, sharp/corr*u*pt practice, *biz* a dirty trick; ~ **úton** dishonestly, by unfair means; ~ **verseny** unfair competition
tisztességtudó *a* respectful, deferential; *(gyerek)* dutiful
tiszthelyettes *n* non-commissioned officer
tiszti *a* **1.** *kat* officer's; ~ **étkezde** the officer's mess; ~ **küldönc** orderly, batman°, aide-de-camp **2.** *hiv* official; ~ **főorvos** † chief medical/health officer
tisztikar *n* **1.** *kat* staff of officers
tisztiorvos *n* † *kb.* [mun*i*cipal] medical/health officer
tisztít *v* **1.** *ált* make* (sg) clean, clean, cleanse; *(cipőt)* clean, brush; *(ruhát)* clean; *(vegyszeresen)* dry-clean; *(fogat)* brush, clean **2.** *(babot, borsót)* shell; *(baromfit)*

clean, dress; *(zöldséget)* clean **3.** *(orv bele-
ket)* purge
tisztítás *n ált* cleaning
tisztító *n (üzem)* cleaner's; *(vegytisztító)*
dry-cleaner('s)
tisztítószer *n* detergent
tisztított *a* ~ **baromfi** dressed poultry; ~
zöldség cleaned vegetables *pl*
tisztítótűz *n* purgatory
tisztképző *n* military college/academy
tisztogat *v* **1.** *konkr* clean, cleanse **2.** *pol*
clean up, purge *(vmtől* of)
tisztogatás *n* **1.** *konkr* cleaning, cleansing
2. *pol* clean-up, purge; **alapos** ~**t vé-
gez/csinál** carry out a purge *(v. biz* a shake-
-up)
tisztség *n* office, function
tisztségviselő *n* official, office-holder,
functionary; *(magasabb)* executive
tisztul *v* **1.** *ált* become* clean, purify; *(folya-
dék)* (become*) clear, clarify **2.** *(ég)* clear;
(időjárás) clear up
tisztulás *n* purification
tisztviselő *n (állami)* civil servant; *(irodai)*
clerk; *(alkalmazott)* employee **tisztség-
viselő**
TIT = *Tudományos Ismeretterjesztő Társulat*
Society for the Dissemination of the Sciences
titkár *n* secretary; **személyi** ~ private sec-
retary; **az igazgató** ~**a** (private) secretary
to the (managing) director
titkárnő *n* secretary
titkárság *n* secretariat; *(kisebb)* general
office
titkol *v* hide*, conceal; **nem** ~**ja** make* no
secret of; ~**t** secret, covert, hidden
titkolódzás *n* secret-mongering
titkolódz|ik *v* be* secretive, assume an air of
secrecy, keep* things secret/back
titkon *adv* secretly, in secret; *(lopva)*
stealthily
titkos *a ált* secret; *(rejtett)* hidden, con-
cealed; *(illegális)* clandestine; ~ **ajtó** secret/
hidden door; ~ **fiók** hidden drawer; ~
pillantás stolen/furtive glance/look; ~
szavazás secret ballot; ~ **szövetség**
secret pact/alliance; ~ **tanácsos** Privy
Councillor; ~ **telefonszám** ex-directory
(v. US unlisted) (telephone) number; ~
ügynök secret agent; ~ **zár** combination/
safety lock
titkosrendőr *n* detective, plain-clothes *(v.
secret)* policeman°
titkosrendőrség *n* secret police
titkosság *n* secrecy; **a szavazás** ~**a**
secrecy of the ballot, the secret ballot

titok *n* **1.** *ált* secret; ~**ban** in secret; *(lopva)*
stealthily; **a legnagyobb** ~**ban** in stric-
test confidence; ~**ban tart vmt** keep* sg
secret/private; **a kísérlet eredményei-
nek** ~**ban kell maradniuk** the results of
the experiments must remain a secret; **titkot
tart** keep* a secret, *biz* keep* mum; **tudsz
titkot tartani?** can you keep a secret?;
nem csinál titkot belőle make* no
secret of … **2. a természet titkai** the
secrets of nature **3.** *(műfogásé)* trick; **rájön
a titkára, megtalálja a titkát** find* out
the secret, get* the hang of sg ⇨ **gyártási**
titoktartás *n* secrecy, discretion; **a legszi-
gorúbb** ~ **mellett** in strict confidence
titoktartó *a* discreet; *kif* one's lips are sealed
titokzatos *a* mysterious
titokzatoskod|ik *v* be* (so) mysterious
titulál *v* = **címez/nevez vmnek**
tivornya *n* bacchanal, revelry, orgy
tivornyáz|ik *v* carouse, revel, have* an orgy
tíz *num* ten; **a** ~ **ujjamon el tudom szá-
molni** I can count them on the fingers of one
hand *(v.* two hands); **mintha** ~**ig sem
tudna számolni** he looks as if butter
would not melt in his mouth
tized *n* **1.** *(rész)* tenth (part) **2. három
egész öt** ~ **(3,5)** three point five *(írva:* 3.5)
3. *(adó)* tithe
tizedel *v* decimate
tizedes I. *a* decimal; ~ **tört** decimal frac-
tion **II.** *n* **1.** *kat* corporal *(röv* corp.) **2.** *mat*
decimal
tizedesjegy *n* decimal; **öt** ~ **pontosságú**
correct to five places of decimals
tizedesvessző, -jel *n* decimal point
tizedik I. *num a* tenth; **minden** ~ every
tenth (one), one in ten; ~ **évében van**
(s)he is coming up to ten **II.** *n* ~**e** *(10-e)* the
10th of [May etc.]; **május 10-én** on the
10th of May, on 10(th) May, *US főleg:* on
May 10(th)
tizedrész *n* = **tized**
tizedszer *adv* **1.** *(ismétlődés)* for the tenth
time **2.** *(felsorolás)* tenthly
tízen *num adv* ten (of us/you/them)
tizenegy *num* eleven; **a magyar** ~ *sp* the
Hungarian team/eleven
tizenegyes *n sp* penalty (kick); ~**t rúg**
take* the penalty (kick); ~ **pont** penalty
spot
tizenéves I. *a* teenage [fashions, boy etc.]
II. *n* teenager
tizenharmadik *num a* thirteenth
tizenhárom *num* thirteen
tizenhat *num* sixteen

tizenhatod (hangjegy) *n* semiquaver, *US* sixteenth note
tizenhatodik *num a* sixteenth
tizenhatos *a/n sp* ~ **(vonal)** the 18 yard line; **a** ~**on belül** with*in* the penalty *a*rea
tizenhét *num* seventeen
tizenhetedik *num a* seventeenth
tizenkét *num* twelve
tizenkétfokú *a zene* twelve-tone, dodecaphonic
tizenkettedik *num a* twelfth; **a** ~ **órában** at the el*e*venth hour
tizenkettő *num* twelve
tizenkilenc *num* nineteen; **(az) egyik** ~**, (a) másik egy híján húsz** (it's) six of one and half a dozen of the *o*ther, (there's) not much to choose between them
tizenkilencedik *num a* ninet*e*enth
tizennégy *num* fourteen
tizennegyedik *num a* fourteenth
tizennyolc *num* eighteen
tizennyolcadik *num a* eighteenth
tizenöt *num* fifteen; **csak** ~ **éven felüli-eknek** *(moziban)* no persons un*d*er 15 years adm*i*tted
tizenötödik *num a* fifteenth
tízes I. *a* ~ **szám** number ten; ~ **szoba** room (n*u*mber) ten (*í*rva: room No. 10, room 10); ~ **busz** bus number ten, bus (No.) 10, the n*u*mber ten bus; ~ **pénzrendszer** decimal c*u*rrency; **a** ~ **számrendszer** the decimal s*y*stem **II.** *n (bankjegy)* a ten-forint note, *GB* a £10 note, *US* a $10 bill; *(érme)* a ten-forint piece, *GB* a ten-pence piece
tízesével *adv* ten at a time
tízéves *a* ten-year-*o*ld, ten years old *ut.*
tízezer *num* ten th*o*usand; **a felső** ~ the *u*pper ten(-th*o*usand), the *u*pper crust
tízféle *a* ten (d*i*fferent) kinds/sorts of *pl*
tízórai *n (étkezés)* morning c*o*ffee; *GB néha* elevenses *pl*
tízóraiz|ik *v* take*/have* a c*o*ffee/tea break
tízparancsolat *n* Ten Command*ment*s *pl*
tízperc *n isk* break, *i*nterval, *US* recess
tízpróba *n* decathlon
tízszer *adv* ten times
tízszeres *a* tenfold
tkp. = tulajdonképp(en)
tmk = *tervszerű megelőző karbantartás* pre-ventive ma*i*ntenance
tó *n* lake; *(kisebb)* pond, pool
toalett *n* **1.** *(ruha)* woman's dress **2.** *(vécé)* to*i*let, lavatory, *GB biz* loo, *US* men's/ women's room, *biz* john **3.** *(tisztálkodás)* to*i*let
toalettasztal *n* to*i*let/dressing table

toalettpapír *n* to*i*let p*a*per
tobogán *n* tob*o*ggan
toboroz *v (embereket, kat és ált)* recr*ui*t; *(híveket, vevőket, biz)* drum up
toborzás *n* recru*i*ting, recru*i*tment
toborzó *n zene* recru*i*ting dance, "toborzó"
toboz *n* cone
tobozos, toboztermő *növ* **I.** *a* con*i*ferous **II.** *n* ~**ok/**~**k** con*i*fers
tobzód|ik *v vmben vk* w*a*llow/lux*u*ria*t*e in sg; *vm* ab*ou*nd in sg, be* s*u*rfeited with sg, have* sg galore
tócsa *n* p*u*ddle, (st*a*gnant) pool
tódít *v biz* = **nagy***ok*at *mond,* **túloz**
tódul *v* **1.** *(vhova folyadék)* flow/rush to; **fejébe** ~**t a vér** the blood r*u*shed to his head **2.** *(tömeg vhová)* throng/swarm/ stream to
tohonya *a* sl*u*ggish, *e*lephantine
tojás *n* egg; ~ **alakú** *e*gg-shape(d), *o*val; ~**t felver** beat* (up) (the/three etc.) eggs (*v.* egg whites) (unt*i*l stiff) ⇨ **üt**
tojásfehérje *n* white (of egg), egg white ⇨ **tojás, felver**
tojásfejű *n biz* egghead
tojáshab *n* whipped white of eggs
tojáshéj *n* egg-shell
tojásgyümölcs *n* a*u*bergine, *főleg US* egg--plant
tojáshozam *n* egg yield
tojáslikőr *n* egg-flip, *a*dvocaat
tojásos *a* with eggs *ut.,* egg-
tojásrántotta *n* scr*a*mbled eggs *pl*
tojássárgája *n* (egg) yolk
tojástánc *n* ~**ot jár** tread* on del*i*cate ground
tojástartó *n* egg-cup
toj|ik *v* **1.** lay*, lay* eggs **2.** ☐ ~**ok rá!** X be blowed!, X be hanged!
tojó *n* hen
tok *n* **1.** *(tartó)* case, box; *(késé, pengéé)* sheath; *(szerszámé)* t*oo*l-chest/box; *(köny-vé)* slipcase; ~**ban** *(könyv)* boxed **2.** *növ (magé)* pod, c*a*psule
toka *n* **1.** *(emberé)* d*o*uble chin; ~**t ereszt** acqu*i*re a d*o*uble chin **2.** *(sertésé)* chops *pl*, chaps *pl*
tokaji bor *n* Tokay
tokány *n kb.* stew
Tokió *n* Tokyo
toklász *n növ* awn
tokmány *n műsz* chuck
tol *v* **1.** *(keréken gurulót stb.)* push; *(nehe-zebb tárgyat)* trundle, *biz* shove (*vhová mind:* to, *i*nto) **2.** *biz* **másra** ~**ja a felelőssé-get** shunt/shift the blame/responsib*i*lity

onto sy, *US biz* pass the buck (to sy) **3.** = halaszt

-tól, -től *suff* **1.** *(helyhatározó)* from; **Londontól Edinburghig** from London to Edinburgh; **apádtól jövök** I come from your father; **messze vagyunk még attól (a helytől)** we are still far from that (place/point); **elkülönít vmtől** separate from sg; **a kaputól jobbra** to the right from the gate; **eltér vmtől** *(iránytól)* deviate from, turn aside/away from → **5.**; **tetőtől talpig** from head to foot; **lop vktől** steal* from sy **2.** *(időhatározó)* **a)** from; **háromtól négyig** from three (o'clock) to four; **reggeltől estig** from morning till evening/night; **...tól/től kezdődően/kezdve** from ... on(wards); **keddtől fogva** from Tuesday onwards, as from Tuesday; **kezdettől fogva** from the (very) outset/beginning/start/first; **b)** from, since; **attól az időtől fogva** from that time (on), ever since then; **régtől fogva** since long **3.** *(eredethatározó)* **a)** from; **ezt a levelet barátjától kapta** he (has) got this letter from a friend; **elfogad vmt vktől** take* sg from sy; **megóv vkt vmtől** protect/safeguard sy from sg; **megszabadít vktől/vmtől** free/deliver from sy/sg; **tanul vktől** learn* from sy; **vásárol/vesz vktől** buy* from sy; **visszatart (vkt/vmt) vmtől** keep*/hold* back (sy/sg) from sg, retain/withhold sg from sg; *(eséstől)* keep* back from (fall); **biztonságban van támadástól** be* secure/safe from attack; **mentes vmtől** free from sg; **b)** of; **kér vmt vktől** ask sg of sy; **megkíván/megkövetel vktől vmt** demand sg of sy; **(meg)szabadul vktől/vmtől** get* rid of sy/sg, rid* oneself of sg; **tart vmtől** be* afraid of sg; **ez igen kedves barátodtól** it is very kind of your friend; **magától** (1) *(beavatkozás nélkül)* of itself/oneself, of one's own accord (2) *(öntől)* from you; **c)** from, of; **kölcsönkér vmt vktől** borrow sg from/of sy; **megválik** (1) *vktől* separate/part from, part company with (2) *vmtől* part with sg; **megtud vmt vktől** come*/get* to know sg from, learn* sg from sy, hear* sg from sy; **d)** *(különféle elöljáróval)* **elbúcsúzik vktől** take* leave of sy, say* goodbye to sy; **elmegy a kedve vmtől** lose* one's interest in sg, get* tired/weary of sg; *biz* get* fed up with sg; **óv vkt vmtől** caution/warn sy against sg, advise sy not to do sg; **óvakodik vktől/vmtől** beware of sy/sg, (be* on one's) guard against sy/sg,

keep* away from sy/sg; **e)** *(elöljáró nélkül)* **eltilt vkt vmtől** forbid* sy to do sg; **kér vmt vktől** ask sy for sg; **megtagad vktől vmt** refuse sy sg, deny sy sg; **sajnál vktől vmt** (be)grudge sy sg; **tart vmtől** fear sg **4.** *(okhatározó)* **a)** with; **elájul az éhségtől** faint with hunger; **odavan a fáradságtól** be* worn out with fatigue; **nedves az izzadságtól** be* dripping with perspiration, be* damp with sweat; **majd megpukkad a nevetéstől** be* bursting with laughter; **reszket a hidegtől** be* shivering with cold; **b)** of; **fél a kutyáktól** he is afraid of dogs; **c)** for; **fától nem látja az erdőt** does not see the wood for the trees; **d)** *(különféle elöljáróval)* **idegenkedik vmtől** be* averse/loath to sg; **megijed vmtől** be*/get* frightened/scared of/at sg, take* fright/alarm at/of sg; **irtózik vmtől** have* a horror of sg, shudder at sg; **e)** *(elöljáró nélkül)* **fél vktől/vmtől** fear sy/sg → b; **irtózik vmtől** abhor sg → d **5.** *(különbözők összehasonlításában)* from; **különbözik vmtől** differ from sg, be* different from sg; **egymástól megkülönböztet** distinguish from one another; **eltér vmtől** *átv* deviate from sg → **1.** **6.** *(alanyos szerkezet helyett)* with; **nyüzsög az emberektől** swarm with people; **hemzseg a halaktól** swarm with fish

tolakodás *n* **1.** *(szemtelenkedés)* intrusion, obtrusiveness, indiscretion **2.** = **tolongás**

tolakod|ik *v* **1.** *(tömegben)* push (and shove) (one's way) forward, elbow one's way [*into* the front row *v.* through to the box office etc.] **2.** *(szemtelenül)* push oneself

tolakodó *a* pushy, pushing (and shoving), self-assertive, elbowing

tolaksz|ik *v* = **tolakodik**

tolat *v* **1.** *vasút* shunt, *US* switch **2.** *(autóval)* reverse/back (the/one's car)

tolatás *n* **1.** *vasút* shunt(ing) **2.** *(autóval)* reversing, *US* backing up

tolatólámpa *n* reversing light

tolatómozdony *n* shunting/switching engine, *US* switcher

tolattyú *n* piston, slide-valve

told *v* lengthen, make* (sg) longer; **vmhez vmt** ~ add sg to sg

toldalék *n* **1.** *(tárgyon)* appendage, sg added, addition **2.** *(épületé)* extension, annex(e) **3.** *nyelvt* suffix

toldalékolás *n nyelvt* suffixing, suffixation

toldás *n* **1.** lengthening, appendage **2.** *(folyamat)* adding, addition, lengthening

toldás-foldás *n* patching, mending

told-fold _v_ = **toldoz-foldoz**
toldoz _v_ piece/patch together
toldoz-foldoz _v_ keep*/be* patching/mending
toll _n_ **1.** _(madáré)_ feather; **idegen ~akkal ékeskedik/büszkélkedik** wear* (_v._ dress in) borrowed plumes **2.** _(írásra)_ pen; **kitűnő ~a van** be* a master of the pen; **~at ragad** put* pen to paper, take* up one's pen **3.** _(evezőé)_ blade ⇨ **madár**
tollas _a_ feathery, feathered, feather-
tollaslabda _n_ **1.** _(játék)_ badminton **2.** _(a labda)_ shuttlecock
tollaslabdaütő _n_ (badminton) racket
tollaslabdáz|ik _v_ play (a game of) badminton
tollasod|ik _v_ **1.** _(nő a tolla)_ grow* feathers, feather **2.** _(gazdagodik, biz)_ make* one's pile
tollászkod|ik _v_ preen, plume
tollatlan _a_ featherless, unfeathered, unfledged
tollazat _n_ plumage, feathers _pl_
tollbamondás _n_ dictation
tollbóbita _n_ tuft, crest
tollforgató _n_ ir writer
tollfosztás _n_ plucking (of feathers)
tollhegy _n_ (pen) nib; **~re tűz** inveigh against
tollhiba _n_ slip of the pen
tollrajz _n_ _(karcolat)_ sketch
tollseprű _n_ feather-duster
tollszár _n_ _(írótollé)_ penholder
tolltartó _n_ isk pencil-case
tollvonás _n_ stroke of the pen; **egy ~sal** with a/one stroke of the pen
tolmács _n_ interpreter
tolmácsol _v_ interpret
tolmácsolás _n_ **1.** _(tolmácsként működés)_ interpreting, translating, translation; **szimultán ~** simultaneous translation **2.** _(művészi stb.)_ interpretation
Tolnát-Baranyát bejártam _kif_ I searched high and low
tolóablak _n_ _(föl-le)_ sash window; _(oldalt)_ sliding window
tolóajtó _n_ sliding door
tolód|ik _v_ be* shifted/moved (from its place), slide*; **egymásba ~nak** telescope ⇨ **bal, jobb**²
tologat _v_ keep* pushing, _biz_ keep* shoving, shift about
tolókocsi _n_ = **tolószék**
tolólétra _n_ extension ladder
tolómérce _n_ vernier calliper (_US_ caliper), cal(l)iper rule

tolong _v_ _(tömeg)_ throng, swarm, teem ⇨ **tolakodik 1.**
tolongás _n_ crowd, throng, crush
tolóretesz _n_ bolt
tolósúly _n_ rider
tolószék _n_ wheelchair, bath chair, invalid chair
tolótető _n_ _(autón)_ sunshine roof, sunroof
tolózár _n_ bolt, latch
tolvaj _n_ thief°
tolvajbanda _n_ gang/pack of thieves
tolvajkulcs _n_ = **álkulcs**
tolvajlás _n_ theft, larceny; _(kisebb)_ petty larceny
tolvajnyelv _n_ (thieves') cant, argot ⇨ **argó**
tombol _v_ **1.** _(személy)_ rage, fume, storm; **~ dühében** foam with rage, be* hopping mad **2.** _(háború, járvány, vihar)_ rage
tombola _n_ tombola
tomboló _a_ **a darab ~ sikert aratott** the play was a smash hit; **~ taps** tumultuous applause; _(felállva)_ standing ovation
tompa _a_ **1.** _(életlen, nincs hegye)_ blunt, dull; **~ illesztés** butt-joint **2.** _(ész)_ dull, slow; _(érzékszervek)_ blunt, dull; _(hang)_ dull, hollow; _(szín)_ soft, mellow; **~ fájdalom** dull pain **3.** **~ ékezet** grave (accent)
tompaszög _n_ obtuse angle
tompaszögű _a_ obtuse(-angled)
tompít _v_ **1.** _(vmnek az élét)_ make* (sg) blunt, blunt (sg), take* the edge off **2.** _(fényt)_ soften, subdue; **~ja a fényszórót** dip (_US_ dim) one's headlights **3.** _(fájdalmat)_ dull, palliate, alleviate
tompított _a_ **~ fényszóró** dipped (_US_ dimmed) headlight(s); **~ fényszórót használ** dip (_US_ dim) one's headlights
tompor _n_ buttock; _(tréfás és áll)_ haunch
tompul _v_ **1.** _(kés éle)_ become*/get*/go* blunt **2.** _(fájdalom)_ ease off
tompultság _n_ _(kedélybeli)_ dullness; _(elméé)_ torpor, dullness
tonhal _n_ tuna, tunny
Tóni _n_ Tony
tonna _n_ **1.** _(1000 kg)_ metric ton, tonne **2.** _GB (2240 font = 1016 kg)_ (long) ton; _US (2000 font = 907 kg)_ (short) ton
tonnatartalom _n_ tonnage
tónus _n_ **1.** = **hangnem 2.** **2.** _(szín)_ tonality, tint
tonzúra _n_ tonsure
topis _a_ biz tatty, shabby
topog _v_ stamp about, stamp one's feet; **egy helyben ~** mark time, make* no headway
topográfia _n_ topography

toporzékol *v* **1.** *vk* be* stamping one's feet (*a*ngrily), rage **2.** *(ló)* prance

toppan *v vhova* drop/pop in (swhere) unexpectedly

toppant *v* stamp one's foot (on the ground)

toprongyos *a* ragged, tattered, *biz* tatty

tor[1] *n* → **halotti**

tor[2] *n áll* thorax

torkolat *n* **1.** *(folyóé)* mouth [of a r*i*ver], estuary; *sk* firth; **a Forth** ∼**a** Firth of Forth **2.** *(lőfegyver csövéé)* m*u*zzle

torkolatvidék *n* d*e*lta

torkoll|ik *v* **1.** *(folyó)* fall*/flow/d*i*scharge **2.** *(utca)* lead* *i*nto

torkos *a* **1.** *(nyalánk)* fond of sweet things *ut.*; *(igével)* have* a sweet tooth; *(főnévvel)* (be* a) n*i*bbler; *(ínyenc)* gourmand **2.** *(falánk)* greedy, gluttonous

torkoskod|ik *v (nassol)* n*i*bble at (sg), eat* sweet things; **sokat** ∼**ik** be* *a*lways n*i*bbling at things [cakes etc.]

torlasz *n (folyón)* obstruction, bl*o*ckage ⇨ **hótorlasz**

torlódás *n áll* p*i*ling up; **(forgalmi)** ∼ traffic congestion/jam, ta*i*lback

torlód|ik *v* **1.** *(munka)* accumulate, pile up **2.** *(forgalom)* become* congested

torma *n* horse-radish

tormás *a* with horse-radish *ut.*

torna *n* **1.** *(sportág)* gymnastics *sing.* **2.** *(testgyakorlás)* (ph*y*sical) *e*xercises *pl*, gymnastics *pl*; *(erőnléti)* keep-f*i*t (*e*xercises *pl*); **reggeli** ∼ morning *e*xercises *pl*; ∼**t jár** go* to keep-fit classes **3.** *(régen lovagi, ma: mérkőzéssorozat)* to*u*rnament

torna- *pref* gymn*a*stic

tornác *n* p*o*rtico, ver*a*nda(h), porch

tornacipő *n* gym shoes *pl*, tennis shoes *pl*, *US* sn*e*akers *pl*

tornacsarnok *n* gymn*a*sium

tornadressz *n* = **tornaruha**

tornaegyesület *n* gymn*a*stic club/society

tornagyakorlat *n* (gymn*a*stic) *e*xercise; ∼**ok** (gymn*a*stic) *e*xercises, gymn*a*stics

tornaing *n* gym shirt

tornanadrág *n* gym shorts *pl*

tornaóra *n* ph*y*sical education/tra*i*ning (*röv* PE, PT), *biz* gym (class)

tornaruha *n* gym vest and shorts *pl*; *(testhezálló, lányoknak)* leotard

tornász *n* gymnast

tornaszer *n* gymn*a*stic apparatus (*pl* ∼es *ritka, inkább:* pieces of (gymn*a*stic) apparatus)

tornász|ik *v* do* gymn*a*stics, do* ph*y*sical *e*xercises; *(mint tornász)* be* a g*y*mnast

tornatanár *n* ph*y*sical instr*u*ctor, PE/PT te*a*cher, gym te*a*cher

tornaterem *n* gym(n*a*sium)

tornatrikó *n* (gym) vest, s*i*nglet

tornaverseny *n* gymn*a*stic compet*i*tion

tornáz|ik *v* = **tornászik**

tornyos *a* t*o*wered

tornyosod|ik, tornyosul *v* t*o*wer, bank/ pile up; ∼**nak a fellegek** (the) clouds are* g*a*thering (*v.* b*a*nking up); ∼**nak a nehézségek** the pr*o*blems are p*i*ling up

tornyú *a* -t*o*wered

torok *n* **1.** *vké* throat; **torka szakadtából kiabál** shout at the top of one's voice, bawl, yell; **fáj a torka** have* a sore throat; **torkig van vmvel** *biz* be* fed up with sg, be* sick of sg; **torkon ragad vkt** seize/grab sy by the throat; **torkán akadt a szó** the words stuck in his throat; **torkát köszörüli** clear one's throat **2.** *(barlangé)* mouth; *(lőfegyveré)* m*u*zzle ⇨ **forraszt**

torokfájása van *kif* have* a sore throat

torokgyulladás *n* inflammation of the throat, sore throat, pharyng*i*tis

torokhang *n* g*u*ttural/deep voice

torokköszörülés *n* cl*e*aring one's throat

torokmandula *n* t*o*nsil(s)

torontói *a/n* Tor*o*ntonian

torony *n* **1.** tower; *(kicsi)* t*u*rret, p*i*nnacle; *(templomé)* (bell/church) tower, st*e*eple; *(sisak)* spire **2.** = **irányítótorony** ⇨ **HIFI--torony**

toronydaru *n* tower crane

toronyház *n* tower block, h*i*gh-rise (block); *(irodaépület)* high-rise *o*ffice block

toronyiránt *adv* ∼ **megy vhová** make* a b*ee*line for

toronymagas *a* mo*u*ntain high, t*o*wering; ∼**an felülmúl** vkt, ∼**ságban van** vk **felett** be* head and sh*o*ulders ab*o*ve sy, be* way above sy

toronyóra *n áll* (church-)clock; *(a londoni parlamenté)* Big Ben; ∼**t lánccal** B*u*ckingham Palace

toronysisak *n* spire

toronyugrás *n* h*i*gh-board d*i*ving

torpedó *n* torpedo (*pl* torp*e*does)

torpedónaszád *n* torpedo boat

torpedóromboló *n* torpedo-boat destr*o*yer

torta *n* (fancy) cake, g*a*teau

tortaforma *n* c*a*ke-mould (*US* -mold), c*a*ke--tin, b*a*king-tin

tortalap *n* w*a*fer-sheet

tortúra *n* **1.** *(fizikai)* torture **2.** *átv* t*o*rment, t*o*rture(s)

torz *a* deformed, misshapen; ∼ **alak** *vk* freak, monster, monstrosity, deformed person
torzió *n fiz* torsion
torziós inga *n fiz* torsion balance
torzít *v* **1.** *(eltorzít, elcsúfít)* deform, disfigure **2.** *(arcot, érzelmet, igazat, tényeket, képet, hangot)* distort **3. a hangszóró** ∼ the loudspeaker distorts the sound
torzítás *n* distortion
torzításmentes *a (hangvisszaadás)* with no distortion *ut.*, high-fidelity [sound reproduction]
torzkép *n* caricature
torzó *n* torso *(pl* torsos*)*
torzonborz *a* hirsute, hairy, shaggy
torzszülött *n* freak, deformity, monster
torzul *v* get* out of shape, become* distorted/deformed
torzulás *n* distortion
torzsa *n (káposztáé)* stalk; *(salátáé)* stalk, heart
torzsalkodás *n* discord, friction, quarrel, dispute
tószt *n* toast
tósztoz|ik *v* propose a toast (to sy), toast (sy), drink* a toast (to sy)
tótágas *n* handstand; ∼**t áll** stand* on one's hands, do* a handstand
totális *a* total, entire, complete; ∼ **állam** totalitarian state; ∼ **háború** all-out war(fare), total war
totalitárius állam *n* totalitarian state
totálkáros *a* **1.** ∼ **(a) (gép)kocsi** the car is/was a (complete) write-off, the car has become a total loss **2.** *biz* ∼ **vagyok** I have* a crack-up
totó *n* (football) pools *pl;* **játszik a** ∼**n** = **totózik; nyer a** ∼**n** win* sg on the pools; **telitalálata volt a** ∼**n** (s)he hit* the jackpot
totojáz|ik *v biz* fiddle/footle (*v.* □ bugger) about; **ne** ∼**z annyit** □ you'd better pull your finger out
totószelvény *n* (football) pools coupon
totóz|ik *v* bet* on (*v. biz* do*) the (football) pools
totózó *n* **1.** *(személy)* GB punter **2.** *(iroda)* pools office/agency
totyakos *a (ember)* doddery, doddering
totyog *v (kisgyerek)* toddle; ∼**ó(s) kisgyerek** toddler
tova *adv ir* † far off/away, yonder
tovább *adv* **1.** *(térben)* further, on(ward); **eddig és ne** ∼ no further; this is the limit;

stop; enough; **lassan járj,** ∼ **érsz** more haste, less speed **2.** *(időben)* longer, more, on; **egy óránál** ∼ for over an hour; **nem bírom** ∼ I can't bear/stand it any longer, I can't take any more; **nem várhatok** ∼ I cannot wait any longer; **nincs** ∼ that's all/it, that is the end of it **3.** *(folytatva)* on(ward), forth; **és így** ∼ and so on/forth, etcetera *(röv* etc.*)*; ∼**!** *(= folytasd)* go/carry on!, keep going!, proceed!; **csak így** ∼**!** keep* it up!, keep* at it!; ∼ **dolgozik** go*/carry on (*v.* continue) with one's work, carry on working, work on; *(nehézségek árán)* soldier on; ∼ **él** live on, continue to live; *(hagyomány, szokás stb.)* linger on; ∼ **képez vkt** give* sy further training/education; ∼ **képezi magát** study privately (*v.* on one's own); ∼ **marad** *vknél* stay on/longer; *(mint illett volna)* outstay/overstay one's welcome; **olvass** ∼**!** go on reading!, continue reading!; ∼ **szolgál** stay on [in the army, etc.], re-enlist; ∼ **tanul** continue one's studies/education; ∼ **tart** continue, take*/last longer; *(a kelleténél)* overrun* [the time allotted]; **nem tart** ∼ **a szép idő** the fine weather won't last; ∼ **visz** *(tárgyat kézben)* carry/take* sg further/on; *(vkt/vmt kocsival)* take* sy/sg further/on
tovább *adv* besides, moreover, further(more); as well (as); **a konferencia nyelvei: az angol, a francia, a német,** ∼ **a spanyol, az olasz és az orosz** the languages of the conference are English, French and German, as well as Spanish, Italian and Russian
továbbad *v* **1.** *(tárgyat vknek)* hand/pass sg on to sy *v.* hand/pass on sg to sy; ∼ **vmt vknek** hand/pass sg on to sy; **add tovább!** pass it on/round! **2.** *(vmt az utókornak)* hand sg down to [the younger generation] **3.** *(megvett tárgyat elad)* resell* sg, pass sg on to sy
továbbáll *v biz* make*/slope off, *kif* make* oneself scarce
továbbfejleszt *v* (continue to) develop, improve
továbbfejlesztés *n* further development, improvement; expansion
továbbgyűrűz|ik *v* ripple [across Europe etc.]
továbbhajt *v* drive* on; **segítségnyújtás nélkül** ∼ fail to stop after an/the accident, leave* the scene without stopping to give assistance; *(cserbenhagyó gázoló)* be* a hit-and-run driver

továbbhajtás *n* **segítségnyújtás nélkü-li** ~ failure to stop after an accident

továbbhalad *v* go* on, keep* on; proceed; *átv* progress, make* headway/progress

további I. *a* further; *(újabb)* additional; ~ **intézkedésig** until further notice, for the present; ~ **tanulmányai során** (s)he later studied ...; **minden** ~ ... each additional (sg) **II.** *n* minden ~ **nélkül** without more/further ado, just like that, forthwith; **minden** ~ **nélkül elment** he left without so much as saying [goodbye *v.* that he was sorry etc.]; *biz* he just upped and left; a ~**akban** in what follows; **a** ~**akban ...nak rövidítve** henceforth/hereafter abbreviated (*v.* referred to) as ...

továbbít *v* *ált (küld)* send*, convey (sg to sy); *(átad vmt)* hand/pass on; *(levelet)* send* on, forward (to)

továbbítás *n* *(tárgyé)* handing on; *(levélé)* sending on, forwarding

továbbjut *v* *(versenyben)* qualify for (*v.* get* into) [the next round/heat]

továbbképzés *n* *ált* further/continuing education; **szakmai** ~ (1) *ált* further vocational training, *(munka mellett)* in-service training (2) *(tanároké)* = **továbbképző tanfolyam;** **tudományos** ~ postgraduate studies *pl*

továbbképző tanfolyam *n* further education (*v.* vocational) training course; *(főleg tanároknak)* refresher course; *(munka mellett)* in-service training [of teachers etc.]

továbbmegy *v* **1.** *(folytatja az útját)* go* on, proceed on one's way; **ne menj tovább** don't go any further, stop (here/there); **megáll egy kirakat előtt, aztán** ~ (s)he stops in front of a shop-window and then walks on; **először megállunk Bécsben 2 napig, majd** ~**ünk Svájcba** first we stop (over) in Vienna for two days, then we go* on to Switzerland **2.** *(vmvel, pl. tanár az anyaggal)* go* on (with sg) **3. az élet megy tovább** life goes on; **ha a dolgok így mennek tovább** if things go on like this, at this rate

továbbra *adv* ~ **is** in the future too; **én** ~ **is** I shall continue to ...; ~ **is adni kell a D-vitamint** vitamin D should be continued; ~ **se(m) akarok adósa lenni** I have not been in his/her debt in the past and I don't want to be in the future

továbbszolgáló *a kat* re-enlisted

továbbtanulás *n* further/continuing education ⇨ **továbbképzés**

tovasiet *v ir* hurry on/along

tovaszáll *v ir* fly* away/off/on

tovatűn|ik *v ir* fade/pass away, vanish

tóvidék *n* region of lakes; *GB földr* the Lake District, the Lakes *pl*

toxikus *a* toxic

toxin *n* toxin

tő *n* **1.** *növ* stock, stem; *(szőlőtő)* vine-stock/plant **2.** *átv* **tövig** up to the hilt; **tövéről hegyire elmond** give* a detailed/full account (of sg), go* into minute/detail(s) (about sg); **tövéről hegyére ismer vmt** know* sg inside out; **tövestül** root and branch, radically **3.** *nyelvt* root

több I. *num a* **1.** *(összehasonlításban)* more; ~ **mint** more than; over; ~ **mint egy éve** *(amióta)* it is more than a year (since); *(amikor)* more than a year ago; ~ **mint egy órán át** for over an hour; **6 m-nél vmvel** ~ a little over 6 metres (*US* meters); **egynél** ~ **szó** more than one word; **nincs** ~ there is no more, it is all gone; **még** ~ even more; **ez** ~ **a soknál** this is (far) too much, that is more than enough; *(felháborodva)* that's the limit, this is the last straw, that is going too far; **sőt mi** ~ what is more; ~ **a kelleténél** more than necessary, far too many **2.** *(néhány)* several, a few, some; ~ **ízben** on several occasions, several times; ~ **részletben** in/by instalments (*US* -ll-) **II.** *n* ~**ek között** among other things, among others; ~**eknek** for/to several people; ~**re viszi** do* (*v.* get* on) better (than); **ezzel** ~**re mégy** you will get/go further (*v.* you'll do better) with this (*v.* this way); ~**et ad vmért** pay*/give* more (than sy else) for sg; ~**et ígér** *vknél* outbid* (sy); **ez mindennél** ~**et mond** this speaks* volumes; ~**et támadott a magyar csapat** the Hungarian team played a more attacking game; **nem tudok** ~**et róla** I know nothing more/further about him/her/it ⇨ **szem**[1]

többé *adv* (no) more, (no) longer; ... (**már**) **nem** no more/longer, not ... any more; **nincs** ~ does not exist any more; *vk* is no more; **soha** ~ nevermore, never again

többedmagammal *pron* I/myself and/with several others; **többedmagával** (s)he and/with several others

többé-kevésbé *adv* more or less

többen *num adv* several (of us/you/them), a number of people; ~ **közülük** several of them

többértékű *a* polyvalent

többes *a* **1.** *mat* multiple **2.** *nyelvt* ~ **szám** plural; **nincs** ~ **számú alakja** has no plural form; ~ **számú igét vonz** is followed by plural verb

többet *adv* = **többé** ⇨ **több II.**

többéves *a* of several years' standing *ut.*

többévi *a* several years', a few years'

többfajta *a* = **többféle**

többfelé *adv* in various/several directions

többféle *a* ... of many/several (different) kinds *ut.*, many different (*v.* several) kinds of ..., manifold

többféleképpen *adv* in several/various/different ways, variously

többgyermekes *a* with a large family *ut.*

többhetes *a* several weeks', of/lasting several weeks *ut.*

többi *a/n* **a** ~ (1) *(ember)* the rest/others *pl* (2) *(tárgy stb.)* the rest (of it/them), the remainder, the other/remaining [books etc.]; **a** ~ **gyerek** the other students [in my class] are ...; the rest [are ...]; **a** ~**ek** the others, the rest (of us/them); **(é)s a** ~ *(stb.)* and so on/forth (etc.); **a** ~ **között** = **többek között**; **a** ~ **a magáé** keep the change

többjegyű *a* ~ **szám** multidigit number

többjelentésű *a* with many/several meanings *ut.*, polysemous [word]

több-kevesebb *num* a more or less

többlet *n ker, közg* surplus; *(súly)* excess; *összet még* extra, additional

többletbevétel *n* surplus (receipts *pl v.* income), excess of income/receipts

többletkiadás *n* extra expense(s)

többletköltség *n* additional/extra charges *pl*

többletsúly *n* excess weight, *(repülőn)* excess baggage/luggage

többműszakos *a* multishift

többnapi *a* lasting/of several days *ut.*, several days'

többnejűség *n* polygamy

többnyelvű *a* multilingual

többnyire *adv* mostly, for the most part, generally, usually

többoldalú *a (szerződés stb.)* multilateral

többpártrendszer *n* multi-party system

többre *adv* → **több II.**

többrendbeli *a jog* on several counts *ut.*

többség *n* majority; ~**ben van(nak)** be* in the majority; *(vkvel szemben)* outnumber sy

többségi *a* majority; ~ **határozat** majority decision/vote; *jog* majority verdict

többszavas *a* ~ **egység** *(szótárban)* multi-word item

többszínnyomás *n* colour (*US* -or) printing

többszólamú *a zene* of many parts *ut.*; *(önálló szólamok)* polyphonic; ~ **ének** part-song

többszótagú *a* polysyllabic

többször *adv* **1.** *(több ízben)* several times, on several occasions, repeatedly **2.** *biz* = **többé**

többszöri *a* repeated, frequent; ~ **figyelmeztetés után** after repeated warnings

többszörös I. *a* manifold, multiple, repeated; ~ **milliomos** multimillionaire **II.** *n mat* multiple; **legkisebb közös** ~ lowest common multiple

többtagú *a* **1.** *(küldöttség)* consisting of several members *ut.* **2.** *mat* ~ **kifejezés** polynomial

többtermelés *n* surplus production, overproduction

tőgy *n* udder

tök *n* **1.** *növ (főző)* (vegetable) marrow; *(sütő)* pumpkin; *US* (marrow) squash **2.** *(kártya)* diamonds *pl* **3.** *vulg (here)* balls *pl* **4.** □ *(jelzőként)* dead; ~ **jó!** great!, dead good!; ~ **egyformák** they're absolutely identical; ~ **mindegy** it's all the same; ~ **nehéz** dead difficult; ~ **száraz** bone/dead dry

tőke[1] *n* **1.** *(mészárosé stb.)* block **2.** *(szőlőé)* vine(-stock)

tőke[2] *n közg* capital; ~**t kovácsol vmből** make* capital of sg, capitalize on sg

tőkebefektetés *n* capital investment

tőkeberuházás *n* capital expenditure

tőkeérték *n* capital value

tőkefelhalmozás *n* capital accumulation

tőkehal *n* cod(fish); *(szárított)* stockfish

tőkehús *n* carcass meat; meat on the bone

tőkekamat *n* interest (on principal)

tőkeképződés *n* capital accumulation/formation

tőkekivitel *n* capital export

tőkekoncentráció *n* concentration of capital

tökéletes *a* perfect, faultless, excellent; ~ **tudása/ismerete vmnek** (complete) mastery of sg

tökéletesed|ik *v* become* perfect, arrive at perfection

tökéletesen *adv* **1.** *(kitűnően)* perfectly; ~ **beszél angolul** (s)he speaks* perfect English; his/her English is* perfect; ~ **zongorázik** (s)he plays the piano exquisitely **2.** *(teljesen)* perfectly, completely, absolutely; ~ **elég** that's/it's plenty (*v.* quite enough); ~ **igaza van** he's absolutely right; ~ **mindegy** it makes not the slightest difference

tökéletesít *v* make* (sg) perfect, perfect, bring* (sg) to perfection

tökéletesség *n* perfection, completeness

tökéletlen *a* **1.** *(tárgy)* imperfect, defective **2.** *(személy)* half-witted; ~ **alak** an idiot, *biz kif* he is not all there

tökély *n* perfection; **maga a** ~ perfection itself; ~**re viszi vmben** attain/achieve perfection in sg; ~**re visz vmt** bring* sg to perfection

tőkepénzes *n biz* **nem vagyok** ~ I'm not made of money

tőkés I. *a* capitalist; ~ **állam/ország** capitalist country; ~ **behozatal/import** imports *pl* (*v.* importation) from capitalist countries; ~ **kivitel/export** exports *pl* to capitalist countries; ~ **gazdálkodás** capitalist economy; ~ **rendszer** capitalist system, capitalism **II.** *n* capitalist; stockholder

tőkésállam *n* capitalist country

tőkésít *v* reinvest

tőkésosztály *n* capitalist class

tőkéstulajdon *n* capitalist property/ownership

tőkesúly *n (hajóé)* keel

tőkésvállalat *n* capitalist company

tőkeszegény *a* deficient in funds *ut.*; *(igével)* lack capital

tökfej, tökfilkó *n biz* dolt, blockhead, idiot, *US* goon

tökfőzelék *n* [dish of (boiled)] vegetable marrow (*US* squash)

tökgyalu *n* vegetable marrow (*US* squash) slicer

tökmag *n* **1.** *növ* pumpkin seed, vegetable marrow seed **2.** *biz (emberről)* shrimp, mite, small fry

tökrészeg *a* dead/blind/roaring drunk, paralytic, plastered, sozzled, □ pissed, *US* □ canned

töksötét *a* dead dark

-től *suff* → **-tól, -től**

tölcsér *n* **1.** *ált* funnel; ~ **alakú** funnel--shaped **2.** *(fagylalt)* cone, cornet **3.** *(tűzhányóé, bombáé)* crater

tölcsértorkolat *n* estuary

tőle *adv* from/by/of him/her/it; **ez nem szép** ~ that is not nice of him

tölgy *n* oak(-tree)

tölgyerdő *n* oak forest

tölgyfa *n* **1.** *(élő)* oak(-tree) **2.** *(anyag)* oak(-wood); ~ **burkolat** oak panelling; ~ **bútor** oak furniture

tölgyfalevél *n* oak leaf°

tölt *v* **1.** *(folyadékot vmbe)* pour (sg into sg); ~**hetek még egy pohár teát?** can/shall I pour/give you another cup of tea?; ~**hetek (neked is)?** *(alkoholt)* may/can I pour you a drink?; *(megint)* may/can I top you up? **2.** *(vmt levegővel/gázzal stb.)* fill (up) **3.** *(cigarettát, hurkát stb.)* fill; *(egyéb ételneműt)* stuff **4.** *(fegyvert)* load [a gun]; ~**s!** load! **5.** *(akkut)* charge [a battery] **6.** *(időt)* pass, spend*; **vmvel** ~**i az idejét** spend* one's time [doing sg]; **sok időt** ~ **vmvel** spend* a lot of time doing sg, take* a long time over sg; **mivel** ~**öd szabad idődet?** how do you spend your leisure?, what do you do in your spare time?; **ne** ~**sd az időt** don't waste your time; ~**sd nálunk a hétvégédet** (come* and) spend* the weekend with us, stay with us over the weekend; **3 évet** ~**ött börtönben** he spent three years in prison; **szállodában/barátjánál** ~**i az éjszakát** stay the night at a hotel (*v.* at a friend's house); **hol** ~**i az ünnepeket?** where are you spending the holidays?

töltelék *n (ételben, húsféle)* stuffing; *(édes)* filling

töltény *n* cartridge

töltényöv *n* cartridge-belt

tölténytár *n* magazine

tölténytáska *n* cartridge pouch/box

töltés *n* **1.** *(folyamat)* filling **2.** *(puskában)* load, charge **3.** *(elektromos)* charge **4.** *(földből emelt)* bank, embankment; *(mocsáron át)* causeway

töltet *n kat* load, charge; *(robbanó)* warhead

töltetlen *a (fegyver)* unloaded

töltőállomás *n* filling/petrol station, *US* gas(oline) station

töltőceruza *n* propelling pencil

töltőtoll *n* fountain-pen

töltött *a* **1.** *(étel)* stuffed; ~ **csirke** stuffed chicken; ~ **káposzta** stuffed cabbage; ~ **paprika** stuffed green pepper **2.** *(fegyver)* loaded

töm *v* **1.** *ált* stuff, cram; *(pipát)* fill **2.** *(baromfit)* cram, fatten/feed* up **3.** *(fogat)* fill, put* in a filling

tömb *n* block; *pol* **a keleti** ~ **(országai)** the Eastern bloc

tömblevélpapír *n* writing block/pad

tömbmegbízott *n* block warden

tömeg *n* **1.** *ált és fiz* mass; *(terjedelem, ker)* bulk; **egy** ~**ben** in a (single) mass/body; **nagy** ~**ben gyárt** mass-produce, produce in bulk; ~**ével pusztulnak el** perish/die in large numbers **2.** *(ember)* crowd; **elit** horde, mob; *pol* **a** ~**ek** the masses; the working class *sing.*; **a** ~**ből** from among the crowd; **nagy** ~ a big/large crowd, a mass *(v.* large body) of people

tömeg- *pref* mass-

tömegagitáció *n* mass agitation

tömegáru *n* mass-produced articles/goods, bulk goods *(mind: pl)*

tömegbázis *n* mass base

tömegbefolyás *n* mass influence, power to sway the masses

tömegcikk *n* = **tömegáru**

tömegerő *n* power of the masses

tömeges *a* mass, in large number *ut.*; ~ **jelentkezés** large-scale *(v.* mass) volunteering

tömegesen *adv* in large numbers; ~ **gyárt** mass-produce, produce in bulk

tömegfelvonulás *n* mass demonstration; *(menetelés)* march

tömegfogyasztási *a* ~ **cikkek** consumer goods

tömeggyártás *n* mass production

tömeggyűlés *n* mass meeting/rally

tömeghisztéria *n* mass hysteria

tömegjelenet *n* crowd scene

tömegkapcsolat *n* contact with the masses

tömegkommunikáció *n* = **tömegtájékoztatás**

tömegközlekedés(i eszközök) *n* public transport *(US* transportation)

tömegmegmozdulás *n* mass demonstration/movement/protest

tömegméretekben *adv* = **tömegesen**

tömegmészárlás *n* massacre

tömegmozgalom *n* mass movement

tömegnyomor *n* **1.** extreme/widespread poverty (of the masses) **2.** *átv biz (zsúfoltság járművön stb.)* suffocating crush

tömegpusztító fegyverek *n pl* weapons of mass destruction

tömegsír *n* common/mass grave

tömegsport *n* mass/popular sport

tömegszállás *n* (cheap) communal accommodation

tömegszállítás *n* mass transportation

tömegszerencsétlenség *n* serious accident

tömegszervezet *n* mass organization

tömegszórakoztatás(i eszközök) *n* mass-entertainment (media)

tömegsztrájk *n* general strike

tömegtájékoztatás *n* mass communications/media *pl*, the media *pl*

tömegtájékoztató eszközök *n pl* mass media, the media

tömegtermelés *n* mass/quantity production

tömegtüntetés *n* mass demonstration/protest

tömegverekedés *n* fighting/brawling in the crowd

tömegvonzás *n fiz* gravitation(al pull)

töméntelen *a* innumerable, countless, no end of

tömény *a* concentrated; ~ **szesz** pure alcohol/spirit

töménység *n* concentration; ~**i fok** degree of concentration

tömérdek *a* heaps/loads of ⇨ **töméntelen**

tömés *n* **1.** *(fogé)* filling **2.** *(vállé)* padding, wadding

tömít *v* caulk, pack, stop (up), seal; *(csapnál)* replace the washer/gasket

tömítés *n* filler, wadding; *(csapé)* washer, gasket

tömítőgyűrű *n* washer, gasket

tömjén *n* incense

tömjénez *v átv vkt/vknek* flatter sy, fawn on sy

tömkeleg *n* ~**e vmnek** profusion/abundance of sg

tömlő *n* **1.** *(cső)* hose(pipe) **2.** *(belső gumi autóé, kerékpáré)* inner tube; ~ **nélküli gumi** tubeless tyre *(US* tire) **3.** † *(bőrből)* leather bottle, goatskin

tömlöc *n* dungeon ⇨ **börtön**

tőmondat *n* simple sentence

tömör *a* **1.** *(anyag)* solid, massive, compact **2.** *(stílus)* concise, succinct, terse

tömörít *v* **1.** *műsz* compress, condense **2.** *(szöveget)* boil down, summarize, condense

tömörség *n* **1.** *(anyagé)* compactness **2.** *(stílusé)* conciseness

tömörül *v (vk körül)* cluster/rally round (sy); *(szervezett csoportba)* organize themselves into [a trade union etc.] ⇨ **csoportosul**

tömött *a* **1.** *(sűrű)* compact, thick **2.** *(jármű)* jam-packed, very crowded; *(pénztárca)* bulging, well-lined

tömpe *a* stubby; ~ **orr** flat/pug nose

tömzsi *a* thick-set, stocky, dumpy, squat

tönk *n (fa)* stump; *(húsvágó)* block; **a** ~ **szélén áll** be* on the brink/verge of ruin

tönköly *n növ* spelt

tönkremegy *v* **1.** *(dolog)* be*/get* spoiled/ruined/damaged **2.** *(vk, vm, anyagilag)* be* ruined, be*/go* bankrupt, *biz* be*/go* broke, *biz* go* bust

tönkrement *a* ruined, broke, gone, finished

tönkretesz *v* **1.** *vkt* ru*i*n (sy), bring* (sy) to ru*i*n; ~**i az egészségét** ru*i*n/underm*i*ne one's health; ~ **vkt anyagilag** ru*i*n sy **2.** *vmt* ru*i*n, spoil*, d*a*mage sg (bey*o*nd rep*ai*r); *(telefonfülkét stb.)* vand*a*lize

tönkrever *v* beat* [the *e*nemy] h*o*llow, rout [the *e*nemy]

töpörödött *a* shr*i*velled (*US* -l-), w*i*zened, dr*i*ed up; ~ **anyóka** w*i*zened old l*a*dy

töpörtyű *n* (pork) cr*a*ckling(s)

töpörtyűs pogácsa *n* cr*a*ckling cone

töpreng *v* *vmn* brood (*o*ver/ab*ou*t), m*e*ditate (on), p*o*nder, h*a*ve* sg on the br*ai*n

töprengés *n* br*oo*ding, cogit*a*tion

tör 1. *vt* *ál*t break*, smash, crush; *(diót)* crack; *(cukrot)* pound, p*ow*der; **darabok-ra** ~ break* (sg) *i*nto (small) p*ie*ces, break* (sg) up, smash (sg) (to p*ie*ces/smith*ereens*) **2.** *vt* ~**i a cipő a lábát** the shoe p*i*nches **3.** *vt* ~**i a fejét** rack one's br*ai*ns; **vmben/rosszban** ~**i a fejét** be* up to (some) m*i*schief, get* up to sg **4.** *vt* ~**i ma-gát** (1) *ál*t sl*a*ve (*a*way) (at sg), overw*o*rk oneself (2) *vmért* push oneself [to obt*ai*n sg], strive* for sg (*v.* to do sg) **5.** *vt* ~**i az an-golt** speak* br*o*ken English **6.** *vi* *(vm cél fe-lé)* aim at d*oi*ng sg (*v.* to do sg), aim for sg, asp*i*re to sg, end*e*avour (to), make* an *e*ffort (to); **nagyra** ~ be* amb*i*tious, aim high **7.** *vi* **vkre** ~ att*a*ck/ass*au*lt sy ⇨ **lándzsa, út**

tőr *n* **1.** *(fegyver)* d*a*gger; *(vívó)* foil **2.** *(csapda)* snare, trap; ~**be csal** ensn*a*re, dec*o*y, set* a trap for; ~**be esik** be* tr*a*pped/ensn*a*red, be* caught (in a trap); ~**t vet** set* a trap (for)

tördel *v* **1.** *(darabokra)* break* (sg) *i*nto p*ie*ces, cr*u*mble (sg); **kezét** ~**i** wring* one's hands **2.** *nyomd* make* up, set* (sg) to p*a*ges; ~**ve van** is made up *i*nto p*a*ges

tördelés *n* *nyomd* m*a*king-up, m*a*ke-up

tördelő *n* *nyomd* m*a*ker-up

tördelt *a* *(korrektúra/levonat)* p*a*ge-proof [read], p*a*ge proofs *pl*

tördöfés *n* st*a*b, thrust

töredék *n* **1.** *(irodalmi)* fr*a*gment **2.** *(rész)* p*o*rtion, fr*a*ction; **a másodperc egy** ~**e alatt** in a split s*e*cond

töredékes *a* br*o*ken, fragm*e*ntary

töredelmes *a* contr*i*te, rep*e*ntant; ~ **vallo-más** full conf*e*ssion; *(mindent)* ~**en be-vall** make* a full conf*e*ssion, rep*e*nt (sg); *kif* make* a clean breast of it

töredez|ik *v* break* up, cr*u*mble

törékeny *a* **1.** *(tárgy)* fr*a*gile **2.** *(egészség)* frail, d*e*licate

törékenység *n* **1.** *(tárgyé)* fr*a*gility **2.** *átv* fr*ai*lty, d*e*licacy

töreksz|ik *v* **1.** *(igyekszik)* end*e*avour (*US* -or) (to do sg), make* an/*e*very *e*ffort (to) **2.** *vmre* strive* (for/after sg *v.* to do sg), asp*i*re to, aim at [d*oi*ng sg]; **függetlenség-re/önállóságra** ~**ik** strive* for/after *i*nde-pendence; **teljes erővel (v. minden igyekezetével)** ~**ik vmre** be* (*v.* go* all) out for sg

törekvés *n* amb*i*tion, end*e*avour (*US* -or), str*i*ving *a*fter, *e*ffort, purs*ui*t

törekvő *a* amb*i*tious, asp*i*ring

törés *n* **1.** *ál*t br*e*aking **2.** *orv* fr*a*cture, break **3.** ~**re került a dolog** it came to a break

töréskár *n* *(gépkocsin)* coll*i*sion d*a*mage

törésszög *n* *fiz* angle of refr*a*ction

töretlen *a* **1.** *konkr* unbr*o*ken; *(föld)* un-pl*ou*ghed **2.** *átv* ~ **erővel** with undim*i*n-ished *e*nergy

törhetetlen *a* *(tárgy)* unbr*e*akable; ~ **üveg** sh*a*tter-proof glass

tör|ik *v* break*, get* br*o*ken; **darabokra** ~**ik** sh*a*tter, break* *i*nto p*ie*ces; **könnyen** ~**ik** be* *e*asily br*o*ken; **ha** ~**ik, ha sza-kad** come hell or high w*a*ter, by hook or by crook

törköly *n* marc

törlés *n* **1.** *(írásé, gumival)* r*u*bbing out, *e*ras-ing; *(tollal, ceruzával)* cr*o*ssing/str*i*king out/through; *(szövegé)* del*e*tion **2.** *(mag-nón)* w*i*ping (out) **3.** *(adósságé)* cancell*a*-tion; *(névjegyzékből)* str*i*king off

törleszked|ik *v* *vkhez* *átv* curry sy's f*a*vour (*US* -or)

törleszt *v* *(adósságot, kölcsönt)* pay* off (by/in inst*a*lments); *pénz* am*o*rtize [a debt, m*o*rtgage etc.]

törlesztés *n* **1.** *(adósságé, kölcsöné)* pay-ing/p*a*yment by inst*a*lments, *pénz* amortiz*a*-tion **2.** *(a részlet)* inst*a*lment

törlőgumi *n* er*a*ser; *GB* így is: r*u*bber

törlőrongy, törlőruha *n* cloth, rag; *(konyhai)* tea cloth/t*o*wel, d*i*shcloth, *US* d*i*shtowel; *(portörlő)* d*u*ster

törmelék *n* *ál*t debr*i* *pl*; *(kő)* r*u*bble; **épí-tési** ~ (b*ui*lding) r*u*bble

törődés *n* *vmvel* care, conc*e*rn (for), b*ei*ng conc*e*rned (for)

törőd|ik *v* **1.** *(gyümölcs)* get* bruised/d*a*maged **2.** *vkvel* take* care of sy, care for sy, look *a*fter sy; *vmvel* take* (good) care of sg, care for sg; *(bajlódik)* b*o*ther ab*ou*t/with sg; **nem** ~**ik vele** (s)he d*oe*sn't care/b*o*ther about it; *vkvel* (s)he d*oe*sn't look *a*fter him/her; **ne** ~**j vele** don't b*o*ther ab*ou*t/with it, don't worry about it, never mind; **ne ~j velünk, mi majd utánatok megyünk** don't bother about us — we'll join you later; **semmivel se ~ik** (s)he cares for nothing, *biz* (s)he doesn't give a hang/damn about anything; **csak magával ~ik** (s)he cares only for himself/herself, *biz* (s)he takes care of number one; **~j a magad dolgával** mind your own business; **~sz is te azzal!** ☐ a fat lot you care!; **~öm is azzal, ki vagy** I don't care who you are

törődött *a* **1.** *(gyümölcs)* bruised **2.** *(ember)* tired/worn out, exhausted; *(főleg egészségileg)* broken

török I. *a* **1.** *ált (törökországi)* Turkish; **~ kávé** Turkish coffee **2.** *nyelvt* Turkic; **a ~ nyelvek** the Turkic languages **II.** *n* **1.** *(ember)* Turk; **tört a ~** *(= törökök)* the *(Osmanli)* Turks; **~öt fog** catch* a Tartar **2.** *(nyelv)* Turkish; **~ül beszél** speak* Turkish; **~ül van írva** is* written in Turkish ⇨ **hódoltság**

Törökország *n* Turkey

törökszekfű *n* sweet william

törökülés *n* sitting cross-legged

töröl *v* **1.** *(tisztává, szárazra)* wipe [one's hands, the table etc.]; *(feltöröl)* wipe up; *(edényt)* dry **2.** *(írást gumival)* rub* out; *(nevet vhonnan)* strike* off/out, cross out; *(jegyzékből)* delete [from the list]; *(szöveget)* delete, cut*; *(magnó- stb. felvételt)* erase; **a nem kívánt rész törlendő** (please) delete whichever does not apply, please delete where inapplicable, delete as applicable/appropriate **3.** *(megrendelést, járatot stb.)* cancel *(US* -l); **~ték** *(a járatot)* [the flight] has been cancelled *(US* -l-); *(végleg)* [the flight/service] has been withdrawn **4.** *(rendelkezést)* annul; *(adósságot)* write* off, cancel *(US* -l)

törölget *v (edényt)* dry [(the) dishes], dry up; *(bútort)* dust; **homlokát ~i** he mops/wipes his brow

törölgetés *n* drying (up); **nem szereti a ~t** (s)he doesn't like drying (up)

tőrőlmetszett *a* full-blooded, genuine, authentic, original

törött *a* **1.** *(eltört)* broken **2.** **~ bors** ground pepper

tőröző *n* = **tőrvívó**

törpe *a/n (jelzőként is)* dwarf *(pl* dwarfs)

törpeautó *n* baby car, minicar

törpebirtok *n* dwarf holding

törpebirtokos *n* dwarf holder

törpepapagáj *n* lovebird; *(tarajos)* parakeet

tört I. *a* **1.** *(eltört, összetört)* broken, smashed; **~ arany** broken gold; **~ burgonya** mashed potatoes **2.** **~ angolsággal beszél** speak* broken English **3.** **~ rész** fraction **II.** *n mat* fraction

történelem *n* history; **~ előtti** prehistoric; **~ szakos hallgató** student of history, *US* student majoring in history, a history major

történelemdolgozat *n* history paper/essay

történelemhamisítás *n* falsification of history

történelemkönyv *n* history book

történelemtanár *n* teacher of history, history teacher

történelmi *a (a történelemmel kapcsolatos)* historical, history; *(a történelem szempontjából jelentős)* historic; **~ dráma/(szín)darab** history (play), costume piece/drama; **Shakespeare ~ drámái** Shakespeare's history plays *(v.* histories); **~ esemény** historic event; **~ idők** historic times; **~ jelentőségű/nevezetességű** historic; **~ materializmus** historical materialism; **~ regény** historical novel; **~ tény** historical fact

történés *n* happening, occurrence, event(s); *(cselekmény)* action, plot

történész *n* historian

történet *n* **1.** *(elbeszélés)* story, tale, narrative **2.** *(történelem)* story, history

történetesen *adv (úgy adódott, hogy)* it so happened that, I (etc.) happened to . . .; **~ épp jelen voltam** I happened to be there/present; **ha vm megtalálod, szólj** should you find it, please tell me; if by any chance you (should) come across it, please let me know

történeti *a* historical; **~ hangtan** historical phonology; **a ~ hűség kedvéért** for the sake of historical fidelity

történetírás *n* history, historiography

történetíró *n* historian

történettudomány *n* history, historical scholarship/science

történettudományi *a* historical

történ|ik *v ált* happen, occur, come* to pass; *vm vkvel* happen to (sy); *(vm rossz)* befall* (sy); **ha vm baja ~ik** should anything befall him *(v.* happen to him); **bármi ~jék is** whatever happens, come what may; **mi ~ik itt?** what's going on here?; **hogy ~t?** how did it happen?; **mi ~t?** what('s) happened?, what('s) the matter?; **baleset ~t** there has been an accident; **semmi sem ~t köztetek?** is everything all right between you?; **mi ~t vele?** what('s) happened to him?, *(mi lett belőle)* what's become of him?; **úgy** ~**t, hogy** it so happened that, it was like this; **minden úgy** ~**t, ahogy vártam** everything turned out as I (had) expected; **mintha mi sem** ~**t volna** as if nothing had happened; **ami** ~**t, megtörtént** what is done can't be undone; **nem** ~**t semmi!** *(= felejtsük el)* forget it!, that's quite all right!

történtek *n pl* **a** ~ **után** after what has happened; **felejtsük el a** ~**et** let bygones be bygones

törtet *v átv* be* pushing/pushy, push oneself (forward)

törtetés *n átv* pushiness, careerism

törtető I. *a átv* ambitious, pushy **II.** *n* pushing/pushy person/fellow, careerist

törtjel *n* = **törtvonal**

törtszám *n* fraction

törtvonal *n mat* division sign

törtvonás *n* = **törtvonal**

törül(get) *v* = **töröl(get)**

törülköz|ik *v* dry (oneself)

törülköző *n* towel; *(nagy frottír)* bath towel

törve *adv* **1.** ~ **beszél angolul** he speaks* broken English **2. hat** ~ **kettővel** six divided by two

törvény *n* **1.** *jog, ált* law; *(a törvényhozó testület határozata)* Act; **a** ~ **szelleme** the spirit of the law; **ahogy a** ~ **előírja/kimondja** as by law enacted; **a** ~ **értelmében** in terms of the law, as provided by law, within the meaning of the act; **a** ~ **szigora** rigour *(US* -or) of the law; **a** ~ **útjára lép** take* legal measures/action; **az érvényben levő** ~**ek** the laws in force; **a** ~ **nevében** in the name of the law; **a** ~ **nem tudása nem mentesít** ignorance (of the law) is no defence; ~**be foglalás** codification (of law); ~**be iktat** enact, codify; ~**be iktatják** become* law, pass into law; ~**t alkot/hoz** make*/pass laws, enact a law, legislate; **új** ~**t hoz** bring* in *(v.* introduce) a new law; **ismeri a** ~**t** (s)he knows* the law; **kijátssza a** ~**t** evade/circumvent *(v. biz* get* round) the law; ~**t ül** † sit* in judg(e)ment; **szükség** ~**t bont** necessity knows no law **2.** *(igazságszolgáltatás)* law, court; ~ **elé idéz/állít** bring*/ cite/summon *(US* subpoena) sy before the court; **a** ~ **előtt** in the eyes of the law; *(bíróságon)* before the court **3.** *fiz, vegy stb.* law; **a természet** ~**ei** the laws of nature

törvényalkotás *n* legislation

törvénycikk *n* Act, law

törvényellenes *a* illegal, unlawful; ~ **cselekedet** illegal act

törvény-előkészítő *a* ~ **bizottság** committee of legislation

törvényerejű *a* ~ **rendelet** decree with legal force, law decree, legally binding decree

törvényerő *n* legal force; ~**re emel** enact, put* into force; ~**re emelkedik** become* *(v.* pass into) law, come* into force, be* enacted; ~**vel bír** have* the (binding) force of law

törvényes *a ált* legal; *(a törvényben lefektetett)* statutory; *(törvényszerű, eljárás stb.)* lawful; *(jogos, szabályszerű)* legitimate; ~ **házasság** lawful marriage; ~ **(házasságból született) gyermek** legitimate child°; **eléri a** ~ **kort** come* of age; ~ **keretek között** as laid down by law, legitimately; ~ **lépéseket tesz** go* to law, take* legal action/measures/steps; ~ **úton** by legal process/means

törvényesen *adv* legally, by legal means

törvényesít *v ált* legalize; *(gyermeket)* legitimize

törvényesség *n* legality

törvénygyűjtemény *n* digest, statute-book

törvényhatóság *n* local/municipal authority

törvényhatósági *a* municipal; ~ **bizottság** municipal/local board

törvényhozás *n* legislation

törvényhozó *a* legislative; ~ **hatalom** legislative power; ~ **testület** legislative body/authority, legislature

törvényjavaslat *n* bill, the Bill; ~**ot benyújt/beterjeszt** propose *(v.* put* forward, *GB* table) a Bill

törvénykezés *n* administration of justice, jurisdiction

törvénykezési *a* juridical

törvénykönyv *n* (legal) code, code of law, statute-book

törvénymagyarázat *n* interpretation of the law

törvénysértés, törvényszegés *n* violation/infringement of the law, offence *(US* -se) (against the law)

törvényszék *n* court of law, lawcourt

törvényszéki *a* juridical, judicial; ~ **bíró** judge; ~ **eljárás** legal procedure, legal proceedings *pl*; ~ **orvostan** forensic medicine, medical jurisprudence; ~ **tárgyalás** trial, hearing

törvényszerű *a* **1.** *(jogilag)* legal, lawful, legitimate **2.** *(szabályos)* regular

törvényszerűség *n* **1.** *(jogi)* legality, lawfulness, legitimacy **2.** *(szabályosság)* regularity **3.** *(a tudományban)* **vmnek a** ~**ei** the principles/laws of ...
törvénytár *n* collection of laws
törvénytelen *a* **1.** *(cselekedet)* illegal, unlawful **2.** *(gyermek)* illegitimate
törvénytelenség *n* illegality, unlawfulness; *(cselekedet)* unlawful act
törvénytervezet *n* Bill, draft of a new law
törvénytisztelet *n* respect for the law
törvénytisztelő *a* law-abiding
tőrvívás *n* foil fencing; ~**ban** at foil
tőrvívó *n* (foil) fencer
tör-zúz *v* shatter, smash to pieces, *kif* go* on the rampage
törzs *n* **1.** *(testé, fáé)* trunk **2.** *(hajóé)* hull, hulk, body; *(repgépé)* fuselage **3.** *kat* staff **4.** *(nép)* tribe **5.** *növ, áll* phylum
törzsállomány *n* (breeding) stock
törzsfizetés *n* basic wage/salary
törzsfő(nök) *n* chieftain, chief
törzsgárda *n* kb. old guard
törzsgárdatag *n* one of the old guard
törzshajlítás *n sp* bending from the trunk
törzshely *n* regular haunt, favourite (*US* -or-) restaurant [etc.]
törzskar *n kat* (general) staff
törzskönyv *n* *(személyeké)* roll, register; *(kutyáké)* pedigree; *(tenyészállatoké)* herd-book; *(lótenyésztési)* studbook
törzskönyvez *v* register
törzskönyvezett *a* registered; *(állat)* pedigree
törzsközönség *n* regular customers *pl, biz* regulars *pl*
törzslap *n* (registry) sheet
törzsökös *a* true-born
törzsőrmester *n* sergeant-major, *US* master sergeant
törzsszám *n* **1.** *mat* prime number **2.** *(törzslapon)* reference/serial number
törzstiszt *n kat* † field officer
törzsvendég *n* regular (customer), habitué
tősgyökeres *a* pure(-blooded), genuine
tőszám(név) *n* cardinal number
tőszó *n* root-word, stem
tőszomszéd *n* next-door neighbour (*US* -or)
tőszomszédság *n* ~**ban laknak** they live next door to each other, they are next-door neighbours (*US* -ors)
tövestül *adv* → **tő 2.**
töviről-hegyire *adv* → **tő 2.**
tövis *n* thorn
tövises *a* thorny; ~ **pálya** thorny path
tőzeg *n* peat

tőzsde *n* stock exchange, *(londoni stb.)* Stock Exchange, stock-market; **a** ~**n játszik** gamble on the stock exchange (*v.* stock--market); ~**n jegyzett** quoted
tőzsdei *a* ~ **árfolyam** stock exchange/market quotation
tőzsdézés *n* gambling/speculation/dealings on the stock exchange (*v.* stock-market)
tőzsdéz|ik *v* gamble/speculate on the stock exchange (*v.* stock-market)
trachoma *n* trachoma
traccs *n biz* (chit-)chat, chinwag
traccsol *v biz* (chit-)chat, gossip
tradíció *n* tradition
tradicionális *a* traditional
trafik *n* tobacconist's, tobacconist, *US csak:* cigar store
trafikos *n* tobacconist
tragacs *n* **1.** = **talicska** **2.** *biz (rozoga jármű)* **(ócska)** ~ *US csak:* jalopy, flivver
trágár *a* obscene, indecent; ~ **beszéd** obscene talk/language, smut; ~ **vicc** smutty/dirty joke/story
trágárság *n* obscenity, indecency; ~**okat mond** (s)he talks dirty
tragédia *n* tragedy
tragikomédia *n* tragicomedy
tragikum *n* tragedy; **a dolog** ~**a az, hogy** the tragedy (*v.* the tragic aspect/side) of it (all) is that ..., it is tragedy that ...
tragikus *a* tragic; ~ **esemény** tragic event; ~ **hős** tragic hero; ~ **(kimenetelű) baleset** a tragic/fatal accident; **XY** ~ **hirtelenséggel elhunyt** *(főnévvel)* kb. the tragic death of YX
tragikusan *adv* tragically; *(tragikus körülmények között)* in/under tragic circumstances; ~ **fog fel vmt** take* sg too seriously (*v.* too much to heart); ~ **végződött** it ended fatally
trágya *n* dung, manure
trágyadomb *n* dunghill
trágyáz *v* manure, spread* (the) dung (on/over)
trágyázás *n* manuring, muckspreading
traktál *v biz* **1.** *(jóltart)* treat sy to sg, regale sy with/on sg **2.** *(érdektelen, kellemetlen ügygyel)* treat sy to sg, bore sy with sg, go* on endlessly at sy about sg
traktor *n* tractor
traktorállomás *n* tractor station/pool
traktoros *n* tractor-driver
traktus *n* *(épületszárny)* wing
trancsíroz *v* carve (up)
transz *n pszich* trance
transzformál *v* transform

transzformátor *n* transformer
transzfúzió *n orv* transfusion
transzkontinentális *a* transcontinental
transzmisszió *n* transmission
transzparens I. *a* transparent II. *n* 1. *(fény-reklám)* neon sign 2. *(felvonuláson vitt feliratos tábla)* banner, placard; *(szalag)* banner
transzport *n* 1. *(szállítás)* transport, *US* transportation 2. *(szállítmány)* consignment, shipment; *(sebesültekből stb.)* transport
tranzakció *n* transaction, deal
tranzisztor *n* transistor
tranzisztorizál *v* transistorize
tranzisztoros *a* ~ rádió transistor (radio)
tranzit *n* transit
tranzitáruk *n pl* goods in transit
tranzitszálló *n* transit hotel
tranzitutas *n* transit passanger
tranzitváró *n* transit lounge
trapéz *n* 1. *mat* trapezium, *US* trapezoid 2. *(akrobatáké)* trapeze
trappista (sajt) *n* Port-Salut [cheese]
trappol *v* trot
trauma *n orv, pszich* trauma
traumatológia *n* = baleseti sebészet
trécsel *v* = traccsol
tréfa *n* joke, fun; **csak** ~ **volt** I was only joking *(v. biz* kidding); **ennek a fele se** ~, **ez már nem** ~ that is* *(v.* has gone) beyond a joke; **ízetlen/rossz** ~ stupid/silly joke; **durva/otromba** ~ practical joke; ~**ból** in fun/jest; ~**n kívül** joking apart, seriously (though); ~**nak veszi** make* a joke of it; *(ne vedd komolyan)* laugh it off; **érti a** ~**t** know* how to take a joke, get* the joke; **nem érti a** ~**t** (s)he can't take a joke, (s)he can't see the joke, (s)he doesn't get the joke; **ebben nem érti a** ~**t** he takes* such matters seriously; ~**t űz vkből** pull sy's leg, make* fun of sy, poke fun at sy
tréfadolog *n* **ez nem** ~ it's no laughing matter
tréfál *v* joke; *(vicceket mond)* crack jokes; **nem** ~ he means* business, he is* serious; **csak** ~**t** (s)he was only joking; **nem olyan ember, akivel** ~**ni lehet** he is* not a man° to be trifled with; **ne** ~**j!** come off it!, be serious!
tréfálkoz|ik *v* crack jokes, joke
tréfás *a (történet stb.)* amusing, funny; *(megjegyzés)* facetious; *vk* funny, facetious; ~ **kedvében van** he is* in a jokey mood ⇨ **vicces**

treff *n (kártya)* club
trehány *a vulg* 1. *(emberről)* slovenly, sloppy; ~ **alak** *vulg* slob 2. *(munka)* slipshod, shoddy, sloppy; ~ **munka** slopwork
tréner *n* = edző
tréning *n* = edzés
tréningruha *n* = melegítő
treníroz *v* = edz
triangulum *n zene* triangle
tribün *n* = lelátó
tricikli *n* tricycle
tridenti zsinat *n tört* the Council of Trent
Trieszt *n* Trieste
trigonometria *n* trigonometry
trikó *n (alsóruha)* vest, *US* undershirt; *(sportolóé, ujjatlan)* singlet; *(rövid ujjú)* T-shirt
trikóanyag *n* tricot (fabric)
trilla *n zene* trill, shake
trilláz|ik *v zene* trill, shake
trillió *num* (10^{18}) *GB* trillion, *US* quintillion
trilógia *n* trilogy
trió *n* trio
tripla *a* triple, threefold
triumvirátus *n* triumvirate
triviális *a* 1. *(közönséges)* vulgar, low 2. *(elcsépelt)* trivial, trite
trocheus *n* trochee
trófea *n* trophy
tróger *n* elit blackguard, pleb, slob
trójai *a* Trojan; **a** ~ **faló** the Trojan Horse, the Wooden Horse (of Troy); **a** ~ **háború** Trojan War
trolibusz *n* trolley-bus
trombita *n* trumpet; ~**t fúj** blow* the trumpet
trombitál *v* blow* the trumpet
trombitás *n* trumpet(er), trumpet-player
trombitaszó *n* trumpet-call
trombózis *n* thrombosis
tromf *n* 1. *(kártyában)* trump(s) 2. *átv* retort
trón *n* throne; ~**ra kerül/lép** come* to the throne, ascend the throne; ~**ra lépés** accession to the throne
trónbeszéd *n* speech from the throne, the Queen's/King's speech
trónfosztás *n* dethronement, deposition
trónkövetelő *n* pretender
trónol *v* be*/sit* enthroned *(v.* on the throne)
trónöröklés *n* = trónutódlás
trónörökös *n* heir apparent (to the throne); *(nem GB)* crown prince/princess; *GB* the Prince of Wales
trónutódlás *n* succession to the throne
trópus(ok) *n (pl) földr* the tropics *pl*
trópusi *a* tropical; ~ **éghajlat** tropical climate; ~ **hőség** tropical weather/heat; ~

őserdő rain forest; ~ **sisak** pith hat/
helmet, topee, topi
tröszt n trust
trükk n trick, device; **ezerféle** ~ every trick
in the book
trükkfilm n special effects film; *(rajzfilm)*
(animated) cartoon
tsa. = *társa* company *(röv* Co.)
tsz = **termelőszövetkezet**
tsz-elnök n chairman° of the co-operative
TTK = *természettudományi kar* faculty of
science; **a** ~**ra jár** be* a natural sciences
student, be* studying science *(v.* a science
subject)
tuba n *zene* tuba
tubák n † snuff ⇨ **burnót**
tuberkulózis n tuberculosis *(röv* t.b.)
tubus n tube
tucat adv/n dozen; **egy** ~ **tojás** a dozen
eggs; **fél** ~ half a dozen [eggs etc.]; **fél** ~
tojás 40 penny these eggs are 40p a half
dozen; **három** ~ **doboz** three dozen
boxes; ~**ja 30 Ft** they're 30 fts a dozen;
~**jával** by the dozen
tucatáru n cheap goods *pl,* cheap stuff
tucatember n commonplace/mediocre
person
tucatszám(ra) adv by the dozen
tud v **1.** *(ismer)* know* (sg); *(vmről)* know*
(sg) about/of (sg); *(tudomása van vmről)* be*
aware of, have* heard of (sg); **jól** ~ **ango-
lul** sy's English is good, know* English well;
egy kicsit ~ **spanyolul** (s)he knows a
little Spanish, (s)he has a smattering of
Spanish; **nem régóta tanulom, úgy-
hogy csak néhány szót** ~**ok németül**
I haven't been learning German for long, so I
can only manage/speak a few words; **nem**
~ **vmt/vmről** does not know sg *(v.* about
sg), be* ignorant/unaware of sg; ~**om I**
know; **nem** ~**om** I don't know, I can't tell,
I have* no idea; **előre** ~ know* (sg) in
advance; **előre lehet(ett)** ~**ni** it is/was a
foregone conclusion; ~**om, amit** ~**ok I**
know what I know; ~**ok egy jó étter-
met a közelben** I know (of) a good res-
taurant near by; ~**ni kell/való, hogy** it
should be said that; **honnan** ~**ja?** how do
you know?; **jól** ~**ja** know* full/very well;
nem jól ~**ja** be* wrong/mistaken/misin-
formed; **ahogy mindenki jól** ~**ja** as is
well-known; **már régóta** ~**juk** we've
known that for a long time; **nem** ~**ja, mi-
tévő legyen** he is at a loss what to do, he
doesn't know what to do; **ki** ~**ja?** who
knows?, who can tell?; „**ki mit** ~?" *(ver-*

seny) (television) talent show; **ő mindent**
~ he's a mine of information; **ő** ~**ja,
miért** for reasons of his own, for reasons
best known to himself; **mint** ~**juk** as we
(all well) know, as is well-known; **szeret-
ném** ~**ni** ... I should like to know ...;
szeretném ~**ni, miért?** I wonder why?;
mit lehet ~**ni** there is no knowing/say-
ing/telling, you never can tell, who knows?;
~**od mit?** (I'll) tell you what; **nem** ~**ok**
róla I know* nothing about/of it, I am* not
aware of it; **úgy** ~**ják róla, hogy** he is
believed to be ...; **amennyire én** ~**om**
as far as I know; **úgy** ~**om, (hogy)
Angliában van** I understand*/believe
(s)he is in Britain; as far as I know (s)he is in
Britain; **magam sem** ~**om** I wonder; I
do* not *(v.* don't) know myself; **mit** ~**om
én?** how should I know?; *biz* ask me
another; **most már** ~**om!** now I know
(what I wanted to know); **mintha nem**
~**nám!** as if I didn't know! **2.** *(képes)* can*
[do sg], be* able to [do sg]; can* manage (sg
v. to); **nem** ~ *(vmt tenni)* cannot *(v.* can't)
[do sg]; ~**sz úszni?** can you swim?; **nem**
~ **fizetni** (s)he can't pay; **nem** ~**om ho-
va tenni** *(emlékezetben)* I cannot place
him/you/it; ~**na hozni nekem** ... could
you bring me ...; **el** ~**sz jönni?** can you
come?, will you be able to come?, *biz* can you
make it?; **még egy kisiskolás is jobb
fogalmazást** ~**na írni** even a schoolboy
could manage a better essay; **meg** ~**od
csinálni/javítani?** can you repair/do/
mend it?; **meg** ~**tam szerezni a köny-
vet** I managed *(v.* was able) to get the book;
nem ~**ott eljönni** he couldn't come, *biz*
(s)he couldn't make it; **ez a készülék** ~**ja**
(ti. amit egy másik nem tud) that's the set
that does it
tud. = *tudományos (term.* tud) scientific;
(egyéb) academic; scholarly
tudakol v = **tudakozódik**
tudakozó n *(helyiség)* inquiry/enquiry
office, inquiries *(v.* enquiries) *pl,* information
tudakozód|ik v *(vk/vm felől/után)* make*
inquiries/enquiries about (sy/sg), inquire/ask
about/after (sy/sg), ask for information
(about)
tudálékos a pedantic, bookish; ~ **ember**
pedant, dilettante
tudás n **1.** *(szellemi)* knowledge, learning;
(a) legjobb ~**om szerint** to the best of
my knowledge; **angol** ~ one's (proficiency
in) English, (one's) knowledge of English;
nagy ~**ú ember** a (very) learned man°/

person, a man° of (great) learning (*v.* immense
erud*i*tion), a great scholar → **szakmai,
tárgyi 2.** *(jártasság)* skill
tudásszint *n* educational/academic standards *pl*
tudásszomj, -vágy *n* thirst for knowledge,
intellectual curiosity
tudat[1] *vt* vkvel vmt let* sy know sg, notify/inform sy of sg; **kérem tudassa velem, legyen szíves** ~**ni** please let me know
tudat[2] *n* consciousness; ~ **alatt** subconsciously; ~ **alatti** subconscious ⇨ **tudatalatti;** ~**ában van vmnek** be* conscious/aware of sg; **nincs** ~**ában vmnek** be* unaware (*v.* not aware) of sg; ~**ára ébred vmnek** wake* up to sg, sg becomes* clear to sy; ~**ára ébreszt** awaken sy to sg, bring* sg home to sy, make* sy realize sg
tudatalatti *n* the subconscious ⇨ **tudat**[2]
tudathasadás *n* schizophrenia
tudatküszöb *n* threshold of consciousness
tudatlan *a* ignorant
tudatlanság *n* ignorance; ~**ot árul el** display one's ignorance
tudatos *a* **1.** *(tudaton alapuló)* conscious;
~**sá vált előttem** I realized (that), I became aware of; **nem** ~ unconscious **2.** *(szándékos)* deliberate
tudatosan *adv* consciously, deliberately, knowingly
tudatosít *v* vkben vmt make* sy realize/understand sg, make* sy aware of sg
tudatosság *n* consciousness, awareness
tudattalan *a* unconscious
tudniillik (ti.) *conj* **1.** *(ugyanis)* for ..., because **2.** *(jobban mondva)* that is to say, or rather, to be more precise **3.** *(mégpedig)* namely (*irásban rov:* viz.)
tudnivaló *n* **1.** *(felvilágosítás)* information (*pl* ua.) **2.** *(utasítás)* instructions *pl*
tudomány *n* **1.** *(ált és természettudomány)* science; *(egyéb)* the (scientific) study of ...; [environmental/economic/historical etc.] studies *pl*; *(tudás, tudományosság)* scholarship, learning, knowledge; **a ...** ~ **doktora** Doctor of Science, D.Sc. *v.* DSc (Doctor Scientiarum), Academic Doctor **2.** *biz* **megáll a** ~**a** be* at one's wit's end
tudományág *n* branch of learning/science, discipline, the study of ...
tudományegyetem *n* university
tudományközi *a* interdisciplinary
tudománynépszerűsítés *n* popularization(s) of science
tudományos *a* *(főleg a természettudományokkal kapcs.)* scientific; *(humán tud.)* scholarly, learned; *(elméleti, nem gyakorlati; humán és társadalomtud.)* academic; **Magyar T**~ **Akadémia** Hungarian Academy (of Sciences); ~ **eredmény(ek)** scientific/scholarly achievement(s), contribution to knowledge; ~ **fokozat** (academic) degree; ~ **igényű/jellegű** scholarly; ~ **intézmény** *(természettudományi)* scientific institution; *(egyéb is)* institute, institution of higher learning; ~ **ismeretterjesztés** dissemination of the sciences → **TIT**; ~ **kiadványok** scholarly/scientific publications; ~ **könyv/mű** scholarly work; ~ **kutatás** (scientific) research (into/on sg); researches (into/on sg) *pl*; ~ **kutató/munkatárs** research worker/fellow; *(rangidős)* senior research fellow; researcher; ~ **(kutató)-munka** (scientific) research, researches *pl*; ~ **módszer** scientific method; ~ **(kutató)munkát végez** carry out research, research [a subject]; do* (some) research on [a theme] *v.* into [a subject]; be* researching in [a subject, e.g. modern history], be* researching on/into [a theme, e.g. the causes of cancer, the effects of air pollution etc.]; ~ **pálya** learned profession; ~ **pályán/téren/vonalon dolgozik/működik** *ált* (s)he is an academic; *(humán)* be* a (professional) scholar; *(természettudós stb.)* (s)he is a scientist; ~ **szakfolyóirat** learned/specialist journal/periodical; ~ **társaság** learned society
tudományosan *adv* scientifically
tudományos-fantasztikus *a* ~ **regény (irodalom)** science fiction (*röv* sci-fi); ~ **regény** a sci-fi novel
tudományos-technikai *a* ~ **forradalom** scientific and technological revolution
tudománytalan *a* *(ált és természettud.)* unscientific; *(humán vonatkozásban)* unscholarly
tudomás *n* knowledge; ~**a van vmről** have* knowledge of sg, be* aware/informed of sg, know* of sg; *(hallott róla)* have* heard of sg; **nincs** ~**a vmről** be* unaware/ignorant of sg; *(tájékozatlan)* be* unapprised of sg; vknek ~**a nélkül** without sy's knowledge, without asking sy, over sy's head; ~**om szerint** to my knowledge, as far as I know; **legjobb** ~**om szerint** to the best of my knowledge (and belief); ~**om van róla, hogy** it is my understanding that; vknek ~**ára hoz vmt** bring* sg to sy's knowledge/notice (*v.* to the knowledge/notice of sy), inform sy of/about sg, let* sy know sg; vknek ~**ára jut** come* to sy's knowledge/

notice; **~t szerez vmről** get*/come* to know of, learn* (of) sg; **~ul vesz vmt** note sg, take* notice of sg, acknowledge sg; **nem vesz ~ul vmt** take* no notice/heed of sg, ignore sg; **~ul szolgál** acknowledged, approved, O.K. *v.* OK; **vedd ~ul, hogy** I would have you know, I must tell you that; **~sal bír vmről** be* aware/apprised of sg **tudomásulvétel** *n* acknowledgement, acceptance; **szíves ~ végett közlöm, hogy ...** for your kind information, (in reply to your kind inquiry) I should like to state that ...

tudós I. *a* scholarly; **~ társaság** learned society **II.** *n (főleg természettudós)* scientist; *(humán)* scholar

tudósít *v* 1. **vkt vmről** inform sy of/about sg, let* sy know sg, notify sy of sg 2. *(tudósítást készít újságnak, rádiónak stb.)* report on sg, cover (sg); *(rendszeresen)* report for [a newspaper, radio, television]; *(külföldről)* be* a correspondent; *(több lapnak biz)* be* a stringer (for)

tudósítás *n* 1. *ált* information 2. *(eseményről, újságnak stb., tevékenység)* (news) reporting, reportage; *(egyes)* report, dispatch; **~t ír/küld vmről** report on sg, cover sg

tudósító *n* correspondent; **kiküldött ~nk jelenti Londonból** [news] from our own/special correspondent (in London); **vmely újság ~ja** *(igével)* report for [a newspaper]

tudott *a* known; **~ dolog = tudvalevő**

tudta *n* vk **~ nélkül, ~n kívül** without sy's knowledge, behind sy's back; **vknek ~ra ad vmt** bring* sg to sy's knowledge/notice, notify/inform sy (of sg), make* sg known to sy; **tudtommal** as far as I know (*v.* am aware), to my knowledge; **vk ~val (és beleegyezésével)** with sy's knowledge (and approval)

tudtul ad *v* = **tudomására hoz**

tudva *adv* knowingly, consciously, intentionally, deliberately

tudvalevő *a* (it is) well-known; **~, hogy** it is (a matter of) common knowledge that, it is well-known that

túl[1] *adv* 1. *vmn* beyond, over, across 2. *(időben)* beyond, after, over; **11 órán ~** beyond/after 11 o'clock; **~ van a vizsgán** her/his examination is over, *biz* (s)he has taken/done the exam; **csakhogy ezen ~ vagyunk** at l(e)ast that's over (with); **~ van a műtéten** (s)he has had the operation; **~ van a veszélyen** be* beyond danger, be* out of danger; **~ van a nehezén** be* over the worst; **~ van a negyve-** nen he is past (*v.* has turned) forty; **~ van már azon** he is past ..., he has (already) got over that

túl[2] *adv (túlságosan)* too, excessively; **~ kicsi** (much) too small; **~ sok** too much (of); **~ sokat költ** spend* (far) too much, spend* in excess of one's income

túlad *v vmn, vkn* get* rid of (sg/sy), dispose of (sg)

tulaj *n biz* boss, *GB* gaffer; **a ~ fizeti** *(az italokat)* (the drinks are) on the house

tulajdon I. *a* own; **a ~ szememmel láttam** I saw it with my own/very eyes **II.** *n (tárgy stb.)* property; **közös ~** common/joint property; **személyi ~** personal property, one's possessions/belongings *pl*; **vknek a ~ában van** be* one's/sy's property, belong to sy, sg is* owned by sy

tulajdoni *a* **~ formák** forms of ownership; **~ hányad** *kb.* (percentage) share of the service charge; **~ lap** property page [of land register]; **~ viszonyok** ownership/property relations, ownership *sing.*

tulajdonít *v* 1. *(vknek/vmnek vmt)* attribute/ascribe/assign (sg to sy/sg); **annak (a ténynek) ~om, hogy** I put it down to the fact that ... 2. **magának ~ vmt** claim sg, arrogate sg to oneself ⇨ **fontosság**

tulajdonjog *n* proprietary rights *pl*, ownership, proprietorship

tulajdonképp(en) *adv* 1. *(a lényeget tekintve)* in fact, properly/strictly speaking, actually, as a matter of fact, really; **~ nem** not really; **~ mit akarsz?** what do you really want?, what on earth do* you want? 2. *(eredetileg)* originally

tulajdonnév *n* proper name/noun

tulajdonos *n (ingatlané stb.)* owner; *(üzleté, vendéglátóipari egységé)* proprietor, owner [of a business]; *(cím stb. viselője, igazolvány tulajdonosa stb.)* holder; *(útlevélé)* bearer; **a világbajnoki cím ~a** the holder of the world record; **~t cserél** pass into other hands, change hands/owners

tulajdonság *n* quality, attribute, property, feature; **jó ~ vké** virtue, sy's good point

tulajdonviszony(ok) *n (pl)* property relations, ownership

túláradó *a* overflowing; *(csak átv)* exuberant; **~ boldogságban úszik** be* in an ecstasy of delight; **~ jókedvében** bubbling over with high spirits, overjoyed (with); **~ szeretettel** in an excess/outburst of love

túlbecsül *v vmt* overestimate, overrate (sg)

túlburjánzás *n* overgrowth

túlburjánz|ik *v* overgrow*

túlbuzgó *a* overzealous, eager (beaver), over-eager

túlcsordul *v* run*/brim* over, overflow

túlél *v vmt* survive (sg); *vkt* outlive (sy)

túlélő *n* survivor; **egyetlen ~ volt** only one person survived (the accident etc.), there was only one survivor

túlérett *a* overripe

túlerő *n* numerical superiority; **enged a ~nek** bow/yield to superior force, succumb to odds; **~vel áll szemben** *(számbelileg)* be* outnumbered by [the enemy etc.], face/fight* heavy odds

túlerőltet *v* overwork, overstrain; **~i a szemét** strain one's eyes; **~i magát** overwork, *biz* be* overdoing it

túlértékel *v* overestimate/overrate (sg)

túlérzékeny *a* hypersensitive, oversensitive (to)

túlérzékenység *n* hypersensitivity

túles|ik *v* = átesik 2.

túlexponált *a* overexposed

túlfeszít *v* **1.** *(kötelet)* overstrain **2.** *átv* overwork; *(testi erőt, idegeit stb.)* overreach/exhaust oneself; **~i a húrt** go* too far

túlfeszített *a* overstrained; **~ idegállapot** srained nerves *pl*; *kif* sy's nerves are at breaking point; **~ munka** (1) *(fizikai)* overwork (2) *(szellemi)* overwork, excessive strain

túlfizet *v* overpay*, pay* too much (for); **munkája nincs ~ve** he is* not overpaid for his work

túlfolyó *n (kádé stb.)* overflow (pipe)

túlfűtött *a* **1.** *(helyiség)* overheated **2.** *vk* over-excited, highly strung, *US* high-strung; **a légkör/hangulat ~é vált** feelings ran high

túlhajt *v* **~ja magát** overwork, overdo* it, drive*/push oneself too hard

túlhajtott *a* **~ munka** overwork, gruelling *(US* -l-) pace/work

túlhalad *v* **1.** *(térben)* pass, go* beyond/past **2.** *átv* surpass, exceed; **a költségek ~ják a 20 000 Ft-ot** the costs will exceed 20,000 fts **3.** *(elavulttá tesz)* supersede; **~ta ... ... was superseded by ...** ⟹ **meghalad**

túlhaladott *a* **~ álláspont** outworn/antiquated conception/notion; *biz kif* that's old hat

túlharsog *v* drown out sy/sg *v.* drown sy/sg out

túlhevít *v* overheat; *ir* overcharge

túlhúz *v (órát)* overwind*

tulipán *n* tulip

túljár *v* **~ vknek az eszén** outwit*/outsmart/outmanoeuvre *(US* -maneuver) sy, get* the better of sy

túljátsz|ik *v (szerepet)* overact, ham up, overdo* [one's part]

túljelentkezés *n (kirándulásra stb.)* being oversubscribed; *(egyetemre stb.)* over-application; **az orvosi egyetemre ötszörös a ~** there are five times as many applications for medicine as there are places (available)

túljut *v* get* over sg, pass; **~ a nehezén** be* over the hump, turn the corner, break* the back of a task, see* (the) light at the end of the tunnel ⟹ **átesik**

túlkapás *n* abuse(s) (of); **~ok** excesses [committed by the occupying troops etc.]

túlkiabál *v* out-shout, shout/roar down (sy); **mindenkit ~t** his voice rose above *(v.* drowned out) all the others

túlköltekez|ik *v* overspend*, spend* in excess of what one can afford

túllép *v (mértéket)* exceed, overstep the mark; **~i a keretet** *(= tervezett pénzösszeget)* overspend*; **~i a hitelét** *(bankban)* overdraw* (one's account), *biz* go* into the red; **~i a hatáskörét** overstep* one's authority, exceed one's authority/instructions/powers

túllépés *n (hitelé)* overdraft; *(jogköré)* transgression

túllicitál *v vmt* overbid* (sg); *vkt* outbid* (sy), overbid* (sy)

túllő *v* overshoot*; **~ a célon** overshoot*/overstep* the mark

túlmegy *v vmn* go* beyond, surpass (sg); **~ minden határon** overstep the mark ⟹ **túllép**

túlmelegsz|ik *v* overheat

túlmenően *adv* **ezen ~** over and above that, in addition to this, beyond that

túlméretezett *a* exaggerated

túlmunka *n* (working) overtime; **~t végez** work overtime, be* on overtime

túlnépesedés *n* overpopulation

túlnő *v vmn, vmt* outgrow* sg, exceed (sg)

túlnyomásos *a* **~ utasfülke** pressure cabin

túlnyomó *a* predominant, preponderant; **az év ~ részében** for the best part of the year; **~ többség** vast/overwhelming majority; **az esetek ~ többségében** in the overwhelming majority of cases

túlnyomóan, túlnyomórészt *adv* predominantly, overwhelmingly, mostly, for the most part

túloldal *n* **1. az utca** ~**án** across the road/street, over the road, on the far side of the road/street **2. I. a** ~**on** see overleaf/over; **az ábrát I. a** ~**on** see figure/picture overleaf

túlontúl *adv* (altogether) too (much), (far) too much

túlóra *n* overtime; **ma három** ~**m volt** I did three hours overtime today

túlóradíj *n* overtime pay

túlórázás *n* (working) overtime

túlóráz|ik *v* work overtime; be* on overtime

túloz *v* exaggerate; **erősen** ~ lay* it on (a bit) thick

túlságos *a* **1.** exaggerated, excessive, extreme **2.** = **túlságosan**

túlságosan *adv* (far) too, excessively; ~ **nagy** too big

túlsó *a* opposite, of/on the other side *ut.*; **a** ~ **oldalon** (1) *(könyvben)* overleaf (2) *(utcán)* across/over the street/road; **a** ~ **parton** on the opposite/far bank (of the river)

túlsúly *n* **1.** ált overweight; excess weight; *(repgépen)* excess baggage; ~**t fizet** pay* an excess baggage charge; **50 font** ~**t fizettetett velem a légitársaság** the airline charged me £50 for excess baggage **2.** *átv* preponderance, predominance (over); ~**ban van** prevail/predominate (over sy), be* in the majority/ascendant; ~**ba jut** prevail, gain the ascendancy over (sy), get* the upper hand over (sy)

túlszárnyal *v vkt vmben* surpass/outshine* sy (in sg); *(vmt pl. eredményeket)* improve on sg, better sg

túltáplál *v* overfeed*, feed* up

túltáplált *a* overfed

túlteljesít *v* exceed [the target/plan by …%], overfulfil (*US* -fulfill)

túlteljesítés *n* exceeding [the target/plan], overfulfilment [of the plan]

túlteng *v* become* excessive, predominate

túlterhel *v* **1.** *(súllyal)* overload, overburden **2.** *átv* overload, overburden, overtax

túlterhelés *n* **1.** *(súllyal)* overload(ing) **2.** *átv* overtaxing

túlterjed *v vmn* go* beyond

túltermelés *n* overproduction

túltesz 1. *vi vkn* surpass/outdo* sy (in sg), go*/do* one better than sy **2.** *vt* ~**i magát vmn** disregard sg, does not bother oneself about sg, get* over sg, make* light of sg

túlvilág *n* the next/other world

túlvilági *a* other-worldly

túlzás *n* ált exaggeration; *(nyilatkozatban)* overstatement; *(viselkedésben, életmódban)* extravagance; **ez** ~**!** that is going too far, that is too much; ~ **nélkül** without exaggeration; ~ **nélkül állíthatom, hogy** it is no exaggeration to say that; ~**ba esik** go* too far, carry sg/matters too far (*v.* to extremes), overdo* it; **egyik** ~**ból a másikba esik** go* from one extreme to the other; ~**ba visz vmt** overdo* sg; **ne vidd** ~**ba** don't overdo* it

túlzó I. *a* excessive, extreme **II.** *n* extremist

túlzott *a* exaggerated

túlzsúfol *v* overcrowd, cram; ~**t** overcrowded, (jam-)packed

tumor *n* = **daganat**

tuner *n* tuner

Tunézia *n* Tunisia

tunéziai *a/n* Tunisian

Tunisz *n* Tunis

tunya *a* lazy, indolent, sluggish, inert

tunyaság *n* indolence, sluggishness

túr *v (földet)* dig*; *(állat)* dig* up; *(disznó)* root about; **orrát** ~**ja** pick one's nose; **ruhái között** ~ search/rummage among one's clothes

túra *n* **1.** ált tour, trip; *(rövidebb)* outing, excursion; *(gyalog)* walk, hike; *(kocsin)* run, drive; *(kerékpáron)* ride; *(csónakon)* trip, (boat) ride; ~**n vesz részt,** ~**t tesz** *(hosszabbat, külföldre)* go* on a tour, go* for a trip [round Italy etc.], tour (round) [a country]; *(rövidebbet)* go* on/for a trip (*v.* an outing); *(gyalog)* go* for a hike, hike, go* hiking, go* on a walking tour; ~ ~**n van** be* away on a trip; **európai** ~**ra megy** go* on a tour round Europe **2.** = **turné**

túra- *pref (kerékpár stb.)* touring [cycle etc.]

túracipő *n* walking shoes/boots *pl*

túrakajak *n* collapsible boat, faltboat, foldboat

túravezető *n* road manager, *biz* roadie

túrázás *n* hiking, walking

túráz|ik *v* go* on a trip/tour, tour (round) [a country]; be* away on a trip; *(gyalog)* hike, walk

túráztat *v* race [the engine]

turbán *n* turban

turbékol *v* **1.** *(galamb)* coo **2.** *átv* ~**nak** bill and coo

turbékolás *n* cooing

turbina *n* turbine

turbógenerátor *n* turbogenerator

turbólégcsavaros repülőgép *n* turbo-prop *(aircraft)*, prop-jet *(aircraft)*

turbó-sugárhajtású *a* ~ **repülőgép** turbo-jet

turbó-sugárhajtómű *n* turbo-jet engine

turf *n* **1.** *(futtatás)* racing, the turf **2.** *(versenypálya)* race-course

turha *n* phlegm, sputum

turista *n* tourist; *(városnéző)* sightseer; *(gyalogos)* hiker

turista- *a* tourist(-); touring

turistaárfolyam *n* tourist rate (of exchange)

turistabot *n* alpenstock

turistacipő *n* walking boots/shoes *pl*

turistaforgalom *n* tourist traffic

turistaház *n* youth hostel; **aki** ~**ról** ~**ra jár** a hosteller (*US* -l-)

turistaidény *n* tourist season

turistajelzés *n* blaze, trail-marking

turistaosztály *n* *(repülőn)* tourist/economy class

turistáskod|ik *v* go* in for hiking; **sokat** ~**ik** (s)he is* a great one for hiking

turistaszállás *n* tourist hostel/lodge

turistaszálló *n* tourist hotel

turistaút *n* **1.** *(gyalogút)* walking path; *(kijelölt)* (public) footpath, path, pathway; **menj(en) a (kijelölt)** ~**on, különben eltéved(sz)** keep to the path or you'll lose your way **2.** = **turistautazás**

turistautazás *n* tour, trip

turistaútlevél *n* tourist passport

turisztika, turizmus *n* *ált* tourism; *(utazás)* touring; *(városnézés)* sightseeing; *(az ipar)* the tourist industry/trade, tourism

turkál *v* **1.** *ált* search, rummage; *(könyvesboltban)* browse; **zsebeiben** ~ rummage (around) in one's pockets **2.** *(más dolgában)* poke one's nose into [other people's business]

turmix *n* milk-shake, *US* így is: shake, soda

turmixgép *n* liquidizer, blender

turné *n* tour; ~**ra megy** go* on a tour; **európai** ~**ra megy** go* on a European tour *(v.* a tour round Europe); ~**n vesz részt** be* on tour [in ...]

turnéz|ik *v* tour *(v.* be* touring) [swhere *v.* in ...], be* on tour [in ...]; **Angliában** ~**ik a zenekar** the orchestra is (currently) on tour in Britain

turnus *n* turn; *(munkában)* shift; *(étkezéskor)* sitting

túró *n* (milk) curds *pl*, curd (cheese)

túrógombóc *n* curd(s) dumplings *pl*

túrós *a* curd, with curd *ut.*; ~ **csusza tepertővel** pasta with soft cheese and cracklings; ~ **rétes** puff pastry (filled) with curd

turpisság *n* dirty trick, chicanery, jiggery-pokery

tus¹ *n* *(festék)* Indian ink, *US* India ink

tus² *n* *zene* flourish

tus³ *n* = **zuhany**

tus⁴ *n* = **puskatus**

tus⁵ *n* *sp* **1.** *(vívásban)* hit **2.** *(birkózásban)* fall; ~**sal győz** win* by a fall

tusa *n* struggle, fight, combat; **lelki** ~ spiritual crisis, crisis/conflict of conscience

tuskihúzó *n* drawing pen

tuskó *n* **1.** *(fa)* stump, block **2.** *elít* **faragatlan** ~ boor, clodhopper

tusol *v* = **zuhanyoz**

tusrajz *n* wash-drawing, pen-and-ink drawing

túsz *n* hostage; ~**okat szed** take* hostages; ~**ként tart fogva vkt** take*/hold* sy hostage, keep* [the pilot on board the plane] as (a) hostage

tuszkol *v* push (sy with one's hands), thrust*, *biz* shove

tutaj *n* raft

tutajos *n* raftsman°

tutajoz *v* **1.** *(tutajon utazik)* travel (*US* -l-) by raft, go* by raft **2.** *(tutajon szállít)* raft, carry on a raft; *(fát)* float [timber/logs]

tuti *a* *biz* (dead) cert; ~, **hogy megnyeri** it's a cinch that he (*v.* the horse etc.) will win

tutyimutyi *a* ~ **alak** a weakling, a mollycoddle, an old woman°

túzok *n* bustard ⇨ **veréb**

tű *n* **1.** *(varró, kötő, stoppoló)* needle; *(gombos és más)* pin; **(injekciós)** ~ (hypodermic) needle; **eldobható (injekciós)** ~ disposable (hypodermic) needle; **befűzi a** ~**t** thread a/the needle; ~**kön ül be* on** tenterhooks, be*/sit* on thorns, (be*) like a cat on hot bricks; ~**vé tesz vmért vmt** ransack sg for sg, search every nook and cranny for sg, turn sg upside down (for sg) **2.** *(fenyőé)* pine-needle

tücsök *n* **1.** *áll* cricket **2.** **tücsköt-bogarat összebeszél** talk all sorts of rubbish/nonsense, talk without rhyme or reason, rant

tüdő *n* **1.** lung, lungs *pl*; **a bal tüdeje meg van támadva** his left lung is* affected; **kiabálja a tüdejét** shout oneself hoarse; **tele** ~**vel/**~**ből kiabál** shout at the top of one's voice **2.** *(levágott állaté)* lights *pl*

tüdőbaj *n* = **tüdőgümőkór**

tüdőbajos, tüdőbeteg *n* consumptive, tubercular/T.B. (patient)

tüdőbeteg-gondozó *n* T.B. clinic

tüdőcsúcshurut *n* catarrh of the apex pulmonis

tüdőgümőkór *n* (pulmonary) tuberculosis

tüdőgyulladás *n* pneumonia; ~**ban fekszik** be* ill with pneumonia; **kétoldali** ~ pneumonia of both lungs

tüdőrák *n* lung cancer

tüdőszanatórium *n* tuberculosis/T.B. sanatorium

tüdőszűrés *n* X-ray screening

tüdőszűrő állomás *n* X-ray screening centre (*US* -er)

tüdőtágulás *n* (pulmonary) emphysema

tűhegy *n* needle/pin-point

tükör *n* **1.** *ált* mirror; *(főleg öltözködéshez)* looking-glass; ∼**ben nézi magát** look (at oneself) in a/the mirror **2. a víz tükre** surface of the water **3.** *(szmokingon)* (silk) lapel **4.** *nyomd* type area

tükörfényes *a* lustrous, brilliant

tükörfordítás *n* = **tükörszó**

tükörkép *n* (mirror) image, reflection

tükörreflexes *a* ∼ **fényképezőgép** reflex camera

tükörsima *a* like glass *ut.*

tükörszó *n* loan translation, calque

tükörtojás *n* fried egg, *US így is:* egg sunny side up

tükröz *v* **1.** *ált* reflect, mirror; **ez egyszerűen azt** ∼**i, hogy** it simply reflects the fact (that) **2.** *orv* examine by means of a speculum/cystoscope etc.

tükrözés *n* *orv* examination by means of a speculum/cystoscope etc.

tükröződés *n* reflection

tükröződ|ik *v* be* reflected/mirrored (in); **meglepetés** ∼**ött arcán** he showed/registered surprise, his face showed/registered surprise

tülekedés *n* jostling, pushing and shoving; ∼ **egy állásért** intense competition for a post, *biz* scramble for a job

tüleked|ik *v* push and shove (*v.* elbow) one's way through/forward; *vmért* scramble for sg

tűlevél *n* pine needle

tűlevelű *a* coniferous; ∼ **erdő** coniferous/pine wood; ∼**ek** conifers

tülköl *v (autó)* hoot, sound one's horn

tüll *n* tulle

tülök *n* horn; *(autóé)* horn

tündér *n* fairy

tündéri *a* fairylike, magic; *biz (kisbaba stb.)* darling, sweetest

tündérmese *n* fairy tale

tündérország *n* fairyland, wonderland

tündérszép *a* entrancing, enchanting, magic

tündöklés *n* **1.** *konkr* glittering, splendour (*US* -or), brilliance **2.** *átv* radiance; **a birodalom** ∼**e és bukása** the rise and fall of the empire

tündökl|ik *v* glitter; sparkle, glisten

tündöklő *a* gleaming, sparkling, glistening, glittering

tűnékeny *a* passing, fugitive, ephemeral

tünemény *n* phenomenon (*pl* -mena)

tüneményes *a* phenomenal; *(csodálatos)* wonderful, marvellous (*US* -l-), fantastic; ∼ **gyorsaság** lightning speed; ∼ **pályafutás** brilliant career

tünet *n* symptom, sign

tüneti *a* symptomatic; ∼ **kezelés** symptomatic treatment

tűn|ik *v* **1.** *(vmlyennek látszik)* seem (to be), appear (to be *v.* as if); **eleinte ez nehéznek** ∼**ik** this may strike you as difficult at first; **úgy** ∼**ik, igen** it appears so, so it seems/appears; **úgy** ∼**ik, mintha/hogy** it seems/appears/looks as if ..., it would seem that ...; **nekem úgy** ∼**ik, hogy/mintha ...** it seems to me that..., it looks to me as if ...; **úgy** ∼**ik neki** it seems to him **2.** *(eltűnik)* disappear, vanish; **nem tudom, hova** ∼**t** I do not know where (s)he has gone, I do not know where (s)he/it has* disappeared/got to

tűnődés *n* reflection, meditation, musing

tűnőd|ik *v* reflect (on), meditate (on), muse (over/on), ponder (on/over); **azon** ∼**öm** I wonder (whether)

tüntet 1. *vi (vm mellett, ellen)* demonstrate (for/against sg) **2.** *vi vmvel* make* a show of sg, show* off, display; **távollétével** ∼ keep* ostentatiously away, be* conspicuous by one's absence **3.** *vt (eltüntet)* make* (sg) disappear, hide*; **hova** ∼**ted a tollamat?** where on earth have you put my pen?

tüntetés *n* **1.** *(vm mellett/ellen)* demonstration (for/against sg), *biz* demo; *(tiltakozó)* protest demonstration/meeting **2.** *vmvel* show, display, parade

tüntető I. *a* demonstrative, ostentatious; ∼**en** ostentatiously, in an ostentatious manner; ∼**en kivonul** *vhonnan* walk out in (*v.* as a) protest **II.** *n* demonstrator

tűpárna *n* pincushion

tűpénz *n* pin money

tűr 1. *vi* have* patience **2.** *vt* endure (sg) with patience, put* up with sg, endure/suffer/bear*/tolerate sg; **nehezen** ∼**i a zajt** (s)he finds noise hard to take/bear, can't take/abide noise; **(ezt) nem** ∼**öm!** I will have none of it, I won't put up with that, I won't swallow that; **nem** ∼ **halasztást** it allows of (*v.* it brooks) no delay

türelem *n* **1.** *ált* patience, forbearance; **a** ∼ **rózsát terem** everything comes to him who waits; **kifogy a** ∼**ből** lose* (one's) patience, run* out of patience; **türelmét kérjük** *(pl. jegyváltásnál)* please hold on;

~mel van have* patience, be* patient
2. *vall, pol* tolerance
türelemjáték *n* puzzle
türelmes *a ált* patient *(vkvel* with sy), tolerant *(vmvel szemben* of sg); *vall, pol* tolerant; **~en** patiently, tolerantly
türelmetlen *a ált* impatient *(vkvel* with sy); *vall* intolerant
türelmetlenked|ik *v* lose* patience, get*/grow* impatient
türelmetlenség *n* **1.** *ált* impatience **2.** *vall* intolerance
türelmi *a* **~ rendelet** edict of tolerance; **~ idő** days of grace *pl*
tűrés *n* **1.** *(elviselés)* bearing, suffering; *(türelem)* patience; **mi ~ tagadás** to tell the truth **2.** *műsz* tolerance; **megengedett ~** allowance
tűrhetetlen *a* **1.** *(fájdalom)* unbearable **2.** *(viselkedés)* intolerable, insupportable
tűrhető *a* **1.** *ált* passable, bearable, tolerable, decent, fair; **~en** passably, tolerably, so-so; *(hogy vagy-ra válaszként)* so-so, (fair to) middling **2.** *(kézírás, osztályzat)* fair
türkiz(kék) *a* turquoise
türtőztet *v* restrain, keep* back; **~i magát** contain/control/restrain oneself; **nem ~i magát** he lets* himself go; *(vkvel szemben, biz)* he doesn't pull his punches
tűsarkú cipő *n* stiletto-heel(ed) shoe, stiletto *(pl* -tos)
tűsarok *n* stiletto (heel), spike heel
tüske *n* **1.** *növ* thorn, prick(le), bristle **2.** *műsz* mandrel
tüskebokor *n* thorn-bush
tüskés *a* thorny, prickly, pricking
tüstént *adv* = **azonnal, rögtön**
tüsző *n* **1.** *növ, orv* follicle **2.** *sk* sporran
tüszős *a* **~ mandulagyulladás** follicular tonsillitis
tüsszent *v* sneeze
tüsszentés *n* sneeze, sneezing
tűszúrás *n (átv is)* pinprick
tűz¹ **1.** *vt (gombostűvel)* pin, fasten (sg) with a pin; *(öltéssel)* stitch; *(steppel)* quilt; *(odaerősít)* fix, stick*; **virágot ~ a gomblyukába** stick* a flower in/into one's buttonhole **2.** *vt* **célul ~ maga elé vmt** aim at doing sg, aim at sg, set* oneself to do sg *(v.* a task), *főleg US:* aim to [be/become* sg] **3.** *vi* **~ a nap** the sun is beating/blazing down
tűz² *n* **1.** *(ált és tűzeset)* fire; **~ van!** fire!; **két ~ között** between two fires, between the devil and the deep blue sea; **két ~ közé kerül** *konkr és átv* be* caught in the crossfire

[of a dispute over sg], be* in a crossfire of questions; **a ~ mellett ül** sit* round/by/before the fire; *(a kandalló tüzénél)* sit* by the fireside; **~ be megy érte** go* through fire and water for sy; **~ be tenném a kezemet érte** I would stake my life on him; **lassú ~ön főz** cook sg on a slow fire *(v.* in a slow oven), simmer; **~ re tesz, rárak a ~re** put* some (more) wood/coal on the fire, feed* the fire, make* up the fire *v.* make* the fire up; **tüzet ad** give* (sy) a light; **lenne szíves tüzet adni?, kaphatnék *(v.* szabad egy kis) tüzet?** can you give me a light, please?; **tüzet fog** catch* fire; **tüzet kiolt** extinguish the fire, put* out the fire; **tüzet rak** make*/lay*/light* a fire; **fél tőle, mint a ~től** fear sg like fire, avoid sy/sg like the plague; **játszik a ~zel** be* playing with fire **2.** *kat* fire; **~!** fire!; **tüzet nyit** open fire, fire away; **tüzet szüntess!** cease fire! **3.** *átv* fire, heat, ardour *(US* -or); **~be hoz** excite, fire, animate, stir; **~be jön** get* excited/heated, get* worked up
tűzálló *a (tégla stb.)* fireproof, fire-resistant; *(edény)* heatproof, flameproof, heat-resistant [glassware]; **~ edény(ek)** ovenware; *(üveg)* Pyrex (dish/bowl); **csirke ~ tálban** chicken casserole; **~ tégla** firebrick
tűzbiztonság *n* fire protection/prevention
tűzbiztos *a* fireproof
tűzbiztosítás *n* fire insurance
tűzcsap *n* (fire) hydrant, *US így is:* fireplug
tűzdel *v* **1.** *(paplant, kabátot)* quilt; **~t** quilted **2.** *(szalonnával)* lard (with); **szalonnával tűzdelt** (be*) larded **3.** *átv* (inter)lard, spice (with)
tüzel **1.** *vi (fűt, pl. olajjal, fával, szénnel)* have* oil-fired heating, burn* wood/coal (for one's heating) **2.** *vi (kályha)* be* burning hot, be* overheated; *(lázas test, testrész)* be* burning, be* on fire **3.** *vi kat* fire, shoot* **4.** *vi (állat)* be* on *(US* in) heat, rut* **5.** *vt (izgat)* inflame, excite, stir up, arouse
tüzelés *n* **1.** = **fűtés 2.** *kat* firing, fire **3.** *(állaté)* heat, oestrus *(US* estrus)
tüzelőállás *n* firing position
tüzelőanyag *n* fuel
tüzelőtér *n* = **tűztér**
tüzér *n* artilleryman°, gunner
tüzérezred *n* artillery (regiment)
tűzerő *n* fire-power
tüzérség *n* artillery
tüzérségi *a* artillery; **~ előkészítés** pounding by the artillery, preparatory fire; **~ tűz** artillery fire, shelling, gunfire
tüzértiszt *n* artillery officer

tüzes *a* **1.** *(tárgy)* red/white-hot (*v. főnévvel:* red/white-hot); ~ **vas** red-hot iron **2.** *átv* fiery, ardent, passionate; *(ló)* fiery, mettlesome; ~ **pillantás** fiery glance

tüzeset *n* fire

tüzesít *v* make* red-hot

tüzesvérű *a vk* fiery, passionate, hot-blooded; *(csikó)* fiery, mettlesome

tüzetes *a* minute, precise, detailed; *(vizsgálat)* thorough

tűzfal *n* fire wall, fire-stop, partition-wall

tűzfecskendő *n* **kézi** ~ (portable) fire-extinguisher

tűzfegyver *n* firearm

tűzfészek *n* **1.** *(tűzvészé)* seat of a/the fire **2.** *átv (épület)* fire-trap; *(hely, helyzet)* powder keg, volcano

tűzforró *a* boiling-hot, piping hot

tűzhalál *n* death by fire; ~**t hal** be* burnt to death

tűzhányó *n* volcano (*pl* -noes)

tűzharc *n* gun-battle, fire, firing

tűzhely *n (konyhai)* (gas/electric) cooker, *US* stove ⇨ **családi**

tűzifa *n* firewood

tűzijáték *n* fireworks *pl*

tűzjelző *a* ~ **készülék** fire-alarm

tűzkár *n* damage caused by fire

tűzkárosult *n* victim of a fire, sufferer from a fire

tűzkeresztség *n* baptism of fire; **átesik a** ~**en** receive the baptism of fire, *átv* come* through the (first) ordeal

tűzkő *n* flint

tűzoltó *n* fireman°, *US főleg* fire-fighter

tűzoltóállomás *n* fire station, *US* firehouse

tűzoltóautó *n* fire-engine

tűzoltó fecskendő *n* (fire-)hose

tűzoltó készülék *n* (portable) fire-extinguisher

tűzoltólétra *n* fire-ladder, extension ladder

tűzoltóság *n* fire brigade, fire-service, *US* fire department

tűzoltósisak *n* (fireman's) helmet, *US* fire hat

tűző *a (napsütés)* blazing, scorching, flaming; ~ **napsütésben, a** ~ **napon** in the blazing sun, in the full glare of the sun → **tűz¹ 3.**

tűzön-vízen át *adv* through fire and water, through thick and thin

tűzött *a* stitched; *(paplan stb.)* quilted

tűzpiros *a* fiery/flaming red, flame-coloured (*US* -or-)

tűzpiszkáló *n* poker

tűzpróba *n* ordeal by fire, crucible; **kiállja a** ~**t** stand* the test

tűzrendészet *n* fire prevention department

tűzriadó *n* fire-alarm

tűzrőlpattant *a (menyecske)* spirited, lively, fiery

tűzszerész *n kat* bomb-disposal expert; *(épületnél)* demolition expert ⇨ **pirotechnikus**

tűzszerészalegység, -osztag *n kat* bomb-disposal squad

tűzszerszám(ok) *n (kandallóhoz)* fire irons *pl*

tűzszünet *n kat* ceasefire

tűztér *n* furnace chamber

tűzvédelem *n* fire prevention/protection

tűzvész *n* fire, blaze, conflagration

tűzveszély *n* fire hazard/risk

tűzveszélyes *a* (highly) inflammable, *főleg US:* flammable

tűzvonal *n kat* firing-line, front line

tűzvörös *a* fiery/flaming red, crimson

tűzzel-vassal *adv* ~ **pusztít** put* [a country] to fire and sword; *átv* ~ **harcol vm ellen** fight* against sg tooth and nail

TV, tv → **televízió(-), tévé(-)**

tv-adó *n* TV/television transmitter

tv-előfizető *n* (TV) licence holder

tv-híradó *n* (the) (television) news *sing.*, news and current affairs programme (*US* program); **a 9 órás** ~ *GB* the 9 o'clock news *sing.*

tv-készülék *n* → **tévékészülék**

tvr. = **törvényerejű** *rendelet*

tv-riporter *n* → **tévériporter**

Ty

Ty, ty *n (betű)* (the digraph) Ty/ty
tyúk *n* **1.** *áll* hen; **úgy ért hozzá, mint a ~ az ábécéhez** he does* not know the first thing about it; **vak ~ is talál szemet** a blind man may catch a hare (*v.* may sometimes hit the mark); *(aki első alkalommal telitalálatot ér el)* beginner's luck; **a ~okkal kel** rise* with the lark; **a ~okkal fekszik** go* to bed with the sun/lamb **2.** □ *(nő)* chick, *US* broad
tyúkeszű *a* bird-brained, stupid, soft-headed
tyúkhúr *n növ* chickweed
tyúkhús *n* chicken

tyúkketrec *n* hencoop
tyúkleves *n* chicken-broth
tyúkmellű *a* pigeon-breasted/chested
tyúkól *n* henhouse
tyúkpör *n* petty case/suit
tyúkszem *n* corn; **fáj a ~em** my corns are* aching; **~et kivág** remove/cut* a corn
tyúkszemvágó *n* = **pedikürös**
tyúktojás *n* hen's egg
tyúkültetés *n* setting a hen
tyű *int* goodness!; *biz* wow!; *US* gee!, wowee!; **~ a teremburáját!** goodness gracious!; well, I never!; *US* gee whiz!

U, Ú

U, u, Ú, ú *(betű)* the letters U/Ú, u/ú; **U szeg/szög** U-nail

u. = *utca* street *(röv* St.)

ua. = *ugyanaz* the same, ditto *(röv* do.)

uborka *n* cucumber; *(kicsi)* gherkin ⇨ **ecetes, kovászos, savanyú**

uborkafa *n* **felkapaszkodott az ~ra** he is* an upstart/parvenu, he is* a (social) climber

uborkasaláta *n* cucumber salad

uborkaszezon *n biz* silly season, lay-off ⇨ **holt** *szezon*

udvar *n* **1.** *(épületé)* (court)yard; *(hátsó)* backyard; *(iskoláé)* playground, *(US főleg)* schoolyard; **gazdasági ~** farmyard; **~ra néző** looking out on *(v.* onto) the courtyard *ut.* **2.** *(királyi)* (royal) court; **az angol királyi ~** the Court of St James's; **az ~nál** at court **3. ~a van a holdnak** there is a halo/ring (a)round the moon

udvarhölgy *n* lady-in-waiting *(pl* ladies-in--waiting)

udvari *a* **1.** = **udvar**ra néző; **~ szoba** room overlooking the courtyard, room at the back (of the house) **2.** *(királyi)* court-; **~ bolond** court jester; **~ ember** courtier; **~ hivatal** place at court, court-employment; **~ költő** court poet, *GB* poet laureate; **~ szállító** (purveyor) by appointment to His/Her Majesty

udvarias *a* polite, courteous; **~ ember** polite man°; **~** *(v.* **~an viselkedik)** **vkvel szemben** be* polite to sy, show* sy courtesy

udvariaskod|ik *v* be* courteous/polite

udvariasság *n* politeness, polite behaviour *(US* -or), courtesy, courteousness

udvariassági *a* **~ formák** (social) formalities; **~ látogatás** formal call

udvariatlan *a* impolite, ill-mannered; **~ fráter** boor, boorish/rude fellow

udvarlás *n* courting, courtship, wooing

udvarló *n (régen)* suitor; *(ma)* sy's young man, (her) boyfriend

udvarol *v* **1.** *vknek* court (sy), pay* court to (sy) **2.** *biz* = *igyekszik* **kedvében** *járni*

udvaronc *n* † courtier

udvartartás *n* (royal) household; **az ~ költségei** *GB* civil list

Uganda *n* Uganda

ugandai *a/n* Ugandan

ugar *n* fallow (land)

ugat *v* bark ⇨ **kutya**

ugatás *n* bark(ing)

ugrabugrál *v* = **ugrándozik**

ugrál *v* jump (about/around), caper; *(fiatal állat)* frisk, gambol *(US* -l)

ugrándoz|ik *v* frisk, jump (about), caper, cavort (about/around)

ugrás *n* **1.** *ált* jump(ing); *(toronyugróé)* dive; *(tornában lóval)* vault, *biz* jumping; **~ nekifutással** running jump; *(ugródeszkáról)* running dive; **~ a sötétbe** a leap in the dark; **egyetlen ~sal** at a bound, with a single bound **2. minőségi ~** (quantum) leap (from ... to), [the country's] great jump forward, [to a new technological etc. era], qualitative change **3.** *biz* **csak egy ~ra van ide** it is* quite near, it is* only a stone's throw away

ugrásszerű *a (hirtelen)* sudden; **~ fejlődés** a quantum leap, a great jump/leap forward; **~en** by leaps and bounds

ugrat *v* **1.** *(lovat, lóval)* jump [one's horse over sg] **2.** *átv biz vkt* pull sy's leg, take* the mick(e)y out of sy; **csak ~talak** I was just pulling your leg, I was just kidding

ugratás *n* **1.** *(lóval)* jumping; **kitartásos ~** puissance **2.** *átv biz* leg-pulling

ugribugri, ugrifüles I. *a* frisky, coltish **II.** *n* jack-in-the-box

ugr|ik *v* **1.** *ált* jump; *(szökellve)* leap*; **magasat ~ik** do* high jumping; **2 m 20-at ~ott** *(magasba)* he cleared 2 m 20 cm; **7 m 50-et ~ott** *(távolba)* he jumped 7 m 50 cm; **nagyot ~ik** jump high, take* a great leap; **vízbe ~ik** dive/jump/plunge into (the) water → **fejes** **2.** *(labda)* bounce **3.** *biz* **ugorj!** jump to it!, be quick about it! **4.** *biz (ugratásra)* be* stung (by sg) **5.** □ *(elvész)* **~ott egy százas** bang went a hundred forints

ugró *n* jumper; *(toronyugró)* diver; **jó ~** *(ló)* a good jumper

ugródeszka *n* springboard, diving-board; *(toronyugrásnál)* platform; ~nak használ use (sy/sg) as a stepping-stone (*v.* springboard)

ugróiskola *n* hopscotch

ugrókötél *n* skipping-rope, *US* jump rope

ugrósánc *n* ski-jump

ugrótorony *n (uszodában)* high board

úgy *adv* **1.** *(olyan módon)* so, in that way/manner; **csak maradjon** ~ let it be (so), leave it as it is; **így is,** ~ **is** anyhow; either way; ~ ..., **hogy** so that, in such a way that, so as to; **hozd közelebb,** ~, **hogy jobban láthassam** bring it nearer (so) that I can/may see it better; **csináld** ~, **mint eddig** do it as you have been doing it up to now, just carry on; ~ **teniszezik, mint egy profi** (s)he plays tennis like a professional; **hagyd** ~, **ahogy van** leave it as it is **2.** *(igék mellett)* **a dolog** ~ **áll** in fact, as things stand, the situation is (*v.* matters/things stand/are) as follows; ~ **hallom I** am told (that), from what I hear; ~ **hiszem/vélem I** think, *US* (I) guess; ~ **látom I** think, it seems to me, as I see it; ~ **hiszem, igen** (Yes,) I think so; ~ **látszik** so it seems/appears; ~ **látszik, hogy** it appears/seems that, it looks like; ~ **látszik/látom, esni fog** it looks like rain; ~ **látszik, hogy nem** it seems/appears not, it doesn't look like it; ~ **legyen** so be it, may/let it be so; ~ **tesz, mintha ...** → **tesz 11.**; ~ **történt, hogy** what happened was that; *(úgy alakult)* it so happened that; ~ **tudom(, hogy)** as far as I know; ~ **tűnik (nekem), mintha** it seems (to me) as if ..., it looks as if ...; ~ **tűnik, igen** it appears so; ~ **van, hogy nemsokára utazom I** am about to leave; ~ **volt, hogy 6-kor találkozunk** we were (supposed) to meet at six; **nem** ~ **van** that is not so, nothing of the kind **3.** *(olyan nagyon)* so much, to such an extent, to such a degree, so ... that; ~ **fáj a lába, hogy alig tud járni** her/his feet hurt so much she/he can barely walk; ~ **szerettem I** loved him/her so much **4.** *(körülbelül)* (just) about; ~ **10 óra felé** about ten o'clock **5. csak** ~ *(= minden különösebb ok nélkül)* for no apparent reason → **csak 2.** **6.** *(helyeslés)* ~ **van!** quite (so), that's right, that's it; *(nyomatékkal)* certainly!, absolutely; ~ **van!** ~ **van!** *(hangos helyeslés)* hear! hear!; ~ **ám!** of course! **7.** *(kérdőn, gúnyosan)* ~**?** is that so?, *US* oh yeah? **8.** *(megütközéssel)*

so!, well!; *biz* hah! ⇨ **így, tetszik 1., úgyse(m), úgysincs**

úgy-ahogy *adv* so-so, after a fashion; ~ **kijavít** patch up; ~ **rendbe jött** *(az egészsége)* he has just about recovered ⇨ **éppen hogy csak**

ugyan *adv/int* **1.** *(bár)* though; **nem számoltam** ~ **meg, de elég lesz** though I did not count them they will be enough **2.** *(kételkedve)* **ha** ~ **megérti** in case he can ever understand it; **nekem** ~ **beszélhetsz I** wasn't born yesterday!, *biz* pull the other one!; **neki** ~ **beszélhetsz** you are only wasting your breath talking to him, it's no use talking to him; ~ ~**!** now now!, tut tut! **3.** *(bizony)* **én** ~ **nem megyek el I** am certainly not going **4.** *(kérdő mondatban)* ~ **ki/mi/hol/mikor ...** who/what/where/when ever ..., I wonder who/what/where/when ...; ~ **hol/merre járhat? I** wonder where on earth he can be?; ~ **ki mondta ezt neked?** who ever told you that?; ~ **minek?** what on earth for?; ~ **mit csinál(hat)?** what on earth is he doing?, I wonder what he is doing; ~ **mit akarhat? I** wonder what (s)he wants, what on earth can (s)he want? **5.** *(nyomatékosan)* ~ **menjen innen!** get along with you!, be off! **6.** *(lekicsinylve)* ~ **kérlek!** come now!, come off it!, get away! **7.** *(csodálkozólag)* ~**?!** what?, you don't say! **8.** *(megnyugtatólag)* ~**!** there, there! **9.** *(szerény kérés)* ~ **mondja meg kérem, hol találok egy postát?** excuse me, could you tell me where the nearest post office is?

ugyan- *pref* ~**abba a székbe** in the same chair; ~**abban a házban** in the same house; ~**abban az időben** at the same time; ~**akkor** (1) *(ugyanabban az időben)* at the same time (2) *(másfelől)* on the other hand, then again; ~**akkor, amikor** just when, while, at the same time as; ~**akkora** of/just the same size *ut.*, just as large/small (as); ~**annyi** of/just the same quantity/amount *ut.*, just as many/much (as); ~**annyi az ára, mint tavaly** the price is the same as last year; ~**annyi, mint én** *(korban)* (s)he is my age; ~**annyiba került, mint az enyém** [his car] cost the same as mine; ~**annyira** just/quite as much, to the same extent; ~**annyiszor** just as many times, as often as, the same number of times; ~**az** the same [person, thing]; **egy és** ~**az, pontosan** ~**az** one and the same [person, thing], the very same; **nagyjából**

~**az** (pretty) much the same; ~**az(t)/
~azok(at), mint ...** the same ... as; **az
ár(a)** ~**az(, mint)** the price is the same (as
...); **még mindig** ~**az a telefonszá-
mod?** are you still on the same telephone
number?; **pontosan** ~**azt a hibát kö-
vetted el (megint)** you've made the
(very) same mistake (again); ~**azért** for the
(very) same reason; ~**csak** (1) *(szintén)*
similarly, likewise, also, too (2) *(nagyon is)*
right well, *(a mondat végén)* with a venge-
ance; ~**ekkora** = ~**akkora**; ~**ennyi** =
~**annyi**; ~**ez** = ~**az**; ~**ide** to the same
place; ~**így** in the same way, likewise, just
as; ~**ilyen** similar, of the same kind *ut.*,
identical, just like; ~**is** *(röv ui.)* (1) *(tudniil-
lik, minthogy)* for ..., seeing that, since (2)
(azaz) namely *(röv viz.)* (3) *(jobban mondva)*
or rather, that is to say; ~**itt** just here, in the
same place; ~**oda** to the same place, just
there; ~**olyan** of the same kind *ut.*, similar,
just like, identical; the same ... as; ~**olyan
cipőt láttam egy boltban** I saw the
same shoes in a shop [last week]; ~**olyan
jól/gyorsan** *stb.* equally (*v.* just as)
well/fast etc.; ~**ott** in/at the same place;
~**úgy** in the same way, likewise, similarly;
~**úgy kell írni** it is spelt the same; ~**úgy,
ahogy/mint** (the) same as ..., just as ...

úgyannyira *adv* ~, **hogy** so much so that
ugye *adv* **1.** *(kérdésben)* ~, **itt van?** (s)he/
it is here, isn't (s)he/it?; ~, **nincs itt?**
(s)he/it isn't here, is (s)he/it?; **megteszi,**
~?, ~, **megteszi?** you will do it, won't
you?; ~ **meglátogatsz?** you will come to
see me, won't you?; ~ **megtanultad a
leckédet?** you have done your homework,
haven't you?; ~ **nem büntették meg?**
he was not punished, was he?; ~ **itt ré-
gebben/azelőtt egy mozi volt?** There
used to be a cinema here, didn't there? **2. na**
~!, ~, ~! *(megmondtam)* there (now)!,
there you are!
ugyebár *adv ir* = **ugye 1.**
úgyhogy *conj* so (that); **nem éreztem jól
magam,** ~ **lefeküdtem** I wasn't feeling
well so I went to bed
úgyis *conj/adv* in any case, anyway
úgymint *conj (röv úm.)* namely *(röv viz.)*,
such as; **háziállatok,** ~ **a ló, a sertés,
a tehén ...** domestic animals, viz. *(kiejtve
namely)* horses, pigs, and cows; domestic
animals such as horses, pigs, and cows
úgynevezett *a (röv ún.)* so-called
úgyse, úgysem *conj/adv* not, by no means,
not at all; ~ **maradok itt** I won't stay

anyway; ~ **használ** it's no use anyway; **ne
mondd el,** ~ **igaz** save your breath, it
isn't true anyway; **kár törni magad,** ~
tudod megvenni there is no point killing
yourself, you can't get it anyway *(= mert
nem kapható)*, ... you can't afford it any-
way *(= mert nincs rá pénzed)*
úgysincs *conj/adv* **ne keresd,** ~ **otthon**
don't call on him, he's not in anyway; **kár
törni magad érte,** ~ **a boltokban**
there is no point killing yourself, you can't
get it anyway (*v.* there isn't any to be had
anyway)
úgyszintén *conj* as well, also, too
úgyszólván *adv* so to say, practically; ~
semmi next to nothing
ui. 1. = *ugyanis* namely, that is, i.e. *v.* ie
2. *(nevezetesen)* namely, viz.
Ui. = **utóirat** postscript, P.S.
új I. *a* new, fresh; *(mai)* recent, modern;
(használatlan) new, unused; **majdnem** ~
nearly new, as good as new; ~ **bekezdés**
new paragraph; ~ **cipő** a new pair of shoes
pl; ~ **divatú** high-fashion, fashionable, up-
-to-date, of the latest fashion *ut.*; ~ **életet
kezd** turn over a new leaf, start a new life; ~
ember *(= újonnan érkezett dolgozó)* new
recruit/man°; ~ **értelmiség** new intelli-
gentsia; ~ **esztendő/év kezdődik/kez-
dődött** a new year has begun; **találko-
zunk az** ~ **évben** I'll see you in the new
year; **Boldog** ~ **évet (kívánok)** (I wish
you a) Happy New Year → **újesztendő,
újév;** ~ **házasok** a/the newly-married
couple, (the) newly-weds; ~ **keletű** recent,
modern, new; ~ **keletű szó/kifejezés**
neologism, new(ly) coined word/phrase; ~
kiadás *(könyvé)* new edition; ~ **kiadású**
(the) new edition of ...; *(újra nyomva)* reis-
sued; ~ **típusú** new-type; ~ **vezetés** new
management; **vmnek** ~ **volta** newness,
freshness, novelty **II.** *n* ~**at mond** say* sg
that is* new
újabb *a* **1.** *(időben)* new, recent, *(néha)* later;
~ **alapítású** of recent foundation, *(GB
egyetem)* redbrick; ~ **keletű** recent, new,
modern; ~ **kori történelem** modern his-
tory **2.** *(további)* further, additional
3. leg~ newest, most recent, latest; **a
leg**~ **divat** the latest fashion
újabban *adv* recently, lately, of late, in recent
times
újból *adv* anew, afresh, (once) again, once
more
újburgonya *n* new potatoes *pl*
Új-Dél-Wales *n* New South Wales

újdonság n **1.** *(tárgy)* novelty **2.** *(hír)* news **3.** *(árucikk)* the latest *(pl* ua.), new/recent goods/items *pl*

újdonsült a fresh, new(ly-fledged); ~ **házasok** a/the newly married couple, (the) newly-weds

újesztendő, újév n *(napja)* New Year's Day ⇨ **új**

újévi a new year's, of the new year *ut.*; ~ **üdvözlet** New Year('s) greetings *pl*

újfajta a new (type of), of a new type *ut.*

újfent adv afresh, anew, again, once more

Új-Fundland n Newfoundland

újfundlandi n *(kutyafajta)* Newfoundland

újgazdag n nouveau riche *(pl* nouveaux riches), arriviste

újgörög a/n Modern Greek

Új-Guinea n New Guinea

új-guineai a/n New Guinean

újhagyma n spring/green onion(s)

újhold n new moon

újít v innovate, introduce innovations; *(üzemben)* make* an innovation

újítás n innovation

újítási a ~ **javaslat** proposal/suggestion for a technical improvement

újító n innovator

ujj n **1.** *(kézen)* finger; *(lábon)* toe; ~**a köré csavar vkt** twist/wind* sy round one's (little) finger; ~**ából szopta** he/she has cooked it up, it is* pure invention; ~**at húz vkvel** pick a quarrel with sy; **egy** ~**át sem mozdítja** he does not lift/stir a finger (to help him); ~**al mutogatnak rá** people point the finger (of scorn) at him **2.** *(ruháé)* sleeve, arm

újjáalakít v *(intézményt)* reorganize, restructure; ~**ja a kormányt** reshuffle the cabinet

újjáalakítás n *(intézményé)* reorganization, restructuring; *(kormányé)* reshuffling, reshuffle

újjáalakul v be* remodelled *(US* -l-), be* reformed/refashioned; **a kormány** ~**t** the government/cabinet has been reshuffled

ujjabélés n sleeve-lining

újjáéled v be* restored to life, revive

újjáéleszt v revive, revitalize

újjáépít v rebuild*, reconstruct

újjáépítés n rebuilding, reconstruction

újjáépül v be* rebuilt/reconstructed

ujjas n ~ **(mellény/kabát)** cardigan, jacket

újjászervez v reorganize, restructure

újjászervezés n reorganization, restructuring

újjászületés n rebirth, regeneration

újjászület|ik v be* born again, be* reborn, revive; **úgy érzem magam, mintha** ~**tem volna** I feel* reborn

újjáteremt v re-create, remake*, transform sy (completely)

ujjatlan a **1.** *(ruha)* sleeveless **2.** ~ **kesztyű** mitten(s)

újjávarázsol v transform sy (completely)

ujjé! int hooray!

ujjgyakorlat n finger exercises *pl*; *(darab)* étude

ujjhegy n fingertip

ujjlenyomat n fingerprint

ujjnyi a *(hosszú)* inch long; *(vastag, széles)* inch thick/broad; ~ **vastag** finger's breadth, an inch thick

ujjnyom n finger-mark

ujjong v ált exult (at, in), rejoice (at, in); *(sikere fölött biz)* crow over

ujjongás n jubilation, exultation, cheers *pl*

ujjper(e)c n knuckle

újkor n modern age/era/period, modern times *pl*

újkori a modern; ~ **történelem** modern history

újkrumpli n = **újburgonya**

újlatin a/n New Latin, Neo-Latin

újmódi a fashionable, of the latest fashion *ut.*; elít newfangled

újólag adv = **újból**

újonc n **1.** kat raw recruit **2.** = **kezdő**

újoncoz v † recruit, enlist

újonnan adv *(mostanában)* newly, lately, recently; ~ **épült ház** newly-built house; ~ **érkezettek** newcomers; *(szállodába stb.)* new arrivals; ~ **készült** newly made, new

újra adv *(ismét)* again, anew, afresh, once more; ~ **meg** ~ again and again, *(over* and) over again; ~ **átél** relive, live over again; ~ **berendez** re-furnish; ~ **dolgozik** *(hosszas betegség után)* be* back at work; ~ **(el)jövök** I'll call again; ~ **elmond** retell*, tell* again, *US* tell* over; ~ **feldolgoz/hasznosít** recycle, reuse; ~ **játszik** *(filmet)* rerun*; *(mérkőzést)* play off; ~ **kezdi** (s)he starts it again; ~ **kezdődik** start again *(US* over), restart, recommence; ~ **kiad** republish, reissue; ~ **megfontol** reconsider; ~ **meglátogat** revisit; ~ **megnyílik/megnyit** reopen; ~ **megtölt** refill; ~ **megválaszt** re-elect

újraépít v rebuild*, reconstruct

újraértékel v revalue *(US* revaluate), reassess, reappraise

újraértékelés n revaluation, reappraisal

újrafegyverkezés *n* rearmament

újrafelfedezés *n* rediscovery

újrafelfegyverzés *n* rearming, rearmament

újrafelosztás *n* redistribution; **a világ** ~**a** repartition(ing) of the world

újrafelvétel *n* **1.** *jog* rehearing (procedure), retrial **2.** *(kapcsolatoké)* re-establishment [of contacts]

újragyújt *v (pl. gázkészüléket)* relight* [the heater etc.]

újrahasznosítás *n (hulladéké stb.)* recycling [of waste]

újraír *v* rewrite*, redraft

újrajátszás *n (mérkőzésé)* play-off

újrakezd *v* begin*/start again, recommence, resume

újrakezdés *n* beginning again, recommencement, resumption

újraolt *v orv* revaccinate

újraoltás *n orv* revaccination

újraoltási *a* ~ **bizonyítvány** revaccination certificate

újratárgyal *v jog* rehear*

újratermel *v* reproduce

újratermelés *n* reproduction

újratölt *v* refill; *(akkut)* recharge

újraválaszt *v* re-elect

újráz *v* encore

újság *n* **1.** *(hír)* news *sing.*, piece of news; **mi** ~**?** what is the news?, *biz* what's new/up?; **ez** ~ **számomra** it's/that's news to me, I have not heard of that before **2.** *(lap)* newspaper, *biz* paper; ~**ot járat** take* a paper, subscribe to [a paper, The Times etc.]; **melyik** ~**ot járatod?** what paper do you get/have/read?; **az** ~**okban olvastam** I read it in the papers

újságárus *n* newsagent, *US* newsdealer; *(járkálva árusító fiatal)* newsboy, *(nő)* newsgirl; *(utcán állva)* newsvendor; ~ **(bódéja)** newsagent's (shop), newsstand; **az** ~**nál kapható** you can get it at your local newsagent's (shop)

újságcikk *n* (newspaper) article

újsághír *n* (news) item, report, notice

újsághirdetés *n* (newspaper) advertisement, *biz* ad; ~**t tesz közzé** (*v.* **ad föl**) put*/insert an ad(vertisement) in the paper(s)

újságírás *n* journalism

újságíró *n* journalist, newspaperman°, pressman°, *US* subeditor

újságkihordó *n* paperboy, newsboy; *(nő)* newsgirl

újságkivágás *n* (newspaper/press) cutting, *US* clipping

újságos *n* **1.** = újságárus **2.** = újságkihordó

újságosbódé *n* newsagent's (shop), newsstand, kiosk

újságpapír *n* newsprint

újsütetű *a* newfangled

újszerű *a* new, modern; *(eredeti)* original, novel

Újszövetség *n* New Testament

újszülött **I.** *a (gyermek)* newborn; ~ **csecsemő** a newborn baby **II.** *n* newborn baby, infant

újult *a* renewed; ~ **erővel** with renewed effort/strength

újváros *n* new town; *(városrész)* a new district

Újvidék *n* Novi Sad

Újvilág *n* **az** ~ *(= Amerika)* the New World

Új-Zéland *n* New Zealand

új-zélandi **I.** *a* New Zealand **II.** *n (ember)* New Zealander

Ukrajna *n* the Ukraine

ukrajnai, ukrán *a/n* Ukrainian

-ul, -ül *suff* **1.** *(helyhatározó)* **arcul üt/ csap** box sy's ears, slap sy in the face **2.** *(állapothatározó, rendsz. elöljáró nélkül)* **feleségül vesz vkt** marry/wed sy; **foglyul ejt** take* sy prisoner/captive; **rosszul van** be*/feel* ill/unwell; **tudtul ad let*** sy know sg, inform sy of sg **3.** *(módhatározó, elöljáró nélkül, ill. különféle elöljáróval)* **rosszul bánik vkvel** treat/use sy badly, mistreat/ maltreat sy, be* unkind to sy; **például** for example; **véletlenül** by chance/accident; **angolul beszél** speak* English; **angolul írta** (s)he wrote it in English; **angolul mondta** (s)he said it in English; **angolul tanul** learn* English; **angolul van (írva)** is* written in English **4.** *(célhatározó)* **segítségül hív vkt** call sy to help, ask sy's help **5.** *vmként* as (*ill. elöljáró nélkül*); **vmnek bizonyítékául** in proof thereof, as proof of sg; **bizonyítékul szolgál** serve as evidence; **például szolgál** serve as an example/precedent

Ulászló *n* Wladislas

ultimátum *n* ultimatum (*pl* -tums *v.* -ta); ~**ot intéz vkhez** give* sy an ultimatum, send*/present an ultimatum to sy

ultra- *pref* ultra-, super-

ultrahang *n* ultrasound, ultrasonic waves *pl*; ~**gal megvizsgálják** be* subject to ultrasound scan

ultrahangos *a* ultrasonic; *orv* ~ **vizsgálat** ultrasound scan, ultrasonography

ultraibolya *n* ultraviolet [rays]
ultramarinkék *a/n* ultramarine
ultramodern *a* ultramodern
ultranagy⌢frekvencia *n (300-tól 3000 MHz-ig)* ultra-high frequency, UHF
ultrarövidhullám *n (röv URH) (10 m-nél rövidebb elektromágneses hullám)* ultra-
-short wave ⇨ *igen nagy* frekvencia
úm. = *úgymint* that is, i.e. *v.* ie
umbulda *n biz* wangling, wangle
un *v* be* sick/tired/weary of, be* bored with/by (sy/sg), *biz* be* fed up with sy/sg; **halálosan** ~**ja magát** be* bored to death/tears (*v.* out of one's skull)
ún. = *úgynevezett* so-called
unalmas *a* dull, boring, tedious; ~ **alak/dolog** *biz* a bore; **halálosan** ~ it is* a dreadful bore
unalom *n* tedium, boredom; **megöl az** ~ it bores me to death, I am* bored to death; ~**ig ismétel** ⇨ **ismétel**
unatkoz|ik *v* be* bored (by sg)
uncia *n* ounce (*röv* oz) [= 28,35 g]
undok *a* disgusting, loathsome, nasty; ~ **alak** disgusting fellow, creep, *US* heel
undor *n vmtől* disgust (of), loathing (of/for); **elfog az** ~ it makes* my stomach turn, it/sg makes* my gorge rise at sg (*v.* to hear sg), my gorge rises at sg (*v.* to hear sg); ~**ral elfordul** turn away in disgust; ~**t kelt vkben vm** sy is* disgusted at/by/with sg; ~**t keltő** nauseating, disgusting, stomach-turning
undorít *v* fill (sy) with disgust, disgust, nauseate, sicken (sy)
undorító *a* disgusting, loathsome, nauseating, foul
undorod|ik *v vktől, vmtől* have*/take* an aversion to sg/sy, find* sg/sy repellent, be* disgusted at/by/with sg/sy; ~**om tőle** it (simply) turns my stomach, I loathe him, I simply cannot stand him/her; **amitől a legjobban** ~**om** it is* my pet aversion/hate
ungon-berken *adv* ~ **túl volt** he was no more to be seen, he had (already) taken to his heels, he vanished into thin air
ungot-berket bejártam *kif* I searched high and low
uniformis *n* uniform
uniformizál *v* make* sg uniform, standardize
unikum *n* unique thing/copy etc., sg unique, a curiosity
unintelligens *a* slow(-witted), dull, unintelligent, *biz* stupid, dumb

unió *n* union, agreement, alliance
unitárius *a/n* (*röv* unit.) Unitarian; **az U** ~ **Egyház** the Unitarian Church
univerzális *a* ált universal, general(-purpose); *(szakember, sportoló stb.)* all-round [scientist, artist, sportsman etc.]; ~ **(tudású) ember** an all-rounder
univerzum *n* the universe
unoka *n* grandchild°; *(fiú)* grandson; *(leány)* granddaughter
unokabátya *n* (elder) cousin
unokafivér *n* cousin
unokahúg *n* **1.** *(fiatalabb unokanővérem)* (younger) cousin **2.** *(testvérem lánya)* niece
unokanővér *n* cousin
unokaöcs *n* **1.** *(fiatalabb unokafivérem)* (younger) cousin **2.** *(testvérem fia)* nephew
unokatestvér *n* cousin; **első fokú** ~ first cousin; ~**ek vagyunk** we are cousins
unos-untalan *adv* unceasingly, incessantly, *biz* non-stop
unott *a* **1.** *(hangon)* bored **2.** *(személy)* apathetic, bored
unszol *v* press, urge, stimulate
unszolás *n* urging, insistence
untat *v* bore/tire sy, make* sy tired; **halálra** ~ bore (sy) stiff; **remélem, nem** ~**lak** I hope I'm not boring you; ~**sz** you bore me, I'm tired of you
untig *adv biz* ~ **elég** more than enough, plenty
uo. = *ugyanott (könyvben stb.)* in the same place, ibid.
úr *n* **1.** *ált* gentleman°; *(vezetéknévvel)* Mr X *(Megjegyzés: a 'Mr', 'Dr' stb. ponttal elfogadható, de kiveszőben van; e téren nagy az ingadozás a gyakorlatban és a szótárakban.)*; **Brown** ~ Mr Brown; **egy** ~ **keresi (Önt), Brown úr** Mr Brown, there's a gentleman (here) to see you; **a tanár** ~ Mr Varga, Mr Smith etc.; **a professzor** ~ the Professor; **Smith professzor** ~ Professor Smith; **az adjunktus** ~ Mr/Dr Moravcsik, Mr/Dr Patkós etc.; **az elnök** ~ *(államé)* the President; *(konferenciáé stb.)* the Chairman°; **mit parancsol az** ~**?** what can I do for you, sir? **2.** *(megszólításban)* **Uram!** Sir: **elnézést, uram** excuse me, sir: **Hölgyeim és uraim!** Ladies and Gentlemen!; **tanár** ~ *(kérem)!* (please) Sir; **doktor/főorvos** ~ *(kérem)!* please, doctor; **gyógyszerész** ~ *(kérem)!* please, Sir; **professzor** ~ *(kérem)!* (please) Sir/Professor; **elnök** ~! Mr President; *(konferencián stb.)* Mr Chairman; **Érsek** ~! Archbishop! **3.** *(levélben)* **Kedves**

(v. Igen tisztelt) Uram! Dear Sir, ...; **Igen tisztelt Professzor Úr!** Dear Sir, v. Dear Professor Eckhardt, ... etc.; **Kedves Brown Ú~** Dear Mr Brown; **Uraim!** *ker* Sirs, ... v. Dear Sirs, ... v. *főleg US* Gentlemen, ...; **Domokos Sándor** ~**nak** *(címzés)* Mr Sándor Domokos; *(választékosabban GB)* S. Domokos, Esq. **4.** *(gazda)* master; **a maga ura** be* one's own master/boss; **az asszony az ~ a háznál** she wears the trousers (v. US pants) **5. ura vmnek** *(kezében tartja)* have*/get* sg *under* control, be* in control/charge/command of sg; **a helyzet ura** be*/rem*a*in master (v. in control) of the situation, have*/keep* the situation *under* control; ~**rá lesz** *vkn* get* the whip/*u*pper hand (over/of sy); *vmn* get*/bring* sg under control, get* control over sg; *(nehézségen)* overcome* [di*ff*iculties]; ~**rá lett rajta a félelem** (s)he was overcome by fear **6.** *(férj)* **az uram** my h*u*sband **7.** *vall* **az Ú~** *(= Isten, ill. Jézus Krisztus)* the Lord; **uram Istenem!** goodness me/gracious!, good grief!

uradalom *n* † estate

Urál *n U*ral

ural *v* **1.** *vmt = ura vmnek* → **úr 5.** **2. a hegy ~ja a vidéket** the region is dom*i*nated by the m*ou*ntain

urál-altaji *a* ~ **nyelvek** Ural-Alt*a*ic languages

uralkodás *n (uralkodóé)* reign; ... ~**a alatt** d*u*ring/in the reign of [King George/ Matth*i*as etc.]

uralkod|ik *v* **1.** *(uralkodó)* reign, rule *(vkn over)*; **az Árpádok 300 évig** ~**tak Magyarországon** the kings of the Árpád dynasty r*u*led for 300 years in H*u*ngary **2.** *(átv, ált vkn, vmn)* dominate (sy/sg), have* domination/control over (sy/sg), pred*o*minate over sy/sg; **a pénz** ~**ik** money is king; anarch*i*a ~**ik** *a*narchy reigns; **a gyerek** ~**ott az egész családon** the child held sway over the whole family; ~**ik magán/ érzelmein** hold* oneself back/in, control/ restr*a*in oneself; ~**ni vágyó** dominee*ri*ng, power-hungry; *(igével)* be* th*i*rsting for power; ~**ni vágyás = uralomvágy 3.** *(helyileg kimagaslik)* rise*/tower above, dominate **4.** *(túlsúlyban van)* preva*i*l, (pre)dominate, be* predominant

uralkodó I. *a* **1.** *ált* r*u*ling, reigning; ~ **osztály** r*u*ling class, the class in power, *GB* the Establishment **2.** *(túlsúlyban levő)* preva*i*ling, (pre)dominant; ~ **divat** the preva*i*l-

ing/prevalent fashion(s *pl*); ~ **szél** preva*i*ling wind; ~ **vélemény** prevalent/rece*i*ved opinion **II.** *n* r*u*ler, monarch, sovereign

uralkodóház *n* dynasty, reigning/r*u*ling family/house

uralkodónő *n (királynő)* queen, sovereign

uralom *n* domination, dom*i*nion, reign, rule; *(mint rendszer)* regime; *(hatalom)* power; **uralma alá hajt** *vkt* subject sy to one's domination/rule, subd*u*e sy; **vk uralma alá kerül** be*/become* s*u*bject to sy, fall*/ come* *under* the rule of sy; **vk uralma alatt áll/van** be* ruled by sy, be* *u*nder the rule/sway of sy; **uralmon van** be* in power; ~**ra jut** come* to power; **elvesztette uralmát a jármű felett** *(v. a jármű feletti uralmát)* he lost control of/over the vehicle, the car went out of control

uralomvágy *n* desire/thirst/lust for power

urán *n* ur*a*nium

uraság *n* **1.** † *(földbirtokos)* squire, lord [of the man*o*r] **2.** *tréf, iron* ~**októl levetett ruha** c*a*st-off clothes *pl*, reach-me-downs *pl*, *US* hand-me-downs *pl*

urasági *a* † man*o*rial; ~ **inas** footman°, v*a*let

uraskod|ik *v* give* oneself airs, play the gentleman°

urbanisztika *n* town (*US* c*i*ty) planning

urbanisztikai *a* ~ **bizottság** the Town Planning Committee; ~ **konferencia** a conference on town planning

urbanizáció *n* urbanization

urbanizálód|ik *v* become* *u*rbanized

úrbér *n* tört socage

urémia *n* orv ur*a*emia (*US* uremia)

uréter *n* orv ureter

úrfelmutatás *n* vall elevation (of the Host)

úrfi *n* young m*a*ster/gentleman°; **Károly ~** Master Charles

URH = *ultrarövidhullám* ultra-short wave, very high frequency, VHF; **az ~-n** on VHF

úrhatnámság *n* conce*i*t, snobbishness

URH-kocsi *n* patrol/squad/r*a*dio car

úri *a* **1.** *(viselkedés)* gentlemanly, gentlemanlike; ~ **társaság** high life/soc*i*ety, *u*pper ten th*ou*sand; ~ **dolga van** live like a lord **2.** *(férfi)* ~ **divat** fashion(s) for men, men's fashions *pl*; ~ **szabó** (gentlemen's) t*a*ilor

úriasszony *n* l*a*dy, gentlewoman°

úriember *n* gentleman°; ~**ek** gentlemen; ~**hez méltó/illő** gentlemanly

úrilány *n* young l*a*dy/miss

úrinő *n* l*a*dy

Úristen! *int* Good God!, Good He*a*vens!, Dear me!

úriszoba n *(dolgozó)* study
úrlovas n gentleman-rider, amateur rider
urna n **1.** *(hamvaknak)* (cinerary) urn **2.** *(választásnál)* ballot box
úrnapja n vall **1.** *(ünnep)* Corpus Christi **2.** †
(vasárnap) the Lord's Day
úrnő n lady
urológia n urology
urológiai a urological
urológus n urologist
Uruguay n Uruguay
uruguayi a/n Uruguayan
úrvacsora n vall Lord's Supper, (Holy)
Communion; ~t **vesz** part*ake** of the
Lord's Supper, go* to Communion
úrvezető n owner-driver
USA = *Amerikai Egyesült Államok* United
States of America, U.S.A., *igen gyakran:*
US; ~ **-állampolgár** a US citizen
uszály n **1.** *(hajó)* barge, tow-boat **2.** *(ruháé)*
train **3. vk ~ába kerül** (1) *ált* let* oneself
be led by (2) *pol biz* be*/come* under sy's
sway
úszás n swimming
úszásnem n stroke
úszásoktatás n swimming lessons pl, swimming instruction
úsz|ik v **1.** *(élőlény)* swim*; ~ni tanul
learn* to swim; **a partra ~ik** swim*
ashore (v. to the shore) **2.** *(tárgy vízen)* float,
drift; *(hajó)* sail; *(felhő)* sail by, drift, float
3. *átv* ~**ik az árral** swim*/go* with the
tide, go* with the stream; **nyakig ~ik az
adósságban** be* up to the ears/eyes in
debt; **szeme könnyben ~ik** his/her eyes
are* swimming in tears, his/her eyes are*
filled with tears; **örömmámorban ~ik**
be* overjoyed, be* in an ecstasy of delight
⇨ **boldogság**
uszít v incite/instigate sy (to sg v. to do sg);
vk ellen ~ vkt set* sy against sy; **háborúra ~** be* a warmonger, urge (v. incite to)
war
uszítás n incitement, rabble-rousing ⇨ **háborús**
uszító **I.** a inflammatory, virulent, provocative **II.** n rabble-rouser, agitator, demagogue
(*US* -gog) ⇨ **háborús**
úszkál v *(személy)* swim* (about); *(tárgy)*
float (about)
uszkár n poodle
úszó **I.** a *(élőlény)* swimming; *(tárgy)* floating **II.** n **1.** vk swimmer **2.** *(horgászzsinóron)*
float, bob(float)
úszóbajnok n swimming champion
úszóbajnokság n swimming championship

uszoda n *(fedett)* (indoor) swimming-pool;
(nyitott) open-air (swimming-)pool, lido;
50 m-es ~ 50-metre pool
uszodahossz n (pool) length
úszódaru n floating crane
úszódressz n swimming/bathing costume,
swimsuit, *US* bathing suit; **egyrészes ~**
one-piece costume, swimsuit
úszóhártya n web
úszóhólyag n air/swim-bladder, float
úszólecke n swimming lesson
úszómedence n *(fedett)* swimming bath;
(nyitott is, főleg open-air *előtaggal)* swimming-pool
úszómester n *(oktató)* (swimming) instructor; *(mentő, uszodában, strandon stb.)*
lifeguard
úszónadrág n swimming/bathing trunks pl
úszómellény n life-jacket
uszony n **1.** *(halé)* fin; *(bálnáé, teknőcé)*
paddle, flipper **2.** *(békaemberé)* fin, flipper
úszóöv n swimming belt; lifebelt; *(parafa)*
swimming cork
úszósapka n swimming/bathing cap, swim-cap
úszószemüveg n underwater/swim goggles
pl
úszótempó n (swimming) stroke
úszóverseny n swimming competition
úsztat v *(fát)* float, run* [timber]
út n **1.** ált és átv way; *(közút)* road; *(városban, széles)* avenue, road; *(néha)* street; *(ösvény)* path; **Rákóczi ~** Rákóczi Street *(helyesebben:* Rákóczi út); **le is ~, fel is ~**
kb. get out of here!; ~ **menti** wayside,
roadside; **melyik a legjobb/legrövidebb ~ vhová?** which is the best/shortest
way to ...?; ~**ba ejt** pass (v. stop at) (sg)
on the way, call (in) on sy on the way to, call
at [a place]; ~**ba esik** be* on the/one's way;
utamba esett it was just on my way;
~**ban van** (1) *(útjában van =* elállja az
utat*)* be* in the/one's way (2) *(vhová)* be* on
the way (to), be* en route (to) (3) *(kisbaba)*
be* on the way → **2.**; **eredj az utamból!**
(get) out of my way!; **jó ~on vagyunk?**
are we on the right road?; **jó ~on jár** be*
on (v. follow) the right t(r)ack/road; **a legjobb ~on van vmhez** be* in a fair way to
...; **a maga ~ján jár** go* one's own way;
jó ~ra tér turn over a new leaf; **rossz
~ra tér** *(átv is)* go* wrong, go* astray, be*
led astray, stray off the straight and narrow;
utat! gangway!, clear the way!; **meg tudja mondani az utat ...?** can you tell me
the way to ...?; **utat enged vknek/**

vmnek make* way for sy/sg; *(haragnak)* give* vent to [one's *a*nger]; **utat téveszt** lose* one's way; **utat tör magának** *(tömegben)* fight*/force one's way through (the crowd); ~**ját állja vknek** stand* in the way of sy, stand* in (*v.* bar/block) sy's way; *vmnek* obstruct the passage/progress of sg **2.** *(járás, utazás)* journey; *(hosszabb)* travel; *(hajóval)* voyage; *(repülővel)* flight; **nagy** ~ **áll előttünk** we have (still) a long way to go; **egynapi** ~ a day's journey; *(kocsival)* a day's run; **egyórai** ~ an hour's trip/run, *(busszal)* an hour's ride; **4 óra(i)** ~ **Budapesttől** (it is) a four-hour drive/run from Budapest; **40 percig tart az** ~ the trip/journey takes 40 minutes; ~**ban (van) hazafelé** (be*) on one's/the way home; ~**nak indít** *vkt* start/launch sy, send*/see* sy off; *vmt* start/launch sg; ~**nak indul** begin* one's journey, set* out/off (on a trip), start out; *(gyalog)* biz hit* the road; ~**on van** *(vk éppen utazik)* (1) *vk* be* on the road, be* travelling (about), *(US* -l-), be* en route (to), be* touring (2) *(hajó)* be* under sail; ~**on (van) vm felé** (be*) on the/one's way to . . . , (be*) en route to . . . , be* bound for; **6 órája vagyunk** ~**on** *(kocsival)* we've been on the road for 6 hours; **hosszú** ~**ra indul** go* on (*v.* make*) a long journey; ~**ra kel** start (for), set* out/off; *(gyalog)* biz hit* the road; ~**jára bocsát** = **útnak indít; vigyél magaddal olvasnivalót az** ~**ra** take something to read on the journey (*v.* hajó: on the voyage *v.* repülő: on the flight); ~**ra kész(en)** ready to go/start *ut*.; **naponta kétszer teszem meg ezt az utat** *(gyalog)* I have to walk (*v.* kocsival: drive) this stretch twice a day; **jó/szerencsés utat!** (I wish you) a safe journey!, have a pleasant journey!, have a good/nice trip!, *(repülővel)* have a good flight!; I hope all goes well! **3.** *(módszer, eljárás)* way, method, means *(főleg: sing.)*, channels *pl*; **utak és módok** ways and means; **ennek az az** ~**ja és módja, hogy** the right way to go about this is to . . .; **diplomáciai** ~**on** through diplomatic channels; **törvényes** ~**on** legally, by legal means; **vegyi** ~**on** by chemical process; **vmnek az** ~**ján** by means of sg, through sg; **tolmács** ~**ján érintkeznek** communicate through an interpreter ⇨ **egyenget, folytat, hivatalos, járt, kiad, mutat, révén, utat-módot, úton-módon**

útakadály *n* road block

utal *v* **1.** *vkre, vmre* refer to (sy, sg); *(céloz)* all*u*de/point to, hint at (sy, sg); *(könyvre)* make* reference to, refer to; *(szótárban stb. egyik helyről/szótól a másikra/másikhoz)* cross-refer [from one word to another] **2.** *(vkt vhová)* refer (sy) to (sy); **a részleteket illetően az Oxford Dictionary-hez** ~**juk az olvasót** for further details the reader is referred to the OED; **kórházba** ~ **vkt** refer/send* sy to hospital **3.** *vmre* ~ (= *sejtet, kimutat)* suggest/indicate sg, be* indicative of sg **4. vkre van** ~**va** be* dependent on sy; **magára van** ~**va** be* left to his own devices/resources, have* to fend for himself ⇨ **beutal**

utál *v* hate, abh*o*r, detest, loathe; ~**om, mint a bűnömet** I hate him like poison, I hate him like the plague; ~**ják egymást** hate each other

útalap *n* road fund

utalás *n* **1.** *vkre, vmre* reference; *(könyv/szótár más helyére)* cross-reference **2.** *(célzás)* allusion

utálat *n* disgust, aversion; ~ **fogja el vkvel/vmvel szemben** take* a dislike to sy/sg, sy/sg fills sy with loathing/disgust

utálatos *a* disgusting

utálkozás *n* = **utálat**

utalószó *n* cross-reference

utalvány *n* **1.** = **postautalvány 2. vásárlási** ~ gift token/voucher

utalványoz *v* *(összeget vknek)* remit/send* [a sum] to sy

után post **1.** *(időben)* after, subsequent to, following (sg); *(vk utódaként)* in succession to (sy); **10 (óra)** ~ after 10 (o'clock); **egyik a másik** ~ one after another (*v.* the other); **az/ez** ~ **az eset** ~ after that case; **azok** ~, **amit tettél** . . . after what you have done . . .; **nem sokkal** (*v.* **röviddel) (ez/az)** . . . ~ soon after(wards); **munka** ~ after work; **vacsora** ~**ig** until after dinner **2.** *(térben és vmt követően)* after; **vk** ~ **megy** follow sy; **parancsoljon, csak Ön** ~ after you, Sir/Madam; **szalad a pénze** ~ he is* running after his money; **apja** ~ **örökölt** he inherited from his father; **a dolga** ~ **jár** attend to one's business; **a háza** ~ **adót fizet** pay* tax on one's house **3.** *(szerint, nyomán)* after, according to, by, from; *(mintánál)* on the model of; **a maga esze** ~ **indul** follow one's own judgement; **természet** ~ **fest** paint from nature; **az eredeti** ~ **másol** copy from the original **4.** *(felől, iránt)* about, after; **az** ~ **érdeklődik** he is inquiring ab*out*/after ...; *(vk után)* ask *a*fter sy('s health)

utána *adv* **1.** *(vm/vk után)* after (him/her/it); ~**m**, ~**d** *stb.* after me/you etc.; ~**m**! follow me!; ~ **dob** *(vmt vknek)* throw*/fling*/hurl sg after sy; **az árut** ~ **dobják az embernek** they are* literally throwing it away, you can get it dirt cheap; ~ **érdeklődik** inquire after, make* enquiries about; ~ **fut** *vknek* run*/chase after sy; ~ **kiált** *vknek* call/shout after sy; ~ **küld** *(küldeményt)* send* on, forward; ~ **megy** go* after, follow → **utánajár**; ~ **mond** *vmt vknek* say*/repeat sg after sy, repeat sy's words (*v.* what one/sy has said); **mondd** ~**m** say it (*v.* repeat) after me: "..."; **mondja** ~**m az esküt** repeat the oath after me; ~ **néz** *vknek* look after sy → **utánanéz**; ~ **visz** *vmt vknek* take* sg after sy; **vidd** ~! take it after him **2.** *(azután)* after(wards); **jóval** ~ long after; **röviddel** ~ soon after

utánacsinál *v vmt vknek* do* sg after sy, imitate/copy sy; **csináld utánam** do as I do, do it after me

utánajár *v (tájékozódva)* enquire/see* about, make* enquiries about; *(vizsgálódva)* try to find out sg, look into sg, find* out (the truth) about sg; **ha nem hiszi, járjon utána** if you don't believe me, find out (for) yourself

utánajárás *n* = **utánjárás**

utánakérdez *v* = **utána** *érdeklődik*, **utánajár**

utánaküldés *n* forwarding, redirection

utánállít *v* adjust

utánamegy *v* = **utánajár**

utánamond *v* → **utána**

utánanéz *v* **1.** *vmnek, vknek* see* to/about (sg/sy); *(ellenőrizve)* check (up)on (sg/sy), check (sg); **majd** ~**ek** I'll check it **2.** *(keres)* try to find, *US* check sg out; ~ **egy könyvben** consult (*v.* look sg up in) a book; ~ **egy szónak** *(a szótárban)* look up a word (in a/the dictionary); **nézz utána a/egy szótárban** look it up in the/a dictionary

utánarajzol *v* copy [drawing]; *(átlátszó papíron)* trace

utánarendel *v* give* a repeat order (for sg), reorder sg

utánaszalad *v vknek* run* after sy

utánaszámít *v* check [account/figures], verify [account] ⇨ **utánaszámol**

utánaszámol *v* count sg (over) again, check

utánatölt *v vmt vmbe* refill [sy's glass, a container etc.] (with sg); *(olajat, deszt. vizet, italt stb. színig)* top up with [wine, oil etc.], top up [sy's drink, a battery etc.] ⇨ **feltölt**, **utántöltés**

utánérzés *n* (strong) reminiscence; *(mű)* (virtually a) pastiche

utánfizetés *n* (payment of) the balance; *(vasúti)* supplement

utánfutó *n (autó)* trailer

utáni *a* **szabadságom** ~ **első napon** the first day after my holiday

utánjárás *n (fáradozás)* trouble, effort, bother; **köszönöm a sok** ~**t fiam érdekében** thank you for all the trouble you've taken to help my son

utánjátszó *a* ~ **mozi** second-run cinema (*v. US* movie house/theater)

utánkeltez *v* postdate

utánküldés *n* forwarding

utánnyomás *n nyomd (régi mű új, változatlan kiadása)* reprint; *(eredeti kiadás új lenyomata)* impression ⇨ **változatlan**

utánoz *v* imitate, copy

utánozhatatlan *a* inimitable

utánozható *a* imitable

utánpótlás *n* **1.** *ált* supply, new supplies *pl* **2.** *kat* reserves *pl*, reinforcements *pl* **3.** *(fiatalok)* recruitment, new blood, young talents *pl*

utánpótlás-válogatott junior team

utánrendelés *n* repeat order; *biz* repeat, follow-up order

utánszállítás *n* subsequent delivery

utántöltés *n* refilling; *(üzemanyaggal)* refuelling; *(akkué deszt. vízzel)* (battery) top-up

utánvét(tel) *n* cash (*v. US* collect) on delivery *(röv* C.O.D.)

utánzás *n* imitating, imitation

utánzat *n ált* imitation, copy; *(hamisítvány, főleg pénz)* counterfeit; *(műtárgy)* forgery; **tökéletes** ~ perfect copy

utánzó *n* imitator

utas *n* passenger; *(utazó)* traveller *(US* -l-)

utasellátás *n* catering

utasellátó *n (vállalat)* catering (company)

utasfelvétel *n* check-in

utasforgalom *n* passenger traffic

utasfülke *n* (passenger) cabin

utasgép *n* = **utasszállító repülőgép**

utasít *v* **1.** *(felszólít vmre)* instruct/direct/order/tell* sy [to do sg] **2.** *(vkt vkhez)* send*/refer sy (to sy) **3.** *sp* **maga mögé** ~ **vkt** edge ahead of sy

utasítás *n* **1.** *(rendelkezés)* order(s), direction(s), instruction(s); *(direktíva)* directive; **(használati)** ~ directions (for use) *pl* → **kezelési** *utasítás;* **az** ~ **értelmében/ szerint** as directed/requested; **adagolás kizárólag az orvos** ~**a szerint** (*v.* **az orvus** ~**ára)** [*dosage*] as prescribed by the/your doctor, use as directed by a physician; ~**t ad vknek** give* sy instructions (to), *issue* orders to sy to; **vk** ~**ait követi** follow sy's/the instructions; **tartsd be az** ~**okat!** follow the instructions [on the packet etc.]; ~**okkal ellát** provide sy with (*v.* give* sy) instructions, brief sy **2.** *(vké vhová)* referral (to) **3.** *(számítógépé)* instruction, command

utaskísérő *n* **légi** ~ *(nő)* stewardess, air-hostess

utaslépcső *n* steps *pl*

utaslista, -névsor *n* passenger list

utasszállítás *n* passenger transport

utasszállító *a* ~ **repülőgép** airliner, passenger plane

utastér *n* passenger compartment

utász *n* engineer, *GB* sapper

utat-módot talál *kif* find* an expedient, find* means to, find* a way to do sg

utazás *n* *(mint turisztikai fogalom)* travelling (*US* -l-), travel; *(maga az út)* journey, tour; *(rövidebb)* trip; ~ **hajón/vonaton/repülőgépen/buszon** *(ill.* **hajóval/vonattal** *stb.*) travelling (*US* -l-) by ship/ train/air/plane/coach; **egyszeri** ~**ra szóló jegy** single (*US* one-way) ticket; **külföldi** ~ travel(ling) abroad, overseas travel; **szervezett** ~ package tour, group travel; **szervezett egyéni** ~ arrangements for individual travel *pl;* **az** ~ **időpontja** date of travel; **az** ~ **időtartama** length of tour; *(csak az utazásé)* duration of travel ⇨ **csoportos**

utazási *a* travel(ling); ~ **biztosítás** travel insurance; ~ **csekk** traveller's cheque, *US* traveler's check; ~ **iroda** travel agency/ bureau; *(kisebb iroda, ill. maga a vezető/tulajdonos)* travel agent; *(IBUSZ-szerű nagy vállalat)* tour operator; **felvilágosítás** ~ **ügyekben** travel information

utazgat *v* sokfelé ~ do* a lot of travelling, travel (*US* -l-) a lot, travel/get* around/about

utaz|ik *v* **1.** *vhova* go* to, leave* for; **mikor** ~**ik?** when are you leaving?; **hova** ~**ik?** where are you going?, where are you off to?; **holnap Prágába** ~**ik** he leaves for Prague tomorrow **2.** *(turisztikai célból)* travel, go*/be* travelling (*US* traveling), be*

touring (round) [a place]; **sokat** ~**ik** do* a lot of travelling, travel (*US* -l-) a lot; **Európába** ~**ik** be* travelling/going round *Eur*ope, be* touring *Eur*ope; **vonattal/autóbusszal/repülőgéppel/autóval/hajóval** (ill. **vonaton/autóbuszon** *stb.*) ~**ik** travel (*US* -l-) (*v.* go*) by train/ coach/air/plane/car/ship; **kényelmesen** *(= megszakításokkal)* ~**ik** travel by easy stages; **kevés csomaggal** ~**ik** travel light **3.** *ker* **vmben** ~**ik** travel in [sports goods, business machines etc.] → **utazó II.2.** **4.** *átv biz* **vkre** ~**ik** have* it in for sy

utazó I. *a* travelling (*US* -l-) **II.** *n* **1.** *ált* traveller (*US* -l-); *(utas)* passenger **2.** **kereskedelmi** ~ commercial traveller, *főleg US:* traveling salesman°; *(igével)* (s)he travels for [a firm, company etc.]

utazóbőrönd *n* = **bőrönd**

utazóközönség *n* the travelling public, passengers *pl*

utazósebesség *n* cruising speed

utaztat *v* arrange sy's official trip(s)

útbaigazít *v* **1.** *konkr* show* sy the way, direct sy swhere **2.** *(tájékoztat)* give* sy information about/on sg, inform sy about sg

útbaigazítás *n* (piece of) information; ~**t ad = útbaigazít**

útburkolat *n* road surface, *GB* pavement

útburkolati jelek *n pl* road markings

utca *n* street; **az** ~**n** in the street; *(italmérés)* ~**n át** (for consumption) off the premises; *(ilyen üzlet)* off-licence, *US* package store, liquor store; **a negyedik** ~**nál (kanyarodjon) jobbra** (go* down) the fourth turning on the right; ~**ra kerül** *(= munka nélkül marad)* be* dismissed/sacked/fired; ~**ra néző** looking (on)to the street *ut.,* facing the street *ut.*

utcabál *n* street dance/ball

utcagyerek *n* ragamuffin, street *A*rab/ *u*rchin

utcai *a* street; ~ **árus** street vendor, *GB* néha costermonger; ~ **énekes** *(aluljáróban)* street singer; ~ **harc** street-fighting; ~ **nő** street-walker/girl, prostitute, *US biz* hooker; ~ **ruha/viselet** day wear, (clothes *pl* for) *out*door/casual wear, casual clothes *pl;* ~ **szoba** front-room, room looking out onto the street; ~ **világítás** street lighting; ~ **zenész** street musician, busker

utcajegyzék *n* *(térkép végén)* index to streets

utcalány *n* = **utcai** *nő*

utcanévjegyzék *n* *(önálló)* street directory; *(térkép végén)* index to streets

utcasarok *n* (street) corner
utcaseprő *n* street sweeper/cleaner, *(gép is)* road sweeper, *US* street cleaner
útelágazás *n* fork [in the road], (road) junction
útépítés *n* ált road construction, road--making; *(mint közlekedési jelzés)* road works *pl*
útfelfagyás *n* frost riving
útfenntartás *n* road maintenance
úthálózat *n* road network/system
úthálózati térkép *n* road atlas
úthasználati díj *n* toll(-charge); *(autópályán)* (motorway) toll
úthenger *n* steam/road-roller
úthiba *n* bump, pothole
úti *a* road, street(-); *(utazási)* travel(ling); ~ **beszámoló** travel report, travelogue *(US* -log); ~ **cél** destination; ~ **élmény/kaland** adventure/experience on/during the journey; ~ **okmányok** travel documents; ~ **program** itinerary, route
útikalauz *n* guide(book)
útiköltség *n* travel expenses *pl*, fares *pl*
útikönyv *n* guide(book)
útilapu *n* plantain; ~**t köt vknek a talpára** send* sy packing
útinapló *n* travel diary
útipoggyász *n* luggage, baggage
útirajz *n* account/description of a journey; *(könyv)* travel book, travelogue *(US* -log)
útirány *n* direction; route, course
útirány-előjelző tábla *n* direction sign
útiszámla *n* travel expenses account
útitakaró *n* travel rug
útitárs *n* **1.** *(utazásnál)* travelling *(US* -l-) companion; *(alkalmi)* fellow passenger **2.** *pol* fellow traveller *(US* -l-)
útitáska *n* suitcase, (travelling) bag, *US* valise
útiterv *n* itinerary, route
útjavítás *n* road repairs/works *pl*
útjelző tábla *n* guide-post ⇨ **útirány--előjelző tábla**
útkanyarulat *n* bend, curve; ~ **jobbra** right bend/curve; *(igével)* the road curves to the right
útkaparó *n* road-mender, road(s)man°
útkereszteződés *n* *(városban)* junction, crossing; *(vidéken)* crossroads *pl*; *(nagyobb)* intersection, junction; ~ **alárendelt útvonallal** intersection with non--priority road ⇨ **szintbeni**
útközben *adv* on the way, en route (to)
útleírás *n* record of a journey; *(könyv)* travel book ⇨ **úti** *beszámoló*

útlevél *n* passport; **útlevelet kér** apply for a passport; ~**(fény)kép** passport photo; ~**-hosszabbítás** extension of one's passport; ~**kérelem** passport application; ~**kérelmet nyújt be** apply for a passport; ~**kérő lap** (passport) application form; ~**- és vámkezelés/vámvizsgálat** passports and customs (controls/clearance); ~**kezelő** *GB* immigration officer; ~**osztály** passport department/office; **szolgálati** ~ service passport; **túlesik az** ~**vizsgálaton** go* through passport control ⇨ **látogató-, turistaútlevél**
útmegszakítás *n* break of journey; *(egy éjszakára, vagy csak nagyon rövid időre)* stopover
útmutatás *n* direction, instruction, guidance; *(tanács)* advice, hints *pl*; **vk ~át követi** follow sy's lead, follow the instructions of sy *(v.* sy's instructions)
útmutató *n* guide; **kezelési** ~ users instructions *pl*, instructions for use *pl*
utó- *pref* after-, post-, supplementary
utóbb *adv* at a later date/time, later (on), afterwards; **előbb vagy** ~ sooner or later **(az)** ~ **említett** the latter
utóbbi I. *a* *(térben)* latter; *(időben)* last; **(az)** ~ **esetben** in the latter case; **az** ~ **években** in/for the last few years; **az** ~ **két évben** (in) the last two years; **az** ~ **időben** recently, lately, of late **II.** *n* **az** ~**t** the latter (one)
utód *n* **1.** *(hivatali, üzleti)* successor; **vk ~a** sy's successor, a successor to sy; *(igével)* succeed sy (as...) **2. az** ~**ok** *(leszármazottak)* descendants, offspring *pl*, posterity *sing*.
utódlás *n* succession
utófájások *n pl* afterpains
utóhad *n* rear(-guard)
utóhang *n* *(írásmű)* epilogue *(US* -log)
utóhatás *n* after-effect
utóidejűség *n nyelvt* posteriority
utóidény *n* late season, off-season
utóirat *n* *(röv Ui.)* postscript *(röv P.S.)*
utóíz *n* after-taste; **keserű** ~**t hagy maga után** leaves* a bad taste (in one's mouth)
utója *n* vmnek (the) end of sg; **a nyár** ~ late/Indian summer
utójáték *n* szính afterpiece
utókezelés *n* after-care, follow-up care/treatment
utókezelő *n* **1.** *(szanatórium jellegű)* convalescent/nursing home **2.** *(elfekvő)* hospital for incurables **3.** *(GB rákos betegeknek az utolsó fázisban)* hospice
utókor *n* posterity

vadász|ik v **1.** *(vadra)* shoot* *(vmre* sg); *(GB falkával és US)* hunt *(vmre* sg); **nagyvadra** ~**ik** hunt big game; ~**ni megy** go* shooting; *(falkával is US)* go* (out) hunting **2.** *átv vmre/vkre* hunt for/after sg/sy, search for sg/sy

vadászkastély n hunting-seat

vadászkés n hunting-knife°, *US* bowie/bolo--knife°

vadászkutya n hunting/gun dog; *(kopó)* (fox)hound; *(rövid lábú)* beagle; ~**val vadászik** follow the hounds, ride* to hounds

vadászkürt n hunting-horn, bugle

vadászlak n = **vadászház**

vadászpuska n shotgun, sporting gun

vadászrepülőgép n = **vadászgép**

vadásztársaság n **1.** *(alkalmi)* shooting party **2.** *(állandó)* hunt

vadásztáska n game bag

vadászterület n hunting-ground/field

vadásztöltény n shotgun cartridge

vadászzsákmány n (game-)bag

vádbeszéd n (Public Prosecutor's) charge

vadcsapás n track [of game], trail, spoor

vaddisznó n wild boar

vadember n savage

vádemelés n accusation, preferral of charge

vadetető n feeding trough

vadevezős n biz non-club rower

vadgalamb, -gerle n turtle-dove

vadgesztenye n horse-chestnut

vadhajtás n növ sucker

vádhatóság n (public) prosecutor, the prosecution

vadhús n **1.** *(étel)* game; *(őzé, szarvasé)* venison **2.** orv proud flesh

vadidegen I. a totally unknown (to) **II.** n complete/perfect stranger

vádindítvány n indictment, charge

vádirat n *(bűnügyben)* (bill of) indictment; *(rendőrségi bűnlajstrom)* charge sheet; ~**ot ad ki vk ellen vm miatt** indict sy for sg

vadít v drive*/make* (sy) wild, infuriate, madden

vadkacsa n wild duck, mallard

vadkan n (wild) boar

vadkempingezés n illicit camping

vadkörte n wild pear

vádli n biz calf°

vádló I. a accusatory, accusing **II.** n *(bűncselekménnyel jog)* accuser, plaintiff

vádlott n *(bíróságon)* the accused, defendant; ~**ak padja** dock, prisoner's box

vadmacska n wild cat

vadméh n wild bee

vadnyom n trail, track [of game], spoor

vadnyugat n the Wild West

vadnyugati a of the Wild West ut., Wild West; ~ **film** Western

vadnyúl n hare

vadóc n *(személy)* difficult/retiring person, loner; *(félénk gyerek)* shy child°; **kis** ~ little monkey

vádol v vkt vmvel accuse sy of sg, charge sy with sg, indict sy (for v. on a charge of sg), bring*/prefer charges against sy; **vmvel** ~**ják** be* accused of sg, be* charged with sg; ~**ja magát vmvel** accuse oneself of sg; **egymást** ~**ják** they accuse each other

vadon[1] n wilderness, wild, desert

vadon[2] adv (in the) wild; ~ **termő** *(növény)* growing wild ut.; ~ **tenyészik** grow*/run* wild

vadonatúj a brand-new

vadorzás n poaching

vadorzó a poacher

vadőr n game-keeper, *GB* ranger

vadpecsenye n game; *(őz, szarvas)* venison

vádpont n count [of an/the indictment], charge; **a következő** ~**okkal vádolják** he is* charged on the following counts

vadregényes a romantic

vadrózsa n dog/wild rose, briar v. brier

vadság n *(tulajdonság)* wildness, fierceness, ferocity, savageness

vadszárnyas n *(étlapon)* wild fowl

vadszőlő n Virginia creeper, *US* American ivy, woodbine

vadul[1] v **1.** *(féktelenkedik)* go* too far, behave boisterously/wildly **2.** *(futballista stb.)* lose* one's temper, get* rough

vadul[2] adv wildly, savagely, fiercely; *(durván)* coarsely, furiously, madly

vadvédelem n wildlife protection, the conservation of wildlife

vadvilág n wildlife

vadvirág n wild flower

vág 1. vt/vi cut*; **fát** ~ **chop wood** → **fa;** ~ **egy szelet kenyeret** cut* off/oneself a slice of bread; **jól** ~ **a kés** the knife cuts well; ~ **az esze** → **ész, borotva 2.** vt **utat** ~ **az erdőn** cut* a passage through the wood, blaze a trail through the wood; **ajtót/ablakot** ~ **a falba** put*/make* a door/window in the wall **3.** vt *(állatot)* slaughter; *(disznót, csirkét)* kill **4.** vt *(dob)* throw*; **földhöz** ~ → **föld; fejéhez** ~ → **fej**[2]; **szemébe** ~ → **szem 5.** vt/vi *(üt, csap)* strike*; **fejbe** ~ → **fej**[2]; **az eső az arcába** ~ the rain beats* his face **6.** vt **kocsiba** ~**ta magát** *(és elment)* (s)he jumped into his/her car [and drove off] **7.** vi *(ruha szűk)* be* too tight *(hónaljban:* under the arms) **8.** *vi* → **elébe** *vág;* **szavába** ~ → **szó 9.** *vi (tartozik vhova)* **ez nem** ~ **ide** that is out of place here, that's incongruous **idevág; nem** ~ **a szakmájába** that's not (much) in his line, that's not his field **10.** *vi* **becsületébe/elevenébe** ~ → **becsület, eleven 11.** *vi biz* **jó képet** ~ **vmhez** → **kép; arcokat** ~ → **arc**

vagány *biz* **I.** *a* tough; *(karakán)* plucky **II.** *n* tough (guy), wide-boy

vágány *n* **1.** *(sínpár)* (railway) track, rails *pl* **2.** *(pályaudvaron peron)* platform; **a harmadik** ~**ra érkezik** is arriving at platform 3 **3.** *átv* **más** ~**ra tereli a társalgást** change the subject

vágás *n* **1.** *(cselekmény)* cutting (of sg) **2.** *(nyoma testrészen)* cut; *(műtétnél)* incision **3.** *(ölés)* slaughtering, killing **4.** *(ütés)* stroke, blow **5.** *(erdőben)* forest section **6.** *film* cutting, editing

vágású *a* **régi** ~ **ember** a man° of the old stamp/school

vágat[1] *v vmt vkvel* have*/get* sg cut/chopped; **hajat** ~ have* one's hair cut, get*/have* a haircut

vágat[2] *n bány* gallery, level

vagdal *v* **1.** *(húst)* chop up, mince **2.** *(csapkod)* hit*/lash out at *(v.* about), bang (about); *(karddal)* slash about; **gorombaságokat** ~ **a fejéhez** throw* insults in sy's face, pile/heap insult on insult

vagdalék *n (hús)* minced meat, mince

vagdalkoz|ik *v vmvel* brandish (sg) (at sy), lay* about oneself (with sg), hit out (at sy) (with sg)

vagdalt *a* chopped (up); ~ **hús** minced meat, mince; *(pogácsa)* meatball, hamburger (steak), beefburger; ~ **sonka** *kb.* corned beef

vagdos *v* = **vagdal**

vágó *n film* editor

vágóállat *n* meat/fat stock; *(marha)* slaughter cattle

vágódeszka *n* chopping board/block

vágógép *n* cutting machine, cutter

vágóhíd *n* slaughterhouse, abattoir; *átv* ~**ra visz** *(hadsereget)* lead* [an army] to be butchered *(v.* to the slaughter)

vágómarha *n* slaughter/beef cattle

vagon *n (személy)* carriage, coach, *US* car; *(teher)* wagon *(GB* -gg- *is), US* freight car; ~**ba rak** load into a wag(g)on/truck; ~**ból kirak** unload a wag(g)on

vagongyár *n* carriage and wag(g)on works

vagonrakomány *n* carload, wag(g)onload

vágópisztoly *n* cutting torch

vágószoba *n film* cutting-room

vágott *a* cut; *(apróra)* chopped; ~ **baromfi** slaughtered poultry; ~ **seb** cut; ~ **virág** cut flowers *pl*

vágta *n* gallop; **vágtában** at a gallop, at full gallop

vágtat *v* gallop, ride* at full speed/gallop

vágtáz|ik *v* **1.** *(ló, lovas)* gallop, ride* at full gallop; ~**ni kezd** break* into a gallop **2.** *sp (futó)* sprint

vágtázó *n sp* sprinter

vagy *conj* **1.** *(választás)* or; ~ **pedig** or else; ~ **...,** ~ either ... or ...; ~ **így,** ~ **úgy** one way or the other, either way, in either case **2.** ~ **úgy!** (now) I see!, *biz* (now) I get you/it! **3.** *(körülbelül)* about, some; ~ **egy mérföld(nyi)re** a mile or so; ~ **húszan** there were some twenty people there

vágy *n (vm iránt/után)* desire, wish, longing *(mind:* for sg); **érzéki** ~ sexual desire; *(buja)* lust; **leghőbb** ~**a, hogy ...** it is one's most ardent wish that/to, long *(v.* be* longing) to, has* always wanted to; ~**a támad** *(v.* ~**at érez)* **vmre** feel* a/the desire to do sg, be* filled with a/the desire to do sg

vágyakozás *n (vm iránt/után)* longing, craving, desire *(mind:* for)

vágyakoz|ik *v* long/yearn for sy/sg

vágyakozó *a* longing

vágyálom *n* pipe dream, wishful thinking

vágy|ik *v* **1.** *vmre* desire (sg), have* a desire for sg, wish for sg **2.** *(vhova)* long to (be swhere) **3.** *(vm/vk után)* long/yearn for sg/sy

vagyis *conj* that is to say, in other words; namely; I mean

vagylagos *a* alternative; ~**an** alternatively

vágyódás *n* longing (for)

vágyód|ik *v vmre, vm után* yearn/long for sg/sy, crave (for) sg

vagyon *n (nagy)* fortune, wealth, riches *pl*; *(tulajdon)* (personal) property, possessions *pl*; **nemzeti** ~ national wealth; **a nép** ~**a** property of the people; *(igével)* be* state-owned; ~ **elleni bűncselekmény** crime (committed) against property; ~**a van** be* well off, be* a man of means/property; *biz* **egy** ~**ba került** it (has) cost me a fortune; ~**t szerez** make* a fortune, *biz* make* one's pile ⇨ **ingatlan, ingó**

vagyonadó *n* property/wealth tax

vagyonátruházás *n* transfer of property/possession

vagyonbecslés *n* assessment of property

vagyonbevallás *n* declaration of assets/means

vagyonbukott *a* bankrupt
vagyonelkobzás *n* confiscation of property
vagyoni *a* relating to property *ut.*, financial, pecuniary; ~ **állapot** property status; ~ **helyzet** financial condition/situation, financial circumstances *pl*
vagyonkezelő *n* trustee
vagyonközösség *n* community of property
vagyonleltár *n* inventory of property
vagyonos *a* wealthy, well-to-do, well off *ut.*; **a** ~ **osztályok** the moneyed/leisured/propertied classes, the rich
vagyonosod|ik *v* grow* rich/wealthy, make* money
vagyonszerzés *n* money-making, making (of) one's fortune (*v. biz* pile)
vagyontalan *a* unpropertied; ~ **ember** man° without means
vagyontalanság *n* lack of property, indigence
vagyontárgy *n* property, asset; **személyi** ~**ak** personal effects (*v.* property *sing.*)
vagyonváltság *n* capital levy
vaj *n* butter; **akinek** ~ **van a fején, ne menjen a napra** people who live in glass houses should not throw stones
váj *v* **1.** *ált* hollow (out), scoop **2.** *(hornyol)* gouge (out) **3.** *(mélyít)* deepen
vájár *n* miner, face-worker, hewer
vajas *a* buttered; ~ **kenyér** (a slice of) bread and butter; ~ **kifli** buttered croissant; ~ **zsemle** buttered roll
vajaskifli *n* (*vajjal sütött*) croissant, roll
vajassütemény *n* (*tészta*) shortcake
vajastészta *n* short pastry
vájat *n* **1.** *ált* groove, channel **2.** *bány* (work) face, stall
vajaz *v* butter
vajbab *n* wax bean
vajda *n* *tört* voivode, vaivode
vájdling *n* *vulg* washing-up bowl, basin
vájkál *v* **1.** *konkr* grub/dig*/rummage about/around (in sg), keep* grubbing **2.** *átv* **vk sebeiben** ~ reopen old sores, rub salt in sy's wounds
vajmi *a* ~ **kevés** precious/very little
vajon *adv* (*kérdés előtt*) if, whether; ~ **igaz-e?** I wonder whether it is* true; ~ **ki ő?** I wonder who (s)he is?; ~ **eljön-e?** I wonder if (s)he'll come?; **megkérdezte,** ~ **eljön-e?** he asked me whether/if she was coming; ~ **miért nem érkeztek meg?** I wonder why they haven't arrived; **harmadik ráadás is van,** ~ **mi lesz ...?** there is a third encore, I wonder ...
vajszínű *a* butter/cream-coloured (*US* -or-)

vajszívű *a* soft/tender-hearted
vajtartó *n* butter-dish
vájt fülű *a* sharp-eared, sensitive, discriminating
vajúdás *n* **1.** *orv* labour (*US* -or), parturition **2.** *átv* travail, difficult birth, being in the throes of sg
vajúd|ik *v.* **1.** *orv* be* in labour, labour (*US* -or) **2.** **sokáig** ~**ott a kérdés** the case dragged on for a long time
vajúdó(szoba) *n* labour (*US* -or) ward
vak I. *a* **1.** (*ember*) blind, sightless; **fél szemére** ~ blind in one eye; ~ **vagy?** *átv* have you no eyes? **2.** ~ **engedelmesség** unquestioning/blind obedience II. *n* blind man°/person, blind woman°; **a** ~ **is látja** it stares you in the face, you can see that with half an eye; **a** ~**ok** the blind; ~**ok intézete** home for the blind; ~ **vezet világtalant** it's a case of the blind leading the blind ⇨ **tyúk**
vakablak *n* blind/dummy window; **világos, mint a** ~ as clear as mud
vakáció *n* (summer) holiday, *US* vacation
vakációz|ik *v* be* on holiday (*v. US* vacation), holiday, *US* vacation
vakar *v* **1.** (*saját magát*) scratch; (*bőrt*) scrape **2.** (*lovat*) curry(-comb)
vakarcs *n* **1.** (*utolsó gyerek*) youngest child (*v.* baby) (of the family) **2.** (*vézna kisgyerek*) scrawny little fellow, runt
vakargat *v* scratch, keep* scratching
vakaró *n* scraper
vakaródz|ik *v* scratch (oneself)
vakbél *n* (*féregnyúlvány*) (vermiform) appendix (*pl* -dices); ~**lel operálták** (s)he was operated on for appendicitis; **kivették a vakbelét** he had his appendix (taken) out
vakbélgyulladás *n* appendicitis
vakbélműtét *n* appendectomy
vakbuzgó I. *a* bigoted II. *n* bigot, zealot
vakbuzgóság *n* bigotry
vakcina *n* *orv* vaccine
vakfolt *n* *biol* blind spot
vakírás *n* **1.** (*vakoké*) braille **2.** (*írógépen*) touch-typing
vakít *v* (*látást fény*) blind, dazzle
vakító *a* blinding, dazzling; ~ **fény(esség)** dazzling/glaring light
vakkant *v* yap, yelp, give* a yelp
vaklárma *n* false alarm
vakleszállás *n* ~**t hajt végre** make* a blind landing
vakmerő *a* daring, audacious, bold; *elít* reckless, foolhardy; ~ **ember** dare-devil; ~ **lépés** bold step, a leap in the dark

vakmerőség *n* daring, audacity, boldness; elít recklessness, foolhardiness

vakol *v (falat)* plaster

vakolás *n* plastering

vakolat *n* plaster

vakolatlan *a* bare, unplastered

vakolókanál *n* trowel

vakon *adv* **1.** ~ született (s)he was born blind; *(mint melléknév)* blind from birth *ut.* **2.** ~ ír *(írógépen)* touch-type **3.** *átv* blindly; ~ hisz *vkben* trust sy blindly/implicitly

vakond(ok) *n* áll mole

vakondtúrás *n* molehill

vakrepülés *n* blind flying/flight

vakság *n* **1.** *orv* blindness **2.** *átv* blindness, infatuation

vaksi *a* weak-eyed, dim/short sighted, (as) blind as a bat

vaksötét *a* pitch-dark

vakszerencse *n* mere/pure chance, pure accident

vaktában *adv* **1.** *(találomra)* at random **2.** *(meggondolatlanul)* blindly, rashly; ~ cselekszik rush headlong into [(doing) sg]

vaktöltény *n* blank charge

vaku *n* flash(-gun), flashlight; ~val fényképez take* a photograph with a flashlight/flashbulb

vakulás *n* látástól ~ig from daybreak till nightfall, from morning to night

vákuum *n* vacuum

vákuumos *a* vacuum; ~ tapadókorong suction-cup

vakvágány *n* dead-end

-val, -vel *suff* **1.** *(eszközhatározó)* **a)** with; ellát vmvel supply/provide/furnish/stock/store/equip with sg; beéri/megelégszik vmvel be*/rest content/satisfied with sg, content oneself with sg, do* with sg; **b)** by; busszal megy go by bus; vonattal megy/utazik go by train; hajóval megy go*/travel *(US* -l) by sea; repülővel megy go* by air, fly*; kocsival megy go* by car; segítségével by means of; kézzel by hand; **c)** in; ceruzával ír write* in pencil; tintával ír write* in ink; vmvel kereskedik deal* in sg; **d)** *(különféle elöljáróval v. elöljáró nélkül)* visszaél vmvel misuse/abuse sg, make* ill use of sg, take* (an unfair) advantage of sg; megajándékoz vmvel present sy with sg, present sg to sy, give* sg to sy as a present, make* sy a present of sg; tartozik vknek vmvel owe sy sg; **e)** *(akiről, amiről beszél vk)* of; gyanúsít vkt vmvel suspect sy of sg; vádol vkt vmvel

accuse sy of sg **2.** *(állapot- és eszközhatározó)* with, of; megegyezik vmvel agree with sg, correspond to sg → **3a;** tele van vmvel be* filled with sg, be* full of sg **3.** *(társhatározó)* **a)** with; barátkozik vkvel make* friends with sy; együttérez vkvel feel* with sy, feel*/sympathize with sy; együttműködik vkvel collaborate with sy, co-operate with sy; megegyezik vkvel vmben agree with sy on sg, be* in agreement with sy; összevész vkvel fall* out with sy, pick a quarrel with sy, quarrel *(US* -l) with sy; szövetkezik vkvel make*/form an alliance with sy, ally/unite with sy; tanácskozik vkvel vmről confer with sy on sg, discuss sg with sy; vetélkedik vkvel vmben compete/vie with sy in (doing) sg; vitatkozik vkvel vmről argue with sy about sg; **b)** *(elöljáró nélkül)* találkozik vkvel meet* sy, come* across sy **4.** *(állapot- és társhatározó)* with; vkvel együtt with sy, in the company of sy, in company with sy; anyjával és bátyjával (együtt) lakik she lives with her mother and brother **5.** *(irányulás)* **a)** *(cselekvésé, különféle elöljáróval)* nem bírok vele he is* too much for me, he is* one too many for me; jót tesz vkvel do* well by sy, do* good to sy; **b)** *(elöljáró nélkül)* jót tesz vkvel do* sy a good turn, do* sy a kindness, benefit sy → **a)** rosszat tesz vkvel do* sy an ill turn; bír vmvel *(birtokol)* have*/possess/own sg; dacol a közvéleménnyel he defies public opinion; **c)** *(magatartásé, különféle elöljáróval)* szigorú vkvel szemben be* hard on sy, be* strict with sy; udvarias mindenkivel (szemben) (be*) polite towards*/to everybody; **d)** *(tartós irányulás, különféle elöljáróval)* bánik vkvel treat/handle sy, deal* with sy; foglalkozik vmvel be* employed/occupied/engaged in (doing) sg; sok időt tölt vmvel spend* much time on, take* a long time over sg; törődik vkvel care about/for sy, vesződik vmvel struggle with, bother about, take* trouble/pains over/with sg, work hard at sg **6.** *(módhatározó)* *(különféle elöljáróval)* kész/ezer örömmel with pleasure, with the greatest delight/joy; tekintettel a következményekre in view of the consequences; tudtommal to my knowledge; lábtöréssel kórházba került (s)he was taken into a hospital with a fracture (of his leg); vakbéllel operálták (s)he was operated on for appendicitis **7.** *(hasonlítás)* egyenlő vmvel (be*) equal to sg; felér

vmvel *(értékben)* be* worth of, come* up to, compare well with, equal (*US* -l) **8.** *(mértékhatározó) (különféle elöljáróval v. elöljáró nélkül)* **három hosszal nyer** win* by three lengths; **százával** by hundreds, by the hundred; **két kilóval nehezebb** two kilograms heavier; **két évvel idősebb nálam** he is two years older than I, he is my senior by two years; **harminc évvel vagyok idősebb nála** I am thirty years older than he; **egy árnyalattal jobb** a shade better **9.** *(időhatározó) (főleg elöljáró nélkül)* **öt perccel hat (óra) után** at five (minutes) past six (o'clock); **egy órával indulása után** one hour after his/her departure; **három nappal érkezése előtt** three days before his/her arrival; **néhány évvel ezelőtt** some years ago/back; **a múlt éjjel** last night; **elsejével elmegy** he leaves on the first **10. a)** *(alanyos szerkezet helyett)* **mi lett/történt azzal a könyvvel?** what has become of that book?; **b)** *(tárgyas szerkezet helyett)* **felhagy vmvel** give* up/over sg, leave*/lay* off sg *határozószókban* ⇨ **éjjel, nappal, reggel, idővel, ősszel, tavasszal, éjjel--nappal,** *nagy* **dérrel-dúrral, módjával, egyszóval** *stb. lásd a szótár megfelelő helyén*

váladék *n* discharge, secretion, mucus

valaha *adv* **1.** *(valamikor régen)* once, at one time; **itt** ~ **egy ház állt** there used to be a house here **2.** *(a múltban akármikor)* **szebb, mint** ~ more beautiful than ever **3.** *(a jövőben)* ever; **látom-e még** ~**?** I wonder if I will ever see it/him [etc.] (again); **ha** ~ **viszontlát(hat)om** if ever I (*v.* I ever) meet him again

valahány *pron* all, any, every (one); **valahánnyal csak találkoztam** every single one (that) I have met

valahányan *pron* all of us/you/them, every one of you/us/them

valahányszor *adv* whenever, every time; ~ **csak akarja** whenever you wish, as many times as you wish

valahára *adv* **(végre)** ~ at (long) last, finally

valahogy(an) *adv* **1.** *(vmlyen módon)* somehow (or other), in some way (or other), someway, anyhow; ~ **csak** by some means or other; *biz* by hook or by crook; **majd csak lesz** ~ it will turn out all right, we will try and manage somehow; **majd csak megleszünk** ~ we'll manage somehow **2.** *biz* **ez** ~ **nem sikerült** this just didn't work out

(*v.* come off); ~ **úgy van az, hogy** you see it is* something like this; ~ **az az érzésem, hogy** I sort of feel that **3. hogy vagy? hát csak úgy** ~ how are you? so-so, fair to middling

valahol *adv* somewhere, *US* someplace; ~ **már találkoztunk** we have met (somewhere) before; ~ **itt** *(a közelben)* somewhere near here; **itt van** ~**?** is it (somewhere) around here?

valahonnan *adv* from somewhere, from some place or other; *(bárhonnan)* from anywhere; ~ **ismerem** *vkt* I know him/her from somewhere

valahova *adv* somewhere, anywhere, to some place or other

valaki *pron* **1.** *(állításokban)* somebody, someone, one **2.** *(kérdés/tagadás esetén)* anyone/anybody **3.** *(jelentős személy)* **ő** ~, **a gyárban** he's a somebody in the factory

valameddig *adv* **1.** *(idő)* for some/a time **2.** *(távolság)* (for) a certain distance, some distance

valamely *pron* some

valamelyes *pron* some, a little, a certain

valamelyest *adv* somewhat, to a certain extent/degree; ~ **jobban** a thought/bit better

valamelyik *pron* one (of them), one or the other; ~**(et) (a kettő közül)** either of them; **közülük** ~, ~ **ük** one of them; **gyere fel** ~ **nap** come round to our house/place (*v.* drop in on us) one of these days

valamennyi *pron* **1.** *(mind, mindenki, minden egyes, mindegyik)* all, every, all (of them), all together; **kivétel nélkül** ~ all without exception, one and all, every single one (of them); ~**en** all of us/them; ~**en ott leszünk** we'll all be there **2.** *(valami kevés/kis)* some, a little; ~ **ideig** for some/a time, for a while

valamennyire *adv* **1.** *(valameddig)* in some measure **2.** *(úgy-ahogy)* somehow or other, in some way or other

valamerre *adv* somewhere, in some direction (or other)

valami I. *pron* **1.** *(állításban)* something; ~ **majd csak lesz** sg will turn up; **ez már** ~ that is better/sg; **van** ~ **köztük** there's something between them; **viszi** ~**re** go* far, get* on, *biz* make it **2.** *(kérdésben, tagadásban)* anything; **fáj** ~**d?** is anything wrong (*v.* the matter) with you? **II.** *a* **1.** *(állításokban)* some; ~ **állat lehetett** it must have been some animal **2.** *(egy kevés, valamennyi)* some, a little; ~ **időm még van** I can still wait a little while **3.** *(kérdésben,* *tagadásban)* *a*ny; **van** ~ **pénzed?** have you got *a*ny/some money?; **van** ~ **kívánsága?** is there *a*nything (that) you want?, what can I do for you?; **van** ~ **elvámolni valója?** have you *a*nything to declare? **III.** *adv* **1.** **nem** ~ **nagy szakértő** he is not much of an expert; **nem** ~ **nagy híd** it is* not much of a bridge; **nem** ~ **nagyon** not very much, not part*i*cularly; **nem** ~ **jól sikerült** *vm* it fell r*a*ther flat; *vknek vm* (s)he wasn't too success*ful*; **hogy vagy?-** **nem** ~ **fényesen** How are you? So-so (*v.* Could be better) **2.** *(számnév előtt: körülbelül, mint-egy)* ~ **tíz forint** abo*u*t/some ten f*o*rints; **voltunk** ~ **tízen** some ten of us were there **valamicske** *pron* somewhat (of), a l*i*ttle, a (l*i*ttle/t*i*ny) bit (of); ~**vel jobb** a thought/ fraction better

valamiféle *pron* a/some sort/kind of **valamiképp(en)** *adv* somehow (or *o*ther) **valamikor** *adv* **1.** *(múlt)* sometime; *(egyszer régen)* once (up*o*n a time); **még** ~ **1907- -ben** (way) back in 1907, s*o*metime in 1907; **itt laktam** ~ that's where I used to live; **ebben az utcában** ~ **egy mozi volt** there used to be a c*i*nema (*v. US* movie house) in this street **2.** *(valaha)* ever; **jártál ott** ~**?** have you *e*ver been there? **3.** *(jövő)* some day, sometime *v.* some time; ~ **a jövő nyáron** sometime, next s*u*mmer; ~ **délu-tán** sometime in (*v.* during) the aftern*o*on; ~ **a jövő héten hívj fel** phone me some time next week

valamilyen *pron* some kind/sort of, some (... or *o*ther); ~ **formában** in one form or another, in some form or *o*ther; **van** ~ **el-képzelésed?** have you any idea?, what do/ did you have in mind?

valamint *conj* *(továbbá)* and, as well as **valamirevaló** *a* decent, r*a*ther good, satis-factory; **minden** ~ ... *e*very resp*e*ctable ...

valamivel *adv* somewhat, a l*i*ttle; ~ **jobb** slightly better; ~ **jobban van** be* a bit/ shade/l*i*ttle better ⇨ **valamicske** **válás** *n* **1.** *jog* divorce **2.** *vmvé* ~ bec*o*ming sg, t*u*rning *i*nto sg

válasz *n* *a*nswer, repl*y*; **igenlő** ~ affirmat-ive *a*nswer; *(ige is)* *a*nswer in the affirmat-ive; **tagadó** ~ negative *a*nswer; *(ige is)* *a*nswer in the n*e*gative; ~ **fizetve** [was sent] repl*y* (pre)p*a*id; ~**t ad vknek** give* an *a*nswer to sy, repl*y* to sy, *a*nswer sy; **még nem kaptam** ~**t levelemre** I've had no *a*nswer/repl*y* to my l*e*tter yet; ~**át várva** aw*a*iting your repl*y*, l*oo*king forward to

(h*a*ving) your repl*y*; **mielőbbi szíves** ~**át várjuk** please repl*y* (*v. loo*king forward to hearing from you) at your *e*arliest con-venience; ~**t kérünk** *(meghívásra)* R.S.V.P. (*v.* RSVP). (*v.* RSVP). ~**ul vmre** in repl*y*/ *a*nswer to sg

válaszbélyeg *n* repl*y* stamp; ~**es levél** pre-p*a*id l*e*tter

válaszboríték *n* self-addressed *e*nvelope **válaszfal** *n* div*i*ding wall, part*i*tion **válaszjegyzék** *n* *(diplomáciai)* repl*y* note **válaszképpen** *adv* in *a*nswer/repl*y* to sg, by way of an *a*nswer to sg

válaszkupon *n* **(nemzetközi)** ~ (interna-tional p*o*stal) repl*y* c*o*upon

válaszlevél *n* repl*y* (l*e*tter) **válasz-levelezőlap** *n* repl*y* (p*o*st)card **válaszol** *v* *vknek/vmre* *a*nswer sy/sg, repl*y* to sy/sg, *(reagál)* respond to; ~ **vknek vmt** *a*nswer sy sg; **nem** ~**t** (s)he didn't repl*y* (to me), (s)he didn't *a*nswer (me); **erre mit tudsz** ~**ni?** what have* you to say to that (*v.* in repl*y*)?; **erre nem tud mit** ~**ni** (s)he has* no *a*nswer to this; **kérdésre** ~ *a*nswer (*v.* repl*y* to) th*e* question; **nem** ~**t kérdésemre** (s)he d*i*dn't *a*nswer my ques-tion, (s)he d*i*dn't repl*y* to my qu*e*stion, (s)he failed to repl*y* (to my question); **még nem** ~**t(ak) a levelemre** I've had no *a*nswer/ repl*y* to my l*e*tter yet; **levelére** ~**va** in repl*y* to your l*e*tter; **f. hó 10-én kelt le-velére** ~**va** in repl*y* to your l*e*tter of the 10th inst.; **mindenre tud** ~**ni** have*/ find* an *a*nswer to/for everything

választ *v* **1.** *(több közül)* choose* *(kettő kö-zül* between, *több közül* from among), pick, select, make* a/one's choice; **tessék** ~**ani** take your pick **2.** *(képviselőt)* elect; **taggá** ~ **vkt** elect sy a member; **elnökké** ~ **vkt** elect sy (as) president; **holnap** ~**unk** the (general) election takes place tom*o*rrow, the c*o*untry goes to the polls tom*o*rrow, tom*o*r-row is p*o*lling day

választás *n* **1.** *(több közül)* choice, ch*o*osing, selection; **a** ~ **rá esett** the choice fell on him; **nem volt más** ~**a, mint** ... he had* no choice/option (but to ...); it was* H*o*bson's choice **2.** *pol* election; ~ **útján** by election; **időközi** ~ b*y*-election; **szabad** ~**ok** free elections; **titkos** ~ secret vote/ v*o*ting/ballot; ~**ra jogosult** (sy) *e*ligible to vote, (be* a) qu*a*lified v*o*ter; *(most már vá-lasztójoga van)* be* enfr*a*nchised

választási *a* **1.** *pol* elective, election-, electoral; ~ **hadjárat/kampány** elec-tion/electoral camp*a*ign, election*ee*ring; ~

törvény electoral law **2.** ~ **malac** weaned piglet **3.** ~ **lehetőség** alternative, option

választávirat n *(előre kifizetett)* reply-paid *(v.* pre-paid) telegram *(US* wire)

választék n **1.** *(több közül)* selection, choice, variety; **nagy** ~ **vmből** a big/wide choice/selection/range of, wide variety of [goods]; **nagy a** ~ **sajtból** [the shop] has a fine selection of cheeses, has a large choice of cheeses; **túl bő a** ~ there are far too many to choose from; **nem valami nagy** ~ not much of a selection of [shoes etc.] **2.** *(hajban)* parting, *US* part

választékos a carefully-chosen; ~ **beszéd** *(igével)* be* well-spoken; ~ **ízlés** exquisite/fastidious taste; ~ **stílus** polished/elegant style; ~**an fejezi ki magát** (s)he is highly articulate

választható a **1.** *(személy)* eligible **2. (szabadon)** ~ *(tantárgy)* optional, *US* elective [subjects]

választmány n committee, board

választmányi a ~ **tag** member of the committee, committee/board member; ~ **ülés** committee/board meeting

választó I. n pol voter; *(akinek választójoga van s a választókerület lakosa)* constituent; **a** ~**k** the electorate **II.** a ~ **kötőszó** disjunctive (conjunction)

választói a electoral, voting, election-; ~ **névjegyzék** electoral register/roll, register of voters

választójel n hyphen

választójog n suffrage, the (right to) vote, franchise; **általános** ~ universal suffrage; **titkos** ~ secret ballot

választójogosult a/n sy with a right to vote, constituent

választójogosultság n franchise

választókerület n constituency, *US* electoral district

választópolgár n *(aki országos képviselőválasztásra megy)* voter

választott I. a chosen, (s)elected; ~ **bíró** arbiter, arbitrator **II.** n chosen, choice; **szíve** ~**ja** (one's) intended/beloved, true-love

választóvíz n nitric acid

választóvonal n dividing line, boundary, line of demarcation

választút n *(átv is)* crossroads; ~ **előtt áll** be* at a crossroads; ~**hoz érkezett** *átv* be* at a/the crossroads, be* on the horns of a dilemma

valcer n waltz

valcerez v waltz

Valéria n Valerie

válfaj n variety, species°, kind, sort, type; **vmnek a** ~**ai** the various types/kinds of sg

vál|ik v **1.** *(házastárstól)* divorce (sy); ~**ik a feleségétől** he is* divorcing his wife; ~**nak** they are getting a divorce *(v.* getting divorced) **2.** *(vk/vm vmvé)* become* (sg), turn (into sg); *vm vmvé* be* converted (into sg); **jó orvos** ~**ik majd belőle** he will make a good doctor; **egészségére** ~**jék!** (1) *(ivásnál)* your (good) health!, here's to you!, cheers! (2) *(tüsszentéskor)* (God) bless you!; *US* gesundheit! ⇨ **becsület**

vall 1. *vt (bíróságon)* confess (sg *v.* to sg to doing sg *v.* to have done sg); **vk ellen** ~ give* evidence against sy, bear* witness against sy; **vk mellett** ~ give* evidence (of sg) in favour of sy; **azt** ~**otta, hogy** he confessed that; **a tettes** ~**ott** the offender confessed [his crime]; **nem** ~**ott** he refused to confess; **bűnösnek** ~**ja magát** plead* guilty **2.** *vt (vmlyen hitet)* profess [a faith], avow himself/herself to be [a Christian, a supporter of ... etc.]; **ateistának** ~**ja magát** (s)he is an avowed atheist; **kommunistának** ~**ja magát** declare oneself a communist **3.** *vt (elismer)* **magáénak** ~ **gyereket** own/acknowledge a child **4.** *vi (mutat)* denote, indicate, show*; **vmre** ~ show*/evince/prove sg; be* indicative of; **jó ízlésre** ~ sg speaks* of *(v.* is* indicative of) (a) good taste (in sg); **ez rád** ~ that's just like you, *biz* that's you all over ⇨ **kár, szégyen, szerelem, szín**

váll n shoulder; ~**(á)ig érő** *(haj)* shoulder-length [hair]; **két** ~**ra fektet** *(birkózásban ellenfelet)* win* by a fall; ~**ára vesz vmt** shoulder sg; ~**ára vet vmt** sling* sg over one's shoulders; **levesz a** ~**áról** *(gondot, terhet)* take* [a load/weight] off sy's mind/shoulders, relieve sy of [the burden of sg], free sy from sg; ~**at von** shrug (one's shoulders)

vállal v *ált vmt* undertake* (sg *v.* to do sg), take* on; *(megbízást)* accept; *(tisztséget társaságban)* stand* for; ~**ja a felelősséget vmért** take*/accept/assume (full) responsibility for sg; ~**ja a költségeket** meet* the expenses, *kif* foot the bill; ~ **egy újabb gyereket** have* another child; **kezességet** ~ **vkért** = **kezeskedik** *vkért*; **magára** ~ **vmt** take* it upon oneself to ...; **az IRA magára** ~**ta a robbantást** the IRA has claimed (responsibility for) the bombing in ...; **munkát** ~ get*/find* work, sign on, undertake* [a piece of work]; ~**ta, hogy befejezi a munkát a hét**

végére he undertook to finish the job by the weekend; **(túl) sokat** ~ take* on too much (work), *biz* overdo* it

vállalás *n (munkaversenyben)* pledge; **teljesíti a** ~**át** fulfil (*US* fulfill) one's pledge

vállalat *n* company, firm, enterprise; **állami** ~ state enterprise, state-owned company; **melyik** ~**nál dolgozol?** which company do you work for? ⇨ **vegyes**

vállalati *a* company; ~ **érdek** company interest; ~ **igazgató** company director; ~ **igazgatóság** board of directors ⇨ **jogtanácsos**

vállalatvezető *n* managing director, manager

vállalkozás *n* ált *(nagyobb)* undertaking, enterprise, venture; *(kisebb)* (small) business; **kifizetődő** ~ paying proposition; **merész** ~**ba fog** begin*/undertake* a bold/daring enterprise; **szabad** ~ free enterprise

vállalkoz|ik *v* vmre undertake* sg (*v.* to do sg), (be* prepared to) take* sg on

vállalkozó I. *a* ~ **(szellemű)** enterprising, venturesome; ~ **szellemű ember** entrepreneur **II.** *n* **1.** *(pl. építési)* contractor; **építési** ~ building contractor; *(építőmester)* builder; **erre nem akadt** ~ nobody could be found to do it **2.** *ker (rizikót vállaló)* entrepreneur

vállalkozói *a* ~ **szellem/képesség** entrepreneurial spirit, entrepreneurial skills *pl*

vállalt *a* ~ **kötelezettségének eleget tesz** meet*/fulfil (*US* fulfill) one's obligations

vallás *n* religion, *(hit, hitvallás)* (religious) faith, creed

vállas *a* broad/square-shouldered

vallásalapító *n* founder of a religion

vallásfelekezet *n* denomination

vallásgyakorlat *n* (public/private) worship; **szabad** ~ freedom of worship/religion

vallásháború *n* war of religion

vallási *a* religious, of religion/faith *ut.*; ~ **türelem** tolerance

valláskülönbség *n* difference of religion; ~ **nélkül** without distinction of creed

vallásoktatás *n* religious education/instruction

vallásos *a* religious, pious, godly; ~ **irodalom** religious literature; ~ **nevelés** religious education

vallásosság *n* religiousness, devoutness, piety

vallásszabadság *n* freedom of religion/worship, religious liberty

vallástalan *a* irreligious, ungodly, godless

vallástalanság *n* irreligion, irreligiousness, godlessness

vallástanár *n* teacher of religion (*v.* religious education), RI/RE teacher ⇨ **hitoktató**

vallat *v (vádlottat)* interrogate, examine

vallatás *n* examination, interrogation

valató *n* **1.** interrogator, examiner **2.** ~**ra fog** interrogate, examine closely

vállcsont *n* collar bone

vállfa *n* (clothes/coat) hanger

váll-lap *n kat* epaulette (*US* epaulet), *US* shoulder board/mark

vállmagasságban *adv* **vállmagasságú** *a* shoulder-high, at shoulder height

vallomás *n* evidence, statement; *(beismerő)* confession; ~**t tesz** (1) *(terhelt)* make* a (full) confession (2) *(tanú)* give* evidence, testify (under oath) (for/against sy) ⇨ **tanúvallomás**

vallomástétel *n* (giving) evidence, confession

vállpánt *n* **1.** *(ruhán)* shoulder-strap **2.** = **váll-lap**

vállrándítás *n* shrug (of the shoulders); ~**sal elintéz vmt** shrug sg off

vállrész *n (ruhán)* yoke

vállrojt *n* shoulder knot

vállszíj *n* **1.** *kat* shoulder belt → **antantszíj** **2.** *ált* shoulder-strap

válltömés *n* shoulder-pad

vállveregetés *n* **1.** *konkr* pat(ting sy) on the back **2.** *átv* condescension, patronizing

vállveregető *a* condescending, patronizing

vállvetve *adv* shoulder to shoulder

vállvon(ogat)ás *n* shrug (of the shoulders)

való I. *a* **1.** *(valóságos, igaz)* real, true; **a** ~ **életben** in real life; ~ **igaz** it is* absolutely/quite true **2.** *(alkalmas vmre)* (be*) suited/suitable for sg, (be*) fit/right for sg; **mire** ~**?** what is it (good/used) for?; **semmire sem** ~ good/fit for nothing *ut.*; **gyermekekenek** ~ **könyv** a book for children **3.** *(származó)* **hova** ~ **vagy?** where do you come from?; **Egerbe** ~ (s)he comes from Eger; **a kézirat a X. századból** ~ the MS dates/is from the 10th century **4.** *(illő)* proper, fit(ting), suitable, appropriate *(mind:* for); *(igével)* become*/suit sy, *biz* be* cut out for sg; **nem** ~ it is not right/appropriate, unbecoming (for sy); **ez nem** ~ it isn't done; **kék nem** ~ **a zöldhöz** blue doesn't go (well) with green; **nem** ~**k egymáshoz** they are not made for each other, they are ill-sorted/suited; **ez a munka nem neki** ~ (s)he is ill-fitted to do (*v.* is not right for) that kind of work; **ez a szerep nem neki** ~ (1) *szính* he is miscast in this role (2) *átv* he is a square peg in a round hole (there); **nem** ~ **neked a tanítás** I don't think you're cut out for teaching (*v.* to be a teacher); **van magához** ~ **esze** he knows* how to take care of himself **5.** *(készült vmből)* **be*** made of sg; **fából** ~ (be*) made of wood **6.** **munkához** ~ **viszony** sy's attitude to work; **a vele** ~ **találkozás** the meeting with her/him; **a tömegtermelésre** ~ **áttérés** changeover/switch to mass production **II.** *n* **1.** *(valóság)* reality, truth; **a** ~ **az, hogy** the truth (of the matter) is* that; **egész** ~**jában megremegett** he trembled all over; **igazi** ~**jában lát vmt** see* sg as it really is; **ha** ~**nak bizonyul** should it prove true; ~**ra válik** *(terv, remény)* be* realized, materialize, come* true; ~**ra vált** fulfil (*US* fulfill), realize, bring* [plan] to fruition, carry through (*v.* into effect); **reményeink nem váltak** ~**ra** our hopes were not fulfilled/realized **2.** *(igaz állítás)* ~**t mond** tell*/speak* the truth **3.** *(mint utótag)* → **enni-való, fülbevaló, mondanivaló, tanulnivaló** *stb. címszavakban*

valóban *adv* indeed, truly, really, actually; ~ **megtörtént** it is a true story, it is a story from (real) life; ~**?** is that so?, really?, indeed?

valódi *a* real, true; *(nem mű)* genuine; ~ **tört** *mat* proper fraction; **nem** ~ not real/genuine, imitation, false

valódiság *n* **1.** *(állítása)* truth, veracity **2.** *(okmányé)* authenticity

válófélben *adv* ~ **vannak** they are getting divorced

válogat *v* **1.** *(kiválaszt)* choose*, pick (out), select; **nem** ~**ja a szavait** she doesn't mince his words, (s)he is not mealy-mouthed **2.** *(finnyás)* be* particular, pick and choose, *biz* be* choosy, *US* be* picky **3.** **embere** ~**ja** it all depends on the man

válogatás *n* **1.** *(kiválasztás)* choosing, choice, picking (out), selection; ~ **nélkül** indiscriminately **2.** *(irodalmi művekből)* a selection (*v.* selections) from ..., anthology **3.** *(finnyásság)* fastidiousness, picking and choosing

válogatómérkőzés *n* trial game, selection match

válogatós *a* particular (about sg), finicky, choos(e)y, *US* picky

válogatott I. *a* (carefully) choosen, picked, selected; ~ **almák** choice apples; ~ **csa-**

pat *sp* select/representative team, *US* the all-American team; ~ **játékos** representative/international (*v. biz* capped) player; ~ **költemények** selected poems/poetry; ~ **társaság** a select group of people **II.** *n* **1.** = ~ **csapat; a\magyar labdarúgó-**~ the Hungarian team/eleven **2.** = ~ **játékos; 17-szeres** ~ [he's been] capped 17 times [for Hungary etc.]; **100-szoros angol** ~ [XY] played for England over 100 times

valójában *adv* actually, in fact/reality, really

válókereset *n* divorce suit/petition, petition for divorce; ~ **et ad be** = **válópert** *indít*

válóok *n* ground(s)/reason for (a) divorce

válóper *n* divorce suit/case; divorce proceedings *pl*; ~**t indít** sue for (a) divorce, start/take* divorce proceedings (against sy), *US* file a petition for divorce

valóság *n* reality; *(igazság)* truth, verity; *(tény)* fact; **a nyers/rideg** ~ the blunt fact, the unvarnished/naked/uncomfortable truth; **a** ~**ban** in reality/practice/effect, in real life; **a maga** ~**ában** as it really is; **a** ~**hoz híven** faithful/true to the facts; **megfelel a valóságnak** it is* true, it corresponds to the facts; **nem felel meg a** ~**nak** it is* not (entirely) true, it doesn't square with (*v.* correspond to) the facts; **a** ~**nak megfelelő** true to life/nature *ut.*

valósággal *adv* almost, practically, virtually

valósághű *a* faithful, true to life *ut.*

valóságos *a* **1.** *(valóban létező)* real, true; ~ **történet** a story from (real) life, a true story **2.** *(túlzó)* veritable; ~ **lakoma** a veritable feast; ~ **remekmű** [this picture is] nothing less than a masterpiece; ~ **őrült** he's certifiable

valóságosan *adv (formálisan)* practically

valósi *a* → **való I.3.**

valószerű *a* (highly) likely/probable; *(igével)* sg that seems to be true; ~ **ábrázolás** realistic portrayal

valószerűség *n* verisimilitude

valószínű *a* probable, likely; ~**, hogy** it's probable/likely that; **nem tartom** ~**nek** I do not think it likely; ~**(nek látszik), hogy átmegy a vizsgán** he is/seems likely to (*v.* it seems likely that he will) pass his exam; **lehetséges, de nem** ~**, hogy esni fog** it's possible that it will rain, but it doesn't seem probable; **nem** ~**, hogy eljön** he is not likely to come, he's unlikely to come

valószínűleg *adv* probably, very likely, in all probability/likelihood; ~ **találkozom vele** I am likely to meet him; ~ **kocsival**

jönnek they'll very li*k*ely come by car; ~
esni fog it is li*k*ely to rain
valószínűség *n* probabi*l*ity, li*k*elihood;
minden ~ **szerint** in all probabi*l*ity/
li*k*elihood; **minden** ~ **szerint újra itt
leszek a jövő hónapban** I shall very
li*k*ely be here again next month, in all
li*k*elihood I shall be here again next month;
nagy a ~**e annak, hogy** it is very li*k*ely
that, in all probabi*l*ity ...; **kevés a** ~**e
annak, hogy** there is li*t*tle li*k*elihood of [sg
happening], it is most unli*k*ely that [sg will
happen]
valószínűség-elmélet, -számítás *n* pro-
babi*l*ity theory/calculus, theory of probabi*l*-
ity
valószínűsít *v* render/make* sg probable/
li*k*ely
valószínűtlen *a* improbable, unli*k*ely
valótlan *a* untr*u*e, untr*u*thful, false; ~ **hír**
false report; ~**t mond** tell* a lie, tell*
patent untr*u*ths
valótlanság *n* untru*t*h, falsehood, lie
válság *n* crisis (*pl* -ses), critical stage/period;
~ **idején** in times of crisis; **gazdasági** ~
economic crisis, slump; *(huzamosabb)* de-
pression; **(gazdasági)** ~ **sújtotta vi-
dék** depressed/distressed area; ~**ba jut**
face a crisis, come* to (*v.* reach) a crisis, *biz*
be* on the rocks; ~**on megy át** go*/pass
through a crisis
válságos *a* critical; **a beteg állapota** ~
the condi*t*ion of the patient is critical, (s)he is
critically ill; **ebben a** ~ **helyzetben** in
this critical situation, in this emergency
vált **1.** *vt (megváltoztat, másra cserél)*
change; **ágyneműt** ~ change (the sheets
on) one's bed, change the bed li*n*en; **fehér-
neműt** ~ change one's *u*nderwear; **ruhát**
~ change (one's clothes/dress) **2.** *vt (pénzt)*
change [money]; **hol** ~**hatok pénzt?**
where can I change my *E*nglish/etc. money
(for forints/etc.)?; **tud** ~**ani egy szá-
zast?** can you change a 100 forint note (for
me)?, can you give me change for a 100 forint
note? **3.** *vt* **sávot** ~ *(úton)* change lanes;
sebességet ~ change gear **4.** *vt* **jegyet**
~ **vhová** (1) *(vasúton)* buy*/book a ticket
to ... (2) *(színházba)* buy*/book/get*
seats/tickets for [the theatre]; **jegyek** ~**ha-
tók 10-20 óráig** tickets on sale from 10
a.m. to 8 p.m. **5.** *vt* **néhány szót** ~ **vkvel**
exch*a*nge a few words with sy **6.** *vi (két váltó-
társ)* **mikor** ~**otok?** when does your relief
come on (*v.* take *o*ver) duty ⇨ **ész, hang-
nem**

váltakozás *n* alternation; *(határok között)*
variation
váltakoz|ik *v* **1.** *(következik egymás után)*
alternate (with, between), follow (by turns)
2. *(két szélső határ között)* vary/range from
... to; ~**va** alternately, by turns, one *a*fter
the *o*ther, in rotation
váltakozó *a* **1.** *ált* alternate, alternating; ~
sikerrel with varying success **2.** *el* ~ **áram**
alternating current (*röv.* A.C.); ~ **áramú
hálózat** A.C. mains **3.** *orv (láz)* remittent
váltás *n* **1.** *ált* change; *(pénzé, ruháé)* chan-
ging; **egy** ~ **fehérneműs** a change of *u*nder-
wear **2.** *(pl. üdülőben)* change-over (day) ⇨
pénzváltás
váltható *a* → **vált 4.**
váltig *adv* incessantly, without stopping; ~
erősítgeti, hogy he keeps* asserting that,
he ins*i*sts on ...ing (*v.* that ...)
váltó *n* **1.** *ker, pénz* bill (of exch*a*nge), draft;
~**t bevált/elfogad** accept/honour (*US* -
or) a bill/draft; ~**t forgat** negotiate a bill;
~**t kibocsát vkre** draw* a bill on sy; ~**t
kifizet** meet* a bill **2.** *vasút* points *pl*, *US*
switches *pl* **3.** *sp* relay (race); **4x400 m-es**
~ *(futás)* 4x400 m *(kimondva:* four by four
hundred metres) relay; **4x200 m-es férfi**
~ *(úszás)* men's 4x200 m relay; **4x100 m-
-es vegyes** ~ 4x100 m medley relay ⇨
lát²
váltóállítás *n* switching, throwing/shi*f*ting
of the points (*v. US* switch)
váltóbot *n sp* (relay) baton
váltófutás *n* = **váltó 3.**
váltogat *v* keep* changing, chop and
change; ~**ja egymást** *a*lternate
váltogatva *adv* in rotation, by turns
váltógazdaság *n* rotation of crops
váltóhamisítás *n* forging of bills, bi*l*l
forgery
váltójelző *n vasút* switch signal
váltókar *n* **1.** *(írógépen)* switch key **2.** *(vas-
úti)* switch lever
váltókezelő *n (vasúti)* pointsman°, signal-
man°, *US* switchman°
váltókezes *n pénz* guarantor
váltóláz *n* malaria
váltóőr *n (vasúti)* = **váltókezelő**
váltópénz *n* small coin/change
váltósúly *n sp* welterweight
váltótárs *n* (one's) relief
váltóúszás *n* relay (race), relay events *pl*
változás *n* **1.** *ált* change, (process of) chan-
ging; *(hangé)* mutation; *(időjárásban)*
break/change [in the weather]; **nyílt színi**
~ transformation scene; **mélyreható/**

gyökeres ~**ok** radical/sweeping changes; **hirtelen** ~ break [in the weather etc.]; **személyi** ~**ok** *(kormányban stb.)* ministerial changes; *(igével)* there are some new faces [in the government]; *(átalakítás)* reshuffle; ~**on megy át** undergo* a change **2.** *(nőknél)* **a** ~ **kora** the change of life, menopause
változat *n* **1.** *(fordítás)* version; *(helyesírási, kiejtési)* variant; *(történeté)* version; *(zenei)* variation; ~**ok egy témára** theme with variations, variations on a theme **2.** *áll, növ* variety
változatlan *a* unchanged, unaltered, unvarying, constant, invariable; **a beteg állapota** ~ the patient's condition is unchanged; ~ **lenyomat/utánnyomás** (new) impression; *Példa:* **a 9. (kilencedik) kiadás** ~ **lenyomata/utánnyomása** Ninth Edition 1958 | Reprinted 1962 *(és mindannyiszor ezt tüntetik fel, amíg egy új kiadás,* 'new edition' *meg nem jelenik); Így is lehet: . . .*th Edition, *és utána:* Second/Third/ etc. impression *(és a dátum);* ~**ul** invariably; ~**ul hagy** leave* sg unchanged/unaltered
változatos *a* varied, diversified, diverse; *(mozgalmas, színes)* variegated, varied; *(műsor)* varied, mixed [programme]; *(pályafutás)* chequered/eventful ' [career]; ~**sá tesz vmt** give*/lend* colour (*US* -or) to sg, give*/lend* variety to sg, vary sg
változatosság *n* variety, diversity; **a** ~ **kedvéért** for a change; **szereti a** ~**ot** he likes variety
változékony *a* changeable, changing; *átv* fickle; ~ **idő** changeable/unsettled weather
változhatatlan *a* unchangeable, unalterable, invariable, immutable
változ|ik *v* change, undergo* a change, alter; *vmvé* turn/change into, be* converted into, become* (sg); ~**ott a program** the program(me) has changed; **előnyére** ~**ott** it/ he has* greatly improved; **hátrányára** ~**ott he has*** changed for the worse; **nem** ~**ott semmi** nothing has* changed; **nem** ~**ott semmit** it/he is* still the same; ~**ik a hangja** *(= mutál)* his voice is breaking
változó I. *a* changing, varying, altering, variable **II.** *n mat* variable; **függő és füg-**
  getlen ~ dependent and independent variables *pl*
változtat *v* change, alter; *vmn* make* a change/alteration in sg; *vmt vmvé* transform/convert/turn/change sg into sg; **ez mit sem** ~ **a dolgon** that does* not make the

slightest difference, it makes no difference (to me/him etc.); **lakást** ~ move, change flats; **sávot** ~ change lanes; **véleményét egyre** ~**ja** chop and change ⇨ **irány**
változtatás *n* changing, change (in), alternation; *(módosítás)* modification; *(javítás)* improvement; **hasznos** ~**ok** improvements; ~**t hajt végre** make* an alteration/change/modification/improvement
változtatható *a* variable, adjustable
váltságdíj *n* ransom
valuta *n* currency; *(külföldi)* (foreign) currency; **kemény/nemes** ~ hard currency
valutaárfolyam *n* exchange rate, rate of exchange
valutabeváltás *n* **kötelező** ~ compulsory exchange of currency
valuta-bűncselekmény *n* foreign currency offence
valutakeret *n* **az egyéni** ~ **terhére** out of one's personal foreign currency allowance
valutakorlátozás *n* currency restriction(s)
valutarendszer *n* monetary system
valutáris *a* ~ **nehézség** currency difficulties *pl*
valutáz|ik *v* traffic (-ck-) (*v.* deal*) illegally in foreign currencies
vályogház *n* adobe/wattle house
vályogtégla *n* adobe, sun-dried brick
vályú *n* trough
vám *n* **1.** *(hely)* (the) customs *pl* **2.** *(díj)* customs duty; ~**ot fizet vmért** pay* (customs) duty on sg; **fizettél** ~**ot a video után?** have you paid customs duty on this video?; **kifizeti a** ~**ot** pay* the duty (on sg) **3.** = **vámvizsgálat; átjut a** ~**on** get*/go* through (*v.* clear) customs, clear [goods] through customs
vám- *a* customs
vámáru-nyilatkozat *n* = **vámnyilatkozat**
vámbevallás *n* customs declaration
vámbűncselekmény *n* customs offence (*US* -se)
vámcédula *n* customs invoice, (bill of) clearance
vámcsalás *n* evasion/defraudation of the customs; ~**t követ el** cheat the customs, evade customs duty
vámdíjszabás *n* customs tariff
vámhatóság(ok) *n* customs (authorities), the Customs *(mind: pl)*
vámház *n* customs house
vámhivatal *n* customs *pl*, customs house
vámkedvezmény *n* customs preference

vámkezelés *n* customs clearance/examination, customs *pl*; **útlevél- és ~** passport and customs clearance, passport control and customs

vámkezeltet *v vmt* clear sg through customs

vámkirendeltség *n (határon)* (frontier) customs post/checkpoint

vámköteles *a* liable/subject to duty *ut.*, dutiable

vámmentes *a* duty-free; **~ bolt** *(reptéren)* duty-free shop; **~ terület/övezet** customs-free area/zone; **~en** duty-free; **~en behozható cikkek** allowance

vámnyilatkozat *n* customs declaration

vámnyugta *n* customs invoice, clearance paper, (bill of) clearance

vámol *v* clear (sg) (through customs)

vámolás *n* clearing (through customs)

vámos, vámőr *n* customs officer/official

vámpír *n* vampire

vámpolitika *n* customs policy

vámrendelkezések *n pl* customs regulations

vámsorompó *n (tilalom)* customs barrier

vámszabad *a* **~ raktár** *n* bonded warehouse; **~ raktárban** in bond

vámszabályok *n pl* customs regulations

vámszedő *n* **1.** *(bibliai)* publican **2.** *átv* exploiter, vulture

vámtarifa *n* customs tariff

vámterület *n* customs area

vámtiszt *n* customs officer/official

vámunió *n* customs union

vámvizsgálat *n* customs clearance/examination/inspection, customs (formalities) *pl*; **átjut a ~on** get*/go* through (*v.* clear) customs, clear [goods] through customs

van *v* (lenni: to be; *ragozása jelen időben:* I am, you are, he/she/it is, we/you/they are; *múlt időben:* I was, you were, he/she/it was, we/you/they were; *Present Perfect:* I have been etc.; *Past Perfect* I had been etc.) **1.** *(létezik)* is, exists; *vm vhol* there is ..., *pl* there are ...; **3 könyv ~ az asztalon** there are 3 books on the table, on the table there are 3 books; **~ itt egy orvos?** is there a doctor present?; **hideg ~** it is cold; **hogy ~?** how are you?, how do you feel?, how are you doing (*v.* getting on)?; **jól ~** he is well, he is all right; **mi ~ magával?** what is the matter with you?; **~nak nála** he's got people with him; *biz* **na mi ~?** well?, what's up?; **vmből ~** *(= készült)* is made of sg; **~nak, akik azt mondják ...** there are some/those who say ...; **már voltam ott** I have been there (before); **én va-**

gyok it's me; **sohasem voltam Londonban** I have never been to London; **volt itt vk?** any calls?, has anyone called?, did anyone call?; **volt idő, amikor ...** there was a time when ..., there used to be a time when, time was when; **úgy volt, hogy eljövök** I was to have come, I was supposed to come; **úgy volt, hogy a múlt héten esküszünk, de beteg lettem** we were to be married last week, but I fell/was ill **2.** *(van neki)* have* sg; *biz* have got sg; *(birtokol)* possess, own (sg); **~ vknek vmje** sy has* sg; *(konkrét dolgok esetén többnyire, GB:)* sy has got sg; **~ miből** I can (well) afford (it); **kék szeme ~** she has (got) blue eyes; **~ egy új kocsim** I've got a new car; **~ ceruzád?** have you got a pencil?, *US* do you have a pencil?; **~ pénzed?** have you (got) any money?; **~ nálad pénz?** have you got (some/any) money on you?; **nem volt marhahús** *(a hentesnél)* I couldn't get any beef (at the butcher's) ⇨ **lesz, nincs, sincs, volna**

vandál *a/n (személy)* vandal; **~ módra összetörték a kocsit** the car has been vandalized; **~ pusztítás/rombolás** piece of vandalism

vandalizmus *n* vandalism

vándor **I.** *a* wandering, roving, roaming, rambling; **~ nép** nomadic people, nomads *pl* **II.** *n* wanderer

vándorbot *n* **~ot vesz a kezébe** take* to the road, set* out on one's travels

vándorcirkusz *n* travelling (*US* -l-) circus

vándordíj *n* challenge cup/trophy

vándorélet *n* wandering/roving life

vándorgyűlés *n* regional meeting

vándorkiállítás *n* travelling (*US* -l-) exhibition/show

vándorlás *n* ált wandering(s), travels *pl*; *(állaté, törzsé)* migration

vándorló *n* = **vándor**

vándormadár *n (átv is)* bird of passage; *(csak ember)* drifter, job-hopper, *US biz* floater

vándormunkás *n* *biz* itinerant/casual worker; *(ausztráliai)* *biz* swagman° ⇨ **vándormadár**

vándorol *v* **1.** *(rendeltetés nélkül)* wander, travel (*US* -l) (on foot), peregrinate; *(kóborol)* roam, rove, stroll **2.** *(céllal)* migrate

vándorsólyom *n* peregrine falcon

vándorszínész *n* † strolling player; *US kb.* barnstormer; **~ek** troupe *sing.*

vándorút *n* wanderings *pl*; **~ra indul/kel** set* out (*v.* go* on) one's travels

vándorvese *n* floating kidney, nephroptosis
vándorzászló *n* challenge flag
vanília *n* vanilla
vaníliafagylalt *n* vanilla ice
vaníliás *a* vanilla
vánkos *n* = **párna**
vánkoshuzat *n* = **párnahuzat**
vánszorog *v* drag oneself along, crawl along, stagger (along) (to)
var *v* scrab, crust
vár[1] *n* **1.** *(épület)* castle; **királyi** ~ royal castle/palace; **a budai** ~ the Buda Castle **2.** *(budai lakónegyed)* the Castle district; **a** ~**ban lakom** I live in the Castle district (of Buda)
vár[2] **1.** *vi (várakozik)* wait, be* waiting; ~**j!** wait a moment, hang on!; ~ **egy kicsit/ percig/darabig** wait a bit/minute!, just a minute!; **ne** ~**j vele** don't wait with it, don't put it off; ~**junk csak!** hold it!, hold your horses!, stop! **2.** *vi* vkre/vmre wait for sy/sg; *(számít vkre/vmre)* expect sy/sg; **a buszra** ~ be* waiting for the/a bus; **20 percet** ~**tunk a buszra** we waited 20 minutes for a/the bus; **arra** ~**unk, hogy Péter megérkezzék** we are waiting for Peter to arrive; ~**j a sorodra** (you will just have to) wait your turn, wait till your turn comes; **arra ugyan** ~**hatsz** that'll be the day, you can wait for it until you are blue in the face **3.** *vt* vmt/vkt wait for sg/sy; *(számít vmre/vkre)* expect sg/sy; ~ **vkt a(z) állomáson/repülőtéren/**stb. meet* sy at the station/airport etc.; **intézkedtem, hogy egy kocsi** ~**ja önt** I have arranged for a car to meet you (at the station/airport); ~**om, hogy Péter megérkezzék** I am waiting for Peter to arrive; **alig** ~**om, hogy láthassalak** I am looking forward to seeing you; *(lelkesebben)* I can hardly wait to see you; **alig** ~ **vmt** be* looking forward to ...ing sy/sg *(v.* to sg), be* waiting anxiously to [hear/do sg], be* anxious to ...; **már alig** *(v.* nagyon régóta*)* ~**tam a találkozást** I have long desired to meet them; **kisbabát** ~ she is expecting a baby; **szíves válaszát** ~**va** looking forward to hearing from you *(v.* to your reply*)*; **15 vendéget** ~**tunk, de csak 10 jött el** we were expecting 15 guests, but only 10 came *(v.* biz turned up*)* **4.** *vt (elvár* vktől vmt*)* expect (sg of sy *v.* sy to do sg); **semmi jót nem** ~**ok tőle** I do not expect any good to come of it *(v.* vktől of him); **ezt nem** ~**tam volna** I should not have expected that; **sokat** ~**nak tőle** they have high hopes of him

5. *vi (vm kellemetlen* vkre*)* sg is in store for sy, sg lies* ahead of sy; **ki tudja, mi** ~ **ránk** who knows what the future has in store (for us), it's all in the lap of the gods ⇨ **várva várt**
várakozás *n* **1.** *(várás)* wait(ing) **2.** *(parkolás)* parking, waiting **3.** *(remény)* expectation(s); **minden** ~ **ellenére** contrary to (all) expectations; **izgalomteljes/örömteljes** ~**ban van** be* (all) agog (with excitement); ~**ának megfelel** live up to one's expectations; ~**on alul marad** fall* short of expectations; ~**on felül** beyond/ surpassing expectation, unexpectedly; **minden** ~**t felülmúl** it surpasses all expectation, it is* beyond expectation; ~**sal tekint vm elé** be* looking forward to sg *(v.* to ...ing sy/sg)
várakozási *a* ~ **idő** waiting time/period
várakoz|ik *v* **1.** vkre/vmre wait (for sy/sg), be* waiting **2.** *(autó)* park, park one's/the car (swhere); ~**ni tilos!** no parking/waiting
várakozó *a* **1.** vk waiting (for) *ut.*, awaiting (sg) *ut.*; ~ **álláspontra helyezkedik** adopt a wait-and-see attitude/policy, wait and see; *kif biz* sit on the fence **2.** ~ **gépkocsi/autó** parked vehicle/car; *vhol* vehicle/ car parked/left [in the/a car-park etc.]
várakozóhely *n* car-park, parking place/ area, *US* parking lot
várakoztat *v* keep* sy waiting
várandós *a* = **terhes**
varangy(os béka) *n* toad
várárok *n* moat, fosse
varas *a* scabby, covered with scabs *ut.*
várás *n* waiting (for)
varasod|ik *v* scab (over), become* encrusted
várat *v* keep* sy waiting
váratlan *a* unexpected, unlooked-for, unforeseen, surprising; ~ **ajándék/szerencse** windfall; ~ **fordulatot vesz** take* an unexpected turn; ~ **vendég** chance visitor
váratlanul *adv* unexpectedly, all of a sudden; ~ **ért bennünket** it took us by surprise
varázs *n* **1.** *(varázslat)* magic (power), spell, enchantment **2.** *(vonzás)* fascination, charm; **egyéni** ~ personal magnetism/ charm, charisma
varázserő *n* magic power, charm
varázsige *n* magic word, spell, charm
varázsital *n* magic potion; *(bájital)* (love-) -philtre *(US* -ter), love-potion
varázslás *n* magic (art)
varázslat *n* witchcraft, black art, magic

varázslatos *a* 1. *konkr* magic(al) 2. *átv* enchanting, magic
varázsló *n* magician, wizard, sorcerer, enchanter; *(nő)* sorceress, enchantress
varázsol *v* 1. *(varázsló)* practise magic, work/use charms 2. *vmt vmvé* change/transform/transmute sg into sg by magic ⇨ elvarázsol
varázsszem *n el* magic eye
varázsszó *n* = varázsige
varázsütés *n* magic touch; mintegy ~re as if by magic
varázsvessző *n* 1. *(varázslóé)* magic wand 2. *(forráskutatóé)* divining-rod
várfal *n* (castle) wall, wall of a fortress
varga *n* shoemaker; *(foltozó)* cobbler ⇨ kaptafa
vargabetű *n* roundabout way/route; ~t ír le go* a roundabout way, *biz* go* all round the houses
vargánya *n növ* yellow boletus (*pl* -tuses *v.* -ti), mushroom
várható *a* probable, prospective, to be expected *ut.*; ez ~ volt this was only to be expected, *biz* that's (about) par for the course ⇨ időjárás
várhegy *n* castle hill
variabútor *n* unit/modular furniture
variáció *n* variation
variál *v* vary; *(színeket)* variegate; (végletekig) ~ egy témát ring* the changes on sg
variáns *n* variant
varietéműsor *n* variety show/programme (*US* -ram)
varieté(színház) *n* variety; music-hall; *US* vaudeville
varjú *n* crow
várkapitány *n tört* commander [of a castle], castellan
várkapu *n* castle gate
várkastély *n* fortified castle
varkocs *n* plait, *US* braid, pigtail
vármegye *n* county
vármegyeháza *n* county hall
váró I. *a* waiting; megoldásra ~ kérdések matters/questions pending II. *n* = várószoba
várócsarnok *n* waiting-hall, lounge
várólista *n* waiting-list; a ~n szerepel be* on the waiting-list
várományos *n jog* 1. *(törvényes örökös)* heir apparent; az angol trón ~a heir apparent to the throne of Great Britain and Northern Ireland, heir apparent of the British

sovereign (= the Prince of Wales) 2. *(birtoké)* heir; *(jog)* reversioner
város *n* 1. *(kisebb)* town; *(nagyobb)* city 2. *(mint hatóság)* town/city council, *US* municipality 3. *(belváros)* town, *US* downtown; bemegy a ~ba go* into town, *US* go* downtown
városállam *n tört* city-state
városatya *n †* alderman°
városépítés *n kb.* town/city-planning
városfal *n* town/city wall
városfejlesztés *n kb.* town/city-planning/development
városháza *n* town hall, *US* city hall
városi I. *a* 1. *ált* town, city; ~ élet town/urban life; ~ ember townsman°, city-dweller, *biz* townee; ~ emberek/lakosság townspeople *pl, főleg US:* townsfolk *pl*; ~ iroda *(légitársaságé)* city office; ~ polgár burgher, citizen; ~ vonal *(telefon)* outside line 2. *(mint államigazgatási egységhez tartozó)* municipal; ~ főorvos chief medical/health officer; ~ tanács town/city council; ~ tanácsház(a) town hall, *US* city hall II. *n* townsman (*pl* townspeople)
városias *a* urban
városiasodás *n* urbanization
városiasod|ik *v* become* urbanized
városka *n* small town
városkép *n* townscape, cityscape
városközpont *n* town/city centre (*US* -ter), the centre (*US* -ter) of a/the city; Budapest ~ja Central Budapest, the centre (*US* -ter) of Budapest; London ~ja *(belvárosa)* the City
Városliget *n* the City Park
városnegyed *n* = városrész
városnézés *n* sightseeing; ~re megy go* sightseeing, (go* to) see the sights [of London, Budapest etc.], spend* [a few hours/days etc.] sightseeing in [Athens, Paris etc.]
városnéző I. *a* ~ autóbusz sightseeing bus; ~ (kör)séta sightseeing tour II. *n* sightseer
városparancsnok *n* (military) government/commandant of a city/town
városrendezés *n* town planning, *US* city planning
városrész *n* quarter, district [of a town/city]
városszerte *adv* all over the town/city, in the whole town/city
várostrom *n* siege [of a castle/fortress]
várószoba *n* waiting-room
váróterem *n* waiting-hall/room
várőrség *n* garrison, castle-guard

varr *v* sew*, do* sewing; *(varrógéppel)* mach*i*ne; **szoknyát** ~ make*/sew* a skirt; **ruhát** ~ make*/sew* a dress ⇨ **nyak**

varrás *n* **1.** sewing, needlework; ~**ból él** makes* her living by sewing **2.** *(varrat)* seam; ~ **nélküli** seamless

varrat[1] *v* have* sg sewn; **ruhát** ~ have* a dress made

varrat[2] *n* **1.** *(varrás)* seam, st*i*tching **2.** *orv* stitch, s*u*ture; **kiszedik a** ~**okat** take* the st*i*tches out

varróasztal *n* sewing t*a*ble

varrnivaló *n* sok ~**m van** I've got a pile of sewing to do

varrócérna *n* sewing thread *(US* cotton)

varroda *n* dressmaker's shop

varródoboz *n* sewing kit/box

varrógép *n* sewing-machine

varrókészlet *n* sewing kit, *kat* housewife

varrólány *n* sewing-maid, dressmaker's as-sistant/apprentice

várrom *n* ruins of a castle/fortress *pl*

varrónő *n (fehérnemű)* seamstress, needle-woman°; *(ruha)* dressmaker

varrott *a* sewn; *(öltött)* stitched; **kézzel** ~ sewn by hand *ut.*, hand-sewn; **géppel** ~ sewn by machine *ut.*, machine-sewn

varrótű *n* (sewing) needle

Varsó *n* W*a*rsaw

varsói *a* a V~ **Szerződés országai** *tört* the W*a*rsaw Pact (countries)

várt *a* wa*i*ted (for) *ut.*, awa*i*ted, expected; **nem** ~ unlooked-for, unexpected; *(nem is sejtett)* undrea*m*t-of; **várva** ~ expected/de-sired long/eagerly *ut.*, long-awa*i*ted

vártorony *n (nagy)* donjon, keep; *(sarokto-rony)* turret

várúr *n* lord (of the c*a*stle)

várva *adv* → **várt**

vas I. *a i*ron, made of iron *ut.* **II.** *n* **1.** *(fém) i*ron; ~**ból van** be* made of *i*ron; ~**ból vannak az idegei** have* nerves of steel/iron; **még a** ~**at is megemésztené** have* a cast-*i*ron digestion; **két** ~**at tart a tűzben** *kb.* have* a couple irons in the fire, have* two strings to one's bow **2.** *(bi-lincs) i*rons, chains, fetters, shackles *(mind: pl);* ~**ra ver** vkt put* sy in irons, fetter/handcuff sy **3.** *(lópatkó)* horseshoe; *(cipő-sarkon)* heel-plate **4.** *(vasaló)* (flat/laundry) iron **5.** *(gyógyszer)* iron; ~**at szed** take* iron **6.** *biz* **egy** ~**am sincs** I am (stony) broke, I've not a penny to my name, *US* I haven't a red cent *(v.* plug n*i*ckel); **egy** ~**at nem ér** (be*) not worth a straw/pin ⇨ **üt 1.**

vaságy *n i*ron bed(stead)

vasajtó *n i*ron door

vasakarat *n* ~**a van** have* an *i*ron will *(v.* a will of *i*ron)

vasal *v* **1.** *(vasalással ellát)* fit/cover sg with iron **2.** *(lovat)* shoe* **3.** *(fehérneműt)* iron; *(felsőruhát)* press, iron; *(nadrágot stb.)* press

vasalás *n* **1.** *(pánt stb.)* ironwork, iron fit-tings *pl* **2.** *(vasalóval) i*roning, pressing

vasalatlan *a (fehérnemű)* un*i*roned; *(ruha)* un*i*roned, unpressed; *(gyűrött)* crumpled, creased

vasaló *n* iron; **gőzölős** ~ steam iron

vasalódeszka *n i*roning-board

vasalónő *n i*roning woman°

vasalózsinór *n* flex, *US* cord

vasalt *a (fehérnemű)* ironed; *(ruha)* ironed, pressed

vásár *n* **1.** *(kisebb)* market; *(országos)* fair; **nemzetközi** ~ international (trade) fair; ~**ra viszi a bőrét** *átv* lay* oneself on the line, risk everything **2.** *(üzlet)* bargain; **jó** ~**t csinál** make* a good bargain **3. (en-gedményes)** ~ sale; **téli** ~ winter sale; **a januári** ~ January sales *pl;* **a(z enged-ményes)** ~**on vettem** I got it at a *(v.* in the) sale(s) ⇨ **kettő**

vásárcsarnok *n* market(-hall), covered market

vásárfia *n* fairground souvenir

vásári *a* **1.** ~ **árus** st*a*llholder [at a fair] **2.** *elít* cheap, shoddy [goods], trash

vásárlás *n (vétel)* purchasing, buying; *(üz-letjárás)* shopping

vásárlási *a* ~ **utalvány** gift voucher

vásárló *n* shopper; *(rendszeres)* customer; ~**k könyve** *kb.* complaints-book

vásárlóerő *n* **1.** *(lakosságé)* purchasing power **2.** = **vásárlóérték**

vásárlóérték *n* purchasing/buying power

vásárlóközönség *n* shoppers *pl,* the shop-ping public, customers *pl*

vasárnap I. *n* Sunday; ~**ra** by Sunday **II.** *adv* (on) Sunday; **jöjj el** ~ come and see me on Sunday; **minden** ~ on Sundays, every Sunday; ~ **este** Sunday evening/night

vásárnap *n* market-day

vasárnapi *a* Sunday; **egy** ~ **napon** on a Sunday; **a múlt** ~ **hangverseny** last Sunday's concert; ~ **újság** Sunday paper

vasárnaponként *adv* (on) Sundays, every Sunday

vásárol 1. *vt* vmt purchase, buy* **2.** *vi (üzle-teket jár)* shop, go* shopping, do* one's/the shopping **3.** *vi (vhol rendszeresen)* be* a [shop's] *customer;* **hol szoktál** ~**ni?** where do you do your shopping?; **köszönjük,** ~**jon újra nálunk!** thank you, call ag*a*in!

vásártelep *n* m*a*rket(-place/site)

vásártér *n* market(-place/square)

vasáru *n i*ronware, ironmongery, hardware

vasas I. *a* **1.** *(vastartalmú)* conta*i*ning *i*ron *ut.,* ferrous; *(víz)* chal*y*beate **II.** *n (munkás)* ironworker, m*e*talworker

vasbádog *n* sh*e*et/plate-iron, *i*ron-plate

vasbeton *n* reinf*o*rced c*o*ncrete, ferroc*o*ncrete

vasbetonszerkezet *n* str*u*cture of reinf*o*rced c*o*ncrete

vasdarab *n* piece of *i*ron

vasegészség *n i*ron constit*u*tion, rob*u*st health

vasérc *n i*ron ore

vas- és edénybolt *n* hardware shop (*US* store)

vasesztergályos *n i*ron t*u*rner

vasfazék *n i*ron pot/c*au*ldron

vasfegyelem *n i*ron d*i*scipline

vasfog *n* **az idő** ~**a** the r*a*vages of time *pl*

vasforgács *n* steel wool, *i*ron sh*a*vings *pl*

vasfüggöny *n* **1.** *(színházi)* s*a*fety c*u*rtain **2.** *pol* the *I*ron Curtain

vasgyár *n* ironworks *sing. v. pl*

vasgyártás *n i*ron man*u*facture/prod*u*ction

vasgyúró *n* **kis** ~ st*u*rdy l*i*ttle fellow

vashiány *n* iron-def*i*ciency

vás|ik *v (kopik)* wear* away; ~**ik a foga vmtől** [sour *a*pples etc.] wear* down the teeth

vasipar *n i*ron *i*ndustry/manuf*a*cture

vasizom *n* m*u*scles of *i*ron/steel *pl*

vaskalapos *a* stra*i*tlaced, h*i*debound

vaskályha *n i*ron stove

vaskarika *n i*ron ring/hoop; **fából** ~ n*o*nsense, abs*u*rdity, *kb.* squaring the c*i*rcle

vaskereskedés *n i*ronmonger's (shop), hardware shop (*US* store)

vaskereskedő *n i*ronmonger, *US* hardware d*e*aler

vaskéz *n* ~**zel kormányoz** rule with an *i*ron hand, be* an ironf*i*sted r*u*ler

vaskohász *n* f*ou*ndryman°

vaskohászat *n i*ron met*a*llurgy, *i*ron smelting

vaskohó *n i*ron f*u*rnace; *(telep) i*ronworks *sing. v. pl*

vaskorszak *n* the *I*ron Age

vaskos *a* m*a*ssive, b*u*lky; *(személy)* st*o*cky, stout, rob*u*st, th*i*ck-set; ~ **tévedés** gross

error; *biz* real brick, h*o*wler; ~ **tréfa** coarse/pr*a*ctical joke

vaslap, vaslemez *n i*ron plate/sheet

vasmacska *n a*nchor ⇨ **horgony**

vasmag *n el i*ron core

vasmarok *n* ~**kal fog** hold* in a steel grip

vasmunkás *a i*ronworker

vasmű *n i*ronworks *sing. v. pl*

vasolvasztó *n* blast f*u*rnace

vasorrú bába *n* old witch; *átv* h*a*rridan

vásott *a* **1.** *(kopott)* worn **2.** ~ **kölyök** a pest of a child, a hyperactive (*v.* an unm*a*n*a*geable) child°

vasököl *n* m*a*iled fist

vasöntő *n* **1.** *(munkás) i*ron-founder **2.** *(műhely) i*ron-foundry

vasöntöde *n* = **vasöntő 2.**

vasöntvény *n i*ron-casting, c*a*st *i*ron

vaspánt *n* band

vasrács *n (ablaké) i*ron bars *pl*, grille; *(szobor körül)* ra*i*lings *pl*; *(rostély) i*ron grate; *(sütéshez)* grill

vasredőny *n* (iron roll-)sh*u*tters *pl*

vasreszelék *n i*ron-filings *pl*

vasrostély *n i*ron grate

vasrúd *n i*ron bar/rod

vassalak *n* (iron) dross, slag, c*i*nder

vassodrony *n i*ron/steel wire

vasszeg *n i*ron nail

vasszerkezet *n i*ron fr*a*mework/str*u*cture

vasszigor *n* unbending r*i*gour (*US* -or), unbending severity; ~**ral kormányoz** rule with a rod of *i*ron (*v.* an *i*ron hand)

vasszorgalom *n* t*i*reless/indef*a*tigable *i*ndustry

vastag *a* **1.** *vm* thick; *átv* ~ **bőre van** have* a thick skin, be* in*u*red to sg, be* ins*e*nsitive, be* lost to all sense of shame; **3 cm** ~ **deszka** a board/plank 3 centimetres thick; ~ **falú** thick-walled; ~ **hang** thick voice; ~ **kötet** b*u*lky/fat v*o*lume/tome **2.** *(személy)* stout, fat **3.** *átv biz* ~ **tréfa** pr*a*ctical joke

vastagbél *n* large int*e*stine, c*o*lon

vastagbélgyulladás *n* col*i*tis

vastagbőrű I. *a átv* thick-sk*i*nned, ins*e*nsitive **II.** *n áll* p*a*chyderm

vastagít *v* th*i*cken, make* th*i*ck(er)

vastagnyakú *a átv* stiff-necked

vastagodás *n* th*i*ckening

vastagod|ik *v* th*i*cken, bec*o*me* th*i*ck(er)

vastagon *adv* th*i*ckly, h*e*avily; ~ **fog a ceruzája** *átv* charge too much, ask an ex*o*rbitant price

vastagság *n* th*i*ckness; ~**a 20 cm** sg is 20 centimetres thick

vastaps *n* frenetic applause; ~**ot kapott** *(felállva tapsoltak) kb.* (s)he received a standing ovation

vastartalék *n* iron rations *pl,* reserves *pl*

vastartalmú *a ált* containing iron *ut.,* ferruginous; *vegy* ferrous, ferric; ~ **orvosság** iron supplement

vastartalom *n* iron content

vastraverz *n* iron bar/girder

vastüdő *n* iron lung

vasút *n* railway, *US* railroad; *(a brit "MÁV")* British Rail; *(vonat)* train; ~**on megy vhova** go* swhere *(v. travel v. US* -l) by train/rail, take* a train to ...; **a** ~**nál dolgozik** work for the railways *(v. US* railroad)

vasútállomás *n* railway *(US* railroad) station; **kimegy a** ~**ra** go* to the (railway *v. US* railroad) station; *(vk elé)* meet* sy at the station

vasutas *n* railway employee, railwayman°, *US* railroadman°

vasúthálózat *n* railway *(v. US* railroad) network/system

vasúti *a* railway-, *US* railroad-; ~ **átjáró** *(szintben)* level *(v. US* grade) crossing; ~ **csatlakozás** rail link/connection; ~ **csomópont** railway *(US* railroad) junction; ~ **felvilágosítás/információ** *GB* British Rail travel/information centre; ~ **forgalom** rail(way) *(US* railroad) traffic; ~ **fővonal** main/trunk/intercity line; ~ **híd** railway *(US* railroad) bridge; ~ **jegy** (rail *v. US* railroad) ticket; ~ **kocsi** (1) *(személy)* railway carriage, coach, *US* railroad coach/carriage/car (2) *(termes US)* saloon car (2) *(teher)* goods wag(g)on, *US* freight car; ~ **menetrend** *ált* (railway) timetable, *US* schedule (of trains) (2) *(könyv)* (railway *v. US* railroad) guide; ~ **összeköttetés** railway *(US* railroad) connection; ~ **szállítás** rail(way) transport, *US* shipping of goods by rail; ~ **szerencsétlenség** railway *(US* railroad) accident, train crash; ~ **töltés** railway *(US* railroad) embankment

vasúttársaság *n* railway company

vasútvonal *n* railway *(US* railroad) line

vasváz *n* iron frame(work)

vasvilla *n (többágú)* fork; *(kétágú)* pitchfork; **mintha vasvillával hányták volna rá** *(ruhát)* (s)he looks as though (s)he has been dragged through a hedge backwards

vasvillaszemekkel néz *v vkre* look daggers at sy

vászon I. *n* **1.** *(anyag)* linen; *(könyvkötéshez)* cloth; ~**ba kötve** bound in cloth **2.** *(festőé)* canvas **3.** *(vetítőfelület)* screen **II.** *a* linen

vászoncipő *n* canvas shoes *pl*

vászonkabát *n* linen jacket

vászonkötés *n* cloth binding; ~**ű** (bound) in cloth *ut.,* cloth-bound

vászonnadrág *n* canvas/linen trousers *pl, biz* ducks *pl*

vászonredőny, -roló *n* (roller-)blind

vászonruha *n (férfi)* linen suit; *(női)* linen dress

vatelin *n* (cotton) wadding

vatikáni *a* Vatican

Vatikán(város) *n* Vatican City

vatta *n* **1.** *(egészségügyi stb.)* cotton wool, *US* absorbent cotton **2.** *(ruhába)* wadding, padding

vattabélés *n* wadding, padding

vattacukor *n GB* candy floss, *US* cotton candy

vattáz *v* pad; *átv biz* fill sg (up) with freebies

vattázott *a* quilted

váz *n* **1.** *ált* framework; *(ernyőé, motoré)* frame(work); *(házé)* framework, shell, skeleton **2.** *átv* framework; *(regényé)* framework, outline, *kif* the bare bones (of) *pl*

váza *n* vase

vazallus *n tört* vassal

vazelin *n* Vaseline, petroleum jelly

vázlat *n ált* sketch; *(rajzos)* line diagram; *(festőé)* (rough) draft, sketch, outline; *(írásműé, előzetes)* draft, sketch; *(kivonat)* outline; summary; ~**ot készít vmről** make* a (rough) sketch of sg, sketch out sg

vázlatfüzet, -könyv *n* sketch-book

vázlatos *a* **1.** *(nem részletes)* sketchy, roughly outlined; ~ **rajz** rough sketch **2.** *(rövid)* brief, sketchy; ~ **ismertetés** brief account

vázlatosan *adv* ~ **ismertet** *vmt* sketch out sg, outline sg

vázlattömb *n* sketch-block

vázol *v* sketch, outline, draft, plan; *(képet, tervet)* sketch out; *(szóban)* outline; **nagy vonalakban** ~ *vmt* sketch out sg, give* the broad outlines of [the events etc.]

vázrajz *n* block diagram

vb[1] *(intézménynév részeként)* **V.B.** = *végrehajtó bizottság;* executive committee

vb[2], **VB** = *világbajnokság; (labdarúgó)* World Cup

VB-döntő *n* World Cup Final

vb-titkár *n* secretary to the council, council secretary

vécé n the lavatory, toilet, GB biz loo, US the lavatory, bathroom, biz john; ~**re megy** go* to the toilet (v. biz the loo); US go* to the bathroom (v. biz the john) ⇨ **nyilvános**

vécékagyló n toilet bowl

vécépapír n toilet paper

vécépapírtartó n toilet roll holder

vécészőnyeg n pedestal mat

vécétartály n toilet cistern

vecsernye n vall vespers pl, evensong

véd v 1. (vktől, vmtől, vk/vm ellen) defend/ protect/guard (sy) from/against sy/sg; (várat) defend, hold* [a fort etc. vm ellen against]; (eső ellen) shelter (from); ~**i vk érdekeit** safeguard/protect (v. stand* up for) sy's interests; **a törvény ~i** be* protected by (the) law; **ezek a fák ~ik a házat a széltől** these trees shelter/screen the house from the wind 2. (vádlottat) defend, act as counsel for sy; (ügyet) plead* [a case]; **ki fogja ~eni?** who is going to defend him? 3. (futballban) keep* goal

védekezés n 1. ált defence (US -se), protection; **legjobb ~ a támadás** attack is the best defence 2. (önvédelem) self-defence (US -se) 3. (vádlotté) plea(ding), defence (US -se)

védekez|ik v 1. (vm ellen) defend/protect/ guard oneself from/against sg; (terhesség ellen) take* precautions, use contraceptives; **a hideg ellen ~ik** protect oneself from the cold; **hogyan ~el** (a nem kívánatos terhesség ellen?) what contraceptive (method) do you use? 2. (mentegetődzik) apologize 3. sp defend; **jól ~tek** they defended very well 4. jog put* forward a defence (US -se), plead* sg; **azzal ~ik, hogy nem volt beszámítható állapotban** he pleaded that he was insane

védekező a 1. ált defensive, protective; ~ **álláspontot foglal el** be*/go* on the defensive; sp ~ **játékot folytat/játszik** play a defensive game, play defensively 2. biol **a szervezet ~ mechanizmusa** the defence (US -se) mechanism of the body

vedel v elít drink* (to excess), biz swill, down, knock it back

védelem n 1. ált defence (US defense), protection; **vk védelme alatt** under sy's protection/patronage; ... **védelmében,** ... **védelmére** in defence of ...; **vk védelmére kel** fly*/rise* to sy's defence (US -se), take* the side of sy; **védelmet nyújt vm ellen** provide/offer shelter from sg, serve as shelter from sg 2. jog defence (US -se); **XY, a ~ képviseletében előadta, hogy ...** Mr X, defending, said that ...; Mr X,

counsel/appearing for the defence, said that ...; **a ~ tanúja** witness for the defence 3. sp **a ~** the defence (US -se), the back-field

védelmez v 1. (vkt vmtől, vm ellen) defend, protect, guard (mind: from/against sg) 2. (ügyet) advocate, support, champion

védelmi a defensive, protective; ~ **állásban van** be* in a defensive position, be* on the defensive; sp ~ **hiba** a defence error; ~ **háború** defensive war; ~ **miniszter** defence (US -se) minister; ~ **szövetség** defensive alliance

védenc n 1. ált protégé, charge 2. (ügyvédé) client

veder n (fém) pail; (fém, fa) bucket

véderő n armed forces pl

védés n sp save; **jó ~** a good save

véd- és dacszövetség n defensive and offensive alliance

védett a protected, defended, sheltered; ~ **műtárgy** listed work of art; ~ **név** proprietary/protected name; ~ **terület** nature reserve; **törvényesen ~** protected by law ut., patent(ed)

védettség n ált protection; orv, pol immunity

védhetetlen a sp (lövés) unstoppable [shot]

védjegy n trademark, brand

vedlés n shedding (v. casting off) of the coat/ skin, sloughing (off) process

vedl|ik v shed* (v. cast* off) its coat; (hüllő) shed*, slough (off) [its skin]; (madár) moult (US molt), shed* [its feathers]

védnök n patron, protector

védnökség n 1. vké patronage, aegis; **vknek a ~e alatt** under the auspices of 2. pol protectorate

védő I. a protective; (védekező) defensive II. n 1. (állásponté, ügyé) supporter 2. jog counsel for the defence (US -se), defending counsel; **ki a ~d?** who is pleading your case?, who is your defending counsel? 3. **a vár ~i** defenders of the fortress/castle 4. = **védőjátékos**

védőálarc n mask

védőállás n kat defensive position

védőbástya n 1. (váré) bastion 2. (szabadságé) bulwark, bastion, stronghold

védőberendezés n safety device/equipment, security system

védőbeszéd n plea(ding)

védőborító n dust jacket, cover

védőerdősáv n shelter-belt

védőétel n prophylactic/protective food

védőfal n (városé) the ramparts/walls [of a town] pl

védőfegyver n defensive weapon
védőgát n dike, dam, embankment
védőgumi n (óvszer) (protective) sheath, US prophylactic, rubber
védőhuzat n loose cover, US slipcover
védőital n prophylactic/protective drink
védőjátékos n sp defender
védőkíséret n escort, convoy
védőnő n health visitor, welfare officer
védőoltás n 1. (folyamat) vaccination; ~sal ellát vaccinate, immunize 2. (anyaga) serum, vaccine
védőöltözet n protective clothing
védőőrizet n 1. (fogvatartás) preventive detention, protective custody 2. = **védőkíséret**
védőőrség n 1. (váré) garrison 2. vké escort
védőrács n (kandalló elé) fireguard; (pénztárablakon stb.) grille
védőruha n protective clothing
védőszárny n protection; vknek a ~ai alatt under the wing(s)/protection/aegis of sy
védőszemüveg n safety goggles pl, eye-guard
védőszent n patron saint
védőtöltés n = **védőgát**
védőügyvéd n counsel for the defence (US -se), defending counsel ⇨ **védő**
védőüveg n glass shield
védővám n protective tariff
védtelen a 1. átl unprotected, defenceless, undefended; ~ül áll vmvel szemben be unprotected from sg, be* defenceless against sg 2. (fegyvertelen) unarmed
vég[1] n 1. (befejezés, kimenetel) end; ~ nélkül without end; ~ nélküli endless, never ending, incessant; ~e (filmnek) the end; az év ~e end/close of the year; minden jó, ha jó a vége all is well that ends well; még a hét ~e előtt before the week is* out; mindennek ~e it is* all over, it is* all done with; a negyvenes évek ~e felé in the late forties; ~e felé jár it is* nearing its end, it is* drawing to its end; nem lesz jó ~e it will come to no good; rossz ~e lesz (you'll) come* to a bad end; az út ~e felé toward(s) the end of the journey; se ~e se hossza there is* no end to it; ~e szakad come* to an abrupt end, break* off; ~e van sg is* at an end, it has* come* to an end, it is finished, it is over, it has ended; mikor van ~e a hangversenynek? what time does the concert finish?; ~e (van) az iskolának school is over; nálunk június 20-án van ~e az iskolának we break up

on June 20; neki már ~e van! it's all up with him; ~em van! I am done (for)!, it's all up with me!; ~éhez közeledik come*/draw* to an end; ~éhez közeledik az (iskola)év the (school-)year is* coming/drawing to an end (v. is* at an end); elejétől ~ig → eleje; a hét ~én at the end of the week, at the weekend; e hó ~én at the end of this month; augusztus ~én at the end of August; a ~én (= végül) in the end; az út ~én at the end of the road; ~ére ér reach the end of sg, be* at the end of sg, be* at an end, come* to an end; ~ére jár vmnek get* to the bottom of sg, look into sg, find* out the truth about sg; ~ére kell járni ennek az ügynek we must get to the bottom of this business, we must sort out this business; ~et ér come* to an end, end, finish, be* over, be* finished; ~et nem érő never ending, endless; ~et vet vmnek end/stop sg, put* and end to sg; ~ét járja (beteg) be* dying, biz be on one's last legs; meg kell várni a végét we'll just have to wait and see 2. (tárgyé) tip, end; (levélé) close; (szóé) suffix, ending; ~ével vm felé end on; a skót ~ek the Border(s) 3. (cél) end, object, aim; mi ~ből? for what purpose?, to what end?, why? ⇨ **végre, végül**
vég[2] n text piece, roll, bolt, length
végakarat n last/deathbed wish/request ⇨ **végrendelet**
végállomás n terminus (pl termini v. -nuses); (távolsági buszé így is:) coach-station; ~! (vasútvonalé) all change!
végbél n rectum (pl -s v. recta)
végbélkúp n (rectal) suppository
végbélnyílás n anus
végbemegy v (történik) take* place, happen, proceed, go* on
végbizonyítvány n leaving certificate
végcél n ultimate object/aim, final end/goal
végérhetetlen a interminable, endless, never ending
vége-hossza nincs kif there's no end to it
végeladás n clearance sale; (végleges kiárusítás) closing-down sale
végeláthatatlan a immense, vast
végelemzésben adv in the last analysis
végelgyengülés n senile decay; ~ben meghal die of old age
végelszámolás n final settlement
végeredmény n final result/outcome; (futball) final score; mi volt a ~? what was the final score?; a ~ 2:0 the final score (v. the result) was 2-0 (kimondva: two-nil);

~**ben** *after* all, when all is said and done; *(végül is)* in the long run

végérvényes *a* def*i*nitive; ~**en** definitely, def*i*nitively; *(egyszer s mindenkorra)* once and for all

véges *a* **1.** *(korlátozott)* l*i*mited, restr*i*cted; *(szám, tér)* f*i*nite **2.** *átv* transient; **az élet** ~ man is m*o*rtal, n*o*thing lasts for *e*ver

véges-végig *adv* from one end to the *o*ther, througho*u*t; ~ **a Dunán** all al*o*ng the D*a*nube

végeszakadatlan *a* = **végeérhetetlen**

vegetáció *n* vegetation

vegetál *v* scrape al*o*ng/by, live from hand to mouth

vegetári(án)us *a/n* vegetarian

vegetatív *a* vegetative; ~ **idegrendszer** autonomic nervous system

végett *post* with a view to sg, with the object/p*u*rpose/aim of . . .ing sg, in *o*rder to, to . . .; **gyógykezelés** ~ **Hévízre utazom** I'm g*o*ing to H*é*víz for m*e*dical tr*e*atment

végevárhatatlan *a* = **végeérhetetlen**

végez 1. *vt/vi (munkát)* do*, perform, carry out; *(erdeményt elérve)* accomplish; *(befejez vmt)* f*i*nish/complete sg, bring* sg to an end; **kísérleteket** ~ perf*o*rm *(v.* carry out) experiments; **gyakorlatokat** ~ *e*xercise, do* (one's) *e*xercises; **tegnap sokat** ~**tem** I accomplished/did quite a lot y*e*sterday; **mit** ~**tél?** what have you d*o*ne?; ~ **vmvel** f*i*nish sg completely, f*i*nish off sg; ~**tem** *(= befejeztem a munkát)* I have f*i*nished/done (it); ~**tem a konyhában/konyhával** I'm through with the k*i*tchen; ~**tünk?** *(taxisof*ő*r kérdezi)* is that it?; **végzi a kötelességét** do*/fulf*i*l *(US* fulf*i*ll) one's d*u*ty; **dolgát végzi** → **dolog 2.** *vt isk (tanulmányokat folytat)* st*u*dy; **főiskolát** ~ (s)he is (st*u*dying) at a c*o*llege; **orvosi tanulmányait végzi** (s)he is st*u*dying med*i*cine **3.** *vt/vi isk (tanulmányait befejezi)* complete one's schooling, complete [a/the course], *US* graduate (from); *(főiskolán)* f*i*nish, complete [one's c*o*llege course]; *(egyetemen)* graduate from, take* one's degr*e*e; **középiskoláját** *(v. középiskolai tanulmányait)* **Kaposvárott végezte** he completed his secondary schooling at K*a*posv*á*r, *US* he gr*a*duated from high sch*o*ol in K*a*posvár; **jogot végzett** (s)he graduated in law; **az idén végzett** (s)he graduated this year; **a londoni egyetemen végzett 1950-ben** (s)he gr*a*duated from L*o*ndon University in 1950; **Oxfordban vég-**

zett he is an *O*xford gr*a*duate *(v.* a graduate of *O*xford University) **4.** *vi sp* f*i*nish; **a harmadik helyen végzett** (s)he f*i*nished third, (s)he came in third **5.** *vi* ~ **vkvel** (1) *(befejezi a vele való tárgyalást)* end/conclude [the discussion] (2) *(szakít vkvel)* f*i*nish with sy, be* through with sy (3) *(megöli)* do* away with sy **6.** *vt/vi (határoz)* decide, come* to a dec*i*sion, res*o*lve; **mit** ~**tetek?** what did you dec*i*de (in the end)?

végezetlen *adv* unf*i*nished, unacc*o*mplished

végezetül *adv* f*i*nally, in the end

végeztet *v vmt vkvel* have* sg done by sy

végeztével *adv* **munkája** ~ h*a*ving done his work, his work done (he . . .)

véghangsúly *n* f*i*nal stress, stress on the f*i*nal syllable

véghatározat *n* f*i*nal dec*i*sion

véghezvisz *v* carry out/through, perform, carry *i*nto effect, accomplish; ~**i szándékát** accomplish/ach*i*eve one's p*u*rpose, carry through [one's plans]

véghezvitel *n* perf*o*rmance, carrying out; *(szándéké)* accomplishment; *(tervé, munkáé)* execution

végig *adv* to the (very) end, from beg*i*nning ᐟ end, througho*u*t

végigcsinál *v* carry through (sg), go* through with (sg), see* sg through, follow through (sg)

végigfeksz|ik *v vmn* lie* down (at full length) (on sg)

végigfoly|ik *v* run* down sg; **a könnyek** ~**tak az arcán** tears coursed/ran/flowed down her cheeks

végigfut 1. *vi vmn* run* through; *(vkn vm érzés)* sweep* over; **gondolatban** ~ **vmn** go* *o*ver sg in one's mind; ~**ott a hátán a hideg** a cold sh*i*ver ran down his sp*i*ne **2.** *vt (átnéz)* look/go* through/over (sg), glance/ run*/skim through/over (sg), *(lapozva)* thumb through **3.** *vt (pályát, távolságot)* do* (a course/distance)

végiggondol *v vmt* think*/ponder sg *o*ver, reflect (up)on sg

végiggurul *v vmn* run*/roll al*o*ng

végighallgat *v vmt* hear* sg through/out; *(rádióm*ű*sort stb.)* l*i*sten to sg to the end; **hallgasson végig, kérem** hear me out, please

végigharcol *v* ~**ja a harcot** fight* it out, fight* through to the end

végighúz 1. *vt (úton stb.)* pull/drag al*o*ng; ~**za kezét vmn** run* one's hand *o*ver sg **2.** *vi* ~ **vkn** *vmvel* strike* sy (with sg)

végigjár v *(területet)* walk/wander all over; *(országot)* tour [a/the country]; *(boltokat)* go* into [the shops]; *(eredménytelenül)* traipse round [the shops]; *(ellenőrizve)* go* the round of, survey, inspect

végigjátsz|ik v *(játszmát)* play to the end, play out [the game]; *(darabot)* play out

végigkísér v vkt vhol see*/accompany sy along/through; *(épületen)* show* sy (a)round/over [the house/factory etc.]; *(kiállításon)* show* sy over/(a)round (the exhibition)

végigkóstol v taste (each in turn)

végigküzd v fight* it out

végigmegy v 1. *(pontokon, leckén)* go* over/through 2. *(utcán)* walk along/down; *(vm mentén)* go* along sg

végigmér v vkt measure sy with one's eye, get*/take* the measure of sy, US give* sy the once-over; *(megvetően)* look sy up and down (contemptuously)

végigmond v tell* sg to the end

végignéz v 1. *(eseményt)* watch; *(passzív szemlélőként)* look on; *(színdarabot)* see* [the play] to the end 2. *(vizsgál)* examine, go* through/over (sg)

végigolvas v read* through

végigpillant v look/glance over

végigrohan v = **végigszalad**

végigsétál v walk along

végigsikl|ik v konkr slip through; **tekintete ~ik vm** run* one's eye over sg, one's eye runs quickly over sg, glance over sg

végigsimít v *(kézzel)* pass one's hand over sg, smooth down

végigsöpör v *(vm kellemetlen vmn)* sweep* through

végigsuhan v dart/flit along/across

végigszalad v 1. *(utcán)* run* along 2. = **végigfut** 1., 2.; 3. = **leszalad** *(szem a harisnyán)*

végigszenved v suffer; **~te az ostromot** (s)he endured (the privations of) the siege (of Budapest)

végigtekint v vmn glance over sg, run* one's eye over sg

végigül v sit* through/out [a meeting, performance etc.]

végigvág v vkn vmvel strike* sy (with sg)

végigvágód|ik v vmn fall* (down) flat; **~ik a padlón** measure out one's length on the floor

végigvezet, -visz v vkt vmn/vhol show* sy (a)round/over [a place]

végigvizsgál v examine/check sg from beginning to end

végigvonul v 1. *(menetben)* walk/go* along in procession 2. vmn march through sg 3. *(vk egész életén vm)* run* through (sy's life)

végítélet n vall the Last Judg(e)ment

végjáték n sp endgame

végképp(en) adv 1. = **végleg** 2. *(teljesen)* fully, totally

végkiárusítás n closing-down sale

végkielégítés n lump-sum settlement

végkifejlet n denouement, resolution, unravelling (US -l-)

végkimerülés n complete exhaustion; **~ig harcol** fight* to the last ditch

végkövetkeztetés n (final) conclusion

végleg adv finally, once and for all, definitively; *(örökre)* for good; **~ elintéz** finish sg completely, settle sg once and for all, finish off; **ezt ~ nem értem** now I am really confused

végleges a 1. *(állás)* permanent 2. *(elhatározás, ítélet)* definitive, final; *(szöveg)* final, definitive

véglegesít v 1. *(vkt állásában)* give* sy a permanent post/position; *(egyetemen stb.)* grant sy tenure; **~ették** *(az egyetemen)* (s)he has got (v. has been granted) tenure 2. vmt make* sg final

véglegesítés n vké permanent post/position; *(egyetemen stb.)* tenure

véglet n extreme; **~ekbe visz vmt** carry matters (v. take* things) to extremes; **egyik ~ből a másikba esik/csap** go* from one extreme to the other

végletes a *(gondolkodás)* extreme, extremist

végösszeg n (sum) total, grand total

végpont n 1. konkr extremity, end, furthest point 2. átv end, goal

végre adv at last, finally; **~ is** after all; *(végül is)* in the end; **na ~!** at long last!

végrehajt v 1. *(megvalósít)* execute, carry out, effect, fulfil (US fulfill); *(parancsot)* carry out, execute [orders]; *(utasítást)* carry out (v. follow) [instructions]; *(törvényt)* put* (sg) into effect, bring* (sg) into force; **gerincműtétet hajtottak végre rajta** (s)he had an operation on his/her spine → **műtét**; **gépkocsi-ellenőrzést hajt végre** carry out an identity check; **halálos ítéletet ~ vkn** carry out the death sentence on sy, execute sy 2. *(adóst)* distrain upon sy

végrehajtás n 1. *(megvalósítás)* execution, carrying out, fulfilment; *(parancsé)* execution, carrying out; *(törvényé)* enforcement; *(halálos ítéleté)* carrying out (of the death sentence) 2. *(adósé)* **~ terhe alatt** under penalty of distraint; **~t elrendel** *(a költsé-*

gek erejéig) issue execution (for the amount of the costs)

végrehajtási *a* executive; ~ **utasítás** enacting clauses *pl* [of an act], *US* executive order

végrehajtható *a* practicable, feasible, *(szerződés, törvény)* enforceable

végrehajtó I. *a* executive; ~ **bizottság** executive board/committee; ~ **bizottsági ülés** board meeting; ~ **hatalom** executive power/authority; ~ **szerv** executive branch [of the government], the executive II. *n jog* bailiff

végrendelet *n* will; *hiv* last will and testament; ~ **nélkül hal meg** die intestate, die without having made a will; ~**et készít** make* one's will

végrendeleti *a* testamentary; ~ **örökös** testamentary heir; ~**leg a testvérére hagyta a házát** he left/bequeathed his house to his brother by will, he willed his house to his brother

végrendelkez|ik *v* make* a/one's will; *vmről* will sg to sy

végre-valahára *adv* at long last

végrím *n* end/final rhyme

végromlás *n* utter ruin/destruction; ~**ba dönt** bring* about the downfall/ruin of sy

végső *a (utolsó)* last; *(határ, pont)* farthest, utmost, extreme; *(szükség)* extreme [necessity]; ~ **ár** rock-bottom price; ~ **cél** final aim, ultimate object/aim/purpose, final end/goal; ~ **elemzésben** in the last analysis; ~ **esetben** in the last resort, if the worst comes to the worst, if the worst happens; ~ **eszközként** as a last resort, in the last resort; ~ **fokon** in the last resort, in the last analysis, when all is said and done; ~ **kétségbeesésében** in a fit of despair; ~ **menedéke/mentsvára** his/her/one's last refuge/resort; ~ **remény** last hope; ~ **romlás** utter destruction, final decay; ~ **soron** after all, when all is said and done; **még nem mondta ki a ~ szót** he has not spoken the final/last word yet ⇨ **eszköz**

végsőkig *adv* **a** ~ to the utmost, to the very last, to the bitter end, to the last ditch; **a** ~ **kitart** hold* out to the very end/last

végszámla *n* final invoice/account

végszó *n* 1. *(utolsó szó)* last/final word 2. *szính* cue, catchword; **megadja a ~t vknek** give* sy his/her/the cue

végszótag *n* final syllable

végszükség *n* extreme necessity/need, emergency; ~ **esetén**, ~**ben** in case of emergency, in an emergency, *biz* at a pinch

végtag *n* limb, extremity

végtelen I. *a (vég nélküli)* endless, infinite; *(időtlen)* timeless; *mat* infinite; ~ **gonddal** with infinite care; *mat* ~ **sor** infinite series II. *adv* infinitely, endlessly, extremely; ~ **boldog** overjoyed, extremely happy/glad; ~ **hálás vagyok** I'm most grateful, I am much obliged to you; ~ **sok** innumerable, a vast number of, *biz* lots/heaps of; *(aggodalom stb.)* no end of [worry etc.] III. *n* the infinite, infinity

végtelenség *n* infinity

végtelenül *adv* = **végtelen II.**

végtére *adv* ultimately; ~ **is** after all

végtermék *n* end-product

végtisztesség *n* funeral rites/ceremonies, obsequies *(mind: pl)*; **megadja vknek a ~et** pay* the last/funeral honours *(US* -ors) to sy

végül *adv* in the end, finally, ultimately; ~ **is** in the end, after all, in the long run; ~ **mégiscsak beadta a derekát** he surrendered in the end

végvár *n* border castle/fortress

végveszély *n* extreme peril; ~**ben forog** be* in extreme danger/peril, be* in distress

végvonaglás *n* death throes *pl*

végzés *n jog* order, decree

végzet *n* fate, destiny ⇨ **utolér**

végzetes *a* 1. *ált* fatal, disastrous 2. *(halálos)* fatal, mortal

végzetszerű *a* fatal

végzett *a* 1. *(dolog)* finished, completed, performed; **jól ~ munka** a good job well done, a job/work successfully done 2. ~ **(diák)** a graduate (student); **most ~** (be* a) school-leaver

végzettség *n* qualification(s); **egyetemi ~** (academic) qualification(s), university degree; **mi a ~e?** what are his/her qualifications?

végződés *n* 1. *(befejezés)* ending, end 2. *(szóé)* ending, suffix

végződ|ik *v* 1. *(véget ér)* finish, end, come* to an end; ~**ik vmben** end/result in sg; **kudarccal ~ik** end in failure; **szerencsésen ~ik** turn out well; **nem tudjuk, miképpen fog ~ni** we don't know what the outcome will be (*v.* how things will turn/work out) 2. **ez a szó t-re ~ik** this word ends in a t

végzős *n isk* school-leaver; *(főiskolán)* college leaver; *(egyetemen, stb.) GB* finalist, *US* senior

vegyelemez *v* analyse (*US* -ze)

vegyelemzés *n* chemical analysis

vegyérték *n* valency, *főleg US:* valence
vegyértékű *a* **egy** ~ univalent, monovalent; **két** ~ bivalent, divalent
vegyes *a* mixed, assorted; *(főleg szellemi termék)* miscellaneous; ~ **áruk/cikkek** sundries, miscellaneous goods; ~ **bizottság** mixed/joint commission; ~ **érzelmekkel** with mixed feelings; ~ **hírek** news items; ~ **iskola** mixed/coeducational school; ~ **kar** mixed chorus/choir; ~ **közönség** mixed *audience*; ~ **páros** mixed doubles *pl*; ~ **saláta** mixed pickles *pl*; ~ **társaság** motely crowd; ~ **vállalat** joint venture *(röv* JV); **(200 m-es)** ~ **úszás** [200 metres] medley; ~ **vállalatot létesít** set* up (*v.* form) a joint venture; **férfiak nők** ~**en/** ~**t** mixed company, men as well as women
vegyesbolt, -kereskedés *n* grocer('s), *US* grocery store, general/country store
vegyész *n* chemist
vegyészet *n* chemistry; *(vegyészmérnöki tud.)* chemical engineering
vegyészeti *a* chemical; ~ **gyár** chemical works *sing. v. pl*
vegyészmérnök *n* chemical engineer
vegyi *a* chemical; ~ **anyagok** chemical substances/agents, chemicals; ~ **bomlás** (chemical) decomposition/dissolution; ~ **folyamat** chemical process; ~ **háború** chemical warfare; ~ **ipar** the chemical industry; ~ **úton előállít vmt** obtain sg by a chemical process
vegyileg *adv* chemically, by (a) chemical process; ~ **elemez** analyse *(US* -ze)
vegyipar *n* the chemical industry
vegyít *v* vmt vmvel mix (sg with sg), combine (sg with sg); **vízzel** ~**i a bort** add water to wine, dilute wine
vegyítetlen *a* unmixed, unmingled, unalloyed
vegyített *a* mixed, mingled
vegyjel *n* chemical symbol; **a vas** ~**e Fe** the chemical symbol for iron is Fe
vegyrokonság *n* affinity
vegyszer *n* chemical; ~**ek** chemicals
vegyszeres *a* chemical, using chemicals *ut.*
vegytan *n* chemistry ⇨ **kémia**
vegytinta *n* indelible ink
vegytiszta *a* chemically pure
vegytisztít *v* dry-clean
vegytisztítás *n* dry-cleaning
vegytisztító *n (vállalat)* dry-cleaner('s); **a** ~**nál vannak a takarók** the blankets are at the dry-cleaner's
vegyül *v* **1.** vmvel mix, mingle; **a tömegbe** ~ mingle with the crowd **2.** *vegy* combine

vegyülék *n* **1.** *ált* mishmash, hotchpotch, mix **2.** *vegy* = **vegyület**
vegyülékszó *n* blend, portmanteau word
vegyület *n* compound, combination
vegyvizsgálat *n* chemical analysis *(pl*-ses)
vehemencia *n* vehemence
vehemens *a* vehement, violent
véka *n* † bushel; ~ **alá rejt** hide* (sg) under a bushel
vekker *n* alarm-clock
vekni *n* biz loaf (of bread)
vékony I. *a* *ált* thin; *(ember)* slender, thin, slim; *(hosszú is)* lank(y); ~ **hang** thin/piping voice; ~**ra vág** cut* into thin pieces/slices **II.** *n* **véknya** loin, flank
vékonybél *n* small intestine(s)
vékonydongájú *a (vézna)* of slight build *ut.*, weedy; *(főnévvel)* (be* a) weakling
vékonyít 1. *vt* make* thin(ner), thin (down); *(karcsúsít)* make* slender/slim, *US* slenderize **2.** *vt (ruha)* make* (sy) look slender
vékonyod|ik *v* **1.** *ált* grow* thin(ner), thin **2.** *(tárgy a végén)* taper (off)
vékonypénzű *a* = **vékonydongájú**
vektor *n* vector
-vel *suff* → **-val, -vel**
vél *v* think*, believe, reckon, *US biz* guess; **úgy** ~**em (,hogy)** I think/reckon that, I am inclined to think that, *US biz* I guess (that) ...; **nem tudom mire** ~**ni a dolgot** I do not know what to think/make of it; **szükségesnek** ~**tem ...** I deemed/thought necessary to ...
veláris *a* velar; ~ **magánhangzó** back vowel
vele *adv* with him/her/it; ~**m** with me; ~**d,** ~**tek** with you; **velünk** with us; **velük** with them; ~ **érez** = **együtt** *érez*; ~ **járó** accompanying, attendant, concomitant; *(vmvel)* associated with, pertaining to, inseparable from *(mind: ut.)* → **velejáró; és a** ~ **járó pénzjutalom** and the prize of [... pounds/forints, etc.] that goes with it; **mi van** ~**?** *(mi baja?)* what's the matter with him?
velejár *v* vmvel go* (together) with sg, accompany sg; *(mint következmény)* be* a result/consequence of sg, entail sg
velejáró *n* **1.** *(körülmény)* concomitant (of sg); *(igével)* accompany sg, go* with sg **2.** *mat* coefficient ⇨ **vele** *járó*
vélekedés *n* opinion, view(s), belief
véleked|ik *v* vmről have*/express/hold* an opinion (on/about sg), judge (sg); **másképp** ~**ik a dologról** be* of a different opinion, have*/hold* a different opinion (on/about

sg); **miként** ~**ik erről a kérdésről?** what do you think of this question?, what are your views on the/this matter?; **úgy** ~**ik, hogy** he thinks that, he is of the opinion that
vélelem *n jog* presumption
vélelmez *v jog* presume, assume (that)
vélemény *n* opinion, view; **mi a** ~**ed róla?** what's your opinion of him/her/it?, what do* you think of him/her/it?, what are your views on (sg)?; **mi a** ~**ed egy csésze teáról?** how/what about a cup of tea?; ~**em szerint** in my opinion/view, to my mind, as I see it; **megvan róla a** ~**em** I have my own views about that; **nincs nagy** ~**e vkről** = *nem jó* **véleménnyel** *van vkről;* **ahány ember, annyi** ~ so many men so many opinions/minds; **csatlakozik vk** ~**éhez** share (*v.* subscribe to) sy's opinion/view; **azon a** ~**en van, hogy** he is of the opinion that, he believes/thinks that; **más** ~**en van** differ from sy, disagree with sy (on/about sg); **más** ~**en levő** *(ember) pol* dissident; **ugyanazon a** ~**en van vkvel** be* of the same mind/opinion as sy, see* eye to eye with sy; ~**t alkot vkről** form an opinion of sy; *vmről* hold*/form/express an opinion on/about sg; ~**t mond vmről** express/give* an opinion on sg; **jól megmondja vknek a** ~**ét** give* sy a piece of one's mind, tell* sy a few home truths; ~**t nyilvánít** *(vmről)* express an opinion on/about sg; **osztja vknek a** ~**ét** share sy's opinion; **jó véleménnyel van vkről/vmről** have* a good/high opinion of sy/sg; **nem jó véleménnyel van vkről** have* a low/poor opinion of sy, take* a dim/poor view of [sy's conduct etc.], think* poorly of sy ⇨ **szakértői**
véleményeltérés *n* difference of opinion/views, dissent, dissension
véleményes *a* ~ **jelentés** report (on sg)
véleményez *v* express an opinion on sg
véleményezés *n* report (on sg), opinion, statement
véleménykülönbség *n* difference of opinion; **ebben nincs** ~ on this point we agree
véleménynyilvánítás *n* expression of an opinion, statement; **a** ~ **szabadsága** freedom of speech/expression
Velence *n* Venice
velencei I. *a* Venetian, of Venice *ut.* **II.** *n* Venetian
veleszületett *a biol, orv* congenital; *(tulajdonság stb.)* innate, inborn, inherent, natural; ~ **hajlam** natural bent ⇨ **hajlam**

véletlen I. *a* chance, accidental, fortuitous, unintentional, casual; **nem** ~ it is no accident, it is not accidental; ~ **esemény** chance occurrence, incident; ~ **mintavétel** random sampling; ~ **szerencse** lucky fluke, stroke of luck; ~ **találkozás** chance/accidental meeting; *(egybeesés)* coincidence **II.** *n* chance, luck; **a** ~ **úgy hozta magával, hogy** as luck would have it, chance so ordained (that); **szerencsés** ~ **folytán** by a fortunate/lucky accident, as luck would have it ...; **a** ~ **műve volt** it was pure chance; **a** ~**re bízza** leave* it to chance **III.** *adv* = **véletlenül**
véletlenség *n* chance; ~**ből** by chance/accident
véletlenül *adv* by chance/accident, accidentally; ~ **találkoztam vele** I ran across him, I chanced/happened to meet him, *biz* I bumped into him; ~ **tesz vmt** happen to do sg; **ha** ~ **látnád** if you (should) happen to see him; **ha** ~ ... if, by any chance, ...; if, by some chance or other, ...; **nincs egy öngyújtója?** have you by any chance a lighter?; **nem tudnál** ~ **50 forintot adni?** I was wondering if you could lend me 50 fts
velő *n* 1. *(csonté)* marrow; *(étel)* brains *pl* 2. *átv* **vmnek a veleje** the gist/nub of sg, the (quint)essence of sg; **velejéig romlott** rotten to the core ⇨ **csont**
velőborsó *n* marrowfat pea
velős *a* 1. *(csont)* marrowy; ~ **csont** marrow-bone 2. *átv* pithy, succinct, concise; ~ **mondás** pithy saying; **röviden és** ~**en** succinctly, tersely, briefly and to the point
velőtrázó *a* ~ **sikoly** blood-curdling (*v.* spine-chilling) shriek/scream
vélt *a* 1. *(bűnös)* suspected, alleged [culprit] 2. *(esemény)* presumed; *(képzelt)* imaginary, fictitious, invented
velúr *n* 1. *(textil)* velour(s) 2. *(bőr)* suede [coat]
vemhes *a* pregant (with young) *ut.;* ~ **tehén** cow in/with calf; **ha akarom** ~**, ha (nem) akarom, nem** ~ it can be either way
vemhesség *n* (period) of pregnancy
vén *a* old, aged, senile; ~ **szamár** old fool
véna *n* 1. *biol* vein; ~**ba adott injekció** intravenous injection, injection given into a vein 2. **írói** ~ literary ability/vein; **költői** ~ poetic vein/inspiration
vénás *a* venous; ~ **vér** venous blood
vénasszony *n* old woman°; ~**ok nyara** Indian summer, St. Martin's summer

vénasszonyos *a* old-womanish, spinsterish
vendég *n* **1.** *(hívott)* guest; ~**e(ke)t hív** invite guests, give*/throw* a party; ~**ek lesznek ma este nálunk,** ~**eket várunk ma estére** we're having people round this evening, we are expecting/having company tonight, we are giving/having a party tonight; ~**ül lát vkt** invite sy, receive/entertain sy at home, act as host to sy; **legyen a** ~**em vacsorára** come and have dinner with me/us **2.** *(szállodában)* guest; *(vendéglőben)* customer, diner; *(egyéb szolgáltatást nyújtó helyen)* customer; *(látogató)* visitor; **új** ~**ek** *(szállodában)* new guests/arrivals; **külföldi** ~**ek** visitors from abroad, *GB* overseas visitors **3.** *(jelzőként)* guest, visiting; ~ **előadó** visiting/guest lecturer/professor; ~ **karmester** guest conductor
vendégágy *n* spare bed
vendégbarátság *n* hospitality
vendégcsapat *n sp* visiting team/side
vendégeskedés *n* entertaining
vendégesked|ik *v* **1.** *(vendégül lát)* **sokat** ~**ik** (s)he entertains a great deal, (s)he is always having parties **2.** *vknél* stay (as a guest) at sy's house, be* staying with sy
vendégfogadó *n* † inn, hostel(ry)
vendéghallgató *n* guest student; *US (aki nem felvett tárgyat hallgat)* auditor
vendégjáték *n* guest performance
vendégjog *n* (right of) hospitality
vendégkönyv *n* visitors' book
vendéglátás *n* hospitality, entertainment of guests *(v.* a guest) (in one's house); **köszönöm a szíves** ~**t** thank you for your (generous) hospitality
vendéglátó *n (férfi)* host; *(nő)* hostess
vendéglátóipar *n* catering industry/trade
vendéglátóipari *a* ~ **egység** catering establishment, restaurant; ~ **szakközépiskola** school of catering (and hotel management)
vendéglátóüzem *n* catering establishment
vendéglő *n* restaurant
vendéglős *a* restaurateur
vendégmunkás *n* Gastarbeiter, (im)migrant/foreign worker
vendégművész *n* guest artist
vendégprofesszor *n* visiting professor
vendégség *n (társaság, összejövetel)* party, company; ~**be megy vkhez** go* to a (dinner) party [at sy's house]
vendégszerepel *v* appear as a guest artist, make* a guest appearance, guest [on a show etc.]

vendégszereplés *n* guest performance; *(karmesteré)* guest appearance; *(zenekaré)* guest performance
vendégszereplő *n* guest artist/actor
vendégszeretet *n* hospitality
vendégszerető *a* hospitable, sociable
vendégszoba *n (magánházban)* spare (bed)room; *(szállodában)* (guest-)room
vénember *n* old man°
venni *v* → **vesz**
vénség *n* **1.** *(öregkor)* (old) age **2.** *(öreg nő)* old girl; *(öreg férfi)* old chap/codger
ventilátor *n* ventilator, fan; *(ablakszellőző)* extraction fan
vénül *v* get*/grow* old(er), age *(m. igenév: ageing v.* aging)
vény *n* prescription; ~ **nélküli gyógyszer** a drug without a prescription; **csak** ~**re adható ki** only on prescription ut.
venyige *n* pruning brush, prunings *pl*
ver 1. *vt* beat*; *(fenyítve)* flog, thrash; *(megüt)* strike*, hit; **fenekére** ~**t a gyereknek** he spanked the child*, he gave the child* a thrashing **2.** *vt* ~**i az asztalt** bang the table; ~**i a mellét** beat* one's breast; ~**i a zongorát** thump/pound the piano **3.** *vt (vmt vmbe)* drive* sg into sg; **szöget** ~ **a falba** drive* a nail into the wall **4.** *vt (ellenfelet)* beat*, defeat; **négy kettőre (4:2--re)** ~**ték a csapatot** the team was beaten 4-2 *(kimondva:* by four goals to two) **5.** *vt* ~**i az ablakot** *(eső)* the rain beats*/lashes against the windows/panes **6.** *vi (szív)* beat*; **erősen** ~**t a szívem** *(izgalomtól)* my heart was pounding (with excitement); **a szokásosnál jobban** ~ **a szívem** I get palpitations ⇨ **adósság, dob; fej²** 1.; **gyökér, pénz, sátor, vas**
vér *n* **1.** blood; **alvadt** ~ coagulated blood; ~ **nem válik vízzé** blood is thicker than water; ~ **tapad a kezéhez** his hands are stained with blood; **megfagyott bennem/ereimben a** ~ my blood ran cold, my blood froze; ~**be borult szem** bloodshot eye(s); ~**be fagyva** in a pool of blood; ~**be fojt** quell, crush, put* down with ruthless violence; ~**ben forgó** bloodshot; ~**ben forog a szeme** be* raging, see* red; **ez a** ~**ünkben van** it runs* in the blood/family; **az utolsó csepp** ~**ig** *átv* to the last ditch; ~**ig sért** offend sy mortally; **ez** ~**ig sértette** it offended him mortally, that cut him to the quick; ~**t ad** give* blood (to), be* a blood donor; ~**ét**

adja shed* one's blood; **~t izzad** sweat blood, toil and moil; **~t kap** receive blood, be* given a blood transfusion; **~t köp** spit blood, cough up blood; **rossz ~t szül** breed*/beget* ill blood; **~t vesz vktől, ~t vesznek tőle** orv take* a sample of sy's blood; *(vérvételre megy)* go* for *(v.* have*) a blood test; **~től ázott** steeped/soaked in blood *ut.,* blood-drenched **2.** **~ szerinti rokon** blood relation ⇨ **csepp**

véradás n giving blood, being a blood donor; **~ra megy** be* going to give blood

véradó a/n blood donor; **~ központ** blood bank

véralafutás n bruising

véralafutásos a **~ szem** bloodshot/red eyes; **~ a szeme** his/her eyes are/were bloodshot [from lack of sleep etc.]

véráldozat n blood sacrifice

véralkat n temper(ament), disposition

véralkoholszint n blood alcohol level/concentration

véralkohol-vizsgálat n blood test

véralvadás n blood coagulation/clotting

véralvadásgátló n anticoagulant

veranda n veranda(h), *US* porch

véráram n bloodstream

vérátömlesztés n blood transfusion

vérbaj n syphilis

vérbajos a/n syphilitic (patient)

vérbank n blood bank

vérbeli a genuine, real

vérbélű a **~ narancs** blood-orange

verbéna n verbena

vérbosszú n blood feud, vendetta

vérbő a hyperaemic *(US* -rem-); *(vérmes)* full-blooded

vérbőség n hyperaemia *(US* -rem-); **~et idéz elő** cause hyperaemia *(US* -rem-)

verbunkos n **1.** *(tánc)* recruiting dance **2.** *(zene)* recruiting music

verbuvál v kat és átv recruit; *csak átv* drum up support

verbuválód|ik v vmből be* recruited (from)

vércukor n blood sugar

vércukorszint n blood-sugar level

vércse n vörös **~** kestrel, *GB így is:* windhover

vércsepp n drop of blood

vércsere n exchange transfusion

vércsoport n blood group/type; **megállapítja a ~ot** determine the blood group

verdes v **1.** *ált* beat* repeatedly **2.** *(eső vmt)* beat*/lash/pelt (against) [the window] **3.** *(csapkod szárny)* flutter, flap

vérdíj n blood-money

veréb n sparrow; **jobb ma egy ~ (, mint holnap egy túzok)** a bird in the hand (is worth two in the bush); *biz* **már a verebek is csiripelik** it is the talk of the town, it is* an open secret

véreb n bloodhound

véredény n blood-vessel

vereget v pat, beat* (gently), clap; **vk vállát ~i** pat sy on the back/head

verejték n = **veríték**

verejtékez|ik v sweat, perspire, be* in a sweat

verejtékmirigy n sweat gland

verekedés n fight, scuffle, brawl, fracas, affray; **általános ~ támadt** there was general uproar, a free-for-all began; **kocsmai ~** drunken brawl; **~re került** they came to blows, blows were exchanged

vereked|ik v vkvel fight* (with sy), exchange blows (with sy); **szeret ~ni** *biz* he likes a scrap *(v.* a bit of rough-and-tumble)

verekedős a pugnacious, quarrelsome, *biz* scrappy

vereksz|ik v = **verekedik**

vérellátás n blood supply

verem n pit(fall), hole; *(állaté)* den, cave; *(burgonyáé)* clamp; **aki másnak vermet ás, maga esik bele** hoist with one's own petard, the biter bit

vérengzés n carnage, butchery, massacre

vérengz|ik v shed* blood, butcher/slaughter [people]

vérengző a sanguinary, bloodthirsty

verés n vké beating, thrashing; **~t kap** be* spanked/thrashed; *(alapos)* □ pasting

véres a **1.** *(vérrel borított)* covered with blood *ut.,* bloodstained; *(vért tartalmazó)* containing blood *ut.;* orv sanguineous; *(vérző)* bleeding; *(ritkán)* bloody; **~ csata** bloody battle; **~ események** carnage; **~ hurka** black pudding; **~ köpet** orv sputum containing blood; **~ széklet** blood in the stools; orv melaena; **~ szemek** bloodshot eyes; **~ verítéket izzad** sweat blood (over sg); **~ vizelet** urine tinged with blood; orv haematuria *(US* hem-); **~re ver** beat* sy until he is* covered with blood, *biz* beat* sy to a jelly/pulp; **~et vizel** pass blood with the/one's urine **2.** *átv* bloodstained; **~ szatíra** mordant/caustic satire; **annak ~ története van** it has a bloodstained history

vereség n defeat; **teljes ~** crushing defeat, (complete) rout; **~et szenved** (1) *ált* be* defeated, suffer defeat *(2) sp* be* beaten, suffer defeat; **a meccs a Honvéd ~ével végződött** Honvéd lost the match

véresen *adv* ~ **komoly** it is in deadly earnest

véresszájú *a átv* ranting, rabid

veret *n* **1.** *(érmén)* stamp, impression; **nemes** ~**ű** noble, exquisite **2.** *(ajtón stb.)* (iron) mounting

veretlen *a (le nem győzött)* unbeaten, undefeated

vérfagyasztó *a* blood-curdling; *(látvány)* horrible; *(történet)* blood-and-thunder, gory

vérfertőzés *n* incest

vérfolt *n* bloodstain

vérfolyás *n* flow of blood ⇨ **vérzés**

vérforraló *a* that makes* one's blood boil *ut.*; *(látvány)* revolting, shocking, sickening

vérfürdő *n (öldöklés)* blood bath, carnage, massacre; ~**t rendez** massacre

vergődés *n* writhing, writhe

vergőd|ik *v* **1.** *(kínlódik, küzd)* struggle (on), fight*/push one's way (through) **2.** *(vonaglik)* writhe, wriggle

vérhányás *n* black vomit; *tud* haematemesis (*US* hem-)

vérhas *n* dysentery

verhetetlen *a (ló)* unbeatable; *(hős)* invincible, unconquerable; *(igével)* cannot be defeated

vérhólyag *n* blood blister

veríték *n* sweat, perspiration; **csorog róla a** ~ be* perspiring profusely, be* dripping with sweat; **orcája/arca** ~**ével** by the sweat of his brow

verítékes *a* **1.** *(homlok stb.)* sweating, sweaty **2.** *átv* laborious, toilsome; ~ **munka** toilsome work

verítékez|ik *v* sweat, be* in a sweat

vérkép *n orv* blood count; ~**re megy** have* a blood count taken; ~**et csinál** take*/make* a blood count

vérképző *a* blood-forming, haemopoietic (*US* hem-)

vérkeresztség *n* baptism of blood/fire

vérkeringés *n* (blood) circulation

vérkeringési *a* ~**zavar** circulatory trouble

vérkeveredés *n* mixture/mixing of races/blood

verkli *n* barrel/street-organ, hurdy-gurdy

verklis *n* organ-grinder

verkliz *v* grind*/crank/work a barrel-organ; **ugyanazt a nótát** ~**ni** keep* harping on the same string

vérköpés *n* spitting (*v.* coughing up) of blood; *tud* haemoptysis (*US* hem-)

vérkör *n* circulation; **kis** ~ pulmonary/lesser circulation; **nagy** ~ systemic/greater circulation

vérlázító *a* revolting, sickening, outrageous

vérlemezke *n* blood plaque, (blood) platelet

vermel *v mezőg* store in pits, pit; *(burgonyát) GB* clamp

vérmérgezés *n* blood poisoning; *tud* septic(a)emia, sepsis

vérmérséklet *n* temperament; ~ **dolga** it's a matter/question of temperament

vérmes *a* **1.** *konkr* full-blooded, sanguineous **2.** *átv* hot-blooded; ~ **reményeket táplál** *vmről* be* overoptimistic about sg, have* sanguine expectations of sg

vérminta *n* blood sample, sample of blood

vermut *n* verm(o)uth

vérnarancs *n* blood-orange

vérnyom *n* bloodstain, blood-mark

vérnyomás *n* blood-pressure; **alacsony/magas** ~ low/high blood-pressure; **a** ~ **'per' értéke magas** have* a high diastolic pressure

vérnyomásmérő *n* sphygmomanometer

veronai *a/n* Veronese

Veronika *n* Veronica

vérontás *n* bloodshed, shedding of blood; ~ **nélküli** bloodless

veréd|ik *v* **1.** *vmhez* beat*/knock/strike* against sg **2.** **csoportba** ~**nek** form (themselves into) a group

verőér *n* artery

verőfény *n* bright sunshine

verőfényes *a* sunny, sunshiny, sunlit; ~ **ég** bright sky

vérömleny *n* haematoma (*US* hem-)

vérömlés *n* copious bleeding, flow of blood, haemorrhage (*US* hem-)

vérözön *n* sea/streams/torrents of blood

vérpad *n* scaffold; ~**ra küld** *vkt* send* sy to the scaffold

vérpangás *n* stagnation of blood

vérpiros *a* blood-red

vérpróba *n* blood-test

vérrokon *n* blood relation/relative

vérrokonság *n* blood relationship

vérrög *n* blood clot, *tud* thrombus (*pl* thrombi)

vers *n* **1.** *(költemény)* verse, poem, piece of poetry; ~**be szed** versify, put* into verse; ~**et ír** *(egyet)* write* a poem; *(verset)* write* poetry; ~**et mond** recite a poem; *ált* recite poetry **2.** *(bibliában)* verse

vérsavó *n* (blood) serum

versciklus *n* cycle (of poems)

vérségi *a* ~ **kapocs** ties of blood *pl*

vérsejt *n* blood cell/corpuscle; **fehér**~ white blood cell, leucocyte; **vörös**~ → **vörösvértest**

vérsejtsüllyedés *n* (blood/erythrocite) sedimentation; *(mértéke)* sedimentation rate; *(vörös)* erythrocyte sedimentation rate (ESR)

vérsejtszámlálás *n* blood count

versel *v* write* poetry/verse, versify

verselés *n* versification, poetry; **időmérté-kes** ~ metrical poetry/versification; **ma-gyaros** ~ Hungarian versification/metre, Hungarian metrics *sing.*

verseng *v vmért* compete (for sg), contend (for sg); ~**enek a vezetésért** they are vying (with each other) for the lead

versengés *n* competition, contest, rivalry (between)

verseny *n* **1.** *sp (atlétikai)* athletic meet(ing), an athletics meeting, competition; *(gyorsasági)* race; *(sakk, tenisz, bridzs)* tournament; **a** ~ **állása** ... the score is ...; ~**ben van vkvel** be* in competition with sy, compete in a race against/with sy, compete with sy, race sy; ~**t fut vkvel** run* a race with sy; **fussunk** ~**t!** I'll race you **2.** *ált* competition, contest; *(horgász-, szépség- stb.)* [fishing/beauty etc.] contest; ~**ben van/áll vkvel** compete against/with sy; ~**re kel vkvel** enter into competition with sy; **felveszi/kiállja vkvel vmben a** ~**t** be* a match for sy at sg **3.** *(üzleti)* competition; **tisztességtelen** ~ unfair competition

versenyautó *n* racing car

versenybíró *n* **1.** *sp (krikett, röplabda, tenisz, úszás)* umpire; *(ökölvívás)* referee **2.** *(zsüritag)* member of the jury

versenybíróság *n* jury, judges *pl*

versenybizottság *n* officials *pl*

versenydíj *n* prize

versenyeredmény *n sp* score, points *pl*, result(s)

versenyez *v* **1.** *sp* compete (with sy), participate (*v.* take* part) in a competition/contest/match/tournament, run*, race **2.** *ált (vkvel vmért)* compete/contend with sy for sg; **egymással** ~**ve** in contest with each other, outdoing each other (in sg) **3.** *(vm vmvel átv)* compare (with); **nem** ~**het vele** be* no match for, cannot be compared with

versenyfeltétel *n* competition conditions/terms *pl*

versenyfutás *n* **1.** *sp* race; *(vágta)* sprint; **100 méteres** ~ 100 metres (race) **2.** *átv* race; ~ **az idővel** race against time

versenyfutó *n* runner, racer

versenygép *n (kerékpár)* racer, racing cycle

versenyhajó *n* racing-boat; *(kajak, kenu)* racing shell

versenyistálló *n* racing stable

versenyképes *a* **1.** *(ár)* competitive [price] **2.** *(áru)* marketable

versenykerékpár *n* racer, racing cycle

versenykiírás *n ker* invitation to tender (for)

versenykocsi *n* **1.** *(autó)* racing car, racer **2.** *(ügetőn)* sulky

versenyláz *n* ~**ban van** be* psyched up

versenyló *n* race-horse, racer

versenymotor *n* racing engine

versenymű *n (zenei)* concerto

versenypálya *n* **1.** *(atlétika)* track, field **2.** *(lóversenyen)* racecourse; *főleg US:* racetrack

versenypályázat *n* competition, competitive examination

versenypont *n (versenyen elért)* point

versenysport *n* competitive sport

versenyszabályok *n pl* competition rules

versenyszám *n* event

versenyszellem *n* competitive spirit

versenyszerű *a* ~**en sportol** pursue sports (*v.* some sport) competitively, [run*, swim* etc.] for a club

versenyszerződés *n (munkaversenyé)* emulation contract

versenytárgyalás *n* (public) tender; ~**t hirdet** (*v.* ír ki) publish an invitation for tenders, tender for [sg, e.g. the construction of a new motorway], put*/send* in a tender for sg; invite tenders for sg

versenytárs *n* (fellow) competitor; *(rivális)* rival; **nincs** ~**a** (s)he has* no rival, (s)he is* unrivalled

versenyúszás *n* swimming-race/contest

versenyúszó *n* swimmer

versenyuszoda *n* swimming-pool

versenyvitorlás *n* (racing) yacht

versenyzés *n ált* competing; *(főleg ló és autó)* racing

versenyző *n sp ált* competitor, *(ökölvívás, íjászat, tánc-, szépségverseny stb.)* contestant; *(tévévetélkedőn)* contestant

verses *a* (written) in verse *ut.*, verse-, rhymed; ~ **elbeszélés** narrative poem

verseskönyv, -kötet *n* book of verse; *(gyűjteményes)* anthology

versfaragó *n* rhymester, versifer

versforma *n* metrical form/structure, (poetic) metre (*US* -er), versification

versike *n* (nursery) rhyme, ditty, little verse

versírás *n* versification, writting of poetry

verskötet *n* = **verseskötet**

versláb *n* (metrical) foot°

versmérték *n* (poetic) metre (*US* -er)
versmondás *n* reciting poetry
versmondó *n* reader
verspár *n* couplet
verssor *n* verse, line (of poetry)
versszak *n* (*éneké*) verse; *(nagyobb költemé-nyé)* stanza
verstan *n* prosody, metrics *sing.*
vérsüllyedés *n* = **vérsejtsüllyedés**
vérszegény *a* anaemic (*US* anemic)
vérszegénység *n* anaemia (*US* anemia); **vészes** ~ pernicious anaemia (*US* -e-)
vérszemet kap *kif* become*/grow* bold, get* carried away (by/with sg)
vérszerződés *n* compact sealed with blood
vérszomj *n* bloodlust, thirst for blood
vérszomjas *a* bloodthirsty, sanguinary, cruel
vérszopó I. *a (átv is)* blood-sucking **II.** *n* blood-sucker
vert *a* **1.** *(arany, ezüst)* beaten; *(vas)* wrought, hammered; ~ **csipke** pillow/bobbin lace; ~ **fal** mud wall **2.** *(legyőzött)* defeated, vanquished; ~ **had(sereg)** beaten army
vért *n* armour (*US* -or); *(mellen)* cuirass
vértanú *n* martyr
vértanúhalál *n* martyr's death, martyrdom; ~**t hal** *(egy ügyért)* die a martyr (in the cause of . . .)
vértanúság *n* martyrdom
vértelen *a* bloodless; ~ **arc** white/wan face; ~ **ajkú** white-lipped
vértenger *n* sea/streams of blood
vértest(ecske) *n* blood corpuscle ⇨ **vérsejt**
vértez *v átv* arm; ~**i magát vm ellen** steel/arm oneself against sg
vértezet *n* armour (*US* -or), armour-plating
vertikális *a* vertical
vértisztító *a* blood-purifying/cleansing
vértócsa *n* pool of blood
vértolulás *n* congestion
vértörvényszék *n tört kb.* martial law court; *GB tört* Bloody Assizes
vérű *a* -blooded
vérveszteség *n* loss of blood
vérvétel *n* taking a blood sample; ~ **re megy** go* for (*v.* have*) a blood test
vérvizsgálat *n* blood test
vérvörös *a* blood-red
verzál *n* capital letters *pl*, caps *pl*; ~ **lal**, ~ **ból** in capitals/caps
verzátus *a* = **jártas**
vérzékeny *a* haemophilic (*US* hem-)
vérzékenység *n* haemophilia (*US* hem-)

vérzés *n* bleeding; *orv* haemorrhage (*US* hem-); **belső** ~ internal h(a)emorrhage; **havi** ~ menstruation, period, menses *pl*; **megállítja a** ~**t** arrest bleeding
vérzéscsillapító *n* blood-clotting (agent), astringent (drug)
vérzéselállító *n* styptic (drug), astringent (drug); *(borotválkozáshoz)* styptic pencil
vérz|ik *v* bleed*, shed* blood; ~**ik a szívem, ha** . . . it makes my heart bleed when . . .; ~**ik az orra** his nose is* bleeding
verzió *n* version; *(olvasat)* reading
vérző *a* bleeding; ~ **seb** raw wound; ~ **szívvel** with a bleeding heart
vérzsírszint *n* level of cholesterol (in the blood)
vés *v* **1.** *(vésővel stb.)* chisel (*US* -l), cut*; *(bevés vmt vmbe)* engrave sg on sg; **fogat** ~ resect a tooth°; **márványba betűket** ~ engrave letters on marble **2.** **szívébe/emlékezetébe** ~ engrave sg on sy's/one's memory (*v.* in sy's/one's mind)
vese *n* **1.** *biol* kidney: *(összet)* kidney(-), renal **2.** *(étel)* ~ **velővel** kidney and brains *pl* **3.** *átv* **a** ~**jébe lát vknek** see* (right) into sy's heart
veseültetés *n* kidney transplant/transplantation
vesebaj *n* kidney/renal disease
vesebajos I. *a* suffering from a kidney/renal disease *ut.* **II.** *n* kidney/nephropathic patient
vesebántalom *n* = **vesebaj**
vesegörcs *n* renal/ureteric colic
vesegyulladás *n* inflammation of the kidney, nephritis
vesehomok *n* gravel
vesekő *n* (kidney) stone, renal calculus; ~**vel operálták** was operated on for (kidney) stones
vesekőműtét *n* nephrotomy, nephrolithotomy; ~**et végez vkn** operate on sy for (kidney) stones
vesemedence *n* pelvis of the kidney, renal pelvis
vesemedence-gyulladás *n* pyelitis
vesepecsenye *n* sirloin (steak), tenderloin
vésés *n* **1.** chiselling (*US* -l-), carving, cutting; *vmbe* engraving **2.** *orv* resection
véset *n* engraving
vésett *a* chiselled (*US* -l-), carved; *(kő)* engraved
vesevelő *n* = **vese velővel**
vesevérzés *n* renal haemorrhage (*US* hem-)
vesezsugorodás *n* renal atrophy
vésnök *n* engraver
véső *n* ált chisel; *(vésnöké)* burin

vésőd|ik *v* **1.** *vmbe* become* engraved (on sg) **2. emlékezetébe** ~**ött** [the terrible tale etc.] was engraved on his/her memory (*v.* in his/her mind)

vesz *v* **1.** *(megfogva)* take*; **kezébe** ~ **vmt** pick sg up, take* sg in one's hand; **tessék venni!** help yourself/yourselves (*vmből* to sg); **vegyen még!** help yourself/-selves to some more **2.** *(ruhát magára)* put* on; **kabátot** ~ **(magára)** put* one's coat on, put* on one's coat **3.** *(szerez)* get*, take* *(vhonnan* from); **honnan** ~**ünk annyi pénzt?** wherever shall we get so/that much money from?; **honnan vetted ezt?** (1) *konkr* where did you get it (from)? (2) *átv* where did you hear it/that? **4.** *(vásárol)* buy*, *p*urchase, get*; **hol vetted ezt a cipőt?** where did you buy/get those shoes?; **jegyet** ~ → **jegy**; ~**ik, mint a cukrot** be* selling like hot cakes; **10 fontért vette** (s)he bought/got it for £10 **5.** *(rádión)* receive, pick up; **nem tudom venni rajta a BBC-t** I can't receive/get the BBC on it; **tud(sz) engem venni?** are you receiving me? **6.** *(kap)* receive, get*; **vettük f. hó 5-én kelt becses levelét** we are in receipt of your letter of the 5th (inst.) **7.** *(leckét, órát)* angolórákat ~ take* English lessons, take* lessons in English **8.** *(vkt/vmt tekint vmnek)* consider/deem sy/sg sg, regard sy/sg as sg; **jó jelnek** ~ take* sg as a good omen; **bizonyosra** ~ **vmt** take* sg for granted, count on sg **9.** *(valahogyan fogad/kezel)* accept as; **komolyan** ~ *vkt/vmt* take* sy/sg seriously; **semmibe/kutyába se** ~ *vmt/vkt* ignore sg/sy, not care/give a damn about sg/sy; **rossz néven** ~ *vmt* take* sg amiss, take* offence at sg; **könnyen** ~**i a dolgokat** he takes* things lightly/easy; **úgy** ~**i az életet, ahogy van** take* things as they come, *kif* take* the rough with the smooth; **Sikerült a dolog? Ahogy vesszük!** Was it a success? It all depends. (*v.* Yes and no.) **10.** *(egyéb kapcsolatokat, mint pl.* **birtokba** ~, **búcsút** ~, **erőt** ~, **magára** ~, **semmibe** ~ *stb.* ⇨ *a főnév, melléknév stb. alatt)*

vész[1] *v* **vesz|ik** *v.* *(elpusztul)* perish, be*/ get* lost; **éhen** ~**ik** die of hunger; **a tengerbe** ~**ett** was drowned at sea, perished at sea; **több is** ~**ett Mohácsnál** *kb.* it could have been worse, it's not the end of the world; **minden pénze ott** ~**ett** he lost all his money; ~**ni hagy** leave* (sy) to his fate

vész[2] *n* **1.** *(járvány)* plague, pestilence, disease **2.** *(vihar)* tempest, (thunder-)storm **3.** *(baj)* disaster, catastrophe, calamity; **a mohácsi** ~ the Mohács Disaster/Rout

vészcsap *n* fire hydrant

vészcsengő *n* alarm bell

veszedelem *n* danger, peril; ~**ben forog** be* in danger

veszedelmes *a* dangerous, danger-fraught, perilous; **nem olyan** ~ **a dolog** it is not that bad (*v.* as bad as all that)

veszekedés *n* quarrel(ling) (*US* -l-), altercation, dispute, *biz* row

veszeked|ik *v.* **veszeksz|ik** *v ált* quarrel (*US* -l); *vkvel vm miatt* quarrel/wrangle with sy over/about sg; *(apróságok miatt)* squabble (with sy) about sg; *(zajosan, biz)* row (with sy about sg), have* a row (with sy about sg)

veszekedős *a* quarrelsome, cantankerous

veszély *n ált* danger; *(súlyosabb, ir)* peril; *(közvetlen)* ~ **esetén** (if) in danger, in an emergency; **az a** ~ **fenyegeti, hogy** (s)he is in danger of ...ing; **az a** ~ **fenyegeti, hogy elveszíti az állását** (s)he is in danger of losing his/her job; ~**be dönt/ sodor vkt** put* sy in danger, put* (sy's life) at risk, expose sy to danger, endanger sy; ~**ben forog/van** be* in danger/trouble, be* imperilled (*US* -l-), be* endangered; ~**nek teszi ki magát** expose oneself to danger, be* asking/looking for trouble, court danger; **túl van a** ~**en** be* out of danger; **saját** ~**ére** at one's own risk; ~**t jelző tábla** warning sign; **veszéllyel jár** be* risky, be* fraught with peril/danger; **sok veszéllyel jár** be* fraught with danger/risk; **azzal a veszéllyel jár, hogy** it involves the risk/danger of ⇨ **közvetlen**

veszélyes *a* dangerous, perilous; *(kockázatos)* risky, hazardous; *(válságos)* critical; ~ **időszak** danger/critical period; **kihajolni** ~ do not lean out of the window; *biz* **nem olyan** ~ not so bad/serious

veszélyességi *a* ~ **pótlék** danger money, *US* hazard bonus

veszélyeztet *v* endanger, imperil (*US* -l), put* at risk; *(eredményt)* jeopardize

veszélyeztetett *a* endangered, exposed; *(fenyegetett)* threatened; ~ **terhesség** high-risk pregnancy; ~ **terület** danger zone/area

veszélyhelyzet *n* danger, hazard

veszélytelen *a* safe, secure, harmless

veszélyzóna *n* danger zone/area

veszendő *a* perishable, liable of decay *ut.*; ~ **be megy** be*/get* lost, be* wasted
vészes *a (veszedelmes)* dangerous; *(végzetes)* baleful, fateful; *biz* **nem** ~ not so/too bad, not fatal ⇨ **vérszegénység**
veszett *a* **1.** *áll orv* rabid, mad **2.** *(féktelen)* ~ **jókedve van** be* brimming/bubbling over [with excitement etc.] **3.** *(elveszett)* lost ⇨ **fejsze**
veszettség *n áll orv* rabies; ~ **elleni oltás** antirabic (*v.* anti-rabies) vaccination
veszettül *adv* madly, wildly, freely
vészfék *n* communication cord, emergency brake; **meghúzza a** ~**et** pull the communication cord
vészharang *n* alarm/storm-bell, tocsin
vészhír *n* alarming (piece of) news *sing.*
vészhozó *n* baleful, fatal, disastrous
vesz|ik *v* → **vész**[1]
veszít 1. *vt* lose*; **szem elől** ~ lose* sight of; **nem** ~**hetünk semmit** we have nothing to lose; **semmit sem** ~**esz azzal, hogy/ha vársz** you will lose nothing by waiting **2.** *vi* lose* *(vmn* by/on sg), be* a loser; **értékben/értékéből** ~ go* down in value, depreciate; **kártyán** ~ lose* at cards; **300 fontot** ~**ettünk ezen az üzleten** (*v.* a munkán) we lost £300 on that deal/job; **súly(á)ból** ~ lose* (in) weight; **a színéből** ~ lose* colour (*US* -or), fade ⇨ **veszt**
vészjel *n* distress/danger/alarm signal, SOS
vészjelző *n* ~ **csengő** alarm bell; ~ **készülék** alarm
vészjósló *a* ominous, ill-boding, threatening; ~ **pillantást vet vkre** look daggers at sy; ~ **tekintet** sinister look
vészkiáltás *n* cry of distress/alarm, distress call
vészkijárat *n* emergency exit; *(tűz esetén)* fire escape/exit
vészkikapcsoló *n* emergency switch/button
vészlövés *n* warning shot
vészmadár *n (pesszimista)* Jeremiah, a (real) calamity Jane
vesződés *n* trouble, bother
vesződ|ik *v* **1.** *vmvel* bother about/with sg, take* (great) trouble/pains with/over sg (*v.* to do sg), take* the trouble to do sg; *(betegséggel)* have* a lot of trouble with sg; *(kérdéssel)* wrestle (with); **nem érdemes vele** ~**ni** it is* not worth the trouble/candle; **ne** ~**j vele** don't trouble about it/that, don't bother with/about it, don't trouble to ...; **ne** ~**j azzal, hogy ebédet készítesz nekem** don't bother about getting (*v.* don't

bother to get) dinner for me today, I'll eat out **2.** *(nehéz munkát végez)* plod, drudge
veződség *n* bother, trouble; **sok** ~**gel jár, sok** ~**et okoz vknek** it gives* (one/sy) a lot of trouble
veződséges *a* troublesome, irksome, tiresome, giving a lot of trouble *ut.*; *(aprólékos)* finicky
vessző *n* **1.** *(vékony ág)* twig, rod, switch; *(kosárfonó)* wicker, withe, osier; ~**t fut** run* the gauntlet **2.** *(szőlő)* (vine-)shoot **3.** *(fenyítéshez)* cane, switch, birch **4.** *(ékezet)* (acute) accent **5.** *(írásjel)* comma
vesszőfonás *n* basket/wicker-work
vesszőfutás *n átv* ordeal
vesszőkosár *n* wicker basket
vesszőnyaláb *n* bundle of sticks
vesszőparipa *n (átv is)* hobby-horse
vesszőz *v* beat*, flog, cane, birch
veszt *v* lose*; **nincs** ~**eni való időnk** we have no time to lose; **sokat** ~**ettél, hogy nem voltál ott** you (have) missed a lot by your absence, you really missed out; **fejét** ~**i ijedtében** lose* one's head; **színét** ~**i** lose* colour (*US* -or), fade ⇨ **veszít**
veszte *n* sy's undoing/ruination/ruin/destruction; *(elvesztés)* loss; ~**mre** unfortunately for me ...; ~**be rohan** be* heading for disaster, be* rushing (headlong) to one's destruction, *kif* ride* for a fall; ~**t érzi** (1) *(rossz előérzete van)* feel* a premonition of doom (2) *(igen jókedvű)* be* in high feather; ~**t okozza vknek** be* the ruin of sy
veszteg *adv* **maradj** ~**!** keep quiet, will you?
vesztegel *v (hajó, jármű, vk nem tud tovább jutni)* be* stranded [in the middle of the traffic in a foreign country etc.]; *(hajó, repülőgép, időjárás miatt)* be* weather-bound, be* delayed by bad weather; *(vk mert visszatartják)* be* held up
veszteget *v* **1.** *(fecsérel)* squander, trifle away; *(időt)* waste; **nincs** ~**ni való időnk** we have no time to waste/lose, there's not a moment to lose; **kár a szót** ~**ni rá** (it's) not worth (*v.* no good) talking about it, save your breath! **2.** *(elad)* sell* (at a low price); **mennyiért** ~**i?** how much are you asking (for it)? **3.** *(lepénzel)* bribe (sy), buy* sy off, *US biz* graft
vesztegetés *n* bribery, bribing, *US biz* graft
veszteglő *a* **a tengeren** ~ **hajó** a stranded (*v.* weather-bound) ship; **a forgalom kellős közepén** ~ **autó** car stranded in the middle of the traffic

vesztegzár *n* quarantine; ~ **alá helyez** quarantine

vészterhes *a* danger-fraught, baleful

vesztes I. *a (legyőzött)* beaten, defeated, conquered **II.** *n* loser

vesztés *n* losing, loss; ~**re áll** be* losing; ~**re álló játszma** a set that is slipping away

veszteség *n* **1.** *ált* loss; *(időé)* loss (of time), waste; *(kár)* damage, detriment; *(üzletben)* loss, deficit; ~**et szenved** suffer losses; **súlyos** ~**eket szenved** suffer (*v.* meet* with) heavy losses; ~**gel ad el** sell* sg at a loss; **nagy** ~**gel zárja az évet** [the company] has made a big loss (*v.* big losses) this year; ~**gel jár** entail/involve a loss **2.** *vké* loss; **halála súlyos** ~ *(v.* ~**et jelent) a tudományos világ számára** his death was a great loss to (the world of) science/scholarship **3.** *(emberben, háború alatt)* casualties *pl*

veszteséges *a ker* loss-making [products etc.], losing [concern etc.]; *(költségvetés)* showing a deficit *ut.*; ~ **vállalat/termék** a lossmaker

veszteséglista *n kat* casualty list

vesztett *a* lost; ~ **ügye van** his is* a hopeless case

vesztőhely *n* place of execution, scaffold

vet 1. *vt (dob)* throw*, fling*, cast*; **vállára** ~ **vmt** throw* sg over one's shoulder; **földre** ~**ette lovasát** *(ló)* [the horse] tossed/threw it's rider; *(egyéb kapcsolatokat, mint pl.* **árnyékot** ~**, bukfencet** ~**, horgonyt** ~ *stb.* → *a főnév alatt)* **2.** *vt (magot)* sow* [seeds]; **ki mint** ~**, úgy arat** we must reap as we sow **3.** *vt* **vmre** ~**i magát** throw*/fling* oneself on sg; *(vm foglalatosságra)* take* up sg, devote oneself to sg **4.** *vi* **magára vessen, ha** you have* only yourself to blame if

vét 1. *vi* ~ **vk ellen** do* harm to sy, do* sy harm, fail one's duty to sy, do* wrong to sy; ~ **vm ellen** offend against [good manners, the law, traditions etc.] **2.** *vt (hibázik)* make* a mistake, commit an error

vétek *n (bűn)* sin, transgression; *(hiba)* fault, wrong; **halálos** ~ **volna ilyen fát kivágni** it would be a sin (*v.* a thousand pities) to cut down a tree like that; **az a vétke, hogy** his fault is* that

veteked|ik *v* vkvel/vmvel vmben rival (*US* -l) sy/sg in sg, be* a match for sy; **nem** ~**ket** vmvel cannot compare with sg

vétel *n* **1.** *(vásárlás)* purchase, buying; **alkalmi** ~ bargain, buy; ~ **útján** by means

of purchase; **jó** ~ **volt** it was a good bargain/buy **2.** *(levélé)* receipt; **levelének** ~**e után** on receipt of your letter **3.** *(rádió, tévé)* reception; **itt rossz a** ~ *(tévé)* reception is poor here; **jó a** ~**?** *(rádión)* are you receiving me?

vételár *n* (purchase) price

vetélés *n* abortion, miscarriage; **spontán** ~ spontaneous abortion, miscarriage; **művi** ~ induced abortion

vételez *v (anyagot raktárból)* draw*; **fejadagot** ~ draw* rations

vételi *a* **1.** *ker* purchase, purchasing; ~ **ajánlat** bid; ~ **és eladási árfolyam** *(valutáé)* buying and selling rates *pl* [for world currencies]; ~ **megbízás** order (to buy) **2.** *(rádió, tévé)* receiving; **milyenek a** ~ **körülmények?** what is reception like?; ~ **zavar** interference

vetélkedés *n* rivalry, competition

vetélked|ik *v (verseng vkvel vmben)* compete (with sy in doing sg), rival (*US* -l) (sy in sg)

vetélkedő *n* contest; *(tévében)* quiz (programme *v. US* program), quiz show/game; *(különféle, úm.)* a sports/music (*v.* general knowledge) etc. quiz

vételkényszer *n* obligation to buy, commitment [to buy sg]; ~ **nélkül** no/without obligation to buy

vetélő *n tex* shuttle

vételzavar *n (rádió, tévé)* (electrical) disturbance(s), interference, atmospherics *pl*

vetélytárs *n* rival, competitor; *(ismeretlen, biz)* dark horse

vetemedés *n (fáé)* warp

vetemed|ik *v* **1.** *(vmre lealacsonyodik)* stoop/descend to, be* not above doing sg **2.** *(vmre merészkedik)* have* the presumption/impudence to do sg, presume to do sg **3.** *(fa)* warp, be* warped

vetemény *n* vegetables *pl*

veteményeskert *n* kitchen garden; *(bérbe adott, GB)* allotment

veteményez *v* sow, plant

veterán *n* veteran, *biz* old-timer, old campaigner

vetés *n* **1.** *(mezőg cselekmény)* sowing; **őszi** ~ sowing of the winter-corn **2.** *(ami kinőtt)* green/standing corn, crop **3.** *(dobás)* throw(ing), cast(ing)

vetésforgó *n mezőg* crop-rotation

vetési *a* sowing, seed-; ~ **varjú** rook

vetésjelentés *n* report on the crop

vetésterület *n* sowing/sown area

vetésterv *n* sowing/rotation plan

vetetlen *a* 1. *mezőg* unsown 2. ~ **ágy** unmade bed

vetett *a* 1. *mezőg* sown 2. ~ **ágy** made bed 3. *(dobott)* cast, thrown

vetít *v film, mat* project; **filmet** ~ *(ember)* show* a film/picture (on the screen); *(gép)* project a film (on to a screen)

vetítés *n film, mat* projection; *(film bemutatása)* showing/screening [of a film]

vetített *a* projected; ~ **kép** slide; ~ **képes előadás** slide show, lecture/talk illustrated with slides

vetítő(gép) *n* projector

vetítővászon *n* screen

vétkes I. *a* 1. *vk* guilty; ~**nek mond ki** find* (sy) guilty 2. *vm* culpable, sinful; ~ **gondatlanság/könnyelműség** culpable/gross negligence **II.** *n* sinner, transgressor

vétkesség *n* guilt(iness)

vétkezés *n* (act of) sinning, transgression, trespass

vétkez|ik *v* err, sin; **vk/vm ellen** ~**ik** sin/offend against sy/sg; *(a törvény stb. ellen)* offend against [the law/rules etc.], transgress [a law etc.]

vetkőzés *n* (act of) undressing

vetkőz|ik *v* undress, take* off one's clothes; **meztelenre** ~**ik** strip off, *biz* strip to the buff; *(sztriptízben)* strip

vetkőzőszám *n* striptease, strip (show)

vetkőztet *v* undress, take* off the clothes (of sy); **meztelenre** ~ **vkt** strip sy, *biz* strip sy to the buff

vétlen *a jog* blameless, innocent; ~ **volt a balesetben** the accident was not his/her fault, the accident happened through no fault of his/her own

vétlenül *adv* through no fault of his/her own

vétó *n* veto; ~**t mond vm ellen** veto sg *(alakjai:* vetoed, vetoing)

vétójog *n* right of veto; ~**ot gyakorol** exercise/use one's veto on sg

vetőburgonya *n* seed-potato

vetődés *n* (act of) throwing/flinging oneself; *(futballkapusé)* dive

vetőd|ik *v* 1. *(veti magát)* throw*/fling* oneself; *(futballkapus)* dive 2. *(kerül vhova)* turn up, find* oneself swhere; **partra** ~**ik** be* cast ashore

vetőgép *n mezőg* sowing/seeding machine, sower, drill

vetőmag *n* seed grain, seeds *pl*

vétség *n* offence *(US* -se)

vetülék *n* weft, woof

vetülékfonal *n* weft (yarn), filling

vetület *n* projection; ~**ben ábrázol** project, draw* a projection of

vetületrajz *n* projection drawing

vevény *n* receipt

vevő *n* 1. *ker* purchaser, buyer; *(állandó)* (regular) customer 2. *(távközlési)* receiver

vevőállomás *n (távközlési)* receiving station

vevőkészülék *n (távközlési)* receiver

vevőkör *n* sy's custom, (regular) customers *pl*

vevőközönség *n* = **vásárlóközönség**

vevőszolgálat *n* service department; consumer advice and protection centre *(US* -ter)

vezekel *v* 1. *vmért* expiate [one's sin, a crime], atone for [a sin] 2. *vall* do* penance (for sg)

vezeklés *n* (act of doing) penance, penitence [for wrongdoing], atonement

vezeklő *a/n* penitent

vezényel *v* 1. *kat (vezényszót ad)* command; **tüzet** ~ order fire, give* the order to fire 2. *kat* **vkt vhova** ~ command/detail sy swhere 3. *(karmester)* conduct [an orchestra]; ~ ... conducted by ...

vezénylés *n* 1. *(vezényszóadás)* giving (the word of) command, commanding 2. *(zenekari)* conducting

vezénylet *n kat* command

vezényszó *n* (word of) command; ~**ra lép** march at command

vezér *n* 1. *(vezető)* leader, chief, head; *tört* **a hét** ~ the seven Hungarian Chieftains 2. *biz* = **vezérigazgató** 3. *(sakkban)* queen

vezéralak *n* leading figure/personality/light, *biz* kingpin

vezércikk *n* leader, leading article, *US* editorial

vezércsel *n* queen's gambit

vezércsillag *n* loadstar *v.* lodestar, guiding star/light

vezérdallam *n* theme song

vezéregyenes *n mat* directrix

vezérel *v* 1. *(vezet)* guide, conduct, direct, lead*, command 2. *műsz* control

vezérelv *n* guiding/leading principle

vezéreszme *n* leading/fundamental idea, ideal

vezérevezős *n* stroke

vezérezredes *n* general *(röv* Gen., *US* GEN)

vezérfonal *n* 1. *(cselekvésé)* guidelines *pl*; *(elv)* guiding principle; *(párté)* party line 2. *(könyv)* guide, manual

vezérgondolat *n (műé)* leading idea, keynote, the thread running through sg

vezérhajó *n* flagship; ~ **parancsnoka** flag captain

vezérigazgató *n* director(-)general (*pl* director(-)generals *v.* directors(-)general); (*ha van elnök* — 'chairman' *v. US* 'president' — *is:*) managing director

vezérkar *n* general staff

vezérkari *a* of the general staff *ut.*, staff-; ~ **főnök** chief of the general staff; ~ **tiszt** staff-officer

vezérképviselet *n* general agency

vezérlés *n* műsz control

vezérlet *n* guidance, lead(ership); (*parancsnokság*) command

vezérlő *a* 1. (*irányító*) directing, managing; *kat* commanding; *tört* ~ **fejedelem** ⟨Ferenc Rákóczi, ruling prince of Transylvania and commander(-in-chief) of the Hungarian insurgent forces⟩ 2. *műsz* control; ~ **áramkör** control circuit

vezérlőasztal *n* control desk

vezérlőberendezés *n* control equipment

vezérlőmű *n* (*gépkocsié*) valve gear

vezérlőpult *n* control desk

vezérlőtábla *n* control panel

vezérlőterem *n* control room

vezérmotívum *n* (*zene*) leitmotiv *v.* leitmotif

vezérmű *n* = **vezérlőmű**

vezérnyelv *n* (*szótárban*) source language

vezérőrnagy *n* major general (*röv* Maj-Gen., *US* MG)

vezérszerep *n* leading part/role

vezérszó *n* subject-heading

vezérszólam *n* zene principal/leading part/voice

vezérürü *n* (*átv is*) bellwether; (*átv még*) cock of the walk

vezérvonal *n* mat directrix

vezet 1. *vt vkt vhová* lead* (to), guide (to), conduct (to); **szobájába** ~ **vkt** show* sy to his/one's room; **kezénél fogva** ~ **vkt** lead* sy by the hand; **orránál fogva** ~ **vkt** lead* sy by the nose, lead* sy up the garden path 2. *vt/vi* (*autót*) drive*; (*hajót*) pilot, steer; (*repgépet*) pilot; (*mozdonyt*) drive* 3. *vt* (*huzalt vhová*) run* [a wire to] 4. *vt* (*irányít*) direct, control; (*ügyeket*) manage; (*üzemet, szállodát stb.*) run*, manage; (*sereget*) command, lead*; **vk nyomára** ~ **vkt** put* sy on the track of sy 5. *vt* (*túrát stb.*) take*/conduct (sy on) a tour [of a town, the castle etc.]; (*múzeumban*) conduct [tourists/visitors] round/through a/the museum 6. *vt* (*írásban*) → **jegyzőkönyv, könyv, napló** 7. *vt* (*mérkőzést*) referee [a/the match]; (*teniszt*) umpire 8. *vt* (*ülést, tárgyalást*) conduct; (*elnökként ülést*) chair, pre-

side over [a/the meeting]; (*tévé stb.*) **a műsort** ~ **te** ... the [programme] was presented by ... 9. *vt* (*elektromosságot, hőt*) conduct [electricity, heat] 10. *vi* (*visz nyom, út stb. vhova*) lead* to; (*lépcső vhova*) lead* up/down to; **út, amely a városba** ~ road that leads (*v.* road leading) to the (*v.* into) town 11. *vi* vmre/vmhez ~ lead* to sg, result/end in sg; **ez nem** ~ **semmire** this is not getting us anywhere 12. *vi sp* lead*, be* in the lead; **félidőben Magyarország** ~**ett Franciaország ellen 5:2-re** Hungary were leading France 5-2 at half time, Hungary were 5-2 in the lead at half time; **egy góllal** ~ be* one goal up/ahead

vezeték *n* 1. (*huzal*) wires *pl*, line; ~**et fektet** lay* down a cable 2. (*cső gáznak, víznek stb.*) pipe, tube; (*olajé*) pipeline

vezetékes *a* ~ **rádió** wire(d) broadcasting/radio

vezetéknév *n* surname, family name

vezetés *n* 1. (*cselekmény*) leading, conducting; (*idegenforgalmi, pl. egy várban*) conducted/guided tour/visit [round the castle etc.]; ~ **volt a székesegyházban** we were given a conducted/guided tour of the cathedral 2. (*járműé*) driving 3. *kat* command 4. (*ügyeké, vállalaté stb.*) direction, management 5. (*szerep*) lead(ership); **vknek a** ~**e alatt** under sy's leadership/direction/guidance; **megbíz vkt az ügyek** ~**ével** put* sy in charge 6. *pol* (*vezetők*) leadership 7. *sp* lead; **átveszi a** ~**t** take* (over) the lead 8. *el, fiz* conduction

vezetéstechnika *n* (*autó*) sy's driving style

vezető I. *a* leading; (*irányító*) directing, managing; **az oda** ~ **út** the way there, approach; **a városba** ~ **út** road leading to (the) town; **a Londonba** ~ **út** the road to London; **a Bécsen át** ~ **út** the road (passing) through Vienna; ~ **állásban van** hold* a top/leading post, be* in a managerial (*v.* an executive) position/job; ~ **énekes** lead singer; ~ **helyen foglalkozik vmvel** give* prominence to sg, highlight sg, *US* feature sg; ~ **pártok** ruling/leading parties; ~ **szerep** (1) *pol stb.* leadership (2) *szính* lead (part); **átveszi a** ~ **szerepet** take* (over) the lead; ~ **szerv** managing body; ~ **tanár** senior teacher; (*gyakorlóiskolában*) supervisor of a trainee teacher II. *n* 1. (*autóé*) driver; (*mozdonyé*) (engine) driver, engineer 2. (*üzleti vállalkozásé, vállalaté stb.*) manager, (managing) director, chief; (*bolté*) manager; (*múzeumé, gyűjteményé*) custodian, keeper, curator 3. (*álla-*

mé, kormányszervé stb.) leader, head **4.** *(idegenvezető)* guide, courier **5.** *el, fiz* conductor
vezetőfülke *n (teherautón)* cab; *(villamoson)* driver's position
vezetői *a* **1.** *(munkahellyel kapcs.)* managerial [decisions, skills etc.] **2.** ∼ **engedély** *(gépkocsira)* driving licence; *US* driver's license; ∼ **ülés** driver's/driving seat
vezetőképes *a el* conductive
vezetőség *n (vezetők)* leadership; *(testületé, intézményé)* board (of directors), management; *(tud. társaságé)* council, executive committee/board
vezetőségi *a* ∼ **tag** member of the (governing/executive) board, board member; ∼ **ülés** meeting of the (governing/executive) board/council, (executive) board/council meeting
vezetőségválasztás *n* election of the board
vézna *a* puny, sickly, thin, weakling
Vezúv *n* Vesuvius
viadal *n* fight, encounter, combat
viadukt *n* viaduct
viaskod|ik *v vkvel, vmvel* wrestle/fight*/grapple with sy/sg; **önmagával** ∼**ik** struggle with oneself
viasz I. *n* wax **II.** *a* wax(-), made/modelled in wax *ut.*
viaszbábu, -figura *n* wax doll/figure/model, waxwork
viaszgyertya *n* wax-candle
viaszol, viaszoz *v* wax
viaszos *a* waxed, waxy, covered with wax *ut.*
viaszosvászon *n* oilcloth, oilskin
viaszsárga *a* wax-yellow, waxy, wax-coloured (*US* -or-)
vibrál *v* vibrate; *(fény)* flicker
vibrato *n zene* vibrato
vibrátor *n* vibrator
vicc *n (anekdota)* anecdote, (funny) story; *(tréfa)* joke; *(viccelődés)* fun, trick; **ez nem** ∼ *(hanem komoly)* that is* no joke, it is no laughing matter; **a** ∼ **benne az, hogy** the funny thing (*v.* the point) is* that; ∼ **nélkül!** joking apart, no kidding; **remek** ∼ **volt** it was a great joke, it was a good one; **pikáns** ∼ off-colour joke, spicy story; ∼**ből** for/in fun, as a joke; ∼**et csinál vmből/vkből** make* fun of sg/sy; **nem értette meg a** ∼**et** the joke was lost on him, he missed the point; ∼**eket mond** crack jokes, wisecrack
viccel *v* joke *(vkvel* with sy); **csak** ∼**ek!** I'm only kidding!; **te csak** ∼**sz velem** you're kidding (me), *biz* you're having me on; **csak** ∼**tem veled** I was only joking (with you), I

was only pulling your leg; **nem** ∼**ek!** no kidding!; **ugyan ne** ∼**jen** get along with you, be* serious, *biz* pull the other one
viccelődés *n* joking, leg-pulling
viccelőd|ik *v vkvel* play jokes/tricks (on sy)
vicces *a* funny, comic, droll; **rém** ∼ *biz* killingly funny, *kif* it's a howl; ∼ **ember** he's great fun
vicclap *n* comic paper, satirical journal
vice(házmester) *n biz* assistant caretaker/concierge, *US* janitor
vicinális *a/n* = **helyiérdekű** *vasút*
vicsorgat, vicsorít *v* fogát ∼**ja** show*/bare one's teeth (in anger), snarl
vidám *a* cheerful, merry, jolly, joyful, joyous; ∼ **hangon** cheerily, in a cheery voice; ∼ **ember** jovial/lively fellow; ∼ **fickó** wag; ∼ **kedélyű** of a cheerful/sunny disposition *ut.*; **V**∼ **Park** fun-fair, amusement park
vidámság *n* gaiety, mirth, jollity, merriment
vidék *n (város ellentéte)* country(side), rural areas/parts *pl; (főváros ellentéte)* the provinces *pl; földr (terület)* region, country; ∼**en** in the country; ∼**re megy** go* out into the country, be*/go*/move out of town; ∼**ről** from the country; **ön nem erről a** ∼**ről való?** you don't come from these parts, do you?; **az ország minden** ∼**éről** from all corners of the country
vidéki I. *a* country, provincial, rural; ∼ **élet** country life; ∼ **levegő** country air; ∼ **körútra indul** set* out for the provinces; ∼ **város** country/provincial town **II.** *n* man°/woman° from the country/provinces, countryman°, countrywoman°
vidékies *a* provincial, parochial
videó *n (ált. a videózás)* video; *(a készülék)* video (cassette) recorder (*röv* VCR), video (*pl* videos); *(felvett műsor)* video; ∼**ra felvesz** *vmt* video sg (*alakjai:* videoed, videoing), videotape sg, record sg on video; ∼**t néz** watch a video (*v.* videos)
video- *pref* video-
videofelvétel *n* video (recording)
videofilm *n* video film
videojáték *n* TV game, video game
videokamera *n* video camera
videokazetta *n* video cassette; *(műsoros)* video
videokészülék *n* video (cassette) recorder (*röv* VCR), video
videoklip *n* videoclip
videomagnó *n* video (cassette recorder); video tape recorder; ∼**ra felvesz** → **videó**
videorekorder *n* = **videokészülék**
videoszalag *n* videotape

videotéka *n* videotheque [loan service], video library

videózás *n* **1.** *(nézés)* watching of videos *(v. a video)* **2.** *(filmezés)* making of videos *(v. a video),* videoing

videóz|ik *v* **1.** *(nézi)* watch videos *(v. a video)* **2.** *(filmez)* make* videos *(v. a video),* video *(alakjai:* videoed, videoing)

vidít *v* cheer up

vidító *a* cheering, heartwarming

vidor *a* = **vidám**

vidra *n* otter

vidul *v* cheer/brighten up, *biz* perk up

Vietnam *n* Vietnam

vietnami *a* Vietnamese

víg *a* cheerful, lively, merry, joyous, jolly; ~ **kedély** cheerful/jolly disposition; ~ **kedélyű** cheerful, merry, bright; ~ **mulatozás** merry-making

vigad *v* make* merry, amuse/enjoy oneself, have* a good time, *US* have* a ball

vigalmi *a hiv* ~ **adó** entertainment tax

vigalom, vigasság *n* † merry-making, jollification, entertainment

vigasz *n* comfort, solace, consolation; **gyönge/sovány** ~ **számára** it's cold comfort to him, that's poor/little/small consolation (for him); **némi** ~ crumb/scrap of comfort

vigaszág *n sp* repechage

vigaszdíj *n* consolation prize; *(utolsónak)* booby prize, *GB* wooden spoon

vigasztal *v vmért* console (sy for sg), comfort (sy for sg), give* comfort/sympathy to sy; **csak az** ~**ta, hogy** his/her only consolation was ..., (s)he consoled himself/herself with the thought that

vigasztalan *a* disconsolate, desolate(d); *(szomorú)* grieved; ~ **helyzet** hopeless/desperate state/situation

vigasztalás *n* comfort, consolation, solace; ~**t merít vmből** draw*/derive/take* consolation/comfort from sg, find* solace in sg

vigasztalhatatlan *a* inconsolable, disconsolate

vigasztaló I. *a* consoling, comforting; ~ **szavak** words of comfort **II.** *n* comforter, consoler

vigasztalód|ik *v vmvel* console oneself (with sg), take*/find* comfort/consolation (in sg); ~**j!** *ir* be comforted!, cheer up!

vigaszverseny *n* repechage

vígjáték *n* comedy

vígjátékíró *n* comedy-writer

vignetta *n* = **címke**

vígopera *n* comic opera, opera buffa

vígság *n* gaiety, jollity

vigyáz *v (figyel/ügyel vmre/vkre)* take* care of sg/sy, look after sg/sy; *(vm veszélyre)* look out, take* care, watch (out), be* careful; *(figyelmet szentel vmnek)* pay* attention/heed to; *(őriz vmt/vkt)* guard sg/sy, watch over sg/sy, take* care of sg/sy; ~ **arra, hogy** ... take* care *(v.* be* careful) that; *(nehogy)* be* careful *(v.* take* care) not to; ~ **a gyerekekre** look after the children, keep* an eye on the children; ~**z!, tessék** ~**ni!** be careful!, take care!, look/watch out!; ~**z magadra!** look after *(v.* take care of) yourself!; ~**z, el ne ess** watch your step, mind you don't fall; *(lépcsőn)* mind the step; ~**z, hullik a mennyezet!** beware of falling plaster; ~**z, kész, rajt!** ready, steady, go!; ~**z, meg ne hűlj!** mind you don't catch cold; ~**z, mit mondasz neki!** watch what you say when you talk to him; ~**z! lépcső!** mind the/that step!; ~**z a fejedre(, be ne üsd)!** mind your head!; ~**z a szavamra!** mark my words; ~**z, ha jön a vonat!** beware of (the) trains; *US* stop, look and listen!; ~**z! a kutya harap** beware of the dog; **úgy** ~ **rá, mint a szeme fényére/világára** guard sg with one's life ⇨ **vigyázz**

vigyázat *n (óvatosság)* caution, care, watchfulness, attention; *(elő~)* precaution, guard; ~**!** take care!, look out!, caution; ~**! mázolva!** wet paint; ~**! lépcső!** mind the step; ~**! ne álljunk az ajtó mellett** *(pl. metróban)* stand clear, please!; stand clear of the door!; ~**! a tetőn dolgoznak!** danger — men working overhead; ~**! autó!** beware of traffic/cars

vigyázatlan *a* careless, heedless, incautious

vigyázatlanság *n* carelessness, incautiousness

vigyázz I. *int* **1.** *ált* look out! **2.** *kat* attention!; *biz* shun! **II.** *n kat* attention; ~**ba vágja magát** spring*/jump to attention; ~**ban áll** stand* at attention ⇨ **vigyáz**

vigyázzállás *n* attention

vigyor(gás) *n* (sardonic) grin, smirk, snigger

vigyorog *v* grin, smirk, smile derisively

viháncol *v* **1.** *(nevetgél)* giggle, titter **2.** *(ugrál)* romp/horse about

vihar *n* storm, *ir* tempest; ~ **egy pohár vízben** storm in a teacup; ~ **előtti csönd** the lull/calm before the storm; ~ **közeledik/készül** there is a storm approaching/brewing/gathering; **kitört a** ~ the storm broke (out); ~ **tombol** there is a raging storm *(v.* violent gale); ~**ba kerül** be* caught in/by a storm; **a** ~**nak vége** the storm has blown (it*self*) out, the storm has blown *over*

viharágyú *n* gale-warning flare

viharedzett *a* weather-beaten

viharfelhő *n* storm-cloud, thunder-cloud

viharjelzés *n* storm warning, storm-signal

viharjelző *n* *(készülék)* storm-warning/signal

viharkabát *n* *kb.* windcheater, anorak, parka, *US* windbreaker

viharlámpa *n* hurricane lamp, storm lantern

viharmadár *n* storm/stormy petrel

viharos *a* stormy, windy, thundery; ~ **átkelés** rough crossing; ~ **szél** storm-wind, gale; ~ **tenger** heavy/rough sea; ~ **a tenger** a high sea is* running; ~ **taps/tetszés** tumultuous applause, a storm of applause; ~ **tapsot kap** bring* down the house (*v.* the house down); ~ **élet** stormy life/career, chequered career

viharsarok *n* stormy corner

viharszíj *n* chin-strap

viharvert *a* weather-beaten, weather-worn; *(átv biz)* battered

viharzóna *n* storm area/zone

vihog *v* giggle, titter, snigger; *(ló)* whinny *(múlt ideje:* whinnied)

vihogás *n* giggling, titter(ing), snigger(ing)

vijjog *v* scream, screech, shriek

víkend *n* weekend (*US* weekend) ⇨ **hétvége**

víkendez|ik *v* spend* the weekend (at), weekend (at)

víkendház *n* weekend cottage/house

viking *a/n tört* Viking

vikszel *v biz* wax-polish

Viktor *n* Victor

Viktória *n* Victoria; ~ **korabeli** *tört, ir* Victorian

viktoriánus *a* Victorian; ~ **álszemérem** Victorian prudery; ~ **erkölcsök** Victorian moral standards, Victorian attitudes to sexual morality; ~ **kor** Victorian period

világ *n* **1.** *(föld)* earth, globe; *(mindenség)* universe; *összet* world-, universal, international; **a harmadik** ~ the Third World; ~ **körüli** round-the-world; ~ **körüli útra megy** go* on a round-the-world tour (*v.* world tour); **a régi** ~ the old days/times *pl;* **ilyent még nem látott a** ~ never before has/had anything like that been seen; **a** ~ **szemében** in the eyes of the world; **mit szól hozzá a** ~? what will the world (*v.* people) say?; **mióta a** ~ ~ from/since time immemorial; **a** ~ **minden kincséért sem** not for all the money in the world;

azt hiszi, hogy Kaposvár a ~ **közepe** he thinks that Kaposvár is the hub of the universe; **a** ~ **minden táján/részén** in all parts/corners of the globe; ,**a** ~ **vége** (1) *(térbeli)* the ends of the earth *pl,* the back of beyond (2) *(időben)* doomsday, world's end; **a** ~ **végéig** to the end of the world; **a** ~ **végén lakik** live at/in the back of beyond; **ez a** ~ **sor(j)a** such is life; **100 Ft nem a** ~ 100 forints is/are not the earth; **két év nem a** ~ two years will not last for *ever;* **egy** ~ **omlott/dőlt össze benne** (s)he (*v.* his/her world) was shattered; **a mai** ~**ban** nowadays, today, these days; **más** ~**ban él (ő)** (s)he is in another world (*v.* on another planet); **sokat látott a** ~**ból** (s)he has seen the world; **a** ~**ért sem** not for (all) the world, not for the life of me, I wouldn't dream of it; **az egész** ~**on** all over the world, (all) the world over, everywhere; **az egész** ~**on elterjedt** world-wide, known the world over *ut.*; **sehol a** ~**on** nowhere under the sun, nowhere in the (wide) world; **más is van a** ~**on, nemcsak te** you are not the only pebble on the beach; ~**ra hoz** bring* [a child°] into the world, give* birth to; ~**ra jön** come* into the world, be* born; **a** ~**ért sem** not on any account, not for (all) the world; **más** ~**ot élünk** times have changed; **éli** ~**át** (1) *(jól él)* live in plenty/clover; *biz* live the life of Riley (2) *(könnyen)* have* a good time, enjoy oneself; ~**ot lát** travel (*US* -l), see* life, see* the world; ~**ot látott ember** a (widely) travelled (*US* -l-) man; **elmegy** ~**gá** go* out into the world; ~**gá kürtöl vmt** shout sg from the housetops **2.** *(az élet vmely területe)* world, realm; **az állatok** ~**a** the animal world/kingdom; **a film** ~**a** the world of the screen, the film world, filmdom **3.** † *(fény)* light; ~**ot gyújt** light* the lamp(s) **4. vk szeme** ~**a** sy's (eye)sight, sy's eyes *pl*

világ- *pref* world(-); world-wide; universal; international

világatlasz *n* world atlas

világbajnok *n* world champion; **ő lett a** ~ (s)he won the world championship

világbajnoki *a* ~ **cím** world title; ~ **döntő** *(labdarúgás)* World Cup Final

világbajnokság *n ált* world championship, *(atlétika, labdarúgás stb.)* World Cup; **labdarúgó-** ~ World Cup; **ökölvívó-** ~ world boxing championship

világbank *n* World Bank

világbéke *n* universal/world peace

világbirodalom *n* empire; **a római** ~ the Roman Empire

világcsoda *n* wonder of the world, *tréf* miracle

világcsúcs *n* world record

világégés *n kb.* world war, holocaust

világegyetem *n* universe, cosmos

világéletemben *adv* all my life, in all my born days

világfájdalom *n* Weltschmerz

világfelfogás *n* = **világnézet**

világfi *n* man° of the world

világforradalom *n* world revolution

világgazdaság *n* world economy, (international) economics *sing.*

világgazdasági *a* ~ **válság** world(-wide) slump/depression, international economic crisis; *(a nagy, tört)* Great Depression (1929—35)

világháború *n* world war; **a második** ~ the Second World War, World War II; **a két** ~ **közti időben** between the wars, in the interwar period

világháborús *a* relating/pertaining to the World War *ut.*, of the World War *ut.*

világhatalmi *a* ~ **törekvések** plans for world domination, imperialist/imperialistic aspirations

világhatalom *n* world power; **a világhatalmak** the World/Great Powers

világhelyzet *n* world situation

világhír *n* world-wide fame/renown; international reputation/fame/renown

világhíresség *n* international celebrity/star, great celebrity, *biz* superstar

világhírű *a* world-famous, known all the world over *ut.*

világhódító *a* all-conquering; **vmnek** ~ **útja** *(igével)* sg sweeps* the world

világi **I.** *a* **1.** *(földi)* worldly, earthly; ~ **élet** life on earth; ~ **javak** earthly possessions, (all one's) wordly goods; ~ **örömök** wordly pleasures **2.** *(nem vallásos)* wordly, secular, temporal, lay; ~ **irodalom** secular literature; ~ **iskola** secular school, non-denominational school; ~ **személy** layman° **II.** *n vall* layman°

világias *a* wordly(-minded), profane

Világifjúsági Találkozó (VIT) *n* World Youth Festival

világirodalom *n* world literature

világít *v* **1.** *(fényt ad)* give* light (to sg/sy), shine* **2.** vmvel ~ use/have* sg for lighting *(v.* sg to light with)

világítás *n* ált **1.** lighting; **nappali** ~ daylight **2.** *(autóé)* lights *pl;* **bekapcsolja a**

~**t** turn one's/the lights on *v.* turn on one's/the lights, light* up, switch on the lights; **be van kapcsolva a** ~**?** have you got your lights on?; **nincs bekapcsolva a** ~**(a a kocsinak)** that/the car hasn't got its lights on; *(a vezető)* **kikapcsolta a** ~**t** [the driver] turned off his lights; **a belső** ~ **ég** the car is* lighted up inside

világító *a* **1.** *ált* lighting, illuminating, light--emitting/giving, shining **2.** *(foszforeszkáló)* phosphorescent, luminous; ~ **festék** luminous paint; ~ **számlap** luminous dial

világítóakna *n* day-shaft, light-well

világítóberendezés *n* lighting equipment

világítóbója *n* buoy and beacon

világítógáz *n* lighting/coal-gas

világítólövedék *n* tracer bullet

világítótorony *n* lighthouse

világítóudvar *n* airshaft

világjáró **I.** *a* globe-trotting; ~ **művész** international artist **II.** *n* globetrotter

világjelenség *n* universal phenomenon *(pl* -mena)

világkép *n* world concept, view of life

világkereskedelem *n* international/world trade

világkiállítás *n* international (trade) exhibition, world's fair; **az 1995-re tervezett budapest—bécsi** ~ the Budapest—Vienna World's Fair planned for 1995

világklasszis *n (pl. futballista)* a world-class footballer

világkongresszus *n* world congress

világlap *n* newspaper circulating world-wide

világlátott *a* (widely) travelled *(US* -l-)

világmárka *n* world-famous make

világmegváltó *a* world-saving/redeeming

világméretű *a* world-wide

világmindenség *n* universe

világmozgalom *n* world movement

világnap *n* international day

világnézet *n* ideology, world-view, outlook on life; Weltanschauung; *(igen gyakori ma)* philosopy (of life)

világnézeti *a* ideological

világnyelv *n* world language

világos **I.** *a* **1.** *(tiszta, ragyogó)* clear, bright; *(nem sötét, szín)* bright, light(-coloured) *(US* -or-); ~ **nappal** in broad daylight; ~ **reggelig** till broad daylight; ~ **sárga** light yellow; ~ **sör** pale/light ale, lager; ~ **színű** light(-coloured); ~ **szoba** bright/light room; ~ **van** (1) *(reggel)* it is day(light) (2) *(elég a fény)* there is* plenty of light **2.** *(sakkfigura)* white [piece] **3.** *(egyszerű)* plain, simple; *(könnyen érthető, nyilvánvaló)* clear, *obvious*, manifest, self-*evident*, dis-*tinct*; ~, **mint a nap** it is as clear as crystal/*day*(light); ~ **koponya** clear head, l*u*cid mind; ~ **stílus** a clear style (of wr*i*ting); ~ **válasz** a definite *a*nswer; **a napnál** ~**abb** *(a dolog)* (as) clear as day; **hogy még** ~**abbá tegyem** cle*a*rly, ...; ~, **hogy** it is* *o*bvious that ...; **ez** ~ that is as plain as a p*í*kestaff; **ez** ~ **abból, hogy** ... this is* shown cle*a*rly by ..., this is clear from ...; *biz* ~? got that?, am I m*a*king myself clear? **3.** ~ **pillanatában** in a l*u*cid moment **II.** *n* **1.** *(sakkfigura)* white **2.** *(sör)* light/pale ale, l*a*ger

világosan *adv* clearly, pl*a*inly, expl*i*citly; ~ **beszél** speak* clearly/pl*a*inly, speak* straight to the point; ~ **beszél vkvel** make* oneself clear/plain to sy; ~ **ejt/ mond ki** art*i*culate (each word) c*a*refully/ clearly

világosító *n szính* lighting (*v.* light-effects) man°

világoskék *a/n* light blue

világosod|ik *v* become*/grow* light, l*i*ghten; ~**ik** *(reggel)* day is* br*e*aking, it is* d*a*wning, it is* growing light

világosság *n* **1.** *(fény)* (*day*)light; *el* lum*i*nance, br*i*ghtness; **nappali** ~ (broad) d*a*ylight; ~**ot derít vmre** *átv* bring* sg to light, shed*/cast* light on sg **2.** *(érthetőség)* cl*e*arness, cl*a*rity

világoszöld *a* light green

világpiac *n* world/international m*a*rket

világpiaci *a* ~ **ár** world m*a*rket price; **a** ~ **árarányok bennünket érintő módosulása** the effect of external m*a*rket f*o*rces

világpolgár *n* c*i*tizen of the world, cosmop*o*litan

világpolitika *n* world/intern*a*tional p*o*litics *sing. v. pl*

világproletariátus *n* world proletariat, prolet*a*rians of the world *pl*

világraszóló *a* sens*a*tional, of world-wide importance *ut.*

világrekord *n* world record; *(nem sp)* all-time high

világrekorder *n* world record holder

világrendszer *n* world system

világrengető *a* world-shattering, world-shaking, *e*arthshaking

világrész *n (földrész)* continent

világsajtó *n* the world's/intern*a*tional press

világsiker *n* world-wide success

világszabadalom *n* world p*a*tent

világszabadság *n* world/universal freedom

világszerte *adv* through*ou*t the world, all *o*ver the world; ~ **híres** be* f*a*mous world-wide, be* known all the world *o*ver

világszervezet *n* world organiz*a*tion

világszínvonal *n* world st*a*ndard; ~**ú** state-of-the-*a*rt, the most adv*a*nced

világszövetség *n* world feder*a*tion; **Szakszervezetek Világszövetsége** World Federation of Trade Unions

világtáj *n* **1.** *(terület)* region/qu*a*rter of the world **2.** *(égtáj)* point of the c*o*mpass; **a négy** ~ the c*a*rdinal points *pl*

világtalan *a* s*i*ghtless, without sight *ut.*, blind ⇨ **vak**

világtanács *n* world c*ou*ncil

világtérkép *n* world map/*a*tlas

világtörténelem *n* h*i*story of the world, world h*i*story

világuralmi *a* ~ **törekvés** str*i*ving for world-domination/hegemony

világuralom *n* domin*a*tion of the world

világútlevél *n* p*a*ssport [v*a*lid for all c*ou*ntries of the world], world p*a*ssport

világűr *n (ou*ter) space

világválság *n* world slump, general depression

világváros *n* metr*o*polis

világverseny *n sp* intern*a*tional/world contest/t*ou*rnament

világvevő *n* all-waveband r*a*dio/receiver

világviszonylatban *adv* intern*a*tionally, on a world scale; ~ **is számottevő/kiemelkedő játékos** world ranking pl*a*yer

villa¹ *n* **1.** *(evőeszköz)*(table/d*i*nner) fork **2.** *mezőg (többágú)* fork; *(kétágú)* pitchfork, hayfork **3.** *(evezőé)* rowlock, *US* oarlock

villa² *n (ház)* v*i*lla, *(kisebb)* (summer) cottage/bungalow

villám *n* lightning; *(villámcsapás)* thunderbolt; ~ **csap vmbe** sg is* struck by l*i*ghtning; **derült égből lecsapó** ~ a bolt from the blue; **mint a** ~ (as) quick as l*i*ghtning; ~**okat szór** send* forth flashes of l*i*ghtning; ~**okat szór a szeme** his eyes are bl*a*zing/flashing with *a*nger ⇨ **derült**

villámcsapás *n* stroke of l*i*ghtning, (th*u*nder)bolt; **derült égből** ~ a bolt from the blue

villámgyors *a* l*i*ghtning-fast; ~**an** with lightning speed, like a shot

villámháború *n* l*i*ghtning war, bl*i*tzkrieg

villámhárító *n* l*i*ghtning-conductor/rod

villámlás *n* l*i*ghtning

villáml|ik *v* it is* l*i*ghtning

villamos I. *a* electric(al), power; ~ **áram** electric current; ~ **berendezés** electrical apparatus/equipment; ~ **energia** electrical energy, electric power; ~ **feszültség** voltage; ~ **fűnyíró** power mower; ~ **gép** electrical apparatus/motor/engine, power unit; ~ **(háztartási) gépek** electrical appliances; ~ **hajtású** driven/operated by electricity *ut.*, electrically driven, power...; ~ **kisülés** discharge; ~ **motor** = **villanymotor**; ~ **vezeték** wiring **II.** *n* tram(car), *US* streetcar; *(a vonal)* tramline, tramway; **a hatos** ~ tram number six (No. 6), the number six tram, *US* car number six; **felszáll a hatos** ~**ra** take* tram *(US* car) number six, take* a number six tram *(US* car); ~**sal megy** go* by tram

villamosbaleset *n* tramway accident

villamosbérlet *n* tramway *(US* streetcar) season ticket

villamosenergia-ellátás *n* electric power *(v.* electricity) supply

villamoshálózat *n (villamosvasúté)* tram *(US* streetcar) network

villamosipar *n* electrical industry

villamosít *v* electrify

villamosítás *n* electrification

villamosjárat *n* tram(line), *US* streetcar (line)

villamosjegy *n* tram *(US* streetcar) ticket

villamoskalauz *n* tram conductor, *US* streetcar conductor

villamoskocsi *n* tram(car), car, *US* streetcar

villamosmérnök *n* electrical engineer

villamosmérnöki *a* ~ **kar** department/ faculty of electrical engeneering

villamosság *n* electricity

villamossági *a* ~ **szaküzlet** electrical appliances shop

villamosszék *n* electric chair; ~**ben kivégez** *vkt* electrocute sy

villamosvasút *n* **1.** *(villamos vontatású vasút)* electric railway **2.** *(városi)* tramway, *US* streetcar line

villamosvezető *n* tramcar *(US* streetcar) driver

villamosvonal *n* tramline, tramway, *US* streetcar line

villámsebes(en) *adv* = **villámgyors(an)**

villámsújtott *a* struck by lightning *ut.; (fa)* blasted

villámtorna *n (sakk)* lightning tournament

villámtréfa *n* short skit

villámvonat *n* bullet train, super express

villámzár *n* zip (fastener), *US* zipper

villan *v* flash, blink, glint

villanás *n* flash(ing), blink of light

villanegyed *n* affluent (leafy) suburb

villanófény *n* flashlight

villanó(fény)lámpa *n* = **vaku**

villany *n* **1.** *(villamosság)* electricity **2.** *(villanyvilágítás, lámpa, fény)* (electric) light; **gyújtsd fel a** ~**t** switch on the light, turn the lights on; **oltsd el a** ~**t** switch off the light, turn the lights off

villanyáram *n* electric current, electricity

villanybojler *n* immersion heater, electric water-heater

villanyborotva *n* electric razor, shaver

villanycsengő *n* electric (door-)bell

villanydrót *n* electric wire; *(készülékhez, szigetelt, hajlékony)* flex, *US* cord

villanyégő *n* = **villanykörte**

villanyelem *n* battery

villanyfény *n* electric light

villanyforraló *n* electric kettle

villanyfőző *n GB* electric hob, *US* hotplate

villanyfúró *n* power drill

villanyhuzal *n* = **villanydrót**

villanykályha *n* electric heater/stove

villanykapcsoló *n* (light) switch

villanykörte *n* (light-)bulb

villanylámpa *n* (electric) lamp, light

villanymelegítő *n* electric heater

villanymotor *n* (electric) motor

villanymozdony *n* electric locomotive

villanyóra *n* **1.** *(árammérő)* (electricity) meter **2.** *(időmérő)* electric clock

villanyoszlop *n* pole; *(távvezetéké)* pylon

villanypásztor *n* electric fence

villanyrendőr *n biz* traffic lights *pl, US* stop lights/signals *pl*

villanyrezsó *n* = **villanyfőző**

villanyszámla *n* electricity bill

villanyszerelő *n* electrician

villanytakaró *n* electric blanket

villanytűzhely *n* electric cooker

villanyvasaló *n* electric iron; **gőzölős** ~ steam iron

villanyvezeték *n* electric wire/cable, wiring; *(hálózat)* the mains *sing. v. pl*

villanyvilágítás *n* electric lighting

villanyvonat *n* **1.** electric (railway) train **2.** *(játék)* (electric) train set

villanyzsinór *n* flex, *US* (electric) cord

villásdugó *n* adapter *v.* adaptor, wall-plug

villáskulcs *n* (open-ended) spanner, *US* wrench

villásreggeli *n* luncheon

villásrúd *n (kocsin)* pair of shafts, shafts *pl*

villódzás *n (az ég alján)* sheet/summer lightning

villog v flash, gleam, blink, shine*, sparkle; *(tévékép)* flicker; ~ a szeme his eyes are* flashing/blazing/gleaming

villogás n *(fényé stb.)* flash(ing), sparkling, gleam(ing)

villong v quarrel (*US* -l), contend; ~ó pártok warring factions

villongás n quarrel, disturbance

Vilmos n William; Hódító ~ William the Conqueror

vincellér n vine-dresser, vineyardist

vindikál v *(magának)* claim, arrogate to oneself; jogot ~ magának arrogate a/the right to oneself (*v*. to oneself the right to ...)

vinkli n *biz* 1. = derékszög 2. *(eszköz)* bevel square/rule 3. *(labdarúgásban)* the corner of the net

vinnyog v whimper, whine

viola¹ n 1. *növ* stock; kerti ~ common stock, gillyflower; sárga ~ wallflower

viola² n *zene* 1. *(régi)* viol 2. *(brácsa)* viola

violaszín(ű) a violet-coloured (*US* -ored)

violinkulcs n treble/G clef

vipera n viper, adder

viperafajzat n brood of vipers, serpent

viperafészek n nest of vipers

VIP-váró n VIP lounge

virág n 1. *növ* flower; *(gyümölcsfáé)* blossom; vágott ~ cut flowers *pl*; ~ba borul burst* into bloom; ~ot szed pick flowers 2. *(java vmnek)* cream; élete ~(j)ában in the bloom/flower of one's youth, in the prime/flower of life, in one's prime

virágágy n flower-bed

virágállvány n flower stand

virágárus n *(boltos)* florist; *(utcai)* flower-seller, flower-girl

virágbimbó n flower bud

virágcsendélet n flower painting, still life (*pl* still lifes)

virágcserép n flower-pot

virágcsokor n bunch of flowers, bouquet

virágdísz n 1. *(pompa)* floral decoration/ornament 2. *(állapot)* bloom

virágerdő n wilderness of flowers

virágföld n mould, *US* mold

virágfüzér n garland, festoon (of flowers)

virághagyma n bulb

virágillat n fragrance of flowers

virágkereskedés n flower shop, florist('s)

virágkertész n floral gardener, florist

virágkertészet n floriculture

virágkiállítás n flower-show

virágkor n flowering, golden age; *(életé)* prime, heyday; ~ át éli *vm* flourish, it is* the golden age of sg; *vk* be* in one's prime

virágkosár n flower basket

virágláda n *(ablakban)* window-box

virágmag n flower-seed(s)

virágméz n honey

virágminta n flower/floral pattern

virágmintás a flowered, floral [dress, wallpaper etc.]

virágnyelv n *átv* ~en közöl vmt say*/put* sg in a roundabout way to sy, let* sy know sg in coded language (*v*. in a veiled manner), hint at sg

virágnyílás n flowering, blossoming of flowers

virágos a 1. *(mező)* flowery, covered with flowers *ut*.; ~ kert flower garden; ~ mező flowery field 2. *(virággal díszített)* flowered; ~ anyag flowered/floral material 3. ~ kedvében van be* in high spirits; ~ stílus flowery/florid/ornate style

virágpompa n being in full bloom/blossom

virágpor n pollen

virágszál n a *(single)* flower, a stem; ~am! darling!, sweetheart!

virágszirom n petal

virágszőnyeg n carpet of flowers

virágtakaró n 1. *növ* perianth 2. *(mezőé)* blanket/carpet of flowers

virágtartó n flower-stand

virágüzlet n = virágkereskedés

virágvasárnap n Palm Sunday

virágzás n 1. *növ* flowering, bloom(ing); *(gyümölcsfáé)* blossom(ing) 2. *átv* flowering, golden age, heyday; ~nak indul begin* to flourish

virágzat n inflorescence

virágz|ik v 1. *növ* flower, be* in flower, bloom; *(gyümölcsfa)* blossom; ~ani kezd burst* into bloom; *(gyümölcsfa)* begin* to blossom 2. *átv* flourish, prosper

virágzó a 1. *növ* flowering, blossoming, blooming; ~ fák trees in blossom 2. *átv* flourishing, prospering, prosperous; ~ kereskedelem booming trade; ~ vállalkozás prosperous business

vircsaft n *vulg* = gazdálkodás; micsoda ~ folyik itt! what a mess!

virgács n rod, birch(-rod)

virginál n *zene* virginals *pl*

virginiai a/n Virginian

virgonc a agile, nimble, spry

virít v bloom, be* in flower/bloom; most ~ a rózsa the roses are in flower now

virrad v 1. *(hajnalodik)* dawn, the day is* breaking 2. *(vk ébred vmre)* (a)wake* to (find) sg; mire ~unk? what is* (there) in store for us?, what can we expect?

virradat *n* dawn, d*a*ybreak; ~**kor** at dawn
virradó *a* d*a*wning, br*e*aking; **a vasárnap-**
ra ~ **éjszaka** in the *e*arly hours of S*u*nday;
keddre ~**ra** by T*u*esday m*o*rning
virraszt *v* be*/keep* awake, sit*/stay up (for
sy), watch; **beteg mellett** ~ sit* up with
a sick p*e*rson, keep* v*i*gil (by sy's bed)
virrasztás *n* s*i*tting/st*a*ying up (all night), *a*ll-
-night v*i*gil
virsli *n kb.* Vienna s*au*sage, *US* wiener-
(-wurst); **tormás** ~ hot s*au*sages with
h*o*rse-radish *pl*
virtuális *a* **1.** *(lehetőségként létező)* virtual,
potential **2.** *fiz* virtual
virtuóz *n zene* virtu*o*so
virtuozitás *n* virtu*o*sity
virtus *n* ~**ból tette** he did* it to show his
m*e*ttle/c*o*urage/strength; *(vakmerően)* he
did out of sheer brav*a*do/mach*i*smo ⇨
hősködés
virtuskod|ik *v kb.* show*/prove one's
m*e*ttle; ~**ik az erejével** he shows* off
(with) his strength ⇨ **hősködik**
virul *v* **1.** *növ* flower, bloom **2.** *átv* vk, vm
fl*o*urish, pr*o*sper; **él és** ~ be* in the pink,
be* d*o*ing well, be* thr*i*ving
virulens *a orv* virulent
viruló *a* **1.** *növ* flowering, bl*o*oming **2.** *(egész-
.ség)* robust, v*i*gorous; ~ **szépség** sy in the
full flowering of her b*e*auty
vírus *n* v*i*rus
vírusbetegség *n* v*i*ral dis*e*ase
vírusfertőzés *n* virus inf*e*ction
víruskutatás *n* virology
víruskutató *n* virologist
vírusos *a* v*i*ral [dis*e*ase]; ~ **betegségek**
v*i*ral dis*e*ases; ~ **tüdőgyulladás** virus/
v*i*ral pneum*o*nia
visel *v* **1.** *(öltözéket)* wear*, have* (sg) on;
vm nevet ~ bear* a name; **szakállt** ~
wear* a beard **2. háborút/hadat** ~ →
had; hivatalt ~ hold* an *o*ffice; **az**
egész felelősséget ~**i** bear* all the re-
spons*i*b*i*lity; **gondját** ~**i** v*m*nek/vknek
take* care of sg/sy; ~**i a költségeket**
bear* the c*o*sts/exp*e*nses of sg; **nehezen** ~**i**
.**a betegséget** (s)he finds* it hard to bear
(the) *i*llness with f*o*rtitude; **jól** ~ *(bajt, csa-
pást stb.)* bear* up well ag*a*inst/under [mis-
f*o*rtunes] **3.** ~**i magát** beh*a*ve, c*o*nduct
on*e*self; **jól** ~**i magát** beh*a*ve well; **rosz-**
szul ~**i magát** misbeh*a*ve, beh*a*ve b*a*dly,
c*o*nduct on*e*self b*a*dly
viselet *n (ruházat)* c*o*stume, dress; **nemzeti**
~ national c*o*stume/dress

viselkedés *n (vkvel szemben)* behaviour *(US*
-or) (towards sy), c*o*nduct, *a*ttitude;
micsoda ~! such c*a*rryings-on!
viselked|ik *v (vkvel szemben)* condu*c*t one-
self, beh*a*ve (towards sy); **okosan** ~**ik** act/
beh*a*ve sensibly; **a helyzetnek megfele-**
lően ~**ik** ad*a*pt oneself to the occ*a*sion, be*
flexible; **rosszul** ~**ik** misbeh*a*ve, beh*a*ve
b*a*dly; ~**j rendesen!** beh*a*ve (yours*e*lf)!,
be good!; **nem valami jól** ~**ett** he wasn't
ex*a*ctly on his best beh*a*viour *(US* -or); **szé-**
pen ~**ett velem szemben** he beh*a*ved/
*a*cted d*e*cently towards me
viselő *n (címé)* holder
viselős *a* nép *biz* exp*e*cting *ut.*, in the family
way *ut.*
viselt *a* **1.** *(használt)* worn, old; *(kopott)*
sh*a*bby, thr*e*adbare **2. vknek a** ~ **dolgai**
sy's acts/deeds/d*o*ings/past **3. bíró** ~ **em-**
ber a former judge/m*a*gistrate
viseltes *a* worn, sh*a*bby, thr*e*adbare, the
worse for wear *ut.*
viseltet|ik *v (vmvel/valahogyan vk/vm iránt)*
feel*/show*/m*a*nifest sg for sy/sg; **jóindu-**
lattal ~**ik vk iránt** be* well-disp*o*sed
towards sy; **rosszindulattal** ~**ik vk**
iránt bear* sy a grudge; **szeretettel** ~**ik**
vk iránt bear*/show* sy love
visít(oz|ik) *v* shriek, scream, shrill, squeal
viskó *n* h*o*vel, poor/t*u*mbledown c*o*ttage, hut,
shack
viskótelep *n* shanty-town
visz 1. *vt (szállít vkt/vmt vhova)* carry, take*
[sy/sg to a place], transp*o*rt; *(vezet)* lead*,
condu*c*t; *(terhet)* bear*; *(hírt)* convey,
bring*; **magával** ~ **vkt** take* sy with one,
take* sy along; **magával** ~ **vmt** *(ellopja)*
make* off/away with sg; **vigyen kérem**
... please take me to ...; **vittem neki vi-**
rágot I took her some fl*o*wers; **az ördög**
vigye! the d*e*vil take him/it! **2.** *vt (juttat)*
sikerre ~ **vmt** make* a success of sg,
bring*/carry/pull sg off; ~**i a darabot**
(s)he makes* the play; **odáig vitte a dol-**
got, hogy ... he c*a*rried things so far as to
..., he went so far as to ... **3.** *vt (rávesz vkt*
vmre) ind*u*ce/g*e*t* sy to do sg; **vkt bűnre**
~ ind*u*ce sy to comm*i*t a crime **4.** *vt (ügye-*
ket) direct, m*a*nage; ~**i vk ügyeit** m*a*nage
sy's *a*ffairs **5.** *vi* **ez az út a városba** ~
this road leads* to the town **6.** *vi* **nem** ~**i**
semmire fail to get on; **sohasem** ~**i**
semmire he will n*e*ver am*o*unt to *a*nything,
he will n*e*ver ach*i*eve *a*nything, *biz* he'll n*e*ver
make it/good; **sokra** ~**i az életben** suc-

ceed in life; **még sokra viheti** he may well
go far; **már nem ~i sokáig** he cannot last
much longer **7.** *vi (hord fegyver)* **ez a pus-
ka 1000 yardra ~** this rifle carries a
thousand yards **8.** *vi* **jól ~ ez a reszelő**
this file has plenty of bite ⇨ **több**
viszály *n* discord, conflict, hostility; **a ~
magvát hinti el a családok között**
sow* discord between families
viszálykodás *n* discord, contention
viszálykod|ik *v* contend, wrangle, quarrel
(*US* -l)
viszket *v* itch, be* itching, have* an itch;
mindenem ~ I itch all over; **még min-
dig ~nek a szúnyogcsípéseid?** are
your mosquito bites still itching?; **~ a te-
nyere → tenyér**
viszketegség *n* itching, itchiness; **feltűné-
si ~** morbid desire to attract attention
viszketés *n* itching, *tud* pruritus
viszketőpor *n* itching powder
viszlát! *int biz* = **viszontlátásra!**
viszolyog *v vmtől* be* loath to do sg, loathe
(doing) sg, hate the idea of doing sg, be* very
reluctant to do sg
viszonkereset *n jog* cross action, counter-
claim
viszonos *a* reciprocal, mutual
viszonosság *n* reciprocity, mutuality; **~i
alapon** on the basis of mutuality, on a
mutual basis
viszonoz *v* return, requite, reciprocate; **~za
vk szerelmét** return sy's love; **szívessé-
get ~** return a kindness; **a rosszat jóval
~za vknek** return good for evil, *kif* heap
coals of fire on sy's head
viszont I. *conj (másfelől)* on the other hand,
then again, in turn; *(mégis)* nevertheless,
however, still; **(de) ~** but then (again);
ami ~ azt jelenti ... which in turn
means (that) **II.** *adv* **1.** *(kölcsönösen)* mutu-
ally; **és ~** and vice versa **2. köszönöm, ~**
thanks, and the same to you; thanks, and
you too; **~ kívánom!** thanks, and the same
to you
viszontagság *n* vicissitude, adversity, hard-
ship, trial; **sok ~on ment keresztül** he
went through a great deal
viszontagságos *a* vicissitudinous, full of
vicissitudes *ut.*; **~ élet** a life full of ups and
downs, a hard life
viszontbiztosítás *n* reinsurance
viszonteladás *n ker* resale, retail (sale)
viszonteladó *n* retailer, middleman°
viszonthallásra! *int* good-bye!
viszontlát *v* see* (sy/sg) again

viszontlátás *n* seeing (sy/sg) again; **a ma
esti ~ig** until tonight
viszontlátásra! *int* (good)bye!, *biz* bye-
-bye!, so long!, see you (later/soon)!, I'll be
seeing you, ciao!
viszontszívesség *n* kindness/favour (*US*
-or) done in return
viszontszolgálat *n* service done in return
viszonvád *n jog* counter-charge/accusation
viszontválasz *n* (answer to a) reply
viszonzás *n (szívességé)* return (for a kind-
ness), return (service); **~ul, ~képpen** in
return (for sg)
viszonzatlan *a* unreturned, unanswered; **~
szerelem** unrequited love
viszonzott *a* returned, mutual; *(érzelem)*
requited [affection], reciprocated [feeling]
viszony *n* **1.** *(kapcsolat)* relation(ship) *(vkk
között* between); **baráti ~ban vannak,
baráti ~ van köztük** they are on friendly
terms; **jó ~ban van vkvel** be* on good/
friendly terms with sy, be* friendly with sy;
rossz ~ban vannak they are on bad
terms **2.** *(házasságon kívüli nemi kapcsolat)*
affair; **~a van vkvel, ~t folytat vkvel**
have* a love affair (*v.* an affair) with sy, *biz*
carry on with sy **3.** *(dolgoké)* relation(ship)
(between); *(összefüggő)* correlation
(between); **az árak és bérek ~a** the rela-
tionship between wages and prices; **a mun-
kanélküliség és a bűnözés ~a** the cor-
relation between unemployment and crime
4. ~ok *(helyzet)* conditions; *(főleg anyagi)*
circumstances; **ált** situation; **kedvező/jó
anyagi ~ok közt él** be* comfortably/
well off; **nem él vm jó ~ok között** (s)he
is* quite poorly off; **a ~okhoz képest** in/
considering the circumstances ⇨ **kapcso-
lat**
viszonyít *v vmhez* compare (sg) to/with sg
viszonyítva *adv* (as) compared to, in com-
parison with; **Párizshoz ~va London
nagy** London is large, compared to Paris
viszonylag *adv* comparatively, relatively
(to)
viszonylagos *a* relative, comparative
viszonylat *n* **1.** *(vonatkozás)* relation, re-
spect; **országos ~ban** nationally, nation-
wide; **nemzetközi ~ban** internationally
2. *vasút* service
viszonyl|ik *v* **1.** *vmhez (vhogyan)* compare
[favourably/unfavourably etc.] with sg; **the
relationship between ... and ... is*; **ho-
gyan ~ik egymáshoz nyelv és gon-
dolkodás?** what is the relationship between
language and thought?; **X úgy ~ik Y-**

-hoz, mint **A a B-hez** X stands in the same relation(ship) to Y as A does to B; as X is to Y, so A is to B **2.** = **viszonyul** ⇨ **aránylik**
viszonyszám *n mat* ratio, proportion
viszonyszó *n* particle
viszonyul *v* **hogy** ~ **hozzá?** what is his *at*titude to this?, what is his position?; **jól** ~ **vmhez** have* the right *a*ttitude to sg; **rosz-szul** ~ **a kritikához** he resents criticism
vissza I. *adv* back, backwards **II.** *pref* back, re-; **Visszaadtad a könyvet? Vissza.** Did you return (him) the book? Yes, I did.
visszaad 1. *vt vmt* give*/hand back, return; *(pénzt)* repay*, refund, pay* back, return; ~**ja a labdát** pass back *(v.* return) the ball; **mikor adod vissza a (kölcsönadott) könyvet?** when will you return (me) the book I lent you?; ~**ja a kéziratot** *(elutasítólag)* return the manuscript (to the *au*thor); ~**ja vknek az egészségét** will be quite restored to health (*a*fter the holiday) **2.** *vt (fordításnál)* render, convey [the meaning]; **jól adja vissza a szerző gondolatát** successfully conveys the intentions of the *au*thor; ~**ja az idióma értelmét** render the *i*diom accurately **3.** *vt (viszonoz)* return **4.** *vi (nagyobb címletű pénzből)* give*/hand sy his/her change; **sajnos, százasból nem tudok** ~**ni, nincs aprója?** I'm sorry, we haven't got change for a hundred forint note, have you got (*v.* do you have) anything smaller?
visszaakaszt *v* hang* up sg again; *(szögre)* put* back; ~**ja a hallgatót** hang* up the receiver, replace the receiver
visszaáll *v (helyreáll)* be* restored
visszaállít *v* **1.** *vmt* put* back **2.** *átv* restore ⇨ **visszaigazít**
visszabeszél *v a*nswer/talk back, be* saucy
visszaborzad *v* shrink*/draw* back in horror
visszabúj|ik *v* slip back ⇨ **visszafekszik**
visszacsatol *v (területet)* reannex
visszacsatolás *n* **1.** *(területé)* reannexation **2.** *el* feedback
visszacsavar *v* **1.** *(visszaforgat)* turn back **2.** *(csavaros fedőt)* screw [the lid/top] back
visszacsinál *v* undo*, dismantle; **ezt nem lehet** ~**ni** there is* no going back on it
visszacsúsz|ik *v* slip/slide* back
visszadob *v* throw*/fling* back
visszadöbben *v vmtől* shrink* back from sg
visszadől *v (széken)* lean*/sit* back
visszadug *v* stick*/put* back, reinsert

visszaél *v vmvel* misuse sg, abuse sg; take* advantage of sg; **hivatali hatalmával** ~ abuse one's power/authority; ~ **vk bizalmával/jóindulatával** impose on sy, take* unfair advantage of sy, take* advantage of sy's [weakness, good nature etc.]; ~ **helyzetével** abuse one's position (as)
visszaélés *n* **hivatali hatalommal való** ~ the abuse/misuse of authority/power, abuse of one's position; ~**t követ el** abuse one's authority/power
visszaemlékezés *n* (personal) recollection (of), remembrance, memory; *(emlékirat)* memoir(s); **XY** ~**ei** the memoirs of YX
visszaemlékez|ik *v vmre* remember/recall/recollect sg; **nem tudok** ~**ni a helység nevére** I can't seem to bring to mind the name of the place
visszaenged *v* allow (sy/sg) to come/go back; *(helyiségbe)* re-admit
visszaér *v* be*/come*/go*/get* back, return *(vhová* to); *(hazaérkezik)* return/come*/get* home
visszaérkezés *n* return, going/coming back; *(haza)* homecoming
visszaérkez|ik *v* = **visszaér**
visszaesés *n* **1.** *(bűnözőé)* relapse (*i*nto crime/sin/vice) **2.** *orv* relapse **3.** *gazdasági* ~ [an industrial/trade etc.] recession
visszaes|ik *v* **1.** *(helyre)* fall*/drop* back **2.** *orv (beteg)* have* a relapse, relapse **3.** *jog (bűnbe)* (re)lapse into crime, repeat one's offence (*US* -se); *(szokásba, hibába)* (re)lapse into [one's old habits, bad habits], backslide*
visszaeső *a* **1.** *orv* ~ **beteg** relapsed patient, patient/person who relapses (*v.* has relapsed) **2.** *jog* ~ **bűnöző** subsequent offender, recidivist, person with a criminal record *ut.*
visszafejleszt *v* reduce, cut* down
visszafejlődés *n* regression, regress
visszafejlőd|ik *v* regress
visszafeksz|ik *v vmre* lie* down (on sg) again; ~**ik az ágyba** go* back to bed; *(sokáig ágyban marad, lustálkodásból)* lie* in, have* a lie-in
visszafelé *adv* backwards, back, in the opposite direction; ~ **irányuló** backward; ~ **sült el** it had* the opposite effect, it backfired (on sy)
visszafizet *v vknek vmt* repay*/refund sy [the money], pay* [the money] back to sy, pay* (him/her etc.) back the money; *(pénzt)* refund [the 500 fts etc.]; ~**ik** I'll be refunded

visszafizetés *n* repayment, refund; *ker* rebate

visszafog *v* = **visszatart**

visszafogad *v* take* back; *(alkalmazottat)* re-engage, take* sy back (*v.* on again); ~ **vkt kegyeibe** sy is* back in one's good books

visszafoglal *v* reoccupy, reconquer; *(várost)* retake*, recapture

visszafoglalás *n* reoccupation, recapture

visszafogott *a* low-key

visszafogottan *adv* in a low key

visszafojt *v* hold* (sg) back *v.* hold back sg, restrain; ~**ja lélegzetét** hold* one's breath; ~**ott lélegzettel** with bated breath; ~**ja könnyeit** choke/gulp back one's/the tears

visszafoly|ik *v* flow back

visszafordít *v* 1. *(irányban)* turn back/round, reverse, invert; *(folyamatot)* reverse [a process]; **érvet** ~ **vk ellen** turn an argument round on sy; ~**ja a fegyvert vk ellen** hoist sy with his own petard 2. *(szöveget)* retranslate (into the original)

visszafordíthatatlan *a* irreversible

visszafordul *v* turn (round/back), double back

visszafut *v* run* back

visszagondol *v* *vmre* think* back (on/to sg); *vmre/vkre* recall/remember sg/sy

visszagurít *v* roll back

visszahajl|ik *v* bend back(wards)

visszahajlít *v* bend* back

visszahajt *v* 1. *(állatot)* drive* back 2. *(papírt, takarót)* fold back, fold up (again); *(nadrágot, inget)* roll up

visszahat *v* *vmre* react (up)on sg, affect sg, have* an effect on sg, have* repercussions on sg

visszahatás *n* reaction; *(pol, erős)* backlash; ~**sal van vmre** have* a certain reaction on sg, be* followed by a backlash (against)

visszaható *a* 1. ~ **ereje van** *(rendeletnek)* be* retrospective/retroactive 2. *nyelvt* ~ **ige** reflexive verb; ~ **névmás** reflexive pronoun

visszahelyez *v* 1. *(vmt a helyére)* put* (sg) back (in the right place), replace sg 2. **állásába** ~ **vkt** restore sy to (*v.* reinstate sy in) his position/post/office; **jogaiba** ~ rehabilitate sy, reinstate sy in his rights

visszahív *v* 1. *ált* call (sy) back; *(követet, képviselőt)* recall (sy) 2. *(vkt telefonon)* call/ring* (sy) back (later)

visszahívás *n* calling back; *(követé)* recall

visszahódít *v* reconquer, win* back (sy/sg from sy)

visszahonosít *v* repatriate

visszahoz *v* *vkt, vmt* bring* (sy/sg) back

visszahozhatatlan *a* irretrievable, irrecoverable

visszahőköl *v* shrink* back from sg, recoil at sg

visszahúz *v* 1. *ált* draw*/pull/hold* back 2. *(behúz)* draw* in, retract

visszahúzódás *n* withdrawal

visszahúzód|ik *v* withdraw*, draw* back

visszaidéz *v* *(emlékezetébe)* recall (sy/sg), call sy/sg to mind

visszaigazít *v* ~**ja az óráját** put* one's clock/watch back

visszaigazol *v* acknowledge (receipt of) sg; **vissza nem igazolt** unacknowledged

visszaigazolás *n* acknowledgement

visszája *n* *(anyagé)* the reverse/back/wrong side (of the cloth); ~**ra fordít vmt** turn sg inside out

visszajár *v* 1. *(vk vhová)* keep* (on) going/coming back 2. *(pénz)* be* due (back); **25 Ft** ~ you get 25 fts change

visszajáró *a* ~ **pénz** change

visszajátszás *n* *(magnó)* playback

visszajátsz|ik *v* play back

visszajelent *v* report back

visszajelez *v* react, respond; *(jelent)* report back; give* sy (some) indication (of sg *v.* having done sg *v.* as to sg *v.* that ...)

visszajelzés *n* feedback, response, back indication; **kérek/kaphatnék** ~**t arról, hogy sikerült a vizsgád(?)** can you give me any indication of how you did in the exam/test?

visszajön *v* come*/be* back, return; **visszajött már?** is he back yet?

visszajövet *adv* on one's/the way back

visszajut *v* get*/come* back/home, find* its/one's way back to swhere

visszajuttat *v* return sg to sy, send*/give* sg back to sy

visszakanyarod|ik *v* double (back), veer back

visszakap *v* get*/receive back; *(betegséget)* catch*/contract again; ~**ja állását** be* reinstated in one's former position/job, be* given one's job back; ~**ja eredeti alakját** regain its original shape/form; **50 Ft-ot apróban kapott vissza** he received 50 fts in change; *biz* **ezt még** ~**od!** you'll get your own back

visszakapcsol *v* 1. *(kisebb sebességre)* change down 2. **most** ~**unk a stúdióba**

(and) now we (shall) return you to the studio (*v.* the broadcasting house)

visszakér *v* ask (sy) for sg back; ~**i a (kölcsönadott) könyveket vktől** ask sy to return the books (s)he (has) borrowed; **nem kérek vissza!** *(pénzből)* keep* the change

visszakeres *v (adatot)* check, look up; *(számítógépből)* retrieve [information from a computer]

visszakeresés *n (információé)* (information/data) retrieval

visszakerget *v* drive*/chase back

visszakérőleg *adv kb.* kindly return, with a request that it be returned

visszakerül *v* get*/come* back/home, find* its/one's way back to swhere

visszakézből *adv* backhanded(ly)

visszakezes *a* ~ **ütés** backhand (stroke), back-stroke

visszakiált *v* shout back (in reply)

visszakísér *v* see*/escort (sy) home/back

visszakíván *v* wish that one could have sg back

visszakívánkoz|ik *v* wish to be back [in a place]

visszakoz|ik *v* **1.** *kat* ~**z!** as you were! **2.** *(ígéretétől/szavától eláll)* renege on sg, go* back on [one's promise/word]; *(nem vitatkozik tovább)* back/climb down

visszaköltöz|ik *v (lakásba)* move back; *(országba)* return, remigrate

visszaköszön *v vknek* return sy's greeting

visszakövetel *v* claim/demand sg back, demand that sg be returned

visszaküld *v vmt vknek* return (sg to sy); *(vkt/vmt vkhez)* send* sy/sg back (to sy); *(anyagot további megvitatásra)* refer [to the committee etc.]; *(rossz kéziratot szerzőnek)* turn down, reject [sy's manuscript], refer [a manuscript] to the author

visszalép *v* **1.** *(hátralép)* step/stand* back **2.** *átv vmtől* pull out (of sg), call off (sg), back out of, withdraw* (from); *(üzlettől, szerződéstől)* back out of [a deal, contract]; *(mérkőzéstől)* pull out of [a match]; ~**tem a konferencia megrendezésétől** I backed out of organising the conference; ~ **a szerződéstől** back out of the contract, call off the deal

visszalépés *n* **1.** *(hátralépés)* stepping/standing back **2.** *átv* withdrawal (from), backing/pulling out

visszalopó(d)z|ik *v* steal* back

visszalő *v átv* retort, shoot* back

visszamarad *v* **1.** *vm* be* left over **2.** *(vk lemarad)* fall*/lag behind **3.** *(fejlődésben)* be* backward ⇨ **elmarad, fejlődés**

visszamaradt *a (fejlődésben)* backward; **szellemileg** ~ **gyermek** backward (*v.* mentally handicapped/retarded) child°

visszamegy *v* **1.** *vhova* go* back (to), return (to) **2.** *(csökken)* diminish, subside **3.** *biz (semmivé lesz)* come* to nothing; **a parti visszament** the engagement was broken off **4.** *(visszanyúlik)* date/go* back (to)

visszamenő *a* ~ **hatályú** retrospective, retroactive

visszamenőleg *adv* retrospectively, retroactively; ~ **megkapja fizetését** get* arrears of one's salary

visszametsz *v* cut* back

visszaminősít *v* demote, downgrade

visszamond *v* **1.** *(bizalmas közlést)* repeat [sy's confidential remarks to the person concerned] **2.** *(meghívást)* cancel (*US* -l) [an invitation]; *(írásban)* turn down [an invitation]; ~**ta a vacsorameghívást** he excused himself from dinner **3.** *(rendelést)* countermand, cancel (*US* -l) [an order]

visszanéz *v vmre* look back (on)

visszanyer *v (bizalmat, szabadságot)* regain, recover, win*/get* back; *(tulajdont)* retrieve, recover; ~**i egészségét** regain one's health, be* restored to health; ~**i eszméletét** regain/recover consciousness, come* to; ~**i nyugalmát** regain one's composure; ~**i eredeti alakját** regain its original shape

visszanyúl|ik *v* **1.** *(térben)* reach back to **2.** *(időben)* go* back to, date back to

visszaolvas *v (diktált szöveget)* repeat, read* back

visszaparancsol *v* order (sy) back

visszapattan *v* rebound; *(labda)* bounce

visszaperel *v vmt vktől* sue sy for the return/recovery of sg, claim sg back by means of legal action

visszapillant *v (hátra)* look/glance back (on); ~ **a múlt év eseményeire** look back on (*v.* review) the events of last year

visszapillantás *n* **1.** *(hátra)* backward glance **2.** *(áttekintés)* retrospect, review

visszapillantó tükör *n* rear-view mirror

visszarak *v* put*/set* (sg) back, replace

visszarendel *v* **1.** *vkt* call/summon sy back, recall, order to return **2.** *(árut)* countermand, cancel (*US* -l) [an order]

visszarendeződés *n pol* putting back the clock, going back to the bad old days [of

Stalinism etc.]; roll-back; backsliding; regression [in political development]

visszarepül v fly* back; *(csak repülőgépen)* return by air

visszaretten v shrink* back in fear, flinch/recoil in fear

visszarettent v vkt vmtől deter (sy from sg)

visszariad v vmtől shrink* back (from); **semmitől sem riad vissza** nothing will deter him; ~ **a nehézségektől** jib/balk/flinch at the difficulties

visszariaszt v vkt vmtől deter (sy from sg)

visszaroskad v sink*/fall* back; *(székre)* drop/flop back *(onto a chair)*

visszáru n ker return(ed) goods pl, returns pl

visszarúg 1. vt *(labdát)* kick back **2.** vi *(lőfegyver)* kick back, recoil

visszás a *(kellemetlen)* troublesome, tiresome; *(lehetetlen)* absurd; *(furcsa)* awkward; ~ **helyzetben van** be* in an awkward position

visszasír v weep* for (the return of) sg; ~**ja ifjúkorát** she weeps* for the days of her youth; **még majd** ~**tok engem** you'll be very sorry [you ever let me go, etc.]

visszásság n awkwardness, perversity; **sok** ~**ot tapasztalt** he found a lot of abuses

visszasugárz|ik v be* reflected

visszasüllyed v **1.** konkr sink*/fall*/drop back **2.** átv relapse into

visszaszáll v **1.** *(madár)* fly* back; *(ágra stb. leszáll)* perch [on a branch etc.]; **gondolatai** ~**nak** his thoughts go* back to **2.** *(vagyon vkre)* revert to (sy)

visszaszámlálás n countdown; **megkezdték a** ~**t** the countdown has begun

visszaszámol v count down

visszaszármaztat v return, give*/send* (sg) back (to sy)

visszaszerez v **1.** ált get*/win* back, regain possession of; *(elveszett tárgyat)* recover (sg from sy) **2.** *(becsületét)* retrieve [one's honour (US -or)]

visszaszív v átv take* back, retract; ~**ja szavait** swallow one's words

visszaszól v *(telefonon)* call/ring* back

visszaszolgáltat v return/restore sg to sy; *(pénzt)* refund (sg to sy v. sy sg)

visszaszorít v **1.** *(ellenséget)* force/roll/drive* back; *(üzért)* crack down on **2.** *(visszafojt)* repress, suppress

visszaszorul v be* forced back; *(háttérbe)* be* pushed into the background

visszatalál v find*/make* one's way back

visszatáncol v go* back on (one's word), renege on sg, back out

visszatart v **1.** vkt keep*/hold* back; **nem lehetett** ~**ani** there was no holding him/her **2.** vkt vmben keep*/hold* (sy) back; vmtől hinder/prevent sy from [doing sg]; *(eséstől)* keep* back from; **mi tartja vissza?** what is stopping him?; ~**ja magát** vmtől refrain/keep* from doing sg **3.** vmt retain sg; *(visszafojt)* repress, suppress; ~**ja lélegzetét** hold* one's breath; ~**a vizeletét** retain one's urine

visszataszít v **1.** *(visszalök)* push/thrust* back **2.** *(vonz ellentéte)* repel

visszataszító a repulsive, repellent, repugnant, distasteful

visszatekint v vmre look back on sg; ~**ve** in retrospect

visszatelepít v resettle, repatriate

visszatelepül v return

visszatér v **1.** vhova return (to), go*/get* back (to a place); **utazásomból** ~**ve** on my return **2.** vmre revert (to), come* back (to); **erre még** ~**ünk** we'll come back to that later; **amire még** ~**ek** of which more later

visszatérés n vkhez, vmhez, vmre return(ing) (to sy/sg)

visszatérít v *(pénzt)* pay* back, refund, repay*, return

visszatérítés n *(pénzé)* refund, paying back, repayment, return; ker rebate

visszatérítési a ~ **igény** claim for refund

visszatérő a returning, coming/getting back ut.; ~ **jegy** readmission ticket, US check-out ticket; **soha vissza nem térő alkalom** the opportunity of a lifetime

visszatérőben adv on the/one's way back

visszatesz v **1.** vmt, vkt put*/set*/get* (sg) back, replace (sg); ~**i a (telefon)kagylót** replace the receiver, *(mielőtt a másik befejezné)* hang* up (on sy) **2.** *(ficamot)* reduce [a dislocation]

visszatetszés n displeasure, dissatisfaction; ~**t szül vkben** cause sy dissatisfaction, displease/offend sy

visszatetsz|ik v vknek displease/offend sy, be* displeased with/by sg

visszatetsző a displeasing, unpleasant

visszatol v push (v. biz shove) back; *(fiókot)* push in/back

visszatolat v *(kocsi)* reverse; *(kocsival)* reverse/back [the car through the gate etc.]; *(garázsba)* reverse the car into the garage

visszatoloncol v vkt transport sy back/hom?

visszatorpan v shrink*/start back, recoil

visszatükröz v reflect, mirror

visszatükröződ|ik *v* be* reflected/mirrored

visszaugr|ik *v* leap*/spring*/jump*/fly* back; *(labda)* rebound, bounce (back); *(rugó)* recoil

visszaút *n* return/inward journey

visszautasít *v* refuse, reject, turn down; *(ajánlatot)* decline, reject; *(meghívást)* refuse, turn down; **vádat** ~ deny/repudiate a charge; **kereken** ~**ották** it/he was* flatly refused, it was rejected out of hand ⇨ **elutasít**

visszautasítás *n* refusal; *(javaslaté)* rejection

visszautasító *a* ~ **válasz** refusal

visszautazás *n* return journey

visszautaz|ik *v* return, go* back/home

visszautazóban *adv* on one's/the way back/home

visszaül *v* go* back *(v. return)* to one's seat

visszaüt 1. *vt vkt* hit* (sy) back **2.** *vt (teniszlabdát)* return [a/the ball] **3.** *vi vkre* take* after sy

visszaűz *v* drive* back, repel

visszaüzen *v* send* (sy) an answer, send* back word that ..., strike* back at, get* one's own back on

visszavág 1. *vi vknek* hit* back **2.** *vi sp* a **Fradi jól** ~**ott a Dózsának** Fradi (has) got its own back on Dózsa with a vengeance **3.** *vi átv* answer sy pat, retort **4.** *vt (labdát)* hit* [a ball] back, return **5.** *vt (növényt)* cut* back, poll

visszavágó (mérkőzés) *n* return match

visszavágyód|ik *v* long/want to be back (in a place)

visszavált *v* **1.** *(zálogból)* take* (sg) out of pawn **2.** *(jegyet visszavesz)* refund a ticket, give* sy a refund on a ticket; **az előadás elmaradása esetén a jegyeket** ~**ják** *(v.* a jegyek ~hatók) in case of cancellation *(US* -l-) of the performance tickets will be refunded (at the place of purchase)

visszavásárol *v* buy* back, repurchase

visszaver *v* **1.** *(támadást, ellenséget)* beat* off, repulse, repel, drive*/force back **2.** *fiz* ~**i a fényt** reflect light; ~**i a hangot** reflect/reverberate sound

visszaverődés *n (fényé)* reflection, reflexion; *(hangé)* reverberation

visszaverőd|ik *v (fény)* be* reflected; *(hang)* be* reflected, reverberate

visszavesz *v* **1.** *(ajándékot, árut)* take* back **2.** *(alkalmazottat)* re-engage, take* on again, take* back **3.** *(visszavásárol)* buy* back, credit sy for sg **4.** *kat* retake*, recapture

visszavet *v* **1.** *(dob)* throw*/cast*/fling* back **2.** *(hátráltat)* set* sy back, hinder; *(fejlődést)* retard; ~ **vkt hosszú betegsége** his/her long illness pulled him/her down

visszavétel *n* **1.** *(árué, alkalmazotté)* taking back **2.** = **visszafoglalás**

visszavezet 1. *vt vkt vhova* bring*/take*/see* (sy) back (to a place), lead* (sy/sg) back (to) **2.** *vt vmt vmre* trace (sg) back to (sg), attribute (sg to sg); **egyetlen alapelvre vezeti vissza** reduce sg to a single principle; **ezt a jelenséget politikai okokra vezetik vissza** this phenomenon is attributed to political causes **3.** *vt* **családját** ~**i vmeddig** trace one's descent back to *(v.* from) ... **4.** *vi* **ez az út** ~ **a városba** this road will take you back to the city

visszavezethető *a* *vmre* traceable to sg; *(igével)* can be traced back to sg; *(tulajdonítható)* attributable/due to sg; *(igével)* can be *(v.* is) attributed/ascribed to sg

visszavon *v* ált withdraw*, cancel *(US* -l); *(rendeletet)* withdraw*, repeal, revoke, cancel, rescind; *(vallomást)* retract [a confession]; ~**ja szavát** take* back one's word, go* back on one's word; **mindent** ~**ok** I take* it all back **2.** *(csapatokat)* withdraw*

visszavonás *n* **1.** *(érvénytelenítés)* recall; *(engedélyé)* withdrawal; *(rendeleté)* repeal [of edict]; ~**ig érvényes** *(engedély stb.)* valid until recalled/countermanded *ut.,* valid until further notice *ut.* **2.** *(csapatoké)* withdrawal

visszavonhatatlan *a* irrevocable, past/beyond recall *ut.; (elhatározás)* firm, irrevocable, unalterable

visszavonul *v* **1.** *vk ált* withdraw*, retreat; *(ügyek intézésétől)* retire (from), withdraw* (from); ~ **a szobájába** retire to his/her room **2.** *kat* retreat, withdraw* **3.** *(áradat)* recede

visszavonulás *n* **1.** *ált* withdrawal **2.** *kat* retreat

visszavonulási *a* ~ **parancs** order to retreat

visszavonult *a* retired, solitary; ~ **életet él,** ~**an él** live/lead* a retired/quiet life, live* in retirement/seclusion, live by oneself

visszavonultság *n* retirement [from public life]

visszazökken *v* → **kerékvágás**

visszér *n* **1.** *(gyűjtőér)* vein **2.** *biz* **visszere van** have* varicose veins

visszércsomó *n* varicose vein

visszér(csomó)-eltávolítás *n* varicotomy
visszeres *a* varicosed, having varicose veins *ut.*; ~ **a lába** have* varicose veins
visszérgyulladás *n* phlebitis
visszértágulás *n* varicose veins *pl*
visszértágulat *n* **(csomós)** ~ varicosity, varicosis, distension of the veins, *biz* varicose veins *pl*
visszfény *n* reflected light; *(átv is)* reflection
visszhang *n* **1.** *fiz* echo **2.** *(eseményé)* reaction, response; **mi volt a** ~**ja?** how was it received?; **kedvező** ~**ra talál** be* well/favourably *(US* -or-) received, meet* with a warm response, *biz* go* down well; **nagy** ~**ja támadt** it caused/created a great stir
visszhangoz *v* (re-)echo (sg); *átv* echo
visszhangz|ik *v vmtől* echo/reverberate with [the sound of music etc.], resound with [laughter etc.]
VIT = *Világifjúsági Találkozó* World Youth Festival
vita *n* **1.** debate, discussion, dispute; *(parlamenti)* debate; **a** ~ **tárgya** the subject of the debate, the question under debate, the point/matter at issue; **a** ~ **hevében** in the heat of the debate; **hosszas** ~ **után** after much debate; ~**ba bocsátkozik/száll vkvel** enter into a controversy with sy *(about/over* sg), join/take* issue with sy *(on/about* sg), take* sy up on sg; ~**ban áll vkvel** be* at issue *(v.* in dispute) with sy; ~**n felül áll** be* beyond dispute/question; **a** ~**t eldönti** settle the dispute; **megnyitja a** ~**t** open the debate; **a** ~**t bezárja** wind* up the debate; ~**t folytat** debate sg (with sy), hold* a debate (with sy) on sg **2.** *(szóváltás)* argument, quarrel, dispute; **éles/elkeseredett** ~ **a** bitter controversy *(about/ over)*; ~ **volt köztük** they had an argument *(about* sg)
vitafórum *n* panel discussion
vitaindító *a* ~ **előadás** keynote lecture/address
vitairat *n* polemical essay/treatise
vitairodalom *n* polemics *pl*, polemic literature
vitalitás *n* vitality
vitamin *n* vitamin; **C-**~ vitamin C
vitamindús *a* rich in vitamins *ut.*
vitaminhiány *n* vitamin deficiency
vitamintartalmú *a* containing vitamins *ut.*
vitapont *n* (point at) issue
vitás *a* disputed, debated; *(kétes)* doubtful, uncertain; ~ **kérdés** controversial matter/issue, unsettled/unresolved question, the point/matter at issue, matter in dispute; ~

pont moot/contested point; **nem** ~, **hogy** there is* no doubt that, it is beyond dispute/argument that
vitat *v* **1.** *(kétségbe von)* dispute (sg), argue against (sg); ~**ja, hogy joga van-e** contest/challenge/question sy's right to (do) sg; **nem** ~ **vmt** let* sg go/pass unchallenged **2.** *(állít)* maintain, contend **3.** *(véd)* argue for (sg)
vitathatatlan *a* indisputable, incontestable, beyond dispute *ut.*; ~**ul** indisputably, beyond (all) doubt, without doubt/question
vitatható *a* disputable, contestable, controversial, debatable, open to doubt *ut.*; ~, **hogy** it is a moot/debatable point/question (whether)
vitatkozás *n* debating, arguing; argument, dispute
vitatkoz|ik *v (vitát folytat)* debate (about sg *v.* a question with sy), dispute (sg with sy); *(megvitat)* discuss (sg with sy); *(felesel)* answer back; ~**ik vkvel vmről** argue with sy about sg; *(veszekszik)* quarrel *(US* -l) with sy about sg; **ne** ~**z velem!** don't argue with me!; **kár ezen** ~**ni** it is no use arguing about it
vitatott *a* **(sokat)** ~ **kérdés** a controversial issue/question, much/hotly-debated question
vitaülés *n* debate
vitazáró *n* concluding speech, winding-up speech
vitáz|ik *v* = **vitatkozik**
vitel *n* **1.** *(szállítás)* carriage, conveyance, transport, *US* transportation **2.** megbíz **vkt az ügyek** ~**ével** entrust/charge sy with the direction of affairs, leave* sy in charge
viteldíj *n* fare; **kérem a** ~**akat!** fares, please!
viteldíj-különbözet *n* excess (fare)
viteldíjszabás *n* (railway) tariff, fares *pl*
vitet *v* **vkvel** have* sg carried/taken (by sy)
vitéz I. *a* valiant, brave **II.** *n* tört *(bátor katona)* valiant/brave warrior/soldier; **végvári** ~**ek** tört ⟨the gallant/valiant soldiers of the borders⟩; **János** ~ John the Hero
vitézked|ik *v* fight* like a hero, distinguish oneself
vitézség *n* valour *(US* -or), bravery
vitorla *n* **1.** *ált* sail; ~**t bevon** lower the sails, reef in; ~**t felvon** hoist the sails; **felvont** ~**kkal** in full sail; **kifogja a szelet vk** ~**jából** take* the wind out of sy's sails **2.** *(szélmalomé)* sail [of windmill] **3.** *növ* wing

vitorlakötél *n* clew line; *(rövid)* sheet; *(hosszú)* halyard
vitorlarúd *n* (sail-)yard
vitorlás I. *a* sail-, sailing; ~ **csónak** sailing-boat, sailing dinghy, *US* sailboat; ~ **hajó** sailing ship/vessel, (cruising) yacht; ~ **sport** = **vitorlázás II.** *n* = **vitorlás csónak/hajó** ⇨ **versenyvitorlás**
vitorlásverseny *n* yacht/sailing race; *(nagyobb)* regatta; *(versenyzés)* yacht racing
vitorlavászon *n* sail-cloth, canvas
vitorlázás *n* *(mint versenyszám)* yachting, yacht racing; *(egyébként)* sailing, cruising
vitorlázat *n* rig, sails *pl*
vitorláz|ik *v* **1.** *(vízen)* sail; **Marokkóba** ~**ott** *(indult)* he set sail for Morocco; *(meg is érkezett)* he sailed to Morocco; **hátszéllel** ~**ik** sail before the wind; **(élesen) a széllel szemben** ~**ik** sail near (*v.* close to) the wind **2.** *biz (vitorlázórepülést végez)* glide, go* gliding, sailplane
vitorlázó I. *a (vízen)* sailing, yachting **2.** *(levegőben)* soaring, gliding; ~ **repülőgép** glider, sailplane **II.** *n* **1.** *(vízen)* yachtsman°/yachtswoman°, cruiser **2.** *(levegőben)* glider
vitorlázógép *n* glider
vitorlázórepülés *n* gliding, sailplaning; ~**t végez** sailplane, glide
vitorlázórepülő *n* glider
vitrin *n* glass/show-case, glass(-fronted) cabinet
vitriol *n* vitriol
vitriolos *a* vitriolic
vityilló *n* cabin, hut, hovel, shanty
vív 1. *vi sp* fence **2.** *vi (harcol)* fight*/battle (for/against), struggle (with/against) **3.** *vt* **harcot** ~ **vmért** → **harc**
vívás *n sp* fencing
vívmány *n* achievement, attainment
vívó I. *a* fencing **II.** *n* fencer
vívóállás *n* (fencing) position
vívóbajnok *n* fencing champion
vívóbajnokság *n* fencing championship/tournament
vívód|ik *v vmvel* be* in the grip of sg, wrestle with sg/oneself
vívókard *n* (fencing) sword
vívókesztyű *n* fencing-gloves *pl*
vívómester *n* fencing-master
vívósisak *n* (fencing) mask
vívóterem *n* fencing-school/room
vívótőr *n* foil
vívóverseny *n* fencing contest
vívó-világbajnokság *n* world fencing championship(s)

víz *n* water; ~ **alatt** under water *v.* underwater; ~ **alatti** underwater, *(tud)* subaqueous; **folyó** ~ running water; **csupa/egy** ~ dripping/soaking wet, drenched through (*v.* to the skin); ~ **ellen** against the current/tide, upstream; ~ **mentében** downstream; ~**be esik** *(átv meghiúsul)* fall* through, fail; ~**be fúl** drown, be*/get* drowned; ~**be fúló** drowning; ~**be öli magát** drown oneself; **az utca** ~**ben állt** the street was flooded/awash; **úgy él, mint hal a** ~**ben** he is having the time of his life; **megfojtaná egy kanál** ~**ben** he hates him like poison, *(még erősebben)* he would do him in without a moment's hesitation; ~**ben gazdag** well-watered, abounding in water *ut.*; ~**ben szegény** badly watered, arid; ~**ben oldódó** water-soluble; *biz* **kinn vagyok a** ~**ből** (1) *iron (továbbra is bajban van)* a lot of good that has done me! (2) *biz (sikerült kikeverednie a bajból)* I'm out of the wood; **úszik a** ~**en** float; ~**re bocsát** launch, set* afloat; ~**re bocsátás** launching, setting afloat; ~**re száll** *(kissé tréfásan)* put* out, push off; ~**re szállás** *(űrkabiné)* splashdown; **a Dunába vizet hord** carry coals to Newcastle; **nem sok vizet zavar** count but little, carry little weight; **az én malmomra hajtja a vizet** it brings* grist to my mill; □ **felkapja a vizet** *(vm miatt)* be* steamed up (about sg); ~**zel eláraszt** flood, inundate; ~**zel hígít** *(festéket stb.)* dilute/thin with water; *(italt)* (dilute with) water; ~**zel hígítható** *(festék stb.)* water-based ⇨ **lassú, lefolyik**
vízágyú *n* water-cannon (*pl* ua.)
vízállás *n* water level/line
vízállásjelentés *n* water-level report
vízálló *a* waterproof, watertight
vízáteresztő *a* permeable to water *ut.*
vízcsap *n* (water) tap, *US* faucet; **kinyitja a** ~**ot** turn on the (water) tap; **elzárja a** ~**ot** turn off the (water) tap
vízcsepp *n* drop of water
vízdíj *n (a díjszabás)* water-rate(s); *(a kiszabott díj)* water charges *pl*
vizel *v* pass urine, urinate
vizelde *n* urinal (*v.* *GB* urinal), (men's) lavatory
vizelés *n* passing urine, urination; **önkéntelen** ~ incontinence, enuresis
vizelet *n* urine
vizeletminta *n* urine specimen
vizeletvizsgálat *n* urinalysis
vízellátás *n* water supply

vízelnyelő *a* absorbent
vízelvezető *a* ~ **cső** drainpipe
vizenyő *n* oedema (*US* edema) (*pl* -mata)
vizenyős *a* **1.** *orv* oedematous (*US* edem-) **2.** *(nedves)* humid, damp, dank
vízépítés(tan) *n* hydraulic engineering
vízerőmű *n* hydroelectric power station (*v.* plant)
vizes *a* **1.** *ált* wet, watery, watered **2.** *(nedves)* moist, damp, humid ⇨ **lepedő**
vizesblokk *n* the plumbing
vizesárok *n sp* water jump
vizesés *n* waterfall
vizeskancsó *n* (water-)jar, *US* pitcher
vizespohár *n* tumbler, drinking glass
vizez *v* add water to, adulterate/dilute sg with water; ~**ett tej/bor** adulterated milk/wine
vízfej *n* hydrocephalus; *(nem tud)* water on the brain
vízfejű *a* hydrocephalic
vízfejűség *n* hydrocephaly, hydrocephalus
vízfelület *n* water surface
vízfesték *n* watercolour (*US* -or); ~**kel fest** paint in watercolours (*US* -ors)
vízfestés *n* painting in watercolours (*US* -ors)
vízfestmény *n* watercolour (*US* -or)
vízfogó *n (gyűjtő)* cistern, reservoir
vízfogyasztás *n* water consumption
vízgazdálkodás *n* water management, water resources development
vízgőz *n* steam
vízgyógyászat *n* hydropathy, hydrotherapy, water-cure
vízgyógyintézet *n* hydropathic establishment, *biz* hydro
vízgyógymód *n* hydropathic treatment, water-cure
vízgyűjtő *n* **1.** *(medence)* reservoir, cistern **2.** ~ **terület** catchment area/basin, drainage area/basin
vízhajtó *n (gyógyszer)* diuretic
vízhatlan *a* waterproof, watertight
vízhiány *n* water shortage, (a) shortage/scarcity of water
vízhólyag *n* blister, vesicle
vízhozam *n* water output
vízhullám *n (fodrászé)* cold/water-wave
vízhűtés *n* water cooling
vízhűtéses *a* water-cooled
vízi *a* water-, of the water *ut.*; ~ **erő** water--power; ~ **erőmű** = **vízerőmű**; ~ **jármű** water craft, vessel; ~ **jártasság** watermanship; ~ **sportok** water/aquatic sports, aquatics *pl*; ~ **út** (1) *(útvonal)* water-way (2) *(utazás)* voyage, sail; ~ **úton** by water

vízibalett *n* ballet in the water
vízibetegség *n* dropsy
vízibusz *n* water-bus
vízikerék *n* water-wheel
vízilabda *n* water-polo
vízilabdáz|ik *v* play water-polo
víziló *n* hippopotamus (*pl* -muses *v.* -mi), *biz* hippo
vízimadár *n* water-fowl
vízimalom *n* water-mill
vízinövény *n* water-plant/weed, hydrophyte
vízió *n* vision
vízipóló *n* = **vízilabda**
vízipólóz|ik *v* = **vízilabdázik**
vízipuska *n* water pistol, *US* squirt-gun
vízisí *n* water-skis *pl*
vízisikló *n áll* common/grass snake
vízisízés *n* water-skiing
víziszony *n* dread of water, hydrophobia ⇨ **veszettség**
vizit *n* **1.** *ált* visit, call **2.** *orv (kórházban)* (doctors') round(s); **nagy** ~ **van** the doctors are on their rounds
vizitel *v vknél* pay* sy a visit, call on sy
vizitkártya *n* = **névjegy**
vízjel *n (papíré)* watermark
vízkereszt *n (január 6.)* Epiphany; *(előestéje)* Twelfth Night
vízkiszorítás *n* displacement
vízkorlátozás *n* water-rationing
vízkő *n* (lime-)scale
vízköpő *n* (water-)spout
vízköves *a* scaly, furry, scale-coated
vízkúra *n* water-cure
vízlépcső *n* (water) barrage
vízmelegítő *n (elektromos)* electric water heater; *(gáz)* gas water heater, geyser
vízmentes *a* damp-proof
vízmosás *n* gully, (water-worn) ravine
vízműtan *n* hydraulics *sing.*
vízművek *n* waterworks *sing. v. pl*; *(kezelővállalat)* water authority/board
víznyelő *n (árok, akna)* gully
víznyomás *n* hydraulic/water-pressure
vízóra *n* water-meter
vízöblítéses *a* ~ **vécé** flush toilet
vízözön *n vall* the Flood; **utánam a** ~ after me the deluge
vízpára *n* (water) vapour (*US* -or)
vízrajz *n* hydrography
vízrajzi *a* hydrographic(al); ~ **térkép** hydrographic chart/map
vízrendezés *n* (surface/land) drainage
vízrendszer *n* river-system
vízreszállás → **víz**
vízsugár *n* jet of water, water jet

vízszabályozás *n* regulation of water-ways; *(folyóké)* river training

vízszegény *a* poorly watered, arid, dry

vízszennyeződés *n* water pollution; ~t okoz be* polluting the water

vízszint *n* water level, surface of the water

vízszintes I. *a* horizontal, level; ~en horizontally II. *n* horizontal (line)

vízszintező *n* spirit level

vízszolgáltatás *n* water supply

vízszűke *n* ~ben van [this region] is* short of water, is* poorly off for water

vízszűrő *n* filter, water-filter

víztároló *n* 1. *(tartály)* reservoir, cistern 2. → forróvíztároló

víztározó *n (tó)* reservoir, storage lake/reservoir

víztartalom *n* water content; nagy a víztartalma have* a high water content

víztartály *n* tank, cistern

víztaszító *a* water-repellent

víztelen *a* waterless, unwatered

víztelenít *v (pincét)* damp-proof; *(hálózatot)* drain the (water) system

víztorony *n* water tower

víztömeg *n* a body of water

víztükör *n* water surface

vizuális *a* visual; ~ típusú *(ember) (igével)* be* a visual person

vízum *n* visa; ~ot kér apply for a visa; ~ot kap be* granted a visa; beüti a ~ot vk útlevelébe visa [sy's passport] *(múlt ideje:* visaed); beütik a ~ot az útlevelébe get* one's passport visaed *(v.* stamped with a visa); nem kap ~ot be* refused a visa; ~ot meghosszabbít extend a visa

vízumhosszabbítás *n* extension of one's visa

vízumkényszer *n* obligatory visa system; nincs ~ Ausztria és Magyarország között Austrians don't need a visa to visit Hungary (and vice versa)

vízumkérő lap *n* (visa) application form

vízumkiadás *n* visa collection

vízummentesség *n* visa exemption

vízválasztó *n* watershed, US continental divide

vízvezeték *n* 1. *(csőhálózat)* water pipes *pl,* (water-)conduit 2. = vízcsap

vízvezeték-szerelő *n* plumber

vizsga *n* examination, *biz* exam; írásbeli ~ written examination, examination paper; szóbeli ~ oral examination; mikor tudjuk meg a ~ eredményét? when will we know the examination results?; átmegy a

~n pass the examination; megbukik a ~n fail (the examination); ~ra bocsát vkt admit sy to exam; ~ra tanul/készül study/prepare for an exam; ~t tesz sit* (for) an examination/exam, take* an examination

vizsgabizottság *n* board of examiners

vizsgabiztos *n (szóbeli)* chairman° of the examiners; *(írásbeli)* invigilator

vizsgadíj *n* examination fee

vizsgadolgozat *n* examination paper

vizsgaidőszak *n* examination season

vizsgakérdés *n* (examination) question

vizsgál *v* examine; *(alaposan)* scrutinize, study; *(beteget)* examine; *(számadást)* check, audit

vizsgálat *n* 1. ált examination; hiv inquiry; *(nyomozás)* investigation; alapos/mélyreható/tüzetes ~ thorough (and detailed) examination, scrutiny; *(tanulmány)* in-depth study; ~ot vk ellen examine sy's case; ~ot indít launch/open an inquiry (into); ~ot tart hold* an inquiry into, make* inquiries about, inquire into 2. orvosi ~ medical examination; orvosi ~on kell átesni have to have/take a medical (examination) 3. *(megfontolás)* study, consideration 4. *(tudományos)* research, (scientific) investigation

vizsgálati *a* ~ eljárás proceedings (of inquiry) *pl;* ~ fogság detention/imprisonment on/under remand

vizsgaláz *n* examination fever

vizsgáló I. *a* examining, investigating; ~ tekintet searching look/gaze II. *n* ált examiner, investigator

vizsgálóbíró *n* examining judge/magistrate

vizsgálóbizottság *n* 1. *(tanulmányi)* board of examiners 2. *(kivizsgáló)* fact-finding committee/commission

vizsgálódás *n* 1. *(körülnézés)* looking around/about 2. *(tudományos)* investigation, research; tudományos ~t végez research into

vizsgálódik *v* 1. *(körülnéz)* look about (oneself) 2. *(kutat)* investigate, research into

vizsgatárgy *n* examination subject

vizsgatétel *n* question, problem [set at an exam]

vizsgázik *v* sit* (for) an examination/exam, take* an examination; jól ~ott (s)he did well in the examinations, (s)he passed the examination with credit

vizsgázó *n* examinee, candidate

vizsgázott *a* qualified, certified

vizsgáztat *v vkt vmből* examine sy in Latin/ maths/history etc. *v.* on his/her knowledge of Latin/maths/history etc.

vizsgáztató *n* examiner

vizsla *n* vizsla ⟨a Hungarian pointer⟩; *(hosszúszőrű)* setter

vokális *a zene* vocal; ~ **zene** vocal music

voks *n* vote; **leadja a ~át** give* one's vote to, cast* one's vote for

voksol *v* = *leadja a* **voks**á*t*

volán *n* (steering-)wheel; **a ~ nál** at the wheel

Volánbusz *n* Coach Service

volna *v* would/should be; **ha ~** if there were; **ha tanult ~** if he had studied (*v.* worked hard), had he studied (*v.* worked hard); **fontos ~** it would be important; **ha autóm ~** if I had a car

volt[1] *a* ex-, former, late; **~ miniszter** ex--minister ⇨ **van**

volt[2] *n el* volt

volta *n* **az idő előrehaladott ~ra való tekintettel** in view of the advanced hour; **szegény ~ miatt** being (*v.* seeing that he is/was) a poor man

voltaképp(en) *adv* as a matter of fact, actually, in point of fact, in (actual) fact; **mit akar ~?** what do you really want?

voltmérő *n el* voltmeter

voltos *a el* ...-volt, of ... volts *ut.*

volumen *n* volume

von *v* 1. *(húz)* draw*, pull; **magához ~ vkt** draw* sy (closer) to oneself, embrace sy; **vállat ~** shrug (one's shoulders) 2. **felelősségre ~** call sy to account; **kétségbe ~** (call in) question, cast* doubt on; **magára ~ja a figyelmet** draw*/attract attention; **maga után ~** involve; *(mint következményt)* entail, bring* about/on, have* as a consequence ⇨ **párhuzam**

vonaglás *n* convulsion, twitching, spasm

vonagl|ik *v* writhe, wriggle; *(arc, izom)* twitch, jerk

vonakodás *n* reluctance, unwillingness

vonakod|ik *v* **~ik megtenni vmt** be* reluctant/unwilling to do sg, drag one's feet; **~va** reluctantly, unwillingly

vonakodó *a* reluctant, hesitant, disinclined, unwilling

vonal *n* 1. *ált* line; **egyenes ~** straight line; **egy ~ban vmvel** in line with sg; **~at húz** draw* a line 2. *(körvonal)* (out)line; **vigyáz a ~aira** *(nő)* she watches her figure; **nagy ~akban ismertet/(fel)- vázol** sketch out, block in, give* a broad/general outline of (sg) 3. *kat* line; **vé-**

delmi ~ line of defence 4. *(közlekedési)* line, route 5. *(távközlési)* line; **tartsa a ~at!** hold the line!, hold on!; **a ~ foglalt** *(telefon)* line engaged, *US* line busy 6. *(politikai)* (political) line 7. *(foglalkozási ág)* line; **milyen ~on működsz?** what's your line?, what do you do?; **gazdasági ~on dolgozik** her/his line is economics, (s)he is in economics; *biz* **az egész ~on** all along, in every respect, throughout; **ezen a ~on** on in this respect, along this line 8. **az új ~** *(divatban)* new look

vonalas *a* 1. *(vonalazott)* lined, ruled; ~ **rajz** line drawing/diagram 2. *pol* hard-line, party-line, in harmony with the party line *ut.*; ~ **írás** propagandistic piece (of writing); **nagyon ~** *(személy)* be* a hard-liner

vonalaz *v* draw* lines (with a ruler), rule lines; **~ott** ruled

vonalazás *n* 1. *(művelet)* (act of) drawing lines 2. *(vonalak)* rule/ruling (on sg), (de)-lineation

vonalbíró *n sp* linesman°

vonalka *n* short line, stroke

vonalkáz *v* mark with lines, line; *(satíroz)* shade, hachure, stipple

vonalkód *n* bar code

vonaloz *v* = **vonalaz**

vonalrendszer *n* 1. *ált* system of lines 2. *zene* staves *pl*

vonalszakasz *n (távközlési)* section, stage

vonalvezetés *n* 1. *(rajz)* (de)lineation, sense of line 2. *átv* policy

vonalvizsgálat *n* line inspection

vonalzavar *n* fault/disturbance on the line

vonalzó *n* ruler

vonás *n* 1. *(húzás)* drawing, (act of) pulling 2. *(ceruzával, tollal)* line, stroke; *(hosszúságot jelentő ékezet)* (acute) accent; *(morzejel)* dash; **nagy ~okban vázol vmt** → **vonal** 2. 3. *(arcé)* feature, line (of face); **durva ~ok** hard/coarse features; **családi ~** family trait/characteristic, *kif* it runs in the family; **egyéni ~** a personal/individual touch/trait

vonat *n* train; **közvetlen ~** through train; **ez a ~ megy Debrecenbe?** is this the train to D.?, am I right for D.?; **a ~ ...ig nem áll meg** (this is) a nonstop train to ...; **a ~ 10.20-kor érkezik** the train is due at 10.20 a.m.; **a 8 órai/órás ~tal érkezik** (s)he is arriving by/on the 8 o'clock train; **~tal küld** send* sg by train/rail; **beszáll a ~ba** get* in(to)/on(to) the train, board the train; **kimegy vk elé a ~hoz** meet* sy at the station; **~on/~tal megy**

go*/travel (*US* -l) by train, take* a train (to);
~**ra száll** get* *in*(to) the train, take* a train
to . . .; **kiszáll a** ~**ból** get* off the train

vonatérkezés *n* arrival of the train; ~**ek** arrivals

vonatindulás *n* departure of the train; ~**ok**
departures

vonatkísérő *n* guard

vonatkozás *n* connection, relation, bearing;
ebben a ~**ban** in this respect/connection/regard; . . . ~**ában** in terms of . . .;
ipari ~**ban** in industrial terms; ~**sal**
vmre with reference to sg, referring to sg

vonatkozási *a* ~ **pont** reference point; ~
rendszer frame of reference

vonatkozású *a* relating to sg *ut.*, connected
with sg *ut.*; **magyar** ~ Hungarian-related,
of Hungarian interest/relevance *ut.*

vonatkoz|ik *v vkre, vmre* concern sy/sg, refer/relate to sg, have* connection with sy/sg;
pertain to sg; *(szabály stb.)* apply (to); **ez**
nem ~**ik rád** this does not apply to you,
this/it does not concern/affect you; **ez** ~**ik**
a fiára is this goes for his son too; **a szabály erre nem** ~**ik** this rule does not
apply, the rule does not apply to this

vonatkozó *a* **1.** relevant; **a** ~ **iratok** the
relevant documents; **vmre** ~ concerning sg
ut., pertaining to sg *ut.*; **a kérdésre** ~ **irodalom** the literature on the subject **2.** ~
névmás relative pronoun

vonatkozólag, vonatkozóan *adv* **vmre**
~ concerning/regarding sg, with reference to
sg; **jelen beadványára/megkeresésére** ~ regarding your recent enquiry . . .; **erre** ~ regarding this matter; **útitervedre**
~ **meg kell jegyeznem, hogy** as to/regards your itinerary I must say that

vonatkoztat *v vmt vmre* take* sg to refer to
sg; *(szabályt stb.)* apply [the/these rules etc.]
to sy/sg

vonatkoztatás *n* reference

vonatköltség *n* train fare, cost of a train
journey

vonatoz|ik *v* go*/travel (*US* -l) by train

vonatösszeütközés *n* collision (of trains),
train crash

vonatrakomány *n* train-load

vonatszemélyzet *n* train crew/staff

vonatszerencsétlenség *n* train crash

vonatvezető *n* (chief) guard

vonít *v* howl

vonítás *n* howl(ing)

vonó *n (hegedűé)* bow

vonóerő *n* tractive/hauling power

vonogat *v* **vállát** ~**ja** shrug one's shoulders

vonóhorog *n (vasút)* tow/draw-hook/bar

vonós I. *a* ~ **hangszer** string(ed) instrument II. *n* **a** ~**ok** the strings

vonósnégyes *n* string quartet

vonószenekar *n* string orchestra

vonóvezetés *n zene* bowing; **milyen** ~**t**
alkalmaz ennél a résznél? how do you
bow that passage?

vonszol *v* drag, lug, pull; *(alig)* ~**ja magát** drag oneself along

vont *a* ~ **cső** rifled bore

vontat *v (mozdony)* pull, haul; *(hajót)* tug,
tow; *(járművet)* tow

vontatás *n* traction, pulling, haul(ing); *(hajó)* towing, haulage

vontatási *a* ~ **költségek** towing charges

vontatmány *n* vehicle on tow

vontató *n* **1.** *vk* hauler **2.** *(hajó)* tug(boat),
tow-boat; *(gépjármű)* tractor, traction
engine

vontatógőzös *n* tow-boat, steam tug

vontatókötél *n (hajó)* tow-line/rope,
hawser

vontatott *a* **1.** *(hajó, stb.)* towed; ~ **jármű**
a vehicle on tow **2.** *(elhúzódó)* long drawn-out, protracted, sluggish, slow; ~ **beszélgetés** desultory conversation; ~**an halad**
vm make* slow/little progress **3.** *(hang)*
drawling; ~ **hangon beszél** drawl

vontcsövű *a* rifled

vonul *v* **1.** *ált* proceed (to a place), go*, pass;
a madarak délre ~**nak** the birds are*
migrating to the south; *vm vm* **mentén**
~ *(húzódik)* run*/pass along; **szobájába**
~ retire to one's room **2.** *(menetel)* march

vonulás *n* **1.** *ált* proceeding (to a place),
moving; *(madaraké)* migration **2.** *kat*
march(ing)

vonulat *n földr* range

vonz *v* **1.** *ált* attract, draw*; **az ellenétek**
~**zák egymást** opposites attract (each
other) **2.** *(érdekel)* interest (sy), appeal to
(sy), sy is interested in sg **3.** *nyelvt* govern [a
case]; **elöljárót** ~ take* a preposition; **vm**
esetet ~ be* construed with [the dative/
etc.], take* [the dative etc.]; **többes számot** ~ *(főnév)* it is construed as a plural, it
takes a/the plural

vonzalom *n (vm iránt)* attraction/attachment to, liking/sympathy/affection for;
~**mal viseltetik vk iránt** = **vonzódik**
vkhez

vonzás *n* **1.** *vmé* attraction, pull; *(kémiai)*
(chemical) affinity; *(mágneses)* (magnetic)

attraction **2.** *vké* attraction, attractiveness, charm, allure; ∼**t gyakorol vkre** fascinate/attract sy

vonzat *n nyelvt* government; *(elöljáró)* required preposition; **a** „**think**" ∼**a** „**of**" "think" takes (*v.* is followed by) "of"; **elöljárós** ∼**ú ige** phrasal verb

vonzerő *n* = **vonzóerő**

vonzó *a* **1.** *(erő)* attractive, drawing, magnetic **2.** *(modor)* engaging, alluring; *(mosoly)* charming; ∼ **külseje van** have* attractive looks, look very attractive; ∼ **külsejű** looking very attractive *ut.*; ∼**nak találom** it appeals to me **3. sok néző** ∼ **sportágak** spectator sports

vonzódás *n* attraction (towards), affection (for)

vonzód|ik *v vkhez* feel*/be* drawn to(wards) sy, feel* attracted to sy

vonzóerő *n* **1.** *ált* attraction, attractive force **2.** *átv* attractiveness, allure; *(nőé)* charms *pl*; ∼**t gyakorol** *vkre* attract (sy), have* an attraction (for sy)

vö. = *vesd össze!* compare *(röv* cf.)

vő *n* son-in-law; **a** ∼**m** (*v.* **vejem**) my son-in-law

vödör *n (fém)* pail; *(fém, fa)* bucket; ∼**szám(ra)** pailfuls/bucketfuls of ...

vőfély *n* best man°; *(néha)* groomsman°

vőlegény *n* fiancé; *(esküvőn)* bridegroom, *biz és US* groom

völgy *n* valley; **a Duna** ∼**e** the Danube basin

völgygát *n* dam, barrage

völgyhíd *n* viaduct

völgykatlan *n* deep valley, cirque, *sk* corrie

völgymenet *n* descent, downhill passage; ∼**ben** (going) downhill

völgyszoros *n* gorge, defile

völgyzáró *a* ∼ **gát** dam, barrage

vörgy. = **vezérőrnagy**

vörheny *n* scarlet fever

vörhenyes *a* **1.** *(beteg)* suffering from scarlet fever *ut.* **2.** *(szín)* scarlet, reddish

vörös I. *a* red; *(arc)* ruddy, flushed; **V**∼ **Hadsereg** Red Army; ∼ **haj** ginger/red hair; ∼ **izzás** red heat; ∼ **káposzta** red cabbage; ∼ **répa** beet(root); **mint a bikának a** ∼ **posztó** it is* like a red rag to a bull; ∼ **lesz** *vk* go*/turn red/crimson, blush; ∼ **az arca** *(dühtől)* be* livid, be* black in the face; ∼**en izzó** red-hot; ∼**re fest** (1) *ált* paint (sg) red, redden (2) *tex* dye/stain (sg) red **II.** *n* red (colour, *US* -or), red (hue/tint), crimson, ruby; ∼**ön inneni sugarak** infra-red rays ⇨ **vércse, vörösvértest**

vörösbarna *a* reddish-brown, russet

vörösbegy *n* robin (redbreast)

vörösbor *n ált* red wine; *(bordeaux-i)* claret; *(portói)* port

vöröses *a* reddish, ruddy

vörösesbarna *a* auburn, reddish-brown; ∼ **haj** auburn/copper hair

vörösesszőke *a* reddish-blond, ginger (-haired)

vörösfenyő *n* larch(-tree)

vöröshagyma *n* onion

vöröskatona *n* soldier of the Red Army

Vöröskereszt *n (intézmény)* Red-Cross

vöröskeresztes *a* red-cross, Red Cross

vöröslő *a* ruddy

vörösl|ik *v* be*/appear/look red/ruddy

vörösöd|ik *v vm* redden; *vk* turn/go* red, blush, flush; **fülig** ∼**ik** blush (up) to the ears

vörösréz *n* copper

vörösség *n* redness, ruddiness

Vörös-tenger *n* Red Sea

vörösvértest *n* red blood cell/corpuscle, erythrocite; ∼**ek száma** number of red blood cells (*v.* erythrocites)

VSZ-országok *n pl* Warsaw Pact Countries

vulgáris *a* vulgar, coarse, low

vulgarizál *v* vulgarize, coarsen

vulkán *n* volcano

vulkánfíber *n* vulcanized fibre (*US* -er); ∼ **bőrönd/táska** fibre trunk

vulkáni, vulkanikus *a* volcanic

vulkanizál *v* vulcanize; *(autógumit, US)* recap

vulkanizálás *n* vulcanization

vurstli *n* fun-fair, fairground, amusement park/ground

W

W, w *n (betű)* the letter W/w
W = *watt* watt, *röv* W
walesi *a* ~ **herceg** the Prince of Wales
walkman *n* personal stereo (cassette player), Walkman *(pl* Walkmans)
washingtoni *a/n* Washingtonian; in/of Washington *ut.*
watt *n el* watt
wattfogyasztás *n* wattage
wattóra *n* **1.** *(egység)* watt-hour **2.** *(mérő)* watt meter

wattos *a* **100** ~ **égő** a 100-watt (light-) bulb
watt-teljesítmény *n* wattage
WC *n (vécé)* WC, lavatory, toilet, *biz* loo, *US* john
whisky *n* whisky *(US* whiskey); **két** ~**t kérek** two whiskies, please
windfix *n* draught-excluder
windsori *a* **a** ~ **vár** Windsor Castle; **A** ~ **víg nők** The Merry Wives of Windsor
wurlitzer *n* jukebox

X

X, x *n* **1.** *(betű)* (the letter) X/x **2.** *mat* x; **x méter** x metre (*US* -er); **x tengely** x-*a*xis; **x-edik hatvány** the nth power **3.** *biz* **te vagy az x-edik, aki megkérdezi** you're the nth person to ask me that; **x-szer mondtam már(, hogy ne)** I've told you a h*u*ndred times, not to …, for the *u*mpteenth time, don't …; **x-szer mondtam már, hogy nem mehetsz** For the nth time, you can't go!; **x-edszer** for the nth time

xerográfia *n* xer*o*graphy
xerox *n* **1.** *(gép)* x*e*rox, (xer*o*gr*a*phic) c*o*pier, photoc*o*pier **2.** *(másolat)* xerox; ~**ot készíttet vmről** have* sg x*e*roxed; ~**ot készít vmről** make* a ph*o*tocopy of sg, ph*o*tocopy sg
xilofon *n* x*y*lophone
X-kromoszóma *n* X chr*o*mosome
x-lábú *a (ember)* kn*o*ck-kneed; ~ **asztal** trestle t*a*ble
X. Y. Mr. S*o*-and-so

Y

Y, y *n* **1.** *(betű)* (the letter) Y/y **2. Y alakú** Y--shaped; *mat* **y tengely** y-*a*xis
yard *n* yard (= *0,91 méter*)

Y-elágazás *n* Y-j*u*nction
Y-kromoszóma *n* Y chr*o*mosome
yoghurt *n* = **joghurt**

Z

Z, z *n (betű)* (the letter) Z/z *(kimondva:* zed, US zee)

zab *n* oats *(pl; néha: sing.)*; **elmehet** ~**ot hegyezni** he can do what he likes, he can go hang

zabál *v* **1.** *(állat)* eat*, feed*, devour **2.** *vulg (ember)* guzzle, stuff oneself *(v.* one's face), make* a pig of oneself, tuck/pack/put* away [a lot of food etc.]

zabálás *n vulg* guzzling; *(alkalom)* blow-out

zabdara *n* oatmeal, groats *pl*

zabkása *n* (oatmeal-)porridge, (porridge) oats *sing. v. pl*

zabla *n* bit, snaffle (bit)

zabliszt *n* oatmeal; ~**ből való** oat(en)

zabolátlan *a* unbridled, unrestrained

zabolátlanság *n* lack of restraint

zaboláz *v átv* bridle, curb, restrain

zabos *a* **1.** *(zabbal készült, zab-)* oat-; oaten **2.** □ hopping mad

zabosbükköny *n* mixture of oat and vetch(es)

zabpehely *n* *(porridge-nak)* oatmeal, oat-flake(s)

zabrál *v biz* loot, scrounge

zabszem *n* oat-grain; *biz* ~ **van a fenekében** have* ants in one's pants

zacc *n* (coffee) grounds *pl*

zaci *n biz* ~**ba tesz/csap/vág** vmt hock/pop sg, put* sg in hock; ~**ban van** be* in hock; ~**ba csapta az óráját** he hocked his watch

zacskó *n* bag; *(papír)* paper-bag; *(alul hegyes)* cornet; *(műanyag)* plastic bag

zacskós *a* ~ **tej** milk in a plastic bag; ~ **leves** packet soup; ~ **tea** tea bags *pl*

zacskóz *v* put* into a bag *(v.* bags)

zafír *n* sapphire

zafírkvarc *n* sapphire quartz

Zágráb *n* Zagreb

zagyva *a* confused, muddled; *(összefüggéstelen)* incoherent; ~ **beszéd** gibberish; *(őrjöngés)* ravings *pl*

zagyvalék *n* **1.** *(étel)* hotchpotch, mishmash **2.** *átv* = **zagyvaság**

zagyvaság *n* jumble, hotchpotch, muddle; **mindenféle** ~**ot összehord** drivel, talk nonsense/gibberish

Zaire *n* Zaire

zaire-i *a/n* Zairean

zaj *n* noise; *(utcai)* racket, street noise, roar of the traffic; **borzalmas/fülsiketítő** ~ **van** there is* an ear-splitting noise; ~**t csap/üt** make* a noise; *(veszekszik)* row

zajártalom *n* noise pollution/injury/damage

zajlás *n (jég)* breaking up (of ice), ice-floes *pl*

zajl||ik *v* **1.** *(jég)* break* up, drift; ~**ik a jég** the ice-floes break* up *(most:* ... are breaking up); **a Duna** ~**ik** the Danube is* full of drift-ice, the ice on the Danube is breaking up **2.** *(tömeg stb.)* mill about/around (turbulently); **úgy szép az élet, ha** ~**ik** it's all part of life's rich tapestry

zajló *a* **1.** *(jég)* drifting, breaking up; ~ **folyó** river full of drift-ice; ~ **jég** ice-floes *pl*, drift-ice **2.** *átv* noisy; *(tömeg)* milling (turbulently) *ut.*, turbulent

zajong *v* clamour *(US* -mor), be* noisy/turbulent

zajongás *n* noise, din, uproar, tumult

zajongó *a* tumultuous, clamorous

zajos *a* noisy, loud, clamorous, uproarious; ~ **tetszésnyilvánítás** éclat, tumultuous applause

zajosság *n* noisiness, loudness, clamorousness

zajszint *n* noise level

zajtalan *a* noiseless, soundless, silent

zajtompítás *n* noise-abatement

zakatol *v* clatter, clack, rattle; **a vonat** ~ the train is* rattling/clattering along; ~ **a szívem** my heart is* thumping

zakatolás *n (vonaté)* clatter(ing), rattle

zaklat *v* **1.** *vk vkt* worry, trouble, *biz* keep* on at sy; *vkt vmvel* bother [sy with questions etc.], pester (sy with/for sg *v.* to do sg); *(adóst)* harass, harry; **kérdésekkel** ~ bombard/badger/bother sy with questions; **kérésekkel** ~ badger sy for sg; **ne zaklass!** leave me alone! **2.** *(vkt gond stb.)* trouble, worry

zaklatás *n* worrying, troubling, pestering, bother(ing)

zaklatott *a* worried, vexed, troubled, tormented; ~ **élet** turbulent/unsettled life

zakó *n (kabát)* jacket, coat

zálog n **1.** *konkr* pawn, pledge, security; *(já-tékban)* forfeit; ~**ba tesz** pawn; ~**ban van** be* in pawn; ~**ból kivesz** take* sg out of pawn → **zaci 2.** *átv* pledge, token; **vm** ~**ául** in token of sg, as a token of sg; **jó szándékom** ~**ául** as an earnest of my good intentions; **ragaszkodásom/szere-tetem** ~**ául** as a token of my affection
zálogcédula n pawn-ticket
zálogház n pawnshop, pawnbroker
zálogosdi n game of forfeits, forfeits *pl*; ~**t játszik** play (at) forfeits
zálogtárgy n pawn(ed article)
zamat n **1.** *(ételé)* flavour (*US* -or), aroma; *(boré)* bouquet, aroma **2.** *átv* flavour (*US* -or), spice
zamatos 1. *(étel)* tasty, full of flavour (*US* -or) *ut.*; *(hús, gyümölcs)* juicy, succulent; *(bor)* full-bodied **2.** *átv* rich; ~ **angolság-gal beszél** speak* idiomatic English
Zambia n Zambia
zambiai a/n Zambian
zápfog n molar (tooth°)
zápor n shower, downpour
záporeső n shower
záporoz v **1.** *(eső)* shower, be* pouring **2.** *(ütések)* fall* thick and fast, rain/hail down on sy
záptojás n addled/bad/rotten egg
zár I. v **1.** *vt vmt* close, shut*; **kulcsra** ~**ja az ajtót** lock the door **2.** *vt (börtönbe)* shut* (up) in, lock up/away, *biz* put* away **3.** *vt (áramkört)* close (the circuit) **4.** *vt* **le-velét azzal a megjegyzéssel** ~**ja** fin-ish one's letter by remarking; **karjába** ~ clasp (sy) in one's arms; **szívébe** ~ set* one's affections on sy, take* sy into one's heart **5.** *vi (záródik)* close, shut*; **az ajtó jól** ~ the door fits close **6.** *vi* **mikor** ~**nak?** when do you close?; **5-kor** ~**unk** we close at 5, closing time 5 p.m. **II.** n **1.** *(aj-tón stb.)* lock; *(könyvé, táskáé stb.)* clasp, lock; **kombinációs** ~ combination-lock **2.** *fényk* shutter **3.** *(fegyveré)* lock **4.** *jog* sequestration; ~ **alá vesz/helyez** sequest-rate, sequester **5.** *(tengeri, szárazföldi)* blockade ⇨ **zárva**
záradék n **1.** *jog* (additional) clause; *(végre-hajtási)* codicil **2.** *épít* crown (of arch)
záradékol v add a clause (to)
zárándok n pilgrim
zarándoklat n **1.** *vall* pilgrimage **2.** *átv* peregrination
zarándokol v go* on a pilgrimage
zarándokút n pilgrimage; ~**ra megy** go* on a pilgrimage

záras a (provided) with a lock/bolt *ut.*
zárás n **1.** *(üzleté stb.)* closing, closure; ~**!** the shop/store is (now) closing **2.** *(ker köny-veké)* making up, balancing [the books] **3.** *műsz* closing, sealing
zárda n convent, nunnery, cloister
zárhang n *nyelvt* stop, plosive
zárka n cell, lock-up
zárkioldó n *fényk* (shutter-)release
zárkóz|ik v *vhová* shut*/lock oneself away/up; **magába** ~**ik** withdraw* into oneself, become* withdrawn
zárkózott a withdrawn, uncommunicative, reticent; ~ **természet** reticent/reserved person/nature/disposition
zárkózottság n reserve(dness), reticence
zárlat n **1.** *ker* balancing of the books, making up of the books **2.** *(egészségügyi)* quarantine; *(hajózási)* embargo (*pl* -goes); *(hadi)* blockade **3.** *el* short (circuit)
zárlatos a *el* short-circuited
záró a closing, final
záróbeszéd n closing speech/address
zárócsap n stopcock
zárócsavar n cap screw
záródás n closing, shutting
záród|ik v close, shut*; **az ablak jól** ~**ik** the window shuts* well; ~**nak az ajtók** (the) doors are shutting
záródó a closing; **légmentesen** ~ her-metic(ally sealed); **szorosan** ~ tight-fitting
záróizom n constrictor(-muscle)
zárójel n *(kerek)* parentheses *(sing.* paren-thesis), round brackets; *(kapcsos)* braces; *(szögletes)* bracket(s); *(csúcsos)* angle brackets *(mind: pl)*; ~**be tesz** put* in/into brackets/parentheses
zárójelenet n *szính* closing/last scene; *(zenés darabé)* finale
zárójelentés n final communiqué; **kórházi** ~ final hospital bulletin
zárókő n keystone, arch-stone
záróközlemény n final communiqué
zárol v *ker* sequester, sequestrate, stop; *(árut, hajót)* put*/lay* an embargo on, em-bargo *(múlt ideje:* -goed); *(követelést)* freeze*, block
zárolás n stopping, sequestration
zárolt a sequestered, blocked; ~ **áru** re-stricted/rationed goods *pl*; ~ **követelés** frozen assets/debts *pl*; ~ **számla** blocked account
záróokmány n final act; **a Helsinki** ~ the Helsinki Final Act
záróra n closing time; ~**!** we are closing; *(kocsmában)* time, gentlemen, please!

záros *a* ~ **határidőn belül** within a set period of time, by a set/fixed date

zárószerkezet *n* closing/locking device/mechanism

zárószó *n* = zárszó

zárótétel *n* **1.** *fil* conclusion **2.** *zene* finale, last/final movement

zárótűz *n kat* barrage (fire)

záróülés *n* closing session

záróünnepély *n* closing ceremony

záróvizsga *n isk* final examination/exam

záróvonal *n* **1.** *(közlekedési)* *(Magyarországon:)* continuous white line; *GB, US* double white line **2.** *nyomd* swell-rule

zárszámadás *n ker* account of liabilities and assets, final accounts *pl*

zárszó *n (élőszóban)* concluding/closing remarks *pl*; *(könyvben)* epilogue *(US -log)*, postscript; **az ülés az elnök zárszavával ért véget** the chairman's concluding remarks brought the session/proceedings to a close

zárt *a* **1.** *(ajtó, szekrény stb.)* closed, locked, shut; *ált és átv* closed; ~ **ajtók mögött** behind closed doors; ~ **ajtóra talál** find* the door(s) closed; ~ **anyag** *(könyvtárban)* restricted material, reserved book(s); ~ **helyiség** confined/enclosed place, closed premises *pl*; ~ **intézet** mental hospital; ~ **kör** exclusive group (of friends), coterie; ~ **sorokban** *kat* in close order; ~ **tárgyalás** (1) *(bíróságon)* hearing in camera/private (2) *(testületben)* private sitting; ~ **tárgyalást tartanak** sit* in camera, sit* behind closed doors; *(bíróságon)* the case is* heard in camera, the trial is* held in camera; ~ **termelési rendszer** *mezőg* closed production system; ~ **ülés** *(parlamenti)* secret meeting/session; ~ **ülést tartanak** sit* in private/camera **2.** *(magánhangzó)* close [vowel], *US* high [vowel]; ~ **szótag** closed syllable

zárthelyfélelem *n* claustrophobia

zárthelyi *n (dolgozat)* (examination) paper, written examination

zártkert *n kb.* [privately owned] allotment

zártkörű *a* private, exclusive; *kif* by invitation only; ~ **társaság** exclusive group (of people), coterie

zártláncú *a* ~ **televízió** closed-circuit television

zártszék *n szính* (pit-)stall(s) seat, *US* back orchestra seat

zárul *v* **1.** = záródik **2.** *(vm eredménnyel)* close/end (with); **a számla nyereséggel** ~ the accounts show* a profit

zárva *adv* *ált* closed; *(kulcsra)* locked; *(bankban pénztár)* till closed; **nincs kulcsra** ~ *(ajtó)* is* not locked, is* on the latch; ~ **tart** *vmt* keep* sg under lock and key; ~ **tartanak/vannak a boltok** (the) shops are closed; **hétfőn** ~ **(tartunk)** *(pl. múzeum)* [the museum] (is) closed (to visitors) on Mondays; **számos könyvtár** ~ **tart szombaton** *(13 órától)* many libraries close on Saturdays [at 1 p.m.]

zárvány *n geol* inclusion

zászló *n ált* flag; *(intézményé és átv)* banner, standard; *(tengerészeti)* ensign; **az angol** ~ **the** Union Jack/flag; **az amerikai** ~ **the** Stars and Stripes *pl*, the Star-Spangled Banner; **vmlyen** ~ **alatt hajózik** fly* a flag; **francia** ~ **alatt hajózik** sail under French flags; ~**t bevon** haul down *(v. strike*)* the flag/colours *(US -ors)*; ~**t bont** (1) *konkr* unfurl the flag/colo(u)rs (2) *átv* launch [a/the new party]; announce the programme [of a/the new party]; ~**t felvon** hoist a/the flag; **meghajtja vk előtt az elismerés zászlaját** bow one's head in admiration before sy; **lengő/lobogó** ~**kkal** with flags streaming in the wind; *átv (sikeresen)* with flying colours

zászlóalj *n* battalion

zászlóavatás *n* dedication of the flag/colours *(US -ors)*

zászlóbontás *n (párté)* announcing the programme [of a/the new party]

zászlódísz *n* **a város** ~**be öltözött** the whole city/town was decked with (*v.* decked out in) flags

zászlójel *n* flag-signal

zászlórúd *n* flagpole, flagstaff

zászlós *n kat* ensign

zászlóshajó *n* flagship

zászlósúr *n tört* baron

zászlótartó *n* **1.** *kat* † standard-bearer **2.** *(foglalat)* flag/standard case/holder

zászlóvivő *n* standard-bearer

zátony *n (homok)* sandbank, shoal; *(szikla)* reef, (bottom-)rock; ~**ra jut/fut** (1) *hajó* go*/run* aground (2) *átv* prove abortive, fall* through, break* down; ~**ra futott** *(hajó)* (be*) stranded; ~**ra jutott** *átv (vállalkozás)* come* to grief, come* unstuck

zátonyos *a* shoaly, full of reefs/shoals *ut.*

zavar I. *v* **1.** *vk vkt* disturb, trouble, inconvenience, bother; **nem** ~**lak?** I hope I am not disturbing; **bocsánat, hogy** ~**om** I am sorry to trouble/bother you, excuse my disturbing you **2.** *vm vkt* disturb, trouble, worry, incommode *(mind: sy)*, cause inconvenience to (sy); **a zaj** ~ **a munkában** noise disturbs (v. interferes with) (one's) work **3.** vmt disturb, trouble, upset*; (vadat stb. üldöz) pursue, follow hot on the track/ scent (of sg); (rádióadást) jam, interfere (with); ~**ja a kilátást** obstruct the view ⇨ **víz II.** n **1.** (zűr) confusion, disorder; (nagyfokú) chaos; (amiben vk van) confusion, embarrassment; ~**ba hoz** embarrass, confuse, put* sy out (of countenance); ~**ba jön** become* embarrassed, be* at a loss, get* confused; **nem jön** ~**ba** he does* not lose his composure (v. self-possession), he is* never at a loss; ~**ban van** feel*/be* embarrassed, be* put out, be*/feel* ill at ease; ~**t kelt/okoz** make* trouble/mischief; vkben embarrass sy **2.** (anyagi) difficulty, trouble, embarrassment **3.** (egészségi) dysfunction; **emésztési** ~**ok** problems with one's digestion, digestive troubles; **vérkeringési** ~**ok** circulatory troubles **4.** (gép/vm működésében) disturbance, malfunction, breakdown; **forgalmi** ~**(ok)** traffic jam, congestion **5.** el interference; (zaj) noise; **légköri** ~**ok** atmospherics ⇨ **látási, légköri**

závár n **1.** (ajtóé, ablaké) bolt, bar, lock **2.** = **závárzat**

zavarás n ált disturbing, disturbance, troubling, trouble, worrying; (rádióadásé) jamming

zavargás n (public) disturbance, riot(ing); ~**ok törtek ki** there were riots, rioting broke out

zavargó I. a riotous, turbulent, tumultuous **II.** n rioter, troublemaker

zavarkeltés n troublemaking

zavaró a disturbing, perturbing, embarrassing, troublesome; ~ **körülmény** complication, complicating factor, biz hitch; ~ **repülés** nuisance flight

zavaróállomás, -adó n (rádió) jamming station

zavarodott a **1.** (zavarban lévő) disturbed, embarrassed, confused **2.** (elme) deranged, unbalanced

zavarodottság n **1.** (zavar) disturbance, embarrassment, confusion **2.** (elmebeli) (mental) derangement

zavarog v riot, be* in (a state of) ferment, make*/raise a disturbance

zavarólag adv ~ **hat** have* a disturbing effect (on), be* rather disturbing/disconcerting

zavaros I. a **1.** (folyadék) turbid, muddy, cloudy; (bor) cloudy **2.** átv confused, muddled, mixed up, chaotic; (beszéd) con-

fused [speech/talk]; (tekintet) bewildered, confused, troubled [look]; (elme) confused, deranged [mind]; ~ **fejű** muddle-headed; ~ **fejű ember** muddler; ~ **helyzet** confusion, a confused situation (v. state of affairs), "troubled waters" pl; ~ **história** confused fishy story; ~ **korszak** turbulent/ troublous times pl; ~ **ügy** confused/obscure affair **II.** n a ~**ban halászik** fish in troubled waters

zavarosság n **1.** (folyadéké) muddiness, turbidity **2.** átv confusion, distraction; (beszédé) incoherence; (szellemi) derangement

zavarótűz n kat harassing fire

zavart a ált troubled, confused, embarrassed, perplexed; (elme) disturbed, deranged; ~ **tekintet** troubled/confused/bewildered look/expression; ~**an nézett rám** (s)he looked at me dazedly (v. with an expression of embarrassment)

zavartalan a undisturbed, untroubled; (boldogság) unalloyed, unmixed [joy]; **az árusítás** ~**ul folyik** business as usual

zavartalanság n tranquillity (US -l-), peace

zavartat v **nem** ~**ja magát** vmben (s)he doesn't let sg/it bother him/her (v. put him/ her off his/her stroke/stride); **ne zavartasd magad!** (please) don't mind me, please don't let me disturb/interrupt you

zavartság n embarrassment, confusion ⇨ **zavarodottság**

závárzat n (fegyveré) lock, breechblock

zebra n **1.** áll zebra **2.** (átkelőhely) zebra crossing; (gyalogostól kezelt jelzőlámpával, GB) Panda crossing

zefír n **1.** (szellő) zephyr, balmy breeze **2.** tex zephyr(-fabric)

zegzug n **1.** konkr zigzag **2.** átv nooks and crannies pl; **minden** ~**ot átkutat vmért** search every nook and cranny for sg

zegzugos a zigzag; ~ **ház** rambling house; ~**an halad** zigzag, go* in a zigzag

zéhá → **ZH**

zeke n (short) jacket, jerkin

zeller n celeriac, celery; (gyökér) celeriac

zellerkrémleves n cream of celeriac/celery soup

zendül v **1.** (zene) (re)sound, ring* out **2.** (lázad) rise* (in rebellion), rebel, riot

zendülés n **1.** ált rising, rebellion **2.** kat mutiny

zendülő I. a rioting, rebellious **II.** n rioter, rebel

zene n music; **halk** ~ (pl. áruházban) piped music; **a jövő** ~**je** dreams of the future pl; **ért a** ~**hez** be* musical, be* a connoisseur

of music; ~t **szerez** compose, compose/
write* music, be* a composer; **szövegét ír-
ta X,** ~jét **szerezte Y** words/lyrics by X,
music by Y

zeneakadémia n academy/college of music,
music academy

zeneakadémiai a of a(n)/the academy/col-
lege of music ut.; ~ **növendék** music stu-
dent, student at the/an academy/college of
music; ~ **tanár** professor at the/an acad-
emy/college of music

zenebarát n music-lover

zenebohóc n (musical) clown

zenebolond I. a music-mad **II.** n music fan/
buff

zenebona n biz row, racket, hullabaloo,
rumpus; ~t **csap** kick up (v. make*) a hell
of a row

zenedarab n piece of music

zenede n = **zeneiskola**

zenedélután n afternoon of music, musical
evening

zenedráma n music drama

zeneelmélet n musical theory

zeneértő a/n kb. musical; (be*) a connois-
seur of music

zeneesztétika n the aesthetics (US es-) of
music sing.

zenegép n (régebben) radiogram; (ma)
music centre (US -er)

zenei a musical, of music ut.; music; ~ **al-
kotás** musical composition/work; ~ **élet**
musical life, music(al) world; **a** ~ **élet
Magyarországon, a magyar** ~ **élet**
musical life in Hungary, the world of Hun-
garian music; ~ **érzék** musicality; ~ **ér-
zéke van** have* a feel(ing) for music, have*
an ear for music; ~ **fesztivál** music fest-
ival; **jó** ~ **hallása van** have* a good ear
for music; **nincs (jó)** ~ **hallása** have* no
ear for music; ~ **pályára megy** make*
music one's career, (plan to) become* a (pro-
fessional) musician; ~ **szerkesztő** (rádió-
ban stb.) musical editor; ~ **vezető** music
director

zeneileg adv musically; ~ **művelt** have*
an educated ear for music

zeneiskola n school of music

zenekar n orchestra

zenekari a orchestral; ~ **árok** (orchestra)
pit; ~ **hangverseny** (orchestral) concert;
~ **kíséret** orchestral accompaniment; ~
mű (piece of) orchestral music; ~ **próba**
rehearsal; ~ **ülés** orchestra stall

zenekedvelő I. a fond of music ut., musical
II. n music-lover

zenekíséret n accompaniment

zeneköltő n composer

zenekritika n (lapban) concert notice, re-
view (of a concert); (mint foglalkozás) music
criticism

zenekritikus n music critic

zenekultúra n **1.** (egyéni) musicality **2.** (ze-
nei élet) musical life

zenél v play an instrument, play, make*
music; ~ **vmt (a gyerek)?** does (s)he play
(any instrument)?

zenélődoboz n musical box, US music box

zenélőóra n chiming/musical/chime clock

zenemű n piece of music, musical composi-
tion/piece

zenemű-kereskedés n music(-seller's)
shop

zenemű-kereskedő n music seller

zeneműkiadó n music publisher

zeneművész n musician, artist

zeneművészet n (art of) music

zeneművészeti a musical, of musical art ut.;
~ **főiskola** academy/college of music,
music academy

zeneoktatás n teaching of music

zeneóra n music lesson

zenerajongó n music fan/buff

zenés a musical; ~ **játék** musical; ~ **víg-
játék** musical comedy

zenész n musician, artist; (katonazenekar-
ban) bandsman°; **utcai** ~ (street-)busker,
street musician

zeneszám n piece (of music); (könnyűzenei)
number; (vegyes irodalmi és zenei műsorban)
musical item

zeneszekrény n = **zenegép**

zeneszerető a = **zenekedvelő**

zeneszerzés n (music) composition, com-
posing

zeneszerző n composer

zeneszó n music; ~**val vonul** a band lead-
ing/heading the procession

zeneszoba n music room

zenetanár n music teacher, teacher of music

zenetanítás n teaching of music

zeneterem n concert-hall

zenetörténész n historian of music, musico-
logist

zenetörténet n history of music

zenetudomány n musicology

zenetudós n musicologist

zeng 1. vt sing*; vk dicséretét ~i sing*
sy's praises **2.** vi vmtől ring*/echo/resound/
reverberate with; ~ **az ének** the song re-
sounds; ~ **az ég** it is* thundering; ~**ett
belé a folyosó** the corridor rang with it

zengő *a* resounding, ringing, sonorous; *(dallamos)* melodious, tuneful; ~ **hang** sonorous/ringing/silver/rich sound; **madárdaltól** ~ **liget** grove echoing with birdsong

zengzetes *a* musical, sonorous, melodious; ~ **nyelv** melodious language

zenit *n* zenith; **dicsőségének** ~**jére ért el** reached the zenith/peak of his fame

zeolit *n* zeolite

zerge *n* chamois

zergeszínű *a* chamois

zéró *num/n* zero, nought, 0 *[kiejtve:* ou]; *(semmi)* nil, naught

zérus *num/n* = **zéró**

zéruspont *n* zero (point)

zéruspont-beállítás *n* zero adjustment

ZH *(zéhá)* *(=* zárthelyi*)* (examination) paper, written exam

zihál *v* pant, gasp for breath, wheeze, be* short of breath; ~ **a melle** his chest is* heaving; ~**va elmond vmt** gasp out sg

zilált *a* in disorder/confusion *ut.*, chaotic, disordered; *(állapot)* wild, disorderly, confused, anarchical; *(anyagi helyzet)* embarrassed [financial situation]; *(haj)* dishevelled (*US* -l-), tousled [hair]; *(ruházat)* dishevelled, in disarray *ut.*; **haja/öltözéke ~ volt** her hair was (*v.* her clothes were) in disarray

ziláltság *n* disorder, confusion, disorderliness; *(anyagi)* embarrassment; **a legnagyobb ~ volt (tapasztalható) lakásában** everything in his flat was in (complete) disarray

zimankó *n* bitter cold

zimankós *a* sleety, bitter; ~ **idő** bitterly cold weather

Zimbabwe *n* Zimbabwe

zimbabwei *a/n* Zimbabwean

zipzár *n* = **cipzár**

zivatar *n* thunderstorm, thunder-shower; ~ **készül** storm is* brewing/gathering

zivataros *a (átv is)* stormy

zizeg *v* rustle, swish; *(szél)* sigh, sough; *(rovar)* buzz

zizegés *n* rustle, rustling, swish; *(szélé)* sighing, sough(ing); *(rovaré)* buzz(ing)

zokni *n* socks *pl*; *(bokáig érő)* ankle sock(s), *US* bobby-sox

zokog *v* sob

zokogás *n* sob(s), sobbing; ~**ban tör ki** burst* out sobbing

zokon *adv* vknek ~ **esik vm** cause sy pain, hurt* sy's/one's feelings; ~ **vesz vmt** take* sg amiss, resent sg, take offence (*US* -se) at sg, be* hurt by sg

zokszó *n* **1.** *(feddés)* reproach, reproof, reprimand **2.** *(panasz)* complaint; ~ **nélkül** without (a word of) complaint

Zoltán *n* ⟨Hungarian masculin given name⟩

zománc *n* enamel; *(agyagárué)* glaze; *(festék)* gloss paint; *(kocsié)* paintwork

zománcedény *n* enamelled pots and pans *(pl)*, enamel-ware

zománcfesték *n* enamel (paint); **magasfényű** ~ gloss (paint)

zománcmunka *n* enamel work

zománcos *a* enamelled (*US* -l-); *(agyagáru)* glazed

zománcoz *v* enamel (*US* -l); *(agyagárut)* glaze; *(kocsit)* spray

zománcozás *n* enamelling (*US* -l-)

zománcozott *a* enamelled (*US* -l-)

zóna *n* zone, belt

zónahatár *n* zone boundary

zónaidő *n* zone/standard time

zongora *n* (grand) piano *(pl* -nos); *(hangverseny~)* concert grand; **rövid** ~ baby grand; ~**n játszik** play the piano; **lejátszik egy dallamot a ~n** play a tune on the piano; ~**n kísér** accompany (sy) on the piano; ~**n kíséri ...** accompanied (at the piano) by ...; **a ~nál ...** with ... at the piano ⇨ **ver**

zongoraátirat *n* arrangement for piano

zongorabillentyű *n* (piano) key

zongoradarab *n* composition for (the) piano

zongoraest *n* piano recital

zongorahangoló *n* piano-tuner

zongorairodalom *n* piano music

zongoraiskola *n (mű)* exercises for the piano *pl*; *(könyv)* piano tutor

zongorajáték *n* piano-playing, technique; **vknek a ~a** sy's technique

zongorakíséret *n* piano accompaniment

zongorakivonat *n* arrangement for piano

zongorakulcs *n (hangoló)* tuning-key

zongoramű *n* composition/piece for the piano

zongoraművész *n* pianist

zongoraóra *n* piano-lesson

zongoraszék *n* piano stool

zongoratanár *n* piano-teacher; *(főiskolán)* professor of piano

zongoratanítás *n* piano lessons *pl*, piano teaching

zongoraverseny *n* **1.** *(mű)* piano concerto; **G-dúr** ~ piano concerto in G major **2.** *(verseny)* piano competition

zongorázás *n* playing (on/of) the piano

zongoráz|ik *v.* play the piano
zongorista *n* pianist
zoológia *n* zoology
zoológus *n* zoologist
zord *a* **1.** *ált* grim, severe, morose; *(arc)* stern **2.** *(időjárás)* raw, severe; *(hideg)* bitter **3.** *(tájék)* bleak, dismal
zökken *v* jerk, jolt, bump; **nagyot** ~**t a kocsi** the car(riage) gave a great jerk/jolt
zökkenés *n* jolt(ing), bump(ing), jerk(ing)
zökkenésmentes *a* smooth; ~**en** *átv* smoothly, [is* going] without a hitch
zökkenő *n* jolt, jar, shock; *(úton)* bump, pothole; **nem megy (minden)** ~ **nélkül** it isn't all plain sailing, it isn't going without a hitch, there are some teething troubles
zökkenős *a* bumpy, uneven, jerky
zöld I. *a* green; ~ **ágra jut/vergődik** get* on (with sg), make* the grade, succeed; ~ **fény** green light; ~ **út (1)** *(reptéren)* green channel **(2)** *átv* (the) green light; **megadja vknek a** ~ **utat** give* sy/sg the green light *(v.* the go-ahead); ~ **utat kaptunk** we've got the go-ahead [from the council] **II.** *n* **1.** *(szín)* green(ness); ~**re fest (1)** *ált* paint (sg) green **(2)** *text* dye/stain (sg) green **2.** *(a természet)* the open air, nature, the country; **kirándul a** ~**be** go* out for the day *(v.* into the country) **3.** ~**éket beszél** talk nonsense **4.** *(kártya)* green, *(néha)* spade **5.** *pol* green; **a** ~**ek** the Greens
zöldasztal *n* *(tanácskozó)* round/conference table
zöldbab *n* green/French/runner beans *pl*; *US főleg:* string beans *pl*
zöldbéka *n* (water-)frog
zöldborsó *n* green peas *pl*, petits pois *pl*
zöldell(ik) *v* (be*) green, become*/grow* green; ~ **a határ** the fields are green again
zöldellő *a* (growing) green, verdant; ~ **természet** verdure, green vegetation
zöldes *a* greenish; *(arcszín)* green
zöldeskék *a* greenish-blue
zöldesszürke *a* rifle-green
zöldfőzelék(félék) *n* *(pl)* greens *pl*, vegetables *pl*
zöldfülű I. *a* green, callow; ~ **korában** in one's salad days **II.** *n* greenhorn, tenderfoot; *kif* be* still wet behind the ears
zöldhagyma *n* spring/salad onion, US scallion, green onion
zöldike *n* greenfinch, green linnet
zöldövezet *n* green belt; ~**(i villanegyed)** *(affluent)* leafy suburb

zöldpaprika *n* green pepper/paprika, sweet pepper, capsicum *(pl* -s); *(ha piros:)* red pepper
zöldség *n* **1.** *növ* greens *pl*, vegetables *pl*; *(csomagban levesnek)* packet of mixed vegetables (for soup) **2.** *(ostobaság)* nonsense, foolishness, rubbish, codswallop, bilge; **mindenféle** ~**et összehord** he's talking (a load of) codswallop/rubbish
zöldségárus *n* greengrocer; *(US és piaci)* vegetable man°
zöldséges I. *a* *(összet)* vegetable; ~ **kofa** greengrocer **II.** *n* = **zöldségárus**
zöldségeskert *n* vegetable/kitchen garden
zöldségfélék *n pl* greens, vegetables
zöldségleves *n* vegetable soup
zöldségpiac *n* vegetable-market
zöldtakarmány *n* green food, fresh fodder
zöldül *v* (become*/grow*/turn) green
zöldvendéglő *n* garden restaurant, open-air restaurant
zöm *n* vmnek a ~**e** the bulk of (sg), the main/greater/biggest part of (sg); **a nép** ~**e** the mass/bulk of the people; ~**mel** by far the greatest number, for the most part
zömök *a* squat, stubby, stumpy, tubby
zöngés *a* *nyelvt* voiced
zöngétlen *a* *nyelvt* voiceless, unvoiced
zördül *v* give* a rattle; *(levél)* rustle
zörej *n* noise; *(láncé)* rattle, rattling; *(tompa)* thud; *(rádió)* atmospherics *pl*, interference
zörgés *n* clatter(ing), rattle, rattling; *(csörgés)* jingle, clash; *(dübörgés)* rolling, rumble, rumbling; **kocsik** ~**e** rumble of wheels
zörget 1. *vt* rattle (sg), make* (sg) rattle; **a szél** ~**i az ablakot** the wind rattles the window **2.** *vi (zörgő zajt okoz)* rattle, make* a noise (by rattling sg), clatter; ~ **az ajtón** rattle *(v.* rap on) the door
zörgetés *n* rattling, rapping; *(csörgetés)* jingling, clinking
zörög *v* rattle, clatter, make*/give* a rattling/clattering sound; *(levél, papír)* rustle; ~ **az ajtón** rap/tap on the door; ~**nek a csontjai** he is* just skin and bone
zörren *v* make*/give* a short clinking/clattering/jingling/rustling sound, rattle; *(falevél)* rustle
zörrenés *n* a short clinking/clattering/jingling/rustling sound
zötyög *v* wobble, shake*/toss about; *(~ve halad)* jolt/bump/rattle along
zötyögős *a* bumpy, rough [road]

zrí *n* □ hullabaloo, commotion, row, *GB* shindy; **nagy ~t csinál** kick up a dust/ fuss/row/shindy, make* the fur fly

zubbony *n* jacket, blouse; *kat* fatigue/ combat jacket

zubog *v* bubble, boil, seethe

zúdít *v* 1. *(folyadékot)* pour (out); **kőzáport ~ vkre** pelt sy with stones 2. *átv* heap/shower sg on sy; rain/hail [blows/curses etc.] down on sy; **bajt ~ vk fejére** bring* trouble/misfortune on sy

zúdul *v* 1. *(tódul vhová, folyadék)* come* pouring/gushing/rushing into (*v.* out of *v.* on to etc.); *(tömeg)* throng/stream to; **a tömeg az utcára ~t** the crowd spilled out onto the streets 2. **rengeteg munka ~t a nyakába** he was snowed under with work

zug *n* 1. *(szöglet)* nook, corner, cranny; *(szobácska US)* closet; *(félreeső vidék)* hole; *(a természetben)* nook, hollow; *(beugró sarok)* corner, nook; **az ország legtávolabbi ~ában** in the remotest corner of the country 2. *átv biz* **~ban vásárol** (*v.* ad el) buy*/ sell* under the counter; *(feketepiacon)* buy*/sell* on the black market

zúg *v* make* a (rumbling) noise, rumble, boom; *(bogár)* buzz, hum; *(gép)* hum, buzz, whirr (*US főleg:* -r), drone; *(harang)* sound, peal, ring*; *(hullám)* roar; *(patak)* babble, murmur; *(szél)* boom, sigh; *(tenger)* boom, roar, murmur; **~ a fejem a sok lármától** all that noise has given me a splitting headache; **~ a fülem** my ears are buzzing; **~ az erdő** the leaves rustle in the wind; **~nak a harangok** the bells are* ringing/pealing; **~ az orgona** the organ swells*

zugárus *n* black marketeer, fly-by-night operator, fly-pitcher

zúgás *n* humming (noise), rumbling, rumble; *(bogáré)* buzz(ing), hum(ming); *(fülé)* buzz(ing), ringing; *(gépé)* hum, buzz(ing); *(hullámé)* boom(ing); **a szél ~a** (the) sighing/ sough(ing)/roar/booming of the wind; **a tenger ~a** (the) roar(ing)/boom(ing)/roll of the sea; **a tömeg ~a** rumblings *pl* (*v.* murmur) of the multitude/masses

zúg-búg *v* boom, rumble, rustle

zugíró *n* hack(-writer)

zugkereskedelem *n* black market

zugkocsma *n* low dive, spit-and-sawdust joint

zúgó I. *a* *ált* rumbling, humming; *(bogár)* buzzing, humming; *(gép)* humming, droning; *(patak)* babbling; *(szél)* soughing, sighing; **~ taps** loud/rapturous applause; **~**

tömeg *(haragos)* noisy crowd; *(éljenző)* cheering crowd **II.** *n* *(folyóé)* rapids *pl*; *(malmon)* mill/tail-race; **átkel a folyó ~ján** *(kajakkal)* shoot* the rapids

zúgolódás *n* grumbling, grumbles *pl*, clamour (*US* -or); **~ nélkül** without a murmur

zúgolód|ik *v* *(vm miatt)* grumble about/ over/at sg, complain about (*v.* that . . .); *(vm ellen/miatt)* clamour (*US* -or) against sg, murmur against/at sg; □ bitch about sg

zúgolódó *a* clamorous, grumbling, complaining

zugpiac *n* black market

zugsajtó *n* gutter-press, yellow press

zugszálló *n* disreputable/shady hotel

zugtőzsde *n* kerb (*US* curb) market

zugutca *n* back-street/alley

zugügylet *n* shady transaction/deal

zugügynök *n* unlicensed broker

zugügyvéd *n* pettifogger, *US* shyster

zuhan *v* 1. *konkr* plunge, tumble, come* (clattering) down, fall* (down); **fejjel előre ~** fall*/plunge headlong (*v.* head first); **a repülőgép a földre ~t** the plane crashed 2. *(ár)* slump, collapse

zuhanás *n* 1. *ált vmé* fall, tumble; *(repgépé)* crash 2. *(áraké)* slump

zuhanóbombázás *n* dive-bombing; **~t hajt végre** dive-bomb

zuhanóbombázó *n* dive-bomber

zuhanórepülés *n* nosedive; **~t hajt végre** (*v.* végez) nosedive

zuhany *v* shower

zuhanyozás *n* (taking a) shower

zuhanyoz|ik *v* take*/have* a shower, shower

zuhanyozó *n* *(hely)* shower(-bath); **kézi ~** wall shower

zuhatag *n* 1. *(vízesés)* waterfall, falls *pl*, cataract; *(könnyeké)* flood, flow 2. *(szitkoké)* stream, torrent

zuhog *v* 1. **~ (az eső)** it's pouring (down *v.* with rain), it's raining hard (*v.* cats and dogs) 2. **~ a víz a csapból** water is pouring from the tap (*US* faucet) 3. **~tak az ütések** the blows fell thick and fast, blows rained (down) on sy

zuhogó *a* **~ esőben** in the pouring rain

zúz *v* pound, crush, pulverize; **darabokra ~** shatter, break* into (small) pieces, smash to pieces; **halálra ~ vkt** crush sy to death; **péppé ~ vmt** pulp sg, beat* sg to a pulp; **porrá ~** reduce/crush sg to powder, crush sg (in)to powder, pulverize sg, grind* sg (down) to dust

zúza *n* gizzard; **eszem a ~dat!** you darling!; **hamis a ~ja** she is* a sly minx

zúzalék *n* rubble
zúzás *n* pounding, pulverizing, crushing
zúzda *n (könyvnek)* paper/pulping-mill;
~ba küld könyveket pulp books, have*
books pulped
zúzmara *n* hoar(-frost), frost, rime
zúzmarás *a* frost-covered, rimy, covered
with hoar-frost *ut.*
zuzmó *n* lichen
zúzódás *n* bruise, contusion; **belső** ~ internal injury; ~(oka)t szenved get*/be*
bruised, suffer bruises/bruising
zúzód|ik *v* be* bruised/crushed/smashed/
contused; **darabokra** ~ik be* broken/
smashed (in)to pieces; **halálra** ~ott be*
crushed to death
zúzógép *n* crusher, pulverizer, breaker
zúzóhenger *n* crushing roll
zúzómű *n* stamp (mill), stamping mill
zúzott *a* 1. ált pounded, pulverized, crushed,
stamped, broken; ~ **kő** *(útépítéshez)* road-metal, crushed gravel 2. *orv* ~ **seb** contused wound
züllés *n* 1. *(hanyatlás)* decay, decline, corruption 2. *biz (lumpolás)* booze-up, shindig
zülleszt *v (dolgot)* deprave, demoralize;
(személyt) corrupt, debauch
züll|ik *v* 1. *(dolog)* fall* into decay, decay,
go* to the dogs; *(személy)* become* depraved, go* downhill 2. *biz (lumpol)* go* out
(v. be*) on a spree
züllött *a* ált vm decayed, in utter neglect *ut.;*
(személy) depraved, debauched, corrupt;

(külsőleg) disreputable, dissipated-looking;
(társadalom) decaying, rotten, morally corrupt/depraved; *(viszonyok)* disorganized; ~
alak depraved/corrupt/disreputable fellow,
wreck; ~ **életet/életmódot folytat**
lead* a loose/dissolute/fast life; ~ **erkölcsök** depraved morals
züllöttség *n* depravity, corruption, corruptness, debauchery; **erkölcsi** ~ moral corruption/depravity
zümmög *v (rovar)* buzz, hum; *(ember)*
hum, croon
zümmögés *n (rovaré)* buzz(ing); *(emberé
is)* hum(ming)
zümmögő I. *a* buzzing, humming **II.** *n (telefoné)* buzzer
zűr *n biz (zavar)* mess, tizzy, confusion,
muddle, (sorry) pickle, fix; *(nehézség)* difficulty, trouble; **nagy** ~**ben van** be* in a
fix/tizzy, be* in a sad/sorry pickle; ~**t csinál** kick up a shindy/stink, raise a stink, *US*
raise hob ⇨ **zrí**
Zürich *n* Zurich
zűrös *a biz* chaotic, confused, messy; ~ **állapotok/helyzet** confused state of affairs,
a mess
zűrzavar *n (rendetlenség)* chaos, disorder,
confusion; *(lárma)* hubbub, hurly-burly, *biz*
hullabaloo; **pokoli** ~ a fearful mess, pandemonium
zűrzavaros *a* 1. *(rendetlen)* chaotic, disorderly, confused, at sixes and sevens *ut.*
2. *(beszéd)* disconnected, incoherent

Zs

Zs, zs *n (betű)* (the digraph) Zs/zs
zsába *n* neuralgia; *(deréktáji)* lumbago
zsabó *n* jabot, frill
zsák *n (kisebb)* bag; *(nagyobb)* sack; ∼**ba**
rak put* in a bag/sack *(v.* in bags/sacks);
minden ∼ **megleli a foltját** every Jack
will get his Jill
zsákbamacska *n* pig in a poke′
zsakett *n* morning coat, *US* cutaway
zsákfutás *n* sack-race
zsákmány *n (rablott holmi)* plunder, loot;
(állaté) prey; *(hadi)* booty, spoil; *(halász)*
catch, haul; *(vadász)* (game-)bag, quarry;
∼**t ejt** get*/obtain spoil(s)/booty; ∼**ul ejt**
vmt carry off, seize; ∼**ul esik vknek** fall*
prey to
zsákmányol *v* take*, capture, seize; *(főleg*
háború idején) loot
zsákmányolt *a* seized, captured, looted
zsáknyi *a* sackful, bagful
zsákol *v* **1.** *(zsákba rak)* sack, put* in sacks
2. *(visz)* carry sack(ful)s
zsákoló *n* **1.** *(személy)* sacker **2.** *(gép)* sack-
ing machine
zsákos *a* ∼ mosás bagwash
zsákruha *n* sack(dress)
zsákszövet *n* = **zsákvászon**
zsákutca *n* **1.** konkr blind alley, cul-de-sac
(pl cul-de-sacs), *US főleg:* dead end **2.** *átv*
impasse, blind alley, deadlock; ∼**ba jut**
reach *(v.* end in *v.* come* to a total) deadlock,
come* to *(v.* prove* to be *v.* reach) a dead end
zsákvarrótű *n* packing needle
zsákvászon *n* sacking, sackcloth, burlap
zsalu *n* shutters *pl*
zsaluz *v* construct a formwork
zsaluzás *n* formwork, shuttering
zsámoly *n* (foot) stool
zsandár *n* gendarme
zsanér *n* hinge
zsáner *n* genre, kind, style; **nem a** ∼**em** she
is* not my type, *biz* (she is) not my cup of
tea
zsánerfestő *n* genre painter
zsánerkép *n* genre painting
zsarátnok *n ir* embers *pl*, fire-brand
zsargon *n* jargon
zsarnok *n* tyrant, despot, dictator

zsarnoki *a* tyrannical, despotic, autocratic,
dictatorial; ∼ **hatalom** = **zsarnokság**;
∼ **módon bánik vkvel** treat sy tyrannic-
ally, tyrannize sy
zsarnokoskod|ik *v (vk felett)* play the
tyrant *(over)*, tyrannize *(over)* [people]
zsarnokság *n* tyranny, despotism, absolut-
ism, autocracy, dictatorship
zsarol *v* blackmail; *vktől vmt* extort, exact *(sg*
from sy); **mindig pénzért** ∼**ja a szüleit**
he is* always bleeding his parents
zsarolás *n* blackmail(ing), extortion
zsaroló I. *a* blackmailing **II.** *n* blackmailer
zsaru *n* □ cop, bobby, copper; **a** ∼**k** the fuzz
zsávoly *n* drill, twill; ∼ **katonaruha**
fatigue-dress, fatigues *pl*
zsázsa *n* (mustard and) cress
zseb *n* pocket; **belső** ∼ inside pocket; **rá-**
varrt ∼ patch pocket; **tele van a** ∼**e**
pénzzel have* well-lined pockets; ∼**ébe**
nyúl thrust*/put* one's hand into one's
pocket; ∼**ébe tesz vmt** put*/slip sg in
one's pocket, pocket sg; **eltesz a** ∼**ébe**
vmt put* sg into one's pocket, pocket sg;
saját ∼**éből fizeti** pay* sg from *(v.* out of)
one's own pocket; ∼**re dugott kézzel**
with one's hands in one's pockets; ∼**re**
tesz/vág vmt *(1) (tűr)* stomach/swallow/
pocket sg *(2) (ellop)* pocket sg, *biz* swipe sg,
□ nick sg; ∼**re tesz/vág vkt** *(= vmben*
messze felülmúlja) put* sy in one's pocket,
be* more than a match for sy; **száz forin-**
tot vágott ∼**re** he has pocketed a hundred
forints; **a költséget ellenére is** ∼**re**
vághatunk 5000 Ft-ot even after paying
all the expenses, we'll still be 5,000 fts in
pocket; **az ő** ∼**ére megy** he pays the piper
zsebatlasz *n* pocket atlas/map
zsebes I. *a* pocketed **II.** *n* □ = **zsebtolvaj**
zsebfedő *n* pocket-flap
zsebfésű *n* pocket comb
zsebkendő *n* handkerchief, *biz* hanky *v.*
hankie
zsebkés *n* pocket-knife°, penknife°
zsebkiadás *n* pocket edition
zsebkönyv *n* **1.** *(feljegyzésekhez)* notebook,
GB pocket-book **2.** *(évkönyv)* almanac
3. *(puha fedelű könyv)* paperback

zseblámpa *n* torch, *US* flashlight
zseblámpaelem *n* (torch) battery
zseblámpaizzó *n* flashlight bulb
zsebmagnó *n* = **walkman**
zsebmetszés *n* pickpocketing
zsebmetsző *n* = **zsebtolvaj**
zsebnaptár *n* (pocket) diary
zsebóra *n* watch
zsebpénz *n* pocket-money, *US* allowance
zsebpisztoly *n* revolver, pocket-pistol
zsebrádió *n* transistor (radio)
zsebsakk *n* pocket chess-set
zsebszámológép *n* (pocket) calculator
zsebszótár *n* pocket dictionary
zsebtolvaj *n* pickpocket; **óvakodjunk a** ~**októl!** beware of (*v.* watch out for) pickpockets!
zsebtükör *n* pocket-mirror
zselatin *n* gelatine, isinglass
zselé *n* jelly, *US* jello
zsellér *n* † cottar, cotter
zsémbelődés *n* = **zsörtölődés**
zsémbel(őd|ik) *v* = **zsörtölőd|ik**
zsémbelődő, zsémbes *a* = **zsörtölődő**
zsemle *v* zsömle *n* roll
zsemlegombóc *n kb.* dumpling(s)
zsemlemártás *n* bread-sauce
zsemlemorzsa *n* breadcrumbs *pl*
zsemleszínű *a* sandy(-coloured) (*US* -or)
zsén *n* ~**ben van** be*/feel* ill at ease
zsenáns *a* embarrassing, awkward; **nagyon** ~ **volt (nekem)** I felt ill at ease
zsendül *v* sprout, spring*/come* up
zsenge **I.** *a (kor)* immature, young, delicate, tender **II.** *n* firstling, first fruits *pl*; **ifjúkori** ~**k** juvenile/early efforts, juvenilia
zseni *a* genius (*pl* geniuses), (wo)man° of genius; **matematikai** ~ mathematical genius
zseniális *a* **1.** *vk* of remarkable talents *ut.*, brilliant; ~ **ember** man° of genius; **Einstein** ~ **(ember) volt** Einstein had genius, E. was a genius; ~ **matematikus volt** he was a mathematical genius **2.** *vm* brilliant, inspired, splendid; ~ **gondolat volt** that was a stroke of a genius; ~ **mű** a/the work of genius; ~ **találmány** ingenious invention
zsenialitás *n* genius [for language, mathematics etc.], brilliance, ingenuity
zseníroz *v* inconvenience, bother, incommode; **ne** ~**d magad!** = **ne zavartasd magad!** ⇨ **zavartat**
zseton *n* counter, token
zsibáru *n* odds and ends *pl*, lumber, clutter
zsibárus *n* rag-and-bone man°/merchant

zsibbad *v* become*/go* stiff/numb; ~ **már?** *(fogorvos kérdezi injekció után)* is it going numb?
zsibbadás *n* numbness, stiffening
zsibbadt *a* stiff, numb(ed)
zsibbadtság *n* numbness, stiffness; *átv* torpor
zsibbaszt *v* make* numb, stiffen
zsibbasztó *a* numbing, stiffening
zsibong *v* **1.** *(hang)* buzz, hum **2.** *(sűrű tömeg)* swarm, throng
zsibongás *n* **1.** *(hang)* buzzing, humming, clatter **2.** *(népé)* swarming
zsibvásár *n* **1.** konkr flea-market **2.** biz *(lárma)* hullabaloo, hubbub **3.** biz *(összevisszaság)* mess; **micsoda** ~**!** what a mess!; **rakd el ezt a** ~**t!** put away all this clutter!
zsidó **I.** *a* Jewish, Hebrew; *(néha)* Israelite; ~ **(származású) ember/személy** Jewish man°/person, a Jew; ~ **hitközség** Jewish community; **a** ~ **nép** the Jewish people, the Jews *pl*; ~ **nyelv** Hebrew; ~ **templom** synagogue, Jewish temple; ~ **vallás** Judaism **II.** *n (sértő megnevezés)* Jew; *(régen)* Israelite
zsidócseresznye *n* winter-cherry
zsidóellenes *a* antisemitic
zsidógyűlölet *n* antisemitism
zsidónegyed *n* ghetto, Jewish quarter
zsidónő *n (sértő megnevezés)* Jewess; *(tapintatosabban)* Jewish woman°
zsidós *a* Jewish
zsidóság *n (nép)* the Jews *pl*; **a magyar** ~ Hungarian Jewry
zsidóüldözés *n* persecution of Jews; *(véres)* pogrom
zsigerek *n pl* viscera, guts, innards, the intestines; *(állati)* lights
zsigerel *v* disembowel (*US* -l), gut, eviscerate
Zsigmond *n* Sigismond
zsilett *n* safety razor
zsilettpenge *n* (safety) razor blade
zsilip *n* sluice, lock; ~**pel elzár** sluice, close the lock
zsilipgát *n* flood/lock/sluice-gate
zsilipkamra *n* sluice/lock chamber
zsilipkapu *n* sluice/water-gate
zsilipkezelő *n* = **zsilipőr**
zsilipmű *n* sluice-works *pl*
zsilipőr *n* sluice/lock-keeper
zsinagóga *n* synagogue (*US* -gog)
zsinat *vall* **1.** tört council; **egyetemes** ~ general council; **a tridenti** ~ the Council of Trent **2.** *(protestáns)* synod
zsindely *n* shingle
zsindelyes *a* shingled

zsindelyez *v* cover with shingles, shingle
zsindelytető *n* shingled roof
zsineg *n* string, packing-cord
zsinegel *v* cord, tie up with string
zsinór *n* **1.** *(zsineg)* string; *(sodrott)* twine, cord; ~**on rángat vkt** have*/keep* sy on a string **2.** *(elektromos eszközé)* flex, electric wire, *US* cord **3.** *biz* ~**ban** in succession; ~**ban nyer** be* on a winning streak
zsinórdísz *n* braiding, piping
zsinórmérték *n* norm, standard, measure; *(jó ízlésé, erkölcsé)* canon [of morals]
zsinóroz *v* braid
zsinórozás *n (pl. atillán)* (military) frogging
⇨ **zsinórzat**
zsinórozott *a (sujtásos)* frogged, embroidered with (military) frogging *ut.*
zsinórpadlás *n* flies *pl*, rigging loft
zsinórzat *n* braiding, trimming, frogging
zsír *v* fat; *(olvasztott)* grease; *(disznóé)* lard; *(pecsenyéé)* dripping; *vegy* fats *pl*; ~**ban süt** fry [in fat]; ~**ban sült** fried, roast(ed) [meat]; **megfullad a saját** ~**jában** choke/fry/stew in one's own fat/grease; ~**ral beken** *(gépet)* grease, lubricate; **kiszedi vknek a** ~**ját** thrive* on sy's toil, exploit sy ruthlessly
zsiradék *n* fats *pl*, grease
zsiráf *n* giraffe
zsirardi(kalap) *n* boater
zsírcsepp *n* grease drop
zsírdaganat *n* lipoma
zsírfecskendő *n* grease-gun
zsírfényű *a* oily, greasy
zsírfolt *n* fat/grease stain/spot
zsírkő *n* steatite
zsírkréta *n* oil pastel, crayon
zsíró *n pénz* (bank) giro
zsíros *a* **1.** *konkr* fat, fatty, containing (a lot of) fat *ut.*, greasy; ~ **arcbőr** oily skin/complexion; ~ **étel** rich/fatty food; ~ **kenyér** bread and dripping; ~**an főz** cook with too much fat **2.** *átv* rich, fat; ~ **állás** lucrative post/job; ~ **falat** fat(ty) bit; ~ **föld** rich/loamy/fertile soil
zsírosbödön *n* tub of lard
zsírosod|ik *v (felület)* become*/turn greasy/oily
zsíroz *v (gépet)* grease, lubriacte; *(bakancsot)* oil, dubbin
zsírozás *n* **1.** *(gépé)* greasing, lubrication; *(bakancsé)* dubbining, oiling **2.** *(pecsenyéé)* basting
zsírpapír *n* grease-proof paper
zsírpárna *n* cushion/roll of fat
zsírpecsét *n* = **zsírfolt**

zsírpecsétes *a* greasy
zsírréteg *n* fatty layer/tissue
zsírsav *n* fatty acid
zsírsertés *n* lard pig, porker
zsírszalonna *n* raw bacon for lard
zsírszegény *a (étrend)* low-fat [diet]
zsírszövet *n* fatty/adipose tissue
zsírtalan *a* fatless
zsírtalanít *v* degrease, delubricate, defat
zsírtartalmú *a* fatty, containing fat *ut.*; **nagy** ~ containing a lot of fat *ut.*; **kevés** ~ non-fat [milk etc.]
zsírtartalom *n* fat content; **zsírtartalma:** ... fat content: ... per cent; contains ... per cent fat; **a tej zsírtartalma** butterfat
zsírzás *n* greasing, lubrication
zsírzófej *n* grease cup
zsírzóprés *n* grease-gun
zsírzószelence *n* grease-box
zsivaj(gás) *n* noise, din, uproar
zsivajog *n* make* a noise (*v.* an uproar)
zsivány *n* **1.** *(bandita)* brigand, bandit, *US* gangster; *(betyár)* outlaw **2.** = **gazember** **3.** *tréf* rascal, rogue, scamp
zsiványbecsület *n* gangster-solidarity, *kif* there is honour (*US* -or) among thieves
zsiványtanya *n* robbers' den
zsizsik *n* weevil
zsizsikes *a* weevily, weevil-infested
Zsófi *n* Sophie
Zsófia *n* Sophia
zsoké *n* jockey
zsokéklub *n* jockey club
zsokésapka *n* jockey cap
zsold *n* (soldier's) pay
zsoldfizetés *n (napja)* pay day
zsoldkönyv *n* (soldier's) pay-book
zsoldos *tört* **I.** *a* mercenary; ~ **hadsereg** mercenary force, mercenary troops *pl* **II.** *n* **1.** *kat* mercenary **2.** *átv* hireling
zsoldoshadsereg *n tört* mercenary troops *pl*
zsolozsma *n (ének)* chant; *(ima)* office
zsolozsmáskönyv *n* breviary, book of hours
zsolozsmáz|ik *v (énekelve)* sing* psalms
Zsolt *n* ⟨Hungarian masculine given name⟩
zsoltár *n* **1.** psalm; ~**ok könyve** Book of Psalms, the Psalms **2.** = **zsoltároskönyv**
zsoltáríró *n* psalmist
zsoltároskönyv *n* psalter, psalm-book, psalmody
zsombék *n* clump [in a marsh/bog], tussock
zsombékos *a* boggy, swampy, marshy
zsong *v* hum, murmur, boom

zsongás *n* murmur(ing), hum(ming), boom-(ing)
zsongít *v* soothe, calm, soften
zsongító *a* soothing, calming; *(csak orv)* calmative, sedative
zsonglőr *n* juggler
zsöllye *n* = **földszint 2.**
zsömle *n* = **zsemle**
zsörtölődés *n* grumbling, nagging
zsörtölőd|ik *v* grumble, be* grumpy, nag, grouch
zsörtölődő *a* grumbling, nagging, grouchy, grumpy
zsúfol *v* cram, stuff, press, pack; **a terem ~va van** the room is* packed/crowded
zsúfolás *n* ~**ig megtelt** jam-packed, filled to capacity/overflowing *ut.*; **a stadion ~ig megtelt** the stadium is/was jam-packed with people/spectators
zsúfolód|ik *v* be* crowded/packed (into sg)
zsúfolt *a* (jam-)packed; ~ **ház** *szính* packed house
zsuga *n* □ *(= kártya)* broads *pl*, flats *pl*, deck
zsugáz|ik *v* □ hit* the deck
zsugorgat *v* hoard, save up
zsugori I. *a* miserly, mean, money-grubbing, *biz* stingy, tight/close-fisted **II.** *n* miser, niggard, money-grubber
zsugoriság *n* miserliness, niggardliness, parsimoniousness
zsugorodás *n* *(bőré, falevélé)* shrivelling *(US* -l-); *(gyapjúé)* shrinking, shrinkage; *(testé)* contraction; *orv* atrophy
zsugorodásmentes *a* shrinkproof, non--shrink, unshrinkable

zsugorod|ik *v* *(bőr, falevél)* shrivel *(US* -l); *(gyapjú)* shrink*; *(test)* contract
zsúp *n* thatch; ~**pal fed** thatch
zsúpfedél *n* thatched roof
zsúpfedelű *a* thatched
zsuppol *v* vkt vhová transport sy (under duress)
zsupsz *int* (wh)oops (a daisy)!, flop!, thump!, crash!; ~ **leesett!** *(a fáról)* fell flop on(to) the ground
zsúpszalma *n* thatch
zsúptető *n* = **zsúpfedél**
zsúr *n* (tea) party
zsúrasztal *n* *(egymásba tolható)* nest of tables
zsúrfiú *n* lounge-lizard
zsúrkenyér *n* milk-loaf°
zsúrkocsi *n* tea-trolley, *US* teacart
zsurló(fű) *n* horsetail, mare's tail
zsurnaliszta *n* journalist, newspaperman°
zsurnalisztika *n* journalism
zsúrterítő *n* tea-cloth, doily
Zsuzsa *n* Sue, Susan
Zsuzsanna *n* Susan, Susanna
zsűri *n* ált jury; panel (of experts); *(pl. jégtáncnál)* panel of judges; *(lovasversenyen)* the judges *pl*; **a ~ XY munkáját ítélte legjobbnak** the panel judged YX's design/etc. the best, the panel awarded first prize to YX
zsűritag *n* jury-member, member of the jury, juror
zsűriz *v* judge, decide about [a painting, design etc.], select/pick [the best]
zsűrizés *n* ~**re benyújt** submit [a painting/design etc.] to a panel of experts

APPENDIX I
I. FÜGGELÉK

English Irregular Verbs
Angol rendhagyó igék

This list contains only the base verbs and their commonest meanings.
Ez a jegyzék csak az alapigéket és leggyakoribb jelentéseiket tartalmazza.

Infinitive	Past Tense	Past Participle	
abide	abode	abode	tartózkodik, lakik
	abided	abided	elvisel; megmarad vm mellett
arise	arose	arisen	keletkezik
awake	awoke	awoken	felébreszt, -ébred
be (is, are)	was, were	been	van
bear	bore	borne	hord
bear	bore	born	szül
beat	beat	beaten	üt
become	became	become	vmivé lesz
beget	begot	begotten	nemz
begin	began	begun	kezd
bend	bent	bent	hajlít
beseech	besought	besought	könyörög
bet	bet, betted	bet, betted	fogad
bid	bid	bid	ajánl
	bade	bidden	megparancsol
bind	bound	bound	köt
bite	bit	bitten	harap
bleed	bled	bled	vérzik
bless	blessed, blest	blessed, blest	áld
blow	blew	blown	fúj
		blowed	
		I'm blowed if...	itt süllyedjek el, ha... kifejezésben
break	broke	broken	tör
breed	bred	bred	tenyészt
bring	brought	brought	hoz
build	built	built	épít
burn	burnt, burned	burnt, burned	ég
burst	burst	burst	szétreped
buy	bought	bought	vásárol
can	could	—	tud, ...hat, ...het
cast	cast	cast	dob
catch	caught	caught	megfog
chide	chided, chid	chided, chid, chidden	szid
choose	chose	chosen	választ
cleave[1]	cleaved, clove, cleft	cleaved, cloven, cleft	hasít

Infinitive	Past Tense	Past Participle	
cleave[2]	*cleaved, clave*	*cleaved*	ragaszkodik
cling	*clung*	*clung*	ragaszkodik
come	*came*	*come*	jön
cost	*cost*	*cost*	vmbe kerül
creep	*crept*	*crept*	csúszik
crow	*crowed, † crew*	*crowed*	kukorékol
cut	*cut*	*cut*	vág
deal	*dealt*	*dealt*	ad, oszt; foglalkozik (with ...val/vel)
dig	*dug*	*dug*	ás
dive	*dived; US dove*	*dived*	lemerül; fejest ugrik
do	*did*	*done*	tesz
draw	*drew*	*drawn*	húz
dream	*dreamt, dreamed*	*dreamt, dreamed*	álmodik
drink	*drank*	*drunk*	iszik
drive	*drove*	*driven*	hajt, vezet
dwell	*dwelt*	*dwelt*	lakik
eat	*ate*	*eaten*	eszik
fall	*fell*	*fallen*	esik
feed	*fed*	*fed*	táplál
feel	*felt*	*felt*	érez
fight	*fought*	*fought*	harcol
find	*found*	*found*	talál
flee	*fled*	*fled*	menekül
fling	*flung*	*flung*	hajít
fly	*flew*	*flown*	repül
forbid	*forbade, forbad*	*forbidden*	tilt
forecast	*forecast, forecasted,*	*forecast, forecasted*	előre jelez
forget	*forgot*	*forgotten*	elfelejt
forgive	*forgave*	*forgiven*	megbocsát
forsake	*forsook*	*forsaken*	elhagy
freeze	*froze*	*frozen*	fagy
get	*got*	*got; US gotten*	kap
gild	*gilded, gilt*	*gilded, gilt*	aranyoz
gird	*girded, girt*	*girded, girt*	övez
give	*gave*	*given*	ad
go	*went*	*gone*	megy
grind	*ground*	*ground*	őröl
grow	*grew*	*grown*	nő
hang	*hung*	*hung*	akaszt, függ
hang	*hanged*	*hanged*	felakaszt
have (has)	*had*	*had*	vmje van
hear	*heard*	*heard*	hall
heave	*heaved, hove*	*heaved, hove*	emel
hew	*hewed*	*hewed, hewn*	üt
hide	*hid*	*hidden*	rejt
hit	*hit*	*hit*	üt
hold	*held*	*held*	tart
hurt	*hurt*	*hurt*	megsért

Infinitive	Past Tense	Past Participle	
input	*input, inputted*	*input, inputted*	betáplál
keep	*kept*	*kept*	tart
kneel	*knelt; főleg US: kneeled*	*knelt; főleg US: kneeled*	térdel
knit	*knitted*	*knitted*	köt
	knit	*knit*	egyesít; egyesül
know	*knew*	*known*	tud; ismer
lay	*laid*	*laid*	fektet
lead	*led*	*led*	vezet
lean	*leant, leaned*	*leant, leaned*	hajol
leap	*leapt, leaped*	*leapt, leaped*	ugrik
learn	*learnt, learned*	*learnt, learned*	tanul
leave	*left*	*left*	hagy
lend	*lent*	*lent*	kölcsönöz
let	*let*	*let*	hagy
lie[1]	*lied*	*lied*	hazudik
lie[2]	*lay*	*lain*	fekszik
light	*lighted, lit*	*lighted, lit*	meggyújt
lose	*lost*	*lost*	elveszít
make	*made*	*made*	csinál
may	*might*	—	szabad
mean	*meant*	*meant*	jelent
meet	*met*	*met*	találkozik
mow	*mowed*	*mown, mowed*	lekaszál
must	—	—	kell
output	*output, outputted*	*output, outputted*	kiad
pay	*paid*	*paid*	fizet
plead	*pleaded; US pled*	*pleaded; US pled*	szót emel
prove	*proved*	*proved; US proven*	bizonyít
put	*put*	*put*	tesz
quit	*quit, quitted*	*quit, quitted*	otthagy, elmegy
read [ri:d]	*read* [red]	*read* [red]	olvas
rend	*rent*	*rent*	hasít
rid	*rid*	*rid*	megszabadít
ride	*rode*	*ridden*	lovagol
ring	*rang*	*rung*	cseng
rise	*rose*	*risen*	felkel
run	*ran*	*run*	szalad
saw	*sawed*	*sawn; US sawed*	fűrészel
say	*said*	*said*	mond
see	*saw*	*seen*	lát
seek	*sought*	*sought*	keres
sell	*sold*	*sold*	elad
send	*sent*	*sent*	küld
set	*set*	*set*	helyez; beállít stb.
sew	*sewed*	*sewn, sewed*	varr
shake	*shook*	*shaken*	ráz
shall	*should*	—	(segédige)

Infinitive	Past Tense	Past Participle	
shave	shaved	shaved, shaven	borotvál(kozik)
shear	sheared	shorn, sheared	nyír
shed	shed	shed	elhullat
shine	shone	shone	ragyog
	shined	shined	(cipőt) fényesít
shit	shitted, shat	shitted, shat	kakál
shoe	shod	shod	megpatkol
shoot	shot	shot	lő
show	showed	shown, showed	mutat
shred	shred	shred	darabokra tép
shrink	shrank, shrunk	shrunk	összezsugorodik
shrive	shrived, shrove	shrived, shriven	gyóntat
shut	shut	shut	becsuk
sing	sang	sung	énekel
sink	sank	sunk	süllyed
sit	sat	sat	ül
slay	slew	slain	öl
sleep	slept	slept	alszik
slide	slid	slid	csúszik
sling	slung	slung	hajít
slink	slunk	slunk	lopakodik
slit	slit	slit	felvág
smell	smelt, smelled	smelt, smelled	megszagol
smite	smote	smitten	rásújt
sow	sowed	sown, sowed	vet
speak	spoke	spoken	beszél
speed	sped	sped	száguld
	speeded	speeded	siettet; gyorsan hajt
spell	spelt, spelled	spelt, spelled	betűz (betűket)
spend	spent	spent	költ
spill	spilt, spilled	spilt, spilled	kiönt
spin	spun, † span	spun	fon
spit	spat; főleg US: spit	spat; főleg US: spit	köp
split	split	split	hasít
spoil	spoilt, spoiled	spoilt, spoiled	elront
spread	spread	spread	kiterjeszt; terjed
spring	sprang	sprung	ugrik
stand	stood	stood	áll
stave	staved, stove	staved, stove	bever
steal	stole	stolen	lop
stick	stuck	stuck	ragaszt
sting	stung	stung	szúr
stink	stank, stunk	stunk	bűzlik
strew	strewed	strewed, strewn	hint
stride	strode	stridden	lépked
strike	struck	struck	üt
string	strung	strung	felfüz
strive	strove	striven	igyekszik
swear	swore	sworn	megesküszik
sweep	swept	swept	söpör
swell	swelled	swollen, swelled	dagad
swim	swam	swum	úszik
swing	swung	swung	leng(et)

Infinitive	Past Tense	Past Participle	
take	*took*	*taken*	fog, vesz
teach	*taught*	*taught*	tanít
tear	*tore*	*torn*	szakít
tell	*told*	*told*	elmond
think	*thought*	*thought*	gondol(kozik)
thrive	*thrived, throve*	*thrived, † thriven*	boldogul
throw	*threw*	*thrown*	dob
thrust	*thrust*	*thrust*	döf
tread	*trod*	*trodden, trod*	tapos
wake	*woke. † waked*	*woken, † waked*	felébred, felébresz
wear	*wore*	*worn*	visel
weave	*wove*	*woven*	sző
	weaved	*weaved*	kanyarog
wed	*wedded, wed*	*wedded, wed*	összeházasodik
weep	*wept*	*wept*	sír
wet	*wet, wetted*	*wet, wetted*	benedvesít
will	*would*	—	(segédige)
win	*won*	*won*	nyer
wind[1]	*wound*	*wound*	teker(edik)
wind[2]	*winded, wound*	*winded, wound*	kürtöl
wring	*wrung*	*wrung*	kicsavar
write	*wrote*	*written*	ír

APPENDIX II
II. FÜGGELÉK

English Irregular Nouns
Angol rendhagyó főnevek

This list contains only the base nouns and their commonest meanings.
Ebben a jegyzékben csak az alapszók találhatók legfontosabb jelentésükkel.

Singular	Plural	
calf	*calves*	borjú
child	*children*	gyermek
elf	*elves*	manó
foot	*feet*	láb
goose	*geese*	liba
half	*halves*	fél
knife	*knives*	kés
leaf	*leaves*	(fa)levél
life	*lives*	élet(rajz) (de **still life** 'csendélet' többese: **still lifes**)
loaf	*loaves*	cipó
louse	*lice*	tetű
man	*men*	ember
mouse	*mice*	egér
ox	*oxen*	ökör
scarf	*scarves*	sál
self	*selves*	maga
sheaf	*sheaves*	kéve
shelf	*shelves*	polc
thief	*thieves*	tolvaj
tooth	*teeth*	fog
wife	*wives*	feleség
wolf	*wolves*	farkas
woman	*women*	nő

APPENDIX III
III. FÜGGELÉK

Weights and Measures — Hungarian-English
Magyarországi mértékek angol megfelelői

length—hosszúság

1 mm	= 0.039 inch
1 cm	= 0.394 inch
1 m	= 39.37 inches = 1.094 yards (yd)
1 km	= 1093.61 yards (yd) = 0.6214 mile v. 5/8 mile

surface—terület

1 mm²	= 0.00155 square inch
1 cm² (sq cm)	= 0.155 square inch
1 m² (sq m)	= 1.196 square yards
1 km² (sq km)	= 247.1 acres = 100 hectares (ha) = 0.386 sqare mile
1 négyszögöl	= 38.42 square feet
1 kat. hold	= 6823.95 square yards = 1.412 acres
1 ár (are, a)	= 0.025 acre = 100 m²
1 hektár (ha) (hectare, ha)	= 100 ares (a) = 2.471 acres = 10 000 m²

weight—súly

1 milligramm (mg) (milligram, mg)	= 0.015 grain
1 gramm (g) (gram, g)	= 15.43 grains = 0.035 ounce
1 dekagramm (dkg v. dag) (decagram, dag)	= 0.353 ounce
1 kilogramm (kg) (kilogram, kg)	= 2.205 pounds = 35.27 ounces
1 métermázsa (q) (quintal)	= 1.9688 hundredweight
1 tonna (t) (tonne)	= 19.688 hundredweight = 2204.62 pounds

capacity—űrmérték

1 milliliter (ml) (millilitre, ml)	= 0.00176 pint
1 centiliter (cl) (centilitre, cl)	= 0.0176 pint
1 deciliter (dl) (decilitre, dl)	= 0.176 pint
1 liter (l) (litre, l)	= 1.76 pints = 2.1 US pints = 0.22 UK gallon
1 hektoliter (hl) (hectolitre, hl)	= 22.0 gallon

cubic—köbmértékek

1 köbcentiméter (cm³)
(cubic centimetre) $= 0.06102$ cubic inch

1 köbdeciméter (dm³)
(cubic decimetre) $= 0.03532$ cubic foot

1 köbméter (m³)
(cubic metre) $= 1.308$ cubic yards $= 35.315$ cubic feet

temperature equivalents—hőmérőrendszer

—17.8 °C	$= 0$ °F (Fahrenheit)
—10 °C	$= 14$ °F
0 °C	$= 32$ °F
10 °C	$= 50$ °F
20 °C	$= 68$ °F
30 °C	$= 86$ °F
40 °C	$= 104$ °F
100 °C	$= 212$ °F

Normal body temperature:
Normál testhőmérséklet: 36.6 °C $= 97.8$ °F

Conversion — Celsius into Fahrenheit
Celsius fok átszámítása Fahrenheitre

$$x \text{ °C} = \frac{9x}{5} + 32$$

Fahrenheit into Celsius
Fahrenheitről Celsiusra

$$x \text{ °F} = \frac{(x-32)5}{9}$$